1936年创刊

世界知识

年鉴

2015/2016

世界知识出版社

《世界知识年鉴》编辑委员会

桂从友	外交部欧亚司司长
陈　旭	外交部欧洲司司长
丛培武	外交部北美大洋洲司司长
祝青桥	外交部拉丁美洲和加勒比司司长
李军华	外交部国际司司长
张　军	外交部国际经济司司长
王　群	外交部军控司司长
徐　宏	外交部条约法律司司长
欧阳玉靖	外交部边界与海洋事务司司长
陆　慷	外交部新闻司司长
秦　刚	外交部礼宾司司长
郭少春	外交部领事司（领事保护中心）司长
冯　铁	外交部香港澳门台湾事务司司长
廖力强	外交部外事管理司司长
刘光源	外交部涉外安全事务司司长
鲁桂成	外交部档案馆馆长

资料截至2016年9月30日

编 辑 说 明

一、《世界知识年鉴》(2015/2016) 主要介绍2014年的世界政治经济大事和各国(地区)基本情况,所收材料一般截至2014年年底,书中部分资料收至2015年年底,光盘中部分资料收至2015年年底。

二、本年鉴在保持原有篇幅和体例基本不变的前提下,力求增加反映当年变化的新材料,压缩历年不变的内容,便于使用者在仍能查到基本情况的条件下掌握更多动态资料。同时,力求增加对外交往中的实用材料。为了扩大信息量和更及时反映世界各国最新情况,本卷年鉴继续随书赠送光盘。书中包括各国(地区)概况,国际组织、政府间多边机构和国际会议两部分。光盘中则包括国家、地区(含各国行政区划、长途、区号、时差、国旗图案、重要人物、世界遗产、中国驻外使领馆的地址、电话以及传真,等等)、国际要闻荟萃、世界大事记及一些统计资料等。

三、本年鉴以2000年颁布的中华人民共和国国家标准《世界各国和地区名称代码》(GB/T2 659—2000)为基础,收录世界二百多个国家和地区的基本情况,各国(地区)的顺序仍沿用往年年鉴办法,根据其所处的地理位置,先按亚洲、非洲、欧洲、美洲、大洋洲、南极地区和北极地区顺序分别排列（某些小岛屿则视情况散分至各洲部分），洲内再以各国（地区）名称的汉语拼音先后为序。

四、本年鉴所用资料来源不同，在编辑过程中虽尽可能订正和统一，但前后不一之处尚未能完全避免。所用译名尽量采用通用译法。

五、本年鉴在编辑、出版过程中，得到许多单位和个人的帮助和支持，谨在此表示谢意。

六、本年鉴涉及面广，编者水平有限，缺点和错误在所难免，欢迎读者和各界专家指正。对本年鉴的批评和建议请寄“世界知识出版社《世界知识年鉴》编辑部”。地址：北京市东城区干面胡同51号；邮编：100010；电话：010-65135637，65265950；传真：010-65265961。

《世界知识年鉴》创办于1936年，本卷为第43卷。

1936、1937两卷在上海出版，以后各卷出版于北京。

1953、1954、1955、1957四卷以《世界知识手册》为名。

以后各卷为：

1958、1959、1961、1965；

1982、1983、1984、1985—1986、1987、1988、1989/90、1990/91、1991/92、1992/93、1993/94、1994/95、1995/96、1996/97、1997/98、1998/99、1999/2000、2000/2001、2001/2002、2002/2003、2003/2004、2004/2005、2005/2006、2006/2007、2007/2008、2008/2009、2009/2010、2010/2011、2011/2012、2012/2013、2013/2014、2014/2015、2015/2016。

目　录

各国（地区）概况

亚洲

非洲

欧洲

美洲

大洋洲

南极地区和北极地区

国际组织、政府间多边机制和国际会议

联合国

同联合国建立关系的政府间机构

政治类

经济类

科学技术文化类

其他

国际会议

公约

各国（地区）概况

亚 洲

中 国

国名 中华人民共和国（The People's Republic of China）。

面积 陆地面积约960万平方公里。

人口 2015年末中国大陆总人口为137462万，比上年末增加680万，其中男性人口70414万，女性人口67048万；香港特别行政区人口为729.86万（截至2015年中）；澳门特别行政区人口约为64.68万（截至2015年末）；台湾地区人口为2349.94万（截至2016年4月）。

中国是统一的多民族国家，有56个民族。根据第六次全国人口普查（2010年）数据，在大陆人口中，汉族人口占91.51%，各少数民族人口占8.49%。55个少数民族是：壮、满、回、苗、维吾尔、彝、土家、蒙古、藏、布依、侗、瑶、朝鲜、白、哈尼、哈萨克、黎、傣、畲、傈僳、仡佬、拉祜、东乡、佤、水、纳西、羌、土、锡伯、仫佬、柯尔克孜、达斡尔、景颇、撒拉、布朗、毛南、塔吉克、普米、阿昌、怒、鄂温克、京、基诺、德昂、乌孜别克、俄罗斯、裕固、保安、门巴、鄂伦春、独龙、塔塔尔、赫哲、高山、珞巴。此外，还有一些尚待识别的民族。通用汉语。

中国是个多宗教的国家。中国宗教徒信奉的主要有佛教、道教、伊斯兰教、天主教和基督教，中国公民可以自由地选择、表达自己的信仰和表明宗教身份。据不完全统计，中国现有各种宗教信徒1亿多人，经批准开放的宗教活动场所近13.9万处，宗教教职人员36万余人，宗教团体5500多个。

首都 北京，截至2015年末，常住人口2170.5万，其中常住外来人口822.6万。

国家元首 中华人民共和国主席习近平，2013年3月当选。

重要节日 中国法定节日有新年：1月1日；春节：农历新年；清明节：农历清明；国际劳动妇女节：3月8日；植树节：3月12日；国际劳动节：5月1日；中国青年节：5月4日；端午节：农历五月初五；国际护士节：5月12日；儿童节：6月1日；中国共产党诞生纪念日：7月1日；中国人民解放军建军纪念日：8月1日；教师节：9月10日；中秋节：农历中秋；老年节（重阳节）：农历九月初九（2013年7月1日起实施的《老年人权益保障法》规定）；国庆节：10月1日；记者节：11月8日。

简 况 中国位于亚洲东部，太平洋西岸，陆地面积约960万平方公里，东部和南部大陆海岸线1.8万多公里，内海和边海的水域面积约470多万平方公里。海域分布有大小岛屿7600个，其中台湾岛最大，面积35798平方公里。中国在陆地上同14国接壤（陆地边境线长2.2万多公里），与8国海上相邻。中国幅员辽阔，大部处于北温带，气候复杂多样，季风气候显著，也称作大陆性季风气候。

2015年，中国总体气候情况：气温创新高、气象灾害偏轻、入梅早出梅晚且华北雨季短、台风登陆个数少但强度强、中东部雾霾频繁。2015年全国平均气温较常年偏高0.95℃，为1961年以来最高值，也是自1951年有完整气象记录以来平均气温最高的一年。全国平均降水量648.8毫米，较常年偏多3%，但降水时空分布不均。总体来看，全国暴雨洪涝、干旱等灾害总体偏轻，气候属正常年景。

中国是世界文明古国之一。约4000年前进入阶级社会。从公元前21世纪夏王朝建立起，历经商、周、秦、汉、三国、晋、南北朝、隋、唐、五代、宋、元、明，到清朝前期为古代社会。1840年鸦片战争后逐步沦为半殖民地半封建社会。1911年中国民主革命的先行者孙中山领导的辛亥革命终结了统治中国两千多年的君主专制制度，创建了中华民国。1921年中国共产党成立，之后领导中国人民进行彻底反帝反封建反官僚资本主义的斗争，历经北伐战争、土地革命战争、抗日战争和解放战争，推翻了帝国主义、封建主义和官僚资本主义的统治，取得新民主主义革命的伟大胜利。于1949年10月1日建立中华人民共和国。

政 治

2015年，中国发展面临全球经济增速缓慢、国内深层次矛盾凸显、经济下行压力增大的多重困难和严峻挑战。在以习近平同志为总书记的党中央坚强领导下，全国各族人民以坚定的信心和非凡的勇气，攻坚克难，开拓进取，经济社会发展稳中有进、稳中有好，完成了全年主要目标任务，改革开放和社会主义现代化建设取得新的重大成就。中国经济增长继续居于世界前列，改革全面发力，司法体制改革继续深化，“三严三实”专题教育推动了政治生态改善，反腐败斗争深入进行，“十二五”规划圆满收官，隆重纪念了中国人民抗日战争暨世界反法西斯战争胜利70周年，两岸领导人在新加坡实现历史性会面。中国外交牢牢把握“坚持和平发展、促进民族复兴”这一主线，聚焦和平与发展两大主题，统筹推进丰富多彩的全方位外交活动，凸显了中国特色，取得多方面积极成效。2015年11月召开的中国共产党第十八届五中全会，对“十三五”期间经济社会发展提出了科学规划。

【宪法】现行的《中华人民共和国宪法》是新中国第四部宪法，于1982年12月第五届全国人大第五次会议上正式通过并颁布。为了适应中国经济和社会的发展变化，全国人大分别于1988年4月、1993年3月、1999年3月、2004年3月对这部宪法逐步进行了修改、完善。现行宪法包括序言和总纲、公民的基本权利和义务、国家机构、国旗国歌国徽首都4章，共138条。宪法规定，中华人民共和国是工人阶级领导的、以工农联盟为基础的人民民主专政的社会主义国家。社会主义制度是国家的根本制度。国家的一切权力属于人民。国家的根本任务是沿着有中国特色社会主义道路，集中力量进行社会主义现代化建设。台湾是中国领土不可分割的一部分。

【全国人民代表大会（National People's Congress，NPC）】最高国家权力机关，每届任期5年，全体会议每年举行1次。它的常设机关是常务委员会。全国人民代表大会和全国人民代表大会常务委员会（NPC Standing Committee）行使国家立法权。

2013年3月5—17日，第十二届全国人民代表大会第一次会议在北京举行。本届全国人大共有代表2987人。会议选举和任命了新一届国家机构领导人员。会议选举习近平为国家主席和中华人民共和国中央军事委员会主席，决定李克强为国务院总理，选举张德江为全国人大常委会委员长；李源潮当选为国家副主席，李建国、王胜俊、陈昌智、严隽琪（女）、王晨、沈跃跃（女）、吉炳轩、张平、向巴平措、艾力更·依明巴海、万鄂湘、张宝文、陈竺当选为副委员长；王晨被选为秘书长。

第十二届全国人大设立9个专门委员会（主任委员）：民族委员会[李景田（满族）]、法律委员会（乔晓阳）、内务司法委员会[马馼（女）]、财政经济委员会（李盛霖）、教科文卫委员会（柳斌杰）、外事委员会[傅莹（女，蒙古族）]、华侨委员会（白志健）、环境与资源保护委员会（陆浩）、农业与农村委员会（陈建国）。

2015年3月5—15日，第十二届全国人大三次会议在北京举行，近3000名代表出席会议，听取和审议国务院总理李克强关于政府工作的报告，审查和批准国务院关于2014年国民经济和社会发展计划执行情况与2015年国民经济和社会发展计划草案的报告，批准了2015年国民经济和社会发展计划，审查和批准国务院关于2014年中央和地方预算执行情况与2015年中央和地方预算草案的报告，批准了2015年中央预算，审议了全国人民代表大会常务委员会关于提请审议《中华人民共和国立法法修正案（草案）》的议案，听取和审议全国人民代表大会常务委员会委员长张德江关于全国人民代表大会常务委员会工作的报告，听取和审议最高人民法院院长关于最高人民法院工作的报告，听取和审议最高人民检察院检察长关于最高人民检察院工作的报告。

中国人大网：http://www.npc.gov.cn/npc/xinwen/index.htm。

【国务院机构改革】2013年3月，国务院实施机构改革，重点围绕转变职能和理顺职责关系，稳步推进大部门制改革，实行铁路政企分开，整合加强卫生和计划生育、食品药品、新闻出版和广播电影电视、海洋、能源管理机构。（1）实行铁路政企分开。将铁道部拟订铁路发展规划和政策的行政职责划入交通运输部。组建国家铁路局，由交通运输部管理，承担铁道部的其他行政职责。组建中国铁路总公司，承担铁道部的企业职责。不再保留铁道部。（2）组建国家卫生和计划生育委员会。将国家人口和计划生育委员会的研究拟订人口发展战略、规划及人口政策职责划入国家发展和改革委员会。国家中医药管理局由国家卫生和计划生育委员会管理。不再保留卫生部、国家人口和计划生育委员会。（3）组建国家食品药品监督管理总局。保留国务院食品安全委员会，具体工作由国家食品药品监督管理总局承担。国家食品药品监督管理总局加挂国务院食品安全委员会办公室牌子。新组建的国家卫生和计划生育委员会负责食品安全风险评估和食品安全标准制定。农业部负责农产品质量安全监督管理。将商务部的生猪定点屠宰监督管理职责划入农业部。不再保留国家食品药品监督管理局和单设的国务院食品安全委员会办公室。（4）组建国家新闻出版广电总局。不再保留国家广播电影电视总局、国家新闻出版总署。（5）重新组建国家海洋局。为加强海洋事务的统筹规划和综合协调，设立高层次议事协调机构国家海洋委员会，负责研究制定国家海洋发展战略，统筹协调海洋重大事项。国家海洋委员会的具体工作由国家海洋局承担。为推进海上统一执法，提高执法效能，国家海洋局以中国海警局名义开展海上维权执法，接受公安部业务指导。（6）重新组建国家能源局。不再保留国家电力监管委员会。这次改革，国务院正部级机构减少4个，其中组成部门减少2个，副部级机构增减相抵数量不变。

【政府】中央人民政府即国务院（State Council），国家权力机关的执行机关和最高国家行政机关。它执行全国人大和全国人大常委会制定的法律和通过的决议，对全国人大及其常委会负责并报告工作。国务院由总理、副总理、国务委员、各部部长、各委员会主任、中国人民银行行长、审计长、秘书长组成。实行总理负责制。各部、各委员会实行部长、主任负责制。每届任期5年。总理、副总理、国务委员连续任职不得超过两届。根据中华人民共和国第十二届全国人民代表大会第一次会议的决定，本届国务院于2013年3月组成，机构改革后，除国务院办公厅外，国务院组成部门设置25个，组成人员如下（截至2016年5月30日）：

国务院总理　李克强

国务院副总理　张高丽、刘延东（女）、汪洋、马凯

国务委员　杨晶（蒙古族）、常万全、杨洁篪、郭声琨、王勇

国务院秘书长　杨晶（蒙古族，兼）

外交部部长　王毅

国防部部长　常万全（兼）

发展和改革委主任　徐绍史

教育部部长　袁贵仁

科技部部长　万钢（兼）

工业和信息化部部长　苗圩

国家民委主任　巴特尔（蒙古族）

公安部部长　郭声琨（兼）

安全部部长　耿惠昌

监察部部长　黄树贤

民政部部长　李立国

司法部部长　吴爱英（女）

财政部部长　楼继伟

人力资源社会保障部部长　尹蔚民

国土资源部部长　姜大明

环境保护部部长　陈吉宁

住房和城乡建设部部长　陈政高

交通运输部部长　杨传堂

水利部部长　陈雷

农业部部长　韩长赋

商务部部长　高虎城

文化部部长　雒树刚

卫生计生委主任　李斌（女）

人民银行行长　周小川（兼）

审计署审计长　刘家义

中华人民共和国中央人民政府门户网站：http://www.gov.cn/。

【人民法院】国家的审判机关。设立最高人民法院、地方各级人民法院和军事法院等专门机构。最高人民法院院长、首席大法官周强，2013年3月当选。

【人民检察院】国家的法律监督机关。它的设置同人民法院相对应。设立最高人民检察院、地方各级人民检察院和军事检察院等专门机构。最高人民检察院检察长、首席大检察官曹建明，2008年3月当选，2013年3月连任。

【行政区划】全国划分为23个省、4个直辖市、5个自治区和2个特别行政区。2012年6月，国务院批准撤销海南省西沙群岛、南沙群岛、中沙群岛办事处，设立地级三沙市，管辖西沙群岛、中沙群岛、南沙群岛的岛礁及其海域。三沙市人民政府驻西沙永兴岛。

【中国人民政治协商会议（Chinese People's Political Consultative Conference，CPPCC）】政协是中国人民爱国统一战线的组织，是中国共产党领导的多党合作和政治协商的重要机构，是中国政治生活中发扬社会主义民主的重要形式。在中国共产党的领导下由中国共产党、各民主党派、无党派民主人士、人民团体、少数民族和各界的代表，香港、澳门特别行政区同胞、台湾同胞和归国侨胞的代表以及特别邀请的人士组成。设全国委员会（简称“全国政协”）（National Committee of the Chinese People's Political Consultative Conference）和地方委员会。全国政协设主席、副主席若干人和秘书长，每届任期5年，全体会议每年举行1次。全国政协围绕团结和民主两大主题开展工作，履行政治协商、民主监督、参政议政职能，平时组织委员进行一些专门活动，就国家的大政方针、地方重要事务、统一战线中的重大问题进行政治协商，通过提出意见和建议的形式进行参政议政，对国家机关的工作和国家宪法、法律的执行情况进行民主监督。

2013年3月3—12日，中国人民政治协商会议第十二届全国委员会第一次会议在北京举行，本届全国委员会共有委员2237人。会议选举中共中央政治局常委俞正声为政协第十二届全国委员会主席，会议选出21位全国政协副主席：杜青林、韩启德、帕巴拉·格列朗杰（藏族）、董建华、万钢、林文漪（女）、罗富和、何厚铧、张庆黎、李海峰（女）、陈元、卢展工、周小川、王家瑞、王正伟（回族）、马飚（壮族）、齐续春（满族）、陈晓光、马培华、刘晓峰、王钦敏。张庆黎当选政协第十二届全国委员会秘书长。

第十二届全国政协设立9个专门委员会（主任）：提案委员会（孙淦）、经济委员会（周伯华）、人口资源环境委员会（贾治邦）、教科文卫体委员会（张玉

台)、社会和法制委员会(孟学农)、民族和宗教委员会(朱维群)、港澳台侨委员会(杨崇汇)、外事委员会(潘云鹤)、文史和学习委员会(王太华)。

2015年3月3—13日,全国政协十二届三次会议在北京举行,会议应出席委员2229人。大会听取俞正声所做的政协全国委员会常务委员会工作报告,听取政协全国委员会常务委员会关于提案工作情况的报告。听取和审议政协全国委员会常务委员会关于政协十二届二次会议以来提案工作情况的报告。列席第十二届全国人民代表大会第三次会议,听取并讨论政府工作报告及其他有关报告。审议通过政协第十二届全国委员会第三次会议政治决议。审议通过政协第十二届全国委员会第三次会议关于常务委员会工作报告的决议。审议通过政协第十二届全国委员会提案委员会关于政协十二届三次会议提案审查情况的报告。

网址:http://www.cppcc.gov.cn。

【政党和团体】中国共产党领导的多党合作和政治协商制度是中华人民共和国的一项基本的政治制度:中国共产党是中华人民共和国的唯一执政党,8个民主党派在接受中国共产党领导的前提下,具有参政党的地位,与中共合作,参与执政。政治协商制度是在中国共产党的领导下,各民主党派、各人民团体、各少数民族和社会各界的代表,对国家的大政方针以及政治、经济、文化和社会生活中的重要问题在决策之前举行协商和就决策执行过程中的重要问题进行协商的制度。

中国共产党(Communist Party of China,CPC):于1921年7月底成立(以7月1日为成立纪念日),是中国工人阶级的先锋队,同时是中国人民和中华民族的先锋队,是中国特色社会主义事业的领导核心,代表中国先进生产力的发展要求,代表中国先进文化的前进方向,代表中国最广大人民的根本利益。党的行动指南是马克思列宁主义、毛泽东思想、邓小平理论、“三个代表”重要思想和科学发展观,最高理想和最终目标是实现共产主义。2012年11月,习近平当选中国共产党中央委员会总书记。

截至2014年底,中国共产党党员总数为8779.3万名,比上年增加110.7万名,增幅为1.3%;其中,女党员2167.2万名,占总数的24.7%;大专及以上学历党员3775.5万名,占总数的43.0%。157.9万个非公有制企业已建立党组织,占非公有制企业总数的53.1%。

2012年11月8—14日,中国共产党第十八次全国代表大会在北京召开。大会选举产生了新一届中央委员会和中央纪律检查委员会,通过了关于十七届中央委员会报告的决议、关于中央纪律检查委员会工作报告的决议、关于《中国共产党章程(修正案)》的决议。大会号召,全党全国各族人民高举中国特色社会主义伟大旗帜,更加紧密地团结在党中央周围,为全面建成小康社会而奋斗,不断夺取中国特色社会主义新胜利,共同创造中国人民和中华民族更加幸福美好的未来。11月15日,十八届一中全会选举产生了中央领导机构。

中央政治局常务委员会委员:习近平、李克强、张德江、俞正声、刘云山、王岐山、张高丽

中央委员会总书记:习近平

中央军事委员会主席:习近平

中央纪律检查委员会书记:王岐山

2013年2月26—28日,中共十八届二中全会在北京举行。全会通过《国务院机构改革和职能转变方案》,国家机构领导人员建议人选等。2013年11月9—12日,十八届三中全会在北京举行。全会审议通过了《中共中央关于全面深化改革若干重大问题的决定》,提出了全面深化改革的指导思想、目标任务、重大原则,描绘了全面深化改革的新蓝图,凝聚了全党全国人民的智慧与共识。2013年12月30日,中共中央政治局召开会议,决定成立中央全面深化改革领导小组,由习近平担任组长,李克强、刘云山、张高丽担任副组长。中央全面深化改革领导小组负责改革的总体设计、统筹协调、整体推进、督促落实,主要职责是研究确定经济体制、政治体制、文化体制、社会体制、生态文明体制和党的建设制度等方面改革的重大原则、方针政策、总体方案;统一部署全国性重大改革;统筹协调处理全局性、长远性、跨地区跨部门的重大改革问题;指导、推动、督促中央有关重大改革政策措施的组织落实。2014年1月24日,中共中央政治局召开会议,决定中央国家安全委员会由习近平任主席,李克强、张德江任副主席,下设常务委员和委员。中央国家安全委员会作为中共中央关于国家安全工作的决策和议事协调机构,向中央政治局、中央政治局常务委员会负责,统筹协调涉及国家安全的重大事项和重要工作。2014年10月20—23日,十八届四中全会在北京举行。全会听取和讨论了习近平受中央政治局委托作的工作报告,审议通过了《中共中央关于全面推进依法治国若干重大问题的决定》。全会提出,全面推进依法治国,总目标是建设中国特色社会主义法治体系,建设社会主义法治国家。这就是,在中国共产党领导下,坚持中国特色社会主义制度,贯彻中国特色社会主义法治理论,形成完备的法律规范体系、高效的法治实施体系、严密的法治监督体系、有力的法治保障体系,形成完善的党内法规体系,坚持依法治国、依法执政、依法行政共同推进,坚持法治国家、法治政府、法治社会一体建设,实现科学立法、严格执法、公正司法、全民守法,促进国家治理体系和治理能力现代化。为了实现这个总目标,必须坚持中国共产党的领导,坚持人民的主体地位,坚持法律面前人人平等,坚持依法治国和以德治国相结合,坚持从中国实际出发。

2015年10月26—29日,十八届五中全会在北京

举行。全会听取和讨论了习近平受中央政治局委托作的工作报告，审议通过了《中共中央关于制定国民经济和社会发展第十三个五年规划的建议》。全会提出，如期实现全面建成小康社会奋斗目标，推动经济社会持续健康发展，必须遵循以下原则：坚持人民主体地位，坚持科学发展，坚持深化改革，坚持依法治国，坚持统筹国内国际两个大局，坚持党的领导。全会提出了全面建成小康社会新的目标要求：经济保持中高速增长，在提高发展平衡性、包容性、可持续性的基础上，到2020年国内生产总值和城乡居民人均收入比2020年翻一番，产业迈向中高端水平，消费对经济增长贡献明显加大，户籍人口城镇化率加快提高。农业现代化取得明显进展，人民生活水平和质量普遍提高，我国现行标准下农村贫困人口实现脱贫，贫困县全部摘帽，解决区域性整体贫困。国民素质和社会文明程度显著提高。生态环境质量总体改善。各方面制度更加成熟更加定型，国家治理体系和治理能力现代化取得重大进展。全会强调，实现“十三五”时期发展目标，破解发展难题，厚植发展优势，必须牢固树立并切实贯彻创新、协调、绿色、开放、共享的发展理念。

2014年3月9日，习近平在十二届全国人大会第二次会议安徽代表团参加审议时，就推进党的作风建设提出“既严以修身、严以用权、严以律己；又谋事要实、创业要实、做人要实”的重要论述，称为“三严三实”讲话。2015年4月10日，中共中央办公厅印发《关于在县处级以上领导干部中开展“三严三实”专题教育方案》，要求在县处级以上领导干部中开展“三严三实”专题教育活动。12月28—29日，中共中央政治局召开专题民主生，检查践行“三严三实”情况，讨论研究加强党风廉政建设措施。

2012年11—12月，中国8个民主党派分别完成各自全国代表大会的既定议程，顺利实现新老交替。各民主党派在全国代表大会上均表示，坚持中国共产党的领导，走中国特色社会主义政治发展道路，是民主党派发挥作用的政治保证。作为参政党，必须毫不动摇地坚持中国共产党的领导，与中国共产党在思想上同心同德、目标上同心同向、行动上同心同行。

中国国民党革命委员会（Revolutionary Committee of the Chinese Kuomintang，RCCK）：简称“民革”。1948年1月1日在香港成立，由原中国国民党民主派及其他爱国民主人士所创建，是具有政治联盟性质的、致力于建设中国特色社会主义和祖国统一事业的政党，是中国共产党领导的多党合作和政治协商制度中的参政党。截至2012年底有党员10.2万多人。2012年12月12—18日，民革第十二次全国代表大会在北京举行，听取和审议第十一届中央委员会工作报告，审议通过《中国国民党革命委员会章程（修正案）》，选举第十二届中央委员会等。主席万鄂湘，2012年12月当选。

中国民主同盟（China Democratic League，CDL）：简称“民盟”。1941年10月在重庆组成，原名中国民主政团同盟。1944年9月改为现名。主要由从事文化教育和科学技术工作的高中级知识分子组成，是具有政治联盟特点的、致力于中国特色社会主义事业的政党。截至2014年底有盟员25.8万余人。2012年12月9—13日，民盟第十一次全国代表大会在北京举行，听取和审议第十届中央委员会的工作报告，审议通过《中国民主同盟章程（修正案）》，选举第十一届中央委员会等。主席张宝文，2012年12月当选。

中国民主建国会（China National Democratic Construction Association，CNDCA）：简称“民建”。1945年12月在重庆成立。主要由经济界人士组成，是具有政治联盟特点的、致力于中国特色社会主义事业的政党。目前有成员14万多人。2012年12月16—20日，民建第十次全国代表大会在北京举行，听取和审议第九届中央委员会工作报告，审议通过《中国民主建国会章程（修正案）》，选举第十届中央委员会等。主席陈昌智，2007年12月当选，2012年连任。

中国民主促进会（China Association for Promoting Democracy，CAPD）：简称“民进”。1945年12月创立。主要由从事教育、文化、出版、科学和其他工作的高中级知识分子组成，是具有政治联盟性质的、致力于中国特色社会主义事业的政党。截至2012年底有会员13.3万多人。2012年12月15—21日，民进第十一次全国代表大会在北京举行，听取和审议第十二届中央委员会报告，审议通过《中国民主促进会章程（修正案）》，选举第十三届中央委员会等。主席严隽琪（女），2007年12月当选，2012年连任。

中国农工民主党（Chinese Peasants and Workers Democratic Party，CPWDP）：简称“农工党”。1930年8月在上海创建，当时称中国国民党临时行动委员会。1947年2月改为现名。主要是由医药卫生和科学技术、文化教育界的高中级知识分子组成，是具有政治联盟特点、致力于中国特色社会主义事业的政党。目前有党员12.56万人。2012年12月6—10日，农工党第十五次全国代表大会在北京举行，听取和审议第十四届中央委员会工作报告，审议通过《中国农工民主党章程（修正案）》，选举第十五届中央委员会等。主席陈竺，2012年12月当选。

中国致公党（China Zhi Gong Dang，CZGD）：简称“致公党”。由华侨社团美洲致公总党发起，于1925年在美国旧金山成立。主要由归国华侨、侨眷和海外有联系的代表性人士、专家学者组成，是具有政治联盟特点的、致力于中国特色社会主义事业的政党。目前有党员3万多人。2012年12月3—6日，致公党第十四次全国代表大会在北京举行，大会听取和审议第十三届中央委员会工作报告，审议通过《中国致公党章程（修正案）》，选举中国致公党第十四届中央委员会等。主席万钢，2007年12月当选，2012年连任。

九三学社（Jiu San Society）：1944年，一批进步学者发扬“五四”运动反帝爱国精神，以民主与科学为宗旨，在重庆组织“民主科学座谈会”。后为纪念1945年9月3日抗日战争和世界反法西斯战争的伟大胜利，改建为“九三学社”。主要由科学技术界高中级知识分子组成，是具有政治联盟特点的、致力于中国特色社会主义事业的政党。截至2014年底有社员近15万人。2012年11月30日至12月4日，九三学社第十次全国代表大会在北京举行，听取和审议第十二届中央委员会工作报告，审议通过《九三学社章程（修正案）》，选举第十三届中央委员会等。主席韩启德，2002年12月当选，2007年、2012年连任。

台湾民主自治同盟（Taiwan Democratic Self-Government League，TSL）：简称“台盟”。在台湾人民“二·二八”起义以后，由一部分从事爱国民主运动的台湾省人士于1947年11月12日在香港成立。是由台湾省人士组成的、社会主义劳动者和拥护社会主义的爱国者的政治同盟，是为社会主义服务的政党。目前有成员2700多人。2012年12月11—15日，台盟第九次全盟代表大会在北京举行，听取和审议第八届中央委员会工作报告，审议通过《台湾民主自治同盟章程（修正案）》，选举台湾民主自治同盟第九届中央委员会等。主席林文漪（女），2005年12月当选，2007年、2012年连任。

此外，社会团体是当代中国政治生活的重要组成部分。到2015年3月底，全国社会组织总数为61.3万个，同比总量增长了10.9%。其中社会团体31.2万个，基金会4190个，民办非企业单位29.7万个。其中政治地位特殊，社会影响广泛的全国性的社会团体有：

中华全国工商业联合会（All-China Federation of Industry & Commerce，ACFIC）：简称“全国工商联”，又称“中国民间商会”（All-China General Chamber of Industry & Commerce）。1953年成立，是中国工商界组织的全国性的人民团体。改革开放后，成员主体为非公有制企业和非公有制经济人士。会员分为企业会员、团体会员和个人会员。截至2014年底，全国工商联共有会员396万多个，其中企业会员213万多个，团体会员46498个，个人会员178万多个。全国工商联同世界上100多个国家和地区的400多个组织、机构、商会、企业等建立了广泛联系和友好合作。2012年12月7—9日，全国工商联第十一次会员代表大会在北京举行，听取和审议第十届执行委员会工作报告，审议通过《中华全国工商业联合会章程（修改草案）》，选举中华全国工商业联合会第十一届执行委员会。名誉主席黄孟复，主席王钦敏（致公党常务副主席），2012年12月当选。

中华全国总工会（All-China Federation of Trade Unions）：简称“全总”。1925年5月成立，是中国各地方总工会和各产业工会全国组织的领导机关。全国总工会由中共中央书记处领导。目前全国有会员2.58亿人。截至2013年6月底，中国工会拥有2.8亿工会会员，是世界上最大的工会组织。2013年3月1日，全总第十五届执行委员会第七次全体会议选举中共中央政治局委员、全国人大常委会副委员长李建国为中华全国总工会主席。同年10月18—22日，中国工会第十六次全国代表大会在北京举行。大会选举产生全总第十六届执行委员会。李建国连任中华全国总工会主席。

中国共产主义青年团（Chinese Communist Youth League，CCYL）：1922年5月成立，是先进青年的群众组织，中国共产党的助手。截至2015年底，全国共有共青团员8746.1万名；共有基层团组织387.3万个，其中，基层团委28.9万个，基层团工委2.3万个，团总支21.5万个，团支部334.6万个。2013年3月，中共西藏自治区党委常委、自治区人民政府副主席秦宜智调任团中央书记处第一书记。同年6月17—20日，共青团第十七次全国代表大会在北京举行。大会选举产生了共青团十七届中央委员会。秦宜智连任团中央第一书记。

中华全国妇女联合会（All-China Federation of Women，ACFW）：简称“全国妇联”。1949年4月成立，是全国各族女职工、女农民、女知识分子和其他劳动妇女、拥护社会主义的爱国妇女和拥护祖国统一的爱国妇女的群众组织。全国妇联有着健全的组织机构，从中央、省、市、县到城镇街道、乡村均有妇联组织，现有全职工作人员5万多人。2013年5月7日，全国妇联十届六次执委会议在北京召开，会议选举全国人大常委会副委员长沈跃跃为全国妇联主席。同年10月28—31日，中国妇女第十一次全国代表大会在北京举行。大会选举产生了全国妇联第十一届执行委员会。沈跃跃连任全国妇联主席。

经　济

2015年中国经济运行总体在合理区间，结构调整取得积极进展，发展新动能加快成长，人民生活进一步改善。

2015年国内生产总值为676708亿元，按可比价格计算，比上年增长6.9%。分季度看，一季度同比增长7.0%，二季度增长7.0%，三季度增长6.9%，四季度增长6.8%。分产业看，第一产业增加值60863亿元，比上年增长3.9%；第二产业增加值274278亿元，增长6.0%；第三产业增加值341567亿元，增长8.3%。第三产业在GDP中的占比首度超过50%。

2015年年末全国就业人员77451万人，其中城镇就业人员40410万人。全年城镇新增就业1312万人。年末城镇登记失业率为4.05%。全国农民工总量为27747万人，比上年增长1.3%。其中，外出农民工16884万人，增长0.4%；本地农民工10863万人，增长2.7%。

截至2015年12月末，中国外汇储备余额为3.33

万亿美元。截至2015年底，中国全口径外债余额为14162亿美元，较2015年3月末下降15%。其中，短期外债余额为9206亿美元，较2015年3月末下降22%。

全国一般公共预算收入152217亿元，比上年增长8.4%，同口径增长5.8%。其中，中央一般公共预算收入69234亿元，增长7.4%，同口径增长7%；地方本级一般公共预算收入82983亿元，增长9.4%，同口径增长4.8%。全国一般公共预算收入中的税收收入124892亿元，同比增长4.8%；非税收入27325亿元，增长28.9%，同口径增长10.6%。全国一般公共预算支出175768亿元，比上年增长15.8%，同口径增长13.17%。分中央和地方看，中央本级一般公共预算支出25549亿元，增长13.2%，同口径增长12.77%；地方财政用地方本级收入、中央税收返还和转移支付资金及动用结转结余资金等安排的支出150219亿元，增长16.3%，同口径增长13.24%。

【资源】矿产资源丰富，矿产171种。已探明储量的有157种。其中钨、锑、稀土、钼、钒和钛等的探明储量居世界首位。煤、铁、铅锌、铜、银、汞、锡、镍、磷灰石、石棉等的储量均居世界前列。截至2013年底，主要矿产查明资源储量：煤炭14842.9亿吨，石油33.7亿吨，天然气4.6万亿立方米，铁矿798.5亿吨，铜矿9111.9万吨，铝土矿40.2亿吨，锌矿13737.7万吨，钨矿701.4万吨，锡矿425.5万吨，金矿8974.7吨，磷矿205.7亿吨。2014年，重要矿产均有勘查新增查明资源储量。石油勘查新增探明技术可采储量1.9亿吨，天然气4749.6亿立方米，页岩气266.9亿立方米。煤炭勘查新增查明资源储量561亿吨，铁矿43.0亿吨，铜矿495万吨，铅矿597万吨，锌矿608万吨，铝土矿1.8亿吨，钨矿34.5万吨，金矿836吨，银矿1.5万吨，硫铁矿1.8亿吨，磷矿10.3亿吨。

2015年水资源总量28306亿立方米。全年平均降水量644毫米。年末全国监测的614座大型水库蓄水总量3645亿立方米，与上年末蓄水量基本持平。全年总用水量6180亿立方米，比上年增长1.4%。其中，生活用水增长3.1%，工业用水增长1.8%，农业用水增长0.9%，生态补水增长1.7%。万元国内生产总值用水量104立方米，比上年下降5.1%。万元工业增加值用水量58立方米，下降3.9%。人均用水量450立方米，比上年增长0.9%。

根据第八次全国森林资源清查（2009—2013）结果显示，全国森林面积2.08亿公顷，森林覆盖率21.63%，森林蓄积151.37亿立方米；人工林面积0.69亿公顷，蓄积24.83亿立方米。2015年完成造林面积632万公顷，其中林业重点生态工程完成造林面积242万公顷，占全部造林面积的38.2%。截至2015年年底，自然保护区达到2740个，其中国家级自然保护区428个。新增水土流失治理面积5.4万平方公里，新增实施水土流失地区封育保护面积2.0万平方公里。

【农业】根据2013年底公布的第二次全国土地调查数据，截至2009年12月31日，全国耕地13538.5万公顷，园地1481.2万公顷、林地25395.0万公顷、草地28731.4万公顷。

2015年粮食种植面积11334万公顷，比上年增加62万公顷。棉花种植面积380万公顷，减少42万公顷。油料种植面积1406万公顷，增加1万公顷。糖料种植面积174万公顷，减少16万公顷。

全年粮食产量62144万吨，比上年增加1441万吨，增产2.4%。其中，夏粮产量14112万吨，增产3.3%；早稻产量3369万吨，减产0.9%；秋粮产量44662万吨，增产2.3%。全年谷物产量57225万吨，比上年增产2.7%。其中，稻谷产量20825万吨，增产0.8%；小麦产量13019万吨，增产3.2%；玉米产量22458万吨，增产4.1%。全年棉花产量561万吨，比上年减产9.3%。油料产量3547万吨，增产1.1%。糖料产量12529万吨，减产6.2%。茶叶产量224万吨，增产6.9%。

全年肉类总产量8625万吨，比上年下降1.0%。其中，猪肉产量5487万吨，下降3.3%；牛肉产量700万吨，增长1.6%；羊肉产量441万吨，增长2.9%；禽肉产量1826万吨，增长4.3%。禽蛋产量2999万吨，增长3.6%。牛奶产量3755万吨，增长0.8%。年末生猪存栏45113万头，下降3.2%；生猪出栏70825万头，下降3.7%。

全年水产品产量6690万吨，比上年增长3.5%。其中，养殖水产品产量4942万吨，增长4.1%；捕捞水产品产量1748万吨，增长0.5%。

全年木材产量6832万立方米，比上年下降17.0%。

全年新增耕地灌溉面积158万公顷，新增节水灌溉面积254万公顷。

【工业和建筑业】2015年全部工业增加值228974亿元，比上年增长5.9%。规模以上工业增加值增长6.1%。在规模以上工业中，分经济类型看，国有控股企业增长1.4%；集体企业增长1.2%，股份制企业增长7.3%，外商及港澳台商投资企业增长3.7%；私营企业增长8.6%。分门类看，采矿业增长2.7%，制造业增长7.0%，电力、热力、燃气及水生产和供应业增长1.4%。

全年规模以上工业中，农副食品加工业增加值比上年增长5.5%，纺织业增长7.0%，化学原料和化学制品制造业增长9.5%，非金属矿物制品业增长6.5%，黑色金属冶炼和压延加工业增长5.4%，通用设备制造业增长2.9%，专用设备制造业增长3.4%，汽车制造业增长6.7%，电气机械和器材制造业增长7.3%，计算机、通信和其他电子设备制造业增长10.5%，电力、热力生产和供应业增长0.5%。六大高耗能行业增加值比上年增长6.3%，占规模以上工业增加值的比重为27.8%。高技术制造业增加值增长10.2%，占规模以上工业增加值的比重为11.8%。装备制造业增加值增长6.8%，占规模以上工业增加值的比重为31.8%。

2015年主要工业产品产量及其增长速度：

产品名称	产量	比上年增长（%）
纱（万吨）	3538.0	4.7
布（亿米）	892.6	–0.1
化学纤维（万吨）	4831.7	10.1
成品糖（万吨）	1474.1	–10.3
卷烟（亿支）	25890.7	–0.8
彩色电视机（万台）	14475.7	2.5
其中：液晶电视机（万台）	14391.9	3.8
其中：智能电视（万台）	8383.5	14.9
家用电冰箱（万台）	7992.8	–9.1
房间空气调节器（万台）	14200.4	–1.8
一次能源生产总量（亿吨标准煤）	36.2	0.0
原煤（亿吨）	37.5	–3.3
原油（万吨）	21455.6	1.5
天然气（亿立方米）	1346.1	3.4
发电量（亿千瓦小时）	58105.8	0.3
其中：火电（亿千瓦小时）	42420.4	–2.7
水电（亿千瓦小时）	11264.2	5.0
核电（亿千瓦小时）	1707.9	28.9
粗钢（万吨）	80382.5	–2.2
钢材（万吨）	112349.6	–0.1
十种有色金属（万吨）	5155.8	6.8
其中：精炼铜（电解铜）（万吨）	796.2	4.2
原铝（电解铝）（万吨）	3141.0	8.8
水泥（亿吨）	23.6	–5.3
硫酸（折100%）（万吨）	8975.7	0.8
烧碱（折100%）（万吨）	3020.7	–1.4
乙烯（万吨）	1714.6	1.1
化肥（折100%）（万吨）	7432.0	8.1
发电机组（发电设备）（万千瓦）	12431.4	–17.4
汽车（万辆）	2450.4	3.3
其中：基本型乘用车（轿车）（万辆）	1163.0	–6.8
运动型多用途乘用车（SUV）（万辆）	602.4	48.0
其中：新能源汽车（万辆）	32.8	161.2
大中型拖拉机（万台）	68.8	6.9
集成电路（亿块）	1087.2	7.1
程控交换机（万线）	1880.3	–12.5
移动通信手持机（万台）	181261.4	7.8
其中：智能手机（万台）	139943.1	11.3
微型计算机设备（万台）	31418.7	–10.4
工业机器人[台（套）]	32996.0	21.7

年末全国发电装机容量150828万千瓦，比上年末增长10.5%。其中，火电装机容量99021万千瓦，增长7.8%；水电装机容量31937万千瓦，增长4.9%；核电装机容量2608万千瓦，增长29.9%；并网风电装机容量12934万千瓦，增长33.5%；并网太阳能发电装机容量4318万千瓦，增长73.7%。

全年规模以上工业企业实现利润63554亿元，比上年下降2.3%。分经济类型看，国有控股企业实现利润10944亿元，比上年下降21.9%；集体企业508亿元，下降2.7%，股份制企业42981亿元，下降1.7%，外商及港澳台商投资企业15726亿元，下降1.5%；私营企业23222亿元，增长3.7%。分门类看，采矿业实现利润2604亿元，比上年下降58.2%；制造业55609亿元，增长2.8%；电力、热力、燃气及水生产和供应业5341亿元，增长13.5%。

全年全社会建筑业增加值46456亿元，比上年增长6.8%。全国具有资质等级的总承包和专业承包建筑业企业实现利润6508亿元，增长1.6%，其中国有控股企业1676亿元，增长6.0%。

【固定资产投资】2015年全社会固定资产投资562000亿元，比上年增长9.8%，扣除价格因素，实际增长11.8%。其中，固定资产投资（不含农户）551590亿元，增长10.0%。分区域看，东部地区投资232107亿元，比上年增长12.4%；中部地区投资143118亿元，增长15.2%；西部地区投资140416亿元，增长8.7%；东北地区投资40806亿元，下降11.1%。在固定资产投资（不含农户）中，第一产业投资15561亿元，比上年增长31.8%；第二产业投资224090亿元，增长8.0%；第三产业投资311939亿元，增长10.6%。基础设施投资101271亿元，增长17.2%，占固定资产投资（不含农户）的比重为18.4%。民间固定资产投资354007亿元，增长10.1%，占固定资产投资（不含农户）的比重为64.2%。高技术产业投资32598亿元，增长17.0%，占固定资产投资（不含农户）的比重为5.9%。

2015年分行业固定资产投资（不含农户）及其增长速度：

行业	投资额（亿元）	比上年增长（%）
总计	551590	10.0
农、林、牧、渔业	19061	30.8
采矿业	12971	–8.8
制造业	180365	8.1
电力、热力、燃气及水生产和供应业	26621	16.6
建筑业	4895	10.2
批发和零售业	18682	20.1
交通运输、仓储和邮政业	48972	14.3
住宿和餐饮业	6504	5.1
信息传输、软件和信息技术服务业	5517	34.5
金融业	1367	0.3
房地产业	126674	2.5
租赁和商务服务业	9436	18.6
科学研究和技术服务业	4752	12.6
水利、环境和公共设施管理业	55673	20.4
居民服务、修理和其他服务业	2628	15.5

教育	7723	15.2
卫生和社会工作	5175	29.7
文化、体育和娱乐业	6724	8.9
公共管理、社会保障和社会组织	7851	9.1

2015年固定资产投资新增主要生产与运营能力：

指标	单位	绝对数
新增220千伏及以上变电设备	万千伏安	21785
新建铁路投产里程	公里	9531
其中：高速铁路	公里	3306
增、新建铁路复线投产里程	公里	7647
电气化铁路投产里程	公里	8694
新建公路里程	公里	71401
其中：高速公路	公里	11265
港口万吨级码头泊位新增吞吐能力	万吨	38487
新增民用运输机场	个	8
新增光缆线路长度	万公里	441

全年房地产开发投资95979亿元，比上年增长1.0%。其中，住宅投资64595亿元，增长0.4%；办公楼投资6210亿元，增长10.1%；商业营业用房投资14607亿元，增长1.8%。全国城镇保障性安居工程基本建成住房772万套，新开工783万套，其中棚户区改造开工601万套。

【国内贸易】2015年社会消费品零售总额300931亿元，比上年增长10.7%，扣除价格因素，实际增长10.6%。按经营地统计，城镇消费品零售额258999亿元，增长10.5%；乡村消费品零售额41932亿元，增长11.8%。按消费类型统计，商品零售额268621亿元，增长10.6%；餐饮收入额32310亿元，增长11.7%。

在限额以上企业商品零售额中，粮油、食品、饮料、烟酒类零售额比上年增长14.6%，服装、鞋帽、针纺织品类增长9.8%，化妆品类增长8.8%，金银珠宝类增长7.3%，日用品类增长12.3%，家用电器和音像器材类增长11.4%，中西药品类增长14.2%，文化办公用品类增长15.2%，家具类增长16.1%，通讯器材类增长29.3%，建筑及装潢材料类增长18.7%，汽车类增长5.3%，石油及制品类下降6.6%。

全年网上零售额38773亿元，比上年增长33.3%，其中网上商品零售额32424亿元，增长31.6%。在网上商品零售额中，吃类商品增长40.8%，穿类商品增长21.4%，用类商品增长36%。

【对外经济】2015年货物进出口总额245741亿元，比上年下降7.0%。其中，出口141255亿元，下降1.8%；进口104485亿元，下降13.2%。货物进出口差额（出口减进口）36770亿元，比上年增加13244亿元。

2015年货物进出口总额及其增长速度：

指标	金额（亿元）	比上年增长（%）
货物进出口总额	245741	−7.0
货物出口额	141255	−1.8
其中：一般贸易	75456	2.1
加工贸易	49553	−8.8
其中：机电产品	81421	1.1
高新技术产品	40737	0.4
货物进口额	104485	−13.2
其中：一般贸易	57323	−15.9
加工贸易	27772	−13.7
其中：机电产品	50111	−4.5
高新技术产品	34073	0.6
货物进出口差额（出口减进口）	36770	—

2015年主要商品出口数量、金额及其增长速度：

商品名称	单位	金额（亿元）	比上年增长(%)	数量（亿元）	比上年增长(%)
煤（包括褐煤）	万吨	533	−7.1	31	−27.7
钢材	万吨	11240	19.9	3890	−10.6
纺织纱线、织物及制品	—	—	—	6796	−1.3
服装及衣着附件	—	—	—	10819	−5.5
鞋类	万吨	447	−8.4	3319	−3.9
家具及其零件	—	—	—	3277	2.6
自动数据处理设备及其部件	万台	171508	−10.6	9461	−15.2
手持或车载无线电话	万台	134342	2.4	7711	8.8
集装箱	万个	272	−10.1	475	−14.2
液晶显示板	万个	229344	−6.4	1923	−1.5
汽车	万辆	72	−19.4	696	−9.5

2015年主要商品进口数量、金额及其增长速度：

商品名称	数量（万吨）	比上年增长（%）	金额（亿元）	比上年增长（%）
谷物及谷物粉	3270	67.6	582	52.4
大豆	8169	14.4	2157	−12.8
食用植物油	676	4.1	311	−14.5
铁矿砂及其精矿	95272	2.2	3574	−37.7
氧化铝	465	−11.8	101	−14.2
煤（包括褐煤）	20406	−29.9	749	−45.2
原油	33550	8.8	8333	−40.5
成品油	2990	−0.3	886	−38.5
初级形状的塑料	2610	2.9	2793	−11.8
纸浆	1984	10.4	792	6.9
钢材	1278	−11.4	889	−19.2
未锻轧铜及铜材	481	−0.3	1804	−17.4

2015年对主要国家和地区货物进出口额及其增长速度：

国家和地区	出口额（亿元）	比上年增长（%）	进口额（亿元）	比上年增长（%）
欧盟	22096	−3.0	12985	−13.6
美国	25425	4.5	9238	−5.4

东盟	17221	3.1	12097	−5.4
中国香港	20589	−7.7	797	2.8
日本	8424	−8.3	8881	−11.4
韩国	6291	2.1	10847	−7.1
中国台湾	2785	−2.0	8904	−4.6
印度	3612	8.5	831	−17.2
俄罗斯	2161	−34.5	2066	−19.1

2015年服务进出口总额7130亿美元，比上年增长14.6%。其中，服务出口2882亿美元，增长9.2%；服务进口4248亿美元，增长18.6%。服务进出口逆差1366亿美元。

全年吸收外商直接投资（不含银行、证券、保险）新设立企业26575家，比上年增长11.8%。实际使用外商直接投资金额7814亿元（折1263亿美元），增长6.4%。其中“一带一路”沿线国家吸收外商直接投资新设立企业2164家，增长18.3%；实际使用外商直接投资金额526亿元（折85亿美元），增长25.3%。

全年对外直接投资额（不含银行、证券、保险）7351亿元，按美元计价为1180亿美元，比上年增长14.7%。其中，我国对“一带一路”沿线国家对外直接投资额达148亿美元，增长18.2%。

全年对外承包工程业务完成营业额9596亿元，按美元计价为1541亿美元，比上年增长8.2%。对外劳务合作派出各类劳务人员53万人，下降5.7%。

【交通运输、邮电业】2015年货物运输总量417亿吨，比上年增长0.2%。货物运输周转量177401亿吨公里，下降1.9%。全年规模以上港口完成货物吞吐量114.3亿吨，比上年增长1.6%，其中外贸货物吞吐量35.9亿吨，增长1.1%。规模以上港口集装箱吞吐量20959万标准箱，增长4.1%。

2015年各种运输方式完成货物运输量及其增长速度：

指标	绝对数	比上年增长（%）
货物运输总量（亿吨）	417.1	0.2
铁路（亿吨）	33.6	−11.9
公路（亿吨）	315.0	1.2
水运（亿吨）	61.4	2.5
民航（亿吨）	625.3	5.2
管道（亿吨）	7.1	1.7
货物运输周转量（亿吨公里）	177400.7	−1.9
铁路（亿吨公里）	23754.3	−13.7
公路（亿吨公里）	57955.7	2.0
水运（亿吨公里）	91344.6	−1.2
民航（亿吨公里）	207.3	10.4
管道（亿吨公里）	4138.8	6.6

全年旅客运输总量194亿人次，比上年下降4.4%。旅客运输周转量30047亿人公里，增长4.9%。

2015年各种运输方式完成旅客运输量及其增长速度：

指标	绝对数	比上年增长（%）
旅客运输总量（亿人次）	194.3	−4.4
铁路（亿人次）	25.3	10.0
公路（亿人次）	161.9	−6.7
水运（亿人次）	2.7	2.8
民航（亿人次）	4.4	11.1
旅客运输周转量（亿人公里）	30047.0	4.9
铁路（亿人公里）	11960.6	6.4
公路（亿人公里）	10742.7	−2.3
水运（亿人公里）	73.1	−1.7
民航（亿人公里）	7270.7	14.8

年末全国民用汽车保有量达到17228万辆（包括三轮汽车和低速货车955万辆），比上年末增长11.5%，其中私人汽车保有量14399万辆，增长14.4%。民用轿车保有量9508万辆，增长14.6%，其中私人轿车8793万辆，增长15.8%。

全年完成邮电业务总量28220亿元，比上年增长29.2%。其中，邮政行业业务总量5079亿元，增长37.4%；电信业务总量23142亿元，增长27.5%。邮政业全年完成邮政函件业务45.8亿件，包裹业务0.4亿件，快递业务量206.7亿件；快递业务收入2770亿元。电信业全年新增移动电话交换机容量6529万户，达到211066万户。年末全国电话用户总数达到153673万户，其中移动电话用户130574万户。移动电话普及率上升至95.5部/百人。固定互联网宽带接入用户21337万户，比上年增加1289万户；移动宽带用户78533万户，增加20279万户。移动互联网接入流量41.9亿G，比上年增长103%。互联网上网人数6.88亿人，增加3951万人，其中手机上网人数6.20亿人，增加6303万人。互联网普及率达到50.3%。软件和信息技术服务业完成软件业务收入43249亿元，比上年增长16.6%。

【旅游业】2015年国内游客40亿人次，比上年增长10.5%，国内旅游收入34195亿元，增长13.1%。入境游客13382万人次，增长4.1%。其中，外国人2599万人次，下降1.4%；香港、澳门和台湾同胞10783万人次，增长5.6%。在入境游客中，过夜游客5689万人次，增长2.3%。国际旅游收入1137亿美元，增长7.8%。国内居民出境12786万人次，增长9.7%。其中因私出境12172万人次，增长10.6%；赴港澳台出境8588万人次，增长4.4%。

【金融】2015年末广义货币供应量（M2）余额139.2万亿元，比上年末增长13.3%；狭义货币供应量（M1）余额40.1万亿元，增长15.2%；流通中货币（M0）余额6.3万亿元，增长4.9%。

全年社会融资规模增量15.4万亿元，按可比口径计算，比上年少4675亿元。年末全部金融机构本外币各项存款余额139.8万亿元，比年初增加15.3万亿元，其中人民币各项存款余额135.7万亿元，增加15.0万亿元。全部金融机构本外币各项贷款余额99.3万亿元，增加11.7万亿元，其中人民币各项贷款余额94.0万亿元，增加11.7万亿元。

年末主要农村金融机构（农村信用社、农村合作银行、农村商业银行）人民币贷款余额120321亿元，比年初增加13433亿元。全部金融机构人民币消费贷款余额189520亿元，增加35869亿元。其中，个人短期消费贷款余额41008亿元，增加8497亿元；个人中长期消费贷款余额148512亿元，增加27373亿元。

全年上市公司通过境内市场累计筹资29814亿元，比上年增加21417亿元。其中，首次公开发行A股220只，筹资1579亿元；A股再筹资（包括配股、公开增发、非公开增发、认股权证）6711亿元，增加2546亿元；上市公司通过发行可转债、可分离债、公司债、中小企业私募债筹资21524亿元，增加17961亿元。全年首次公开发行创业板股票86只，筹资309亿元。

全年发行公司信用类债券6.72万亿元，比上年增加1.57万亿元。

全年保险公司原保险保费收入24283亿元，比上年增长20.0%。其中，寿险业务原保险保费收入13242亿元，健康险和意外伤害险业务原保险保费收入3046亿元，财产险业务原保险保费收入7995亿元。支付各类赔款及给付8674亿元。其中，寿险业务给付3565亿元，健康险和意外伤害险赔款及给付915亿元，财产险业务赔款4194亿元。

教育和科学技术

【教育】2015年研究生教育招生64.5万人，在学研究生191.1万人，毕业生55.2万人。普通本专科招生737.8万人，在校生2625.3万人，毕业生680.9万人。中等职业教育招生601.2万人，在校生1656.7万人，毕业生567.9万人。普通高中招生796.6万人，在校生2374.4万人，毕业生797.6万人。初中招生1411.0万人，在校生4312.0万人，毕业生1417.6万人。普通小学招生1729.0万人，在校生9692.2万人，毕业生1437.2万人。特殊教育招生8.3万人，在校生44.2万人，毕业生5.3万人。学前教育在园幼儿4264.8万人。九年义务教育巩固率为93.0%，高中阶段毛入学率为87.0%。

【科学技术】2015年研究与试验发展（R&D）经费支出14220亿元，比上年增长9.2%，与国内生产总值之比为2.10%，其中基础研究经费671亿元。全年国家安排了3574项科技支撑计划课题，2561项“863”计划课题。截至年底，累计建设国家工程研究中心132个，国家工程实验室158个，国家认定企业技术中心1187家。国家新兴产业创投计划累计支持设立206家创业投资企业，资金总规模557亿元，投资创业企业1233家。全年受理境内外专利申请279.9万件，授予专利权171.8万件。截至年底，有效专利547.8万件，其中境内有效发明专利87.2万件，每万人口发明专利拥有量6.3件。全年共签订技术合同30.7万项，技术合同成交金额9835亿元，比上年增长14.7%。

全年成功完成19次宇航发射。长征六号、长征十一号新型运载火箭成功首飞；地球静止轨道分辨率最高的遥感卫星“高分四号”成功发射；完成4颗新一代北斗导航卫星发射，北斗卫星导航系统全球组网稳步推进；国产首架大飞机C919成功总装下线。

年末全国共有产品检测实验室31768个，其中国家检测中心641个。全国现有产品质量、体系认证机构221个，已累计完成对136780个企业的产品认证。全国共有法定计量技术机构3830个，全年强制检定计量器具7354万台（件）。全年制定、修订国家标准1931项，其中新制定1330项。全年中央气象台和省级气象台共发布气象预警信号5939次，警报6107次。全国共有地震台站1687个，区域地震台网32个。全国共有海洋观测站（点）124个。测绘地理信息部门公开出版地图2003种。

2015年1月9日，中共中央、国务院在北京举行2014年度国家科学技术奖励颁奖大会。中国科学院于敏院士获国家最高科学技术奖。国务院批准，2014年度国家自然科学奖授奖项目46项，其中：一等奖1项，二等奖45项；国家技术发明奖授奖项目70项，其中：一等奖3项（通用项目1项，专用项目2项），二等奖67项（通用项目53项，专用项目14项）；国家科学技术进步奖授奖项目202项，其中：特等奖3项（通用项目1项，专用项目2项），一等奖26项（通用项目14项，专用项目9项，创新团队3项），二等奖173项（通用项目136项，专用项目37项）；授予7名外籍专家和1个外国组织中华人民共和国国际科学技术合作奖。

中国科学院成立于1949年11月1日。院长白春礼，2011年任职。

中国工程院成立于1994年6月3日。院长周济，2010年任职。

文化、卫生和体育

【文化】2015年末全国文化系统共有艺术表演团体2052个，博物馆2956个。全国共有公共图书馆3136个，总流通58339万人次；文化馆3315个。有线电视用户2.39亿户，其中有线数字电视用户2.02亿户。年末广播节目综合人口覆盖率为98.2%，电视节目综合人口覆盖率为98.8%。全年生产电视剧395部16560集，电视动画片134011分钟。全年生产故事影片686部，科教、纪录、动画和特种影片202部。出版各类报纸440亿份，各类期刊30亿册，图书81亿册（张），人均图书拥有量[46]5.91册（张）。年末全国共有档案馆4196个，已开放各类档案13294万卷（件）。

【卫生】2015年末全国共有医疗卫生机构990248个，其中医院27215个，乡镇卫生院36869个，社区卫生服务中心（站）34588个，诊所（卫生所、医务室）195866个，村卫生室644751个，疾病预防控制中心3492个，卫生监督所（中心）3097个。卫生技术人员803万人，其中执业医师和执业助理医师300万人，注册护士328万人。医疗卫生机构床位708万张，其中医院534万张，乡镇卫生院121万张。

【**体育**】2015年我国运动员在25个运动大项中获得127个世界冠军，共创12项世界纪录。全年我国残疾人运动员在34项国际赛事中获得395个世界冠军。

人民生活

2015年全国居民人均可支配收入21966元，比上年增长8.9%，扣除价格因素，实际增长7.4%；全国居民人均可支配收入中位数19281元，增长9.7%。按常住地分，城镇居民人均可支配收入31195元，比上年增长8.2%，扣除价格因素，实际增长6.6%；城镇居民人均可支配收入中位数为29129元，增长9.4%。农村居民人均可支配收入11422元，比上年增长8.9%，扣除价格因素，实际增长7.5%；农村居民人均可支配收入中位数为10291元，增长8.4%。全年农村居民人均纯收入为10772元。全国农民工人均月收入3072元，比上年增长7.2%。全国居民人均消费支出15712元，比上年增长8.4%，扣除价格因素，实际增长6.9%。按常住地分，城镇居民人均消费支出21392元，增长7.1%，扣除价格因素，实际增长5.5%；农村居民人均消费支出9223元，增长10.0%，扣除价格因素，实际增长8.6%。

2015年末全国参加城镇职工基本养老保险人数35361万人，比上年末增加1236万人。参加城乡居民基本养老保险人数50472万人，增加365万人。参加城镇基本医疗保险人数66570万人，增加6823万人。其中，参加职工基本医疗保险人数28894万人，增加598万人；参加城镇居民基本医疗保险人数37675万人，增加6225万人。参加失业保险人数17326万人，增加283万人。年末全国领取失业保险金人数227万人。参加工伤保险人数21404万人，增加765万人，其中参加工伤保险的农民工7489万人，增加127万人。参加生育保险人数17769万人，增加730万人。年末全国共有1708.0万人享受城市居民最低生活保障，4903.2万人享受农村居民最低生活保障，农村五保供养517.5万人。全年资助5910.3万城乡困难群众参加基本医疗保险。按照每人每年2300元（2010年不变价）的农村扶贫标准计算，2015年农村贫困人口5575万人，比上年减少1442万人。

军　事

中华人民共和国武装力量由中国人民解放军现役部队和预备役部队、中国人民武装警察部队、民兵组成。中国的武装力量属于人民，受中国共产党领导。中华人民共和国中央军事委员会（简称“中央军委”）领导全国武装力量。中央军委由主席，副主席若干人，委员若干人组成，实行主席负责制。主席由全国人大选举产生，对全国人大及其常务委员会负责，每届任期与全国人大每届任期相同，但没有届数限制。2012年11月，中共十八届一中全会决定习近平为中共中央军事委员会主席，范长龙、许其亮为副主席。2013年3月，十二届全国人大一次会议选举习近平为中华人民共和国中央军事委员会主席，范长龙、许其亮为副主席。

中国人民解放军现役部队是国家的常备军，中央军事委员会是解放军的最高军事机关，下设中央军委办公厅、中央军委联合参谋部、中央军委政治工作部、中央军委后勤保障部、中央军委装备发展部、中央军委训练管理部、中央军委国防动员部等机构。中国人民解放军由陆军、海军、空军、火箭军和战略支援部队五大军种组成，在全国范围内设立东、南、西、北、中五个战区。主要领导人为：中央军委主席习近平、副主席范长龙、许其亮、委员常万全（国防部长）、房峰辉（中央军委联合参谋部参谋长）、张明（中央军委政治工作部主任）、赵克石（中央军委后勤保障部部长）、张又侠（中央军委装备发展部部长）、吴胜利（海军司令员）、马晓天（空军司令员）、魏凤和（火箭军司令员）。

中国武装力量的根本任务，是巩固国防、抵抗侵略、保卫祖国。中国武装力量的多样化运用，坚持以国家核心安全需求为导向，着眼维护和平、遏制危机和打赢战争，保卫边防、海防、空防安全，加强战备工作和实战化演习演练，随时应对和坚决制止一切危害国家主权、安全、领土完整的挑衅行为，坚决维护国家核心利益。中共十八大报告中提出，加快推进国防和军队现代化。建设与中国国际地位相称、与国家安全和发展利益相适应的巩固国防和强大军队，是中国现代化建设的战略任务。

2015年11月24—26日，中共中央总书记、国家主席、中央军委主席习近平主持召开中央军委改革工作会议并发表重要讲话。习近平强调，把握深化国防和军队改革的指导思想，关键是要抓住党在新形势下的强军目标这个“牛鼻子”，坚持用强军目标审视、引领、推进改革；要着眼于贯彻新形势下政治建军的要求，推进领导掌握部队和高效指挥部队有机统一，形成军委管总、战区主战、军种主建的格局；要着眼于深入推进依法治军、从严治军，抓住治权这个关键，构建严密的权力运行制约和监督体系；要着眼于打造精锐作战力量，优化规模结构和部队编成，推动我军由数量规模型向质量效能型转变。

2015年9月3日上午，纪念中国人民抗日战争暨世界反法西斯战争胜利70周年大会在天安门广场隆重举行，中共中央总书记、国家主席、中央军委主席习近平发表重要讲话并检阅受阅部队。在纪念大会上，习主席宣布中国将裁减军队员额30万。以抗战胜利为主题举行阅兵，是新中国成立以来的第一次。阅兵分列式上，2个抗战老同志乘车方队、11个徒步方队、27

个地面装备方队以及10个空中梯队，依次通过天安门广场接受检阅。

2015年年初，也门安全形势严重恶化，为保护中国公民生命财产安全，中国政府决定撤离在也门中方人员。中国在亚丁湾、索马里海域执行护航任务的“临沂舰”和“潍坊舰”赶赴也门执行任务。在此次也门撤离行动中，中国政府共协助来自15个国家的共279名外国公民安全撤离。这是中国海军舰艇首次实施撤离外国公民的国际救助行动。

根据联合国安理会有关决议并经索马里过渡联邦政府同意，中国政府于2008年12月26日派遣海军舰艇编队赴亚丁湾、索马里海域实施护航。主要任务是保护中国航经该海域的船舶、人员安全，保护世界粮食计划署等国际组织运送人道主义物资船舶的安全，并尽可能为航经该海域的外国船舶提供安全掩护。截至2015年底，中国派出了21批编队远赴亚丁湾、索马里海域执行护航任务，圆满完成了896批6089艘中外船舶护航任务，成功解救、接护和救助了60余艘遇险的中外船舶。

中国认真履行国际责任和义务，支持并积极参加联合国维和行动。1990年，人民解放军首次参加联合国维和行动。1992年，首次派遣成建制部队。迄今为止，人民解放军共参加23项联合国维和行动，累计派出维和军事人员2.2万人次。目前，中国是联合国安理会5个常任理事国中派遣维和军事人员最多的国家，是联合国115个维和出兵国中派出工兵、运输和医疗等保障分队最多的国家，是缴纳维和摊款最多的发展中国家。截至2015年5月，中国共向联合国6个维和任务区派驻15支维和分队2837人，另向联合国9个任务区派有军事观察员、参谋军官89名，合计2926人，成为联合国安理会常任理事国中派出维和人员最多的国家。

2015年解放军在多地展开使命课题联合训练、联合专项训练、军种间互为条件训练和中外联合训练等4个系列多场次联演联训，共有50多个军以上单位、530多个师旅和直属团、170多支战略战役支援力量参训。中外联合训练重点在反恐、特种作战、维护海洋权益、人道主义救援和国际维和等领域，与俄罗斯、巴基斯坦、哥伦比亚、泰国、土耳其等10多个国家展开20余场联演联训。

中国政府坚持国防建设与经济建设协调发展的方针，根据国防需求和国民经济发展水平合理确定国防经费规模。2015年中国国防预算8868.98亿元，比上年增长10. 1%。尽管有了一定增长，但中国国防费的规模仍是有限的，与世界主要国家相比，还处在较低水平。

对外关系

中国外交政策的宗旨是维护世界和平、促进共同发展。中国高举和平、发展、合作、共赢的旗帜，坚定奉行独立自主的和平外交政策，始终不渝走和平发展道路，始终不渝奉行互利共赢的开放战略，坚决维护国家主权、安全、发展利益，坚持在和平共处五项原则基础上全面发展同各国的友好合作，推动建设持久和平、共同繁荣的和谐世界，同各国人民一道为人类和平与发展的崇高事业而不懈努力。

2015年是第二次世界大战结束和联合国成立70周年，是人类社会反思过去、开启未来的重要年份。一年来，国际体系加速演变，地缘与安全挑战交织联动，全球经济深入调整，世界处于格局转换、体系变革的关键阶段。中国外交牢牢把握坚持和平发展、促进民族复兴这一主线，聚焦和平与发展两大主题，统筹推进丰富多彩的全方位外交活动，凸显了中国特色，取得多方面积极成效。

2015年，从博鳌亚洲论坛到联合国成立70周年系列峰会，习近平主席全面系统阐述打造人类命运共同体的重大主张，提出打造人类命运共同体“五位一体”的总路径和总布局，成为中国外交又一面重要旗帜。

中国成功举办中国人民抗日战争暨世界反法西斯战争胜利70周年纪念活动，同世界60个国家和国际地区组织一道，共同发出坚定维护二战胜利成果、坚定维护以《联合国宪章》宗旨和原则为核心的国际关系准则、坚定维护世界和平正义的时代强音。

中国大力促进与世界各国共同繁荣，推动建立亚洲基础设施投资银行和金砖国家新开发银行，实现人民币纳入国际货币基金组织特别提款权货币篮子，推动全球经济金融治理更趋完善。习近平主席出席联合国成立70周年系列峰会，宣布设立中国—联合国和平与发展基金和南南合作援助基金、加入联合国维和待命机制并组建8000人维和待命部队、免除对最不发达国家债务等一系列重大举措，受到国际社会高度赞誉。习近平主席出席气候变化巴黎大会，系统提出推进全球气候治理的主张，为达成全面、均衡、有力度和有约束力的协议作出重要贡献。

中国深度参与伊朗核问题全面协议谈判，积极斡旋南苏丹国内和解，提出政治解决叙利亚问题“四步走”框架思路，推动阿富汗政府与塔利班开启和谈，坚定维护朝鲜半岛无核化进程和半岛和平稳定，为通过对话谈判解决国际和地区热点问题发挥建设性作用；坚决反对一切形式的恐怖主义，坚持综合施策、标本兼治，积极参与国际和地区反恐合作。

中国秉持共商、共建、共享原则，发布《推动共建“一带一路”的愿景与行动》文件，推动同“一带一路”沿线国家发展战略对接，同二十多国签署相关合作协议，为“一带一路”建设奠定坚实基础。同二十多国签署产能合作协议，初步形成覆盖亚、非、拉、欧四大洲的国际产能合作布局，带动了中国与世界各国共同发展。

截至2015年年底，中国同172个国家建立了外交关系。

截至2015年年底，中国在外国设立总领事馆98个、领事馆5个、领事办公室3个；外国在中国内地设立总领事馆192个、领事馆5个、领事代理处1个、领事办公室6个、名誉领事9个；外国在中国香港设立总领事馆69个、名誉领事71个；外国在中国澳门设立总领事馆4个、名誉领事12个。

【同亚洲国家的关系】2015年，中国牢牢把握国际国内两个大局，围绕和平与发展两大主题，大力拓展与亚洲国家全方位交流合作，打造互利共赢、共同繁荣的亚洲命运共同体。中国将周边放在外交全局的首要位置，视促进亚洲和平、稳定、发展为己任。中国秉持亲诚惠容的周边外交理念，坚持与邻为善、以邻为伴，坚持睦邻、安邻、富邻，弘扬和谐共处、睦邻友好、协商对话、尊重多样文明和团结合作的亚洲精神，继续从周边先行起步推动建立以合作共赢为核心的新型国际关系，不断深化同周边国家的互利合作，与亚洲各国人民共享发展成果。

高层交往不断密切，主场外交亮点纷呈。习近平主席访问巴基斯坦、越南、新加坡，赴印度尼西亚出席亚非领导人会议和万隆会议60周年纪念活动，赴菲律宾出席亚太经合组织第23次领导人非正式会议，在联合国系列峰会、金砖峰会、二十国集团峰会、气候变化巴黎大会等场合同周边国家领导人互动交流。习近平主席就中国与亚洲国家关系、南南合作、亚非合作等提出一系列重要主张，获得亚洲各国领导人热烈反响。李克强总理访问韩国并重启中断三年的中日韩领导人会议，访问马来西亚并出席东亚合作领导人系列会议，有力带动了与有关国家双边关系和区域合作发展。中国成功举办中国人民抗日战争暨世界反法西斯战争胜利70周年纪念活动及博鳌亚洲论坛2015年年会等主场外交活动，为维护世界和平、促进全球发展发挥了建设性作用。

互利合作提质增速，利益融合不断深化。“一带一路”构想完成规划并启动实施，为共建繁荣亚洲注入了强劲动力。中国秉持共商、共建、共享原则，积极推动“一带一路”同亚洲国家发展战略进行对接，亚洲基础设施投资银行正式成立，丝路基金全面启动运行，一批多边或双边大项目合作稳步推进。中国与亚洲国家的基础设施建设和互联互通合作取得重要进展，中国与印尼敲定雅加达至万隆高铁项目，中老（挝）铁路、中泰（国）铁路分别举行开工与启动仪式，中越（南）加紧制定老街—河内—海防标轨铁路线路规划，中印（度）在铁路既有线路提速、车站再开发、新德里—孟买高铁项目可行性研究等方面合作取得进展。经济走廊建设形成良好势头。中巴（基斯坦）经济走廊项目形成走廊与瓜达尔港、能源、交通基础设施、产业“1+4”的合作布局，孟中印缅经济走廊四方联合工作组工作取得成效，中蒙俄经济走廊合作规划纲要正在编制。产能合作全面铺开，产业园区、跨境经济合作园区、临港工业园等各种形式的园区建设不断推进。

区域合作再上台阶，一体化进程不断推进。澜沧江—湄公河次区域合作首次外长会成功举行，标志着新型次区域合作机制正式启航。中日韩合作重拾势头，中日韩自贸区谈判稳步推进。中国—东盟（10+1）合作不断深化，中国同东盟落实“2+7合作框架”，实质性完成中国—东盟自贸区升级谈判，成功举办“中国—东盟海洋合作年”，制订《落实中国—东盟面向和平与繁荣的战略伙伴关系联合宣言行动计划（2016—2020）》。中国继续支持东盟发展壮大，支持东盟共同体建设，支持东盟在东亚合作中的中心地位，积极参与东盟与中日韩（10+3）、东亚峰会、东盟地区论坛等框架下的合作，稳步推进“区域全面经济伙伴关系协定”谈判。中国发挥南盟和中国—南亚博览会“两个平台”作用，续推南亚区域合作。

安全合作不断走实，稳妥管控热点问题。中国坚定捍卫亚洲和平与安全，维护亚洲秩序与正义，不断推进安全合作对话，维护亚洲和平稳定的中流砥柱作用更加突出。中国首次举办中国—东盟防长非正式会晤和中国—东盟执法安全合作部长级对话，成功举办第六届香山论坛，同亚洲国家多次举行联合演习、训练，开展湄公河联合巡逻执法行动。在朝鲜半岛核问题上，中国推动各方加强接触，维护无核化进程，探索创建朝鲜半岛和东北亚和平安全机制。在缅北问题上，中国发挥建设性作用，推动缅甸各方开展接触和谈，努力稳住缅北局势，妥善处理边境敏感问题。在阿富汗问题上，中国推动各方和谈，积极参与阿富汗和解进程。在南海问题上，中国坚定维护自身合法、合理的领土主权和海洋权益，支持并倡导处理南海问题的“双轨思路”，推动同有关国家全面有效落实《南海各方行为宣言》，推进“南海行为准则”磋商进程，有效管控分歧，推动海上合作，共同维护南海和平稳定与航行飞越自由。

人文交流更趋活跃，民心相通不断深化。中国大力推进同周边国家多层次人文交流，增进政党、议会、文化、旅游、影视、教育、科技、青少年、媒体等交流合作。中韩人文交流共同委员会机制下的合作领域和项目数量进一步拓展，中日友好交流大会成功举行。中国同马来西亚、越南就设立文化中心分别签署合作文件，新加坡中国文化中心正式揭牌运营，柬埔寨中国文化之家运转顺畅，厦门大学马来西亚分校建设进展顺利。“印度旅游年”在中国成功举办，经乃堆拉山口的印度官方香客朝圣路线顺利开通。中国同巴基斯坦、孟加拉国、尼泊尔分别以庆祝“中巴友好交流年”、中孟建交40周年、中尼建交60周年为契机共同举办了一系列丰富多彩的庆祝活动。此外，中国在尼泊尔、阿富汗、巴基斯坦地震，缅甸洪灾和印尼林火灾害之后，及时伸出援手，体现了同亚洲国家守望相助、和衷共济的友好传承。

【同西亚北非国家的关系】2015年，西亚北非地区处于动荡、变化的调整期，催化大国关系和地区格局复杂演变。中国积极稳妥推进对地区外交工作，继续巩固和发展同地区国家的传统友好关系。

中国与地区国家政治互信更加牢固。埃及总统塞西、苏丹总统巴希尔来华出席中国人民抗日战争暨世界反法西斯战争胜利70周年纪念活动，约旦国王阿卜杜拉二世、毛里塔尼亚总统阿齐兹、伊拉克总理阿巴迪、阿尔及利亚总理萨拉勒、阿联酋阿布扎比王储穆罕默德等地区国家领导人访华。中共中央政治局委员、国务院副总理汪洋访问巴勒斯坦、以色列，中共中央政治局委员、中央书记处书记、中组部部长赵乐际访问阿联酋，杨洁篪国务委员赴沙特出席吊唁活动，访问阿尔及利亚、伊拉克、埃及以及阿盟总部。外交部长王毅访问伊拉克、埃及。中国与苏丹、约旦、伊拉克建立战略伙伴关系，与土耳其建立副总理级政府间合作委员会机制。中阿合作论坛第12次高官会举行。

推进"一带一路"建设和国际产能合作，务实合作提质升级。2015年，中国与地区国家双边贸易额达2697亿美元。进口原油1 82亿吨，同比增长6 1%。与土耳其签署关于对接"一带一路"和"中间走廊"倡议的谅解备忘录，与埃及签署产能合作框架协议。与阿联酋建立共同投资基金，完成中以（色列）自贸区可行性研究，埃及、伊朗、以色列、约旦、科威特、阿曼、卡塔尔、沙特、土耳其、阿联酋等10国成为亚洲基础设施投资银行意向创始成员国。设立中阿技术转移中心，与阿盟就阿拉伯和平利用核能培训中心、中阿清洁能源培训中心、"北斗"卫星导航系统落地阿拉伯项目合作协议达成一致。举办中阿产能合作与投资促进研讨会。南南合作促进会会长吕新华率产能合作考察团访问伊朗、苏丹和阿尔及利亚。

中方对地区热点积极劝和促谈。巴以问题上，中方邀请伊斯兰合作组织巴勒斯坦和耶路撒冷问题部长联络小组代表团访华，中东问题特使出访巴以，为推动缓和巴以局势、促进巴以复谈作出努力。叙利亚问题上，中方努力推动政治解决叙利亚问题，积极参与叙利亚国际支持小组各项工作，对叙利亚政府和反对派劝和促谈，帮助缓解叙利亚人道主义状况。伊朗核问题上，中方主动做各方工作，为达成全面协议发挥独特作用。也门问题上，推动各派势力政治解决也门问题。南苏丹问题上，中方积极参与南苏丹和平进程，外交部长王毅在访问苏丹期间倡议召开"支持伊加特南苏丹和平进程专门磋商"。同政府间发展组织（伊加特）及其他国际社会各方携手合作，推动南苏丹冲突各方签署《解决南苏丹冲突协议》。

人文交流丰富多彩。在中阿合作论坛框架下，中阿人文交流成果丰硕。第六届中阿关系暨中阿文明对话研讨会、第二届中国与伊斯兰文明研讨会在华成功举办。第三批阿拉伯专家学者团、第三批阿拉伯国家青年代表团、阿拉伯媒体代表团、阿拉伯国家伊斯兰学者代表团、阿拉伯国家汉语专业优秀学生代表团访华。

【同撒哈拉以南非洲国家的关系】2015年中非关系快速发展、亮点纷呈，中非合作进入全面发展的新阶段。

中非关系迈上新台阶。12月4—5日，中非合作论坛约翰内斯堡峰会在南非成功举行。国家主席习近平同南非总统雅各布·祖马共同主持峰会，43位国家元首和政府首脑出席会议。中非领导人一致同意将中非新型战略伙伴关系提升为全面战略合作伙伴关系，构筑政治上平等互信、经济上合作共赢、文明上交流互鉴、安全上守望相助、国际事务中团结协作的"五大支柱"，着力实施工业化、农业现代化、基础设施建设、金融、绿色发展、贸易和投资便利化、减贫惠民、公共卫生、人文、和平安全"十大合作计划"。

中非高层交往频繁。12月1—3日，习近平主席对津巴布韦和南非进行国事访问。全国人大常委会副委员长张平，国务委员兼国防部长常万全上将，国务委员杨洁篪，全国政协副主席、中共中央对外联络部部长王家瑞，以及外交部长王毅等先后访问撒哈拉以南非洲国家。3月，乌干达总统约韦里·卡古塔·穆塞韦尼访华，赞比亚总统埃德加·查格瓦·伦古来华出席博鳌亚洲论坛2015年年会并访华。4月，赤道几内亚总统特奥多罗·奥比昂·姆巴索戈访华。6月，安哥拉总统若泽·爱德华多·多斯桑托斯、喀麦隆总理菲勒蒙·杨分别访华。9月，南非总统雅各布·祖马、刚果（金）总统约瑟夫·卡比拉·卡邦格、埃塞俄比亚总理海尔马里亚姆·德萨莱尼来华出席中国人民抗日战争暨世界反法西斯战争胜利70周年纪念活动，马拉维总统阿瑟·彼得·穆塔里卡来华出席第九届"夏季达沃斯论坛"。10月，乍得总统伊德里斯·代比·伊特诺来华出席2015减贫与发展高层论坛。11月，利比里亚总统埃伦·约翰逊·瑟利夫访华。此外，该地区还有多位副总统、议长、外长等访华或来华出席国际会议。

中国与非洲地区组织关系持续深化。6月，习近平主席致电祝贺非盟第25届首脑会议召开。9月，习近平主席在第70届联合国大会期间宣布未来五年向非盟提供1亿美元无偿军事援助。5月，外交部副部长张明访问非盟总部，与非盟委员会主席祖马共同主持中国—非盟第六轮战略对话，并共同出席了中国驻非盟使团开馆仪式。中国积极发展同非洲次区域组织关系，出席环印度洋联盟部长理事会会议。10月，非盟委员会主席恩科萨扎纳·德拉米尼·祖马访华。

中非务实合作全面发展。受国际大宗商品价格下跌等因素影响，2015年，中非贸易额有所下降；中国对非非金融类投资流量23 8亿美元，各类投资存量突破300亿美元。中非合作论坛第五届部长会后续行动落实工作如期全面完成。中国向非洲国家提供200亿美元贷款额度、提供18万个政府奖学金名额、派遣1500名医疗队员等承诺提前超额完成，援非农业技术示范中心、职业技术培训设施、打井供水项目等进展顺利。中国进一步加大对非洲和平与安全事务的参与力度，积极参与南苏丹等非洲热点问题斡旋与调解，继续参与联合国在非维和行动。“中非联合研究交流计划”“中非民间友好行动”和“中非新闻交流中心”等项目顺利执行，青年、媒体、法律、智库、地方政府、民间等一批分论坛相继成功举办。

中非在重大国际和地区问题上保持密切沟通和协调。中非在涉及彼此核心利益和重大关切问题上继续相互理解和支持，并在联合国、金砖国家机制、二十国集团等框架下就全球治理改革、气候变化等加强协调与配合。中方继续在安理会等场合为非洲仗义执言，支持非洲自主解决非洲问题的努力，呼吁国际社会优先扩大非洲国家在国际事务中的发言权和代表性。

【同欧亚地区国家的关系】2015年，中国同欧亚地区国家关系继续快速蓬勃发展，政治和战略互信进一步深化。

中国同欧亚地区国家高层交往频繁。5月7—12日，国家主席习近平访问哈萨克斯坦、俄罗斯、白俄罗斯，并出席在莫斯科举行的纪念卫国战争胜利70周年庆典。7月9—10日，习近平主席出席在俄罗斯乌法市举行的上海合作组织成员国元首理事会第15次会议。成员国元首共同签署、批准和发表了《上海合作组织成员国元首乌法宣言》《上海合作组织至2025年发展战略》《上海合作组织成员国元首关于世界反法西斯战争暨第二次世界大战胜利70周年的声明》等文件，宣布启动印度、巴基斯坦加入上海合作组织程序。6月8—10日，全国人大常委会委员长张德江赴俄出席中俄议会合作委员会机制性会议。6月底，国务院副总理张高丽访哈。12月10—13日，习近平主席特使、国家副主席李源潮出席土库曼斯坦获得永久中立国地位20周年庆典并访土。2015年，多位欧亚地区国家元首和政府首脑来华访问。3月下旬，亚美尼亚总统萨尔基相和哈萨克斯坦总统纳扎尔巴耶夫对中国进行国事访问和工作访问并出席博鳌亚洲论坛2015年年会。8月底，纳扎尔巴耶夫总统对中国进行国事访问。9月3日，俄、哈、白、乌兹别克斯坦、塔吉克斯坦、吉尔吉斯斯坦六国元首来华出席中国人民抗日战争暨世界反法西斯战争胜利70周年纪念活动。9月8—13日，格鲁吉亚总理加里巴什维利来华出席第九届“夏季达沃斯论坛”。9月23—26日，亚美尼亚总理阿布拉米扬来华出席2015欧亚经济论坛。11月11—12日，土库曼斯坦总统别尔德穆哈梅多夫对中国进行国事访问。12月8—11日，阿塞拜疆总统阿利耶夫对中国进行国事访问。12月15日，上海合作组织成员国政府首脑（总理）理事会第14次会议在郑州举行，哈总理马西莫夫、俄总理梅德韦杰夫、吉总理萨里耶夫先后对中国进行正式访问，并与塔总理拉苏尔佐达、乌（兹别克斯坦）第一副总理阿济莫夫共同出席了在乌镇举行的第二届世界互联网大会。

中国同欧亚地区国家务实合作提质升级。中俄两国元首签署《中俄关于丝绸之路经济带建设和欧亚经济联盟建设对接合作的联合声明》，正式启动“一带一盟”建设对接合作。中国分别同阿塞拜疆、乌兹别克斯坦、乌克兰、亚美尼亚、格鲁吉亚签署共建丝绸之路经济带有关文件。中国同欧亚地区国家能源合作继续深化，中俄东线天然气管道中国境内段开工建设，中国—中亚天然气管线A、B、C线稳定运营，D线建设正在筹备之中。中俄投资、财政、航空航天、高铁、地方等领域合作取得新进展，一批战略性大项目开始实施。中哈产能与投资合作确定了总金额超过240亿美元的52个早期收获清单。中白工业园建设全面推进，已从筹建阶段转入建设运营阶段。

中国同欧亚地区国家人文合作亮点纷呈。中俄以共同庆祝第二次世界大战胜利70周年为契机，举办了一系列纪念和庆祝活动。中俄青年友好交流年活动圆满落幕，中俄媒体交流年正式启动。中国依托孔子学院在欧亚地区推广汉语学习、传播中国文化，在欧亚地区国家举办“欢乐春节”、“中国电影周”、“汉语桥”等品牌性文艺交流活动，并组织多个青年、记者、企业家、宗教人士代表团来华参访。

中国同欧亚地区国家继续在重大地区和国际问题上保持密切沟通与协调，相互支持对方维护国家主权、独立和领土完整，均主张维护以联合国为核心的国际体系，共同推动国际体系和国际秩序朝着更加公正合理的方向发展。

【同欧洲国家的关系】2015年，中国与欧洲地区国家关系总体保持良好发展态势，各领域务实合作不断深入。

中欧高层交往频繁，政治互信更加坚实。2015年，中国与欧洲国家副总理以上级别领导人的互访90余起。国家主席习近平对英国进行国事访问，赴法国出席气候变化巴黎大会。在莫斯科出席俄罗斯纪念卫国战争胜利70周年庆典期间同捷克总统米洛什·泽曼寒暄。在纽约出席联合国成立70周年系列峰会期间会见罗马尼亚总统克劳斯·约翰尼斯、希腊总理阿莱克西斯·齐普拉斯和丹麦首相拉尔斯·勒克·拉斯穆森。在土耳其安塔利亚出席二十国集团领导人第十次峰会期间会见西班牙首相马里亚诺·拉霍伊·布雷，并与德国总理安格拉·默克尔简短寒暄。国务院总理李克强出席达沃斯世界经济论坛年会并对瑞士进行工作访问，出席第17次中国欧盟领导人会晤并顺访比利时、访问法国，于正式访问拉美四国途中在爱尔兰香农、西班牙马略卡技术经停。第四次中国—中东欧国家领导人会晤在中国苏州举行，习近平主席集体会见所有与会欧方领导人，李克强总理主持会晤。此外，习近平主席特使、中央政法委书记孟建柱，国务院副总理张高丽，国务院副总理马凯，中央政治局委员、中央书记处书记、中共中央宣传部部长刘奇葆，中央政治局委员、北京市委书记郭金龙等分别访问英国、马耳他、德国、葡萄牙、西班牙、立陶宛、冰岛等欧洲国家。

多位欧洲地区政要访华。奥地利总统海因茨·菲舍尔、比利时国王菲利普、荷兰国王威廉–亚历山大、克罗地亚总统科琳达·格拉巴尔–基塔罗维奇、法国总统弗朗索瓦·奥朗德、波兰总统安杰伊·杜达对中国进行国事访问。法国总理曼努埃尔·瓦尔斯、德国总理安格拉·默克尔、荷兰首相马克·吕特、瑞典首相斯特凡·勒文访华。波兰总统、克罗地亚议会议长，阿尔巴尼亚、波黑、保加利亚、捷克、爱沙尼亚、匈牙利、拉脱维亚、立陶宛、马其顿、黑山、塞尔维亚、斯洛文尼亚12国总理，罗马尼亚、斯洛伐克副总理等中东欧16国领导人来华出席第四次中国—中东欧国家领导人会晤。

12个欧洲国家政府及欧盟机构的代表出席中国人民抗日战争暨世界反法西斯战争胜利70周年纪念活动。其中包括三位国家元首（捷克、塞尔维亚、波黑）、一位议长（波兰）、三位外长（法国、意大利、匈牙利）、二位部长级政府代表（英国、荷兰），以及欧盟、德国、卢森堡等国驻华大使。英国前首相布莱尔、德国前总理施罗德也出席纪念活动。此外，多位欧洲地区国家议长、副总理等访华或来华出席国际会议。

2015年是中国与瑞典、丹麦、瑞士、列支敦士登、芬兰建交65周年，与意大利建交45周年，与欧盟建交40周年，与摩纳哥建交20周年，与葡萄牙全面战略伙伴关系建立10周年。双方领导人互致贺电或贺函，王毅外长分别同欧盟外交与安全政策高级代表、丹麦外交大臣、瑞士外长联合撰文，建交庆祝活动内容丰富，高潮迭起。

中欧各级政治对话与磋商成果丰硕。第七次中英战略对话、新一轮中法战略对话、第五轮中欧高级别战略对话成功举行。首轮中德外长级外交和安全战略对话、中国与波兰政府间合作委员会首次全体会议顺利召开。外交部长王毅访问捷克、波兰、保加利亚、塞浦路斯，多次同英国、德国、法国、奥地利、立陶宛等国外交部长或外交大臣及欧盟外交与安全政策高级代表举行会谈或通话，并同欧盟及28个成员国驻华使节举行工作午餐。中国外交部与瑞士、葡萄牙、西班牙、意大利、波兰等国及欧盟举行各级别对口磋商，中国同维谢格拉德集团举行首次外交部司局级磋商。第六次中国—中东欧国家合作国家协调员会议在波兰举行。

中欧务实合作取得新突破。首次中德高级别财金对话、第三次中法高级别经济财金对话、第五次中欧经贸高层对话、第七次中英经济财金对话成功举行。中国分别与法国、意大利、奥地利、爱沙尼亚、立陶宛、西班牙等国及欧盟举行经贸联委会或混委会会议。欧盟成员国和机构对“一带一路”倡议和国际产能合作态度积极。双方同意推进三大对接，将中国“一带一路”倡议与欧洲发展战略对接、中国国际产能合作同欧洲投资计划对接、中国—中东欧合作与中欧整体合作相对接。中国同欧盟决定建立中欧共同投资基金、互联互通合作平台。中英同意积极探讨“一带一路”倡议与英基础设施升级改造计划及“英格兰北部经济中心”对接。中德决定开启“中国制造2025”和“德国工业4.0”对接。中国同匈牙利、罗马尼亚、波兰、塞尔维亚、捷克、保加利亚、斯洛伐克七个中东欧国家签署共建“一带一路”谅解备忘录。三方合作成为合作新亮点。中法签署《中法第三方市场合作联合声明》，一致同意建立中法共同基金。中英法三方就英国欣克利角核电站项目达成一揽子投资合同。金融合作再上新台阶。英国、法国、德国、奥地利、丹麦、芬兰、冰岛、意大利、卢森堡、荷兰、挪威、波兰、葡萄牙、西班牙、瑞典、瑞士、马耳他17个欧洲国家成为亚洲基础设施投资银行意向创始成员国。欧洲多国支持人民币加入国际货币基金组织特别提款权货币篮子，支持中国加入欧洲复兴开发银行。中英两国央行将双边本币互换规模从2000亿扩大到3500亿元人民币。中方决定在伦敦发行中国之外首支人民币主权债券和绿色债券。中欧国际交易所在德国法兰克福成立。瑞士、卢森堡、匈牙利分别获得500亿元人民币合格境外机构投资者额度。此外，中国—南欧国家海洋合作论坛在厦门举行，中欧在科技、能源、农业、交通、军事、地方等领域务实合作不断深入发展。中欧人文交流亮点纷呈。中英高级别人文交流机制第三次会议、中法高级别人文交流机制第二次会议、中欧高级别人文交流对话机制第三次会议成功举行。中国—北欧青年领军者论坛、首届中奥青年领导者论坛顺利召开。“欢乐春节”在多个欧洲国家举行。首个“中英文化交流年”成功举办。首个部（省）市合作共建的海外中国文化中心——布鲁塞尔中国文化中心正式揭牌并投入运营。中国馆是米兰世博会最大外国展馆群，习近平主席为中国国家馆录制欢迎视频。2015年中国—中东欧国家卫生部长论坛在捷克举行。中东欧地区首家中医中心在捷克正式揭牌。中国女药学家屠呦呦赴瑞典领取2015年诺贝尔生理学或医学奖。

中欧人员往来更加便利。2015年中欧人员往来总量约641万人次。英国驻武汉总领馆、中国驻贝尔法斯特总领馆、捷克驻成都总领事馆、马耳他驻上海总领馆开馆。英方宣布2016年起中国游客可享受有效期为两年的访客签证，并计划推出10年多次签证服务。中法同意互为对方国家商务、旅游、探亲人员颁发5年多次签证。中瑞签署互免持外交护照人员签证协议。中欧就人员往来和移民领域对话有关协议谈判路线图达成一致。北京至捷克布拉格、北京至匈牙利布达佩斯直航开通。中欧在重大国际和地区问题上保持密切沟通与协调。法国总统、奥地利总统、瑞士联邦主席、芬兰总统、立陶宛总统、克罗地亚总统、德国总理、丹麦首相、意大利总理、列支敦士登首相等多位欧洲政要出席中国同联合国妇女署共同举办的全球妇女峰会。中国同欧盟、法国相继发表气候变化联合声明。中国在法国巴黎率先宣布中国国家自主贡献，并同法国等各方一道，为达成全面、均衡、有力度和有约束力的2020年后气变协议作出了重要和积极贡献。中国深度参与伊朗核问题谈判，与欧盟及英、法、德等共同努力，促成全面协议最终达成。中国还同欧方在双多边场合就2030年可持续发展议程、全球治理改革及叙利亚、反恐、网络等国际和地区热点问题保持沟通协调。

【同北美洲和大洋洲国家的关系】2015年，中国与美国关系总体保持稳定并取得新进展。两国高层和各级别交往密切。9月22—25日，国家主席习近平对美进行国事访问。访问期间，习近平主席广泛接触美政府和社会各界人士。两国元首就各自内外政策、中美关系以及重大国际地区问题坦诚深入沟通，一致同意继续努力构建基于相互尊重、合作共赢的中美新型大国关系。访问期间，双方共达成50项重要共识和成果。11月30日，习近平主席在出席气候变化巴黎大会期间会见奥巴马总统，不仅就下阶段中美关系发展达成新的共识，也为巴黎大会注入新的动力。2月11日、7月21日、12月11日和12月14日，习近平主席四次同奥巴马总统通电话。两国机制性对话密集。6月23—24日，第七轮中美战略与经济对话和第六轮人文交流高层磋商在华盛顿成功举行。对话和磋商取得丰硕成果，其中战略对话127项、经济对话77项、人文交流高层磋商119项。11月21—23日，第26届中美商贸联委会在广州举行，双方共取得44项成果。12月1日，首次中美打击网络犯罪及相关事项高级别联合对话在华盛顿举行。两国在经贸、两军、人文、执法、地方等领域的务实合作取得新进展，就伊朗核、朝鲜半岛核、叙利亚、阿富汗、气候变化、抗击埃博拉疫情等重大国际地区和全球性问题保持密切沟通与协调。

2015年，中国与加拿大战略伙伴关系继续保持良好发展势头。两国高层及各级别交往频繁。两国领导人以互致函电、通电话等方式就双边关系及各领域合作保持接触。习近平主席与加总督戴维·约翰斯顿就中加建交45周年互致贺电。特鲁多当选加新一届政府总理后，习近平主席在土耳其安塔利亚出席二十国集团领导人第十次峰会期间与特会见，国务院总理李克强向特鲁多总理致贺电并通电话。两国领导人就中加战略伙伴关系发展达成重要共识。国家发展和改革委员会副主任、国家能源局局长努尔·白克力及工商总局局长张茅等访加。加首席大法官贝弗利·麦克拉克林等访华。双方成功举行第15轮中加外交部政治与安全磋商、第25次中加经贸联委会等机制性对话。两国在经贸等领域务实合作稳步推进。中国工商银行（加拿大）在多伦多正式启动人民币清算安排。两国有关部门就启动深化经贸关系和建设“环境友好型能源走廊”二轨对话保持密切沟通。中国人民外交学会与加拿大亚太基金会、不列颠哥伦比亚大学共同举办中加建交45周年研讨会暨双方首轮“二轨”对话。2015—2016年中加文化交流年活动正式启动。双方宣布互为普通护照持有者颁发有效期长达10年的多次签证。北京至蒙特利尔直航航线正式开通。地方交流日益频繁。安大略省省长凯瑟琳·韦恩、不列颠哥伦比亚省省长简蕙芝等分别访华。双方在联合国改革、二十国集团、亚太经合组织、气候变化、反恐等重大国际地区问题上保持密切沟通与协调。

2015年，中国与澳大利亚关系保持积极发展势头。3月，澳总督科斯格罗夫对中国进行国事访问并出席博鳌亚洲论坛2015年年会。9月，澳退伍军人事务部长罗纳尔森作为政府代表来华出席中国人民抗日战争暨世界反法西斯战争胜利70周年纪念活动。同月，特恩布尔就任澳大利亚总理后，李克强总理向其致就职贺电。11月，习近平主席在土耳其安塔利亚出席二十国集团领导人第十次峰会期间会见特恩布尔总理。同月，李克强总理在马来西亚东亚合作领导人系列会议期间同特恩布尔总理举行中澳总理年度定期会晤。中国继续保持澳大利亚第一大贸易伙伴、第一大进口来源地、第一大出口市场的地位。中澳双边自由贸易协定正式签署并生效。澳大利亚正式签署《亚洲基础设施投资银行协定》，以创始成员国身份加入亚洲基础设施投资银行。中澳在防务、科教、人文、多边等各领域交流合作取得积极进展。

2015年，中国与新西兰关系保持积极发展势头。5月，新外长麦卡利访华。7月，新总督迈特帕里对中国进行国事访问。同月，新副总理兼财政部长英格利希访华。9月，新总理特使、前副总理麦金农来华出席中国人民抗日战争暨世界反法西斯战争胜利70周年纪念活动。11月，习近平主席、李克强总理分别在菲律宾马尼拉亚太经合组织第23次领导人非正式会议、马来西亚吉隆坡东亚合作领导人系列会议期间会见新总理约翰·基。中国继续保持新西兰第一大贸易伙伴地位。1月1日，新西兰成为首个以意向创始成员国身份加入亚洲基础设施投资银行的西方发达国家。中新在防务、科教、人文等各领域合作成果丰硕。

2015年，中国同建交太平洋岛国战略伙伴关系持续深入发展。双方高层和各级别交往频繁。中共中央政治局委员、广东省委书记胡春华访问斐济。全国政协副主席齐续春访问斐济、萨摩亚。全国政协副主席马培华访问斐济。习近平主席特使、国家旅游局局长李金早出席汤加国王图普六世加冕典礼。习近平主席特使、国家海洋局局长王宏出席密克罗尼西亚联邦总统彼得·克里斯琴就职仪式。斐济总理乔萨亚·沃伦盖·姆拜尼马拉马对中国进行正式访问。巴布亚新几内亚总督迈克尔·奥吉奥、瓦努阿图总理萨托·基尔曼出席中国人民抗日战争暨世界反法西斯战争胜利70周年纪念活动。密克罗尼西亚联邦国会议长韦斯利·西米纳访华。汤加副首相肖西·索瓦莱尼出席在浙江乌镇举行的第二届世界互联网大会和在广州举行的21世纪海上丝绸之路国际博览会。双方经贸、人文等各领域务实合作取得新成果。中斐启动双边自贸协定联合可行性研究。中国政府援建的巴布亚新几内亚国际会议中心、瓦努阿图国家会议中心、萨摩亚国立大学海洋学院、修睦小学和残疾人培训中心、汤加公务用车等项目顺利完工或交付。中国政府向斐济、汤加、萨摩亚赠送应对气候变化物资，就瓦努阿图、密克罗尼西亚联邦遭受严重风灾向两国提供紧急援助。中国为岛国官员、技术人员举办各类研修班、培训班，安排岛国学生来华留学。广东等省市组织多个文艺、医疗团组赴岛国访演、巡诊。中国分别同斐济、萨摩亚共同庆祝建交40周年。双方在国际和地区事务中保持了良好沟通和协调。中国—太平洋岛国论坛对话会特使杜起文出席在巴布亚新几内亚莫尔斯比港举行的第27届太平洋岛国论坛会后对话会和在斐济苏瓦举行的第三届太平洋岛国发展论坛峰会。

【同拉丁美洲和加勒比地区国家的关系】2015年，中国与拉丁美洲和加勒比地区国家关系继续保持良好发展势头，各领域合作取得新的成就。

中拉政治互信日益深化。国家主席习近平在中拉论坛首届部长级会议和纪念中国人民抗日战争暨世界反法西斯战争胜利70周年活动期间，以及金砖国家领导人第七次会晤、第70届联合国大会、二十国集团领导人第十次峰会、亚太经合组织第23次领导人非正式会议、气候变化巴黎大会等多边场合与拉美多国领导人会见或寒暄。国务院总理李克强正式访问巴西、哥伦比亚、秘鲁和智利。国务院副总理汪洋访问古巴和巴西并出席中巴高委会第四次会议。国家副主席李源潮、全国人大常委会副委员长吉炳轩和国土资源部部长姜大明分别作为习近平主席特使出席巴西、阿根廷、玻利维亚总统就职仪式。哥斯达黎加、厄瓜多尔、阿根廷、委内瑞拉、巴哈马、格林纳达、安提瓜和巴布达七国元首或政府首脑访华。中国同哥斯达黎加、厄瓜多尔建立战略伙伴关系，同墨西哥建立战略对话机制，同秘鲁、智利建立经济合作与协调战略对话机制。中国—阿根廷政府间常设委员会举行第一次会议。

中拉务实合作持续扩大。李克强总理访拉期间提出以产能合作为突破口实现中拉务实合作提质升级，并倡议共同探索"3×3"中拉产能合作新模式，宣布成立300亿美元产能合作专项基金，为中拉务实合作提质升级指明了路径，注入了新动力。受国际经济大环境和大宗商品价格下跌影响，2015年中拉贸易额同比下降，但中方对拉非金融领域直接投资大幅增长。双方在能源资源、基础设施、金融、农业、科技等领域重大合作项目深入推进。中拉经贸合作新旧动力转换取得初步成果。

中拉整体合作开局良好。1月底，中拉论坛首届部长级会议在北京成功举办，习近平主席出席会议开幕式，李克强总理集体会见与会各国代表，会议通过了《中拉论坛首届部长级会议北京宣言》《中国与拉美和加勒比国家合作规划（2015—2019）》《中拉论坛机制设置和运行规则》三个成果文件，推动中拉关系进入整体合作与双边关系并行互促的新阶段，实现中方倡导、面向发展中国家的地区多边合作框架全球覆盖。外交部长王毅同拉共体"四驾马车"外长举行新一轮对话，中拉双方成功举办中拉基础设施、科技创新、企业家高峰会等一系列分论坛会议。

中拉国际协作不断加强。中拉在涉及彼此核心利益和重大关切问题上继续相互理解和支持，在联合国、二十国集团、亚太经合组织、金砖国家、中拉论坛等机制框架下就全球治理、可持续发展、国际金融体系改革、气候变化等重大议题继续加强协调和配合。巴西、阿根廷、墨西哥、古巴、玻利维亚、厄瓜多尔等拉美国家领导人分别出席中方倡议的联和国大会妇女峰会和南南合作圆桌会。巴西成为亚洲基础设施投资银行拉美地区唯一创始成员国。

中拉立法机构、地方、媒体、智库等交往进一步加深，人文交流丰富多彩。李克强总理访拉期间，中国—拉丁美洲人文交流研讨会暨中哥文学研讨会和中拉文明互鉴系列活动分别在哥伦比亚和秘鲁举行。中国海军"和平方舟"号医院船访问巴巴多斯、格林纳达和秘鲁，为当地民众提供医疗和人道主义服务。中国在拉美孔子学院和孔子课堂分别增至36个和11个。

【同联合国的关系】中国重视并支持根据《联合国宪章》宗旨与原则开展维和行动，积极参与联合国安理会、联合国大会和联合国维和行动特别委员会的有关审议和磋商。9月28日，国家主席习近平在出席第70届联合国大会一般性辩论时宣布，中国将加入新的联合国维和能力待命机制，决定为此率先组建常备成建制维和警队，并建设8000人规模的维和待命部队。应联合国要求，派更多工程、运输、医疗人员参与维和行动。今后5年，将为各国培训2000名维和人员，开展10个扫雷援助项目，包括提供培训和器材。今后5年，将向非盟提供总额为1亿美元的无偿军事援助，以支持非洲常备军和危机应对快速反应部队建设。将向联合国在非洲的维和行动部署首支直升机分队。中国—联合国和平与发展基金的部分资金将用于支持联合国维和行动。习近平主席并出席9月28日举行的联合国维和峰会，表达了中国坚定维护世界和平的决心和对联合国维和行动的坚定支持。中国常驻联合国代表刘结一大使在11月安理会审议维和问题时表示，联合国维和行动应坚持《联合国宪章》宗旨和原则，坚持维和三原则，尊重当事国主权和意愿；加强对维和行动的宏观管理，确保维和授权现实可行；提高行动效率，加快维和部队组建和部署；优化后勤保障，提高维和资源的效用；加强同区域组织的协调与配合，充分发挥区域组织的独特优势，形成合力。

中国积极参与安理会改革政府间谈判。10月30日，中国常驻联合国代表刘结一大使在第70届联大全会上发言表示，中方一贯积极支持安理会进行合理、必要改革，目标是增强安理会的效力和权威，增加发展中国家，特别是非洲国家的代表性和发言权，让更多国家，特别是占会员国大多数的中、小国家有更多机会参与安理会决策，发挥更大作用。根据联大第62/557号决定和会员国共识，政府间谈判应由会员国主导。中方希望在政府间谈判启动以来各国提出的立场、主张、建议和所作努力基础上开展工作。中方希望会员国继续以建设性态度参与政府间谈判，通过广泛、民主协商寻求"一揽子"解决方案，达成最广泛共识。不应为改革人为设定时限，也不应强推不成熟改革方案。中方愿同各方共同努力，推动安理会改革朝符合会员国共同利益和联合国长远利益方向发展。

中国积极参与联合国安理会处理乌克兰、叙利亚、巴勒斯坦、伊拉克、利比亚、也门、阿富汗、苏丹和南苏丹、中非、索马里海盗、刚果（金）等热点问题。中国继续积极参与联合国框架下的国际反恐合作，支持联合国及其安理会在反恐方面发挥主导作用，积极参与联合国安理会反恐委员会、联合国反恐中心有关工作，支持安理会召开反恐问题公开会并通过多项反恐决议。同时，中国还支持联合国在经济、发展、人权、社会等领域的工作。（文沛）

台湾省

【面积】36197平方公里。由台湾本岛和周围21个属岛以及澎湖列岛64个岛屿组成；其中本岛面积36008平方公里，约占全省总面积的99.5%以上；南北长约400公里，东西最宽处145公里，环岛海岸线1566.3公里，是中国第一大岛。目前所称的中国台湾地区，还包括台湾当局控制的福建省金门、马祖等岛屿。

【人口】23496068人（截至2015年10月）。2015年人口总增长率为2.38‰。人口密度649.12人／平方公里（截至2015年10月），其中台北的人口密度最高，每平方公里近万人。2015年出生213598人，同比增长1.53%，65岁以上人口约296万人，占总人口的12.58%，高于联合国定义人口老龄化社会的门槛。

【简况】位于中国大陆架的东南缘，北临东海，东北接琉球群岛，东濒太平洋，南界巴士海峡与菲律宾相邻，西隔台湾海峡与福建省相望；扼西太平洋航道中心，战略地位重要。台湾岛多山，高山和丘陵面积占全部面积的2/3以上，最高峰为玉山，海拔3952米；沿海有一些狭长的平原。地处温带和热带之间，属热带和亚热带气候，年均气温约22℃，年均降水量2150毫米。

台湾自古以来就是中国不可分割的一部分。据有关研究，台湾很早以前本与大陆相连，后因海平面上升，相连的陆地部分被淹而成为海峡，台湾遂成海岛。台湾在历史上曾被称为"岱员"、"岛夷"，汉朝时称"东鳀"，三国时称"夷洲"，隋朝时称"流求"，宋、元时称"琉球"。明代叫法最多，除习称"琉球"外，亦称"台员"、"大湾"、"大园"等，明万历年间始称"台湾"，并在官方文书上正式使用。

公元230年（三国孙吴黄龙二年），吴王孙权派遣卫温、诸葛直率兵万人渡海到台，这是大陆军民东渡台湾，垦拓、经营台湾的最早记载。宋、元时期中国政府在台正式设官建制。1624年，荷兰殖民者侵占台湾南部。1626年，西班牙殖民者占领台湾北部。1642年，荷兰殖民者赶走西班牙人，占领全部台湾。1662年，民族英雄郑成功在台民众的协助下收复台湾。1683年，郑成功之孙郑克塽归顺清朝，清政府正式管辖台湾，并于1684年（清康熙二十三年）在台设"分巡台厦兵备道"及"台湾府"，隶属福建省。1727年（清雍正五年），清政府正式定"台湾"为官方统一的名称。

1840年鸦片战争以后，美、英、法、日等帝国主义国家都曾入侵过台湾。1885年，清政府将台湾划为单一行省，成为当时中国第20个行省。1895年，清政府在中日甲午战争中战败，日本迫使清政府签订《马关条约》，割让台湾、澎湖列岛。

第二次世界大战期间，中、美、英三国1943年12月1日发表的《开罗宣言》规定：日本所窃取于中国之领土，例如满洲、台湾、澎湖列岛等，归还中国。1945年7月26日，中、美、英三国签署（后苏联参加）的《波茨坦公告》重申，"《开罗宣言》之条件必将实施"。1945年8月15日，日本无条件投降。10月25日，台湾重归中国版图。1949年，蒋介石集团在中国内战中遭到彻底失败。1949年10月1日，中华人民共和国中央人民政府成立。蒋介石集团残余军政人员退踞台湾。

【政治】国民党统治集团退踞台湾后，蒋介石、蒋经国长期统治台湾。1988年1月蒋经国去世后，李登辉主政台湾。2000年3月18日，台湾地区举行第10任"总统"、"副总统"选举，民进党候选人陈水扁、吕秀莲以39.3%的得票率当选。2004年3月20日，陈、吕二人以50.11%的得票率获得连任。2008年3月22日，国民党候选人马英九、萧万长以58.45%的得票率当选正、副“总统”，并于5月20日“就职”，国民党重新上台。2012年1月14日，国民党候选人马英九、吴敦义以51.6%的得票率当选正、副“总统”，并于当年5月20日“就职”。2016年1月16日，民进党候选人蔡英文、陈建仁以56%的得票率当选台湾地区第14届正、副“总统”，并将于5月20日“就职”。

陈水扁在任期间（2000—2008年），顽固坚持“台独”分裂路线，抛出“一边一国论”的分裂主张，不断推动“台独”分裂活动升级，尤其是企图通过推动“宪政改造”和举办“入联公投”谋求“台湾法理独立”，严重破坏两岸关系和平稳定发展，严重威胁中国主权和领土完整。陈水扁背离民意，大肆贪腐，下台后遭起诉，被判刑入狱。

2008年5月马英九上台后，在两岸关系上，坚持“九二共识”，反对“台独”，主张两岸人民同属中华民族，海峡两岸“不是两个国家”，两岸关系“不是国与国的关系”。大幅松绑两岸经贸和交流政策，推动实现两岸“三通”，开放大陆居民赴台旅游，放宽台湾企业赴大陆投资上限和类别限制，开放大陆企业赴台投资，放宽县市长、公务人员赴大陆的限制，与大陆商签海峡两岸经济合作框架协议（ECFA）等。同时，宣称在“中华民国宪法”架构下，奉行“不统、不独、不武”的理念，维持台湾海峡的现状。军事上，调整台军战略，采取“守势战略”。对外政策上，推行“活路外交”，主张两岸“外交休兵”，同时着力谋求扩大台湾“国际空间”。

台湾地区的政治架构根据1946年国民党当局制定的“中华民国宪法”设置。根据“五权分立”精神，分设“立法院”、“行政院”、“司法院”、“考试院”和“监察院”。

“立法院”：台湾地区“最高立法机关”，行使立法权。设“院长”、“副院长”各1人，由“立法委员”互选产生。“立法院”会议每年举行2次，每次4个月，必要时延长。第九届“立法委员”于2016年1月当选，任期4年，于2016年2月1日就职。现任“立法院长”苏嘉全，“副院长”蔡其昌。当选席次如下：民进党68席，国民党35席，时代力量5席，亲民党3席，无党团结联盟和无党籍各1席。

“行政院”：台湾地区“最高行政机关”，负责制定施政方针与重要政策，并具体推行。设“院长”、“副院长”各1人，另设“政务委员”若干名及32个部、会等处理特定事务。现任“行政院长”张善政（2016年5月开始为林全）。

“司法院”：台湾地区“最高司法机关”，负责民事、刑事、行政诉讼审判及公务员惩戒，审理政党“违宪”等事宜，解释“宪法”及统一解释法律和命令。设“大法官”15人，包括“院长”、“副院长”各1人。下设“最高法院”、“高等法院”及其分院、“地方法院”及其分院、“行政法院”及“公务员惩戒委员会”等。现任“司法院长”赖浩敏。

“考试院”：台湾地区“最高考试机关”，负责考试、公务员铨叙、考绩、级俸、升迁、褒奖、抚恤、退休等事宜。设“院长”、“副院长”各1人。现任“考试院长”伍锦霖。

“监察院”：台湾地区“最高监察机关”，行使弹劾、纠举及审计权。设“监察委员”18人，包括“院长”、“副院长”各1人，任期6年。“监察院”分设“内政”、“外交”、“国防”、财政等7个常设委员会和9个特种委员会，调查“行政院”及其各部门工作是否违法或失职。现任“监察院长”张博雅（女）。

根据台“内政部”记录，2015年台湾地区共有286个政党，其中影响较大的为民主进步党、中国国民党、时代力量、亲民党、无党团结联盟、新党、台湾团结联盟等7个政党。台湾政坛分别以国民党、民进党为首，形成“泛蓝”（国民党党旗的主要颜色）和“泛绿”（民进党党旗的主要颜色）两大阵营。中国国民党、亲民党、新党属泛蓝阵营，民主进步党、时代力量、台湾团结联盟属泛绿阵营。

中国国民党（Kuomintang，KMT）：简称“国民党”。成立于1894年11月，由孙中山创建。现为台湾地区执政党和第一大政党。据2016年初统计，具党内选举权的党员31.8万余人。

国民党的组织架构分为中央、县市（包括直辖市）、区三级。“全国代表大会”为该党最高权力机关，由全体党员选举产生。设中央委员会和中央评议委员会，中央委员会下设中央常务委员会。2013年以后大会由每2年召开1次改为每年举行1次，代表任期4年。主要职责为：修改党章，决定政纲、政策，通过党主席提名及“总统”、“副总统”候选人提名等。

1949年国民党统治集团退踞台湾后，长期在台执政。国民党1975年开始设置党主席一职，历任党主席为蒋经国、李登辉、连战、马英九、吴伯雄、马英九、朱立伦。

2000年3月，国民党在“总统”选举中败北，沦为在野党，党主席李登辉下台，由连战代理主席。同年6月，国民党召开第十五次“全国代表大会”临时会议，连战当选党主席。在2001年“立法院”选举中，国民党沦为“立法院”第二大党。2004年3月，党主席连战与其搭档亲民党主席宋楚瑜在第11任“总统”选举中落败。2005年7月16日，国民党举行党主席选举，台北市长马英九获37.5万票，以72.4%的得票率当选为党主席。连战任该党荣誉主席。

2005年12月3日，国民党在台湾县市长、县市议员和乡镇长“三合一”选举中获得胜利。其中在县市长方面，国民党获得23席县市长中的14席，总得票率为50.96%。

2006年7月，马英九“市长特别费案”爆发。

2007年2月13日，台北地方检察署认为马贪污1117万元新台币，以涉嫌“贪污罪”对其提出起诉。马英九随即辞去国民党主席职务，同时宣布参加2008年“总统”选举。4月7日，时任国民党副主席的吴伯雄当选国民党主席。

2008年1月，台湾地区举行第七届“立法委员”选举。在“立法院”113个席位中，国民党获得81席。3月，国民党在台湾地区领导人选举中获胜，重新执政。

2009年7月26日，马英九以28.5万票、93.87%的得票率当选国民党主席。连战、吴伯雄任荣誉主席。

12月5日，台湾17个县市举行县市长、县市议员、乡镇长“三合一”选举。国民党赢得12个县市长席位。泛蓝阵营在县市议员及乡镇长选举中赢得多数席位。

2010年11月27日，台湾举行5个“院辖市”市长选举，国民党候选人郝龙斌、朱立伦、胡志强分别当选台北市、新北市和台中市市长。

2012年1月，在与“总统”大选一起举行的第八届“立法委员”选举中，国民党获得“立法院”113个席位中的64席。后在2013年的立委补选中增至65席。

2014年11月29日，台湾举行县市基层“九合一”选举，国民党输掉台北市、台中市、桃园市、彰化县等9县市，在全台22个县市长席位中，国民党总席次由15席减为6席，失去地方执政优势。

2014年12月3日，马英九因“九合一”选举失败辞去党主席职务，2015年1月17日，朱立伦当选国民党主席。副主席有郝龙斌、黄敏惠（女），秘书长李四川。2015年1月21日，国民党召开中常会，确定不再设荣誉主席及荣誉副主席。

2016年1月16日，国民党在台湾地区领导人选举中失败，失去执政权。在与“总统”大选一起举行的第九届“立法委员”选举中，国民党仅获得“立法院”113个席位中的35席，较上届减少29席，占31%，失去“立法院”多数党优势。

2016年1月16日，朱立伦因“总统”及“立委”选举失败辞去党主席职务，郝龙斌辞去副主席职务，国民党将于3月举行新一届党主席选举。

民主进步党（Democratic Progressive Party，DPP）：简称“民进党”。成立于1986年9月，2012年5月公布党员人数为163808人，2014年5月统计拥有投票权的党员为143546人，是台湾地区第二大政党。

民进党组织结构分为中央、县市两级。各级区域组织以党员大会为最高议事机关，执行委员会为执行机关，评议委员会为评议机关。“全国党员代表大会”为该党最高权力机关，每2年召开1次会议。大会主要职权为修订党章、党纲、选举或罢免党主席等。

民进党历任主席为江鹏坚、姚嘉文、黄信介、许信良（两届）、施明德、林义雄、谢长廷（两届）、陈水扁（两届）、苏贞昌、游锡堃、蔡英文。现任主席蔡英文，秘书长吴钊燮。

民进党的前身是台湾的“党外运动”，吸收了台湾社会各阶层中反国民党的政治势力，其中包括“台独”分子。从20世纪70年代中期开始，“党外”人士利用创办刊物、参加选举同国民党斗争，势力逐渐发展壮大。1986年9月28日，“党外后援会”在台北圆山大饭店集会，谢长廷等人即席发起与会100多人联署组建“民主进步党”，当晚民进党召开记者会，宣布该党成立。民进党成立之初，以“公民自决论”（即所谓“台湾前途，应由台湾全体住民，以自由、民主、普遍、公平而平等的方式共同决定”）作为主要政治主张，采取“体制外抗争”的“街头运动”与“体制内竞争”的“议会斗争”相结合的策略，“台独”还不鲜明。

1988年李登辉当政后，对“台独”势力采取纵容态度，海外“台独”分子纷纷返台，加入民进党，“台独”势力在民进党内实力迅速增强，并开始公然鼓吹“台湾主权独立”等主张。1990年10月，民进党四届二次会议通过了“台湾主权决议案”（即“一OO七决议文”），声称台湾未来“宪政体制及内政、外交政策，应建立在事实领土范围之上”。1991年8月，民进党召开所谓“人民制宪会议”，通过了“台独”势力炮制的“台湾宪法草案”，首次提出要“建立台湾共和国”。同年10月，该党第五次“全国代表大会”将“建立主权独立自主的台湾共和国暨制定新宪法”、“台湾前途应交由台湾人以公民投票方式选择决定”等内容列入党纲。此后，民进党在1991年第二届“国大代表”选举、1992年第二届“立法委员”选举、1993年县市长选举、1994年台北市长选举、1995年第三届“立法委员”选举、1996年第三届“国大代表”选举等选举中，得票率稳步上升。

随着民进党实力的壮大和岛内多党政治的发展，民进党的斗争策略也由体制外抗争为主转变为体制内竞争，力争通过选举走上“执政之路”。在1997年底的县市长选举中，民进党的得票率和所获席次首次超过国民党。1999年5月，民进党八届二次会议通过“台湾前途决议文”，称“台湾，固然依目前宪法称为中华民国，但与中华人民共和国互不隶属，任何有关独立现状变动，都必须经由台湾全体住民以公投方式决定”。

2000年3月，在台湾地区领导人选举中，由于国民党内部分裂，民进党候选人陈水扁当选，民进党成为执政党。2001年底“立法院”改选后，民进党获得87席，首次成为“立法院”第一大党。2002年7月，陈水扁接替谢长廷成为民进党主席。2004年3月，陈水扁、吕秀莲以微弱优势连任“总统”、“副总统”。当年底，陈水扁为民进党定下在第六届“立法委员”选举中获得超过101席的目标，但结果民进党仅获89席，陈水扁辞去党主席职务。

2005年1月27日，苏贞昌接任民进党主席。年底，民进党在台县市“三合一”选举中失败，苏贞昌辞去党主席职务。2006年1月26日，游锡堃接任党主席。2006年4月，民进党在“立法院”的席位从89席减到86席，沦为第二大党。2007年9月，游锡堃辞去民进党主席一职，陈水扁回任民进党主席。

2008年1月，民进党在第七届“立法委员”选举中失败，陈水扁辞去党主席，谢长廷出任党主席。3月22日，谢长廷、苏贞昌在“总统”选举中惨败，民进党竭力推动的“入联公投”亦遭否决。民进党失去政权，接连遭受重大打击，陷入低谷。5月18日，民进党举行新一届党主席选举，前“行政院副院长”蔡英文当选。

民进党下台以来，顽固坚持“台独”分裂立场和目标，宣称捍卫“台湾主权”，顽固阻挠两岸关系发展，诬蔑攻击马英九当局两岸政策“倾中卖台”、“损害主权”，反对两岸商签经济合作框架协议（ECFA），竭力推动“ECFA公投”。2009年7月20日，民进党向“中选会”递交“公投”提案。8月27日，台“行政院公投审议委员会”否决了民进党“ECFA公投”提案。

2009年12月5日，台湾17个县市举行“三合一”选举，民进党获得4个县市长席位，比上届（2005年）增加1席。

2010年5月23日，民进党举行第13届党主席选举，蔡英文以78192票、90.29%的得票率当选。

11月27日，民进党参加台5个“直辖市”市长选举，该党候选人赖清德和陈菊分别当选台南市、高雄市市长。

2012年1月，在第八届“立法委员”选举中，民进党获得40席。蔡英文竞选“总统”失败，后辞去党主席职务。

2012年5月27日，民进党举行第14届党主席选举，苏贞昌以55894票、50.47%的得票率当选。

2014年5月25日，民进党举行第15届党主席选举，蔡英文以85410票、93.71%的得票率三度当选，并获得了历史最高得票数和得票率。

2014年11月29日，台湾举行县市基层“九合一”选举，民进党获得“六都”中的4席，在全台22个县市长席位中，民进党席次由6席增加至13席，获得地方执政优势。

2016年1月16日，民进党在台湾地区领导人选举中获胜，重新执政。在与“总统”大选一起举行的第九届“立法委员”选举中，民进党获得“立法院”113个席位中的68席，较上届增28席，占“立法院”全部席次的60%，拥有稳定多数席次。

陈水扁弊案情况：2008年8月，陈水扁、吴淑珍夫妇向海外银行汇款7亿元新台币的丑闻曝光。民进党向民众道歉，对陈家庭涉案党员予以党内停权处分。11月11日，陈水扁被台北地方法院收押禁见。12月12日，陈水扁“国务机要费”、“洗钱”、“龙潭购地”、“南港展览馆”等四项弊案侦结，台“最高检察署”特侦组以侵占、贪污、洗钱、伪造文书及诈财等罪名对陈水扁夫妇等14人提起公诉，并请法院予陈水扁“最严厉之制裁”。2009年5月5日，特侦组以受贿、非主管监督事务图利及非法收受政治献金等罪对陈水扁夫妇追加起诉。此外，陈水扁及其家人、亲信还涉及“二次金改”、“机密外交款”、伪证等案。陈水扁弊案对民进党造成重大打击。

2009年9月11日，台北地方法院对陈水扁夫妇等13人所涉“国务机要费”等罪名及追加起诉部分做出一审判决，认为陈水扁夫妇贪污、收贿、洗钱、伪造文书等罪名成立，判处二人无期徒刑，剥夺公权终身，并各处罚金2亿和3亿元新台币。陈成为台首位被判刑的卸任领导人。陈水扁随即就一审判决结果提起上诉。

2010年6月11日，台高等法院对陈水扁家族弊案做出二审判决，陈水扁夫妇均被判处20年有期徒刑，剥夺公权10年，并各处罚金1.7亿和2亿元新台币。12月2日，陈水扁被押送至台北监狱服刑，成为台湾地区历史上第一位被判入狱的前任领导人。

2012年7月，陈水扁又因洗钱罪被判有期徒刑2年，罚金300万元新台币。11月1日，台高等法院裁定，陈水扁数罪并罚，应执行刑期为18年6个月，并科罚金1.56亿元新台币。2015年1月5日，陈水扁获准保外就医，共计服刑6年零40天。

时代力量（Taiwan Times Force Party）：前身为起于2014年“太阳花学运”的“公民组合”，但因对“立委”提名方式及不分区立委席次分配不合而分裂。2015年1月25日正式组党，执行主席黄国昌，主席团成员包括林昶佐、林峯正等，秘书长陈惠敏。该党代表了台湾新民粹主义，在台湾年轻人中影响巨大，其政策主张为推动“台湾国家地位正常化”，保障台湾多元民族集体权利，落实原住民族基本法，积极参与国际社会，“宪法”交由民众全面参与制定，维护“总统”直选，强化“立法院”制衡权力，废除“考试院”、“监察院”，公民权下修至18岁等。2016年1月16日，时代力量在第九届“立法委员”选举中获得5席，得票率为7%，首次参选即成为“立法院”第三大党。

亲民党（People First Party，PFP）：成立于2000年3月31日，成立之初发展较快，但目前在“立法院”仅为民进党、国民党、时代力量之后的第四大政党。现任党主席宋楚瑜，副主席张昭雄，秘书长秦金生。

2004年3月，国民党、亲民党联盟在“总统”选举中败北后，两党酝酿合并。国民党中常会于5月19日通过“国亲合并案”。7月，合并任务小组提出在年底“立法委员”选举前暂缓合并。“立法委员”选举后，国、亲两党也未实施合并。

2007年1月22日，宋楚瑜与国民党主席马英九通过视讯会议的方式签署国亲联盟协议，确定两党在新一届“立法委员”选举中合作。4月20日，国亲两党就“立法委员”选举及两党协商合并问题达成6项共识。11月，两党完成“共同提名”，协调参加“立法委员”选举。

在2008年1月“立法委员”选举中，亲民党获得1席，另有5人以国民党名义当选区域“立法委员”，3人以国民党名义当选不分区“立法委员”。

2010年7月26日，亲民党唯一“立法委员”林正二，由于违反选罢法被解除“立法委员”职务，亲民党完全退出“立法院”。

2012年1月14日，在第八届“立法委员”选举中，亲民党获得3席。

2013年，亲民党籍“立委”林正二被判刑而失去“立委”资格，亲民党“立法院”党团因席次不足3席被取消。2015年2月，亲民党“立委”与无盟“立委”高金素梅、退出国民党的“立委”徐欣莹组成政团“立院新联盟”。

2016年1月16日，亲民党在第九届“立法委员”选举中获得3席，得票率为6%。

无党团结联盟（Non-Partisan Solidarity Union，NPSU）：简称“无盟”或“无党联盟”。2004年6月15日成立，由台当局前“内政部长”张博雅（女）担任首届党主席。现任主席林炳坤，副主席高金素梅，秘书长陈杰儒。在2012年1月的“立法委员”选举中，无党团结联盟获2席，无法组成“立法院”党团，2012年11月28日又因其“立委”颜清标遭判刑被夺公权，仅存高金素梅1名“立委”。2016年1月的第九届“立法委员”选举中，无党团结联盟获得1席。

新党（New Party）：成立于1993年8月，系由部分反“台独”、反李登辉的国民党少壮派“立法委员”脱党组成。现任党主席郁慕明。该党在2008年第七届“立法院”选举、2012年第八届“立法院”选举、2016年第九届“立法院”选举中均未获得席次。

台湾团结联盟（Taiwan Solidarity Union，TSU）：简称“台联”或“台联党”，成立于2001年8月12日，系李登辉一手推动成立，主要成员多为亲李人物。该党奉李登辉为精神领袖，全面继承李登辉的分裂路线，在党纲中公然将两岸关系定位为“特殊国与国关系”，将推动“公投立法”、“台湾正名”及以台湾作为“国家定位”等也列入其中，声称台湾前途须由台全体人民“公投决定”，主张在两岸经贸领域继续执行李登辉“戒急用忍”政策，并且在意识形态领域加速灌输“台独认同”，鼓动教育部门扬弃过去中小学史地教材的“大中国”观点，推广乡土语言教学，将闽南话列为“第二官方语言”等。现任党主席黄昆辉，秘书长林志嘉。

2006年5月，台联党公布党版“新宪”草案，内容包括“国名正名为台湾”、“公投决定中央政府体制”、“赋予公民修宪提案权、降低复决门槛”等。

2007年1月22日，台联党新任党主席黄昆辉宣称，将走坚定的“台湾主体路线”，走照顾中产阶级与弱势群体的“中间偏左路线”。4月21日，台联党新党纲党章出炉，提出坚持“主权”在民，维护台湾主体，以新时代台湾人的价值团结台湾、确保社会正义下促进公平竞争，以及根除金权勾结、建立廉能政府等五项主张。10月底，台联党大动作展开“清党”，自行提出“立法委员”参选名单，与民进党长期结盟关系形同破裂。在2008年1月的“立法委员”选举中，台联党未获席位。在2012年1月的“立法委员”选举中，台联党获3席，为台湾第三大政党。在2016年1月的第九届“立委”选举中台联党未获席次，黄昆辉宣布辞职。

【经济】农、林资源较丰富。森林面积约占全地区土地总面积的58.5%，树木种类近4000种，尤以出产樟脑和樟油闻名于世。盛产稻米、甘蔗、茶叶、热带及亚热带水果和鱼类。

自1963年起，工业在台经济中的比重超过农业。以台北为中心的北部工业区是台湾省最大的工业区，以纺织、食品、电子、机械工业为主。以高雄为中心的南部工业区，以钢铁、造船、石化业为主。电力以火力发电为主，已建成三座核电厂，核电占总发电量19%，第四座在建设中。陆、海、空交通运输便利，有环岛铁路、台北—高雄高速铁路；公路运输发达，有贯穿全岛南北的高速公路；海上和空中航线通往日本、东南亚以及欧、美各地，桃园、高雄为主要航空港。经济属外贸出口型，高度依赖海外市场。

20世纪80年代以来，台经济开始从制造业向高科技产业、金融业、服务业转型。台信息产业借助定牌加工（OEM）、IC设计等形式取得迅速发展，现已成为台第一大出口产业，其芯片、专用芯片、主机板、笔记本电脑、光盘机等产品的国际市场占有率较高，产量和产值均居世界前列。

2014年台湾本地生产总值（GDP）为5295.15亿美元，增长率为3.74%。人均GDP为22632美元。居民消费价格指数（CPI）同比增幅1.20%，全年平均失业率为3.96%。

2014年，台湾对外贸易总额5880.2亿美元，较同比（下同）增长2.20%。其中，出口额3138.0亿美元，增长2.7%；进口额2742.2亿美元，增长1.6%；全年贸易顺差395.8亿美元，增长11.4%。

2015年台湾本地生产总值（GDP）约为15.65万亿元新台币，增长率为0.85%。人均GDP为22344美元。居民消费价格指数（CPI）同比下降0.31%，全年平均失业率为3.78%。

2015年，台湾对外贸易总额5094亿美元，较同比（下同）下降13.37%。其中，出口额2804.8亿美元，下降10.6%；进口额2289.2亿美元，下降16.5%；全年贸易顺差515.6亿美元，增长30%。

台湾现行货币为新台币（New Taiwan Dollar, NTD）。按2015年12月30日，1美元约合33.05元新台币。

【教育】台湾现行教育制度自1968年起正式推动实施，分为正规教育和技术职业教育两大体系。正规教育分为"国民"教育、高级中等教育和高等教育3个阶段。"国民"教育（即9年"国民"义务教育）是由台当局财政拨款，对6—14岁的少年儿童开办的教育，包括小学6年、中学（即初级中学）3年。高级中等教育分为高级中学3年和高级职业学校3年两种，或进入5年制专科学校学习。学生在学年龄一般为15—17岁。高等教育分为专科学校、独立学院、大学以及院校研究所。大学院校分文、理、法、医、农、工、商及其他学院。凡设有3个学院以上者称大学，不符合以上条件者称独立学院。大学或独立学院各学系办理完善、成绩优良者，得设研究所。正规高等院校的学制一般为4年，但师范院校、法律、建筑专业为5年，医学专业为6—7年。据台"教育部"统计，2014年台湾教育经费支出为8314亿元新台币，占台湾GDP的5.9%，同比增长4.2%。

台湾现有大专院校160多所，著名高等学府有台湾大学、政治大学、清华大学、交通大学、台湾师范大学、中山大学、中正大学、成功大学、中国文化大学、辅仁大学、东吴大学、淡江大学、东海大学等。

【新闻出版】2014年底"国家通讯传播委员会（NCC）"许可的电视媒体事业有无线电视台5家，有线电视系统经营者56家、有线电视播送系统3家，广播公司171家。5家无线电视台分别是，"台湾电视事业股份有限公司"、"中国电视事业股份有限公司"、"中华电视股份有限公司"、"民间全民电视股份有限公司"、"财团法人公共电视文化事业基金会"。有线电视台主要有东森、中天、TVBS、三立等。台有线电视普及率为59.67%，数字机顶盒普及率为78.92%。广播电台中较有影响力的有"中广"、"央广"、飞碟、正声、汉声、台北之音、台北国际等。网络媒体发达，台湾网民人数超过1600万，约占全台人口的七成，宽带使用普及率超过67%。

台湾共有报社2210家，杂志社8875家，通讯社2104家，出版社14016家。主要报刊有：《中国时报》、《联合报》、《自由时报》、《台湾时报》、《经济日报》、《苹果日报（台湾版）》、《工商时报》、《新新闻》、《新台湾》、《壹周刊》、《远见》、《财讯》、《商业周刊》、《今周刊》等。外国在台媒体76家。

台湾知名通讯社为"中央通讯社"，简称"中央社"，1924年4月1日成立于广州，由国民党创办，隶属国民党中央宣传部。1949年国民党败退台湾，"中央社"随之迁台。1995年，经台"立法院"同意，"中央社"改为台当局官方通讯社。

【台湾与祖国大陆统一问题】中国共产党和中国政府一直把解决台湾问题，实现祖国统一，作为自己神圣的历史使命，并根据国内外形势变化，适时制定、实施和发展对台方针政策，实现了从"解放台湾"到"和平统一、一国两制"的转变。邓小平同志在毛泽东同志、周恩来同志关于争取和平解决台湾问题思想的基础上，做出了和平统一的战略决策，创造性地提出"一个国家、两种制度"的伟大构想，为确立"和平统一、一国两制"的方针做出了历史性的贡献。

1978年12月，中国共产党十一届三中全会公报首次以"台湾回到祖国怀抱，实现统一大业"来代替"解放台湾"的表述。

1979年元旦，全国人大常委会发表《告台湾同胞书》，标志着中国共产党和政府解决台湾问题的理论和实践进入一个新的历史时期。

其后，叶剑英和邓小平先后就解决台湾问题的方针政策提出"叶九条"、"邓六条"。经过《告台湾同胞书》以及党和国家领导人一系列论述，特别是解决香港、澳门问题的实践，和平统一的大政方针和"一国两制"构想的内容大大丰富了。在此基础上，中国共产党和中国政府确立了"和平统一、一国两制"的基本方针。

1995年1月30日，江泽民总书记发表题为《为促进祖国统一大业的完成而继续奋斗》的重要讲话，精辟地阐述了"和平统一、一国两制"的精髓，提出了发展两岸关系、推进祖国和平统一进程的八项主张（简称"八项主张"），成为解决台湾问题的纲领性文件。

进入新世纪以来，中国共产党和中国政府领导全国各族人民，继续发展两岸关系，推进祖国和平统一进程。2000年10月，中国共产党十五届五中全会将"完成祖国统一"列为党在本世纪的三大任务之一。2002年11月，党的十六大提出了今后一个时期对台工作的指导思想和基本要求。以胡锦涛同志为总书记的党中央陆续发表对两岸关系重大问题的主张，赋予对台方针政策新的内涵。

2005年3月4日，胡锦涛总书记在参加全国政协十届三次会议民革、台盟、台联联组会时发表重要讲话，就发展两岸关系提出四点意见：坚持一个中国原则决不动摇；争取和平统一的努力决不放弃；贯彻寄希望于台湾人民的方针决不改变；反对"台独"分裂活动决不妥协。

3月14日，十届全国人大三次会议表决通过《反分裂国家法》。这是中国政府将关于解决台湾问题的大政方针以法律的形式固定下来，充分表明我们争取和平统一的极大诚意和坚决制止"台独"的坚强意志。

4月29日，胡锦涛总书记与国民党主席连战举行会谈，就构建和平稳定发展的两岸关系提出四点主张：（一）建立政治上的互信，相互尊重，求同存异。（二）加强经济上的交流合作，互利互惠，共同发展。（三）开展平等协商，加强沟通，扩大共识。（四）鼓励两岸民众加强交往，增进了解，融合亲情。会谈后，双方发表会谈新闻公报，发布“两岸和平发展共同愿景”，内容包括：促进尽速恢复两岸谈判，共谋两岸人民福祉；促进终止敌对状态，达成和平协议；促进两岸经济全面交流，建立两岸经济合作机制；促进协商台湾民众关心的参与国际活动的问题；建立党对党定期沟通平台。

2006年4月16日，胡锦涛总书记会见来京参加两岸经贸论坛的中国国民党荣誉主席连战时强调，和平发展理应成为两岸关系发展的主题，成为两岸同胞共同为之奋斗的目标。胡总书记就推动两岸关系和平发展提出四点建议：第一，坚持“九二共识”，是实现两岸关系和平发展的重要基础。第二，为两岸同胞谋福祉，是实现两岸关系和平发展的根本归宿。第三，深化互利双赢的交流合作，是实现两岸关系和平发展的有效途径。第四，开展平等协商，是实现两岸关系和平发展的必由之路。

2007年10月15日，胡锦涛总书记在党的十七大报告中指出：解决台湾问题、实现祖国完全统一，是全体中华儿女的共同心愿。我们将遵循“和平统一、一国两制”的方针和现阶段发展两岸关系、推进祖国和平统一进程的八项主张，坚持一个中国原则决不动摇，争取和平统一的努力决不放弃，贯彻寄希望于台湾人民的方针决不改变，反对“台独”分裂活动决不妥协，牢牢把握两岸关系和平发展的主题，真诚为两岸同胞谋福祉、为台海地区谋和平，维护国家主权和领土完整，维护中华民族根本利益。

2008年4月29日，胡锦涛总书记会见中国国民党荣誉主席连战时指出，当前台海局势发生了积极变化，两岸关系呈现出良好发展势头。两岸双方应共同努力，建立互信、搁置争议、求同存异、共创双赢，切实为两岸同胞谋福祉，为台海地区谋和平，开创两岸关系和平发展新局面。

5月28日，胡锦涛总书记与中国国民党主席吴伯雄举行会谈时指出，在国共两党和两岸同胞共同努力下，台湾局势发生积极变化，两岸关系发展面临难得的历史机遇。这一局面来之不易，值得倍加珍惜。希望国共两党和两岸双方共同努力，建立互信、搁置争议、求同存异、共创双赢，继续遵循并切实落实“两岸和平发展共同愿景”，以富有成效的努力，扎扎实实推动两岸关系不断取得实际进展，增强广大台湾同胞对两岸关系和平发展的信心。胡主席强调，反对“台独”、坚持“九二共识”是双方建立互信的根本基础。

12月31日，胡锦涛总书记在纪念全国人大常委会发表《告台湾同胞书》30周年座谈会上发表题为《携手推动两岸关系和平发展同心实现中华民族伟大复兴》的重要讲话。讲话在党的十七大关于对台工作总体要求和中央对台大政方针的基础上，深刻阐述了中央为继续推进两岸关系和平发展、促进祖国和平统一提出的重大主张和方针政策，体现了我们为两岸同胞谋福祉、为台海地区谋和平、为中华民族谋复兴的决心和诚意，是新形势下指导对台工作的纲领性文件。讲话重点阐述了两岸关系和平发展的重要思想，提出了推动两岸关系和平发展的六点意见。指出解决台湾问题的核心是实现祖国统一，目的是维护和确保国家主权和领土完整，追求包括台湾同胞在内的全体中华儿女的幸福，实现中华民族伟大复兴。以和平方式实现祖国统一最符合包括台湾同胞在内的中华民族根本利益，也符合求和平、谋发展、促合作的时代潮流。我们一定要以最大诚意、尽最大努力争取祖国和平统一。首先要确保两岸关系和平发展。要牢牢把握两岸关系和平发展的主题，把坚持大陆和台湾同属一个中国作为推动两岸关系和平发展的政治基础，把深化交流合作、推进协商谈判作为推动两岸关系和平发展的重要途径，把促进两岸同胞团结奋斗作为推动两岸关系和平发展的强大动力，继续反对“台独”分裂活动是推动两岸关系和平发展的必要条件。推动两岸关系和平发展六点意见的要点是：

一、恪守一个中国，增进政治互信。维护国家主权和领土完整是国家核心利益。两岸在事关维护一个中国框架这一原则问题上形成共同认知和一致立场，就有了构筑政治互信的基石，什么事情都好商量。

二、推进经济合作，促进共同发展。两岸同胞要开展经济大合作。我们期待实现两岸经济关系正常化，推动经济合作制度化。两岸可以为此签订综合性经济合作协议，建立具有两岸特色的经济合作机制，以最大限度实现优势互补、互惠互利。

三、弘扬中华文化，加强精神纽带。两岸同胞要共同继承和弘扬中华文化优秀传统。我们将继续采取积极措施，包括愿意协商两岸文化教育交流协议，推动两岸文化教育交流合作迈上范围更广、层次更高的新台阶。

四、加强人员往来，扩大各界交流。两岸同胞要扩大交流，两岸各界及其代表性人士要扩大交流，加强善意沟通，增进相互了解。

五、维护国家主权，协商涉外事务。两岸在涉外事务中避免不必要的内耗，有利于增进中华民族整体利益。对于台湾参与国际组织活动问题，在不造成“两个中国”、“一中一台”的前提下，可以通过两岸务实协商做出合情合理安排。

六、结束敌对状态，达成和平协议。海峡两岸中国人有责任共同终结两岸敌对的历史。为有利于两岸协商谈判、对彼此往来做出安排，两岸可以就在国家尚未统一的特殊情况下的政治关系展开务实探讨。为有利于稳定台海局势，减轻军事安全顾虑，两岸可以适时就军事问题进行接触交流，探讨建立军事安全互信机制问题。在一个中国原则的基础上，协商正式结束两岸敌对状态，达成和平协议，构建两岸关系和平发展框架。

2009年5月26日，胡锦涛总书记会见国民党主席吴伯雄，就在新的起点上进一步推动两岸关系向前发展发表重要意见，主要内容包括：

（一）增进两岸政治互信，坚持大陆和台湾同属一个中国是关键所在。

（二）双方应该共同推进商签协议准备工作，争取下半年谈起来。

（三）加强两岸文化教育交流。要比以往更加努力地开展两岸文化教育交流，共同传承和弘扬中华文化，增强中华文化认同、中华民族认同。

（四）两岸中国人有能力、有智慧妥善解决台湾参与国际组织活动问题，也表明我们促进两岸关系和平发展的诚意。

（五）两岸可以就国家尚未统一的特殊情况下的政治关系问题、建立两岸军事安全互信机制问题进行务实探讨，双方可以先由初级形式开始接触，积累经验，以逐步破解难题。

（六）国共两党交流对话特别是高层交往对保持两岸关系发展势头具有不可替代的重要作用。

2010年7月12日，胡锦涛总书记会见国民党荣誉主席吴伯雄时强调，两岸经济合作框架协议是一份为民谋利、互利双赢、影响深远的好协议，符合两岸同胞共同利益，符合中华民族整体利益。协议的签署是两岸关系和平发展的重要成果，标志着两岸经济合作进入新的阶段，向两岸同胞展现了我们共同推动两岸关系和平发展的决心。

2011年5月10日，胡锦涛总书记会见国民党荣誉主席吴伯雄时强调，面对新形势，我们要牢牢把握两岸关系和平发展大局，巩固政治基础，坚持正确方向，推进协商谈判，扩大交流合作，为两岸关系发展创造更好条件。提出要继续把握两岸关系和平发展大局；要继续维护国共两党、两岸双方的良性互动；要继续稳步推进两岸交流合作；要继续保障台湾基层民众共享两岸交流合作成果。

2012年2月29日—3月1日，对台工作会议在北京举行。中共中央政治局常委、全国政协主席贾庆林出席会议并作重要讲话。贾庆林强调，要坚持中央对台工作大政方针，以持续推进两岸关系和平发展为主题，以深入贯彻寄希望于台湾人民的方针为主线，进一步扎实有效做好各项对台工作，进一步巩固深化两岸关系和平发展，为实现祖国和平统一大业创造有利条件。

2012年11月8—14日，中国共产党第十八次全国代表大会在北京召开。党的十八大报告指出，解决台湾问题、实现祖国完全统一，是不可阻挡的历史进程。和平统一最符合包括台湾同胞在内的中华民族的根本利益。实现和平统一首先要确保两岸关系和平发展。必须坚持“和平统一、一国两制”方针，坚持发展两岸关系、推进祖国和平统一进程的八项主张，全面贯彻两岸关系和平发展重要思想，巩固和深化两岸关系和平发展的政治、经济、文化、社会基础，为和平统一创造更充分的条件。

我们要始终坚持一个中国原则。大陆和台湾虽然尚未统一，但两岸同属一个中国的事实从未改变，国家领土和主权从未分割、也不容分割。两岸双方应恪守反对“台独”、坚持“九二共识”的共同立场，增进维护一个中国框架的共同认知，在此基础上求同存异。对台湾任何政党，只要不主张“台独”、认同一个中国，我们都愿意同他们交往、对话、合作。

我们要持续推进两岸交流合作。深化经济合作，厚植共同利益。扩大文化交流，增强民族认同。密切人民往来，融洽同胞感情。促进平等协商，加强制度建设。希望双方共同努力，探讨国家尚未统一特殊情况下的两岸政治关系，做出合情合理安排；商谈建立两岸军事安全互信机制，稳定台海局势；协商达成两岸和平协议，开创两岸关系和平发展新前景。

我们要努力促进两岸同胞团结奋斗。两岸同胞同属中华民族，是血脉相连的命运共同体，理应相互关爱信赖，共同推进两岸关系，共同享有发展成果。凡是有利于增进两岸同胞共同福祉的事情，我们都会尽最大努力做好。我们要切实保护台湾同胞权益，团结台湾同胞维护好、建设好中华民族共同家园。

我们坚决反对“台独”分裂图谋。中国人民绝不允许任何人任何势力以任何方式把台湾从祖国分割出去。“台独”分裂行径损害两岸同胞共同利益，必然走向彻底失败。

全体中华儿女携手努力，就一定能在同心实现中华民族伟大复兴进程中完成祖国统一大业。

2013年2月19日，对台工作会议在北京举行。中共中央政治局常委俞正声出席并发表重要讲话。俞正声指出，过去10年尤其是最近5年，是对台工作成果最显著、两岸关系发展最迅速时期。我们推动两岸关系实现重大转折，取得一系列重要成果，开创了两岸关系和平发展新局面。党的十八大充分肯定对台工作取得的重要成就，中央高度评价各有关方面和对台工作系统全体同志做出的积极贡献。俞正声强调，我们党在对台工作实践中形成的两岸关系和平发展重要思想，丰富了国家统一理论和中央对台工作大政方针，具有长期指导意义。推动两岸关系和平发展，是实现和平统一的必由之路，也是我国和平发展战略的重要组成部分。做好对台工作事关国家核心利益和民族根本利益，新一届中央领导集体将坚持十八大确立的中央对台工作大政方针。

2月25日，中共中央总书记习近平在人民大会堂会见中国国民党荣誉主席连战及随访的台湾各界人士时强调，继续推动两岸关系和平发展、促进两岸和平统一，是新一届中共中央领导集体的责任。

习近平指出，我们有充分信心继续坚定不移推动两岸关系和平发展，有充分信心克服各种困难开辟两岸关系新前景，有充分信心同台湾同胞携手迎接中华民族伟大复兴。我们将再接再厉，务实进取，促进两岸交流合作不断取得新的成就，造福两岸同胞。

习近平说，这些年两岸关系取得一系列重大积极进展，维护了台海地区和平，增进了两岸同胞福祉，符合两岸中国人共同愿望，符合中华民族整体利益。两岸同胞血脉相连，是一家人。维护好台湾同胞权益，发展好台湾同胞福祉，是大陆方面多次做出的公开宣示，也是我们新一届中共中央领导集体的郑重承诺。我们将保持对台工作大政方针的连续性，始终坚持一个中国原则，持续推进两岸交流合作，努力促进两岸同胞团结奋斗，巩固和深化两岸关系和平发展的政治、经济、文化、社会基础。

习近平指出，两岸关系虽然历经坎坷，但终究能打破长期隔阂，开启交流合作。这是因为，两岸同胞同属中华民族，这种天然的血缘纽带任何力量都切割不断；两岸同属一个中国，这一基本事实任何力量都无法改变；两岸交流合作得天独厚，这种双向利益需求任何力量都压制不住。更是因为，全体中华儿女有决心通过自己的不懈奋斗自立于世界民族之林，这种全民族共同愿望任何力量都阻挡不了。

习近平强调，展望未来，我们将有更大能力推动两岸关系和平发展。当然，我们也清醒地看到，两岸关系中还存在着历史遗留问题，前进道路上还会遇到各种新问题，解决这些问题需要时间，需要耐心，需要共同努力。只要两岸双方都秉持民族大义，巩固反对“台独”、坚持“九二共识”的基础，增进共同维护一个中国框架的认知，两岸各领域合作的前景就是宽广和光明的。随着两岸关系和平发展不断取得新的成果，相信一定会有越来越多的台湾同胞认识到，台湾的前途系于两岸关系和平发展、系于中华民族伟大复兴。

习近平指出，我们始终从全民族发展的高度来把握两岸关系发展方向。大陆和台湾是休戚与共的命运共同体。近代以来，中华民族饱受列强欺凌。想起那一段屈辱的历史，每一个中国人都会心痛。实现中华民族伟大复兴，是中华民族近代以来最伟大的梦想。现在，我们比历史上任何时期都更有信心、更有能力实现这个梦想。“兄弟齐心，其利断金。”实现中华民族伟大复兴，需要两岸同胞共同努力。我们真诚希望台湾同大陆一道发展，两岸同胞共同来圆“中国梦”。携手推动两岸关系和平发展，同心实现中华民族伟大复兴，应该成为两岸关系的主旋律，成为两岸中华儿女的共同使命。

3月5日，第十二届全国人民代表大会第一次会议开幕。国务院总理温家宝在政府工作报告中对过去五年工作回顾时指出，五年来，我们推动两岸关系实现重大转折，两岸直接双向“三通”全面实现，签署实施两岸经济合作框架协议，形成两岸全方位交往格局，开创了两岸关系和平发展新局面。

4月8日，中共中央总书记习近平在博鳌会见台湾两岸共同市场基金会荣誉董事长萧万长一行时强调，大陆方面对推动两岸关系和平发展，决心是坚定的，方针政策是明确的。我们将保持对台大政方针的连续性，继续实施行之有效的各项政策，促进两岸关系发展不断取得新成就，更好造福两岸同胞。两岸同胞要真诚团结合作，共同为实现中华民族伟大复兴的中国梦而努力奋斗。

习近平对促进两岸合作提出四点希望。

第一，希望本着两岸同胞一家人的理念促进两岸经济合作。

第二，希望两岸加强经济领域高层次对话和协调，共同推动经济合作迈上新台阶。

第三，希望两岸加快经济合作框架协议后续协议商谈进程，提高经济合作制度化水平。

第四，希望两岸同胞团结合作，共同致力于实现中华民族伟大复兴。

6月13日，中共中央总书记习近平在京会见了中国国民党荣誉主席吴伯雄和他率领的中国国民党访问团全体成员。

习近平表示，过去5年，我们两党、两岸双方和两岸同胞共同努力，开辟了两岸关系和平发展的正确道路，推动两岸关系取得了重大进展。新形势下，中共中央将继续实行既定的大政方针，致力于巩固深化两岸关系和平发展，造福两岸同胞，造福中华民族。希望两党和两岸双方继续增强互信、保持良性互动，稳步推进两岸关系全面发展，巩固深化两岸关系和平发展各项基础，团结两岸同胞，共同为实现中华民族伟大复兴而努力。

习近平强调，今天，两岸关系已站在新的起点上，也面临着重要机遇。我们应该认真总结经验，清醒认识并主动因应形势发展变化，坚定不移走两岸关系和平发展道路，巩固和深化两岸关系和平发展的政治、经济、文化、社会基础，推动两岸关系不断取得新的成就。习近平就此提出四点意见。

第一，坚持从中华民族整体利益的高度把握两岸关系大局。我们坚持维护中华民族的根本利益、维护包括台湾同胞在内的全体中华儿女共同利益。从中华民族整体利益把握两岸关系大局，最根本的、最核心的是维护国家领土和主权完整。大陆和台湾虽然尚未统一，但同属一个中国，是不可分割的整体。国共两党理应坚持一个中国立场、共同维护一个中国框架。希望两党都本着对历史、对人民负责任的态度，以中华民族整体利益为重，把握好两岸关系和平发展大局，推动两岸关系沿着正确方向不断向前迈进。

第二，坚持在认清历史发展趋势中把握两岸关系前途。经过中华儿女不懈奋斗，中华民族伟大复兴展现出前所未有的光明前景。我们应该登高望远，看到时代发展、民族振兴的大趋势，看到两岸关系和平发展已经成为中华民族伟大复兴的重要组成部分，摆脱不合时宜的旧观念束缚，明确振兴中华的共同奋斗目标。两岸关系发展是大势所趋，我们应该据此确定自己的路线图，继续往前走。我们两党应该以实现民族复兴、人民幸福为己任，促进两岸同胞团结合作，积极宣导“两岸一家人”的理念，汇集两岸中国人智慧和力量，在共同实现中华民族伟大复兴的进程中抚平历史创伤，谱写中华民族繁荣昌盛的崭新篇章。

第三，坚持增进互信、良性互动、求同存异、务实进取。增进互信，核心就是要在巩固和维护一个中国框架这一原则问题上形成更为清晰的共同认知和一致立场。良性互动，就是要加强沟通、和平协商、相向而行，相互释放善意，维护两岸关系来之不易的和平发展局面，合情合理解决彼此间的问题。求同存异，就是要本着同舟共济的精神，发挥政治智慧，聚集和扩大推动两岸关系发展的共识，妥善处理和管控分歧。务实进取，就是要本着实事求是的态度，坚持从实际出发，循序渐进，稳步向前，不因遇到困难而停滞，不被任何干扰所困惑，防止和避免出现倒退。两岸关系进入巩固和深化的新阶段，更需要我们双方保持积极进取精神，以更大勇气和决心面对和克服前进道路上的困难。希望双方共同努力，促进两岸关系发展取得更多积极成果，不断拓宽两岸关系和平发展的道路。

第四，坚持稳步推进两岸关系全面发展。首先要继续保持两岸关系大局稳定。“台独”分裂势力及其分裂活动仍然是对台海和平的现实威胁，必须继续反对和遏制任何形式的“台独”分裂主张和活动，不能有任何妥协。在两岸关系大局稳定的基础上，两岸各领域交流合作有着广阔空间。两岸双方应该为深化经济、科技、文化、教育等领域合作采取更多积极举措，提供更多政策支持，创造更加便利条件，以拓宽合作领域，提高合作水平，产生更大效益。我们要努力增进两岸民众福祉，让更多民众共享两岸关系和平发展成果，积极促进两岸同胞在厚植共同利益、弘扬中华文化的过程中，增进对两岸命运共同体的认知，增强民族自豪感，坚定振兴中华的共同信念。

6月16日，中共中央政治局常委、全国政协主席俞正声在第五届海峡论坛大会上表示，两岸同胞推动两岸关系和平发展，就是在促进中华民族的伟大复兴。两岸经济同属中华民族经济，加强互利共赢的经济合作，实现两岸经济共同发展，就是在壮大中华民族经济。两岸同胞同受中华文化哺育，扩大文化交流，共同传承和弘扬中华文化，不断丰富中华文化的时代内涵，就是在繁荣中华民族文化。两岸同胞都是中华儿女，融洽亲如一家的同胞感情，增强一脉相承的民族认同，就是在促进中华民族团结和谐。两岸同胞要共同担当起新时代赋予的历史使命，共同致力于实现民族复兴的伟大梦想。

10月6日，中共中央总书记习近平在印度尼西亚巴厘岛出席亚太经合组织第二十一次领导人非正式会议期间会见了台湾两岸共同市场基金会荣誉董事长萧万长一行。习近平强调，两岸双方应该坚持走两岸关系和平发展的正确道路，倡导“两岸一家亲”的理念，加强交流合作，共同促进中华民族伟大复兴。要珍惜历史机遇，保持两岸关系和平发展良好势头。两岸民众都希望两岸关系取得更大进展。双方应该顺应民心、抓住机遇，促进两岸关系发展取得新成果。增进两岸政治互信，夯实共同政治基础，是确保两岸关系和平发展的关键。着眼长远，两岸长期存在的政治分歧问题终归要逐步解决，总不能将这些问题一代一代传下去。我们已经多次表示，愿意在一个中国框架内就两岸政治问题同台湾方面进行平等协商，做出合情合理安排。对两岸关系中需要处理的事务，双方主管部门负责人也可以见面交换意见。两岸经济同属中华民族经济，在亚太地区经济发展新形势下，双方只有加强合作，才能更好应对挑战。要加强两岸经济合作制度化建设，并更加重视促进产业合作。

2014年1月24日，对台工作会议在北京举行。中共中央政治局常委俞正声出席会议并作重要讲话。俞正声指出，以习近平同志为总书记的新一届中央领导集体保持对台工作大政方针的连续性，同时面对新形势及其未来发展，提出新的起点上推动两岸关系和平发展的新理念、新主张，产生广泛积极影响。各地各部门认真领会中央对台工作精神，努力贯彻决策部署，扎实有效地开展各项工作，稳步推进两岸关系全面发展，取得很好的成绩。俞正声强调，我们要从实现中华民族伟大复兴的高度思考和谋划对台工作。党的十八大提出，建设中国特色社会主义的总任务是实现社会主义现代化和中华民族伟大复兴。这一总任务决定了新形势下对台工作的总目标，就是在同心实现中华民族伟大复兴进程中完成祖国统一大业。因此，对台工作要围绕服务当前党和国家中心任务，努力保持两岸关系正确方向和前进势头，不断巩固深化两岸关系和平发展的政治、经济、文化、社会基础，为实现和平统一创造更加有利的条件。

2月18日，中共中央总书记习近平在北京会见中国国民党荣誉主席连战及随访的台湾各界人士时强调，希望两岸双方秉持“两岸一家亲”的理念，顺势而为，齐心协力，推动两岸关系和平发展取得更多成果，造福两岸民众，共圆中华民族伟大复兴的中国梦。由于历史和现实的原因，两岸关系存在的很多问题一时不易解决，但两岸同胞是一家人，有着共同的血脉、共同的文化、共同的连结、共同的愿景，这是推动相互理解，携手同心，一起前进的重要力量。

第一，两岸同胞一家亲，谁也不能割断我们的血脉。两岸同胞一家亲，根植于同胞共同的血脉和精神。扎根于我们共同的历史和文化。这是与生俱来、浑然天成的，是不可磨灭的。不论是几百年前跨越“黑水沟”到台湾“讨生活”，还是几十年前迁徙到台湾，广大台湾同胞都是我们的骨肉天亲。大家同根同源、同文同宗，心之相系、情之相融，本是血脉相连的一家人。两岸走近、同胞团圆是两岸同胞的共同心愿，没有什么力量能把我们割裂开来。

第二，两岸同胞命运与共，彼此没有解不开的心结。两岸同胞虽然隔着一道海峡，但命运从来都是紧紧连在一起的。民族强盛，是同胞共同之福；民族弱乱，是同胞共同之祸。两岸虽然尚未统一，但我们同属一个国家、同属一个民族从来没有改变，也不可能改变。因为我们的血脉里流动的都是中华民族的血，我们的精神上坚守的都是中华民族的魂。台湾同胞因自己的历史遭遇和社会环境，有着特定的心态。我们完全理解台湾同胞的心情。熨平心里创伤需要亲情，解决现实问题需要真情，我们有耐心，但更有信心。亲情不仅能疗伤止痛、化解心结，而且能实现心灵契合。我们尊重台湾同胞自己选择的社会制度和生活方式，也愿意首先同台湾同胞分享大陆发展的机遇。历史不能选择，但现在可以把握，未来可以开创。

第三，两岸同胞要齐心协力，持续推动两岸关系和平发展。5年多来，两岸同胞共同选择了两岸关系和平发展道路，开创了前所未有的新局面。这是一条维护两岸和平、促进共同发展、走向民族复兴、造福两岸同胞的正确道路。要坚定信心，排除一切干扰，沿着这条道路一步一个脚印地走下去。大家都不希望目前的好局面逆转。为此，两岸双方要巩固坚持“九二共识”、反对“台独”的共同基础，深化维护一个中国框架的共同认知。这个基础是两岸关系之锚。只要这个基础得到坚持，两岸关系前景就会越来越光明。如果这个基础被破坏，两岸关系就会重新回到动荡不安的老路上去。前不久，双方两岸事务主管部门负责人会面，达成积极共识，对推动两岸关系全面发展具有积极意义。至于两岸之间长期存在的政治分歧问题，我们愿在一个中国框架内，同台湾方面进行平等协商，做出合情合理安排。我相信，两岸中国人有智慧找出解决问题的钥匙来。

我们欢迎更多台湾同胞参与到推动两岸关系和平发展的行列中来，大家一起努力，出主意、想办法，凝聚更多智慧和力量，巩固和扩大两岸关系发展成果，使两岸关系和平发展成为不可阻挡的历史潮流，让广大台湾同胞特别是基层民众都能更多享受到两岸关系发展带来的好处。我们对台湾同胞一视同仁，无论是谁，不管他以前有过什么主张，只要现在愿意参与推动两岸关系和平发展，我们都欢迎。

第四，两岸同胞要携手同心，共圆中华民族伟大复兴的中国梦。实现中华民族伟大复兴，实现国家富强、民族振兴、人民幸福，是近代以来中国人的夙愿。中国梦与台湾的前途是息息相关的。中国梦是两岸同胞共同的梦，需要大家一起来圆梦。两岸同胞要相互扶持，不分党派，不分阶层，不分宗教，不分地域，都参与到民族复兴的进程中来，让我们共同的中国梦早日成真。

习近平强调，我们是真心诚意对待台湾同胞的，愿意认真听取各方意见。只要是有利于增进台湾同胞福祉的事，只要是有利于推动两岸关系和平发展的事，只要是有利于维护中华民族整体利益的事，我们会尽最大努力办好，使广大台湾同胞在两岸关系发展中更多受益，让我们所有中国人都过上更加美好的生活。

3月5日，第十二届全国人民代表大会第二次会议开幕。国务院总理李克强在政府工作报告中指出，我们将全面贯彻对台工作大政方针，坚持“九二共识”，维护一个中国框架，巩固增进两岸政治互信，促进经济融合，推动交流合作，开展协商谈判，秉持“两岸一家亲”的理念，维护骨肉情谊，凝聚同胞心力，为建设中华民族美好家园、实现祖国和平统一大业贡献力量。我们期待双方越走越近，越走越亲，使两岸关系和平发展成为不可阻挡、不可逆转的历史潮流。

4月10日，中共中央政治局常委、国务院总理李克强在海南省博鳌会见了前来出席博鳌亚洲论坛2014年年会的台湾两岸共同市场基金会荣誉董事长萧万长一行。李克强表示，当前两岸关系和平发展的良好局面来之不易，值得我们倍加珍惜。只要我们坚持在共同的政治基础上良性互动，共同努力，两岸关系和平发展的道路就会越走越宽广，两岸同胞就会越走越近，越走越亲。

李克强指出，当前深化两岸经济合作面临重要契机。大陆全面深化改革、扩大开放，推动经济升级，保持长期稳定增长，持续健康发展，必将为两岸经济合作注入强劲动力。两岸应从一家人的角度考虑，为了我们这个大家庭的共同利益，不断扩大和深化两岸经济合作，共同壮大中华民族经济，造福两岸同胞。我们愿意首先与台湾同胞分享大陆经济发展带来的机遇，在两岸经济合作中照顾台湾同胞的利益，在对外开放的时候先一步对台湾开放，或者对台湾开放的幅度更大一些，促进两岸经济融合与共同发展。当前经济全球化和区域经济整合的势头不减，两岸进一步扩大经济合作，促进经济融合，也有利于为台湾参与区域经济合作创造更好的条件。我们真诚希望台湾同胞能够把握住这些机遇。

5月7日，中共中央总书记习近平在京会见亲民党主席宋楚瑜一行。习近平强调，两岸关系和平发展是两岸同胞顺应历史潮流做出的共同选择。只要我们都从“两岸一家亲”的理念出发，将心比心，以诚相待，就没有什么心结不能化解，没有什么困难不能克服。

习近平指出，两岸关系和平发展大局稳定，经得起风浪考验。两岸关系风风雨雨几十年，总体趋势是向前发展的，这是历史的必然。和平发展是两岸同胞的共同追求，两岸共享其利、同受其惠。我们推动两岸关系和平发展的方针政策不会改变，促进两岸交流合作、互利共赢的务实举措不会放弃，团结台湾同胞共同奋斗的真诚热情不会减弱，制止“台独”分裂图谋的坚强意志不会动摇。我们真诚希望台湾社会安定、经济发展、民生改善，台湾同胞过上安宁幸福的生活。两岸关系和平发展任重道远，需要加深两岸同胞相互信任。同胞有了互信，很多难题就容易找到解决办法。我们要积极创造条件，扩大两岸社会各界各阶层民众的接触面，面对面沟通，心与心交流，不断增进理解，拉近心理距离。

习近平强调，两岸关系和平发展前景广阔，应该继续开拓进取。大陆全面深化改革和扩大对外开放，将为两岸经济合作带来强劲动力和有利条件。经济融合有利两岸互利双赢，任何时候都不应受到干扰。我们将深入了解台湾民众尤其是基层民众的现实需求，采取积极有效措施，照顾弱势群体，使更多台湾民众在两岸经济交流合作中受益。

习近平指出，两岸青少年身上寄托着两岸关系的未来。要多想些办法，多创造些条件，让他们多来往、多交流，感悟到两岸关系和平发展的潮流，感悟到中华民族伟大复兴的趋势，以后能够担当起开拓两岸关系前景、实现民族伟大复兴的重任。

习近平积极评价宋楚瑜和亲民党在推动两岸关系实现历史性转折中所发挥的重要作用。希望亲民党坚持一个中国立场，继续反对“台独”分裂图谋，同台湾各界人士一道，坚定维护两岸关系和平发展大局，不断增进中华民族整体利益。

5月7日，中共中央政治局常委、全国政协主席俞正声在京会见亲民党主席宋楚瑜一行。俞正声表示，珍惜两岸关系和平发展成果、保持良好发展势头，是两岸同胞最朴素、最强烈的共同心愿。我们有责任、有信心把两岸关系维护好、发展好。要坚持“九二共识”、反对“台独”，巩固增进两岸政治互信。两岸同胞要多往来，多交流，多沟通，增进相互理解和信任。只要两岸同胞都从一家人的理念和心态出发，就能感受到彼此的真诚和善意，就能携手并肩，继续推动两岸关系和平发展，为实现中华民族伟大复兴的中国梦共同努力奋斗。

6月15日，中共中央政治局常委、全国政协主席俞正声在第六届海峡论坛大会上致辞时表示，本届论坛以“和谐发展、幸福两岸”为主题，讲出了两岸民众的心里话。这是两岸关系和平发展成果造福两岸民众的生动写照，也反映了两岸同胞共谋社会和谐、经济发展、生活幸福的热切期盼。

俞正声指出，对美好生活的向往是两岸同胞共同的追求。两岸关系和平发展是中华民族之幸，是两岸同胞之福。我们都要珍惜这一来之不易的良好局面，沿着这条道路坚定不移地走下去。

俞正声强调，两岸关系不断向前迈进，必然会触及一些深层问题。只要我们巩固反对“台独”、坚持“九二共识”的共同基础，维护一个中国框架的共同认知，两岸关系就能行稳致远。我们欢迎更多的台湾同胞，不分党派，不分行业，不分地域，都参与到两岸大交流的进程中来，同大陆的兄弟姐妹一道，维护好两岸关系发展的良好局面，建设好我们共同的家园。

俞正声表示，以人为本、为民谋利是我们的执政理念，也是我们制订和实施各项对台政策的出发点和落脚点。我们将继续坚持两岸关系和平发展的方针政策，继续推动对台湾民众有利的务实举措，同时广泛听取台湾社会各界的意见建议，深入了解台湾民众的现实需求，不断扩大两岸交流合作的参与面和受益面，不断增强两岸关系和平发展的民意基础。

俞正声强调，只要两岸同胞都“手牵着手，肩并着肩”，“团结起来，相亲相爱”，就一定能在不断推动两岸关系和平发展的进程中实现过上更加美好幸福生活的愿望，共同促进中华民族伟大复兴的中国梦早日实现。

9月26日，中共中央总书记习近平在北京会见台湾和平统一团体联合参访团。习近平首先高度肯定参访团各位成员为推动两岸关系发展、推进国家和平统一进程做出的积极贡献。他指出，当前两岸关系虽然面临一些新情况新问题，但和平发展的大趋势没有改变。两岸同胞应该坚定信心、携手努力，继续推动两岸关系和平发展，共同开创中华民族伟大复兴的光明前景。

习近平指出，国家统一是中华民族走向伟大复兴的历史必然。实现中华民族伟大复兴是近代以来中华民族最伟大的梦想。中华民族在探寻民族复兴强盛之道的过程中饱经苦难沧桑。“统则强、分必乱”，这是一条历史规律。中华民族伟大复兴与两岸同胞前途命运紧密相连。台湾的前途系于国家统一，台湾同胞的福祉离不开中华民族的强盛。当前，我们比历史上任何时期都更接近中华民族伟大复兴的目标，都更有信心、有能力实现这个目标。对台湾来说，这是福音、是历史机遇。希望台湾同胞同大陆同胞一道，在推进中华民族伟大复兴和实现国家和平统一的进程中，把握住机遇，相互扶持，紧密合作，为过上和平安宁、幸福美好生活，为在世界上共享中华民族尊严和荣耀而携手奋斗。

习近平表示，在涉及国家统一和中华民族长远发展的重大问题上，我们旗帜鲜明、立场坚定，不会有任何妥协和动摇。1949年以来，两岸虽然尚未统一，但大陆和台湾同属一个中国的事实从未改变，也不可能改变。两岸复归统一，是结束政治对立，不是领土和主权再造。“和平统一、一国两制”是我们解决台湾问题的基本方针，我们认为，这也是实现国家统一的最佳方式。我们将以最大诚意、尽最大努力争取和平统一的前景，因为以和平的方式实现统一最符合包括台湾同胞在内的中华民族的整体利益。“一国两制”在台湾的具体实现形式会充分考虑台湾现实情况，充分吸收两岸各界意见和建议，是能充分照顾到台湾同胞利益的安排。

习近平指出，我们所追求的国家统一不仅是形式上的统一，更重要的是两岸同胞的心灵契合。我们理解台湾同胞因特殊历史遭遇和不同社会环境而形成的心态，尊重台湾同胞自己选择的社会制度和生活方式，愿意用真诚、善意、亲情拉近两岸同胞的心理距离。同时，台湾同胞也需要更多了解和理解大陆13亿同胞的感受和心态，尊重大陆同胞的选择和追求。

习近平表示，两岸关系和平发展是通向和平统一的正确道路。当前，两岸关系和平发展进程正不断向前推进，没有因遇到一些沟坎而止步，反映了两岸同胞共同心愿。我们将毫不动摇坚持两岸关系和平发展的正确道路，坚持造福两岸同胞的政策举措，努力推动两岸关系不断取得新进展。

习近平强调，遏制“台独”分裂活动是确保两岸关系和平发展的必然要求。2008年前的一段时间，“台独”分裂势力利用执政推行分裂路线，损害国家主权、领土完整，破坏台海和平稳定，挑动两岸对抗紧张，给两岸民众尤其是台湾同胞带来深重祸害。两岸同胞对此记忆犹新，期盼两岸关系和平发展新局面得以维护。需要警惕的是，“台独”分裂势力并未善罢甘休，仍在竭力煽动两岸敌意和对立，阻挠两岸交流合作，仍然是两岸关系和平发展的最大现实威胁。

习近平强调，对于任何分裂国家的行径，我们绝不会容忍。历史已经并将继续证明，“台独”之路走不通。我愿再次重申，我们对台湾同胞一视同仁，无论是谁，不管以前有过什么主张，只要现在愿意参与推动两岸关系和平发展，我们都欢迎。

9月26日，中共中央政治局常委、全国政协主席俞正声在北京会见了台湾和平统一团体联合参访团一行。俞正声首先高度肯定台湾和平统一团体为推动两岸关系发展与和平统一进程所作的积极贡献。他表示，国家统一事关国家主权和领土完整，与中华民族伟大复兴紧密相连，牵动着海内外亿万华夏儿女的心。实现国家统一是我们坚定不移的目标。在这个问题上我们的态度是明确的、坚定的，没有丝毫妥协的余地。和平统一最符合两岸同胞的整体利益，我们会尽最大努力争取和平统一的前景。我们要坚持走两岸关系和平发展的道路，不断增进两岸政治互信，坚决遏制“台独”分裂图谋，让两岸在和平发展的进程中实现共同发展，两岸同胞越走越近、越走越亲，和平统一的基础越来越牢固。

11月9日，中共中央总书记习近平在北京会见台湾两岸共同市场基金会荣誉董事长萧万长一行。习近平强调，两岸关系和平发展成果得来不易，需要倍加珍惜。珍惜成果的最好方式是继续推动两岸关系向前发展。

习近平指出，两岸双方在坚持“九二共识”、反对“台独”的共同政治基础上建立并持续增进互信，是确保两岸关系和平发展正确方向和良好势头的关键。由于两岸间存在一些差异等原因，两岸关系遇到一些困难和阻力在所难免。越是这样越需要加强交流、增进互信，保持良性互动、相向而行。要尊重彼此对发展道路和社会制度的选择。

习近平指出，两岸交流合作前景广阔。希望两岸双方共同努力，排除干扰，为扩大和深化两岸经济、文化、科技、教育等各领域交流合作采取更多积极措施，尤其要为两岸基层民众、青年交流往来多创造条件，以增进相互了解，融洽彼此感情，实现心灵契合。要以两岸关系和平发展的更多成果来造福两岸同胞，增强对共同未来的信心。

2015年1月26日至27日，对台工作会议在北京举行。中共中央政治局常委俞正声出席会议并作重要讲话。俞正声指出，过去一年，以习近平同志为总书记的党中央，高度重视对台工作，准确把握台海局势及其新变化，提出了一系列推动两岸关系和平发展的政策主张，产生广泛积极影响。各地各部门认真贯彻决策部署，积极开展各项工作，克难前行，保持了两岸关系和平发展势头，取得新的进展。中央对此充分肯定。俞正声强调，对台工作事关国家发展大局。我们要始终坚持从实现“两个一百年”奋斗目标和中华民族伟大复兴中国梦的战略高度，审视和谋划各项工作。要毫不动摇地继续坚持中央对台大政方针，广泛团结台湾同胞，维护台海局势稳定，坚决遏制“台独”分裂活动，坚定推动两岸关系和平发展，为解决台湾问题、实现祖国统一不断积累和创造条件。会议要求，新的一年，各地各部门要切实按照中央要求，把各项工作落到实处，积极有为，奋发进取，努力保持两岸关系和平发展势头。在坚持“九二共识”、反对“台独”的共同政治基础上，继续增进两岸政治互信、保持良性互动，巩固两岸关系和平发展制度化成果。积极推进两岸经济合作框架协议后续议题等制度化协商，深化协议执行成效，惠及更多民众。推进两岸经济融合发展，促进两岸产业合作总体规划布局，深化两岸金融合作，努力扩大台中小企业、农渔民参与面受益面。支持福建自由贸易园区、平潭综合实验区和昆山深化两岸产业合作试验区对台扩大开放、加强合作。切实帮助大陆台商解决实际困难。采取积极措施促进两岸人员往来，扩大两岸青少年和基层交流，深化两岸各领域交流合作。完善涉台法律法规和工作机制，加强两岸执法司法合作，维护台胞合法权益。会议强调，各地各部门要高度重视对台工作，增强政治责任感和使命感，加强领导，发挥好协调机制的作用，抓好队伍建设，为推动两岸关系和平发展做出新贡献。

3月3日，全国政协主席俞正声在全国政协十二届三次会议开幕会上向大会报告工作时说，全国政协常委会坚持一个中国的原则，把握两岸关系和平发展主题，完善政协委员与台湾民意代表互访交流机制。加强与海外侨胞和归侨侨眷联系交流，促进海外和谐侨社建设。

3月4日，中共中央总书记、国家主席、中央军委主席习近平在看望参加全国政协十二届三次会议的民革、台盟、台联委员时强调，两岸关系和平发展是一条维护两岸和平、促进共同发展、造福两岸同胞的正确道路，也是通向和平统一的光明大道，我们应该坚定不移走和平发展道路，坚定不移坚持共同政治基础，坚定不移为两岸同胞谋福祉，坚定不移携手实现民族复兴。

习近平在认真听取大家发言后发表了重要讲话。他首先表示，民革、台盟作为中国共产党的亲密友党，台联作为台湾同胞的爱国民众团体，长期以来为推动两岸关系发展做了大量工作。大家在发言中提出了一些很好的意见和建议，有关部门要高度重视、认真研究。他代表中共中央，向大家表达诚挚的问候。

习近平指出，2014年是我国发展进程中很不寻常的一年。面对复杂多变的国际环境和艰巨繁重的国内改革发展稳定任务，中共中央团结带领全国各族人民，坚持稳中求进工作总基调，适应经济发展新常态，全面推进经济建设、政治建设、文化建设、社会建设、生态文明建设以及国防和军队建设，蹄疾步稳推进各项改革，加快推进依法治国，积极开展全方位外交，坚决反对和纠治“四风”问题，坚定不移反对腐败，各项工作取得新的重大进展。

习近平强调，过去的一年，我们坚持对台工作大政方针和决策部署，两岸制度化协商取得新成果，两岸经济融合发展不断深入，各领域交流合作保持良好发展势头，台海局势总体稳定。从根本上说，决定两岸关系走向的关键因素是祖国大陆发展进步。我们要保持自身发展势头，同时采取正确政策措施做好台湾工作。

习近平指出，2008年以来，两岸关系走上了和平发展道路，两岸关系发生历史性的深刻变化，展现了合作共赢的前景。和平是宝贵的，和平需要维护。两岸同胞要总结两岸关系和平发展的经验，精心维护两岸关系和平发展成果。

习近平强调，“九二共识”对两岸建立政治互信、开展对话协商、改善和发展两岸关系，发挥了不可替代的重要作用。如果两岸双方的共同政治基础遭到破坏，两岸互信将不复存在，两岸关系就会重新回到动荡不安的老路上去。我们始终把坚持“九二共识”作为同台湾当局和各政党开展交往的基础和条件，核心是认同大陆和台湾同属一个中国。只要做到这一点，台湾任何政党和团体同大陆交往都不会存在障碍。“台独”分裂势力及其活动损害国家主权和领土完整，企图挑起两岸民众和社会对立、割断两岸同胞精神纽带，是两岸关系和平发展的最大障碍，是台海和平稳定的最大威胁，必须坚决反对。两岸同胞要对“台独”势力保持高度警惕。

习近平指出，为两岸同胞谋福祉是我们发展两岸关系的着眼点和落脚点。两岸关系和平发展，要两岸同胞共同推动，靠两岸同胞共同维护，由两岸同胞共同分享。我们坚持为两岸同胞谋福祉的理念不会变，为台湾同胞办实事、办好事的政策措施不会变。我们注重听取台湾各界特别是基层民众意见和建议，愿意了解台湾同胞想法和需求。我们欢迎更多台湾同胞参与到两岸大交流进程中来，成为两岸关系和平发展的支持者、参与者。要继续加强两岸同胞交流往来，实施惠及两岸同胞的政策法律措施，扩大台湾基层民众受益面和获得感。我们愿意让台湾同胞分享大陆发展机遇，愿意为台湾青年提供施展才华、实现抱负的舞台，让两岸关系和平发展为他们的成长、成才、成功注入新动力、拓展新空间。

习近平强调，民族振兴、人民幸福是两岸同胞的共同追求。中国梦既是国家、民族的梦，也是包括两岸同胞在内的每个中华儿女的梦，同我们每个人对美好生活的向往紧密相连。在中华民族发展史上，两岸同胞从来都是命运相连、荣辱与共的。两岸同胞要携手同心，为实现中华民族伟大复兴贡献智慧和力量。

习近平希望民革、台盟、台联各位委员深刻领会中共中央对台大政方针和决策部署，充分发挥同台湾地区和海外联系广泛的优势，密切同台湾同胞的联系，促进两岸人员往来和经济文化交流，推动两岸同胞携手共圆中国梦。

3月5日，国务院总理李克强在作政府工作报告时表示，我们将坚持对台工作大政方针，巩固两岸坚持“九二共识”、反对“台独”的政治基础，保持两岸关系和平发展正确方向。努力推进两岸协商对话，推动经济互利融合，加强基层和青少年交流。依法保护台湾同胞权益，让更多民众分享两岸关系和平发展成果。我们期待两岸同胞不断增进了解互信，密切骨肉亲情，拉近心理距离，为实现祖国和平统一贡献力量。我们坚信，两岸关系和平发展是不可阻挡、不可逆转的历史潮流。

3月15日，中国国务院总理李克强在十二届全国人大三次会议记者会回答关于两岸经济合作的问题时表示，两岸是一家人，是骨肉同胞。坚持“一个中国”、“九二共识”、反对“台独”，维护两岸关系和平发展，就会给两岸经济合作创造基础，扩大空间。他认为，对推动两岸经济合作来说，需要两个轮子一起转。一个轮子就是要加强两岸经贸合作的制度化建设，比如说像ECFA后续协商。另一个轮子就是扩大相互开放。对大陆来说，尤其是要重视在大陆投资的台湾企业。“这里请你传递一个带有‘定心丸’的消息。”李克强说，大陆将会继续维护台资企业和台商的合法权益，保持对他们的合理优惠政策。而且在对外开放中，大陆会先一步对台湾开放，或者说对台湾开放的力度和深度会更大一些。大陆欢迎台商包括年轻人到大陆来创业，并且愿意推动两岸人员交流，拉近两岸民众的心理距离。

5月4日，中共中央总书记习近平在北京会见了朱立伦主席率领的中国国民党大陆访问团。习近平对朱立伦率团来大陆访问表示欢迎。他表示，10年前，在两岸关系剧烈动荡之时，国共两党为了两岸民众共同命运，冲破历史藩篱，实现和解，共商维护台海和平之道。10年来，国共两党和两岸同胞共同努力，开辟了两岸关系和平发展的光明前景，给两岸同胞带来了实实在在的好处，得到了两岸同胞的广泛支持和认同，也受到了国际社会的普遍肯定和赞扬。

习近平强调，两岸关系和平发展成果来之不易，经验弥足珍贵。概括地说，就是要坚持走两岸关系和平发展道路，坚持“九二共识”、反对“台独”的政治基础，坚持开展两岸协商谈判、推进各领域交流合作，坚持为两岸民众谋福祉。

习近平指出，两岸同胞同根同源、同文同种，历来是命运与共的。在经济全球化深入发展、两岸联系日益密切的今天，两岸是割舍不断的命运共同体。面对新形势，国共两党和两岸双方要坚定信心、增进互信，维护两岸关系和平发展进程，携手建设两岸命运共同体。习近平就此提出5点主张。

第一，坚持“九二共识”、反对“台独”是两岸关系和平发展的政治基础，其核心是认同大陆和台湾同属一个中国。否认“九二共识”，挑战两岸同属一个中国的法理基础，搞“一边一国”、“一中一台”，就会损害民族、国家、人民的根本利益，动摇两岸关系发展的基石，就不可能有和平，也不可能有发展。我们始终把坚持“九二共识”作为同台湾当局和各政党开展交往的基础。国共两党应坚持对两岸关系的正确认识，旗帜鲜明反对一切损害两岸关系政治基础的言行，绝不能让来之不易的台海和平和两岸关系和平发展成果得而复失。为此，双方可以积极探讨构建维护两岸关系和平发展的制度框架。

第二，深化两岸利益融合，共创两岸互利双赢，增进两岸同胞福祉，是推动两岸关系和平发展的宗旨。要充分考虑两岸双方社会的心理感受，努力扩大两岸民众的受益面和获得感，尤其要为两岸基层民众、中小企业、农渔民合作发展、青年创业就业提供更多机会，让两岸同胞参与越多受益越多。我们愿意首先同台湾同胞分享发展机遇，愿意优先对台湾开放，并且对台湾同胞开放的力度要更大一些。我们将继续维护在大陆投资的台资企业的合法权益，为他们的发展创造更好条件。在台湾参与区域经济合作问题上，两岸可以加强研究、务实探讨，在不违背一个中国原则的情况下作出妥善安排。台湾方面表达了加入亚洲基础设施投资银行的意愿，我们持欢迎态度。

第三，两岸交流，归根到底是人与人的交流，最重要的是心灵沟通。两岸同胞要以心相交、尊重差异、增进理解，不断增强民族认同、文化认同、国家认同。中华文化是两岸同胞共同的精神财富，也是两岸同胞血脉相连的精神纽带。两岸同胞要加强文化交流，发挥各自优势，共同传承中华文化优秀传统，建设共同精神家园，实现心灵契合。两岸双方要继续创造条件，扩大同胞直接交往。我们将适时实施进一步便利两岸同胞来往的措施。青年是民族的未来，也是两岸的未来。我们要更多关注两岸青年成长，为他们提供更多机会和舞台，让他们多交流多交心，成为共同打拼的好朋友好伙伴。

第四，国共两党和两岸双方要着眼大局，本着相互尊重的精神，不仅要求同存异，更应努力聚同化异，不断增进政治互信。对两岸间长期存在的政治分歧和难题，国共两党都要勇于面对，汇聚两岸同胞智慧，积极探索解决之道。双方可以在一个中国原则下进行平等协商，做出合情合理安排。关键是要“虑善以动，动惟厥时”。只要秉持同胞情、同理心，两岸一定能找到解决问题的办法来。

第五，中华民族伟大复兴要大家一起来干。只要两岸同胞、全世界的中国人团结起来，心往一处想，劲往一处使，实现中华民族伟大复兴必定是指日可待的。我们真诚希望，国共两党秉持民族大义，承担起为中华民族谋复兴、为两岸人民谋福祉、为台海地区谋和平的神圣责任，团结两岸各党各派和各界人士，努力开创两岸关系新未来，共同致力于实现中华民族伟大复兴，让中华民族巍然屹立于世界先进民族之林。

6月14日，国务院总理李克强签署第661号国务院令，公布《国务院关于修改〈中国公民往来台湾地区管理办法〉的决定》(以下简称《决定》)。《决定》自2015年7月1日起施行。为进一步促进两岸交流，便利台湾居民来往大陆，简化台湾居民来往手续，《决定》对《中国公民往来台湾地区管理办法》主要作了以下修改：一是取消了《管理办法》中涉及台湾居民来往大陆办理签注以及签注管理的相关规定。二是简化台湾居民申请台胞证手续，取消了《管理办法》第十四条第三、四、五项规定提交的证明材料。《决定》施行后，台湾居民可以凭有效台胞证，无需办理签注，即可经开放口岸来往大陆并在大陆停留、居留。

9月1日上午，中共中央总书记习近平在人民大会堂会见前来参加中国人民抗日战争暨世界反法西斯战争胜利70周年纪念活动的连战等台湾各界代表人士。习近平强调，中国人民抗日战争胜利是近代以来中国抗击外敌入侵的第一次完全胜利，是包括台湾同胞在内的全民族团结奋斗的结果。两岸同胞要牢记历史、缅怀先烈、团结一心、维护胜利成果，携手推动两岸关系和平发展，为实现中华民族伟大复兴共同努力。

习近平指出，1931年“九一八”事变特别是1937年全面抗战爆发后，空前的民族灾难唤起了空前的民族觉醒。在外敌入侵、民族存亡的危急关头，全国人民毅然奋起，同日本军国主义侵略者展开了殊死斗争。国共两党合作建立抗日民族统一战线，全体中华儿女不分党派、民族、阶级、地域，众志成城，同仇敌忾，用鲜血和生命捍卫国家主权和民族尊严。正面战场和敌后战场相互配合、协同作战，都为抗战胜利做出了重要贡献，涌现出一大批气壮山河的抗战英雄。历史将永远铭记为抗日战争胜利英勇献身的先烈们。

习近平强调，台湾同胞始终与祖国同呼吸、共命运，台湾同胞的抗日斗争是全民族抗战的重要组成部分。在日本侵占台湾的半个世纪里，台湾同胞从未停止抗争，数十万台湾同胞为此付出了鲜血和生命。全面抗战爆发后，台湾同胞积极参加和支援大陆人民抗战，不少同胞为国捐躯。抗日战争的胜利，结束了日本对台湾50年的殖民统治，台湾回到了祖国怀抱。

习近平表示，透过近代历史风云，两岸同胞深刻体会到，大陆和台湾是不可分割的命运共同体，我们的命运从来都是紧紧连在一起的。国家强大、民族强盛，是包括台湾同胞在内的每一个中国人生存、发展、尊严的保障。我们要铭记历史教训，弘扬抗战精神，珍爱和平，共谋发展，团结一心为实现中华民族伟大复兴而共同奋斗。

习近平强调，2008年以来，国共两党、两岸双方同两岸同胞一道，在“九二共识”、反对“台独”的基础上，开辟了两岸关系和平发展道路。事实证明，这是一条有利于两岸同胞团结奋斗、实现互利双赢的正确道路。只要两岸同胞沿着这条道路坚定走下去，就一定可以抚平历史造成的心理创伤，为民族复兴凝聚起强大力量、开创出美好未来。

10月14日，国台办主任张志军在广州与台湾方面陆委会主委夏立言会面，就当前两岸关系形势以及两岸关系发展中的有关问题交换意见，达成积极共识。

10月23日，纪念台湾光复70周年大会23日在北京人民大会堂隆重召开。中共中央政治局常委、全国政协主席俞正声出席大会并发表题为《共同铭记历史共圆伟大梦想》的讲话。

俞正声指出，抗战胜利、台湾光复，洗刷了近代以来中国屡遭外来侵略的民族耻辱，重新确立了中国在世界上的大国地位，开辟了中华民族伟大复兴的光明前景。我们纪念台湾光复，就是要铭记历史教训，缅怀先烈功勋，弘扬抗战精神，共谋和平发展，同心致力于实现中华民族伟大复兴。

俞正声表示，台湾回归祖国，是包括台湾同胞在内的全体中华儿女赢得抗日战争胜利的成果。1949年以来，尽管两岸尚未统一，但中国主权和领土完整从未分裂，大陆和台湾同属一个中国的事实从未改变。维护国家主权和领土完整，维护台湾是中国领土一部分的地位不被改变，是全体中华儿女的神圣使命。两岸同胞有决心、有能力挫败一切“台独”分裂图谋，维护台海和平，推动两岸关系向前发展。

俞正声强调，要坚定走两岸关系和平发展道路。最重要的一点，就是坚持“九二共识”、反对“台独”的政治基础，认同大陆和台湾同属一个中国。两岸同胞要坚决反对一切损害两岸关系政治基础的言行，绝不能让来之不易的台海和平和两岸关系和平发展成果得而复失。

俞正声表示，两岸同胞是血脉相连的一家人，经历过共同的深重苦难，有着共同的历史记忆。我们理解台湾同胞的特殊历史遭遇，那是两岸同胞共同历史伤痛。对两岸之间的一些复杂矛盾和分歧，我们愿意在坚持一个中国原则基础上，通过两岸平等协商探讨解决办法。我们将始终秉持两岸一家亲的理念，愿意优先与台湾同胞分享大陆发展机遇，努力为台湾同胞办实事、办好事，让两岸同胞携手开创美好未来。

俞正声指出，中华民族伟大复兴同两岸关系前途息息相关，同我们每个人对美好生活的追求息息相关。两岸同胞要牢记先辈们的梦想，看到时代发展、民族振兴的大趋势，以中华民族整体利益为重，勇于担当使命，让中华民族伟大复兴中国梦早日成真。

11月7日下午，中共中央、国家主席习近平同台湾方面领导人马英九在新加坡会面，就进一步推进两岸关系和平发展交换意见。这是1949年以来两岸领导人的首次会面。

习近平指出，今天是一个很特别的日子。两岸领导人见面，翻开了两岸关系历史性的一页。历史将会记住今天。曾几何时，台海阴云密布，两岸军事对峙，同胞隔海相望，亲人音讯断绝，给无数家庭留下了刻骨铭心的伤痛，甚至是无法弥补的遗憾。然而，海峡隔不断兄弟亲情，挡不住同胞对家乡故土的思念和对家人团聚的渴望。同胞亲情的力量，终于在20世纪80年代冲开了两岸封锁的大门。2008年以来，两岸关系走上和平发展道路。过去7年，台海局势安定祥和，两岸关系发展成果丰硕。两岸双方和广大同胞为此付出了大量心血。正因为有了这7年的积累，两岸双方才能迈出今天这历史性的一步。

习近平指出，两岸关系66年的发展历程表明，不管两岸同胞经历过多少风雨、有过多长时间的隔绝，没有任何力量能把我们分开。当前，两岸关系发展面临方向和道路的抉择。两岸双方应该从两岸关系发展历程中得到启迪，以对民族负责、对历史负责的担当，做出经得起历史检验的正确选择。

习近平强调，我们今天坐在一起，是为了让历史悲剧不再重演，让两岸关系和平发展成果不得而复失，让两岸同胞继续开创和平安宁的生活，让我们的子孙后代共享美好的未来。面对新形势，站在两岸关系发展的新起点上，两岸双方应该胸怀民族整体利益、紧跟时代前进步伐，携手巩固两岸关系和平发展大格局，共同实现中华民族伟大复兴。习近平就此提出四点意见。

第一，坚持两岸共同政治基础不动摇。7年来两岸关系能够实现和平发展，关键在于双方确立了坚持“九二共识”、反对“台独”的共同政治基础。没有这个定海神针，和平发展之舟就会遭遇惊涛骇浪，甚至彻底倾覆。

“九二共识”经过两岸有关方面明确的授权认可，得到两岸民意广泛支持。“九二共识”之所以重要，在于它体现了一个中国原则，明确界定了两岸关系的根本性质。它表明大陆与台湾同属一个中国，两岸关系不是国与国关系，也不是“一中一台”。虽然两岸迄今尚未统一，但中国的主权和领土完整从未分裂。两岸同属一个国家、两岸同胞同属一个民族，这一历史事实和法理基础从未改变，也不可能改变。

希望台湾各党派、各团体能正视“九二共识”。无论哪个党派、团体，无论其过去主张过什么，只要承认“九二共识”的历史事实，认同其核心意涵，我们都愿意同其交往。对任何分裂国家的行为，两岸同胞绝不会答应。在维护国家主权和领土完整这一原则问题上，我们的意志坚如磐石，态度始终如一。

第二，坚持巩固深化两岸关系和平发展。近30多年来，两岸关系总体面貌发生了历史性变化。2008年后，两岸关系走上和平发展道路，处于1949年以来最好的时期。要和平不要冲突、要交流不要隔绝、要协商合作不要零和对抗，成为两岸同胞的共同心声。两岸关系已经不再处于以前那种激烈冲突、尖锐对抗的敌对状态。

两岸关系发展历程告诉我们，台海动荡紧张，两岸冲突对抗，民众深受其害；走和平发展之路，谋互利双赢之道，利在两岸当下，功在民族千秋。两岸同胞应该倍加珍惜和平发展成果，彻底化解两岸敌意，坚持走和平发展道路，努力构建稳定的两岸关系和平发展制度框架。

两岸双方应该加强交流对话，增进政治互信，通过平等协商、积极探讨，推动解决两岸之间长期存在的各种难题，同时管控好矛盾和分歧。设立两岸热线，有助于双方及时沟通，避免误判，处理紧急问题。双方两岸事务主管部门负责人可以先建立起来。

60多年来，两岸走上不同发展道路，实行不同社会制度。道路和制度效果如何，要由历史去检验，让人民来评判。两岸双方应该相互尊重彼此对发展道路和社会制度的选择，避免让这类分歧干扰两岸交流合作，伤害同胞感情。

我们了解台湾同胞对参与国际活动问题的想法和感受，重视并推动解决了许多与之相关的问题。只要不造成“两个中国”、“一中一台”，两岸双方可以通过务实协商做出合情合理的安排。

当前，对两岸关系和平发展的最大现实威胁是“台独”势力及其分裂活动。“台独”煽动两岸同胞敌意和对立，损害国家主权和领土完整，破坏台海和平稳定，阻挠两岸关系发展，只会给两岸同胞带来深重祸害。对此，两岸同胞要团结一致、坚决反对。

第三，坚持为两岸同胞多谋福祉。两岸一家亲，家和万事兴。我们推动两岸关系和平发展，着眼点和落脚点是要增进同胞的亲情和福祉，让两岸同胞过上更加美好的生活。只要是有利于增进两岸同胞的亲情和福祉的事，只要是有利于推动两岸关系和平发展的事，只要是有利于维护中华民族整体利益的事，两岸双方都应该尽最大努力去做，并把好事办好。

我们愿意首先与台湾同胞分享大陆发展机遇。两岸可以加强宏观政策沟通，发挥好各自优势，拓展经济合作空间，做大共同利益蛋糕，增加两岸同胞的受益面和获得感。对货物贸易、两会互设办事机构等问题，双方可以抓紧商谈，争取早日达成一致。我们欢迎台湾同胞积极参与“一带一路”建设，也欢迎台湾以适当方式加入亚投行。

要加强两岸文化和教育交流合作，传承和弘扬中华文化优秀传统，增强同胞精神纽带，为民族未来培养优秀人才。

两岸关系和平发展的根基在基层、希望在青年。现在还有很多台湾乡亲从未来过大陆，我们热诚欢迎他们来大陆走走看看，参与到两岸交流大潮中来。要为两岸青年学习、就业、创业、交流提供更多机遇、创造更好条件，使两岸基层民众尤其是青年一代成为推动两岸关系发展、实现民族振兴的重要力量。

第四，坚持同心实现中华民族伟大复兴。中华民族有延绵5000多年的灿烂文明，但近代以来却屡遭列强欺凌。120年前，台湾惨遭外族侵占，成为全民族的剜心之痛。1945年抗战胜利，台湾光复，才洗刷了半个世纪的民族耻辱。透过历史风云变幻，可以深切体会到，两岸是不可分割的命运共同体。民族强盛，是两岸同胞之福；民族弱乱，是两岸同胞之祸。实现中华民族伟大复兴，与两岸同胞前途命运息息相关。

当前，我们比以往任何时候都更加接近、更有能力实现这个伟大梦想。我们在几十年的时间内走完了世界上很多国家几百年的发展历程。我相信，实现中华民族伟大复兴，台湾同胞定然不会缺席。

2015年是全民族抗战胜利70周年，这是付出巨大民族牺牲才赢得的胜利。两岸双方应该支持鼓励两岸史学界携起手来，共享史料、共写史书，共同弘扬抗战精神，共同捍卫民族尊严和荣誉。两岸同胞应牢记历史、缅怀先烈、珍爱和平、团结一心，携手推动两岸关系和平发展。

11月7日，国台办主任张志军在两岸领导人会面结束后举行的记者会上表示，此次会面对当前和未来的两岸关系发展有六点重要意义。第一，这是1949年以来两岸领导人的首次会面，翻开了两岸关系历史性的一页，为两岸关系未来发展开辟了新的空间，具有里程碑意义。第二，双方对两岸关系66年来发展历程的回顾，尤其是2008年以来两岸关系和平发展取得的重要成果的肯定，表明两岸和平发展是一条正确的道路，两岸双方要坚定不移地走下去。第三，会面是对体现一个中国原则的“九二共识”作为共同政治基础的再确认，对两岸关系未来稳定发展具有重要意义。第四，两岸交往互动层次的提升，有利于促进两岸沟通对话，扩大交流，深化合作，实现互利共赢，造福两岸同胞。第五，这次会面也向世人表明，两岸中国人完全有能力、有智慧解决好自己的问题。第六，会面有利于激发两岸同胞携手合作，同心协力，致力于中华民族伟大复兴的热情。张志军说，两岸领导人会面是我们的一贯主张，我们此前在多个场合表明了这一态度。2008年以来，两岸在“九二共识”、反对“台独”的基础上，开辟了两岸关系和平发展道路，取得丰硕成果，为两岸领导人会面创造了有利条件。但同时，两岸之间还存在一些政治分歧。因此，两岸双方通过沟通，商定会面使用两岸领导人的身份和名义，互称“先生”。这是在两岸政治分歧尚未彻底解决的情况下，按照一个中国原则做出的务实安排，也体现了双方搁置争议、相互尊重的精神。

2016年1月16日晚，国台办负责人就台湾地区选举结果发表谈话。全文如下：我们注意到台湾地区选举结果。近8年来，两岸双方在坚持“九二共识”、反对“台独”的政治基础上，与两岸同胞携手开辟两岸关系和平发展道路，建构两岸交流合作制度框架，增进两岸同胞福祉，保持了台海和平稳定。这一良好局面得来不易，需要倍加珍惜。我们的对台大政方针是一贯的、明确的，不因台湾地区的选举结果而改变。我们将继续坚持“九二共识”，坚决反对任何形式的“台独”分裂活动。在维护国家主权和领土完整的重大原则问题上，我们的意志坚如磐石，态度始终如一。我们愿意与所有认同两岸同属一个中国的政党和团体加强接触交流，与两岸同胞一道，维护两岸共同政治基础，维护两岸关系和平发展和台海和平稳定，共创中华民族伟大复兴的光明未来。

2016年2月2日，2016年对台工作会议在北京举行。中共中央政治局常委俞正声出席会议并作重要讲话。俞正声指出，过去一年，以习近平同志为总书记的党中央，准确分析和把握台海形势，主动引领两岸关系发展，两岸领导人实现66年来的首次会面，翻开了两岸关系历史性一页，具有重要的历史意义和广泛深远的国际影响。各地各部门认真贯彻落实中央对台工作方针和决策部署，迎难而上，积极作为，推动对台工作取得新进展。中央给予充分肯定。俞正声强调，2008年以来，两岸双方在坚持“九二共识”、反对“台独”的政治基础上，建构两岸交流合作制度框架，扩大和深化了各领域的交流合作，增进了两岸同胞福祉。事实证明，两岸关系和平发展是一条正确道路，两岸关系向前发展的大趋势谁也挡不住。我们要毫不动摇地坚持中央对台工作大政方针，坚持一个中国原则，坚决反对和遏制任何形式的“台独”分裂活动，坚决维护国家主权和领土完整，维护两岸关系和平发展和台海和平稳定。会议要求，各地各部门要认真学习、贯彻落实习近平总书记关于对台工作的重要思想，按照中央决策部署，扎实做好各项工作。加强与台湾所有认同两岸同属一个中国的政党和团体接触交流，同两岸同胞一道，维护两岸共同政治基础。促进两岸经济融合发展，推动两岸产业、金融及中小企业、农渔业合作，增进两岸同胞福祉。支持福建加快经济社会发展和自贸区建设，支持平潭、昆山等扩大对台开放。加强台商权益保护，协助台资企业转型升级。扩大深化两岸文化、教育、旅游、宗教和民间信仰等各领域的交流合作。积极为台湾青年来大陆交流、就学和创业就业创造条件。会议强调，要大力加强对台工作系统党风廉政建设和反腐败斗争，提升对台工作干部能力，打造高素质对台工作干部队伍。

【两岸往来简况】1979年1月全国人大常委会发表《告台湾同胞书》，标志着两岸关系进入了一个新的发展阶段。在祖国大陆的推动下，在两岸同胞的共同努力下，1987年底两岸同胞隔绝状态被打破，两岸人员往来和各项交流迅速发展起来。

20世纪90年代中期后，李登辉实行“戒急用忍”政策，抛出“两国论”分裂主张，两岸交流受到严重干扰和破坏。陈水扁执政八年间，顽固坚持“一边一国论”，拒绝承认“九二共识”，推行一系列“台独”活动，破坏两岸关系和平稳定。但是求和平、求安定、求发展一直是台湾社会的民意，在祖国大陆“和平统一、一国两制”方针政策推动下，经过两岸同胞共同努力，双方人员往来、经贸交流合作都保持了稳步发展势头。

2013年1月11日，方夏文化交流协会和台湾两岸统合学会在京共同举办“夏合研讨会”，外交部前副部长周文重等两岸退休外事官员首次正式座谈。

11月26日，“方夏文化交流协会”与“两岸统合学会”在重庆联合举办第二届“夏合研讨会”，共同纪念《开罗宣言》发表70周年，两岸退休涉外人员和专家学者约30人参加。研讨会围绕《开罗宣言》的意义与启示、对战后国际秩序的影响及当前国际形势对两岸的挑战和机遇进行了深入研讨，并形成共识。

2014年2月11—14日，台湾方面大陆委员会第一次组团到南京和上海参访，双方两岸事务主管部门负责人首次会面。国台办主任张志军和陆委会负责人王郁琦就推进两岸关系有关问题广泛深入交换意见，达成积极共识，取得重要成果。

2月19日，中共中央政治局常委、全国政协主席俞正声同中国国民党荣誉主席连战一起出席题为“深化交流、共同发展”的两岸各界人士座谈会并发表讲话。

2月27日，在台北主持两会领导人第十次会谈的海峡两岸关系协会会长陈德铭会见了台湾方面大陆委员会负责人王郁琦。

4月16日，中共中央政治局常委、全国政协主席俞正声在京会见出席“2014海峡两岸工会论坛”的台湾工会界主要代表。

4月25日，第四届两岸及香港《经济日报》财经高峰论坛在京举行，中共中央政治局常委、全国政协主席俞正声在24日会见与会代表。中共中央台办、国务院台办主任张志军出席论坛并致辞。

5月23日，中共中央政治局常委、全国政协主席俞正声在京会见了蔡衍明董事长率领的台湾旺旺中时媒体集团访问团一行。

5月26日，“方夏文化交流协会”与“两岸统合学会”在台北联合举办第三次“夏合研讨会”，以“两岸看甲午”为主题，共同纪念甲午战争120周年。两岸退休涉外人员和专家学者20余人与会，围绕甲午战争对中华民族的启示、日本政策走向与亚太安全秩序以及两岸关系与亚太稳定进行深入探讨。

6月9日，中共中央台办主任张志军在昆明会见了来滇参访的中国国民党荣誉主席吴伯雄。

6月25—28日，国台办主任张志军应邀赴台湾参访，与台湾方面陆委会主委王郁琦举行两岸事务主管部门负责人第二次正式会面，参访新北市、台中市、高雄市与彰化县，重点与社区民众、少数民族、中小企业者、农渔民、青年学生、大陆配偶等各界基层民众接触交流，与新北市长朱立伦、台中市长胡志强、高雄市长陈菊等会面，还参访了小林村、佛光山等。

7月7日，中共中央政治局常委、全国政协主席俞正声在京会见了赖正镒理事长率领的台湾商业总会大陆经贸考察团一行。

7月17日，中共中央政治局常委、全国政协主席俞正声在京会见了饶颖奇率领的台湾民意代表交流参访团一行。

7月23日，台湾复兴航空一架从高雄飞往澎湖的GE222次航班因天气不佳紧急迫降时失事，造成47人罹难，11人受伤。正在拉美地区访问的中共中央总书记习近平得悉后深感痛心，专门要求国务院台办即向台湾有关部门转达他本人和大陆人民对遇难者的深切哀悼、对其亲属的诚挚慰问。张志军主任向台湾陆委会主委王郁琦转达了大陆方面对罹难同胞的沉痛哀悼和对其家属及受伤同胞的亲切慰问，并表示，如台湾方面有任何需要，大陆方面愿全力提供协助。海峡两岸关系协会今晚也向台湾海基会发函，对罹难台胞表示哀悼，向其家属和受伤台胞表示慰问。

8月1日凌晨，台湾高雄市发生燃气爆炸事件，造成重大人员伤亡。事件发生后，中共中央总书记习近平十分关心，指示中共中央台办、国务院台办负责人向台湾有关方面转达他和大陆人民对在本次事件中不幸遇难同胞的深切哀悼、对遇难者家属及受伤同胞的诚挚慰问。国台办立即启动紧急联系机制，通过台湾陆委会转达了习近平总书记和大陆人民对台湾伤亡同胞及其家属的哀悼和慰问。卫生计生委通过《海峡两岸医疗卫生合作协议》渠道，表达了提供医疗协助的意愿。中国红十字总会决定向台湾红十字组织捐款50万美元。

8月3日，中国国民党主席马英九、副主席兼秘书长曾永权代表中国国民党向在昆山中荣金属制品有限公司爆炸事故中罹难者及其家属表达哀悼和慰问，并向受伤者祈福并祝早日康复。

8月4日，中国国民党大陆事务部主任桂宏诚代表中国国民党中央，转达中国国民党主席马英九对云南鲁甸地震罹难者家属的哀悼以及对灾区民众的慰问。

8月18日，中共中央政治局常委、全国政协主席俞正声会见台湾工业总会大陆经贸考察团一行。

9月12日，第三届台胞社团论坛在北京人民大会堂举行。中共中央政治局常委、全国政协主席俞正声出席论坛开幕式并致辞。

10月31日，中共中央政治局常委、全国政协主席俞正声会见由台湾工商企业联合会、工商协进会、中小企业总会组成的联合参访团。

11月1日，中共中央总书记习近平考察平潭综合实验区内的台商企业时说，两岸同胞同祖同根，血脉相连，文化相通，没有任何理由不携手发展、融合发展。大陆人口多，市场大，产业广，完全容得下来自台湾的商品，完全容得下来自台湾的企业。欢迎更多台湾企业到大陆发展。习近平充分肯定台湾企业家们长期为大陆改革开放和两岸关系发展做出的积极贡献，希望他们一如既往，继续为两岸经济交流合作、为两岸关系和平发展出谋划策、多作贡献。

11月12日，国务院台湾事务办公室主任张志军在北京与台湾方面陆委会主委王郁琦会面，就当前两岸关系形势和推进两岸关系发展有关问题交换意见。

12月15日，主题为“深化企业合作、推动转型升级”的2014两岸企业家峰会在台北开幕。这是峰会升级后首度在台湾举行，逾800名两岸企业家代表与会。

12月18日，由两岸媒体共同主办的“2014海峡两岸年度汉字评选”活动在台北揭晓。在20个推荐汉字中，“转”字以34万余票当选。

2015年1月17日，朱立伦当选中国国民党主席。

中共中央总书记习近平向中国国民党主席朱立伦发出贺电。同日，中国国民党主席朱立伦复电，向习近平表示感谢。

2月4日11时许，台湾复兴航空一架ATR—72轻型民航客机南港基隆河附近失事，造成机上包括31名大陆游客在内共58人伤亡、失踪。事故发生后，党中央、国务院高度重视。中共中央总书记、国家主席、中央军委主席习近平迅速做出重要指示，要求尽快准确掌握相关情况，积极协助开展伤员救治，做好家属安抚、善后处理等工作。中共中央政治局常委、国务院总理李克强做出批示，要求有关方面与台湾加强沟通联系，尽快核实机上乘客伤亡情况，根据需要提供必要帮助。同时，做好大陆乘客家属信息通报、安抚和善后等工作。中央台办获悉后立即启动应急机制，协调中国民航局、国家旅游局和福建省、厦门市紧急处置，联系台有关方面了解事故情况，并派工作组到台抓紧开展相关工作。海峡两岸关系协会就此致函台湾海峡交流基金会，请其尽速协助了解机上大陆乘客情况，督促搜救失踪人员和妥善救治安置伤员。中国民用航空局局长李家祥致函复兴航空运输股份有限公司董事长林明昇，就复兴航空GE—235航班失事表示愿意尽全力提供所需帮助。国家旅游局立即动应急机制，要求相关部门要及时掌握最新情况，积极妥善处置事故，并通过海旅会台北办事处向台旅会表达关切，请台方全力救助，及时通报最新进展。

3月9日，海协会在得知台湾渔船“祥富春”号在阿根廷以东1300海里海域失联的消息后，立即去函台湾海基会核实情况，并表达对失联渔船和船上包括11名大陆渔工在内的所有渔工下落的高度关切。台湾海基会已经回函确认失联事故发生。中国海上搜救中心积极协调有关方面全力搜救。

5月3日，由中共中央台办海峡两岸关系研究中心和中国国民党国政研究基金会共同举办的第十届两岸经贸文化论坛在上海浦东隆重举行。中共中央政治局常委、全国政协主席俞正声和中国国民党主席朱立伦出席论坛开幕式并致辞。

5月25日，“方夏文化交流协会”与“两岸统合学会”在太原联合举办第四届“夏合研讨会”，共同纪念抗日战争胜利70周年，两岸退休涉外人员和专家学者约25人参加。研讨会围绕抗战胜利的意义、两岸关系对亚太和平安全的意义等进行了研讨。

5月23—24日，国务院台湾事务办公室主任张志军率团赴金门，与台陆委会主委夏立言举行了双方两岸事务主管部门负责人的第3次会面，就当前两岸关系形势、政策和推进两岸关系发展中的有关问题交换意见，并达成积极共识。

6月10日，国务院台办决定增设6家海峡两岸交流基地，分别是：甘肃省泾川西王母宫、河南省新郑黄帝故里、江苏省无锡灵山、浙江省奉化雪窦山、云南省“国立西南联合大学”博物馆、湖北省秭归屈原故里文化园。截至目前，海峡两岸交流基地已经达到43家，为两岸同胞在交流往来中回顾历史、品味文化、畅叙亲情提供了更多的选择。

6月14日，第七届海峡论坛在厦门隆重举行。中共中央政治局常委、全国政协主席俞正声出席论坛开幕式并致辞。俞正声在致辞中首先受习近平总书记的委托，向参加论坛的两岸同胞特别是来自台湾的乡亲们致以诚挚问候。

6月27日晚，台湾新北市八仙游乐园举行晚会时发生粉尘爆炸，共造成500多人受伤，其中大陆居民4人。得知事故消息后，国台办、海协会立即启动相关工作机制，分别向台陆委会、海基会联系，了解受伤人员情况，表达慰问，并表示大陆愿全力提供协助。台湾方面对此表示感谢。

7月13日，中共中央政治局常委、全国政协主席俞正声在北京会见了台湾少数民族参访团。

8月6日，第二十届两岸关系研讨会在长春开幕，中央台办主任张志军出席并致辞。

9月21日，大陆全面实行卡式台胞证，同时停止签发本式台胞证。各地公安机关可为在大陆的台湾居民补发、换发5年有效卡式台胞证。仍然有效的本式台胞证可以继续使用，无须办理签注，持证人也可申请换发卡式台胞证。此外，设有办证机构的口岸将继续为未持有效台胞证直抵口岸的台湾居民提供办理一次性有效台胞证服务。

11月3—4日，由两岸企业家峰会主办的2015年两岸企业家紫金山峰会在江苏南京举行。中共中央政治局常委、全国政协主席俞正声出席并致辞。

12月30日，国台办发言人马晓光在例行新闻发布会上宣布，设立两岸热线是11月7日两岸领导人在新加坡会面时达成的重要共识。会面结束以来，国台办与陆委会就设立热线相关安排保持密切沟通，从这一天起正式启用，国台办主任张志军与陆委会主委夏立言刚才首次通过两岸热线进行通话。

12月，“和”字被两岸民众票选为2015年海峡两岸年度汉字，国台办发言人马晓光表示，“和”字真切反映了两岸民众对8年来两岸关系和平发展成果的珍惜，对未来两岸关系和平发展的由衷期盼。希望两岸同胞共同努力，维护好两岸关系和平发展的政治基础和正确方向，维护好两岸关系和平发展的局面。

2016年2月5日，国台办主任张志军与台湾方面陆委会主委夏立言通过两岸热线通话。

2月15日，国台办主任张志军再次通过两岸热线与台湾方面陆委会主委夏立言通话，张志军转达大陆领导人再次向在台湾南部地震中不幸遇难同胞的哀悼，向遇难者亲属以及受伤、受灾同胞的慰问。

据统计，从1987年至2015年，台湾居民入境累计8765.46万人次。

据统计，2015年，两岸人员往来总数达985.61万人次，同比增长4.73%，再创历史新高。其中台胞来大陆达549.86万人次，同比增长2.47%；大陆居民赴台435.75万人次，同比增长7.73%。

2015年大陆居民赴台旅客为超过400万人次，再创历史新高，占台湾入境旅游总人数的比例超过40%，稳居台湾旅游各客源市场之冠。

自2008年至2015年年底，大陆旅客来台观光累计已超过1400万人次。

据海关总署公布数据，2015年大陆与台湾贸易额为1885.6亿美元，同比减少4.9%，占大陆对外贸易总额的4.6%。其中，大陆对台湾出口为449亿美元，同比下降3%；自台湾进口为1436.5亿美元，同比下降5.5%，对台贸易逆差为987.5亿美元。

据国台办公布数据，2015年大陆共批准台商投资项目2962个，同比上升27.7%，实际使用台资金额15.4亿美元，同比下降23.8%。截至2015年底，经大陆主管部门核准的大陆企业赴台投资企业、项目95个，投资金额4.36亿美元。截至2015年底核准赴台投资企业、项目累计324个，投资金额累计17.04亿美元。

【两岸“三通”】从1979年开始，大陆方面一直努力推动两岸“三通”。随着海峡两岸民间往来与经济交流持续发展，台湾岛内要求与大陆实现直接“三通”的呼声越来越高。1996年8月，交通部、外经贸部（现商务部）分别颁布了《台湾海峡两岸间航运管理办法》和《关于台湾海峡两岸间货物运输代理业管理办法》，提出了“一个中国、双向直航、互惠互利”的原则，表明了祖国大陆对促进两岸直接“三通”的诚意。1997年初，两岸有关团体就两岸海上试点直航进行商谈并达成共识，并于同年4月实现局部试点直航。2001年1月2日，厦门、金门之间实现首次直航。

2002年，钱其琛副总理多次接见台湾“三通”参访团，并先后于1月、7月、9月发表关于“三通”的重要谈话，充分展现祖国大陆积极推动两岸全面直接“三通”的诚意，在台湾各界产生热烈反响。2003年1月26日，两岸断航54年以来，台商春节包机首度经香港，完成台北、上海间的航行。同年12月17日，国务院台湾事务办公室发布《以民为本，为民谋利，积极务实推进两岸“三通”》的政策说明书，提出关于“三通”的具体主张。

2005年1月29日，大陆民航客机自1949年以来首次降落台湾，台湾民航客机也首次飞赴北京和广州。

2006年6月14日，两岸客运包机在春节包机的基础上，增开清明、端午、中秋节包机，同时对有特殊要求的货运包机、紧急医疗包机及特定人道包机做出框架性安排。7月19日，两岸货运包机实现首航，开启两岸专案包机直航的新页。2007年6月15—22日，两岸首次端午节包机顺利成行。

2008年7月4日，根据海协会与台湾海基会达成的协议，两岸周末包机正式启动，大陆居民赴台旅游首发团总计约760人搭乘包机，由北京、上海、南京、厦门、广州五地启程赴台。

7月18日，大陆居民赴台旅游正式启动，当日共有38个团、1000多名游客从北京、上海、广州等地赴台。

11月3—7日，海协会与海基会在台北举行协商，就两岸空运直航、海运直航、直接通邮、食品安全合作等议题达成协议，这是两会协商取得的又一批重要成果，推动两岸关系又向前迈出了重要一步。

12月15日，两岸海运、空运直航与直接通邮全面启动，两岸全面直接双向“三通”迈出历史性步伐，两岸船舶往来不再弯靠香港和日本的石垣岛，周末包机扩大为每周108班次的平日包机，两岸邮件缩短至两天即可送达。

2009年8月31日，两岸定期航班正式开航，每周直航航班从108班增至270班。

2010年5月21—22日，海峡两岸航空运输交流委员会与台北市航空运输商业同业公会在台北举行沟通会议，决定两岸每周增加客运航班100班次，货运航班20班次。截至5月底，两岸客运直航航班每周达370个班次，大陆33个机场和台湾8个机场成为两岸通航航点。

6月，两岸客运直航航班每周达558班，两岸航点增加到50个。

8月，交通运输部向福建海峡高速客滚航运有限公司颁发台湾海峡两岸间水路运输许可证，经营范围为台湾海峡两岸间海上直航客货滚装运输；给“海峡号”高速客滚船颁发了台湾海峡两岸间船舶营运证，批准从事平潭直航台中、基隆、台北客货滚装航线运输。

11月29日，福建泉港新增对台货运肖厝沙格码头至马祖的货运直航航线。

11月30日，平潭“海峡”号客滚轮直航台湾旅游首发团正式起航。

2012年12月13日，两岸民航主管部门在台北举行第七次业务沟通会议，就2013年春节加班及两岸航空运输业务发展相关问题进行协商，两岸定期航班总班次从每周558班增为每周616班，后增加至670班。2014年，客运航班总班次从每周828班增至840班。2015年，每周增至890班。

自2008年12月两岸开始空运、海运直航到2015年11月，在空运方面，两岸开通直航航点达71个（其中大陆61个，台湾10个），定期航班总班次每周890班（每方每周445班）；货运航点10个（其中大陆8个，台湾2个），总班次每周84班。在海运方面，两岸已公布85个港口（港区）为直航港口（其中大陆72个，台湾13个）。

2012年，作为大陆首条对台高速客滚航线，“海峡号”平潭—台中航线全年共开行310个航班（单航次），运载两岸旅客106478人次。其中，台湾旅客25207人次。

2013年1月18日，“海峡光缆1号”工程举行开通仪式，该工程是两岸“三通”取得的又一重要成果。

2014年8月7日，大陆海上搜救中心和台湾“行政院海岸巡防署”合办海上联合搜救演练，今天下午1时登场，以韩国世越号事件为参照，模拟执行“小三通”客船救援与伤员转移，实施海上人命救助和搜救，同时验证两岸遇险信息通报及紧急应变机制。

2015年3月2日，两岸民航“小两会”在上海举行工作会议，就2015年两岸春节加班机执行情况进行回顾总结。双方充分肯定春节加班计划的实施是利民之举，为两岸同胞在中华民族传统佳节团圆提供了便利，受到两岸同胞的欢迎。此外，双方还就大陆即将启用的东南沿海海上飞行航线（M 503航线）有关情况进行了沟通。

3月18日，海峡两岸旅游交流协会公布大陆居民赴台个人游第五批11个试点城市，包括海口、呼和浩特、兰州、银川、常州、舟山、惠州、威海、龙岩、桂林、徐州。至此，大陆赴台个人游试点城市已达47个。截至2015年11月底，大陆居民赴台个人游累计已达1300万人次。其中，2015年赴台个人游415万人次，同比增长104.3%，占当年赴台旅游总人数的40%，总体运行情况良好。

7月3日，两岸民航主管部门近日在扬州举行了两岸航空运输第十一次沟通，大陆新增扬州、淮安、南通、义乌、延吉、喀什6个机场为两岸客运定期航点。

据民航局统计，2014年两岸客运定期航班共运送旅客1081.2万人次，同比增长25.8%。货运定期航班运输货物17.8万吨，同比增长27.1%。

据交通部统计，2014年两岸集装箱运量完成225万标准箱（TEU），同比增长9.4%。

【两会协商】随着两岸民间往来日益频繁，许多问题需要协商解决。为此，两岸分别成立海峡两岸关系协会与台湾海峡交流基金会。

海峡两岸关系协会（“海协会”）成立于1991年12月，其宗旨是：促进海峡两岸交往，发展两岸关系，实现祖国和平统一。该会致力于加强同赞成其宗旨的社会团体和各界人士的联系与合作；协助有关方面促进海峡两岸各项交往与交流；协助有关方面处理海峡两岸同胞交往中的问题，维护两岸同胞的正当权益；接受有关方面委托，与台湾有关部门和授权团体、人士商谈海峡两岸交往中的有关问题，并可签订协议性文件。2002年2月4日，海协会在澳门设立办事处，为台胞提供服务。2013年4月26日起，海协会会长为陈德铭、常务副会长郑立中、副会长孙亚夫、叶克冬、蒋耀平、李亚飞、秘书长马晓光。

台湾海峡交流基金会（“海基会”）成立于1990年11月，并于1991年3月9日正式运作，为台民间团体，其主要功能是接受台当局委托，与大陆协商解决民间交流等事务性问题。海基会以接受台湾“陆委会”委托及签订契约方式，办理两岸间经贸投资事务，以及涉及两岸人民往来、交流等事务。目前海基会董事长林中森，副董事长兼秘书长为高孔廉。

海协会和海基会成立以来，就两岸间事务性问题进行了接触和协商。1993年4月，时任海协会会长汪道涵和台湾海基会董事长辜振甫在新加坡举行了“汪辜会谈”，并达成四项协议。1998年10月14—19日，应汪道涵邀请，辜振甫参访大陆，达成汪道涵在适当时候访问台湾等四项共识。然而，由于李登辉抛出“两国论”分裂主张，破坏了两岸关系及两会协商的政治基础，致使汪道涵会长无法访问台湾，两会接触、协商和对话中断。

陈水扁执政时期，坚持“台独”立场，拒不接受一个中国原则、否认“九二共识”，两会无法重开对话与谈判。

2005年1月3日，辜振甫病逝。2月1日，海协会副会长孙亚夫、秘书长李亚飞作为海协会会长汪道涵的个人代表飞抵台北，参加了2日举行的追思会。同年12月24日，汪道涵病逝。马英九、连战、宋楚瑜、郁慕明等分别发唁电表示哀悼。

2008年3月，国民党候选人马英九当选台湾地区领导人后表示，愿在“九二共识”基础上恢复两岸协商。6月11—14日，应海协会邀请，海基会董事长江丙坤率团来北京进行会谈。两会在“九二共识”基础上恢复了中断9年之久的协商，签署了两岸包机会谈纪要和大陆居民赴台湾旅游协议，并就两会今后的协商议题和步骤进行了规划。

11月3—7日，海协会陈云林会长率团赴台，在台北市与海基会董事长江丙坤举行第二次会谈，签署两岸空运直航、海运直航、直接通邮、食品安全合作四项协议。

2009年4月26—27日，江丙坤率团来南京与海协会举行第三次会谈，签署了两岸金融合作协议、共同打击犯罪及司法互助协议和空运补充协议，并就大陆资本赴台投资达成原则共识。

12月21—25日，陈云林赴台，在台中市与江丙坤举行第四次会谈，签署了两岸渔船船员劳务合作、两岸农产品检疫检验合作和两岸标准计量检验认证合作等三项协议，达成了鼓励双方专业机构在地震、风灾、水灾等自然灾害的预报、预警和检测等方面加强交流与合作的共识。

2010年6月28—29日，海协会和台湾海基会在重庆举行第五次会谈，签署了ECFA和《海峡两岸知识产权保护合作协议》两项协议。ECFA的签署推进了两岸经济关系正常化进程，明确了两岸经济往来自由化目标，构建了两岸经济合作机制化平台，是两岸关系和平发展的重要成果，标志着两岸经济合作进入新的阶段，成为两岸关系史上的又一座里程碑，对未来两岸关系发展具有重大和深远的影响。

12月20—22日，海协会和台湾海基会在台北举行第六次会谈，双方签订《海峡两岸医药卫生合作协议。

10月20日，海协会与台湾海基会在天津举行第七次会谈，签署《海峡两岸核电安全合作协议》。

2012年8月9日，海协会与台湾海基会在台北举行第八次会谈，签署《海峡两岸投资保护和促进协议》、《海峡两岸海关合作协议》。两会并发表有关投保协议人身自由与安全保护的共识。

2013年6月21日，海协会与海基会领导人在上海举行第9次会谈。双方签署《海峡两岸服务贸易协议》。

2014年2月20—21日，海协会和台湾海基会在湖南长沙举行两会协议执行成果总结会。两会达成《加强协议执行措施》。双方赞赏两会协议执行主体针对新情况、新问题，回应两岸广大民众的期待和诉求，保持密切联系和业务沟通，相继解决了一批协议执行中的问题，扩大了协议执行效益。

2月27日，海协会与海基会领导人在台北举行第10次会谈。双方签署《海峡两岸气象合作协议》、《海峡两岸地震监测合作协议》。

11月26日，经双方两岸事务主管部门分别授权，海协会与台湾海基会就落实11月12日国务院台办主任张志军与台湾方面陆委会主委王郁琦就“分别授权海协会与台湾海基会启动开放大陆居民经台湾中转的商谈，并进一步沟通便利两岸同胞往来事宜”的共识，在北京举行第一次工作性商谈。双方同意，共同努力，相向而行，推动后续协商，尽快就开放大陆居民经台湾中转，并进一步便利两岸同胞往来达成一致。

12月23日，两岸交流基金第一届理事会第二次会议在京召开。国台办主任、两岸交流基金会荣誉顾问张志军，海协会顾问、两岸交流基金荣誉顾问陈云林等出席会议。张志军在讲话中肯定两岸交流基金的工作，并提出要筹集更多资源、更好地发挥作用、依法依规加强管理和集思广益等四点期望。

2015年1月29日，两岸经济合作委员会（经合会）在台北举行第七次例会。双方回顾了经合会第六次例会以来各小组工作情况，评估了《海峡两岸经济合作框架协议》（ECFA）早期收获实施成效，讨论了后续协议商谈进程，总结了两岸经济合作取得的进展，规划了未来各项工作，并就双方经济发展形势及经济政策等有关议题交换了意见。

6月24日，《海峡两岸气象合作协议》和《海峡两岸地震监测合作协议》经两会换函生效。

8月25日，海协会与海基会领导人在福州举行第11次会谈。双方签署《两岸避免双重课税及加强税务合作协议》、《两岸民航飞航安全与适航合作协议》。

11月30日，海峡两岸关系协会与台湾海峡交流基金会在台北举行两会协议执行成果总结会。会议由海协会常务副会长郑立中与海基会副董事长施惠芬主持，两岸有关方面专家参加。会议全面回顾和总结了7年多来两会各项协议执行情况，充分肯定有关协议执行成效，认为各项协议执行顺利，工作机制逐步完善，各领域交流合作得到深化，两岸同胞联系和交往更加密切，给两岸民众带来实实在在的利益，对两岸关系和平发展起到了积极的推动作用。

郑立中表示，前不久，两岸领导人实现了1949年以来的首次会面，翻开了两岸关系历史性的一页，迈出了两岸高层互动往来的关键性一步，开创了两岸领导人直接对话沟通的先河，开辟了两岸关系发展的新前景，具有里程碑意义。两岸领导人对2008年以来两岸关系和平发展取得的重要成果的肯定，对“九二共识”作为共同政治基础的再确认，表明和平发展是一条正确的道路，对两岸同胞特别是从事两岸事务的同仁是莫大的鼓舞。

郑立中指出，2008年6月两会在“九二共识”基础上恢复协商以来，共举行十一次会谈，签署23项协议（生效20项），并达成多项共识与共同意见。这些协议的签署实施，实现了双方全面双向直接“三通”，构建了两岸特色的经济合作机制，有力保障了社会民生福祉，既解决了一些长期影响两岸同胞交往的突出问题，又拓展了两岸交流合作的新领域，成为通过平等协商务实解决问题、稳步推进两岸关系和平发展的重要途径。

郑立中全面回顾了两会协议情况和成果。在人员往来方面，累计有1300万人次大陆居民赴台旅游，自2012年起大陆已成为台湾第一大入境客源市场。在交通运输方面，两岸已开通71个空运客运航点，每周890个客运航班、84个货运航班往返两岸，年运送旅客已突破千万人次。累计完成海上客运量（含福建沿海—金马澎航线）超过1080万人次。两岸通邮稳步发展，在经济合作方面，自ECFA早收计划实施以来，大陆自台进口货物享受ECFA关税优惠共达到165.4亿元人民币。双方在金融、海关、渔船船员劳务、投资、标准计量检验认证等方面合作取得突破和进展，为两岸经济合作机制化建设发挥了重要作用，为两岸深化经济合作创造了良好环境。经大陆业务主管部门核准批复及备案的赴台投资企业、项目共324个，投资金额共计17.04亿美元，为台湾民众提供了11400多个工作机会。在维护两岸交往秩序方面，两岸强力打击各类跨两岸重大犯罪行为，有效维护两岸社会秩序和民众福祉，台湾电信诈骗发案数因此减少了约40%，财产损失大幅下降70%左右。在民生保障方面，福建向金门供水工程已经开工建设，持续推进知识产权保护、食品安全、医药卫生、农产品检疫检验等方面合作，为保障人民健康、增进民众福祉提供了有力支撑。双方还在核电安全、气象、地震监测等领域建立业务联系机制，致力于合作预防和化解风险灾害。

郑立中在总结两会协商7年多来走过的历程时谈了三点体会：一是巩固互信，增进两岸双方在“九二共识”基础上建立的政治互信对于保持两岸关系和平发展、推动两会制度化协商至关重要。二是坚守信念，深信两岸人民才是推动两岸关系发展的真正动力。民生所系，民意所向，始终是两会制度化协商的方向与依归。三是保持信心，两会所签的每一项协议，其着眼点和落脚点是要增进同胞的亲情和福祉，让两岸同胞过上更加美好的生活。两岸关系和平发展和两会制度化协商所取得的成果是经得起历史检验的。

会后，双方分别召开记者会，介绍了各项协议执行情况及主要成果。郑立中强调，两会协议及有关共识的执行落实取得丰硕成果，原因就在于：双方确立了坚持“九二共识”的共同政治基础，坚持了为民谋利、为民造福的宗旨，明确了维护台海和平大局、着眼中华民族整体利益的思路和方向，得到了两岸同胞广泛支持和参与。

至2015年8月，两会已举行11次领导人会谈，签署了23项（生效20项）协议，达成诸多共识，为加强两岸合作、增进两岸民众福祉、推进两岸关系制度化建设发挥了积极作用。（郑希）

香港特别行政区

【地理】香港特别行政区位于中国大陆东南部，珠江口东侧，毗邻广东省，地处亚洲太平洋地区中心，地理条件优越。拥有天然良港，境内多丘陵。属亚热带季风区，气候温暖湿润，历史最高气温36.1℃，最低气温0℃。雨量充沛，年均降雨量2214.3毫米。

【面积】陆地总面积1105.62平方公里，其中香港岛及邻近岛屿80.68平方公里，九龙46.94平方公里，新界及离岛978.0平方公里。（截至2014年10月）。

【人口】香港人口总数为732.43万人（截至2015年年底）。其中常住居民709.51万人，流动人口22.92万人，人口增长率为0.8%。

【正式语文】香港特别行政区的行政机关、立法机关和司法机关，除使用中文外，还可使用英文，英文也是正式语文（《中华人民共和国香港特别行政区基本法》第9条）。

【主要宗教和节日】香港是多宗教并存地区。主要宗教有佛教、道教、孔教（以儒家思想为基础）、天主教、基督教、伊斯兰教（回教）、印度教、锡克教和犹太教，其中佛教徒和道教徒人数最多。

中国传统节日春节、清明节、端午节、中秋节、重阳节和主要宗教节日耶稣受难日、复活节、佛诞日和圣诞节均为公众假期。

【简史】香港自古以来就是中国的领土。1840年鸦片战争后，英国先后强迫清政府签订《南京条约》、《北京条约》和《展拓香港界址专条》，逐步占领香港。新中国成立后，中国政府多次阐明对香港问题的立场，即：香港是中国的领土，中国不承认帝国主义强加给中国的不平等条约；中国政府主张在适当时机通过谈判和平解决香港问题，此前暂时维持现状。1972年11月，第27届联合国大会通过决议，批准联合国非殖民化特别委员会关于从殖民地名单中删去香港和澳门的决议。

20世纪80年代初，在“一国两制”方针指导下，中国政府就解决香港问题开始与英国政府进行谈判。1983年7月至1984年9月，中英两国政府进行了22轮会谈。1984年12月19日，两国政府首脑在北京签署了《中华人民共和国政府和大不列颠及北爱尔兰联合王国政府关于香港问题的联合声明》。在《联合声明》中，中国政府声明：收回香港地区（包括香港岛、九龙和新界）是全中国人民的共同愿望，中国政府决定于1997年7月1日对香港恢复行使主权。英国政府声明：英国政府于1997年7月1日将香港交还给中国。1985年5月27日，两国政府在北京互换了《联合声明》的批准书，《联合声明》正式生效。《联合声明》的签署为国家间以和平方式解决历史遗留问题和国际争端树立了典范，对促进世界和平与进步事业具有重要意义。

1997年6月30日午夜，中英两国政府在香港举行香港政权交接仪式。中国国家主席江泽民率领中国政府代表团、英国王储查尔斯王子率领英国政府代表团参加了交接仪式。7月1日零时，中华人民共和国国旗和中华人民共和国香港特别行政区区旗在香港庄严升起，宣告中国政府对香港恢复行使主权。香港在经历百年沧桑后回到伟大祖国的怀抱，进入了新的纪元。

7月1日，中华人民共和国香港特别行政区正式成立，特区政府宣誓就职。第一任行政长官董建华、特区政府主要官员、行政会议成员、临时立法会议员、终审法院和高等法院法官依次宣誓就职。同日，中华人民共和国外交部在香港特区正式设立特派员公署，负责处理与香港特别行政区有关的外交事务；中国人民解放军驻港部队在香港开始执行防务。香港回归祖国和特区成立，标志着邓小平提出的“一国两制”伟大构想开始成功实施，是中国人民为实现祖国完全统一而努力取得的重大成果。

【《基本法》】“一国两制”是中国政府为实现国家完全统一提出的基本国策。按照这一基本国策，中国政府制定了对香港的一系列方针、政策。《中华人民共和国香港特别行政区基本法》就是以宪法为依据，以“一国两制”为指导方针，将国家对香港的各项方针政策用法律的形式规定下来。《基本法》既是一项重要的全国性法律，又是香港特别行政区的根本性法律。《基本法》的起草工作于1985年7月1日开始，在广泛征求香港、内地各界意见的基础上于1990年2月全部完成。1990年4月4日，第七届全国人民代表大会第三次会议审议通过了《基本法》包括附件及其有关文件。同日，国家主席杨尚昆发布《中华人民共和国主席令第二十六号》，公布《基本法》，自1997年7月1日起实施。

《基本法》的主要规定有：香港特别行政区是中国不可分离的部分；全国人民代表大会授权香港特别行政区依照《基本法》规定实行高度自治，享有行政管理权、立法权、独立的司法权和终审权；香港特别行政区是中国的一个享有高度自治权的地方行政区域，直辖于中央人民政府；香港特别行政区不实行社会主义制度和政策，保持原有的资本主义制度和生活方式，50年不变；中央人民政府负责管理与香港特别行政区有关的外交事务和香港特别行政区的防务，中央人民政府授权香港特别行政区依照《基本法》自行处理有关的对外事务；中央人民政府各部门、各省、自治区、直辖市不得干预香港特别行政区根据《基本法》自行管理的事务；香港原有法律，除同《基本法》相抵触或经香港特别行政区立法机关做出修改者外，予以保留；全国性法律除列于《基本法》附件三者外，不在香港特别行政区实施；香港居民在法律面前一律平等，人身自由不受侵犯，享有言论、新闻、出版、结社、集会、游行、示威、通讯、迁徙、宗教信仰和婚姻的自由，组织和参加工会、罢工的权利和自由，等等。

【政治体制】香港特别行政区实行“行政主导”的政治架构。根据《基本法》的规定，香港特别行政区的政治体制要符合“一国两制”的原则，要从香港的法律地位和实际情况出发，以保障香港的稳定繁荣为目的，必须兼顾社会各阶层的利益，循序渐进地发展适合香港情况的民主制度。

行政长官是香港特别行政区的首长，对中央政府和香港特别行政区负责。行政长官由年满40周岁，在香港通常居住连续满20年并在外国无居留权的香港特别行政区永久性居民中的中国公民担任，在当地通过选举或协商产生，由中央政府任命；任期5年，可连任一次。其产生办法根据香港特别行政区的实际情况和循序渐进的原则而规定，最终达至由一个有广泛代表性的提名委员会按民主程序提名后普选产生的目标。《基本法》附件一对香港特别行政区行政长官的产生办法作了具体规定。2007年12月，第十届全国人民代表大会常务委员会第三十一次会议做出决定，2017年香港特别行政区第五任行政长官的选举可以实行由普选产生的办法。2014年7月15日，按照政改“五部曲”，香港特区行政长官梁振英向全国人大常委会提交了《关于香港特别行政区2017年行政长官及2016年立法会产生办法是否需要修改的报告》。2014年8月31日，全国人大常委会通过《关于香港特别行政区行政长官普选问题和2016年立法会产生办法的决定》，规定从2017年开始香港特别行政区行政长官选举可以实行由普选产生的办法，并明确了行政长官普选制度应当遵循的法律框架。2015年6月18日，香港特别行政区立法会就香港特别行政区政府提出的行政长官普选法案进行表决。立法会70名议员中有28名议员投反对票，法案未能获得香港基本法规定的全体议员三分之二多数支持而未获通过。这意味着2017年第五任香港特别行政区行政长官选举不能实行由普选产生的办法，而继续沿用由行政长官选举委员会选举产生的办法。

行政会议是协助行政长官决策的机构，每周举行一次会议，由行政长官主持。行政长官在做出重要决策、向立法会提交法案、制定附属法规和解散立法会前，须征询行政会议的意见。但在人事任免、纪律制裁和紧急情况下采取措施的事宜上，行政长官则无须征询行政会议。行政长官如不采纳行政会议多数成员的意见，应将具体理由记录在案。行政会议成员均以个人身份提出意见，但行政会议所有决议均属集体决议。按照基本法第55条的规定，香港特别行政区行政会议的成员由行政长官从行政机关的主要官员、立法会议员和社会人士中委任。行政会议的成员必须由在外国没有居留权的香港特别行政区永久性居民中的中国公民担任，其任免由行政长官决定。行政会议成员任期应不超过委任他的行政长官的任期。

行政机关是香港特别行政区政府，首长为行政长官，下设政务司、财政司、律政司和各局、处、署。香港特别行政区政府根据《基本法》第62条规定行使职权，主要包括制定并执行政策；管理各项行政事务；办理中央政府授权的对外事务；编制并提出财政预算、决算；拟定并提出法案、议案、附属法规。《基本法》第64条规定，“香港特别行政区政府必须遵守法律，对香港特别行政区立法会负责：执行立法会通过并已生效的法律；定期向立法会作施政报告；答复立法会议员的质询；征税和公共开支须经立法会批准。”

2002年7月1日，香港特别行政区政府开始实施主要官员问责制。政务司司长、财政司司长和律政司司长和各政策局局长不再由公务员担任，改由行政长官以合约方式聘用，任期不超过聘用其的行政长官的任期。问责制主要官员直接向行政长官负责，各自统领其所辖部门工作，负责制定、解释及推介政策，争取立法会和市民支持。2007年7月1日起，特区政府宣布将政府总部重组为公务员事务局、政制及内地事务局、教育局、环境局、食物及卫生局、民政事务局、劳工及福利局、保安局、运输及房屋局、商务及经济发展、发展局、财经事务及库务局12个局。同年10月10日，时任行政长官曾荫权在施政报告中提出，为进一步发展政治问责制，将增设副局长和局长助理两层政治委任职位。随后，特区政府发表《进一步发展政治委任制度报告书》。2008年5月，特区政府任命首批8名政治问责制副局长及9名政治助理。2015年11月，创新及科技局成立，成为香港特区政府第13个决策局。

立法机关是香港特别行政区立法会。立法会由在外国无居留权的香港特别行政区永久性居民中的中国公民组成；但非中国籍的香港特别行政区永久性居民和在外国有居留权的香港特别行政区永久性居民也可当选为立法会议员，其所占比例不得超过全体议员的20%。立法会由选举产生，其产生办法根据香港特别行政区的实际情况和循序渐进的原则而规定，最终达至全部议员由普选产生的目标。2007年12月，第十届全国人民代表大会常务委员会第三十一次会议决定，香港特别行政区行政长官由普选产生以后，香港特别行政区立法会的选举可以实行全部议员由普选产生的办法。《基本法》附件二对香港特别行政区立法会的产生办法和表决程序作了具体规定。立法会除第一届任期为2年外，每届任期4年。立法会主席必须由年满40周岁、在香港通常居住连续满20年并在外国无居留权的香港特别行政区永久性居民中的中国公民担任，并由立法会议员互选产生。立法会行使《基本法》第73条规定的职权，主要有：根据《基本法》规定并依照法定程序制定、修改和废除法律；根据政府的提案，审核、通过财政预算案；批准税收和公共开支；听取行政长官的施政报告并进行辩论；对政府的工作提出质询等。

第一届立法会（1998—2000年）由功能团体选举议员30名、选举委员会选举议员10名、分区直接选举议员20名，共60名议员组成；第二届（2000—2004年）由功能团体选举议员30名、选举委员会选举议员6名、分区直接选举议员24名，共60名组成；第三届（2004—2008年）和第四届（2008—2012年）由功能团体选举议员30名和分区直接选举议员30名，共60名组成。第五届立法会（2012—2016年）由功能团体选举议员35名和分区直接选举议员35名，共70名组成，其中功能团体增加的5席分配给区议会组别，由民选区议员提名、全港没有功能界别选举权的选民一人一票选出。第五届立法会选举于2012年9月9日举行，当选议员于10月10日正式宣誓就职，任期至2016年9月30日。

司法机关为香港特别行政区各级法院，行使香港特别行政区的审判权。香港特别行政区法院除继续保持香港原有法律制度和原则对法院审判权所作限制外，对香港特别行政区所有的案件均有审判权；香港特别行政区法院对国防、外交等国家行为无管辖权。法院在审理案件中遇有涉及国防、外交等国家行为的事实问题，应取得行政长官就该等问题发出的证明文件，上述文件对法院有约束力；行政长官在发出证明文件前，须取得中央政府的证明书。香港特别行政区的终审权属于香港特别行政区终审法院。终审法院和高等法院的首席法官应由在外国无居留权的香港特别行政区永久性居民中的中国公民担任。终审法院法官和高等法院首席法官的任命或免职还须由行政长官征得立法会同意，并报全国人大常委会备案。

【总的形势】香港回归祖国后，“一国两制”由科学构想变成生动现实。香港特别行政区依法实行高度自治，享有行政管理权、立法权、独立的司法权和终审权，继续保持原有的资本主义制度和生活方式不变，法律基本不变，继续保持繁荣稳定，各项事业全面发展。中央政府严格按照香港基本法办事，认真履行宪制责任，坚定支持香港特别行政区行政长官和政府依法施政，通过继续深化落实《内地与香港关于建立更紧密经贸关系的安排》（CEPA）、进一步开放内地在港投资及香港银行经营人民币业务等措施，支持香港经济的发展。行政长官和特区政府利用“背靠内地，面向世界”的独特优势，致力于发展经济，改善民生，促进社会和谐。香港特区继续保持自由港和国际大都市的特色，继续保持国际贸易、金融和航运中心的地位，继续被公认为全球最自由开放的经济体和最具发展活力、营商环境最好的地区之一。

【经济】2015年，香港本地生产总值为22464亿港元（约2880亿美元，按1美元兑换7.8港元计算，下同），同比增长2.4%，人均本地生产总值为307483港元（约39421美元）。全年进口总额为40464亿港元（约5188亿美元），同比减少4.1%；整体出口总额为36053亿港元（约4622亿美元），同比减少1.8%，其中转口贸易35584亿港元（约4562亿美元），同比减少1.6%，港产品出口469亿港元（约60.1亿美元），同比减少15.2%，全年贸易逆差4411亿港元（约565.5亿美元）。截至2015年10月，香港官方外汇储备资产达3558亿美元。全年通胀率平均为3%，失业率为3.3%。

2015年全年访港旅客总数为5930.7万人次，同比减少2.5%。中国内地继续是香港最大的客源市场，访港人数达4584.2万人次，同比减少3%，占整体访港旅客的77.3%。

2015年底，香港股市总市值达24.68万亿港元。2015年，在香港进行的首次公开招股集资总额达2613亿港元，居全球首位。香港交易所2015年平均每日成交金额为1056亿港元（约135.4亿美元）。2015年1月至11月，香港交易所旗下证券化衍生产品（衍生权证及牛熊证）的成交金额为全球之冠，连续九年位居全球首位。

香港是国际性银行最集中的城市之一。全球最大的100家银行有73家在香港开展业务。截至2015年4月底，香港共有201家认可银行机构（包括157家持牌银行、23家有限制牌照银行和21家接受存款公司）以及64家代表办事处。国际清算银行2014年3月公布对全球金融市场的外汇与衍生工具市场的排名调查结果显示，香港是全球第5大外汇市场及第6大场外衍生工具市场。伦敦金融城于2015年9月发表的第18期全球金融中心指数（Global Financial Centres Index）中，香港排名第三。此外，香港凭借跨境贸易人民币结算计划及相关金融活动，已跻身为举足轻重的人民币离岸中心。

香港是亚洲商贸枢纽。特区政府投资推广署及统计处2015年10月26日发表的统计调查结果显示，母公司在海外及内地的驻港公司共7904家，同比增加4.2%，创历史新高。其中地区总部1401家、地区办事处2397家、驻港当地办事处4106家。母公司所在的国家和地区，前四位分别为美国（1368家）、日本（1358家）、中国内地（1091家）及英国（631家）。

香港是国际会议和展览的主要举办地。每年有300多场会议和展览在港举行。2009—2015年，香港连续获选为“亚洲最佳商务城市”。2009年2月，获选为“亚太区最佳商务城市”。根据国际大会及会议协会（ICCA）2014年排名，香港2014年召开国际会议98次，排名全球第38位。

香港是国际和亚太地区的主要航空中心和航运中心。在香港国际机场营运的航空公司超过100家，每天提供约1100班航机，前往全球逾190个航点，包括50个内地城市。2014年，香港国际机场运送了438万吨货物和6330万名旅客，是世界十大最繁忙客运机场之一。2015年，在英国权威航空评级机构Skytrax评出的“全球最佳机场”排名中，香港国际机场位列第四。香港亦是全球最繁忙的集装箱港口之一，截至2015年底，香港注册船舶达2477只，吨位突破10229万吨。2014年，香港集装箱吞吐量为2222.6万箱，是全球第四大货柜港。

香港是全球通讯枢纽，通讯设施十分先进发达。截至2015年11月，香港拥有电话线路318.6万条，住户固话普及率达96.13%，移动无线电话服务用户普及率达227.2%，住户宽带普及率达83.8%。香港是全球第一个采用全面数字化电话网络和实施可移植性固定网络电话号码的国际大都市。根据世界经济论坛2014年度《全球信息科技报告》，香港网络就绪指数（Network Readiness Index）在亚洲排名第二，全球排名第八。

香港与中国内地的经贸关系日益密切，内地自1985年起一直是香港最大的贸易伙伴。根据特区政府统计处公布的数据，2014年，内地居香港出口目的地和进口来源地第一位。两地进出口总额为5635.2亿美元，同比下降2.7%。其中，香港对内地出口3004.1亿美元，同比下降6.4%，占香港出口总额57.3%。香港自内地进口2631.0亿美元，增长1.8%，占香港进口总额43.8%。香港与内地贸易顺差373.1亿美元，下降40.3%。截至2015年12月，内地在港上市公司961家，占港交所上市公司总数的51.5%；市值1.97万亿美元，占香港上市公司总市值62.1%。

自2003年年中内地与香港签署《关于建立更紧密经贸关系的安排》（CEPA）以来，迄今共签署10个补充协议。CEPA的实施对进一步促进香港与内地的经济关系起到了显著作用。在货物贸易方面，截至2015年6月，内地累计进口香港CEPA项下受惠货物89.5亿美元，关税优惠额达到49.2亿元人民币。在服务贸易领域，2014年12月18日，《内地与香港CEPA关于内地在广东与香港基本实现服务贸易自由化的协议》在港签署，2015年3月1日起正式实施。2015年11月27日，内地与香港签署了《内地与香港CEPA服务贸易协议》。2016年6月1日协议生效后，内地对香港开放服务部门将达到153个，涉及世界贸易组织160个服务部门的95.6%，其中62个部门实现国民待遇。截至2015年6月底，香港工贸署共给香港企业签发逾2911份《香港服务提供者证明书》，包括运输物流、分销、航空运输等。在金融领域，2014年，经香港银行处理的跨境人民币贸易结算交易量达62580亿元人民币，同比上升63%。香港人民币存款在2014年底达11580亿元，同比增长10%。

【教育】教育是香港特区政府确定的有进一步发展潜力的六项优势产业之一，2016—2017财政年度，政府在教育方面的开支预算总额为750亿元，占政府经常开支的21.5%。特区政府设有学生资助计划，确保学生不会因经济问题而失去受教育的机会，并推行各项措施，确保香港维持高水平的教育。从2008/2009学年起，特区政府将免费教育由9年延伸至12年（至公立高中），并全面资助职业训练局为修毕中三学生开办的全日制课程，为他们提供进修途径。香港现有19所颁授学位的高等教育院校，包括7所大学、1所师资培训学院、1所演艺学院和2所专上学院。2015年，香港大学、香港科技大学名列全球大学排行前100名，其中港大在入围的亚洲大学中排名第四。

2004年7月11日，内地与香港签订《关于相互承认高等教育学位证书的备忘录》，相互承认两地高等学校颁发的学士及以上学位。

【新闻出版】香港作为国际商业和金融中心，通讯及传媒业高度发达，吸引了不少海外报社及广播公司、国际通讯社在港设立亚太区总部或办事处。截至2015年8月底，香港共有54份日报（包括27份中文日报、12份英文日报、10份中英文双语日报和5份日语报章）、679份期刊、2个本地免费电视节目服务持牌机构、3个本地收费电视节目服务持牌机构、18个非本地电视节目服务持牌机构、1家政府电台和4家声音广播持牌机构。主要本地报纸有《大公报》、《文汇报》、《香港商报》、《明报》、《信报》、《星岛日报》、《东方日报》、《南华早报》、《苹果日报》等，国际报刊主要有《亚洲华尔街日报》、《金融时报》和《国际先驱论坛报》等。

【对外事务】香港特区每年派代表以中国代表团成员身份参加以国家为单位参加的、同香港有关的、适当领域的国际组织和国际会议，或以“中国香港”名义单独组团出席不以国家为单位参加的国际组织和国际会议。

经中央政府授权，香港特区政府与67个国家签署了民航协定（截至2014年6月）；与17个国家签署了促进和保护投资协定（截至2014年3月24日）；与14个国家签署了移交被判刑人协定（截至2015年6月4日）；与19个国家签署了移交逃犯协定（截至2015年5月27日）；与29个国家签署了刑事司法协助协定（截至2015年5月27日）。

有253项国际公约适用于香港特区，其中有75项国际公约目前尚不适用于内地（截至2015年10月16日）。

截至2016年1月22日，驻港外国代表机构共有61个总领事馆、59个领事馆及6个官方认可代表机构。截至2016年1月27日，154个国家和地区给予香港特区护照持有人免签证或落地签证入境待遇。

香港特区政府目前共设有11个驻外经济贸易办事处，分别设于日内瓦、布鲁塞尔、伦敦、多伦多、东京、新加坡、悉尼、华盛顿、纽约、旧金山、柏林。除驻日内瓦经济贸易办事处主要职责是代表香港参与世界贸易组织事务外，其他经贸办事处的主要职责是促进香港与有关国家或地区的经贸、投资利益及公共关系。2015年9月16日，在印尼访问的香港特首梁振英表示，特区政府将在印尼雅加达设立第12个经贸办事处，预计2016年正式运行。（郑希）

澳门特别行政区

【地理】位于珠江口西岸，毗邻广东省，北与珠海市拱北接壤，南濒中国南海，西与珠海市湾仔和横琴岛隔河相对，东与香港隔海相望。港澳相距42海里，两地之间有喷射船、水翼船和直升机客运服务。澳门半岛和氹仔岛之间由友谊大桥、澳氹大桥和西湾大桥相接。氹仔岛和路环岛之间由路氹连贯公路相连。路氹连贯公路周边区域不断发展，逐步形成路氹填海区（或称路氹城）。地处亚热带季风区，气候温暖湿润，雨量充沛。

【面积】30.4平方公里，包括澳门半岛、氹仔岛和路环岛。

【人口】64.7万（截至2015年底），年增长率1.7%。

【正式语文】澳门特别行政区的行政机关、立法机关和司法机关，除使用中文外，还可使用葡文，葡文也是正式语文（《中华人民共和国澳门特别行政区基本法》第9条）。

【主要宗教和节日】澳门特别行政区为多宗教并存地区。主要宗教有佛教、道教、天主教、新教、伊斯兰教、巴哈伊教。

中国传统节日春节、端午节、清明节、中秋节、重阳节及主要宗教节日耶稣受难日、复活节、佛诞和圣诞节均为公众假期。

【简史】澳门历来是中国领土，旧属广东省香山县（今中山市）管辖。1535年（明嘉靖十四年），葡萄牙人贿赂广东地方官吏，取得在码头停靠船舶和进行贸易的权利。1553年（明嘉靖三十二年），葡人以曝晒水浸货物为由上岸居住。1557年（明嘉靖三十六年）起在澳门建房定居。鸦片战争后，葡乘机扩大其在澳门侵占的地盘，1851年和1864年先后侵占了氹仔岛和路环岛。1887年葡迫使清政府签订《中葡会议草约》和《北京条约》，塞进了“永驻管理澳门”的条款。此后，葡一直占领澳门并把澳门划为葡领土。1976年，葡宪法始规定澳门是葡萄牙管辖的特殊地区。

中华人民共和国成立后，我国政府曾多次阐明对澳门问题的立场：澳门是中国领土的一部分，澳门问题属历史遗留下来的问题，中国政府主张在条件成熟时，通过谈判解决。中葡两国政府自1986年6月30日起经过历时9个月的四轮谈判，于1987年3月26日草签了《中华人民共和国政府和葡萄牙共和国政府关于澳门问题的联合声明》及《中华人民共和国政府对澳门的基本政策的具体说明》、《关于过渡时期的安排》两个附件。同年4月13日，两国总理分别代表本国政府正式签署联合声明，1988年1月15日两国政府交换批准书，联合声明从该日起生效。中葡联合声明规定，中华人民共和国政府于1999年12月20日对澳门恢复行使主权。中国政府在联合声明中阐述了对解决澳门问题的基本方针政策。联合声明的签署为国家间以和平方式解决历史遗留问题和国际争端树立了典范，对促进世界和平与进步事业具有重要的现实意义。

1999年12月19日午夜，中葡双方在澳门文化中心花园馆成功举行澳门政权交接仪式。由中国国家主席江泽民率领的中国政府代表团和由葡萄牙总统桑帕约率领的葡萄牙政府代表团出席了该仪式。50多个国家和20多个国际组织的嘉宾以及澳门各界人士共2500人应邀出席。20日零点，中国政府对澳门恢复行使主权。随即在澳门综艺馆举行了澳门特别行政区成立暨特区政府宣誓就职仪式。国家主席江泽民宣布澳门特别行政区成立。澳门特别行政区第一任行政长官何厚铧、特区政府主要官员、立法会议员、终审法院院长和检察长宣誓就职。20日中午12时，中国人民解放军驻澳部队进驻澳门。澳门顺利回归祖国、澳门特别行政区成立是继香港回归后中国人民在实现祖国统一伟业进程中的又一历史丰碑。

【基本法】《中华人民共和国澳门特别行政区基本法》以宪法为依据，以“一国两制”为指导方针，将国家对澳门的各项方针、政策用基本法律的形式规定下来。《基本法》既是一项重要的全国性法律，又是澳门特别行政区的根本性法律。《基本法》的起草工作于1988年10月开始，在澳门和内地广泛征求意见的基础上，《基本法》草案及其附件于1993年3月获第八届全国人民代表大会第一次会议通过。《中华人民共和国澳门特别行政区基本法》自1999年12月20日起实施。

《基本法》的主要规定有：澳门特别行政区是中国不可分离的部分，是一个享有高度自治权的地方行政区域，直辖于中央人民政府；全国人大授权澳门特别行政区依照《基本法》规定实行高度自治，享有行政管理权、立法权、独立的司法权和终审权；澳门特别行政区不实行社会主义制度和政策，保持原有的资本主义制度和生活方式，50年不变；中央人民政府负责管理与澳门特别行政区有关的外交事务和澳门特别行政区的防务；中央政府各部门、各省、自治区、直辖市不得干预澳门特别行政区根据《基本法》自行管理的事务；澳门原有法律，除同《基本法》相抵触或经澳门特别行政区立法机关或其他有关机关依照法定程序做出修改者外，予以保留；全国性法律除列于《基本法》附件三者外，不在澳门特别行政区实施；澳门居民在法律面前一律平等，享有言论、新闻、出版、结社、集会、游行、示威、通讯、迁徙、宗教信仰和婚姻的自由，组织和参加工会、罢工的权利和自由；人身自由不受侵犯等等。

【政治体制】行政长官是澳门特别行政区的首长，对中央人民政府和澳门特别行政区负责。行政长官由年满40周岁，在澳门通常居住连续满20年的澳门特别行政区永久性居民中的中国公民担任，在当地通过选举或协商产生，由中央人民政府任命。行政长官任期为五年，可连任一次。1999年5月15日，由澳门居民组成的澳门特别行政区推选委员会根据公平、公正、公开、民主和廉洁的原则，以无记名投票方式，选出何厚铧为澳门特别行政区第一任行政长官人选。5月24日，朱镕基总理代表国务院向何厚铧颁发了任命其为澳门特别行政区第一任行政长官的国务院令。12月20日，何厚铧宣誓就职。2004年4月6日，澳门特区《行政长官选举法》正式生效。法案规定，新一任行政长官候任人将由一个300人组成的、具有广泛代表性的选举委员会“一人一票”选出。8月29日，澳门特区举行第二任行政长官选举，何厚铧获得300名选举委员会委员中的296票，当选澳门特区第二任行政长官候任人。9月1日，国务院任命何厚铧为澳门特区第二任行政长官。12月20日，何厚铧宣誓就职。2009年7月26日，澳门特区举行第三任行政长官选举，崔世安获得300名选举委员会委员中的282票，当选澳门特区第三任行政长官候任人。8月10日，国务院任命崔世安为澳门特区第三任行政长官。12月20日，崔世安宣誓就职。2012年8月29日，澳门立法会表决通过修改《行政长官选举法》。根据修改后的《行政长官选举法》，第四任行政长官选举委员会的人数由300人增至400人。2014年8月31日，澳门特区举行第四任行政长官选举，崔世安获得400名选举委员会委员中的380票，当选澳门特区第四任行政长官候任人。9月17日，国务院总理李克强签署中华人民共和国国务院令第655号，任命崔世安为中华人民共和国澳门特别行政区第四任行政长官。

澳门特别行政区政府是澳门特别行政区的行政机关，政府首长是行政长官。澳门特别行政区政府设司、局、厅、处。行政法务司司长、经济财政司司长、保安司司长、社会文化司司长、运输工务司司长、廉政公署廉政专员、审计署审计长、警察总局局长和海关关长为特区政府主要官员。主要官员由在澳门通常居住连续满15年的澳门特别行政区永久性居民中的中国公民担任。澳门特别行政区政府根据《基本法》第64条规定行使职权，主要包括制定并执行政策；管理各项行政事务；办理中央政府授权的对外事务；编制并提出财政预算、决算；提出法案、议案，草拟行政法规，等等。

澳门特别行政区行政会是协助行政长官决策的机构，每月至少举行一次会议，由行政长官主持。行政会委员由澳门特别行政区永久性居民中的中国公民担任，由行政长官从政府主要官员、立法会议员和社会人士中委任。行政会委员的人数为7至11人，目前共有11名委员。《基本法》规定，行政长官在做出重要决策、向立法会提交法案、制定行政法规和解散立法会前，须征询行政会的意见，但人事任免、纪律制裁和紧急情况下采取的措施除外。

澳门特别行政区立法会是澳门特别行政区的立法机关。立法会除第一届另有规定外，每届任期为四年。立法会行使《基本法》第71条规定的职权，主要有：依照《基本法》规定和法定程序制定、修改、暂停实施和废除法律；审核、通过政府提出的财政预算案；审议政府提出的预算执行情况报告；根据政府提案决定税收，批准由政府承担的债务；听取行政长官的施政报告并进行辩论；就公共利益问题进行辩论；接受澳门居民申诉并做出处理，等等。特区第一届立法会由23名议员组成，包括直选议员8人、间选议员8人、委任议员7人。立法会设主席、副主席各一人。第一届立法会议员的任期至2001年10月15日。第二届立法会选举于2001年9月23日举行。第二届立法会由27名议员组成，包括直选议员10名、间选议员10名、委任议员7名，任期至2005年10月15日。第三届立法会选举于2005年9月25日举行。第三届立法会由29名议员组成，包括直选议员12名、间选议员10名、委任议员7名，任期至2009年10月15日。第四届立法会选举于2009年9月20日举行。第四届立法会议员人数及构成与第三届立法会相同，任期至2013年10月15日。2012年8月29日，澳门立法会表决通过修改《立法会选举法》，规定2013年立法会产生办法，直、间选各增加2个议席，委任议席数量保持不变。第五届立法会选举于2013年9月15日举行。第五届立法会由33名议员组成，包括直选议员14名，间选议员12名，委任议员7名，任期至2017年10月15日。

澳门特别行政区的审判权属澳门特别行政区法院。澳门特别行政区设立初级法院、中级法院和终审法院。终审权属于澳门特别行政区终审法院。澳门特别行政区法院除继续保持澳门原有法律制度和原则对法院审判权所作的限制外，对澳门特别行政区所有的案件均有审判权。澳门特别行政区法院对国防、外交等国家行为无管辖权。澳门特别行政区法院在审理案件中遇有涉及国防、外交等国家行为的事实问题，应取得行政长官就该等问题发出的证明文件，上述文件对法院有约束力。行政长官在发出证明文件前，须取得中央人民政府的证明书。澳门特别行政区各级法院的法官，根据当地法官、律师和知名人士组成的独立委员会的推荐，由行政长官任命。各级法院的院长由行政长官从法官中选任。终审法院院长由澳门特别行政区永久性居民中的中国公民担任。终审法院院长、法官的任命和免职须报全国人民代表大会常务委员会备案。

澳门特别行政区检察院独立行使法律赋予的检察职能，不受任何干涉。澳门特别行政区检察长由澳门特别行政区永久性居民中的中国公民担任，由行政长官提名，报中央人民政府任命。检察官经检察长提名，由行政长官任命。检察院的组织、职权和运作由法律规定。目前，检察院司法官共有41人，包括检察长1人，助理检察长13人和检察官27人，主要负责对刑事案件的调查和起诉，在各级法院代表检察院出庭，依法参与刑事、民事和行政诉讼。

【总的形势】澳门回归以来，“一国两制”、“澳人治澳”和高度自治方针得到全面贯彻落实。在中央政府的大力支持下，在特区政府和社会各界的共同努力下，澳门取得了举世瞩目的发展成就，社会安定，经济增长，居民安居乐业，多元文化和谐共处，国际知名度不断提高。2015年，澳门特区形势总体平稳，但博彩收入持续下滑，经济下行压力增大。中央政府明确了澳门水域和陆地界限，划定澳门海域面积85平方公里，为特区经济社会发展提供了更广阔空间。行政长官崔世安带领特区政府稳健施政，务实进取，积极开展区域合作，致力打造世界旅游休闲中心和中国与葡语国家商贸服务合作平台，推动经济适度多元可持续发展；同时加快建设社会保障体系，进一步落实各项民生措施，推动社会文化等各领域事业不断发展。

2015年，特区政府积极开展对外交往，进一步加强区域合作，努力推进世界旅游休闲中心和中国与葡语国家商贸合作服务平台建设。2月，全国政协副主席、前行政长官何厚铧访问柬埔寨并出席第一届世界旅游文化大会。柬埔寨首相洪森、世界卫生组织总干事陈冯富珍、世界旅游组织秘书长瑞法依、欧盟前主席巴罗佐等访澳。特区成功举办首届博鳌亚洲发展论坛、第六届国际基础设施投资与建设高峰论坛暨首届中拉基础设施合作论坛、国际传统医学论坛以及第四届世界旅游经济论坛。世界卫生组织传统医药合作中心落户澳门。

【经济】澳门是自由港。过去只有鞭炮、火柴、神香等手工业，经济长期以来以博彩业为主。20世纪60年代中期至80年代中期，出口加工业带动澳门经济迅速增长。澳门经济自80年代开始呈现高速增长，逐渐形成四大产业，分别为博彩旅游业、出口加工业、金融保险业和建筑地产业。这四大产业曾对澳门经济起着举足轻重的作用。进入90年代，澳门经济转入调整期，发展速度放缓。回归以来，澳门经济逐渐走出谷底，保持良好发展态势。

自2014年下半年以来，受博彩收入连续下跌影响，澳门经济发展进入调整期，压力增大。2015年全年本地生产总值3687亿元（澳门元，下同。约合460亿美元），同比下降20.3%，人均本地生产总值57.48万元（约合7.2万美元）。公共财政总收入1097.8亿元，总支出804.8亿元，财政盈余293亿元。博彩毛收入2308.4亿元，同比减少34.3%。入境旅客3071.5万人次，同比下降2.6%。酒店及公寓可提供客房总数为3.2万间，同比增加15.6%。2015年会议及展览活动共909项，同比增加116项，与会及入场总人数为248.2万人次。货物进出口总额为953.6亿元，同比下跌4.5%。其中，进口846.6亿元，同比减少5.9%；出口为106.9亿元，同比增长7.8%；贸易逆差739.7亿元。澳门银行业继续平稳发展，2015年1—11月，存款总额4607.9亿元，同比下跌3.3%；贷款总额7712.9亿元，增长44.2%。2015年，特区外汇储备资产总额1507.8亿元，同比增加14.8%。2015年全年新动工楼宇建筑面积198.4万平方米，同比减少11.4%；建成楼宇建筑面积257.8万平方米，同比增长486.1%。楼宇单位买卖9771个，同比减少26.1%，交易金额516.6亿元，同比减少38.3%。全年总体失业率为1.8%，本地居民失业率为2.5%。通货膨胀率为4.56%。

自2003年10月17日内地与澳门签署《关于建立更紧密经贸关系的安排》（CEPA）以来，迄今共签署了12个补充协议，扩充原有内容及深化相关承诺，内地全境与澳门基本实现服务贸易自由化，已对原产于澳门的进口货物全面实施零关税。CEPA的实施对进一步促进澳门与内地的经济关系起到了显著作用。截至2015年底，澳门经济局在货物贸易方面共签发了3787张原产地证书，出口货值达6.67亿澳门元，豁免关税约5146.9万澳门元。有关服务贸易方面，澳门经济局发出了592张“澳门服务提供者证明书”，领取证明书的企业主要从事运输物流、会议展览、管理咨询、建筑工程、分销、电信、法律、广告、空运服务的销售和营销服务、房地产、视听、旅行社、医疗和牙医服务、职业介绍、航空运输服务、商标代理及印刷和出版服务等服务行业。在贸易投资便利化方面，内地与澳门通过提高透明度、标准一致化和加强信息交流等措施，推动贸易投资便利化，目前已在10个领域开展相关合作。

【教育】特区实行15年免费教育。2014/2015学年，澳门共有各类学前、小学、中学、特教学校77所，其中公立学校10所、私立学校67所，上述学校共有教学人员5731名，学生69516人。澳门共有10所高等院校，公立4所，私立6所，分别为澳门大学、澳门理工学院、旅游学院、澳门保安部队高等学校、澳门城市大学［原名亚洲（澳门）国际公开大学］、圣若瑟大学（原名澳门高等校际学院）、澳门镜湖护理学院、澳门科技大学、澳门管理学院和中西创新学院。2014/2015学年，澳门高等院校共有教学人员1993名，注册学生30771名。面向内地招生的有澳门大学、澳门理工学院、旅游学院、澳门科技大学、澳门镜湖护理学院和澳门城市大学共6所高校。在上述6所院校就读的内地学生有11524人。

【新闻出版】澳门现有11家中文日报：《澳门日报》、《华侨报》、《大众报》、《市民日报》、《星报》、《正报》、《现代澳门日报》、《新华澳报》、《濠江日报》、《澳门晚报》和《力报》。另有18家中文周报：《澳门时报》、《澳门体育周报》、《讯报》、《澳门脉搏》、《澳门文娱报》、《澳门观察报》、《乐报》、《澳门商报》、《车世界》、《捷点资讯报》、《澳门会展经济报》、《濠江晚报》、《澳门节庆盛事报》、《澳门华文报》、《亚洲新闻报》、《澳门焦点报》、《澳门法治报》和《澳门平台》等。此外，还有《时代月刊》、《澳门月刊》、《九鼎》等杂志。

葡文日报有《句号报》、《澳门论坛日报》和《澳门今日》3家；葡文周报有《号角报》。英文日报有《澳门邮报》、《澳门每日时报》和《每日商报》3家。

澳门主要的电视公司有澳门广播电视股份有限公司（澳广视）、澳门有线电视股份有限公司（澳门有线电视）、澳门宇宙卫星通信服务股份有限公司（澳门Telesat）、澳门莲花卫视传媒有限公司（莲花卫视）以及澳亚卫视有限公司（澳亚卫视）。澳门有一家电台：澳门电台。

【对外事务】回归以来，澳门特别行政区的对外交往取得显著成果。

截至2015年底，澳门特区参加的政府间国际组织共39个。其中，以“中国澳门”名义单独参加的有22个，包括世界贸易组织、国际海事组织、世界旅游组织、世界气象组织、世界海关组织、台风委员会、亚太反洗钱小组、国际缉毒执法大会、国际民航组织公钥簿、亚太地区反腐败行动计划等；以中国代表团成员身份参加的有17个，包括世界银行、国际刑警组织、国际劳工组织、万国邮政联盟、国际电信联盟、国际民用航空组织、国际货币基金组织、世界知识产权组织、联合国麻醉品委员会、亚太邮政联盟等。

截至2015年底，经中央政府授权，澳门特区政府先后与11个国家签署了航班或民航协定，使澳门与外国签署的航班或民航协定数达到41个；与20个国家签署了互免签证协定；与欧盟、瑞士、冰岛分别签署了关于接受没有居留许可的人的协定；与葡萄牙、东帝汶签署了法律及司法合作协定；与葡萄牙、荷兰、佛得角签署了相互鼓励和保护投资协定。

目前，适用于澳门的国际公约及修正案有500余项，涉及外交、国防、民航、海关、禁毒、经济金融、知识产权、邮政电信、资源环保、人权、教科文卫、劳工、海事、国际犯罪、国际私法、道路交通、建立国际组织等各方面。

截至2015年底，共有90个国家领区涵盖澳门或可在澳门执行领事职务。葡萄牙、安哥拉、菲律宾、莫桑比克等4个国家在澳门设有总领事馆。澳门在欧盟（布鲁塞尔）、葡萄牙（里斯本）、世贸组织（日内瓦）设有3个经济贸易办事处，在美国、日本等国家和地区派有18个旅游代表。

截至2016年2月，共有121个国家和地区给予澳门特别行政区护照持有人免签证或落地签证入境待遇。澳门特区给予76个国家和地区居民免签入境待遇。（丛丽莉）

阿富汗

【国名】阿富汗伊斯兰共和国（The Islamic Republic of Afghanistan）。

【面积】64.75万平方公里。

【人口】约3270万（2015年）。普什图族占40%，塔吉克族占25%，还有哈扎拉、乌兹别克、土库曼等20多个少数民族。普什图语和达里语是官方语言，其他语言有乌兹别克语、俾路支语、土耳其语等。逊尼派穆斯林占80%，什叶派穆斯林占19%，其他占1%。

【首都】喀布尔（Kabul），人口约368万（阿富汗中央统计局，2015）。气候温和，四季分明，全年平均气温13℃左右。

【国家元首】穆罕默德·阿什拉夫·加尼（Mohammad Ashraf Ghani）。2014年9月当选阿富汗总统，任期5年。

【重要节日】阿富汗新年：3月21日；阿富汗独立纪念日：8月19日；开斋节：每年日期不定，依伊斯兰历而变；古尔邦节：每年日期不定，随伊斯兰历而变。

简　况

亚洲中西部的内陆国家。北邻土库曼斯坦、乌兹别克斯坦、塔吉克斯坦，西接伊朗，南部和东部连巴基斯坦，东北部凸出的狭长地带与中国接壤。属大陆性气候，全年干燥少雨，冬季寒冷，夏季炎热，全国年平均降雨量仅240毫米左右。

阿富汗王国建立于1747年，曾一度强盛。19世纪后，国力日衰，成为英国和沙俄的角逐场。1919年摆脱英国殖民统治获得独立，8月19日为独立日。1979年12月，苏联入侵阿富汗。1989年2月，苏军撤出。后因各派抗苏武装争权夺势，阿陷入内战。1994年塔利班兴起，1996年9月攻占喀布尔，建立政权。1997年10月改国名为“阿富汗伊斯兰酋长国”，在阿实行伊斯兰统治。

政　治

“9·11”事件后，塔利班政权在美军事打击下垮台。在联合国主持下，阿富汗启动战后重建“波恩进程”。2001年12月，阿成立临时政府。2002年6月，成立过渡政府。2004年1月，阿颁布新宪法，定国名为“阿富汗伊斯兰共和国”。10月，卡尔扎伊当选阿首任民选总统。2005年9月举行了全国及地方议会选举。12月，阿新议会成立，“波恩进程”结束。2009年8月，阿举行第二次总统选举，卡尔扎伊取胜，同年11月就职。2014年阿富汗举行总统选举。9月29日，加尼宣誓就职阿富汗总统，阿卜杜拉被任命为首席执行官。

近年来，阿富汗政治与经济重建虽取得积极进展，但安全局势持续恶化，腐败、毒品泛滥等问题也威胁阿富汗的稳定和发展。卡尔扎伊连任后，积极推动和解与再融合计划，加强军警建设，扩大地区合作，谋求国际援助。2010年10月，阿富汗成立由前总统拉巴尼任主席、众多前圣战领导人参加的高级和平委员会，负责推动阿富汗政府与塔利班等反政府武装和谈。2011年9月拉巴尼遇刺身亡，阿富汗和解进程严重受挫。2012年1月，阿富汗塔利班宣布在卡塔尔设立和谈办公室，用以与美国等接触和谈。后因发生驻阿美军焚烧《古兰经》和枪杀阿富汗平民等事件，塔利班宣布中止与美国接触。4月，卡尔扎伊任命萨拉胡丁·拉巴尼为高级和平委员会新主席，继续推动和解进程。2013年6月，阿塔以“阿富汗伊斯兰酋长国”名义宣布在卡塔尔首都多哈成立塔利班办事处，引起阿政府强烈不满。在各方压力下，阿塔被迫取消有关称谓，但也事实上关闭了该办事处。

美国及北约主导阿富汗安全和重建，美国等国已于2011年7月起开始从阿富汗撤军，计划于2014年底前向阿富汗移交全部安全责任。2012年5月，北约芝加哥峰会通过了《阿富汗问题北约峰会宣言》，重申北约将在2014年后继续同阿富汗保持紧密伙伴关系。7月，阿富汗问题东京会议举行。国际社会承诺，在2015年前向阿富汗提供超过160亿美元援助。但鉴于阿安全形势恶化，美国及北约在2015年均推迟从阿撤军步伐。目前，美在阿仍有驻军9800人。阿富汗政府还需要国际社会为国民军建设提供财政支持。

【宪法】2002年1月至2004年1月，阿富汗沿用前国王查希尔颁布的1964年宪法。2004年1月26日，阿富汗过渡政府总统卡尔扎伊签署颁布新宪法，确立阿国名为“阿富汗伊斯兰共和国”，实行总统制。

【议会】根据阿富汗宪法，国民议会是国家最高立法机关，由人民院（下院）和长老院（上院）组成。人民院议员不超过250名，根据各地人口数量平均分配，但保证每省至少有2名女议员。长老院议员从各省、区管理委员会成员中间接选举产生。国民议会有权弹劾总统，但须召集大支尔格会议并获得2/3以上多数通过才可免除总统职务。阿现议会于2010年9月选举产生，2011年1月正式成立。现任长老院主席为法扎尔·哈迪·穆斯林姆亚尔（Fazal Hadi Muslimyar），人民院议长为阿卜杜·拉乌夫·伊卜拉希米（Abdul Rauf Ibrahimi）。

【大支尔格会议】又称“大国民会议”。根据阿富汗新宪法，大支尔格会议是阿人民意愿的最高体现，由议会上下两院议员、各省议会议长组成，负责制定和修改宪法，批准国家其他有关法律；有权决定涉及阿国家独立、主权、领土完整和国家利益等问题；审议总统提交的内阁组成名单；内阁部长、最高法院法官和大法官可以列席会议；会议不定期举行。

2002年6月阿召集紧急支尔格大会，选举产生以卡尔扎伊总统为首的阿富汗过渡政府。2003年12月召开制宪支尔格大会，制定并通过新宪法。2010年6月召开和平支尔格大会，呼吁塔利班等参与政治和解进程。2011年11月召开大支尔格会议，讨论阿富汗同美国商签战略伙伴关系文件。

【政府】现内阁成员包括：总统穆罕默德·阿什拉夫·加尼，第一副总统阿卜杜勒·拉希德·杜斯塔姆（Abdul Rashid Dostum），第二副总统萨瓦尔·丹尼什（Sarwar Danish），首席执行官阿卜杜拉·阿卜杜拉（Abdullah Abdullah ），外交部长萨拉胡丁·拉巴尼（Salahuddin Rabbani），财政部长埃克利勒·艾哈迈德·哈基米（Eklil Ahmad Hakimi），内政部长努鲁尔哈齐·乌鲁米（Nur ul-Haq Ulumi），朝觐及伊斯兰事务部长法伊兹·穆罕默德·奥斯玛尼（Faiz Mohammad Osmani），农村复兴与发展部长纳西尔·艾哈迈德·杜拉尼（Nasir Ahmad Durrani），矿业石油部长达乌德·沙阿·沙巴（Daud Shah Saba），难民和归国部长赛义德·侯赛因·阿里米·巴勒齐（Sayed Hussain Alimi Balkhi）。

【行政区划】全国划分为34个省，省下设县、区、乡、村。各省名称：喀布尔、巴达赫尚、塔哈尔、昆都士、巴尔赫、朱兹詹、法利亚布、巴德吉斯、赫拉特、古尔、萨尔普勒、萨曼甘、巴格兰、巴米扬、帕尔旺、瓦尔达克、卡比萨、拉格曼、努尔斯坦、库纳尔、楠格哈尔、洛加尔、加兹尼、乌鲁兹甘、法拉、尼姆鲁兹、赫尔曼德、坎大哈、扎布尔、帕克蒂亚、帕克蒂卡、霍斯特、潘杰希尔、戴孔迪。

【司法机构】阿富汗司法系统分为三级。最基层为地方法院，全国共有350个左右；中层为上诉法院，分设于阿各省；最高层为最高法院，设在首都喀布尔。

【政党】阿过渡政府于2003年10月颁布《政党法》。现有政党近百个。主要政党包括：

（1）阿富汗伊斯兰促进会（Jamiati Islami）：1972年成立。伊斯兰教温和派，成员多为塔吉克族。逊尼派。

（2）阿富汗伊斯兰统一党（Hizbi Wahdat Islami，哈利利派）：原阿富汗伊斯兰革命联盟，1987年成立。1991年改用现名。1995年3月，原领导人马扎里被塔利班杀害，该党分裂。属伊斯兰教什叶派，成员多为哈扎拉族人。党主席是穆罕默德·卡里姆·哈利利（Abdul Karim Khalili）。

（3）阿富汗伊斯兰民族运动（Jonbesh Meli Islami）：主要领导人是阿卜杜尔·拉希德·杜斯塔姆（Abdur Rashid Dostum），乌兹别克族。

（4）阿富汗民族解放阵线（Mahas Meli）：1978年成立。民族主义派，普什图族，属伊斯兰教逊尼派。主要领导人是现议会长老院主席西卜加图拉·穆贾迪迪（Sibghatullah Mujadidi）。

（5）阿富汗圣战者伊斯兰联盟（Hizbi Ettehad Islami）：1981年成立。普什图族，属伊斯兰教逊尼派。主要领导人是阿卜杜尔·拉苏尔·萨亚夫（Abdul Rasul Sayaf）。

（6）阿富汗伊斯兰民族阵线（Jebhe Meli Islami）：1979年成立。民族主义派，普什图族，属伊斯兰教逊尼派。主要领导人是赛义德·盖拉尼（Sayed Gailani）。

【重要人物】**穆罕默德·阿什拉夫·加尼**：总统，普什图族。1949年出生于阿富汗卢格尔省的一个普什图族家庭，获美国哥伦比亚大学博士学位。曾在加州大学伯克利分校和约翰·霍普金斯大学任教，在联合国和世界银行任职，并曾随世界银行官员主持过阿富汗战后重建工作。曾出任卡尔扎伊过渡政府财政部长。曾参加2009年阿富汗大选，2014年9月就任阿总统。 **阿卜杜拉·阿卜杜拉**：政府首席执行官，塔吉克族。1950年生，医学博士。1978年毕业于喀布尔大学医学院。1992年起历任拉巴尼政府国防部国际司司长、发言人、北方联盟政府副外长、外长。2010年阿和平重建进程启动后，曾任阿外长。2014年9月被任命为首席执行官。 **哈米德·卡尔扎伊**：前总统。普什图族。1957年生，获印度喜马偕尔邦大学政治学硕士学位。1982年起参加抗苏斗争。1997年移居巴基斯坦，开展支持前国王查希尔的政治活动。2001年底返阿，协助美英军队打击塔利班。同年12月，被阿各派代表推举为临时政府主席。2002年6月，任过渡政府总统。2004年10月，当选阿首位民选总统。2009年8月连任。2014年9月卸任。 **法扎勒·哈迪·穆斯林姆亚尔**：议会长老院主席，1970年生，楠格哈尔省普什图族人。曾获法律学士学位，参加过抗苏战争。2005—2009年，任楠格哈尔省议会主席。2010年当选阿议会长老院第一副主席。2011年1月当选长老院主席。 **阿卜杜勒·拉乌夫·伊卜拉希米**：议会人民院议长。乌兹别克族前军阀，来自阿北部昆都士省，曾参加抗苏战争。2011年2月当选人民院议长。

经　济

阿富汗是最不发达国家。历经30多年战乱，经济破坏殆尽，交通、通讯、工业、教育和农业基础设施遭到的破坏最为严重，生产生活物资短缺，曾有600多万人沦为难民。

2002年以来，阿富汗国民经济呈现“低水平的快速增长”，经济逐步恢复发展。2014/2015财年主要经济数据如下：

国内生产总值（GDP）：210亿美元。

人均国内生产总值：672美元。

国内生产总值增长率：2%。

货币名称：阿富汗尼（Afghani），简称“阿尼”。

汇率：1美元≈68阿尼。

通货膨胀率：5%。

【资源】阿富汗矿藏资源较为丰富，但未得到充分开发。目前已探明的资源主要有天然气、煤、盐、铬、铁、铜、云母及绿宝石等。位于首都喀布尔南部的埃纳克铜矿已探明矿石总储量约7亿吨，铜金属总量达1133万吨。据估计可能是世界第三大铜矿带。阿还可能拥有全球第五大铁矿脉，煤储量约7300万吨。

阿富汗的河流大部分是内陆河，多注入沙漠和湖泊。主要河流有阿姆河、喀布尔河、赫尔曼德河和哈里鲁河等。

【工业】由于多年战乱，工业基础十分薄弱。以轻工业和手工业为主，主要有纺织、化肥、水泥、皮革、地毯、制糖和农产品加工等。近年来由于喀布尔等大城市建筑业的繁荣，带动了制砖、木材加工等建材业相对发展。此外面粉加工、手织地毯业等也有所发展。

【农牧业】农牧业是阿富汗国民经济的主要支柱。农牧业人口占全国总人口的80%。耕地不到全国土地总面积的10%。主要农作物包括小麦、棉花、甜菜、干果及各种水果。主要畜牧产品是肥尾羊、牛、山羊等。阿富汗是世界第一大毒源地“金新月”的中心。2014年鸦片产量为5500吨，严重影响阿和平重建进程，也对地区和平与安全带来威胁和挑战。

【交通运输】阿富汗是内陆国，无出海口。境内有通往伊朗和塔吉克斯坦的铁路。交通运输主要靠公路和航空。北部同乌兹别克斯坦和土库曼斯坦边界上的阿姆河和昆都士河部分河段有通航能力。

公路：阿全境共有公路17.789万公里，其中国家级高速公路4906公里，在建公路5000公里，主要包括喀布尔至马扎里沙里夫、赫拉特至坎大哈、喀布尔环城高速、托克汉姆至喀布尔等公路。

空运：目前有两家航空公司。阿利亚纳航空公司实力较为雄厚，主要经营国际航线。目前已开通至巴基斯坦、伊朗、阿联酋、印度、土耳其、德国、俄罗斯、阿塞拜疆、沙特、科威特和塔吉克等12条国际航线，2003年7月12日正式开通喀布尔至乌鲁木齐航线。KAM航空公司经营国内航线。全国有机场46个，喀布尔机场为国际机场。

【对外贸易】同60多个国家和地区有贸易往来。主要出口商品有天然气、地毯、干鲜果品、羊毛、棉花等。主要进口商品有各种食品、机动车辆、石油产品和纺织品等。主要出口对象为巴基斯坦、美国、英国、德国、印度等，主要进口国为中国、巴基斯坦、美国、日本、韩国、土库曼斯坦、印度等。

人民生活

战争使阿富汗基本生活设施遭受极大破坏。道路受损，电力奇缺，物价上涨，生活必需品匮乏。阿政府成立以来，在联合国及国际社会帮助下，大力恢复基本的民生设施，安置返阿难民，解决居民用水、用电，加大医务人员培训，恢复各级学校教育。据世界银行报告显示，阿可以享受自来水供应的城市居民不到20%，是世界上最低的国家之一。基本医疗只能覆盖40%的人口，严重缺少医疗人员，尤其是女性医护人员。阿女性享受基本医疗的比率很低。

军　事

根据《波恩协议》，国际社会大力协助阿富汗建立军警部队。2002年，阿政府在美国帮助下开始筹建阿国民军，目标是到2011年建立一支17万人的国民军和13万人的警察部队，最终独立负责阿国家安全。目前，阿富汗安全部队共约35万人。阿富汗政府呼吁国际社会为国民军建设提供财政支持。根据2012年5月北约芝加哥峰会通过的《阿富汗问题北约峰会宣言》，北约将在2014年后每年向阿安全部队提供41亿美元安全援助。2014年底，美北约向阿完成安全责任移交。目前，美在阿仍有驻军1.08万人。阿富汗政府还需要国际社会为国民军建设提供财政支持。

文化教育

【教育】实行12年义务教育。阿富汗教育事业受到战争严重破坏。截至2003年年底，阿全国共有7029所初等教育学校，其中只有48%的学校有供水和卫生设施。在国际社会的大力援助下，近年阿教育事业取得一定进步。适龄儿童中有600万人学，其中200万是女生。成年人受教育比例占29%。

阿现有数十所高等院校。喀布尔大学是全国最高学府，1946年创建。赫拉特大学是阿西部教育中心，2002年8月复校，有学生3100多人，包括700余名女生。

【新闻出版】主要报纸有《喀布尔时报》（官方报纸）、《喀布尔周报》（唯一一份英文报纸）、《祖国报》、《阿尼斯报》等。

阿富汗广播电台成立于1925年，对外用9种语言广播。阿富汗电视台于1978年建立，用波斯语、普什图语播音。

对外关系

阿富汗重建主要依赖西方国家支持和援助。阿富汗政府外交以寻求援助为中心，积极发展同美国、德国、日本和欧盟等关系。

阿富汗重视发展与周边国家关系和参与区域合作。2002年，阿富汗同包括中国在内的6个邻国共同签署《喀布尔睦邻友好宣言》、《〈喀布尔睦邻友好宣言〉签署国政府关于鼓励更紧密的贸易、过境和投资合作的宣言》和《喀布尔睦邻友好禁毒宣言》。

2005年10月，阿富汗成为中亚区域经济合作组织成员，11月与上海合作组织（简称“上合组织”）建立联络组，同月成为南亚区域合作联盟成员。2012年6月，成为上合组织观察员国。阿富汗还利用地缘优势，力争成为本地区贸易和交通枢纽。

【同中国的关系】1955年1月20日建交，中国阿富汗双边关系发展顺利。

2012年，中阿关系得到进一步发展。两国高层往来密切，经贸合作进展顺利，在国防、安全、文教、卫生等领域合作良好。3月，阿富汗副外长鲁丁来华出席上合组织地区安全副外长级会议并访华。6月，卡尔扎伊总统出席上海合作组织成员国元首第十二次理事会并访华。双方发表《中阿建立战略合作伙伴关系的联合宣言》，宣布两国建立战略合作伙伴关系。9月，阿富汗第二副总统哈利利来华出席第二届中国—亚欧博览会。2014年2月，习近平主席在出席索契冬奥会期间会见卡尔扎伊总统。王毅外长访阿。5月，阿富汗总统卡尔扎伊来华出席亚信峰会，习近平主席同其举行会见。9月，习近平主席特使、人力资源和社会保障部长尹蔚民出席阿富汗新总统加尼就职典礼。10月，阿富汗总统加尼访华并出席在京举行的阿富汗问题伊斯坦布尔进程第四次外长会开幕式，习近平主席、李克强总理和张德江委员长分别与其会谈、会见。11月，国务委员兼公安部长郭声琨访阿。12月，李克强总理在阿斯塔纳上合总理会议期间会见阿首席执行官阿卜杜拉。2015年2月，外交部部长助理刘建超访阿。7月，习近平主席在出席上合组织乌法峰会期间与加尼总统举行会见。11月，李源潮副主席访问阿富汗，这是阿和平重建以来中国对阿最高级别往访。12月，阿首席执行官阿卜杜拉来华出席在郑州举行的上合组织政府首脑理事会第十四次会议。

2011年，中阿双边贸易额为2.34亿美元，同比增长31%。其中中国出口额为2.3亿美元，同比增长31.2%；进口额为400万美元，同比增长19.6%。2011年11月，中方宣布将对包括阿富汗在内33个最不发达国家97%的税目的产品给予零关税待遇。2012年，中阿双边贸易额为4.69亿美元，同比增长100%。2013年1月至3月，中阿双边贸易额为6785万美元，同比增长6.9%，其中中国出口额为6575万美元，自阿富汗进口额为210万美元。中国对阿出口产品主要为机电、五金、纺织、日用品、轻工类等。自阿进口商品主要是牛羊皮等。2014年，双边贸易额为4.1亿美元，同比上升21%。其中中国出口额3.94亿美元；进口额0.17亿美元。2015年，中阿双边贸易额为3.76亿美元，同比下降8.4%。其中中国出口额为3.64亿美元，同比下降7.4%；进口额为0.12亿美元，同比下降30.96%。中国对阿出口产品主要为机电、五金、纺织、日用品、轻工类等。自阿进口商品主要是牛羊皮等。

中国驻阿富汗大使：姚敬。馆址：Sardar Shah Mahmoud Ghazi Wat，Kabul，Afghanistan。国家地区号：0093–20。电话：2102548。

阿富汗驻华大使：穆罕默德·卡比尔·法拉希（Mohammad Kabir Farahi）。馆址：北京市朝阳区东直门外大街8号。国家地区号：0086–10。电话：65321582（中文秘书）；传真：65322269。

【同联合国的关系】联合国为推动阿富汗和平进程发挥了重要作用。2001年12月，联合国主持启动“波恩进程”，向阿派遣国际安全援助部队（ISAF）协助维护治安。2002年3月，联合国阿富汗援助团（UNAMA）成立，帮助阿政府维护稳定、保障人权、推进社会和经济发展。联合国还积极推动国际社会多次召开援阿国际会议。

【同美国的关系】阿美两国于1934年建交。“9·11”事件后，美全面主导阿富汗和平进程和经济重建，向阿提供巨额经济援助。美还协同北约等向阿地方派遣省级重建队（PRT）。2005年阿美建立战略伙伴关系并签署联合宣言，内容包括美在民主治理、经济发展、维护安全等方面向阿提供帮助，继续使用经双方同意的军事设施，在与阿协商一致的基础上享有在阿开展适当军事行动的自由等。两国高层互访频繁。

2011年6月，奥巴马总统宣布撤军方案，2011年年底前撤出1万人，2012年夏季前再撤出2.3万人。2013年2月，美国宣布将于一年内再从阿富汗撤出3.4万人，2014年年底完成并宣布结束阿战。美在按计划推进撤军进程的同时，积极推动阿政府与塔利班的和谈进程。

目前，美国在阿富汗驻军9800余人。2012年5月，阿美签署《持久战略伙伴关系协议》，对2014年后阿美政治、经济、安全等领域合作做出规划。美国给予阿富汗“非北约主要盟国”地位，重申不寻求在阿拥有永久军事设施，但2014年后将在阿保留一定军事存在。2012年11月，双方启动《双边安全协定》谈判。2014年9月30日，加尼总统上台后，阿美双方签订了《双边安全与防务合作协定》。

【同巴基斯坦的关系】阿巴关系因历史、反恐等因素长期不睦。近年来，在国际社会积极斡旋下，阿巴关系出现并大体保持改善和发展的势头，两国领导人接触频繁，双方就合作打恐、促进双边经贸往来和人员交流等方面达成共识，但仍出现一些波折。2011年年底，阿富汗高级和平委员会主席拉巴尼遇刺身亡，两国关系再度受挫。2013年以来，两国关系有所改善。以谢里夫总理为首的巴基斯坦新政府多次表态支持阿富汗民族和解。2014年9月，巴基斯坦总统侯赛因出席加尼总统就职典礼。11月，加尼总统访巴。双方均多次表示愿积极推动两国关系改善。2015年7月，阿政府与塔利班在巴基斯坦举行首轮公开和谈，第二轮和谈因塔领导人奥马尔死讯被公布而推迟，阿巴关系也再度紧张。12月，加尼总统赴巴出席伊斯坦布尔进程第五次外长会，阿巴关系出现转圜。

【同印度的关系】阿富汗政府重视发展对印度关系，两国高层保持密切往来。印度迄已承诺援阿20亿美元。印度在阿设有1个使馆和4个总领馆。2006年至2013年，卡尔扎伊8次访印，双方就印度援阿重建、加强反恐合作、推动经贸往来和区域合作等问题达成共识。2011年10月卡尔扎伊访印期间，两国宣布建立战略合作伙伴关系。

【同俄罗斯的关系】塔利班统治期间，俄罗斯支持反塔联盟。阿富汗新政府成立后，俄罗斯即恢复同阿关系。俄支持阿和平重建，已向阿提供7亿美元援助，免除阿所欠103.8亿美元债务。俄强调联合国应在阿问题上发挥主导作用，关注阿毒品问题，主张在阿周边建立禁毒“安全带”。

【同伊朗的关系】伊朗是阿富汗西部重要邻国，两国有着深厚的历史、文化、宗教、民族渊源和联系。伊朗在阿富汗有一定影响力，截至2013年仍接纳阿200多万难民。伊积极参与阿重建，重点援建与其毗邻的阿富汗赫拉特省，使之成为阿经济最发达的省份。

【同上海合作组织的关系】2004年以来，阿富汗总统、副总统多次以主席国客人身份出席上海合作组织峰会和总理会议。2005年11月，阿同上合组织建立联络组。2009年至今，上合组织已举行5次阿问题副外长级磋商和一次阿富汗问题国际会议。2012年6月，阿正式成为上合组织观察员国。（张思）

阿拉伯联合酋长国

国名　阿拉伯联合酋长国（The United Arab Emirates）。

面积　8.36万平方公里。

人口　930万。外籍人占88.5%，主要来自印度、巴基斯坦、埃及、叙利亚、巴勒斯坦等国。居民大多信奉伊斯兰教，多数属逊尼派。官方语言为阿拉伯语。

首都　阿布扎比（Abu Dhabi），人口142万。

国家元首　总统哈利法·本·扎耶德·阿勒纳哈扬（Khalifa Bin Zayed Al-Nahyan），2004年11月当选。

重要节日　国庆日：12月2日。

简　况

位于阿拉伯半岛东部，北濒波斯湾，海岸线长734公里。西北与卡塔尔为邻、西和南与沙特阿拉伯交界、东和东北与阿曼毗连。属热带沙漠气候，夏季炎热潮湿（5—10月），气温40℃—50℃，冬季（11月至翌年4月）气温7℃—20℃，偶有沙暴。平均降水量约100毫米，多集中于1—2月间。

公元7世纪隶属阿拉伯帝国。自16世纪开始，葡萄牙、荷兰、法国等殖民主义者相继侵入。19世纪初，英国入侵波斯湾地区，并于1820年强迫当地7个酋长国与其签订“永久休战条约”，此后各酋长国逐步沦为英国的保护国。1971年3月1日，英国宣布同各酋长国签订的条约于年底终止。同年12月2日，阿拉伯联合酋长国宣告成立，6个酋长国组成联邦国家。1972年，哈伊马角酋长国加入联邦。国名简称“阿联酋”。

政　治

联邦最高委员会由7个酋长国的酋长组成，是最高权力机构。重大内外政策均由该委员会讨论决定，制定国家政策，审核联邦预算，批准法律与条约。总统和副总统从最高委员会成员中选举产生，任期5年。总统兼任武装部队总司令。除外交和国防相对统一外，各酋长国拥有相当的独立性和自主权。联邦经费基本上由阿布扎比和迪拜两个酋长国承担。

2015年，阿联酋政局平稳，社会稳定，国民经济保持增长态势。对外交往活跃，注重加强与海湾国家及其他阿拉伯国家关系，在继续积极发展与大国关系的同时，致力于推进多元化外交。

【宪法】1971年7月18日，联邦最高委员会通过临时宪法，同年12月3日宣布临时宪法生效，沿用了25年。1996年12月联邦最高委员会通过决议，宣布临时宪法为永久宪法，并确定阿布扎比为阿联酋永久首都。

【议会】联邦国民议会，成立于1972年，系咨询机构，每届任期4年。议会成员40名，名额大致按各酋长国本国公民的人口比例分配。实行半数间接选举，20名议员由各酋长国酋长提名、总统任命，其余20名由直接选举产生。2015年9月，阿联酋举行第16届国民议会选举；11月，艾迈勒·古拜希（Amal Al Qubaisi）当选为议长。

【政府】2016年2月组成第十二届政府，共有成员29人，其中女部长7人。主要成员有：副总统兼总理穆罕默德·本·拉希德·阿勒马克图姆（Mohammed Bin Rashid Al Maktoum），副总理兼内政部长赛义夫·本·扎耶德·阿勒纳哈扬（Saif Bin Zayed Al Nahyan），副总理兼总统事务部长曼苏尔·本·扎耶德·阿勒纳哈扬（Mansour Bin Zayed Al Nahyan），财政部长哈姆丹·本·拉希德·阿勒马克图姆（Hamdan Bin Rashid Al Maktoum），外交与国际合作部长阿卜杜拉·本·扎耶德·阿勒纳哈扬（Abdullah Bin Zayed Al Nahyan），文化与知识发展部长纳哈扬·本·穆巴拉克·阿勒纳哈扬（Nahyan Bin Mubarak Al Nahyan）等。

【行政区划】由7个酋长国组成：阿布扎比、迪拜、沙迦、哈伊马角、阿治曼、富查伊拉、乌姆盖万。

【重要人物】**哈利法·本·扎耶德·阿勒纳哈扬**：总统。生于1948年，系阿联酋首任总统扎耶德长子。1969年2月1日被立为阿布扎比酋长国王储。1976年5月，任联邦武装部队副总司令。哈利法还兼任阿布扎比最高石油委员会主席、阿布扎比投资局董事会主席。2004年11月2日扎耶德总统病逝，哈利法继任阿布扎比酋长，11月3日，哈利法被联邦最高委员会推选为新任总统兼武装部队总司令，连任至今。　**穆罕默德·本·拉希德·阿勒马克图姆**：副总统兼总理、迪拜酋长。生于1949年，系前副总统兼总理、迪拜酋长马克图姆的二弟。毕业于英国皇家军校。1971年任联邦国防部长，1995年被指定为迪拜王储。2006年1月5日，继任迪拜酋长，并就任阿联酋副总统兼总理。

经　济

以石油生产和石油化工工业为主，同时注重实现经济多元化。通过扩大贸易投资，增加非石油收入，重视发展以信息技术为核心的知识经济，积极发展新能源。2009年6月，阿布扎比获选国际可再生能源署总部所在地。

2014年主要经济数据如下（数据来源：《经济季评》）：

国内生产总值（GDP）：4164亿美元。

人均国内生产总值：4.5万美元。

国内生产总值增长率：4.3%。

货币名称：迪拉姆（Dirham），1迪拉姆≈100菲尔斯（Fils）。

汇率：1美元≈3.67迪拉姆。

外汇储备：874亿美元。

【资源】石油和天然气资源丰富。已探明石油储量130亿吨，居世界第七位；天然气储量6.1万亿立方米，居世界第七位。

【工业】以石油化工为主。近年来阿联酋大力推动经济发展多元化战略，积极发展贸易、航运、旅游、酒店、零售、会展、金融、房地产、服务、可再生能源、制造业等非石油产业，力图改变单一的石油经济结构，并取得了显著成果。2013年工业部门就业人数达38.2万人，预计2017年将达58万人。

【农牧林渔业】近年来，阿联酋政府采取鼓励务农的政策，向农民提供免费的种子、化肥和无息贷款，并对农产品全部实行包购包销，以确保农民的收入，推动农业发展。建有多个海水淡化厂，拥有现代化的农业灌溉系统。截至2014年，阿联酋从事农业的国民近万人，主要农产品有椰枣、蔬菜、柠檬等。粮食依赖进口。截至2014年，阿联酋有捕鱼船6370艘，渔民24765人。渔产品和椰枣可满足国内需求。畜牧业规模很小，主要肉类产品依赖进口。

【交通运输】各酋长国之间有现代化高速公路相连，目前正在修建铁路项目。

公路：总长约4080公里，道路质量位居世界前列。

水运：有10个主要海港，年货物吞吐量达9600万吨。2013年集装箱吞吐能力为每年2350万个标准箱。阿布扎比的哈利法港是中东地区规模最大、自动化程度最高的港口，并拟建成全球最大的产业集群区。迪拜杰拜勒·阿里港是全球最大的人造港和中东地区最大的港口。

空运：有阿布扎比、迪拜等7个国际机场。阿联酋已同包括中国在内的155个国家签订了双边航空协定，世界各国的109个航空公司有定期航班飞往阿联酋各机场。

【通讯】截至2014年上半年，阿手机保有量达1750万部，固定电话超过210万部。互联网接入用户超过110万户，其中宽带用户超过100万户。

【财政金融】阿银行业发达，截至2013年有本国银行23家，800家分行及87个办事处。外国银行及其他金融机构113家。外汇入出境不受限制，汇率稳定。联邦政府财政收入来自各酋长国的石油或贸易收入。近几年政府预算收支情况如下（单位：亿美元）：

	2011	2012	2013	2014
总收入	1133.84	1358.38	1444.20	1509
总支出	955.00	1012.53	1182.72	1310

（资料来源：《经济季评》）

【对外贸易】1995年，阿联酋加入世界贸易组织。阿联酋与179个国家和地区有贸易关系。外贸在经济中占有重要位置。阿联酋主要出口石油、天然气、石油化工产品、铝锭和少量土特产品；主要进口粮食、机械和消费品。近几年对外贸易持续顺差，情况如下（单位：亿美元）：

	2011	2012	2013	2014
出口额	2524	3025	3797	3803
进口额	1856	2203	2507	2536
差　额	668	822	1290	1267

（资料来源：《经济季评》）

【对外援助】阿联酋经常向阿拉伯、伊斯兰国家和第三世界发展中国家提供贷款和赠款。2013年，阿联酋共提供外援52亿美元，位居世界首位。阿联酋对外援助协调办公室是阿联酋对外援助的官方机构，此外，阿联酋还成立了各种基金会承担重大的人道主义援助，例如阿布扎比发展基金会、红新月会、扎耶德人道主义与慈善机构、马克图姆慈善机构、穆罕默德·本·拉希德人道机构、哈利法·本·扎耶德慈善机构等。

人民生活

阿联酋人均收入居世界前列。对本国公民实行免费医疗。建有较为完善的全国城乡医疗保健系统，全国共有医院、初级医疗中心和诊所等医疗机构1162家。

军　事

1976年5月6日，阿联酋联邦最高委员会决定统一各酋长国的军队，设立武装部队总司令部，联邦总统任武装部队总司令。实行志愿兵役制。

总兵力5.65万人。其中，陆军约4.5万人，编制为1个王室警卫旅、1个装甲旅、2个机械化步兵旅、4个步兵旅和1个炮兵旅。海军2500人，各类作战舰只21艘，主要基地在阿布扎比。空军4000人（含警察部队的航空联队），编制有4个作战中队，作战飞机196架，武装直升机50架。皇家警卫队、特种部队等约5000人。另有警察5.4万名。武器装备主要来源于法国、美国，是海湾国家中唯一以法式装备为主的国家。武装部队的兵源30%来自本国，其余主要为阿曼、巴基斯坦等国人，教官多为英国和巴基斯坦人。

文化教育

【教育】阿联酋重视发展教育事业和培养本国的科技人才，实行免费教育制。倡导女性和男性享有平等的教育机会。共开设公立学校1259所，在校学生超过80万人，教师4.5万余人。

【新闻出版】主要报刊有：《联合报》（阿拉伯文），阿布扎比半官方日报，发行5万份；《宣言报》（阿拉伯文），迪拜半官方日报，发行5万份；《海湾报》（阿拉伯文），沙迦私人出版，发行5.8万份；《海湾时报》（英文），迪拜私人出版，发行5万份。此外还有《海湾新闻》、《今日海湾》杂志等。

阿联酋通讯社是国家通讯社，直属新闻文化部。1976年11月成立。在国内各主要城市以及伦敦、巴黎、华盛顿、纽约、莫斯科、东京、开罗、突尼斯、贝鲁特等派有常驻记者。用阿拉伯文和英文发稿。

阿联酋有阿布扎比、迪拜、乌姆盖万、哈伊马角4家电台，阿布扎比、迪拜、沙迦和阿拉比亚等4家电视台，阿布扎比电台每天用阿、英、法和乌尔都语播送节目。阿拉比亚电视台新闻节目用阿拉伯语连续24小时播送。

对外关系

阿联酋奉行温和、平衡、睦邻友好和不结盟外交政策。主张遵守《联合国宪章》、国际法准则，在相互尊重、不干涉内政的基础上发展同各国的友好关系。主张通过和平协商解决争端，维护世界和平。在加强同美国等西方国家关系的同时，重视发展与阿拉伯、伊斯兰、不结盟等第三世界国家关系。主张加强海湾合作委员会国家的团结与合作。阿联酋已同183个国家建立了外交关系。2013年11月，阿联酋获得2020年世博会主办权。

【对当前重大国际和地区问题的立场】海湾地区安全：致力于海湾地区的安全与稳定，主张加强海湾合作委员会（下称“海合会”）六国的团结与协调，积极推动六国经济一体化进程。主张海湾地区各国在平等互利、互不干涉内政的基础上，通过对话和平解决彼此间的分歧，共同维护海湾地区的安全与稳定。

叙利亚问题：支持叙利亚人民要求变革的意愿，强调尊重叙利亚的主权、独立、民族统一和领土完整。承认叙利亚反对派“全国联盟”为叙利亚人民合法代表，主张在联合国和阿盟框架下，通过政治协商实现叙利亚政权平稳过渡。

中东问题：谴责以色列对巴勒斯坦领土的占领，认为结束占领是实现中东地区和平与稳定的前提，呼吁按照联合国有关决议和中东和平“路线图”计划，在1967年边界基础上建立以东耶路撒冷为首都的独立的巴勒斯坦国。

伊拉克问题：支持伊拉克独立、主权和领土完整，强调维护其阿拉伯和伊斯兰属性，谴责针对伊平民的恐怖主义行径，反对外部势力干涉伊拉克内部事务。对“伊斯兰国”等恐怖组织的行径予以强烈谴责，派战机参与了美国领导的国际反恐联盟对“伊斯兰国”的空袭行动。

反恐问题：谴责一切形式的恐怖主义，认为恐怖主义与国别和宗教无关，强调国际社会应严格执行联合国及其他国际和地区组织的反恐决议，团结一致打击恐怖主义。2004年阿联酋颁布《反恐法》。

安理会改革问题：认为安理会改革问题应经过有关各方充分协商，达成集体决议，根本原则是要服务于多数国家，对于不同集团的有关提议，阿联酋不偏袒任何一方。

【同中国的关系】1984年11月1日中国与阿联酋建交。建交后，两国关系发展顺利。政治上，双方高层交往和各级别人员互访不断。2012年1月，国务院总理温家宝对阿联酋进行正式访问，两国建立战略伙伴关系。3月，阿联酋阿布扎比王储穆罕默德访华。2013年3月，阿联酋联邦国民议会议长莫尔访华。2015年12月，阿联酋阿布扎比王储穆罕默德访华。

中阿自20世纪50年代就有民间贸易往来。阿联酋是中国在阿拉伯世界最大出口市场和第二大贸易伙伴。2015年，中阿双边贸易额为486亿美元，其中我出口371亿美元，进口115亿美元，同比分别下降11.3%、4.9%和27.2%。我主要出口机电、高新技术、纺织和轻工产品，主要进口液化石油气、原油、成品油、铝及铝制品等。2015年，我从阿进口原油1257万吨，同比增长7.8%。

中国驻阿联酋大使：常华。馆址：Plot NO.26，Sector NO.W–22，Abu Dhabi。信箱：P.O. BOX 2741，Abu Dhabi，Uae。网址：http://www.ae.chineseembassy.org/chn/。电子邮箱：chinaemb_ae@mfa.gov.cn。国家地区号：0097–12。电话：4434276；传真：4435440。商务处电话：4765525；传真：4764402。

中国驻迪拜总领事：李凌冰。信箱：Villa No.14，Street 7a，Community 357，Umm alshelf Road，Safa 2area，Dubai。网址：http://www.dubai.chineseconsulate.org/chn/。国家地区号：0097–14。电话：3944733；传真：3952207。

阿联酋驻华大使：欧麦尔·艾哈迈德·白伊塔尔（Omar Ahmed Albitar）。馆址：北京市朝阳区东方东路22号亮马桥外交公寓LA10–04。国家地区号：0086–10。电话：65327650，65327651；传真：65327652。

【同海湾合作委员会的关系】重视发展与海湾地区国家关系，主张加强海湾合作委员会六国的团结与协调，积极推动六国经济一体化进程。2011年初巴林局势动荡后，阿联酋参加海合会联合部队出兵巴林维稳。2015年，阿联酋参与了沙特领导的打击也门胡塞组织的军事行动。阿布扎比王储穆罕默德多次访问沙特。

【同美国的关系】两国关系较密切。1994年7月，阿美签署两国联合军事合作协议。美国是阿联酋主要贸易伙伴之一。2015年，双方在阿建立数字化联络中心，共同应对恐怖主义的宣传攻势。阿联酋阿布扎比王储穆罕默德赴美国出席了海合会国家元首与美国总统奥巴马在戴维营举行的集体会晤，并多次同奥巴马通电话。美国国务卿克里访问阿联酋。

【同欧洲的关系】1991年阿联酋与法国签署军事训练协议。2009年5月，法国在阿联酋建立其在海湾地区首个军事基地，法国总统萨科齐出席军事基地剪彩仪式。2015年，阿联酋与欧盟签署免除阿国民申根签证的协议，据此阿国民可面签前往欧洲34个国家。阿联酋阿布扎比王储穆罕默德访问法国、英国、意大利。意大利总理伦齐、捷克总统米洛什、英国王储查尔斯、乌克兰总统波罗申科、芬兰总统尼尼斯、罗马尼亚总理维克多等访阿。

【同伊朗的关系】阿联酋在同伊朗关于阿布穆萨岛和大、小通布岛三个岛屿领土争端问题上，主张通过和平谈判或国际仲裁政治解决“三岛”问题。但阿联酋同伊朗保持着密切的经贸关系。2015年7月，阿联酋总统哈利法、副总统兼总理穆罕默德、阿布扎比王储穆罕默德分别向伊朗总统鲁哈尼致贺电，祝贺伊朗与六国就伊核问题达成协议，希望该历史性协议能促进地区安全与稳定。

【同亚洲国家的关系】2015年，阿联酋阿布扎比王储穆罕默德两次访问俄罗斯。副总统兼总理、迪拜酋长穆罕默德访问阿塞拜疆，阿富汗总统加尼、韩国总统朴瑾惠、印尼总统佐科、蒙古总理其米德、印度总理莫迪等访问阿联酋。（马征）

阿　曼

国名　阿曼苏丹国（The Sultanate of Oman）。

面积　30.95万平方公里。

人口　402万（2014年）。其中阿曼人占56%，外籍人占44%。阿拉伯民族。伊斯兰教为国教。90%属逊尼派伊巴德教派。官方语言为阿拉伯语，通用英语。

首都　马斯喀特（Muscat），人口116万。

国家元首　苏丹兼首相卡布斯·本·赛义德（Qaboos Bin Said），1970年7月23日即位。

重要节日　国庆日：11月18日（苏丹生日）。

简　况

位于阿拉伯半岛东南部。与阿联酋、沙特、也门等国接壤，濒临阿曼湾和阿拉伯海。海岸线长1700公里。除东北部山地外，均属热带沙漠气候。全年分两季，5—10月为热季，气温高达40℃以上；11月至翌年4月为凉季，平均温度约为24℃。

阿曼是阿拉伯半岛最古老的国家之一。公元前2000年已广泛进行海上和陆路贸易活动，并成为阿拉伯半岛的造船中心。公元7世纪成为阿拉伯帝国的一部分。1624年，建立亚里巴王朝，其势力曾扩张到东非部分海岸和桑给巴尔岛。18世纪中叶，建立赛义德王朝，定国名为“马斯喀特苏丹国”。1507年起，先后遭葡萄牙、波斯和英国的入侵与占领。1920年，阿曼被分为“马斯喀特苏丹国”和“阿曼伊斯兰教长国”。1967年，统一为“马斯喀特和阿曼苏丹国”。1970年7月23日，卡布斯发动宫廷政变，废父登基，宣布改国名为“阿曼苏丹国”并沿用至今。1973年，英国军队撤出阿曼。

政　治

世袭君主制国家，禁止一切政党活动。由苏丹（国家元首）颁布法律、法令和批准缔结国际条约、协定。1996年12月，成立以卡布斯苏丹为首的9人国防委员会，委员会负责审议有关保卫国家安全的事宜；要求王室委员会召开会议，确定国家统治者。2011年10月，阿曼修订《国家基本法》，规定如王室委员会未在法定时间3日内就挑选出苏丹继任者达成一致，则由国防委员会根据苏丹致王室委员会的信件指定人选。

2015年，阿曼政局保持稳定，国民经济持续增长，积极参与地区事务、维护地区稳定。

【宪法】1996年11月6日，卡布斯苏丹颁布诏书，公布《国家基本法》（相当于宪法），对国家体制、政治指导原则、国家元首、政府首脑、内阁及其成员的职责、公民权利与义务等方面做出了规定。

【议会】即阿曼委员会，由国家委员会和协商会议组成。主要任务是召集两会联席会议，讨论苏丹提出的问题。国家委员会成立于1997年12月，负责审查有关法律、社会、经济等问题。协商会议成立于1991年11月，其前身是1981年成立的国家咨询委员会，主要功能是咨询和监督。2011年10月，卡布斯颁布法令修改《国家基本法》，重新界定国家委员会和协商会议的组成与权责，赋予协商会议法律、预算、条约和审计报告的修改、建议权，强化其对政府部门的质询和监督权，规定协商会议主席和副主席经直接选举产生。国家委员会与协商会议委员任期均为4年，可连任，但不得相互兼任。现任国家委员会主席叶海亚·本·马哈福兹·蒙泽里（Yahya Bin Mahfoudh Al Manthri），现任主席哈立德·本·希拉勒·马瓦利（Khalid bin Hilal Al Ma’awali）。

【政府】内阁是苏丹授权的国家最高执行机构，成员由苏丹任命。本届内阁于1997年组成，共有阁员31名，经过数次调整，现主要成员有：首相兼国防、外交、财政大臣由卡布斯苏丹本人担任，内阁事务副首相法赫德·本·马哈茂德·阿勒赛义德（Fahd Bin Mahmoud Al-Said），遗产和文化大臣海塞姆·本·塔里格·阿勒赛义德（Haitham Bin Tariq Al-Said），国防事务主管大臣巴德尔·本·萨乌德·本·哈利卜·布赛义迪（Badr Bin Saud Bin Habeb Al-Busaidi），内政大臣哈姆德·本·费萨尔·布赛义迪（Hamoud Bin Faisal Al-Busaidi），外交事务主管大臣尤素福·本·阿拉维·本·阿卜杜拉（Yousef Bin Alawi Bin Abdullah），石油和天然气大臣穆罕默德·本·哈马德·本·赛义夫·鲁姆希（Mohammed Bin Hamad Bin Saif Al-Romhi），新闻大臣阿卜杜穆奈姆·本·曼苏尔·本·赛义德·哈萨尼（Abdulmun' em bin Mansour bin Said Al-hasani），商业和工业大臣阿里·本·马斯乌德·苏奈迪（Ali Bin Masoud Bin Ali Al-Sunaidy）。

【行政区划】按行政区域划分为11个省（马斯喀特省、佐法尔省、穆桑达姆省、布莱米省、中北省、中南省、达希莱省、内地省、东南省、东北省、中部省），省之下设有61个州。

【司法机构】政府设司法、宗教基金和伊斯兰事务部，主管司法及宗教事务。全国设有47所法庭，在首都和一些州设上诉法院。1999年11月颁布司法法，成立独立的司法机构和最高司法委员会，卡布斯任主席，司法大臣为副主席。2003年2月，设立国家安全法院，希拉勒·本·哈马德·布赛义迪任院长。

【重要人物】卡布斯·本·赛义德：阿曼苏丹兼首相和国防、外交、财政大臣。1940年11月18日生于南部地区的萨拉拉，是赛义德王朝第13位君主。1960年毕业于英国桑赫斯特军事学院，后在英国步兵团任中尉，1964年返回阿曼。回国后学习伊斯兰教义和阿曼历史等。因不满其父统治，于1970年7月23日废父登基。 **法赫德·本·马哈茂德·阿勒赛义德**：阿曼内阁事务副首相。1940年出生，系卡布斯苏丹的远房堂叔。1965年毕业于埃及开罗大学经济学专业，后赴法国学习政治学。1970年卡布斯执政后，任首任外交大臣，后历任文化、旅游和新闻等大臣。1979年5月任负责法律事务的副首相。1994年1月起任内阁事务副首相。经常代表卡布斯苏丹接见外宾和出国访问，并曾代表卡布斯出席阿拉伯首脑会议。曾于2005年9月访华。

经 济

石油、天然气产业是阿曼的支柱产业，油气收入占国家财政收入的75%，占国内生产总值的41%。工业以石油开采为主，近年来开始重视天然气工业。实行自由和开放的经济政策，利用石油收入大力发展国民经济，努力吸引外资，引进技术，鼓励私人投资。为逐步改变国民经济对石油的依赖，实现财政收入来源多样化和经济可持续发展，政府大力推动产业多元化、就业阿曼化和经济私有化，增加对基础设施建设的投入，扩大私营资本的参与程度。农业不发达，粮食主要靠进口。渔业资源丰富，是阿曼传统产业，除满足国内需求外，还可供出口，是阿曼非石油产品出口收入的主要来源之一。2000年11月9日，阿曼正式加入世界贸易组织，成为其第139名成员。

2014年主要经济数据如下（资料来源：《经济季评》）：

国内生产总值：769亿美元。

人均国内生产总值：4.2万美元。

国内生产总值增长率：3.4%。

货币名称：阿曼里亚尔（OR）。

汇率：1美元≈0.385里亚尔。

进出口总额：917亿美元。

外汇储备：163亿美元。

【资源】20世纪60年代开始开采石油。现已探明石油储量7亿吨，天然气储量0.9万亿立方米。煤储量约3600万吨，金矿储量约1182万吨，铜储量约2000万吨，铬100万吨，还有银及优质石灰石等。水产资源丰富。

【工业】以石油开采为主，近年来大力开发天然气项目，其他工业起步较晚，基础薄弱。工业项目主要为石油化工、炼铁、化肥等。除少数较大型企业如炼油厂、水泥厂、面粉厂等由政府参与投资经营外，其他均属私营中小企业，主要从事非金属矿产、木材加工、食品、纺织等生产。

【农业】农、牧、渔业在国民经济非石油产业中举足轻重，能满足国内47.6%的粮食和69%的动物饲料需求。但总体上农业不发达，全国可耕地约10万公顷，已耕地7.3万公顷，主要种植椰枣、柠檬、香蕉等水果和蔬菜。粮食作物以小麦、大麦、高粱为主，不能自给。渔业资源丰富，是传统产业，除满足国内需要外，还可出口，是非石油产品出口收入的主要来源之一。

【交通运输】运输主要依靠公路，铁路项目刚启动，正在筹建。

公路：截至2014年10月，沥青公路总里程达13568公里，土路总里程达16611公里。

水运：主要港口有马斯喀特卡布斯苏丹港、苏哈尔港、萨拉拉港、杜库姆港、法赫勒港等。其中马斯喀特卡布斯苏丹港已不再承担货运任务，正逐渐转型为旅游港；苏哈尔港和萨拉拉港主要从事集装箱等货运业务；杜库姆港尚在建设中；法赫勒港为原油运输专用港。此外，阿曼国家轮渡公司在穆桑达姆省（阿曼飞地）、马西拉岛（阿曼最大岛屿）与阿曼本土之间，开设有多条客运航线。

空运：1981年5月成立的“阿曼航空公司”系公私合营企业，主要担负国内客货运输。近年来，阿曼航空公司不断拓展国际业务，已陆续开通马斯喀特至伦敦、吉隆坡、雅加达等地航线。民用机场主要有马斯喀特国际机场、萨拉拉国际机场、苏哈尔机场等。其中马斯喀特国际机场正在翻新扩建，萨拉拉新国际机场也将投入使用。

输油管道：由内地油田至法赫尔港铺设有输油管道，总长279公里，不加压流量为72.5万桶 / 天。

【财政金融】目前，阿曼共有银行32家，其中本国银行19家，外国银行10家，专业银行3家。

【对外贸易】主要出口石油和天然气，约占国家财政总收入的75%，非石油类出口有铜、化工产品、鱼类、椰枣及水果、蔬菜等。主要出口到中国、韩国、日本、泰国等国。进口机械、运输工具、食品及工业制成品等，主要来自阿联酋（转口）、日本、美国、德国等。近几年外贸情况如下（单位：亿美元）：

	2011	2012	2013	2014
出口额	459	520	562	572
进口额	214	265	308	342
差 额	245	255	254	230

（资料来源：《经济季评》）

【外国资本】外资主要投向石油开采和金融业。英国和海湾国家是主要投资国。

人民生活

国家实行免费医疗。居民平均寿命76.6岁。阿曼共有医院66家，卫生所195个；全国固定和移动电话分别为37.5万部和619.4万部。互联网用户18万户。全国私人住房拥有率已达世界较高水平。

军 事

实行义务兵役制。卡布斯苏丹任武装力量最高统帅并兼任国防大臣，穆罕默德·本·苏尔坦·布赛义迪为国防事务主管大臣。阿曼是海湾合作委员会成员国，在军事防御方面与该组织其他成员国相互协调。总兵力4.35万人。其中陆军2.5万人，海军4200人，空军4100人，苏丹卫队5500人，苏丹特种部队1000人，部落和民兵武装4400人。

文化教育

【教育】实行免费教育制。在全国开展扫盲和成人教育，有各类学校1553所，在校生66万，有扫盲中心95个。卡布斯大学于1986年9月建成开学，是阿曼最高学府，在校生约1.5万人。2003年阿曼政府批准的第一所私立大学苏哈尔大学建立，目前该校在校生约4500名。

【新闻出版】全国现有报刊30余种，主要有：《阿曼报》，发行量约2万份；《观察家报》，发行量约1万份；《祖国报》，私营，阿拉伯文日报；《阿曼时报》，私营，英文周刊。

阿曼通讯社：官方新闻机构，1986年5月成立，总社在马斯喀特。

阿曼广播电台：1970年始建于马斯喀特。1974年萨拉拉电台建成，现两台通过人造卫星并联广播。每天用阿拉伯语播音19.5小时，用英语播音15小时。1982年开始调频广播，日播12小时。1979年建成人造卫星地面接收站。

马斯喀特和萨拉拉两座电视台分别建于1974年和1975年，两台统一节目，每天播放17小时。

对外关系

奉行不结盟、睦邻友好和不干涉别国内政的外交政策。致力于维护海湾地区的安全与稳定，积极参与地区和国际事务，主张通过对话与和平方式解决国家之间的分歧。同美、英关系密切，同时开展多元化外交。至今，阿曼已同138个国家建立了外交关系。

【对当前重大国际和地区问题的立场】叙利亚问题：认为叙利亚问题的唯一出路是进行政治对话，强调有关各方应彻底停止暴力，国际社会也应为此尽快制定相关措施。向叙利亚提供力所能及的人道主义援助。

伊朗核问题：支持实现中东地区无核化。认为伊朗拥有和平利用核能权利。对伊核问题全面协议表示欢迎。强调伊朗稳定对阿曼十分重要，支持通过和平途径解决伊朗问题。

伊拉克问题：主张伊拉克实现民族和解，恢复稳定、繁荣，奉行与邻国友好相处的政策。呼吁伊拉克各政治派别以国家利益为重，化解分歧，积极推进政治进程。

中东问题：认为巴以和谈是中东和平进程的关键，主张根据联合国有关决议、"土地换和平"原则和"阿拉伯和平倡议"，在1967年边界基础上建立以东耶路撒冷为首都的独立的巴勒斯坦国。要求以色列撤出阿拉伯被占领土，停止修建犹太人定居点。

反恐问题：反对一切形式的恐怖主义，认为国际社会应加强反恐合作，实现情报共享。

也门问题：认为也门危机是也门内部事务，只能通过也门各派间的政治和解才能化解，外部干预特别是军事干预于事无补。支持也门各派在联合国斡旋下，以海合会倡议、也门全国对话会议文件及安理会有关决议为基础，通过协商对话化解分歧，尽快恢复也门国家稳定、主权、独立、领土完整。

【同中国的关系】1978年5月25日，中国和阿曼建交。建交后，两国关系发展顺利，双方各层次、各领域交往不断，在经贸、能源、卫生、文化等领域的合作开展良好。

近年来，全国政协主席贾庆林（2010年11月）、中共中央政治局委员、天津市委书记张高丽（2011年9月）、全国人大常委会副委员长韩启德（2012年2月）先后访阿；阿国家委员会主席蒙泽里（2010年7月出席上海世博会阿曼国家馆日活动）、国家委员会副主席萨伊德（2010年5月）先后访华。

2012年2月，全国人大常委会副委员长韩启德访阿，分别会见了阿曼副首相法赫德、国家委员会主席蒙泽里和协商会议主席哈立德。两国外交部建有战略磋商机制，2015年9月进行第九轮战略磋商。

2015年，双边贸易额达172亿美元，其中中方出口21亿美元，进口151亿美元，分别同比下降33.5%、增加1.4%、下降36.5%。其中，中方出口主要为机电产品、钢铁及其制品、高新技术产品、纺织品等；进口主要为原油。2015年，中方从阿进口原油3207万吨，同比增长7.4%。

中国驻阿曼大使：于福龙。馆址：House No.1368，

Way No.3017，Shati Al-Qurum Muscat，Sultanate Of Oman。网址：http://www.om.chineseembassy.org。国家地区号：00968。电话：24698766；传真：24698446。

商务处地址：No.216，Hatat Houscat，Sultanate of Oman。电话：24697804；传真：24697482。

阿曼驻中国大使：阿卜杜拉·本·萨利赫·本·希拉勒·萨阿迪（Abdullah Saleh Al Saadi）。馆址：北京市朝阳区亮马河南路6号。国家地区号：0086-10。电话：65323692，65323322；传真：65325030。

【同阿拉伯国家的关系】2015年，阿曼同阿拉伯国家继续保持密切交往。科威特第一副首相兼外交大臣、伊拉克国民议会议长朱布里访问阿曼。

【同美国及西方国家的关系】阿曼同美欧关系较密切。2015年5月，内阁事务副首相法赫德代表卡布斯苏丹赴戴维营出席美国总统奥巴马与海合会国家领导人的集体会晤。

【同伊朗的关系】由于地理和历史原因，阿曼同伊朗交往较多。两国建有战略磋商委员会。2015年，伊朗外长扎里夫两次访问阿曼。（马征）

阿塞拜疆

国名　阿塞拜疆共和国（The Republic of Azerbaijan, Азербайджанская Республика）

面积　8.66万平方公里

人口　959.3万（2015年1月）。共有43个民族，其中阿塞拜疆族占91.6%，列兹根族占2.0%，俄罗斯族占1.3%，亚美尼亚族占1.3%，塔雷什族占1.3%。官方语言为阿塞拜疆语，属突厥语系。居民多通晓俄语。主要信奉伊斯兰教。

首都　巴库（Baku, Баку），人口220.4万（2015年1月）。1月平均气温为5.1℃，7月平均气温为24.8℃。

国家元首　总统伊利哈姆·盖达尔·奥格雷·阿利耶夫（Iiham Heydar ogly Aliyev，Ильхам Гейдар оглы Алиев），2003年10月28日初次当选。2008年10月、2013年10月两次连任总统职务，任期5年。

重要节日　新年：1月1—2日，国际妇女节：3月8日，开春节（即纳乌鲁兹节，民族节日）：3月20—21日，胜利日（纪念反法西斯战争胜利）：5月9日，共和国日（纪念1918年阿塞拜疆民主共和国成立）：5月28日，民族救亡日（纪念前总统盖达尔·阿利耶夫1993年复出执政）：6月15日，武装力量日（纪念1918年建军）：6月26日，国家独立日（纪念1991年阿独立）：10月18日，宪法日（纪念1995年通过的宪法）：11月12日，民族复兴日：11月17日，世界阿塞拜疆人团结日：12月31日。

简况

位于外高加索东南部。北靠俄罗斯，西部和西北部与亚美尼亚、格鲁吉亚相邻，南接伊朗，东濒里海。海岸线长456公里。纳希切万自治共和国是阿的飞地，被亚美尼亚、伊朗和土耳其环绕。气候呈多样化特征，平原、低地为亚热带气候，7月平均气温为27℃—29℃，1月平均气温为1℃—3℃。山地为高原冻土带气候，平均气温分别为5℃和-30℃。

阿塞拜疆部族形成于公元11—13世纪。13—16世纪屡遭外族入侵和瓜分。16—18世纪受伊朗萨法维王朝统治。18世纪中期分裂为十几个封建小国。19世纪30年代，北阿塞拜疆（现阿塞拜疆共和国）并入沙俄。1917年11月建立苏维埃政权“巴库公社”。1918年5月28日，成立“阿塞拜疆民主共和国”。1920年4月28日被“阿塞拜疆苏维埃社会主义共和国”取代。1922年3月12日加入外高加索苏维埃社会主义联邦共和国（同年12月30日该联邦共和国加入苏联）。1936年12月5日成为苏联的加盟共和国。1991年2月6日改国名为“阿塞拜疆共和国”，10月18日正式独立。

政治

2015年阿社会政治局势保持稳定。阿政府积极推进民主、独立、进步的世俗化社会建设，积极推进跨文化、跨民族、跨宗教人文交流对话。伊利哈姆·阿利耶夫总统多次视察地方社会经济发展和民生项目，实地了解并解决民众关心问题，继续实施积极的社会政策，注重改善社会中低收入民众生活条件，努力增加就业；对食品、药品等采取限价措施，保障民众基本生活需求；惩处贪腐官员，推进政府机构改革，努力提高办事效率。6月，阿首都巴库举办第一届欧洲运动会，30多个国家领导人出席开幕式。11月，阿举行第五届议会大选，“新阿塞拜疆党”以绝对优势赢得选举。

【宪法】现行宪法于1995年11月12日经全民公决通过。宪法规定建立民主、法制、文明的世俗国家；实行总统制，总统为国家元首、最高行政首脑和武装力量总司令，由全民直接选举产生，任期5年，连任不得超过两届；立法、行政、司法三权分立。2002年8月24日，经全民公决对宪法部分条款做出修改，包括将总统当选最低得票率由2/3改为过半数；一旦总统不能履行职权，由议长改为由总理代行总统职务；议会选举由过去的多数制和比例制结合改为单一的多数制；取消政党名单等。2009年3月18日，经全民公决对宪法部分条款进行补充和修改，取消总统连任不得超过两届的限制。

【议会】最高立法机关，称为国民议会。实行一院制，由125名议员组成，任期5年。主要职能是制定、批准、废除法律条约，决定行政区划，批准国家预算并监督其执行，根据宪法法院提请依照弹劾程序罢免总统，确定全民公决等。本届国民议会于2015年11月由选举产生，共有10个政党进入本届议会。其中“新阿塞拜疆党”占69席，“公民团结党”2席，其他8个政党分别获得1席，无党派人士获46席。11月24日，根据第五届议会第一次全体会议投票结果，奥克泰·萨比尔·奥格雷·阿萨多夫（Ogtay Sabir ogly Asadov，Октай Сабир оглы Асадов）连任国民议会主席。

【政府】本届政府于2013年10月组成。主要成员有：总理阿尔图尔·泰尔·奥格雷·拉西扎德（Артур Таир оглы Расизаде），第一副总理亚古布·埃尤博夫（Ягуб Эюбов），副总理埃利钦·埃芬季耶夫（Эльчин Эфендиев），副总理阿里·哈桑诺夫（Али Гасанов），副总理阿比德·沙里福夫（Абид Шарифов），外交部长埃利马尔·马梅德亚罗夫（Эльмар Мамедъяров），国防部长扎基尔·哈桑诺夫（Закир Гасанов），经济部长沙欣·穆斯塔法耶夫（Шахин Мустафаев），财政部长萨米尔·沙里福夫（Самир Шафифов）等。

【行政区划】全国划分为1个自治共和国，66个区，78个城市，14个市级区，261个城镇，1727个乡级区，4249个村。

【司法机构】阿司法权由法院依照法律独立行使。法院体系包括宪法法院、最高法院、经济法院及各级普通和专门法院。宪法法院由9名法官组成，均由议会根据总统提名任命，现任宪法法院院长为法尔哈德·阿卜杜拉耶夫（Фархад Абдуллаев），2003年6月就任。最高法院是阿最高审判机关，由23名法官组成，均由议会根据总统提名任命，现任最高法院院长为拉米兹·勒扎耶夫（Рамиз Рзаев），2005年4月就任。检察院依法独立行使检察权，最高检察机关为共和国总检察院，总检察长经议会同意由总统任免。现任总检察长扎基尔·加拉洛夫（Закир Гаралов），2000年4月就任。

【政党】现在司法部注册的政党有41个。主要为：

（1）新阿塞拜疆党（Партия “Новый Азербайджан”）：1992年11月21日成立。下设81个区级组织和近6622个基层组织。截至2015年12月，共有党员67万，系阿第一大政党。对内主张建立民主、法治、世俗国家，发展市场经济；对外主张推行务实、均衡的外交政策。2015年11月议会换届选举中再次获得绝对多数（69席）。阿现任总统、议长、总理及多数内阁成员和地方官员均为该党党员。在2005年3月召开的第三次全国代表大会上，现任总统伊利哈姆·阿利耶夫当选党主席。2008年8月、2013年6月分别召开第四次、第五次全国代表大会，提名伊·阿利耶夫作为新阿党候选人参加总统选举，并顺利当选。

（2）民主力量国家委员会（Национальный совет демократических сил）：2013年1月，在阿知识分子论坛举行过程中，阿编剧家协会成员鲁斯塔姆·易卜拉欣别科夫（Рустам Ибрагимбеков）倡议组建一个新的政党，用以团结一切“民主与进步”力量。在易的倡议下，2013年5月28日，阿反对党穆萨瓦特党主席伊萨·甘巴尔（Иса Гамбар）、人民阵线党主席阿里·克里姆利（Али Керимли）、开放社会党主席阿克别尔·苏利哈金（Сульхаддин Акпер）、解放党主席阿瓦兹·铁木尔汗（Аваз Темирхан）联合宣布成立反对党联盟——民主力量国家委员会。委员会宗旨是整合阿反对党力量，确保进行自由公正的总统选举，致力于阿政治体制改革。

（3）希望党（Партия “умид”）：1993年注册成立，2002年阿公民团结党主席伊戈巴尔·阿加扎德（Игбал Агазаде）率公民团结党精英脱离团结党，加入希望党后，希望党成为阿主要反对党之一。

（4）阿塞拜疆人民阵线党（Партия “Народный фронт Азербайджана”）：1989年3月成立，现有成员4万多人。1992年5月至1993年6月曾为执政党，现为阿最大反对党之一。基本政治取向是自由、人权、民主、私有制、市场经济、法治国家。对外主张以欧洲为发展方向，支持加入欧盟。党主席为阿里·克里姆利（Али Керимли）。

（5）穆萨瓦特党（Партия “Мусават”，“公平党”）：1911年成立，阿塞拜疆苏维埃社会主义共和国时期被禁止活动，1992年12月正式恢复活动。现有成员4万多人。阿最大反对党之一。主张全民平等，依法治国，三权分立，实行市场经济，以民主方式解决各种社会问题。2006年5月召开第七次代表大会，伊萨·甘巴尔（Иса Гамбар）再次当选党主席。

（6）阿塞拜疆民族独立党（Партия национальной независимости Азербайджана）：1991年成立，现有成员1.9万人。原持亲政府立场，1998年总统大选后加入到反对党行列。倡导建立民主、法治国家及文明的市场，要求加快市场经济改革，主张以西方发达国家为外交重点。现任主席为阿亚兹·鲁斯塔莫夫（Аяз Рустамов）。

此外，还有公民团结党、公民联合党、民主改革党、祖国母亲党、伟大拯救党、社会幸福党、公正党、阿塞拜疆社会幸福党等。

【重要人物】**伊利哈姆·盖达尔·奥格雷·阿利耶夫**：总统。1961年12月24日生于阿塞拜疆巴库市。阿塞拜疆族。1985年毕业于莫斯科国际关系学院研究生院，历史学副博士。1985—1990年在莫斯科国际关系学院任教。1991—1994年任莫斯科“东方”公司总经理。1994—1996年先后任阿国家石油公司副总裁、第一副总裁。1995和2000年两次当选阿国民议会议员。1997年7月当选阿国家奥林匹克委员会主席。1999年12月当选“新阿塞拜疆党”副主席，2001年11月当选该党第一副主席，2005年3月当选该党主席。2001年任阿国民议会常驻欧委会议会代表团团长。2003年1月当选欧委会议会副议长，8月被任命为阿总理，同年10月28日当选总统。2008年10月、2013年10月两次连任总统职务。懂俄语、土耳其语、英语和法语。已婚，夫人梅赫里班·阿利耶娃，现任盖达尔·阿利耶夫基金会主席，有两女一子。　**奥克泰·萨比尔奥格雷·阿萨多夫**：国民议会主席。1955年1月3日生于阿塞拜疆西部加法区。1976年毕业于阿石油化工学院。1979—1981年任阿专业设计和建设总局总工程师。1981—1983年任阿卫生技术装置托拉斯总工艺师。1983—1989年任阿卫生技术装置托拉斯第一局局长。1989—1996年任阿卫生技术装置托拉斯生产联合会主任。1996—2004年任阿普歇伦地区自来水股份公司总裁。2000年当选国民议会议员。2004年任阿自来水股份公司总裁。2005年12月当选第三届国民议会主席。2010年11月、2015年11月先后当选第四届、第五届国民议会主席。已婚，有两个孩子。　**阿尔图尔·泰尔·奥格雷·拉西扎德**：总理。1935年2月26日生于阿塞拜疆占贾市一教师家庭。阿塞拜疆族。1957年毕业于阿塞拜疆工学院。同年起在阿塞拜疆石油机械制造研究所工作，任工程师、副所长。1973—1977年任全苏石油机械制造生产联合体总工程师。1977—1978年任阿石油机械制造研究所所长。1978—1981年任阿国家计划委员会副主席。1981—1986年任阿共中央部长。1986—1992年任阿第一副总理。1992—1996年任阿经济改革基金会顾问。1996年2月任总统助理，5月任第一副总统，7月任代总理，11月26日出任总理。1998年10月24日连任总理。2003年8月被解除总理职务，任第一副总理。11月4日再次就任总理。2008年10月、2013年10月两次连任。已婚，有一女。

经　济

2015年，阿经济总体保持稳定发展，但受油价下跌、主要贸易伙伴国经济下滑等不利因素影响，经济增速明显放缓。2月21日和12月21日，阿本币马纳特先后两度大幅贬值，贬幅分别达33.5%和47.6%，全年累计贬值97%。为应对国际油价下跌带来的不良影响，阿政府积极深化经济改革，确保国家金融系统稳定；进一步推进经济多元化战略，大力发展农业、旅游业等非石油经济，将2015年定为阿“农业年”，努力改变过度依赖能源出口的经济结构，促进经济各领域均衡发展。2015年主要经济数据如下：

国内生产总值：543.5亿马纳特。

人均国内生产总值：5665马纳特。

国内生产总值增长率：1.1%。

货币名称：马纳特（манат）。

汇率（2015年12月21日）：1美元≈1.55马纳特。

通货膨胀率：4%。

全国职工月平均工资500马纳特（约合322美元）。

【资源】石油和天然气资源丰富，主要分布在阿普歇伦半岛和里海。石油探明储量约22亿吨，天然气储量约2.6万亿立方米。

【工业】主要工业部门有石油加工、石油化工、机械制造、有色冶金、轻工、食品等。2015年工业总产值为250.3亿马纳特，同比增长2.4%（其中非石油工业增长8.4%），占国内生产总值的42%。近年主要工业产品产量如下：

	2013年	2014年	2015年
石油（万吨）	4350	4210	4160
天然气（亿立方米）	292	295	294
发电量（亿千瓦/时）	234	247	230

【农业】2015年农业总产值为55.43亿马纳特，占国内生产总值的9.3%，同比增长6.6%。

【财政金融】近年财政收支情况（单位：亿马纳特）：

	2013年	2014年	2015年
收入	195	184	172
支出	191	187	178
赤字	+4	–3	–6

截至2015年12月31日，阿央行外汇储备50亿美元，阿战略外汇储备为390亿美元（阿外汇储备由央行外汇储备、国家石油基金外汇储备和财政部外汇储备三部分组成）。

阿共有43家银行（2015年12月），包括2家国有银行和41家私人银行，24家银行有外国资本参与，其中6家银行外国资本额超过50%。主要银行：阿塞拜疆国家银行，成立于1992年，负责货币发行、黄金外汇储备管控及对所有其他银行工作实行监督。阿塞拜疆国际银行为国有商业银行，成立于1990年，资产占阿银行系统的40%，在国内外设有数十家分行，财政部是其主要股东。

【对外贸易】2015年阿外贸总额为206.5亿美元，同比下降33.4%，其中出口额为114.2亿美元，同比下降47.7%，进口额为92.2亿美元，同比增加0.4%。近年进出口情况如下（单位：亿美元）：

	2013年	2014年	2015年
总　额	346.88	310.1	206.5
进口额	107.13	91.8	92.2

出口额	239.75	218.4	114.2
差　额	+132.62	+126.6	+22

主要出口产品有：石油和石油产品、天然气、水果蔬菜、黑色金属及制品、化工产品、烟酒等。主要进口产品有：机械设备、食品、交通工具及配件、黑色金属及制品、木材、药品、家具和日用品等。主要贸易伙伴为意大利、德国、俄罗斯、土耳其、美国等。

【内外投资】2015年，阿投资总额200亿美元，其中，国内投资100亿美元，外国投资100亿美元。主要投资国为英国、土耳其、挪威、俄罗斯、伊朗等。

【著名公司】阿塞拜疆国家石油公司，成立于1992年，从事石油、天然气勘探、开采、加工和销售，现任总裁罗夫纳格·阿卜杜拉耶夫（Ровнаг Абдуллаев）。通讯地址：пр. Нефтяников, 73 AZ1004，Баку。电子信箱：socar1@socar.gov.az。

人民生活

2015年，阿居民收入为417亿马纳特，同比增长5.7%，人均居民收入4380马纳特，同比增长4.5 %；食品价格上涨4.5%；名义月均工资500马纳特，同比增长13.1%；阿人口增长11.4万，贫困率5.2%。2015年新增就业岗位10万个，其中8.4万个为固定岗位，同时减少就业岗位4万个。

军　事

1991年10月9日宣布成立武装力量，分陆、海、空三军。同年11月25日，阿最高苏维埃通过了共和国武装力量法，并成立国防部。共和国武装力量总司令由总统担任。现任国防部长为扎基尔·哈桑诺夫上将。阿实行义务兵役制，主要征召18~35岁公民，服役期为18个月。阿军现有兵力9万余人（陆军8万人、海军3千人、空军7千人）。2010年6月，阿出台《阿塞拜疆军事学说》，共8章75款，主要内容包括：国家安全、军事威胁、武装力量义务、军事建设、国际军事合作、反恐等。2015年阿国防预算30亿美元。

文化教育

目前，阿共有3993家公共图书馆、50家专业影剧院（包括9家电影院、29家戏剧院、12家音乐剧院）、223个博物馆和2750家俱乐部。

【教育】教育体制分为学前教育、普通中小学教育、职业技术教育、中等专业教育和高等教育。现有全日制普通学校4539所，学生136.49万人；中等专业学校74所，学生7.91万人；国立高等院校37所，学生11.79万人；私立高等院校16所，学生2.13万人。

著名高校：巴库国立大学，创建于1919年，现有17个系、2个研究所、121个教研室、5个博物馆和3个图书馆。在校学生约13000人，教师2300人。阿塞拜疆国家石油大学，创建于1920年，现有24个专业、7个系、63个教研室和18个科学实验室。在校学生约7000人，教师1000人。

【新闻出版】有各类报刊400多种。主要报刊有：总统办公厅机关报《巴库工人报》，1906年创刊，用俄文出版，发行量约5000份；总统办公厅机关报《人民报》，1919年创刊，用阿文出版，发行量约9000份；国民议会机关报《阿塞拜疆报》，1918年创刊，用阿文出版，发行量约7500份；穆萨瓦特党报纸《穆萨瓦特报》，发行量约7500份。目前网络媒体较发达。

主要通讯社有：阿塞拜疆国家新闻社（官方通讯社，1920年成立，2015年2月更名）及图兰、世界知识、趋势等独立通讯社。

主要广播电台有：阿塞拜疆中央电台（1926年建台），用阿、俄、英、法、德、阿拉伯、波斯等13种语言播出。

主要电视台有：阿塞拜疆国家电视台（1956年建台）、阿塞拜疆公共电视台（2005年建台）及ANS（1992年建台）、SPACE（1997年建台）、ATV（1999年建台）、LIDER（2000年建台）等私营电视台，绝大部分节目用阿塞拜疆语播出。

对外关系

奉行独立自主、多元平衡外交政策，将发展与俄、美、欧大国和土耳其、伊朗、格鲁吉亚等邻国关系作为外交优先方向。加强与北约的军事合作，积极参与北约和平伙伴关系框架内的国别合作计划。继续保持同美俄的平衡关系。支持和参与独联体、古阿姆、伊斯兰会议组织等国际组织的活动。积极发展同波斯湾沿岸国家和东亚国家关系，先后成为亚洲基础设施投资银行创始成员国和上海合作组织对话伙伴国。将解决纳卡问题当做外交首要任务，努力通过政治、外交、军事等手段寻求恢复领土完整。大力开展能源外交，不断推进“南部天然气走廊”项目建设。积极参与和举办大型国际活动，致力于扩大国际影响。

【同中国的关系】1992年4月2日建交。2015年，中阿友好合作关系健康稳定发展，各领域交流合作不断深化。双方保持高层交往势头。阿利耶夫总统应中国国家主席习近平邀请对中国进行国事访问，两国元首共同签署《中阿关于进一步发展和深化友好合作关系的联合声明》。中阿签署了《中阿关于共同推进丝绸之路经济带建设的谅解备忘录》及经贸、司法、民航、教育、交通、能源等领域双边合作文件，中阿各领域合作进一步深化。两国领导人就重大节日互致贺信，就重大事件互致慰问电，多次重申中阿互为好朋友、好伙伴，高度重视两国关系发展。3月，阿总统助理、总统办公厅社会政治局长哈桑诺夫率团访华，中央书记处书记、政协副主席杜青林会见哈。4月，阿“新阿塞拜疆党”副执行书记诺乌鲁佐夫率团访华，全国政协副主席、中国人民争取和平与裁军协会副会长马彪会见诺。5月，中国财政部长楼继伟率团赴阿出席亚洲开发银行理事会第48届年会。11月，中阿政府间委员会第五次会议在北京召开，中国商务部国际贸易谈判代表兼副部长钟山、阿政府副总理沙里福夫主持会议。

据中国海关统计，2015年中阿贸易额达6.66亿美元，同比下降29.3%。其中，对阿出口4.4亿美元，同比下降31.7%。自阿进口2.26亿美元，同比下降24.2%。

中国驻阿塞拜疆大使：宏九印。馆址：阿塞拜疆共和国巴库市哈加尼街67号（Str. Khagani 67, Baku, AZ1010, The Republic of Azerbaijan; Азербайджанская Республика, AZ1010, г. Баку, ул. Хагани, д.67）。国家地区号：00994–12。电话：4936129（领事）；传真：4980010。值班手机：（0099450）2918881。商务处电话：4656214，4656215；传真：4652854。

阿塞拜疆驻华大使：拉季夫·甘基洛夫（Latif Gandilov, Лятиф Гандилов）。馆址：北京市齐家园外交公寓B–3。国家地区号：0086–10。电话：65324614；传真：65324615。

【同俄罗斯的关系】1992年4月4日建交。2015年，两国友好与战略伙伴关系继续发展，政治高层往来频繁，经贸合作持续推进。1月，阿总统阿利耶夫在达沃斯会见俄联邦储蓄银行董事会主席格列夫。2月，阿总统阿利耶夫会见俄共主席久加诺夫及来访的俄副总理德沃尔科维奇。5月，阿总统阿利耶夫赴莫斯科出席卫国战争胜利七十周年阅兵式。同月，阿总统阿利耶夫会见来访的俄联邦安全委员会秘书帕特鲁舍夫。6月，俄普京总统在俄独立日访阿并出席第一届欧洲运动会开幕式。9月，阿总统阿利耶夫会见来访的俄外长拉夫罗夫。10月，阿俄政府间委员会第十五次会议在莫斯科举行。阿总统阿利耶夫会见俄达吉斯坦共和国总统阿卜杜拉季波夫。11月，阿总统阿利耶夫同俄总统普京在二十国集团安塔利亚峰会期间进行会晤；同月，会见俄教育和科技部长利瓦诺夫。

【同美国的关系】1992年2月28日建交。2015年，两国战略伙伴关系平稳发展。2月，阿总统阿利耶夫会见来访的美国国务院能源问题兼特使协调员霍克斯登、美国欧亚事务国务卿助理努兰德及美国新任驻阿大使罗伯特·谢库塔。7月，阿总统阿利耶夫会见到访的美国副国务卿中南亚事务助理理查德·霍格兰。9月，阿外长马梅德亚罗夫会见来访的美国国防部副部长助理法尔卡斯。11月，阿总统阿利耶夫同美国总统奥巴马在二十国集团安塔利亚峰会期间进行短暂交谈。同月，阿经济部长穆斯塔法耶夫会见来访的负责欧洲、中东和非洲地区事务的美国商务部长助理拉里。12月，美国国会赫尔辛基委员会主席克里斯·史密斯提出涉阿民主法案，阿政府表示阿方无法接受。

【同欧盟的关系】2015年，阿欧关系总体保持稳定，经贸合作深化发展，在民主、人权等问题上存在分歧。1月，阿总统阿利耶夫会见来访的欧盟南高加索事务特别代表扎尔别；同月，在柏林会见德国总理默克尔。2月，阿总统阿利耶夫会见来访的欧盟委员会副主席谢乔夫维奇。4月，阿总统阿利耶夫会见来访的法国总统奥朗德。6月，阿在首都巴库举办第一届欧洲运动会，德、法、英等欧盟主要国家领导人均缺席开幕式。7月，阿总统阿利耶夫会见到访的欧洲理事会主席图斯克。9月，欧洲议会通过涉阿决议。阿议会要求政府重新审议参加欧盟“东部伙伴关系”计划。11月，阿总统阿利耶夫同欧盟理事会主席图斯克在二十国集团安塔利亚峰会期间进行短暂交谈。同月，阿政府决定将阿欧洲一体化事务委员会更名为阿欧合作事务委员会。

【同土耳其的关系】1992年1月14日建交。阿视土为最亲密的战略伙伴，阿土两国关系被称为“两个民族，一个国家”般的兄弟关系。2015年，两国高层交往频繁，各领域合作不断深化。1月，阿总统阿利耶夫在安卡拉会见土总理达武特奥卢。2月，阿总统阿利耶夫先后会见来访的土经济部长泽伊贝科奇和外长恰武什奥卢。3月，阿总统阿利耶夫在卡尔斯会见土总统埃尔多安。6月，阿总统阿利耶夫向土总理达武特奥卢致贺电，庆祝其领导的正义与发展党在议会大选中获胜。9月，阿外长马梅德亚罗夫会见到访的土外长恰武什奥卢。11月，阿总统阿利耶夫应土总统埃尔多安邀请作为特邀嘉宾出席二十国集团安塔利亚峰会。同月，阿总统阿利耶夫、外长马梅德亚罗夫分别会见来访的土外长恰武什奥卢。12月，阿总统阿利耶夫、总理拉西扎德会见来访的土总理达武特奥卢。同月，阿总统阿利耶夫会见来访的土议长卡赫拉曼。

【同伊朗的关系】1992年3月12日建交。2015年两国关系续有发展，务实合作不断深化。1月，阿总统阿利耶夫在达沃斯世界经济论坛年会期间会见伊朗总统办公厅主任纳哈旺姜；同月，接见到访的伊朗经济事务与财政部长塔伊布尼亚。2月，阿总统阿利耶夫会见来访的伊朗外长扎里夫。4月，阿总统阿利耶夫会见来访的伊朗国防部长侯赛因·达赫甘。8月，阿经济部长穆斯塔法耶夫对伊朗进行正式访问。其间，伊朗总统鲁哈尼会见穆一行。9月，伊朗工业、矿业和贸易部副部长梅赫迪·卡尔巴西率团访阿。10月，阿总统阿利耶夫接见到访的伊朗东阿塞拜疆省省长贾巴尔扎杰。

（王乐）

巴基斯坦

国名 巴基斯坦伊斯兰共和国（The Islamic Republic of Pakistan）。

面积 796095平方公里（不包括巴控克什米尔地区）。

人口 1.97亿。巴是多民族国家，其中旁遮普族占63%，信德族占18%，帕坦族占11%，俾路支族占4%。乌尔都语为国语，英语为官方语言，主要民族语言有旁遮普语、信德语、普什图语和俾路支语等。95%以上的居民信奉伊斯兰教（国教），少数信奉基督教、印度教和锡克教等。

首都 伊斯兰堡（Islamabad），人口110万（2011年）。地处内陆，海拔503米—610米，属亚热带季风气候，旱季和雨季界限分明，年均降水量1143毫米，最高气温47℃，最低气温0℃。

国家元首 总统马姆努恩·侯赛因（Mamnoon Hussain），2013年9月9日就职。

重要节日 国庆日：3月23日；独立日：8月14日。

简况

位于南亚次大陆西北部。东接印度，东北与中国毗邻，西北与阿富汗交界，西邻伊朗，南濒阿拉伯海。海岸线长980公里。除南部属热带气候外，其余属亚热带气候。南部湿热，受季风影响，雨季较长；北部地区干燥寒冷，有的地方终年积雪。年平均气温27℃。

巴原为英属印度的一部分。1858年随印度沦为英国殖民地。1940年3月，全印穆斯林联盟通过了关于建立巴基斯坦的决议。1947年6月，英国公布“蒙巴顿方案”，实行印巴分治。同年8月14日，巴基斯坦宣告独立，成为英联邦的一个自治领，包括巴基斯坦东、西两部分。1956年3月23日，巴基斯坦伊斯兰共和国成立，仍为英联邦成员国，1972年退出，1989年重新加入。1971年3月，东部宣布成立孟加拉人民共和国，同年12月孟正式独立。

政治

2013年5月11日，巴基斯坦举行国民议会选举，巴基斯坦穆斯林联盟（谢里夫派）获胜。6月5日，穆盟（谢）主席纳瓦兹·谢里夫（Nawaz Sharif）当选为总理。6月7日，巴新内阁就职，包括16位联邦部长和9位国务部长。7月30日，巴基斯坦举行总统选举，穆盟（谢）候选人马姆努恩·侯赛因（Mamnoon Hussain）当选新一届巴基斯坦总统，并于9月9日正式就职。

【宪法】 巴建国后于1956年、1962年和1973年颁布三部宪法。1977年，齐亚·哈克实行军法管制，部分暂停实行宪法。1985年通过了宪法第8修正案，授予总统解散国民议会和联邦内阁、任免军队首脑和法官的权力。1991年7月通过的宪法第12修正案规定联邦政府有权设立特别法庭和上诉法庭，以打击犯罪，整治社会治安。1997年4月，谢里夫政府在议会通过宪法第13修正案，取消总统解散国民议会和联邦内阁的权力，并将解散省议会和省内阁、任免省督、三军参谋长和参联会主席以及最高法院法官的权力归还总理行使。随后，巴议会通过旨在严禁议员叛党的宪法第14修正案“反跳槽法”。

1999年穆沙拉夫执政后颁布临时宪法1号令，宣布暂停实施宪法。2002年8月，穆颁布“法律框架令”（LFO），宣布恢复1973年宪法和哈克时代宪法第8修正案，规定总统有权解散国民议会、任命参联会主席和三军参谋长。2003年12月29日，巴议会通过宪法第17修正案，规定总统经最高法院批准后有权解散议会，与总理协商后有权任免三军领导人。

2010年4月8日和15日，国民议会和参议院分别通过宪法第18修正案，将总统部分权力移交给总理，并在涉及中央与地方分权等重大敏感问题上做出调整。2010年12月22日，巴议会一致通过宪法第19修正案，赋予总理任命高等法院和最高法院法官一定的决定权，并由总统对决定结果进行最终认可。2012年2月20日，巴议会通过宪法第20修正案，取消了由总统任命看守政府总理的权力，改由总理和反对党领导人协商确定。修正案还包括延长选举委员会任期等内容。

【议会】 联邦立法机构。1947年建国后长期为一院制，1973年宪法颁布后实行两院制，由国民议会（下院）和参议院（上院）组成。国民议会经普选产生，参议院按每省议席均等的原则，由省议会和国民议会遴选产生。

国民议会共有342个议席，其中272席为普选议席。60席为妇女保留席位，1席为非穆斯林保留席位，由各政党按普选得票比例分配。国民议会设议长和副议长各1人，议员任期5年。参议院设100个议席，议员任期6年，每3年改选半数。设主席和副主席各1人，任期3年。

2013年5月11日，巴基斯坦举行国民议会选举。穆盟（谢派）获得186席，成为议会第一大党。人民党获42席，正义运动党获35席，统一民族运动党获23席，伊斯兰神学会获14席，其余席位为其他小党和独立人士获得。6月3日，巴基斯坦新一届国民议会召开首次会议，来自穆盟（谢）的萨塔尔·萨迪克（Sardar Ayaz Sadiq）当选议长。

2015年3月，巴基斯坦举行参议院改选，执政党穆盟（谢派）在此次选举中赢得48个席位中的18个，巴基斯坦人民党赢得8个席位。参议院中席位排名前四位的政党分别是拥有27个席位的巴基斯坦人民党，拥有26席的穆盟（谢派），拥有5个席位的巴基斯坦正义运动党和拥有4个席位的统一民族运动党。人民党领导人拉巴尼（Mian Raza Rabbani）当选为参议院主席。

【政府】2013年6月，谢里夫就任总理。目前内阁成员包括：外交部长由谢里夫兼任。财政和私有化部长伊沙克·达尔（Ishaq Dar），内政和禁毒部长乔杜里·尼萨尔·阿里·汗（Chaudhry Nisar Ali Khan），边境地区事务部长阿卜杜尔·卡迪尔·俾路支（Abdul Qadir Baloch），油气和自然资源部长沙希德·卡坎·阿巴希（Shahid Khaqan Abbasi），国防生产部长拉纳·坦维尔·侯赛因（Rana Tanvir Hussain），水电部长兼国防部长库瓦贾·穆罕默德·阿西夫（Khwaja Muhammad Asif），铁道部长萨阿德·拉菲克（Saad Rafiq），司法和人权部长扎西德·哈密德（Zahid Hamid），新闻广播和国家遗产部长佩尔韦兹·拉希德（Pervez Rasheed），港口和航运部长卡姆兰·迈克（Kamran Michael），食品安全和研究部长斯坎达尔·博桑（Sikandar Bosan），人力资源发展和海外巴侨部长萨德鲁丁·拉什迪（Sadruddin Rashdi），计划和发展部长阿赫桑·伊克巴尔（Ahsan Iqbal），宗教事务和信仰和谐部长萨达尔·尤萨夫（Sadar Yousaf），克什米尔和吉尔吉特—巴尔蒂斯坦事务部长巴尔吉斯·塔希尔（Barjees Tahir），工业和生产部长穆尔塔扎·贾托伊（Murtaza Jatoi）。另有9名国务部长、3名总理顾问和2名总理特别助理，其中总理外交事务顾问为萨尔塔杰·阿齐兹（Sartaj Aziz），总理国家安全顾问纳瑟尔·汗·詹朱阿（Naseer Khan Janjua）。

【行政区划】全国共有旁遮普、开伯尔—普什图、俾路支和信德4个省，7个联邦直辖部落地区和联邦首都伊斯兰堡。各省下设专区、县、乡、村联会。

【司法机构】最高法院为最高司法机关，各省和伊斯兰堡设高等法院，各由1名首席大法官和若干法官组成。现任最高法院首席大法官为伊夫蒂哈尔·穆哈默德·乔杜里（Iftikhar Muhammad Chaudhry）。全国设总检察长，各省设省检察长。现任总检察长莫尼尔·马利克（Munir Malik）。

【政党】巴实行多党制。现有政党200个左右，派系众多。目前全国性大党主要有：

（1）巴基斯坦穆斯林联盟（谢里夫派）[（Pakistan Muslim League-Nawaz Sharif）]：简称“穆盟—谢派”（PML-N）。成立于1906年，当时称作全印穆斯林联盟，1947年巴立国后改称巴基斯坦穆斯林联盟。党章规定要在巴实现政治、社会和经济改革。该党现为参议院第二大党，国民议会第一大党。该党领袖谢里夫2013年6月当选新总理，成为巴历史上首位三度出任总理的政治家。该党还在旁遮普省执政。

（2）巴基斯坦人民党（Pakistan People's Party）：简称“人民党”（PPP）。成立于1967年12月，主要势力在信德省和旁遮普省，主张议会民主、自由平等、经济私有化。现任党主席为巴已故前总理贝·布托之子比拉瓦尔·布托（Bilawal Bhutto）。该党现为参议院第一大党，国民议会第二大党，在信德省执政。

（3）正义运动党（Pakistan Tehreek-e-insaf）：1996年成立。主席为巴基斯坦家喻户晓的板球明星伊姆兰·汗（Imran Khan）。该党提出变革、平等等口号，在2013年国民议会选举中获35席，成为国民议会第三大党，并在开伯尔—普什图省执政。

主要党派还有：巴基斯坦穆斯林联盟（领袖派）[Pakistan Muslim League（QA）]、统一民族运动党（Muttahidah Qaumi Movement）、人民民族党（Awami National Party）等。

【重要人物】**马姆努恩·侯赛因**：总统。1940年生于印度阿格拉，1947年巴基斯坦独立建国后移居卡拉奇，毕业于卡拉奇工商管理学院。曾担任穆盟（谢派）信德省联秘、秘书长、代主席以及信德省首席部长顾问等职。1999年6月至10月担任信德省省督。2013年7月当选总统。**纳瓦兹·谢里夫**：总理。1959年生于旁遮普省拉合尔市，毕业于旁遮普大学。穆盟（谢派）主席，1981年任旁遮普省财政部长兼体育部长。1985年任旁遮普省首席部长，1988年连任。1990—1993年、1997—1999年两次出任巴政府总理。2013年6月当选总理。

经　济

巴基斯坦经济以农业为主，农业产值占国内生产总值24%。受国内政局不稳、国际金融危机冲击、国际大宗商品价格上扬等因素影响，2008年巴经济形势持续恶化。2009年以来，在巴基斯坦自身调整努力和国际社会帮助下，巴基斯坦经济运行中的积极因素增多，重要经济指数较前有所好转。2010年，巴发生历史罕见特大洪灾，经济损失达460亿美元。2014/2015财年主要经济数据如下（巴基斯坦国家银行统计数据）：

国内生产总值：2687.31亿美元。

同比增长：4.24%。

外汇储备：114.09亿美元。

通货膨胀率：3.16%。

货币名称：巴基斯坦卢比。

汇率：1美元≈101.9卢比。

【资源】主要矿藏储备有：天然气4920亿立方米、石油1.84亿桶、煤1850亿吨、铁4.3亿吨、铝土7400万吨，还有大量的铬矿、大理石和宝石。森林覆盖率4.8%。

【工业】最大的工业部门是棉纺织业，其他还有毛纺织、制糖、造纸、烟草、制革、机器制造、化肥、水泥、电力、天然气、石油等。

【农业】2014/2015财年，巴农业增长率为2.9%。主要农产品有小麦、大米、棉花、甘蔗等。全国可耕地面积5768万公顷，其中实际耕作面积2168万公顷。农业人口约占全国人口的66.5%。近几年主要农作物产量如下（单位：万吨）：

	2011/2012	2012/2013	2013/2014	2014/2015
小麦	1359	2421	2598	2548
大米	616	553	680	700
玉米	433	442	494	470
甘蔗	5839	6375	6746	6265
棉花（万包）	1359	1303	1277	1398

（资料来源：巴基斯坦财政部年度经济报告2014/2015）

【旅游业】发展较慢，旅游者多为定居在欧美的巴基斯坦人和海湾国家的游客。主要旅游点有卡拉奇、拉合尔、白沙瓦、拉瓦尔品第、伊斯兰堡、奎塔、费萨拉巴德和北部地区等。2003年巴正式成为中国公民自费出国旅游目的地国。

【交通运输】国内客货运输以公路为主。近年来，公路和空运网的增加远远快于铁路。

公路：全长26万公里，有各种机动车辆约941.38万辆。巴基斯坦公路客运占客运总量的90%，公路货运占货运总量的96%。

铁路：全长7791公里。2011—2012年客运量为4100万人次，货运量为61392车皮。

水运：卡拉奇和卡西姆是两个国际港口，承担巴基斯坦国际货运量的95%。2011年7月至2012年3月，卡拉奇港总吞吐量为2780万吨，卡西姆港总吞吐量1910万吨。

空运：巴基斯坦国际航空公司有民航飞机44架，飞往38个国际机场和24个国内机场。航线总长34.59万公里。5个国际机场分别在伊斯兰堡、卡拉奇、拉合尔、白沙瓦和木耳坦。

【财政金融】近几年财政收支情况如下（单位：亿美元）：

	2011/2012	2012/2013	2013/2014	2014/2015
收入	195.23	298	247.74	268.26
支出	372	481	344.62	373.16
差额	–176	–183	–96.88	–104.9

（资料来源：巴基斯坦财政部年度经济报告2014/2015）

【对外贸易】近年来，巴政府一直努力加速工业化，扩大出口，缩小外贸逆差。与90多个国家和地区有贸易关系。近几年外贸情况如下（单位：亿美元）：

	2011/2012	2012/2013	2013/2014	2014/2015
出口额	204	247	210	199
进口额	331.5	398	371	378
差　额	–127.5	–151	–161	–179

（资料来源：巴基斯坦财政部年度经济报告2014/2015）

主要进口石油及石油制品、机械和交通设备、钢铁产品、化肥和电器产品等。主要出口大米、棉花、纺织品、皮革制品和地毯等。

【外国投资】近年来，巴政府推行广泛的结构改革，改善投资环境，大力吸引外资，2013/2014年度吸引外资31.1亿美元，2014/2015年度吸引外资25.03亿美元。（资料来源：巴基斯坦财政部）。

人民生活

巴基斯坦政府努力解决社会问题，改善人民生活条件，特别是就业和医疗卫生问题。全国有一些社会和宗教福利组织从事福利活动。政府还大力发展信息技术，让更多的普通百姓使用高科技信息设备。

军　事

巴基斯坦宪法规定，总统是武装部队最高统帅。实行募兵制，陆军服役期限为7年，海、空军为7—8年。武装力量由现役部队、预备役部队和地方军组成。总兵力为56.9万人。2013/2014年度国防预算总额约为63.2亿美元，同比增长15%。

文化教育

【教育】实行中小学免费教育。政府大力提高识字率，改善大中专学校的教育设施和条件，同时决定增加教育经费。10岁（包括10岁）以上识字率（巴政府数据）为58%；2013/2014财年教育经费预算约为50.4亿美元，占国民生产总值约1.9%。全国共有小学15.5万所，初中2.87万所，高中1.61万所，大学51所。著名高等学府有旁遮普大学、卡拉奇大学、伊斯兰堡真纳大学和白沙瓦大学等。全国在校注册学生人数3822万，教职员工141万。

【新闻出版】英文报纸有《新闻报》、《黎明报》、《国民报》等；乌尔都文报纸有《战斗报》、《时代之声》和《东方报》等。主要报纸发行量在5万—30万份之间。

主要通讯社：巴基斯坦联合通讯社（APP，国营），巴基斯坦国际通讯社（PPI，私营）。

广播电台：巴基斯坦广播公司，有27个电台，对外用7种语言广播。

电视台：巴基斯坦电视公司（PTV），主要城市均有电视台。人口覆盖率达87.8%。

对外关系

巴基斯坦奉行独立和不结盟外交政策，注重发展同伊斯兰国家和中国的关系。致力于维护南亚地区和平与稳定，在加强同发展中国家团结合作的同时，发展同西方国家的关系。支持中东和平进程。主张销毁大规模杀伤性武器。呼吁建立公正合理的国际政治经济新秩序。重视经济外交。要求发达国家采取切实措施，缩小南北差距。

【同中国的关系】1950年1月5日，巴基斯坦承认中华人民共和国，1951年5月21日两国正式建交。建交以来，中巴两国建立了全天候友谊，开展了全方位合作。

2005年4月，温家宝总理访巴，两国宣布建立更加紧密的战略合作伙伴关系。2006年，胡锦涛主席和穆沙拉夫总统实现互访。2007年4月，巴基斯坦总理阿齐兹访华并出席博鳌亚洲论坛年会。2008年4月，巴基斯坦总统穆沙拉夫对中国进行国事访问并出席博鳌亚洲论坛年会。10月，巴基斯坦总统扎尔达里对中国进行国事访问，双方发表《中巴联合声明》。

2010年7月，巴基斯坦总统扎尔达里来华工作访问并参观上海世博会。11月，巴基斯坦总统扎尔达里来华出席广州亚运会开幕式。12月，温家宝总理对巴基斯坦进行正式访问。

2011年是中巴建交60周年，也是“中巴友好年”。5月，巴基斯坦总理吉拉尼正式访华。8月底，巴基斯坦总统扎尔达里赴新疆维吾尔自治区出席首届中国—亚欧博览会。

2012年3月，巴基斯坦总理吉拉尼来华出席博鳌亚洲论坛年会。6月，巴基斯坦总统扎尔达里访华并出席上海合作组织成员国元首理事会第十二次会议。9月，巴基斯坦总理阿什拉夫来华出席天津夏季达沃斯新领军者年会。

2013年5月，李克强总理对巴基斯坦进行正式访问，双方发表了《中巴关于深化两国全面战略合作的联合声明》。7月，巴基斯坦总理谢里夫正式访华，双方发表了《关于新时期深化中巴战略合作伙伴关系的共同展望》。

2014年2月，巴基斯坦总统侯赛因来华进行国事访问，双方发表了《中华人民共和国和巴基斯坦伊斯兰共和国关于深化中巴战略与经济合作的联合声明》。

2015年是双方商定的“中巴友好交流年”。1月，巴基斯坦议长萨迪克访华。4月，习近平主席对巴基斯坦进行国事访问，两国发表《中华人民共和国和巴基斯坦伊斯兰共和国关于建立全天候战略合作伙伴关系的联合声明》。9月，巴基斯坦总统侯赛因来华出席“9·3”纪念活动，习近平主席、张高丽副总理分别会见侯赛因。12月，巴基斯坦总统侯赛因来华出席第二届世界互联网大会，巴基斯坦总理谢里夫来华出席上海合作组织成员国政府首脑理事会第十四次会议。

中巴两国从20世纪50年代初起就建立了贸易关系，开展了贸易业务。1963年1月，两国签订第一个贸易协定。1982年10月，两国成立了中巴经济、贸易和科技合作联合委员会，迄今已召开了14次会议。经过双方的共同努力，两国的经贸合作有了长足进展。2006年，两国签署自由贸易协定并于2007年7月开始实施。2009年2月，两国签署《中巴自贸区服务贸易协定》，当年中国成为巴第二大贸易伙伴。据统计，2015年，中巴双边贸易额189.27亿美元，同比增长18.2%；其中我出口164.50亿美元，同比增长24.2%，进口24.77亿美元，同比下降10.3%。

中巴贸易统计表（金额单位：亿美元）

年度	总额	中方出口额	中方进口额	差额
2007年	65.4	54.3	11.1	43.2
2008年	69.8	59.8	10.1	49.7
2009年	67.8	55.6	12.9	42.7
2010年	86.7	69.4	17.3	52.1
2011年	105.6	84.4	21.2	63.2
2012年	124.2	92.8	31.4	61.4
2013年	142.2	110.2	32	78.2
2014年	143.3	132.5	27.6	104.9
2015年	189.27	164.50	24.77	139.73

（资料来源：中国商务部）

巴是中国开展对外承包工程业务的重点海外市场。截至2015年底，中国企业企业对巴直接投资39.47亿美元。其中，2015年非金融类投资流量2.10亿美元，同比下降79.2%。

截至2015年底，巴企业累计对华直接投资项目510个，外资实际到位1.11亿美元。

中国驻巴基斯坦大使：孙卫东。馆址：Diplomatic Enclave，Ramna 4，Islamabad。国家地区号：0092–51。电话：8355059，8355055（办公室）；2253315（经商处）；8355016（领事部）。传真：2872660。E-mail：chinaemb_pk@mfa.gov.cn。

巴基斯坦驻华大使：马苏德·哈立德（Masood Khalid）。馆址：北京市朝阳区东直门外大街1号。国家地区号：0086–10。电话：65322504（值班），65322695（政务处），65322581（商务处）。

【同美国的关系】冷战期间，巴美关系密切。此后，巴基斯坦因核试验和政变招致美国制裁。“9·11”事件后，巴基斯坦参加国际反恐战争，助美打恐，并采取措施打击国内极端主义势力。

美国奥巴马政府上台后，出台对阿富汗、巴基斯坦新战略，加大对巴基斯坦军事和经济投入。2009年10月，美出台5年内向巴基斯坦提供75亿美元援助的“克里—卢格法案”。两国建立了战略对话机制。

同时，两国间信任赤字严重。巴基斯坦对美无人机频频进入巴北瓦济里斯坦部落区打恐十分不满。2011年，受本·拉登在巴基斯坦境内被击毙、美北约越境空袭巴基斯坦边境哨所事件等影响，巴美关系一度降至低点。

2012年以来，两国高层逐渐恢复接触。2013年6月巴基斯坦总理谢里夫执政后，主张改善与美关系，同时反对美对巴进行无人机袭击。7月底，美国国务卿克里访巴，双方同意重启巴美战略对话。10月，巴基斯坦总理谢里夫访美，会见美总统奥巴马，双方同意建立持久合作伙伴关系，美方宣布恢复向巴提供16亿美元经济和军事援助。11月，美无人机在巴境内击毙巴塔利班头号人物马赫苏德，导致巴政府同巴塔和谈进程停滞。巴方对此表示强烈反对，两国关系受到冲击。随后，巴美政府仍坚持改善双边关系政策，并于2014年3月重启巴美战略对话。2015年10月，巴总理谢里夫访美。11月，巴陆军参谋长拉希尔访美。

【同印度的关系】巴印于1947年、1965年和1971年三次爆发战争。1971年巴印断交，1976年复交。2004年以来，巴印启动全面对话进程，双边关系持续缓和。2008年7月，两国启动第五轮全面对话，并首次开通跨克什米尔控制线贸易。11月，印度孟买发生重大恐怖袭击事件，印指责巴境内组织有染，巴印关系骤然紧张。在国际社会斡旋下，两国间紧张形势有所缓和。

2013年初，印、巴双方在克区控制线附近多次发生越境交火事件，印、巴各有多名军人死伤，对双边关系改善造成一定干扰。2013年6月，谢里夫当选巴基斯坦总理后，表示致力于改善巴印关系。2014年5月，巴基斯坦总理谢里夫应邀参加印度总理莫迪就职仪式，这是1947年印巴分治后巴总理首次赴印参加印总理就职仪式。8月，由于巴驻印高专会见印控克什米尔地区“泛党自由大会”领导人，印方宣布取消两国外秘级对话。10月以来，巴印在控制线附近连续发生交火，造成双方至少17人死亡。双方相互指责对方挑起事端。

2015年3月，印度外秘苏杰生访问巴基斯坦。7月，上海合作组织乌法峰会期间，巴基斯坦总理谢里夫和印度总理莫迪举行会晤。12月，印度总理莫迪突访巴基斯坦，与巴总理谢里夫实现会晤。

【同阿富汗的关系】巴基斯坦与阿富汗在地理、历史、文化、宗教、种族等方面关系密切。“9·11”事件后，巴基斯坦参与国际反恐战争，打击塔利班和“基地”组织，努力发展与卡尔扎伊政府的关系，积极参与阿富汗重建。

2009年11月，巴基斯坦总统扎尔达里出席卡尔扎伊总统第二任期就职典礼。2010年3月，阿富汗总统卡尔扎伊访巴，两国签署《关于巴基斯坦和阿富汗全面合作未来步骤的联合宣言》。9月，阿富汗总统卡尔扎伊再次访巴。12月，巴基斯坦总理吉拉尼访阿。2011年4月，巴基斯坦总理吉拉尼访阿。6月，阿富汗总统卡尔扎伊访巴，双方举行联合和平委员会会议。7月，巴基斯坦总统扎尔达里访阿。受阿富汗高级和平委员会主席拉巴尼2011年9月遇刺的影响，巴阿关系受挫。2012年2月，阿富汗总统卡尔扎伊赴伊斯兰堡出席巴基斯坦—阿富汗—伊朗峰会期间，与巴基斯坦总理吉拉尼会晤。

2013年4月，巴阿两军在“杜兰线”（英国殖民者划定的阿巴边界，阿方一直不予承认）附近发生交火。7月，巴总理国家安全和外交事务顾问阿齐兹访阿。8月，阿总统卡尔扎伊访巴，同巴总理谢里夫举行会谈，双方就阿巴关系、阿和解进程、地区局势等交换意见。11月，巴总理谢里夫访阿。

2014年9月，巴基斯坦总统侯赛因出席阿富汗总统加尼就职典礼。11月，加尼总统访巴。加尼多次表示愿在任内推动巴阿关系改善。2015年5月，巴总理谢里夫访阿。

2015年7月，阿政府与塔利班和谈停滞，阿对巴指责加剧。12月，阿总统加尼出席在巴基斯坦举行的阿富汗问题伊斯坦布尔进程第五次外长会，阿巴关系有所缓和。2016年1月，阿巴中美四方协调组成立，致力于推进“阿人主导，阿人所有”的和解进程。

（郭靖）

巴勒斯坦

<u>**国名**</u>　巴勒斯坦国（The State of Palestine）。

<u>**面积**</u>　根据1947年11月联合国关于巴勒斯坦分治的第181号决议，在巴勒斯坦地区建立的阿拉伯国面积为1.15万平方公里。但由于当时阿拉伯国家反对该决议，阿拉伯国未能建立。1948年第一次中东战争期间，以色列占领了181号决议规定的大部分阿拉伯国领土。1967年第三次中东战争期间，以色列占领了该决议规定的全部阿国领土。1988年11月，巴勒斯坦全国委员会第19次特别会议宣告成立巴勒斯坦国，但未确定其疆界。马德里和会后，巴方通过与以色列和谈，陆续收回了约2500平方公里的土地。

<u>**人口**</u>　1100余万。其中加沙地带和约旦河西岸人口为468万（2015年6月），其余为在外的难民和侨民。官方语言为阿拉伯语，主要信仰伊斯兰教。

<u>**首都**</u>　1988年11月，巴勒斯坦全国委员会第19次特别会议通过《独立宣言》，宣布耶路撒冷为巴勒斯坦国首都。目前巴勒斯坦总统府等政府主要部门均设在拉马拉。

<u>**国家元首**</u>　总统马哈茂德·阿巴斯（Mahmoud Abbas），2008年11月当选。

<u>**重要节日**</u>　宣布建国日：11月15日。

简　况　位于亚洲西部，地处亚、非、欧三洲交通要冲，战略地位重要。约旦河西岸东邻约旦，面积为5884平方公里，加

沙地带西濒地中海，面积365平方公里。巴勒斯坦地区属亚热带地中海型气候。夏季炎热干燥，最热月份为7—8月，气温最高达38℃左右。冬季微冷湿润多雨，平均气温为4℃—11℃，最冷月份为1月。雨季为12月至次年3月。

巴勒斯坦古称迦南，包括现在的以色列、约旦、加沙和约旦河西岸。历史上，犹太人和阿拉伯人都曾在此居住。公元前1020年至前923年，犹太人在此建立希伯来王国。罗马帝国征服巴勒斯坦后，犹太人流落世界各地。公元622年，阿拉伯人战胜罗马帝国，占领巴勒斯坦。16世纪起，巴勒斯坦成为奥斯曼帝国的一部分。第一次世界大战后沦为英国的委任统治地。英国占领巴勒斯坦后，将其分为两部分：约旦河以东称外约旦，即现今的约旦哈希姆王国；约旦河以西称巴勒斯坦，包括现今的以色列、加沙和约旦河西岸。

1947年11月29日，联大通过第181号决议，规定在巴勒斯坦建立阿拉伯国和犹太国。犹太人同意该决议，并于1948年5月14日宣布建立以色列国。阿拉伯国家拒绝该决议，于以建国次日即5月15日向以宣战。至停战时，以占领了181号决议规定的大部分阿拉伯国领土；约旦占领了约旦河西岸4800平方公里土地；埃及占领了加沙地带258平方公里土地。1967年6月5日，第三次中东战争爆发，以色列在战争中占领了约旦河西岸和加沙地带全境。

1988年11月15日在阿尔及尔举行的巴勒斯坦全国委员会第19次特别会议通过《独立宣言》，宣布接受联合国第181号决议，建立以耶路撒冷为首都的巴勒斯坦国。1994年5月，根据巴以达成的协议，巴方在加沙、杰里科实行有限自治。1995年以后，根据巴以签署的各项协议，巴自治区逐渐扩大，目前巴方控制着包括加沙和约旦河西岸约2500平方公里的土地。

政　治

1994年5月12日，巴勒斯坦民族权力机构成立，阿拉法特当选为主席。2004年11月，阿拉法特病逝。阿巴斯接任巴勒斯坦解放组织执行委员会主席。2005年1月9日，阿巴斯当选新一任民族权力机构主席。

2006年1月，巴举行第二届立法委员会选举，巴勒斯坦伊斯兰抵抗运动（哈马斯）获胜。阿巴斯任命哈马斯领导人哈尼亚为总理，组成以哈马斯为主的新政府。2007年3月17日，哈马斯和巴勒斯坦民族解放运动（法塔赫）等组成民族联合政府，哈尼亚继续担任总理。6月，哈马斯和法塔赫爆发严重冲突，哈马斯武力夺取加沙控制权。阿巴斯宣布解散民族联合政府、实施紧急状态、成立紧急政府。7月14日，阿巴斯任命紧急政府成员组成过渡政府，法耶兹为总理。

2011年5月，经埃及斡旋，以法塔赫和哈马斯为首的巴勒斯坦13个政治派别在开罗签署和解协议。2012年2月，法塔赫和哈马斯签署《多哈宣言》，同意组建以阿巴斯为总理的民族团结政府，但此后和解进程进展缓慢。2013年1月，法塔赫主席阿巴斯与哈马斯政治局主席马沙勒在开罗会晤，决定推动落实2011年5月达成的“开罗协议”。5月，法塔赫与哈马斯同意在3个月内组建民族团结政府，以筹备大选。6月，阿巴斯任命“成功大学”校长拉米·哈姆迪拉（Rami Hamdallah）为新总理。2014年4月，巴内部加快和解。6月初，法塔赫和哈马斯经协商组建过渡性质的民族共识政府，并决定半年内举行总统和立法委员会选举。在2014年夏天以色列和哈马斯爆发加沙冲突后，巴内部和解延滞，哈马斯宣布退出民族共识政府。2015年8月，阿巴斯宣布辞去巴解执委会主席职务，另有9位巴解执委成员辞职。

【巴勒斯坦解放组织架构】（1）巴勒斯坦解放组织（Palestine Liberation Organization，PLO）：简称“巴解”。1964年5月在耶路撒冷成立。1974年10月在第七次阿拉伯首脑会议上被确认为巴人民的唯一合法代表。同年11月，被邀请以观察员身份参加联合国会议。1976年8月被接纳为不结盟运动正式成员，同年9月，被接纳为阿拉伯国家联盟正式成员。巴解曾以黎巴嫩、约旦为基地在被占领土开展武装斗争。

（2）巴勒斯坦全国委员会（Palestine National Council）：巴勒斯坦解放组织的最高权力机构，代表巴境内、外的全体巴勒斯坦人。有委员669人，分别为巴勒斯坦各抵抗组织及其他群众组织代表，现任主席萨利姆·扎农（Saleem Al-Zanoon）。

（3）巴勒斯坦解放组织执行委员会（The Executive Committee of PLO）：巴解组织的常设领导机构。本届执行委员会是于1996年4月经巴勒斯坦全国委员会第21次会议选举产生。1969年起，执行委员会主席一直由阿拉法特担任。2004年11月阿拉法特去世后，阿巴斯继任主席。2015年8月，阿巴斯宣布辞去巴解执委会主席职务。在未举行选举前，阿巴斯仍代行主席一职。

（4）巴勒斯坦解放组织中央委员会（The Central Committee of PLO）：巴解中央委员会是巴全委会与巴执委会之间的一个监督机构，负责监督执委会执行巴全委会的决议和巴解的方针政策。由全国委员会选举产生，共有100多名成员，在全委会闭会期间，由中央委员会指导巴解工作。1970年起，阿拉法特一直担任中委会主席。阿拉法特去世后，阿巴斯继任主席。

【巴勒斯坦立法委员会（The Palestinian Legislative Council）】根据奥斯陆协议于1996年1月20日选举产生的，下设法律、耶路撒冷、预算与财政事务、经济、自然资源、领土与定居、难民、内政与安全、教育、政治、监督等委员会，每年举行两次年会。2006年1月，巴举行第二届立法委员会选举，哈马斯获74席，成为立法会第一大党派。主席为阿齐兹·杜维克（Aziz Dweik，隶属哈马斯）。

【政府】1994年5月根据巴解组织决议成立巴勒斯坦民族权力机构（Palestine National Authority），作为阶段性、过渡性的权力机构。2007年6月，哈马斯和法塔赫爆发冲突后，巴民族权力机构主席阿巴斯任命前财政部长萨拉姆·法耶兹（Salam Fayyad）组建过渡政府。2012年5月，过渡政府进行第三次重组。2013年1月，阿巴斯签署命令，要求将法规、公文、证件等使用的“巴勒斯坦民族权力机构”称谓统一改为“巴勒斯坦国”。4月，法耶兹辞职。6月，阿巴斯任命“成功大学”校长拉米·哈姆迪拉为新总理，哈马斯对此表示反对，哈姆迪拉不久即辞职。9月，阿巴斯再次任命哈为过渡政府总理。2014年4月，巴内部和解加速推进。6月，法塔赫和哈马斯协商组成过渡性质的巴民族共识政府，哈姆迪拉留任。2015年7月，哈姆迪拉对内阁进行小幅改组。

【行政区划】巴勒斯坦分为约旦河西岸和加沙地带两部分。约旦河西岸分为11个省，加沙地带分为5个省。

【司法机构】巴勒斯坦司法机构主体是各级法院，目前在巴境内设有最高法院1个，调解法院18个，初级法院8个，上诉法院1个，刑事法院1个，中央法院2个。

巴检察机构的主体是各级检察院。检察院的职责是决定和进行各种起诉，代表执行机关面对司法机关、监管司法纪律和监狱。巴设最高检察院1个，由总检察长、数名副检察长和检察官组成，下设5个检察分院和10个总起诉厅。

【主要政治派别】（1）巴勒斯坦民族解放运动（Palestinian National Liberation Movement）：简称“法塔赫”（Fatah）。20世纪50年代末期，由巴勒斯坦爱国青年逐步组建，1969年以后成为巴解主流派，得到阿拉伯国家的广泛承认与支持。“法塔赫”的常设领导机构是中央委员会，下设革命委员会，均由“法塔赫”代表大会选举产生。阿拉法特去世后，卡杜米（Farouk Al-Kaddoumi）继任中央委员会主席。2006年11月，法塔赫革委会推选阿巴斯为最高领导人。2009年8月法塔赫举行第六次代表大会，选举产生新一届中央委员会和革命委员会，阿巴斯当选中央委员会主席。

（2）伊斯兰抵抗运动（Islamic Resistance Movement）：简称“哈马斯”（Hamas），由“伊斯兰”、“抵抗”和“运动”3个阿拉伯词语缩写组成。由亚辛教长于1987年创建，其前身为“伊斯兰联合会”，在伊朗、叙利亚、黎巴嫩等国设有分支。哈马斯宣称《古兰经》是宪法，强调“圣战”是实现其目标的唯一手段；强烈反对中东和平进程，主张消灭以色列，解放巴全部被占领土。目前实际控制加沙地带。其政治局主席哈立德·马沙勒（Khaled Mashal）长期流亡在外，目前定居卡塔尔。

此外，还有解放巴勒斯坦人民阵线（Popular Front for the Liberation of Palestine）、解放巴勒斯坦民主阵线（Democratic Front for the Liberation of Palestine）、巴勒斯坦解放阵线（Palestine Liberation Front）、巴勒斯坦人民斗争阵线（Palestinian Popular Struggle Front）、解放巴勒斯坦人民阵线（总指挥部）（Popular Front for the Liberation of Palestine-General Command）、巴勒斯坦民主联盟（Palestinian Democratic Union）、解放巴勒斯坦阿拉伯阵线（Arab Liberation Front）、伊斯兰圣战组织（Islamic Jihad）、“阿拉法特旅”（Brigades of Shahid Yasser Arafat）、巴勒斯坦人民解放战争先锋队（Vanguard for the Popular Liberation War）、巴勒斯坦妇女联合会（General Union of Palestinian Women）等。

【重要人物】**马哈茂德·阿巴斯**：总统、巴解执委会主席。1935年生于巴勒斯坦北部萨法德，莫斯科大学历史学博士。1959年起协助阿拉法特筹建巴解主流派“法塔赫”。20世纪90年代初，曾作为巴方首席谈判代表出席马德里中东和会，主持巴以奥斯陆谈判并代表巴方签署“奥斯陆协议”。1995年当选巴解组织执委会总书记。2003年4月至9月出任巴勒斯坦自治政府首任总理。2004年11月阿拉法特逝世后，继任巴解组织执委会主席。2005年1月，当选巴勒斯坦民族权力机构主席。2006年11月，法塔赫革委会推选阿巴斯为最高领导人。2008年11月，巴解组织中央委员会选举阿巴斯为巴勒斯坦国总统。2009年8月当选法塔赫中央委员会主席。已婚，有3个子女。

经 济

以农业为主，其他有建筑业、加工业、手工业、商业、服务业等。巴勒斯坦经济严重依赖外来援助，经济发展受制于以色列，巴以冲突持续对巴经济发展形成严重制约。2014年主要经济数字如下：

国内生产总值（GDP）：72.9亿美元。

人均国内生产总值：约1700美元。

经济增长率：–2.5%。

货币：未发行本国货币，使用以色列货币新谢克尔。

通货膨胀率：1.7%。

【工业】巴工业水平很低，规模较小，主要是加工业，如塑料、橡胶、化工、食品、石材、制药、造纸、印刷、建筑、纺织、制衣、家具等。

【农业】四季分明，农产品丰富，农业是巴经济支柱。水果、蔬菜和橄榄（油）是外贸出口的重要部分，占出口产品的25%。可耕地面积为16.6万公顷。从事农业的劳动力占劳动力总数的20%左右。

【旅游】巴气候宜人，有大量的历史文化古迹，旅游资源丰富。

【交通运输】公路：有各类公路5146.9公里。2000年以后，由于爆发巴以冲突，巴交通建设陷入停滞。2009年后，道路等基础设施建设有所恢复并得到一定发展。

航空：巴于1996年组建民航机构，1998年11月加沙国际机场投入使用，开通至埃及和约旦的航线，总投资2.5亿美元。2000年9月巴以爆发冲突后，以军摧毁并关闭加沙机场。巴勒斯坦航空公司属巴民族权力机构所有，总部设在埃及阿里什，现有2架支线客机。

【电信信息业】目前，私营的巴勒斯坦通信公司（Paltel）垄断了加沙地带和西岸的固定电话服务，有固定电话线路32.2万条。巴境内唯一的移动通信公司——巴勒斯坦无线通讯公司，亦由巴勒斯坦通信公司控股。

【财政金融】巴勒斯坦货币管理局（Palestine Monetary Authority，PMA）于1994年底成立，负责确定金融政策、调控和监督各银行活动。巴民族权力机构控制区的银行共有22家。

【国际社会对巴经济援助】国际援助是巴民族权力机构的主要收入来源之一。2008—2010年，巴民族权力机构每年获得的财政援助分别为18亿、14亿和12亿美元，美国和欧盟是最大的援助方。2011年，由于巴谋求加入联合国，美冻结部分对巴援助，巴全年仅获得9.83亿美元援助。2013年，巴获得10.2亿美元财政援助。

军　事

根据奥斯陆协议，巴勒斯坦自治政府可建立警察部队以保证约旦河西岸和加沙地带的公共秩序和内部安全。目前警察部队约有6万人。

文化教育

【教育】受巴以冲突影响，巴勒斯坦教育状况总体落后，巴目前文盲率为9.1%。教育体制是：小学6年、中学3年、高中3年、大学4—5年。主要大学有比尔宰特大学、纳贾赫国立大学、圣城大学、伯利恒大学等。

【新闻出版】主要报刊有《耶路撒冷报》（Al-Quds）、《日子报》（Al-Ayyam）、《新生活报》（Al-Hayat Al-Jadida）等。

官方广播电台为“巴勒斯坦之声”，官方电视台为“巴勒斯坦电视台”，均从属于“巴勒斯坦广播公司”。

巴勒斯坦通讯社（Palestine News Agency），简称“Wafa”，由巴解组织于1971年在贝鲁特创建。

对外关系

巴解组织成立后，得到阿拉伯国家和世界许多国家的广泛支持。1974年10月在拉巴特举行的第七届阿盟首脑会议决议承认巴解为巴人民的唯一合法代表。同年11月巴解以观察员身份参加联大会议和工作。1976年8月第五届不结盟国家会议接纳巴解为正式成员，同年9月阿盟接纳其为正式成员。1988年11月15日巴勒斯坦国宣告成立，现已得到137个国家的正式承认。巴解组织原在90多个国家派驻办事处，现多已改为巴勒斯坦国大使馆。1988年12月15日，巴勒斯坦正式成为联合国观察员。2011年9月，巴勒斯坦申请成为联合国正式会员国。10月，巴勒斯坦成为联合国教科文组织正式会员国。2012年11月29日，第67届联合国大会通过决议，授予巴勒斯坦联合国观察员国地位。2014年4月底巴以和谈再次陷入僵局后，巴重新启动加入部分国际组织和公约的程序。

截至2015年9月，在联合国193个成员国中，136（超过70%）的成员国已经承认巴勒斯坦国。巴已加入了联合国教科文组织等多个国际组织以及超过50项国际条约。

【同中国的关系】1965年5月，巴解组织在北京设立享有外交机构待遇的办事处。1988年11月20日，中国宣布承认巴勒斯坦国，两国建交。同年12月31日，巴解驻京办事处改为巴勒斯坦国驻华大使馆，其主任改任巴勒斯坦国驻华大使。1990年7月5日起，中国驻突尼斯大使兼任驻巴勒斯坦国特命全权大使。巴实行自治后，1995年12月，中国在加沙设立驻巴民族权力机构办事处，2004年5月迁至拉马拉。2008年6月后，中国驻突尼斯大使不再兼任驻巴大使，由中国驻巴办主任（大使衔）全权负责同巴勒斯坦交往事宜。

近年来，中巴友好合作关系始终保持平稳、健康发展。2010年，国务院副总理回良玉，中共中央政治局委员、天津市委书记张高丽，全国政协副主席、中共中央统战部部长杜青林等先后访巴。巴总统、民族权力机构主席阿巴斯对华进行国事访问并出席上海世博会开幕式，巴外长马立基来华出席“中阿合作论坛”第四届部长级会议，巴国民经济部长艾布鲁布代来华出席上海世博会巴勒斯坦国家馆日活动，巴民族权力机构主席府秘书长塔伊布访华并出席广州亚运会闭幕式。2011年3月，商务部长陈德铭访巴。2013年5月，巴勒斯坦总统阿巴斯对华进行国事访问。2013年10月，巴勒斯坦外交部部长助理马金访华。12月，外交部长王毅访问巴勒斯坦。2014年5月、6月，巴勒斯坦外交部长马立基分别来华出席第四届亚信峰会和中阿合作论坛第六届部长级会议。2015年11月，中国国务院副总理汪洋访巴。12月，巴勒斯坦外交部部长助理马金访华。

中国驻巴勒斯坦民族权力机构办事处主任：陈兴忠（大使衔）。馆址：Tira Street，Ramallah，Palestine。国家地区号：00972–2。电话：2951222；传真：2951221。

巴勒斯坦驻华大使：马赫达维（暂未到任）。馆址：北京市朝阳区三里屯东三街2号。国家地区号：0086–10。电话：65323327；传真：65323241。

【同美国的关系】美国曾长期拒不承认巴勒斯坦解放组织。1988年12月，在巴解宣布接受安理会242号和338号决议并公开谴责恐怖主义之后，美、巴开始对话。1993年9月，巴以签署华盛顿宣言，美随后宣布承认巴解为巴勒斯坦人民的代表。1994年6月24日，美将巴驻美办事处升格为官方使团，并利用美驻耶路撒冷总领馆与巴进行联系。2002年12月，美主导中东问题“四方机制”拟定中东和平“路线图”计划，并积极推动实施。

2006年哈马斯胜选并组阁后，美国反应强烈，重申哈马斯是“恐怖组织”，表示不会与巴勒斯坦政府进行接触，要求国际社会孤立哈马斯，直至其改变立场、接受“三项条件”（承认以色列、放弃暴力、遵守巴以双方已达成的协议），并停止对巴直接援助。2007年6月，阿巴斯解散联合政府后，美解除对约旦河西岸的经济封锁，推动巴以对话，并于11月26日召开中东问题国际会议（即安纳波利斯会议），推动在2008年底前达成一项内容广泛的和平协议。

2009年，美奥巴马政府上台后，积极推动巴以和谈。9月，美总统奥巴马促成美、巴、以三方首脑于联大期间在纽约会晤。在美斡旋下，巴于2010年5月同意与以恢复间接和谈，并于9月与以重启直接谈判。后因以方拒绝延长犹太人定居点建设冻结令，谈判中止。

2011年5月，美总统奥巴马在中东政策演讲中提出巴以两国边界应以1967年边界线为基础，通过双方认可的土地置换划定。巴方对此表示欢迎。但美方坚决反对巴方将独立建国问题诉诸联合国的做法。

2013年3月，奥巴马第二任期伊始即访问巴勒斯坦、以色列等地区国家，重申以“两国方案”为基础解决巴以争端。2013年7月底，巴以在美国推动下重启和谈，但因在关键问题上分歧严重，2014年4月底，和谈再次陷入僵局。2015年底，巴以零星冲突持续升级之际，美国国务卿克里访问巴以进行斡旋。2016年2月，美国国务卿克里在约旦会见巴勒斯坦总统阿巴斯，敦促巴以尽快结束冲突。

【同阿拉伯国家的关系】同埃及的关系：埃及是最早支持巴解组织的阿拉伯国家之一，曾是巴解组织开展政治活动的主要基地。埃、以签订戴维营协议后，巴解中断同埃的关系。1987年11月，埃宣布重新开放巴解组织驻开罗办事处。海湾战争后，由于双方立场不同，关系冷淡。随着中东和平进程的推进，双方关系实现正常化。阿巴斯当选巴民族权力机构主席后，曾多次访埃。近年来，埃及在巴以停火、换俘、巴内部和解等问题上积极斡旋。2011年，经埃及斡旋，巴各派于5月初在开罗签署和解协议。10月，埃方促成哈马斯同以色列成功换俘。2012年6月，穆尔西当选埃及总统，巴方对此表示欢迎。2012年11月加沙冲突爆发后，埃及明确支持巴方，同时积极展开斡旋，推动实现停火。2013年1月，在埃及斡旋下，法塔赫与哈马斯领导人在开罗就民族和解事宜举行会晤。2013年7月，埃及穆兄会政权下台后，埃及与哈马斯关系急剧恶化。

同叙利亚的关系：叙曾是巴游击队的重要基地和后方。巴一些重要组织的总部设在大马士革。哈马斯领导人马沙勒也在叙定居。1983年后，因对解决中东问题的政治主张存在分歧，双方关系恶化。1988年后，巴叙关系有所缓和。1999年，在叙鼓励与支持下，叙境内的巴反对派组织开始与巴民族权力机构进行对话。2004年12月，阿巴斯继任巴解执委会主席后访叙。2006年哈马斯执政后，叙表示支持巴勒斯坦人民自主选择的政府，反对对巴封锁，鼓励巴各政治派别通过对话解决分歧。2007年11月，叙出席安纳波利斯中东和会。2008年7月和10月，阿巴斯访叙。2011年叙局势出现动荡后，哈马斯领导层离叙，并公开要求叙总统巴沙尔下台。

同约旦的关系：巴、约之间在历史、地理、血缘等方面有着特殊关系。约旦是阿拉伯世界唯一给予巴勒斯坦人国籍的国家，现巴人占约旦总人口的60%。约曾是巴解组织总部所在地。1970年，巴约关系恶化，巴武装被迫全部从约撤出。中东和平进程开始后，巴约曾组成联合代表团出席中东和会。2003年6月，约旦国王阿卜杜拉二世主持了由美、以、巴三方首脑参加的亚喀巴峰会，宣布正式启动中东和平“路线图”计划。阿巴斯当选巴民族权力机构主席后，多次访约。阿巴斯解散联合政府后，约旦强调巴应维护内部团结、重建秩序，呼吁国际社会加大促和努力，支持巴以和谈，敦促美在中东问题上发挥重要作用。

同沙特等海湾阿拉伯国家的关系：沙特、科威特等海湾阿拉伯国家曾是巴解的主要财政援助国。1990年，沙特等海湾国家对巴解在海湾战争中的立场不满，同巴解关系恶化。原在海湾国家的50万巴勒斯坦人大部分离开。1991年3月31日，海湾合作委员会宣布中断对巴解的财政援助。但在巴解决定出席马德里中东和会后，沙特等海湾国家与巴解关系开始缓和，官方往来逐渐恢复，沙特还部分恢复了对巴援助。从1993年起，巴解同海湾国家关系不断改善。2004年12月，巴解执委会主席阿巴斯访问沙特和科威特，对巴在海湾战争中的错误立场表示道歉。2007年2月，在沙特斡旋下，哈马斯与法塔赫达成“麦加协议”。2012年2月，在卡塔尔斡旋下，法塔赫与哈马斯签署《多哈宣言》，就组建联合过渡政府、筹备大选等事宜达成协议。10月，卡塔尔埃米尔哈马德访问加沙，成为2006年以来首位访问加沙的海湾国家元首，卡同时提供2.54亿美元援助，用于支持加沙经济重建。2013年4月，卡塔尔首相兼外交大臣哈马德率阿拉伯国家代表团访美，表示愿在1967年边界基础上、通过少量土地置换实现“两国方案”，受到美国和以色列的欢迎。

【同以色列的关系】巴、以于1993—1995年先后签署《临时自治安排原则宣言》（即“奥斯陆协议”）、《加沙和杰里科先行自治协议》和《扩大巴勒斯坦在约旦河西岸自治范围的协议》。1997年1月，巴以签署了关于以军在希伯伦重新部署的协议，规定以从希伯伦80%的地区撤出。1998年10月，巴以签署了以色列第二阶段从约旦河西岸撤军协议，即“怀伊协议”。1999年11月8日，巴以正式启动最终地位谈判。2000年7

月，美、以、巴首脑戴维营峰会无果而终。

2000年9月，由于以利库德集团领导人沙龙强行进入阿克萨清真寺，引发长达四年多的以巴冲突。2005年阿巴斯出任巴最高领导人后，巴以关系明显改善。2月，以、巴、埃、约领导人在埃及沙姆沙伊赫举行峰会。9月，在埃及等方面的推动以及巴方的积极配合下，以完成从加沙和约旦河西岸部分地区撤离犹太人定居点和军队的“脱离计划”。11月，在美国斡旋下，巴以达成《加沙地区通行进出协议》。

2006年哈马斯执政后，以要求其接受“三项条件”，并对巴进行政治孤立和经济封锁。2007年6月阿巴斯解散联合政府后，以恢复同阿巴斯对话，并成立谈判工作组。11月26日，巴、以参加美主持召开的安纳波利斯中东问题国际会议，在会上发表“共同谅解文件”，开始就最终地位问题进行谈判。2008年，巴以双方持续谈判，但未达成和平协议。12月，以方针对哈马斯等武装派别对加沙地带发动大规模军事行动，巴以和谈中止。

2009年3月以新一届政府成立后，表示愿根据“路线图”计划同巴方谈判。2010年5月，巴以在美国主持下开始进行间接谈判，9月初双方重启直接谈判。但由于以方坚持在被占领土修建犹太人定居点，巴方于10月8日宣布暂停与以和谈。

2012年初，巴、以双方在中东问题“四方机制”、约旦等方面推动下就复谈问题进行接触，双方领导人亦于4、5月互换信件，以总理内塔尼亚胡还首次公开表示支持巴勒斯坦人建立“领土连贯”的国家。但双方在犹太人定居点等关键问题上始终存在严重分歧。11月14—21日，为报复哈马斯等巴勒斯坦武装组织持续向以色列境内发射火箭弹，以军对加沙地带发动大规模空袭，造成巴方严重人员伤亡和财产损失。11月29日，第67届联大授予巴勒斯坦联合国观察员国地位。以色列对此强烈反对，并随即采取新建定居点住宅、停止向巴方移交代征海关税款等报复措施。

2013年3月以来，在美国方面的促动下，巴以双方就恢复和谈表达了一定积极愿望，但双方在定居点、巴勒斯坦被关押者、1967年边界等问题上仍坚持各自立场，和谈至今未能重启。

2013年7月底，巴以在美国推动下重启和谈。2014年4月底，和谈再次陷入僵局后，巴以关系急剧恶化。7月8日，以色列向哈马斯控制的加沙地带发动代号为“保护边境”的军事行动。行动初期以空中打击为主。7月18日，以色列派出地面部队进入加沙，并以空中和海上打击配合地面行动。以方军事行动造成巴方重大人员伤亡和财产损失，受到国际社会普遍谴责。8月26日，巴以在埃及斡旋下达成无限期停火协议。

【同欧盟国家的关系】巴解组织重视发展与欧盟国家的关系，在10多个欧盟国家派驻代表。海湾危机发生后，欧盟国家指责巴解在海湾危机中支持伊拉克。1991年2月6日，欧共体12国外长宣布冻结与巴解和阿拉法特的接触。海湾战争结束后，欧盟国家与巴解关系逐渐恢复。巴、以签署巴自治协议后，欧盟国家开始在巴自治区设代表处或通过驻耶路撒冷总领馆与巴自治政府进行联系，并向巴民族权力机构提供了大量援助。

2006年哈马斯胜选并组阁后，欧盟要求哈马斯接受“三项条件”。2007年6月阿巴斯解散联合政府后，欧盟表示支持阿巴斯。2010年以来，阿巴斯多次访问英、法、德、西班牙、比利时、希腊等国，寻求欧盟支持巴勒斯坦独立建国。2011年以来，英、法、西班牙、意大利等国先后宣布将巴驻该国代表机构级别提升为外交使团。但欧盟内部在巴“入联”问题上立场不一。2013年8月底，欧盟决定对定居点出口商品及与其相关的贸易做出限制。2014年10月，瑞典承认巴勒斯坦国家地位，并将巴驻瑞典代表处提升为使馆。2015年6月，梵蒂冈正式承认巴勒斯坦国。法国、英国、比利时、意大利、希腊等国议会纷纷投票支持政府承认巴国地位。2015年6月，法国外长法比尤斯访问巴以。7月，意大利总理伦齐访问巴以。2015年底，欧盟要求其成员国对定居点产品进行“贴标”。

【同俄罗斯的关系】巴解组织与前苏联关系密切。阿拉法特曾多次访苏。苏联解体后，巴解重视与独联体国家发展关系，宣布承认前苏联15个共和国。俄主张同哈马斯接触，引导其向温和、务实方向转变。哈马斯领导人马沙勒多次访俄。2007年阿巴斯解散联合政府后，俄表示支持阿巴斯合法地位，同时呼吁巴各派通过对话解决分歧。2011年2月俄总统梅德韦杰夫访巴期间，公开表示支持建立以东耶路撒冷为首都的独立的巴勒斯坦国。5月巴各派实现和解后，俄邀请巴各派在莫斯科就落实和解协议进行磋商。2012年6月，俄总统普京访巴。11月，第67届联大表决授予巴勒斯坦联合国观察员国地位的决议草案，俄投赞成票。2013年3月，阿巴斯访俄。2015年4月，阿巴斯访问俄罗斯，会晤普京总统、梅德韦杰夫总理等俄方领导人。

（焦鹏飞）

巴 林

国名 巴林王国（The Kingdom of Bahrain）。

面积 767平方公里（由33个岛屿组成）。

人口 123.5万（2013年）。巴林籍人占49%，其他为印度、巴基斯坦、孟加拉、伊朗、菲律宾和阿曼人。阿拉伯民族。官方语言为阿拉伯语，通用英语。85%的居民信奉伊斯兰教，其中什叶派占70%，逊尼派占30%。其余信奉基督教、犹太教。

首都 麦纳麦（Manama），人口26万。

国家元首 国王哈马德·本·伊萨·阿勒哈利法（Hamad Bin Isa Al-Khalifa），1999年3月6日即位埃米尔，2002年2月14日，埃米尔改称国王。

重要节日 国庆日：12月16日。

简 况

位于波斯湾西南部的岛国。界于卡塔尔和沙特阿拉伯之间，属热带沙漠气候，夏季炎热、潮湿，7—9月平均气温为35℃。凉季温和宜人，11月至次年4月气温在15℃—24℃之间。年平均降水量77毫米。

公元前3000年即建有城市。公元前1000年腓尼基人到此。公元7世纪成为阿拉伯帝国的一部分，隶属巴士拉省。1507—1602年被葡萄牙人占领。1602—1782年处于波斯帝国统治之下。1783年宣告独立。1880年沦为英国保护国。1971年8月15日宣布独立。

政 治

君主立宪制王国，禁止政党活动。国家元首由哈利法家族世袭，掌握政治、经济和军事大权。1999年3月6日，哈马德继任埃米尔。2002年2月14日，巴林国更名为巴林王国。

2011年2月，受西亚北非地区部分国家政局突变影响，巴林爆发大规模反政府抗议活动，海湾阿拉伯国家合作委员会（海合会）军队进驻巴林协助维持秩序。巴林政府通过举行全国对话、承诺改革等一系列举措稳定局势，巴局势逐渐恢复稳定。目前，民众小规模示威游行和街头暴力仍时有发生，但较动荡之处已大幅减少，巴林社会秩序基本正常。

【宪法】独立后第一部宪法于1973年6月2日颁布，同年12月开始生效。2001年2月，巴林举行全国投票，以98.4%的支持率通过了《民族宪章》。2002年2月14日，颁布新宪法，规定改国名为巴林王国；埃米尔改称国王；成立两院制议会，司法独立，实行三权分立等。

【议会】1972年选出制宪议会。1973年成立国民议会，1975年被解散。哈马德国王继位后，决定恢复议会民主。2002年10月，根据新宪法成立由众议院和协商会议组成的两院制国民议会，两院享有同等立法监督权，通过的法律草案需呈国王批准。众议院由40名直选议员组成，议长由议员选出；协商会议由国王任命的40名议员组成，议长由国王任命。两院议员任期均为4年，可连任。本届议会于2014年12月产生。众议长艾哈迈德·本·易卜拉欣·阿勒穆拉（Ahmed bin IbrahimAl-Mulla），兼任巴国民议会议长；协商会议主席阿里·萨利赫·本·阿卜杜拉·萨利赫（Ali Saleh Bin Abdullah Al Saleh），2006年12月被任命后连任至今。

【政府】现内阁有22名成员。主要成员：首相哈利法·本·萨勒曼·阿勒哈利法（Khalifa Bin Salman Al-Khalifa），第一副首相萨勒曼·本·哈马德·阿勒哈利法（王储，Salman Bin Hamad Al-Khalifa，2013年3月任命），副首相穆罕默德·本·穆巴拉克·阿勒哈利法（Mohammed Bin Mubarak Al-Khalifa），副首相阿里·本·哈利法·阿勒哈利法（Ali Bin Khalifa Al-Khalifa），副首相贾瓦德·本·萨利姆·阿勒阿里德（Jawad Bin Salem Al Arrayadh），副首相哈立德·本·阿卜杜拉·阿勒哈利法（Khalid Bin Abdulla Al-Khalifa），内阁事物大臣穆罕默德·本·易卜拉欣·穆塔维阿（Mohammed bin Ebrahim Al Mutawa）、内政大臣拉希德·本·阿卜杜拉·阿勒哈利法（Rashid Bin Abdullah Al-Khalifa）、外交大臣哈立德·本·艾哈迈德·本·穆罕默德·阿勒哈利法（Khalid Bin Ahmed Bin Mohammed Al-Khalifa）、财政大臣艾哈迈德·本·穆罕默德·阿勒哈利法（Ahmed Bin Mohammed Al-Khalifa）等。

【行政区划】全国分为4个省，分别是首都省、穆哈拉克省、北方省、南方省。

【重要人物】**哈马德·本·伊萨·阿勒哈利法**：国王。1950年1月28日生于麦纳麦。曾在英、美军事学院读书，创建了巴林国防军。1964年被封为王储，其后兼任武装力量最高统帅。1971年巴林独立后任国防大臣。1999年3月6日继位，成为巴林第11任埃米尔，2002年2月14日改称国王。 **哈利法·本·萨勒曼·阿勒哈利法**：首相。1935年出生，哈马德国王之叔。1957年任教育委员会主席。1959年任政府秘书长。1960年任内政大臣。1966—1970年主持国家行政委员会工作。1970年任国务委员会主席。1973年被任命为首相。曾于2002年5月访华，2008年11月出席南京第四届“世界城市论坛”。 **萨勒曼·本·哈马德·阿勒哈利法**：王储。哈马德国王长子。1969年10月21日出生。1992年获美国华盛顿大学政治学学士学位。1994年获英国剑桥大学历史哲学硕士学位。1995年被任命为国防次大臣。1999年3月9日被立为王储，同年3月22日被任命为巴林武装力量副最高统帅。在国王哈马德或首相哈利法出国期间任代国王或代首相，并主持内阁工作。2013年3月11日起兼任第一副首相。

经　济

海湾地区最早开采石油的国家，奉行自由经济政策，1995年加入世界贸易组织。注重经济多元化发展，积极进行产业结构调整和扩大对外开放，是中东地区重要经济中心和最大铝业生产中心。2014年主要经济数据如下（数据来源：经济季评）：

国内生产总值：340亿美元。

人均国内生产总值：3.3万美元。

国内生产总值增长率：4.3%。

货币名称：巴林第纳尔（BD）。

汇率：1美元≈0.376第纳尔。

外汇储备：57.3亿美元。

【资源】已探明石油储量2055万吨，天然气储量1182亿立方米。

【工业】主要有石油和天然气开采、炼油和炼铝业、船舶维修等。油气行业是巴林第一大产业，产值约占国内生产总值的1/4。

【农业】预计可耕地面积1.1万公顷，约占全国总面积的14%，目前实际种植面积约4766公顷。农业人口约占劳动力总人口的1.5%。农业对国内生产总值的贡献率为0.28%，粮食主要靠进口，本地农产品的供给量仅占巴林食品需求总量的6%。主要农产品有水果、蔬菜、家禽、海产品等。蔬菜年产量2万吨，海产品1.4万吨，畜产品6000吨，90%的食品依靠进口。

【交通运输】境内无铁路。首都和主要城镇有公路相连，各级公路总长4274公里。巴林和沙特之间由长达25公里的法赫德国王大桥相连。萨勒曼深水港有14个泊位、2个集装箱轮泊位和一个滚装轮泊位，可停泊6万吨级轮船。哈利法港吞吐能力达110万个集装箱。

巴林是连接东西方的空中交通枢纽，有5个机场。巴林国际机场2013年客运量为737万人次。

【通讯】1969年巴林开通中东地区第一个卫星地面站。目前，巴林拥有4个卫星地面站，与国际卫星组织及阿拉伯卫星组织的卫星相连。1981年巴林政府从英国人经营的电信公司中取得60%的股权，并把公司改组为巴林电信公司。此外，还有VIVA、ZAIN等跨国电信公司。移动电话普及率182%，固定电话普及率21%。

【财政金融】金融业发达，享有中东地区金融服务中心的美誉。目前，有400多家地区及国际金融服务机构在巴林设立办事处，2013年巴林金融业产值占国内生产总值的16.7%，是巴林第二大产业。

【对外贸易】主要出口成品油和铝制品。主要进口国家：沙特、美国、日本、英国、德国；主要出口国家：美国、印度、沙特、韩国、日本。2014年巴林进出口总额为352亿美元，其中，进口额为318亿美元，出口额为214亿美元。

人民生活

巴林全国实行免费医疗，居民卫生服务普及率达100%，人均寿命73岁。有公立医院8所，私立医院9所，医疗中心41所，医护人员2000余人，另有一所军事医院。

军　事

巴林执行海湾合作委员会统一的防御政策。哈马德国王任武装力量最高统帅，萨勒曼王储任武装力量副最高统帅。实行志愿兵役制。武装部队总兵力11800人，其中陆军8500人，海军1000人，空军1500人，国民卫队等其他人员800人。另有准军事部队约9250人，其中警察9000人，海岸警卫队250人。巴林是美国第五舰队司令部所在地。

文化教育

【教育】实行免费教育和普及9年一贯制的中等教育制度。教育宗旨是普及和完善教育种类，提高教学水平。是海湾阿拉伯国家中最早拥有女子学校的国家，也是中东海湾地区受教育程度最高的国家。巴林大学于1986年建成开学。此外还有1所成人教育中心。

【新闻出版】全国共有报纸13种，主要报纸有：《海湾消息报》（阿文），《天天报》（阿文），《中间报》（阿文），《祖国报》（阿文），《海湾日报》（英文），《每日论坛报》（英文）等。

巴林广播电台1955年开始播音，用阿拉伯语和英语广播。有4个波段。

巴林电视台共有3个频道，其中2个阿拉伯语频道，1个英语频道。

对外关系

奉行温和务实的外交政策，主张加强海湾国家间的团结与合作，积极推动海湾合作委员会一体化建设，实现联合自强。巴林同美、英关系密切。经济上得到沙特巨额扶持。目前已同156个国家建立了外交关系。

【对当前重大国际和地区问题的立场】叙利亚问题：强调执行联合国安理会和叙问题维也纳会议决议，维护叙主权、领土完整与和平稳定，通过政治途径解决叙危机。支持建立叙反对派联盟，承认其为叙人民合法代表，敦促尽快组建过渡政府，实现叙权力和平过渡，恢复叙安全稳定。敦促国际社会加强合作，保护叙平民生命财产安全，改善叙难民人道主义状况，尽快就叙难民问题达成全面解决方案。

伊朗核问题：反对伊朗发展和拥有核武器，认为伊拥核将威胁地区稳定和安全。要求伊切实执行伊核问题全面协议，严格履行承诺，以不可逆和可核查方式全面销毁核武器。敦促国际原子能机构执行全面协议对伊核查任务，推进实现建立中东无核区目标，维护国际核不扩散体系，促进地区和平稳定。

伊拉克问题：强调尊重伊拉克独立主权和统一，支持伊民族团结，支持伊为恢复和保持国家安全、维护主权、统一所作的努力。强调伊国家转型和社会变革应该也只能由伊人民来完成。伊统一和稳定对维护阿拉伯世界和平与安全具有重要意义，呼吁国际社会支持和援助伊打击恐怖主义。

巴勒斯坦问题：坚定支持巴勒斯坦人民争取合法权利的斗争，支持建立以东耶路撒冷为首都的独立的巴勒斯坦国。认为谈判是谋求公正、持久解决巴以争端的唯一途径，“两国方案”是解决巴以问题的基础。呼吁国际社会加大努力，推动和平进程早日取得实质性进展。

反恐问题：认为恐怖主义是对国际和平与安全的最大威胁，谴责任何形式的恐怖主义，对“伊斯兰国”极端恐怖势力蔓延深表担忧。支持并参与沙特主导的伊斯兰反恐联盟，呼吁各国特别是地区国家加强团结协作，共同打击恐怖主义，维护地区和平稳定。反对将恐怖主义与特定民族、文化和宗教挂钩，强调消除滋生恐怖主义根源，切断恐怖主义和极端势力资金来源。

联合国安理会改革问题：支持联合国改革，认为安理会扩大必须考虑地理分布、运作模式等方面因素，认为安理会扩大应切实考虑广大中、小发展中国家利益，增加阿拉伯和伊斯兰国家代表权，并通过改革提高安理会代表性、工作效率和透明度。但安理会改革问题复杂，改革方案应遵循协商共识原则，由联合国全体成员共同讨论，在联大决议基础上通过协商达成共识。各国应加强沟通协调，不赞成仓促行事或强行表决。

【同中国的关系】1989年4月18日中国和巴林建交。建交后，双边关系发展顺利，各领域友好合作逐步展开。

2013年，中巴友好关系进一步发展，各领域合作不断拓展。9月，巴林国王哈马德访华并出席在宁夏举办的首届中国—阿拉伯国家博览会开幕式。2014年11月，全国政协主席俞正声访问巴林。

2015年，双边贸易额为11.2亿美元，其中中方出口10.1亿美元，主要是机电产品、纺织品和服装、食品等；进口1.1亿美元，主要是铁矿砂、铝材和液化石油气等，分别同比下降21.1%、17.9%和38.9%。

中国驻巴林王国大使：戚振宏。馆址：58，Road 4156（JUFAIR AVENUE），BLOCK 341 MANAMA，BAHRAIN。国家地区号：00973。电话：17723800，17723900；传真：17727034。网址：http://www.bh.china-embassy.org。电子邮箱：chinaemb_bh@mfa.gov.cn。

巴林王国驻华大使：安瓦尔·尤素福·艾勒阿卜杜拉（Amwar Y. Alabdulla）。馆址：北京市朝阳区亮马桥外交公寓10–06。国家地区号：0086–10。电话：65326483，65326485；传真：65326393。

【同美国的关系】巴林同美国关系密切，系美国非北约盟国。美国是巴林重要贸易伙伴。1999年2月，巴美签署两国投资保护协定，巴林成为与美国签署类似协定的第一个海湾国家。2004年9月，巴美正式签署自由贸易协定，2006年8月1日起实施。2015年，巴林王储萨勒曼赴美国出席美国总统奥巴马同海合会国家领导人的集体会晤，并在白宫会见奥巴马。哈立德外交大臣访问美国。

【同阿拉伯国家的关系】2015年，巴林同阿拉伯国家尤其是海湾阿拉伯国家合作委员会成员国关系进一步密切。哈马德国王访问沙特、约旦。哈利法首相访问沙特、科威特。埃及总统塞西访问巴林。（马征）

不丹

国名 不丹王国（The Kingdom of Bhutan）。

面积 约3.8万平方公里。

人口 约75万人（2013年）。人口增长率约为1.8%。不丹族约占总人口的50%，尼泊尔族约占35%。不丹语“宗卡”为官方语言。藏传佛教（噶举派）为国教，尼泊尔族居民信奉印度教。

首都 廷布（Thimphu），人口118021（2012年）。

国家元首 国王吉格梅·凯萨尔·纳姆耶尔·旺楚克（Jigme Khesar Namgyel Wangchuck），2006年12月9日登基，2008年11月加冕。

重要节日 国庆日（12月17日——第一任国王乌金·旺楚克登基日）、国王生日（2月21日）、加冕日（11月6日）。

简况

位于喜马拉雅山脉东段南坡，其东、北、西三面与中国接壤，南部与印度交界，为内陆国。北部山区气候寒冷，中部河谷气候较温和，南部丘陵平原属湿润的亚热带气候。

公元7世纪起为吐蕃王朝属地，9世纪成为独立部落。12世纪后，藏传佛教竺巴噶举派逐渐成为执掌世俗权力的教派。18世纪后期起遭英国入侵。1907年建立不丹王国。1910年1月，同英国签订《普那卡条约》。1949年8月，同印度签订《永久和平与友好条约》。1961年以来，不丹国王多次公开表示要保持国家的主权和独立。1971年加入联合国，1973年成为不结盟运动成员，1985年成为南亚区域合作联盟成员。2007年2月，同印度签署经修订的《不印友好条约》。

政　治

1998年，第四世国王吉格梅·辛格·旺楚克不再兼任政府首脑，将政府管理权移交给大臣委员会。2001年，成立宪法起草委员会，启动制宪工作。2006年，第四世国王吉格梅·辛格·旺楚克让位于其子吉格梅·凯萨尔·纳姆耶尔·旺楚克。2007年12月，举行首次国家委员会（上院）选举。2008年3月，举行首次国民议会（下院）选举，成立首届民选政府，标志着不丹开始向君主立宪制转变。2008年7月不丹颁布首部宪法。宪政改革后，不丹国内政治形势发生重大变化。新政府致力于应对金融危机和国内自然灾害，大力发展经济，巩固国内民主体制，同时逐步扩大对外交往，强化主权国家地位。

【议会】实行两院制，由国王、国家委员会（上院）、国民议会（下院）组成，拥有立法权。上院由25名议员组成，均为非党派人士，其中20名由各宗选举产生，其余5名由国王任命知名人士担任。下院由47名议员组成，由选民直接选举产生。两院议员任期5年。2007年12月，产生首届国家委员会（上院）。2008年3月，产生首届国民议会（下院）。2013年7月，举行第二届国民议会选举，人民民主党（People's Democratic Party）赢得32席，繁荣进步党（Druk Phuensum Tshogpa）获得15席。根据不丹宪法，经三分之二议员同意，议会有权对国王提出退位动议。如动议获议会四分之三投票通过，则应举行全民公投以决定国王是否退位。国王在位年龄不得超过65岁。

【政府】根据不丹宪法，在国民议会选举中获多数议席的政党领导人将由国王任命担任首相，负责组阁。首相任期不得超过两届，各政府部门大臣人选通过首相推荐由国王任命。经三分之一以上议员同意，国民议会可对政府提出不信任动议，如动议获国民议会三分之二以上投票通过，则国王有权解散政府。2013年7月，不丹人民民主党在第二届国民议会选举中获胜并组建新政府，策林·托杰担任首相。

政府还设有11个直属机构：皇家文官委员会、国家计划委员会、国家环境委员会、国家劳动局、皇家货币局、国家技术培训局、皇家管理学院、法律事务局、不丹研究中心、地方发展委员会、国家文化事务委员会。

【高等法院】系最高司法机构，但国王拥有最高司法权力，包括受理最高上诉案件。高等法院于1968年在廷布设立，包括首席法官在内共有8名法官，其中2名由国民议会选出，任期5年；其余由国王指派，任期由国王决定。各宗设有地方法院，由国王任命的宗长和地方法官负责处理地方诉讼案件。现任首席大法官为策林·旺楚克（Tshering Wangchuk）。

【寺院团】是宗教事务的唯一仲裁机构，由中央寺院团和地方寺院团组成。全国约有5000名僧人，享受政府提供的财政资助。坎布为最高宗教领袖，由寺院选举并经国王批准的一名高僧担任，享有穿着与国王同样颜色披肩的特殊权力。坎布下有4名大僧人辅助。

【行政区划】全国划分为4个行政区、20个宗（县）。

【政党】正式注册有5个政党，主要有繁荣进步党和人民民主党。人民民主党2007年成立，主席为策林·托杰（Tshering Tobgay），现为执政党，占国民议会（下院）47席中的32席。繁荣进步党2007年成立，主席为前农业部长佩玛·嘉措（Pema Gyamtsho），现为在野党，占国民议会（下院）47席中的15席。

【重要人物】吉格梅·凯萨尔·纳姆耶尔·旺楚克：国王。1980年2月21日生，曾留学英国、印度。2004年10月任通萨宗宗长。2006年12月继位，成为旺楚克王朝第五世国王。2008年11月加冕。 **策林·托杰**：总理。1965年9月19日生，曾修读机械工程学，在2004年获得美国哈佛大学公共政策硕士学位。2003年至2007年期间出任劳工及人力资源部人力资源署署长。2009年3月接任人民民主党主席，2012年5月连任。2013年7月29日就任不丹总理。

经　济

农业是不丹的支柱产业。50年代实行土地改革后，98%以上的农民拥有自己的土地、住房，平均每户拥有土地1公顷多。粮食基本自给。2010年，农业约占GDP的16.8%，同比增长9%。农业人口占总就业人口的60%。

第二、三产业近年来发展较快，2010年分别占GDP的42.7%和40.5%。水电资源丰富并向印度出口，水电及相关建筑业已成为拉动经济增长的主要因素。

2004年至2009年，GDP年均增长8.8%，其中第三产业发展最快，其次分别为制造业、电力和建筑业。通货膨胀率控制在6%左右。2002年开始，制造业和服务业率先对外资开放，外资控股最高可达70%。

不丹1961年起开始实行经济发展的“五年计划”，并从印度、瑞士、联合国开发计划署等国家和国际组织获得经济援助。“十五计划”（2008年至2013年）预计总投资约1462.522亿努扎姆，同比增长111.4%，主要目标是进一步贯彻“国民幸福总值”（Gross National Happiness，GNH）理念，保持9%左右的经济增长率，到2013年使贫困率由2007年的23.3%降至15%，实现经济和环境、社会、文化均衡可持续发展。

不丹为最不发达国家之一。2013年，在联合国发展署发表的全球人类发展报告中，不丹排名第140位。

货币名称：努扎姆（Ngultrum），简称努（NU.），与印度卢比等值。

国内生产总值（2015年，按当前价格计算）22亿美元。

人均GDP（2015年，按当前价格计算）：约合2836美元。

增长率（2014年）：6.4%。

汇率：1美元≈45.73努。

通货膨胀率（2014年）：9.6%。

失业率（2013年）：3.1%。

【资源】有白云石、石灰石、大理石、石墨、石膏、煤、铅、铜、锌等矿藏。水力资源丰富。水电资源蕴藏量约为3万兆瓦，目前仅约1.5%得到开发利用。森林覆盖率约为72.5%，其中26%为自然保护区。物种丰富，每万平方公里上有植物3281种。

【工业】2010年，工业（包括电力、建筑业和制造业）总产值293.95亿努，增长12%，占GDP的40.6%。建筑业产值103.089亿努，增长38%，占GDP的14%。制造业产值63.24亿努，增长26%，占GDP的8.7%。近年来，对印度电力出口带动不丹水电站建设，电力行业逐渐成为经济支柱之一。2010年，水电产值127.636亿努，增长8%，占GDP的17.6%。

【农牧林业】可耕地面积占国土总面积的16%，主要农作物有玉米、稻子、小麦、大麦、荞麦、马铃薯和小豆蔻。畜牧养殖较为普遍。主要树种有婆罗双树、橡树、松树、冷杉、云杉、桦树等，以丰富的名木花草闻名遐迩。盛产水果。苹果、柑橘等大量向印度和孟加拉国出口。

【旅游业】不丹外汇的重要来源之一。1974年开始对外开放旅游业，但控制较严，一般只接受团体旅游。出于环保考虑，对境外游客每人每天收取165至200美元的最低消费费用。1987年7月起，寺院、宗教圣地不对外开放。每年3月至6月、9月至12月是旅游旺季，游客主要来自泰国、中国、日本、美国和欧洲等地。2014年，入境游客133480人次。

【交通运输】公路总里程8366.2公里（截至2011年6月30日），拥有机动车辆54123辆（2010年）。山区仍以马、牛、骡为主要运输工具。河流众多但湍急，无法航行。

帕罗机场是不丹唯一机场，距首都廷布65公里。航空公司有不丹航空公司（Druk Air Corporation），成立于1983年2月，航线包括从帕罗至新德里、加尔各答、加德满都、达卡、曼谷和仰光，无国内航线。2010年载客量13.26万人次。2006年，不丹与印度、泰国和孟加拉国分别签署关于加强航空联系的谅解备忘录。

【通讯邮政】不丹电信公司1999年1月成立。1999年，不丹建成全国计算机互联网，拥有自己的域名后缀.bt，并成立因特网服务商Druknet。2010年，共有固定电话26361部，手机165452部。

【财政金融】每年7月1日至次年6月30日为一个财政年度。2009/2010财年，不丹国家财政收入156.3843亿努，同比增长4.4%。2009年，外汇储备395.75亿努（约8.2亿美元）。2009年，外债574.25亿努（其中55%为印度卢比债务），同比增长18.6%。2013/2014财年，不丹GDP为1101.95311亿努。国家财政收入232.44610亿努，同比增长10.16%。净收入占GDP比重为20.6%。截至2014年6月30日，不丹政府总债务为1083.70354亿努，其中内债29.13441亿努，占GDP的2.6%。外债1054.56913亿努，占GDP的95.7%。

主要金融机构有皇家货币局（Royal Monetary Authority）、不丹银行（Bank of Bhutan）等。皇家货币局成立于1982年，是不丹的中央银行，负责制定和执行政府的货币政策，代表政府办理外币存款业务。不丹银行成立于1968年，属国家商业银行，一度与印度国家银行合办。2002年，印度国家银行将管理权移交给不丹，持股份额也由40%降至20%。

作为不丹私有化进程的里程碑，1996年不丹政府允许金融部门公开发行股票，并与亚洲开发银行和花旗银行签署协定，允许它们购买不丹国家银行（Bhutan National Bank）不超过40%的股份。

【对外贸易】对外贸易主要在南盟成员间进行。印度是最大贸易伙伴，与不丹签有自由贸易协定。2014年，不丹进口额9亿8千万美元，出口额为6亿5千万美元。不丹对印进、出口额分别占总进、出口额的72.3%和83.9%。其他主要贸易伙伴有中国、韩国、泰国、新加坡、日本等。其中，不丹与孟加拉国之间签有优惠贸易协定。

主要出口产品为电力、化学制品、木材、加工食品、矿产品等。主要进口产品为燃料、谷物、汽车、机械、金属、塑料等。

不丹于1998年成为WTO的观察员，现申请成为正式成员。

【外国援助】不丹经济建设严重依赖外国和国际组织援助。2010年，不丹接受外援（净额）22.15亿努。其中，印度是最大援助方。此外，不丹还接受来自日本、丹麦、联合国开发计划署、奥地利、荷兰、瑞士、亚洲开发银行、世界银行等方面的援助。

人民生活

截至2008年1月，全国共有贫困人口（月收入低于1096努）14.61万人，占总人口23.2%，其中农村人口贫困率为30.9%，城市人口贫困率1.7%。实行免费医疗，享受基础医疗的人口超过95%，人均寿命66.1岁。2010年，有各类医疗机构730家，其中医院31家，医生187名。婴儿死亡率为每千人40人。2010年不丹人口中，14岁以下的占30.6%，15—64岁的占64.6%，65岁以上占4.8%。1998年，不丹在日内瓦建立世界首个健康信托基金，保证提供基础医疗用的疫苗和基本药物。不丹传统医学来源于藏医药学，至今仍广泛使用。2004年底起，全国范围内实行禁烟。

军　事

武装力量主要由皇家陆军（包括皇家卫队）和皇家警察组成，实行义务兵役制，国王是武装力量最高统帅。皇家陆军于1963年由民兵武装组织改编组建，兵力约16000人（2014年）。现任首席作战指挥官是巴图·泽林中将。皇家卫队正式组建于1961年，主要负责王室成员的安全保卫工作。皇家警察正式成立于1965年，隶属于不丹内政与文化部，主要职能是维护社会治安并担负边界警卫和消防任务。

文化教育

【**教育**】2010年，全国有各类学校1582所，教员8947名，在校学生194587名。适龄儿童入学率为92%。国民识字率约为53%（2005年）。2003年6月建立第一所大学不丹皇家大学。1961年起学校实行双语制，不丹语"宗卡"为必修课。强调职业技术教育，以适应社会需要。射箭和摔跤为不丹传统民族体育项目。

【**新闻出版**】不丹政府设有不丹新闻与广播机构，负责全国广播、电视事务。1973年，成立不丹广播公司，用不丹语、英语、尼泊尔语等广播。1999年，不丹广播公司开通电视服务。《昆色尔》为不丹国家报纸，并在互联网上更新。2006年，两份私人报纸《不丹时报》和《不丹观察家报》开始发行。另有《德鲁克·洛塞尔》季刊，用宗卡、英语和尼泊尔语出版。

对外关系

以维护独立和主权、实现经济自力更生为对外政策的两大目标。主张大小国家一律平等，奉行不结盟政策，在和平共处基础上同所有国家发展友谊和合作，特别是同邻国友好相处。已同印度等53个国家及欧盟建立外交关系，在纽约和日内瓦设有常驻联合国代表处，在印度、孟加拉国、科威特、比利时和泰国设有使馆，在加尔各答设有领馆，在10个国家设有14位名誉领事。印度和孟加拉国在不丹设有使馆。

1971年加入联合国，目前是约75个国际组织的成员国。

【**同中国的关系**】不丹是中国的西南邻国，与中国西藏地区语言、风俗、文化相近，历史联系悠久。

中不迄未建交，但保持友好交往。1971年，不丹投票赞成恢复中国在联合国的合法席位。1974年，不丹邀请中国驻印度使馆临时代办马牧鸣出席第四世国王吉格梅·辛格·旺楚克的加冕典礼。1979年起，两国领导人每年均互致国庆贺电。

1994年至今，中国历任驻印度大使均对不丹进行了工作访问，同不丹国王、外交大臣等就两国关系交换意见。2001年6月，不丹驻印大使达戈·泽林应邀访华，两国驻印大使保持沟通，开辟了两国除边界会谈外新的接触渠道。

近年来，中不交往逐渐增多，关系进一步发展。2004年以来，不丹外交大臣坎杜·旺楚克、财政部秘书和国家妇女儿童委员会执行主任扬吉·旺楚克、内政与文化大臣吉格梅·廷里等先后访华。第59届、第60届联大及2005年"亚洲合作对话"外长会期间，李肇星外长会见不丹外交大臣坎杜·旺楚克。2007年4月，李肇星外长在印度出席第14届南盟峰会期间会见不丹首相兼外交大臣坎杜·旺楚克。6月，杨洁篪外长在出席亚洲合作对话第六次外长会期间会见不丹信息与通讯大臣雷凯·多吉。2008年4月，温家宝总理和杨洁篪外长分别致电不丹首相吉格梅·廷里和外交大臣乌金·策林，祝贺其就职。5月，中国驻印度大使张炎访问不丹。11月，中国驻印度大使张炎赴不丹出席第五世国王吉格梅·凯萨尔·纳姆耶尔·旺楚克的加冕典礼。2009年10月，不丹第五世国王分别给胡锦涛主席、吴邦国委员长、温家宝总理发来亲笔贺信，对新中国成立六十周年表示祝贺。2010年4月，外交部副部长王光亚赴不丹出席第十六届南盟峰会，分别会见不丹第四世、五世国王和首相。中国驻印度大使赴不丹出席第五世国王的加冕典礼和婚礼。2012年6月，温家宝总理在联合国可持续发展大会期间与不丹首相廷里会见，这是中不两国政府首脑首次会面。两国外长在多边场合经常见面。

中不两国在国际场合保持良好合作。不丹在联合国人权会上和世界卫生大会上连续支持中国挫败反华、涉台提案。

中不边界长约500多公里，从未正式划定。1984年起，中不两国轮流在北京和不丹首都廷布举行中不边界会谈。1998年，两国在第12轮边界会谈期间签署了《中华人民共和国政府和不丹王国政府关于在中不边境地区保持和平与安宁的协定》。这是两国第一个政府间协定，对维护两国边境地区稳定具有重要意义。截至2016年2月，双方共举行了23轮边界会谈以及7次边界问题专家组会议，双方共同致力于边界问题的早日解决。

2011年双边贸易额为1700万美元，2012年双边贸易额为1562万美元，同比下降10.5%。2013年双边贸易额为1741.4万美元，同比增长11.5%。2015年，中不贸易额1029.9万美元，同比下降8.2%；其中，中国出口994.9万美元，同比下降10.5%，进口35万美元，同比增长2.35倍。截至2015年底，不丹来华投资项目数3个，无实际投入。中国在不丹暂无直接投资。同期，中国在不签订工程承包合同额1106万美元，完成营业额102万美元。

中不在文化、教育等其他领域的交往近年来取得较大发展。2001年和2002年，两国审计部门实现互访。2005年4月，文化部部长助理丁伟率中国艺术团首次赴不丹演出获得成功。2006年6月，不丹反腐败委员会主席藏莫访问中国香港特别行政区。2009年8月，不丹内政与文化大臣明朱尔·多尔吉来华出席在内蒙古鄂尔多斯举行的"亚洲文化部长圆桌会议"。2010年9月，不丹松珠活佛赴西藏自治区朝圣。11月，不丹亲王、不丹奥委会主席吉格耶尔·乌金·旺楚克赴广州出席第十六届亚洲运动会开幕式。近年来，不丹公主德禅·旺姆·旺楚克先后赴西藏自治区和五台山朝佛。文化部也数次组织中国艺术团赴不丹首都廷布举行访演。

【同印度的关系】不丹与印度关系密切。不丹与印度实行开放边界，自由通商。印度是不丹最大的贸易伙伴、援助国和债权国。1949年8月8日，不印签订《永久和平与友好条约》。1968年，不印正式建交。2007年2月，不丹第五世国王吉格梅·凯萨尔·纳姆耶尔·旺楚克访印，双方签署经过修订的《不印友好条约》。2008年2月，印外秘梅农访不。5月，印度总理辛格访不。7月，不丹首相吉格梅·廷里访印。11月，不丹第五世国王吉格梅·凯萨尔·纳姆耶尔·旺楚克举行加冕典礼，印度总统帕蒂尔、团结进步联盟主席、国大党主席索尼娅·甘地、外长慕克吉出席。2009年6月，不丹首相吉格梅·廷里访印，印外长克里希纳访问不丹。12月，不丹第五世国王访印。2010年4月，印度总理辛格赴不丹出席第十六届南盟峰会。10月，不丹第五世国王访印。同月，不丹首相吉格梅·廷里访印。2011年10月，不丹第五世国王携王后婚后首次出访印度。2013年1月，不丹第五世国王访问印度，印度外长库尔希德访问不丹。2月，不丹首相吉格梅·廷里访印。2013年8月，印度国家安全顾问梅农访问不丹，不丹首相策林·托杰访问印度。2014年1月，不丹第五世国王访问印度。5月，不丹首相策林·托杰访问印度。6月，印度总理莫迪访问不丹。

【同南亚其他国家的关系】不丹同除阿富汗以外的南亚所有国家建立了外交关系，来往日益增多。不丹是南亚区域合作联盟（南盟）成员，积极主张加强南亚区域合作。2004年，不丹加入“环孟加拉湾多领域经济技术合作倡议”（BIMSTEC）。2010年4月，不丹主办第十六届南盟峰会。2011年2月南盟峰会部长级会议在不丹召开。

【同南亚以外国家的关系】1985年，不丹开始发展跨地区外交，已同科威特、荷兰、瑞典、丹麦、瑞士、挪威、日本、芬兰、韩国、奥地利、泰国、巴林、澳大利亚、新加坡、加拿大、比利时、巴西、西班牙、古巴、斐济、摩洛哥、卢森堡、捷克、塞尔维亚、印尼、蒙古、越南、缅甸、阿根廷、哥斯达黎加、安道尔、毛里求斯、瑞士、阿联酋、斯洛文尼亚、斯洛伐克、亚美尼亚、土耳其、埃及、哈萨克斯坦、波兰、哥伦比亚、塔吉克斯坦、阿塞拜疆、阿曼等国建交。

（吴松林）

朝　鲜

国名　朝鲜民主主义人民共和国（Democratic People's Republic of Korea）。

面积　12.3万平方公里。

人口　2400万。单一民族，通用朝鲜语。

首都　平壤（Pyongyang），人口约325万（2008年），面积2629.4平方公里，下设18个区，4个郡。年均气温9.7℃。

国家元首　最高领导人金正恩（Kim Jong Un），朝鲜劳动党第一书记、国防委员会第一委员长、朝鲜人民军最高司令官。

重要节日　光明星节（前最高领导人金正日诞辰日）：2月16日；太阳节（前国家主席金日成诞辰日）：4月15日；建军节：4月25日；国庆节：9月9日；朝鲜劳动党建党纪念日：10月10日。

简　况

位于亚洲大陆东北部朝鲜半岛北半部，北部与中国有1300多公里的边界线，东北与俄罗斯略有接壤。属温带季风气候，年均气温8℃—12℃，年均降水量1000毫米—1200毫米。

政　治

1910—1945年，朝鲜半岛沦为日本殖民地。1945年8月日本投降，苏美军队分别进驻半岛北南部。1948年9月9日，半岛北半部建立朝鲜民主主义人民共和国，金日成担任最高领导人。1994年金日成逝世后，金正日接班。2011年12月17日金正日逝世，朝鲜举行盛大国葬和追悼会；金正恩接班。12月30日，金正恩被推举为朝鲜人民军最高司令官。

2012年4月11日，金正恩在朝鲜劳动党第4次代表会议上被推举为第一书记。4月13日，金正恩在朝最高人民会议第12届5次会议上被推举为国防委员会第一委员长。

【宪法】1972年，颁布《朝鲜民主主义人民共和国社会主义宪法》，1992年、1998年、2009年、2012年、2013年5次修订。2012年5月，朝鲜公布在最高人民会议第12届5次会议上修订的宪法。新宪法将金正日确定为“永远的国防委员会委员长”，修订原宪法中国防委员会委员长等有关章节，以国防委员会第一委员长代替其职能。

【议会】最高人民会议，是国家最高权力机关。议员由选举产生，每届任期5年。闭会期间的常设机构为最高人民会议常任委员会。常任委员会委员长代表国家，与外国元首互换贺电、贺信，接受外国使节递交的国书。2009年4月，朝鲜选举产生第12届最高人民会议议员687名。常任委员会委员长金永南、副委员长杨亨燮、金英大、名誉副委员长金英柱、崔永林，议长崔泰福、副议长金完洙、洪善玉。第12届最高人民会议已召开7次会议，分别是2009年4月、2010年4月、2010年6月、2011年4月、2012年4月、2012年9月和2013年4月。2014年3月，选举产生第13届最高人民会议议员687名。2014年4月、9月和2015年4月，先后召开第13届最高人民会议1次、2次、3次会议。现任常任委员会委员长金永南，副委员长杨亨燮、金英大，名誉副委员长金英柱、崔永林。现任议长崔泰福，副议长安东春、李惠正。

【国防委员会】国防委员会为国家最高国防领导机关，由最高人民会议选举产生，向最高人民会议负责，任期与最高人民会议一致。国防委员会由第一委员长、副委员长、委员组成。第一委员长是朝鲜最高领导人，是全国一切武装力量的最高司令官，统率、指挥全国一切武装力量。现任第一委员长金正恩，副委员长李用茂、吴克烈、黄炳瑞。

【政府】内阁，国家最高行政执行机关，每届任期5年。目前，主要成员有：总理朴凤柱，副总理卢斗哲、金勇镇、李茂英、李铁万、金德雄、任哲雄、崔英健。国家计划委员会委员长卢斗哲（兼）、化学工业相李茂英（兼）、农业相李铁万（兼）、外务相李洙墉、电力工业相金万寿、煤炭工业相文明学、金属工业相金勇光、铁道相张赫、陆海运相姜宗宽、采掘工业相李学哲、国家资源开发相李春三、原油工业相裴鹤、林业相韩龙国、原子能工业相李济善、电子工业相金载诚、递信相沈哲浩、建设建材工业相董正浩、国家建设监督相权成浩、食品日用品工业相赵永哲、水产相姜永哲、财政相基光浩、劳动相郑永洙、对外经济相李龙男、国家科技委员会委员长崔相健、国家科学院院长张哲、国土环境保护相金景俊、城市经营相姜永洙、收购粮政相文应祖、商业相金庆男、教育委员会委员长兼普通教育相金昇斗、金日成综合大学校长兼教育委员会高等教育相太亨彻、保健相姜河国、文化相朴春男、体育相金英勋、中央银行总裁金天钧、中央统计局长李胜虎、内阁事务长金英浩。

【行政区划】全国划分为1个直辖市、2个特别市和9个道，分别为平壤市、南浦市、罗先市和平安南道、平安北道、慈江道、两江道、咸镜南道、咸镜北道、江原道、黄海南道、黄海北道。

【司法机构】审判机关有最高裁判所，道（直辖市）裁判所，人民裁判所（基层法院）和特别裁判所。最高裁判所是国家最高审判机关，所长由最高人民会议选举产生，任期5年。现任所长朴明哲，2014年4月任职。

检察机关有最高检察所，道（直辖市）、市（区）、郡检察所和特别检察所。最高检察所是国家最高检察机关，所长由最高人民会议任命，任期5年。现任所长张炳奎，2014年4月连任。

【政党和团体】朝主要政党有：

（1）朝鲜劳动党：执政党。前身为北朝鲜共产党，成立于1945年10月10日，1946年8月28日与朝鲜新民党合并为朝鲜劳动党，1949年6月29日与南朝鲜劳动党合并。现有党员400多万。该党指导思想是“金日成金正日主义”，目标是实现“全社会主体思想化，建设共产主义社会”。第一书记金正恩。

（2）朝鲜社会民主党：原名朝鲜民主党，成立于1945年11月3日，由反对日本殖民统治的中小企业家、商人、手工业者、农民和基督徒组成。1981年改称现名，党员3万多人。委员长金英大，1998年8月当选。

（3）天道教青友党：成立于1946年2月8日，主要由信奉天道教的农民组成。委员长刘美英，1993年7月当选。

此外，朝鲜还有祖国统一民主主义战线、祖国和平统一委员会等社会团体、组织。

【重要人物】金正恩：朝鲜最高领导人，朝鲜劳动党第一书记、国防委员会第一委员长、朝鲜人民军最高司令官。2010年9月获授朝鲜人民军大将，同月当选党中央军事委员会副委员长。2011年12月30日被推举为朝鲜人民军最高司令官。2012年4月11日，在朝鲜劳动党第4次党代表会议上被推举为第一书记。4月13日，在朝最高人民会议第12届5次会议上被推举为国防委员会第一委员长。7月17日被授予朝鲜民主主义人民共和国元帅称号。2014年4月9日，在朝最高人民会议第13届1次会议上再次被推举为国防委员会第一委员长。　**金永南**：朝鲜最高人民会议常任委员会委员长。1928年生。1961年任党中央国际部副部长。1963年9月任外务省副相。1972年任党中央国际部部长。1974年当选党中央政治委员会候补委员，1978年升任委员。1980年当选党中央政治局委员、书记局书记。1983年12月任政务院副总理兼外交部长。1998年9月、2003年9月、2009年4月和2014年4月连续当选最高人民会议常任委员会委员长。2010年9月当选党中央政治局常委。　**朴凤柱**：朝鲜内阁总理。1939年生。历任道党委副部长、南兴青年联合化工厂党委责任书记、党中央副部长、化学工业相、内阁总理、党中央轻工业部第一副部长、部长等职。2013年3月当选朝党中央政治局委员，并再次出任内阁总理。

经　济

实行计划经济。据朝方2015年4月公布的数据，2014年朝鲜国家预算收入计划超额完成1.6%，比上年增加6%，其中地方预算收入超额完成22.2%。国家预算支出完成99.9%。国家预算支出中，国防支出占15.9%，经济建设支出占46.7%，文化建设支出占37.2%。2015年预算收入计划较去年增长3.7%，国家预算支出计划较去年增长5.5%。

货币名称：元。

汇率：1美元≈100元。

【资源】已探明矿产300多种，其中有用矿200多种。石墨、菱镁矿储量居世界前列。铁矿及铝、锌、铜、银等有色金属和煤炭、石灰石、云母、石棉等非金属矿物储量丰富。水力和森林资源也较丰富。

【工业】重视发展金属工业、电力、煤炭、铁路运输四大先行产业，大力发展采矿、机械、化工、轻工业，努力实现生产正常化、现代化。

【农业】集中力量发展粮食生产，继续推行种子改良和二熟制，扩大土豆、大豆种植，着力兴修水利、提高化肥产能。粮食生产以水稻和玉米为主。

【交通运输】以铁路运输以主。铁路总长度为8800余公里，电气化铁路总长度为2000余公里，1993年基本实现干线铁路电气化。电力机车牵引比重达90%以上。

公路总长度77500余公里。已建成平壤—南浦、平壤—元山、平壤—开城和平壤—妙香山高速公路。

海港有清津、南浦、元山、兴南、罗津等。

空运：平壤顺安机场为国际机场。定期国际航线有平壤—北京、平壤—沈阳等。

【对外贸易】主要贸易伙伴为中国、韩国、俄罗斯等。

【外国资本】从20世纪80年代起，朝鲜开始引进外资，创办合资合营企业。1991年12月，朝鲜在靠近中朝、朝俄边境的罗先地区设立自由经济贸易区。1992年朝鲜颁布合资合营企业法。2002年11月，朝鲜宣布建立开城工业区和金刚山旅游区，由朝韩双方合作开发。2008年，朝俄启动“罗津—哈桑”铁路和罗津港改造项目，朝埃（及）开展大型水泥厂项目、第三代移动通信项目合作。2011年6月，中朝举行“两个经济区”项目开工仪式，共同开发、共同管理黄金坪、威化岛经济区和罗先经贸区。

【外国援助】近十多年来，朝鲜由于连续遭受自然灾害等原因，粮食一直短缺。国际社会通过双边渠道和世界粮食计划署等国际组织，向朝提供了一些人道主义援助。

军　事

朝鲜人民军成立于1932年4月25日。国防委员会为国家最高国防领导机关，国防委员会第一委员长为全国武装力量最高统帅。现任国防委员会第一委员长金正恩。实行普遍义务兵役制。

文化教育

【教育】实行12年义务教育制。大专院校300多所，中专570多所。著名高等学府有金日成综合大学、金策工业综合大学、金亨稷师范大学和人民经济大学等。全国有知识分子170万。

【新闻出版】主要报刊：《劳动新闻》，朝鲜劳动党中央委员会机关报，发行量约150万份；《民主朝鲜》，最高人民会议常任委员会和内阁机关报；《勤劳者》杂志，月刊，朝鲜劳动党中央委员会机关刊物，发行量约30万份。另外还有《朝鲜人民军》、《青年前卫》、《平壤新闻》等报。朝鲜外文出版社用多种外文出版杂志《今日朝鲜》和画报《朝鲜》。此外，还发行英文和法文周报《平壤时报》。

朝鲜中央通讯社：简称“朝中社”，为国家通讯社，1946年12月5日成立。发行日刊《朝鲜中央通讯》等。

朝鲜中央广播电台：为国家广播电台，1945年10月14日成立。除用朝鲜语广播外，还用多种外语对外广播。

朝鲜中央电视台和开城电视台20世纪60年代开始播放节目；万寿台电视台1983年底开播。

【朝韩关系】朝鲜战争停战后，半岛长期处于政治对立、军事对峙、经济隔绝的冷战状态。1990年9月至1991年12月，朝韩先后举行5次总理会谈，双方签署《南北和解、互不侵犯及交流合作协议书》，发表《朝鲜半岛无核化共同宣言》，朝韩关系有所改善。此后受金日成主席逝世及朝核等问题影响，朝韩关系趋冷。

1998—2003年，金大中和卢武铉两任政府分别奉行对朝“阳光政策”与“和平与繁荣政策”，推进南北和解合作。2000年6月和2007年10月，金大中、卢武铉分别访朝，同金正日举行首脑会晤，发表《南北共同宣言》和《南北关系发展与和平繁荣宣言》。其间朝韩举行多次官方会谈和一系列民间交流活动，签署多项合作协议。

近年，朝韩关系时有起伏。2014年2月，双方举行了高级别会谈和离散亲属会面。2015年8月和10月，双方先后举行高级别磋商和离散亲属会面。

对外关系

朝鲜奉行“自主、和平、友好”的外交理念，主张按照完全平等、自主、相互尊重、互不干涉内政和互利的原则发展对外关系。朝于1975年5月成为“七十七国集团”正式成员国，同年8月正式加入不结盟运动，1991年9月加入联合国，2000年7月加入东盟地区论坛（ARF）。目前，朝鲜共与163个国家（含欧盟）建立了外交关系。

【同中国的关系】中朝于1949年10月6日建交，朝鲜是最早同新中国建交的国家之一。

2012年4月20日至24日，朝鲜劳动党中央政治局候补委员、中央书记、国际部部长金永日率领朝鲜劳动党代表团访华，中共中央总书记、国家主席胡锦涛会见。

2012年7月30日至8月3日，中共中央对外联络部部长王家瑞率团对朝鲜进行友好访问，朝鲜劳动党第一书记、国防委员会第一委员长金正恩会见。

2012年8月13—18日，朝鲜劳动党中央行政部部长张成泽率团来华出席中朝两个经济区开发合作联合指导委员会第3次会议，胡锦涛主席、温家宝总理分别会见。

2012年11月29—30日，中共中央政治局委员、全国人大常委会副委员长李建国访问朝鲜，朝鲜劳动党第一书记、国防委员会第一委员长金正恩会见。

2013年5月24—28日，朝鲜劳动党第一书记金正恩特使、朝鲜劳动党中央政治局常委崔龙海访华。中共中央总书记、国家主席习近平会见。

2013年7月25—28日，中共中央政治局委员、国家副主席李源潮率中国代表团访问朝鲜并出席朝鲜战争停战60周年纪念活动。朝鲜国防委员会第一委员长金正恩会见。

2014年2月，习近平主席在出席索契冬奥会开幕式期间，会见朝鲜最高人民会议常任委员会委员长金永南。

2015年9月，朝鲜劳动党中央政治局常委崔龙海来华出席中国人民抗日战争暨世界反法西斯战争胜利70周年纪念活动。

2015年10月，中共中央政治局常委、中央书记处书记刘云山率中国共产党代表团出席朝鲜劳动党成立70周年庆祝活动并对朝鲜进行正式友好访问。

据统计，2015年中朝贸易额55.1亿美元，减少15%。其中，中方出口29.5亿美元，减少16%；进口25.65亿美元，减少7%。

中国驻朝鲜大使：李进军。馆址：平壤市牡丹峰区长村洞。国家地区号：008502。电话：3813116。传真：3813425。商务处电话：3813119。网址：http://kp.china-embassy.org。

朝鲜驻华大使：池在龙。馆址：北京市朝阳区建国门外日坛北路。国家地区号：0086-10。电话：65321186。

【同美国的关系】朝美尚未建交。2010年8月，美国前总统卡特访朝，朝鲜最高人民会议常任委员会委员长金永南会见，朝方释放非法入境的美国公民戈梅斯。2011年4月，美国前总统卡特率国际长者会代表团访朝，朝鲜最高人民会议常任委员会委员长金永南、外务相朴义春会见。6月，朝中社代表团访美，朝同意美联社在平壤设立分社。7月和10月，朝鲜外务省第一副相金桂冠与美国对朝政策特别代表博斯沃斯分别在纽约和日内瓦举行两次高级别对话。2012年2月，朝鲜外务省第一副相金桂冠和美国对朝政策特别代表格林·戴维斯在北京举行第3次高级别对话，并于2月29日分别对外发表了朝美第3次高级别对话有关共识。4月13日，朝鲜发射“光明星3号”卫星。随后，美国暂停原计划向朝鲜提供的食品援助。4月17日，朝鲜宣布不再受朝美“2·29共识”约束。2012年12月12日，朝鲜发射“光明星3号”卫星，安理会通过2087号决议。朝谴责美对朝敌视政策，朝美关系再度陷入僵局。2014年9月，朝鲜外务相李洙墉赴美出席第69届联合国大会。2015年10月，朝鲜外务相李洙墉赴美出席第70届联合国大会。

【同俄罗斯的关系】朝俄关系总体发展良好。2010年12月，朝鲜外务相朴义春访俄，俄罗斯联邦会议联邦委员会主席米罗诺夫会见。2011年8月20—25日，朝鲜最高领导人金正日应俄罗斯总统梅德韦杰夫邀请访问俄罗斯西伯利亚和远东地区，与梅德韦杰夫举行会谈。2013年7月，朝鲜第一副外相金桂冠访问俄罗斯。2014年3月，俄罗斯联邦鞑靼斯坦共和国总统明尼哈诺夫访朝，朝鲜最高人民会议常任委员会委员长金永南会见。4月，俄罗斯副总理兼总统驻远东联邦区特别全权代表特鲁特涅夫访朝，朝鲜内阁总理朴凤柱、副总理卢斗哲等分别会见。9月，俄联邦委员会第一副主席托尔申访朝，金永南委员长、朝鲜最高人民会议议长崔泰福会见。10月，朝鲜外务相李洙墉访俄，俄罗斯副总理兼总统驻远东联邦区特别全权代表特鲁特涅夫会见。11月，朝鲜劳动党中央政治局常委、中央书记崔龙海作为金正恩特使访俄，俄罗斯总统普京会见，外长拉夫罗夫会谈。2015年5月，朝鲜最高人民会议常任委员会委员长金永南出席俄罗斯卫国战争胜利70周年庆典。

【同日本的关系】朝日尚未建交。2009年9月，日本共同社社长石川聪应邀访朝，朝鲜最高人民会议常任委员会委员长金永南会见。2012年8月，朝鲜与日本在北京重启两国政府间磋商。2013年5月，日本首相安倍特使饭岛勋访朝，金永南委员长会见。2014年3月，朝鲜与日本在北京举行局长级政府间磋商。8月，金永南委员长会见日本国会参议员猪木宽至。9月，金永南委员长会见日本共同社代表团。2015年9月，日本共同社代表团访朝。

【同其他国家和国际组织的关系】2012年7月，朝鲜外务相朴义春赴柬埔寨惠赐东盟地区论坛外长会。8月，朝鲜最高人民会议常任委员会委员长金永南对越南和老挝进行正式友好访问。9月，朝鲜最高人民会议常任委员会委员长金永南出席在伊朗举行的第16届不结盟运动峰会并对伊朗进行正式友好访问。10月，朝鲜最高人民会议常任委员会副委员长杨亨燮率团前往柬埔寨吊唁柬埔寨太皇诺罗敦·西哈努克。2014年5月，朝鲜外务相李洙墉访问中东、非洲诸国。8月，李洙墉外相访问老挝、越南、缅甸、印尼、新加坡，并出席在缅甸举行的东盟地区论坛外长会。9月，朝鲜党中央书记、国际部部长姜锡柱访问德国、比利时、瑞士、意大利、蒙古。10月，金永南委员长访问非洲诸国。2015年2月，李洙墉外相访问蒙古。3月，李洙墉外相访问古巴。5月，金永南委员长访问印尼。6月，李洙墉外相访问非洲诸国。8月，金永南委员长应邀出席埃及新苏伊士运河开通仪式。12月，李洙墉外相赴法国出席联合国气候变化巴黎大会。（孙华）

东 帝 汶

国名 东帝汶民主共和国（Democratic Republic of Timor-Leste）。

面积 14874平方公里。

人口 116.7万（东2015年人口普查数据），其中78%为土著人（巴布亚族与马来族或波利尼西亚族的混血人种），20%为印尼人，2%为华人。德顿（TETUM）语和葡萄牙语为官方语言，印尼语和英语为工作语言，德顿语为通用语和主要民族语言。约91.4%人口信奉天主教，2.6%信奉基督教，1.7%信奉伊斯兰教。

首都 帝力，位于帝汶岛东北海岸，人口23.4万。全国政治、经济和文化中心，东80%以上的经济活动在此进行。

国家元首 总统塔乌尔·马坦·鲁瓦克（Taur Matan Ruak），2012年5月20日就任东帝汶第三任总统。

重要节日 恢复独立日（建国日）：5月20日（纪念2002年5月20日联合国向东帝汶移交政权，东帝汶正式独立建国）；独立公投日：8月30日；独立日：11月28日（纪念1975年11月28日东帝汶独立革命阵线宣布独立）；天主教节日（如圣诞节等）。

简 况

位于东南亚努沙登加拉（Nusa Tenggara）群岛最东端，岛国。包括帝汶岛东部和西部北海岸的欧库西地区以及附近的阿陶罗岛和东端的雅库岛。西部与印尼西帝汶相接，南隔帝汶海（Timor Sea）与澳大利亚相望。海岸线长约735公里。境内多山，沿海有平原和谷地，大部地区属热带雨林气候。气候炎热，年平均气温26℃，平均湿度为70%—80%。平均降水量1200毫米—1500毫米，但地区差异较大：北部沿海地区每年5月至11月为旱季，12月至翌年4月为雨季，年降水量为500毫米—1500毫米；南部沿海地区6—12月为旱季，1—5月为雨季，年降水量为1500毫米—2000毫米；中部山区年降水量为2500毫米—3000毫米。

16世纪前，帝汶岛曾被以苏门答腊、爪哇等地为中心的封建王国统治。16世纪初，葡萄牙和荷兰殖民主义者侵入。18世纪，英国殖民者曾短暂控制西帝汶。1859年，葡、荷瓜分帝汶岛。帝汶岛东部及欧库西归葡，西部并入荷属东印度（今印度尼西亚）。1942年日本占领东帝汶。二次大战后澳大利亚曾一度负责管理东帝汶，不久葡恢复对东帝汶殖民统治，1951年将其改为葡海外省。1960年，第15届联合国大会通过1542号决议，宣布东帝汶为“非自治领土”，由葡萄牙管理。

1975年葡政府允许东帝汶实行民族自决。主张独立的东帝汶独立革命阵线（简称“革阵”）、主张同葡维持关系的民主联盟（简称“民盟”）、主张同印尼合并的帝汶人民民主协会（简称“民协”）三方之间因政见不同引发内战。革阵于1975年11月28日单方面宣布东帝汶独立，成立东帝汶民主共和国。同年12月，印尼出兵东帝汶，次年宣布东为印尼第27个省。1975年12月联合国大会通过决议，要求印尼撤军，呼吁各国尊重东帝汶的领土完整和人民自决权利。1982年联大表决通过支持东帝汶人民自决的决议。从1983—1998年，在联合国秘书长斡旋下，葡萄牙与印尼政府就东帝汶问题进行了十几轮谈判。

1999年1月，印尼总统哈比比在内外压力下同意东帝汶通过全民公决选择自治或脱离印尼。5月5日，印尼、葡萄牙和联合国三方就东帝汶举行全民公决签署协议。8月30日，东帝汶举行全民公决，75%的民众投票赞成独立，哈比比总统当日表示接受投票结果。投票后东帝汶亲印尼派与独立派发生流血冲突，局势恶化，约20多万难民逃至西帝汶。9月，哈比比总统宣布同意多国部队进驻东帝汶。安理会通过决议授权成立以澳大利亚为首、约8000人组成的多国部队，于9月20日正式进驻东帝汶，与印尼驻军进行权力移交。10月，印尼人民协商会议通过决议正式批准东帝汶脱离印尼。

1999年11月，东帝汶成立具有准内阁，准立法机构性质的全国协商委员会（NCC），2000年7月成立首届过渡内阁，2001年8月举行制宪议会选举，9月15日成立制宪议会和第2届过渡内阁，2002年4月举行总统选举，东独立运动领袖凯·拉拉·夏纳纳·古斯芒（Kay Rala Xanana Gusmao）当选。2002年5月20日，东帝汶民主共和国正式成立。

政 治

东帝汶独立后，革阵作为第一大党组建以其为主的首届政府，努力推进司法建设、行政管理、民族和解和经济重建，但民生问题长期突出，民众不满情绪上升。2006年发生建国以来最大规模骚乱，澳大利亚组建国际稳定部队进驻东帝汶协助维持治安。骚乱导致马里·阿尔卡蒂里（Mari Alkatiri）总理辞职，前国务兼外交与合作部长若泽·拉莫斯·奥尔塔（Jose Ramos-Horta）接任，并于2006年7月14日组建新政府。2007年4月举行总统选举，奥尔塔当选。6月举行首届议会选举，革阵获21席，仍为第一大党；夏纳纳组建的大会党获18席，并与其他政党组成议会多数联盟，赢得组阁权。8月8日新政府成立，夏纳纳出任总理；革阵成为在野党，拒绝承认新政府合法性。夏纳纳总理上台后，采取一系列措施发展经济、维护安全，但民生问题仍较为突出。2008年2月发生叛军袭击事件，奥尔塔总统受重伤，叛军头目被击毙。2012年3月和4月举行两轮总统选举，前国民军总司令鲁瓦克以60.23%得票率当选。7月举行第二届议会选举，大会党击败革阵成为议会第一大党，并联合民主党和革新阵线组成执政联盟。革阵仍为在野党。8月8日新政府成立，夏纳纳总理连任。同年年底，联合国驻东帝汶综合特派团和国际稳定部队结束使命，撤离东帝汶。2015年2月，内阁重组，夏纳纳总理辞职，由革阵中央委员阿劳若出任总理。

【宪法】2002年3月22日，东帝汶制宪议会通过并颁布《东帝汶民主共和国宪法》，规定东帝汶民主共和国是享有主权、独立、统一的民主法治国家，国民议会、政府和法院是国家权力机构。总统是国家元首和武装部队最高统帅，由全民直接选举产生，任期5年，可连任1届。

【国务委员会】是总统的政治咨询机构，由总统主持，成员包括前总统、国民议会议长、总理、议会按比例代表原则选出和总统委任的公民各5人。其权限为：就解散国民议会和政府、宣布战争与媾和以及《宪法》规定的其他事务发表意见。国务委员会会议不公开，委员会组成和运作由法律规定。

【国防安全高等委员会】是总统在国防、安全和主权事务方面的咨询机构，由总统主持，成员包括总理、负责国防、安全、内政和外交的部长或国务秘书、3名议会代表、国防军最高指挥官、国民警察总监、国家安全局局长和两名总统指定的公民。委员会主要权限是就国家国防安全、军警系统运作等问题向总统提供建议。国防安全高等委员会会议不公开，委员会组成和运作由法律规定。

【议会】称国民议会，实行一院制。代表全体公民行使制定法律、监督政府和政治决策权，由选民直接选举产生，共有65个议席，每届任期5年。

首届国民议会由原制宪议会于2002年5月20日独立后自动过渡而成。2007年6月30日举行首届议会选举，7个政党分获席位，其中革阵21席，大会党18席。2012年7月7日举行第二届议会选举，4个政党得票率超过3%，进入新一届议会。其中大会党获30席，革阵25席，民主党8席，革新阵线2席。大会党议员、上届议会第一副议长维森特·达·席尔瓦·古特雷斯（Vicente da Silva Guterres）当选议长，于7月31日就任。

【政府】由总理、副总理、部长、副部长和国务秘书组成，向总统和国民议会负责。总理是政府首脑，由议会中拥中最多席位的政党或政党联盟提名，总统任命。副总理、部长和国务秘书由总理提名，总统任命。

本届政府成立于2015年2月16日，设总理1名、国务部长4名，部长15名，副部长10名，国务秘书11名。主要成员包括：总理鲁伊·玛利亚·德·阿劳若（Rui Maria de Araujo），国务与内阁事务部长内吉尔多·阿吉奥·佩雷拉（Hermenegildo Agio Peraira），国务部长兼社会事务协调人费尔南多·拉萨马·德·阿劳若（Fernando Lasama de Araujo），国务部长兼经济事务协调人埃斯塔尼斯劳·达席尔瓦（Estanislau da Silva），国务部长兼内政协调人迪奥尼西奥·巴博（Dionisio Babo），外交与合作部长埃尔纳尼·科埃略（Hernani Coelho），财政部长桑蒂娜·卡多佐（Santina Cardoso），内政部长迪奥尼西奥·巴博（兼任），司法部长伊沃·瓦伦特（Ivo Valente），农业与渔业部长埃斯塔尼斯劳·达席尔瓦（兼任），卫生部长玛利亚·多赛乌·皮纳·达科斯塔（Maria do Ceu Pina da Costa），教育部长费尔南多·拉萨马·德·阿劳若（兼任），贸易、工业与环境部长安东尼奥·德·孔塞桑（Antonio de Conceicao），社会救济部长伊莎贝尔·阿玛劳·古特雷斯（Isabel Amaral Guterres，女），公共工程、交通与通讯部长加斯唐·弗朗西斯科·德·索萨（Gastao Francisco de Sausa），石油与自然资源部长阿尔弗雷多·皮雷斯（Alfredo Pires），旅游、文化与艺术部长黎发芳（Francisco Kalbuadi Lay），国防部长西里洛·克里斯托弗（Cirilo Cristovao），内务部长隆基尼奥斯·蒙太罗（Longuinhos Monteiro）。

【行政区划】共设13个地区（Districts），区以下设65个县（Sub-Districts），443个乡（"苏古"，Sucos）和2236个村（Aldeias）。

【司法机构】法院由最高法院、地方法院、行政、税务和审计高等法院和初审行政法院、军事法院组成。最高法院院长由总统任命，任期4年。东迄未成立最高法院，最高上诉法院作为终审法院行使最高法院和宪法法院职能。现任最高上诉法院院长吉列米诺·达·席尔瓦（Guilhermino da Silva）。

总检察院是最高检察机关。总检察长由总统任命，任期4年，对总统负责，每年向国民议会报告工作。现任总检察长安娜·佩索阿（Ana Pessoa）。

【政党】2004年东颁布《政党法》。目前有注册政党26个，其中24个参加2012年议会选举。仅有4个政党进入本届议会。

（1）东帝汶全国重建大会党（Congresso Nacional de Reconstucao Timorense/National Congress of Timor Leste Reconstruction，CNRT）：简称"大会党"，由夏纳纳于2007年3月27日创建。自称有党员20万，主要包括前"帝汶抵抗运动全国委员会"成员、其他中小政党前领导和骨干以及夏纳纳的追随者。主张改革与创新，倡导思想多元化，鼓励民众广泛参与国家重大决策。重视国家经济恢复和发展，提倡权力下放，鼓励采取更加开放、灵活的经济政策。党主席为夏纳纳，总书记为现任司法部长迪奥尼西奥·苏亚雷斯·巴博。

（2）东帝汶独立革命阵线（Revolutionary Front of Independent East Timor，FRETILIN）：简称“革阵”（外文的简称为葡萄牙文），1974年5月20日成立，系东最早的政党之一，原名帝汶社会民主协会（ASDT），1974年9月11日改现名。自称有党员20万，组织严密。1975年11月28日单方面宣布成立东帝汶民主共和国。同年12月7日印尼占领东帝汶后，部分成员流亡海外，其余在国内坚持抵抗斗争。1999年东启动独立进程后，革阵重新整合，提出恢复民主独立、巩固民族团结，建立多党民主法治国家等主张，获得广泛支持，并赢得2001年8月制宪议会选举。2002年组建以该党为主的首届政府，总书记阿尔卡蒂里任总理。现为议会第二大党。党主席为卢奥洛，总书记为阿尔卡蒂里。

（3）民主党（Partido Demoratico/Democratic Party，PD）：2001年6月10日成立，骨干多为青年学生和知识界人士，主张在民主法制基础上团结和发展国家，实现社会多元、公正和自由，提高人民生活水平。现为议会第三大党。党主席为拉萨马，总书记为马里阿诺·阿萨纳米·萨比诺。

（4）东帝汶全国重建革新阵线（Frente de Reconstrucao Nacional de Timor-Lester-Mudanca, Frente-Mudansa）：简称“革新阵线”，2011年7月19日成立，前身为革阵革新派。主要领导人为原革阵党员，成员多为青年人。主张改革开放，注重团结党员，为党员谋利益。现为议会第四大党。党主席为古特雷斯，总书记为若热·达·孔塞桑·特梅。

其他政党有：社会民主协会（ASDT）、社会民主党（PSD）、国家团结党（PUN）、英雄党（KOTA）、帝汶抵抗力量民族民主团结党（UNDERTIM）、帝汶民主联盟（UDT）、共和党（PR）、国家发展党（PDN）、劳工党（Trabalhista）、民主帝汶党（PTD）、帝汶人民团结繁荣党（KHUNTO）、人民发展党（PDP）、民主千年党（PMD）、国家共和党（PARENTIL）、帝汶社会党（PST）、基督教民主党（PDC）、自由民主党（PDL）、帝汶人民君主协会（APMT）、底层人民解放党（PLPA）、共和民主党（PDRT）、帝汶国家党（PNT）、帝汶人民党（PPT）。

【重要人物】塔乌尔·马坦·鲁瓦克：总统。1956年10月10日生于东帝汶包考地区。早年因贫困辍学，做过旅馆服务生，曾两次组织罢工。1975年参加东民族解放军反抗印尼入侵。在战斗中表现出色，历任军队副参谋长、参谋长、作战司令、总司令，2001年担任东帝汶国防军司令。2009年晋升少将。2011年9月辞去国防军司令职务，宣布参加总统选举。2012年4月当选东第三任总统，5月20日就职。夫人伊莎贝尔·达·科斯塔·费雷拉（Isabel da Costa Ferreira），有一子两女。2002年以国防军司令身份访华，2006年陪同时任国防部长罗德里格斯访华。 **鲁伊·玛利亚·德·阿劳若**：总理。1964年5月21日生于东帝汶科瓦利马。1985年自帝力中学毕业后赴印尼求学，先后学习英语文学、医学等专业，并从事东帝汶抵抗运动地下工作。1990年至1992年成为东帝汶民族解放军司令夏纳纳与外界联络的信使。1994年毕业于印尼巴厘省乌达雅纳大学医学专业。1994年至1998年在帝力医院从医。2001年毕业于新西兰奥塔哥大学，获公共卫生硕士学位。2001年至2002年担任联合国东帝汶过渡行政当局第二届过渡政府卫生部长。2002年至2006年任东帝汶第一届宪法政府卫生部长，2006年至2007年任东帝汶第二届宪法政府第二副总理兼卫生部长，2011年当选革阵中央委员会委员。2015年2月任东帝汶第六届宪法政府总理。

经　济

发展水平落后，结构失衡，严重依赖油气收入和外国援助，非油气经济主要以传统服务业和农业为主。近年来，东帝汶政府将减少贫困和增加就业作为施政重点，逐步增加财政预算，扩大公共支出，鼓励外来投资，以拉动非油气经济增长。2015年主要经济数据如下：

国内生产总值：16.81亿美元（东财政部预测）。

人均国内生产总值：约1400美元。

经济增长率：4.1%（东财政部预测）。

货币名称：通用美元，发行与美元等值的本国硬币。

通货膨胀率：2%（东财政部预测）。

贫困率：49%（每天生活费低于2美元）。

【资源】主要矿藏有金、锰、铬、锡、铜等。帝汶海石油和天然气资源富集，迄已发现44块油田，探明石油储量约1.87亿吨（约50亿桶），天然气储量约7000亿立方米。2005年7月设立石油基金，根据东帝汶中央银行公布数据，截至2015年6月30日，东石油基金滚存至168.6亿美元。

【工业】2009年工业产值为5800万美元，占国内生产总值的12.8%。以印刷、肥皂、手帕、纺织业为主。年发电量1.37亿千瓦时。

【农业】耕地面积23万公顷，农业人口占总人口71.4%。主要农作物为玉米、稻谷、薯类等，粮食不能自给自足。主要经济作物为咖啡、橡胶、椰子等。2009年农业产值为1.46亿美元，占国内生产总值32.2%。

【服务业】2009年服务业产值2.51亿美元，占国内生产总值的55%。

【旅游业】多山、湖、泉、海滩，发展旅游业具有一定潜力，但旅游资源尚待开发。国际航班少。除帝力外，其他地区旅游实施落后。2012年接待外国旅客55042人次。

【交通运输】基础设施落后，交通不便。

公路：总长6040公里（其中未铺路面公路3440公里），许多道路只能在旱季通车。

水运：帝力港为深水港，另有COM海港、HERA渔港等，货物吞吐量为5000—8000吨。

空运：共有3个一级机场、5个二级机场。帝力机场为东唯一国际机场，可起降波音737型客机，共有3条往返新加坡、巴厘岛和达尔文的国际航线。

【财政金融】2016年财政预算支出15.62亿美元，预算收入与支出持平。境内有葡萄牙国民海外银行（BNU）、澳新银行（ANZ）、印尼曼迪利（Mandiri）银行等外资银行。2009年外汇储备6.44亿美元。

【对外贸易】积极发展外贸，努力扩大出口。根据东帝汶统计局公布的最新数据，2013年，东帝汶外贸总额5.82亿美元，其中：进口5.29亿美元，出口（含再出口）0.53亿美元，贸易逆差4.76亿美元。咖啡是东帝汶对外出口主要产品，出口额约0.16亿美元。进口产品主要为成品油、汽车、电气设备、机械设备、纺织品、粮食、饮料、钢铁制品、建材、家具等。

【外国投资】2008年吸引外资3800万美元。主要投资方为新加坡、泰国、葡萄牙、澳大利亚、英国、韩国、美国等，集中在基础设施建设、咖啡种植、旅游等行业。

【国际援助】1999年底，世行首次召开东帝汶捐助国会议（2003年6月改名为“东帝汶与发展伙伴会议”），此后会议每半年召开一次，讨论东财政预算和国家发展战略，并设立两个基金，即由联合国经管的统一信托基金（CFET）和世行经管的东帝汶信托基金（TFET），作为对东捐助渠道。1999年以来，共有澳大利亚、葡萄牙、日本、美国、联合国有关机构、欧盟等37个国家和国际组织向东提供援助。2011年国际援助额为2.39亿美元。

人民生活

东帝汶被联合国列为全球最不发达国家之一，超过40%的居民每日生活费不足2美元。全国有4家医院，县一级设有卫生中心，仅能向60%人口提供医疗卫生服务。出生率5.7%，5岁以下儿童死亡率5.6%。近50%的儿童营养不良，半数以上人口无饮用水，预期寿命62.5岁。

军　事

东帝汶国防军于2001年2月成立，前身为成立于1975年8月的东帝汶民族解放军。总司令莱雷·蒂穆尔（Lere Timur）。实行志愿兵役制，现有兵力两千余人，2011年度国防预算2152万美元。

东独立过渡期间，由联合国维和部队担负防务工作。独立后，联合国向东派驻维和警察。2006年东发生大规模骚乱，澳大利亚组建国际稳定部队进驻东帝汶。2012年底，联合国驻东帝汶维和警察和国际稳定部队撤离东帝汶。

文化教育

【教育】共有小学700所，初中100所，科技院校10所。东帝汶国立大学于2000年11月重新开办，在校生500人。2011年，15岁以上成年文盲率50.6%，入学率为82.7%。

【新闻出版】主要报纸有:《帝汶邮报》（Timor Post），2002年11月8日创办的葡语报，日发行量约2000份。《东帝汶之声》（Suara Timor Lorosae），德顿语、印尼语和葡语报，日发行量约2000份。尚未成立通讯社，主要葡语新闻来源于葡萄牙卢萨社（LUSA，又名葡通社）。

电台和电视台有：东帝汶国家广播电视台（RTTL），东帝汶之声电台和电视台。广播节目覆盖率90%，电视节目覆盖率30%，用葡语和德顿语播出。

对外关系

奉行务实平衡、睦邻友好的外交政策。重视发展与澳大利亚、印尼、美国、葡萄牙等葡共体国家、太平洋岛国关系，广泛寻求国际援助。东帝汶迄已同100多个国家建交，包括中国在内的15个国家在帝力设立大使馆（或代表处），并派遣常驻大使或代表。阿根廷等30多个国家向东派驻非常任大使或代表。东在中国、葡萄牙、马来西亚、印尼、澳大利亚（兼驻新西兰）、美国、比利时和莫桑比克等国建立大使馆，在纽约设立常驻联合国代表处（常驻代表兼驻美大使），向布鲁塞尔派出常驻欧盟代表（兼驻比利时大使），在悉尼设立总领馆，在印尼巴厘岛和古邦设立领事馆。

重视同联合国等国际组织的关系。截至2005年7月已加入22个国际组织，其中2002年8月加入葡语国家共同体（第8个成员国），9月27日加入联合国（第191个会员国）及联合国儿童基金会、联合国开发计划署、联合国难民事务高级专员公署、联合国人权事务高级专员办事处、联合国妇女发展基金会、联合国人口基金、世界粮食计划署、世界卫生组织等。同年还加入了世界银行、国际货币基金组织、亚洲开发银行、国际刑事法院、国际刑事警察组织。有17个国际组织在帝力设立了办事处。2011年9月，夏纳纳总理赴美出席第66届联大期间会晤联合国秘书长潘基文。2012年8月，联合国秘书长潘基文访问东帝汶。

1999年东帝汶举行全民公投以来，为帮助东组建政府并维持治安，联合国先后向东派驻了以下机构：联合国驻东帝汶特派团（UNAMET，1999年6月）、联合国东帝汶过渡行政当局（UNTAET，1999年10月至2002年5月）、联合国东帝汶支助团（UNMISET，2002年5月至2005年5月）、联合国东帝汶办事处（UNOTIL，2005年5月至2006年5月）、联合国东帝汶综合特派团（UNMIT，2006年8月至2012年12月）。

【同中国的关系】2002年5月20日建交。2008年8月，东帝汶总统奥尔塔来京出席奥运会开幕式。2009年10月，东总理夏纳纳访华并出席第十届西部博览会。2010年4月，东副总理古特雷斯来华出席博鳌亚洲论坛2010年年会并顺访湖北省。7月，东总统奥尔塔来华出席上海世博会东帝汶国家馆日。10月，东总理夏纳纳出席上海世博会闭幕式。11月，东总统奥尔塔出席中葡论坛第五次部长级会议。2011年9月，东总统奥尔塔来华出席亚洲政党专题会议开幕式。10月，东议长拉萨玛来华访问。2012年5月，胡锦涛主席特别代表、全国政协副主席王志珍赴东帝汶出席东独立十周年庆典和总统就职仪式。同月，东外长科斯塔来华进行工作访问。2013年11月，东副总理拉萨马出席中国—葡语国家经贸合作论坛第四届部长级会议开幕式，汪洋副总理会见。2014年4月，东总理夏纳纳来华出席博鳌亚洲论坛2014年年会并正式访华，两国建立睦邻友好、互惠互利的全面合作伙伴关系。2015年9月，东总统鲁瓦克来华出席中国人民抗日战争暨世界反法西斯战争胜利70周年纪念活动。10月，东国防部长克里斯托弗赴华出席第六届香山论坛。2016年1月，国家副主席李源潮在出席瑞士达沃斯世界经济论坛期间同与会的东总理阿劳若举行双边会见。

两国政府签署了《贸易协定》和多项经济技术合作协定。2015年双边贸易额1.1亿美元，同比增长76.5%。中方支持东帝汶建设多个办公楼项目，向东帝汶赠送农机、渔具等物资，为东帝汶公务员提供培训，向东帝汶长期派遣医疗队，支持东帝汶经济重建。中国积极参加联合国援东工作，2000年至2012年中国共派遣民事警察和官员300余人次赴东参加联合国维和行动。

2008年9月，东政府向中国四川地震灾区捐款50万美元。

中国驻东帝汶大使：刘洪洋。馆址：RUA GOVERNADOR SERPA ROSA，FAROL，DILI，TIMOR-LESTE。国家地区号：00670。电话：3325168（办公室），3325167（签证、侨务）；传真：3325166。电子邮箱：chinaembassy2002@yahoo.com。

东帝汶驻中国大使：贲迪拓。馆址：北京市朝阳区东直门外大街23号金岛外交公寓。邮政编码：100600。国家地区号：0086-10。电话：85325459。

【同美国的关系】2002年5月20日建交。同年8月，两国签署关于美军免于引渡到国际刑事法院进行审判的豁免协议以及美军在东“军事地位”协议。2009年2月，东帝汶总统奥尔塔和古特雷斯副总理先后访美。2011年2月，东总理夏纳纳访美。2012年9月，美国务卿克林顿访问东帝汶。两国海军多次举行代号为“鳄鱼”的联合演训，最近一次为2015年11月。

【同澳大利亚的关系】2002年5月20日建交。2010年6月，东帝汶总统奥尔塔对澳进行国事访问。11月，奥尔塔总统再次访澳。2011年4月和10月，澳国防部长史密斯两次访东。2012年2月，东总理夏纳纳访澳。5月，澳总督布莱斯出席东总统鲁瓦克就职仪式和恢复独立10周年庆典。12月，澳外长卡尔访东。2015年3月，东规划与战略投资部长夏纳纳访澳。

【同印尼的关系】2002年5月20日，印尼总统梅加瓦蒂出席东帝汶独立庆典，7月两国建交。2008—2012年，澳总理夏纳纳连续出席5届“巴厘民主论坛”。2011年3月，夏纳纳总理访印尼并出席首届“雅加达国际防务对话会”。同月，东外长科斯塔赴雅加达出席第五届印尼—东帝汶部际联席会议。11月，东总统奥尔塔与印尼总统苏希洛在巴厘岛举行会谈，两国人权部门签署关于延长落实“真相与友谊委员会”建议的谅解备忘录。2012年1月，夏纳纳总理访印尼。5月，苏希洛总统出席东总统鲁瓦克就职仪式和恢复独立10周年庆典，并对东进行正式访问。9月，东外长古特雷斯访印尼。2015年8月，东总理阿劳若访印尼。2016年1月，印尼总统佐科访东帝汶。

【同其他东盟国家的关系】与东盟各成员国均已建交，并于2011年3月递交加入东盟的正式申请。2009年1月，东帝汶政府东盟事务秘书处正式启用。2010年4月，东总统奥尔塔访柬埔寨、越南、泰国和新加坡。8月，新外长杨荣文访东，缅甸外长吴年温访东。2011年1月，泰外长格实访东。3月，奥尔塔总统访柬。6月，东外长科斯塔访新、缅。7月，泰武装部队司令颂吉提访东。2012年2月，科斯塔外长访泰、老挝。11月，新外长尚穆根访东。12月，东盟秘书长素林访东。2013年4月，东总理夏纳纳访问泰国。6月，夏访问新加坡、菲律宾。9月夏访问越南、柬埔寨、老挝、缅甸。2015年8月，科埃略外长出席第二十二届东盟地区论坛并会见马来西亚、泰国外长。12月，科埃略外长访问菲律宾。

【同日本的关系】2010年3月，东帝汶总统奥尔塔访问日本。2011年8月，日外务大臣政务官菊田真纪子访东。2012年1月，奥尔塔总统访日。3月，东总理夏纳纳和外长科斯塔先后访日。2015年7月，日本外务大臣政务官访东。

【同葡语国家的关系】东帝汶将自身定位为地处亚洲的葡语国家，同葡语国家共同体及其成员国关系是东外交重点之一，2002年8月加入葡语国家共同体（第八个成员国）。与原宗主国葡萄牙关系密切，两国于2002年5月20日建交。2010年10月，东总统奥尔塔访葡。2011年2月，东总理夏纳纳访巴西。3月，东外长科斯塔出席葡萄牙总统席尔瓦连任就职仪式。6—7月，奥尔塔总统访安哥拉、葡萄牙、佛得角。9月，夏纳纳总理访葡；同月，东举行第三届葡共体议会大会。12月，科斯塔外长访葡。2012年1月，佛得角总统丰塞卡对东进行国事访问。5月，葡总统席瓦尔对东进行国事访问。圣多美和普林西比总理帕德里斯访东。7月，东总统鲁瓦克赴莫桑比克出席葡共体第9次首脑峰会。2014—2016年，东担任葡共体轮值主席国。2015年1月，东葡就教育领域达成合作协议。2015年3月，东担任葡萄牙语国家共同体商业联合会主席。7月，东外交部举办第二十届葡共体部长理事会年会。

【同太平洋岛国的关系】2010年5月，新西兰总督阿南德对东帝汶进行首次国事访问。6月，东外长科斯塔访新。2011年9月，东总理夏纳纳访新并出席太平洋岛国论坛。2012年5月，新总督迈特帕里出席东总统鲁瓦克就职典礼和恢复独立10周年庆典，并对东进行国事访问。9月，新外长麦卡利访东。同月，东外长古特雷斯出席在斐济召开的第三届太平洋国家领导人会议以及在库克群岛举行的第43届太平洋岛国领导人会议。2013年6月，东帝汶总统鲁瓦克访问新西兰。2014年6月，东国务秘书罗伯特出席第二届太平洋岛屿开发论坛。（臧亮）

菲　律　宾

国名　菲律宾共和国（Republic of the Philippines）。

面积　29.97万平方公里。

人口　1亿100万（2015年7月）。马来族占全国人口的85%以上，包括他加禄人、伊洛戈人、邦班牙人、维萨亚人和比科尔人等；少数民族及外来后裔有华人、阿拉伯人、印度人、西班牙人和美国人；还有为数不多的原住民。有70多种语言。国语是以他加禄语为基础的菲律宾语，英语为官方语言。国民约85%信奉天主教，4.9%信奉伊斯兰教，少数人信奉独立教和基督教新教，华人多信奉佛教，原住民多信奉原始宗教。

首都　大马尼拉市（Metro Manila），人口1650万（2010年12月）。年均气温28℃。

国家元首　总统贝尼尼奥·西米恩·阿基诺三世（Benigno Simeon AQUINO III），2010年6月就任。

重要节日　独立日（国庆）：6月12日；巴丹日（纪念二战阵亡战士）：4月9日；英雄节（纪念国父黎刹殉难）：12月30日；基督教主要节日（如圣诞节等）。

简　况

位于亚洲东南部。北隔巴士海峡与中国台湾省遥遥相对，南和西南隔苏拉威西海、巴拉巴克海峡与印度尼西亚、马来西亚相望，西濒南中国海，东临太平洋。共有大小岛屿7000多个，其中吕宋岛、棉兰老岛、萨马岛等11个主要岛屿占全国总面积的96%。海岸线长约18533公里。属季风型热带雨林气候，高温多雨，湿度大，台风多。年均气温27℃，年降水量2000毫米—3000毫米。

14世纪前后，菲律宾出现了由土著部落和马来族移民构成的一些割据王国，其中最著名的是14世纪70年代兴起的苏禄王国。1521年，麦哲伦率领西班牙远征队到达菲律宾群岛。此后，西班牙逐步侵占菲律宾，并统治长达300多年。1898年6月12日，菲律宾宣告独立，成立菲律宾共和国。同年，美国依据对西班牙战争后签订的《巴黎条约》占领菲律宾。1942年，菲律宾被日本占领。第二次世界大战结束后，菲律宾再次沦为美国殖民地。1946年7月4日，美国同意菲律宾独立。菲独立后，自由党和国民党轮流执政。1983年8月，反对党领导人贝尼尼奥·阿基诺被谋杀，导致政局动荡。1986年2月7日，菲提前举行总统选举，贝尼尼奥·阿基诺的夫人科拉松·阿基诺在民众、天主教会和军队的支持下出任总统。此后，拉莫斯和埃斯特拉达先后按宪制当选总统。2001年1月，埃斯特拉达因受贿丑闻被迫下台，副总统阿罗约继任总统。2004年6月，阿罗约当选总统。2010年6月，自由党候选人阿基诺三世就任菲第15届总统。

政　治

实行总统制。总统是国家元首、政府首脑兼武装部队总司令。阿基诺总统主张打击腐败，建立公正的司法体系，发展农业，推进土地改革，同南部“摩洛伊斯兰解放阵线”等分离组织进行全面和谈，促进国家团结和民族和解。菲律宾政局总体稳定。

【宪法】独立后共颁布过三部宪法。现行宪法于1987年2月2日由全民投票通过，由科拉松·阿基诺总统于同年2月11日宣布生效。该宪法规定：实行行政、立法、司法三权分立政体；总统拥有行政权，由选民直接选举产生，任期6年，不得连选连任；总统无权实施戒严法，无权解散国会，不得任意拘捕反对派；禁止军人干预政治；保障人权，取缔个人独裁统治；进行土地改革。

【议会】称国会。最高立法机构，由参、众两院组成。参议员任期6年，每3年改选1/2，可连任两届。众议员任期3年，可连任3届。2010年7月，菲产生新一届国会，参议员24人，众议员291人。2013年5月中期选举改选半数参议员和全部众议员。现任参议长德里隆（Franklin M. Drilon），众议长贝尔蒙特（Feliciano Belmonte，Jr.）。

【政府】本届政府于2010年6月组成，此后略有调整。截至2016年2月，内阁成员35名：文官长帕奎托·奥乔亚（Paquito OCHOA Jr.），外交部长阿尔韦特·德尔罗萨里奥（Albert Del ROSARIO），财政部长塞萨尔·普利斯马（Cesar PURISIMA），司法部长艾曼努尔·卡帕拉斯（Emmanuel CAPARAS），农业部长普罗塞索·阿尔卡拉（Proceso ALCALA），国防部长伯尔泰勒·加斯明（Voltaire Gazmin），贸易与工业部长阿德里安·克里斯托波尔（Adrian CRISTOBAL），公共工程与公路部长罗杰里奥·辛松（Rogelio SINGSON），教育部长阿明·路易斯特罗（Armin LUISTRO），劳工与就业部长罗萨琳达·巴尔多兹（Rosalinda BALDOZ），预算与管理部长佛罗伦西奥·阿巴德（Florencio ABAD），卫生部长简内特·洛瑞塔（Janette P.Loreta-Garin），土地改革部长维吉里奥·德洛斯雷耶斯（Virgilio de los REYES），内务与地方政务部长梅尔·萨米恩托（Mel Senen Sarmiento），环境与自然资源部长雷蒙·帕耶（Ramon PAJE），交通与通讯部长约瑟夫·埃米利奥·阿巴亚（Joseph Emilio A. ABAYA），社会福利部长科拉松·索里曼（Corazon SOLIMAN），科技部长马里奥·蒙特赫（Mario MONTEJO），旅游部长拉蒙·吉米内斯（Ramon JIMENEZ），能源部长泽奈达·门萨达（Zenaida Y. MONSADA），新闻部长兼总统府发言人陈显达（Edwin LACIERDA），国家经济发展署署长阿森尼奥·巴李萨坎（Arsenio M. BALISACAN），新闻部长埃米尼奥·科罗马（Herminio B. COLOMA, Jr.）国家安全顾问凯撒·加西亚（Cesar P. GARCIA, Jr.），内阁部长何塞·雷恩·阿尔门德拉斯（Jose Rene ALMENDRAS），总统府幕僚长茱利娅·阿巴德（Julia ABAD），总统法律顾问艾德琳（Erdelyne GO），总统和平进程顾问特莉西塔·德雷斯（Teresita DELES），高等教育委员会主席帕特里西亚·里古安南（Patricia LIGUANAN），总统政治顾问罗纳尔多·伊拉马斯（Ronaldo M. LLAMAS, 大马尼拉发展署署长埃莫森·卡洛斯（Emerson S.CARLOS），总统公共沟通和战略规划办公室主管曼努埃尔·奎松（Manuel L.Quezon），国家反贫委员会主席何塞·洛卡莫拉（Jose ROCAMORA），棉兰老发展署署长鲁瓦哈提·安东尼诺（Luwalhati ANTONINO），穆斯林全国委员会主席亚思敏·布斯兰（Yasmin BUSRAN-LAO）。

【行政区划】全国划分为吕宋、维萨亚和棉兰老三大部分，设有首都地区、科迪勒拉行政区、棉兰老穆斯林自治区等17个地区，下设81个省和117个市。

【司法机构】司法权属最高法院和各级法院。最高法院由1名首席法官和14名陪审法官组成，均由总统任命，拥有最高司法权；下设上诉法院、地方法院和市镇法院。现任首席大法官玛利亚·塞雷诺（Maria Lourdes SERENO）。检察工作由司法部检察长办公室负责，总检察长克莱罗·阿里拉诺（Claro ARELLANO）。

【政党和团体】有大小政党100余个，大多数为地方性小党。主要政党和团体有：

（1）自由党（Liberal Party）：执政党，由菲第5任总统曼努埃尔·罗哈斯于1946年创立，早期成员主要是从菲国家主义党内分裂出来的自由派人士。20世纪70年代后期，该党在秘书长阿基诺的领导下，反对马科斯独裁统治，是推翻马科斯政权的主要力量之一。2001年阿罗约政府上台后，该党加入执政联盟，后又脱离执政联盟，并推选阿基诺三世参加2010年总统大选。阿最终以42%的得票率当选菲律宾第15任总统。现任党主席是阿基诺总统，总裁是内政部长罗哈斯。

（2）基督教穆斯林民主力量党（LAKAS-CMD）：系前总统拉莫斯于1991年底创立，由人民力量党、全国基督教民主联盟、菲律宾穆斯林民主联盟、团结党等整合而成。主张实行两党制，通过修宪扩大地方政府权力，改革选举制度，将总统任期6年1届修改为4年1届，可连任两届；主张通过谈判实现民族和解，促进社会稳定。经济上重视农业发展，增加就业，扶助贫困，加快私有化进程；倡导经济外交，奉行开放政策。1992年该党在大选中获胜，成为执政党。1998年大选中败于菲律宾民众奋斗党联盟。2001年阿罗约就任总统后，该党成为执政联盟的核心。2002年10月，该党针对2004年大选，对执政联盟进行再次整合改组。该党主席是参议员里维拉，总裁是众议员罗姆尔德兹，前总统阿罗约任名誉主席。

（3）民族主义人民联盟（Nationalist People's Coalition-NPC）：是前总统埃斯特拉达的执政联盟——民众奋斗党（LAMP）成员之一。2000年10月，埃被弹劾后，该党成为独立党派。现为众议院第二大党。该党支持修改宪法。为防止总统权力过大，主张实行议会制政体及实行两党制，支持加快国有企业私有化。该党总裁是前众议员圣胡安（Frisco F. SAN JUAN）。

（4）摩洛民族解放阵线（Moro National Liberation Front）：简称“摩解”，南部穆斯林武装组织。1968年创立，旨在棉兰老地区建立独立的伊斯兰国家。1987年南部各省举行公投，建立由棉兰老岛四省组成的“棉兰老穆斯林自治区”（ARMM），密苏阿里任主席。1996年，政府与摩解达成和平协议。2001年，密苏阿里与阿罗约政府发生利益冲突，其支持者于11月在霍洛岛发动武装叛乱。政府迅速平叛，宣布密犯有叛乱罪。密潜逃至马来西亚沙巴，被马政府逮捕并于2002年1月引渡回菲。2007年2月，阿罗约总统下令执行与摩解的和平协议条款，希望通过和平、发展、多种信仰对话及国际合作实现与摩解的最终和解，解决菲南部冲突。阿基诺总统就任后基本延续这一政策。

（5）摩洛伊斯兰解放阵线（Moro Islamic Liberation Front）：简称“摩伊解”，菲最大的穆斯林反政府组织。现有武装力量1.25万人，主要活跃在棉兰老岛。1978年，以哈希姆·萨拉马（Hashim SALAMAT）为首的强硬派从摩解脱离后建立。2003年萨拉马去世后，穆拉特（Al Haj Ebrahim MURAD）

任主席。主张建立独立的伊斯兰国家，坚持武装斗争。摩伊解与政府虽多次签署停火协议，但均未能得到有效执行。2000年4月摩伊解与政府冲突升级为“全面战争”，摩伊解的营地被政府军全部攻占，其武装力量溃散后，继续以小股武装袭击政府军和民用设施。自2001年开始，阿罗约政府与摩伊解重开和谈，并曾签署停火协议与和平协议，但双方武装冲突仍时有发生。2003年，南部地区发生多起恐怖爆炸案件，政府认为是摩伊解所为，宣布通缉其主要领导人，威胁要将摩伊解列为恐怖组织。此后，在马来西亚协调下，双方进行多轮谈判，取得了一定进展。阿基诺总统主张同摩伊解等分离组织进行全面和谈，推动外国斡旋调停，促进国家团结和民族和解。2012年10月，菲律宾政府宣布与摩伊解达成框架和平协议，这标志着菲向着结束南部棉兰老地区持续多年的民族冲突迈出重要一步。2014年3月正式签署此和平协议。

（6）菲律宾共产党（Communist Party of the Philippines）：成立于1930年，1967年发生分裂。1968年，在何塞·西逊（Jose SISON）主持下进行改组重建，此后发展迅速，20世纪80年代中期党员达到3万多人。主张通过武装斗争和建立统一战线，夺取国家政权。1969年，菲共在中吕宋建立新人民军，开展武装斗争。新人民军现有1.1万人。菲政府自1993年起与菲共领导的全国民主阵线举行和谈。双方时谈时战，迄未达成实质性和平协议。“9·11”事件后，菲政府对新人民军采取了强硬措施，包括军事打击。2002年，菲政府将新人民军宣布为恐怖组织，并促使美国和欧盟也将新人民军列为国际恐怖组织，冻结其海外资产。菲共与政府关系破裂，双方和谈停顿。菲共与政府关系破裂，双方和谈停顿。2004年2月和谈重启，但由于美国政府将菲共及其武装列入“恐怖组织”名单，导致谈判陷入停顿。阿基诺总统主张同“菲共”和谈，但有关谈判未有实质进展。

其他政党有民主行动党（Aksyon Demokratiko）、地方发展优先党（Promdi-Probinsiya Muna Development lnitiative）、改革党（Reporma）、民主战斗党（LDP-Lanban ng Demokratikong Pilipino）、民族党（Nationalista Party）等。

【重要人物】贝尼尼奥·西米恩·阿基诺三世：总统。1960年2月8日出生于马尼拉。是已故总统阿基诺夫人的儿子。毕业于菲律宾雅典耀大学经济学系。1998年任菲国会众议员，2001年、2004年两次连任。2007年当选参议员。现任自由党主席。2010年6月当选总统，任期至2016年6月底。未婚。**杰乔马·比奈**：副总统。1941年11月生于马尼拉。毕业于菲律宾大学，获政治学和法学双学位，1986年任马卡蒂执行市长，1988年正式当选马卡蒂市长并连任至1998年，1998—2001年任大马尼拉发展署主席。2001—2010年，再次担任马卡蒂市长。2010年6月当选菲律宾副总统，任期至2016年6月底。已婚，有5个子女。

经济

出口导向型经济。第三产业在国民经济中地位突出，农业和制造业也占相当比重。20世纪60年代后期采取开放政策，积极吸引外资，经济发展取得显著成效。80年代后，受西方经济衰退和自身政局动荡影响，经济发展明显放缓。90年代初，拉莫斯政府采取一系列振兴经济措施，经济开始全面复苏，并保持较高增长速度。1997年爆发的亚洲金融危机对菲律宾冲击不大，但其经济增速再度放缓。2003—2014年，菲律宾经济起起落落，但年均增长率达5%以上。其中2007年高速增长，国内生产总值（GDP）增长一度达到7.1%。2009年，受全球金融危机影响，GDP仅增长1.1%。2010年，由于全球经济复苏带动其出口增长以及选举支出的拉动，GDP增长反弹到7.3%，创35年来最高纪录。2012年以来，菲经济实现持续高速增长，2012年和2013年GDP同比分别增长6.8%和7.2%,2014年回落到6.1%，但仍是亚洲增长第2快的国家，仅次于中国。

2015年主要经济数据如下：

国内生产总值：2850亿美元。

人均国内生产总值：2799美元。

国内生产总值增长率：5.8%。

货币名称：比索（Peso）。

汇率：1美元≈47.5比索（2016年2月）。

通货膨胀率：1.1%。

失业率：5.7%（2016年2月）。

【资源】菲律宾境内矿产资源主要有铜、金、银、铁、铬、镍等20余种。铜蕴藏量约48亿吨、镍10.9亿吨、金1.36亿吨。地热资源预计有20.9亿桶原油标准能源。巴拉望岛西北部海域有石油储量约3.5亿桶。2013年采矿和采石业产值为28亿美元，占当年GDP的0.98%。

【工业】2012年工业产值约为3.2万亿比索，同比增长10.9%。工业产值占国内生产总值33.3%。从业人口约占总劳动力15%。制造业占工业总产值70.1%，建筑业占14.0%，矿产业占4.8%，电力及水气业占11.1%。

【农业】2014年农业产值为319亿美元，占GDP的11.31%。主要出口产品为：椰子油、香蕉、鱼和虾、糖及糖制品、椰丝、菠萝和菠萝汁、未加工烟草、天然橡胶、椰子粉粕和海藻。

农业产值占国内生产总值的11.31%。

森林面积1579万公顷，覆盖率达53%。有乌木、檀木等名贵木材。

水产资源丰富，鱼类品种达2400多种，金枪鱼资源居世界前列。已开发的海水、淡水渔场面积2080平方公里。

【服务业】2010年服务业产值约为4.96万亿比索，比上年增长12%。占国内生产总值的54.8%，从业人口占总劳力的54.8%。菲是全球主要劳务输出国之一，在海外工作的劳工有1000多万。2014年菲海外劳工汇款达269亿美元，同比增长6.2%，占GDP的9.5%。

【旅游业】外汇收入重要来源之一。2014年到访菲律宾的外国游客约为486万人次，比2013年减少0.62%，旅游业收入48.4亿美元，同比增长10%。主要旅游点有：百胜滩、蓝色港湾、碧瑶市、马荣火山、伊富高省原始梯田等。

【交通运输】以公路和海运为主。铁路不发达，集中在吕宋岛。航空运输主要由菲律宾航空公司等航运企业经营，全国各主要岛屿间都有航班。2014年交通、通讯及仓储业产值为176亿美元，同比增长2.3%占GDP的6.2%。据菲律宾国家铁路、陆地运输办公室、海洋工业局、菲律宾航空公司数据：

铁路：总长1200公里。

公路：总长约20万公里。客运量占全国运输总量的90%，货运量占全国运输货运量的65%。

水运：总长3219公里。全国共有大小港口数百个，商船千余艘。主要港口为马尼拉、宿务、怡朗、三宝颜等。

空运：各类机场共163个。国内航线遍及40多个城市，与30多个国家签订了国际航运协定。主要机场有首都马尼拉的尼诺·阿基诺国际机场、宿务市的马克丹国际机场和达沃机场等。

（资料来源：菲国家铁路、陆地运输办公室、海洋工业局、菲律宾航空公司）

【财政金融】近几年财政收支情况如下（单位：亿比索）：

	2011	2012	2013	2014
收入	13599	13120	21445	24333
支出	15570	15170	20342	23167
差额	–1971	–1160	1102	1165

截至2014年底，菲律宾外汇储备为798亿美元，外债余额为777亿美元，占GDP的比例由2013年的20.5%上升至27.5%。

（资料来源：财政部、菲律宾中央银行）

主要银行有：首都银行，资产额155亿美元；菲岛银行，资产额138亿美元。

【对外贸易】与150个国家有贸易关系。近年来，菲政府积极发展对外贸易，促进出口商品多样化和外贸市场多元化，进出口商品结构发生显著变化。非传统出口商品如成衣、电子产品、工艺品、家具、化肥等的出口额，已赶超矿产、原材料等传统商品出口额。近几年贸易额如下（单位：亿美元）：

	2011	2012	2013	2014
总额	1088	1090	1191.09	1245
出口	483	520	566.98	618
进口	605	570	624.11	627
差额	–122	–50	–57.13	–9

（资料来源：菲律宾国家统计办公室、中央银行、亚洲开发银行）

【外国资本】据菲中央银行统计，2013年外国对菲直接投资约为39亿美元。主要来源地为墨西哥、日本、美国、新加坡等地，主要投资领域为制造业、物流业、房地产、金融保险、矿业。

【外国援助】外援主要来自日、美、西欧国家和国际金融组织。每年国外承诺给予菲各项援助约20亿美元。

人民生活

据国家统计办公室、卫生部、劳工部2009年统计，菲律宾家庭年均收入20.6万比索。近年来，人民生活水平提高较慢，2012年6月贫困家庭比率为27.9%。2012年消费品价格指数同比上涨2.8%。人均寿命70岁，人口出生率1.9%。

军　事

1901年建立保安队。1936年以保安队为基础建立陆军。1946年以陆军为基础建立国防军，分海、陆、空和保安军4个军种。1950年4月19日正式改称菲律宾武装部队，并将3月22日（1897年菲反抗西班牙殖民统治成立革命政府的日期）定为建军节。总统是最高统帅。武装部队司令部为三军最高指挥机构，总参谋长是最高军事指挥官。国防部是三军行政管理机构。现任国防部长伯尔泰勒·加斯明，武装部队总参谋长艾里贝里。实行志愿兵役制，服役期3年以上。

菲武装力量由正规军、预备役和准军事部队组成，其中正规军总兵力12.7万人。陆军8.6万人，共辖10个步兵师、1个轻型装甲师、5个工兵旅等。海军2.3万人，共辖舰队—陆战队待机部队、北吕宋、南吕宋、西部、中部、东棉兰老、西棉兰老7个海军部队。空军1.8万人，共辖3个空军师、8个作战 / 支援联队等。

国家警察部队于1991年1月正式组建，隶属于内务与地方政府部。总兵力9.55万人，是仅次于菲武装部队的准军事力量，在各地区、省、县、市、镇均设有国警指挥部和警察局。2013年国防预算898亿比索。

文化教育

【教育】宪法规定，中小学实行义务教育。政府重视教育，鼓励私人办学，为私立学校提供长期低息贷款，并免征财产税。初、中等教育以政府办学为主。截至2006年，全国共有中、小学44302所，小学生入学率达91%，中学生入学率60%。高等教育主要由私人控制。全国共有高等教育机构1599所，在校生约244万人。著名高等院校有菲律宾大学、阿特尼奥大学、东方大学、远东大学、圣托玛斯大学等。2012年教育预算为55.13亿美元。2013年教育预算为2927亿比索。

【新闻出版】主要英文日报:《马尼拉公报》、《菲律宾星报》、《菲律宾每日问询者报》、《自由报》、《马尼拉时报》、《马尼拉纪事报》。菲文日报:《消息报》、《菲律宾快报》。华文日报:《世界日报》、《商报》、《菲华时报》、《联合日报》和《环球日报》。

菲律宾通讯社：官方通讯社，成立于1973年3月1日。与中国、马来西亚、印尼、泰国、巴基斯坦、日本等15个国家和地区的通讯社建有新闻交换关系，与美联社、路透社均有工作联系。

新闻组织有全国新闻记者俱乐部、新闻摄影家协会、出版者协会等。全国有257家出版机构。

全国有629家广播电台，其中商业电台488家，非商业电台51家，其中包括32家政府台、10家宗教台和7家教育台。137家电视台，其中广播局和人民电视台属官方性质，其余均为私人所有。菲广播电台、电视台使用的语言主要是英语、菲律宾语和华语。

对外关系

奉行独立的外交政策，迄已同126个国家建交。对外政策目标是：确保国家安全、主权和领土完整；推动社会发展，保持菲律宾在全球的竞争力；保障菲海外公民权益；提升菲律宾国际形象；与各国发展互利关系。

【同中国的关系】1975年6月9日建交。2012年以来，双边重要互访和会见主要有：2012年3月，中国政府特使、农业部副部长牛盾访菲律宾并出席“中菲友好交流年”菲方启动仪式。10月，中国政府特使、外交部副部长傅莹访菲并举行中菲第18次外交磋商。11月，外交部长杨洁篪在亚欧会议期间应约同菲外长德尔罗萨里奥会面。

2012年1月，菲副外长巴西里奥来华举行中菲第17次外交磋商。4月，菲众议院外委会主席比查拉访华并出席“中菲友好交流年”中方启动仪式。8月，菲外长德尔罗萨里奥来华探望因病住院的菲驻华大使布蕾迪，期间同外交部长杨洁篪会晤。9月，菲总统特使、内政部长罗哈斯来华出席中国—东盟博览会，习近平副主席会见。11月，菲旅游部长吉米内兹来华出席上海国际旅游博览会。2013年8月，菲外长德尔罗萨里奥来华参加中国—东盟特别外长会。2014年11月，阿基诺总统应邀来华出席亚太经合组织（APEC）第二十二次领导人非正式会议，期间习近平主席同其简短会面。2015年11月，习近平主席赴菲出席APEC第二十三次领导人非正式会议。同月，王毅外长赴菲工作访问，同德尔罗萨里奥外长举行会谈，并会见阿基诺总统和奥乔亚文官长。

2015年，双边贸易额456.5亿美元，同比增长2.7%，其中中国出口266.73亿美元，增长13.7%，进口189.76亿美元，下降9.57%。中国对菲律宾贸易呈现顺差，顺差额为79.97亿美元。

截至2015年底，菲累计对华实际投资额为32.28亿美元，中国累计对菲直接投资额为7.83亿美元。其中2015年，中国对菲直接投资额为2371万美元，菲对华投资3867万美元。

中国驻菲律宾共和国大使：赵鉴华。馆址：4896 Pasay Road，Dasmarinas Village，Makati，Metro Manila Philippines。国家地区号：00632。电话：8443148；传真：8452465。电子信箱：chinaemb_ph@mfa.gov.cn。经商处电话：8195991；传真：8184553。签证处电话：8482396；传真：8482460。

菲律宾驻华大使：艾尔琳达·巴西里奥（女）（Erlinda F. Basilio）。馆址：北京市朝阳区建国门外秀水北街23号。国家地区号：0086-10。电话：65321872，65322518，65322451。

【同美国的关系】菲律宾曾是美殖民地，两国长期保持密切的盟国关系。两国签有共同防御条约和共同防御援助协议。1991年菲参议院废除了菲美军事基地协定，结束了美在菲长达93年的驻军。1998年，两国签署《访问部队协定》。该协定使得美军重返菲律宾，两国恢复大规模联合军事演习。“9·11”事件使菲美军事合作得到明显加强。菲政府支持美反恐行动及对阿富汗和伊拉克战争，向美开放军事设施，提供后勤服务。美国承诺向菲提供新的军事装备，加大对菲军事经济援助，向菲派遣专家协助反恐训练。

美是菲第二大官方援助国和第二大贸易伙伴。据菲方统计，2012年菲美贸易总额占菲外贸的14.2%。截至目前，美在菲能源和电力领域累计投资超过20亿美元。美在菲旅游市场占主导地位，年赴菲游客达50万。美也是菲最大的劳务输出国，在美菲籍劳工和侨民达300万。

2012年4月，菲外长德尔罗萨里奥、国防部长加斯明访美并与美国务卿、国防部长举行“2+2”会谈。6月，菲总统阿基诺访美。12月，菲美第三轮战略对话在马尼拉举行。2014年4月28—29日，美国总统奥巴马访问菲律宾。2016年1月，菲外长德尔罗萨里奥、国防部长加斯明访美并与美国务卿、国防部长举行第二次“2+2”会谈。

【同日本的关系】1956年7月建交。菲律宾积极支持日本在国际事务中发挥与其经济影响相称的政治作用。日本是菲最大援助国和最大贸易伙伴。2008年10月，菲参议院审议通过菲日2006年签署的经济伙伴关系协议。2012年6月，菲外长德尔罗萨里奥访日。2014年6月24日，菲总统阿基诺三世出访日本。2016年1月26日—30日，日本明仁天皇、美智子皇后访问菲律宾。

【同东盟国家的关系】菲律宾将发展同东盟其他国家的关系列为对外政策的重点方向，以东盟为依托发挥自身在地区和国际事务中的作用。菲积极参与和推动东盟内部各项合作及经济一体化进程。2014年5月10—11日，菲总统阿基诺三世参加第24届东盟峰会。

与马来西亚往来较为密切，双方在沙巴领土主权问题上存在争议。近年来，马为菲政府和摩洛伊斯兰解放阵线和谈积极提供协助。2012年1月，马外长阿尼法访菲。5月，菲副总统比奈访马。7月，马外长阿尼法赴菲同菲外长举行双边会谈。10月，马来西亚总理纳吉布正式访菲。2014年2月27—28日，菲总统阿基诺三世访问马来西亚。2014年3月，马来西亚总理纳吉布访问菲律宾。

与泰国关系良好。两国1993年成立以外长为主席的双边联委会。1999年，双方成立贸易联委会机制。2012年1月，泰国总理英拉对菲律宾进行正式访问。

与印度尼西亚在反恐、打击跨国犯罪、划分海域边界、加强经贸投资以及联合国改革等问题上合作顺利。2011年3月，菲总统阿基诺三世访问印尼。2012年7月，印尼外长马尔迪访菲。2014年5月22—23日，印尼总统苏希洛访问菲律宾。2015年2月8日—9日，印尼总统佐科访问菲律宾。

与新加坡关系良好。新是菲第四大贸易伙伴和重要游客来源国。2011年3月，菲总统阿基诺三世访问新加坡。2014年4月，新加坡总统陈庆炎访问菲律宾。

与文莱、越南、老挝、柬埔寨和缅甸等东盟国家关系良好，各领域往来交流与互利合作不断发展。

（唐瑭）

格鲁吉亚

国名 格鲁吉亚（Georgia）。

面积 6.97万平方公里。

人口 372.9万（2015年1月1日），其中格鲁吉亚族占总人口的83.8%，阿塞拜疆族占6.5%、亚美尼亚族占5.7%、俄罗斯族占1.5%。此外还有奥塞梯族、阿布哈兹族、希腊族等。格鲁吉亚语为官方语言，居民多通晓俄语。多数居民信奉东正教，少数信奉伊斯兰教。

首都 第比利斯（Tbilisi），人口372.9万（2015年1月1日），年平均气温12.8℃。

国家元首 总统乔治·马尔格韦拉什维利（Giorgi Margvelashvili），2013年10月27日当选，任期至2018年10月。

重要节日 新年：1月1日；圣诞节：1月7日；洗礼节：1月19日；母亲节：3月3日；国难日：4月9日；建军节：4月30日；胜利日：5月9日；圣安德鲁节：5月12日；独立日（国庆节）：5月26日；圣母节：8月28日；姆茨赫托巴节（姆茨赫塔系格古都，此为奠基纪念日）：10月14日；圣乔治节（圣乔治为格保护神）：11月23日。

简况

位于南高加索中西部。北接俄罗斯，东南和南部分别与阿塞拜疆和亚美尼亚相邻，西南与土耳其接壤，西邻黑海。海岸线长309公里。部分地区属高山气候，西部属亚热带地中海气候。1月份平均气温3℃—7℃，8月平均气温23℃—26℃。

公元前6世纪，在现格鲁吉亚境内建立了奴隶制的科尔希达王国。公元4—6世纪建立封建国家。公元337年起信奉基督教，古格鲁吉亚文字停止使用，由希腊文与叙利亚文混合而成的新文字替代。公元6—10世纪基本形成格鲁吉亚族，公元8—9世纪初建立卡赫齐亚、爱列京、陶－克拉尔哲季封建公国和阿布哈兹王国。19世纪初，格鲁吉亚被沙皇俄国兼并。1921年2月25日，成立格鲁吉亚苏维埃社会主义共和国。同年12月，阿布哈兹苏维埃社会主义共和国加入格鲁吉亚（1931年2月以后改为苏维埃社会主义自治共和国）。1922年3月12日，格鲁吉亚加入外高加索苏维埃社会主义联邦共和国，同年12月作为该联邦成员加入苏联。1936年12月5日格鲁吉亚苏维埃社会主义共和国正式成为苏联加盟共和国。1990年11月4日，发表独立宣言，改国名为“格鲁吉亚共和国”。1991年4月9日，正式宣布独立。同年5月26日，“自由格鲁吉亚圆桌会议”领导人加姆萨胡尔季阿当选格首任总统，后于1992年1月被推翻。1992年3月11日，前苏联外长谢瓦尔德纳泽被任命为国务委员会主席，11月被确认为国家元首。1995年8月24日定国名为“格鲁吉亚”。2003年11月发生“玫瑰革命”，萨卡什维利在随后举行的选举中当选总统，2008年连选连任。2012年10月，反对党“格鲁吉亚梦想”联盟在议会大选中以54.97%的得票率获胜，2013年10月，其候选人马尔格韦拉什维利赢得格总统大选，“格鲁吉亚梦想”联盟完全控局。

政治

2013年格政局进一步发生重大改变。格政体由总统议会制向议会总统制过渡。控制议会的执政党“格鲁吉亚梦想”联盟与占据总统宝座的反对派“统一民族运动”党围绕10月的总统选举展开较量。双方利用各自掌控的行政资源全力备选，“格鲁吉亚梦想”执政联盟揭开前政府高官贪腐案，前总理梅拉比什维利和第比利斯市长乌古拉瓦等“统一民族运动”党主要精英全部被拿下马，该党再无强有力的候选人选。“格鲁吉亚梦想”执政联盟则在首富伊万尼什维利领导下，稳扎稳打，步步为营，最终在10月27日总统选举中，“其候选人马尔格韦拉什维利以高票首轮获胜，从而实现了对总统、政府、议会中央政权的全面掌控。总统选举结束后，总理伊万尼什维利立即宣布退出政坛，年轻的前内务部长加利巴什维利出任新政府总理，前总统萨卡什维利为躲避清算离开格鲁吉亚。2015年12月，加宣布辞职，前副总理兼外长乔治·克维里卡什维利（Giorgi Kvirikashvili）接任总理。

【宪法】格鲁吉亚独立后实行立法、司法、行政三权分立制度。第一部宪法由议会于1995年8月24日通过。2004年2月17日，格议会通过“关于组建内阁”宪法修正案，规定格为总统制三权分立国家，总统是国家元首兼武装力量最高统帅，有权提名总理和国防、内务、安全等强力部门部长人选，由议会批准。其他内阁成员由总理向总统建议后，由总统提交议会批准。总统和议会由投票方式直接选举产生。总统有权解散政府，有权依宪解散议会。2010年9月26日，格议会以123票绝对多数通过宪法修正案，实行总统与总理之间相对均衡的权力分配。新宪法于2013年总统选举后正式生效。

【议会】议会是最高立法机构，一院制，据新选举法规定，由150名议员组成，其中按比例制选举产生的议员占77席，按单一制选举产生的议员占73席，任期五年。任何在选举中得票超过5%门槛的政党将自动在议会中获得6席，从而达到在议会中组成派别的最低限度。议长为国家二号人物，总统缺位时，议长履行其职能。现任议长为大卫·乌苏帕什维利（Davit Usupashvili）。

【政府】格现政府主要成员有：总理乔治·克维里卡什维利，副总理兼经济发展部长迪米特里·库姆西什维利（Dimitry Kumsishvili），副总理兼能源部长卡哈·卡拉泽（Kakhi Kaladze），与北约、欧洲一体化事务国务部长大卫·巴克拉泽（David Bakradze），和解与公民平等事务部国务部长帕塔·扎卡列伊什维利（Paata Zakareishvili），地区发展和基础设施部长诺达尔·扎瓦西什维利（Nodar Javakhishvili），财政部长诺达尔·哈杜里（Nodar Khaduri），主管侨民事务国务部长盖拉·顿巴泽（Gela Dumbadze），教育和科技部长塔穆娜·桑尼基泽（Tamar Sanikidze，女），体育和青年事务部长塔里奥·赫奇卡什维利（Tariel Khechikashvili），环保和自然资源部长吉格拉·阿古拉什维利（Gigla Agulashvili），国防部长梯娜婷·希达舍里（Tinatin Khidasheli，女），司法部长特娅·楚卢基阿尼（Tea Tsulukiani，女），文化和古迹保护部长米哈伊尔·吉奥加泽（Mikheil Giorgadze），难民和安置部长索扎·苏巴里（Sozar Subari），外交部长米哈伊尔·佳内利泽（Mikheil Janelidze），农业部长奥塔·达内利亚（Otar Danelia），内务部长乔治·姆赫布里什维利（Giorgi Mghebrishvili），劳动、卫生和社会保障部长大卫·谢尔吉延科（David Sergeenko），劳教、调查和司法援助部长卡哈·卡希什维利（Kakha Kakhishvili）。

【司法机构】司法独立，设宪法法院、最高法院、总检察院、监察院。最高法院是最高审判机关，院长和大法官由总统提名，议会选举产生，任期10年。不允许设立专门和特别法院。战争期间可设军事法院。现任最高法院院长为尼诺·格温妮塔泽（Nino Gvenetadze，女）。宪法法院法官有9名，总统、议会和最高法院各任命3人，任期10年，现任宪法法院院长是乔治·帕普亚什维利（Giorgi Papuashvili）。总检察院总检察长由总理提名，议会批准，任期不定。现任总检察长乔治·巴达什维利（Giorgi Badashvili）。

【行政区划】全国由首都第比利斯、九个大区（古利亚、拉恰—列其呼米和下斯瓦涅季亚、萨梅格列罗—上斯瓦涅季亚、伊梅列季、卡赫季、姆茨赫塔—姆季阿涅季、萨姆茨赫—扎瓦赫季、克维莫—卡尔特里、什达—卡尔特里）、一个自治州（南奥塞梯）、两个自治共和国（阿布哈兹、阿扎尔）组成。

【政党】目前在格司法部登记的政党有100多个，据社会调查机构不完全统计，三分之二以上的格居民是党派成员。其中较有影响的有：

（1）“格鲁吉亚梦想—民主格鲁吉亚”党（Georgian Dream-Democratic Georgia）：现为主要执政党，由格首富伊万尼什维利于2011年10月创建。该党主张复兴农业；实行减免税收等惠民政策，为每一个格公民提供基本的医疗保险；在外交方面继续融入欧盟和北约，但与俄罗斯实现关系正常化也同样重要。该党目前与“我们的格鲁吉亚—自由民主党”、共和党、保守党、“工业拯救格鲁吉亚党”、“国民论坛党”组成“格鲁吉亚梦想”执政联盟。现任党主席为克维里卡什维利总理兼任。

（2）“统一民族运动”党（Unified National Movement）：现为主要反对党，成立于2001年，原执政党。主席萨卡什维利，总书记巴克拉泽。在格各地设100多个分部，党员有数十万。该党主张通过激进方式进行国家改革，全面接受美式民主模式，实行三权分立，严惩腐败，打击影子经济，鼓励发展中小企业，提高退休金和社会福利水平。对外谋求加入北约与欧盟。目标是通过捍卫自由、发展、民主等价值观，建立一个强大的格鲁吉亚。

（3）工党（Labour Party）：成立于1995年。主席纳捷拉什维利，总书记沙特别拉什维利。现有成员22万人，在格各大城市和地区都有党的分支机构。代表大会是工党的基本机关，每四年召开一次。2005年1月工党发生分裂，部分党员宣布成立名为“工党民族委员会”的新政党，放弃与“统一民族运动”党全面对抗的纲领。主张民主、公正，保护人权与自由贸易，强调社会保障，呼吁实行免费教育和公共服务。

（4）“基督教—民主运动”党（Christian-Democratic）：成立于2008年2月。现任主席乔治·塔尔加玛泽。主张根据格鲁吉亚法律和基督教教义建立一个民主、人权、司法独立的社会，提倡爱国，创造健康的经济环境，按照传统价值理念进行教育改革。该党自称保守主义政党，加入了国际民主联盟，是欧洲基督教政治运动的正式会员，与德国、瑞典、荷兰和波兰基督教民主政党建立了合作关系。

（5）“新右翼”党（New Rights）：成立于2001年6月15日。主席加姆克列利泽。现有分支机构70多个，党员1万人。拥护者主要来自中小知识分子阶层和妇女及青少年。资金来源主要依靠中小企业主赞助。该党政治上主张保护个人自由，限制政府权力，保障法治和私产，反对通过街头运动推翻政府；经济上奉行自由主义，主张为企业和个人创造平等的机会，保护中小企业发展，推动格农村建设。主张和平解决阿布哈兹和南奥塞梯问题，视美国为战略盟友。

（6）“工业拯救格鲁吉亚”党（Industry saves Georgia）：成立于1999年1月，由格工商企业主联合发起，现任主席格奥尔基·托巴泽。成员多为小工商业主，拥护者主要来自格大中城市。该党主张保护私有财产，彻底进行私有化改革，将发展独立民族工业作为经济振兴基础，完善立法，保障经营独立自主权，由国家扶持和鼓励发展中小经济，为经济发展创造良好外部环境，改善人民生活条件，提高福利水平，实现社会充分就业等。对外反对格加入北约，认为如格加入北约，将被迫放弃南奥塞梯和阿布哈兹。现加入“格鲁吉亚梦想”政治联盟。

（7）共和党（Republic Party）：成立于1978年5月21日。属中右翼保守自由主义政党。成立时系未经前苏联政府批准的“非法”组织。主要致力于争取恢复格鲁吉亚独立，保障人权，实行市场经济。2003年与萨卡什维利共同参与了“玫瑰革命”。2008年以来为议会中的温和反对派。现任主席哈图娜·萨姆尼泽，党员4200人。共和党对内主张政治多元化、自由民主化，支持言论自由和市场经济，对外反对格俄战争。现加入“格鲁吉亚梦想”政治联盟。

（8）“我们的格鲁吉亚—自由民主党人”党（Our Georgia–Free Democrats）：成立于2009年6月15日。主席伊拉克利·阿拉萨尼亚。反对政府发动2008年格俄战争，呼吁建立强大透明的民主制度，要求萨卡什维利下台。政治上主张通过民主实现法治和保护个人自由；经济上主张保护个人财产，壮大格中产阶级；外交上主张加入欧盟和北约，并与周边国家和平共处。在格24个地区设有分支机构，有党员8000人。现加入“格鲁吉亚梦想”政治联盟。

（9）保守党（Conservative Party）：成立于2001年。为中右翼民族主义政党。现任党首兹维亚德·基吉古利。2004年前曾是萨卡什维利盟友。有党员1.2万人。主张恢复格鲁吉亚国家传统，保护格语，实行法官和地区长官直选。现加入“格鲁吉亚梦想”政治联盟。

（10）“民主运动—统一的格鲁吉亚”党（Democratic Movement–United Georgia）：成立于2008年11月28日。主席尼诺·布尔扎纳泽，总书记瓦赫坦·科尔拜亚，有党员1.5万人。对内呼吁进行更大规模的政治和经济改革，主张保护个人自由，建设公正的法制体系，限制政府权力，保障言论自由；对外主张同时与俄罗斯和欧盟保持密切关系，实现格领土完整。

（11）“格鲁吉亚之路”党（Georgia's Way）：成立于2006年3月，前身为“萨洛梅·祖拉比什维利运动”。主席为格前外长萨洛梅·祖拉比什维利，自2005年11月祖被解除外长职务开始活动，党员约2000人。政策倾向自由主义，主张媒体自由和政治多元化，保护私产、人权和法治；认为格应与俄罗斯关系正常化。

（12）“为了统一的格鲁吉亚运动”党（Movement for United Georgia）：2007年9月27日由格前国防部长伊拉克利·奥克鲁阿什维利宣布创立，次日奥克鲁阿什维利以贪污罪被捕，引发了示威游行。该党正式成立于当年12月15日，议员吉阿·托尔特拉泽被选为主席，奥克鲁阿什维利被选为名誉主席，总书记为埃卡·别谢利亚。主张加强与俄罗斯和欧盟的关系，同时保持和扩大经济和社会改革，要求政府保障政治自由。

（13）“国民论坛”党（National Forum）：2006年12月15日由卡哈·沙塔瓦创立。沙系1993年格鲁吉亚内战中在阿布哈兹遇难的格政治家日乌利·沙塔瓦之子。该党反对格加入北约，认为格应成为中立国。现加入“格鲁吉亚梦想”政治联盟。

【重要人物】乔治·马尔格韦拉什维利：总统，1969年9月4日生。无党派人士。1992年毕业于第比利斯国立大学哲学系。1998年在第比利斯国立大学获哲学博士学位。1993年任格鲁吉亚文化研究院研究员。1994—1995年任“商业日志”公司营销部主任。1995—2000年任“美国国家民主研究所”地区项目顾问。2000—2006年任格鲁吉亚公共事务学院院长。2006—2010年任格鲁吉亚公共事务学院研究部主任。2010—2012年再度任格鲁吉亚公共事务学院院长。2012年10月25日任格鲁吉亚教育和科技部长。2013年2月5日任格鲁吉亚副总理兼教育和科技部长。2013年10月27日当选格鲁吉亚总统。已婚，有2名子女。 **乔治·克维里卡什维利**：总理，1967年7月20日出生。1991年毕业于第比利斯国立医科大学，获得内科学士学位，之后于1995年在第比利斯国立大学获得经济学学士学位。1998年，他在伊利诺伊大学获得金融硕士学位。他曾于2013—2015年担任副总理，同时于2015年兼任外长和2012—2015年兼任经济与可持续发展部长。2015年12月出任格鲁吉亚政府总理。已婚，有4名子女。 **大卫·乌苏帕什维利**：议长，1968

年3月5日出生。1992年毕业于第比利斯国立大学法学专业。1992—1993年，任格鲁吉亚政府高级法律顾问。1993—1995年，任格宪法委员会成员，参与起草宪法。1994—1997年，参与创立非政府组织“格鲁吉亚青年律师协会”，任该组织首任主席。1997—1999年，赴美国杜克大学留学，专业为全球发展。2000—2001年，任格总统反腐工作组执行秘书。2001—2005年，任美国马里兰大学“国际制度改革中心”格鲁吉亚分部副主席和法律顾问，期间参与“玫瑰革命”。2005年起，担任格共和党主席。2012年4月，率领共和党加入“格鲁吉亚梦想”联盟。2012年10月当选议员。10月21日在格第八届议会第一次全体会议上当选议长。已婚，妻子季纳京·希达舍利同为共和党成员和新一届议会议员。

经　济

致力于建立自由市场经济，接受国际货币基金组织、世界银行和欧美国家指导和援助，大力推进经济改革，进一步降低各种税率及关税，加快结构调整和私有化步伐，改善基础设施和投资环境，增加吸引外资。从地理条件出发，格欲将自身打造成连接欧亚的商贸、物流中转中心和交通枢纽，并将此列为国家发展战略。2013年格经济继续秉持自由经济理念，努力减少失业和贫穷，积极融入世界自由经济体系。关注可持续发展，重视人民福利的提高而不是单纯的GDP增长；促进经济现代化结构改革，增强竞争力，积极鼓励出口，减少进口；创造良好市场环境，加强基础设施建设；促进发展农业发展，保障粮食安全；鼓励发展中小企业发展，扩大中产阶级队伍；提高公共基金和税收透明度，缩小收入差距；为国内外投资创造良好环境，建立稳定和可预期的商务环境；扩大出口市场，与美欧商签自由贸易协定等。

国内生产总值（2015年）：139.59亿美元

国内生产总值实际增长率（2015年）：3.1%

人均国内生产总值（2015年）：3743美元

外国直接投资（2015年）：13.51亿美元

外汇储备（截至2015年底）：23.2亿美元

货币名称：拉里（Lari）

汇率（2016年2月）：1美元≈2.2拉里

年度通货膨胀率（2015年）：4%

失业率（2015年）：12%

【资源】格鲁吉亚自然资源比较贫乏，森林资源和水利资源相对丰富。矿产主要有锰、铜、铁、铅锌等，其中有世界闻名的“齐阿土拉”锰矿区，该矿探明锰矿储量2.344亿吨，可开采量1.6亿吨，部分锰矿品位较高。森林面积占国土面积的40%，木材总储量4.52亿立方米，主要有榉木、松木、樱桃木和胡桃木等。水利资源丰富，矿泉水闻名独联体及中东欧国家；拥有大小河流319条，水电资源理论蕴藏量1560万千瓦，是世界上单位面积水能资源最丰富的国家之一。

【工业】2014年一季度，格鲁吉亚工业总产值约为19.97亿拉里，同比增长39.7%，就业人数104671人。2014年一季度各产业产值为分别为：开采业约0.188亿拉里，占工业总产值的0.94%。制造业约16.46亿拉里，占工业总产值的82.42%。

【农业】农业构成主要为种植业、畜牧业、农产品加工业、林业、渔业等。2013年格农林渔业产值为33.63亿拉里，占GDP的9.3%。截至2014年9月底，格农林渔业占GDP的10%，约75.4亿拉里。

【交通运输和仓储】2013年格货物运输量6950万吨，其中陆路货物运输量4760万吨，海运货物运输量2190万吨。从货物运输方式看，公路运输占42%，海运占32%，铁路占26%。2013年格机场运送旅客数量183.4万人次，同比增长30.66%。2013年格机场航班共计12649架次，同比增长6.74%，比2011年增长12.96%，其中包括9851架次固定航班和2798架次包机航班。

【旅游】2013年访格游客500万人次，同比增长22%。其中欧洲游客206999人次，同比增长21.9%；来自土耳其、阿塞拜疆和亚美尼亚的游客数量最多，分别为159万、107万和128万人。旅游收入达7.3美元。2014年访格游客约551万人次，同比增长7%。

【财政金融】2013年国家财政收入74.22亿拉里，同比增长8.1%。据格中央银行资料显示，截至2013年底，格外汇储备为28.2亿美元，较2012年底同比减少5000万美元，占GDP17.5%。截至2015年7月底，格外汇储备24.47亿美元，环比下降1.5%。

截至2014年4月底，格政府公共外债余额41.3亿美元，较年初下降7200万美元，其中政府债务40.57亿美元。向格提供双边贷款的国家主要包括德国（3.5亿美元），俄罗斯（9850万美元），日本（1.2亿美元），法国（7390万美元），美国（3050万美元）及土耳其（2290万美元）等。中国对格贷款380万美元。截至2015年6月底，格外债总额141亿美元，其中政府长期债务42.51亿美元，短期债务121万美元。

中央银行为格鲁吉亚国家银行，主要商业银行有格鲁吉亚银行、人民银行、共和国银行、TBC银行、格鲁吉亚联合银行、格鲁吉亚投资银行等。

【对外贸易】2013年格对外贸易总额为107.8亿美元，同比增长6%。其中出口29亿美元，同比增长22%，进口78.8亿美元，同比增长0.4%，逆差49.8亿美元。格前十大贸易伙伴依次是土耳其、阿塞拜疆、乌克兰、俄罗斯、中国、德国、亚美尼亚、美国、保加利亚和罗马尼亚。俄格双边经贸额达7.796亿美元，同比增长33%，其中格对俄出口1.9亿美元，同比增长4倍。

近三年对外贸易情况（单位：亿美元）：

	2012	2013	2014（1—11月）

外贸总额	102.20	107.80	103.59
出口额	23.77	29.00	26.28
进口额	78.42	78.80	77.31
逆　差	54.65	49.80	51.03

2014年1—5月格向32个国家出口2277.9万瓶葡萄酒，同比增长147%，价值7379.6万美元，同比增长169%。5月份出口葡萄酒381.4万瓶。俄罗斯占格葡萄酒出口市场的68%，1—5月格对俄葡萄酒出口1564.1万瓶。酒类出口国前五位：俄罗斯、乌克兰、哈萨克斯坦、白俄罗斯、波兰。2014年4月底格出口葡萄酒额0.59亿美元，占出口总额6%。

人民生活

2010年格鲁吉亚人均月工资约375美元，格为有劳动能力的男子制定的最低贫困线标准为103.2拉里（约62美元），四口之家为173.1拉里（约104美元），最低退休金为每月80拉里。二分之一的人口处于贫困线以下。2011年格鲁吉亚居民最低工资为142.2拉里（约合86.7美元）。成年男子的最低工资是160.6拉里；家庭平均最低收入为269.4拉里（约合164.3美元）。2012年格鲁吉亚家庭月平均收入为788.4拉里。2013年起退休金最低标准提高至150拉里，其中不含每人每月30—40拉里的医疗保险。

截至2013年7月格鲁吉亚具有劳动能力的成年男子每月最低生活标准是149.7拉里，普通消费者为132.6拉里，一个普通家庭为251.1拉里。

军　事

格鲁吉亚武装力量建于1992年4月30日。根据《国防法》规定，国家最高权力机关（议会）确定国家的国防政策和通过国防领域的法律。总统担任武装力量总司令，国防部负责指挥武装力量。格实行防御性国防政策，基本目标是保卫国家的独立、主权和领土完整。目前，格已基本实现军队职业化。国防部长阿哈拉亚表示，将以“量少质精”原则建设格军，致力于提高军官素质。2013年4月5日格议会通过法案，将义务兵役制期限从15个月缩短到12个月，

2014年格国防预算为6.6亿拉里，约合4亿美元。

文化教育

截至2011年，格鲁吉亚全国共有183家博物馆，年参观量70.51万人次，其中历史博物馆61家，纪念馆73家，艺术博物馆19家，共组织展出686场；剧院45座，年观众量40.42万人次；截至2008年，格鲁吉亚全国共有公共图书馆824所，共藏书1730万册。

2012/2013学年，格鲁吉亚全国有中小学2320所，大学110所（其中国立80所，私立30所），共有在校生55.94万人，其中大学在校生10.95万人，博士生3040人。主要高等院校有第比利斯国立大学、第比利斯自由大学、第比利斯国立工业大学、第比利斯国立医科大学、国立美术学院等。2011年3月格政府决定格所有大学不再从属于教育与科技部，教育与科技部只通过派驻代表对大学财政进行管理和监督。

【新闻出版】2011年格鲁吉亚出版284种报纸及多种杂志期刊，共280万期。报纸单期发行量为10万份，杂志期刊全年发行量为2740万册。主要报纸有:《格鲁吉亚共和国报》，格鲁吉亚文，独立报纸，反映官方立场;《格鲁吉亚时报》，格、英文;《24小时报》，格、英文，独立报纸;《信使报》，英文，独立报纸;《第比利斯晚报》俄文，独立报纸;《今日格鲁吉亚》英文，独立报纸;《格鲁吉亚杂志》英文周报;《金融》英文报;《共鸣》格文报;《光谱》格文周报。

主要通讯社：

一、国际新闻通讯社（Interpressnews），私营通讯社，成立于2001年。

二、高加索通讯社（Caucasus-press），独立通讯社，成立于1995年。

三、主流媒体通讯社（Prime News），独立通讯社，成立于1997年。

格鲁吉亚国家广播电台用格、俄语广播，并向欧洲国家广播。格鲁吉亚公共电视一台、二台信号覆盖格全境，以格语节目为主。鲁斯塔维—2台为格最大私营电视台，电视信号覆盖格大部分地区和欧洲各国。伊梅基电视台为格新兴私营电视台之一，信号覆盖格主要城市和地区。阿扎尔电视台为主要地方电视台之一，电视信号覆盖格全境和欧洲、中东、北非、北美地区。

对外关系

格外交基本政策是恢复国家统一和领土完整、加入北约和欧盟、加强地区合作的同时兼顾发展与东方国家关系，优先方向是冲突调解问题。为保障格民主改革和经济发展，致力于建设安全、和平的国际环境，加大力度吸引外资，争取快速实现与欧盟和北约一体化。格不断密切与美国、北约、欧盟的合作关系，重视同阿塞拜疆、亚美尼亚、土耳其、乌克兰等周边国家发展友好合作关系。2013年“格鲁吉亚梦想”联盟政府在坚持加盟入约的同时，进一步修复与俄的关系。外交上也取得了重大突破，瓦努阿图等国宣布撤回对阿布哈兹独立的承认，与格建立外交关系。截至2014年3月31日，格已同172个国家建交。近年来重视改善对俄关系。

【同中国的关系】1992年6月9日建交。

2015年，中华人民共和国与格鲁吉亚关系加速发展，各领域合作稳步推进。双方高层交往密切，政治互信显著深化。6月，全国人大常委会副委员长陈昌智访问格鲁吉亚，会见格总统乔治·马尔格韦拉什维利、总理伊拉克利·加里巴什维利、议长大卫·乌苏帕什维利。9月，加里巴什维利总理来华出席第九届“夏季达沃斯论坛”，国务院总理李克强同其会见。10月，乌苏帕什维利议长来华出席亚洲政党丝绸之路专题会议，

全国人大常委会委员长张德江同其会见。3月，格副总理兼经济和可持续发展部长乔治·克维里卡什维利访华。7月，格副总理兼能源部长卡哈·卡拉泽访华。11月，格文化部长米哈伊尔·吉奥尔加泽访华。中格在涉及对方核心利益的问题上相互支持，在国际组织中保持密切沟通与协调。12月，中国新任驻格鲁吉亚大使季雁池向马尔格韦拉什维利总统递交国书。中格务实合作成果显著。3月，双方在北京签署共建丝绸之路经济带合作备忘录。12月，中格政府间经贸合作委员会第七次会议在北京举行，双方启动自贸区谈判。10月，双方在第比利斯共办“丝绸之路国际论坛”。中国成为格第三大贸易伙伴。两国地方交往密切，大连、乌鲁木齐、奎屯分别与格阿扎尔共和国、巴统市和泰拉维市签署友城协议，新疆、陕西、江西等省区赴格举办商品展洽会或推介会。中格人文交流日益密切。中方增加格来华政府奖学金留学生名额。双方艺术团体互访频繁。

中国驻格鲁吉亚大使：季雁池；馆址：第比利斯巴尔诺瓦大街52号（52 Barnov str.，0179，Tbilisi，Georgia）。信箱：P.O.BOX 224，Tbilisi, Georgia。电子信箱：chinaemb_ge@mfa.gov.cn。国家地区号：00995–32。电话：2252670；传真：2250996。

格于2004年12月在华开设大使馆，现任驻华大使是大卫·阿普奇阿乌里（David Aptsiauri）。驻华使馆地址：北京市朝阳区霄云路18号D区国王花园17号别墅，邮编：100016。国家地区号：0086–10。电话：64681203，传真：64681202，电子邮箱：geobeijing@gmail.com, consulatebeijing@gmail.com

【同俄罗斯的关系】2008年8月格与南奥塞梯冲突地区局势急剧恶化，7—8日格军与南奥、俄维和部队在南奥地区发生大规模武装冲突。8月26日俄承认阿布哈兹和南奥塞梯独立，后与两地区分别签署友好合作互助条约。格退出1994年关于调解南奥塞梯冲突的协议，要求俄从格领土撤军。8月30日格俄断绝外交关系。俄始终强调承认阿布哈兹和南奥塞梯独立地位的立场不会改变，不断加强与两地关系。

2012年10月格新政府上台后，总理伊万尼什维利任命前驻俄大使阿巴希泽为对俄关系总理特使，建立起与日内瓦会谈相平行格俄对话渠道，主要商讨务实合作和人文交流问题。2013年该对话取得重大成果，俄重新对格葡萄酒、矿泉水等农产品开放市场。格俄在阿布哈兹和南奥塞梯问题上仍旧分歧严重，恢复外交关系道路仍很漫长。2013年格总理伊万尼什维利与俄总理梅德韦杰夫在瑞士达沃斯论坛上简短交谈，这是2008年战争以两国领导人首次接触。索契冬奥会期间，俄总统普京表示，奥运会将有助于提升俄格关系，俄决定保持冬奥会前开通的第比利斯—索契直航。

【同美国的关系】美国一直支持格建立西式民主和市场经济，支持格主权和领土完整，不承认阿布哈兹和南奥塞梯独立，支持格加入北约，向格提供经济、军事援助。2008年8月格俄冲突爆发后，向格提供10亿美元援助。2012年1月1日美总统奥巴马在签署的《2012财年国防授权法案》中将“与格鲁吉亚展开国防合作”章节标注为“不具约束力”。

格奉行亲美政策，借美力量积极推进格改革和加盟入约进程，积极加入美主导的国际反恐联盟，大力发展格美双边关系，格俄冲突后积极寻求美支持。新政府坚持亲美政策不变。

2013年，格美双方互访频繁，政治、经济和军事的联系与合作紧密。双方在《格美战略伙伴宪章》框架下就经济、贸易及能源事务展开会谈，讨论美向格提供援助、帮助格发展经济等问题。2013年12月，美国助理国务卿努兰德访格，表示美将继续支持格与欧盟正式签署联系成员国协定，希望格继续采取措施以达到北约要求。

【同土耳其的关系】格将土耳其作为重要战略伙伴，希借助土影响加快加入北约进程。两国经贸关系密切，互访频繁。2013年格总理伊万尼什维利、格总统萨卡什维利分别访土会见土总统居尔和总理埃尔多安，双方讨论了发展双边关系与合作等问题。

【同其他国家的关系】格积极发展与周边国家的关系。

2013年格与阿塞拜疆关系顺利发展。2月格总统萨卡什维利访阿，双方讨论双边关系发展与合作等问题。12月格总理伊万尼什维利访阿，双方讨论能源进出口及深化双边合作等议题。

2013年格与亚美尼亚的关系进展平稳，格总理伊万尼什维利访亚，就双边关系、经济合作以及恢复经格和阿布哈兹的亚俄铁路等问题交换意见。

2013年格与乌克兰患难与共。格与西方保持一致，反对克里米亚并入俄罗斯，坚决支持乌克兰走融入欧洲道路。

另外，格还积极发展与欧洲国家关系，探讨与欧洲国家在各领域合作以及格加盟入约问题。格总统、议长、总理、外长等多次出访德国、罗马尼亚、拉脱维亚、波兰、法国、英国、立陶宛、爱沙尼亚等国，就与各国关系、双边和多边国际合作、投资、能源合作、格加盟入约问题交换意见，并出席国际会议。

欧洲各国领导人以及政府、议会、军事代表团频繁访问格鲁吉亚，包括拉斯洛伐克、荷兰、拉脱维亚、法国、德国、罗马尼亚、立陶宛、瑞典、波兰、爱沙尼亚、捷克等国，商讨格政治经济改革、双边关系与合作、能源安全、区域安全和军事合作、格俄冲突调解以及格加盟入约等问题。

【同国际组织的关系】格积极发展同包括欧盟、欧洲复兴开发银行、国际货币基金组织、世界银行、亚洲开发银行等在内的国际组织的关系。

格积极发展同欧盟的关系，认真完成欧洲邻国政策行动计划。2013年格与欧盟关系迈出重要一步，双方在维尔纽斯峰会上草签联系国协定，协定大部分内容涉及双方建立自贸区条款。同时，格外长潘吉基泽还与欧盟外交与安全政策高级代表阿什顿签署了格将参加欧盟危机应对行动的框架协议。

欧盟积极调解格俄冲突，向格提供人道和财政援助，派驻欧盟观察员，成立欧盟与格合作委员会，讨论欧盟邻国政策实施和欧盟参与调解格俄冲突问题，支持格领土完整和主权独立。2013年欧盟宣布，在"东方伙伴关系计划"框架下向格提供2000万欧元援助，用于格行政改革。

此外，欧盟对格公民免签证筹备工作已开始启动，将分法律化和实际操作两阶段进行，预计最快将于2015年底正式实施。

【同北约的关系】格始终将加入北约作为发展与西方关系的重要目标，视北约为其统一与领土完整、国家安全及民主发展的保障，积极谋求加入北约成员国行动计划，认真执行北约"国别伙伴计划"，加入北约空情信息交换系统，积极开展"强化加入阶段"与北约的合作，呼吁北约在吸收新成员问题上采用"路线图"方式。

2013年4月美国国务卿克里会见访问北约总部格外长潘吉基泽，表示美国感谢格参与北约在阿富汗的维和行动。格方表示，2014年北约从阿富汗撤军后，格仍将参与在阿的维和行动，为阿军队提供训练和咨询帮助，也将为北约维和部队提供铁路和港口，用于撤出人员和装备。北约秘书长拉斯穆森分别会见了格总统萨卡什维利和总理伊万尼什维利，表示格在实现与北约一体化道路上取得了重要进展，欢迎格致力于与欧洲一体化，并再次保证支持格加入北约，但2014年格不会成为北约成员。2015年7月8日，格与北约五国参加的联合军事演习在第比利斯附近的瓦贾丽尼军事基地举行。（文沛）

哈萨克斯坦

国名　哈萨克斯坦共和国（The Republic of Kazakhstan, Республика Казахстан）。

面积　272.49万平方公里。

人口　1767.1万（2016年1月）。140个民族，哈萨克族占64.7%、俄罗斯族占23.7%，其他有乌克兰族、乌兹别克族、日耳曼族和鞑靼族等。哈萨克语为国语，俄语是国家机关和地方自治机关使用的官方语言。多数居民信奉伊斯兰教，此外还有东正教、天主教、基督教新教、佛教等。

首都　阿斯塔纳（Astana, Астана），人口87.27万（2016年1月）。年最高气温超过40℃，最低气温-50℃，历史最低温曾达-52℃。

国家元首　总统努尔苏丹·阿比舍维奇·纳扎尔巴耶夫（Нурсултан Абишевич Назарбаев），1991年12月1日当选哈萨克斯坦共和国独立后首任总统，1995年4月以全民公决方式将其任期延至2000年，此后分别于1999年1月、2005年12月、2011年4月、2015年4月四次连任。

重要节日　新年：1月1日；纳乌鲁斯节（春节）：3月21日；祖国保卫者日：5月7日；胜利日：5月9日；首都日：7月6日；宪法日：8月30日；首任总统日：12月1日；独立日（国庆节）：12月16日。此外还有肉孜节、古尔邦节等伊斯兰传统节日。

简　况

位于亚洲中部。北邻俄罗斯，南与乌兹别克斯坦、土库曼斯坦、吉尔吉斯斯坦接壤，西濒里海，东接中国。属典型大陆性气候，1月平均气温-19℃—-4℃，7月平均气温19℃—26℃。

公元6—8世纪，建立了突厥汗国。9—12世纪曾建奥古兹族国、哈拉汗国。11—13世纪契丹人和蒙古鞑靼人侵入。15世纪末建立哈萨克汗国，分为大帐、中帐、小帐。16世纪初基本形成哈萨克部族。18世纪30—40年代，小帐和中帐并入俄罗斯帝国。1917年11月建立苏维埃政权，1920年8月26日建立归属俄罗斯联邦的吉尔吉斯苏维埃社会主义自治共和国，1925年4月19日改称哈萨克苏维埃社会主义自治共和国，1936年作为加盟共和国并入苏联。1990年10月25日通过《主权宣言》，1991年12月10日改名为哈萨克斯坦共和国，同年12月16日正式宣布独立,21日加入独联体。

政　治

哈萨克斯坦为总统制共和国，独立以来实行渐进式民主政治改革。2006年建立新的政权党"祖国之光"党，总统纳扎尔巴耶夫亲任该党主席。2010年6月，纳扎尔巴耶夫总统被赋予"民族领袖"地位。10月，哈人民大会通过《民族团结学说》，详细阐述哈民族和宗教政策，在该《学说》的框架下继续保持各民族和睦相处、共同发展的局面。2012年12月，纳扎尔巴耶夫总统发表国情咨文，推出《哈萨克斯坦—2050战略》，提出哈的发展目标是跨入全球30强，为此规定了多个优先发展领域。同时继续积极实施工业创新发展第一个五年计划（2009—2014年）、"全民劳动型社会"20项举措等，大力调整经济发展模式，增加民生投入，维护社会稳定。2013年，哈调整政府机构和高层人事布局，将“祖国之光”党向执政党方向打造，通过党的新政治学说《光辉的未来之路》，进一步明确了今后一个时期党和国家的行动方向。哈将确保经济社会协调发展、维护政治、社会总体稳定视为施政优先方向，连续出台“买得起的住房”计划及医疗改革、退休金改革等民生工程，促进就业，改善民生，减少贫富差距，着力解决社会深层次矛盾，并积极实施反腐战略，推进反腐斗争，打造廉洁政府。哈当局对反对派采取拉拢、招安为主的策略，对西方利用非政府组织进行渗透严加防范。2014年4月，哈总统纳扎尔巴耶夫任命原总统办公厅主任马西莫夫为政府总理，并于8月对政府进行改组，将原有的17个部、9个署、54个委员会缩减为12个部和近30个委员会等。2015年4月，纳扎尔巴耶夫在总统选举中胜选连任后，力推五大体制性改革和“百步走”计划，致力于打造现代化的国家管理体系，落实2050年发展战略。

【宪法】1995年8月30日经全民公决通过现行宪法，1998年10月7日对其进行修改。宪法规定，哈萨克斯坦为总统制共和国，总统为国家元首，是决定国家对内对外政策基本方针并在国际关系中代表哈萨克斯坦的最高国家官员，是人民和国家政权统一、宪法不可动摇性、公民权利与自由的象征和保证。国家政权以宪法和法律为基础，根据立法、司法、行政三权既分立又相互作用、相互制约、相互平衡的原则实现。2007年6月，哈萨克斯坦议会通过宪法修正案，确定哈萨克斯坦政体由总统制向总统—议会制过渡，首任总统为终身制。哈现任总统纳扎尔巴耶夫本届任期结束后，总统任期将由七年改为五年；扩大议会权限，提升政党作用，增加议员数量。议会多数党团获得组阁权并推举总理人选；扩大地方自治权限，地方行政长官任命须经地方议会同意，州议会议员任期由四年延至五年；推动司法改革，明确法、检两院职责，简化司法程序，保障司法体系。

【议会】国家最高立法机构。由上下两院组成，上院47个席位，其中15名由总统任命，其他32名由哈16个地区各选出两人；下院107个席位。上院（参议院）任期六年，每三年改选一半议员，下院（马日利斯）任期五年。议会的主要职能是：通过共和国宪法和法律并对其进行修改和补充；批准总统对总理、国家安全委员会主席、总检察长、中央银行行长的任命；批准和废除国际条约；批准国家经济和社会发展计划、国家预算计划及其执行情况的报告等。在议会对政府提出不信任案、两次拒绝总统对总理任命、因议会两院之间或议会与国家政权其他部门之间不可克服的分歧而引发政治危机时，总统有权解散议会。

本届议会上院2012年1月选举产生，2014年10月改选16名议员。2016年3月20日，哈举行议会下院选举，“祖国之光”党获得84个议席，“光明道路”党获得7个议席，共产人民党获得7个议席，其余9名议员由哈人民大会推选。

【政府】国家最高行政机关，行使哈萨克斯坦共和国的行政权。其活动对共和国总统负责。本届政府于2015年4月总统选举后组成。总理卡·马西莫夫（К. Масимов）。2016年3月哈议会选举后，新一届议会高票通过对马西莫夫总理政府的信任案，本届政府留任，哈总统纳扎尔巴耶夫以签署总统令的形式，解除弗·什科利尼克（В. Школьник）的能源部长职务，任命卡·博祖姆巴耶夫（К. Бозумбаев）为能源部长，其余内阁成员均留任。当前主要政府成员构成是：第一副总理巴·萨金塔耶夫（Б. Сагинтаев）、副总理达·纳扎尔巴耶娃（Д. Назарбаева，女）、外交部部长叶·伊德里索夫（Е. Идрисов）、国防部部长伊·塔斯马加姆别托夫（И. Тасмагамбетов）、内务部部长卡·卡西莫夫（К. Касымов）、司法部部长别·伊马舍夫（Б. Имашев）、农业部部长阿·马梅特别科夫（А. Мамытбеков）、教育和科学部部长叶·萨加季耶夫（Е. Сагадиев）、财政部部长巴·苏尔丹诺夫（Б. Султанов）、投资和发展部部长阿·伊谢克舍夫（А. Исекешев）、卫生和社会发展部部长塔·杜伊谢诺娃（Т. Дуйсенова，女）、文化和体育部部长阿·穆哈梅季乌雷（А. Мухамедиулы）、能源部部长卡·博祖姆巴耶夫（К. Бозумбаев）、公务员事务部部长塔·多纳科夫（Т. Донаков）。

【行政区划】全国划分为14个州和两个直辖市。

【司法机构】有共和国最高司法委员会、司法鉴定委员会、宪法委员会、最高法院和各级地方法院。2001年初，哈萨克斯坦通过《司法体系与法官地位法》，规定法官独立司职，只服从宪法和法律。最高司法委员会由总统主持，现任主席为别·别克纳扎罗夫（Б. Бекназаров），2013年10月就任，其成员包括宪法委员会主席、最高法院院长、总检察长、司法部长、上院议员等。宪法委员会主席伊·罗戈夫（И. Рогов），2010年6月获连任。最高法院院长卡·马米（К. Мами），2013年10月就任。总检察长阿·达乌尔巴耶夫（А. Даулбаев），2011年4月就任。

【政党】哈萨克斯坦独立后实行多党制。2002年7月颁布《政党法》，规定只有党员人数超过5万，在全国14个州和两个直辖市均设有分支机构，且各分支机构成员达到700人以上的政党才可在司法部获准登记。哈萨克斯坦司法部共登记有7个政党（2013年，原精神复兴党与公正党合并为团结党。2015年9月，原哈爱国者党加入哈“农村”社会民主党），其中主要有：

（1）“祖国之光”党（Партия “Нур Отан”）：前身为“祖国之光”人民民主党，2006年12月22日成立并登记，现有党员近百万，是哈萨克斯坦最大政党。纳扎尔巴耶夫总统亲自出任该党主席。该党主张在社会伙伴关系与和谐等原则基础上建立自由开放的社会；主张加强国家社会职能；在经济方面，主张加强国家对经济的宏观调控能力；在对外关系方面，主张巩固和发展同俄罗斯、中亚邻国和中国等国家的睦邻友好关系。该党全力支持纳扎尔巴耶夫总统提出的国家发展纲领，致力于研究落实具体改革措施，并主张维护现行宪法，充分发掘其潜力。“祖国之光”党在哈萨克斯坦议会下院和地方议会拥有绝对多数席位。2008年以来，该党在完善组织结构，及时进行人事更新和调整的同时，积极响应纳扎尔巴耶夫总统的号召，着力推进青年干部培养，积极协助政府开展反腐工作，在国家政治生活中的影响进一步扩大。2013年10月更名为“祖国之光”党。

（2）哈共产人民党（Коммунистическая народная партия Казахстана）：2004年4月哈共产党分裂后成立，现有党员9万人，党中央书记为阿赫梅特别科夫。该党自认为“建设性反对派”，党员主要为工人、学生、知识分子、退休人员、企业家等。在2012年1月议会下院选举中获得7.19%选票，进入议会。目前在议会拥有7个席位。

（3）“光明道路”民主党（Демократическая партия Казахстана “Ак жол”）：成立于2002年4月，党员17.6万人。该党是哈“建设性反对派”。主席为佩鲁阿舍夫。在2007年8月举行的哈议会下院选举中，该党获得3.27%的选票，未能跨越7%的议会门槛。在2012年1月哈议会下院选举中，该党获得7.43%的选票进入议会。在议会拥有8个席位。该党宗旨是建设独立、繁荣、民主、自由、公正的哈萨克斯坦，是哈政治民主化运动的主要参与者和推动者。

此外，通过司法部登记的合法政党还有全国社会民主党（Общенациональная социально-демакратическая партия “Азат” 简称ОСДП “Азат”）、哈共产党（Коммунистическая партия Казахстана）、哈“农村”社会民主党（Казахстанская социал-демократическая партия “Ауыл”）、团结党（Партия “Бирлик”）。

【重要人物】努尔苏丹·阿比舍维奇·纳扎尔巴耶夫：总统。1940年生于阿拉木图州卡斯克连区切莫尔干村，哈萨克族。先后毕业于卡拉干达钢铁公司附属工厂大学、苏共中央高级党校函授班。1960年参加工作，当过高炉工、钢铁公司党委书记。1977年任卡拉干达州党委第二书记、第一书记。1979年任哈萨克共产党中央书记。1984年任哈萨克共和国部长会议主席。1989年任哈共中央第一书记。1990年2月兼任哈萨克最高苏维埃主席。同年4月任哈萨克总统。1991年12月1日以98.76%的选票当选哈萨克斯坦共和国独立后第一任总统，1995年4月以全民公决方式将其任期延至2000年。1999年1月10日在提前举行的总统选举中以79.78%的选票再次当选。2005年12月以91%的选票连任总统。2011年4月和2015年4月，在提前举行的总统选举中分别以95.5%和97.75%的选票再度连任总统。其主要著作有：《探索之路》、《哈萨克斯坦主权国家形成和发展战略》、《站在21世纪门槛上》、《欧亚联盟：观念、实践和前景。1994—1997》、《2030—哈萨克斯坦战略》、《在历史的激流中》、《和平的震中》、《关键的十年》等。已婚，有三个女儿。　**卡西姆若马尔特·克梅列维奇·托卡耶夫**：上院议长。1953年5月17日出生于阿拉木图市。先后毕业于莫斯科国际关系学院、北京语言学院、俄罗斯外交部所属外交学院。政治学博士。1975—1985年在苏联驻新加坡使馆、苏联外交部工作。1985—1991年在苏联驻中国大使馆工作。1992—1994年先后任哈萨克斯坦外交部副部长、第一副部长、部长。1999—2003年先后任副总理兼外长、代总理、总理、国务秘书兼外长。2003年6月—2007年1月任外交部长。2007年1月当选哈萨克斯坦议会上院议长。2011年4月任联合国副秘书长和裁军谈判会议秘书长。2013年10月16日被总统任命为上院议员，同时被选为上院议长。已婚，有一子。　**巴克德科扎·萨拉汉吉诺维奇·伊兹穆哈姆别托夫**：下院议长。1948年出生于古里耶夫州（现阿特劳州）。毕业于俄罗斯乌法石油学院，技术学博士。“祖国之光”党党员。1971—2003年从事石油行业工作。2003—2006年任能源和矿产资源部第一副部长。2006—2007年任能源和矿产资源部部长。2007—2012年任西哈萨克斯坦州州长。2012—2016年任阿特劳州州长；其间2012—2016年任第五届议会下院副议长。2016年3月25日当选第六届议会下院议长。懂英语、土耳其语。　**卡里姆·卡日姆卡诺维奇·马西莫夫**：总理。1965年出生。先后毕业于北京语言学院、武汉大学法律系、哈国家管理学院，在美国哥伦比亚大学进修过。经济学博士。掌握英语、汉语、俄语和阿拉伯语。曾先后任哈劳动部高级经济师、外经贸部驻中国新疆维吾尔自治区乌鲁木齐办事处高级专家、哈贸易之家驻香港执行经理、阿拉木图贸易金融银行和哈人民储蓄银行总裁、交通运输部部长及总统顾问等职。2006年1月起任哈副总理，2006年4月起任哈副总理兼经济和预算部部长，2007年1月起任哈政府总理，2012年9月起任总统办公厅主任。2014年4月再次被任命为哈政府总理。2016年3月议会下院选举后留任总理。

经　济

金融危机前10年是哈经济发展的“黄金时期”，GDP年均增长10%左右，经济总量增长5倍，外贸额增长6倍，经济实力占中亚五国总量的三分之二。金融危机爆发后，哈经济增长速度骤减。2008年GDP增幅降至3.2%。2009年上半年GDP为负增长，但进入下半年经济滑坡势头基本得到扼制，全年GDP维持1.2%的正增长。2010—2013年，哈经济开始强劲反弹。2014年，受俄罗斯经济下行和国际原料市场萎缩等因素影响，哈经济下行压力加大，增长逐步缓慢。2月，哈央行宣布坚戈贬值近20%。5月底，哈、俄、白俄罗斯三国总统正式签署《欧亚经济联盟条约》，该条约自2015年1月1日起正式施行。11月，哈总统纳扎尔巴耶夫发表国情咨文，提出“光明之路”新经济政策，旨在通过大力发展交通基础设施，转变经济结构，应对经济危机，实现可持续发展。

2014年，哈主要经济数据如下：

国内生产总值：2122.48亿美元。

人均国内生产总值：1.23万美元。

国内生产总值增长率：4.3%。

货币名称：坚戈（Тенге）。

汇率：1美元≈185坚戈。

通货膨胀率：7.4%。

失业率：5%，登记在册的失业人数约为46万。

2015年，哈主要经济数据如下：

国内生产总值：40.76万亿坚戈

汇率：1美元≈350坚戈。

国内生产总值增长率：1.2%。

通货膨胀率：13.6%。

失业率：5%，登记在册失业人数约为46万。

外汇储备：至2015年1月1日，包括央行外汇储备和国家基金在内的黄金外汇储备总额达1025亿美元，自当年初累计增加7.3%。国家基金资产为736亿美元，比当年初增长3.9%；央行国际外汇储备为289亿美元，比当年初增加17%。

至2016年1月1日，包括央行外汇储备和国家基金在内的黄金外汇储备总额达916亿美元，自当年初累计减少10.6%。国家基金资产为635亿美元，比当年初下降13.3%；央行国际外汇储备为281亿美元，比当年初增加3.9%。

2014年人均名义工资：835美元，同比增长12.8%。2015年人均名义工资为12.65万坚戈，同比增加5%。

粮食：据哈国民经济部资料，2014年，哈收获粮食和豆类作物1716.2万吨，其中小麦占75.7%。2014—2015年度，哈粮食出口量为660万吨，同比下降20%。

【资源】矿产资源丰富。黑色金属矿藏：目前探明铁矿储量91亿吨、铁锰伴生矿5亿吨、锰矿6亿吨、铬矿4亿吨。有色金属：铜矿总储量为3450万吨。铅储量为1170万吨，锌矿储量2570万吨。已探明黄金储量为1900吨。钨矿储量为200万吨。铀矿已探明储量150万吨。石油和天然气：陆上石油探明储量为48—59亿吨，天然气3.5万亿立方米；哈属里海地区石油探明储量80亿吨，其中最大的卡沙甘油田石油可采储量达10亿吨，天然气可采储量超过1万亿立方米。

【工业】2014年工业产值约999.6亿美元，同比增长0.2%。2015年工业产值下降1.5%。

【农业】2014年农业产值约135.7亿美元，同比增长0.8%。2015年农业产值增加4.4%。

【建筑业】2014年建筑业产值约143.4亿美元，同比增长4.1%。2015年建筑业产值增加4.3%。

【财政金融】近年财政收支状况如下（单位：亿坚戈）：

	2011	2012	2013	2014
财政收入	53708	48541	60340	70697
财政支出	54232	58373	59910	59885
赤字或盈余	–524	–9832	+430	–18100

【主要金融机构】哈萨克斯坦中央银行为哈国内金融货币政策的制定机构，哈国家开发银行为哈国有政策性银行，负责配合国家金融政策实施和对国有重大项目贷款支持。哈最大国有金融机构为“萨姆鲁克—卡森纳”基金会。

主要商业银行为（按资产排名）：

（1）哈萨克斯坦商业银行（АО Казкоммерцбанк）

（2）哈萨克斯坦人民银行（Народный Банк Казазстана）

（3）采斯纳银行（АО Цеснабанк）

（4）中央贷款银行（АО Банк ЦентрКредит）

（5）阿拉木图商业金融银行（АО АТФ Банк）

（6）联合银行（АО Альянс Банк）

（7）欧亚银行（АО Евразийский Банк）

（8）努尔银行（АО Нурбанк）

【著名公司】

（1）哈萨克斯坦国家石油天然气公司

业务范围：石油、天然气的勘探、开采、加工、运输。

（2）哈萨克斯坦石油运输公司

业务范围：石油运输。

（3）哈萨克斯坦天然气运输公司

业务范围：天然气运输。

（4）阿特劳石油加工厂

业务范围：石油制品加工。

（5）田吉兹雪弗龙公司

业务范围：石油开采。

（6）中石油阿克纠宾油气股份有限公司

阿克纠宾油气股份公司位于哈萨克斯坦北部阿克纠宾州，成立于1981年3月。业务范围：石油和天然气开采。

（7）中石油PK公司

2005年10月26日中石油斥资41.8亿美元成功收购哈萨克斯坦石油公司（Petro Kazakhstan. 以下简称PK公司）。PK公司是一家上下游一体化的国际化石油公司，中石油进入之前其股票在多伦多、纽约、法兰克福、伦敦和哈萨克斯坦股票市场挂牌交易。

（8）中石油国际（北布扎奇）公司

北布扎奇油田位于里海东岸布扎奇半岛北端，行政上隶属哈萨克斯坦曼吉斯套州，油田总部位于阿克套市。

（9）米塔尔哈萨克钢铁公司

钢铁联合企业。业务范围：生产钢、钢材等。

（10）哈萨克铜业公司

业务范围：铜及其他矿产资源开发、选矿。

（11）“萨姆鲁克—卡森纳”国家基金

下辖国内大型国有企业、主要投资机构、金融组织500多家，涵盖哈国内几乎所有支柱产业和金融服务领域，总资产约占哈国民生产总值的1/4。2009年2月，哈总统签署《国家基金法》，正式以法律形式明确了“萨姆鲁克—卡森纳”国家基金的法律地位、工作制度、目标、任务、职责以及下属机构及组织等。该法规定：国家基金所持股份为国家财产，禁止私有化、进入证券市场或以其他方式出让；当战略资产持有机构或具有重要战略意义的经济组织倒闭时，政府可实施优先购买权，通过基金收购所有者出让的战略资产和竞标股份；基金有权通过银行法中规定的方式收购商业银行股份；对矿产资源开采权出让或矿产企业股份出让，政府（通过基金或国有公司）具有优先购买权等。

（12）哈萨克原子能工业公司

哈萨克斯坦铀矿及其化合物、稀有金属、核燃料、专有设备、技术和二级原材料的国家出口企业，主要从事地质勘探、铀矿开采、核燃料生产、反应堆建造、电力生产、稀有金属冶炼和结构金属生产、科学研究、社会保障和专业技术人员培训等业务。

【对外贸易】2014年对外贸易总额1194.5亿美元，同比减少10.5%。其中出口782.3亿美元，同比减少7.6%；进口412亿美元，同比减少15.6%。2015年对外贸易总额为759亿美元，同比下降37.1%，其中出口457亿美元，同比减少42.5%，进口302亿美元，下降26.9%。

近年对外贸易情况如下（单位：亿美元）

	2011	2012	2013	2014	2015
总额	1261	1368	1314	1194.5	759
出口额	881	923	825	782.3	457
进口额	380	445	489	412.2	302
差额	501	478	336	370.1	155

2014年，根据哈国民经济部资料，哈主要出口对象国前三位分别是：意大利（20.2%）、中国（13.5%）、荷兰（11%）。进口对象国前三位分别是：俄罗斯（33.4%）、中国（17.8%）和德国（5.6%）。

从商品结构上看，2014年哈出口商品中：矿产品占比80.4%，金属及其制品8.5%，化工品（包括橡胶和塑料等）4%，动植物产品和成品粮3.3%，机器、设备、运输工具、仪器、仪表2.4%，其他1.2%。进口产品中机器、设备、运输工具、仪器和仪表占比43.8%，化工产品（包括橡胶和塑料等）14%，矿产品15.3%，动植物产品和成品粮15%，其他4.6%。

2015年哈出口商品中：矿产品占比71.6%，金属及其制品13.1%，化工品（包括橡胶和塑料等）7.1%，动植物产品和成品粮4.5%，机器、设备、运输工具、仪器、仪表1.3%，其他2.4%。进口产品中机器、设备、运输工具、仪器和仪表占比40.6%，化工产品（包括橡胶和塑料等）14.9%，矿产品7.6%，动植物产品和成品粮11.1%，其他12.6%。

【外国直接投资】从2005年以来，哈共吸引外资2150亿美元，平均每年吸引外资208亿美元。2014年，哈吸引外资239亿美元，较2013年减少10亿美元，其中荷兰、美国、瑞士、中国和法国为哈五大外国直接投资来源地。

军　事

共和国总统为武装力量最高统帅。和平时期由国防部通过参谋长委员会对武装力量实施领导。国防部负责组织国防建设、制定和实施军队建设和发展规划，为部队提供资金、物资技术和装备保障。参谋长委员会为平时和战时的主要军事指挥机构，负责部队的训练、动员和作战指挥。哈武装力量组建于1992年5月7日，现设陆军、空中防御力量和海军三个军种和航空机动部队、火箭与炮兵部队两个兵种（归陆军司令部指挥），陆军下设东、南、西和“阿斯塔纳”四个地区司令部，军队总人数超过7万人。另有国家安全委员会、边防总局、内卫部队、共和国近卫军以及紧急情况部所属部队等其他军事力量，总计约16万人。哈于2003年初步建立了按各军种设立的军事教育网络，全军最高学府为“国防大学”。2010年对部分军事院校进行了裁撤和调整；国安委和内务部分别设有下属院校；有近20所地方院校军事系负责为哈军培养各方面人才。2013年国防预算为27.9亿美元。2014年国防预算为3627亿坚戈（约合19.6亿美元）。

文化教育

近年来，哈文化领域建设有了显著发展，文化机构在各地区的网点建设进一步扩大，文化和视觉艺术活动的举办明显增多，文化及休闲场所的基础设施建设发展迅速。截至2014年底，哈共有剧院61家，图书馆4186家，博物馆236家，电影放映和制作公司116家，文化俱乐部3180家，音乐演出组织44家，动物园5家，文化休闲公园119处。

【教育】哈教育基础较好，全社会基本无文盲，5—24岁人群受教育率达到85%。近年来，哈教育改革力度加大，除中小学义务教育外，国立高校采取奖学金制和收费制两种方式。中等教育为11年制，共有中小学7600所，在校学生260万人，教职人员30多万人，中小学哈萨克语学习时间1—11年级达到57学时/周，其中超过40所中小学使用哈、俄、英三语授课。3817

所中小学使用哈语教学，2156所使用俄、哈双语教学，1395所使用俄语教学。哈有职业技术学校790所，在校学生56.1万人，教职人员近4万人；哈各类高等教育院校139所，其中国家级大学9所，国立大学32所，国有参股大学14所，私立大学75所。高校在校学生总人数为57万人，教职人员4.1万。哈主要大学有：纳扎尔巴耶夫大学、欧亚国家大学、哈萨克斯坦阿里法拉比国家大学、哈萨克斯坦阿拜国家师范大学、哈萨克斯坦国立技术大学、哈萨克斯坦国家农业大学、哈萨克斯坦国家医科大学。

【新闻出版】目前，哈登记在册的新闻媒体共有近8000家，其中只有2466家媒体真正发行或广播，包括报纸1593份，杂志650份，电视和广播媒体212家，通讯社11家。80%以上为私营媒体，使用14种语言发行广播。哈境内共有2392家外国媒体活动，包括2309份报刊和83家广电媒体。

主要报刊：《哈萨克斯坦真理报》（俄文日报），发行量10万份；《主权哈萨克斯坦报》（哈文日报），发行量1万份；《快报》（俄文日报），发行量2万份；《先行者报》（俄文日报），发行量3.36万份；《埃肯报》（哈文日报），发行量3.93万份；《商队报》（俄文周报），发行量25万份；《大都市报》（俄文周报），发行量5.8万份；《全景报》（俄文周报），发行量2万份；《实业周报》（俄文周报），发行量1万多份。

主要通讯社：

（1）哈萨克斯坦通讯社，是哈唯一的国家通讯社，前身系前塔斯社哈萨克分社，拥有80多年的历史，在北京、纽约、莫斯科、布鲁塞尔、塔什干和比什凯克设有记者站。

（2）“今日—哈萨克斯坦”通讯社，成立于2000年，系私营媒体。

（3）“国际文传电讯—哈萨克斯坦”通讯社，系俄罗斯国际文传电讯社驻哈分社。

主要广播电台：

（1）哈萨克斯坦国家广播电视公司（国家控股）下属的哈萨克电台。

（2）“哈巴尔”广播电视公司（国家控股）下属的“哈巴尔热点调频”电台。

（3）“俄罗斯—亚洲”电台，俄罗斯电台与哈合办。

主要电视台：

（1）“哈巴尔”广播电视公司（国家控股）下属的“哈巴尔”电视台、“叶尔阿尔纳”无线电视频道以及“里海网络”卫星频道。其中“哈巴尔”电视台日播出节目14小时，受众1700万人，覆盖率达95.7%，在北京、莫斯科、塔什干和比什凯克设有记者站。“叶尔阿尔纳”无线电视频道达75.5%。“里海网络”卫星频道昼夜滚动播出，可覆盖欧洲、中亚、中东和北非部分地区，潜在受众高达9900万。

（2）哈萨克斯坦国家广播电视台公司（国家控股）下属的哈萨克斯坦国家电视台。日播出节目15小时，覆盖率达96.25%。

（3）“第一频道—欧亚”电视频道，俄“第一频道”与哈合办，覆盖率达78.6%。

（4）商业电视台，系哈私营电视台，日播出节目15小时，覆盖率达81%。

【科技】2014年，哈政府继续重视和加大对科技投入，共投入663.476亿坚戈，占GDP的0.17%。科研机构392家，从事研发人员数量超过2.5万人，创新总产值5803.86亿坚戈，占GDP1.5%。

对外关系

2014年和2015年，哈继续奉行多元平衡外交政策，以俄罗斯、中国、美国、欧盟为重点，构建并拓展多元外交网络，积极发展同中亚等独联体国家、日、韩等亚太国家、印度、巴西、南非等新兴大国及伊斯兰国家的友好关系与务实合作，积极扩大在地区和国际事务中的影响。

【同中国的关系】1992年1月3日，中哈正式建交。2005年两国建立战略伙伴关系，2011年宣布发展全面战略伙伴关系。

2014年至2015年，中哈关系呈现全面深入发展的蓬勃态势，双方高层往来密切，各领域合作积极推进，取得丰富成果。2014年3月19日，外交部部长王毅与到访的哈外长伊德里索夫举行会谈。5月19日，国家主席习近平在上海会见对华进行国事访问并出席亚信峰会的哈总统纳扎尔巴耶夫。6月24日，习近平主席会见来华参加夏令营活动的哈纳扎尔巴耶夫大学师生。9月23日，国务院总理李克强会见来华访问的哈国防部长阿赫梅托夫。12月3日至4日，国务委员兼公安部部长郭声琨访哈，分别同哈总理马西莫夫、总统助理兼安全会议秘书叶尔梅克巴耶夫、国家安全委员会主席阿贝卡耶夫、内务部长卡西莫夫举行会见、会谈。12月14日至15日，李克强总理对哈进行正式访问并出席中哈总理第二次定期会晤和上海合作组织成员国政府首脑理事会第十三次会议，分别同哈总统纳扎尔巴耶夫、总理马西莫夫举行会见、会谈。

2015年1月21日，李克强总理在瑞士达沃斯会见马西莫夫总理。3月27日，习近平主席、李克强总理分别会见来华进行工作访问并出席博鳌亚洲论坛2015年年会的哈总理马西莫夫。4月28日，国家主席习近平同哈总统纳扎尔巴耶夫通电话，祝贺纳再次当选哈总统。5月7日至8日，习近平主席访哈，其间同哈总统纳扎尔巴耶夫举行会谈。6月25日，国务院副总理张高丽访哈，其间同哈总理马西莫夫、第一副总理萨金塔耶夫举行会谈。8月25日，张高丽副总理在北京同哈第一副总理萨金塔耶夫举行中哈合作委员会第七次会议，其间，李克强总理会见萨金塔耶夫。8月31日，习近平主席同来华进行国事访问并出席中国人民抗日战争暨世界反法西斯战争胜利70周年纪念活动的哈总统纳扎尔巴耶夫举行会谈。9月1日，李克强总理会见哈总统纳扎尔巴耶夫。9月2日，全国人大常委会委员长张德江会见哈总统纳扎尔巴耶夫。10月12日，国务委员兼国防部长常万全访哈，其间分别同哈总统纳扎尔巴耶夫、国防部长塔斯马加姆别托夫举行会见、会谈。12月14日，李克强总理在郑州同来华进行正式访问并出席上海合作组织成员国政府首脑理事会第十四次会议、第二届世界互联网大会的哈总理马西莫夫举行会谈。12月16日，习近平主席在乌镇会见哈总理马西莫夫。

2014年中哈双边贸易额为224.2亿美元，2015年为143亿美元。

中国驻哈萨克斯坦大使：张汉晖。馆址：阿斯塔纳市卡班拜巴特尔大街28/5号。国家地区号：007-7172。电话：793570，传真：793565。领事部电话：793583。商务处电话：790664，传真：790666。

哈萨克斯坦驻华大使：努雷舍夫（Шахрат Нурышев）。馆址：北京市朝阳区三里屯东六街9号。国家地区号：0086-10。电话：65326182。传真：65326183。邮政编码：100600。

【同俄罗斯的关系】哈视俄为外交第一优先方向，将发展哈俄战略伙伴关系作为重中之重。2014年和2015年，两国高层继续保持密切交往。2014年4月2日至4日，哈外长伊德里索夫对俄进行工作访问，与俄外长拉夫罗夫举行双边磋商。6月28日，哈总理马西莫夫与俄总理梅德韦杰夫在索契举行会晤，就双边关系、一体化计划和国际经济形势等进行讨论。7月31日，哈总统纳扎尔巴耶夫与俄总统普京通话，就和平解决乌克兰危机、欧亚经济联盟建设及筹备两国总统会晤等议题交换意见。8月7日，哈总统纳扎尔巴耶夫与俄总统普京通电话，就双边关系、欧亚一体化与乌克兰危机等进行探讨。8月13日，哈总统纳扎尔巴耶夫与俄总统普京通电话，确认关税同盟三国于8月下旬同乌克兰举行会谈。8月15日，哈国防部长阿赫梅托夫访俄。10月13日，哈议会上院议长托卡耶夫访俄，会见俄联邦委员会主席马特维延科，并向莫斯科及全俄东正教大牧首基里尔转交纳扎尔巴耶夫总统邀请其出席第五届世界与传统宗教领袖大会的信函。10月14日，哈总统纳扎尔巴耶夫会见俄卢克石油公司总裁阿列克佩罗夫。11月7日，哈总统纳扎尔巴耶夫签署总统令，批准《哈俄21世纪睦邻友好条约》。

2015年2月5日，哈总理马西莫夫访俄并会见俄总理梅德韦杰夫。4月17日，哈国防部长塔斯马加姆别托夫表示，哈俄已完成关于组建地区统一防空体系的相关法律程序，即将进入正式实施阶段。4月27日，俄总统普京与哈总统纳扎尔巴耶夫通电话，普京祝贺纳成功连任总统。5月9日，哈总统纳扎尔巴耶夫出席俄红场阅兵式，并与俄总统普京举行会晤。5月20日，哈议会上院议长托卡耶夫访俄并会见俄外长拉夫罗夫。5月29日至30日，哈外长伊德里索夫访俄，会见俄外长伊德里索夫，就双边关系、国际和地区热点问题、上海合作组织峰会和哈俄地区论坛筹备工作等交换意见。6月8日，俄总统普京授予哈总统纳扎尔巴耶夫“亚历山大·涅夫斯基”勋章，表彰其为俄哈关系作出的卓越贡献。9月16日，哈总统纳扎尔巴耶夫在索契出席哈俄第十二届地区论坛，并会见俄总统普京。10月14日，哈第一副总理萨金塔耶夫与俄第一副总理舒瓦洛夫共同主持召开哈俄政府间合作委员会会议。10月15日，哈总统纳扎尔巴耶夫举行仪式，欢迎俄总统普京四年来对哈进行首次国事访问。11月16日，哈外交部发表声明，强烈谴责致使俄A321客机爆炸坠毁的恐怖主义行径。

2014年哈俄贸易额为189.1亿美元，同比下降20.7%。2015年双边贸易额为145.8亿美元，下降27.8%。

【同独联体国家的关系】2014年至2015年，哈与独联体国家关系继续稳步发展，各领域合作稳步推进。哈积极参加独联体、集安条约组织、欧亚经济共同体、关税同盟等框架内的领导人会晤及相关活动。2014年5月16日，哈第一副总理萨金塔耶夫与吉尔吉斯斯坦经济部长萨里耶夫举行会谈，讨论吉加入关税同盟路线图实施问题。5月26日，哈外交部就乌克兰大选发表声明，称选举是乌局势迈向正常化的重要步骤，希望大选能促进乌全面对话，在宪法改革框架内考虑国内所有政治力量和地区利益诉求，推动乌实现和平与和解。6月7日，哈总理马西莫夫出席乌克兰新当选总统波罗申科就职典礼，分别与乌总理亚采纽克、欧洲理事会主席范龙佩举行会见。6月16日，哈外长伊德里索夫出席哈、塔吉克斯坦外交部2014—2015年合作规划签字仪式。7月15日，哈外长伊德里索夫访问吉尔吉斯斯坦并会见吉外长阿布德尔达耶夫。7月21日，哈总检察长达乌尔巴耶夫访问白俄罗斯，并会见白总检察长科纽卡。8月2日，哈总统纳扎尔巴耶夫与白俄罗斯总统卢卡申科通电话，就双边关系和乌克兰问题交换意见。8月12日，哈总统纳扎尔巴耶夫、外长伊德里索夫分别会见来访的土库曼斯坦副总理兼外长梅列多夫。8月25日，哈总统纳扎尔巴耶夫与白俄罗斯总统卢卡申科通电话，就8月26日关税同盟国家与乌克兰及欧盟代表明斯克会晤进行探讨。8月26日，哈总统纳扎尔巴耶夫在明斯克出席关税同盟国家、乌克兰和欧盟三方会谈，就缓和乌克兰局势进行磋商。8月27日，哈总统纳扎尔巴耶夫会见白俄罗斯总统卢卡申科。9月2日，哈与阿塞拜疆举行副外长级磋商。10月14日，哈总统纳扎尔巴耶夫会见来访的吉尔吉斯斯坦总理奥托尔巴耶夫。11月7日，哈总统纳扎尔巴耶夫访问吉尔吉斯斯坦，并与吉总统阿塔姆巴耶夫举行会谈。11月12日，哈总统纳扎尔巴耶夫会见来访的格鲁吉亚总理加里巴什维利。11月25日，哈总统纳扎尔巴耶夫会见到访的乌兹别克斯坦总统卡里莫夫。12月2

日至3日，哈总统纳扎尔巴耶夫访问土库曼斯坦，并出席哈—土—伊（朗）铁路通车仪式。

2015年3月19日，哈总统纳扎尔巴耶夫与到访的白俄罗斯总统卢卡申科举行会晤。3月30日，哈总统纳扎尔巴耶夫电贺卡里莫夫成功连任乌兹别克斯坦总统。4月21日，哈总统纳扎尔巴耶夫与土库曼斯坦总统别尔德穆哈梅多夫通电话。4月27日，哈总统纳扎尔巴耶夫与阿塞拜疆总统阿利耶夫、白俄罗斯总统卢卡申科通电话，接受两国元首祝贺胜选。6月9日，哈第一副总理萨金塔耶夫在杜尚别出席国际水资源高级别会议。6月20日，哈总统纳扎尔巴耶夫与乌克兰总统波罗申科通电话，双方就哈加入世贸组织、召开哈乌政府间经济合作委员会、波访哈等交换意见。7月19日，哈总理马西莫夫访问吉尔吉斯斯坦，与吉总理萨里耶夫举行会谈。7月20日，哈总统纳扎尔巴耶夫签署总统令，批准哈与土库曼斯坦两国间里海海底划界协议。8月3日，哈总统纳扎尔巴耶夫与乌克兰总统波罗申科通电话，波祝贺哈成功加入世贸组织。8月11日至12日，哈总统纳扎尔巴耶夫访问吉尔吉斯斯坦，会见吉总统阿塔姆巴耶夫，两国总统还共同出席取消双方海关监管和边境检查设施的仪式。9月14日，哈总统纳扎尔巴耶夫访问塔吉克斯坦，会见塔总统拉赫蒙，并与塔签署战略伙伴条约。10月8日，哈总统纳扎尔巴耶夫会见到访的乌克兰总统波罗申科。10月12日，哈总统纳扎尔巴耶夫与卢卡申科通电话，祝贺其再次当选白俄罗斯总统。

2014年2月6日，哈总理马西莫夫在莫斯科出席第一届欧亚政府间理事会会议。5月28日，哈外交部副部长奥尔达巴耶夫表示，即将签署的《欧亚经济联盟条约》规定成员国在欧亚经济委员会中代表的均衡性。5月29日，最高欧亚经济理事会元首会议在阿斯塔纳举行，俄罗斯、白俄罗斯、哈三国元首共同签署《欧亚经济联盟条约》。根据条约，欧亚经济联盟将于2015年1月1日正式启动，到2025年俄白哈三国将实现商品、服务、资本和劳动力的自由流动，形成一个拥有1.7亿人口的统一市场。6月23日，哈第一副总理萨金塔耶夫在索契出席欧亚经济委员会理事会会议，讨论亚美尼亚入盟、联盟条约落实情况等。7月16日，哈第一副总理萨金塔耶夫出席欧亚经济委员会副总理级会议，称2017年阿斯塔纳世博会各国参展物资将免税入境。11月5日，哈总统纳扎尔巴耶夫出席独联体国家安全部门负责人第37次会议。

2015年3月20日，哈总统纳扎尔巴耶夫与到访的俄总统普京、白俄罗斯总统卢卡申科举行三方元首会晤，就深化相互经贸合作、欧亚经济联盟发展和乌克兰危机等交换意见。8月5日，哈总统纳扎尔巴耶夫签署总统令，批准亚美尼亚和吉尔吉斯斯坦加入欧亚经济联盟的法律文件。10月16日，独联体元首理事会会议在哈举行，哈、俄、阿塞拜疆、亚美尼亚、白俄罗斯、吉尔吉斯斯坦、塔吉克斯坦、乌兹别克斯坦等国元首出席。11月18日，哈公务员与反腐败局局长科扎姆扎罗夫出席独联体反腐败工作政府间会议。11月23日，哈第一副总理萨金塔耶夫出席欧亚经济委员会视频会议，与各方探讨联盟一体化议题。11月25日，哈议会下院议长贾库波夫在圣彼得堡出席独联体国家间议会大会和集安条约组织国家间议会大会，并会见俄国家杜马主席纳雷什金。12月21日，哈总统纳扎尔巴耶夫出席在莫斯科举行的最高欧亚经济理事会元首会议。

2014年，哈与独联体国家贸易额为286亿美元，2015年为204.2亿美元。2014年，哈与欧亚经济联盟国家贸易额为221亿美元，2015年为157.7亿美元。

【同美国的关系】2014年至2015年，哈美两国关系稳步上升，双方积极开展能源、安全、科技、环保等合作。2014年6月13日，哈副外长阿希克巴耶夫分别与美国负责军控与国际安全事务的副国务卿戈特穆勒、助理国务卿比斯瓦尔、国防部部长助理维贝罗姆、能源部部长助理艾尔凯多姆等举行会谈，就两国政治、经贸投资、军技合作等问题交换意见。6月16日，哈总检察长乌达尔巴耶夫、外长伊德里索夫分别会见美总统特别助理兼国家安全委员会俄罗斯和欧洲事务高级主任沃兰德。6月16日，哈总统直属人权委员会秘书长阿比舍夫访美。9月4日，哈议会下院议长贾库波夫会见到访的美国会众议院议员波帕巴克尔和米克斯，就哈美关系和议会交往交换意见。9月5日，哈总统纳扎尔巴耶夫会见来访的美国会众议院议员波帕巴克尔和米克斯，就双边关系和重大国际与地区问题交换意见。10月30日，哈外长伊德里索夫会见美国务院主管南亚中亚事务的助理国务卿比斯瓦尔。

2015年2月20日，哈美签署司法互助协议。3月18日，哈总统纳扎尔巴耶夫接受美国新任驻哈大使克罗尔递交国书。6月24日，哈第一副总理萨金塔耶夫会见美驻哈大使克罗尔。6月28日至30日，美国海关与边防局高级委员克尔利科夫斯克赴哈出席中亚和南亚地区反对暴力极端主义大会。6月30日，美国总统奥巴马致信纳扎尔巴耶夫总统，祝贺其75岁生日。8月27日至28日，美国务院助理国务卿康特里曼赴哈出席低浓缩铀银行成立仪式。9月30日，哈总统纳扎尔巴耶夫在纽约出席联合国成立70周年大会期间，会见美国总统奥巴马。11月2日，美国国务卿克里访哈，分别会见哈总统纳扎尔巴耶夫、总理马西莫夫、外长伊德里索夫，发表哈美战略伙伴关系委员会第四次会议联合声明，并在纳扎尔巴耶夫大学发表演讲，阐述美对中亚政策。

2014年，哈美双边贸易额为23.9亿美元，2015年为27.5亿美元。

【同欧洲国家的关系】1999年，哈欧签署合作伙伴协定，这是双边关系的重要基础。2014年至2015年，哈与欧洲大国互访频繁，继续扩大在安全、能源、经济、科技、环保、军工等领域的合作。2014年5月12日，哈与欧盟扩大伙伴关系新协议第六轮对话在阿斯塔纳召开。5月24日，哈总统纳扎尔巴耶夫会见到访的阿尔巴尼亚总理拉马，双方发表联合声明并签署双边合作基础法律文件。6月12日，哈总统纳扎尔巴耶夫会见到访的意大利总理伦齐。6月25日，哈外长伊德里索夫会见到访的欧安组织少数民族事务高级委员图尔斯。7月4日，哈与欧盟就商签新的伙伴合作协议在布鲁塞尔举行第七轮谈判，双方就协议实质内容达成一致。7月14日，哈总统纳扎尔巴耶夫致电德国总理默克尔，祝贺德国家队第四次获得世界杯冠军。7月16日，哈总统纳扎尔巴耶夫致电卢森堡前首相容克，祝贺其当选新一届欧委会主席。10月16日，哈总统纳扎尔巴耶夫在意大利米兰出席第十届亚欧首脑会议。10月29日，哈外长伊德里索夫会见到访的克罗地亚第一副总理兼外长普希奇。11月10日，哈总统纳扎尔巴耶夫会见来访的德国外长施泰因迈尔。11月20日，哈总统纳扎尔巴耶夫会见到访的瑞士总统兼欧安组织轮值主席伯克哈尔特。11月24日，哈总统纳扎尔巴耶夫会见来访的捷克总统泽曼。12月5日至6日，哈总统纳扎尔巴耶夫与到访的法国总统奥朗德举行会晤，纳还陪同奥出席阿拉木图巴黎大学分校开设仪式。

2015年3月20日，哈总统纳扎尔巴耶夫特使、议会上院国际关系、国防和安全委员会主席阿布德尔别科夫与罗马教皇方济各的国务秘书举行会晤，哈方邀请教皇出席第五届世界与传统宗教领袖大会。3月24日，哈中选委向欧安组织民主与人权事务办公室参与哈总统大选的观察员介绍选举筹备情况。4月20日，欧安组织民主与人权事务办公室报告称，哈总统选举遵守选举安排，观察团与哈中选委合作良好。5月1日，哈副外长、2017年阿斯塔纳世博会秘书长若希巴耶夫出席2015年米兰世博会哈馆开馆仪式。6月9日，哈总统纳扎尔巴耶夫会见来哈出席第五届世界与传统宗教领袖大会的芬兰总统尼尼斯托。10月8日，哈副外长沃尔科夫与英国外交副大臣艾尔伍德在阿斯塔纳共同主持哈英第二轮战略对话。11月3日至4日，哈总统纳扎尔巴耶夫访问英国，分别会见英女王伊丽莎白二世、首相卡梅伦和外交大臣哈蒙德，与卡梅伦共同主持召开哈英政府间委员会第二次会议，签署46份合作协议，合同金额达130亿美元。11月5日，哈总统纳扎尔巴耶夫访问法国，会见法总统奥朗德，签署总额超50亿美元的合作协议。12月2日，哈总统纳扎尔巴耶夫会见来访的荷兰首相吕特。12月21日，“欧盟—中亚”外长会在阿斯塔纳举行，哈外长伊德里索夫出席。12月21日，哈外长伊德里索夫与欧盟负责外交与安全政策的高级代表莫盖里尼，在哈总理马西莫夫见证下，签署深化欧盟和哈伙伴关系与合作新协议。

双边经贸关系高速发展。欧盟是哈的主要贸易伙伴国和投资国。2014年双方贸易额为530.7亿美元，2015年为313.2亿美元。哈是除欧佩克组织国家之外，仅次于俄罗斯和挪威的对欧能源供应国。

【同伊斯兰国家的关系】2014年至2015年，哈与伊斯兰国家继续保持传统友好联系，积极参与地区热点问题的解决。2014年6月5日，哈总统纳扎尔巴耶夫电贺塞西当选埃及新一任总统，称哈视埃为伊斯兰世界最重要的伙伴之一。6月5日，哈总统纳扎尔巴耶夫出席第四次突厥语国家合作委员会峰会，并与土耳其总统居尔举行会晤，就两国关系和国际局势交换意见。6月12日，哈议会下院议长贾库波夫在土耳其出席突厥语国家议会大会，并与土国民议会主席杰米尔举行会见。6月20日，哈总统纳扎尔巴耶夫会见到访的约旦国王阿卜杜拉二世。6月23日，哈议会上院议长托卡耶夫会见到访的约旦上院主席拉瓦比德。8月11日，哈总统纳扎尔巴耶夫祝贺埃尔多安当选土耳其总统。8月28日，哈总统纳扎尔巴耶夫出席土耳其总统埃尔多安就职典礼。10月28日，哈总统纳扎尔巴耶夫出席在迪拜举行的第十届伊斯兰世界经济论坛。10月30日，哈总统纳扎尔巴耶夫会见阿联酋武装力量总司令阿勒纳哈扬。11月20日，哈议会上院议长托卡耶夫访问摩洛哥，并与摩国王穆罕默德六世特别代表阿兹伊曼举行会谈。

2015年3月22日，哈最高法院院长马米访问迪拜，会见迪拜国际金融中心法院院长。4月16日，哈总统纳扎尔巴耶夫会见来访的土耳其总统埃尔多安，并共同出席两国高级战略合作委员会第二次会议。5月9日，哈总统纳扎尔巴耶夫与伊朗总统鲁哈尼通电话，鲁祝贺纳连任总统。5月9日，哈副外长穆西诺夫访问阿富汗，与阿副外长卡尔扎伊举行两国外交部磋商。5月25日，哈外长伊德里索夫表示，应叙利亚反对派请求，哈将为反对派在阿斯塔纳提供谈判平台。6月11日，哈总统纳扎尔巴耶夫会见来哈出席第五届世界与传统宗教领袖大会的约旦国王阿卜杜拉二世。6月17日，哈总统纳扎尔巴耶夫会见到访的卡塔尔外交大臣哈立德。6月17日，哈总统纳扎尔巴耶夫向土耳其总统埃尔多安致电，就土第九任总统德米雷尔去世表示哀悼。7月21日，哈总统纳扎尔巴耶夫就土耳其发生爆炸并造成重大人员伤亡，向埃尔多安总统致慰问电。10月25日至26日，哈总统纳扎尔巴耶夫访问卡塔尔，会见卡埃米尔阿勒萨尼。11月23日，哈外长伊德里索夫出席在德黑兰举行的天然气输出国论坛，并与伊朗总统鲁哈尼、外长扎里夫等举行会见。

2014年哈同土耳其、伊朗贸易额分别为33亿美元和9.86亿美元。2015年哈同土、伊（朗）等国的双边贸易额分别为20.2亿美元、6.35亿美元。

【同亚太及新兴大国的关系】2014年至2015年哈同亚太及新兴大国继续保持友好交往，通过高层互访继续推动双边关系向前发展。

2014年5月15日，哈议会下院副议长贾库波夫会见日本驻哈大使。5月23日，哈总统纳扎尔巴耶夫与到访的马来西亚总理纳吉布举行会谈，双方签署总额达11亿美元的经济合作协议。6月3日，哈总统纳扎尔巴耶夫致电南非总统祖玛，祝贺其再次当选总统。6月13日，哈国务秘书兼足协主席贾克瑟别科夫对巴西进行工作访问并出席国际足联第64届大会。6月19日，哈总统纳扎尔巴耶夫与到访的韩国总统朴槿惠举行会谈，就双边关系、各领域务实合作及共同关心的国际和地区问题进行深入探讨。7月16日，哈外长伊德里索夫出席在比什凯克举行的“中亚＋日本”对话会。7月18日，哈总统纳扎尔巴耶夫就马航MH17在乌克兰境内坠毁事件向马来西亚总理纳吉布致慰问电。8月28日，哈外长伊德里索夫访问新加坡，并会见新总理李显龙。9月18日，哈外长伊德里索夫访问墨西哥，并会见墨经济部长及外交秘书，出席哈墨商务论坛。10月23日，哈总理马西莫夫出席哈日政府间经济合作政企联合委员会第五次会议。10月29日，哈总统纳扎尔巴耶夫致电罗塞芙，祝贺其连任巴西总统。

2015年6月23日，哈能源部长什科利尼克访问印度。7月7日，哈总统纳扎尔巴耶夫会见来访的印度总理莫迪，签署26项协议和13份合作备忘录。8月12日，哈总统特使、副外长穆西诺夫访问柬埔寨，会见柬外交和国际合作部国务秘书鲍利特霍，并转交纳扎尔巴耶夫总统致柬首相洪森的亲笔信，呼吁柬支持哈竞选联合国安理会非常任理事国。9月2日，哈外长伊德里索夫出席在斐济召开的太平洋岛国发展论坛第三次峰会。10月8日，哈副外长穆西诺夫出席第九届“中亚—韩国”论坛并发表《首尔宣言》。10月28日，哈总统纳扎尔巴耶夫与到访的日本首相安倍晋三举行会晤，发表《关于深化和扩大哈日战略伙伴关系的联合声明》和关于推动《全面禁止核试验条约》尽早生效的联合声明，签署价值7亿美元经贸合同。

2014年，哈与日本、韩国的贸易额分别为16.7亿美元和19.4亿美元。2015年，哈与日、韩贸易额分别为14.4亿美元、13.8亿美元。（丁浩）

韩　　国

国名　大韩民国（Republic of Korea）。

面积　10.329万平方公里。

人口　约5100万。为单一民族，通用韩国语，50%左右的人口信奉佛教、基督教、天主教等宗教。

首都　首尔（Seoul），人口约1000万，面积605平方公里，年均气温11.6℃。

国家元首　总统朴槿惠（Park Geun-hye），2012年12月19日当选，2013年2月25日就任。

重要节日　春节：阴历正月初一；元旦：1月1日；独立运动纪念日：3月1日；佛诞日：阴历四月初八；显忠日：6月6日；制宪节：7月17日；光复节：8月15日，纪念从日本殖民统治下光复（1945年）和大韩民国建国（1948年）；中秋节：阴历八月十五；开天节：10月3日，传说中的古朝鲜建国日；圣诞节：12月25日。

简　况

位于亚洲大陆东北部朝鲜半岛南半部。东、南、西三面环海。属温带季风气候，年均气温13℃—14℃，年均降水量约1300毫米—1500毫米。

1910—1945年，朝鲜半岛沦为日本殖民地。1945年8月日本投降，美苏军队分别进驻半岛南北部。1948年8月15日半岛南半部建立大韩民国，李承晚出任首届总统。1960年李承晚在全国性学生运动中下台，同年8月尹潽善任总统。1961年朴正熙发动军事政变，此后长期执政。1979年朴正熙遇刺身亡，全斗焕发动政变，并于1980年出任总统。1987年韩国修改宪法，实行总统直选，同年卢泰愚当选第13届总统。此后金泳三、金大中、卢武铉、李明博、朴槿惠先后当选第14—18届总统。

政　治

2012年12月，韩国举行总统选举。新国家党候选人朴槿惠以51.6%的得票率胜出，当选韩国第18届总统，2013年2月25日正式就任。

【宪法】1987年10月全民投票通过现宪法，1988年2月25日生效。宪法规定，总统享有作为国家元首、政府首脑和武装力量总司令的权力。任期5年，不得连任。

【议会】国会，立法机构。主要职能包括：审议各项法案；审议国家预决算；监察政府工作；批准对外条约以及同意宣战或媾和、弹劾总统和主要政府官员、否决总统的紧急命令等。实行一院制，共300个议席，议员任期4年。国会设议长和2名副议长，由议员投票选举产生，任期2年。本届国会是第19届国会，2012年4月选出。国会设议长和2名副议长，由议员投票选举产生，任期2年。现任议长郑义和，2014年5月就任，任期2年。

【政府】内阁，设17个部、5处、17厅，总统兼任政府首脑，国务总理辅助总统工作。现任总理黄教安，2015年6月就任。现内阁主要成员有：国务总理黄教安、经济副总理兼企划财政部长官柳一镐、社会副总理兼教育部长官李俊植、外交部长官尹炳世、统一部长官洪容杓、法务部长官金贤雄、国防部长官韩民求、行政自治部长官洪允植、文化体育观光部长官金钟德、农林畜产食品部长官李桐弼、产业通商资源部长官周亨焕、保健福祉部长官郑镇烨、环境部长官尹成奎、雇佣劳动部长官李基权、女性家庭部长官姜恩姬、国土交通部长官姜镐人、海洋水产部长官金荣锡、未来创造科学部长官崔阳熙。

【主要网址】总统府：http://www.president.go.kr；外交部：http://www.mofa.go.kr。

【行政区划】全国划分为1个特别市：首尔特别市；1个特别自治市：世宗特别自治市；9个道：京畿道、江原道、忠清北道、忠清南道、全罗北道、全罗南道、庆尚北道、庆尚南道、济州特别自治道；6个广域市：釜山、大邱、仁川、光州、大田、蔚山。

【司法机构】审判机关有大法院、高等法院、地方法院和家庭法院。大法院是最高审判机关，院长由总统任命，须经国会同意，任期6年，不得连任，现任院长梁承泰。另设有宪法裁判所，现任院长朴汉彻。

检察机关有大检察厅、高等检察厅和地方检察厅，隶属法务部。大检察厅是最高检察机关，大检察厅长称检察总长，由总统任命，无需国会同意，现任检察总长金秀南。

【政党】（1）新国家党：执政党。前身为1990年成立的民主自由党，1995年改名为新韩国党，1997年新韩国党和韩国民主党合并，改称大国家党。2012年2月改用现名称。该党曾长期执政，但在1997年和2002年两次大选中以微弱的票差失利，后在2007年和2012年大选中获胜，重又成为执政党。现为国会第一大党，党首金武星。

（2）新政治民主联合：前身为金大中领导的新政治国民会议。1997年金大中当选总统后，该党成为执政党。2003年该党分裂为开放国民党和民主党，2008年2月又合并为统合民主党，7月改名为民主党。2011年12月，民主党与市民统合党、韩国劳动组合总联盟合并为民主统合党。2013年5月改称民主党，2014年3月与以安哲秀为代表的政治力量联合组成目前的新政治民主联合党，2015年12月改名为共同民主党，安哲秀退党并成立“国民之党”。现为国会第二大党。

【重要人物】朴槿惠：第18届总统。1952年2月生于韩国大邱，1974年毕业于韩国西江大学电子工学系。第15—19届国会议员。1998—2002年任大国家党副总裁，2004—2006年任大国家党代表（党首）。2013年2月25日，就任韩国第18届总统。　**黄教安**：国务总理。1957年4月生。毕业于成均馆大学法学专业。历任首尔地方检察厅部长、水原地方检察厅城南支厅厅长、昌原地方检察厅厅长、大邱、釜山高等检察厅检察长等，2013年3月任法务部长官。2015年6月任国务总理。

经　济

20世纪60年代，韩国经济开始起步。70年代以来，持续高速增长，人均国民生产总值从1962年的87美元增至1996年的10548美元，创造了“汉江奇迹”。1996年加入经济合作与发展组织（OECD），同年成为世界贸易组织（WTO）创始国之一。1997年亚洲金融危机后，韩国经济进入中速增长期。

产业以制造业和服务业为主，造船、汽车、电子、钢铁、纺织等产业产量均进入世界前10名。大企业集团在韩国经济中占有十分重要的地位，目前主要大企业集团有三星、现代汽车、SK、LG和KT（韩国电信）等。

2008年10月以来，受国际金融危机影响，韩经济明显下滑。韩政府迅速采取包括大规模财政刺激等一系列政策，金融市场全面回暖，实体经济企稳回升，企业和消费者信心不断增强，成为经济合作与发展组织成员国中率先走出谷底的国家。

2015年主要经济数据如下：

国内生产总值（GDP）：1.43万亿美元。

人均国民收入：约2.8万美元。

经济增长率：2.6%。

货币名称：韩元。

汇率：1美元≈1200韩元（实行浮动汇率制）。

【资源】矿产资源较少，已发现的矿物有280多种，其中有经济价值的50多种。有开采利用价值的矿物有铁、无烟煤、铅、锌、钨等，但储量不大。由于自然资源匮乏，主要工业原料均依赖进口。

【工业】工矿业产值占GDP的38%，半导体销售额居世界第1位，粗钢产量居世界第6位。

【农业】现有耕地面积171.1公顷，主要分布在西部和南部平原、丘陵地区。农业人口约占总人口的6%。农业产值（含渔业和林业）占GDP的2.1%。

【旅游业】韩国风景优美，有许多文化和历史遗产，旅游业较发达。

主要旅游服务设施：全国有40多家饭店达到国际标准，其中部分已加入国际饭店预订系列。首尔的新罗饭店、乐天饭店、洲际饭店、朝鲜饭店、凯悦饭店、广场饭店、华克山庄饭店等被列入超豪华类别。主要旅游点：景福宫、昌德宫、民俗博物馆、江华岛、板门店、庆州、济州岛、雪岳山等。

【交通运输】陆、海、空交通运输均较发达。全国已建成铁路网和高速公路网。

铁路：铁路总长7889公里，其中干线5636公里。2004年3月，首尔—釜山高速铁路开通，全长412公里，最高时速300公里。

地铁：总长548公里。其中首尔327.9公里，在世界主要城市中位居前列。

公路：公路总长约10.5万公里，其中高速公路4139公里。登记的汽车有2012万辆。

水运：以海运为主。主要港口有：釜山、浦项、仁川、群山、木浦、济州、丽水等。

空运：同81个国家签有航空协定，开通国际航线324条（其中外国航空公司航线242条），可飞往30多个国家、90多个城市。现有8个国际机场：仁川、金浦、济州、金海、清州、大邱、襄阳、光州。另有国内航线机场20个。

【财政金融】近几年韩国财政收支情况如下（单位：万亿韩元）：

	2011	2012	2013	2014
收入	270.5	311.5	314.4	320.9
支出	258.9	293.0	300.2	312.4
差额	11.6	18.5	14.2	8.5

截至2016年1月，韩国外汇储备为3673亿美元。

【对外贸易】2015年外贸总额9640亿美元，贸易收支顺差904亿美元。其中，出口5272亿美元，减少7.9%；进口4368亿美元，减少16.9%。和世界上180多个国家和地区有经贸关系，其中中国、美国、日本是韩国三大主要贸易伙伴国。近四年韩国进出口额如下（单位：亿美元）：

	2012	2013	2014	2015
进口额	5195.8	5155	5257	4368
出口额	5480.8	5597	5731	5272
差　额	285.0	442	474	904

主要进口产品有原油、半导体、天然气、石油制品、半导体零部件、钢板、煤炭、通讯器材、电缆等。主要出口产品有汽车及零部件、半导体成品、有线无线通讯器材、船舶、石油制品、平板液晶显示器、个人电脑、影视器材等。

【对外援助】韩国向发展中国家提供援助始于20世纪60年代。1997年12月，韩国与国际货币基金组织（IMF）达成接受570亿美元贷款的协议。2001年8月全部还清。

【外国资本】20世纪60年代和70年代，外国直接投资仅占资本流入的一小部分，80年代起韩国逐步放宽外商投资限制。1997年金融危机后，韩加大引进外资力度。

【经济团体】（1）大韩商工会议所：成立于1948年7月正式成立。是韩国最大的民间经济团体，现有正式会员企业5.5万家，在韩国内有71家分支机构。主要职能是：调查了解企业情况，向政府提出政策性意见和建议。作为民间团体，对国内生产、物价等进行统计调查；组织、领导会员企业的技工培训和技术交流活动；负责与国外经济团体的交流与合作；负责发放原产地证明等。1992年8月成立韩中民间经济协议会，在北京设有代表处。会长朴容晚。

（2）韩国贸易协会：成立于1946年。有会员企业8.6万家。主要职能是：研究韩国的贸易政策，向政府提出意见和建议；向会员企业提供各种贸易咨询和信息服务，促进与世界各国的贸易合作，代培贸易专业人员。多次协助中方在韩举办贸易展，并组织韩企业赴华考察，组派采购团，在北京设有国际事务支部。会长金仁浩。

（3）全国经济人联合会：成立于1961年。由制造业、贸易、金融、建设等各行业67个团体、韩国具有代表性的431家大企业及4个名誉会员组成。主要职能是：代表大企业向政府提出政策性意见和建议；协助会员企业加强与国际经济组织和国外企业的联系；研究交流经营理论和经营方法；调查研究国内外经济动向；加强与社会各界的联系，组织会员企业开展各项公益事业。设有中国委员会，2003年5月成立全经联中国论坛。会长许昌秀。

（4）中小企业中央会：成立于1962年。由中小企业行业协会组成，2006年改用现名，有500多家注册会员企业。主要职能是：维护中小企业利益，代表中小企业向政府提出政策性建议；通过下属行业组织指导中小企业发展，开展中小企业经营研究，向会员企业提供各种信息和咨询；管理来韩外国劳工事务。会长朴成泽。

人民生活

据统计，韩国住房普及率107%，移动电话普及率83%，宽带网普及率80.6%。各类医院、诊所4.6万家，医护人员30多万名。平均寿命77岁，其中男性73岁，女性80岁。

军　事

韩国实行义务兵役制。陆军和海军陆战队服役期为21个月，空军为24个月，海军为23个月。总统为三军最高统帅。国防部长官韩民求（2014年6月就任），参谋长联席会议主席李淳镇（2015年10月就任）。现有总兵力65.5万，其中陆军52.2万，海军6.8万，空军6.5万。预备役304万。2016年国防预算38.8万亿韩元，较2015年增长3.6%。

文化教育

【教育】1953年起实行小学6年制义务教育，从1993年起普及初中3年义务教育。高等教育机构80%为私立。2016年教育预算53.2万亿韩元，较2015年增长0.56%。

全国各类学校（公立、私立）近2万所，学生1100多万人，教师50多万人。著名大学有首尔大学、延世大学、高丽大学、梨花女大等。

	学校（所）	学生（万人）	教师（万人）
幼儿园	8538	61.3	4.2
小　学	5895	295.1	18.1
初　中	3162	184.9	11.1
高　中	2828	192.0	13.2
大专院校	342	298.7	6.9

【新闻出版】新闻出版业发达。共有新闻机构230多家，从业人员4万多人。报社120多家，杂志种类繁多。《朝鲜日报》(1920年3月创刊)、《中央日报》(1965年9月创刊)、《东亚日报》(1920年4月创刊)是3大全国性韩文日报。

通讯社：联合通讯社，1980年由合同通讯社和东洋通讯社合并而成，1999年兼并内外通讯社。该通讯社在北京、华盛顿、纽约、洛杉矶、东京、巴黎、伦敦、曼谷、布宜诺斯艾利斯、布鲁塞尔、开罗、香港、莫斯科设有分社，同40多家外国通讯社签有新闻交换协定或合作协议。

有10家全国性广播公司，另有地方广播公司59家，有线广播公司81家。

韩国广播公司(KBS)：1927年开始试播，自1953年开始对外广播。政府控股广播公司，拥有全国性广播网，目前用韩、英、汉、法、日等11种语言播音。电视台成立于1961年12月。自1996年7月起开通两个频道的卫星电视节目，主要以数字信号播放。

文化广播公司(MBC)：1961年12月开办，拥有全国性广播网。电视台成立于1969年8月，在各大城市有卫星转播站。

首尔广播公司(SBS)：1991年12月开播。

基督教广播公司(CBS)：1954年开办，主要播送新闻、娱乐以及教育和宗教节目。

交通广播公司(TBS)：1990年6月成立。

教育广播公司(EBS)：该公司属于国有，1990年12月成立。

【韩朝关系】朝鲜战争停战后，半岛长期处于政治对立、军事对峙、经济隔绝的冷战状态。1990年9月至1991年12月，韩朝先后举行5次总理会谈，双方签署《南北和解、互不侵犯及交流合作协议书》，发表《朝鲜半岛无核化共同宣言》，韩朝关系有所改善。此后受金日成逝世及核问题等影响，韩朝关系趋冷。1998—2003年，金大中和卢武铉两任政府分别奉行对朝“阳光政策”与“和平与繁荣政策”，推进南北和解合作。2000年6月和2007年10月，金大中、卢武铉分别访朝，同金正日举行首脑会晤，发表《南北共同宣言》和《南北关系发展与和平繁荣宣言》。其间韩朝举行多次官方会谈和一系列民间交流活动，签署多项合作协议。此后，受“天安”号、延坪岛炮击、朝核试验等和多方面因素影响，韩朝关系发展不畅，官方对话与经济人文领域交流合作受阻。

近年，韩朝关系时有起伏。2014年2月，双方举行了高级别会谈和离散亲属会面。2014年10月，朝方派高级别代表团参加了韩国仁川亚运会闭幕式。2015年8月，双方举行高级别会谈，达成六项协议。10月，双方在金刚山举行离散亲属会面。

对外关系

二次大战后，韩国长期以对美外交为主。20世纪70年代初开始推行门户开放政策。1988年卢泰愚政府上台后，大力推行“北方外交”，发展与社会主义国家关系。其后历届政府均推行积极外交政策，近年来基本形成了以韩美同盟为基轴，加强美、中、日、俄四大国外交，积极参与地区与国际事务的多层次、全方位外交格局。

韩国与190个国家建立了外交关系，驻外外交机构163个。

【同中国的关系】中韩1992年8月24日建交，两国各领域关系发展迅速。1998年金大中总统访华时，双方宣布建立面向21世纪的中韩合作伙伴关系。2003年卢武铉总统访华时，双方宣布建立全面合作伙伴关系。2008年5月韩国总统李明博访华时，双方宣布建立战略合作伙伴关系。2014年7月，双方宣布中韩努力成为实现共同发展的伙伴、致力地区和平的伙伴、携手振兴亚洲的伙伴、促进世界繁荣的伙伴。

2012年1月，韩国总统李明博访华。3月，胡锦涛主席出席首尔核安全峰会，并会见韩国总统李明博。5月，温家宝总理在北京会见来华出席中日韩领导人会议的韩国总统李明博。6月，王岐山副总理出席韩国丽水世博会中国国家馆日活动。7月，孟建柱国务委员访问韩国。11月，温家宝总理在金边出席东亚领导人系列会议期间会见韩国总统李明博。12月，胡锦涛主席、习近平总书记分别致电朴槿惠祝贺其当选韩国第18届总统。2013年1月，中国政府特使、外交部副部长张志军访问韩国。同月，韩国候任总统朴槿惠特使金武星访华。2月，中共中央政治局委员、国务委员刘延东作为胡锦涛主席、习近平总书记特别代表赴韩出席朴槿惠就职仪式。4月，韩国外交部长官尹炳世对华进行正式访问。6月，韩国总统朴槿惠对华进行国事访问。8月，韩国国会副议长李秉锡来华出席第8次中韩议会定期交流机制会议。9月，习近平主席在出席二十国集团(G20)领导人峰会期间会见韩国总统朴槿惠。10月，习近平主席、李克强总理分别在出席亚太经合组织领导人非正式会议、东亚领导人系列会议期间会见韩国总统朴槿惠。11月，杨洁篪国务委员访韩。12月，韩国国会议长姜昌熙访华。2014年3月，习近平主席在出席海牙核安全峰会期间会见韩国总统朴槿惠。4月，韩国总理郑烘原来华出席博鳌亚洲论坛年会。5月，全国人大常委会副委员长严隽琪赴韩出席第9次中韩议会定期交流机制会议，王毅外长对韩国进行正式访问。7月，习近平主席对韩国进行国事访问。10月，李克强总理在米兰出席亚欧首脑会议期间会见韩国总统朴槿惠。11月，朴槿惠总统来华出席亚太经合组织(APEC)领导人非正式会议。12月，韩国国会议长郑义和访华。2015年1月，国务院副总理汪洋访韩并出席“中国旅游年”开幕式。2月，国务委员兼国防部长常万全访韩。6月，全国人大常委会委员长张德江访韩。7月，韩国国会副议长郑甲润来华出席第10次中韩议会定期交流机制会议。9月，韩国总统朴槿惠来华出席中国人民抗日战争暨世界反法西斯战争胜利70周年纪念活动。10月末11月初，李克强总理赴韩出席第六次中日韩领导人会议并对韩国进行正式访问。2016年2月，习近平主席与韩国总统朴槿惠通电话。

据中国海关总署统计，2015年中韩贸易额2758.15亿美元，减少5%。其中中方出口1012.96亿美元，进口1745.18亿美元，分别增长1%、减少8.2%。中国是韩国最大贸易伙伴、最大出口市场和进口来源国，韩国是中国第三大贸易伙伴国。

截至2015年底，韩国对华实际投资累计639.4亿美元。中国对韩国实际投资累计66.39亿美元。

两国在文学、艺术、体育、教育、卫生、广播电影电视、新闻出版等领域交流发展迅速。

2015年中韩人员往来近千万人次，双方互为本国公民最大旅游目的地国和入境客源国。韩国在华留学生约6.2万人，中国在韩留学生约6.3万人，均居对方国家外国留学生人数之首。

两国主要城市之间有40多条定期客运航线，每周1200多个班次；中国天津、青岛、大连、烟台、威海、连云港与韩国仁川、釜山、平泽等地有定期客货轮航线。

双方共建立180多对友好省市关系。双方友好团体有中韩友好协会、韩中友好协会、韩中文化协会、21世纪韩中交流协会、韩中经营人协会、韩中亲善协会等。除互在对方首都设大使馆外，中国在韩国釜山、光州和济州设有总领馆。韩国在中国上海、青岛、广州、沈阳、成都、西安、武汉和香港设有总领馆。

中国驻韩国大使：邱国洪。馆址：首尔特别市中区明洞2路27。国家地区号：0082–2。电话：7381038；传真：7381077。领事部电话：7567300，商务处电话：2537521–3。网址：http://www.chinaemb.or.kr/chn/。

韩国驻华大使：金章洙。馆址：北京市朝阳区东方东路20号。国家地区号：0086–10。电话：85310700；传真：85310726。网址：http://www.koreaemb.org.cn。

韩国于1993年11月在台湾地区设立了韩国驻台北代表处，现任代表赵百相。1994年1月，台湾当局在韩国设立了台北驻韩代表处，现任代表梁英斌。

【同美国的关系】韩美1949年1月建交。1953年10月韩美签署《韩美共同防御条约》，确立军事同盟关系。目前美国在韩国有2.85万驻军，掌握韩军战时指挥权，对韩国负有安全防卫义务。美将于2015年12月将韩军战时指挥权交还给韩方。2008年4月，韩国总统李明博访美，双方宣布建立面向21世纪韩美战略同盟关系，提出韩美同盟应以"价值同盟、互信同盟、和平同盟"三项原则为基础，扩大各领域共同利益。8月，美国总统布什总统访韩。2009年4月，韩国总统李明博与美国总统奥巴马在二十国集团领导人伦敦峰会期间会晤。6月，韩国总统李明博访美。11月，美国总统奥巴马访韩。2010年6月、11月，韩国总统李明博和美国总统奥巴马在二十国集团领导人多伦多峰会、首尔峰会期间会晤。2011年4月，美国国务卿希拉里·克林顿访韩。10月，韩国总统李明博访美，与美国总统奥巴马会晤。2013年5月，韩国总统朴槿惠访美。2014年4月，美国总统奥巴马访韩。2014年10月，美韩商定推迟原定于2015年12月的战时作战指挥权移交时间。2015年10月，韩国总统朴槿惠再次访美。

据韩方统计，2015年韩美贸易额为1138亿美元，韩方顺差258亿美元。

【同日本的关系】韩日1965年建交。两国在各领域有着广泛的交流与合作，但历史等问题仍是干扰两国关系的因素。

2008年2月，日本首相福田康夫出席韩国总统李明博就职仪式，双方表示将重启首脑定期会晤机制。4月，韩国总统李明博访日，双方商定开创面向未来的成熟伙伴关系新时代。10月和12月，韩国总统李明博与麻生太郎首相先后在第7届亚欧首脑会议和第1次中日韩领导人会议期间举行双边会晤。2009年，日本首相麻生太郎访韩。2010年6月、10月、11月，韩国总统李明博与日本首相菅直人先后在二十国集团领导人多伦多峰会、第8届亚欧首脑会议、亚太经合组织第18次领导人非正式会议期间会晤。2011年5月，韩国总统李明博与日本首相菅直人在第4次中日韩领导人会议期间会晤。9月，韩国总统李明博与日本首相野田佳彦在联合国大会期间会晤。10月，日本首相野田佳彦访韩，与韩国总统李明博会晤。11月，韩国总统李明博与日本首相野田佳彦在第14次东盟与中日韩领导人会议（10+3）期间会晤。12月，韩国总统李明博访日，与日本首相野田佳彦会晤。2012年9月，日本外相玄叶光一郎访韩。2013年2月，日本副首相麻生太郎出席韩国总统朴槿惠就职仪式。7月，在文莱斯里巴加湾出席东亚系列外长会的韩国外交部长官尹炳世和日本外务大臣岸田文雄会晤。2015年11月，韩国总统朴槿惠与赴韩出席第六次中日韩领导人会议的日本首相安倍晋三举行首次双边会晤。12月，韩日外长宣布就解决慰安妇问题达成协议。

据韩方统计，2015年韩日贸易额714亿美元，其中韩方逆差203亿美元。

【同俄罗斯的关系】韩国与苏联1990年9月建交。苏联解体后，韩国与俄罗斯继续保持外交关系。2004年9月，双方宣布建立互信全面伙伴关系。2008年9月，韩国总统李明博访俄，双方宣布建立战略合作伙伴关系。2010年9月，韩国总统李明博访俄。11月，俄罗斯总统梅德韦杰夫访韩并出席二十国集团领导人首尔峰会。2011年11月，韩国总统李明博访俄，与梅德韦杰夫总统会晤。2012年9月，韩国总统李明博赴俄符拉迪沃斯托克出席亚太经合组织（APEC）领导人非正式会议。2013年11月，俄罗斯总统普京访韩。2015年5月，韩国总统朴槿惠派特使出席俄卫国战争胜利70周年纪念活动。

据韩方统计，2015年韩俄贸易额为159.94亿美元，其中韩方逆差66.22亿美元。

【同其他国家和国际组织的关系】2012年3月，印度尼西亚总统苏西洛·班邦·尤多约诺访韩。4月，斯里兰卡总统马欣达·拉贾帕克萨访韩。5月，瑞典国王卡尔十六世·古斯塔夫访韩。9月，乌兹别克斯坦总统卡里莫夫访韩。10月，缅甸总统吴登盛访韩。2013年2月，澳大利亚总督布赖斯、加拿大总督约翰斯顿、泰国总理英拉等赴韩出席朴槿惠总统就职仪式。5月，乌干达总统穆萨韦尼访韩。6月，莫桑比克总统格布扎访韩。10月，菲律宾总统阿基诺三世、波兰总统科莫罗夫斯基访韩。11月，吉尔吉斯斯坦总统阿坦巴耶夫、老挝国家主席朱马里访韩。12月，美国副总统拜登、希腊总统帕普利亚斯、新加坡总理李显龙访韩。2014年3月，加拿大总理哈珀访韩。4月，澳大利亚总理阿博特访韩。12月，文莱国王哈吉·哈桑纳尔·博尔基亚访韩。2015年2月，捷克总理索博特卡访韩。3月，新西兰总理约翰·基访韩。5月，保加利亚总统普列夫内利耶夫、印度总理莫迪访韩。10月，德国总统高克访韩。11月，法国总统弗朗索瓦·奥朗德、冰岛总统奥拉维尔·拉格纳·格里姆松访韩。 （曹敏宜）

吉尔吉斯斯坦

国名 吉尔吉斯共和国（Kyrgyz Republic，Кыргызская Республика），简称吉尔吉斯斯坦（Kyrgyzstan，Кыргызстан）。

面积 19.99万平方公里。

人口 601.95万（2016年1月）。有80多个民族，其中吉尔吉斯族占72.8%，乌兹别克族占14.5%，俄罗斯族占6.2%，东干族占1.1%，维吾尔族占0.9%，塔吉克族占0.9%，土耳其族占0.7%，哈萨克族占0.6%，其他为鞑靼、阿塞拜疆、朝鲜、乌克兰等民族。国语为吉尔吉斯语，俄语为官方语言。70%以上居民信仰伊斯兰教，多数属逊尼派。

首都 比什凯克（Bishkek，Бишкек）。人口约95.85万（2016年1月）。1月平均气温-6℃，7月平均气温26℃。

国家元首 阿尔马兹别克·沙尔舍诺维奇·阿塔姆巴耶夫（Алмазбек Шаршенович Атамбаев），2011年10月30日当选，任期6年。

重要节日 新年：1月1日。纳乌鲁斯节（波斯语和突厥语国家“春节”）：3月21日。宪法日：5月5日。建军节：5月29日。独立日：8月31日。主要宗教节日有开斋节、古尔邦节、复活节等。

简况

位于中亚东北部，边界线全长约4503公里，北和东北接哈萨克斯坦，南邻塔吉克斯坦，西南毗连乌兹别克斯坦，东南和东面与中国接壤（共同边界近1100公里）。境内多山，平均海拔2750米，90%领土在海拔1500米以上，属大陆性气候，1月平均气温-6℃，7月平均气温27℃。

公元前3世纪已有文字记载。6—13世纪曾建立吉尔吉斯汗国。16世纪被迫从叶尼塞河上游迁居至现居住地。1876年被沙俄吞并。1917年11月至1918年6月建立苏维埃政权。1924年10月14日成立卡拉吉尔吉斯自治州，属俄罗斯联邦。1936年12月5日成立吉尔吉斯苏维埃社会主义共和国，加入苏联。1991年8月31日，吉尔吉斯最高苏维埃通过国家独立宣言，正式宣布独立，改国名为吉尔吉斯共和国，同年12月21日加入独联体。

政治

属政教分离的世俗国家。政治上推行民主改革并实行多党制。第一任总统阿卡耶夫（1990年11月—2005年3月）执政时期政治上推行民主改革，经济上实行以市场为导向的改革方针。2005年春，吉发生非正常政权更迭，阿卡耶夫被迫下台，反对派领导人、前总理巴基耶夫同年7月当选新一届总统。2009年7月23日，巴基耶夫连任成功。2010年爆发“4·7”革命，巴基耶夫政权被推翻，以奥通巴耶娃为总理的临时政府宣告成立。6月27日，吉全民公投通过新宪法，吉国家政体改为议会制，奥通巴耶娃出任过渡时期总统。

2011年10月30日吉举行总统大选，16位候选人参与角逐，全国登记选民303万。过渡时期政府总理阿尔马兹别克·沙尔舍诺维奇·阿塔姆巴耶夫在首轮投票中以62.52%的得票率当选总统，任期6年。

【宪法】1993年5月5日，吉议会通过独立后第一部宪法，规定吉是建立在法制、世俗国家基础上的主权、单一制民主共和国，实行立法、司法、行政三权分立，总统为国家元首。此后，宪法几经修改。2010年“4·7”革命后，吉成立临时政府。5月，临时政府公布宪法草案，6月27日举行全民公投通过了新宪法。根据新宪法，吉政体由总统制过渡到议会制。

【议会】第一届议会于1990年2月25日通过选举产生，1994年9月提前解散。1995年2月，选举产生了由立法会议和人民代表会议组成的新议会。2000年

2月吉选举产生第三届议会，由立法会议和人民代表会议组成。立法会议由60名议员组成，由单一选区和政党比例代表制选举产生。人民代表会议由45名议员组成，实行区域代表制度。2005年议会由两院制改为一院制，议员由105人减少到75人。取消政党比例代表制，全部议员由单一选区选举制选举产生。2007年10月21日，吉全民公决通过新宪法，规定议会完全按政党比例代表制选举产生，由90名议员组成；总统指定在议会选举中获得大多数席位的政党组建政府。2010年"4·7"革命后吉议会解散。2010年6月27日吉通过新宪法，国家政体改为议会制，实行一院制，由120名议员组成，任期5年。10月举行了第五届议会选举，故乡党、社民党、尊严党、共和国党和祖国党进入议会。2015年10月4日吉举行第六届议会选举，社民党、共和国—故乡党、吉尔吉斯斯坦党、进步党、共同党、祖国党进入议会。10月7日，社民党、吉尔吉斯斯坦党、进步党、祖国党签署协议，正式组成执政联盟。同日，社民党议员、第五届议会议长热恩别科夫再次当选议长。第六届议会共设9个委员会。2016年4月13日，热恩别科夫辞去议长职务。2016年4月27日，社会民主党党员图尔松别科夫当选议长。

【政府】2016年4月13日，吉第六届议会通过总理和内阁提名，索隆拜·热恩别科夫当选总理。新政府由政府办公厅、12个部和2个国家委员会组成。主要成员包括：总理索·热恩别科夫（С. Жээнбеков），第一副总理穆·阿布尔加济耶夫（М. Абулгазиев），分管经济问题的副总理奥·潘克拉托夫（О. Панкратов），分管社会问题的副总理古·库达伊别尔季耶娃（Г. Кудайбердиева，女），政府办公厅主任努·莫穆纳利耶夫（Н. Момуналиев），外交部长埃·阿布德尔达耶夫（Э. Абдылдаев），内务部长梅·图尔甘巴耶夫（М. Турганбаев），司法部长热·玛姆别塔利耶娃（Ж. Мамбеталиева，女），财政部长阿·卡西马利耶夫（А. Касымалиев），经济部长阿·科若舍夫（А. Кожошев），农业与土壤改良部长图·别克波耶夫（Т. Бекбоев），交通通讯部长阿·马拉巴耶夫（А. Малабаев），紧急情况部长库·博罗诺夫（К. Боронов），教育科学部长艾·萨里耶娃（Э. Сариева，女），卫生部长塔·巴德拉利耶夫（Т. Батыралиев），文化、信息与旅游部长阿·马克苏托夫（А. Максутов），社会发展部长库·巴扎尔巴耶夫（К.Базарбаев），国家安全委员会主席阿·谢吉兹巴耶夫（А. Сегизбаев），国家国防事务委员会主席马·肯日萨里耶夫（М. Кенжисариев）。

【行政区划】全国划分为7州2市：楚河州、塔拉斯州、奥什州、贾拉拉巴德州、纳伦州、伊塞克湖州、巴特肯州、首都比什凯克市和奥什市。

【司法机构】2010年"4·7"革命前有宪法法院、最高法院和地方各级法院等。2010年"4·7"革命后，宪法法院解散。2010年6月，根据新宪法，宪法法院被废除。目前最高法院院长为阿·托克巴耶娃（А. Токбаева，女）。总检察长为茵·卓尔杜巴耶娃（И. Джолдубаева，女）。

【政党】目前，在吉司法部正式登记注册并开展活动的政党有210余个，其中主要有：

吉尔吉斯斯坦社会民主党（Социал-демократическая партия Кыргызстана），成立于1993年，奉行社会民主主义，主张在吉建立真正的民主法制社会，全面深化政治、经济、社会领域的民主进程，提倡人文、发展和自由。现任总统阿塔姆巴耶夫曾任社民党主席。该党现为议会执政联盟成员之一，拥有38个议席，为议会第一大党。议会党团主席为奇·图尔松别科夫（Ч. Турсунбеков）。

共和国—故乡党（Республика-Ата Журт），由原议会党派共和国党、故乡党于2015年合并成立。现为第六届议会第二大党，拥有28个议席，为议会反对党。议会党团主席为奥·巴巴诺夫（О. Бабанов），曾担任吉政府总理。

吉尔吉斯斯坦党（Кыргызстан），成立于2010年，致力于促进国家经济和社会发展，创建高效的公民社会，为每个公民幸福生活提供必要条件并予以保护。该党现为议会执政联盟成员之一，拥有18个议席。议会党团主席为卡·伊萨耶夫（К. Исаев）。

进步党（Онугуу-Прогресс），成立于2012年，主张法治、经济发展、社会公正、公民安全、政权与社会平等对话、司法独立、反贪腐、建设强大农业国家。该党现为议会执政联盟成员之一，拥有13个议席。议会党团主席为巴·托罗巴耶夫（Б. Торобаев）。

共同党（Бир Бол），成立于2010年，主张创新经济发展模式、扩大就业、支持农业发展、教育医疗改革、分散财政预算等。该党现为议会反对派政党，拥有12个议席。议会党团主席为阿·苏莱曼诺夫（А. Сулайманов）。

祖国党（Ата Мекен），成立于1992年，主张建立独立、民主、法制的吉尔吉斯斯坦和三权分立的民主国家政体等。该党现为议会执政联盟成员之一，拥有11个议席。议会党团主席为奥·杰克巴耶夫（О. Текебаев）。

【重要人物】阿尔马兹别克·沙尔舍诺维奇·阿塔姆巴耶夫（Алмазбек Шаршенович Атамбаев）：总统。1956年9月生于吉北方楚河州，吉尔吉斯族，高等学历。1980年毕业于莫斯科管理学院。1980—1981年在吉通讯部任工程师。1981年在吉第四道路运营局任总工程师。1983—1987年在吉最高苏维埃主席团任不同职务。1987—1989年任五一镇区执委会副主席。1989—1997年任"弗鲁姆"科技公司经理。1997—1999年任吉汽车股份公司总经理。1999—2004年任"弗鲁姆"工业集团董事长。2004—2005年任吉汽车股份公司董事长。2005—2006年任吉工商业与经济发展部代理部长，部长。2007年3—11月任吉尔吉斯共和国总理。2010年4—7月任吉临时政府第一副主席。2010年11—12月任吉议会议员，社会民主党主席。2010年12月—2011年11月任临时政府总理。在2011年10月30日举行的总统选举中获胜，12月1日正式宣誓就职。**齐内拜·阿库诺维奇·图尔松别科夫**（**Чыныбай Акунович Турсунбеков**）：议长。1960年10月生于吉尔吉斯斯坦纳伦州，吉尔吉斯族。1983年毕业于吉尔吉斯斯坦国立大学哲学系，1988年获得国家科学院哲学副博士学位。1983年参加工作，在"吉尔吉斯斯坦"政治文献出版社任编辑、高级编辑。1989—1992年任吉尔吉斯斯坦国立民族大学哲学新闻系讲师、高级讲师、副主任。1993—1994年任吉尔吉斯斯坦跨国机构驻土耳其代表。1995—1997年任土耳其发展合作署吉尔吉斯斯坦事务专家、土耳其"自由"广播电台记者。1997—2010年从事商业经营活动。2010—2015年作为社民党议员当选第五届议会议员、社民党议会党团领袖。2015年10月成功连任第六届议会议员、社民党议会党团领袖。2016年4月当选议长。**索隆拜·阿尔格姆巴耶维奇·热恩别科夫**（**Сооронбай Шарипович Жээнбеков**）：总理。1958年11月生于奥什州，吉尔吉斯族。1983年毕业于吉尔吉斯斯坦农业学院。1976年参加工作，任中学俄语教师。1983年进入"苏维埃"国营农场工作，任总畜牧师。1988—1993年任吉尔吉斯斯坦共产党苏维埃区委培训员、乌里扬诺夫国营农场书记、场长。1993年任卡拉库尔扎区"卡什卡若尔"集体农庄主席。1996—2000年任议会人民代表会议（下院）农业委员会副主席、主席。2000—2005年任议会人民代表会议（下院）副主席。2005—2006年任议会农业与生态委员会主席。2006年12月任议会农业政策委员会主席。2007年任政府农业、水利和加工业部部长。2010年4月当选奥什州州长。2012—2015年任政府驻奥什州全权代表（州长）。2015年12月任国家干部局局长。2016年3月任总统办公厅第一副主任。2016年4月任政府总理。

经　济

国民经济以多种所有制为基础，农牧业为主，工业基础薄弱，主要生产原材料。独立初期，由于同原苏联各加盟共和国传统经济联系中断，加之实行激进改革，经济一度出现大幅下滑。之后吉调整经济方针，推行以私有化和非国有化改造为中心的经济体制改革，经济保持了低增长态势，工业生产恢复性增长。2005年"颜色革命"导致的政局不稳和经济环境恶化影响了吉经济的发展。2009年，受国际金融危机影响，吉经济增速减缓。2010年"4·7"革命后，吉经济再次出现下滑。自2012年吉实施国家经济稳定发展战略，经济走势开始趋稳。近2年来，受国际和独联体经济形势不佳影响，吉经济下行压力不断增大。

2014年国内生产总值为4006.94亿索姆（约74.69亿美元），同比增长3%。人均国内生产总值为6.8万索姆（约1266.9美元），同比下降4%。通货膨胀率为10%。官方汇率：1美元≈53.65索姆（2014年全年平均）。

失业人口：2014年，吉登记失业率为2.2%，失业人数为5.82万人。

【资源】自然资源主要有黄金、锑、钨、锡、汞、铀和稀有金属等。其中锑产量居世界第三位、独联体第一位，锡产量和汞产量居独联体第二位，羊毛产量和水电资源在独联体国家中居第三位。

【工业】主要工业有采矿、电力、燃料、化工、有色金属、机器制造、木材加工、建材、轻工、食品等。2014年，工业总产值为1675.5亿索姆，同比下降1.6%。其中，采矿业占比3.5%，加工业81.7%。

【农业】2014年，农、林、牧业总产值为1916.6亿索姆，同比增长1.4%，其中种植业占50.1%，畜牧业占47.5%，农业服务占2.1%，林业占0.1%。

2014年，农业作物的种植面积为118.12万公顷，同比增加0.27%。全年谷物产量144.6万吨，同比增长20.5%；棉花6.9万吨，同比增长0.58%；土豆收成132万吨，同比减少1%；蔬菜收成91.97万吨，同比增长4.3%。

【基础建设】2014年，建筑业产值为487.65亿索姆（约合9.09亿美元），同比下降37.7%。

【交通运输】2014年，吉货运总量为2890万吨，同比下降30%；客运总数为6.386亿人次，同比增长3.1%。

公路：2014年，完成货运量2720万吨；客运量6.37亿人次。

铁路：2014年，完成货运量148.5万吨；客运量31.82万人次。

水运：2014年，完成货运量1.5万吨。

空运：位于首都比什凯克的"玛纳斯"国际机场与莫斯科、新西伯利亚、塔什干、阿斯塔纳、阿拉木图、杜尚别等城市有定期航班。与独联体以外的城市，如乌鲁木齐、伊斯坦布尔、迪拜、新德里、乌兰巴托等有定期航班。2014年航空客运人数123.8万人次，航空货运量为20万吨。

【财政金融】2014年，吉国家财政收入1194.28亿索姆，较2013年增加17.9%；财政支出1213.04.亿索姆，同比增加16.3%；财政赤字18.76亿索姆，占GDP0.47%。

【对外贸易】据吉国家统计局数字，2014年吉对外贸易总额为76.12亿美元，同比下降6.2%；进口额为57.32亿美元，同比下降5.6%；出口额18.8亿美元，同比下降6.9%。贸易逆差38.52亿美元。根据2014年数据，吉主要进出口贸易伙伴有：俄罗斯（25.9%）、中国（16.2%）、哈萨克斯坦（12.38%）、瑞士（7.82%）、日本（4.76%）、土耳其（4.1%）、德国（3.16%）、美国（3.11%）和乌兹别克斯坦（2.93%）。出口产品主要为金属、化学和农产品等，主要进口石油产品、二手汽车、服装、药品等。

【外国资本】2014年，外国对吉直接投资7.88亿美元，同比下降20.6%，其中加拿大投资占全部直接投资的27.72%、中国占21.66%、俄罗斯占6.1%。主要投资领域为加工业、能源、交通、通信、采矿业、农业等。

人民生活

2014年，吉人均月工资为15654索姆（约合291.8美元），同比增长23.7%。平均退休金为4710.4索姆（约合88美元）。2014年，吉居民最低生活标准为4981.5索姆（约合92.85美元），同比减少2.3%。

军　事

1992年5月，吉接管前苏联驻扎在其领土上的军队并在此基础上组建了本国军队。5月29日为吉建军节。目前，吉军总兵力约1万人，主要为合同兵。2014—2015年，吉武装力量进行指挥体制改革，国防部改组为国家国防事务委员会，总参谋部成为吉武装力量统一的作战指挥机关，战时指挥国家国防事务委员会、边防总局、国民卫队等强力部门所属部队。现任吉军总参谋长扎·卡帕罗夫（Ж. Капаров）上校，国家国防事务委员会主席马·肯日萨里耶夫（М. Кенжисариев），边防总局局长谢·杜伊申比耶夫（С. Дуйшенбиев），国民卫队司令梅·萨特巴尔季耶夫（М. Сатыбалдиев）。

文化教育

【教育】截至2014—2015教学年度，全国共有各类学校2258所，在校生共计约125.8万，教师约8.6万人。其中中等专业学校129所，在校生约9.2万人。高等院校53所，在校生约21.44万人。著名高校有吉尔吉斯斯坦国立民族大学、比什凯克人文大学、吉美中亚大学、吉俄斯拉夫大学、吉土玛纳斯大学、奥什国立民族大学等。

【新闻出版】吉主要报刊有:《比什凯克晚报》、《吉尔吉斯斯坦言论报》、《自由之山报》等。

主要通讯社是“卡巴尔”国家通讯社，非国有通讯社有“Akipress”商业信息通讯社、“24小时”通讯社和“吉尔吉斯新闻”通讯社等。

主要广播电台有吉尔吉斯斯坦国家广播电台，于1931年建台，用七种语言（吉、俄、英、东干、德、乌兹别克和维语）广播，每天播音时间为18小时。

主要电视台有：国家广播电视台“ЭЛТР”、公共广播电视公司“КТРК”、“第5频道”、НТС、“金字塔”等。

对外关系

奉行平衡、务实的外交政策，以邻国、周边国家为重点。其优先方向是维护和保障国家主权和领土完整；为经济发展创造良好外部条件；保护公民的权利、自由和利益。

吉支持独联体一体化进程，同时赞成对独联体进行必要改革；把俄罗斯看做作自己重要的战略伙伴和安全依托；视发展同中亚邻国关系为保障领土完整、国家安全、促进经济发展的必要条件；重视发展同美国的关系，在反恐等国际问题上与美保持合作关系；与伊斯兰国家在相互尊重各自发展道路、互不干涉内政基础上保持友好关系；高度重视吉中关系，视对华关系为吉外交优先方向。

吉主张对国际恐怖主义、极端主义及分裂主义予以打击。呼吁国际社会履行在反恐行动中的义务，防止国际恐怖主义行动升级。

【同中国的关系】中吉1992年1月5日建交以来，双边关系健康顺利发展，彻底解决了历史遗留的边界问题，2002年签署《中吉睦邻友好合作条约》，各领域合作不断扩大，在联合国和上海合作组织等多边领域互相支持，密切配合，维护了两国共同利益。2013年9月，中国国家主席习近平访吉期间，两国元首签署《中吉关于建立战略伙伴关系的联合宣言》，标志两国关系实现战略升级，进入历史发展新阶段。

2014年4月16—25日，吉共产党人党主席马萨利耶夫率吉共干部考察团访华。5月4—8日，应全国人大邀请，吉议长热恩别科夫率团访华。5月17—21日，吉总统阿塔姆巴耶夫对华进行国事访问并出席在上海举行的亚洲相互协作与信任措施会议第四次峰会。7月17日，商务部部长助理张向晨率团赴吉出席中吉经贸混委会第十次会议。7月25日，全国政协主席、全国工商联主席王钦敏率团访吉。8月31日，习近平主席致电吉总统阿塔姆巴耶夫，祝贺吉独立23周年。8月31日—9月2日，吉总理奥托尔巴耶夫应邀赴乌鲁木齐出席第四届中国—亚欧博览会。9月11日，全国政协外事委员会副主任杨多良率政协外委会代表团访吉。9月15日，中国工程院院长、全国政协外事委员会主任潘云鹤率工程院代表团访吉。9月24日，国家行政学院常务副院长陈宝生率团访吉。10月8—15日，应中联部邀请，吉副议长阿克纳扎罗娃率吉议会五党联合考察团访华。10月27日，陕西省人民政府副秘书长张小宁率陕西省政府代表团访吉。10月27—30日，吉前总理萨特巴尔季耶夫、副外长别什莫夫率团赴华出席第二届中国—中亚合作论坛。10月31日，吉外长阿布德尔达耶夫赴华出席阿富汗问题伊斯坦布尔进程第四次外长会议。11月5—6日，财政部副部长胡静林率团赴吉出席中亚区域经济合作部长级会议。11月6—8日，全国政协副主席、国家民委主任王正伟率团访吉。11月12—16日，中联部副部长周力率中共友好代表团访吉。11月19—21日，吉国家通讯署副署长萨格姆巴耶夫率团赴华出席在浙江乌镇举行的第一届世界互联网大会。11月24日—12月4日，应全国对外友协邀请，吉议会交通委员会主席伊萨耶夫率团访华并出席在广州举行的中国国际友好城市大会。12月29日，习近平主席特使、国务委员杨洁篪对吉进行工作访问。

2015年2月8—12日，应国家发展改革委邀请，吉总统特别代表、交通通讯部部长苏尔坦诺夫率团访华。5月22—25日，吉第一副总理萨尔帕舍夫率团出席在西安举行的第十九届中国东西部合作与投资贸易洽谈会暨丝绸之路国际博览会。6月3日，外交部长王毅在莫斯科会见吉外长阿布德尔达耶夫。6月16—18日，吉副总理基尔访华并赴山东日照出席第三届中国—中亚合作论坛。7月29—30日，中国文联党组书记、副主席赵实率团赴吉出席“中国文化日”系列活动。8月8日，中国爱乐乐团在吉国家音乐厅举办“丝绸之路巡演”交响音乐会。9月2日，习近平主席在北京会见应邀来华出席中国人民抗日战争暨世界反法西斯战争胜利70周年庆祝活动的吉总统阿塔姆巴耶夫。9月3日，吉总统阿塔姆巴耶夫出席在北京举行的中国人民抗日战争暨世界反法西斯战争胜利70周年庆祝活动。9月28—29日，全国政协副主席、中国人民银行行长周小川率团访吉。10月28—29日，中央党校副校长徐伟新率中共友好代表团访吉。12月11—15日，吉内务部部长图尔甘巴耶夫率团访华。12月13—17日，吉国家安全委员会主席谢吉兹巴耶夫率团访华。12月14—17日，应李克强总理邀请，吉总理萨里耶夫对华进行正式访问并分别出席在郑州、乌镇举行的上海合作组织成员国政府首脑第十四次定期会晤、第二届世界互联网大会。

据中国海关总署统计，2014年中吉贸易额为52.98亿美元，同比增长3.1%，其中中方出口52.43亿美元，增长3.3%，进口0.55亿美元，减少10.7%。

中国驻吉尔吉斯共和国大使：齐大愚。馆址：比什凯克市和平大街299/7号。国家地区号：00996-312。电话：597481；传真：597505；领事部电话：597483；经商参处电话：311516，传真：311769。

吉尔吉斯共和国驻华大使：卡纳伊姆·巴克特古洛娃（К. Бактыгулова）。馆址：北京市朝阳区霄云路18号景润水上花园别墅H区10/11号。国家地区号：0086-86。电话：64681295/97；传真：64681291。

【同独联体国家关系】2014年5月8日，吉总统阿塔姆巴耶夫参加在莫斯科举行的集安组织国家首脑非正式会晤。5月29日，吉总统阿塔姆巴耶夫参加在阿斯坦纳举行的欧亚最高经济理事会元首会议，宣布吉将加入欧亚经济联盟，并签署相关路线图。10月10日，吉总统阿塔姆巴耶夫对白俄罗斯进行工作访问并参加独联体国家元首理事会小范围会议、欧亚经济委员会会议及欧亚最高经济理事会会议。12月22日，吉外长阿布德尔达耶夫和总参谋长阿雷姆科若耶夫少将参加在莫斯科举行的集安组织国家外长理事会会议、防长理事会会议和安全委员会秘书会议。

2015年4月2日，吉外长阿布德尔达耶夫对塔吉克斯坦进行工作访问并参加集安组织国家外长理事会会议。4月3日，吉总统阿塔姆巴耶夫接见来访的集安组织秘书长博尔久扎。4月4日，亚美尼亚外长纳尔班江对吉进行正式访问，与吉外长阿布德尔达耶夫举行会谈并参加独联体国家外长理事会会议。5月8日，吉总统阿塔姆巴耶夫出席在莫斯科举行地欧亚最高经济理事会会议，签订吉“入盟”协定书等文件，吉正式成为欧亚经济联盟成员。5月31日，阿塞拜疆国防部长加萨诺夫率军事代表团对吉进行正式访问。6月4日，吉国防部长库达伊别尔季耶夫对塔吉克斯坦进行工作访问并参加集安组织国家防长理事会会议。9月8日，吉总理萨里耶夫对白俄罗斯进行工作访问并出席欧亚经济委员会例行会议。9月15日，吉总统阿塔姆巴耶夫对塔吉克斯坦进行工作访问并参加集安组织集体安全理事会会议。10月15—16日，吉总统阿塔姆巴耶夫对哈萨克斯坦进行工作访问并参加独联体国家元首理事会小范围会议。12月21日，吉总统阿塔姆巴耶夫对俄罗斯进行工作访问并参加集安组织集体安全理事会会议。

【同俄罗斯的关系】2014年2月19日，吉总统阿塔姆巴耶夫接见来访的俄罗斯海关总署署长、吉俄政府间委员会联合主席别利亚尼诺夫。8月11日，吉总统阿塔姆巴耶夫对俄罗斯进行工作访问，在索契与俄总统普京举行会谈。9月3—4日，吉外长阿布德尔达耶夫对俄罗斯进行正式访问，与俄外长拉夫罗夫及俄安全事务委员会主席伊万诺夫举行会谈。10月21—22日，俄联邦委员会（议会上院）主席马特维延科访吉并与吉总统阿塔姆巴耶夫、总理奥托尔巴耶夫、议长热恩别科夫举行会谈。11月27日，吉议长热恩别科夫访问圣彼得堡市并与俄联邦委员会（议会上院）主席马特维延科举行会谈。11月30日—12月3日，吉总理奥托尔巴耶夫对俄罗斯进行工作访问并参加吉俄经贸、科技及人文政府间合作委员会第17次会议，与俄总理梅德韦杰夫、俄联邦委员会（议会上院）主席马特维延科、俄第一副总理舒瓦洛夫及欧亚经济委员会执委会主席赫里斯琴科举行会谈。

2015年5月7—9日，吉总统阿塔姆巴耶夫对俄罗斯进行工作访问，并出席独联体国家元首非正式会晤及卫国战争胜利70周年阅兵式。5月26日，热恩别科夫议长对俄罗斯进行正式访问，与俄国家杜马主席纳雷什金及俄联邦委员会（议会上院）主席马特维延科举行会谈。6月18—20日，吉总统阿塔姆巴耶夫对俄进行工作访问并参加圣彼得堡国际经济论坛，与普京总统举行会谈。12月22日，吉总统阿塔姆巴耶夫对俄进行工作访问并出席欧亚最高经济理事会元首会议。

【同中亚邻国的关系】2014年3月26日，吉总统阿塔姆巴耶夫对哈萨克斯坦进行工作访问，与哈总统纳扎尔巴耶夫举行会晤。5月3日，吉总理奥托尔巴耶夫对哈萨克斯坦进行工作访问，与哈总理马西莫夫举行会谈。6月16日，吉总统阿塔姆巴耶夫会见来访的乌兹别克斯坦外交部长卡米洛夫。7月12日，哈萨克斯坦总理马西莫夫对吉尔吉斯斯坦进行工作访问，与吉总理奥托尔巴耶夫举行会谈。7月17日，塔吉克斯坦外长阿斯洛夫对吉进行正式访问，期间与吉总统阿塔姆巴耶夫、外长阿布德尔达耶夫举行会谈。10月13日，吉总理奥托尔巴耶夫对哈萨克斯坦进行工作访问，与哈总理马西莫夫进行会谈。11月7日，吉总统阿塔姆巴耶夫对哈萨克斯坦进行国事访问，与哈总统纳扎尔巴耶夫、总理马西莫夫举行会谈。11月10—11日，吉总统阿塔姆巴耶夫对土库曼斯坦进行正式访问，与土总统别尔德穆哈梅多夫举行会谈。11月14—15日，塔吉克斯坦总理拉苏尔佐达对吉进行正式访问，与吉总统阿塔姆巴耶夫、总理奥托尔巴耶夫举行会谈。11月20日，吉总理奥托尔巴耶夫对土库曼斯坦进行工作访问，与土总统别尔德穆哈梅多夫举行会谈。

2015年2月9—11日，吉外长阿布德尔达耶夫对塔吉克斯坦进行正式访问，与塔总统拉赫蒙、外长阿斯洛夫举行会谈。2月23—24日，吉外长阿布德尔达耶夫对土库曼斯坦进行工作访问，与土总统别尔德穆哈梅多夫、副总理兼外长梅列多夫举行会谈。6月8日，吉总理萨里耶夫对塔吉克斯坦进行正式访问，与塔总统拉赫蒙、总理拉苏尔佐达、议长祖胡洛夫举行会谈，并参加了“生命之水”行动十周年总结大会。6月15—16日，吉议长热恩别科夫对哈萨克斯坦进行正式访问，与哈议会上院议长托卡耶夫、议会下院议长贾库波夫举行会谈。7月19日，哈萨克斯坦总理马西莫夫对吉进行工作访问，与吉总统阿塔姆巴耶夫、总理萨里耶夫举行会谈。8月5—6日，土库曼斯坦总统别尔德穆哈梅多夫对吉进行国事访问，与吉总统阿塔姆巴耶夫举行会谈。8月11—12日，哈萨克斯坦总统纳扎尔巴耶夫对吉进行工作访问，与吉总统阿塔姆巴耶夫举行会谈，并参加吉哈两国边境取消海关检查站仪式。12月11日，吉总统阿塔姆巴耶夫对土库曼斯坦进行工作访问，与土总统别尔德穆哈梅多夫举行会谈。

【同美国的关系】2014年4月3日，美国助理国务卿比斯瓦尔对吉进行访问，期间与吉总统阿塔姆巴耶夫、外长阿布德尔达耶夫举行会谈。6月3日，吉美举办美军驻吉玛纳斯机场物资转运中心关闭仪式。6月16—20日，吉议会副议长萨巴尔巴耶夫率议会代表团访问美国。10月14—18日，美副助理国务卿罗森布拉姆对吉进行工作访问，与吉外长阿布德尔达耶夫、副总理玛玛塔利耶夫、总检察长萨利雅诺娃、副总理基尔及部分公民社会领导人举行会谈，并访问了吉南部奥什州、贾拉拉巴德州。2015年10月31日，美国务卿克里对吉进行访问，与吉总统阿塔姆巴耶夫、外长阿布德尔达耶夫举行会谈并参加美驻吉使馆新馆舍、美国中亚大学新校舍启用仪式。

【同欧安组织和欧盟的关系】2015年3月23日，吉总统阿塔姆巴耶夫对和奥地利进行正式访问，与奥总统菲舍尔、欧安组织秘书长兰贝托进行会谈并参加吉奥商业论坛。3月25日，吉总统阿塔姆巴耶夫对法国进行正式访问，与法总统奥朗德举行会谈并参加吉法商业论坛。3月26日，吉总统阿塔姆巴耶夫对瑞士进行正式访问，与瑞士联邦主席索马鲁加、外长伯克哈尔特举行会谈。3月26—27日，吉总统阿塔姆巴耶夫访问欧盟总部，与欧洲议会主席舒尔茨、欧洲委员会主席容克、欧洲理事会主席图斯克举行会谈。3月30日，吉总统阿塔姆巴耶夫对比利时进行正式访问，与比国王菲利普举行会谈。4月1日，吉总统阿塔姆巴耶夫对德国进行正式访问，与德总统高克、总理默克尔举行会谈。8月26日，欧安组织秘书长兰贝托对吉进行正式访问，与吉总统阿塔姆巴耶夫、萨里耶夫总理、阿布德尔达耶夫外长举行会谈。9月14—16日，欧盟中亚事务特别代表布里安访吉，与萨里耶夫总理、阿布德尔达耶夫外长、教育科学部长萨里耶娃、财政部长卡西马利耶夫等举行会谈。

【同其他国家的关系】2014年6月2—6日，吉总统阿塔姆巴耶夫对土耳其进行工作访问，与土总统居尔、总理埃尔多安举行会谈。8月10日，吉总统阿塔姆巴耶夫对土耳其进行工作访问，祝贺埃尔多安当选土总统。12月2—4日，吉总统阿塔姆巴耶夫对沙特阿拉伯进行正式访问，与沙特国王阿卜杜拉·本·阿卜杜勒、王储萨勒曼·本·阿卜杜勒举行会谈。12月4—7日，吉总统阿塔姆巴耶夫对阿拉伯联合酋长国进行正式访问，与阿副总统兼总理、迪拜酋长谢赫穆罕默德·本·拉希德·阿勒马克图姆举行会谈，并出席突厥国家合作委员会第四次峰会。12月7—8日，吉总统阿塔姆巴耶夫对卡塔尔进行正式访问，与卡特尔埃米尔塔米姆·本·哈马德举行会谈。12月12—14日，吉总统阿塔姆巴耶夫对科威特进行正式访问，与科威特埃米尔谢赫萨巴赫·艾哈迈德·贾比尔·萨巴赫举行会谈。2015年6月10—11日，联合国秘书长潘基文吉访吉，与吉总统阿塔姆巴耶夫、萨里耶夫总理、热恩别科夫议长举行会谈，并访问奥什市。（曹龙泉）

柬埔寨

国名　柬埔寨王国（Kingdom of Cambodia）。

面积　181035平方公里。

人口　约1500万。有20多个民族，高棉族是主体民族，占总人口的80%，少数民族有占族、普农族、老族、泰族、斯丁族等。高棉语为官方语言。佛教为国教，93%以上的居民信奉佛教，占族信奉伊斯兰教，少数城市居民信奉天主教。华人、华侨约110万。

首都　金边（Phnom Penh），人口约150万。

国家元首　诺罗敦·西哈莫尼国王（His Majesty Norodom Sihamoni，King of Cambodia）。

重要节日　（1）独立节（建军日）：11月9日。1953年11月9日，柬埔寨王国摆脱法国殖民统治宣告独立，这天被定为柬埔寨国庆日，也是柬建军日。（2）国王诞辰：5月14日。（3）佛历新年：4月13—15日。（4）御耕节：佛历六月下弦初四，由国王或其代表在毗邻王宫的王家田或其他选定地点举行象征性耕种仪式，祈祷来年风调雨顺，五谷丰登。（5）送水节（也称龙舟节）：11月13—15日，时值雨季结束进入旱季，来自全国各地的代表队在王宫前洞里萨河上举行龙舟比赛，表达对洞里萨河、湄公河养育之恩的感谢。

简况

位于中南半岛南部。东部和东南部同越南接壤，北部与老挝交界，西部和西北部与泰国毗邻，西南濒临泰国湾。海岸线长约460公里。属热带季风气候，年均气温为24℃。

公元1世纪下半叶建国，历经扶南、真腊、吴哥等时期。9—14世纪吴哥王朝为鼎盛时期，国力强盛，文化发达，创造了举世闻名的吴哥文明。1863年沦为法国保护国。1940年被日本占领。1945年日本投降后被法国重新占领。1953年11月9日独立。1970年3月18日，朗诺集团发动政变，推翻西哈努克政权，改国名为“高棉共和国”。3月23日，西哈努克在北京宣布成立柬埔寨民族统一阵线，开展抗美救国斗争。5月5日，成立以宾努亲王为首相的柬埔寨王国民族团结政府。1975年4月17日柬抗美救国斗争取得胜利。1976年1月，柬颁布新宪法，改国名为“民主柬埔寨”。1978年12月，越南出兵柬埔寨，成立“柬埔寨人民共和国”。1982年7月，西哈努克、宋双、乔森潘三方组成民主柬埔寨联合政府。1990年9月成立柬全国最高委员会，西哈努克出任主席。10月23日，柬埔寨问题国际会议在巴黎召开，签署了《柬埔寨冲突全面政治解决协定》，历时13年之久的柬埔寨问题最终实现政治解决。

1993年5月，柬在联合国主持下举行首次全国大选。9月，颁布新宪法，改国名为柬埔寨王国，西哈努克重登王位。11月，柬王国政府成立，拉纳烈和洪森分别任第一、第二首相。1994年柬国会通过立法宣布民柬为非法组织。1997年7月，联合执政的人民党（以下简称“人党”）和奉辛比克党（以下简称“奉党”）爆发军事冲突，拉纳烈被废黜第一首相，流亡国外。1998年7月26日，柬举行第二次全国大选，人党获胜成为第一大党，11月30日成立以洪森为首相的第二届联合政府，奉党国会议席居次，拉纳烈出任国会主席。12月，前民柬领导人乔森潘、农谢归顺政府，柬民族和解取得重大进展，进入和平与发展的新时期。

2003年7月，柬举行第三届全国大选，人党获胜。人、奉、森三党在权利分配上分歧严重，组阁陷入僵局。2004年7月15日，组阁僵局被打破，人党和奉党就联合执政达成协议，拉纳烈和洪森分别任国会主席和政府首相，第三届王国政府正式成立。2004年10月6日，西哈努克国王在北京宣布退位。14日，柬王位委员会9名成员一致推选西哈莫尼为新国王。29日，西哈莫尼在王宫登基即位。柬王位继承问题获得圆满解决。

政治

2008年7月，柬埔寨举行了第四届全国大选，人民党再次赢得选举。9月24日，柬埔寨举行新一届国会首次会议。25日，国会以一揽子表决方式通过了国会领导和内阁成员名单，韩桑林连任国会主席，洪森蝉联首相。2013年7月28日，柬埔寨举行了第五届全国大选，人民党再次赢得选举。9月23日，柬埔寨举行新一届国会首次会议。24日，国会以一揽子表决方式通过了国会领导和内阁成员名单，韩桑林连任国会主席，洪森蝉联首相。

【宪法】柬埔寨现行宪法1993年9月21日经柬制宪会议通过，由西哈努克国王于同年9月24日签署生效。柬埔寨国会于1994年、1999年、2001年、2005年和2006年分别通过宪法修正案。宪法规定，柬埔寨的国体是君主立宪制，实行多党制和自由市场经济，立法、行政、司法三权分立。国王是终身制国家元首、武装力量最高统帅、国家统一和永存的象征，有权宣布大赦，在首相建议并征得国会主席同意后有权解散国会。国王因故不能理政或不在国内期间由参议院主席代理国家元首职务。王位不能世袭。国王去世、退休或退位后，由首相、佛教两派僧王、参议院和国会正副主席共9人组成的王位委员会在7日内从安东、诺罗敦和西索瓦三支王族后裔中遴选产生新国王。

【国会】国会是柬埔寨国家最高权力机构和立法机构，每届任期5年。第四届国会成立于2008年9月，由123名议员组成，其中人民党90人，森朗西党26人，人权党3人，拉纳烈党和奉辛比克党各2人。韩桑林任国会主席，阮涅为第一副主席，赛冲为第二副主席。赛冲于2012年3月24日转任柬参议院第一副主席并辞去国会第二副主席。2012年4月25日，国会召开第四届第八次全体会议，投票选举昆索达丽为国会第二副主席。第五届国会成立于2013年9月，由123名议员组成，人民党68席，救国党55席。人民党韩桑林任国会主席，救国党金索卡任第一副主席，人民党阮涅任第二副主席。2015年10月，金索卡被免去第一副主席职务。

【参议院】首届参议院成立于1999年3月25日，任期6年。柬宪法规定，法案须经国会、参议院、宪法理事会逐级审议通过，最后呈国王签署生效。参议院主席礼宾顺序排在国王之后、国会主席和政府首相之前，属国家第二号领导人，在国王因故不能视事或不在国内时代理国家元首。首届参议院由61名参议员组成，其中人民党31人，奉辛比克党21人，森朗西党7人，其他2人由国王任命。人民党主席谢辛任参议院主席，奉党成员西索瓦·吉万莫尼拉和包本斯瑞分别任第一、第二副主席。下设9个专门委员会。

2012年1月29日，参议院换届选举，产生第三届参议院61名参议员，其中人民党46人，森朗西党11人，2名由国王直接任命，2名由国会委任。3月24日，柬第三届参议院举行首次全体会议，投票选举产生领导班子，人民党主席谢辛连任主席，人民党成员赛冲和迪翁分别当选第一、第二副主席。2015年6月8日，谢辛亲王逝世，由赛冲接任参议院主席。奈本纳和迪翁当选第一、第二副主席。

【政府】柬第五届政府于2013年9月成立，洪森为首相。设9个副首相，15个国务大臣，28个部和1个国务秘书处。主要成员有：首相洪森（Hun Sen）；副首相韶肯（Sar Kheng）、索安（Sok An）、迪班（Tea Banh）、吉春（Keat Chhon）、贺南洪（Hor Namhong）、梅森安（Men Sam An）、宾成（Bin Chhin）、尹财利（Yim Chhay Ly）、盖金延（Ke Kim Yan）；国务大臣尹春林（Im Chhun Lim）、蔡唐（Chhay Than）、占蒲拉西（Cham Prasidh）、宁万达（Nhim Vanda）、昆航（Khun Haing）、李突（Ly Thuch）、曾仕伦（Chan Sarun）、孙占托（Sun Chanthol）、翁仁典（Om Yentieng）、殷莫利（Ieng Moly）、华金洪（Var Kimhong）、英诺拉（Yim Nol La）、西里谷梳（Serey Kosal）、亨柴（Him Chhem）、金本贤（Chin Bunsean）。

内阁办公厅大臣索安，内政部大臣韶肯，国防部大臣迪班，外交与国际合作部大臣贺南洪，财经部大臣安蓬莫尼拉（Aun Porn Moniroth），农林渔业部大臣乌拉本（Ouk Rabun），农村发展部大臣谢索帕拉（Chea Sophara），商业部大臣孙占托（Sun Chanthol），工业和手工业部大臣占蒲拉西（Cham Prasidh），矿产能源部大臣苏赛（Suy Sem），计划部大臣蔡唐（Chhay Than），教育青年与体育部大臣韩春那洛（Hang Chuon Naron），社会福利、退伍军人和青年改造部大臣旺肃（Vong Sauth），国土、城市规划和建设部大臣尹春林（Im Chhun Lim），环境部大臣赛索奥（Say Sam Al），水利气象部大臣林建河（Lim Kean Hor），新闻部大臣乔干那烈（Khieu Kanharith），司法部大臣昂翁瓦塔纳（Ang Vong Vathana），议会联络与监察部大臣梅森安（Men Sam An），邮电通讯部大臣布拉索昆（Prak Sokhon），卫生部大臣莫本兴（Mam Bun Heng），公共工程与运输部大臣陈尤德（Tram Iv Tek），文化艺术部大臣彭萨格娜（Phoeung Sakhena），旅游部大臣唐坤（Thong Khon），宗教事务部大臣孟肯（Min Khin），妇女事务部大臣英甘塔帕薇（Ing Kanthaphavy），劳动和职业培训部大臣叶绍兴（Ith Sam Heng），公共职务部大臣毕本廷（Pich Bunthin）。

首相府直属国务秘书处：民航国务秘书处国务秘书毛哈万纳（Mao Havanall）。

主要网址：http://www.norodomsihamoni.net（西哈莫尼国王）；http://www.cambodia.gov.kh（柬埔寨王国政府）；http://www.mfaic.gov.kh（柬埔寨外交与国际合作部）。

【行政区划】全国划分为24个省和1个直辖市。

【司法机构】法院分初级法院、上诉法院和最高法院三级。最高法官理事会是司法系统的管理部门，负责监督法院工作，拥有遴选、任免法官的职权。最高法官理事会由国王、最高法院院长、总检察长、上诉法院院长和检察长、金边法院院长和检察长以及两位法官共9人组成，西哈莫尼国王任主席。最高法院院长为迪蒙蒂（Dit Munty）。柬无独立检察院，各级法院设检察官，行使检察职能。

【政党】1993年大选时柬共有40多个政党参选。1998年大选时有39个政党参选。2003年大选时有23个政党参选。2008年大选有11个政党参选。2013年大选有8个政党参选。主要政党有：

（1）柬埔寨人民党（Cambodia People's Party）：该党前身为成立于1951年6月28日的柬埔寨人民革命党。1991年10月改为现名。1993年大选后，人民作为第二大党与第一大党奉辛比克党联合执政。1998年大选获胜，成为第一大党，洪森出任首相。在2002年初举行的地方选举中，人民党获得绝大多数乡（区）长职位。2003年大选人民党获胜，获73个国会议席。2008年大选人民党再次获胜，赢得90个国会议席。洪森蝉联首相。2013年大选人民党再次获胜，赢得68个国会席位。洪森蝉联首相。该党主张对内维护政局稳定，致力于经济发展和脱贫，建立民主法治国家。对外奉行独立、和平、中立和不结盟政策，支持建立国际政治经济新秩序，主张加强南南合作、缩小贫富差距及加强区域合作，维护地区和平与繁荣。重视同周边邻国的友好合作以及与中、日、法等大国发展友好关系，积极改善同美及西方的关系。现任党主席洪森，副主席韶肯、赛冲，名誉主席韩桑林。

（2）奉辛比克党（FUNCINPEC Party）：该党前身为“争取柬埔寨独立、中立、和平与合作民族团结阵线”（按法文字母缩写简称“奉辛比克”，Front Uni National Pour Un Cambodge Independent，Neutre，Pacifique，et Cooperatif），由西哈努克于1981年创建，并任主席。1992年改为现名。该党信奉西哈努克主义，对内主张政治民主化、经济私有化，维护君主立宪制。对外奉行独立、和平、中立与不结盟外交政策，主张与世界各国和一切友好政党建立和发展友好合作关系，以和平方式解决与邻国的边界领土争端。1993年大选奉党获胜，成为国会第一大党。拉纳烈出任政府第一首相。1997年7月，人民党与奉党爆发军事冲突，拉纳烈被罢免第一首相。1998年大选奉党获得43个国会议席和21个参议院议席，退居第二。2002年初举行的乡级选举中获10个乡（区）长职位。2003年大选获26个国会议席，居第二位。2004年7月与人民党组成第三届联合政府。2006年10月，奉党召开全国特别代表大会，决定盖博拉斯美取代拉纳烈任奉党主席，卢莱斯棱任第一副主席，西索瓦·西里拉任第二副主席，涅本才任秘书长。2008年大选该党获2个国会议席。2011年4月2日，奉辛比克党在金边召开代表大会，选举盖博拉斯美为该党领袖（主席），卢莱斯棱为名誉主席，涅本才担任执行主席，负责党的日常工作。2012年参议院选举奉辛比克党未获席位。2012年5月24日，奉辛比克党执行主席涅本才和诺罗敦·拉纳烈党主席诺罗敦·拉纳烈亲王签署协议，两党在柬埔寨第三届乡、分区理事会选举后重新合并，由拉纳烈亲王任党主席。2013年3月23日，奉辛比克党举行代表大会，阿伦公主被推选为该党主席。2013年大选中，奉辛比克党未获议席。2015年1月19日，拉纳烈亲王当选奉辛比克党主席。

（3）救国党（Cambodia National Rescue Party）：原名高棉民族党，创建于1995年11月9日，1998年改为森郎西党。推崇西式自由、民主、人权；主张捍卫国家主权、领土完整、收回割让给邻国的土地，解决非法移民问题；铲除贪污、腐败；发展自由经济，提高人民生活水平。在柬知识分子、工人、市民和青年学生中有较大影响。该党原主张共和，反对君主立宪制，但近年来立场有所变化。2008年获26个国会议席。2012年获11个参议院席位。2012年8月20日，森朗西党和人权党在内政部注册联合成立新政党“救国党”，积极备选2013年全国大选。森朗西任主席。2013年大选救国党获得55个国会议员席位。

【**重要人物**】**诺罗敦·西哈莫尼国王**：诺罗敦·西哈努克太皇和莫尼列太后的长子。1953年5月14日生于金边。20世纪60—70年代中期，在捷克首都布拉格学习舞蹈、音乐和戏曲。80年代旅居法国，在巴黎莫扎特音乐学院担任古典舞蹈和艺术教授，并兼任高棉舞蹈学会、芭蕾舞团负责人和艺术指导。1993年，任柬常驻联合国教科文组织大使。2004年10月登基。2005年8月对华国事访问。2008年8月来华出席北京奥运会开幕式。2010年10月来华出席上海世博会中国国家馆日。无党派人士。未婚。 **洪森**：柬埔寨第五届王国政府首相、人民党主席。1951年4月4日生于磅湛省一个农民家庭。1990年9月参加柬全国最高委员会。1991年10月当选人民党副主席。1993年7月出任柬临时民族政府联合主席，9月出任柬埔寨王国政府第二首相，任高棉王家军联合总司令。1998年11月任柬第二届王国政府首相。2004年7月出任柬第三届王国政府首相。2008年9月、2013年9月蝉联王国政府首相。近年来，洪森多次来华访问和出席会议。洪森喜钻研理论，著有《柬埔寨十年》和《柬埔寨130年》等书籍，擅长创作民族歌曲。夫人文拉妮·洪森任柬埔寨红十字会会长，有子女5人。 **韩桑林**：柬埔寨国会主席、人民党名誉主席。1934年生于柬磅湛省。1991年任柬人民党名誉主席。1993年被西哈努克任命为国王高级顾问。1998年任国会第一副主席。2004年连任国会第一副主席。2006年3月接任国会主席。2008年9月任第四届国会主席。2013年9月连任。多次来华访问和出席会议。有子女4人。 **赛冲**：柬埔寨参议院主席。1945年2月5日出生。长期担任人民党组织工作领导职务。1948年起历任人民党“四大”中央候补委员、“五大”中央委员。1987年起任人民党“五大”中央政治局候补委员、中央书记处书记。1993年起历任人民党中央常委、中央办公厅主任，中央组织委员会主席和中央宣传教育委员会主席。1996年至今任人民党中央日常工作小组组长。2008年9月当选国会第二副主席。2012年1月柬第三届参议院选举后担任参议院第一副主席。2015年6月当选柬埔寨参议院主席。 **森朗西**：反对党森朗西党主席。1949年生于金边。20世纪80年代中期加入奉辛比克阵线。巴黎协定签署后返柬，同拉纳烈一起代表奉党出任柬埔寨全国最高委员会成员，成为奉党骨干。1993年当选国会议员，出任第一届联合政府国务兼财经大臣。后与拉纳烈政见不和，于1995年被开除出奉党，失去议员资格，并被罢免财政大臣职务。之后，宣布成立高棉民族党，自任主席。1998年改党名为森朗西党。2012年森朗西党同人权党联合成立救国党。夫人刁龙·索玛拉。

经　济

柬埔寨是传统农业国，工业基础薄弱，属世界上最不发达国家之一。柬政府实行对外开放的自由市场经济，推行经济私有化和贸易自由化，把发展经济、消除贫困作为首要任务。洪森政府实施以优化行政管理为核心，加快农业建设、基础设施建设、发展私营经济和增加就业、提高素质和加强人力资源开发的“四角战略”，把农业、加工业、旅游业、基础设施建设及人才培训作为优先发展领域，推进行政、财经、军队和司法等改革，提高政府工作效率，改善投资环境，取得一定成效。

2014年主要经济数据如下：

国内生产总值：169.4亿美元。

人均国内生产总值：1139美元。

货币名称：瑞尔（RIEL）。

汇率：1美元≈4040瑞尔（由市场调节）。

通货膨胀率：3.5%（年均）。

外汇储备：44.8亿美元。

【资源】矿藏主要有金、磷酸盐、宝石和石油，还有少量铁、煤。林业、渔业、果木资源丰富。盛产贵重的柚木、铁木、紫檀、黑檀、白卯等热带林木，并有多种竹类。森林主要分布在东、北和西部山区。木材储量约11亿多立方米。洞里萨湖是东南亚最大的天然淡水渔场，素有“鱼湖”之称。西南沿海也是重要渔场，多产鱼虾。近年来，由于生态环境失衡和过度捕捞，水产资源减少。

【工业】工业被视为推动柬国内经济发展的支柱之一，但基础薄弱，门类单调。1991年底实行自由市场经济以来，国营企业普遍被国内外私商租赁经营。主要出口市场为美国、欧盟、加拿大、日本、韩国和中国。制衣业继续保持柬工业主导地位和出口创汇龙头地位，是柬重要的经济支柱。

【农业】农业是柬经济第一大支柱产业。农业人口占总人口的85%，占全国劳动力78%。可耕地面积630万公顷。理论上来说，柬水稻可一年三熟，在国内外市场需求旺盛、大米价格年年攀升的条件下，短期效益回报明显，发展潜力巨大。2014年，全柬稻谷种植面积为305.2万公顷，同比增加1.2万公顷，每公顷产量3.05吨，全年稻谷产量923.4万吨，同比分别下降3.5%和1.7%，除满足国内需求外尚余稻谷约450万吨可供出口。截至2014年底，天然橡胶种植面积35.78万公顷，橡胶产量9.67万吨，同比分别增长8.8%和13.4%。渔业产量6.76万吨，同比下降5%。畜牧业方面，全国共畜养黄牛和水牛共359.5万头，同比下降10.1%；生猪236万头，同比增长18%。家禽类饲养2546.2万只，同比下降5.7%。全年林业收入1751.5万美元，同比增长16.8%。

【旅游业】旅游业是柬经济增长的重要支柱产业之一，被柬政府誉为“绿金”，连续多年保持了较好的增长。2014年，全柬共接待外国游客450.28万人次，同比增长7%，旅游收入超过25亿美元，占GDP的15.4%，创造50万个就业岗位。越南、中国、老挝、韩国和泰国为前五大游客来源国，来柬游客分别为90.6万、56万、46万、42.4万和27.9万人次，同比分别增长6.1%、21%、11%、–2.4%和26.3%。日本、美国、马来西亚、法国和澳大利亚分列6至10位，来柬游客分别为21.6万、19.1万、14.4万、14.1万和13.4万人次，同比分别增长4.3%、3.5%、10.5%、7.3%和1.6%。暹粒的吴哥景区依然是来柬游客的第一大热点旅游目的地，全年共接待外国游客235.1万人次，同比增长5.1%，占全柬接待外国游客总数的45.8%。其次为首都金边市，共接待外国游客215.2万人次，同比增长9.1%，占全柬接待外国游客总数的41.9%。沿海的西哈努克省、白马省、贡布省和国公省等四省自2011年加入世界最美海滩俱乐部后，滨海休闲旅游逐渐升温，全年共接待外国游客57万人次，同比增长10.9%，占全柬接待外国游客总数的11.1%。东北山林的生态旅游稳步发展，共接待外国游客6万人次。

【交通运输】以公路和内河运输为主。主要交通线集中于中部平原地区以及洞里萨河流域。北部和南部山区交通闭塞。

公路：全国公路总长约3万公里。最主要的公路有4条：1号公路（金边至越南胡志明市），4号公路（金边至西哈努克港），5号公路（金边经马德望至泰国边境），6号公路（金边经磅同、暹粒至吴哥古迹）。

水运：内河航运以湄公河、洞里萨湖为主，主要河港有金边、磅湛和磅清扬。雨季4000吨轮船可沿湄公河上溯至金边，旱季可通航2000吨货轮。西哈努克港为国际港口。

铁路：全国有两条铁路：金边—波贝，全长385公里，可通曼谷；金边—西哈努克市，全长270公里，是交通运输的大动脉，但铁路年久失修，运输能力较差。

空运：柬主要航空公司有暹粒航空公司、吴哥航空公司。有金边—曼谷、金边—胡志明市、金边—万象、金边—吉隆坡、金边—新加坡5条国际航线。外方航空公司在柬的主要航线有：金边—曼谷、金边—广州、金边—香港、暹粒—曼谷、金边—上海、金边—新加坡、金边—台北、金边—高雄、金边—胡志明市、金边—万象、金边—普吉等航线。有金边国际机场和暹粒机场两个国际机场，西哈努克港、马德望、上丁等机场为国内机场，有定期航班通行，可起降中、小型飞机。

【对外贸易】2014年，柬埔寨对外贸易总额达181.35亿美元，同比增长14%。其中，出口76.96亿美元，同比增长11.5%；进口104.39亿美元，同比增长15.5%。主要出口产品为服装、鞋类、橡胶、大米、木薯和玉米等；主要进口产品为服装原材料、建材、汽车、燃油、机械、食品、饮料、药品和化妆品等。主要贸易伙伴为美国、欧盟、中国、日本、韩国、泰国、越南和马来西亚等。

军事

1993年6月23日，柬三派武装力量组成柬埔寨武装部队，西哈努克为最高统帅。1993年9月24日改名为高棉王家军，划分为5个军区和1个特别军区，有12个主力步兵师，总兵力约13万人。1999年，洪森首相辞去柬武装力量总司令的职务，由原王家军总参谋长盖金延四星上将接替，波尔沙伦为副总司令兼总参谋长，密索皮为副总司令兼陆军司令，坎沙文和肯索潘为副总司令，翁桑坎为海军司令，森桑南为空军司令。2008年波尔沙伦接替盖金延任王家军总司令。现任国防部大臣迪班。柬开始和平重建后，制定了阶段性裁军计划。

2006年10月25日，柬国会通过《兵役法》草案，规定18—30岁柬籍男性公民均有义务服兵役。目前柬军队总兵力约10万人。

文化教育

【教育】20世纪60年代文教事业有较大发展。自20世纪70年代后，因长期战乱，文教事业遭受严重破坏。近年来政府重视教育，兴建了一些学校。

【新闻出版】发行量较大的报刊有《柬埔寨之光报》（柬文，日报）、《人民报》（柬文，人民党党报）、《和平岛报》（柬文，日报）、《柬埔寨日报》（英文，柬文）、《金边邮报》（英文，双周报）、《柬埔寨时报》（英文，柬文，周报）。柬影响较大的中文报纸有《华商日报》、《柬华日报》和《星洲日报》，较有影响的英文报刊有3家，法文报刊1家。

柬新社（AKP）为官方通讯社，成立于1980年。

柬全国目前共有百余家电台和20余家电视台。柬国家电视台是当地最大电视台，由政府出资兴办，其他较具规模的电视台有CTN电视台、BAYON电视台、东南亚电视台、仙女电视台以及柬埔寨有线台和金边有线台。

对外关系

奉行独立、和平、永久中立和不结盟的外交政策，反对外国侵略和干涉，在和平共处五项原则基础上，同所有国家建立和发展友好关系。主张相互尊重国家主权，通过和平谈判解决与邻国的边界问题及国与国之间的争端。柬埔寨新政府成立后，确定了融入国际社会、争取外援发展经济的对外工作方针，加强同周边国家的睦邻友好合作，改善和发展与西方国家和国际机构关系，以争取国际经济援助。

迄今，柬与107个国家建交，其中，62个国家向柬派出大使，常驻金边使馆28家；柬在国外开设27个大使馆，开设16个领事馆。1999年4月30日加入东盟。

【同中国的关系】1955年4月周恩来总理和柬埔寨国家元首西哈努克亲王在万隆亚非会议上结识，成为中柬友好关系的新开端。1958年7月19日两国正式建交。20世纪50—60年代，周恩来总理、刘少奇主席访柬，西哈努克亲王6次访华，并两次在华领导柬人民争取国家独立、民族解放的斗争，得到中国政府和人民大力支持。1993年柬新政府成立以来，中柬高层互访频繁。

2006年4月，国务院总理温家宝对柬埔寨进行正式访问。双方发表了《中华人民共和国政府与柬埔寨王国政府联合公报》，宣布建立全面合作伙伴关系。2009年10月柬埔寨太皇西哈努克出席中国建国60周年国庆招待会和天安门观礼活动。12月，习近平主席（时任国家副主席）访柬。2010年12月，柬埔寨首相洪森访华，两国建立全面战略合作伙伴关系。2012年3月30日至4月2日，国家主席胡锦涛对柬埔寨进行国事访问，双方发表联合声明。10月15日，柬埔寨太皇西哈努克在京去世，胡锦涛主席、吴邦国委员长、温家宝总理、贾庆林政协主席、习近平副主席分别在京吊唁。中方派专机运送西哈努克灵柩返回金边。戴秉国国务委员作为中国政府代表随机护送。11月，国务院总理温家宝出席东亚领导人系列会议并对柬埔寨进行正式访问。12月，中共中央政治局委员、国务委员刘延东访问柬埔寨。2013年2月，中共中央政治局常委、全国政协主席贾庆林赴柬埔寨出席西哈努克太皇葬礼。4月，柬埔寨首相洪森出席博鳌亚洲论坛2013年年会并访华。8月，王毅外长访柬。9月，柬埔寨首相洪森来华出席第十届中国—东盟博览会，中共中央政治局常委、中央书记处书记刘云山访柬。2014年5月，柬埔寨首相洪森来华出席亚信峰会。9月，柬埔寨首相洪森来华出席第十一届中国—东盟博览会。11月，柬埔寨首相洪森来华出席加强互联互通伙伴关系对话会。2015年4月，国务委员、公安部部长郭声琨访柬。7月，柬埔寨副首相兼国防部大臣迪班访华。9月，柬埔寨国王西哈莫尼应邀来华出席中国人民抗日战争胜利暨世界反法西斯战争胜利70周年纪念活动。9月，全国人大常委会副委员长艾力更·依明巴海访柬。10月，柬埔寨首相洪森来华出席亚洲政党丝绸之路专题会议。10月，柬埔寨参议院第二副主席迪翁访华。11月，国务委员兼国防部长常万全访柬。

2014年，中柬双边贸易额37.6亿美元，同比下降0.4%，其中中方出口额32.8亿美元，同比下降4%，进口额4.8亿美元，同比增长33.5%。2015年，双边贸易额44.3亿美元，同比增长17.9%，其中中方出口额37.6亿美元，进口额6.7亿美元。中国出口商品主要为纺织品、机电产品、五金、建材，从柬埔寨主要进口橡胶、木材制品、水产品等。

中国驻柬埔寨王国大使：布建国。使馆地址：金边市毛泽东大道156号（N0.156 Blvd.Mao Tsetung, Phnom Penh，Kingdom of Cambodia）。国家地区号：00855–12。电话：810928（值班电话），901923（领事部），（00855–23）721437（经商处）；传真：720922（使馆），720925（领事部），223023（经商处）。

柬埔寨王国驻华大使：凯·西索达（Khek Sysoda）。馆址：北京市朝阳区东直门外大街9号。

国家地区号：0086–10。电话：65321889；传真：65323507。

【同东盟的关系】柬埔寨于1999年4月30日加入东盟，成为东盟第10个成员国。入盟后，柬积极参与东盟政治合作机制和经济一体化进程，坚持成员国协商一致和不干涉内政等原则，主张加强合作，缩小新老成员差距。重视国际反恐合作，积极支持建立东亚经济共同体和安全共同体。柬重视加强东盟内部和大湄公河次区域经济合作，积极推动柬越（南）老（挝）经济三角区、柬泰（国）老经济三角区和柬泰老缅（甸）四国经济合作。2008年2月，柬埔寨国会通过《东盟宪章》。2012年，柬埔寨担任东盟轮值主席国。2015年底，柬埔寨与其他东盟国家宣布成立东盟共同体。

【同泰国的关系】柬泰两国1950年两国建交。2009年6月，泰国总理阿披实访柬。7月，泰国国会主席猜·奇触访柬。8月，柬埔寨国会主席韩桑林访泰。11月，柬埔寨任命泰前总理塔信为柬政府经济顾问，双方召回驻对方国家大使。2010年8月，塔信辞去经济顾问职务，双方恢复大使级外交关系。9月，柬埔寨首相洪森与泰国总理阿披实在出席在美国举行的东盟—美国领导人峰会和在比利时举行的亚欧首脑会议期间举行会见。

2011年2月和4月，柬泰两国在边境地区两度交火，造成较大人员伤亡和财产损失。柬提请国际法院就该院1962年将位于柬泰边境的柏威夏寺作出解释。7月18日，国际法庭裁定在柏威夏寺周边4.6平方公里有争议地区设定4个非军事区，要求柬、泰两国军队立即从临时非军事区撤出。柬泰双方均表示支持国际法庭的裁定。

2011年8月泰国总理英拉上台后，柬泰两国关系转圜。9月，泰国总理英拉访柬。2014年10月，泰国总理巴育访柬。2015年12月，柬埔寨首相洪森访泰。2016年2月，泰国诗琳通公主访柬。

【同越南的关系】柬越两国1967年建交。近年来双方高层往来频繁。2013年12月，柬埔寨首相洪森访越。2014年1月，越南总理阮晋勇访柬，同洪森首相共同主持第四次柬越投资合作会议。2月，柬副首相兼外交国际合作部大臣贺南洪同越南副总理兼外长范平明共同主持第十三次柬越经济、文化、科技合作委员会会议。8月，柬国会主席韩桑林访越。2015年4月，柬副首相梅森安赴越出席越南南方解放40周年纪念活动。6月，越南国会主席阮生雄赴柬吊唁柬人民党主席、参议院主席谢辛。9月，柬副首相梅森安访越。

【同美国的关系】柬美两国1950年建交。2006年，美驻柬使馆宣布恢复为柬埔寨民众办理赴美签证。美参议院宣布撤销对柬军事援助的禁令，承诺向柬提供100万美元援助。2007年向柬提供5580万美元直接援助。2009年7月，副首相兼外交国际合作部大臣贺南洪出席东盟区域论坛等相关会议期间会见美国务卿克林顿。9月，美国总统特使访柬。同月，柬埔寨副首相兼外交国际合作大臣贺南洪访美。2010年9月，柬埔寨首相洪森访美并出席第二次东盟与美国领导人峰会。11月，美国务卿克林顿访柬。2012年6月，柬埔寨副首相兼外交国际合作部大臣贺南洪访美。近年美军方频繁访柬，双方多次举行军演。2012年，美国总统奥巴马出席在金边举行的东亚峰会，这是有史以来在任美国总统首次访柬。2015年3月，美国第一夫人米歇尔访柬。2016年1月，美国国务卿克里访柬。

【同日本的关系】日本是柬埔寨最大援助国之一，从1992年起，年均向柬提供1亿美元援助，占外国援柬总额的20%，涉及公路桥梁、水电基础设施及农业、农村发展、医疗保健、教育、人才培训、环保、古迹保护和司法等领域。2009年7月，柬埔寨副首相兼外交国际合作大臣贺南洪与日本代表签署3305万美元援助协议。8月，柬埔寨副首相兼外交国际合作大臣贺南洪与日本代表签署8200万美元援助协议。11月，柬埔寨首相洪森访日。2010年5月，柬埔寨国王西哈莫尼访日。2012年2—3月，日本向柬埔寨提供各类援助和优惠贷款总计超过1亿美元。2012年6月，日本皇太子德仁亲王访柬。2013年11月，日本首相安倍晋三访柬。2015年3月，柬首相洪森率团赴日出席世界减灾大会。7月，洪森赴日出席第七届湄公河流域国家与日本首脑会议。

【同法国的关系】柬埔寨曾遭受法国殖民统治长达90年，两国有较深的传统关系。近年来，双方均重视加强双边往来。法对柬援助领域涉及文化教育、法律、宗教、警察宪兵培训、农业、卫生等。2009年7月，柬埔寨首相洪森访法并出席法国国庆阅兵式。10月，柬埔寨副首相兼内阁办公厅大臣索安访法。2010年3月，柬埔寨国王西哈莫尼访法。2011年7月，法国总理菲永访柬。2013年2月，法国总理艾罗访柬。2015年10月，柬埔寨首相洪森访法。2015年12月，柬埔寨国王西哈莫尼访法，并参加巴黎气候变化大会。

（石伟伟）

卡　塔　尔

国名　卡塔尔国（The State of Qatar）。

面积　11521平方公里。

人口 234万（2015年）。卡塔尔公民约占15%，其他为外籍人，主要来自印度、巴基斯坦和东南亚国家。居民大多信奉伊斯兰教，多数属逊尼派中的瓦哈比教派，什叶派占全国人口的16%。阿拉伯语为官方语言。

首都 多哈（Doha），人口154万。

国家元首 埃米尔兼武装部队总司令塔米姆·本·哈马德·阿勒萨尼（Tamim Bin Hamad Al-Thani），2013年6月25日即位。

重要节日 国庆日：12月18日。

简 况

位于波斯湾西南岸的卡塔尔半岛上，与阿联酋和沙特接壤。海岸线长563公里。属热带沙漠气候，夏季炎热漫长，最高气温可达50℃以上；冬季凉爽干燥，最低气温可达7℃。年平均降水量仅75.2毫米。

公元7世纪卡塔尔是阿拉伯帝国的一部分。1517年葡萄牙人入侵。1555年被并入奥斯曼帝国版图。1846年萨尼·本·穆罕默德建立了卡塔尔酋长国。1882年英国入侵，并宣布该地区为英国的“保护地”。1971年9月3日卡塔尔宣布独立，艾哈迈德任埃米尔。1972年2月22日艾哈迈德埃米尔被废黜，其堂弟哈利法出任埃米尔，哈利法之子哈马德任王储兼国防大臣。1995年6月27日，哈马德发动宫廷政变，推翻哈利法，出任埃米尔。2013年6月25日，哈马德埃米尔宣布让位给王储塔米姆，塔米姆成为新任埃米尔。

政 治

卡塔尔系君主制国家。埃米尔为国家元首和武装部队最高司令，掌握国家最高权力，由阿勒萨尼家族世袭。政府适度推进政治改革，保持社会稳定。卡塔尔禁止任何政党活动。

【宪法】1970年颁布的第一部临时宪法规定：卡塔尔为独立主权国家；伊斯兰教为国教；埃米尔在内阁和协商会议的协助下行使权力。宪法承认法官的独立性。1972年卡塔尔对临时宪法进行修改。2003年4月，卡塔尔全民公投通过《永久宪法草案》，从法律上进一步确立了阿勒萨尼家族的执政地位。2005年6月7日，《永久宪法》正式生效。

【协商会议】成立于1972年，系咨询机构，职能是协助埃米尔行使统治权力，有权审议立法和向内阁提出政策建议。协商会议由35名成员组成，全部由埃米尔任命，任期4年。现任主席穆罕默德·穆巴拉克·胡莱菲（Mohammed Mubarak Al-Khulaifi），1995年3月任职，连任至今。

【政府】本届内阁成立于2013年6月，并于2016年1月部分改组，现有内阁成员16人。主要成员有：首相兼内政大臣阿卜杜拉·本·纳赛尔·本·哈利法·阿勒萨尼（Abdullah Bin Nasser Bin Khalifa Al-Thani）、副首相兼内阁事务国务大臣艾哈迈德·本·阿卜杜拉·马哈茂德（Ahmad Bin Abdallah Al-Mahmoud）、外交大臣穆罕默德·本·阿卜杜拉赫曼·阿勒萨尼（Mohammed bin Abdulrahman Al-Thani）、国防国务大臣哈立德·本·穆罕默德·阿提亚（Khalid Bin Mohamed Al Attiyah）、能源和工业大臣穆罕默德·萨利赫·萨达（Mohamed Saleh Al-Sada）、商贸大臣艾哈迈德·本·贾西姆·本·穆罕默德·阿勒萨尼（Ahmed Bin Jassim Bin Mohamed Al-Thani）。

【行政区划】无明确的省级行政区划，以一些主要城市为中心，全国分为9个地区。主要城市有多哈、赖扬、杜罕、豪尔等。

【司法机构】政府设司法部，主管司法、法律事务。2005年8月，埃米尔颁布法令，成立司法研究中心，由司法部次官苏尔坦·本·阿卜杜拉·苏维迪担任董事长。

【重要人物】**塔米姆·本·哈马德·阿勒萨尼**：埃米尔兼武装部队总司令。1980年生。1998年毕业于英国桑赫斯特军事学院。任卡国家奥委会主席、国际奥委会委员。2003年8月被任命为王储，同年9月被任命为武装部队副总司令。2013年6月25日接任其父，成为卡塔尔第八代埃米尔。曾于2008年4月、8月两次来华出席奥运会有关活动。2014年11月，塔米姆埃米尔来华进行国事访问。 **阿卜杜拉·本·纳赛尔·本·哈利法·阿勒萨尼**：首相兼内政大臣。1985年起先后在卡塔尔救援警署、应急警署、特别安全局任职，2002年任特别安全局局长。2004年任内卫部队司令并晋升准将军衔。2005年任内政事务国务大臣。2013年6月被任命为首相兼内政大臣。已婚，有3子。

经 济

石油、天然气产业是卡塔尔经济支柱。近年来卡塔尔大力发展石油、天然气产业，制定了开发天然气的中长期发展规划。同时，卡塔尔注意实施经济多元化战略，建立卡塔尔金融中心，对外国人开放证券市场，改善投资环境，吸引外国投资和技术。卡塔尔于1994年成为关贸总协定第121个成员国，1995年加入世界贸易组织。

2014年主要经济数据如下（数据来源：卡塔尔统计局）：

国内生产总值：2118亿美元。

人均国内生产总值：9.66万美元。

经济增长率：4.6%。

货币名称：卡塔尔里亚尔（Qatari Rial）。

汇率：1美元≈3.64卡塔尔里亚尔。

【资源】主要有石油和天然气。油气收入占卡塔尔国内生产总值的60%以上，出口收入的85%左右，财政收入的70%。已探明石油储量28亿吨，居世界第12位；天然气储量25万亿立方米，居世界第3位。地下水资源贫乏。

【工业】主要为石油和天然气部门、相关工业及能源密集型工业，其中包括炼油、石化、化肥、钢铁和水泥厂，同时还建立了一些造纸、洗涤剂、颜料、食品和塑料等工厂。近年来，卡塔尔大力发展能源工业，不断推出石油、天然气和石化大型项目。2013年，卡塔尔原油产量为每日155万桶。

卡塔尔是世界第一大液化天然气（LNG）生产和出口国。一段时期来，卡塔尔先后同日本、韩国、印度、意大利、西班牙、比利时及美国等签订了长期供气合同或框架协议，并与阿联酋、阿曼、科威特等周边国家商定输气计划。2014年，卡塔尔液化天然气产量约7400万吨，出口7300万吨，分别占世界液化天然气市场的30%。卡塔尔拥有世界上最大的液化天然气出口码头，并大力发展石油天然气远洋运输船队，希望打造世界最大的液化天然气专业运输船队。卡塔尔还兴建世界级大型化工冶炼厂，并与南非、美国融资兴建气转油（GTL）及高附加值化工原料生产厂。

【农牧渔业】卡塔尔农业基础薄弱，发展较慢。从事农业生产的主要是外籍工人。全国可耕地面积为2.8万公顷，已耕地7000公顷。农牧产品不能自给，粮食、蔬菜、水果、肉蛋奶等主要依赖进口，只有鱼、虾类海产品产量可基本满足本国需求。近年来，政府重视引进国际先进的农业生产设备和技术，推广新型灌溉技术，设计和建立灌溉网络。卡塔尔中北部地区建有一些绿洲，适合种植椰枣、玉米及少量蔬菜等。

【交通运输】卡塔尔无铁路，各主要城市之间由现代化公路网相连，全国公路总长为900公里。主要海港有多哈港、乌姆赛义德港和拉斯拉凡港，拉斯拉凡港是世界上最新、最大的处理液化天然气的港口。卡塔尔有5个机场。

【财政金融】卡塔尔有14家商业银行，其中5家为卡资银行，分别为：卡塔尔国家银行、多哈银行、卡塔尔商业银行、卡塔尔国民银行和卡塔尔伊斯兰银行。卡塔尔国家银行吸收了卡塔尔近50%的存款，主要经营政府业务。2005年5月，卡塔尔政府设立了卡塔尔金融中心，作为承办商业银行、项目融资和资产管理等业务的在岸金融中心。截至2013年底，卡塔尔外汇储备422亿美元。近几年政府预算收支情况如下（单位：亿美元）：

	2010	2011	2012	2013	2014
总收入	391.42	719.43	754.72	789	1085
总支出	357.72	498.07	553.60	597	1050

（资料来源:《经济季评》）

【对外贸易】2014年卡塔尔对外贸易总额为1622亿美元，其中进口额为305亿美元，出口额为1317亿美元。主要出口产品为石油、液化天然气、凝析油合成氨、尿素、乙烯等，主要进口产品是机械和运输设备、食品、工业原材料及轻工产品、药品等。主要贸易伙伴有日本、韩国、新加坡、美国及欧盟国家。

人民生活

全国实行免费医疗。全国有主要医院4所，床位1100多张，另有医疗卫生中心近20个。卡塔尔人均寿命76岁。

军　事

卡塔尔系海湾合作委员会成员国，执行统一的防御政策。埃米尔塔米姆为武装部队总司令。实行志愿兵役制。武装部队总人数为1.2万人，本国人只占30%。其中陆军8500人，空军1500人，海军1800人。卡塔尔武器装备主要来自法国、美国、英国等西方国家。1992年、1994年、1996年卡塔尔分别与美国、法国、英国签订军事合作协议。卡塔尔每年与法国进行联合军事演习，法国负责对卡塔尔部队进行培训。2001年，卡美续签防务协定，美国在卡塔尔建立2个武器弹药储存库，并将沙特苏尔坦空军基地设备移至卡塔尔乌代德空军基地，投入资金近14亿美元。2002年9月，美国中央司令部指挥中心由本土迁往卡塔尔。

文化教育

【教育】政府重视发展教育事业，实行免费教育，为成绩优异的学生提供留学深造机会，并发给奖学金。目前全国共有学校197所，另有阿拉伯、外国私人学校48所。有中小学生90498人，中小学教师4000多名。1977年建成的卡塔尔大学是一所配有现代化设备的综合性大学，也是卡塔尔唯一的一所高等学府，下设8个学院，在校学生近6500名，教师500多名。此外，每年还有约500多名学生进入专业技术培训学校学习。另通过卡塔尔基金会，引进美国康奈尔、西北、弗吉尼亚、德州、乔治敦、卡耐基—梅隆等6所大学建立多哈分校，英、法、加拿大等也有大学在此办分校。

【新闻出版】主要阿文报刊:《多哈月刊》，1969年创刊，新闻部发行;《阿拉伯人日报》，1972年创刊，新闻部发行;《旗帜报》，1979年创刊;《时代周刊》，1974年创刊;《海湾市场》周刊，1980年创刊;《今日海湾》，1985年创刊;《每周消息》周刊，1986年创刊。此外还有《东方报》、《祖国报》等。英文报刊有《海湾时报》，1978年创刊。

卡塔尔通讯社建于1975年，是阿拉伯国家主要通讯社之一。

多哈广播电台用阿拉伯语、英语、法语和乌尔都语广播。有6个中波波段、5个调频波段和1个短波波段。

半岛电视台（AL-JAZEERA CHANNEL）的前身是英国广播公司（BBC）阿拉伯语频道。1996年卡塔尔埃米尔哈马德斥资1.37亿美元将BBC阿语频道的全部设备买下并组建了半岛电视台。该台24小时滚动播出阿拉伯语新闻节目，覆盖整个阿拉伯地区，是目前阿拉伯世界收视率最高的卫星频道。“9·11”事件后，该台因不断播出对阿富汗的独家报道而名声大振，被称为“中东的CNN”。2006年11月15日，半岛电视台国际（英文）频道正式开播，目前在全球共设4个播报中心（多哈、吉隆坡、伦敦、华盛顿），节目覆盖全球英语地区。卡塔尔另一家电视台多哈电视台建于1970年8月。

对外关系

卡塔尔奉行积极务实的外交政策。强调伊斯兰国家特别是阿拉伯国家间的团结与合作，重视与美国等西方国家的战略伙伴关系，积极参与地区和国际事务，扩大卡知名度。卡塔尔是联合国、伊斯兰合作组织、阿拉伯国家联盟、海湾阿拉伯国家合作委员会的成员国。

近年来，卡塔尔外交较为活跃，积极参与解决地区热点问题，承办各类国际会议，包括2012年联合国气候变化框架公约第18次缔约方会议和京都议定书第8次缔约方会议、联合国贸易和发展会议第13届大会等。卡塔尔是2022年足球世界杯承办国。积极斡旋巴以冲突、苏丹达尔富尔问题，参与解决叙利亚问题，调解索马里和乍得冲突、厄立特里亚和吉布提冲突等。2015年3月卡参与沙特等国联军发起的对也门军事行动。卡还加入了美国主导的打击"伊斯兰国"国际联盟和沙特组建的伊斯兰反恐军事联盟。

迄今已同110多个国家建立外交关系。

【对当前重大国际和地区问题的立场】叙利亚问题：反对叙利亚政权对叙人民实施的种族灭绝和恐怖主义行径，强调叙人民有权反抗专制压迫并根据自我意志做出选择。支持叙问题政治解决，支持叙统一和领土完整。呼吁巴沙尔交权，支持武装叙反对派，呼吁叙各反对派力量团结起来，实现叙人民诉求。

中东和平进程：认为以色列的行径严重威胁地区安全稳定。支持中东和平进程，呼吁在明确时间表内达成巴勒斯坦问题永久解决方案，反对临时或部分解决方案。认为中东问题的核心是巴勒斯坦问题，支持巴人民通过合法斗争争取民族权利，建立以耶路撒冷为首都的独立巴勒斯坦国。支持巴加入联合国。支持巴人民实现民族和解。呼吁国际社会和有关各方切实担负责任，采取必要措施制止以色列侵略行径，恢复巴勒斯坦及阿拉伯人民的各项合法权益。

伊拉克问题：对伊拉克安全形势持续恶化，造成人员财产损失和国家整体动荡深表忧虑，欢迎伊新政府成立及其采取的积极行动，呼吁伊人员及各派力量从国家整理利益出发，停止派别冲突和暴力行动，实现民族团结，维护伊统一、主权和稳定。

联合国安理会改革：认为安理会改革须秉持公开、透明原则，有关各方应进一步加强磋商沟通，争取在协商一致基础上达成各方均能接受的方案。强调改革内容应更加全面、综合，不应仅限于扩大常任理事国规模，更应从改进工作方式和工作机制上下工夫。安理会应在威胁国际和平安全的重大问题上采取更有力行动，以维护其权威和行动力。

反恐问题：反对一切形式的恐怖主义，呼吁对其明确定义，将争取民族合法权益的正义斗争与恐怖主义行为相区分，反对将恐怖主义与特定宗教、民族和文明挂钩。参与国际反恐联盟，认为独裁政权对人民的镇压制造了安全真空，催生了恐怖行为，巴沙尔政权在叙利亚继续存在阻碍打击伊斯兰国进程和效果。强调反恐不应单靠军事手段，应做到防重于治，并从政治、社会、经济层面全面根除恐怖主义滋生的温床。

【同中国的关系】1988年7月9日，中国、卡塔尔建交。建交后，两国关系发展顺利。2014年11月，两国建立战略伙伴关系。

中卡各层次交往密切。2014年5月，卡塔尔副首相兼内阁事务国务大臣艾哈迈德·阿勒马哈茂德来华出席上海亚信峰会，6月，卡外交大臣哈立德·阿提亚来华出席"中阿合作论坛"第六届部长级会议，11月，卡埃米尔塔米姆来华进行国事访问。2015年3月，卡副首相兼内阁事务国务大臣阿勒马哈茂德来华出席博鳌亚洲论坛2015年年会。两国在金融、文化等领域也开展了良好的交流与合作。2014年双方签署本币互换协议；多哈人民币清算中心正式启动，中方还给予卡塔尔"人民币合格境外机构投资者"资格。2016中卡文化年开幕。

两国经贸合作发展顺利。2015年中卡双边贸易额68.9亿美元，其中中方出口22.78亿美元，进口46.12亿美元，分别同比增长–34.9%、1.1%和–44.7%。中方从卡进口原油26.7万吨，同比下降26%，进口液化天然气481.1万吨，同比下降28.5%。中方主要出口商品是机械设备、电器及电子产品、金属制品等，进口商品是液化天然气、原油、聚乙烯等。

中国驻卡塔尔大使：李琛。馆址：1085 WEST BAY LAGOON STREET，WEST BAY AREA，DOHA，QATAR，17200。网址：http://www.qa.chineseembassy.org/chn/。国家地区号：00974。电话：4934203，4934204；传真：4934201。

卡塔尔驻华大使：苏尔坦·本·萨勒民·赛义德·曼苏里（Sultan Salmeen Saeed Al Mansouri）。馆址：北京市朝阳区亮马桥外交公寓A–7。国家地区号：0086–10。电话：65322231–3。

【同美国的关系】卡美关系密切，保持和发展与美国关系是卡塔尔对外关系的重要支柱。两国军事合作密切，签有防务协定，目前驻卡美军7000人，美中央司令部指挥中心已由本土迁至卡塔尔，卡塔尔乌代德基地是美国在海外的最大军事基地之一。2015年2月，卡塔尔埃米尔塔米姆访美，5月，塔米姆赴美出席美国—海合会国家峰会，美国中央司令部司令奥斯汀等访卡。

【同法国的关系】卡塔尔同法国关系良好，两国签有防御合作协定，双方定期举行"猎隼"联合军事训练。2015年5月，法国总统奥朗德访卡，卡购买24架阵风战斗机。11月，卡埃米尔塔米姆赴法国巴黎出席联合国气候变化大会。卡首相兼内政大臣阿卜杜拉访问法国，并对巴黎恐怖袭击事件表示强烈谴责。

（谭敏晟）

科 威 特

国名 科威特国（The State of Kuwait）。

面积 17818平方公里。

人口 376.7万（2014年），其中科威特公民约占31%，其余为外籍侨民。阿拉伯民族。官方语言为阿拉伯语。伊斯兰教为国教，居民中95%信奉伊斯兰教，其中约70%属逊尼派，30%为什叶派。

首都 科威特城（Kuwait City），人口51万。

国家元首 埃米尔萨巴赫·艾哈迈德·贾比尔·萨巴赫（Sabah Al-Ahmed Al-Jaber Al-Sabah），2006年1月29日即位，为第15任埃米尔。

重要节日 国庆日（系第11任埃米尔登基日）：2月25日。

简 况

位于亚洲西部波斯湾西北岸。与沙特、伊拉克相邻，东濒波斯湾，同伊朗隔海相望。海岸线长290公里。有布比延、法拉卡等9个岛屿，水域面积5625平方公里。绝大部分土地为沙漠，地势较平坦，境内无山川、河流和湖泊，地下淡水贫乏。属热带沙漠气候，夏长炎热干燥，最高气温可达51℃，冬短湿润多雨，最低气温可达–6℃。地下水贫乏，年降水量在22毫米—352毫米之间。

公元7世纪是阿拉伯帝国的一部分。1710年，居住在阿拉伯半岛内志的阿奈扎部落中的萨巴赫家族迁移到科威特，1756年取得统治权，建立科威特酋长国。1871年成为奥斯曼帝国巴士拉省的一个县。1939年沦为英国保护国。1961年6月19日宣布独立，同年成为阿拉伯国家联盟和联合国成员国。1990年8月2日被伊拉克侵吞，1991年2月26日复国。

政 治

君主世袭制酋长国。埃米尔是国家元首兼武装部队最高统帅。一切法律以及与外国签订的条约和协定均由埃米尔批准生效。科威特主张维护民族独立、国家主权与领土完整，发展民族经济，实行高福利制度。海湾战争后，科威特迅速开始战后重建工作，加强国防建设，在政府部门和经济机构中逐步推行科威特化，放松对反对派的限制。目前，萨巴赫家族统治地位牢固，政局相对稳定，安全形势良好。

【宪法】1962年11月12日正式颁布宪法。宪法规定，科威特是一个主权完整、独立的阿拉伯国家；伊斯兰教为国教，其教义是科威特立法的基础；埃米尔必须由第7任埃米尔穆巴拉克·萨巴赫后裔世袭；立法权由埃米尔和议会行使，埃米尔有权解散议会和推迟议会会期；行政权由埃米尔、首相和内阁大臣行使；司法权由法院在宪法规定范围内以埃米尔名义行使；王储由埃米尔提名，议会通过；埃米尔任免首相，并根据首相提名任免内阁大臣等。

【议会】国民议会于1963年1月23日成立，是立法机构，一院制。主要职能是制定和通过国家的各项法令法规；监督国家财政执行情况；行使各项政治权力。议会通过的法案需经埃米尔批准才能生效，埃米尔有权否决或提请议会复议某项法案，但如议会仍以三分之二的多数通过或在以后某届议会以简单多数通过，该法案则自动生效。议会有权就政府内外政策及有关事务向首相和大臣提出质询，要求其解释有关情况；组成调查委员会对任何事务进行调查；自由表达其观点和看法；通过对大臣投不信任票罢免其职务。议会由50名经全国选举产生的议员和现任大臣组成，每届任期4年。第14届议会于2013年8月选举产生，议长马尔祖格·阿里·加尼姆（Marzouq Ali Al-Ghanim）。

【政府】本届政府于2014年1月6日成立，为科威特第34届政府，后经多次调整。主要成员包括：首相贾比尔·穆巴拉克·哈马德·萨巴赫（Jaber Al-Mubarak Al-Hamad Al-Sabah），第一副首相兼外交大臣萨巴赫·哈立德·哈马德·萨巴赫（Sabah Al-Khalid Al-Hamad Al-Sabah），副首相兼内政大臣穆罕默德·哈立德·哈马德·萨巴赫（Mohammed Khalid Al-Hamad Al-Sabah），副首相兼国防大臣哈立德·贾拉赫·萨巴赫（Khaled Al-Jarrah Al-Sabah），副首相兼财政大臣兼代理石油大臣艾奈斯·哈立德·萨利赫（Anas Khalid Al-Sabah）。

【行政区划】全国分为6个省：首都省、哈瓦里省、艾哈迈迪省、贾哈拉省、法尔瓦尼亚省和大穆巴拉克省。

【司法机构】司法机构隶属于司法部。最高法院院长和总检察长由埃米尔任命，法院以埃米尔名义在宪法范围内行使司法权。

【政党】禁止一切政党活动。但海湾战争后，科威特出现了几个主要政治派别：

（1）伊斯兰宪章运动：1991年3月成立，为穆斯林兄弟会和传统派组织，掌握许多金融和商业公司，财力雄厚。主张以温和手段促使科威特成为更遵循伊斯兰法的国家。

（2）伊斯兰联盟：什叶派组织，主张实施伊斯兰法，采取温和方式推行原教旨主义。

（3）宪章联盟：由商人富豪组成，多为科威特工商会会员。

（4）科威特民主论坛：1991年3月成立，成员多为知识分子，自称是左派民族主义组织。强调人民权力，反对王室成员垄断内阁职位，但不反对埃米尔世袭制。

（5）自由独立派：主张民主、自由和进行民主改革。成员多为知识分子和文教、新闻界人士。

【重要人物】**萨巴赫·艾哈迈德·贾比尔·萨巴赫**：埃米尔。1929年出生。曾任外交大臣，后兼任新闻、石油和内政大臣。1992年任第一副首相兼外交大臣。2003年任首相兼外交大臣。2006年1月29日继任科威特第15任埃米尔。对华友好，曾于1977年5月、1988年8月、1990年8月 和12月、2004年7月、2009年5月6次访华。　**纳瓦夫·艾哈迈德·贾比尔·萨巴赫**（Nawaf Al-Ahmad Al-Jaber Al-Sabah）：王储。1937年出生。历任哈瓦里省长、内政大臣、国防大臣、社会事务和劳工大臣、国民卫队副司令。2003年7月任第一副首相兼内政大臣。2006年1月被任命为王储。　**贾比尔·穆巴拉克·哈马德·萨巴赫**：首相。1942年出生。曾任埃米尔办公厅行政事务督察、主任，行政和财政事务助理次大臣等职。1979年起先后任哈瓦里省省长、艾哈迈迪省省长、社会事务与劳动大臣、新闻大臣、埃米尔办公厅顾问。2001—2006年任副首相兼国防大臣，2006—2007年任第一副首相兼国防、内政大臣，2007年至2011年11月28日任第一副首相兼国防大臣。2011年12月起任首相。对华友好，曾于2003年12月、2014年6月两次访华。

经　济

石油、天然气工业为国民经济主要支柱，其产值占国内生产总值的45%，占出口收入的92%。近年来，科威特政府在重点发展石油、石化工业的同时，强调发展多元化经济，着力发展金融、贸易、旅游、会展等行业，并提出2035年发展愿景，将科威特建设成为地区商业和金融中心，发挥私营企业在科威特经济发展中的核心作用，保障人民生活全面均衡发展，实现社会公正。

2015年主要经济数据如下：

国内生产总值：1217亿美元。

人均国内生产总值：4.3万美元。

经济增长率：4.5%（2014年）。

货币名称：第纳尔。

汇率：1美元≈0.299第纳尔。

外汇储备：294亿美元（2014年）。

（数据来源：《IMF 报告》）

【资源】石油和天然气储量丰富。已探明石油储量140亿吨，居世界第6位。天然气储量1.78万亿立方米，居世界第18位。

【工业】以石油开采、冶炼和石油化工为主。2015年原油日产量285.9万桶。科威特石油公司（Kuwait Petroleum Corporation）为世界10大石油公司之一，全面负责科威特国内外的原油和成品油销售。科威特原油公司（Kuwait Oil Corporation）负责国内石油生产，是世界第7大石油公司。

【农渔业】可耕地面积约14182公顷，无土培植面积约156公顷。近年来，政府重视发展农业，农业产值占国内生产总值的0.5%。以生产蔬菜为主，农牧产品主要依靠进口。农牧业从业人口1.4万，主要为外籍人。渔业资源丰富，盛产大虾、石斑鱼和黄花鱼。年产量在1万吨左右，产值约1300万科威特第纳尔。

【交通运输】交通运输十分发达。全国公路总长4万公里。汽车拥有量为96.8万辆，其中私家车80万辆。科威特有1个国际民用机场，两个军用机场。机场起降架次3.3万次 / 年，客流量370万人次 / 年，运货量14万吨 / 年。主要港口是舒威赫港和舒艾巴港。

【财政金融】2014/2015年度财政（每年的4月1日至次年的3月31日）实际收支情况如下（单位：亿科威特第纳尔）：

	2014/2015年
总收入	249
总支出	214
差　额	35

（数据来源：科威特财政部）

【对外贸易】在经济中占有重要地位。出口商品主要有石油和化工产品，石油出口占出口总额的95%。进口商品有机械、运输设备、工业制品、粮食和食品等。主要贸易对象是：美国、日本、英国、韩国、意大利、德国、荷兰、新加坡等。2014年科威特对外贸易总额为1449亿美元，其中出口额为1151亿美元，进口额为298亿美元。

【对外投资】科威特拥有规模庞大的海外投资，主权财富基金持续扩大。截至2015年，科威特主权财富基金总资产约4100亿美元，主要投资于欧美国家的股市和房地产，并不断加大在日本、韩国和东南亚国家的投资力度。

【对外援助】每年用其国内生产总值的3.8%来援助发展中国家。1961年成立科威特阿拉伯经济发展基金会，截至2013年5月底，总资产约169.32亿美元。该基金会代表科威特政府向发展中国家提供财政和技术援助，资助发展中国家基础设施项目的开发与建设。

人民生活

科威特实行高福利制度，免缴个人所得税，实行免费教育和医疗，并提供岗位、物价、房租和结婚等补贴。为解决低收入人群住房问题，政府计划在2015年前兴建7万套廉价房。共有公立医院15所，床位4400张，另有卫生中心及私立医院。平均每千人有医生18.3人，护理人员48.5人，床位2.8张。

军　事

科威特实行义务兵役制，义务兵期限2年（大学生1年），预备役期14年。现科威特军总兵力为2.3万人。埃米尔为武装部队最高统帅。

文化教育

【教育】科威特实行免费教育，全国小学、初中、高中均为4年制，小学和初中实行义务教育。全国现有各类学校1288所，其中公立学校788所，私立学校460所，其余为成人教育、职业教育和特殊教育学校等。在校学生共56万多人，教师为6.8万人。教育经费为政府财政预算的10%左右。政府重视扫盲，1982年颁布义务扫盲法，已建立了62个扫盲中心。

【新闻出版】科威特新闻制度相对开放、自由，报刊多为私营。全国主要有8家日报，其中阿拉伯文报5家：《舆论报》、《政治报》、《火炬报》、《祖国报》和《消息报》；英文报3家：《科威特时报》、《阿拉伯时报》和《每日星报》。

有3家官方新闻机构：科威特通讯社、科威特广播电台和科威特电视台。科威特通讯社系国家通讯社，建于1956年10月，1980年起用阿拉伯文、英文向国外发稿。

科威特广播电台建于1951年，用阿拉伯语、英语等广播。

科威特电视台建于1962年12月，用4个频道播放阿拉伯语和英语节目。1992年起，租用阿拉伯卫星，对外播放本国节目，还通过卫星接收站转播埃及卫星电视节目。

对外关系

奉行和平、多元、均衡的外交政策。致力于维护阿拉伯国家团结和海湾合作委员会国家的协调合作，以维护海湾地区安全稳定。1990年海湾战争后，科威特同美国等西方国家关系更加密切，科威特境内一直有美军驻扎。同时，科威特高度重视同其他大国关系。近年来，科威特更加积极地发展同中国等亚洲国家的合作。科威特是联合国、阿拉伯国家联盟、海湾合作委员会等国际和地区组织成员国，迄今已同120个国家建立外交关系。

【对当前重大国际和地区问题的立场】伊拉克问题：近年来，随着科威特与伊拉克战后遗留问题解决，两国关系逐步回暖。2013年5月，伊外长兹巴里访科。6月，科首相贾比尔访伊，两国同意将伊问题从联合国宪章第七章移至第六章解决，当月，安理会就此通过第2107号决议，取消大部分对伊制裁。同时，在联合国伊拉克援助团监督下，在双边范畴继续寻找科失踪人员、财产和归还档案等工作。

中东问题：支持中东和平进程，主张在安理会决议、“土地换和平”、阿拉伯和平倡议基础上解决巴以争端。敦促国际社会向以色列施压，呼吁巴勒斯坦内部保持团结。2013年4月，巴勒斯坦总统阿巴斯访科，并主持巴驻科使馆开馆仪式，标志着两国修复外交关系的漫长进程基本完成。

叙利亚问题：认为危机不仅危害到叙利亚国家团结统一和人民安全，也威胁到地区友邻国家安全及阿拉伯世界稳定。主张联合国发挥主导作用，呼吁国际社会统一立场，承担责任，采取更加务实的行动，实现叙停火止暴，缓解人道主义灾难。2013年1月、2014年1月和2015年3月，科三次举办联合国叙利亚人道主义问题认捐大会。

伊朗核问题：承认伊朗有和平利用核能的权利，但认为伊核活动应接受国际原子能机构的监督。对伊核问题达成全面协议表示欢迎，希望伊能恪守承诺，只将核计划用于和平目的。强调中东应成为无大规模杀伤性武器区。担心伊核问题升级威胁自身安全。

反恐问题：反对一切形式的恐怖主义和暴力行径，支持国际社会为打击和消除恐怖主义所作努力。反对将恐怖主义与特定的国家、民族或宗教挂钩。

【同中国的关系】1971年3月22日中科建交。2015年，两国关系稳步发展，双方各层次、各领域友好往来频繁。

2015年，中科贸易额达133亿美元，其中中方进口额为75亿美元，出口额为38亿美元，分别同比下降16%、25%和增长10%。截至2014年底，中国在科威特累计签订承包工程合同额98.5亿美元，完成营业额60.5亿美元。

1982年至今，科威特阿拉伯经济发展基金会共向中国提供总额约9.71亿美元的优惠贷款，共支持了37个项目建设，涉及基础设施建设、石化、建材、教育、医疗等领域。

中国驻科威特大使：王镝。馆址：VILLA 82 STREET 1，BLOCK 4，YARMOUK，KUWAIT。邮政信箱：P.O.BOX.2346 SAFAT，13024 KUWAIT。网址：http://www.kw.china-embassy.org/chn/。国家地区号：00965。电话：25333340，25333342；传真：25333341。电子邮箱：chinakwt@hotmail.com.或chinaku@qualitynet.net。商务处电话：24822817；传真：24822867。

科威特驻华大使：穆罕默德·萨利姆·祖维赫（Mohammad S. Al Thuwaikh）。馆址：北京市朝阳区光华路23号。国家地区号：0086-10。电话：65322216，65322374；传真：65329759。

【同美国的关系】科威特同美国关系密切，科境内约有3万美军驻扎。2015年，科威特埃米尔萨巴赫出席在美国戴维营举行的美国—海合会国家峰会，议长马尔祖格访美。

【同西方国家的关系】科威特积极推进同英国等欧洲大国的关系，扩大互利合作。2015年，科威特埃米尔萨巴赫访问俄罗斯，议长马尔祖格访问英国，首相贾比尔访问法国。

【同伊拉克的关系】近年来，科伊两国关系继续改善。2013年5月，伊外长兹巴里访科。6月，科首相贾比尔访伊，两国同意将伊问题从联合国宪章第七章移至第六章解决，当月，安理会就此通过第2107号决议，取消大部分对伊制裁。同时，在联合国伊拉克援助团监督下，在双边范畴继续寻找科失踪人员、财产和归还档案等工作。

【同阿拉伯国家的关系】2015年，科威特与阿拉伯国家保持高层交往，关系不断巩固。埃及总统塞西、总理易卜拉欣·马赫莱卜、巴林首相哈利法、沙特王储继承人穆罕默德等访科；科威特埃米尔萨巴赫出席支持埃及经济沙姆沙伊赫峰会，并宣布科向埃投资40亿美元。

【同亚洲和非洲国家关系】2015年，科威特与亚洲和非洲国家关系续有发展。土耳其总统埃尔多安、伊朗外长扎里夫等访科。韩国总统朴槿惠访科。（李群）

老 挝

国名　老挝人民民主共和国（The Lao People's Democratic Republic）。

面积　23.68万平方公里。

人口　649万（2015年）。分为49个民族，分属老泰语族系、孟—高棉语族系、苗—瑶语族系、汉—藏语族系，统称为老挝族。通用老挝语。居民多信奉佛教。华侨华人约3万多人。

首都　万象（Vientiane），人口85万（2015年）。最高平均气温31.7℃，最低平均气温22.6℃。

国家元首　国家主席朱马里·赛雅颂（Choummaly Sayasone），2006年6月当选，2011年6月连任。

重要节日　老挝人民军成立日：1月20日（1949年）；老挝人民革命党成立日：3月22日（1955年）；老挝新年（宋干节，也叫泼水节）：佛历5月，一般从每年公历4月13日开始，前后共3天；独立日：10月12日（1945年）；塔銮节：佛历12月，公历11月；国庆日：12月2日（1975年）。

简　况　位于中南半岛北部的内陆国家，北邻中国，南接柬埔寨，东临越南，西北达缅甸，西南毗连泰国，边界线长度分别为508公里、535公里、2067公里、236公里、1835公里。湄公河在老挝境内干流长度为777.4公里，流经首都万象，作为老挝与缅甸界河段长234公里，老挝与泰国界河段长976.3公里。属热带、亚热带季风气候，5—10月为雨季，11月至次年4月为旱季，年平均气温约26℃。老挝全境雨量充沛，近40年来年降水量最少年份为1250毫米，最大年降水量达3750毫米，一般年份降水量约为2000毫米。

因缺乏史料，学术界对14世纪前的老挝历史有较多争议，通常认为在现今老挝疆域相继出现过堂明国、南掌国（澜沧国）等国家。1353年，法昂王建立澜沧王国（1353—1707年），定都琅勃拉邦，老挝出现历史上第一个统一的多民族国家。1560年，澜沧王国国王塞塔提腊迁都至万象。1707至1713年，澜沧王国先后分裂为北部琅勃拉邦、中部万象和南部占巴塞三个王国。1778年至1893年三国沦为暹罗（今泰国）属国。

1893年，法国与暹罗签订《法暹条约》（又称《曼谷条约》），琅勃拉邦、万象和占巴塞被并入法属印度支那联邦，1940年9月被日本占领。1945年9月15日，琅勃拉邦王国副王兼首相佩差拉在万象宣布老挝（旧称“寮国”）独立。10月12日，万象群众举行独立庆典，宣布成立伊沙拉（老挝语意为“自由”）政府。1946年，法国势力卷土重来，独立运动失败。1947年4月，在法国扶持下，琅勃拉邦国王西萨旺冯宣布成立老挝王国，实行君主立宪制。法国对外承认老挝是法兰西联邦内的独立国家，但仍掌握老挝国防、外交大权。为争取国家独立，老挝人民开展广泛的游击战争。1950年，苏发努冯组建新老挝伊沙拉，成立寮国抗战政府。1954年，法国在奠边府战役中失败，被迫签署日内瓦协议，承认老挝独立并撤军。

法国撤军后，美国积极在老挝扶植亲美势力，多次策划政变，唆使政府军进攻寮国战斗部队（即巴特寮，英文为“Pathet Lao”，由1956年成立的老挝爱国阵线领导），力图控制老挝。老挝国内一度存在老挝王国政府军、寮国战斗部队、富米·诺萨万军队三股势力，并先后出现富马为首相的第一次联合政府和萨纳尼空政府、富米政府、文翁政府。1962年，“关于老挝问题的日内瓦协议”签订后，老挝成立以富马亲王（中立）为首相、苏发努冯亲王（左派）与富米（右派）为副首相的第二次联合政府。1964年，美国策动亲美势力破坏联合政府并进攻解放区，老挝内战再起。1973年2月，老挝各方签署了“关于在老挝恢复和平与民族和睦的协定”。1974年4月，以富马为首相的第三次联合政府和以苏发努冯为主席的民族政治联合委员会成立。随着印支三国抗美战争节节胜利，老挝人民自1975年5月开始在全国开展夺权斗争。1975年12月2日，在万象召开的老挝全国人民代表大会宣布废除君主制，成立老挝人民民主共和国，组成以苏发努冯为主席的最高人民议会和以凯山·丰威汉为总理的政府。

政　治

老挝实行社会主义制度。老挝人民革命党是老挝唯一政党。1991年老挝党“五大”确定“有原则的全面革新路线”，提出坚持党的领导和社会主义方向等六项基本原则，实行对外开放政策。2001年老挝党“七大”制定了至2010年基本消除贫困，至2020年摆脱不发达状态的奋斗目标。2006年老挝党“八大”强调继续坚持党的领导、社会主义方向和革新路线，重申落实“七大”制定的中长期经济社会发展目标。2011年老挝党“九大”的主题是“加强全民团结和党内统一，发扬党的领导作用和能力，实现革新路线新突破，为2020年摆脱欠发达国家状态和继续向社会主义目标迈进奠定坚实基础”。2016年老挝党“十大”通过了社会发展“八五”规划、十年战略和十五年远景规划。当前，老挝政治稳定、社会安宁。

【宪法】1991年8月，老挝最高人民议会第二届六次会议通过了老挝人民民主共和国第一部宪法。宪法明确规定，老挝人民民主共和国是人民民主国家，全部权力属于人民，各族人民在老挝人民革命党领导下行使当家做主的权利。

【议会】老挝国会（原称最高人民议会，1992年8月改为现名）是国家最高权力机构和立法机构，负责制定宪法和法律。国会每届任期5年，每年召开两次会议，特别会议由国会常委会决定或由2/3以上的议员提议召开。国会议员由地方直接选举产生。第七届国会于2011年6月选举产生，国会议员132名，主席巴妮·雅陶都（Pany Yathotu，女）。

【政府】国家最高行政机关。本届政府于2011年6月组成，下设21个部门（18个部和3个直属机构）。总理通邢连任。总理府更名为政府办公厅，设6名政府办公厅部长（1名兼任办公厅主任）。撤销国家邮电署、科技署、水资源与环境管理署和公务员管理署。新成立邮电通信部、科技部、自然资源与环境部和民政事务部。原教育部和国家体育总局合并为教育体育部、原新闻文化部和国家旅游局合并为新闻文化与旅游部。

政府主要成员：政府总理通邢·塔马冯（Thongsing Thammavong），副总理阿桑·劳里（Asang Laoly），副总理兼外交部长通伦·西苏里（Thongloun Sisoulith），副总理宋沙瓦·凌沙瓦（Somsavat Lengsavad），副总理本邦·布达纳冯（Bounpon Bouttanavong），副总理兼教育体育部长潘坎·维帕万（Phankham Viphavanh），国家监察署长兼反贪局长本通·吉马尼（Bounthong Chitmany）。

【行政区划】全国划分为17个省、1个直辖市。【司法机构】老挝最高人民法院为最高司法权力机关。最高人民法院院长坎潘·西提丹帕（Khamphanh Sitthidampha），2011年6月当选；最高人民检察院检察长坎山·苏冯（Khamsane Souvong），2011年6月当选。

【政党】老挝人民革命党（The Lao People's Revolutionary Party）：老挝唯一政党和执政党，前身为印度支那共产党老挝支部。1955年3月22日建立，原称老挝人民党，1972年召开“二大”时改为现名。现有党员约25万人（2015年）。其宗旨是：领导全国人民进行革新事业，建设和发展人民民主制度，建设和平、独立、民主、统一和繁荣的老挝，为逐步走上社会主义创造条件。本届（第十届）中央委员会于2016年1月产生，由69名中央委员组成。本扬·沃拉吉为党中央总书记。中央政治局委员共11人：本扬·沃拉吉、通伦·西苏里、巴妮·雅陶都（女）、本通·吉马尼、潘坎·维帕万、占西·普西坎、赛宋蓬·丰威汉、占沙蒙·占雅拉、坎潘·蓬马塔、辛拉冯·库派吞、宋赛·西潘敦。老挝建国阵线成立于1956年1月，原名老挝爱国战线，是老挝人民革命党领导下的民族统一战线组织。主席潘隆吉·冯萨（Phanduangchith Vongsa）。

【重要人物】**本扬·沃拉吉**：老挝人民革命党中央总书记。1937年8月15日生于沙湾拿吉省。1954年3月参加工作。曾任沙湾拿吉省委书记、万象市委书记兼市长，1999年任副总理兼财政部长，2001年任总理，2006年当选国家副主席并于2011年连任。2016年1月在老挝党“十大”上当选中央总书记。**朱马里·赛雅颂**：老挝国家主席。1936年6月3日生于阿速坡省。1954年参加革命。曾任总参作战局局长、副总参谋长、国防部副部长、第一副部长、国防部长，1998年任副总理兼国防部长，2001年当选国家副主席，2002年连任。2006年3月，在老党“八大”当选党中央总书记，6月被第六届国会一次会议选举为老挝国家主席。2011年3月在老党“九大”和6月第七届国会一次会议上分别再次当选党中央总书记和国家主席。**通邢·塔马冯**：老挝政府总理。1944年4月12日生于华潘省。1959年8月18日参加革命。早年在地方从事教育工作。曾任教育部组织局局长、中宣部副部长、文化部长、副议长、中组部长、万象市委书记兼市长，2006年当选国会主席，2010年被任命为政府总理，2011年连任。**巴妮·雅陶都（女）**：老挝国会主席。1951年出生于川圹省，苗族。长期在金融部门工作，曾任国家银行行长、国会少数民族委员会主任、国会副主席。2010年当选国会主席，2011年连任。

经　济

以农业为主，工业基础薄弱。1986年起老挝推行革新开放，调整经济结构，即农林业、工业和服务业相结合，优先发展农林业；取消高度集中的经济管理体制，转入经营核算制，实行多种所有制形式并存的经济政策，逐步完善市场经济机制，努力把自然和半自然经济转为商品经济；对外实行开放，颁布外资法，改善投资环境；扩大对外经济关系，争取引进更多的资金、先进技术和管理方式。1991—1996年，国民经济年均增长7%。1997年后，老挝经济受亚洲金融危机严重冲击。老挝政府采取加强宏观调控、整顿金融秩序、扩大农业生产等措施，基本保持了社会安定和经济稳定。

2014/2015财年主要经济数据如下：

国内生产总值：约127.4亿美元。

人均国内生产总值：1857美元。

国内生产总值增长率：7.5%。

货币名称：基普（KIP）。

汇率：1美元≈8125基普（2016年1月）。

【资源】有锡、铅、钾盐、铜、铁、金、石膏、煤、稀土等矿藏。迄今得到开采的有金、铜、煤、钾盐、煤等。水利资源丰富。2012年森林面积约1700万公顷，全国森林覆盖率约50%，出产柚木、花梨等名贵木材。

【工业】2013—2014财年工业增长8.5%，占GDP的27.5%。主要工业企业有发电、锯木、采矿、炼铁、水泥、服装、食品、啤酒、制药等及小型修理厂和编织、竹木加工等作坊。

【农业】2013—2014财年农林业增长3%，占GDP的24.8%。稻谷产量约343万吨。农作物主要有水稻、玉米、薯类、咖啡、烟叶、花生、棉花等。全国可耕地面积约800万公顷，农业用地约470万公顷。

【服务业】老挝服务业基础薄弱，起步较晚。执行革新开放政策以来，老挝服务业取得很大发展。2013—2014财年，服务业增长9.3%，占GDP的39.3%。

【旅游业】老挝琅勃拉邦县、巴色县瓦普寺已被列入世界文化遗产名录，著名景点还有万象塔銮、玉佛寺，占巴塞的孔帕萍瀑布，琅勃拉邦的光西瀑布等。革新开放以来，旅游业成为老挝经济发展的新兴产业。近年来，老挝与超过500家国外旅游公司签署合作协议，开放15个国际旅游口岸，同时采取加大旅游基础设施投入、减少签证费，放宽边境旅游手续等措施，旅游业持续发展。2011/2012财年老挝共接待国内外游客290万人次，旅游业收入4.35亿美元，同比增长7.1%。2013/2014财年老挝共接待国内外游客415万人次。前三大游客来源国为泰国、越南和中国。2013年5月，老挝被欧盟理事会评为"全球最佳旅游目的地"。

【交通运输】老挝是东南亚唯一的内陆国，主要靠公路、水运和航空运输，国内仅有首都万象至老泰边境3公里铁路。湄公河可以分段通航载重20—200吨船只。老挝公路总里程约4.7万公里，承载80%客货运量。老挝国际航班（截至2015年）主要有：万象市往返昆明、广州、南宁、曼谷、清迈（泰）、金边、暹粒（柬）、河内、吉隆坡、新加坡、首尔；琅勃拉邦市往返曼谷、清迈、乌隆（泰）、暹粒、河内、景洪、胡志明市；巴色市往返曼谷、暹粒；沙湾拿吉往返曼谷。万象瓦岱、琅勃拉邦、沙湾那吉和巴色等机场为国际机场。

【对外贸易】老挝同50多个国家和地区有贸易关系，与19个国家签署了贸易协定，中国、日本、韩国、俄罗斯、澳大利亚、新西兰、欧盟、瑞士、加拿大等35个国家（地区）向老挝提供优惠关税待遇。主要外贸对象为泰国、越南、中国、日本、欧盟、美国、加拿大和其他东盟国家。2013—2014财年老挝进出口贸易额81.3亿美元，同比增长11.5%，其中出口35.8亿美元，同比减少1.75%，进口45.5亿美元，同比增长28.4%，贸易逆差9.7亿美元。2012年10月，老挝正式加入世界贸易组织。2013年外汇储备5.82亿美元，同比下降12%。

【外国资本】1994年4月21日，老挝国会颁布的新修订的外资法规定，政府不干涉外资企业事务，允许外资企业汇出所获利润；外商可在老挝建独资、合资企业，享5年免税优惠。2004年，老挝继续补充和完善外商投资法，放宽矿产业投资政策。由于暂停审批新的矿业、橡胶及桉树种植特许经营项目政策等影响，2014—2015财年老挝吸引外资15.7亿美元。

【外国援助】2006—2010年共获外援约24.2亿美元，年均4.88亿美元。2014—2015财年，老挝共获得官方发展援助3亿美元。主要援助国及组织有：日本、瑞典、澳大利亚、法国、中国、美国、德国、挪威、泰国及亚洲开发银行、联合国开发计划署、国际货币基金组织、世界银行等。外援主要用于公路、桥梁、码头、水电站、通讯、水利设施等基础建设项目。2012/2013财年，老挝共获得官方发展援助项目883个，金额共计7.77亿美元，较去年增长10.21%，超额完成计划0.27%。其中无偿援助项目837个，金额5.62亿美元，增长9%，占受援总额的72.27%；贷款项目46个，金额2.16亿美元，增长13.16%，占受援总额的27.73%。主要援助国及组织有：日本、瑞典、澳大利亚、法国、中国、美国、德国、挪威、泰国及亚洲开发银行、联合国开发计划署、国际货币基金组织、世界银行等。外援主要用于公路、桥梁、码头、水电站、通讯、水利设施等基础建设项目。

人民生活

老挝实行低工资制，职工退休后可领取基本工资的80%。医疗卫生事业逐年发展，国家职工和普通居民均享免费医疗。人均预期寿命约64岁。截至2009年年底，全国有医院147所、卫生站823个，私人诊所222家；拥有病床总数6425张，医生1.2万人。

军　事

老挝人民军前身为老挝爱国战线领导的"寮国战斗部队"（即"巴特寮"），始建于1949年1月20日，1965年10月改名为老挝人民解放军，1982年7月改称现名。最高领导机构是中央国防和治安委员会，朱马里·赛雅颂任主席，森暖·赛雅拉任国防部长。实行义务兵役制，服役期最少18个月。

武装部队总兵力约6万人，其中陆军约5万人，主力部队编为5个步兵师；空军2000多人；内河巡逻部队1000多人；部队机关院校5000人。

文化教育

【教育】学制分为小学5年，初中3年，高中4年。老挝现有4所大学，学生5.4万人。位于首都万象的老挝国立大学前身为东都师范学院，1995年6月与其他10所高等院校合并设立国立大学，有8个学院。近两年，老挝南部占巴塞省、北部琅勃拉邦省的国立大学分校相继独立，被正式命名为占巴塞大学和苏发努冯大学。另有直属卫生部的卫生大学。各类专业学院154所（主要为私立学院），学生5.9万人。

【新闻出版】全国各种报刊约有20种。《人民报》为老挝人民革命党中央机关报，创刊于1950年8月13日，用老挝文出版。其他还有《巴特寮报》、《新万象报》、《人民军报》等。外文报刊有英文报《万象时报》、《KPL新闻》和法文刊物《革新周刊》。

巴特寮通讯社：1968年1月成立，为老挝国家通讯社。出版老挝文《巴特寮》日报（1999年12月2日创刊）及英、法文《KPL新闻》。

老挝国家广播电台：设在万象，用老挝语广播，对外用越、柬、法、英、泰语广播。此外，还有老挝人民军广播电台和14个省级广播电台。

老挝国家电视台：建于1983年12月，共3套节目。每天各播放节目18小时左右。

对外关系

奉行和平、独立和与各国友好的外交政策，主张在和平共处五项原则基础上同世界各国发展友好关系，重视发展同周边邻国关系，改善和发展同西方国家关系，为国内建设营造良好外部环境。2011年老挝党“九大”重申继续坚持和平、独立、友好与合作的外交路线。保持同越南的特殊团结友好关系，加强与中国全面战略合作，加强与东盟国家睦邻友好，积极争取国际经济和技术援助。

老挝于1997年7月正式加入东盟。迄今已同140个国家建交。

【同中国的关系】中老于1961年4月25日建交。老挝政府奉行一个中国政策，支持中国和平统一大业。

近几年来，中老两党两国领导人互访不断。2015年4月，中共中央政治局委员、中央军委副主席许其亮访问老挝。6月，老挝总理通邢来华出席第3届中国—南亚博览会暨第23届中国昆明进出口商品交易会，老挝万象市委书记兼市长辛拉冯、政府办公厅主任宋赛访华。8月，老挝国家主席朱马里来华出席中国人民抗日战争暨世界反法西斯战争胜利70周年纪念活动。9月，全国人大常委会副委员长艾力更·依明巴海访老，老挝副总理宋沙瓦来华出席第12届中国—东盟博览会、第4次中老两党理论研讨会。11月，李克强总理在马来西亚出席东亚合作领导人系列会议期间会见老挝总理通邢，老挝国家副主席本扬来华出席老挝一号通信卫星发射仪式，老挝副总理兼外长通伦来华出席澜沧江—湄公河合作首次外长会。12月，中共中央政治局常委、全国人大常委会委员长张德江对老挝进行正式友好访问并出席老挝建国40周年庆典活动。

据中国商务部统计，2015年，中老双边经贸额为27.8亿美元，同比下降23.1%。中国主要进口铜、木材、农产品等，主要出口汽车、摩托车、纺织品、钢材、电线电缆、通信设备、电器电子产品等。

2015年12月2日，中老铁路开工奠基仪式在万象举行，中国全国人大常委会委员长张德江、老挝国家主席朱马里等双方领导人出席。

【同东盟的关系】1997年7月老挝正式加入东盟后，积极参与东盟事务，发展与东盟的友好合作关系，2004年成功主办东盟峰会及东盟与对话国领导人系列会议，在东盟内发挥积极作用。老挝总理出席历届东盟峰会。2016年，老挝担任东盟轮值主席国，将主办东亚合作系列会议。

【同越南的关系】1962年9月建交，两国保持特殊团结友好关系。2012年是老越团结友好年，是两国建交50周年暨《老越友好合作条约》签署35周年，老党中央总书记、国家主席朱马里与越共中央总书记阮富仲、越南国家主席张晋创等两党、两国高层领导往来密切，两国举行多项庆祝活动。2015年3月，越南国家主席张晋创访老。4月，老挝国会主席巴妮访越。9月，老挝国家副主席本扬赴越出席八月革命胜利暨“九·二”国庆70周年纪念仪式。越南总理阮晋勇访老。10月，越南国家副主席阮氏缘访老。12月，越共中央政治局委员、中央书记处常务书记黎鸿英赴老出席老挝建国40周年庆典活动。越政府副总理、越老政府间联合委员会越方主席阮春福赴老出席越老政府间联合委员会第38次会议。越国防部长冯光青、公安部长陈大光访老。

【同东盟其他国家的关系】老挝与东盟其他国家保持良好关系。2015年2月，老挝国家主席朱马里访问柬埔寨。3月，老挝总理通邢赴新加坡出席新前总理李光耀葬礼。5月，位于老挝南塔省和缅甸澜尚市之间的老缅首座跨湄公河友谊大桥正式通车，老挝国家主席朱马里、缅甸总统登盛等出席通车仪式。柬埔寨副首相兼外交国际合作部大臣贺南洪访老。

【同日本的关系】1952年12月建交。日本长期为老挝最大的援助国，年均援助数额超过1亿美元。双方投资领域合作发展迅速。2011年8月，老挝副总理兼外长通伦访日。2012年3月，老挝总理通邢访日。2013年5月，老挝副总理兼外长通伦访日并出席由日本经济新闻社举办的“亚洲的未来”论坛。11月，日本首相安倍晋三正式访老。2015年3月，老挝总理通邢访问日本并出席老日建交60周年庆祝活动，老日关系提升为战略合作伙伴关系。7月，通邢赴日本出席湄公河—日本峰会。

【同美国的关系】1950年建交。1975年后两国维持代办级外交关系，1991年11月升格为大使级外交关系。1992年8月，双方恢复互派大使。2005年，美给予老方正常贸易关系待遇。近年来双方关系进一步发展，美向老禁毒、清除未爆炸弹、民生等领域提供援助。2010年，老副总理兼外长通伦访美，成为老挝人民民主共和国成立以来访美的最高级别官员。2012年7月，美国国务卿克林顿对老挝进行正式访问。这是美国务卿57年来首次访老，也是老挝人民民主共和国成立后访老的美国最高级别官员。2014年2月，老挝—美国第五次双边全面对话会在万象举行，老挝副外长本格和美国务院负责东亚事务的首席助卿帮办马希尔主持。9月，老挝卫生部长依沙旺访问美国。2015年9月，老挝国家主席朱马里在出席联合国大会期间会见美国总统奥巴马。11月，老挝总理通邢在马来西亚出席东亚合作领导人系列会议期间会见美国总统奥巴马。2016年1月，美国国务卿克里访问老挝。

【同俄罗斯的关系】1960年10月同苏联建交。1975年老挝人民民主共和国成立后，苏联一度为老挝最大的援助国。1991年，苏联解体后，原苏联援助全部终止。1991年12月，老挝政府正式宣布承认俄罗斯联邦，愿在和平共处五项原则的基础上发展同俄罗斯的友好关系。1992年3月，两国互派大使。1994年，两国签署友好关系原则协定。近年来，双方保持各领域友好交流合作。2011年，老挝国家主席朱马里访俄。2013年10月，巴妮访问俄罗斯。2015年10月，老挝副总理兼外长通伦访俄。

【同其他国家关系】2012年5月，老挝国会主席巴妮访问朝鲜，朝鲜劳动党中央政治局常委、人民军总参谋长李英浩访问老挝。8月，老挝国会主席巴妮访问澳大利亚，朝鲜最高人民会议常委会委员长金永南访问老挝。2013年5月，老挝党中央书记处书记、万象市委书记兼市长苏甘访朝。6月，古巴国务委员会第一副主席兼部长会议第一副主席迪亚斯－卡内尔访老。7月，朱马里正式访问白俄罗斯，8月，新西兰总督麦特帕里对老挝进行国事访问。9月，东帝汶总理夏纳纳·古斯芒正式访老。10月，巴妮访问塞尔维亚，朱马里访问法国。加拿大外长约翰·贝尔德访老，系老加建交以来加访老最高级别官员。11月，朱马里对韩国进行正式访问。2014年1月，韩国副总理兼战略与财政部部长韩奥索（音）访老。3月，新西兰外长麦卡利、白俄罗斯外长弗拉基米尔·马凯访老。2015年10月，老挝国家主席朱马里对古巴进行国事访问。古共中央政治局委员、国务委员会副主席梅萨访老。老党中组部部长占西赴朝出席朝鲜劳动党成立70周年纪念活动。

【同欧盟的关系】老挝与各主要欧盟国家保持传统友好关系。其中，德国、瑞典、法国均为老主要援助国，援助集中在基础设施建设、文化、人力资源开发、农业、卫生等领域。2011年8月，欧盟表示将放宽原产地规则，包括老挝在内的最不发达国家可以获得普惠制体系的豁免资格，将作为欧盟的优惠贸易伙伴进口原材料、生产成品并出口欧盟市场。

【同地区和国际组织的关系】老挝是大湄公河次区域经济合作（GMS）成员，2008年成功举办GMS第3次领导人会议。老挝与联合国、世界银行、亚洲开发银行等国际机构保持良好合作。2012年10月，第7届亚欧议会伙伴会议在老挝召开。11月，第9届亚欧首脑会议在老挝召开。2013年3月，内陆发展中国家《阿拉木图行动纲领》亚欧地区审查会议，第7届柬老越（CLV）峰会，第6届柬老缅越峰会（CLMV），第5届伊洛瓦底江—湄南河—湄公河经济战略合作峰会（ACMECS）在万象举行。2014年1月，国际原子能机构（IAEA）总干事天野之弥访老。（杜长青）

黎巴嫩

国名 黎巴嫩共和国（The Republic of Lebanon）。

面积 10452平方公里。

人口 约458万（2014年）。绝大多数为阿拉伯人。阿拉伯语为官方语言，通用法语、英语。居民54%信奉伊斯兰教，主要是什叶派、逊尼派和德鲁兹派；46%信奉基督教，主要有马龙派、希腊东正教、罗马天主教和亚美尼亚东正教等。

首都 贝鲁特（Beirut），人口约200万，7月平均最高气温32℃，1月平均最低气温11℃。

国家元首 暂未选出总统，由内阁代行总统职权。

重要节日 烈士节：5月6日；建军节：8月1日；独立节：11月22日。

简 况

位于亚洲西南部地中海东岸。东、北部邻叙利亚，南界巴勒斯坦、以色列，西濒地中海。海岸线长220公里。沿海夏季炎热潮湿，冬季温暖。

公元前2000年为腓尼基的一部分。以后相继受埃及、亚述、巴比伦、波斯和罗马统治。7—16世纪初并入阿拉伯帝国。1517年被奥斯曼帝国占领。第一次世界大战后沦为法国委任统治地。1940年6月，法向纳粹德国投降后，黎被德、意轴心国控制。1941年6月英军在自由法国部队协助下占领黎巴嫩。同年11月自由法国部队宣布结束对黎的委任统治。1943年11月22日黎宣布独立，成立黎巴嫩共和国。1946年12月，英、法军全部撤离黎巴嫩。1975年4月，黎巴嫩基督教和伊斯兰教两派因国家权力分配产生的矛盾激化，内战爆发。1989年10月，基督教、伊斯兰教各派议员达成《塔伊夫协议》，重新分配政治权力。1990年，黎内战结束。

政　治

黎巴嫩是议会民主共和国。议会实行一院制，现有128个议席，基督教和伊斯兰教议员各占一半。黎党派林立，但力量分散，目前无一党占绝对优势。2007年11月，拉胡德总统任满离职，议会多数派和反对派在总统选举问题上严重对立，选举被19次推迟，总统职位一直空缺。在阿盟和卡塔尔等八国外长组成的阿国调解委员会共同斡旋下，黎各派达成"多哈协议"，于2008年5月选举黎前武装部队总司令米歇尔·苏莱曼（Michel Suleiman）为总统。2009年6月，"未来阵线"领衔的多数派在议会选举中胜选，苏莱曼总统授权多数派领袖萨阿德·哈里里（Saad Hariri）组阁，11月联合政府成立。2011年1月，联合政府因以真主党为主导的"3·8"联盟11名部长集体辞职而解散。苏莱曼总统授命前总理纳吉布·米卡提（Najib Mikati）出任总理并组阁，6月新政府成立。2013年3月22日，因内阁未能就成立黎议会选举监督机构和延长黎治安部队司令任期达成一致，米卡提总理宣布辞职。4月6日，苏莱曼总统授命塔马姆·萨拉姆（Tamam Salam）出任总理，2014年2月完成组建新内阁。黎前总统苏莱曼任期于2014年5月25日到期。但黎议会经多轮会议一直未选出新总统，目前暂由内阁代行总统职权。

【宪法】1926年5月23日颁布，后经8次修改。宪法规定黎巴嫩是一个独立、统一和主权完整的国家，是议会民主共和国，具有阿拉伯属性，实行自由贸易政策，任何有悖各教派共处原则的权力均属非法。总统由议会选举产生，任期6年，不得连选连任。1995年10月19日，议会修改宪法第49条，规定"现任总统在（目前）特殊情况下延任3年，延任只准一次"。

【议会】为一院制。主要职能是制定法律、修改宪法、选举总统、批准总理和阁员人选及审议国家财政预算和对外条约及协定。议席按教派间协商后的比例分配，议员由普选产生，任期4年。1992年7月，黎议会通过选举法修正案，议席增至128个，由基督教和伊斯兰教平分。本届议会于2009年6月选举产生，以"未来阵线"为首的黎议会多数派赢得全部128个议席中的71席，以真主党为首的议会少数派获得57席。现任议长纳比·贝里（Nabih Barri）于1992年11月当选，1996年10月、2000年10月、2005年6月　和2009年6月4次连任。2014年11月，议会通过决议，将本届议会任期延长至2017年6月。

【政府】本届政府于2014年2月15日组成，共24人，主要成员为：总理塔马姆·萨拉姆（Tamam Salam），副总理兼国防部长萨米尔·穆格比勒（Samir Mokbel），外交和侨民事务部长纪伯伦·巴西勒（Gebran Bassil），内政和城镇部长努哈德·马什努克（Nouhad Machnouk），财政部长阿里·哈桑·哈利勒（Ali Hassan Khalil），经济与贸易部长阿兰·哈基姆（Alain Hakim），司法部长艾什拉夫·里菲（Ashraf Rifi）等。

【行政区划】全国分8个省。

【司法机构】法院分为初审法院、上诉法院、最高法院、行政法院和治安法院。此外还有处理婚丧、遗产继承等问题的宗教法4庭。

【政党】黎主要政党有：

（1）"未来阵线"（Future Movement）：伊斯兰教逊尼派政党。由黎前总理拉菲克·哈里里创建。2005年2月哈遇刺后，其子萨阿德·哈里里接任"未来阵线"领袖。2010年7月，"未来阵线"正式组建政党，萨阿德·哈里里当选主席，其弟艾哈迈德·哈里里当选总书记。

（2）黎巴嫩长枪党（The Lebanese Kataeb Party）：基督教马龙派政党。1936年11月成立，创始人为皮埃尔·杰马耶勒。2008年2月，阿明·杰马耶勒（Amin Gemayel）当选长枪党主席。

（3）"黎巴嫩力量"（Lebanese Forces）：基督教派右翼政党，原系长枪党的武装力量，由长枪党创始人皮埃尔·杰马耶勒次子巴希尔·杰马耶勒1976年创建。现任领导人为执行委员会主席萨米尔·贾加（Samir Jaga）。

（4）自由国民党（The National Liberal Party）：基督教马龙派政党。1958年9月成立，现任主席杜里·夏蒙（Dory Chamoun）。

（5）真主党（The Party of God/Hezbullah）：黎穆斯林什叶派政党。1982年以色列入侵黎巴嫩期间成立，与伊朗关系密切。该党拥有民兵约5000人，集中在黎南部地区。1992年2月18日，谢赫·阿巴斯·穆萨维总书记被炸身亡，哈桑·纳斯鲁拉（Hassan Nasrallah）当选总书记。2005年，真主党成员首次担任政府部长。2009年议会选举中该党获得12席。11月，该党宣布放弃建立伊朗式伊斯兰政权，突出该党的黎巴嫩和阿拉伯属性，强调该党将逐步转变为"防卫力量"和建设国家的支柱。本届政府中有两名阁员来自真主党。2013年7月，欧盟通过决议，将真主党军事分支列为恐怖组织。

（6）自由国民阵线（Free Patriotic Movement）：1992年由黎前军政府总理米歇尔·奥恩（Michel Aoun）将军组建。2005年成为议会内最大的基督教党团。2006年4月正式改组为政党。

（7）“阿迈勒”运动（Amal Movement）：伊斯兰教什叶派政党。1974年成立，前身为“被剥夺者运动”，为伊斯兰教什叶派主要组织。主席纳比·贝里（现议长）。

（8）社会进步党（The Progressive Socialist Party）：1949年5月成立，为伊斯兰教德鲁兹派政党。主席瓦立德·琼布拉特（Walid Joumblatt）。

（9）黎巴嫩共产党（The Lebanese Communist Party）：1924年成立，是中东地区创建较早的共产党之一。1948年被宣布为非法，1970年取得合法地位。总书记哈利德·哈达德（Khalid Haddad）。

【重要人物】塔马姆·萨拉姆：总理。1945年5月13日生于黎贝鲁特，伊斯兰教逊尼派。1965年赴英国攻读经济和管理学位。1968年回国经商。20世纪70年代初投身政界，黎内战期间积极组织旨在推动黎国内对话、调停冲突的政治活动。1978年加入黎逊尼派慈善基金会，1982—2000年任该基金会董事长。1996年、2009年两次作为独立人士当选黎议会议员。2008年7月任文化部长。2013年4月6日授命出任总理。2014年2月组建新内阁。已婚，有3个子女。 **纳比·贝里**：议长。1938年出生，伊斯兰教什叶派、阿迈勒运动主席。毕业于黎巴嫩大学法律系，后在法国进修。1963年任黎全国大学生联合会主席，并担任过世界爱国学生联合会执委会委员。后担任黎伊斯兰什叶派最高委员会委员，1980年当选为阿迈勒运动主席。1984年4月30日，担任水、电、司法、南方、重建事务国务部长。1989年11月，担任水、电资源、住房、合作部长。1990年12月至1992年5月，担任国务部长。1992年10月21日当选为议长，1996年10月、2000年10月、2005年6月、2009年6月4次连任。有9个子女。

经济

黎巴嫩实行自由、开放的市场经济，私营经济占主导地位。黎内战前曾享有中、近东金融、贸易、交通和旅游中心的盛名。但16年内战加之以色列入侵，造成直接和间接经济损失约1650亿美元。1991年中东和平进程启动后，黎预期经济利好，大兴土木，后由于地区形势持续动荡，其经济复苏计划受挫，背上了沉重的债务包袱。20世纪90年代后期，黎经济形势渐入困境，财政赤字居高不下，债务攀升。2006年长达月余的黎以冲突造成黎大量基础设施被毁，直接经济损失达32亿美元，间接损失超过70亿美元，使黎经济发展陷入停顿，债务负担加重，战后重建任务艰巨。冲突结束后，黎获得逾100亿美元援助承诺。

2008年年底国际金融危机爆发以来，由于黎国内金融体系与国际经济联系较弱，且黎中央银行灵活运用外汇和黄金储备应对得当，黎受影响相对较小，经济逆势增长。

2014年主要经济数据如下：

国内生产总值（GDP）：499.2亿美元。

人均GDP：10230美元。

经济增长率：1.5%。

货币名称：黎巴嫩镑。

汇率：1美元＝1507黎镑。

进口总额：200.8亿美元。

出口总额：41亿美元。

外债：316亿美元。

外汇和黄金储备：519.5亿美元。

通货膨胀率：1.9%。

【资源】矿产资源少，且开采不多。矿藏主要有铁、铅、铜、褐煤和沥青等。

【工业】黎工业基础相对薄弱，以加工业为主。主要行业有非金属制造、金属制造、家具、服装、木材加工、纺织等。从业人数约20万，占黎劳动力的7%，是仅次于商业和非金融服务业的第三大产业。

【农业】农业欠发达。全国可耕地面积24.8万公顷，其中灌溉面积10.4万公顷。牧场36万公顷，林地面积79万公顷。贝卡谷地为黎主要农业区，可耕地面积占黎全国的52%。农产品以水果和蔬菜为主。黎粮食生产落后，主要靠进口，作物有大麦、小麦、玉米、马铃薯等。经济作物有烟草、甜菜、橄榄等。近年来，黎葡萄种植业发展很快。

【旅游业】黎原为中东旅游胜地。内战前，每年入境旅客达200万人次，旅游收入占国民收入的20%以上。内战期间，旅游业一蹶不振。战后黎政府曾将振兴旅游业作为重建计划重要组成部分，但近年黎以冲突及安全形势不稳再次影响了黎旅游业的振兴。主要旅游点有腓尼基时代兴建的毕卜鲁斯城、古罗马时代兴建的巴尔贝克城和十字军时代兴建的赛达城堡。此外，北部的雪山有很多滑雪场，吸引了大量游客。

【交通运输】水运：主要港口有贝鲁特港、的黎波里港、赛达港，其中贝鲁特港现有集装箱及集散货码头14个，承担着黎八成以上的进出口货物运输量。

空运：贝鲁特国际机场是著名航空港。1990年黎政府投资4亿美元改造贝鲁特机场，将其吞吐量由每年200万人次提高到600万人次。2005年5月更名为“拉菲克·哈里里国际机场”。

公路：贯穿全境，全长约7300公里，其中高速或快速公路约530公里。公路在内战、黎以冲突期间均遭严重破坏，修复工作进展缓慢。黎车辆总数约为160万辆，平均每2.5人拥有1辆汽车，人均拥有量居世界前列。

铁路：全长402公里，全部为国有，除贝鲁特—谢卡（Chekka）段外，其余因战乱破坏而被废弃。

【财政金融】贝鲁特曾是中东金融中心，外汇和黄金可自由买卖。全国有72家银行，其中商业银行65家。黎银行多为私人所有，其中较大的有奥狄银行、黎巴嫩—法国银行、毕卜鲁斯银行等。

【对外贸易】外贸在黎国民经济中占有重要地位，

政府实行对外开放与保护民族经济相协调的外贸政策。出口商品主要有蔬菜、水果、金属制品、纺织品、化工产品、玻璃制品和水泥等。主要贸易对象是美国、中国、法国、意大利、德国等。

人民生活

黎巴嫩共有医院161所，床位约13516张，注册医生约5000人，医护人员共约2万人。

军　事

黎巴嫩政府军总兵力约5.6万人，其中陆军约5.4万人、空军约800人、海军约1100人，主要由法国和美国负责提供武器和训练。另有内部治安军约1.7万人。总统为军队最高统帅。实行义务兵役制与志愿兵役制相结合的兵役体制。义务制服役期限为18个月，志愿制至少签3年合同。

真主党亦拥有民兵武装约5000人。

1978年3月，以色列入侵黎巴嫩后，联合国向黎派驻多国维和部队，并执行任务至今，以监督以色列从黎巴嫩境内撤军，恢复国际和平与安全，并协助黎政府有效管辖以色列撤出的南部地区。

文化教育

【教育】黎巴嫩全国有中小学2704所，在校学生76万余名，教师6万余名。各类高等院校共计41所，其中综合大学4所。黎巴嫩大学是唯一国立综合大学，1953年创建。贝鲁特阿拉伯大学创办于1960年。贝鲁特美国大学由美国教会创建于1866年，用英语授课。圣·约瑟大学1881年建立，用法语授课，设有孔子学院。

【新闻出版】黎巴嫩以中东新闻中心著称。全国各类报刊有600余家。主要日报有《白天报》、《使节报》、《旗帜报》、《家园报》、《安瓦尔报》。主要刊物有《事件周刊》、《阿拉伯周刊》、《狩猎者》、《杂志周刊》、《黎巴嫩评论》、《星期一早晨》等。

通讯社：黎巴嫩国家通讯社是唯一官方通讯社，成立于1962年，属新闻部领导。每日发阿、英、法3种文字的新闻稿，只报道官方的黎国内消息。中央通讯社为私人通讯社，创立于1982年9月。每日用阿文报道黎国内政治、经济、商业等方面消息。“中东报道”是私人通讯社，1977年创办。除周末外，每日发黎国内、外消息英文通讯稿。周末有综述和新闻分析内容的专刊。在开罗和华盛顿设有分社。

广播电台：黎全国现有140多家广播电台，其中大部分是私营娱乐性电台。其中，黎巴嫩广播电台为国家广播电台，属新闻部领导。其前身是“东方电台”，始建于1938年。内战爆发后，由于经济困难，该台被迫停止对外广播。“祖国之声”电台为黎伊斯兰教逊尼派慈善基金会于1984年创办。除英语新闻节目外，主要用阿语广播。“人民之声”电台为黎巴嫩共产党于1987年创办，在开罗、巴黎、伦敦和莫斯科派有常驻记者。

电视台：黎巴嫩国家电视台，成立于1978年。属黎巴嫩电视公司所有，政府占一半资本，公司董事长和董事会成员均由政府任命。未来电视台，创办于1992年，由已故前总理哈里里创建，是黎目前第二大电视台。黎巴嫩广播公司电视台（LBC）成立于1985年，系私营电视台。灯塔电视台，由黎真主党开办，创办于1991年。

对外关系

黎巴嫩奉行中立不结盟政策，主张建立公正、合理、平等、均衡的国际政治、经济新秩序。对外强调其阿拉伯国家属性，调整与叙利亚关系，积极发展同埃及、沙特等阿拉伯大国的关系，重视同美国和法国等西方国家的关系。

【同中国的关系】中国与黎巴嫩1971年11月9日建交，双边关系发展平稳。

2008年5月，中国四川汶川发生特大地震灾害后，黎巴嫩总理、议长等致信中国国家领导人表示慰问，黎方向地震灾区提供7.5万美元援助。9月，温家宝总理在纽约出席联合国千年发展目标高级别会议期间会见黎总统苏莱曼。2011年11月，胡锦涛主席、温家宝总理和杨洁篪外长分别与黎总统苏莱曼、总理米卡提、外长曼苏尔就中黎建交40周年互致贺电。3月，中国中东问题特使吴思科访黎。2012年5月，外交部副部长翟隽访黎，分别会见了黎总统苏莱曼、总理米卡提、议长贝里，与外长曼苏尔举行会谈。12月，黎新闻部长瓦利德·达欧格访华。2013年4月，国家新闻出版广电总局代表团访黎。2014年6月，黎外长纪伯伦·巴西勒来华出席中阿合作论坛第六届部长级会议。2015年5月，全国政协副主席王正伟访问黎巴嫩。

中国政府自2006年4月起向联合国黎巴嫩临时维和部队派遣维和人员，主要参与联合国在黎维和及扫雷行动。自2007年以来，中国赴黎维和官兵多次受到联合国嘉奖，并得到黎政府和民众的好评。

1992年，中黎签署文化交流协定。2006年11月，双方签署在黎巴嫩圣约瑟夫大学设立孔子学院协议。2005年12月，黎成为中国公民组团旅游目的地国。

中国驻黎巴嫩大使：姜江。馆址：P.0.BOX：11–8227 RIAD EL SOLH BEIRUT 11072260 LEBANON。国家地区号：00961–1。电话：856133（办公室），823760（文化处），622493（商务处），850318、853079（武官处）。电传：21344 LE CHINCO。传真：822492。

黎巴嫩驻华使馆临时代办：哈提姆·纳斯鲁拉（Hatem Nasrallah）。馆址：北京市朝阳区三里屯东六街10号。国家地区号：0086–10。电话：65321560，65323281。

【同美国的关系】黎、美于1943年建交。黎巴嫩重视发展同美国的关系，争取美在政治、经济、军事上的支持和援助。美支持黎独立、主权和领土完整，支持《塔伊夫协议》；敦促叙利亚军队撤出黎境内；要求黎政府解除真主党武装。1997年美解除了长达12年之久的对美公民赴黎禁令。美在“9·11”事件后宣布黎真主党为恐怖组织，并向黎政府提出了冻结该组织武装、资金，双方进行情报合作等一系列要求。黎政府则坚持认为应将民族抵抗运动与恐怖主义区别对待。2005年2月黎前总理拉菲克·哈里里遇害后，美国加大对黎问题的干预力度。4月、10月、12月，美联合法、英推动安理会通过有关哈里里遇害国际调查的1595、1636、1644号决议。

2014年3月，美总统奥巴马与黎总理萨拉姆通电话，祝贺黎新政府通过议会信任投票。5月，美国务卿克里与时任黎总统苏莱曼通电话，对苏在任期间的工作表示赞赏。6月，美国务卿克里访问黎。2015年4月，美副国务卿布林肯访黎。

【同法国的关系】黎巴嫩在1943年独立前曾是法国委任统治地，两国有传统的关系。法为谋求在黎的经济和政治优势，大力投入黎重建市场。法支持哈里里政府主导的经济重建与改革计划，2002年法在第二次国际援黎会议上承诺向黎提供5亿美元援助。2005年2月，黎前总理拉菲克·哈里里遇害，希拉克总统夫妇亲自赴黎参加葬礼，法主张对事件进行国际调查，并支持黎举行议会大选，改组政府。4月、10月、12月，法与美、英共同推动安理会通过有关哈里里遇害国际调查的1595、1636、1644号决议。2006年黎以冲突期间，法推动安理会通过要求黎以停火的1701号决议。冲突后，法派兵2000人参加联黎部队。

2014年3月，黎时任总统苏莱曼赴法出席黎“国际支持小组”会议。4月，法议会法黎友好小组访黎。5月，法总统奥朗德与时任黎总统苏莱曼通电话，对苏在任期间的工作表示赞赏。2015年2月，法国总统特使吉鲁访黎。4月，黎马龙派大主教拉伊访法。9月，黎总理萨拉姆在纽约联大期间会见法国总统奥朗德。

【同叙利亚的关系】黎、叙在法国委任统治时期曾是同一个政治实体。黎巴嫩独立后，叙未予承认，黎叙仍保持“特殊关系”。1976年5月之后，叙军（最初约2.8万人）一直以“阿拉伯威慑部队”的名义驻扎在黎。1991年5月，黎叙签署“兄弟关系合作与协调条约”和“安全与防务条约”，确定两国将进行最高级和最全面的协调。1996年1月，黎叙签订经济一体化、取消双重税、推进和保证投资、建立联合边界哨所和社会领域合作五项协定。同时，双方决定在与以色列谈判中密切配合，决不单独与以媾和。2004年9月2日，美、法等国推动安理会通过1559号决议，要求叙驻黎部队全部撤离。2005年2月黎前总理拉菲克·哈里里遇害后，美等西方国家和黎反叙派指责叙应对此负责。叙于4月宣布撤回其驻黎全部军队、安全人员和军事装备。2006年5月，联合国安理会通过第1680号决议，鼓励叙黎两国划定边界、建立正式外交关系并相互派驻外交代表。2008年7月12日和8月13日，苏莱曼总统和叙总统巴沙尔在巴黎和大马士革两次会晤，双方宣布决定建立大使级外交关系。10月15日，叙黎外长签署建交公报，两国正式建交。

2011年叙局势动荡以来，外溢效应持续发酵，对黎政局稳定和经济发展带来严重负面影响。黎国内亲叙和反叙派别多次发生武装冲突并造成人员伤亡，黎境内曾遭到来自叙境内的炮弹和火箭弹袭击。黎政府主张维护叙的主权、独立和统一，反对外部干涉，安理会应谨慎行事，国际社会应为推进叙国内政治进程创造条件。黎政府对叙问题持“不卷入”政策，对阿盟涉叙决议有关对叙实施制裁等内容持保留态度，并与联合国难民署等机构合作，向在黎的叙难民提供人道主义救助。

【同其他阿拉伯国家的关系】目前在黎巴嫩境内的注册巴勒斯坦难民约有37万，其中26%住在大城市，45%住在得到联合国救济的12个难民营，约7万人生活在没有卫生、教育及社会服务等保障的13个居民点。2006年黎以冲突期间，阿拉伯国家给予黎政治与财政支持。2008年5月，由阿盟和卡塔尔等八国外长组成阿国调解委员会，并促成黎各派达成“多哈协议”，黎因总统选举问题发生的危机结束。

2013年以来，沙特先后两次向黎提供30亿美元和10亿美元军事援助，加强黎军队建设。2014年3月，苏莱曼总统赴科威特出席阿盟峰会。黎外长巴西勒赴埃及参加阿盟外长会。同月，埃及外长法赫米访问黎。4月，黎外长巴西勒赴埃及参加阿盟紧急外长会。5月，黎总理萨拉姆、外长巴西勒分别访问沙特。6月，黎议长贝里参加埃及新总统塞西就职典礼；黎总理萨拉姆访问科威特；阿拉伯国家议会联盟主席、科威特议长贾尼姆访黎。2015年1月，阿盟秘书长阿拉比访黎。3月，黎总理萨拉姆赴埃及出席埃及经济发展大会。6月，黎总理萨拉姆访沙特、埃及。7月，黎总理萨拉姆访问约旦。11月，黎总理萨拉姆赴沙特出席第四届阿拉伯—拉美峰会。同月，巴勒斯坦外长马立基访黎。

【同以色列的关系】黎巴嫩南部与以北部接壤。1978年3月，以侵入黎南部打击巴解武装。1982年6月，以大规模入侵黎。1985年，以色列以保卫北部加利利地区为由在黎南部建立了约850平方公里的“安全区”，驻扎了千余人的部队，并扶植由3000名亲以黎基督徒组成的南黎军。2000年5月，以单方面从黎南部撤军，但黎仍坚持1923年国际边界线，要求以结束对谢巴农场、卡弗尔舒巴村、加吉尔村北部等地的占领，并撤至1967年6月4日的边界线。2006年7月，真主党武装越境袭击以色列并俘获两名以军士兵，以军随即对黎展开大规模军事行动。8月，安理会通过1701号决议后双方停火。冲突造成黎逾1000名平民死亡，4000余人受伤，逾100万人流离失所。以色列亦有157人死亡。2007年10月和2008年7月，黎真主党与以色列在联合国和国际红十字会的协助下两次进行“换俘”。2010年4—7月，黎国内安全部门破获多个以色列在黎谍报网，逮捕近百人，并将3人判处死刑。黎以海上边界迄未划定，双方在海上经济权益问题上存在分歧。黎方多次要求联合国帮助双方划定海上边界。2011年7月，以方划定其地中海专属经济区及以黎海上边界，黎方表示反对以方在海上划界问题上作出任何单方面决定。目前，黎以边境局势总体平静。

（张玉娟）

马 尔 代 夫

国名　马尔代夫共和国（The Republic of Maldives）。

面积　总面积9万平方公里（含领海面积），陆地面积298平方公里。

人口　34.1万（2014年）。均为马尔代夫族。民族语言和官方语言为迪维希语（Dhivehi），教育和对外交往中广泛使用英语。伊斯兰教为国教，属逊尼派。

首都　马累（Malé），人口15.3万（2014年）。日平均最高温度31℃，最低温度26℃。

国家元首　总统阿卜杜拉·亚明·阿卜杜尔·加尧姆（Abdulla Yameen Abdul Gayoom），2013年11月当选。

重要节日　独立日：7月26日（1965年）。

简　况

印度洋上的群岛国家。距离印度南部约600公里，距离斯里兰卡西南部约750公里。南北长820公里，东西宽130公里。由26组自然环礁、1192个珊瑚岛组成，分布在9万平方公里的海域内，其中200个岛屿有人居住。岛屿平均面积为1—2平方公里，地势低平，平均海拔1.2米。位于赤道附近，具有明显的热带气候特征，无四季之分。年降水量2143毫米，年平均气温28℃。

1116年建立苏丹国。近400年来，先后遭受葡萄牙和荷兰殖民主义者的侵略和统治，1887年沦为英国保护国。1932年改行君主立宪制。1952年成为英联邦内的共和国。1954年恢复君主立宪制。1965年7月26日宣布独立。1968年11月11日建立共和国。

政　治

实行总统制。1978年，加尧姆当选总统，此后5次连任。近年来，马尔代夫民众要求民主和政治改革的呼声增强。2005年6月，马人民议会通过实行多党民主制度的议案，宪政改革启动，主要内容包括：确立三权分立制度、大幅削减总统权力、引入政党制等。2006年3月，马内阁批准加尧姆总统的民主改革路线图计划。2007年8月，全民公投决定继续实行总统制。2008年8月，新宪法正式生效。10月，马举行首次政党制下的总统选举，民主党候选人穆罕默德·纳希德在第二轮投票中击败连续执政30年的时任总统加尧姆，当选马宪政改革后首位总统。2012年初，马政局动荡，纳希德因反对党和民众示威抗议被迫辞职，副总统瓦希德接任总统。2013年9月，马举行宪政改革以来第二次总统选举。11月，进步党候选人亚明当选第六任总统。2015年3月，马民主党领袖、前总统纳希德因非法扣押刑事法院大法官一案被判处入狱13年。9月，亚明总统所乘快艇在马累码头发生爆炸，时任副总统阿迪布因涉嫌与爆炸案有关被逮捕，并被议会弹劾。

【宪法】现行宪法于2008年8月生效。规定马为主权独立和领土完整的伊斯兰教总统内阁制国家。立法、行政、司法权分别归属人民议会、总统和法院。总统为国家元首、政府首脑和武装部队统帅。由全体选民直接选举产生，任期不得超过两届。内阁由副总统、部长和总检察长组成。除副总统以外的内阁成员由总统任命，经议会批准。所有议员通过选举产生，总统不再有任命议员的权力。建立独立的最高法院，总统不再是司法系统的最高长官。

【议会】人民议会（People's Majlis）为马立法机构。实行比例代表制，所有议员通过选举产生，各行政区议员人数由当地人口数决定。任期5年。2014年3月，马举行新一届议会选举。在85个席位中，执政联盟获得绝对多数，其中进步党获33席、共和党获15席、马尔代夫发展联盟获5席。正义党获1席。反对党民主党获26席，其余5席被独立候选人获得。2014年5月，玛斯赫（Abdulla Maseeh）当选新一任议长。

【政府】本届内阁成立于2013年11月。主要内阁成员包括：外长杜妮亚·穆蒙（Dunya Maumoon），内政部长乌玛尔·纳兹尔（Umar Naseer），财政部长阿卜杜拉·吉哈德（Abdulla Jihad），防务和国家安全部长阿达姆·沙里夫（Adam Shareef），教育部长艾沙特·什哈姆（Aishath Shiham），旅游部长穆萨·扎米尔（Moosa Zameer），经济发展部长穆罕默德·萨伊德（Mohamed Saeed）等。

政府网址：总统办公室 www.presidencymaldives.gov.mv；外交部 www.foreign.gov.mv。

【司法机构】宪法规定司法权归属最高法院、高等法院和审判法庭。2015年，马颁布新《刑法典》和《反恐怖主义法》，加大力度打击刑事犯罪，预防和打击宗教极端势力。

【行政区划】全国分21个行政区，包括19个行政环礁以及马累和阿杜两个市。

【政党】2005年6月马启动宪政改革后，人民议会通过实行多党民主制度的议案。马内政部陆续接受多个政党的注册，包括进步党（Progressive Party of Maldives）、民主党（Maldivian Democratic Party）、人民党（Dhivehi Rayyithunge Party）、正义党（Justice Party）、人民联盟（People's Alliance）、伊斯兰民主党（Islamic Democratic Party）等。

【重要人物】**阿卜杜拉·亚明·阿卜杜尔·加尧姆**：总统。57岁，马尔代夫前总统加尧姆同父异母弟弟，美国克莱蒙学院公共政策硕士。1993年当选议员，参与创建马尔代夫进步党。曾任议会少数派领袖和进步党议会党团领袖，历任贸工部、人力资源和高等教育部、旅游部部长，国家贸易组织、国家电力公司、岛屿航空服务公司主席。2013年11月当选马新一任总统。对华友好，2014年8月来华出席第二届青奥会开幕式，9月接待习近平主席访马。2015年6月来华出席第三届中国—南亚博览会。 **阿卜杜拉·玛斯赫·默罕默德**：议长。1962年生，进步党党员，先后就读于英国普利茅斯大学和澳大利亚莫纳什大学，获得政治学学士、国际关系硕士学位。1982年进入马尔代夫外交部工作，2011年担任总统府副部长，2000年当选议员。2009年在马尔代夫首次多党制议会选举中当选议员，2014年连任。曾连续8年担任议会社会事务委员会主席，是目前议会中资历最老的议员之一，代表马尔代夫政府多次参加多边会议。2014年5月当选马尔代夫议长。曾两次访华。

经 济

旅游业、船运业和渔业是三大支柱。强调发展国民经济，实行小规模开放型经济政策。坚持在保护环境的基础上，发挥自身资源优势，积极吸收国外资金与援助，加快经济发展。2015年马出台《经济特区法案》，为大力吸引外资提供法律和政策支持。2004年12月，联合国大会批准马尔代夫从最不发达国家（LDC）名单毕业，并给予马3年过渡期，保留最不发达国家地位。后经马要求，推迟至2011年。2014年主要经济数据如下（资料来源：马尔代夫货币总局）：

国内生产总值（GDP）：30.2亿美元。

人均国内生产总值：8571美元。

国内生产总值增长率：8.5%。

货币名称：拉菲亚（Rf,Rufiyaa，又称“卢菲亚”）。

汇率：1美元≈15.33拉菲亚。

通货膨胀率：2.4%。

【资源】拥有丰富的海洋资源，有各种热带鱼类及海龟、玳瑁和珊瑚、贝壳之类的海产品。

【工业】仅有小型船舶修造以及海鱼和水果加工、编织、服装加工等手工业。

【农业】土地贫瘠，农业较落后。椰子生产在农业中占重要地位，约有100万棵椰子树。其他农作物有小米、玉米、香蕉和木薯。随着旅游业的扩大，蔬菜和家禽养殖业开始发展。2013年农业产值为3.68亿拉菲亚，占GDP约1.7%。

【渔业】渔业资源丰富，是国民经济重要组成部分。盛产金枪鱼、鲣鱼、鲛鱼、龙虾、海参、石斑鱼、鲨鱼、海龟和玳瑁等。鱼类主要出口中国香港、日本、斯里兰卡、新加坡和中国台湾。2014年渔业产值为3.42亿拉菲亚，占GDP1.5%。

【旅游业】旅游业已成为第一大经济支柱，旅游收入对GDP的贡献率多年保持在30%左右。现有112个旅游岛，2.77万张床位，入住率达69%，人均在马停留时间5.7天。2014年旅游收入66亿拉菲亚，占GDP29%。赴马游客123.4万人次，同比增长2.4%。

【交通运输】主要交通工具为船舶。汽车、自行车为主要陆上交通工具。海运业主要经营香港到波斯湾和红海地区及国内诸岛间的运输业务，中国、斯里兰卡、印度、新加坡、阿联酋、南非及一些欧洲国家有定期航班飞往马累。2014年运输通讯业产值约45.6亿拉菲亚，占GDP的20.1%。

【财政金融】2014年财政收入149.07亿拉菲亚，财政支出163.85亿拉菲亚，财政赤字15.81亿拉菲亚。截至2015年8月，马外汇储备6.67亿美元，同比增长近50%。

【对外贸易】主要出口商品为海产品，主要进口商品为食品、家具、石油产品、电子产品、纺织品和生活用品。主要贸易伙伴有阿联酋、新加坡、印度、斯里兰卡、泰国和马来西亚等。近几年外贸情况如下（单位：亿美元）：

	2012	2013	2014
出口额	3.14	3.29	3.01
进口额	15.54	17.33	19.92
差额	−12.4	−14.04	−16.91

（资料来源：马尔代夫货币总局）

人民生活

大部分居民以鱼、椰子和木薯为主食，近年来粮食食品有所增加。马尔代夫医疗卫生较落后，全国有20家医院，176个卫生中心，最大的医院在马累。1998年世界卫生组织宣布马为无疟疾国家。婴儿年出生率为22‰，人均寿命男士为73岁，女士为74.8岁。

军 事

2006年4月前仅有一支千余人的综合武装力量，统称为“国家安全卫队”，由国民卫队、警察卫队和海上巡逻队组成。2006年4月，“国家安全卫队”正式更名为“马尔代夫国防部队”，职责是捍卫国家主权和独立，保护根据宪法选举产生的政府不受威胁和侵犯，快速应对紧急事件及捍卫宪法和法律权威。近年来，马尔代夫多次与印度等国海军举行联合军事演习，内容包括海上搜救、打击海盗等。

文化教育

【教育】实行免费教育。成人识字率为97%。2014年共有在校学生86799人，教师8388人。有455所学校，其中公立学校336所，私立学校119所。马尔代夫国立大学是马唯一大学。各环礁设有一个教育中心，主要向成年人提供非正规文化教育。

【新闻出版】有 Haveeru Daily，Miadhu Daily 等6种日报和少量周刊，大部分系迪维希语，主要在首都马累发行。“马尔代夫之声”电台建于1962年，用英文和迪维希语对全国广播。马尔代夫电视台于1978年3月建成启用，同年修建了卫星通讯站，可通过卫星转播世界各地节目。

对外关系

马尔代夫为英联邦国家，同162个国家建立了外交关系。奉行和平、独立和不结盟的外交政策，致力于同所有尊重马独立和主权的国家发展友好关系，重视发展与中国、印度、斯里兰卡、日本及阿拉伯国家的关系。外交重点是争取国际援助，吸引国外投资。马积极参与不结盟运动和南亚区域合作联盟活动，2011年成功举办第17届南盟峰会。主张全面裁军，维护世界和平，特别是维护小国安全。

马尔代夫是“小岛屿国家联盟”（AOSIS）主要代表国，强调气候变化事关小岛屿国家的生存权，极为关注全球气候变暖使海平面上升对马造成的威胁。签署《联合国气候变化框架公约》、《气候变化和生物多样性公约》、《京都环保议定书》、《保护海洋生物议定书》等。2009年10月，马在水下召开内阁会议，并于11月举办“气候脆弱性论坛”，呼吁国际社会采取行动应对全球变暖。2015年11月参加气候变化巴黎大会。

【同中国的关系】中国与马尔代夫是传统友好国家。1972年10月14日中马建交后，两国友好合作关系不断发展。中马建交后，马政府奉行一个中国政策，不与台湾发展官方关系，在涉藏、涉疆等问题上支持中国立场。2011年11月8日，中国驻马使馆正式开馆。

2014年6月，马副总统贾米尔来华出席第二届中国—南亚博览会。8月，马总统亚明来华出席第二届青奥会开幕式，习近平主席会见。9月，习近平主席对马尔代夫进行国事访问，同马总统亚明一致同意构建中马面向未来的全面友好合作伙伴关系。2015年6月，马总统亚明来华出席第三届中国—南亚博览会。7月，全国人大常委会副委员长沈跃跃作为习近平主席特使赴马出席马尔代夫独立50周年庆典。10月，马副总统阿迪布来华出席亚洲政党丝绸之路专题会议，并同全国人大常委会副委员长沈跃跃共同出席中国—马尔代夫投资论坛。11月，中央军委委员、海军司令吴胜利上将和全国政协副主席陈晓光分别访马。

中马经贸合作关系始于1981年。1982年，两国恢复直接贸易。2004年3月，双方签署两国政府贸易和经济合作协定。当前双边经贸合作发展势头良好。中马建有经贸联委会机制，首次会议于2014年12月在北京举行，第二次会议于2015年9月在马举行，第三次会议于2016年2月在北京举行。中马自贸谈判于2015年12月正式启动。中国对马出口商品主要包括服装、家具、通信设备、家电、农产品等，从马尔代夫进口商品主要为水产品。2015年，双边贸易额1.72亿美元，同比增长65.5%。中马大项目合作进展顺利，中马友谊大桥开工仪式于2015年12月30日在马举行。

2002年马成为中国公民出国旅游目的地国。自2010年起，中国已连续六年成为马第一大旅游客源国。2015年，中国赴马游客35.9万人次，占全部赴马游客的29%。目前，中国北京、上海、广州、昆明、成都、重庆、武汉、香港等地同马累间分别开通了直航或包机往来。

中国驻马尔代夫大使：王福康。馆址：H. Nookurikeela, Dhunbugas Magu, MALE, MALDIVES。国家地区号：00960。电话：3010640；传真：3010637。

马尔代夫驻华大使：费萨尔。办公处：北京市朝阳区建外秀水街1号建外外交公寓1-5-31。国家地区号：0086-10。电话：85323847，85323454；传真：85323746。

【同其他国家的关系】近年马尔代夫对外交往活跃，同印度、斯里兰卡等国关系密切。

同印度：历史文化传统相通，关系密切。马印间高层互访频繁。2008年，马总统纳希德就职后首次出访目的地即为印度。2011年2月，马总统纳希德对印进行正式访问。在联合国、不结盟运动和南盟等多边场合中，马方坚定支持印方立场，支持印“争常”。印度支持马尔代夫竞选2019—2020年联合国非常任理事国。2012年马政局变动、总统更替后，印总理辛格即与马新任总统瓦希德通电话，印总理特使、外交部西部事务秘书贾纳帕提赴马外交斡旋。5月，马总统瓦希德访印。2014年1月，马总统亚明访问印度。2015年11月，马外长杜妮亚访问印度。印度帮助马援建英吉拉·甘地纪念医院、工程技术学院等。2004年印度洋海啸期间，印第一时间向马提供了物资和捐款，并派直升机等参与救灾行动。

同斯里兰卡：历史、社会、政治联系密切。2010年7月，斯里兰卡总统拉贾帕克萨访问马尔代夫，调和马尔代夫执政党同反对党之间的矛盾，缓和马政局危机。2011年8月，马总统纳希德访问斯里兰卡。2012年马政局变动后，马副总统瓦希杜丁作为总统特使赴斯访问。8月，马总统瓦希德对斯进行国事访问。2014年9月，马总统亚明访问斯里兰卡。

2014年4月马总统亚明访问日本；9月，访问新加坡，11月出席在尼泊尔举行的第18届南盟峰会。2015年3月，马总统亚明访问沙特阿拉伯，5月访问巴基斯坦，12月访问泰国。（王菲）

马来西亚

国名　马来西亚（Malaysia）。

面积　约33万平方公里。

人口　3000万。其中马来人68.1%，华人23.8%，印度人7.1%，其他种族1.0%。马来语为国语，通用英语，华语使用较广泛。伊斯兰教为国教，其他宗教有佛教、印度教和基督教等。

首都　吉隆坡（KualaLumpur），人口167.4万。

国家元首　最高元首端姑·阿尔哈吉·阿卜杜尔·哈利姆·慕阿扎姆·沙阿（Sultan Tuanku Alhaj Abdul Halim Mu'AdzamShah），2011年12月13日就任第14任最高元首，2012年4月11日登基。

重要节日　全国各地大小节日约有上百个，政府规定的全国性节日有10个，即：国庆（又称独立日，8月31日）、元旦、开斋节、春节、哈芝节、屠妖节、五一节、圣诞节、卫塞节、现任最高元首诞辰。除少数节日日期固定外，其余节日的具体日期由政府在前一年统一公布。

简　况

位于东南亚，国土被南中国海分隔成东、西两部分。西马位于马来半岛南部，北与泰国接壤，南与新加坡隔柔佛海峡相望，东临南中国海，西濒马六甲海峡。东马位于加里曼丹岛北部，与印尼、菲律宾、文莱相邻。全国海岸线总长4192公里。属热带雨林气候。内地山区年均气温22℃—28℃，沿海平原为25℃—30℃。

公元初马来半岛有羯荼、狼牙修等古国。15世纪初以马六甲为中心的满剌加王国统一了马来半岛的大部分。16世纪开始先后被葡萄牙、荷兰、英国占领。20世纪初完全沦为英国殖民地。加里曼丹岛沙捞越、沙巴历史上属文莱，1888年两地沦为英国保护地。第二次世界大战中，马来半岛、沙捞越、沙巴被日本占领。战后英国恢复殖民统治。1957年8月31日马来亚联合邦宣布独立。1963年9月16日，马来亚联合邦同新加坡、沙捞越、沙巴合并组成马来西亚（1965年8月9日新加坡退出）。

政　治

实行君主立宪联邦制。因历史原因，沙捞越州和沙巴州拥有较大自治权。

以巫统为首的执政党联盟国民阵线（简称“国阵”）长期执政，政局总体稳定。2003年10月31日，马哈蒂尔辞去党政职务，巴达维接任马来西亚第五位总理及国阵、巫统主席。2004和2008年，巴达维两次蝉联总理。2009年3月，巴达维辞去党政职务。4月，纳吉布接任国阵、巫统主席，并担任马第六位总理。2013年5月5日，马举行第13届全国大选。纳吉布领导的国阵赢得国会下议院222个议席中133个席位，以简单多数继续执政。国阵同时赢得12个州中的9个州议会选举。

【**宪法**】1957年颁布马来亚宪法，1963年马来西亚成立后继续沿用，改名为马来西亚联邦宪法，后多次修订。宪法规定：最高元首为国家元首、伊斯兰教领袖兼武装部队统帅，由统治者会议选举产生，任期5年。最高元首拥有立法、司法和行政的最高权力，以及任命总理、拒绝解散国会等权力。1993年3月，马议会通过宪法修正案，取消了各州苏丹的法律豁免权等特权。1994年5月修改宪法，规定最高元首必须接受并根据政府建议执行公务。2005年1月，马议会再次通过修宪法案，决定将各州的供水事务管理权和文化遗产管理权移交中央政府。

【**统治者会议**】由柔佛、彭亨、雪兰莪、森美兰、霹雳、丁加奴、吉兰丹、吉打、玻璃市9个州的世袭苏丹和马六甲、槟榔屿、沙捞越、沙巴4个州的州元首组成。其职能是在9个世袭苏丹中轮流选举产生最高元首和副最高元首；审议并颁布国家法律、法规；对全国性的伊斯兰教问题有最终裁决权；审议涉及马来族和沙巴、沙捞越土著民族的特权地位等重大问题。未经该会议同意，不得通过有关统治者特权地位的任何法律。内阁总理和各州州务大臣（有苏丹的州）、首席部长（无苏丹的州）协助会议召开。

【**议会**】国会是最高立法机构，由上议院和下议院组成。下议院共设议席222个，任期5年，可连任。2013年6月，新一届下议院中国阵占133席。下议长丹·斯里·达图·班迪卡·阿敏（Tan Sri Datuk Pandikar Amin bin Haji Mulia），2008年4月28日就任，2013年6月24日连任。上议院共70席，由全国13个州议会各选举产生2名，其余44名由最高元首根据内阁推荐委任，任期3年，可连任两届。目前共有上议员52名，空缺18名。现任上议长丹·斯里·阿布·扎哈（Tan Sri ABU ZAHAR bin Pawanteh），2010年4月26日就任，2013年5月21日连任。

【**政府**】2015年7月，纳吉布总理宣布改组内阁，新一届内阁名单如下：总理兼财政部长达图·斯里·穆罕默德·纳吉布·宾·敦·哈吉·阿卜杜尔·拉扎克（Y.A.B. Dato' Sri Mohd. Najib bin Tun Haji Abdul Razak），副总理兼内政部长达图·斯里·艾哈迈德·扎希德·宾·哈米迪（Y.B. Dato' Seri Dr. Ahmad Zahid bin Hamidi），交通部长达图·斯里·廖中莱（Y.B. Dato' Sri Liow Tiong Lai），卫生部长达图·斯里·苏巴拉马尼亚姆（Y.B. Datuk Seri Dr. S. Subramaniam），总理府部长达图·马袖强（Y.B. Dato' Mah Siew Keong）、旅游和文化部部长达图·斯里·穆罕默德·纳兹里·宾·阿卜杜尔·阿齐兹（Y.B. Dato' Seri Mohamed Nazri bin Abdul Aziz），国防部长达图·斯里·希沙慕丁·宾·敦·侯赛因（Y.B. Dato' Seri Hishammuddin bin Tun Hussein），国际贸易及工业部部长达图·斯里·慕斯塔法·宾·穆罕默德（Y.B. Dato' Sri Mustapa bin Mohamed），能源、绿色科技及水务部部长达图·斯里·邦利马·马克西姆斯·乔尼迪·翁基利（Y.B. Datuk Seri Panglima Dr. Maximus Johnity Ongkili），种植工业及原产品部部长达图·艾玛尔·道格拉斯·乌加·恩巴斯（Y.B. Datuk Amar Douglas Uggah Embas），农业及农基产业部部长达图·斯里·艾哈迈德·沙比利·宾·契克（Y.B. Dato' Sri Ahmad Shabery bin Cheek），乡村及地方发展部部长达图·斯里·伊斯迈尔·萨布里·宾·雅库布（Y.B. Dato' Sri Ismail Sabri bin Yaakob），第二财政部长达图·斯里·艾哈迈德·胡斯尼·宾·穆罕默德·哈纳兹拉（Y.B. Dato' Seri Ahmad Husni bin Mohamad Hanadzlah），外交部长达图·斯里·阿尼法·宾·哈吉·阿曼（Y.B. Dato' Sri Anifah bin Haji Aman），总理府部长达图·斯里·贾米尔·基尔·宾·巴哈罗姆少将（Y.B. Mejar Jeneral Dato' Seri Jamil Khir bin Baharom）、达图·斯里·伊德里斯·加拉（Y.B. Senator Dato' Sri Idris Jala）、丹·斯里·达图·斯里·邦利马·约瑟夫·克虏伯（Y.B. Tan Sri Datuk Seri Panglima Joseph Kurup），科技与创新部部长达图·威尔弗莱德·玛迪乌斯·当奥（Y.B. Datuk Wilfred Madius Tangau），妇女、家庭及社会发展部部长达图·哈贾·罗哈妮·宾蒂·哈吉·阿卜杜尔·卡利姆（Y.B. Dato' Sri Hajah Rohani binti Haji Abdul Karim），总理府部长达图·约瑟夫·恩图鲁·阿纳·博拉文（Y.B. Datuk Joseph Entulu Anak Belaun），工程部长达图·斯里·哈吉·法迪拉·宾·尤素夫（Y.B. Dato' Sri Haji Fadillah bin Yusof），人力资源部部长达图·斯里·里查德·里欧特·阿纳·贾伊姆（Y.B. Dato' Sri Richard Riot Anak Jaem），联邦直辖区部部长达图·斯里·登姑·阿德南·宾·登姑·曼苏尔（Y.B. Datuk Seri Tengku Adnan bin Tengku Mansor），高等教育部部长达图·斯里·哈吉·伊德里斯·宾·尤索赫（Y.B. Dato' Seri Haji Idris bin Jusoh），总理府部长达图·斯里·沙希旦·宾·卡希姆（Y.B. Dato' Seri Dr. Shahidan bin Kassim）、达图·刘胜权（Y.B. Senator Datuk Paul Low Seng Kuan），青年和体育部部长凯里·贾玛鲁丁·宾·阿布·巴卡尔（Y.B. Encik Khairy Jamaluddin bin Abu Bakar），城乡、房屋及地方政府部部长达图·阿卜杜尔·拉赫曼·宾·哈吉·达赫兰（Y.B. Datuk Abdul Rahman bin Haji Dahlan），总理府部长潘·哈贾·南茜·宾蒂·舒克里（Y.B. Puan Hajah Nancy binti Shukri）、达图·斯里·阿卜杜尔·瓦希德·宾·奥马尔（Y.B. Senator Dato' Sri Abdul Wahid bin Omar）、达图·魏家祥（Y.B. Datuk Ir.Dr.Wee Ka Siong），国内贸易、合作及消费事务部部长达图·哈姆扎·宾·扎伊努丁（Y.B. Dato' Hamzah bin Zainudin），自然资源与环境部部长达图·旺·朱乃迪·宾·端姑·贾法尔（Y.B. Datuk Dr. Wan Junaidi bin Tuanku Jaafar），教育部长达图·斯里·玛德兹尔·宾·卡立（Y.B. Dato' Seri Mahdzir bin Khalid），通讯及多媒体部部长达图·斯里·穆罕默德·沙烈·宾·敦·赛义德·克鲁阿（Y.B. Senator Datuk Seri Panglima Dr. Mohd. Salleh bin Tun Said Keruak），总理府部长阿扎丽娜·宾蒂·达图·奥斯曼·赛义德（Y.B. Dato' Sri Azalina binti Dato' Othman Said），国际贸易及工业部第二部长达图·黄家泉（Y.B. Dato' Seri Ong Ka Chuan）。

【行政区划】全国分为13个州和3个联邦直辖区。13个州是西马的柔佛、吉打、吉兰丹、马六甲、森美兰、彭亨、槟榔屿、霹雳、玻璃市、雪兰莪、丁加奴以及东马的沙巴、沙捞越。另有首都吉隆坡、布特拉加亚和纳闽3个联邦直辖区。

【司法机构】最高法院于1985年1月1日成立。1994年6月改名为联邦法院。设有马来亚高级法院（负责西马）和婆罗州高级法院（负责东马），各州设有地方法院和推事庭。另外还有特别军事法庭和伊斯兰教法庭。联邦法院首席大法官丹·斯里·阿里芬·宾·扎卡利亚（Tan Sri ARIFIN BIN ZAKARIA），2011年9月12日就任。

【政党】注册政党有40多个。巫统、马华公会和印度人国大党等政党组成国民阵线联合执政。2015年9月原反对党联盟民盟解散，伊斯兰党开明派另立门户组建国家诚信党，并同人民公正党、民主行动党组建新的反对党联盟“希望联盟”。

国民阵线（National Front/Barisan Nasional）：执政党联盟。1974年4月在马来亚联盟党的基础上扩大而成，成员党相对独立。大选时各党采用统一的竞选标志和宣言，候选人议席内部协商分配。强调发展经济，协调各政党利益，建立和平、稳定、繁荣、公正的社会。成员党包括马来民族统一机构，又称巫统（United Malays National Organization）、马来西亚华人公会（Malaysian Chinese Association）、马来西亚印度人国大党（Malaysian Indian Congress）、人民运动党（又称民政党，The People's Movement Party）、马来西亚人民进步党（The People's Progressive Party of Malaysia）、沙捞越土著保守统一党（Parti Pesaka Bumiputra Bersatu Sarawak）、沙捞越人民联合党（The Sarawak United People's Party）、沙捞越国民党（The Sarawak National Party）、沙捞越达雅克族党（Parti Bangsa Dayak Sarawak）、沙巴自由民主党（The Liberal Democratic Party of Sabah）、沙巴人民团结党（Parti Bersatu Rakyat Sabah）、沙巴民主党（Parti Demokratik Sabah）、沙巴团结党（Parti Bersatu Sabah）。国民阵线主席通常由巫统主席兼任，现任主席为纳吉布。

主要执政党：

（1）马来民族统一机构（The United Malays National Organization, 简称巫统，UMNO）：马来人政党。成立于1946年5月11日。1987年4月因党争而分裂，被法庭判为非法组织。1988年2月马哈蒂尔在原巫统基础上重组“新巫统”（The New United Malays National Organization）。1996年，从巫统分裂出去的“四六”精神党重返新巫统后再次还名为“巫统”。现有党员338万。巫统主席和署理主席代表国阵出任政府正、副总理。现任主席纳吉布，署理主席扎希德。

（2）马来西亚华人公会（Malaysian Chinese Association，简称马华公会，MCA）：最大的华人政党。1949年2月27日成立，原名马来亚华人公会，马来西亚成立后改为现名。党员110万。现任总会长廖中莱，署理总会长魏家祥。

（3）马来西亚印度人国大党（Malaysian Indian Congress，简称国大党，MIC）：1946年8月2日成立。马来西亚印度、巴基斯坦族政党，旨在争取和维护两族利益。党员55万人。现任代主席苏巴拉马尼亚姆。

主要反对党：

（1）民主行动党（The Democratic Action Party）：以华人为主的多民族政党。1966年3月19日成立，前身是新加坡人民行动党在马来半岛的分部。本届国会最大反对党。现任代主席陈国伟。

（2）人民公正党（People's Justice Party/Party Keadilan Rakyat）：1999年4月4日成立，前身是1990年注册的伊斯兰教社会联盟。旨在联合各政党和非政府组织力量，抗衡政府，争取公正。2003年7月，国民公正党决定与反对党人民党合并为人民公正党。现任主席为前副总理安瓦尔夫人旺·阿兹莎（Wan Azizah），署理主席为穆罕默德·阿兹敏·宾·阿里（Mohamed AZMIN BIN ALI）。

（3）伊斯兰党（Parti Islam Malaysia）：原称泛马伊斯兰党。以马来穆斯林为主的宗教政党，主要势力在北马。1951年8月23日成立，1973至1977年曾加入国民阵线。1959至1978年和1990年至今在吉兰丹州执政，1999至2003年在丁加奴州短期执政。1992年8月决定在吉兰丹州实施伊斯兰刑事法。党员80万。现任主席哈迪·阿旺（HADI AWANG）。

（4）国家诚信党（National Trust Party）由伊斯兰党开明派组成，于2015年9月16日宣布成立。党主席莫哈莫·沙布。

【重要人物】端姑·阿尔哈吉·阿卜杜尔·哈利姆·穆阿扎姆·沙阿：最高元首。1927年11月28日生于吉打州，1955年英国牛津大学伍德翰姆学院毕业。1958年7月14日任吉打州第27任苏丹。1970年9月至1975年9月任马第五任最高元首。2011年12月再次出任马最高元首。夫人哈米娜（Hajja Haminah Binti Hamidun），育有三女。 **达图·斯里·穆罕默德·纳吉布**：总理兼财政部长。马第二任总理拉扎克的长子。1953年7月24日生于彭亨州。获英国诺丁汉大学经济学士学位。1976年当选国会下议员，1978年任能源、电讯和邮电部副部长，是马历史上最年轻的下议员和副部长。此后历任彭亨州州务大臣、文化、青年和体育部长、国防部长、教育部长等职。2004至2009年担任副总理。2009年4月就任马第六位总理，2013年5月连任。巫统资深领袖，现任巫统主席。已婚，育有5名子女。 **达图·斯里·艾哈迈德·扎希德**：副总理兼内政部长。毕业于马来亚大学，历任旅游部副部长、新闻部副部长、总理府部长、国防部长、内政部长等职。在巫统党内历任青年团团长、最高理事会理事。2009年当选巫统副主席，2015年7月出任副总理兼内政部长。

经　济

20世纪70年代前，经济以农业为主，依赖初级产品出口。70年代以来不断调整产业结构，大力推行出口导向型经济，电子业、制造业、建筑业和服务业发展迅速。同时实施马来民族和原住民优先的“新经济政策”，旨在实现消除贫困、重组社会的目标。

1987年起，经济连续10年保持8%以上的高速增长。1991年提出“2020宏愿”的跨世纪发展战略，旨在于2020年将马建成发达国家。重视发展高科技，启动了“多媒体超级走廊”、“生物谷”等项目。1998年受亚洲金融危机的冲击，经济出现负增长。政府采取稳定汇率、重组银行企业债务、扩大内需和出口等政策，经济逐步恢复并保持中速增长。2008年下半年以来，受国际金融危机影响，马国内经济增长放缓，出口下降，马政府为应对危机相继推出70亿林吉特和600亿林吉特刺激经济措施。2009年纳吉布总理就任后，采取了多项刺激马经济和内需增长的措施。目前，马经济逐步摆脱了金融危机影响，企稳回升势头明显。2010年马公布了以“经济繁荣与社会公平”为主题的第十个五年计划，并出台了“新经济模式”，继续推进经济转型。2015年马主要经济数字如下：

国内生产总值（GDP）：2476亿美元。

国内生产总值增长率：5%。

人均国内生产总值：8256美元。

对外贸易总额：3665亿美元。

外汇储备：1023亿美元。

汇率：1美元≈4林吉特。

（资料来源：马统计局）

【资源】自然资源丰富。橡胶、棕油和胡椒的产量和出口量居世界前列。曾是世界产锡大国，近年来产量逐年减少。马来西亚石油储量丰富，此外还有铁、金、钨、煤、铝土、锰等矿产。盛产热带硬木。

【工业】政府鼓励以本国原料为主的加工工业，重点发展电子、汽车、钢铁、石油化工和纺织品等。2014年，马制造业领域GDP为2055.3亿林吉特。

【矿业】以锡、石油和天然气开采为主，2014年矿业GDP为641.4亿林吉特。据马能源、绿色科技与水务部统计，马原油储量为52.5亿桶，可供开采19年。天然气储量为24889.85亿立方米，可供开采33年。据马统计局统计，马来西亚石油产量为2.3亿桶，液化天然气产量为2436.3万吨。

【农林渔业】耕地面积约485万公顷。农业以经济作物为主，主要有油棕、橡胶、热带水果等。粮食自给率约为70%。2014年农业总产值为582.5亿林吉特，占国民生产总值的3.8%，就业人口167.7万。盛产热带林木。渔业以近海捕捞为主，近年来深海捕捞和养殖业有所发展。

【服务业】范围广泛，包括水、电、交通、通讯、批发、零售、饭店、餐馆、金融、保险、不动产及政府部门提供的服务等。20世纪70年代以来，马政府不断调整产业结构，使服务业得到了迅速发展，成为国民经济发展的支柱性行业之一。就业人数约535.36万，占全国就业人口的50.76%，是就业人数最多的产业。

【旅游业】国家第三大经济支柱，第二大外汇收入来源。拥有酒店约4072家。主要旅游点有：吉隆坡、云顶、槟城、马六甲、兰卡威、刁曼岛、热浪岛、邦咯岛等。据马旅游部统计，2014年赴马游客人数为2743.7万人次。

【交通运输】全国有良好的公路网，公路和铁路主要干线贯穿马来半岛南北，航空业发达。

公路：2013年全国公路总长14.4万公里。截至2013年底，注册机动车2381.9万辆。

铁路：2013年马来半岛铁路总长1641公里。

水运：内河运输不发达，海运80%以上依赖外航。共有各类船只1008艘，其中100吨以上的注册商船508艘，注册总吨位175.5万吨；远洋船只50艘。共有19个港口。近年来大力发展远洋运输和港口建设，主要航运公司为马来西亚国际船务公司，主要港口有巴生、槟城、关丹、新山、古晋和纳闽等。

空运：民航主要由马来西亚航空公司和亚洲航空公司经营。马航有飞机89架，辟有航线113条。1996年11月，亚洲航空公司投入运营，亚航有飞机188架，辟有航线83条。全国共有机场25个，其中7个国际机场：吉隆坡、槟城、兰卡威、哥打巴鲁、新山、哥打基纳巴卢和古晋。2013年运送旅客8101.6万人次。

【财政金融】近几年联邦政府财政收支情况如下（单位：亿林吉特）：

	2012	2013	2014
收入	2079	2134	2251
支出	2499	2520	2624
赤字	420	386	373

（资料来源：马来西亚统计局）

【对外贸易】截至2015年主要出口市场为新加坡、中国、日本，主要进口来源国为中国、新加坡、日本。近年对外贸易情况如下（单位：亿林吉特）：

	2012	2013	2014	2015
总额	13096	13686.8	14491.5	14660
进口	6074	6486.4	6830.2	6856.5
出口	7022	7200.4	7661.3	7799.5
差额	948	714	831.1	943

【外国资本】大力吸引外资。主要外资来源地为日本、欧盟、新加坡、中国、韩国和美国。2014年，马外资流入量为1121亿林吉特。

人民生活

2014年马家庭平均可支配收入为每月6141林吉特。2013年人均寿命男性为72.6岁，女性为77.2岁。（资料来源：马统计局）

军　事

陆军的前身是1935年英国殖民地政府组建的马来兵团。1958年从英国人手中接管原英殖民地海军辅助部队，1963年正式改为马来西亚皇家海军。1958年6月1日正式建立马来皇家空军。最高元首是三军最高统帅。国防决策机构为国家安全委员会，总理任主席。武装部队总司令是军队最高指挥官。总司令祖基弗里上将，2010年5月任职。实行志愿兵役制，服役期为10年。

三军总兵力12.95万人。陆军10.5万人，空军1.2万人。另有预备役部队4.66万人，准军事部队20余万人。

文化教育

马、华、印各族都有自己独特的文化。政府努力塑造以马来文化为基础的国家文化，推行“国民教育政策”，重视马来语的普及教育。华文教育比较普遍，有较完整的华文教育体系。

【教育】实施小学免费教育。2015年教育经费预算为560亿林吉特。2013年小学适龄儿童入学率为96.6%，中学入学率为91.1%。每12名小学生一名教师，每13.1名中学生一名教师。全国有马来亚大学、国民大学等20所高等院校，近年来私立高等院校发展很快，有私立学院600多所。2010年在校大学生63万人。

【新闻出版】约有50份报纸，用8种文字出版，发行量从几万到几十万不等。主要报纸有：马来文的《马来信使报》、《每日新闻》、《祖国报》；英文的《新海峡时报》、《星报》、《马来邮报》；华文的《南洋商报》、

《星洲日报》等。

马来西亚国家新闻社：简称马新社，半官方通讯社。成立于1968年。在亚太地区设有33家分社。

马来西亚广播电台：官办。建于1946年。拥有6个广播网，用马来语、英语、华语和泰米尔语广播。马来西亚之声：建于1963年。用马来语、阿拉伯语、英语、印尼语、缅甸语、菲律宾语和泰语等对外广播。

马来西亚电视台：官办。建于1963年。包括第一电视台（TV1）和第二电视台（TV2）。用马来语、英语、华语和泰米尔语播放。私营电视台有第三电视台（TV3）、城市电视（METRO VISION）和国民电视（NTV）三家。近年开办了ASTRO卫星有线电视频道。2004年1月开播了8TV电视台。

对外关系

奉行独立自主、中立、不结盟的外交政策。视东盟为外交政策基石，优先发展同东盟国家关系。重视发展同大国关系。系英联邦成员，与其他成员国交往较多。已同131个国家建交，在83个国家设有105个使领馆。

大力开展经济外交，积极推动南南合作，反对西方国家贸易保护主义。1998年主办了第六次亚太经济合作组织（APEC）领导人非正式会议。主张APEC保持松散的经济论坛性质，反对其发展为地区性集团。重视东亚合作，倡导建立东亚共同体。1997年主办了首届东盟与中、日、韩（10+3）领导人非正式会议，2005年底主办首次东亚峰会。积极致力于东盟自由贸易区建设和湄公河盆地经济开发合作。2015年担任东盟轮值主席国。

积极发展同伊斯兰国家和不结盟国家关系，关注伊斯兰事务。主张伊拉克战后重建应尊重其主权独立和领土完整，并符合伊人民意愿。在中东问题上，认为巴勒斯坦人民的斗争不是宗教对抗，而是捍卫领土主权，独立的巴勒斯坦国应得到国际社会承认。2006年多次以伊斯兰国家会议组织和不结盟运动主席国身份召集会议，并致信联合国秘书长和安理会各常任理事国，寻求对伊拉克问题和中东问题公正合理的解决。

主张维护联合国作为核心国际组织的地位，关注建立国际政治经济新秩序问题。2004年5月当选2005—2007年联合国人权委员会委员。马于2006年5月、2010年5月两次当选人权理事会成员，每届任期3年。马于2014年10月当选2015—2016年联合国安理会非常任理事国。

支持国际反恐合作，强调反恐应解决恐怖主义产生的根源，否定伊斯兰与恐怖主义的必然联系，推动宗教和文明间对话。

【同中国的关系】两国于1974年5月31日正式建立外交关系。建交后，两国关系总体发展顺利。1999年，两国签署关于未来双边合作框架的联合声明。2004年，两国领导人就发展中马战略性合作达成共识。2013年，两国建立全面战略伙伴关系。

两国高层互访和接触频繁。江泽民主席（1994年）、胡锦涛主席（2002年时任副主席、2009年）、习近平主席（2013年）、李鹏总理（1990年、1997年）、朱镕基总理（1999年）、吴邦国委员长（2005年）、温家宝总理（2005年、2011年）、全国政协主席李瑞环（1995年）、全国政协主席贾庆林（2006年、2012年）、姜春云副委员长（2002年）、李岚清副总理（2003年）等分别访马。马前四任最高元首阿兹兰、贾阿法、萨拉赫丁和西拉杰丁，马总理拉扎克、马哈蒂尔、巴达维、纳吉布等先后访华。

2014年3月，中央政治局委员、广东省委书记胡春华访马。5月，马总理纳吉布正式访华。6月，马下议长班迪卡访华。9月，马最高元首哈利姆对华国事访问。10月，国务委员杨洁篪访马。11月纳吉布总理来华出席APEC领导人非正式会议。12月，马副总理穆希丁访华。

2015年2月，习近平主席特使、中央政治局委员、中央政法委书记孟建柱访马。3月，纳吉布总理来华出席博鳌亚洲论坛年会，习近平主席予以会见。5月，马上议长阿布·扎哈正式访华，国务委员王勇赴马出席东盟地区论坛第四次救灾演习并顺访。9月，纳吉布总理对华事务特使黄家定作为马政府特使来华出席“9.3”纪念活动。11月，李克强总理正式访问马来西亚并出席东亚合作领导人系列会议。

2015年中马贸易额972.9亿美元，同比下降4.6%，其中中方出口439.9亿美元，同比下降4.95%，进口533亿美元，同比下降4.3%。中国连续8年成为马来西亚最大贸易伙伴，马来西亚是中国在东盟国家中最大的贸易伙伴。截至2015年底，马实际对华投资72.5亿美元，中国企业累计在马直接投资21.9亿美元。中国自马进口主要商品有集成电路、计算机及其零部件、棕油和塑料制品等；中国向马出口主要商品有计算机及其零部件、集成电路、服装和纺织品等。

两国金融合作成效显著。2000年，中国银行和马来亚银行分别在吉隆坡和上海互设分行。2009年2月，中国人民银行与马来西亚国家银行签署了双边货币互换协议。2010年4月，中国工商银行马来西亚分行在吉隆坡开业。7月，中国银行在马设立的第三家分行中国银行巴生分行开业。8月，两国批准在各自银行间外汇市场开办人民币兑林吉特即期交易业务。2012年2月，中国人民银行与马来西亚国家银行续签双边货币互换协议。4月，中国人民银行与马来西亚国家银行签署了关于马国家银行在华设立代表处的协议。2013年10月，马国家银行在北京设立代表处。2014年11月，两国央行就在吉隆坡建立人民币清算安排签署合作谅解备忘录。2015年4月，中国银行吉隆坡人民币清算行正式启动。11月，中方宣布向马提供500亿人民币合格境外机构投资者（RQFII）投资额度。

中国驻马来西亚大使：黄惠康（Huang

Huikang）。 地 址：229, JALAN AMPANG, 50450 KUALA LUMPUR, MALAYSIA。邮编：50450。国家地区号：0060–3。电话：21411729，21447652，（012）3720197；传真：21414552，21453924；电子邮箱：chinaembmy@mfa.gov.cn。 网 址：http://my.china-embassy.org/chn/；http://my.chineseembassy.org/chn/。

马来西亚驻华大使：达图·扎伊努丁·宾·叶海亚（Dato' Zainuddin bin Yahaya）。馆址：北京市朝阳区亮马桥北街2号。国家地区号：0086–10。电话：65322531；传真：65325032；商务处电话：4515109；传真：84515110；签证处电话：5326544；传真：65326544。电子信箱：mwbjing@kln.gov.my。

蒙　古

国名　蒙古国（Mongolia）。

面积　156.65万平方公里。

人口　约306万人（2015年12月）。喀尔喀蒙古族约占全国人口的80%，此外还有哈萨克等少数民族。主要语言为喀尔喀蒙古语。居民主要信奉喇嘛教。

首都　乌兰巴托（Ulaanbaatar）。人口约131万（2014年）。平均气温为1.6℃。

国家元首　总统查黑亚·额勒贝格道尔吉（TSAKHIA ELBEGDORJ），2009年5月首次当选总统。2013年6月胜选连任。

重要节日　白月：日期与中国藏历新年相同，以前称“牧民节”。1988年12月，蒙古大人民呼拉尔主席团决定，白月为全民节日；国庆节—那达慕：7月11日。1922年起，蒙古定期在每年7月11日举行全国性那达慕，成为国庆活动的一个主要组成部分。1997年6月13日，蒙古国庆中央委员会第三次会议决定将蒙古国庆易名为“国庆节—那达慕”。

简　况

位于亚洲中部的内陆国，东、南、西与中国接壤，北与俄罗斯相邻。属典型的大陆性气候，常年平均气温为1.56℃。冬季最低气温可至–50℃，夏季戈壁地区最高气温达40℃以上。

蒙古国原称外蒙古或喀尔喀蒙古。1911年12月蒙古王公在沙俄支持下宣布“独立”。根据1913年、1915年中蒙及中蒙俄有关协议，蒙古获得“自治权”。

1919年放弃“自治”。1921年蒙古人民党领导的人民革命胜利，同年7月建立君主立宪政府。1924年11月26日废除君主立宪，成立蒙古人民共和国。1945年2月，苏、美、英三国首脑签订雅尔塔协定，规定“外蒙古（蒙古人民共和国）的现状须予维持”。1946年1月5日，当时的中国政府承认外蒙古独立。1992年2月改国名为“蒙古国”。

政　治

2012年6月蒙古举行新一届议会选举。民主党获得相对多数，并牵头组建联合政府。

【宪法】现行宪法为第四部宪法，于1992年1月通过，同年2月12日起生效。宪法规定：蒙古国是独立自主的共和国；视在本国建立人道的公民民主社会为崇高目标；在未颁布法律的情况下，禁止外国军事力量驻扎蒙古国境内和通过蒙古国领土；国家承认公有制和私有制的一切形式；国家尊重宗教，宗教崇尚国家，公民有宗教信仰与不信仰的自由；根据公认的国际法准则和原则，奉行和平外交政策。根据该宪法，改国名为“蒙古国”，建立议会制。

【议会】国家大呼拉尔是国家最高权力机关，行使立法权。国家大呼拉尔可提议讨论内外政策的任何问题，并将以下问题置于自己特别权力之内予以解决：批准、增补和修改法律；确定内外政策基础；宣布总统和国家大呼拉尔及其成员选举日期；决定和更换国家大呼拉尔常设委员会；颁布总统当选并承认其权力的法律；罢免总统；任免总理及政府成员；决定国家安全委员会的组成及权限；决定赦免等。国家大呼拉尔为一院制议会，共76个席位，其成员由蒙古国公民以无记名投票的方式直接选出，任期4年。本届国家大呼拉尔于2012年6月产生，下设7个常设委员会。主席赞达呼·恩赫包勒德（ZANDAAKHUU ENKHBOLD，民主党）2012年7月就任。

【政府】国家权力最高执行机关，政府成员由国家大呼拉尔任命。2012年6月议会选举后，政府由民主党、人民革命党、民族民主党、公民意志绿党联合组成。政府成员为：总理其·赛汗比列格，副总理策·奥云巴特尔，外交部长龙·普日布苏伦，财政部长巴·包勒尔，法律部长丹·道尔利格扎布，劳动部长嘎·巴雅尔赛汗，自然环境绿色发展与旅游部长那·巴特策勒格，教育文化科学部长鲁·冈图木尔，国防部长策·朝勒蒙，交通运输部长孟·卓里格图，人口发展与社会保障部长索·额尔登，工业部长东·额尔登巴特，卫生体育部长暂由副总理代理，矿产部长仁·吉格吉德，能源部长达·卓里格图，建筑与城市建设部长赞·巴彦色楞格，政府办公厅主任桑·巴雅尔朝格特。

【行政区划】全国划分为首都和21个省。

【司法机构】法院行使司法权，由最高法院和各级地方法院构成。最高法院现任大法官暂时空缺。检察机构由总检察署和各级地方检察署构成。现任总检察长玛·恩赫阿木古楞，2015年2月就职。

【政党】实行多党制。截至2014年，共有约20多个政党。主要有：

（1）蒙古人民党（Mongolian People's Party）：1921年3月1日成立，1925年3月改称蒙古人民革命党，2010年11月再次更名为蒙古人民党。党员约16万名。1997年2月该党召开的二十二大确定党的性质为"民族民主主义性质的中左翼政党"，理论基础为"民主社会主义思想"。现任主席米·恩赫包勒德，总书记蒙赫巴特。

（2）民主党（Democratic Party）：2000年12月6日由蒙古民族民主党、社会民主党、民主复兴党、宗教民主党和民主党合并而成。党员约15万。党的宗旨是重视人的发展、人的权力和自由，并视个人能力大小承担相应的社会责任。党的目标是巩固蒙古政治独立；建立合理、强大的经济体制；建立开放的社会；建立良政；将社会发展与国际社会进步密切接轨。党的全国代表大会每四年召开一次。全国协商委员会（相当于中央委员会）负责日常工作。现任主席诺·阿勒坦呼雅格。

【重要人物】**查黑亚·额勒贝格道尔吉**：总统。1963年3月生。1988年毕业于乌克兰利沃夫市军事政治学院，曾在美国留学。1980—1991年任蒙古民主联盟主席。1994—1996年任民族民主党主席。1996—1998年任国家大呼拉尔副主席。1998年任总理。2004—2006年任总理。2005—2008年任民主党主席。1992年、1996年、2008年3次当选国家大呼拉尔委员。2009年5月当选总统。2013年6月再次当选总统。懂英语、俄语。已婚，有5个子女。 **赞达呼·恩赫包勒德**：国家大呼拉尔主席。1965年5月生，1989年毕业于俄罗斯乌拉尔综合技术学院自动化和遥控机械专业。2004年毕业于美国丹佛大学国际商务管理专业。1999—2000年任国家大呼拉尔主席顾问。2000—2001年任民主党总书记。2005年起连续3次当选国家大呼拉尔委员。2012年7月就任国家大呼拉尔主席。 **其·赛汗比列格（CHIMED SAIKHANBILEG，民主党）**。1969年2月生，1991年毕业于莫斯科人文大学历史系，1995年毕业于蒙古国立大学法律系，2002年赴美国乔治华盛顿大学留学。2004年任政府新闻办主任，2004—2008年任信息通讯科技局局长，2008—2012年任民主党议会党团主席，1996年、2008年、2012年当选国家大呼拉尔委员。2012年8月任政府办公厅主任，2014年11月当选总理。

经 济

以畜牧业和采矿业为主，曾长期实行计划经济。蒙古1991年开始向市场经济过渡。1997年7月，政府通过"1997—2000年国有资产私有化方案"，目标是使私营经济成分在国家经济中占主导地位。

2015年基本经济数据如下：

国内生产总值：117.75亿美元。

国内生产总值增长率：2.3%。

货币名称：图格里克（TUGRUG）。

汇率：1美元≈2020图格里克（2016年2月）。

通货膨胀率：6.5%。

工业总产值：44.2亿美元。

工业品销售总额：53.3亿美元。

【资源】地下资源丰富。现已探明的有铜、钼、金、银、铀、铅、锌、稀土、铁、萤石、磷、煤、石油等80多种矿产。全国森林覆盖率为8.2%。

【矿产业】矿产业是蒙古国经济发展的重要支柱产业。蒙古国经济基础差、产业基础薄弱，经济增长过度依赖矿业，并受制于国际原材料价格波动的影响。外国对蒙古国投资的超过八成都投入矿业领域，随着国际矿产品特别是煤炭价格走低，蒙古国外贸出口和外国投资在短期内缺乏增长动力。蒙古国矿产资源丰富，部分大矿储量在国际上处于领先地位。因蒙古国在地质勘探方面缺乏专业队伍、技术装备落后，地质勘探水平总体较低。蒙古国基础设施较为落后，水电资源匮乏，很大程度上也制约了矿产业的发展。目前蒙古国已进行开采且出口产品的大中型矿主要有：奥尤陶勒盖铜金矿（OT矿）、塔温陶勒盖煤矿（TT矿）、额尔登特铜钼矿、那林苏海特煤矿、巴嘎诺尔煤矿、图木尔廷敖包锌矿、塔木察格油田等。

【加工业】蒙古国工业起步较晚，除采矿业和燃料动力工业外，以畜产品为主要原料的轻工业和食品加工业在蒙古国工业部门中占有一定地位，此外还有部分较基础的矿产加工业。

【畜牧业】畜牧业是传统经济产业，国民经济的基础。截至2015年年底，蒙牲畜存栏量共计约5595万头，同比增长7.6%。

【旅游业】全国有旅游基地、大小宾馆、饭店约700家，主要宾馆有蓝天饭店、香格里拉酒店、图新酒店、成吉思汗饭店、乌兰巴托饭店、巴彦高勒饭店、香格里拉饭店等，主要旅游点有哈尔和林古都、库苏古尔湖、特列尔吉旅游点、成吉思汗旅游点、南戈壁、东戈壁和阿尔泰狩猎区等。从事旅游服务的公司约500家。

【交通运输】以铁路和公路为主。铁路总长约1811公里，约担负全国货运量的57%。公路总长5万多公里。境内有一条连接中、俄的铁路。空运：与北京、呼和浩特、海拉尔、莫斯科、伊尔库茨克、首尔、东京、大阪和法兰克福之间有定期航班。国际机场1个，为乌兰巴托"成吉思汗"机场。

【财政金融】蒙古国内金融市场规模较小，资金缺口只能通过政府借款和吸纳外国直接投资等方式解决。2012年末和2013年初，蒙古国政府先后发行两期成吉思汗债券用于筹集资金，其中2012年年末发行债券为期5年期，总额10亿美元；2013年年初发行债券为期10年，总额5亿美元。此外，蒙古国政府还在2013年发行了10年期，总额2.9亿美元的武士债券。根据2015年2月EIU发布的国别风险报告，2014年蒙古国政府外债规模达166.07亿美元，其中公共外债34.11亿美元，中长期外债148.76亿美元，负债率为147.9%。长期债务和短期债务所占比重分别为89.6%和9.8%。2014年蒙古总外债和政府外债负担率分别升至174.5%和30.1%，国际储备降至国内生产总值的13.7%。2015年，蒙国家财政总收入为7.14万亿图，财政总支出为5.9万亿图，财政赤字1.1万亿图，外汇储备13.23亿美元。

【对外贸易】实行经济开放政策。近年来，积极发展同西方发达国家和亚洲国家的经贸合作，2015年同147个国家发展贸易关系，外贸总额84.7亿美元，其中进口额38亿美元，出口额46.7亿美元。出口主要为矿产品、纺织品和畜产品等；进口主要有矿产品、机器设备、食品等。主要贸易伙伴为中国、俄罗斯、欧盟、加拿大、美国、日本、韩国等。

军　事

蒙古人民军于1921年3月18日创建。总统兼任武装力量总司令。1996年起实行文职国防部长制度。武装力量总参谋部独立于国防部。实行义务兵役制，1997年开始对武装力量组织结构进行调整，其编制体制由师—团制转入了旅—营制。1998年起增加了替代、合同兵役和抵偿服役制。1992年起服役期改为一年。现有总兵力约1.4万人。

文化教育

【教育】实行国家普及免费普通教育制。全国有全日制普通教育学校751所，63所专业培训中心。全国共有高校113所，其中国立高校16所，主要有国立大学、科学技术大学、教育大学等，私立高校92所，主要有伊赫扎萨克大学、奥特根腾格尔大学等。5所为国外高校分校。根据政府间文化教育科学合作协定，蒙与50多个国家交换留学生。蒙国内主要文化单位有：国家民间歌舞团、国家话剧院、国家歌剧舞剧院、国家杂技院、国家音乐馆、国家木偶剧院和博格达汗宫博物馆、乔依金喇嘛庙博物馆、造型艺术博物馆、国家历史博物馆、国家自然历史博物馆、文化遗产中心、国家图书馆、国家艺术画廊等单位。

【新闻出版】据蒙方统计，全国公开发行的报纸约126种、杂志92种、76家广播、150家电视台、30多家网络媒体。主要报刊有《日报》、《世纪新闻报》、《今日报》、《真理报》、《蒙古新闻报》等。这几种报纸是蒙古发行量最大的报纸。除《真理报》是蒙古人民党机关报外，其余均是自由刊物。此外还有《索云博报》（军报）、《乌兰巴托时报》、《人民权利报》等。蒙古通讯社（简称蒙通社）：系官方通讯社，创建于1921年。该社与新华社、路透社、俄罗斯新闻社、塔斯社等有合作关系。

对外关系

国家大呼拉尔1994年通过的《蒙古国对外政策构想》规定，蒙古奉行开放、不结盟的外交政策，强调“同俄罗斯和中国建立友好关系是蒙古对外政策的首要任务”，主张同中俄“均衡交往，发展广泛的睦邻合作”。同时重视发展同美日德等西方发达国家、亚太国家、发展中国家以及国际组织的友好关系与合作。2011年，蒙古国家大呼拉尔通过新《对外政策构想》，基本保留原有基础，并根据新形势进行补充，将“开放、不结盟的外交政策”拓展为“爱好和平、开放、独立、多支点的外交政策”，强调对外政策的统一性和连续性。明确对外政策首要任务是发展同俄、中两大邻国友好关系，并将“第三邻国”政策列入构想，发展同美、日、欧盟、印度、韩国、土耳其等西方国家和联盟的关系。2012年3月，蒙与北约建立“全球伙伴关系”。11月，蒙加入欧安组织，成为该组织第57个成员国。

【同中国的关系】1949年10月16日中蒙建交。20世纪60年代中后期受中苏关系恶化影响，两国关系经历曲折。1989年两国关系实现正常化以来，两国睦邻友好合作关系发展顺利。1994年，双方重新签署《中蒙友好合作关系条约》，为两国关系健康、稳定发展奠定了政治、法律基础。2003年两国宣布建立睦邻互信伙伴关系。2011年两国宣布建立战略伙伴关系。2013年双方签署《中蒙战略伙伴关系中长期发展纲要》。2014年，双边发表联合宣言，将中蒙关系提升为全面战略伙伴关系。中蒙建交60多年来，两国关系虽经历过一些曲折，但睦邻友好始终是主流。尤其是近20年来，两国关系发展迅速，成果显著。

1998年12月，应江泽民主席邀请，蒙古总统巴嘎班迪对中国进行国事访问，双方发表中蒙联合声明，确定建立两国面向21世纪长期稳定、健康互信的睦邻友好合作关系，为两国关系的未来发展指明了方向。1999年7月，江泽民主席应邀对蒙古进行国事访问，充实和丰富了两国睦邻友好合作关系的内涵。2002年1月，蒙古总理恩赫巴亚尔对中国进行正式访问，双方发表联合公报。2003年6月，胡锦涛主席对蒙古进行国事访问，双方宣布建立中蒙睦邻互信伙伴关系，并发表联合声明。2004年7月，蒙古总统巴嘎班迪对中国进行国事访问，双方发表中蒙联合声明。2005年11月，蒙古总统恩赫巴亚尔对中国进行国事访问，双方发表中蒙联合声明。2006年11月，蒙古总理恩赫包勒德对中国进行正式访问。2008年6月，习近平副主席应邀对蒙古进行正式访问。2010年4月，蒙古总统额勒贝格道尔吉对中国进行国事访问。2010年6月，温家宝总理对蒙古进行正式访问。2011年6月，蒙古总理巴特包勒德对中国进行正式访问，双方宣布建立战略伙伴关系，并发表联合声明。2012年1月，蒙古对外关系与贸易部长赞登沙特尔访华，杨洁篪外长与其会谈。6月，蒙古总统额勒贝格道尔吉来华出席上海合作组织北京峰会，胡锦涛主席同额会谈，李克强副总理会见。8月，戴秉国国务委员访蒙，同蒙古总统额勒贝格道尔吉、国家大呼拉尔主席恩赫包勒德、总理阿勒坦呼雅格、副总理特尔比希达格瓦、国家大呼拉尔副主席巴雅尔朝格特分别举行会晤。2012年12月，温家宝总理在比什凯克出席上海合作组织成员国总理会议期间会见蒙古总理阿勒坦呼雅格。2013年1月，吴邦国委员长访蒙，同蒙古总统额勒贝格道尔吉、总理阿勒坦呼雅格、国家大呼拉尔主席恩赫包勒德分别举行会见会谈。4月，蒙古国家大呼拉尔主席恩赫包勒德来华出席博鳌亚洲论坛2013年年会，习近平主席、张德江委员长与其举行会见。5月，杨洁篪国务委员访蒙，同蒙古总统额勒贝格道尔吉、总理阿勒坦呼雅格、副总理特尔毕希达格瓦、外长包勒德分别举行会见会谈。7月，习近平主席特使、全国人大常委会副委员长向巴平措赴蒙出席蒙古总统额勒贝格道尔吉就职仪式。9月，习近平主席在比什凯克出席上海合作组织成员国元首理事会会议期间会见蒙古总统额勒贝格道尔吉。10月，蒙古总理阿勒坦呼雅格对华进行正式访问，李克强总理同其举行会谈，习近平主席、张德江委员长分别会见。2014年1月，蒙古外交部长包勒德访华，李源潮副主席、杨洁篪国务委员会见，王毅外长同其举行会谈。2014年6月，王毅外长访蒙，同蒙古总统额勒贝格道尔吉、总理阿勒坦呼雅格、副总理特尔比希达格瓦分别会见，同蒙古外长包勒德举行会谈。2014年8月，习近平主席对蒙古进行国事访问，同蒙古总统额勒贝格道尔吉举行大小范围会谈，分别会见蒙古国家大呼拉尔主席恩赫包勒德、总理阿勒坦呼雅格。双方发表联合宣言，将中蒙关系提升为全面战略伙伴关系。2014年9月，习近平主席出席在杜尚别举行的上海合作组织成员国元首理事会第十四次会议期间，同蒙古总统额勒贝格道尔吉和俄罗斯总统普京举行中蒙俄三国元首首次会晤。2014年10月，蒙古国家大呼拉尔主席恩赫包勒德访华，习近平主席会见，张德江委员长同其举行会谈。2014年11月，蒙古总统额勒贝格道尔吉来华出席亚太经合组织领导人会议期间举行的加强互联互通伙伴关系东道主伙伴对话会，习近平主席、张德江委员长会见。2015年4月，蒙古外长普日布苏伦访华，李源潮副主席会见、王毅外长同其举行会谈。2015年7月，习近平主席出席在乌法举行的上海合作组织成员国元首理事会第十五次会议期间，同蒙古总统额勒贝格道尔吉和俄罗斯总统普京举行中蒙俄三国元首第二次会晤。2015年9月，蒙古总统额勒贝格道尔吉来华出席纪念中国人民抗日战争暨世界反法西斯战争胜利70周年活动，习近平主席和张德江委员长分别会见。同月，蒙古总理赛汗比列格来华出席夏季达沃斯论坛，李克强总理会见。2015年10月蒙古国家大呼拉尔主席恩赫包勒德以民主党主席身份来华出席亚洲政党丝绸之路专题会议，张德江委员长会见。2015年11月，蒙古总统额勒贝格道尔吉对华进行国事访问，习近平主席同其举行会谈，李克强总理、张德江委员长分别会见。同月，全国人大常委会副委员长严隽琪访蒙并启动两国立法机构定期交流机制，蒙古国家大呼拉尔主席恩赫包勒德、总理赛汗比列格分别会见。中蒙是友好邻邦。多年来，中国政府坚定不移地对蒙古奉行睦邻友好政策。中方尊重蒙古的独立与主权，尊重蒙古人民自己选择的发展道路，尊重蒙古的无核区地位。近年来，两国互利合作不断扩大，中国已连续多年成为蒙最大的贸易伙伴和投资国。在国际事务中，双方在许多问题上有着相同或近似的看法，保持密切沟通与合作。

2015年截至11月，中蒙双边贸易额49.4亿美元，其中中方出口14.9亿美元，进口34.5亿美元。

【两国间外交机构】中国驻蒙古大使：邢海明。馆址：蒙古国乌兰巴托市苏赫巴托区北京街5号。国家地区号：00976–110。电话：320955、323940、311903；传真：311943。

蒙古驻华大使：苏赫巴特尔。馆址：北京市朝阳区建国门外大街秀水北街2号。国家地区号：0086–10。电话：5321203，65321810；传真：65325045。商务处电话：65321952。

【同俄罗斯的关系】2014年9月，俄罗斯总统普京对蒙古进行工作做访问，会见蒙总统勒贝格道尔吉。双方签署15份合作协议。

【同其他国家的关系】2014年2月，蒙外长包勒德访问韩国。4月，美国国防部长哈格尔访问蒙古。双方签署联合声明，美表示将对蒙提供更多军事训练和援助。7月，蒙总统额勒贝格道尔吉访问日本，会见日本首相安倍晋三，双方发表《联合声明》，并就签署双边经济合作协议达成共识；同月，加拿大外长贝尔德、吉尔吉斯总理奥托巴耶夫访问蒙古。8月，韩国外长尹炳世访问蒙古。9月，蒙总统额勒贝格道尔吉访问塔吉克斯坦。10月，蒙古总统额勒贝格道尔吉访问意大利、匈牙利、奥地利。

2015年2月，蒙古总理赛汗比列格访问日本，两国签署经济伙伴协定（EPA）。同月，蒙古议长恩赫包勒德访日。朝鲜外务相李洙墉访蒙。5月，总统额勒贝格道尔吉访日。10月，德国总统高克访蒙。11月，蒙古总统额勒贝格道尔吉访问法国。12月，韩国总理黄教安访蒙。

【同国际组织的关系】2012年1月，蒙古总理巴特包勒德出席达沃斯世界经济论坛。3月，北约理事会批准北约与蒙古建立国别伙伴关系及双方长期互利合作计划。4月，蒙财长哈音夏尔瓦出席在华盛顿举行的世行国际货币基金组织春季会晤。5月，联合国工业发展组织总干事肯戴·云盖拉访问蒙古。6月，欧洲安全与合作组织秘书长赞尼尔、轮值主席国常驻代表奥里里访问蒙古。7月，世界旅游组织总干事瑞法依访问蒙古。8月，蒙总统额勒贝格道尔吉出席在伊朗举行的第16届不结盟运动峰会。9月，蒙总统额勒贝格道尔吉赴纽约出席第67届联大。11月，蒙总统额勒贝格道叨叨尔吉出席在老挝万象举行的第9届亚欧首脑传言；蒙古成为欧安组织第57个成员国。

2014年8月，蒙外长包勒德首次应邀参加东盟外长会议。9月，蒙古总统额勒贝格道尔吉出席杜尚别上合组织领导人会晤。同月，蒙古总统额勒贝格道尔吉出席69届联大会议。10月，蒙古总统额勒贝格道尔吉出席第10届亚欧会议。

2015年9月，蒙古首都乌兰巴托举行欧安组织议会大会。同月，蒙古总统额勒贝格道尔吉出席第70届联大会议。（李爽）

孟加拉国

国名　孟加拉人民共和国（The People's Republic of Bangladesh）。

面积　147570平方公里。

人口　约1.6亿。孟加拉族占98%，另有20多个少数民族。孟加拉语为国语，英语为官方语言。伊斯兰教为国教，穆斯林占总人口的88%。

首都　达卡（Dhaka），人口1200多万。

国家元首　总统阿卜杜尔·哈米德（Abdul Hamid），2013年4月24日就任。

重要节日　独立日和国庆日：3月26日；国民革命和团结日：11月7日；胜利日：12月16日；烈士日：2月21日；开斋节和古尔邦节（宰牲节）：据回历推算，每年有变化。

简况

位于南亚次大陆东北部的恒河和布拉马普特拉河冲积而成的三角洲上。东、西、北三面与印度毗邻，东南与缅甸接壤，南濒临孟加拉湾。海岸线长550公里。全境85%的地区为平原，东南部和东北部为丘陵地带。大部分地区属亚热带季风气候，湿热多雨。全年分为冬季（11月至翌年2月），夏季（3—6月）和雨季（7—10月）。年平均气温为26.5℃。冬季是一年中最宜人的季节。最低温度为4℃，夏季最高温度达45℃，雨季平均温度30℃。

孟加拉族是南亚次大陆古老民族之一。孟加拉地区曾数次建立过独立国家，版图一度包括现印度西孟加拉、比哈尔等邦。16世纪时孟已发展成次大陆上人口最稠密、经济最发达、文化昌盛的地区。18世纪中叶成为英国对印度进行殖民统治的中心。19世纪后半叶成为英属印度的一个省。1947年印巴分治，孟加拉划归巴基斯坦（称东巴）。1971年3月东巴宣布独立，1972年1月正式成立孟加拉人民共和国。

政治

20世纪90年代以来，孟加拉国主要由民族主义党和人民联盟轮流执政。2006年10月，孟民族主义党政府结束5年任期。因孟主要政党对选举改革等问题分歧严重，议会解散，成立看守政府。2008年12月，孟举行第9届议会选举，人民联盟领导的联盟获胜。2009年1月6日，人盟主席谢赫·哈西娜（Sheikh Hasina，女）就任总理。2014年1月5日，孟加拉国举行第十届议会选举。人民联盟和民族主义党在大选组织形式等问题上立场相去甚远，斗争激烈。执政党人民联盟在民族主义党等反对党抵制下，组织选举并获得议会绝大多数席位。

【宪法】1972年议会通过并生效。1982年3月军管后，宪法中止实行。1986年11月恢复执行宪法。截至2013年，孟宪法共经过16次修改。第16次宪法修正案主要内容是取消看守政府制度。

【议会】实行一院议会制，即国民议会（Jatiya Sangsad）。宪法规定议会行使立法权。议会由公民直接选出的300名议员和遴选的50名女议员组成，任期5年。议会设正副议长，由议员选举产生。议会还设秘书处以及专门委员会等部门。现任议长希琳·沙尔敏·乔杜里（Shirin Sharmin Chowdhury，女），2014年1月29日就任。

【政府】孟人民联盟政府组成：谢赫·哈西娜，总理兼国防部长和电力、能源与矿产资源部长；财政部长阿布·马尔·阿布杜尔·穆希特（Abul Maal Abdul Muhit），农业部长莫蒂娅·乔杜里（Motia Chowdhury，女），黄麻与纺织部长伊玛吉·乌丁·帕拉玛尼克（Emaz Uddin Pramanik），司法与议会事务部长安尼苏尔·胡克（Anisul Huq），计划部长穆斯塔法·卡马尔（Mustafa Kamal），劳工与就业部国务部长（相当于常务副部长，部长尚未任命）穆吉布尔·楚努（Mujibul Chunnu），邮政通讯与信息科技部国务部长（部长尚未任命）塔拉纳·哈利姆（Tarana Halim），地方政府、乡村发展与合作部长坎德尔·穆沙拉夫·侯赛因（Khandker Mosharraf Hossain），侨民与海外就业部部长努尔·伊斯拉姆（Nurul Islam），内政部长阿萨杜泽曼·汗·卡马尔（Asaduzzaman Khan Kamal），土地部长山姆苏尔·拉赫曼·沙里夫（Shamsur Rahman Sherif），文化部长阿萨杜泽曼·努尔（Asaduzzaman Noor），社会福利部国务部长（部长尚未任命）普罗莫德·曼金（Promode Mankin），工业部长阿米尔·阿穆（Amir Amu），交通部长欧拜杜尔·卡德尔（Obaidul Quader），水力资源部长安尼苏尔·马赫穆德（Anisul Mahmud），商业部长陶菲尔·艾哈迈德（Tofail Ahmed），信息部部长哈桑努尔·哈克·伊努（Hasanul Haq Inu），民航与旅游部长拉希德·梅农（Rashed Menon），食品部部长卡姆尔·伊斯拉姆（Qamrul Islam），初级与大众教育部长穆斯塔菲祖尔·拉赫曼（Mostafizur Rahman），卫生与家庭福利部长穆罕默德·纳西姆（Mohammed Nasim），外交部长阿布·哈桑·马哈茂德·阿里（Abul Hassan Mahmood Ali），教育部长努鲁尔·伊斯拉姆·纳希德（Nurul Islam Nahid），渔业与畜牧业部长穆罕默德·赛义杜尔·霍克（Muhammed Sayedul Hoque），船运部长沙贾汗·汗（Shahjahan Khan），环境与森林部长安瓦尔·侯赛因·曼久（Anwar Hossain Manju），铁道部长穆吉布·哈克（Mujibul Haque）。

【行政区划】全国划分为达卡、吉大港、库尔纳、拉吉沙希、巴里萨尔、锡莱特和郎故尔7个行政区，下设64个县，472个分县，4490个乡，59990个村。

【司法机构】最高法院分为上诉法庭和高等法庭。首席大法官及法官若干人均由总统任命。首席大法官和一部分指定的法官审理上诉法庭的案件，其他法官审理高等法庭的案件。达卡有高等法院和劳工上诉法院。此外还有巡回法院，县法院，民事、刑事法院。

【政党】党派众多，主要有：

（1）孟加拉人民联盟（Awami League）：前身是1949年10月建立的巴基斯坦人民穆斯林联盟，1952年改现名。孟独立后至1975年为首任执政党。其宗旨是民族主义、民主、社会主义和世俗主义。1992年9月人盟全国理事会修改了党章，放弃公有制原则，实行市场经济，引进自由竞争机制；实行不结盟外交政策，主张同一切国家建立友好关系。主席谢赫·哈西娜。

（2）孟加拉民族主义党（Bangladesh Nationalist Party，BNP）：1978年9月成立。主张维护民族独立、主权和领土完整，信奉真主、民主、民族主义，保证社会和经济上的公正。基本政策是民主多元化、私营化、取消过多的行政干预和建立市场竞争经济。对外政策坚持中立、不结盟，主张同一切国家友好。主席为卡莉达·齐亚（Khaleda Zia，女）。

（3）孟加拉民族党（Bangladesh Jatiya Party）：1986年1月1日成立。主张维护独立和主权，建立伊斯兰理想社会，提倡民族主义、民主和社会进步，发展经济。1997年6月底民族党曾发生分裂，前总理卡齐等成立民族党（扎一穆派），后于1998年12月合并。1999年4月，时任交通部长曼久和原民族党副主席米赞成立民族党米曼派，民族党再次分裂。民族党主流派主席为前总统侯赛因·穆罕默德·艾尔沙德（Hussain Muhammad Ershad）。

（4）伊斯兰大会党（Jamaat-e-Islami Party）：1946年成立。曾因反对孟加拉国独立而遭禁。1979年重新开展活动。2001年10月，作为民族主义党领导的四党联盟一员参加大选，成为执政党之一。该党称，最终目标是将孟加拉国变成一个伊斯兰国家，主张废除一切非伊斯兰法律，认为外交政策应反映伊斯兰的理想。主席为马蒂乌尔·拉赫曼·尼扎米（Matiur Rahman Nizami）。

【重要人物】**阿卜杜尔·哈米德**：总统。生于1944年1月1日，毕业于达卡大学，获法律学士、硕士学位。长期从事法律工作。早年从政，先后6次当选议员。曾于2001年7—10月、2009年1月至2013年4月任议长。2013年4月24日接替病逝的前总统齐鲁尔·拉赫曼，宣誓成为孟加拉国第20任总统。 **谢赫·哈西娜**：总理。1947年生。孟加拉达卡大学文学学士。系孟加拉开国总统穆吉布·拉赫曼的长女，长期从事政治活动，自20世纪80年代起担任人民联盟（人盟）主席。曾于1994—2001年出任总理。2008年12月30日，孟举行第9届议会选举，人盟领导的大联盟胜出，哈西娜再度执政。2014年第三次出任总理。

经　济

孟加拉国是最不发达国家之一，经济发展水平较低，国民经济主要依靠农业。孟近两届政府均主张实行市场经济，推行私有化政策，改善投资环境，大力吸引外国投资，积极创建出口加工区，优先发展农业。人民联盟政府上台以来，制定了庞大的经济发展计划，包括建设“数字孟加拉”、提高发电容量、实现粮食自给等，但面临资金、技术、能源短缺等挑战。2014—2015财年（2014年7月1日—2015年6月30日）主要经济数据如下：

国内生产总值：1951.60亿美元。

人均国内生产总值：1236美元。

货币名称：塔卡（Taka）。

汇率：1美元≈77塔卡。

【资源】孟矿产资源有限。主要能源天然气已公布的储量为3113.9亿立方米，主要分布在东北几小块地区，煤储量7.5亿吨。森林面积约200万公顷，覆盖率约13.4%。

【工业】工业以原材料工业为主，包括水泥、化肥、黄麻及其制品、白糖、棉纱、豆油、纸张等；重工业薄弱，制造业欠发达。主要直接投资国为美国、英国、马来西亚、日本、中国、沙特阿拉伯、新加坡、挪威、德国和韩国等。

【交通运输】公路：总里程21571公里。其中国家公路3570公里，地区公路4323公里，支线公路13678公里。76%的货运及73%的客运由公路运输承担。

铁路：总里程2835.04公里。年旅客周转量约46亿人次，货运量为7.6亿吨公里。

水运：孟加拉内河运输公司（BIWTC）拥有船只195艘。孟加拉运输公司（BSC）拥有船只13艘。

空运：孟航（Biman Bangladesh），国内航线3条，

国际航线18条。孟现有国际机场3个（达卡、吉大港、锡莱特），国内机场5个。

【财政金融】截至2016年2月，孟外汇储备为280亿美元。2014—2015财年政府税收174.70亿美元。

【对外贸易】孟加拉国与130多个国家和地区有贸易关系，主要出口市场有美国、德国、英国、法国、荷兰、意大利、比利时、西班牙、加拿大和中国香港。主要出口产品包括：黄麻及其制品、皮革、茶叶、水产、服装等。

主要进口市场有印度、中国、新加坡、日本、中国香港、韩国、美国、英国、澳大利亚和泰国。主要进口商品为生产资料、纺织品、石油及石油相关产品、钢铁等基础金属、食用油、棉花等。

孟2014—2015财年对外贸易情况：进出口总额为696.50亿美元，其中出口额为312亿美元，进口额为384.50亿美元。

【外国援助】国际援助是孟外汇储备的重要来源，也是孟投资发展项目的主要资金来源。日本、美国、加拿大和世界银行、亚洲开发银行等国际机构是主要提供者。

军　事

孟加拉国武装力量由正规军和准军事力量组成。总统是武装部队最高统帅，总理掌握军队实权。陆、海、空三军分立，三军的作战指挥权分别由三军参谋长负责，实行志愿兵役制。三军总兵力约15.5万人。陆军12万人，海军1万人，空军1万人，准军事组织1.5万人。准军事力量包括步枪队、乡村卫队、海岸警卫队、国家学员团和警察部队等。

文化教育

【教育】学制为小学5年、中学7年、大学4年。现政府重视教育，规定8年级以下女生享受免费和义务教育。国立大学29所，私立大学51所。主要高校有达卡大学、孟加拉工程技术大学、拉吉沙希大学等。

【新闻出版】有1660多种报刊获准公开发行，主要孟文报纸有《团结报》、《革命报》、《人民之声》、《新闻日报》。主要英文报纸有：《孟加拉国观察家报》、《每日星报》、《独立报》和《金融快报》。

通讯社：孟加拉国通讯社（国营）、联合通讯社（私营）和南亚通讯社（私营，1995年12月27日成立）。

广播电台：孟加拉电台建于1982年，除达卡的国家台外，还有8个地方台，每天用英语、乌尔都语、印地语、阿拉伯语、尼泊尔语等7种语言向欧洲、中东、巴基斯坦、印度和尼泊尔等国家和地区广播。

电视台：1964年开办，在达卡和吉大港有2个站点，在全国有11个转播站。设有2个地面卫星转播站。孟还有ATN、Channel-1、N-TV等私营电视台。

对外关系

奉行独立自主、不结盟政策。在平衡发展同大国关系的同时，注重维护与穆斯林国家的传统关系，努力改善与印度的关系，并加强同西方国家的关系。孟加拉国积极参加联合国、不结盟运动、伊斯兰会议组织、英联邦等国际或地区性组织的活动。孟加拉国注重经济外交，强调建立公正的国际经济新秩序，致力于推动南亚区域合作进程，积极参与次区域和跨区域经济合作。孟主张全面、彻底裁军，反对西方国家利用人权问题干涉别国内政。

【同中国的关系】1975年10月4日两国建交，此后关系发展迅速，双方领导人互访频繁。孟总统齐亚·拉赫曼、总统艾尔沙德曾多次访华，卡·齐亚和哈西娜出任总理后均首访中国。李先念主席（1986年）、李鹏总理（1989年）、朱镕基总理（2002年1月）、贾庆林政协主席（2003年11月）、温家宝总理（2005年4月）、习近平副主席（2010年6月）、李长春同志（2012年10月）先后访孟。

2010年中孟建交35周年之际，两国领导人成功互访，宣布建立和发展中孟更加紧密的全面合作伙伴关系。2014年6月，孟总理哈西娜访华。11月，孟总统哈米德来华出席加强互联互通伙伴关系对话会。2015年是中孟建交40周年。5月，刘延东副总理对孟进行正式访问。6月，孟国民议会议长乔杜里赴云南出席第三届中国—南亚博览会开幕式。9月，习近平主席在出席联合国成立70周年系列峰会期间会见孟总理哈西娜。10月，孟国民议会议长乔杜里访华。

2014年双边贸易额为125.47亿美元，同比增长21.98%，其中中国出口额117.85亿美元，进口额7.62亿美元。2015年双边贸易额为147.07亿美元，同比增长17.2%，其中中国出口额139.01亿美元，进口额8.06亿美元。孟是中国在南亚地区第三大贸易伙伴，中国是孟第一大贸易伙伴。

中国驻孟加拉国大使：马明强。馆址：Plot 2/4，Road No.3，Block-I，Baridhara，Dhaka，Bangladesh。国际地区号：0088–2。电话：8824862，8824164；传真：8823004。电子信箱：CHINAEMB@BDMAIL.NET。经商处电话：8825272，8823313；传真：8823082。

孟加拉国驻华大使：M.法兹勒·卡里姆（M Fazlul Karim）。馆址：北京市朝阳区光华路42号。国家地区号：0086–10。电话：010–65322521，65323706；传真：65324346。E-mail：embbd@public.intercom.com.cn。

【同美国的关系】孟加拉国政府为摆脱贫困，寻求外援，积极谋求发展同美的关系。美重视孟"温和穆斯林"人口大国和地区战略地位，一直是孟最大的贸易和投资国，至今已累计向孟提供50多亿美元援助。近年来，两国元首、高官保持密切接触。2012年5月，美国务卿克林顿访华，两国宣布建立"伙伴关系对话"机制。美承诺未来5年内向孟提供10亿美元援助，并提供数千万美元用于气候变化、卫生、粮食安全等领域。

【同印度的关系】孟加拉国重视改善和发展与印度的关系。印欢迎哈西娜领导的人盟上台执政，期待与孟进一步加强双边友谊与合作。2010年1月，孟总理哈西娜访印，孟印在基础设施建设、贸易、电力等领域达成具体成果，印度允诺向孟提供10亿美元贷款，孟允许印度使用吉大港和蒙格拉港。2011年9月，印度总理辛格访孟，两国在贸易、教育、交通等领域签署多项合作文件。但在孟关心的跨境河流分水和印关心的跨境交通等方面未能取得进展。2014年6月莫迪政府执政以来重视同孟关系，印外长斯瓦拉吉访孟。2015年6月，印总理莫迪访孟，双方签署22项合作文件，涉及经贸、交通、科技、安全和人文等众多领域。

【同巴基斯坦的关系】两国关系总体平稳发展。由于人盟政府坚持审理独立战犯，两国关系受到一定影响。

缅　　甸

国名　缅甸联邦共和国（Republic of the Union of Myanmar）。

面积　676581平方公里。

人口　5141.9万，共有135个民族，主要有缅族、克伦族、掸族、克钦族、钦族、克耶族、孟族和若开族等，缅族约占总人口的65%。各少数民族均有自己的语言，其中克钦、克伦、掸和孟等族有文字。华人华侨约250万。全国85%以上的人信奉佛教，约8%的人信奉伊斯兰教。

首都　内比都（Nay Pyi Taw），人口约115.8万。

国家元首　总统登盛（U Thein Sein），2011年2月在联邦议会选举中当选为缅甸联邦共和国首任总统，3月30日正式宣誓就职，任期至2016年3月。

重要节日　独立节：1月4日；建军节：3月27日；泼水节：4月13日。

简　况

位于中南半岛西部。东北与中国毗邻，西北与印度、孟加拉国相接，东南与老挝、泰国交界，西南濒临孟加拉湾和安达曼海。海岸线长3200公里。属热带季风气候，年平均气温27℃。

1044年形成统一的国家后，经历了蒲甘、东吁和贡榜三个封建王朝。19世纪英国发动三次侵略战争后占领了缅甸，1886年将缅甸划为英属印度的一个省。1937年缅甸脱离英属印度，直接受英国总督统治。1942年5月被日本占领。1945年3月全国总起义，缅甸光复。后英国重新控制缅甸。1948年1月4日，缅脱离英联邦宣布独立。以吴努（U Nu）为首的政府实行多党民主议会制。1962年，缅国防军总参谋长奈温（Ne Win）将军发动政变，推翻吴努政府，成立革命委员会。1974年1月，颁布新宪法，成立人民议会，组建了“社会主义纲领党”（简称“纲领党”），奈温任“纲领党”主席，定国名为“缅甸联邦社会主义共和国”。1988年9月军队接管政权，成立“国家恢复法律与秩序委员会”（后改为“国家和平与发展委员会”，简称“和发委”），改国名为“缅甸联邦”。

政　治

2010年11月，缅甸举行全国多党民主制大选，联邦巩固与发展党（简称“巩发党”）以绝对优势赢得大选。2011年1月31日，缅甸联邦议会召开首次会议，正式将国名改为“缅甸联邦共和国”，并启用新的国旗和国徽。2月4日，联邦议会选举登盛为总统。3月30日，组建政府。2012年4月，缅甸议会举行补选，昂山素季（Aung San Suu Kyi）领导的全国民主联盟（民盟）获得45个空缺席位中的43席。2015年11月，缅甸举行新一轮全国大选，民盟赢得大选。2016年2月，缅甸新一届议会正式成立，分别选举民盟中央执委温敏和民盟议员曼温楷丹为人民院议长和民族院议长。新一届政府于3月底成立。

【宪法】1974年缅甸制定了《缅甸社会主义联邦宪法》。1988年军政府接管政权后，宣布废除宪法，并于1993年起召开国民大会制定新宪法。2008年5月，新宪法草案经全民公决通过，并于2011年1月31日正式生效。

【政府】主要成员有：国防部长盛温中将（Lt-Gen Sein Win），内政部长兼移民与人口部部长哥哥中将（Lt-Gen Ko Ko），边境事务部长岱乃温中将（Lt-Gen Thet Naing Win），外交部长温纳貌伦（U Wunna Maung Lwin），宣传部部长耶突（U Ye Htut），农业与水利部长敏莱（U Myint Hlaing），环保与林业部长温吞（U Win Tun），财税部长温欣（U Win Shine），建设部长觉伦（U Kyaw Lwin），国家计划与经济发展部长坎佐（Dr. Kan Zaw），商务部长温敏（U Win Myint），劳工、就业与社会保障部部长埃敏（U Aye Myint），社会福利与救济安置部长杜妙妙翁钦（Dr. Daw Myat Myat Ohn Khin），畜牧与水产部长翁敏（U Ohn Myint），矿业部长敏昂（Dr. Myint Aung），合作社部长觉山（U Kyaw Hsan），交通部长兼铁道部部长年吞昂（U Nyan Tun Aung），饭店与旅游部长泰昂（U Htay Aung），工业部长貌敏（U Maung Myint），能源部长兼通讯和信息技术部部长泽雅昂（U Zeya Aung），电力部长钦貌梭（U Khin Maung Soe），教育部长妙埃博士（Dr. Mya Aye），卫生部长佩代钦博士（Dr. Pe Thet Khin），文化部长埃敏玖（U Aye Myint Kyu），宗教事务部长山信（U Hsan Hsint），科技部长哥哥乌（Dr. Ko Ko Oo），体育部长丁山（U Tint Hsan）、总统府部长登纽（U Thein Nyunt）、梭貌（U Soe Maung）、梭登（U Soe Thein）、昂民（U Aung Min）、拉吞（U Hla Tun）。

【行政区划】全国分7个省、7个邦和联邦区。省是缅族主要聚居区，邦多为各少数民族聚居地，联邦区是首都内比都。

【司法机构】缅甸法院和检察院共分4级。设最高法院和最高检察院，下设省邦、县及镇区3级法院和检察院。最高法院为国家最高司法机关，首席法官吞吞乌。最高检察院为国家最高检察机关，联邦检察长吞欣。

【政党和团体】现有主要政党：

（1）全国民主联盟（National League for Democracy）：简称“民盟”，总部设在仰光，成立于1988年9月29日。在1990年5月大选中，该党获得485个议席中的396席，后因军政府拒绝移交权力而与政府进行了长期斗争。2010年11月缅举行全国多党民主制大选，民盟拒绝重新注册参选。2011年11月，民盟重新申请注册。2012年1月，民盟恢复合法政党地位，在4月1日举行的议会补选中获得43个席位，昂山素季任党主席。在2015年11月大选中在联邦议会获得390席，成为新一届议会第一大党。

（2）联邦巩固与发展党（The Union Solidarity and Development Party）：该党由1993年成立的缅甸联邦巩固与发展协会转变而成，2010年5月正式注册成为政党，总部设在内比都，共有党员约1800万人。其宗旨是实现国家永固，主权独立，民族团结，和平稳定，繁荣发展，保护百姓的安全、改善民生，维护人权，实现民主。奉行多党民主制度、市场经济制度和独立、积极的外交政策。2012年10月，选举总统登盛继续担任该党主席。2013年5月登盛正式辞去主席，由人民院议长瑞曼接任。2015年8月，巩发党免去瑞曼的党主席职务，由泰乌担任巩发党联合主席。在2015年11月大选中赢得联邦议会42个席位。

（3）民族团结党（The National Unity Party）：该党由原执政的缅甸社会主义纲领党于1988年9月24日改组而成。总部设在仰光，各级组织机构健全，在中央、省/邦、县、镇区等各级设有党委会。宗旨是维护民族团结，维护国家独立和主权，为人民服务，为国家政治、经济和社会等各领域发展服务。主席吞伊，总书记丹丁，联合秘书钦貌基。

（4）掸邦民族民主党（The Shan Nationalities Democratic Party）：总部设在仰光。宗旨是维护民族团结，实现掸邦的经济、交通、教育、农业等领域发展。主席赛埃榜。

（5）掸族民主同盟（Shan Nationalities League for Democracy）：成立于1988年10月21日，为掸邦少数民族政党，主席昆吞乌（Hkun Htun Oo）。该党在1990年大选中获得23个席位，后因抵制2010年大选而遭解散，2012年恢复注册，在2015年大选中赢得联邦议会15个席位。

（6）若开民族党（Arakan National Party）:2013年7月由若开民族发展党（The Rakhine Nationalities Development Party）和若开民主联盟（Arakan League for Democracy）合并而来，总部设在若开邦实兑市，宗旨是团结全国人民，实现民主，促进国家政治、经济和社会发展，保护若开民族宗教信仰和风俗文化，维护若开民族利益和联邦利益。主席为埃貌。在2015年大选中获得联邦议会22个席位。

（7）全国民主力量党（The National Democratic Force）：主席为钦貌瑞（原民盟中央执委），副主席为梭温和拉梭纽博士。2010年5月成立，总部设在仰光省淡汶镇区。由原民盟中钦貌瑞、丹宁博士、温奈博士、登纽等4名中央执委，盛腊乌、梭温、丹温等3名中央委员在内的28名民盟前成员另立的新党。2011年12月以来，共有3名该党联邦议会议员宣布重返民盟。在2015年大选中未获得议会席位。

其他政党还有：德昂民族党（Ta'ang National Party）、博欧民族组织（Pa-O National Organisation）、祖密民主大会党（Zomi Congress for Democracy）等。

【重要人物】登盛：总统，1945年5月出生，缅族。毕业于缅国防军事学院。1997年4月任三角军区司令。2001年12月，任国防部军务署长。2003年8月出任“和发委”第二秘书长，2004年10月升任“和发委”第一秘书长。2007年5月18日被任命为代总理，同年10月24日出任总理，并于11月晋升上将。2010年4月退役，担任缅甸联邦巩固与发展党（简称“巩发党”）主席并仍任政府总理。同年11月，在全国大选中当选为人民院议员。2011年2月4日，在联邦议会选举中当选为缅甸联邦共和国首任总统。　**昂山素季**：人民院议员，全国民主联盟主席。1945年6月出生，系缅甸独立运动领袖昂山将军之女。15岁时随时任驻印度大使的母亲赴印，先后在印度、英国求学，获牛津大学哲学、政治学和经济学学士学位，后又入伦敦大学东方和非洲学院攻读硕士。期间担任过联合国秘书处行政和预算咨询委员会助理秘书、不丹外交部和印度西姆拉发展研究院研究员，并在日本京都大学南亚研究中心从事过学术研究。1988年回到缅甸，组建全国民主联盟。曾于1989年、2000年和2003年3次被软禁，前后长达15年。2010年11月获释，后在2012年4月议会补选中当选人民院议员。2013年3月，在民盟全国代表大会上当选民盟主席。在2015年11月大选中再度当选人民院议员。　**曼温楷丹**：联邦议会议长兼民族院议长，

1952年4月出生，克伦族，1975年毕业于仰光大学，获法学学士学位。大学毕业后长期从事克伦民族事务，曾担任克伦语言文化协会秘书。1990年加入克伦民族联盟。2013年加入民盟，2015年11月当选民族院克伦邦妙瓦底镇区议员。2016年2月在第二届议会民族院首次会议上当选民族院议长，兼任联邦议会议长。**温敏**：人民院议长，1951年11月出生，缅族，1976年毕业于仰光综合大学，获地理学学士学位。1985年进入缅甸最高法院工作，1988年离开高法加入民盟，先后担任民盟德努漂镇区党部新闻负责人和民盟伊洛瓦底省委员会书记。1990年当选议员，后因参加反政府运动被捕入狱，2009年获释。2012年在人民院补选中当选伊洛瓦底省德努漂镇区议员，被任命为民盟议会事务委员会秘书长。2015年11月当选人民院仰光省丹梅镇区议员。2016年2月在第二届议会人民院首次会议当选人民院议长。

经　济

缅甸自然条件优越，资源丰富。1948年独立后到1962年实行市场经济，1962—1988年实行计划经济，1988年后实行市场经济。2011年缅新政府上台后，大力开展经济领域改革，积极引进外资，确立了四项经济发展援助，包括加强农业发展、工业发展、省邦平衡发展、提高人民生活水平等。2013年1月巴黎俱乐部宣布免除缅甸部分外债后，缅外债总额累计50多亿美元。2011/2012财年外汇储备约72亿美元。2012年4月1日起实行有管理的浮动汇率制。2014/2015财年主要经济数据如（国际货币基金组织数据）下：

国内生产总值：658亿美元。

国内生产总值增长率：8.5%。

货币名称：缅币（Kyat）。

汇率：1美元≈1200缅币（2016年2月）。

2015年6月，缅甸外债余额90.99亿美元，国际货币基金组织数据显示，从2014年9月至2015年9月，政府财政预算赤字占GDP的3%。

【资源】矿产资源主要有锡、钨、锌、铝、锑、锰、金、银等，宝石和玉石在世界上享有盛誉。石油和天然气在内陆及沿海均有较大蕴藏量。至2013年6月，探明煤储量逾4.9亿吨，探明大陆架石油储量达22.73亿桶，天然气8.1万亿立方英尺，共有陆地及近海油气区块77个。森林、水利资源丰富，伊洛瓦底江、钦敦江、萨尔温江三大水系纵贯南北，但由于缺少水利设施，尚未得到充分利用。

【工业】2011/2012财年缅甸工业产值约占国民生产总值的26%。主要工业有石油和天然气开采、小型机械制造、纺织、印染、碾米、木材加工、制糖、造纸、化肥和制药等。

【农牧渔业】农业为国民经济基础。可耕地面积约1800万公顷，尚有400多万公顷的空闲地待开发。农业产值占国民生产总值的四成左右。主要农作物有水稻、小麦、玉米、花生、芝麻、棉花、豆类、甘蔗、油棕、烟草和黄麻等。2011年缅出口大米84.42万吨，创收3.24亿美元。2012/2013财年（截至2013年2月底）已出口大米130万吨，其中80%销往中国，林地面积近3000万公顷，森林覆盖率41%，原始森林面积逾100万公顷，已发现8000余种植物，主要林产品有柚木、花梨等各类硬木和藤条等。2014/2015财年，缅豆类产品出口127.7万吨。目前，缅出口的主要农产品为豆类和大米，其中豆类主要出口至印度，大米主要出口至中国。

畜牧渔业以私人经营为主。缅甸政府允许外国公司在划定的海域内捕鱼，向外国渔船征收费用。1990年开始同一些外国公司合资开办鱼虾生产和出口加工企业，水产品出口多个国家和地区。2014/2015财年前10个月缅甸出口水产品3.69亿美元。

【旅游】风景优美，名胜古迹多。主要景点有世界闻名的仰光大金塔、文化古都曼德勒、万塔之城蒲甘、茵莱湖水上村庄以及额布里海滩等。政府大力发展旅游业，积极吸引外资，建设旅游设施。较著名的饭店有：仰光的喜多娜酒店、茵雅湖酒店、商贸酒店、皇家公园酒店；内比都的妙多温酒店、丁格哈酒店、阿玛拉酒店；曼德勒的喜多娜饭店、曼德勒山酒店；蒲甘的丹岱饭店、蒲甘饭店等。近年来，赴缅外国游客人数逐年递增，根据缅甸酒店和旅游部统计数据，2012年来缅游客达到近106万人，2013年近200万人次，2014年近300万人次，2015年约500万人次，其中游客来源国排名前五分别为泰国、中国、日本、韩国和马来西亚。

【交通】交通以水运为主，铁路多为窄轨。近年来，政府大力修筑公路和铁路，陆路运输有了较大发展。

铁路和公路：缅交通和铁道部门数据显示，截至2012年11月，缅甸全国公路里程为21361英里，在建1815英里，火车站899个，铁路总长3579英里，在建1778英里，拥有蒸汽机车43台、柴油机车270台、客车厢831节、火车厢3906节。

水运：缅交通部数据显示，截至2012年11月，内河航道约9219英里，目前仅有缅甸五行轮船公司经营远洋运输。主要港口有仰光港、勃生港和毛淡棉港，其中仰光港是缅甸最大的海港。

空运：主要航空公司有缅甸航空公司、缅甸国际航空公司、曼德勒航空公司、仰光航空公司、甘波扎航空公司、蒲甘航空公司、亚洲之翼航空公司、金色缅甸航空公司等。主要机场有仰光机场、曼德勒机场、内比都机场、黑河机场、蒲甘机场、丹兑机场等。仰光、内比都和曼德勒机场为国际机场。仰光目前已开通的主要国际航线有北京、昆明、广州、南宁、香港、曼谷、清迈、新加坡、吉隆坡、河内、胡志明市、东京、首尔、多哈、法兰克福航线。国内大城市和主要旅游景点均已通航。

【财政金融】缅甸有5家国有银行，分别为：缅甸中央银行（1948年成立，前身为缅甸联邦银行，1990年改称中央银行）、缅甸农业银行（1953年成立）、缅甸经济银行（1967年成立）、缅甸外贸银行（1967年成立）和缅甸投资与商业银行（1989年成立）。从1992年起，允许私人开办银行，近年开始允许外国银行在缅设立代表处。主要的私人银行19家：妙瓦底银行、甘波扎银行、合作社银行、伊洛瓦底银行、亚洲绿色发展银行、佑玛银行、环球银行和东方银行等。目前已有中国工商银行、越南投资与发展银行等20余家外国银行在缅设有代表处。1993年起，外汇券在缅甸流通，缅币对外汇券汇率与缅币对美元汇率基本相同，截至2012年12月31日，缅甸发行流通的外汇券价值3092万美元。2013年3月20日，缅甸联邦议会通过取消外汇券的议案。

【对外贸易】2014年缅对外贸易额331.5亿美元，其中出口额为110.3亿美元，进口额为221.2亿美元。主要贸易伙伴：中国、泰国、新加坡和印度。缅甸主要出口商品有：天然气、大米、玉米、各种豆类、水产品、橡胶、皮革、矿产品、木材、珍珠、宝石等，主要进口商品：燃油、工业原料、化工产品、机械设备、零配件、五金产品和消费品。

【外国投资】根据缅甸国家计划与经济发展部统计，截至2016年1月，外国对缅投资总额达594.7亿美元。在缅投资前五位的国家和地区为：中国（227.76亿美元，含香港）、新加坡（120.24亿美元）、泰国（103.52亿美元）、英国（40.59亿美元）、韩国（33.96亿美元）。主要投资领域为：电力、石油天然气、矿产业、制造业和饭店旅游业。

人民生活

缅甸全国共有医院839所，300张床位以上的大医院114所，农村卫生站1468个。医生26591人，牙医2305人，护士21781人。

军　事

缅甸军队成立于1942年，由陆、海、空三军、警察部队、消防部队及民兵组成。国防军总司令部是缅军最高领导决策机构和军事指挥机关，现任总司令敏昂莱大将，副总司令梭温副大将，总参谋长钦昂敏上将。国防军总司令部下设3个军种司令部：陆军司令部、海军司令部和空军司令部，分别负责各军种的作战指挥。现任陆军司令梭温副大将（兼），海军司令丁昂山中将，空军司令钦昂敏上将（兼）。现任国防部长盛温中将。

文化教育

【文化】缅甸文化深受佛教文化影响，缅甸各民族的文字、文学艺术、音乐、舞蹈、绘画、雕塑、建筑以及风俗习惯等都留下佛教文化的烙印。缅甸独立后，始终维护民族文化传统，保护文化遗产。尽管近现代以来，特别是殖民时期，缅甸文化受到西方文化的影响。但传统文化在缅甸仍有广泛影响，占主导地位。缅甸主要文化机构和设施有：国家舞剧团、国家图书馆、国家博物馆、昂山博物馆等。

【教育】缅甸政府重视发展教育和扫盲工作，全民识字率约94.75%。实行小学义务教育。教育分学前教育、基础教育和高等教育。学前教育包括日托幼儿园和学前学校，招收3—5岁儿童；基础教育学制为10年，1—4年级为小学，5—8年级为普通初级中学，9、10年级为高级中学；高等教育学制3—6年不等。普通高校本科自2012年起改3年制为4年制。

现共有基础教育学校40876所，大学与学院108所，师范学院20所，科技与技术大学63所，部属大学与学院22所。著名学府有仰光大学、曼德勒大学等。

【新闻出版】全国发行的报纸有3种：《缅甸之光》缅文版、《缅甸新光》英文版和1992年9月复刊的《镜报》。地方性的报纸有仰光市出版的《首都报》、曼德勒市出版的《曼德勒日报》和《雅德那榜报》3份。此外，全国还有近180多种杂志和期刊，如《妙瓦底》、《秀玛瓦》、《威达意》、《视野》、《财富》、《缅甸时报》、《声音》、《七日新闻周刊》、《仰光时报》、《时尚》等，其中《金凤凰》为唯一一份中文期刊。

缅甸通讯社为国家通讯社。

缅甸现有电视台6个，包括缅甸之声电视台、妙瓦底电视台、MRTV-4、缅甸国际（MRTV-3）、Channel-7、Skynet-TV。广播电台有缅甸之声广播电台和9个调频电台，包括缅甸之声、城市、曼德勒、波达妙、瑞、彬萨瓦底、茄丽、蒲甘、德仁。

对外关系

缅甸奉行“不结盟、积极、独立”的外交政策，按照和平共处五项原则处理国与国之间关系。不依附任何大国和大国集团，在国际关系中保持中立，不允许外国在缅甸驻军，不侵犯别国，不干涉他国内政，不对国际和地区和平与安全构成威胁。是“和平共处五项原则”的共同倡导者之一。1988年军政府上台后，以美国为首的西方国家对缅实施经济制裁和贸易禁运，终止对缅经济技术援助，禁止对缅进行投资。1997年加入东盟后，与东盟及周边国家关系有较大发展。近年来，缅政府积极推进民族和解，与西方国家关系稍有缓和。截至2013年5月，缅甸已同111个国家建立了外交关系。2014年，缅甸担任东盟轮值主席国。

【同中国的关系】1950年6月8日中缅建交。20世纪50年代，中、缅、印（度）三国共同倡导了和平共处五项原则。1960年两国签订边界条约，圆满解决了历史遗留的边界问题。近年来，中缅两国各领域友好交流与合作进一步加强。2011年5月，缅总统登盛访华，两国发表联合声明，将双边关系提升为全面战略合作伙伴关系。2013年4月，缅总统登盛来华进行国事访问并出席博鳌亚洲论坛2013年年会，两国发表了联合新闻公报。

中缅地方交往活跃，两国间已有3对友好城市和省区。分别是：扬州市—仰光市（1997年7月）、昆明市—曼德勒市（2001年5月）、昆明市—仰光市（2008年12月）。

近期中缅重要双边访问：2012年2月，缅人民院议长瑞曼访华；6月，缅外长温纳貌伦访华；7月，孟建柱国务委员访缅；9月，全国人大常委会委员长吴邦国对缅甸进行正式访问，马晓天副总参谋长访缅，缅总统登盛应邀出席在广西南宁举行的第九届中国—东盟博览会并赴陕西和广东访问，缅联邦议会议长兼民族院议长钦昂敏应邀出席在深圳举行的国际和平日纪念活动；11月，缅国防军副总司令兼陆军司令梭温访华；2013年4月，缅总统登盛赴海南三亚出席博鳌亚洲论坛并对中国进行国事访问；6月，杨洁篪国务委员访问缅甸。11月缅总统登盛来华出席加强互联互通伙伴关系对话会。2014年11月，李克强总理赴缅出席东亚合作领导人系列会议并访问缅甸。12月，国家副主席李源潮赴缅出席中国—东盟文化交流年闭幕式。2015年4月，习近平主席在印度尼西亚雅加达出席亚非领导人会议和万隆会议60周年纪念活动期间，会见缅总统登盛。同月，时任缅联邦巩固与发展党主席、联邦议会议长兼人民院议长瑞曼访华。5月，杨晶国务委员访问缅甸。6月，缅全国民主联盟主席昂山素季访华。9月，缅总统登盛来华出席中国人民抗日战争暨世界反法西斯战争胜利70周年纪念活动，两国发表了联合新闻稿。同月，缅副总统赛茂康来华出席第十二届中国—东盟博览会暨中国—东盟商务与投资峰会。11月，缅外交部长温纳貌伦来华出席澜沧江—湄公河合作首次外长会。12月，外交部副部长刘振民作为中国政府特使访缅。2016年1月，缅外交部副部长丁乌伦访华。

中国为缅第一大贸易伙伴。根据中国商务部数据，2014年中缅双边贸易额达249.7亿美元，同比增长144.9%，其中中方出口额93.7亿美元，同比增长27.7%，进口额156亿美元，同比增长446.2%。2015年，双边贸易额152.8亿美元，同比下降38.8%，其中中方出口额96.6亿美元，同比增长3.1%，进口额56.2亿美元，同比下降63.9%。

目前，缅华人华侨约250万，其中华侨约17万，主要来自云南、福建和广东。

中国驻缅甸大使：洪亮，2015年7月29日递交国书。馆址：1 Pyidaungsu Yeiktha Road，Yangon。国家地区号：0095-10。电话：221280，221281；传真：227019。商务处电话：222800，222803；传真：220386。

缅甸驻华大使：帝林翁（Thit Linn Ohn），2014年7月8日递交国书。馆址：北京市朝阳区东直门外大街6号。国家地区号：0086-10。电话：65320359；传真：65320408。

【同美国的关系】1948年两国建交。缅甸军队接管政权后，美把驻缅使馆降为代办级，停止对缅提供经援和禁毒援助，撤销给缅的贸易普惠制（GSP），对缅实行武器禁运，阻止国际金融机构向缅提供援助，不向缅高官及其家属发放入境签证。2009年9月，美奥巴马政府公布对缅新政策，在维持现有制裁同时，恢复与缅直接接触并有条件扩大对缅人道援助。2009年9月，美吉姆·韦布在纽约会见前来参加联合国大会的缅总理登盛。2009年11月，美总统奥巴马在新加坡与包括缅总理登盛在内的东盟国家领导人举行会晤。2009年11月和2010年5月，美国务院助理国务卿坎贝尔两次访缅。2010年12月，美国务院助理国务卿帮办约瑟夫·云访缅。2011年5月，约瑟夫·云再次访缅。2011年6月美共和党参议员麦凯恩访缅。2011年8月，美参议院批准关于米德伟担任美国缅甸事务特使，米德伟先后于9月和10月访问缅甸。9月29日，美助理国务卿坎贝尔、助理国务卿波斯纳和缅甸问题特使米德伟分别在华盛顿会见缅外长温纳貌伦。11月30日，美国务卿希拉里对缅甸进行历史性访问，成为50多年来第一位到访缅甸的美国国务卿，此后两国关系开始改善。2012年1月11日，美国总统奥巴马宣布减轻对缅甸制裁，准许美国公司在缅甸投资。2012年11月19日，美总统奥巴马访问缅甸。奥巴马此行使其成为首位在位期间访缅的美国总统。2013年5月，缅总统登盛访美，成为47年来首位访问美国的缅甸国家元首。2014年6月，美商务部长普利茨克访问缅甸，成为首位访缅的美商务部长。8月，美国务卿克里赴缅出席东亚合作系列外长会并访问缅甸。11月，美总统奥巴马赴缅出席东亚合作领导人系列会议。2015年1月，美缅举行第二次人权对话，美助理国务卿马林诺夫斯基率团访问密支那、仰光和内比都；美助理国务卿安妮·理查德赴若开邦参观罗兴迦流离失所人员安置营。4月，美众议院少数党领袖、民主党众议员佩洛西率团访缅；缅联邦议会部分议员和大选观察组织成员赴美考察。5月，缅甸驻洛杉矶总领馆正式开馆，昂觉赞为首任总领事；缅联邦议会议长兼人民院议长瑞曼访美；美副国务卿布林肯访缅。9月、11月，美助理国务卿拉塞尔访缅。2016年1月，美副国务卿布林肯访缅。2月，缅副总统年吞赴美出席美国—东盟领导人非正式会议。

【同其他国家的关系】2015年1月，缅副总统赛茂康访问印度；2月，访问泰国；芬兰外长埃尔基·图奥米奥亚访缅。3月，缅总统登盛携夫人杜钦钦温对马来西亚进行国事访问；副总统年吞携夫人杜钦耶敏对老挝、柬埔寨进行友好访问；越南国家副主席阮氏缘访缅。4月，缅民族院议长钦昂敏、外交部长温纳貌伦分别访问韩国；首届缅甸—澳大利亚外交部磋商在缅甸内比都举行。5月，民族院议长钦昂敏访问白俄罗斯、波兰。6月，总统登盛访问蒙古；副总统年吞赴新加坡参加第28届东南亚运动会开幕式；国防军副总司令梭温访问柬埔寨；第二次缅甸—欧盟人权对话在内比都举行。7月，缅国防军总司令敏昂莱访问印度；老挝副主席本扬访缅；外交部长温纳貌伦赴印度出席首次缅甸—印度联合磋商委员会会议。8月，缅国防军副总司令梭温访问老挝、泰国、日本。9月，缅总统登盛、国防军总司令敏昂莱分别会见日本副首相兼财务大臣麻生太郎；国防军总司令敏昂莱访问以色列。

【同地区和国际组织的关系】2015年1月，缅总统登盛出席在缅甸内比都举行的2015年旅游论坛。2月，国防军总司令敏昂莱赴马来西亚出席第12届东盟非正式防长会。3月，缅联邦首席大法官吞吞乌赴菲律宾出席第3届东盟首席大法官会议。4月，缅总统登盛赴印度尼西亚雅加达出席亚非领导人会议和万隆会议60周年纪念活动，并赴马来西亚出席第12届东盟领袖论坛。5月，缅工业部部长貌敏出席在马来西亚吉隆坡举行的2015年东盟中小企业展暨年会。7月，缅总统登盛赴日本东京出席第7届湄公河国家—日本领导人会议、日本—缅甸领导人会议和湄公河流域五国经济论坛。8月，缅外长温纳貌伦赴马来西亚吉隆坡出席第48届东亚合作系列外长会；缅国家计划与经济发展部部长坎佐率团赴马来西亚吉隆坡出席第47届东盟经济部长会议。9月，缅副总统年吞出席在缅举行的第20次大湄公河次区域部长会议。11月，缅总统登盛出席在马来西亚吉隆坡举行的第27届东亚合作领导人系列会议；联邦首席大法官吞吞乌赴澳大利亚悉尼出席第16届亚洲太平洋法官大会；联邦总检察长吞欣率团出席在日内瓦举行的联合国人权理事会第23届普遍定期审议工作小组会议。（李福生）

尼　泊　尔

国名　尼泊尔联邦民主共和国（The Federal Democratic Republic of Nepal）

面积　147181平方公里。

人口　约2833万。尼泊尔语为国语，上层社会通用英语。多民族、多宗教、多种姓、多语言国家。居民86.2%信奉印度教，7.8%信奉佛教，3.8%信奉伊斯兰教，2.2%信奉其他宗教。

首都　加德满都（Kathmandu），海拔约1400米，常住人口约500万。月平均最高气温29℃（7月），月平均最低气温2℃（1月）。

国家元首　总统比迪娅·戴维·班达里（Bidya Devi Bhandari），2015年10月28日就任，是尼泊尔历史上首位女性元首。

重要节日　议会宣言颁布日：5月18日。共和国日：5月28日。德赛节：又称大德赛节、十胜节，是民间最大节日，在10月，共15天，全国放假7天。

简　况

自然条件内陆山国，位于喜马拉雅山南麓，北邻中国，其余三面与印度接壤。全国分北部高山、中部温带和南部亚热带三个气候区。北部冬季最低气温为–41℃，南部夏季最高气温为45℃。

13世纪初，马拉王朝兴起，大力推行印度教。1768年，沙阿王朝崛起并统一全国。1846年，拉纳家族依靠英国支持夺取军政大权，并获世袭首相地位，使国王成为傀儡。1950年，尼人民掀起声势浩大的反对拉纳家族专政的群众运动和武装斗争。特里布文国王恢复王权，结束拉纳家族统治，实行君主立宪制。1960年，马亨德拉国王取缔政党，实行无党派评议会制。1990年，尼爆发大规模“人民运动”，比兰德拉国王被迫恢复君主立宪。1996年，尼共（毛）在尼泊尔远西地区发动武装斗争。2001年，比兰德拉国王在王室血案中遇害，比胞弟贾南德拉继位。2005年，贾在解散政府后亲政。主要政党结成“七党联盟”，与尼共（毛）联手反对国王，并于2006年通过第二次“人民运动”推翻国王统治。2008年，尼举行制宪会议选举，选后产生的制宪会议宣布成立尼泊尔联邦民主共和国。

政　治

2008年4月，首届制宪会议选举顺利举行。尼共（毛）成为第一大党。5月，制宪会议首次会议通过决议，宣布建立尼泊尔联邦民主共和国，废黜国王。7月，制宪会议分别选举拉姆·巴兰·亚达夫、帕拉马南达·贾阿和苏巴斯·内姆旺为总统、副总统和制宪会议主席。8月，制宪会议选举尼共（毛主义）主席普拉昌达为尼泊尔联邦民主共和国首任总理。成立以尼共（毛主义）为首的、包括尼共（联合马列）、马德西人民权利论坛等党的联合政府。

2009年5月4日，尼共（毛）主席普拉昌达辞去总理一职。23日，尼共（联合马列）领导人马达夫·库马尔·尼帕尔当选总理。25日，尼帕尔宣誓就职。

2010年6月30日，尼帕尔总理宣布辞职，尼制宪会议连续举行16轮总理选举未果。

2011年初，尼各党修改了选举规则，尼制宪会议于2月3日举行总理选举，尼共（联合马列）主席贾拉·纳特·卡纳尔在尼共（毛主义）支持下当选总理，2月6日宣誓就职。8月14日，卡纳尔宣布辞职。8月28日，联合尼共（毛）副主席巴特拉伊在本党和马德西联合民主阵线的支持下，当选总理。29日，巴特拉伊宣誓就职。

2012年4月，尼政府正式接管联合尼共（毛）营地和武器库，整合工作全面展开，历时6年的和平进程接近尾声。由于各党未能就新宪法涉及的联邦划分等关键问题达成共识，制宪会议历经四次延期仍未能完成制宪工作，于5月28日到期解散。

2013年3月，尼主要政党同意组建以首席大法官为首的临时政府，领导新的制宪会议选举。3月14日，基尔·拉杰·雷格米（Khil Raj Regmi）宣誓就任部长委员会主席（政府首脑）。2013年11月19日，尼临时政府举行第二届制宪会议选举。

2014年2月10日，大会党主席苏希尔·柯伊拉腊当选新一届总理。2月18日，前议长、尼共（联合马列）领导人内姆旺再次当选制宪会议主席。

2015年4月25日尼泊尔大地震后，尼泊尔制宪进程加快，9月20日，尼泊尔正式颁布新宪法，10月11日，尼共（联合马列）主席奥利当选为新一届政府总理。马德西等少数族群对新宪法相关条款不满，持续在尼南部发起暴力抗议。目前，尼各派政治力量正就制宪分歧进行对话。

【宪法】 2015年9月，尼泊尔颁布新宪法。新宪法确定尼为联邦民主共和国；将全国划分为7个联邦；总统为礼仪性国家元首和军队统帅，总理由议会多数党领袖担任；联邦议会实行两院制，由国民会议和众议院组成；2016年1月，尼泊尔议会通过宪法第一修正案，将选举划分等条款的基本原则由比例包容制变为人口比例第一、兼顾包容原则。

【议会】 尼泊尔新宪法颁布后，制宪会议自动转化为立法议会，至本届任期结束（2019年1月）。目前，大会党、尼共（联合马列）、联合尼共（毛）为议会前三大党。现任议长为昂萨莉·加尔蒂·马嘎（Onsari Gharti Magar）

【政府】 目前，尼内阁共有40名成员：总理兼城市发展部长奥利（Mr.Khadga Prasa Oli），副总理兼基础设施和交通部长加查达尔（Mr.Bijaya Kumra Gachhedar），副总理兼外交部长、联邦事务和地方发展部长塔帕（Mr.Kamal Thapa），副总理兼国防部长拉瓦尔（Mr.Bhim Bahadur Rawal），副总理兼妇女儿童与社会福利部长麦纳利（Mr.Chandra Prakasha Mainali），副总理兼合作社与减贫部长巴哈杜尔（Mr. Chitra Bahadur K.C.），副总理兼能源部长拉亚马基（Mr.Top Bahadur Rayamajhi），财政部长鲍德尔（Mr.Bishnu Prasad Paudel），给排水部长辛格（Mr. Prem Bahadur Singh），劳动、就业和商业部长博哈拉（Mr.Deepak Bohara），教育部长博卡瑞尔（Mr. Girirajmani Pokharel），森林与水土保持部长萨普科塔（Mr Agni Prasa Sapkota），内政部长巴斯奈特（Mr. Shakti Bahadur Basnet），和平与重建部长达卡尔（Mr. Eak Nath Dhakal），青年与体育部长曼达尔（Mr. Shatya Narayan Mandal），法律与议会事务部长卡瑞尔（Mr.Agni Prasad Kharel），产业部长潘迪（Mr.Som Prasad Pandy），农业发展部长嘉珠瑞尔（Mr.Haribol Prasa Gajurel），土地改革与管理部长苏巴（Mr.Ram Kumar Subba），卫生部长查吴达里（Mr.Ram Janam Chaudhari）等。

【行政区划】 新宪法规定全国分7个联邦省，但各党派尚存争议，正就联邦个数及划分问题进行对话。

【司法机构】 新宪法规定尼法院分为三级：最高法院、高级法院和地方法院。

【政党】 有70多个党派，主要包括：

（1）尼泊尔大会党（Nepali Congress）：1947年1月成立。主张巩固多党民主，建立民族团结并保持相互信任与合作，坚持不结盟。1999年7月，组建中央工作委员会，主席吉里贾·普拉萨德·柯伊拉腊（Girija Prasad Koirala）。2002年6月，谢尔·巴哈杜尔·德乌帕（Sher Bahadur Deuba）成立大会党（民主）并自任主席，大会党分裂。2007年9月，大会党与大会党（民主）合并为大会党。现任主席为谢尔·巴哈杜尔·德乌帕（Sher Bahadur Deuba）。现为议会第一大党。

（2）尼泊尔共产党（联合马列）[Nepal Communist Party（Unified Marxist- Leninist）]：由尼共（马）和尼共（马列）于1991年1月合并而成。主张多党民主，建立法制、自由和开放的福利国家。1998年3月分裂为尼共（联合马列）和尼共（马列）。2002年2月，尼共（联合马列）和尼共（马列）两党合并。主席为卡德加·普拉萨德·夏尔马·奥利（Khadga Prasad Sharma Oli）。现为议会第二大党。

（3）联合尼泊尔共产党（毛主义）[Unified Communist Party of Nepal（Maoist）]：即尼共（毛主义），1994年从尼共（团结中心）分离出来后成立。强调以马列主义、毛泽东思想为指导思想，目标是在尼建立人民共和国。1996年2月，在尼中西部边远山区发动人民战争，走上武装夺权道路。2001年底，被尼、美政府宣布为恐怖组织。2001年和2003年曾同政府两次举行和谈。2005年11月，同“七党联盟”联手反对国王。2006年4月反国王获胜后，同政府举行多次和谈。11月，同政府签署《全面和平协议》，停止武装斗争。2007年1月，加入临时议会，回归政治主流。2008年4月制宪会议选举后，成为尼第一大党。2009年1月，与尼共（团结中心—火炬）合并，改为现名。主席普什帕·卡玛尔·达哈尔·普拉昌达（Puspa Kamal Dahal ‘Prachanda’）。2012年6月，该党发生分裂，以副主席基兰为首的一派宣布成立新政党“尼泊尔共产党（毛主义）”。2012年9月，美国政府宣布将联合尼共（毛）从恐怖组织名单中删除。现为议会第三大党。

经　济

农业国，经济落后，世界上最不发达国家之一。20世纪90年代初起，开始实行以市场为导向的自由经济政策，但由于政局多变和基础设施薄弱，收效不彰。严重依赖外援，预算支出四分之一来自外国捐赠和贷款。2014/2015财年外汇储备为75.6亿美元，通胀率7.5%。

国内生产总值:215.26亿美元（2014/2015财年）。

人均国内生产总值:762美元（2014/2015财年）。

国内生产总值增长率:3.4%（2014/2015财年）。

货币名称：尼泊尔卢比（Nepalese Rupee）。

汇率：1人民币≈16卢比。

（注：尼泊尔财政年度起于上年度7月16日，止于下年度7月15日。）

【资源】有铜、铁、铝、锌、磷、钴、石英、硫磺、褐煤、云母、大理石、石灰石、菱镁矿、木材等，均只得到少量开采。水力资源丰富，水电蕴藏量为8300万千瓦，约占世界水电蕴藏量2.3%。其中2700万千瓦可发展水力发电。

【工业】基础薄弱，规模较小，机械化水平低，发展缓慢，以轻工业和半成品加工为主，主要有制糖、纺织、皮革制鞋、食品加工、香烟和火柴、黄麻加工、砖瓦生产和塑料制品等。

【农业】农业人口占总人口约70%。耕地面积为325.1万公顷。主要种植大米、甘蔗、茶叶盒烟草等农作物，粮食自给率达97%。

【旅游业】地处喜马拉雅山南麓，自然风光旖旎，气候宜人，徒步旅游和登山业比较发达。2013年，尼泊尔接待游客79.6万人，创造工作岗位50.4万。赴尼旅游的主要为亚洲游客，其中以印度、中国游客居多，其次为西欧和北美游客。

【交通运输】以公路和航空为主。公路约25000公里，有各类机场45个，直升机停机坪120个。除首都有一国际机场外，其余为简易机场。全国有一家国营的尼泊尔航空公司、6家私营航空公司和一家私营直升飞机公司。国内主要城镇有班机通航。同中国、印度、巴基斯坦、泰国、孟加拉国、文莱、新加坡、阿拉伯联合酋长国、德国和英国等国家和地区通航。

【对外贸易】主要贸易伙伴有印度、美国、中国、欧盟等。主要进口商品是煤、石油制品、羊毛、药品、机械、电器、化肥等，主要出口商品是蔬菜油、铜线、羊绒制品、地毯、成衣、皮革、农产品、手工艺品等。

【外国援助】主要援助国和国际组织是：英国、日本、印度、美国、挪威、世界银行、亚洲开发银行、联合国和欧盟等。

医疗卫生

全国有医院不到100所，医生约2000人。

军　事

只有陆军，参谋长为拉贾德拉·切特里（General Rajendra Chhetri）。实行志愿兵役制，士兵服役期一般为15年。总兵力6.8万人，编成23个旅。有警察4.7万人。

文化教育

【教育】有5所大学：特里布文大学、马亨德拉梵文大学、加德满都大学、博克拉大学、普尔阪查尔大学。其中特里布文大学下设60所直属分院、5座研究中心和134所私立分院。

新闻出版注册发行报刊约4614份，其中日报340份，周报1661份，双周刊319份，月刊1397份。其中尼文报刊3186份，英文376份，印地语14份。发行量最大的两份日报均为官方报纸:《廓尔喀报》，尼泊尔语，1902年创刊;《新兴尼泊尔报》，英语，1965年创刊。此外还有《加德满都邮报》、《喜马拉雅时报》、《共和报》、《康提普尔》等多种日报。

尼泊尔国家通讯社为官方通讯社，成立于1962年4月。

尼泊尔广播电台为官方电台，成立于1951年，用尼泊尔语和英语广播。

尼泊尔电视台创建于1984年，1985年12月28日在首都开播，目前每天播放18个小时，通过卫星传送。尼共有7家电视台，包括5家私营电视台。共有15个电视频道，其中13个为私营。

对外关系奉行平等、互利、相互尊重和不结盟的外交政策，主张在和平共处五项原则基础上同世界各国发展友好关系。高度重视发展同中、印两大邻国友好关系。重视加强同美、英等西方国家关系，争取经援和投资。积极推动南亚区域合作联盟发展。2004年加入环孟加拉湾多领域经济技术合作倡议（BIMSTEC）。截至2014年底，已同139个国家建交。

【同中国的关系】中尼之间有上千年友好交往史。晋代高僧法显、唐代高僧玄奘到过佛祖释迦牟尼诞生地兰毗尼（位于尼南部）。唐朝时，尼公主尺真与吐蕃赞普松赞干布联姻。元朝时，尼著名工艺家阿尼哥曾来华监造北京白塔寺。1955年8月1日中尼建交后，两国友好合作关系持续发展。两国高层往来不断。1960年周恩来总理访尼，两国签署《中华人民共和国和尼泊尔王国和平友好条约》。1996年江泽民主席访尼期间，中尼建立世代友好的睦邻伙伴关系。2009年12月，尼总理马达夫·库马尔·尼帕尔正式访华期间，中尼发表《联合声明》，决定在和平共处五项原则基础上，建立和发展世代友好的全面合作伙伴关系。2012年1月，温家宝总理访问尼泊尔。2014年6月，尼总理柯伊拉腊来华出席第二届中国—南亚博览会。2015年3月，尼总统亚达夫来华出席博鳌亚洲论坛2015年年会，习近平主席同其会见。2015年，尼泊尔“4·25”地震发生后，中方第一时间伸出援手，并积极参与尼灾后重建工作。

尼方在涉藏、台湾等问题上一贯予以中方坚定支持。中方向尼经济社会发展提供力所能及的帮助。两国在国际和地区事务中保持良好的沟通与合作。

受地震影响，2015年，中尼贸易额为8.66亿美元，下降63.4%，其中我出口8.34亿美元，下降63.65%，进口0.32亿美元，下降50.78%。

中国对尼出口商品主要有计算机通讯技术产品、非针织钩边服装、塑料底鞋、仪器仪表等；从尼进口商品有皮革、金属制品、小麦粉、小电器等。截至2015年底，中国累计对尼投资1.7亿美元。

中国驻尼泊尔大使：吴春太。馆址：BALUWATAR KATHMANDU NEPAL。国家地区号：00977-10。电话：4411740（办公室），4416485（政治处），4415383（文化处），4419053（签证处）；传真：4414045。电传：2545 COCE NP。网址：http://www.chinaembassy.org.np。经商处地址：TRIPUESWOR，KATHMANDU，NEPAL。信箱：P.O.BOX NO.4234。电话：4418622/4418972。电传：2545 COCE NP。网址：http://www.np.mofcom.gov.cn。

尼泊尔驻华大使：马赫什·库马尔·马斯基（Mahesh Kumar Maskey）。馆址：北京市朝阳区三里屯路西六街1号。国家地区号：0086-10。电话：65321795；传真：65323251。电传：210408 NEPBJ CN。网址：http://www.nepalembassy.org.cn。

【同印度的关系】1947年6月两国正式建交。印是尼最大贸易伙伴和重要援助国，尼印实行开放边界。2010年1月，印外长克里希纳访尼。2月，尼泊尔总统亚达夫访印。2011年1月，尼总统亚达夫再次访印。2011年10月，尼总理巴特拉伊访印。2012年12月，尼总统亚达夫访印。2014年5月，尼总理柯伊拉腊参加印新任总理莫迪就职典礼。2014年，印总理莫迪两度访尼。2015年9月，尼新宪法颁布后，印度收紧边境管控，造成尼国内物资严重短缺，尼印关系紧张。2016年2月，尼总理奥利访问印度，两国关系转圜。

【同美国的关系】1947年4月，尼美建交并签订友好和商务条约。近年来，美国代理助理国务卿帮办柯什普、副国务卿奥特罗、助卿帮办柯勒门茨、副国务卿舍曼、副国务卿布林肯等高官相继访尼。

【同联合国的关系】2007年1月，安理会通过关于尼问题的决议，成立驻尼政治特派团（UNMIN），协助尼各方推进和平进程。UNMIN历经数次延期，于2011年1月撤离。（尹幸颖）

日　本

国名　日本国（Japan）。

面积　陆地面积约37.8万平方公里，包括北海道、本州、四国、九州4个大岛和其他6800多个小岛屿。

人口　1亿2711万（2015年10月）。主要民族为大和族，北海道地区约有1.7万阿伊努族人。通用日语。主要宗教为神道教和佛教，信仰人口分别占宗教人口的48%和45.7%。

首都　东京（Tokyo）。人口约1351.4万（截至2015年10月）。

国家象征　天皇明仁（Akihito），1989年1月即位，年号“平成”。

重要节日　天皇生日：12月23日（相当于国庆节）。建国纪念日：2月11日（系按阳历推算出的公元前7世纪日本第一代天皇神武天皇元年的元旦）。

简　况

位于太平洋西岸，是一个由东北向西南延伸的弧形岛国。西隔东海、黄海、朝鲜海峡、日本海与中国、朝鲜、韩国、俄罗斯相望。属温带海洋性季风气候，终年温和湿润。6月多梅雨，夏秋季多台风。1月平均气温北部-6℃，南部16℃；7月北部17℃，南部28℃。

日本位于环太平洋火山地震带，地震、火山活动频繁。全球有1/10的火山位于日本，1/5的地震发生在日本。1995年发生的阪神大地震、2004年新潟县中越地震造成重大人员财产损失，引起世界关注。2011年3月11日，日本发生里氏9.0级特大地震，并引发海啸和核电站泄漏事故，被称为“日本战后以来最严重的危机”。

日本在第二次世界大战中战败，1945年8月15日宣布无条件投降。战后初期，美军单独占领日本，1947年颁布实施新宪法，由天皇制国家变为以天皇为国家象征的议会内阁制国家。战后奉行“重经济、轻军备”路线，20世纪60年代末成为西方第二经济大国。80年代中期以来提出成为政治大国的目标，90年代经济陷入长期低迷，2002年起出现缓慢恢复，复苏时间创战后最长纪录。2008年以来，先后受到国际金融危机和3·11特大地震冲击，经济复苏势头受挫。现任首相安倍晋三2012年上台后推出“安倍经济学”，实施了一系列刺激经济政策，一定程度上提振了日本经济。外交上，日本坚持日美同盟，重视亚洲外交，力争在国际事务中发挥重要作用。

政　治

实行立法、司法、行政三权分立。天皇为国家象征，无权参与国政。国会是最高权力和唯一立法机关，分众、参两院。内阁为最高行政机关，对国会负责，首相（亦称内阁总理大臣）由国会选举产生，天皇任命。

目前自民党和公明党联合执政。执政党在众议院和参议院均占据稳定多数席位。

【宪法】现行《日本国宪法》于1947年5月3日颁布实施。宪法第九条规定："日本永远放弃把利用国家权力发动战争、武力威胁或行使武力作为解决国际争端的手段，为达此目的，日本不保持陆、海、空军及其他战争力量，不承认国家的交战权。"这成为日本战后走和平发展道路的重要保证，被称为"和平宪法"。同时它也是日本作为和平国家的重要保证。

【议会】泛称国会，由众、参两院组成，为最高权力机关和唯一立法机关。众议院定员为475名，任期4年。首相有权解散众议院，举行大选。参议院定员为242名。参议员任期6年，每3年改选半数，不得中途解散。在权力上，众议院优于参议院。每年1—6月召开通常国会，会期150天。其他时间可根据需要召开临时国会和特别国会。现任众议院议长大岛理森（OSHIMA Tadamori），2015年4月当选。参议院议长山崎正昭（YAMAZAKI Masaaki），2013年8月当选。

日本主要政党有自民党、公明党、民主党、维新党、日本共产党、大阪维新会、社民党等。其中自民党在众议院占291席，参议院占114席，公明党在众议院占35席，参议院占20席，最大在野党民主党在众、参两院所占席位分别为72席和59席。

【政府】内阁为最高行政机关，对国会负责。由内阁总理大臣（首相）和分管各省厅的大臣组成。内阁总理大臣由国会提名，天皇任命，其他内阁成员由内阁总理大臣任免，天皇认证。现内阁主要成员为：首相安倍晋三（ABE Shinzo），副首相兼财务金融大臣麻生太郎（ASO Taro）、总务大臣高市早苗（TAKAICHI Sanae）、法务大臣岩城光英（IWAKI Mitsuhide）、外务大臣岸田文雄（KISHIDA Fumio）、文部科学大臣驰浩（HASE Hiroshi）、厚生劳动大臣盐崎恭久（SHIOZAKI Yasuhisa）、农林水产大臣森山裕（MORIYAMA Hiroshi）、经济产业大臣林干雄（HAYASHI Motoo）、国土交通大臣石井启一（ISHII Keiichi）、环境大臣丸川珠代（MARUKAWA Tamayo）、防卫大臣中谷元（NAKATANI Gen）、内阁官房长官菅义伟（SUGA Yoshihide）、复兴大臣高木毅（TAKAGI Tsuyoshi）、国家公安委员长兼行政改革·防灾担当大臣河野太郎（KONO Taro）、冲绳·北方兼科学技术担当大臣岛尻安伊子（SHIMAJIRI Aiko）、全民活力兼绑架问题·女性担当大臣加藤胜信（KATO Katsunobu）、经济再生担当大臣石原伸晃（ISHIHARA Nobuteru）、地方创生担当大臣石破茂（ISHIBA Shigeru）、东京奥运担当大臣远藤利明（ENDO Toshiaki）。

【行政区划】分为1都（东京都：Tokyo）、1道（北海道：Hokkaido）、2府（大阪府：Osaka、京都府：Kyoto）和43县（省），下设市、町、村。

【司法机构】司法权属于最高法院及下属各级法院。采用"四级三审制"。最高法院为终审法院，审理违宪和其他重大案件。高等法院负责二审，全国共设八所。各都、道、府、县均设地方法院一所（北海道设四所），负责一审。全国各地还设有简易法院和家庭法院，负责民事及不超过罚款刑罚的刑事诉讼。最高法院长官（院长）由内阁提名，天皇任命，14名判事（法官）由内阁任命，需接受国民投票审查。其他各级法院法官由最高法院提名，内阁任命，任期10年，可连任。各级法官非经正式弹劾，不得罢免。现任最高法院长官寺田逸郎（TERADA Itsuro），是第18任长官，2014年4月1日就任。

检察机构与四级法院相对应，分为最高检察厅、高等检察厅、地方检察厅、区（镇）检察厅。检察官分为检事总长（总检察长）、次长检事、检事长（高等检察厅长）、检事（地方检察厅长称检事正）、副检事等。检事长以上官员由内阁任命。法务大臣对检事总长有指挥权。现任检事总长大野恒太郎（ONO Kotaro），是第28任检事总长，2014年7月18日就任。

【政党和团体】战后日本实行"政党政治"，代表不同阶层的各种政党相继恢复或建立。截至2015年底，主要政党有：执政的自民党、公明党；在野的民主党、日本共产党、维新党、大阪维新会、生活党、社民党等。

（1）自由民主党：简称"自民党"，执政党，第一大党。1955年11月由原自由党和民主党合并而成，此后连续单独执政长达38年。1993年沦为在野党，其后数度与别党组成联合政权。2000年4月起与公明党、保守党联合执政。2003年11月，自民党吸收原执政三党之一的保守新党，形成与公明党两党联合执政的局面。2009年8月，自民党在众议院选举中遭到惨败，再度成为在野党。2012年12月在众议院选举中获胜，重新执政。自民党是传统保守政党，在中小城市和农村势力较强。主张立足民主政治理念，维护自由经济体制，修改宪法，坚持日美安保体制，增强自主防卫力量。对外政策方面强调以日美同盟为基轴，积极参与构筑国际新秩序。有党员约90万人（2014年底）。现任总裁安倍晋三（ABE Shinzo），干事长谷垣祯一（TANIGAKI Sadakazu）。

（2）公明党：执政党。1964年11月成立，其母体为宗教团体创价学会。1970年6月实行政教分离。曾于1993年8月参加非自民联合政权，并历经分裂组合。2000年4月，公明党与自民党、保守党组成联合政权，2009年8月众院选举后成为在野党，2012年12月众院院选举后重归执政党。该党自称为开放的国民政党，提倡在和平主义基础上构筑"世界中的日本"，主张坚持"中道路线"，贯彻深入民间的民主主义，尊重地方自主性，推行地方分权。有党员约41万人（2014年）。现任党代表山口那津男（YAMAGUCHI Natsuo），干事长井上义久（INOUE Yoshihisa）。

（3）民主党：在野党，第二大政党。1996年9月成立。有党员及党友约23万人（2014年12月）。2007年7月参院选举后取代自民党成为参院第一大党，2009年8月众院选举后成为众院第一大党，首次执掌政权。2012年12月在众议院选举中遭遇惨败后下野。民主党是代表市民工薪阶层利益的温和保守型政党，其主要支持基础是工会组织。该党主张超越“市场万能主义”和“社会福利至上主义”二者的对立，在“市民、市场、地方”的基础上建立分权社会。主张维持现行宪法的基本精神，同时对宪法中与现实情况不符的问题进行讨论。主张坚持专守防卫，保持为行使个别自卫权所需的最低限度的实力；不行使集体自卫权。现任党代表冈田克也（OKADA Katsuya），干事长枝野幸男（EDANO Yukio）。

（4）日本共产党：日本第二大在野党。1922年7月15日成立，战后获合法地位。20世纪70年代中期步入发展的高峰期，90年代后再次调整政策主张，趋于灵活务实。党章规定党的性质为“工人阶级政党”和“全体日本国民的政党”。主张建设社会主义社会乃至共产主义社会；废除日美安保条约，将日本建成独立、民主、和平的自由国家。该党支持阶层比较稳固，基层组织健全。有党员约30万5千人（2015年）。现任中央委员长志位和夫（SHII Kazuo），中央书记处总书记山下芳生（YAMASHITA Yoshiki）。

（5）维新党：由日本维新会和联结党合并，于2014年9月21日成立。主张进行财政·行政·政治·教育改革，完善社会保障制度。现任党首松野赖久（MATSUNO Yorihisa），干事长今井雅人（IMAI Masato）。

（6）大阪维新会：由从维新党脱离的党员于2015年11月成立。主张打破中央集权，恢复地方经济。党首由松井一郎（MATSUI Ichiro）和片山虎之助（KATAYAMA Toranosuke）共同担任，干事长马场伸幸（BABA Nobuyuki）。

（7）生活党与山本太郎和伙伴们：简称“生活党”，在野党。原“日本未来党”。2012年11月成立。重视民生，主张逐步废除核电，反对提高消费税。2014年12月26日，无党派的参议院议员山本太郎加入该党，使该党能继续符合作为政党的条件。党首由小泽一郎（OZAWA Ichiro）和山本太郎（YAMAMOTO Taro）共同担任，干事长玉城丹尼（TAMAKI Deni）。

（8）社会民主党：简称“社民党”，在野党。前身为社会党，1945年11月成立，1996年4月改为现名。曾参加多党联合政权及与民主党、国民新党的联合政权。该党主张建立尊重人类尊严、公正公平、自由民主的社会，创造性发展宪法所规定的主权在民、永久和平、基本人权、国际协调等理念。有党员约1.7万人（2014年）。现任党首吉田忠智（YOSHIDA Tadatomo），干事长又市征治（MATAICHI Seiji）。

【重要人物】明仁：天皇。已故裕仁天皇长子，生于1933年12月23日。1952年11月立为皇太子。1956年在日本皇族贵族学校学习院大学经济系毕业。1959年打破皇室不从民间选妃的传统，与现在的皇后，出身商界家族的美智子结婚。1989年1月7日继位，成为日本第125代天皇，年号“平成”。1992年10月对中国进行正式友好访问。有二子一女。**安倍晋三**：首相。1954年9月21日生于东京。1977年毕业于成蹊大学法学部。1979年进入日本第三大钢铁公司神户制钢工作。1982年辞职担任其父安倍晋太郎秘书，开始涉足政治。1993年继承父亲地盘首次当选众议员。2003年9月就任自民党干事长。2005年10月担任内阁官房长官。2006年9月当选自民党总裁，并就任首相。2007年9月宣布辞职。2012年9月再度当选自民党总裁，12月再次出任首相。

经 济

日本是世界第三经济大国，2014年名义国内生产总值（GDP）约合4.6万亿美元，人均国内生产总值约3.6万美元，国内生产总值增长率为1.6%，对外贸易额约1.5万亿美元。截至2015年12月，外汇储备达12532亿美元。截至2014年底，拥有约3.5万亿美元海外资产，是世界最大债权国。政府债务总额为1045万亿日元（2015年）。

近年主要经济数据如下：

国内生产总值：46024亿美元（2014年）。

人均国内生产总值：36222美元（2014年）。

国内生产总值增长率：1.6%。

货币名称：日元（Yen）。

汇率：1美元≈113日元（2016年2月）。

完全失业率：3.3%（2015年11月）。

【资源】资源贫乏，90%以上依赖进口，其中石油完全依靠进口。日本政府积极开发核能等新能源，截至2011年2月，拥有54所核电机组，总发电装机容量为4946.7万千瓦，位居世界第三位。2011年3月福岛核电站核泄漏事故发生后，福岛第一核电站的4座反应堆宣布废炉。还有50座核反应堆可以投入运转。后又有一些核反应堆因进入定期检修期而停止运转，而一部分已经完成定期检查的核反应堆因遭到当地居民和政府反对，未能重新恢复运转。2012年5月，北海道泊核电站3号机组因定期检修停止发电，至此日本所有核电站全部停运。7月，为了应对电力短缺的问题，位于日本中部的关西电力公司大饭核电站3号和4号机组暂时重启，但于2013年9月进入定期检查，再次停运。2015年8月，日本时隔两年重启了位于鹿儿岛县内的川内核电站1号机组核反应堆，10月重启了该核电站2号机组核反应堆。

日本森林面积约为2443万公顷，占国土总面积的近2/3，森林覆盖率约67%，是世界上森林覆盖率最高的国家之一。木材自给率仅为20%左右，是世界上进口木材最多的国家。日本山地与河流较多，水力资源丰富，蕴藏量约为每年1353亿千瓦时。日本的专属经济区面积约相当于国土的10倍，渔业资源丰富。

【工业】工业高度发达，在国际上拥有较强的竞争力。其工业生产总值曾长期仅次于美国居世界第二位。而根据联合国工业发展组织统计，2009年中国工业生产总值首度超过日本位居世界第二，美国、中国和日本在世界工业生产总值中份额分别为19%、15.6%和15.4%。2014年日本第二产业（主要包括制造业、建筑业和矿业）产值占GDP的24.7%，从业人口占总劳动人口的23%（估计值）。主要产品有汽车、电子设备、机床工具、钢和有色金属、船舶、化工制品、纺织品、食品等。

【农业】2014年日本农林水产业产值占GDP的1.2%，从业人口占总劳动人口4.6%。2015年，全国耕地面积约为450万公顷，农户215.3万家。主要产品有大米、薯类、蔬菜、水果、猪肉、家禽、乳制品、鸡蛋、木材、水产等。

【服务业】服务业较发达，2014年第三产业产值占GDP的73.4%，服务业产值占GDP的19.6%，从业人口占总劳动人口的32.4%（估计值）。服务业的主要构成包括：零售、金融、不动产、租赁、信息服务、广告业等。

【旅游业】旅游业较发达，且近年发展迅速。2015年旅游业直接收入约为34万亿日元，为历史最高，约占GDP的6%。同时，旅游业带动交通和服务等相关产业的发展，波及效果可达50万亿日元。近年来，日本政府积极鼓励发展旅游业，提出“观光立国”的口号。据日本观光厅统计，2015年，访日的外国游客为1973万人次，增长率达47.1%，首次超过出境人次，已基本实现安倍政府设定的到2020年东京奥运会时实现吸引2000万外国游客的目标。游客主要来自中国（包括香港、台湾地区）和韩国，中国大陆赴日游客达499万人，超过赴日旅游外国游客总数1/4；2015年前往海外旅游的日本人为1621.2万人次，较去年减少4.1%。主要旅游服务设施有各种规模的日式、西式及中式餐馆、温泉旅馆等。主要旅游点有：富士山、东京、迪士尼乐园、箱根、大阪、京都、奈良、冲绳、北海道等。

【交通运输】客运以铁路和公路为主，货运以公路和海运为主，陆、海、空运输情况如下：

铁路：总长27982公里。正在运营的高速铁路——新干线总长约2000公里（2015年5月）。2014年客运量236亿人次，货运量4342万吨。

公路：总长121万公里，其中高速公路0.91万公里（2014年4月）。2014年底汽车保有量为699.4万辆。2014年客运量60.6亿人次，货运量43.16亿吨。

海运：2013年底，国内客运量0.88亿人次，货运量3.78亿吨。截至2015年4月，港口总数994个，其中，重要港口125个。2013年吞吐量1亿吨以上的港口依次顺序是名古屋（2.08亿吨）、千叶（1.51亿吨）、横滨（1.19亿吨）、苫小牧（1.04亿吨）、北九州（1.01亿吨）。

空运：2014年日本国际航线客运量和货运量分别为1604万人次和138.9万吨，国内定期航线客运量和货运量分别为9451万人次和93.7万吨。日本国内机场分为四个级别，其中大型国际机场共有4个，分别为成田、羽田、关西和中部国际机场。大型国内机场共有26个，大部分开通国际航线。

【财政金融】日本的财政年度从每年的4月起至翌年3月底止。2016财年，日本国家财政预算总额为96.7万亿日元。

日本的外汇储备包括日本持有的外国有价证券、外汇存款和黄金储备以及日本在国际货币基金组织的特别提款权等。2008年2月底，日本外汇储备首次超过1万亿美元，之后一直保持在1万亿美元左右。截至2016年1月，外汇储备为1.248万亿美元。

日本财务省公布的2014年国际收支统计数据显示，经常项目盈余为2.63万亿日元，与2013年相比减少18.8%，是自有可比较数据的1985年以来最低经常项目盈余。

日本的国家债务分为国债（内债）、借款（外债）、政府短期证券三大类别。截至2015年12月底，日本国家债务总额为1044.6万亿日元。

【对外贸易】外贸在国民经济中占重要地位。据日本财务省统计，2014年日本进出口总额为15114亿美元，其中出口6943亿美元，进口8171亿美元，贸易逆差1228亿美元。有贸易关系的国家（地区）数约200个。

主要进口商品有：原油、天然气等一次能源、食品、原材料等；主要出口商品有：汽车、电器、一般机械、化学制品等。2014年主要贸易对象为中国、美国、韩国、澳大利亚、台湾等国家和地区。

2014年日本同主要贸易对象国（或地区）的进、出口贸易额如下（单位：亿美元）：

	出口额	进口额
中国	1271	1821
美国	1294	718
东盟	1052	1165
韩国	518	336

（资料来源：日本贸易振兴机构）

【对外投资】重点投资的国家及地区为美国、英国、中国、巴西等，重点投资地区为亚洲、欧洲。日本2014年对外直接投资额约1182亿美元，仅次于美国，居全球第2位。日本是中国第三大外资来源地。据中方统计，2015年日本对华投资32.1亿美元，同比下降25.2%。截至2015年底，日本累计对华投资1018亿美元。

【对外援助】世界主要援助大国。2012年政府开发援助约为5612亿日元，居世界第五位。日本于1979年开始提供对华政府开发援助（ODA）。2007年12月1日，两国外长签署日本对华最后一批日元贷款换文。30年来，日本政府累计向中国政府承诺提供日元贷款协议金额33164.86亿日元，用于255个项目的建设。截至2013年底，我国利用日元贷款协议金额32233亿日元，累计提款28260亿日元，已偿还本息20850亿日元。

【外国资本】日本国内外国直接外资额对经济的影响较小，2012年外资金额约占日GDP的2%。近年日本政府将外国直接投资视作重振经济的关键，放宽外资进入日本的限制，加大吸引外国投资力度。2013年在日本的外资企业数量为3151家。这一数据比前一年度增加了5.9%。其中，制造业增长9.1%至554家，非制造业增长5.2%至2597家。其中欧洲企业数量达到1399家，占比44.4%，美国企业843家，亚洲企业700家。

【著名公司】进入《财富》2015年世界500强排行榜前100名的日本公司有：丰田汽车公司，第9位，营业收入（下同）2477.03亿美元；日本邮政控股公司，第38位，1296.87亿美元；本田汽车，第44位，1212.22亿美元；日产汽车，第59位，1034.60亿美元；日本电报电话公司，第65位，1009.14亿美元；日立，第89位，887.87亿美元；JX控股公司，第92位，877.80亿美元。

人民生活

20世纪60年代初起，日本逐步建立起以全体国民为对象的综合性社会保障制度，即实行全民皆养老、全民皆保险制度。目前日本国民医疗保险覆盖率为99%，为世界之最。但近年来日本着手推进社会保障制度、医疗保险制度等改革，以建立可持续发展的社会保障制度。

根据日本厚生劳动省《医疗设施动态调查》统计，截至2015年12月底，日本拥有各类医疗机构178366所，其中医院8475所，一般诊疗所101145所，牙科诊疗所68746所，共有1565530张病床。

根据日本厚生劳动省公布的调查结果显示，2014年日本女性平均寿命为86.83岁，继续保持世界第一，男性平均寿命为80.50岁。

据日本总务省统计局数据显示，截至2015年12月，日本总人口约为1.27亿，而在网手机用户规模已达1.5亿。

军　事

日本1945年战败投降后，军队被解散，军事机构被撤销。1950年日本组建“警察预备队”，后改称保安队，1952年成立“海上警备队”，1954年新建航空自卫队，7月颁布《防卫厅设置法》和《自卫队法》，将保安队、海上警备队分别改称为陆上自卫队和海上自卫队，并成立了防卫厅和参谋长联席会议，健全了统帅指挥机构。随着日本经济实力的迅速增强，日本军队建设得到长足发展，在“质重于量”和“海空优先”的建军方针指导下，自卫队已发展成为一支装备精良、训练有素、作战能力较强的武装力量。2007年防卫厅升格为防卫省。2013年12月17日，日本政府在内阁会议上正式通过了第二次世界大战后首部作为外交与安全政策综合方针的《国家安全保障战略》，并以此为依据确定了关于未来十年防卫建设的新《防卫计划大纲》和《中期防卫力量整备计划》（2014年至2018年）。新《防卫计划大纲》制定了未来10年日本安保政策方针，即遵守专守防卫，不成为军事大国的基本原则；整合陆海空自卫队防卫资源，构筑综合的机动防卫力量；充分确保防卫能力的质和量，提高防卫应对能力。2014年7月1日，日本政府通过有限解禁集体自卫权的内阁决议，其核心内容是如果与日本关系密切国家受到武力攻击，日本在必要最小范围内行使实力，作为自卫措施在宪法上应被允许。2015年7月和9月，日本分别在众议院和参议院通过新安保法案，从多方面大幅强化了日自卫队活动能力。

自卫队的最高统帅是首相，最高军事决策机构是内阁会议。“安全保障会议”是内阁在军事上的最高审议机构，由首相、外务大臣、财务大臣、内阁官房长官、国家公安委员长、防卫大臣等内阁主要成员组成，负责审议国防方针、建军计划及处理各种突发事件等。防卫省相当于国防部。参谋长联席会议由主席和陆、海、空自卫队参谋长组成，负责拟定和调整三军作战、训练和后勤计划，搜集研究军事情报，在实施两个军种以上的联合作战、演习时，实施统一指挥。

日本标榜的防卫基本政策是：在和平宪法下，实行专守防卫；坚持日美安保体制；确保文官治军；遵守无核三原则；有节制地增强防卫力量；坚持质量建军。

自卫队实行志愿兵役制。截至2015年3月，日本自卫队编制总兵力约为22.7万人，素质较高，装备精良。其中陆上自卫队约13.8万人，海上自卫队4.2万人，航空自卫队约4.3万人，统合幕僚监部（联合参谋本部）、情报本部人员共3300余人。其中包括即刻应变预备役自卫队员8175余人，预备役自卫队员约47900人，预备役自卫队员候补约4600人。另有书记官、事务官等文职人员2万余人。

2015年度防卫预算为5.54万亿日元（约合421亿美元）。

文化教育

【教育】日本每年的科研经费约占GDP的3.7%，位居发达国家榜首。学校教育分为学前教育、初等教育、中等教育、高等教育四个阶段，学制为小学6年、初中3年、高中3年、大学4年，其中小学到初中为9年义务教育。大学有国立大学、公立大学和私立大学。著名的国立综合大学有东京大学、京都大学等，著名的私立大学有早稻田大学、庆应义塾大学等。日本重视社会教育，函授、夜校、广播、电视教育等较普遍。

【新闻出版】新闻事业发达，报刊发行量大，广播电视覆盖面广，在世界各国中位居前列。

全国性报纸有5家（读卖新闻、朝日新闻、每日新闻、日本经济新闻、产经新闻），地区性报纸有3家（中日新闻、北海道新闻、西日本新闻），主要地方报纸一百多家。发行月刊杂志约1900种，周刊约1000种。较有影响的杂志有:《中央公论》、《东洋经济》、《经济学家》、《文艺春秋》等。

共同通讯社是日本最大的通讯社，简称“共同社”，其前身是1936年1月成立的同盟通讯社。国内除东京总社外，还设有6个分社和46个分局，国外在42个主要城市设有总局或分局，并同外国约50个新闻机构有通讯合同关系。时事通讯社是第二大通讯社，简称“时事社”，成立于1945年11月。国内除东京总社外，还设有78个分支机构，国外在29个城市派有常驻记者。

广播电台有半官方性质的日本广播协会（NHK）和4大系列民营电台一百多家，平均每天播音22小时以上。NHK系半官方性质的“公共广播电视台”，创建于1925年3月，现有3个广播频道。

电视台主要有半官方的“公共电视台”NHK和分属于5大报纸的5大系列民营电视台一百多家，另有民营卫星电视台、民营有线电视台若干。电视平均每天播放20小时以上。主要电视台：NHK于1953年开播电视节目；东京广播公司（TBS），1951年成立；日本电视网（NTV），1952年成立。

对外关系

日本外交政策的基本取向是以日美同盟为基轴，以亚洲为战略依托，重视发展大国关系，积极参与地区及全球事务，谋求政治大国地位。

【同中国的关系】1972年9月29日，中日两国政府发表《中日联合声明》，实现邦交正常化。翌年1月互设大使馆。目前，中国在大阪、福冈、札幌、长崎、名古屋、新潟设有总领事馆。日本在上海、广州、沈阳、香港、重庆、青岛设有总领事馆，在大连设有驻沈阳总领馆办事处。1978年8月12日，两国签署《中日和平友好条约》，同年10月邓小平副总理访日，双方互换《中日和平友好条约》批准书。1998年11月，江泽民主席对日本进行国事访问，双方发表《中日联合宣言》。

2001年小泉纯一郎执政后，中日关系因靖国神社问题陷入严重困难。2006年9月，中日双方就克服影响中日关系的政治障碍和促进两国友好合作关系健康发展达成一致。10月8—10日，日首相安倍晋三正式访华，双方同意构筑中日战略互惠关系。

安倍访华后，两国恢复高层接触。2007年4月，温家宝总理访日，被称为“融冰之旅”。12月，日首相福田康夫访华，被称为“迎春之旅”。

2008年5月6—10日，胡锦涛主席对日本进行国事访问，被称为“暖春之旅”。访问取得丰硕成果。双方发表《中日关于全面推进战略互惠关系的联合声明》，这是中日第四个政治文件。文件在继承前三个政治文件基础上，确定了新时期中日关系发展的指导原则和重点合作领域。2009年12月14—16日，国家副主席习近平对日本进行正式访问。

2010年，中日关系出现起伏。9月发生日方在钓鱼岛海域非法抓扣中国渔民渔船事件，中日关系受到冲击。事件解决后，两国领导人进行了会晤和接触，达成重要共识，推动两国关系迈出了改善发展的步伐。中国政府重视发展中日关系，主张根据中日四个政治文件的原则和两国领导人共识，加强各领域交流与合作，妥善处理有关问题，推动中日战略互惠关系健康稳定向前发展。

2011年3月11日，日本东北地区发生特大地震和海啸灾害，造成重大人员伤亡和财产损失。地震发生后，胡锦涛主席、吴邦国委员长和温家宝总理分别向日本天皇、众参两院议长和首相致电慰问。3月18日，胡锦涛主席亲赴日本驻华使馆吊唁地震遇难者。温家宝总理在两会记者招待会上对日本表示慰问。中国政府派出15人地震救援队于3月13—20日赴日本重灾区岩手县大船渡市参与救援工作。中国政府和社会各界向日方提供资金、物资等各方面援助。日方4月11日在《人民日报》、4月21日在《国际先驱导报》、《新京报》等中国国内媒体上刊登菅直人首相的感谢信，对震后中方提供的慰问和援助表示感谢。2011年5月21—22日，温家宝总理赴日出席第四次中日韩领导人会议，专程前往宫城县、福岛县灾区看望慰问受灾民众，并同菅直人首相举行会晤。12月25—26日，日本首相野田佳彦访华，胡锦涛主席、吴邦国委员长分别会见，温家宝总理与其举行会谈。

2012年是中日邦交正常化40周年。上半年两国各领域务实合作扎实推进，同时日本在对华关系上消极动向明显增多。9月11日，日本政府不顾中方坚决反对，对钓鱼岛采取所谓“国有化”措施，使中日关系受到严重冲击。2012年中日间重要活动有：

3月27日，胡锦涛主席在出席首尔核安全峰会期间与日本首相野田佳彦进行寒暄。

5月12—14日，日本首相野田佳彦来华出席中日韩领导人会议，胡锦涛主席集体会见，温家宝总理同其举行会谈。

9月9日，胡锦涛主席在出席亚太经合组织第20次领导人非正式会议期间同野田佳彦首相进行寒暄。

日本是中国主要贸易伙伴。截至2003年，日本连续11年为中国第一大贸易伙伴，2004年被欧盟、美国超过，退居第三，2011年被东盟赶超，成为中国第四大贸易伙伴。2012年被香港超过，成为中国第五大贸易伙伴，但在贸易对象国中居第二位。据日方统计，2008年7月，中国首次超过美国，成为日本最大出口对象国。

2015年中日双边高层交往主要活动如下：

3月23日，全国政协主席俞正声会见日本执政党代表团。

4月14日，国务院总理李克强会见日本国际贸易促进协会会长河野洋平。

4月22日，国家主席习近平在印尼亚非领导人会议期间应约会见日本首相安倍晋三。

5月5日，全国人大常委会委员长张德江会见日中友好议员联盟会长高村正彦。

5月8日，全国政协主席俞正声会见日本自民党平成研究会代表团。

5月23日，国家主席习近平出席日本各界3000人访华团同中方共同举行的中日友好交流大会并发表重要讲话。

6月5日，国务院副总理张高丽会见日本副首相兼财务大臣麻生太郎。

6月29日，全国政协主席俞正声会见日本自民党亚非问题研究会代表团。

7月15日，国家副主席李源潮会见日本侵华战争遗孤代表团。

7月17日，国务院总理李克强会见日本国家安全保障局长谷内正太郎。

10月16日，中共中央政治局常委、中央书记处书记刘云山会见日本公明党党首山口那津男。

10月21日，国家副主席李源潮会见日本自民党新生代国会议员代表团。

10月23日，全国政协主席俞正声会见“北京—东京论坛”日方代表。

10月31日，国务院副总理刘延东会见日本自民党总务会长二阶俊博。

11月1日，国务院总理李克强在中日韩领导人会议期间，应约同日本首相安倍晋三举行会晤。

11月4日，国务院总理李克强会见日本经济界代表团。

11月10日，国务院副总理刘延东会见长崎县知事中村法道。

12月初，全国政协主席俞正声、国家副主席李源潮分别会见日本执政党代表团。

防务交流稳妥推进。双方近年来保持防务部门高层交往，带动各兵种、青年军官、退役将领等交往与合作的开展，还实现了军舰互访。2012年受到钓鱼岛问题影响。2012年6月6日，中央军委委员、总政治部主任李继耐会见了日本退役将领代表团。6月27日第三轮中日防务部门海上联络机制专家组磋商在北京举行。2015年1月12日，第四轮中日防务部门海上联络机制专家组磋商在东京举行，将机制名称由“海上联络机制”更改为“海空联络机制”。6月19日，第五轮中日防务部门海空联络机制专家组磋商在北京举行。

人文交流取得一定成果。2012年是“中日国民交流友好年”，2月16日和4月10日，双方分别在北京和东京举办友好年开幕式，并互派政府特使出席。2013年中日双边人员往来为471万人次，2014年中日双边人员往来为556.6万人次。2015年中日双边人员往来为707.2万人次，其中中国赴日公民469.1万人次，日本来华人员238.1万人次。两国目前共缔结友好城市250对。

中国驻日本大使：程永华，2010年3月到任。

馆　址：3–4–33 MOTO-AZABU，MINATO-KU，TOKYO，JAPAN，邮编：106–0046。国家地区号：0081–3。电话：34033388；传真：34033345。商务处电话：34402011；传真：34468242。领事部签证处电话：34035232；传真：34035447。

日本驻华大使：木寺昌人（Kitera masato），2012年12月到任。

馆址：北京市朝阳区亮马桥东街1号，邮编：100600。国家地区号：0086–10。电话：85319800（总机）；传真：65327081。经济部电话：85319800转分机；传真：65327081。领事部签证处电话：65322007，64106974；传真：65329329。

【同美国的关系】1945年9月至1951年9月，日本处于美国直接军事占领之下。1951年9月8日，美签订片面《对日和平条约》（即《旧金山和约》），结束对日占领。同日，日美签订《日美安全保障条约》，结成军事同盟关系。1960年1月19日，日美修改该条约。1996年4月17日，日美发表《日美安保联合宣言》。1997年6月，日美发表新的防卫合作指针中间报告，提出“周边事态”新概念，同年9月双方批准最终报告并发表联合声明。2006年5月，日美举行安全磋商委员会会议（“2+2”会议），就驻日美军重新部署达成一致，发表日美《关于实施驻日美军重新部署的路线图》以及“2+2”会议联合声明。“9·11”事件后，日全力支持美反恐行动，先后通过《反恐特别措施法》和《伊拉克复兴支援特别措施法》。2005年2月、2005年10月、2006年5月、2007年5月、2011年6月，日美举行“2+2”磋商，发表了题为《日美同盟：面向未来的转型与重组》（2005年10月）、《关于实施驻日美军重新部署的路线图》（2006年5月）、《迈向更加深入、广泛的日美同盟——在50年伙伴关系的基础上》和《驻日美军重组的进展》（2011年6月）等文件。2012年4月，日本首相野田访美，与奥巴马总统举行会晤，日美发表题为《面向未来的共同蓝图》的联合声明。2013年2月，日本首相安倍对美国进行工作访问，双方发表联合声明。9月，安倍与奥巴马在圣彼得堡二十国集团峰会期间再次举行会晤。2014年4月，美国总统奥巴马对日本进行国事访问，双方发表联合声明。2015年4月，日本首相安倍对美国进行国事访问，在美国国会发表演讲。同年11月，日本首相安倍赴菲律宾出席APEC会议期间，与美国总统奥巴马举行会晤。

据日方统计，2014年日美贸易额2012亿美元，其中日出口额1294亿美元，日进口额718亿美元。

【同欧盟的关系】日本重视发展同欧盟的关系。1991年日欧签署《日欧共同宣言》，确立全面发展双边关系的指导原则、共同目标和定期磋商制度。1994年起日欧建立“规则改革对话”机制，每年轮流在东京和布鲁塞尔开会。近年来，伴随欧盟一体化程度提高和国际地位上升，日本不断扩大与欧盟在各个领域的对话与合作。2000年日欧峰会确定从2001年开始的10年是“日欧合作10年”，同意在此10年里，双方在加强经济关系的基础上，努力加强政治、社会、文化等各方面关系。

2011年5月，日本与欧盟举行第20次日欧年度峰会，确定2011年为“日欧纽带之年”。双方一致同意进一步加强日欧政治经济关系。2013年3月，日本首相安倍与欧洲理事会主席范龙佩、欧盟委员会主席巴罗佐通电话，宣布启动日欧经济伙伴协定（EPA）谈判。2013年6月17日，日本首相安倍在英国出席八国集团峰会期间与范龙佩、巴罗佐举行会谈，同意加快推进日欧经济伙伴协定谈判。11月，第二十一次日欧定期首脑会议在东京举行。2014年5月，第22次日欧定期首脑会议在布鲁塞尔欧盟总部举行。2015年5月，第23次日欧定期首脑会议在东京举行。

据日方统计，2014年日本与欧盟贸易额为1498亿美元，其中日出口额721亿美元，日进口额777亿美元。

【同俄罗斯的关系】1991年12月苏联解体后，日本立即承认俄罗斯联邦政府。日俄1993年签署《东京宣言》。2003年1月日本首相小泉访俄，双方签署《日俄联合声明》及《行动计划》，确认构筑“符合两国战略和地缘利益的创造性伙伴关系”。2005年普京总统访日。

2008年4月，日本首相福田非正式访俄。2009年2月，日本首相麻生太郎在俄罗斯远东萨哈林州南萨哈林斯克与俄总统梅德韦杰夫举行会谈。2009年5月，俄罗斯总理普京访问日本。领土问题是日俄关系中的主要问题。2012年6月，俄罗斯国家杜马主席纳雷什金访日。2012年9月，日本首相野田赴俄罗斯出席符拉迪沃斯托克亚太经济合作组织领导人非正式会议期间，与东道主普京总统会面。2013年4月，日本首相安倍访问俄罗斯，双方发表《关于发展日俄伙伴关系的联合声明》。6月，在英国北爱尔兰厄恩湖举行八国集团峰会期间，日本首相安倍晋三与俄罗斯总统普京举行会谈。9月，出席俄罗斯圣彼得堡二十国集团峰会的安倍与普京举行会谈。10月，安倍在出席印尼巴厘岛APEC首脑会议期间与普京举行2013年的第四次会谈。11月，第一次日俄外长、防长“2+2”会谈在东京举行。2014年2月，日本首相安倍赴俄罗斯索契出席冬奥会开幕式，并与普京举行会谈。2014年11月、2015年9月、11月，日本首相安倍分别与俄罗斯总统普京在多边会议场合举行会晤。领土问题是日俄关系中的主要问题。

据日方统计，2014年日本与俄罗斯贸易额为341.9亿美元，其中日出口额93.06亿美元，日进口额248.84亿美元。

【同朝鲜的关系】无外交关系。1991年1月日本政府代表团在朝建国后首次访朝，同朝鲜政府代表团正式开始建交谈判。其后虽经多次谈判均无果而终。2002年日本首相小泉访朝，发表《日朝平壤宣言》，双方同意清算过去，解决有关悬案，尽早实现关系正常化。

六方会谈框架下日朝关系正常化工作组分别于2007年3月和9月在越南河内和蒙古乌兰巴托召开会议，就日朝邦交正常化问题进行接触，未能取得成果。2008年6月11—12日、8月11—12日，日朝在北京、沈阳举行工作磋商，就对绑架问题进行重新调查的具体办法等问题进行了探讨。2012年11月，日朝代表在乌兰巴托举行非正式会谈。

2009年5月朝鲜第二次核试后，日政府于6月通过内阁决议，决定单独追加对朝制裁措施，包括全面禁止对朝出口、限制日朝间人员往来等。2012年4月，日政府决定继续延长对朝单独制裁。2014年3月，新一轮日朝红十字会磋商在沈阳举行，3月底，新一轮日朝外务省局长级磋商在北京举行。双方此后于5月、7月分别在斯德哥尔摩、北京继续举行两轮局长级磋商，就启动朝鲜绑架日本人质问题有关调查取得进展。7月3日，日本政府决定解除部分单独对朝经济制裁。7月4日，朝鲜成立特别调查委员会，宣布对绑架问题展开调查，日本政府宣布解除部分单独对朝制裁。9月29日，日朝外务省局长级磋商继续就绑架问题进行对话。10月末，日本政府为了解朝方调查进度派遣工作组访朝。之后日朝曾就绑架问题进行多次磋商，2015年8月，日本外相岸田文雄在吉隆坡出席东亚合作系列外长会期间与朝鲜外相李洙墉举行双边会见，催促朝方尽快提交绑架问题调查结果，但朝方一再延期，日方至今尚未收到调查报告。2016年1月、2月。朝鲜先后核试和射星，日本再次对朝进行单边制裁，朝方宣布全面中止对被绑架日本受害者的重新调查。

【同韩国的关系】日韩两国于1965年12月缔结基本关系条约并建交。日韩经济关系和人员往来均十分密切。韩国是与日本人员往来最多的国家之一。

2008年2月，日本首相福田访韩，双方宣布开启“面向未来的日韩关系新时代”。2008年4月，韩国总统李明博访日，双方商定开创“更加成熟的伙伴关系”

新时代。2011年，日本外务省发布2011年度《外交蓝皮书》，称韩国是“最重要的邻国”。2011年12月，韩国总统李明博访日。2012年5月，来华出席中日韩领导人会议的日本首相野田佳彦和韩国总统李明博举行日韩领导人会晤。2013年2月韩国总统朴槿惠上台后，日韩因历史、领土等问题关系紧张，始终未能实现首脑会晤。2014年3月，日美韩三国首脑在出席荷兰核安全峰会期间举行三边会晤。2015年11月，日本首相安倍和韩国总统朴槿惠在中日韩首脑会议期间举行了首次双边会晤，商定就解决“慰安妇”问题加快谈判进程。12月28日，日本外相岸田文雄赴首尔与韩国外交部长尹炳世举行会谈，双方宣布就解决“慰安妇”问题达成一致。

据日方统计，2014年日韩贸易额为854.07亿美元，其中日出口额518.28亿美元，日进口额335.79亿美元。

【同东盟国家的关系】日本政府十分重视同东盟国家的关系。双方沟通往来机制较多，有东亚峰会、日本东盟领导人会议、外长会议、经济部长会议等。2012年11月，日本—东盟第15次峰会在金边举行。2013年是日本与东盟缔结友好合作关系40周年，双方举行了一系列纪念活动。2013年1月，安倍首相访问印尼时发表日本东盟外交五原则。2013年10月，日本—东盟第16次峰会在文莱举行。12月，日本与东盟特别峰会在东京举行。2014年11月，日本—东盟第17次峰会在缅甸举行。2015年11月，日本—东盟第18次峰会在马来西亚举行。

据日方统计，2014年日本与东盟贸易额为2217亿美元，其中日出口额1052亿美元，日进口额1165亿美元。

【同印度的关系】1952年日印建交，两国关系发展平稳。2000年双方决定构筑“面向21世纪的日印全球伙伴关系”。2001年双方发表以促进高层对话、加强IT、反恐、防扩散等领域合作为内容的日印共同宣言。2005年小泉首相访印，双方签署题为《在亚洲新时代的日印伙伴关系：日印全球伙伴关系的战略方向》的共同声明。

2008年10月，印度总理辛格访日，双方发表《关于推进全球战略伙伴关系的联合声明》和《日印安保合作共同宣言》。2009年12月，日本首相鸠山访问印度，两国就加强军事合作达成协议。2010年10月25日，日本首相菅直人会见来访的印度总理辛格并发表题为《未来10年日印全球战略伙伴关系愿景》的联合声明，签署了《关于缔结日印经济伙伴关系协定的联合宣言》。2011年12月，日本首相野田访问印度，同印度总理辛格签署《关于强化面向建交60周年的全球战略伙伴关系的共同声明》。2012年6月，日印在日本举行首次海上联合军事演习。2013年5月，印度总理辛格访日，与日本首相安倍晋三举行了会晤。11月，日本天皇夫妇时隔53年后再次访问印度。2014年1月，日本首相安倍晋三访问印度。2014年8月底9月初，印度总理莫迪访问日本。2015年11月，日本首相安倍在出席东盟领导人会议和联合国气候变化大会期间两次与印度总理莫迪会晤。2015年12月，日本首相安倍访问印度。

据日方统计，2014年日印贸易总额为151.83亿美元，其中日出口额81.63亿美元，日进口额70.2亿美元。（刘小飞）

沙特阿拉伯

国名 沙特阿拉伯王国（Kingdom of Saudi Arabia）。

面积 225万平方公里。

人口 3152万（2015年）。沙特公民约占67%。阿拉伯民族。官方语言为阿拉伯语。伊斯兰教为国教，逊尼派约占85%，什叶派约占15%。

首都 利雅得（Riyadh），人口525万。

国家元首 国王兼首相萨勒曼·本·阿卜杜勒阿齐兹·阿勒沙特（Salman bin Abdulaziz Al Saud），2015年1月即位，为沙特第七任国王。

重要节日 国庆日：9月23日；开斋节：回历10月第一天；宰牲节：回历12月10日。

简况 位于阿拉伯半岛。东濒波斯湾，西临红海，同约旦、伊拉克、科威特、阿联酋、阿曼、也门接壤。海岸线长2448公里。地势西高东低。西部高原属地中海式气候，其他地区属亚热带沙漠气候。夏季沿海地区气温38℃—39℃，内地有时高达54℃；冬季气候温和。年平均降雨不超过200毫米。

公元7世纪，伊斯兰教创始人穆罕默德及其继承者统一阿拉伯半岛，建立阿拉伯帝国，8世纪为鼎盛时期，版图横跨欧、亚、非三洲。11世纪开始衰落，16世纪为奥斯曼帝国所统治。19世纪英国侵入，当时分汉志和内志两部分。1924年内志酋长阿卜杜勒阿齐兹·沙特兼并汉志，次年自称为国王。经过30年征战，阿卜杜勒阿齐兹·沙特终于统一了阿拉伯半岛，于1932年9月23日宣告建立沙特阿拉伯王国。这一天被定为沙特国庆日。

政　治

沙特是君主制国家，禁止政党活动。无宪法，《古兰经》和穆罕默德的《圣训》是国家执法的依据。国王亦称“两圣地（麦加和麦地那）仆人”，并兼任首相，行使最高行政权和司法权，有权任命、解散或改组内阁，解散协商会议，有权批准和否决内阁会议决议及与外国签订的条约、协议。1992年3月1日颁布《治国基本法》，规定沙特王国由其缔造者阿卜杜勒阿齐兹·拉赫曼·费萨尔·阿勒沙特国王的子孙中的优秀者出任国王。萨勒曼国王登基以来，对人事和机构进行大幅调整，重组核心领导层，巩固执政地位，沙特政局保持稳定。

【议会】1993年12月成立协商会议，是国家政治咨询机构，下设13个专门委员会。协商会议由主席和150名议员组成，由国王任命，任期4年，可连任。现任主席阿卜杜拉·本·穆罕默德·阿勒谢赫（Abdullah Bin Mohammed Al-Sheikh），2009年2月就任，2013年1月连任至今。

【政府】本届政府于2015年4月组成，由32名成员组成，主要成员是：国王兼首相萨勒曼·本·阿卜杜勒阿齐兹·阿勒沙特（Salman bin Abdulaziz Al Saud），王储兼副首相、内政大臣穆罕默德·本·纳伊夫·本·阿卜杜勒阿齐兹·阿勒沙特（Mohammed bin Nayef bin Abdulaziz Al Saud），王储继承人兼第二副首相、国防大臣穆罕默德·本·萨勒曼·本·阿卜杜勒阿齐兹·阿勒沙特（Mohammed bin Salman bin Abdulaziz Al Saud），外交大臣阿迪勒·朱贝尔（Adel Al Jubeir），石油和矿产资源大臣阿里·本·易卜拉欣·纳伊米（Ali Bin Ibrahim Al Naimi），财政大臣易卜拉欣·本·阿卜杜勒阿齐兹·阿萨夫（Ibrahim Bin Abdul Aziz Al Asaf）。

【行政区划】全国分为13个地区：利雅得地区、麦加地区、麦地那地区、东部地区、卡西姆地区、哈伊勒地区、阿西尔地区、巴哈地区、塔布克地区、北部边疆地区、吉赞地区、纳季兰地区、焦夫地区。地区下设一级县和二级县，县下设一级乡和二级乡。

【司法机构】以《古兰经》和《圣训》为执法依据。由司法部和最高司法委员会负责司法事务的管理。2007年，阿卜杜拉国王颁布《司法制度及执行办法》和《申诉制度及执行办法》，建立新的司法体系。设立最高法院、上诉法院、普通法院（一级法院）等三级法院，并建立刑事、民事、商业、劳工等法庭。最高法院院长由国王任命。申诉制度规定设立直属于国王的三级行政诉讼机构，即最高行政法庭、行政上诉法庭和行政法庭。

【重要人物】**萨勒曼·本·阿卜杜勒阿齐兹·阿勒沙特**：国王兼首相。生于1935年。自幼接受伊斯兰正统教育。多年担任利雅得省长。2011年11月被任命为国防大臣。2012年6月18日任王储兼副首相和国防大臣。2015年1月23日继任沙特第七任国王。曾于1999年4月、2014年3月访华。　**穆罕默德·本·纳伊夫·本·阿卜杜勒阿齐兹·阿勒沙特**：王储兼副首相、内政大臣。生于1959年。已故前王储兼内政大臣纳伊夫之子。1999年被任命为内政大臣助理。2012年11月被任命为内政大臣。2015年1月被任命为王储继承人兼第二副首相、内政大臣，并担任新成立的政治与安全事务委员会主席。2015年4月被任命为王储兼副首相、内政大臣。　**穆罕默德·本·萨勒曼·本·阿卜杜勒阿齐兹·阿勒沙特**：王储继承人兼第二副首相、国防大臣。生于1985年。萨勒曼国王之子。2014年4月任国务大臣、内阁成员。2015年1月被任命为国防大臣、王宫办公厅主任、国王私人顾问，并担任新成立的经济与发展事务委员会主席。2015年4月被任命为王储继承人兼第二副首相、国防大臣。

经　济

石油工业是沙特经济的主要支柱。近年来，沙受益于国际油价攀升，石油出口收入丰厚，经济保持较快增长。但近期国际油价低迷，导致沙经济下行压力增大。政府大力建设和改造国内基础设施和生产设施，继续推进经济结构多元化、劳动力沙特化和经济私有化，努力发展采矿和轻工业等非石油产业，鼓励发展农业、渔业和畜牧业，积极吸引外资，保护民族经济。2005年12月，沙正式加入世界贸易组织。2014年，沙特经济稳定发展，经济全球竞争力排名第二十四位。政府继续追加预算支出，加快经济多元化步伐，加大基础设施建设、卫生、教育等领域投入。2014年主要经济数据如下（数据来源：沙特中央统计局）：

国内生产总值（GDP）：7525亿美元。

人均国内生产总值：2.44万美元。

经济增长率：3.59%。

货币名称：沙特里亚尔。

汇率：1美元≈3.75沙特里亚尔。

通货膨胀率：2.7%。

失业率：11.7%。

【资源】石油剩余可采储量362亿吨，占世界储量的16%，居世界第二位。天然气剩余可采储量8.2万亿立方米，占世界储量的4.2%，居世界第六位。此外，还拥有金、铜、铁、锡、铝、锌、磷酸盐等矿藏。沙特是世界上最大的淡化海水生产国，其海水淡化量占世界总量的20%左右。

【工业】石油和石化工业是沙特的经济命脉。石油收入占国家财政收入的75%，占国内生产总值的45%。2014年原油产量969万桶。近年来，沙特政府大力发展钢铁、炼铝、水泥、海水淡化、电力工业、农业和服务业等非石油产业，依赖石油的单一经济结构有所改观。近几年石油产量及收入情况如下：

	2011	2012	2013	2014

产量（万桶 / 日）	931	976	964	969
收入（亿美元）	2753	3039	2880	2384

【**农业**】沙特70%的面积为半干旱荒地或低级草场，可耕地面积只占土地面积的1.6%，约345万公顷。永久性草地约378.5万公顷，占土地面积的1.9%。森林覆盖率很低，林地面积只占到全部土地的1.4%。耕地集中分布在降雨量较充沛的西南部地区。由于大部分地区降水稀少，沙特农业的发展受到极大限制。尽管沙特在农业生产上不具有优势，但还是取得可喜成绩。目前沙特主要农产品有：小麦、水稻、玉米、椰枣、柑橘、葡萄、石榴等。沙特的谷物自给率比较低，只有20%多，依靠大量进口才能满足国内的需求。沙特是世界上最大的大麦进口国，年均进口约600万吨。水果自给率达到60%。畜牧业主要有绵羊、山羊、骆驼等。

【**交通运输**】公路：公路交通是主要运输方式，截至2010年年底，沙特道路总长19.3万公里，其中公路总长5.8万公里。国际公路网与约旦、也门、科威特、卡塔尔、阿联酋、巴林等国相通。

铁路：阿拉伯半岛唯一的铁路系统在沙特。截至2010年年底，沙特铁路里程总计1423公里，客运量112.4万人次，货运量400.5万吨。

海运：1976年设立港务局。沙特现有8大工商业港口，总泊位183个，2010年总吞吐量达1.54亿吨，其中进口货物0.67亿吨，出口货物0.87亿吨。集装箱每年装卸总量200万吨。目前，沙特的港口量及设施的现代化程度在阿拉伯和海湾地区国家中位列第一。

空运：沙特共有机场26座，包括3座国际机场，23个地区和国内的航空港，都由民航总局管理和运营。沙特航空公司成立于1946年9月，在世界民航公司中名列第15位。

输油管道：沙特的输油管网非常发达。最主要的大型输油管道有两条。一条是东西管道，全长925公里，日输油能力480万桶，将原油输运到沙特西部炼厂及红海港口，出口欧洲，目前运输量只占其能力的一半。另一条从东部加瓦尔油田横穿半岛连接西部延布港，全长1215公里，设计日输油能力为185万桶。

【**通讯**】沙特通讯业发展迅速。截至2010年年底，沙特固定电话装机容量逾416万门，其中家庭电话310万门，移动电话用户达5160万户。互联网用户1140万户。通讯业年营业额约400亿里亚尔。沙特于1985年启用了阿拉伯通讯卫星，是阿拉伯卫星通讯组织的最大投资者。

【**财政金融**】沙特近几年国家财政预收支状况如下（单位：亿美元）：

	2011	2012	2013	2014	2015
收入	1440	1872	2211	3728	1621
支出	1540	1840	2187	2960	2600
差额	−100	32	24	768	979

沙特有商业银行10家，其中国民银行、利雅得银行和拉吉希金融投资公司3家为本国银行，其余为合资银行。沙特银行业发展良好，绝大多数银行实现盈利，净利润增长8%。2013年外汇储备为7130亿美元。

【**对外贸易**】实行自由贸易和低关税政策。出口以石油和石油产品为主，约占出口总额的90%，石化及部分工业产品的出口量也在逐渐增加。进口主要是机械设备、食品、纺织等消费品和化工产品。主要贸易伙伴是美国、日本、中国、英国、德国、意大利、法国、韩国等。由于大量出口石油，沙特对外贸易长期顺差。2014年沙特进出口总额为5081亿美元，出口额为3454亿美元，进口额为1627亿美元，顺差1827亿美元。

人民生活

沙特阿拉伯是高福利国家，实行免费医疗。沙特卫生部2011年年报显示，沙特全国共有医院251家，私营卫生保健中心409家以及超过25万从业人员。另外，武装部队、国民卫队及一些机构设有自己的专属医院，各综合大学设有医学院及附属医院。全国共有70万残疾人，49家残疾人护理中心。有慈善机构104个。沙特平均寿命男72岁、女76岁。

军　事

沙特阿拉伯奉行防御性的国防政策。武装部队建于1964年，最高国防会议为国防最高决策机关。武装部队由正规军、国民卫队和准军事部队组成。正规军总兵力12.8万人，其中陆军7.7万人，海军1.5万人，空军2万人，防空军1.6万人。国民卫队12.5万人。内政部下属的各种安全力量总人数约24.7万人。正规军平时实行志愿兵役制，战时实行义务兵役制，一般兵种服役期2年。

文化教育

【**教育**】政府重视教育和人才培养，实行免费教育。包括初等教育、职业培训、各类技术教育和成人教育等，实行强制义务教育。沙特阿拉伯基础教育实行三阶段一贯制。6岁儿童上6年制小学、3年制中间学校（相当于初中）和3年制高中。负责教育发展人才培养的机构有4个：教育部、高等教育部、女子教育最高委员会和技术职业培训总机构。在国内读书的大学生，除免费住宿外，还享受津贴。

【**新闻出版**】沙特阿拉伯奉行的新闻政策以遵守伊斯兰法规为原则，在思想上和文化上为社会服务。全国发行数十种报纸、上百种杂志。阿拉伯文报纸主要有：《利雅得报》、《中东报》（在伦敦出版）、《生活报》、《国家报》、《欧卡兹报》等，英文报刊主要有：《阿拉伯新闻》、《沙特报》、《沙特经济概览》等。

沙特通讯社：1971年1月23日成立，系沙特官方通讯社，直接受文化与新闻部领导。用阿、英、法文发稿。设有4个国内分社（麦加、麦地那、吉达、达曼）和6个国外分社（波恩、开罗、巴黎、伦敦、突尼斯、华盛顿）。

广播电台：沙特广播电台由22个电台组成，使用中波、短波和调频播出。吉达广播电台、利雅得广播电台和《古兰经》广播电台是最大的3家电台。

电视台：1964年建立电视网，1965年开始播放黑白节目，1976年开始彩色播映。现有4个电视台。目前全国各地有107个中转站，电视网已覆盖全国98%的地区。

对外关系

沙奉行独立自主和务实的外交政策。重视发展同阿拉伯、伊斯兰国家关系，积极参与地区事务，致力于海湾合作委员会的一体化建设。重视发展对美关系，同时开展多元化外交，加强同中国、欧盟、俄罗斯、日本关系。积极发挥石油大国作用。已经同130多个国家建立外交关系。

【对当前重大国际和地区问题的立场】伊朗核问题：反对伊朗拥有和发展核武器，认为伊拥核将威胁地区安全和稳定。要求伊切实执行伊核问题全面协议，敦促国际社会监督落实全面协议执行情况，推进实现建立中东无核区目标，维护国际核不扩散体系，促进地区和平稳定。

叙利亚问题：认为叙利亚政府对无辜平民滥用武力导致大量伤亡，强调执行联合国安理会和叙问题维也纳会议决议，维护叙主权、领土完整与和平稳定，通过政治途径解决叙危机。支持建立叙反对派联盟，承认其为叙人民合法代表，敦促尽快组建过渡政府，实现叙权力和平过渡。

伊拉克问题：主张维护伊拉克的阿拉伯、伊斯兰属性。呼吁伊拉克进行政治改革，保持国家统一，实现民族和解。

巴勒斯坦问题：视维护和争取巴勒斯坦人民合法权利为宗教和民族责任，多年来致力于推动中东和平进程，积极促进巴勒斯坦内部和解。是“阿拉伯和平倡议”发起国，也是巴方财政经费的主要捐助国之一。

反恐问题：强调自身是恐怖主义受害者，反对一切形式的恐怖主义，强调恐怖主义违反伊斯兰教旨，呼吁国际社会共同打击恐怖主义。参与美国主导的国际反恐联盟。倡议成立国际反恐中心。2015年，联合34个国家组建伊斯兰反恐联盟。

联合国安理会改革：认为联合国改革是联合国改革的关键，主张安理会改革应该能够有效防止危机和战争，同时应该体现地域公平分配原则。

【同中国的关系】1990年7月21日中国沙特阿拉伯建交。建交后，两国友好合作关系全面深入发展。

2006年1月和4月，沙特国王阿卜杜拉和胡锦涛主席成功互访，就建立中国沙特战略性友好关系达成共识，双边关系进入了新的发展阶段。2008年6月，习近平副主席访问沙特，双方签署了《中国和沙特关于加强合作和战略性友好关系的联合声明》。2009年2月，胡锦涛主席再次访问沙特。2012年1月，温家宝总理访问沙特，双方决定在战略框架下进一步提升两国关系水平。2014年3月，沙特王储兼副首相、国防大臣萨勒曼访华，双方发表《中华人民共和国和沙特阿拉伯王国联合公报》。2016年1月，习近平主席访问沙特，双方发表《中国和沙特关于建立全面战略伙伴关系的联合声明》，并决定建立两国高级别委员会，双方有关部门签署共建“一带一路”、产能、能源、通信、环境、文化、航天、科技等领域14项合作文件。

2008年四川汶川特大地震灾害发生后，沙特向中国提供5000万美元现金和1000万美元物资援助，是中国收到的最大一笔海外单项援助。

2013年5月，沙特外交大臣费萨尔亲王访华。12月，中国外交部长王毅访沙。2014年6月，沙特外交国务大臣迈达尼来华出席中阿合作论坛第六届部长级会议。

中国沙特经贸和能源合作发展迅速。2015年双边贸易额达517亿美元，其中中方进口额为300亿美元，出口额为217亿美元。沙特是中国在西亚非洲地区第一大贸易伙伴。中国从沙特进口商品主要为原油、石化产品等，出口商品主要为机电产品、钢材、服装等。

沙特是中国第一大原油供应国。2015年中国从沙特进口原油5056万吨，同比增长1.8%。

中国驻沙特大使：李成文。馆址：Circle No. 5 Diplomatic Quarter，Kingdom of Sandi Arabia。信箱：P.O.BOX 75231 RIYADH 11578。国家地区号：00966–11。电话：4832126；传真：2812070。网址：http://www.chinaembassy.org.sa。商务处电话：4655655；传真：4629617。

沙特驻华使馆临时代办：里亚德·穆巴拉基（Riyadh Al-Mubaraky）。馆址：北京市朝阳区三里屯北小街一号。国家地区号：0086–10。电话：65329320，65329321，65329322；传真：65325324。

【同美国的关系】1943年5月沙特阿拉伯和美国建交。海湾危机发生后，沙特美国关系进一步加强。“9·11”事件一度使沙特美国关系受到冲击。伊拉克战争后，沙特美国关系持续改善，双方互访不断。2015年以来，美国总统奥巴马、国务卿克里、国防部长卡特等访沙。沙特国王萨勒曼、王储穆罕默德、王储继承人穆罕默德、外交大臣朱贝尔等访美。

【同阿拉伯国家的关系】2015年以来，沙特阿拉伯与海湾合作委员会及其他阿拉伯国家保持密切交往。接待埃及、苏丹、卡塔尔、巴勒斯坦、摩洛哥等国元首访沙。联合10个国家军事干预也门危机。参与美国主导的国际反恐联盟空袭伊拉克境内“伊斯兰国”行动。

【同西方国家的关系】沙特同西方国家保持着密切关系。2015年以来，沙特王储穆罕默德访问英国，王储继承人穆罕默德访问法国，外交大臣朱贝尔访问法国等国。沙特接待了韩国总统朴槿惠、西班牙前国王卡洛斯、英国王储查尔斯，以及英国外交大臣哈蒙德、德国外交部长施泰因麦尔等访沙。（袁泉）

斯里兰卡

国名 斯里兰卡民主社会主义共和国（The Democratic Socialist Republic of Sri Lanka）。

面积 65610平方公里。

人口 2048万（2013年）。僧伽罗族占74.9%，泰米尔族15.4%，摩尔族9.2%，其他0.5%。僧伽罗语、泰米尔语同为官方语言和全国语言，上层社会通用英语。居民70.2%信奉佛教，12.6%信奉印度教，9.7%信奉伊斯兰教，7.4%信奉天主教和基督教。

首都 科伦坡（Colombo），人口75.3万。

国家元首和政府首脑 总统迈特里帕拉·西里塞纳（Maithripala Sirisena），2015年1月当选。

重要节日 独立日：2月4日（1948年）。

简况

南亚次大陆以南印度洋上的岛国，西北隔保克海峡与印度相望。接近赤道，终年如夏，年平均气温28℃，受印度洋季风影响，西南部沿海地区湿度大。年平均降水量2136毫米（2014年）。风景秀丽，素有“印度洋上的明珠”之称。

2500年前，来自北印度的雅利安人移民至锡兰岛建立僧伽罗王朝。公元前247年，印度孔雀王朝的阿育王派其子来岛弘扬佛教，受到当地国王欢迎，从此僧伽罗人摈弃婆罗门教而改信佛教。公元前2世纪前后，南印度的泰米尔人也开始迁徙并定居锡兰岛。从5世纪至16世纪，岛内僧伽罗王国和泰米尔王国之间征战不断。16世纪起先后被葡萄牙人和荷兰人统治。18世纪末成为英国殖民地。1948年2月获得独立，定国名锡兰。1972年5月22日改称斯里兰卡共和国。1978年8月16日改国名为斯里兰卡民主社会主义共和国。

政治

总统为国家元首、政府首脑和武装部队总司令，享有任命总理和内阁其他成员的权力。2015年1月9日，迈特里帕拉·西里塞纳在斯里兰卡第七届总统选举中击败前总统拉贾帕克萨，当选新一任总统。2015年8月17日，斯里兰卡举行第十五届议会选举，拉尼尔·维克拉马辛哈（Ranil Wickremesinghe）领导的统一国民党获得225个议席中的106个，赢得选举。21日，维克拉马辛哈就任总理。

【宪法】现行宪法于1978年9月7日生效，为斯历史上第四部宪法，废除沿袭多年的英国式议会制，效仿法国和美国，改行总统制。1982年后曾多次修改宪法。宪法规定，斯所有官员，包括议员在内，必须宣誓反对分裂主义，维护国家统一。

【议会】斯议会为一院制，由225名议员组成，任期6年。本届议会于2015年8月选出。席位分布情况为：统一国民党106席，统一人民自由联盟95席，泰米尔全国联盟16席，人民解放阵线6席，穆斯林大会党和伊拉姆人民民主党各1席。现任议长卡鲁·贾亚苏里亚（Karu Jayasuriya），统一国民党党员，于2015年9月1日宣誓就职。

【政府】2015年9月，斯全国团结政府内阁成立。内阁成员包括总统、总理、部长在内共47人。主要成员有：总统兼国防部长、马哈威利及环境部长、民族融合与和解部长迈特里帕拉·西里塞纳（Maithripala Sirisena），总理兼国家政策与经济事务部长拉尼尔·维克拉马辛哈（Ranil Wickremesinghe），财政部长拉维·卡鲁纳纳亚克（Ravi Karunanayake），外交部长曼格拉·萨马拉维拉（Mangala Samaraweera），城市规划与水资源部长劳夫·哈基姆（Rauf Hakeem），电力与可再生能源部长兰吉特·西杨巴拉皮提亚（Ranjith Siyambalapitiya），工商部长里沙德·巴蒂于廷（Rishad Bathiudeen），卫生、营养与本土医药部长拉吉塔·塞纳拉特纳（Rajitha Senaratne），司法部长维杰达萨·拉贾帕克舍（Wijedasa Rajapakshe）等。另有19名国务部长和23名副部长。

【行政区划】全国分为9个省和25个区。9个省分别为西方省、中央省、南方省、西北省、北方省、北中省、东方省、乌瓦省和萨巴拉加穆瓦省。

【司法机构】司法机构由三部分组成：法院，包括最高法院、上诉法院、高级法院和地方法院等；司法部，负责司法行政工作；司法委员会，负责法院人事和纪律检查。最高法院首席法官莫汉·佩里斯（Mohan Peiris），2013年1月就任。

【政党】（1）斯里兰卡自由党（Sri Lanka Freedom Party）：1951年9月由所罗门·班达拉奈克创建。奉行开放的市场经济政策和不结盟的外交政策。曾于1956年至1960年、1960年至1964年、1970年至1977年、1994年至2001年、2004年至2015年执政。1981、1984和1993年先后三次分裂。目前，主席为现任总统西里塞纳。

（2）统一国民党（United National Party）：1946年9月，以森那纳亚克为首的锡兰国民大会党、以班达拉奈克为首的僧伽罗大会党和以贾亚为首的全锡兰穆斯林联盟合并，成立统一国民党。主张自由竞争、对外开放的经济政策和不结盟的外交政策。曾于1948年至1956年、1960年3月至7月、1965年至1970年、1977年至1994年、2001年至2004年先后独立或与其他政党联合执政。党领袖为现任总理拉尼尔·维克拉马辛哈。

（3）泰米尔全国联盟（The Tamil National Alliance）：成立于2001年10月，由泰米尔联合解放阵线、伊拉姆人民革命解放阵线、泰米尔伊拉姆解放组织和全锡兰泰米尔大会党四个泰米尔政党组成，总部位于斯北部泰米尔人聚居的贾夫纳。主张泰米尔人具有民族自决权，呼吁政府保护泰米尔人权利。2011年以来该党与斯里兰卡政府就民族问题政治解决方案展开多轮对话。现任党领袖杉潘坦（R. Sampanthan）任议会反对派领袖。

（4）人民解放阵线（Janatha Vimukthi Peramuna, People's Liberation Front）：成立于1970年，主要成员来自当时的锡兰共产党。直至20世纪90年代初，该党一直坚持武装斗争。90年代以来调整政策，选择议会斗争道路。现任党领袖为阿努拉·迪萨纳亚克（Anura Dissanayake），总书记为提尔文·席尔瓦（Tilvin Silva）。

其他政党和组织还有穆斯林大会党、国家传统党、民主党、锡兰工人大会党、伊拉姆人民民主党和斯里兰卡共产党等。

【和平进程与国内局势】斯政府与“泰米尔伊拉姆解放虎”组织（简称“猛虎”）间的冲突持续26年，造成7万多人死亡。2002年2月，在挪威斡旋下，双方签署《永久停火协议》，先后举行6轮和谈。2003年4月，“猛虎”退出和谈，和平进程宣告中断。2006年2月和10月，双方又举行两轮和谈，但未能达成一致。2007年7月，政府军收复东方省并向北部“虎控区”推进。2008年1月，斯政府宣布退出《永久停火协议》。2009年1月，政府军收复“猛虎行政首都”基里诺奇等城镇。5月，斯总统宣布军事行动取得成功，收复所有“猛虎”控制区域，消灭普拉巴卡兰等“猛虎”主要头目。目前，斯政府积极推进战后平民安置和经济社会重建，政治、经济、安全形势总体趋于稳定。

“猛虎”组织被消灭后，西方国家不断在流离失所者（IDP）安置和人权等问题上向斯施压。在一些西方国家和非政府组织推动下，联合国秘书长潘基文于2010年6月宣布成立专家小组，对斯内战期间违反国际人道法和人权法及侵权行为进行调查。西方国家还多次推动在联合国人权理事会通过涉斯决议。斯政府成立教训总结与民族和解委员会，调查2002年以来违反国际人权法原则的行为。2015年10月，由美国提出、斯里兰卡作为共同提案国提出的涉斯人权法案在第30次联合国人权理事会会议上通过，该决议支持斯开展国内调查。

【主要政府机构网址】斯里兰卡政府网：www.gov.lk；斯里兰卡总统办公室 www.president.gov.lk；斯里兰卡外交部：www.mea.gov.lk。

【重要人物】迈特里帕拉·西里塞纳：总统，1951年9月3日出生，僧伽罗族，佛教徒。曾在苏联高尔基文学院学习。1989年首次当选议员。1994年起历任灌溉与马哈威利发展副部长、农业部长、卫生部长等职。2001年任自由党总书记。2015年1月以反对党共同候选人身份当选总统，同月当选自由党主席。曾先后十余次访华。当选总统后，于2015年3月对华进行国事访问。　**拉尼尔·维克拉马辛哈**：总理，1949年3月24日出生于僧伽罗政治世家，僧伽罗族，佛教徒。1972年毕业于锡兰大学法律系，获法学学士学位。1973年任统一国民党执委。1977年首次当选议员，29岁出任青年事务、就业和教育部长，成为斯历史上最年轻的内阁部长。历任外交部副部长、青年事务、就业和教育部长、工业部长等职。1993年5月至1994年8月、2001年12月至2004年4月两次出任总理。1994年12月当选统一国民党领袖。2004年4月成为反对党领袖。2005年作为统一国民党候选人参加总统竞选，败给拉贾帕克萨。2015年1月被新当选总统西里塞纳任命为总理。8月，率领统一国民党赢得议会选举，连任总理。曾6次访华，2003年曾以总理身份对中国进行工作访问。　**卡鲁·贾亚苏里亚**：议长，生于1940年9月29日，僧伽罗族。毕业于阿南达学院，早年从商，并在军队工作约7年，20世纪90年代初任斯驻德国大使。1996年，受斯统一国民党（UNP）领袖维克拉马辛哈总理邀请加入UNP并担任党主席，曾任UNP副领袖。1997—1999年任科伦坡市长。2000年当选议员并连任至今。曾于2001至2004年任电力和能源部长、2007至2008年任公共管理和内政部长、2015年1月任公共管理、民主治理和佛教事务部长，兼任统一国民党领导委员会主席。2015年9月，当选斯第15届议会议长。2006年曾率统一国民党代表团访华。　**曼格拉·萨马拉维拉**：外长，生于1956年4月21日，僧伽罗族，佛教徒。其父为班达拉奈克夫人执政期间的内阁部长。毕业于伦敦圣马丁学院服装设计与技术专业。1983年加入自由党，1989年当选议员。1994年担任库玛拉通加夫人内阁邮政和电信部长。2001—2004年任反对党党鞭。2005—2007年被拉贾帕克萨任命为外交部长兼港口和航空部长。2006年曾以外长身份访华。2007年辞去外长职务，脱离自由党。2010年加入统一国民党。2015年1月被任命为外交部长。2月，来华访问。8月议会选举后，再次被任命为外长。

经　济

以种植园经济为主，主要作物有茶叶、橡胶、椰子和稻米。工业基础薄弱，以农产品和服装加工业为主。在南亚国家中率先实行经济自由化政策。1978年开始实行经济开放政策，大力吸引外资，推进私有化，逐步形成市场经济格局。近年来，斯经济保持中速增长。2005—2008年，斯国民经济增长率连续四年达到或超过6%，为独立以来的首次。2008年以来，受国际金融危机影响，斯外汇储备大量减少，茶叶、橡胶等主要出口商品收入和外国短期投资下降。斯国内军事冲突结束后，斯政府采取了一系列积极应对措施。国际货币基金组织向斯提供26亿美元临时信贷安排。当前斯宏观经济逐步回暖，呈现出良好发展势头，2011至2014年斯经济平均增速在6%左右。

2014年主要经济数据如下（资料来源：斯里兰卡中央银行2014年度报告）：

国内生产总值（GDP）：97846.7亿卢比（约合749亿美元）。

人均国内生产总值：3625美元。

国民经济增长率：7.4%。

货币名称：卢比（Rupee）。

汇率：1美元≈130.57卢比（2014年平均值）。

通货膨胀率：3.3%。

失业率：4.3%。

【资源】主要矿藏有石墨、宝石、钛铁、锆石、云母等。石墨、宝石、云母等已开采。渔业、林业和水力资源丰富。

【工业】工业主要有纺织、服装、皮革、食品、饮料、烟草、造纸、木材、化工、石油加工、橡胶、塑料和金属加工及机器装配等工业，大多集中于科伦坡地区。2014年工业产值占GDP的33.8%。

【农业】可耕地面积400万公顷，已利用200万公顷。主要作物为茶叶、橡胶、椰子等。2014年农业产值约占GDP的9.9%。

【服务业】2014年服务业产值占GDP的比重约为56.3%，贸易、银行保险、房地产、运输和通讯等产业增长较快。

【旅游业】旅游业是斯经济的重要组成部分。游客主要来自欧洲、印度、中国、东南亚等国家和地区。2003—2005年，斯连续三年到访外国游客数量突破50万人。自2005年底，斯政府军与“猛虎”冲突对旅游业造成一定冲击。2009年，随着斯局势转好，旅游业逐步恢复，呈现快速发展势头。2015年入境人数为179.8万人次，同比增长17.8%。

【交通运输】全国有公路12165公里，铁路1640公里。主要港口有科伦坡、汉班托塔、高尔和亭可马里。科伦坡机场、汉班托塔（马塔拉）机场为国际机场。斯里兰卡航空公司经营国际航空业务。

【财政金融】2014年财政收入为91.54亿美元，财政支出137.55亿美元，财政赤字45.28亿美元。2014年外汇储备82亿美元，同比增长8.6%。外债31131.16亿卢比，占GDP的31.8%。

【对外贸易】实行自由外贸政策，除政府控制石油外，其他商品均可自由进口。近年来，出口贸易结构发生根本变化，由过去的农产品为主转变为以工业产品为主。主要出口商品为纺织品、服装、茶叶、橡胶及其制品、珠宝产品。2014年主要出口对象是美国、英国、印度、意大利、德国等，主要进口对象是印度、中国、阿联酋、新加坡、日本等。

近年外贸情况如下（单位：亿美元）

	2012年	2013年	2014年
出口额	97.7	103.94	111.3
进口额	191.8	180.03	194.17
差额	–94.1	–76.09	–82.87

【外国资本】政府实行保护和吸引外资的政策。2014年外国直接投资约16.85亿美元，主要投资于基础设施建设项目、服务业和制造业。

【外国援助】外援在斯经济生活中作用突出。斯几乎所有大型项目均依靠外援兴建。向斯提供援助的国家和国际组织有30多个，主要有中国、印度、日本、美国、亚洲开发银行等。2014年外援总额为14.3亿美元。

人民生活

政府长期以来实行大米补贴、免费教育和全民免费医疗等福利措施。2014年，公共卫生开支占GDP的1.4%，预期寿命74.3岁。

军　事

陆、空军建于1949年，海军建于1950年。总统为武装部队总司令。最高国防决策机构为国家安全委员会，成员有国防部常秘、国防参谋长、陆、海、空三军司令、警察总监等，主席由总统兼任。国防部为最高军事行政机构。武装力量由正规军和警察组成。正规军分陆、海、空三个军种。总统通过国家安全委员会、国防部和陆海空三军司令部对全军实施领导和指挥。国防参谋长古纳提勒克（Air Chief Marshal KA Gunatilleke），陆军司令德·席尔瓦（Lieutenant General A. W. J. Crishanthe De Silva），海军司令维杰古纳拉特纳（Vice Admiral R C Wijegunaratne），空军司令布拉特辛哈拉（Air Marshal G P Bulathsinghala）。总兵力约28万，陆军18.7万，海军5.5万，空军3.8万。另有警察、国民辅助志愿队和家乡卫队约8万。

文化教育

【教育】民族文化历史悠久，深受佛教影响。政府一贯重视教育，自1945年起实行幼儿园到大学的免费教育。2014年居民识字率达92.5%。全国有学校10850所，私立学校840所，在校学生423万多人，教师23.6万人。2014年政府教育开支占GDP的1.9%。主要大学有佩拉德尼亚大学和科伦坡大学等。

【新闻出版】有报刊200余种，4个报业系统：（1）锡兰联合报业公司：1918年创办，1973年由政府接管。《每日新闻》是斯最大的英文日报。《每日太阳报》是最大的僧伽罗文日报。（2）乌帕里集团报业公司：

1981年11月创办。主要报刊《岛报》为英、僧文日报，发行量很大。（3）维贾亚报业公司：1990年创办。主要报刊有僧伽罗文日报《兰卡之光》和英文《每日镜报》和《星期日时报》。（4）快报报业公司：1930年创办，私营。出版泰米尔文报刊，《雄狮报》为最大的泰米尔文日报。

兰卡通讯社：1978年由几家报业公司联合创办的半官方新闻机构。

斯里兰卡电视台：国家电视台，1982年开播，每天用英、僧、泰三种语言播出。独立电视台，1979年开播，主要用僧伽罗语播出。另有地球电视台、MTV电视台等。

对外关系

奉行独立和不结盟的外交政策，支持和平共处五项原则，反对各种形式的帝国主义、殖民主义、种族主义和大国霸权主义，维护斯里兰卡独立、主权和领土完整，不允许外国对斯内政和外交事务进行干涉。关心国际和地区安全，主张全面彻底裁军，包括全球核裁军以及建立国际政治、经济新秩序。坚决反对国际恐怖主义，1998年1月签署了《联合国反恐怖爆炸公约》，成为该公约的第一个签字国。积极推动南亚区域合作。在联合国和南盟等组织内呼吁加强国际反恐合作。已同140多个国家建立了外交关系。

【同中国的关系】中国与斯里兰卡是友好国家，两国人民有着深厚的传统友谊。斯里兰卡史称师（狮）子国或僧伽罗国。公元410年，晋代高僧法显从印度赴斯游学，取回佛教经典并著有《佛国记》一书。明代航海家郑和下西洋时多次抵斯。15世纪，斯一王子访华，回国途中在福建泉州定居，被明朝皇帝赐姓为世，其后代现仍在泉州和台湾定居。斯沦为西方殖民地后，中斯关系一度中断。1950年斯承认新中国。1952年，斯在两国未建交的情况下，不顾美等西方国家对中国的封锁，同中国签订了《米胶贸易协定》，成为两国友好合作关系史上的佳话。1957年2月7日建交后，两国关系在和平共处五项原则的基础上顺利发展，政治往来不断，经济合作与贸易关系逐步加强。2005年4月，温家宝总理访斯期间，两国宣布建立真诚互助、世代友好的全面合作伙伴关系。2013年5月，斯里兰卡总统拉贾帕克萨访华期间，双方决定将中斯关系提升为真诚互助、世代友好的战略合作伙伴关系。斯政府一贯奉行对华友好政策，长期以来在台湾、涉藏、人权等问题上给予中国支持。两国在许多重大国际和地区问题上拥有共识，合作良好。中国一直在人权问题上坚定支持斯方，多次在国际场合为斯仗义执言。2013年，斯里兰卡发生洪灾，中国向斯方提供价值300万元人民币的紧急人道主义物资援助和5万美元现汇援助。2014年底斯发生严重洪涝灾害后，中国政府向斯捐赠价值2千万元人民币的救灾物资。

2012年6月，斯议长恰马尔访华。9月，全国人大常委会委员长吴邦国访斯。2013年3月，国家主席习近平应约同斯总统拉贾帕克萨通电话，全国政协副主席罗富和访斯并出席汉班托塔国际机场启用仪式。5月，斯总统拉贾帕克萨来华国事访问。6月，国务院副总理马凯在昆明会见来华出席首届中国—南亚博览会暨第21届中国昆明进出口商品交易会的斯总理贾亚拉特纳。2013年3月，国家主席习近平应约同斯总统拉贾帕克萨通电话，全国政协副主席罗富和访斯并出席汉班托塔国际机场启用仪式。2013年5月，斯总统拉贾帕克萨来华国事访问，双方决定将中斯关系提升为真诚互助、世代友好的战略合作伙伴关系。6月、8月，斯总理贾亚拉特纳分别来华出席首届中国—南亚博览会和第二届亚洲青年运动会闭幕式。9月，中共中央政治局常委刘云山访斯。10月，全国人大常委会副委员长、和裁会副会长严隽琪访斯。2014年5月，斯总统拉贾帕克萨来华出席亚信第四次峰会，习近平主席会见。9月，习近平主席对斯里兰卡进行国事访问。斯议长来华出席“2014国际和平日纪念大会”。2015年斯总统西里塞纳对华进行国事访问，习近平主席同其举行会谈，李克强总理、张德江委员长分别会见。

目前，中国从斯主要进口产品有橡胶及其制品、红茶、宝石和椰油等，主要出口产品有纺织品、机电产品、建材、小五金、医药等。中国一些名牌产品，如海尔、轻骑摩托车等进入斯市场。2015年双边贸易额为45.64亿美元，同比增长12.9%。2015年，中国公民赴斯旅游达21.5万人次，比上年增长67.6%。

中国驻斯里兰卡大使：易先良。地址：381/A BAUDDHALOKA MAWATHA, COLOMBO 7，SRI LANKA。国家地区号：0094–11。电话：2688610（办公室）2694494（政治处）2682495（经商处）2694493（文化处）；传真：2693799（办公室）2684579（经商处）。网址：http://lk.china-embassy.org；http://lk.chineseembassy.org。电子邮箱：chinaemb_lk@mfa.gov.cn。

斯里兰卡驻华大使：卡鲁纳塞纳·科迪图瓦库（Dr. Karunasena Kodituwakku）。地址：北京市朝阳区建华路3号。国家地区号：0086–10。电话：65321861，65321862。传真：65325426。电子邮件（E-mail）：lkembj@slemb.com。

【同美国的关系】美是斯主要援助国和最大的出口市场。1997年，美宣布“猛虎”为恐怖组织。2004年底海啸灾难发生后，美在斯救灾和灾后重建中发挥了积极作用。2012年2月，美南亚和中亚事务助理国务卿布莱克访斯。5月，斯外长佩里斯访美。11月，美南亚和中亚事务助卿帮办阿勒斯访斯。2013年1月，美南亚和中亚事务助卿帮办詹姆斯·摩尔，民主、人权、劳工事务助卿帮办简·齐摩曼访斯和国防部副部长助理维克拉姆·辛格访斯。2013年1月，美国务院全球刑事司法办公室无任所大使斯蒂芬·拉普访斯。2014年1月和2015年2月，美南亚和中亚助理国务卿妮莎·比斯瓦尔访斯。2015年2月，斯外长萨马拉维拉访美。5月，美国国务卿克里访斯。

【同印度的关系】斯印有悠久的历史和地缘联系。同印度保持友好关系是斯外交政策的重点。双方重视经济合作，希望藉此带动南盟合作的起步。印支持斯和平解决民族冲突。2013年1月，斯外长佩里斯访印。2014年5月，斯总统拉贾帕克萨应邀出席印度总理莫迪的就职仪式。2015年1月，斯外长萨马拉维拉访印。2月，斯总统西里塞纳访印。3月，印度总理莫迪访斯。9月，斯总理维克拉马辛哈访印。

【同南盟的关系】斯重视南亚区域合作，积极支持和参与南盟各项活动。1998年7月，南盟第十届首脑会议在斯举行。斯积极推动南盟国家开展合作，强调经济发展是南盟的首要任务，为此需要一个和平、安定的地区环境。2008年，斯成功主办第15届南盟峰会。2011年和2014年，斯总统拉贾帕克萨分别出席在马尔代夫举行的第17届南盟峰会和在尼泊尔举行的第18届南盟峰会。（李捷）

塔吉克斯坦

国名 塔吉克斯坦共和国（The Republic of Tajikistan, Республика Таджикистан）。

面积 14.31万平方公里。

人口 854.7万（2015年12月）。塔吉克族占79.9%，乌兹别克族占15.3%，俄罗斯族约占1%。此外，还有鞑靼、吉尔吉斯、土库曼、哈萨克、乌克兰、白俄罗斯、亚美尼亚等民族。塔吉克语（属印欧语系伊朗语族）为国语，俄语为族际交流语言。居民多信奉伊斯兰教，多数属逊尼派，帕米尔一带属什叶派伊斯玛仪支派。

首都 杜尚别（Dushanbe, Душанбе），人口79.55万（2015年10月）。夏季最高气温可达40℃，冬季最低气温 -20℃。

国家元首 总统埃莫马利·拉赫蒙（Emomali Rahmon, Эмомали Рахмон）1994年11月就任总统，1999年、2006年和2013年三次连任，本届任期至2020年。

重要节日 新年：1月1日；纳乌鲁斯节（春节）：3月21日；战胜德国法西斯纪念日：5月9日；独立日：9月9日；宪法日：11月6日。

简况

位于中亚东南部的内陆国家。东与中国接壤，南邻阿富汗，西部和北部与乌兹别克斯坦和吉尔吉斯斯坦相连。境内多山，约占国土面积的93%，有“高山国”之称。属大陆性气候，夏季干燥炎热，降水多集中在冬、春两季。1月平均气温 -1℃—3℃，7月平均气温27℃—30℃。

公元9—10世纪，塔吉克人建立萨马尼德王朝，塔民族文化、风俗习惯基本形成于这一历史时期。13世纪被蒙古鞑靼人征服。14—15世纪属帖木儿后裔统治的国家。16世纪起加入布哈拉汗国。1868年，北部费尔干纳州和撒马尔罕州各一部分并入俄国。1917年11月至1918年2月，北部建立苏维埃政权。1918年底全境建立苏维埃政权。1924年10月14日成立塔吉克苏维埃社会主义自治共和国，属乌兹别克苏维埃社会主义共和国。1929年10月16日改为塔吉克苏维埃社会主义共和国，成为苏联的一个加盟共和国。1990年8月24日起，塔吉克最高苏维埃发表主权宣言。1991年8月底更名为塔吉克斯坦共和国，同年9月9日宣布独立，12月加入独联体。

政治

塔独立后1992年3月爆发内战，1997年6月27日，在联合国及俄罗斯、伊朗等国斡旋下，拉赫蒙总统和反对派首领努里在莫斯科签署《关于在塔实现和平民族和解总协定》，开始民族和解进程。1999年9月26日，塔就修宪举行全民公决，修改条款包括保持世俗国体，允许建立宗教性质政党、实行议会两院制、总统任期七年等。11月6日，拉赫蒙在独立后第二次总统大选中蝉联总统。2000年2月27日和3月23日，塔分别举行了首次议会下院和上院选举。2003年6月22日，塔修宪再次延长总统任期。2005年2月下旬，塔举行议会下院选举，执政党人民民主党赢得下院63个议席中的47席。2006年11月6日，塔在国际社会监督下举行总统选举，包括总统拉赫蒙在内的五名候选人参选，拉以79.3%的得票率再次胜出，并于当月18日宣誓就职。2009年拉政府大力实施“保障能源独立、摆脱交通困境和确保粮食安全”三大发展战略。2010年2月下旬，塔举行议会下院选举，执政党人民民主党赢得了下院63个席位的43席。2013年11月6日，塔举行总统选举，包括拉赫蒙在内的6名候选人参选，拉以84%的得票率再次连任。2015年3月，塔举行议会下院选举，执政党人民民主党赢得了63个席位的51席。目前，塔政局稳定。

【宪法】1999年9月26日，以全民公决方式通过新宪法，对1994年11月的宪法做了修改。新宪法规定：在塔建立世俗、民主、法制国家；实行总统制；总统为国家元首、政府首脑和武装部队的统帅，由全民直接选举产生，每届任期七年。根据2003年6月22日全民公决通过的宪法修正案，新任总统每届任期七年，可连任一届。

【议会】称“马吉利西·奥利”（Маджлиси Оли），意为最高议会，为两院制议会，是国家最高代表机关和立法机关。上院称“马吉利西·米利”（Маджлиси Милли），意为民族院，下院称“马吉利西·纳莫扬达贡”（Маджлиси Намояндагон）意为代表会议。

上院34名议员，任期5年。其中由索格特州、哈特隆州、戈尔诺—巴达赫尚自治州、中央直属区和杜尚别市地方议会各选5人，总统直接任命8人，塔首任总统马赫卡莫夫为上院终身议员。上院主要职能是：确定、修改、撤销国家行政区划；根据总统提议选举和罢免宪法法院院长、副院长、最高法院院长、副院长、总检察长、副总检察长等。现任上院议长为杜尚别市长马·乌拜杜洛耶夫（М. Убайдуллаев）。

下院设63个议席，其中41个按地方选区由选民选出，22个由党派选举中得票率超过5%的党派推选，任期五年。下院主要职能是：组建选举及全民公决委员会；就法律草案提请全民公决；批准国家经济和社会发展计划；批准获取和发放国家贷款；批准总统令等。现任下院议长为舒·祖胡罗夫（Ш. Зухуров）。现议会下院中，塔总统领导的人民民主党占51个议席，农业党占5个席位，经济改革党占3个席位，共产党占2个席位，社会主义党和民主党各占1个席位。现议会上、下两院分别于2015年3月27日和3月1日选举产生。

【政府】现政府主要成员有：总理科·拉苏尔佐达（К. Расулзода），第一副总理达·赛义德（Д. Саид），副总理玛·贾波丽（М. Джаббори，女）和阿·伊布拉希姆（А. Ибрахим），外交部长希·阿斯洛夫（С. Аслов）国防部长舍·米尔佐（Ш. Мирзо），内务部长拉·拉希姆佐达（Р. Рахимзода），司法部长鲁·绍赫穆洛德（Р. Шохмурод），经济发展和贸易部长涅·希克马图洛佐达（Н. Хикматуллозода），财政部长阿·库尔邦诺夫（А. Курбанов），交通部长谢·干扎尔佐达（Ш. Ганджалзода），能源和水资源部长乌·乌斯蒙佐达（У. Усмонзода），文化部长沙·奥鲁姆别克佐达（Ш. Орумбекзода），教育与科学部长努·赛义德（Н. Саид），卫生和社会保障部长努·萨利姆佐达（Н. Салимзода），内务部长拉·拉希姆佐达（Р. Рахимзода），农业部长马·佐基洛夫（М. Зокиров），工业和新技术部长沙·波波佐达（Ш. Бобозода），国家安全委员会主席赛·亚季莫夫（С. Ятимов），国家投资和国有资产管理委员会主席科·科希姆（К. Косим），国家银行行长贾·努尔马赫马德佐达（Д. Нурмахмадзода）。

【行政区划】全国分为三州一区一直辖市：索格特州、哈特隆州、戈尔诺—巴达赫尚自治州、中央直属区和杜尚别市。

【司法机构】包括宪法法院（院长马·马赫穆多夫，М. Махмудов）、最高法院（院长谢·绍希扬，Ш. Шохи ё н）、最高经济法院（院长纳·曼苏罗夫，Н. Мансуров）、军事法院（院长赛·吉约耶夫，С. Ги ё ев）、总检察院（总检察长尤·拉赫蒙，Ю. Рахмон）、军事检察院（军事检察长哈·萨义多夫，Х. Саидов）及各地方法院和检察院。

【政党】1999年8月初塔联合反对派解散后不久，塔司法部正式解除对反对派政党活动的禁令。9月26日塔以全民公决方式通过的宪法修正案中包括允许建立宗教性质政党内容。目前主要有7个政党：

（1）人民民主党（Народная демократическая партия）：原名人民党，1994年12月10日成立，1997年6月更名为人民民主党。其纲领是团结社会健康力量积极参与国家管理，发展以多种所有制为基础的国民经济，改善人民生活，保障公民权利和自由，建设主权、民主、法制、世俗和统一的国家。其优先任务为巩固民族和解，发展民主社会，进行深刻的政治、经济、社会改革，致力于法制和政治文化建设，重视民族精神发展，坚决打击犯罪、恐怖主义和贩毒，反对政治、文化、地域、民族、种族、地区和宗教等任何形式极端主义，建立友好、平等和互利关系，维护国家利益，与世界各国和国际组织发展经济、政治、文化合作。现有党员约13万人，在全国各大城市、区均建有分支机构。在议会下院中占有51个议席。拉赫蒙总统1998年4月任党主席至今。

（2）农业党（Аграрная партия）：2005年10月1日在杜尚别成立，同年11月15日在塔司法部登记为合法政党。主张建立公民社会，保障社会公正和人权自由，反对地方主义和分裂主义，维护民族团结和民族和解；主张建立面向社会的市场经济，强调加强国家经济独立性和粮食自给，认为农业应作为国民经济优先领域得到国家全面支持，提高农产品产量和质量，扶持从事农产品加工的中小企业发展，改善农民生活条件；呼吁完善国家土地政策，合理使用土地资源，实现农业可持续发展。目前有党员约1300人，主要由政府农业部门官员、农业专家、研究人员、农民代表组成。在本届议会下院中占5个席位。主席为巴·拉吉夫佐达（Б.Латифзода）。

（3）经济改革党（Партия экономических реформ）：2005年9月在杜尚别成立，同年10月28日在塔司法部登记为合法政党。该党主张提高工业在国民经济中的地位，有效利用矿产和能源资源，大力发展中小企业和私营企业，增强塔产品竞争力，实现经济增长，解决地区发展不平衡问题，保障国民享受应有的生活和自由发展；大幅度提高干部素质和政府工作效率，反对土地私有化，倡议由国家统筹合理分配使用土地资源。该党现有党员约1.91万人，主要由高等院校教师、经济专家和学者及中小企业家组成。在本届议会下院中占3个席位。主席奥·博博耶夫（О.Бобоев）。

（4）共产党（Коммунистическая партия）：1924年成立。1991年“八·一九”事件后停止活动。同年9月21日更名为社会党。1992年1月19日恢复原名。1996年6月塔共召开第23次代表大会，制定新党章，其目标为：在自愿基础上团结以自由平等的社会主义和共产主义为目标的社会各阶层代表，创造性地运用马克思列宁主义等社会进步思想成果，捍卫广大劳动人民利益。进行旨在巩固国有、集体所有和私有等所有制形式的改革，建立面向社会的市场经济，优先发展能源、交通和高新技术，提高就业率，缩小贫富差距，改善人民生活，保障人的权利、自由和全面发展。尊重社会公平和多样性。保证劳动者平等享受劳动权利和免费教育、免费医疗等社会福利。消灭人剥削人的现象。维护国家主权和独立、积极与国家社会发展互利合作。现有党员5.55万余名。在议会下院中占有2个议席。主席为绍·沙勃多洛夫（Ш.Шабдолов）。

（5）社会主义党（Социалистическая партия）成立于1996年6月。主张社会平等，保障人权，特别是中下层劳动者的权益，反对人剥削人；促进建立法制国家，加强民主建设，改善国民经济，努力摆脱经济危机，提高人民生活水平；改革人事政策，维护社会公正，打击贪污腐败；尊重塔各民族历史、文化传统，提倡民族团结和共同发展。原主席萨·肯贾耶夫1999年3月遇刺身亡后，舍·肯贾耶夫（Ш.Кенджаев）任代主席。2004年8月，该党分裂为“纳尔基耶夫派”和“加法罗夫派”。“加法罗夫派”在司法部获准注册，主席阿·加法罗夫（А.Гаффаров）。以米·纳尔季耶夫（М.Нарзиев）为代表的“纳尔季耶夫派”未能取得合法地位。目前约有1.71万名党员，在议会下院中占有1个议席。在索格特和哈特隆两州设有分支机构。

（6）民主党（Демократическая партия）：成立于1990年8月。其宗旨为建立塔吉克斯坦民主社会，保障公民自由及政治经济权利，根本任务是通过该党在国家机构中的代表积极参与国家管理，实现国家政治、经济、军事、文化完全独立，促进塔国国家统一及民族和解，支持建立多种所有制并存的市场经济。1992年该党同伊斯兰复兴党共同反对政府，内战开始后被宣布为非法，主要领导人逃往国外。1994年9月分裂为支持政府的“德黑兰派”和反政府的“阿拉木图派”，主席分别为阿·阿弗扎利（А.Афзали）和马·伊斯坎达罗夫（М.Искандаров）、1999年塔司法部解除对该党活动禁令。曾参加2005年2月举行的塔议会下院选举但未入围。主席伊斯坎达罗夫在2005年10月被塔最高法院以从事恐怖活动等罪行判处23年监禁。副主席拉赫马图洛·瓦利耶夫（Р.Валиев）曾为实际负责人。2006年4月民主党内部成立以马苏德·索比罗夫（М.Собиров）为首的“祖国”党团，在总统选举期间得到司法部批准，重新登记并承认索为该党合法主席。鼎盛时期曾有成员1.62万余人。现有成员约6000人。在议会下院中占有1个议席。

（7）社会民主党（Социал-демократическая партия）：成立于1998年3月。党训为“理智、公正、发展”，主张促进社会公平，依法治国，建立强有力的民主法制国家，实行多党制，通过与现政权的建设性合作保障稳定发展社会民主和进行政治法制改革，尊重和保障人权和自由；强调保障国家管理和干部选拔制度透明度，推行以社会为导向的市场经济；认为宗教机构不宜参政，反对原教旨主义；主张加强国家和国防安全，为塔民主发展创造良好国家环境。主席拉·佐伊罗夫（Р.Зойиров）。目前约有5000名党员。

【重要人物】埃莫马利·拉赫蒙：总统。1952年10月5日出生于库利亚布州（现哈特隆州）丹加拉镇，塔吉克族。1971—1974年在苏联太平洋舰队服役。1982年毕业于塔吉克国立大学经济系。1988—1992年任丹加拉区列宁农场场长。1990年当选为塔最高苏维埃人民代表。1992年任库利亚布州人民代表苏维埃执委会主席，同年11月19日当选塔最高苏维埃主席。1994年11月6日，经全民投票当选塔总统。1999年11月、2006年11月和2013年11月三次连任。本届任期七年。已婚，育有9个子女。　**马赫马德萨义德·乌拜杜洛耶夫**：议会上院议长。1952年2月1日生于库利亚布州（现哈特隆州）法尔霍尔区，塔吉克族。1970年、1974年先后毕业于塔吉克工学院和乌克兰哈尔科夫工学院电气工程专业。1974年起任职于库利亚布州统计局。1979—1983年任库利亚布市党委组织部长。1983—1986年任塔中央统计局副局长。1986—1988年任库利亚布州党委工业交通局局长。1988—1990年任库尔干秋别州统计局局长。1990—1992年任库利亚布州人民代表苏维埃执委会副主席。1992—1996年先后任塔副总理、第一副总理。1995—2000年任塔议会人民代表。1996年至今任杜尚别市长。2000年4月当选塔议会上院议长。2005年4月、2010年4月、2015年3月三次连任。已婚，育有3个子女。　**舒库尔忠·祖胡罗夫**：议会下院议长。1954年9月17日生于库尔干秋别州喷赤区，塔吉克族。1976年和1992年先后毕业于莫斯科土地规划工程学院和俄罗斯管理学院。1976—1979年就职于库尔干秋别州农业管理局土地规划处。1979—1986年先后任塔共青团中央青年农工处教导员、处长和团中央书记。1986年任塔共青团拉巴德区委主席。1990年任塔国家干部培训委员会主席。1993—1998年任塔劳动和就业部部长。1994—1997年兼任塔民族和解委员会委员、民族和解委员会难民问题分委会主席。1998—2005年先后任塔哈特隆州喷赤区区长和总统办公厅副主任。2005年当选塔议会下院议员。2006—2010年任塔劳动和居民社会保障部部长。2010年3月当选塔议会下院议长，2015年3月连任。已婚，育有5个子女。　**科希尔·拉苏尔佐达**：总理。男，1961年生。塔吉克族。1982年毕业于塔吉克斯坦农学院（现称塔吉克斯坦农业大学）水利工程专业。2008年获俄罗斯国家行政学院技术科学副博士学位。1982年参加工作，历任塔巴巴忠加罗夫斯克区建筑实验室技术检验员、生产部工程师、总工程师、负责人；2000—2006年任塔水资源部部长。2006年12月起任索格特州代州长、州长。2007年12月、2010年4月两次当选塔上院第一副议长（兼任）。2013年11月起任塔总理。已婚，有3个子女。

经　济

塔经济基础薄弱，结构单一。苏联解体后的政治经济危机以及多年内战使塔国民经济遭受严重破坏，经济损失超过70亿美元。1995年塔开始实施《深化经济改革和加快向市场关系过渡的紧急措施》和《1995年至2000年经济改革纲要》，确立了以市场经济为导向的国家经济政策，并推行私有化改制。1997年塔国民经济开始走出低谷，呈现出恢复性增长。2000年10月成功发行国家新币索莫尼，初步建立国家财政和金融系统，开始逐步完善税收、海关政策。2003年，塔政府制订国家工业发展政策，有效利用国家资源优势，加大生产技术革新力度，逐步提高产品加工水平和产品竞争力。2005年新一届议会选举之后，经济继续保持着平稳的发展态势，连续多年的通货紧缩局面得到改善，人均收入开始有所增加，各项经济指标均有所回升。2008年全球金融危机对塔经济造成一定冲击，塔政府采取系列应对措施，随后塔经济逐渐增长。但因本国经济规模相对较小，其发展对国际社会援助依赖很重，全面恢复并发展经济任重而道远。

2015年受世界金融危机及俄罗斯经济下行影响，塔经济形势复杂严峻，但仍保持增长态势，同比增长6%，居民收入增加5%，外贸额大幅减少18%。

主要经济数据如下：

国内生产总值（GDP）：484.016亿索莫尼。

人均国内生产总值：5703.50索莫尼。

国内生产总值增长率：6%。

货币名称：索莫尼（Сомони）。

汇率：1美元≈6.8558索莫尼（2015年12月）。

通货膨胀率：5.8%。

失业率：2.5%。

【资源】塔水力资源位居世界第8位，人均资源拥有量居世界第一位，占整个中亚的一半左右，但开发量不足实际的10%。该国水资源主要来自冰川，记录在册的冰川有1085条，冰川面积为8014平方公里，约占中亚冰川总面积50%。最大的冰川为费琴科冰川（长77公里）。该国有三大水系，分别属于阿姆河流域、泽拉夫尚河流域和锡尔河流域。长达500公里以上的河流有15条。主要河流为阿姆——喷赤河（921公里）、泽拉夫尚河（877公里）、瓦赫什河（524公里）、锡尔河（110公里）。该国湖泊颇多，总面积1005平方公里，约占国土面积的1%，最大的湖泊——卡伊拉库姆湖（380平方公里，即喀拉湖，素有“塔吉克海”之称），最高的湖泊——恰普达拉湖（海拔4529米），也是独联体海拔最高的湖泊。

塔在大河的干、支流修建了30多座大、中、小型水电站，其中建有中亚最大的努列克水电站以及正在续建的罗贡水电站。丰水期不仅能满足内需，夏季还可向周边国家出口。

塔吉克资源丰富，种类全，储量大。经过1971—1990年大规模的勘探，发掘出400多个矿带，已探明有铅锌、铋、钼、钨、锑、锶和金、银、锡、铜等贵重金属、油气和石盐、硼、煤、萤石、石灰石、彩石、宝石等50多种矿物质，其中有30多处金矿，总储量超过600吨；银矿多为与铅、锌伴生矿，储量10万吨，大卡尼曼苏尔银矿为世界最大银矿之一；锑储量占整个独联体的50%，在亚洲占第3位，仅次于中国和泰国；塔共探明有140多处建材原料矿，其中40处已经开采，多处的储量可维持20年至25年甚至更长的开采，为生产砖、惰性材料、陶瓷石膏、水泥等建材提供原料。

塔油气资源储量为石油1.131亿吨，天然气8630亿立方米，但无法得到有效开发：一是资源埋藏较深，多为7000米以下；二是缺少战略投资商。因此，所需大部分石油及天然气依赖进口。

【工业】2015年工业产值为121.734亿索莫尼，比上年增长11.2%。开采业、能源工业和加工工业分别占13.5%，20.9%，65.6%。各主要工业门类产值都有所增长，主要工业产品产值如下（单位：百万索莫尼）：

	2014	2015
开采工业	1418.338	1639.343
食品工业	3336.774	3465.473
纺织工业	1280.784	1287.674
金属工业	906.874	1450.193

（资料来源：据塔吉克斯坦统计署资料）

【农牧业】2015年塔农业总产值比上年增长3.2%，达215.778亿索莫尼。但影响塔农业发展的资金和技术等问题仍未得到解决。近两年主要农产品产量如下（单位：万吨）：

	2014	2015
粮食	131.7649	139.2755
马铃薯	85.4090	88.7399
蔬菜	155.0051	166.7855
葡萄	18.8852	20.3771

数据来源于据塔吉克斯坦统计署资料。

【交通运输】2015年塔货运总量为7598.78万吨，比2014年增长2.1%，客运总量为5.69亿人次。其中以公路运输为主，超过90%的货运和客运由公路承担。

公路：2015年货运量为6986.47万吨，客运量5.58亿人次。

铁路：2015年货运量为612.10万吨，客运量42.68万人次。

空运：塔与迪拜（阿联酋）、马什哈德（伊朗）、新德里（印度）、喀布尔（阿富汗）、伊斯坦布尔（土耳其）、法兰克福（德国）、乌鲁木齐（中国）等城市有国际航班，还有至莫斯科、圣彼得堡、阿拉木图、比什凯克、奥什、叶卡捷琳堡、新西伯利亚等独联体国家的国际航线。国内有杜尚别至胡占德、霍罗格、库利亚布、彭吉肯特等城市的航班等。

【财政金融】近两年财政收支情况如下（单位：亿索莫尼）：

	2014	2015
收入	117.792	137.116
支出	110.979	129.609
差额	6.813	7.507

（资料来源：同上）

截至2015年10月，外债累计20.5亿美元，占GDP的29%。国家主要银行有：国家银行、农业投资银行、东方银行、外经银行、储蓄银行、复兴和开发银行等。2015年塔央行黄金储备量增长了40%，塔国际黄金储备量增长了28%。

【对外贸易】近两年外贸情况如下（单位：亿美元）：

	2014	2015
进口额	42.990	34.349
出口额	9.776	8.906
差　额	33.214	25.443

（资料来源：同上）

2015年塔对外贸易总额为43.255亿美元，同比下降18%。据塔海关数据，2015年中塔贸易额为7.93亿美元，同比增长3.66%，其中对华出口额0.29亿美元，进口额7.64亿美元。

据中国海关数据，2015年中塔贸易额为18.47亿美元，同比下降26.62%，其中对塔出口额17.97亿美元，自塔进口额5200万美元。

塔主要出口商品为普通金属、贵金属、矿石和纺织原料，分别占出口总额的26.1%、23.3%、22.9%和19.2%；进口以交通工具机械设备、矿石、木材及其制品为主，分别占进口总额的21.7%，16.6%和11.2%。塔同世界上88个国家有贸易往来，其中主要贸易伙伴是俄罗斯（11.05亿美元）、中国（7.93亿美元）、哈萨克斯坦（7.02亿美元）、土耳其（3.88亿美元）和瑞士（3.11亿美元）。

【外国资本】2015年1—9月，外国对塔直接投资额约为7.2亿美元，同比增加2060万美元。外资主要投入领域是公路修复、能源、贵金属矿产开采和加工、食品加工业、发展中小企业、金融服务等。目前在塔实施的投资项目共有59个，总额为25亿美元。

【外国援助】2015年，向塔提供人道主义援助的国家共有42个，共援助物资2.3万吨，约4487万美元。提供援助最多的是德国（占援助总额的20.1%），中国（13.1%），俄罗斯（10.9%），荷兰（8.7%），丹麦（6.8%），美国（5.9%），哈萨克斯坦（5.4%）。

【著名公司】塔吉克斯坦国家电力控股公司：成立于1963年，注册资本1.5亿美元。主要经营业务是生产和供应热力及电力；设计和建造电站、输变电线及变电站。公司地址：杜尚别市索莫尼街64号。

塔吉克斯坦国家航空公司：塔唯一国有航空公司，成立于1992年，2004年改组。2008年10月塔航重组成立6家公司，塔航保留，另设5个股份制公司。公司地址：杜尚别市迪托瓦大街32/1号。

塔吉克铝业公司：独联体第三大铝厂，1975年建成投产，设计能力51.7万吨/年，近几年年产量近40万吨，其中60%为纯铝，40%为特殊用途铝。工厂占地10平方公里，共有12个主厂房，其工艺和设备均为法国、意大利等欧洲国家设计制造。其产品主要销往荷兰、俄罗斯、土耳其和伊朗。厂址：图尔松扎德市。

塔吉克电信公司：组建于1996年，属国家控股公司，资本额1541.61万美元。公司地址：杜尚别市鲁达基大街57A。

人民生活

2015年月平均工资为920.97索莫尼，约合134.3美元。塔工资水平行业差距较大，收入最低的农业仅为302.31索莫尼，政府机构为641索莫尼，收入最高的行业是建筑业，其月平均工资为2308.63索莫尼。

2015年，塔官方公布全国就业人数为224.97万，比2014年增加1.5%，失业率为2.5%，同2014年持平。塔就业人口按照部门统计，农业占44.9%，教育19.4%，工业7.9%，卫生8.9%，管理部门3.2%，建筑2.8%。

军　事

军事塔武装力量于1993年2月23日组建。由陆军、机动部队、空军防空军三个军种组成总兵力约1.5万人。陆军编为1个师、4个旅和若干独立保障分队；空军防空军编为1个混编直升机大队、1个防空导弹团和1个防空雷达团；机动部队编为1个空降突击旅和多个独立作战与支持保障分队。此外，塔强力部门中的边防总队隶属国家安全委员会，总兵力约1.7万人。国民卫队直接隶属总统，总兵力约5000人。根据塔俄军事合作协议，俄在塔部署第201军事基地，总兵力约7500人。

文化教育

【教育】2015年，塔吉克斯坦实际教育经费为21.185亿索莫尼，约占国内生产总值的4.4%。全国中小学校共3846所，在校学生共178.44万人。

塔全国现有各类高等学校38所（包括分校），全国在校大学生17.65万人，女生比例为33.5%，其中2015—2016学年招收新生3.85万人，同比增长22.6%，其中女生1.28万，占33.5%。毕业生2.95万人。主要高等院校有：塔吉克斯坦国立大学（1984年建立，4个大系、80个专业、在校生1.8万人，教职工1200人）、塔吉克斯坦技术大学（在校生1.1万人，教职工500人）、塔吉克斯坦师范大学（在校生8000人，教职工585人）、斯拉夫大学（1993年俄、塔联合建立，在校生0.38万人）、胡占德大学（1997年建立，在校生1.3万人）、塔吉克斯坦商业大学（在校生6000人，教职工170人）、塔吉克斯坦农业大学（在校生0.74万人）、塔吉克斯坦医科大学（在校生7500人，其中约有500名留学生，教职工631人，教授90人）、库尔干求别国立大学（在校生1.2万人）等。塔现有各类学科研究机构所56所，其中杜尚别42所，科研人员共3735人，在读研究生1161人，女性436人。中等职业技术学校（包括分校）52所，在校学生3.4134万人。

【新闻出版】塔国内报社45家，主要有："亚洲之声报"（Азия-плюс），私人媒体；"人民报"，原为塔共中央报，现为塔政府报；"杜尚别晚报"，私人媒体；"人民论坛报"，执政党（人民民主党）党报。

通讯社8家，塔通社、"亚洲之声（Азия-плюс）"通讯社、"Вароруд"通讯社和"Авесто"通讯社规模相对较大。塔通社为国家通讯社，1993年成立，有员工约60人，注册记者17人。"Азия-плюс"通讯社是1996年4月创办的私人通讯社，有员工约30人。"Вароруд"通讯社是2000年宣布成立的私人通讯社，有员工10人，改社由欧安组织资助，主要报道费尔干纳盆地情况，通讯社总部设在胡占德市。Авесто通讯社，2003年成立，私人通讯社。塔吉克所有通讯社中只有塔通社在俄罗斯、德国等地有4名常驻记者。

广播电台15家；主要的有6家，1家国有，5家独立电台。"Ватан 国家广播电台"，1993年成立，实用塔吉克语广播；"亚洲之声（Азия-плюс）广播电台"，1996年成立的私人电台，24小时用俄语广播；"自由广播电台"，2004年俄罗斯人投资建立的私人广播电台，24小时用俄语广播。塔所有电台均不使用短波广播，在塔境外无法收听。

全国性电视台2家，独立电台4—5家。"塔国家电视台"规模最大，1993年建立，每天使用塔吉克斯坦和俄语播放。塔所有独立电视台均租用"国家电视台"的频道播放自己制作的节目，没有自己的发射装置。

对外关系

奉行"门户开放"和大国平衡的外交政策，奉行实用外交，积极发展与中亚国家、俄罗斯、美国、欧盟以及伊朗、沙特等伊斯兰国家的关系。同时，与世界其他国家发展友好合作关系，积极争取外援，维护塔独立、主权、安全和发展。塔已加入联合国、欧安组织、独联体、上海合作组织、经济合作组织、欧亚经济共同体、伊斯兰会议组织等50多个国际和地区性组织。2002年2月20日正式加入北约"和平伙伴关系"计划。积极参与国际反恐、禁毒工作。积极在联合国框架内推进解决水资源问题，倡导举办"生命之水"2005—2015十年行动有关会议，2013年在首都杜尚别举办了国际水合作大会。2013年正式成为世界贸易组织成员。2015年，塔举办独立以来规模最大的国际活动"生命之水"国际高级别会议。截至2015年底，塔作为独立主权国家，得到151个国家承认，同其中126个国家建立了外交关系。

【同中国的关系】

1992年1月4日与中国建交。

2014年3月29日—4月1日，国务委员、国防部长常万全赴塔出席上合组织防长会议并同塔总统拉赫蒙举行会见，4月16—20日，国务委员、公安部长郭声琨赴塔出席上合组织成员国安全会议秘书第九次会议并同塔总统拉赫蒙举行会见，5月16—21日，塔总统拉赫蒙赴上海参加亚信成员国领导人第四次峰会并同中国国家主席习近平举行会见，7月30日—8月2日，中国外交部长王毅赴塔出席上合组织外长会并同塔总统拉赫蒙举行会见，8月4—6日，新疆生产建设兵团党委书记、政委车俊访塔，11月11—14日，中国国家主席习近平赴塔出席上合组织成员国元首理事会第14次会议并对塔进行国事访问，期间同塔总统拉赫蒙举行双边会见，共签署16份合作文件，9月30日—10月2日，中国国家主席特使戚建国上将访塔，11月6—9日，塔总统拉赫蒙赴华出席亚太经合组织加强互联互通伙伴关系对话会并同中国国家主席习近平举行会见。

【2015】2015年4月18—20日，中央政治局委员、新疆维吾尔自治区党委书记张春贤访塔并同拉赫蒙总统举行会见，5月28—29日，习近平主席代表、外交部副部长程国平访塔并同塔总统拉赫蒙举行会见，6月4—6日，国务委员、公安部长郭声琨赴塔出席上合组织公安和内务部长第三次会议并同塔总统拉赫蒙举行会见，6月21—24日，河南省委书记郭庚茂访塔并同塔总统拉赫蒙举行会见，9月2—3日，塔总统拉赫蒙赴华参加"9・3"阅兵庆典并同中国国家主席习近平举行会见，塔人民民主党第一副主席法托赫佐达7月、10月两次访华并出席亚洲政党丝绸之路经济带专题会议，9月，中国人民银行行长周小川访塔，两国央行签署30亿元人民币/索莫尼本币互换协议，12月14—15日，塔总理拉苏尔佐达赴华参加第14次上合组织总理会，出席第二届世界互联网大会并同李克强总理举行

会见。

据塔海关数据，2015年中塔贸易额为7.93亿美元，同比增长3.66%，其中对华出口额0.29亿美元，进口额7.64亿美元。

据中国海关数据，2015年中塔贸易额为18.47亿美元，同比下降26.62%，其中对塔出口额17.97亿美元，自塔进口额5200万美元。

中国驻塔吉克斯坦大使：岳斌。馆址：г. Душанбе, пр. Рудаки, 143（杜尚别市鲁达基大街143号）。国家地区号：00992–93。电话：5710666；传真：（992–37）2510024。经商参处电话：（992–37）2214826，传真：2510054。

塔吉克斯坦驻华大使：拉希德·阿利莫夫（Rashid Alimov）（于2015年12月离任）。国家地区号：0086–10。馆址：北京市朝阳区亮马桥外交公寓A区1–4。电话：65322598；传真：65323039。

【同俄罗斯的关系】

【2014】2014年1月24日，俄第一副总理舒瓦洛夫访塔并同拉赫蒙总统举行会见，2月6—7日，塔总统拉赫蒙赴索契参加2014索契冬奥会开幕式并同俄总统普京举行会见，3月12—13日俄联邦委员会主席马特维延科访塔并同塔总统拉赫蒙举行会见，5月8日，塔总统拉赫蒙赴莫斯科参加俄（罗斯）、白（俄罗斯）、亚（美尼亚）、塔（吉克斯坦）、吉（尔吉斯斯坦）五国元首非正式会晤，7月30—31日，俄外长拉夫罗夫对塔进行正式访问并出席上海合作组织外长会议，9月12日，俄总统普京赴塔参加上海合作组织成员国元首理事会第十四次会议并同塔总统拉赫蒙举行会见，10月17日，俄安全会议秘书帕特鲁舍夫访塔并同塔总统拉赫蒙举行会见。

【2015】2015年1月28日，俄国防部副部长安东尼奥访塔并同塔总统拉赫蒙举行会见，2月26—27日，俄国防部第一副部长巴辛大将对塔进行工作访问并同拉赫蒙总统举行会见，4月2—3日，俄外长拉夫罗夫访塔并同拉赫蒙总统举行会见，5月8—9日，塔总统拉赫蒙赴莫斯科参加5·9胜利日阅兵庆典并参加独联体国家领导人非正式会见，5月27日，俄禁毒局长伊万诺夫访塔，6月3—4日，俄国防部长绍伊古赴塔参加集安组织国防部长会议并同塔总统拉赫蒙举行会见，7月8—9日，塔总统拉赫蒙赴乌法参加上合组织峰会，9月15日，俄罗斯总统普京赴塔参加集安组织委员会会议，10月6日，塔总统拉赫蒙赴索契工作访问并会见俄总统普京，10月30日，俄总理梅德韦杰夫赴塔参加独联体成员国政府首脑会议并同拉赫蒙总统举行会见，12月21日，塔总统拉赫蒙赴莫斯科参加集安组织元首峰会。

【同中亚国家的关系】

【2014】2014年1月11日，塔吉（尔吉斯斯坦）边境地区发生交火事件，5月5—7日，土库曼斯坦总统别尔德穆哈梅多夫对塔进行正式访问并同塔总统拉赫蒙举行会见，5月8日，塔总统拉赫蒙和吉尔吉斯斯坦总统阿塔姆巴耶夫在莫斯科参加集安条约组织元首非正式会晤后举行双边会见，就彻底解决两国边境划界问题达成一致协议，9月11—12日，塔总统拉赫蒙分别会见来塔参加上海合作组织成员国元首理事会第十四次会议的哈萨克斯坦总统纳扎尔巴耶夫、乌兹别克斯坦总统卡里莫夫、土库曼斯坦总统别尔德穆哈梅多夫、吉尔吉斯斯坦总统阿塔姆巴耶夫。

【2015】2015年3月19日，塔哈（萨克斯坦）政府间委员会第12次例会在杜尚别举行，6月8日，吉尔吉斯斯坦总理萨利耶夫对塔进行正式访问，参加水问题高级别会议并同塔总统拉赫蒙举行会见，8月19日，塔总统拉赫蒙赴土库曼斯坦进行国事访问，9月15日，哈萨克斯坦总统纳扎尔巴耶夫、吉尔吉斯斯坦总统阿塔姆巴耶夫到塔参加集安组织委员会会议，10月16日，塔总统拉赫蒙赴哈萨克斯坦参加独联体成员国元首会议，10月30日，哈萨克斯坦总理马西莫夫、吉尔吉斯斯坦总理萨利耶夫、土库曼斯坦部长办公室副主席、乌兹别克斯坦副总理到塔参加独联体成员国政府首脑会议并同拉赫蒙总统举行会见，12月12日，塔总统拉赫蒙赴土库曼斯坦出席土获得永久中立地位20周年庆典并会见土总统别尔德穆哈梅多夫。

【同美国的关系】

【2014】2014年1月27日，美特种部队司令纳加塔中将访塔，2月12日，美中央司令部陆军司令特里对塔进行正式访问，2月24日，美国务院南亚和中亚事务第一副助理哈格兰特访塔并同拉赫蒙总统举行会见，4月1日，美中央司令部特种部队副司令古尔特将军访塔，6月1—3日，美南亚和中亚事务助理国务卿比斯瓦尔对塔进行正式访问并出席美塔年度磋商会议，期间同拉赫蒙总统举行会见，7月31日，美中央司令部司令劳·奥斯汀将军访塔并同拉赫蒙总统举行会见。

2015年2月5—9日，民主、人权、劳动问题副助理国务卿史蒂芬访塔，8月27日，美中央司令部司令劳·奥斯汀访塔并同拉赫蒙总统举行会见，美南亚和中亚事务副助理达尼埃尔分别于2月5—9日、4月24日和8月30日—9月3日三次访塔，11月2日，塔外长阿斯洛夫出席“C5+1”（“中亚五国+美国”）对话会，11月3日，美国务卿克里访塔并同拉赫蒙总统举行会见，12月3日，美南亚和中亚事务第一副助理威廉访塔。

【同欧盟国家的关系】

【2014】2014年11月20日，欧洲议会中亚合作代表团访塔并同塔总统拉赫蒙举行会见，11月21—22日，欧洲安全合作组织轮值主席、瑞士总统兼外交部长伯克哈尔特访塔。

【2015】2015年3月11日，欧盟外交部副秘书长施密特赴塔参加欧盟—中亚安全高级别对话并同塔总

统拉赫蒙举行会见，4月1日，欧洲安全与合作组织主席（塞尔维亚第一副总理兼外长）达契奇访塔并同塔总统拉赫蒙举行会见，6月10日，塔总统拉赫蒙会见新任欧盟驻中亚地区特别代表布里安，6月24日，北约议会联合会代表团访塔并同塔总统拉赫蒙举行会见，11月5日，欧洲议会代表团访塔并同塔总统拉赫蒙举行会见，11月30日，塔总统拉赫蒙赴法国巴黎出席联合国世界气候变化大会并会见法国总统萨科奇，12月1日，塔总统拉赫蒙在比利时布鲁塞尔会见欧盟外交和安全政策高级代表默盖里尼。

【同伊斯兰国家的关系】

【2014】2014年2月14日，伊朗外交部副部长拉希姆布尔访塔并同塔总统拉赫蒙举行会见，3月26—27日，塔总统拉赫蒙赴阿富汗喀布尔出席第5届国际纳乌鲁兹节并同阿总统卡尔扎伊举行会见，5月6日，科威特政府慈善事务部第一副部长法罗赫访塔并同拉赫蒙总统举行会见，5月25日，巴基斯坦议会下院议长萨迪克访塔并同拉赫蒙总统举行会见，5月27—29日，塔总统拉赫蒙对巴林进行正式访问，6月4—7日，阿富汗外长乌斯莫尼访塔并同拉赫蒙总统举行会见，6月17—18日，巴基斯坦总理谢里夫对塔进行正式访问，9月10日，伊朗总统鲁哈尼对塔进行国事访问，9月11日，塔、阿（富汗）、伊（朗）三国元首在杜尚别举行会谈，9月12日，塔总统拉赫蒙会见到访的阿富汗总统卡尔扎伊，10月27日，沙特第一副外长穆罕默德访塔并同拉赫蒙总统举行会见，同日，阿富汗副外长阿季夫马尔访塔并同拉赫蒙总统举行会见，同日，首届伊斯兰合作组织—中亚合作投资论坛在杜尚别开幕，10月27—28日，伊斯兰合作组织秘书长迈达尼访塔并同拉赫蒙总统举行会见。

【2015】2015年1月28日，巴基斯坦军工综合体主席阿赫桑中将访塔，3月10日，阿富汗外交部副部长卡尔扎伊访塔，6月1日，伊朗边防军司令科希姆访塔，6月3日，阿富汗内务部长努鲁尔哈克访塔，6月8日，塔总统拉赫蒙出席在杜尚别举行的水问题高级别会议并会见阿富汗总理阿卜杜拉和伊朗能源部长哈米德，6月10日，巴基斯坦总理谢里夫访塔并同拉赫蒙总统举行会见，7月9日，塔总统拉赫蒙在乌法会见阿富汗总统加尼，9月28日，塔总统拉赫蒙在纽约联合国总部会见阿富汗首席执行官阿卜杜拉，10月22日，阿富汗前总统卡尔扎伊访塔并同拉赫蒙总统举行会见，11月11日，塔总统拉赫蒙对巴基斯坦进行正式访问，12月15日，塔总理拉苏尔佐达在中国郑州参加第14次上合组织总理会期间会见阿富汗总理阿卜杜拉。

（秦松茂）

泰　国

<u>国名</u>　泰王国（The Kingdom of Thailand）。

<u>面积</u>　51.3万平方公里。

<u>人口</u>　6740万。全国共有30多个民族。泰族为主要民族，占人口总数的40%，其余为老挝族、华族、马来族、高棉族，以及苗、瑶、桂、汶、克伦、掸、塞芒、沙盖等山地民族。泰语为国语。90%以上的民众信仰佛教，马来族信奉伊斯兰教，还有少数民众信仰基督教、天主教、印度教和锡克教。

<u>首都</u>　曼谷（Bangkok），人口800万。

<u>国家元首</u>　国王普密蓬·阿杜德（BHUMIBOL ADULYADEJ），拉玛九世王。1946年继位，1950年加冕。是当今世界在位最久的君主。

<u>重要节日</u>　宋干节：4月13—15日；水灯节：泰历12月15日；国庆日（现任国王诞辰日）：12月5日。

简　况

位于中南半岛中南部。与柬埔寨、老挝、缅甸、马来西亚接壤，东南临泰国湾（太平洋），西南濒安达曼海（印度洋）。热带季风气候。全年分为热、雨、凉三季。年均气温27℃。

公元1238年形成较为统一的国家。先后经历素可泰王朝、大城王朝、吞武里王朝和曼谷王朝。原名暹罗。16世纪，葡萄牙、荷兰、英国、法国等殖民主义者先后入侵。1896年英法签订条约，规定暹罗为英属缅甸和法属印度支那间的缓冲国。暹罗成为东南亚唯一没有沦为殖民地的国家。19世纪末，拉玛四世王开始实行对外开放。五世王借鉴西方经验进行社会改革。1932年6月，民党发动政变，改君主专制为君主立宪制。1939年更名泰国，后经几次更改，1949年正式定名泰国。

政　治

二战后军人集团长期把持政权，政府一度更迭频仍。20世纪90年代开始，军人逐渐淡出政坛。2001年，泰国爱泰党在全国大选中胜出，他信担任总理，2005年连任。2006年9月发生军事政变，他信下台。2007年举行全国大选，人民力量党获胜，党首沙玛出任总理。2008年9月，沙玛被判违宪下台，人民力量党推选颂猜接任总理。12月，宪法法院判决人民力量党、泰国党和中庸民主党贿选罪名成立，予以解散，颂猜下台。12月15日，民主党党首阿披实当选总理。2011年5月，阿披实宣布解散国会下议院，7月举行全国大选，为泰党赢得国会下议院过半议席。8月5日，英拉当选总理，9日新政府成立。2013年12月，英拉宣布解散国会下议院，重新大选。2014年2月2日，泰国举行下议院选举，因反对派抵制，部分地区投票无法顺利举行。3月21日，宪法法院判决大选无效。5月7日，宪法法院判决英拉非法调动高级公务员违宪，英拉随即停职。5月22日，军方以“国家维稳团”名义接管政权。7月22日，泰颁布临时宪法。31日，国家立法议会组成。8月21日，立法议会选举“国家维稳团”主席、陆军司令巴育为新总理。24日，巴育就任总理。30日，新内阁组成。

【宪法】现行临时宪法于2014年7月22日经普密蓬国王批准生效，主要涉及国家立法议会、内阁、国家改革大会、制宪委员会等机构组建及职能等内容，共48条。

【议会】国会是最高立法机构，实行上、下两院制。上议院议员150人，其中76人直选产生，74人遴选产生，任期6年。下议院议员500人，任期4年。现任立法议会主席蓬佩，副主席素拉猜、披拉萨。

【政府】2015年8月巴育政府改组内阁。现任成员名单如下：总理巴育·詹欧差上将（GEN.PRAYUT CHAN-O-CHA），副总理兼国防部长巴威·翁素万上将（GEN.PRAWIT WONGSUWAN），副总理纳隆·披帕塔纳赛海军上将（ADMIRAL.NARONG PIPATANASAI），副总理巴金·詹东空军上将（ACM. PRAJIN JUNTONG），副总理塔纳萨·巴迪玛巴功上将（GEN.THANASAK PATIMAPRAKORN），副总理威沙努·科岩（MR.VISANU KRUE-NGAM），副总理颂奇·乍都西披塔（MR.SOMKID JATUSRIPITAK），国务部长巴纳达·迪沙军亲王（M.L.PANADDA DISKUL），国务部长素瓦攀·丹育万塔纳（MR.SUWAPHAN TANYUVARDHANA），国防部副部长武东德·西达布上将（GEN.UDOMDEJ SITABUTR），财政部长阿披萨·丹迪沃拉翁（MR. APISAK TANTIVORAWONG），财政部副部长威素·西素攀（MR.WISUDHT SRISUPHAN），外交部长敦·帕马威奈（MR.DON PRAMUDWINAI），旅游与体育部长葛甘·瓦塔纳瓦朗军（MRS. KOBKARN WATTANAVRANGKUL，女），社会发展与人类安全部长阿敦·盛信格警察上将（POL. GEN.ADUL SANGSINGKEO），农业与合作部长察猜·沙里甘亚（GEN.CHATCHAI SARIKALYA），交通部长阿空·登披塔亚派实（MR.ARKHOM TERMPITTAYAPAISITH），交通部副部长翁信·奇瓦颇（MR.OMSIN CHIWAPHRUEK），自然资源与环境部长素拉萨·甘乍纳拉上将（GEN.SURASAK KARNJANARAT），信息与通讯技术部长乌塔玛·沙瓦纳勇（MR.UTTAMA SAVANAYANA），能源部长阿南达蓬·甘乍纳拉上将（GEN.ANANTAPORN KANJANARAT），商业部长阿披拉迪·丹达蓬（MRS. APIRADI TANTRAPORN，女），商业部副部长素威·湄信西（MR.SUVIT MAESINCEE），内政部长阿努蓬·抛金达上将（GEN.ANUPONG PAOCHINDA），内政部副部长素提·玛文（MR.SUTEE MARKBOON），司法部长派汶·昆察亚上将（GEN. PAIBOON KOOMCHAYA），劳工部长西里猜·迪沙功上将（GEN.SIRICHAI DISTAKUL），文化部长威拉·洛普乍纳拉（MR.VIRA ROJPOJCHANARAT），科技部长披切·杜隆卡威洛（MR.PICHET DURONGKAVEROJ），教育部长达蓬·拉达纳素万上将（GEN.DAPONG RATANASUWAN），教育部副部长提拉吉·乍仁社信（MR.TEERAKIAT JAROENSETTASIN），教育部副部长素拉切·猜翁中将（LT.GEN.SURACHET CHAIWONG），卫生部长比亚沙功·沙功沙亚通（MR.PIYASAKOL SAKOLSATAYADORN），工业部长安差甲·西文仁（MRS.ATCHAKA SIBUNRUANG，女）。

【行政区划】全国分中部、南部、东部、北部和东北部5个地区，共有77个府，府下设县、区、村。曼谷是唯一的府级直辖市。各府府尹为公务员，由内政部任命。曼谷市长由直选产生。

【司法制度】属大陆法系，以成文法作为法院判决的主要依据。司法系统由宪法法院、司法法院、行政法院和军事法院构成：

宪法法院主要职能是对议员或总理质疑违宪、但已经国会审议的法案及政治家涉嫌隐瞒资产等案件进行终审裁定，以简单多数裁决。由1名院长及14名法官组成，院长和法官由上议长提名呈国王批准，任期9年。

行政法院主要审理涉及国家机关、国有企业及地方政府间或公务员与私企间的诉讼纠纷。行政法院分为最高行政法院和初级行政法院两级，并设有由最高行政法院院长和9名专家组成的行政司法委员会。最高行政法院院长任命须经行政司法委员会及上议院同意，由总理提名呈国王批准。

军事法院主要审理军事犯罪和法律规定的其他案件。

司法法院主要审理不属于宪法法院、行政法院和军事法院审理的所有案件，分最高法院、上诉法院和初审法院三级，并设有专门的从政人员刑事厅。另设有司法委员会，由最高法院院长和12名分别来自三级法院的法官代表组成，负责各级法官任免、晋升、加薪和惩戒等事项。司法法院下设秘书处，负责处理日常行政事务。

【政党】主要政党有：

（1）为泰党（PHEU THAI PARTY）：2007年9月20日成立。代理党首威洛·鲍尹，秘书长普坦·卫差亚猜，执委21人。在全国设有5个支部，党员134906人。

（2）民主党（DEMOCRAT PARTY）：1946年4月5日成立。党首阿披实·威差奇瓦，秘书长朱蒂·格勒，执委34人。在全国设有175个支部，党员289.6万人。

（3）自豪泰党（BHUMJAITHAI PARTY）：2008年11月5日成立。党首阿努廷·参威拉军，秘书长萨沙扬·奇初，执委9人。在全国设有5个支部，党员153087人。

（4）泰国发展党（CHART THAI PATTANA PARTY）：2008年4月18日成立。党首提拉·翁萨姆，秘书长潘贴·素里萨廷，执委11人。在全国设有9个支部，党员26069人。

（5）为国发展党（CHART PATTANA PUEA PANDIN PARTY）：2007年10月3日成立。党首宛纳勒·参努军，秘书长巴瑟·本猜素。在全国设有4个支部，党员19589人。

【重要人物】普密蓬·阿杜德：国王。拉玛王朝九世王。1927年12月5日生于美国。曾在瑞士攻读政治和法律。1946年6月继位，1950年5月5日加冕。重视农业，经常视察农村，赞助实施水利、优良品种培植等多项农村发展计划。著有《雨丝》等多首著名乐曲并出版过乐曲专辑。1950年4月与诗丽吉王后结婚，育有子女四人：乌汶叻公主、哇集拉隆功王储、诗琳通公主、朱拉蓬公主。 **巴育·詹欧差**：总理。1954年3月21日生于泰国呵叻府。曾就读于泰国军官预备学校、陆军指挥参谋学院、国防学院。历任泰国陆军参谋长、副司令等职，2010年任陆军司令，2014年9月底退役。2014年5月22日，泰国军方以“国家维稳团”名义接管政权，巴育任“国家维稳团”主席。8月21日，国家立法议会选举巴育担任总理，巴育于24日就任。

经 济

泰国实行自由经济政策。属外向型经济，依赖美、日、中等外部市场。传统农业国，农产品是外汇收入的主要来源之一，是世界天然橡胶最大出口国。20世纪80年代，电子工业等制造业发展迅速，产业结构变化明显，经济持续高速增长，人民生活水平相应提高，工人最低工资和公务员薪金多次上调，居民教育、卫生、社会福利状况不断改善。1996年被列为中等收入国家。1997年亚洲金融危机后陷入衰退。1999年经济开始复苏。2003年7月提前两年还清金融危机期间国际货币基金组织提供的172亿美元贷款。2012年人均国内生产总值（GDP）约5390美元。2014年人均GDP约5445美元。

1963年起实施国家经济和社会发展五年计划。2012年开始第十一个五年计划。2014年主要经济数据如下：

国内生产总值：3736亿美元。

国内生产总值增长率：0.7%。

货币名称：铢。

汇率：1美元≈32.48铢（全年均价）。

通货膨胀率：1.9%。

失业率：0.8%。

【资源】主要有钾盐、锡、褐煤、油页岩、天然气，还有锌、铅、钨、铁、锑、铬、重晶石、宝石和石油等。其中钾盐储量4367万吨，居世界第一，锡储量约120万吨，占世界总储量的12%。油页岩储量约187万吨，褐煤储量约20亿吨，天然气储量约16.4万亿立方英尺，石油储量1500万吨。森林总面积1440万公顷，覆盖率25%。

【工业】出口导向型工业。主要门类有：采矿、纺织、电子、塑料、食品加工、玩具、汽车装配、建材、石油化工、软件、轮胎、家具等。工业在国内生产总值中的比重不断上升。2012年工业生产增长6.9%。2014年工业生产下降1.1%。

【农业】传统经济产业，农业人口约1530万人。全国可耕地面积约1.4亿莱（1莱=1600平方米），占国土面积的41%。主要作物有稻米、玉米、木薯、橡胶、甘蔗、绿豆、麻、烟草、咖啡豆、棉花、棕油、椰子等。2012年农业产值增长3.8%。2014年农业产值增长1.1%。

【渔业】海域辽阔，拥有2705公里海岸线，泰国湾和安达曼湾是得天独厚的天然海洋渔场。此外，还有总面积1100多平方公里的淡水养殖场。曼谷、宋卡、普吉等地是重要的渔业中心和渔产品集散地。泰国是世界市场主要鱼类产品供应国之一，也是位于日本和中国之后的亚洲第三大海洋渔业国。全国从事渔业人口约50万人。

【服务业】旅游业保持稳定发展势头，是外汇收入重要来源之一。主要旅游点有曼谷、普吉、清迈、帕塔亚、清莱、华欣、苏梅岛等。2012年共有2235万外国游客赴泰旅游，同比增长16.2%。2014年共有2478万外国游客赴泰旅游，同比增长6.66%。

【交通运输】以公路和航空运输为主。

铁路：窄轨，总长4451公里，全国共47府通铁路。

公路：公路里程共16万公里。各府、县都有公路相连，四通八达。

水运：湄公河和湄南河为泰国两大水路运输干线。全国共有47个港口，其中海港26个，国际港口21个。廉差邦港是泰国最大的物流枢纽，集装箱运输量占国内的52%。泰国重要码头还包括曼谷港、清盛港、清孔港和拉农港等。海运线可达中、日、美、欧和新加坡。

空运：全国共有37个机场，其中国际机场8个。曼谷素万那普国际机场投入使用后，取代原先的廊曼国际机场，成为东南亚地区重要的空中交通枢纽。共53个国家80家航空公司设有赴泰固定航线，89条国际航线可达欧、美、亚及大洋洲40多个城市，国内航线遍布全国21个大、中城市。

【财政金融】2014年财政年度预算支出2.5万亿铢，收入2.08万亿铢。近年来实际财政收支如下（单位：亿铢）：

	2011	2012	2013
收入	22244	21484	21576
支出	20505	19775	23959
差额	1739	1709	–2383

截至2014年底，外债1407亿美元，外汇储备1571亿美元。

【对外贸易】对外贸易在国民经济中具有重要地位。2014年对外贸易额为4552亿美元，其中出口额2275亿美元，进口额2277亿美元，分别缩减0.4%和9.0%。中国、日本、东盟、美国、欧盟等是泰国重要贸易伙伴。

主要出口产品有：汽车及零配件、电脑及零配件、集成电路板、电器、初级塑料、化学制品、石化产品、珠宝首饰、成衣、鞋、橡胶、家具、加工海产品及罐头、大米、木薯等。

主要进口产品有：机电产品及零配件、工业机械、电子产品零配件、汽车零配件、建筑材料、原油、造纸机械、钢铁、集成电路板、化工产品、电脑设备及零配件、家用电器、珠宝金饰、金属制品、饲料、水果及蔬菜等。

【对外投资】主要对美国、东盟、中国大陆及台湾地区投资。

2015年泰来华直接投资新增0.44亿美元，同比下降26.67%。在华投资的公司主要有：正大集团、盘谷银行等。

【外商投资】1961年开始实行开放的市场经济政策，采取一系列优惠政策鼓励外商赴泰投资。1987—1990年为外国对泰投资高峰期。1997年受亚洲金融危机冲击，外国对泰投资大幅下降。泰政府加大投入，加强基础设施建设，完善立法，创造良好环境吸引外资。据不完全统计，2012年外国对泰直接投资132.12亿美元。2014年则略有下降，为128.26亿美元。

军　事

19世纪中叶仿效西方建立陆、海军，1915年建立空军。宪法规定国王为武装部队最高统帅。国家安全委员会为最高国防决策机构，隶属内阁，总理兼任主席。国防部为最高军事行政机关，负责制定和实施国防政策和计划。最高司令部为军队最高指挥机构，下设陆海空三个军种司令部，负责指挥和协调三军行动。现任武装部队最高司令宋迈·高迪拉（GEN.SOMMAI KAOTIRA），陆军司令提拉猜·纳瓦尼（GEN. TEERACHAI NAKWANICH），空军司令德里托·颂占空军上将（ACM.TREETOD SONJANCE），海军司令纳·阿里尼（ADM.NA AREENICH），警察总监乍提·猜金达（GEN.CHAKTHIP CHAIJINDA）。

文化教育

【教育】实行12年制义务教育。中小学教育为12年制，即小学6年、初中3年、高中3年。中等专科职业学校为3年制，大学一般为4年制，医科大学为5年制。著名高等院校有：朱拉隆功大学、法政大学、玛希敦大学、农业大学、清迈大学、孔敬大学、宋卡纳卡琳大学、诗纳卡琳威洛大学、易三仓大学和亚洲理工学院等。此外，还有兰甘亨大学和素可泰大学等开放性大学。

【新闻出版】媒体以私营为主，按市场规则运作。泰文媒体是主流媒体，英文、华文媒体居辅助地位。主要泰文报纸有《民意报》、《泰叻报》、《经理报》、《每日新闻》等。主要华文报纸有《新中原报》、《中华日报》、《星暹日报》、《亚洲日报》、《京华中原》和《世界日报》等。主要英文报纸有《曼谷邮报》、《民族报》等。

有230多家广播电台，其中由政府民众联络厅管理的有59家。泰国广播电台为国家电台，设有国外部，用泰、英、法、中、马来、越、老、柬、缅、日等语言广播。

无线电视台共6家，都设在曼谷，大部分电视节目通过卫星转播。地方有线电视公司86家。电视网覆盖全国。

对外关系

泰国奉行独立自主的外交政策。重视周边外交，积极发展睦邻友好关系。以东盟为依托，在保持与美国传统盟友关系的同时，注重发展同中国、日本和印度的关系，维持大国平衡。重视区域合作，积极推进东盟一体化和中国—东盟自贸区建设，支持东盟与中日韩合作。重视经济外交，推动贸易自由化，积极参与大湄公河次区域经济合作。发起并推动亚洲合作对话（ACD）机制，积极参加亚太经济合作组织（APEC）、亚欧会议（ASEM）、世界贸易组织（WTO）、东盟地区论坛（ARF）和博鳌亚洲论坛（BFA）等国际组织的活动。积极发展与穆斯林国家关系。谋求在国际维和、气候变化、粮食安全、能源安全及禁毒合作等地区和国际事务中发挥积极作用。

【同中国的关系】1975年7月1日建交，两国各领域友好合作全面、顺利发展。2012年4月，中泰建立全面战略合作伙伴关系。2013年10月，两国政府发表《中泰关系发展远景规划》。

两国高层保持密切交往。江泽民主席（1999年）、李鹏委员长（1999年、2002年）、胡锦涛副主席（2000年）、朱镕基总理（2001年）、胡锦涛主席（2003年）、温家宝总理（2003年、2009年、2012年）、吴邦国委员长（2010年）、习近平副主席（2011年）、全国政协主席贾庆林（2012年）、李克强总理（2013年、2014年）、全国政协主席俞正声（2015年）等中国领导人先后访泰或赴泰出席会议。2000年，泰国诗丽吉王后代表普密蓬国王对中国进行访问。哇集拉隆功王储、诗琳通公主、朱拉蓬公主等王室成员多次访华，历任总理、国会主席和军队领导人亦曾访华。

中国是泰国最大贸易伙伴，泰国是中国在东盟国家中第四大贸易伙伴。2015年中泰双边贸易额754.6亿美元，同比增长3.8%，其中中国出口382.93亿美元，同比增长11.64%，进口371.7亿美元，同比下降3.14%。

2015年，泰国来华直接投资新增0.44亿美元，同比下降26.67%。中国对泰非金融类直接投资新增4.4亿美元，同比增长21.1%。中国企业在泰新签对外承包工程、劳务合作和设计咨询合同额39.6亿美元，同比增长123.2%，完成营业额28.1亿美元，同比增长53.0%。1985年两国成立部长级经贸联委会。2003年6月升格为副总理级。2004年7月，吴仪副总理与泰副总理差瓦利在北京共同主持联委会首次会议。2005年9月，吴仪副总理与泰副总理颂奇在泰国清迈共同主持联委会第二次会议。2014年11月，王勇国务委员和泰副总理比里亚通在北京共同主持联委会第三次会议。2015年12月，王勇国务委员与泰副总理颂奇在泰国曼谷共同主持联委会第四次会议。2014年12月，两国央行签署《关于在泰国建立人民币清算安排的合作谅解备忘录》，并续签《双边本币互换协议》。

两国在文化、教育、科技、司法、军事等各领域保持良好交流与合作。两国人员往来密切，2015年中国大陆赴泰游客832.08万人次，泰国来华游客64.15万人次。两国已缔结30组友好城市和省府。

中国驻泰国大使：宁赋魁。馆址：泰国曼谷拉差达披色路57号（NO.57，RACHADAPISEK ROAD，BANGKOK 10110，THAILAND）。国家地区号：0066–2。电话：2450088（总机）转3204（办公室）；2457033，2457036（领事部）；2457038（商务处）；传真：2468247。

泰国驻华大使：醍乐堃·倪勇。馆址：北京市朝阳区光华路40号。国家地区号：0086–10。电话：65321749；传真：65321748。

【同东盟的关系】泰国是东盟成员国，重视加强同东盟各国的友好合作。2012年7月至2015年7月担任中国—东盟关系协调国。2015年4月，泰总理巴育赴马来西亚吉隆坡出席第26届东盟峰会及第9次印马泰增长三角峰会。11月，泰总理巴育赴马来西亚出席第27届东盟峰会及相关会议。

【同老挝的关系】1950年12月19日建交。2012年2月，泰老联合边境委员会会议在泰国举行。5月，老挝总理通邢赴泰出席第21届世界经济论坛东亚会议并访泰，会见泰国王普密蓬、国会主席兼下议长颂萨，与总理英拉举行会谈。12月，泰副总理兼外长素拉蓬赴泰老边境，与老挝副总理兼外长通伦共同出席泰、老第4座跨湄公河大桥合龙仪式。2014年11月，泰总理巴育出访老挝。

【同柬埔寨的关系】1950年12月19日建交。2012年6月，泰国向国际法庭递交第二份关于柏威夏寺领土争端的书面答辩状。7月，根据此前国际法庭裁定及泰柬两国达成的协定，泰柬双方同步撤出原部署在柏威夏寺周边地区的军队，换由警方接管边境安全事务。10月，泰国王普密蓬就柬埔寨太皇西哈努克逝世表示沉痛哀悼，总理英拉赴柬吊唁，并向柬首相洪森递交泰政府唁电。12月，泰、柬边境联委会会议在泰东北部呵叻府举行，第8届泰柬双边合作联委会会议在曼谷举行。2014年10月泰总理巴育出访柬埔寨。2015年12月柬埔寨首相洪森访泰。

【同马来西亚的关系】1957年8月31日建交。2012年2月，泰总理英拉正式访问马来西亚，会见马最高元首哈利姆，与总理纳吉布举行会谈。10月，泰素拉蓬外长访问马来西亚，会见马总理纳吉布，并与马外长阿尼法会谈。12月，泰国防部长素甘蓬赴吉隆坡出席第51届泰马边境联合会议，会见马总理纳吉布。第3次泰马边境联合发展部长级战略会议和泰马双边合作联委会第12次会议在泰国普吉举行。2014年12月，泰总理巴育访问马来西亚。

【同新加坡的关系】1965年9月20日建交。2012年1月，新加坡国防部长黄永宏访问泰国，会见泰总理英拉并同国防部长素甘蓬举行会谈。7月，泰公主诗琳通访问新加坡。2015年6月，泰总理巴育访问新加坡。

【同缅甸的关系】1948年8月24日建交。2012年1月，缅甸国防军总司令敏昂莱访泰，会见泰总理英拉，与泰国最高司令塔纳萨举行会谈。5月，缅甸全国民主联盟主席昂山素季赴泰出席第21届世界经济论坛东亚会议，会见泰总理英拉、副总理差林和前总理兼民主党党首阿披实。7月，缅甸总统吴登盛访泰，与泰总理英拉会谈。12月，泰总理英拉访缅，与缅总统吴登盛会谈。2014年10月，泰总理巴育访问缅甸。2015年6月，泰总理巴育赴缅甸出席伊洛瓦底江——湄南河——湄公河经济合作第6次领导人会议。

【同菲律宾的关系】1949年9月12日建交。1993年两国成立双边联委会，外长为委员会主席。1999年两国成立贸易联委会机制。2012年1月，泰总理英拉正式访问菲律宾，与菲总统阿基诺三世举行会谈。2015年7月、8月，泰总理巴育访问菲律宾。

【同越南的关系】1976年8月6日建交。2012年2月，越南外长范平明访问泰国，会见泰总理英拉，与泰外长素拉蓬举行会谈。6月，越南副总理阮氏缘访泰，会见泰公主诗琳通，与泰总理英拉举行会谈。10月，泰总理英拉访越并出席第2届泰越内阁联席会议，双方就建立战略伙伴关系达成一致。11月，越南国会主席阮富仲访泰，会见泰国会主席兼下议长颂萨。2014年11月，泰总理巴育访问越南。2015年7月，越南总理阮晋勇夫妇正式访泰。

【同印尼的关系】1950年3月7日建交。2012年12月，泰总理英拉赴印尼巴厘岛出席第5届巴厘民主论坛。

【同文莱的关系】1984年1月1日建交。2012年6月，文莱苏丹哈桑纳尔访问泰国，会见泰国王普密蓬，与泰总理英拉举行会谈。2015年3月，泰总理巴育出访文莱。

【同美国的关系】1833年3月18日建交。2012年1月，美参议院代表团访泰，会见泰总理英拉。2月，泰美主导的第31次"金色眼镜蛇"军演在泰举行。6月，美参联会主席登普西访泰，会见泰总理英拉、国防部长素甘蓬、最高司令塔纳萨。泰外长素拉蓬访美并出席第4届泰美战略对话。10月，泰陆军司令巴育访美。11月，美国防部长帕内塔访泰，分别与泰总理英拉和国防部长育塔萨会谈。11月，美总统奥巴马访泰，会见泰国王普密蓬，同泰总理英拉举行会谈。2015年1月、12月，美国负责亚太事务的助理国务卿拉塞尔两次访泰。

【同日本的关系】1887年9月26日建交。2012年1月，日本经济产业大臣枝野幸男访泰，会见泰总理英拉。3月，泰总理英拉对日本进行工作访问，会见明仁天皇，与日首相野田佳彦举行会谈。同月，泰总理英拉赴日出席第4次"日本—湄公河合作领导人会议"，会见日本副首相冈田克也。6月，日本皇太子德仁访泰，会见泰国王普密蓬、泰公主诗琳通和泰总理英拉。10月，陆军司令巴育访问日本。2015年2月，泰总理巴育访问日本。3月，泰总理巴育访问日本，出席第3次联合国减灾大会，会见安倍晋三、潘基文。7月，泰总理巴育访问日本并出席第7次日本—湄公河领导人会议。（李泰与）

土耳其

国名 土耳其共和国（Republic of Turkey）。

面积 78.36万平方公里，其中97%位于亚洲的小亚细亚半岛，3%位于欧洲的巴尔干半岛。

人口 7874万。土耳其族占80%以上，库尔德族约占15%，其余为阿拉伯、亚美尼亚、希腊等少数民族。土耳其语为官方语言。99%的居民信奉伊斯兰教，其中85%属逊尼派，其余为什叶派（阿拉维派），少数人信仰基督教和犹太教。

首都 安卡拉（Ankara），人口527万，年平均最高气温30℃，最低气温-3℃。

国家元首 总统雷杰普·塔伊普·埃尔多安（Recep Tayyip Erdogan），2014年8月10日通过全民直选当选总统，2014年8月28日宣誓就职，任期至2019年8月28日。

重要节日 新年：1月1日；国家主权和儿童日：4月23日；青年和体育节：5月19日；胜利日：8月30日；共和国成立日：10月29日。

简况

地跨亚、欧两洲，邻格鲁吉亚、亚美尼亚、阿塞拜疆、伊朗、伊拉克、叙利亚、希腊和保加利亚，濒地中海、爱琴海、马尔马拉海和黑海。海岸线长7200公里，陆地边境线长2648公里。南部沿海地区属亚热带地中海式气候，内陆为大陆型气候。

土耳其人史称突厥，8世纪起由阿尔泰山一带迁入小亚细亚，13世纪末建立奥斯曼帝国，16世纪达到鼎盛期，20世纪初沦为英、法、德等国的半殖民地。1919年，凯末尔领导民族解放战争反抗侵略并取得胜利，1923年10月29日建立土耳其共和国，凯末尔当选首任总统。

政治

自2002年11月至2015年6月，正义与发展党（以下简称"正发党"）在土连续单独执政，政绩较为突出，执政地位相对稳固。2015年6月，土举行议会选举，正发党赢得40.8%的选票，连续第四次成为议会第一大党，但因议席未过半数，失去单独执政地位，该党主席达乌特奥卢组建跨党派联合政府失败。11月，土再次举行议会选举，正发党以49.5%的得票率成功获得过半议席，重新获得单独执政权。该党主席达乌特奥卢组建新内阁并于11月30日顺利通过议会信任投票。

【宪法】土立法体系效仿欧洲模式。现行宪法于1982年11月7日生效，是土第三部宪法。宪法规定：土为民族、民主、政教分离和实行法制的国家。

【议会】全称为土耳其大国民议会，是土最高立法机构。共设550个议席，议员根据各省人口比例选举产生，任期4年。实行全民直接选举制，18岁以上公民享有选举权。只有超过全国选票10%的政党才可拥有议会席位。本届议会成立于2015年11月17日，是土第26届议会。议会议席分布情况：正义与发展党317席，共和人民党134席，民族行动党40席，人民民主党59席。

【政府】又称"部长会议"。本届政府是土第64届政府，成立于2015年11月，系正义与发展党单独执政，法定任期4年。政府成员：总理阿赫迈特·达乌特奥卢（Ahmet Davutoglu），副总理努曼·库尔图尔穆什（Numan Kurtulmus），副总理迈赫迈特·西姆谢克（Mehmet Simsek），副总理亚尔琛·阿克多安（Yalcin Akdogan），副总理耶尔德勒姆·图鲁尔·图尔凯什（Yildirim Tugrul Turkes），副总理吕特菲·艾尔万（Lutfi Elvan），司法部长贝基尔·博兹达（Bekir Bozdag），家庭和社会政策部长塞玛·拉马赞奥卢（Sema Ramazanoglu），欧盟部长沃尔坎·博兹克尔（Volkan Bozkir），科学、工业和技术部长菲克利·厄舍克（Fikri Isik），劳动和社会保障部长苏莱曼·索伊鲁（Suleyman Soylu），食品、农业和畜牧业部长法鲁克·切利克（Faruk Celik），海关和贸易部长布兰特·图芬克奇（Bulent Tufenkci），内政部长埃夫坎·阿腊（Efkan Ala），发展部长杰夫戴特·耶尔马兹（Cevdet Yilmaz），文化和旅游部长马希尔·于纳尔（Mahir Unal），财政部长纳吉·阿巴尔（Naci Agbal），教育部长纳比·阿夫哲（Nabi Avci），国防部长伊斯迈特·耶尔马兹（Ismet Yilmaz），环境和城市规划部长法特码·居尔德迈特·萨勒（Fatma Guldemet Sari），外交部长迈夫吕特·查武什奥卢（Mevlut Cavusoglu），经济部长穆斯塔法·埃利塔什（Mustafa Elitas），能源和自然资源部长贝拉特·阿尔巴伊拉克（Berat Albayrak），青年和体育部长阿基夫·查塔伊·科勒驰（Akif Cagatay Kilic），森林和水利部长维赛尔·埃尔奥卢（Veysel Eroglu），卫生部长迈赫迈特·梅辛奥卢（Mehmet Muezzinoglu），交通、海事和通信部长毕纳利·耶尔德勒姆（Binali Yildirim）。

【行政区划】土耳其行政区划等级为省、县、乡、村。全国共分为81个省。

【司法机构】中央一级的法院有宪法法院、上诉法院、行政事务法院、审计法院等，院长分别为：祖赫图·阿尔斯兰（Zuhtu Arslan）、伊斯马伊尔·鲁什图·吉里特（Ismail Rustu Cirit）、泽林·君格尔（Zerrin Gungor）和雷扎伊·阿克耶尔（Recai Akyel）。共和国首席检察官为迈赫迈特·阿卡尔扎（Mehmet Akarca）。

【政党】土耳其多党制始于1945年。目前主要政党有：

（1）正义与发展党（Justice and Development Party）：执政党。2001年8月14日成立，是具有温和伊斯兰宗教背景的右翼政党，总部设在安卡拉。该党主张建立法律至上、尊重人权与自由的现代共和政体，建立和完善市场经济体系。现任主席阿赫迈特·达乌特奥卢。

（2）共和人民党（Republican People's Party）：在野党。由共和国缔造者凯末尔·阿塔图尔克（Kemal Ataturk）于1923年9月9日创建。该党推崇社会民主和民族主义，总部设在安卡拉。现任主席凯末尔·科勒驰达奥卢（Kemal Kilicdaroglu）。

（3）民族行动党（Nationalist Movement Party）：在野党。1958年由共和民族党和土耳其农民党合并而成，属民族主义极右政党，总部设在安卡拉。现任主席代弗莱特·巴赫切利（Devlet Bahceli）。

（4）人民民主党（People's Democratic Party）：在野党。2012年成立，总部设在安卡拉。主要代表库尔德族利益。现任联合主席是塞拉哈廷·德米尔塔什（Selahattin Demirtas）和菲甘·约克塞达（Figen Yuksekdag）。

其他政党还有：民主左翼党、民主党、自由团结党、大团结党、爱国党、青年党等。

【重要人物】雷杰普·塔伊普·埃尔多安：总统。1954年生于伊斯坦布尔，毕业于马尔马拉大学经贸学院。曾任美德党伊斯坦布尔党部主席。1994年3月当选伊斯坦布尔市市长。1998年土国家安全法院以埃发表"煽动宗教仇恨"言论为由剥夺其从政权并判处10个月监禁。2001年8月，埃与美德党主张革新的少壮派共同创建正义与发展党并任主席。2002年11月正义与发展党在土议会选举中获胜后，土最高上诉法院恢复埃从政权。2003年3月9日，埃参加议会补选并当选议员，同月11日，塞泽尔总统任命埃为总理并授权其组阁。2007年7月和2011年6月，埃领导正发党连续赢得议会选举，埃连任总理。2014年8月，埃当选土第12任总统。已婚，有二子二女。　**伊斯马伊尔·卡赫拉曼**：议长。1940年生于里泽，毕业于伊斯坦布尔大学法学院，职业律师。曾历任伊斯坦布尔贸易大学理事会理事、雷杰普·塔伊普·埃尔多安大学研发基金会主席、劳工部长顾问等职。1995年当选议员，1996年任文化部长，1999年再次进入议会。2015年当选正发党议员，11月22日当选议长，任期2年。已婚，有四个子女。　**阿赫迈特·达乌特奥卢**：总理。1959年生于科尼亚，海峡大学政治学和国际关系学博士。曾任大学教授、总统外事顾问。2009年任外交部长，2011年当选议员，2014年接替埃尔多安成为正发党主席及政府总理。2015年11月再度出任总理。已婚，有四个子女。

经　济

土耳其工、农业均有一定基础，轻纺、食品工业发达，粮、棉、蔬菜、水果、肉类等基本自给自足。自20世纪80年代中期起，土开始推行自由市场经济模式，大力发展私营经济，实行国营企业私有化，实现了由传统国家计划经济向自由市场经济的转变，私人资本不断扩大，金融实现完全自由化。土在实现经济高速增长的同时，也出现了高通货膨胀率、高财政赤字、高失业率以及社会收入分配严重不均等问题。

2008年，受国际金融危机影响，土经济发展速度明显放缓，出口萎缩，失业率攀升，外国投资下降。土政府采取多项举措应对金融危机，先后出台四期刺激经济一揽子计划，以减税和提供补贴等方式，扶持制造业等支柱产业，拉动本国消费和稳定就业形势。

从2010年底开始，土经济出现复苏势头，通胀率和失业率较危机初期大幅下降。2014年主要经济数据如下（资料来源：土耳其国家统计署统计报告）：

国内生产总值：8001亿美元。

人均国内生产总值：10404美元。

国内生产总值增长率：2.9%。

货币名称：土耳其里拉（Turkish Lira）。

汇率：1美元≈2.9里拉（2015年12月）。

通货膨胀率：8.2%（按消费价格指数）。

失业率：9.9%。

【资源】矿产资源丰富，主要有天然石、大理石、硼矿、铬、钍和煤等，总值超过2万亿美元。其中，天然石和大理石储量占世界40%，品种和数量均居世界第一。三氧化二硼储量7000万吨，价值3560亿美元；钍储量占全球总储量的22%；铬矿储量1亿吨，居世界前列。此外，黄金、白银、煤储量分别为700吨、6062吨和155亿吨。石油、天然气资源匮乏，需大量进口。

【工业】工业基础较好，主要有食品加工、纺织、汽车、采矿、钢铁、石油、建筑、木材和造纸等产业。

【农业】农业基础较好，耕地面积24万平方公里，主要农产品有烟草、棉花、稻谷、橄榄、甜菜、柑橘、牲畜等。粮棉果蔬肉等主要农副产品基本实现自给自足，粮食自给率98.8%。

【林业】木材加工业发达。森林面积22万平方公里。通过实施新的林业技术并改善基础设施，工业木材产量逐年提高，但每年仍需大量进口。

【旅游业】土外汇收入重要来源之一。2015年外国游客总数达3559万人次，旅游收入315亿美元。主要旅游城市有：伊斯坦布尔、伊兹密尔、安塔利亚、布尔萨、安卡拉、科尼亚等。亚洛瓦温泉、特洛伊、埃菲斯古城等遗址和卡帕多齐亚、库什湖是主要风景名胜地。

【交通运输】以陆路运输为主，公路网线广布，运力充足。

公路：国家级和省级公路63754公里，高速公路2155公里。截至2015年年底，全国各类注册登记机动车总数1999万辆。

铁路：截至2014年，总长12485公里，其中电气化铁路3748公里，高速铁路1213公里。

空运：近年来，土航空业发展迅速。2014年，国内航线运送乘客8542万人次，国际航线运送乘客8030万人次。

海运：海运发达，一半以上的对外贸易通过海路运输。主要港口位于伊斯坦布尔、伊兹密尔、梅尔辛、伊斯肯德伦、伊兹密特、萨姆松、特拉布松、杰姆利克等地。

【财政金融】截至2015年，外债总额为4060亿美元（2015年9月），外汇储备929亿美元。近几年政府财政收支情况如下（单位：亿里拉）：

	2013	2014	2015
收入	2090	4254	4834
支出	2283	4488	5060
差额	–193	–234	–226

（资料来源：土耳其财政部2015年数据）

【对外贸易】随着国民经济的快速发展，对外贸易总值和数量不断增加。2015年，受国际经济形势和地区局势影响，对外贸易总额为3511亿美元，同比下降12%，其中，进口额为2072亿美元，出口额为1439亿美元。主要出口产品是农产品、食品、纺织品、服装、金属产品、车辆及零配件等。主要进口商品是原油、天然气、化工产品、机械设备、钢铁等。近几年对外贸易情况如下（单位：亿美元）：

	2013	2014	2015
出口额	1518	1576	1439
进口额	2516	2422	2072
差　额	–998	–846	–633

（资料来源：2015年土耳其经济部数据）

土耳其主要贸易对象是欧盟国家。2015年，土对欧盟国家进出口贸易总额为1427亿美元，占土对外贸易总额的40.6%。2015年主要贸易伙伴国及进出口额如下（单位：亿美元）：

	出口额	进口额
德　国	134	214
中　国	24	249
俄罗斯	36	204
意大利	69	106
美　国	64	111
英　国	106	55
法　国	58	76
西班牙	47	56
伊　朗	37	61
伊拉克	86	3

（资料来源：2015年土耳其经济部统计数据）

【外国投资】近年来，外国投资持续增加。土所吸引外资主要来自欧盟国家。2015年土吸引外资166亿美元，同比增长32%。

军　事

1921年，凯末尔创建国民军。1952年，土耳其加入北约。土武装部队包括陆军、海军（包括海军航空兵和海军陆战队）、空军、海岸警卫队和宪兵。总统是武装力量最高统帅。国家安全委员会是最高国防决策机构。最高军事委员会是武装部队内部事务最高决策机构。总参谋部是武装部队的最高作战指挥机构，现任总参谋长是胡卢希·阿卡尔（Hulusi Akar）上将。国防部是最高军事行政机构。实行义务兵役制，服役年龄为最低21岁，服役期限6—12个月。实行军队职业化措施，精简指挥机关人员，技术军人文职化，实行军官和技术军人合同制等。

2015年，土现役军人70.9万，其中陆军41万、海军5.4万、空军5.8万、宪兵18.7万。预备役共计110万人，在塞浦路斯土族地区有3.6万驻军。

北约在土设有东南欧盟军司令部、战术空军司令部。美国在土设有16个军事基地和设施，常住军事人员5000人。

文化教育

【教育】2005年6月，土耳其参照欧盟标准，对教育体制进行改革。2012年再次实行改革，现行教育体制为小学4年、初中4年、高中4年的义务教育体制。共有各类学校5万余所，在校学生约1639万人，教师约89万人。现有大学193所，其中国立大学109所。著名高等学府有安卡拉大学、哈杰泰普大学、中东技术大学、比尔肯特大学、伊斯坦布尔大学、海峡大学、爱琴海大学。

【新闻出版】发行报纸近2944份，其中全国性的182份，杂志约4176种。《自由报》、《国民报》、《晨报》、《时代报》、《邮报》和《发言者报》发行量较大。《每日新闻》是主要的英文报纸。

主要通讯社：阿纳多卢通讯社，半官方，创建于1920年。世界通讯社，非官方，成立于1992年。多安通讯社，非官方，成立于1999年。

土耳其国家广播电视机构成立于1946年，半官方，对外用37种语言广播。全国共有电视台191家，其中全国性质的电台有30家，地区及地方性质的电台161家，广播电台共有817家，通讯社24家。1994年4月，议会通过《私营广播电视机构及节目法》。

对外关系

土耳其奉行亲西方的对外政策，与美国保持传统战略伙伴关系，重视加强与欧洲国家关系。近年来，土凭借其日益增强的综合国力和地缘战略优势，推行积极务实的外交政策，开始注重实现外交多元化，重视发展与亚洲、非洲国家关系。西亚北非地区局势动荡以来，土深度介入利比亚、叙利亚、伊核等地区热点问题，以提升其对地区事务的影响力和塑造力。2015年土成功主办二十国集团领导人峰会。

【同中国的关系】1971年8月4日与中国建交。20世纪80年代之后两国高层互访增多，双边关系发展较快。近年来，土耳其重要来访有：巴赫切利副总理（2002年5月）、正义与发展党主席埃尔多安（2003年1月）、沙辛副总理（2003年9月）、居尔副总理（2005年2月）、托普坦议长（2008年4月）、居尔总统（2009年6月）、埃尔多安总理（2012年4月）。中国重要出访有：国家主席江泽民（2000年4月），全国政协主席李瑞环（2001年4月）、国务院总理朱镕基（2002年4月）、国务院副总理黄菊（2004年11月）、中共中央政治局委员张德江（2006年6月）、全国政协主席贾庆林（2008年11月）、中共中央政治局常委李长春（2010年4月）、国务院总理温家宝（2010年10月）、国家副主席习近平（2012年2月）、全国政协副主席韩启德（2013年6月）、最高人民法院院长周强（2014年9月）、中共中央政治局委员、中央政法委书记孟建柱（2014年11月）、全国政协副主席马彪（2014年11月）。

2015年11月，习近平主席赴土出席二十国集团第十次领导人峰会期间，会见土总统埃尔多安，双方签署《中华人民共和国政府和土耳其共和国政府关于对接丝绸之路经济带和21世纪海上丝绸之路与中间走廊倡议的谅解备忘录》等7份重要合作文件。2015年7月，土总统埃尔多安对华进行国事访问，期间双方签署《中华人民共和国政府和土耳其共和国政府关于建立副总理级合作委员会的谅解备忘录》等合作文件。

近年来，中土双边贸易额保持稳步增长。2015年，中土双边贸易额为215.65亿美元，同比下降6.3%，其中中方出口额为186.17亿美元，同比下降3.6%，进口额为29.48亿美元，同比下降20.6%。中方主要出口机械设备、电器、电子产品、计算机和通信设备等，主要进口大理石、铬、硼等矿产品及部分化工和纺织原料。两国经贸合作持续发展，交通、电力、冶金、电信是双方合作的重点领域。2015年，中国工商银行完成土纺织银行（Testilbank）75.5%股权交割，成为首家在土设立营业性机构的中资银行；中国企业联合体成功收购土第三大集装箱码头康普特（Kumport）码头。

中国驻土耳其大使：郁红阳。馆址：GOLGELI SOKAK No.34，GAZIOSMANPASA，ANKARA。网址：http://www.fmprc.gov.cn/ce/cetur/chn/。国家地区号：0090–312。电话：4360628；传真：4464248。商务处电话：4377107。

土耳其驻华大使：穆拉特·阿里·埃尔索伊（MURAT ALI ERSOY）。馆址：北京市朝阳区三里屯东五街9号。网址：http://beijing.emb.mfa.gov.tr/。国家地区号：0086–10。电话：65321715；传真：65325480。商务处电话：64649538。

【同美国的关系】土耳其重视与美关系，视其为对外关系基石。1947年以来，土美在政治、经济、军事、科技、文化等领域开展了广泛合作。美在土东南边境的英吉尔利克设有本地区最大的空军基地。双方于1997年确立新型战略合作关系。2009年4月，美总统奥巴马访土。2010年土美关系曾因美众议院通过“亚美尼亚大屠杀”议案而出现紧张。2014年土总统埃尔多安、总理达乌特奥卢分别访美，美国务卿克里三度访土。2015年，土加入美领导的国际反恐联盟，向反恐联盟开放境内空军基地。

2015年4月，查武什奥卢外长访美。5月，美国务卿克里访土。11月，土总统埃尔多安和奥巴马总统在二十国集团安塔利亚峰会期间会晤。年内，两国领导人多次就国际和地区问题通电话。

【同欧盟的关系】土耳其重视同欧盟及其成员国的关系，坚持以入盟为导向，推进国内政治、经济、司法、社会等领域改革。1996年土加入欧洲关税同盟。2005年土欧启动入盟谈判。2009年以来土加大了入盟改革力度，任命负责欧盟事务的国务部长。2013年土欧签署非法移民遣返条约，并同意就土公民免签前往欧盟成员国的协议展开磋商。土入盟谈判进程总体缓慢，入盟所需的35个章节谈判中目前已启动15个，完成1个。2015年11月，土总理达乌特奥卢、欧盟委员会主席容克、欧洲理事会主席图斯克在比利时布鲁塞尔共同主持土欧峰会，决定在12月开启新章节谈判，欧方承诺在2016年1季度进一步开启新章节谈判。

2015年1月，土总理达乌特奥卢访问德国、英国。2月，土总理达乌特奥卢访问匈牙利。3月，土总统埃尔多安访问斯洛文尼亚、斯洛伐克、罗马尼亚，土总理达乌特奥卢访问葡萄牙。5月，土总统埃尔多安访问德国。9月，欧洲理事会主席图斯克访土。10月，土总统埃尔多安访问比利时和欧盟总部，芬兰总统尼尼斯托、德国总理默克尔访土。

【同俄罗斯的关系】土耳其和俄罗斯建有“欧亚大陆合作伙伴关系”，俄是土重要能源供应国、第三大贸易伙伴、第一大蔬果出口市场、第二大游客来源国和第二大海外工程承包市场。

2015年9月，土总统埃尔多安访问俄罗斯。11月，土在土叙（利亚）边境击落一架俄战机。俄对土此举表示强烈愤怒，要求土对事件道歉并赔偿，并宣布对土实施制裁。土拒绝道歉和赔偿。12月，俄方宣布取消原定于该月举行的两国高级别合作委员会会议。

【同中亚国家的关系】重视同中亚国家的睦邻友好合作关系，认为中亚诸国都是“突厥世界”的一部分，应借助民族、宗教、历史和文化渊源的共通性，大力发展与中亚国家在政治、经济、文化等各领域的全方位关系。土耳其认为，中亚各国正处于重要变革过程中，希中亚各国能在推进民主化与维护稳定、发展经济之间实现平衡。土重视同中亚国家开展在能源领域的合作。土正同阿塞拜疆、格鲁吉亚合作修建跨安纳托利亚天然气管道和巴库—第比利斯—卡尔斯铁路。

2015年1月，阿塞拜疆总统阿利耶夫、哈萨克斯坦外长伊德利索夫访土。3月，土库曼斯坦总统别尔德穆哈梅多夫访土。4月，土总统埃尔多安访问哈萨克斯坦。6月，土总统埃尔多安访问阿塞拜疆。12月，土总统埃尔多安访问土库曼斯坦，土总理达乌特奥卢访问阿塞拜疆。

【同希腊的关系】1923年土耳其、希腊在《洛桑协议》基础上建交。因爱琴海海域诸岛归属和塞浦路斯等问题，两国关系长期紧张、互不信任。1999年，两国关系出现缓和，定期外长互访、爱琴海问题对话、政治磋商、建立互信谈判等机制相继确立。2000年土、希外长实现了40年来的首次互访，双方签署多项合作协议。2004年土总理埃尔多安访希，这是土总理时隔16年后首次访希。2008年希腊总理卡拉曼利斯访问土耳其，这是近50年来希腊总理首次访土。2013年希腊总理马拉斯访土。

2015年5月，希腊外长科恰斯访土。11月，希腊总理齐普拉斯访土。

【同亚美尼亚的关系】土耳其与亚美尼亚因纳卡问题和“亚美尼亚种族大屠杀案”等历史问题而关系不睦，双方迄今未建立外交关系。2008年，土总统居尔访问亚美尼亚，并与亚总统萨尔基相一同观看土亚两国足球队世界杯预选赛，土亚关系出现缓和。2009年10月，两国外长签署实现双边关系正常化协定，为两国建交及开发边界确定了时间表，但此后两国议会均未批准该协定预设条件，亚方要求土先承认“亚美尼亚大屠杀”，土方则要求亚方先撤出纳卡地区，协定至今仍未生效。

【同中东国家的关系】重视发展同伊斯兰和阿拉伯国家的关系，积极参与地区热点问题解决进程。支持中东和平“路线图”，支持巴勒斯坦独立建国，强调巴以和谈不应绕开也绕不开哈马斯，反对以色列滥用军事手段。2009年以前致力于斡旋中东问题，并促成多轮以叙间接和谈。2010年以扣留土赴加沙的“蓝色马尔马拉号”救援船只，并击毙土籍船员，土反应强烈，土以关系恶化，后随着以高层就事件道歉并承诺赔偿有所缓和。土主张维护伊拉克国家统一、主权和领土完整，强调伊各教派必须坚持统一的国家属性，与各教派均保持密切关系。2015年12月土以培训当地武装反恐为名向伊拉克北部增派军队，引起伊中央政府强烈反映。土与伊朗关系密切，主张维护国际核不扩散体系，反对伊朗发展核武器，但同时承认伊朗拥有和平利用核能的权利，支持解决伊核问题的外交努力，欢迎伊核全面协议达成。土在叙利亚问题上支持叙反对派，要求巴沙尔下台，警惕叙北部库尔德武装发展壮大。同沙特、卡塔尔等国就叙利亚等地区问题深入沟通，加入沙特领导的伊斯兰国家反恐联盟，并向沙特军机开放空军基地。

2015年1月，巴勒斯坦国总统阿巴斯访土。3月，土总统埃尔多安访问沙特，卡塔尔埃米尔塔米姆访土。4月，土总统埃尔多安访问伊朗、科威特，伊拉克总统马苏姆访土。12月，土总统埃尔多安访问卡塔尔、沙特。

【同巴尔干国家的关系】土耳其同巴尔干地区国家有着深厚的民族、宗教和历史文化联系。土一直致力于发展与巴尔干各国间业已存在的良好合作关系，表示愿与地区国家在双边和多边领域开展内容广泛的互利友好合作，认为巴尔干地区国家早日加入北约和欧盟体系，将有助于该地区的和平与稳定。土关注波黑和科索沃形势，支持波黑成立具有广泛代表性的政府，支持科索沃独立。

2015年3月，土外长查武什奥卢访问马耳他。5月，土总统埃尔多安访问阿尔巴尼亚、波黑。7月，土外长查武什奥卢访问克罗地亚。

【同亚太国家的关系】重视发展同亚太地区国家特别是同中国、日本、印度等大国和东盟的关系，关注亚太国家政治、经济发展模式，希望学习和借鉴各国成功经验。土耳其支持维护阿富汗国家统一和领土完整，认为解决阿问题的关键是尽快实现阿的安全、稳定和发展，强调地区国家是解决阿问题的关键力量，积极参与对阿军队和警察的培训，并在医疗卫生、教育和基建等领域对阿提供大量援助。土同巴基斯坦关系密切，支持一切援巴进程，主张国际社会应加大对巴经援力度。

2015年1月，土外长查武什奥卢访问柬埔寨、泰国和越南。4月，澳大利亚总理阿博特访土，土外长查武什奥卢访问蒙古。7月，土总统埃尔多安访问印度尼西亚。8月，澳大利亚总督科斯格罗夫、新西兰总督迈特帕里访土。10月，土总统埃尔多安访问日本。

【同非洲和拉美国家的关系】土耳其日益重视发展同非洲和拉美国家关系，不断增加对当地投入。

2015年1月，土总统埃尔多安访问埃塞俄比亚、吉布提、索马里，尼日利亚外长瓦利访土。2月，土总统埃尔多安访问哥伦比亚、古巴、墨西哥，马里总统凯塔访土。4月，苏丹外长库尔提访土。5月，加蓬总统邦戈访土。（杨蕴）

土库曼斯坦

国名　土库曼斯坦（Turkmenistan，Туркменистан）。

面积　49.12万平方公里。

人口　683.6万（2014年1月）。主要民族有土库曼族（94.7%）、乌兹别克族（2%）、俄罗斯族（1.8%），此外，还有哈萨克、亚美尼亚、鞑靼、阿塞拜疆等120多个民族（1.5%）。官方语言为土库曼语，俄语为通用语。绝大多数居民信仰伊斯兰教（逊尼派），俄罗斯族和亚美尼亚族居民信仰东正教。

首都　阿什哈巴德（Ashgabat，Ашхабад）。人口90万（2014年1月）。1月平均气温2.1℃，7月平均气温30.7℃。

国家元首　库尔班古力·米亚利克古利耶维奇·别尔德穆哈梅多夫（Гурбангулы Мяликгулиевич Бердымухамедов），2007年2月当选，2012年2月12日连任，任期5年。

重要节日　新年：1月1日；国旗日：2月19日；国际妇女节：3月8日；胜利日：5月9日；宪法日和马赫图姆库里诗歌日：5月18日；哀悼日：10月6日；独立日：10月27日；中立日：12月12日。此外，还庆祝开斋节、古尔邦节、纳乌鲁兹节等伊斯兰传统节日。

简　况

位于中亚西南部，为内陆国家。北部和东北部与哈萨克斯坦、乌兹别克斯坦接壤，西濒里海与阿塞拜疆、俄罗斯相望，南邻伊朗，东南与阿富汗交界。约80%的国土被卡拉库姆大沙漠覆盖。1月平均气温4.4℃，7月平均气温37.6℃；年降水量从东北部地区的80毫米向南部山麓的300毫米递增，科佩特山区年降水量可达400毫米。

历史上波斯人、马其顿人、突厥人、阿拉伯人、蒙古鞑靼人曾在此建立国家。15世纪基本形成土库曼民族。19世纪60年代末和80年代中，部分领土并入俄国（外里海州）。1917年，土库曼人民参加了二月革命和十月社会主义革命，同年12月建立苏维埃政权。1924年10月27日成立土库曼苏维埃社会主义共和国，并加入苏联。1991年10月27日宣布独立，改国名为土库曼斯坦。同年12月21日加入独联体。1992年3月2日加入联合国。1995年12月12日，第50届联大通过决议，承认土为永久中立国。2015年6月，第69届联大再次通过决议，支持土永久中立地位。

政　治

独立后，土始终将捍卫独立、主权和领土完整、发展经济、保持社会稳定作为基本国策；积极探寻适合本国国情的发展道路；提倡民族复兴精神，重视民族团结与和睦；奉行积极中立、和平友好的外交政策，致力于同其他国家发展建设性合作关系；主张宗教信仰自由，禁止宗教干预国家政治生活。

2014—2015年，土库曼斯坦政局继续保持稳定。土总统别尔德穆哈梅多夫执政能力和地位进一步加强；整饬吏制，加大反腐，强化绩效和问责，严惩渎职官员；严格出入境管理，加强国家强力部门职能，强化舆论监管，维护社会稳定；注重法制建设，修订多项法律法规，完善立法体制；大力改善民生，实施国民福利保障政策，提升国家预算支出用于社会领域比例，提高居民工资和退休金，兴建学校、民宅、医院、博物馆等民生设施。

【宪法】1992年5月18日通过第一部宪法，规定土为民主、法制和世俗的国家，实行三权分立的总统共和制。总统为国家元首和最高行政首脑，由全民直接选举产生。人民委员会为国家最高权力代表机关。

立法权和司法权分属国民会议和法院。1995年12月，土修改宪法，将永久中立国地位写入宪法。1999年12月再次修宪，对宪法中有关人民委员会、议会职能的条款进行修改和补充，明确规定尼亚佐夫作为首任总统，其任期无时间限制。2003年，土通过第二部宪法，规定人民委员会为常设最高权力代表机构，设立主席一职，同时规定总统当选年龄不得超过70岁。2006年12月26日再次修宪，规定总统候选人年龄在40至70岁之间，总统因故不能行使职权时，根据国家安全会议决议，任命一位副总理临时代理总统职权。2008年9月，土通过第三部宪法，取消人民委员会，将其权力划归总统和议会。

【议会】称国民会议，是国家立法机构。现为第五届议会，于2013年12月18日选举产生，议员125名，首次由两个政党和社会组织成员组成：民主党47人，工业和企业家党14人，工会33人，妇联16人，马赫图姆库里青年组织8人，公民团体7人，任期5年。下设8个委员会：保护公民权利和自由委员会，法律和法规委员会，经济问题委员会，社会政策委员会，科学、教育、文化和青年政策委员会，环境保护自然资源利用和农工委员会，国际和议会间交往委员会，与地方政府和自治机构关系委员会。议长阿克贾·努尔别尔德耶娃（Акджа Нурбердыева，女）。议会主要职能是通过、修改和解释宪法与法律，监督法律的执行，确定总统、议会选举的时间，通过内阁工作纲领，批准国家预算等。

【政府】称内阁，是国家权力执行机关，由总统直接领导。现任内阁副总理有：拉·梅列多夫（Р. Мередов），兼任外交部长，主管外交；玛·亚兹穆哈梅多娃（М. Язмухамедова，女），主管文化新闻；亚·卡卡耶夫（Я. Какаев），主管油气；沙·杜尔德雷耶夫（Ш. Дурдырыев），兼总统办公厅主任；萨·托伊雷耶夫（С. Тойлыев），主管科技创新、教育、卫生、旅游和体育；巴·阿特塔耶夫（Б. Атдаев），主管贸易、工业、渔业、化工；别·霍贾马梅多夫（Б. Ходжамаммедов），主管财政、金融；艾·奥拉兹格尔季耶夫（Э. Оразгелдиев），主管农业；萨·萨特雷科夫（С.Сатлыков），主管交通运输和通讯；巴·艾列绍夫（Б.Эрешов），主管纺织。

主要部长有：公共事业部长卡·古尔巴诺夫（К.Гурбанов），铁道部长拜·安纳梅列多夫（Б. Аннамередов），贸易和对外经济联系部长巴·阿巴耶夫（Б. Абаев），工业部长多·努尔萨哈多夫（Д.Нурсахедов），能源部长多·列德让波夫（Д.Реджепов），建设和建筑部长恰·阿塔耶夫（Ч.Атаев），农业部长努·萨巴尔杜尔德耶夫（Н.Сапардурдыев），通讯部长拜·奥韦佐夫（Б. Овезов），卫生和医疗工业部长古·埃里亚索夫（Н. Аманнепесов），教育部长仆·阿卡梅拉多夫（П.Агамырадов），文化部长加·安纳格尔季（Г. Аннагелди，女），油气部长梅·梅列多夫（М.Мередов），经济与发展部长姚·赛里波夫（Ё.Шерипов），财政部长穆·穆哈梅多夫（М. Мухаммедов），劳动和社会保障部长谢·阿科玛梅多夫（С.Акмаммедов），纺织工业部长塔·古尔班玛梅多夫（Т.Гурбанмаммедов），公路运输部长玛·阿伊多格德耶夫（М. Айдогдыев），内务部长伊·穆利科夫（И. Муликов），司法部长别·穆哈梅多夫（Б. Мухамедов），国家安全部长多·拜拉莫夫（Д.Байрамов），国防部长亚·别尔季耶夫（Я. Бердиев）。

【行政区划】除首都阿什哈巴德市外，全国划分为阿哈尔、巴尔坎、达绍古兹、列巴普和马雷五个州。

【司法机构】设最高法院和检察院。法官由总统任命，任期5年。现任最高法院院长为别·恰雷耶夫（Б.Чарыев）。检察院负责监督法律和总统令的执行情况，现任总检察长为阿·哈雷耶夫（А.Халлыев）。

【政党】土库曼斯坦民主党（Демократическая партия Туркменистана），1991年12月16日由原苏联土库曼共产党改组而成，1992年3月在司法部正式登记，现约有党员13余万人。其宗旨是维护国家独立、主权和中立，建设民主、法制和公正社会，提高人民福利，推动民主进程。主要任务是宣传、解释总统制定的国家内外政策和法令，团结社会各界贯彻执行总统的方针。民主党同工、青、妇等社会组织共同组成"民族复兴运动"，旨在推动国家改革和民族复兴。2012年2月，"民族复兴运动"解散。民主党在全国各州、市、区设有委员会，共有3598个基层组织。党主席为卡·巴巴耶夫（К. Бабаев）。

土库曼斯坦工业和企业家党（Партия промышленников и предпринимателей Туркменистана），2012年8月21日成立，宗旨是推动国家经济发展，为企业提供帮助和支持。执行机构为中央委员会，主席奥·马梅多夫（О. Маммедов）。

土库曼斯坦农业党（Аграрная партия Туркменистана），2014年9月28日成立，宗旨是服务国家经济社会发展战略，支持农业发展，为农民提供扶持和帮助。下设中央委员会等机构，原农业部长列·巴扎罗夫（Л.Базаров）为该党主席。

【重要人物】库尔班古力·别尔德穆哈梅多夫：总统。1957年生于阿什哈巴德市，土库曼族。毕业于土库曼国立医学院。1979年至1987年在阿什哈巴德市医疗系统工作。1987年至1990年在莫斯科口腔内科研究生班学习，获副博士学位。1990年至1995年在土库曼斯坦国立医学院任教，历任系副主任、主任。1995年至1997年任土口腔医学中心主任。1997年任土卫生和医疗工业部长，1998年6月兼任尼亚佐夫国际医学中心总经理，1999年6月兼任土国立医学院代理院长。

2001年4月至2006年12月任副总理兼卫生和医疗工业部长，主管教科文卫及新闻。2006年12月尼亚佐夫总统去世后任代总统，并在随后举行的总统大选中获胜。2007年2月14日宣誓就任总统，2012年2月12日连任。　**阿克贾·努尔别尔德耶娃**：议长。女，1957年生于阿什哈巴德市，土库曼族，哲学博士。1978年至1988年在共青团系统工作。1988年至2000年任阿什哈巴德市列宁区党委党组织工作处指导员、格奥克捷平区党委书记、阿哈尔州民主党党委书记。1990年至1993年在俄罗斯管理学院进修。1994年至2008年任土第一、第二、第三届议会议员。2000年至2003年任土议会外事委员会成员、主席。2006年至2007年任土工会主席。2006年任代议长。2007年任议长。2009年连任。2014年再次连任，任期五年。

经　济

石油、天然气工业为支柱产业。农业主要种植棉花和小麦。独立后，土在保持经济稳定发展的同时，逐步向市场经济过渡。近几年来，受国际油价下跌影响，土天然气出口萎缩，经济发展面临困难。政府采取系列举措缓解经济下行压力。在油气产业快速发展带动下，GDP继续保持较快增长。在加快油气兴国和能源出口多元化战略同时，注重经济平衡可持续协调发展，加大对建筑、农业、通信、纺织等领域投入；加快私有化进程，扶持中小企业和私营经济；加大招商引资力度；加大对科技和创新领域投入，提升经济增长质量。

2014年国内生产总值同比增长10.3%，外贸额330亿美元，同比增长3.6%，进口额占46%，出口额占54%，出口产品90%为天然气和石油。

2015年国内生产总值同比增长6.5%，固定资产投资增长7.8%，其中59.3%投入生产领域，40.7%投入非生产领域。外贸额262亿美元，同比下降28%，出口下降38.5%，进口下降15.5%。官方汇率：1美元≈3.4913马纳特（2015年1月1日起）。

【资源】矿产资源丰富，主要有石油、天然气、芒硝、碘、有色及稀有金属等。据BP世界能源统计2015年数据，土石油和天然气储量分别为1亿吨和24.3万亿立方米，天然气储量居世界第四位。英国著名国际咨询公司“Gaffney, Cline&Associates”称，仅土南约洛坦气田的储量就高达4万亿—14万亿立方米，为世界第二大单体气田。

【工业】主要工业部门为石油和天然气开采加工、电力、纺织、化工、建材、地毯、机械制造和金属加工等。能源产业在整个工业体系中占主导地位。

【农业】现有农业用地3900万公顷，灌溉耕地面积约150万公顷。主要农产品有棉花、小麦、稻米、瓜果和蔬菜等。2014年及2015年土粮食产量分别为120万吨、140.6万吨，棉花产量分别为105万吨、110万吨。

【旅游业】1994年成立土国家旅游公司，后改为国家旅游委员会，制订旅游业发展规划，颁布《旅游法》，在阿联酋、土耳其、巴基斯坦、德、英、俄等国设有代表处。目前，全国注册旅行社40余家，开发旅游线路150多条，尼萨古城、梅尔夫古城和库尼亚乌尔根奇均被列为世界文化遗产。近年来，土斥资数十亿美元在里海沿岸的元首市建设“阿瓦扎”国家旅游区，大力兴建酒店、度假和疗养设施，积极吸引外国公司参与投资开发。

【交通运输】铁路总长约3500公里，公路总长1.4万公里，内河航道654公里。主要港口有里海沿岸的元首市港和贝克达什港。阿什哈巴德与20多个城市开通国际直航，全国主要机场有：阿什哈巴德市国际机场、元首市国际机场、巴尔坎纳巴特市机场、马雷市机场、达绍古兹市机场和土库曼纳巴特市机场。天然气管道有中亚—中央管道（土库曼斯坦—乌兹别克斯坦—哈萨克斯坦—俄罗斯）、土库曼斯坦—伊朗管道（分别为科尔佩杰—库尔特库伊、阿尔特雷克—柳特法巴特、多夫列塔巴特—谢拉赫斯—汉格兰）和中国—中亚（土库曼斯坦—乌兹别克斯坦—哈萨克斯坦—中国）管道等。

【财政金融】主要商业银行有：土库曼斯坦外经银行、土库曼斯坦银行、土库曼斯坦投资银行、土库曼斯坦总统银行、土库曼斯坦储蓄银行和土库曼斯坦农业银行。

【对外贸易】同世界上102个国家有贸易往来。2015年外贸总额262亿美元。天然气、原油、石油产品、棉花及棉制品是主要出口产品，机械设备、建材、电器和电子产品是主要进口产品。主要贸易伙伴有中国、土耳其、伊朗、阿联酋、俄罗斯等。

【外国资本】重视吸引外资，颁布了一系列保护外资的法规和优惠政策。外国投资主要集中在石油天然气生产、纺织、建筑等领域。土耳其在土投资最多，伊朗、俄罗斯、法国紧随其后。

人民生活

政府实行高保障、高补贴政策，减免居民水、电、天然气、燃油等费用，低价供应盐、食品等生活必需品，实行医疗、教育优惠制度。民生领域支出持续增长，占国家预算总支出的80.1%，创历史新高。工资和退休金每年提高10%。

军　事

苏联解体后，土库曼斯坦在原驻土苏军基础上组建了本国军队。武装力量由陆军、空军—防空军和海军组成，总统任武装力量最高统帅。实行义务兵役制，年满18岁的男性公民须服役两年。全国总兵力4.7万人。除武装力量外，土还有边防、内务、安全和总统卫队等其他部队。边防军隶属边防总局，兵力约2万人。内务部队约5千人，隶属内务部。安全部队1500人，隶属国家安全委员会。总统卫队千余人，受总统直接指挥。土军武器装备主要来自原驻土苏军。最高军事学府为国防部军事学院。

奉行中立性军事学说。2016年1月，土总统别尔德穆哈梅多夫签署总统令，批准土库曼斯坦独立以来第四版军事学说，重申纯粹防御性国防原则、奉行积极中立政策，和平调解争端；不参加任何军事集团和同盟，不在本国领土部署外国军事基地；不生产或扩散核化等大规模杀伤性武器；优先致力于通过政治外交和其他和平方式解决问题。此外，新军事学说纳入了国家安全构想及21世纪土中立、友好、睦邻、民主外交政策等理念。

文化教育

【教育】实行十二年制义务教育。教育体系由学前教育、中等教育、中等专业技术教育和高等教育组成。据土官方统计，全国共有中小学1705所，学生101.86万人，教师66000人；中等专科学校21所，在校学生约4000人；高等院校20多所，在校学生近14000人。土著名大学有国立马赫图姆库里大学、国立阿扎季世界语言学院、国家油气学院、国家通讯建设学院、俄罗斯古勃金油气学院分院等。

【新闻出版】公开发行的报纸有30多种。主要报纸有《土库曼斯坦报》（土文）和《中立的土库曼斯坦报》（土文、俄文），以上两报为政府机关报。此外有《复兴报》、《祖国报》、《阿什哈巴德报》（均为土文）等。土库曼斯坦国家通讯社，前身为苏联塔斯社土库曼分社，成立于1925年，1992年改为现名，未向国外派常驻记者。国家广播电台建立于1927年。国家电视台成立于1958年，现有七套节目，主要播放土语节目，其中第四频道同时使用包括中文在内的7种语言进行转播。

对外关系

奉行积极中立和对外开放的外交政策，主张在平等互利原则基础上发展与所有国家的友好合作关系；积极参与国际事务，加入联合国、独联体、欧安组织、不结盟运动、经济合作组织、伊斯兰会议组织、国际货币基金组织、世界银行、亚洲开发银行等43个国际和地区组织。截至2016年，土与140个国家建交，在中国、美国、法国、俄罗斯、英国、德国、土耳其、伊朗、阿富汗、沙特、阿联酋、乌克兰、哈萨克斯坦、乌兹别克斯坦、吉尔吉斯斯坦、塔吉克斯坦、阿塞拜疆、亚美尼亚、格鲁吉亚等37个国家设有使领馆，41个国家和国际组织在土设立使领馆和代表机构。

【同中国的关系】1992年1月6日建交。2014年两国关系快速稳定发展，政治互信不断深化。1月22—24日，中国国家发改委西部司司长欧晓伟访土，与土方有关部门就落实“丝绸之路经济带”倡议交换意见。2月12—18日，中国青海省商务厅副厅长于晓访土。3月15—18日，贸促会副会长张伟率团参加该会与土工商联联合举办的“中土商务论坛”。16—20日，农业部畜牧司司长王智才率团访土。4月9—13日，土国家体育委员会副主任谢伊多夫赴华，同中方商谈体育领域合作等事宜。10—12日，中国青海省副省长王晓率团访土。13—16日，土副外长米亚季耶夫率先遣组赴华。15—17日，中国戏剧家协会秘书长刘卫红率团出席在阿什哈巴德举行的国际戏剧节活动。26—27日，中国马业协会理事长贾幼陵率团出席在阿什哈巴德举行的赛马节活动。26—28日，中国著名导演张艺谋出席在阿什哈巴德举行的赛马节活动并会见土总统别尔德穆哈梅多夫。5月6—8日，中国国家能源局局长吴新雄率团访土并出席中石油巴格德雷合同区块第二天然气处理厂投产仪式及复兴气田二期开发项目奠基仪式，同土总统别尔德穆哈梅多夫举行会见。11—14日，土总统别尔德穆哈梅多夫赴华进行国事访问，分别与习近平主席、李克强总理、张德江委员长举行双边会谈、会见，并出席世界汗血马特别大会暨中国马文化节活动。24—28日，中国交通运输部副部长冯正霖率团访土，会见副总理萨德科夫，就中土交通领域合作等交换意见。27—29日，中国财政部国际司司长邹加怡访土，会见土财政部、中央银行、外经银行等部门负责人，就筹建亚洲基础设施投资银行事宜交换意见。6月22—24日，中国前大使王开文来土出席移民及无国籍问题国际会议。7月27日，中工国际董事长罗艳率团访土，与土相关部门就非资源领域合作事宜交换意见。8月3—5日，中国外交部副部长程国平率团访土，会见土副总理霍贾穆哈梅多夫，同副总理兼外长梅列多夫举行外交部磋商，同副外长哈吉耶夫共同举行中土安全合作分委会第四次会议。9—15日，中国湖南岳阳市巴陵戏艺术团访土，参加阿瓦扎国际音乐和民俗文化艺术节活动。16—28日，土体育及志愿者代表团赴南京参加青年奥运会。26—27日，中国国务院副总理张高丽率团访土，同土总统别尔德穆哈梅多夫会见，并同土副总理霍贾穆哈梅多夫共同举行中土合作委员会第三次会议。9月2—5日，中国交通部副部长冯正霖率团出席在阿什哈巴德举行的国际交通合作会议并发表讲话。20—22日，中国山东日照市代表团访问土库曼纳巴特市，就两市友好交往等事宜交换意见。27—30日，土文化部副部长梅拉多夫率65人代表团访华，出席在北京举办的“土库曼斯坦文化日”活动。10月16—18日，中国全国政协副主席陈元率团访土，会见土外交部副部长哈吉耶夫及央行和外经银行副行长，就双边合作事宜交换意见。30—31日，土副总理兼外长梅列多夫率团赴北京出席阿富汗问题伊斯坦布尔进程第四次外长会及高官会。期间，同王毅外长举行双边会见。11月15—17日，土国家工商会主席乌尔枚穆拉多夫率团赴北京参加第四届国际投资理财博览会，并在此框架下举办中土经济论坛。25—27日，中国北京中医药大学校长徐安龙率团访土。26—27日，土外交部副部长哈吉耶夫赴华同程国平副部长举行中土外交部副外长级磋商，期间，中方王毅外长会见哈吉耶夫。

2015年双边关系务实合作更加密切。3月15—18日，中国外交部特使高玉生大使率团访土。17—20日，国家发展改革委副主任、国家能源局局长努尔·白克力率团访土，分别会见土总统别尔德穆哈梅多夫、副总理兼外长梅列多夫及副总理霍贾穆哈梅多夫，就双边能源领域合作等问题交换意见。4月9日，土副总理霍贾穆哈梅多夫过境北京期间，同张高丽副总理举行双边会见，就中土天然气合作等问题交换意见。20日，驻土使馆与土外交部、国际关系学院联合举行《习近平谈治国理政》暨《推动共建丝绸之路经济带和21世纪海上丝绸之路的愿景与行动》推介会。7月18—21日，中国石油大学北京校长张来斌率团访土。21—27日，土儿童艺术团赴华参加第六届中国新疆国际儿童艺术节。8月2—6日，土百名青年代表团访华。4—6日，中国文联党组书记、副主席赵实率团访土，举办“中国·文化日”暨大连杂技团专场演出、美丽乡村和中国苏绣展等系列活动。14日，土副外长哈吉耶夫赴北京同程国平副部长共同举行中土合作委员会安全合作分委会第五次会议及两国外交部磋商。9月14—17日，中国国家体育局局长刘鹏、浙江省副省长郑继伟、杭州市市长张鸿铭分别率团出席在阿什哈巴德举行的第34届亚奥理事会会议，杭州市在会上成功获得2022年第19届亚运会举办权。9月27日，土副总理亚兹穆哈梅多娃和土常驻联合国代表阿塔耶娃出席中国在纽约举办的全球妇女峰会。10月15—21日，中国西安市政府代表团及艺术演出团访土并出席在马雷市举行的“中国西安文化周”活动。11月11—13日，土总统别尔德穆哈梅多夫访华，向习近平主席祝贺中国人民抗日战争暨世界反法西斯战争胜利70周年，并同习近平主席举行双边会见。12月10—13日，中国李源潮副主席应邀出席土库曼斯坦中立20周年庆典并访土。期间，李源潮副主席同土总统别尔德穆哈梅多夫举行双边会见，在“中立政策：和平、安全与发展国际合作”国际会议开幕式上致辞。

2014年中土双边贸易额104.7亿美元，2015年为86.41亿美元，同比下降17.46%。中国连续多年位列土第一大贸易伙伴和第一大天然气进口国。中国主要出口机电和高新技术产品、金属制品、服装、鞋等，主要进口天然气、棉花棉纱等。截至2016年3月，在土注册中资企业共21家，其中油气企业10家。

中国驻土库曼斯坦大使：肖清华。馆址：土库曼斯坦阿什哈巴德市别尔津基区阿尔恰比尔大街45号。邮编：744036。国家地区号：00993-12。电话：488105，传真：481813。商务处电话：487149；传真：487155。

土库曼斯坦驻华大使：奇纳尔·鲁斯捷莫娃（Чинара Рустамова）。馆址：北京市朝阳区霄云路18号京润水上花园别墅雅趣园D-26，邮编：100016。国家地区号：0086-10。电话：65326975；传真：65326976。

【同俄罗斯的关系】土将俄视为战略伙伴，两国关系稳步发展。2014年2月，土总统别尔德穆哈梅多夫赴俄出席索契冬奥会开幕式。5月，俄鞑靼斯坦共和国总统明尼哈诺夫访土。9月，土总统别尔德穆哈梅多夫赴俄出席里海沿岸国家峰会并同俄总统普京举行会见。10月，俄阿斯特拉罕州州长日尔金访土。11月，俄副总理德沃尔科维奇来土出席土—俄政府间经贸合作委员会会议。同月，俄总理梅德韦杰夫访土并出席独联体成员国政府首脑会议。2015年2月，俄外长拉夫罗夫访土。5月，土总统别尔德穆哈梅多夫赴俄出席苏联卫国战争胜利70周年纪念仪式。6月，土总统别尔德穆哈梅多夫同俄总统普京通电话。9月，俄鞑靼斯坦共和国总统明尼哈诺夫访土。11月，土总统别尔德穆哈梅多夫在伊朗会见俄总统普京。12月，俄联邦委员会主席马特维延科来土出席土中立20周年国际会议。

【同独联体国家的关系】土视发展同独联体国家关系为外交优先方向。2014年2月，土总统别尔德穆哈梅多夫在索契会见乌兹别克斯坦总统卡里莫夫。3月，土副总理兼外长梅列多夫访问白俄罗斯。同月，白俄罗斯副总理卡利宁访土。4月，土副总理兼外长梅列多夫访问阿塞拜疆。同月，亚美尼亚总统萨尔基相访土。同月，塔吉克斯坦外长阿基莫夫访土。6月，土总统别尔德穆哈梅多夫在土耳其分别同哈萨克斯坦总统纳扎尔巴耶夫、阿塞拜疆总统阿利耶夫举行会见。同月，白俄罗斯总理米亚斯尼科维奇访土。8月，土副总理兼外长梅列多夫访问哈萨克斯坦。同月，土总统别尔德穆哈梅多夫在土耳其分别会见哈萨克斯坦总统纳扎尔巴耶夫、白俄罗斯总理米亚斯尼科维奇。10月，土总统别尔德穆哈梅多夫访问白俄罗斯并出席独联体成员国峰会。同月，乌兹别克斯坦总统卡里莫夫访土。11月，乌克兰外长克里姆金访土。同月，吉尔吉斯斯坦总统阿塔姆巴耶夫访土。同月，独联体成员国政府首脑会议在阿什哈巴德举行。12月，哈萨克斯坦总统纳扎尔巴耶夫访土并出席北—南铁路竣工仪式。2015年1月，阿塞拜疆外长马梅季亚罗夫访土。2月，吉尔吉斯斯坦外长阿布德尔达耶夫访土。3月，白俄罗斯副总理卡利宁访土。同月，土副总理兼外长梅列多夫访问乌克兰。6月，土副总理兼外长梅列多夫访问乌兹别克斯坦。同月，土总统别尔德穆哈梅多夫赴阿塞拜疆出席首届欧洲运动会开幕式。8月，土总统别尔德穆哈梅多夫访问吉尔吉斯斯坦。同月，塔吉克斯坦总统拉赫蒙访土。10月，土总统别尔德穆哈梅多夫访问乌兹别克斯坦。同月，乌克兰总统波罗申科访土。12月，乌兹别克斯坦总统卡里莫夫、吉尔吉斯斯坦总统阿塔姆巴耶夫、塔吉克斯坦总统拉赫蒙、白俄罗斯总统卢卡申科、摩尔多瓦总统蒂莫夫蒂等独联体国家领导人来土出席土中立20周年国际会议。

【**同土耳其的关系**】土重视同土耳其的传统友谊，两国各领域合作不断深化。2014年4月，土耳其总统居尔来土库曼斯坦出席赛马节活动。6月，土总统别尔德穆哈梅多夫访问土耳其并出席第四届突厥语国家峰会。8月，土总统别尔德穆哈梅多夫出席土耳其总统埃尔多安就职仪式。11月，土耳其总统埃尔多安访问土库曼斯坦。2015年1月，土耳其外长恰武什奥卢访问土库曼斯坦。3月，土总统别尔德穆哈梅多夫访问土耳其。4月，土总统别尔德穆哈梅多夫赴土耳其出席一战死难者纪念活动。5月，土耳其国民会议主席齐切克访问土库曼斯坦。12月，土耳其总统埃尔多安出席土库曼斯坦中立20周年国际会议。

【**同伊朗的关系**】伊朗是土重要邻国，两国保持密切交往。2014年1月，伊外长扎里夫访土。2月，土副总理兼外长梅列多夫访伊。9月，伊国防部长杰赫坎访土。12月，伊总统鲁哈尼来土出席北—南铁路竣工仪式。2015年3月，伊总统鲁哈尼访土。7月，副总理兼外长梅列多夫访伊。11月，土总统别尔德穆哈梅多夫访伊。12月，伊总统鲁哈尼来土出席土中立20周年国际会议。

【**同美国的关系**】土重视同美国合作。2014年1月，美助理国务卿比斯瓦尔访土。2015年9月，土副总理兼外长梅列多夫出席在纽约举行的中亚—美国外长会晤。10月，土副总理兼外长梅列多夫赴美出席土—美政治磋商。11月，土副总理兼外长梅列多夫出席在撒马尔罕举行的中亚+美国外长会。同月，美国务卿克里访土。

【**同欧洲国家的关系**】土将欧洲国家视为潜在能源出口对象，双方交往有所加强。2014年1月，斯洛文尼亚外长埃利亚维茨访土。同月，北约秘书长中亚事务代表温尼科夫访土。2月，土副总理兼外长梅列多夫赴奥地利出席欧洲安全组织常务理事会会议。4月，克罗地亚总统约西波维奇访土。5月，拉脱维亚外长林克维奇访土。6月，土总统别尔德穆哈梅多夫访问匈牙利。同月，欧盟中亚问题特使赫尔曼访土。7月，斯洛文尼亚总统帕霍尔访土。9月，土—欧盟第六轮人权对话在布鲁塞尔举行。2015年1月，土副总理兼外长梅列多夫访问斯洛文尼亚。5月，欧盟委员会副主席谢夫乔维奇访土。同月，土总统别尔德穆哈梅多夫对意大利、奥地利、斯洛文尼亚进行访问。7月，土副总理兼外长梅列多夫访问法国。8月，保加利亚总理鲍里索夫访土。

【**同国际和地区组织关系**】土将联合国等国际组织视为提升国际影响的重要平台。2014年1月，亚洲奥林匹克运动理事会主席萨巴赫访土。2月，国际能源宪章组织秘书长鲁斯纳克访土。4月，联合国副秘书长、联合国秘书长体育问题特别顾问莱姆克访土。6月，世界卫生组织总干事陈冯富珍访土。同月，联合国移民和无国籍问题国际会议在阿什哈巴德举行。9月，国际交通运输走廊会议在阿什哈巴德举行。同月，土总统别尔德穆哈梅多夫作为主席国客人出席在杜尚别举行的上海合作组织元首理事会会议。2015年3月土总统别尔德穆哈梅多夫出席在仙台举行的联合国减灾会议。9月，副总理兼外长梅列多夫出席在日内瓦举行的联合国欧洲经济委员会磋商。同月，土副总理兼外长梅列多夫出席第69届联合国大会。11月，联合国秘书长特别代表、联合国阿富汗援助团负责人海索姆访土。2015年6月，联合国秘书长潘基文访土。9月，土总统别尔德穆哈梅多夫出席第70届联合国大会。

【**同其他国家的关系**】土积极发展同南亚、东亚等地区国家友好关系。

阿富汗：2014年3月，阿外长奥斯马尼访土。同月，土副总理兼外长梅列多夫访阿。5月，土副总理兼外长梅列多夫访阿。10月，土总统别尔德穆哈梅多夫同阿新当选总统加尼通电话。2015年1月，阿总统加尼访土。7月，土副总理兼外长梅列多夫访阿。8月，土总统别尔德穆哈梅多夫访阿。12月，阿总统加尼来土出席土中立20周年国际会议及TAPI天然气管道建设启动仪式。

巴基斯坦：2014年7月，巴石油和自然资源部长阿巴希访土。8月，土副总理兼外长梅列多夫访巴。11月，巴石油和自然资源部长汉访土。2015年5月，巴总理谢里夫访土。8月，土副总理霍贾穆哈梅多夫访巴。12月，巴总理谢里夫来土出席土中立20周年国际会议及TAPI天然气管道启动仪式。

印度：2014年11月，印油气部长普拉德汉访土。2015年7月，印总理莫迪访土。12月，印副总统安萨里来土出席土中立20周年国际会议及TAPI天然气管道启动仪式。

日本：2014年4月，日外务副大臣访土。5月，土—日经济合作委员会会议在阿什哈伯德举行。7月，土副总理兼外长梅列多夫出席在比什凯克举行的“中亚+日本”外长会议。2015年3月，土总统别尔德穆哈梅多夫赴日参会期间同日首相安倍晋三举行会见。6月，日产经副大臣山际大志郎访土。7月，土副总理霍贾穆哈梅多夫访日。8月，日外务副大臣访土。10月，日首相安倍晋三访土。

韩国：2014年6月，韩总统朴槿惠访土。2015年4月，土总统别尔德穆哈梅多夫赴韩出席国际水资源论坛。（韩明宇）

文　莱

国名　文莱达鲁萨兰国（Negara Brunei Darussalam）。

面积　5765平方公里。

人口　39.3万（2011年）。其中马来人占66%，华人占11%，其他种族占23%。马来语为国语，通用英语，华语使用较广泛。伊斯兰教为国教，其他还有佛教、基督教、道教等。

首都　斯里巴加湾市（Bandar Seri Begawan），位于文莱—穆阿拉区，面积15.8平方公里，人口约6万。原称文莱市，从17世纪起即成为文莱首都，1970年10月4日改为现名。

国家元首　苏丹·哈吉·哈桑纳尔·博尔基亚·穆伊扎丁·瓦达乌拉（Sultan Haji HASSANAL BOLKIAH Mu' izzaddin Waddaulah），1967年10月5日继位。

重要节日　独立日：1月1日；国庆日：2月23日；现任苏丹哈吉·哈桑纳尔·博尔基亚的生日：7月15日；开斋节是最盛大的节日：每年日期根据伊斯兰教历均有变化。

简　况

位于加里曼丹岛西北部，北濒南中国海，东南西三面与马来西亚的沙捞越州接壤，并被沙捞越州的林梦分隔为不相连的东西两部分。海岸线长约162公里，有33个岛屿，沿海为平原，内地多山地。属热带雨林气候，终年炎热多雨。年均气温28℃。

古称渤泥。14世纪中叶伊斯兰教传入，建立苏丹国。16世纪初国力最为强盛。16世纪中期起，葡萄牙、西班牙、荷兰、英国等相继入侵。1888年沦为英国保护国。1941年被日本占领。1946年英国恢复对文莱控制。1971年与英国签约，获得除外交和国防事务外的内部自治。1984年1月1日完全独立。

政　治

苏丹在独立时宣告文莱永远是一个享有主权、民主和独立的马来伊斯兰君主制国家。独立以来，苏丹政府大力推行“马来化、伊斯兰化和君主制”政策，巩固王室统治，重点扶持马来族等土著人的经济，在进行现代化建设的同时严格维护伊斯兰教义。文国内政局稳定，但近年来社会治安问题有所增多。

【宪法】1959年9月29日颁布第一部宪法。1971年和1984年曾进行重大修改。宪法规定，苏丹为国家元首和宗教领袖，拥有全部最高行政权力和颁布法律的权力。设宗教委员会、继承与册封委员会、枢密院、立法院和内阁部长会议协助苏丹理政。2004年9月，重新设立的立法院第一届会议审议并通过宪法修正案，内容涉及司法、宗教、民俗等多个方面，共13项内容，包括赋予苏丹无须经立法院同意而自行颁布紧急法令等法令的权利；制定选举法令，让人民参选从政；增加立法院议员人数；伊斯兰教仍为国教，但人民有宗教信仰自由；仍以马来语作为官方语言，英语可作为法庭办案语言等。

【议会】立法院由33人组成。1962年曾举行选举。1970年取消选举，议员改由苏丹任命。1984年2月，苏丹宣布终止立法会，立法以苏丹圣训方式颁布。2004年7月，苏丹宣布重开立法会。9月，立法会恢复运作。2005年9月，苏丹解散立法会，重新任命议长和议员。2011年2月，苏丹任命伊萨为立法会新任议长，6月任命新一届立法会议员。2015年2月，苏丹任命拉赫曼为新任立法会议长。

【政府】1988年12月1日，苏丹宣布组成新一届政府，1989年1月进行改组。2005年5月，苏丹再次改组内阁，新增首相府高级部长、能源部长、第二财政部长、第二外交部长4个职位，将国家大祭司、总检察长两职位由副部级升至正部级，并首次宣布所有内阁部长以及副部长的任期均为5年。2015年10月，苏丹宣布改组内阁。现内阁成员（16人）：首相、国防部长、财政部长和外交与贸易部长由苏丹兼任，首相府高级部长阿尔穆塔迪·比拉王储（Crown Prince Haji Al-MUHTADEE BILLAH），内政部长阿布·巴卡尔（Pehin Dato Haji Awang ABU BAKAR），卫生部长祖尔卡南（Dato Paduka Dr Haji ZULKARNAIN HAJI HANAFI），教育部长苏约伊（Pehin Dato Haji SUYOI），交通部长穆斯塔帕（Dato Paduka Haji MUSTAPPA HAJI SIRAT），初级资源与旅游部长阿里（Dato Paduka Haji ALI HAJI APONG），首相府部长兼第二财长阿卜杜拉·拉赫曼（Pehin Dato Haji ABD RAHMAN），首相府部长兼外交与贸易部第二部长林玉成（Pehin Dato LIM JOCK SENG），首相府能源与工业部长穆罕默德·亚斯敏（Pehin Dato Paduka Haji MOHAMMAD YASMIN），宗教事务部长巴达鲁丁（Pehin Dato Paduka Seri Haji Awang BADARUDDIN），发展部长巴赫林（Dato Paduka Haji BAHRIN ABDULLAH），文化、青年和体育部长哈尔比（Dato Paduka Seri Haji Awang HALBI HAJI MOHD YUSOF），总检察长哈亚提（Datin Paduka Hajjah HAYATI），国家大祭司阿卜杜勒·阿齐兹（Pehin Dato Paduka Seri Setia Haji Awang ABDUL AZIZ）。

【行政区划】分区、乡和村三级。全国划分为4个区：文莱—穆阿拉（Brunei-Muara）、马来奕（Belait）、都东（Tutong）、淡布隆（Temburong）。区长和乡长由政府任命，村长由村民民主选举产生。

【司法机构】司法体系以英国习惯法为基础。2014年5月正式实施伊斯兰教刑法。一般刑事案件在推事庭或中级法院审理，较严重的案件由高级法院审理。最高法院由上诉法院和高级法院组成。最高法院首席大法官基弗拉维（Dato Paduka Haji KIFRAWI）。民事案件最终可上诉至英国枢密院。此外还设有伊斯兰教法院审理穆斯林的宗教案件。宗教法院首席法官阿卜杜勒·哈密德（Pehin Dato ABDUL HAMID）。

【政党】1985年5月30日，苏丹宣布允许政党注册，随后出现了文莱国家民主党和文莱国家团结党。1988年政府取缔国家民主党。目前除文莱国家团结党外，另有国民觉醒党和国民进步党两个小党。

文莱国家团结党（Brunei United National Party）：1986年2月从国家民主党脱离而成，自称是多元民族政党，支持君主制，主张建立一个民主的马来伊斯兰君主国，要求恢复议会选举。现任党主席穆罕默德·哈塔（Awang Haji MOHD HATTA）。党员总数不到100人，成立以来很少活动，影响不大。该党忠于苏丹王室统治，配合政府政策，必要时作为民间力量出来支持政府。

【重要人物】**苏丹·哈吉·哈桑纳尔·博尔基亚**：苏丹、国家元首、首相兼国防部长、财政部长、外交与贸易部长。1946年7月15日生于斯里巴加湾市。幼年在国内受宫廷教育，1959年就读于吉隆坡维多利亚学院（中学）。1961年被封为王储。1966年在英国皇家圣赫斯特陆军学院受训，获上尉军衔。1967年10月5日在其父退位后继任第29世苏丹，翌年8月1日加冕。1984年独立时任国家元首兼首相、财政部长和内政部长。1986年10月改兼任首相和国防部长。1997年2月任现职。同时担任武装部队总司令，并掌握立法权。 **阿尔穆塔迪·比拉王储**：苏丹与苏丹后长子。1974年2月17日出生于斯里巴加湾市。曾在文莱大学和英国牛津大学学习伊斯兰教、文莱历史、政治、经济、文化和外交课程，后到文莱政府部门和企业广泛学习，了解文莱国情和政府部门运作，培养治国能力。1998年8月被封为王储。2004年3月被封为皇家武装部队四星上将。2004年7月与王室宗亲之女萨拉完婚。2005年5月被任命为文莱皇家警察部队副总督察，同年5月内阁改组时被任命为首相府高级部长。

经　济

文莱是东南亚主要产油国和世界主要液化天然气生产国。石油和天然气的生产和出口是国民经济的支柱，约占国内生产总值的67%和出口总收入的96%。近年来侧重油气下游产品开发和港口扩建等基础设施建设，积极吸引外资，促进经济向多元化方向发展。经过多年努力，文莱非油气产业占国内生产总值（GDP）的比重逐渐上升，特别是建筑业发展较快，成为仅次于油气工业的重要产业。服装业亦有较大发展，已成为继油气业之后的第二大出口收入来源。文莱经济发展中存在的主要问题是国内市场狭小、基础设施薄弱以及技术和人才短缺等。

2008年1月，文莱政府宣布启动“文莱2035宏愿”，计划拨出95亿文元，大力发展旅游业，改善交通和通讯基础设施，实现经济持续发展，争取使人均国民收入进入世界前十名。2012年，文颁布第十个国家发展五年规划，制定了52亿美元发展预算，用于鼓励自主创新和本地人才培养，重点发展科技行业。2014年主要经济数据如下（资料来源：文莱首相府经济计划发展局统计公报）：

国内生产总值：约196.94亿文元。

人均国内生产总值：约3.71万文元。

国内生产总值增长率：–2.3%。

货币名称：文莱元。

汇率：1美元≈1.37文莱元；与新加坡元实行1∶1汇率挂钩。

【资源】文莱已探明原油储量为14亿桶，天然气储量为3900亿立方米。有11个森林保护区，面积为2277平方公里，占国土面积的39%，86%的森林保护区为原始森林。

【工业】以石油、天然气开采和提炼为主，建筑业是新兴的第二大产业，其他还有食品加工、家具制造、陶瓷、水泥、纺织等。近几年石油和天然气日产量如下：

	2011	2012	2013
石油（万桶）	14.8	15.0	13.5
天然气（亿立方英尺）	11.1	12.3	12.0

（资料来源：文莱首相府经济计划发展局统计公报）

【农业】随着20世纪70年代油气和公共服务业的发展，很多人弃农转业，传统农业受到冲击，现仅种植少量水稻、橡胶、胡椒和椰子、木瓜等热带水果，农业在国民生产总值中仅占1%左右。近年来，文莱大力扶持以养鸡业为主的家禽饲养业，鸡肉已能90%自给，鸡蛋实现完全自给。近几年主要作物产量如下（单位：吨）：

	2010	2011	2012
稻米	1071.7	1480	1237.3
蔬菜	13012.3	12964	12773
水果	3229.1	2627.9	3854.7

（资料来源：文莱首相府经济计划发展局统计公报）

【旅游业】旅游业是文莱近年来除油气业外大力发展的又一产业。文政府采取多项鼓励措施吸引海外游客赴文旅游，主要旅游景点有独具民族特色的水村、王室陈列馆、赛福鼎清真寺、杰鲁东公园等。2013年，入境文莱的旅客约26.8万人次。

【交通运输】据文莱首相府经济计划发展局统计公报数据：

公路：2013年总长为3166.9公里。截至2013年底，共有注册车辆16.5万，其中2011年新增注册车辆1.59万辆。

水运：水运是重要的运输渠道。穆阿拉深水港是主要港口，此外还有斯里巴加湾市港、马来弈港等。另有诗里亚港和卢穆港等，主要供出口石油和液化天然气使用。与新加坡、马来西亚、中国香港、泰国、菲律宾、印尼和中国台湾有定期货运航班。2011年共有各类注册船只273艘，各港口共装卸货物101.8万吨。

空运：首都斯里巴加湾市有国际机场。文莱皇家航空公司有10架客机，开辟了18条国际航线。2013年客运量171万人次，货运量1.62万吨。

【财政金融】国家财政收入主要依赖石油和天然气出口。政府近几年收支情况如下（单位：亿文莱元）：

	2010/2011	2011/2012	2014/2015
收入	91.7	129.1	65.9
支出	63.5	68.1	59.8
盈余	28.2	61.0	6.1

（资料来源：文莱首相府经济计划发展局统计公报）

外汇储备约300亿美元，无外债。全国有8家银行。

【对外贸易】主要出口原油、液化天然气、甲醇等，进口机器和运输设备、工业品、食品、化学品等。主要贸易对象为日本、东盟国家、韩国、中国、澳大利亚等。近几年外贸情况如下（单位：亿文莱元）：

	2011	2012	2013	2014	2015
出口额	156.4	172	143.1	153.8	87.17
进口额	37	66	45.2	77.28	41.81
差 额	119.4	106	97.9	75.52	45.36

（资料来源：文莱首相府经济计划发展局统计公报）

【外国资本】2012年吸引外资8.5亿美元，主要投资来源国为荷兰、日本和英国。

人民生活

国家不征收个人所得税，实行医疗保健和各级教育免费制度。文莱全国共有6所医院，其他医疗中心和诊所46家，1134张病床。人均寿命男76.6岁，女79.8岁。人口出生率16.1‰，死亡率2.7‰，自然增长率13.4‰。每100人拥有电话20.3部，互联网用户约50457个。累计手机用户443161。

军 事

1961年5月31日建立文莱皇家军团，军队指挥权曾长期由英国人控制。1984年完全独立后，改称文莱皇家武装部队，苏丹任最高统帅兼国防部长，拥有对军队的管理和指挥权。武装部队司令阿米努丁少将（Major General Haji AMINUDDIN），2003年3月上任。

实行志愿兵役制。现有总兵力约7000人，其中陆军约4000人，海军700人，空军1300人。另有1000人的廓尔喀预备部队（尼泊尔雇佣军）以及4000人的皇家警察部队。廓尔喀预备部队驻守石油城诗里亚，由英国人指挥，主要任务是保卫王室和诗里亚的安全。

文化教育

【教育】政府实行免费教育，并资助留学费用，但华文学校费用由私人负担。9岁以上人口识字率93.7%。

截至2014年，全国各类学校共258所，在校学生总数为111920人，教师人数为10162人。

【新闻出版】文莱新闻社是文唯一官方新闻机构，创建于1959年。主要报纸：《婆罗州公报》（英、马来文），日发行量7万份；《文莱灯塔报》（马来文），每周三出版，发行4.5万份；马来西亚中文日报《美里日报》、《诗华日报》、《国际时报》和《星洲日报》设有文莱新闻版，在文发行。

文莱广播电视台创建于1957年5月，以马来语、英语、华语和尼泊尔语播音。在马来语区还设有一个专门为英国廓尔喀部队广播的英国军队广播服务台。电视台从1975年起开设彩色电视频道，播放马来文和英文节目。

对外关系

文莱奉行不结盟和同各国友好的外交政策。主张国家无论大小、强弱，都应相互尊重，重视维护地区和平、安全与稳定，对区域经济合作持积极态度，主张各国实行贸易、投资自由化和开展经济技术合作。

1984年2月24日加入联合国，重视联合国作用，认为近年来国际形势的变化对国际关系产生了深刻影响，联合国和地区组织应在维护和平、保持稳定和促进发展中发挥作用。支持联合国改革，希望通过改革加强联合国的地位和作用，提高联合国的效率和活力，认为安理会改革应多倾听中小发展中国家的声音，增加发展中国家的代表性。

1984年1月7日成为东盟第六个成员国，与东盟各国关系密切。视东盟为外交基石，主张通过东盟实现地区稳定、繁荣与团结。重视同中国、美国、日本等大国的关系。积极发展同伊斯兰国家的关系，是伊斯兰会议组织成员国。系亚太经济合作组织（APEC）和亚欧会议（ASEM）成员及英联邦和不结盟运动等国际组织成员国。1993年12月9日加入关贸总协定，1994年4月15日成为世界贸易组织成员国。

近年来，文莱积极参与地区和国际事务，2000年主办第八次亚太经济合作组织领导人非正式会议，2001年主办第七次东盟领导人会议和第五次东盟与中、日、韩（10＋3）领导人会议，2002年主办第九次东盟地区论坛（ARF）外长会，2013年担任东盟轮值主席国。

与160多个国家建立外交关系，在40多个国家和组织设有使领馆、高级专员署和常驻机构。

【同中国的关系】中国与文莱于1991年9月30日建交。1993年10月和12月，文、中两国先后在对方首都设立使馆，并互派常驻大使。建交以来，两国关系稳步发展，双方高层交往频繁，在经贸、文化、教育、旅游、军事等领域的合作成效显著，在国际和地区事务中保持良好的协调与配合。

2012年4月，全国政协主席贾庆林对文莱进行正式友好访问。5月，文莱外交与贸易部第二部长林玉成访华。8月，杨洁篪外长对文莱进行正式访问。

2013年1月，文莱外交与贸易部第二部长林玉成访华。2月，文莱外交与贸易部长穆罕默德亲王访华。4月，文莱苏丹哈桑纳尔来华进行国事访问并出席博鳌亚洲论坛2013年年会。5月，王毅外长对文莱进行正式访问，文莱外交与贸易部无任所大使玛斯娜公主访华。10月，李克强总理对文莱进行正式访问，双方发表联合声明。

2014年5月，文莱外交与贸易部第二部长林玉成访华并出席在上海举行的亚信峰会。11月，文莱苏丹哈桑纳尔来华出席亚太经合组织第二十二次领导人非正式会议。

2015年9月，文莱工业与初级资源部长叶海亚来华出席第12届中国—东盟博览会。10月，全国人大常委会副委员长、民盟中央主席、国际交流协会副会长张宝文访问文莱。12月，全国政协外事委员会主任潘云鹤访问文莱。

两国经贸合作进一步拓展。进入21世纪，中文双边贸易额大幅上升。2008年4月、2011年4月和2013年3月，两国分别举行三次经贸磋商。2015年中文贸易额15.1亿美元，下降22.2%，中方从文进口的商品主要是原油，向文出口的商品主要为纺织品、建材和塑料制品等。

两国在投资、承包劳务等方面合作成效显著。截至2015年底，文累计对华实际投资26.9亿美元，中国累计在文非金融类直接投资7911万美元；中国企业在文莱累计签订承包工程合同金额13.1亿美元，完成营业额4.9亿美元。

2013年两国人员往来总数约为1.5万人次。2013年2月，中国"文化中国·四海同春"艺术团在文莱举办文艺演出。2016年3月，中国江苏省杂技团在文莱举办演出。

中国驻文莱大使：杨健。馆址：No.1，Simpang 462，Kampung Sungai Hanching Baru，Jalan Muara，BC 2115，Negara Brunei Darussalam。国家地区号：00673–20。电话：341034、336077（商务）；传真：2344703、335163（商务）。

文莱驻华大使：张慈祥（TEO CHEE SIONG Magdalene）。馆址：北京市朝阳区亮马桥北街1号，邮编：100600。国家地区号：0086–10。电话：65329773，65329776，65324093；传真：65324097。

【同英国的关系】两国保持密切的政治、军事、经济、司法联系。英国帮助文莱培训高级军官，并供应武器装备。1995年1月，文、英双方签署新的司法安排协议，规定自1995年1月31日起，文上诉法院将成为刑事案件的终审庭，但仍将允许民事案件上诉到英国枢密院。2012年2月，英联邦秘书长夏尔马访文。3月，英国议员巴罗尼斯和吉亚切斯访文。5月，文莱苏丹和苏丹后出席英国女王伊丽莎白二世登基60周年庆典。12月，英国外交与联邦事务部国务大臣斯维尔访文。2015年10月，英国女王代表、廓尔喀军营司令华尔赴文出席廓尔喀军营200周年庆典活动。

【同美国的关系】文莱重视发展同美国的关系，1984年独立后即与美建交，并于同年2月9日派出首任驻美大使。两国关系良好，1994年开始互免签证。2012年2月，美国贸易副代表玛兰蒂斯访问文莱。9月，美国务卿克林顿访文。11月，文莱皇家武装部队海军与美国海军"鲁本·詹姆斯"号驱逐舰举行联合演习。2016年2月，文莱苏丹赴美出席美国—东盟特别峰会。

【同日本的关系】1984年4月建交，双边关系密切。日本是文莱的最大经贸合作伙伴，是文莱石油和天然气的主要出口市场。2008年7月，文莱—日本自由贸易区协定正式生效。《文日经济伙伴协议》联合委员会举行第一次会议。2012年2月，日本防卫省次官金泽博范访文。2013年1月，日本外相岸田文雄访文。

【同韩国的关系】1983年建交。韩是文莱主要贸易国和油气出口国之一。2012年5月，韩国青年代表团访文，文教育部长巴卡尔访韩。2013年10月，韩国总统朴槿惠访问文莱。2014年9月，文莱外交和贸易部长访问韩国。12月，文莱苏丹访韩。

【同东盟各国的关系】文莱系东盟成员国，与东盟其他各国均互设使馆或高专署，关系密切，来往甚多。与新加坡联系最为密切，两国货币等值流通。与马来西亚和印尼同文同种同宗教，经济、文化往来密切。与菲律宾和泰国保持友好往来，关系良好。与越南、老挝、柬埔寨和缅甸等东盟新成员国的来往和交流逐渐增多。

2012年1月，文莱王储比拉访问新加坡，文莱外交与贸易部长穆罕默德亲王出席在柬埔寨举行的东盟外长非正式会议，马来西亚武装部队总参谋长祖基菲里访文。2月，越南外长范平明访文，文苏丹赴新加坡出席2012航空展。3月，文莱苏丹访问马来西亚沙巴州。4月，文莱苏丹访问马来西亚、赴柬埔寨出席第20届东盟峰会开幕式暨东盟成立45周年庆祝仪式，王储比拉出席马来西亚最高元首哈利姆加冕典礼，新加坡副总理兼国家安全和内政部长张志贤访文。5月，马来西亚最高元首哈利姆访文。6月，文莱苏丹访问泰国，泰国武装部队最高司令塔纳萨上将访文。7月，文外交与贸易部长穆罕默德亲王赴柬埔寨出席东亚系列外长会。9月，文莱苏丹在马来西亚与马总理纳吉布共同出席双边首脑磋商。10月，新加坡总理李显龙访文。11月，文莱苏丹分别赴老挝出席第9届亚欧首脑会议、赴印尼出席第5届巴厘民主论坛，越南国家主席张晋创、新加坡外长尚穆根访文。12月，缅甸总统吴登盛访文。2014年5月7日，文莱外交和贸易部长赴纽约参加东盟外长会议。2015年2月，印尼总统佐科访文。3月，文莱苏丹过境访问新加坡并出席李光耀国葬。泰国总理巴育访文。8月，文莱苏丹出席新加坡建国50周年庆典。马来西亚总理纳吉布赴文出席两国领导人第19次年度磋商。10月，新加坡外长维文访文。

【同其他国家的关系】2012年1月，卡塔尔总统埃米尔哈马德访文。3月，阿尔巴尼亚副总理兼外长哈吉纳斯托、东帝汶外长科斯塔访文。4月，文莱苏丹访问土耳其。7月，加拿大外长贝尔德访文。8月，文莱苏丹访问沙特。10月，文莱苏丹赴科威特出席第1届亚洲合作对话会议，印度外长克里希纳访文。11月，土耳其总理埃尔多安访文。2015年3月，印度外交部东方秘书瓦德瓦访文。5月，文莱苏丹访问科威特。8月，朝鲜外务相李洙庸访文。（刘轶群）

乌兹别克斯坦

<u>国名</u>　乌兹别克斯坦共和国（The Republic of Uzbekistan, Республика Узбекистан）。

<u>面积</u>　44.74万平方公里。

<u>人口</u>　3157万（截至2016年3月）。共有130多个民族。乌兹别克族占80%，俄罗斯族占5.5%，塔吉克族占4%，哈萨克族占3%，卡拉卡尔帕克族占2.5%，鞑靼族占1.5%，吉尔吉斯族占1%，朝鲜族占0.7%。此外，还有土库曼、乌克兰、维吾尔、亚美尼亚、土耳其、白俄罗斯族等。乌兹别克语为官方语言，俄语为通用语。主要宗教为伊斯兰教，属逊尼派，其次为东正教。

<u>首都</u>　塔什干（Tashkent，Ташкент）。常住人口237.13万（2015年）。1月平均气温0℃，7月平均气温28℃。

<u>国家元首</u>　总统伊斯拉姆·阿卜杜加尼耶维奇·卡里莫夫（Ислам Абдуганиевич КАРИМОВ），1991年12月29日在全民选举中当选独立后首任乌兹别克斯坦总统。1995年3月26日全民公决决定将其总统任期自1997年延至1999年底。在2000年1月9日举行的总统大选中，卡以91.9%的得票率再次当选总统。2002年1月27日，乌举行全民公决，决定将乌总统任期由5年延长为7年。2007年12月23日，以88.1%的高票再次当选总统。2008年1月16日宣誓就职。2011年12月修宪，将任期由7年缩短至5年。2012年3月修宪确定2015年12月举行议会选举，其结果公布后90天举行总统选举。2015年3月29日，以90.39%的得票率再度连任总统，4月10日宣誓就职。

<u>重要节日</u>　新年：1月1日；古尔邦节：伊斯兰历12月10日；纳乌鲁斯节（乌兹别克春节）：3月21日；纪念和荣誉日（原胜利日）：5月9日；独立日：9月1日；宪法日：12月8日。

简　况

位于中亚腹地的"双内陆国"，全部5个邻国均无出海口。南靠阿富汗，北部和东北与哈萨克斯坦接壤，东、东南与吉尔吉斯斯坦和塔吉克斯坦相连，西与土库曼斯坦毗邻。属严重干旱的大陆性气候，7月平均气温25℃—32℃，1月平均气温-6—-3℃。

9—11世纪，乌兹别克民族形成。13世纪被蒙古人征服。14世纪中叶，阿米尔·帖木儿建立以撒马尔罕为首都的庞大帝国。16—18世纪，建立布哈拉汗国、希瓦汗国和浩罕国。19世纪60—70年代，部分领土（现撒马尔罕州和费尔干纳州）并入俄罗斯。1917—1918年建立苏维埃政权，1924年10月成立乌兹别克苏维埃社会主义共和国并加入苏联。1991年8月31日宣布独立，定9月1日为独立日。

政　治

独立之始，乌总统卡里莫夫提出按"乌兹别克斯坦发展模式"建设国家的"五项原则"：经济优先，国家调控，法律至上，循序渐进，社会保障。在该"五项原则"指导下，乌致力于复兴民族精神和宗教传统，提高社会宽容度，增进族际互容，对弱势阶层和群体实施社会保障。同时，乌总统卡里莫夫提出乌面临的七大威胁：地区冲突、宗教极端主义、大国沙文主义、民族矛盾、贪污腐败、地方主义和生态问题，将保障国家安全作为国家主要任务之一。

根据乌总统卡里莫夫签署的总统令，2014年、2015年、2016年分别为乌"健康儿童年"、"关爱老人年"和"母亲和孩子健康年"，政府采取相应措施，改善家庭生活、母亲和孩子身心健康、学龄前教育条件，提高老年人生活水平，加强社保、妇幼医疗服务和保障等。

【宪法】1992年12月8日通过第一部宪法，规定乌是主权、民主国家，实行立法、行政、司法分立；总统为国家元首、武装部队最高统帅，每届任期7年，连任不得超过两届；经济以多种所有制为基础。1993年、2003年、2007年、2008年、2011年3月和12月、2012年、2014年共8次修改宪法。2011年3月修宪扩大议会和政党权力；2011年12月修宪将总统任期由7年减少至5年；2014年修宪规定将部分总统全力移交总理，扩大政府和议会职权，强化中央选举委员会的独立性。

【议会】乌兹别克斯坦议会称为最高会议，是行使立法权的最高国家代表机关。实行两院制，由参议院和立法院组成。

（一）参议院为上院，设主席1人、副主席2人，下设办公厅、预算和经济改革委员会、立法和司法问题委员会、国防安全委员会、对外政策委员会、科教文体委员会、农业、水利及生态委员会。议员100名，其中84名以不记名方式在卡拉卡尔帕克斯坦共和国、12个州和塔什干市选出，16名由乌总统在科学、艺术、文学和生产等领域有杰出贡献的乌公民中选任。参议员须满25周岁，在乌生活不少于5年。每届参议院任期5年。

参议院有权选举本院主席及副主席、各委员会主席及副主席，按总统提名选举宪法法院成员、最高法院成员、最高经济法院成员，按总统提名任命或罢免国家环境保护委员会主席，批准总统关于任命和罢免总检察长、副总检察长、国家安全总局局长的命令，按总统提议任命或罢免乌驻外外交及其他代表，按总统提议任命或罢免国家银行行长，按总统提议颁布大赦令，按总检察长提议剥夺参议院成员的豁免权，听取总检察长、国家环境保护委员会主席、国家银行行长的工作报告，通过有关乌政治、经济、内政、外交重大问题的决议。

本届参议院于2015年1月产生，主席为尼格马季拉·图尔基诺维奇·尤尔达舍夫（Нигматилла Тулкинович ЮЛДАШЕВ）。

（二）立法院为下院，设主席1人、副主席4人（分别由4个议员团领导人担任），下设办公厅、预算和经济改革委员会、立法和司法问题委员会、劳动和社会问题委员会、国防安全委员会、国际事务与议会间交往委员会、工业建筑和贸易委员会、农业水利委员会、科教文体委员会、民主体制、非政府组织和公民自治机构委员会、信息与通信技术委员会。议员150名，其中135名由各选区在多党制基础上选举产生，15名由“生态运动”直接推选。每届立法院任期5年。立法院议员不能从事除科学和教育之外的赢利性职业。

立法院主要从事立法工作，有权按照乌总检察长的建议剥夺立法院议员豁免权。

本届立法院于2015年1月选举产生，包括自由民主党议员团52人、“民族复兴”民主党议员团36人、人民民主党议员团27人、“公正”社会民主党议员团20人，“生态运动”15人。立法院主席为努尔金荣·姆伊金哈诺维奇·伊斯莫夫洛夫（Нурдинжон Муйдинханович Исмоилов）。

（三）2007年4月11日，乌总统卡里莫夫颁布《关于加强政党在国家改革、民主化和现代化进程中作用的宪法性法律》，该法律于2007年2月28日由立法院通过，2007年3月29日由参议院批准。旨在加强政党在国家改革、民主化和现代化进程中的作用，从2008年1月1日起正式生效。《加强政党作用法》共有8项条款，包括该法律的立法目的、议会立法院政党派系（涉及议会多数派和反对派的有关规定）、立法院副主席的选举程序、政府总理的任命程序、政府总理的罢免程序、各州及塔什干市行政长官的任命和批准程序、各州人民代表会议代表对州市行政当局的监督职能等。

2011年3月，乌修改宪法扩大了议会和政党权力，规定总理由立法院中占多数席位的政党或党团提名，议会有权对政府提出不信任案，有权就国家政治经济生活的重大问题向总理提出质询，总统无法理政时，由参议院主席直接代行总统权力，直至选出新总统。

【政府】称内阁，由乌兹别克斯坦共和国总理、副总理、各部部长及各国家委员会主席组成。根据乌宪法第98条规定，卡拉卡尔帕克斯坦共和国内阁主席进入乌兹别克斯坦共和国内阁担任相关职务。本届政府于2015年2月11日组成，根据乌总统卡里莫夫签署的命令，副总理职数自7月30日起由6名增至7名。目前本届政府共1名总理，1名第一副总理，6名副总理，15个部，8个委员会。政府成员包括：总理沙夫卡特·米罗莫诺维奇·米尔济约耶夫（Шавкат Миромонович МИРЗИЁЕВ）；第一副总理兼财政部长鲁斯塔姆·萨德科维奇·阿济莫夫（Рустам Садыкович АЗИМОВ）；副总理兼建筑建设委员会主席巴季尔·伊尔金诺维奇·扎基罗夫（Батир Иркинович ЗАКИРОВ）；副总理（主管地质、化工和冶金）古洛姆容·伊诺莫维奇·易卜拉吉莫夫（Гуломжон Иномович ИБРАГИМОВ）；副总理兼乌汽车工业股份有限公司董事长乌卢格别克·乌拜杜拉耶维奇·罗祖库洛夫（Улугбек Убейдуллаевич РОЗУКУЛОВ）；副总理（主管卫生、生态及社会保障）阿德哈姆·伊利哈莫维奇·伊克拉莫夫（Адхам Ильхамович ИКРАМОВ）；副总理（主管青年政策、文化、教育和体育）巴霍季尔·尤努索维奇·霍季耶夫（Баходир Юнусович ХОДИЕВ）；副总理兼妇女委员会主席埃利米拉·伊尔金诺夫娜·巴斯特汉诺娃（Эльмира Иркиновна БАСИТХАНОВА，女）。

财政部长鲁斯塔姆·萨迪科维奇·阿济莫夫（Рустам Содыкович АЗИМОВ）；经济部长加琳娜·卡里莫夫娜·赛义多娃（Галина Каримовна САИДОВА，女）；劳动和社会保障部部长阿济兹·阿布杜卡哈罗维奇·阿布杜哈基莫夫（Азиз

Абдукахарович АБДУХАКИМОВ）；文化和体育部长巴霍吉尔·马吉多维奇·阿赫梅多夫（Баходир Маджитович АХМЕДОВ）；内务部长阿德哈姆·阿克拉莫维奇·阿赫梅德巴耶夫（Адхам Акрамович АХМЕДБАЕВ）；外交部长阿布杜拉兹斯·哈菲佐维奇·卡米洛夫（Абдулазиз Хафизович КАМИЛОВ）；对外经济联络、投资和贸易部长埃廖尔·马吉多维奇·加尼耶夫（Эл ё р Маджидович ГАНИЕВ）；国防部长卡布尔·赖依莫维奇·别尔季耶夫（Кобул Раимович БЕРДИЕВ）；高等与中等专门教育部长阿利舍尔·瓦西科维奇·瓦霍波夫（Алишер Васикович ВАХОБОВ）；人民教育部长乌卢格别克·伊利亚索维奇·伊诺雅托夫（Улугбек Ильясович ИНОЯТОВ）；农业水利部部长舒赫拉特·茹拉古洛维奇·杰沙耶夫（Шухрат Журакулович ТЕШАЕВ）；司法部长姆兹拉夫·穆巴拉克霍扎耶维奇·伊克拉莫夫（Музраф Мубаракходжаевич ИКРАМОВ）；卫生部长安瓦尔·瓦利耶维奇·阿利莫夫（Анвар Валиевич АЛИМОВ）；紧急状态部部长图尔辛汉·阿伊达罗维奇·胡达伊别尔格诺夫（Турсинхан Айдарович ХУДАЙБЕРГЕНОВ）；信息技术和通讯发展部部长米尔扎希多夫（Хуршид Мирсабирович МИРЗАХИДОВ）。

国家私有化、反垄断和发展竞争委员会主席达夫龙·阿布杜帕塔霍维奇·希多亚多夫（Даврон Абдулпаттахович ХИДОЯТОВ）；地质矿产委员会代理主席伊尔霍姆博·别克恰诺维奇·图拉穆拉托夫（Илхомбой Бекчанович ТУРАМУРАТОВ）；国家统计委主席博吉尔·埃什博耶维奇·图拉耶夫（Ботир Эшбоевич ТУРАЕВ）；国家海关委员会主席扎西德·阿布杜卡尤莫维奇·杜萨诺夫（Зохид Абдукаюмович ДУСАНОВ）；国家税务委员会主席博吉尔·拉赫马季维奇·帕尔皮耶夫（Ботир Рахмативич ПАРПИЕВ）；建筑建设委员会主席巴季尔·伊尔金诺维奇·扎基罗夫（Батир Иркинович ЗАКИРОВ）；国家土地资源、大地测量、制图和国家地理资料委员会主席赛义德库尔·阿米罗维奇·阿拉博夫（Саидкул Амирович АРАБОВ）；国家自然保护委员会主席巴赫季约尔·哈桑诺维奇·阿布杜萨马托夫（Бахти ё р Хасанович АБДУСАМАТОВ）。

【行政区划】全国共划分为1个自治共和国、12个州和1个直辖市：卡拉卡尔帕克斯坦自治共和国、安集延州、布哈拉州、吉扎克州、卡什卡达里亚州、纳沃伊州、纳曼干州、撒马尔罕州、苏尔汉河州、锡尔河州、塔什干州、费尔干纳州、花剌子模州、塔什干市。

【司法机构】乌法院系统包括：宪法法院、最高法院、最高经济法院、卡拉卡尔帕克斯坦共和国最高民事刑事法院、各州和塔什干市民事刑事法院，跨区民事法院、区（市）民事刑事法院、军事法院、卡拉卡尔帕克斯坦共和国经济法院、各州和塔什干市经济法院。检察院系统包括：总检察院、卡拉卡尔帕克斯坦共和国检察院、各州检察院、塔什干市检察院、国家军事检察院和国家交通检察院。

最高法院院长沙尤努斯·阿尤布扎诺维奇·加济耶夫（Шаюнус Аюбджанович ГАЗИЕВ）；宪法法院院长巴赫季约尔·沙姆斯丁诺维奇·米尔巴巴耶夫（Бахтиер Шамсутдинович МИРБАБАЕВ）；最高经济法院院长柯基米章·法吉洛维奇·卡米洛夫（Козимджан Фазилович КАМИЛОВ）；总检察长伊贺季约尔·巴赫季约罗维奇·阿卜杜拉耶夫（Ихти ё р Бахти ё рович АБДУЛЛАЕВ）。

【政党】1996年12月颁布《政党法》。现经登记的政党有4个。

（1）人民民主党（Народно-демократическая Партия）：1991年11月1日成立，创始人为乌总统卡里莫夫。该党在议会立法院中占27个席位。1996年6月卡里莫夫辞去该党主席职务，并退党。该党宗旨：建立公正社会，巩固国家政治体制、经济独立，维护族际间和睦，改善劳动者的物质和文化生活状况，保护人权。2013年4月起主席为霍塔姆江·阿卜杜拉赫曼诺维奇·凯特莫诺夫（Хатамжон Абдурахманович КЕТМОНОВ），《乌兹别克斯坦之声报》为党报。

（2）自由民主党（Либерально-демократическая Партия）：2003年11月15日成立，主要为乌企业家和实业界人士。该党在议会中占52个席位。该党宗旨：积极参与乌国家、社会体制的改革与发展进程，促进乌政治、经济、社会和精神生活自由民主化，在民主基础上进一步完善国家和社会体制，深化经济改革，切实保护公民、企业家和商人的自由及合法权益。2013年12月起主席为索季克容·图尔季耶夫（Содикжон ТУРДИЕВ），机关报为《二十一世纪》。

（3）"民族复兴"民主党（Демократическая Партия "Миллий Тикланиш"）：由"民族复兴"民主党和"自我牺牲者"民族民主党于2008年6月合并而成。该党在议会中占36个席位。该党宗旨：提高全民民族意识，培养民众特别是青年一代的民族自豪感和爱国主义精神，团结所有爱国人士提高乌国际威望，不惜一切代价捍卫国家独立和价值观，反对任何损害乌利益的企图。2013年5月起主席为萨尔瓦尔·萨杜拉耶维奇·奥塔姆拉多夫（Сарвар Садуллаевич ОТМУРАТОВ），《民族复兴报》为党报。

（4）"公正"社会民主党（Социально-Демократическая Партия "Адолат"）：1995年2月18日成立。该党在议会中占20个席位。该党宗旨：建立符合各民族利益的法制国家，巩固社会公正原则，保护人权。2013年6月起主席为纳利蒙·乌马罗夫（Наримон УМАРОВ）。

（5）"乌兹别克斯坦生态运动"（Экологическое

движение Узбекистана）：2008年2月成立。既不是政治组织，也不是政党，但却是议员组成部分，作用特殊，在议会中占有15个席位。该组织口号是“健康的环境——健康的人类”，个人和非政府、非商业性的组织均可加入该组织。来自“乌生态运动”的议员无政治倾向性，主要致力于解决事关社会各阶层利益的生态安全和环境保护问题。

【重要人物】**伊斯拉姆·阿卜杜加尼耶维奇·卡里莫夫（Ислам Абдуганиевич КАРИМОВ）**：总统。1938年1月生于撒马尔罕市，乌兹别克族。经济学博士。毕业于中亚工业学院和塔什干国民经济学院。长期在工业和计划系统工作。1983年起任共和国财政部长。1986年12月当选为乌共卡什卡达里亚州委第一书记。1989年6月起任乌共中央第一书记，并当选为苏联人民代表。1990年3月24日在乌兹别克苏维埃社会主义共和国最高苏维埃会议上当选为总统。1991年12月29日当选乌独立后首任总统。1995年3月26日全民公决将任期延至1999年底。2000年1月9日，以91.9%的得票率蝉联总统。2002年1月27日，乌举行全民公决，决定将总统任期由5年延长为7年。2007年12月23日，卡以88.1%的高票再次当选总统，2008年1月16日宣誓就职。在2015年3月29日的总统选举中，卡以90.39%的得票率再度连任总统，2015年4月10日宣誓就职。　**尼格马季拉·图尔基诺维奇·尤尔达舍夫（Нигматилла Тулкинович ЮЛДАШЕВ）**：最高会议参议院主席。1962年11月生。1985年毕业于塔什干国立大学法律系。曾在塔什干州检察院、塔什干市检察院任高级调查员、检察官等职。1994年至2003年在乌总检察院工作。2003年至2006年任乌总统国务顾问局高级监察员。2006年至2008年任乌总检察院打击税务、外汇犯罪及反洗钱局局长。2008年至2011年任乌副总检察长。2011年至2015年任乌司法部部长，2015年1月20日被乌总统卡里莫夫任命为议会上院议员，同月当选最高会议参议院主席。　**努尔丁江·伊斯莫伊洛夫·姆伊金哈诺维奇（Исмоилов Муйдинханович НУРДИНЖОН）**：最高会议立法院主席。1959年生于乌纳曼干州，法学副博士。人民民主党成员。2005年至2012年任最高会议立法院立法和法律问题委员会主席，2012年起负责与议会、政治和社会团体合作问题的总统顾问。2015年1月当选最高会议立法院主席。　**沙夫卡特·米罗莫诺维奇·米尔济约耶夫（Шавкат Миромонович МИРЗИЁЕВ）**：总理。1957年7月24日生于吉扎克州，乌兹别克族。1981年毕业于塔什干农业水利机械工程学院，机械工程师，技术学副博士。1981—1992年在塔什干农业水利机械工程学院工作，历任青年委员会书记、党委书记等职。1992—1996年任塔什干米尔佐-兀鲁伯区区长。1996—2001年任吉扎克州州长。2001年9月起任撒马尔罕州州长。2003年12月10日被任命为总理。2005年2月、2010年3月、2015年1月连任。

经　济

自然资源丰富，是世界上重要的棉花、黄金产地之一。国民经济支柱产业是“四金”：黄金、“白金”（棉花）、“乌金”（石油）、“蓝金”（天然气）。经济结构单一，制造业和加工业落后，苏联时期是工业原料和农牧业产品供应地。近年来，乌分阶段、稳步推进市场经济改革，实行“进口替代”和“出口导向”经济发展战略，同时对国有企业进行私有化和非国有化，积极吸引外资，大力发展中、小企业，基本实现能源和粮食自给，保持了宏观经济和金融形势的稳定，经济实现较快发展。

2014年下半年以来，受俄罗斯经济危机和国际大宗商品价格下挫影响，乌经济虽总体稳定但下行压力增大。2014年主要经济指标如下：国内生产总值同比增长8.1%，工业增长8.3%，农业增长6.9%，建筑业增长10.3%，投资额增长10.9%，零售贸易额增长14.3%，服务业增长15.7%，外贸下降7%，国家预算盈余占GDP的0.2%，通货膨胀率6.1%。2015年，乌国内生产总值同比增长8%，工业增长8%，农业增长6.8%，建筑业增长18%，投资额增长9.5%，零售贸易额增长15%，国家预算盈余占GDP的0.1%，通货膨胀率5.6%。

国内生产总值（2014年）：1448679亿苏姆（约598亿美元，按汇率1美元≈2422.4苏姆计算）。

人均GDP：19276美元。

货币名称：苏姆（сум）。

汇率：1美元≈2422.4苏姆（2014年12月）。

失业率：5.1%（至2015年9月）。

（资料来源：乌国家统计委员会、乌劳动和社会保障部）

【资源】资源丰富，矿产资源储量总价值约为3.5万亿美元。现探明有近100种矿产品。其中，黄金探明储量3350吨（世界第4），石油探明储量为1亿吨，凝析油探明储量为1.9亿吨，天然气探明储量为1.1万亿立方米，煤储量为18.3亿吨，铀储量为18.58万吨（世界第7位），铜、钨等矿藏也较为丰富。森林覆盖率为12%。截至2014年，乌天然气开采量居世界第11位，黄金开采量居第7位，铀矿开采量居第5位。

2013年石油开采量290万吨（同比下降7.1%），天然气开采量552亿立方米（同比下降2.8%）。共消费石油330万吨（同比增长2.1%），天然气452立方米（同比下降3.3%），85%的燃料来源为天然气。截至2013年12月，共开采油气田346个。

2014年煤炭开采量439.6万吨（同比增长7.5%），钢铁产量73.1万吨（同比下降3.2%），铀矿开采量3401吨（同比增长2.6%），黄金产量102吨（同比增长4%）。

【工业】2014年工业总产值为310亿美元，增长8.3%，占GDP比重为24.2%。主要部门为机械制造、能源、食品加工、轻工业、有色金属等。

2014年机械制造和金属加工产值合61.21亿美元，

较2012年增长13.5%；燃料领域产值合40.62亿美元，下降1.9%；食品业产值合49.51亿美元，增长7.6%；轻工业产值约合43.57亿美元，增长16.1%；有色金属业产值27.16亿美元，增长1.7%；建筑业产值18.80亿美元，增长10.7%。

工业产值中，机械制造和金属加工产值占比最大，为19.7%；其次为食品工业，占16.5%；轻工业占比14.5%；燃料领域占比13.5%；有色金属占9.0%。2013年发电量525亿度，较2011年增长0.2%。

【农业】2014年农业总产值为153亿美元，同比增长6.9%，占GDP比重为16.8%，其中畜牧业产值63亿美元，同比增长7%，农作物产值90亿美元，同比增长6.9%。棉花种植业为支柱产业，其产量居世界第6位，出口居第3位。畜牧业、桑蚕业、蔬菜水果种植业等也占重要地位。独立后，粮食、棉花产量有较大增长。总耕地面积为430万公顷，农村人口1493.58万。近年来，为促进农业发展，乌政府积极借鉴先进经验，深化农业改革，在农村地区引入市场机制，为农场业发展创造法律、资金等方面条件。

2014年乌总计收获340万吨籽棉，805万吨谷类作物和840万吨蔬菜。棉纤维产量约100万吨。

【服务业】2014年零售总额为586434亿苏姆（约合242亿美元），增长14.3%，其中食品类商品销售占50.9%（同比增长4.4%），非食品类商品销售占49.1%（同比下降4.4%）。服务业总产值为630630亿苏姆（约合286.2亿美元），增长13.5%，占GDP比重为53%。

【旅游业】全国现有4000多处历史、宗教、建筑古迹，主要集中在塔什干、撒马尔罕、布哈拉、希瓦等城市。2014年共接待外国游客200万人（乌国家旅游局数据）。

【交通运输】主要运输方式有铁路、公路、航空。2014年客运量73.35亿人次，同比增长5%；货运量14.59亿吨，增长5.1%。

铁路：总长4201.7公里（2014年），其中698.2公里实现电气化。2014年客运量1910万人次，增长9.8%，货运量6570万吨，增长3%。

公路：总长42654公里（2014年），2014年客运量72.44亿人次，增长5%；货运量13.27亿吨，增长5.5%。

航空：2014年客运量230万人次，同比略有下降。最大航空公司为乌兹别克斯坦国家航空公司。1992年1月28日成立，拥有350多架各型飞机。有70多条航线，其中国际航线45条。与世界上20多个国家和25个独联体城市通航，在国外开设40个代表处。每周定期航班40多个。中国南方航空公司在乌设有代表处。中乌之间有直航，分别由双方航空公司运营。塔什干—北京航线每周4个航班，塔什干—乌鲁木齐航线每周4个航班。主要机场为塔什干机场。

【财政金融】乌共有商业银行27家，总资本28亿美元（截至2014年4月1日），其中3家为国有。截至2014年12月31日黄金储备180亿美元。截至2015年7月1日银行总资产为59.5万亿苏姆（约230亿美元），同比增加27.6%；向实体经济投资37.5万亿苏姆（约146亿美元），增加30.5%。

【投资和对外贸易】鼓励投资和对外贸易。2014年，乌吸引外资30亿美元，超过投资总额的21.2%，其中外国直接投资23亿美元，同比增长9.3%。2015年全年吸引外资33亿美元，其中73%为外国直接投资。乌与120多个国家有贸易关系。2014年出口141.09亿美元，同比下降6.6%；进口139.6亿美元，增长1.1%；顺差1.5亿美元。最主要贸易合作伙伴为俄罗斯，占贸易总额的21.8%。2014年乌新注册433家外资企业，截至2015年1月1日，乌注册外资企业共4883家。

2014年主要出口商品包括油气产品（占出口额25.9%），服务（21.6%），粮食（11.9%），棉纤维（7.4%），黑色金属和有色金属（6.9%），化学制品（4.6%）。主要进口商品包括机械设备（39.7%），化学制品（16%），粮食（10.9%），黑色金属和有色金属（8%），服务（7.5%），能源和石油产品（6.2%）。

【著名企业】直属对外经济联络、投资和贸易部的国家对外贸易股份公司“工业产品出口公司”和“运输公司”、国家建筑材料公司、石油天然气总公司、制药工业联合体、纳沃依矿业联合体、工贸联合体、农业化学联合体、农业机械公司、机械贸易公司等。

人民生活

乌政府注重社会福利，通过优惠、补贴、津贴等方式对社会弱势阶层进行救助。2014年国家预算的59.2%用于社会领域，居民工资、退休金、补贴等收入平均上涨23.2%，居民可支配收入增加10.2%。2015年居民工资、退休金、补贴等收入平均上涨21.9%，人均实际收入增长9.6%。2015年全国新增就业岗位98万，其中超过60%在农村。

军　事

1992年1月建军。总统为武装力量最高统帅。1992年2月和1995年8月分别颁布《国防法》和《武装力量学说》，2000年5月和2001年5月分别颁布修订后的《武装力量学说》和《国防法》。

目前，乌武装力量总员额6.07万人，主要装备俄（苏）式武器装备，每年军费预算约20亿美元。实行义务兵役制和合同制结合的混合兵役制，义乌兵服役期为12个月。乌武装力量由陆军、空防军、特种部队、反恐步兵军及技术和后勤保障部队等构成。乌军有5所高等军事院校。

文化教育

【教育】实行12年义务教育制，教育经费约占国家预算的35%。现有63所大学，在校生近23万人，大学教师2万多人；有450多所中等专业学校，在校生近30万人；有1万多所中小学，在校生560万人。全国各类学校教师总数46万人。有来自20多个国家的300多名留学生就读于乌各大高校。著名高校有：世界经济与外交大学、国立塔什干大学、塔什干综合技术大学、塔什干医科大学、世界语言大学、塔什干东方学院等。

【新闻出版】截至2015年6月1日，全国共注册新闻媒体1437家，其中690种报纸、300种杂志、96个广播电视频道、332家网站，共使用7种官方及本国少数民族语言出版或报道。主要有：《人民言论报》，最高会议和内阁机关报，《东方真理报》，内阁机关报。

乌兹别克斯坦通讯社，国家通讯社。始建于1924年，前身为"塔斯社"分社。驻外记者主要分布在独联体国家。

乌兹别克斯坦国家广播电视公司。始建于1956年，至2013年6月共开设7个电视频道、3个广播频道，在首都及12个州设有地方台。以乌兹别克语、俄语播出节目。

私营电视公司网（HTT）。成立于2004年，包括全国各地23家私营电视台。每天以乌兹别克语播出20小时。

塔什干广播电台，国家广播电台。建于1921年。1992年1月开始对外广播。

对外关系

对外方针是巩固国家独立、维护国家安全与稳定、发展经贸和交通合作、提高在地区和国际上的地位。奉行大国平衡外交。2012年8月30日，乌《外交政策构想》正式生效，规定乌不参加任何军事政治集团，不允许在本国领土上设立外国军事基地和设施。

目前，共有132个国家同乌建交，在塔什干有45个外国使馆、9个名誉领事、3个商务代表机构、8个国际组织代表处、5个国际金融机构代表处、50个非政府人道主义组织代表处。乌在海外设有33个使馆、10个总领事馆，在3个国际组织设有常驻代表。乌是联合国、欧洲安全与合作组织、伊斯兰合作组织、独联体、上海合作组织等国际和地区组织成员，已加入亚洲基础设施投资银行、国际货币基金组织、世界银行、欧洲复兴开发银行、亚洲开发银行等国际金融组织。

【与中国的关系】1992年1月2日建交以来，两国关系发展顺利，各领域务实合作不断深化。2012年两国建立战略伙伴关系。2013年两国元首共同签署《中乌关于进一步发展和深化战略伙伴关系的联合宣言》和《中乌友好合作条约》。2015年中乌关系保持健康稳定发展势头，各领域合作取得重要新成果。3月30日，习近平主席向乌总统卡里莫夫致电祝贺其连任。3月31日，两国元首通电话。4月11日，中共中央政治局委员、中央政法委书记、中乌政府间合作委员会中方主席孟建柱会见到访的乌外经贸部长加尼耶夫。4月15—16日，外交部特使刘古昌访乌，会见乌外长卡米洛夫。5月5—8日，全国政协副主席、中国中亚友好协会名誉会长陈元访乌。5月19日，中共中央政治局委员、中央组织部长赵乐际会见乌人民民主党主席卡米洛夫率领的多党联合考察团。5月27日，由国家民族事务委员会、中央民族歌舞团、中国驻乌使馆共同举办的"多彩中华"中国民族文化教育"丝绸之路"沿线展演在乌举行。7月10日，习近平主席在乌法会见乌总统卡里莫夫。9月2—3日，乌总统卡里莫夫赴华出席中国人民抗日战争暨世界反法西斯战争胜利70周年纪念活动，习近平主席、李克强总理与其会见。

中国驻乌大使：孙立杰。馆址：塔什干市，古里亚莫夫大街（原果戈里街）79号。国家地区号：00998-71。电话：2331396；传真：2334735，2321519。领事部电话：2334728；领保电话：5018574。经商参处电话：2861865；传真：2861867。

乌驻华大使：达尼亚尔·库尔班诺夫。馆址：北京市朝阳区三里屯北小街11号。国家地区号：0086-10。电话：65326305；传真：65326304。

【与独联体国家的关系】与独联体国家发展双边关系以经贸合作为主。2015年2月26日，阿塞拜疆工业贸易部部长沙辛访乌。4月3日，乌副外长瓦哈波夫率团出席在比什凯克举行的独联体外长理事会会议。10月15日，乌外长卡米洛夫赴阿斯塔纳出席独联体外长理事会会议。10月15—16日，乌总统卡里莫夫赴阿斯塔纳出席独联体国家元首理事会会议。10月31日，乌副总理伊克拉莫夫出席在杜尚别举行的独联体政府首脑委员会例会。12月23日，乌总统卡里莫夫向阿塞拜疆总统阿里耶夫致生日贺信。

【与俄罗斯的关系】与俄保持在政治、经济、安全等领域的传统联系。2015年3月30日，普京总统与乌总统卡里莫夫通电话，祝贺卡当选。5月8日，乌总统卡里莫夫出席在莫斯科举行的独联体元首非正式峰会。5月8日，俄总统普京向乌总统卡里莫夫致第二次世界大战胜利70周年贺信。7月10日，乌总统卡里莫夫赴乌法出席上海合作组织元首理事会第15次会议，与俄总统普京举行双边会见。7月14—15日，俄外长拉夫罗夫对乌进行工作访问，会见乌总统卡里莫夫、外长卡米洛夫。9月1日，俄总统普京向乌总统卡里莫夫致独立日贺电。10月7日，乌外长卡米洛夫、国防部长别尔季耶夫会见到访的俄国防部副部长安东诺夫。11月3日，乌总统卡里莫夫就俄客机空难事件向普京总统致慰问电。11月10日，乌总统卡里莫夫会见俄罗斯卢克石油公司总裁亚力克佩罗夫。11月14日，俄总统普京向乌总统卡里莫夫致贺电，祝贺两国签署同盟关系条约10周年。

【与中亚邻国的关系】与中亚邻国关系总体稳定。2015年3月4日，乌总统卡里莫夫向塔吉克斯坦总统拉赫蒙致贺电，祝贺其率领的塔人民民主党在议会下院选举中获胜。4月24日，乌总统卡里莫夫向吉尔吉斯斯坦总统阿塔姆巴耶夫致感谢信，感谢阿在卡连任之际发来贺电。4月27日，乌总统卡里莫夫向哈萨克斯坦总统纳扎尔巴耶夫致贺电，祝贺其连任。5月24日，乌边防军副司令、乌国家安全总局边防军总参谋长乌斯曼别科夫在塔吉克斯坦苦盏市会见塔边防军副司令萨法拉夫。6月2日，土库曼斯坦副总理兼外长梅列多夫访乌，乌总统卡里莫夫、外长卡米洛夫会见。6月23—24日，乌—塔吉克斯坦政府间经贸合作委员会会议在塔什干举行，乌第一副总理兼财政部长阿济莫夫、塔第一副总理萨伊德出席。7月6日，乌总统卡里莫夫向哈萨克斯坦总统纳扎尔巴耶夫致生日贺信。8月18—19日，乌外经贸部长加尼耶夫与土库曼斯坦外长梅列多夫在阿什哈巴德出席乌土政府间科技经贸文化合作委员会会议。10月7—8日，土库曼斯坦总统别尔德穆哈梅多夫对乌进行正式访问，两国元首举行大小范围会谈。12月11—12日，乌总统卡里莫夫应邀出席在阿什哈巴德举行的土确立中立地位20周年研讨会，并会见土总统别尔德穆哈梅多夫。12月24—25日，乌副外长尼亚孜霍加耶夫率团赴杜尚别参加乌塔副外长级政治磋商。

【与美国和北约的关系】乌重视与美国和北约发展关系。2015年4月4日，美国总统奥巴马向乌总统卡里莫夫致贺电，祝贺其连任。4月22日，乌外长会见到访的美负责南亚和中亚事务的助理国务卿帮办罗森布勒姆。5月14日，乌外长卡米洛夫会见到访的美第一副助理国务卿恰普曼。7月23日，美负责南亚和中亚事务的第一副助理国务卿霍格兰德访乌，会见乌外长卡米洛夫。7月27日，美中央司令部司令奥斯汀访乌，乌总统卡里莫夫会见。8月7日，奥巴马总统就乌总统卡里莫夫在美独立239周年之际发去贺信致信感谢。8月27日，乌外长卡米洛夫会见到访的美负责南亚和中亚事务助理国务卿帮办罗森布勒姆。8月28日，奥巴马总统向乌总统卡里莫夫致独立日贺电。9月26日，乌外长卡米洛夫赴纽约出席联合国发展峰会，会见美国务卿克里。11月1日，乌总统卡里莫夫在撒马尔罕会见到访的美国务卿克里，美和中亚五国在该市举行“美国+中亚”外长会。

【与欧洲国家的关系】乌与欧洲国家在教育、环保、水资源等领域合作密切。2015年1月23日，乌高等和中等专门教育部部长瓦哈波夫赴英国出席世界教育论坛。2月23—26日，乌第一副总理兼财政部长阿济莫夫访问德国，参加乌德实业委员会首次会议。3月11日，乌副外长出席在杜尚别举行的“中亚欧盟安全事务高层对话会”。4月20日，乌环保委员会主席阿卜杜萨马托夫访问拉脱维亚，出席“欧盟中亚环保技术合作”国际论坛。5月14日，罗马尼亚国务秘书达尼埃尔来乌举行乌罗第四轮外交部政治磋商，乌外长卡米洛夫会见。5月18日，乌外长卡米洛夫赴布鲁塞尔出席乌—欧盟合作委员会第12次会议。6月10日，拉脱维亚文化部长访乌，乌文体部长阿赫梅多夫会见。7月21日，欧盟中亚事务特别代表布里安访乌，乌第一副总理兼财政部长阿济莫夫、外长卡米洛夫会见。9月7—8日，乌环保委员会主席阿卜杜萨马托夫赴柏林出席“中亚水问题与睦邻友好关系”部长级会议。9月14日，乌外长卡米洛夫会见到访的比利时联邦议会主席西格弗里特。11月2日，乌外长卡米洛夫会见来乌举行乌—意大利政治磋商的意外交与国际合作部秘书长米克尔。11月24日，乌司法部长伊克拉莫夫出席在塔什干举行的“乌—欧盟”司法、内务、人权问题分委会会议。12月21日，乌外长卡米洛夫参加在阿斯塔纳举行的“中亚—欧盟”外长会，并会见欧盟外交和安全政策高级代表莫盖里尼。12月23日，乌外经贸部长加尼耶夫率团出席在布鲁塞尔举行的“乌—欧盟”合作委员会例会及“乌—欧盟”经贸投资分委会会议。

【与东亚、南亚国家的关系】积极致力于同东亚、南亚国家发展关系。2015年1月26—27日，乌第一副总理兼财政部长阿济莫夫赴日本东京出席乌日经贸合作委员会第12次会议，并会见日首相安倍晋三。3月4日，乌副外长出席在东京举行的“中亚+日本”高官对话会。4月20日，乌国防部长别尔季耶夫访问韩国。5月1日，乌总统卡里莫夫会见到访的韩国副总理兼战略和财政部长崔炅焕。5月21日，乌议会参议院主席尤尔达舍夫会见印度尼西亚议会地区代表委员会主席库斯马诺夫。5月26日，乌第一副总理兼财政部长阿济莫夫与韩国副总理崔炅焕共同出席在首尔举行的乌韩商务论坛。5月27—29日，乌总统卡里莫夫对韩国进行国事访问。7月6—7日，印度总理莫迪对乌进行正式访问。8月21日，韩国外长朴宰宪率韩大学教育团访乌，会见乌劳动和社会保障部长阿卜杜哈基莫夫。9月22日，乌总统卡里莫夫会见到访的韩国进出口银行总裁李德勋。10月5日，乌副外长出席在韩国首尔举行的“韩国—中亚”合作论坛第9次会议。10月24—26日，日本首相安倍晋三对乌进行正式访问。11月6日，乌总统卡里莫夫会见来乌参加国际投资论坛的韩国产业通商资源部第一次官李光社。11月17日，巴基斯坦总理谢里夫访乌，会见乌总统卡里莫夫和总理米尔济约耶夫。

【与伊斯兰国家的关系】乌与伊斯兰国家关系稳步发展。2015年2月15日，乌外经贸部长加尼耶夫访问伊朗，出席乌土（库曼斯坦）阿（曼）伊（朗）交通走廊建设协议书协调委员会第一次会议。2月17日，乌宗教事务委员会主席尤苏波夫访问沙特。3月1日，乌外经贸部长加尼耶夫访问阿联酋，出席乌阿政府间经贸合作委员会会议。4月20日，乌总统卡里莫夫会见到访的阿联酋副总理兼内务部长赛义夫。5月27—28日，乌外长卡米洛夫赴科威特出席伊斯兰合作组织外长理事会第42次会议。6月8日，乌总统卡里莫夫会见到访的伊斯兰合作组织秘书长伊亚德。9月15日，阿曼外交部秘书长兼乌阿政府间经贸合作委员会阿方主席巴德尔赴乌出席乌阿经贸合作委员会会议。10月13

日，乌总统卡里莫夫就安卡拉恐怖袭击事件向土耳其总统埃尔多安致慰问信。（曲文成）

新加坡

国名 新加坡共和国（Republic of Singapore）。

面积 714.3平方公里。

人口 公民和永久居民390万，常住人口554万（2015年）。华人占75%，其余为马来人、印度人和其他种族。马来语为国语，英语、华语、马来语、泰米尔语为官方语言，英语为行政用语。主要宗教为佛教、道教、伊斯兰教、基督教和印度教。

首都 新加坡（Singapore）。

国家元首 总统陈庆炎（Tony Tan），2011年9月1日就任，任期6年。

重要节日 华人新年：同中国春节；泰米尔新年：4、5月间；卫塞节：5月的月圆日；国庆节：8月9日；开斋节：伊斯兰教历10月新月出现之时；圣诞节：12月25日。新加坡法定公共节日共计11天，除上述外，还有元旦、复活节、哈芝节、劳动节等。

简况

热带城市国家。位于马来半岛南面、马六甲海峡出入口，北隔柔佛海峡与马来西亚相邻，南隔新加坡海峡与印度尼西亚相望。由新加坡岛及附近63个小岛组成，其中新加坡岛占全国面积的88.5%。地势低平，平均海拔15米，最高海拔163米，海岸线长193公里。属热带海洋性气候，常年高温潮湿多雨。年平均气温24℃—32℃，日平均气温26.8℃，年平均降水量2345毫米，年平均湿度84.3%。

古称淡马锡。8世纪属室利佛逝王朝。18—19世纪是马来柔佛王国的一部分。1819年，英国人史丹福·莱佛士抵达新加坡，与柔佛苏丹订约，开始在新设立贸易站。1824年，新沦为英国殖民地，成为英在远东的转口贸易商埠和在东南亚的主要军事基地。1942年被日本占领。1945年日本投降后，英国恢复殖民统治，次年划为直属殖民地。1959年实现自治，成为自治邦，英保留国防、外交、修改宪法、宣布紧急状态等权力。1963年9月16日与马来亚、沙巴、沙捞越共同组成马来西亚联邦。1965年8月9日脱离马来西亚，成立新加坡共和国；同年9月成为联合国成员国，10月加入英联邦。

政治

独立以来，人民行动党长期执政，政绩突出，地位稳固，历届大选均取得压倒性优势。李光耀自新加坡1965年独立后长期担任总理，1990年交棒给吴作栋。2004年8月，李显龙接替吴作栋出任总理并于2006年5月、2011年5月和2015年9月三度连任。现任总统陈庆炎，2011年8月当选，9月就任。2015年3月，李光耀逝世。

【宪法】1963年9月，颁布州宪法。1965年12月，州宪法经修改成为新加坡共和国宪法，并规定马来西亚宪法中的一些条文适用于新加坡。

宪法规定：实行议会共和制。总统为国家元首。1992年国会颁布民选总统法案，规定从1993年起总统由议会选举产生改为民选产生，任期从4年改为6年。总统委任议会多数党领袖为总理；总统和议会共同行使立法权。总统有权否决政府财政预算和公共部门职位的任命；可审查政府执行内部安全法令和宗教和谐法令的情况；有权调查贪污案件。总统在行使主要公务员任命等职权时，必须先征求总统顾问理事会的意见。

【国会】实行一院制，任期5年。国会可提前解散，大选须在国会解散后3个月内举行。年满21岁的新加坡公民都有投票权。国会议员分为民选议员、非选区议员和官委议员。其中民选议员从全国13个单选区和16个集选区中由公民选举产生。集选区候选人以4—6人一组参选，其中至少一人是马来族、印度族或其他少数种族。同组候选人必须来自同一政党，或均为无党派者，并作为一个整体竞选。非选区议员从得票率最高的反对党未当选候选人中任命，最多不超过6名，从而确保国会中有非执政党的代表。官委议员由总统根据国会特别遴选委员会的推荐任命，任期两年半，以反映独立和无党派人士意见。本届国会2015年9月11日选举产生，共有议员92人。其中民选议员89人，包括人民行动党83人，工人党6人。另有非选区议员3人。现任议长哈莉玛·雅各布（Halimah Yacob）。

【政府】本届内阁于2015年9月28日组成。主要成员有：总理李显龙（Lee Hsien Loong），副总理兼国家安全统筹部长张志贤（Teo Chee Hean），副总理兼经济与社会政策统筹部长尚达曼（Tharman Shanmugaratnam），基础设施统筹部长兼交通部长许文远（Khaw Boon Wan），总理公署部长陈振声（Chan Chun Sing），国防部长黄永宏（Ng Eng Hen），外交部长维文（Vivian Balakrishnan），贸工部长（贸易）林勋强（Lim Hng Kiang），贸工部长（工业）易华仁（S Iswaran），财政部长王瑞杰（Heng Swee Keat），人力部长林瑞生（Lim Swee Say），国家发展部长黄循财（Lawrence Wong），通讯及新闻部长雅国（Yaacob Ibrahim），环境及水源部长马善高（Masagos Zulkifli），律政部长尚穆根（K Shanmugam），卫生部长颜金勇（Gan Kim Yong），教育部长（校务）黄志明（Ng Chee Meng），教育部长（高等教育及技能）王乙康（Ong Ye Kung），社会与家庭发展部部长陈川仁（Tan Chuan Jin），文化、社区及青年部部长傅海燕（Fu Hai Yien）。

政府网址：http://www.gov.sg。

【司法机构】设最高法院和总检察署。最高法院由高庭和上诉庭组成。1994年，废除上诉至英国枢密院的规定，确定最高法院上诉庭为终审法庭。最高法院大法官由总理推荐、总统委任。大法官桑德莱什·麦农（Sundaresh Menon），总检察长维克拉惹（V.K.Rajah）。

【政党】已注册的政党共24个。主要有：

（1）人民行动党（The People's Action Party）：唯一执政党。1954年11月由李光耀等人发起成立。党的纲领是维护种族和谐，树立国民归属感；建立健全的民主制度，确保国会拥有多元种族代表，努力建立一个多元种族、多元文化和多元宗教的社会。人民行动党从1959年至今一直保持执政党地位。李光耀长期任该党秘书长，1991年吴作栋接任，2004年，李显龙接替吴作栋出任该党秘书长。现任党主席许文远（Khaw Boon Wan）。

（2）工人党（The Worker's Party）：1957年11月创立。主张和平、非暴力的议会斗争。1971年重建领导机构，提出废除雇佣制，修改国内治安法，恢复言论和结社自由。近年来影响有所扩大。1981年起在大选中数次赢得议席。2015年大选中获6席。现任主席林瑞莲（Lim Swee Lian），秘书长刘程强（Low Thia Khiang）。

【重要人物】陈庆炎：总统。1940年2月生于新加坡，祖籍福建厦门。新加坡国立大学物理学学士、美国麻省理工学院理科硕士、澳大利亚阿德莱德大学数学博士，曾任国立大学数学系讲师、校长、新加坡华侨银行主席兼首席执行官。历任教育部政务部长、贸工部长、财政部长、教育部长、国防部长、副总理兼国防及国家安全统筹部长等职。2005年退休后任新加坡报业控股集团主席和新加坡政府投资公司副主席兼执行董事等。2011年8月就任总统，任期6年。 **李显龙**：总理。1952年生于新加坡。1971年入伍，后获奖学金赴英国深造，获英国剑桥大学数学一等荣誉学位和计算机优等文凭。1978年在美国堪萨斯州参加陆军指挥和参谋培训。1979年获哈佛大学肯尼迪行政学院公共行政学硕士学位。回国后任武装部队参谋长兼联合行动与策划司长，1984年6月升准将军衔，同年12月当选国会议员。历任全国经济委员会主席、贸工部代部长、贸工部长和副总理，先后兼任贸工部政务部长、国防部第二部长和金融管理局主席，2001年11月至2011年5月兼任财政部长。2004年8月任总理。2006年5月、2011年5月和2015年9月三度连任。

经 济

新加坡经济属外贸驱动型经济，以电子、石油化工、金融、航运、服务业为主，高度依赖中、美、日、欧和周边市场，外贸总额是国内生产总值（GDP）的4倍。经济长期高速增长，1960—1984年间GDP年均增长9%。1997年受到亚洲金融危机冲击，但并不严重。2001年受全球经济放缓影响，经济出现2%的负增长，陷入独立之后最严重衰退。为刺激经济发展，政府提出“打造新的新加坡”，努力向知识经济转型，并成立经济重组委员会，全面检讨经济发展政策，积极与世界主要经济体商签自由贸易协定。

2008年受国际金融危机影响，金融、贸易、制造、旅游等多个产业遭到冲击，海峡时报指数创5年内新低，经济增长为1.1%。2009年跌至–2.1%。新加坡政府采取积极应对措施，加强金融市场监管，努力维护金融市场稳定，提升投资者信心并降低通胀率，并推出新一轮刺激经济政策。2010年经济增长14.5%。2011年以来，受欧债危机负面影响，经济增长放缓。2012年经济增长率仅1.3%。2014年经济起底回升，2015年具体经济数据如下：

国内生产总值：2927亿美元。

人均国内生产总值：5.3万美元。

国内生产总值增长率：2%。

货币：新加坡元（Singapore Dollar）。

汇率：1美元≈1.3748新加坡元。

通货膨胀率：–0.5%。

失业率：2%。

【资源】自然资源匮乏。

【工业】主要包括制造业和建筑业。2015年产值为945亿新元，占国内生产总值的23.5%。制造业产品主要包括电子、化学与化工、生物医药、精密机械、交通设备、石油产品、炼油等产品。新是世界第三大炼油中心。

【农业】用于农业生产的土地占国土总面积1%左右，产值占国民经济比重不到0.1%，主要由园艺种植、家禽饲养、水产养殖和蔬菜种植等构成。绝大部分粮食、蔬菜从马来西亚、中国、印度尼西亚和澳大利亚进口。

【服务业】包括金融服务、零售与批发贸易、饭店旅游、交通与电讯、商业服务等，系经济增长的龙头。2015年产值为2619.5亿新元，占国内生产总值的65%。

【旅游业】外汇主要来源之一。游客主要来自东盟国家、中国、澳大利亚、印度和日本。

【交通运输】交通发达，设施便利，是世界重要的转口港及联系亚、欧、非、大洋洲的航空中心。

铁路：以地铁为主，设65站，全长109.4公里。另建有轻轨铁路，全长28.8公里，设31站，与地铁相连。

公路：总长约3297公里，其中高速公路153公里，一级公路613公里。

水运：为世界最繁忙的港口和亚洲主要转口枢纽之一，是世界最大燃油供应港口。有200多条航线连接世界600多个港口。2015年港口处理货运总量5.75亿吨，集装箱总吞吐量3090万箱。

空运：主要有新加坡航空公司及其子公司胜安航空公司。新加坡樟宜机场连续多年被评为世界最佳机场，目前已开通至60个国家188个城市的航线，各国81家航空公司平均每周提供约4400班次的定期飞行服务。2014年航班起降34.1万架次，客运量5409万人次，货运量221.63万吨。

（资料来源：新加坡统计局、贸工部）

【财政金融】近几年财政收支情况如下（单位：亿新元）：

	2012	2013	2014	2015
收入	542.8	570.5	600	613
支出	348.1	523.3	548	572
盈余	194.7	47.2	52	41

截至2015年年底，外汇储备为2477.5亿美元。无外债。

【对外贸易】为国民经济重要支柱。近几年对外贸易情况如下（单位：亿新元）：

	2012	2013	2014
总　额	9848.8	9802	9827
出口额	5103.3	5134	5189
进口额	4755.5	4668	4638
差　额	347	466	551

主要出口商品为：成品油（占24%）、电子元器件（占22%）、化工品（占10%）和工业机械（占2%）等；主要进口商品为：成品油（占22%）、电子元器件（占17%）、原油（占10%）、化工品（塑料除外）（占6%）和发电设备（占3%）等。进口电子真空管、原油、加工石油产品、办公及数据处理机零件等。主要贸易伙伴为：中国、马来西亚、欧盟、美国、印尼。

【对外投资】推行“区域化经济发展战略”，大力向海外投资。截至2014年底，对外直接投资累计达6042亿新元，主要集中在金融服务业和制造业。主要直接投资对象国为中国、英国、马来西亚。

【外国资本】截至2014年底，新加坡共吸引海外直接投资10054亿新元，多集中在金融服务业和制造业。主要直接投资来源国为美国、荷兰、日本、英国。

【著名公司】淡马锡控股公司（Temasek Holding Pte Ltd.）是世界上最著名的国有控股公司之一。成立于1974年，由财政部全资拥有，直接对财政部长负责。拥有政府关联企业1000余家，总资产近1300亿新元，涉及交通、船舶修理及工程、电力与天然气、通信、传媒、金融服务、房地产与酒店、房地产管理和咨询、建筑、休闲与娱乐等行业。近年来，淡马锡公司加速实行私营化，下属企业中已有10家大型集团上市。目前，该公司仅对4家下属企业持有100%的股份，而对其他大多数企业控股均在50%以下。公司主席现为丹那巴南，执行董事何晶。

人民生活

新加坡政府统一修建公共组屋，居民住房拥有率达88.6%。人均寿命82岁，识字率96.1%（15岁以上），每万人拥有18名医生，每千人拥有私车110辆。

军　事

新加坡武装部队组建于1965年，建军节为7月1日。总统为三军统帅。实行义务兵役制，服役期2—3年。现役部队总兵力为7.25万，其中陆军5万人，编为3个混合师（各辖2个步兵旅、1个机械化旅、1个侦查营、1个炮兵营、1个高炮营、1个工程兵营）、1个快速反应师（辖3个步兵旅）、1个机械化旅。海军9000人、空军1.35万人。装备各种舰船35艘，各型飞机210余架。另有预备役25万人，准军事部队10.8万人。新加坡军队主要在国外训练。1971年与英国、澳大利亚、新西兰和马来西亚组成“五国联防”。重视全民防卫教育。致力于建设第三代“智能”军队。新系东南亚国防预算最多的国家。2012年国防预算96.8亿美元，2013年预算为123亿美元，2014年预算为99.312美元，2015年预算为105亿美元。

文化教育

在保留各民族传统文化的同时，鼓励向新加坡统一民族文化演变。

【教育】新加坡的教育制度强调双语、体育、道德教育、创新和独立思考能力并重。双语政策要求学生除了学习英文，还要兼通母语。政府推行“资讯科技教育”，促使学生掌握电脑知识。学校绝大多数为公立，其中包括170所小学、154所中学、14所初级学院，以及新加坡国立大学、南洋理工大学、管理大学和科技设计大学4所大学。

【新闻出版】英文报有《海峡时报》、《商业时报》、《新报》；华文报有《联合早报》、《联合晚报》、《新明日报》；马来文报有《每日新闻》；泰米尔文报有《泰米尔日报》。

广播电台于1936年开播，1959年1月起以马来语、英语、华语、泰米尔语广播。现有15个波段，每周广播1307小时。新加坡广播电台拥有并经营12个国内电台和3个国际电台。

电视于1963年开播，1974年开始播送彩色节目。1995年有线电视网开通，用户可接收30多个频道、10余个国家的电视节目。1995年开通卫星电视，有387万用户。1999年，经营电视和广播业的数家公司合并而成新传媒集团，共经营6个电视频道，主要有第5频道、第8频道、亚洲新闻台等。播送华语、英语、马来语、泰米尔语节目。另有私营的报业控股集团设立的优频道和电视通频道。

对外关系

立足东盟，致力维护东盟团结与合作，推动东盟在地区事务中发挥更大作用；面向亚洲，注重发展与亚洲国家特别是中、日、韩、印度等重要国家的合作关系；奉行“大国平衡”，主张在亚太建立美、中、日、印度战略平衡格局；突出经济外交，积极推进贸易投资自由化，已与新西兰、日本、欧盟、澳大利亚、美国、约旦、韩国、印度和巴拿马签署双边自由贸易协定，与澳大利亚、美国、新西兰、加拿大、越南、马来西亚、日本、墨西哥、秘鲁、文莱、智利等十一个国家签署了“跨太平洋战略经济伙伴关系协定”（TPP），并与巴林、埃及、科威特和阿联酋就商签双边自贸协定达成共识。倡议成立了亚欧会议、东亚—拉美论坛等跨洲合作机制。积极推动《亚洲地区政府间反海盗合作协定》（ReCAAP）的签署，根据协定设立的信息共享中心于2006年11月正式在新成立。新加坡共与175个国家建立了外交关系。

【同中国的关系】1990年10月3日建交以来，中新在各领域的互利合作成果显著。

建交以来，两国高层交往频繁。杨尚昆主席（1993年）、江泽民主席（1994年）、全国政协主席李瑞环（1995年）、李鹏总理（1997年）、朱镕基总理（1999年）、胡锦涛（副）主席（2002年、2009年）、李岚清副总理（2002年）、吴邦国委员长（2005年）、温家宝总理（2007年）、习近平（副）主席（2010年、2015年）等先后访新。黄金辉总统（1991年）、李光耀总理（1990年）、吴作栋总理（1993年、1994年、1995年、1997年、2000年、2003年）、王鼎昌总统（1995年）、纳丹总统（2001年、2008年）、李显龙（副）总理（1995年、2000年、2005年、2006年、2008年、2012年、2013年）、陈庆炎总统（2015年）先后访华。

2015年2月，习近平主席特使、中央政法委书记孟建柱访新。3月，习近平主席特使、国家副主席李源潮赴新出席新前总理李光耀国葬。同月，新加坡荣誉国务资政吴作栋来华出席博鳌亚洲论坛年会并访问浙江。4月，新加坡副总理兼国家安全统筹部长及内政部长张志贤来华出席第五届中国—新加坡领导力论坛并访问上海。6月底7月初，新加坡总统陈庆炎对中国进行国事访问。8月，习近平主席特使、国家副主席李源潮赴新出席新建国50周年庆典活动。同月，外交部长王毅访新。9月，新前副总理黄根成作为政府特使来华出席中国人民抗日战争暨世界反法西斯战争胜利70周年纪念活动。10月，国务院副总理张高丽访新并与新副总理兼国家安全统筹部长张志贤共同主持第12次中心双边合作联委会等双边合作机制会议。11月，习近平主席对新加坡进行国事访问。

中新经贸合作发展迅速。2013年、2014年和2015年，中国连续三年成为新加坡最大贸易伙伴，新加坡连续三年成为中国第一大投资来源国。据中国海关统计，2015年双边贸易额为795.7亿美元，下降0.1%。其中，中方出口520.1亿美元，增长6.5%；进口275.6亿美元，下降10.5%。1999年10月，中新签署《经济合作和促进贸易与投资的谅解备忘录》，建立了两国经贸磋商机制。双方还签署了《促进和保护投资协定》、《避免双重征税和防止漏税协定》、《海运协定》、《邮电和电信合作协议》、《成立中新双方投资促进委员会协议》等多项经济合作协议。2008年10月两国签署中新自由贸易协定，2009年1月1日正式生效。

中国驻新加坡大使：陈晓东。馆址：150 Tanglin Road，Singapore 247969。国家地区号：0065。办公室电话：64180252；商务处电话：64121900；领事部电话：64712117。

新加坡驻华大使：罗家良（Stanley Loh Ka Leung）。馆址：北京市朝阳区建国门外秀水北街1号。国家地区号：0086–10。电话：65321115。

【同美国的关系】1966年4月4日建交。美是新加坡重要战略和经济伙伴。新支持美在本地区的军事存在。2012年2月、4月，外长尚穆根、副总理张志贤相继访美。2013年3月、4月，外长尚穆根、新总理李显龙先后访美。2013年4月、5月美国防部长哈格尔、海军司令格林纳特相继访新。2013年4月，美“自由”号濒海战斗舰抵新并展开为期8个月的部署。2014年6月，新总理李显龙访美，双方在肯定新美双边经济关系的同时，也就多边自贸协定跨太平洋伙伴关系协定的谈判进展交换意见。2015年11月，新国防部长黄永宏访美。2016年2月，新总理李显龙赴美出席东盟—美国非正式领导人会议。

【同马来西亚的关系】1965年9月1日建交。双方围绕水供、填海、开放领空、新马大桥等问题时有摩擦。近年来，两国领导层积极通过对话协商解决问题，关系得到改善。2005年新马签署协议，解决了柔佛海峡填海争议。2010年5月，新马就丹戎巴葛火车站搬迁事达成协议并于2011年7月实施。两国建有年度领导人非正式会晤机制，新总理李显龙于2012年10月、2014年4月访马。2013年2月、2015年5月马来西亚总理纳吉布访新。2013年，两国政府宣布建设连接新加坡和马来西亚首都吉隆坡的高速铁路，预计2020年前建成。

【同印度尼西亚的关系】1966年1月1日建交。印尼是新加坡最大邻国，两国间战略关系密切，双方互有需要。独立以来，新始终重视与印尼发展良好关系。2010年5月和2013年4月，印尼总统苏希洛对新加坡进行正式访问。2012年3月，新总理李显龙访问印尼。2015年7月，印尼总统佐科对新加坡进行国事访问。

【同菲律宾的关系】1969年建交。新加坡是菲第四大贸易伙伴，是菲重要游客来源国。2011年3月，菲律宾总统阿基诺三世访新。2014年4月，新加坡总统陈庆炎对菲进行国事访问。

【同越南的关系】1973年建交。新加坡是越在东盟最大贸易伙伴和全球第五大贸易伙伴，2010年双边贸易额为100亿美元，新在越有930多个投资项目，总额230亿美元，是越第三大外来投资方。目前越有1.2万名官员在“新加坡合作计划”支持下在新接受培训。2011年9月，越国家主席张晋创对新进行国事访问。2012年4月，新总统陈庆炎对越南进行国事访问。9月，越共中央总书记阮富仲访新。2013年9月，新总理李显龙访问越南。

【同缅甸的关系】1966年建交。2010年，新缅双边贸易额为20亿美元，新加坡是缅第三大贸易伙伴。1988年以来，新加坡企业在缅投资达15亿美元，新已成为缅第三大投资来源国，仅次泰国和英国。2011年12月，新外长兼律政部长尚穆根访缅。2012年1月，缅总统吴登盛访新。2012年6月，新荣誉国务资政吴作栋访缅。9月，缅人民院议长吴瑞曼访新。2013年4月，新总统陈庆炎访缅。2014年5月，新总理李显龙赴缅出席东盟领导人峰会。2014年7月，缅甸副总统赛茂康访问新加坡。

【同印度的关系】1965年建交。2010年3月，新时任国务资政吴作栋访问印度。2012年7月，新总理李显龙访问印度。2015年11月，印度总理莫迪访新。

【同韩国的关系】1975年建交。2009年5月，新总理李显龙对韩国进行正式访问。11月，韩国总统李明博访新并出席亚太经合组织领导人会议。2012年3月，新总理李显龙访韩。6月，新外长兼律政部长尚穆根访韩。2013年12月，新总理李显龙访韩。2014年3月，新荣誉国务资政吴作栋访韩。

【同日本的关系】1966年建交。2009年10月，新总理李显龙访问日本。2012年5月，新前总理李光耀访日。6月，新外长兼律政部长尚穆根访日。2013年5月，新总理李显龙访日。2014年5月，日本首相安倍晋三访新并出席香格里拉对话会。

【同澳大利亚的关系】1965年建交。高层交往频繁。2009年4月、11月，澳大利亚总理陆克文两度访问新加坡。2012年4月，澳大利亚总理吉拉德访新。2015年6月，澳大利亚总理阿博特访新。（冯丽萍）

叙 利 亚

国名 阿拉伯叙利亚共和国（The Syrian Arab Republic）。

面积 185180平方公里（包括仍被以色列占领的戈兰高地约1200平方公里）。

人口 1980万（2015年官方估计）。其中阿拉伯人占80%以上，还有库尔德人、亚美尼亚人、土库曼人等。阿拉伯语为国语，通用英语和法语。居民中85%信奉伊斯兰教，14%信奉基督教。穆斯林中逊尼派占80%，什叶派占20%，什叶派中阿拉维派占75%。

首都 大马士革（Damascus），人口450万。

国家元首 总统巴沙尔·阿萨德（Bashar Al-Assad），2000年7月就任，2007年5月、2014年7月两次连任。

重要节日 独立日：4月17日。

简 况

位于亚洲大陆西部，地中海东岸。北靠土耳其，东南邻伊拉克，南连约旦，西南与黎巴嫩、巴勒斯坦地区接壤，西与塞浦路斯隔海相望。海岸线长183公里。沿海和北部地区属亚热带地中海气候，南部地区属热带沙漠气候。沙漠地区冬季雨量较少，夏季干燥炎热。最低气温0℃以下，最高气温达40℃左右。年平均降水量沿海地区1000毫米以上，南部地区仅100毫米。

公元前3000年时有原始城邦国家存在。公元前8世纪起，先后被亚述、马其顿、罗马、阿拉伯、欧洲十字军、埃及马姆鲁克王朝和奥斯曼帝国等统治。1920年4月，沦为法国委任统治地。1940年6月，叙被纳粹德国控制。1941年9月27日，“自由法兰西军”总司令贾德鲁将军以盟国名义宣布叙独立。1943年8月，叙成立自己的政府，舒克里·库阿特利当选叙利亚共和国首任总统。1946年4月17日，英、法被迫撤军，叙获得完全独立。1958年2月1日，叙利亚和埃及宣布合并，成立阿拉伯联合共和国。1961年9月28日，叙宣布脱离“阿联”，成立阿拉伯叙利亚共和国。1963年3月8日，阿拉伯复兴社会党组成新政府。1970年11月13日，国防部长兼空军司令阿萨德发动“纠正运动”，改组了党和政府，阿自任总理。1971年3月，阿萨德当选总统，任至2000年6月10日去世。其次子巴沙尔·阿萨德于同年7月10日继任总统并连任至今。

政 治

从2011年3月起，叙利亚局势发生动荡并持续升级，境内武装暴力冲突不断。2012年4月，在联合国—阿盟叙危机联合特使安南斡旋下，叙冲突双方初步停火，联合国向叙派遣监督团，叙局势一度有所缓和。但5月底之后再度升温。7月中旬，首都大马士革发生爆炸袭击，包括国防部长在内的叙多名军事、安全高官遇袭身亡。此后，叙局势更趋恶化，政府军与反对派武装在全国多地持续激战，并蔓延至首都大马士革等中心城市。6月，巴沙尔总统任命农业部长希贾布（Riad Hijab）为新任总理，并命其组阁新政府。8月，希贾布叛逃；瓦伊勒·哈勒吉（Wael al-Halki）任总理。2013年1月，巴沙尔总统提出分阶段解决叙危机的倡议，但遭到主要反对派组织的拒绝。2014年1月，叙政府和反对派代表团参加美、俄倡议召开的叙问题第二次日内瓦会议，双方在会议框架下进行两轮谈判，但立场对立严重，谈判无果而终，日内瓦谈判进程陷入僵局。6月，叙举行第一次有多名候选人参加的总统选举，现任总统巴沙尔以88.7%的得票率连任。叙主要反对派和美国、英国和法国等欧洲国家以及部分阿拉伯国家予以反对，不承认选举结果。2015年，叙国内战事激烈，恐怖极端势力坐大，人道形势严峻，难民问题溢出效应凸显。9月底，俄罗斯军事介入叙问题，国际促和努力复趋活跃。10月至12月，叙利亚国际支持小组先后召开三次外长会，确定政治解决叙问题的主要原则、时间框架和路线图。12月18日，安理会一致通过关于叙政治进程的第2254号决议，强调由叙人民决定叙未来，支持在6个月内开展由叙人民主导的政治进程，18个月内根据新宪法举行自由公正选举。2016年1月底，联合国推动叙政府与反对派在日内瓦举行和谈，但无果而终。2月11日，叙国际支持小组第四次外长会在慕尼黑举行，就人道救援、推动停火止暴、恢复和谈等达成共识。2月22日，美国和俄罗斯就在叙停止敌对行动达成协议，26日联合国安理会通过决议核可后，协议于27日开始执行。

目前，叙主要的政治反对派有境外的“反对派和革命力量全国联盟”（“全国联盟”）和境内的“全国民主变革力量民族协调机构”等，武装反对派有“自由叙利亚军”、“伊斯兰阵线”等。

【宪法】1973年3月12日经全国公民投票通过。宪法规定叙利亚是人民民主社会主义国家，是阿拉伯祖国的一部分，复兴党是社会和国家的领导核心。实行有计划的社会主义经济。2012年2月，叙举行公投，通过新宪法，主要内容包括：国家政治制度以多元化为原则，改一党制为多党制；实行选举民主，总统由人民直接选举产生，任期为7年，只能连任1届等。

【议会】又称“人民议会”，国家立法机构。其职能是：提名共和国总统人选；通过法律；讨论内阁政策；通过国家总预算和发展计划；批准有关国家安全的国际条约和协定；决定大赦；接受和批准议员的辞呈，撤销对内阁成员的信任。人民议会于1971年2月21日成立，议员任期4年。2012年5月，叙举行新议会选举，穆罕默德·吉哈德·拉哈姆（Mohamed Jihad Al Lahham）当选新一届议长，任期4年。在新议会250个议席中，复兴党领导的全国进步阵线约占近90%。

【政府】现政府于2012年6月23日成立，有35名成员。主要成员有：总理瓦埃勒·哈勒吉，副总理兼外交与侨民部长瓦立德·穆阿利姆（Walid Al-Moualem），国防部长法赫德·法利杰（Fahed Falijia），宗教基金部长穆罕默德·赛义德（Mohammad Al-Sayed）等。2014年8月10日，总统巴沙尔授权现任总理哈勒吉重新组阁。

【行政区划】全国划分为14个省市：大马士革农村省、霍姆斯省、哈马省、拉塔基亚省、伊德利卜省、塔尔图斯省、腊卡省、德尔祖尔省、哈塞克省、德拉省、苏韦达省、库奈特拉省、阿勒颇省和大马士革市。

【司法机构】全国设高等宪法法院，各省、市、县设初级法院和调解法庭。

【政党】阿拉伯复兴社会党自1963年以来一直为叙执政党，领导统一战线组织全国进步阵线。2011年8月，叙颁布新的“政党法”和“选举法”，允许实行多党制。2012年5月，7个新组建的反对党参加了新议会选举。

（1）阿拉伯复兴社会党（The Baath Arab Socialist Party）：简称“复兴党”。成立于1947年4月，是一个泛阿拉伯的民族主义政党。党纲确定，该党是民族主义和社会主义政党，其任务是复兴阿拉伯民族，建立一个统一的阿拉伯社会主义祖国。对外主张反帝、反殖、反以色列犹太复国主义，遵循不结盟政策。对内实行国有化和土地改革等政策和措施。自1963年以来一直为叙执政党。地区领导书记巴沙尔·阿萨德。

（2）全国进步阵线（National Progressive Front）：1972年3月成立，是复兴党为团结其他政党而组成的统一战线组织。巴沙尔总统兼任阵线中央领导机构主席。除复兴党外，参加该阵线的还有9个党派：社会主义统一分子党（Unionist Socialist Party）、阿拉伯社会主义联盟（Arab Socialist Union Party）、叙利亚共产党（巴派）（Communist Party of Syria）、民族誓言党（National Vow Party）、阿拉伯社会主义者运动（Arab Socialist Party）、民主社会主义统一分子党（Democratic Socialist Unionist Party）、统一叙利亚共产党（United Communist Party of Syria）、阿拉伯民主联盟党（Arab Democratic Unionist Party）、叙利亚社会民族党（夏姆领导机构）（Syrian Social Nationalist Party）。

【重要人物】巴沙尔·阿萨德：总统。已故总统哈菲兹·阿萨德之次子。1965年9月生于大马士革。原系眼科医生，曾在伦敦攻读医学硕士学位。其兄巴塞勒死于车祸后，被其父选定为接班人，开始弃医从政。1994年入霍姆斯军事学院学习，1995年晋升少校，1996年1月入参谋指挥学院深造，1998年1月晋升中校，1999年1月晋升上校，并担任叙信息协会主席、共和国卫队副司令兼105装甲旅旅长。2000年6月阿萨德总统逝世后，巴晋升为大将，并任叙武装部队总司令，7月10日巴当选总统，2007年5月、2014年7月两次连任。已婚，有二子一女。　**瓦埃勒·哈勒吉**：总理。1964年生于德拉省，1987年获得大马士革大学医学学士学位，1991年获该校医学硕士学位，2000年至2004年担任德拉省复兴党党委书记，2011年4月任卫生部长。2012年8月9日任总理。已婚，有一女三子。

经　济

2011年叙局势动荡前，经济逐步向社会市场经济转轨。叙政府力图通过实施经济建设和社会发展的“十一五计划”（2011—2015年），优化经济结构，推动经济发展。但受多重因素影响，叙经济改革进程较为缓慢。叙局势动荡后，美西方、阿盟对叙实施制裁，叙面临石油出口中断、外汇收入锐减、货币贬值、物价上升、失业率高企等多重压力，经济形势更趋严峻。2014年主要经济数据如下（据估计）：

国内生产总值：330亿美元。

人均国内生产总值：1666美元。

货币名称：叙利亚镑（Syrian Pounds）。

官方汇率：1美元≈330叙利亚镑（2016年1月官方汇率）。

失业率：58%以上。

【资源】主要有石油、天然气、磷酸盐、岩盐、沥青等。已探明的石油储量为25亿桶，天然气储量为6500亿立方米，磷酸盐储量为6.5亿吨，岩盐储量为5500万吨。

【工业】现代工业基础薄弱，只有几十年历史。叙现有工业分为采掘工业、加工工业和水电工业。开掘工业有石油、天然气、磷酸盐、大理石等。加工工业主要有纺织、食品、皮革、化工、水泥、烟草等。

【农业】叙为中东地区农业大国，是阿拉伯世界的五个粮食出口国之一。农业耕种面积为473.6万公顷，农业人口440万人。主要作物有小麦、大麦、玉米。经济作物有棉花、豆类、甜菜和烟草。叙是中东地区重要畜牧业国家，主要畜禽品种有牛、绵羊、山羊和鸡。叙农业用水量占总用水量的87.8%，水资源缺乏是影响叙农业发展的主要因素。

【旅游业】2011年局势动荡前，叙旅游业发展较为迅速，赴叙旅游人数一度达600余万人次，旅游收入超过22亿美元，成为叙经济收入重要来源。叙局势动荡以来，旅游业遭受巨大打击，几近停滞。

【交通运输】陆、海、空运输比较发达。国内交通运输以公路为主，总长45860公里，连接各城镇，并可通往土耳其、伊拉克、约旦和黎巴嫩。铁路总长2798公里。叙现有拉塔基亚港和塔尔图斯港等5个港口，除大马士革国际机场外，还有6个省级地方机场。叙局势动荡后，受美西方和阿盟制裁影响，叙对外航线锐减。

【财政金融】2001年2月，叙利亚人民议会通过关于允许设立私人银行的证券交易市场法案。

【对外贸易】叙动荡前，主要出口产品有石油和石油产品、棉花和棉花制品、磷酸盐、香料、皮革等。主要进口产品有机械、钢材、纺织品、燃料、粮食、罐头、糖、化工原料、文教用品、医药、木材等。主要进口国为法国、意大利、德国、土耳其、中国，主要出口国为德国、意大利、法国、沙特、土耳其。2010—2011财年叙出口额为128.4亿美元，进口额为135.7亿美元。叙动荡后，对外贸易锐减，目前主要进口燃料、食品、服装等。

军　事

1946年建军。叙利亚20世纪70年代发展较快，成为中东一支较强的武装力量。武装部队总司令部为最高统帅机关。巴沙尔总统任总司令。实行义务兵役制，服役期30个月。2011年叙局势动荡前，叙武装部队总兵力40.8万人，陆军30万人、海军8000人、空军与防空军10万人，另有准军事部队40余万人。武器装备主要来自苏联和俄罗斯。叙局势动荡并爆发内战后，兵力无详细统计。

文化教育

【教育】叙利亚普及小学义务教育，初中基本实行义务教育制。男生从大学毕业后要到军队服役2年才能拿到文凭，女生毕业后即可拿到文凭。全国有4所综合性大学：大马士革大学、阿勒颇大学、十月大学和复兴大学。

【新闻出版】全国性阿拉伯文日报有：《复兴报》、《革命报》、《十月报》，发行量均为4万份。地方性阿文日报有《群众报》、《献身报》、《阿拉伯主义报》和《团结报》。另还发行英文日报《叙利亚时报》和阿拉伯文的《农民周报》、《工人周报》等。

阿拉伯叙利亚通讯社是官方通讯社。叙利亚广播电台建立于1936年，在各省、市建立有地方广播电台。电台开办有两套节目，除用阿拉伯语广播外还用英、法、德、俄、土（耳其）、希（伯来）、西（班牙）等7种语言播音。

叙利亚电视台建立于1960年7月23日，开办了3个频道。除阿语节目外，还播送英、法语节目。

对外关系

叙利亚局势动荡以来，主要西方国家和部分阿拉伯国家称巴沙尔已失去执政合法性，不断加大对叙制裁、施压力度，力推以巴下台为核心的政治过渡。阿盟通过决议，中止叙成员国资格，中止同叙政府的外交合作，断绝经贸往来。2013年3月，阿盟向“全国联盟”移交叙在阿盟席位。

【对当前重大国际和地区问题的立场】经济全球化：认为经济全球化是一把双刃剑，对发展中国家的经济基础和社会制度将造成严重冲击。对发展中国家在全球化进程中，特别是在进入国际金融和技术市场方面受到苛刻限制、在国际经济决策中日益边缘化感到担忧。呼吁发展中国家同发达国家、国际金融组织在联合国框架内积极对话，争取互利双赢，避免出现新的经济危机和社会动荡。认为世贸组织是经济全球化的重要载体，已正式申请加入。

反恐问题：强调叙危机的实质是叙政府与美西方及地区反叙国家支持的恐怖势力作战。主张运用综合手段根除国际恐怖主义，对恐怖主义要有严格的界定，应与反抗外国占领和侵略的合法权利相区别。反对将恐怖主义同某一宗教、地区或民族问题相挂钩。认为反恐应发挥联合国的作用，有关军事行动应在联合国框架内进行。批评美国在中东反恐问题上采取双重标准。强调中东暴力活动频繁的根源是巴勒斯坦问题得不到公正的解决，只有力促中东早日实现全面、公正、持久的和平，才能标本兼治中东恐怖主义问题。强调当前叙政府是在与恐怖分子作战。

人权问题：强调人权的普遍性、多样性，反对将人权问题政治化，借人权问题干涉别国内政。主张国际社会全面、公正地对待人权观，摒弃双重标准，充分考虑各国国情及民族、宗教、历史、文化等因素。各国的人权状况应由各国政府根据国情循序渐进地加以改进。

中东和平进程：坚持通过和谈解决阿以争端，认为中东和平进程停滞不前的主要原因是以色列拒不执行联合国有关决议和美坚持袒以政策；呼吁联合国、欧盟、俄罗斯等积极参与和平进程，迫以执行联合国有关决议，无条件归还自1967年以来占领的阿拉伯国家领土。主张在“土地换和平”原则及联合国安理会有关决议基础上全面、公正、持久地解决中东问题。

国际军控和防扩散：主张全面裁军，支持禁止使用核武器或以核武器相威胁。在安理会倡议建立中东无核区和中东无大规模杀伤性武器区，主张上述行动应遵循公正、透明、均衡的原则。认为以色列拥有核武器对地区国家构成严重威胁。国际社会应首先迫使以遵守联合国有关决议并加入《不扩散核武器条约》，并将其核设施置于国际原子能机构监督之下。支持维护和遵守《反导条约》，呼吁有关缔约国捍卫条约的不可侵犯性和完整性，避免出现新的核军备竞赛。2013年10月，叙正式加入《禁止化学武器公约》，在联合国和禁化武组织监督下于2104年中旬运出其境内全部化学武器，并逐步销毁境内化武生产设施。

【同中国的关系】中国叙利亚1956年建交后，双边关系发展平稳良好，两国在贸易、基础设施建设等领域的合作发展较快。2011年叙局势动荡后，双方团组互访减少，经贸合作下降。2015年，双边贸易额为10.28亿美元，同比增长4.2%。其中，中国对叙出口额为10.25亿美元，同比增长4.1%；中国从叙进口额为0.035亿美元，同比增长63.5%。

中国驻叙利亚大使：王克俭。馆址：83，RUE ATA AYOUBI DAMASCUS，SYRIA。国家地区号：00963–11。电话：3327968，3339594；传真：3338067。经商处电话：6668782，6663934。

叙利亚驻华大使：伊马德·穆斯塔法（Imad Mustafa）。馆址：北京市朝阳区三里屯东四街6号。国家地区号：0086–10。电话：65321372；传真：65321575。

【同美国的关系】1946年同美国建交。1967年“六·五”战争爆发的第二天，叙利亚宣布同美国断交。1974年6月两国复交。1986年10月美为支持英国与叙断交，宣布撤回驻叙大使。1987年两国关系恢复正常。2004年5月，美开始实施对叙经济和外交制裁法案。2005年2月，黎巴嫩前总理哈里里遇害，美推动安理会通过一系列决议，要求叙全面配合哈案国际独立调查委员会的调查，叙美关系紧张。美迄今仍将叙列入支持恐怖主义活动国家的黑名单。2010年，美重新向叙派遣大使。2011年叙局势动荡后，美关闭驻叙使馆，驱逐叙驻美外交官，要求叙总统巴沙尔必须下台，对叙实施严厉单边制裁，力推叙向“民主国家”过渡。2012年12月11日，美宣布承认叙反对派组织“全国联盟”为叙人民的合法代表。2013年以来，美逐步扩大对叙反对派援助。叙境内发生“8·21”指称使用化学武器事件后，美对叙军事打击一度箭在弦上。9月底，禁化武组织和联合国安理会分别通过叙化武销毁的决定和决议，叙化武问题实现“软着陆”。2014年3月，美以叙驻美使馆停止领事服务为由，要求叙驻美使馆及驻密歇根州和得克萨斯州的领事馆停止运作，要求相关外交、行政人员及其家属离美。2014年9月，美等开始对叙境内的极端组织“伊斯兰国”发动空袭。

【同俄罗斯的关系】1944年与苏联建交。冷战期间，奉行亲苏政策，1980年签署叙苏“友好合作条约”，建立盟友关系。苏联解体后，叙利亚承认苏联各加盟共和国的独立，并表示叙将在互相尊重和共同利益的基础上同这些国家建立外交关系。近年来，叙俄关系日益发展。2011年叙局势动荡后，俄在政治上予叙支持，四度否决安理会涉叙决议草案。同时，俄坚持履行叙局势动荡前双方签署的军售合同。2015年1月和4月，俄在莫斯科两次举办叙政府和反对派对话会。2015年9月30日，应叙政府邀请，俄开始对叙境内的恐怖极端组织发动空袭。

【同欧盟国家的关系】1995年11月，欧盟15国与地中海南岸12国外长在巴塞罗那召开“欧洲—地中海会议”后，双方在政治、经济、社会和文化等领域的关系均有不同程度的发展，特别是经济和财政伙伴关系有所增强。2011年叙利亚局势动荡后，欧盟对叙实施多轮单边制裁，英、法等主要欧洲国家关闭驻叙使馆，驱逐叙驻本国外交官。2012年11月，英、法等主要国家宣布承认叙反对派组织“全国联盟”为叙人民的唯一合法代表，多次表示叙总统巴沙尔已失去执政合法性。2013年5月，欧盟决定取消对叙反对派武器禁运，此后又多次追加对叙政府的单边制裁。

【同埃及的关系】1958年2月1日，埃、叙联合组成阿拉伯联合共和国（简称“阿联”），后也门王国加入，阿联更名为“阿拉伯合众国”。1961年9月28日，叙因发生政变宣布退出。叙强烈反对戴维营协议和埃以和约并于1978年9月同埃及断交。1989年12月27日，埃、叙两国正式复交。2000年7月叙总统巴沙尔上台后，双方往来进一步密切。2005年，黎巴嫩总理哈里里遇害后，埃及力劝叙从黎撤军，但反对对叙实施制裁。2008年10月，埃及对叙利亚和黎巴嫩正式建立外交关系表示欢迎。2012年穆尔西就任总统后，宣布支持叙人民民主改革诉求，呼吁巴沙尔总统下台，主张政治解决危机，避免叙国家分裂和外部军事干涉。埃及倡议成立由埃、土耳其、伊朗、沙特组成叙利亚问题“四国委员会”。叙利亚主要反对派组织“叙反对派和革命力量全国联盟”总部和联合国—阿盟叙问题联合特别代表普拉希米的办公室均曾设在开罗。2013年6月15日，埃及宣布断绝同叙利亚政权的所有外交关系，召回驻叙临时代办，关闭叙驻埃使馆。7月埃政局剧变后，埃及恢复与叙领事关系。埃主张维护叙国家统一和领土完整，支持政治解决，反对外部对叙军事干预。

【同黎巴嫩的关系】叙黎在法国委任统治时期曾是同一个国家。黎巴嫩独立后，叙利亚未予承认，叙黎仍保持“特殊关系”。1976年5月以来，叙军一直以“阿拉伯威慑部队”的名义驻扎在黎。1991年5月，叙黎签署“兄弟关系合作与协调条约”和“安全与防务条约”。2004年9月2日，美、法等国推动安理会通过1559号决议，要求叙驻黎部队全部撤离。2005年4月，叙宣布撤回其驻黎全部军队、安全人员和军事装备。2008年7月和8月，黎总统苏莱曼和叙总统巴沙尔在巴黎和大马士革两次会晤，双方宣布决定建立大使级外交关系。2008年10月15日，叙黎外长签署建交公报，两国正式建交。2011年叙局势动荡后，黎政府主张维护叙主权、独立和统一，反对外部干涉，对叙局势采取“不卷入”政策，对多份阿盟涉叙决议持保留意见。但黎亲叙与反叙两大阵营极其支持者在叙问题上立场尖锐对立，不时发生冲突。2013年5月，黎真主党公开承认在叙境内助叙政府军与反对派武装作战。

【同海湾阿拉伯国家的关系】1990年海湾战争中，叙利亚应沙特等国的要求向海湾派遣军队。战后，叙积极参与海湾战后安全安排，与海湾国家关系改善。1991年3月，叙利亚、埃及和海湾阿拉伯六国外长在大马士革召开会议，会议发表了《大马士革》宣言。2011年叙局势动荡后，沙特、卡塔尔等海湾国家要求巴沙尔总统下台，宣布召回驻叙大使，并驱逐叙驻本国外交官，对叙实施制裁，向叙反对派提供财政、军事等全方位援助。2012年11月，海湾合作委员会承认叙反对派组织“全国联盟”为叙人民的合法代表，2013年3月，“全国联盟”任命驻卡塔尔大使，并在多哈开设使馆。

（刘超）

亚美尼亚

__国名__ 亚美尼亚共和国（The Republic of Armenia, Республика Армения）。

__面积__ 2.9743万平方公里。

__人口__ 299.86万（截至2016年1月），其中亚美尼亚族约占96%，其他民族有俄罗斯族、乌克兰族、亚述族、希腊族、格鲁吉亚族、白俄罗斯族、犹太族、库尔德族等。官方语言为亚美尼亚语，居民多通晓俄语，主要信奉基督教。

__首都__ 埃里温（Yerevan, Ереван），是亚政治、经济和文化中心，人口107.4万。

__国家元首__ 总统谢尔日·阿扎多维奇·萨尔基相（Serzh Azatovic Sargsyan, Серж Азатович Саргсян），2008年2月当选，2013年2月连任。

__重要节日__ “种族灭绝”纪念日：4月24日（1915至1923年奥斯曼土耳其帝国对其境内的亚族人进行的“种族灭绝”）；第一共和国日：5月28日（1918年5月28日成立第一共和国）；宪法日：7月5日；亚美尼亚共和国独立日（国庆日）：9月21日（1991年9月21日，亚美尼亚正式宣布独立）；悼念亚1988年地震死难者日：12月7日。

简　况

内陆国，位于外高加索南部。全境逾90%的地区海拔1000米以上，平均海拔1800米。温带大陆性气候，1月平均气温-5℃，7月平均气温26℃。西接土耳其，南靠伊朗，北临格鲁吉亚，东邻阿塞拜疆。

公元前9世纪至公元前6世纪，亚美尼亚境内建立了奴隶制的乌拉尔杜国。公元前6世纪至公元3世纪，阿凯米尼德王朝和塞琉古王朝统治亚美尼亚，建立大亚美尼亚国。历史上，亚两次被奥斯曼帝国和波斯帝国瓜分。1804—1828年，两次俄伊战争以伊朗失败告终，原伊朗占领的东亚美尼亚并入沙俄。1918年5月28日，达什纳克楚琼党领导建立了亚美尼亚第一共和国。1920年1月29日，成立亚美尼亚苏维埃社会主义共和国。1922年3月，亚加入外高加索苏维埃社会主义联邦共和国，同年12月30日以该联邦成员国身份加入苏联。1936年12月5日，亚美尼亚苏维埃社会主义共和国成为苏联加盟共和国之一。1990年8月23日，亚美尼亚最高苏维埃通过独立宣言，改国名为亚美尼亚共和国。1991年9月21日，亚美尼亚举行全民公决，正式宣布独立。

政　治

2015年，亚国内政局总体稳定，萨尔基相总统执政地位稳固。6至7月，亚电网公司拟提高电价，引发大规模游行示威，在亚政府宣布为低收入家庭提供电价补贴等措施后，抗议风潮逐渐平息。12月，亚就新宪法草案举行全民公决。根据亚中选委公布的最终结果，此次公投的最终投票率为50.74%，共有63.37%的投票选民支持新宪法草案。

【宪法】1995年7月5日，亚举行全民公投颁布首部宪法。宪法规定亚实行总统制；立法、行政、司法三权分立。2005年11月27日和2015年12月6日，亚先后就宪法改革方案举行全民公决并获得通过。根据2015年12月6日通过的新宪法草案，亚政体将向议会制过渡，总统由议会和地方自治机构代表选出，任期将由此前规定的5年延长到7年，不得连任；政府为国家最高行政机关。总理人选将由议会中的拥有多数席位的政党或政党联盟推举并由总统任命。总理为战时国家武装力量的最高统帅。

【议会】称国民会议，是亚国家最高立法机关。根据宪法，国民会议任期5年，共设131个席位，其中比例制90席、多数制41席。本届议会系亚第五届国民会议，于2012年5月6日选举产生。亚美尼亚共和党、繁荣亚美尼亚党、法制国家党、亚美尼亚革命联合会（亦称“达什纳克楚琼”）、遗产党和亚美尼亚国民大会党进入议会。席位分配情况是：亚美尼亚共和党70席、繁荣亚美尼亚党33席、亚美尼亚国民大会党7席、达什纳克楚琼5席、法制国家党5席、遗产党4席、无党派议员7人。议长加鲁斯特·萨阿江于2014年4月28日当选为议长。副议长为艾尔米奈·纳戈达良（女，2012年5月31日当选）和爱德华·沙尔马扎诺夫（2012年5月31日当选）。根据2015年12月6日全民公决通过的新宪法草案规定，2017年产生的第六届议会至少将有101个席位。

网址：www.parlianment.am。

【政府】现政府于2014年5月3日产生，由19个部和6个政府直属的部级局（署）组成。现任总理为奥维克·阿布拉米扬（Овик Абрамян）。

政府内阁成员有：副总理兼国际经济一体化和改革部长瓦切·格布里耶良（Ваче Габриелян）、外交部长爱德华·纳尔班江（Эдвард Налбандян）、国防部长塞兰·奥加尼扬（Сейран Оганян）、教育科学部长阿尔缅·阿绍江（Армен Ашотян）、交通通讯部长加吉克·别格拉良（Гагик Бегларян）、文化部长阿斯米克·波戈相（Асмик Погосян，女）、农业部长谢尔格·卡拉佩强（Серго Карапетян）、紧急情况及国土管理和发展部长阿尔缅·耶里强（Армен Ерицян）、劳动和社会问题部长阿尔杰姆·阿萨特良（Артем Асатрян）、侨民部长格拉努什·阿科比扬（Грануш Акопян，女）、财政部长加吉克·哈恰特良（Гагик Хачатрян）、能源和自然资源部长叶尔万德·扎哈良（Ерванд Захарян）、经济部长卡连·奇什马里强（Карен Чшмаритян）、环境保护部长阿拉马伊斯·格里高良（Арамаис Григорян）、卫生部长阿尔缅·穆拉江（Армен Мурадян）、体育和青年事务部长加布里尔·卡扎良（Габриел Казарян）、城市建设部长纳列克·萨尔基相（Нарек Саргсян）、司法部长阿尔彼涅·奥瓦尼相（Арпине Ованнисян）、政府办公厅主任大卫·阿鲁秋尼扬（Давид Арутюнян）。

2016年2月，执政的亚美尼亚共和党与亚美尼亚革命联合会签署政治合作协议，组成执政联盟。亚政府进行改组，由亚美尼亚革命联合会党成员阿尔茨维克·米纳相（Арцвик Минасян）、列翁·姆克尔强（Левон Мкртчян）分别出任经济部长和教育科学部长。紧急情况及国土管理和发展部拆分为紧急情况部和国土管理和发展部，阿尔缅·耶里强（Армен Ерицян）留任紧急情况部长，亚美尼亚革命联合会党成员达维德·洛基扬（Давид Локян）出任国土管理和发展部长。

网址：www.gov.am。

【行政区划】亚全国划分为10个州和1个州级市（首都埃里温）。

【司法机构】设宪法法院、上诉法院和总检察院。上诉法院由13人组成，法官为终身制。现任上诉法院院长阿尔曼·姆克尔图米扬（Арман Мкртумян）。宪法法院由9名法官组成，其中4名由总统任命、5名由国民会议任命。现任宪法法院院长加吉克·阿鲁秋尼扬（Гагик Арутюнян）。现任总检察长格沃尔科·科斯塔尼扬（Геворг Костанян）。

【政党】亚美尼亚现有政党80个。进入议会的有：

（1）亚美尼亚共和党（Республиканская Партия Армении, Republican Party of Armenia）：1990年成立，1991年在司法部注册，是亚独立后第一个登记注册的政党，该党现有61个区域性组织和922个基层党组织，党员约14万人，主要是政府官员、知识分子、企业家。主张在民族和国家利益基础上联合一切政治和社会力量，进行政治体制改革，健全多党制度，发展民主；加强国内外亚族人联系；为国有和私有经济实体良好经营创造条件；全面融入国际社会，提高亚国际地位并与各国发展互利的政治、经济、文化关系。领导人：谢尔日·萨尔基相，现任总统。

（2）繁荣亚美尼亚党（Партия “Процветающая Армения”, “Prosperous Armenia” Party）：成立于2004年4月30日。该党对内主张：公正、稳妥地解决社会问题；维护民族价值观；反对政治极端主义；巩固国内民主；建立公民社会；保护人权和自由；改革和完善国家管理体系、消除腐败。对外主张：巩固同俄罗斯战略盟友关系，保障纳卡地区亚族人的民族自决权，保障亚政治、经济、军事与国土安全；发展同美国、欧盟的互利合作；积极参与联合国、集体安全条约组织、世界贸易组织、北约、黑海经济合作组织等多边框架合作；发展与周边邻国及独联体其他国家友好关系；发展与亚海外侨民的关系；不设先决条件争取与土耳其建立外交关系，争取国际社会承认奥斯曼土耳其帝国对亚族人实施的“种族灭绝”。领导人：娜伊拉·祖格拉比扬（Наира Зограбян），议员。

（3）亚美尼亚国民大会党（Партия “Армянский национальный конгресс”»，“Armenian National Congress” Party）：前身为成立于2008年的亚国内最大的由多个政党组成的反对派联盟—亚美尼亚国民大会，2013年正式更名为亚美尼亚国民大会党。该党是亚议会内反对党。领导人：列翁·捷尔—彼得罗相（Леван Тер-Петросян），曾任亚独立后首任总统。

（4）亚美尼亚革命联合会（Армянская Революционная Федерация，“Armenian Revolutionary Federation”）：亦称达什纳克楚琼党。1890年成立于第比利斯，思想基础是民粹主义。1918—1920年曾夺取政权，建立亚美尼亚第一共和国。1991年在亚重新登记。1995年7月至1998年2月因涉嫌恐怖主义活动被禁止在亚境内活动。目前亚境内党员人数为7000人，主要为青年知识分子。主要政治目标是建立统一、独立和自由的亚美尼亚国家；要求国际社会承认1915年奥斯曼土耳其帝国对亚美尼亚人实施的“种族灭绝”事件；主张纳卡和西亚美尼亚（在现土耳其版图内）同亚合并。该党在海外亚裔侨民中享有较高声望。亚美尼亚革命联合会党于2016年2月与亚共和党签署政治合作协议，与共和党组成执政联盟，并获得经济部长、国土管理和发展部长、教育部长及两个州长的职位。领导人：瓦安·奥瓦尼相（Ваган Ованесян），现任该党议会党团领袖；阿尔缅·鲁斯塔米扬（Армен Рустамян），议员。

（5）法制国家党（Партия “Страна Законности”，“Rule of Law” Party）：成立于1998年。主张在国家安全总体规划的基础上制定国家各方面政策及规划；学习发达国家制定短、中和长期计划的经验；通过国家公务员法建立行之有效的公务员制度；关注边境地区和塞万湖生态问题；通过少数民族法保障少数民族利益；外交上主张亚在新的世界格局中发挥应有作用。该党是亚议会内反对党。领导人：阿尔图尔·巴格达萨良（Артур Багдасарян）。

（6）遗产党（Партия “Наследие”，“Heritage” Party）：成立于2002年。主张建立先进的民主法制国家，基于国家与民族利益制定国家内外政策；提高人民生活水平，建设自由、强大和繁荣的国度；积极参与国家重大政治、经济和社会生活。2007年5月，该党单独参加亚第四届国民会议选举并成功进入议会。该党是亚议会内反对党。领导人：拉菲·奥瓦尼相（Раффи Ованесян），曾任亚独立后首任外长。

【重要人物】**谢尔日·萨尔基相**：总统。1954年6月30日生于纳卡自治州首府斯捷潘纳科特市。1976年毕业于埃里温国立大学。1975—1979年在埃里温电机厂当工人。1979—1988年先后任斯捷潘纳科特市团委书记、党委宣传部长、纳卡州党委第一书记助理。1990年，当选亚最高苏维埃代表。1989—1993年担任纳卡自卫军军事委员会主席。1993—1995年任亚国防部长。1995—1996年任亚国家安全部长。1996—1999年任亚内务部长兼国家安全部长。1999年任亚总统办公厅主任和国家安全会议秘书。2000年5月任亚国防部长。2007年4月，任政府总理。2007年11月，当选亚共和党主席。2008年2月19日当选总统，2013年2月18日获得连任。萨曾获亚一级“战斗十字”勋章和“金鹰”骑士勋章。已婚，有两个女儿。 **加鲁斯特·萨阿江**：议长。1948年4月生于埃里温。1971年埃里温国立大学毕业。1970—1972年埃里温纺织厂钳工。1972—1991年先后任第30中学教师，第94中学、第153中学副校长，第3中学、第185中学校长。1991—1996年任埃里温马什托茨区副区长、第一副区长。1995—1999年当选亚首届议员，任国民会议教育、科学、文化和青年事务委员会委员。1999—2003年连任议员，任国民会议教育、科学、文化和青年事务委员会副主席，“统一”议员团主席。2003—2007年连任议员，任国民会议国家法律委员会委员，共和党议员团主席。2007—2012年连任议员，任国民会议国防、国家安全及内务委员会委员，期间2008年11月—2012年5月任共和党议员团主席。2012年5月—2014年4月连任议员，任共和党议员团主席。2014年4月28日当选亚国民会议主席。已婚，有两子。 **奥维克·阿布拉米扬**：总理。1958年1月24日生于亚美尼亚阿拉拉特州。1977—1979年在苏军服役。1984年和1990年先后毕业于埃里温公路技术学院和埃里温国民经济学院。1991—1995年任阿拉拉特州阿尔塔沙特市白兰地—葡萄酒厂厂长。1995—1999年任亚第一届国民会议议员。1995—1996年任阿拉拉特州阿尔塔沙特市执委会主席。1996—1998年任阿拉拉特州阿尔塔沙特市市长。1998—2000年任阿拉拉特州州长。2000—2001年任亚国土管理和城市建设部长。2001—2002年任亚国土管理部长。2002年2月—2008年4月，任亚国土管理和基础设施建设部长。2008年4—9月，任亚总统办公厅主任。2008年9月29日，当选亚国民会议主席。2012年5月31日再次当选亚国民会议主席。2014年4月13日出任政府总理。已婚，有两女一子。

经　济

1991年9月亚独立后，经济发展受到资源贫乏、基础薄弱、纳卡战争以及阿塞拜疆、土耳其对亚联合封锁等因素影响，经济连年下滑。2001年止跌回升，至2007年

GDP连续保持两位数增长，人均收入增长较快。受国际金融危机影响，2008年第四季度起经济增速严重下滑，2009年亚GDP下降14.4%。2010年以来，亚政府积极采取调整产业结构、扩大内需、加快基础设施建设、扶植农业和中小企业等措施，努力消除金融危机的影响，收到一定成效。根据亚统计局的初步统计，2015年亚国内生产总值约105.6亿美元，同比增长3%。2015年主要宏观经济指标如下：

国内生产总值：5.0474万亿德拉姆（约105.6亿美元）。

人均国内生产总值：3515美元。

货币名称：德拉姆（Dram，AMD）。

1—12月平均汇率：1美元≈477.92德拉姆。

通货膨胀率：3.7%。

失业率：16.6%（截至2015年第三季度）

【**资源**】主要有铜矿、钼矿和多金属矿。此外，还有硫磺、大理石和彩色凝灰岩等。

【**工业**】2015年工业总产值13270.75亿德拉姆（30.99亿美元），按现行价格计算，较2014年增长5.2%。主要工业部门有机器制造、化学、有机合成、有色金属冶炼等。近年主要工业品产量及2015年同比增长率如下：

名称	2014	2015	同比增长（%）
总发电量（百万千瓦时）	7750	7798.2	0.6
火电发电量（百万千瓦时）	3288.6	2801.2	–14.8
水电发电量（百万千瓦时）	1992.6	2205.6	10.7
核电（百万千瓦时）	2464.8	2787.7	13.1
水泥（万吨）	42.7	41.7	–2.3
铝锭（吨）	19.7	10.7	–45.7
精铜（万吨）	19.23	31.56	64.1
精钼（吨）	11807	10440	–11.6

【**农业**】得益于政府惠农政策和良好气候条件，2015年亚农业再次取得较快发展。全年农业产值10301.23亿德拉姆（21.55亿美元），同比增长11.6%。其中，种植业、畜牧业、渔业产值分别为6062.56亿德拉姆（12.69亿美元）、3959.83德拉姆（8.29亿美元）、278.88亿德拉姆（5835万美元）。

【**服务业**】2015年服务业总产值同比增长2.7%，产值11889.02亿德拉姆（24.87亿美元）。主要行业有电信、体育、不动产交易、物流、保险、教育、医疗等。

【**旅游业**】受世界经济复苏缓慢，尤其是亚最大旅游客源国俄罗斯经济下滑影响，2015年亚旅游业下降1%，境外赴亚旅游人数为119.2万人次，其中来自俄罗斯的游客下降45%。亚国内主要旅游景点有首都埃里温、亚宗教中心埃奇米亚津、塞万湖自然保护区、加尔尼神庙、格加尔德修道院、塔杰夫修道院、察赫卡特佐尔高山滑雪场、捷尔穆克矿泉水疗养地等。

【**交通运输**】以铁路、公路和空运为主。2015年货运总量1105.1万吨，同比上涨8.8%，客运总量2.089亿人次，同比减少7.5%。

铁路总长1328公里（截至2015年底）。铁路货运量253.2万吨，同比下降17.2%；客运量34.6万人，同比减少7.7%。铁路以租让方式由俄罗斯铁路总公司全资子公司独立管理经营。

公路总长7705公里，其中国道1758.8公里，省道1965.9公里，县乡公路3980.3公里（截至2015年底）。公路货运量686.5万吨，同比增长27.5%，客运量1.85人次，同比下降8.2 %。

空运：已开通与俄罗斯、哈萨克斯坦、乌克兰、法国、奥地利、波兰、希腊、格鲁吉亚、黎巴嫩、阿联酋、伊朗等国的航线。首都建有埃里温兹瓦尔特诺茨国际机场。2015年航空货运量1.02万吨，较去年下降1.2%，客运量191.9万人次，同比下降7.9%。

【**财政金融**】2015年，亚国家财政收入11471.78亿德拉姆（24亿美元），同比增长0.9%，支出12938.77亿德拉姆（27.07亿美元），同比增长10.7%，财政赤字1466.99亿德拉姆（3.07亿美元）。

截至2015年底，亚债务总额为24531.11亿德拉姆（51.42亿美元），其中外债20847.48亿德拉姆（43.7亿美元），内债3683.63亿德拉姆（7.72亿美元）。

截至2015年底，亚正式营业的商业银行有22家，银行分支机构533家。主要银行有HSBC（Armenia）、VTB（Armenia）、AMERIA Bank、ARTSHIN Bank、ACBA-Credit Bank、ABB Bank、Converse Bank等。

【**对外贸易**】2015年对外贸易总额47.4亿美元，同比下降20.6%，其中，出口总额为15.47亿美元，下降3.9%；进口总额为33.57亿美元，下降26.5%。与独联体国家贸易额占外贸总额的29.1%，与欧盟国家贸易额占亚外贸总额的25.7%，与中国贸易额占外贸总额的10.2%。

主要出口产品为非贵重金属及其制品、矿产品、宝石及其半加工制品、食品、纺织品、机械设备等。主要进口产品为宝石原材料及半加工宝石、矿产品、食品、化工产品等。主要贸易伙伴为俄罗斯、中国、德国、保加利亚、乌克兰、荷兰、比利时、美国、英国、伊朗等。

【**外国援助**】2015年亚共获得总价值为4932.58万美元人道主义物资援助，主要为粮食、化工制品、机械设备、纺织品等。

【**著名公司**】GAZPROM ARMENIA天然气公司、“K-TELECOM”通讯公司、ALEX GRIG零售集团、Armenia Telephone Company通讯公司、ELECTRIC

NETWORK OF ARMENIA电网公司、"Multi Group"企业集团；Grand Tobacco烟草公司；Grand Candy糖果公司；Great Valley白兰地酒公司；Ararat白兰地酒厂、NOY白兰地酒厂、FLASH能源公司、CPS能源公司等。

人民生活 亚政府重视提高人民生活水平和福利待遇，城乡居民享受医疗保险和退休金。2015年月均工资为386美元。2015年7月起，最低工资标准为55000德拉姆（约合115美元）。

军　事 亚美尼亚国民军组建于1992年，1月28日为亚建军节。根据1997年6月亚国防法，总统为武装力量最高统帅。国防部是领导武装力量的国家机关，国防部长对武装力量实行直接指挥。现任国防部长塞兰·奥加尼扬，2008年4月任命。

亚军实行全民义务兵役制和合同制相结合的兵役制度。士兵服役期为两年，每年春秋两季征兵。军官按合同制服役，入伍时签订三年合同，期满可续签，也可退役。服役满二十年以上者可享有领取退休金等福利。

亚军总兵员48853人，编制为5个步兵军、2个航空兵基地、1个防空导弹旅、2个独立团、1个雷达团。国防部和总参分别下辖若干直属部、分队。2015年亚国防开支1985.84亿德拉姆（约合4.15亿美元），同比增长4.3%，占预算总支出的15.3%。

文化教育 教育体制包括学前教育、普通中小学教育、职业技术教育、中等专业教育和高等教育。普通中小学实行免费教育。2015年，亚国家教育经费支出1197亿德拉姆（约合2.5亿美元），同比增加5.6%，占财政预算总支出的9.2%。

全国现有20所国立和32所非国立高等院校。主要院校为：埃里温国立大学、埃里温布留索夫国立语言与社会科学大学、埃里温工学院、埃里温医学院、埃里温师范学院、亚美尼亚—俄罗斯斯拉夫大学等。权威的科研机构是创立于1943年的亚国家科学院。

亚教育科学部网站：http://www.edu.am。

【新闻出版】

主要报刊：《亚美尼亚共和国》（Республика Армения, Republic of Armenia），官方报纸，1990年创刊，分别用亚文和俄文出版，发行量3500份；《新时代》（Новое Время, New Time），社会政治报纸，1992年创刊，用俄文出版，发行量5000份。《亚美尼亚之声》（Голос Армении, Voice of Armenia），社会政治报纸，1991年创刊，用俄文出版，发行量3425份；《叶尔基尔》（Ергир, Erger, 意为"祖国"），达什纳克楚琼党机关报，1991年创刊，用亚文出版。

主要通讯社：亚美尼亚新闻社（ARMENPRESS），1918年成立，官方通讯社；泛亚美尼亚传媒集团（PANARMENIAN MEDIAGROUP），成立于1998年，旗下有"亚美尼亚电视台"、ARMNEWS新闻社和网站；亚美尼亚信息社（ARMINFO），2001年成立，私营通讯社；诺亚方舟（Noyan Tapan），1991年成立，私营通讯社；ARKA经济新闻通讯社，1996年成立，私营通讯社。

主要电台：亚公共广播电台，官方广播电台，也是亚最大的广播电台，1926年建立，用亚美尼亚、俄、阿拉伯、波斯、库尔德、英、法、西班牙、格鲁吉亚、阿塞拜疆、土耳其等语言播音，每日广播时间为8:05 ～ 22:30。此外在亚还有Jan广播电台、Van电台、Lav电台等广播媒体。

主要电视台：（1）亚公共电视台，官方电视台，1956年建台，用亚美尼亚语播出。（2）闪电电视台，1994年创立，私营电视台，用亚语播出。（3）亚美尼亚电视台，1999年成立，私营电视台，用亚语和英语制作节目。（4）中心电视台，2002年成立，私营电视台，用亚语播出。

对外关系 亚奉行以大国和周边为重点的平衡互补外交政策。2015年初，亚正式加入欧亚经济联盟，与俄战略盟友关系进一步深化。重视与美、欧盟开展合作，参加北约"和平伙伴关系"框架内活动。亚与邻国阿塞拜疆和土耳其未建立外交关系。重视加强与格鲁吉亚和伊朗的睦邻友好合作关系，深化与亚太、中东国家的联系，积极参与联合国、独联体、欧安组织、欧洲委员会、黑海经济合作组织等多边组织事务。截至2015年7月，亚已与160个国家建交。

【同中国的关系】1992年4月6日建交。2015年两国高层交往频繁、政治互信进一步深化，各领域务实合作快速发展。3月，萨尔基相总统对华进行国事访问并出席博鳌亚洲论坛2015年年会。习近平主席与萨尔基相总统举行会谈，李克强总理和张德江委员长分别会见萨尔基相总统。双方发表了《中华人民共和国和亚美尼亚共和国关于进一步发展和深化友好合作关系的联合声明》。6月，全国人大常委会副委员长陈昌智应亚国民会议邀请对亚进行友好访问，会见萨尔基相总统、阿布拉米扬总理，并与萨阿江议长举行会谈。8月，亚议会国防、安全和内务委员会主席纳加佩强应中国全国人大内务司法委员会邀请访华。9月，亚总理阿布拉米扬赴华出席欧亚经济论坛，李克强总理在京与其会见。同月，全国政协外事委员会副主任、中国经济社会理事会副主席王胜洪应亚公众院邀请访亚。11月，亚执政党共和党副主席拉拉扬率共和党干部考察团访华，中共中央政治局委员、国家副主席李源潮会见拉一行。

中国驻亚美尼亚大使：田二龙。馆址：埃里温巴格拉米扬元帅大街12号（12, MARSHAL

BAGHRAMYAN AVE., YEREVAN, ARMENIA）。国家地区号：00374–10。电话：560067；传真：545761；领事部电话：560663；商务处电话：653874，传真：651898。

亚美尼亚驻中国大使：谢尔盖·马纳萨良（Sergey Manasalyan）。馆址：北京朝阳区塔园南小街9号。国家地区号：0086–10。电话：65325677；传真：65325654。

【同俄罗斯的关系】俄罗斯是亚最大的贸易伙伴和投资国，对亚投资超过30亿美元，约占亚吸引外资总额的40%，在亚俄资企业约3000家。2015年，亚俄同盟关系进一步巩固和发展。2月，阿布拉米扬总理赴莫斯科出席首届欧亚经济联盟政府间理事会会议并会见梅德韦杰夫总理。3月，俄杜马主席纳雷什金对亚进行工作访问。4月，俄总统普京出席在亚举行的亚“种族灭绝”百年公祭活动并会见亚总统萨尔基相。5月，萨尔基相总统赴莫斯科出席欧亚经济委员会最高理事会会议和纪念卫国战争胜利70周年阅兵式。9月，萨尔基相总统对俄进行工作访问。11月，俄联邦委员会主席马特维延科访亚。

【同独联体国家的关系】2015年亚与独联体国家和地区组织的关系进一步深化，亚出任集体安全条约组织主席国。2月，集安条约组织秘书长博尔久扎访亚并出席在埃里温举行的“集安条约组织移民协调理事会会议”。4月，欧亚开发银行行长潘金访亚，与亚交通通讯部长签署关于向亚“北—南”公路项目提供1.5亿美元贷款的协议。9月，萨尔基相总统出席集安条约组织成员国杜尚别峰会，并会见塔吉克斯坦总统拉赫蒙。12月，萨尔基相总统出席集安条约组织成员国莫斯科峰会，会上亚接任集安条约组织主席国。

【同欧盟的关系】亚高度重视对欧盟合作，积极推动与欧盟签署双边关系基础文件。1月，亚与欧盟签署总额为7750万欧元的系列援助协议。2月，欧盟外高加索问题和格鲁吉亚危机特别代表赫伯特访亚，会见亚总统、外长。5月，萨尔基相总统出席在里加召开的东方伙伴关系计划成员国元首峰会。7月，欧洲理事会主席图斯克访亚。12月，亚外长纳尔班江在布鲁塞尔会见欧盟委员会外交和安全政策高级代表莫盖里尼。

【同西欧国家的关系】2015年，亚继续加强与西欧国家的合作。4月，萨尔基相总统对意大利进行正式访问并出席罗马教皇在梵蒂冈为纪念亚“种族灭绝”100周年举行的宗教仪式。同月，法国总统奥朗德应邀来亚出席纪念亚“种族灭绝”100周年公祭活动。5月，萨尔基相总统赴里加出席欧洲人民党峰会，其间会见德国总理默克尔。6月，欧安组织轮值主席、塞尔维亚第一副总理兼外长达齐契访亚。12月，纳尔班江外长访问德国。

【同美国的关系】2015年亚美关系继续发展。2月，美国助理国务卿纽兰访亚。5月，萨尔基相总统对美国进行工作访问并在美副总统拜登陪同下出席纪念亚“种族灭绝”100周年公祭活动。9月，萨尔基相总统赴纽约出席联合国成立70周年大会，并对美进行工作访问。

【同北约的关系】1994年10月，亚加入北约“和平伙伴关系计划”。1997年加入“欧洲—大西洋伙伴关系委员会”。2015年1月，北约秘书长中亚和南高加索地区特别代表阿帕苏莱伊访亚。12月，纳尔班江外长出席在布鲁塞尔举行的北约外长会议。

【同阿塞拜疆的关系】亚阿两国因纳卡冲突至今尚未建交。2015年，纳卡问题解决进程仍未取得实质进展，双方边境交火事件频繁。12月，在欧安组织明斯克小组的主持下，萨尔基相总统与阿塞拜疆总统阿利耶夫在瑞士伯尔尼就纳卡问题举行会晤。双方表示，同意明斯克小组建立纳卡地区交火事件调查机制，愿继续在明斯克小组机制下就纳卡冲突调解保持沟通。

【同土耳其的关系】亚土两国因“种族灭绝”问题迄未建立外交关系。2015年，亚土关系正常化仍无进展。4月，亚举行纪念亚“种族灭绝”100周年公祭活动，俄罗斯、法国、塞尔维亚、塞浦路斯总统及多个国家的代表出席。土对此表示强烈不满，并于同期举办“加利波利战役”胜利100周年纪念仪式。

【同格鲁吉亚和伊朗的关系】2015年亚重视发展与格、伊两国的睦邻友好关系。1月，伊朗外长扎里夫访亚。2月，格鲁吉亚议长乌苏帕什维利访亚。4月，纳尔班江外长发表声明，对伊核问题六方达成框架协议表示欢迎，强调解决伊核问题有助于维护地区和平、推动互利合作。5月，阿布拉米扬总理访问格鲁吉亚。7月，阿布拉米扬总理赴格出席欧洲青年奥林匹克运动会开幕式并对格进行工作访问。10月，伊朗副总统贾汉基里访亚。（曹菲）

也　门

<u>国名</u>　也门共和国（The Republic of Yemen）。

<u>面积</u>　55.5万平方公里。

<u>人口</u>　2360万。绝大多数是阿拉伯人。官方语言为阿拉伯语。伊斯兰教为国教，什叶派的宰德教派和逊尼派的沙斐仪教派各占50%。

<u>首都</u>　萨那（Sana'a），人口175万。

国家元首 总统阿卜杜拉布·曼苏尔·哈迪（Abdu-Rabbuh Mansour Hadi），2012年2月21日当选。

重要节日 国庆日：5月22日。

简 况 位于阿拉伯半岛西南端。与沙特、阿曼相邻，濒红海、亚丁湾和阿拉伯海，海岸线长1906公里。境内山地和高原地区气候较温和，沙漠地区炎热干燥，年平均最高气温39℃，最低气温-8℃。

也门有3000多年文字记载的历史，是阿拉伯世界古代文明摇篮之一。公元前14世纪起先后建立麦因、萨巴、希米亚里特等王朝，公元575年并入波斯帝国，7世纪成为阿拉伯帝国的一部分，9世纪建立拉希德王朝，16世纪后先后遭葡萄牙、奥斯曼帝国和英国入侵与占领。1918年，建立独立的也门王国。1934年，英国迫使王国承认英对也门南部的占领，也门被正式分割为南、北两方。1962年9月，以阿卜杜拉·萨拉勒为首的"自由军官"组织发动革命，推翻北部的巴德尔王朝，成立阿拉伯也门共和国。1967年，南部也门摆脱英殖民统治获得独立并成立也门民主人民共和国。1990年5月22日，北、南也门宣布统一，成立也门共和国。1994年5月，北、南方领导人在统一等问题上矛盾激化，爆发内战。7月内战结束，也门社会党领导的南方军队失败，该党主要领导人逃亡国外。9月，议会通过宪法修正案，将总统委员会制改为总统制，10月1日萨利赫当选总统。1999年9月，萨在也门统一后的首次全民大选中当选总统。2006年9月，萨再次当选连任。

自2011年初起，因受突尼斯、埃及政局剧变影响，也门发生反政府示威，要求萨利赫总统下台。后经海合会、联合国等有关方面斡旋，萨利赫于11月23日在沙特利雅得正式签署海合会倡议，执政党全国人民大会（简称"全人大"）与反对党联盟同时签署该协议实施机制。根据协议，萨利赫将总统权限移交给副总统哈迪；成立全国军事委员会；组成全国和解政府；提前举行总统选举。2012年2月21日，也门举行总统选举，哈迪作为唯一候选人当选新一任总统。哈上任后努力推进政治过渡进程。2013年3月18日，全国对话会议启动。2014年1月25日，全国对话会议闭幕，与会各方同意将过渡期延长一年。8月起，胡塞组织以反对政府提高燃油价格为由发起大规模游行示威，并于9月19日起围攻首都萨那。也门有关各派签署"民族和平伙伴协议"，总理巴森杜瓦辞职。2015年1月，胡塞组织武装攻占总统府、总统、总理官邸等地，总统哈迪和总理巴哈赫双双辞职，哈迪随后迁至南部城市亚丁。胡塞组织在前总统萨利赫支持下南下攻打亚丁。3月25日，哈迪被迫出逃并流亡沙特。3月26日起，沙特等10国发动"决心风暴"军事行动，对胡塞组织和萨利赫势力所控制的地区持续进行空袭。4月21日，沙方宣布结束"决心风暴"行动，开启"恢复希望"行动。9月，哈迪总统在联军支持下率部分内阁成员返回亚丁，恢复政府工作。此后也门各派在联合国斡旋下举行两轮和谈，但未能达成实质成果。

政 治 也门实行共和制，人民是权力的来源和主体，通过选举投票直接行使政治权利。也门的政治体制建立在政治多元化和多党制基础之上，通过大选实现政权的和平交替。

【宪法】1989年11月30日，原北、南方领导人萨利赫和比德在亚丁签署了统一宪法草案。1990年5月21日，双方议会通过了宪法，其中规定，伊斯兰法是也门共和国一切立法之本。2001年再次修改宪法，将总统任期由5年延至7年，并赋予总统解散议会的权力。

【议会和协商会议】议会是国家立法机构，负责制定财政预、决算和经济社会发展大纲等国家大政方针；对政府工作进行指导和监督，议员可以向总理、副总理、各部正副部长提出质询；经1/3议员署名，议会可对政府提出不信任案，如获多数通过，总理须向总统提出政府辞呈；总统作出的解散议会的决定，须在30日内举行全民公决，多数赞成才能生效。本届议会于2003年4月27日经选举产生，任期6年，共有301个席位，其中全国人民大会174席，伊斯兰改革集团46席，也门社会党7席，复兴党2席，纳赛尔主义党3席，独立人士14席。2009年议会选举因各派分歧严重而延期。受局势动荡影响，2011年的议会选举未能如期举行。

协商会议的前身是1979年成立的原北也门协商会议，是总统的最高咨询机构，负责研究和讨论同国家最高利益有关的国内外重大问题，无立法权。也门统一后，萨利赫总统于1997年5月19日颁布总统令，宣布成立也门协商会议，并任命了59名委员，2001年协商会议扩大为111人。

受局势动荡影响，议会和协商会议均未恢复运转。

【政府】2011年12月7日，全国和解政府成立，穆罕默德·萨利姆·巴森杜瓦（Mohammed Salem Basindawa）任总理。2014年9月，总理巴森杜瓦辞职。10月13日，哈迪任命哈立德·巴哈赫（Khaled Bahah）为新总理。2015年1月，巴哈赫因对胡塞组织不满提交辞呈。2015年4月，哈迪任命哈赫为副总统兼总理。12月，哈迪任命艾勒马赫拉菲（Abdul Malik al-Mekhlafi）为副总理兼外交部长，侯赛因·穆罕默德·阿拉卜（Hussein Mohammed Arab）为副总理兼内政部长，阿卜杜勒阿齐兹·贾巴里（Abdulaziz Jabbari）为副总理兼社会服务和保险部长。

【行政区划】目前也门划分为21个省和1个直辖市：萨那、亚丁、塔兹、拉哈杰、荷台达、阿比洋、伊卜、夏卜瓦、扎马尔、哈达拉毛、哈贾、马哈拉、贝达、萨达、马哈维特、马里卜、焦夫、阿姆兰、达利阿、利马、索科特拉和萨那市。

【司法机构】1991年7月，也门总统委员会宣布成立最高司法委员会，由1名主席和9名委员组成。总统委员会宣布成立最高法院，设最高法院院长、第一副院长和副院长各1名、委员45名。

【政党】也门主要政党包括：

（1）全国人民大会（General People's Congress）：1982年8月成立，曾长期担任执政党，2011年也门政局动荡后同其他党派联合执政。萨利赫任党主席。

（2）伊斯兰改革集团（Islamic Gathering for Reform）：成立于1990年9月，是也门统一后成立的最大反对党。2011年也门政局动荡后，伊斯兰改革集团同也门社会党等反对党组成共同会晤政党联盟。12月，反对党联盟与全人大共同组建全国和解政府联合执政。现任党主席为穆罕默德·阿卜杜拉·亚杜米。

（3）也门社会党（The Yemeni Socialist Party）：1978年10月成立。1990年5月，也社党同全人大合作实现了也门统一。1994年5月，两党矛盾激化，爆发内战，也社党败北，成为在野党。2011年也门政局动荡后，也社党同伊斯兰改革集团等反对党组成共同会晤政党联盟，参与联合执政。现任总书记为亚辛·赛义德·努曼。

其他政党还有也门人联盟、也门统一集团、自由人宪政党、阿拉伯复兴社会党等。

【重要人物】**阿卜杜拉布·曼苏尔·哈迪**：总统。1944年生于阿比洋省。曾在埃及、英国、苏联学习军事，获埃及纳赛尔高等军事学院硕士和苏联伏龙芝军事学院硕士学位。曾任南也门军队作战训练局局长、供应局局长、后勤事务副总参谋长等职。1986年南也门内战期间逃至北也门。1990年也门统一后任总统委员会顾问。1994年5月任国防部长，同年10月任副总统。1991年加入全国人民大会，1995年任全人大副主席，2008年任全人大副主席兼总书记。2012年2月21日作为唯一候选人当选新一任总统。**哈立德·巴哈赫**：总理。1965年生于哈达拉毛省。曾在加拿大尼克森石油公司、也门阿拉伯水泥公司工作。2006年任也门石油与矿业部长，2008年任也门驻加拿大大使，2014年先后短期任职石油与矿业部长、也门常驻联合国代表，同年10月13日就任总理。

经　济

也门经济落后，是世界上最不发达的国家之一。1991年海湾战争和1994年内战使国民经济严重倒退。1995年，也门政府开始经济、财政和行政改革。1996—2000年，国内生产总值年均增长5.5%，财政收入逐年增加。2001年财政首次实现盈余。2005年，也政府进一步出台削减燃油补贴、降低进口关税等经济改革措施，力求调整经济结构，改善投资环境，减轻政府财政负担，取得了一定成效，使也经济运行基本平稳，主要经济指标良好。2010年受国际金融危机、油价下跌影响，石油出口收益锐减，外汇储备有所减少，失业率上升，经济增速放缓。2011年政局动荡后，经济困难进一步加剧。2012年哈迪当选总统后，多方寻求国际社会援助和对也经济重建的支持。2015年也门战事爆发后，也门经济几近崩溃。

也门经济发展主要依赖石油出口收入。目前已探明的石油可采储量约40亿桶，已探明天然气储量18.5亿立方英尺。也门未参加任何石油组织，因而不受国际石油组织配额限制，在生产上较具自主性。政府极为重视石油的勘探和开采，通过出口石油、天然气和开放矿产资源克服经济困难。

主要经济数据（2014年）：

国内生产总值（GDP）：392亿美元。

人均国内生产总值：1661美元。

国内生产总值增长率：1.9%。

货币名称：也门里亚尔（RIAL）。

汇率：1美元≈214里亚尔。

【资源】除石油外，也门还有铜、铁、铝、铬、镍、钴、金、银、煤、盐、大理石、硫黄、石油、天然气、石膏等。

【工业】也门工业不发达，有纺织、石油、化工、制铝、制革、水泥、建材、卷烟、食品及加工工业。20世纪80年代中期开始开采石油。南北也门统一后，政府加大对工业投入力度，鼓励私人资本向工业领域投资，建立起一些公私合营和私营加工工业。

【农业】全国有可耕地145万公顷，已耕地面积约137万公顷。农业人口约占全国人口的71%。农产品主要有棉花、咖啡、高粱、谷子、玉米、大麦、豆类、芝麻、卡特和烟叶等。粮食不能自给，一半依靠进口，棉花和咖啡可供出口。

【交通运输】全国无铁路。

公路：总长69263公里，其中柏油路13768公里，非柏油路55495公里。

空运：也门有6个国际机场，分别是萨那、亚丁、塔兹、荷台达、穆卡拉和赛永，7个国内机场。1996年5月，原南、北方的两家国营航空公司合并成立“也门航空公司”，也门政府控股51%，沙特政府占股49%，共有民航飞机约20架，该航空公司有国内航线9条，国际航线24条。另有埃及、约旦、阿联酋、沙特、汉莎等十余家外国航空公司在也经营。

海运：有港口7个。亚丁港是最大港口，有泊位30个，可停靠万吨级货轮。荷台达港年吞吐量150万吨。穆哈港年吞吐量35万吨。此外还有穆卡拉港等。

【财政金融】2013年实际财政赤字约60.62亿美元，较2012年减少1.16亿美元，降幅为3.7%。

【对外贸易】实行进口许可证制度。运输工具、机械设备等国内建设所需物资以及大量轻工产品均需进口。出口产品主要有石油、棉花、咖啡、烟叶、香料和海产品等。主要贸易伙伴有中国、美国、阿联酋、意大利、沙特等。近几年进出口情况如下（单位：亿美元）：

	2011	2012	2013
出口额	74.55	76.04	81
进口额	82.62	88.93	110
差　额	–8.07	–12.89	–29

人民生活

也门实行免费医疗制度。全国有医院282家，卫生中心1261家，卫生所3309家，药房1420家。全国有出租车92749辆、私家车287948辆，商业运输车422154辆。全国有邮局203所。也门的电话普及率较低，电话线有130万条。

军　事

也门实行义务兵役制。兵役法规定，年满18岁的男性公民须服役两年。总兵力15万人，其中正规军11万人。陆军9万人，海军2800人，有两个海军基地；空军6000人。2012年12月哈迪总统宣布军队重组方案，全国重新划分为7个军区，撤销共和国卫队番号，新成立特种作战部队。此外还有中央治安军和警察、海岸警卫队、部落武装和安全局等。也门武器装备90%以上为俄罗斯提供，少数由美国和西方国家提供。

文化教育

【教育】政府重视教育事业发展，全国中小学实行免费教育，并致力于扩大基础、技术、职业教育。有小学和初中9517所（其中宗教小学、初中623所），高中3003所（其中宗教高中615所），公立大学7所，私立大学8所。萨那大学建于1970年，下设9所学院，1个语言中心，在6个地方设有分院。亚丁大学下设9所学院，是一所综合性大学。2005年3月，作为也"基础教育国家战略"的一部分，也门政府启动了"发展基础教育项目"，世界银行、荷兰、英国和也门政府分别出资。

【新闻出版】也门统一后，报纸杂志出版量迅速增长，已达90余种，其中政府发行17种，各党派组织13种，独立的报刊39种，还有一些专业性报纸或期刊。《也门时报》、《观察家》等以英文出版，其余多为阿拉伯文版。主要报纸有：《革命报》、《共和国报》、《十月十四日报》、《九月二十六日报》。

也门通讯社（简称"萨巴社"）为官方通讯社。1990年5月22日也门统一后，由原北也门萨巴通讯社（创建于1968年）和原南也门亚丁通讯社（创建于1970年）合并而成。每日用阿拉伯文和英文对外发稿。在美国、英国、埃及等9个国家及地区设有驻外记者站。

广播电视总公司为新闻部附属机构。下设电视一台（萨那，建于1975年）、电视二台（亚丁，建于1964年）；国营广播一台（萨那，创建于1948年）、国营广播二台（亚丁，创建于1954年）。目前还有私营电视台和一些地方广播电台。

对外关系

也门统一后，政府重申恪守过去北、南双方分别同各国签署的一切协议和国际条约，遵守联合国宪章和阿拉伯国家联盟宪章；奉行和平、不结盟政策；坚持睦邻友好、和平共处、不干涉内政，主张以和平方式解决国与国之间的争端与分歧。近年来，也美关系成为也门外交重点，双边互访增多，美对也门经济、军事援助增加。同时，也门还加强了与英、法、德等欧盟国家的关系。也门进一步恢复和发展与海湾国家关系，加强同埃及、沙特和叙利亚等阿拉伯大国的协调，致力于维护阿拉伯国家团结。积极参与区域性组织，努力增强对地区事务的影响。也门哈迪政府同沙特保持密切关系，得到沙特的支持。

也门已同100多个国家建立了外交关系。

【同中国的关系】1956年9月24日中国与也门穆塔瓦基利亚王国建立公使级外交关系。1963年2月13日升格为大使级（当时也门已是阿拉伯也门共和国，即北也门）。1968年1月31日中国与也门民主人民共和国（南也门）建立大使级外交关系。1990年也门统一后，两国建交日期定为1956年9月24日。

中也关系传统友好。2013年11月，也门总统哈迪对中国进行国事访问。2015年4月6日，鉴于也门安全形势恶化，中国驻也门大使馆、驻亚丁总领馆暂时关闭。

2015年，双边贸易额23.3亿美元，其中中国出口14.3亿美元，进口9亿美元，同比分别下降54.7%、35%、69.5%。中国对也出口商品主要是纺织品、机电产品、贱金属、粮油产品等，中国自也进口商品主要是原油。

中国驻也门大使：田琦。馆址：AL-ZUBEIRI STREE-T，SANA'A，THE REPUBLIC OF YEMEN。邮政信箱：P.O.BOX 482。国家地区号：00967–1。电话：275337，275339；传真：275341。电子邮箱：CHINAEM_YE@MFA.GOV.CN。

网址：http://www.ye.chineseembassy.org。

也门驻华使馆馆址：北京市朝阳区三里屯东三街5号。国家地区号：0086–10。电话：65321688，65321558；传真：65324305。网址：http://www.embassyofyemen.net。

（骆玉潇）

伊　拉　克

国名　伊拉克共和国（The Republic of Iraq）。

面积　44.18万平方公里。

人口　3600万（2015年）。其中阿拉伯民族约占78%（什叶派约占60%，逊尼派约占18%），库尔德族约占15%，其余为土库曼族、亚美尼亚族等。官方语言为阿拉伯语和库尔德语。居民中95%以上信奉伊斯兰教，少数人信奉基督教等其他宗教。

首都　巴格达（Baghdad），人口约800万（2015年）。

国家元首　总统穆罕默德·福阿德·马苏姆（Mohammed Fuad Masum），2014年7月24日当选。

简　况

位于亚洲西南部，阿拉伯半岛东北部。北接土耳其，东临伊朗，西毗叙利亚、约旦，南接沙特、科威特，东南濒波斯湾。幼发拉底河和底格里斯河自西北向东南流贯全境。海岸线长60公里。除东北部山区外，属热带沙漠气候。7、8月气温最高，日平均气温24℃—43℃，1月气温最低，日平均气温4℃—16℃，6—9月降雨最少，月平均降雨量1毫米，3月降雨最多，月平均降雨量28毫米。

伊拉克所处的底格里斯河、幼发拉底河两河流域具有悠久的文明。公元前3000年中叶，两河流域最早的居民苏美尔人创造楔形文字、60进制计数法和圆周分割率。此后，伊拉克经历了古巴比伦王国、亚述帝国、后巴比伦王国、波斯、塞琉西（中国史称条支）、安息、波斯萨珊王朝统治。7世纪，阿拉伯帝国兴起，并迅速占领两河流域，先后建立倭马亚王朝（中国史称白衣大食）和阿拔斯王朝（中国史称黑衣大食），其中阿拔斯王朝定都巴格达。1258年，成吉思汗之孙旭烈兀攻占巴格达，受封以波斯和小亚细亚为中心建立伊儿汗国，辖区包括今伊拉克。1534年起，奥斯曼帝国开始统治两河流域，直到第一次世界大战期间。

1920年，伊拉克沦为英国的“委任统治地”。1921年，英国人从麦加哈希姆王室中选送费萨尔到巴格达建立费萨尔王朝。第二次世界大战后，伊拉克与土耳其于1955年2月23日签订“伊土条约”，随后英国、巴基斯坦和伊朗加入，组成巴格达防御条约组织。1958年，以卡塞姆为首的自由军官集团发动军事政变，推翻费萨尔王朝，宣布成立伊拉克共和国。

1968年，复兴党政变上台。1979年，萨达姆全面掌权。1980年，历时8年的两伊战争爆发。1990年8月2日，伊拉克入侵并吞并科威特，由此引发海湾战争。此后，联合国对伊实施了近13年制裁。

2003年3月20日，伊拉克战争爆发。4月9日，美军攻占巴格达，萨达姆政权被推翻。5月1日，美国总统布什宣布伊拉克主要战事结束。2008年12月，美伊双方签署《美伊友好合作战略框架协议》和《驻伊美军地位协议》，并于2009年1月起生效。2009年6月，驻伊美军撤离伊主要城镇，8月31日撤出在伊作战部队，并将驻伊美军人数减至5万人。2011年12月，美国从伊拉克撤出全部作战部队。

政　治

2003年7月，美驻伊拉克当局任命25名伊各派人士组成伊临时管理委员会（简称“临管会”）。2004年6月，伊临时政府成立。6月8日，联合国安理会一致通过第1546号决议，决定全面恢复伊主权，结束对伊占领。2005年12月，伊拉克选举产生战后首届正式议会。2010年3月，伊举行战后第二届国民议会选举。2014年4月，伊举行第三届国民议会选举。9月，伊拉克组建战后第三届政府。

【宪法】2005年8月底，伊出台永久宪法草案，并在10月举行的全民公决中获得通过。该宪法规定，伊拉克实行联邦制，石油资源归全体人民所有，萨达姆集团分子不得参政。但伊各派在国家生活中的地位、联邦制、资源分配等问题上尚存争议。

【议会】2014年4月，伊拉克举行第三届国民议会选举。7月15日，国民议会选举逊尼派人士赛利姆·朱布里（Saleem al-Jubouri）任议长。本届议会共有328名议员，任期4年。

【政府】本届政府于2014年9月8日成立，总理海德尔·杰瓦德·阿巴迪（Haider Jawad al-Abadi）。

【行政区划】全国共分18个省：巴格达、尼尼微、巴士拉、巴比伦、穆萨纳、纳杰夫、安巴尔、瓦西特、米桑、济加尔、卡迪西亚、卡尔巴拉、迪亚拉、萨拉赫丁、基尔库克、苏莱曼尼亚、埃尔比勒、杜胡克。

【政党】（1）全国联盟：以什叶派政治团体为主体，由法治国家联盟、伊斯兰最高委员会、萨德尔运动等30余个政治团体组成，主席为民族改革运动领导人贾法里，核心人物为总理阿巴迪、伊斯兰达瓦党总书记马利基、伊斯兰最高委员会领导人哈基姆、什叶派宗教人士萨德尔等。

（2）全国力量联盟：由团结改革者联盟、阿拉伯人联盟等党团组成的逊尼派政治联盟，领导人为努贾伊菲，核心人物为穆特拉克和议长朱布里等。

（3）爱国联盟：跨教派政治联盟，领导人为阿拉维。

（4）库尔德联盟：主要由库尔德斯坦民主党、库尔德斯坦爱国联盟等库尔德人政党及土库曼自由者组织等13个政治团体组成，核心人物为库区政府主席、库民党主席巴尔扎尼和前总统、库爱盟主席塔拉巴尼。

【重要人物】穆罕默德·福阿德·马苏姆：总统。库尔德族，1938年生于伊拉克埃尔比勒省。1958年获埃及爱资哈尔大学教法与法律学士学位，1975年获该校伊斯兰哲学博士学位。1992年担任伊拉克库尔德自治区政府首任总理。2004年任伊拉克临时议会议长、宪法起草委员会副主席。2005年至2014年任第一、二届国民议会议员，议会库尔德党团主席。2014年7月24日当选总统。 **海德尔·杰瓦德·阿巴迪**：总理。什叶派穆斯林，1952年生于伊拉克巴格达省。1975年获巴格达科技大学学士学位，后在英国曼彻斯特大学获电力工程学硕士和博士学位。2003年自英国返回伊拉克，任临时政府通讯部长。2005年任过渡政府总理顾问。2006年当选第一届国民议会议员，并任议会经济、投资和建设委员会主席。2010年连任议员，并担任议会财政委员会主席。2014年当选第三届国民议会第一副议长。8月11日被提名为总理人选。9月8日当选总理。

经　济

伊拉克战争后，经济重建任务繁重。联合国安理会于2003年5月通过第1483号决议，取消对伊除武器禁运以外的所有经济制裁。伊重建重点是恢复和发展能源、教育、卫生、就业、供电、供水、食品等领域。2010年，伊政府制定了2010—2014年2850亿美元的发展规划。但由于安全局势不稳，基础设施严重损毁，伊拉克经济重建进展缓慢。

2014年主要经济数据如下：

国内生产总值（GDP）：2250亿美元。

人均国内生产总值：6250美元。

经济增长率：–1.9%。

货币名称：新伊拉克第纳尔（NID）。

汇率：1美元≈1166第纳尔。

外汇储备：725亿美元。

【资源】石油、天然气资源丰富。伊探明石油储量达202亿吨，居世界第5位。天然气储量约3.6万亿立方米，居世界第12位。磷酸盐储量约100亿吨。

【工业】伊拉克石油生产和出口在国民经济中始终处于主导地位。据国际货币基金组织估计，石油生产和出口约占伊国内生产总值的75%。伊拉克战争结束后，伊石油生产逐渐恢复，迄今已举行4轮能源开发招标。2014年，原油日产量350万桶，石油日均出口量约290万桶。

【农业】可耕地面积占国土总面积的27.6%，农业用地严重依赖地表水，主要集中在底格里斯河和幼发拉底河之间的美索不达米亚平原。农业人口占全国总人口的1/3。主要农作物有小麦、大麦和椰枣等，粮食不能自给。

【旅游业】主要旅游点有乌尔城（公元前2060年）遗址、亚述帝国（公元前910年）遗迹和哈特尔城遗址（俗名“太阳城”），位于巴格达西南90公里处的巴比伦是世界著名的古城遗址，“空中花园”被列为古代世界七大奇迹之一。

【交通运输】国内交通运输以公路为主。公路网遍布全国，总长3.97万公里，其中高速公路约2000公里，多数建于1991年之前。海湾战争中伊拉克公路受严重破坏，战后多数得到修复。2003年爆发的伊拉克战争战时不长，没有给伊公路网造成巨大损毁。但后期反美、反驻伊联军的武装袭击破坏了部分道路，特别是巴格达往西通往约旦边境的高速公路。

铁路：总长约2027公里，主要有以巴格达为中心的3条干线：巴格达—基尔库克—埃尔比勒线，巴格达—摩苏尔—土耳其线，以及苏联援建的巴格达—乌姆盖斯尔港线。2000年8月，伊叙之间的铁路恢复通车。2001年7月，伊土（耳其）20年来首次开放铁路运输业务。

水运：内河航线总长1015公里，主要有底格里斯河、幼发拉底河和夏台阿拉伯河及人工运河（萨达姆河）等部分水道。主要港口有乌姆盖斯尔港和贝克尔港，贝克尔港为大型输油港，年输油能力84万吨。2003年伊拉克战争结束后，乌姆盖斯尔港被立即用于接收国际人道主义救援物资。同年6月，该港向商船开放。

航空：巴格达和巴士拉有国际机场，埃尔比勒、基尔库克、摩苏尔有较小的民用机场。伊民航业务因战争曾长期中断。战后，伊拉克航空公司陆续开通了巴格达至安曼、开罗、贝鲁特、大马士革、迪拜、伦敦等地的国际航线和至苏莱曼尼亚、埃尔比勒和巴士拉的国内航班。为提高运力，伊内阁已批准拨款50亿美元，从美波音公司购买40架新飞机，已经于2015年交付。2013年，伊拉克与科威特恢复通航。

【财政金融】2004年底伊外债总额约917亿美元。为减轻伊重建负担，美国决定免除伊全部债务，并游说伊各主要债权国减债。2004年11月，巴黎俱乐部伊债权国决定减免伊所欠债务的80%（约311亿美元）。2008年2月，俄宣布将免除伊欠其129亿美元总债务的93%。2012年底，伊外债总额约为508亿美元。

【对外贸易】联合国制裁期间，伊拉克仅被允许在“石油换食品”计划内对外出口原油。随着2003年安理会第1483号决议取消除武器禁运以外的所有制裁，伊拉克的农产品也可向外出口。由于伊拉克国内工业部门不健全，多数生产资料和生活用品需要进口。伊拉克战争后，伊拉克临时管理委员会颁布了《鼓励外国投资法》，实行开放的外贸政策，并决定对大部分进口商品免征关税。近几年外贸进出口情况如下（单位：亿美元）：

	2012	2013	2014
出口额	939	901	853
进口额	569	571	612

【外国援助】2003年10月，联合国在西班牙马德里召开伊拉克重建国际捐助国会议，与会各方共向伊拉克重建认捐约330亿美元。2004年5月，在卡塔尔多哈举行的国际援助会议上，捐助国同意再向伊重建基金捐赠10亿美元。2006年，伊拉克新政府与联合国共同发起“伊拉克国际契约”，期待各方通过这一平台向伊拉克战后重建提供帮助。2007年5月，“伊拉克国际契约”成立大会在埃及沙姆沙伊赫召开，与会国家承诺为伊拉克减免300亿美元外债。2008年5月，“伊拉克国际契约”首次续会在瑞典斯德哥尔摩举行，各捐助国表示将继续支持落实伊重建计划。

人民生活

由于20世纪70年代石油收入增长，伊拉克在城乡建立了比较健全的医疗系统，人民生活也有较大幅度提高。海湾战争后，人民生活水平急剧下降。伊拉克战争后，由于经济重建进展较为缓慢、安全局势恶化，人民生活水平提升仍相当缓慢。2013年，伊拉克还有20%人口生活在贫困线（每天2美元）以下，供电能力只有需求的一半，还有20%的地方未通自来水。

军　事

海湾战争期间，伊拉克大部分军事工业和设施被摧毁。战后，联合国通过销毁伊大规模杀伤性武器的决议。在联合国监督下，伊拉克销毁了一些导弹、生化武器和核设施等。由于联合国制裁，伊军队武器装备供给不足，战斗力严重下滑。2003年3月伊拉克战争爆发，伊拉克军队被彻底击溃。战争结束后，伊军被解散。

新组建的伊拉克安全部队实行募兵制，包括军队和警察，分别隶属国防部和内政部。截至2011年5月，伊安全部队共有约76.5万人。2011年底，美撤出全部作战部队，伊安全部队全面接管国内安全事务。

文化教育

【教育】教育在伊拉克政府发展计划中占有重要地位，并建立了巴格达、巴士拉、摩苏尔等大学。但由于两伊战争、海湾战争以及联合国长期制裁，伊拉克教育状况每况愈下。伊实施6年制义务教育，适龄儿童小学入学率为98%，但中等和高等院校入学率仅为45%和15%。成人识字率为74.1%。全国共有20所大学和44所专科院校。

对外关系

自海湾危机爆发至2003年伊拉克战争爆发前，联合国安理会先后通过63个有关伊拉克问题的决议，对伊实行经济制裁和武器禁运，伊对外处境孤立。

伊拉克战争结束后，伊政府着力恢复与各国，尤其是大国和周边国家的外交关系，并逐步获得外界的承认和支持。目前，伊拉克已与近90个国家恢复或建立了外交关系，并恢复了在阿拉伯国家联盟、伊斯兰会议组织、联合国机构、国际货币基金组织、石油输出国组织等地区和国际组织内的活动。2010年12月，联合国安理会通过决议，取消根据《联合国宪章》第七章对伊拉克在大规模杀伤性武器、导弹和民用核活动领域的制裁，结束“石油换食品”（Oil-for-Food）计划。2012年3月，阿盟首脑会议在伊举行。5月，举办伊朗核问题六国对话会。2013年6月，安理会解除根据《联合国宪章》第七章对伊采取的强制性措施。

【同中国的关系】1958年8月25日中伊建交以来，两国关系发展顺利。1990年海湾危机爆发后，中国根据联合国有关决议中止了与伊拉克的经贸、军事往来。海湾战争后，中国根据安理会“石油换食品”计划与伊拉克进行了一些经贸交往。

2003年，伊拉克战争爆发，中伊双边关系受到影响。战后，中伊关系实现平稳过渡和发展。2003年10月，在西班牙马德里举行的伊拉克重建捐助国会议上，中国宣布为伊拉克重建提供2500万美元人道主义援助。2004年7月，中国驻伊拉克使馆复馆，10月，两国互派大使。2014年12月，中国驻埃尔比勒总领事馆举行开馆仪式。

伊拉克战争后，伊拉克库尔德斯坦爱国联盟主席、伊拉克临时管理委员会领导机构成员贾拉勒·塔拉巴尼（2003年8月）、临时管理委员会轮值主席欧鲁姆（2004年3月）、临时政府副总统沙维斯（2005年1月）、总统塔拉巴尼（2007年6月）、总理马利基（2011年7月）、外交部长贾法里（2015年6月）、总理阿巴迪（2015年12月）等先后访华。2014年2月，中国外交部长王毅访问伊拉克。2015年3月，中国国务委员杨洁篪访问伊拉克。2015年12月伊拉克总理阿巴迪访华期间，两国发表关于建立战略伙伴关系的联合声明。

2007年6月，中伊外交部建立政治磋商机制。2008年1月，伊拉克副外长阿巴维访华，并举行两国外交部首次政治磋商。2011年2月，中国外交部副部长翟隽访问伊拉克，并举行两国外交部第二轮政治磋商。

2015年，伊拉克是中国在阿拉伯国家的第三大贸易伙伴，双边贸易额达206亿美元，同比下降27.7%。中国从伊进口原油3211万吨，同比增长12.3%。

中国驻伊拉克大使：王勇。馆址：Mahala：929，Zukak：25，Building NO.：33，Arasat area，Baghdad，Iraq。邮政信箱：P.O.Box 2386，Al-jadryaa Post Office，Baghdad，Iraq。国家地区号：00964–1。电话：7901912315，7901912305。网址：http://www.iq.chineseembassy.org。电子邮箱：chinaemb_iq@mfa.gov.cn。

伊拉克驻华大使：阿卜杜勒·凯里姆·哈希姆·穆斯塔法（Abdul-Karim Hashim Mustafa）。馆址：北京市朝阳区建国门外秀水北街25号。国家地区号：

0086–10。电话：65323385，65321873。网址：http://www.iraqembassy.cn。

【同美国的关系】1967年中东战争后伊美断交。两伊战争爆发后，两国于1984年11月复交。1990年8月海湾危机爆发后，美国反对伊拉克吞并科威特，组成以美为首的多国部队对伊发动海湾战争，以武力恢复了科的主权和独立。1991年2月伊宣布与美断交。2003年，美以伊拥有大规模杀伤性武器为由发动伊拉克战争，萨达姆政权随即被推翻。战后，伊重视发展同美国关系。2008年12月，美伊签署《美伊友好合作战略框架协议》和《驻伊美军地位协议》，并于2009年1月起生效。2009年6月，驻伊美军完成第一阶段撤军，将伊城镇防务权转交伊方。2010年8月31日，驻伊美军完成第二阶段撤军，从而完成全部作战任务，剩下近5万人作为伊军顾问和执行其他任务。2011年底，驻伊美军撤出全部作战部队。2011年12月，伊拉克总理马利基访问美国。2014年6月和9月，美国国务卿克里两次访问伊拉克。8月，美国总统奥巴马宣布对伊拉克境内的“伊拉克和沙姆伊斯兰国”目标实施定点空袭。2015年4月，阿巴迪总理访问美国。

【同伊朗的关系】1980年，历时8年的两伊战争爆发。战后，两伊处于敌对状态。海湾危机发生后，1990年10月两伊恢复外交关系，两国关系随即改善。伊拉克战争结束后，两伊关系平稳发展。2012年4月，伊拉克总理马利基访问伊朗，会见伊最高领袖哈梅内伊、总统艾哈迈迪内贾德，双方举行了经济联合委员会会议，并签署了多领域合作协议。5月，伊朗核问题对话会在巴格达举行。2014年8月，伊朗外长扎里夫访问伊拉克。2014年12月，伊拉克总理阿巴迪访问伊朗。2015年2月，伊朗第一副总统贾汉吉里访问伊拉克。2015年3月，伊拉克总理马苏姆访问伊朗。2015年6月，伊拉克总理阿巴迪访问伊朗。2015年9月，伊拉克国民议会议长朱布里访问伊朗。2015年11月，伊拉克总统马苏姆赴伊朗出席天然气输出国家会议。

【同阿拉伯国家的关系】伊拉克战争前，阿拉伯国家普遍要求政治解决伊拉克问题，反对对伊动武。伊拉克战争结束后，阿拉伯国家主张维护伊的独立、主权和领土完整，支持伊经济重建，呼吁伊民族和解。伊寻求同阿拉伯国家开展合作，为国内稳定创造良好的外部环境，并呼吁阿拉伯国家减免其所欠债务。2012年3月第23届阿盟首脑会议在巴格达召开，共有包括10国元首在内的21个阿拉伯国家代表团与会。此次会议是自海湾战争结束以来伊拉克第一次举办阿盟峰会。2013年2月，伊拉克总理马利基访问埃及。5月，埃及总理甘迪勒访问伊拉克。6月，科威特首相贾比尔访问伊拉克。2013年3月，“2013年阿拉伯文化之都”系列大型文艺活动在巴格达举行。2014年12月，伊拉克总理阿巴迪访问科威特。2015年1月，伊拉克总理阿巴迪访问埃及。2015年12月，沙特重开驻伊拉克使馆。

（罗泽君）

伊　朗

国名　伊朗伊斯兰共和国（The Islamic Republic of Iran）。

面积　164.5万平方公里。

人口　8000万，人口增长率为1.5%（2015年）。人口比较集中的省份有德黑兰、伊斯法罕、法尔斯、呼罗珊（旧译霍拉桑）和东阿塞拜疆。全国人口中波斯人占66%，阿塞拜疆人占25%，库尔德人占5%，其余为阿拉伯人、土库曼人等少数民族。城镇人口占总人口71.8%，农村人口占28.2%，外籍人士占总人口2.3%。官方语言为波斯语。伊斯兰教为国教，98.8%的居民信奉伊斯兰教，其中91%为什叶派，7.8%为逊尼派。

首都　德黑兰（Tehran），人口1300万，平均海拔1220米。年气温最高的月份为7月，平均最低和最高气温分别为22℃和37℃；年气温最低的月份为1月，平均最低和最高气温分别为3℃和7℃。领袖赛义德·阿里·哈梅内伊（Seyyed Ali Khamenei），1989年6月4日当选。

国家元首　总统哈桑·鲁哈尼（Hassan Rouhani），2013年6月当选。

重要节日　伊斯兰革命胜利日：2月11日；伊历新年：3月21日；伊斯兰共和国日：4月1日。

简　况

位于亚洲西南部，同土库曼斯坦、阿塞拜疆、亚美尼亚、土耳其、伊拉克、巴基斯坦和阿富汗相邻，南濒波斯湾和阿曼湾，北隔里海与俄罗斯和哈萨克斯坦相望，素有“欧亚陆桥”和“东西方空中走廊”之称。海岸线长2700公里。境内多高原，东部为盆地和沙漠。属大陆性气候，冬冷夏热，大部分地区干燥少雨。

伊朗是具有五千年历史的文明古国，史称“波斯”。公元前6世纪，古波斯帝国盛极一时。公元7世纪以后，阿拉伯人、突厥人、蒙古人、阿富汗人先后侵入并统治伊朗。18世纪后期，伊朗东北部的土库曼人恺伽部落统一伊朗，建立恺伽王朝。19世纪以后，伊朗沦为英、俄的半殖民地。1925年，巴列维王朝建立。1978—1979年，霍梅尼领导伊斯兰革命，推翻巴列维王朝。1979年2月11日，霍正式掌权，并于4月1日建立伊斯兰共和国，霍成为伊朗最高领袖。

政　治

霍梅尼执政后，伊朗实行政教合一制度，推行伊斯兰化。1989年6月3日霍病逝，时任总统哈梅内伊继任最高领袖。7月28日，时任议长拉夫桑贾尼当选总统。1993年6月11日，拉夫桑贾尼连任总统。1997年5月，伊总统文化事务顾问、前文化和伊斯兰指导部长哈塔米当选总统，并于2001年6月获选连任。2005年6月，原德黑兰市长艾哈迈迪内贾德当选总统，2009年6月连任。2009年总统大选曾在国内引发骚乱，造成伤亡。2012年3月，伊朗举行第9届议会选举。2013年6月14日，伊朗举行第11届总统选举，哈桑·鲁哈尼当选，8月4日宣誓就职。

【宪法】伊斯兰革命后于1979年12月颁布第一部宪法，规定伊实行政教合一制度。1989年4月对宪法进行部分修改，突出伊斯兰信仰、体制、教规、共和制及最高领袖的绝对权力不容更改。同年7月，哈梅内伊正式批准经全民投票通过的新宪法。

【议会】伊斯兰议会是伊最高国家立法机构，实行一院制。议员由选民直接选举产生，任期4年。从2000年6月第6届议会开始，议席由过去的270个增加到290个。第9届议会设有主席团和17个专门委员会。主席团由议长、2名副议长、3名干事、6名秘书共12人组成，主要负责制订会议议程、起草会议文件等工作，任期1年，任满后由议员投票改选，可连选连任。第9届议会于2012年5月成立，阿里·拉里贾尼（Ali Larijani）连任议长。2016年2月，伊朗举行第10届议会选举。

【政府】实行总统内阁制。总统是国家元首，也是政府首脑，可授权第一副总统主持内阁日常工作，并有权任命数名副总统，协助主管其他专门事务。现任副总统（共11位）有：第一副总统埃斯哈格·贾汉吉里（Eshaq Jahangiri），负责执行事务副总统穆罕默德·沙里亚特马达里（Mohammad Shariyatmadari），副总统兼管理和规划组织主席穆罕默德·巴盖尔·诺巴赫特（Mohammad Bagher Nobakht），负责法律事务副总统伊尔哈姆·阿明扎德（Elham Aminzadeh），负责议会事务副总统马吉德·安萨里（Majid Ansari），副总统兼国家原子能机构主席阿里·阿克巴尔·萨利希（Ali Akbar Salehi），副总统兼环保组织主席马苏梅·埃布特卡尔（Masoumeh Ebtekar），副总统兼文化遗产、手工业和旅游组织主席马苏德·索尔塔尼法尔（Masoud Soltanifar），负责学术和科技事务副总统苏尔纳·萨塔里（Sourna Satari），副总统兼烈士基金会主席穆罕默德·阿里·沙希迪（Mohammad Ali Shahidi），负责妇女与家庭事务副总统沙欣杜赫特·莫拉维尔迪（Shahindokht Molaverdi）。本届内阁于2013年8月成立，主要内阁部长有：外交部长穆罕默德·贾瓦德·扎里夫（Mohammad Javad Zarif），石油部长比詹·纳姆达尔·赞甘内（Bijan Namdar Zangeneh），内政部长阿布杜里萨·拉赫马尼·法兹里（Abdolreza Rahmani Fazli），国防部长侯赛因·德赫甘（Hossein Dehghan），工矿及贸易部长穆罕默德礼萨·内马特扎德（Mohammadreza Nematzadeh），财经部长阿里·塔伊布尼亚（Ali Tayebnia），农业圣战部长穆罕默德·霍贾提（Mohammad Hojati），文化和伊斯兰指导部长阿里·贾纳提（Ali Jannati），能源部长哈米德·齐特齐扬（Hamid Chitchian），劳工和社会福利部长阿里·拉比伊（Ali Rabbiyi），通讯与信息技术部长马哈姆德·瓦艾齐（Mahmoud Vaezi），情报部长马赫穆德·阿拉维（Mahmoud Alavi），卫生部长哈桑·加齐扎德·哈什米（Hassan Ghazizadeh Hashemi），司法部长穆斯塔法·普尔穆罕默迪（Mostafa Pourmohammadi），科技部长穆罕默德·法尔哈迪（Mohammad Farhadi），道路与城市建设部长阿巴斯·阿訇迪（Abas Akhoundi），教育部长阿里·阿斯噶尔·法尼（Ali Asghar Fani），体育和青年事务部长马赫穆德·古达尔齐（Mahmoud Goudarzi）。

【行政区划】全国共有31个省。

【司法机构】司法总监是国家司法最高首脑，由最高领袖任命，任期5年。最高法院院长和总检察长由司法总监任命，任期5年。司法部长由司法总监推荐，总统任命，议会批准，负责协调行政权与司法权的关系。在司法总监领导下，还设有行政公正法庭和国家监察组织，分别审理民众对政府机关的诉讼和监督国家机关的工作。现任司法总监萨迪格·拉里贾尼（Sadegh Larijani），最高法院院长艾哈迈德·莫赫森尼·古尔卡尼（Ahmad Mohseni Gorkani），总检察长古拉姆侯赛因·莫赫森尼·艾杰伊（Gholamhossein Mohseni Ejei）。

【专家会议】专家会议是选举最高领袖的权力机构，成立于1982年12月，现有成员88人。专家会议选举每8年举行1次，其成员由选民根据各省市的人口比例从宗教法学家中选举产生，任期8年，期间如有成员死亡或被免职可通过中期补选。每年至少举行1次年会，讨论国家大事，监督最高领袖行为，在最高领袖不称职情况下罢免最高领袖或在最高领袖失去领导能力、去世、辞职或遭罢黜后推举新最高领袖。现任主席默罕默德·雅兹迪（Mohammad Yazdi）。2016年2月，伊朗举行第5届专家会议选举。

【确定国家利益委员会】1988年3月17日成立，1989年7月经宪法确认。主要职责是为最高领袖制定国家大政方针出谋划策，协助最高领袖监督、实施各项大政方针，当议会和宪法监护委员会就议案发生分歧时进行仲裁。现任主席阿克巴尔·哈什米·拉夫桑贾尼（Akbar Hashemi Rafsanjani）。

【宪法监护委员会】由12人组成，其中6名宗教法学家由最高领袖直接任命，另6名普通法学家由司法总监在法学家中挑选并向议会推荐，议会投票通过后就任，任期6年。主要负责监督专家会议、总统和伊斯兰议会选举及公民投票，批准议员资格和解释宪法；审议和确认议会通过的议案，裁定是否与伊斯兰教义和宪法相抵触，如有抵触则退回议会重新审议和修改。如与议会就议案发生争议且无法解决，则提交确定国家利益委员会进行仲裁。现任秘书阿亚图拉艾哈迈德·贾纳提（Ahmad Janati）。

【政党】伊政党萌芽于现代立宪运动时期（即1905—1911年）。20世纪60年代初，巴列维国王为缓和国内矛盾、显示民主，开始实行多党制，新伊朗党、国民党等相继成立。1975年，巴列维为加强王室统治，宣布实行一党制，成立伊斯兰民族复兴党，下令取缔国内其他政党。1978年反国王独裁运动兴起，巴列维被迫取消一党制，恢复被取消政党合法地位。1988年12月，伊颁布政党法，宣布准许政党活动，但要遵守三项基本原则，即伊斯兰法、宗教最高权威和伊斯兰共和制度。1989—1997年间在伊内政部注册的政党共39个。截至2008年年底，注册政党约200个，按不同政治主张大致划分为保守派与改革派。其中保守派代表政党有伊斯兰联合党、战斗的宗教人士协会等；改革派政党有伊斯兰参与阵线党、建设公仆党、国家信任党等。2009年总统大选引发社会骚乱和冲突后，保守派当局逮捕大批改革派人士，并下令取缔参与阵线党、国家信任党等改革派政党，致使改革派阵营遭受重挫。

【重要人物】赛义德·阿里·哈梅内伊：最高领袖。1939年生于伊东部圣城马什哈德。1958年赴库姆神学院学习。1963年后因参加反国王活动多次被捕和流放。1979年伊斯兰革命胜利后，历任革命委员会成员、国防部副部长、革命卫队司令、德黑兰市教长、伊斯兰共和党书记、最高国防委员会主席、总统等职，1989年6月霍梅尼逝世后继任最高领袖，兼武装力量总司令。曾于1989年5月以总统身份访华。 **哈桑·鲁哈尼**：总统。1948年11月出生于伊朗塞姆南省索尔赫市，早年在塞姆南神学院和库姆神学院攻读伊斯兰教法。1972年，从德黑兰大学毕业，获得法学学位，随后前往英国格拉斯哥喀里多尼亚大学攻读法学硕士学位。此后，参与反巴列维国王的活动，多次因发表反政府演讲而遭到当局逮捕，后奔赴巴黎追随伊斯兰革命领袖霍梅尼，继续从事反对巴列维国王的政治运动。伊朗伊斯兰革命后，于1980—2000年间任议会议员，先后出任议会国防委员会主席、外交政策委员会主席和第一副议长等职务。两伊战争爆发后，于1983—1985年任战场副总指挥。1989—1997年拉夫桑贾尼出任总统期间，担任伊朗最高国家安全委员会秘书并持续任职至2005年。哈塔米担任总统期间，于2003—2005年出任伊朗首席核谈判代表。其间，与英国、法国和德国达成协议，暂停伊朗铀浓缩活动。2005年出任确定国家利益委员会战略研究中心主任。2013年6月当选总统。 **阿克巴尔·哈什米·拉夫桑贾尼**：确定国家利益委员会主席。1934年出生。20世纪60年代起从事反国王活动，多次被捕。1979年伊斯兰革命胜利后，先后担任革命委员会成员、内务部长等职。1980年7月当选为议长。1981年被任命为霍梅尼驻最高国防委员会的代表。1983年7月当选为专家会议副主席。1988年6月被霍梅尼任命为武装部队代总司令兼德黑兰市临时教长。1989年7月28日当选为总统，1993年6月连任。1997年3月17日，被任命为确定国家利益委员会主席。2006年12月当选为第四届专家会议委员。2007年9月当选为专家会议主席，2011年3月卸任。曾于1985年6月和1992年9月两次访华。 **阿里·拉里贾尼**：议长。1957年出生。德黑兰大学西方哲学博士。历任伊朗国家声像组织主席、文化和伊斯兰指导部部长等职。2005年8月至2008年3月任伊朗最高国家安全委员会秘书、确定国家利益委员会和文化革命最高委员会成员，同时负责伊朗核问题对外谈判。2008年3月当选议长，2012年5月连任。曾于2006年1月、2007年1月和2013年10月三次访华。 **萨迪格·拉里贾尼**：司法总监。1960年出生。受家庭影响，对宗教十分虔诚，在伊宗教圣城库姆上小学和中学。1977年，进入库姆神学院学习宗教和教法学，师从多位著名宗教学者，成为伊著名宗教学家，拥有“阿亚图拉”宗教头衔。精通阿拉伯语。伊斯兰革命后，曾担任库姆神学院教师、库姆大学学术委员会委员等职。1998年步入政坛，当选第三届专家会议成员，后获连任。2001年被最高领袖任命为宪法监护委员会成员，2009年8月被最高领袖任命为司法总监，2014年8月获连任。

经　济

近年，由于受国际金融危机和美国等西方国家单边制裁等因素影响，伊朗经济增长缓慢，高通胀、高失业等问题比较突出。

近年伊朗主要经济数据如下：

国内生产总值（GDP）：5496.16亿美元（2014年）。
人均国内生产总值：5568美元（2014年）。
国内生产总值增长率：1%（2014年）。
汇率：1美元≈26500里亚尔（2014年）。
通货膨胀率：15.6%（2014年）。
（来源：伊朗数据中心、央行）

【资源】伊朗盛产石油，是欧佩克第三大产油国。石油及石化产业是伊朗经济命脉和外汇收入的主要来源，石油收入占外汇总收入八成以上。石油、天然气和煤炭蕴藏丰富。截至2014年底，伊朗石油探明储量217亿吨，占世界总探明储量的9.3%，位于委内瑞拉、沙特阿拉伯、加拿大之后，居世界第四位；天然气探明储量36万亿立方米，居世界第一，占总储量的

18.2%。其他矿物资源也十分丰富。截至2013年，已探明矿山3800处，矿藏储量270亿吨，其中，铁矿储量47亿吨；铜矿储量30亿吨（矿石平均品位0.8%），约占世界总储量的5%，居世界第三位；锌矿储量2.3亿吨（平均品位20%），居世界第一位；铬矿储量2000万吨；金矿储量320吨。此外，还有大量的锰、锑、铅、硼、重晶石、大理石等矿产资源。截至2013年，已开采矿种56个，年矿产量1.5亿吨，占总储量的0.55%，占全球矿产品总产量的1.2%。

【工业】伊朗是中东地区第一大汽车生产国、第一大生物药物生产国、第三大石化产品生产国、第二大钢铁生产国和亚洲第七大钢铁生产国。工业体系以石油开采业为主，另外还有炼油、钢铁、电力、纺织、汽车制造、机械制造、食品加工、建材、地毯、家用电器、化工、冶金、造纸、水泥和制糖等，但基础相对薄弱，大部分工业原材料和零配件依赖进口。2012年，受制裁因素影响，伊朗原油出口同比下降39%至150万桶/日，为1986年以来最低。同期，伊售油收入690亿美元，同比下降27.4%，为自2009年以来的最低水平。2014年伊朗石油收入为536亿美元。

【农林牧副渔业】农业：伊朗农耕资源丰富，全国可耕地面积超过5200万公顷，占其国土面积的30%以上，已耕面积1800万公顷。农业主产区集中在里海和波斯湾沿岸平原地带。农业人口占总人口的43%。近年来，伊朗政府逐年加大农业扶持力度，重点支持水利灌溉等农田基础设施建设以及农业科研、信贷与自然环境保护。

畜牧业：伊全国有牧场8470万公顷，占国土总面积的52.3%。从事畜牧业的人口约200万，畜牧业产值约21亿美元，占农产品总产值的44%。

森林：总面积为1430万公顷，占国土总面积的8.8%，主要分布在里海沿岸、西部和扎格洛斯山脉、南部波斯湾和阿曼海地区。过去20年间，伊北部森林面积减少17%，现为205万公顷，森林覆盖率3.5%。荒地面积3400万公顷，占国土面积的35%。渔业：伊朗渔业资源较为丰富，经济鱼类达600种。伊主要有南部、北部、内陆三大渔区。伊朗目前共有18万人从事渔业生产。鱼子酱和鲟鱼是伊最主要的出口水产品。

【旅游业】伊朗拥有数千年文明史，自然地理和古代文明遗产丰富。两伊战争使伊旅游业遭到极大破坏。从1991年起，政府开始致力发展旅游业，旅游业逐渐复苏。“9·11”事件对旅游业造成较大冲击，游客锐减。随着地区安全形势转好，赴伊外国游客人数稳步回升。德黑兰、伊斯法罕、设拉子、亚兹德、克尔曼、马什哈德是伊主要旅游地区。传统节日“诺鲁兹节”（伊朗历新年）期间是伊朗国内旅游旺季。2014年，伊朗接待了五百多万名游客，为其带来了75亿美元的收入。

【交通运输】国内运输主要依靠公路、铁路，其中进出口货物80%靠水运。公路：全国公路总长18万公里，2010年道路客运总量8.9亿人次，同比减少0.2%；货运总量5.4亿吨，过境货物总量820万吨，分别增长4.9%和41.9%。铁路：总里程9795公里，大部分系标准轨距（1435mm）。水运：主要港口有波斯湾地区的霍拉姆沙赫尔、布什尔、阿巴斯、霍梅尼、恰赫巴哈尔港及里海地区的安萨里和诺沙尔港，哈尔克岛是伊朗最大的原油输出港。主要船运公司有伊朗伊斯兰共和国船运公司、伊朗—印度船运公司、瓦尔法加尔船运公司和里海船运公司。伊海上贸易量为2.3亿吨，占国际海上贸易份额的2.8%，是中东和波斯湾地区最大的油轮拥有国。空运：拥有客机205架，机场97个，其中14个军用机场、83个民用机场，包括13个国际机场。德黑兰、伊斯法罕、设拉子、大不里士、阿巴丹和阿巴斯为6大国际航空港。伊朗航空公司是伊境内最大的航空公司。

【基础设施】水利建设：大型水坝建造能力位居世界第三。2006年8月，中国水利水电建设集团公司承建的伊朗塔里干水坝电站工程竣工。截至2013年底，伊正在执行的水坝项目达到90个。

电站建设：截至2013年，伊朗全国共有44座水电站，总装机容量7700兆瓦，新建水电站项目装机容量6500兆瓦。2010年，伊朗能源部下属部门共生产电力2330亿千瓦时。国家电网基本覆盖全国所有人口。2011年9月，伊朗首座核电站——布什尔核电站试运行。2012年8月31日，布什尔核电站达到满负荷运行状态。2014年11月，伊朗与俄罗斯签署协议，俄方将帮助伊方在布什尔核电站内新建两座核反应堆。

荒漠化治理：近年来，伊朗加大治沙力度，成功将3400万公顷沙漠中的2200公顷改造成盐碱地。

【财政金融】2005年至2011年，伊朗政府对500多家国有企业进行了私有化改革，实现国有股权转让收入约770亿美元。2012年，伊朗外汇储备740.6亿美元。

【对外贸易】据伊朗海关统计，伊历1391年（2012年3月21日至2013年3月20日），伊朗非石油产品进出口总额达到946.82亿美元，其中，出口额为413.34亿美元，同比增长5%；进口额为533亿美元，同比下降14%。伊历1394年1月至9月（2015年3月21日至12月21日），伊朗非石油出口320亿美元，进口312亿美元。伊拉克、中国、阿联酋、阿富汗和印度是伊朗产品的主要出口市场；阿联酋、中国、土耳其和瑞士是伊朗的主要进口产品来源国。出口产品主要包括天然气凝析油、石油化工产品、工程技术服务、金属矿石、皮革、地毯、手工制品及农产品；进口产品主要包括粮油食品、药品、运输工具、机械设备、牲畜、化工原料、饮料及烟草等。

【外国投资】外国投资较少。1994年1月设立经济特区，2002年8月议会通过“吸引和保护外国投资法”草案总则。

人民生活 伊朗长期实行国家福利补贴政策，每年给予民众的补贴金约占GDP的30%。2010年1月，伊朗政府开始执行现金补贴方案，逐步取消包括燃料和食品在内的所有政府采购补贴，并将以现金补贴方式补助低收入群体。2014年4月，现金补贴方案第二阶段开始执行。

伊朗全国互联网普及率9.34%，手机普及率72%。98.35%的城市家庭和78.62%的农村家庭使用自来水。约73%的伊朗工人享受社会保险。城市人口平均寿命66岁，农村59.7岁。

军　事 伊朗国家武装力量由军队、伊斯兰革命卫队和治安部队组成。最高领袖是武装力量总司令。最高国家安全委员会是最高军事领导和国防政策的制定机构，由总统、1名领袖代表、司法总监、议长、武装力量指挥委员会主席、国家管理和计划组织主席及外交、内政和情报部长组成。实行义务兵役制，服役期2年。现任总参谋长菲鲁斯·阿巴迪少将（Firoos Abadi），军队总司令阿塔奥拉·萨利希少将（Ataollah Salehi），陆军司令艾哈迈德·礼萨·普尔达斯坦准将（Ahmad Reza Pourdastan）、海军司令哈比比·萨亚里少将（Habibi Sayari）。空军司令哈桑·沙赫萨菲准将（Hassan Shahsafi）

武装力量总兵力约90万人，动员部队约110万人。军队由陆军、海军、空军和防空部队组成，总兵力约43万人，其中陆军约36.5万人、海军3万人、空军3.5万人。革命卫队总兵力约43.7万人，其中陆军约39.9万人、海军2万人、空军1.8万人。革命卫队司令穆罕默德·阿里·贾法里少将（Mohhamod Ali Jafari），陆军司令穆罕默德·帕克普尔准将（Mohammad Pakpur），空军司令阿里·哈吉扎德准将（Ali Hajzadeh）。此外还有治安部队4万人，总司令艾斯马伊·阿赫马迪·莫伽达姆准将（Esmaeil Ahmadi Moghaddam）。

文化教育 【教育】伊朗的普通和高等教育分别由教育部及科技应用部负责。中、小学教育免费。现有学校9万所，受教育率为75.5%。伊朗政府于1989年制订高等教育5年发展计划，通过提供贷款和给予物质、政策支持等措施鼓励民办高等教育。截至2013年，全国共有高等院校346所，大学生近340万人。德黑兰大学是伊朗著名的高等学府。

【新闻出版】约有各种报刊1700余种，大部分在德黑兰出版。主要报纸有:《世界报》、《消息报》、《伊斯兰共和国报》、《虔诚者报》、《使命报》、《和平报》和英文版的《德黑兰时报》、《伊朗新闻报》、《伊朗日报》国际版。伊朗的主要通讯社包括：伊朗伊斯兰共和国通讯社（IRNA），简称“伊通社”，唯一的官方通讯社。1979年伊斯兰革命前称“波斯通讯社”。其他还有法尔斯通讯社（FARS）、梅赫尔通讯社（MEHR）和伊朗学生通讯社（ISNA）。伊朗国家广播电视台成立于1966年，1979年改名为伊朗伊斯兰共和国声像组织。现任主席是赛义德·伊扎托拉赫·扎尔加米（Ezzatollah Zarghami）。电台用波斯语、阿拉伯语、英语、法语、德语及汉语等25种语言对外广播。电视有7个台播放节目，并有3个卫星台向海外播出。2007年7月，伊朗开通伊首家英语电视台——伊朗新闻电视台（PRESS TV）。外国新闻社驻伊代表机构有95个，登记外国记者1000多人。

对外关系 伊朗奉行独立、不结盟的对外政策，反对霸权主义、强权政治和单极世界，愿同除以色列以外的所有国家在相互尊重、平等互利的基础上发展关系。

截至2016年，伊已与世界上122个国家建立了正式外交关系。

【同中国的关系】中伊交往可追溯至公元前2世纪。张骞的副使甘英曾到过伊朗，并打通了中国经伊通往罗马的交通线，即古丝绸之路。1971年8月16日中伊建交。1979年伊朗伊斯兰共和国建立后，两国各领域友好合作关系保持稳定发展势头。近年来，中国与伊朗在政治、经贸等领域的友好合作关系保持平稳发展。两国高层交往和各级别交往不断。2013年6月，习近平主席向伊朗当选总统鲁哈尼致贺电。8月，习近平主席特使、文化部长蔡武出席鲁哈尼总统就职仪式。9月，习近平主席在出席上海合作组织比什凯克峰会期间同鲁哈尼总统举行会谈。10月，伊朗议长拉里贾尼访华。11月，习近平主席同鲁哈尼总统通电话。12月，杨洁篪国务委员访问伊朗。2014年5月，鲁哈尼总统来华出席亚信峰会并对我国进行国事访问，其间习近平主席同鲁哈尼总统举行会谈。9月，习近平主席在出席上海合作组织杜尚别峰会期间同鲁哈尼总统简短交谈。11月，习近平主席特使、中共中央政治局委员、中央政法委书记孟建柱访问伊朗。2015年4月，习近平主席在出席印尼亚非领导人会议期间会见鲁哈尼总统。7月，习近平主席在出席上海合作组织乌法峰会期间同鲁哈尼总统简短交谈。9月，习近平主席在出席联合国成立70周年系列峰会期间会见鲁哈尼总统。2016年1月，习近平主席对伊朗进行国事访问，同鲁哈尼总统举行会谈，分别会见最高领袖哈梅内伊、议长拉里贾尼。双方共同发表《中华人民共和国和伊朗伊斯兰共和国关于建立全面战略伙伴关系的联合声明》。

经贸合作不断深化。伊朗是中国在西亚北非地区的第三大贸易伙伴和全球第六大原油供应国。2015年双边贸易额达338.42亿美元，同比下降34.7%，其中中国进口额为160.51亿美元，出口额为178.03亿美元。中国对伊朗出口以机电、纺织、化工、钢铁制品等为主，进口以原油、矿石、初级塑材、钢材和农副产品等为主。2015年，中国自伊朗进口原油2661万吨，同比下降3.1%两国教育、体育、文化等领域合作成果丰硕。2013年6月，中国文化部与伊朗文化与伊斯兰联络组织在北京联合举办“伊朗文化周”系列活动。8月，文化部长蔡武访问伊朗。2013年至2015年，中国驻伊朗使馆连续三年举办“欢乐春节走进伊朗”活动。2015年4月，伊朗曙光旬国际电影节举办“中国单元”，中伊双方签署《中伊合拍电影备忘录》。7月，伊朗电影组织主席霍贾图拉·阿尤比访华。8月，中国爱乐乐团访问伊朗并举办“丝绸之路”巡演。10月，中国国家图书馆馆长韩永进访问伊朗。

两国地方和民间交往日益密切。2015年，吉林、安徽、湖北、新疆等省、自治区负责人分别访伊，寻求扩大两国地方省市合作。

中国驻伊朗大使：庞森。馆址：No.73rd，Movahed Danesh Ave.，Aghdasiyeh，Tehran。国家地区号：0098–21。电话：22291241；传真：22291243。网址：http://www.ir.chineseembassy.org。经商处电话：22563148；传真：22561567。

伊朗驻华大使：阿里·阿斯加尔·哈吉·（Ali Asghar Haji）。馆址：北京市朝阳区三里屯东六街13号。国家地区号：0086–10。电话：65322040；传真：65321403。

【同美国的关系】伊朗伊斯兰革命后与美关系长期紧张。1980年伊美断交。1996年美国制定“达马托法”加大对伊遏制。1997年哈塔米总统执政后，伊美关系出现缓和迹象，但未取得实质性进展。“9·11”事件后，美对伊政策日趋强硬。2002年，美总统布什在国情咨文中指责伊是“邪恶轴心”之一。2003年，美再次将伊列为支持恐怖活动“最积极”的国家，指责伊是大规模杀伤性武器和宗教极端思想扩散的重要源头之一。2004年，美国指责伊秘密研发核武器。2005年以来，伊美关系因伊核问题的升温持续紧张，美政府多次表示为解决伊核问题“不排除任何选项”。2008年底，奥巴马当选美国总统后，调整对伊朗政策，强调要加强与伊接触和对话。伊方表示美国新政府的政策调整必须是根本性的，而非战术性的。伊方欢迎美国作出实质性的改变，但要听其言，观其行。2011年，西亚北非地区局势发生动荡，伊朗指责美国野蛮干涉阿拉伯国家事务。4月，议长拉里贾尼在议会公开会议上谴责美国等西方国家支持对西亚北非地区民众起义使用暴力的立场，称美国在中东地区已经放弃了民主。10月，美国指责伊朗暗杀沙特驻美大使，伊方坚决反对美方指控，称此为美国试图抹黑伊朗的阴谋，伊美紧张关系进一步加剧。11月，联合国通过有关“暗杀门”涉伊决议。12月，伊朗宣布击落并缴获美国一架侵犯伊朗领空的无人侦察机，要求美国向伊方道歉并赔偿。2011年底以来，美国不断加大对伊朗的制裁力度，根据《2012年降低伊朗威胁及保障叙利亚人权法》及《2013财年国防授权法案》中的《伊朗自由与防扩散法》等法案，对伊能源、金融、商贸、航运及造船等领域实施制裁。2012年，美国总统奥巴马与伊朗最高领袖哈梅内伊互释缓和两国关系的信号，两国紧张对峙有所缓解。

2013年6月鲁哈尼在当选伊朗总统后表示，伊方无意加剧伊美矛盾，但与美方开展对话前提是，美方应在相互尊重基础上停止干涉伊朗内政，承认伊朗理应享有的所有权利，放弃单边及强权政策。9月，鲁哈尼总统在纽约出席联合国大会期间同美国总统奥巴马通电话。2015年7月，最高领袖哈梅内伊表示，伊对美政策不会因伊核问题全面协议达成而改变。9月，鲁哈尼总统表示，伊核问题全面协议达成后，伊朗同美国已向减少敌意的方向迈出步伐，不过双方仍缺乏互信。

【同欧洲国家的关系】重视改善和发展同欧洲国家关系。欧盟国家于1992年12月开始与伊朗进行“批评性对话”，1998年提升到“全面对话”。2010年6月，伊朗外长穆塔基在欧洲议会发表讲话，称伊的欧盟政策是在相互尊重和平等的基础上促进对话和互动。伊欧关系的很多挑战可以转化为合作机遇，相信双方可在观点一致的领域建立适当机制，通过相互理解、对话和磋商达成协议。2011年2月，德国外长韦斯特维勒访问伊朗，会见艾哈迈迪内贾德总统，双方强调伊德两国应加强对话与合作。3月，伊朗外长萨利希与欧盟外交和安全政策高级代表阿什顿在日内瓦举行会谈。11月，为抗议英国对伊朗实行敌对政策，以及在“暗杀门”事件爆发后禁止英国金融机构与包括伊朗中央银行在内的金融机构开展业务，伊朗议会通过法案，将与英国外交关系降低至代办级。同月，数千名伊朗高校学生和民众在英国驻伊朗使馆门口举行游行示威，部分示威者冲入使馆打砸抢，并焚烧英国国旗。英国随后撤离驻伊使馆所有外交人员。德国、法国、荷兰、意大利分别召回各自驻伊大使。伊欧关系进一步紧张。2012年1月，欧盟外长会通过决议禁止成员国自伊进口石油并对伊朗央行实施制裁。对此，伊朗采取了包括主动停止对英、法供油在内的一系列抵制措施，同时也力求通过加大与欧洲能源联系，改善与欧关系。

2014年2月，伊英宣布恢复代办级外交关系。3月，欧盟负责安全与外交事务的高级代表阿什顿访问伊朗。2015年7月伊朗核问题全面协议达成后，欧洲国家纷纷派出政治、经贸代表团访伊，寻求同伊朗重启合作。7月至8月，欧盟外交和安全政策高级代表莫盖里尼、德国副总理兼经济部长加布里尔、法国外长法比尤斯、英国外交大臣哈蒙德先后访问伊朗。伊朗与英国重开驻对方国家使馆。2016年2月，伊朗总统鲁哈尼访问意大利、法国。

【同俄罗斯的关系】伊朗重视发展同俄罗斯的睦邻友好合作关系，双方军工、军贸、核能合作关系密切。近年来，伊俄保持频繁交往势头，两国高官就伊核问题、区域合作以及核能利用等保持密切接触。2011年6月，伊朗、俄罗斯、哈萨克斯坦三国元首在哈萨克斯坦首都阿斯塔纳举行三国元首会晤。2012年3月，普京当选俄罗斯总统，艾哈迈迪内贾德总统致电祝贺。6月，两国元首上海合作组织北京峰会期间举行会晤。2013年6月，当选总统鲁哈尼发表声明称，其上任后将把发展与俄罗斯的关系置于重要位置。9月，鲁哈尼在比什凯克同俄罗斯总统普京会晤。2014年5月，鲁哈尼同普京在出席亚信峰会期间会晤。2015年11月，普京访问伊朗并出席天然气出口国论坛峰会。

【同中亚国家的关系】伊朗愿在相互尊重和睦邻友好的基础上与中亚各国发展关系，特别是经济、文化关系。同土耳其和巴基斯坦一起将中亚五国吸收为“经济合作组织”（ECO）成员，同俄罗斯、阿塞拜疆、哈萨克斯坦和土库曼斯坦组建“里海经济合作区”。伊朗与阿富汗经贸往来密切，阿富汗每年价值50亿美元的进口商品的27.6%来自伊朗。伊朗支持“阿人治阿”，反对外国军队在阿富汗驻军。2013年1月，伊朗最高国家安全委员会秘书贾利利在喀布尔同阿富汗总统卡尔扎伊举行会晤。4月，外长萨利希在阿拉木图出席阿富汗问题伊斯坦布尔进程第三次部长级会议。同月，萨利希在亚美尼亚首都埃里温出席亚总统萨尔基相的就职典礼并同萨尔基相举行会晤。2014年3月，鲁哈尼总统出席在阿富汗首都喀布尔举行的第四届国际诺鲁兹节庆祝活动。

【同亚太国家的关系】伊朗积极发展同亚太各国关系。2010年11月，第九届亚洲合作对话部长级会议在德黑兰开幕，艾哈迈迪内贾德总统在会议上发言号召建立亚洲联盟，强调建立世界新秩序的必要性。2011年，受美国等西方国家对伊制裁影响，日本、韩国及印度大幅削减自伊原油进口。2015年7月伊朗核问题全面协议达成后，日本、韩国等国纷纷加强同伊朗的接触，寻找加强经贸合作的机会。2015年10月，日本外相岸田文雄访问伊朗。11月，韩国外交部长官尹炳世访问伊朗。

【同南亚国家的关系】伊朗重视同南亚各国的关系。2013年2月，议长拉里贾尼率团赴印度访问。期间，拉分别同印度总统穆克吉和总理辛格举行会晤。3月，艾哈迈迪内贾德总统和巴基斯坦总统扎尔达里在伊朗东南部城市恰巴哈尔共同出席两国天然气管线巴境内部分开工仪式并发表联合声明称，该项目将促进两国和平、安全及发展，巩固彼此政治、经济、安全纽带。同月，伊朗海军第24舰队“萨巴兰”号驱逐舰和“哈尔克”号直升机运输舰抵达斯里兰卡科伦坡港，并对该国进行正式访问。5月，印度外长库尔希德访问伊朗并出席两国第七届经济合作委员会会议。期间，艾哈迈迪内贾德总统同库尔希德举行会晤。2015年8月，伊朗外长扎里夫访问印度。

【同中东国家的关系】发展与周边及穆斯林国家关系是伊对外战略的重要任务。2011年2月，土耳其总统居尔访问伊朗。2012年11月，伊朗议长拉里贾尼访问叙利亚、黎巴嫩和土耳其。2013年2月，艾哈迈迪内贾德总统赴埃及参加伊斯兰合作组织首脑会议，埃及总统穆尔西在机场为艾举行欢迎仪式，并与艾会晤。同月，埃及旅游部长扎祖访问伊朗，并与伊方就两国恢复直航达成协议。3月，一架埃及民航客机飞赴伊朗，成为埃伊断交30多年来埃首架直飞伊朗的航班。4月，时任总统艾哈迈迪内贾德在德黑兰会见土耳其发展部长伊尔马兹。2014年3月，伊朗总统鲁哈尼访问阿曼，这也是其上任后首次国事访问。6月，鲁哈尼访问土耳其。8月，伊朗最高领袖哈梅内伊表示，欢迎伊拉克总统马苏姆任命海德尔·阿巴迪出任伊拉克总理。2016年1月2日，沙特内政部宣布对包括著名什叶派教士尼米尔在内的47名“犯有恐怖主义罪行”的囚犯执行死刑，引起伊朗强烈不满，伊朗示威者冲击打砸沙特驻伊使领馆。1月3日，沙特、苏丹、巴林及吉布提宣布同伊朗断绝外交关系。阿联酋宣布将与伊朗外交关系降至代办级。

【同拉美及中、北美洲国家的关系】近年来，伊朗努力推进外交多元化，拓展同多数拉美及中、北美洲国家关系，但同加拿大关系不断恶化。2012年9月，伊朗同加断交。2013年3月，艾哈迈迪内贾德总统出席了在委内瑞拉首都加拉加斯举行的委总统查韦斯的葬礼。同月，阿根廷议会众院举行投票，以131票赞成、113票反对的结果通过了有关与伊朗联合调查1994年布宜诺斯艾利斯犹太人中心爆炸案的提案。4月，艾哈迈迪内贾德总统致电祝贺马杜罗当选委内瑞拉总统，并于随后出席马杜罗的就职典礼。

【同非洲国家的关系】重视发展与非洲国家的政治、经济和文化关系，主张在互利互惠的基础上与主要非洲国家建立新型伙伴关系。2003年3月9日，伊朗—非洲合作论坛宣告成立，以“挑战与机遇”为主题的首届论坛会议在德黑兰举行。2013年1月，外长萨利希访问贝宁、加纳和布基纳法索。2月，萨利希出席在亚的斯亚贝巴举行的第20届非盟峰会。4月，艾哈迈迪内贾德总统访问贝宁、尼日尔和加纳。7月，外长萨利希访问津巴布韦、科摩罗和纳米比亚。（奚栋）

以 色 列

国名 以色列国（The State of Israel）。

面积 根据1947年联合国关于巴勒斯坦分治决议的规定，以色列国的面积为1.52万平方公里。1948—1973年间，以色列在4次阿以战争中占领了大片阿拉伯国家领土，20世纪80年代以后陆续部分撤出。目前实际控制面积约为2.5万平方公里。

人口 846.2万（2015年12月），其中犹太人约占74.9%，阿拉伯人约占20.7%，其余为德鲁兹人和贝都因人等。希伯来语和阿拉伯语均为官方语言，通用英语。居民中大部分信奉犹太教，其余信奉伊斯兰教、基督教和其他宗教。

首都 建国时在特拉维夫（Tel Aviv），1950年迁往耶路撒冷（Jerusalem）。1980年7月30日，以议会通过法案，宣布耶路撒冷是以色列“永恒的与不可分割的首都”。对于耶路撒冷的地位和归属，阿拉伯国家同以色列一直有争议。目前，绝大多数同以有外交关系的国家仍把使馆设在特拉维夫。

国家元首 总统鲁文·瑞夫林（Reuven Rivlin），2014年7月24日就职，为以色列第10任总统，任期7年。

重要节日 犹太新年：约公历9月；赎罪日：约公历10月；住棚节：约公历10月；逾越节：约公历3、4月；大屠杀纪念日：约公历4、5月；独立日：约公历4、5月。

简 况

位于亚洲西部。东接约旦，东北部与叙利亚为邻，南连亚喀巴湾，西南部与埃及为邻，西濒地中海，北与黎巴嫩接壤，是亚、非、欧三大洲结合处，海岸线长度为198公里。地中海型气候，夏季炎热干燥，最高气温39℃；冬季温和湿润，最低气温4℃左右。

犹太人远祖是古代闪族支脉。起源于约4000年前的美索不达米亚平原，后因躲避自然灾害迁徙至埃及尼罗河三角洲东部，因而得名“希伯来人”（意为“渡来之人”）。公元前13世纪末开始从埃及迁居巴勒斯坦地区。公元前1000年左右，建立以色列国。此后先后被亚述、巴比伦、波斯、古希腊和罗马帝国征服。公元70年被罗马人赶出巴勒斯坦地区，开始长达近2000年“大流散”生活。19世纪末，犹太复国主义运动兴起，犹太人开始大批移居巴勒斯坦地区。第一次世界大战结束后，英国对巴勒斯坦实行委任统治。1917年，英国政府发表《贝尔福宣言》，表示赞成在巴勒斯坦地区为犹太人建立民族家园。1947年11月29日，联合国大会通过决议，决定在巴勒斯坦地区分别建立阿拉伯国和犹太国。1948年5月14日，以色列国正式成立。

政 治

议会民主制政体。议会是国家最高权力机构，政府由议会中占多数席位的政党或政党联盟组成。由于党派进入议会的选票门槛极低，以色列历届政府均为联合政府。

【议会】又称“克奈赛特”（Knesset），实行一院制，设有120个席位，任期4年。是国家最高权力机构，拥有立法权，负责制定和修改国家法律，对重大政治问题进行表决，批准内阁成员名单并监督政府工作等。

议会选举采用比例代表制，选民只需将选票投给各自支持的政党。获得3.25%以上选票的各政党根据得票多少按比例分配议席。

2015年5月，第20届议会经选举产生，由10个政党（联盟）组成，其中利库德集团30席，犹太复国主义联盟24席，阿拉伯联合名单党13席，未来党11席，“我们大家党”10席，“犹太家园”党8席，沙斯党7席，圣经犹太联盟6席，“我们的家园以色列”党6席，梅雷茨党5席。现任议长尤利·埃德尔斯坦（Yuli Edelstein），2013年3月18日就职，2015年5月连任，来自利库德集团。

【政府】政府由议会中占多数席位的一个或几个政党联合组成。议会选举结果揭晓后，总统在综合议会各党派意见基础上提名，授权最有可能赢得议会信任投票的政党主席组建政府，一般为议会第一或第二大政党主席。总理由成功完成组阁者担任。本届政府（第34届）于2015年5月成立，由利库德集团、“我们大家党”、“犹太家园”党、犹太圣经联盟和沙斯党联合组成，在议会中占61席，包括总理和20位部长。目前，政府主要成员有：总理（兼任外交、通讯、卫生和地区合作部部长）本雅明·内塔尼亚胡（Benjamin Netanyahu，利库德集团）；国防部长摩西·亚阿隆（Moshe Ya’alon，利库德集团）；经济部长纳夫塔利·本内特（NAFTALI BENNETT，“犹太家园”党）；财政部长摩西·卡隆（MOSHE KAHLON，“我们大家党”）；宗教事务部长大卫·阿祖莱（DAVID AZOULAY, 沙斯党）；耶路撒冷兼大流散事务部长，纳夫塔利·本内特（NAFTALI BENNETT,“犹太家园”党）；公安部长亚里夫·莱文（YARIV LEVINE，利库德集团）。

【行政区划】全国划分为75个市，265个地方委员会，53个地区委员会。

【宪法】没有正式的成文宪法，仅有《议会法》、

《国家土地法》、《总统法》、《政府法》、《国家经济法》、《国防军法》、《耶路撒冷法》、《司法制度法》、《国家审计长法》、《人的尊严与自由法》、《职业自由法》等11部基本法。

【司法机构】最高法院、地区法院和基层法院三级制组织系统，此外还有专项法庭、宗教法院和劳资法院。最高法院院长米里亚姆·瑙尔（MIRIAM NAOR）。

【政党和组织】以色列政党繁杂，且不断变化，主要有：

（1）利库德集团（Likud）：1973年9月由加哈尔集团、自由中心、拉姆党、人民党、国土完整运动等党联合组成。1977年首次在大选中获胜并执政。来自该党的贝京、沙米尔、内塔尼亚胡、沙龙曾先后出任总理。2005年8月，时任总理沙龙强力推行"单边脱离计划"，造成党内分裂，沙龙带领其支持者于11月退出利库德，另组前进党。同年12月，内塔尼亚胡再次当选利库德集团主席并连任至今。2009年，利库德在第18届议会选举中获27席，成为议会第二大党并成功组阁。2013年，利库德在第19届议会选举中与"我们的家园以色列"党组成竞选联盟，共获得31席，内塔尼亚胡再次成功组阁，连任总理。2014年，"利库德—我们的家园以色列"竞选联盟解散，但两党均留在政府之中。2015年，利库德集团在第20届议会选举中获得30席，成为议会第一大党并成功组阁。内塔尼亚胡再次连任总理。

（2）"我们的家园以色列"党（Yisrael Beiteinu）：1999年成立的右翼政党，主要支持者是来自苏联的犹太移民，主席为阿维格多·利伯曼。2009年第18届议会选举中获15席，成为议会第三大党，并参加由内塔尼亚胡为总理的联合政府。2013年第19届议会选举中与利库德集团组成竞选联盟（2014年解散），获得11席，加入政府，拥有外交、公安等5个位部长。2015年第20届议会选举中获6席，未加入执政联盟。

（3）"未来"党（Yesh Atid）：2012年4月成立的世俗中间党派，主要支持者为中产阶级，主席为现任财政部长亚伊尔·拉皮德。在2013年第19届议会选举中一举获得19席，成为议会第二大党，并加入政府，拥有财政、教育、科技等5位部长。2015年第20届议会选举获11席，未加入执政联盟。

（4）以色列工党（Israel Labour Party）：前身是1930年成立的以色列工人党（"马帕伊"），1968年与部分小党合并后改称"以色列工党"。以色列建国后至1977年，该党曾长期连续执政。本-古里安、梅厄、拉宾、佩雷斯等多位总理均来自该党。2007年6月，埃胡德·巴拉克当选工党主席。2009年，工党在第18届议会选举中获13席，成为第四大党。2011年1月巴拉克退出工党。2013年，工党在第19届议会选举中获15席，未加入政府，成为最大反对党。2013年11月21日，伊萨克·赫尔佐格当选工党主席。2015年1月，工党同运动党组成犹太复国主义联盟参加第20届议会选举，获得24席，成为以最大的反对党（联盟）。

（5）"犹太家园"党（Habayit Hayehudi—The Jewish Home）：2008年11月成立，主席为现任经济部长拿弗他利·本内特。在2009年第18届议会中获得3席，加入政府。在2013年第19届议会选举中获得12席，加入政府，拥有经济、住建等3位部长。2015年第20届议会选举中获8席，本内特任教育部长兼耶路撒冷和大流散事务部长。

（6）沙斯党（Shas）：1984年成立的代表东方犹太人的正教派犹太人政党。主席为阿里耶·德里。在第18届议会选举中获11席，为第五大党。在2013年第19届议会选举中获得11席，成为反对党。2015年第20届议会选举中获7席，加入执政联盟。

【重要人物】鲁文·瑞夫林：总统。1939年生。获耶路撒冷希伯来大学法学学士学位。担任过七届议员。1988年首次当选议员。2001至2003年任通讯部长。2003至2006年、2011至2013年两次担任议长。2014年7月至今，任以色列第10任总统。 **本雅明·内塔尼亚胡**：总理。1949年生于特拉维夫，获美国麻省理工学院学士、硕士学位。曾任以驻美使馆副馆长、常驻联合国代表。1988年当选议员。1993年当选利库德集团主席。1996年当选总理。1998年起兼任外长。1999年5月参加总理竞选失败后辞去利库德领导人职务，宣布退出政坛。2002—2005年，先后任外交部长、财政部长。2005年12月再次当选利库德集团主席。2009年3月，内出任总理。2013年3月18日，内再次组阁成功，连任总理。2015年5月，再次连任总理。

经　济

混合型经济，工业化程度较高，以知识密集型产业为主。高附加值农业、生化、电子、军工等部门技术水平较高。以色列总体经济实力较强，竞争力居世界先列。

2014年主要经济数据如下：

国内生产总值（2014年）：3037.71亿美元。

人均国内生产总值（2014年）：36991美元。

国内生产总值增长率（2014年）：2.8%。

货币名称：新谢克尔。

汇率：1美元≈3.95新谢克尔（2016年1月）。

失业率：5.4%。

【资源】矿产资源较贫乏。主要有钾盐、石灰石、铜、铁、磷酸盐、镁、锰、硫黄等。国土森林覆盖率约5.7%，总面积为127万杜纳亩（1杜纳亩约合1.4市亩）。

【工业】主要发展能耗少、资金和技术密集型产业，注重对科技研发的投入。工业部门门类集中在高新技术产业及宝石加工行业，在电子技术、计算机软件、医疗设备、生物技术、信息和通讯技术、钻石加工等领域达到世界尖端水平。

【农业】农业发达，科技含量较高，其滴灌设备、新品种开发举世闻名。农业组织结构以莫沙夫和基布兹为主。主要农作物有小麦、棉花、蔬菜、柑橘等。粮食接近自给，水果、蔬菜生产自给有余并大量出口。

【旅游业】旅游业在经济中占重要地位，是外汇的主要来源之一。以幅员虽小，但有独特的旅游胜地和众多的名胜古迹，每年吸引数以百万计的游客游览观光。

【交通运输】陆、海、空运输业发达。其中陆地运输的货物占一半，船舶和航空运输各占1/4。国内公路运输发达，特拉维夫、海法与耶路撒冷之间均有高速公路相连。全国公路通车总里程18096公里。主要铁路干线为海法—特拉维夫—耶路撒冷线，铁路总长度1001.4公里。主要港口有海法、阿什杜德和埃拉特。全国共有48个机场，主要机场有本—古里安国际机场、埃拉特机场和杜夫机场，2011年旅客吞吐量为1300万人次。主要航空公司有以色列航空公司（EL-AL）。

【对外贸易】国内市场相对狭小，经济对外依存度高。以色列是世贸组织和经济合作与发展组织成员国，与美国、加拿大、土耳其、墨西哥及欧盟、欧洲自由贸易联盟、南方共同市场签有自由贸易协定。欧盟是以色列最大贸易伙伴，美国是最大单一贸易伙伴国。

军　事

以色列国防军正式成立于1948年5月26日，其前身是犹太民兵组织“哈加纳”。国防最高决策权和国防军的最高统帅权属于政府。国防部长是国防系统的最高领导，总参谋部是军队最高指挥机关，具体负责全军的作战指挥和军事训练。实行普遍义务兵役制，现役部队18万人，预备役人员45万人。国防预算多年保持在国内生产总值的7%。

文化教育

【教育】政府重视教育事业。3—16岁儿童享受义务教育，免费教育至高中毕业。以色列教育经费长期占国民生产总值的8.5%左右。著名的高等院校有：耶路撒冷希伯来大学、特拉维夫大学、海法大学、以色列工程技术学院、魏茨曼科学研究院、巴伊兰大学、本·古里安大学等。

【新闻出版】新闻出版业较发达，主要报刊有：《国土报》（HA’ARETZ），创刊于1918年，希伯来文日报；《新消息报》（YEDIOTH AHRONOTH），创刊于1939年，希伯来文日报；《耶路撒冷邮报》（THE JERUSALEM POST），创刊于1932年，英文日报；《晚报》（MA’ ARIV），创刊于1948年，希伯来文日报。

以色列广播局（IBA），1948年成立，总部设在耶路撒冷，直接管理国有电视台电视一台和“以色列之声”电台。

以色列电视台：电视一台，国有电视台，1968年开播，总台设在耶路撒冷，每天播放希伯来语和阿拉伯语电视节目。其他主流电视台为电视二台、十台，均为私营电视台。

以色列电台：除“以色列之声”以外，“以色列国防军之声”也是最主流电台之一，1951年设立，军方电台，用希伯来语广播。

对外关系

截至2013年，以色列与世界上159个国家建立了外交关系。以色列在国外设有76个使馆、19个总领馆和5个代表团。

【同中国的关系】两国于1992年1月24日正式建立外交关系。2009年，以色列前总理奥尔默特、以议会外交和国防事务委员会主席哈内戈比、科技部长赫什科夫维奇等访华。2010年，以副总理兼战略事务部长亚阿隆、副议长瓦哈比访华，以社会事务部长赫尔佐格访华并出席上海世博会开幕式，以财政部长斯坦尼茨访华并出席上海世博会以色列馆日活动，以工业、贸易和劳动部长本－埃利泽来华出席世界经济论坛2010年新领军者年会。2011年6月，以副总理兼国防部长巴拉克访华。2012年，以副总理兼外交部长利伯曼、国防军总参谋长甘茨、工贸部长辛鸿、公安部长阿罗诺维奇、交通部长卡茨等访华。2013年5月，以总理内塔尼亚胡访华。2014年4月，以总统佩雷斯访华。2015年，以外长利伯曼、总检察长魏恩施泰因、副总理兼内政部长沙洛姆先后访华。

2009年4月，外交部长杨洁篪访以。2010年3月，国务院副总理回良玉访以。4月，全国政协副主席、统战部长杜青林访以。5月，全国政协副主席、科技部长万钢访以。11月，中共中央政治局委员、天津市委书记张高丽访以。2011年3月，商务部长陈德铭访以并出席中以经贸联委会第五届会议。2012年4月，全国人大常委会副委员长周铁农访以。6月，全国政协副主席陈宗兴访以并出席“面向明天2012——第四届以色列总统会议”。2013年6月，全国政协副主席韩启德访以并出席“面向明天2013——第五届以色列总统会议”。2013年12月，外交部长王毅访以。2014年5月，国务院副总理刘延东访以。6月，农业部长韩长赋访以。2015年5月，全国政协副主席王正伟访以。6月，全国政协副主席孙家正访以。11月，国务院副总理汪洋访以。

1992年两国成立经贸联委会，至今已举行5次会议。2005年11月，以色列正式承认中国完全市场经济地位。两国已签署“贸易、投资保护协定”、“避免双重征税”、“文化交流协定”、“民用航空协定”、“劳务输出协议”、“体育合作备忘录”、“教育合作协议”、“旅游合作协定”、“邮电通讯合作协议”、“工业技术研发框架协议”、“技术创新合作协定”、“关于加强经济贸易合作的备忘录”、“中国旅游团队赴以色列旅游实施方案的谅解备忘录”、“关于促进产业研究和开发的技术创新合作协定”、“关于成立中以两国创新合作联合委员会的备忘录”等协议。2015年，双边贸易额114.2亿美元，同比增长4.9%，其中我出口额86.2亿美元，同比增长11.3%，进口额28亿美元，同比下降10.8%。中国是以在亚洲的第一大、全球第三大贸易伙伴。

中国驻以色列大使：詹永新。馆址：222 BEN YEHUDA ST. TELAVIV（以色列国特拉维夫市本—耶胡达大街222号）。国家地区号：00972–3。电话：5467277；传真：5467251。

以色列驻华大使：马腾（Matan Vilnai）。馆址：北京市朝阳区天泽路17号。国家地区号：0086–10。电话：85320500；传真：85320555。

【同美国的关系】1948年5月14日与美国建交。两国有着特殊的战略盟友关系，美国每年向以色列提供大约30亿美元的军事援助。2012年1月，美参谋长联席会议主席邓普西访以。2月，以副总理兼外长利伯曼、副总理兼国防部长巴拉克访美。美国家安全顾问多尼隆访以。3月，以总统佩雷斯、总理内塔尼亚胡、国防军总参谋长甘茨访美。4月，以总统佩雷斯、副总理兼国防部长巴拉克访美。9月，以总理内塔尼亚胡访美。11月，以国家安全事务助理、国家安全委员会主席阿米德罗尔、国防部长巴拉克访美。2013年2月，美负责政治事务的副国务卿谢尔曼访以。3月，以总理内塔尼亚胡访美，美总统奥巴马访以。11月，以经济部长本内特访美。2013年以来，美国务卿克里十余次访以。2014年1月，美国副总统拜登赴以吊唁前总理沙龙。2014年3月，以总理内塔尼亚胡访美。2014年7月加沙冲突发生后，美向以提供2.25亿美元军事援助，帮助以方完善“铁穹”火箭弹防御系统。9月，以总理内塔尼亚胡访美。2015年3月，以总理内塔尼亚胡赴美在国会发表演讲。11月，克里再次访以。

【同俄罗斯的关系】1947年，苏联投票赞成联合国大会关于巴勒斯坦分治的决议。以建国后，苏即与以色列建立外交关系。1967年“六·五”战争后，两国断交。1990年10月，两国恢复大使级外交关系。12月，以宣布承认独联体所有国家，并相继同包括俄罗斯在内的独联体15国建立外交关系。2012年4月，以国家安全事务助理阿米德罗尔访俄。5月，俄总统普京访以。11月，以总统佩雷斯访俄。2013年6月，以副外长埃尔金访俄。2014年1月，俄内务部长弗拉基米尔·科洛科利采夫访以。2015年1月，以外长利伯曼访俄。9月，内塔尼亚胡访俄。

【同欧洲国家的关系】以色列与欧洲国家有传统关系。早期犹太复国主义运动的代表人物大多来自欧洲，相似的政体和共同的社会价值观是以同西欧国家发展关系的基础。由于周边大多数阿拉伯国家对以实行经济抵制，欧洲成为以重要贸易伙伴。欧洲各国支持政治解决阿以冲突，积极参加中东和平进程。马德里和会后，欧洲在中东问题上发挥作用的趋势有所加强。欧洲是以重要贸易伙伴。1975年以与欧共体建立自由贸易区，1995年同欧盟重新签署自由贸易协定。2004年12月，以与欧盟签订“欧洲近邻政策”协定。欧盟是中东问题“四方机制”之一。

2011年3月，以副总理兼外长利伯曼访问意大利、梵蒂冈、法国，总统佩雷斯访问英国。5月，以总理内塔尼亚胡访问英、法。2012年1月，以总理内塔尼亚胡访问荷兰，欧盟外交和安全政策高级代表阿什顿访以。4月，意大利总理蒙蒂访以。5月，以国家安全事务助理阿米德罗尔访问欧盟。6月，德国总统高克访以。8月，以总统佩雷斯访问希腊。10月，以总理内塔尼亚胡访问法国，欧盟外交和安全政策高级代表阿什顿访以。12月，以总理内塔尼亚胡访问捷克、德国。2013年3月，以总统佩雷斯访问欧盟。4月，奥地利副总理兼欧洲与国际事务部长（外交部长）施平德勒格、西班牙外交与合作大臣加西亚－马加略访以。5月，塞浦路斯总统阿纳斯塔西亚迪斯、塞尔维亚总统尼科利奇、英国外交大臣黑格、瑞士外交部长布尔克哈尔特、立陶宛外长林克维丘斯访以。6月，希腊外长阿弗拉莫普洛斯访以。11月，法国总统奥朗德访以。2014年1月，以总理内塔尼亚胡出席在瑞士举行的达沃斯论坛年会。2月，德国总理默克尔访以。7月，德国外长施泰因迈尔、意大利莫盖里尼、挪威外长博尔格·布伦德、法国外长法比尤斯先后访以，斡旋巴以冲突。9月，挪威外交大臣布伦德访以。10月，瑞典政府宣布承认巴勒斯坦国。12月，法国国民议会通过非约束性决议，敦促政府承认巴勒斯坦国。2015年1月，以色列总理内塔尼亚胡访问挪威，赴法国参加反恐大游行；西班牙外长马加略访以。法国、英国、比利时、意大利等国议会纷纷投票支持政府承认巴国地位。5月，以色列总统瑞夫林访问德国；欧盟外交和安全政策高级代表莫盖里尼、德国外长施泰因迈尔访以。6月，法国外长法比尤斯、意大利外长真蒂洛尼访以。7月，意大利总理、希腊外长科齐阿斯、荷兰外长孔德尔斯、英国外交大臣哈蒙德、美国国防部长卡特访以。8月，内塔尼亚胡访问意大利。9月，内塔尼亚胡访问英国。

【同阿拉伯国家的关系】以色列建国后同阿拉伯国家发生了4次大的战争，侵占了阿拉伯国家大片土地，使其实际控制领土面积约达到1947年分治决议规定的两倍。

同埃及关系：1979年3月，以埃正式签订和平条约，两国结束战争状态。1980年2月，双方互派大使。1989年3月，以撤出西奈半岛最后一块埃及领土塔巴地区。2011年埃及政局发生变化后，埃及军方承诺继续遵守埃以和约，以方对此表示欢迎。2011年8月，以军误杀数名埃及士兵，引发埃及大规模反以示威。9月，埃示威民众冲击驻埃使馆，迫使以使馆人员紧急撤离。2012年3月，埃及议会通过决议，要求驱逐以驻埃大使并停止向以输送天然气。4月，埃及宣布停止向以供应天然气。9月，以埃重新互派大使。2014年7月，埃及积极斡旋巴以冲突，并于8月初促使双方接受临时人道主义停火。

同巴勒斯坦关系：1993年9月13日，以同巴解相互承认并签署了加沙—杰里科先行自治协议。1994年5月4日，以巴在开罗正式签署关于巴勒斯坦在加沙、杰里科先行自治的执行协议。1997年1月15日，以巴签署《希伯伦协议》，以撤出希市80%地区。1998年10月23日，以巴在美签署怀伊协议，规定以从约旦河西岸撤出13.1%的土地。12月15日，巴全国委员会通过修宪决议，删除其中的灭以条款。1999年9月，双方就执行怀伊协议签署《沙姆沙伊赫备忘录》。9月13日，双方启动了最终地位谈判。但因双方在攸关切身利益的重大问题上分歧严重而进展不利。2000年9月起，双方爆发大规模暴力冲突。2001年1月，沙龙政府上台后奉行“安全优先”政策，2002年6月正式决定在西岸地区沿1949年停火线修建“隔离墙”。

2007年3月，有哈马斯参加的巴民族联合政府成立，以色列内阁以压倒性多数决定继续实行对巴的抵制政策。以表示不会同不接受“三项条件”的巴联合政府谈判，也不会同该政府中曾是以谈判对象的法塔赫成员联系，呼吁国际社会抵制新政府。2007年11月安纳波利斯中东和平国际会议召开后，巴以开始就巴最终地位问题、落实“路线图”计划等进行谈判。因以继续扩建定居点，双方在耶路撒冷、难民和边界等核心问题上分歧严重，谈判未取得实质性进展。2015年9月开始，以巴双方在多地不断发生零星冲突，造成人员伤亡，巴以关系持续紧张。

2008年12月27日开始，以色列对哈马斯控制的加沙地带实施代号为“铸铅”的大规模军事行动。2009年1月8日，安理会通过1860号决议，要求立即停火。美国奥巴马政府上台后，加大促和力度，并就定居点等问题向以方施压，促成美、以、巴三方首脑会晤。2009年11月，以方宣布暂停约旦河西岸定居点建设10个月的“限建令”。经美国斡旋，以巴双方于2010年5月启动间接谈判进而于9月初重启直接谈判。由于以方拒绝延长定居点“限建令”，和谈于10月初再次中断。2011年9月，巴勒斯坦正式申请成为联合国成员国，后因美国、以色列等强烈反对而未果。2011年5月，针对巴内部签署和解协议，以方表示将拒绝同哈马斯参与的新一届巴政府进行包括和谈在内的任何接触。2012年以来，中东问题“四方机制”、约旦等推动巴以进行多次接触，但未能取得实质性进展。4、5月，巴以领导人就复谈问题互致信件，以总理内塔尼亚胡还表示支持巴建立“领土连贯”的国家，但双方在定居点、边界等核心问题上分歧依旧，和谈未能重启。11月，联合国大会通过决议，授予巴勒斯坦联合国观察员国地位。以色列随即暂时冻结向巴方移交代收税款、宣布新建定居点住宅等措施予以报复。同月14—22日，以色列对哈马斯控制的加沙地带实施代号为“防务之柱”的大规模军事行动。2013年7月，巴以双方开始为期九个月的和平谈判。2014年4月，和谈破裂。7月8日，以色列向哈马斯控制的加沙地带发动代号为“保护边境”的军事行动，军事打击持续51天，造成巴方重大人员伤亡和财产损失。2015年4月，以南部遭到来自加沙的火箭弹袭击，未造成人员伤亡，这是2015年以来以境内首次遭到火箭弹袭击。6月，2名以色列公民在加沙地带被哈马斯扣押；一枚来自加沙的火箭弹落入以南部城市阿什克隆附近空旷地带，以随后予以还击。

同约旦关系：1994年7月25日，以色列和约旦在华盛顿签署和平条约，宣告结束两国长达46年之久的战争状态。同年11月，以、约建交并互派大使，实现两国关系完全正常化。

同黎巴嫩关系：1982年6月，以入侵黎巴嫩，1985年6月撤出时在黎南部保留约850平方公里的安全区，扶植约3000人的“南黎军”，并经常同黎巴嫩和巴勒斯坦武装发生冲突。1998年4月，以内阁通过决议，提出愿有条件地执行联合国425号决议，从黎南部撤军，但要求黎在安全问题上作出承诺，遭黎、叙拒绝。2000年5月，以单方面从黎南部撤军。但黎、叙坚持以应撤出谢巴地区。2006年7月，黎真主党武装人员潜入以北部一以军据点，摧毁一辆以军装甲车，打死3名、绑架2名以军士兵。以随即对黎发动大规模军事行动。8月14日，黎以根据联合国安理会第1701号决议停火。目前，以黎在谢巴农场归属、地中海海上边界划定等问题上仍有争议。2015年1月，以军空袭叙境内目标，炸死多名黎真主党成员，引发以黎边境局势紧张。以遭到来自黎巴嫩方向的反坦克导弹袭击，造成2名以士兵死亡，7人受伤。以向真主党据点发射至少50枚炮弹予以还击。目前黎以形势总体可控。

同叙利亚关系：1991年11月，以议会通过“捍卫戈兰高地法”。1992年9月，以首次表明以“土地换和平”的原则也适用于戈兰高地，之后，以叙和谈断断续续地进行。2008年5月，以叙双方宣布在土耳其斡旋下展开非直接谈判，谈判进行了4轮，因2008年底的加沙冲突中止。2012年11月和2013年3月，为报复来自叙境内的迫击炮弹落入戈兰高地停火线以方一侧，以军对叙进行警示性炮击。2013年1月、5月，以色列战机对叙境内目标实施越境空袭。2014年6月22日，一名以色列少年在以叙边境被叙方炮火击中身亡。随后，以方对叙实施空袭。7月，来自叙利亚方向的火箭弹再次击中以控戈兰高地。12月，以军空袭大马士革和迪马斯机场附近两处军事设施。2015年1月，以军空袭叙境内目标。4月，以军空袭叙黎边境叙方一侧的导弹部队基地。

同其他阿拉伯国家关系：1994—1996年，以色列先后与摩洛哥、突尼斯、阿曼互设利益办事处或办公室。1999年11月，毛里塔尼亚与以色列建交（2009年3月断交）。2010年10月，摩洛哥、突尼斯、阿曼宣布冻结与以色列的关系。

2002年2月，沙特王储提出关于中东和平的新建议，即以色列从1967年阿拉伯被占领土上全部撤军，阿拉伯国家同以实现关系正常化，受到国际社会的普遍欢迎。3月，在贝鲁特举行的第14次阿拉伯国家首脑会议通过以沙特和平建议为基础的“阿拉伯和平倡议”。倡议要求以色列全面撤出1967年以来占领的所有阿拉伯领土，接受建立以东耶路撒冷为首都、拥有主权、独立的巴勒斯坦国，并根据联合国第194号决议公正解决巴勒斯坦难民问题。在此基础上，阿拉伯国家将同以色列签署和平协议，并在实现全面和平的前提下逐步与以色列建立正常关系。此后，阿拉伯国家多次重申支持这项和平协议。2013年4月，阿拉伯国家代表团访美，表示愿在1967年边界基础上，通过少量土地置换实现“两国方案”。

【同土耳其的关系】1949年土耳其宣布承认以色列，是最早承认以的国家之一，1950年两国建立公使级外交关系。1991年马德里和会后，两国于12月将外交关系提升至大使级。此后，双方关系发展较快，在较长时间内保持密切、友好关系。1992年两国签订旅游合作协议。1996年签订军事合作协议，是以同伊斯兰国家签订的第一个军事协议。2000年两国签订自由贸易协定。2010年5月31日，以色列海军拦截向加沙运送人道主义物资的国际救援船队，造成8名土耳其人和1名美国籍土耳其裔人死亡。土方要求以方道歉、赔偿，遭到以方拒绝，两国关系严重受损。2013年5月，经美国斡旋，以土就结束外交危机达成协议草案，双方关系开始恢复。2014年7月加沙冲突爆发后，土强烈批评以色列。土总理埃尔多安表示在以色列停止加沙军事行动前，土以关系不会正常化。2015年12月，土总理达武特奥卢表示，土方寻求与以方关系正常化，但这并不代表土方放弃巴勒斯坦，土方仍会继续在巴勒斯坦问题上发挥作用。

【同其他亚洲国家的关系】以色列同亚洲许多国家建立了外交关系。随着亚洲各国经济实力的增长，以同亚洲各国在经济、文化，特别是商业领域的联系更趋紧密。日本与以色列经贸关系密切，是以重要贸易伙伴。2010年4、5月，以副总理兼情报部长梅里多尔、副总理兼外长利伯曼先后访日。2011年3月日本发生地震后，以方派搜救队赴日参与人道主义救援。2010年6月，以总统佩雷斯访问韩国。2011年11月，以总统佩雷斯访问越南。2013年2月，斯里兰卡外长佩里斯访以。4月，阿塞拜疆外长马梅德亚罗夫访以。2015年1月，日本首相安倍晋三访以。3月，以总统瑞夫林出席新加坡前总理李光耀葬礼，并与印度总理莫迪简短会面。10月，印度总统穆克吉访以。12月，越南副总理黄忠海访以。

【同非洲国家的关系】1967年“六·五”战争和1973年“十月战争”后，非洲29个国家相继与以色列断交，只有南非、斯威士兰、莱索托、马拉维与以保持外交关系。中东和平进程启动后，以陆续与刚果（金）、利比里亚、科特迪瓦、喀麦隆、多哥、肯尼亚、中非、埃塞俄比亚、厄立特里亚、加蓬、刚果（布）、尼日利亚、安哥拉、赞比亚、贝宁、冈比亚、布基纳法索、津巴布韦、博茨瓦纳等国复交或建交。2012年6月，科特迪瓦总统瓦塔拉访以。11月，多哥总统纳辛贝访以。2013年12月，以色列议长埃德尔斯坦赴南非出席前总统曼德拉的悼念仪式。

【同拉美国家的关系】自20世纪60年代起，以色列就与拉美国家发展关系，政府要员频繁出访拉美。以每年向拉美国家销售军工产品占以军品出口的一半以上。萨尔瓦多等国还聘用以军事顾问。2010年3月，巴西总统卢拉访以。2011年3月，智利总统皮涅拉访以。2013年6月，哥伦比亚总统桑托斯访以。2013年11月，以总统佩雷斯访问墨西哥。2014年7月，巴西、厄瓜多尔、智利和秘鲁等国抗议以色列军事打击加沙地区，并分别召回驻以大使。（彭雅琳）

印　度

国名　印度共和国（The Republic of India）。

面积　约298万平方公里（不包括中印边境印占区和克什米尔印度实际控制区等），印度政府自称328.78万平方公里。居世界第七位。

人口　12.95亿（世界银行2014年统计数据），居世界第2位。有10个大民族和几十个小民族，其中印度斯坦族46.3%，泰卢固族8.6%，孟加拉族7.7%，马拉地族7.6%，泰米尔族7.4%，古吉拉特族4.6%，坎拿达族3.9%，马拉雅拉姆族3.9%，奥里雅族3.8%，旁遮普族2.3%。官方语言为英语和印地语。约有80.5%的居民信奉印度教，其他宗教有伊斯兰教（13.4%）、基督教（2.3%）、锡克教（1.9%）、佛教（0.8%）和耆那教（0.4%）等。

首都　新德里（New Delhi），人口2500万。（数

据来源：联合国2014年全球城市化发展报告）。

国家元首　总统普拉纳布·慕克吉（Pranab Mukherjee）。2012年7月25日就职。

重要节日　共和国日（Republic Day）：1月26日；独立日（Independence Day）：8月15日；洒红节（Holi，也称春节）：每年公历3、4月间，印度教四大节日之一；灯节（Divali）：在10、11月间，是印度教徒最大的节日，全国庆祝3天。

简　况

南亚次大陆最大国家。东北部同中国、尼泊尔、不丹接壤，孟加拉国夹在东北部国土之间，东部与缅甸为邻，东南部与斯里兰卡隔海相望，西北部与巴基斯坦交界。东临孟加拉湾，西濒阿拉伯海，海岸线长5560公里。大体属热带季风气候，一年分为凉季（10月至翌年3月）、暑季（4—6月）和雨季（7—9月）三季。降雨量忽多忽少，分配不均。与中国时差 –2.5 小时。

世界四大文明古国之一。公元前2500年至前1500年之间创造了印度河文明。公元前1500年左右，原居住在中亚的雅利安人中的一支进入南亚次大陆，征服当地土著，建立了一些奴隶制小国，确立了种姓制度，婆罗门教兴起。公元前4世纪崛起的孔雀王朝统一印度，公元前3世纪阿育王统治时期疆域广阔，政权强大，佛教兴盛并开始向外传播。公元前2世纪灭亡，小国分立。公元4世纪笈多王朝建立，统治200多年。中世纪小国林立，印度教兴起。1398年突厥化的蒙古族人由中亚侵入印度。1526年建立莫卧儿帝国，成为当时世界强国之一。1600年英国侵入，建立东印度公司。1757年沦为英殖民地，1849年全境被英占领。1857年爆发反英大起义，次年英国政府直接统治印度。1947年6月，英国通过“蒙巴顿方案”，将印度分为印度和巴基斯坦两个自治领。同年8月15日，印巴分治，印度独立。1950年1月26日，印度共和国成立，为英联邦成员国。

政　治

印度独立后长期由国大党统治，反对党曾在1977—1979年、1989—1991年两次短暂执政。1996年后印度政局不稳，到1999年先后举行3次大选，产生了5届政府。1999—2004年，印度人民党为首的全国民主联盟上台执政，瓦杰帕伊任总理。2004年至2013年，国大党领导的团结进步联盟在左派政党外部支持下，组成联合政府，曼莫汉·辛格任总理。

2014年4月7日至5月12日，印度举行第16届人民院选举，印度人民党赢得人民院过半数席位，成为第一大党，在中央单独执政，纳兰德拉·莫迪出任总理。

【宪法】宪法于1950年1月26日生效。规定印度为联邦制国家，是主权的、社会主义的、世俗的民主共和国，采取英国式的议会民主制。公民不分种族、性别、出身、宗教信仰和出生地点，在法律面前一律平等。

【议会】联邦议会由总统和两院组成。总统为国家元首和武装部队的统帅，由议会两院及各邦议会当选议员组成选举团选出，任期5年，依照以总理为首的部长会议的建议行使职权。现任总统普拉纳布·慕克吉，2012年7月25日就任。两院包括联邦院（上院）和人民院（下院）。联邦院共250席，由总统指定12名具有专门学识或实际经验的议员，和不超过238名各邦及中央直辖区的代表组成，任期6年，每两年改选1/3。联邦院每年召开4次会议。宪法规定副总统为法定的联邦院议长。现任联邦院议长哈米德·安萨里（Hamid Ansari），2007年8月10日当选，2012年8月7日连任。人民院为国家主要立法机构，其主要职能为：制定法律和修改宪法；控制和调整联邦政府的收入和支出；对联邦政府提出不信任案，并有权弹劾总统。人民院共545席，其中543席由选民直接选举产生，每5年举行1次大选。左翼政党及盟党80席，其余政党44席。2013年3月，印执政联盟第二大党德拉维达进步联盟（DMK）退出政府，6月印度人民党（联合派）退出印度人民党领导的全国民主联盟。2014年选举产生的第16届人民院得票较多的政党有：印人党获得279席，国大党获44席，全印安纳德拉维达进步联盟获37席，草根国大党34席，胜利人民军20席。现任人民院议长苏米特拉·马哈詹（Sumitra Mahajan），2014年6月6日当选。

【政府】以总理为首的部长会议是最高行政机关。总理由总统任命人民院多数党的议会党团领袖担任，部长会议还包括内阁部长、国务部长。

以总理为首的部长会议是最高行政机关。总理由总统任命人民院多数党的议会党团领袖担任，部长会议还包括内阁部长、国务部长。总理和内阁部长组成的内阁是决策机构，其中内阁部长共27人：总理纳兰德拉·莫迪（Narendra Modi）兼人事、督察和养老金部部长、原子能和空间署署长，内政部长拉吉纳特·辛格（Raj Nath Singh），外交部、海外印人事务部部长苏诗玛·斯瓦拉吉（Sushma Swaraj，女），国防部部长马诺哈尔·帕里卡尔（Manohar Parrikar），铁道部部长苏雷什·普拉布（Suresh Prabhu），财政部、公司事务部、信息和广播部部长阿朗·杰特利（Arun Jaitley），城市发展部、住房和城市扶贫部、议会事务部部长M·文凯亚·奈杜（M. Venkaiah Naidu），道路交通和公路部、航运部部长尼廷·杰拉姆·加德卡里（Nitin Jairam Gadkari），司法部部长D·V·萨达南达·高达（D.V.Sadananda Gowda），水资源、河流开发和恒河复兴部部长乌玛·巴拉蒂（Uma Bharati，女），少数民族事务部部长纳吉马·A·赫普图拉（Najma A. Heptulla），科技部、地球科学部部长哈什·瓦尔丹（Harsh Vardhan），消费者事务、食品和公共分配部部长拉姆维拉斯·帕斯万（Ramvilas

Paswan)，中小企业事务部部长卡尔拉吉·米什拉(Kalraj Mishra)，妇女和儿童发展部部长玛内卡·桑杰·甘地(Maneka Sanjay Gandhi，女)，化工和化肥部部长阿南特库马尔(Ananthkumar)，通信和信息技术部部长拉维·香卡尔·普拉萨德(Ravi Shankar Prasad)，卫生和家庭福利部部长贾盖特·普拉喀什·纳达(Jagat Prakash Nadda)，乡村发展部、潘查亚特事务部、饮用水和卫生处理部部长乔杜里·布兰德·辛格(Chaudhary Birender Singh)，民航部部长阿肖克·加杰帕蒂·拉朱·普萨帕蒂(Ashok Gajapathi Raju Pusapati)，重工业和公共企业部部长阿南特·吉特(Anant Geete)，食品加工工业部部长哈斯姆拉特·考尔·巴达尔(Harsimrat Kaur Badal，女)，矿业部、钢铁部部长纳兰德拉·辛格·托马尔(Narendra Singh Tomar)，部落事务部部长久尔·奥拉姆(Jual Oram)，农业部部长拉达·莫汉·辛格(Radha Mohan Singh)，社会公平和权力部部长塔瓦尔·昌德·盖洛特(Thaawar Chand Gehlot)，人力资源开发部部长斯姆里蒂·祖宾·伊拉尼(Smriti Zubin Irani，女)。

独立主持部务的国务部长13人：统计和项目实施部、外交部及海外印人事务部国务部长V·K·辛格(V. K. Singh)，计划部、国防部国务部长德吉特·辛格·拉奥(Inderjit Singh Rao)、纺织部国务部长桑多什·库马尔·冈瓦尔(Santosh Kumar Gangwar)，传统医学部、卫生和家庭福利部国务部长谢利帕德·耶索·纳伊克(Shripad Yesso Naik)，劳工与就业部国务部长班得瑞·达塔特雷亚(Bandaru Dattatreya)，技能发展、创业部及议会事务部国务部长拉吉夫·普拉塔普·鲁迪(Rajiv Pratap Rudy)，石油和天然气部国务部长达蒙德拉·普拉丹(Dharmendra Pradhan)，青年和体育部国务部长萨巴南达·索诺瓦(Sarbananda Sonowal)，环境、森林和气候变化部、议会事务部国务部长普拉卡什·贾瓦德卡尔(Prakash Javadekar)，能源部、煤炭部、新能源和可再生能源部国务部长皮尤什·高耶尔(Piyush Goyal)，东北地区发展部、总理办公室、原子能部、空间部及人事、督察和养老金部国务部长吉坦德拉·辛格(Jitendra Singh)，商工部国务部长尼尔玛拉·希塔拉曼(Nirmala Sitharaman，女)，文化、旅游、民航部国务部长马赫什·沙玛(Mahesh Sharma)。

【司法机构】最高法院是最高司法权力机关，有权解释宪法、审理中央政府与各邦之间的争议问题等。各邦设有高等法院，县设有县法院。最高法院法官由总统委任。现任首席法官T.S. 塔库尔(T.S. Thakur)，2015年12月任命。总检察长由政府任命，其主要职责是就执法事项向政府提供咨询和建议，完成宪法和法律规定的检察权，对宪法和法律的执行情况进行监督等。现任总检察长慕库尔·罗哈吉(Mukul Rohatgi)，2014年6月任命。

【政党】(1)印度人民党(Bharatiya Janata Party)：1980年4月成立，其前身是1951年成立的印度人民同盟。自称有350万党员。代表北部印度教教徒势力和城镇中小商人利益，具有强烈民族主义和教派主义色彩。1996年首次成为议会第一大党并短暂执政。1998年至2004年两度执政。2014年再次赢得人民院过半议席，成为第一大党，在中央单独执政。现任主席阿米特·沙阿(Amit Shah)。

(2)印度国民大会党(英迪拉·甘地派)(The Indian National Congress〔Indira Gandhi〕)：简称国大党(英)，通常称国大党。据称有初级党员3000万，积极党员150万。国大党成立于1885年12月，领导了反对英国殖民统治和争取印度独立的斗争。印独立后长期执政，1969年和1978年两次分裂。1978年英·甘地组建新党，改用现名。2004年和2009年人民院选举中两次成为议会中第一大党，在2014年人民院选举中遭受重挫，仅获得44个议席。现任主席索尼娅·甘地(Sonia Gandhi，女)。

(3)印度共产党(马克思主义)(Communist Party of India〔Marxist〕)：简称印共(马)。1964年以孙达拉雅和南布迪里巴德为代表的一派从印度共产党分出后成立。党员81.4万(2002年)，是印度最大的左翼政党。曾在西孟加拉邦长期执政，2011年5月结束在该邦连续34年的执政地位。现任总书记西塔拉姆·亚丘里(Sitaram Yechury)。

(4)印度共产党(Communist Party of India)：于1920年成立。1964年分裂，以党主席什·阿·丹吉为首的一派仍沿用印共名称。1981年4月，丹吉因支持英·甘地与党内发生分歧而被开除出党，该党再次分裂。现任总书记苏拉瓦拉姆·雷迪(Suravaram Sudhakar Reddy)。

【重要人物】普拉纳布·慕克吉：总统。1935年12月生于印度西孟加拉邦，印度国大党成员。先后出任航运、运输、税收、金融等部门国务部长，以及财政部长、外交部长、国防部长等职务。2012年7月22日当选印度第13任总统，7月25日就任。 **纳兰德拉·莫迪**：总理。1950年出生于印度古吉拉特邦，印度教徒，政治学硕士。1987年加入印度人民党，曾任该党古吉拉特邦分部总书记、全国书记和全国总书记。2001年起连续13年担任古吉拉特邦首席部长。在2014年印第16届人民院选举中率人民党赢得过半数席位。2014年5月26日就任总理。

经 济

独立后经济有较大发展。农业由严重缺粮到基本自给，工业形成较为完整的体系，自给能力较强。20世纪90年代以来，服务业发展迅速，占GDP比重逐年上升。印已成为全球软件、金融等服务业重要出口国。

1991年7月开始实行全面经济改革，放松对工业、外贸和金融部门的管制。1992—1996年实现经济年均增长6.2%。“九五”计划（1997—2002年）期间经济年均增长5.5%。“十五”计划（2002—2007年）期间，继续深化经济改革，加速国有企业私有化，实行包括农产品在内的部分生活必需品销售自由化，改善投资环境，精简政府机构，削减财政赤字。实现年均经济增长7.8%，是世界上发展最快的国家之一。2006年，推出“十一五”计划（2007—2012年），提出保持国民经济10%的高速增长，创造7000万个就业机会，将贫困人口减少10%，大力发展教育、卫生等公共事业，继续加快基础设施建设，加大环保力度。2011年8月，印计划委员会通过“十二五”（2012—2017年）计划指导文件，提出国民经济增速9%的目标。

2008年以来，受国际金融危机影响，经济增长速度放缓。2009年下半年以来有所好转。

2014/2015财年主要经济数据如下：

国内生产总值：105.52万亿卢比（约合1.73万亿美元）。

国内生产总值增长率：7.2%。

国民总收入：123.4万亿卢比（约合20184亿美元）。

人均国民收入：86879卢比（约合1420美元）。

货币名称：印度卢比（Rupee）。

汇率：1美元≈65.03印度卢比（2015年4月至2016年1月平均值）。

（注：根据印度财政部公布的2014/2015财年经济调查数据）

尽管全球经济增长放缓，印度经济在2014—2015财年仍实现7.2%的增长。2015年第一季度，印度外汇储备达3439亿美元。国际金融机构也普遍看好印经济走势。世界银行预测2016年印度经济增速为7%，称有望于2016年或2017年超过中国，成为增长最快的主要经济体。

【资源】资源丰富，有矿藏近100种。云母产量世界第一，煤和重晶石产量居世界第三。主要资源可采储量估计为：煤2533.01亿吨，铁矿石134.6亿吨，铝土24.62亿吨，铬铁矿9700万吨，锰矿石1.67亿吨，锌970万吨，铜529.7万吨，铅238.1万吨，石灰石756.79亿吨，磷酸盐1.42亿吨，黄金68吨，石油7.56亿吨，天然气10750亿立方米。此外，还有石膏、钻石及钛、钍、铀等。森林67.83万平方公里，覆盖率为20.64%。

【工业】主要工业包括纺织、食品加工、化工、制药、钢铁、水泥、采矿、石油和机械等。汽车、电子产品制造、航空和空间等新兴工业近年来发展迅速。2008年以来，印工业增长放缓，2013/2014年，工业同比增长0.4%，其中采矿业下降1.4%，制造业下降0.7%。2014/2015年（4月至1月），印度工业生产指数同比增长2.5%。电力行业同比增长9.3%，在三大主要行业中增长最快。制造业和采矿业分别同比增长1.7%和1.3%。近年来主要工业产品产量如下（单位：万吨）：

	2012/2013	2013/2014	2014/2015
煤	58310	60982	61000
原油	3810	3778	—
钢材	8280	83253	86500
铁矿砂	1673	—	—
发电量（百万千瓦/时）	1108.5	1175.6	1256.0

【农业】拥有世界1/10的可耕地，面积约1.6亿公顷，人均0.17公顷，是世界上最大的粮食生产国之一。农村人口占总人口72%。由于投资乏力、化肥使用不合理等因素，近年来农业发展缓慢。“十一五”期间，农业年均增长率3.28%。2011/2012财年增长率为1.8%，2012/2013财年为1.4%，2013/2014财年为4.7%。近年来，印度主要农副产品产量如下（单位：百万吨）：

	2012/2013	2013/2014	2014/2015（预估值）
粮食总产量	257.13	265.57	257.07
稻米	105.24	106.65	103.04
豆类	18.34	19.78	18.43
粗粮	40.04	42.7	39.83
油料	30.94	32.75	29.83
甘蔗	341.22	348	354.95
棉	34.22	36.5	35.15

【服务业】近年来，印服务业实现较快发展。2013/2014财年增长6.8%，占GDP的57%。其中，酒店贸易服务业、金融类服务业、社会服务业以及建筑业分别增长4.5%、10.9%、5.6%、1.6%，占GDP比重分别为24%、18.5%、14.5%、7.8%。2014/2015财年，服务业占GDP比重上升至72.4%，预期增长率为10.6%。2016年服务业对国民总增加值的贡献率预计为66.1%，将成为印度创造就业、创汇和吸引外资的主要部门。

【旅游业】旅游业是印度政府重点发展产业，也是重要就业部门。近年来，印度入境旅游人数逐年递增，旅游收入不断增加。2012年—2013年度，旅游业收入占GDP比重为6.88%，对全国就业的贡献率为12.36%。主要旅游点有阿格拉、德里、斋浦尔、昌迪加尔、那烂陀、迈索尔、果阿、海德拉巴、特里凡特琅等。2014年印度入境旅游人数约为770万人次，同比增长6.6%，增速超过同期国际平均水平。印度旅游业创造外汇收入196.57亿美元，同比增长11.5%。2015年印度入境旅游人数约为800万人次，同比增长3.8%，创造外汇收入197亿美元，同比增长0.2%。

	2012	2013	2014	2015
外国游客（万人次）	657.7	696.7	770.3	800
同比增长率（%）	4.3	5.9	10.6	3.8
创造外汇（百万美元）	17737	18445	19657	19700
同比增长率（%）	7.1	4.0	6.6	0.2

【交通运输】铁路为最大国营部门，拥有世界第四大铁路网。公路运输发展较快，是世界第二大公路网。海运能力居世界第18位。

铁路：6.6万公里。

公路：486.54万公里。

水运：主要海港12个，包括孟买、加尔各答、金奈、科钦、果阿等，承担3/4货运量。孟买为最大港口。

空运：经营定期航班的航空公司共14家，包括印度国际航空公司、印度航空公司等，有飞机334架。专营非定期航班的空运企业65家，飞机201架。航线通达各大洲主要城市。共有机场345个，其中国际机场5个，分别位于德里、孟买、加尔各答、金奈和特里凡特琅。

【财政金融】中央和地方财政分立，预算有联邦和邦两级。每年4月1日至次年3月31日为一个财政年度。多年来推行赤字预算以刺激经济发展，截至2013年12月，印外债4260亿美元，占GDP的23.3%。2013/2014财年，印度财政赤字约889.3亿美元，约占国内生产总值的4.5%。截至2014年9月底，印度外部债务达4559亿美元，较2014年3月底增加了137亿美元。其中，外部长期债务为3695亿美元，占总外部债务的81.1%。截至2015年9月，印度财政赤字为37856亿卢比（约合553亿美元），约占2015/2016年财政预算的68.1%。政府总支出为91054亿卢比（约合1329亿美元），约占2015/2016年财政预算的51.2%。2014/2015财年，印度外汇储备达3206.49亿美元。2015/2016财年（截至2015年12月），印度外汇储备为3503.81亿美元。

【对外贸易】近年来，受世界经济形势、卢比贬值等因素影响，印对外贸易增长缓慢，由于进口增速大于出口，贸易赤字扩大。近年外贸情况如下（单位：亿美元）：

	2012/2013	2013/2014	2014/2015	2015/2016（4月—12月）
总　额	7911.38	7626.78	7583.71	4924.16
进口额	4907.37	4500.68	4480.33	2958.12
出口额	3004.01	3126.10	3103.38	1966.04
差　额	−1903.36	−1374.58	−1376.95	−992.08

【外国资本】1991年起积极引进外资。毛里求斯是印第一大投资来源国。2011/2012财年，印吸收外国直接投资329.5亿美元，2013/2014财年，吸收外国直接投资约364亿美元，对印投资前三位的国家分别是：毛里求斯、新加坡和英国，吸引外资较多的行业包括制造业、建筑业和服务业等。2014年4月至11月，印度吸引外国直接投资277亿美元。2015年4月至11月，印度吸引外国直接投资约348亿美元。2015/2016财年（截至2015年11月），印度吸引外国直接投资约248亿美元，其中60%的投资来自于小国，排名前几位的分别是新加坡、毛里求斯、荷兰、美国，主要投资领域包括计算机、服务业、贸易等。

【外国援助】印度是世界上主要的受援国之一。2011/2012财年，外援总额63.8亿美元，其中贷款56.7亿美元，赠款7.1亿美元。2013/2014财年，外援总额57.96亿美元，其中贷款52.36亿美元，赠款5.6亿美元。2014/2015财年，外援总额58.714亿美元，其中贷款56.349亿美元，赠款2.365亿美元。2015/2016财年（截至2016年1月6日），外援总额39.638亿美元，其中贷款37.506亿美元，赠款2.132亿美元。近年来外援情况如下（单位：亿美元）：

	2012/2013	2013/2014	2014/2015	2015/2016
国际开发协会	12.54	19.54	17.017	9.774
国际复兴开发银行	4.22	3.91	24.126	9.516
亚洲开发银行	10.49	30	16.863	11.567
国际农业发展基金会	—	0.663	0.627	—
英国	1.26	0.19	—	—
德国	0.68	1.34	9.301	2.397
日本	15.97	28.48	11.06	1.79

注：上述数据截至2016年1月

人民生活

根据联合国公布的新贫困标准（日生活费用1.25美元以下），印度目前有3.55亿贫困人口，占全国总人口的29.8%。印人口出生率2.18%，新生婴儿死亡率4.46%，人均寿命为66.1岁。医院和诊所共3.2万家，各类郊区、基础和社区卫生中心17.2万家。电话用户约9.35亿，固定电话用户约3095万，移动电话用户约9.04亿。

军　事

印军前身为英国殖民主义者的雇佣军。1947年印巴分治后始建分立的三军。1978年创建独立的海岸警卫队。总统是名义上的武装力量统帅，内阁为最高军事决策机构。国防部负责部队的指挥、管理和协调。各军种司令部负责拟定、实施作战计划，指挥作战行动。现陆军参谋长比克拉姆·辛格（Bikram Singh），空军参谋长布朗（N.A.K Browne），海军参谋长乔什（D.K Joshi）。实行募兵制。陆、海、空三军现役兵力为127万，其中陆军110万，海军5.3万，空军11.7万。另有50多万预备役军人和100多万准军事部队。2015/2016财年，国防预算为2.5万亿卢比，同比增长10.9%。

文化教育

【教育】实行12年一贯制中小学教育。高等教育共8年，包括3年学士课程、2年硕士课程和3年博士课程。还包括各类职业技术教育、成人教育等非正规教育。印有高等院校31868所，其中综合性大学544所，著名的包括德里大学、尼赫鲁大学、加尔各答大学等。印全民识字率74.04%。

【新闻出版】印报刊大多属私人和财团所有。截至

2008年底，共有报刊69323种，总发行量2.07亿份。印地文和英文报刊分别占总数的37%和16%。最大的三家日报依次为《印度时报》、《马拉雅拉娱乐报》和《古吉拉特新闻》。主要印地文报纸有《旁遮普之狮报》、《今天日报》、《印度斯坦报》等。主要英文报纸有《印度斯坦时报》、《政治家报》、《印度教徒报》、《印度快报》等。

主要新闻机构和通讯社有：（1）新闻发布署：相当于政府中央通讯社，拥有1100多名国内和180多名国外特派记者，电传网覆盖全国各地，向8000余家新闻单位供稿。设有8个地区总分社和27个分社。（2）印度报业托拉斯：印最大通讯社，半官方性质。成立于1947年8月，后兼并印联合通讯社和路透社印度支社，于1949年元旦开业。现设136个国内分社和11个海外分社，员工1000多名，海外记者30多名。英文日发稿量超过10万字。在北京派驻记者。（3）印度联合新闻社：印第二大通讯社。1959年登记成立。现有分社100多个。目前向四个海湾国家及新加坡、毛里求斯提供新闻服务，在迪拜、华盛顿和新加坡设有分社，向22个国家派驻记者。（4）印度斯坦新闻社：私营，主要编发印地文、马拉地文、古吉拉特文和尼泊尔文的新闻。

全印广播电台隶属政府新闻广播部，广播网覆盖全国人口99.1%。对内使用24种语言和146种方言播音。对外使用27种语言广播。

全印电视台于1959年9月试播，1976年脱离全印广播电台成为独立机构，隶属新闻广播部，是世界最大的电视网络之一。截至2011年3月，全国共有56家电视台，515个卫星频道。电视网覆盖全国陆地面积的77.5%和人口的89.6%。

印度有线电视和卫星电视市场兴起于20世纪90年代。电视用户数量从1992年的41万户增长到2013年1.61亿户。据印度信息和广播部2014/2015年度报告显示，印度拥有数量庞大的广播和营销部门，包括近790个电视频道，6000家多系统运营商，60000家当地有线电视运营商，7家直接到户的卫星电视运营商，以及多家网络电视服务商。

对外关系

印为不结盟运动创始国之一，历届政府均强调不结盟是其外交政策的基础。印与所有国家积极发展关系，力争在地区和国际事务中发挥重要作用。冷战结束后，印政府调整了过去长期奉行的倾向苏联的大国政策，推行全方位务实外交，营造有利于自身发展的持久和平稳定的地区环境。

印主张在和平共处五项原则及联合国宗旨和原则的基础上建立公正合理、考虑到所有国家利益并能为所有人接受的国际政治新秩序，要求进一步加强南南合作和南北对话，呼吁各国共同创造一个有利于第三世界发展的公正合理的国际经济新秩序。积极参加联合国维和行动。1992年联大期间正式向大会提出成为安理会常任理事国的要求，建议扩大安理会，实现决策民主化，提高工作效率。2005年，印度与日本、巴西和德国组成“四国集团”，提出安理会改革框架决议草案，要求扩大安理会，同时增加常任理事国与非常任理事国。

在人权问题上，主张推进人权应考虑各国的具体情况，认为最根本的人权是生存的权利；对发展中国家来说，发展问题优于民主和人权，反对将人权问题政治化，反对利用人权干涉他国内政，从而损害别国的主权和统一。

重视全球环境保护问题，认为解决这一问题应与发展中国家的发展要求相联系，环保的主要责任应由发达国家承担，建议发达国家和发展中国家联合从事研究和开发来解决环境问题。在气候变化问题上坚持“共同但有区别的责任”原则，列名支持《哥本哈根协议》。

近年来，印政府继续推行全方位大国外交战略，高度重视印中关系，优先发展与美关系，巩固印俄传统关系，推进与欧、日等主要发达国家的关系。继续推行东向政策。重视能源安全，逐步拓展同海湾、中亚等能源供应国的交往与合作。强调外交为经贸服务，注重发展经贸科技合作，吸收外国资金和技术。

【同中国的关系】1950年4月1日中印建交。20世纪50年代，中印两国领导人共同倡导和平共处五项原则，双方交往密切。1959年西藏叛乱后，中印关系恶化。1962年10月，中印边境发生大规模武装冲突。1976年双方恢复互派大使后，两国关系逐步改善。印度总理拉吉夫·甘地（1988年）、总统文卡塔拉曼（1992年）、总理拉奥（1993年）、副总统纳拉亚南（1994年）、总统纳拉亚南（2000年）先后访华。国务院总理李鹏（1991年）、全国政协主席李瑞环（1993年）、副总理兼外长钱其琛（1994年）、全国人大常委会委员长乔石（1995年）、国家主席江泽民（1996年）、全国人大常委会委员长李鹏（2001年）、国务院总理朱镕基（2002年）分别访问印度。2003年6月，印度总理瓦杰帕伊对中国进行正式访问，双方签署《中印关系原则和全面合作的宣言》。2005年4月，温家宝总理访印，双方签署《联合声明》，宣布建立面向和平与繁荣的战略合作伙伴关系。2006年11月，胡锦涛主席对印度进行国事访问。双方发表《联合宣言》，制定深化两国战略合作伙伴关系的“十项战略”。2008年1月印度总理辛格访华，两国签署《中印关于二十一世纪的共同展望》。2010年是中国印度建交60周年。5月，印度总统帕蒂尔来华进行国事访问。12月，温家宝总理访印，两国签署《中华人民共和国和印度共和国联合公报》。2011年是“中印交流年”。

2012年是“中印友好合作年”。胡锦涛主席和温家宝总理分别在金砖国家领导人峰会和联合国可持续发展大会期间，同辛格总理举行双边会见。印外长克里希纳2月来华出席印驻华使馆新馆启用仪式，6月代表印度来华出席上海合作组织峰会。杨洁篪外长3月对印进行访问。

2013年，中印关系继续保持稳定发展势头。1月，戴秉国国务委员赴印出席金砖国家安全事务高级代表会议，其间与辛格总理和国家安全顾问梅农举行双边会见。3月，习近平主席在出席南非金砖国家领导人峰会期间会见辛格总理。5月，印外长库尔希德访华。李克强总理对印度进行正式访问，双方发表《联合声明》。10月，印总理辛格来华进行正式访问。

2014年是"中印友好交流年"。2014年5月，李克强总理同印度新任总理莫迪通电话。6月，外交部长王毅作为习近平主席特使访印，印副总统安萨里访华并出席和平共处五项原则60周年纪念活动。7月，习近平主席和莫迪总理在出席金砖国家领导人第六次会晤期间举行双边会见。8月，王毅外长与印外长斯瓦拉吉在东亚合作系列外长会期间会晤。9月，习近平主席对印度进行国事访问，双方发表《关于构建更加紧密的发展伙伴关系的联合声明》。11月，李克强总理在缅甸出席东亚合作领导人系列会议期间与印度总理莫迪会见。

2015年1月31日至2月3日，印度外长斯瓦拉吉访华并出席中俄印三方合作外长会。5月14日至16日，印度总理莫迪正式访华。6月13日至16日，全国人大常委会委员长张德江访问印度。7月上旬，习近平主席在乌法出席金砖国家领导人第七次会晤期间会见印度总理莫迪。11月，国务院总理李克强在马来西亚出席东亚国家领导人系列峰会期间会见印度总理莫迪，中国国家副主席李源潮访印。

中印边界谈判继续向前推进，边境地区总体保持和平与安宁。2012年1月，中印边界问题中方特别代表、国务委员戴秉国同印方特别代表、印度国家安全顾问梅农在新德里举行中印边界问题特别代表第15次会晤。双方签署建立边境事务磋商和协调工作机制的协定。3月中印边境事务磋商和协调工作机制首次会议在北京举行，第二次会议11月在新德里举行。2013年6月，杨洁篪国务委员同印国家安全顾问梅农在北京举行中印边界问题特别代表第16次会晤。2014年2月，杨洁篪国务委员同印国家安全顾问梅农在印度新德里举行中印边界问题特别代表第17次会晤。2015年3月23日至24日，杨洁篪国务委员访问印度并与印度国家安全顾问多瓦尔举行第18次中印边界问题特别代表会晤。

中印双边贸易健康发展，双方已完成中印区域贸易安排联合可行性研究，经济合作领域不断拓展。2013年，双边贸易额为654.71亿美元，同比下降1.5%。其中中国出口额484.43亿美元，进口额170.28亿美元。2014年，中印贸易额706.05亿美元，同比增长7.8%，其中中国对印出口542.26亿美元，同比增长11.9%；中国自印进口163.79亿美元，同比下降3.8%。2015年中印双边贸易额716.2亿美元，同比增长1.5%，其中中国对印出口582.4亿美元，同比增长7.4%；中国自印进口133.8亿美元，同比下降18.2%。截至2015年底，中国在印累计签订承包工程合同额657.8亿美元，完成营业额440.1亿美元。中国对印非直接投资累计金额35.5亿美元。中国对印度主要出口商品有机电产品、化工产品、纺织品、塑料及橡胶、陶瓷及玻璃制品等。中国自印度主要进口商品有铁矿砂、铬矿石、宝石及贵金属、植物油、纺织品等。

2012年8月，中印经贸科技联合小组第九次会议在新德里举行。11月，第二轮中印战略经济对话在新德里举行。2014年3月，中印第三次战略经济对话在北京举行。9月，中印经贸联合小组第十次会议在北京举行。

两国在军事领域的交流与合作进一步发展。2006年5月，两国签署《中印防务领域加强交流与合作的谅解备忘录》。2007年以来，双方举行了两次陆军联合反恐训练，两国军方代表团多次互访。2009年，印海军参谋长梅赫塔上将来华访问并参加中国海军成立60周年庆典活动；印东部军区司令维杰·库马尔·辛格率印高级军事代表团访华；中国人民解放军副总参谋长葛振峰上将和西藏军区司令员舒玉泰分别率团访印；中国海军"深圳"号导弹驱逐舰访印。2011年6月，印边防部队代表团访华。12月，中印第五次防务与安全磋商在新德里举行。2012年5月，中国海军"郑和"号训练舰访印。6月，四艘印海军舰艇访问上海。9月，国务委员兼国防部长梁光烈访印。2013年1月，中印第六次防务与安全磋商在北京举行。3月，中国人民解放军副总参谋长戚建国率团访印。7月，印国防部长安东尼访华。2014年2月，第六届中印防务与安全磋商在印度新德里举行。2015年4月，第七届中印防务磋商在北京举行。11月，中央军委副主席范长龙上将访印。12月，印度边防代表团访华。

两国人文领域的交流与合作不断扩大。2011年是"中印交流年"。4月，"感知中国·印度行——四川周"活动在印度举办。5月，国家新闻出版总署副署长邬书林访印，与印方签署关于编纂"中印文化交流百科全书"的谅解备忘录。7月，印文化关系委员会与上海档案馆共同举办"泰戈尔中国之旅"图片展。9月，印500名青年代表访华，温家宝总理出席中印青年传统文化交流大舞台活动。2012年2月至3月，中国500名青年访印。2014年，两国人员往来85.02万人次，其中印来华70.99万人次，中国赴印14.03万人次。两国现已开通北京、上海、广州、成都、昆明、深圳、三亚至新德里、孟买、班加罗尔、加尔各答等城市的直航航线，每周飞行约45个班次。2006年以来，中印百人青年团实现八次互访。2013年10月，北京、成都、昆明分别与印度德里、班加罗尔、加尔各答签署建立友好城市关系协议书。2014年9月，广东省与古吉拉特邦缔结友好省邦协议，上海与孟买、广州与艾哈迈达巴德缔结友好城市协议。2015年5月，首届中印地方合作论坛在北京举行，四川省与卡纳塔卡邦、重庆市和金奈市、青岛市和海德拉巴市、敦煌市和奥朗加巴德市建立友好省邦/城市关系。2015年6月，中国为印度官方香客开通经乃堆拉山口入出境的朝圣路线。

中印在重大国际和地区事务中有着广泛的共识，保持良好的合作。两国在中印俄三方合作、发展中五国、“金砖国家”、“基础四国”、多哈回合谈判中保持密切沟通与配合，就国际金融危机、气候变化、能源和粮食安全等重大问题协调立场，共同维护广大发展中国家权益。

中国驻印度大使：乐玉成。馆址：50-D, Shantipath, Chanakyapuri, New Delhi–110021, India。国家地区号：0091–11。电话：26112345，签证处：24675559，经商处：26111101；传真：26885486，签证处：26111105，经商处：26111099。网址：http://www.in.china-embassy.org，http://www.in.mofcom.gov.cn（经商处）。电子邮箱：chinaemb_in@mfa.gov.cn。

印度驻华大使：顾凯杰（Vijay Gokhale）。馆址：北京市朝阳区亮马桥北街5号，邮编：100600。国家地区号：0086–10。电话：85312500/2501/2502/2503；传真：85312515。电子信箱：hoc@indianembassy.org.cn。

【同美国的关系】2005年7月，印美宣布建立全球伙伴关系。2006年3月，美总统布什访印。双方就印度核设施分离计划达成协议，制定两国贸易三年内翻番的目标，宣布成立科技委员会，探讨民用航天合作。12月，美国会通过印美民用核能合作法案。

2010年4月，印度总理辛格出席在美国华盛顿举行的核安全峰会，并会见美国总统奥巴马。美国财长盖特纳访问印度，双方建立印美经济金融伙伴关系。6月，印度外长克里希纳访美，举行首次印美战略对话。7月，美国国家安全顾问琼斯访印。11月，美国总统奥巴马访印。

2011年5月，美国土安全部长纳波利塔诺访印，同印内政部长齐丹巴拉姆举行首轮印美国土安全对话，并发表《联合声明》。6月，印美第二次经济金融伙伴关系对话在华盛顿举行。7月，美国国务卿希拉里与印外长克里希纳在新德里共同主持印美第二轮战略对话，并发表《印美战略对话联合声明》。

2012年5月，美国务卿克林顿访印。6月，美国防部长帕内塔访印。印外长克里希纳与美国务卿希拉里在华盛顿共同主持第三次印美战略对话，发表《2012年印美战略对话联合声明》。10月，印美第三次经济金融伙伴关系对话在新德里举行，美财长盖特纳率团出席。2013年7月，美国副总统拜登访印。

2014年7月，美国务卿克里访印主持第五次战略对话。9月，印度总理莫迪访问美国。

2015年1月，美国总统奥巴马访印。9月，印度总理莫迪出席第70届联大并对美国进行顺访，参加联大可持续发展及维和峰会、主持“四国集团”领导人会议、与多国领导人双边会见，并与美商界领袖以及印侨广泛接触。期间，莫迪与美国总统奥巴马会晤，讨论了经贸、气候变化和安全等诸多问题，签署了一系列高科技协议，并发表了联合声明。

【同俄罗斯的关系】印俄双边关系密切。2000年，两国宣布建立战略伙伴关系，并建立年度峰会机制。

2009年6月，印度总理辛格赴俄罗斯出席上海合作组织峰会和首次“金砖四国”领导人正式会晤。9月，印度总统帕蒂尔访问俄罗斯。12月，印度总理辛格访问俄罗斯，双方发表联合声明，签署包括核合作、军事防务、经济合作、文化交流等6个协议。

2010年3月，俄罗斯总理普京访问印度，双方签署了总价值上百亿美元的一系列协议。12月，俄罗斯总统梅德韦杰夫访问印度，双方签署数十项协议，发表印俄联合声明，举行了庆祝印俄战略伙伴关系建立10周年活动。

2011年10月，印国防部长安东尼赴俄参加印俄军事技术合作委员会例行会议，双方就军事项目落实情况和武器设备配套零部件出口等进行磋商。12月，印总理辛格对俄进行正式访问，并出席印俄第12次峰会。辛格分别与梅德韦杰夫总统及普京总理举行会谈，双方同意深化两国间特殊、优先的战略伙伴关系，扩大经贸、投资、防务、科技、文化交流等各领域合作。

2012年12月，俄罗斯总统普京访问印度，双方发表《为了共同繁荣和更好的世界的联合声明》，签署了两国外交部磋商议定书、科技与创新合作备忘录、2013—2015年文化合作计划、投资合作及两国通讯导航公司谅解备忘录等5项合作文件，并达成总额29亿美元的武器购销合同。

2013年10月，印总理辛格访俄，主持第14轮印俄峰会。

2014年7月，俄罗斯副总理罗戈津访印。12月，俄罗斯总统普京访印。

2015年12月，印度总理莫迪访问俄罗斯，双方发表了《通过信任关系迈向合作新天地》的联合声明，签署了9项双边文件，包括俄印政府间直升机制造合作协议、修改简化两国部分公民往来协议的议定书、两国海关2015—2017年合作规划、两国铁路技术合作备忘录等，涉及经济合作、军事军技合作、能源合作等领域。

【同日本的关系】印日关系发展势头良好。2000年，印日建立全球伙伴关系。2004年起，印成为日最大海外开发援助对象。2006年12月，印总理辛格访日，双方宣布建立战略性全球伙伴关系，并将2007年定为

“印日友好年”和“印日旅游交流年”。

2009年12月，日本首相鸠山由纪夫访问印度，双方发表《新时期印日战略和全球伙伴关系》共同声明。

2010年6月，印度总理出席加拿大多伦多二十国集团领导人峰会期间同日本首相菅直人举行会谈，双方同意在开发发电技术等民用领域加强合作。6月底，印度与日本就出口核能发电技术举行第一轮谈判。7月，印度与日本举行首轮外交与防务副部长级对话（“2+2”）。8月，日本外相冈田克也访印，与印度外长举行第四轮外长级年度战略对话。10月，印度总理辛格访日，与日本首相菅直人举行会谈，双方发表《未来十年印日全球战略伙伴关系愿景》的联合声明，签署《关于缔结印日全面经济伙伴关系协定的联合宣言》。

2011年2月，印日签署《印日全面经济伙伴关系协定》以及《履约协议》，以推动贸易自由化、创造更多投资机会、改善商业合作环境。4月，印外秘拉奥琪访问日本，举行印日外交磋商，双方表示将进一步推动目前陷入停滞的印日民用核能对话，并同意建立印日美三边对话机制，就涉及共同利益的地区和国际问题开展对话。10月，印外长克里希纳对日进行正式访问，与日外相举行第五次印日战略对话。12月，日首相野田佳彦对印进行国事访问，并出席第六届印日峰会。

2012年4月，日本外相玄叶光一郎访印，与印外长克里希纳共同主持召开日印第一届经济对话暨第六届战略对话，与印计划委员会副主席阿鲁瓦利亚主持召开日印第五届能源对话。双方同意建立就网络安全和海上安全开展对话的新机制。10月，印日第二轮外交与国防副部级对话（2+2对话）在东京举行，第三轮印美日三边对话在新德里举行。

2013年3月，印外长库尔希德访日，主持印日第7次战略对话。5月，印总理辛格访日。12月，日本天皇明仁访印。

2014年1月，日首相安倍晋三访印。9月，印度总理莫迪访日。

2015年12月，日本首相安倍晋三访问印度，双方发表了《2025愿景：共同致力于印度洋—太平洋地区和世界和平与繁荣的特殊战略全球伙伴关系》联合声明，并签署了16项合作协议，涉及高铁和投资合作、防务安全、科教人文合作、国际地区合作等领域。双方还就铁路技术研发和建设孟买—艾哈迈达巴德高铁签署了备忘录。

【同欧盟及欧盟国家关系】2000年，印度与欧盟建立首脑会晤机制。2005年双方正式确立印欧战略伙伴关系。欧盟作为整体是印最大贸易伙伴和重要投资来源地。

2010年4月，印度总理辛格出席美国华盛顿核安全峰会期间会见法国总统萨科齐。6月，印度总理出席加拿大多伦多二十国集团领导人峰会期间会见英国首相卡梅伦及法国总统萨科齐。7月，英国首相卡梅伦访印。12月，印度总理出席在布鲁塞尔举行的第11轮“印度—欧盟峰会”，并与欧洲理事会主席范龙佩、欧盟委员会主席巴罗佐、比利时首相莱特姆、德国总理默克尔等欧洲领导人会晤。12月，法国总统萨科齐访印，双方签署总额约150亿欧元的框架合作协议。

2011年5月，德国总理默克尔访印，与辛格总理共同主持首轮印德政府间磋商。两国正式启动政府间磋商机制。6月，法国财长拉加德访印。11月，印度—欧盟在新德里举行首次外交政策磋商。

2012年1月，印度—欧盟第22次部长级会议在印班加罗尔召开。法国达索集团与印度国防部达成售印126架“阵风”战斗机的合同。2月，印度—欧盟峰会在新德里举行，双方签署《印统计和项目实施部和欧洲统计局统计合作备忘录》、《印欧研究和创新合作联合宣言》，并发表《关于印欧加强能源合作的联合宣言》。6月，德国外长韦斯特维勒访问印度，并出席“德国与印度2011—2012：无尽的可能”德国年系列活动。

2013年1月，印外长库尔希德访问德国、比利时、法国。2月，英国首相卡梅伦访印。4月，印总理辛格访问德国，出席印度年活动闭幕式。7月，印外长库尔希德访问挪威。10月，印总统慕克吉访问比利时。10月，匈牙利总理维克多访印。

2014年1月，德国总统高克访印。3月，印外长库尔希德访问英国。7月，法国外长法比尤斯访印。9月，德国外长施泰因迈尔访印。

2015年4月，印度总理莫迪先后访问法国、德国和加拿大。12月，印度总理莫迪访问俄罗斯。11月印度总理莫迪访问英国。30日，莫迪再赴法国，参加巴黎气候变化大会。10月，德国总理默克尔访问印度。

【同东盟及东盟国家的关系】印度同东南亚国家地理位置相近，有悠久的历史关系。印积极推行“东向政策”，加强同东盟的政治经济关系，积极参与东亚合作。

2009年10月，第七次印度—东盟峰会在泰国华欣举行，印总理辛格出席。12月，印度外长克里希纳出席在缅甸举行的第12次孟印缅泰经济合作组织部长级会议。2010年10月，第八次印度—东盟峰会在越南河内举行，印总理辛格出席。2011年3月，印度—东盟第三次德里对话举行，印外长克里希纳出席。11月，第九次印度—东盟峰会在印尼巴厘岛举行，印总理辛格出席。

2009年2月，印度副总统安萨里访问缅甸。2010年7月，缅甸国家和平与发展委员会主席丹瑞大将访印。2011年6月，印外长克里希纳访缅，会见了缅总统、副总统等领导人，并与缅外长举行会谈。10月，缅总统吴登盛对印进行国事访问，会见了印总统、外长，并与辛格总理举行会谈，双方发表联合声明。

2010年9月，印度总统帕蒂尔访问老挝和柬埔寨。2011年1月，印度尼西亚总统苏希洛访问印度。3月，菲律宾外长罗慕洛访印。4月，泰国总理阿披实对印度进行国事访问。10月，印度总理辛格访问越南、马来西亚。

2011年10月，越南国家主席张晋创对印度进行国事访问，会见印总统帕蒂尔、外长克里希纳、议会反对党领袖斯瓦拉吉，与辛格总理举行会谈。印石油与天然气集团与越南国有石油公司签署谅解备忘录，在南海所谓127、128油气区块开展油气资源勘探合作项目，后因技术原因，印公司退出两区块勘探。

2012年1月，泰国总理英拉对访印。5月，辛格总理对缅甸进行正式访问。11月，缅甸全国民主联盟主席昂山素季访印。7月，新加坡总理李显龙对印进行国事访问。12月，印度—东盟纪念峰会在新德里举行，庆祝双方对话伙伴关系20周年暨首脑级别会议10周年。峰会主题为“东盟—印度促进和平与共同繁荣的伙伴关系”。会议由印总理辛格和东盟轮值主席柬埔寨首相洪森共同主持。

2013年1月，印副总统安萨里访问越南。5月，印总理辛格访问泰国。10月，印外长库尔希德访问菲律宾、新加坡、文莱。印总理辛格访问印度尼西亚。11月，越南共产党总书记阮富仲访印。

2014年2月，泰国公主施琳通访印。6月，新加坡外长尚穆根访印。8月，印外长斯瓦拉吉访问越南、新加坡、缅甸。

2015年11月，印度总理莫迪赴马来西亚出席东盟和印度峰会以及东亚峰会等，并访问马来西亚和新加坡。

【同南盟及南盟国家的关系】印度是南盟创始国之一。印于1986年、1995年和2007年三次主办南盟首脑会议。作为南盟最大国家，印强调加强南亚各国联系，积极推动在南盟范围内实现物流、人员、技术、知识、资金和文化的自由流动，最终建立南亚经济共同体。2008年8月，印度总理辛格出席在科伦坡举行的第15届南盟峰会。2010年4月，印度总理辛格出席在不丹举行的第16届南盟峰会。2011年7月，印度总理辛格出席在马尔代夫举行的第17届南盟峰会。2014年11月，印度总理莫迪出席在尼泊尔举行的第18届南盟峰会。

2004年以来，印度和巴基斯坦保持和平对话进程，双边关系继续缓和。2008年11月，孟买发生连环恐怖袭击事件后，印指责巴境内的恐怖组织“虔诚军”制造了此次事件。印巴关系骤然紧张，和平进程中断。经国际社会斡旋，两国紧张局势有所降温，但尚未根本缓解。2009年6月，印总理辛格在俄罗斯出席上海合作组织峰会期间会见巴总统扎尔达里。2010年4月，印总理辛格在不丹第16届南盟峰会期间会见巴总统扎尔达里。7月，印外长克里希纳访问巴基斯坦。2011年2月，印外秘和巴外秘在不丹廷布举行会见。3月，应印总理曼莫汉·辛格邀请，巴总理吉拉尼抵达位于印度西北部的旁遮普邦的莫哈里，观看在印巴两队之间进行的板球世界杯半决赛。这是自2008年11月孟买恐怖袭击事件后，印巴两国领导人第一次在印度举行会晤。7月，巴新任外长希娜·拉巴尼·哈尔访印，同印总理辛格、国大党主席索尼娅·甘地、人民党领袖阿德瓦尼、人民院反对党领袖斯瓦拉吉会见，并与印外长克里希纳举行会谈，发表《印巴外长联合声明》。11月，印巴在新德里举行贸易对话，同意携手实现两国贸易正常化，并发表联合声明。12月，印巴重启核及常规安全的“建立信任措施”（CBM）谈判，这是两国CBM对话中断四年后再度恢复。2012年4月，巴基斯坦总统扎尔达里对印进行“私人访问”，同印总理辛格会见。11月，巴基斯坦内政部长马利克首次访问印度。2013年9月，印总理辛格同巴总理谢里夫在出席联合国大会期间举行会见。2014年5月，巴总理谢里夫出席印新总理莫迪就职仪式。2015年3月，印度外秘苏杰生访问巴基斯坦。7月，上海合作组织乌法峰会期间，印度总理莫迪和巴基斯坦总理谢里夫会晤。12月，印度总理莫迪访问巴基斯坦。

2011年1月，尼泊尔总统亚达夫访问印度，印外秘拉奥琪访尼。4月，印外长克里希纳访问尼泊尔。10月，尼泊尔总理巴特拉伊访印。2012年12月，尼泊尔总统亚达夫对印进行正式访问。2014年7月，印外长斯瓦拉吉访问尼泊尔。8月，印总理莫迪访问尼泊尔。2015年9月，尼泊尔新宪法颁布后，印度收紧边境管控，造成尼国内物资严重短缺，尼印关系紧张。

2011年2月和10月，阿富汗总统卡尔扎伊两次访问印度，两国签署首份战略合作伙伴关系协议。2012年11月，阿富汗总统卡尔扎伊对印进行国事访问。2013年5月，阿富汗总统卡尔扎伊访印。8月，阿富汗副总统哈利利访印。9月，印外长库尔希德访问阿富汗。2011年5月，斯里兰卡外长佩里斯访印。2012年9月，斯里兰卡总统拉贾帕克萨访问印度。2013年8月，斯里兰卡外长佩里斯访印。2014年5月，斯总统拉贾帕克萨应邀出席印度总理莫迪就职仪式。2015年1月，斯外长萨马拉维拉访印。2月，斯里兰卡总统西里塞纳访印。3月，印度总理莫迪访问斯里兰卡。9月，斯总理维克拉马辛哈访印。

2011年7月，印外长克里希纳访问马尔代夫。11月，印总理辛格对马尔代夫进行国事访问。2012年2月，印总理辛格特使、外交部西方事务秘书贾纳帕提访问马尔代夫。2014年1月，马尔代夫总统亚明访印。2月，印外长库尔希德访问马尔代夫。2015年11月，马尔代夫外长杜妮亚访问印度。

2011年7月，印外长克里希纳访问孟加拉国。9月，印总理辛格访问孟加拉国。2013年2月，印总统慕克吉访问孟加拉国。2014年6月，印度外长斯瓦拉吉访问孟加拉国。2015年6月，印度总理莫迪访问孟加拉国。

2013年1月，印外长库尔希德访问不丹，不丹国王吉格梅·凯萨尔·纳姆耶尔·旺楚克访印。2月，不丹首相吉格梅·廷里访问印度。8月，印度国家安全顾问梅农访问不丹，不丹首相策林·托杰访印。2014年1月，不丹第五世国王访问印度。5月，不丹首相策林·托杰访问印度。6月，印总理莫迪访问不丹。

【同非洲国家关系】印独立后，支持非洲国家反殖民主义和国家民族解放斗争，在非洲国家中赢得了良好声誉。近年来，印加大对非洲的重视和投入。印在非重点推进与南非、毛里求斯、尼日利亚、埃及等国家关系，也借重非盟、东非共同体、"环印度洋地区合作联盟"、"印度—巴西—南非"倡议等区域组织促进对非关系。2004年，印总统卡拉姆访非。2005—2007年，辛格总理三度访非。2008年，印举办首届"印非论坛峰会"，宣布5年内对非信贷总额增至54亿美元。2011年3月，"印度—巴西—南非对话论坛"部长级会议在新德里举行。10月，"印度—巴西—南非对话论坛"第五届峰会在比勒陀利亚举行，辛格总理出席。5月，第二届印度非洲论坛首脑峰会在埃塞俄比亚首都亚的斯亚贝巴举行，发表《亚的斯亚贝巴宣言》和《印非加强合作框架文件》。双方确立到2015年印非贸易额达700亿美元的目标。非盟积极评价印非合作，表示将尽快设立驻印办事处。

2012年1月，马里总统杜尔对印进行正式访问。3月，赞比亚总统萨塔对印进行私人访问。4月，印总统帕蒂尔访问塞舌尔和南非。9月，布隆迪总统皮埃尔·恩库伦齐扎对印进行国事访问。

2013年1月，毛里求斯总统拉杰克斯瓦尔·普里亚格访印。3月，印总统慕克吉访问毛里求斯。5月，印副总统安萨里访问埃塞俄比亚。2014年7月，乌干达外长萨姆·库泰萨访印。

2015年5月，印度外长斯瓦拉吉访问南非。8月，塞舌尔总统米歇尔对印度进行国事访问。10月，第三届印度—非洲论坛峰会在印度首都新德里举行，非洲54个国家参加了本次峰会，包括34位国家元首和政府首脑。

【同其他国家关系】2015年5月，印度总理莫迪访问蒙古。7月，印度总理莫迪先后访问乌兹别克斯坦、哈萨克斯坦、土库曼斯坦、吉尔吉斯斯坦和塔吉克斯坦。8月，伊朗外长扎里夫访问印度。印度总理莫迪访问阿联酋。10月，印度总统慕克吉访问巴勒斯坦。

（吴松林）

印度尼西亚

国名 印度尼西亚共和国（Republic of Indonesia）。

面积 陆地面积1904443平方公里。

人口 2.555亿（资料来源：印尼国家统计局2015年数据），世界第四人口大国。有数百个族群，其中爪哇族人口占45%，巽他族14%，马都拉族7.5%，马来族7.5%，其他26%。民族语言共有200多种，官方语言为印尼语。约87%的人口信奉伊斯兰教，是世界上穆斯林人口最多的国家。6.1%的人口信奉基督教，3.6%信奉天主教，其余信奉印度教、佛教和原始宗教等。

首都 雅加达（Jakarta），人口996.9万（印尼国家统计局2015年数据）。

国家元首 佐科·维多多（Joko Widodo）总统，2014年10月就任，任期至2019年10月。

重要节日 伊斯兰教开斋节、宰牲节；民族觉醒日（纪念1908年印尼民族运动组织"至善社"成立）：5月20日；独立日：8月17日。

简况

位于亚洲东南部，地跨赤道。与巴布亚新几内亚、东帝汶、马来西亚接壤；与中国、泰国、新加坡、菲律宾、澳大利亚等国隔海相望。是世界上最大的群岛国家，由太平洋和印度洋之间17504个大小岛屿组成，其中约6000个有人居住。海岸线长54716公里（世界银行数据）。热带雨林气候，年均气温25℃—27℃。

公元3—7世纪建立了一些分散的王朝。13世纪末14世纪初爪哇出现强大的麻若巴歇（满者伯夷）封建帝国。15世纪伊斯兰教王国兴起。16世纪起先后遭葡萄牙、西班牙、英国入侵，1602年荷兰成立具有政府职能的"东印度公司"，逐渐对印尼进行长达300多年的殖民统治。1942年日本入侵，1945年日本投降后爆发争取民族独立的8月革命，于8月17日宣告独立，成立印度尼西亚共和国。

1945—1950年，先后武装抵抗英国、荷兰的入侵，其间曾被迫改为印度尼西亚联邦共和国并加入荷印联邦。1950年8月重新恢复为印度尼西亚共和国，1954年8月脱离荷印联邦。

政治

1997年亚洲金融危机对印度尼西亚造成全面冲击，引起局势动荡。1998年5月，执政长达32年的苏哈托总统辞职，副总统哈比比接任总统。1999年10月，印尼人民协商会议（简称"人协"）选举瓦希德为总统，梅加瓦蒂为副总统。2001年7月23日，人协特别会议以渎职罪罢免瓦希德总统职务，梅加瓦蒂接任总统，哈姆扎·哈兹任副总统。2004年7月，印尼举行历史上首次总统直选，原政治安全统筹部长苏希洛和人民福利统筹部长尤素夫·卡拉（Muhammad Jusuf Kalla）通过两轮直选胜出，10月20日宣誓就任总统和副总统。2009年7月，印尼举行第二次总统直选，苏希洛和原央行行长布迪约诺（Boediono）搭档首轮胜出，10月20日宣誓就任总统和副总统。2014年7月9日，印尼举行第三次总统直选，雅加达省长佐科·维多多（Joko Widodo）和前副总统卡拉搭档胜选，10月20日宣誓就任新一届正副总统，任期至2019年10月。

佐科政府提出建设海洋强国战略，以维护国家安全、发展经济及反腐倡廉为施政重点，致力于解决长期困扰印尼发展的基础设施条件较差的问题，吸引外资刺激经济发展，加强对政府官员的监督，努力创建廉洁政府。

2005年8月，印尼政府与"亚齐独立运动"分离组织签署和平协议。2006年7月，印尼国会通过亚齐管理法。12月，亚齐举行地方选举，前"亚独运动"领导人伊尔万迪·尤素夫（Irwandi Yusuf）和穆罕默德·纳扎尔（Muhammad Nazar）当选省长和副省长。2012年4月，前"亚齐独立军"领导人宰尼·阿卜杜拉（Zaini Abdullah）和穆扎基尔·马纳夫（Muzakir Manaf）当选省长和副省长，任期至2017年。

2006年7月，印尼国会通过新《国籍法》，取消部分带有种族歧视和性别歧视的内容。2008年10月，印尼国会通过《消除种族歧视法》。

2002—2005年，印尼连续发生第一次巴厘岛爆炸、雅加达万豪酒店爆炸、澳大利亚驻雅加达使馆爆炸、第二次巴厘岛爆炸等重大恐怖袭击事件。2009年7月，雅加达万豪酒店和丽兹·卡尔顿酒店发生恐怖爆炸。近年来，印尼政府采取坚决措施打击恐怖主义，先后击毙和逮捕了一批恐怖分子，安全形势有所好转。2016年1月，印尼首都雅加达发生恐怖爆炸和枪击事件，安全局势再度复杂。

【宪法】现行宪法为《"四五"宪法》。该宪法于1945年8月18日颁布实施，曾于1949年12月和1950年8月被《印尼联邦共和国宪法》和《印尼共和国临时宪法》替代，1957年7月5日恢复实行。1999年10月至2002年8月间先后进行过4次修改。宪法规定，印尼为单一的共和制国家，"信仰神道、人道主义、民族主义、民主主义、社会公正"是建国五项基本原则（简称"潘查希拉"）。实行三权分立，总统为国家元首、行政首脑和武装部队最高统帅。2004年起，总统和副总统不再由人民协商会议选举产生，改由全民直选；每任5年，只能连任1次。总统任命内阁，内阁对总统负责。

【人协】全称"人民协商会议"。国家立法机构，由人民代表会议（国会）和地方代表理事会共同组成，负责制定、修改和颁布宪法，并对总统进行监督。如总统违宪，有权弹劾罢免总统。每5年换届选举。本届人协于2014年10月成立，共有议员692名，包括560名国会议员和132名地方代表理事会成员。设主席1名，副主席4名。现任主席为祖尔基夫里·哈桑（Zulkifli Hasan）。

【国会】全称"人民代表会议"。国家立法机构，行使除修宪之外的一般立法权。国会无权解除总统职务，总统也不能宣布解散国会；但如总统违反宪法，国会有权建议人协追究总统责任。本届国会于2014年10月成立，共有议员560名，兼任人协议员。任期五年。设议长1名，副议长4名。原议长瑟迪亚·诺凡多（Setya Novanto）因涉嫌索贿于2015年12月引咎辞职。现任议长为阿德·戈玛鲁丁（Ade Komarudin）。本届国会共有10个派系，即民主斗争党派系（18.95%），专业集团党派系（14.75%），大印尼运动党派系（11.81%），民主党派系（10.19%），民族觉醒党派系（9.04%），国家使命党派系（7.59%），繁荣公正党派系（6.79%），民族民主党派系（6.72%），建设团结党派系（6.53%），民心党派系（5.26%）。

【地方代表理事会】2004年10月新成立的立法机构，负责有关地方自治、中央与地方政府关系、地方省市划分以及国家资源管理等方面立法工作。成员分别来自全国33个省级行政区，每区4名代表，共132名，兼任人协议员。设主席1名，副主席2名。现任主席为伊尔曼·古斯曼（Irman Gusman）。

【政府】本届内阁于2014年10月组建，2015年8月改组，现任阁员34人，任期至2019年10月，包括：政治法律安全统筹部长卢胡特·宾萨·班查伊丹（Luhut Binsar Panjaitan）、经济统筹部长达尔敏·纳苏迪安（Darmin Nasution）、海洋统筹部长理查尔·拉姆利（Rizal Ramli）、人类发展与文化统筹部长布安·马哈拉尼（Puan Maharani）、国务秘书部长普拉蒂克诺（Pratikno）、内政部长扎赫约·库莫罗（Tjahjo Kumolo）、外交部长蕾特诺·马尔苏迪（Retno Lestari Priansari Marsudi）、国防部长里亚米扎尔德·里亚库杜[Jenderal TNI（Purn.）Ryamizard Ryacudu]、司法人权部长亚索纳·劳利（Yasonna Laoly）、财政部长班邦·布罗佐内戈罗（Bambang Brodjonegoro）、能源与矿产资源部长苏迪尔曼·赛义德（Sudirman Said）、工业部长萨利赫·胡辛（Saleh Husin）、贸易部长拉托马斯·莱本（Thomas Trikasih Lembong）、农业部长阿姆兰·苏莱曼（Amran Sulaiman）、环境与林业部长西蒂·努尔巴亚（Siti Nurbaya Bakar）、土地与空间规划部长菲力·穆尔希丹·巴尔丹（Ferry Mursyidan Baldan）、交通部长伊格纳休斯·乔南（Ignasius Jonan）、海洋渔业部长苏西·普吉亚司杜蒂（Susi Pudjiastuti）、劳工部长哈尼夫·达基里（Hanif Dhakiri）、公共工程与住房部长巴苏基·哈迪穆尔约诺（Basuki Hadimuljono）、卫生部长妮拉·穆卢克（Nila Djuwita Anfasa Moeloek）、文化与初中级教育部长阿尼斯·巴斯维丹（Anies Rasyid Baswedan）、社会部长科菲法·因达尔·帕拉万萨（Khofifah Indar Parawansa）、宗教部长鲁克曼·哈基姆·塞义夫丁（Lukman Hakim Saifuddin）、旅游部长阿里耶夫·叶海亚（Arief Yahya）、信息与通讯部长鲁迪安塔拉（Rudiantara）、科技与高等教育部长穆罕默德·纳西尔（Muhammad Nasir）、中小企业与合作社部长努拉·普斯帕约加（Anak Agung Gede Ngurah Puspayoga）、妇女与儿童部长约哈娜·延比塞（Yohana Yembise）、提高国家机构效率与行政改革部长尤迪·克里斯南迪（Yuddy Chrisnandi）、农村、落后地区发展与移民部长马尔万·贾法尔（Marwan Ja'far）、国家发展规划部长索菲安·加里尔（Sofyan Djalil）、国营企业部长莉尼·苏玛尔诺（Rini Soemarno）、青年与体育部长伊马姆·纳赫拉维（Imam Nahrawi）。

【行政区划】共有一级行政区（省级）34个，包括雅加达首都、日惹、亚齐3个地方特区和31个省。二级行政区（县、市级）共514个。

【司法机构】最高法院独立于立法和行政机构。最高法院院长由最高法院法官选举，现任院长哈达·阿里（Hatta Ali）。

【政党】1975年颁布的政党法只允许3个政党存在，即专业集团党、印尼民主党、建设团结党。1998年5月解除党禁。1999年颁布新政党法，后经2次修订。根据2008年政党法，50名以上年满21岁的公民即可成立政党，政党不得接收外国援助，不得从事有损于印尼国家安全的行为，政党及政党领导层中女性代表必须占30%。2014年大选中，共有15个政党参选，10个政党获得国会议席，民主斗争党成为国会第一大党。主要大党包括：

（1）民主斗争党（Partai Demokrasi Indonesia—Per juangan）：由原印尼民主党分裂出来的人士组成，1998年10月正式成立。系民族主义政党，印尼世俗政治力量代表。以“潘查希拉”为政治纲领，弘扬民族精神，反对宗教和种族歧视。2014年国会选举中获109个议席，国会第一大党。现任总主席为梅加瓦蒂·苏加诺普特丽（Megawati Soekarnoputri）。

（2）专业集团党（Partai Golongan Karya）：1959年组成松散的专业集团联合秘书处，1964年10月由61个群众组织联合成立专业集团，1970年12月扩大为包括291个群众组织的专业组织，1967年至1999年6月为事实上的执政党，但一直自称为社会政治组织。1999年3月7日正式宣布为政党。以“潘查希拉”为政治纲领，主张在民主和民权基础上进行政治体制改革，保障人权，改善民生。2014年国会选举中获91个议席，国会第二大党。总主席阿布里扎尔·巴克利（Aburizal Bakrie）。

（3）大印尼运动党（Gerindra）：成立于2008年2月6日，以“潘查希拉”为政治纲领，倡导民族主义、人道主义。2009年大选中力推普拉博沃参选，因实力不济竞选失败。在2014年国会选举中获73个议席。总主席普拉博沃·苏比延托（Prabowo Subianto）。

（4）民主党（Partai Demokrat）：成立于2001年9月9日，以“潘查希拉”为政治纲领，以维护和巩固国家统一为目标，倡导民族主义、宗教信仰自由、多元主义和人道主义。2009年4月国会选举中获148个议席，2014年国会选举中议席大幅下滑，仅获61议席。现任总主席为苏希洛·班邦·尤多约诺（Susilo Bambang Yudhoyono）。

（5）国家使命党（Partai Amanat Nasional）：成立于1998年8月23日，党员多为印尼第二大穆斯林团体穆哈玛迪亚（Muhammadiyah）成员，具有伊斯兰现代派特征。主张三权分立制衡、人民主权、经济平等、种族宗教和睦等。2014年国会选举中获48个议席，国会第五大党。现任总主席为祖尔基弗里·哈桑（Zulkifli Hasan）。

【重要人物】佐科·维多多：总统。1961年6月生于中爪哇省梭罗市。信奉伊斯兰教。家境贫寒，本科就读于日惹卡查马达大学林业系。毕业后赴亚齐特区短暂工作。1988年返回梭罗经营家具业，成为当地知名商人。2005年当选梭罗市长，2010年连任。任内政绩卓著，2008年总统颁发的“功勋之星”奖章，2010年入选世界25位最佳市长。2012年9月当选雅加达省长，2014年10月卸任。2014年7月当选印尼总统，10月20日就职，任期至2019年10月。　**卡拉**：副总统。1942年5月15日生于南苏拉威西省坦波尼。1967年毕业于印尼哈桑努丁大学经济学院，1977年获法国欧洲商业行政学院工商管理硕士学位。长期经商，拥有BUKAKA集团。曾任印尼工商会南苏分会总主席、工商会东部地区协调员、南苏经济学士联谊会总主席、印尼穆斯林大学基金会主席。2004年当选专业集团党总主席。1999年至2000年任瓦希德内阁贸工部长。2001年至2004年任梅加瓦蒂内阁人民福利统筹部长。2004年辞职随苏希洛参选，10月当选副总统。2009年至2014年担任印尼红十字会会长，2014年搭档佐科竞选，再次当选副总统。

经　济

印度尼西亚是东盟最大的经济体。农业、工业、服务业均在国民经济中发挥重要作用。1950—1965年国内生产总值（GDP）年均增长仅2%。20世纪60年代后期调整经济结构，经济开始提速，1970年至1996年间GDP年均增长6%，跻身中等收入国家。1997年受亚洲金融危机重创，经济严重衰退，货币大幅贬值。1999年底开始缓慢复苏，GDP年均增长3%—4%。2003年底按计划结束国际货币基金组织（IMF）的经济监管。苏希洛总统2004年执政后，积极采取措施吸引外资、发展基础设施建设、整顿金融体系、扶持中小企业发展，取得积极成效，经济增长一直保持在5%以上。2008年以来，面对国际金融危机，印尼政府应对得当，经济仍保持较快增长。2014年以来，受全球经济不景气和美联储调整货币政策等影响，经济增长逐渐放缓。

2015年印尼主要经济数据如下：

国内生产总值：8588亿美元。

国内生产总值增长率：4.79%。

进出口总额：2930亿美元。

汇率：1美元≈13120印尼盾。

通胀率：3.35%。

【资源】富含石油、天然气以及煤、锡、铝矾土、镍、铜、金、银等矿产资源。矿业在印尼经济中占有重要地位，产值占GDP的10%左右。据印尼能矿部统计，印尼石油储量97亿桶（13.1亿吨）、天然气储量4.8万—5.1万亿立方米，煤炭已探明储量193亿吨，潜在储量可达900亿吨以上。2015年日产原油约79万桶。

【工业】工业发展方向是强化外向型制造业。2013年制造业占GDP比重为28.4%。主要部门有采矿、纺织、轻工等。锡、煤、镍、金、银等矿产产量居世界前列。2013年产锡3.2万吨，煤3.75亿吨，镍3623.6万吨，金59.1吨；汽车销售111.6万台，摩托车销售714万辆；纺织品出口额125亿美元。

【农渔林业】据印尼国家统计局、2010年印尼统计年鉴数据：印尼全国耕地面积约8000万公顷。2013年稻谷产量为7129万吨，玉米产量为1850万吨，大豆产量为78.02万吨。盛产经济作物，2013年棕榈油、橡胶、咖啡、可可产量分别为2689万吨、310.7万吨、69.9万吨、90.4万吨。

渔业资源丰富，政府估计潜在捕捞量超过800万吨/年，2013年实际捕捞量为582.9万吨。

森林面积1.37亿公顷（20世纪50年代为1.62亿公顷），森林覆盖率超过60%。为保护林业资源，印尼宣布自2002年起禁止出口原木。2012年原木产量为534.2万立方米。

【旅游业】是印尼非油气行业中仅次于电子产品出口的第二大创汇行业，政府长期重视开发旅游景点，兴建饭店，培训人员和简化入境手续。1997年以来受金融危机、政局动荡、恐怖爆炸、自然灾害、禽流感等不利影响，旅游业发展缓慢。2007年起增速加快，2013年到印尼的外国游客人数达到1005万人，2014年达852万人，2015年达880万人。

主要景点有巴厘岛，龙目岛，雅加达缩影公园，日惹婆罗浮屠佛塔、普拉班南神庙、苏丹王宫，北苏门答腊多巴湖等。

【交通运输】公路和水路系重要运输手段，其中公路担负着国内近90%的客运和50%的货运。铁路设施相对落后，仅爪哇和苏门答腊两岛建有铁路。空运近十年发展迅速。2014年印尼统计年鉴数据如下：

铁路：截至2013年底，印尼全国铁路总里程6458公里，其中窄轨铁路5961公里。2013年完成客运发送量2.15亿人次，货运发送量2675万吨。

公路：截至2013年底，全国公路总里程50.27万公里，其中高速公路约1928公里。2013年底，全国共有轿车1148.4万辆，摩托车8473.2万辆，货车4561.5万辆，公交车228.6万辆。

水运：印尼全国水运航道21579公里，共有各类港口670个，主要港口25个。河运、海运船只6600艘左右。2013年全国港口共完成国际货运量3.2亿吨，国内货运量6.9亿吨。

空运：截至2013年，全国共有各型号民用飞机1062架。民用机场196个，其中29个国际机场，167个国内机场。雅加达苏加诺—哈达国际机场为最大机场。主要航空公司有鹰记、狮航、室利佛逝、亚航等。2013年，国内航空公司共完成国内客运量7416.6万人次、货运量53万吨，国际客运量1081.7万人次、货运量10万吨。（数据来源：2014年印尼统计年鉴）

【财政金融】1997年金融危机前一直实行财政预算平衡政策，决算略有盈余。近二十年来实施赤字预算，2013年以来财政预算状况如下（单位：万亿盾）：

	2013年	2014年	2015年
总收入	1530	1635	1794
总支出	1683	1877	2040
赤字占GDP百分比（%）	2,28%	2.4%	2.21%

1997年亚洲金融危机爆发前，全国共有144家国内商业银行。金融危机中，银行业遭受重创，一大批银行纷纷倒闭。印尼政府成立银行重组机构，对银行业进行重组与整合。之后，印尼商业银行的盈利能力普遍增强，资产质量明显改善。截至2012年底，印尼共有109家商业银行，其中5家国有银行，26家地区发展银行，55家私营全国银行，23家外资、合资银行。按总资产排名，2012年前三位的本地商业银行分别是曼迪利银行、印尼人民银行、中亚银行。

2003年9月，印尼央行正式加入国际清算银行。2012年银行业总资产4211万亿盾，2011年贷款总额2011万亿盾，不良贷款率（NPL）1.53%。印尼央行与中国、日本和韩国在清迈协议框架下签有双边货币互换协议，分别为40亿、60亿和10亿美元。2009年印尼同中国签署为期3年、总额为1000亿人民币的双边本币互换协议。2013年10月，两国续签该协议。2015年11月，两国同意将本币互换规模扩大至1300亿人民币。12月，印尼正式加入亚洲基础设施投资银行，成为创始成员国之一。

【对外贸易】外贸在印尼国民经济中占重要地位，政府采取一系列措施鼓励和推动非油气产品出口，简化出口手续，降低关税。1997年外贸总额为951亿美元，1998年和1999年连续下滑，2000年受出口和内需推动锐增32%，2001年和2002年受全球经济放缓影响有所下降，2003年和2004年恢复增长，2005—2007年年均增长率在10%以上。2008年国际金融危机后，外贸总额有所下降。2009年以来外贸增长较快。2012年以来连续出现贸易逆差，2015年又转为顺差。近年外贸状况如下（单位：百万美元）：

	2013	2014	2015
出口额	182570	176290	150250
进口额	186630	178180	142740
差额	–4060	–1890	7510

（资料来源：印尼贸易部）

主要出口产品有石油、天然气、纺织品和成衣、木材、藤制品、手工艺品、鞋、铜、煤、纸浆和纸制品、电器、棕榈油、橡胶等。主要进口产品有机械运输设备、化工产品、汽车及零配件、发电设备、钢铁、塑料及塑料制品、棉花等。2015年主要贸易伙伴为中国、日本、新加坡、美国。

【外国资本】外国资本对印尼经济发展有重要促进作用。印尼政府重视改善投资环境，吸引外资。1997年金融危机前每年吸引外资约300亿美元，金融危机后大幅下降。苏希洛政府重视改善投资环境，大力吸引外资。据印尼投资协调署数据：2011年、2012年、2013年、2014年实际利用外资额分别为173亿美元、229亿美元、223亿美元和285亿美元。主要投资来源国为新加坡、日本、美国、英国、韩国。2015年吸引外资投资额293亿美元。

【外国援助】外援主要由“援助印尼协商集团”（Consultative Group on Indonesia，CGI）、国际货币基金组织（IMF）、世界银行以及日本、美国等提供。据国际货币基金组织、世界银行数据：1997年金融危机后，IMF牵头，世行、亚洲开发银行及日、美、中等国承诺向印尼提供400亿美元贷款援助，其中一线（IMF出资）100亿美元，二线（双边政府贷款）300亿美元。2000年IMF追加50亿美元一线贷款。2002—2004年，CGI向印尼提供的年度贷款援助分别为37亿、34亿、28亿美元。2004年底印度洋地震海啸灾难发生后，CGI承诺提供28亿美元贷款援助印尼灾后重建。2006年10月，印尼政府提前偿还IMF所有债务。2007年1月，CGI宣布解散。

人民生活

1997年金融危机以后，人民生活水平下降。印度尼西亚政府加大救助力度，研究建立全国社会保障体系，同时采取扩大就业和加强能力建设等中长期措施，努力解决结构性贫困问题。2015年贫困人口2857万，贫困率11.2%，失业率6.18%。

2012年，卫生预算开支48万亿盾。据2010年印尼统计年鉴、印尼国家统计局数据：截至2009年，全国共有医院1156所，妇产医院3426所，公共卫生中心8570个，卫生所23163个，药房5537个。2012年新生儿死亡率为3.4%，人均寿命71.62岁（CIA数据）。

军　事

印度尼西亚《国防法》规定，总统对全国武装力量拥有最高领导权，在国防与安全委员会及国防部长协助下就国防与安全事务作出重大决策，通过国民军司令和警察总长对全国武装力量实施领导和指挥。国防部负责制定和执行国防政策，国民军司令部负责全军的管理、教育、训练及战时指挥。国家武装力量由正规军和准军事部队组成。实行义务兵与志愿兵相结合的兵役制度，义务兵服役期2年。

正规军印尼国民军（TNI）1945年10月5日成立，由荷兰殖民时期的“荷印殖民军”和日本占领时期的“国民后备军”改编而成。设陆、海、空三个军种，现役总兵力38.8万人。其中陆军29.9万人，主要编成战略预备部队、特种部队和12个军区。海军6.1万人，主要编成东西两个舰队司令部和海军陆战队、军事海运司令部。空军2.8万人，主要编成第一（西部）、第二（东部）空军作战司令部和维修与物资司令部、特种部队。现任国民军司令卡铎上将（Jend.Gatot Nurmantyo）。陆、海、空三军分别设军种参谋长，负责部队日常管理和训练。军队曾长期拥有国防安全和社会政治双重职能，现主要担负国防安全任务。

准军事部队包括警察和民兵。警察部队曾于1964年纳入武装部队总部领导，与国民军合称“印尼武装部队”（ABRI），2000年7月正式独立并直接由总统领导，负责维护国内安全，目前警力近28万人。现任警察总长巴德罗丁·海蒂（Jen. Badrodin Haiti）。

实行积极防御的国防政策，将“全民国防安全体系”作为巩固国防的基础，在国防建设上倡导“军民一体化”的指导方针。近10年来，国防预算在GDP中低于1%。2015年军费预算96.7万亿印尼盾。

文化教育

【教育】实行9年制义务教育。2012年教育预算为286万亿盾，占财政总预算的20.2%。2013年小学入学率为98.34%，初中入学率为90.62%，高中入学率为63.64%，15岁以上人口文盲率6.08%。

著名大学有雅加达的印度尼西亚大学、日惹的加查马达大学、泗水的艾尔朗卡大学、万隆的万隆工学院、班查查兰大学、茂物的茂物农学院等。

【新闻出版】共有各类报刊3000多种。主要印尼文报纸有《罗盘报》、《专业之声报》、《印尼媒体报》、《共和国日报等》、《革新之声报》和《印尼商报》，英文报纸有《雅加达邮报》、《雅加达环球报》、《印尼观察家报》等，中文报纸有《国际日报》、《商报》、《千岛日报》、《星洲日报》（原《印度尼西亚日报》）等。

通讯社目前只有安塔拉通讯社，系官方通讯社，1937年12月13日创立，在印尼27个省设有分社，约有300名记者。该社2007年3月恢复了北京分社，并派驻常驻记者。

广播电视主要有公立的印尼国家电台和印尼国家电视台。印尼国家电台于1945年9月11日成立，设有53个分台和对外广播的“印尼之声”台（用10种语言广播），现有员工8500人。印尼电视台于1962年8月17日正式运营，共有13个分台，395个转播器，覆盖印尼全境。原为政府经营，2000年后成为公共电视台。现有员工约7200人。

私营电视台有SCTV电视台、TVOne电视台、美都电视台等十多家家全国性电视台以及众多的地方电视台。各地的电台多达1800多个。

对外关系　奉行独立自主、不结盟的外交政策。1967年8月印度尼西亚参与发起建立东南亚国家联盟，视之为“贯彻对外关系的基石之一”，务实参与地区合作。2003年7月至2004年7月担任东盟轮值主席国。2006年4月主持召开东盟外长会，讨论2020年东盟共同体计划。主张大国平衡，重视与美、中、日、澳以及欧盟的关系。积极参与国际事务，重视不结盟运动和南南合作。1992—1995年任不结盟运动主席，1998年担任“七十七国集团”主席国。2005年4月与南非共同主持召开2005年亚非峰会和万隆会议50周年纪念活动。2006年4月举办亚洲及太平洋经济社会委员会第62届会议。5月举办伊斯兰发展中八国集团（D8）首脑峰会，接任D8主席国。2006年10月当选2007/2008年度联合国安理会非常任理事国。2007年12月在巴厘岛举办联合国气候变化大会，通过“巴厘路线图”。2009年5月在万鸦老召开世界海洋大会。2008—2015年先后举办8届“巴厘民主论坛”。2011年担任东盟轮值主席国，11月举行巴厘岛东亚领导人系列会议。2013年10月在巴厘岛举行亚太经合组织第二十一次领导人非正式会议。2015年4月举行亚非领导人会议和万隆会议60周年纪念活动。

【同中国的关系】1950年4月13日中国与印尼建交。1967年10月30日中断外交关系。1990年8月8日恢复外交关系。2005年两国建立战略伙伴关系。2013年两国建立全面战略伙伴关系。

中印尼建立战略伙伴关系以来，胡锦涛主席（2005年）、吴邦国委员长（2010年）、温家宝总理（2011年4月、11月）、全国政协主席贾庆林（2006年）、中共中央政治局常委李长春（2012年）、李克强副总理（2008年）、中共中央政治局委员、中组部长李源潮（2011年）、国务院副总理回良玉（2012年）、杨洁篪国务委员（2013年）分别访问印尼或赴印尼出席会议。印尼总统苏希洛（2005年、2006年、2008年、2010年、2012年）、副总统卡拉（2006年、2007年、2008年）、副总统布迪约诺（2010年）、人协主席陶菲克（2009年）、希达多（2013年）、国会议长马尔祖基（2011年）、地方代表理事会主席吉南加尔（2008年）、政治法律安全统筹部长苏延多（2012年）、经济统筹部长哈达（2011年）先后访华或来华出席会议。

2013年10月，习近平主席对印尼进行国事访问，并赴巴厘岛出席亚太经合组织第二十一次领导人非正式会议。李克强总理在东亚领导人系列会议期间会晤印尼总统苏希洛。印尼人协主席希达多访华。2014年8月，中央军委副主席范长龙访问印尼。9月，全国政协副主席、中联部部长王家瑞访问印尼。10月，习近平主席特使、全国人大常委会副委员长严隽琪赴印尼出席佐科总统就职仪式。12月，全国政协副主席陈晓光访问印尼。2015年2月，中共中央政治局委员、中央政法委书记孟建柱访问印尼。4月，习近平主席赴印尼出席亚非领导人会议和万隆会议60周年纪念活动。5月，国务院副总理刘延东访问印尼并主持召开中印尼副总理级人文交流机制首次会议。6月，习近平主席同佐科总统通话。7月，全国政协主席俞正声访问印尼。11月，习近平主席赴土耳其出席G20领导人峰会期间会见佐科总统。2016年1月，国务委员王勇赴印尼出席雅加达至万隆高铁项目动工仪式。

2014年11月，印尼总统佐科来华出席亚太经合组织第二十二次领导人非正式会议。2015年1月，印尼经济统筹部长索菲安来华主持召开两国高层经济对话首次会议。3月，佐科总统来华国事访问并出席博鳌亚洲论坛2015年年会。9月，印尼人协主席祖尔基弗利访华、人类发展与统筹部长布安来华出席中国人民抗日战争暨世界反法西斯战争胜利70周年纪念活动。

2015年双边贸易额542.4亿美元，同比下降14.6%，其中中国出口343.5亿美元，同比下降12.1%；进口198.9亿美元，同比下降18.8%。2016年1月，两国合作建设的雅加达至万隆高速铁路项目正式动工。

中国驻印尼大使：谢峰。馆址：JALAN MEGA KUNINGAN NO.2，JAKARTA SELATAN 12950，INDONESIA。国家和地区号：006221。电话：5761021，5761022；传真：5761034。商务处电话：5761049；传真：5761051。领事部电话：5761025；传真：5761024。

印尼驻华大使苏更·拉哈尔佐（Soegeng Rahaidjo）。馆址：北京市朝阳区东直门外大街4号。国家和地区号：0086-10。电话：65325485-88；传真：65325368。

【同美国的关系】1949年建交。2006年9月、2008年9月，印尼总统苏希洛两次访美。2009年1月，印尼副总统卡拉访美。2月，美国务卿克林顿访印尼。2010年9月，印尼副总统布迪约诺赴美出席第二次美国—东盟峰会。11月，奥巴马总统访印尼，两国建立全面伙伴关系。2011年7月，克林顿国务卿赴巴厘岛出席东盟地区论坛系列外长会。11月，奥巴马总统赴巴厘岛出席东亚领导人系列会议。2012年8月，克林顿国务卿访印尼，印尼外长马尔迪访美并主持两国联委会第三次会议。2014年10月20日，美国务卿克里出席印尼新任总统佐科就职典礼。2014年11月，佐科总统出席在北京举行的亚太经合组织领导人非正式会议期间同奥巴马总统会晤。2015年10月，佐科总统访美。2016年2月，佐科总统赴美出席美国—东盟特别峰会。

【同日本的关系】1958年建交。2006年，两国建立战略伙伴关系。2007年8月，日首相安倍晋三访印尼，签署《印尼—日本经济伙伴关系联合声明》。2008年7月，两国签署《印尼—日本经济伙伴协议执行协议书》。2009年1月，印尼副总统卡拉访日。12月，鸠山由纪夫首相赴巴厘岛出席第二届巴厘民主论坛。2011年6月，印尼总统苏希洛赴日慰问日本地震灾民。10月，日外长玄叶光一郎访印尼。2012年8月，印尼政治法律安全统筹部长苏延多访日。2015年3月，印尼总统佐科总统访日。12月，印尼与日本在东京举行首次外交与防务部长级（2+2）磋商。

【同韩国的关系】1956年建交。2007年7月，印尼总统苏希洛访韩。2009年3月，韩国总统李明博访印尼。2010年3月，印尼经济统筹部长哈达访韩。2011年2月，哈达统筹部长作为印尼总统特使访韩。2012年3月，苏希洛总统访韩并出席在首尔举行的全球核安全峰会。11月，苏希洛总统在巴厘民主论坛期间会见韩国总统李明博。2014年12月，印尼总统佐科访韩并出席韩国—东盟峰会。

【同澳大利亚的关系】1950年建交。2005年4月，印尼总统苏希洛访澳，两国建立全面伙伴关系。2008年6月和12月，澳总理陆克文分别对印尼进行正式访问和出席首届“巴厘民主论坛”。2009年10月，陆克文总理赴雅加达出席苏希洛总统第二任期就职典礼。2010年3月，苏希洛总统访澳。澳总理吉拉德访印尼。2011年3月，澳外长陆克文访印尼。2012年1月，陆克文外长访印尼。3月，两国在澳举行外交、国防双部长对话。7月，苏希洛总统访澳，澳外长卡尔访印尼。2013年，印尼澳之间发生“监听门”事件，关系一度陷入低估，后逐渐转圜。2014年11月，佐科总统赴澳出席G20峰会。2015年11月，澳大利亚总理马尔科姆访问印尼。

【同东盟国家的关系】同马来西亚的关系：1957年印尼同马来亚联邦建交，1963年9月马来西亚成立后断交，1967年复交。2008年1月，印尼总统苏希洛访马。2009年3月，马总理巴达维访印尼。4月，马总理纳吉布访印尼。10月，纳吉布总理出席苏希洛总统就职典礼。11月，苏希洛总统访马。2010年5月，苏希洛总统访马并出席在吉隆坡举行的第六届世界伊斯兰经济论坛。2011年10月，马最高元首苏丹阿比丁访问印尼，同月，马首相纳吉布在巴厘岛见证两国签署关于边界、军事及外劳问题的谅解备忘录。2012年12月，马最高元首苏丹哈利姆访印尼。2013年12月纳吉布总理访印尼。2015年2月，印尼总统佐科对马来西亚进行国事访问。

同新加坡的关系：1967年9月建交。2007年4月，新总理李显龙访印尼，其间两国外长、国防部长分别签署引渡条约和国防合作协定，后因印尼国会反对未能生效。2009年10月，李显龙总理出席苏希洛总统就职典礼。11月，苏希洛总统出席在新加坡举行的亚太经合组织第17次领导人非正式会议并访新。2010年5月，苏希洛总统访问新。2012年2月，李显龙总理访印尼。6月，苏希洛总统赴新出席第11届香格里拉对话会。10月，新外长尚穆根访印尼。

同文莱的关系：1984年建交。2006年2月，印尼总统苏希洛对文莱进行国事访问。2008年12月、2009年12月、2010年12月和2012年11月，文莱苏丹哈桑纳尔四次出席“巴厘民主论坛”。2009年10月，哈桑纳尔苏丹赴雅加达出席苏希洛总统就职典礼。2011年2月，苏希洛总统访文。2014年9月，苏希洛总统访新。2014年10月，李显龙总理出席印尼总统佐科就职典礼。2015年2月，佐科总统对文进行国事访问。

同泰国的关系：1950年建交。2006年10月，泰临时政府总理素拉育访问印尼。2008年3月，泰总理沙玛访印尼。2009年2月，泰总理阿披实访印尼。2010年2月和4月，泰国外长格实访印尼。2011年9月，泰总理英拉访印尼。2012年6月，印尼总统苏希洛访泰。

同菲律宾的关系：1949年建交。两国在反恐、打击跨国犯罪、划分海域边界、加强经贸投资以及联合国改革等问题上合作顺利。2008年5月，印尼外长哈桑访菲。2009年11月，印尼外长马尔迪访菲。2011年3月，菲总统阿基诺三世访印尼。2014年5月23日，印尼总统苏希洛访菲，其间两国签署海上专属经济区划界协定。2015年2月，印尼总统佐科对菲进行国事访问。

同新东盟成员国家的关系：印尼重视与新东盟成员国家的关系。2007年1月，老挝总理波松访印尼。2月，印尼与缅甸在雅加达举行双边联合委员会部长级会谈。8月，越南总理阮晋勇访问印尼。2009年3月，缅总理吴登盛访印尼。2010年3月，印尼外长马尔迪访缅。2011年5月，缅总统吴登盛、老挝总理通邢访印尼。9月，越南总理阮晋勇访印尼。12月，马尔迪外长访缅，期间会见了昂山素季。2012年3月，马尔迪外长访柬埔寨。7月，马尔迪外长访越。11月，印尼总统苏希洛访老。2013年6月27日，越国家主席张晋创访印尼。2014年4月，苏希洛总统访缅甸。

【同东帝汶的关系】1999年8月，东帝汶通过全民公决脱离印尼。2002年7月，两国正式建交并成立双边联委会。2006年，东在印尼东努沙登加拉省古邦和巴厘岛登巴萨设立领馆。2007年6月，东帝汶总统奥尔塔访问印尼。2008年4月，东总理夏纳纳访问印尼。7月，奥尔塔总统、夏纳纳总理和苏希洛总统共同出席在巴厘岛举行的“真相和友谊委员会”调查报告提交仪式，并发表联合声明，表示接受报告有关结论和建议。2008年12月、2009年12月、2010年12月和2012年11月，夏纳纳总理4次出席“巴厘民主论坛”。2009年10月，奥尔塔总统出席苏希洛总统的就职典礼。2011年3月，夏纳纳总理访印尼。2012年1月，夏纳纳总理访问印尼。5月，苏希洛总统出席东总统鲁瓦克就职仪式和恢复独立10周年庆典并对动进行正式访问。9月，东外长古特雷斯访问印尼。2015年8月东总理阿劳若访问印尼。2016年1月，印尼总统佐科访问东帝汶。

【同南太国家的关系】印尼2001年8月成为“太平洋岛国论坛”对话伙伴。2002年10月倡议成立“西南太平洋对话”（由印尼、澳大利亚、新西兰、菲律宾、巴布亚新几内亚和东帝汶组成）并举行首次部长级会议。印尼为斐济、图瓦卢、基里巴斯等国家提供财政支持、技术援助和人员培训项目。2010年3月，印尼总统苏希洛访巴布亚新几内亚。2011年4月，斐济总理佛勒克访印尼。12月，瓦努阿图总理吉尔曼访印尼。2012年4月，新西兰总理约翰·基访印尼。2015年5月，印尼总统佐科对巴布亚新几内亚进行国事访问。

（王睿君）

约　旦

国名　约旦哈希姆王国（The Hashemite Kingdom of Jordan）。

面积　8.9万平方公里。

人口　950万（含巴勒斯坦、叙利亚、伊拉克难民，2015年底）。本国人口中98%为阿拉伯人，还有少量切尔克斯人、土库曼人和亚美尼亚人。国教为伊斯兰教，92%的居民属伊斯兰教逊尼派，另有少数属什叶派和德鲁兹派。信奉基督教的居民约占6%，主要属希腊东正教派。官方语言为阿拉伯语，通用英语。

首都　安曼（Amman），人口400万（2014年）。

国家元首　国王阿卜杜拉二世·本·侯赛因（Abdullah II Bin Al-Hussein），1999年2月7日登基。

重要节日　国庆日：5月25日。

简　况

位于亚洲西部，阿拉伯半岛西北，西与巴勒斯坦、以色列为邻，北与叙利亚接壤，东北与伊拉克交界，东南和南部与沙特阿拉伯相连，西南一角濒临红海的亚喀巴湾是唯一出海口。西部高地属亚热带地中海型气候，气候温和，平均气温1月为7℃—14℃，7月为26℃—33℃。东部和东南部为沙漠，占全国面积78%。

约旦原是巴勒斯坦的一部分。公元7世纪初属阿拉伯帝国版图。公元1517年归属奥斯曼帝国。第一次世界大战后沦为英国委任统治地。1921年英国以约旦河为界，把巴勒斯坦一分为二，西部仍称巴勒斯坦，东部建立外约旦酋长国。1946年3月22日英承认外约旦独立，5月25日改国名为外约旦哈希姆王国。1948年5月第一次阿以战争中，约占领了约旦河西岸4800平方公里的土地。1950年4月，外约旦同西岸合并，改称约旦哈希姆王国。1967年第三次阿以战争中，以色列占领西岸。1988年7月，侯赛因国王宣布中断同约旦河西岸地区的“法律和行政联系”。1994年10月，约同以色列签署和平条约。1995年2月9日，约收回被以占领的约340平方公里失地。

政　治

约旦是世袭君主立宪制国家，国王是国家元首、三军统帅，权力高度集中。议会设参众两院，实行多党制。长期以来，约政局较为稳定，但也存在贫困、失业、巴勒斯坦难民等经济、社会问题。2011年西亚北非局势动荡以来，约推出全国对话、更换内阁、惩治腐败、修改部分法律、提前举行议会选举等一系列举措。目前局势总体平稳。2013年3月，约旦首次以国王同议会协商方式推选首相。现任首相阿卜杜拉·恩苏尔（Abdullah Ensour）。

【宪法】1952年1月1日颁布生效。宪法规定，约旦是一个世袭的阿拉伯君主立宪制国家，立法权属国王和议会。国王是国家元首，有权审批和颁布法律、任命首相、批准和解散议会，统率军队。1960年1月，议会通过宪法修正案，授予国王延长众议院任期的权利。1974年1月、1976年2月和1984年1月，议会3次通过宪法修正案，授予国王无限期推迟选举、并在内阁认为有必要修改宪法时召开议会特别会议的权利。2011年修宪的主要内容为成立宪法法院，负责监督现行法律和体制是否符合宪法规定，并享有宪法解释权。

【议会】称国民议会，由众议院和参议院组成。众议院议员150人，由普选产生，凡年满19岁的男女公民均可参加选举。议长每年由议员秘密选举产生，议员任期4年，均可连任。现任众议长阿提夫·塔拉瓦纳（Atef Tarawneh）。参议院议员全部由国王从年龄40岁以上的知名人士中任命，人数不超过众议院的一半。议长任期两年，议员任期4年，均可连任。本届参议院共有参议员75名。现任参议长费萨尔·法耶兹（Faisal al-Fayez）。

【政府】本届政府2013年3月30日成立，2015年3月进行小幅改组。现有阁员28名，主要包括首相兼国防大臣阿卜杜拉·恩苏尔（Abdullah Ensour）、副首相兼教育大臣穆罕默德·泽内拜特（Mohammad Thneibat）、副首相兼外交与侨务大臣纳赛尔·朱达（Nasser Judeh）等。

【行政区划】全国共分12个省：安曼省、伊尔比德省、马安省、扎尔卡省、拜勒加省、马夫拉克省、卡拉克省、塔菲拉省、马德巴省、杰拉什省、亚喀巴省、阿吉隆省。

【司法机构】包括法院和检察院两部分。宪法规定法官独立行使司法权。法官任免由国王依法批准，同时接受高级司法委员会的监督。法院分三类，即：民事法院、宗教法院、特别法院。民事法院负责审理有关民事和刑事案件。宗教法院主要负责婚姻、继承、收养等事务。特别法院包括国家安全法院、军事法院、警察法院、重大刑事案法院、海关法院。

【政党】1952年4月9日开始允许建立政党，后均被解散。1991年10月解除党禁。1992年10月颁布政党法，规定约旦实行多党制，各政党重新登记，强调政党必须尊重宪法，不得在军队和安全机构中发展，不得同外国或外部势力有政治、经济联系，各政党须经内政部批准为合法政党后方可开展活动。2008年，约修改政党法，将政党成立的门槛由50名党员提高到500名党员，并要求其党员需来自五个及五个以上省份。约目前有18个政党，主要是：

（1）伊斯兰行动阵线党（The Islamic Action Front）：最大的反对党，1992年12月由穆斯林兄弟会和穆斯林独立人士组成。该党反对阿以和谈，反对约以和约。

（2）宪章爱国党（National Constitutional Party）：1997年5月由“誓约党”、“祖国党”、“觉醒党”、“约旦全国联盟党”、“阿拉伯民主统一党”、“进步正义党”、“约旦人民运动党”、“约旦人民统一党”、“约旦阿拉伯群众党”9个政党合并而成。宗旨是“复兴、民主、统一”。

（3）约旦阿拉伯社会复兴党（Jordanian Ba'ath Arab Socialist Party）：1993年1月经内政部批准成立。前身为1948年在约成立的“阿拉伯复兴党”，为泛阿拉伯民族主义政党。

（4）约旦共产党（The Jordanian Communist Party）：该党始建于1948年，1970年分裂成两派。1993年1月获内政部批准登记。1997年12月约共“二大”后，领导层内部再度分裂。该党主张以马克思主义为指南，基本任务是维护民族独立、发展经济、反对帝国主义和犹太复国主义。

（5）民族阵线党（National Front Party）：2009年5月成立。主张实行全面改革，实现社会和谐。由前众议长阿卜杜·哈迪·马贾利（Abdul Hadi Majali）组建。

【重要人物】**阿卜杜拉二世**：国王。系约前国王侯赛因长子。1962年1月30日生于安曼。自幼在英国和美国接受教育，曾在英国牛津大学和美国乔治敦大学深造。20世纪80年代初在英国军队中服役，1985年返回约旦进入军界，曾任装甲兵营长等职，其间先后赴英国桑赫斯特皇家军事学院、英国步兵学校、英国指挥与参谋学院及美国装甲兵学校学习进修军事。1993年起任约特种部队司令，1998年晋升为陆军少将。1999年1月25日被立为王储。同年2月7日继位，6月9日加冕。爱好军体活动，是专业潜水员、飞行员和伞兵；喜爱赛车，曾获约全国汽车拉力赛冠军。阿曾11次访华（1981年7月、1982年12月、1993年12月、1999年12月、2002年1月、2004年7月、2005年12月、2007年10月、2008年9月、2013年9月、2015年9月，前3次作为王子）。已婚，王后拉妮亚，巴勒斯坦血统。育有二子二女，长子侯赛因2009年被立为王储。 **阿卜杜拉·恩苏尔**：首相兼国防大臣。1939年5月生于约旦萨尔特市。获黎巴嫩贝鲁特美国大学数学专业学士学位，美国底特律大学学术机构管理专业硕士学位，巴黎索邦大学人力资源规划专业博士学位。曾任计划、教育、外交、工贸、高等教育、新闻、行政发展等部门大臣、副首相及参议员、众议员等职。2012年10月10日被任命为首相兼国防大臣。2013年3月9日，再次被任命为首相兼国防大臣。

经　济

约旦系发展中国家，经济基础薄弱，资源较贫乏，可耕地少，依赖进口。国民经济主要支柱为侨汇、旅游和外援。阿卜杜拉二世国王执政后，大力推行经济改革，改善投资环境，积极寻求外援，扭转了约经济长期负增长或零增长的局面。1999年约加入世界贸易组织。2004—2008年间经济增长率超过8%。

2009年以来，受国际金融危机影响及西亚北非地区局势动荡冲击，约经济增长速度下滑，约政府加大对经济调控力度，并在金融、基建、招商引资、争取外援等方面采取相应措施，取得一定成效。

2015年主要经济数据如下：

国内生产总值（GDP）：370亿美元。

人均国内生产总值：约3900美元。

经济增长率：2.5%。

货币名称：约旦第纳尔。

汇率：1美元≈0.708约旦第纳尔。

外汇及黄金储备：139亿美元。

失业率：13.6%。

【资源】主要有磷酸盐、钾盐、铜、锰、铀、油页岩和少量天然气。磷酸盐储量约20亿吨。死海海水可提炼钾盐，储量达40亿吨。油页岩储量700亿吨，但商业开采价值低。

【工业】多属轻工业和小型加工工业，主要有采矿、炼油、食品加工、制药、玻璃、纺织、塑料制品、卷烟、皮革、制鞋、造纸等。有磷酸盐、钾盐、炼油、水泥、化肥5个规模较大的工业产业。

【农业】农业不发达，农业人口11.04万，约占劳动力的12%。可耕地面积仅占国土面积7.8%，已耕地面积约50万公顷，多集中在约旦河谷，全部私人经营。水资源缺乏是约发展农业的主要障碍。目前建有10个主要水坝，总容量3.27亿立方米，其中91%位于干旱地区。主要农作物有小麦、大麦、玉米、蔬菜和橄榄等。农产品不能满足国内需求，粮食和肉类主要依靠进口。

【旅游业】约旦三大经济支柱之一和主要外汇来源之一。2015年约旅游年收入41亿美元，人数为480万人次。主要旅游景区有安曼、死海、杰拉什、佩特拉、阿杰隆古堡、亚喀巴、月亮谷等。

【交通运输】公路总长8000公里，已基本建成沟通全国城乡的公路网，国际公路网与伊拉克、叙利亚、沙特、以色列等国相通。年运输量达900多万吨。保有汽车约32.15万辆。

铁路：全长730公里，客运量3.13万人次，货运量378.95万吨。

海运：亚喀巴港是约旦唯一港口和进出口贸易集散中心，拥有集装箱码头和散装码头、22个深水泊位、固定航线29条，通往除西非海岸及南美西部海岸的200多个港口，年货物吞吐量可达2200万吨。

空运：约旦皇家航空公司拥有各种飞机35架，国际航线50条。主要机场有：安曼阿丽娅王后国际机场、安曼民用机场（马尔卡机场）、亚喀巴国际机场。目前，阿丽娅王后国际机场年客运量达625万人次，飞机起降6.72万架次，同比增长5.9%。

【电信信息业】近年来，约旦大力发展电信和信息产业。1999年，约启动通讯技术领域发展倡议，该行业投资已达25亿美元。截至2013年9月，约旦手机保有量超过1000万部，普及率达155%；网络用户486万，渗透率约72%；互联网订阅用户数138万，其中移动互联网用户占77%，约106万。

【财政金融】约旦金融系统比较发达。全国有26家银行，全部是上市私有银行。外国银行可在约设分行，但不得为境外实体融资。国际金融危机后，约加强金融监管，暂停外国银行在约设分行的业务。

【对外贸易】与世界100多个国家和地区有贸易往来。主要进口原油、机械设备、电子电器、钢材、化学制品、粮食、成衣等，主要进口国为沙特、中国、美国、德国和埃及。主要出口服装、磷酸盐、钾盐、蔬菜、医药制品和化肥等，主要出口国为美国、伊拉克、印度、沙特、叙利亚和阿联酋。2015年前11个月，约旦对外贸易总额为263亿美元，其中进口额为187亿美元，同比下降11.2%，出口额为76亿美元，同比下降5.8%。

【外国投资】约旦政府致力于改善投资环境，不断制定和完善投资法规，积极吸引外资，尤其鼓励外商在约旦工业区投资办厂。2015年前三季度，外国在约投资8.6亿美元，同比下降43%。

【外国援助】外援是约经济主要来源之一。海湾战争前，约外援主要来自美等西方国家以及海湾阿拉伯国家。在海湾危机中，约采取同情伊拉克的立场，致使主要援助国中断了对约援助，约经济形势恶化。后约逐渐调整对伊政策，改善与美及海湾阿拉伯国家关系，主要援助国恢复了对约援助。约以媾和后，美对约援助大幅增加。2003年由于伊拉克战争，国际社会向约提供了高达19亿美元的贷、赠款。2015年约实际接收外援10.33亿美元，主要援助方为美国、阿拉伯国家、日本、欧盟及联合国各机构。

人民生活

约旦卫生事业发展很快，医疗水平在中东地区名列前茅。全国目前共有99家医院，其中卫生部下属医院30家。另有368所医疗中心和56家私人诊所。全国98%的儿童都接种白喉、破伤风、麻疹、结核病等多种疫苗。约对政府职工和军人及家属实行免费医疗制度，对企业职工实行医疗保险制度。政府工作人员根据职业不同，每月可领取交通、出差、服装、住房、家庭人口、物价等各种补贴。约民众普遍拥有小汽车等。人均寿命73岁。

军　事

1916年建军，6月10日为建军节。约旦国王为武装部队最高统帅。约军前身是英国当局协助建立的“阿拉伯军团”，在1973年第三次中东战争中遭以军重创，战后在美、英援助下重建。1976年9月，约开始实行义务兵和志愿兵相结合的兵役制。服役期为两年。1982年7月，侯赛因国王宣布成立人民军，凡在高中和高校就读的男女学生，以及16—55岁的男性公民均应参加。1994年约以和约签署后，约改行志愿兵役制。目前，约正规军总兵力约13万人，其中陆军11.8万人、空军1.35万人、海军850人。另有预备役3.5万人、治安部队2万人、公安部队3万人。

文化教育

【教育】约旦公民文化素质较高。国家重视教育事业，实行10年免费义务基础教育。高中教育为非义务性专业学习，学制两年。全国共有10所公立大学和17所私立大学，主要有约旦大学、雅尔穆克大学、约旦科技大学、哈希姆大学、穆塔大学、艾勒·贝塔大学、侯赛因大学、拜勒加应用大学等。另有51所中专院校。约学龄儿童入学率95%，全国文盲率7%。

【新闻出版】主要报刊：《宪章报》、《言论报》、《市场报》、《今日阿拉伯人》。主要英文报刊是《约旦时报》、《星报》。2006年7月，约内阁通过《媒体和出版法》，不再允许逮捕或监禁犯有与其职业相关罪行的记者。

佩特拉通讯社：官方通讯社，1969年成立。在贝鲁特设有分社，在开罗、大马士革、波恩、巴黎、哥本哈根、纽约有兼职记者。1995年起向除南非、南美以外的世界各地发送阿、英文消息。

约旦广播电台1959年创建，约旦电视台1968年建立，均系官方机构。1985年9月，合并成立广播电视总局。

对外关系

约旦外交活跃，强化与美特殊盟友关系，重视发展与各大国关系，推行睦邻友好政策，在中东问题等地区事务中发挥着独特作用。目前已同131个国家建立外交关系。

【同中国的关系】1977年4月7日中国约旦建交。此后，两国在政治、经济、军事、文化等各方面的关系稳步发展，友好往来不断增加。

领导人及各层次政治交往不断。胡锦涛副主席（2001年）、全国政协主席贾庆林（2008年）、中纪委书记贺国强（2009年）等中国领导人访约，约国王阿卜杜拉二世作为国王7次访华。2011年5月，中国文化部部长特别助理李洪峰访约，签署两国2011—2014年度文化合作执行计划。6月，约旦参议长米斯里访华。同月，中国国家机关工委常务副书记杨衍银访约。9月，武警部队司令员王建平中将访约。同月，约中友协秘书长萨伊赫参加在宁夏举行的2011宁洽会暨中阿经贸论坛，约前首相、国际事务协会主席马贾利出席在山东潍坊举行的第二届“中阿、中非中小企业合作论坛”。11月，商务部副部长钟山访约，双方签署《中约经济技术合作协定》。2012年2月，全国人大常委会副委员长韩启德访约。5月，中共中央政治局委员、全国政协副主席王刚访约。同月，中东问题特使吴思科访约，约旦外交大臣朱达出席在突尼斯举行的中阿合作论坛第五届部长级会议。2013年5月，中东问题特使吴思科访约。9月，约旦国王阿卜杜拉二世访华并出席首届中阿博览会开幕式。12月，约旦外交与侨务大臣朱达访华。2014年5月，约旦外交与侨务大臣朱达出席在上海举行的亚洲相互协作与信任措施会议第四次峰会。6月，约旦文化大臣拉娜·麦姆卡出席在北京举行的中阿合作论坛第六届部长级会议。7月，中东问题特使吴思科访约。2015年5月，约旦参议长拉瓦比德、高教与科研大臣拉比卜·赫达拉分别访华。9月，约旦国王阿卜杜拉二世来华出席第二届中阿博览会。

1979年5月，中约两国签订贸易协定。近年来，双边贸易合作快速增长。目前中国是约旦第三大贸易伙伴。2015年，双边贸易额37.16亿美元，同比增长2.4%，其中中方出口34.28亿美元，进口2.88亿美元。中方对约主要出口机电产品、通讯器材、纺织服装。从约旦主要进口钾肥。

人文交流丰富多彩。1979年11月，中约签订第一个文化合作协定，此后两国签订多个年度文化合作协定执行计划。2008年9月，孔子学院总部与约旦格扎拉集团签署建立安曼孔子学院的相关协议，2009年4月，安曼孔子学院成立。同年9月，约旦大学中文本科班开始授课。2012年9月，费城大学孔子学院成立。

2003年1月，中国正式将约旦列为中国公民出国旅游目的地国，并于当年10月与约方签署“关于组织中国公民赴约旦旅游实施方案备忘录”。2009年2月，约旦对中国公民提供落地签证。

中国驻约旦大使：潘伟芳。馆址：9 JAKARTA STREET，RABYAH，AMMAN JORDAN。信箱：P.O.BOX 7365，11118. AMMAN JORDAN。国家地区号：009626。电话：5516136，5518896。文化处：5519137。网址：http://www.jo.chineseembassy.org。商务处：5518195，5516194；使馆传真：5518713。

约旦驻华大使：叶海亚·卡拉莱（Yahya Qaralleh）。馆址：北京市朝阳区三里屯东六街5号。国家地区号：0086–10。电话：65323906。

【同美国的关系】同美国关系密切。约美关系曾因海湾危机约旦支持伊拉克而一度降温，美冻结对约军事、经济援助。海湾战争后，约积极参与美发起的中东和平进程。1994年10月，约旦与以色列签订和约后，美免除约7亿美元的债务，并同意每年向约提供约3亿美元的军事和经济援助。2000年10月，约美签署自由贸易协定。2010年2月，约美签署援助协议，据此美在2010—2013年间每年向约提供3.6亿美元经援和3亿美元军援。2012年1月、7月、9月，阿卜杜拉二世国王3次访美。2012年美对约援助总额达4.77亿美元。2013年3月，美总统奥巴马访约，表示将向约额外提供2亿美元财政援助以应对叙利亚危机，并提供10亿—20亿美元优惠贷款。4月，阿卜杜拉二世国王访美。美向约派遣200名士兵协助应对叙危机。5月，美国务卿克里出席在约举行的世界经济论坛中东及北非会议。2014年2月、3月、5月，约旦国王阿卜杜拉二世访美。2月，美国总统奥巴马会见约国王阿卜杜拉二世时表示，将要求国会批准对约新的财政援助计划，并为约提供额外贷款担保。2014年3月、6月，美国国务卿克里访约。2015年2月，约旦国王阿卜杜拉二世访美。美国宣布，将每年对约旦的援助从6.6亿美元提至10亿美元，主要用于帮助约方安置来自伊拉克和叙利亚难民以及打击“伊斯兰国”。2016年1月、3月，阿卜杜拉二世国王访美。2016年，美国计划对约援助从10亿美元提高至12.75亿美元。

【同欧盟国家的关系】积极发展同欧盟，特别是英、法、德等国的关系，希望欧盟在中东地区事务中发挥积极作用，并寻求其经济援助。约旦与欧盟的贸易额占约对外贸易总额的35%。2010年5月，约与欧盟签署2011—2013年欧盟对约援助协议，欧盟在此期间将向约提供2.23亿欧元援助，用于民主改革、人权、司法、发展贸易和投资等。2011年12月，双方签署2012—2014年援助协议，欧盟据此将向约政府提供1.03亿欧元援助，其中7800万欧元用于支持约财政预算，其余部分用于支持约水利、地方发展和民主改革等。2012年，英国首相卡梅伦、欧盟委员会主席巴罗佐分别访约。阿卜杜拉二世国王访问法、英等国。2013年4月，阿卜杜拉二世国王访问西班牙。2014年5月，阿卜杜拉二世国王访英。6月，阿卜杜拉二世国王访德。2015年5月，阿卜杜拉二世国王访德。

【同俄罗斯的关系】约旦重视苏联大国地位，侯赛因国王曾先后于1981年、1982年和1987年3次访苏。苏联解体后，约继续发展同俄罗斯关系，希望俄在中东问题上发挥更大作用。20世纪90年代以来，约俄关系续有发展。2009年，约与俄草签一项核能合作协议，双方将在建造核电站、海水淡化、勘探、开采核原料方面展开合作。2010年3月，阿卜杜拉二世国王访俄。2011年1月，俄总统梅德韦杰夫访约。2012年6月，俄总统普京访约。2013年2月，阿卜杜拉二世国王访俄。2014年4月、10月，阿卜杜拉二世国王访俄。2015年3月，约俄签署合作建造约旦第一个核电站的协议。

【同日本的关系】20世纪70年代以来，约旦同日本的关系不断发展，高层互访频繁。1976年，日本王储明仁夫妇访问约旦。1989年，侯赛因国王出席日本裕仁天皇葬礼。1990年，哈桑王储参加明仁天皇加冕庆典。2009年4月，阿卜杜拉二世国王访问日本。2010年10月，约首相里法伊访日。目前，日本是约最大的债权国，债务总额约18亿美元。约是中东地区人均获日本援助最多的国家，2007—2011年日对约累计援助达3.16亿美元。2012—2014年，日将向约提供1.56亿美元贷款。2015年1月，日本首相安倍晋三访问约旦，宣布将向约提供约合1.25亿美元的援助。

【同巴勒斯坦的关系】巴勒斯坦人占约旦总人口60%，约巴之间有着特殊关系。1988年11月巴勒斯坦国宣布成立后，约旦立即予以承认；1989年1月，约同意巴解组织驻约办事处升格为大使馆。在中东和谈问题上，巴以谈判所涉及的巴难民、水资源、边界划分及安全安排攸关约切身利益，约十分关注，认为巴勒斯坦问题仍是当前中东问题的核心，坚持“两国方案”。2012年1月，在约旦方面斡旋下，巴以双方在安曼就重启和谈进行接触。同月，巴勒斯坦总统阿巴斯、哈马斯领导人迈沙阿勒分别两度访约，12月，阿卜杜拉二世国王访问拉马拉。2013年3月，巴勒斯坦总统阿巴斯访约，双方签署了共同保护“圣城”耶路撒冷及阿克萨清真寺等圣迹的协议，确认哈希姆王室对耶城圣迹的监护权。2014年1月，巴勒斯坦总统阿巴斯访约。4月，约旦首相恩苏尔访巴。2015年5月，巴勒斯坦总统阿巴斯出席在约旦举办的2015年世界经济论坛中东北非峰会，会见约旦国王阿卜杜拉二世。

【同伊拉克的关系】约旦主张维护伊主权、安全、统一，呼吁恢复伊安全与稳定，强烈谴责伊境内针对平民的暴力活动，支持伊各派和解进程。约积极配合伊政治和经济重建进程。2010年1月，里法伊首相访伊。10月，伊过渡政府总理马利基访约。2011年，巴希特首相访伊。2009年2月，约政府就伊拉克人入境作出新规定，将银行存款证明由15万美元降为5万美元。约旦亚喀巴港口决定将给伊转口货物减免40%的转口税，以加强约伊贸易往来。2011年，约伊双方达成协议，将伊对约石油日出口量由1万桶增至1.5万桶。2012年12月，伊拉克总理马利基访约。2014年1月，伊拉克石油部长鲁艾比访约。2014年4月，约旦国王阿卜杜拉二世会见了到访的伊拉克外长兹巴里。

【同其他阿拉伯国家的关系】约旦重视发展同阿拉伯各国的关系。

海湾危机发生后，由于约支持伊拉克，与埃及、叙利亚、沙特及科威特等国立场相悖，同这些国家的关系一度趋冷。海湾战争后，约主动改善同这些国家的关系。阿卜杜拉二世国王继位后，约与海湾国家关系逐步恢复并续有发展。近年来，约从海湾国家获得大量援助和投资。伊拉克战争后，约获得半年的海湾优惠供油，并提出加入“海湾合作委员会”。目前，沙特是约第一大援助国，科威特是约第一大投资伙伴，在约投资总额超过80亿美元。2011年5月，海湾合作委员会峰会决定，欢迎约旦申请加入海合会，双方将进一步商谈正式加入的相关问题。12月，海合会峰会决定成立海湾基金，未来5年内分别向约旦和摩洛哥提供25亿美元的发展援助。2012年，沙特、科威特、阿联酋承诺向约提供援助7.5亿美元。2012年，阿卜杜拉二世国王访问科威特、卡塔尔等阿拉伯国家。巴林国王哈马德、摩洛哥国王穆罕默德六世、埃及总理甘迪勒等阿拉伯领导人访约。2013年1月，阿卜杜拉二世国王访问巴林，并出席在科威特举行的“叙利亚人道主义问题高级别国际认捐会议”和在沙特举行的“第三届阿拉伯经济社会发展峰会”。2014年2月，约旦首相恩苏尔访问埃及。3月，摩洛哥首相基兰、卡塔尔埃米尔塔米姆访约。6月，阿卜杜拉二世国王出席埃及新总统塞西的就职典礼。

【同叙利亚的关系】呼吁政治解决叙利亚危机，维护叙主权和领土完整，反对外来军事干涉。

【同以色列的关系】1994年7月25日，约旦以色列在华盛顿签署《华盛顿宣言》，宣布结束敌对状态。10月，约以正式签署和约。11月，两国建立外交关系。1995年2月9日，约收回以占领的340平方公里失地。2001年，由于以巴冲突持续不止，约召回驻以大使，双边高层往来冻结。2004年以来，约以双边交往逐渐恢复。2005年1月，约恢复向以派驻大使。2010年7月，以总理内塔尼亚胡访约。8月，以国防部长巴拉克访约。2013年5月，以总统佩雷斯出席在约举行的世界经济论坛中东及北非会议。2014年1月，以总理内塔尼亚胡访约。2014年11月，约旦国王阿卜杜拉二世、美国务卿克里和以色列总理内塔尼亚胡在安曼举行三方会晤，主要就巴以局势、重启巴以和谈等交换看法。

（焦鹏飞）

越　南

国名　越南社会主义共和国（The Socialist Republic of Viet Nam）。

面积　329556平方公里。

人口　9170万（2015年12月），有54个民族，京族占总人口86%，岱依族、傣族、芒族、华人、侬族人口均超过50万。主要语言为越南语（官方语言、通用语言、主要民族语言）。主要宗教：佛教、天主教、和好教与高台教。

首都　河内（Ha Noi），面积3340平方公里，人口756万（2015年）。夏季平均气温28.9℃，冬季平均气温18.9℃。

国家元首　国家主席张晋创（Truong Tan Sang），2011年7月25日当选。

重要节日　越南共产党成立日：2月3日（1930年）；越南国庆日：9月2日（1945年）；越南南方解放日：4月30日（1975年）；胡志明诞辰日：5月19日（1890年）。

简　况

位于中南半岛东部，北与中国接壤，西与老挝、柬埔寨交界，东面和南面临南海。海岸线长3260多公里。地处北回归线以南，属热带季风气候，高温多雨。年平均气温24℃左右。年平均降雨量为1500—2000毫米。北方分春、夏、秋、冬四季。南方雨旱两季分明，大部分地区5—10月为雨季，11月至次年4月为旱季。

公元968年成为独立的封建国家。1884年沦为法国保护国。1945年9月2日宣布独立，成立越南民主共和国。同年9月法国再次入侵越南，越南进行了艰苦的抗法战争。1954年7月，关于恢复印度支那和平的日内瓦协定签署，越南北方获得解放，南方仍由法国（后成立由美国扶植的南越政权）统治。1961年起越南开始进行抗美救国战争，1973年1月越美在巴黎签订关于在越南结束战争、恢复和平的协定，美军开始从南方撤走。1975年5月南方全部解放，1976年4月选出统一的国会，7月宣布全国统一，定国名为越南社会主义共和国。

政　治

2011年1月召开的越共十一大总结了革新25年、《社会主义过渡时期国家建设纲领》实施20年、《2001—2010年经济社会发展战略》落实10年来的理论和实践，讨论并通过了经补充和修改完善的《社会主义过渡时期国家建设纲领》，通过《2011—2020年经济社会发展战略》，补充和修改党章，并提出要继续提高党的领导能力和战斗力，发挥全民族的力量，全面推进革新事业，为到2020年把越南基本建成迈向现代化的工业国奠定基础。

2015年12月4日召开的越南共产党十一届中央委员会第十三次全体会议决定越共十二大将于2016年1月召开，为此已成立政治报告、经济社会发展计划、党章修改、人事、大会组织五个筹备组。明确大会主题是突出加强党的建设、提高党的领导能力和战斗力，防止自我演变和自我转化。目前已完成2016—2021年任期及之后任期中央委员会、政治局、书记处及党和国家主要领导职务规划的研制。十一届九中全会通过新的党内选举制度，规定不再允许党委委员自荐参选，限定大会选举最高差额率不得超过30%。2015年1月召开的十一届十中全会对政治局和书记处任职人员进行首次信任测评，补充战略级干部规划。2015年5月的十一届十一中全会重点讨论十二届中央人事工作，确定了十二届中央委员会、政治局、书记处入围标准。10月的十一届十二中全会讨论制定了中央委员候补名单初步方案，首次听取了十二届中央政治局、书记处、主要领导职务的人事筹备报告，对“特殊情况”候选人准入条件进行了审议，并明确了对总书记、国家主席、政府总理、国会主席人选的具体标准和要求。越共十二大于2016年1月20日至28日在河内召开，选举产生以阮富仲为总书记的新一届中央领导集体，通过十二大政治报告、十一届中央履职评估报告、经济社会发展过去五年情况及未来五年任务报告、落实党建工作决议总结报告。

【宪法】越南现行宪法是第五部宪法，于2013年11月在越南十三届国会第六次会议上通过，2014年1月1日正式生效，是1946年、1959年、1980年、1992年宪法的继承和发展，体现了越南社会主义过渡时期的国家建设纲领。

【议会】称国会，是国家最高权力机关，任期4年，通常每年举行两次例会。现为第13届国会，共有500名国会代表。现任国会主席阮生雄（Nguyen Sinh Hung），2011年7月23日当选。

【政府】国家最高行政机关。本届政府于2011年8月组成。总理阮晋勇（Nguyen Tan Dung），副总理阮春福（Nguyen Xuan Phuc），副总理黄忠海（Hoang Trung Hai），副总理武文宁（Vu Van Ninh），副总理武德担（Vu Duc Dam，2013年11月获越政府总理提名后就任），副总理（兼外交部长）范平明（Pham Binh Minh，2013年11月获越政府总理提名后就任），国防部长冯光清（Phung Quang Thanh），公安部长陈大光（Tran Dai Quang），内务部长阮太平（Nguyen Thai Binh），司法部长何雄强（Ha Hung Cuong），计划投资部长裴光荣（Bui Quang Vinh），财政部长丁进勇（Dinh Tien Dung，2013年5月获越政府总理提名就任），工贸部长武辉煌（Vu Huy Hoang），农业与农村发展部长高德发（Cao Duc Phat），交通运输部长丁罗升（Dinh La Thang），建设部长郑庭勇（Trinh Dinh Dung），资源环境部长阮明光（Nguyen Minh Quang），通信传媒部长阮北山（Nguyen Bac Son），劳动荣军与社会部长范氏海传（Pham Thi Hai Chuyen，女），文化体育旅游部长黄俊英（Hoang Tuan Anh），科技部长阮军（Nguyen Quan），教育培训部长范武论（Pham Vu Luan），卫生部长阮氏金进（Nguyen Thi Kim Tien，女），民族委员会主任杨小富（Giang Seo Phu），国家银行行长阮文平（Nguyen Van Binh），监察总署总监察长黄峰铮（Huynh Phong Tranh），政府办公厅主任阮文年（Nguyen Van Nen，2013年11月获越政府总理提名后就任）。

【行政区划】全国划分为58个省和5个直辖市。

【司法机构】由最高人民法院、最高人民检察院及地方法院、地方检察院和军事法院组成。最高人民法院院长张和平（Truong Hoa Binh），2007年7月就任，2011年7月连任；最高人民检察院检察长阮和平（Nguyen Hoa Binh），2011年7月就任。

【政党】越南共产党（Dang Cong san Viet Nam）是唯一政党，1930年2月3日成立，同年10月改名为印度支那共产党，1951年更名为越南劳动党，1976年改用现名。现有党员约450万人，基层组织近5.4万个，同世界上180多个政党建有党际关系。

越共十二届中央总书记为阮富仲（Nguyen Phu Trong）。政治局委员（19人）：阮富仲、陈大光、阮氏金银（Nguyen Thi Kim Ngan，女）、吴春历（Ngo Xuan Lich）、苏林（To Lam）、阮春福、阮善仁（Nguyen Thien Nhan）、丁世兄（Dinh The Huynh）、范明正（Pham Minh Chinh）、丛氏放（Tong Thi Phong，女）、王庭惠（Vuong Dinh Hue）、陈国旺（Tran Quoc Vuong）、范平明、张氏梅（Truong Thi Mai，女）、张和平（Truong Hoa Binh）、阮文平、武文赏（Vo Van Thuong）、丁罗升、黄忠海；中央书记处书记（9人）：阮富仲、丁世兄、陈国旺、范明正、武文赏、张氏梅（女）、阮文年、张和平、梁强（Luong Cuong）；中央检查委员会委员（21人）：陈国旺、梅直（Mai Truc）、阮德海（Nguyen Duc Hai）、沙如和（Sa Nhu Hoa）、裴氏明怀（Bui Thi Minh Hoai，女）、阮青山（Nguyen Thanh Son）、阮文仁（Nguyen Van Nhan）、苏光秋（To Quang Thu）、陈锦秀（Tran Cam Tu）、阮公学（Nguyen Cong Hoc）、武明姜（Vo Minh Khuong）、阮文营（Nguyen Van Doanh）、阮氏碧娥（Nguyen Thi Bich Nga，女）、何国治（Ha Quoc Tri）、高文统（Cao Van Thong）、武克雄（Vu Khac Hung）、严富强（Nghiem Phu Cuong）、阮世全（Nguyen The Toan）、阮国协（Nguyen Quoc Hiep）、黄氏春岚（Huynh Thi Xuan Lam，女）、陈进兴（Tran Tien Hung）。

越南祖国阵线（Mat Tran To Quoc Viet Nam）是越南的统一战线组织，成立于1955年9月，南北方统一后于1977年同越南南方民族解放阵线和越南民族、民主及和平力量联盟合并。第七届祖国阵线中央主席团主席阮善仁，2013年9月当选。

【重要人物】阮富仲：越共中央总书记。1944年生于河内市东英县东会乡。政治学博士。1983—1996年历任《共产主义》杂志党建部副主任、主任、编委会委员、党委副书记、书记、副总编辑、总编辑。1994年1月在越共七届七中全会上补选为中央委员。1996年8月至1998年2月任河内市委副书记。1997年12月在越共八届四中全会上当选越共中央政治局委员。1998年3月任中央理论委员会副主席。1999年8月至2000年4月任中央政治局常委。2001年11月起兼任中央理论委员会主席。2001年4月在越共九大上再次当选中央政治局委员。2006年4月在越共十大上当选连任，同年6月当选国会主席。2007年7月连任国会主席。2011年1月，在越共十一大上当选越共中央总书记。曾于1992年、1997年和2001年访华，2003年10月率团赴北京出席中越两党理论研讨会。2007年4月、2011年10月、2015年4月访华。　**张晋创**：越南国家主席。1949年1月21日生于隆安省德和镇。法律学士。1966—1969年参加敌占区爱国学生运动。1969年12月20日入党。1970年任青年团委书记、隆安省德和地区秘密武装负责人。1971年遭敌人逮捕，1973年获释。1973—1975年，任中央统一委员会组织干事，从事照顾集结北上干部的工作。1975年西贡解放后返回南方，在胡志明市嘉定地区工会工作，后任胡志明市潘文还农场场长、胡志明市市委候补委员。1983年，任胡志明市市委常委、平正区区委书记。1988—1990年在阮爱国高级党校学习。1991年6月在越共七大上当选中央委员，任胡志明市市委常委、农业厅厅长。1992年，任胡志明市人民委员会代主席、主席。1996年6月在越共八大上当选中央政治局委员、胡志明市市委书记。2000年1月任越共中央经济部部长。2001年4月在越共九大上再次当选中央政治局委员。2006年4月在越共十大上当选中央政治局委员、中央书记处书记，负责书记处常务工作。2011年1月在越共十一大上当选中央政治局委员。2011年7月在十三届国会上当选国家主席。曾于2004年7月、2007年9月、2013年6月访华。2014年11月来华出席亚太经合组织（APEC）第22次领导人非正式会议。2015年9月来华出席纪念中国人民抗日战争胜利暨世界反法西斯战争胜利70周年活动。　**阮晋勇**：越南政府总理。1949年11月17

日生于金瓯省泰平县。法律学士。1961年参军，曾任团政委、坚江省军事指挥部干部部长。1967年入党。1981—1994年历任坚江省委组织部副部长、常务副书记、省人委主席、省委书记，并在阮爱国高级党校学习，期间1991年在越共七大上当选中央委员。1995年1月至1996年5月任内务部副部长。1996年6月在越共八大上当选政治局委员、常委，任中央经济部部长。1997年9月任政府常务副总理。1998年4月起兼任国家银行行长。2001年4月在越共九大上再次当选政治局委员。2002年8月连任政府常务副总理。2006年4月在越共十大上连任中央政治局委员，同年6月在十一届九次国会上当选政府总理，2007年7月在十二届国会上当选连任。2011年1月在越共十一大上连任中央政治局委员，7月在十三届国会上连任政府总理。2006年10月率团出席中国—东盟建立对话关系15周年纪念峰会暨中国—东盟博览会并顺访广西，2007年10月出席第四届中国—东盟博览会并顺访广西、云南，2008年10月正式访华并出席第七届亚欧首脑会议，2009年4月来华出席博鳌亚洲论坛2009年年会并顺访广东、香港、澳门；10月出席第十届中国西部国际博览会并顺访四川、重庆。2010年4月出席上海世博会开幕式并顺访上海、江苏、浙江。2012年9月出席第九届中国—东盟博览会。2013年9月出席第十届中国—东盟博览会。

经济

越南系发展中国家。1986年开始实行革新开放。1996年越共八大提出要大力推进国家工业化、现代化。2001年越共九大确定建立社会主义定向的市场经济体制，并确定了三大经济战略重点，即以工业化和现代化为中心，发展多种经济成分、发挥国有经济主导地位，建立市场经济的配套管理体制。2006年越共十大提出发挥全民族力量，全面推进革新事业，使越南早日摆脱欠发达状况。2011年越共十一大通过了《2011—2020年经济社会发展战略》，提出2011—2015年经济年均增速达到7%—7.5%，到2015年，人均国内生产总值（GDP）增至约2000美元；力争2020年GDP总量是2010年的约2.2倍，人均GDP达约3000美元。

革新开放以来，越南经济保持较快增长，经济总量不断扩大，三产结构趋向协调，对外开放水平不断提高，基本形成了以国有经济为主导、多种经济成分共同发展的格局。2015年主要经济数据如下：

国内生产总值：1935亿美元（2015年）。

人均国内生产总值：2109美元（2015年）。

国内生产总值增长率：6.68%（2015年）。

货币名称：越南盾（2015年）。

汇率：1美元≈2.2万越盾（2015年）。

消费品价格上涨指数：0.63%（2015年）。

城市失业率：2.31%（2015年）。

外汇储备：370亿美元（2015年7月）。

【资源】越南矿产资源丰富，种类多样。主要有煤、铁、钛、锰、铬、铝、锡、磷等，其中煤、铁、铝储量较大。有6845种海洋生物，其中鱼类2000种，蟹300种，贝类300种，虾类75种。森林面积约1000万公顷。

【工业】2015年，越南工业指数增长9.8%。主要工业产品有煤炭、原油、天然气、液化气、水产品等。

【农业】越南是传统农业国，农业人口约占总人口的75%。耕地及林地占总面积的60%。粮食作物包括稻米、玉米、马铃薯、番薯和木薯等，经济作物主要有咖啡、橡胶、胡椒、茶叶、花生、甘蔗等。2015年越南农林渔业总产值为858.4万亿越盾，比2014年增长2.6%，其中农、林、渔业产值分别增长2.3%、7.9%、3.1%。

【服务业】近年越南服务业保持较快增长，2015年商品零售和服务业消费额同比增长9.5%。

【旅游业】越南旅游资源丰富，下龙湾等多处风景名胜被联合国教科文组织列为世界自然和文化遗产。近年来旅游业增长迅速，经济效益显著。2015年接待国外游客794.37万人次，比上年下降0.2%。主要客源国（地区）为中国、韩国、日本、美国、台湾地区、马来西亚、澳大利亚、泰国、法国。主要旅游景点有：河内市的还剑湖、胡志明陵墓、文庙、巴亭广场；胡志明市的统一宫、芽龙港口、莲潭公园、古芝地道和广宁省的下龙湾等。

【交通运输】近年来，越南交通运输业经过重组，提高服务质量，取得了较好的经济效益。2015年客运量约32.83亿人次，比上年增长7.7%，货运量11.3亿吨，比上年增长6%。

【财政金融】2015年越南财政收支基本完成计划。2015年财政总收入884.8万亿越盾，财政总支出1064.5万亿越盾。

【对外贸易】越南和世界上150多个国家和地区有贸易关系。近年来越南对外贸易保持高速增长，对拉动经济发展起到了重要作用。2015年货物进出口贸易总额约为3280亿美元，其中出口额1624亿美元，增长8.1%，进口额1656亿美元，增长12%。

越南主要贸易对象为中国、美国、欧盟、东盟、日本、韩国。主要出口商品有：原油、服装纺织品、水产品、鞋类、大米、木材、电子产品、咖啡。主要出口市场为欧盟、美国、东盟、日本、中国。主要进口商品有：汽车、机械设备及零件、成品油、钢材、纺织原料、电子产品和零件。主要进口市场为中国、东盟、韩国、日本、欧盟、美国。

【外国资本】外资的进入对越引进先进生产技术和管理经验，推动经济增长，解决就业起到了重要作用。截至2015年12月15日，越南吸引2013个新签投资项目，协议金额达227.6亿美元，同比增长12.5%。实际到位资金145亿美元，同比增长17.1%。对越总投资排名前五位的国家和地区依次是韩国、马来西亚、美属萨摩亚岛、日本、英国。

【外国援助】1993年国际社会恢复对越援助，2010—2015年期间越南根据各相关国际条约与外国签署的官方发展援助（ODA）和优惠贷款总金额约达306.16亿美元。

军　事

越南人民军于1944年12月22日建军。实行主力部队、地方部队和民兵组成的三结合“全民国防”体制。越共中央政治局为最高军事决策机构，通过国防部对部队实行统一领导。目前总兵力约为45万，其中陆军26万，海军3.5万，空军4.5万。实行义务兵役制，服役年限2—4年不等。

文化教育

【教育】目前越南已形成包括幼儿教育、初等教育、中等教育、高等教育、师范教育、职业教育及成人教育在内的教育体系。普通教育学制为12年，分为三个阶段：第一阶段为5年小学，第二阶段为4年初中，第三阶段为3年高中。2000年越南宣布已基本实现普及小学义务教育目标。2001年开始普及9年义务教育。全国共有376所高等院校。著名高校有河内国家大学、胡志明市国家大学、顺化大学、岘港大学等。

【新闻出版】越南新闻出版法规定报纸由国家控制。中央及地方新闻单位共450家。主要出版社有国家政治出版社、文化出版社、文学出版社、科技出版社、教育出版社和世界出版社等。各种出版物13515种，年发行量2.18亿册。报社约150家，其余为行业小报。主要报刊有：《人民报》，越共中央机关报，1951年创刊，在国外设有3个分支机构，1998年5月开设电子版；《人民军队报》，越南人民军总政治局机关报；《大团结报》，祖国阵线中央机关报；《西贡解放报》（越文和中文版），越共胡志明市委机关报；《共产主义》月刊，越共中央政治理论刊物，1956年创刊，2001年设电子版；《全民国防》月刊。

越南通讯社：国家通讯社，1945年创立，1976年越南南方解放通讯社与之合并。在全国各省市均设有分社，驻外分社有27个。1998年8月开设互联网（越、英、法、西班牙文）。

“越南之声”广播电台：成立于1954年，有4套对内节目，用越南语及数种少数民族语言播音；对外广播用中国普通话、广东话、俄语、英语、法语、西班牙语、日语、泰语、老挝语、柬埔寨语、印尼语、马来语等。

越南中央电视台：成立于1971年，目前有7套节目。

主要网址：越南通讯社：http://www.vnagency.com.vn/；越南人民报：http://www.nhandan.org.vn/；越南共产党：http://www.cpv.org.vn/；越南国会：http://www.na.gov.vn/；越南外交部：http://www.mofa.gov.vn/。

对外关系

越共十一大确定继续奉行独立自主、和平、合作与发展的对外路线，实行开放、全方位、多样化的对外政策，积极主动地融入国际社会，做国际社会可信赖的朋友和伙伴、负责任的一员。

2015年越南积极开展对外交往。同美国关系发展迅速，同欧盟合作扩大，同日本、俄罗斯等本地区大国关系良好，同东盟成员国的合作加强，多边外交活跃。已与180个国家建交，并同20个国际组织及480多个非政府组织建立合作关系。

【同中国的关系】1950年1月18日中国越南建交。两国高层保持频繁接触，各领域的友好交往与合作日益深化，中越全面战略合作伙伴关系内涵进一步充实。

2012年1月，越共中央政治局委员、国会副主席丛氏放和越共中央政治局委员、公安部长陈大光访华。2月，越共中央政治局委员、中央书记处书记、中央组织部部长苏辉若访华。3月，越南政府副总理黄忠海出席博鳌亚洲论坛2012年年会并顺访香港。4月，全国政协副主席、中国人民争取和平与裁军协会副会长厉无畏访越。6月，中共中央政治局委员、书记处书记、中宣部部长刘云山赴越出席第八次中越两党理论研讨会开幕式。同月，越南副总理阮善仁访问云南省并出席中国云南省与越南河江、老街、莱州、奠边四省联合工作组第四次会议。9月，国家主席胡锦涛在出席亚太经合组织第二十次领导人非正式会议期间会见越南国家主席张晋创。同月，习近平副主席在广西南宁出席第九届中国—东盟博览会期间会见越南政府总理阮晋勇。10月，国务委员、公安部部长孟建柱访越并主持中越两国公安部第三次合作打击犯罪会议。11月，越共中央总书记特使、对外部部长黄平君来华祝贺中共十八大胜利召开，中共中央政治局常委、书记处书记、中宣部部长刘云山会见。12月，中共中央政治局委员、全国人大副委员长兼秘书长李建国访越通报中共十八大情况。

2013年3月，中国中央总书记、国家主席习近平应约同越共中央总书记阮富仲通电话。5月，国务委员杨洁篪同越南政府副总理阮善仁共同主持中越双边合作指导委员会第六次会议。6月，越南政府副总理武文宁来华出席首届中国—南亚博览会暨第21届中国昆明进出口商品交易会。越南国家主席张晋创对华进行国事访问。9月，越南政府总理阮晋勇来华出席第十届中国—东盟博览会。10月，国务院总理李克强对越南进行正式访问。

2014年2月，越南祖国阵线主席阮善仁访华。4月，越南政府副总理武德担出席博鳌亚洲论坛2014年年会。6月，国务委员杨洁篪赴越同越南副总理兼外长范平明举行中越双边合作指导委员会团长会晤。8月，越共中央总书记阮富仲特使、越共中央政治局委员、中央书记处常务书记黎鸿英访华。

2015年2月，中共中央总书记、国家主席习近平同越共中央总书记阮富仲进行热线通话，国务委员杨洁篪同越南副总理兼外长范平明通电话。4月，越共中央总书记阮富仲正式访华，国务委员、公安部部长郭声琨访越。6月，国务委员杨洁篪同越南政府副总理兼外交部长范平明共同主持中越双边合作指导委员会第八次会议。7月，中共中央政治局常委、国务院副总理张高丽正式访越。8月，中共中央政治局常委、全国人大常委会委员长张德江在第四次世界议长大会期间会见越南国会主席阮生雄。9月，越南国家主席张晋创来华出席纪念中国人民抗日战争胜利暨世界反法西斯战争胜利70周年活动，国家主席习近平会见。越南副总理阮春福访华并出席第十二届中国—东盟博览会。11月，中共中央总书记、国家主席习近平对越南进行国事访问。12月，越南国会主席阮生雄对华进行正式友好访问。

中国现为越南第一大贸易伙伴。2015年双边贸易额为958.2亿美元，增长14.6%。截至2015年11月，中国企业在越南累计签订承包工程合同额367.8亿美元，完成营业额279.2亿美元。

中国驻越南大使：洪小勇，2014年5月11日到任，同年6月4日递交国书。馆址：河内市黄耀街46号（SO 46 PHO HOANG DIEU，HA NOI）。国家地区号：0084–4。电话：38453736；传真：38232826。领事部电话：38235569；传真：37341181。商务处电话：38232845；传真：38234286。

越南驻华大使：邓明魁，2015年12月14日递交国书。馆址：北京市朝阳区建国门外光华路32号。国家地区号：0086–10。电话：65321125，65321155；传真：65326521。签证处电话：65327038；传真：65325414。商务处电话：65327035；传真：65325415。

【同美国的关系】1995年7月12日建立外交关系。1997年5月双方首任大使抵任。2006年5月，越美就越加入世界贸易组织达成协议，结束双边市场准入谈判；11月，美国不再把越南列入“宗教特别关注国家”；12月，美国给予越南永久正常贸易关系待遇。近年来两国实质合作进展较快，先后建立副防长级政治、安全和国防战略对话和副防长级防务磋商机制，2012年6月举行第五次政治、安全和国防战略对话。2012年2月，越南政府副总理武文宁访美。6月，美国国防部长帕内塔访越。7月，美国国务卿希拉里·克林顿访越。2013年7月，越南国家主席张晋创访美，双方共同发表声明，将两国关系提升为全面合作伙伴关系。12月，美国国务卿克里访越。2014年4月，美国参议院议长帕特里克·莱希访越。7月，河内市委书记范光毅访美，美国前总统比尔·克林顿访越，美国总统代表麦艾文访越。8月，美国参联会主席登普西率美军高级代表团访越。9月，越南副总理武文宁访美。10月，越南副总理兼外长范平明访美。2015年3月，越南公安部部长陈大光访美，美国众议院少数党领袖南希·佩洛西访越。4月，越南国会副主席阮氏金银访美。美国贸易代表迈克尔·弗罗曼访越。6月，美国国防部长阿什顿·卡特访越。7月，越共中央总书记阮富仲访美。

【同俄罗斯的关系】越南同苏联于1950年1月30日建交。苏联解体后，俄罗斯联邦继承了苏越外交关系。1994年两国签署《友好关系基本原则条约》。2001年建立战略伙伴关系。2012年7月，越南国家主席张晋创访俄。11月，俄罗斯总理梅德韦杰夫、俄联邦委员会主席瓦伦蒂娜·马特维延科访越。2013年3月，俄防长绍伊古访越，越南国会主席阮生雄访俄。5月，越南总理阮晋勇访俄。8月，越南国防部长冯光青率军事代表团访俄。11月，俄罗斯总统普京对越进行国事访问。2014年11月，越共中央总书记阮富仲对俄进行正式访问。2015年4月，俄罗斯总理梅德韦杰夫对越进行正式访问。5月，越南国家主席张晋创赴俄罗斯出席俄纪念卫国战争胜利70周年庆典。

【同东盟的关系】1995年7月，越南加入东盟。2010年，越担任东盟轮值主席国。2013年1月1日起，前越南副外长黎良明（Le Luong Minh）担任东盟秘书长（任期5年）。

【同老挝的关系】1962年9月5日建交，两国保持特殊团结友好关系。越老高层往来频繁。2014年1月，越南国防部长冯光青率越国防部高级代表团访老。4月，越共中央总书记阮富仲访老。2015年3月，越南国家主席张晋创对老进行工作访问。老挝国会主席巴妮访越。4月，老挝国家副主席本扬出席越南南方解放40周年纪念活动。7月，老挝国家副主席本扬、政府总理通邢对越南进行访问。9月，越南政府总理阮晋勇对老进行工作访问。10月，越南国家副主席阮氏缘对老进行正式访问。11月，越南政府副总理兼外长范平明同老挝政府副总理兼外长通伦举行越老外长级年度磋商。12月，越南政府副总理阮春福同老挝政府副总理宋沙瓦共同主持越老政府间联合委员会第38次会议。

【同柬埔寨的关系】1967年6月24日建交。2012年4月，越南政府总理阮晋勇赴柬出席第20届东盟峰会。6月，越南总理阮晋勇和柬埔寨首相洪森共同主持第3次越柬投资合作会议。7月，柬埔寨国会主席韩桑林访越。8月，越南副总理阮春福访柬。9月，柬埔寨国王诺罗敦·西哈莫尼访越。10月，越南总理阮晋勇出席柬埔寨太皇诺罗敦·西哈努克悼念仪式。11月，越南总理阮晋勇赴柬出席第21届东盟峰会。2013年12月，柬埔寨首相洪森对越南进行正式访问。2014年1月，越南总理阮晋勇和柬埔寨首相洪森共同主持第四次越柬投资合作会议。2月，越南副总理兼外长范平明同柬埔寨首相洪森共同主持第13次越柬经济、文化、科技合作委员会。8月，柬埔寨国会主席韩桑林访越。2015年4月，柬埔寨副首相梅森安出席越南南方解放40周年纪念活动。6月，越南国会主席阮生雄赴柬埔寨吊喑柬人民党主席、参议院主席谢辛。9月，柬埔寨副首相梅森安访越。

【同东盟其他国家的关系】越南与东盟其他国家的关系进一步发展。2012年3月，缅甸总统吴登盛访越。4月，新加坡总统陈庆炎访越。9月，印尼众议院议长马祖基·阿里访越，越共中央总书记阮富仲访问新加坡。10月，越泰举行第二次联合内阁会议。11月，越南国家主席张晋创访问文莱、缅甸。12月，越南国会主席阮生雄访问泰国。2013年4月，越南政府总理阮晋勇在出席第22届东盟峰会期间会见文莱苏丹哈吉·哈桑纳尔·博尔基亚。6月，越南国家主席张晋创访问印尼。越共中央总书记阮富仲访问泰国。7月，越南国会主席阮生雄访问缅甸。9月，新加坡总理李显龙访越。2014年4月，马来西亚总理纳吉布访越。5月，马来西亚内务部部长访越。6月，泰国外交部次长西哈萨访越。9月，缅甸联邦议会议长兼人民院议长瑞曼访越。11月，泰国总理巴育访越。2015年1月，越南与菲律宾举行关于建立战略合作伙伴关系外长级联合工作委员会会议。3月，越南政府总理阮晋勇赴新加坡出席新前总理李光耀葬礼。4月，越南国家主席张晋创赴印尼出席亚非领导人会议。越南政府副总理阮春福赴印尼出席世界经济论坛第24届东亚峰会。新加坡国会议长哈莉玛对越南进行正式访问。5月，越南政府副总理阮春福对新加坡进行访问。7月，越南政府总理阮晋勇对泰国、马来西亚进行正式访问并出席新加坡独立日50周年庆祝活动。

【同东亚国家的关系】1950年1月31日越南同朝鲜建交。1973年9月21日越南同日本建交。1992年12月22日越南同韩国建交。

同日本关系加强。2009年，越日建立致力于亚洲和平与繁荣的战略伙伴关系，建立战略伙伴对话、防务对话和合作委员会等机制。2012年4月，越南总理阮晋勇赴东京出席日本与湄公河流域国家首脑会议。6月，越南副总理阮春福访日。7月，日本外务大臣玄叶光一郎访越。8月，日本经济产业大臣枝野幸男访越。12月，越南国会主席阮生雄访日。2013年1月，日本首相安倍晋三将越作为其再次担任首相后首访国。2014年7月，日本议员代表团访越。8月，日本外相岸田文雄访越。2015年4月，日本内阁官房副长官世耕弘成对越南进行工作访问。5月，越南政府副总理武文宁赴日本出席第21届亚洲未来会议。6月，日本前首相鸠山由纪夫访越。7月，越南政府总理阮晋勇赴东京出席第七届湄公河流域国家与日本首脑会议系列活动，并对日本进行工作访问。9月，越共中央总书记阮富仲访日。12月，日本国会参议院议长山崎正昭访越。

韩国是越南重要贸易伙伴。双方于2009年建立战略合作伙伴关系。2012年3月，越南总理阮晋勇访韩。8月，韩国外交通商部长朴泰镐访越。2013年9月，韩国总统朴槿惠访越。2015年5月，越南政府副总理武文宁访韩。

与朝鲜保持交往。2012年8月，朝鲜最高人民会议常委会委员长金永南访越。2014年8月，朝鲜外相李洙墉访越。2015年7月，越南国会副主席黄玉山对朝鲜进行工作访问。

【同南亚国家的关系】2012年3月，越南副总理阮善仁访问印度。7月，斯里兰卡外交部长佩里斯访越。11月，孟加拉国总理谢赫·哈西娜访越。12月，越南总理阮晋勇赴印出席东盟—印度建立对话关系20周年纪念峰会。2013年1月，印度副总统穆罕默德·哈米德·安萨里访越。11月，越共中央总书记阮富仲访问印度。2014年5月，斯里兰卡总理迪萨纳亚克·贾亚拉特纳访越。

【同欧盟的关系】越南制定了《同欧盟关系总体规划》和具体行动计划。2010年10月，越南同欧盟签署《全面合作伙伴框架协定》（PCA）。2012年10月，欧洲理事会主席范龙佩访越。2014年8月，欧盟委员会副主席凯瑟琳访越。2015年11月底，越南政府总理阮晋勇出席在法国巴黎举行的《联合国气候变化框架公约》第21次缔约方会议并对比利时和欧盟进行访问，越南同欧盟发表越南—欧盟关系联合新闻公报。

【同欧洲国家的关系】2012年3月，丹麦议会主席莫恩斯·吕克托夫、比利时王储菲利普、捷克副总理兼外长卡雷尔·施瓦岑贝格访问越南。4月，英国外交大臣黑格访越。5月，奥地利总统海因茨·菲舍尔访越。11月，丹麦首相赫勒·托宁·施密特访越。2013年1月，越共中央总书记阮富仲访问英国。3月，越南国会主席阮生雄访问德国。2014年4月，德国众议院副主席6月，意大利、荷兰总理先后访越。7月，越南副总理兼外长范平明访问荷兰。2015年3月，英国前首相布莱尔访越。4月，挪威王国首相埃尔娜·索尔贝格访越。5月，越南国家主席张晋创对捷克和阿塞拜疆进行访问。7月，英国首相卡梅伦对越南进行访问。9月，越南政府副总理武文宁对英国进行访问。11月，越南国家主席张晋创对德国进行国事访问。

【同其他国家和地区的关系】2015年3月，越南政府总理阮晋勇对澳大利亚、新西兰进行正式访问。委内瑞拉副总统埃利亚斯·豪阿·米拉诺访越并出席越委政府间委员会第三次会议。4月，古共中央书记处书记、国际关系部部长何塞·拉蒙·巴拉格尔出席越南南方解放40周年纪念活动。5月，越南国家副主席阮氏缘赴巴西出席全球妇女峰会并访问玻利维亚。越南政府总理阮晋勇对阿尔及利亚进行正式访问。7月，越南国会副主席黄玉山访问蒙古。越南政府副总理黄忠海对莫桑比克、南非、安哥拉共和国进行访问。8月，孟加拉国总统哈米德对越南进行国事访问。委内瑞拉总统马杜罗对越南进行正式访问。9月，越南国家主席张晋创对古巴进行正式访问。11月，新西兰总理约翰·基对越南进行正式访问。

（朱琳）

非　洲

阿尔及利亚

国名　阿尔及利亚民主人民共和国（The People's Democratic Republic of Algeria，La République Algérienne Démocratique et Populaire）。

面积　238万平方公里。

人口　3950万（2014年）。大多数是阿拉伯人，其次是柏柏尔人（约占总人口20%）。少数民族有姆扎布族和图阿雷格族。官方语言为阿拉伯语，通用法语。伊斯兰教为国教。

首都　阿尔及尔（Algiers），人口376万。

国家元首　总统阿卜杜勒–阿齐兹·布特弗利卡（Abdelaziz Bouteflika），1999年4月当选，2004年、2009年和2014年三度连任。

重要节日　独立日：7月5日；国庆日：11月1日。

简　况

【自然地理】非洲面积最大的国家。位于非洲西北部。北临地中海，东临突尼斯、利比亚，南与尼日尔、马里和毛里塔尼亚接壤，西与摩洛哥、西撒哈拉交界。海岸线长约1200公里。北部沿海地区属地中海气候，中部为热带草原气候，南部为热带沙漠气候。每年8月最热，最高气温29℃，最低气温22℃；1月最冷，最高气温15℃，最低气温9℃。

【简史】公元前3世纪，在阿尔及利亚北部建立过两个柏柏尔王国。后罗马、拜占庭、阿拉伯、西班牙、土耳其入侵。1830年法国开始入侵，阿逐步沦为法殖民地。1954年11月1日，阿爆发抗法武装起义。1958年9月19日阿临时政府成立。1962年7月3日正式宣布独立，7月5日定为独立日。1963年9月，本·贝拉当选首任总统。1965年6月，胡阿里·布迈丁政变上台，成立革命委员会，自任主席兼总理。1976年12月布当选为总统。1979年2月沙德利·本·杰迪德上校当选总统。1992年1月，沙辞职，以穆罕默德·布迪亚夫为首的五人最高国务委员会成立并行使总统职权。7月，卡菲继任最高国务委员会主席。1994年1月，最高国务委员会主席卸任，拉明·泽鲁阿勒被任命为总统。1995年11月泽当选总统。1995—1997年间，阿完成修宪公投，通过政党法并先后举行总统、立法、地方及民族院（参议院）的选举，各级政权建设基本完成。1998年9月11日，泽宣布提前卸任。1999年4月15日，阿举行总统选举，阿卜杜勒阿齐兹·布特弗利卡当选总统，并于2004年、2009年和2014年三度连任。

政　治

布特弗利卡就任总统后，采取多种措施恢复国内和平与安定。一方面继续清剿、打击恐怖团伙，一方面推动全国和解，通过《全民和解法》与《和平与全国和解宪章》，分化、感召残余恐怖势力。当前，针对治安警察的恐怖袭击仍时有发生，但阿社会治安状况已大有改善，生产生活秩序基本正常。与此同时，布致力于推行政治、经济改革，实现经济社会全面发展。2004年、2009年和2014年，布特弗利卡分别以84.99%、90.24%和81.53%的得票率三度连任总统。西亚北非局势动荡以来，阿尔及利亚政府采取一系列措施积极应对。2011年3月，布特弗利卡总统宣布解除自1992年起实施的紧急状态法。4月，布特弗利卡总统宣布了包括修改宪法、选举法等相关法律和整治政府贪污、腐败等一系列改革措施，并于6月启动政治改革协商机制。2012年，阿顺利举行新一届立法选举、地方选举和民族院部分改选，并成立新政府。2014年，阿顺利举行总统大选，此后政府曾两次改组，总理留任，大部分部长更换。当前阿局势总体稳定。

【宪法】阿独立以来共颁布三部宪法。现行宪法于1989年2月颁布，于1996年11月经全民公投修订。修订后的宪法主要内容是：确定阿的伊斯兰、阿拉伯、柏柏尔属性；禁止在宗教、语言、种族、性别、社团主义和地方主义的基础上成立政党；议会由国民议会和民族院组成；总统在议会产生前及其休会期间可以法令形式颁布法律；如政府施政纲领两次被国民议会否决，则解散国民议会，重新选举等。2008年11月，阿议会通过宪法修正案，取消对总统连任次数的限制。2016年2月，阿议会通过新的宪法修正案，规定总统只能连任一次。

【议会】由国民议会（众议院）与民族院（参议院）组成，两院共同行使立法权。国民议会通过的法案须经民族院3/4多数通过后方能生效。2012年5月，新一届国民议会选举产生462名议员，任期5年，穆罕默德·阿拉比·乌尔德·哈利法（Mohamed Elarbi Ould Khalifa）当选议长。各政党所占席位如下：民族解放阵线208席，民族民主联盟68席，绿色阿尔及利亚联盟49席，社会主义力量阵线27席，劳工党24席，其余86个席位由中小党派和独立人士瓜分。民族院议员中，2/3通过间接、无记名投票选出，另1/3由总统任命。议员任期6年，每3年改选其中一半。本届民族院共有144名议员，2012年12月部分改选。现任议长为阿卜杜勒卡德尔·本·萨拉赫（Abdelkader Bensalah），2002年7月当选并连任至今。

【政府】现政府于2014年5月组成，2015年5月、7月先后两次改组，由总理、30名部长、2名部长级代表、2名国务秘书和1名政府秘书长组成。主要成员有：总理阿卜杜勒马利克·萨拉勒（Abdelmalek Sellal），国防部副部长、人民军总参谋长艾哈迈德·盖德·萨拉赫将军（Ahmed Gaid Salah），内政和地方行政部长努尔丁·贝都依（Nouredine Bedoui），国务部长兼外交和国际合作事务部长拉姆丹·拉马拉（Ramtane Lamara），司法、掌玺部长塔耶卜·卢赫（Tayeb Louh），财政部长阿卜德哈曼·本赫尔法（Abderramane Benkhelfa），马格里布、非盟和阿盟事务部长阿卜杜勒卡德尔·梅萨赫勒（Abedelkader Messahel），工业和矿业部长阿卜杜萨勒姆·布舒瓦莱卜（Abdessalem Bouchouareb），能源部长萨拉赫·赫布里（Salah Khebri），老战士部长塔耶卜·齐图尼（Tayeb Zitouni），宗教和募捐事务部长穆罕默德·阿伊萨（Mohamed Aissa），贸易部长巴赫提·贝拉依布（Bakhti Belaib），领土整治、旅游和手工业部长阿马尔·古勒（Amar Ghoul），水资源和环境部长阿卜杜勒瓦哈卜·努里（Abdelwahab Nouri），住房、城市规划和城市部长阿卜杜勒马吉德·塔布纳（Abdelmadjid Tebboune），公共工程部长阿卜杜勒卡德尔·瓦里（Abdelkader Ouali），交通部长布杰玛·塔莱（Boudjema Talai），国民教育部长努里亚·本赫卜里特（Nouria Benghebrit），高教和科研部长塔哈尔·哈贾尔（Tahar Jadjar），培训和职业教育部长穆罕默德·穆巴拉齐（Mohamed Mebarki），劳动、就业和社会保障部长穆罕默德·艾尔加齐（Mohamed El Ghazi），文化部长阿泽丁·米胡比（Azzedine Mihoubi），国民互助、家庭和妇女条件部长穆尼亚·梅斯勒姆（Mounia Meslem），与议会关系部长塔哈尔·哈瓦（Tahar Khaoua），卫生、人口和医疗改革部长阿卜杜勒马莱克·布迪亚夫（Abdelmalek Boudiaf），青年和体育部长乌尔德艾尔哈迪·（Ould el Hadi），新闻部长哈米德·格里尼（Hamid Grine），邮政和信息、通讯技术部长伊玛·胡达·费哈乌恩（Iman Houda Feraoun），农业、农村发展和渔业部长希德·艾哈迈德·法鲁基（Sid Ahmed Ferroukhi），财政部负责预算和展望的国务秘书哈吉·巴巴·阿米（Hadji Baba Ammi），领土整治、旅游和手工业部负责手工业的部长级代表阿伊沙·塔伽布（Aïcha Tagabou），部长、政府秘书长艾哈迈德·努依（Ahmed Noui），部长、总理办公厅主任穆斯塔法·卡里姆·拉里耶（Mustafa Karim Rahiel）。

【政府网址】阿尔及利亚总理府：http://www.cg.gov.dz；外交部：http://www.mae.dz。

【行政区划】全国共分为48个省：阿尔及尔、阿德拉尔、谢里夫、拉格瓦特、乌姆布阿基、巴特纳、贝贾亚、比斯卡拉、贝沙尔、布利达、布依拉、塔曼拉塞特、特贝萨、特雷姆森、提亚雷特、蒂齐乌祖、杰勒法、吉杰尔、塞蒂夫、赛伊达、斯基克达、西迪·贝勒·阿贝斯、安纳巴、盖尔马、君士坦丁、梅德阿、莫斯塔加纳姆、姆西拉、马斯卡拉、乌尔格拉、奥兰、贝伊德、伊利齐、布尔吉·布阿雷里吉、布迈德斯、塔里夫、廷杜夫、蒂斯姆西勒特、瓦德、罕西拉、苏克·阿赫拉斯、蒂巴扎、密拉、艾因·德夫拉、纳阿马、艾因·蒂姆沈特、格尔达亚、赫利赞。

【司法机构】设最高司法委员会，主席和副主席分别由总统和司法部长担任。法院分三级：最高法院、省级法院和市镇法庭。不设检察院，在最高法院和省级法院设检察长，均受司法部领导。最高法院院长苏莱曼·布迪（Slimane Boudi）。

【政党】根据1996年11月通过的宪法修正案和1997年2月通过的政党法，阿原有30多个合法政党。2012年1月，布特弗利卡总统签署新的《政党法》，阿内政部据此批准了30多个新政党。主要政党有：

（1）民族解放阵线（Front de Libération Nationale）：简称“民阵”。前身为“团结与行动委员会”，成立于1954年8月，同年11月1日发动抗法武装起义，改名为“民族解放阵线”，1977年10月又易名为“民族解放阵线党”，1988年11月恢复“民族解放阵线”的名称。民阵积极倡导建立国际经济新秩序，主张恢复阿的国际地位。阿独立后，民阵长期执政。1992年后成为在野党。1997年6月在首届立法选举时成为议会三大执政党之一。2002年在阿第二届立法选举中重新成为阿第一大党，并在2007年、2012年的立法选举中继续保持第一大党地位。2005年2月，布特弗利卡总统被推举为名誉主席。2013年8月起，萨伊达尼（Amar Saidani）担任该党总书记。

（2）民族民主联盟（Rassemblement National Démocratique）：简称“民盟”。成立于1997年2月，

由老战士组织、老战士子女组织、烈士子女组织、退役军官协会、工会、农会、全国妇女联盟七个有影响的全国性团体组成。1997年6月，在首届立法选举中获40%的议席，一度成为阿第一大政党。在2002年、2007年、2012年的立法选举中均居议会第二大党。民盟主张“多样性、轮流执政”的原则，要求深化经济结构改革，推进私有化进程。2013年12月召开第六次全国代表大会，推选前主席、现任民族院议长本·萨拉赫为总书记。2015年6月，乌叶海亚任代总书记。

（3）争取和平社会运动（Mouvement de la Société pour la Paix）：简称“和运”。原名哈马斯，成立于1990年，1997年4月改为现名，系温和伊斯兰主义政党。既倡导伊斯兰化，也主张民主和轮流执政，鼓励推进私有化，努力解决失业和住房等问题。2004年，该党与民阵、民盟组成“总统联盟”，支持布特弗利卡总统连任。2012年因与另外两党政治分歧宣布退盟，并与民族改革运动、复兴运动两个伊斯兰政党组成“绿色阿尔及利亚联盟”参加国民议会和地方选举，但表现不佳。现任党主席阿卜杜拉扎克·摩克里（Abderrazak Mokri）。

（4）阿尔及利亚人民运动（Mouvement Populaire Algérien）：简称“阿人运”。2012年3月获批成立。主张振兴经济、解放妇女、改善民生，改善地区和国际关系，反对伊斯兰主义，反对外国势力干涉阿内政。在2012年11月举行的地方选举中一跃成为仅次于民阵、民盟的第三大党。总书记阿马拉·本尤奈斯（Amara Benyounes）。

（5）劳工党（Parti des Travailleurs）：1990年3月29日成立，前身是社会主义工人组织。属极端民主派政党，主张一切权力归工人阶级，反对经济私有化，但不反对外国资本进入阿国有经济以外的其他领域。在2007年立法选举中获26席，居第四位。现任总书记露伊莎·哈努娜（Louisa Haroune，女）。

（6）社会主义力量阵线（Front des Forces Socialistes）：1963年成立。主张根据人民的需要和意愿发展国家，尊重言论自由，反对个人专制，建设一个自由、进步、团结的社会。

（7）文化与民主联盟（Rassemblement pour la Culture et la Démocratie）：1989年2月11日成立，由柏柏尔人组成。主张党政教分离；建立国家与私人相互补充的市场经济；全面改革教育制度。党主席穆赫辛·贝勒阿贝斯（Mohcine Belabbas）。

【重要人物】阿卜杜勒阿齐兹·布特弗利卡：总统兼国防部长。1937年3月2日出生，祖籍特雷姆森。1956年参加民族解放军，投身独立战争。1957—1958年任第五省的总督察，后被选入布迈丁上校领导的“西部军事行动指挥部”参谋部任职。1962年任特雷姆森省代省长和制宪会议议员，并任青年、体育、旅游部长。1963—1979年任外长。1979年3月任总统部长级顾问。1999年4月15日当选总统，并于2004年4月、2009年4月和2014年4月三度连任。曾于1971年、1974年、2000年和2006年四次访华，2008年8月来华出席北京奥运会开幕式。　**阿卜杜勒马利克·萨拉勒**：总理。1948年8月1日生于阿东部的君士坦丁省，阿国家行政学院外交系毕业。曾任布迈德斯、阿德拉尔、西迪·贝勒·阿巴斯、奥兰和拉格瓦特省省长。1994年先后任外交部办公厅主任、资源总司司长。1997年任驻匈牙利兼驻斯洛文尼亚、克罗地亚大使。1998年起历任内政、地方行政和环境部长、青年和体育部长、公共工程部长、交通部长、水资源部长。2004年、2009年、2014年三次担任布特弗利卡总统竞选办公室主任。2012年9月出任政府总理，2014年5月再任总理。2015年4月访华。

经　济

阿尔及利亚经济规模在非洲位居前列。石油与天然气产业是阿国民经济的支柱，多年来其产值一直占阿国内生产总值（GDP）的30%，税收占国家财政收入的60%，出口占国家出口总额的97%以上。粮食与日用品主要依赖进口。

阿自1989年开始市场经济改革，1995年通过私有化法案，加快经济结构调整。2005年以来，国际油价走高，阿油气收入大增，经济稳步增长。阿政府对内实施财政扩张政策，全面开展经济重建，在“五年经济社会振兴规划”（2005—2009年）和南部、高原省份发展计划框架下，斥资近2000亿美元用于国企改造和基础设施建设，推动国有企业和金融体系改革，加大对中小企业的扶持；对外扩大经济开放，出台“新碳化氢法”，鼓励外企参与阿油气开发，密切与欧、美的经贸合作，加紧开展“入世”谈判。

2009年爆发的国际金融危机未对阿金融体系造成较大冲击，但随着危机蔓延，阿石油收入锐减。为减弱金融危机影响，阿加强对金融机构的监督和引导，加大对油气领域投资，加快实施能源多元化战略，积极开发核能、太阳能等新能源。2010年、2014年，阿分别启动了旨在振兴经济、加快发展、改善民生的国家投资计划。

2015年主要经济数据如下：

国内生产总值：1752亿美元。

人均国内生产总值：4435美元。

经济增长率：3.1%。

货币名称：第纳尔（Dinar）。

汇率：1美元≈100第纳尔。

通货膨胀率：2.9%。

失业率：11.1%。

外贸总额：844亿美元。

外债：41.4亿美元。

外汇储备：1510亿美元。

【资源】石油探明储量约17亿吨，占世界总储量

1%，居世界第15位，主要是撒哈拉轻质油，油质较高；天然气探明可采储量约4.58万亿立方米，占世界总储量的2.37%，居世界第10位。阿油气产品大部分出口。其他矿藏主要有铁、铅锌、铀、铜、金、磷酸盐等。其中铁矿储量为30亿—50亿吨，主要分布在东部乌昂扎矿和布哈德拉矿。铅锌矿储量估计为1.5亿吨，铀矿5万吨，磷酸盐20亿吨，黄金73吨。阿水利资源较丰富，可开发水资源约172亿立方米，水坝64座，蓄水能力710亿立方米。

【工业】工业以油气产业为主，钢铁、冶金、机械、电力等其他工业部门不发达。油气产业占国内生产总值的45.1%，制造业仅占5.2%。目前阿工业系统共有员工约43万人，其中国营工业企业职工33万人，私营企业员工约10万人。

【农林牧渔业】阿现有农村人口1300万。农业产值约占国内生产总值的12%。主要农产品有粮食（小麦、大麦、燕麦和豆类）、蔬菜、葡萄、柑橘和椰枣等。耕地面积约800万公顷，占国土面积的3%。阿农业靠天吃饭，产量起伏较大。阿是世界粮食、奶、油、糖十大进口国之一，每年进口粮食约500万吨。近年，阿农业发展迅速。

森林覆盖率11%，总面积367万公顷，其中软木林46万公顷，年产木材20万立方米。阿森林总局数据显示，自2000年推出国家绿化计划至今，阿已植树造林50万公顷。

【旅游业】阿旅游资源丰富，全境有7处自然、文化景点被联合国教科文组织列为世界遗产。目前阿全国有旅游开发区174个，饭店1136家，床位约10万张。

【交通运输】阿陆地运输以公路为主，公路运载量占83%，铁路占17%。

铁路：集中在北部地区，总长4773公里，其中标准轨3683公里，复线345公里，电气化铁路386公里，窄轨1089公里。铁路全线有214个车站，日客运能力约3.2万人次。

公路：总长约10.7万公里，是非洲密度最大的公路网。其中国家级公路2.9万公里，省级公路2.4万公里，村镇级公路5.4万公里，另有高速公路1566公里。

水运：共有45个港口，其中渔港31座，多功能港11座，休闲港1座，水利设施专用港2座。最大的港口是阿尔及尔港，有大小泊位37个。阿30%的货物、70%的集装箱通过阿尔及尔港装载。

空运：全国有53个机场，其中29个投入商业运行，包括阿尔及尔、奥兰、安纳巴、君士坦丁等13个国际机场，每年起降飞机10万架次。现有2家国营航空公司和6家私营航空公司，共有飞机60余架，其中大、中型飞机30余架。目前已开通20个国家的50多条国际航线。阿尔及利亚航空公司开通了阿尔及尔至北京的定期国际直航航线。

管道运输：国内有9条输气管道，总长4699公里，年输送能力820亿立方米；8条输油管道，总长3604公里，年输送能力6390万吨；3条凝析油管道，总长1330公里，年输送能力2100万吨；2条液化石油气管道，总长1331公里，年输送能力986万吨。另有3条通往欧洲的输气管道。其中一条名为“穿越地中海输气管”的管线经突尼斯穿越地中海向意大利和斯洛文尼亚送气，于1987年投入运营，全长2509公里（在阿境内549公里），总输气能力为240亿立方米/年。另一条名为“马格里布—欧洲输气管”的管线，经摩洛哥穿越地中海通往葡萄牙和西班牙，1996年11月投入运营，全长1370公里（在阿境内530公里），输气能力为120亿立方米/年。第三条输气管道“Medgaz”经地中海连接西班牙，2011年正式投入运营，全长757公里，年输气量80亿立方米。

【对外贸易】原由国家控制，国营公司垄断经营。1991年3月宣布放开对外贸易，主张贸易多元化。主要出口产品为石油和天然气，主要进口产品为工农业设备、食品、生产原料、非食品消费品等。主要贸易伙伴是西方工业国。近几年外贸情况如下（单位：亿美元）：

	2012	2013	2014	2015
进口额	468	468	582	507
出口额	739.8	740	617	338
顺　差	271.8	272	35	−169

【外国投资】外国投资主要集中在能源、基础设施和消费品生产等领域。主要投资国家是法国、西班牙、美国、科威特等。阿尔及利亚对外国投资限制条件较多，根据世界银行最新公布的《2015年全球营商环境报告》，阿营商环境在189个国家和地区中排名163名。

人民生活

据阿尔及利亚国家发展与人口统计局数字，2006年阿人口贫困率不到6%。自2011年起，阿政府每年划拨3000亿第纳尔用作大宗消费品补贴。2012年，阿政府再次投入1.3万亿第纳尔用于家庭、退休、粮、油、电等各类补贴，并将国家最低工资标准提升至1.8万第纳尔/月。2009年以来阿共创造约300万个就业岗位，失业率从2000年的29.7%降至目前的11.1%。

军　事

阿尔及利亚武装力量前身为民族解放军，独立后改称“阿尔及利亚国家人民军”。实行义务兵役制和志愿兵相结合的兵役制度。义务兵役制规定，男性公民服役期为18个月。国防部是军队最高领导机构。总统任国防部长和三军统帅。最高安全委员会负责就国家安全问题向总统提出建议。国家人民军参谋部是最高军事指挥机构。人民军参谋长为艾哈迈德·萨拉赫·盖德（Ahmed Salah Gaid）中将。全国划分为6个军区，下设若干军分区。装备主要来自前苏联，其余来自美、英、法、意等国。

人民军正规部队20.45万人。其中陆军12.7万人，海军1万人，空军1.4万人。准军事武装（包括宪兵、国家安全部队、共和国卫队、乡镇卫队及合法防卫组织）37.65万人。

文化教育

【教育】阿尔及利亚实行9年制义务教育，小学入学率97%，中学入学率66%。中、小学生教育免费，大学生享受助学金和伙食补贴。2009年，阿中、小学数量增至24795所，全国共有教师近37万人。各类高等院校90所，2012—2013学年，阿在校大学生约140万人。主要大学有：阿尔及尔大学、胡阿里·布迈丁科技大学、君士坦丁大学等。

【新闻出版】1990年前阿尔及利亚新闻出版由国家垄断，1990年颁布新的新闻法，实行有条件的新闻自由，一些政党创立了党报，也出现了一些独立地方报刊。目前，阿有300余种全国性报刊，其中日报65种，32种阿文报刊，33种法文报刊，平均日发行量243万份。主要有《圣战者报》《自由报》《人民报》《消息报》《晚报》《祖国报》《晨报》等；主要刊物有《阿尔及利亚时事周刊》和《非洲革命》等。近年来，阿网络媒体迅速发展，TSA、ALGERIE360等网站影响较大。

阿尔及利亚新闻通讯社（Algerie Presse Service，简称APS）：官方通讯社，创建于1961年，在国内48个省设有分社，在国外设有15个分社，用阿、法、英三种文字发稿，每年发稿20万条。

阿尔及利亚广播电台：为国营电台，创建于1956年，前身为“战斗的阿尔及利亚之声”。有4套节目。

阿尔及利亚电视台（Canal Algerie）：为国营的电视台，创建于1962年。前身为法国5台。有5套节目。

对外关系

阿尔及利亚奉行独立、自主和不结盟的外交政策，主张尊重国家主权与领土完整、互不干涉内政、互不使用武力，在相互尊重、互利和对话基础上寻求广泛合作，外交为经济建设服务。反对大国强权政治和借口人权干涉别国内政，主张建立公正合理的国际政治、经济新秩序。反对恐怖主义；致力于马格里布联盟建设和地区和平，积极参与阿拉伯事务；促进非洲团结与和平；支持欧盟—地中海合作，谋求发展与西方国家关系。截至2012年年底，共与170多个国家建立了外交关系，在60多个国家设立大使馆，外国常驻阿使馆80个。此外，联合国开发署等15个国际组织在阿设有代表处。

【对当前重大国际问题的态度】关于国际形势：国际关系正处在变化和重组之中，世界和平与安全以及各国的发展仍是当前紧迫的课题。世界形势趋向缓和，全球性冲突虽已避免，但地区冲突依然存在。主张多极化，反对单边主义，主张以国际法和《联合国宪章》的宗旨和原则为基础，建立民主、公正、平等的新型国际关系和国际秩序。

关于联合国及安理会改革：阿是非盟联合国改革十国委员会（C10）成员。主张联合国的改革应以增加其活力和信誉为宗旨，遵循“民主化、合理化和效率化”三原则，正确反映国际关系变化，充分考虑各地区平衡和绝大多数成员国的利益，强调国际社会须通过协商达成共识。坚决主张使所有国家参与联合国所有机构的管理。认为必须改变非洲在联合国安理会代表性不足问题，坚决支持非盟关于联合国改革的共同立场，即非洲应获得两个拥有否决权的安理会常任理事国席位。安理会扩大仅是联合国改革的一部分，联合国改革应包括社会、经济、发展在内的其他方面的改革。

关于气候变化：坚持《联合国气候变化框架公约》和《京都议定书》是气候谈判的唯一基础和原则，坚持“共同但有区别的责任”，呼吁各方严格遵循“巴厘路线图”确定的目标和期限，主张发达国家应率先承担相关责任，切实履行减排承诺，并通过技术转让等方式帮助发展中国家有效应对气候变化。

关于反恐：阿尔及利亚深受恐怖动乱之害，对恐怖主义有切肤之痛。认为应从全球角度分析恐怖主义，将其与争取解放和民族自决的合法斗争区分开来，避免将其与特定地区、文化和文明相挂钩。支持国际反恐合作，呼吁联合国主持召开国际反恐会议，签署国际反恐公约，统一界定恐怖主义。坚决反对向恐怖分子支付赎金。

关于伊朗核问题：阿尔及利亚承认并支持包括伊朗在内的所有核不扩散条约签约国拥有和平利用核能技术的权利。反对在核问题上实行双重标准。认为伊核问题全面协议的达成有利于核裁军、防止核扩散、巩固各国和平利用核能权利，将促进地区和平、稳定、发展与合作。

关于巴以问题：支持建立以东耶路撒冷为首都的巴勒斯坦国。认为中东和平倡议是实现本地区公正、全面、持久和平的合适机制。强烈谴责以色列针对巴勒斯坦平民的暴力犯罪和以军队在加沙的暴行。

关于叙利亚问题：阿尔及利亚尊重叙人民选择，希望冲突各派保持克制，停止暴力活动，尽快开启全国对话，通过政治对话和平解决危机。阿反对任何外来武力干涉，坚持在阿盟框架内解决叙问题。

关于利比亚问题：主张政治解决利比亚危机，呼吁利比亚敌对各方停止一切形式的暴力，建立过渡政府等有效国家机构，维护利比亚主权、独立、完整，反对外部势力干涉利比亚内部事务。

关于马里问题：积极参与斡旋马里问题，是马里问题国际调解方牵头国。在阿尔及尔举行马里各方和谈，获得国际社会肯定。主张坚决执行安理会有关马里问题的决议，在尊重马里主权和领土完整的前提下，由冲突各方通过对话实现政治解决。

关于马格里布联盟建设：阿尔及利亚认为马盟建

设符合地区根本利益，有利于马格里布地区各国反恐合作及地区的安全稳定和经济发展。马格里布地区实现政治、经济、社会一体化是该地区年轻一代的希望，任何人无权草率行事，也不能置之不理或设置障碍。

【同中国的关系】中阿传统友谊深厚。1958年9月阿尔及利亚临时政府成立后，中国即予以承认，是第一个承认阿的非阿拉伯国家。同年12月20日两国建交后，双方各领域友好合作关系不断发展。2004年2月，胡锦涛主席访阿期间，两国发表《新闻公报》，宣布建立战略合作关系。2006年11月，布特弗利卡总统出席中非合作论坛北京峰会并访华，两国元首签署了《中阿关于发展两国战略合作关系的声明》。2014年2月，两国发表《关于建立全面战略伙伴关系的联合公报》。5月，习近平主席和布特弗利卡总统共同签署《关于建立全面战略伙伴关系的联合宣言》。

双边高层互访和政治往来不断。2000年4月，布特弗利卡总统对中国进行国事访问。2004年2月，胡锦涛主席对阿尔及利亚进行国事访问。2006年，布特弗利卡总统来华出席中非合作论坛北京峰会并访华。2007年，回良玉副总理访问阿尔及利亚。2008年3月和11月，中共中央政治局常委李长春、全国人大常委会委员长吴邦国分别访问阿尔及利亚。同年8月，布特弗利卡总统来华访问并出席北京奥运会开幕式。2010年1月和7月，外交部长杨洁篪、国务委员戴秉国先后访问阿尔及利亚。同年4月，阿民族院议长本萨拉赫作为总统代表出席上海世博会开幕式；5月，阿尔及利亚外长梅德西访华。2011年9月，全国政协副主席、中国经社理事会主席王刚访问阿尔及利亚。2012年7月，阿外交部部长级代表梅萨赫勒来华出席中非合作论坛第五届部长级会议；11月，全国人大常委会副委员长、全国妇联主席陈至立访阿；12月，阿外交部部长级代表梅萨赫勒访华。2013年4月，阿民族院议长本萨拉赫代表布特弗利卡总统来华出席博鳌亚洲论坛2013年年会；12月，外交部长王毅访阿。2014年6月，阿外长拉马拉来华出席中阿合作论坛第六届部长级会议，王毅会见拉并共同签署《中阿全面战略合作五年规划》。2015年4月，阿总理萨拉勒对华访问；12月萨拉勒出席中非合作论坛约翰内斯堡峰会。

两国经贸往来日益密切。2015年，双边贸易额达83.7亿美元，同比增长3.9%。其中中国出口额为76亿美元，同比增长2.7%；进口额为7.7亿美元，同比减少41.2%。

中国驻阿尔及利亚大使：杨广玉。馆址：34 Boulevard des Martyrs Alger。电话：(00213-21) 692724，692926；传真：693056，693082。

阿尔及利亚驻华大使：艾哈桑·布哈利法(Alhassan Bukhalifa)。馆址：北京市朝阳区三里屯路7号。电话：010-65321496，65321120(武官处)；传真：65321648。

【同美国的关系】1962年9月阿美建交，1967年中东“六·五”战争爆发后宣布同美断交，1974年11月两国复交。布特弗利卡总统执政后，美明确支持布的“全国和解”政策和经济改革政策，多次表示愿在反恐、情报交换、人员培训等方面与阿尔及利亚加强合作。2004年美国宣布给予阿普通最惠国待遇。2007年6月，阿美签署民用核能合作协议。近年来阿美高层互访不断。2009年，美中东事务特使、负责国防和中东事务的两位助理国务卿和多个议员团及企业家团访阿。2010年4月，阿外长梅德西代表布特弗利卡总统出席在华盛顿举行的核安全峰会，并会见了美国务卿希拉里·克林顿。2011年，美多位助理国务卿访阿，阿外长梅德西访美。2012年1月，阿外长梅德西赴美出席七十七国集团主席国交接仪式期间赴华盛顿访问。2月，美国务卿希拉里·克林顿访阿。4月、9月，美军非洲司令部总司令卡特两度访阿。10月，首轮阿美战略对话在华盛顿举行，美国务卿希拉里·克林顿年内再度访阿。2014年4月，美国务卿克里访阿，并将阿美战略对话上升为部长级。8月，阿总理萨拉勒赴美出席美非峰会。目前美是阿最大的贸易伙伴，阿原油出口一半以上销往美国。2015年3月，阿外长拉马拉访美，与美国务卿克里主持第三轮战略对话。

【同法国的关系】阿法有传统关系，法是阿尔及利亚最大债权国和最主要的贸易伙伴之一。阿是法在非洲第一大贸易伙伴、重要的能源供应国和商品出口目的地，但两国在殖民历史问题上矛盾未消。阿在法侨民200余万人。2007年7月，法国总统萨科齐访阿，着重探讨两国能源合作和“地中海联盟”计划，双方签署互免外交人员短期签证和在阿共建大学两项协议。2008年，法总理、内政和外交部长等相继访阿。2011年5月，阿工业、中小企业和促进投资部部长本迈哈迪与法国前总理拉法兰共同主持第一届阿—法经济伙伴关系论坛开幕式。6月，法外长朱佩访阿。12月，阿外长梅德西访法。2012年12月，法总统奥朗德访阿。2013年3月，法国民议会议长巴尔托洛内访阿。12月，阿总理萨拉勒访法。同月，法总理埃罗访阿，与萨拉勒共同主持阿法第一届政府间高级别委员会。2014年6月，法国外长法比尤斯访阿。7月，阿能源部长尤素菲作为政府代表出席法国举行的纪念一战百年阅兵仪式。2015年6月，法总统奥朗德访阿。

【同欧盟的关系】欧盟是阿最大贸易伙伴。阿是欧盟第二大天然气供应国，占据欧盟天然气市场的1/4。2005年，阿与欧盟联系国协议正式实施。双方还签署了涵盖贸易交流、财经合作及阿在欧劳工享受便利等多项合作协议，但在应对非法移民、反恐等问题上存在分歧。2012年8月，阿与欧盟达成一致，决定将联系国协定关于取消关税的时间表由2017年推迟至2020年。2013年7月，欧盟委员会主席巴罗佐访阿。2014年5月、2015年6月，阿外长拉马拉赴欧举行阿欧联合委员会第8、第9次会议。2015年9月，欧盟委员会政治和安全政策高级代表莫盖里访阿。

【同俄罗斯的关系】1962年7月阿尔及利亚独立后与前苏联建交，双边关系十分密切。阿大部分武器装备来自前苏联，但两国贸易处于较低水平。1991年12月，阿承认俄罗斯联邦和独联体。2001年布特弗利卡总统访俄，两国签署战略伙伴关系协定并发表联合声明。2005年10月，两国首届经贸混委会在俄召开。2006年3月，俄罗斯总统普京访阿，免除阿47亿美元债务，双方签署70多亿美元军购合同。2008年1月，布特弗利卡总统访俄，双方签署航空合作协议及俄公司承建阿铁路合同。2010年10月，俄罗斯总统梅德韦杰夫访阿。2011年3月，俄罗斯外长拉夫罗夫访阿。12月，阿外长梅德西访俄。2012年3月，俄总统特使、外交部负责中东事务的副部长米哈伊尔访阿。11月，阿外交部部长级代表梅萨赫勒访俄。2014年5月，俄联邦议会议长马特维延科访阿。2015年7月，阿尔及利亚—俄罗斯第七届政府间经贸、科技合作混委会在莫斯科召开。

【同摩洛哥的关系】1963年阿摩曾因边界争端发生武装冲突。1976年阿尔及利亚承认“西撒国”后，摩宣布与阿断交。1988年两国复交。布特弗利卡当选总统后，摩国王哈桑二世致电祝贺。哈病逝后，布赴摩参加葬礼，并与新任国王穆罕默德六世建立联系。此后双方电函不断。2003年，两国元首在联大期间举行单独会谈。2004年7月，摩宣布免除阿公民赴摩签证。2005年3月，摩国王赴阿出席阿盟首脑会议并与布特弗利卡总统举行会晤；同月，阿宣布免除摩公民赴阿签证。2007年3月，布特弗利卡总统致电摩国王祝贺国王女儿诞生；11月，摩国王致信布，对阿首都发生爆炸造成人员伤亡表示慰问。此后，两国元首之间信函不断，部长级互访频繁。但两国边境仍处于关闭状态。

【同利比亚的关系】利比亚是阿尔及利亚的重要邻国。阿利关系曾因利与摩洛哥结盟而一度冷淡。2011年2月，利局势陷入动荡，阿撤回了在利侨民，但以“人道理由”接受利前领导人卡扎菲的妻子、女儿和两个儿子入境。阿外长梅德西多次会见利“国家过渡委员会”执行局前主席吉卜里勒，并与利“过渡委”正式建立关系。2012年3月，阿外长梅德西访利。12月，利临时政府总理扎伊丹访阿。2013年1月，阿总理萨拉勒赴利出席阿、利、突三国边境安全会议。4月和8月，扎伊丹两度访阿。12月，萨拉勒访利。2014年利内部武装冲突升级以来，阿主张利各派通过谈判实现停火，恢复和平，反对外部干涉。2015年以来，阿分别召开三轮利比亚内部对话会。

【同突尼斯的关系】阿尔及利亚与突尼斯于1983年3月签署《友好和睦条约》。两国关系友好，经济合作发展较快。阿每年赴突旅游者约200万人次。2011年，突局势剧变后，阿表示尊重突人民的选择，3月突民族团结政府总理艾塞卜西访阿，阿向突提供1亿美元的财政援助。2012年1月，阿总统布特弗利卡赴突出席突局势剧变一周年纪念活动，对突革命成果予以肯定。2月，突总统马尔祖基访阿。11月，阿外长梅德西访突。12月，突总理贾巴利访阿。2013年4月、5月和8月，突总理拉哈耶德、全国制宪议会议长加法尔、外长贾兰迪分别访阿。2014年2月，突总理朱玛访阿；同月，阿总理萨拉勒代表布特弗利卡总统出席突新宪法庆典。2015年2月，突新任总统埃塞卜西访阿。5月，突总理绥德访阿。

【同毛里塔尼亚的关系】两国致力发展睦邻友好关系，签有渔业合作协议。2009年8月，阿尔及利亚民族院议长本·萨拉赫赴毛出席当选总统阿齐兹就职典礼。2011年，毛总统阿齐兹、外交与合作部长哈马迪相继访阿。2012年，毛外长哈马迪、全国人权委员会主席卡瓦塔访阿。2013年3月，阿总理萨拉勒访毛；10月，阿外长拉马拉访毛。2014年5月，拉马拉再次访毛。

（贾继苏）

埃　及

国名　阿拉伯埃及共和国（The Arab Republic of Egypt）。

面积　100.145万平方公里。

人口　8960万（2015年10月），另有600万海外侨民。官方语言为阿拉伯语。伊斯兰教为国教，信徒主要是逊尼派，占总人口的84%。科普特基督徒和其他信徒约占16%。

首都　开罗（Cairo），面积约3085平方公里，人口800万（2012年1月）。夏季平均气温最高34.2℃，最低20.8℃；冬季最高19.9℃，最低9.7℃。

国家元首　总统阿卜杜勒法塔赫·塞西（Abdul Fatah Al-Sisi），2014年6月8日宣誓就职。

重要节日　国庆日：7月23日（1952年）。

简　况

跨亚、非两大洲，大部分位于非洲东北部，只有苏伊士运河以东的西奈半岛位于亚洲西南部。西连利比亚，南接苏丹，东临红海并与巴勒斯坦、以色列接壤，北濒地中海。海岸线长约2900公里。全境干燥少雨。尼罗河三角洲和北部沿海地区属地中海型气候，平均气温1月12℃，7月26℃。其余大部分地区属热带沙漠气候，炎热干燥，沙漠地区气温可达40℃。

埃及是世界四大文明古国之一。公元前3200年，美尼斯统一埃及建立了第一个奴隶制国家。当时国王称法老，主要经历了早王国、古王国、中王国、新王国和后王朝时期，30个王朝。古王国开始大规模建金字塔。中王国经济发展，文艺复兴。新王国生产力显著提高，开始对外扩张，成为军事帝国。后王朝时期，内乱频繁，外患不断，国力日衰。公元前525年，埃及成为波斯帝国的一个行省。在此后的一千多年间，埃及相继被希腊和罗马征服。公元641年阿拉伯人入侵，埃及逐渐阿拉伯化，成为伊斯兰教一个重要中心。1517年被土耳其人征服，成为奥斯曼帝国的行省。1882年英军占领后成为英"保护国"。1922年2月28日英国宣布埃及为独立国家，但保留对国防、外交、少数民族等问题的处置权。1952年7月23日，以纳赛尔为首的自由军官组织推翻法鲁克王朝，成立革命指导委员会，掌握国家政权。1953年6月18日宣布成立埃及共和国。1958年2月同叙利亚合并成立阿拉伯联合共和国。1961年叙利亚发生政变，退出"阿联"。1970年纳赛尔总统病逝，萨达特继任总统。1971年9月1日改名为阿拉伯埃及共和国。1981年10月萨达特总统遇刺身亡，副总统穆巴拉克继任，并4次连任直至2011年辞职。

政　治

2011年1月底，埃及发生大规模反政府示威游行。2月11日，穆巴拉克辞职，武装部队最高委员会接管权力。6月，埃及穆斯林兄弟会创立的自由与正义党主席穆尔西赢得总统选举并宣誓就职。2013年6月底至7月初，反对穆尔西的政治力量和民众在穆尔西执政1周年之际举行大规模游行示威活动，引发流血冲突。7月3日，以国防部长塞西为首的埃及军方罢黜穆尔西，废除宪法，公布政治过渡路线图，推出临时总统和政府。12月，临时政府宣布穆斯林兄弟会为恐怖组织。2014年5月26日至28日，埃及举行总统选举，塞西以97%的得票率当选总统（投票率为47%）。6月8日，塞西就职。

【宪法】2014年1月中旬，埃及新宪法草案在全民公投中以98.1%支持率获得通过。

【议会】根据埃及新宪法，议会为一院制，设有596个席位。埃及议会选举于2015年10月、11月分两阶段进行。2016年1月10日，埃及新议会第一次全体会议在埃及议会大厦举行，议员宣誓就职。议会最大议员联盟"支持埃及联盟"推举的候选人阿里·阿卜杜勒阿勒当选议长。

【政府】2011年2月武装部队最高委员会接管权力后，过渡政府宣告成立。2012年6月穆尔西当选总统后，任命甘迪勒为总理组建政府。新政府于8月2日宣誓就职。2013年1月、5月两次改组。7月3日，甘迪勒政府被军方解散。7月9日，临时总统曼苏尔任命贝卜拉维为过渡期临时政府总理。7月16日，临时政府宣誓就职。2014年2月24日，临时政府总理贝卜拉维宣布政府集体辞职。3月1日，马哈拉卜任总理的新一届政府宣誓就职。2014年6月，塞西当选总统并就职后，新一届政府于6月14日成立，马哈拉卜留任总理。2015年9月，埃及政府改组，伊斯梅尔出任总理。主要阁员有外长萨米哈·舒克里（Sameh Shukry）、内政部长马基迪·加法尔（Magdi Ghafar）等。

【行政区划】全国划分为27个省：开罗省、吉萨省、盖勒尤比省、曼努菲亚省、杜姆亚特省、达卡利亚省、卡夫拉·谢赫省、贝尼·苏夫省、法尤姆省、米尼亚省、索哈杰省、基纳省、阿斯旺省、红海省、西部省、艾斯尤特省、新河谷省、亚历山大省、布哈拉省、北西奈省、南西奈省、塞得港省、伊斯梅利亚省、苏伊士省、东部省、马特鲁省和卢克索省。

【司法机构】法院包括最高法院、上诉法院、中央法院和初级法院以及行政法院，开罗还设有最高宪法法院。检察机构包括总检察院和地方检察分院，总检察长纳比勒·萨迪克（Nabil Sadeq）。

【政党】1952年革命后，曾禁止政党活动。阿拉伯社会主义联盟于1962年10月成立，为埃及唯一合法政党，纳赛尔总统任主席。1977年开始实行多党制。2011年颁布新政党法，现有政党及政治组织近百个，其中经国家政党委员会批准成立的政党约60个。主要政党有：

（1）自由埃及人党（Free Egyptians Party）：2011年7月3日成立。主张建立世俗国家和司法独立，保持原有的社会价值观和习俗，全体公民拥有信仰自由及民主、自由权利。妇女应发挥社会作用，参与各领域建设。2014年4月，该党召开党代会，同意民主阵线党并入，该党实力得到增强。主席艾哈迈德·哈桑·赛义德（Ahmed Hassan Said）。

（2）新华夫脱党（New Wafd Party）：1978年2月成立，前身是华夫脱党，是穆巴拉克时期的主要反对党。要求加快政治、经济和社会改革，保障基本自由和人权，密切同阿拉伯和伊斯兰国家的关系，重点发展与非洲国家的关系。主席赛义德·拜达维（Al-Sayyid Al-Badawi）。

（3）萨拉菲光明党（Al-Nour Party）：2011年6月12日成立。主张以正宗的伊斯兰教义、教规作为基本指南规范国家的政治架构。反对女性参政。主张禁酒，要求女性包头巾。光明党积极参与由军方主导的政治过渡进程。主席尤尼斯·马赫尤恩（Younus Makhyoun）。

（4）埃及社会民主党（Egyptian Social Democratic Party）：2011年7月3日成立，主张建立现代化、世俗的法制国家。主张公民享有平等权利，履行同等义务，所有公民不受歧视地参与国家事务管理。总书记马尔文特·塔拉维（Mervat Tallawy）。

【重要人物】**阿卜杜勒·法塔赫·塞西**：总统。1954年出生，1977年毕业于埃及军事学院，获学士学位。1987年在埃及指挥与参谋学院获硕士学位。曾于2005—2006年在美国陆军作战学院学习。曾在陆军步兵部队服役，历任机械化步兵营营长、国防部情报与安全处处长、驻沙特使馆武官、北方军区参谋长、北方军区司令、埃及军事情报局局长。2011年穆巴拉克下台后，塞西进入武装部队最高委员会。2012年8月被任命为国防部长兼武装部队最高委员会主席。2013年7月在临时政府中担任第一副总理兼国防部长。2014年3月辞去所有职务参选总统并最终胜选。6月8日宣誓就职。　**谢里夫·伊斯梅尔**：总理。1955年出生，毕业于埃及艾因·夏姆斯大学机械工程专业。历任埃及石油和加工业工程公司技术总监、埃及石油部副部长、埃及天然气股份公司董事长、埃及南河谷石油股份公司董事长。2013年7月担任埃及石油部部长。2015年9月担任埃及总理。　**阿里·阿卜杜勒阿勒**：议长。1948年出生，获得埃及艾因·夏姆斯大学法律学士学位、巴黎第一大学法学博士学位。历任艾因·夏姆斯大学法学院公法系讲师、埃及驻法国使馆文化参赞、艾因·夏姆斯大学法学院公法系副教授、人民议会宪法专家、科威特国埃米尔王宫宪法顾问、艾因·夏姆斯大学法学院公法系专职教授等职务。2013年和2014年，两次担任制宪10人宪法专家委员会成员。2014年，担任宪法最终起草委员会成员。曾经担任现行《议会法》《行使政治权利法》《议会选区划分法》起草委员会成员。2016年1月10日，当选埃及议会议长。

经　济

属开放型市场经济，拥有相对完整的工业、农业和服务业体系。服务业约占国内生产总值的50%。工业以纺织、食品加工等轻工业为主。农村人口占总人口的55%，农业占国内生产总值的14%。石油天然气、旅游、侨汇和苏伊士运河是四大外汇收入来源。

2011年初以来的埃及动荡局势对国民经济造成严重冲击。2013年7月临时政府上台后，经济面临较大困难，在海湾阿拉伯国家的大量财政支持下，经济情况较前有所好转。2014年6月新政府成立后，将改善经济作为重点工作加以推进。

主要经济数据如下：

国内生产总值（2014年）：3022亿美元。

人均国内生产总值（2014年）：3234美元。

经济增长率（2015年）：4.2%。

通货膨胀率（2015年）：11.1%。

失业率（2015年）：12.8%。

外汇储备（截至2015年11月）：164.23亿美元

货币名称：埃及镑。

汇率：1美元≈7.83埃及镑（2016年2月）。

【资源】主要有石油、天然气、磷酸盐、铁等。已探明的储量为：石油44.5亿桶（2013年1月），天然气2.186万亿立方米（2012年1月），磷酸盐约70亿吨，铁矿6000万吨。此外还有锰、煤、金、锌、铬、银、钼、铜和滑石等。埃及平均原油日产量达71.15万桶，天然气日产量达1.68亿立方米，国内消耗的天然气数量占埃及天然气总产量的70%，其余30%供出口。埃及电力供应以火电为主，占86.9%。全国电网覆盖率达99.3%，世界排名第28位。阿斯旺水坝是世界七大水坝之一，全年发电量超过100亿度。2008年，埃及斥资16亿埃及镑改进阿斯旺大坝发电机组，并斥资150亿埃及镑改进全国电网。2007年埃及正式启动核电站计划，2010年宣布将于2025年前建立4个核电站。

【工业】工业以纺织和食品加工等轻工业为主。工业产值约占国内生产总值的36%，工业产品出口约占商品出口总额的60%，工业从业人员274万人，占全国劳动力总数的14%。埃及工业企业过去一直以国营为主体，自20世纪90年代初开始，埃及开始积极推行私有化改革，出售企业上百家。

【农业】埃及是传统农业国，农村人口占全国总人口的55%，农业从业人员约550万人，占全国劳动力总数的31%。埃及政府重视扩大耕地面积，鼓励青年务农。全国可耕地面积为310万公顷，约占国土总面积的3.7%。近年来，随着埃及经济的发展，农业产值占国内生产总值比重有所下降。主要农作物有小麦、大麦、棉花、水稻、马铃薯、蚕豆、苜蓿、玉米、甘蔗、水果、蔬菜等。主要出口棉花、大米、马铃薯、柑橘等。经过近几年的改革，农业生产实现了稳定增长，是经济开放首当其冲和见效最快的部门。但随着人口增长，埃及仍需进口粮食，是世界上最大的粮食进口国之一。埃及每年小麦消费量约为1500万—2000万吨，其中1000万吨为国产小麦，剩余依赖进口。

【旅游业】埃及历史悠久，名胜古迹很多，具有发展旅游业的良好条件。政府非常重视发展旅游业。主要旅游景点有金字塔、狮身人面像、卢克索神庙、阿斯旺高坝、沙姆沙伊赫等。2011年以来的动荡局势对旅游业影响较大，赴埃及旅游人数、饭店房间价格、旅游投资均明显下降。随着埃及局势逐步恢复稳定，旅游业有所复苏。2014年埃及接待外国游客约1000万人次，收入75亿美元。

【交通运输】交通运输便利，近几年海、陆、空运输能力增长较快。

铁路：由28条线路组成，总长10008公里，共有796个客运站，日客运量200万人次。开罗目前共有两条地铁线路，总长64公里，共耗资120亿埃及镑。地铁三号线分两段修建，第一段全长4.3公里，第二段全长7.12公里，总成本约64亿埃及镑。

公路：总长约4.9万公里。

水运：有7条国际海运航线；内河航线总长约

3500公里。现有亚历山大、塞得港、杜米亚特、苏伊士等62个港口，年吞吐总量为800万集装箱，海港贸易量为1.01亿吨。苏伊士运河是沟通亚、非、欧的主要国际航道。近年来，运河进行了大规模扩建，使过运河船只载重量达24万吨，可容纳第四代集装箱船通过。2014年运河收入54亿美元。

空运：有民航飞机55架。全国共有机场30个，其中国际机场11个，开罗机场是重要国际航空站。2008年，埃及航空公司正式加入星空联盟。

【**财政金融**】财政来源除税收外，主要依靠旅游、石油、侨汇和苏伊士运河四项收入。每年财政预算赤字较高。

【**对外贸易**】埃及同120多个国家和地区有贸易关系，主要贸易伙伴是美国、法国、德国、意大利、英国、日本、沙特、阿联酋等。由于出口商品少，外贸连年逆差。为扩大对外出口，减少贸易逆差，埃及政府采取了以下措施：发展民族工业，争取生产更多的进口替代商品；限制进口，特别是消费性制成品的进口；争取扩大出口，特别是原油、原棉以外的非传统性商品的出口。

埃及主要进口商品是：机械设备、谷物、电器设备、矿物燃料、塑料及其制品、钢铁及其制品、木材及木制品、车辆、动物饲料等。主要出口产品是：矿物燃料（原油及其制品）、棉花、陶瓷、纺织服装、铝及其制品、谷物和蔬菜。埃及出口商品主要销往阿拉伯国家。

【**外国援助**】美国是埃及的主要援助国。向埃及提供援助的国家和国际组织还有德国、法国、日本、英国、意大利等国家及世界银行、国际货币基金组织和阿布扎比发展基金等。2011年埃及政局发生重大变化后，美国宣布免除埃及10亿美元债务，提供1.9亿美元财政援助和2.5亿美元贸易信贷担保，建立6000万美元投资基金。欧盟宣布提供50亿欧元的贷款和援助。卡塔尔提供75亿美元的援助和贷款。沙特承诺提供40亿美元的援助和贷款。土耳其承诺提供20亿美元的一揽子经济援助。利比亚提供20亿美元贷款。2013年7月穆尔西被解职后，阿联酋、沙特、科威特分别宣布向埃及提供价值30亿、50亿、40亿美元援助。2013年7月埃及政局剧变后，美国对埃及军方强力镇压穆兄会支持者游行示威持批评态度，并暂停部分对埃及军援和经援。2014年6月塞西就职总统后，美埃关系有所缓和，美国部分恢复对埃援助，3月，沙特、阿联酋、科威特、阿曼四国在埃及经济发展大会上再次向埃及提供125亿美元投资、央行存款、援助。

【**外国投资**】1974年6月，埃及政府颁布第一部投资法，1989年颁布新投资法。1997年，埃及政府为进一步吸引外资，颁布了《投资鼓励与保障法》及实施条例，并于1998年、2000年对其实施条例进行了修改和补充。2002年颁布了经济特区法和实施细则。2004年，埃及通过投资法修正案。自90年代中期以来，埃及吸引外国直接投资的速度加快。2011年初开始的埃及动荡局势导致外国在埃及投资额下降。

人民生活

为改善人民生活，埃及政府长期实行家庭补贴，并对大米、面包、面粉、食油、糖和能源等基本生活物资实行物价补贴。2010年，埃及人民议会通过新社会保障养老金法，规定养老金金额为最终工资的80%，并可根据物价进行调整。2011年初埃及政局变化后，政府宣布为600万公务员加薪15%，退伍军人和公私部门员工的退休金同比例增加。2014年6月新政府成立后，为减少财政开支，宣布削减对面粉、燃油等物资的政府补贴。

军　事

埃及实行义务兵和志愿兵相结合的兵役制度，义务兵服役期3年。武装部队总兵力45万，预备役部队25.4万，其中陆军32万、海军2万、空军3万、防空军8万。另有国民警卫队6万人、边防军1.4万人、公安部队6万人、海岸警卫队7000人。

文化教育

【**教育**】实行普及小学义务教育制度。全国共有基础教育（含小学、初中、高中和中等技术教育）学校42184所，其中公立学校37218所，私立学校4966所。共有大学34所，其中公立大学18所，私立大学16所。著名的有开罗大学、亚历山大大学、艾因·夏姆斯大学、爱资哈尔大学等。大学高等教育平均入学率达32%。

【**新闻出版**】埃及现有报刊500余种，其中报纸180余种，杂志300余种。埃及主要阿拉伯文报刊有：《消息报》《金字塔报》《共和国报》《晚报》《金字塔经济学家》周刊、《最后一点钟》周刊、《图画》周刊、《鲁兹·尤素福》周刊。主要英文报刊有《埃及公报》。主要法文报刊有:《埃及前进报》《埃及日报》。

中东通讯社：埃及国家通讯社，是目前中东地区和阿拉伯世界最大的通讯社，1956年2月创立。宣传政府政策，用阿拉伯、英、法3种文字发稿。

广播电台：全国现有269家广播台站，平均每天播报478小时。国家广播电台，创建于1928年。目前每天用80个频率、38种语言向国内、外广播。中东广播电台，建于1964年，主要为商业服务。亚历山大广播电台，建于1960年，用阿拉伯语播音。2000年，埃及开始通过“非洲之星”广播卫星和尼罗河卫星等发射广播节目，能覆盖全世界。

电视：在埃及传媒中占据突出地位。埃及电视台建于1960年。目前埃及电视频道分中央、地方、卫星、专题等四类数十个频道，节目覆盖亚、非、欧、北美等地区。2001年6月，私营卫星电视频道获准开播。

对外关系

埃及在阿拉伯、非洲和国际事务中均发挥着重要作用。开罗为阿拉伯国家联盟总部所在地，埃及前外长阿拉比为现任阿盟秘书长。埃及现为伊斯兰合作组织主席国，并担任2016—2017年度安理会非常任理事国。

埃及奉行独立自主、不结盟政策，主张在相互尊重和不干涉内政的基础上建立国际政治和经济新秩序，加强南北对话和南南合作。突出阿拉伯和伊斯兰属性，积极开展和平外交，致力于加强阿拉伯国家的团结合作，推动中东和平进程，关注叙利亚等地区热点问题。反对国际恐怖主义。倡议在中东和非洲地区建立无核武器和大规模杀伤性武器区。重视大国外交，巩固同美国关系，加强同欧盟、俄罗斯等大国关系，积极发展同新兴市场国家关系。在阿盟、非盟、伊斯兰合作组织等国际组织中较为活跃。目前，埃及已与165个国家建立了外交关系。

【同中国的关系】埃及是第一个承认新中国并同中国建交的阿拉伯、非洲国家。1956年5月30日建交后，两国友好合作关系不断发展。1999年，两国建立战略合作关系。2006年两国签署深化战略合作关系的实施纲要。2006年5月，两国外交部建立战略对话机制。

2011年5月，外交部长杨洁篪访埃及。2012年1月，吴邦国委员长向埃及新任人民议会议长卡塔特尼致贺电。3月，全国政协主席贾庆林向埃及新任协商会议主席法赫米致贺电。同月，埃及外长阿姆鲁访华。6月，胡锦涛主席向埃及新任总统穆尔西致贺电。8月，穆尔西总统对华进行国事访问。2013年3月，习近平主席在出席南非德班金砖国家领导人第五次会晤期间会见穆尔西总统。7月埃及政局剧变后，中方通过多个场合强调支持埃及人民自主选择政治制度和发展道路的权利。2013年12月，外长法赫米访华。2014年6月，塞西总统当选后，习近平主席向塞西致电祝贺，并委派工业和信息化部部长苗圩作为特使出席塞西总统就职典礼。同月，法赫米外长来华出席中阿合作论坛第六届部长级会议。8月，王毅外长访问埃及。11月，习近平主席特使、中共中央政治局委员、中央政法委书记孟建柱访问埃及。12月，塞西总统对我国进行国事访问，习近平主席同其会谈，两国元首共同签署了《中埃关于建立全面战略伙伴关系的联合声明》。访问期间，塞西总统还分别会见了李克强总理和张德江委员长。2015年3月，习近平主席特使、商务部部长高虎城出席埃及经济发展大会。6月，杨洁篪国务委员访问埃及。8月，习近平主席特使、文化部部长雒树刚出席埃及新苏伊士运河竣工典礼。9月，塞西总统来华出席中国人民抗日战争暨世界反法西斯战争胜利70周年纪念活动，分别会见了习近平主席和李克强总理。12月，习近平主席在南非出席中非合作论坛约翰内斯堡峰会期间会见埃及总理伊斯梅尔。2016年1月，习近平主席对埃及进行国事访问，同塞西总统会谈，分别会见伊斯梅尔总理和阿里议长。访问期间，两国元首见证签署了《中埃关于加强两国全面战略伙伴关系的五年实施纲要》等合作文件。

2013年，双边贸易额首次突破百亿美元，达102.13亿美元。2014年，双边贸易额116.2亿美元、同比增长13.8%。2015年，双边贸易额128.9亿美元、同比增长10.9%。我国向埃及主要出口机电产品和纺织服装等，自埃及主要进口原油、液化石油气、棉花和大理石等。

中埃文教、新闻、科技等领域交流合作活跃。近年来，双方举办了文化周、电影节、文物展、图片展等丰富多彩的活动，深受两国人民欢迎。目前埃及有4所大学开设了中文专业。2002年，中国文化中心在开罗设立。2007年，开罗大学与北京大学合作成立北非地区第一家孔子学院。2008年，华北电力大学与苏伊士运河大学合建了埃及第二所孔子学院。

1983年两国政府签署科技合作协定，2002年签署政府间和平利用原子能合作协定和《中国公民组团赴埃及旅游实施方案的谅解备忘录》。2006年，两国签订互免持中国外交和公务护照、埃及外交和特别护照人员签证的协定。2014年，埃及公民来华8.4万人次，同比增长12.7%，我国公民赴埃及3.95万人次，同比增长21.5%。两国间现已结成友好省市14对。

中国驻埃及大使：宋爱国。馆址：14 Bahgat Aly St. Zamalek Cairo Egypt。电话：(00202) 27361219；传真：27359459。商务处地址：22 Bahgat Aly Street，Zamalek Cairo 11211 Egypt。电话：27354316；传真：27358729。网址：http://www.eg.china-embassy.org。

埃及驻中国大使：麦吉迪·阿米尔（Magdy Amer）。馆址：北京市建国门外日坛东路2号（No.2，Ri Tan Dong Lu，Beijing，100600 China）。电话：010–65321825/65322541；传真：65325365。商务处电话：65329335；传真：65329337。

【同美国的关系】纳赛尔总统时期，埃美关系比较紧张。1967年“六·五”战争后，埃及宣布同美断交。1973年“十月战争”以后，埃美关系明显改善和发展。1974年2月两国复交。穆巴拉克总统执政后两国关系日趋密切，与美有“特殊战略伙伴”关系。美国自1979年起每年向埃及提供21亿美元的援助，其中军援13亿美元。1998年，美埃签署协议，商定美在未来10年内每年减少5%对埃及政府经援，至2008年减至4.07亿美元。但美采取其他方式弥补，美经援总额并未大幅减少。2004年埃美签订“合格工业园区”协定后，双方经济关系进一步加强。2011年，美国宣布向埃及提供1.5亿美元额外经济援助，帮助埃及恢复经济和完成民主过渡。2012年7月，美国国务卿希拉里访埃，会见穆尔西、坦塔维等埃及领导人，宣布免除埃及10亿美元债务，向埃方提供2.5亿美元贸易信贷担保，并建立6000万美元投资基金。9月，埃及爆发抗议侮辱伊斯兰教先知影片的大规模示威活动。同月，穆尔西总统赴纽约出席联合国会议期间会见美国国务卿希拉里。11月21日，美国总统奥巴马与穆尔西总统通电话，赞赏埃方为促成以色列与加沙巴勒斯坦各武装派别达成停火协议所付出的努力。2013年1月，美国参议院外交委员会主席麦凯恩访埃。3月，国务卿克里访埃，宣布向埃方提供1.9亿美元财政援助。4月，美国国防部长哈格尔访埃及。5月，埃及外长阿姆鲁访美。在2013年7月初埃及政局再度剧变后，美国对埃及军方强力镇压穆兄会持批评态度，并暂停对埃部分军事援助和经济援助。2014年6月塞西就任总统后，奥巴马总统向其致电祝贺。9月，塞西和奥巴马在出席联合国大会期间实现首次会晤。2015年3月，美国国务卿克里率团出席“埃及经济发展大会”。8月，美国国务卿克里访问埃及，埃美举行战略对话。目前，美国已经恢复对埃及军事援助。

【同欧盟国家的关系】纳赛尔总统时期，埃及同主要西欧国家关系冷淡。萨达特总统上台后开始注意改善同西欧国家关系。1973年“十月战争”后，埃及同西欧国家关系有较大发展。穆巴拉克总统执政以来，频繁出访欧盟国家，双方保持密切往来。欧盟是埃及最大贸易伙伴，埃及与欧盟的贸易总额占埃及对外贸易总额的40%。2011年，英国首相卡梅伦、欧盟外交与安全政策高级代表阿什顿等分别访埃及。2012年9月，穆尔西总统分别访问欧盟总部和意大利。2013年1月，欧洲理事会主席范龙佩访埃，表示欧盟将向埃及提供50亿欧元的贷款和援助。同月，穆尔西总统访问德国。4月，欧盟外交与安全政策高级代表阿什顿访埃及。同月，埃及外长阿姆鲁访问法国。5月，埃及科普特基督教大主教访问梵蒂冈。6月，埃及外长阿姆鲁访问希腊。2013年7月初埃及政局剧变后，欧盟外交和安全政策高级代表阿什顿多次赴埃斡旋。2014年以来，塞西总统先后出访意大利、法国、德国、荷兰和英国等国。

【同独联体国家的关系】1943年，埃及与前苏联建立了公使级外交关系，1954年升为大使级关系。纳赛尔总统时期，埃苏关系密切。萨达特总统时期，埃苏关系恶化。穆巴拉克总统执政后，两国关系逐步改善，1983年双方签署了贸易、文化、渔业合作协定。1984年埃苏恢复互派大使。1991年苏联解体后，埃及承认各国独立，并与大多数独联体国家建立了外交关系。2013年4月，穆尔西总统访问俄罗斯。2013年11月和2014年2月，埃及与俄罗斯先后在开罗和莫斯科举行两次国防部长和外长“2+2”对话会。2014年8月，塞西总统访俄。2015年2月，俄罗斯总统普京访问埃及。5月，塞西总统出席俄罗斯卫国战争胜利70周年庆典。8月，塞西总统就任后第三次访问俄罗斯。

【同沙特等海湾阿拉伯国家关系】埃及同沙特在经济、人员交往和宗教事务方面有密切的合作关系。1979年埃以（色列）和约签订后，沙特同埃及断交。1987年11月，沙、埃恢复外交关系，沙恢复了对埃及的经援。海湾危机爆发后，埃及应沙特要求派兵驻沙，沙特决定免除埃及所欠债务，并向埃提供新的无偿经援15亿美元。2011年5月，沙特宣布向埃及提供40亿美元的援助和贷款。2012年4月，沙特逮捕埃及律师吉扎维引发埃及民众抗议示威，沙特一度关闭其驻埃及使领馆并召回大使。7月，穆尔西总统访沙，会见阿卜杜拉国王和萨勒曼王储。8月，穆尔西总统出席在沙特召开的伊斯兰合作组织峰会。2013年1月，穆尔西总统赴沙特出席“第三届阿拉伯经济社会发展峰会”。6月，埃沙签署两国电网联网备忘录。同月，埃沙举行空军联合训练。2013年7月初埃及政局剧变后，沙特、科威特、阿联酋等海湾国家紧急向埃及提供120亿美元经济援助。2014年6月，沙特王储、科威特埃米尔、巴林国王等出席了塞西总统就职典礼。2015年1月，沙特国王阿卜杜拉去世后，塞西总统赴沙特吊唁。8月，巴林国王、科威特埃米尔出席埃及新苏伊士运河竣工典礼。

【同叙利亚的关系】1958年2月1日，埃及、叙利亚联合组成阿拉伯联合共和国（简称“阿联”），后也门王国加入，阿联更名为“阿拉伯合众国”。1961年9月28日，叙利亚因发生政变宣布退出。叙利亚强烈反对戴维营协议和埃以和约并于1978年9月同埃及断交。穆巴拉克总统执政后，主动改善同叙利亚关系。1989年12月27日，埃、叙两国正式复交。2000年7月，叙利亚总统巴沙尔上台后，双方往来进一步密切。2005年，黎巴嫩总理哈里里遇害后，埃及力劝叙利亚从黎巴嫩撤军，但反对对叙利亚实施制裁。2008年10月，埃及对叙利亚和黎巴嫩正式建立外交关系表示欢迎。2012年，穆尔西就任总统后，宣布支持叙利亚人民民主改革诉求，呼吁巴沙尔总统下台，主张政治解决危机，避免叙利亚国家分裂和外部军事干涉。埃及倡议成立由埃及、土耳其、伊朗、沙特组成叙利亚问题“四国委员会”。2013年6月15日，埃及宣布断绝同叙利亚政权的所有外交关系，召回驻叙临时代办，关闭叙利亚驻埃及使馆。7月埃及政局剧变后，埃及恢复与叙利亚领事关系。2015年，埃及两次在开罗召集叙利亚部分反对派举行会议，支持叙利亚问题联合国特使德米斯图拉斡旋努力。

【同约旦的关系】约旦政府曾因反对埃以签订戴维营协议，于1979年4月1日与埃及断交。1984年9月25日，约旦宣布与埃及复交。近年来，埃、约在中东和谈等问题上保持协调，曾促成巴以签署《沙姆沙伊赫备忘录》，并联合提出埃、约和平倡议等。2011年，约旦首相巴希特访埃及。2012年12月，埃及总理甘迪勒访约。2013年7月埃及政局剧变后，约旦国王阿卜杜拉二世访埃，表示支持埃及人民的爱国选择。2014年6月，约旦国王出席塞西总统就职典礼。2015年8月，约旦国王出席埃及新苏伊士运河竣工典礼。

【同巴勒斯坦的关系】埃及是最早支持巴事业的

阿拉伯国家之一。巴解组织成立后，埃及即给予坚决支持。埃以媾和后，埃巴关系降到最低点，巴解驻开罗办事处被关闭。1987年11月，埃及重新开放巴解驻开罗办事处。1988年11月巴宣布建国后，埃及即宣布承认，巴解驻开罗办事处也随之升格为大使馆。马德里中东和会后，埃及积极推动巴以和谈，促进巴内部和解，并呼吁国际社会向巴人民提供人道主义援助。2008年12月加沙冲突爆发后，埃及努力斡旋，推动哈马斯与以色列停火，缓解加沙人道主义危机，为联合国安理会通过第1860号决议发挥重要作用。2009年，埃及主办加沙重建国际会议，并召集巴各派在开罗举行多轮内部和解对话会。2011年，阿巴斯、哈马斯领导人扎哈尔等分别访埃及。5月，在埃及调解下，法塔赫与哈马斯在埃及签署和解协议。埃及政府重新开放连接加沙地带的拉法口岸。2012年穆尔西就任总统后，阿巴斯、哈马斯领导人马沙勒、哈尼亚等分别访埃及。11月，埃及促成以色列与加沙巴勒斯坦各武装派别达成停火协议。2013年1月，阿巴斯与哈马斯领导人马沙勒在开罗会晤，商讨内部和解。7月埃及政局剧变后，阿巴斯表示珍视埃及安全稳定，尊重埃及人民意愿。2014年6月，巴勒斯坦总统出席了塞西总统的就职典礼。2014年7月，以色列和哈马斯在加沙爆发冲突后，埃及积极斡旋停火。2015年8月，阿巴斯出席埃及新苏伊士运河竣工典礼。

【同伊拉克的关系】埃及曾是两伊战争中支持伊拉克最积极的阿拉伯国家之一。埃伊关系密切，埃及在伊拉克有逾百万劳工。两伊停战后，埃及同伊拉克、约旦、也门三国于1989年2月组成阿拉伯合作委员会，并先后在四国首都举行过4次会议。

1990年海湾危机爆发后，埃及坚决反对伊拉克入侵科威特，同伊断交，并派4万军队参加美领导的海湾战争。埃及近百万劳工大部分返埃。战后，埃及积极呼吁解除对伊制裁，协助伊回归阿拉伯阵营。2000年11月，埃、伊恢复外交关系。分别向对方首都派驻代办级外交官，履行大使职责。

2003年美发动对伊拉克战争之前，埃及反对美对伊动武。伊战结束后，埃及强调应尽快结束外国军队对伊占领，主张联合国应在重建问题上发挥主导作用；强调维护伊主权和国家统一；号召伊各政治派别参与政治进程，呼吁停止暴力活动。2007年5月，埃及主办旨在促进伊拉克和平与重建的“伊拉克国际契约”部长级会议。2010年伊拉克副总统塔里克、阿迪勒等分别访埃及。

【同苏丹的关系】苏丹是埃及在非洲的最大邻国，历史联系密切。埃以和约签订后，苏丹是三个未同埃及断交的阿拉伯国家之一。1995年6月，穆巴拉克总统在埃塞俄比亚参加非统首脑会议途中遇刺脱险后，指责苏丹为幕后策划者。1999年12月以来，埃苏关系逐渐缓和。埃及为解决苏南北问题和达尔富尔问题积极斡旋，并参加非洲联盟向达尔富尔派出的维和部队。2011年，埃及总理沙拉夫访问苏丹。苏丹总统巴希尔访埃。同年7月，埃方表示希望南苏丹共和国成立并彻底结束苏丹长期内战，并派外长出席南苏丹成立庆典。2012年8月，苏丹外长库尔提访埃。9月，苏丹总统巴希尔访埃。2013年4月，穆尔西总统访问苏丹。同月，埃及总参谋长萨巴赫访苏。6月，埃及外长阿姆鲁访问苏丹，就尼罗河水资源争端问题协调立场。7月埃及政局剧变后，苏丹呼吁埃及各派维护国家安全稳定和人民团结。2014年6月，塞西总统访问苏丹。2015年8月，苏丹总统出席埃及新苏伊士运河竣工典礼。

【同利比亚的关系】利比亚1969年“九·一”革命后的最初几年埃利关系较为密切。萨达特执政以后，双边关系冷淡，1977年两国发生边界武装冲突。萨达特访以色列后，双边关系迅速恶化并导致两国于1979年断交。1989年10月两国元首互访，结束了两国长期交恶史。1991年双方正式达成协议，取消边卡和海关，两国人员凭身份证自由往来。2011年8月22日，埃及正式承认利比亚全国过渡委员会为利比亚国家代表。2012年8月，利比亚总理阿卜杜·拉赫曼访埃。2013年4月，利比亚向埃及提供5年期20亿美元无息贷款。6月，两国签署有关劳务合作谅解备忘录。

【同土耳其、卡塔尔关系】埃及指责土耳其、卡塔尔两国支持埃及穆兄会，干涉埃及内政，双方均召回了驻对方大使。目前，埃及与上述两国关系仍然僵冷。

【同伊朗的关系】1979年，埃伊（朗）关系因埃及接纳被废黜的伊朗国王巴列维在埃及避难而恶化，并于同年5月中断外交关系。两伊战争期间，埃及支持伊拉克，埃伊（朗）关系继续紧张。海湾战争后，两国矛盾加剧。近年，埃伊（朗）关系出现改善势头，各层次往来与接触增多，两国利益代表处基本恢复断交前的使馆职能。2001年，伊朗外长哈拉齐两度访埃。2003年12月，伊朗总统哈塔米访埃，实现了两国元首自1979年以来首次会晤。埃及关注伊朗核问题进展，表示伊朗有权和平利用核能，但不接受中东地区出现核武器，主张通过谈判政治解决伊朗核问题。2011年初埃及政局变化后，埃伊（朗）双方均表达了进一步改善关系的意愿。2011年2月和2012年2月，两艘伊朗海军军舰往返通过苏伊士运河。2012年7月，伊朗总统艾哈迈迪内贾德致电穆尔西总统祝贺其就职。8月，穆尔西总统出席在德黑兰举行的第16届不结盟运动组织峰会并会见伊朗总统艾哈迈迪内贾德。2013年2月，艾哈迈迪内贾德总统出席在开罗举行的伊斯兰合作组织峰会。4月，伊朗同意给予访伊埃及游客免签待遇。7月埃及政局剧变后，伊朗表示尊重埃及人民意愿，呼吁埃及各派实现团结、停止暴力。

【同以色列的关系】1980年2月两国建立大使级外交关系，此后双方虽在交通运输、旅游、环保、农业等方面开展了一些合作，但总体关系受制于地区形势发展，比较冷淡。近年来，埃及积极调解巴以冲突，推进巴以和谈。2011年，以色列总理内塔尼亚胡访埃。2011年埃及政局发生变化后，埃及军方承诺继续遵守埃以和约，以色列表示欢迎。8月，以军误杀数名埃及士兵，引发埃及大规模反以示威。9月，埃及示威民众冲击以驻埃及使馆，迫使以使馆人员紧急撤离。2012年3月，埃及议会通过决议，要求驱逐以驻埃及大使并停止向以输送天然气。4月，埃及宣布停止向以供应天然气。2012年9月，埃及恢复向以派驻大使。11月，埃及促成以色列与加沙巴勒斯坦各武装派别达成停火协议。2014年7月，以色列和哈马斯在加沙爆发冲突后，埃及积极斡旋停火。

【同非洲国家的关系】 非洲国家与埃及历史、文化渊源深厚，而且对埃及国家安全特别是水资源安全具有战略意义，非洲国家在埃及对外政策中占据突出位置。穆巴拉克总统执政后更加强调埃及的非洲属性，重视同非洲国家的友好合作。埃及积极参与非洲事务，致力于非洲联盟建设。2011年，加蓬总统、非盟主席等分别访埃及。2012年7月，穆尔西总统出席在埃塞俄比亚召开的非盟首脑会议。9月，甘迪勒总理访问埃塞俄比亚。10月，穆尔西总统访问乌干达。2013年4月，甘迪勒总理访问肯尼亚出席其新总统就职仪式。6月，埃及与埃塞俄比亚围绕复兴大坝建设问题产生争议。埃及外长阿姆鲁访问埃塞，两国就解决尼罗河水资源争端问题进行磋商。7月，非盟对埃及局势变化表示关切，谴责和拒绝任何非法更迭政权行为，决定暂停埃及参加非盟活动，直至其恢复宪政秩序。2014年6月17日，非盟和平与安全理事会决定恢复埃及参加非盟活动的资格。2014年6月，赤道几内亚总统、厄立特里亚总统、乍得总统、马里总统、索马里总统、吉布提总统出席塞西总统就职典礼。6月下旬，塞西总统出席在赤道几内亚召开的非盟峰会，并访问阿尔及利亚、苏丹。

埃塞俄比亚

国名 埃塞俄比亚联邦民主共和国（The Federal Democratic Republic of Ethiopia）。

面积 110.36万平方公里。

人口 9650万（2014年），人口增长率为2.5%。全国约有80多个民族，主要有奥罗莫族（40%）、阿姆哈拉族（30%）、提格雷族（8%）、索马里族（6%）、锡达莫族（4%）等。居民中45%信奉埃塞正教，40%—45%信奉伊斯兰教，5%信奉新教，其余信奉原始宗教。阿姆哈拉语为联邦工作语言，通用英语，主要民族语言有奥罗莫语、提格雷语等。

首都 亚的斯亚贝巴（Addis Ababa），人口348万（2012年）。年平均气温16℃，年均降雨量1237毫米。

国家元首 总统穆拉图·特肖梅（Mulatu Toshome），2013年10月7日当选。2001年10月埃塞人民代表院通过的"总统法案"规定：总统由无党派人士担任，不得有任何政治组织背景，卸任后亦不得参与政党活动；总统因死亡或疾病不能履行职责时，由议会任命代总统。

重要节日 阿杜瓦大捷纪念日（Victory of Adwa Day）：3月2日；埃塞俄比亚人民革命民主阵线执政纪念日（Downfall of the Derg）：5月28日；埃历新年：9月11日（New Year）。

简况

非洲东北部内陆国。东与吉布提、索马里毗邻，西同苏丹、南苏丹交界，南与肯尼亚接壤，北接厄立特里亚。高原占全国面积的2/3，平均海拔近3000米，素有"非洲屋脊"之称。年平均气温13℃。

具有3000年文明史。公元前8世纪建立努比亚王国。公元前后建立阿克苏姆王国，10世纪末被扎格王朝取代。13世纪，阿比西尼亚王国兴起，19世纪初分裂成若干公国。1889年，绍阿国王孟尼利克二世称帝，统一全国，建都亚的斯亚贝巴，奠定现代埃塞俄比亚疆域。1890年，意大利入侵，强迫埃塞接受其"保护"。1896年，孟尼利克二世在阿杜瓦大败意军，意被迫承认埃独立。1928年海尔·塞拉西登基，1930年11月2日加冕称帝。1936年，意大利再次入侵，占领埃塞全境，塞拉西流亡英国。1941年，盟军击败意大利，塞拉西于5月5日归国复位。1974年9月12日，一批少壮军官发动政变推翻塞拉西政权，废黜帝制，成立临时军事行政委员会。1977年2月，门格斯图·海尔·马里亚姆中校发动政变上台，自任国家元首。1979年成立以军人为主的"埃塞俄比亚劳动人民党组织委员会"，推行一党制。1987年9月，门格斯图宣布结束军事统治，成立埃塞俄比亚人民民主共和国。1988年3月，埃塞爆发内战。1991年5月28日，埃塞俄比亚人民革命民主阵线（埃革阵）推翻门格斯图政权，7月成立过渡政府，埃革阵主席梅莱斯·泽纳维（Meles Zenawi）任总统。1994年12月制宪会议通过新宪法。1995年5月举行首次多党选举。8月22日，埃塞俄比亚联邦民主共和国成立，梅莱斯以人民代表院多数党主席身份就任总理。在2000年、2005年、2010年三次大选中，埃革阵均获胜。2012年8月，梅莱斯病逝。9月，埃塞副总理兼外长海尔马里亚姆·德萨莱尼（Hailemariam Dessalegn）出任埃革阵党主席和总理。2015年5月，埃革阵再次以绝对优势赢得大选。10月，海尔马里亚姆连任总理。

政治

埃革阵执政以来，创建以民族区域自治为基础的联邦政体，以发展经济为重点，注重协调稳定、发展和民族团结三者间关系。2001年埃革阵“四大”通过新党章、党纲，确立了各民族平等参与国家事务的“革命民主”和“资本主义自由市场经济”的政治经济发展方向。2005年5月，埃塞举行第三次议会选举。埃革阵虽继续赢得政府组阁权，但议会席位流失近1/3。反对党以大选存在舞弊为由拒不承认选举结果，在首都等主要城市煽动暴力活动，被政府平息。此后埃革阵努力推动政治与社会和谐，促进内部稳定，积极同反对党开展对话，大赦反对党领导人，巩固和加强农村地区的群众基础，基本实现政党和解；深化各项改革，加强能力和良治建设，并实施第二个五年发展计划，执政地位得到巩固。2008年4月，埃塞举行联邦议会、地方各州议会及行政机关的补选和选举，埃革阵赢得绝大多数席位。2010年5月和2015年5月，埃塞分别举行第四次、第五次多党议会选举，埃革阵均以绝对优势获胜。目前政局总体稳定。

【宪法】1994年12月8日，埃塞制宪会议通过第四部宪法——《埃塞俄比亚联邦民主共和国宪法》，次年8月22日生效。新宪法共11章106条，规定埃塞为联邦制国家，实行三权分立和议会制。总统为国家元首，任期六年。总理和内阁拥有最高执行权，由多数党或政治联盟联合组阁，集体向人民代表院负责。各民族平等自治，享有民族自决和分离权，任何一个民族的立法机构以2/3多数通过分离要求后，联邦政府应在3年内组织该族进行公决，多数赞成即可脱离联邦。各州可以本族语言为州工作语言。保障私有财产，但国家有权进行有偿征用。城乡土地和自然资源归国家所有，不得买卖或转让。组建多民族的国家军队和警察部队，军队不得干政。保障公民的民主自由和基本权利。

【议会】联邦议会由人民代表院和联邦院组成，系国家最高立法机构。人民代表院系联邦立法和最高权力机构，负责宪法和联邦法律的制定与修订，由全国普选产生，每5年改选一次。一般不超过550个议席，其中少数民族至少占20席。本届人民代表院有547个议席，现任议长阿卜杜拉·格梅达（Abadula Gemeda），2015年10月就职。联邦院拥有宪法解释权，有权决定民族自决与分离，解决民族之间纠纷。议员任期5年，由各州议会推选或人民直选产生，每个民族至少可有1名代表，每百万人口可增选1名代表。本届联邦院有163名议员，现任议长亚卢·阿巴特（Yalew Abate），2015年10月就任。

【政府】本届政府于2015年10月组成。除总理海尔马里亚姆·德萨莱尼外，还有26名内阁成员，主要有：副总理兼社会事务协调人德梅克·梅克嫩（Demeke Mekonnen），经济事务副总理级协调人兼通信与信息技术部长德布雷齐翁·加布雷米卡埃尔（Debretsion Gebremikael），良政事务副总理级协调人兼公共服务与人力资源发展部长阿斯特·马莫（Aster Mamo），国防部长西拉杰·费吉萨（Siraje Fegessa），外交部长特沃德罗斯·阿达诺姆（Dr. Tewodros Adhanom），联邦事务与牧区发展部长卡萨·特克勒伯尔汉（Kassa Teklebirhan），司法部长格塔丘·安巴耶（Getachew Ambaye），财政与经济合作部长阿卜杜勒阿齐兹·穆罕默德（Abdulaziz Mohammed），农业与自然资源发展部长塔费拉·德里布（Tefera Deribew），畜牧与渔业发展部长西莱希·格塔洪（Sileshi Getahun），工业部长艾哈迈德·阿布图（Ahmed Abtew），贸易部长雅各布·亚拉（Yacob Yala），科技部长阿比·艾哈迈德（Abiy Ahmed），交通部长沃尔基内·格贝耶胡（Workineh Gebeyehu），城市发展和住房部长梅库里亚·海尔（Mekuria Haile），建设部长安巴丘·梅克嫩（Ambachew Mekonnen），水、灌溉和电力部长莫图马·梅加萨（Motumma Meqassa），教育部长希费劳·希古特（Shiferaw Shigute），矿产与油气部长托勒萨·沙吉（Tolesa Shagui），卫生部长凯塞特贝尔汉·阿德马苏（Kestebirhan Admasu），劳工与社会事务部长阿卜杜勒法塔赫·阿卜杜拉希（Abulfetah Abdulahi），文化与旅游部长阿伊莎·穆罕默德·穆萨（Ayisha Mohammed Musa），儿童与妇女事务部长泽内布·塔德塞（Zenebu Tadesse）、环境、林业与气候变化部长希费劳·特克勒马里亚姆（Shiferaw Tekelemariam），青年与体育事务部长雷德旺·侯赛因（Redwan Hussien），公共企业部长德米图·哈比萨（Demitu Hambisa）。

【行政区划】全国分为包括首都亚的斯亚贝巴市和商业城市迪雷达瓦在内的2个自治行政区，以及9个民族州。

【司法机构】联邦最高法院为联邦最高司法机构，院长特格纳·格塔内（Tegena Getaneh），下辖联邦高级法院和初审法院。总检察长由司法部长格塔丘·安巴耶兼任。

【政党】全国现有75个注册政党。主要有：

（1）埃塞俄比亚人民革命民主阵线（The Ethiopian People's Revolutionary Democratic Front, EPRDF）：简称埃革阵，执政党。于1989年以提格雷人民解放阵线（提人阵）为核心组建，成员党包括阿姆哈拉民族民主运动、奥罗莫人民民主组织和南埃塞俄比亚人民民主阵线，代表24个主要民族。决策机构是由36名成员组成的执行委员会。对内积极推行多党议会制民主和市场经济政策，尊重各民族自决权；对外主张在平等、相互尊重和不干涉内政基础上发展同世界各国的合作，推行地区大国战略。在历次多党选举中均获胜，在本届人民代表院占501席。现任主席海尔马里亚姆。

（2）团结民主联盟党（Coalition for Unity and Democracy Party）：主要反对党。由原反对党联盟团结民主联盟的4个成员党于2005年9月合并而成，在本届人民代表院中没有席位。反对现行联邦制度，主张土地私有化，反对政府在埃厄边界问题上的立场。

【**重要人物**】**穆拉图·特肖梅**：总统。1957年生。1976年在北京语言学院学习汉语，次年进入北京大学，先后获政治经济与哲学学士、国际法硕士和博士学位。其间曾赴美国塔夫斯大学弗莱彻法律与外交学院国际关系专业学习两年，获法律硕士学位。1991年从北大毕业回国后进入外交部。1992年至1994年任驻日本兼驻泰国、越南、印尼、澳大利亚和菲律宾大使。1994年7月至1995年11月任驻中国大使。1995年至2002年先后任经济发展与合作部国务部长、农业部长。2002年至2005年任联邦院议长。2006年至2013年任驻土耳其兼驻格鲁吉亚、阿塞拜疆、哈萨克斯坦大使。2013年10月当选总统。　**海尔马里亚姆·德萨莱尼**：总理。1965年生，沃莱塔族。历任南方州州议员、联邦院议员、南方州副州长、州长、埃革阵议会党团领袖、总理公共组织和动员事务顾问、铁路局董事长等职。2010年9月当选埃革阵副主席，10月任副总理兼外长。梅莱斯总理去世后于2012年9月接任埃革阵主席和总理职务。2015年10月连任。

经　济

世界最不发达国家之一。以农牧业为主，工业基础薄弱。门格斯图执政时期因内乱不断、政策失当及天灾频繁，经济几近崩溃。埃革阵执政后，实行以经济建设为中心、以农业和基础设施建设为先导的发展战略，向市场经济过渡，经济恢复较快，1992—1997年经济年均增长7%。1998年埃厄边界冲突爆发后，经济发展受挫。2001年，以埃厄和平进程取得进展为契机，埃塞政府将工作重心转向经济建设。2002年，政府实施可持续发展和减贫计划，但因旱灾严重，经济增长率放缓，翌年有所恢复。2005年以来，政府实施“以农业为先导的工业化发展战略”，加大农业投入，大力发展新兴产业、出口创汇型产业、旅游业和航空业，吸引外资参与埃塞能源和矿产资源开发，经济保持8%以上高速增长，被联合国誉为实现千年发展目标的典范。2010年制订并实施新的5年“经济增长与转型计划（GTP）”，加强水电站、铁路等基础设施建设，采取深化税收体制改革、加大打击走私力度、加强外汇管制、扶持制造业、实施进口替代和出口导向政策等一系列措施。2016年将实施第二个“经济增长和转型计划”。

2015年主要经济数字预测如下：

国内生产总值：582亿美元。

经济增长率：8.7%。

货币名称：埃塞俄比亚比尔，1比尔=100分。

汇率：1美元=21.55比尔。

通货膨胀率：10.6%。

外债总额：174.3亿美元。

外汇储备：26.34亿美元。

（资料来源：《经济季评》）

【**资源**】已探明的矿藏有黄金、铂、镍、铜、铁、煤、钽、硅、钾盐、磷酸盐、大理石、石灰石、石油和天然气。马来西亚、沙特阿拉伯、英国、苏丹、约旦等国公司在埃塞进行油气开发。水资源丰富，号称“东非水塔”。境内河流湖泊较多，青尼罗河发源于此，但利用率不足5%。埃塞政府计划到2015年将新增1820万人获得洁净水供应，全国洁净水覆盖率将达到98.5%。目前森林覆盖率为9%。

【**工业**】工业门类不齐全，结构不合理，零部件、原材料依靠进口，2013年产值占国内生产总值的9%。制造业以食品、饮料、纺织、皮革加工为主，集中于首都等二三个城市。皮革是第二大出口产品，每年出口收入约5100万美元。

近年来，埃塞加快推进工业化，积极建设工业园区。根据规划，拟在首都亚的斯亚贝巴和4个主要城市阿瓦萨、迪雷达瓦、马克雷、孔波查等重点建设工业园。目前，亚的斯亚贝巴周边工业园建设已初具规模，阿瓦萨工业园建设刚刚启动，其余两地工业园建设尚在规划。2015年4月，埃塞政府出台《工业园法》。

【**农业**】农业系国民经济和出口创汇的支柱，产值占国内生产总值约50%。农牧民占总人口85%以上，主要从事种植和畜牧业，另有少量渔业和林业。全国现有农业用地1240万公顷。以小农耕作为主，广种薄收，靠天吃饭，常年缺粮。台麸、小麦等谷类作物占粮食作物产量的84.15%。近年来，因政府取消农产品销售垄断、放松价格控制、鼓励农业小型贷款、加强农技推广和化肥使用、粮食产量有所上升。经济作物有咖啡、恰特草、鲜花、油料等。其中咖啡产量居非洲前列，年均产量33万吨左右。咖啡出口创汇占埃塞出口总额的约24%，其产量占世界产量的15%。畜牧业大国，适牧地占国土一半多。以家庭放牧为主，抗灾力低，产值约占国内生产总值的20%，吸收约30%的农业人口。牲畜存栏总数居非洲之首、世界第十。其中牛3500万头、绵羊2100万只、山羊1680万只、骆驼100万头。

【**旅游业**】旅游资源丰富，文物古迹及野生动物公园较多，有7处遗迹被联合国教科文组织列入《世界遗产名录》。政府已采取扩建机场、简化签证手续等措施促进旅游业发展，计划使埃塞到2020年成为非洲10大旅游国之一。

【**交通运输与电信**】铁路：亚的斯—吉布提铁路，

全国唯一的铁路，全长850公里，其中在埃塞境内681公里。因设备老化、管理不善、运力不足，目前亏损严重。由中方提供融资并建设的亚的斯亚贝巴至吉布提铁路已经完成铺轨工作，2016年将竣工通车。

公路：公路运输占全国总运量的90%。目前，埃塞政府正实施公路部门发展计划，对公路系统扩建改造。2015年，全国公路通车里程达10.5万公里。

水运：曾以厄立特里亚的阿萨布、马萨瓦港为主要进出口港口。埃厄发生边界冲突后，进出货物主要通过吉布提港，使用该港90%的吞吐能力。

空运：共有40多个机场，其中亚的斯、迪雷达瓦和巴赫达尔为国际机场。埃塞俄比亚航空公司现有飞机60多架，现有国际航线65条、国内航线30多条，每天航班200多架次，安全系数、管理水平和经济效益均佳。2013年营业收入23亿美元，成为非洲最大的航空运营商，全球排名第37位。首都亚的斯亚贝巴宝利国际机场系非洲年度最佳机场，向15家航空公司提供地勤服务。

电信：2002年12月，埃塞电信公司制订了未来20年的发展规划，计划投资35亿比尔，为全国50个城市提供电信服务。

【财政金融】埃塞政府着力改革税收结构，削减赤字，停止国内借贷，改发国债，国家财政状况有所好转。外汇储备34.83亿美元。埃塞属重债穷国减债倡议和多边债务减免倡议受益国，近年来获美国、俄罗斯及世界银行、国际货币基金组织大幅减债。

埃塞有商业银行、开发银行、商业建设银行等3家国有银行和1家国有保险公司。另有12家私营银行，8家私营保险公司。其中私营银行在全国共设有363家分支机构，总资产达423亿比尔。

【对外贸易】目前埃塞进口平均税率为50%。近年出口回升较快，但因进口需求增加，逆差较大。出口商品主要有咖啡、油籽、恰特草、皮革和黄金，进口机械、汽车、石油产品、化肥、化学品等。主要贸易伙伴是中国、德国、日本、意大利、美国、印度、沙特阿拉伯等。

【外国资本】埃塞于1992年颁布《投资法》，1996年、1998年和2002年几度修订。近年政府采取放宽投资领域、降低投资最低限额、简化投资审批程序、免税等措施加大吸引投资力度，外国直接投资增长较快。目前，外商投资主要分布在房地产、制造业、酒店和旅游业、建筑业、教育和服务业等领域，主要投资来源国为美国、中国、印度和沙特。

【外国援助】1998年埃厄边界冲突爆发后，国际货币基金组织和世界银行暂停向其发放新贷款，2000年12月埃厄签署《全面和平协议》后，恢复对其援助。援款主要来自世界银行、国际货币基金组织、非洲开发银行、世界粮食计划署等多边机构及美国、日本、欧盟、意大利和挪威等。

人民生活

根据《2014年人类发展报告》人类发展指数（HDI）统计，埃塞在全球187个国家和地区中居第173位。人均预期寿命42岁，婴儿死亡率96.8‰。44%的人口每天生活费不足1美元，50%人口粮食不足15公斤/月。用电人口占全国人口的13%，28.4%的人口有安全饮水。艾滋病感染者近300万。全国范围内医疗服务覆盖率达87%。

军　事

武装力量由国防军、安全部队和民兵组成。联邦政府总理为武装部队总司令，统率全国武装力量。国防部为最高军事行政机关，下辖空军司令部和陆军司令部，国防军参谋长萨莫拉·叶努斯（Samora Yenus）上将为最高军事指挥官。国防军由原埃革阵领导的推翻门格斯图政权的军队组成，1991年革命胜利后成为正规国防军，1996年正式实行军衔制，共分12级，上将是全军最高军衔。埃厄边界冲突结束后，埃塞大规模裁军，国防开支不断下降。国防军总兵力约18万人，其中正规军约15万人，安全部队和民兵预备役约3万人，空军约8000人，有作战飞机120架。安全防暴部队负责重点警务、维持社会秩序。民兵组织属地方武装组成部分，配合正规部队防卫作战、维持治安。军队装备以苏制武器为主。

文化教育

【教育】埃革阵执政后，将发展教育、提高国民文化素质和培养技术人才作为政府工作重点之一。全国实行10年义务教育制，包括小学8年、初中2年。共有小学2.1万所，适龄儿童入学率达90%，在校生超过1400万人，教师约21.6万人。中学和大学入学率分别为28%和17%。综合性大学数量已从2所增至21所，入学人数已达79000人。成年男性识字率为50%，女性为23%。目前，埃塞公立大学入学人数已达79000人。

【新闻出版】全国现有121家报纸杂志。官方有阿姆哈拉语日报《亚的斯泽门》（Addis Zemen）和季刊《泽门》（Zemen），奥罗莫语周报《贝瑞萨》（Beresa），阿姆哈拉语和英文季刊《今日埃塞俄比亚》（Ethiopia Today），英文日报《埃塞俄比亚先驱报》（The Ethiopian Herald），阿拉伯文周报《世界》（Alem）。

官方埃塞俄比亚通讯社（Ethiopian News Agency）成立于1942年，是非洲大陆历史最悠久的通讯社之一，也是埃塞最早的新闻机构。在国内设有38家分支机构。另有私营的瓦尔塔信息中心（Walta Information Center），1993年成立，主要报道国内政治、经济和社会要闻，向国内各广播电台、电视台和主要报刊供稿。

埃塞俄比亚广播电台现有近百名记者，对内用阿姆哈拉等8种民族语言，对外用英、法和阿拉伯语广播。埃塞俄比亚电视台为国内唯一的电视台，1965年开播，目前播放阿姆哈拉、奥罗莫、提格雷语和英语节目。为加强广播电视管理，埃政府于2002年

1月通过广播法，并在新闻部辖下成立了广播电视局（ERTA）。

对外关系 奉行全方位外交政策，主张在平等互利、相互尊重、互不干涉内政基础上与各国发展关系。强调外交为经济建设服务。重视加强与周边邻国及非洲国家的友好合作，努力发展与西方和阿拉伯国家关系，争取经济援助。重视发展同新兴市场国家关系，注重学习和借鉴中国等亚洲国家的发展经验。积极支持非洲一体化，重视在非洲特别是东非发挥地区大国作用，积极调解南苏丹、索马里等地区热点问题。是非洲联盟、（东非）政府间发展组织（伊加特）、东部和南部非洲共同市场等组织成员，现任伊加特轮值主席。

【对当前重大国际问题的态度】国际形势：认为和平与发展是当今时代潮流。支持世界多极化和国际关系民主化进程，呼吁发展中国家通过联合自强积极融入全球化进程。非洲应在全球治理问题上拥有更多发言权。

联合国改革：重视联合国作用，认为世界多极化趋势为联合国发挥更大作用提供了契机。主张促进联合国民主化，希望非洲拥有具否决权的常任理事国席位，坚持非盟共同立场。

国际金融危机：呼吁国际社会关注非洲，创新融资方式，增加融资渠道，加大对非援助力度。主张改革国际金融体系，为非洲国家增加相应政策空间，将非洲国家的发展成果和绩效作为提供援助的标准，增加非洲代表性和发言权。认为非洲国家应认真思考自身发展道路和政策，避免被进一步边缘化。

气候变化：海尔马里亚姆总理现任非洲气候变化问题国家元首和政府首脑委员会协调员。坚持“共同但有区别的责任”，认同《联合国气候变化框架公约》和《京都议定书》作为国际谈判主渠道；呼吁非洲国家加强团结与合作，建立气候变化问题非洲集体谈判机制；基本认同全球升温不超过2℃及2050年全球排放减半的长期目标，要求发达国家必须率先大幅减排，并向发展中国家提供足够的资金和技术支持。

【同中国的关系】1970年11月24日两国建交。埃革阵政府坚持一个中国立场，重视对华关系，愿学习和借鉴中国改革开放和经济建设的经验。两国签有贸易，经济技术合作，文化合作，互免持外交、公务护照人员签证等协定。双方高层交往频繁，海尔·塞拉西皇帝、门格斯图总统、梅莱斯总理等曾访华。周恩来总理曾于1964年访埃。钱其琛副总理、江泽民主席、温家宝总理、吴邦国委员长、政协主席贾庆林、戴秉国国务委员等曾访埃。

2013年3月，中国国家主席习近平在南非出席金砖国家领导人第五次会晤期间会见埃塞总理海尔马里亚姆。5月，中国国务院副总理汪洋作为习近平主席特别代表出席非洲统一组织成立50周年非盟特别峰会；埃塞副总理兼教育部长德梅克来华出席非洲驻华使团举办的非洲统一组织成立50周年庆祝活动。2013年6月，埃塞总理海尔马里亚姆对中国进行正式访问。11月，中国国务院副总理刘延东访问埃塞。2014年1月，王毅外长访问埃塞。5月，中国国务院总理李克强对埃塞进行正式访问。7月，埃塞总统穆拉图对中国进行国事访问。10月，埃塞人民代表院议长阿卜杜拉访华。11月，埃塞副总理德梅克访华。2015年4月，埃塞联邦院议长卡萨访华。9月，海尔马里亚姆总理来华出席中国人民抗日战争暨世界反法西斯战争胜利70周年纪念活动。中埃两国签有贸易协定，设有经贸联委会。中国是埃塞第一大贸易伙伴，2015年两国贸易额38.23亿美元，同比增长12.1%；其中中方出口额34.43亿美元，进口额3.8亿美元。中方主要出口机电产品和纺织服装等，进口芝麻、皮革、棉花、咖啡等。

中国在埃塞设立了孔子学院，为埃塞援建了职业技术学院并派专家和教师协助管理和教学。自1974年开始向埃塞派遣医疗队，迄今已派出18批共285人次，目前有来自河南省的15名医疗队员在埃塞工作。埃塞是中国青年志愿者开展志愿服务的第一个非洲国家。2005年以来，中方共派出3批共72名青年志愿者。中埃现有4对友好省市，分别为江西省和阿姆哈拉州、河南省和奥罗莫州、宁夏回族自治区和奥罗莫州、北京市和亚的斯亚贝巴市。埃塞是中国公民自费出境旅游目的地国。

中国驻埃塞俄比亚大使：腊翊凡。馆址：Jimma Road，Higher 24，Kebbele 13，Addis Ababa。电话：（0025111）3711959；传真：3712457。经参处：3728739。

埃塞俄比亚驻华大使：塞尤姆·梅斯芬（Seyoum Mesfin）。馆址：北京建国门外秀水南街3号。电话：010-65325258。

【同美国的关系】埃塞与美国1903年建交。埃塞重视对美关系，是撒哈拉以南接受美援助最多的非洲国家之一，但反对美指责其侵犯人权。美视埃塞为非洲反恐合作伙伴，支持埃塞出兵索马里。两国保持密切军事合作，美在埃塞设有无人机地面站。两国在教育、减贫、传染病防治等领域保持良好合作。2011年，埃塞副总理兼外长海尔马里亚姆访美。美国务卿希拉里·克林顿访问埃塞。2014年4月，美国国务卿克里访问埃塞。8月，埃塞总理海尔马里亚姆赴美出席美非峰会。2015年7月，美国总统奥巴马访问埃塞。

【同英国的关系】19世纪，英国远征军入侵埃塞俄比亚，遭到当地军民顽强抵抗。1973年，埃塞与英国签署经济技术合作协定。门格斯图执政时期，双方因埃塞与索马里领土争端关系疏远。埃革阵执政后，两国关系逐步改善。英在埃塞设有文化中心，是埃塞第二大援助国。2005年5月埃塞大选后，两国关系因英国指责选举不符合民主标准而受到一定影响。2006年两国关系有所恢复。埃塞认为英对埃减免债务、加强能力建设、消除贫困、建立社会公共服务体系、建立网络信息平台等方面给予了很大帮助。2013年1月，埃塞外长特沃德罗斯访英。2月，英国副首相访问埃塞。7月，英国前首相布莱尔访问埃塞。

【同俄罗斯的关系】冷战结束后，埃塞同俄罗斯交往不多，经贸活动较少。1992年1月，埃塞宣布承认独立的所有前苏联加盟共和国。2001年，埃塞总理梅莱斯首次正式访俄。11月，俄埃友好协会成立。2002年9月，俄罗斯总理卡西亚诺夫访埃，与梅莱斯总理举行会谈，双方就修复原苏联经援项目、开发天然气等合作达成一致。2004年两国建立直接贸易关系。2011年，埃塞副总理兼外长海尔马里亚姆访俄。2007年至2013年11月，俄向联合国世界粮食计划署埃塞办事处提供1300万美元援助。

【同邻国及其他非洲国家的关系】同厄立特里亚的关系：埃塞与厄特1952年结成联邦。1962年埃塞政府宣布将厄特并为一个州，引发厄特人民武装独立斗争。1993年厄特宣布独立，埃塞予以承认并与之建交。1998年两国因边界冲突爆发战争，2000年签署和平协议。因埃塞对联合国埃厄边界委员会裁决先接受后拒绝，埃厄和平进程陷入僵局。边委会于2007年11月完成“图上标界”后宣布解散。2008年7月30日，联合国安理会通过决议，终止埃厄特派团任期。2009年和2011年，埃塞两次推动联合国安理会对厄特实施制裁。目前两国边境局势总体保持平静。

同吉布提的关系：埃塞和吉布提于1995年建立领事级关系，1996年正式建交。两国铁路和公路相连，签有友好合作条约。埃厄交恶后吉布提港成为埃第一大出海通道。目前，埃塞进出口货物的85%通过该港转运，每年向吉支付7亿美元港口使用费。近年来，双边关系良好，两国领导人多次互访，并签署了安全、港口、贸易、投资等多项合作协议。两国正合作修建亚的斯亚贝巴至吉布提铁路。

同肯尼亚的关系：埃塞和肯尼亚于1961年建交（1954年建立领事级关系），埃革阵执政后，双边关系进一步发展。2012年3月，埃塞总理梅莱斯、肯尼亚总统齐贝吉和南苏丹总统基尔在肯尼亚拉穆港共同出席拉穆港—南苏丹—埃塞交通走廊项目奠基仪式，该项目包括港口、道路、铁路和输油管道建设，旨在为东部和中部非洲地区的内陆国家提供贸易通道和出海港口。2013年4月，埃塞总理海尔马里亚姆访问肯尼亚，双方就两国关系和索马里和平和重建等问题交换意见。

同苏丹的关系：埃塞和苏丹1956年建交。20世纪80年代，埃苏因相互支持对方反政府武装交恶。埃革阵执政后，两国关系特别是经贸合作发展较快。开通了公路和微波通信，埃塞开始从苏丹大量进口石油，并使用苏丹港。埃塞支持苏政府在达尔富尔问题上的立场，认为达问题属苏内政。反对国际刑事法院起诉苏总统巴希尔。2008年4月，埃塞向联合国/非盟苏丹达尔富尔混合行动派遣首批警察，目前已在达区部署了1600名步兵和后勤运输及情报信息机构。近年来两国高层互访不断。2010年4月，埃塞总理梅莱斯致电苏丹总统巴希尔，祝贺巴再次当选苏总统。2011年7月，经联合国安理会授权，埃塞向阿布耶伊地区部署联合国临时安全部队（UNISFA）。

同南苏丹的关系：埃塞是唯一同时与苏丹、南苏丹为邻的国家。在埃塞皇帝海尔·塞拉西推动下，苏丹政府于1972年与南部苏丹当局签署《亚的斯亚贝巴协议》，苏第一次内战结束。门格斯图军政府时期，埃塞与苏丹关系相对较冷淡。1983年苏第二次内战爆发，埃塞加大了对苏南部地区反苏武装的支持。苏政府亦支持埃塞境内的反政府武装，两国由此交恶。1991年埃革阵推翻门格斯图军政府上台执政后，注意平衡发展与两苏关系，并通过多渠道参与调解苏内战。2005年，两苏在肯尼亚签署《全面和平协议》（CPA），埃塞为此发挥了积极作用。此后，埃塞与南苏丹当局分别在朱巴和亚的斯亚贝巴互设领事馆。2011年7月，埃塞与南苏丹建交。同年11月，埃塞将驻朱巴领馆升格为大使馆。建交后，两国互访频繁，双方成立了部长级联合委员会，确立了战略伙伴关系，在交通、运输、贸易、通讯、教育、能力建设、安全等领域加强合作。2013年12月南苏丹爆发武装冲突后，埃塞积极参与斡旋，海尔马里亚姆总理亲赴南调解。2014年1月，在伊加特等各方大力斡旋下，南苏丹冲突双方在埃塞谈判并签署停火协议。5月，南苏丹总统基尔和反对派领导人马夏尔在埃塞总理海尔马里亚姆主持下，在亚的斯亚贝巴举行冲突爆发以来首次会晤，并签署《关于解决南苏丹危机的协议》。

同埃及的关系：两埃在尼罗河水使用问题上素有分歧。埃革阵执政后，双边关系逐步改善。两国与苏丹在尼罗河水资源使用问题上保持沟通，成立“东尼罗河流域专家委员会办公室”和“三方论坛”，协调合理开发和利用尼罗河水资源问题。2009年6月，两国签署《关于共同开发利用尼罗河的谅解备忘录》。2010年5月，以埃塞为首的尼罗河上游7国单独签署《合作框架协议》，要求尼罗河流域各国享有公平、合理利用尼罗河水资源的权利，埃及对此予以反对。2013年6月，埃及外长访问埃塞，双方发表联合公报，表示将通过对话解决有关问题。2015年3月，在苏丹推动下，埃塞总理海尔马里亚姆、埃及总统塞西和苏丹总统巴希尔在喀土穆共同签署《复兴大坝原则宣言协议》，强调通过协商谈判和平解决分歧，在互利共赢和尊重国际法的基础上进行合作。

同索马里的关系：1964年和1977年，两国曾因欧加登争端两度交战，并于1977年断交。1988年两国关系正常化。埃革阵执政后，埃塞积极参与调解索国内冲突，多次在其境内推动索各派召开和会并发起国际援索会议。2002年1月，伊加特首脑会议授权肯尼亚、埃塞俄比亚和吉布提等国联合调解索问题，并召开索新一轮和会。在埃塞等国的推动下，索自2004年以来相继产生过渡联邦议会、总统和政府。2006年12月，埃塞出兵索马里协助过渡联邦政府击败反政府武装伊斯兰法院联盟，现已撤军。2010年3月，索过渡政府与重要武装派别逊尼派联盟达成合作协议，埃塞为此发挥了重要作用。2010年9月和11月，索过渡政府总理和总统分别访埃。2011年12月，埃塞出兵越境打击索反政府武装沙巴布。2012年索新政府成立后，两国高层交往较多，埃塞并促成索政府与朱巴兰地方临时政府达成和解协议。2013年4月，索马里总理希尔敦访问埃塞。2014年1月，埃塞驻索部队正式加入非盟驻索马里特派团。

【与阿拉伯国家的关系】埃塞积极发展同阿拉伯特别是海湾国家的关系，争取经援和投资。2003年1月，埃塞俄比亚、苏丹、也门外长会议在喀土穆召开，三方就加强经济合作等问题进行了讨论，同意建立地区反恐联盟。2005年2月，埃塞总理梅莱斯访问卡塔尔，两国签订了经济技术合作协定。2008年4月，埃塞指责卡塔尔破坏非洲之角稳定，宣布两国断交。2012年11月，卡塔尔首相兼外交大臣访问埃塞，标志着埃卡关系正式恢复正常化。2013年3月，阿联酋外长谢赫·阿卜杜拉访问埃塞。埃塞决定在阿布扎比开设新使馆。11月，埃塞总理海尔马里亚姆赴科威特出席“第三届非洲—阿拉伯峰会”。

安 哥 拉

国名　安哥拉共和国（The Republic of Angola, República de Angola）。

面积　124.67万平方公里。

人口　2430万（2014年）。主要有奥温本杜（约占总人口的37%）、姆本杜（25%）、巴刚果（13%）、隆达等民族。全国平均人口密度为16人/平方公里，首都罗安达人口密度最大，卡宾达人口密度最小。官方语言为葡萄牙语，有42种民族语言，主要民族语言有温本杜语（中部和南部地区）、金本杜语（罗安达和内陆地区）和基孔戈语（北部地区）等。49%的人信奉罗马天主教，13%的人信奉基督教新教，其余人口大多信奉原始宗教。

首都　罗安达（Luanda），人口约500万（2014年）。

国家元首　总统若泽·爱德华多·多斯桑托斯（José Eduardo dos Santos），1979年9月就任至今。

重要节日　反殖武装斗争纪念日：2月4日；和平和解纪念日：4月4日；国家奠基者和民族英雄纪念日：9月17日；独立日（国庆日）：11月11日。

简　况

位于非洲西南部。北邻刚果（布）和刚果（金），东接赞比亚，南连纳米比亚，西濒大西洋，海岸线长1650公里。北部大部分地区属热带草原气候，南部属亚热带气候，高海拔地区为温带气候。全年分旱、雨两季，5—9月为旱季，平均气温24℃，相对凉快，潮湿无雨；10月至次年4月为雨季，平均气温33℃，炎热，温差较大。年降水量约400毫米，从东北高原地区最高1500毫米逐渐向西南沙漠地区50毫米递减。主要由平原、丘陵和高原组成，西部沿海地区地势低，东部内陆地区地势较高，全国65%的土地海拔在1000—1600米。最高峰莫科峰（Monte Moco）高2620米，第二高峰梅科峰（Monte Meco）高2583米。安境内河流密布，水力资源丰富，较大河流约30条，主要河流有刚果河、库内内河、宽扎河、库邦戈河等。

有约700年文明史。历史上曾分属刚果、恩东戈、马塔姆巴和隆达四个王国。1482年，葡萄牙殖民者船队首次抵达，1576年建立罗安达城。在1884—1885年柏林会议上，安哥拉被划为葡萄牙殖民地。1922年，葡占领安全境。1951年，葡将安改为葡的一个“海外省”，派总督进行统治。从20世纪50年代起，安哥拉先后成立了三个民族解放组织：安哥拉人民解放运动（简称“安人运”）、安哥拉民族解放阵线（简称“安解阵”）和争取安哥拉彻底独立全国联盟（简称“安盟”），并于60年代相继开展争取民族独立的武装斗争。1975年1月15日，上述三个组织同葡萄牙政府达成关于安哥拉独立的《阿沃尔协议》，并于1月31日同葡当局共同组成过渡政府。不久，安人运、安盟、安解阵之间发生武装冲突，过渡政府解体。同年11月11日，安人运宣布成立安哥拉人民共和国，阿戈什蒂纽·内图（Agostinho Neto）任总统。

安哥拉独立后长期处于内战状态。在葡萄牙、美国和前苏联的推动下，1991年5月31日，安政府与以萨文比（Jonas Savimbi）为首的反对派安盟签署《比塞斯和平协议》。1992年8月，安议会决定改国名为安哥拉共和国。9月，安举行首次多党大选。安人运获议会选举胜利并在总统选举中领先。安盟拒绝接受大选结果，安重陷内战。1994年11月，安人运政府与安盟签署《卢萨卡和平协议》，但该协议未得到有效落实。

为推动和解，安人运于1997年4月组建了以其为主体、有安盟成员参加的民族团结和解政府，但遭到安盟领导人萨文比的抵制，安盟分裂，安内战继续。2002年2月22日，安盟领导人萨文比被政府军击毙。4月4日，安政府与安盟签署停火协议。安结束长达27年的内战，实现全面和平，开始进入战后恢复与重建时期。

政　治

2002年结束内战以来，安哥拉政局保持稳定。安政府努力推进战后重建事业，采取有力措施巩固国家和平统一局面。2008年9月，安成功举行了自1992年以来的首次多党议会选举，安人运获得80%以上议席。2010年2月，安国民议会通过新宪法。2012年8月31日，安举行修宪后的首次总统和议会选举。安人运以71.84%的得票率赢得选举，多斯桑托斯连任总统，于9月26日宣誓就职，并于9月底组建了新一届政府。

【宪法】1975年11月11日颁布第一部宪法并曾先后四次修改。现行宪法于2010年2月颁布。宪法规定：安哥拉的首要目标是建立一个自由、公平、民主、和平的国家。实行多党制；共和国总统通过选举产生，任期5年，可连任1次；总统为国家元首、政府首脑和武装部队总司令，有权公布或废除法律，宣布战争或和平状态，任免副总统、政府部长、军队高级将领、省长、总检察长、最高法院法官等。

【议会】安哥拉国民议会是国家最高立法机构。主要职能有：修改宪法，批准、修改或取消法律；审批国民议会常务委员会的立法工作；监督宪法和法律的实施；监督国家和政府机关的工作；批准国民经济计划和国家预算并监督执行；批准大赦；宣布戒严和紧急状态法，以及授权总统宣布战争或和平状态。每届任期5年，每年举行两次例会。

本届议会于2012年9月组成。在220个议席中，安人运占175席，安盟32席，广泛救助同盟8席、社会革新党3席、安解阵2席。现任议长为费尔南多·达皮耶达德·迪亚斯·多斯桑托斯（Fernando da Piedade Dias dos Santos）。

【政府】本届政府于2012年9月成立。现任副总统曼努埃尔·多明戈斯·维森特（Manuel Domingos Vicente），政府设2名国务部长和33个部，主要有：国务部长兼总统府民事办公室主任埃德尔德鲁德斯·达科斯塔（Edeltrudes da Costa），国务部长兼总统府安全办公室主任曼努埃尔·迪亚斯·儒尼奥尔（Manuel Dias Júnior），国防部长若昂·洛伦索（João Lourenço），内政部长安热洛·塔瓦雷斯（Ângelo Tavares），外交部长乔治斯·希科蒂（Georges Chikoti），经济部长阿布拉昂·古尔热尔（Abraão Gourgel），财政部长阿曼多·曼努埃尔（Armando Manuel），计划和国土发展部长若布·格拉萨（Job Graça），国土管理部长博尔尼托·迪奥戈（Bornito Diogo），公共管理、就业和社会保障部长安东尼奥·内图（António Neto），司法和人权部长鲁伊·曼盖拉（Rui Mangueira），老战士部长坎迪多·范杜嫩（Cândido dos Santos Van-Dúnem），农业部长阿丰索·坎加（Afonso Canga），渔业部长维多利亚·内图（Victória Neto，女），工业部长贝尔纳达·达席尔瓦（Bernarda da Silva，女），石油部长若泽·德瓦斯康塞洛斯（José de Vasconcelos），地质和矿产部长弗朗西斯科·德凯罗斯（Francisco de Queiroz），贸易部长菲耶尔·多明戈斯·康斯坦丁诺（Fiel Domingos Constantino），酒店和旅游部长保利诺·多明戈斯·巴普蒂斯塔（Paulino Domingos Baptista），建设部长瓦尔德马·比雷斯（Waldemar Pires），城市规划和住房部长布兰卡·曼努埃尔·达科斯塔·内图·多埃斯皮里托·桑托（Branca Manuel da Costa Neto do Espírito Santo，女），能源和水利部长若昂·博尔热斯（João Borges），交通部长奥古斯托·托马斯（Augusto Tomás），环境部长玛丽亚·雅尔丁（Maria Jardim，女），电信和信息技术部长若泽·达罗沙（José da Rosa），科技部长玛丽亚·特谢拉（Maria Teixeira，女），新闻部长若泽·德马托斯（José de Matos），卫生部长路易斯·戈麦斯·桑博（Luís Gomes Sambo），教育部长平达·西芒（Mpinda Simão），高等教育部长亚当·多纳斯西门托（Adão do Nascimento），文化部长卡洛琳娜·塞凯拉（Carolina Cerqueira，女），社会救助和再安置部长若昂·库苏穆阿（João Kussumua），家庭和妇女促进部长玛丽亚·德尔加多（Maria Delgado，女），青年和体育部长曼努埃尔·穆安敦巴（Manuel Muandumba），议会事务部长罗莎·米科洛（Rosa Micolo，女）等。

1991年2月13日，根据宪法成立了共和国国务委员会。该委员会为总统的政治性咨询机构，旨在听取并集中全国各阶层人士意见，供政府制定政策时参考。共和国国务委员会由总统主持，成员包括副总统、议长、宪法法院院长、总检察长、前任总统、拥有议会席位的各政党或政党联盟领袖以及由总统指定的10位社会知名人士、宗教界人士和大酋长组成。本届委员会于2013年1月组建。

【行政区划】全国划分为18个省。

【司法机构】设有最高法院、军事法庭、上诉法院和共和国总检察院。军事法庭受国防安全委员会直接领导。上诉法院专门受理上诉案件。总检察院为国家法律监督机关，受总统直接领导。最高法院院长曼努埃尔·阿拉冈（Manuel Aragão）。总检察院总检察长若昂·德索萨（João de Sousa）。

【政党】自1991年起实行多党制。根据安宪法法院最新数字，全国现有77个合法政党和8个政党联盟。主要政党有：

（1）安哥拉人民解放运动（Movimento Popular de Libertação de Angola，MPLA）：简称“安人运”，

1956年12月成立，安独立后一直为执政党。1990年，安人运“三大”决定放弃马克思列宁主义，将党改为群众党，确定其战略目标是“民主社会主义”，并决定在安实行多党制。2009年12月召开第六次全国代表大会，选举产生新的中央委员会，多斯桑托斯总统再次当选为党主席，罗伯托·德阿尔梅达（Roberto de Almeida）和儒利昂·马特乌斯（Julião Mateus）分别当选为党的副主席和总书记。现有约500万正式党员。建有青年、妇女等组织及老战士协会。

（2）争取安哥拉彻底独立全国联盟（União Nacional para a Independência Total de Angola，UNITA）：简称“安盟”，主要反对党。成立于1966年3月，若纳斯·萨文比为创始人。1967年开始反对葡萄牙殖民统治的武装斗争。1975年初同安人运、安解阵和葡当局组成过渡政府。安内战爆发后，转移到农村和丛林山区，开展反对安人运政府的游击活动。1991年与安政府签署《比塞斯和平协议》。1992年注册成为合法政党并参加当年的大选，后因拒绝接受选举结果而与政府军重开内战。1994年与政府签署《卢萨卡和平协议》。1998年9月，内部分裂，部分高级成员成立安盟革新委员会，公开反对党主席萨文比。2002年2月22日，萨文比被政府军击毙。此后，安盟与政府正式签署停火协议、完成非军事化并宣布放弃武装夺权目标。2003年6月，安盟召开第九次全国代表大会，选举产生新的领导人：政治委员会主席伊萨亚斯·萨马库瓦（Isaías Samakuva），总书记阿比利奥·努马（Abilio Numa）。2007年7月，安盟第十届全国代表大会召开，萨马库瓦连任党主席。2011年12月，安盟召开第十一届全国代表大会，选举产生新一届领导层，现任党主席萨马库瓦以85.6%的得票率再次连任，埃内斯托·穆拉托（Ernesto Mulato）和维托里诺·纳尼（Vitorino Nhany）分别任副主席和总书记。

较有影响的政党还有：安哥拉广泛救助同盟（CASA-CE）、社会革新党（PRS）、安哥拉人民解放阵线（安解阵，FNLA）、新民主竞选联盟（ND）、发展人民党（PAPOD）等。

【重要人物】若泽·爱德华多·多斯桑托斯：总统兼武装部队总司令、执政党安人运主席。1942年8月28日生于罗安达市一个工人家庭。从中学时代起积极参加反对殖民统治、争取民族独立的斗争。1961年加入安人运，1962年任安人运青年组织副主席、安人运驻刚果代表。1963—1970年在苏联学习石化和通信专业，获硕士学位。1975年任安人运中央对外联络部长、卫生部长并当选安人运中央委员、中央政治局委员。安独立后，历任外交部长、第一副总理、计划部长、计委主任、安人运中央文教体育书记、国家重建部书记、经济发展和计划部书记等职。1979年9月起，任共和国总统兼武装部队总司令、安人运主席。曾于1988年、1998年、2008年、2015年4次访华，2008年8月来华出席北京奥运会开幕式。 **曼努埃尔·多明戈斯·维森特**：副总统、安人运中央政治局委员。1956年5月15日生于罗安达市。电气工程师，机械系统专家。1983年毕业于安哥拉内图大学，获电气工程学士学位，1991年获英国石油经济学院经济学硕士学位。1983年起在安能源石油部工作。1985—1998年，先后被派往驻巴西、英国、美国等国代表处工作，从事石油贸易和其他合作。1999—2012年担任安国家石油公司董事会主席兼总裁，还担任罗安达城市管理委员会主席、爱德华多·多斯桑托斯基金会副主席、安中石油公司董事长等职。2012年1月被任命为国务部长兼经济协调部长。2012年9月就任副总统。曾多次来华。 **费尔南多·达皮耶达德·迪亚斯·多斯桑托斯**：国民议会议长、安人运中央政治局委员。1952年生于罗安达。获法律学士学位。1970年起从事反对殖民统治的斗争。1973年被葡萄牙殖民军强征服兵役，其间曾因民族主义倾向被殖民当局拘押。1974年脱离葡殖民军，加入安人运游击队。安独立后，历任安人民解放军总参谋部政治处干事、警察部队监察员、卡宾达全国人民运动军政委、警察部队处长、内政部副部长、国家安全部副部长、警察总局局长、内政部长等职。2002年12月就任安民族团结和解政府总理。2008年9月就任国民议会议长。2010年2月就任副总统。2012年9月再次当选国民议会议长。2006年11月以总理身份来华出席中非合作论坛北京峰会，2010年9月以副总统身份来华出席上海世博会安哥拉国家馆日活动。

经济

属最不发达国家。实行市场经济，有一定的工农业基础，但连年战乱使基础设施遭到严重毁坏，经济发展受到较大影响。2002年内战结束后，政府将工作重点转向经济恢复和社会发展，调整经济结构，大力投入基础设施建设，优先解决关系国计民生的社会发展项目；同时积极开展同其他国家的经贸互利合作，努力为国家重建吸引外资。安哥拉现已成为撒哈拉以南非洲第三大经济体和最大引资国之一。石油是国民经济支柱产业。2006年12月，安哥拉加入石油输出国组织。由于国际市场原油价格攀升，安石油出口收入一度大幅增加。据国际货币基金组织统计，2001—2010年安哥拉经济年均增长率为11.1%，居全球第一。通胀由2003年的76.6%降至2011年的11.4%。根据安哥拉2013—2017年发展规划，安政府将继续把国家重建、经济增长和改善民生作为主要任务。

2008年国际金融危机爆发后，受国际市场原油价格下跌影响，安政府财政收入和外国对安投资减少，多个大型基础设施建设项目甚至被迫停工，安经济增速明显放缓，2009年实际增长2.4%。政府采取多项措施积极应对，紧缩政府开支，加强外汇管制，促进经济多元化发展，同时多方寻求国际援助，获得国际货币基金组织和部分国家大额贷款，加之国际油价回升趋稳，安经济开始复苏。2010年、2011年经济分别增长3.4%和3.9%。2012年，安哥拉启动了“安哥拉制造计划”，大力推进经济多元化，逐步降低国民经济对石油产业的依赖度，出台多项具体措施支持中小微型企业发展。安哥拉企业收购了葡萄牙电信、银行、能源等领域的资产。2012年10月，安宣布成立主权财富基金，启动金额为50亿美元，主要来自石油和矿业收益，主要为基础设施、金融、工业、农业、旅游业等提供资金支持。2013年7月1日起，新石油汇率法正式实施，石油公司和其他外国机构在安经营所得款项均须使用当地货币宽扎结算。2014年下半年以来，受国际油价下跌影响，安哥拉经济发展面临困难增多，财政收入减少，外汇储备下降，经济增速进一步放缓。

2015年主要经济数据如下：

国内生产总值：1103亿美元。

人均国内生产总值（按购买力平价计算）：7295美元。

国内生产总值增长率：2.7%。

货币名称：宽扎（Kz）。

汇率：1美元≈135.47宽扎。

通货膨胀率：10.2%。

外汇储备：251亿美元。

外债总额：336亿美元。

（资料来源：2016年1月《经济季评》）

【资源】石油、天然气和矿产资源丰富。安哥拉已探明石油可采储量超过126亿桶，天然气储量达7万亿立方米。主要矿产有钻石、铁、磷酸盐、铜、锰、铀、铅、锡、锌、钨、黄金、石英、大理石和花岗岩等。钻石储量约10亿克拉，铁矿17亿吨，磷酸盐2亿吨，锰矿近1亿吨。安哥拉是非洲第二大林业资源大国，森林面积5300万公顷，森林覆盖率35%，出产乌木、非洲白檀木、紫檀木、桃花心木等名贵木材。水力、农牧渔业资源较丰富。水资源潜力1400亿立方米，水力发电量占全国总发电量的75%，其余25%来自火力发电。2013年总发电量为2020兆瓦，较2012年提高35%。

【工矿业】石油和钻石开采是国民经济的支柱产业。年产石油逾6亿桶，为非洲第二大产油国。2014年安石油出口5.991亿桶，收入约275亿美元。钻石储量约1.8亿克拉，为世界第五大产钻国，2014年产量近1000万克拉。主要工业还有水泥、建材、车辆组装和修理、纺织服装、食品和水产加工等。

【农业】土地肥沃，河流密布，发展农业的自然条件良好。1975年安哥拉独立前，粮食可以自给自足，并出口周边国家，被誉为“南部非洲粮仓”，剑麻和咖啡出口量曾分别位居世界第三和第四。长达数十年的内战给安农业生产体系造成严重破坏，近一半粮食供给依赖进口。

全国可开垦土地面积约3500万公顷，目前耕地面积为350万公顷。农业人口约占全国人口的65%，人均耕地面积为0.18公顷。北部为经济作物产区，主要种植咖啡、剑麻、甘蔗、棉花、花生等作物。中部高原和西南部地区为产粮区，主要种植玉米、木薯、水稻、小麦、土豆、豆类等作物。2013年咖啡产量为5万袋（约3000吨）。目前，农业产值仅占国民生产总值的6.4%，主要农作物平均单产低，玉米为500千克/公顷，水稻为1000千克/公顷，大豆为200千克/公顷。目前粮食尚不能自给。2013年粮食产量总计150万吨，粮食自给率为30%，粮食缺口为300万吨。

【渔业】渔业资源丰富，盛产龙虾、蟹、各种海洋鱼类。渔场作业条件好，风浪小，可全年作业，多数中、小渔业公司已私有化。渔业为安重要产业，从业人员约5万人。本格拉和纳米贝是安重要捕鱼区。2015年，捕鱼量约40万吨。

【畜牧业】安哥拉牧场面积5400万公顷，南部为传统畜牧饲养区。截至2011年8月，牛、猪、羊圈养数分别为537.8万、212.7万、792.1万头，家禽1412.3万只。畜牧业可满足安国内50%左右的牛羊肉和鸡肉供应。

【交通运输】以公路运输为主。多年内战使交通设施遭到严重破坏。据安哥拉政府估计，修复和重建约需100亿美元。

公路：总里程7.5万公里，其中1.8万公里为柏油路面，其余为沙石土路面，干线总长2.5万公里。2010年公路运送旅客2.01亿人次，货物445.9万吨。

铁路：总里程2800公里，有本格拉、纳米贝（又名莫萨梅德斯）和罗安达—马兰热三条主干线。因内战破坏，目前只有部分路段维持运转。本格拉铁路始建于1903年，全长1350公里，与刚果（金）的铁路连接，曾是南部非洲铁路运输干线之一。纳米贝铁路全长756公里，是非洲最长铁路之一。2010年安全国铁路运送旅客325.3万人次，货物4.1万吨。安政府正在修复全国铁路网，投资约33亿美元。本格拉铁路部分路段已修复通车，预计年运送旅客400万人次，货物2000万吨。2014年8月本格拉铁路修复工程全线完工，并将于2014年内正式通车运行，预计年运送旅客400万人次，货物2000万吨。纳米贝铁路部分路段也已经修复并恢复通车。

水运：海运船队总吨位10万多吨，主要港口罗安达、洛比托、纳米贝、卡宾达等均可停靠万吨级货船，有水运线路约1300公里。罗安达港负责处理全国约80%的进口货物量，2013年货物吞吐量为9129万个标准箱。洛比托港被认为是非洲西海岸最佳良港之一。卡宾达新码头长110米，平均水深8.5米。可停靠承载600—800个货柜、长度为130米的轮船。洛比托、纳米贝等港口正在进行改扩建。2010年水运运送货物1580.5万吨。

空运：安哥拉国家航空公司（TAAG）是国际民

航组织成员，航空客货运输量居非洲前列，运营数条国内和国际航线，拥有波音777、747、737等机型，目前正在逐步更新机队，采用波音777-300ER、777-200ER、737-700替换旧飞机。此外，SONAIR航空公司也是安哥拉主要航空公司之一，运营罗安达至美国休斯敦包机直航，以及国内、地区和国际包机。全国共有各类机场193座，其中大型机场5座。首都罗安达国际机场可起降大型客机，有通往中国、葡萄牙、法国、德国、英国、比利时、巴西、阿联酋、美国，以及莫桑比克、南非、纳米比亚、赞比亚、津巴布韦、刚果（布）、刚果（金）、佛得角、埃塞俄比亚、尼日利亚、喀麦隆、中非、圣多美和普林西比等国航班。卡宾达、本格拉等地机场已相继翻新，首都罗安达新国际机场一期工程正在建设中。新机场建有南部2条跑道，可供空客A380型客机起降，设计客流量可达1500万人次/年，货运量60万吨/年，建成后将成为非洲第一大机场。2012年安国航运送乘客225万人次。2013年，安哥拉通过《新民航法》，对非法干扰飞行、威胁民航安全、劫机等行为作出明确规定。

【电信】电信比较落后。2001年，安哥拉宣布放弃国家对电信业的垄断，私有化比例最高可达40%。主要电信公司有：国营安哥拉电信公司（ANGOLA TELECOM）、联合电信公司（UNITEL）和移动电信公司（MOVICEL）。安哥拉正在逐步升级电信系统，扩大移动信号和宽带覆盖范围，铺设光纤和海底电缆，引入先进的数字系统。截至2012年年底，安哥拉最大移动运营商联合电信公司（UNITEL）拥有900万用户，占当地市场份额的59.1%，第二大移动运营商移动电信公司（MOVICEL）占当地市场份额的41.9%。截至2012年9月，安哥拉全国电信用户为1385万户，其中固定电话用户14.44万户，移动用户1370.56万户。2009年互联网用户60.67万。2012年4月，移动电信公司推出了新一代LTE服务，标志着安哥拉首个LTE商用网络开始运营。12月，联合电信公司也推出了4G LTE服务。据统计，截至2015年3月，安手机和互联网用户分别有1400万和300万。

【旅游】安哥拉建立了国家公园和保护区，如罗安达省奎卡玛国家公园、莱多角旅游区，马兰热省卡兰杜拉旅游区，宽多库帮戈省奥卡万戈旅游区，莫西科省卡米亚国家公园等。安哥拉与赞比亚、津巴布韦、博茨瓦纳和纳米比亚建立了跨境自然环境保护区。大黑羚羊（Black Antelopes）是安哥拉独有的动物，也是安哥拉国家的标志和象征。目前，安共有183家酒店，88家度假村和6家旅行社，总床位数达17855张。根据2014年安旅游统计年报，2014年安接待境外游客59.4万人次，创收5亿美元。

【财政金融】目前，安哥拉共有23家商业银行。主要银行有：储蓄和信贷银行（BPC），国际信贷银行（BIC），安哥拉发展银行（BFA），安哥拉投资银行（BAI），太阳银行（Banco Sol），千禧银行（Banco Millenium）等。据统计，2014年安银行资产增加7.3%。

【对外贸易】2014年外贸总额为943亿美元。近年对外贸易情况如下（单位：亿美元）：

	2011	2012	2013	2014
出口额	673	711	709	660
进口额	202	237	261	283
差　额	471	474	448	377

（资料来源：2015年3月《经济季评》）

主要出口石油、钻石、天然气、咖啡、剑麻、水产品及其他养殖产品、木材、棉花等，主要进口机电设备、交通工具及其零部件、药品、食品、纺织品等。

【外国资本】安哥拉是非洲第四大外国直接投资目的地国，2003—2011年外国在安直接投资总额逾580亿美元。外资主要集中在石油工业、钻石开采、液化天然气、公共工程、建筑、电信、渔业和加工工业等。主要投资国有美国、法国、意大利、比利时、英国、葡萄牙、德国、西班牙、日本、巴西、南非、韩国等。首都罗安达是外资最集中的投向地，此外北宽扎、南宽扎、万博、威拉、扎伊尔和卡宾达等省也吸引了较多外资。

2014年3月1日，安哥拉新关税法正式实施。新关税法产品清单涉及6651项产品，其中2942项产品享受免税，1150项产品的关税减至2%。但鸡蛋、大蒜、胡萝卜、卫生纸、非酒精类饮料等关税税率提高至30%，山药、甘蔗、白菜等蔬菜关税税率提高至35%。

2015年8月，安颁布新的《私人投资法》，在简化私人投资审批程序、提高税费优惠和激励力度等方面推出具体措施，以吸引外国在安投资，推进经济多元化进程。

【外国援助】双边援助主要由美国、日本、荷兰、挪威、瑞典、葡萄牙等提供。多边援助主要来自欧盟、国际开发协会、联合国儿童基金会、联合国难民署、联合国开发计划署、世界银行、国际货币基金组织、非洲开发银行等组织。

人民生活

全国实行免费医疗。截至2012年，全国共有各类医疗机构2337家，平均每千人拥有医生1.5名，护士23.9名。艾滋病患者约22万人，年新增感染者约2000人。近年来，安哥拉艾滋病流行趋于稳定，感染率约为5%，是非洲国家中艾滋病传染率最低的国家之一。全国疟疾发病率约为10%，农村地区疟疾发病率较城镇高14倍。医疗卫生覆盖率为44%。

根据联合国开发计划署发布的《人文发展指数报告》，安哥拉2012年人文发展指数为0.508，居全球第148位。2000—2012年，安哥拉人文发展指数由0.375增至0.508，增幅35%，年均增幅为2.56%，是全球14个发展进步最快的国家之一。人均预期寿命为51.5岁，平均就学4.7年，新生儿死亡率为98‰，5岁以下儿童死亡率为161‰，文盲率为29.9%。2012年安贫困率为35%—36%，根据联合国粮农组织统计，27.4%人口营养不良。

推行“全民饮水”计划，向百姓提供质量可靠且数量充足的饮用水。通过建立小型供水系统，向城镇和农村地区供水，目前农村供水覆盖率已达63%。安人均用水量由2008年的67升/日增至2011年的101升/日。2015年，安共新建463个供水站和120套供水系统。

由于长达27年的内战，安哥拉数十万难民逃往赞比亚、刚果（金）、纳米比亚、刚果（布）等周边国家。联合国难民署正在积极帮助安难民回国。

安哥拉政府于2014年5月16日至30日进行独立后首次全国人口普查。

军　事

安哥拉武装力量（FAA）为国家军队，成立于1991年，现有陆军8.4万人，空军1.1万人，海军5000人。国家元首兼任武装部队总司令。武装力量总参谋长热拉尔多·农达（Geraldo Nunda）。国防和公共安全支出占国家预算的18%。

文化教育

安哥拉文化艺术有多种表现形式，主要有音乐、传统舞蹈、手工艺品、乐器、油画和沙画等。

【教育】教育体系分为基础教育、中等教育和高等教育。基础教育为义务教育，学制8年。儿童从7岁起入学。目前，全国拥有39所高等教育机构，其中公立教育机构17所（7所大学、7所高等学院和3所高级学校），阿戈什蒂纽·内图大学是唯一的国立综合性大学，私人教育机构22所（10所大学、12所高等学院），在校生15万人，教师2000余人。高等教育毕业生约为1200名/年，此外每年还有约160名海外毕业大学生。截至2010年，初等和中等教育系统注册学生611.6万人，其中学前71万人，小学445.6万人，初、高中学生95万人，教师数量为20.07万人。文盲率为33%。教育支出占国家预算的8.09%。

【新闻出版】《安哥拉日报》（Jornal de Angola）为葡文官方日报，1923年创刊，发行量5万余份，开设政治、经济、体育、文化、社会等版面，信息主要来自安哥拉通讯社、葡通社（LUSA）、法新社、路透社、西班牙埃菲社等，在全国18个省有记者站。《共和国公报》为安哥拉政府官方不定期刊物，葡文。《安哥拉北方》《支部》由安人运主办，《劳动者之声》由工人联合会主办。《对外贸易》《能源》为专业性杂志、季刊。

安哥拉通讯社（ANGOP）：国家通讯社，1975年7月在罗安达成立，现有编辑记者数百人，驻外有7个分社。全天24小时播发国内和国际新闻，对内每天发布约300条新闻。对外使用葡萄牙语、法语、英语和西班牙语发布新闻，每天约30—35条。

安哥拉国家电台（RNA）：国营，总部在罗安达，在18个省设有分支机构，使用调频、中波和短波播出，信号覆盖全国。拥有6个地级电台，18个省级电台，7个地区电台，30个转播中心，每天播出时间分别为24小时、18小时和12小时。对内使用葡萄牙语和数十种民族语言播出节目，对外使用葡萄牙语、英语、法语播出节目。

安哥拉电视台（TPA）：总部在罗安达，1975年10月18日在罗安达首播。现有TPA-1（综合），TPA-2（娱乐和青年）和TPA国际等频道，对内使用葡语和多种民族语言播出，对外用葡、西、英、法等语言播出。通过卫星和有线电视网播出，与葡萄牙电视台（RTP）建有伙伴关系。

对外关系

奉行和平共处和不结盟的对外政策；主张在相互尊重主权、互不干涉内政、平等互利的基础上，同世界各国建立和保持外交关系；要求建立国际经济新秩序。是联合国、不结盟运动、非洲联盟、南部非洲发展共同体、中部非洲国家经济共同体、葡萄牙语国家共同体、石油输出国组织、七十七国集团、世界银行、国际货币基金组织、国际民航组织、世界贸易组织等国际和地区组织成员。与100多个国家建立了外交关系，在48个国家设有使馆，并设有驻欧盟、联合国、联合国教科文组织、欧安组织代表处。2002年实现和平后，安哥拉政府外交工作的主要目标是巩固和平和战后重建，把经济外交作为外交工作重点，寻求更多的外援和投资，积极参与国际和地区事务，努力提高在国际和地区事务中的影响力，为地区和平与稳定作贡献。现任联合国安理会非常任理事国和大湖地区国际会议组织轮值主席国。

【同中国的关系】中国同安哥拉于1983年1月12日建交。建交30年来，两国友好合作关系顺利发展，各领域交流与合作不断扩大，在国际和地区事务中保持着良好的协调与配合。2010年11月，中安建立战略伙伴关系。

中方访安的主要有：外长钱其琛（1989年8月），国务院副总理朱镕基（1995年8月），外长唐家璇（2001年1月），国务院副总理曾培炎（2005年2月），国务院总理温家宝（2006年6月），中共中央政治局委员、广东省委书记张德江（2007年6月），中共中央政治局常委、中央纪律检查委员会书记贺国强（2008年7月），商务部部长陈德铭（2009年1月），中央军委委员、总参谋长陈炳德上将（2010年5月），国家副主席习近平（2010年11月），国务院副总理王岐山（2011年3月），全国人大常委会委员长吴邦国（2011年5月），中共中央政治局委员、北京市委书记刘淇（2012年3月），最高人民检察院检察长曹建明（2012年4月），全国政协副主席、前澳门特区行政长官何厚铧（2012年6月），国务院总理李克强（2014年5月）。

安方访华的主要有：总统多斯桑托斯（1988年10月、1998年10月、2008年12月、2015年6月 ），国民议会议长范杜嫩（1993年11月），阿尔梅达（2001年5月）、外长莫拉（1994年3月）、米兰达（2004年5月），武装部队总参谋长桑雅尔上将（2005年6月），安人运总书记洛波（1998年9月），洛伦索（2000年5月），安人运副主席内图（2004年6月、2005年10月），副总统费尔南多（2006年11月以总理身份出席中非合作论坛北京峰会，2010年9月出席上海世博会安哥拉国家馆日活动），国防部长范杜嫩（2010年），国民议会外事委员会主席布拉干萨（2010年11月），国务部长兼总统府民事办公室主任费若（2011年10月），内政部长马丁斯（2012年4月），审计法院院长安东尼奥（2012年6月），安人运政治局委员、罗安达省委第一书记、省长本托（2013年5月），外长希科蒂（2013年9月），总参谋长农达（2013年10月），国务部长兼总统府民事办公室主任达科斯塔（2015年4月）。

2015年6月8日至12日，应中国国家主席习近平邀请，安哥拉总统多斯桑托斯对中国进行国事访问。其间，习近平主席同多斯桑托斯总统举行会谈，李克强总理、俞正声政协主席分别会见。

2015年12月3日，中国国家主席习近平在中非合作论坛约翰内斯堡峰会期间会见安哥拉总统多斯桑托斯。

1984年，中安两国政府签订贸易协定。2011年，两国签署劳务合作协定。2015年，安哥拉是中国在非洲第二大贸易伙伴和中国在非洲最大工程承包市场之一。2015年，中国同安哥拉贸易总额为197亿美元，同比下降46.82%，其中中方出口额为37亿美元，同比下降37.75%，进口额为160亿美元，同比下降48.56%。中国主要从安哥拉进口原油、天然气，向安哥拉出口机电、钢材、汽车及高新技术产品等。截至2015年年底，中国在安哥拉累计签署承包劳务合同额565.4亿美元，完成营业额483.4亿美元。中国在安国有、民营企业超过120家，在安人员近20万。

两国签有文化合作协定、航空运输协定和引渡条约。中安间开有直航航线（罗安达—迪拜—北京）。2012年4月，中安签署了《中华人民共和国公安部和安哥拉共和国内政部关于维护公共安全和社会秩序的合作协议》。7—8月，中安两国警方在安哥拉联合开展打击侵害在安中国公民权益犯罪专项行动，摧毁在安侵害中国人的绑架、抢劫、敲诈勒索、拐卖等犯罪团伙12个，破获各类重特大刑事案件48起，抓获在安中国籍犯罪嫌疑人37名，解救中国籍受害人14人，与此同时，公安部部署国内公安机关将在安实施侵害中国人犯罪后潜逃回国的24名涉案犯罪嫌疑人抓捕归案。

2012年2月，中国残疾人艺术团在安哥拉首都罗安达举行“我的梦”大型文艺演出。

截至2014年底，中国政府共向202名安哥拉学生提供奖学金。目前，安在华有留学生534人，其中奖学金生115名，自费生419名。

2015年2月，哈尔滨师范大学与安哥拉内图大学合作开办的孔子学院正式揭牌。

2006年10月，两国签署关于中国向安哥拉派遣医疗队的议定书。迄今已派遣3批医疗队。

中国驻安哥拉大使：崔爱民。馆址：Rua Presidente Houari Boumedienne No.196-200, Miramar，Luanda，ANGOLA。国家号：00244。电话：222444658，222441683；传真：222444185。网址：http://ao.chineseembassy.org/。使馆领事部地址：Rua. Eng.Armindo Andrade 188/190，Miramar，Luanda，Angola。领保电话：927769854，222449818；传真：222449866。经商处地址：Rua Francisco Sotto Mayor No.127，Bairro Azul，Luanda，Angola。电话：222350481，222351085；传真：222350980。网址：http://ao.mofcom.gov.cn/。

安哥拉驻华大使：若昂·加西亚·比雷斯（João Garcia Bires）。馆址：北京市朝阳区塔园外交办公楼1单元8层1号。邮编：100600。电话：0086-10-65326968，65326839，65327143；传真：65322882，65326969。经商处地址：北京市朝阳区塔园外交公寓3-2-22。邮编：100600。电话：0086-10-65326564，65326562；传真：65326563。

【同美国的关系】安哥拉内战期间，美国先后支持安解阵和安盟。随着冷战结束以及安盟领导人萨文比不断破坏安哥拉和平进程，美国于1993年停止了对安盟的支持并承认安人运政府。安哥拉和美国1993年正式建立外交关系后，多斯桑托斯总统曾三次访问美国，两国在经贸、能源等领域合作不断扩大，关系发展较顺利。2009年美国同安哥拉签署贸易和投资协定，并于2010年6月在安哥拉首都罗安达召开了首次美安贸易和投资委员会会议。2013年4月，安盟主席萨马库瓦访问美国。5月，安哥拉外长希科蒂访美。2014年5月，美国国务卿克里访安。2014年8月，安哥拉副总统维森特赴美出席首届美非峰会。安哥拉是美国《非洲增长与机遇法案》受益国。目前，安哥拉是美国在非洲重要的贸易伙伴和石油供应国。2014年两国贸易额约90亿美元。美国主要向安哥拉出口机械设备、食品、钢铁制品、电子产品和飞机等，自安哥拉进口石油、宝石等。

【同欧盟的关系】欧盟是安哥拉最大援助伙伴。2008—2013年，欧盟共向安提供了2.5亿欧元援助，主要用于政府、司法、卫生、教育、人权等领域。欧盟是安重要的经济合作伙伴，欧盟是安最大进口地区和安第三大贸易伙伴。2014年4月，多斯桑托斯总统对法国进行国事访问。2014年4月，维森特副总统作为多斯桑托斯总统的代表出席第四届欧非峰会。2015年7月，法国总统奥朗德访问安哥拉。同月，多斯桑托斯总统访问意大利。

【同葡萄牙的关系】葡萄牙是安哥拉的前殖民宗主国，同安哥拉在政治、经济、社会各领域一直保持比较深的联系。2010年，两国建立战略伙伴关系。2013年年底，安单方面中断双方战略伙伴关系。2014年，葡萄牙副总理和外长相继访安，两国关系由此转圜。目前，葡在安有侨民约20万人，是安非石油领域最大投资国。

【同非洲国家的关系】重视并优先发展与非洲国家的关系，与邻国津巴布韦、纳米比亚、刚果（金）等关系密切，并结成共同防务联盟。重视提升在非盟、南共体、西共体、几内亚湾委员会等地区组织中的影响力和话语权，为促进地区和平稳定、解决冲突争端发挥积极作用。2011年向“非洲之角”饥荒提供500万美元援助。2012年，安哥拉与刚果（金）签署了在两国海上争议区域共同开采石油的协议，并就此成立了双边委员会解决有关问题。2013年3月，安哥拉、纳米比亚和南非三国签署了世界第一个大型海洋生态系统法律框架《安哥拉、纳米比亚和南非关于本格拉洋流公约》，旨在共同保护和可持续利用这一大型海洋生态系统。2013年8月，安哥拉、南非、刚果（金）三国元首在安哥拉首都罗安达召开会议，正式建立旨在促进刚果（金）和平稳定的三国合作协调机制。2014年1月起安哥拉担任大湖地区国际会议组织轮值主席国。2014年6月，非洲葡语国家论坛成立大会暨首届峰会在罗安达举行。多斯桑托斯总统当选论坛轮值主席，任期2年。2015年10月，安主办几内亚湾海事和能源安全国际会议。（居瑱）

贝　宁

国名　贝宁共和国（The Republic of Benin，La République du Bénin）。

面积　112622平方公里。

人口　1060万（2014年）。共60多个民族，主要有丰族、阿贾族、约鲁巴族、巴利巴族、奥塔玛里族、颇尔族等。官方语言为法语。全国使用较广的语言有丰语、约鲁巴语和巴利巴语。居民中约65%信奉传统宗教，20%信奉基督教，15%信奉伊斯兰教。

首都　首都波多诺伏（Porto-Novo），国民议会所在地，人口25.4万（2009年）。科托努（Cotonou）为政府所在地，人口74.5万（2009年）。两地相距较近，最热季节为每年3月，平均气温26℃—28℃，相对凉爽季节为8月，平均气温23℃—25℃。

国家元首　总统博尼·亚伊（Boni Yayi），2006年4月6日就职，2011年4月6日连任。重要节日独立日：8月1日。

简　况

位于西非中南部，东邻尼日利亚，西北、东北与布基纳法索、尼日尔交界，西接多哥，南濒大西洋几内亚湾。海岸线长125公里。沿海平原为热带雨林气候，常年气温在20℃—34℃之间；中部和北部为热带草原气候，年平均温度26℃—27℃，最高可达42℃。

16世纪前后，贝宁出现许多小王国和酋长国。18世纪阿波美王国鼎盛时期统一了南部和中部。16世纪后期，西方殖民者入侵贝宁掠奴贩奴。1904年，贝宁并入法属西非，1913年沦为法国殖民地。1958年成为法兰西共同体内的“自治共和国”。1960年8月1日独立，成立达荷美共和国。1972年10月马蒂厄·克雷库（Mathieu Kérékou）政变上台，宣布“走社会主义发展道路”。1975年11月30日改国名为贝宁人民共和国。1990年3月1日改为贝宁共和国，并开始实行多党制。1991年3月，尼塞福尔·索格洛（Nicéphore Soglo）在首次多党大选中获胜，当选总统。1996年3月，克雷库在换届选举中获胜，再度出任总统，2001年蝉联。2006年3月，独立候选人、前西非开发银行行长亚伊在大选中获胜，成为贝民主化以来的第三位总统。

政　治

亚伊执政后，起用新人组成专家型的多党联合政府，大力推行政治经济改革，整顿吏治，提出“协同共治”的治国理念，制定经济发展规划，努力振兴特色产业，取得一定成效。2007年3月和2008年4月，总统派政党联盟“贝宁崛起贝壳力量”先后在立法选举和市镇议会选举中获胜。2011年3月，亚伊在总统选举中胜选连任。4月，总统派政党联盟“贝宁崛起贝壳力量”在立法选举中获得近半席位，掌握了议会主导权。亚伊连任后提出“重塑贝宁”理念，推动行政、司法和监管等体制改革，以提高政府效率，促进国家发展。此后，亚伊多次改组政府，并于2013年8月再次重组内阁，撤销总理职位，自己兼任政府首脑。2015年4月，贝宁举行立法选举，反对派民主复兴党主席阿德里安·温贝吉（Adrien Houngbédji）当选国民议会议长。6月，亚伊重组内阁，任命利昂内尔·津苏（Lionel Zinsou）为总理。

2016年3月，贝宁举行新一届总统选举，33名候选人参选，选举过程平稳、顺利。新总统将在选举委员会宣布结果并经宪法法院确认后就职。

【宪法】现行宪法于1990年12月经公民投票通过，是贝宁历史上第七部宪法。宪法规定，“建立一个法制和民主多元化的国家”，实行行政、立法和司法分离的原则和总统内阁制。总统为国家元首、政府首脑和武装部队统帅，由直接普选产生，任期五年，可连选连任一次。

【议会】称国民议会，最高立法机构，实行一院制，行使立法权并监督政府工作。议员由直接普选产生，任期四年，可连选连任，但不得兼任其他公职。本届议会于2015年4月选举产生，共有83名议员，来自11个政党和联盟。议会领导机构为执行局，由议长、副议长、总务主任、议会书记等7人组成。议会设法律和人权、财贸、生产和计划、教育文化和社会事务以及国防安全和对外合作关系等5个委员会。议长为阿德里安·温贝吉。

【政府】本届政府于2011年5月组成，同年7月和2012年1月、4月、10月，2013年2月、8月　和2014年8月、2015年6月8次调整。政府共29名成员，包括总统、总理、副总理、国务部长3名、部长23名。主要为：总理利昂内尔·津苏，负责高等教育和科研的副总理弗朗索瓦·阿比奥拉（François Abiola），中等教育、技术和职业培训、再就业和青年安置国务部长阿拉萨内·苏马努·金巴（Alassane Soumanou Djimba），经济和财政及私有化计划国务部长科米·库切（Komi Koutché），总统府负责协调千年发展目标和可持续发展目标政策及大型工程国务部长热罗·阿穆苏加（Géro Amoussouga），国防部长罗贝尔·泰奥菲勒·亚鲁（Robert Théophile Yarou），内政、公共安全和宗教部长普拉西德·阿藏代（Placide Azandd），掌玺、司法、立法和人权部长埃弗利娜·达席尔瓦·阿乌昂托（Evelyne da Silva Ahouanto，女），外交、非洲一体化、法语国家和侨民事务部长萨利乌·阿卡迪里（Saliou Akadiri），公共工程和交通部长居斯塔夫·德博·索农（Gustave Dépo Sonon），卫生部长帕斯卡尔·多苏·托贝（Pascal Dossou Togbb），农业、牧业和渔业部长吕芬·奥鲁·南·南苏农（Rufin Orou Nan Nansounon），劳动与公职、行政与制度改革部长亚雅·阿布巴卡尔（Yaya Aboubacar），环境、气候变化治理、植树造林、自然和森林资源保护部长泰奥菲勒·沃鲁（Théophile Worou），城市规划、住房和城市清洁部长诺埃尔·韦杜贝·丰东（Noël Houédougbé Fonton），能源、石油和矿产勘探、水利及可再生能源开发部长斯佩罗·门萨（Spéro Mensah），文化、扫盲、手工业和旅游部长保罗·翁佩（Paul HounkpH），通信和信息通讯技术部长艾蒂安·科西（Etienne Kassi），小额贷款部长娜奥米·阿扎里亚（Naomi Azaria，女），青年、体育和娱乐部长萨菲乌·伊德里苏·阿福（Safiou Idrissou Affo），工业、贸易部长易卜拉欣·珀孔·达梅·孔比耶努（Ibrahim Pacoun Damm Komblenou），青年就业、中小企业部长纳迪娜·达科·塔马达奥（Nadine Dako Tamadaho，女），家庭、社会事务、民族团结、残疾人和老年人部长奥诺里娜·阿蒂帕（Honorine Atikpa，女），权力下放、地方管理、行政和领土整治部长韦罗尼克·布兰·阿谢梅（Véronique Brun Hachémé，女），国家机构关系部长托马·永博（Thomas Yombo），海洋经济和港口基础设施部长帕特里克·耶里马（Patrick Yatric），水利部长克里斯蒂娜·贝吉·维亚奥（Christine Gbrist Viaho，女），幼儿和初等教育部长埃莱奥诺尔·亚伊（Eleonnore Yayi，女）。

【行政区划】全国分为省、县（市）、镇、村四级行政单位，共12个省，77个县（市）（67个县、10个市）。12个省的名称为滨海、大西洋、韦梅、莫诺、库福、高原、祖、丘陵、东加、博尔古、阿黎博里、阿塔科拉。

【司法机构】设有宪法法院、最高法院、高等法院、上诉法院和初级法院。宪法法院独立于最高法院，是最高司法机关，负责审理法律的合宪性，调解国家机关权限纠纷，并对立法选举和总统选举的合法性进行裁决。最高法院是国家行政、司法裁判和国家审计的最高权力机关，由司法、行政、审计3个法庭和1个检察院组成。中央一级设上诉法院，系终审法院，各省设初级法院，县（市）设治安法院，各级法院均委派有共和国检察官。高等法院有权审理总统和政府成员在履行职务时所犯叛国和违法行为。本届宪法法院于2013年6月成立，院长泰奥多尔·奥洛（Théodore Holo）。本届最高法院于2011年1月成立，院长奥斯曼·巴托克（Ousmane Batoko）。2016年2月贝宁部长特别会议决定，将巴托克任期延长一届，至2021年2月27日结束。本届高等法院于2015年10月成立，院长马塞利娜·贝哈－阿富达（Marcelline Gbèha-Afouda）。

【政党】2003年，贝政府颁布新政党宪章，规定合法政党应在每个省至少有10名成员，总人数至少达到120人。根据贝内政部公布，目前贝有68个政党。现较有影响的政党或政党联盟有：

（1）贝宁崛起贝壳力量（Forces Cauris pour un Bénin Émergent）：2007年1月成立。2006年4月亚伊以“贝壳”作为竞选标志赢得总统选举，此后一批支持亚伊、自称“贝壳派”的政党和政党联盟相继成立。在2007年立法选举前，经亚伊大力整合，组成“贝宁崛起贝壳力量”政党联盟。最初由66个政治团体组成，后不断有新党团加入其中。主要领导人包括维桑西娅·博科（Vicencia Bocco）、内斯托·达科（Nestor Dako）、亚历山大·温通吉（Alexandre Hountondj）等。在2015年立法选举中获得33席，占据议会最多席位。

（2）民主复兴党（Parti du Renouveau Démocratique）：1990年9月成立。该党主张多党民主，加强各派政治力量间对话，维护国家统一，实行市场经济，提倡睦邻友好和地区一体化。势力范围主要集中在高原省、韦梅省和科托努市部分地区。主席为现任议长阿德里安·温贝吉（Adrien Houngbédji）。在2015年立法选举中获得10席。

（3）贝宁复兴党（Renaissance du Bénin）：1992年4月成立。该党宗旨是复兴贝宁历史文化，并将此作为国家政治生活的催化剂。势力主要集中在科托努市、祖省、滨海省和大西洋省。名誉主席为前总统尼塞福尔·索格洛，主席为索格洛之子莱阿迪·索格洛（Léhady Soglo）。在2015年立法选举中获得6席。

（4）社会民主党（Parti Social-Démocrate），该党于1990年10月成立，宗旨是民主、对话、团结，争取社会民主，努力实现民族团结，消除国家发展中的不公正现象。势力范围主要集中在莫诺、库福、大西洋、博尔古和阿塔科拉等省。名誉主席为前议长布鲁诺·阿穆苏（Bruno Amoussou），现任主席为埃玛纽埃尔·戈卢（Emmanuel Golou）。

（5）非洲民主进步运动（Mouvement de l'Afrique pour la Démocratie et le Progrès）：1997年12月成立。该党宗旨是团结民主力量，维护民主与法治，反对部族主义和地方主义，主张区域一体化，发展经济，建设繁荣的非洲。主席塞夫·法博宏（Séfou Fagbohoum）。其他政党还有：复兴与发展行动阵线（Front d'Action pour le Renouveau et le Développement）、进步与民主促进党（Parti-Impulsion pour le Progrès et la Démocratie）、民主与团结联盟（Union pour la Démocratie et la Solidarité）、贝宁社会党（Parti Socialiste du Bénin）等。主要政党联盟：

团结爱国联盟（Union fait la Nation），最大反对党联盟，以社会民主党为主。主席为前议长布鲁诺·阿穆苏，在2015年立法选举中，该联盟共获得13席。

【重要人物】博尼·亚伊：总统、国家元首、政府首脑兼武装部队统帅。1952年生于贝宁北部的博尔古省。信奉基督教。曾就读于贝宁国立大学，获经济学硕士学位，后赴塞内加尔深造，先后获西非中央银行银行学高等学历和达喀尔金融高等学历。1986年获法国奥尔良大学货币学博士学位，1991年获巴黎大学经济学博士学位。1992—1994年，历任总统府负责银行和货币事务的官员、总统办公厅宏观经济研究室成员、西非国家中央银行副行长。1994年12月至2006年1月任西非开发银行行长。2006年3月当选贝宁总统。2011年3月在总统选举中再次胜出，4月宣誓就职。任期至2016年4月。

经　济

系最不发达国家和重债穷国。农业和转口贸易是国民经济两大支柱。主要经济作物有棉花、腰果、油棕榈等，其中棉花是主要出口创汇产品。是西非重要转口贸易国，到港货物多转口销往尼日利亚等周边国家。工业基础薄弱，主要为农产品加工及纺织业。资源较贫乏，已探明矿藏有石油、黄金等，但储量有限。2006年亚伊执政后，将农业、招商引资和基础设施建设作为发展经济的重点，实施棉花和港口改革，积极发展转口贸易，鼓励外国企业在贝投资，经济保持一定增长。2009年以来，受国际金融危机和国内经济改革不顺影响，经济增速放缓。2013年，亚伊积极推进经济改革，加大对科托努港投入，提高港口工作效率和服务水平；重组棉花发展公司，扩大棉花补贴，棉花产量强劲回升；广泛集资兴建国家公路网和乡村道路，开展海上和近海石油勘探。贝宁宏观经济目前运行良好。

2014年主要经济数据如下：

国内生产总值：87亿美元。

人均国内生产总值：约870美元。

国内生产总值增长率：5.3%。

货币名称：非洲金融共同体法郎（FCFA，简称非洲法郎）。

汇率：1美元=504非洲法郎。

通货膨胀率：-1.1%。

（资料来源：2016年一季度《经济季评》）

【资源】资源较贫乏。矿藏主要有石油、天然气、铁矿石、磷酸盐、大理石、黄金等。石油已探明储量54.5亿桶，可开采的约9.2亿桶，天然气储量910亿立方米。2000年8月，贝宁与多哥、加纳、尼日利亚就天然气的输出签订了“西非输气管道议定书”。铁矿石储量约5.06亿吨。渔业资源丰富，海洋鱼类约有257种。森林面积313万公顷，约占国土面积的27%。

【工业】基础薄弱，设备陈旧，生产能力较低。2012年，工业产值占国内生产总值的12.9%。主要有食品加工、纺织和建材业。工业人口约占全国劳动人口的10.6%。实行结构调整以来，已有部分企业实行了私有化，剩下的大型国有企业也将陆续私有化。

【农业】农业占国内生产总值的39%，以种植业为主，占农业的80%。有可耕地8.3万平方公里，实际耕种面积不足17%。农业从业人口占总就业人口的70%。粮食基本自给，部分出口次地区。主要粮食作物有木薯、山药、玉米、小米等；经济作物有棉花、腰果、棕榈、咖啡等，其中棉花出口额约占出口创汇总收入的70%—80%。约30万人直接或间接从事渔业生产，年均捕鱼约4万吨。林木年均采伐量2990立方米。

【旅游业】系贝宁新兴产业，是仅次于棉花的第二大创汇产业。近年来政府对旅游业的投入不断加大。主要旅游景点有冈维埃水上村、维达古城、维达历史博物馆、阿波美古都、野生动物园、埃维埃旅游公园、海滩等。现正兴建从科托努至维达捕鱼路旅游开发区，以发展海滨旅游。年均接待游客约20万人次。

【交通运输】年产值约占国内生产总值的8%。铁路：总长685多公里，其中579公里为主干线。最主要路段连接科托努和帕拉库，长约440公里，属“贝宁—尼日尔铁路运输共同组织”共同经营铁路的一部分，年设计运力为70万旅客和35万吨物资。由于年久失修，运力严重下降，2005年客运量约11.8万人次，货运量约5.2万吨。2014年5月，“科托努—尼亚美—瓦加杜古—阿比让”四国铁路环线项目中“科托努—尼亚美”段工程举行开工仪式。

公路：总长约3.1万多公里。其中国家级公路6076公里，省级与市级公路2.5万公里左右。2003年1月，科托努至波多诺伏的高速公路开通，全长27公里。有各类汽车10万辆，用于客运和货运。另有4.3万辆出租摩托车。

海运：科托努港为地区性重要转运港口，水深11—14米，可停泊万吨巨轮。该港年营业额约为3000亿非洲法郎。2014年，货物吞吐量达900万吨。

空运：科托努国际机场是贝宁唯一的A1型国际机场，可起降波音747和空中客车等大型飞机。年客运量约35万人次，货运量4600吨。现有法航和摩洛哥航空公司等十几家航空公司在贝运营。贝宁首家国际航空公司——贝宁非洲航空公司于2002年6月成立，主要经营科托努—巴黎航线。此外，贝还有9个国内机场，但不具备夜航条件。

【财政金融】国家财政收入主要靠税收，其中关税占40%。近几年贝财政收支状况如下（单位：亿非洲法郎）：

	2010	2011	2012	2013
总收入	6867	8247	7583	7961
总支出	8832	10994	10165	10445
赤　字	–1965	–2747	–2582	–2484

截至2014年年底，贝外汇储备为7.26亿美元，外债总额为26亿美元。（资料来源：2016年一季度《经济季评》）

【对外贸易】国民经济支柱产业，2013年，其产值约占国内生产总值51.8%，收入占到国家预算收入60%—80%。转口贸易十分活跃，到港货物约70%转销到尼日利亚以及尼日尔、布基纳法索等内陆国家。主要出口棉花、腰果、棕榈油等初级产品，进口日用消费品、机械设备、燃料等。2014年，贸易总额48.83亿美元，出口额21.47亿美元，进口额27.36亿美元。2014年主要进口对象为中国、美国、印度、泰国和马来西亚等，主要出口对象是中国、印度、黎巴嫩、尼日尔和尼日利亚等。近几年贝进出口贸易情况如下（单位：亿美元）：

	2011	2012	2013	2014
出口额	12.51	14.43	19.82	21.47
进口额	18.00	20.02	25.94	27.36
差　额	–5.49	–5.59	–6.12	–5.89

（资料来源：2016年一季度《经济季评》）

【外国援助】主要援助国家和国际机构为法国、丹麦、德国、美国、日本、世界银行、欧盟、非洲开发基金、西非开发银行及国际货币基金组织等。近年年均获得官方外援约5.8亿美元，约占国内生产总值的8%，主要涉及卫生、教育培训等领域。

人民生活

根据联合国开发计划署《2014年人类发展报告》公布的人文发展指数，贝在187个国家中居165位。全国各类医疗卫生机构1302家，其中包括5家国家级医院：位于科托努的国家中心医院、肺结核中心医院、精神病中心医院与泻湖妇幼保健院等；5家省级医院：波多诺伏医院、洛科萨医院、阿波美医院、维达医院和纳蒂丹古医院。全国共有病床4053张，各类医务人员5833人。贝人口出生率约为3.1%，婴儿死亡率7.5%。人均寿命60岁，其中男子平均寿命57.7岁，女子62.2岁。

军　事

1960年建军，1977年改组为国防军、公安军和民兵。1990年实行军队“非政治化”，国防军改称“武装力量”，保留陆、海、空三军和宪兵建制。实行义务兵役制。2004年，海、陆、空总兵力约4550人。其中陆军4300余人，海军约100人、空军约150人。全国宪兵和警察等准军事部队约2500人。

现任武装力量总参谋长阿瓦尔·基布里尔·布科·纳尼米（Awal Djibril Bouko Nagnimi）准将。陆军参谋长阿卜杜尔·巴吉尔·萨尼·巴沙比上校（Abdoul Bakil Sanni Bachabi），空军参谋长贝尔丹·巴达上校（Bertin Bada），海军参谋长弗朗索瓦·达西斯·贡萨罗海军中校（François d' Assise J. Gonsallo）。

【教育】2008年，小学入学率为93%，辍学率为13.9%。2010年，教育经费占国内生产总值的5.4%。有大学2所，分别为阿波美–卡拉维大学（原贝宁国立大学）和帕拉库大学，技术、专科学校约112所，普通中学约246所，小学约3558所。

【新闻出版】国家设有最高视听管理委员会，作为新闻和通讯的监察机构，负责有关新闻、通信法律的咨询工作，保证新闻、通讯自由。委员会由9名成员组成，由总统、议会和新闻界各推荐3人，任期五年。本届委员会于2014年7月1日成立，现任主席阿当·博尼·特西（Adam Boni Tessi）。

现有报纸28种。其中《民族报》是官方报纸，每周一至周五发行，已发行3000多期。私人报纸主要有《早报》《晨报》和《每日回声报》等。《民族报》和《早报》发行量最大，约5000份。

贝宁通讯社是国家通讯社，1961年成立，主要以电信稿方式向本国报社、电台、电视台发布消息。自1990年起出版《贝宁新闻》和《经济新闻》两种日刊，每周一至周五出版。在国内各省设通讯员。国际新闻多来源于法新社。1997年贝通社与新华社签署了新闻交换合作协议，1998年起可接收新华社消息。

贝宁广播电视局拥有1家国营电视台、4家国营电台和5家地方农业电台。贝宁国家电视台建成于1972年，1978年12月31日正式开播，现日播映时间平均近18小时，本国制作的节目约占45%。贝宁国家电台前身为"革命之声"电台，建于1953年，用法语、英语和民族语言广播。自1992年起，用调频转播法国国际广播电台的节目。

对外关系

奉行"实用、灵活和不排他"的多元务实外交政策，积极谋求政治支持和经济援助，主张在和平共处等原则基础上同所有国家发展合作关系。注重保持同法国、美国等西方大国的关系，积极发展同印度等发展中大国关系，重视睦邻友好，主张以和平方式解决同邻国的领土争端。积极参与地区事务，多次派兵参加地区维和行动，是非盟、西非国家经济共同体、西非经货联盟等组织成员国。2012年1月至2013年1月担任非盟轮值主席国。

【同中国的关系】两国于1964年11月12日建交。1966年1月贝单方面宣布终止两国关系。1972年12月29日，中贝恢复外交关系。

2006年8月，亚伊总统对中国进行国事访问，11月来华出席中非合作论坛北京峰会。2007年1月，李肇星外长访贝。2009年3月，外交部部长助理翟隽访贝。2009年11月，贝外长埃胡祖率团出席中非合作论坛第四届部长级会议。2010年1月，中联部部长王家瑞访贝。10月，贝外长埃胡祖先后来华出席上海世博会贝宁国家馆日活动和进行非正式访问。2011年5月，外交部副部长翟隽访贝。9月，亚伊总统来华出席夏季达沃斯论坛年会。11月，全国人大常委会副委员长周铁农访贝。2012年7月，亚伊总统来华出席中非合作论坛第五届部长级会议开幕式并访华。11月，纳戈议长访华。2014年5月，经济社会理事会主席尼古拉·阿达贝（Nicolas Adagbè）访华。

2014年，双边贸易额（含转口贸易）达37.6亿美元。其中中方出口额34.9亿美元，进口额2.7亿美元。中方主要出口纺织、机电产品等，进口棉花。

中国驻贝宁大使：刁鸣生。馆址：科托努机场路使馆区2号（Numéro 2 Zone des Ambassades，Route de l'Aéroport，Cotonou）。电话：（229）21301292，21300765；传真：21300841。经参处电话：（229）21301097。

贝宁驻中国大使：塞多赞·让－克洛德·阿皮蒂（Sèdozan Jean-Claude Apithy）。馆址：北京朝阳区光华路38号。电话：010-65322741，65322302。

【同法国的关系】法是贝前宗主国，两国一直保持着密切关系。1990年贝实行民主化和自由市场经济后，法大力扶持贝。索格洛执政期间，两国关系陷入低潮。1996年克雷库重新执政后，两国关系得到恢复和发展。法是贝主要出资国和贸易伙伴。2004年，法免除贝所欠全部债务480亿非郎。2005年11月，应希拉克总统邀请，克雷库对法进行正式访问，两国签署了"法贝伙伴关系框架文件"。2006年6月、2007年7月，亚伊两度访法。2008年8月，法环境生态、可持续发展和整治部长让－路易·博尔洛访贝。2009年1月和2月，法移民、融入、国民身份和共同发展部长奥尔特弗和人权国务秘书拉玛·雅德分别访贝；12月，亚伊总统访法，会见法总统萨科齐和前总统希拉克。2010年5月和7月，亚伊先后赴法出席法非峰会和法国庆阅兵式。2011年4月，法合作部长出席亚伊总统就职仪式。2011年11月，亚伊对法进行友好工作访问，会见萨科齐总统。2012年2月，法国外交国务部长朱佩访问贝宁，并同亚伊总统会晤。5月，亚伊访问法国，会见奥朗德总统。2013年2月，亚伊对法国进行工作访问。2014年5月，亚伊应奥朗德总统邀请出席在巴黎举行的尼日利亚安全问题峰会。2015年6月、8月、11月，亚伊3次访问法国，会见法国总统奥朗德，并于11月30日再次赴法出席巴黎气候变化峰会。7月，法国总统奥朗德访问贝宁，奥系贝民主化后首位访贝的法国总统。

【同美国的关系】1961年贝美建交。1995年两国成立军事合作混委会。美在贝设有文化中心和《非洲增长和机会法》西非培训中心。2003年，因贝拒绝签署承认美公民享有国际刑事法庭豁免权的双边协议，美冻结对贝军援。2004年，美宣布接受贝加入《非洲增长和机会法》和"迎接千年挑战国家组织理事会"，成为全球享受千年挑战援助基金的16国之一。2006年2月，克雷库访美，贝政府与千年挑战账户公司签署总额为3.07亿美元的援助协议。2006年12月，亚伊访美。2008年2月，布什总统访贝；7月，亚伊访美。2009年11月，亚伊访美，会见世界银行行长、国际货币基金组织主席，并与克林顿国务卿、美国会议员等举行会谈。2010年2月，亚伊会见到访的美国负责非洲事务的助理国务卿卡尔森。2011年7月，亚伊访美，与奥巴马总统会晤。2012年5月，应奥巴马总统邀请，亚伊出席八国集团峰会。8月，美国务卿克林顿访贝。2014年8月，亚伊应奥巴马总统邀请出席美非峰会。2015年9月，亚伊总统赴美，与美国副总统拜登签署"千年挑战账户"二期援助协议，获得4.03亿美元支持。

【同德国的关系】1961年贝德建交后，两国关系发展顺利。贝是德对非援助的重点国家，两国每两年举行一次政府间磋商。2003年5月，克雷库访德。2004年12月，德总统霍斯特·克勒访贝。2006年10月，亚伊访德，德允向贝提供直接财政援助。2007年5月和11月，亚赴德分别参加"崛起非洲的未来"论坛和第三届德非伙伴关系论坛。2009年1月，德经济合作和发展部副部长埃里克·史达特访贝。2012年5月，德国前总理科勒访贝。2013年1月，亚伊总统对德国进行正式访问。

【同非洲国家的关系】贝重视发展与尼日利亚、阿尔及利亚等地区大国的关系，积极参与地区合作，推动区域一体化进程。亚伊执政以后，多次出访尼日利亚、加纳、尼日尔等国，并出席非盟峰会、西非国家经济共同体峰会等地区组织会议。2007年初，亚伊与尼日利亚总统奥巴桑乔共同倡议成立贝宁、尼日利亚、多哥和加纳四国共荣机制。2008年2月，贝宁通过"非洲互查机制"报告，成为首个通过互查的法语国家。2011年，亚伊接待多哥、尼日利亚、乍得、科特迪瓦等国元首访贝，并先后出访尼日利亚和南非等国。2012年1月至2013年1月，亚伊多次以非盟轮值主席身份在科托努召集部分非盟成员国领导人举行非正式会议，讨论非盟委员会主席选举和地区热点问题。2013年1月，派兵参与在马里的军事行动。2013年10月，亚伊在达喀尔召开的西非经济货币联盟领导人峰会上被选举为轮值主席。2014年2月，亚伊赴尼日利亚出席尼统一一百周年纪念活动。3月，亚伊访问加纳。4月，多哥总统福雷访贝。5月，亚伊赴尼日利亚出席世界经济论坛非洲峰会。2015年，亚伊先后访问埃塞俄比亚、加纳、尼日利亚、科特迪瓦、埃及多国，接待尼日利亚、赤道几内亚等国总统访贝。9月，亚伊与西共体轮值主席萨勒共同赴布基纳法索，斡旋调停布总统卫队政变事件。

博茨瓦纳

国名 博茨瓦纳共和国（The Republic of Botswana）。

面积 581730平方公里。

人口 203万（2011年人口普查数字）。绝大部分为班图语系的茨瓦纳人（占人口的90%）。主要民族有恩瓦托、昆纳、恩瓦凯策和塔瓦纳等，其中恩瓦托族最大，约占人口的40%。另有数万欧洲人和亚洲人。官方语言为英语，通用语言为茨瓦纳语和英语。多数居民信奉基督教，农村地区部分居民信奉传统宗教。

首都 哈博罗内（Gaborone），人口约23万（2011年）。年均最高气温为28.3℃，年均最低气温为12.9℃，年均气温20.7℃。

国家元首 总统伊恩·卡马（Ian Khama），2008年4月1日就任，2014年10月28日连任。

重要节日 新年：1月1日；劳动节：5月1日；塞莱茨·卡马爵士日：7月1日；总统日：7月15—16日；独立日：9月30日；圣诞节：12月25日。

简况

南部非洲内陆国家。平均海拔1000米左右。东接津巴布韦，西连纳米比亚，北邻赞比亚，南界南非。大部分地区属热带草原气候，西部为沙漠、半沙漠气候。年均气温21℃。年均降水量400毫米。

独立前称贝专纳。公元13—14世纪，茨瓦纳人由北方迁居此地。1885年沦为英国殖民地，称"贝专纳保护地"。1966年9月30日宣布独立，定名为博茨瓦纳共和国，仍留在英联邦内，实行多党制，由博茨瓦纳民主党执政，塞雷茨·卡马任总统。1980年7月，马西雷接任总统职务。1984年、1989年和1994年，民主党在议会选举中接连获胜，马西雷三次蝉联总统。1998年，马西雷主动辞去总统职务，莫哈埃接任总统。1999年和2004年，民主党在大选中均以压倒优势胜出，莫哈埃两度蝉联总统。2008年，莫哈埃总统任期届满，原副总统伊恩·卡马接任总统。2009年和2014年，民主党均在大选中获胜，卡马两度蝉联总统。

政治

在2009年10月举行的大选中，民主党获得议会57个民选议席中的45席，卡马蝉联总统并组成新一届内阁。卡马政府以民主、发展、尊严、纪律和落实五原则作为治国理政纲领，注重民主党自身建设，强调加强党内纪律和团结，重视提高政府廉洁和效率，致力于改善民生、增加就业。然而由于国际金融危机等原因，卡马包括经济多元化战略等改革措施效果不彰。2014年10月，博茨瓦纳举行独立以来的第11次大选，卡马虽再次蝉联总统，但民主党遭遇来自反对党的强力挑战，获57个民选议席中的37席。目前，博政局保持稳定。

【宪法】1966年9月30日生效，后几经修改。宪法规定：博实行多党议会制，立法、司法、行政三权分立；总统为国家元首、政府首脑兼武装部队总司令，由国民议会选举产生，任期5年，最多连任1次；总统死亡或辞职时，副总统自动接任总统职务；总统和国民议会组成国会，行使立法权；国民议会通过的决议、法案须经总统批准才能生效；总统有权召集和解散议会。

【议会】国民议会由57名民选议员、4名特选议员（由总统提名，议会表决通过）、总统和议长（由议员选出，主持议会会议，无投票权）组成，每届任期5年。议会的主要职权是：选举总统，制定法律，修改宪法，审议国家发展计划和政府财政预算。一般议案半数表决通过，重要议案需2/3赞成通过。本届国民议会于2014年10月大选产生。目前民主党占37席，由民主运动党、民族阵线、人民党组成的民主改革联盟占17席，大会党占3席。4名特选议员均为民主党成员。议长格拉迪斯·科科韦（Gladys Kokorwe，女，民主党），2014年11月就任。

【酋长院】议会的咨询机构，原由15名成员组成。2005年4月，议会通过对宪法77、78和79条的修正案，规定酋长院成员增至35名，其中8大部族酋长为当然成员，7人由8位当然成员选举产生，称为“选举成员”，另20名由各地区选举产生，称为“特选成员”。酋长院的职责范围和权力仅限于传统的特定事务，如习惯法、非洲法院、领导职务、民族财产、部落首领的任免、宪法修正案等。每年议会开幕前，酋长院先召开例会，向议会提出动议和议案，但不具有任何约束力。酋长院在必要时可要求有关部长到酋长院说明情况，部长也可到酋长院征询意见。2016年1月，酋长院举行第12届大会，选举产生新一届领导人，特罗夸族大酋长哈博罗内（Kgosi Puso Gaborone）连任主席。

【政府】本届内阁于2014年10月产生，由总统、副总统、16名部长、8名副部长、总检察长和总统办公室常秘兼内阁秘书共28人组成，主要成员有：总统伊恩·卡马（Ian Khama），副总统莫克韦齐·马西西（Mokgweetsi Masisi），总统事务与公共管理部长埃里克·姆图西·莫拉莱（Eric Mthusi Molale），国防、司法与安全部长肖·卡蒂（Shaw Kgathi），外交与国际合作部长佩洛诺米·文松－莫伊托伊（Pelonomi Venson-Moitoi，女），财政与发展计划部长肯尼思·马坦博（Kenneth Matambo），基础设施与科技部长诺诺福·莫莱菲（Nonofo Molefhi），土地和住房部长普林斯·马埃莱（Prince Maele），劳工和内政部长埃德温·杰纳米索·巴楚（Edwin Jenamiso Batshu），青年、体育与文化部长塔佩洛·奥洛彭（Thapelo Olopeng），贸易与工业部长文森特·塞雷茨（Vincent Seretse），地方政府与农村发展部长斯卢伯·措格瓦内（Slumber Tsogwane），农业部长帕特里克·普莱·拉洛齐亚（Patrick Pule Ralotsia），交通与通讯部长采诺洛·马贝奥（Tshenolo Mabeo），矿产、能源与水资源部长翁科卡梅·基措·莫凯拉（Onkokame Kitso Mokaila），教育与技能发展部长尤妮蒂·道（Unity Dow，女），环境、野生动物与旅游部长切凯迪·卡马（Tshekedi Khama），卫生部长多克斯·马卡托－马莱苏（Dorcas Makgato-Malesu，女）。

【政府网址】http://www.gov.bw。

【行政区划】全国划分为10个行政区。

【司法机构】由高等法院、上诉法院和传统法院组成。传统法院相当于初级法院，由各民族酋长担任法律执行人。高等法院首席法官马如平·迪波泰罗（Maruping Dibotelo）。总检察长阿塔利娅·莫洛科姆（Athaliah Molokomme）。

【政党】主要政党情况如下：

（1）博茨瓦纳民主党（Botswana Democratic Party）：1962年1月成立。独立后一直执政，主张经济独立和自力更生，在发展经济的同时保持社会公正；对外实行多方位外交，维护并促进民族利益。领袖伊恩·卡马（Ian Khama），全国主席莫克韦齐·马西西（Mokgweetsi Masisi）。

（2）民主改革联盟（Umbrella for Democratic Change）：2012年成立。由博茨瓦纳民主运动党（Botswana Movement for Democracy，2010年5月29日成立，是从民主党内分裂出来的一支新反对党，口号是“我们的博茨瓦纳”）、博茨瓦纳民族阵线（Botswana National Front，1967年10月成立。主张在博进行民族民主革命，实现社会主义）和人民党（Botswana People’s Party，1960年殖民地时期成立，是博成立最早的政党）联合组成，在2014年大选中对民主党形成强有力的挑战。领袖为杜马·博科（Duma Boko）。

（3）博茨瓦纳大会党（Botswana Congress Party）：1998年6月成立，由民阵中分裂而来，口号是“为了民族自由”。领袖为吉尔森·萨尔斯汉多（Gilson Saleshando）。

【重要人物】**伊恩·卡马**：总统。博首任总统塞雷茨·卡马的长子，生于1953年2月。曾在其家乡塞罗韦、津巴布韦、斯威士兰、瑞士、英国和尼日利亚学习和进修。1974年加入警察机动部队。1977年博成立国防军，卡马任副司令，同年被授予准将军衔。1989—1998年任国防军司令。1998年3月退出军界（保留中将军衔），加入民主党；4月，任总统事务和公共管理部长；7月，就任副总统兼总统事务和公共管理部长。1999年10月和2004年11月两度连任副总统。2008年4月接替莫哈埃就任总统。2009年10月胜选。2014年11月连任总统。曾于1976年随父访华。　**莫克维齐·马西西**：副总统。1962年生，2009年起历任博总统事务与公共管理副部长、部长和教育部长。2014年10月起任副总统。2015年7月当选民主党全国主席。

经　济

博茨瓦纳是非洲经济发展较快，经济状况较好的国家之一。钻石业是其经济支柱，产值约占国内生产总值的1/3。畜牧业是传统产业，制造业落后，近年来旅游业发展较快，成为新兴产业。独立后，博政府建立了自由市场经济体制，采取优惠措施吸引外资和国外先进技术，先后制定了十个国家发展计划，经济实现了快速、持续发展。为了改变经济发展主要依赖钻石的状况，从20世纪80年代后期开始，博政府开始推行经济多元化政策，取得一定成效。

卡马总统执政以来，博政府继续实行积极财政政策和稳健货币政策，加大对基础设施和社会领域的投入，努力扩大内需，创造就业。在继续重视钻石经济和提升附加值的同时，吸引外资开发镍、铜等矿产资源；启动火电站建设，加快电力自给和出口；推动旅游业发展，促进经济多元化。政府加大对主要产业部门扶植力度，确定钻石业、农业、卫生、教育、交通、创新六大重点发展领域。根据相关国际机构公布的数据，博经济自由度、国际竞争力、营商环境等多项指标继续位于非洲前列。

2015年主要经济数据如下：

国内生产总值（GDP）：151.20亿美元。

人均国内生产总值：7448美元。

经济增长率：2.8%。

货币名称：普拉。

汇率：1美元≈10.04普拉。

通货膨胀率：3.0%。

（资料来源：《伦敦经济季评》）

【资源】矿产资源丰富。主要矿藏为钻石，其次为铜镍、煤、苏打灰、铂、金、锰等。钻石储量和产量均居世界前列。已探明的铜镍矿蕴藏量为4600万吨，煤蕴藏量170亿吨。

【工矿业】从20世纪70年代中期起，采矿业取代畜牧业成为博国民经济的主要部门，博是世界上主要毛坯钻石生产国之一。近年，博政府积极发展钻石加工业，以提高钻石业利润。2008年钻石产量3260万克拉，产值32.7亿美元，位列世界第一。受国际金融危机影响，2009年钻石产量大幅减少，为1773万克拉。2011年钻石产量为2290万克拉。铜镍是继钻石后重要的出口矿产品，2011年产量为3.2万吨。2012年，博钻石出口额361亿普拉，占出口总额的79.3%，铜镍出口额33.1亿普拉，占出口总额的7.3%。2013年，博钻石产量提高12.4%，矿业产值增加10.6%。2014年以来全球原材料价格持续大幅下降，博钻石业遭重创，2014年钻石产量锐减至1223万克拉，2015年产量进一步大幅下降。

【农牧业】农业较落后，可耕地占全国面积的15%，种植面积为可耕地的5%。博农业产量较低，只能满足国内粮食需求的10%左右，主要农作物为高粱和玉米。政府鼓励农民多种粮，增加粮食自给。2008年以来，博政府实施综合支持耕地发展项目。2011/2012财年博土地种植面积为34.1万公顷，农作物产量7.3万吨。

畜牧业约占农业产值的70%，是国民经济传统支柱产业之一，也是农民的主要收入来源。畜牧业以养牛为主，养羊为辅。博有现代化的大型屠宰厂和肉类加工厂，年屠宰能力为40—50万头牛。2008年牛肉出口额5.3亿普拉，约占出口总额的1.58%。2010年，博牛畜存栏量为265万头。2011年3月，因受口蹄疫疫情影响，欧盟暂停进口博牛肉。2011年博肉类出口额为3.3亿普拉，约占出口总额的0.8%。2014年，欧盟恢复进口博牛肉。

【旅游业】博是非洲主要旅游国之一。旅游资源丰富，是非洲野生动物种类和数量较多的国家。政府把全国38%的国土划为野生动物保护区，设立了3个国家公园，5个野生动物保护区。乔贝国家公园和奥卡万戈三角洲野生动物保护区为主要旅游点。旅游业现为博第二大外汇收入来源，是经济多元化战略的重点发展产业。20世纪90年代以来，博旅游业持续增长。为加强对旅游业的推销和宣传，2005年博成立了旅游董事会。2006年游客数量为182万人次。2008年，全国拥有宾馆302所，客房5145间，床位9020张。2010年博接待外籍游客总数达210万人次。2006—2010年，游客数量年增长率为10.7%。旅游业对国内生产总值贡献率达3.7%。截至2012年6月，博旅游公司有764家，其中406家为本国公民所有。

【交通运输】以公路运输为主，主要城镇之间有公路相连，总长1.94万公里，其中30%为柏油路面。全国各主要城镇之间以及博与南非、赞比亚、津巴布韦和纳米比亚之间已基本由柏油马路连接，其中干线公路等级较高。

铁路长900公里。主要铁路线跨越弗朗西斯敦、哈博罗内和洛巴策，连接南非和津巴布韦。博铁路公司是负责铁路运输的国有企业。2004年铁路发送旅客40.6万人次，发送货物197.4万吨。2003—2007年实施了铁路五年治理计划，主要包括提高运营水平、更新车皮、机车和信号系统。2012年前9个月，铁路发送货物150万吨，创收2.24亿普拉（数据来源：博中央统计局）。

2011年8月，博获得石油输出国组织国际发展基金4000万美元贷款，用于综合交通建设项目，旨在整合博现有的公路和铁路系统，建设新的交通设施，提高运输能力，促进经济发展。

博航空公司辟有飞往南非的地区航线和国内主要城镇及旅游区之间的航线。现有6个国际机场，首都有卡马国际机场，其余5个机场设在弗朗西斯敦、马翁、卡萨尼、塞莱比－皮奎和杭济。此外有数十个小型机场分散在全国各地。2005年，博成立独立的民用航空管理局。2010/2011财年，博航空公司亏损5420万普拉。2011年博航空运送旅客78.8万人次。

【财政金融】国家银行于1975年建立，1976年发行本国货币“普拉”。博长期执行审慎的财政政策。前几年受矿业收入下降、普拉对美元升值和政府施行积极财政政策的影响，曾一度出现财政赤字。政府采取了严格控制支出等措施，使财政收支最终处于盈余状态。2015年6月底博外汇储备为85.72亿美元（数据来源:《伦敦经济季评》）。

【对外贸易】实行自由贸易政策。主要出口钻石、铜镍矿产品、苏打灰、牛肉产品、纺织品和汽车配件等；进口汽车及交通设备、机械及电子产品、食品及饮料、金属、化工和橡胶制品、燃料和烟草等。主要贸易伙伴有：南部非洲关税同盟其他成员国（南非、纳米比亚、莱索托、斯威士兰）、欧盟、津巴布韦和中国等。2015年，博进口额为73.31亿美元，出口额为66.6亿美元（数据来源:《伦敦经济季评》）。

【外国资本】到2009年，累计吸引外国直接投资净额约13.2亿美元（94.46亿普拉）。按投向，矿业吸引外资占39.3%，金融业40.5%，批发和零售业7.6%。博外资主要采取购入股权方式，少量为购买债券。资本来源52.8%为欧洲，24.7%为南非，12.9%为毛里求斯。1997年博成立出口发展与投资局（BEDIA），专门负责推动出口和吸引外国投资的工作。2011/2012财年，博吸引外国直接投资14亿普拉，创造1583个就业机会。2012年4月，博国际金融服务中心（IFSC）和出口发展与投资局（BEDIA）合并，成立博茨瓦纳投资与贸易中心（BITC），以促进投资与出口，并为公众提供服务。

【外国援助】主要援助国和国际组织为日本、美国、瑞典、挪威、德国、联合国开发计划署、非洲开发银行等。博成为中等收入国家后，多数西方国家对博提供的官方发展援助和优惠贷款大幅下降。2015年，外债余额为21.31亿美元（数据来源:《伦敦经济季评》）。

人民生活

根据世界银行《2007年世界发展指数》，2005年博茨瓦纳人口城市化率为57%，2005—2015年期间年均人口增长率预计为-0.4%。根据博中央统计局2013/2014年度报告，博人均寿命预期为68岁。全国有医院18所、初级医院17所，带床位的诊所108个，不带床位的诊所180个。全国拥有病床5276张。艾滋病感染率较高，2013年博艾滋病平均感染率为18.5%。博电信网络已全部实现数字化。

军　事

1977年建立国防军。现有军人约1.2万名。现任国防军司令高拉特·戈莱博茨韦（Gaolathe Galebotswe）中将。警察部队约1500人，警察总署署长基贝茨韦·马科佩（Keabetswe Makgophe）。

文化教育

【教育】博茨瓦纳独立后高度重视国民教育事业，成人识字率从1966年的不足10%提高到目前的85.9%。教育体系完备，包括小学、中学和大学的正规教育及职业技术教育、特殊学校教育和业余教育，其学制为小学7年，初中3年，高中2年。小学和初中阶段为义务教育，小学和高等教育免学费，中学教育自2006年起实行学费分担制度，初中生每人年缴费300普拉，高中生600普拉，其余大部分由政府负担。2009年，全国公立小学721所、初中212所，高中23所，综合性大学1所（博茨瓦纳大学）。此外有私立小学61所和私立中学39所。2013/2014财年教育与技能发展预算共计79.3亿普拉，占经常项目支出预算的23%。

【新闻出版】现有报纸10余种，包括官方日报《每日新闻》（Daily News）和私营日报《报道者》（Mmegi）及私营周报《博茨瓦纳卫报》（Botswana Guardian）、《太阳报》（The Mid-week Sun）、《博茨瓦纳公报》（Botswana Gazette）、《回声报》（Echo）等。《每日新闻》是免费报纸，日发行量约6.5万份，用英文和茨瓦纳语出版。《报道者》和周刊《观察家》为博最大的私人出版公司Dikgang公司发行。《报道者》日发行量约2万份。其他报纸发行量在1.5万—2万份之间。2013年博共刊印报纸758万份。

博茨瓦纳通讯社为官方通讯社，1981年创建，主要报道国内消息，是《每日新闻》和博广播电台的主要供稿者。

博茨瓦纳广播电台系官方电台，1965年创建，用英语和茨瓦纳语广播。

博茨瓦纳国家电视台于2000年7月开播，节目分英语和茨瓦纳语，全部使用数字传输技术，可通过卫星覆盖非洲大部分地区。

对外关系

奉行不结盟的对外政策，积极参与地区政治事务及经济合作。主张国家主权平等和互不干涉内政，通过谈判解决争端。提倡建立公正、平等的国际政治经济新秩序。积极参与非洲和地区事务，促进区域稳定、发展和合作。主张发展中国家尤其是中小国家应加强合作，共同应对全球化挑战。南部非洲发展共同体（南共体）秘书处设在哈博罗内，博担任2015/2016年度南共体轮值主席国。博还是联合国、非盟、英联邦、不结盟运动和南部非洲关税同盟成员。

【同中国的关系】中国与博茨瓦纳于1975年1月6日建交，建交以来两国关系平稳、健康发展。2010年，习近平副主席对博进行正式访问。梅拉费副总统赴华出席上海世博会博国家馆日活动，执政党民主党主席、国防军司令、首都哈博罗内市长等分别访华。2011年，国务委员刘延东对博进行正式访问，博茨瓦纳议长纳莎访华。2012年，全国人大常委会副委员长桑国卫访博。博总统事务和公共管理部长马西西访华。博外长斯凯莱马尼来华参加中非合作论坛第五届部长级会议。博青年、体育与文化部长肖·卡蒂来华出席中非文化部长论坛。博方派员来华出席第二届中非青年领导人论坛和中非民间论坛。博酋长院主席哈博罗内参加“非洲传统领导人考察团”访华。

2015年6月，博外长文松访华。12月，博副总统马西西出席中非合作论坛约翰内斯堡峰会。

2015年，中博双边贸易额为3.67亿美元（同比下降6.64%），其中中方出口2.26亿美元（同比增长28.48%），进口1.4亿美元（同比下降35.22%）。中方主要出口纺织服装、机电产品、高新技术产品等，主要进口钻石。

中国驻博茨瓦纳大使：郑竹强。馆址：No.3096,

3097, North Ring Road Gaborone, P. O. Box 1031。电话：00267-3952209（办公室），3953270（经商处）；传真：3900156。

博茨瓦纳驻华大使：萨萨拉·查萨拉·乔治（Sasara Chasala George）。馆址：北京市朝阳区三里屯东三街1号。电话：010-65326898；传真：65326896。

【同欧盟国家的关系】博茨瓦纳与欧盟关系密切，欧盟是博最大的国际援助方之一。2004年欧盟把旨在提高南部非洲国家产品竞争力的“生产力服务中心”设在博，以示对博重视。2006年5月，欧盟同博政府签署援助实施计划，将在4年内为博提供5000万欧元，用于提高中小学素质教育、教育公共支出评估、人力资源发展战略和国家资质认证框架等计划实施。2009年6月，卡马总统访问欧盟委员会，与欧盟签署了临时贸易伙伴协定。2010年，欧盟向博政府提供6.5亿普拉无偿援助，支持博人力资源开发。2012年，欧盟向博提供2.5亿普拉无偿补充发展基金，用于博加强人力资源建设和公共部门改革，并向博非政府组织捐款8000万普拉，用于解决经费紧张问题。2013年1月，欧盟向博政府资助1160万欧元，用于博加快实现联合国千年发展目标中的第四和第五项指标，即将5岁以下儿童死亡率降低2/3和产妇死亡率降低3/4。

同英国有传统密切关系，英是博传统援助国和主要贸易伙伴之一。大批英国人在博政府、金融和教育部门任职，博国防军和警察主要由英国人训练。两国官员互访频繁。英国有70多家企业在博投资。2005年，莫哈埃总统访问了英国，两国签署避免双重征税协定。2010年6月，英国威廉王子和哈里王子访博。2011年7月，英国安妮公主访博。2012年2月，英国外交大臣黑格访博。2013年2月，英联邦非洲反腐败中心在哈博罗内成立，英联邦将为中心提供100万英镑以帮助非洲国家惩治腐败。2013年3月，英国非洲事务大臣西蒙兹访博，会见卡马总统和南共体执行秘书萨洛芒。

同德国经贸关系发展较快，德是博主要贸易伙伴和援助国之一，多年来共向博提供各种援助近10亿普拉，派出250名专家帮助博从事职业培训、中学教育、社区发展、农林业和中小企业发展项目等。2012年2月，卡马总统访问德国。

瑞典和挪威也是博重要的援助国。近年来，因博被列入中等收入国家，瑞、挪两国逐步减少援博数额，改为提供低息贷款或开展政府和企业间的合资、合营和技术合作。2010年5月，博、瑞签署《税务合作协定》，瑞将为博提供1250万瑞郎资金援助，以帮助博税务部门培训人员和提高审计能力。2011年3月，瑞典国王对博进行国事访问。

法国是博茨瓦纳传统友好国家。在政治领域，两国互信较深，国际问题立场相近。在经济领域，法对博直接投资较少，经贸往来不密切。在人文领域，法通过欧盟、联合国及其非政府组织，向博提供抗击艾滋病、卫生、减贫、人力资源培训等援助，效果较好。2015年6月，卡马总统访问法国。

【同美国的关系】博美关系密切，高层往来不断。2002年，美同意将博茨瓦纳列为最不发达国家，以享受美《非洲增长与机遇法案》的优惠政策。1966—1996年30年间，美连续向博派遣和平队。1998年，美总统克林顿访博。2003年，布什总统和莫哈埃总统互访。美国恢复向博派遣和平队。2005年，博与美国成立“非洲增长与机遇法案论坛”，以扩大对美出口。同年美国对博防治艾滋病领域的援助达到3500万美元。2007年，美军非洲司令部司令威廉·沃德访博，莫哈埃总统两次访美。2009年11月，卡马总统赴美出席2009年度“保护国际”理事会议，其间会见美国总统奥巴马。2010年4月，美军非洲司令部司令瓦尔德将军访博。2011年6月，美总统夫人米歇尔·奥巴马访博。同月，卡马总统在美国华盛顿国会国际资源保护考克斯基金会晚宴上被授予罗斯福资源保护奖。2012年7月，美国前总统乔治·布什及夫人劳拉访博，并启动美援博医疗项目。8月，博国防军与美军联合举行军事演习，美军非洲司令部司令卡特·哈姆访博。

【同亚洲国家的关系】近年来，日对博援助逐渐增加。2002年2月，博茨瓦纳与日本签订减免债务协议。2006年5月莫哈埃总统访日并出席在东京举办的“博茨瓦纳周”活动。2007年，日在博设立使馆。2010年10月，卡马总统对日本进行正式访问。2011年1月，纳莎议长率团访问日本。2011年6月，日本援博教育频道正式启动，定时在博电视台为小学生和偏远地区学生播放教育节目。2012年，日本与博签署协议，向博提供8.85亿普拉政府援助发展贷款，用于博与赞比亚边境卡尊古拉大桥的建设。2013年6月，卡马总统赴日参加第五届非洲发展东京国际会议。

博与印度关系友好。在博印度侨民约有9000人，其中1/3加入博籍。两国签有最惠国待遇贸易协定和避免双重征税协定。博印在人力资源培训领域开展了多项合作。2005年5月，莫哈埃总统赴印度孟买参加国际钻石大会。2006年12月莫哈埃总统率团对印进行国事访问。2007年，印在博设立高专署。2010年博副总统梅拉费和印度副总统安萨里实现互访。2011年印博贸工部长实现互访。2015年博副总统马西西出席印非峰会。2009年，卡马总统率团对新加坡进行正式访问。2012年3月，博与印度尼西亚正式建立外交关系。2015年10月卡马总统访问韩国。

【同非洲其他国家的关系】博茨瓦纳与邻国保持睦邻友好关系。博与南非、纳米比亚、莱索托和斯威士兰同为南部非洲关税同盟成员国，经济关系密切，与南非在经济、贸易等领域联系尤为紧密。2011年，卡马总统先后访问了莫桑比克、尼日利亚、加纳和利比里亚。马拉维总统和毛里求斯总理先后访博。2月，博宣布与利比亚断绝外交关系，并于9月承认利比亚过渡委员会为利合法临时政府。7月，博与南苏丹共和国正式建立外交关系。2012年，卡马总统访问纳米比亚和乌干达。南非、赞比亚、利比里亚、尼日利亚总统及津巴布韦总理先后访博。博与南非建立元首级国家双边委员会，与津巴布韦正式签署向津提供5亿普拉贷款的协议。2013年3月，博与赞比亚签署《避免双重征税协定》，以促进两国经贸往来。同月，应卡马总统邀请，马拉维总统班达对博进行国事访问。博政府向马提供1000万美元低息贷款援助，用于马从博进口粮食、牛肉、机械设备等物资。2015年，卡马总统访问南非、安哥拉、纳米比亚等国。（李研硕）

布基纳法索

国名　布基纳法索（The Burkina Faso, Le Burkina Faso）。

面积　274200平方公里。

人口　1740万（2014年）。主要有沃尔特和芒戴两大族系。沃尔特族系约占全国人口的70%，主要有莫西族、古隆西族、古尔芒则族、博博族和洛比族；芒戴族系约占全国人口的28%，主要有萨莫族、马尔卡族、布桑塞族、塞努福族和迪乌拉族。在北部地区还有一些从事游牧业的颇尔人和经商的豪萨人。官方语言为法语；主要民族语言有莫西语、迪乌拉语和颇尔语。50%的居民信奉原始宗教，30%信奉伊斯兰教，20%信奉天主教。

首都　瓦加杜古（Ouagadougou），人口163万（2013年）。年平均气温26℃—28℃，最高可达42℃以上。

国家元首　罗克·马克·克里斯蒂安·卡博雷（Roch Marc Christian KABORE），2015年11月29日当选总统，12月29日宣誓就职。

重要节日　独立日：8月5日；国庆日：12月11日。

简　况

系西非内陆国。东北与尼日尔为邻，东南与贝宁相连，南与科特迪瓦、加纳、多哥交界，西、北与马里接壤。属热带草原气候，年平均气温27℃。

公元9世纪建立了以莫西族为主的王国，15世纪莫西人首领建立亚腾加和瓦加杜古王国。1895—1896年期间被法国占领，并成为法属西非的一部分。1957年成为半自治共和国。1958年12月成为法兰西共同体内的自治共和国。1960年8月5日宣告独立，定国名为上沃尔特共和国。莫里斯·亚梅奥果当选总统。1966年，军队接管政权，陆军参谋长拉米扎纳出任总统。1980年11月塞耶·泽博上校发动政变上台，任军事委员会主席兼国家元首。1982年11月，让-巴蒂斯特·韦德拉奥果少校和桑卡拉上尉联合发动政变，韦德拉奥果任“拯救人民临时委员会”主席兼国家元首，桑卡拉任总理。1983年8月，桑卡拉发动政变，任全国革命委员会主席兼国家元首。1984年8月4日改国名为布基纳法索。1987年10月，总统府国务部长兼司法部长孔波雷发动政变，解散全国革命委员会，成立人民阵线，自任人民阵线主席、国家元首兼政府首脑。

政　治

孔波雷上台后，对前政权过激的内外政策进行调整，于1990年实行多党制。1991年，通过选举成为合法民选总统，并于1998年11月连选连任。孔提出“良政治国、廉洁为政”的执政理念，积极推行民族和解政策，提倡各政治派别进行对话，给予反对党更多参政、议政权利。2005年11月，孔再度以绝对优势在总统选举中获胜蝉联。2006年4月，执政党争取民主和进步大会在地方选举中获得全国72%的市镇席位。2007年5月，该党在立法选举中赢得国民议会111席中的73席。6月，以特尔蒂乌斯·宗戈为总理的新政府成立，继续将发展经济、改善民生作为政府工作重点。2010年11月，孔波雷在首轮总统选举中以80.2%的得票率蝉联。2012年12月，布举行立法选举，执政党争取民主和进步大会党获得127个席位中的70席。2013年1月，孔波雷对内阁进行改组，自任国防部长。2014年10月底，孔强推修宪谋求连任，引发“宪政危机”。以原总统卫队副指挥官齐达为首的布军方接管国家权力，孔被迫辞职，流亡科特迪瓦。经国际社会多方斡旋，布各方推举前外长卡凡多为临时总统，卡任命齐达为总理。11月23日，布过渡政府成立，过渡期1年。2015年9月，支持孔的原总统卫队发动政变失败。11月29日，总统选举顺利举行，追求进步人民运动党候选人卡博雷在首轮投票中以53.5%的得票率击败进步变革联盟主席迪亚布雷，当选总统，并于12月29日宣誓就职。

2012年以来，伊斯兰马格里布基地组织等地区恐怖主义势力向布境内渗透。2016年1月15日，伊斯兰马格里布基地组织在瓦加杜古市一酒店制造恐怖袭击并绑架上百名人质，造成30人死亡。

【宪法】1991年6月2日，全民投票通过独立以来第四部宪法。宪法规定：布是一个民主、统一、非宗教的国家。实行三权分立和多党制。共和国总统是国家元首、部长会议主席、最高司法委员会主席、武装力量最高统帅，须从年满35岁的布基纳法索公民中直选产生。2000年4月，国民议会大会通过宪法修正案，规定总统任期五年，可连任一次。总统临时或最终不能行使职权时，由议长代行。解散国民议会时，总统需与议长协商。

【议会】2002年1月，布国民议会修改宪法，撤销代表院，将议会两院制改为一院制。国民议会拥有127个议席，行使立法权，每年举行两次例会，议员经直接普选产生，任期5年。本届议会于2015年11月29日选举产生，议长萨利夫·迪亚洛（Salifou Diallo），2016年1月就任。议会主要政党议席如下：追求进步人民运动（MPP）55席、进步变革联盟（UPC)33席、争取民主和进步大会（CDP）18席。

【政府】现政府于2016年1月6日组成，主要成员名单如下：总理保罗·卡巴·蒂耶巴（Paul Kaba Thieba），国防和退伍军人国务部长罗克·马克·克里斯蒂安·卡博雷（总统兼任）（Roch Marc Christian Kabore），国土整治、权力下放和安全国务部长西蒙·孔波雷（Simon Compaore），外交、合作和海外侨民部长阿尔法·巴里（Alpha Barry），司法、人权和公民发展部长，掌玺贝索勒·勒内·巴戈罗（Bessolé René Bagoro），经济、财政与发展部长哈迪扎图·罗西娜·库利巴利（Hadizatou Rosine Coulibaly，女），公职、劳动和社会保障部长克莱芒·庞旺代·萨瓦多戈（Clément Pengdwendé Sawadogo），高等教育、科研和创新部长菲利加·米歇尔·萨瓦多戈（Filiga Michel Sawadogo），国民教育和扫盲部长让·马丁·库利巴利（Jean Martin Coulibaly），卫生部长斯马伊拉·韦德拉奥果（Smaïla Ouedraogo），农业和水利治理部长雅各布·韦德拉奥果（Jacob Ouedraogo），水资源和清洁部长尼乌加·安布鲁瓦兹·韦德拉奥果（Niouga Ambroise Ouedraogo），基础设施部长埃里克·文登马内加·布古马（Eric Wendenmanegha Bougouma），能源、矿业和采石业部长阿尔法·奥马乌·迪萨（Alpha Oumar Dissa），交通、城市疏导和道路安全部长苏莱曼·苏拉马（Souleymane Soulama），商业、工业与手工业部长斯特凡纳·萨努（Stéphane Sanou），畜牧业和渔业部长索马诺戈·库图（Sommanogo Koutou），数字经济发展和邮政部长阿米娜塔·萨纳（Aminata Sana Née Congo，女），青年、培训和就业部长让·克洛德·布达（Jean Claude Bouda），女性、国家团结和家庭部长洛蕾·宗戈·伊昂（Laure Zongo Née Hien，女），新闻和议会关系部长雷米·菲尔让斯·当吉努（Rémi Fulgence Dandjinou），城市规划和住房部长莫里斯·迪厄多内·博纳内（Maurice Dieudonné Bonanet），环境、绿色经济和气候变化部长巴蒂奥·巴西埃（Batio Bassiere），文化部长塔希鲁·巴里（Tahirou Barry），体育和娱乐部长塔伊鲁·邦格尔（Taïrou Bangre）。

【行政区划】全国分为13个大区、45个省和301个市镇。首都瓦加杜古位于卡迪奥果省。

【司法机构】2002年7月，布对司法制度进行了重大改革。国家最高司法委员会为最高司法机构，主席由国家元首兼任，司法部长为副主席。取消最高法院，设立高等法院、行政法院、审计法院和宪法委员会。高等法院为最高司法机构，由民事、商事、社会和犯罪4个法庭组成。行政法院主要审理国家行政机关之间的纠纷和公民对行政机关的控告，下设两个法庭。审计法院是对国家财政执行情况进行监督的最高专门机构，审理国家企业、中央和地方行政机关财经违法案件，下设三个法庭。宪法委员会监督和保障宪法的实施，解释宪法。

【政党】现有合法政党40余个，主要有：

（1）追求进步人民运动（Mouvement du Peuple pour le Progrès）：执政党，2014年1月成立。2014年1月，前争取民主和进步大会党（CDP）主席、现任总统卡博雷因不满孔波雷任人唯亲和谋求修宪连任，联合该党重量级人物萨利夫·迪亚洛、前瓦加杜古市长西蒙·孔波雷等70多名高层人员脱离CDP，并创立争取民主进步运动。

（2）进步变革联盟（Union pour le progrès et le changement）：2010年3月成立。其宗旨系通过推动布进行政治、经济和社会变革给人民带来进步。主席泽菲兰·迪亚布雷（Zéphirin Diabré）。

（3）争取民主和进步大会（Congrès pour la Démocratie et le Progrès）：1996年2月5日成立。以孔波雷领导的争取人民民主组织—劳动运动为主体，联合其他10多个政党组建而成。目前在国民议会中占18席。主席埃迪·孔布瓦果（Eddie Komboigo）。

（4）争取民主和联合同盟—非洲民主联盟（Alliance pour la Démocratie et la Fédération-Rassemblement Démocratique Africain）：1998年5月成立。2003年6月出现分裂，原主席埃尔曼·亚梅奥果（Hermann Yameogo）退出该党，另立争取民主和发展全国联盟（UNDD）。主席吉尔贝·韦德拉奥果（Gilbert Ouédraogo）。

（5）争取复兴同盟/桑卡拉运动（Union pour la Renaissance-Mouvement Sankariste）：反对党，2000年成立，系从桑卡拉泛非公约党（CPS）分裂而来。目前在国民议会中占4个席位。主席本纳温德·斯塔尼斯拉斯·桑卡拉（Bénéwendé Stanislas Sankara）。其他政党有：争取共和国联盟（UPR）、民主力量联盟（CFD）、民主和社会主义党—建设者党、争取布基纳发展同盟（RDB）、桑卡拉党联盟（UPS）、社会主义民主运动（PDS）、非洲独立党（PAI）等。

【重要人物】**罗克·马克·克里斯蒂安·卡博雷：**总统。1957年4月25日生。莫西族，天主教徒。法国第戎大学管理学专科学习文凭。曾任布基纳法索交通运输部长、国务部长兼财政计划部长、总理、国民议会副议长、议长等职。原为前总统孔波雷领导的争取民主和进步大会党重要成员，曾任该党全国执行书记、主席。2014年1月退党并创立追求进步人民运动，2015年11月29日作为该党候选人当选总统，并于12月29日宣誓就职。　**保尔·卡巴·蒂耶巴（Paul Kaba Thieba）**：总理。1960年7月28日生。经济学家。自上世纪90年代起长期任职西非国家央行，2014年2月担任西非国家经货联盟金融稳定基金负责人。2016年1月6日，被总统卡博雷任命为政府总理。

经　济

联合国公布的最不发达国家之一。工业基础薄弱，资源贫乏。国民经济以农牧业为主，棉花是布主要经济作物和出口创汇产品。

2014年主要经济数据如下：

国内生产总值：129亿美元。

人均国内生产总值：741美元。

国内生产总值增长率：4.6%。

货币名称：非洲金融共同体法郎，简称非洲法郎。

汇率：1美元=494非洲法郎。

通货膨胀率：–0.3%。

（资料来源：2016年第一季度《经济季评》）

【资源】已探明的矿藏：黄金储量150万吨，锰1770万吨，磷酸盐2.5亿吨，锌银合成矿1000万吨，石灰石600万吨。

【工业】全国5%的劳动力从事工业生产。2013年工业产值约占国内生产总值的29.4%。主要为农牧产品加工和轻工业，包括纺织、屠宰、制糖、皮革、啤酒、塑料制品及少量电力、机械工业等。2012年黄金产量为42吨。现有矿业公司24家，其中外资公司11家，合资公司8家，本国独资公司5家。建筑业发展迅速。

【农牧业】全国84%的劳动力从事农牧业生产。农牧业产值约占国内生产总值的33.8%。全国有耕地327万公顷（占可耕地面积的1/3），可灌溉土地16.5万公顷。主要粮食作物有稻米、小米、玉米和木薯，主要经济作物有棉花、花生、芝麻和卡利特果等。布系撒哈拉以南非洲第一大棉花出产国，2012/2013年棉花产量65万吨，较上一棉花种植季增产51%。畜牧业为国民经济基础部门之一。畜产品在出口产品中占有重要地位。

【旅游业】全国共有旅馆40多家，旅游从业人员1.5万人。年平均收入超过4000万美元。主要旅游点有阿尔利、波城和W区国家公园。

【交通运输】随着经济的发展，交通运输在国民经济中的地位越来越重要。铁路：全长622公里。全国45%的进出口货物依靠铁路运输。由于管理不善等原因，铁路运营状况不佳。为摆脱困境，1994年布政府同科特迪瓦政府和法国公司决定共同组建非洲铁路运输公司，实行私有化，布和科分别占有15%的股份。1995年8月正式运营。2001年，布与科共同设立铁路投资基金，计划每年投资20亿非郎用于改善铁路基础设施和火车提速。2001年，布铁路货运量达313200吨。2002年9月科特迪瓦危机爆发后，科布边界关闭，铁路停运。2003年9月恢复运行。公路：总长约1.4万公里，其中沥青路2300公里，国家级公路3299公里、省级公路1446公里、地区级公路1524公里。空运：瓦加杜古和博博迪乌拉索各有一个可起降大型飞机的国际机场。布有一家合资航空企业“布基纳航空公司”，现有一架福克28型飞机和一架空客A319。法航每周三班从巴黎飞瓦加杜古。

【财政金融】2000年布被国际货币基金组织和世界银行列入“重债穷国减债倡议”名单。2002年布达到“重债穷国减债倡议”完成点。2005年12月国际货币基金组织决定免除布欠其所有债务。2013年外债总额29亿美元，外汇储备6.29亿美元。2012年布政府预算收入22.6亿美元，支出23.1亿美元，赤字0.5亿美元。

【对外贸易】2014年进出口总额52.49亿美元，其中出口额23.18亿美元，进口额29.31亿美元。主要出口国为中国、印度尼西亚、日本和泰国，主要进口国为科特迪瓦、法国、加纳、印度。主要出口黄金、棉花和乳油木，主要进口生产工业品所需的生产资料、石油制品和食品等。

【外国援助】外援是布建设资金和弥补预算赤字的主要来源。主要援助国和国际组织为法国、德国、丹麦、荷兰、日本以及世界银行、国际货币基金组织、欧盟、非洲发展基金、联合国开发计划署等。

人民生活

根据联合国开发计划署《2015年人类发展报告》公布的人文发展指数，布在188个国家中排名第183位。目前有公职人员39000人，平均月工资约13万非洲法郎。法定最低工资为每小时143非洲法郎。全国有8家医院，地区级医疗中心11个，县级53个，基层卫生诊所677个。平均每3万人拥有1名医生，每1823人拥有1张病床。新生儿死亡率96‰，平均寿命51.4岁。贫困人口占全国人口的27.2%。拥有固定电话10万部，移动电话约100万部，因特网用户6.46万个。

军　事

1960年11月1日建军。全国武装力量由正规军和准军事部队组成。总统为武装部队最高统帅。正规军6600人，其中陆军6400人，空军200人；警宪部队4200人；民兵45000人。有10架各种型号的飞机。

文化教育

【教育】有小学3368所，在校学生705927人；中学293所，在校学生146850人。高等学府3所，即瓦加杜古大学、博博工科综合大学和库杜古高等师范学校，其中瓦加杜古大学为综合性大学，注册学生约1万人。除本国学生外，还有非洲9个国家的数百名留学生。成人识字率23.6%。此外，还有各种扫盲、培训中心3978个，约11万人学习。

【新闻出版】全国共有报刊40多种，大多数为私营刊物。主要官方报刊有《希德瓦亚报》(发行量3500份)、《非洲十字路口》和《希德瓦亚画报》。主要私营报刊有：日报《帕尔加观察家》(8000份)、《国家》(5000份)、《晚报》(2500份)等；周刊《周四新闻》(1万份)、《独立报》(5000份)等。多数报纸都有电子版。布基纳新闻社：官方通讯社，成立于1964年。每周出版两期《每日新闻》。布基纳国家广播电台：1959年落成。每天用法语和民族语言播音约19个小时。布基纳国家电视台：建于1963年。1978年起开播彩色电视节目，每天播出8小时左右，周末增加播出时间。2006年年底电视节目覆盖全国。布另有3家私人电视台。

1995年3月，宗教和布道团联合会创办的电视台和电台开播。

对外关系

奉行和平、发展和全面开放的外交政策，强调务实的经济外交。同西方国家特别是法国保持密切关系。近年来注重加强同美国及亚洲国家交往，以争取更多外援。积极参与地区事务，努力调解多哥、科特迪瓦、马里等国危机，并向中非、马里等国派遣维和部队。2006年举办非洲开发银行第41届年会和第14届非洲法语国家议会大会。2007年1月，孔波雷总统当选西非国家经济共同体和西非经济货币联盟执行主席，2008年获得连任。2009年，布担任联合国安理会非常任理事国、联合国人权理事会成员国和国际原子能机构理事会成员国和非盟和平与安全理事会成员国。2010年，布举办了非加太地区国家与欧盟委员会部长级会议、非洲、欧洲和亚洲企业论坛等国际会议。2014年10月“宪政危机”后，布积极争取国际社会理解，国际社会对布过渡进程表示支持。

【同中国的关系】1973年9月15日两国建交。1994年2月2日，布政府和台湾当局宣布“复交”。2月4日，中布中止外交关系。

2014年中布贸易额约为2.42亿美元，同比下降16.68%，其中中方出口1.18亿美元，进口1.24亿美元。主要出口机电产品，进口棉花。

【同法国的关系】法是布前宗主国、最大的贸易伙伴和援助国，每年向布提供约500亿非洲法郎的援助。孔波雷总统曾多次访法，2004年11月，法国总统希拉克访布并出席在布举行的第十届法语国家首脑会议。2006年5月，布总统孔波雷对法进行友好工作访问。2007年2月，孔赴法出席第24届法非首脑会议，法负责合作、发展和法语国家共同事务的部长级代表访布。2008年1月，法外长贝尔纳·库什内访布；3月，孔波雷赴法进行私人访问。2009年2月，布法签署关于法向布提供120亿非洲法郎财政援助的协定。2010年5月和7月，孔波雷总统应邀赴法出席第25届法非峰会和法国国庆活动。2009—2011年度。法向布提供总额1950万欧元的援助。2011年布军人哗变后，法高规格接待到访的布外长和总理。2012年2月、4月和7月，法国外长朱佩、军队总长吉约和外长法比尤斯分别访布，孔波雷会见。9月，孔波雷应邀访法，会见奥朗德总统。2013年1月和3月，孔波雷分别会见到访的法国负责发展事务的部长级代表和国防部长。2014年10月布“宪政危机”后，法积极参与调解斡旋，支持布过渡进程。2015年5月至6月，卡凡多总统对法国进行工作访问，会见法国总统奥朗德等领导人。9月，布发生政变后，法国积极斡旋施压。

【同美国的关系】1962年签署布美合作协定。1992年，美对布支持利比里亚全国爱国阵线不满，两国关系一度紧张。1993年布调整了对利比里亚政策，努力修复同美关系，两国互派大使。美每年提供1800万美元援助支持布经济发展。2005年度，美向布提供的粮食援助总额达1600万美元。2007年3月，美国“千年挑战公司”负责人访布。11月，美副国务卿内格罗蓬特访布，重点商讨了调解科特迪瓦危机问题。同月，美非洲司令部两名副司令和美参议院代表团分别访布。美还帮助培训布参与非盟在达尔富尔地区维和行动的800名士兵。2008年6月，美国负责非洲事务的助理国务卿帮办访布；7月，孔波雷访美，会见布什总统。2009年，美在“千年挑战账户”项下与布签署约5亿美元的援款协定。4月，美众议院代表团访布。2010年5月，美在布境内指挥了多国联合军演。7月，宗戈总理访美。2012年8月，孔波雷会见了到访的美军非洲司令部司令卡特。2013年5月，孔波雷会见了来访的美军非洲司令部司令罗德里格斯。9月，孔波雷在美出席第68届联合国大会期间会见了美国防部长哈格尔。2014年8月，孔波雷赴美出席首届美非峰会。2014年10月布“宪政危机”后，美积极参与调解斡旋，支持布过渡进程。9月，布发生政变后，美国强烈谴责总统卫队非法夺权，要求恢复过渡进程，并宣布将援助与和平过渡挂钩。

【同欧盟的关系】布与欧盟保持着良好的合作关系。2002年3月，布与欧盟签署2001—2007年欧盟援布指导计划。欧盟承诺向布提供2.75亿欧元的援助。2003年11月，欧盟委员会主席普罗迪访布，承诺欧盟将为布的发展项目提供资金。2006年11月，孔波雷总统赴布鲁塞尔出席“首届欧洲发展日”活动。2007年7月，欧盟向布提供134亿非洲法郎援助，用于2007—2009年减贫专款。11月，欧盟与布签署2008—2012年合作计划，将提供65亿非洲法郎用于布棉花生产，并提供26亿非洲法郎补充布预算和行政开支。2008年1月，欧盟与布签署协定，向布提供300亿非洲法郎援款，用于布减贫、教育和基础设施建设。2009年12月，欧盟向布提供约354亿非洲法郎援款，用于解决布饮用水净化问题。2010年7月，欧盟向布提供55亿非洲法郎紧急粮食援助。2011年7月，欧盟决定出资800万欧元，用于支持布实施司法、国防和安全体系改革。

2013年11月，欧盟宣布2014—2020年向布提供6.23亿欧元援助。2015年6月，卡凡多总统赴比利时参加第26届克莱恩和蒙塔纳论坛，会见欧盟领导人和比利时首相米歇尔。7月，欧盟决定在2015—2016年间为布提供1.2亿欧元财政援助。10月，欧盟向布援助价值40亿西非法郎的选举物资。

【同邻国和其他非洲国家的关系】布重视发展与邻国和其他非洲国家关系，与利比里亚、毛里塔尼亚和科特迪瓦关系趋于改善。孔波雷总统积极参与调解几内亚、科特迪瓦、马里等地区热点问题。2010年，孔先后访问了尼日利亚、刚果（布）、卢旺达等国，出席了马里、加蓬、贝宁、喀麦隆等国独立50周年庆典活动，接待了布隆迪、科特迪瓦、马里、利比里亚和加蓬等国总统来访。2011年，孔作为由非盟指定的调解科特迪瓦选后危机的高级别领导小组5国元首之一，在西共体峰会、非盟和安会等多边场合参与协调各方立场。

2012年，孔波雷接待了科特迪瓦、尼日利亚和加纳等国总统来访，出席了南非非国大成立100周年庆典、塞内加尔总统就职典礼、西共体首脑峰会和非盟首脑会议等活动。2013年，孔波雷接待了几内亚比绍过渡政府总理、中非临时总统、塞内加尔总统和马里总统等到访，访问了多哥、科特迪瓦等国，出席了撒哈拉—萨赫勒国家共同体特别峰会、西共体首脑峰会和马里总统就职典礼等活动。2014年，孔波雷接待了尼日尔总统、多哥总统、科特迪瓦总理等到访，访问了马里，赴科特迪瓦出席了日本—西共体成员国首脑会议，赴加纳出席西共体特别峰会，赴摩洛哥出席第25届克莱恩蒙塔纳论坛。2014年11月，临时总统卡凡多赴塞内加尔出席法语国家组织首脑会议。12月，卡凡多赴尼日利亚出席西共体首脑峰会，赴毛里塔尼亚出席萨赫勒五国集团首脑会议。2015年1月，塞内加尔总统访布，卡凡多赴贝宁、埃塞俄比亚出席西非国家经货联盟首脑会议、非盟首脑会议。2月，临时政府总理齐达访问摩洛哥。2015年5月，卡凡多赴加纳出席西非国家共同体第47届峰会，赴贝宁出席宗教、文化对话促进和平与发展教育会议，赴多哥访问，赴尼日利亚出席布哈里总统就职典礼。2015年6月，过渡政府总理齐达赴南非出席非盟峰会。7月，齐达、卡凡多先后访问科特迪瓦。9月，卡凡多赴塞内加尔出席西共体峰会。9月，布发生政变后，非盟、西共体予以强烈谴责，西共体轮值主席、塞内加尔总统萨勒、尼日尔总统伊素福、贝宁总统亚伊、多哥总统福雷等赴布进行斡旋调解。10月，齐达访问塞内加尔。

布　隆　迪

<u>国名</u>　布隆迪共和国（The Republic of Burundi，La République du Burundi）。

<u>面积</u>　27834平方公里。

<u>人口</u>　1050万（2014年）。由胡图（84%）、图西（15%）和特瓦（1%）三个部族组成。官方语言为基隆迪语和法语，国语为基隆迪语，部分居民讲斯瓦希里语。居民中61%信奉天主教，24%信奉基督教新教，3.2%信奉原始宗教，其余信奉其他宗教或不信教。

<u>首都</u>　布琼布拉（Bujumbura），人口约100万（2013年）。

<u>国家元首</u>　总统皮埃尔·恩库伦齐扎（Pierre NKURUNZIZA），2005年8月19日当选，2010年6月28日胜选连任，2015年8月20日再次连任。第一副总统加斯东·辛迪姆沃（Gaston SINDIMWO），第二副总统约瑟夫·布托雷（Joseph BUTORE）。

<u>重要节日</u>　国庆节（独立日）：7月1日。

简　况　位于非洲中东部赤道南侧。内陆国。北与卢旺达接壤，东、南与坦桑尼亚交界，西与刚果（金）为邻，西南濒坦噶尼喀湖。西部湖滨与河谷及东部为热带草原气候；中西部属热带山地气候。年平均气温为20℃—24℃，最高可达33℃。3—5月为大雨季，10—12月为小雨季，其他月份为旱季。

17世纪以前建立了封建王国。1890年成为德属东非的一部分。1922年成为比利时委任统治地。1946年联合国将布交由比利时“托管”。1962年7月1日宣布独立，成立布隆迪王国。1966年11月28日米孔贝罗发动政变成立布隆迪共和国。1976年11月1日巴加扎发动政变成立布隆迪第二共和国。1987年9月3日皮埃尔·布约亚政变上台就任总统，成立第三共和国。1992年实行多党制。1993年6月，布举行多党总统和立法选举，胡图族最大政党布隆迪民主阵线（简称“民阵”）主席梅尔希奥·恩达达耶当选总统，民阵获议会绝对多数。10月，布发生军事政变，恩达达耶总统被害身亡。政变引发大规模民族流血冲突。1994年1月，国民议会选举民阵成员西普里安·恩塔里亚米拉为总统。4月6日，恩遇空难身亡。9月，民阵同原执政党、图西族政党争取民族进步统一党（又称“乌普罗纳党”，简称“乌党”）等反对党达成权力分配“政府契约”，国民议会选举民阵成员西尔维斯特·恩蒂班通加尼亚为总统。1996年7月25日，由图西族控制的军队发动政变，废黜恩蒂班通加尼亚，推举前总统布约亚为总统。2000年8月，在国际社会和周边国家调解下，布政府与各政治派别签署阿鲁沙和平与和解协议。

政　治

2001年11月1日，布隆迪过渡政府成立，布约亚出任过渡期前18个月总统，原民阵总书记、胡图人恩达伊泽耶出任副总统。2003年4月30日，根据阿鲁沙协议顺利实行政权交接，恩达伊泽耶接任总统，图西人卡德盖出任副总统，布过渡期平稳进入第二阶段。11月，布政府和最大的反政府武装保卫民主力量（FDD）签署一揽子和平协议，FDD加入过渡政府，布和平进程取得重大进展。2005年6—8月，布顺利举行地方、立法和总统选举。FDD在地方、国民议会和参议院选举中分别赢得63%、55%和88%的席位，成为执政党，其领导人恩库伦齐扎当选总统，8月26日就职，随后组成新政府。2006年9月7日，布政府与最后一支反政府武装全国解放阵线（FNL）签署全面停火协议。但有关落实协议的谈判多次陷入僵局。2008年4月，双方发生较大规模交火。5月，在国际社会的积极斡旋下，双方再次签署停火协议。12月，推动布和平进程地区国家首脑会议在布举行，布政府与FNL就FNL转为合法政党及其在布政权体系内职位分配等问题达成一致，签署了新的和平协议。2009年4月，全国解放阵线正式宣布放弃军事斗争，3500名士兵被纳入布军队和警察系统。2010年6月28日，布举行总统选举，因反对党指责政府和执政党在此前举行的地方选举中舞弊而拒绝参选，恩库伦齐扎作为唯一候选人以91.62%得票率蝉联。2015年年初以来，布各方因大选问题产生严重分歧，国内局势趋于紧张，并曾于5月发生未遂军事政变。7月21日，布举行总统选举，恩库伦齐扎得票率69.41%，首轮直接胜出。8月20日，恩库伦齐扎宣誓就职。

【宪法】2005年3月18日，布颁布实施《后过渡时期宪法》，这是独立以来的第六部宪法。宪法规定：实行多党制。总统是国家元首、政府首脑和军队统帅，由直接普选产生，任期5年，可连任1次。两位副总统由来自不同民族和不同政党的人士担任，由总统任命。胡图和图西两族在政府和国民议会中所占比例分别不超过60%和40%，在参议院中各占50%。政府成员由总统征询副总统意见后任命，由不同政党代表组成，对总统负责。国防和安全力量服从于国家文职权力机关，由专业人员组成，不参加任何党派，任何一族在国防力量中比例不得超过50%。

【议会】两院制，由国民议会和参议院组成。本届国民议会和参议院分别于2015年7月、8月成立。国民议会121席，议长帕斯卡尔·尼亚本达（Pascal NYABENDA），第一副议长阿加顿·鲁瓦萨（Mo-Mamo KARERWA），爱德华·恩杜维马纳（Edouard NDUWIMANA）。参议院共41席，参议长雷韦里安·恩迪库里约（Révérien NDIKURIYO），第一副参议长斯佩·卡里塔丝·恩杰巴里卡努耶（Spès Caritas NJEBARIKANUYE，女），第二副参议长阿尼塞·尼永加博（Anicet NIYONGABO）

【政府】本届政府成立于2015年8月24日，由总统、2名副总统、20名部长组成，名单如下：总统皮埃尔·恩库伦齐扎（Pierre NKURUNZIZA）；第一副总统加斯东·辛迪姆沃（Gaston SINDIMWO）；第二副总统约瑟夫·布托雷（Joseph BUTORE）；内政与爱国主义教育部长帕斯卡尔·巴兰达吉耶（Pascal BARANDAGIYE）；公安部长阿兰·纪尧姆·本约尼（Alain Guillaume Bunyoni）；对外关系与合作部长阿兰·艾梅·尼亚米特韦（Alain Aimé NYAMITWE）；总统府良政与计划部长塞尔热斯·恩达伊拉吉热（Serges NDAYIRAGIJE）；总统府东非共同体事务部长莱昂蒂娜·恩泽伊马纳（Léontine NZEYIMANA，女）；司法掌玺部长艾梅·洛朗蒂娜·康亚纳（Aimée Laurentine KANYANA）；财政、预算与私有化部长塔布·阿卜杜拉·马尼拉基扎（Tabu Abdallah MANIRAKIZA）；农牧业部长德奥·吉德·鲁雷马（Déo Guide RUREMA）；国防与退伍军人部长埃马纽埃尔·恩塔奥姆武基耶（Emmanuel NTAHOMVUKIYE）；公共卫生与艾滋病防治部长若西亚娜·尼金贝雷（Josiane NIJIMBERE，女）；教育、高等教育与科学研究部长让维埃·恩迪拉希沙（Janvière NDIRAHISHA）；邮政、通信技术、新闻与媒体部长内斯托尔·班库穆昆齐（Nestor BANKUMUKUNZI）；水资源、环境、国土整治与城市化部长埃马纽埃尔·尼永库鲁（Emmanuel NIYONKURU）；商业、工业、邮政与旅游业部长佩拉特·尼永库鲁（Pélate NIYONKURU）；能源与矿业部长科姆·马尼拉基扎（Côme MANIRAKIZA）；公职、劳动与社会保障部长费利克斯·姆波泽里尼加（Félix MPOZERINIGA）；市镇发展部长让娜·达尔克·卡加约（Jeanne D’Arc KAGAYO，女）；交通、公共工程与装备部长让·博斯科·恩通兹韦尼马纳（Jean Bosco NTUNZWENIMANA）；人权、社会事务与性别平等部长马丁·尼维亚班迪（Martin NIVYABANDI）；青年、体育与文化部长让·博斯科·希蒂马纳（Jean Bosco HITIMANA）。

【行政区划】全国划分为1个直辖市（布琼布拉市）和16个省，各省名称如下：布班扎、布琼布拉、布鲁里、坎库佐、锡比托克、基特加、卡鲁齐、卡扬扎、基隆多、马康巴、穆朗维亚、穆因加、恩戈齐、鲁塔纳、鲁伊吉、姆瓦罗。

【司法机构】司法权独立于立法权和行政权，由各级法院、法庭依法行使。主要司法机构包括最高法院、宪法法院、特别最高法院、上诉法院、审计院、商业法庭、劳动法庭、省级法院及总检察院、地方检察院等。最高法院和宪法法院成员由总统任命。

现任最高法院院长让－马里·恩冈当齐（Jean-Marie NGENDANZI），宪法法院院长克里斯蒂娜·恩泽伊玛纳（Christine NZEYIMANA，女），总检察长瓦朗丹·巴戈里孔达（Valentin BAGORIKUNDA）。

【政党】根据《宪法》和2011年9月颁布的《新政党法》，实施多党制，政党依法在内政部注册登记。截至2014年6月，共有42个合法政党。

（1）保卫民主全国委员会—保卫民主力量（Comité National pour la Défense de la Démocratie-Forces pour la Défense de la Démocratie，CNDD-FDD），执政党，以胡图族为主体。曾为布最大反政府武装力量，2003年11月与布过渡政府达成停火协议，于2004年9月正式转为合法政党，并在2005年各级选举中获胜，成为执政党。2007年2月，FDD召开特别党代会，会议决定党内最高权力机构为贤人委员会，并选举恩库伦齐扎总统为该委员会主席，前总书记马纳塞·恩佐博尼姆帕（Manassé NZOBONIMPA）担任委员会书记；会议还选举热雷米·恩让达库马纳（Jérémie NGENDAKUMANA）为党的新任主席。2011年年初，贤人委员会书记马纳塞因公开批评党内腐败现象被终止党员资格，布隆迪第二副总统鲁菲基里接替马出任贤人委员会书记。2012年3月，保卫民主力量举行第二届全国代表大会，选举帕斯卡尔·尼亚本达（Pascal NYABENDA）为主席、维克多·布里库基耶（Victor BURIKUKIYE）为第一副主席、约瑟夫·恩卡塔卢蒂马纳为第二副主席。

（2）争取民族进步统一党（Le Parti de l'Unité pour le Progrès National，UPRONA）：简称乌党，1959年1月成立，是图西族最大政党。布独立以后长期执政。1993年6月多党选举失败后，失去执政党地位。1996年布约亚重新执政后，党内出现分裂。2001年11月，布过渡政府成立，布约亚出任过渡期前18个月总统。2005年大选后，乌党在国民议会和参议院分别占据15席和4席，沦为第三大党。2010年在国民议会和参议院选举中，乌党分获17席和2席，并在政府中获得第一副总统和3个部长席位，成为第二大党。2012年9月召开第四届全国代表大会，夏尔·恩蒂提耶（Charles Nditije）当选为党主席。由于乌党内派系矛盾，该选举结果一直未获司法部门认可。2014年1月孔西里埃·尼比基纳（Concilie NIBIGIRA，女）当选为党主席。

（3）布隆迪民主阵线（Front pour la démocratie au Burundi，FRODEBU）：简称民阵，成立于1986年，是胡图族最大政党。该党的目标是建立一个尊重、捍卫、促进人的基本权利和自由的真正的主权国家。2001年11月1日过渡政府成立后，民阵前总书记恩达伊泽耶出任副总统，民阵主席米纳尼任国民议会议长。2005年立法选举失败后，米纳尼被罢免主席职务，原总书记莱昂斯·恩冈达库马纳（Léonce NGENDAKUMANA）当选主席，厄弗拉希·比基尔马纳（Euphrasie BIGIRMANA）当选总书记。2006年3月，宣布退出政府，成为反对党。

（4）保卫民主全国委员会（Conseil National pour la Défense de la Démocratie，CNDD），于1994年10月从民主阵线中分裂出来，原主张武装斗争、国际军事干预和改组布军队。1998年6月，尼昂戈马参加阿鲁沙和谈，后签署了阿鲁沙和平协议并加入过渡政府。党主席莱奥纳尔·尼昂戈马（Léonard Nyangoma）。

其他政党还有：公民权利运动（MRC）、盾党（MSP INKINZO）、胡图人民解放党（PALIPEHUTU）、人民和解党（PRP）、人民党（PP）、争取民主和经济社会发展集合运动（RADDES）、布隆迪人民联盟（RPB）、争取权利和发展全国联盟（ANADDES）、自由党（PL）、社会民主党（PSD）、劳动者独立党（PIT）、布非拯救联盟（ABASA）、民族复兴党（PARENA）、远见者同盟（INTWARI）、布隆迪争取民主与和解党（PDR）、布隆迪争取发展自由联盟（ALIDE）、布隆迪争取民主和发展新同盟（NADEBU）、布隆迪争取和平与发展联盟（UPD）等。

【重要人物】**皮埃尔·恩库伦齐扎：**总统。1963年12月18日出生于布琼布拉，胡图族。曾在布隆迪大学任教。1995年加入反政府武装保卫民主力量，1998年任副总书记，2001年被选为主席。2003年11月该组织加入布过渡政府后，恩出任负责良政和国家总检察事务的国务部长。2005年8月19日当选总统，2010年6月28日、2015年8月20日胜选连任。

经　济

农牧业国家，经济以农业为主。20世纪90年代以来，布隆迪战争频仍，局势动荡。1996年7月政变后遭受长达30个月的经济制裁，西方国家援助基本停滞，加之难民问题和气候因素，经济形势严重恶化，国内生产总值比战前累计下降了22%—25%。2000年布政府与各政治派别达成和平协议后，国际援助逐步恢复，经济形势有所好转。2009年1月，布达到重债穷国减债倡议完成点，获得减免14亿美元的债务。2012年2月，布出台《第二代增长和减贫战略框架》文件。10月，布政府在日内瓦召开"布发展合作伙伴大会"，与会各方承诺提供资金26亿美元。2015年年初以来，因国内局势紧张，外援减少，布经济状况有所恶化。

2014年主要经济指标如下：

国内生产总值：30亿美元。

人均国内生产总值：286美元。

经济增长率：4.7%。

货币名称：布隆迪法郎（简称布郎）。

汇率：1美元=1548布郎。

通货膨胀率：5.4%。

（资料来源：2015年经济季评）

【资源】矿藏主要有镍、泥炭、铈、钒、锡、金、高岭土等。镍矿储量2.61亿吨，品位为1.5%。泥炭储量约5亿吨。磷酸盐储量3050万吨，品位11.1%—12.6%。钒储量1600万吨。石灰石储量200万吨。金矿分布较广，西北部储量较大，开采于20世纪30年代，多走私国外。森林覆盖率1993年为国土面积的5%，后由于火灾和滥伐而迅速减少至目前的3%。

【工业】工业基础薄弱。从业人数占劳动力人口的2%。2014年工业产值约占国内生产总值的18.3%，主要有农产品加工、化工、纺织、烟酒和发电等，均为中小企业。最大的工业生产企业是啤酒饮料厂。

【农牧业】约有90%的劳动力人口从事农牧业。已耕地面积8224平方公里，占国土面积的31.8%，其中可灌溉面积100平方公里。2014年农牧业产值约占国内生产总值的39.3%，农产品出口占出口总额的78.1%。粮食种植面积占耕地面积的90%，主要有玉米、大米、豆类、薯类、芭蕉等。农产品90%自给自足。近年来粮食产量为120多万吨。经济作物占耕地面积的10%，主要有咖啡、茶叶、棉花等。畜牧业原较发达，现逐年衰退。天然牧场7277平方公里，占全国面积的28.2%，畜牧业生产总值占国内生产总值的5%。近年主要经济作物产量如下：

	2011	2012	2013
咖啡	14227	23771	36383
茶叶	8815	10373	41817
籽棉	1890	1623	2238

【服务业】近年来，服务业发展较快，交通运输、商业、银行、社会服务等服务业逐年发展，对国民经济的贡献率不断上升。2014年产值约占国内生产总值的42.4%。

【交通运输】无铁路。

公路：各类公路总长1.36万公里。首都布琼布拉为交通枢纽。陆运主要线路由布琼布拉向北经卢旺达、乌干达至肯尼亚蒙巴萨，全长2025公里。

水运：主要航道为坦噶尼喀湖，航线总长175公里。主要线路系由坦噶尼喀湖南下至坦桑尼亚基戈马港，再转铁路抵达累斯萨拉姆港，全长1428公里。主要港口为布琼布拉港，有500米长码头，可同时停靠5艘货轮。

空运：布琼布拉国际机场可起降波音747客机等大型客机，由布隆迪国家航空管理局（RSA）管理，2012—2014年布琼布拉机场出入境旅客人数稳定在25万人左右。比利时航空公司开通了从布琼布拉直飞布鲁塞尔的航班。布国家航空公司还辟有通往卢旺达、乌干达、肯尼亚、埃塞俄比亚和南非的航线。

【通讯设施】世界上电话覆盖率最低的国家之一。国家电信局是布唯一的固定电话运营商，全国共有固话用户30000个。全国有U-Com, Onatel, Africell, Econet，Lacel，Lumitel 6家移动电话运营商，用户160000个。全国有互联网用户14000个，由U-Com, Onatel, Usan Bu, Cbinet四家网络运营商提供网络支持。

布隆迪布琼布拉城域网项目于2015年初开始运营，连通肯尼亚蒙巴萨、坦桑尼亚达累斯萨拉姆的海底电缆，可以向消费者提供宽带网服务。

【财政金融】财政收入主要靠各种税收和外国、国际组织的贷款和赠款。2014年，布隆迪财政总收入13820亿布郎（约合8.64亿美元），总支出14424亿布郎（约合9.01亿美元）。

主要银行有：布隆迪共和国银行，1964年成立，为中央银行，在政府指导下制定官方汇率。最大的三家商业银行分别是布琼布拉信贷银行、布隆迪商业银行和互助银行。

【对外贸易】主要出口产品有咖啡、茶叶等，主要进口产品为工业制成品和燃料等。2014年主要出口对象国是瑞士、刚果（金）、巴基斯坦和比利时，主要进口来源国是中国、印度、沙特阿拉伯和坦桑尼亚。

据布隆迪中央银行统计，2014年布隆迪进出口额约8.94亿美元，较上年减少1.4%，进口总额约7.69亿美元，较上年减少37%，出口总额约1.25亿美元，较上年增长37%，全年贸易逆差约6.44亿美元，较上年减少11%。

【外国援助】1996年7月政变后，邻国对布实行经济制裁，外援大量减少。1999年制裁解除，西方援助相继重新启动。主要来自法、比、美、日、挪威、联合国难民署、世界粮食计划署、欧盟、国际开发协会等，主要用于军事、教育、农牧、卫生和技术。2014年外国援助总额约5.01亿美元。因2015年选举危机，西方主要援助伙伴暂停预算和项目援助，仅保留人道主义紧急援助。

人民生活

90%以上人口生活在农村，50%以上不足17岁，平均每名妇女生育6个孩子，年人口增长率2.5%，平均预期寿命51岁，儿童死亡率18‰。70%的人每天生活费不足1美元，贫困人口占人口总数的60%。

【医疗卫生】采用医疗互助基金和医疗证办法，军人就医全部免费，平民实行部分免费医疗，公职人员每月向互助基金交纳工资的6%，政府财政补贴4%。医疗证可全家使用，凭医疗证就医者交纳医药费的20%。2005年政府卫生医疗支出占国内生产产值的3.9%。2006年，布政府提出实施5岁以下儿童医疗免费和妇女分娩免费政策。平均每25000人有一个卫生医疗中心，70%的医生集中在首都。常见病有疟疾、艾滋病、血吸虫病、肝炎、霍乱等。全国艾滋病感染率为3.3%。2013年，布医院和诊所数量分别为68家、851家。

中国政府自1987年起向布隆迪派遣援布医疗队，截至2015年已累计派出16批312人次。

军　事

1967年3月7日建军，2005年结束过渡期后组建新的国防军和警察部队，胡图和图西族官兵各占50%。布隆迪国防军由陆军、空军、湖军和宪兵组成。总统为武装部队统帅。军队总参谋部下设海军局和空军局分管湖军和空军。总参谋长普里姆·尼勇加博（Prime Niyongabo）。

全国设1个卫戍区和5个军区，20个兵营。总兵力约5.05万人，其中陆军、湖军和空军共4.5万人，宪兵5500人。陆军有步兵、装甲、机械、炮兵、通讯、工兵、建筑工程和侦察营等。空军在布琼布拉和基特加设有空军基地，另有一个伞兵营。士兵服役期为6年，军官为职业军人。国防开支一般占国家预算的20%。战乱期间，军费开支比例较高，一度占财政预算的30%。近年来，随着布和平进程的推进，军费开支有所下降。

文化教育

【教育】内战期间许多学校关闭或被毁。2005年9月起实行小学6年免费义务教育制，小学入学新生大幅增加，校舍短缺。据联合国儿童基金会统计，自布实施小学免费教育以来，布学生入学率已经从2005年的59%增长至2011年的96.1%。成人识字率54%。中学教育分普通中学、中等师范学校和中等技术专业学校3种类型。布隆迪有6所公立大学，24所私立大学。布隆迪大学是唯一的综合性公立大学，2013年在校生达13000余人。此外还有高等农业学院、城市建设规划技术学院、军事干部学院、神学院、国际关系研究中心和高等贸易、新闻、司法警官等大专院校。

【新闻出版】主要报刊有：《新生报》，官方法文日报，1978年4月创刊；《团结》周刊，基隆迪文官方刊物，主要面向农村；此外还有多家私营报纸。

布隆迪新闻社为官方通讯社，1976年6月创建。黑非洲通讯社（AGENCE AZANIA）和新闻社（NET PRESSE）均为民办通讯社。

布隆迪广播电台是国家电台，分一台和二台，一台用基隆迪语对内广播，二台用法语、英语和斯瓦希里语对内对外广播。此外还有数家民办电台。

布隆迪电视台为国家电视台，1982年12月由法国援建，每天17：00—23：00用基隆迪语、法语播放新闻和专题节目。

对外关系

奉行睦邻友好、不干涉别国内政、不结盟及国际合作的外交政策。重视睦邻友好，希望通过地区合作推动本国内部问题的解决，支持非洲经济一体化计划，重视同西方国家关系，呼吁国际社会关注布局势并对布提供援助。目前，布隆迪已与127个国家建立了外交关系。

【同中国的关系】1963年12月21日，中国与布隆迪建交。1965年1月29日布政府单方面宣布中断与中国的外交关系。1971年10月13日两国恢复外交关系。此后两国友好合作关系发展顺利。

中方访布的领导人和外交部主要官员有：中联部部长吴学谦（1979年12月）、国务院副总理姬鹏飞（1980年8月），全国人大常委会副委员长荣毅仁（1985年1月），全国政协副主席钱正英（1988年7月），中共中央政治局常委，书记处书记李瑞环（1991年7月），国务委员兼外交部长钱其琛（1993年1月），全国妇联副主席顾秀莲（2002年3月），外交部长杨洁篪（2008年1月），中联部部长王家瑞（2011年3月），全国政协副主席罗富和（2011年11月），胡锦涛主席特使，文化部长蔡武（2012年6月出席布独立50周年庆典），中国政府非洲事务特别代表钟建华大使（2013年2月、2015年11月）等。

布方访华的主要有：王后德雷斯·卡尼昂加（1963年3月），议长塔德·西里乌尤蒙西（1964年4月），外交，合作和计划部长阿特蒙·辛巴纳尼耶（1972年1月），外交和合作部长穆甘加·阿尔贝（1978年1月），总统让·巴蒂斯特·巴加扎（1979年3月），对外关系和合作部长洛朗·恩泽依马纳（1983年8月），议长埃米尔·姆沃罗哈（1984年2月），对外关系和合作部长艾吉德·恩库里因戈马（1987年8月），总统皮埃尔·布约亚（1989年2月和1999年11月），对外关系和合作部长西普里安·姆博宁帕（1990年11月），对外关系和合作部长塞弗兰·恩塔霍姆武基伊（1998年6月和2000年10月），对外关系和合作部长泰朗斯·西农古鲁扎（2001年5月和2002年5月），副总统阿尔方斯－马里·卡德盖（2004年6月），对外关系与合作部长安托瓦内特·巴图穆布维拉（2005年12月），总统恩库伦齐扎（2006年11月出席中非合作论坛北京峰会、2008年8月出席北京奥运会开幕式、2014年8月出席南京青奥会开幕式），第二副总统恩蒂塞泽拉纳（2008年9月出席北京奥运会闭幕式）、对外关系与合作部长恩桑泽（2010年7月出席上海世博会布国家馆日），第二副总统鲁菲基里（2012年5月应外交学会邀请非正式访华）、对外关系与合作部长卡瓦库雷（2012年7月出席中非合作论坛第五届部长级会议，2014年7月出席中布经贸混委会第12次会议），第一副总统西农古鲁扎（2012年8月出席第二届中非地方政府合作论坛），参议长恩蒂塞泽拉纳（2012年9月）等。

据中国海关统计，2014年中布双边贸易额为5574.5万美元，其中中国向布隆迪出口5160.2万美元，主要为日用轻工、纺织品、五金、建材、工具、农具等，从布隆迪进口414.3万美元，主要为矿产品。

中国驻布隆迪大使：卓瑞生。馆址：Sur La Parcelle 675 A VUGIZO，BUJUMBURA。国家地区号：00257，办公室电话：22224307，传真：22224082电子邮箱：sinoburundi@hotmail.com；政治处电话：22216856，传真：22213735，电子邮箱：sinoburundi@hotmail.com，chinaemb_burundi@mfa.

gov.cn；经商处电话：22224246；传真：22221962；电子邮箱：conec@cbinf.com。

布隆迪驻华大使：帕斯卡尔·加松祖（Pascal GASUNZU）。馆址：北京市朝阳区光华路25号。电话：010–65322328。

【同比利时的关系】布隆迪曾是比殖民地，两国传统关系较深。1996年布发生政变后，比曾一度中断了与布的合作。近年来，比加大了对布援助力度。2008年3月，布外长巴图姆布维拉访比。4月，比外交大臣和发展合作大臣米歇尔访布。10月，布第一副总统萨因古乌访比。2009年10月，恩库伦齐扎总统访比。2010年1月，比副首相兼外交大臣范纳格赫访布。11月，比国防大臣戴尔库尔访布。2012年1月和3月，布第二副总统鲁菲基里、外长卡瓦库雷分别访比。7月，比利时王储菲利普出席布独立50周年庆典。2013年9月，比国有企业和发展合作大臣拉比耶访布。2014年4月，恩库伦齐扎总统赴比出席第四届欧非峰会，并顺访比。截至2013年底，比在布有侨民400多人。2015年以来，因比反对恩库伦齐扎总统谋求连任，两国关系有所紧张。

【同法国的关系】布法关系长期稳步发展。两国签有经济、技术、军事、文化等合作协定，法在布隆迪专家、技术人员共150余人。1996年7月布发生政变后，法一度停止了与布的合作，仅向布提供人道捐助。2000年阿鲁沙和平协议签署后，法逐步恢复了对布援助，并宣布免除布所有债务。2005年10月，布法达成协议恢复两国间军事合作。2006年2月，法外长布拉齐访布，会见恩库伦齐扎总统。11月，恩库伦齐扎总统访法，希拉克总统会见。2007年2月，恩库伦齐扎总统赴法出席第24届法非首脑会议。2011年7月，法国民议会议长阿夸耶访布。2013年3月，恩库伦齐扎总统对法国进行国事访问。12月，恩库伦齐扎总统赴法出席在巴黎举行的法非和平安全峰会。2014年6月，恩库伦齐扎总统再度访法。截至2013年底，法在布有侨民400多人。2015年布爆发危机后，法中止了与布军事合作。

【同美国的关系】美在医疗卫生、农业、环保、能源和培训等方面向布隆迪提供援助。2005年12月，美将布纳入《非洲增长与机遇法案》。2006年3月，布国民议会议长纳哈约访美。2007年3月，美国负责非洲事务的助理国务卿斯旺访布，会见了恩库伦齐扎总统。11月，美国参议院代表团访布。12月，美宣布将对布年度财政援助由1860万美元上调至2860万美元。2008年2月，恩库伦齐扎总统访美。2012年3月，布第二副总统鲁菲基里访美。2012年3月、2013年6月，布第二副总统鲁菲基里两次访美。2014年2月，美同布签署《美军地位协定》。8月，恩库伦齐扎总统赴美出席首届美非峰会。2015年11月，美国认为恩库伦齐扎总统谋求连任违反民主良政原则，将布从《非洲增长与机遇法案》中除名。

【同邻国的关系】重视睦邻友好，强调邻国对布和平的重要作用，积极恢复和发展同周边国家关系。1999年1月22日，第7次布隆迪问题大湖地区国际组织首脑会议决定中止对布经济制裁后，布与邻国关系不断改善。2006年4月，大湖地区三方加会议在布琼布拉召开，布隆迪、卢旺达、刚果（金）外长和乌干达国防部长，以及美国、欧盟、非盟、联合国等国家和组织与会，会议就打击本地区非法武装，加强安全合作等进行讨论，并发表联合公报。2007年7月，布正式加入东部非洲共同体。2012年7月，布举行独立50周年庆典活动，非洲国家中肯尼亚、中非、赤道几内亚、索马里、刚果（金）、坦桑尼亚六国总统以及乌干达副总统、卢旺达总理等出席。2013年7月，卢旺达、肯尼亚总统和加蓬国民议会议长、乌干达副总理等外国政要出席布独立51周年庆典。

布隆迪同卢旺达独立前同属比利时托管地，两国在民族、宗教、语言、文化和风俗等方面相同或相似，两国在民族、侨民等问题上时有摩擦。1996年7月布发生政变后，卢参加了对布制裁。制裁中止后，两国关系迅速改善。布总统布约亚、恩达伊泽耶、恩库伦齐扎等多次访卢。2008年5月，布第一副总统萨欣古武访卢。7月，卢参议长比鲁塔访布。2010年8月，恩库伦齐扎总统同卡加梅总统互致贺电，祝贺对方成功连任。2011年1月、9月，卢旺达总统卡加梅两次访布。2015年布危机爆发后，布指责卢支持布叛乱分子，卢方予以否认，两国关系趋紧。

布与刚果（金）在历史、地理、经济、文化方面有着密切联系。1998年刚果（金）冲突爆发后，布政府军进入刚境内清剿本国反政府武装，两国关系恶化。2001年约瑟夫·卡比拉任刚总统后，两国关系有所改善。刚允诺不再支持布反政府武装，布从刚撤军。2003年2月，布约亚总统与刚（金）和卢旺达外长签署了旨在推动地区和平进程的《布鲁塞尔约定》。2005年2月，布外长西农古鲁扎访问刚。2010年3月，布在时隔15年后再次向刚派遣大使。4月，恩库伦齐扎总统访刚，这是布总统25年来首次访刚，双方就布选举、安全合作等问题交换了意见。2012年6月，刚外长奇班达访布。2012年底刚果（金）东部局势再度恶化后，布政府支持刚果（金）政府打击叛军。

布重视发展同坦桑尼亚关系。布一半以上进出口物资经坦转运。目前仍有大量布难民流落在坦。1996年7月布发生政变后，坦联合其他布邻国对布实施经济制裁，两国关系严重恶化。1999年制裁中止后，布坦关系开始改善，两国总统多次互访。2008年1月，坦国防部长姆维尼访布。同月，恩库伦齐扎对坦桑进行工作访问。6月，布第一副总统萨欣古武赴坦参加次地区发展问题首脑峰会。11月，布第一副总统萨欣古武赴坦出席基奎特总统就职仪式。2015年5月布发生政变时，恩库伦齐扎正在坦桑参加东共体特别峰会。在坦方协助下，恩顺利回国。

布同乌干达关系较密切，布大量物资须途经乌进口。1996年7月布发生政变后，乌在对布制裁问题上态度强硬，两国关系趋冷。1998年布启动和平进程后，乌对布制裁终止，两国关系好转。2000—2008年，布总统多次访乌。2010年4月，布第一副总统萨欣古武赴乌出席第三届东非共同体投资大会。10月，布第二副总统鲁菲基里作为布政府特使访乌，出席在坎帕拉举办的国际商业展及乌独立48周年庆典活动。2012年底刚果（金）东部局势再度恶化后，布在大湖地区国际会议（CIRGL）框架下与乌加强沟通与合作，恩库伦齐扎总统多次赴坎帕拉出席CIRGL峰会。2015年布危机爆发后，乌总统穆塞韦尼被东共体任命为布问题调解人，多次赴布斡旋。（吴宇成）

赤道几内亚

国名　赤道几内亚共和国（The Republic of Equatorial Guinea，República de Guinea Ecuatorial）。

面积　28051平方公里，其中大陆部分26017平方公里，岛屿2034平方公里。

人口　101万。主要民族为分布在大陆的芳族（约占人口的85%）和居住在比奥科岛的布比族（约占人口的6.5%）。官方语言为西班牙语，法语为第二官方语言，葡萄牙语为第三官方语言。民族语言主要为芳语和布比语。居民82%信奉天主教，15%信奉伊斯兰教。

首都　马拉博（Malabo），位于比奥科岛，人口约21万。年平均气温25℃。

国家元首　总统特奥多罗·奥比昂·恩圭马·姆巴索戈（Teodoro Obiang Nguema Mbasogo），1979年任最高军事委员会主席和国家元首，1982年任总统，1989年、1996年、2002年和2009年4次连任。

重要节日　自由政变日：8月3日；宪法日：8月15日；独立日：10月12日。

简　况

位于非洲中西部，西临大西洋，北邻喀麦隆，东、南与加蓬接壤。海岸线长482公里。属热带雨林气候，年平均气温24℃—26℃。

1471—1778年，葡萄牙先后占领比奥科、科里斯科和安诺本等岛。1778年，葡将包括上述3岛在内的奥戈韦河（今加蓬境内）至尼日尔河沿海地区划归西班牙势力范围。1845年，西班牙在赤几建立殖民统治。1964年1月赤几实行“内部自治”。1968年10月12日正式宣告独立，成立赤道几内亚共和国，马西埃·恩圭马任总统。1979年8月3日，国家革命武装力量部副部长奥比昂中校发动军事政变，推翻马西埃政权，成立以奥为首的最高军事委员会。

政　治

奥比昂执政以来，积极致力于维护国家稳定和发展经济。其领导的民主党先后在1993年、1999年、2004年和2008年4次议会选举中以绝对优势获胜。近年，奥继续奉行民族和解和政治多元化政策，加快基础设施建设，扩大农业、教育和医疗的投入。2009年11月赤道几内亚举行总统大选，奥比昂以绝对优势获胜，第四次连任总统，任期7年。2011年11月，赤几举行全民公投，通过了以限制总统任期、设立副总统职位和参议院等为主要内容的宪法改革方案。2012年2月，奥比昂正式签署法令颁布新宪法。5月，赤几政府内阁进行了大幅调整，设立副总统和第二副总统职位，并吸收反对党入阁。2013年5月，举行议会和市政选举，执政的民主党领导的竞选联盟以绝对优势赢得选举。9月，奥比昂总统对内阁进行部分调整。2014年11月，召开第五次全国政治对话会议。2015年4月，奥比昂宣布解散并改组政府，精简机构。5月，落实第五次全国政治对话会议成果，修订《政党法》《总统选举法》《全民公决、市政和两院选举法》《游行、集会自由法》《政党融资法》等法律。

【宪法】1982年6月通过，1991年11月修订，2011年11月再次修订。宪法规定：赤几实行共和制，是一个独立、民主、统一的国家。立法、司法、行政三权分立。共和国总统为国家元首和政府首脑，经全民直接选举产生，任期7年，最多可连任一届。

【议会】原称人民代表院，是国家最高立法机构。根据2011年11月修订的宪法，实行两院制，人民代表院改设为参议院和众议院。参议院议员70名，其中55名由直接选举产生，15名由总统任命，任期5年；众议院议员100名，由直接选举产生，任期5年。

2013年5月选举产生新一届两院议员，民主党领导的竞选联盟赢得54个参议院席位、99个众议院席位和327个市政议员席位，反对党争取社会民主联盟党赢得参、众两院各1席和5个市政议员席位。新当选的参议长为玛丽亚·特蕾莎·埃富阿·阿桑戈诺（Maria Teresa Efua Asangono），众议长为高等西奥·穆哈巴·梅苏（Gaudencio Muhaba Mesu）。2013年7月，首届参众议院成立。

【政府】本届政府于2010年1月组成，2012年

5月，2013年9月和2015年4月进行3次调整，除总统外，有副总统伊格纳西奥·米拉姆·唐（Ignacio Milam Tang）、第二副总统特奥多罗·恩圭马·奥比昂·曼戈（Teodoro Nguema Obiang Mangue）、总理比森特·埃阿特·托米（Vicente Ehate Tomi），第一副总理兼内政和地方机构部长克莱门特·恩贡加·恩圭马·翁圭内（Clemente Engonga Nguema Onguene），第二副总理弗朗西斯科·帕斯卡尔·奥巴马·阿苏埃（Francisco Pascual Obama Asue），第三副总理阿方索·恩苏埃·莫库伊（Alfonso Nsue Mokuy），此外还有25位部长。主要是：总统使命部长亚历杭德罗·埃武纳·奥沃诺·阿桑戈诺（Alejandro Evuna Owono Asangono），总统府民事内阁部长布劳略·恩科戈·阿贝格（Braulio Neogo Abegue），总理府议会关系和法律事务国务部长安赫尔·马西埃·米布伊（Angel Masie Mibuy），总理府地区一体化部长巴尔塔萨·恩贡加·埃德霍（Baltasar Engonga Edjo），总理府艾滋病与传染性疾病防治部长托马斯·梅切巴·费尔南德斯·加利莱亚（Tomás Mecheba Fernández Galilea），国防部长安东尼奥·姆巴·恩圭马（Antonio Mba Nguema），总理府部长兼秘书长福斯蒂诺·恩东·埃索诺·埃扬（Faustino Ndong Esono Eyang），司法、宗教和惩戒机构部长埃万赫利娜·菲洛梅娜·奥约·埃布拉（Evangelina Filomena Oyo Ebula），外交和合作部长阿加皮托·姆巴·莫库伊（Agapito Mba Mokuy），贸易和企业促进部长阿尔弗莱多·米托戈·米托戈·阿达（Alfredo Mitogo Mitogo Ada），财政和预算部长马米盖尔·恩贡加·奥比昂·埃扬（Miguel Engonga Obiang Eyang），公共工程和基础设施部长胡安·恩科·姆布拉（Juan Nko Mbula），矿业、工业和能源部长加夫列尔·姆贝加·奥比昂·利马（Gabriel Mbega Obiang Lima）等。

【行政区划】全国划分为7个省、18个区和30个市。

【司法机构】由最高法院、总检察院、上诉法院、初审法庭、市镇法庭以及最高军事法庭组成。最高法院是全国最高审判机关，下辖民事、刑事、行政和习惯法四庭。总检察院为国家法律监督机关和国务委员会的咨询机构。最高法院院长马丁·恩东·恩苏埃（Martín Ndong Nsue）。总检察长卡洛斯·曼格·埃卢库（Carlos Mangue Eluku）。

【政党】共有13个合法政党。主要有：

（1）赤道几内亚民主党（Partido Democratico de Guinea Ecuatorial）：执政党，成立于1986年。创始人及主席为奥比昂总统，总书记赫洛尼莫·奥萨·奥萨·埃科罗（Jeronimo Osa Osa Ecoro）。

（2）社会民主人民联盟党（Convergencia Social Democratica Popular）：1992年成立。主席为塞昆迪诺·奥约诺·阿沃·阿达（Secundino Oyono Awong Ada）。

（3）民主社会联盟（Union Democratica Social）：1991年成立于葡萄牙。总书记为卡梅洛·莫杜·阿库塞·宾当（Carmelo Modu Akuse Bindang）。

此外还有自由党（Partido Liberal）、自由民主大会党（Convencion Liberal Democratica）、赤几社会主义党（Partido Socialista de Guinea Ecuatorial）、赤几人民行动党（Accion Popular de Guinea Ecuatorial）、争取社会民主联盟（Convergencia Para la Democracia Social）及社会民主党（Partido Social Democrata）等。

【重要人物】特奥多罗·奥比昂·恩圭马·姆巴索戈：总统、民主党主席、武装部队总司令。1942年6月5日生于大陆地区蒙戈莫县，芳族人。1963年考取国土警卫队士官生，同年9月赴西班牙萨拉戈萨军事学院学习两年。回国后历任比奥科岛驻军司令、国防部供应和计划局长、国家革命武装力量部秘书长和副部长等职。1979年8月3日发动军事政变，任最高军事委员会主席。10月任国家元首和政府首脑。1982年8月就任总统。1986年12月创建民主党并任主席。1989年6月、1996年2月、2002年12月和2009年12月4次连任总统。 **伊格纳西奥·米拉姆·唐**：副总统。1940年6月20日出生于赤几中南省。1982年任总理府行政协调司司长，1986—1996年先后任交通和通讯部秘书长、总理府中央服务司司长、全国粮食安全委员会执行主任、总理府金融监管司司长等职。1996年任司法部长。1998年任青年和体育部长。1999年任人民代表院第二副议长。2001年任第一副总理。2003年任总理府部长级秘书长。2004年当选为议员。2006—2007年任赤几驻西班牙大使。2008年7月起任赤几总理。2010年连任。2012年5月起任赤几副总统。

经　济

独立后经济曾长期困难。20世纪90年代商业产油后，经济出现转机，石油和天然气成为经济支柱。1997年制定《经济中期发展战略》（1997—2001年），采取扩大石油开采，增加信贷投放，提高可可收购价格，降低生产资料零售价格等一系列措施刺激经济发展。1997—2007年年均经济增长率达26%，是经济增长最快的非洲国家之一。2007年11月召开第二届全国经济大会，制订了2008—2020年国家经济发展远景规划，在强化油气产业发展的同时，全面启动交通、通讯、电力和卫生等基础设施建设，推动经济多元化发展，计划2020年建设成为新兴国家。2014年2月，赤几召开首届经济多元化会议，正式启动经济多元化进程，重点发展农牧业、渔业、石化与矿业、旅游业、金融服务业等五大战略产业。7月，政府成立2020控股公司和共同投资基金，旨在有效利用油气收入，为推行经济多元化提供资金支持。

2014年赤道几内亚经济平稳增长，主要经济数据如下：

国内生产总值：240亿美元。

人均国内生产总值：约2.38万美元。

国内生产总值增长率：−2.3%。

货币名称：中非金融合作法郎，简称“中非法郎”。

汇率：1美元≈597中非法郎。

通货膨胀率：6.1%。

（资料来源：2016年第一季度《经济季评》）

【资源】矿藏有石油、天然气、磷酸盐、黄金、铝矾土等。已探明天然气和原油储量分别为368亿立方米和56亿桶。林、渔业资源丰富，森林覆盖率曾高达80%。20世纪80年代后期90年代前期，木材加工是国家重要创汇来源，后因管理不善、砍伐过度产值不断下降，原木产量从2000年的70.82万立方米下降到2008年的40万立方米，其中约90%用于出口。原木主要出口亚洲，现森林覆盖率46%，海上专属经济区31.2万平方公里。

【工矿业】以石油和天然气为主。近年来由于石油工业快速发展，工业总产值在国内生产总值中所占比重逐年增加，但结构单一。2011年工业总产值占国内生产总值的90%以上。

1998年12月，议会批准了新的《石油开采法》，赤几方获得的石油份额从过去的10%增加到13%—20%。为加强对石油勘探、开采等工作的管理，1999年8月，赤几政府决定成立石油开采工作跟踪委员会，并宣布将今后所有石油收入纳入国家财政预算。2001年成立国家石油公司。2004年9月，召开第一届全国石油工业大会，宣布成立国家石油技术研究院。2014年原油日产量25.4万桶。目前在赤几开采石油的主要是美孚、马拉松、欧菲尔、道达尔等美、英、法石油公司。根据协议，赤几政府以原油偿还上述石油公司的投资；石油公司则向赤几政府支付一定比例的石油收入，作为用地费用和税款。近年，赤几政府加大对石油资源的控制，规定赤几政府须在所有合资石油公司中控股35%以上。

2002年总投资4.15亿美元的甲醇生产基地在首都马拉博建成投产，年产甲醇达92.5万吨，该企业是非洲最大的甲醇生产厂，产量占世界总产量的3%。2005年组建国家天然气公司。2006年12月，颁布《能源和石油天然气法》，重点增加了国家对油气资源的控制、管理及国家权益等条款。2013年，赤几出口液化天然气、甲醇、丁烷、丙烷等合计6660万桶，同比增长2.0%。目前，全国有十几个中、小型热电厂和水电站（热电80%，水电20%），多为外国援建，最大装机容量为15400千瓦。

【农渔业】随着石油工业的快速发展，农渔业总产值在国内生产总值中所占的比重逐年下降。2007年，政府通过《农业森林法》，规定每年木材产量最高限额为54万立方米。2013年实际木材产量为33.4万立方米，同比下降0.1%。目前全国可耕地面积约85万公顷，70%的劳动人口从事农业。粮食不能自给。主要粮食作物为木薯、芋头、玉米等。2013年赤几蔬菜产量约87吨。主要经济作物为可可和咖啡。由于近年来国际市场价格下降，咖啡和可可生产萎缩，特别是可可产量已由过去最高年份的4.5万吨降至目前不足500吨。

赤几拥有30万平方公里的海上专属捕鱼区，盛产金枪鱼、非洲黄鱼和大虾等，年捕获量可达7万吨以上，但实际捕捞量不高。2013年捕鱼量2515吨，同比下降4.6%。近年来，赤几政府采取一系列措施支持渔业发展，将其作为实现经济多元化的关键之一。

【建筑业】随着近年石油天然气产业快速发展以及政府不断加大基础设施投资力度，建筑业在国民生产总值中的比重迅速上升到1.2%，成为仅次于石油与农业的第三大产业。2013年赤几基建投资约49亿美元。近年来，政府投入巨资修建公路，改造机场，扩建港口，启动规模庞大的住房计划。

【交通运输】无铁路。赤几全国公路网约3952公里，其中2469公里分布在大陆地区，253公里公路分布在岛上，还有1230公里林区公路。国家级公路长1009公里，其中沥青路面约400多公里。赤几汽车保有量以大约每年23%的速度增长。

空运：马拉博和巴塔是主要航空港。全国共有4家航空公司，其中1家为国营公司，承运马拉博到巴塔和安诺本两条国内航线，以及马拉博到马德里、杜阿拉、阿布贾、利伯维尔、科托努、巴马科等国际航线。此外，喀麦隆、加蓬、尼日利亚、贝宁、西班牙、德国、法国、肯尼亚、埃塞俄比亚等国航空公司有从马拉博飞往杜阿拉、利伯维尔、阿布贾、科托努、马德里、法兰克福、巴黎、内罗毕、亚的斯亚贝巴等地的航班。

水运：马拉博和巴塔是重要海港。2002年，马拉博港的总吞吐量为1181万吨，巴塔港总吞吐量为50.4万吨。2003年4月卢巴新港落成。2007年巴塔港启动改扩建工程。2013年赤几港口货物吞吐量为134万吨。赤几海运业总体水平落后，近年有一定发展。

【电信业】起步较晚，整体水平仍比较落后。20世纪90年代与法国电信公司合作成立赤几电信公司GETESA，其中赤几持股60%，法方持股40%。1996年，在法国援助下，马拉博和巴塔两市安装了新的数据网。1997年两市又安装了移动通信系统。近年来，移动电话用户增长迅速，2000—2007年期间，手机用户平均增长率达80%。2004年9月，继蒙戈莫、埃贝比因之后，安诺本岛开通手机GSM通信服务。2005年5月，赤几电信公司开通宽带因特网（ADSL）。2012年，赤几接入了ACE国际海底光纤网，获得高速互联网国际接口。赤几有固定电话用户1.35万，移动电话用户42.6万，互联网用户4.2万。目前，电话和互联网业务的主要运营商为赤几电信公司（GETESA）。自2010年初起，引入第二家电信运营商沙特阿拉伯公司HITS。2012年，由中国中兴通讯股份有限公司与赤儿政府合资成立的赤几通讯公司（GECOMSA），成为赤几第三家电信运营商。

【财政金融】自20世纪90年代以来，石油产业成为赤几最重要的财政收入来源，国家收入大幅增长，财政紧张状况有所缓解。2005年，赤几公布法令，中央政府将把每年财政收入的10%拨给地方政府，用于地方建设项目。赤几外汇储备近年来增长较快，2014年财政收入34.3亿美元，赤字7.4亿美元。

1985年赤几信贷银行倒闭后，赤几一直没有国家银行。2006年4月，菲律宾商业银行和赤几方商定共同组建赤几国家银行。9月，赤几国家银行开业。近年来银行业有较大发展，目前有4家银行经营业务，主要顾客为在赤几的外国公司。保险业发展较慢，全国有3家保险公司和1家再保险公司。

【对外贸易】2014年进出口贸易总额约为189.7亿美元，其中出口125.2亿美元，进口64.5亿美元，顺差60.7亿美元。生活日用品和生产资料均依赖进口。主要进口国为美国、西班牙、中国、法国等。石油和木材为主要出口产品。主要出口国为中国、日本、英国和法国等。近年来，随着石油工业的快速发展，石油不仅取代木材成为主要出口创汇产品，而且扭转了外贸长期逆差的局面。

【外国资本】系撒哈拉以南非洲吸引外国直接投资最多的国家之一。主要投资国为美国、法国和西班牙。投资领域主要集中在石油领域。

【外国援助】援助主要来自西班牙、法国和联合国有关机构等。西班牙于1999年12月恢复了对赤几的官方援助。2002年世界银行重新启动同赤几政府在交通、公路建设、港口整修和人力资源培训等领域的合作。世界卫生组织、联合国开发计划署和联合国儿童基金会分别与赤几签署2002—2003年合作行动协议和2002—2006年合作计划。2005年4月，联合国开发计划署与赤几政府签署协议，联合国在5年内向赤几提供900万美元用于防治艾滋病。2005年，西班牙、法国分别向赤几提供2390万、420万美元的官方援助。2006年7月，联合国人口基金向赤几政府捐赠了15.7万美元的药品。同月，美国阿美拉达—赫斯公司向赤几政府捐赠4000万美元，用于赤几儿童教育和政府官员培训。8月，阿美拉达—赫斯公司和赤几政府签署教育合作协议，提供2000万美元帮助赤几发展基础教育。因赤几对欧盟与非加太集团国家间进行经贸合作的《科托努协定》部分条款持异议，欧盟自2008年起停止通过欧盟发展基金向赤几提供援助。

人民生活

根据联合国开发计划署《2015年人类发展报告》公布的人文发展指数，赤道几内亚在188个国家中排名第138位。全国有2所大区级医院，4所省级医院，12所区级医院，42个医疗中心和300个卫生站。共有病床1019张。巴塔有1所卫生学校。全国有医生58人、医疗技术人员165人、护士和服务人员800余人。平均每万人有病床21张。卫生状况较差，疾病易流行。68%的人用不上自来水，63%的人有病得不到及时治疗。人均预期寿命63.85岁。人口出生率33.31‰，死亡率8.19‰，婴儿死亡率69.17‰。平均每个家庭有子女5.6人。近年来，艾滋病在赤几迅速蔓延，艾滋病患者已由2003年的1.5万人到2005年的3.045万人。2001年成立了由奥比昂总统亲自主持的委员会，并制定了防治艾滋病五年战略。2004年6月，奥比昂总统发布总统令，批准向艾滋病病毒携带者提供药品和免除部分治疗费用的规定。8月，赤几政府与联合国儿童基金会在马拉博联合举办“防治艾滋病研讨会”。2005年2月，赤几卫生部长在马拉博主持召开医治艾滋病协调会。4月，赤几政府批准成立援助艾滋病基金会（AYES）。7月，政府启动社会发展基金，加大力度发展教育和卫生事业。8月，赤几免费为全国14岁以下儿童接种麻疹疫苗。2006年底，赤几政府采取措施，开始为艾滋病患者和病毒携带者免费提供检查和药品。2007年2月，奥比昂总统签署法令，规定私人行业最低工资为9.54万非洲法郎。卫生部推出希望计划，从2007年2月起，古巴医疗队在周末为低收入群体提供免费手术。2010年2月4日，赤几启动妇女及老龄人口社会经济状况普查。2014年2月，赤几公布赤几全国初级医疗战略（APS）。

军　事

赤道几内亚军队由海、陆、空三军组成，共约3000余人，其中陆军3个营，海军1个营，空军1个连。实行义务兵役制及军官终身制。奥比昂总统是全国武装力量最高统帅。军队装备不足且陈旧落后。近年赤几着力加强军事力量，2014年6月，赤几首艘自造军舰“维勒–恩萨斯”号轻型巡洋舰下水。

文化教育

【教育】赤道几内亚的教育以西班牙语为基础，分为学前教育、小学、中学或职业教育、大学4个阶段。赤几政府2007年提出发展学前教育计划。全国有学前教育中心300个。小学学制5年，实行义务教育，现有小学校890座。小学入学率为87%。中学学制7年，现有学校40所。职业培训由工作培训和技能培训两阶段组成，每阶段3年。西班牙、法国在马拉博分别设有规模较大的文化中心和语言学校。为适应石油工业高速发展，政府于2005年在马拉博建立“石油技工培训中心”，提供职业教育。全国只有1所大学赤几国立大学，与西班牙的大学有合作协议。赤几国立大学下设5个学院、2个系，共16个专业。政府不提供奖学金。多数石油公司为赤几留学生提供奖学金。在政府7500多名公务员中，仅3.2%的人具有大学学历。据官方统计，赤几5—24岁公民平均受教育率达84.6%。2010年赤几文盲率为6.1%。根据联合国教科文组织2013年度《全民教育全球检测报告》显示，赤几成人识字率达94%，居撒哈拉以南非洲首位。

【新闻出版】目前，赤几只有2份周报和6份刊物。周报为《黑檀木》《坡托坡托》，均由赤几新闻部主办。《加塞塔》是唯一允许发行的民间刊物。此外还有《保险报》《维纳斯》《你好，赤几》《班图》和《木棉》。

政府在马拉博和巴塔各建有1个国家电台，自每天下午3：00起播音10小时左右，内容为新闻、音乐和政府通知。2005年3月，由中国援建的巴塔电台短波站开播。奥比昂总统儿子曼格开办的私营电台阿松加主要播送新闻和娱乐节目。2005年，赤几国立大学开设了以播送教育节目为主的大学电台。

马拉博和巴塔分别设有国家电视台，每天15：00—24：00开播，内容主要是新闻、报道、讨论会和娱乐节目。2006年，由中国援建的马拉博电视中心建成。奥比昂总统儿子曼格开办了私营电视台阿松加。赤几卡梅利甘公司经营南非卫星电视业务，转播20多套国际电视节目。

2007年在马拉博建立了第一个印刷厂，目前全国尚无出版社。

赤几政府官方网站为内容主要为赤几新闻及有关情况。网址：http://www.guineaecuatorialpress.com。

对外关系

赤道几内亚奉行不结盟、睦邻友好和多元化的外交政策。主张在和平共处、平等互利的基础上加强与各国的友好合作关系。反对霸权主义和强权政治，要求建立国际政治经济新秩序。反对外国势力干涉非洲国家内部事务，主张非洲国家制定共同战略，争取正常的发展环境。反对西方借人权问题干涉别国内政。积极参与地区政治交往和经济合作。系非洲联盟、中部非洲国家经济共同体和中部非洲经济与货币共同体成员。

【同中国的关系】1970年10月15日建交以来，两国关系发展顺利，双方高层交往密切。赤道几内亚总统奥比昂曾于1984年至2005年五次访华，并于2006年11月来华出席中非合作论坛北京峰会。2007年1月，李肇星外长访问赤几。2008年6月赤几外长米查专程来华转交赤几政府向中国地震灾区提供的捐款。12月，商务部副部长高虎城率中国政府经贸代表团访问赤几。2010年7月，戴秉国国务委员访问赤几。8月，赤几总统奥比昂出席上海世博会赤几国家馆日活动，中国国家主席胡锦涛在北京会见。2011年2月，商务部部长陈德铭访问赤几。5月，赤几外长米查对华进行非正式访问。2012年1月，中国国家主席胡锦涛特使、外交部副部长翟隽访问赤几，奥比昂总统会见。4月，赤几外长米查来华出席中国—赤道几内亚第四届经贸混委会。7月，奥比昂总统来华出席中非合作论坛第五届部长级会议开幕式并访华。2013年9月，中央书记处书记、中央纪委副书记赵洪祝访问赤几。11月，赤几第二副总统曼格访华。2014年6月，外交部副部长张明访问赤几。2015年1月，外交部长王毅访问赤几。4月，奥比昂总统来华进行国事访问。12月，奥比昂总统出席在南非举行的中非合作论坛约翰内斯堡峰会。

2014年，中、赤几双边贸易额为35.7亿美元，其中中方出口额为3.5亿美元，进口额为32.2亿美元。

中国驻赤道几内亚大使：赵宏声。馆址：Carretera de Aeropuerto Malabo 2 C.P. No.40，Malabo 2 Guinea Ecuatorial。电话：（国家地区号：00240）333093505，333092239，222214057；传真：333092381。经商处电话：333093440。

赤道几内亚驻华大使：贺曼·埃夸·希玛（German Ekua Sima Abaga）。馆址：北京市朝阳区三里屯东四街2号。电话：010-65323679；传真：65323805。

【同西班牙的关系】西班牙为赤道几内亚原宗主国。1977年两国断交。1979年8月奥比昂执政后两国复交。西每年向赤几提供约2500万美元援助，是赤几主要援助国。1993年两国关系紧张，西中止了两国官方机构的合作。近年来两国关系有明显改善。1999年12月，西决定恢复对赤几的官方援助。2003年2月，西班牙文化中心新址在赤几首都马拉博落成。2004年3月6日，赤几发生未遂政变后，政府指责西班牙与政变有染，两国关系一度紧张，后趋于缓和。2006年1月，西宣布撤销对流亡在西的赤几反对党领袖塞韦罗的政治庇护。2月，赤几外长米查访西。10月，西外长莫拉蒂诺斯和司法部长阿吉拉访问赤几。11月，奥比昂总统对西进行正式访问。期间，奥比昂总统参加了赤几驻西使馆开馆仪式。2007年6月，西班牙议会代表团访问赤几。7月，赤几外长米查访西。11月，西商贸国务秘书莫拉访赤几。2008年1月，西经济部贸易和旅游国务秘书佩德罗访赤几。7月，赤几总理米拉姆访西。2009年7月，西外长访问赤几。2010年11月，赤几外长米查访问西班牙。2011年2月，西班牙议长何塞·博诺访问赤几。7月，西外贸国务秘书访问赤几。2012年11月，赤几外长姆巴访西，与西班牙外长签署了两国航空合作协议。2013年4月，赤几外长姆巴访西，会见西班牙国王胡安·卡洛斯一世。2014年3月，奥比昂总统赴马德里出席西班牙前首相苏亚雷斯国葬典礼。6月，西班牙首相拉霍伊出席在赤几举行的第23届非盟首脑会议。7月，西班牙前首相萨帕特罗访问赤几。

【同法国的关系】近年两国关系发展较快。1985年赤道几内亚加入法郎区，1997年正式宣布法语为第二官方语言。法每年向赤几提供约2000万美元的援助，并向总统府、国防部等政府部门派有顾问。两国设有混委会。近年来奥比昂总统多次访法，法国同意向赤几提供新的援助并扩大两国在经贸领域的合作。2008年9月，法移民部部长访问赤几，米拉姆总理会见。2010年3月，奥比昂总统会见法国陆军上将、法国国防及安全合作主任马努艾尔·佩特一行，双方就加强安全领域合作，在巴塔建立海军学校交换了意见。2012年2月，赤几政府就法国警方查扣赤几在法资产发表声明，敦促法方尽早归还有关资产。4月，部分旅居法国的赤几民众在法国驻赤几使馆前集会，抗议法以洗钱等罪名向奥长子曼格发出逮捕令。7月，因曼格拒绝到庭接受问询，法国法院以涉嫌洗钱和挪用公款为由对其发出通缉令。2014年4月，法国法官通过视频会议形式对曼格进行了审讯，解决了曼格拒绝赴法出庭的问题。2015年11月，奥比昂总统赴法国出席气候变化巴黎大会。

【同美国的关系】1976年两国断交。1979年奥比昂执政后复交。1994年美国将同赤道几内亚的外交关系从大使级降为代办级。1996年美关闭驻赤几使馆。2000年，美在巴塔开设了名誉领事馆。2003年10月，美驻赤几使馆在关闭7年后重新开馆。2006年4月，奥比昂总统对美进行工作访问。10月，奥比昂总统再次访美。2007年1月，美国国防部代表团访问赤几。2008年6月美国军事专业资源股份有限公司第一副主席威廉·柯尔南率团访问赤几，奥比昂总统接见。7月，美国"达拉斯"号护卫舰访问赤几。2009年1月，美导弹驱逐舰访问赤几。2010年4月，赤几外长米查访美。2011年2月，奥比昂总统访美。5月，美国助理国务卿苏珊·佩吉访问赤几。2011年12月，奥比昂总统访美，接受美"苏立文基金会"授予的奖项。2012年6月，奥比昂总统访美并在休斯敦举办了赤几投资机遇论坛。2013年4月，奥比昂总统赴纽约出席联合国特别会议。2014年7月，奥比昂总统赴美出席首届美非首脑会议。9月，奥比昂总统赴美出席第69届联合国大会。2015年9月，第二副总理恩奎玛赴纽约出席第70届联合国大会。

【同葡萄牙的关系】赤几积极争取加入葡萄牙语国家共同体。2013年4月，赤几任命首任驻葡萄牙大使。2014年7月，奥比昂总统赴东帝汶首都帝力出席第十届葡萄牙语国家共同体首脑会议，会议批准赤几成为该组织第九个成员国。

【同邻国的关系】重视同邻国保持睦邻友好关系。20世纪70年代初曾与加蓬发生领土争端，后经非统组织调解，两国签订《友好睦邻协定》和《划分陆、海边界协定》。近年来，随着赤道几内亚近海发现石油，同尼日利亚、加蓬、喀麦隆、圣多美和普林西比4个邻国确定领海疆界日显重要，赤几表示愿以谈判方式解决有关问题。

1985年，赤几与加蓬就联合开发科里斯科湾自然资源达成原则协议。2003年2月，加蓬国防部长登上与赤几有争议的姆巴涅岛并宣布该岛是加领土。赤几政府迅速发表声明，重申该岛是赤几领土，要求加方立即从该岛撤军。2004年7月，奥比昂总统与加蓬总统邦戈在联合国斡旋下在亚的斯亚贝巴签署共同开发姆巴涅岛资源的谅解备忘录。2006年2月，奥比昂总统和加蓬总统邦戈赴日内瓦接受联合国秘书长安南调解两国领土争端。3月，联合国秘书长安南访问赤几，继续调解两国领土争端。9月，奥比昂总统对加蓬进行工作访问，两国元首表示将和平解决两国领土争端。2007年3月，新任几内亚湾委员会执行秘书长表示将把调解两国领土争端作为优先任务之一。2008年11月，加外长保尔访问赤几。2008年以来，赤几和加蓬就边界岛屿主权归属争议总体已有所缓和。2009年6月，奥比昂总统出席加蓬总统邦戈的葬礼；10月，奥赴加蓬出席阿里·邦戈的就职典礼；同月，加蓬总统阿里·邦戈访问赤几。2012年1月，赤几与加蓬联合举办第28届非洲杯足球赛。9月，奥比昂总统出席第67届联合国大会期间，宣布将与加蓬领土争端问题提交海牙国际法庭裁决。2013年1月，奥比昂总统访问加蓬并出席中部非洲经济与货币共同体特别首脑峰会。4月，加蓬外长伊索泽访问赤几。6月，奥比昂总统赴加蓬出席中部非洲经济和货币共同体特别峰会及第二届"纽约—非洲论坛"。2014年5月，奥比昂总统在马拉博会见加蓬总统特使、外交部长伊索泽。

赤几与喀麦隆边界争议与喀麦隆、尼日利亚边界争端交织在一起，问题错综复杂。1999年3月，赤几根据《联合国海洋法公约》中间线条款单方面宣布海上边界。尼、喀和加三国对此存有较大争议。2010年2月，喀麦隆外长访问赤几，就两国边界划定问题进行磋商，双方就两国海洋划界问题达成协议并签署联合公报。5月，奥比昂总统会见喀麦隆第一副总理。同月，奥比昂总统参加喀麦隆独立50周年庆典。2012年9月，赤几与喀麦隆签署互免持外交、公务护照签证协议。11月，奥比昂总统访问喀麦隆。2014年3月，奥比昂总统会见到访的喀总统府民事部长贝林加。

2000年9月，尼日利亚总统奥巴桑乔访问赤几，两国元首签署海域边界协定。2002年4月，奥比昂总统访尼，双方签署共同开发海洋区的协定。2006年3月，奥比昂总统访尼。12月，两国在尼首都阿布贾签订能源合作协议。2007年5月，奥比昂总统出席尼日利亚新总统亚拉杜瓦就职典礼。2008年7月，奥比昂总统会见到访的尼前总统奥巴桑乔。2011年5月，奥比昂总统出席尼总统乔纳森就职典礼。2013年3月，尼总统乔纳森访赤几，奥比昂向乔纳森颁授赤几最高荣誉——独立大十字勋章。2015年2月奥比昂总统访问尼日利亚。5月，奥比昂总统赴尼日利亚出席新任总统布哈里就职典礼。

1999年6月，赤几同圣普签署两国关于划定海上边界的协定。2005年8月，两国就合作保护海域安全、共同打击非法移民和贩毒签订安全合作条约。2006年12月，圣普总统德梅内塞斯访问赤几。2007年7月，奥比昂总统出席圣普独立庆典。2008年2月，圣普总统德梅内塞斯访问赤几。10月，圣普总统德梅内塞斯出席赤几独立日庆典。2010年3月、2011年9月、2012年3月和7月，圣普总统多次访问赤几。2013年8月，奥比昂总统会见来访的圣多美与普林西比总理加布里埃尔。2015年3月和8月，圣普总统达科斯塔两度访问赤几。10月，奥比昂总统访问圣普。

【同其他非洲国家关系】赤几与加纳关系良好。2004年5月，加纳总统库福尔访问赤几。2007年3月，奥比昂总统出席加纳独立五十周年庆典。2009年2月，赤几、加纳签署两国航空合作协议。2010年5月，加纳总统米尔斯对赤几进行国事访问。9月，奥比昂总统对加纳进行国事访问。2012年初，奥比昂总统和米尔斯总统实现互访。8月，奥比昂总统赴加纳出席米尔斯总统葬礼。2013年1月，奥比昂总统出席加纳总统马哈马就职典礼。2015年2月，奥比昂总统访问加纳。

2012年1—2月，奥比昂总统出访津巴布韦、斯威士兰、乍得、乌干达等国。4月，奥比昂总统赴塞内加尔出席塞内加尔总统萨勒就职典礼。7月，奥比昂总统赴刚果（布）出席中非经济和货币共同体首脑会议。9月，奥比昂总统赴埃塞俄比亚出席埃塞总理梅莱斯葬礼。2013年1月，奥比昂总统赴埃塞俄比亚出席第20届非盟首脑会议。2月，奥比昂总统访问冈比亚。5月，奥比昂总统访问安哥拉。8月，奥比昂总统访问刚果（布），赴津巴布韦出席穆加贝总统就职仪式。2014年1月，奥比昂总统对斯威士兰进行工作访问。5月，奥比昂总统赴刚果（布）出席非盟安理会改革十国元首委员会峰会；赴南非出席祖马总统连任宣誓就职仪式。7月，奥比昂总统访问卢旺达。11月，奥比昂总统赴塞内加尔出席第15届法语国家组织峰会。12月，奥比昂总统访问埃及。同月，南非总统祖马访问赤几。2015年1月，奥比昂总统赴埃塞俄比亚出席第24届非盟首脑会议。2月，奥比昂总统访问乍得。3月，奥比昂总统赴纳米比亚出席新任总统就职典礼。5月，奥比昂总统赴加蓬出席中部非洲经济货币共同体峰会，并担任该组织轮值主席。6月，奥比昂总统访问阿尔及利亚、几内亚。尼日尔总统伊素福、津巴布韦总统穆加贝分别访问赤几。7月，布基纳法索临时总统卡凡多、几内亚总统孔戴分别访问赤几。8月，奥比昂总统赴埃及出席新苏伊士运河开通仪式，赴刚果（布）出席庆祝独立55周年活动。贝宁总统亚伊访问赤几。9月，奥比昂总统访问贝宁。12月，奥比昂总统赴几内亚出席孔戴总统就职典礼。

2012年2月，贝宁总统、布隆迪总统分别访问赤几。2013年4月，贝宁总统亚伊访问赤几。5月，中非共和国临时总统乔托迪亚、利比里亚总统瑟利夫访问赤几。6月，尼日尔总统伊素福访问赤几。7月，贝宁总统亚伊、几内亚总统孔戴分别访问赤几。2014年6月，中非临时总统庞扎访问赤几。

【国际会议】2011年6月，非洲联盟第17届首脑会议在赤几首都马拉博举行。2012年8月，第9届莱昂·苏利文峰会在马拉博举行。2013年2月，第三届“南美洲—非洲峰会”在马拉博举行。2014年6月，第23届非盟首脑会议在马拉博举行。9月，第二届联合国教科文组织—赤道几内亚生命科学奖颁奖仪式在马拉博举行。11月，第二届土耳其—非洲峰会在马拉博举行。2015年1月，第30届非洲国家杯足球赛在赤几举行。7月，非洲抗击埃博拉国际会议在马拉博举行。

2014年4月，奥比昂总统出席在布鲁塞尔举行的第四届欧盟—非洲峰会。7月，奥比昂总统赴东帝汶首都帝力出席第十届葡萄牙语国家共同体首脑会议，会议批准赤几成为该组织第九个成员国。2015年10月，奥比昂总统赴印度出席第三届印非峰会。11月，奥比昂总统赴伊朗出席天然气出口国论坛第三次峰会。

多　哥

<u>国名</u>　多哥共和国（The Republic of Togo，La République Togolaise）。

<u>面积</u>　56785平方公里。

<u>人口</u>　710万（2015年），人口年增长率约为2.8%。全国有41个部族：南部以埃维族和米纳族为主，分别占全国人口的22%和6%；中部阿克波索、阿凯布等族占33%；北部卡布列族占13%。官方语言为法语。民族语言以埃维语和卡布列语较通用。居民中约70%信奉拜物教，20%信奉基督教，10%信奉伊斯兰教。

<u>首都</u>　洛美（Lomé），人口158万，年平均气温约27℃。

<u>国家元首</u>　总统福雷·埃索齐姆纳·纳辛贝（Faure Essozimna Gnassingbé），2005年4月当选，5月就职。2010年3月和2015年4月两次连任。

<u>重要节日</u>　解放日：1月13日；国庆日：4月27日。

简　况　位于非洲西部，南濒几内亚湾，东邻贝宁，西界加纳，北与布基纳法索接壤。海岸线长56公里。南部属热带雨林气候，北部属热带草原气候。年平均气温沿海地区为27℃，北部为30℃。

15世纪起，葡萄牙殖民者侵入多哥沿海地带。1884年沦为德国殖民地。1920年9月，英、法瓜分多哥。第二次世界大战后，英、法继续“托管”多哥。1957年加纳独立时，英托管的西部多哥并入加纳。东部多哥于1956年8月成为法兰西共同体内的“自治共和国”，1960年4月27日宣布独立，定名为多哥共和国，奥林匹欧出任第一任总统。1963年，奥遇刺身亡，格鲁尼茨基出任总统。1967年1月13日，埃亚德马出任总统。埃亚德马执政期间，重视民族团结和经济发展，多政局一直较为稳定。1991年实行多党制后，多陷入政局动荡和经济危机。埃于1993年、1998年和2003年三次蝉联总统。2005年2月，埃因心脏病突发去世。

政　治

埃去世后，其子福雷接管权力，并通过修宪出任总统。国际社会强烈反对，西非国家经济共同体和非盟先后宣布对多制裁，欧盟、美国、法国予以谴责。迫于压力，福雷于2月25日辞去总统职务，由第一副议长阿巴斯·邦福（Abass Bonfoh）出任临时总统。4月，多举行总统选举，福雷获胜当选。5月4日，福雷正式宣誓就职。6月，福雷总统组建以温和反对党泛非爱国统一党主席埃德姆·科乔（Edem Kodjo）为总理的民族团结政府。福雷总统积极致力于民族和解，在全国范围内开展政治对话。8月，有关各方共同签署一揽子政治协议，就重组政府、立法选举等重要问题达成一致。9月，福雷总统重组政府，传统反对党领导人、振兴行动委员会主席亚沃维·马吉·阿博伊博（Yawovi Madji Agboyibo）出任总理。2007年10月，多顺利举行立法选举，执政党多哥人民联盟（联盟党）获胜，继续掌控议会主导权。12月，福雷任命联盟党的科姆兰·马利（Komlan Mally）为总理。2008年9月，福雷改组政府，任命经济专家洪吉尔贝·福松·洪博（Gilbert Fossoun Houngbo）担任政府总理。2010年3月4日，多哥顺利举行新一届总统大选，福雷获胜蝉联，5月3日宣誓就职。5月7日，福雷再次任命洪博为总理，并于28日组成新一届政府。2012年4月，福雷宣布解散联盟党，成立新党——保卫共和联盟，并兼任党主席。7月，福雷改组政府，任命原商业与私营行业促进部长奎西·赛莱亚戈吉·阿胡梅－祖努（Kwesi Séléagodji Ahoomey-Zunu）为总理。2013年7月，多举行议会选举，新一届政府于9月组成，阿胡梅－祖努留任总理。2015年4月，多哥总统选举顺利举行，福雷再次胜选连任，开启第三个任期。6月5日，福雷任命科米·塞洛姆·克拉苏（Komi Selom Klassou）为新一届政府总理。目前，多政局总体平稳。

【宪法】1992年9月27日，全民投票通过第四共和国宪法。2002年12月30日，议会对限制总统连任等条款进行了修改。宪法规定多哥实行半总统制。总统为国家元首和军队最高统帅，由选民直接选举产生，一轮多数胜出，任期五年，可连选连任；总统有权解散议会、颁布议会通过的法律和实行赦免。总理出自议会多数派，由总统任命，对议会负责。议会可对总理提出不信任案，获议会2/3多数通过即可罢免总理。宪法可根据总统和议会的提议进行修改，由议会或公民投票表决通过。

【议会】宪法规定，多议会实行两院制，由国民议会和参议院组成。国民议会行使立法权并对政府工作进行监督。议员由直选产生，任期五年，可连选连任。本届议会于2013年7月选举产生，共91名议员。议会下设国防和安全、财政和贸易、社会和文化、经济发展和领土整治、对外关系和合作、法律和行政法规以及人权7个委员会。议席分配如下：保卫共和联盟62席，拯救多哥联盟19席，彩虹联盟6席，变革力量联盟3席，独立全国崛起组织1席。议长为达马·德拉马尼（Dama Dramani）。参议院尚未成立。

【政府】本届政府于2015年6月组成，共有包括总理、2名国务部长、20名部长和2名部长级代表在内的25名成员，主要有：总理科米·塞洛姆·克拉苏（Komi Selom Klassou），经济财政与发展规划国务部长阿吉·奥泰特·阿亚索尔（Adji Otéth Ayassor），基础发展、手工业及青年就业部长维克图瓦·西德梅霍·托梅加－多贝（Sidemeho Tomégah-Dogbé，女），高等教育与科研部长奥克塔夫·尼库埃·布鲁姆（Octave Nicoué Broohm），公职、劳动与行政改革部长吉贝尔·巴瓦拉（Gilbert Bawara），邮政与数字化经济部长西娜·劳森（Mme Cina Lawson，女），基础设施与交通部长宁绍·尼奥法姆（Ninsao Gnofam），安全与公民保护部长达梅哈内·雅克上校（Colonel Damehane Yark），外交、合作与非洲一体化部长罗贝尔·迪塞（Robert Dussey），农牧业与水利部长乌罗－库拉·阿加达齐上校（Colonel Ouro-Koura Agadazi），领土管理、权利下放与地方机构部长帕亚多瓦·布佩西（Payadowa Boukpéssi），工商业、私营行业促进与旅游部长贝尔纳黛特·勒格齐姆－巴卢基（Mme Bernadette Legzim-Balouki，女），环境与森林资源部长安德烈·约翰逊（André Johnson），城市化、住房与生活事务部长菲亚图沃·夸乔·塞塞努（Fiatuwo Kwadjo Sessenou），初中等教育与职业培训部长科姆兰·帕拉姆韦·查佩莱（Komlan Palamwé Tchakpélé），司法及与共和国机构关系部长皮乌斯·阿贝托梅（Pius Agbétomé），新闻、文化、体育与公民教育部长居伊·马杰·洛伦佐（Guy Madjé Lorenzo），卫生与社会保障部长穆斯塔法·米吉亚瓦教授（Moustapha Midjiyawa），矿业能源部长阿布利·比达蒙（Ably Bidamon），社会行动、妇女促进和扫盲部长查比伦居·科拉尼·扬查雷（Mme Tchabilengui Kolani Yantcharé，女），经济、财政国务部负责发展规划的部长科西·阿西马伊杜（Kossi Assimaïdou），初中等教育部负责技术教育与职业培训的部长级代表乔治·阿伊达姆（Georges Aïdam），经济、财政国务部负责预算的部长级代表萨尼·亚雅（Sani Yaya），共和国总统事务部长巴蒂安·帕布雷－

西利（Batienne Kpabré Silly），总理府国务部长埃利奥特·奥欣（Eliott Ohin）。此外，国防与退伍军人部由总统府代管。

【行政区划】全国有30个省和4个专区。省下设县、乡（镇）、自治村和村。

【司法机构】设最高法院、上诉法院和初级法院。最高法院是最高司法机构，下设司法、行政两个法庭，由庭长和法官组成。最高法院院长必须是职业法官，由总统任命。现任最高法院院长加马多·阿卡波维（Gamatho Akakpovi）。检察权由设在各级法院的检察长行使。

【政党】共有合法政党近70个，主要有：

（1）保卫共和联盟（L'Union pour la République）：系福雷总统于2012年4月14日宣布成立的新党。以原执政党多哥人民联盟（联盟党）为主体。联盟党曾是多最大政党，福雷在该党第5次特别代表大会上宣布将其解散并与其他政党组织合并成立保卫共和联盟，表示愿吸纳所有认同其施政理念的政党、社会团体和个人。福在临时政治局中任党主席，乔治·阿伊达姆（Georges Aidam）任第一副主席，卡塔里·富利－巴齐（Katari FOLI-BAZY）任第二副主席，阿多德·科雷·阿库埃女士（Adote Kole Akue）任总书记。

（2）变革力量联盟（L'Union des Forces du Changement）：参政党。由前总统奥林匹欧之子吉尔克雷斯特·奥林匹欧（Gilchrist Olympio）创建并担任主席。势力主要集中在南部地区。主张建立以多党制为基础、尊重人权的民主法治国家。奥长期流亡加纳，曾在1998年总统选举中获34%的选票，使该党成为影响最大的反对党。2010年5月，该党与执政党多哥人民联盟签署合作协议，成为参政党。7名该党成员入阁担任部长职务。

（3）振兴行动委员会（Le Comite d'Action pour le Renouveau）：反对党。成立于1991年4月30日。主张“法律至上，法官独立，尊重人权”。系议会最大反对党。名誉主席为前总理亚沃维·马吉·阿博依博（Yaovi Madji Agboyibo），总书记让·基希（Jean Kissi）。2012年8月，振兴行动委员会联合部分反对党成立彩虹联盟。

（4）全国变革联盟（Alliance Nationale pour le Changement）：反对党。成立于2010年10月10日。由被变革力量联盟全国党主席奥林匹欧开除党籍的前变盟总书记让－皮埃尔·法布雷（Jean-Pierre Fabré）发起成立并担任党主席。该党宗旨为，与奥林匹欧领导的变革力量联盟划清界限，继续变盟之前一贯的斗争路线，以实现政权更迭，建立民主、自由多哥为目标。

（5）新生力量联盟（La Coordination des Forces Nouvelles）：反对党。成立于1993年6月。主张实现全国和解。主席为科库·约瑟夫·科菲戈（Kokou Joseph Koffigoh）。

（6）泛非爱国统一党（Convergence Patriotique Panafricaine）：反对党。成立于1999年8月15日，由多哥民主联盟（UTD）、民主行动党（PAD）、民主团结联盟（UDS）和争取团结民主党（PDU）四党合并组成。主张改革现行国家机构，建设民主、自由的法治国家，实现全国和解。主席为前总理埃德姆·科乔（Edem Kodjo）。

（7）崛起多哥组织（Sursaut-Togo）：反对党。成立于2010年，以在多哥建立民主、人道社会为目标。其创始人和领导人科菲·扬姆亚尼（Kofi Yamgnane）系法国总统奥朗德前非洲事务顾问。

其他政党还有：非洲人民民主大会（CDPA）、独立自由人士联盟（ULI）、民主振兴党（PDR）等。

主要政党联盟包括：

（1）拯救多哥联盟（Collectif Sauvons le Togo）：反对党联盟。2012年4月成立，由包括全国变革联盟、振兴行动委员会、非洲人民民主大会、崛起多哥组织等在内的8个政党及其他10多个社会组织和团体组成。在2013年7月的议会选举中获得19个席位。

（2）彩虹联盟（Coalition Arc-en-Ciel）：反对党联盟。2012年8月成立，由包括振兴行动委员会、非洲人民民主大会等6个反对党组成。在2013年7月的议会选举中获得6个席位。

【重要人物】福雷·埃索齐姆纳·纳辛贝：总统、国家元首。系多前总统埃亚德马第三子，1966年6月6日生于多哥的阿法尼昂。曾就读于法国巴黎第九大学和美国乔治·华盛顿大学，获管理学学士学位和工商管理硕士学位。回国后进入公职部门，并两次当选议员。2003年7月任装备、矿业、邮政和电信部长。2005年2月其父病逝后接掌政权，后迫于内外压力辞去总统职务。4月参加总统大选并胜出，5月宣誓就职。2010年3月和2015年4月两次在总统选举中成功连任。　**科米·塞洛姆·克拉苏**：总理。1960年生于南方高原区。自然地理学家，获法国波尔多第三大学热带地理学硕士和水文气候学博士学位。历任文化、青年和体育部长，国民议会议员，初等和中等教育部长，议会第一副议长等职。2015年6月5日，出任总理。

经　济

联合国公布的世界最不发达国家之一。农业、磷酸盐和转口贸易是三大支柱产业。20世纪90年代初由于政局动荡和西方国家停止援助，经济一度陷入严重危机。1994年后，随着政局趋稳，经济走出谷底，进入恢复和发展阶段。1998年以来，因西方国家再次停援，导致发展资金短缺，国家财政拮据。近年来，多政府加大农业投入，振兴港口运输，加快推进私有化进程，经济形势有所好转。2010年12月，多达到“重债穷国”完成点，获免外债18亿美元。2011年，多政府实施《国家农业投资和粮食安全计划》，扩大农业生产；加大对磷酸盐产业投入，加强与外资合作开发新矿；加强洛美港、洛美机场等基础设施建设，改善投资环境，经济整体保持上行趋势。2013年，多政府发起“多哥发展通道项目”，努力通过打通南北铁路、公路通道及在沿线建设电站、电信等基础设施，带动周边农业、矿业、物流、通讯和服务等产业综合协调发展，达到拉动多哥经济发展的目的。政府并推动金融体制改革，成立国家投资公司，积极吸引外资，经济保持稳步增长。但由于基础薄弱，结构单一，经济总体仍比较困难。

2014年主要经济数据如下：

国内生产总值：45亿美元。

人均国内生产总值：约637美元。

国内生产总值增长率：5.7%。

货币名称：非洲金融共同体法郎（FCFA，简称非洲法郎）。

汇率（2014年平均）：1美元=600非洲法郎。

通货膨胀率：0.2%。

（资料来源：2016年第一季度《经济季评》）

【资源】主要矿业资源是磷酸盐，居撒哈拉以南非洲前列。已探明优质矿储量2.6亿吨，含少量碳酸盐的约10亿吨。其他矿藏有石灰石、大理石、铁和锰等。

【工业】工业基础薄弱，约12%的人口从事工业生产，工业产值约占国内生产总值的33.9%。主要工业门类有采矿、农产品加工、纺织、皮革、化工、建材等，75%以上为中小企业。因投资不足和管理不善，2009年磷酸盐产量降为70万吨。2013年产量90万吨，同比增长3.4%。

【农牧渔业】全国42.2%的劳动人口从事农业。可耕地面积约340万公顷，已开垦土地面积约140万公顷，粮食作物种植面积约85万公顷。农业产值约占国内生产总值的38%。主要作物为玉米、高粱、木薯和稻米，其产值占农业产值的67%；经济作物约占20%，主要为棉花、咖啡和可可。2012年粮食总产量约448万吨，棉花总产量10万吨。畜牧业主要集中在中部和北部地区，产值占农业产值的15%。

【旅游业】20世纪80年代以来，多哥旅游业发展较快。现拥有旅馆52家，客房2100间，床位4163张，其中三星级以上客房923间，从业人员约1300余名。为发展旅游经济，多通过旅游资质评选委员会，引进国际标准，提高服务水平。主要旅游点有洛美、多哥湖、帕利梅风景区和卡拉市。目前，多年均接待游客23万人次，创汇约3000万美元。

【交通运输】以公路为主。转口贸易和陆路运输收入占国民总收入的35%左右，其交通运输网在次地区占有重要地位。

公路：总长12040公里，国家级公路2926公里，其中沥青路1650公里，其余为土路。有4条公路干线，连接布基纳法索、加纳和贝宁等国，国际货运量33万吨。

铁路：总长575公里，主要线路为洛美至布里塔276公里，洛美至帕利梅161公里。由于设施陈旧，铁路运输能力较差，仅395公里铁路能投入营运。

水运：主要港口洛美港水深14—16米，系西非唯一深水港，年吞吐能力为800多万吨，能同时停泊4艘2.5万吨级的货轮。90%以上的进出口货物经洛美港运输。到港集装箱满载，离港集装箱大多空置，出口货物仅占吞吐总量的21%。

空运：全国有2个国际机场，6个小型机场。埃亚德马国际机场是主要航空港，可起降大型客机，跑道长3000米。年客运能力70万人次，货运能力1.1万吨。但近几年运输量严重不足。2001年12月，多哥航空公司成立，每周两班直飞巴黎。另外，法航、埃航、布基纳法索航空公司和科特迪瓦航空公司亦有航班经停多哥。

【财政金融】2013年，多哥政府财政预算收入7798亿非郎，支出7863亿非郎，重点用于基础设施建设、教育、卫生等公共服务领域。2014年外汇储备达5.07亿美元。金融部门包括中央银行、商业银行和非银行性质的中介金融组织（如保险公司等）。主要银行有多哥联合银行（UTB）、多哥经济银行（ECOBANK TOGO）等（资料来源：2016年第一季度《经济季评》）。

【对外贸易】实行自由贸易政策，鼓励进出口贸易。进出口总额占国内生产总值的70%左右。主要出口商品是棉花、磷酸盐和咖啡，主要进口石油制品、日用消费品和机械设备等。2014年，贸易总额4358美元，出口额15.85亿美元，进口额27.73亿美元。主要出口对象国为黎巴嫩、印度、中国和布基纳法索；主要进口国为中国、比利时、美国和法国。（资料来源：2016年第一季度《经济季评》）

【外国援助】双边援助主要来自法国、德国、英国、美国、加拿大、日本、科威特、沙特阿拉伯等国；多边援助主要来自国际货币基金组织、世界银行、欧盟、伊斯兰开发银行、非洲开发银行和西非开发银行等。2006年多成功举行全国政治对话，各方签署一揽子政治协议后，欧盟宣布批准向多提供第6、7期欧洲发展基金余额2080万欧元，着手启动第9期发展基金2080万欧元。2007年多议会选举顺利举行后，欧盟等主要合作伙伴和国际金融组织相继恢复对多援助。2008年9月，多在布鲁塞尔召开发展援助伙伴会议，获得9亿多欧元援助承诺。世界银行、巴黎俱乐部、非洲开发银行先后免除多5亿多美元债务。2009年，多共获得非洲开发银行约1.9亿美元和欧盟1.5亿欧元的援助。2010年12月，多达到“重债穷国”完成点，获免外债18亿美元。2014年1月，欧盟宣布2014—2020年向多哥提供第11期发展基金2.16亿欧元。

人民生活

根据联合国开发计划署《2014年人类发展报告》公布的人

文发展指数，多哥在187个国家中名列第166位。多哥劳动者每周工作40小时，职工最低月工资1.8万非洲法郎，洛美市劳动者平均月工资为2万非洲法郎。家庭补贴为每个子女每月2000非洲法郎。全国共有医疗卫生机构718个，其中3所大学医疗中心、1家专科医院、6所地区医疗中心、26所县级医院、8家综合性诊所、100所社保医疗救治中心、450家门诊和124个医务室。共有病床约7000张，卫生技术人员约7700人。主要疾病有疟疾、结核病和艾滋病等。平均寿命55岁，新生儿死亡率78‰。63%的居民饮用自来水。目前，固定电话用户约33万，手机用户260万，平均每100名居民中有5.4人使用因特网。

军　事

武装部队始建于1961年11月，总统为军队最高统帅，国防部是最高军事决策机构。总参谋长为费利克斯·阿巴洛·卡丹加（Felix Abalo Kadangha）。实行义务兵和志愿兵相结合的兵役制度，义务兵服役期两年。凡年龄在18—25岁的青年均可报名入伍。

总兵力约9300人，其中陆、海、空三军约8550人（包括总统卫队750人）、宪兵750人。陆军装备有战车、轻型坦克、装甲车、野战炮等；海军有巡逻艇2艘；空军有战斗机、运输机18架，直升机3架。

文化教育

【教育】普通教育制度分一级教育（小学）、二级教育（初中）、三级教育（高中）和四级教育（大学）。全国小学校5019所，在校学生91.5万人，入学率达88%，小学教师2.3万人；初中686所，学生20.4万人，升学率22%，教师5400多人；高中105所，学生3.9万，教师1700多人。此外，全国技术教育和职业培训学校共有68所（包括公立、私立和教会学校）。据世界银行统计，成人总体识字率为65%。

高等学校有洛美大学，1970年建校，设5个学院、5个系、2个研究所和2个培训中心，现有学生约1.7万人，教师约1000人。1999年初政府决定在埃亚德马总统的家乡卡拉兴建第二所大学，2004年卡拉大学建成，现有学生6000—7000人。

【新闻出版】《多哥新闻报》：官方日报，1962年创刊。1972—1991年曾改称《新征途报》。1991年10月14日恢复原名，发行量约6000份。自1990年以来出现了20多家私营报刊，主要有：《观察家报》《鳄鱼》《非洲回声》《蝎子》《人民战斗》《新时代报道》和《民主人士》等。

多哥通讯社：国家通讯社，成立于1975年，负责采编国内新闻和抄收外国通讯社的国际新闻，每周发行5期《每日新闻》，以国内新闻为主。

洛美广播电台：建于1953年8月，用法、英、德语广播，并用埃维、卡布列等民族语言播送新闻。每天播音18.5个小时。

卡拉广播电台：建于1975年，负责对北方地区广播，主要用法语播音，也用埃维语和卡布列语播送新闻、广告，每天播音3次，每次3—7小时不等。

多哥电视台：建于1973年，唯一的官方电视台。主要使用法语播放节目，定时用埃维语和卡布列语播放新闻。

卡拉电视台：建于1993年。

对外关系

奉行中立、不结盟和睦邻友好的外交政策，主张在平等互利、互相尊重主权和领土完整的基础上同所有国家建立友好合作关系。重视与西方国家关系，以争取外援及减免外债。积极发展与发展中国家关系，主张发展中国家加强团结，开展区域合作和经济联合。坚持睦邻友好，积极参与非洲地区事务，支持非洲一体化进程，先后派兵参与了非盟在中非、几内亚比绍和科特迪瓦等国的维和行动。近年来大力开展与印度、日本等国合作。是非盟、西非国家经济共同体、西非经货联盟等组织成员国。同70多个国家建立了外交关系。

2011年1月至2013年10月，福雷总统担任西非经货联盟轮值主席。2012年1月至2013年12月，多哥担任安理会非常任理事国。

【同中国的关系】中多1972年9月19日建交以来，两国关系发展顺利。埃亚德马总统5次访华。中方往访的主要有：吴仪国务委员（2000年）、许嘉璐副委员长（2001年）和曾庆红副主席（2004年）。

2006年2月，福雷总统来华进行国事访问，胡锦涛主席与福会谈，吴邦国委员长和温家宝总理分别会见。11月，福雷来华出席中非合作论坛北京峰会，胡主席会见。2007年7月，外交部部长助理翟隽访多。2008年2月，中联部部长王家瑞访多。3月，多哥人民联盟总书记埃索访华。2009年3月，多哥宪法法院院长阿苏马访华。12月，多哥新闻与文化部长克耶瓦访华。2010年8月，福雷出席上海世博会多哥国家馆日活动。2011年2月，杨洁篪外长访多。11月，全国政协副主席罗富和访问多哥。2014年6月，外交部副部长张明访问多哥。2015年8月，德拉马尼议长来华出席第四届中非民间论坛。2015年12月，福雷总统出席中非合作论坛约翰内斯堡峰会，其间习近平主席同其会见。

2014年双边贸易总额26.58亿美元（包括转口贸易），同比增长3.79%。其中中方出口额24.92亿美元，进口额1.67亿美元。中国主要出口摩托车、瓷砖、建材和纺织品等，进口棉花和木材。

中国驻多哥大使：刘豫锡。馆址：B.P.2690，1381 Rue de l'Entente，Cité OUA 2000，Lomé，Togo。电话：（00228）22223856，22616350；传真：22214075，22616370。经商处电话：（00228）2215243。

多哥驻华大使，暂空缺。临时代办：梅桑甘·柯德沃维·贝萨（Messangan Kodjovi Bessa）。馆址：北京市东直门外大街11号。电话：010-65322202，

65322444。

【同法国的关系】法是多前宗主国，最大的援助国和重要贸易伙伴。两国在各个领域的关系密切，签有外交、财政、文化、军事等11项合作协定。埃亚德马总统多次访法，寻求政治支持和经济援助。希拉克总统和德维尔潘外长也曾访多。2005年2月，埃去世，法国外长巴涅尔赴多出席埃葬礼。2006年9月，福雷总统应邀访法，会见希拉克总统。2007年4月，法经济、财政与工业部长布雷东和开发署署长让－米歇尔访多。2008年2月，多与法国、贝宁三国军队在多举行“齐奥2008”（Zio 2008）联合军演。11月，福雷总统应邀访法，会见法国总统萨科齐。2010年5月和7月，福雷总统先后赴法出席法非峰会和法国庆阅兵式。2012年9月，福雷出席第67届联合国大会期间与奥朗德总统会晤。2013年1月，阿胡梅－祖努总理访法。同月，法国开发署与多政府签署协议，法国开发署将向多政府提供600万欧元，支持多农村医疗卫生、饮用水、教育等项目。10月，多哥外长迪塞访法。11月，福雷总统访问法国。2015年1月，福雷总统访法，会见法国总统奥朗德，并一同参加反恐和平示威游行。5月，法国总统奥朗德电贺福雷总统胜选连任。11月，福雷总统出席巴黎气候变化大会，其间会见法国总理瓦尔斯。

【同德国的关系】多曾是德国殖民地，两国传统关系密切。2005年多政坛危机期间，德指责福雷违宪上台。两国关系曾受影响，后有所恢复。2007年10月，德、多签署协议，德援助300万欧元用于多议会选举。2008年2月，德外长施泰因迈尔对多进行工作访问，福雷总统会见。2009年6月，福雷对德国进行15年来的首次访问。2010年1月，德教育科研部长访多。2011年5月，洪博总理出席德国慕尼黑经济论坛多哥日活动。2012年6月，德国经济发展合作部代表团访多。2014年2月，迪塞外长访德。6月，德国—多哥政府间经济技术合作磋商会议在洛美举行，德决定2015—2016年向多提供4000万欧元援助。2015年6月，德国联邦议院主席电贺福雷总统胜选连任。同月，德国宣布向多哥提供价值215亿西郎（3300万欧元）的援助。

【同美国的关系】1961年建交。近年来，两国关系发展较快。2003年11月，多议会通过与美国签署的互不将对方公民引渡到国际刑事法庭的协议。此外，美还在石油开发、洛美港改扩建和纺织等经贸领域与多开展合作。2007年5月，美海军少将斯塔福比恩和海岸警卫队少将彼得曼访多。2008年4月，美宣布将多列入享有《非洲增长与机遇法案》国家。2009年8月，洪博总理访美。2010年，美国负责非洲事务的助理国务卿卡尔森访多。2011年，美海军护卫舰访多，与多开展海军联合训练。2012年1月，美国国务卿克林顿对多哥进行正式访问。8月，美海军部长马布斯访多。2014年8月，福雷赴美出席首届美非峰会。2015年1月和6月，美国国务院助理国务卿帮办吉尔莫和威廉姆斯先后访问多哥。5月，美国国务院发言人祝贺福雷总统胜选连任。同月，多军副总参谋长阿吉托乌上校访问美国。7月，迪塞外长访美。

【同邻国的关系】多哥同尼日利亚各领域联系与合作广泛，经贸关系尤为密切。2005年，在多发生宪政危机后，尼总统奥巴桑乔以非盟执行主席身份指责福雷违宪出任总统，并推动非盟和西非国家经济共同体对多实施制裁。福雷数次赴尼做解释工作并寻求支持。奥态度发生转变，在福雷当选总统后立即予以承认，并积极调解福与多反对派的矛盾。2007年，福雷多次访尼。同年5月，尼总统亚拉杜瓦访多。2008年2月，福雷访尼。2009年5月，福雷对尼进行工作访问。2010年1月，福雷会见来访的尼日利亚前总统奥巴桑乔。2011年5月，福雷总统赴尼日利亚出席乔纳森总统的就职典礼。2013年7月，乔纳森总统访问多哥。2015年5月，福雷总统赴尼日利亚出席布哈里总统就职典礼。12月，福雷总统赴尼日利亚出席西共体成立40周年庆祝大会暨地区反恐峰会。

多哥同加纳历史上曾有“西多哥”归属之争。多前总统奥林匹欧之子曾长期流亡加纳，两国关系时有摩擦并曾一度恶化。1994年以来，多加双方均采取一些措施改善两国关系。1995年加纳总统罗林斯访多，实现两国关系正常化。此后双方高层互访频繁。2005年3月，加总统库福尔赴多出席埃亚德马总统葬礼。5月，福雷就任多总统后将加作为首个出访国。2006年和2007年，福雷多次访加。2009年1月，福雷出席加纳总统米尔斯就职典礼。4月，米尔斯访多。8月，福雷访加。2010年5月，米尔斯出席福雷总统就职仪式。2012年3月，加纳总统米尔斯对多哥进行友好访问。8月，福雷出席加纳前总统米尔斯葬礼。9月，加纳总统马哈马对多哥进行工作访问。2013年9月，马哈马总统访问多哥。2014年11月，福雷总统访问加纳。2015年4月，西共体轮值主席、加纳总统马哈马访多，敦促多在和平、透明的环境下举行新一届总统选举。同月，福雷总统和贝宁总统亚伊共同访问加纳，签署三国航空合作协议。6月，福雷总统访问加纳。

多哥同贝宁关系较密切。两国在莫诺河上合建有南贝托水电站。20世纪90年代初，两国关系一度冷淡。1996年3月克雷库当选贝宁总统后，两国友好关系恢复。2005年3月，克雷库总统赴多出席埃亚德马总统葬礼，并积极参与调解多危机。2006年4月，福雷赴贝参加贝新任总统亚伊就职典礼。6月，亚伊访多。2008年，福雷出席在布基纳法索举行的西非经货联盟第12次首脑会议并会见亚伊。2009年10月，福雷出席在贝宁举行的科托努国际打击假药活动。2010年5月，亚伊出席福雷就职仪式。2011年2月，福雷对贝宁进行工作访问。4月，福雷赴贝宁出席亚伊总统的就职仪式。2014年4月，福雷访问贝宁。2015年1月，福雷总统赴贝宁出席第18届西非经货联盟峰会。12月，福雷总统赴贝宁出席贝宁前总统克雷库葬礼。

多哥同布基纳法索关系较好。两国总统多次互访。2005年3月，布总统孔波雷赴埃亚德马家乡吊唁。8月，福雷总统访布。2006年3月，孔波雷访多。7月，孔波雷被推举成为多全国政治对话斡旋人，成功推动对话各方签署“一揽子政治协议”。2007年10月、11月，福雷先后两次访布。2008年，福雷赴布出席西非经货联盟第12次首脑会议并会见孔波雷。2009年3月和5月，福雷两次访布。7月，孔波雷访多。2010年5月，孔波统出席福雷总统就职典礼。12月，福雷出席孔波雷总统就职典礼。2011年5月，福雷对布进行工作访问。2014年5月，福雷访问布基纳法索。10月布“宪政危机”后，福雷总统积极参与斡旋，并于11月出席布临时总统卡凡多就职典礼。2015年5月，布过渡政府总理齐达访多。12月，福雷总统赴布基纳法索出席布新总统卡博雷就职仪式。

多哥与非洲其他国家保持良好关系。2009年2月，福雷总统对尼日尔进行工作访问。4月，福雷对赤道几内亚进行国事访问。2010年5月，马里总统杜尔对多进行正式友好访问。7月，福雷对利比亚进行正式访问。8月，福雷对苏丹进行工作访问。9月，福雷访问卢旺达并出席卡加梅总统就职仪式。2011年1月，福雷总统赴乍得出席乍得独立50周年庆典活动。5月，福雷总统对塞内加尔进行工作访问。11月，福雷总统对乌干达进行正式访问。2012年4月，福雷总统赴塞内加尔出席萨勒总统就职仪式。10月，福雷总统对纳米比亚进行国事访问。2013年，科特迪瓦总统瓦塔拉、马里总统凯塔访多。2014年，福雷总统接待几内亚比绍总统访多，访问刚果（布）、尼日尔、科特迪瓦、加蓬。2015年2月，福雷总统访问几内亚、塞拉利昂、利比里亚、尼日尔、科特迪瓦。4月，科特迪瓦总统瓦塔拉、西共体委员会主席韦德拉奥果先后访多，敦促多在和平、透明的环境下举行新一届总统选举。5—6月，福雷先后访问利比里亚、马里、刚果（布）。9月，福雷总统先后访问津巴布韦、尼日利亚。11月，刚果（布）总统萨苏访问多哥。12月，福雷总统出席几内亚总统孔戴就职典礼。

多哥积极参与地区与国际合作。2010年5月，福雷出席在科特迪瓦举行的第46届非洲开发银行年会及非洲发展基金第36次会议开幕式。7月，福雷出席在乌干达举行的第15届非盟首脑会议。8月，福雷出席在卢旺达举行的千年发展目标非洲协调论坛。2011年，福雷总统先后出席了西非经货联盟峰会、第16届非盟峰会、西共体第39届国家元首和政府首脑会议和第37届世界粮农组织（FAO）大会，并在洛美主持了非加太国家集团—欧盟联合议会大会。2012年2月，在多哥倡议下，联合国安理会举行关于“有组织跨国犯罪影响西非和萨赫勒地区和平、安全与稳定”的公开辩论会，福雷总统率团赴美与会。2012年，福雷总统先后出席了第18届非盟峰会、非盟成员国领导人非正式会晤、西共体特别峰会、第67届联合国大会、第14届法语国家组织峰会，并在洛美主持了西非经货联盟第16次峰会。2013年2月，福雷出席在科特迪瓦召开的西共体第42届首脑会议。5月，福雷赴纽约主持召开《在维护国际和平与稳定的背景下打击非洲恐怖主义》的安理会高级别公开辩论会并通过主席声明。8月，安理会通过多哥起草的主席声明，呼吁国际社会关注几内亚湾海盗问题，支持区域国家的打击行动。2014年，福雷总统先后出席日本—西共体成员国首脑会议、第22届非盟首脑会议、第24届世界经济论坛非洲峰会、法语国家组织峰会等。2015年5月，福雷总统出席第47届西共体峰会，并赴利比里亚以西共体抗击埃博拉疫情协调人身份宣布利比里亚埃博拉疫情结束。9月，福雷总统出席西共体成员国首脑特别会议，赴纽约出席联合国成立70周年系列峰会并在联大发表讲话。10月，迪塞外长代表多哥出席第三届印非峰会，其间会见印度外长。同月，多哥当选联合国人权理事会理事国。

厄立特里亚

国名　厄立特里亚国（The State of Eritrea）。

面积　12.4万平方公里（包括达赫拉克群岛近1000平方公里）。

人口　650万（2014年估计值）。有9个民族：提格雷尼亚（约占总人口的50%）、提格雷（31.4%）、阿法尔（5%）、萨霍（5%）、希达赖伯（2.5%）、比伦（2.1%）、库纳马（2%）、纳拉（1.5%）和拉沙伊达（0.5%）。各族均有独自语言，全国主要用提格雷尼亚语，通用英语、阿拉伯语。国民信仰东正教和伊斯兰教的约各占一半，少数人信奉天主教或传统拜物教。

首都　阿斯马拉（Asmara），人口约50万，海拔2300—2400米；年平均气温16.9℃，降雨量525.5毫米。

国家元首　总统伊萨亚斯·阿费沃基（Isaias Afwerki），1993年5月22日当选。

重要节日　独立日：5月24日（1993年）；武装

斗争纪念日：9月1日（1961年）。

简 况

【自然概况】位于东非及非洲之角最北部，扼红海南段。南邻埃塞俄比亚，西靠苏丹，东南与吉布提接壤，东北隔红海与也门和沙特阿拉伯相望。海岸线（包括达赫拉克群岛等355个岛屿）长1350公里。中央高原占国土1/3，海拔1800—3000米；西部为低地丘陵，东部为沿海平原。境内最高峰为中部高原的安姆巴－索依拉峰（Amba Soira），海拔3013米，最低点为东部平原的科巴尔低地（Kobar），低于海平面75米，塞迪特河（Setit）为其境内唯一常流河，全长180公里，最大的季节河马雷布河满水期长达440公里。高原地区气候宜人，年平均气温为17℃，降水525毫米。12—2月日平均气温最低，为15℃，5—6月平均气温最高，为25℃；4—5月为小雨季，6—8月为大雨季，其余为旱季。东部和西部低地气候炎热干燥，年平均气温分别为30℃和28℃，年均降水量不到400毫米。红海沿岸多沙漠，3—10月间，白天气温可达40℃以上。

【历史】公元前8世纪，闪米特人和库希特人迁徙此地。公元3世纪起沿海地带兴起若干部落联盟。先后被阿克苏姆王国（埃塞俄比亚帝国）、奥斯曼帝国和埃及占领。1869年，意大利殖民者来此拓殖，在阿萨布港建特权区，并不断向厄内陆推进。1889年，意殖民者同埃塞俄比亚皇帝孟利尼克二世签订《乌西阿利条约》，确认意占有阿萨布、马萨瓦、克伦、阿斯马拉等地。1890年，意合并各殖民地，统一立国，始名“厄立特里亚”（拉丁语“红海”）。1941年，意军战败，厄成为英国托管地。1950年12月，联合国将厄作为一个自治体同埃塞俄比亚结成联邦。1952年，厄立法会议选举产生地方政府，埃皇派代表驻厄。1962年，埃皇塞拉西废除联邦，设厄为埃第14个省，厄立特里亚解放阵线（简称“厄解阵”）开始进行武装斗争。1970年，厄立特里亚人民解放阵线（简称“厄人阵”）成立，并主导独立战争。1991年5月，厄人阵同埃塞俄比亚的提格雷人民解放阵线联手推翻门格斯图政权。5月24日，厄人阵解放厄全境，29日成立临时政府，伊萨亚斯·阿费沃基出任临时政府总书记兼武装部队总司令。1993年4月23—25日，厄在联合国监督下举行全民公决，99.8%的民众选择独立。埃过渡政府接受公决结果，承认厄独立。5月22日，厄人阵中央委员会选举伊萨亚斯为厄首任总统；24日，厄正式宣告独立，并举行开国庆典，厄立特里亚国正式成立。

政 治

独立后，厄政府注重政权建设，加紧经济重建，政局保持基本稳定。1998—2000年，厄与埃塞俄比亚发生边界战争。2000年6月和12月，两国先后在阿尔及尔签订《停止敌对行动协定》及《全面和平协议》（合称《阿尔及尔协议》）。2001年上半年，厄公布“选举法”和“政党组织法”草案，拟于当年底举行大选，逐步实行多党制，但随后厄人阵党内发生严重政治分歧，选举无限期推迟。2002年，厄颁布《选举法》，明确提出“多党制不符合厄现状”。近年来，伊萨亚斯总统将巩固政权、维护国家安全作为首要任务，加强地方党政军力量，严控境内外反对派，同时采取利民措施，保持了政局的基本稳定。

【宪法】1994年成立制宪委员会，1996年7月宪法草案出台。1996年12月，厄成立制宪议会。1997年5月23日，制宪议会通过宪法并正式颁布实施。宪法规定：国民议会是国家最高权力机构和立法机关；实行总统制，总统由国民议会选举产生，任期5年；总统拥有任命政府高官、成立或解散有关政府部门和机构等权力；政教分离，宗教平等；民族语言一律平等，不确定国家官方语言；人民享有平等、自由、选举等基本权利。

【议会】国民议会设150个议席，包括人阵党中央委员会成员75名、制宪议会成员60名及厄旅外侨胞代表15名，22%为女议员。议长由全体议员选举产生，任期5年，现由伊萨亚斯总统兼任。国民议会负责国家立法，批准预算和选举国家元首。1993—2000年国民议会共召开13次大会，此后一直休会。1997年1—3月，厄举行首次省级议会选举。2004年5月19日，举行第三次省级议会选举。全国登记选民93万人，投票率达92.1%，共选出346名地方议员，其中30%为女性。

【政府】厄实行总统内阁制。厄首届政府成立于1993年6月7日。此后，伊萨亚斯总统不定期对内阁进行改组，目前内阁成员共有19人：外交部长奥斯曼·萨利赫（Osman Saleh）、能源与矿产部长塞巴特·埃弗雷姆（Sebhat Ephrem）、旅游部长阿丝卡露·门克里奥斯（Askalu Menkerios，女）、司法部长法齐娅·哈希姆（Fawzia Hashim，女）、地方政府事务部长沃尔德迈克尔·阿布拉哈（Woldemichael Abraha）、劳动与社会福利部长卡塞·格布雷希维特（Kahsay Ghebrehiwet）、财政部长贝尔哈内·哈布特马里亚姆（Berhane Habtemariam）、能源与矿产部长塞巴特·埃弗雷姆（Sebhat Ephrem）、卫生部长阿明娜·努尔·侯赛因（Amina Nur Hussein，女）、教育部长塞梅雷·鲁索姆（Semere Russom）、贸易与工业部长内斯雷丁·MS·阿里·贝基特（Nesredin MS Ali Bekit）、农业部长阿雷费恩·贝尔赫（Arefaine Berhe）、海洋资源部长泰沃尔德·克莱蒂（Tewelde Kelati）、水土环境部长特斯法伊·格布雷塞拉西（Tesfai Ghebreselassie）、交通与通信部长特斯法塞拉西·内尔哈内（Tesfaselassie Berhane）、公共工程部长阿布拉哈·阿斯法哈（Abraha Asfaha）、国家发展部长乔治斯·特克莱马里亚姆（Giorgis Teklemariam）、新闻部长耶玛尼·格布雷麦斯克尔（Yemane Ghebremeskel）、投资部长沃尔达伊·富图尔（Woldai Futur）。国防部长暂时空缺。

【行政区划】厄地方政府分为省、县、乡、村四级。全国共有6个省（Zoba，Region），分别为：南红海省、北红海省、安塞巴省、加什－巴尔卡省、南方省和中央省。

【司法机构】独立后沿用原埃塞俄比亚民法、刑法，略有修改。厄法院分乡、县、省、高等法院四级。高等法院的判决为终审判决，设法官18名，均由总统任命，现任最高法院院长门克里奥斯·贝拉基（Menkerios Beraki）。省级法官由高等法院院长提名经司法部长批准。厄检察机构设在司法部，总检察长由总统任命，现任总检察长阿莱姆塞吉德·海尔·塞拉西（Alemseged Haile Selasie）。

【政党】（1）厄立特里亚人民民主和正义阵线（People's Front for Democracy & Justice，PFDJ）：简称人阵党，执政党，唯一合法政党。成立于1970年，原名“厄立特里亚人民解放阵线”（厄人阵），1994年第三次全国代表大会决定改为现名。现有党员60万人，主席伊萨亚斯。最高领导机构为中央委员会，共75名委员，现为51人；中央执行委员会在中央委员会休会期间行使中央委员会的职权，共19名委员，现为12人。

（2）厄立特里亚全国力量联盟（Alliance of Eritrean National Force，ANEF）：反对派联合体。2002年10月由厄14个反对派代表在埃塞俄比亚首都亚的斯亚贝巴成立，选举了28人组成议会并通过联盟章程。该组织囊括了厄大部分反政府组织，主要包括“厄立特里亚解放阵线”“伊斯兰救国运动”“解放全国委员会”等。厄合作党主席希鲁耶·特德拉·巴伊鲁（Hiruy Tedla Bairu）任秘书长，原“厄解阵”主席阿卜杜拉·伊德里斯（Abdela Edrisse）任议会主席。

①厄立特里亚解放阵线（Eritrean Liberation Front，ELF）：全国联盟的主要派别之一，成立于1958年，由流亡国外的厄立特里亚人哈米德·伊德里斯·阿瓦提在开罗创立。主张“民族统一”、致力于“厄独立”和“成立民主政权”等。1960年改现名，并由原来的穆斯林组织转变为民族主义组织，在苏丹、叙利亚等国的支持下开展反对埃塞俄比亚统治的斗争。1970年，一部分人从该组织中分裂，另组厄人阵，余众于1981年后流亡苏丹，现仍在厄邻国和欧洲国家进行反对现政权活动。

②伊斯兰救国运动（Harakat Al Khalas Al Islami，HKI）：原名伊斯兰圣战运动，成立于1988年11月，是伊斯兰原教旨主义组织，其主要活动场所在苏丹。1998年8月改为现名。

【重要人物】**伊萨亚斯·阿费沃基**：总统，兼任国民议会议长、政府首脑和武装部队总司令，人阵党主席。1946年出生于厄中部原哈马西恩省一小商贩家庭，信仰东正教。1962年中学毕业后考入埃塞俄比亚的海尔·塞拉西（今亚的斯亚贝巴）大学工程学系。三年后辍学参加厄解阵。因政见分歧于1969年脱离厄解阵，参与创建厄人阵。1977年当选厄人阵副总书记，1987年任总书记。1991年5月起任厄临时政府领导人，1993年5月22日当选为厄首任总统。精通提格雷尼亚语、阿姆哈拉语、英语和阿拉伯语，懂法语和意大利语。

经　济

以雨育农业为主，80%的人口从事农牧业。生产落后，丰年粮食自给率仅60%—70%。独立后，政府着力经济重建，制定了以私有经济为主导的市场经济发展战略。对内提倡自力更生，积极进行基础设施建设，对外大力争取国外贷款和其他援助，尤重鼓励侨汇。政府先后出台了土地法、投资法和贸易、金融、税收等一系列规定，并积极参与双边和多边经济贸易机制，但经济仍处于恢复和重建时期。1993—1997年间，经济年均增长率10.9%。1997年厄发行本国货币后，与埃塞俄比亚经济摩擦加剧。1998年5月，与埃爆发边境冲突后，经济陷入困境，呈大幅负增长。

2000年厄埃边界停火后，两国长期“不战不和”，厄政府恢复“战时经济政策”。2005年以来，厄政府采取关闭部分私营企业、限制私营企业进口、取消外汇自由兑换以及统购统销等措施，加强外汇管制。战时体制造成资金和劳动力短缺，阻碍了经济发展。2005—2007年间，经济年均增长仅1%，近年来，厄政府采取积极措施扶助农村发展，妥善安置复转军人，改善教育和医疗条件，积极挖掘矿业、渔业、旅游资源潜力，发展基础设施建设，经济有所恢复。2011年3月，与加拿大合资开发的世界第五大金、铜、锌、银混成矿碧沙金矿投产，铜浮选厂2013年6月按时完工，启动铜矿开采。厄政府采取积极措施扶助农村发展，妥善安置复转军人，改善教育和医疗条件，发展基础设施建设，厄经济社会继续保持基本稳定。

2015年主要经济数字（估计值）如下：

国内生产总值：49.8亿美元。

国内生产总值增长率：1.8%。

货币名称：纳克法；1纳克法=100分。

汇率：1美元≈15.38纳克法。

通货膨胀率：10.1%。

外贸总额：14.65亿美元。

外汇储备：2.02亿美元。

外债余额：8.25亿美元。

（资料来源：《伦敦经济季评》2016年第一期）

【资源】主要矿产有铜、铁、金、镍、锰、重晶石、长石、高岭土、钾碱、岩盐、石膏、石棉、大理石。地热资源丰富，红海沿岸和西部地区可能有石油和天然气，迄未探明储量。目前有16家外资企业与厄政府进行矿业开发合作。2011年3月，厄同加拿大合资开发的世界第五大金、铜、锌、银混成矿碧沙金矿投产。厄水资源缺乏，境内河川不多，且多为季节性河流。土地面积10.1万平方公里，森林覆盖率15.8%。

【工业】主要工业有纺织、制革、农畜产品加工、金属加工、塑料制品加工、建材等。2010年厄工业总产值为2.263亿美元，全国共有大中型企业255家，其中食品、饮料类企业89家，纺织、皮革、服装类企业34家，造纸、印刷出版类企业13家，化工、油漆、制药类企业24家，塑料、橡胶类企业12家，非金属类建材企业34家，金属加工类企业18家，家具类企业31家。

【农林牧渔业】农业占国内生产总值的25%。可耕地面积550万公顷，人均0.87公顷。2005年实耕37万公顷，其中水浇地不足4%，谷物平均产量300公斤/公顷。主要粮食作物有玉米、大麦、高粱、小麦、豆类；经济作物有油菜籽、芝麻、花生、亚麻、剑麻、棉花、蔬菜和水果。2006年政府实施粮食安全战略，兴修水利，推广先进农业技术，40%农田实现机械化耕种。2007年，厄雨水充足，农业增产，粮食自给率破纪录逾70%。2011年在非洲之角国家出现大范围旱情与饥荒之际，厄农业收成良好，市场上各类食品价格虽有上升但供应充足。当年实耕地面积222万公顷，其中水浇地8%，谷物平均产量1000公斤/公顷，粮食总产量约为42万吨。农业人口中35%—40%从事畜牧业，年产肉类2.8万吨，主要放牧绵羊、山羊、牛、驴和骆驼等。厄牛羊肉基本可自给，并有少量出口。

厄政府计划在未来5年继续做好水土保持、农田水利工作，开垦81万公顷耕地，在2000公顷土地上种植1100万棵树苗，建26个小水坝，发展甘薯、棉花等农作物种植。2012年2月，厄农业部举行评估会议，表示将在目前80公顷油料作物示范田的基础上，继续采用滴灌技术种植各类油料作物。2014年4月，伊萨亚斯总统表示，当前农业工作的重点是，在全国各地修建农田水利设施，保证机械设备等农业生产资料到位。

目前厄拥有7个渔业捕捞加工站，3300名渔民，鱼类供应不能满足国内需求。厄海洋资源部将在引进新捕鱼设备的同时，加大对渔民培训力度。据悉，红海有1000种鱼，其中200种鱼已进入市场。

【旅游业】旅游业为主要创汇产业。厄历史悠久，境内存有不少古王国遗迹。地貌复杂多样，自然景观丰富。2008年厄特以其“独特地貌和原始珊瑚礁群”被英国旅游网站评为世界七个最佳旅游目的地之一。阿斯马拉、马萨瓦、阿萨布和达赫拉克群岛为有名的旅游点。厄政府鼓励私营机构投资旅游业，但由于基础设施落后，旅游饭店等配套服务缺乏，旅游市场开发滞后。2007年入境游客8万人次，创收6000万美元。2008年，厄旅游部在马萨瓦、特塞尼、阿迪凯三地开设旅游信息中心，为游客提供旅游咨询服务。2011年，厄旅游部在各主要旅游胜地多次召开旅游行业会议，要求加大旅游配套设施建设力度。

【交通运输】公路：1991—2008年，厄政府共投资8亿美元新建各类公路逾1.5万公里。

铁路：从马萨瓦经阿斯马拉到阿科达特的306公里窄轨铁路建成于1928年，独立战争中遭严重破坏，1995年开始修复，2003年马萨瓦至阿斯马拉段通车，仅限旅游观光。

水运：厄有马萨瓦与阿萨布两大海港。马萨瓦有9个泊位，年均吞吐量为1.6万集装箱、83.5万吨货物，可同时存储2500个集装箱、12万吨货物。阿萨布港有12个泊位，可存储28116个集装箱、36万吨货物。1992—1996年期间，阿萨布港年均吞吐量2.5万集装箱、203.9万吨货物。厄埃边界战争后，阿萨布沦为“死港”，每年损失4000万美元收入。马萨瓦货运量见增。厄特政府投资6.6亿纳克法扩建马萨瓦港口，2002年竣工。厄共有3家航运公司，共计7艘货轮。其中厄立特里亚航运公司拥有4艘货轮，航行苏丹、埃及、吉达、也门、卡塔尔、坦桑尼亚等港口。

航空：厄目前有厄特航空和纳赛尔航空2家航空公司，另有埃及航空、苏丹航空、也门航空等4家外国航空公司在厄开展业务。厄有阿斯马拉、阿萨布和马萨瓦等3个国际机场，有达赫拉克、Kurmud等2个沥青跑道国内机场和Tesseney、纳克法、Mahmimet、巴伦图等4个非沥青跑道国内机场。厄目前共拥有5架客机，其中3架波音，2架空客。

【财政金融】政府日常开支严重依赖侨汇和外援。近年厄外债增长不多，几乎全为长期官方债务，2015年外债8.25亿美元。

现有厄立特里亚银行（中央银行，成立于1993年）、商业银行（1991年）、住宅和商业银行、开发和投资银行（1996年）、厄立特里亚国家保险公司、Himbol兑换服务机构等。厄银行在首都设有总部，在马萨瓦设有分行。厄商业银行是厄全国最大银行，在全国各城市有17个分行。住宅和商业银行总部设在阿斯马拉，在主要城市设有分行。开发和投资银行位于阿斯马拉，在其他地区设有3个联络办公室。为支持私营业发展，厄开发和投资银行已累计放贷6亿纳克法。

【对外贸易】厄产品主要出口国依次为阿联酋、意大利、沙特、肯尼亚、巴基斯坦等，主要进口国依次为中国、阿联酋、德国、意大利、印度等。中国已成为厄最大贸易伙伴。主要进口商品依次为用于建工、农业、矿产、交通灯行业的机械设备、医药用品、食品、电器和电子产品、建材、文具、家具等；出口产品为纺织品、皮革制品、油菜籽、树胶、烟草、盐、大理石、鱼、酒品、黄金等，主要为原材料和初级产品。2015年，厄进出口贸易总额为14.65亿美元，其中出口4.13亿美元，进口10.52亿美元，逆差达6.39亿美元。

【外国援助】外援占厄国民总收入近30%。2004—2008年，挪威共援助10亿纳克法。2006年，欧盟援助

4300万欧元的项目。2007年，厄接受国际援助约1亿美元。其中联合国系统对厄提供47个人道主义援助项目，计2483万美元。来自利比亚、苏丹、部分中东国家和中国的援助比重有所上升。截至2008年3月，世界银行援助5个基础设施、卫生与教育项目，近2.1亿美元。欧盟2009—2013年将向厄提供1.22亿欧元无偿援助，并另拨762万欧元用于向厄提供紧急援助或弥补厄出口收益损失。2015年，厄与欧盟签署第11期欧洲发展基金实施计划。

人民生活

人均预期寿命60岁。新生儿死亡率23‰，5岁以下儿童夭折率63‰。战争和灾害造成国内流离失所人口逾5万，流亡国外难民14.5万。城镇大多数人月工资为1000—2000纳克法（65—130美元），生活相对拮据。全国有固定电话近4万门，手机用户9万人，14%家庭有电视机，0.8%的人有电脑，1.6%的人用互联网。城镇74%和乡村7%的人口有干净饮用水。全国有28家医院，56个卫生中心，252个卫生站。未来5年，厄政府将新建85个卫生中心。卫生站设计接诊人数为5千人至1万人，卫生中心设计接诊人数为5万人至10万人。医护人员在各卫生机构的分布极不平衡，目前厄医院拥有全国72%的医生，55%的护士，仅7大国家级医院就吸纳了41%的医生和32%的护士。医院的支出占全国卫生总预算的50%以上。厄独立之初，全国只有1500名医务人员，2011年达到了4500人。2011年有1200多名医学专业毕业生取得博士、本专科、进修班文凭。全国平均每1.3万人拥有1名医生，每3400人有1名护士，预计不久将达到世界卫生组织要求的每1万最少1名医生，每5000人有1名护士的目标。厄卫生部工作人员有60%毕业于医学专业，不久将达到世卫组织要求的70%的标准。厄在控制疟疾、性病等传染病方面有成效，艾滋病感染率2.4%，肺结核感染率0.28%。儿童接种疫苗工作较普及，少见麻疹、脊髓灰质炎等病例。

军　事

厄立特里亚国防军归人阵党直接领导，有陆、海、空三军。总统任武装部队总司令，国防部长为塞巴特·埃弗雷姆上将，总参谋长海尔·塞缪尔少将（Haile Samuel）。独立后开始分阶段裁军，1997年整编保留4万正规军。1994年开始实行国民服务计划，18—40岁的公民均须参加18个月以上军训或后备役服务。1998—2000年厄埃边界战争期间，政府大量扩军，曾达30万人。停火后，政府宣布复员20万军人。目前厄陆军约20万人，海、空军各1000人。空军有4架苏-27战机和数架直升机，海军有2艘护卫舰及数艘巡逻艇。年度国防开支相当于国内生产总值的20%。厄军士兵目前占全国劳动力11%强，广泛参与农业生产、修路筑桥等经济建设活动。2012年下半年起，为维护国家安全和稳定，政府向大批青壮年民众派发枪支。

文化教育

【教育】学制为小学5年，初中3年，高中4年，大学本科为4年。厄实行从小学到大学的免费教育。阿斯马拉大学曾是唯一的高等学府。2006年，厄政府进行高教改革，将阿斯马拉大学拆分为7所学院，分别为科技学院、商业学院、师范学院、人文和社会科学学院、海洋科学学院、奥罗特医学院及哈默马罗农学院，分布于厄6个省。目前，阿斯马拉大学仅保留研究生院，并与南非、美国的大学合作办班。全国中小学校千余所。2011年，厄全国文盲率降低至45%，厄政府决定在2015年前将文盲率降低一半以上。2010/2011年度，厄入学人数小学入学人数为31.17万人，初中15.45万，高中10万，高校1.2万（女生占27.7%，本科生占61.1%）。厄学前教育毛入学率为21.6%，小学约为71.6%，初中仅约为52.4%。2013/2014学年度，厄特全国7所高校共有14000名大学生在读，其中2765名学生毕业并获得硕士、学士学位和专科学历。

【新闻出版】1996年6月颁布新闻法，规定言论自由，但须合法且合乎厄国家发展目标与现实；出版自由，但投资须来自国内。

厄立特里亚通讯社系官方通讯社，隶属新闻部，成立于1991年9月，设有国内新闻、国际新闻、发稿三个编辑部，在全国各省设记者站。2001年，厄有9家私营报纸和5种私营杂志。同年9月，政府取缔所有私营媒体。

现有两份官方报纸，均为政府新闻部主办。《新厄立特里亚报》为官方日报，有阿拉伯语、提格雷尼亚语和提格雷语三种版本；《形象报》是英语报纸，每周三、六出版。

新闻部主办的“群众之声”电台系全国性广播电台，1979年1月开始播音。1999年起每天使用提格雷尼亚语、阿法尔语、提格雷语、阿拉伯语、阿姆哈拉语等11种语言播音。

厄立特里亚电视台于1993年1月正式开播，亦隶属于新闻部。共有两个频道，通过6个卫星转播非洲、中东、北美和澳洲等地区节目，1频道每周播出70多个小时节目，2频道每周播出45个小时节目。

对外关系

奉行和平、不结盟、睦邻友好的对外政策，主张在和平共处原则基础上发展同其他国家关系，但侧重发展与中东、东亚和西方国家的关系。近年，西方国家多指责厄政府践踏“人权”，减少对厄经济援助。厄高层领导频繁出访利比亚、苏丹、沙特、卡塔尔等国，寻求政治支持和经济合作。是联合国、非盟、东南非共同市场、萨赫勒—撒哈拉国家联合体成员国和阿拉伯联盟观察员，与近百个国家建有外交关系，现有19国在厄设有常驻使馆。厄在29国和联合国总部派驻大使。

【对当前重大国际问题的态度】认为当前的单极格局一定程度上影响了国际政治的稳定，呼吁国际关系民主化、法制化，反对国际和地区霸权主义。

关于非洲问题：反对照搬西方民主，认为非洲国家对实行多党民主应持谨慎态度。非盟在解决地区冲突和促进非洲各国经济合作方面仍有许多工作要做，亟须改革以提高其自身效力。非洲的问题应靠非洲人自行解决，反对外部势力插手非洲事务。

【同中国的关系】中厄自1993年5月24日建交以来，双边关系稳步发展。1993年5月，中国政府特使、外交部副部长杨福昌出席厄独立庆典，与厄签署两国建交公报、《中厄贸易与经济技术合作协定》等文件。伊萨亚斯总统于1994年和2005年正式访华，1997年非正式访华，2006年出席中非合作论坛北京峰会，并与胡锦涛主席会谈。

2007年，李肇星外长、商务部崇泉部长助理先后于1月和7月访厄。厄执政党中央经济部长哈格斯、农业部长阿雷法伊内、劳工和社会福利部长阿丝卡露、国家公务员管理署署长戈尔麦等分别访华。2008年1月，厄财政部长伯哈尼等访华。2008年11月，新疆维吾尔自治区主席努尔·白克力访厄。2009年5月，中联部部长王家瑞访厄。2010年6月，厄人阵党中央政治部长耶迈尼访华；9月，外交部副部长翟隽访厄。2015年1月，外交部副部长张明访厄。2011年6月，厄外长奥斯曼访华。2010年6月、2013年1月和2015年6月，厄人阵中央政治部长耶迈尼访华。

2015年，双边贸易额为3.16亿美元，同比下降24.52%，其中中方出口1.36亿美元，进口1.80亿美元。中方主要出口机电、轻纺产品和谷物、蔬菜等农产品，进口原皮和饲料、油料等农产品。

中国驻厄立特里亚大使：邱学军。馆址：No.178，ABO Street，Zone 3，Administration 02，Asmara，State of Eritrea。电话：00291-1-185271；传真：185275。

厄立特里亚驻华大使：泽盖·特斯法齐翁·塞雷克（Tseggai Tesfazion Sereke）。馆址：北京市朝阳区亮马河南路4号，塔园外交人员办公楼1-4-2。邮编：100600。电话：010-65326534；传真：65326532。

【同美国的关系】厄独立后同美关系一度密切，伊萨亚斯总统先后6次正式访美。厄埃边界战争爆发后，美8次派总统特使赴厄、埃穿梭调解。1999年8月，美与卢旺达、阿尔及利亚、联合国等共同推动落实非统解决厄埃冲突框架协议。2002年1月，美接纳厄为《非洲增长和机遇法案》（AGOA）受益国。"9·11"事件后，厄美加强情报交流等军事合作，双方军事团组往来频繁。2002年初，双方因美欲在厄设军事基地产生严重分歧。2003年底，美以厄民主和人权状况未达标为由，中止厄AGOA受益国地位。2005年8月，厄政府驱逐美国国际开发署（USAID）驻厄人员，并于10月要求联合国埃厄特派团内美欧籍人员离厄。2006年，美非洲事务助理国务卿弗雷泽指示美常驻联合国代表推动安理会"重新审议"2002年边委会裁决未果，随后又提出解决厄埃边界问题的"新倡议"，并希携美方制作的"新地图"访厄，以调解边界问题，遭厄方拒绝。2007年8月，美要求厄关闭其驻奥克兰领馆，并停止美驻厄使馆签证业务。此后，美以厄支持索马里恐怖分子为由，几次威胁将厄列入"支持恐怖主义国家"名单并启动有关制裁法律程序。美驻厄大使公开号召厄民众推翻现政权，助理国务卿弗雷泽两度公开要求厄"更换政权"。2008年1月，美民主党众议员、众院外交委员会非洲分委会主席唐纳德·佩尼访厄，表示支持厄方希"落实边委会裁决"的要求。2008年10月，美将厄列入禁止军售国家名单。11月，厄总统伊萨亚斯电贺奥巴马当选美国总统，希美对非洲之角政策在奥巴马上台后能有所改变，以实现本地区的和平与公正。2014年以来，厄一直拒绝美派驻大使、恢复正常关系的要求，美未邀请伊萨亚斯出席美非峰会。目前双边关系僵冷。

【同意大利的关系】厄曾是意大利在非洲的第一块殖民地，在经济、建筑和文化上颇受意影响，独立后保持与意传统关系。意是厄重要贸易伙伴和主要援助国，1993—2005年提供各类援助和贷款3.87亿美元。厄总统伊萨亚斯多次访意。厄重视与意发展关系，但反对其干涉厄内政。2001年9月，因厄没收部分意大利人在厄房产，两国各自召回大使。2002年，两国关系恢复正常，10月重新互派大使。2005年8月，意向厄提供300万欧元援助用于抚养战争孤儿。2006年1月，意副外长公开指责厄现行政策，双方关系再度转冷。3月，两国相互驱逐对方外交官1名。12月，伊萨亚斯总统访意。2009年9月，厄外长访意。目前意在厄已无新的援助项目。

【同埃塞俄比亚的关系】厄独立后一度与埃保持特殊友好关系，1993年两国签订《友好合作协定》。1997年11月，厄发行本国货币，两国贸易改用美元结算，经贸纠纷不断。同年，厄认为埃发行的地图将部分厄领土划入埃版图，双方矛盾激化。1998年5月6日，两国因边界巴德梅村归属问题发生武装冲突，引发持续两年的边界战争，关系急剧恶化。

2000年6月，厄、埃签订《停止敌对协定》，联合国安理会随后成立联合国埃塞俄比亚和厄立特里亚特派团（UNMEE）。2002年4月13日，独立的边界委员会就厄埃边界作出裁决，双方均表示接受。后埃指责边委会将巴德梅划与厄方，要求其"纠正错误裁决"。2003年，埃阻止边委会实地标界，并于9月要求安理会另设机制，重新划定有关地段边界。厄坚持边委会裁决为"具有约束力的最终裁决"。2004年11月，埃总理提出原则接受边委会裁决，但必须就划界事宜先行"谈判"，遭厄拒绝。2006年11月，边委会公布利用高清晰航拍技术确定的厄埃界桩放置点和地图，要求双方在1年内接受裁决并配合实地标界。埃拒绝接受边委会上述决定，厄则重申应由边委会实施标界，拒绝与埃双边协商。2007年6月，埃表示“无条件”接受边委会裁决，但仍坚持“先谈判，后划界”，厄斥为“文字游戏”。11月30日，因厄、埃未就图上标界达成共识，边委会宣布解散。2008年7月底，特派团任期终止。2009年12月，在埃强力推动下联合国安理会通过对厄制裁决议。2011年12月，在埃等（东非）政府间发展组织成员国推动下，联合国安理会通过强化对厄制裁的决议。

【同苏丹的关系】1994年底，厄指责苏政府支持在苏境内的厄反对派在两国边境活动，并向厄输出原教旨主义，宣布与苏断交。2000年1月，两国复交，并建立两国元首定期磋商机制，商定停止支持各自境内的对方反对派，维护边境安定。2005年以来，两国关系明显改善，两国外长牵头设立联合政治委员会。2006年4月，两国恢复互派大使。5月，苏副总统出席厄独立15周年庆典；6月，伊萨亚斯总统正式访苏。此后两国总统多次在利比亚、卡塔尔等国参加地区会议期间进行磋商。近年来，厄协助调解苏东部及达尔富尔冲突。2006年10月主持苏政府同苏东部反政府组织间和谈，2007年协助调解苏南北方分歧及达区冲突。2014年1月，苏丹总统巴希尔访厄。2014年5月和2015年6月，伊萨亚斯总统访苏。

【同吉布提的关系】厄在独立之初与吉布提关系较好。1996年两国发生领土纠纷。1997年关系恢复正常。1998年厄埃边界战争爆发，厄指责吉偏袒埃，吉随即宣布与厄断交。2000年3月，两国复交，此后政治和经贸合作不断改善。2005年8月，吉旅游、体育和青年部长访厄。2006年，吉军队总参谋长及国防部长先后访厄。2006年11月，伊萨亚斯总统赴吉出席东南非共同市场第11届峰会，并会晤吉总统盖莱。2007年7月，厄国防部长访吉。2008年4月，厄吉因边界争端关系再度紧张。6月，与吉发生边界纠纷。安理会先后通过第1862号、1907号决议，要求厄从有争议领土撤军。2010年在卡塔尔调解下，厄从厄吉边界撤军。

【同也门的关系】厄独立前，也门支持厄争取独立的斗争。1995年起，两国曾因红海大、小哈尼什岛主权争端发生武装冲突。1998年10月，国际法庭裁决大哈尼什岛等主要岛屿归属也门，厄接受裁决并交还诸岛。11月，两国关系恢复正常。2001年4月，双方签署了贸易、农业、能源、交通、海事及技术合作协议，并就捕鱼权等海上仲裁达成谅解，但双方渔业纠纷依旧。2005年1月，厄外长阿里访也。3月，两国部长级会议在厄首都阿斯马拉召开。2006年7月和2007年8月，也总统两度访厄。双方建有经贸混委会。2009年9月，厄外长访也。

【同联合国的关系】20世纪50年代，联合国处置意大利前殖民地时，先后同意利比亚、索马里独立，但要求厄作为自治体与埃结成联邦。厄独立后，于1998年5月28日加入联合国，成为其第182个成员国。

厄埃边界战争结束后，联合国安理会通过第1320号决议，成立厄埃特派团（UNMEE），2001年4月派遣4200名维和人员，在厄境内设立2.8万平方公里临时安全区。2005年10月，厄先后对特派团实行禁飞和车辆限行令，12月，厄指责特派团欧美籍人员在厄境内从事非法活动，要求百余人限期离境。2007年11月，边委会决定“虚拟标界”，联合国未予表态。厄认为边界已定，“特派团已无存在的理由”。2007年底，厄停止向厄埃特派团出售燃油。2008年7月，安理会决定终止特派团任务，特派团随即撤离厄特。

2009年12月，在埃塞等国推动下，联合国安理会通过决议，决定对厄实施武器禁运、对经确认的厄高官实行旅行限制和其他定向制裁等措施，并要求厄从与吉有争议的地区撤军。2011年12月，联合国安理会通过强化对厄制裁的决议。2010年以来，厄政府为应对安理会制裁，主动开展对外宣传和解释工作，积极推行“接触外交”，在卡塔尔调解下从厄吉边界撤军，显示出一定灵活性，得到联合国和国际社会肯定。

（吴昊）

佛 得 角

国名　佛得角共和国（The Republic of Cabo Verde，República de Cabo Verde）。

面积　4033平方公里。

人口　51.4万（2014年）。绝大部分为克里奥尔人。官方语言为葡萄牙语，通用克里奥尔语。98%的居民信奉天主教，少数人信奉基督教新教。

首都　普拉亚（Praia）。人口13.8万。最高气温31℃，最低20℃。

国家元首　总统若热·卡洛斯·德阿尔梅达·丰塞卡（Jorge Carlos de Almeida Fonseca），2011年8月当选，9月9日就职。

重要节日　独立日：7月5日。

简　况　在北大西洋的佛得角群岛上，东距非洲大陆最西点佛得角（塞内加尔境内）500多公里，海岸线长912.5公里。属干燥的热带气候，终年盛行干热的东北信风，年平均温度20℃—27℃。

1495年沦为葡萄牙殖民地。1951年成为葡海外省。自1956年起，在几内亚和佛得角非洲独立党（简称“几佛独立党”）领导下，佛得角人民与几内亚比绍人民并肩开展争取民族独立的运动。1975年7月5日佛宣布独立，成立佛得角共和国，几佛独立党总书记阿里斯蒂德斯·佩雷拉任首任总统。1981年，佩雷拉同几佛独立党决裂，另立佛得角非洲独立党（简称“独立党”），结束了佛同几比两国一党的局面。1990年9月实行多党制。在1991年1月举行的多党议会选举中，争取民主运动（简称“民运”）获胜，击败独立后长期执政的独立党。在同年2月举行的总统选举中，民运候选人安东尼奥·蒙特罗当选。1995年12月和1996年2月，民运和蒙特罗分别在议会和总统选举中再次获胜。2001年1月，独立党赢得议会选举，重新成为执政党，并组成以若泽·马里亚·佩雷拉·内韦斯（José Maria Pereira Neves）为总理的政府。同年2月，独立党候选人皮雷斯当选总统。2006年1月，独立党在议会选举中再次获胜。2月，皮雷斯在总统选举中获胜蝉联。3月，独立党组成新一届政府，内韦斯留任总理。

政　治

独立党政府倡导民主、良政，实行地方分权，逐步推行司法、教育制度改革，同时努力提高政府施政效率，大力发展经济，改善民生。2011年2月，佛得角顺利举行议会选举，独立党再次获胜。3月21日新政府成立，内韦斯第三次任总理。8月，佛先后举行两轮总统选举，民运候选人丰塞卡当选新一届总统，于9月9日宣誓就职。2012年7月佛举行地方选举，民运在全国22个市中的14个市获胜。

【宪法】现行宪法为佛第二部宪法，1992年8月经国民议会通过，9月25日起实施。1995年11月和1999年7月进行了两次修改。宪法规定，佛得角是一个民主法治国家。实行多元民主和议会制。总统为国家元首，经普选产生，任期5年，可连任1次。政府为国家最高行政机关，向议会负责。总理为政府首脑，由赢得议会选举的执政党或执政党联盟提名，总统任命。

【议会】国民议会为最高立法机关，其主要职能是：修改宪法，制定法律，监督宪法和法律的实施，批准国际条约，发起全民公决，决定大赦，批准政令，审议并通过政府的施政纲领、发展计划和预算。本届议会于2011年2月选举产生，任期5年。在总共72个议席中，独立党拥有38席，民运获32席，佛得角民主独立联盟—基督教民主党获2席。议长巴西利奥·莫索·拉莫斯（Basílio Mosso Ramos），系独立党人士，2011年3月当选。

【政府】本届政府于2011年3月21日组成，并于2012年4月和2015年12月进行三次小幅调整。主要成员有：总理兼国家改革部长若泽·马里亚·佩雷拉·内韦斯，总理助理兼卫生部长玛丽亚·克里斯蒂娜·丰特斯·利马（Maria Cristina Fontes Lima，女），财政和计划部长克里斯蒂娜·杜阿尔特（Cristina Duarte，女），外交部长若热·托伦蒂诺（Jorge Tonentino），议会事务部长兼国防部长鲁伊·塞梅多（Rui Semedo），内政部长玛丽萨·埃莱娜·多纳西门托·莫赖斯（Marisa Helena do Nascimento Morais，女），司法部长若泽·卡洛斯·洛佩斯·科雷亚（José Carlos Lopes Correia），基础设施和海洋经济部长莎拉·玛丽亚·杜阿尔特·洛佩斯（Sara Maria Duarte Lopes，女），环境、住房和土地规划部长安特罗·韦加（Antero Veiga），旅游、投资和工业发展部长莱昂内萨·福特斯（Leonesa Fortes，女），教育和体育部长费尔南达·马克斯（Fernanda Marques，女），农村发展部长埃娃·奥尔泰特（Eva Ortet，女），高等教育、科学和创新部长安东尼奥·莱昂·科雷亚·席尔瓦（António leão Correia e Silva），文化部长马里奥·卢西奥·索萨（Mário Lúcio Sousa），侨民部长费尔南达·费尔南德斯（Fernanda Fernandes，女）。

【行政区划】全国原划分为16个县，1997年1月改划为17个市，2005年5月增至22个市。

【司法机构】法院分最高法院、地区法院和分区法院三级。最高法院院长由总统任免。现任最高法院院长阿尔灵多·梅迪纳（Arlindo Medina），2009年2月就职。检察院分为三级。总检察长由总统任免。现任总检察长奥斯卡·塔瓦雷斯（Óscar Tavares），2014年5月就职。

【政党】有两个主要政党：

（1）佛得角非洲独立党（Partido Africano da Independência de Cabo Verde）：执政党。1981年与几佛非洲独立党分裂后成立。现有党员1.1万余人。1975年佛独立后长期执政，1991年沦为在野党。2001年在议会选举中获胜，重新成为执政党，并在2006年和2011年议会选举中连续获胜。主张推进民主进程，建立社会正义。1992年加入社会党国际。2014年12月，时任青年、就业和人力资源发展部长贾妮拉·伊莎贝尔·丰塞卡·霍普费尔·阿尔马达（Janira Isabel Fonseca Hopffer Almada，女），接替现任总理内韦斯当选新一届党主席。现任总书记为若昂·多卡尔莫（João do Carmo）。2015年12月，阿尔马达辞去部长职务，专职处理党务。

（2）争取民主运动（Movimento para a Democracia）：最大反对党。1990年3月14日成立，1991—2000年间执政。宗旨是以民主方式发展国家。主张政治多元化和经济私有化，推行市场经济和贸易自由化，在民主基础上同国际上其他政党建立联系。2003年6月加入中间派民主国际。2011年8月，民运候选人丰塞卡当选总统。2013年6月，普拉亚市长乌利塞斯·科雷亚·席尔瓦（Ulisses Correia e Silva）接替卡洛斯·韦加（Carlos Veiga）当选新一届党主席。

其他政党还有：佛得角民主独立联盟—基督教民主党（União Cabo-verdiana Independente e Democrática- Partido Democrático Cristão，UCID-PDC）、劳动团结党（Partido de Trabalho e da Solidariedade，PTS）、民主革新党（Partido da Renovação Democrática，PRD）、社会民主党（Partido Social Democrático）等。

【重要人物】若热·卡洛斯·德阿尔梅达·丰塞卡：总统。1950年10月20日生于佛得角圣维森特岛。早年留学葡萄牙里斯本大学，获法学硕士学位。系民运创始人之一。1975—1977年任佛移民局局长，1977—1979年任外交国务秘书，1991—1993年任外长。2001年以独立候选人身份参选总统失败。2011年8月作为民运候选人在总统选举中胜出，9月9日宣誓就职。 **若泽·马里亚·佩雷拉·内韦斯**：总理。1960年3月28日生于佛得角圣地亚哥岛圣塔卡塔利那市。1986年毕业于巴西圣保罗企业管理学院，获学士学位。回国后曾担任政府及多家企业和国际组织行政管理顾问，并从教于高等教育学院。1991—1997年担任独立党政治局委员，1993—1995年任独立党外事书记，2000年6月当选该党主席并连任至今。2000年当选圣塔卡塔利那市市长。2001年2月出任总理，2006年和2011年两次连任。

经　济

经济以服务业为主，产值占国内生产总值70%以上。粮食不能自给，工业基础薄弱。20世纪90年代初佛得角开始改革经济体制，调整经济结构，推行经济自由化。独立党重新执政后，提出以发展私营经济为核心的国家发展战略，重点发展旅游业、农业、教育、卫生及基础设施建设。2007年12月，佛加入世界贸易组织。2008年，佛正式脱离最不发达国家名单，进入中等收入国家行列。2009年，受国际金融危机和国内自然灾害影响，经济增长放缓。2010年以来，政府大幅增加公共投资，刺激经济发展。2012年下半年以来，国际金融危机和欧洲主权债务危机对佛经济的滞后影响逐步显现，经济发展速度再度趋缓。

2015年主要经济数据如下：

国内生产总值（GDP）：16.4亿美元。

人均国内生产总值：3191美元。

国内生产总值增长率：1.7%。

货币名称：佛得角埃斯库多（Escudo）。

汇率：1美元=99.49佛得角埃斯库多。

通货膨胀率：0.2%。

失业率：16.4%。

（资料来源：2016年1月《经济季评》、佛得角国家统计局、佛得角中央银行）

【资源】资源匮乏，主要矿产有石灰石、白榴火山灰、浮石、岩盐等。

【工业】2014年工业产值占国内生产总值16.5%，工人约占劳动总人口的29%。基础薄弱，以建筑业为主。中小建筑公司主要从事商业和民用住宅建筑，几家大公司主要从事基础设施和公共工程建设。制造业不发达，近年来在国内生产总值中的比重不断下降，目前不足1%。有中小工厂150余家，主要从事制衣、制鞋、水产加工、酿酒、饮料装瓶等。

【农牧渔业】2014年农业和渔业产值约占国内生产总值7.6%，全国25%的人口从事农业和渔业。可耕地3.9万公顷，约占国土总面积的10%，其中水浇地3000公顷，旱田3.6万公顷。耕地大部分集中在圣地亚哥和圣安唐两岛。主要产品有玉米、豆类、薯类、甘蔗、香蕉、咖啡等。由于自然条件较差，经常发生旱灾，粮食不能自给，年产仅能满足15%需求。

佛有73.4万平方公里的专属经济区，渔业资源较丰富，尚未完全开发利用。捕鱼业在国民经济中占重要地位，从事渔业人口约1.4万，捕鱼量每年可达3.7万吨，每年出口海产品约1万吨，主要为龙虾、金枪鱼和虾类。2011年渔业出口额占出口总额的56.4%，系佛重要外汇来源之一。2014年8月，佛与欧盟签署2014—2018年渔业合作协议，规定欧盟71艘渔船可在佛领海捕捞金枪鱼等海产，为此欧盟将于2014—2015年间每年向佛支付55万欧元补偿金，2016—2018年间每年支付50万欧元。补偿金中的一半将用于支持佛加强领海管控并发展当地渔业。

【服务业】在国民经济中占有相当重要位置，主要包括旅游、运输、商务和公共服务。2014年服务业产值约占国内生产总值的75.9%。约50%的劳动人口从事服务业。其中旅游业已成为国家经济增长和就业的主要来源，2013年旅游业产值约占国内生产总值的42.9%，旅游业就业岗位占全国总就业岗位的38.4%，游客消费相当于当年佛出口总额的76.7%（资料来源：世界旅游业理事会2014年国别报告）。旅游基础设施发展迅速，截至2014年底，佛共有各类旅馆229家，客房10839间，床位1.8万张。2014年佛吸引游客总数约54万人次，同比减少2.3%。主要客源地为英国、德国、法国和葡萄牙等欧洲国家（资料来源：佛国家统计局）。

【交通运输】岛内港口和公路等运输设施较完备。公路总长2250公里，主要是石块路。现有各种机动车辆7.8万辆。

全国共有9个机场。萨尔岛的阿·卡布拉尔国际机场可供起降波音747客机，年客流量30万人次。首都普拉亚国际机场、博阿维斯塔岛国际机场分别于2005年11月和2007年10月建成并投入使用。佛得角航空公司辟有通往欧洲、非洲、巴西和美国的国际航线，葡萄牙等欧洲国家航空公司和包机公司有飞往佛得角的航班。2013年航空旅客178万人次，同比减少3.4%。

全国共有8个港口，最大港口为明德罗市的大港

（Porto Grande）。2007年佛全国各港口的集装箱吞吐量为50362个标准集装箱，较2006年增长7%。佛有通往葡萄牙、西班牙、北欧、巴西和非洲大陆的班轮。

【财政金融】近年来财政收支情况如下（单位：亿佛得角埃斯库多）：

	2012	2013	2014
收入	350.5	372.6	432.8
支出	501.2	494.7	546.7
差额	–150.7	–122.1	–122.9

（资料来源：国际货币基金组织）

截至2014年底，据2016年1月《经济季评》、国际货币基金组织网站：外汇储备（不含黄金）为4.31亿美元，外债余额为15.84亿美元。

【对外贸易】80%以上的日常生活用品及全部机械设备和建筑材料、燃料等依靠进口。主要出口产品为船用燃料、香蕉、服装、鞋类、金枪鱼罐头、冻鱼、龙虾、食盐、火山灰等。

每年均有巨额贸易逆差。主要贸易伙伴是葡萄牙、西班牙、美国、荷兰和阿尔及利亚等。近年货物贸易情况如下（单位：百万美元）：

	2013	2014	2015
出口额	184.2	253.3	212.6
进口额	807.6	853.6	767.3
经常项目余额	–112.5	–161.6	–91.0

（资料来源：2016年1月《经济季评》）

【外国援助】据经济与合作组织统计，佛2013年共接受外援2.21亿美元。主要援助方为葡萄牙（1.61亿美元）、卢森堡（1900万美元）、欧盟（1600万美元）、日本（1600万美元）、法国（900万美元）等。

【外国资本】据联合国贸易和发展协会公布的《2015年世界投资报告》，佛2014年吸引外国直接投资7800万美元，主要投向旅游业。

人民生活

根据联合国开发计划署公布的《2015年人类发展报告》，佛得角人类发展指数在188个国家中排名第122位，较前一年上升1位，人均寿命女性75岁，男性71.4岁。2013年，卫生支出占国内生产总值的4.4%，5岁以下儿童死亡率为26‰。全国家庭中的30%有电脑，80%有电视，60.3%有自来水，87%有供电。全国固定电话用户约6.6万，国际互联网用户约1.8万，全国手机用户49.9万，占全国人口的97%，其中3G网络用户达23.4万。

军　事

军队创建于1967年1月15日，原称人民革命武装部队，改行多党制后更名为武装力量。总统为武装力量最高统帅。政府设国防部，下辖总参谋部，总参谋长由总统根据政府建议任免。实行义务兵役制。服役期14个月。目前总兵力约1200人，分为国民卫队和海岸卫队两大军种，各自拥有空中力量。其中国民卫队下辖宪兵队、海军陆战队和步兵营。近年来军费开支均不足当年国家预算的1%。现任总参谋长阿尔贝托·卡洛斯·巴尔博萨·费尔南德斯（Alberto Carlos Barbosa Fernandes），2011年12月就职，2013年2月被授予少将军衔。

文化教育

【教育】政府重视发展教育事业，佛得角2005至2014年年均教育经费占国内生产总值的平均比例为5%。实行中小学义务教育。小学适龄儿童入学率已达100%，小学辍学率位8.6%，中学入学率为93%。重视成人教育，设有各类培训中心。全国共有516家幼儿园，419所小学，49家中学，2013/2014学年共有注册学生142266人，教师7105名。2006年11月，佛成立第一所公立大学——佛得角大学。目前，佛共有9所高等教育机构，其中4所大学，5所高等学院。2011/2012学年共有1316名大学教师，其中63.5%拥有学士及以上学位；共有1.18万名大学生在读，相当于全国18–22岁人口中的20.7%。2013年全国人口识字率达85.3%，其中15—24岁青年人口中女性识字率达98.4%，男性识字率达97.9%。

【新闻出版】主要有《周报》《岛屿快报》《民族报》和《佛得角报》4份周报。还有《观点》和《自由》等月刊。

新闻通讯社：1998年2月成立，由原《佛得角新报》、佛通讯社和佛出版社合并组成，向社会提供文字新闻。

有1家国营电视台，即佛得角广播电视台，1997年由佛得角国家电台和佛得角国家电视台合并而成。另外，政府还为1家私人电视台和2家有线电视台颁发了许可证，目前尚未营运。全国有12家广播电台。

对外关系

佛得角奉行和平、中立和不结盟外交政策。主张外交为发展服务。愿在相互尊重主权、互不干涉内政、平等互利的基础上与世界各国发展友好合作关系。现为联合国、世界贸易组织、不结盟运动、葡语国家共同体、法语国家组织、非洲联盟、西非国家经济共同体等组织成员。同110个国家有外交关系。

【同中国的关系】1976年4月25日，中佛建交。建交以来，两国关系始终稳定、健康发展。

2014年、2015年两国友好交往密切。2014年5月，中联部副部长于洪君访佛。2015年7月，国家卫生计生委副主任崔丽以中国政府特使身份出席佛独立40周年庆典。2014年12月，佛外交部长托伦蒂诺访华。2015年6月，佛旅游、投资与企业发展部长福尔特斯来华出席中佛经贸联委会第二次会议。

2014年，中佛贸易额为5123万美元，同比下降17.4%；基本均为中方出口，主要为机电产品。2015

年上半年，中佛贸易额2132万美元，同比下降13.4%。

中国驻佛得角大使：杜小丛。馆址：B.P. 8 Praia，Achada de Santo António，Praia，Cape Verde。电话：00238–2623027(办公室、签证处)，2623029(经商处)；传真：2623047(办公室、签证处)，2623007(经商处)。

佛得角驻华大使：塔尼亚·罗穆阿尔多（Tania Romualdo，女）。馆址：北京市朝阳区新东路1号塔园外交公寓5–1–71。电话：010–65327547，65320758；传真：65327546。

【同葡萄牙的关系】两国保持着特殊关系。双方高层交往频繁，各领域合作密切。葡是佛得角最大援助国和主要贸易伙伴之一。2007年，佛总统皮雷斯、总理内韦斯、外长博尔热斯先后访葡。2008年7月，佛总统皮雷斯访葡。11月，佛总理内韦斯、外长布里托先后访葡。同月，葡议长伽马访佛。2009年3月，葡总理苏格拉底访佛。2010年6月，内韦斯总理出席在葡举行的第一届佛—葡首脑会议。7月，葡总统席尔瓦访佛。11月，利马议长访葡。2011年6月，皮雷斯总统访葡。7月，佛新任外长博尔热斯访葡。2012年6月，丰塞卡总统对葡进行国事访问。8月，葡外长波尔塔斯访佛，双方签署合作协议，葡将在2012—2015年间援佛5600万欧元。9月，内韦斯总理访葡。12月，葡萄牙总理科埃略访佛，出席第二届佛—葡首脑会议。2013年2月，内韦斯总理回访葡萄牙。2014年4月，内韦斯总理在出访梵蒂冈后回国途中过境葡萄牙，会见葡总理科埃略。12月，内韦斯总理访葡。2015年7月，葡总理科埃略赴佛出席佛独立40周年庆典。12月，内韦斯总理访葡。2016年1月，葡新任总理科斯塔访佛。

【同美国的关系】佛美关系良好。佛得角在美有侨民40万，年均侨汇1000多万美元。佛系《非洲增长与机遇法》受惠国。佛美签有航空运输合作协议。2006—2009年，内韦斯总理4次访美。2007年，佛成为美"千年挑战账户"受益国，美承诺5年内在该框架下向佛提供约960万美元，其中700万美元将用于水文、农业和私营企业发展等项目。2012年1月，美国国务卿希拉里过境佛。2012年2月，美佛签署"千年挑战账户"二期协议，佛成为第一个"千年挑战账户"二期项目受惠国，美将在此项下向佛提供6620万美元援款。2012年9月，丰塞卡总统赴纽约出席联合国大会之前赴美国波士顿访问。2013年3月，内韦斯总理应邀赴美出席奥巴马总统与非洲四国（佛得角、塞拉利昂、塞内加尔、马拉维）领导人会晤。2014年5月，美国国务卿克里过境佛。8月，丰塞卡总统出席首届美非峰会。

【同欧盟的关系】双方关系密切，互派有常驻代表。长期以来，欧盟向佛得角提供了大量援助。2005年6月，博尔热斯外长访问欧盟。2007年10月，欧盟与佛宣布建立特殊伙伴关系，佛成为第一个与欧盟建立上述关系的非洲国家。2010年，内韦斯总理接连访问比利时、荷兰、卢森堡、西班牙、意大利、法国并出席在尼斯举行的法非首脑会议。11月，皮雷斯总统出席在利比亚举行的第三届欧非峰会。2011年9月，丰塞卡总统对葡萄牙、西班牙进行私人访问。12月，欧盟决定免除从佛进口产品关税并取消对佛进口配额限制。2012年4月内韦斯总理对葡萄牙、比利时、卢森堡、德国等欧洲四国进行工作访问。10月，欧盟委员会主席巴罗佐访佛，双方签署了签证便利协议。2013年佛欧签署财政支持协议，欧盟将在三年内向佛提供3100万欧元财政支持，用于医疗卫生等领域。2013年11月，欧洲议会批准了佛欧签证便利协议和非法移民遣返协议。2014年3月，卢森堡首相贝特尔访佛，4月，丰塞卡总统出席第四届欧非峰会。2015年12月，内维斯总理访问欧盟总部。

【同葡语国家共同体的关系】1996年7月17日加入葡语国家共同体，为创始国之一。强调葡语国家间"共同文化属性"，主张成员国间加强政治、外交、经济和社会方面的合作。2004年7月，佛得角常驻联合国代表丰塞卡在第五届葡共体首脑会议上当选为葡共体执行秘书。此后，佛多次承办葡语国家和葡共体各类部长级专门会议。2009年，内维斯总理出席了葡共体有关活动，并赴巴西访问。2010年8月，内韦斯总理访问安哥拉。2011年7月，佛新任外长博尔热斯访问安哥拉。9月，几内亚比绍总统萨尼亚、安哥拉副总统费尔南多赴佛出席佛前总统佩雷拉葬礼。11月，丰塞卡总统赴巴西出席伊比利亚美洲国家首脑会议。11月，博尔热斯外长访问几内亚比绍。2012年11月，丰塞卡总统访问东帝汶。2013年4月，葡共体执行秘书穆拉尔基访佛，11月，丰塞卡总统访问安哥拉。2014年6月，内韦斯总理访安。同月，丰塞卡总统赴几比出席瓦斯总统就职仪式后赴安出席非洲葡语国家峰会。7月，博尔热斯外长代表内韦斯总理赴东帝汶出席葡共体峰会，支持赤道几内亚加入葡共体。2016年佛将接任葡共体轮值主席国。2015年1月，几比总理佩雷拉访佛，内韦斯总理于7月回访。同年6月，丰塞卡总统再度访问安哥拉。2016年佛将接任葡共体轮值主席国。

（王先达）

冈比亚

国名　冈比亚伊斯兰共和国（The Islamic Republic of The Gambia）。

面积　11295平方公里。

人口　191万（2014年）。主要民族有：曼丁哥族（占人口的42%）、富拉族（又称颇尔族，占18%）、沃洛夫族（占16%）、朱拉族（占10%）和塞拉胡里族（占9%）。官方语言为英语，民族语言有曼丁哥语、沃洛夫语、富拉语（又称颇尔语）以及无文字的塞拉胡里语等。居民90%信奉伊斯兰教，其余信奉基督教和拜物教。

首都　班珠尔（Banjul），人口3.13万（2013年）。最高气温32℃，最低气温15℃。

国家元首　总统叶海亚·贾梅（Yahya A.J.J. Jammeh），1994年7月27日就任冈比亚武装力量临时执政委员会主席，1996年9月当选总统。2001年、2006年和2011年三次蝉联。

重要节日　独立日：2月18日。

简　况

位于非洲西部，为一狭长平原嵌入塞内加尔共和国境内。西濒大西洋，海岸线长48公里。属热带草原气候，内地平均气温约27℃。

15—16世纪，葡萄牙人曾入侵。此后，英国和法国殖民者也相继侵入。1783年，《凡尔赛和约》把冈比亚河两岸划归英国，把塞内加尔划归法国。1889年，英、法达成协议，划定当今冈边界。1965年2月18日，冈正式独立。1970年4月24日冈宣布为共和国。独立后人民进步党长期执政，党的领导人贾瓦拉独立后任总理，实行共和制后当选总统并多次连任。1994年7月，叶海亚·贾梅中尉发动兵变，推翻贾瓦拉政权，成立了以贾梅为主席的武装力量临时执政委员会。1996年9月，贾梅当选总统，并于2001年、2006年和2011年三次蝉联。2015年12月宣布改名为伊斯兰共和国。

政　治

贾梅执政以来，强调和平与稳定，号召人民勤奋工作，摆脱贫困。2007年1月，贾领导的爱国调整与建设联盟在议会选举中获得绝对多数席位。2008年1月，冈举行地方政府选举，执政党爱国调整与建设联盟在多数市镇获胜。2011年11月，贾梅在新一届总统选举中获72%的选票，第三次蝉联。2012年3月29日，冈举行新一届立法选举，贾梅领导的爱国调整与建设联盟再次赢得绝对多数席位。2013年4月，冈举行新一届地方政府选举，执政党爱国调整与建设联盟在首都班珠尔失利，但仍在多数市镇获胜。2014年12月，冈发生未遂军事政变。目前冈政局总体稳定。

【宪法】现行宪法于1996年8月8日经全民公决通过。宪法规定总统为国家元首、政府首脑和武装部队总司令；总统由直接普选产生，每届任期五年，连任次数不限；副总统、各部部长由总统任命；政府可视情宣布“国家紧急状态”。

【议会】为一院制，称国民议会，是全国最高立法机构。由53名议员组成，其中民选议员48名，总统任命议员5名。每届议会任期五年。本届议会于2012年3月选举产生。议长、副议长从5名总统任命的议员中选举产生。现任议长阿卜杜利耶·博章（Abdoulie Bojang），2010年11月当选，2012年4月连任。

【政府】本届政府成立于2012年5月，后经数次调整。主要成员有：总统兼武装部队司令叶海亚·贾梅，副总统兼妇女事务部长伊莎图·恩杰-赛义迪（Isatou Njie-Saidy，女），总统事务部长亚姆·班巴·恩杰·凯塔（Yam Bamba Njie Keita，女），总统府秘书长兼民事办公室主任苏莱曼·桑巴（Sulayman Samba），计划部长布拉马·科巴·萨格尼亚（Burama Keba Sagnia），外交部长内纳·麦克道尔-盖伊（Neneh Macdouall-Gaye，女），财政和经济事务部长阿卜杜·科莱（Abdou Kolley），内政部长奥斯曼·松科（Ousman Sonko），司法部长兼总检察长约瑟夫·沃沃（Joseph Wowo），旅游和文化部长本杰明·罗伯茨（Benjamin A. Roberts），高教与科技部长阿布巴卡尔·桑格尔（Aboubacar Senghore），基础与中级教育部长法图·拉明·法耶（Fatou Lamin Faye，女），卫生与社会福利部长奥马尔·塞伊（Omar Sey），农业部长伊斯麦拉·萨扬（Ismaila Sanyang），渔业部长拉明·恩亚巴利（Lamin Nyabally），贸易、地区一体化及就业部长阿卜杜·乔贝（Abdou Jobe），信息与通讯基础设施部长谢里夫·博江（Sheriff Bojang），环境、气候变化、水资源、森林公园及野生动物保护部长帕·奥斯曼·贾尔朱（Pa Ousman Jarju），石油部长希拉·瓦利·恩多-恩杰（Sira Wally Ndow-Njie，女），能源部长爱德华·萨加·萨内（Edward Saja Sanneh），土地与地方政府部长莫莫杜·阿基·巴约（Momodou Aki Bayo），总检察长兼司法部长马玛·法蒂玛·辛哈特（Mama Fatima Singhateh，女），内政部长奥斯曼·松科（Ousman Sonko），青年与体育部长阿利乌·贾梅（Alieu K. Jammeh），交通、建设与基础设施部长巴拉·加尔巴·贾亨帕（Bala Garba-

Jahumpa）。

【行政区划】全国分为首都班珠尔市（含班珠尔市区和卡尼芬市）和5个地方行政区（西部区、下河区、中河区、上河区和北岸区），区以下分43个县，村为基层单位。

【司法机构】分最高法院和地方法院。以英国司法制度为基础，辅以本国制定的法律、穆斯林法以及传统习惯法。1997年成立司法服务委员会，负责任命司法官员和法庭人员等，主席由大法官担任。首席大法官伊曼纽尔·法格本勒（Emanuel O. Fagbenle），2015年5月就任。总检察长辛哈特兼任司法部长，2015年1月就任。

【政党】1994年军政权上台后禁止党派活动，2001年宣布解除党禁。目前，冈主要政党有：

（1）爱国调整与建设联盟（The Alliance for Patriotic Re-orientation and Construction，APRC）：执政党。1996年8月成立，成员多为朱拉族人。宗旨是团结、自力更生、进步。在本届议会占43席。主席为总统叶海亚·贾梅。

（2）联合民主党（The United Democratic Party，UDP）：主要反对党。1996年8月成立，成员多为曼丁哥族人。宗旨是民主、自由、安全、正义、和平、进步。主席乌赛努·达博（Ousainou Darboe），曾在2011年大选中得票位居第二，但在本届议会中无议席。

（3）民族和解党（The National Reconciliation Party，NRP）。1996年8月成立，在本届议会占1席。主席哈马特·巴（Hamat Bah）。

【重要人物】叶海亚·贾梅：总统。1965年5月25日生于冈比亚西方区卡尼莱村。朱拉族。信奉伊斯兰教。1984年4月加入冈国家宪兵队。1989年8月至1990年1月担任总统卫队队长。1991年后曾任宪兵机动队队长、警察部队指挥官等职。1992年任冈比亚国民军武警部队云杜姆兵营指挥官。1993年7月至1994年1月在美国亚拉巴马州麦克莱伦堡接受武警军官基本科目培训，曾被授予亚拉巴马州国民警卫队荣誉中尉衔。1994年7月政变上台，任国家元首、武装力量临时执政委员会主席。1994年11月晋升上尉。1996年9月3日晋升上校，9月4日退伍。1996年9月当选总统。10月18日正式就职。2001年10月、2006年9月和2011年11月三次蝉联。信奉伊斯兰教。已婚。

经 济

系最不发达国家，农业国，工业基础薄弱。20世纪80年代中期开始经济调整，执行自由经济政策。近年来，重点发展农业、旅游业和金融业，加强基础设施建设，提高教育、卫生和社会福利水平，努力改善人民生活。2014年受西非埃博拉疫情影响，旅游业受到严重冲击，经济发展速度放缓。2015年经济状况有所好转，主要经济数据如下：

国内生产总值：9.24亿美元。

人均国内生产总值：484美元。

国内生产总值增长率：4%。

通货膨胀率：6.8%。

货币名称：达拉西（Dalasi）。

汇率：1美元=41.9达拉西。

（资料来源：2016年1月经济季评）

【资源】资源贫乏。已探明有钛、锆、金红石混生矿（储量约150万吨）和高岭土（50多万吨），正在进行石油勘探。

【工业】2013年工业产值约占国内生产总值的14.3%。基础薄弱，发展缓慢。主要为农产品加工和建筑业，还有少量轻工业。

【农业】2013年农业产值约占国内生产总值的21.6%，同比增加6%。农业人口占全国总劳动力80%。可耕地面积48万公顷，半数种植花生。主要粮食作物有玉米、小米、谷子、高粱、大米等。粮食不能自给，大米主要从亚洲国家进口。

近10年来，冈政府对渔业投资较多，渔业产值大幅增加。目前，冈有8家渔业加工厂，15艘注册渔轮，3000多名渔民。产量的90%出口欧洲。近年来，由于外国拖捞船的过度捕捞，深海渔业资源已近枯竭。

【旅游业】冈外汇主要来源之一。近年来，旅游业发展较快，已成为全国第二大就业行业。2013年旅游业产值约占国内生产总值的21.8%，旅游业就业岗位占全国总就业岗位的18.7%，游客消费相当于当年冈出口总额的59.2%（资料来源：世界旅游业理事会2014年国别报告）。目前，全国共有旅游宾馆40余家，房间约3000个，床位7000张。每年接待外国游客逾10万人次。游客主要来自英国、瑞典、德国等欧洲国家。

【交通运输】无铁路。

公路：总长2390公里，其中沥青路510公里，石子路800公里，土路1080公里。

水运：冈比亚河横贯东西全境，是冈内陆地区的主要运输线。班珠尔港是冈主要的国际海运港口，月处理集装箱800标准箱，年吞吐量为25万吨。

空运：首都班珠尔的云杜姆（Yundum）国际机场可起降各类大型客机，每周有定期航班飞往英国、比利时、西班牙、加纳、尼日利亚和塞内加尔等国。年接送旅客能力为100万人次。2014年西非埃博拉疫情爆发后，冈暂时取消了原有至塞拉利昂和尼日利亚的定期航班。

【财政金融】财政困难，连年赤字。收入主要为税收，少量为援款。近年财政收支情况如下（单位：亿达拉西）：

	2012	2013	2014
收入	73.97	72.71	85.51
支出	86.75	81.49	92.92
差额	−12.78	−8.78	−7.41

（资料来源：国际货币基金组织）

截至2015年底，外汇储备（不含黄金）为7960万美元。（资料来源：2016年1月经济季评）

冈比亚中央银行建于1971年，负责制定和贯彻执行国家货币和信贷政策以及调控商业银行业务。截至2011年，冈共有13家商业银行，此外还有若干外钞兑换所和非银行金融机构。冈比亚标准银行为最大的商业银行。

【对外贸易】实行自由贸易政策，进口关税较低，向邻国转口贸易活跃。近年货物贸易情况如下（单位：百万美元）：

	2013	2014	2015
出口额	132.2	123.5	114
进口额	304.1	335	354.8
经常项目余额	–91.6	–108	–126.2

（资料来源：2016年1月经济季评）

主要进口食品、机械运输设备、工业制成品、矿产品和燃料润滑油等；主要出口花生、花生制品、皮棉、渔产品等。2014年主要出口对象有中国、印度、英国、法国、意大利等，进口主要来自中国、塞内加尔、巴西、印度、印度尼西亚等。

【外国援助】2007年2月，国际货币基金组织批准冈2007—2010年“减贫和增长计划”，2010年2月，国际货币基金组织决定将“减贫和增长计划”在冈延长一年。截至2010年底，冈在“减贫和增长计划”框架内累计收益3438万美元。据经济与合作组织统计，冈2013年共接受外援6900万美元。主要援助方有全球基金（2100万美元）、欧盟（1700万美元）、英国（1600万美元）、国际开发协会（800万美元）、日本（700万美元）等。

【外国资本】据联合国贸易和发展会议（UNCTAD）2015年度《世界投资报告》，冈2014年吸引外国直接投资2800万美元，主要投向旅游领域。

人民生活

根据联合国开发计划署公布的《2015年人类发展报告》，冈的人类发展指数在世界188个国家中排名第175位，较上一年下降了3位。2013年，医疗支出占国内生产总值的6%，人均预期寿命女性61.6岁，男性58.9岁，5岁以下儿童死亡率为64.4‰。60.4%的人口生活在贫困线以下。医疗设施差。全国城镇医疗卫生机构50个（其中医院3所），村庄医疗站291个，妇幼保健站136个。平均每10万人有1.1名医生。疟疾为最大死因，染病率为17.34%，其次是结核和寄生虫病。2013年成人艾滋病感染率约为1.2%。截至2009年，冈全国约有1.8万人感染艾滋病，另有约1000人死于艾滋病。

军　事

1985年议会通过武装部队法。1996年宪法规定实行义务兵役制。军事力量主要包括国民军、海军、国民卫队和宪兵部队等。冈国民军创建于1984年2月。国民卫队成立于1997年8月，负责打击贩毒、走私等。目前冈国民军、海军和国民卫队的总兵力约1900人，参谋长为奥斯曼·巴吉（Ousman Bargie）。

文化教育

【教育】2005年至2014年每年教育支出占国内生产总值的平均比例为4.1%。成人识字率占15岁以上人口的52%，初等教育入学率为适龄儿童的87%，小学辍学率为27%。全国设有270个扫盲中心。小学实行免费教育。冈比亚大学为冈最高学府，成立于1999年，设医学、农业与生物、科技、人文、社科、教育及经济学院，年招生约300名。

【新闻出版】《冈比亚日报》是唯一的官方报纸，每周一、三、五出版，公共假日停刊，发行量约5000份；《观察家日报》，1992年创办的私人报纸，每周出版5期，发行量约5000份。另有《论点》《冈比亚新闻与报道》和《冈比亚人》等报刊。

冈比亚广播电台：官方电台，1962年5月建立，用英、曼丁哥、沃洛夫、富拉等语言播音。覆盖面为国土的2/3。1994年10月，该电台改由冈比亚电信公司经营管理，新闻节目由政府监管。希德广播电台：瑞典人经营的非政治性私人电台，1970年5月起在班珠尔市播音。另有一家私人经营的立体声广播电台。1990年12月试播，全天播放音乐和商业广告。

冈比亚国家电视台于1995年12月开播。

对外关系

奉行不干涉别国内政、和平共处的外交政策。努力改善与西方大国的关系。重视非洲团结、稳定和区域合作，支持非洲经济一体化。积极发展与伊斯兰国家的关系。现为联合国、世界贸易组织、伊斯兰合作组织、非洲联盟和西非国家经济共同体等组织成员。同60多个国家建有外交关系。

【同中国的关系】1974年12月14日，两国建交。1995年7月13日，冈政府决定和台湾当局恢复所谓的“外交关系”，7月25日，中国宣布中止同冈比亚的外交关系。2013年11月14日，冈比亚宣布同台湾“断交”，11月18日，台湾当局宣布自即日起终止台冈“外交关系”。

中冈曾于1975年11月签署贸易协定。2014年中冈贸易额3.89亿美元，同比增长0.5%，其中，中方出口3.51亿美元，同比增长13.7%，进口3800万美元，同比下降51.4%。2015年1—11月，中冈贸易额3.57亿美元，同比下降0.31%，其中中方出口3.05亿美元，同比下降6.48%，进口5200万美元，同比增长62.83%。中国向冈主要出口纺织、茶叶等产品，主要从冈进口木材、铁矿砂等。

【同英国的关系】曾系英联邦成员国，同英国关系密切。2005年2月，英上院议长阿莫斯访冈。2007年11月，冈副总统赛义迪赴乌干达出席英联邦政府首脑会议。近年，冈英加强了在反走私缉毒等领域的合作。2010年7月，冈英有关部门联手查获一起价值10亿美元的毒品走私案。2011年冈举行总统选举时，贾梅指责英国支持冈反对派，而英则批评冈政府的人权纪录，两国关系趋冷。2013年10月2日，冈宣布退出英联邦。

【同美国的关系】1979年冈美建交。2002年3月，美宣布解除自1994年起对冈实施的双边援助限制。同月，美国务院年度人权报告再次抨击冈政府侵犯人权，要求贾梅政府恢复民主和法制。2003年，美在冈成立《非洲增长与机遇法案》信息中心。2006年6月，美以人权问题为由中止“千年挑战账户”向冈拨付援款。2009年9月，美海军舰队访冈。2014年8月，贾梅总统赴美出席美非峰会。

【同邻国的关系】冈独立后与塞内加尔关系友好。1982年2月，两国通过协议正式结成塞冈邦联。1989年9月，邦联解体。1991年5月，冈塞两国签署友好合作条约。冈曾为塞政府与塞南部卡萨芒斯地区武装分裂组织和谈的调解人。2005年，因边境税收问题，两国关系一度紧张。2006年2月，两国决定重启塞内加尔—冈比亚常设秘书处。6月，塞总统瓦德访冈。2007年4月，冈副总统赛义迪赴塞出席瓦德总统就职仪式。11月，两国重启部长级磋商机制。2010年1月，瓦德总统对冈进行工作访问。4月，冈总统贾梅出席塞独立50周年庆典。2011年5月，塞总理恩迪亚耶访冈。2011年8月，塞总统瓦德访冈。2012年5月，塞新任总统萨勒访冈。2013年2月，萨勒总统赴冈出席冈独立48周年庆典活动。2014年底冈发生未遂政变以来，冈方公开对塞收留冈反对派表达不满，两国关系一度紧张。

冈独立后与尼日利亚关系密切。冈塞邦联解体后，冈尼签署了防务协议。尼曾派大型军训团负责冈国民军的建设和训练，并曾派人出任冈军司令。同时冈与尼在司法、农业、医疗卫生、教育等领域进行广泛合作，尼向冈派有技术人员。2003年8月，冈国民议会批准了冈比亚—尼日利亚友好合作协定。2005年5月，尼总统访冈。2010年1月，尼外长访冈。2013年11月，尼总统乔纳森访冈。2016年1月，贾梅赴尼出席西共体成员国首脑峰会。

2015年2月，冈举行庆祝独立50周年庆典活动，西共体轮值主席、加纳总统马哈马、几内亚比绍总统瓦斯、毛里塔尼亚总统阿齐兹、尼日利亚副总统桑博、尼前总统奥巴桑乔以及塞内加尔总理迪奥纳等西非国家领导人出席。　（王先达）

刚果（布）

国名　刚果共和国（The Republic of Congo，La République du Congo），简称“刚果（布）”。

面积　34.2万平方公里。

人口　450万（2014年）。全国有大、小民族56个，属班图语系。最大的民族是南方的刚果族，包括拉利族、巴刚果族、维利族，约占总人口的45%；北方的姆博希族占16%；中部太凯族占20%；北方原始森林里还生活着少数俾格米人。官方语言为法语。民族语言南方为刚果语、莫努库图巴语，北方为林加拉语。全国居民中一半以上信奉原始宗教，26%信奉天主教，10%信奉基督教，3%信奉伊斯兰教。

首都　布拉柴维尔（Brazzaville），人口156万（2014年），年平均气温约26℃。

国家元首　共和国总统德尼·萨苏－恩格索（Denis Sassou-N'guesso），1997年10月就任，2002年3月正式当选，2009年7月胜选连任。

重要节日　独立日：8月15日。

简　况

位于非洲中西部，赤道横贯中部。东、南两面邻刚果（金）、安哥拉，北接中非、喀麦隆，西连加蓬，西南临大西洋，海岸线长156公里。南部属热带草原气候，中部、北部为热带雨林气候，气温高，湿度大。年平均气温在24℃—28℃之间。

13世纪末至14世纪初，班图人在刚果河下游建立了刚果王国。1880年10月3日，法国人正式占领这片土地，开始殖民统治。1884—1885年，柏林会议上刚果河以西地区被划为法国殖民地，即现刚果（布）。1910年，刚果成为法属赤道非洲四领地之一（另有加蓬、乍得、中非），称中央刚果，布拉柴维尔是法属赤道非洲的首府。1957年取得“半自治共和国”地位。1958年11月成为“自治共和国”。1960年8月15日宣布独立，但仍留在法兰西共同体内，定名刚果共和国。1961年3月27日，菲勒贝尔·尤卢（Fulbert Youlou）出任总统。1963年爆发“八月革命”，尤卢政权被推翻，阿尔方斯·马桑巴－代巴（Alphose Massamba-Débat）当选总统。1968年7月31日，马里安·恩古瓦比（Marien Ngouabi）等联合发动“七·三一运动”，推翻马桑巴－代巴。12月恩古瓦比出任总统，次年12月改国名为刚果人民共和国。1977年，恩古瓦比遇刺身亡，若阿基姆·雍比－奥庞戈（Joachim Youmby-Opango）出任总统。1979年2月，执政党刚果劳动党（简称“刚劳党”）中央全会罢免雍比，召开特别大会选举德尼·萨苏－恩格索为总统。1990年刚实行多党制。1991年6月重新恢复刚果共和国国名。1992年举行首次多党总统大选，泛非社会民主联盟主席帕斯卡尔·利苏巴（Pascal Lissouba）击败萨苏，当选总统。1997年6—10月，刚发生内战，萨苏武力击败利苏巴后执政任总统。

政　治

萨苏再度执政后，推行和平、统一、民族和解政策。1998年1月，刚果（布）召开“全国和解、团结、民主和重建论坛”，决定在刚继续实行多元化民主，重建民族间信任和团结，确定3年弹性过渡期后举行总统大选。除普尔地区外，国内局势逐步恢复稳定。2001年3月、4月间，刚非排他性全国对话在首都布拉柴维尔举行，通过了政府提交的新宪法草案和和平与重建公约。2002年1月20日，刚全民公投通过新宪法。3月10日，刚举行总统选举，萨苏以压倒多数当选。此后，刚在除普尔省以外的其他地区顺利举行了立法、地方和参议院选举。8月14日，萨苏就任总统，并组成新一届政府，刚过渡期宣告结束。2003年3月，刚政府与普尔省的最后一支反政府武装签署和平协定。2006年8月，颁布《政党法》。2007年和2008年，刚举行立法选举和地方选举，总统派获绝大多数席位。2009年7月12日，刚举行内战后第二次总统选举，萨苏以78.61%高票当选连任，8月14日宣誓就职。9月15日改组政府，取消总理职位，设5名国务部长。此后，政府于2011年8月、2012年9月、2015年8月三次改组。2015年10月25日，刚全民公投通过新宪法。

【**宪法**】2015年10月25日全民公投通过的新宪法系刚历史上第九部宪法，规定：国家主权属于人民；共和国总统为国家元首和军队最高统帅，主持部长会议，任免总理、部长；总统由直接普选产生，任期5年，可连选连任2次；议会由国民议会和参议院组成，对政府进行监督；总统可解散议会，议会可弹劾政府。总统职位空缺期间，由参议院议长代行总统之职。

【**议会**】实行两院制，包括国民议会和参议院，均有立法权。

当前国民议会议员136名，由直接选举产生，任期5年，可连选连任。本届议会于2012年选举产生。下设经财，司法和行政，外交与合作，防务安全，教育、文化和科技，卫生与社会，计划与领土整治等7个委员会。议长朱斯坦·孔巴（Justin Komba），刚果劳动党成员。

参议院议员72名，经地区选举团间接选举产生，任期6年，每3年通过抽签改选1/2，2005年9月、2008年8月和2011年10月顺利实行改选。下设法律、行政和人权，经财、生产、装备和环境，外交与合作，防务安全，教育、文化和科技，卫生、就业和社会等6个委员会。议长安德烈·奥巴米·伊图（André Obami Itou），2007年12月由参议院特别会议选举产生，刚果劳动党成员。

【**政府**】2015年8月10日刚政府改组，设35个部，部长35人：工业发展与私营企业促进国务部长伊西多尔·姆武巴（Isidore Mvouba），掌玺、司法和人权事务国务部长艾梅·埃马努埃尔·约卡（Aimé Emmanuel Yoka），运输与民用航空与商船事务国务部长鲁道夫·阿达达（Rodolphe Adada），劳动和社会保障国务部长弗洛朗·齐巴少将（Florent Tslba），经济、财政、计划、国库国务部长吉尔贝·翁东戈（Gilbert Ondongo），内政和权力下放部长雷蒙·泽菲兰·姆布卢（Raymond Zéphirin Mboulou），矿藏和地质部长皮埃尔·奥巴（Pierre Oba），林业经济和可持续发展部长亨利·琼博（Henri Djombo），建设、城市规划和住房部长克洛德·阿方斯·恩西卢（Claude-Alphonse Nsilou），外交与合作部长让－克洛德·加科索（Jean-Claude Gakosso），农业和畜牧业部长里戈贝尔·马本杜（Rigobert Maboundou），能源和水利部长亨利·奥塞比（Henri Ossebi），装备和公共工程部长埃米尔·乌奥索（Emile Ouosso），卫生和人口部长弗朗索瓦·伊博维（François Ibovi），商业和供给部长厄洛热·郎德里·科莱拉斯（Euloge Landry Kolelas），中小企业和手工业部长阿德拉伊德·穆加尼（Adélaïde Mougany，女），总统府负责领土整治与大型工程委员会事务部长让－雅克·布亚（Jean-Jacques Bouya），科研和技术创新部长布鲁诺·让·里夏尔·伊杜阿（Bruno Jean Richard Itoua），总统府负责国防事务部长夏尔·里夏尔·蒙乔（Charles Richard Mondjo），新闻、媒体和与议会关系部长、政府发言人蒂埃里·蒙加拉（Thierry Moungalla），石油天然气部长让－马克·蒂斯特雷·奇卡亚（Jean-Marc Thystere Tchicaya），总统府负责经济特区事务部长马丁·帕尔费·艾梅·库苏·马翁古（Martin Parfait Aime Coussoud-Mavoungou），邮政和电信部长埃洛·曼聪·曼普亚（Hellot Mantson Mampouya），社会事务、人道主义行动与互助部长埃米莉安娜·拉乌尔（Emilienne Raoul，女），文化和艺术部长比安弗尼·奥基米（Bienvenu Okiemy），高教部长乔治·莫扬（George Moyen），初、中级教育、青年和公民教育部长阿纳托尔·科利内·马科索（Anatole Collinet Makosso），技术职业教育、专业资格培训和就业部长塞尔日·布莱斯·佐尼亚巴（Serge Blaise Zoniaba），土地事务和公产管理部长皮埃尔·马比亚拉（Pierre Mabiala），体育和体育教育部长莱昂·阿尔弗雷德·奥潘巴（Léon Alfred Opimbat），渔业和水产养殖业部长贝尔纳·奇邦贝莱拉（Bernard Tchibambelela），旅游和环境部长若苏埃·罗德里格·恩古奥宁巴（Josué Rodrigue Ngouonimba），公职部长吉尔贝·莫科基（Gilbert Mokoki），计划和一体化部长拉斐尔·莫科科（Raphaël Mokoko），妇女促进和参与发展部长卡特琳·昂邦扎·利皮蒂（Catherine Embondza née Lipiti，女）。

【行政区划】全国共划分12个省（Département），6个直辖市，97个县。

【司法机构】新宪法规定：司法权独立于立法权，不得侵犯行政或立法权权限；司法权由最高法院、审计和预算法院、上诉法院和其他国家司法机构行使；共和国总统主持最高司法会议，通过其确保司法独立；最高法院成员和其他各级法院的法官由总统根据最高司法会议的提名任命；设立宪法法院，负责监督各项法律及国际条约和协定的合宪性，监督总统选举和全民公决程序的合法性并公布其结果。当前，最高法院院长普拉西德·朗加（Placide Lenga），宪法法院院长奥古斯特·伊洛基（Auguste Iloki），总检察长乔治·阿基耶拉（Georges Akiera）。

【政党】独立后长期由刚果劳动党一党执政20余年。1990年实行多党制，目前政党总数约180多个。由执政党“刚果劳动党”领导的多党执政联盟“总统多数派联盟”在刚政坛占据主导地位。2006年8月21日，萨苏总统签署颁布经刚国民议会和参议院通过的《政党法》。《政党法》规定，各政党及政治团体须体现民族多样性，并在刚各省会设有分部以体现地区代表性；政党的成立由国家监控；财政上，政党可享受国家资助；政党活动受法律保护，但不得利用宗教进行有政治目的的宣传。主要政党情况如下：

（1）刚果劳动党（Parti Congolais du Travail，PCT）：简称“刚劳党”。1969年12月31日成立，现有约17万党员。创始人为已故总统马里安·恩古瓦比。1969—1992年为刚唯一合法政党。1992年在首届多党选举中失利，成为反对党。1997年10月内战结束后，重新成为执政党。1990年12月，召开“特别四大”修改党纲党章，放弃马列主义和科学社会主义作为党的政治指导，改“先锋队”为群众党。2002年7月，放弃原“镰刀、斧头和棕榈叶”的党徽图案，改用“大象”标志。2004年11月、2005年12月召开了中央委员会第4、5次特别会议，讨论修改党纲、党章、重组易名事，但党内各派对此存有较大分歧，未达成共识。2006年8月，保守派抛开改革派擅自召开“五大”，使党险些陷于分裂境地。12月召开“特别五大”，决定搁置易名改组的争议，党内团结得以维护。2011年3月，刚果劳动党代理总书记姆武巴主持召开刚劳党第五届中央委员会第二次特别会议。会议决定2011年7月3—7日召开全党特别大会，主题为“在和平、稳定与团结的氛围中，以开放的态度重振刚果劳动党，为刚现代化建设贡献力量”。7月，第六届特别大会召开，选举萨苏总统为中央委员会主席，恩戈洛为总书记。

（2）泛非社会民主联盟（Union Panafricaine pour la Démocratie Sociale，UPADS）：简称“泛非联盟”。前政权执政党，现最具实力的反对党。1991年1月成立，6月获合法地位。有约12万名党员，势力范围主要在南方各省。创始人、主席为前总统帕斯卡尔·利苏巴（Pascal Lissouba）。1997年10月，利苏巴在内战失败后流亡国外。12月召开会议，原执行局成员、前国务部长马丁·姆贝里当选为代理第一书记，并组成临时执行局。1998年1月，参加“全国和解、团结、民主和重建论坛”。2000年8月，举行全国委员会特别会议，选举姆贝里为总书记和代理主席。2001年12月，姆贝里因党内矛盾辞职另组新党。2004年9月，利苏巴指定翁加古·达楚（Ongakou Datchou）任主席，保罗·马基塔（Paul Makita）为党的总书记，宣布党员不得进入国家机构，将进入议会的议员开除出党。2006年12月，召开“一大”，马比阿拉当选总书记。2007年参加立法选举，获得11个席位，成为议会第二大党，但公开表示在党的领导人仍流亡国外的情况下无意入阁。马比阿拉代表的“白派”与前总书记穆库埃凯（Christophe Moukoueke）代表的“黄派”之间存在很大分歧，党内分裂严重。2010年12月，泛非社会民主联盟召开会议，选举马比阿拉（Mabiala）为总书记。2012年参加立法选举，获得7个席位。

（3）刚果民主与全面发展运动（Mouvement Congolais pour la Démocratie et le Développement Intégral，MCDDI）：简称“民发运动”。1989年8月3日成立，1990年年底获合法地位。曾为前政权参政党。曾有党员7万，势力范围主要在普尔地区和布拉柴维尔市。该党创始人、主席贝尔纳·科莱拉斯（Bernard Kolélas），曾任布拉柴维尔市长、总理，内战结束后流亡国外，2005年10月回国。1998年1月21日，原副总书记、时任工矿部长米歇尔·芒布亚（Michel Mampouya）当选为代理主席，勒当贝·昂比利（Letembet Ambilly）当选为总书记。1998年1月，参加“全国和解、团结、民主和重建论坛”。科莱拉斯回国后，改组党的领导机构，宣布退出反对党联盟，呼吁放弃暴力，与政府共谋和平与发展。2006年4月，代理主席芒布亚宣布另立新党“维护共和国价值党”（Parti pour la Sauvegarde des Valeurs Républicaines，PSVR）。2007年4月，与刚劳党结盟正式转变为总统派政党。同年参加立法选举获11席，成为议会第三大党，并进入政府。2009年，该党推选萨苏为总统大选候选人。2009年11月，科莱拉斯在巴黎逝世后，其子居伊·布里斯·帕尔费·科莱拉斯（Guy Brice Parfait Kolélas）为党主席，2015年连任。

（4）民主与社会进步联盟（Rassemblement pour la Démocratie et le Progrès Social，RDPS）：简称“民进盟”。1990年10月19日成立，曾有党员10万人，势力范围主要集中于南方黑角市和奎卢省。创始人为前议长让·皮埃尔·蒂斯泰尔·契卡亚（Jean Pierre Thystere Tchicaya）。自称左翼政党。党的目标是建立一个反对独断专横、专制主义和一党制的社会，反对国家成为少数人致富的机器。内战结束后，该党明确支持萨苏新政权，参与战后重建。现任主席马比奥·马翁古－曾加（Mabio Mavoungou–Zinga），总书记米歇尔·贡戈（Michel Konko）。

（5）民主与发展同盟（Rassemblement pour la Démocratie et le Développement，RDD）：简称“民发同盟”。1990年11月成立，曾有党员10万人，势力范围主要在北方盆地省奥旺多。创始人为前总统若阿基·雍比－奥庞戈（Joachim Youmby–Opango），1997年流亡国外。该党内战后一度瘫痪。2004年，雍比应萨苏邀请短暂回国，与政府实现和解。2007年5月，雍被萨苏大赦正式返刚，该党重新开始活动。9月，召开党内领导人特别会议，重组领导机构，雍比任党主席，原代理主席萨蒂南·奥卡巴（Saturnin Okabe）任副主席。2008年12月，脱离反对派正式转变为总统派政党。2009年2月，与刚劳党签订政治协议，两党共同推举一名候选人参加总统大选，共同治理国家。2010年2月，在布拉柴维尔市召开会议，选举产生由13人组成的执行局及由5人组成的评估委员会，同时RDD青年组织也在此次会议上成立。2009年大选后因权力分配问题与刚劳党关系一度恶化，目前两党关系有所缓和。

（6）民主共和联盟－马灯党（Union pour la Démocratie et la République Mwinda，UDR–Mwinda）：1992年10月成立。党员4000余人，势力范围主要在布拉柴维尔和普尔地区。创始人为前国民议会议长、过渡政府总理安德烈·米隆戈（André Milongo），于2007年7月病逝。该党活动受到很大影响，目前处于分裂状态，鲜有活动。

【重要人物】德尼·萨苏－恩格索：共和国总统、国家元首、政府首脑、武装力量最高统帅。1943年生于刚果北部盆地省奥旺多（Owando），姆博希族人。早年曾先后在阿尔及利亚和法国的军校学习。1961年参军，后历任伞兵营连长、营长、布拉柴维尔军区司令、陆军司令、国家保安局长等职。1963年8月参加推翻尤卢政权的“八月革命”。1968年参加“七·三一运动”，后任全国革命委员会委员。刚劳党创始人之一。1969年刚劳党成立大会上当选中央委员，后历任政治局委员、常设军事委员会常务书记。1975年年底任“特别参谋部”成员，兼负责国防和安全工作的部长级代表。1977年3月任革命军事委员会第一副主席，负责党务和国防。1979年3月当选为党中央主席，出任国家元首和部长会议主席。同年8月就任总统。1984年和1989年连任。1989年晋升为上将。1992年8月，竞选总统失利后下野。1997年10月再次就任总统。2002年3月10日，赢得内战后首次多党大选，当选总统。2009年8月在总统大选中胜选连任。1980年7月、1987年4月、2000年3月、2005年9月 和2014年6月5次以总统身份正式访华。2006年11月来华出席中非合作论坛北京峰会，2009年11月赴埃及沙姆沙伊赫出席论坛第四届部长级会议开幕式，2010年4月来华出席上海世博会开幕式，2015年12月赴南非出席中非合作论坛约翰内斯堡峰会。已婚，有7个子女。

经　济

石油和木材为经济两大支柱。20世纪80年代初因大规模开采石油，经济迅速发展，人均国内生产总值一度达1200美元，进入非洲中等收入国家行列。1997年内战使刚果（布）经济几陷瘫痪。1999年下半年起，国际石油价格大幅上升，刚石油收入增加，经济形势逐步好转。政府重点恢复和发展能源、水利、交通、通信和教育等领域，加大对外开放力度，改善投资环境，着力整顿经济秩序，惩治腐败，增加石油产销透明度，刚财政收入明显改善，经济持续保持恢复性增长。2009年，制订“未来之路”发展战略，提出实现国家现代化和工业化目标。2010年，达到重债穷国减债计划完成点。近年来，积极推动经济多元化，主要发展农业、矿业、加工业等，并积极筹建经济特区。

2014年主要经济数据预测如下：

国内生产总值：142亿美元。

人均国内生产总值：3155美元。

经济增长率：6.8%。

货币名称：中非金融合作法郎（简称“非洲法郎”）。

汇率：1美元≈494非洲法郎。

通货膨胀率：0.1%。

（资料来源：2016年伦敦《经济季评》）

【资源】石油、天然气资源丰富。已探明可采石油储量约16亿桶，天然气储量约1000亿立方米。20世纪70年代初开始在海上进行大规模开采，内陆油田尚处于勘探阶段。近几年年产量在9000万到1亿桶之间，是撒哈拉以南非洲第3大产油国。石油产值约占刚国内生产总值的61.2%，石油出口占出口总收入的84.6%。目前，刚开采的石油主要来自海上油田，占已开采油田的80%。

钾盐矿储量60亿吨，磷酸盐矿600万吨，铁矿约250亿吨。此外还有铝、锌、铜等金属矿。

【林业】森林资源丰富，面积2200万公顷，约占全国面积的65%。可开采木材多达300余种，主要出口品种有铁木、刺果美等40余种。木材出口居非洲第4位，木材贸易占出口总额约3.6%（2014年）。因国际木材市场受金融危机影响处于低迷状态，近两年刚木材生产和出口都有下降。

【工业】独立后，曾建立200多家工业企业，工业产值一度占国内生产总值的30%。因企业经营不善和战争破坏，原有生产型项目已基本不存在。现生产型企业基本是外国独资或控股。有食品、纺织、皮革、化工等工业，产值约占国内生产总值的6%。

刚全国发电装机总量为361MW，主要为水电和天然气发电。

【农牧渔业】农牧业落后，农业产值仅占国内生产总值的4.8%（2014年）。粮食、肉类、蔬菜等均不能自给，90%以上依赖进口，2007年进口食品支出近2.5亿美元。可耕地面积1000万公顷，已耕种面积约20万公顷，主要集中在南方。农村人口约100万。农业生产以个体生产为主，个体农民耕种的土地占已耕面积的68%，国营和外资合营农场占28%，私营农场占2.45%。主要粮食作物有木薯、玉米、稻谷、土豆、花生、香蕉等，经济作物有甘蔗、可可、咖啡、油棕、烟草等，畜产品有牛、羊、猪、鸡等。主要粮食及经济作物有木薯、菜蕉、稻谷、花生、咖啡、可可。

渔业包括海上、淡水捕鱼和养殖业。法国、西班牙等欧盟国家从刚进口水产品。

【商业和服务业】刚第三产业以商业和服务业为主，在国民经济中占有较重要地位，2014年产值占国内生产总值的25.8%。商业大部分控制在以法资为主的刚果—奎卢·尼阿里贸易公司、刚—法西非贸易公司和桑加·乌班吉贸易公司的手中，零售业主要由马里和黎巴嫩人经营，小型商业服务由西非商人（以塞内加尔、马里人为主）控制。近年来，中国商人增多，大多经营日用百货等小商品。

【交通运输】铁路：大洋铁路是全国仅有的一条铁路，也是非洲最早的铁路之一，1934年由法国殖民者修建。总长886公里，其中主干线长512公里，连接首都布拉柴维尔和港口城市黑角，系刚东西交通命脉。设计年货运量300万吨，因年久失修，目前年货运量仅70万吨，客运量80万人次。

公路：总长2万公里，其中沥青路1200公里。主要有两条干线：1号公路从布拉柴维尔向西至黑角，与大洋铁路平行，长570公里；2号公路从布拉柴维尔向北经奥旺多至韦索，长856公里。刚公路年久失修，路况较差，有的已无法通行。

水运：内河航线总长约5000公里。黑角港是非洲西海岸3大海港之一，最深水位达16米，可停泊长230米吃水34英尺的巨轮。年吞吐量为1950万吨左右，拥有2个集装箱码头和2个大型木材装卸码头。

空运：全国有8个机场，其中布拉柴维尔和黑角有国际航空站。刚果航空公司拥3架波音737-300，3架波音737-200，1架E-120客机和3架中国生产的“新舟60”客机、2架运12飞机，主要经营国内航运。

【电信】共有4家移动通信运营商，分别是ZAIN，MTN，WARID和BINTE。近年来，因固定电话使用麻烦，许多用户放弃使用，仅剩近2000用户，移动电话用户发展迅速，至2008年底超过130万。系非洲国家中最晚连接互联网的国家之一，2013年每百人拥有互联网用户为6.6户，主要城市实现宽带网络覆盖。2010年11月，刚移动电话运营商Zain被印度通信公司Airtel收购。

【财政金融】2014年，刚财政收入为78.6亿美元，支出72.9亿美元，石油收入约29.2亿美元，占财政收入的40.3%。外债占国内生产总值的36.4%。

2000年，刚决定对银行业实施私有化，对刚果国家发展银行和刚果商业银行进行清算。2001年，刚果银行联盟被总部设在科特迪瓦的欧非投资金融机构（COFIPA）收购。2002年法国里昂信贷集团收购了刚果国际银行。2004年，摩洛哥一家私人银行控股刚果农工商信贷银行，改名刚果银行。2005年中部非洲国家银行将刚4家银行整体信誉等级定为资金状况中等脆弱，其中2家良好，1家中等脆弱，1家极差。2015年，由中国农业银行和刚政府共同合资成立的中刚非洲银行正式对外营业。

【对外贸易】1987年以来，由于石油产量逐年提高，对外贸易连年顺差。近年来对外贸易情况如下（单位：百万美元）：

	2011	2012	2013	2014
出口额	12378	10534	9880	9120
进口额	4917	4450	4290	4939
差额	7461	6084	5590	4181

（资料来源：2016年伦敦《经济季评》）

主要出口产品为石油、木材等。进口成品油、运输设备、机电、建材、纺织原料和食品等。2014年，主要出口国是中国、澳大利亚、意大利、美国等。主要进口国是阿尔及利亚、法国、中国、意大利等。（资料来源：2016年伦敦《经济季评》）

【外国资本】外资在刚主要经济部门中占重要地位，约占石油开采业的80%，建筑业的90%，商业的80%。资金主要来自法国、意大利、美国和中国。其中石油领域投资主要来自法国、意大利、美国。

【外国援助】1997年内战后，外国对刚援助一度仅限于人道主义范畴。2000年11月，国际货币基金组织首次向刚提供1400万美元援助用于战后重建。目前，刚最大援助国为法国，其次为美国、德国、意大利等，联合国、世界银行、欧盟等国际组织也向刚提供大量援助。国际援助主要集中于基础设施建设、教育、医疗卫生、减贫、环境和森林保护、人力资源培训等领域。2003年年底，世界银行和国际货币基金组织批准刚恢复“重债穷国减债计划”。2004年，国际货币基金组织提供8440万美元援款支持刚“减贫促增长三年计划”。2006年，刚完成重债穷国减债计划第一阶段完成点，获得“巴黎俱乐部”67%的债务减免或延期。2007年，刚获得“伦敦俱乐部”80%的债务减免。2008年年底，巴黎俱乐部免除刚6.43亿美元债务，并为1.19亿美元债务延期。2010年1月，刚达到重债穷国减债计划完成点，获免19亿美元债务。2010年3月，巴黎俱乐部成员国和巴西决定免去刚果24亿美元的双边债务，至此巴黎俱乐部已免除刚全部债务。10月，阿尔及利亚免除刚260亿非郎债务。12月，德国免除刚470亿非郎债务。2011年2月，比利时免除刚490万美元债务。2013年，刚外债总额34.5亿美元（资料来源：法兰西银行）。2014年，经济合作发展组织（OECD）国家对刚援助约1.06亿美元（资料来源：OECD）。

人民生活

人口自然增长率2.9%，2010年预期寿命58.8岁。平均每个母亲育有6.3个孩子，5岁以下儿童死亡率为62‰。刚果（布）是撒哈拉以南非洲城市化程度较高的国家，65%的人口生活在城市。1997年战后，经济近乎崩溃，失业率高达50%以上。2000年以来经济状况逐渐好转，贫困人口从70%降至50%（2008年）。内战中各地基础医疗设施受到严重破坏，现有综合医院4所，妇幼保健医院2所，区县医院43所，医疗中心146个，医疗所464个，各种防治所215个，共有病床1.1万张，各类医务人员7500人，其中医生567人（包括外国医生约100人）。常见病有疟疾、艾滋病、伤寒、结核、丝虫病、脑膜炎、麻风病、血吸虫病、锥虫病和镰状细胞贫血等。

军　事

独立后组建军队，称“刚果武装部队”。1966年6月22日，改为“刚果国家人民军”，6月22日定为建军节。1992年3月15日通过的宪法恢复“刚果武装力量”名称。1997年10月颁布的《过渡期基本法》规定，共和国总统是军队最高统帅，在内阁会议上任命军事高级职位，根据法律规定军事职责。2002年底，萨苏总统对刚军结构作出重大调整，设立副总参谋长、三军和国家宪兵总督察，取消陆、海、空军司令，分设陆、海、空军参谋长。同时任命夏尔·理查德·蒙乔少将（Charles Richard Mondjo）为总参谋长。2012年11月，居伊·布兰夏尔·奥科伊（Guy Blanchard OKOI）少将接替蒙乔担任总参谋长。

实行义务兵役制，18—35岁的公民必须义务服兵役两年。近年来，随着政局逐步稳定，政府实行裁军，包括前政府军人复员和原反政府军解除武装。2009年总兵力4.01万人，其中陆军2.5万人，海军6000人，空军5100人，宪兵4000人。另有警察等准军事人员5000人。全国划分为9个军区。

文化教育

【教育】撒哈拉以南非洲文化教育水平较高的国家。成人扫盲率80.7%，曾数次在国际上获扫盲奖。刚果（布）历届政府均高度重视教育。1995年9月1日颁布的新教育法规定：小学、初中实行义务教育制，到16周岁为止，中等教育分普通中学和职业技术学校两类。1997年内战前教育经费曾占当年国家预算的1/5左右，2007年教育经费占国家预算的10%。全国教育工作者2.8万人，在校学生总数70多万。小学入学率为82%，初中入学率44%，高中及中等职业技术学校入学率27%。目前，马里安·恩古瓦比大学是刚果唯一高等学府，下辖12所院校，47个系，14个研究（实验）室，在校学生近1万人。刚第二所大学德尼·萨苏－恩格索大学目前正在筹建中。

【新闻出版】主要报刊有:《新共和国报》，1999年创刊的官方周报;《布拉柴维尔快讯》，1998年由中部非洲新闻署创办，现为刚发行量最大的报纸和唯一的日报。近年来还创办了20余种定期和不定期党报和私人报刊。

刚果新闻社：官方通讯社，1960年创建。内战后经营困难，每日新闻改为每周三期。

刚果电台：官方电台，用法语、英语和刚果语、林加拉语等民族语言广播。创建于20世纪40年代，独立后改名为刚果革命之声，1991年改现名。

刚果电视台：官方电视台，1973年建立。用法语、莫努库图巴语和林加拉语等播出，覆盖范围为首都布拉柴维尔和黑角市。

对外关系

刚果（布）奉行和平、中立和不结盟的外交政策，主张在平等互利、互不侵犯、互不干涉内政的基础上同一切奉行和平、自由、公正、团结的国家发展友好合作关系，反对霸权主义和强权政治。立足非洲，重点发展与周边国家关系，奉行睦邻友好政策，积极推动中部非洲政治、经济一体化进程。近年来，在优先发展同法国关系的同时，积极发展同美、欧盟以及亚洲国家关系，力求实现外交与合作多元化。

2009年9月，萨苏总统赴美出席第64届联大、联合国气候变化峰会，并在气变峰会上代表非盟发言。10月，赴布基纳法索参加第7届可持续发展论坛。11月，赴罗马参加世界粮食安全峰会。12月，出席哥本哈根气候变化峰会。2010年10月，萨苏总统赴瑞士出席第13届法语国家组织峰会。同月，赴利比亚参加在苏尔特（Syrte）举行的第二届阿拉伯——非洲峰会。2012年6月，赴里约热内卢出席联合国可持续发展大会。2015年11月，赴法国出席巴黎气候变化大会。

【同中国的关系】1964年2月22日，中国与刚果共和国建交，此后双方友好关系发展顺利。

2010年4月萨苏总统来华出席上海世博会开幕式。8月，教育部长袁贵仁作为胡锦涛主席特使出席刚独立50周年庆典。2011年6月，刚外交部长伊奎贝访华。2012年7月，刚外交部长伊奎贝来华出席中非合作论坛第五届部长级会议。2013年3月，习近平主席对刚进行国事访问。2014年6月，萨苏总统正式访华。2015年12月，萨苏总统赴南非出席中非合作论坛约翰内斯堡峰会。

2014年中国与刚果（布）两国贸易额为64.64亿美元，同比下降0.37%，其中中方出口额为9.85亿美元，同比增长26.71%，进口额为54.79亿美元，同比下降4.05%。中方主要出口机电、纺织服装和高新技术产品等，进口原油和木材等。

中国驻刚果（布）大使：夏煌。馆址：Avenue Auxence Ickonga，Brazzaville，Republique Du Congo。电话：00242–222811132（办公室）；传真：222811135。经商处地址：Parcelle 196，Rue Tombouele Quartier M'foa。电话：00242–222830063。

刚果（布）驻中国大使：达尼埃尔·奥瓦萨（Daniel Owassa）。馆址：北京市朝阳区三里屯东四街7号。电话：010–65321658。

【同法国的关系】刚果（布）系法国前殖民地，刚法关系密切。法是刚第一大援助国、第一大债权国、第一大投资国、第三大进口来源地。目前在刚共有180家法资企业，雇佣当地员工1.5万人。2005—2008年，法共免除刚5130亿非郎（约9.3亿美元）和6512万欧元债务。2007年3月，刚法签署为期5年的战略协作框架协议，法向刚援助760亿非郎，主要用于保护环境与生物多样性、教育培训、卫生等方面。2008年5月，法国负责合作与法语国家事务的国务秘书阿兰·朱佩访刚期间，与刚方签署《2008—2012年法刚伙伴关系》框架协议，允未来5年向刚提供总额1.8亿欧元援助；9月，在第六届可持续发展论坛期间，法向刚提供约525万欧元贷款，用于保护南部森林。2009年3月，萨科齐总统访刚期间，两国签署基础设施合作协议，法向刚提供3000万欧元贷款。12月，萨苏总统赴法出席刚果盆地国家气候变化立场协调会。2010年1月，法外长库什内对刚进行工作访问。2010年1月，法国外长库什内访刚。4月，萨苏总统对法国进行工作访问。2011年8月，两国签署团结发展援助协议，旨在为旅居法国的刚侨民回国投资提供便利。2012年2月、2013年4月、2014年1月萨苏总统对法国进行工作访问。2013年12月出席在法国举行的法非和平和安全峰会。2014年2月、2015年7月，法国国防部长勒德里昂访刚。2015年7月，萨苏总统赴法国进行国事访问。

【同美国的关系】1977年刚美复交以来，两国关系逐步发展，经济、贸易往来不断增加。刚果（布）实行多党制后，美国支持利苏巴。萨苏上台后，美一度持观望态度。1999年以来，两国关系逐渐改善，美支持萨苏政权与反对派对话。2000年，刚被美列为《非洲增长与机遇法案》受惠国。2001年美成为对刚第二大援助国。美系刚第二大出口目的地国。美在刚重点投资石油开发，成为刚石油主要进口国。美雪佛龙公司收购了刚果石油公司25%的股份，还获得了刚和安哥拉边境海上油田的开采权。2004年4月，刚内阁会议通过刚美关于国际刑事法院的双边协议草案。7月，美刚签署双边债务协议，对刚253.3亿非郎债务作出安排，其中减免债务134亿非郎，其余延期偿还。2006年6月，萨苏总统对美进行工作访问。双方就非洲热点问题交换了意见。2009年6月，美免除刚全部共计70亿非郎债务，9月萨苏赴美出席美非商务峰会。2014年8月，萨苏总统出席在华盛顿举行的首届美非峰会。目前，刚美直接合作不多，在刚果盆地森林伙伴框架下有间接合作，另有部分合作直接由美驻刚使馆开展。2014年，美是刚第四大出口目的地国。

【同俄罗斯的关系】刚果共和国与前苏联于1964年建交，关系密切。双方签有文化、科学、贸易、航空、经济技术合作协定和友好合作条约。苏在刚曾有相当大的影响。萨苏总统重新执政后，俄同意减免刚部分债务。2001年9月，刚俄双方签署两国外交部磋商机制议定书。2002年12月，俄外交部派团访刚，与刚外交部举行政治磋商，并宣布减免刚3亿美元债务，减债幅度达70%。俄表示希望将两国关系恢复到苏联解体前水平。目前，两国除政治联系外，其他领域合作较少，俄每年向刚提供35个奖学金名额。2011年3月，俄罗斯国家杜马副主席率代表团访问布拉柴维尔。2012年11月萨苏访问俄罗斯，双方签署关于在刚建设大型航空器维修站、铺设石油管道等合作备忘录。2014年4月，在莫斯科召开两国经贸混委会会议。

【同非洲国家的关系】刚果（布）重视睦邻友好，积极参与地区事务，寻求在次地区发挥作用，是中部非洲经济和货币共同体、中部非洲国家经济共同体成员国。同刚果（金）、加蓬、喀麦隆、中非、乍得等邻国和其他非洲国家均保持友好合作关系。

与刚果（金）总体保持睦邻关系。2008年1月，刚果（布）—刚果（金）大混委会在金沙萨举行，双方签署了航空、农牧业、渔业、教育和技术等领域合作协议。11月，刚果（金）总统卡比拉两次对刚果（布）进行工作访问，萨苏总统赴肯尼亚出席关于刚果（金）东部地区局势问题的国际会议。2009年8月，卡比拉总统出席萨苏总统就职仪式和刚果（布）国庆49周年阅兵式。2010年1月，伊奎贝外长访问刚果（金）。2011年2月卡比拉总统官邸遭武装分子袭击，刚果（金）怀疑是流亡在刚果（布）的反政府人士所为，两国关系一度紧张，刚果（金）政府召回驻刚果（布）大使。萨苏总统和伊奎贝外长分别访刚果（金）做解释工作，此后两国关系逐步恢复正常。2011年12月，刚果（布）国务部长姆武巴以总统特使身份出席刚果（金）总统卡比拉就职仪式。2012年3月，刚果（布）首都布拉柴维尔发生军火库爆炸事件后，刚果（金）外长赴刚果（布）向萨苏总统面交了卡比拉总统的慰问信，并宣布向刚果（布）提供医疗物资援助。9月，卡比拉总统访刚果（布），11月，萨苏总统赴刚果（金）会晤卡比拉总统，就两刚关系、刚果（金）东部局势等问题交换意见。2013年1月至7月，卡比拉总统三度访问刚果（布）。2014年6月，刚果（布）与刚果（金）第四次混委会会议在金沙萨召开。2015年9月，刚果（布）与刚果（金）第五次防务与安全委员会会议在金沙萨举行；卡比拉赴刚果（布）出席第十一届非洲运动会开幕式。

积极调解并推动解决乍得苏丹危机和利比亚问

题。2008年1月，萨苏总统赴加蓬出席乍得苏丹问题会议，3月赴刚果（金）出席中部非洲国家经济共同体乍得东部问题特别峰会。2009年8月，乍得总统代比出席萨苏总统就职仪式。2011年1月和8月，萨苏总统分别出席乍得独立50周年庆典和代比总统就职仪式。3月，萨苏总统赴毛里塔尼亚参加非盟利比亚问题特别委员会5国首脑会议。4月，萨苏总统再次出席在毛里塔尼亚召开的非盟利比亚问题特别委员会会议，随后同委员会其他成员国领导人一道赴利比亚进行斡旋。

积极调解中非共和国危机。2012年12月中非形势恶化后，萨苏总统出任中非危机行动委员会主席，推动中非政府与反政府武装达成和平协议，缓和中非国内和中部非洲安全局势。2013年5月，中非过渡国家元首乔托迪亚访刚，感谢萨参与中非国内危机的调解，并介绍了中非过渡时期路线图的执行情况。2014年2月，中非过渡国家元首庞扎访刚，与萨苏总统就中非局势进行了工作座谈。同月，中非过渡政府总理恩扎帕耶凯访刚。3月，第四次中非共和国国际联络小组会议在刚首都布拉柴维尔举行，萨苏总统出席开幕式并讲话。5月，庞扎访刚。7月，中非和解对话论坛在布拉柴维尔召开，萨苏总统以中非问题协调人身份出席。目前萨系中非问题后续委员会主席。2015年3月，伊奎贝外长与非盟和安委员谢尔吉在布拉柴维尔主持召开中非问题国际联络小组第七次会议。5月，萨苏总统赴中非出席中非全国和平与和解论坛开幕式，会见中非过渡期总统、总理、议长等。

与安哥拉关系密切。签有军事协议，安曾在刚南部有驻军。2006年7月，萨苏总统访问安哥拉。2009年8月，安哥拉总统多斯桑托斯出席萨苏总统就职仪式。2010年6月，萨苏总统赴南非参加世界杯开幕式期间同多斯桑托斯总统举行会晤。2014年3月，萨苏总统赴安哥拉出席大湖地区国家部长级会议开幕式，并对安哥拉进行工作访问。2015年3月，萨苏总统对安哥拉进行工作访问。11月，萨苏赴安出席安独立40周年庆祝活动。

与加蓬关系密切，加前总统奥马尔·邦戈夫人为萨苏长女，邦戈总统曾积极调解刚果（布）各派之间的矛盾和冲突，促成刚政府与反政府各派签署和平协议。2009年11月萨苏总统访加。同月加外交与国际合作部长通吉访刚。2015年9月，阿里·邦戈总统赴刚出席第十一届非洲运动会开幕式。

积极发展与其他非洲国家的关系。2009年1月，中部非洲经济与货币共同体轮值主席、中非总统博齐泽访刚。第6届刚果（布）喀麦隆混合委员会在刚举行。6月，南非非国大代表团对刚进行工作访问。2010年2月，布隆迪总统恩库伦齐扎访刚。4月，萨苏总统对南非进行国事访问。8月，刚举行独立50周年庆祝活动，喀麦隆、乍得、刚果（金）、加蓬、安哥拉等14国总统，尼日利亚副总统，埃塞俄比亚、卢旺达、尼日利亚总理等多国政要出席。11月，卢旺达总统卡加梅访刚。2011年1月，贝宁总统亚伊访刚。5月，萨苏总统分别出席科特迪瓦总统瓦塔拉和尼日利亚总统乔纳森的就职仪式。6月，几内亚总统孔戴访刚。7月，萨苏总统访问毛里求斯。11月，萨苏总统访问卢旺达。2012年10月，圣多美和普林西比总统平托访刚。2013年2月，卢旺达总统卡加梅访刚。5月，南非总统祖马访刚。7月，几内亚总统孔戴、贝宁总统亚伊先后访刚，萨苏总统访问布隆迪。8月，赤道几内亚、尼日尔总统、中非过渡期总统等出席刚独立53周年庆典。2014年5月，尼日利亚总统乔纳森对刚进行工作访问。2014年5月，萨苏总统赴南非出席祖马总统连任就职典礼。

2015年1月，萨苏总统访问突尼斯。3月，赴纳米比亚出席根哥布总统就职仪式。5月，赴尼日利亚出席布哈里总统就职仪式。9月，萨苏总统访问几内亚。

1月、3月，贝宁总统亚伊两次访刚。5月，多哥总统福雷访刚，11月，萨苏总统回访。7月，科特迪瓦总统瓦塔拉访刚。8月、赤道几内亚总统奥比昂、贝宁总统亚伊、中非过渡期总统庞扎等应邀出席刚国庆55周年庆祝活动。9月，第十一届非洲运动会在刚举行，多哥、贝宁、加蓬、圣多美和普林西比、赤道几内亚、几内亚、刚果（金）、卢旺达、中非等国首脑出席开、闭幕式。

2010年1月，萨苏总统出席在中非首都班吉举行的第10届中部非洲经济与货币共同体（CEMAC）首脑峰会，并担任该机构2010年轮值主席。2012年7月，CEMAC第11届首脑会议在布拉柴维尔召开。2015年5月，萨苏总统赴加蓬出席中部非洲经济与货币共同体峰会。

2015年2月，萨苏总统赴喀麦隆、赤道几内亚出席中部非洲经济共同体特别首脑会议，并于当月同赤道几内亚总统奥比昂一道访问尼日利亚和加纳，就地区反恐问题与两国总统交换意见。5月和11月，萨苏总统分别赴乍得、加蓬出席中共体首脑会议和特别峰会。

2009年2月，中部非洲和平与安全理事会第3届部长级会议在刚举行；同月，非洲发展银行代表团访刚，向刚提供168亿非郎；3月，中非国家发展银行在刚召开中非地区国家与印度贸易论坛；4月，中西非国家海关署长会议在刚召开。

2012年10月，萨苏总统赴刚果（金）出席第14届法语国家峰会。

2014年1月，萨苏总统赴亚的斯亚贝巴出席非盟首脑会议，并出席期间召开的中部非洲国家经济共同体国家领导人小型峰会。

2014年5月，非盟首脑特别峰会在刚举行。

2014年6月，萨苏总统赴赤几首都马拉博出席非盟第23届首脑会议。

2015年1月，萨苏总统赴埃塞俄比亚出席非盟第24届首脑会议。

2015年6月，萨苏总统赴南非出席非盟第25届首脑会议。

【同其他国家的关系】2009年3月，意大利免除刚果（布）全部共计7200万美元债务。5月，刚与澳大利亚正式建立外交关系。11月，刚巴西第3届混委会在刚召开。12月，与欧盟就第10期欧洲发展基金框架下总额20亿非郎药物援助签署协议。2010年3月，卡塔尔埃米尔访刚。此外，刚还与印度、古巴、马来西亚等国签署了涉及抗疟、棕榈种植等领域的合作协议。2011年7月，萨苏总统访问新加坡。2012年6月，萨苏总统赴巴西里约热内卢出席联合国可持续发展大会并访问巴西。11月，萨苏总统访问俄罗斯、土耳其。2014年7月，意大利总理伦齐对刚进行工作访问。2015年2月，萨苏总统访问意大利。5月，赴米兰出席世界博览会。

2009年7月，与世界粮农组织签署总额422亿非郎的融资协议，实施国家粮食安全计划。11月，国际货币基金组织通过刚在减贫计划框架下的第二次审查，刚获195万美元贷款权。2010年2月，刚政府与联合国开发计划署（PNUD）签署年度工作计划，PNUD将向刚政府提供83万美元资金援助以支持刚环境保护和可持续发展。2011年1月，联合国教科文组织总干事博科娃访刚。3月，国际货币基金组织代表团访刚，对刚达到重债穷国完成点后经济社会发展进行评估，认为情况总体令人满意。2015年3月，世界卫生组织向刚赠送8650万非洲法郎卫生用品。（张同喜）

刚果（金）

国名　刚果民主共和国（The Democratic Republic of the Congo，La République Démocratique du Congo），简称“刚果（金）”。

面积　2344885平方公里。

人口　约6980万（2015年）。全国有254个民族，分属班图、苏丹和尼洛特三大语系。班图语系各部族占全国人口的84%，主要分布在南部、中部和东部，其中刚果族为全国第一大族；苏丹语系各部族多居住在北部，人口最多的是阿赞德和孟格贝托两族；尼洛特语系各部族是最早生活在刚境内的土著居民，大多已被其他部族同化，仅余俾格米和阿卢尔等少数部族现生活在赤道密林里。法语为官方语言，官方承认的民族语言为林加拉语（Lingala）、斯瓦希里语（Swahili）、基孔果语（Kikongo）和契卢巴语（Kiluba）。居民50%信奉罗马天主教，20%信奉基督教新教，10%信奉伊斯兰教，10%信奉金邦古教，其余信奉各种本土原始宗教。

首都　金沙萨（Kinshasa），原名利奥波德维尔。面积9965平方公里，人口975.7万，系刚第一大城市和全国政治、经济、文化中心。年平均气温26℃。

国家元首　约瑟夫·卡比拉·卡邦格（Joseph Kabila Kabange），2001年1月执政，2006年12月6日正式就职，2011年12月蝉联。

重要节日　独立日：6月30日。

简　况

地处非洲中部，东邻乌干达、卢旺达、布隆迪、坦桑尼亚，南接赞比亚、安哥拉，北连南苏丹和中非共和国，西隔刚果河与刚果（布）相望。西部有狭长走廊通大西洋。海岸线长37公里。北部属热带雨林气候，南部属热带草原气候。年平均气温27℃，年降水量1500毫米—2000毫米左右。

13—14世纪是刚果王国的一部分。1884—1885年柏林会议将刚划为比利时国王的“私人采地”，称“刚果自由国”，后改称“比属刚果”。1960年6月30日宣告独立，卡萨武布当选总统，卢蒙巴为总理，定国名刚果共和国，简称“刚果（利）”。1964年8月改国名为刚果民主共和国。1965年11月国民军总司令蒙博托发动政变推翻卡萨武布，自任总统。1966年5月首都改名金沙萨，国名简称“刚果（金）”。1971年10月27日改国名为扎伊尔共和国。1990年4月实行多党制。1997年5月洛朗·德西雷·卡比拉推翻蒙博托政权，自任总统，恢复“刚果民主共和国”国名和独立时的国旗、国歌。1998年8月，刚部分军人在乌干达和卢旺达军队的支持下发动叛乱，津巴布韦、安哥拉和纳米比亚等国应刚政府请求出兵相助，形成地区冲突，并造成刚分裂分治局面。1999年，冲突各方在赞比亚首都卢萨卡签署停火协议。2000年，联合国安理会决定成立联合国刚果（金）特派团（联刚团，MONUC），向刚果（金）派驻维和部队。2001年1月16日，洛·卡比拉遇刺身亡，其子约瑟夫·卡比拉·卡邦格继任总统。

政　治

约瑟夫·卡比拉·卡邦格继任总统后，在国际社会大力推动下，刚果（金）和平进程重新启动并取得重大进展，外国军队相继撤出，联刚团在刚部署总体进展顺利。2003年4月，刚政府和国内各派就过渡期权力分配问题达成一致，签署《全面包容性协议》和《过渡期宪法》，并于6月组成过渡政府，约·卡比拉继任过渡期总统，两个主要反政府武装“刚果民主联盟—戈马派”（简称“刚民盟/戈马派”）、“刚果解放运动”（简称“刚解运”)、政治反对派和原政府各出一人任副总统，政府各部门及军队系统负责人亦由各方分任。2005年12月，刚举行全民公投通过了《新宪法》。2006年7月和10月，刚举行总统选举，约·卡比拉当选。2011年11月，约·卡比拉以48.95%得票率在总统大选中蝉联，并于12月20日宣誓就职。2013年10月，刚召开全国协商会议，决定成立由多数派、反对派和公民社会三方组成的全国团结政府。2014年12月，团结政府成立。

刚果（金）将于2016年11月举行总统选举。2015年以来，刚大选问题逐渐升温。1月17日，国民议会审议通过包含预先进行人口普查等条款的选举法修正案。反对派指责政府企图借此延长卡比拉执政期限，为其修宪连任创造条件，在首都金沙萨组织游行示威，并演变为大规模骚乱。国民议会随后撤销有关争议条款，骚乱随即平息。3月，卡比拉颁布新的行政区划法案，启动新省份划分进程，招致反对派批评。9月，7个总统多数派政党联名致信卡比拉要求实现政权更替，后被多数派除名，总统多数派陷入分裂。11月30日，卡比拉签署总统令，宣布将于近期举行全国包容性政治对话，但朝野双方尚未就开启对话条件达成一致。

【刚果（金）东部问题】2008年1月，刚政府在东部北基伍省首府戈马市召开南、北基伍省和平、安全与发展大会，该地区部分非法武装组织与刚政府签署停火协议。8月，刚政府军与该地区恩孔达武装发生冲突，大量平民流离失所，引起国际社会广泛关注。2009年1月，根据双方达成的协议，卢旺达派兵进入刚东部参与围剿该地区非法武装，并逮捕了恩孔达。3月，两国政府宣布结束联合军事行动，卢军全部撤离刚境。2008年12月，刚政府联合乌干达政府、苏丹南方政府对在刚东北部地区活动的乌反政府武装上帝抵抗军采取了统一军事行动。2009年3月，乌军从刚撤出。之后在各方努力下，刚东部地区局势明显改善。2012年4月，刚反政府武装“3月23日运动”（简称M23）在刚东发动战事，与刚政府军形成对峙。11月，M23占领刚东重镇戈马，刚东局势进一步升温。同月，在大湖地区国际会议等地区组织斡旋下，M23撤出戈马。12月9日，刚政府与M23开启谈判。2013年2月，刚、卢、乌等11个地区国家签署《刚果（金）和大湖地区和平、安全与合作框架文件》。10月下旬起，刚政府军在联刚稳定特派团干预旅的支持下，陆续攻占M23所有据点。12月，刚政府与M23在内罗毕以各自声明形式达成11点共识，M23宣布结束武装叛乱，刚政府对除犯有反人类罪的M23前战斗人员实行特赦。2014年2月，刚总统卡比拉签署特赦法案。2014年5月，活动在刚东的卢旺达反政府武装“解放卢旺达民主力量”（FDLR）提出投降，但未在限定时间内完成解武，2015年2月，刚政府开始对其进行军事打击。目前，刚东局势总体趋缓，但仍有多支非法武装盘踞。

2010年5月，联合国安理会一致通过1925号决议，决定从同年7月1日起将联刚团更名为联刚稳定特派团（MONUSCO），任务重心由监督停火、维持和平转向保护平民、巩固和平与维持稳定，任期1年，后来其任期两次延期至2013年6月。2013年3月，联合国通过决议，决定在联刚稳定团内部设立“干预旅”，目标是协助减轻武装团体对刚东部国家主权和平民安全构成的威胁，联刚稳定团任期延长至2014年3月。干预旅共3069人，由南非、坦桑尼亚、马拉维负责出兵。此后，联刚稳定团及其干预旅任期2次延长，当前任期于2016年3月底结束。

【宪法】现行宪法于2006年2月18日颁布。宪法规定：国家机构由总统、政府、国民议会、参议院和法院组成；总统为国家元首、三军统帅，由普选产生，任期5年，可连任1届，负责维护宪法尊严、国家独立主权和领土安全，在议会监督和政府参与下，保障国家机构正常运行；总理为政府首脑，政府与总统共同制定国策，政府是国策执行的主要负责机构；政府对议会负责，国民议会可对政府成员提出不信任案；议会两院可对总统和总理向法院提起诉讼；总统有权解散议会；司法权独立于立法和行政权，由宪法法院、最高法院、行政法院、民事法庭、军事法庭和检察院组成。

【议会】2006年9月19日和2007年1月19日，刚选举产生了国民议会和参议院，国民议会议员500名，参议院议员108名，任期均为5年。2011年11月，刚举行立法选举，总统派获得议会多数席位。参议院选举因资金等原因未能按期举行。国民议会议长为奥宾·米纳库（Aubin Minaku），执政党争取重建与民主人民党党员。参议院议长为莱昂·肯戈·瓦东多（Leon Kengo Wa Dondo），温和反对派变革力量联盟党员。

【政府】本届政府于2015年5月成立，现由总理、3位副总理、2名国务部长、33位部长和11位副部长组成。主要成员有：总理奥古斯丁·马塔塔·蓬约·马蓬（Augustin MATATA PONYO MAPON），副总理兼内政安全部长埃瓦里斯特·博夏卜·马布杰·马·比伦盖（Evariste BOSHAB MABUDJ MA BILENGE），副总理兼邮政、电信与信息通信新技术部长托马斯·卢哈卡·洛森乔拉（Thomas LUHAKA LOSENDJOLA），副总理兼就业、劳动与社会保障部长维利·马基亚希（Willy MAKIASHI），国务部长兼预算部长米歇尔·邦贡戈·伊科利·恩东博（Michel BONGONGO IKOLI NDOMBO），国务部长兼地方分权与传统事务部长萨洛蒙·巴纳穆埃雷·巴列内（Salomon BANAMUHERE BALIENE），外交与国际合作部长雷蒙·奇班达·恩通加穆隆戈（Raymond TSHIBANDA N'TUNGAMULONGO），国防、前退役军人与重返社会部长克里斯潘·阿塔马·塔贝（Crispin ATAMA TABE），司法、掌玺和人权部长亚历克西·坦布韦·姆万巴（Alexis THAMBWE MWAMBA），国企部长路易丝·蒙加·梅索齐（Louise MUNGA MESOZI），议会关系部长特里方·金-基耶·穆伦巴（Tryphon KIN-KIEY MULUMBA），新闻与媒体部长朗贝尔·门德·奥马兰加（Lambert MENDE OMALANGA），初级、中级与职业教育和新公民意识启蒙部长马克尔·姆万古·方巴（Maker MWANGU FAMBA），计划与现代化革命部长乔治·文比·洛安博（Georges WEMBI LOAMBO），公职部长巴斯卡尔·伊松比绍·姆瓦普（Pascal ISUMBISHO MWAPU），基建与公共工程部长弗里多林·卡斯韦希·穆索卡（Fridolin KASWESHI MUSOKA），财政部长亨利·亚夫·穆朗（Henri YAV MULANG），国民经济部长莫德斯特·巴哈蒂·卢奎伯（Modeste BAHATI LUKWEBO），环境与可持续发展部长罗伯特·博波洛·博盖扎（Robert BOPOLO BOGEZA），贸易部长恩古迪安加·巴约基萨（Ngudianga BAYOKISA），工业部长热尔曼·坎宾加（Germain KAMBINGA），农业、渔业与畜牧业部长埃米尔·莫塔·恩东戈·康（Emile MOTA NDONGO KANG），土地部长古斯塔夫·博洛科·恩凯利（Gustave BOLOKO NKELI），矿业部长马丁·卡布韦卢卢·拉比洛（Martin KABWELULU LABILO），石油部长艾梅·恩戈伊·穆凯纳·卢萨·迪斯（Aimé NGOY MUKENA LUSA DIESSE），能源与水利资源部长让诺·马塔迪·嫩加·加曼达（Jeannot MATADI NENGA GAMANDA），文化与艺术部长博杜安·班扎·穆卡拉伊·恩松古（Baudouin BANZA MUKALAYI NSUNGU），旅游部长埃尔维斯·穆蒂里·瓦·巴沙拉（Elvis MUTIRI WA BASHALA），公共卫生部长费利克斯·卡邦格·农比·穆克万帕（Félix KABANGE NUMBI MUKWAMPA），大学与高等教育部长泰奥菲勒·姆本巴·丰杜·迪·卢因杜（Théophile MBEMBA FUNDU DI LUYINDU），职业技术教育部长让·嫩邦巴·钦班加（Jean NENGBANGBA TSHINGBANGA），领土整治、城建与住房部长奥梅尔·埃格瓦克·亚·恩根贝（Omer EGWAKE YA NGEMBE），交通运输部长朱斯坦·卡伦巴·姆瓦纳·恩贡戈（Justin KALUMBA MWANA NGONGO），科技研究部长达尼埃尔·马丁巴·卡隆吉（Daniel MADIMBA KALONJI），社会事务、人道主义行动与民族团结部长阿黛尔·代格巴拉塞·坎达（Adèle DEGBALASE KANDA），妇女、家庭与儿童部长露西·基佩莱·阿基·阿兹瓦（Lucie KIPELE AKI AZWA），中小企业与中产阶级部长博洪戈·恩科伊（Bohongo NKOY），农村发展部长欧仁·塞吕菲利（Eugène SERUFULI），青年与体育部长德尼·坎巴伊·钦本布（Denis KAMBAYI TSHIMBUMBU），内政副部长马蒂娜·布卡萨·恩通巴（Martine BUKASA NTUMBA），国防副部长热内·恩西布（René NSIBU），司法与人权副部长姆博索·恩科迪亚·姆普安加（Mboso NKODIA MPUANGA），预算副部长欧内斯婷·尼奥卡（Ernestine NYOKA），国际合作与区域一体化副部长弗朗克·姆温迪·马利拉（Franck MWENDI MALILA），刚果侨民副部长安托万·博亚姆巴（Antoine BOYAMBA），能源副部长玛姬·鲁瓦卡布巴（Maguy RWAKABUBA），财政副部长阿尔伯特·姆佩蒂（Albert MPETI），计划副部长富兰克林·恰马拉·曼伊库（Franklin TSHIAMALA MANYIKU），邮政与电信副部长依诺克·塞比内扎（Enoch SEBINEZA），交通部副部长森普利斯·伊隆加·蒙加（Simplice ILUNGA MONGA）。

【行政区划】2015年3月启动行政区划调整，将11个省级行政区划分为26个，目前由总统任命的特派员负责在新省长产生前管理有关各省。

【政党】1990年4月前扎伊尔实行多党制后，曾涌现出428个政党（其中在内政部注册的约370个）。洛·卡比拉执政期间曾一度禁止政党活动。2001年5月，约·卡比拉总统颁布《政党和政治团体组织活动法》，正式解除党禁，同时规定各党需重新登记。截至2015年9月，在刚内政部注册的政党为477个。总统多数派于2011年成立，包括争取重建与民主人民党等100多个政党。主要政党情况如下：

（1）争取重建与民主人民党（Le Parti du Peuple pour la Reconstruction et la Démocratie—PPRD）：2003年3月31日成立，是支持约·卡比拉总统的主要政党。该党党章规定，党的理想目标是通过民主途径执掌国家政权，保障民族团结、领土完整和国家繁荣。主要机构包括全国代表大会和全国执行委员会。总部设在金沙萨。总书记亨利·莫瓦·萨卡尼（Henri MOVA SAKANI）。现为刚第一大党，在2011年11月举行的立法选举中获得62席，执政的总统多数派共获得339席。

（2）卢蒙巴主义统一党（Le Parti lumumbiste unifié—PALU）：成立于1964年8月22日，在班顿杜省、下刚果省等西部省份较具影响。蒙博托时代，该党转入地下，总书记基赞加流亡国外。1992年，基赞加回国，继续从事反对蒙博托独裁统治斗争。2003年，基参加了刚果人内部对话会，并签署了全面包容性协议。由于在任命政治反对派副总统问题上与有关派别矛盾尖锐，该党拒绝参加过渡政府，作为在野党继续发挥政治影响。2006年7月，基赞加参加第一轮总统选举，得票率名列第三。之后，该党与卡比拉总统多数派联盟结盟，支持卡竞选。2006年10月，卡胜选后，基被任命为总理。2008年9月，基辞职后，该党成员穆齐托继任总理，2012年3月辞职。该党在2011年11月举行的立法选举中获得19席。

（3）刚果革新联盟（Alliance pour le Renouveau

du Congo—ARC）：成立于2006年1月30日，党主席为刚果解放运动原总书记、过渡期议长卡米塔图。主张维护国家和平、统一、独立与主权；通过自由、民主途径实现政权更迭；建立法治国家，尊重公民自由和人权，消除种族、性别和信仰歧视，致力于建立长久的多党民主制度。该党在2011年11月举行的立法选举中获得16席。

（4）民主与社会进步联盟（Union Pour la Démocratie et le Progrès Social—UDPS）：成立于1982年2月，是刚较具影响力的反对党，长期持激进立场，主张实行西方式民主制度。2003年拒绝参加过渡政府。2006年拒绝参加总统和立法选举。党主席艾蒂安·齐塞凯迪（Etienne Tshisekedi），曾在蒙博托时期任总理、部长、大使等职，在2011年11月举行的总统选举中以32.33%选票位列第二。齐拒绝接受选举结果，自行宣布"当选总统"并在家中举行自己的"就职典礼"，被政府宣布无效和违宪。该党在2011年11月举行的立法选举中获得41席。立法选举结果公布后，齐塞凯迪拒绝接受并指示该党当选议员不要履职。

（5）刚果解放运动（Mouvement pour la Libération du Congo—MLC）：1998年11月10日成立，原为前总统蒙博托旧部成立的政治军事组织，曾长期得到乌干达支持，与卡比拉政府武装对峙。2003年6月宣布转为政党，并参加刚内部政治对话，后加入过渡政府，获得外交、计划、预算等部部长席位，党主席本巴担任过渡期主管经济和财政事务的副总统。该党总部设在赤道省，首都金沙萨及全国主要大城市建有分支机构。该党主席本巴参加总统竞选落败后，于2007年1月当选参议员。3月下旬，刚政府军武力解除本巴卫队武装，本巴赴葡萄牙治病。2008年5月，比利时警方根据国际刑事法院逮捕令在布鲁塞尔逮捕了本巴。目前，刚解运日常事务主要由该党总书记、国民议会议员姆旺巴主持。该党在2011年11月举行的立法选举中获得22席。

（6）刚果民主联盟（Rassemblement pour la Démocratie du Congo—RCD）：1998年8月刚果（金）冲突爆发后成立，原系刚图西族裔人组成的政治军事组织，2003年6月宣布转为政党。曾武装反对卡比拉政府，主要控制南基伍省、马尼埃马省、东开赛省和北基伍省南部及加丹加省北部地区，总部设在戈马。曾多次分裂，主流派别又称"刚民盟—戈马派"（RCD-GOMA）。2003年参加刚内部政治对话，后参加过渡政府，获国防、经济、国企、邮电等部部长席位，党主席鲁贝鲁瓦担任主管政治事务的副总统。随着鲁贝鲁瓦在2006年大选中失利并逐渐淡出政治舞台，该党影响力日趋边缘化。

（7）刚果国家联盟（Union pour la Nation Congolaise—UNC）：成立于2010年。党主席维达尔·卡梅雷（Vital Kamerhe），原执政党重建与民主人民党总书记，2006年12月当选国民议会议长，2009年3月因反对刚果（金）与卢旺达就清剿刚东非法武装采取联合军事行动而辞去议长职务。2010年6月刚果国家联盟在刚内政部登记成立并获官方承认。同年12月卡梅雷正式对外宣布退出重建与民主人民党，辞去国民议会议长职务。2011年7月，刚果国家联盟召开第一次全国大会，卡梅雷推出自己的竞选纲领，正式宣布参加总统大选。卡在2011年11月举行的总统选举中以7.74%的得票率位居第三。该党在2011年11月举行的立法选举中获得17席。

（8）变革力量联盟（Union des Forces du Changement—UFC）：成立于2011年7月24日，系现任参议长肯戈为参加2011年大选而创建。该党以"改变执政方式"为口号，主张凭借发展眼光与政治操守，努力发挥青年与妇女作用，团结所有革新力量，推行政治改革与精英治理，保障公民自由，实现全民平等与社会公正，促进地方分权与国家发展，建设全新刚果。在2011年11月举行的总统选举中肯戈以4.94%的得票率位居第四。该党在2011年11月举行的立法选举中获得3席。

【重要人物】约瑟夫·卡比拉·卡邦格：总统。1971年6月4日生于南基伍省，前总统洛·卡比拉长子。早年在乌干达和坦桑尼亚上小学和中学，1991—1993年在坦桑尼亚达累斯萨拉姆大学学习法律，后开始军旅生涯。1997年刚果（金）新政权建立后，历任总统军事顾问和副总参谋长。1999年9月任陆军司令，少将军衔。2001年1月16日洛·卡比拉总统遇刺后，被推举为国家领导人，1月26日宣誓就任总统。2003年4月7日就任过渡期总统。2006年11月赢得大选，12月6日正式就任总统。2011年11月蝉联总统，12月20日宣誓就职。 **奥宾·米纳库·恩贾朗乔科**：国民议会议长。1965年11月27日生于金沙萨市，金沙萨大学公共法学士、公共国家法专业文凭。曾任司法部人权事务小组协调人、总统特别安全顾问、外交顾问、工业与中小企业部办公厅主任等职。2005—2006年参加约·卡比拉竞选团队，2006年9月当选国民议会议员。2011年7月出任总统多数派总书记，并在11月28日举行的立法选举中获得连任。2012年4月当选国民议会议长。2009年4月18日在刚国民议会全会上以多数票首轮即当选新议长。 **莱昂·肯戈·瓦东多**：参议院议长。1935年5月22日生于赤道省。曾于1982—1986年、1988—1990年、1994—1997年三度担任总理职务。2007年5月11日当选参议长。 **奥古斯丁·马塔塔·马蓬·蓬约**：总理。1964年6月5日生于马尼埃马省，经济学国际货币经济专业学士。曾先后在刚中央银行、财政与预算部任职。2010年2月出任财政部长，2012年4月任新政府总理。

经 济

联合国公布的世界最不发达国家之一。农业、采矿业占经济主导地位，加工工业不发达，粮食不能自给。曾是非洲经济状况较好的国家之一，20世纪90年代初起，因政局持续动荡，刚果（金）经济连年负增长。1996年的内战和1998年的地区冲突，使国民经济雪上加霜，濒于崩溃。2001年卡比拉继任总统及2003年组成临时过渡政府后，刚大幅调整经济政策，推行市场经济，放松经济管制，加强与国际金融机构的合作，宏观经济状况逐步改善。2002年宏观经济出现拐点，由原来持续负增长转为正增长。2006年12月卡比拉当选总统后，刚新政府继续奉行稳健的经济政策，并启动国家重建计划和“五大工程”，宏观经济继续保持恢复性增长。2011年卡比拉蝉联总统后提出国家“现代化革命”战略，表示未来5年，刚将大力发展农业、矿业，大力开发水电资源，实现刚经济社会发展的现代化目标。刚外债负担沉重，截至2009年年底，负债总额为146亿美元，占当年国内生产总值的121.75%，主要债权方为巴黎俱乐部、国际货币基金组织和世界银行。2010年7月1日，国际货币基金组织和世行宣布刚达到重债穷国减债倡议完成点，截至2011年年底，111亿美元外债被减免。截至2014年底，刚外债总额为72.49亿美元。

2014年主要经济指标预测如下：

国内生产总值：328.84亿美元。

人均国内生产总值：487美元。

经济增长率：8.7%。

货币名称：刚果法郎（Franc Congolais，FC）。

官方汇率：1美元=925刚果法郎。

通货膨胀率：1.4%。

（资料来源：2015年《经济季评》）

【资源】自然资源丰富，素有“世界原料仓库”“中非宝石”和“地质奇迹”之称。全国蕴藏多种有色金属、稀有金属和非金属矿，其中铜、钴、工业钻石、锌、锰、锡、钽、锗、钨、镉、镍、铬储量颇为可观，在世界上占有重要地位。铁、煤、黄金、银等储量也很丰富，还有白金、铅、磷酸盐、硅酸盐等。据2003年6月政府公布的数字，其主要矿产储量为：铜7500万吨（占世界15%）、钴450万吨（占世界1/2）、铌钽3000万吨（占世界80%）、钻石2.06亿克拉（居世界第一）、锡45万吨、黄金600吨、铁10亿吨、锂3100万吨、铬镍2250万吨、锰700万吨、锌700万吨、铝200万吨。森林覆盖率为53%，约1.25亿公顷，占全非洲森林面积的47%，占世界森林的6.5%，但目前仅开采62万公顷。盛产乌木、红木、花梨木、黄漆木等20多种贵重木材。水力资源极为丰富，估计可开发的水电蕴藏量为1.06亿兆瓦，占非洲水电资源的37%，世界的6%。目前，刚供水率仅为9%，供电率为26%。

【工矿业】矿业曾是刚重要的经济支柱。1990年后，刚果（金）经济持续困难，矿业生产全面滑坡。1997年和1998年两次战争均发生在矿产资源丰富的东部地区，生产遭到严重破坏。近年来随着国内局势不断缓和，矿业生产有所恢复，2014年工矿业产值占国内生产总值的33.2%。矿业产值对国内生产总值的贡献率约10%。近年来主要矿产品产量如下：

	2011	2012	2013	2014
铜（吨）	499198	619942	919588	1030129
钴（吨）	99475	86433	76517	75560
钻（千克拉）	18598	20157	17175	16699
黄金（千克）	414	4529	8429	23539

（资料来源：刚果中央银行《统计信息摘要》No.8/2015）

【农业】农业落后，2014年产值占国内生产总值的21.2%。全国可耕地面积约1.2亿公顷，早期曾开垦耕地600万公顷，目前仅剩1%熟地得到利用。农村人口占全国人口的70%左右，个体农民是农业生产的主体，多采用刀耕火种的状态。主要粮食作物有玉米、稻米、木薯、豆类等；主要经济作物有咖啡、棕榈、棉花、可可、橡胶、烟草、茶叶等，近年来主要经济作物产量如下（单位：吨）：

	2011	2012	2013	2014
咖啡	9905	8302	8629	10847
可可	38	585	379	294
橡胶	1817	1740	1012	647
棕榈油	8872	7181	9543	13113

（资料来源：刚果中央银行《统计信息摘要》No.8/2015）

【交通运输】内河航运和空运占重要地位，陆路运输落后。

水运：刚果（金）全国河流总长2.3万公里，其中1.5万公里可通航。主要航道为刚果河和开赛河，一般可通行150—400吨船只，有2785公里航道可通行800—1000吨船只。主要河港有马塔迪、博马、金沙萨、伊来博、基桑加尼、姆班达卡、金杜和卡巴洛。另外，东部的坦噶尼喀湖等湖泊均有港口。还有定期通往西非、地中海国家、法国、北欧、美国和日本六条远洋航线。

空运：刚果（金）空运相对发达，国内航线约3.9万公里，非洲航线约1.4万公里，洲际航线约2.4万公里，与布鲁塞尔、巴黎、伊斯坦布尔、约翰内斯堡、亚的斯亚贝巴、内罗毕、利伯维尔及杜阿拉等有定期航班。刚共有54个机场，其中6个国际机场。

公路：全国原有公路总长14.5万公里，其中一级公路58129公里，乡村公路8.73万公里，城市公路网7400公里。由于长年战乱破坏和缺乏维护，大部分公路无法正常通行，许多二级公路和乡村公路遭损毁，目前仅剩5万公里的主干道（其中沥青路仅占1.8%），平均每百平方公里只有7公里长的道路。

铁路：全长6111公里，其中电气化线路858公里。

【对外贸易】在国民经济中占有举足轻重的地位。

主要出口钴、铜、原油、钻石、农林产品，进口粮食、日用消费品、机电产品、各类原材料供、需配件等。主要出口目的地国为中国、赞比亚、意大利、比利时，主要进口来源国有南非、中国、赞比亚、比利时等。据刚有关方面统计，近年来，刚对外贸易保持较快增长，进出口基本平衡，统计情况如下（单位：亿美元）：

	2011	2012	2013	2014
出口额	94.7	85.3	93.9	114.5
进口额	89.2	83.6	91.4	107.1
差　额	5.5	1.7	2.5	7.4

（资料来源：2015年《经济季评》）

【财政金融】2015年2月，卡比拉总统签署并颁布刚2015年财政预算法案，收支均为91亿美元。收入主要来源为海关、行政税费、矿产、石油出口及外来援助、捐赠、债务减免等。支出主要用于改善民生、机构改革、宏观经济稳定和发展、基础设施建设、国防与安全等方面。

2012年7月，刚央行开始发行1000刚郎、5000刚郎、1万刚郎和2万刚郎大面额新钞。

【外国援助】2011年，刚接受外国援助55.3亿美元，其中双边援助占82.5%；2012年，刚接受外国援助28.6亿美元，其中双边援助占58.4%；2013年，刚接受外国援助25.7亿美元，其中双边援助占46.2%。2014年，刚接受外国援助23.98亿美元，其中双边援助占48.5%。多边援助方主要有联合国下属组织和机构、欧盟、非洲开发银行等；双边援助方主要有德国、美国、英国、比利时、日本等。

人民生活

刚独立之初，基本上继承了殖民时期的医疗保障制度，国家对医疗卫生事业投入所占比重较大。20世纪70年代，前扎政府推行医疗体制改革。1974年，医疗补贴制的试行开非洲之先河。建立中央、省及农村三级医疗体系，分设306个卫生区，由卫生部、省巡视厅分别负责管理。每个卫生区设有10—20个卫生站，保障10万—15万人的医疗。90年代以来，由于资金和人力不足，卫生区濒临瘫痪，民众的卫生状况急剧恶化，各种疾病肆虐，死亡率明显上升。据统计，婴儿死亡率从1995年的14.1%增至2001年的17%（非洲平均8%）。45%的人营养不良，每年约50万人死于疟疾。15—49岁的人群中，14%的人携带艾滋病毒（2001年），仅1/17000的人口能享受到医疗保障，人均预期寿命为45岁。主要传染性疾病有疟疾、艾滋病、麻风、肺结核、霍乱、昏睡病、伤寒、埃博拉、血吸虫等。

文化教育

【文化】刚果（金）历史文化较为悠久。其丰富多彩的民间文艺，精美绝伦的铜雕、栩栩如生的木雕和别具一格的面具等，堪称世界艺术宝库中的珍品。西方殖民者的入侵，使刚的民族文化横遭摧残，大量艺术珍品被掠往西方国家或流散到世界各地。刚独立后，特别是20世纪70年代初，蒙博托提出恢复和发扬民族“真实性”口号，采取了一系列发展民族文化和消除殖民影响的措施，重视发掘和推广民族文化遗产。刚除有黑非洲屈指可数的国家艺术学院、国家剧院和国家舞蹈团等专业艺术院团外，还有众多由私人或教会赞助的民间乐队和合唱团。20世纪90年代以来，由于内乱和战争，刚文化艺术再次遭到极大破坏。

【教育】刚政府采取学校教育与社会教育相结合、国家办学与私人办学并举的教育政策。国家对各类学校进行统一监督和管理。鼓励和支持包括教会在内的各种团体或个人办学，由国民教育部统一对具有办学条件的私立学校进行登记、注册。公立和私立学校的毕业生享受同等待遇，平等参加国家统一考试，合格者方能取得毕业证书。由于政府财政困难，刚大中小学教职员工的工资全部由学生家长承担。目前，刚成年男、女文盲率分别为19%、46%；80%小学和60%中学为教会学校；全国共有4所综合性大学，其中2所位于金沙萨市，其他2所分别位于基桑加尼和卢本巴希市。目前，刚约有760万5到17岁的失学儿童和青少年。

【新闻出版】新闻传媒较发达，全国有上百种报刊，绝大多数为私营，创办于20世纪90年代，主要集中在首都。影响较大的报纸有：《潜力报》《参考报》《光荣榜报》《灯塔报》《观察家报》等。有14家电视台，其中国营2家，宗教团体经营7家，私营5家。有2家通讯社，其中国营1家（刚果通讯社ACP），私营1家（联合通讯社APA）。

军　事

刚果（金）政府根据2003年《全面包容性协议》有关规定，对各派武装力量进行整合，重新组建国家武装部队，名为刚果民主共和国武装力量（Forces Armées de la République démocratique du Congo—FARDC）。2003年6月29日，刚有关各方就军队整编及军队领导层权力具体分配达成协议。8月19日，卡比拉总统任命了过渡期军队领导人及各军区司令，各派均分得职位。12月8日，刚新军正式成立，并逐步推进对原叛军的整合及解武工作，但进展缓慢。

刚军总兵力现约14万人，其中陆军12.6万人，海军2000人，空军2000人，共和国卫队1万人。

对外关系

刚果（金）奉行独立自主的外交政策，反对外来干涉。主张睦邻友好和在互相尊重主权和领土完整、互利互惠的基础上发展同世界各国的友好合作。积极参与和推动地区经济和安全合作，是中部非洲国家经济共同体、南部非洲发展共同体和东部和南部非洲共同市场成员国。

【对当前重大国际问题的看法】关于国际形势：认

为冷战后世界格局发生了巨大变化，国际形势趋向缓和，和平与发展是世界各国人民的共同愿望。但目前世界还不太平，国际政治中缺乏公正，弱小国家处于不利地位，呼吁建立公正合理的国际政治、经济新秩序。

关于经济全球化：认为经济全球化是不可阻挡的客观现实和历史潮流，但其最大受益者是发达国家，而发展中国家特别是非洲国家则处于不利地位。主张发达国家充分考虑发展中国家的实际困难，向非洲国家开放市场，提供资金、技术和管理方面的帮助，使非洲国家能有效参与全球化进程，并从中受益。

关于非洲形势：非洲是目前世界上冲突最多的地区，不少国家政治动荡、经济困难、外援减少、债务沉重、贫困加剧、艾滋病肆虐，但非洲仍有巨大的发展潜力，非洲国家应联合自强，和平解决彼此间争端，维护地区和平与稳定，加强区域经济合作，共同促进非洲经济的恢复与发展。呼吁国际社会和国际金融机构重视非洲，加大援非和在非投资的力度，减免非洲债务，帮助非洲国家实现政治稳定与经济振兴。

关于非洲联盟：非洲联盟的诞生有利于非洲统一进程的发展，是非洲各国联合自强的新开端。非洲联盟将在维护稳定，促进发展，加强团结等方面发挥极大作用。非洲国家应为非盟的建设投入更多的政治意愿和资金，发达国家在政治、外交和经济上应给予非盟更多支持和帮助。

关于人权问题：主张尊重人权，承认人权的普遍性原则，同时认为在人权概念中，政治、文化权利与社会、经济权利是不可分割的，在保障公民政治权利的同时，也应保障公民享受社会和经济发展的权利。认为维护人权应与各国的历史、文化、传统和现实相结合，要符合各国政治、经济和社会发展水平，不应搞单一模式。反对西方在人权问题上实行双重标准，借人权干涉别国内政以及将人权与经济援助挂钩的做法。

关于国际反恐怖主义问题：认为恐怖主义严重威胁世界和平与安全，应加强国际合作予以坚决打击。支持在联合国主导下的国际反恐行动，同时主张打击恐怖主义应有充分依据，不能随意扩大打击范围，反对将恐怖主义与特定民族和宗教相联系。强调国际社会应对恐怖主义产生根源进行反思，努力消除滋生恐怖主义的土壤。

关于宗教问题：奉行宗教信仰自由和政教分离政策，政府不干预宗教事务，宗教也不得干扰政府工作。理解并支持有关国家依法打击邪教。

【同中国的关系】1961年2月20日两国建交，9月18日两国关系因故中断。1972年11月24日两国实现关系正常化。

2010年1月，中联部部长王家瑞访问刚果（金），卡比拉总统与其会见，执政党总书记、国民议会议长博夏卜会谈。3月，马晓天副总参谋长访刚，卡比拉总统和国防部长恩辛巴分别会见，马副总参谋长并赴布卡武看望了中国派驻联合国刚果（金）特派团的维和官兵。7月，戴秉国国务委员访刚，卡比拉总统、穆齐托总理分别会见、会谈。2011年1月，回良玉副总理访刚，卡比拉总统、穆齐托总理分别会见、会谈。3月，成都军区参谋长艾虎生中将访刚，刚国防部长恩辛巴和总参谋长埃通巴与之会谈。2012年2月，中国政府非洲事务特别代表钟建华大使访刚。2015年1月，王毅外长访刚，会见卡比拉总统、马塔塔总理，同奇班达外长举行会谈。7月，奇班达外长访华，李源潮副主席会见，同王毅外长共同主持两国外交部首轮磋商。9月，卡比拉总统来华出席中国人民抗日战争暨世界反法西斯战争胜利70周年纪念活动，习近平主席会见。12月，卡比拉总统赴南非出席中非合作论坛约翰内斯堡峰会，并出席习近平主席为部分非洲国家领导人举行的集体会见。

据中国海关统计，2015年，双边贸易额为40.6亿美元。其中中国从刚进口26.47亿美元，对刚出口14.13亿美元。中方主要出口机电产品、纺织品、医药和服装等，进口铜钴产品、原木、锯材等。

中国驻刚果（金）大使：王同庆。馆址：No.447，Avenue des Aviateurs–Gombe，Kinshasa。电话：00243–851474669。经商处地址：No.4173，Avenue Père Boka，Kinshasa/Gombe。电话：00243–851725151。

刚果（金）驻华大使：让·夏尔·奥克托·罗拉孔贝（Jean Charles Okoto Lolakombe）。馆址：北京市朝阳区三里屯东五街6号。电话：010–65323224；传真：65321360。

【同美国的关系】前扎伊尔内战爆发后，美支持洛·卡比拉领导的武装。洛·卡比拉夺取政权后，美率先承认。1998年刚武装冲突爆发后，刚果（金）认为美偏袒乌、卢，与美关系恶化。约·卡比拉执政后多次访美，两国关系有所改善。2009年4月，美军非洲司令部司令沃德访刚。6月，美刚签署军事合作协议，美方将为刚方培训快速反应部队。8月，美国务卿克林顿访刚。12月，美军非洲司令部向刚提供54.7万吨物资援助，并将对刚士兵和家属进行农耕培训。2010年4月，美负责非洲事务的副国务卿卡尔森访刚，与刚方签署关于向刚提供1.5亿美元用于实施艾滋病防治计划的协议。2011年，美多位助理国务卿、美军非洲总部司令先后访刚。同年4月，美刚签署减债协议，美同意对刚减债18.23亿美元。2012年4月，美非洲司令部司令卡特·哈姆上将访刚。9月，刚外长奇班达访美。11月，美副国务卿温迪·谢尔曼访刚。2013年2月，马塔塔总理访美。2014年5月，美国国务卿克里访刚，访问期间美宣布将为刚东重建和2016年大选提供3000万美元的援助资金。8月，卡比拉总统出席在华盛顿举行的首届美非峰会。

【同法国的关系】刚果（金）冲突爆发后，法国同情刚，主张应尊重其主权和领土完整，两国关系趋于密切。2010年1月，法外长库什内访刚，2月，刚外长姆万巴访法。2月，法主管外贸的国务秘书伊德拉科访刚。2011年6月，法刚签署减债协议，法对刚减债10亿美元。2012年6月、8月，刚外长奇班达两度访法。10月，法国总统奥朗德出席在刚举行的第14届法语国家峰会。11月，刚总理马塔塔访法。2014年5月，卡比拉总统访法。

【同比利时的关系】比系刚果（金）重要援助国和贸易伙伴。约·卡比拉执政后，比积极做冲突各方的工作，推动刚和平进程，加强与刚在政治、军事等领域的合作。2008年，比刚关系因比外交大臣德古赫特对刚内政及双边关系发表不恰当言论陷入低谷。2009年1月，比刚两国总理签署联合声明，宣布实现两国关系正常化。2010年1月，比新任外交大臣瓦纳克尔访刚。2011年3月，比政府宣布免除刚对比利时及与欧盟国际发展协会的债务，分别为1.2亿欧元和27万欧元。5月，比副首相兼外交大臣瓦纳克尔访刚，宣布继续减免刚7.73亿美元债务。2012年3月，比副首相兼外交大臣德雷尔斯访刚，宣布为刚下阶段地方选举提供300万欧元援助。6月，奇班达外长访比。8月，比副首相兼外交大臣雷德尔斯访刚。10月，刚总理马塔塔访比。同月，比众议院议长弗拉奥访刚。2014年6月，马塔塔总理访比。

【同德国的关系】刚果（金）和平进程启动后，德恢复1991年以来中止的与刚原有合作项目。2009年10月，刚德签署协议，德国将向刚提供6500万欧元用于刚政府优先发展领域援助以及前武装人员安置和难民遣返。2011年3月，刚国际合作部长访德。2012年10月，刚总理马塔塔访德。2014年9月，马塔塔总理赴德出席德非经济发展论坛并会见德总理默克尔。2015年2月，德外长施泰因迈尔访刚。

【同欧盟的关系】2003年，根据联合国安理会决议，欧盟曾派出2000人的部队驻扎刚东部地区，以保障刚安全局势并改善人道状况，该军事行动后由联合国驻刚果（金）特派团接管。2009年3月，欧盟与刚果（金）签署协议，将向刚提供3000万欧元用于森林保护和生物多样化管理。9月，欧盟委员会宣布将负责帮助刚军事部门改革的欧安组织驻刚代表团任期延长一年。9月，欧盟向刚提供2200万美元现金援助，帮助刚应对国际金融危机冲击，提高其财政能力。2010年1月，欧安组织代表团向刚提供650万美元用于刚政府军建设。2012年3月，欧盟与刚（金）签署协议，将向刚提供2.45亿美元资金，帮助刚实施重建项目和相关民生工程。10月，刚总理马塔塔在访问比利时期间，会晤欧洲理事会常任主席范龙佩。

【同非洲国家及地区组织的关系】刚果（金）重视发展睦邻友好关系，并加强与南非、刚果（布）、安哥拉等非洲其他国家交往，提升在地区事务中的影响力。

2010年，刚果（金）、卢旺达、布隆迪、中非等国总参谋长多次会晤，商讨加强地区军事合作。4月，布总统恩库伦齐扎访刚。10月，卢国防部长卡巴雷贝上将访刚。2011年5月，卡比拉总统赴乌出席乌总统穆塞韦尼就职仪式。8月，刚外长访卢。2012年4月刚东部地区安全局势升温以来，刚、卢、乌等地区国家元首多次会晤，刚外长还先后访问乌干达、赞比亚、安哥拉、布隆迪等国，与周边国家保持密切沟通。

2010年1月，卡比拉总统赴安哥拉出席非洲杯开幕式。6月，卡比拉总统赴南非出席世界杯开幕式。8月，卡比拉总统赴刚果（布）出席刚果（布）独立50周年庆典。2011年4月，刚果（布）总统萨苏访问刚果（金）。8月，卡比拉总统访问安哥拉。2012年3月，刚果（布）首都布拉柴维尔发生军火库爆炸事件后，刚（金）外长向萨苏总统面交了卡比拉总统慰问信，并宣布向刚果（布）提供医疗物资援助。9月，卡比拉总统访问刚果（布），双方就两刚关系、刚东局势等交换看法。10月，卡比拉总统赴南非出席刚南第8届大混委会。11月，刚果（布）总统萨苏赴刚果（金）会晤卡比拉总统。2013年1月，卡比拉总统访问刚果（布）。2014年3月，中非过渡国家元首庞扎访刚。5月，坦桑尼亚总统基奎特访刚。同月，卡比拉总统赴南非出席祖马总统连任就职典礼。9月，刚果（布）总统萨苏访问刚果（金）。2015年10月，应卡比拉总统邀请，南非总统祖马访刚并出席两国大混委会第九次会议。

2010年8月，卡比拉总统赴纳米比亚出席南部非洲发展共同体峰会。2011年8月，卡比拉总统赴安哥拉首都卢安达出席南部非洲国家经济发展共同体首脑峰会。2012年12月，卡比拉总统赴坦桑尼亚首都达累斯萨拉姆出席南部非洲发展共同体峰会。2015年5月，卡比拉总统赴安哥拉首都罗安达出席第九届大湖地区国际会议特别峰会。

【同其他国家和国际组织的关系】2010年3月，瑞士外长卡尔米·雷伊访刚果（金），双方就南、北基武省安全状况、瑞士对刚发展援助事进行商谈，瑞方承诺每年向刚提供2000万瑞郎援款。同月，英国负责非洲事务的国务大臣戈兰妮丝·基诺克访刚，就刚与卢旺达关系、刚司法机构反腐工作、安全部门改革等交换意见，英方表示将在未来5年内投入6100万英镑用于刚东部重建计划。

2010年3月，卡比拉总统访问韩国。2011年7月，李明博总统访刚。2012年4月，日本宣布向刚提供2470万美元援助，用于支持各国际组织在刚人道主义项目。6月，日本宣布向刚提供2300万美元的无偿援助，用于金沙萨职业技术培训中心改造项目。

2015年8月，卡比拉总统会见来访的巴西外交国务部长毛罗·路易斯·维埃拉，双方就巩固和深化两国在教育、能源、国防和航空等领域交流与合作交换意见。

2010年10月，卡比拉总统赴瑞士出席第13届法语国家组织峰会。2012年9月，卡比拉出席联大第67次会议。10月，第14届法语国家组织峰会在刚召开，法国、加纳、喀麦隆、刚果（布）等多国总统，加拿大、乍得、中非等国总理出席，会议通过《金沙萨宣言》，决定在应对环境与经济挑战、推广法语文化和教育等方面加强合作，与会各方还就非洲地区热点问题进行讨论。2013年2月，马塔塔总理访美期间，会晤联合国秘书长潘基文、副秘书长苏和及国际货币基金组织总裁、世界银行行长等，就刚安全局势、经济发展等交换意见。2013年5月，联合国秘书长潘基文与世界银行行长金墉联袂访刚及大湖地区，推动各方落实《刚果（金）和大湖地区和平、安全与合作框架文件》，世行并宣布向刚提供10亿美元援助。2014年4月，法语国家组织秘书长迪乌夫访刚。2014年9月，卡比拉总统赴纽约出席第69届联合国大会并会见联合国秘书长潘基文。11月，卡比拉总统赴塞内加尔出席第15届法语国家组织峰会并在开幕式上发表讲话。12月，联合国教科文组织总干事博科娃访刚并会见卡比拉总统。2015年7月，国民议会议长米纳库赴瑞士出席第41届法语国家议会大会年会，并当选新一届大会主席。8月，国民议会议长米纳库、参议长肯戈赴纽约出席第四届世界议长大会。10月，奇班达外长代表卡比拉总统出席第三届印非峰会。（许欣）

吉　布　提

国名　吉布提共和国（The Republic of Djibouti，La République de Djibouti）。

面积　2.32万平方公里。

人口　90万。主要有伊萨族和阿法尔族。伊萨族占全国人口的50%，讲索马里语；阿法尔族约占40%，讲阿法尔语。另有少数阿拉伯人和欧洲人。官方语言为法语和阿拉伯语，主要民族语言为索马里语和阿法尔语。伊斯兰教为国教，94%的居民为穆斯林（逊尼派），其余为基督教徒。

首都　吉布提市（Djibouti），人口约62万。热季（4—10月）平均气温31℃—41℃，凉季（11月至次年3月）平均气温23℃—29℃。

国家元首　总统伊斯梅尔·奥马尔·盖莱（Ismail Omar Guelleh），1999年4月就任，2005年4月和2011年4月连续两次胜选连任。

重要节日　独立日：6月27日。

简　况

地处非洲东北部亚丁湾西岸，扼红海进入印度洋的要冲曼德海峡，东南同索马里接壤，北与厄立特里亚为邻，西部、西南及南部与埃塞俄比亚毗连。陆地边界线长520公里，海岸线长372公里。沿海为平原和高原，主要属热带沙漠气候，终年炎热少雨。内地以高原和山地为主，属热带草原气候。全年分凉、热两季。4—10月为热季，平均气温37℃，最高气温达45℃以上；11月至次年3月为凉季，平均气温27℃。

殖民者入侵之前，吉布提由豪萨、塔朱拉和奥博克三个苏丹王统治。法国1850年开始入侵，1888年占领吉全境，1896年法在吉成立“法属索马里”殖民政府。1946年，吉成为法国海外领地，1967年改名为“法属阿法尔和伊萨领地”，法国政府给予其实际上的自治地位。1975年12月31日，法宣布同意吉布提独立。1977年6月27日吉宣告独立，定国名为吉布提共和国，哈桑·古莱德·阿普蒂敦（Hassan Gouled Aptidon）出任首任总统。

政　治

吉独立后，古莱德总统同一些政党组成联合政府。1979年古莱德取消多党制，成立争取进步人民联盟（简称人盟），于1981年确立一党制。此后人盟长期执政，政局保持稳定。1991年北方阿法尔族因不满伊萨族统治发动内战。1994年年底政府与反对派武装签署和平协议，战乱基本平息。2001年实现全国最终和平。

吉于1992年宣布实行渐进式多党制，当年的首次多党立法选举中，人盟囊括所有议席。1999年古莱德总统退休，盖莱当选总统。2002年9月实行全面多党制。2003年1月人盟等四党组成的“总统多数联盟”在立法选举中获得全部议席。2005年4月盖莱赢得总统选举，蝉联总统；5月任命迪莱塔连任总理。2008年2月，“总统多数联盟”再次在立法选举中囊括全部议席。2011年4月盖莱再次赢得总统选举。2013年2月，吉举行立法选举，“总统多数联盟”赢得65个议席中的55席。盖莱执政以来，推行民族团结和平等政策，以经济建设为中心，优先解决民生问题，积极寻求国际投资和援助。目前吉政局稳定。

【**宪法**】现行宪法于1992年9月4日经全民公决通过并颁布实施。2010年4月议会通过宪法修正案，取消了总统连任次数限制，规定总统由直选产生，参选年龄上限为75岁，每届任期五年；总统因故不能视事时，由总理代行职权；总统职位空缺时，暂时由最高法院院长代行国家元首职务，但不得对政府和任何国家机构进行调整，并在30—45天内选举产生新总统。

宪法还规定废除死刑。政党必须非种族化、非民族化、非宗教化和非地区化。

【议会】2010年4月宪法修正案决定设立参议院，改一院制为两院制。国民议会是国家最高权力机构，享有立法权。议会每年举行两次年会，主要讨论立法问题和下一年度财政预算。议员共65名，由立法选举产生，任期五年。本届议会于2013年3月选举产生。五党组成的"总统多数联盟"占据全部65个席位中的55席。议长为穆罕默德·阿里·胡迈德（Mohamed Ali Homed），2015年3月当选。

【政府】实行总统制，总统兼任政府首脑，并任命总理，总理负责协调各部工作。本届政府于2013年3月成立，主要成员有：总理阿卜杜勒－卡德尔·卡米勒·穆罕默德（Abdoulkader Kamil Mohamed），外交和国际合作部长兼政府发言人马哈茂德·阿里·优素福（Mahamoud Ali Youssouf），国民教育与职业培训部长贾马·埃勒米·奥基耶博士（Dr Djama Elmi Okieh），司法、监狱和人权事务部长阿里·法拉赫·阿索韦（Ali Farah Assoweh），住房、城市规划和环境部长穆罕默德·穆萨·易卜拉欣·巴拉拉（Mohamed Moussa Ibrahim Balala），农业、渔业和畜牧业部长穆罕默德·艾哈迈德·阿瓦莱（Mohamed Ahmed Awaleh），交通装备部长穆萨·艾哈迈德·哈桑（Moussa Ahmed Hassan），能源与自然资源部长阿里·雅各布·马哈茂德（Ali Yacoub Mahamoud），经济、财政与工业部长伊利亚斯·穆萨·达瓦莱（Ilyas Moussa Dawaleh），卫生部长卡西姆·伊萨克·奥斯曼（Kassim Issak Osman），国防部长哈桑·达拉尔·胡法奈（Hassan Darar Houffaneh），通讯、邮政与电信部长阿里·哈桑·巴赫敦（Ali Hassan Bahdon），内政部长哈桑·奥马尔·穆罕默德（Hassan Omar Mohamed），预算部长布德·艾哈迈德·罗步莱（Bodeh Ahmed Robleh），高等教育与研究部长纳比勒·穆罕默德·艾哈迈德（Nabil Ahmed Mohamed），劳动与行政改革部长阿卜迪·侯赛因·艾哈迈德（Abdi Houssein Ahmed），妇女促进、家庭规划和议会关系部长哈斯娜·巴尔卡特·达乌德（Hasna Barkat Daoud）女士，穆斯林事务、文化和宗教公产部长亚丁·哈桑·亚丁（Aden Hassan Aden），负责青年事务与体育的国务秘书巴杜勒·哈桑·巴杜勒（Badoul Hassan Badoul）。

【行政区划】全国共分1个市和5个地区：吉布提市（Djibouti-ville）、塔朱拉地区（Région de Tadjourah）、奥博克地区（Région d'Obock）、阿里萨比地区（Région d'Ali-Sabieh）、迪基尔地区（Région de Dikhil）和阿尔塔地区（Région d'Arta）。

【司法机构】实行三权分立、司法独立和法官终身制，总统主持的最高法官会议监督法官的工作。司法机构分为县法院、一审法院、上诉法院和最高法院四级。最高法院院长为卡迪吉亚·阿贝巴·莫克勒阿（Kadidja Abeba Mockrea，女），上诉法院院长为哈比巴·哈香·雅玛（Habiba Hachin Djama，女），总检察长为雅玛·苏莱芒·阿里（Djama Souleiman Ali）。吉作为伊斯兰国家，还设有属人法法庭（原称伊斯兰法庭），现任庭长为法拉赫·萨义德·努尔（Farah Said Nour）。

【政党】宪法规定，吉实行多党制。目前主要有八个合法政党：

（1）争取进步人民联盟（Rassemblement Populaire pour le Progrès，RPP，简称人盟）：执政党，在议会中有48名议员。1979年3月4日成立。主要由原非洲人民争取独立联盟组成。自1981年10月政府取消反对党至1992年吉改行多党制，该党一直是吉唯一合法政党。2007年3月召开第九届代表大会，盖莱连任主席，总理迪莱塔连任副主席，国民议会议长阿里连任总书记。2012年9月召开中央委员会特别会议，选举阿卜杜勒－卡德尔·卡米勒·穆罕默德任副主席，伊利亚斯·穆萨·达瓦莱任总书记。2014年3月召开第十一届全国代表大会，选举盖莱总统连任党主席。2015年12月召开全国代表大会特别会议，推选盖莱连任党主席。

（2）争取恢复团结和民主阵线（Front pour la Restauration de l'Unité et de la Démocratie，FRUD）：执政党。其前身是1991年8月由北方阿法尔族反政府武装建立的政党。1996年被承认为合法政党。1997年举行第一次全国代表大会，决定与执政党"争取进步人民联盟"结盟，通过和平方式捍卫党的宗旨。主席为阿里·穆罕默德·达乌德（Ali Mohamed Daoud），总书记为乌古尔·基弗雷·艾哈迈德（Ougoureh Kifleh Ahmed）。

（3）全国民主党（Parti National Démocratique，PND）：执政党。1992年10月成立，目标和原则是维护国家统一和民族独立。主张建立真正的民主社会，实行自由选举、司法独立和新闻自由等；实行市场经济；反对种族主义和民族主义。主席为阿卜杜拉曼·穆罕默德·阿拉雷（Abdourahman Mohamed Allaleh）。

（4）社会民主党（Parti Social Démocrate，PSD）：执政党，2002年10月成立。目标是维护社会秩序，恢复经济，协调领导政策，规范工资和降低生活物价。主席为穆明·巴东·法拉赫（Moumin Bahdon Farah）。

（5）改革者联盟（Union des Partisans de la Réforme，UPR），执政党，2005年3月1日成立。积极参加"总统多数联盟"活动，2007年12月正式签署文件加入该联盟。主张实行和谐政策，建设符合时代发展要求的国家。主席为易卜拉欣·谢希姆·达乌德（Ibrahim Chechem Daoud）。

（6）争取发展共和同盟（Alliance Républicaine pour la Démocratie，ARD）：反对党。原恢复团结与民主阵线分裂后，2002年10月6日成立，主席为迪尼

（Dini）。2004年迪尼去世，艾哈迈德·尤素福·胡迈德（Ahmed Youssouf Houmed）接任主席。

（7）争取民主和正义联盟（Union pour la Démocratie et la Justice，UDJ）：反对党。2002年10月13日成立，主席为伊斯梅尔·盖迪·哈立德（Ismael Guedi Harred）。

（8）吉布提发展党（Parti Djiboutien pour le Développement,PDD）：反对党。2002年9月2日成立，主席为穆罕默德·达乌德·谢希姆（Mohamed Daoud Chechem）。

【重要人物】伊斯梅尔·奥马尔·盖莱：总统。1947年11月27日出生于埃塞俄比亚，伊萨族，信奉伊斯兰教。1977年吉独立后任总统办公室主任。1978年兼任国家安全局长。1982年任人盟中央委员和政治局委员，1997年3月当选为该党第三副主席。1999年初，由执政的两党联盟正式提名为总统候选人，并于4月当选总统。2000年3月当选人盟主席。2005年4月和2011年4月在大选中获胜连任总统。　**阿卜杜勒-卡德尔·卡米勒·穆罕默德**：总理。1951年生，在法国接受高等教育，获水务科学专业硕士学位。曾在吉布提水务部门任职，2005年起任农业、畜牧、海洋和水利资源部长，2011年任国防部长，2013年3月任现职。

经　济

吉是世界上最不发达国家之一。自然资源贫乏，工农业基础薄弱，95%以上农产品和工业品依靠进口。交通运输、商业和服务业（主要是港口服务业）在经济中占主导地位，约占国内生产总值的80%。

上世纪90年代初，吉经济形势恶化。1996年，吉政府开始执行经济结构调整计划。1998年，埃塞俄比亚与厄立特里亚发生边界武装冲突后，埃原经厄转运的货物均转道吉布提港，吉港口收入大幅增加，经济有所恢复。2001年，吉政府将吉港口和机场的经营管理权转让给迪拜港。近年来，吉布提政府积极调整经济政策，争取外援外资，重点发展第三产业，并加紧实施道路、港口、航空、通信等大型基础设施建设项目，积极参与经济一体化建设。2013年，吉布提政府制定《2035年远景规划》，着重发展交通、物流、金融、电信、渔业等行业。目前，经济保持低速增长。近年来财政赤字保持在3%以内。

2015年吉主要经济数字如下：

国内生产总值：16.79亿美元。

人均国内生产总值：1865美元。

经济增长率：6.3%。

货币名称：吉布提法郎。

汇率：1美元=177.7吉布提法郎。

通货膨胀率：3.0%。

外汇储备：3.64亿美元。

（数据来源：2016年3月《伦敦经济季评》预测）

【资源】资源贫乏，主要有盐、石灰岩、珍珠岩和地热资源。盐矿总储量约为20亿吨，主要分布在阿萨尔盐湖，已开发。石灰岩和石膏矿均属埋藏浅、储量大、易开发的优质矿；珍珠岩估算储量达4800万吨；内地四个区均发现含金构造。沿海地区已发现有含油构造。地热资源丰富，但因地下水含盐度太高，开发难度较大。

【工业】2013年工业产值为478.82亿吉郎（约合2.69亿美元），约占国内生产总值的18.5%。主要工业为电力、水利、房屋及公共工程、盐矿开发等，另有一些建筑业及矿泉水厂、可口可乐饮料厂、面粉厂、制瓶厂、奶品厂、制药厂、水泥厂、机械修配、船舶修理、炼油、制革、发电等小型工业。

【农牧渔业】农业以畜牧业为主。可耕地面积10000公顷，已耕地1000公顷。2013年第一产业总产值为98.35亿吉郎（约合5534万美元），约占国内生产总值的3.8%。全国有牧场23万公顷，牧民约10万。2013年，全国约有1600家农户，农业人口3600人。粮食不能自给，大多从埃塞俄比亚进口，此外每年从欧盟、法国、日本等国接受1.3万吨粮食援助。渔业资源较丰富，预计年捕捞潜力可达4.8万吨，但目前捕捞业仍比较落后，采用手工作业捕鱼。

【服务业】是吉国民经济的支柱产业，吉国内生产总值的80%来自于交通服务业为主的第三产业的贡献。自从1998年埃塞俄比亚与厄立特里亚断绝经贸往来后，吉港口服务业收入大幅提高。

【旅游业】有9家旅馆，共850个房间，从业人员约2000人。每年接待游客约2.5万人。主要旅游景点有阿萨尔湖、阿贝湖、古拜特·阿尔·卡拉卡魔渊、阿尔都巴火山、达依原始森林、朗达兴奔古瓦莱瀑布、塔朱拉海上乐园等。

【交通运输】港口和铁路运输在国民经济中占重要地位。

水运：吉布提港是东非重要港口之一，共有16个泊位，其中13个为深水泊位，包括1个20万吨输油码头（3个泊位）和1个集装箱码头（2个泊位）。其航运、停泊和装卸条件完全符合国际标准，可停靠300米长、4万吨级的货轮或14万吨的油轮以及其他各类船舶。大多数码头有淡水和燃料补给设备。近年，吉政府加快港口扩建工程，多哈雷新港第一期工程石油码头已于2006年2月建成启用，可停泊24万吨级的油轮。新港第二期工程集装箱码头于2009年建成投入运营，可停靠1050米长、10万—12万吨级货轮，年吞吐能力为160万标箱。

铁路：吉布提与埃塞俄比亚首都亚的斯亚贝巴有铁路相通，全长784公里，吉境内长约106公里。2006年，吉布提与埃塞政府决定将此段铁路私有化，交予南非的COMAZAR公司管理25年。因设备老化，铁路货运量逐年下降，2012年停运。由中国融资兴建的新吉埃铁路拟于2016年建成通车。

公路：全国有公路3067公里，其中沥青路415公里。2001年，吉布提至埃塞首都亚的斯亚贝巴的公路得以修复。该公路全长282公里，埃塞通往吉港进出口货物的85%通过此路运输，是埃塞的生命线。2011年公路货运22.6万车次。

空运：吉布提国际机场可起降大型客、货机，是前往东非主要国家和法国的中转站。在吉经营的航空公司有法国航空公司（Air France）、埃塞俄比亚航空公司（Ethiopian Airlines）、肯尼亚地区航空公司（Regional Air）、也门航空公司（Air Yemenia）、英国航空公司（British Airways）、厄立特里亚航空公司（Eritrea Airlines）、吉布提航空公司（Djibouti Airlines）和索马里达洛航空公司（Dallo Airlines）等。吉航主要经营至埃塞俄比亚、也门和索马里兰几条航线。目前，英航和法航每周仅有一班航班从其首都飞往吉布提市。2011年由机场入出境旅客约20万人次。

【外债】2008年巴黎俱乐部对吉债务进行重组，外债增速降为7.5%。多边债权方主要有世界银行、阿拉伯基金、非洲开发银行等，截至2014年年底，吉外债总额为8.2亿美元。

【对外贸易】实行自由贸易政策。港口转口贸易占很大比重。主要进口食品饮料、机械设备、电器产品、恰特草、运输设备、石油产品、金属制品、纺织品和鞋类等。出口商品包括食盐、牲畜、皮张等。主要贸易伙伴为索马里、沙特阿拉伯、埃塞俄比亚、印度、中国、法国、也门、英国等。近年来吉对外贸易收支平衡情况如下（单位：百万美元）：

	2011	2012	2013	2014
出口额	85.0	111.4	114.1	125
进口额	510.6	538.1	565.3	923
差　额	–425.6	–426.7	–451.2	–798

（资料来源：伦敦经济季评）

【外国援助】吉主要援助国为法国、日本、美国、沙特、中国、意大利等，援助国际组织主要有欧盟、联合国难民署、世界粮农组织和非洲开发基金等。据吉财政部统计，2012年吉接受外援总额1.15亿美元，2013年9582万美元，同比减少17.39%，约占当年财政收入总额的18.81%。

人民生活

据《2014年世界人类发展报告》统计，吉人类发展指数在全世界187个国家中列第170位。人均预期寿命61.6岁，人口自然增长率为2.3%，人口死亡率为0.8%。14岁以下的人口占总人口的35%，60岁以上的占3.3%。吉卫生机构主要有佩尔蒂医院（600张床位）和巴尔巴拉妇产医院（60张床位），9个市县级医疗中心，21个门诊所和12个私人诊所，城区和农村各占一半。全国共有1910张床位，平均每509人一张病床；900名医务人员中有98名正式医生（34名吉布提医生，64名外籍医生），另有900名护理人员，平均每1万人有1.5名医生、7名护士。人民的健康状况较差，结核病、登革热、艾滋病发病率较高，霍乱和疟疾时有爆发性流行。93%的人口使用自来水，49.5%的人口使用电。目前吉手机用户12.8万户，固定电话用户1.68万户，网络用户9000户。

军　事

1977年6月6日建军，实行志愿兵役制。总统为武装部队最高统帅，实际由三军总参谋长负责，国防参谋长为其副手。军队主要职责是国家防务、和平时期参与社会发展和救灾活动。总兵力约3500人，其中空军和海军各约200人，文职人员100人。陆军有一个炮兵营、一个装甲团和3个步兵团。空军有数架米格–8、米格–17直升机。海军拥有几艘巡逻艇和快艇。现任总参谋长为扎卡里亚·谢赫·易卜拉欣（Zakaria Cheik Ibrahim）。

国家安全部队与警察部队于1995年合并后称国家警察部队，内战后复员减编，现不足1000人，主要负责治安、边检、司法、消防等工作。现任警察总监为阿布迪拉伊·阿布迪·法拉赫（Abdillahi Abdi Farah）上校。国际刑警组织吉布提分部成立于1979年2月5日。

宪兵队1999年从军队分离，约700人，负责打击刑事犯罪和保卫重要人物。现任宪兵参谋长是阿布迪尔·博格雷·哈桑（Abdil Bogoreh Hassan）上校。

文化教育

【教育】采用法国教育制度、教育法和教科书，学制为小学6年、初中4年，高中3年，对6—15岁的青少年实行免费义务教育。除国立学校外，国家允许设立民办中、小学，二者数量之比约为4：1。小学入学率为70%，初中入学率为43%，高中入学率为25%。2012年，全国共有156所小学，1822名教师，63612名学生；共有30所公立初中，819名教师，32549名学生；有9所公立高中，550名教师，14715名学生。此外，吉还有私立初、高中共41所。另有两所高级技术学校和一所师范学校。共有两所大学：吉布提大学和吉布提医学院。吉布提大学成立于2000年，与法国三所大学合作办学，下设大学培训学院、高等商业学院和高等技术学院，可颁授大学第一阶段（2年）结业证书和高级技术员合格证书。吉布提医学院2007年11月成立，是第一所国家医科大学，具有授予医学博士学位的资格，主要合作伙伴为突尼斯、摩洛哥和法国。吉高中毕业生参加法国统一考试，优良者可赴国外接受高等教育。2014年，人口文盲率30%。

【新闻出版】官方报纸《民族报》以法文每周一、二、三、四、日出版，每期发行1500份，《号角报》以阿拉伯文每周一、四出版，每期发行500份。其他报刊包括：“争取进步人民联盟”党刊《进步》周刊、民主革新党周刊《复兴》、全国民主党周刊《共和》和“争取发展共和同盟”周刊《事实》。

吉布提广播电视台，用法语、索马里语、阿法尔语和阿拉伯语全天24小时播出。电视台每晚播出综合节目。1980年建成的地面卫星通讯站可转播法国和邻国电视节目。德国于1983年帮助吉建立无线电发射中心，现有中波、短波和调频广播。1990年日本援建一电视制作中心。在意大利援助下，开始逐步实现广播节目制作和播出的数字化。2002年，美国在吉设立“美国之音”转播站。2012年，中国中央电视台、国际广播电台法语频道在吉落地。

对外关系

奉行中立、不结盟和睦邻友好政策，主张与世界各国在平等的基础上发展合作，反对霸权主义，主张通过和平方式解决争端。保持同法国的传统关系，积极配合美国在非洲之角反恐，与日本关系升温，法、美、日、意等国在吉建有军事基地。注重加强同新兴大国务实合作，发展同阿拉伯国家和邻国关系。积极参与地区合作，支持索马里和平进程，支持国际社会共同打击索马里海盗。与厄立特里亚有边界纠纷，主张通过外交途径解决。重视发展同阿拉伯国家和亚洲国家的关系。吉是非洲联盟、阿拉伯国家联盟、伊斯兰会议组织、（东非）政府间发展组织（伊加特）、东南非共同市场、萨赫勒—撒哈拉共同体等地区组织成员国。为伊加特总部所在地。

【同中国的关系】1979年1月8日吉布提同中国建交。两国各领域合作顺利发展，在国际事务中相互支持与配合。

2005年9月，吉布提总理迪莱塔正式访华。2006年5月，吉布提外长优素福来华出席中阿合作论坛第三届部长级会议。同年11月，盖莱总统来华出席中非合作论坛北京峰会。2008年1月，外交部部长助理翟隽对吉布提进行工作访问。同年8月，迪莱塔总理来华出席北京奥运会开幕式。2009年3月，中央党校副校长陈宝生率中共友好代表团参加吉人盟成立30周年庆祝大会。同年12月优素福外长正式访华。2010年1月，中共中央对外联络部部长王家瑞访吉。5月，吉外交部负责国际合作事务的部长级代表西莱来华出席中阿合作论坛第四届部长级会议。6月，吉青年体育部长哈斯娜女士来华出席上海世博会吉国家馆日。6月底，吉争取进步人民联盟总书记、国民议会议长阿里应中联部邀请访华。9月，吉外长优素福在纽约出席中非外长联大第二次政治磋商。2011年5月，胡锦涛主席特使、民政部部长李立国出席盖莱总统就职典礼。7月，吉海军司令阿布杜拉曼上校率团访华。2012年7月，吉布提总统盖莱来华出席中非合作论坛第五届部长级会议开幕式并访华。12月，吉人盟总书记、财政部长伊利亚斯访华。2013年5月，吉外长优素福来华出席首届中吉经贸联委会会议。12月，国防部长胡法奈访华。2014年1月和2月，王毅外长、国务委员兼国防部长常万全分别访吉。8月，吉总理卡米勒来华出席南京青奥会闭幕式。吉支持中国海军舰队在亚丁湾和索马里海域实施护航任务，并为护航舰队综合补给、应急支援和紧急避险提供便利。2015年9月，吉人盟总书记，经济、财政与工业部长伊利亚斯访华。11月，中央军委委员、总参谋长房峰辉访问吉布提。12月，吉总统盖莱赴南非出席中非合作论坛约翰内斯堡峰会，习近平主席同其会见。

2015年中吉贸易额为19.85亿美元，同比增长75%，其中我出口19.84亿美元。中方对吉出口以转口贸易为主，大多通过吉港口保税区转运至埃塞俄比亚和索马里。截至2014年底，中方对吉直接投资存量4008万美元，主要在贸易领域。中方在吉累计签订承包工程合同额15亿美元，项目主要涉及建筑、铁路、电信等领域。

中吉签有文化合作协定。中国自1986年起向吉提供政府奖学金生名额，2014年吉在华奖学金生共75名。中国自1981年起向吉派遣医疗队，迄今已派出18批。目前有14名来自山西省的医疗队员在吉工作。

中国驻吉布提大使：符华强。馆址：Lot V Lotissement Du Heron Djibouti。信箱：B.P.2021。地区号：00253。电话：21–350404/352247。电传：CHINA DJI，5926，DJ。经商处地址：Rue Nairobi，Lotissement Heron，Djibouti。信箱：B.P.4001。电话：21–350575。传真：21–354174。

吉布提驻中国大使：阿卜杜拉·阿卜杜拉希·米吉勒（Abdallah Abdillahi Miguil）。馆址：北京市朝阳区塔园外交公寓2–2–102。电话：010–65327857；传真：65327858。

【同法国的关系】法是吉原宗主国，也是吉最大援助国和贸易伙伴。吉重视保持同法国的传统关系。法在吉除外交部以外的各政府部门派有顾问。两国签有防务协定，建有年度例行联合军演机制。法在吉现有驻军约1900人。2003年，法同意在随后9年内每年向吉政府支付3400万美元作为在吉驻军的费用，并扩大法驻吉军队的纳税范围、帮助吉争取国际货币基金组织援助、降低吉留法学生学费。2004年，法国防部长访吉，盖莱总统应邀赴法出席普罗旺斯登陆60周年纪念活动。2005年，吉法因博雷尔法官死亡案发生分歧，吉驱逐6名法在吉技术人员。2006年吉法关系得到明显改善。3月，法国总理德维尔潘访吉；吉外长访法，与法签订2006—2010年合作框架文件，法承诺向吉提供5300万—7600万欧元的援助。2007年12月，盖莱总统对法国进行正式访问，与萨科齐总统举行了会谈。2008年，法国防部长、军队总参谋长先后访吉。10月，盖莱总统在加拿大出席法语国家组织峰会时与萨科奇总统举行了工作会谈。2009年，法国国防部长、海军将领、欧盟“阿塔兰塔”军事行动指挥官等相继访吉，就在吉设立后勤基地、建立地区反海盗中心、在吉关押审判海盗等问题与吉磋商。2010年1月，萨科奇总统经停吉时会见盖莱总统，就两国防务协定交换了意见。2011年12月，盖莱总统访问法国，与萨科齐总统签署双边防务条约。2013年年底，盖莱总统出席在法国举行的法国—非洲和平安全峰会。2015年7月，法国国防部长勒德里昂访问吉布提。

【同美国的关系】美自1991年起向吉提供各种经济和军事援助。美在吉设有军事基地。“9·11”事件后，吉积极支持美的反恐行动，允许美在吉长期驻军，并使用其港口和机场运送物资。2004年，美向吉提供400万美元的巡逻艇、军用设备和1000万美元的教育用品，并宣布在2004—2005年向吉提供3100万美元援助。2005年5月，盖莱总统顺访美国，会见了美国务卿赖斯。2006年9月，美与吉签订援助协议，承诺两年内向吉提供4000万美元，用于发展教育和卫生事业。2007年，美国防部长盖茨、中央司令部司令法隆、负责非洲事务的助理国务卿弗雷泽等分别访吉。2008年，法隆和弗雷泽分别再次访吉。2009年，美军将领访吉增多，就后勤基地、地区反海盗等问题与吉磋商。2010年，美军非洲司令部将领、国防部官员、国务院专家访吉，就海军基地、反海盗、地区反恐以及“非洲应急行动培训和援助计划”等问题与吉磋商。5月，盖莱对美国进行国事访问。2011年9月，盖莱赴纽约出席联大会议期间会见美总统奥巴马。2012年2月，吉国防部长和美驻吉大使签署新一期吉美军事合作协定。2014年5月，盖莱总统访美，会见奥巴马总统，就教育、能源、卫生、粮食安全、贸易等领域加强合作达成共识，并签署了美军驻吉基地续租协议。8月，盖莱总统出席在美国举行的美非峰会，分别会见美国总统奥巴马、国务卿克里。2015年2月，吉—美部长级论坛在华盛顿召开，双方围绕地区安全、军事合作、贸易投资等议题进行了交流。4月，美军非洲司令部司令罗德里格斯访吉。5月，美国务卿克里访吉，分别会见吉总统盖莱、外长优素福。

【同日本的关系】2003年9月，盖莱总统出席在日举行的第三届非洲发展东京国际会议，日承诺实施“粮食援助计划”，支持吉进行新型水稻种植。2004年，日向吉提供总额为1.5亿日元的粮食援助，并赠吉27800顶蚊帐。2005年，日本副外相访吉，吉明确表示支持日“入常”。2006年4月，优素福外长访日，日方表示未来20年内拟向吉提供20项无偿援助项目。2008年5月，盖莱总统出席第四届非洲发展东京国际会议，日承诺未来五年将对吉直接投资增加一倍。2009年，日本派海上自卫队赴索马里海域护航以来，吉日关系持续升温。2009年4月，吉外长优素福访日，双方签署换文确定吉港为日海上自卫队后勤补给基地。8月，日在吉设立常驻联络处。2010年12月，盖莱总统对日本进行工作访问。2011年7月，日本在吉军事基地正式启用。2013年6月，盖莱总统赴日出席第五届东京非洲发展国际会议。8月，日首相安倍晋三访吉。2014年5月，日本防卫相小野寺五典访吉。2015年1月，日本防卫相中谷元访吉。

【同埃塞俄比亚的关系】两国关系友好，签有友好合作协定和农业科技合作等协议。吉布提港是埃塞对外贸易重要出海口。两国高层交往频繁，定期举行双边磋商，并不断加强在贸易、运输、教育合作和人员自由往来方面的合作。2005年，吉埃边界委员会和铁路管理委员会先后召开，双方表示将加强非法移民和非法边境贸易的管理，并重新发挥两国间铁路的作用。2012年2月，吉、埃塞、南苏丹就加强三国在电信、铁路、输油管道、港口和免税区等领域合作签署谅解备忘录。9月，吉埃签署从埃塞引水至吉布提的谅解备忘录，吉同埃塞、南苏丹签署建设三国跨境输油管道的协议。埃塞总理海尔马里亚姆上任后数次赴吉出席两国间基础设施建设项目的开工典礼。2015年2月，海尔马里亚姆对吉进行国事访问，双方签署边境贸易、人员往来、矿产资源开发、两国商会建立定期磋商机制和亚吉铁路电气一体化等协议。

【同索马里的关系】吉在人种、语言方面与索一脉相承，曾为“法属索马里”。吉支持并深度参与索马里和平进程，2000年主持召开索马里和会，推动产生索过渡政府，2008年促成索反政府派别与过渡政府达成吉布提协议。盖莱总统多次参加索马里问题国际会议。2009年1月，索过渡议会在吉召开会议并选举新总统。2012年索新政府成立后，吉派遣1000名士兵参加非盟驻索马里特派团维和行动，并支持国际社会打击索马里海盗。2012年2月，索马里问题国际联络小组第21次会议在吉举行。同月，盖莱总统赴伦敦参加索马里问题国际会议。5月，盖莱总统赴土耳其伊斯坦布尔出席索马里问题国际会议。9月，盖莱总统赴索马里出席索新总统马哈茂德就职仪式。11月，索总统马哈茂德对吉进行国事访问，此系其当选后首次出访。2014年4月，索总统马哈茂德访吉并会见盖莱总统。6月，索议长贾瓦里访吉，双方签署两国议会间合作协议。2015年2月，盖莱总统访索，接受索总统马哈茂德授予的索最高荣誉勋章。

【同厄立特里亚的关系】两国之间存在领土争端。1998年吉因被厄指责在埃、厄边界冲突中偏袒埃而宣布断交，2000年两国复交，并于2001年实现两国元首互访。2008年6月，吉厄边界发生武装冲突，导致两国关系紧张。2009年11月，吉与乌干达、埃塞俄比亚、索马里以厄破坏索和平进程为主要理由，推动安理会通过制裁厄的决议草案，包括要求厄特即从吉厄边境撤军并通过对话解决争端等内容。2010年6月，在卡塔尔斡旋下，双方同意从争议地区撤军。2011年10月初，两名在厄被押战俘逃回吉布提，引起两国关系再度紧张。2011年12月，埃塞俄比亚等推动安理会通过强化对厄制裁决议，吉对此表示支持。2015年10月，埃塞、吉布提等再次推动联合国延长对厄制裁决议。

（汝汀汀）

几　内　亚

国名　几内亚共和国（The Republic of Guinea, La République de Guinée）。

面积　245857平方公里。

人口　1230万（2014年）。全国有20多个民族，其中富拉族（又称颇尔族）约占全国人口的40%以上，马林凯族约占30%以上，苏苏族约占20%。官方语言为法语。各民族均有自己的语言，主要语种有苏苏语、马林凯语和富拉语（又称颇尔语）。全国约85%的居民信奉伊斯兰教，5%信奉基督教，其余信奉原始宗教。

首都　科纳克里（Conakry），人口220万。最高气温35℃，最低气温22℃。

国家元首　总统阿尔法·孔戴（Alpha CONDE），2010年11月当选，12月21日宣誓就职。2015年10月连任，12月21日就职。

重要节日　独立日：10月2日。

简　况

位于西非西岸，北邻几内亚比绍、塞内加尔和马里，东与科特迪瓦、南与塞拉利昂和利比里亚接壤，西濒大西洋。海岸线长约352公里。沿海地区为热带季风气候，内地为热带草原气候。年平均气温为24℃—32℃。

9—15世纪为加纳王国和马里帝国的一部分。15世纪葡萄牙殖民主义者入侵，1885年被柏林会议划为法国势力范围，1893年被命名为法属几内亚。19世纪后期，萨摩利·杜尔建立了乌拉苏鲁王国，坚持抗法斗争。20世纪初，阿尔法·雅雅领导了大规模反法武装起义。1958年9月28日，通过全民公决拒绝留在法兰西共同体内。同年10月2日宣告独立，成立几内亚共和国，塞古·杜尔任总统直至1984年3月病逝。同年4月，兰萨纳·孔戴上校发动兵变，宣布成立几内亚第二共和国。1992年4月，政党法实施，改行多党制。1993年12月举行多党民主制下的首次总统选举，孔戴当选，并于1998年12月和2003年12月两次连选连任。2008年12月22日，孔戴病逝。次日，部分军人发动政变接管国家权力。2009年1月几军政权组建过渡政府。

2010年1月，几军政权任命反对党几内亚进步同盟主席让－马里·多雷为新过渡政府总理，并宣布于6个月内举行总统选举、还政于民。6月和11月，几先后举行2轮总统选举，几内亚人民联盟主席阿尔法·孔戴胜出。孔戴总统于12月21日宣誓就职，并于2011年初组建新政府。

政　治

孔戴执政以来，实施“变革新政”，推行行政、司法和安全机构改革，政局总体保持稳定。朝野双方对立法选举有关问题存在分歧，致使原定于2011年年底前举行的立法选举被推迟。2012年10月初，几政府进行了部分改组，总理及多数部长留任。10月29日，几成立新一届独立选举委员会。该委员会于12月底宣布将于2013年5月12日举行立法选举。但朝野双方就选举组织有关问题仍存分歧。反对派支持者并于2月底在首都举行示威游行，其间与安全部队发生冲突，造成多人受伤。2013年4月13日，孔戴总统签署总统令，宣布于6月30日举行立法选举，引发反对派抗议活动。6月28日，孔戴总统宣布立法选举再度推迟。7月3日，朝野双方达成和解协议，确定协议签署之日起84天内举行选举。7月10日，孔戴总统签署总统令，宣布于9月24日举行立法选举。9月28日，几立法选举顺利举行。据公布的初步结果显示，执政的几内亚人民联盟及其盟党赢得议会114席中的59席，反对党联盟获得52席，其余政党分获剩余3席。反对党指责选举有重大舞弊行为，并向几最高法院提出申诉。11月15日，几最高法院裁决此前公布的选举结果为最终结果。2014年1月13日，几新一届国民议会举行成立大会。15日，福法纳总理率内阁总辞职。18日，孔戴总统签署总统令，再次任命福法纳为新一届政府总理并由其组阁。20日，新一届政府成立，前政府成员半数以上留任。2015年10月11日总统选举如期举行。10月17日，独立选举委员会公布初步结果，孔戴获得57.85%的选票，反对党民主力量同盟候选人迪亚洛获得31.44%的选票。10月31日，宪法法院正式确认选举结果，孔戴正式连任总统，任期为2015年12月21日至2020年12月21日。12月21日，孔戴举行总统就职仪式。2016年1月4日，孔戴签署总统令，宣布成立新一届政府。

2014年3月，几爆发埃博拉病毒疫情，造成超过3700人感染，2000余人死亡，给几政治、经济、社会各领域造成巨大冲击。2015年12月29日，世界卫生组织宣布几埃博拉疫情结束，进入90天强化监测期。

【宪法】2008年12月几军事政变后，几军政权中止实施1990年宪法。2010年4月，全国过渡委员会（代议会）制定了过渡期宪法。5月，几军政权领导人、代总统科纳特颁布过渡期宪法，规定总统由直接选举产生，任期为5年，可连任一次。无论两个任期是否相连，总统最多只能有两个任期。

【议会】称国民议会，为最高立法机构。实行一院制，共114席，议员任期5年。本届议会成立于2014年1月，各党在议会中席位分配为：人民联盟—彩虹联盟53席，民主力量同盟37席，共和力量同盟10席，全国发展希望党2席，进步同盟2席，其余10个小党各得1席。议长克洛德·科里·孔迪亚诺（Claude Kory Koundiano），2014年1月当选。

【政府】本届政府成立于2016年1月4日，成员名单如下：总理马马迪·尤拉（Mamady YOULA），国防国务部长穆罕默德·迪亚内（Mohamed DIANE），司法和掌玺国务部长谢赫·萨科（Cheick SAKO），安全和民事保护国务部长阿卜杜勒·卡贝莱·卡马拉（Abdoul Kabèlè CAMARA），交通国务部长奥耶·吉拉沃吉（Oyé GUILAVOGUI），旅馆业、旅游业和手工业国务部长蒂亚诺·奥斯曼·迪亚洛（Thierno Ousmane DIALLO），国土管理和权力下放部长布雷马·孔戴（Bouréma CONDE），外交和海外侨民部长玛卡莱·卡马拉（Makalé CAMARA，女），经济和财政部长玛拉多·卡巴（Malado KABA，女），计划和国际合作部长坎尼·迪亚洛（Kanny DIALLO，女），能源和水电部长谢赫·塔利比·西拉（Cheick Talibé SYLLA），农业部长雅克利娜·苏丹（Jacqueline SULTAN，女），城市和国土整治部长隆塞尼·卡马拉（Louncény CAMARA），矿产和地质部长阿卜杜拉耶·马加苏巴（Abdoulaye MAGASSOUBA），公共工程部长乌穆·卡马拉（Oumou CAMARA），技术教育、职业培训、就业和劳工部长、政府发言人阿尔贝·达曼唐·卡马拉（Albert DamantangCAMARA），公职、国家改革和行政现代化部长塞古·库鲁马（Sékou Kourouma），高等教育和科研部长阿卜杜拉耶·耶罗·巴尔德（Abdoulaye Yélo BALDE），中小学教育和扫盲部长易卜拉希马·库鲁马（Ibrahima KOUROUMA），工业、中小企业和私营部门促进部长布巴卡尔·巴里（Boubacar BARRY），贸易部长马克·永布诺（Marc YOMBOUNO），国家统一和公民部长卡利法·加萨马·迪亚比（Kalifa Gassama DIABY），社会行动、妇女和儿童促进部长卡马拉·萨娜巴·卡巴（Camara Sanaba KABA，女），青年部长穆斯塔法·奈特（Moustapha NAITE），电信、邮政和数字经济部长穆斯塔法·马米·迪亚比（Moustapha Mamy DIABY），卫生部长阿卜杜勒–拉赫曼·迪亚洛（Abdourahmane DIALLO），预算部长穆罕默德·拉尼姆·敦布亚（Mohamed Lamine DOUMBOUYA），新闻部长拉希德·恩迪亚耶（Rachid N'DIAYE），渔业、水产和海洋部长安德烈·洛瓦（André LOUA），环境、水域和森林部长克里斯蒂娜·萨尼奥（Christine SAGNO，女），养殖和畜牧生产部长穆罕默德·塔勒（Mohamed TALL），文化、体育和历史遗产部长西亚卡·巴里（Siaka BARRY），政府秘书长塞古·基西·卡马拉（Sékou Kissi CAMARA），宗教事务秘书长阿卜杜勒·卡里姆·迪乌巴特（Elhadj Abdoul Karim DIOUBATE）。

【行政区划】全国划分为首都科纳克里（下辖5个区），33个市和303个镇。

【司法机构】分普通法院和特别法院两类。普通法院包括最高法院、上诉法院、初审法院和治安法院。最高法院下设宪法和行政，民事、刑事、商务和社会事务，以及审计三个法庭。特别法院包括特别最高法庭、军事法庭和劳动法庭。2009年3月，军政权撤销最高法院。2010年3月，军政权恢复最高法院，并任命马马杜·西拉（Mamadou Sylla）担任最高法院院长，阿伊萨图·巴尔德（Aïssatou Baldé，女）担任总检察长。

【政党】1992年4月实行多党制。现有124个合法政党，主要政党情况如下：

（1）几内亚人民联盟（Rassemblement du Peuple de Guinée）：执政党。始建于1963年。1992年4月3日注册登记，成为合法政党。成员多为马林凯族人。政党宗旨：将几内亚人民从一切形式的压迫中解放出来，团结全体人民，以平等、博爱为基础，建设民主自由社会，实现国家统一、民族独立、经济繁荣和社会公正。该联盟候选人阿尔法·孔戴（Alpha Condé）于2010年11月当选总统。2012年4月，几内亚人民联盟联合44个政党组成执政联盟几内亚人民联盟—彩虹联盟（RPG-Arc-en-Ciel）。现任总书记萨卢姆·西塞（Saloum Cissé），2013年9月当选国民议会议员，2014年1月当选副议长。

（2）几内亚民主力量同盟（Union des Forces Démocratiques de Guinée）：反对党。成立于1991年9月。政党宗旨：在实现社会团结和民族和解的基础上，建立民主和法制国家，使国家摆脱贫困，实现可持续发展，保障全体公民的合法权利和自由。主席塞卢·达兰·迪亚洛（Cellou Dalein Diallo），曾于2004—2006年任总理。在2010年6月首轮总统选举中获43.69%的选票，但在第二轮选举中败选。2013年9月当选国民议会议员。

（3）几内亚共和力量同盟（Union des Forces Républicaines）：反对党。成立于1992年。政党宗旨：实现民族和解，建立民主、多元化社会，改变国家政治、经济和社会三重落后面貌。主席西迪亚·杜尔（Sidya Touré），曾于1996—1999年任总理。2013年9月当选国民议会议员。

（4）几内亚进步复兴联盟（Union du Progrès et du Renouveau）：参政党。由原反对党新共和同盟和复兴进步党于1998年9月15日合并而成。成员多为颇尔族人。政党宗旨：在尊重自由、保障多党民主的基础上，建立三权分立的法制国家，加强民族团结和社会凝聚力，反对一切形式的种族中心主义和地方主义，以实现人的可持续发展和全民福祉的目标，全面推进经济、社会和文化建设。主席奥斯曼·巴（Ousmane Bah），现任总统府部长级特别顾问。

【重要人物】阿尔法·孔戴：总统。1938年生，马林凯族，信奉伊斯兰教。早年留学法国，获法学博士学位，后长期在法国大学任教。上世纪60年代在法国留学期间投身政治运动，创建劳动党，1988年改名为几内亚人民联盟并任党主席。曾两次参加总统大选。1995年当选国民议会议员。1998年大选期间被当局逮捕，并被判10年监禁。2001年被提前释放，随即流亡法国。2008年几政变后返几。2010年11月当选总统，2015年10月连任总统。

经　济

系最不发达国家，农业国，工业基础薄弱，粮食不能自给。近年受国内局势动荡影响，几经济形势持续恶化。几新政府重视发展经济，重点保障主要城市的水、电供应，大力发展农业，加强基础设施建设，推进财税金融改革，加强对资源开发的管理与控制。

2015年主要经济数据如下：

国内生产总值（GDP）：72亿美元。

人均国内生产总值：562美元。

国内生产总值增长率：2.6%。

货币名称：几内亚法郎（Franc guinéen）。

汇率：1美元=7014几内亚法郎。

通货膨胀率：8.6%。

（资料来源：2015年第四季度《经济季评》）

【资源】资源丰富，有“地质奇迹”之称。铝矾土贮藏总量估计为400亿吨，其中290多亿吨已探明，占世界已探明储量的30%，居世界第一位。其品位高达58%—62%。铁矿石远景储量超过100亿吨，且品位高达70%。钻石储量为2500万—3000万克拉。此外还有黄金、铜、铀、钴、铅、锌等。水利资源极为丰富，是西非三大河流尼日尔河、塞内加尔河和冈比亚河的发源地，有“西非水塔”之称。开发后年发电量估计可达630亿度。沿海渔业资源较丰富，近海浅层水域鱼的蕴藏量为23万吨，深海区蕴藏量约100万吨。沿海大陆架已发现有石油。东南部有大片原始森林，出产红木、黑檀木等贵重木材。

【工矿业】工业基础薄弱，制造业不发达。2012年工业产值占国内生产总值的46.1%。主要工业部门是农产品和食品加工、纺织、家具生产等。矿业是较为重要的经济部门，矿业产值一直占国内生产总值的20%左右。主要矿业公司有：博凯、弗里亚、金迪亚三大铝矿和阿雷多尔黄金钻石开采公司等。近年来，力拓、必和必拓、淡水河谷等国际矿业公司先后进入几内亚，与几方商谈开展铁矿开发合作。2011年9月，几全国过渡委员会批准了新政府修订的《矿业法》，其中规定国家将无偿获得新矿业项目15%的股权，另有出资增股20%的权利。2012年2月，几成立国家矿产委员会，负责在新矿产法基础上参与矿权证签发、延期、更新、吊销等材料的审查工作。2012年5月，孔戴总统任命阿布杜勒·拉马内·辛库恩·卡马拉（Abdoul Ramane Sinkoun Camara）为该委员会主席。

【农牧林渔业】农村劳动人口约占全国劳动人口的2/3。可耕地面积约700万公顷，已耕地约140万公顷，主要种植水稻、小米、玉米等粮食作物和咖啡、可可、棉花等经济作物。2012年，农业产值占国内生产总值的20.5%。2011—2013年农业年均增长率为5.2%，在GDP中的比重增长了14%。粮食不能自给。2013年谷物产量达340万吨，较上年增长6%，其中大米产量为190万吨。

全国森林面积65440平方公里，森林覆盖率约26.6%。2010年工业用圆木产量65万立方米，出口15万立方米。畜牧业资源可观，中几内亚富塔—贾隆高原、上几内亚萨赫勒草原都是天然牧场。渔业资源丰富，近海渔业资源估计有30万吨，深海约100多万吨。2010年渔产品总产量11万吨。此外，几内陆河流多，淡水鱼资源也很丰富。

【旅游业】旅游资源较丰富。全国共有旅游景点201个。位于几与科特迪瓦交界的宁巴山1981年被联合国教科文组织列为世界自然文化遗产。受次地区局势不稳等因素影响，几旅游资源未得到有效开发。每年人境游客数量约为3万人。

【交通运输】内陆交通不发达，以公路运输为主。近年来交通运输情况如下：

铁路：现有4条铁路干线，总长约1046公里。其中3条为通往矿区的专用线，目前运营良好。另1条长661公里的民用运输线已无法运营。

公路：总长超过4.3万公里。其中国家级干道7000公里（其中沥青路面2400公里），省道1.55万公里，县乡道路2.1万公里。

海运：几内亚对外贸易约95%货物通过海运运输。科纳克里港为西非重要海港之一，2010年吞吐总量为700万吨。有集装箱码头、矿产码头、商用码头、渔业码头等，其中集装箱码头可停靠2.5万吨级船只，年装卸能力5万只集装箱。另有卡姆萨深水港，为博凯铝矿专用港，年吞吐量约1000万吨。

空运：几内亚共有14座机场（其中11座对外开放）。科纳克里机场为国际机场，2006年运送旅客35万人次。几内亚航空公司于2002年7月交由私人经营。主要有法国、比利时、摩洛哥和塞内加尔等国航空公司经营国际和地区航班。

【财政金融】近几年财政收支情况如下（单位：亿美元）：

	2011年	2012年	2013
收入	10.3	13.1	15.4
支出	11.0	14.9	18.9

2015年，几外汇储备约为3.01亿美元。

（资料来源：2015年第四季度经济季评。）

【对外贸易】近几年对外贸易情况如下（单位：亿美元）：

	2013年	2014年	2015年
出口额	17.8	16.9	17.8
进口额	20.9	20.4	19.6

主要出口产品为黄金、铝矾土、氧化铝、钻石、氧化铝等。主要进口商品为农产品、食品、烟草、化工产品、机械设备、石油制品等。2014年，向韩国出口占几出口总额38.2%，印度29.6%、西班牙9.4%，爱尔兰7.3%；从中国进口占几进口总额54.3%，荷兰19.4%，印度12.7%，法国8.1%。

（资料来源：2015年第四季度经济季评。）

【外国投资】2011年，外国直接投资总额为3.67亿美元。

【外国援助】根据经济合作与发展组织统计，2010和2011年，几分别获得外援2.18亿和2.08亿（美元，下同），其中欧盟提供6300万，国际开发协会（IDA）5600万，法国8400万（含法国开发署3200万），美国2000万，德国1400万，全球基金1100万，伊斯兰开发银行1000万，联合国儿童基金会800万，日本600万。2012年9月26日，几达到重债穷国倡议完成点，国际货币基金组织与巴黎俱乐部分别免除几政府21亿美元、3.56亿美元债务。2014年12月，世界银行行长金墉访问几内亚，表示将继续助几抗击埃博拉疫情并支持几疫后经济恢复。2015年4月，国际货币基金组织宣布，以向几提供2980万美元赠款的形式免除其等额债务。世界银行宣布在未来12—18个月内，向几内亚、利比里亚、塞拉利昂三国提供6.5亿美元资金支持，世行援非抗疫总金额达到16.2亿美元。此外，世行还免除三国21.7亿美元债务，其中几内亚10.985亿美元。5月，西非经济共同体宣布免除几2000万美元债务，支持其疫后经济重建。10月，法国在“抗击埃博拉经验”会议上宣布，法将在未来三年为几疫后重建提供1.74亿欧元援助，用于卫生体系、教育和人力资源培训、供水供电设施等领域。法开发署年内向几提供1100万欧元援助，用于2015—2017年几教育事业发展。

人民生活

根据联合国开发计划署公布的《2014年人类发展报告》，几人类发展指数在全球187个国家中排名第179位。53%的人口生活在贫困线以下，240万居民未解决温饱问题，5岁以下儿童和出生婴儿死亡率分别为13.1％和8.1％。2010年全国共有固定电话1.8万部，移动电话400万部，因特网用户9.5万个。

医疗卫生条件落后，是疟疾、霍乱和伤寒等热带传染病高发区。疟疾感染率19％，是导致死亡的首要疾病。2009年，全国每10万人感染艾滋病人数为789人。全国现共有884所卫生服务站，412所卫生中心，43所公立医院，344所私营卫生医疗机构及329家私营药店，母婴死亡率分别为0.61%和11.7%。平均约每1万人拥有1名医生。2012年人均寿命54.5岁。

军　事

1958年11月成立人民军，后改称几内亚武装力量。总统是最高军事统帅，行使任免军事人员、对外宣战等权力。国防部作为军事行政主管，直接隶属总统府。

几武装力量由野战军、宪兵和共和国卫队组成。野战军总兵力2万人，其中陆军1.8万人、海军1500人、空军500人。宪兵1800人，共和国卫队1600人。现任三军总参谋长纳莫里·特拉奥雷（Namory Traoré）准将（2013年2月就职）。

文化教育

【教育】1984年5月起实行教育改革，规定法语为教学语言，允许私人开办学校。2004年，全国共有小学6140所，教员2.5万人，学生114.7万人；中学615所，教员8886人，在校学生34万人；高等院校13所，在校生2.2万人，教员853人。2008年，几内亚小学、中学、高等教育入学率分别为92%、37%、9%。

科纳克里大学是几最高学府，1962年建立，分社会科学、自然科学和生物科学3个学科。

【新闻出版】《自由报》为官方法文报刊。目前有250多种新闻出版物，10余种报纸定期出版，基本上是周刊。发行量较大的私营报纸有《猞猁》《宁巴报》《外交官报》《观察家报》《独立报》等。

几内亚国家广播电台为官方电台，每天用法语、富拉语、马林凯语和苏苏语等对内广播，用法语和英语等对外广播。

几内亚国家电视台为官方电视台，1977年开播。

对外关系

奉行睦邻友好、不结盟、全面开放和独立自主的外交政策，强调外交为发展服务。愿在平等互利和相互尊重的基础上与世界各国发展友好合作关系。主张加强非洲国家之间的团结与合作，积极参与非洲联盟建设。重视发展同欧盟、美国等西方国家关系，以争取国际支持和援助。注重发展同中国等亚洲国家和阿拉伯国家的关系。现为联合国、世界贸易组织、不结盟运动、伊斯兰合作组织、法语国家组织、非洲联盟（非盟）、西非国家经济共同体（西共体）、马诺河联盟等组织成员，同110多个国家建立了外交关系。

【同中国的关系】中几于1959年10月4日建交。几是第一个同中国建交的撒哈拉以南非洲国家。长期以来，两国关系发展顺利。2010年10月2日，几内亚经济与财政部长凯尔法拉·扬萨内来华出席上海世博会几内亚国家馆日活动。2011年2月，外交部长杨洁篪访问几内亚，与拉马外长会谈，并会见了孔戴总统和福法纳总理。

9月13—19日，几内亚总统孔戴来华出席第五届夏季达沃斯论坛并访华。胡锦涛主席、温家宝总理分别予以会见。2012年7月，几内亚外长爱德华·尼昂科耶·拉马、国际合作部长穆斯塔法·库图布·萨诺来华出席中非合作论坛第五届部长级会议。2015年8月9—10日，王毅外长访问几内亚，会见几内亚总统孔戴和外长法尔。12月3日，国家主席习近平同几内亚总统孔戴在南非出席中非合作论坛约翰内斯堡峰会期间举行双边会见。2015年，双边贸易额为11.4亿美元，其中中方出口额11亿美元，进口额0.4亿美元。

中国驻几内亚大使：卞建强。馆址：几内亚科纳克里市东卡使馆区，（DONKA, CITE MINISTERIELLE, CONAKRY）。值班和领事保护电话：00224-664006622，00224-664008000。领事业务咨询电话：00224-666008000。大使秘书电话：00224-664008899。经商处秘书：00224-664078025；664078027。电子邮箱：chinaemb_gn@mfa.gov.cn。邮政信箱：B.P.714 CONAKRY。

几内亚驻华大使：伊卜拉希马·索里·索乌。馆址：北京朝阳区三里屯西六街2号。电话：010-65323649。传真：010-65324957。

【同法国的关系】1963年同法建交。1965年几政府指责法与“反几阴谋”有牵连，双方宣布断交。1975年两国复交。法为几最大援助国，多年来向几提供了大量投资和援助。2008年12月几军事政变后，法表示希几遵守宪法，并与军政权保持一定交往。法负责国际合作的国务秘书儒昂戴曾数次访几。2010年3月底，几军政权领导人科纳特赴法出席法非首脑会议，期间与法总统萨科齐会见。11月几总统选举后，法宣布恢复与几正常合作。12月21日，法负责外交、欧盟和合作的部长德兰古出席孔戴总统就职仪式。2011年1月，德兰古再次访几，与几方探讨重启两国合作事宜。3月下旬，孔戴总统访法，与法总统萨科齐会谈，法向几提供了500万欧元的援助。5月，孔戴总统作为萨科齐总统特邀嘉宾，赴法出席八国集团（G8）峰会有关活动。2012年3月，几国土管理和政治事务部长孔戴访法。7月，孔戴总统访法并与法总统奥朗德举行会谈，奥表示支持几经济、社会改革。2013年12月，孔戴总统赴法出席法非峰会。2014年11月，法国总统奥朗德访几，支持几抗击埃博拉疫情。2015年1月和4月，孔戴总统两次访法并会见奥朗德总统。12月1—3日，孔戴总统出席在法国巴黎举行的联合国气候变化大会。

【同美国的关系】美是几主要援助国之一。1998年以来，美对几援助总额逾2亿美元。2008年12月几军事政变后，美国予以谴责并中止对几援助。2010年年初，美向几提供了价值600万美元的各种援助用于筹备大选，并在大选期间派员观察。2010年年底几顺利完成政治过渡后，美几恢复正常往来。2011年7月，孔戴总统应邀赴美访问。2012年4月，几经济和财政部长扬萨内访美。2012年12月，美国与几方签署协议，免除所有几对美双边债务总计9300万美元。2014年8月，孔戴总统赴美出席首届美非领导人峰会。

【同日本的关系】近年来，几日关系发展迅速，日向几提供大量援助。1978—2005年，日累计向几提供各类援助约5.55亿美元。2006年，日本政府援几220亿几郎用于实施科纳克里市政供水项目。2007年，日本向几提供援助约1000万美元。几政治过渡期间，日向几提供了1.3万个投票箱，并同联合国妇女儿童基金会签订协议，提供130万美元用于改善几妇女儿童健康。2010年、2011年，日本分别向几提供了580万美元和100万美元粮食援助。2012年4月、8月，日本两次分别向几提供200万美元粮食援助。2013年6月，孔戴总统在日本出席第五届东京非洲发展国际会议。2014年6月，日本为联合国系统在几援助项目提供总额为280万美元的资金支持。

【同邻国的关系】重视发展同邻国的友好合作关系，并在西共体、尼日尔河流域组织、马诺河联盟、冈比亚河开发组织和塞内加尔河流域开发组织中发挥积极作用。2012年4月，几内亚比绍军方发动政变后，孔戴总统作为西共体调解人积极参与斡旋。2012年6月，马诺河联盟第21届首脑会在几首都科纳克里召开。2013年3月，该联盟四国元首（科特迪瓦、塞拉利昂、利比里亚、几内亚）在科纳克里举行会晤，就地区局势和区域合作等共同关心的问题交换意见。2014年5月，该联盟第23届峰会在科纳克里召开，四国就促进地区一体化、防控埃博拉疫情等问题进行了磋商，孔戴并当选轮值主席，任期一年。

1986年，几同塞拉利昂、利比里亚签订了互不侵犯和安全合作的马诺河联盟条约。1999年4月起，几与利、塞交界地区武装冲突不断，几、塞同利相互指责对方支持本国反政府武装，几利关系一度不睦。利内战结束后，几利关系逐步好转。几同塞拉利昂一直保持良好关系。2007年2月，塞总统卡巴和利总统瑟利夫访几。4月，马诺河联盟首脑会议在科纳克里举行。9月，塞总统科罗马访几。2008年10月，塞总统科罗马、利总统瑟利夫均出席了几独立50周年庆典。2010年12月，塞总统科罗马、利总统瑟利夫均赴几出席了孔戴总统就职仪式。2011年7月，孔戴总统访问利比里亚并出席第20届马诺河联盟首脑会议。2011年10月和2013年2月，塞总统科罗马对几进行友好工作访问。2012年1月，孔戴赴利出席瑟利夫总统的就职仪式。5月，孔戴总统会见了来访的塞外长达乌达。8月，利比里亚总统瑟利夫访几。2013年4月30日，孔戴总统赴利比里亚出席马诺河联盟第22届首脑会。2015年3月，孔戴总统率外交、卫生、预算等部长访问利比里亚，与利总统瑟利夫进行会谈。7月，孔戴总统与塞拉利昂总统科罗马在几塞边境城市 Pamelap 举行会谈。

1978年，几分别与塞内加尔和科特迪瓦重新互派大使并签订友好合作条约。2007年3月，塞总统瓦德访几。2008年10月，塞总统瓦德出席几独立50周年庆典。当年12月几军事政变后，塞总统瓦德公开表示支持几军政权，并于2009年1月访几。2010年12月，塞总统瓦德赴几出席孔戴总统就职仪式。2011年1月，孔戴总统访塞。2012年2月，塞总理恩迪亚耶访几。4月，孔戴赴塞出席新总统萨勒的就职仪式。12月，塞总统萨勒访几。2015年8月，孔戴总统访塞，会见萨勒总统。萨勒总统并授予孔戴总统塞内加尔十字勋章。2011年5月，孔戴总统赴科出席瓦塔拉总统的就职典礼。12月，瓦塔拉总统对几进行工作访问。2012年2月，科总理索罗访几。2012年3月，福法纳总理和拉马外长赴科出席西共体特别峰会。4月，孔戴总统会见了来访的科外长敦坎。同月，孔戴总统赴科出席西共体特别峰会。2013年2月，孔戴赴科出席西共体第42届首脑会议。

2014年3月，马里总统凯塔访几，受到几方热烈欢迎。2015年5月15日，孔戴总统访问马里，出席马政府与叛军和平和解协议签署仪式。孔与马总统凯塔进行了简短会谈。

2014年6月，孔戴总统出席几内亚比绍新当选总统若泽·马里奥·瓦斯就职仪式。

2015年1月，尼日尔总统伊素福、贝宁总统亚伊联合访几，表达对几抗疫的支持。同月，南非总统祖马访几。2月，多哥总统、西共体抗击埃博拉疫情地区协调人福雷率领西共体代表团访几，支持孔戴总统抗击埃博拉疫情。8月，孔戴总统访问尼日尔，会见尼总统优素福，就西非地区安全和后埃博拉时期发展进行交流。

【同其他国家的关系】几重视发展同阿拉伯国家的关系。2007年6月，利比亚领导人卡扎菲访几。同月，几总理库亚特访问摩洛哥。2009年1月，利比亚领导人卡扎菲访几，对几军政权表示支持。2011年1月，孔戴总统访利。2012年8月，孔戴总统应邀访问沙特阿拉伯并出席伊斯兰合作组织第四次特别首脑会议。10月，孔戴总统再次访问沙特并赴麦加朝觐。2013年12月，第40届伊斯兰合作组织外长会议在几首都科纳克里召开。2014年3月，摩洛哥国王穆罕默德六世率团访几。2014年11月，孔戴总统赴摩洛哥出席第五届全球企业家峰会并会见摩企业家。2015年1月，毛里塔尼亚总统对几进行5小时的工作访问。9月，孔戴总统访问阿联酋。

几内亚比绍

国名　几内亚比绍共和国（The Republic of Guinea-Bissau，República da Guiné-Bissau）。

面积　36125平方公里。

人口　175万（2014年）。有27个民族，其中巴兰特族占总人口的27%、富拉族占23%、曼丁哥族占12%。官方语言为葡萄牙语，通用克里奥尔语。45%的居民信奉伊斯兰教，其余信奉拜物教、天主教、基督教新教和其他宗教。

首都　比绍（Bissau），人口43.1万（2012年）。平均气温27℃。

国家元首　总统若泽·马里奥·瓦斯（José Mário Vaz），2014年5月当选，6月就职。

重要节日　独立日：9月24日。

简　况　位于非洲西部，包括比热戈斯群岛等岛屿。大陆部分北接塞内加尔，东、南邻几内亚，西濒大西洋。海岸线长约300公里。属热带海洋性季风气候，全年高温，年平均气温约25℃。

曾为非洲古国桑海帝国的一部分。1879年沦为葡萄牙殖民地。1973年9月24日独立。首任国家元首、国务委员会主席为路易斯·卡布拉尔。独立后，几内亚和佛得角非洲独立党（简称“几佛独立党”）长期一党执政。1980年，部长会议主席维埃拉推翻卡布拉尔政府，成立革命委员会并自任主席。1991年，改行多党制。1994年，维埃拉作为几佛独立党候选人在首次多党选举中获胜，当选总统。1998年6月，几比军队前总参谋长安苏马内·马内率兵发动叛乱，并于1999年5月武力推翻维埃拉。同年11月，几比举行议会和总统选举，社会革新党（简称“社革党”）成为议会第一大党，该党候选人昆巴·亚拉于2000年1月当选总统。2003年9月，武装部队总参谋长塞亚布拉发动政变，推翻亚拉总统。2005年7月，前总统维埃拉以独立候选人身份在大选中获胜，再次当选总统。2008年11月，几比举行议会选举，几佛独立党获胜。12月，维任命几佛独立党主席卡洛斯·戈梅斯为总理。2009年3月初，几比武装部队总参谋长瓦伊和维埃拉总统先后遇刺身亡。7月，几佛独立党候选人萨尼亚当选总统。

2012年1月，萨尼亚总统病逝。2012年3月，几比举行总统选举，几佛独立党候选人、总理戈梅斯与反对党社革党候选人、前总统亚拉进入第二轮。4月，几比军队发动政变，中断选举进程。在国际社会压力下，政变军方与西非国家经济共同体（简称“西共体”）

达成一致，由代议长尼亚马若担任过渡总统，同意西共体派兵维护宪政。几佛独立党和葡萄牙语国家共同体（简称“葡共体”）国家反对上述安排。5月底，由600余人组成的西共体常备部队派抵几比。11月，几佛独立党与社革党达成谅解，议会恢复正常运转。2013年1月，几佛独立党签署《政治过渡协议》，正式参与过渡进程。6月，几比组成更具包容性的过渡政府，几佛独立党入阁。由于资金未能及时到位等原因，总统和立法选举日期被一再推迟，最终于2014年4月举行。

政　治

在国际社会的大力支持下，几比于2014年4月13日举行总统和立法选举，并于5月18日举行总统选举第二轮投票。前执政党几佛独立党候选人瓦斯赢得总统选举，并于6月23日就职。几佛独立党在立法选举中赢得议会绝对多数，该党新任主席佩雷拉出任总理。国际社会普遍认可选举过程和结果。2015年8月，瓦斯总统宣布解散由佩雷拉总理领导的政府，引发新一轮政治动荡。新一届政府于同年10月宣告成立后，政争仍未平息。

【宪法】1999年7月通过并颁布的宪法修正案规定，几比实行半总统制。总统是国家元首，总理为政府首脑。总理、政府成员经议会多数党提名后由总统任命。总统每届任期5年，可连任1次。

【议会】全国人民议会行使立法权，每年召开4次例会，就国内外重大问题制定法律，并负责监督国家法律的执行。常设机关为常务委员会，在议会闭会和被解散期间，行使议会职权。议员任期为4年。本届议会于2014年4月选举产生，共有议员102名。其中，几佛独立党57名，社会革新党41名，民主汇合党2名，新民主党和变革联盟各1名。2014年6月17日，本届议会举行第一次全会，选举几佛党人士西普利亚诺·卡萨马（Cipriano Cassamá）担任议长。

【政府】本届政府于2015年10月13日组成，主要成员有：总理卡洛斯·科雷亚（Carlos Correia），部长会议与议会事务部长马拉尔·萨内（Malal Sane），国防部长阿迪亚图·贾洛·南迪格纳（Adiatu Djalo Nandigna，女），妇女、家庭与社会关系部长瓦伦蒂娜·门德斯（Valentina Mendes，女），外交、国际合作与侨务部长阿尔图尔·达席尔瓦（Artur da Silva），经济与财政部长热拉尔多·若昂·马丁斯（Geraldo João Martins），贸易与工业部长维森特·费尔南德斯（Vicente Fernandes），新闻部长阿格内洛·雷加拉（Agnelo Regala），教育部长奥德特·科斯塔·塞梅多（Odete Costa Semedo，女），农业与农村发展部长若昂·阿尼巴尔·佩雷拉（João Aníbal Pereira），公共卫生部长卡迪·塞迪（Cadi Seidi，女），公共设施、建设与城市化部长若泽·安东尼奥·克鲁斯·阿尔梅达（José António Cruz Almeida），司法部长艾达·因贾伊·费尔南德斯（Aida Injai Fernandes），能源部长瓦斯纳·帕派·丹法（Wasna Papai Danfa），公共职能与就业部长路易斯·阿尼巴尔·瓦斯·费尔南德斯（Luís Anibal Vaz Fernandes），旅游与手工业部长马兰·雅乌拉（Malam Jaura）等。

【行政区划】全国划分为8个省和1个自治区（比绍），下辖36个县。

【司法机构】最高法院是最高司法机关，总检察院是最高检察机关。最高法院院长由最高司法委员会选举产生，总统任命。现任最高法院院长保罗·萨尼亚（Paulo Sanhá），2012年12月就职。总检察长由政府提名，总统任命。现任总检察长埃梅内吉尔多·佩雷拉（Hermenegildo Pereira），2014年10月就职。

【政党】现有32个政党，主要有：

（1）几内亚和佛得角非洲独立党（Partido Africano da Independência da Guiné e Cabo Verde，PAIGC）：简称“几佛独立党”。1956年9月19日创立。党员约30万人。1973年几比独立后长期执政，1999年沦为在野党。2008年重新执政。党的宗旨是实现民族团结，捍卫和巩固独立，为创建在人民团结一致、社会公正和法治国家基础上的民主社会而战斗。2012年4月军事政变后，一度被排除在过渡政权之外。2014年2月，召开第八次全国代表大会，多明戈斯·西蒙斯·佩雷拉接替卡洛斯·戈梅斯当选新一届党主席，阿贝尔·达席尔瓦（Abel da Silva）出任全国总书记。2014年4月该党赢得立法选举，再度执政，党主席佩雷拉出任总理。，后于2015年8月被瓦斯总统解职。

（2）社会革新党（Partido da Renovação Social，PRS）：简称“社革党”。1992年1月24日创立，2000—2003年执政。在工人、农民中影响较大。宗旨是一切为了人民。主张优先进行国家建设、建立民主法制、实施良政，倡导民族团结与和解。2012年4月军事政变后，在过渡政府中占据重要地位。2012年12月，该党举行全国代表大会，阿尔贝托·南贝亚（Alberto Nambeia）当选党主席，新任总书记为弗洛伦蒂诺·特谢拉（Florentino Teixeira）。2014年4月，该党创始人、前主席、几比前总统昆巴·亚拉（Kumba Yala）因病逝世。6月，南贝亚当选全国人民议会第二副议长。

其他政党包括：民主汇合党（Partido da Convergência Democrático）、变革联盟党（Partido União para a Mudança）、独立和发展共和党（Partido Republicano para Independência e Desenvolvimento）、团结社会民主党（Partido Unido Social Democrata，PUSD）、民主阵线（Frente Democrática）、几内亚比绍抵抗运动（Resistência da Guiné-Bissau）、民主社会阵线（Frente Democrática Social)、国家独立斗争阵线（Frente de Luta pela Independência Nacional）、团结民主运动（Movimento para Unidade e Democracia）、几内亚比绍生态保护联盟（Liga Guineense de Protecção

Ecológica)、几内亚比绍社会民主—公民论坛(Fórum Cívico Guineense Social Democracia)、社会民主党(Partido Social Democrata)、民主与进步全国联盟(União Nacional para a Democracia e Progresso)、革新与进步党(Partido de Renovação e Progresso)、几内亚比绍民主社会党(Partido Democrático Socialista Guineense)、社会联盟(Aliança Socialista)、几内亚比绍人民党(Partido Popular Guineense)、几内亚比绍社会党(Partido Socialista da Guiné-Bissau)、几内亚比绍民主社会解决党(Partido Democrata Socialista Solução Guineense)、民族团结党(Partido da Unidade Nacional)、团结劳工党(Partido de Solidariedade e do Trabalho)、人民宣言党(Manifesto do Povo)、几内亚比绍民主运动(Movimento Democrático Guineense)、几内亚比绍民主党(Partido Democrático Guineense)、进步党(Partido para o Progresso)、几内亚比绍爱国者联盟(União dos Patriotas Guineense)、全国和解党(Partido de Reconciliação Nacional)、新民主党(Partido da Nova Democracia)、人民民主党(Partido Popular Democrático)、民主、发展与公民党(Partido para a Democracia Desenvolvimento e Cidadania)。

【重要人物】若泽·马里奥·瓦斯(José Mário Vaz):总统。1953年12月10日出生。曾留学葡萄牙,获经济学学士学位。1987年自办公司经商,1993年开始供职于政府部门。1994年任几佛独立党总统候选人维埃拉竞选办公室主任,后在党的地方系统任职。2004年出任几比首都比绍市市长,2009—2012年任财政部长。2014年作为几佛独立党候选人参加总统选举,在5月18日举行的第二轮投票中获胜当选,6月23日就职。瓦1989年加入几佛独立党,2014年当选该党中央委员会委员。 **多明戈斯·西蒙斯·佩雷拉(Domingos Simões Pereira)**:政府总理。1963年10月20日出生。曾先后赴前苏联、美国留学,取得硕士学位和建筑工程师资格。1988年起先后在国营建筑公司、公共工程部以及世界银行、欧洲发展基金会驻几比机构任职。2002—2003年任社会基础设施部长,2004—2005年任公共工程部长。2008—2012年任葡萄牙语国家共同体秘书处执行秘书。2014年6月25日被任命为政府总理,7月4日就职。佩1979年加入几佛独立党,2014年2月当选党主席。 **卡洛斯·科雷亚(Carlos Correia)**:政府总理。1933年11月6日出生。曾留学前民主德国学习农业技术。青年时期即积极投身几比民族解放和独立斗争,1968年当选几佛独立党中央政治局委员,系该党元老级人物。2014年2月当选该党第一副主席。1974年起历任农业、财政、贸易、渔业部长等职,并于1991—1994年、1997—1999年、2008—2009年三度出任总理。2015年9月第四次出任总理。

经济

系最不发达国家。农业国,工业基础薄弱,粮食不能自给。渔业资源丰富,发放捕鱼许可证和渔产品出口是其主要外汇收入来源。2005年以来,几内亚比绍政府制定并实施减贫战略,积极发展农业,推行以水稻、腰果为主的多样化种植战略。2009年以来,几比政府改革财政税收政策,加强公共行政管理,减轻债务负担,努力促进经济发展。在2010年12月几比达到"重债穷国倡议"完成点,国际货币基金组织等先后宣布免除其90%以上的债务。受国际金融危机影响,几比粮油价格大幅上涨。2011年,几比政府实施第二个减贫战略,腰果出口和财政收入有所增加,全年经济形势好于预期。2012年4月军事政变对国民经济造成冲击,当地油电供应短缺,腰果收成和贸易受到影响。2014年大选后经济略有起色。

2015年主要经济数据如下:

国内生产总值(GDP):10.43亿美元。

人均国内生产总值:596美元。

国内生产总值增长率:4.5%。

货币名称:非洲金融共同体法郎,简称"非洲法郎"(FCFA)。

汇率:1美元=592非洲法郎。

通货膨胀率:1.1%。

(资料来源:2016年1月《经济季评》)

【资源】矿产资源尚未开发。主要矿藏有铝矾土(储量约2亿吨),磷酸盐(储量约8000万吨)。沿海正在进行石油勘探(储量约11亿桶)。

【工业】2014年工业产值约占国内生产总值的13.6%,工业人口占劳动人口的1%。基础薄弱,以农产品和食品加工业为主。

【农业】2014年,农业产值占国内生产总值的43.9%,农业人口约占全国劳动力的85%。可耕地约90万公顷,已耕地45.4万公顷。主要粮食作物有水稻、木薯、豆类、马铃薯、甘薯等。主要经济作物为腰果。根据联合国粮农组织统计,几比2013年腰果产量约13.8万吨,为世界第七、非洲第四大腰果生产国。

畜牧业产值约占国内生产总值的15%,拥有300万公顷天然牧场,20%的农业人口从事畜牧业。林业资源丰富,森林面积235万公顷,森林覆盖率达56%。木材藏量为4830万立方米,每年可生产10万吨木材。

近年渔业产值增长较快。沿海地区以捕鱼为业的人口约有4000—5000人,每年实际捕捞量约为3万吨。每年发放捕鱼许可证收入约为920万美元。

【交通运输】无铁路,以公路和水运为主,内河和近海航运占有重要地位。

公路:总长4400多公里,其中二级、三级公路(沥青路面)约550公里。

水运:内河和近海航运通航里程达1800多公里;主要港口比绍港是全国最大的驳运港、渔港和对外贸易中心，港区锚地可停泊7—8艘货轮，年货物吞吐量约50万吨。

空运：首都附近有奥斯瓦尔多·维埃拉国际机场，可供中小型飞机起降；每周有定期航班往返葡萄牙、塞内加尔、佛得角和摩洛哥。

【财政金融】财政困难，连年赤字。近几年财政收支情况如下（单位：亿非洲法郎）：

	2012	2013	2014
收入	710	738	764
支出	839	741	823
差额	–129	–3	–59

截至2015年年底，据2016年1月《经济季评》、国际货币基金组织网站：外汇储备（不含黄金）3.33亿美元。2011年由于国际货币基金组织、世界银行、欧盟、非盟等免去几比90%债务，外债余额一度减少至1.9亿美元。截至2014年年底，外债余额约为2亿美元。

【对外贸易】近几年外贸情况如下（单位：百万美元）：

	2013	2014	2015
出口额	152.8	171.9	202.7
进口额	182.8	227.5	199.3
经常项目余额	–34.2	–13.1	24.7

（资料来源：2016年1月《经济季评》）

主要出口产品为腰果、花生、棉花、冻虾、冻鱼、原木等，其中腰果出口占出口总额的95%以上。主要进口商品是粮食、燃料、润滑油、运输设备和建材等。主要贸易伙伴为印度、尼日利亚、葡萄牙、塞内加尔、巴西等国。

2014年，向印度出口额占几比出口总额的52.3%，其次为尼日利亚（20.7%）、中国（16.3%）、多哥（5.5%）、荷兰（2%）。主要从下列国家进口：葡萄牙（20.6%）、塞内加尔（17.5%）、英国（16.1%）、印度（4.2%）、西班牙（4.2%）。

【外国援助】据经济合作与发展组织统计，几比2013年共接受外援6800万美元，主要援助方有全球基金（2300万美元）、欧盟（1800万美元）、比利时（1100万美元）、世界银行国际开发协会（800万美元）、美国（800万美元）等。

【外国资本】据联合国贸易和发展会议（UNCTAD）《2015年人类发展报告》，几比2014年吸引外国直接投资2100万美元，主要投向资源开发领域。

人民生活

根据联合国开发计划署公布的《2015年人类发展报告》，几内亚比绍的人类发展指数在188个国家中排名第178位，较前一年下降1位。2013年，医疗支出占国内生产总值的5.5%，人均预期寿命女性57岁，男性53.4岁。5岁以下儿童死亡率为123.9‰。全国有中心医院2所，省、县级医院16所，卫生所130个，病床1187张，医生150名（含国际合作者）。40%的人能享受医疗服务。疟疾、霍乱、腹泻及脑膜炎等传染病较为流行。成人艾滋病感染率为3.9%。全国有劳动人口45万人，其中领国家固定工资的职工有2.5万人，占5.5%。每百人拥有固定电话32部、移动电话29部。全国仅有10%的居民享受水、电供应，87%的居民用木炭做饭。据联合国粮农组织统计，几比仅7%的家庭能够保证基本食品安全，70%家庭长期缺粮，平均每户家庭72%的日常支出用于购买食品。

军　事

军队称人民革命武装部队，创建于1964年11月16日。总统为武装部队最高统帅。政府设国防部，下辖总参谋部，总参谋长由总统根据政府建议任免。几内亚比绍实行义务兵役制，士兵服役期为2—3年，军官为10年以上。现任总参谋长比亚盖·纳·恩坦（Biaguê Na Ntan），2014年9月就职。目前登记在册军人总数约4500人，警察等安全部门人员总数约3000人。

文化教育

【教育】重视发展教育事业。几内亚比绍教育经费约占国家财政预算的12%，相当于GDP的3.2%。2013年成人识字率为56.7%。全国主要有小学、中学和技术职业培训学校。卡布拉尔大学为几比第一所公立大学，2004年1月成立。科利纳斯德博埃大学为几比第一所私立大学，2003年成立。几比每年向国外派出一定数量的留学生。2012年军事政变以来，因政府拖欠各级公立学校教职员工工资，教师罢工、学生罢课此起彼伏，国家教育事业发展严重受挫。

【新闻出版】现全国发行5种报纸。主要有《前进报》（政府机关报，发行量5000份）、《民主报》（2012年创刊，周刊，发行量500份）、《消息报》等。

几内亚比绍国家通讯社：官方通讯社，创建于1972年3月。无驻外分社或记者。

几内亚比绍国家广播电台成立于1974年9月。用葡萄牙语、克里奥尔语及其他地方语言播音。每天播出14小时。此外还有3家私营广播电台。

几内亚比绍国家电视台：1989年11月14日正式开播，每天均播出电视节目。另有南非数字卫星电视台（DSTV）在几比开展卫星电视业务。

对外关系

奉行独立自主、和平、睦邻友好的外交政策，强调外交为发展服务。坚持平等互利、不干涉内政、和平解决争端的原则。几内亚比绍是联合国、世界贸易组织、不结盟运动、伊斯兰合作组织、萨赫勒—撒哈拉国家共同体等组织成员国。同近60个国家建交。2012年4月军事政变后，联合国、欧盟等国际组织对几比实施制裁，非盟中止几比成员国资格。2014年几比大选后，除联合国未解除对军事政变领导人的旅行禁令外，国际社会纷纷解除对几比制裁。非盟于7月正式恢复几比成员国资格。

【同中国的关系】1974年3月15日，两国建交。1990年5月26日，几内亚比绍与台湾建立所谓“外交关系”，31日，中国宣布中止同几比的外交关系。1998年4月23日，中、几比恢复外交关系。此后，两国友好合作关系发展顺利。

2011年3月，中共中央对外联络部部长王家瑞访问几比，会见几比总统萨尼亚和几佛独立党主席、总理戈梅斯。2015年6月，中国政府非洲事务特别代表钟建华访问几比。2012年7月，几比过渡政府外交部长因巴利来华出席中非合作论坛第五届部长级会议。2013年11月，几比过渡政府总理德巴罗斯赴澳门出席中国—葡语国家经贸合作论坛第四届部长级会议开幕式。

2014年，双边贸易额为6711万美元，同比增长133.7%，其中，中方出口额为1715万美元，同比增长44.3%，进口额为4996万美元，同比增长196.9%。2015年上半年，双边贸易额2195万美元，同比下降39.5%，其中中方出口777万美元，同比增长21.8%，进口1418万美元，同比下降52.6%。中方主要向几比出口机电产品、纺织品等，进口腰果、锆矿砂、木材等。

中国驻几内亚比绍大使：王华。馆址：bairro de penha, bissau, C.P.66。电话：00245–3256200（办公室、签证处），3256202（经商处）；传真：3256194（办公室、签证处），3256196（经商处）。

几内亚比绍驻华大使：马兰·桑布（Malam Sambu）。馆址：北京市朝阳区塔园外交公寓2–2–101。电话：010–65327393；传真：65327106。

【同葡萄牙的关系】同葡保持传统特殊关系。两国签有友好总协定，设有双边混委会。两国高层交往频繁，各领域合作密切。葡是几内亚比绍主要贸易伙伴和援助国之一。2006年10月，几比总理阿里斯蒂德斯·戈梅斯访葡。2007年1月，葡外长阿马多访几比。9月，几比总理卡比访葡。2009年2月，葡议长伽马访几比。3月，几比总统维埃拉遇刺身亡后，葡外交合作国务秘书率葡共体代表团赴几比斡旋。2010年2月和3月，萨尼亚总统和戈梅斯总理先后访葡。5月，葡外长阿玛多访几比。6月，佩雷拉议长访葡。2012年4月几比发生政变后，葡予以强烈谴责，并坚持要求恢复原合法政府。2013年6月几比组成更具包容性的过渡政府后，葡表示欢迎，继而主动资助几比选举。2014年6月，瓦斯总统在正式就职前访葡，会见葡总统席尔瓦。同月，葡外长马谢特赴几比出席瓦斯就职仪式。11月，佩雷拉总理访葡，争取到葡方682.5万欧元的援助承诺。2015年7月，葡总理科埃略访问几比，期间双方签署了双边合作五年计划书，葡方将在2015—2020年间向几比方提供约4000万欧元的各类援款。

【同法国的关系】两国于1975年建交。1998年几内亚比绍发生兵变后，法国支持塞内加尔和几内亚出兵几比平叛。1999年5月，维埃拉总统下台后，几比军人因不满法偏袒维埃拉而焚烧法驻几比使馆，两国关系一度紧张。亚拉总统执政后，法恢复与几比合作。2003年几比军事政变后，法向几比过渡政府数次提供援助。2006年5月，维埃拉总统访法。6月和10月，阿里斯蒂德斯·戈梅斯总理两次访法。2007年2月，维埃拉总统赴法出席第24届法非首脑会议。2010年5月，萨尼亚总统赴法出席第25届法非首脑会议。2011年7月，法资助19.1万欧元用于改善几比医疗卫生、扫盲、加强渔业和手工业。11月法免除几比856万欧元债务。

【同美国的关系】两国于1976年建交。美国国际开发计划署曾在比绍设有代表处，在农业、水利、医疗卫生、教育和沿海安全等方面提供援助，美向几内亚比绍派有和平队。1998年几比内战后，美使馆关闭，国际开发署驻比绍代表处撤离。2003年9月几比军事政变后，美政府拒绝承认几比过渡政府。2006年10月，阿里斯蒂德斯·戈梅斯总理访美。2009年1月，佩雷拉议长赴纽约出席世界和平大会。2011年几比总理和外长出席在纽约召开的第66届联大，会见美主管非洲事务副国务卿。12月，国防部长贾日亚访美。2013年4月，美特工以涉嫌贩毒为由抓捕几比前海军参谋长布博·纳·楚托并将其押解至纽约候审，几比过渡政府对此表示不满。几比新政府成立后，美国表示欢迎。2014年8月，瓦斯总统出席首届美非峰会。

【同安哥拉的关系】两国保持着密切的双边关系，近年来，两国在政治经济社会等各领域的交流与合作发展迅速。2007年2月和2008年6月，几内亚比绍总统维埃拉两次访问安哥拉。在担任葡共体轮值主席国期间，安对几比国防和安全领域改革给予大力的支持，通过向几比派遣军事团、提供人员培训等帮助几比实施改革。2009年1月和2010年9月，戈梅斯总理访问安哥拉。2011年6月安武装部队总参谋长访问几比，12月戈梅斯总理访安。2012年1月安国防部长访几比，4月，几比军方要求安军事团撤离。政变后，安军事团于6月正式撤离。2014年6月，瓦斯总统赴安哥拉出席非洲葡语国家峰会并顺访。2015年6月，几比议长卡萨马访问安哥拉。

【同佛得角的关系】几内亚比绍和佛得角人民曾在几佛独立党的统一领导下携手进行了争取民族独立的斗争。两国独立后，继续保持两国一党的局面。1980年，两国关系恶化。佛得角于1981年另立新党——佛得角非洲独立党。1982年两国关系正常化。近年两国关系发展顺利。2006年3月，维埃拉总统出席佛总统皮雷斯连任就职仪式。2008年12月，佛总统皮雷斯访几比。2009年4月，两国政府共同在佛首都普拉亚举办几比国防和安全部门改革问题圆桌会议。8月，几比侨务国务秘书迪亚斯访问佛得角。2011年9月，萨尼亚总统赴佛出席佛前总统佩雷拉葬礼。同月，戈梅斯总理赴佛得角出席佛新任总统丰塞卡就职仪式，几比在佛设立使馆。同年11月，佛得角总理内维斯访问几比。2012年几比发生政变后，佛与葡共体立场一致。2014年6月，佛总统丰塞卡赴几比出席瓦斯总统就职仪式。12月，达罗萨外长访佛，向佛提供了象征性的7.5万美元现汇援助，支持佛方进行火山喷发灾后重建。2015年1月，佩雷拉总理访佛，佛总理内韦斯于7月回访。

【同其他葡语国家的关系】几内亚比绍重视发展同莫桑比克、圣多美和普林西比和巴西的关系。是非洲葡语五国首脑会议成员、葡语国家共同体创始国之一。2006年7月，几比举办第六届葡共体首脑会议，并担任葡共体轮值主席国至2008年7月。2010年8月，葡共体代表团访几比。12月，萨尼亚总统出席巴西新总统罗塞芙的就职典礼。2012年几比发生政变后，葡共体成员国保持一致立场，呼吁几比尽早举行大选，结束过渡期。2013年1月，东帝汶前总统奥尔塔被任命为联合国秘书长几比问题特别代表兼联合国几内亚比绍建设和平综合办事处（联几建和办）主任。2014年以来，东帝汶积极为几比大选提供援助。6月，东帝汶总理沙纳纳访问几比。同月，葡语国家均派代表出席了瓦斯总统就职仪式。7月，圣多美和普林西比前总统特罗瓦达继任联合国秘书长特代兼联几建和办主任。同月，佩雷拉总理赴东帝汶出席葡共体峰会。2015年1月，瓦斯总统赴巴西出席罗塞夫总统连任就职仪式。

【同几内亚的关系】两国关系密切。1998年6月几内亚比绍兵变后，几内亚出兵协助维埃拉政府。2005年8月，维埃拉总统赴几进行私人访问。2007年2月，维埃拉总统访几。2008年3月和10月，维埃拉总统两次访几。12月，几内亚总理苏瓦雷访几比。同月，维埃拉总统赴几出席兰萨纳·孔戴总统葬礼。2009年8月，戈梅斯总理访几。2011年9月，戈梅斯总理在出席第66届联大期间在纽约会见了几内亚总统阿尔法·孔戴。2012年几比发生政变后，孔戴总统出任西共体几比问题调解人，积极参与斡旋。2014年6月，瓦斯总统在正式就职前访几。同月，孔戴总统赴几比出席瓦斯就职仪式。

【同塞内加尔的关系】两国签有友好条约。两国对海域划分有争议，曾就此诉诸日内瓦国际仲裁法庭和海牙国际法院。几内亚比绍同塞南部要求独立的卡萨芒斯地区接壤，曾促成塞政府与卡地区反政府武装卡萨芒斯民主力量运动达成停火协议。近年来，双方成立了边境定期接触机制。2005年8月，维埃拉总统对塞进行私人访问。2006年4月，维埃拉总统出席塞独立日庆典暨瓦德总统就职典礼。2008年3月，维埃拉总统出席了在塞首都达喀尔举行的伊斯兰会议组织第11届首脑会议。2009年4月，戈梅斯总理访塞。2009年10月，几比与塞边境地区再次出现纠纷，两国经过协商谈判，达成共识，发表联合公告，决定重启双方中断16年的合作混委会，共同打击边界地区非法活动。2010年5月，萨尼亚总统访塞。2012年几比发生政变后，塞作为西非经济共同体成员积极参与危机的调解，促成有关过渡期安排，并在西共体框架下参与向几比派遣安全部队。2014年6月，瓦斯总统在正式就职前访塞。同月，塞总统萨勒赴几比出席瓦斯就职仪式。2015年几比政局再度动荡后，萨勒总统亦积极参与调解危机。

（王先达）

加 纳

国名 加纳共和国（The Republic of Ghana）。

面积 238537平方公里。

人口 2700万（2015年）。全国有4个主要民族：阿肯族（52.4%）、莫西–达戈姆巴族（15.8%）、埃维族（11.9%）和加–阿丹格贝族（7.8%）。官方语言为英语。另有埃维语、芳蒂语和豪萨语等民族语言。居民69%信奉基督教，15.6%信奉伊斯兰教，8.5%信奉传统宗教。

首都 阿克拉（Accra），人口约229万（2012年估计）。最高温度23℃—31℃（3月、4月），最低温度22℃—27℃（8月）。

国家元首 总统约翰·德拉马尼·马哈马（John Dramani Mahama），米尔斯总统2012年7月24日病逝当日继任，2012年12月大选获胜蝉联，2013年1月7日就职。

重要节日 独立日（国庆节）：3月6日；共和国日：7月1日。

简 况 位于非洲西部、几内亚湾北岸，西邻科特迪瓦，北接布基纳法索，东毗多哥，南濒大西洋，海岸线长约562公里。沿海平原和西南部阿散蒂高原属热带雨林气候，沃尔特河谷和北部高原地区属热带草原气候。4—9月为雨季，11月至翌年4月为旱季。各地降雨量差别很大，西南部平均年降雨量2180毫米，北部地区为1000

毫米。

古加纳王国建于公元3—4世纪，其版图在今天的马里和布基纳法索一带，10—11世纪时达到鼎盛时期。1471年起葡萄牙、荷兰、法国和英国殖民者相继入侵现加纳沿海地区，掠夺黄金、贩卖黑奴，这一带被称为“黄金海岸”。1897年黄金海岸全境沦为英国殖民地。1957年3月6日，黄金海岸独立，改名加纳，原英国托管的“西多哥”并入加纳。1960年7月1日成立加纳共和国，仍留在英联邦内，首任总统为恩克鲁玛。1966年恩克鲁玛政府被推翻后，加政局曾长期动荡不安，军事政变不断，政权更迭频繁。1981年12月罗林斯政变上台后，奉行民族和解和经济复兴政策，政局一直较为稳定。1992年开始实行多党制，同年底罗当选总统，顺利实现由军政府向民选政府的过渡。1996年12月罗蝉联总统。2001年1月至2009年1月，新爱国党领导人库福尔连任二届总统。2009年1月，全国民主大会党候选人米尔斯当选总统。2012年7月24日，米因病去世，时任副总统马哈马继任总统。同年12月，加举行大选，马哈马获胜蝉联，并于2013年1月7日宣誓就职。

政　治

马哈马总统就职后，顺利组建新一届政府，吸收反对党和无党派人士入阁，建立包容性政府，着力提高政府施政效率；继续落实米尔斯政府时期制订实施的建设“更美好加纳”各项政策，加强在经济、医疗、教育及基础设施等领域建设。目前，加政局总体稳定。同时，马哈马政府也面临经济下行压力增大和社会民生问题较前突出等挑战。

【宪法】现行宪法于1992年4月26日全民公决通过，1993年1月7日起生效。宪法规定：加纳是一个民主国家，致力于实现自由和公正，尊重基本人权、自由和尊严；总统是国家元首、政府首脑和武装部队总司令，任期四年，可连任一届；内阁由总统任命，议会批准；议会需在通过法案并得到总统同意后方可行使制宪权；司法独立，有解释、执行和强制执行法律的权力。

【议会】实行一院制，是国家最高权力机构，有立法和修宪的权力。议员经全国选举产生，任期四年。本届议会于2012年12月选举产生，共275个议席。其中全国民主大会党148席，新爱国党123席，人民全国大会党1席，独立议员3席。议长为爱德华·多伊·阿贾霍（Mr. Edward Doe Adjaho），2013年1月7日就任。

【政府】本届政府于2013年2月组成，2014年6月改组，2015年3月调整，由总统、副总统和29名部长组成。副总统奎西·贝科·阿米萨–阿瑟（Kwesi Bekoe Amissah-Arthur）。主要部长有：外交与地区一体化部长汉娜·特塔赫（Hannah Tetteh，女），内政部长马克·沃永戈（Mark Woyongo），国防部长本杰明·贝瓦–尼奥格·昆布尔（Benjamin Bewa-Nyog Kunbuor），财政部长塞思·特克珀（Seth Terkper），贸工部长埃克武·斯皮奥–加尔布拉（Ekwow Spio-Garbrah），卫生部长亚历山大·塞格贝非（Alexander Segbefia），能源与石油部长伊曼纽尔·阿尔马·科菲·布阿（Emmanuel Armarh Kofi Buah），教育部长娜娜·简·奥波库–阿杰曼（Naana Jane Opoku-Agyeman），通讯部长奥马内·博阿马（Omane Boamah），食品与农业部长菲菲·奎蒂（Fiifi Kwetey），道路部长哈吉伊努萨·弗塞尼（Alhaji A.B.Inusah Fuseini），水利、工程与住房部长夸库·阿杰曼–门萨（Kwaku Agyeman-Mensah），司法部长兼总检察长玛丽埃塔·布鲁·阿皮亚–奥蓬（Marietta Brew Appiah-Oppong），就业与劳工关系部长哈鲁纳·伊德里苏（Haruna Iddrisu），国土资源部长尼·奥萨·米尔斯（Nii Osah Mills），性别、儿童与社会保护部长娜娜·奥耶·利瑟（Nana Oye Lithur，女），环境、科技与创新部长马哈马·阿亚里加（Mahama Ayariga），地方政府与农村发展部长朱利叶斯·德布拉（Julius Debrah），运输部长齐法·阿蒂沃尔（Dzifa Attivor），旅游、文化与创意艺术部长伊丽莎白·奥福苏–阿吉亚雷（Elizabeth Ofosu-Agyare），青年与体育部长哈吉·穆斯塔法·艾哈迈迪（Alhaji Mustapha Ahmed），酋长与传统事务部长亨利·塞杜·达安纳（Henry Seidu Daannaa），渔业水产部长汉妮–谢里·阿伊蒂（Hanny-Sherry Ayittey）

【行政区划】全国共设10个省（Region），138个县（County）。

【司法机构】分为司法系统和公共法庭系统。司法系统包括最高法院、上诉法院、高等法院、巡回法院、速审法院、商业法院、少年法庭、检察长办公室等。最高法院为终审法院，由首席法官和6名以上法官组成，首席法官任院长。各级公共法庭是为了确保“人民参加司法程序”，以最终实现司法民主化而于1982年建立的。全国公共法庭为终审法庭。最高法院院长乔治娜·特奥多拉·伍德女士（Georgina Theodora Wood）。总检察长由司法部长玛丽埃塔·布鲁·阿皮亚–奥蓬兼任。

【政党】1992年5月加开放党禁后，形成罗林斯派、丹夸—布西亚派和恩克鲁玛派三大政党派系。经过改组、联合，注册的合法政党共17个：

（1）全国民主大会党（National Democratic Congress）：执政党，现有党员约300万。1992年6月10日成立。成员多为罗林斯的支持者，也有不少前恩克鲁玛派和丹夸—布西亚派的成员。1993—2000年执政，2009年再次赢得总统宝座。主张政治民主化和经济私有化，开展多方位外交。主席夸比纳·阿杰伊（Kwabena Adjei），总书记约翰逊·阿塞杜·恩凯提亚（Johnson Aseidu Nketia）。目前该党拥有148个议会席位。

（2）新爱国党（New Patriotic Party）：最大在野党，丹夸—布西亚派，现有党员约400万。1992年6月2日成立。以知识界精英为骨干。2001—2008年执政，重视人权、民主和法制，主张实行政治多元化和市场经济，推动私有化，对外奉行务实外交，以吸引外资，解决经济问题。拥有123个议会议席。主席保罗·阿弗科（Paul Afoko），总书记夸贝纳·阿杰·阿迦庞（Kwabena Agyei Agyapong）。

（3）大会人民党（Convention People's Party）：在野党。恩克鲁玛派。1998年6月15日由人民大会党（People's Convention Party）和全国大会党（National Convention Party）合并而成。成员主要为社会知名人士。主张根据恩克鲁玛思想建立关心社会正义和人民福利的政府，实行混合经济，维护非洲团结与世界和平。主席萨米娅·雅巴·恩克鲁玛（Samia Yaba Nkrumah），总书记伊瓦尔·科比纳·格林斯特里特（Ivor Kobina Greenstreet）。目前该党拥有1个议会席位。

（4）人民全国大会党（People's National Convention）：在野党。恩克鲁玛派。1992年5月29日成立。主张捍卫恩克鲁玛思想，造福人民，积极致力于非洲的政治、经济彻底解放。拥有1个议席。主席阿尔哈吉·阿赫迈德·拉马丹（Alhaji Ahmed Ramadan），总书记贝尔纳德·莫纳赫（Bernard A. Mornarh）。此外，还有加纳全民党（Every Ghanaian Living Everywhere）、加纳民主共和党（Ghana Democratic Republican Party）、民主人民党（Democratic People's Party）、大联合人民党（Great Consolidated Popular Party）、加纳统一运动党（United Ghana Movement）、全国改革党（National Reform Party）、民主自由党（Democratic Freedom Party）等政党。

【重要人物】约翰·德拉马尼·马哈马（John Dramani Mahama）：总统。1958年11月29日出生于加北部地区。信奉基督教。曾在加纳大学学习历史和传播学，获传播学硕士学位，先后任职于加纳新闻学院、日本驻加使馆和计划国际组织加纳办事处。1996年当选全国民主大会党议员至今。1997年任通讯部副部长，1998年任通讯部部长兼国家通讯管理局局长。2001年在议会担任少数党通讯委员会和外交事务发言人，2003年作为加纳议员当选泛非议会议员，任期5年。2009年1月当选副总统。2012年7月24日接任总统，2012年12月大选获胜蝉联，2013年1月7日宣誓就职。已婚，有7名子女。　**奎西·贝科·阿米萨–阿瑟（Kwesi Bekoe Amissah-Arthur）**：副总统。1951年4月29日出生于加纳中部省首府海岸角市。曾在加纳大学学习，获经济学硕士学位。曾任加纳大学助理研究员、助教、助理讲师及讲师。1983年起历任加纳临时国民国防委员会财政秘书特别助理、财政副秘书。1993—1997年任财政部副部长。2009年10月任加纳央行行长。2012年8月6日就任副总统。2012年12月大选作为马哈马总统竞选搭档获胜蝉联，2013年1月7日宣誓就职。已婚，有2名子女。

经　济

农业为主。矿产品、可可和木材为三大支柱产业。1983年开始实行经济结构调整计划，政府把抑制通胀、发展农业、招商引资作为三大工作重点，经济保持持续增长。被誉为非洲国家经济结构调整的“样板”，1994年被联合国取消最不发达国家称谓。上世纪90年代末期，由于国际市场黄金、可可价格下跌等外部因素的冲击，加经济陷入困境，财政赤字剧增，货币塞地大幅贬值。2002年加入“重债穷国倡议”。2004年经国际货币基金组织确认达到重债穷国经济完成点，开始获西方国家大幅减债。2007年7月，加央行发行新塞地，1新塞地等于10000旧塞地。同年加发现石油资源，2010年年底实现商业开采，目前探明储量约20亿桶。按世界银行标准，加自2010年起从低收入国家进入中等偏低收入国家行列。

2008年后，受国际金融危机和国际油价上涨等不利因素影响，经济发展一度陷入困境。米尔斯政府上台后采取一系列稳定经济政策，加之创汇支柱产品黄金和可可产销两旺，2010年年底油气资源实现商业开采等利好因素，国际金融机构和投资者对加信心回暖，直接投资呈较快增长趋势。2011年，加国内生产总值增长率达15%，成为非洲乃至世界经济增长最快的国家之一。

马哈马出任总统后基本延续米尔斯政府各项经济政策，加经济继续保持较快发展。但2013年以来，加宏观经济状况出现下行态势，2013年和2014年经济增速分别下降至7.1%和4.2%。加财政赤字占国内生产总值比值已超过国际警戒线，货币加速贬值，通胀一路攀升，国际货币基金组织警告称加经济面临崩溃的风险。为应对经济困局，加政府采取一系列开源节流措施，努力遏制经济下滑势头。一方面，向国际货币基金组织寻求3年约9亿美元紧急救助，以抑制通胀，改善财政状况。另一方面，通过提高进口增值税和加强外汇交易管制等举措增加税收，通过冻结工资增长、取消燃油补贴、审慎借贷等紧缩措施以减少财政支出。

2014年主要经济数据如下：

国内生产总值：389亿美元。

人均国内生产总值：约1473美元。

国内生产总值增长率：4.2%。

货币名称：塞地（cedi，GHS）。

汇率：1美元=4新塞地。

通货膨胀率：15.5%。

（数据来源：2016年第一季度《经济季评》）

【资源】矿产资源丰富，主要矿物储量：黄金约6万吨；钻石约1亿克拉，居世界第四位；铝矾土约4亿吨；锰4900万吨，居世界第三位。此外还有石灰石、铁矿、红柱石、石英砂和高岭土等。2007年6月，加政府宣布在西部省西海角三点地带发现丰富的轻质原油资源，2010年年底实现商业产油。目前探明储量为20亿桶，日产原油约12万桶。

【工矿业】工业基础薄弱，原料依赖进口。近年来，工业在国民经济中地位有所上升。2014年工业增长率为3.9%，产值占国内生产总值的27.3%，为第二大经济部门。黄金、石油开采等采矿业近年成为最有活力的部门，近年来产值年均增长59.8%，自2000年来，矿业收入是加外汇主要来源，占其外汇收入年均比例38%。2014年黄金产量约90万吨，铝矾土矿产量100万吨，钻石产量24万克拉，锰矿产量140万吨。2011年制造业和建筑业分别占国内生产总值的6.7%和9.2%，分别增长13%和20%。制造业主要有木材和可可加工、纺织、水泥、食品、服装、皮制品、酿酒和碾米等。有3家钢铁厂，主要以废钢铁为原料生产钢筋，年产量12万吨，可满足加市场需求。为保护本国纺织业，2005年7月政府采取征收惩罚性关税等措施限制纺织品进口。

【农业】农业是加经济的基础，2014年，农业产值占国内生产总值的22%。2014年农业增长率为5.2%。农业人口约1063万，占全国总人口的56.2%。可耕地731万公顷，利用率为30%。可灌溉土地11万公顷，但灌溉面积仅占7.5%。粮食作物主要分布在北部，种植面积约250万公顷，主要作物为玉米、薯类、高粱、大米、小米等，产量不稳，正常年景可基本满足国内需要。可可为主要经济作物，种植于北部省以南所有省份，是传统出口产品。上世纪20至70年代曾居世界之首，2009年产量达71.1万吨，仅次于科特迪瓦居世界第二位，2014年产量约90万吨。2012年可可豆出口收入为22亿美元，2013年下降至16亿美元。其他经济作物有油棕、橡胶、棉花、花生、甘蔗、烟草等。近年来，非传统农业出口商品有较大幅度增长，2013年达24.2亿美元。

【林业】木材出口有近百年历史。2011年，林业产值占国内生产总值的3%。森林覆盖率曾占国土面积的34%。由于缺乏保护和管理，森林覆盖率逐年递减，据2007年统计，森林面积约5.29万公顷。主要用材林在西南部，面积为8.2万平方公里。有树木360种，可出口的约40多种。为保护森林资源和提高出口附加值，政府规定每年只砍伐1/40的森林，从1996年起禁止原木出口，改为出口木材制成品和高附加值产品。2009年木材及其制品出口额为1.8亿美元。2004年林业增长21.7%，木材出口创汇2.117亿美元，此后呈逐年下降趋势。2012年林牧业负增长18%，出口创汇约1.3亿美元。2014年林业出口35.6万立方米，创汇约1.38亿欧元。

【渔业】渔业资源丰富，分为海上渔业、潟湖渔业和内河渔业。海上渔业居主导地位，但捕鱼设备简陋，渔船燃料短缺，阻碍了渔业发展。50万人从事渔业生产，年均捕鱼量约为40万吨，年需求量为90万吨，仍有50万吨需要靠进口解决。金枪鱼和虾类为主要出口产品。2005年金枪鱼制品曾出口创汇1亿美元。近年来海洋渔业资源萎缩，渔业发展出现放缓趋势。2012年，捕鱼总量为45.6万吨，渔业产值占国内生产总值的约5%。2012年渔业增长2.3%。

【旅游业】加为非洲十大旅游国之一。政府重视利用自然和人文资源，大力发展旅游业。目前，旅游业已成为增速最快的产业，超过木材成为继黄金、可可后的第三大创汇产业。游客主要来自美国、英国、德国及荷兰，主要旅游点有阿布里植物园、阿科松博、库马西文化中心、海岸角、埃尔米纳奴隶堡及金矿带等。截至2006年年底，全国共有宾馆1405家，可提供19967间客房和28006张客床。2012年接待国际旅游人数126万人次，收入约25亿美元。

【交通运输】以公路为主。近年来政府重视道路基础设施建设，资金投入占发展总支出的近50%。

公路：总长6.7万公里，其中干线1.35万公里，支线4.2万公里，乡村公路近1万公里。公路运输担负着全国货运总量的98%，客运的97%。

铁路：总长1300公里。连接阿克拉、库马西和塔克拉迪。主要担负大批量出口商品，如锰、铝矾土、木材和可可的运输。近年来，加政府对部分铁路进行修复。2009年铁路货运量为15万吨。

水运：主要有特马港和塔克拉迪港。特马港是非洲最大人造海港，2013年吞吐量达1210万吨，主要用于进口物资。塔克拉迪港2013年吞吐量约为545万吨，主要用于出口物资。河运航程168公里，沃尔特湖航程1125公里。2007年有河运船只3万艘，年运输旅客40万人次，年运输货物5万吨。

空运：加纳目前没有国有航空公司。首都阿克拉科托卡新国际机场于2004年启用，2013年旅客运送量约为245万人次，是西非地区重要航空站，共有近20条国际航线可以直飞欧洲、美国、南非和西非各国。塔克拉迪、库马西和塔马利等国内主要城市开设国内航班。

【财政金融】2001年新爱国党政府上台后，通过宏观经济调控，财政赤字逐步减少，占国内生产总值比重由2000年的8.5%降至2004年3.2%。2006年，加政府继续实施谨慎的财政政策，财政收支状况良好。2008年，由于举办非洲足球杯和多场国际会议以及全国大选等因素，政府财政赤字大幅攀升，赤字占国内生产总值比例达14.9%。米尔斯政府实施稳健的财政和货币政策后，加财政状况得到改善，外汇储备从2008年年底的12亿美元增至2010年年底的47亿美元。2013年，加外汇储备约54亿美元。2014年加财政状况趋紧，财政赤字占国民生产总值比重超过10%，负债总额为761亿赛地，外汇储备55亿美元。

加共有23家银行及326家支行，央行加纳银行负责管理银行及其他金融部门。1989年，加纳证券交易所（GSE）成立，现有30家上市公司及2种债券。上市公司主要为制造、酿酒、银行、保险、矿业和石油行业。

【对外贸易】在国民经济中占重要地位，但外贸长期逆差。上世纪90年代以来，对外贸易逐年增长，外贸收入占国内生产总值的40%左右。实行贸易自由化政策。长期以来近90%的外汇收入来自黄金、可可和木材三大传统出口产品，2015年黄金、可可分别出口7.3亿美元和6.6亿美元。主要贸易伙伴为中国、美国、法国、荷兰、尼日利亚。2014年外贸总额约为277.9亿美元，出口额约132.09亿美元，进口额约145.86亿美元。

【外国援助】双边援助主要来自日本、美、德、英、法等国；多边援助主要来自世界银行、欧盟及国际货币基金组织等。世界银行对加纳的首批贷款始于1962年，截至1996年共贷款约35亿美元。2002年加共获双边援助4.06亿美元，多边援助2.41亿美元。欧盟1997—2001年向加赠款2230万欧元，2003年达6810万欧元，2008—2014年将向加提供约4.2亿欧元资金支持。2008年获赠款与贷款总额约14亿美元。2009年，国际货币基金组织向加提供5.32亿美元，美国、欧盟、日本等也加大对加援助。2011年，世行向加提供5亿美元用于基础设施建设。2011年加获援助总额约10亿美元。2012年3月，世界银行拨款1亿美元资助加农业贸易。2014年8月，美国和加纳在《千年挑战计划》框架内签署总额为4.982亿美元的援助协议。2015年4月，国际货币基金组织批准向加发放3年期6.642亿特别提款权（相当于9.18亿美元）。

人民生活

根据联合国开发计划署《2015年人类发展报告》公布的人文发展指数，加纳在188个国家中排名第140位。过去十余年人民生活水平总体得到改善。贫困人口从1991年的52%下降至2006年的28.5%，但减贫人口分布不均。政府职员、工人及其他公务员享有医疗、住房、交通等多种补贴及退休金和退休保险。80%贫困人口分布在农村。人口增长率约2%，人口平均寿命为58岁。2012年，加纳被国际电信联盟列为信息化建设进步最快的国家之一。2012年全国共有28.5万固定电话用户，2561万部手机用户。目前，加纳有14%的人口使用互联网。

首都阿克拉拥有国立医院4所，各省和大区拥有较大国立医院各1所（共13所），此外还有一些小型私人医院及诊所。全国共有医院、卫生中心和诊所近3000个，医生2000余名，护士1.3万名，平均每1万人拥有1名医生。2000年后，政府大力发展国家健康保险计划，目前该计划已覆盖全国48%的人口。2008年起，政府对孕妇实行免费诊治。政府致力于改善全体人民的健康水平，但仍面临严重的传染病及其他疾病、营养不良和妇幼保健等问题。

军　事

1957年3月独立时建立陆军，1959年建立海军、空军，但仍由英国人控制。1961年加政府收回军队指挥权，任用本国军官，同时聘用英国、加拿大等国顾问和教官参与军队训练。军事装备主要来自英国等西方国家。

2014年武装部队总人数约1.55万人，其中陆军1.15万人。空军约2000人，分驻阿克拉、库马西、塔克拉迪三个基地。海军约2000人，分驻特马、塔克拉迪两个基地。

加纳从1970年起积极参与联合国和西非地区组织的维和行动，分别向波黑、黎巴嫩、塞浦路斯、伊科边境、西撒哈拉、利比里亚、塞拉利昂、科特迪瓦等国派驻过军队或观察员，是非洲派出联合国维和部队人数最多的国家之一，居世界第八位。此外，加还派兵赴苏丹达尔富尔等地区积极参与非盟在冲突地区的调解维和任务。

文化教育

【文化】文化以本国传统文化为基础，又吸收了欧洲文化。主管官方机构是国家文化委员会，成立于1989年。同教育机构和非官方的文化机构密切合作，执行国家文化政策，保护并促进国家文化的发展。文化委员会下属加纳语言事务局、版权署等机构，在各省区设有分支机构。主要艺术团体有国家交响乐团、加纳舞蹈团和加纳戏剧公司等，主要文化场馆有国家剧院、恩克鲁玛陵园和泛非文化纪念中心等。

【教育】独立初期，恩克鲁玛重视发展教育事业，实行免费教育等政策。1988年政府提出“普及义务基础教育计划”，到2005年使每个学龄儿童都享受义务基础教育，经费主要来自政府拨款和外国援助。现行学制：小学6年，初中3年（以上两个阶段属义务教育），高中3年（或中等技术学校3—4年），大学2—4年。重要的大学有6所，其中加纳大学、库马西恩克鲁玛科技大学和海岸角大学较为有名。另有38所师范学院、10所地方技术学院、50余所私立大学及学院。2012/2013学年度在校接受各类高等教育的学生26万人。全国现有公立小学约1.2万所，学生约410万；公立初中6418所，学生约145万人；公立高中近474所，学生约90万人（包括技工学校学生）；私立初高中在校生约5万人。

【新闻出版】主要报纸:《每日写真报》（Daily Graphic），1950年由英国“每日镜报”集团创办，最大的全国性官方报纸，发行量约18万份。1998年开始采用新华社消息。《加纳时报》（Ghanaian Times），第二大官方报纸，英文版，1957年由恩克鲁玛创办，日发行量约7.5万份。1998年开始采用新华社消息。

加纳通讯社：官方通讯社，1957年3月5日成立，是国内其他新闻单位主要新闻来源。社长由政府任命，共设有10个省级分社，110个县级分社和1名驻伦敦分社记者。1989年起开始采用现代化通讯设备，通过卫星接收路透社、法新社和新华社新闻并上国际互联网。

加纳广播公司开设两家全国性的广播电台，一台以埃维、阿肯等6种民族语言广播，二台用英语播送新闻、商务、娱乐等节目，每天播放15.5小时（节假日17.5小时），另外还使用英语、法语对外广播。

1965年7月开始播放黑白电视节目，1986年开始播放彩色电视节目，1995年出现私营电视台。全国现有10家电视台，主要有加纳电视台、电视三台、都市电视台、非洲电视台以及两家卫星电视台。全国各地另有40余个调频广播电台。

对外关系

奉行积极中立的外交政策，重视开展经济外交。优先发展与西方发达国家的关系，重视与中国、印度等发展中国家开展互利合作，并与周边国家保持睦邻友好关系。努力维护区域和平与稳定，推动西非和非洲地区经济一体化进程，积极参与地区和国际合作，谋求在西共体、非盟、英联邦、不结盟运动和联合国等国际和地区组织中发挥建设性作用。与国际货币基金组织、世界银行等国际金融机构保持良好关系。是非盟前身非统组织和不结盟运动的创始国之一。与91个国家建立了外交关系，在国外共设50个使领馆或代表团。现有47个国家在加设使领馆，18个国际组织在加设代表处。

【同中国的关系】1960年7月5日中加建交。1966年10月加军政府单方面与中国断交。1972年2月两国复交。两国签有友好条约和经济技术合作、贷款、贸易和文化交流等协定。

2006年6月，中国国务院总理温家宝对加纳进行正式访问。2007年3月，全国政协副主席阿不来提·阿不都热西提作为胡锦涛主席特使出席加纳独立50周年庆典。2007年4月，全国政协主席贾庆林访问加纳。2006年11月，时任加纳总统库福尔来华出席中非合作论坛北京峰会；2008年8月，库来华出席北京奥运会开幕式。2008年3月，时任加纳副总统阿利乌来华进行商业考察。2008年4月，时任加纳议长塞基—休斯访华。2009年11月，温家宝总理在出席中非合作论坛第四届部长级会议开幕式期间，会见了加副总统马哈马。2010年9月，加副总统马哈马来华出席联合国贸发会议第二届世界投资论坛，中国国家副主席习近平会见马一行。9月底，加纳总统米尔斯来华进行国事访问，中国国家主席胡锦涛和全国人大常委会委员长吴邦国分别与米会谈、会见。2011年2月，全国政协副主席李兆焯访问加纳。11月，全国人大常委会副委员长周铁农以及中央军委委员、国务委员兼国防部长梁光烈先后访问加纳。2012年4月，加副总统马哈马应加驻华使馆邀请访华。8月，胡锦涛主席特使、民政部部长李立国赴加纳出席米尔斯总统葬礼。2013年1月，胡锦涛主席特使、水利部部长陈雷赴加纳出席马哈马总统就职典礼。2014年1月，外交部王毅部长访问加纳。2015年7月，加外长特塔赫访华。2015年12月，国家主席习近平在南非会见出席中非合作论坛约翰内斯堡峰会的加纳总统马哈马。

2014年，中加贸易额为55.8亿美元，其中中国出口41.3亿美元，进口14.5亿美元。

中国驻加纳大使：孙保红（女）。馆址：No. 6 Agostino Neto road，Airport Residential Area，P.O. Box 3356，Accra，Ghana。电话：2777073（国家地区号：00233–30）；传真：2774527。经商处电话：2777462；传真：2772541。

加纳驻中国大使：阿纳尼·奥库米尼·德穆亚科尔（Anani Okuminyi Demuyakor，中文名戴安）。馆址：北京朝阳区三里屯路8号。电话：010–65321319；传真：65323602。

【同英国的关系】英为加原宗主国，在加政治、经济、军事、文化等方面存在传统利益和影响。英是加最大投资国和第二大贸易伙伴国。加是英在撒哈拉以南非洲的第三大市场和最大受援国。上世纪70年代及80年代初，两国关系一度较冷，后渐有好转。2005年2月，英财政部首席国务大臣博亭访加。9月，英武装力量国务大臣英格拉姆访加。10月，库福尔总统访英。2005年，英向加提供援助1.36亿英镑。2006年7月，加纳国防部长阿多–库福尔访英，英国国际发展大臣托马斯访加。2007年3月，库福尔总统对英国进行国事访问。2009年5月，米尔斯总统访问英国。2011年，英向加提供3600万英镑预算支持。2012年，英为加大选提供1700万塞地援助资金。2013年2月，英国防参谋长访加。3月，英外交大臣黑格访加。6月，马哈马总统访英，英首相卡梅伦会见。2014年10月，马哈马总统访英，会见英国女王。2015年5月，马哈马总统访英。

【同美国的关系】美对加经济技术援助始于1955年。加是世界上第一个接受美国和平队的国家。1976年后，两国关系一度冷淡。上世纪80年代后期以来，美支持加经济改革，恢复对加援助。美在加投资主要集中在采矿和金属加工（金矿开采）、电信、化工及批发贸易等部门。根据《非洲增长与机会法案》，加可免税向美出口6000项产品，包括纺织品、服装和木薯淀粉等。2005年6月和10月，库福尔总统两次访美，并同布什总统举行会谈。8月，美驻欧洲盟军司令沃尔德将军访加。2006年4月，库福尔总统访美，并会见布什总统。8月，库福尔总统赴美出席加获美千年挑战账户约5.47亿美元援助的仪式。2008年2月，美总统布什访加。7月，美总统奥巴马访加。2011年，美国际开发署承诺向加政府提供3.4亿美元用于实施加热带草原发展计划。2012年3月，米尔斯总统访美，美向加提供7.9亿美元贷款用于基础设施建设。2013年8月，加国防部长会见来访的美国运输司令部司令官。2014年8月，马哈马总统赴美出席美非峰会。

【同德国的关系】德自1961年开始援助加纳，1980年曾为加最大的援助国。至1998年德共向加提供22亿马克的发展援助，并对加39家企业进行了直接投资，成为美、英之后第三大投资国。2004年1月，德总理施罗德访加，这是加独立47年来德总理首次访加。两国就德取消加纳欠德全部债务（共计1640万美元）达成协议。2005年，德政府向加提供援助4819万美元。2007年1月，德国总统科勒对加进行工作访问，并与库福尔总统共同主持第二届德国非洲会议。2008年，德国宣布向加提供3900万欧元，帮助其实现千年发展目标和2015年成为中等收入国家的计划。2012年10月，德国开发银行向加提供4000万美元贷款，用于加应对气候变化等项目。2013年4月，德国外长韦斯特韦勒访加。2015年2月，马哈马总统访德。

【同法国的关系】1999年，法与加签署两国促进投资与保护协定，承诺每年向加提供3400万美元援助，并将加列入优先团结区国家名单。此外，法重视同加在文化、教育等领域的合作。2004年，法宣布取消加欠法1.16亿欧元债务。2005年，法向加提供援助3945万美元，并决定将加6300万欧元债务转为赠款。10月，库福尔总统访法。同月，法军舰“OURAGAN”号访加，并同加海军举行海上联合军事演习。2007年2月，库福尔总统作为非盟轮值主席出席在法国举行的第24届法非峰会。2008年2月，法在多边财政支持框架下免除加2008—2010年210万欧元到期债务。2009年10月，法国向加纳提供2050万欧元资金，用于基础设施建设项目。2010年5月，米尔斯总统赴法国出席法非峰会。2011年6月，法总理菲永访加，向加提供4000万欧元贷款和50万欧元赠款。2012年，法向加提供900万欧元赠款。2013年5月，加纳总统马哈马访法。法开发署与加政府签署协议，将在3年内向加提供2100万欧元优惠贷款。2015年10月，马哈马总统访法。11月，马哈马总统赴法国出席气候变化巴黎大会。

【同日本的关系】1983年以来，两国关系迅速发展。近年来，日本将加作为援非重要基地。1998年加接受日提供的官方发展援助1.477亿美元，成为日在非最大援助对象。截至2005年12月，日共向加提供援助5.8亿美元。2006年5月，日首相小泉纯一郎访加。11月，库福尔总统访日，两国元首实现互访。2008年，库福尔总统出席东京非洲发展国际会议和八国集团与非洲国家领导人对话会议。2009年1月，日首相小泉纯一郎出席米尔斯总统就职典礼。2010年3月，日皇太子访加。10月，米尔斯总统访日。2013年3月，日政府向加提供1600万美元援助，用于电力、食品安全和卫生以及太阳能发电等项目，另提供570万美元赠款用于食品安全和卫生事业。4月，日政府向加纳大学捐赠680万美元用于太阳能发电研究项目。5月，马哈马总统访日，出席第五届东京非洲发展国际会议（TICAD）。2014年1月，马哈马总统赴科特迪瓦出席日本—西共体成员国首脑会议。

【同尼日利亚的关系】同尼日利亚关系密切。2008年尼企业赴加投资总额约6亿美元，主要集中于银行、保险和服务行业。两国积极推动西非地区经济一体化进程，并就以“快车道”方式加速地区一体化进程达成协议。两国在调解地区冲突和联合国安理会改革等问题上相互协调，加支持尼“入常”。2005年6月，尼总统奥巴桑乔访加。11月，加总统库福尔访尼。2007年3月，尼总统奥巴桑乔出席加独立50周年庆典。5月，尼当选总统亚拉杜瓦访加，库福尔总统出席亚就职仪式。2010年2月，加总统米尔斯出席在尼举行的第37届西共体首脑峰会，会见了尼代总统乔纳森。5月，米尔斯总统赴尼吊唁尼已故前总统亚拉杜瓦。11月，米尔斯总统访尼，与尼总统乔纳森举行会谈。2011年10月，尼总统乔纳森访加。2012年以来，加总统马哈马多次访尼。2013年1月，尼总统乔纳森出席加总统马哈马的就职典礼。2015年9月，尼总统布哈里访加。

【同邻国的关系】重视睦邻友好，与周边国家保持良好的合作关系。2005年6月，西非天然气管道项目开工。该工程始于尼日利亚，经贝宁、多哥至加纳塔克拉迪市，全长678公里，投资5.6亿美元。2007年12月，首批通过西非天然气管道输送的天然气到达加纳。

加同桑卡拉时期的布基纳法索关系密切，1987年10月布发生政变，两国关系降温。1991年布派团访加，两国恢复经济合作。1997年罗林斯访布，同意将特马港作为转口港供布使用，两国关系改善。2001年，库福尔总统对布进行正式访问。2005年7月，两国成立联合铁道委员会，筹备修建北部省塔马利市至布基纳法索帕加市之间的铁路项目。2006年，布取代尼日利亚成为加可可酱、鱼罐头等非传统产品出口第一目的地国。

加与多哥在“西多哥”归属问题上曾存在争议，长期不睦。1994年加总统罗林斯当选西非国家经济共同体主席后，两国关系趋缓。2001年1月，多总统埃亚德马出席库福尔总统就职仪式，库上台后即对多正式访问，两国关系得到较大改善。2004年9月，库福尔总统对多哥进行工作访问。2005年2月，库福尔总统参与斡旋多国内政治危机，5月多新总统福雷访加。2007年11月，福雷总统再次访加。2010年3月，加向多大选派遣四名观察员。2012年3月，米尔斯总统访多。4月，两国就跨国供水工程达成协议。2014年11月，多总统福雷访加。2015年4月，马哈马总统访多。

加与科特迪瓦关系曾长期处于“冰冻状态”。1997年3月，科总统贝迪埃率团出席加40周年独立庆典，两国关系迅速升温。2001年5月，科总统巴博访加；10月，库福尔总统访科，两国达成24小时开放边界、科向加提供天然气等协议。2002年9月，科发生内乱后，库福尔总统积极致力于科危机的和平解决。2004年3月，库福尔总统访科，调解冲突各方分歧。4月，科总理迪亚拉访加。7月，库福尔总统出席科问题阿克拉峰会，呼吁科冲突各方共同参与和平进程。2009年1月，科总统巴博出席米尔斯总统就职仪式。加纳与科特迪瓦的海洋划界争议长期存在。2009年，科特迪瓦向联合国大陆架界限委员会递交划界申请，将两国争议的海域划为己有，引起加方强烈不满，两国关系由此受到影响。后在联合国等机构调解下，双边关系有所缓和。科特迪瓦出现选举危机后，加纳明确反对西共体对科进行军事干预。2011年10月，科总统瓦塔拉访加，与加政府、联合国难民署共同签署了关于遣返在加1.8万名科籍难民的三方协议。2012年9月，加总统马哈马访科。2014年1月，马哈马总统赴科特迪瓦出席日本—西共体成员国首脑会议。9月，阿瑟副总统在阿克拉会见瓦塔拉总统。（王立、尚静）

加　蓬

国名　加蓬共和国（The Gabonese Republic，La République Gabonaise）。

面积　267667平方公里。

人口　180万（2015年）。有40多个民族，主要有芳族（占全国人口40%）、巴普努族（占20%）、奥米耶内族、赛凯族、巴克勒族、巴科塔族等。官方语言为法语，民族语言有芳语、米耶内语和巴太凯语。居民50%信奉天主教，20%信奉基督教新教，10%信奉伊斯兰教，其余信奉原始宗教。

首都　利伯维尔（Libreville），人口约79.7万，全国政治、经济、文化中心和最大港口。最高气温32℃（4月），最低气温22℃（8月）。

国家元首　阿里·邦戈·翁丁巴（Ali Bongo Ondimba），2009年10月就任。

重要节日　独立日（国庆日）：8月17日。

简　况

位于非洲中部，跨越赤道，西濒大西洋，东、南与刚果（布）为邻，北与喀麦隆、赤道几内亚交界。海岸线长800公里。属典型的热带雨林气候，全年高温多雨，年平均气温26℃。

公元12世纪，班图人从非洲东部迁入，在奥果韦河两岸建立了一些部落王国。15世纪，葡萄牙航海者抵达该地区。18世纪沦为法国殖民地。1911年被转让给德国。第一次世界大战后复归法国。1958年成为“法兰西共同体”内的自治共和国。1960年8月17日宣告独立。莱昂·姆巴（Léon Mba）任首任总统。1967年，副总统奥马尔·邦戈接替病逝的姆巴任总统。

政　治

奥马尔·邦戈执政后，推行民主团结政策，加蓬政局长期稳定。1990年改行多党制，政局一度动荡。1993年邦戈蝉联总统后，政局逐渐恢复稳定，执政的民主党在此后历届总统选举中保持不败。1998年、2005年，邦戈两次蝉联总统。2009年6月8日，奥马尔·邦戈总统在西班牙病逝。8月30日，加举行新一届总统选举，奥马尔·邦戈总统之子阿里·邦戈当选总统。选举结果宣布后，反对派质疑选举结果，在让蒂尔港等少数城市发动骚乱和暴力示威活动，被当局平息。2010年3月，阿里·邦戈当选加执政党民主党主席。2011年1月，加反对党国家联盟在首都举行大规模集会，该党执行书记奥巴姆宣称自己在2009年大选中获胜，宣誓就任总统并成立“政府”。该事件随后被平息。2011年年底，加举行立法选举，阿里·邦戈领导的加蓬民主党获得国民议会95%的席位。目前，加政局保持稳定。

【**宪法**】现行宪法为第三部宪法，于1991年3月26日颁布。1994年、1995年、1997年、2003年和2010年进行过5次修订。宪法规定加蓬实行三权分立和多党制；总统为国家元首，任期7年，由一轮直选产生，可连选连任；总统职位空缺时，由参议院议长或第一副议长代行总统职权，并在30—45天内组织总统选举；总理为政府首脑，由总统任命。

【**议会**】由国民议会和参议院组成，二者共同行使立法权。其主要职能是制定法律，监督政府工作，批准对外宣战和21天以上的戒严令。每年举行两次例会。两院议员分别由直接普选和间接选举产生，任期分别为5年和6年。本届国民议会于2011年12月选举产生，共120名议员，其中民主党114席、保卫加蓬联盟3席、改革自由党1席，社会民主党1席，新共和国联盟1席，议长居伊·恩祖巴·恩达马（Guy Nzouba Ndama）。本届参议院于2014年12月选举产生，共102个议席，其中民主党82席、改革自由党7席、独立候选人7席、社会民主党2席、加蓬人民联盟1席。参议长吕西·米勒布·奥比苏（Lucie Milebou-Aubusson，女）。

【**政府**】本届政府于2014年1月28日组成，最近一次改组为2015年9月11日，包括总理1名、副总理3名、国务部长4名、部长21名和部长级代表12名。主要成员有：总理、政府首脑丹尼尔·奥纳·翁多（Daniel ONA ONDO），第一副总理兼卫生、社会保障和国家团结部长保罗·比约格·姆巴（Paul BIYOGHE MBA），第二副总理兼司法、人权、掌玺部长塞拉芬·蒙敦加（Séraphin MOUNDOUNGA），第三副总理兼职业教育和青年融入社会部长弗拉维安·恩齐恩吉·恩祖恩杜（Flavien NZIENGUI NDZOUNDOU），国务部长兼外交、法语国家事务和地区一体化部长埃马纽埃尔·伊索泽·恩贡戴（Emmanuel ISSOZE NGONDET），国务部长兼农业、农业创业和“种子”计划推广部长让·德迪厄·穆卡尼·伊旺吉（Jean de Dieu MOUKAGNI IWANGGOU），国务部长兼基础设施、公共工程和领土政治部长让-皮埃尔·奥伊巴（Jean-Pierre OYIBA），国务部长兼渔业和畜牧业部长加布里埃尔·恩昌戈（Gabriel NTCHANGO），高等教育和科学研究部长丹尼丝·梅卡姆内（女，Denise MEKAMNE），新闻部长兼政府发言人阿兰·克洛德·比利·恩泽（Alain-Claude BILIE-BY-NZE），青年、体育、休闲部长布莱兹·卢恩贝（Blaise LOUEMBE），与宪法机构关系部长莱昂·恩祖巴（Leon NZOUBA），内政、权力下放、安全和公共卫生部长帕科姆·穆贝莱·布贝亚（Pacome MOUBELET BOUBEYA），石油和烃能源部长艾蒂安·迪厄多内·恩古布（Etienne NGOUBOU），能源和水利部长居伊·贝特朗·马潘古（Guy Bertrand MAPAGOU），可持续发展、经济、促进投资和社会展望部长雷吉斯·伊蒙哥·塔塔加尼（Régis IMMONGAULT TATAGANI），贸易、中小企业、手工业、旅游和服务业发展部长马德莱·贝尔（Madelaine BERRE，女），城市化和住房部长德西雷·格东（Desire GUEDON），交通部长埃内斯特·姆普霍（Ernest MPOUHO），矿业和工业部长吕芬·马夏尔·穆萨武（RufinMartial MOUSSAVOU），预算和公共财政部长克里斯蒂安·马尼亚尼亚（Christian MAGNAGNA），公职和行政改革部长让-马里·奥甘达加（Jean-Marie Ogandaga），文化、艺术和公民教育部长波莱特·芒格·莫沃诺（女，Paulette MENGUE M’OWONO），劳动和就业部长西蒙·恩图图梅·埃马内（Simon NTOUTOUME EMANE），数字经济和邮政部长帕斯托·恩古瓦·恩内梅（Pastore NGOUA N'NEME），国民教育和技术教育部长弗洛朗斯坦·穆萨武（Florentin MOUSSAVOU），国防部长马蒂亚斯·奥通加·奥西巴朱（Matihas OTOUNGA OSSIBADIOUO），环境与自然资源保护、林业和海洋部长佛洛尔·米斯图尔（Flore MISTOUL，女），机会均等和加蓬海外公民部长帕特丽夏·塔耶（Patricia TAYE，女），卫生、社会保障和国家团结部长级代表塞莱斯蒂娜·奥盖瓦·巴（Celestine OGUEWA BA），卫生、社会保障和国家团结部长级代表玛丽-弗朗索瓦丝·迪孔巴（Marie-Françoise DIKOUMBA，女），职业教育和青年融入社会部长级代表妮科尔·阿塞莱（Nicole ASSELE，女），外交、法语国家事务和地区一体化部部长级代表卡利斯特·伊西多尔·恩齐·埃当（Calixte Isidore NSIE EDANG），内政、权力下放、安全和公共卫生部长级代表居伊·麦克桑·马米亚卡（Guy Maixent MAMIAKA），可持续发展、经济、促进投资和社会展望部长级代表玛丽·朱莉·比洛格（Marie Julie BILOGHE，女），可持续发展、经济、促进投资和社会展望部长级代表尚塔尔·梅巴莱（Chantal MEBALE，女），预算和公共财政部长级代表诺埃尔·姆布姆巴（Noel MBOUMBA），国民教育和技术教育部长级代表让维耶·恩圭马·姆布姆巴（Janvier NGUMA MBOUMBA），环境与自然资源保护、林业和海洋部长级代表克雷潘·恩戈多克（Crepin NGODOCK），贸易、中小企业、手工业、旅游和服务业发展部长级代表伊雷娜·利恩佐恩佐（Irene LINDZONDZO），城市化和住房部长级代表让-罗贝尔·恩达姆内（Jean-Robert ENDAMNE）。

【行政区划】全国划分为9个省，下辖49个州、27个专区、150个区，737个镇、2423个自然村。

【司法机构】设宪法法院、司法法院、行政法院、审计法院、初审法院、上诉法院、最高法院等。各级法院依法独立行使审判权。各级法院均设有检察长，行使检察权。最高司法会议为国家最高司法行政机关，决定法官的任命、派遣、升迁和惩戒，总统任主席，司法部长任副主席。

宪法法院是最高法律机构，负责裁定组织法、一般法及国家机构规章制度的合宪性，监督选举和全民公投并宣布结果。现任院长玛丽-玛德莱娜·姆博朗苏奥（Marie-Madeleine Mborantsuo，女）。

【政党】现有合法政党40多个，主要政党有：

（1）加蓬民主党（Parti Démocratique Gabonais，PDG）：执政党，由已故总统奥马尔·邦戈于1968年3月创立并任主席至去世。2010年3月，阿里·邦戈总统在民主党十大上当选为主席。党员约30万人。党的宗旨是“对话、宽容、和平”，目标为“巩固民族独立，加强民族团结，发扬民主，促进经济发展和社会正义，维护和平”。全国代表大会为党的最高机构，中央政治局及其常务委员会为党的领导机构，负责执行党的代表大会和中央委员会的决议。总书记福斯坦·布库比（Faustin Boukoubi）。在现国民议会和参议院分别占114席和82席。

（2）保卫加蓬联盟（Rassemblement pour le Gabon，RPG）：前身为伐木者全国联盟（Rassemblement National des Bûcherons），该党于1991年10月获得合法地位。建党初期，曾主张用暴力夺取政权，经济上主张自由竞争，反对国家干预。主席为保罗·姆巴·阿贝索莱（Paul Mba Abessole）。1998年，阿贝索莱与第一书记孔比拉决裂，将“伐木者全国联盟”更名为“保卫加蓬联盟”。2002年7月加入总统多数派阵营。2009年7月，阿贝索勒宣布退出总统多数派，参加总统选举。8月放弃参选，转而支持另一名反对派候选人安德烈·姆巴·奥巴姆（André Mba Obame）。在现国民议会中占3席，在参议院中无议席。

（3）加蓬民主与发展联盟（Union Gabonaise pour la Démocratie et le Développment，UGDD）：反对党。2005年4月，原加蓬民主党行政书记扎沙里·米博托（Zacharie Myboto）退党后创建，要求"加蓬民主党和政府对国家破产负责"。2006年4月内政部批准其为合法政党。

（4）加蓬人民联盟（Union du Peuple Gabonais，UPG）：主要反对党，1989年7月成立，1991年9月获合法地位。主席皮埃尔·芒邦杜（Pierre Mamboundou）于2011年10月病逝，曾于1998年、2005年和2009年3次参加总统选举，均居第二位。在现参议院中占1席，在国民议会中无席位。

此外，在议会中拥有席位的政党还有：改革自由党（Cercle des Libéraux Réformateurs）、社会民主党（Parti Social Démocrate）、新共和国联盟（Union pour la Nouvelle République）等。

【重要人物】阿里·邦戈·翁丁巴：总统。1959年生于布拉柴维尔。加蓬已故总统奥马尔·邦戈·翁丁巴之子。曾就读于巴黎大学，获法学博士学位。1984年任总统私人代表。1989—1991年任外长。1990年成为加蓬民主党革新派领袖，并在首次多党立法选举中当选国民议会议员。1999—2009年任国防部长。2009年10月就任总统。2010年3月当选加蓬民主党主席。　**丹尼尔·奥纳·翁多**：总理。1945年出生。曾就读于巴黎第一大学，获经济学博士学位。历任利伯维尔奥马尔·邦戈大学法律与经济学系主任、计划与经济发展部长顾问、总统贸易与工业顾问、奥马尔·邦戈大学校长等职。1997—2014年，先后担任公共卫生和人口部部长级代表，文化、艺术和公民教育部长，文化、艺术和公民教育、青年、体育和休闲部长，国民教育部长，邮政和通信部长，国民议会第一副主席。2014年1月担任总理。

经　济

是撒哈拉以南非洲经济状况较好的国家之一，但经济结构单一。以石油为主的采掘业发展较快，原油开采和出口分别占国内生产总值的50%和80%左右。加蓬工业和农业基础薄弱。近年来，政府积极实施经济多元化战略，着力发展农、林、渔和旅游业，积极开发铁、锰、木材等非石油资源，鼓励发展中小企业，收到一定成效。2008年国际金融危机对加经济造成一定冲击，政府曾被迫两次共削减2009年财政预算总额的40%。2009年阿里·邦戈总统上台后，制定了以"绿色加蓬、服务业加蓬、工业加蓬"为发展方向、2025年成为新兴国家为目标的整体发展战略，出台了增加基础设施投资，提高能源、资源产品就地加工比例，逐步禁止原木出口政策等措施。

2014年主要经济数据如下：

国内生产总值：215.3亿美元。

人均国内生产总值：1.2万美元。

经济增长率：5%。

货币名称：中非金融合作法郎（FCFA，简称"非洲法郎"）。

汇率：1美元=494非洲法郎。

通货膨胀率：4.5%。

（资料来源：2015年英国伦敦《经济季评》）

【资源】石油、锰、铀、森林等自然资源丰富。可开采的石油储量约37亿桶（约为世界总储量的0.3%），居非洲第七，中非地区首位，若按照目前的开采量（每年1100万吨到1200万吨）计算，加石油开采可维持至2053年。铌矿储量约40万吨，占世界总储量5%。铁矿储量8亿—10亿吨，品位在60%以上。其他矿藏有磷酸盐、黄金、重晶石、镍、铬、锌等。85%国土覆盖着热带雨林，原木储量4亿立方米，居非洲第二。全国有400余种商业树木，主要有奥库梅木和奥齐戈木，其中奥库梅木的蓄积量为1.3亿立方米，居世界第一位。水产资源81.7万吨，其中渔业资源约23.4万吨（海水鱼21万吨，淡水鱼2.4万吨）。

【工矿业与制造业】采掘业、矿业、冶金工业、林业，农副产品加工业等是加蓬的主要支柱产业。工矿业从业人数占就业人口的13.4%，产值约占国内生产总值的55.6%。

以石油为主的采掘业是加重要经济支柱。石油开发始于20世纪60年代初，2013年石油产值占国内生产总值的50%，出口占出口总额的80%，收入占国家财政总收入的60%。

矿业和冶金业占加出口总值的11%，国内生产总值的4%，非石油财政收入的1.3%，创造1500个就业岗位。加是世界重要的锰矿生产国，锰矿产量仅次于南非、澳大利亚和中国，居世界第四，加在2014年锰矿产量达到350万吨。

木材行业是排在石油和工矿业之后的第三大出口行业，也是创造就业最多的行业之一，创造1.1万个就业岗位。2010年5月加蓬禁止原木出口后，木材产品出口量暴跌71.6%，大量木材企业经营困难。2011年，木材业占加蓬的非石油财政收入0.6%和国内生产总值的1.8%。经过一段时间的调整适应，加蓬境内的木材企业逐步走出困境，并在2012年得到了良好的发展。为加快木材加工业的发展，加政府在利伯维尔北部设立了NKOK经济特区，占地面积1126公顷，其中40%用于建设木材加工厂。

除石油冶炼和木材加工外，制造业薄弱。现有一个炼油厂，年加工能力80万吨。此外，还有卷烟厂、制酒厂、制糖厂、饮料厂、面粉与咖啡加工厂等。

【农牧渔业】加拥有500万公顷可耕地，降水充足，年降雨量为1800—4000毫米，水热、土壤等农业生产条件良好。但农牧业发展缓慢，已耕地面积不到全国土地面积的2%，粮、肉、菜、蛋、水果均不能自给。目前加蓬60%的食品需从国外进口，每年进口食品总值达2500亿非郎（约合5亿美元）。农产品加工业占国内生产总值比重低于5%，仅占出口总值的2%。主要农产品有木薯、芭蕉、玉米、山药、芋头、可可、咖啡、蔬菜、橡胶、棕榈油等。渔业资源较丰富，2014年渔业产量3.69万吨。

加蓬热带作物投资公司（SIAT GABON）成立于2004年，由加蓬政府和比利时SIAT集团共同出资700亿非郎成立，主要经营农产品加工业，包括香蕉、油棕榈的种植和加工等。目前，该公司在加农副市场上基本处于垄断地位。

近年，加农业领域获得大量外资，尤其在橡胶和棕榈油领域。新加坡OLAM公司投资1.4亿欧元，从2013年起在加北部比达姆种植2.8万公顷橡胶，预计2020年可收获，初期产量可达6.2万吨天然橡胶浆。加棕榈油主要由SIAT公司、新加坡OLAM公司生产，目前年产量5万吨，2020年计划增至25万吨，届时加有望取代尼日利亚成为世界第一大棕榈油生产国。

【服务业】20世纪80年代初有所发展，从业人数约占就业人口的17.7%，2013年产值占国内生产总值的6.5%。

【旅游业】阳光、沙滩和多样的动植物生态结构为加发展旅游业奠定了良好的基础。政府重视开发旅游资源，将旅游业列为重点发展产业。现从业人员3000多名，全国有5家大规模旅行社，近百家旅馆。

【交通运输】陆路运输不发达，主要靠水运和空运，进出口物资90%靠海运。2013年，加政府计划成立一家管理交通运输业的国家控股公司—“加蓬交通运输控股公司”（Gabon Transport Holding），管理加蓬全国境内的交通运输业，协调该行业各个分支的关系，促进交通运输业的发展。目前，该公司的成立方案正在议会进行审批。

铁路：仅1条路线，1986年建成，连接奥文多港和弗朗斯维尔市，全长697公里。加政府计划在2025年之前，投入2.75万亿非郎（约合41.9亿欧元）新建让蒂尔港铁路（全长300公里）、马永巴—姆比谷铁路（全长300公里）和贝林加—布韦铁路（全长320公里）等3条总长920公里的新铁路。

公路：全长1.05万公里，其中沥青路11%（2007年）。加政府计划在2025年之前，在全国建设成现代化公路网，连接主要各省市和工业区，促进发展旅游业和原材料出口物流的发展。其中，2012—2016年，将投入3万亿非郎（约合45.7亿欧元），修建3320公里公路；2017—2025年投入3.3万亿非郎（约合50.30亿欧元），修建2500公里公路。

水运：内河已通航河道600公里。主要海港有让蒂尔港和奥文多港，年总吞吐量为2200万吨。让蒂尔港主要外运石油；奥文多港主要外运原木和矿石。

空运：拥有加蓬航空公司（简称“加航”）、阿维雷克斯航空公司、加蓬快运、航空服务等多家航空公司。其中加航承接国内和国际航运业务，拥有波音747大型客机，辟有通往非洲和欧洲的20多条国际航线。外国航空公司主要有法国航空公司和摩洛哥航空公司等。有利伯维尔、让蒂尔港和弗朗斯维尔3个国际机场和30个国内机场。2012年，利伯维尔国际机场共运送旅客830376人次，比2011年的773440人次增长7.4%。未来几年内，加政府计划投入4500亿非郎（约合6.9亿欧元）用于新建利伯维尔国际机场和让蒂尔港机场的扩建工程。

【电信业】通讯基础设施建设较先进，主要移动通讯运营商有Libertis、Celtel Gabon和Moov，其中Celtel Gabon市场占有率超过50%。1997年开始提供互联网接入服务，发展较快。2012年，加电信业务增长迅速，ADSL用户数达7827户，移动电话用户数达777837户。2012—2016年，加政府计划投入3800亿非郎（约合5.8亿欧元），用于全国省会城市间光纤网项目、政府行政网项目和移动电话网优化项目。近两年加电信业发展情况如下：

	2011	2012	幅度（%）
营业额（亿非郎）	490.0	760.0	+35
移动用户（万户）	53.2	77.7	+46
固话用户（万户）	2.2	1.8	−20
因特网用户（万户）	2.4	0.8	−67

【财政金融】近几年政府财政收支情况如下（单位：亿美元）：

	2011	2012	2013	2014
收入	49.4	51	54.4	48
支出	43.8	51.3	57.8	43
差额	5.6	−0.3	−3.4	5

近几年外汇储备及外债情况如下（单位：亿美元）：

	2011	2012	2013	2014
外汇储备	17.46	28.62	23.2	24.7
外债总额	24.3	32	46	49

（资料来源：2015年英国伦敦《经济季评》）

加蓬共有加蓬法国国际银行（BGFIBANK）、加蓬国际工商银行（BICIG）、加蓬联合银行（UGB）、花旗银行（Citibank）、金融银行（FINANCIAL BANK）和加蓬发展银行（BDG）等6家银行。前5家为商业银行，BDG为国家政策性银行。

加蓬信托局（Caisse des Dépôts et Consignations，CDC）于2010年8月成立，属工商性质的公共金融机构，启动资金100亿非郎，旨在振兴国家经济和金融。成立近3年来，信托局成功地参与了多项活动。2011年12月信托局与Rougier集团达成伙伴协议，获得Rougier非洲国际子公司约35%的股权，合240亿欧元。

【对外贸易】执行自由贸易政策，与140多个国家和地区建立了贸易关系。外贸历年保持顺差，主要出口石油、木材和锰；进口食品、轻工产品、机械设备等。2013年主要出口对象国为日本、美国、澳大利亚和印度；主要进口来源国为法国、科特迪瓦、中国和比利时。近几年对外贸易情况如下（单位：亿美元）：

	2011	2012	2013	2014
出口额	108.60	102	84	88.72
进口额	31.94	36	46	30.89
差额	76.66	66	38	57.83

（资料来源：2015年英国伦敦《经济季评》）

【外国投资】阿里·邦戈执政以来，积极吸引外资，取得显著成效。2009—2012年，加获得外国直接投资逾40亿美元。2014年外国直接投资占加蓬国内生产总值的5.6%。2011—2014年加蓬外国直接投资流量统计如下（单位：百万美元）：

2011	2012	2013	2014
696	832.47	967.53	972.87

（资料来源：世界银行）

【外国援助】加蓬的外援资金的87%来自优惠贷款，13%来自捐赠及其他形式的援助。2013—2014年度法国是加蓬最大援助者，共提供了8817万美元发展援助资金，占总额的67%。其他主要援助方包括：欧盟、美国、日本、全球环境基金会、德国、世界卫生组织和科威特等。

截至2014年，加蓬登记在册的外部公共援助金额为6.75亿美元。但目前加方实际只获得了其中28%的资金。外援近90%的资金用于公路、公共工程等基础设施的建设，其中62%用于公路建设，27%用于公共工程及其他基础设施建设。用于环境保护、农业发展、机构建设和教育文化方面的资金仅分别占4%、2%、2%和1%。

人民生活

2015年人类发展指数0.684，加蓬在188个国家中排名第110位，位居撒哈拉以南非洲国家第二位。2014年人均预期寿命64.4岁，5岁以下儿童死亡率7.4%。15岁以下人口占总人口的36%，城市人口比例为86.5%。有11万人口每天生活费不足620非郎（约合1.25美元），占全国人口的6.1%，贫困人口比例为15%。据统计，目前加蓬约有60万人生活在国家贫困线以下。

医疗卫生水平名列中部非洲地区前列，公共卫生支出占GDP的比例为1.8%。全国有28所医院、632个医疗中心和诊所，共有病床5329张、医生300多人，平均2500人有1名医生。人口增长率1.6%。88%的人口能喝上饮用水，卫生覆盖率21%。已有60万人享受到医疗保险，享受医疗保险人口占总人口比例在撒哈拉以南非洲国家中排名前列。艾滋病毒感染率为7.9%。2012—2016年，加蓬政府将投入3350亿非郎（约合5.1亿欧元），用于建设4所大型综合医院。

军　事

最高防务委员会是国家防务最高领导机构，总统任主席，为武装力量最高统帅。加蓬实行志愿兵役制。武装力量由武装部队、共和国卫队和治安部队组成，共1.3万人。其中武装部队约6000人，包括陆海空三军、轻飞行队和消防营；共和国卫队1500人，由总统亲自指挥和调动；治安部队为准军事力量，包括宪兵和警察，分别有3000人和2500人。全国共有七大军区。利伯维尔和让蒂尔港建有海军基地，利伯维尔和弗朗斯维尔建有空军基地。武器装备80%来自法国，其余来自美国、英国、意大利、德国、巴西等。

文化教育

【教育】加蓬整体教育水平不高。平均受教育年限为7.5年。2005年成人识字率84%。小学实行免费教育，大中学生享受国家助学金。教育制度与法国相似。全国约有小学1200所，教师4600余人，学生25万人；中学近100所，教师2100多人，学生8.3万余人。加蓬有两所综合性大学：国立奥马尔·邦戈大学和马苏库科技大学，学生约9000人。未来5年，加蓬政府计划投入5000亿非郎（约合7.6亿欧元），用于建设新学校以及提高现有学校的现代化水平。

【新闻出版】主要报刊：政府发行的《团结报》创刊于1973年12月，是加蓬最有影响的报纸，发行量2万份，在加各大城市及部分中、西非国家有售。1990年，《振兴报》《消息报》《蝉鸣报》等先后创刊。其中《振兴报》系民主党机关报、《消息报》是伐木者全国联盟机关报、《蝉鸣报》为私人报刊，均为法文版。

加蓬新闻社：官方通讯社，创建于1966年11月。

广播电台：国营加蓬广播电台“革新之声”建于1959年，拥有中、短波和调频发射台，全天用法语及当地语播音。第二广播电台于1973年建立，仅有调频发射台。此外，另有莫亚比短波电台（非洲一台）、“团结电台”、“思乡电台”、“太阳电台”等5家私营电台，其中“非洲一台”建于1981年，为加蓬与法国合营，在非洲较有影响。

电视台：有两个国家电视频道，分别于1963年、1973年开播。1992年开通卫星电视。有非洲电视台、电视加号台等私营电视台。在加还能收到欧洲新闻台、法语电视五台等电视节目。

对外关系

奉行开放、不结盟、国际合作和睦邻友好的外交政策。强调外交为国内经济服务。呼吁非洲团结，推动地区合作。主张通过对话、和解、协商方式解决世界和地区冲突。迄今，加蓬已同100个国家建立了外交关系。2011年3月，联合国在利伯维尔设立驻中部非洲办事处。

【对当前重大国际问题的态度】主张加强联合国作用，强化安理会职能。主张安理会的扩大应充分体现"地域代表性"原则，认为非洲应有常任理事国席位；重视气候变化问题，主张非洲国家在气变问题上用一个声音说话，采取共同立场，发达国家应尽早落实向发展中国家提供资金和技术支持的承诺；主张通过国际合作制订打击任何形式恐怖主义的普遍公约；力主通过对话方式协商解决非洲冲突，认为中部非洲在预防和处理冲突方面取得一定进展，但仍须加强非洲预防冲突机制和紧急人道主义干预机构，在联合国监督下与发达国家建立相应的伙伴关系以增强维和及后勤保障能力；主张通过民主选举执政，反对通过军事政变上台；力促次地区经济合作，支持并推动地区一体化进程；认为经济全球化加剧了富国和穷国间的鸿沟，主张加强南南合作，积极进行南北对话；认为贫困是一切武装冲突的根源，消除贫困必须寻求行之有效的途径；呼吁发达国家大幅增加对非援助，减免包括加蓬在内的非洲国家债务。

【同中国的关系】自1974年4月20日建交以来，两国友好合作关系发展顺利。

两国人员交往频繁。胡锦涛主席（2004年）、中共中央政治局常委吴官正（2006年）、全国人大常委会委员长吴邦国（2008年）、教育部长袁贵仁（2010年8月作为胡锦涛主席特使出席加独立50周年庆典）、外交部长杨洁篪（2011年2月）、中国政府非洲事务特别代表钟建华大使（2015年3月）等先后访加。奥马尔·邦戈总统曾11次来华。2010年4月底5月初，阿里·邦戈总统来华出席上海世博会开幕式。7月，姆巴总理来华出席上海世博会加蓬国家馆日活动。2015年12月，邦戈总统出席中非合作论坛约翰内斯堡峰会，其间同习近平主席举行双边会见。

2009年6月奥马尔·邦戈总统病逝后，胡锦涛主席、吴邦国委员长分别致电慰问，习近平副主席前往加蓬驻华使馆吊唁，张德江副总理作为胡主席特使赴加蓬出席葬礼。2009年9月、2010年3月，胡锦涛主席分别致电祝贺阿里·邦戈当选加蓬总统和民主党主席。

中加两国军队高层交往频繁。阿里·邦戈总统任国防部长时曾4次访华（2001、2006、2007、2008年）。2009年6月，中加两军在加蓬举行了人道主义医疗救援联合行动，这是中国军队首次成建制同非洲国家举行的双边军事行动。

2015年中国与加蓬双边贸易额为17.7亿美元，同比下降13.3%，其中中方进口额为11亿美元，同比下降31.5%，出口额为6.7亿美元，同比增长54.8%。中方主要进口石油、锰矿砂、木材等，出口机电产品、钢材和水泥等。

2015年12月，中加两国签订《中华人民共和国政府和加蓬共和国政府关于互免持外交、公务护照人员签证的协定》，该协定于2016年2月5日生效。

中国驻加蓬大使：孙继文。馆址：Libreville, B.P.3914。Boulevard Triomphal El Hadj Omar Bongo。地区号：00241。电话：01743207、01743208（使馆），01722279（经商处）。传真：01747596（使馆），01722283（经商处）。

加蓬驻华大使：让–罗贝尔·古隆加纳（Jean-Robert Goulongana）。馆址：北京市朝阳区光华路36号。电话：010-65322810，65323824；传真：65322661。

【同法国的关系】同法国一直保持传统特殊关系。两国元首互访频繁。已故奥马尔·邦戈总统和现任阿里·邦戈总统多次访法，萨科齐总统2007年7月、2009年6月、2010年2月三次访加蓬。2010年2月，两国签署新的防务协定。2011年7月，法总理菲永访加，双方签署了关于建设加北部电网、发展加木材加工业等协议。2012年7月，邦戈总统对法国进行工作访问，与法总统奥朗德举行会谈，双方表达了加强合作的共同意愿。法系加最大的援助国、债权国和贸易伙伴，对加内外政策影响甚大。2014年4月，邦戈总统访法。2015年1月，邦戈总统赴法参加反恐大游行，并受到法国总统奥朗德接见。11月，邦戈总统赴法出席联合国气候变化巴黎大会。加70%的投资来自法国，加对法债务占其总外债的50%。截至2011年年底，法对加直接投资存量为5100亿非郎（7.76亿欧元），占加吸收的外国直接投资总存量的39.5%。法国对加投资主要集中在石油、木材和矿产领域。法是加最大进口来源国，占加35%的市场份额，也是加第三大出口对象国。法主要向加出口机械设备、工业和农副产品，主要从加进口原材料和初级产品。法在加有1.5万侨民，在加法企达200多家，涉足加所有经济领域，控制加50%的出口。在加最大的10家企业中，有6家为法资企业。法在利伯维尔设有军事基地，常驻官兵约900人。

【同美国的关系】重视发展同美关系。已故奥马尔·邦戈总统曾十余次访美。美多家公司在加蓬从事石油开发，是加第一大出口对象国。2010年美非洲司令部在加与非洲30国举行联合军演。2011年6月，邦戈总统访美，与奥巴马总统会晤。2012年3月，两国在加举行联合军事演习。2014年8月，邦戈总统赴美出席美非峰会。2014年9月，邦戈总统赴美出席纽约论坛。

【同邻国及其他非洲国家的关系】加蓬与邻国总体维持睦邻友好关系，曾积极参与调解刚果（金）、刚果（布）、乍得、中非、科特迪瓦等非洲国家内乱和国家间冲突，推动地区和平和一体化进程，在中部非洲具有一定影响。2012年年底至2013年年初中非政局动荡后，邦戈总统积极斡旋，多次组织召开或参与中共体成员国峰会。

加蓬同赤道几内亚以及圣多美和普林西比有领土和领海争端。加蓬和赤几边界特设委员会曾多次开会讨论边界问题，并举行边界谈判，迄今未完全解决问题。2011年2月，应联合国秘书长潘基文邀请，邦戈总统和赤几奥比昂总统出席由联合国举办的关于加蓬、赤几边境争端的三方会议，加、赤两国领导人重申将本着互信、相互尊重和坦诚的原则解决领土争端，表示将尽快将此问题提交海牙国际法院。2012年年初，加与赤道几内亚成功联合举办第28届非洲杯足球赛。

2010年8月，加蓬举行独立50周年庆祝活动，喀麦隆、乍得、圣多美和普林西比、刚果（布）、刚果（金）、马里、塞内加尔、贝宁、中非、尼日利亚和布基纳法索等11国元首及埃塞俄比亚、卢旺达、多哥等3国政府首脑出席。2011年7月，斯威士兰国王姆斯瓦蒂三世访加。2012年5月，邦戈总统访问刚果（布），视察刚军火库爆炸现场。10月，邦戈总统访问卢旺达。2013年1月，邦戈总统对吉布提进行工作访问。3月，摩洛哥国王穆罕默德六世对加进行第4次国事访问。4月，加总统阿里·邦戈对摩洛哥进行工作访问并出席摩第8届国际农业展览。2014年3月，摩洛哥国王访问加蓬。4月，邦戈总统访问科特迪瓦。同月，尼日尔总统访加。5月，邦戈总统赴卢旺达出席非洲开发银行年会。6月，多哥、突尼斯总统先后访加。

【同其他国家的关系】加蓬推行合作伙伴多元化战略，积极拓展与其他地区大国和新兴国家的务实合作。

2011年3月，邦戈总统访问英国，并出席由《泰晤士报》举办的非洲经济高峰论坛。2012年5月，邦戈总统访问英国，双方就在利伯维尔开设英经济办事处达成共识。11月，邦戈总统赴英出席首届“英国—加蓬投资论坛”。2014年2月，邦戈赴英国出席“打击贩卖野生动物伦敦大会”。

2010年10月，邦戈总统访问韩国，双方签署了文化、税收、矿业等领域一系列合作协议。2012年4月，邦戈总统访问韩国，与韩SK能源公司签署在让蒂尔港建设炼油厂的合作协议。

2011年3月，土耳其总统阿卜杜拉·居尔访加，双方签署了关于互免外交签证、建立外交定期磋商机制、加强军事科技交流和旅游合作等一系列协议。2012年7月，邦戈总统访问土耳其。2013年1月，土耳其总理埃尔多安访加，两国政府签署涉及医疗、农业、领事等领域合作的两个协议和一个谅解备忘录。

2011年5月，邦戈总统访问意大利。11月，邦戈总统访问新加坡、阿联酋。2012年9月，邦戈总统访问古巴，两国签署医疗合作协议。2013年5月，邦戈总统赴日本出席第五届东京国际发展会议。2014年3月，邦戈总统赴荷兰出席第三届核安全峰会。5月，邦戈总统赴布鲁塞尔出席欧非峰会。

【与联合国的关系】加蓬系2013—2015年联合国人权理事会成员。2011年3月，联合国在加蓬首都利伯维尔设立驻中部非洲地区办事处。2010—2011年加蓬担任联合国安理会非常任理事国，2011年6月，加蓬担任联合国安理会轮值主席国，邦戈总统赴纽约主持安理会第28次会议，审议并通过艾滋病对国际和平与安全的影响即第1983号决议。9月，邦戈总统赴纽约出席第66届联合国大会。10月，邦戈总统赴巴黎出席联合国教科文组织第36次全会。2012年3月，邦戈总统赴英国出席“21世纪气候和资源安全”研讨会，赴韩国出席首尔核安全峰会。6月，邦戈总统赴巴西出席联合国可持续发展大会。9月，邦戈总统赴纽约出席第67届联大。

【与其他地区组织和国际组织的关系】加蓬积极参与地区和国际事务，推动非洲一体化进程。积极通过“中部非洲和平与安全理事会”及“几内亚湾委员会”参与几内亚湾安全防务工作，打击几内亚湾内海盗、有组织犯罪、毒品交易、武装非法采掘资源、轻小武器泛滥等行动。加蓬是2015—2016年度中部非洲国家经济共同体轮值主席国。

2011年1月，邦戈总统赴埃塞俄比亚出席第16届非盟峰会。5月，邦戈总统赴南非出席第21届世界经济论坛非洲会议。同月，邦戈总统赴埃塞俄比亚出席非盟特别峰会，主要讨论利比亚问题。6月，邦戈总统赴赤道几内亚出席第17届非盟峰会。2012年1月，邦戈总统赴埃塞俄比亚出席第18届非盟峰会。2月，邦戈总统赴贝宁出席非盟领导人非正式会议，讨论萨赫勒地区安全局势。8月，邦戈总统赴麦加出席伊斯兰合作组织第4届特别峰会。10月，邦戈总统出席第14届法语非洲国家峰会。2013年1月，邦戈总统赴埃塞俄比亚出席第20届非盟峰会。4月，邦戈总统出席在乍得首都恩贾梅纳举行的中共体成员国特别峰会。5月，邦戈总统出席在亚的斯亚贝巴举行的纪念非统成立50周年特别峰会。2014年1月和6月，邦戈出席第22和23届非盟峰会。

2010年10月，邦戈总统赴瑞士出席第13届法语国家峰会。11月，欧盟理事会主席范龙佩访加，与邦戈总统就加欧关系、非洲地区热点问题及即将召开的欧非峰会议题交换了意见。11月，邦戈总统赴利比亚出席第3届欧非峰会。2011年9月，邦戈总统出席在巴黎举行的利比亚之友会议。2013年2月，邦戈总统赴马拉博出席非洲—南美洲领导人峰会。（吴鑫凯）

津 巴 布 韦

国名　津巴布韦共和国（The Republic of Zimbabwe）。

面积　39万平方公里。

人口　1306万。主要有绍纳族（占79%）和恩德贝莱族（占17%）。官方语言为英语、绍纳语和恩德贝莱语。58%的居民信奉基督教，40%信奉原始宗教，1%信奉伊斯兰教。

首都　哈拉雷（Harare），人口187万。

国家元首　总统罗伯特·加布里埃尔·穆加贝（Robert Gabriel Mugabe），1987年12月就任，1990年3月、1996年3月、2002年3月连任。2009年2月，津成立联合政府，穆加贝继续担任总统。2013年，穆加贝赢得新一届总统选举，继续担任总统。

重要节日　独立日：4月18日；英雄节：8月11日；建军节：8月12日；团结日：12月22日。

简　况

非洲东南部内陆国。东邻莫桑比克，南接南非，西和西北与博茨瓦纳、赞比亚毗邻。属热带草原气候，年均气温22℃；10月温度最高，平均32℃；7月温度最低，平均13℃—17℃。

公元1100年前后开始形成中央集权国家。13世纪，卡伦加人建立莫诺莫塔帕王国，15世纪初王国达到鼎盛时期。1890年沦为英国南非公司殖民地，1895年被命名为南罗得西亚。1923年英国政府接管该地，给予“自治领”地位。1953年，英国将南罗得西亚、北罗得西亚（今赞比亚）和尼亚萨兰（今马拉维）合组为“中非联邦”。1963年年底“联邦”解体。1964年，南罗得西亚白人右翼势力组成以伊恩·史密斯为首的政府，并于1965年11月宣布独立。20世纪60年代，津巴布韦非洲人民联盟和津巴布韦非洲民族联盟（简称“民盟”）先后成立，领导人民进行反对白人种族主义统治的武装斗争。1979年，津巴布韦各派在英国主持下召开伦敦制宪会议。1980年2月底举行议会选举，穆加贝领导的民盟获胜。同年4月18日独立，定国名为津巴布韦共和国。

政　治

独立后，政局曾长期稳定。1999年反对党争取民主变革运动（简称“民革运”）成立。2000—2002年，津巴布韦政府实施“快速土改计划”，征收白人土地，用于安置无地或少地的黑人农民，导致社会矛盾激化，经济下滑，陷入政、经危机，朝野尖锐对立。西方国家对津实施不宣布的经济制裁，对津高官实行禁止入境等一系列“精确制裁”，支持反对党民革运，逼迫穆加贝总统下台。

2008年3月29日，津举行总统、议会和地方政府“三合一”选举。在议会众议院选举中，民盟首次输给民革运茨万吉拉伊派（简称“民革运茨派”），失去多数席位。在总统选举中，民革运茨派候选人茨万吉拉伊得票47.9%，民盟候选人穆加贝得票43.2%。选举结果未及时公布并因此引发争议。由于二人票数均未过半，2008年6月27日津举行第二轮总统选举，茨万吉拉伊在选前退出，穆加贝以85.5%的得票率当选，但反对党和西方国家对此不予承认，津选举争议因而愈演愈烈。9月15日，在南非总统姆贝基的调解下，津民盟、民革运茨派和民革运穆坦巴拉派（简称“民革运穆派”）签署组建联合政府的《全面政治协议》。2009年2月13日，津联合政府正式成立。穆加贝继续任总统，茨万吉拉伊任总理，民革运穆派总裁穆坦巴拉、茨派副总裁库佩任副总理。在2013年7月举行的大选中，穆加贝以61%的得票率击败茨万吉拉伊再次连任总统，民盟获得众议院2/3以上议席，重回一党执政。

【宪法】现行宪法于1979年12月在英国主持下由津巴布韦各主要党派在伦敦兰开斯特大厦举行的制宪会议上制订，独立时开始生效，后经数次修改。宪法规定津实行总统内阁制。2005年，国民议会通过第17号宪法修正案，增设参议院，规定津议会实行两院制。2007年9月，津议会通过第18号宪法修正案，规定总统任期由6年改为5年，与议员任期相同；总统、议会和地方政府选举同时举行，并对议会议席数量和产生方式进行调整。根据2008年9月15日津两党三方签订的分权协议，津议会于2009年2月4日通过了第19号宪法修正案，确立联合政府的框架结构，并将在津联合政府成立两年内完成制定新宪法。2013年3月，津新宪法草案顺利通过全民公投，并于5月经穆加贝总统签署生效。新宪法对总统权力予以限制，规定总统任期不得超过两届（十年后生效），总统作出解散议会等重大决定须经议会三分之二多数通过等。

【议会】本届议会于2013年7月选举产生，9月3日就职。众议院有270个议席，其中民盟占197席，民革运茨派占70席，民革运纽派占2席，独立人士占1席。众议长雅各布·穆登达（民盟），2013年9月就任。参议院共有80个议席，民盟占37席，民革运茨派占21席，民革运纽派占2席，酋长18席，残疾人代表2席。参议长埃德娜·玛宗圭（民盟，女），2005年11月就任，2008年8月、2013年9月连任。

【政府】实行总统内阁制，内阁成员由总统任命。2013年9月组成新一届内阁，主要成员如下：总统罗伯特·加布里埃尔·穆加贝（Robert Gabriel Mugabe），副总统兼司法与议会事务部长艾默森·穆南加古瓦（Emmerson Mnangagwa），副总统兼全国愈合、和平与和解部长皮莱凯泽拉·穆波科（Phelekezela Mphoko），农业部长约瑟夫·马德（Joseph Made），国防部长悉尼·塞克拉马伊（Sydney Sekeramayi），基础教育部长拉扎勒斯·多科拉（Lazarus Dokora），能源与电力部长塞缪尔·乌登盖（Samuel Udenge），环境、水利与气候部长奥帕·穆欣古里（Oppah Muchinguri），财政部长帕特里克·齐纳马萨（Patrick Chinamasa），外交部长辛巴拉谢·蒙本盖圭（Simbarashe Mumbengegwi），卫生与儿童福利部长大卫·帕里雷尼亚图瓦（David Parirenyatwa），高等教育与科技部长乔纳森·莫约（Jonathan Moyo），内政部长伊格内修斯·琼博（Ignatius Chombo），信息通讯技术与邮政部长苏帕·曼迪万兹拉（Supa Mandiwanzira），土地与农村重新安置部长道格拉斯·蒙贝绍拉（Douglas Monbeshora），经济计划与投资促进部长奥伯特·穆波富（Obert Mpofu），地方政府、公共工程与住房部长萨维尔·卡苏库维雷（Saviour Kasukuwere），媒体、新闻与传播服务部长克里斯多夫·马绍威（Christopher Mushohwe），矿业部长沃尔特·奇哈克瓦（Walter Chidhakwa），公职人员、劳工与社会福利部长皮瑞斯卡·穆波米拉（Prisca Mupfumira），中小企业与合作发展部长西滕比索·尼奥尼（Sithembiso Nyoni），体育与休闲部长马霍西尼·赫隆瓦尼（Makhosini HLongwane），旅游部长沃尔特·姆曾比（Walter Mzembi），交通与基础设施发展部长乔拉姆·巩博（Joram Gumbo），妇女事务、性别与社区发展部长尼亚莎·奇昆亚（Nyasha Chikwinya），青年、本土化与经济授权部长帕特里克·朱沃（Patrick Zhuwao），工商部长迈克尔·毕马（Michael Bimha），心理教育国务部长乔赛亚·洪圭（Josiah Hungwe），国家安全国务部长肯博·莫哈迪（Kembo Mohadi）。

【行政区划】全国划分为10个省。

【司法机构】法院体制分四级：最高法院、高等法院、地方法院和初级法院，最高法院是终审上诉法庭。首席大法官戈弗雷·奇迪奥西库（Godfrey Chidyausiku），2001年8月就职。总检察长托马纳（Johannes Tomana）。

【政党】实行多党制。主要政党有：

（1）津巴布韦非洲民族联盟–爱国阵线（Zimbabwe African National Union–Patriotic Front）：简称“民盟”，津独立以来执政至今。1963年8月8日成立，1988年与津巴布韦非洲人民联盟合并，仍称津巴布韦非洲民族联盟（爱国阵线），约有300万党员。党的宗旨是“建立和保持一个依据我们的历史、文化和社会实际的社会主义社会，并为实现经济独立、繁荣和平均分配国家财富创造条件”。2014年12月，民盟举行第六次全国代表大会，穆加贝连任党主席兼第一书记，穆南加古瓦出任民盟第一副主席，穆波科出任第二副主席。

（2）争取民主变革运动（Movement for Democratic Change）：简称“民革运”，最大反对党。约有120万党员。脱胎于津最大工会组织津巴布韦工会大会（Zimbabwe Congress of Trade Unions），1999年9月在哈拉雷成立，得到大部分城镇居民和一些白人的支持。2001年以来，其候选人先后当选马旬戈、布拉瓦约、哈拉雷等市市长。在2002年3月举行的总统选举中，其候选人获得42%的选票。2005年下半年，民革运在是否参加参议院选举问题上陷入内部纷争，并于2006年年初分裂为“参选派”和“抵制派”。“抵制派”总裁为莫根·茨万吉拉伊（Morgan Tsvangirai），“参选派”总裁为亚瑟·穆坦巴拉（Arthur Mutambara）参选派也称“穆派”。2011年1月，该派举行全国代表大会，选举该党原秘书长、联合政府工商部部长纽比为新总裁。2014年10月31日至11月1日，民革运茨派举行第四届全国代表大会，茨万吉拉伊连任党主席。

【重要人物】**罗伯特·加布里埃尔·穆加贝**：总统、民盟总裁。1924年2月生于哈拉雷附近库塔马的农民家庭，绍纳族塞祖鲁人。1942年起从事教育工作，同时继续接受高等教育。1951年毕业于南非黑尔堡大学并获文学士学位，随后通过函授先后获巴苏陀兰大学教育学士和伦敦大学经济学、法学和行政管理学学士学位。1960年投身政治活动，先后担任民族民主党和人盟的宣传书记。1963年同西托莱等人创建民盟，并任总书记。1964年8月被捕入狱，1974年11月获释。1975年年初去莫桑比克领导津武装斗争，1977年当选民盟总裁。1976年10月和1979年9月率团出席关于津独立问题的日内瓦谈判和伦敦制宪会议。1980年4月津独立后任总理（实权）。1984年8月、1989年12月、1994年9月、1999年12月、2004年12月 和2009年12月连任民盟总裁兼第一书记。1987年12月出任总统，1990年3月、1996年3月和2002年3月总统选举后连任。2009年2月任联合政府总统。曾多次来华，最近一次为2014年8月对中国进行国事访问。　**艾默森·穆南加古瓦**：副总统、民盟第一副主席。男，1946年生。早年参加津民族独立斗争。1980年津独立后历任国家安全部长，司法、法律和议会事务部长，代理财政部长，众议长，农村住房与社会和谐部部长，国防部长，司法部长等职。2014年12月起任副总统、民盟第一副主席。多次来华，最近一次为2015年7月6日至10日以民盟副主席身份访华。　**皮莱凯泽拉·穆波科**：副总统、民盟第二副主席。男，1940年生。早年投身津巴布韦民族解放运动。1980年津独立后曾任劳工与社会福利部复员军人司副司长。1987年起从事外交工作，历任津驻博茨瓦纳、俄罗斯和南非大使。2014年12月出任副总统、民盟第二副主席。

经　济

津巴布韦自然资源丰富，工农业基础较好，正常年景粮食自给有余，曾为世界第三大烟草出口国。进入20世纪90年代，经济连年下滑。2000年以来，经济大幅缩水。外汇、燃油和生活必需品短缺，通货膨胀率激增，津元加速贬值，大量人口涌入邻国。2008年3月津发生选举争议后，经济状况进一步恶化，至年底经济基本崩溃，财政、金融和税收等关键部门基本停止运转，水电、通信、医疗、教育等社会公共管理职能几近瘫痪。2009年2月，联合政府成立后，政府允许美元和南非兰特自由流通，有效控制了恶性通货膨胀，市场供应明显改善，经济形势有所好转。

2014年主要经济数据如下：

国内生产总值：140亿美元。

经济增长率：3.1%。

人均国内生产总值：1000美元。

货币名称：津巴布韦元（Zimbabwe Dollar）（津元自2009年2月起已停止流通，改用美元、人民币等9中外国货币）。

（津巴布韦政府公布的统计数据）

【资源】自然资源丰富，有煤、铬、铁、石棉、金、银、锂、铌、铅、锌、锡、铀、铜、镍等。煤蕴藏量约270亿吨。铁蕴藏量约2.5亿吨。铬和石棉的储量均很大。水力资源贫乏。工业用林面积11.5万公顷。

【工矿业】工业门类主要有金属和金属加工、食品加工、石油化工、饮料和卷烟、纺织服装、造纸和印刷等。工业从业人口约占总劳力的15%，矿业从业人口约占4.5%。近年来制造业持续衰退，工业生产不断萎缩。2008年，受国内政治经济形势持续恶化及国际金融危机影响，多数矿业企业停产。2009年2月联合政府成立以来，经济状况有所好转，通货膨胀得到有效遏制，工农业生产逐步恢复。2011年经济增长率达到10.6%。2012—2014年经济保持中低速增长。

【农牧业】主要生产玉米、烟草、棉花、花卉等，畜牧业以养牛为主。耕地面积3328万公顷，农业人口占全国人口的67%。2000年以来，农业持续萎缩。2009年以来，农业生产逐步回复，2011年农业产值同比增长7.4%，玉米产量增长至120万吨，粮食安全问题有所缓解。受烟草出口价格降低和土地改革等因素影响，烟草产量从2007年的7.7万吨降至2008年的4.6万吨，创历史新低。2014年农业获得丰收，玉米产量达146万吨，烟草产量21.6万吨，接近历史最好水平，棉花产量13.6万吨，较上年下降6.2%。畜牧业以养牛为主，其次还饲养羊、猪等家畜。

【旅游业】旅游业曾发展较快，20世纪90年代接待游客人数一度年均增长20%，同期旅游收入增加25%。1999年接待游客240万人次，收入达100亿津元，成为津主要创汇部门。津劳动力总数中有4.5%从事旅游业，另有4%从事与此相关行业。全国有70多家星级旅馆。最著名的风景点为维多利亚瀑布，还有26个国家公园和野生动物保护区。2008年1—6月，赴津旅游人数降至约53万人，较2007年同期下降了58%。2009年游客人数恢复至200万人。2011年，津旅游业产值同比增长10%，2013年8月，津与赞比亚联合举办第20届联合国旅游组织大会。

【交通运输】以铁路、公路和航空为主，海运主要通过南非的德班港（距哈拉雷1700公里）和莫桑比克的贝拉港（距哈拉雷600公里）。

铁路：通往南非、莫桑比克、赞比亚和博茨瓦纳，总长4300公里，其中哈拉雷至达布卡（Dabuka）的300公里为电气化铁路。2000/2001年度客运量133万人次，货运量884万吨。

公路：总长8.5万公里，其中1.9万公里为国家级公路，1.5万公里为沥青路面。

空运：津巴布韦航空公司有波音767、737等客机10架，经营至周边国家以及伦敦、北京等十多条国际及国内航线。有3个国际机场，分别为哈拉雷、布拉瓦约和维多利亚瀑布机场。

【财政金融】津自2008年3月发生选举争议后，经济持续下滑，财政状况不断恶化。由于缺少资金，政府公共服务体系曾一度瘫痪。联合政府成立后，财政状况有所改善。截至2014年年底，津外债总额约为67.03亿美元。

【对外贸易】1991年开始推行贸易自由化后，外贸有较大幅度增长。但近年来，因经济形势恶化，外贸也深受影响。主要出口烟草、黄金、铁合金，主要进口机械、工业制成品和化工产品。约与27个国家或地区有贸易关系。主要进口国为（2014年）：南非（48.5%）、中国（9.3%）、赞比亚（5.8%）、印度（4.5%）、其他地区（31.9%），主要出口国（2014年）：中国（22.3%）、刚果（金）（9.9%）、博茨瓦纳（8.8%）、南非（5.0%）、其他地区（54%）。2014年出口额约为34.09亿美元，进口额约为52.31亿美元。

【外国资本】独立时在津外资约25亿津元（按当时比价，约合40亿美元），占全国资本总额的62.5%。2002年，由于经济形势恶化，资本流动发展为净流出3.47亿美元。2009年联合政府成立后，外国直接投资增加至15亿美元。2014年津吸引外国直接投资4亿美元。

【外国援助】2000年，欧盟向津小型项目赠款1900万欧元。2001年，津接受外国官方发展援助1.59亿美元。2002年起，国际金融机构和西方主要国家停止向津提供除粮援等人道主义援助外的其他援助。2008年3月津发生选举争议及8月爆发霍乱疫情以来，国际社会加大了对津人道援助。2009年，津接受的国际人道主义援助总额为6.16亿美元。2014年11月，欧盟解除对津发展援助限制。

人民生活

近年来，由于工资上涨幅度远低于通货膨胀率，导致实际工资下降。2000年津巴布韦中央统计局公布，76%的人口生活在贫困线下。全国共有各类医院244个，诊所1378个，病床2.1万张，医护人员与病人比例约1∶430。艾滋病问题较严重，感染率为21.3%，2009年降至14%。人均寿命43岁。

军　事

津巴布韦国防军于1980年建立，是由原民盟、人盟游击队和白人政权军队整编而成。实行志愿兵役制。最高军事决策机构是国防委员会。总统兼武装部队总司令。津国防军下设陆军和空军两个军种。总兵力4万人，其中陆军3.5万人，空军5000人。现国防军司令奇温加（Chiwenga）上将，陆军司令菲利普·西班达（Philip Sibanda）中将，空军司令佩伦斯·希里（Perence Shiri）中将。

文化教育

【**教育**】实行中小学低收费普及教育。现有小学4734所，中学1570所，高等学校13所。1996—2002年，小学入学率年平均80%。成人识字率为89%，其中男性为93%，女性为85%。津巴布韦大学是津最著名的综合性大学，始建于1953年，穆加贝总统兼任校长。

【**新闻出版**】《先驱报》为津最大日报，发行量16.5万份，政府拥有该报50%的股份。其他主要报纸有《星期日邮报》《黎明周报》《记事报》《金融公报》《津巴布韦独立报》《津巴布韦新闻》和《人民之声》等。非时事政治性杂志主要有《展示》（月销量5万份）和《地平线》（月销量4万份）。

津巴布韦全非通讯社（ZIANA）：成立于1981年10月。为津官方通讯社，现有工作人员57人，其中记者15人。

津巴布韦广播公司（ZBC）：1933年成立，为政府所有。分电台和电视台两部分。电台有4个台，即英语台、非洲台、音乐台和教育台，分别以英语、绍纳语和恩德贝莱语播出；除教育台只在周一到周五每天从10：00—22：00播出外，其余各台每天播出时间为5：00—24：00。电视台建于1960年，有两个频道，均为彩色节目，每天15—23时播放。电视一台面向全国，播出新闻、综艺节目；电视二台原为教育台，现已商业化，改名娱乐台（Joy TV）。

对外关系

奉行积极的不结盟政策。推行睦邻友好方针，以发展同非洲国家特别是南部非洲国家关系为外交重点。近年来津巴布韦大力推行“东向”政策，加强与其他发展中国家尤其是亚洲国家关系。在“民主、人权”等问题上与西方国家存在严重分歧。近年来与西方国家关系紧张，受到美国、欧盟等制裁。积极参与地区和国际事务，是不结盟运动、七十七国集团、非洲联盟、南部非洲发展共同体成员国。

【**同中国的关系**】中国与津巴布韦于1980年4月18日津独立当天建交。建交以来，两国关系发展顺利。

中方近年访津的有：外交部长唐家璇（2000年），中共中央政治局常委尉健行（2002年），全国政协副主席万国权（2003年），国务委员陈至立（2004年）和全国人大常委会委员长吴邦国（2004年），全国人大常委会副委员长、中国人民争取和平与裁军协会会长何鲁丽（2006年），中国人民对外友好协会副会长王运泽（2006年），全国政协主席贾庆林（2007年），全国政协副主席王刚（2010年），外交部长杨洁篪（2011年），国务院副总理王岐山（2011年），全国人大常委会副委员长周铁农（2011年），全国政协副主席厉无畏（2011年），中共中央政治局委员、中宣部部长刘云山（2011年），国务院副总理回良玉（2012年），国务院副总理汪洋（2013年），习近平主席特使、民政部部长李立国（2013年），北京市委书记郭金龙（2014），国务委员杨洁篪（2015），国务委员兼国防部长常万全（2015），国家主席习近平（2015）等。

津方近年访华的有：总统穆加贝（多次来华，2014年8月来华进行国事访问）、副总统姆南加古瓦（2015年以民盟副主席身份）、参议长马宗圭（2015）、第一夫人兼民盟妇女书记格蕾丝（2015）等。

2015年中津双边贸易额为13.08亿美元，其中中方出口额为5.46亿美元，进口额为7.62亿美元。中方主要从津方进口烟草、棉花等产品，向津方出口机电、轻纺产品。

中国驻津巴布韦大使：黄屏。馆址：No.58, Golden Stairs Road, Mount Pleasant, P. O. Box 4749, Harare。电话：00263-4-332760，332761，332762，334716（传真）。商务处：730516（带传真）。Email：chinaemb_zw@mfa.gov.cn。

津巴布韦驻华大使：保罗·奇卡瓦（Frederick Shava）。馆址：北京市朝阳区三里屯东三街7号。电话：010-65325381/2；传真：65325383。

【**同美国的关系**】美曾为津巴布韦的主要援助国之一。2001年以来，两国关系恶化。2001年8月，美国会参议院通过《津巴布韦民主和经济恢复法案》，其中包含多条制裁津的内容，津政府对此予以批评。2002年以来，美国对津领导人实行禁止入境等制裁。2005年1月，美将津列为全球6个“暴政前哨国家”之一。2007年3月津警方抓捕并打伤反对党领导人后，美强烈批评津“民主”、“人权”状况，呼吁西方国家进一步制裁津。2008年3月津大选后，美强烈批评总统选举结果推迟公布，称反对党已赢得总统选举，要求穆加贝下台，派助理国务卿弗雷泽访非并推动在联合国安理会通报津局势，2008年7月，美与英国一道强行推动联合国安理会表决制裁津决议草案，有关决议草案最终被否决。津联合政府成立后，美对津政策有所缓和，加大了对津人道援助。2013年以来，美国务院负责非洲事务的副助理国务卿布里吉提、前驻联合国代表安德鲁·杨先后访津，美并放松对津制裁，但未邀请穆加贝总统出席于2014年8月举行的美非峰会。目前，美国继续保持对津巴布韦部分人员和公司制裁。

【同英国的关系】津英关系曾十分密切。英国曾是津巴布韦主要贸易伙伴，并在津有大量投资。2000年，由于津政府推行快速土改触动英利益，两国关系恶化。2002年津大选后，英国指责民盟政府舞弊，对津实行禁止高官入境、冻结其海外财产、禁售军火等制裁并一再延长、扩大。2003年12月，英联邦首脑会议在英推动下决定继续中止津成员国资格，津随即退出英联邦。2007年3月津警方抓捕并打伤反对党领导人后，英强烈批评津，要求穆加贝总统下台，并积极推动在联合国安理会讨论津人道问题。12月，英首相布朗抵制有穆加贝出席的第二届欧盟—非洲首脑会议。2008年3月津大选后，英公开要求穆加贝承认失败，早日下台，并与美联手强行推动联合国安理会表决制裁津决议草案。2009年2月，津联合政府成立后，英对津政策有所缓和。2014年以来，欧盟大幅减轻对津制裁，目前仅保留对总统等10人及两家公司制裁。英国对津制裁与欧盟保持一致。

【同非洲国家的关系】重视发展同非洲国家的友好合作关系，积极参与地区政治事务和经济合作；与莫桑比克签有友好条约和防务协定；与安哥拉、纳米比亚和刚果（金）关系密切，签有共同防务协定；与南非、赞比亚和马拉维等周边国家保持睦邻关系，重视与南非在经贸领域的合作。

2008年3月津发生选举争议后，非洲联盟和绝大多数非洲国家主张津问题在非洲内部通过对话和谈判解决。南共体多次召开首脑会议讨论津局势，推动政治解决津问题。津联合政府成立后，南共体积极呼吁和协调本地区国家及国际社会向津提供援助，敦促有关国家尽早取消对津制裁，并积极调解津联合政府内部纷争。2012年6月在安哥拉首都罗安达举行的南共体特别峰会肯定津有关方落实《全面政治协议》的努力，建议津于12个月内举行大选。2013年6月15日，南共体特别峰会在莫桑比克首都马普托举行，讨论了津大选形势，要求津各方采取措施，为举行和平、可信、自由、公正大选创造有利条件。津于2015年1月当选非盟轮值主席国。（俞波）

喀麦隆

国名　喀麦隆共和国（The Republic of Cameroon, La République du Cameroun）。

面积　475442平方公里。

人口　2280万（2014年）。约有200多个民族，主要有巴米累克族、富尔贝族、赤道班图族（包括芳族和贝蒂族）、俾格米族、西北班图族（包括杜阿拉族）。法语和英语为官方语言。约有200种民族语言，但均无文字。南部及沿海地区信奉天主教和基督教新教（约占全国人口的40%）；内地及边远地区信奉拜物教（占40%）；富尔贝族和西北部一些民族信奉伊斯兰教（约占20%）。

首都　雅温得（Yaounde），人口253.8万（2014年）。年均气温24.9℃，降雨量1299毫米，降雨期133天。

国家元首　总统保罗·比亚（Paul Biya），1982年11月6日就任，1984年、1988年、1992年、1997年、2004年、2011年连任。

重要节日　国庆节：5月20日；独立纪念日：1月1日；统一纪念日：10月1日。

简况

位于非洲中部，西南濒几内亚湾，西接尼日利亚，东北接乍得，东与中非共和国、刚果（布）为邻，南与加蓬、赤道几内亚毗连。海岸基准线长360公里。西部沿海和南部地区为赤道雨林气候，北部属热带草原气候。年平均气温24℃—28℃。

公元5世纪起外来部族大量迁入，并先后形成一些部落王国和部落联盟。1884年沦为德国的“保护国”。第一次世界大战期间，喀东、西部分别被法、英军队占领。1922年国际联盟将东、西喀麦隆分交法、英“委任统治”。第二次世界大战后，联合国将东、西喀分交法、英“托管”。1960年1月1日法托管区根据联合国决议独立，成立喀麦隆共和国，阿赫马杜·阿希乔出任总统。1961年2月，英托管区北部和南部分别举行公民投票，6月1日北部并入尼日利亚，10月1日南部与喀麦隆共和国合并，组成喀麦隆联邦共和国。1972年5月20日，喀公民投票通过新宪法，取消联邦制，成立中央集权的喀麦隆联合共和国。1982年11月阿希乔辞职，保罗·比亚继任总统。1984年1月改国名为喀麦隆共和国。

政治

比亚总统执政以来，实行“民族复兴”纲领，主张“民主化和民族融合”，喀麦隆政局长期稳定。1990年12月实行多党制。1992年举行多党立法选举和总统选举，比亚连任总统，组成以执政党“喀麦隆人民民主联盟”

（简称“人民盟”）为主体的多党联合政府。1997年和2004年，比亚两次蝉联总统。2008年4月，喀国民议会以压倒性多数通过宪法修正案，取消对总统任期次数的限制。2011年10月9日，喀举行总统选举，比亚以77.989%的得票率第六次当选总统。

【宪法】现行宪法于1972年5月20日经公民投票通过。1975年5月、1983年11月、1984年1月、1988年3月、1991年4月、1996年1月和2008年4月7次修改。宪法规定，共和国总统是国家元首和武装部队最高统帅，有权任免总理和政府成员，颁布法律和法令，宣布紧急状态，必要时可提前举行总统选举。总统通过直接选举产生，任期7年，可连选连任。总统不能履行职权时，由参议院议长代行总统职务。总理是政府首脑，领导政府工作，负责执行法律，行使制定规章权，任命行政官员。

【议会】宪法规定，立法权由国民议会和参议院组成的两院制议会行使。国民议会每年召开3次例会，主要讨论和批准国家年度财政预算，审议和通过法律草案。议员由直接普选产生，任期五年。本届国民议会于2013年9月选举产生，共有180个席位，由5党组成。其中人民盟占148席，社会民主阵线18席。国民议会设议长1名、副议长6名。议长：卡瓦耶·耶格·贾布里勒（Cavaye Yeguie Djibril），人民盟成员。2013年4月14日举行首届参议员选举，由市镇议员投票产生70名参议员，总统任命30名参议员。100名参议员来自6个政党，其中人民盟占82席，社会民主阵线占14席。参议院设参议长1名，副参议长5名。参议长：马塞尔·尼亚特·恩吉芬吉（Marcel Niat Njifenji）。

【政府】本届政府于2011年12月9日组成，最近一次改组为2015年10月，包括总理1人、副总理2人、国务部长2人、部长32人、部长级代表10人、国务秘书10人、秘书长1人和副秘书长3人。主要成员如下：总理菲勒蒙·扬（Philémon Yang），副总理兼负责与议会关系部长阿马杜·阿里（Amadou Ali），旅游和娱乐国务部长贝洛·布巴·迈加里（Bello Bouba Maigari），司法、掌玺国务部长洛朗·埃索（Laurent Esso），总统府负责国防事务的部长级代表埃德加·阿兰·梅贝·恩高奥（Edgar Alain Mebe Ngo'o），总统府负责国家最高监察事务的部长级代表亨利·埃耶贝·阿伊西（Henri Eyebe Ayissi），总统府负责公共采购的部长级代表阿巴·萨杜（Abba Sadou），领土管理和权力下放部长勒内·埃马纽埃尔·萨迪（René Emmanuel Sadi），社会事务部长恩盖内·肯代克·波利娜·伊雷娜（Nguene Kendeck Pauline Irene，女），农业和农村发展部长埃耶贝·阿伊希·亨利（Eyebe Ayissi Henri），艺术和文化部长穆埃乐·孔比·纳西斯（Mouelle Kombi Narcisse），商务部长姆巴尔加·阿坦加纳·吕克·马格卢瓦尔（Mbarga Atangana Luc Magloire），新闻部长伊萨·奇罗马·巴卡里（Issa Tchiroma Bakary），地产、地籍和土地事务部长雅克利娜·库姆·比西克（Jacqueline Koum à Bissike，女），水资源和能源部长巴西勒·阿坦加纳·库纳（Basile Atangana Kouna），经济、计划和领土整治部长莫塔泽·路易·保罗（Motaze Louis-Paul），基础教育部长优素福·阿迪贾·阿丽姆（Youssouf née Adjidja Alim，女），畜牧业、渔业和畜产工业部长塔伊加（Dr Taiga），就业和职业培训部长扎沙里耶·佩雷韦（Zacharie Perevet），中等教育部长恩加勒·比贝埃·让·欧内斯特·马斯纳（Ngalle Bibehe Jean Ernest Massena），高等教育部长雅克·法姆·恩东戈（Jacques Fame Ndongo），环境、自然保护和可持续发展部长海莱·皮埃尔（Hele Pierre），财政部长阿拉明·奥斯曼·梅（Alamine Ousmane Mey），公职和行政改革部长米歇尔·安热·安古昂（Michel Ange Angouen），森林和动物资源部长菲利普·恩戈勒·恩古埃斯（Philippe Ngolle Ngouesse），住房和城市发展部长让-克洛德·恩古昂丘（Jean-Claude Ngouentchou），青年和公民教育部长穆努纳·富楚（Mounouna Foutsou），矿业、工业和技术开发部长埃马纽埃尔·邦德（Emmanuel Bonde），中小企业、社会经济和手工业部长洛朗·瑟奇·埃通迪·恩戈亚（Laurent Serge Etoundi Ngoa），邮电部长莉邦·利·李肯·芒多莫·米奈特（Libom Li Likeng Mendomo Minette，女），妇女与家庭事业促进部长阿贝娜·翁多阿·奥巴马·马里·泰蕾兹（Abena Ondoa née Obama Marie Thérèse，女），科研与革新部长楚恩特·马德莱娜（Tchuinte Madeleine，女），对外关系部长姆贝拉·姆贝拉·勒热纳（Mbella Mbella Lejeune），公共卫生部长马马·富达·安德烈（Mama Fouda André），运动和体育部长比敦格·克普瓦特·皮埃尔·伊斯梅尔（Bidoung Kpwatt Pierre Ismaël），交通部长梅贝·恩戈奥·埃德加·阿兰（Mebe Ngo'o Edgar Alain），劳动和社会保障部长格雷瓜尔·奥沃纳（Grégoire Owona），公共工程部长恩加努·朱梅西（Nganou Djoumessi）。

【行政区划】全国划分为10个大区（极北、北部、阿达马瓦、东部、中部、南部、滨海、西部、西南、西北），58个省，360个市镇。

【司法机构】司法权由最高法院、上诉法院、各级法庭行使。总统任命法官。最高司法会议协助总统工作。最高法院院长阿列克西·迪邦达·姆埃尔（Alexis Dipanda Mouelle），总检察长马丁·利苏克·穆隆（Martin Rissouck Moulong）。

【政党】共有250多个政党。主要政党情况如下：

（1）喀麦隆人民民主联盟（Rassemblement Démocratique du Peuple Camerounais，RDPC）：前身是喀麦隆民族联盟，1966年9月1日成立，1985年3月

24日改称现名。现有党员200多万。成立以来至今一直保持执政党地位。总目标是建立一个以严格、讲道德、自由和民主以及保证人民充分发展为基础的“集体自由主义社会”。恪守的信条是“团结、进步、民主”。当前的任务是促进全国的团结和统一，发展经济和文化，反对部族主义和宗教特权。1990年6月和1996年12月，人民盟分别举行了第一次和第二次全国代表大会，重新选举产生了党的领导机构。2011年9月，人民盟召开第三届全国代表大会，比亚再次当选党主席。该党在国民议会和参议院中分别占148席和82席。总书记让·恩奎特（Jean Nkuete）。

（2）社会民主阵线（Social Democratic Front，SDF）：喀最大反对党。1990年5月26日成立。1991年3月1日成为合法政党。以“民主、正义、发展”为口号，宣称以和平手段实现政权交替是该党的责任和义务，主张恢复联邦制。曾抵制1992年的立法选举和1997年的总统选举，在西部英语区和巴米累克人中影响较大。2004年10月，党主席约翰·弗吕·恩迪（John Fru Ndi）参加总统选举，获得17.40%选票。2011年10月，恩迪再次参加总统选举，获得10.712%选票，排名第二。该党在国民议会和参议院中分别占18席和14席。

（3）喀麦隆民主联盟（Union Démocratique du Cameroun，UDC）：反对党。1991年3月成立，同年4月取得合法地位。寻求建设一个和平、宽容、自由和正义的社会，主张实现在正义、平等、反对部族主义基础上的和平。在西部省有一定影响。主席恩达姆·恩乔亚（Ndam Njoya），曾任国际关系学院院长、外交部副部长和国民教育部长等职。2004年10月以反对派联盟“民族和解与国家重建联盟”统一候选人身份参加总统选举，获得4.47%选票，居第三位。2011年10月再次参加总统选举，获1.733%选票，居第四位。该党在国民议会中占6席，在参议院中无席位。

（4）全国民主进步联盟（Union Nationale pour la Démocratie et le Progrès，UNDP）：参政党。1990年5月成立，1991年3月25日被批准为合法政党。该党在北方穆斯林居住地区影响较大，领导层中有不少人为前总统阿希乔的支持者。强调喀是公民的国家，支持民族团结和统一，反对分裂。主张经济自由化和地方分权，赞成严格执行经济结构调整计划。1997年曾与社民阵联手抵制总统选举。1998年1月与人民盟达成“政府共同纲领”后加入政府，成为参政党。该党在国民议会和参议院中分别占4席和1席。党主席贝洛·布巴·迈加里现任旅游和娱乐国务部长。

（5）喀麦隆人民联盟（Union des Populations du Cameroun，UPC）：参政党。成立于1948年4月，曾为喀独立作出过贡献。因从事反殖斗争，1955年被法国殖民当局取缔。喀独立后于1960年2月25日成为合法政党，1966年该联盟被当局解散，1991年2月12日再次取得合法地位。该联盟主张加速国家民主变革，鼓励政治自由化，广施民主，分散经济管理权，减少国家干预，提高人民生活水平，建立一个在团结和互相补充基础上的社会。该党多次发生分裂，形成以总书记奥古斯坦·科多克（Augustin Kodock）、主席恩代·恩图马扎（Ndeh Ntumazah）以及亨利·奥科贝·恩朗（Henri Hogbe Nlend）为首的3派。2000年1月前两派宣布和解。目前该党在国民议会和参议院中均无席位。

【重要人物】保罗·比亚：共和国总统、国家元首、全国武装力量最高统帅、人民盟全国主席。1933年2月13日生于南部大区贾埃洛博省。1956—1962年先后在法国路易·勒·克昂公立中学、巴黎大学、海外高等研究学院等攻读法律和政治学，1960年获国际公法学士学位。回国后历任总统府特派员、国民教育、青年和文化部长办公室主任、该部秘书长、总统府民事办公室主任、总统府秘书长兼民事办公室主任、总统府国务部长级秘书长等职。1975年6月出任政府总理。1982年11月任共和国总统至今。1975年2月当选为喀麦隆民族联盟（喀麦隆人民民主联盟前身）中央委员会副主席，1983年9月任全国主席。1985年3月任喀麦隆人民民主联盟全国主席至今。已婚，有多个子女。　**菲勒蒙·扬**：总理，1947年6月生于喀西北大区。1972年获雅温得大学私法学士学位。此后在喀国家行政司法学院和巴黎公共管理国际学院进修。1975年6月任领土管理部副部长，1979年11月至1984年2月任矿业能源部部长。1984—2004年任驻加拿大大使、高级专员。2004年12月任总统府副秘书长。2008年起兼任喀麦隆航空公司董事会主席。2009年6月任总理至今。

经　济

喀麦隆地理位置和自然条件优越，资源丰富。农业和畜牧业为国民经济主要支柱。工业有一定基础。2000年，喀顺利完成与国际货币基金组织签署的第五期结构调整计划，并被批准加入“重债穷国”减债计划。2006年，世界银行、国际货币基金组织确认喀达到“重债穷国”减债计划完成点，喀外债获大幅减免。2008年以来，受国际金融危机影响，喀财政关税和出口产品收入骤减，外部投资和信贷收紧，失业人数增多。2009年，喀政府公布《2035年远景规划》，重点发展农业，扩大能源生产，加大基础设施投资，努力改善依赖原材料出口型经济结构，争取到2035年使喀成为经济名列非洲前茅的新兴国家。近年来，喀政府积极实施重大基础设施项目，解决能源供应短缺等问题，大力改善投资环境，经济平稳增长。

2015年主要经济数据如下：

国内生产总值：284.3亿美元。

人均国内生产总值：3093美元。

国内生产总值增长率：5.2%。

货币名称：中非金融合作法郎（FCFA，简称“非洲法郎”）。

汇率：1美元=494非洲法郎。

通货膨胀率：3%。

（资料来源：2016年英国伦敦《经济季评》）

【资源】矿产资源较丰富。已探明的主要矿藏有：铝矾土（储量为11亿吨以上，矾土品位为43%，硅石品位为3.4%）、铁矿（约10亿吨）、金红石（约300万吨，钛含量92%至95%）。此外还有锡石矿、黄金、钻石、钴、镍等以及大理石、石灰石、云母等非金属矿产。森林资源丰富，总面积约2250万公顷，约占国土总面积的46%，可开发面积约1700万公顷，总容积量40亿立方米，主要有非洲梧桐、筒状非洲楝、红铁木、柄桑木及浅黄榄仁等树种。全国水域面积3.96万平方公里。可利用淡水资源总量2855亿立方米，人均淡水资源1.44万立方米，是世界人均值的3倍。石油储量1亿多吨，天然气储藏量约5000多亿立方米。2014年石油产量2700万桶，石油收益约占财政收入的22%。2014年天然气产量达到3.1亿立方米。

喀政府2001年颁布《矿业法》，2010年7月29日修订其中部分条款，进一步明确了矿产证类型、采矿权益保障等内容。目前，喀麦隆矿产资源每年财政收入约50亿非郎。

近年喀原油产量如下（单位：万桶）：

	2011	2012	2013	2014
年产量	2161	2238	2431	2700
年增长（%）	-7.3	3.5	8.6	11

（资料来源：喀麦隆国家石油天然气公司）

【工业】独立后工业发展较快，已有一定基础和规模，工业水平居撒哈拉以南非洲前列。2014年工业产值占国内生产总值的37%。全国15%的劳动力从事工业。主要工业部门有食品、饮料、卷烟、纺织、服装、造纸、建材、化工、炼铝、电力、石油开采与加工、木材开采与加工等。近年来，为促进工业发展，增加就业，吸引投资，喀政府积极完善有关法律法规，于2002年颁布新的投资法，大力鼓励中小企业发展，建立了“中小企业援助和贷款担保基金”。自1990年起推行企业私有化政策，目前已完成数十家重点企业私有化。但喀麦隆工业化发展仍面临电力等能源缺乏、基础设施建设落后、加工制造业成本高昂及投资环境有待进一步改善等困难。

2000年以来，喀工业在国内生产总值中所占比重呈下降趋势。喀工业所占比重下降的同时，第三产业所占比重却在相应增加。2010—2014年喀三大产业在国内生产总值中所占比重如下：

	2011	2012	2013	2014
农业（%）	20	18	19	20
工业（%）	35	36	38	37
第三产业（%）	45	46	43	43

（资料来源：喀麦隆财政部）

【农林牧渔业】素有“中部非洲粮仓”之称。可耕地达到720万公顷，占国土面积的15.3%，目前仅开发180多万公顷，约占26%。全国54%的劳动力从事农业，农业产值约占国内生产总值的20%，占出口总额的25%。喀政府重视农业发展，2005—2010年农业投资从265亿非郎增加到600亿非郎，而且增加农业发展管理机构的投资，建设农村基层合作组织，加强农业机械化发展，为年轻农民就业提供帮助。2010年建立农业商会，并积极与国际组织联络，争取获得世界银行、欧盟、联合国粮农组织、非洲开发银行、伊斯兰开发银行的资助，扩大农业合作，提高喀麦隆农业产量及竞争力。

喀粮食作物品种较多，主要有木薯、饭蕉、玉米、高粱、稻米等，粮食年产量达900万吨，其中木薯、饭蕉、玉米种植面积最广、产值最高，除供本国消费外，还向邻国出口。喀是中部非洲仅有的粮食基本自给国家，自给率达97%，但谷物自给率仅占20%，不足部分以木薯、饭蕉补充。主要经济作物有可可、棉花、咖啡、香蕉、油棕等，系世界第六大可可生产国。2013—2015年，喀政府规划将可可年产量由目前的27.8万吨增至32万吨，阿拉比卡咖啡年产量由1.1万吨增至2.5万吨，罗布斯塔咖啡年产量由5万吨增至10万吨，棉花年产量由18.6万吨增至25万吨，黍和高粱年产量由130万吨增至150万吨，水稻年产量由18万吨增至20万吨。近几年喀麦隆棉花产量和种植面积情况如下：

	2011/2012	2012/2013	2013/2014
种植面积（公顷）	148888	195027	220000
总产量（吨）	185419	227150	260000
单产（公斤/公顷）	1245	1165	1181

（资料来源：喀麦隆棉花生产全国联合会、喀麦隆棉花发展公司）

林业为喀国民经济支柱产业之一，森林面积占国土总面积的40%。喀政府重视林业发展，1999年进行林业改革，明令禁止原木出口，并对林地开采权进行公开招标。同年，针对禁止原木出口造成的出口收入下降问题，将树种分为传统树种和推广树种，后一种原木纳税后准许出口。2013年喀政府在林业方面的优先发展方向包括：继续加强对布巴·恩迪达（Bouba Ndjidda）等国家公园的生物多样性保护；促进林业有序开发，逐步减少原木出口比重，逐步提高木材加工率；森林规划采伐面积由目前的542万公顷增至752万公顷，树木种植数量由目前的754万棵增至810万棵，木材商业化数量由目前的230万立方米增至290万立方米，喀国内市场木材销售量力争达到150万立方米；制定林业反腐败战略，推动落实喀麦隆与欧盟签署的关于森林治理的自愿合作伙伴协议。2012—2014年喀麦隆林木产品产量如下（单位：立方米）：

	2012	2013	2014
工业用带皮原木	1580000	2200000	2747000
工业锯材	475000	500000	500000
胶合板	30000	30000	30000

（资料来源：联合国粮农组织）

喀渔业及相关产业从业者约20万人。海洋捕鱼主要依赖手工作业，水产养殖尚在起步阶段。水产品自给不足，每年需从国外进口15万吨左右鱼品。

全国牧场和草原面积1430万公顷。北部地区畜牧业较发达，主要以传统方式经营。畜牧业年产值占农业产值14%。2014年生产7.18万吨鸡肉、11.9万吨牛肉、1.7万吨羊肉，18.5万吨牛奶、6.8万吨羊奶，1.6万吨鸡蛋。（资料来源：联合国粮农组织）

【旅游业】旅游资源丰富，有“微型非洲”之称。政府重视发展旅游业，成立了以总理为主席的国家旅游理事会，在国外开设旅游代表处，并鼓励私人投资旅游业。1975年加入国际旅游组织。1985年9月建立喀麦隆旅游公司。1989年成立旅游部。1990年成立“全国促进旅游委员会”。截至2004年年底，全国有各类旅馆866家，其中星级饭店98家，外资饭店10家。全国有381个旅游景点，各类保护区45处。主要旅游点有贝努埃、瓦扎和布巴恩吉达等天然动物园。2012年共计拥有宾馆642家、导游197名、旅行社245家、饭店420家、夜总会104家。受近年喀国家公园发生大象被群体性猎杀、法国游客被劫持等事件的影响，2013年喀接待国外游客数量或将锐减至61.3万人次。2010—2013年喀接待国外游客人次如下：

	2010	2011	2012	2013
人次	581751	629845	689743	613000

（资料来源：喀麦隆旅游部）

【交通运输】已形成陆海空立体交通网络。公路交通占全国运输总量的85%以上。

铁路：总长1245公里，实际运营里程1016公里，为1米宽窄轨。年客运量约110万人次，货运量170万吨。

公路：总长约5.1万公里，其中沥青路4300公里。

水运：主要海港有杜阿拉、林贝和克里比，杜阿拉港为喀最大港口，货物吞吐量占全国港口货物总吞吐量的95%以上。2000年9月以来，该港口在世界银行的资助下进行改造，吞吐能力得到进一步提高。年吞吐量约700万吨。喀麦隆海运公司是全国最大的海运公司。主要河港是加鲁阿港，属季节性河港。

空运：目前喀麦隆除雅温得-恩西马兰、杜阿拉、加鲁阿等3大国际机场外，还有马鲁阿-萨拉克、恩冈代雷、贝尔图阿、巴富桑-巴姆古姆、巴门达-巴富特等5个二级机场。据喀民航局统计，2011年喀机场共计接送旅客约65万人次，飞机起降次数共计1.76万架次。另外，截至2012年，除喀航外，共有11家商业航空公司开通了连接至喀麦隆的航线。喀麦隆航空公司是在原喀国有航空公司的基础上组建成立的，总部位于杜阿拉市，现有3架波音飞机，经营国内和国际航线，2011年3月28日实现首航。此外，喀还有3家仅从事包机业务的小型航空公司。

【电信业】近年来，喀麦隆通信行业呈现持续发展势头。1998年全国仅有6.65万固定电话用户，2012年增至73.74万户，互联网用户从1998年的3000人增至2010年的近100万人。2013年，移动通信服务覆盖全国领土近80%，用户1310万。目前，喀麦隆移动通讯和固定电话市场共有3家运营商，提供互联网服务的企业近50多家。

【财政金融】财政收入主要靠税收。2012—2015年政府财政收支情况如下（单位：亿美元）：

	2012	2013	2014	2015
收入	47.5	51.66	54.68	44.84
支出	57.3	61.28	73.23	59.59
差额	–9.3	–9.62	–18.55	–14.76

2012—2015年外汇储备及外债情况如下（单位：亿美元）：

	2012	2013	2014	2015
外汇储备	34.31	36.69	32.04	26.90
外债总额	32.08	49.22	58.37	68.84

（资料来源：2016年英国伦敦《经济季评》）

喀现有商业银行10家，总体经营状况良好，有支付能力并能赢利。全国有730家储蓄和信贷合作社。此外还有社会保险银行、国家投资公司、负责管理公共债务的债务自治银行以及邮政储蓄银行等非商业银行或非银行金融机构。

喀杜阿拉证券交易所于1999年挂牌成立，目前有喀矿泉水公司（SEMC）、喀非洲林业与农业公司（SAFACAM）、喀棕榈公司（SOCAPALM）3家股票上市公司和5种债券入场交易。截至2014年9月15日，杜阿拉证券交易所总市值为3979.66亿非郎，其中股票市值1438.75亿非郎，债券市值2540.91亿非郎。

【对外贸易】实行贸易开放政策，强调贸易伙伴多样化。同120多个国家和地区有贸易往来，与30多个国家签有贸易协定。主要出口原油、碳氢燃料和润滑油、木材、橡胶、棉花、铝矿、香蕉、咖啡等，主要进口原油、冷冻海鱼产品、大米、药品、化肥、旅游车辆、货物运输车辆等。欧盟始终是喀第一大贸易伙伴，占喀对外贸易总额的50%以上。2015年主要出口对象国为西班牙、中国、印度、意大利等；主要进口来源国为中国、尼日利亚、法国、比利时等。近年对外贸易情况如下（单位：亿美元）：

	2012	2013	2014	2015
出口额	60.25	60.14	62.48	54.18
进口额	65.59	64.84	65.45	62.18
差　额	–5.34	–4.7	–2.97	–8

（资料来源：2016年英国伦敦《经济季评》）

【外国援助】主要援助方为法国、国际开发协会、欧盟、德国、非洲发展基金、英国、美国、日本。法国是喀最大援助国，2013—2014年共向喀提供官方发展援助2.02亿美元。（资料来源：经济合作与发展组织—发展援助委员会）

人民生活

2014年人类发展指数0.512，在188个国家中排名第153位。2014年人均预期寿命55.5岁。城镇人口占56%，15岁以下人口占总人口的42.9%。

医疗卫生状况在中部非洲地区相对较好。2011年公共医疗卫生开支占财政支出总额的5.2%。有国家级医院7所、省级医院11所、州级医院39所、区级医院131所、医疗中心和医疗点1456个，药店约400家。全国公共卫生机构共有医生1007人、护士4998人，平均每10万人有7名医生，每1000人有床位1.3张。儿童死亡率5.51%（2013年）。91.4%的城市人口和51.9%的农村居民享有清洁饮用水。艾滋病感染情况近年加剧，全国4.5%的人口为艾滋病病毒携带者。

军　事

1960年独立后建军。武装力量由陆、海、空军和宪兵组成。总统为全国武装部队最高统帅。2001年7月，喀麦隆军队实行重大改革，建立总统—国防部长—大军区司令—省军区司令的垂直领导体制。全国分为3个多军种大军区，司令部分别设在雅温得、杜阿拉和加鲁阿，这三地还设立3个宪兵军区。10个省内设立10个陆军防区。现役军人3.5万人，其中陆军1.91万人，海军2800人，空军1200人，宪兵1.19万人。

文化教育

【教育】全国15岁以上成人识字率为71.3%。国家重视发展教育事业。近几年来，喀麦隆教育经费在政府预算中一直居于前列，2010年教育支出占GDP3.2%。全国有公、私立中、小学校、技校和幼儿学校等约1.1万所，中小学教师近7万名，在校学生约270万。小学实行义务教育。适龄儿童入学率为84%，其中男86.6%，女79.7%。高等院校有雅温得一大、二大、杜阿拉、德昌、恩冈德雷、布埃阿6所综合性大学以及国家行政司法学校、青年和体育学院、国家高等邮电学校、公共管理高等学院等高等院校。在校大学生近25万人。

【新闻出版】喀麦隆新闻出版公司成立于1977年7月，下辖喀麦隆通讯社、《喀麦隆论坛报》报社等。登记注册的报刊有605家，其中绝大部分因经营困难不能定期出版发行。主要有：《喀麦隆论坛报》，1974年7月1日创刊，全国性官方报纸（法、英双语版），日发行3万余份；《行动报》，执政党人民盟机关报，法、英双语排版，原为周报，由于资金问题已停刊；《官方公报》，半月刊，由总统府出版发行，法、英文合刊，主要刊载总统、总理及各部颁布的法令、法律；《信使报》，1979年11月创刊，最有影响的私人报纸，每周出版三期，发行量2万份；《新言论报》，私人报纸，每周3期，发行量约1万份。此外，还有《动荡报》《前景报》《先驱报》等。

喀麦隆广播电台：总台设在首都雅温得，从5时至次日凌晨2时连续播音21个小时，用法、英和多种地方语言广播，覆盖率约为60%。在10个大区的首府设立地区电台，并在雅温得、杜阿拉、布埃阿和巴富桑四大城市建立了4个商业性的调频电台。

喀麦隆国家电视台：1986年4月成立，播放彩色电视节目，发射网可覆盖全国领土的约50%。平日播出时间为10个小时，从15时至次日1时；周六和周日延长至13和16个小时。1988年1月建成全国电视制作中心。

2000年4月政府颁布关于私人视听传媒企业建立和运营条件的法令，允许私人进入视听传媒领域。私人电台在首都和杜阿拉等城市有所增加。法国国际广播电台和英国BBC公司均在喀播放调频节目。

对外关系

喀麦隆对外奉行独立、不结盟、灵活务实的全方位外交政策。反对外来势力干涉非洲国家内政，积极推动非洲团结和合作，主张通过对话和相互宽容和平解决国际争端。支持建立地区经济一体化和集体安全机制，努力实现合作伙伴多样化。要求建立国际政治、经济新秩序，呼吁国际社会对非洲给予更多的关注。认为贫困是非洲民主化的主要威胁。同128个国家保持外交关系。

【同中国的关系】中国喀麦隆1971年3月26日建交，两国关系发展顺利。中方访喀的有：国家主席胡锦涛（2007年）、总理李鹏（1997年）、总理朱镕基（2002年）、全国政协主席贾庆林（2010年）、文化部长蔡武（2010年5月作为胡锦涛主席特使出席喀独立50周年庆典）、副总理回良玉（2011年1月）、国务委员刘延东（2011年12月）、外交部长王毅（2015年1月）等。喀方访华的有：总统阿希乔（1973年、1977年）、总统比亚（1987年、1993年、2003年、2006年11月出席中非合作论坛北京峰会、2011年）、国民议会议长卡瓦耶（2009年）、埃耶贝外长（2009年8月来华出席第七届中喀经贸合作委员会）、姆邦乔外长（2012年7月来华出席中非合作论坛第五届部长级会议，2015年8月来华出席第八届中喀经贸混委会）、菲勒蒙总理访华（2015年6月）。

2014年双边贸易额为25.7亿美元，同比增长36%，其中中方出口额为18.8亿美元，同比增长24%，进口额为6.9亿美元，同比增长48%。中方主要进口原油、木材、棉花，出口机电产品、纺织品、高新技术产品。

中国驻喀麦隆大使：魏文华。馆址：B.P.1307，Nouveau Bastos，Yaounde，Cameroun。地区号：00237。电话：222210083（使馆），222206429（经商处）；传真：222214395（使馆），222203191（经商处）。

喀麦隆驻华大使：马丁·姆帕纳（Martin Mpana）。馆址：北京市朝阳区三里屯东五街7号。电话：010-65321828；传真：65321761。

【同法国的关系】喀麦隆法国关系密切，交往频繁。2013年1月，比亚总统对法国进行工作访问，同奥朗德总统举行会谈。2013年3月，法国外长法比尤斯访喀。两国签有经济、财政、军事、司法等多个合作协定。法是喀最大援助国、投资国和贸易伙伴。法在"减债促发展合同"第一期（2005—2011年）合作项下向喀提供援款3527亿非郎，第二期（2011—2016年）提供2138亿非郎。2012年5月，喀批准两国于2009年签署的《防务伙伴关系协定》生效。2014年4月，《喀麦隆与法国防务伙伴关系协定》后续委员会会议在雅温得召开。7月，比亚总统赴法国出席普罗旺斯登陆70周年纪念活动。2015年2月，法国外交部长法比尤斯访喀。5月，法国内政部长卡泽纳夫访喀。11月，比亚总统赴法出席联合国气候变化巴黎大会。

【同美国的关系】喀麦隆重视发展同美国的关系。美是喀主要贸易伙伴。喀主要向美出口石油和矿石。美企业在喀油气开发、矿业、城市交通、电力等多个领域占有重要地位。两国政府间的合作主要集中在军事、农业和教育领域。2007年1月，美免除喀160亿非郎债务。2013年2月，两国在喀北部大区举行代号为"沉默战士"的联合军事演习。2014年8月，比亚总统赴美出席美非峰会。

【同英国的关系】喀麦隆西部两省曾为英国殖民地。1995年11月1日，喀获准加入英联邦。英国及英联邦在人权、良政、扶贫和高教等领域同喀有多个合作项目。2014年5月，英国外交部负责非洲事务的常务次官马克·西蒙斯访问喀麦隆。

【同其他国家的关系】喀麦隆重视发展睦邻友好关系，积极参与地区事务，努力推动非洲国家的团结和合作。由于历史原因，喀同尼日利亚曾在一些陆海疆界存有争议。2006年6月，喀尼签署和平协议，尼从巴卡西半岛撤军，半岛争端和平解决。2008年8月，尼正式将巴卡西半岛主权移交喀方。2015年7月，尼总统布哈里访喀。

2012年1月，乍得总统代比访喀，双方就签署喀—乍光纤网络互联谅解备忘录、建设喀—乍国际铁路达成共识。11月，赤道几内亚总统奥比昂访喀，双方主要就加强两国经济合作等交换意见。

2011年6月，比亚总统赴赤道几内亚出席非盟第17届首脑会议。2012年7月，比亚总统赴刚果（布）出席中部非洲经济与货币共同体第11届峰会。10月，比亚总统赴刚果（金）出席第14届法语国家组织峰会。12月，比亚总统赴赤道几内亚出席第7届非加太首脑峰会。2013年3月，比亚总统访问土耳其。2014年6月，比亚总统赴赤道几内亚出席非盟峰会。11月，比亚总统赴塞内加尔出席第15届法语国家组织峰会。

（吴鑫凯）

科　摩　罗

国名　科摩罗联盟（Union of Comoros，Union des Comores）。

面积　2236平方公里（包括马约特岛）。

人口　约80万。主要由阿拉伯人后裔、卡夫族、马高尼族、乌阿马查族和萨卡拉瓦族组成。通用科摩罗语，官方语言为科摩罗语、法语和阿拉伯语。99%的居民信奉伊斯兰教。

首都　莫罗尼（Moroni），人口约6万。热季为11月至次年5月，平均气温24℃—31℃，凉季为6—10月，平均气温19℃—27℃。

国家元首　总统伊基利卢·杜瓦尼纳（Ikililou Dhoinine），2011年5月就职。

重要节日　国庆节：7月6日。

简　况

西印度洋岛国，由大科摩罗、昂儒昂、莫埃利、马约特四岛组成。位于莫桑比克海峡北端入口处，东、西距马达加斯加和莫桑比克各约300公里。热带海洋性气候，年平均气温23℃—28℃。

西方殖民者入侵前长期由阿拉伯苏丹统治。1841年法国入侵马约特岛。1912年科摩罗四岛沦为法国殖民地。1946年成为法"海外领地"。1961年取得内部自治。1975年7月6日独立，成立科摩罗共和国，艾哈迈德·阿卜杜拉（Ahmed Abdallah）任总统。1978年10月22日改国名为科摩罗伊斯兰联邦共和国。1990年3月，赛义德·穆罕默德·乔哈尔（Said Mohamed Djohar）当选总统，组成科独立以来第一个多党联合政府。1995年9月，科前总统卫队长、雇佣军头目、法国人德纳尔发动军事政变，乔哈尔总统被囚，卡阿比总理成立过渡政府。乔哈尔获释后被送往留尼汪"治病"期间宣布成立合法政府，科出现两个政府共存局面。1996年1月，总统派和总理派实现和解，并于3月16日组织总统选举，穆罕默德·塔基·阿卜杜勒卡里姆（Mohamed Taki Abdoulkarim）当选。1997年7月，昂儒昂岛要求脱离科摩罗归属法国，10月宣布独立。1998年11月塔基病逝，塔基丁出任代总统。1999年4月19—23日，科各岛和各党派代表在非洲统一组织和马达加斯加等主持下召开岛际会议并达成《塔那那利佛协议》，决定成立科国家联盟，各岛高度自治，但昂儒昂岛代表拒绝签字。4月30日，科军参谋长阿扎利上校发动军事政变上台。阿扎利上台后，组成文官主导的新政府，并于2000年8月与昂儒昂岛领导人阿贝德签署《丰波尼共同声明》，原则同意进行民族和解，决定成立带有邦联性质的"科摩罗新集体"。2001年2月，科政府、反对党、昂儒昂岛当局、各岛代表及非统等9方签署《科摩罗和解框架协议》，科全面民族和解进程正式启动。12月23日，科通过新宪法草案，决定成立科摩罗联盟，赋予四岛高度自治权。2002年3—4月，科举行大选，阿扎利当选总统。

政　治

2006年4—5月，科摩罗联盟举行两轮总统选举，昂儒昂岛独立候选人、宗教领袖桑比以58.14%得票率当选，并于5月26日宣誓就职。2007年6月，昂儒昂岛前领导人非法举行地方选举引发政治危机。2008年3月，科政府军在非洲联盟联军支持下采取军事行动并控制该岛。2009年5月17日，科联盟政府组织全民公投，通过了旨在加强中央权威、削减各自治岛权力的宪法修正案。2010年11—12月，科摩罗举行两轮总统选举，原副总统伊基利卢·杜瓦尼纳当选新一任联盟总统。2011年5月26日，伊基利卢就任联盟总统。

【**宪法**】2001年12月23日，科摩罗通过独立以来第四部宪法，2009年5月、2014年2月进行修正。根据修改后的宪法，科实现行政、立法和司法三权分立体制。联盟设1名总统和3名副总统。总统为国家元首兼政府首脑和军队最高统帅，由各岛轮任，任期5年。各岛政府在尊重国家统一的前提下，实行自治。副总统负责协调和监督各自治岛行政机构依法施政。

【**议会**】国民议会为联盟最高立法机构，负责讨论通过国家法律法规、国家预算、监督政府行为等。修改后的宪法规定，议会24名议员通过直选产生，其他由各岛理事会（地方议会）各指定3人组成，任期5年。2015年2月，科举行议会选举，总统派获8席，反对党和独立候选人获其余16席。议长是阿卜杜·乌塞尼（Abdou Ousseni）。

【**政府**】现政府于2011年5月30日成立，2015年4月，改组。共有11人，成员有：总统伊基利卢·杜瓦尼纳，副总统兼卫生、团结、社会凝聚力和性别平等部长福阿德·穆哈吉（Fouad Mohadji），副总统兼财政、经济、预算、投资、外贸和私有化部长穆罕默德·阿里·萨利赫（Mohamed Alli Soilihi），副总统兼领土整治、基础设施、城市规划和住房部长努尔丁·布尔汉（Nourdine Bourhane），外交、合作、海外侨民、法语区与阿拉伯国家关系部长阿卜杜勒－卡里姆·穆罕默德（Abdoulkarim Mohamed），邮政、电信、新信息技术推广、通讯兼交通和旅游部长巴希亚特·马松迪（Bahiat Massoundi 女），掌玺、司法、公职、行政改革、人权和伊斯兰事务部长穆罕默德·艾尔－哈德·阿巴斯（Mohamed El-Had Abbas），国民教育、研究、文化和艺术兼青年和体育部长阿图马尼·阿里（Attoumani Ali），生产、环境、能源、工业和手工业部长西提·卡西姆（Siti Kassim），就业、劳动、职业教育和妇女创业部长达鲁斯·阿拉维（Darouss Allaoui），内政、新闻、权力下放兼协调国家机构关系部长兼政府发言人侯迈德·姆塞义迪（Houmed Msaidie）。

【**行政区划**】分为大科摩罗、昂儒昂和莫埃利三个自治岛。岛下设县、乡、村，三岛分别有7个、5个、3个县，共24个乡。

【**司法机构**】科联盟宪法规定，最高法院是联盟和各岛司法、行政和财政等问题的最高审判机关，法官终身任职。宪法法院负责审查联盟及各岛法律的合宪性，确认选举结果，审判选举争议，裁决联盟机构之间、联盟与各岛间有关权限问题的争议。共7名成员，由联盟总统、副总统、国民议会议长及各岛行政长官各指定一名法官组成。院长由宪法法院法官选出，任期6年，可连任。本届宪法法院成立于2008年7月，院长为阿卜杜拉扎库·阿卜杜勒哈米德（Abdourazakou Abdoulhamid）。

【**政党**】科目前有近50多个政党和政治团体。主要有：

（1）全国争取正义阵线（Front National pour la Justice，FNJ）：伊斯兰教政党。1990年11月19日成立，1992年被国家承认合法。宗旨是争取和平稳定，通过对话解决国家分裂危机。曾派团参加解决昂儒昂岛危机的国际会议，是有关文件签署方之一。总书记阿赫迈德·拉斯德（Ahmed Achid）。前总统桑比是该党创始人之一。

（2）科摩罗复兴公约党（Convention pour le Renouveau des Comores，CRC）：2002年7月21日成立。宗旨是捍卫国家统一、领土完整和民族和解成果，支持消除贫困的行动。主要机构有全国理事会、地区理事会、政治理事会、执行局和常设书记处。前总统阿扎利为名誉主席，哈米杜·卡里希拉（Hamidou Karihila）任总书记。

（3）科摩罗民主进步运动（Mouvement pour la

Démocratie et le Progrès，MDP）：1988年12月成立，成员多为商人。对内主张实行多党制，经济自由化和私有化；对外主张不结盟，睦邻友好，在相互尊重主权的基础上发展国家间关系。该党在阿卜杜拉、乔哈尔和阿扎利执政时期均为反对党。主席阿巴斯·尤素夫（Abbas Djoussouf）。

【重要人物】伊基利卢·杜瓦尼纳：科摩罗联盟总统。1962年8月14日生于莫埃利岛。1994年获几内亚科纳克里大学药剂学博士学位。曾担任科摩罗国家药房技术官员、国家药品政策制定委员会成员、2001—2004年医疗计划地区主任、莫埃利药房经理等职。2006年出任副总统，先后兼任卫生、团结和性别平等部长，财政、预算和妇女创业部长以及领土整治、基础设施、城市规划和住房部长。2011年5月就任联盟总统。

经　济

是世界最不发达国家之一。经济以农业为主，工业基础脆弱，严重依赖外援。1991年5月开始实行世界银行和国际货币基金组织制订的"结构调整计划"。国际金融危机对科吸引外国援助和投资造成一定消极影响。2011年伊基利卢就任总统以来，加大对基础设施、农业、卫生等领域投入，优化营商环境，广泛争取外援和投资。2013年年底，国际货币基金组织宣布科达到"重债穷国倡议"减债计划完成点。

2015年主要经济数据如下：

国内生产总值：约6亿美元。

人均国内生产总值：约750美元。

经济增长率：1.0%。

外汇储备：1.57亿美元。

货币名称：科摩罗法郎。

汇率：1美元≈444.9科法郎。

通货膨胀率：2.0%。

（资料来源：英国《经济季评》）

【资源】矿产和水力资源匮乏。渔业资源较丰富。

【工业】基础薄弱、规模小，主要为农产品加工业，另有印刷厂、制药厂、可口可乐瓶装厂、水泥空心砖厂和小服装厂等。2014年工业产值占国内生产总值的12.5%。

【农牧渔业】科是农业国家，80%的人口生活在农村，70%的劳动力从事农业生产。全国可耕地面积7万多公顷。2014年，农林牧渔业产值占国内生产总值的49.5%。主要粮食作物为水稻、玉米和薯类。粮食不能自给，需从国外进口。香草、丁香、鹰爪兰等经济作物的出口是科外汇收入主要来源。近年畜牧业有所发展。油料、粮食、肉类和牛奶主要从法国、阿联酋、南非和马达加斯加进口。

渔业资源较丰富，主要鱼种为金枪鱼、红鱼和青鱼。但工具落后，仅能在近海捕捞，捕鱼量不能满足国内需要。现有渔民8000余人，年捕鱼量约14300吨。科政府与欧盟签有捕鱼协定，欧盟有40艘渔船在科海域捕鱼。

【旅游业】旅游资源丰富，海岛风光秀美，伊斯兰文化特色鲜明，但旅游资源尚待充分开发。现有客房760间，床位880张。外国游客中68%来自欧洲，29%来自非洲。

【交通运输】无铁路，岛上交通工具为汽车，岛际交通工具为轮船和飞机。独立以来，政府用于交通运输方面的投资占全部经济建设资金的一半以上。

公路：总长880公里。

水运：国营的科摩罗港口和海运公司有客货两用轮3艘，港口年吞吐量约10万吨。穆察穆都港为科最大港口，可停靠2.5万吨级轮船。

空运：有赛义德·易卜拉欣王子国际机场（哈哈亚机场），跑道长2400米。也门、毛里求斯、马达加斯加和法国航空公司有班机经停。

【财政金融】财政收入主要靠税收和外国援助，赤字居高不下。根据经济结构调整计划，近年来科政府努力削减公共开支。多边债权方主要有非洲开发银行、世界银行、阿拉伯非洲发展银行等，法国是科最大双边债权国。

有5家银行：科摩罗中央银行（la Banque Centrale des Comores），1962年成立，1975年科独立后用现名；科摩罗工商银行（la Banque pour l'Industrie et le Commerce），1990年底成为巴黎国民银行在科分行，注册资本600万法国法郎；科摩罗发展银行（la Banque de Développement des Comores），注册资本600万法国法郎，政府拥有50%的资本；科摩罗国家储蓄银行（la Caisse nationale d'épargne）；2008年由坦桑尼亚投资成立进出口银行（EXIM Banque）。

【对外贸易】外贸在科经济中占重要地位，2014年进出口总额占国内生产总值的73.9%。外贸连年逆差。生活用品几乎全部依靠进口。主要进口粮食、肉类、石油产品、水泥、钢铁、日用品、交通工具和建筑材料等。主要出口香料等农产品，香草、丁香、鹰爪兰为三大出口香料。主要进口国有法国、中国、印度、阿联酋等，主要出口国有法国、土耳其、希腊等。

【外国援助】基础设施建设基本依靠外援。联合国系统（含世界银行）援助居科外援首位，约占30%，其他多边援助占24%。法国是科最大援助国。其他援助方有欧盟、沙特、科威特、日本、美国、中国等。2010年3月，卡塔尔政府及阿拉伯联盟、伊斯兰会议组织、联合国开发计划署在多哈联合召开支持科摩罗联盟发展与投资会议，为科筹得5.4亿美元的援助和投资项目。2012年12月，科摩罗通过国际货币基金组织和世界银行的"重债穷国倡议"决策点审查。2013年9月，世界银行向科提供2730万美元无偿援助，帮助科促进电信和能源领域发展。11月，科和非洲开发银行签署经援协议，非发行将向科提供2010万美元无偿援助，帮助科加快电网建设。12月，国际货币基金组织确认科已达到“重债穷国倡议”减债计划完成点。2015年2月，非洲开发银行向科水电公司提供1800万美元无偿援助。3月，欧盟与科签署合作协议，将在2014-2020年向科提供6800万欧元无偿援助。4月，国际重建和发展银行、国际开发协会与科签署协议，将向科提供1300万美元无偿援助。5月，欧盟与科签署协议，将向科提供600万欧元的无偿援助，为科修缮118公里的道路。同月，非盟与科签署合作协议，将向科提供114万美元无偿援助，用于支持科政府与新西兰、联合国开发计划署共同实施的地热开发项目。

人民生活 据《2015年世界人类发展报告》统计，科人类发展指数在188个国家中列第159位。全国共有5所医院、10个卫生中心和49个卫生站。82%的人口享受基本卫生保健服务。每7500人拥有一名医生，每342人有一张病床，每千人有10部电话。80%的人口患有不同程度的疟疾。平均预期寿命男性58岁，女性63岁。据科2013年千年发展目标年度报告，科贫困率45.6%。

军　事 科武装力量由军队、宪兵、警察和情报机构四部分组成。其中军队于1990年12月由武装部队和原总统卫队合并而成。编制为指挥和支援连、两个战斗连和总统安全分队。实行志愿兵役制，军官、士官从高中毕业生中招募，服役年限根据需要而定。士兵不定期招募，无严格年龄限制，一般服役15年。

总统为军队最高统帅，总统府国防国务代表（相当于国防部长）和参谋长负责实际工作。法国与科签有“防御协定”，负责科海、空防务，其军舰定期在科海域巡逻。法在马约特岛设有海军基地和驻军司令部。

文化教育 【教育】科教育分为古兰经式传统教育和现代化教育两大系统。古兰经式传统教育由地方集体办学，国家不干涉。现代化教育采用法国模式，由科教育部管理。学校用法语、科摩罗语和阿拉伯语教学。学制为小学6年，初中3年，高中4年。其中高中分为普通高中和职业技术高中（学制3年）。小学入学率65%，中学17%，成人（15岁以上）文盲率44%。2003年11月，科第一所大学科摩罗大学成立。此外，国外奖学金是科学生接受高等教育的重要途径。20世纪90年代中期以来，科教育经费预算一直占国家预算总额的22%左右，教育工作者占工薪人员的40%。

【新闻出版】科无通讯社，国际新闻主要采编自法新社，国内新闻由官方驻各地记者供稿。

法文《祖国报》是官方报纸，时有科摩罗语版面。主要在国内发行，部分在法国销售。

科摩罗广播电台是国家电台，于法国殖民统治时期成立，主要用科摩罗语播音，每天用法语播报三次新闻，有时也用阿拉伯语、马达加斯加语和斯瓦希里语播音。1991年4月，由德国无偿援建的中、短波发射台投入使用，可覆盖全国四岛。中国国际广播电台调频广播在科落地。

2006年5月，中国援建的国家电视台正式开播，并开始每天转播中国中央电视台西法频道节目。昂儒昂岛有一家私人电视台，用科摩罗语播送地方新闻并转播法国电视台节目。

对外关系 奉行独立、睦邻友好、不结盟和全方位务实外交政策。优先发展同本地区国家、法国、欧盟和中国的关系，重视与印度洋邻国的团结与合作，主张建立印度洋和平区，积极发展同阿拉伯国家关系。是非盟、阿盟、印委会、东南非共同市场成员国。伊基利卢总统执政后，强调确立外交为发展服务的理念，继续实行全方位开放政策，促进对外合作关系多样化。

【同中国的关系】1975年11月13日与中国建交。21世纪以来，中方访科的主要官员有：外经贸部部长助理何晓卫（2000年8月）、外交部领导成员乔宗淮（2002年12月）、外交部长李肇星（2004年1月）、文化部副部长赵维遂（2006年7月）、商务部副部长高虎城（2008年5月）、外交部副部长翟隽（2010年1月）、教育部副部长郝平（2011年5月作为中国政府特使出席伊基利卢总统就职仪式）、全国政协副主席、中联部部长王家瑞（2015年3月）、国家卫生和计划生育委员会副主任王国强（2015年3月）等。

科方访华的主要有：外交与合作部长苏埃夫·穆罕默德·阿明（2000年10月），经济、贸易、工业和手工业部长苏恩迪·阿布杜·托依布（2000年10月），阿扎利总统（2003年6月国事访问、2005年9月来华休假），国家发展军参谋长萨利赫·穆罕默德（2005年7月），投资部长赛义德·阿杜马纳（2007年10月），桑比总统（2006年11月来华出席中非合作论坛北京峰会，2007年11月来华休假），国家发展军总参谋长萨利姆·阿米里（2008年10月），副总统兼卫生部长伊基利卢·杜瓦尼纳·马迪（2009年4月），财政经济部长穆罕默德·阿里·萨利赫（2009年6月），邮政电信部长阿卜杜鲁瓦希姆·赛义德·巴卡尔（2009年6月），外交部长贾法尔（2010年5月来华出席中阿合作论坛第四届部长级会议），副总统兼农业、渔业、环境、能源、工业和手工业部长伊迪·纳杜瓦姆（2010年7月来华出席上海世博会科国家馆日活动），副总统兼财经部长萨利赫（2012年7月来华出席中非合作论坛第五届部长级会议），外长巴克里（2012年7月来华出席中非合作论坛第五届部长级会议），副总统兼卫生部长福阿德·穆哈吉（2013年8月来华出席中非部长级卫生合作发展会议等，外长哈桑（2014年6月来华出席中阿合作论坛第六届部长级会议）。2015年9月，副总统兼卫生部长福阿德·穆哈吉来华出席2015年中国—阿拉伯国家博览会和中国—阿拉伯国家部长级卫生合作论坛。10月，穆哈吉副总统出席在南非举行的第二届中非部长级卫生合作发展会议。

中科贸易额较小，基本为中方出口。中方主要向科出口日用百货、纺织品、小农具、电视机等，进口香料。2014年，中科贸易总额为4100万美元，同比上升36.2%。

两国签署有文化合作协定。中国自1982年起向科提供奖学金名额，截至2013年共接受科奖学金生118名。2014年科在华留学生197名，其中奖学金生57名。中国自1994年起向科派遣医疗队，已派出10批共109人次，现有广西派出的10名医疗队员在科工作。

中国驻科摩罗大使：肖明。馆址：Coulee De Lave No.c.109 Moroni Comores。电话：00269-7732521。电传：235 AMBACHIN KO。经商处电话：00269-7732931。

科摩罗驻华大使：马哈茂德·穆罕默德·阿布德（Mahmoud Mohamed Aboud）。馆址：北京朝阳区新东路1号塔园外交公寓3-1-32。电话：85322041。

【同法国的关系】两国有着特殊关系，法国一直是科最大贸易伙伴和援助国。1975年科独立后同法国关系一度中断。1978年7月1日两国建交，同年12月法、科签订《友好合作条约》《经济、财政和货币协定》《文化教育协定》和《防务协定》，法全面恢复对科援助。法国总统、总理均曾访科，科总统、总理、议长等均多次访法。法各种顾问、专家遍及科军政各部门。2008年3月，法国支持科政府军对昂岛采取军事行动，并承担了部分运兵任务。科法在马约特岛归属问题上长期存有争议。2009年3月，法国在其实际控制的马约特岛组织“建省公投”并获得通过，单方面宣布马约特岛自2011年起由法“海外领地”正式成为“海外省”，遭到科方强烈反对。2013年6月，伊基利卢总统访法，与法总统奥朗德举行会谈并共同签署《科法友好合作宣言》。2015年9月，法宣布将向科环保组织提供约150万人民币的物资和技术支持。

【同美国的关系】1979年科、美建交。1985年8月，美在科建使馆。1990年9月，美向科派出第一位常驻大使，1993年撤馆，由美驻毛里求斯大使兼任驻科大使。美从1988年开始向科派驻和平队，帮助科培训军官和海关人员。美在科有农业合作，并从科进口香料。1999年4月科发生军事政变后，美曾对科实行制裁。2007年昂儒昂岛危机出现后，美支持科联盟政府，并为科军提供药品。2014年7月，科美签署军事和国防合作协议。8月，伊基利卢总统赴美出席美非峰会。2015年9月，科美签署反恐领域合作协议。根据协议，美国将帮助科在机场、海关建设身份鉴定安防系统。

【同阿拉伯和非洲国家的关系】科历届政府重视发展与阿拉伯国家的关系。1993年9月，科加入阿拉伯国家联盟。1998年以来，科历任总统大力推行伊斯兰化，多次出访阿拉伯国家。2003年4月，科加入阿拉伯货币基金组织。阿拉伯国家每年都为科提供军用物资和经济援助。2010年在多哈联合召开了支持科摩罗联盟发展与投资会议，阿拉伯国家承诺为科提供5.4亿美元的援助和投资项目。2015年1月，科与沙特发展基金签署援助协议。根据协议，该基金将向科提供3000万美元用于实施总长33.5公里的道路建设和修缮工程。4月，科宣布将与摩洛哥、沙特、卡塔尔、毛里求斯、塞舌尔、马达加斯加、肯尼亚、坦桑尼亚等8国建立混委会，以应对恐怖主义、极端势力、海盗的威胁。9月，沙特宣布将为科援建10所中学并向科提供500万美元援助。

2007年昂儒昂岛危机出现后，坦桑尼亚、利比亚、苏丹、塞内加尔等国对科联盟政府立场表示支持。2008年3月，坦桑尼亚、苏丹等国派兵帮助科政府军对昂儒昂岛采取军事行动。

【同周围岛国的关系】科与马达加斯加关系密切。1975年科、马建交。双方签有航空、海运、签证、海关和教育合作等协定。马是非洲统一组织“马约特岛问题特别委员会”成员国，支持科收复马约特岛。科在马达加斯加有4万侨民。1978年，因马发生排科侨事件，两国关系一度中断，1985年恢复正常。马积极推动科民族和解进程，曾于1999年4月在马主持召开科岛际会议。2013年10月和12月，科前总统阿扎利率印度洋委员会观察员代表团两次赴马达加斯加观察大选。

1984年，科与毛里求斯建交。两国签有卫生和文教合作等协定。1999年4月科发生军事政变后，毛对昂儒昂岛采取禁运等制裁措施。2003年，马、毛同南非共同协调，推动科联盟政府与三岛达成《科摩罗过渡措施协议》。

2007年昂儒昂岛危机出现后，马达加斯加、毛里求斯、塞舌尔等科邻国举行多次地区外长会议，对科联盟政府立场表示支持。

2014年，印度洋委员会第四届国家元首和政府首脑会议在科举行。

附：

马约特岛问题

马约特岛（Mayotte）位于莫桑比克海峡，与大科摩罗岛、昂儒昂岛、莫埃利岛共同组成科摩罗群岛。马岛面积374平方公里，居民约18.6万人。经济以农业为主，主要生产香子兰等香料。

马岛于1841年沦为法殖民地。1974年12月，科四岛就独立问题举行全民公决，95.96%的居民赞成独立，但大部分马岛居民反对独立。法借此提出科四岛分别就独立问题重新投票。1975年7月6日，科自治政府宣布包括马岛在内的整个科摩罗群岛独立。1975年11月12日，联合国通过第3385号决议承认科领土由大科摩罗、昂儒昂、莫埃利和马约特四岛组成。法虽同意科独立，但坚持马岛前途由马民众自决。1976年12月，马岛就独立问题再次举行公民投票，99.4%的民众选择留在法国，法遂确定马岛为法“海外领地”。法在该岛设有海军基地。

科历届政府要求法归还马岛。联合国、非洲联盟及其前身非洲统一组织多次通过决议，重申马岛是科领土。科法双方多次就马岛争端进行对话协商，但迄未有实质进展。

2009年3月29日，法在马岛就该岛由法“海外领地”转变为“海外省”组织公投，并获得95.2%的选民支持。法遂宣布马岛自2011年起成为其第101个省，第5个“海外省”。科摩罗拒绝承认公投结果，表示绝不允许法将马岛从科分裂出去，非盟亦表示公投无效。法并于2012年推动欧盟理事会批准马约特岛获得欧盟外延区地位，遭到科方强烈反对。近年来，科法关系逐渐转圜，在马约特岛问题上的调门均有所减弱。

（张学荫）

科特迪瓦

国名 科特迪瓦共和国（The Republic of Côte d’Ivoire，La République de Côte d’Ivoire）。

面积 322463平方公里。

人口 2130万（2015年，数据来源：2015年第四季度《经济季评》）。全国有69个民族，分为4大族系：阿肯族系约占42%，曼迪族系约占27%，沃尔特族系约占16%，克鲁族系约占15%。近年来，来自布基纳法索、加纳、几内亚、马里和利比里亚等国的外国侨民人口数目增长较快，约占人口总数的26%。各民族均有自己的语言，全国大部分地区通用迪乌拉语（无文字）。官方语言为法语。居民38.6%信奉伊斯兰教，30.4%信奉基督教，16.7%无宗教信仰，其余信奉原始宗教等。

首都 政治首都亚穆苏克罗（Yamoussoukro），人口97万（2014年）。经济首都阿比让（Abidjan），人口429万（2014年）。2—4月气温最高，平均为24℃—32℃；8月气温最低，平均为22℃—28℃。1983年3月12日，科国民议会决定将首都迁往亚穆苏克罗，但至今政府机构和外交使团仍留在阿比让。

国家元首 阿拉萨内·德拉马内·瓦塔拉（Alassane Dramane OUATTARA），2011年5月21日正式就职，2015年10月获得连任，11月3日开始其第二个总统任期。

重要节日 国庆日：8月7日。

简况

位于非洲西部。西与利比里亚和几内亚交界，北与马里和布基纳法索为邻，东与加纳相连，南濒几内亚湾，海岸线长约550公里。属热带气候。北纬7°以南为热带雨林气候，年平均气温25℃；北纬7°以北为热带草原气候，年平均气温略高于南部。全年分为四个季节：4—7月中旬为大雨季，7月中旬至9月为大旱季，9—11月小雨季，12月至翌年3月为小旱季。

中世纪时期境内曾建立过一些小王国。11世纪，塞努弗人在北部建立的宫格城为当时西非南北贸易中心之一。15世纪后半叶，葡萄牙、荷兰、法国殖民者相继入侵。1475年，葡萄牙殖民者将沿海一带命名为“科特迪瓦”。1893年沦为法自治殖民地。1958年12月，成为“法兰西共同体”内的“自治共和国”。1960年8月7日独立，但仍留在“法兰西共同体”内。翌年4月脱离共同体。

政治

首任总统费利克斯·乌弗埃-博瓦尼，曾7次蝉联，直至1993年12月7日逝世。议长亨利·科南·贝迪埃继任总统。1995年10月，贝迪埃胜选蝉联。1999年12月，前总参谋长罗贝尔·盖伊发动军事政变，推翻贝迪埃总统，自任总统和全国救国委员会主席，并成立了过渡政府。

2000年10月，人民阵线候选人巴博当选总统。2002年9月，科部分军人发动兵变，引发内战。2007年3月，巴博总统和叛军领导人、“新生力量”总书记索罗签署《瓦加杜古协议》，宣布进入政治过渡期。

2010年10月，科举行首轮总统选举，巴博和反对派领导人瓦塔拉进入第二轮大选。11月底第二轮选举后，科发生严重的选后危机。12月初，科独立选举委员会宣布瓦塔拉当选，而宪法委员会则宣布巴博总统蝉联，二人随后分别宣誓就职并组建各自政府。国际社会多次调解斡旋未果。

2011年3月下旬，支持瓦塔拉的“共和武装”自北方发动攻势，迅速控制全国大部分地区，并于3月31日攻入经济首都阿比让。4月11日巴博被捕后，选后危机宣告结束。瓦塔拉于5月21日正式就任总统。瓦塔拉执政后，成立“真相、和解、对话委员会”，积极推进民族和解，努力恢复社会治安，启动安全部门改革，大力开展经济重建。科局势总体稳定，但仍有少数反政府武装分子在边境地区活动。

2012年3月13日，科进行政府改组，瓦塔拉总统任命前掌玺与司法国务部长阿胡苏为总理。11月14日，瓦塔拉总统宣布解散政府，随后任命前外长敦坎为总理组成新政府。

2015年10月，现任总统瓦塔拉以83.6%的得票率在首轮总统大选中获胜，11月3日正式开始其第二个总统任期。

2016年1月12日，瓦塔拉总统签署总统令，任命新一届内阁，总理敦坎留任新政府总理。

联合国自2004年4月向科派驻驻科特迪瓦行动团（简称联科团）。2014年6月，联合国安理会通过2162号决议，将联科团任期延长至2015年6月30日。2016年1月联合国安理会通过决议，决定至3月30日将联科团人员削减至4000人。2014年4月，联合国安理会通过2153号决议，决定把针对科特迪瓦的武器禁运等制裁措施期限延长至2015年4月30日，并终止实施科毛坯钻石出口禁令。

【宪法】2000年7月全民公决通过科独立后第二部宪法。宪法规定，科实行共和国总统制，行政、立法和司法三权分立。总统是国家元首，也是武装部队最高统帅，享有最高行政权力，由普选产生，任期五年，可连选连任一次。总理为政府首脑，由总统任命。

【议会】实行一院制，即国民议会，是国家最高立法机构，每届任期五年。2011年12月科平稳举行议会选举，在253个议席中，执政党共和人士联盟获138席，民主党获86席，独立人士17席，科特迪瓦民主和平联盟8席，未来力量运动联盟3席，科特迪瓦联盟1席。新一届议会于2012年3月12日正式成立，并选举前总理索罗·基格巴福里·纪尧姆（SORO Kigbafory Guillaume）为议长。

【政府】本届政府于2016年1月12日成立，瓦塔拉总统兼任国防部长。成员包括：总理兼经济、财政与预算部长达尼埃尔·卡布兰·敦坎（Daniel Kablan DUNCAN）；内政与安全国务部长哈米德·巴卡约科（Hamed BAKAYOKO）；外交国务部长阿布达拉·阿尔贝·图瓦克斯·马布里（Abdallah Albert Toikeusse MABRI）；计划与发展部长尼娅雷·卡巴（Nialé KABA）；就业与社会保障部长穆萨·多索（Moussa DOSSO）；掌玺与司法部长桑桑·康比（Sansan KAMBILE）；总理府负责经济与财政事务的部长阿达马·科内（Adama KONE）；非洲一体化及海外侨民部长阿利·库利巴利（Ally COULIBALY）；石油与能源部长阿达马·图恩加拉（Adama TOUNGARA）；环境与可持续发展部长雷米·阿拉·夸迪奥（Rémi Allah KOUADIO）；经济基础设施部长帕特里克·阿希（Patrick ACHI）；公职与行政现代化部长帕斯卡·阿比南·库阿库（Pascal Abinan KOIAKOU）；国民教育部长坎迪娅·卡米索科·卡马拉（Kandia KAMISSOKO CAMARA，女）；商务部长让-路易·比永（Jean-Louis BILLON）；高等教育与科研部长哈玛塔·利-巴卡约科（Ramata LY-BAKAYOKO）；交通部长加乌苏·杜尔（Gaoussou TOURE）；畜牧业和水产资源部长科贝纳·夸西·阿朱马尼（Kobenan Kouassi ADJOUMANI）；健康与公共卫生部长雷蒙德·古杜·科菲（Raymonde GOUDOU COFFIE，女）；农业与农村发展部长马马杜·桑加福瓦·库利巴利（Mamadou Sangafowa COULIBALY）；建设与城市规划部长马马杜·萨诺戈（Mamadou SANOGO）；工业和矿业部长让·克劳德·布鲁（Jean-Claude BROU）；妇女、家庭发展与儿童保护部长欧弗拉希·库阿西·姚（Euphrasie KOUASSI YAO，女）；文化与法语国家事务部长莫里斯·夸库·班达曼（Maurice Kouakou BANDAMAN）；数字经济与邮政部长、政府发言人布鲁诺·纳巴涅·科内（Bruno Nabagné KONE）；水利与森林部长路易-安德烈·达库利·塔布雷（Louis-André DACOURY-TABLEY）；新闻部长、政府助理发言人阿富西亚塔·班巴-拉明（Affoussiata BAMBA-LAMINE，女）；旅游部长罗歇·卡库（Roger KACOU）；体育与娱乐部长阿尔贝·弗朗索瓦·阿米恰（Albert François AMICHIA）；国家创业、中小企业和手工业部长安祖马纳·穆塔耶（Anzoumana MOUTAYE）；总统府负责国防事务的部长阿兰·理查德·东瓦伊（Alain Richard DONWAHI）；总理府负责预算事务的部长阿卜杜哈马纳·西塞（Abdourhamane CISSE）；青年发展就业与公民服务部长西迪·杜尔（Sidi TOURE）；城市卫生与清洁部长安妮·德西雷·乌洛托（Anne Désirée OULOTO）；团结、社会和谐与受害者补偿部长玛里亚图·科内（Mariatou KONE）；人权与公共自由部长波莱特·巴乔·埃祖于（Paulette Badjo EZOUEHU）。

【行政区划】科政府分别于2011年9月和2012年7月对地方行政区划进行改革，调整后的行政区划共分31个大区和197个市镇。

【司法机构】科司法机构主要包括初审法院、上诉法院、最高法院和特别最高法庭。各级法院设有相应的检察院或总检察院。现任最高法院院长勒内·弗朗索瓦·阿菲-库阿西（René François APHING-

KOUASSI），2015年2月就任。现任最高法院总检察长哈达德·苏珊娜（Haddad Suzanne，女）。

【政党】1990年4月起实行多党制，目前主要政党有：

（1）共和人士联盟（Rassemblement des Républicains）：执政党。1994年9月27日成立。口号是自由、平等、民主和劳动，宗旨是通过改革推动国家实现法制化、民主化，在尊重宗教信仰的基础上加强国家机构建设，合理分配经济成果，避免贫富差距过大。在科北部和穆斯林地区影响较大。1999年年底军事政变后，参加过渡政府。2001年市政选举中得票最多。2010年与科特迪瓦民主党、科特迪瓦民主爱国联盟、未来力量运动等3个政党组成“捍卫民主和平乌弗埃人士联盟”（RHDP）参加总统选举。主席为现任总统阿拉萨内·德拉马内·瓦塔拉。2011年7月，前任总书记亨丽埃特·迪亚巴特被任命为科国家勋位委员会主席后，阿马杜·苏马霍罗（Amadou SOUMAHORO）出任代理总书记。

（2）科特迪瓦民主党（Parti Démocratique de Côte d'Ivoire）：参政党。1946年4月30日成立，是科成立最早的政党，创始人为科首任总统博瓦尼，自科独立后至1999年年底军事政变前长期执政。在阿肯族为主的中东部地区特别是亚穆苏克罗和布瓦凯市影响较大。口号是和平、自由、务实、开放和对话，主张对内通过“对话”和“和解”，实现民族团结；对外通过“对话”和“和平”，在正义的基础上建立国际政治经济新秩序。主席亨利·科南·贝迪埃（Henri Konan Bédié），总书记阿尔方斯·马蒂·杰杰（Alphonse Mady DJEDJE）。

（3）科特迪瓦人民阵线（Front Populaire Ivoirien）：简称人阵，主要反对党。1983年3月在法国成立。骨干力量为知识分子和青年学生。在克鲁族为主的中西部地区及首都阿比让影响较大。主张平等、自由、公正和多党民主，奋斗目标是建立人人平等的民主制度，实行社会主义。同法国社会党关系密切。1992年2月曾组织大规模游行示威，遭政府镇压后宣布放弃暴力斗争而通过选举和平夺权。1999年军事政变后，参加过渡政府。2000年10月，该党候选人巴博在总统选举中获胜。2011年4月科大选危机结束后，巴博被科政府移交国际刑事法院，党主席恩盖桑等被羁押，部分骨干流亡加纳。人阵抵制了2011年12月的立法选举。2013年8月，人阵党主席恩盖桑获释。目前人阵主席阿菲·恩盖桑（Affi N'Guessan），总书记阿涅·莫奈（Agnès Monnet, 女）。

其他政党还有科特迪瓦民主与和平联盟（Union pour la Démocratie et la Paix de Côte d'Ivoire）、未来力量运动联盟（Mouvement des Forces d'Avenir）、科特迪瓦联盟（Union pour la Côte d'Ivoire）、科特迪瓦劳工党（Parti Ivoirien des Travailleurs）、科特迪瓦民主爱国联盟（Union Démocratique et Patriotique de Côte d'Ivoire）、公民民主联盟（Union Démocratique et Citoyenne）、社会民主党（Parti Social Démocrate）等。

【重要人物】**阿拉萨内·德拉马内·瓦塔拉**：总统。1942年1月1日生于科特迪瓦丁博克罗。信奉伊斯兰教。曾留学美国，获经济学硕士、博士学位。长期在国际货币基金组织和西非国家中央银行工作。1990年11月被博瓦尼总统任命为科首任总理，直至1993年12月博瓦尼逝世。此后，瓦重返国际货币基金组织工作。1999年返回科特迪瓦，任“共和人士联盟”主席。2010年10月参加总统选举。2011年5月正式就职。2015年10月连任总统。 **索罗·基格巴福里·纪尧姆**：国民议会议长。1972年5月8日生。信奉基督教。曾是科学生运动主要领导人，后赴法留学。1999年科军事政变后回国领导“法语大学生国际论坛”。2001年创建科爱国运动组织。2002年内战后，参与创建“新生力量”并被推举为总书记。2007年3月任过渡政府总理。2010年12月被瓦塔拉任命为总理。2011年6月瓦组成新政府，索罗留任总理。2012年3月8日辞职并于12日当选议长。

总理兼经济与财政部长达尼埃尔·卡布兰·敦坎：1943年6月30日生，曾留学法国，获国际商学工程师学位。民主党政治局委员。曾任职于科政府财经部、国际货币基金组织、西非国家中央银行。1990—1993年瓦塔拉任总理期间，任总理府负责财经事务的部长级代表。1993—1999年担任科总理。瓦塔拉执政后于2011年6月出任外长。

2012年11月任内阁总理兼经济、财政、预算部长。2016年1月留任新政府总理兼经济、财政、预算部长。

经　济

独立后实行以“自由资本主义”和“科特迪瓦化”为中心内容的自由经济体制。2002年爆发内战后，科经济陷入困境。2007年内战结束后，经济低速回升。2011年4月科大选危机结束后，新政府积极开展恢复重建，大力扶持港口、石油等重点部门，振兴咖啡、可可等支持产业，整顿金融市场，开展基础设施建设，改善投资环境，积极争取外援和外资，取得一定成效。

2014年国民经济实现较快增长，主要经济数据预计如下：

国内生产总值（GDP）：342.54亿美元。

人均国内生产总值：1646.43美元。

国内生产总值增长率：9.1%。

货币名称：非洲金融共同体法郎（franc de la Communauté financière d'Afrique），简称非洲法郎（FCFA）。

汇率：1美元≈593非洲法郎。

通货膨胀率：1.5%。

（资料来源：世界银行数据）

【资源】主要矿藏有钻石、黄金、锰、镍、铀、铁、铜、铬、铝矾土和石油。已探明的石油储量约2.2亿桶，天然气储量1.1万亿立方米，铁矿石15亿吨，铝矾土12亿吨，镍4.4亿吨，锰3500万吨。森林面积250万公顷。受长期战乱影响，科能矿资源开发对国民财富的贡献率不到1%，2013年石油日产量25043桶。科矿产资源开发占国内生产总值不到5%，目前仅有黄金和锰实现工业化开采，2013年产量分别为13吨和30万吨。2014年3月，科国民议会通过新《矿业法》。

【工业】2012年工业产值约占国内生产总值的24.9%。农产品加工业是主要工业部门。其次是棉纺织业、炼油、化工、建材和木材加工工业。近年来矿产能源业在科工业领域所占比重逐年增加。2013年科石油产量为914万桶。科曾是西非电力大国，多余电力向贝宁、多哥等国出口。但近年来受战乱影响，电力行业发展缓慢。2010年甚至从周边国家进口电力。2012年科发电量约为62.41亿度。

【农业】农业是科经济基础，2013年产值约占国民生产总值的26.3%。全国可耕地面积为802万公顷。农业从业人口占全国劳动力的49%。主要经济作物是可可和咖啡，种植面积占全国可耕地面积的60%。可可生产和出口居世界第一位，占全球供给量的40%。咖啡生产居非洲第三位，世界第十二位。可可和咖啡的出口占外汇收入的40%，国内生产总值的约20%。2010/2011年度可可产量139万吨，咖啡产量9.44万吨。由于植株老化，可可和咖啡的产量有所下降。2011/2012年可可产量为155万吨；咖啡产量4.16万吨。2011年11月以来，科着手改革可可行业，成立了可可咖啡委员会，负责行业的监管、稳定和发展工作。近年来，腰果产量快速增加，2015年产量70.2万吨，科成为全球第一大腰果生产国。棉花也是重要经济作物，2.12年产量26万吨，2013年产量34万吨。2010/2011年度籽棉产量17.82万吨。棕榈油和橡胶是传统出口产品，2012年分别为41万吨和25.6万吨。近年重要经济作物产量如下（单位：万吨）：

	2010/2011	2011/2012	2012/2013
可可	139.39	155.94	139.25
咖啡	9.44	4.16	12.23
籽棉	17.82	19.83	27.26

（资料来源：法国国家银行2012年度法郎区报告）

粮食不能自给，主要有玉米、小米、高粱、稻米、木薯、山药等。近年来热带水果出口量亦有所增加，主要有香蕉、菠萝、木瓜等。

森林资源丰富，木材一直是科主要出口产品。由于过量采伐、农业开发、干旱和森林火灾等原因，森林面积从1960年的1500万公顷锐减至1991年的250万公顷。2010年森林面积1040平方公顷，森林覆盖率32.6%。畜牧业不发达。禽蛋基本自给，肉类一半靠进口。渔业产值占农业生产总值的7%，就业人口7万。年捕鱼量8万—10万吨，仅能满足20%—25%的国内消费需求。

【服务业】服务业以商业和运输业为主。2013年服务业产值占国内生产总值的52.4%。近年来，在国家的大力扶持下电信业发展迅速。营业额由2007年度的5440亿非郎增至2008年度的6820亿非郎，其中82%的营业额来源于手机通信业务。2008年度，电信业投资额达1220亿非郎，直接创造就业机会4000多个。科固定电话用户近年稳定在30万户左右。2010年每100人拥有移动电话76部，每100人拥有互联网连接数2.6人。截至2010年年底，科共拥有23家信贷机构，其中22家银行，1家金融机构。储蓄额增长10%，达27330亿非郎，贷款额增长13%，为24680亿非郎。

【旅游业】重视发展旅游业和开发旅游资源。重要的景点有科莫埃国家公园、塔伊国家公园、宁巴山自然保护区和亚穆苏克罗和平圣母大教堂。前三者被列入联合国教科文组织“世界自然遗产名录”，历史城镇大巴萨姆被列入联合国教科文组织“世界文化遗产名录”。经济首都阿比让毗邻几内亚湾，环绕潟湖，风景优美。由于多年战乱，旅游业受到严重影响，自2011年选后危机平息后，科政府加大了对旅游业投入。

【交通运输】是非洲交通最发达的国家之一，尤以海运和公路为最。

海运：98%以上的进出口贸易通过海运。阿比让自治港是西非最重要的天然良港和集装箱码头之一，也是布基纳法索、马里和多哥等西非内陆国家的主要出海口和进出口货物的集散地。港口设备较完善，可同时停泊60多艘船只，年装卸标准集装箱约60万只。设计年吞吐量为2000万吨。2011年受选后危机影响，港口吞吐量为1660万吨，同比下降26%。2012年港口吞吐量为2171万吨，2013年为2147万吨。2015年10月，由中国港湾工程有限公司承建的阿比让港改扩建工程正式开工。圣佩德罗港是第二大港口，年吞吐量120万吨，装卸标准集装箱8万只。主要承运木材、可可等。

铁路：阿比让—瓦加杜古铁路科境内段为科唯一一条铁路。总长630公里。2008年货运量83万吨，客运量50万人次。

公路：公路网四通八达，系西非地区公路最发达的国家。总长近8.3万公里，占整个西非经货联盟道路里程的45%，其中一级公路6500公里（沥青路面）、二级公路7000公里；全国有5850个货运商行，各种车辆31.1万辆，其中货车1.7万辆。

空运：全国有大小机场28个，其中阿比让、布瓦凯、亚穆苏克罗三个机场可供大型飞机起降。阿比让机场是法语非洲国家最大的机场，年客运量200万人次。受战乱影响，客运量一度下降，但近年来有所恢复，2015年进出港人次达160万。目前20多家航空公司经营30余条国际航线。由法航控股的新科特迪瓦航空公司（NAI）于2001年3月开始运营，2011年9月破产。2012年5月成立新的航空公司科特迪瓦航空公司（Air Côte d'Ivoire），公司资本约为250亿非郎（约合5000万美元）科政府拥有51%股份，阿加汗集团拥有15%股份，法航拥有20%股份。

【财政金融】近几年财政收支占国内生产总值比重如下：

	2012年	2013年	2014年
收入	18.9	19.8	20.1
支出	22.1	22.1	23
赤子	2.2	2.3	2.9

截至2013年年底，外汇储备为42.4亿美元，外债总额为104.6亿美元。

（资料来源：20145第二季度《经济季评》）

【对外贸易】外贸连年顺差，在国民经济中占重要地位。主要出口可可、原油、咖啡、木材、金枪鱼、棕榈油、棉花、橡胶等，进口石油制品、机械设备、交通工具、化学制品、建筑材料、电器、食品等。近年来，石油制品及原油出口大大增加。

2013年，科主要向以下国家出口：加纳8.8%，荷兰8.5%，尼日利亚8.4%，美国6.8%；主要从以下国家进口：尼日利亚23.1%，法国12.1%，中国8.7%，巴哈马6.4%。近几年进出口情况如下（单位：百万美元）：

	2011年	2012年	2013年	2014年
出口额	12306	11962	12809	15099
进口额	6491	8460	8976	12972
差额	5815	3502	3833	2127

（资料来源：2015年第二季度《经济季评》）

【外国资本】近年来，外国直接投资显著增长。主要领域为石油勘探、电力、电信、农产品加工和交通。2012年，科获外国直接投资4.78亿美元。

【外国援助】据经济合作与发展组织统计，2013年科获得的官方发展援助为21亿（美元，下同），其中双边援助占50%。主要捐助方为：德国5.1亿，美国3.05亿，日本2.42亿，法国2.39亿，西班牙2.34亿等。

2009年3月，科特迪瓦达到国际货币基金组织“重债穷国”减债计划决策点，被正式列入减贫促进增长计划受益国。此后，国际货币基金组织和世界银行分别向科提供750亿和600亿非洲法郎援助，帮助科改善投资环境，促进国民经济增长。“巴黎俱乐部”和“伦敦俱乐部”分别免除科政府4000亿和2686亿非洲法郎的债务。2012年6月，国际货币基金组织和世界银行下属机构国际开发协会批准科达到“重债穷国”减债计划完成点，同意为科免除总计44亿美元债务（“重债穷国”减债计划和“多边债务”减债计划合计）。同月，“巴黎俱乐部”决定免除科17.72亿美元债务。2013年1月，科政府启动基础设施复兴计划，该计划由世界银行与科政府共同出资执行，为期3年，包括公路、学校、医院、电力和饮用水工程等14个基础设施项目，投资总额为1000亿非郎（约合20亿美元）。2月，欧盟宣布将向科提供1.15亿欧元（约合756亿非郎）的预算援助，支持科政府巩固和平、减少贫困、实现经济增长。3月，联合国与科方签署联合国援助发展框架计划（2013—2015），联合国将向科提供3.426亿美元的援助，用于增加就业、保护环境和可持续发展、教育、卫生、防治艾滋病、饮用水安全等。3月，日本政府决定免除2012年6月1日到期的1100亿非郎（约合2.2亿美元）债务，要求科政府将其用于减贫和发展等国家发展战略。6月，德国政府免除科2521亿非郎（约合5.04亿美元）债务，其中2389亿非郎（约合4.78亿美元）立即免除，另131.2亿（约合2624万美元）以转移支付方式免除，希科政府将转移支付部分的资金用于市镇环境保护项目。2014年1月，日本首相安倍晋三访科期间承诺日将向科提供9000万美元援助。

人民生活

根据联合国开发计划署公布的《2015年人类发展报告》，2014年科人类发展指数在世界188个国家中排名第172位。居民平均寿命56岁，人口增长率3%。科电网覆盖率47.3%，居民用电率73.4%。77%的城市居民和不到15%的农村居民使用电力照明。科是西非地区城市化水平最高的国家，城市人口占总人口的52%（2012年），首都阿比让集中了全国人口的20%。据世界卫生组织《2012年世界卫生统计》数据显示，科每1万人拥有医生1.4名，护士和助产士4.8名，病床数4张。全国60%的人口能饮用干净水。艾滋病传播迅速，2009年艾滋病感染率为3.4%，目前约有48万人感染艾滋病。随着近年电信产业的迅速发展，电话、网络普及迅速。2012年，科手机普及率为每100人86部。

军 事

全国武装力量创建于1960年7月27日，由武装部队、宪兵和共和国卫队组成。国防委员会为最高军事决策机构，总统兼任武装力量总司令，国防部长具体负责武装力量的管理。实行义务兵役制，服役期6个月。武器装备主要由法国提供。2010年12月发生选后危机后，原政府军效忠巴博总统，原北方叛军“新生力量”支持瓦塔拉。2011年3月17日，瓦塔拉以“新生力量”为基础，吸收其他武装力量组建了“科特迪瓦共和武装”（Forces républicaines de Côte-d'Ivoire）。4月巴博被捕后，原政府军已表示效忠瓦塔拉。现任总参谋长苏迈拉·巴卡约科（Soumaïla BAKAYOKO），2011年7月任职。2012年3月科政府改组后，瓦塔拉总统兼任三军统帅。2016年，任命阿兰·理查德·东瓦伊为总统府负责国防事务的部长。

文化教育

【教育】沿用法国教育体制。初等教育6年，中等教育分两个阶段共7年，高等教育3—4年。科政府重视教育事业。2008年度全国教育、培训投入约为11.24亿美元，占国家预算的17.5%，占GDP的4.6%。根据联合国开发计划署统计，2012年小学入学率60.8%，成人文盲率43.8%。科特迪瓦国立大学是一所综合性大学，设2个分校和12个学院。根据联合国教科文组织统计，2006—2007年科全国教师总数约为6.8万。

【新闻出版】全国有报刊20余种：主要报纸有《博爱晨报》《科特迪瓦晚报》《我们的道路》《爱国者》《民主党人》《今日报》《阵线》和《24小时》等日报。

科特迪瓦通讯社：官方通讯社，1961年6月2日成立。在全国各地设10个分社和6个省级记者站，同法新社、路透社及泛非国家通讯社有业务联系。

科特迪瓦国家广播电台：国家电台，分一台和二台，用法语、英语和当地语言广播。“希望电台”为私营的天主教电台，1991年3月开播。

科特迪瓦广播电视台（RTI）：官方电视台，分电视一台和电视二台。电视一台于1963年8月开播，可覆盖85%的国土。电视二台原为电视一台的第二套彩色节目，1973年8月开播，1991年11月正式独立成台，覆盖面仅限于阿比让市方圆50公里之内。

科特迪瓦电视台（TCI）：2010年12月发生选后危机后，瓦塔拉政府为加强舆论引导工作创办的电视台，于2011年1月开播。

对外关系

奉行独立、主权、平等和不干涉内政的外交政策，强调国际合作伙伴多元化。坚持睦邻友好，重视非洲团结与合作，积极参与次地区和非洲经济一体化，呼吁国际社会增加对非援助，减轻非洲债务负担。瓦塔拉政府重点发展同法、美等西方国家关系。同约90个国家建立外交关系。是联合国、世界贸易组织、不结盟运动、伊斯兰合作组织、法语国家组织、非洲联盟、西非国家经济共同体和西非经济货币联盟等组织成员国，2012年2月至2014年3月瓦塔拉总统担任西非国家经济共同体执行主席。

【同中国的关系】1983年3月2日，中科建交。建交以来，两国友好合作关系发展顺利。

2009年10月，科特迪瓦总理索罗来华出席第十届中国西部国际博览会并访问北京、深圳和上海，其间，中国国务院总理温家宝在成都与其会见。2010年8月，科特迪瓦外交与非洲一体化部长卡库·热尔韦·让·马里率团出席上海世博会科特迪瓦国家馆日活动。

2011年6月，中国政府特使、外交部副部长翟隽访问科特迪瓦，访问期间，分别会见了瓦塔拉总统和索罗总理，并与敦坎外长举行了会谈。2012年1月，中国外交部长杨洁篪对科进行正式访问，其间会见了科总统瓦塔拉，与外长敦坎举行了会谈。2012年7月，科特迪瓦总统瓦塔拉来华出席中非合作论坛第五届部长级会议开幕式并访华，胡锦涛主席与其会谈，全国政协主席贾庆林予以会见。2013年3月，中国政府非洲事务特别代表钟建华访问科特迪瓦。

2013年5月，中国商务部副部长李金早访问科特迪瓦，访问期间，会见了敦坎总理，与科外交国务部长迪比共同主持召开了两国经贸联委会第二次会议。

2013年11月，科特迪瓦国民议会议长索罗访华，全国人大常委会委员长张德江与其会谈，国家副主席李源潮予以会见。2014年11月，科特迪瓦外交部长迪比访华，王毅外长予以会见。2015年3月，外交部副部长张明访问科特迪瓦，会见科总统瓦塔拉，并同科代外长多索举行外交部间政治磋商。2015年12月，瓦塔拉在出席中非合作论坛约翰内斯堡峰会期间，出席了习近平主席主持的早餐会。2016年1月，全国政协副主席王家瑞率中共代表团对科特迪瓦进行友好访问。访问期间，王家瑞会见了瓦塔拉总统，同科主要政党共和人士联盟代理总书记苏马奥罗、民主党执行书记班乔举行工作会谈。2013年，双边贸易额17亿美元，同比增长18.4%。其中中方出口15.6亿美元，同比增长27.5%；进口1.4亿美元，同比下降33.4%。

中国驻科特迪瓦大使：唐卫斌。馆址：LOT 134A，M'Badon，Cocody，Abidjan。电话：00225-22437778，00225-22420102（经商处）。传真：22436569，22426373（经商处）。国家地区号：00225。邮政信箱：01 B.P.3691 Abidjan 01。电子信箱：chinaemb_ci@mfa.gov.cn。

科特迪瓦驻华大使：阿达马·多索（ADAMA DOSSO）。馆址：北京市朝阳区三里屯北小街9号。电话：010-65321482，65323192，65321223。传真：65322407。

【同法国的关系】科法于1961年5月18日建交。两国长期保持特殊关系，签有外交、军事、经济、文化、技术等合作协定。科法高层往来频繁。2002年9月科内战后，法派出“独角兽”部队监督停火，并推动科各方于2003年1月在巴黎市郊马尔库西达成和平协议。2004年11月，科政府军误炸驻科法军兵营，法方随即采取报复行动，炸毁了科空军7架军用飞机。科国内爆发反法浪潮。科法关系一度紧张。萨科齐上台初期，科法关系趋于缓和，高层交往有所恢复。2010年12月科发生选后危机后，法国率先承认瓦塔拉为当选总统，并推动欧盟对巴博方面采取了一系列制裁措施。2011年4月，法国驻军采取行动，摧毁了巴博阵营的重武器，并协助瓦塔拉方面抓捕巴博。2011年5月，萨科齐总统出席瓦塔拉总统就职典礼。同月，瓦塔拉总统应萨科齐邀请赴法出席八国集团峰会有关活动。6月，法国防部长隆盖访科。7月，法国总理菲永访科。11月，法国内政部长盖昂访科。2012年1月，瓦塔拉总统对法国进行国事访问。2012年7月，科议长索罗访法。2012年7月，瓦塔拉总统赴法国出席科法双边免债协议签署仪式。12月，瓦塔拉总统赴法出席科特迪瓦国家发展计划协商小组融资会议。2013年1月，法国外长法比尤斯赴科出席西共体阿比让特别首脑会议。3月，敦坎总理访法。6月，瓦塔拉总统赴法国出席乌弗埃·博瓦尼和平奖颁奖仪式。9月，瓦塔拉总统赴法国出席第七届法语国家运动会开幕式并与法国总统奥朗德会晤。10月，敦坎总理赴法出席经济合作与发展组织第13届世界非洲经济论坛。11月，法国内政部长瓦尔斯访科。12月，瓦塔拉总统赴法出席非洲和平与安全问题法非峰会。2014年7月，法国总统奥朗德访科。8月，瓦塔拉总统赴法出席纪念二战盟军普罗旺斯登陆70周年活动。

法是科最大援助国、投资国和贸易伙伴，在科投资占科外资的60%。科是法在非洲法语区第一大和撒哈拉以南非洲第四大贸易伙伴。科达到国际货币基金组织“重债穷国”减债计划决策点后，法免除科2063.9亿非洲法郎债务。2011年4月，法国宣布向科方提供4亿欧元帮助科战后重建。7月菲永总理访科时决定在“重债穷国”减债计划框架内免除科10亿欧元债务。2012年7月，科法签署双边免债协议，法免除科债务37.6亿欧元。2012年12月，法科在阿比让签署了总额4132.5亿非郎的首期减债促发展合同，包含5个合作协议，为期20年，涉及教育、培训、卫生、交通、基础设施及农业等领域。

法对科军援每年约60万美元，在科军事顾问100多名；法在阿比让设有军事基地，常驻海军陆战队员570人。科内战爆发后，法曾向科派出4000人的“独角兽”部队，自2007年起逐步撤出，至2010年科大选前减至900人左右。科发生选后危机后，法增兵至1700人，除加强对法国侨民的保护外，还参与了解除巴博阵营重武器的军事行动。科局势稳定后，法军减至450人左右。2012年1月瓦塔拉总统访法时双方签订了新的防务协定。2012年8月，法科签署新防务协定下的4个军事合作协定书，法向科提供15亿非郎（约合285万美元）用于军事指挥、军队及海军组编和军官培训等。2013年，法为科赴马里参加“非洲领导的驻马里国际支持特派团”部队提供了培训。2014年1月，“独角兽”部队在科任务结束，法军继续在科驻扎并升格为“驻科法国军事力量”。法军基地升格为“前进行动基地”。

【同美国的关系】科美于1961年11月21日建交。美是科第三大贸易伙伴，对科投资和援助增加较快。2007年11月，美国副国务卿内格罗蓬特访科。2009年9月，巴博总统出席联大期间与奥巴马总统共进工作午餐。2009年科达到国际货币基金组织“重债穷国”减债计划决策点后，美免除科1231.4亿非洲法郎债务。2010年12月科发生选后危机后，美国承认瓦塔拉为科当选总统。2011年7月，瓦塔拉总统应邀访美。2012年1月，美国国务卿希拉里访科。2012年6月，阿胡苏总理赴美出席第11届美国与撒哈拉以南非洲国家经贸合作论坛。2012年9月，美向科提供总额64亿非郎援助，用于加强科议会立法机构建设和司法机构的办公楼修缮与设备购置。2013年2月，瓦塔拉总统会见来访的美国非洲司令部司令卡特·哈姆，就科美军事合作及在马里北方打击恐怖主义等问题交换意见。3月，敦坎总理访问美国，出席世界银行和国际货币基金组织年会。5月，国民议会议长索罗与美国驻科大使分别代表科美政府签署协议，美国将在5年内向科议会提供1350万美元援助，帮助科加强能力建设，更好履行立法机构职责。2014年1月，美国副国务卿威廉姆斯率企业家代表团出席科2014年投资论坛，并会晤了瓦塔拉总统和敦坎总理。8月，敦坎总理代表瓦塔拉总统赴美出席美国与非洲领导人峰会。美重视同科军事合作。2012—2013年，美同科等多国在塞内加尔、佛得角海域连续举行了代号为“撒哈拉快车”的年度海上军事演习。

【同邻国的关系】重视发展同非洲国家，尤其是西非地区各国的关系。瓦塔拉就职后，先后访问了西非经货联盟的所有成员国和西非经济共同体的大部分成员国。2012年2月17日，瓦塔拉在西共体第40届首脑会议上当选为执行主席。2013年1月、2月，西共体特别首脑会议、第42届首脑会议分别在科经济首都阿比让和政治首都亚穆苏克罗召开。瓦塔拉在第42届首脑会议上当选连任西共体执行主席，并担任此职至2014年3月。

同布基纳法索历史上关系密切。布在科侨民约有300万。布总统孔波雷积极调解科危机，并于2007年3月促成科有关各方签署《瓦加杜古协议》。2008年5月和8月，布总统孔波雷两度访科。8月，巴博总统对布进行首次国事访问，双方签署了两国和平友好协定并发表了联合公报。2009年3月，科外长巴卡约科访布。9月，布总统孔波雷对科进行首次国事访问。访问期间，两国元首共同主持召开了科布混委会首次会议。2010年2月，布总统孔波雷访科。2011年5月，瓦塔拉总统赴布进行工作访问，7月在赤道几内亚首都马拉博出席第17届非盟峰会期间与孔波雷总统举行会晤。11月，瓦塔拉总统再次访布。2012年3月和4月，孔波雷两次赴科出席西共体特别峰会。2013年1月、2月，孔波雷总统赴科出席西共体特别首脑会议和42届首脑会议。2月，布总理蒂奥访科。3月，科外交国务部长迪比访布。7月，布总统孔波雷赴科出席科布友好合作第三届峰会并与瓦塔拉总统会晤。10月，瓦塔拉总统赴布出席非洲经济法协调组织成立20周年庆祝活动并与孔波雷总统会晤。2014年1月，科国民议会议长索罗访布。3月，布总统孔波雷赴科进行工作访问。2014年7月，瓦塔拉总统赴布出席科布友好合作第四次峰会并与孔波雷总统会晤。2014年1月，科国民议会议长索罗访布。3月，布总统孔波雷赴科进行工作访问。7月，瓦塔拉总统赴布出席科布友好合作第四次峰会。10月底布发生大规模抗议活动、孔波雷被迫宣布辞职后，在法军帮助下赴科居留至今。

同马里关系密切。科曾是马第一大贸易伙伴。科2002年内战后，马积极参与推动和平解决科危机。2007年5月，巴博总统出席马总统杜尔连任就职仪式。7月，马总统杜尔赴科出席“和平之火”解武焚枪仪式。2009年7月，科总理索罗访马。2010年4月，巴博总统赴塞内加尔出席塞独立50周年庆典期间会见了马总统杜尔。2011年10月，瓦塔拉总统赴马进行工作访问。2012年3月马里发生军事政变后，瓦塔拉以西共体轮值主席身份积极参与马宪政危机调解。2012年4月，马里过渡期总统特拉奥雷赴科出席西共体特别峰会，5月特拉奥雷访科。2012年9月，科外长敦坎和非洲一体化部长库利巴利拜会马过渡期总统特拉奥雷，就西共体向马派兵等问题交换意见。2012年12月和2013年7月，马里过渡政府总理西索科访科。2013年8月，马新任总统凯塔访科。9月，科总统瓦塔拉出席马总统凯塔就职仪式。2015年5月，瓦塔拉总统访马。

同几内亚关系密切。科2002年内战后，几方声明支持科民选政权。2008年2月，几内亚总理库亚特访科。10月，巴博总统出席几独立50周年庆典。2009年1月和4月，几过渡政府外长洛瓦两度访科。2010年4月，几军政权领导人科纳特访科。2011年5月，几内亚总统孔戴赴科出席瓦塔拉总统的就职典礼。12月，瓦塔拉对几进行工作访问。2012年2月，科总理索罗访几。2012年4月，科几合作混委会第二届会议在科纳克里召开。同月，孔戴总统赴科出席西共体特别峰会。2013年1月、2月，几总统孔戴赴科出席西共体阿比让特别首脑会议和42届首脑会议。3月，瓦塔拉总统赴几参加马诺河联盟元首定期会晤。2014年几内亚爆发埃博拉疫情后，科于8月宣布关闭同几边界，但为人道主义援助提供空中走廊，并向几提供100万美元援助。

同加纳存在领海争议。两国海岸相邻，但未划定海上边界。2007年，加纳在“西区”海域发现油气资源，科特迪瓦则主张该区域属于科领海。围绕该争端，两国展开多轮谈判，并于2010年设立争端解决委员会，但迄未达成解决方案。2014年9月，加政府根据《联合国海洋法公约》规定提起强制仲裁。科表示不反对通过仲裁解决该争端。2015年5月，应联合国前秘书长安南邀请，瓦塔拉总统赴瑞士日内瓦同加纳总统马哈马就领海争议问题进行磋商。（刘颖）

肯尼亚

国名　肯尼亚共和国（The Republic of Kenya）。

面积　582,646平方公里。

人口　4435万（2013年）。全国共有42个民族，主要有基库尤族（17%）、卢希亚族（14%）、卡伦金族（13%）、卢奥族（10%）和康巴族（10%）等。此外，还有少数印巴人、阿拉伯人和欧洲人。斯瓦希里语为国语，和英语同为官方语言。全国人口的45%信奉基督教新教，33%信奉天主教，10%信奉伊斯兰教，其余信奉原始宗教和印度教。

首都　内罗毕（Nairobi），人口约310万。年平均气温17.7℃。

国家元首　总统乌胡鲁·肯雅塔（Uhuru Kenyatta），2013年3月当选，4月9日宣誓就职。

重要节日　独立日：12月12日。

简　况

位于非洲东部，赤道横贯中部，东非大裂谷纵贯南北。东邻索马里，南接坦桑尼亚，西连乌干达，北与埃塞俄比亚、南苏丹交界，东南濒临印度洋，海岸线长536公里。境内多高原，平均海拔1500米。全境位于热带季风区，沿海地区湿热，高原气候温和，全年最高气温为摄氏22℃—26℃，最低为10℃—14℃。

肯尼亚是人类发源地之一，境内曾出土约250万年前的人类头盖骨化石。公元7世纪，东南沿海地带已形成一些商业城市，阿拉伯人开始到此经商和定居。16世纪，葡萄牙殖民者占领了沿海地带。1890年，英、德瓜分东非，肯被划归英国，英政府于1895年宣布肯为其“东非保护地”，1920年改为殖民地。1960年3月，肯尼亚非洲民族联盟（简称“肯盟”）和肯尼亚非洲民主联盟成立。1962年2月伦敦制宪会议决定由上述两党组成联合政府。1963年5月肯举行大选，肯盟获胜。同年6月1日成立自治政府，12月12日宣告独立。1964年12月12日肯尼亚共和国成立，但仍留在英联邦内。乔莫·肯雅塔是肯独立后的首任总统，其1978年病逝后，副总统莫伊继任并担任总统长达24年。

政　治

独立以来，肯盟长期一党执政，1991年改行多党制后，肯盟于1992年、1997年连续两次赢得多党大选，莫伊蝉联总统。2002年12月举行第三次多党大选，反对党联盟全国彩虹联盟（全盟）击败肯盟，齐贝吉当选总统，全盟获议会多数席位。2007年12月大选后，因执政党民族团结党与反对党橙色民主运动对选举结果存在争议而引发全国性骚乱。在联合国前秘书长安南调解下，争议双方于2008年2月28日签署《关于联合政府伙伴关系原则的协议》，并于4月13日组建联合政府。执政党领袖齐贝吉任总统，反对党领导人奥廷加任新设的总理职位。2013年3月，肯尼亚举行新一届大选，朱比利联盟候选人乌胡鲁·肯雅塔击败改革与民主联盟候选人奥廷加，当选肯尼亚第四任总统。4月9日，肯雅塔宣誓就职。

【**宪法**】1964年颁布共和国宪法，迄今已历经大小30次修改。1982年6月，肯通过修宪确立实行一党制。1991年12月改行多党制，规定：肯为多党民主国家，总统为国家元首、政府首脑兼武装部队总司令，任期5年，连任不得超过两届；当选总统需在获得多数票的同时，在全国8省中的5省得票率须超过25%；总统拥有最高行政权和任免权，有权召集或解散议会；总统和内阁集体对议会负责；公民享有宗教信仰、言论、集会、结社和迁徙的自由。1997年以来，肯反对党以宪法不适应多党制要求为由，强烈要求全面修宪。1997年9月，肯颁布《修宪委员会法案》草案，开始修宪。2006年2月，齐贝吉总统宣布成立新的修宪委员会，接替任期届满的原修宪委员会。2008年2月29日起，肯大选争议双方在安南调解下进入调解“路线图”第四议程（即解决“长期问题”，包括土地、修宪、部族矛盾等）。2008年5月，双方表示就第四议程的谈判接近尾声，在土地改革、修宪、减贫等领域已基本达成共识。2009年11月，国家对话与和解委员会批准《肯尼亚修宪法案2008》和《肯尼亚宪法修正案2008》文本。2010年4月，肯新宪法草案获议会批准，8月通过全民公投并正式颁布实施，其主要内容包括：维持总统制政体，不再设总理职位，但总统权力受削弱；议会改为两院制，增设参议院；行政区划由目前的中央、省、地区、分区、乡、村六级改为中央和郡两级区划。

【**议会**】议会（Parliament）是肯最高立法机构，成立于1963年，当时分设有参议院和众议院。1966年修订宪法，将参议院并入众议院，形成一院制，设立国民议会。2010年8月，颁布新宪法，规定议会恢复设立参议院。2013年3月选举产生由国民议会和参议院两院构成的第十一届议会。议员任期5年。

本届国民议会（National Assembly）由议长和349名议员组成，其中包括290名民选议员（代表全国290个选区）、12名政党指定议员（按各政党在国民议会席位比例分配）、47名民选妇女代表（代表全国47个郡）。议长和副议长由各党分别从本党非议员党员和议员中提名，由全体国民议会议员选举产生。现任国民议会议长穆图里，副议长拉波索，均来自执政的朱比利联盟。国民议会主要职能包括：立法、决定国家税收分配、监督政府和国家财政支出、批准战争、延长国家紧急状态、弹劾总统和副总统、批准重要人事任命等。下设28个委员会。

参议院（Senate）由参议长和67名参议员组成，其中包括47名民选参议员（代表全国47个郡）、16名政党指定的妇女代表（按各政党在参议院议席比例分配）、2名青年代表（参议院最大两党各1人）、2名残疾人代表（参议院最大两党各1人）。参议长和副参议长由各党分别从本党非议员和议员中提名，由全体参议员选举产生。现任参议长埃苏罗，副参议长吉图拉，均来自执政的朱比利联盟。参议院主要职能包括：参与同各郡相关的立法、税收分配、财政支出、放权以及参与弹劾总统和副总统等。下设17个委员会。

【**政府**】实行总统制。本届内阁成立于2013年6月，2015年11月改组，由总统、副总统、各部部长和总检察长共23名成员组成。目前内阁成员名单如下：总统乌胡鲁·肯雅塔（Uhuru Kenyatta），副总统威廉·卢托（William Ruto），内务与中央政府协调部长约瑟夫·恩凯塞里（Joseph Nkaissery），分权与规划部长姆旺吉·基温朱里（Mwangi Kiunjuri），国防部长蕾切尔·奥马莫（Raychelle Omamo，女）、外交部长阿明娜·穆罕默德（Amina Mohamed，女），教育科技部长弗雷德·马蒂安吉（Fred Matiang’i），财政部长亨利·罗蒂奇（Henry Rotich），卫生部长克莱奥法斯·马伊卢（Cleophas Mailu），交通与基础设施部长詹姆斯·马查里亚（James Macharia），环境、水与自然资源部长朱迪·瓦克洪古（Judi Wakhungu，女），土地、住房与城市发展部长雅各布·卡伊门伊（Jacob Kaimenyi）、新闻、通信与技术部长乔·穆切鲁（Joo Mucheru），体育、文化与艺术部长哈桑·瓦里欧（Hassan Wario），劳动和东非共同体事务部长菲利丝·坎迪（Phyllis Kandie，女），能源与石油部长查尔斯·凯泰尔（Charles Keter），农业、畜牧业与渔业部长威利·贝特（Willy Bett），工业化与企业发展部长阿丹·穆罕默德（Adan Mohammed），旅游部长纳吉布·巴拉拉（Najib Balala），矿业部长丹·卡祖恩古（Dan Kazungu），水利部长尤金·瓦马卢瓦（Eugene Wamalwa），公共服务、青年及性别事务部长西西莉·卡里乌基（Sieily Kariuki，女），总检察长基图·姆伊盖（Githu Muigai）。

【**行政区划**】全国分为47个郡（County）。

【**司法机构**】法院分为四级，即地区法院、驻节法院、高等法院和上诉法院。在穆斯林人口占多数的地区设伊斯兰法院。首席大法官威利·穆通加（Willy Mutunga），2011年6月任职。

【**政党**】目前，肯有注册政党59个，主要政党和政党联盟有：

1. 朱比利联盟：由全国联盟党、联合共和党、全国彩虹联盟和共和国会党于2013年1月组建成立。该联盟总统候选人肯雅塔、副总统候选人卢托在2013年3月大选中获胜。大选后，朱比利联盟同联合民主论坛、肯尼亚非洲民主联盟、肯尼亚联盟党等政党以及部分独立议员达成结盟协议。

2. 改革与民主联盟：由橙色民主运动、革新民主运动—肯尼亚党、恢复民主论坛—肯尼亚党、联盟党、独立党、肯尼亚爱国党、人民民主党等多个政党于2012年12月联合组建成立。该联盟总统候选人奥廷加、副总统候选人穆西约卡在2013年大选中落败。

【重要人物】乌胡鲁·肯雅塔：总统、武装部队总司令。1961年10月生，基库尤族，开国总统乔莫·肯雅塔之子。曾留学美国，获政治学和经济学学士学位。1999年起任旅游发展局长、地方政府部长等职。2002年当选肯尼亚非洲民族联盟（肯盟）副主席，并作为莫伊总统指定接班人被推选为肯盟总统候选人。在2002年大选中不敌齐贝吉，成为议会反对党领袖。2005年当选肯盟主席。2007年带领分裂后的肯盟加入齐贝吉阵营。2008年4月任副总理兼贸易部长，2009年初兼任财政部长。2012年1月辞去财政部长职务。2012年4月退出肯盟，5月加入新成立的全国联盟党。2013年1月，全国联盟党与联合共和党等结成朱比利联盟，肯雅塔作为该联盟总统候选人角逐2013年大选。2013年当选总统，4月9日宣誓就职。

经　济

肯是撒哈拉以南非洲经济基础较好的国家之一。实行以私营经济为主的“混合经济”体制。农业、服务业和工业是国民经济三大支柱，茶叶、旅游和侨汇是三大创汇来源。工业在东非地区相对发达，门类较齐全，日用品基本自给。

2008年肯政府启动“2030年远景规划”，提出优先发展旅游业、农业、服务业、制造业和批发零售业等重点产业，争取年均经济增长10%，到2030年将肯发展成新兴工业化和中等发达国家。受2008年年初大选危机、旱灾及国际金融危机影响，经济发展速度一度放缓。2010年以来，肯政府采取了一系列促进经济增长的政策，经济呈现较好发展势头。但贫困率和失业率仍然较高，均在40%以上。2015年肯出台《国家工业化发展规划》和《经济特区法》，大力加强基础设施建设，重视油气资源以及地热、太阳能等新能源开发，积极推进工业化进程和经济转型。

2015年主要经济数据如下：

国内生产总值：638亿美元
人均国内生产总值：1385美元
经济增长率：5.4%
货币名称：肯尼亚先令
汇率：1美元=102.3先令
通货膨胀率：8.0%
外债总额：191.3亿美元
外汇储备：73.5亿美元
（资料来源：2016年3月《伦敦经济季评》。）

【资源】矿藏主要有纯碱、盐、萤石、石灰石、重晶石、金、银、铜、铝、锌、铌和钍等，除纯碱和萤石外，多数矿藏尚未开发。森林面积8.7万平方公里，占国土面积的15%。林木储量9.5亿吨。

【工业】独立以后发展较快，门类比较齐全，是东非地区工业最发达的国家。以制造业为主，食品加工业发达。工业主要集中在内罗毕、蒙巴萨和基苏木三市。2007年制造业占国内生产总值的10%，总产值6037亿肯先令，增长8.1%，净增产值1766亿肯先令，增长6.2%。从业人员26.13万，增长2.3%。2010年出口加工业产值为317亿肯先令，增长4.4%。较大的企业有炼油、轮胎、水泥、轧钢、发电、汽车装配等厂。85%的日用消费品产自国内，其中服装、纸张、食品、饮料、香烟等基本自给，有些还供出口。

【农牧渔业】农业是国民经济的支柱，产值约占国内生产总值的1/4，其出口占肯总出口一半以上。2008年受大选危机及旱灾影响，农业增速为−5.1%。全国80%左右的人口从事农牧业。可耕地面积9.2万平方公里（约占国土面积的16%），其中已耕地占73%，主要集中在西南部。正常年景粮食基本自给，小麦和水稻严重依赖进口。肯农业部制定了2008—2012年发展规划，并计划将农业财政预算从目前的3.43亿美元（占政府预算的3.8%）提高到占政府预算的8%。肯是目前非洲最大的鲜花出口国，占据欧盟31%—36%的市场份额。除虫菊产量占世界总产量的80%。渔业资源丰富，大多来自境内的淡水湖泊，其中维多利亚湖每年捕鱼量20余万吨，占渔业生产总量的80%以上。2013年肯茶叶出口量49.4万吨，同比增长14.9%，出口额1144亿先令（约合13.9亿美元），同比增长1.9%。

【旅游业】支柱产业，直接创造就业25万人，间接创造就业55万人。2014年，国际游客数量130万人次，旅游业收入871亿肯先令（约合9.2亿美元）。英国、美国、意大利、印度、德国为主要客源国。主要旅游点有内罗毕、察沃、安博塞利、纳库鲁、马赛马拉等地的国家公园、湖泊风景区及东非大裂谷、肯尼亚山和蒙巴萨海滨等。

【信息技术产业】截至2013年年底，肯信息技术产业总产值约640亿先令（约合7.44亿美元）。肯手机移动支付发展迅速，渗透率达60%，日均支付额20亿先令（约合2353万美元），处于全球领先水平。

【交通运输】以公路运输为主。2015年，能源、基础建设和信息通信技术部门公共支出预算占肯公共支出总预算的27.3%，主要用于大型基建项目，如建设标准轨铁路、改善公路网等。

公路：肯公路网总长16余万公里。2011年肯车辆注册量为205841辆。

铁路：总长2765公里，为窄轨铁路，机车83辆。

水运：蒙巴萨港是东非最大港口，有22个深水泊位和2个大型输油码头，可停泊2万吨级货轮，总吞吐量可达2200万吨，2008年8月起开始24小时运转。蒙巴萨港2013年货物吞吐量为2230万吨，2014年增至

2487.5万吨。

空运：全国共有4个国际机场、100余个国内机场。肯尼亚航空公司开设40余条国际航线，在全球设有98个办事处。

管道运输：1978年建成蒙巴萨—内罗毕输油管，现已扩建至纳库鲁、埃尔多雷特和基苏木。

【财政金融】财政收入主要靠税收。2015/2016年度财政预算总支出为2.23万亿肯先令（约合232.71亿美元），同比增加35%；预算税收收入为1.36万亿肯先令（约合141.5亿美元），同比增长47.5%。

2015年4月肯财政部发布数据显示，肯政府公共债务总额为2.5万亿肯先令（约合271亿美元），占GDP的46%，其中内债1.3万亿肯先令（约合141亿美元），外债1.2万亿肯先令（约合130亿美元）。

2008年，肯共有42家商业银行、1家非银行金融机构、2家抵押金融公司、2家住宅协会和95家汇兑机构，其中四大商业银行——巴克莱银行、渣打银行、肯尼亚商业银行和肯尼亚国民银行业务总量占肯金融业的60%。

【对外贸易】在国家经济中占有重要地位，但长期处于逆差。主要出口商品为茶叶、花卉、咖啡、水泥、剑麻、除虫菊酯、纯碱、皮革、肉类和石油加工产品等。主要进口商品是机械、钢铁、车辆、化肥、药品等。2014年肯进出口贸易总额约234.3亿美元。其中出口额约58.4亿美元，同比增长7%；进口额约175.9亿美元，同比增长14.5%；贸易逆差约117.5亿美元。肯最大的出口目的地是非洲，占其出口总额的44.9%。欧洲是肯出口第二大目的地，占其出口总额的25.9%。肯对华出口额约0.8亿美元，约占其出口额的1%。肯最大的进口来源地是亚洲，占其进口总额的61.2%。其中印度是肯第一大进口来源国，占其进口总额的16.3%；中国是肯第二大进口来源国，占其进口总额15.4%。主要进口产品为机械产品。

【外国资本】肯自1963年独立以来，一向重视吸收利用外国资本为本国经济建设服务。1964年政府颁布实施《外国投资保护法》。目前，英、美、德、法等国在肯设有数百家公司，投资领域遍及农业、工业、商业、旅游、金融、交通运输等部门。外国对肯投资主要领域为制造业、农业、能源、建筑、通讯和采矿业。2014年，肯吸收外国直接投资12亿美元。

【外国援助】主要援助国和国际组织有日本、德国、英国、美国、法国以及世界银行、国际货币基金组织、国际开发协会、联合国开发计划署、非洲开发银行、欧洲发展基金和环球基金等。外援主要用于农业、军事、交通运输、教育、卫生、电讯及社会发展项目。

人民生活

全国贫困率超过40%，人均寿命54岁。2008年，肯人口中艾滋病感染者140万；2010年15—49岁人群感染率为6.3%。肯普通民众的就医状况较差，2010年肯有各类卫生医疗机构7111家，增长6.2%；医疗系统从业人员10.03万人，增长5.1%；每10万人拥有医生252人，增长2.0%。联合国发布的《2015年人类发展报告》显示，肯人类发展指数在全球187个国家和地区中居第145位。

军　事

1963年独立后建军。总统兼任国防军总司令，拥有最高指挥权。国防军司令部是最高作战指挥机构，总统通过国防军司令统率全军。国防委员会系向总统负责的最高军事决策机构，由国防部长、国防部常务副部长、国防军司令、陆海空三军司令等组成。现任国防部长蕾切尔·奥马莫（女），国防军司令桑姆森·姆瓦提上将。

奉行积极防御的国防政策，近年积极参与打击恐怖主义及联合国和非盟维和行动。实行志愿兵役制。现役军人3.32万，其中陆军2.5万人，海军3200人，空军5000人。

文化教育

政府重视发展教育事业，教育经费一直占政府财政支出的20%左右。成人识字率近90%，在非洲国家中名列前茅。教育体制分为正规和非正规教育两类，正规教育实行小学、中学、大学“8－4－4”学制。非正规教育包括成人教育和扫盲活动。2003年起实行8年免费初等教育，计划于2018年实现中小学义务教育完全免费。目前全国有近1000万儿童入读小学，中学、大学数量分别为7000多所与60所，另有30多所职业培训学校、技校等。著名高等学府包括内罗毕大学、莫伊大学、肯雅塔大学、埃格顿大学、肯雅塔农业技术大学和马塞诺大学等。

【新闻出版】主要英文报刊：《民族日报》，发行量约20万份；《东非旗帜报》，日报，发行量约7万份；《肯尼亚时报》，日报，前执政党肯盟机关报，发行量约5.2万份；《每周评论》，肯最大的私营英文周刊，发行量约1.85万份；《东非人报》，周报，1994年11月首次发行，在肯尼亚、乌干达和坦桑尼亚同时出版。斯瓦希里语报以《民族日报》媒体集团创办的《塔伊法》（意为“今日民族报”）最有影响，发行量约5万份。

肯尼亚通讯社为官方通讯社，成立于1963年，向内罗毕的报刊、广播电台、电视台提供新闻和图片。

肯尼亚广播公司，由英国殖民者建立，电台于1927年开播，用英语、斯瓦希里语、印地语和15种非洲语言广播。1963年肯独立后将其收归国有，改名为“肯尼亚之声”。

肯尼亚广播电视公司，1987年成立，系肯目前规模最大、广播电视节目能覆盖全国的广播电视公司。“肯尼亚电视网”，1989年成立，肯第一家私营电视台，用英语播放。至2004年年底，肯政府已为14个电视台的82个频道及42家电台的163个频率发放了经营许可证，目前已有39个电视频道和90个电台频率正式播放，但覆盖范围主要限于内罗毕、蒙巴萨等大城市。

对外关系

奉行和平、睦邻友好和不结盟的外交政策，积极参与地区和国际事务，大力推动地区政治、经济一体化，反对外来干涉，重视发展同西方及邻国的关系，注意同各国发展经济和贸易关系，开展全方位务实外交，强调外交为经济服务。近年来，积极加强同中国等亚洲国家关系。

肯是联合国、非洲联盟、不结盟运动、七十七国集团成员国，洛美协定签字国，也是东非政府间发展组织、东部和南部非洲共同市场、东非共同体和环印度洋地区合作联盟等次地区组织的成员。联合国在内罗毕设有办事处，联合国环境规划署和联合国人类住区规划署总部设在内罗毕。肯同100多个国家建立了外交关系。

【对当前重大国际问题的态度】关于国际政治经济新秩序：认为现存的国际政治经济秩序对广大发展中国家不公正、不合理。西方推行霸权主义和强权政治，并利用现存的国际经济秩序从发展中国家渔利，客观上造成了发展中国家特别是非洲国家的贫困。主张政治上遵守《联合国宪章》，恪守主权平等和互不干涉内政等基本国际关系准则；经济上加大发展中国家在制定“游戏规则”中的参与程度，推动建立公正、合理的国际政治经济新秩序。

关于非洲形势：认为冲突、动荡是阻碍非洲发展最主要的因素，主张维护和促进非洲团结合作，以和平方式解决非洲国家之间的争端。非洲在经济全球化中面临进一步被边缘化的威胁，非洲国家应联合自强，通过经济一体化提高应对全球化挑战的能力。呼吁发达国家大幅度减免非洲债务，增加对非发展援助，向非洲产品开放市场。

关于联合国改革：主张对联合国机制和制度进行必要的改革，使其更具透明度和代表性，在决策方面更加民主、高效。主张增强联合国在维护国际和平与安全方面的作用，并在联大与安理会之间建立更加平衡的关系。肯是非盟联合国安理会改革十国元首委员会成员，主张坚持非盟共同立场。

关于气候变化问题：肯是非洲气候变化问题国家元首和政府首脑委员会成员，坚定支持“77国集团加中国”立场和非盟共同立场。坚持谈判应遵循共同但有区别的责任原则、公平原则和各自能力原则，充分考虑发达国家与发展中国家间在历史责任、国情、能力等方面的差异，全面平衡体现减缓、适应、资金、技术、能力建设、行动透明度等要素。支持“利马气候行动倡议”，呼吁各缔约方制定并实施有关减少温室气体排放的计划和举措，主张发展中国家在发达国家资金、技术和能力建设支持下，采取公平、客观且有雄心的减缓与适应行动。主张联合国环境规划署在气候变化谈判中发挥关键作用。

关于人权问题：认为生存权和发展权是基本人权。发展中国家在相对贫穷、落后的状态下，首先应解决生存和发展问题，否则民主、自由及其他政治、经济和社会权利无从谈起。主张通过对话加强国际人权交流，反对在人权领域搞对抗，反对西方国家利用人权问题对别国施压。

关于国际金融危机：认为国际金融危机在出口、外债、外资等领域均对肯尼亚产生负面影响，危机产生的根源是国际金融体系存在严重问题。主张推进国际金融体制改革，重组国际货币基金组织，使之真正成为国际信贷的砥柱。要求非洲等发展中国家在改革过程中享有话语权。

【同中国的关系】1963年12月14日两国建交。1978年中国改革开放后，两国关系日益密切，江泽民主席（1996年），李鹏委员长（1999年），朱镕基总理（2002年），吴邦国委员长（2004年），胡锦涛主席（2006年），全国政协主席贾庆林（2007年），王岐山副总理（2011年），中共中央政治局常委李长春（2011），中共中央政治局委员、北京市委书记刘淇同志（2012年），华建敏副委员长（2012年），张宝文副委员长（2013年），万鄂湘副委员长（2013年），李克强总理（2014年5月），中共中央政治局委员、北京市委书记郭金龙同志（2014年7月）、张德江委员长（2016年3月）等先后访肯。

肯方莫伊总统（1980、1988、1994年）、齐贝吉总统（2005年、2006年来华出席中非合作论坛北京峰会、2010年访华并出席上海世博会开幕式）、穆西约卡副总统（2008年8月出席北京奥运会开幕式、2010年8月出席中非农业合作论坛、2012年5月出席首届中国（北京）国际服务贸易交易会）、奥廷加总理（2008年11月赴南京出席第四届世界城市论坛、2009年10月赴成都出席第十届中国西部国际博览会、2012年7月来华出席中非合作论坛第五届部长级会议开幕式）、肯雅塔总统（2013年8月）、埃苏罗参议长（2014年5月）、穆图里议长（2015年5月）等先后访华。

中国驻肯大使：刘显法。馆址：Woodlands Road, Kilimani District, Nairobi。电话：（0025420）2726851（使馆总机），（00254）717070214（领事证件咨询电话），（0025420）5141108（经商处）。传真：（0025420）2726402，2711540，2713451（经商处）。

肯尼亚驻华大使：迈克尔·金扬久伊（Michael Kinyanjui）。馆址：北京三里屯西六街4号。电话：（010）65323381，65322473。传真：（010）65321770。

【同英国的关系】英国是肯原宗主国，两国在政治、经济和军事上保持着传统的密切关系。英是肯主要双边援助国之一。英是肯第一大投资者，对肯投资总额超过10亿英镑。英每年向肯提供500个奖学金名额，目前肯有5000多名学生在英国留学。2006年两国续签了军事合作协议。2007年年底肯大选争端引发人道主义危机后，英国宣布向肯红十字会提供100万英镑人道主义援助。2008年7月，奥廷加总理访英，与英首相布朗举行会谈。英宣布向肯提供900万英镑援助，用于重建项目和非政府组织能力建设。2013年5月，肯雅塔总统在出席索马里问题伦敦国际会议期间会见了英国首相卡梅伦。

【同美国的关系】近年来，肯为争取美援、美为获得肯配合其在东非地区反恐，两国关系发展较快。肯是接受美援助最多的撒哈拉以南非洲国家之一，近年来每年约5亿美元。肯自2000年成为美国“非洲增长与机会法”的首批受益国以来，对美纺织品出口激增，近百家美国公司在肯设代表处。2004年1月，肯美在肯尼亚拉穆群岛附近举行代号为“尖槌04”的联合军事演习。2005年6月，美要求肯签订不向国际刑事法院提交美罪犯的协议，遭肯拒绝，美因此冻结对肯军事培训援助。2007年年底肯大选争议导致局势动荡后美积极调解，国务卿赖斯、助理国务卿弗雷泽先后访肯，会见了争议双方领导人和安南并转达布什总统口信。2008年3月，美民众为肯人道主义危机捐款2500万美元。5月，美军舰访肯并与肯举行了联合训练。6月，奥廷加总理访美，会见了国务卿赖斯、国家安全顾问哈德雷及参、众议院主要领导人。美宣布再向肯提供9000万美元援助，并承诺两年内进一步扩大对肯经援力度。2009年5月，美国务院非洲事务助卿卡森和白宫国安会非洲事务高级主任加文访肯，肯总理奥廷加访美。2009年8月和2012年8月，美国务卿克林顿两次访肯。2014年8月，肯总统肯雅塔赴美出席首届美非峰会。2015年7月，美总统奥巴马访肯并出席“全球创业峰会”。

【同日本的关系】日本是肯尼亚主要援助提供国之一，已累计向肯提供近45亿美元官方发展援助。2015年3月，肯雅塔总统访问日本并出席第三届联合国减灾大会，日方宣布向肯全民医疗保健计划提供3300万美元援助。日方企业参与蒙巴萨港扩建等重大项目建设，日本国际协力机构、日本贸易振兴机构、日本国际协力银行等机构东非地区总部设在内罗毕，日本青年海外协力队已累计向肯派遣1600余名志愿者。

【同邻国的关系】重视发展同邻国的关系，积极推进地区一体化。同坦桑尼亚、乌干达组建东非共同体，实施地区互联互通基础设施项目。

肯积极推动索马里和平进程。2002年10月，肯在东非政府间发展组织授权下在肯西部城镇埃尔多雷特主持召开新一轮索马里和会。2004年1月，索各派在肯就索宪章修正案和建立新国民议会签署协议。8月后，索马里和会先后产生过渡联邦议会、政府和总统。2005年6月起索过渡政府从内罗毕迁回索境内。2006年9月齐贝吉总统在出席东非政府间发展组织内罗毕特别首脑会议期间，会见了索过渡联邦政府总统优素福、埃塞俄比亚总理梅莱斯，共同讨论在索部署东非政府间发展组织和平支助团等议题。2007年8月，齐贝吉总统会见来访的优素福总统。2009年6月，奥廷加总理会见索过渡联邦政府总理舍马克。2011年10月，肯出兵索马里协助索过渡联邦政府清剿极端反政府武装组织“沙巴布”，并于2012年6月将在索部队并入非盟驻索马里特派团。2012年8月以来，索产生新领导人和新政府，肯予以大力支持。2013年9月21日至24日，多名“沙巴布”恐怖分子对内罗毕西门购物中心发动袭击，劫持人质并与肯军警对峙交火，造成67人死亡、240余人受伤。2015年4月，肯东部与索毗邻的加里萨大学遭“沙巴布”恐怖袭击，造成148人死亡、79人受伤。

南苏丹独立建国前，肯主张和平解决苏丹内部冲突，曾先后十余次主持苏丹和谈。2001年5月，肯作为东非政府间发展组织苏丹问题委员会主席国在肯主持苏丹和谈。2005年1月苏丹政府与南方反政府武装在内罗毕签署全面和平协议。7月，齐贝吉总统出席苏丹过渡宪法签署及苏丹新政府成立仪式。肯多次斡旋苏丹北南双方，支持苏丹南部公投独立结果。南苏丹独立建国后，肯积极调停南北苏丹冲突。2013年年底南苏丹冲突爆发后，肯即推动东非政府间发展组织召开南苏丹问题特别峰会，肯雅塔总统两次赴南苏丹斡旋，并亲自推动南苏丹冲突双方实现和谈。（周治家）

莱　索　托

国名　莱索托王国（The Kingdom of Lesotho）。

面积　30344平方公里。

人口　210万（2013年联合国估算数字）。绝大多数人口属班图语系的巴苏陀族和祖鲁族。通用英语和塞苏陀语。约90%的居民信奉基督教新教和天主教，其余信奉原始宗教和伊斯兰教。

首都　马塞卢（Maseru），海拔1500米。人口约27.5万（2013年世界地名辞典估算数字）。

国家元首　国王莱齐耶三世（Letsie III），1996年2月7日登基，1997年10月31日加冕。

重要节日　莫舒舒日：3月11日；英雄日：4月4日；国王诞辰：7月17日；独立日：10月4日。

简　况

非洲南部内陆国家，四周为南非所环抱。国土75%是东部山地，最高海拔3482米。西部25%的狭长地带为地势较平缓的低地，最低海拔1388米。主要山脉是马洛蒂山和德拉肯斯山，主要河流是奥兰治河和卡勒登河。属大陆性亚热带气候。5—9月为旱季，10至翌年4月为雨季，最高气温33℃（1月），最低-7℃（7月）。属东2时区，比北京时间晚6小时，无夏令时。

政　治

独立前称巴苏陀兰。19世纪初，巴苏陀族酋长莫舒舒一世统一各族，建立了王国。1868年，英国正式宣布巴苏陀兰为其“保护地”，并于1871年将其并入英国在南非的开普殖民地。1966年10月4日宣布独立，定名为莱索托王国，实行君主立宪制，莫舒舒二世任国王，巴索托国民党领导人乔纳森任首相。1970年举行独立后首次大选，巴苏陀兰大会党获胜。巴索托国民党政府宣布选举结果无效，并实行紧急状态，取缔反对党。1986年，武装部队司令莱哈尼耶少将发动军事政变，接管政权并禁止政党活动。1990年11月，军政府废黜莫舒舒二世，立其长子莱齐耶为国王。1993年3月，军政府“还政于民”，举行莱第二次大选，巴苏陀兰大会党获胜，该党领袖莫赫勒出任首相。1995年1月，莫舒舒二世复位。1996年1月，莫舒舒二世遇车祸身亡。2月，莱齐耶再度登基。1998年5月举行第三次大选，莱索托民主大会党以绝对优势取胜，该党领袖莫西西利任首相。反对党不承认选举结果并持续采取抗议活动抵制新政府，部分军人哗变，莱爆发严重动乱。应莱政府要求，南非、博茨瓦纳以南部非洲发展共同体名义派军队入莱平定动乱。在南共体调解下，执政党与反对党经过三年多的谈判，就以混合选举模式重新举行大选方式达成一致。2002年5月和2007年2月，莱按照混合选举模式顺利举行大选，莱索托民主大会党连续赢得大选，莫西西利均蝉联首相。

2012年2月，莱索托民主大会党发生分裂，莫西西利首相另组民主大会党，继续执政。5月26日，莱举行大选，执政的民主大会党仅获得120个议席中的48席。根据莱宪法规定，各政党可自由结盟，议席达61个即可执政。全巴索托大会党、莱索托民主大会党、巴索托国民党等三个主要反对党成功结盟，占据议会多数，赢得执政权。6月8日，全巴索托大会党领袖莫措阿哈·托马斯·塔巴内（Motsoahae Thomas Thabane）正式就任首相，标志着莱独立以来首个多党联合政府诞生。

2014年3月18日，莱部分议员向议会提交对塔巴内首相的不信任动案，议会未就此立即投票。6月10日，塔巴内首相在未与其他联合执政党协商的情况下宣布将议会临时关闭9个月，莱索托民主大会党对此强烈反对，要求塔尽快重启议会。8月29日，塔巴内首相下令解除国防军司令特拉利·卡莫利（Tlali Kamoli）职务。8月30日，莱国防军包围了首都马塞卢的首相府、警察总部及一些警察站，与警察发生小规模枪战，造成几名士兵和警察死伤，塔巴内首相出走南非。经南部非洲发展共同体调解，执政联盟各党派签署多个和解协议，并同意将原定于2017年的大选提前举行。

2015年2月28日，莱提前举行大选。民主大会党、莱索托民主大会党、人民民主阵线、民族独立党、马里马特卢自由党、巴苏陀兰大会党、莱索托人民大会党等7党组成联合政府。民主大会党领袖莫西西利时隔3年再次就任首相。

【宪法】现行宪法于1993年3月颁布生效。宪法规定：国王为国家元首和立宪君主，内阁为行政机构，首相为政府首脑。

【议会】实行两院议会制。参议院有33个席位，由国王根据首相意愿指定的11名议员和22名大酋长组成，主席为莱塔帕塔·马卡奥拉（Letapata Makhaola），参议长为塞伊索·贝伦·塞伊索亲王（Prince Seeiso Bereng Seeiso）。众议院由120名议员组成，议员通过选区代表制和比例代表制选举产生，任期5年。本届议会于2015年3月根据大选结果组成。民主大会党占47席，全巴索托大会党46席，莱索托民主大会党12席，巴索托国民党7席，人民民主阵线2席，莱索托改革大会党2席，民族独立党、马里马特卢自由党、巴苏陀兰大会党、莱索托人民大会党各1席。议长恩特洛伊·莫察梅（Ntlhoi Motsamai）。

【政府】本届政府于2015年3月组成，内阁主要成员有：首相帕卡利塔·莫西西利，副首相莫泰乔阿·梅青（Mothetjoa Metsing），内政大臣莱凯托·拉库奥阿内（Lekhetho Rakuoane），司法、人权及惩教大臣穆凯策·马莱博（Moeketse V. Malebo），劳工及就业大臣图洛·马赫拉肯（Thulo Mahlakeng），首相府大臣基梅措·马塔巴（Kimetso Mathaba），社会发展大臣莫拉莱伊·莱特洛特洛（Molahlehi Letlotlo），警察及公共安全大臣莫尼亚内·莫莱莱基（Monyane Moleleki），财政大臣曼福诺·哈克特拉（Mamphono Khaketla，女），地方政府及酋长事务大臣庞措·马图梅洛·塞卡特尔（Pontšo Matumelo Sekatle，女），水务大臣拉莱查特·莫科塞（Ralechate Mokose），林业、牧场及土地保护大臣卡贝洛·马富拉（Kabelo Mafura），能源大臣塞利贝·莫乔博罗阿内（Selibe Mochoboroane），国防及国家安全大臣策利索·莫霍西（Tšeliso Mokhosi），公共工程及运输大臣楚·莫克雷特拉（Tšoeu Mokeretla），公共服务大臣楚库特拉内·阿乌（Tsukutlane Au），发展计划大臣莫科托·赫洛阿埃莱（Mokoto Hloaele），法律及宪法事务大臣莫特拉伦托阿·莱措萨（Motlalentoa Letsosa），通讯及科技大臣科措·莱察齐（Khotso Letsatsi），旅游、艺术及文化大臣利凯莱莉·坦帕内（Likeleli Tampane，女），妇女、青年及体育大臣马蒂贝利·莫霍图（Mathibeli Mokhothu），外交及国际关系大臣特洛汉格·塞卡马内（Tlohang Sekhamane），小企业发展、合作社及市场大臣塔比索·利齐巴（Thabiso Lits'iba），教育及培训大臣马哈莉·帕莫采（Mahali Phamotse，女），农业及粮食安全大臣玛帕莱莎·莫托霍（Mapalesa Mothokho，女），卫生大臣莫洛齐·莫尼亚马内（Molotsi Monyamane），贸易及工业大臣乔舒亚·塞蒂帕（Joshua Setipa），矿业大臣莱博杭·托坦亚纳（Lebohang Thotanyana）。

【行政区划】全国划为10个行政区。2005年4月，莱举行了1966年独立以来首届地方政府选举，目前由社区理事会（Community Council）理事管理地方行政事务。全国成立了129个社区理事会，每个理事会由9—15名理事（人数需为奇数）组成。其中2名理事在酋长中产生，其余理事席位由各党推举的候选人及独立候选人竞争。地方政府任期为4年。2011年10月1日，莱地方政府选举。当时的执政党莱索托民主大会党在77个地区议会中赢得69个，主要反对党全巴索托大会党赢得3个，巴索托国民党赢得2个，人民民主阵线赢得1个。

【司法机构】司法体系基于罗马—荷兰法。由高等法院、上诉法院、10个行政区级法院和酋长主持下的地方习惯法法庭组成。根据莱宪法，上诉法院和高等法院法官可以由外籍人士担任，但上诉法院法官必须是英联邦国家公民。现任高等法院首席大法官恩托蒙·马贾拉（Nthomeng Majara）。上诉法院院长卡纳奈罗·莫西多（Kananelo Mosito）。

【政党】注册政党共有24个，共有10个政党在本届议会中占有席位。主要政党有：

（1）民主大会党（Democratic Congress）：执政党之一。2012年2月，时任首相莫西西利脱离莱索托民主大会党（LCD）组建该党并继续执政。在2012年5月大选中获最多议席48席，但因未过总议席数半数且未能成功与其他政党结盟，成为最大反对党。2015年大选再次获得最多议席47席，并联合其他政党以微弱优势组建七党联合政府。主要代表中下层民众的利益。领袖为现任首相帕卡里塔·莫西西利（Pakalitha Mosisili）。

（2）全巴索托大会党（All Basotho Convention）：2006年10月成立，由原通讯大臣塔巴内脱离执政党民主大会党而成立。2007年大选中该党获得24个议席，成为第一大反对党。2012年大选中获30议席，并成功与莱索托民主大会党和巴索托国民党结盟，组建联合政府。2015年大选中一举拿下46席，但因与同盟政党议席未达到半数以上而成为最大反对党。主张反腐败、均贫富、打击犯罪、保护本国人民经济利益等，在城镇居民中有广泛基础。领袖为前首相莫措阿哈·托马斯·塔巴内（Motsoahae Thomas Thabane）。

（3）莱索托民主大会党（Lesotho Congress for Democracy）：1997年6月，巴苏陀兰大会党发生分裂，以莫赫勒为首的“首相派”成立莱民主大会党并执政。在1998年5月大选中获胜并继续执政。2001年，由于该党原副领袖马霍佩另立新党，莱索托民主大会党分裂。在2002年5月的大选中以绝对优势获胜，继续执政。2006年，原通讯大臣塔巴内另立新党，该党再度分裂。2012年2月，时任首相莫西西利另立民主大会党，该党实力大幅削弱。2012年5月大选中，该党获26议席，与全巴索托大会党、巴索托国民党结盟，共同执政，领袖莫泰乔阿·梅青任副首相。2014年，该党联合反对党攻击民主大会党，执政联盟破裂，引起党内不满并再次分裂。在2015年大选中仅获得12席，与其他政党结盟得以继续执政。主张提高社会与卫生服务质量，改革教育制度，提供更多的就业机会，减少贫困。领袖为副首相莫泰乔阿·梅青（Mothetjoe Metsing）。

（4）巴索托国民党（Basotho National Party）：1958年成立，曾于1966—1986年执政。2006年该党公开分裂，实力受损，在2007年2月大选中只获3议席。在2012年大选中获5议席，与全巴索托大会党和莱索托民主大会党结盟共同执政。2014年政治危机发生后，继续与全巴索托大会党联合，在2015年大选中获得7席。主张政府权力由巴索托人掌握，效忠于英王和当地最高酋长，得到天主教会和酋长的支持。领袖为前青体大臣泰瑟勒·马塞瑞巴内（Thesele Maseribane)。

此外，人民民主阵线（Popular Front for Democracy）、莱索托改革大会党（Reformed Congress of Lesotho）分别获得2席，民族独立党（National Independent Party）、马里马特卢自由党（Marema-Tlou Freedom Party)、巴苏陀兰大会党（Basotholand Congress Party)、莱索托人民大会党（Lesotho People's Congress）分别获得1席。

【重要人物】莱齐耶三世：国王。1963年7月17日生于莱莫里加地区。为已故国王莫舒舒二世的长子。1968—1980年在英国就读小学和中学。1980—1984年在莱索托大学学习并获法学士学位。1984—1986年取得英国布里斯托尔大学英国法律文凭。1986—1987年在剑桥大学和伦敦大学怀伊学院进修发展学和农业经济学。学成归国后，于1989年12月被任命为马欣地区大酋长，并曾在马塞卢市政厅和制宪会议任职。1990年11月即位，1995年1月让位于其父莫舒舒二世。1996年1月莫舒舒二世因车祸身亡后于2月7日再次登基。1997年10月31日举行加冕典礼。1999年10月非正式访华。2010年10月来华出席上海世博会莱索托国家馆日活动。　**帕卡利塔·莫西西利**：首相。1945年3月14日生于莱索托加查斯内克区。1966—1970年在博茨瓦纳—莱索托—斯威士兰大学攻读非洲语言和教育学，获文学学士和教育学证书。1975—1976年在美国威斯康星大学攻读语言学，获文学硕士学位。1977—1978年就读于南非大学，获文学学士荣誉学位。1979—1982年在加拿大西蒙·弗雷泽大学攻读语言学和教育学，获教育学硕士学位。曾在南部非洲多所中学和大学教授非洲语言。1967年加入巴苏陀兰大会党（BCP）。1993年当选议员并任教育大臣。1995年2月任副首相兼内政和地方政府大臣。1996—1997年6月任BCP副领袖，1997年6月新成立的莱索托民主大会党（LCD）脱离BCP后，任LCD副领袖。1998年2月任LCD领袖，5月当选首相。2002年2月、2007年2月大选后连任首相。2012年脱离LCD，另立新的民主大会党（DC）并担任领袖。DC在当年5月举行的大选中虽获议会最多席位，但因未获过半票数并优先组阁失败，莫成为最大反对党领袖。2015年2月大选后，DC联合LCD及其他5个小党成功组成联合政府，莫再次就任首相。

经　济

自然资源贫乏，经济基础薄弱，是联合国宣布的世界最不发达国家之一。经济以农牧业和服装加工出口为主，粮食不能自给。侨汇也是国民收入的主要来源之一。近年来，莱政府积极实施《2020年国家经济发展远景规划》，改善投资环境，努力扩大就业，发展农业和基础建设，经济有所发展，钻石开采业成为新的经济增长点。2012年以来，莱索托经济逐步走出国际金融危机造成的困境。随着南部非洲关税同盟（SACU）税收分成增加，莱财政收入增加，整体收支状况也有所好转。根据世界经济论坛发布的《2013—2014全球竞争力报告》，莱竞争力排名从2012年的第137位上升至第123位。2015年受政局不稳影响，惠誉国际发布莱经济评级，将莱经济发展预期由“稳定”下降为“消极”。

2015年主要经济指标如下：

国内生产总值：23亿美元。

人均国内生产总值：约1095美元。

经济增长率：1.8%。

货币名称：洛蒂，复数为马洛蒂（Maloti）。与南非兰特等值挂钩。

汇率（2015年平均值）：1美元≈12.8马洛蒂。

外汇储备（不含黄金）：10.7亿美元（2014年数据）。

外贸总额：23.9亿美元。

外债：9亿美元。

（资料来源：《伦敦经济季评》）

【工业】以制造业和食品加工为主，生产成衣、制革、食品、饮料、建材、家具、电子等。莱境内的高原水利工程于1991年动工，是非洲最大的水利工程之一，由莱索托和南非共同出资兴建。目前，该工程第一阶段已竣工，莱索托通过向南非输水每年创造可观收入，并可解决自身电力需求。自2000年以来，随着欧美相继向莱开放无关税、无配额的市场，纺织、服装、制鞋等附加值相对较高的出口加工产业发展迅速，成衣业成为莱国民经济第一大支柱产业。莱成为撒哈拉以南非洲地区对美最大服装出口国和美在非第八大贸易伙伴，每年向美出口成衣创汇约5亿美元。2008年以来，受国际金融危机影响，莱服装加工业面临困境，出口下降，多家工厂停产或关闭。2010年，莱纺织服装业上半年订单有所增加，但对美出口减少。2012年，莱纺织服装业由于美国《非洲增长与机遇法案》延期至2015年，困难状况有所缓解。

【矿业】以钻石开采业为主，另有少量煤、方铅、石英、玛瑙及铀蕴藏，但不具商业开采价值。2007年矿业产值达7.64亿马洛蒂。钻石业发展较快，成为新的经济增长点。2006年以来，莱先后发现了“莱索托诺言”等多颗特大高等级原钻。2011年莱新开采出的重达550克拉钻石，拍出1650万美元。2012年2月莱启动钻石切割和抛光设施建设，每月可切割和抛光钻石2000克拉。2015年7月，莱政府有关部门与矿业公司举行首次矿业对话会，莫西西利首相鼓励投资商加大对矿业领域的投资。12月，莱矿业大臣托坦亚纳宣布，莱政府将钻石开采作为2016财年促进经济增长的助推器之一，政府拟吸引50亿马洛蒂投资，增加钻石开采和出口。

【农牧业】农业人口占全国人口的80%，农业劳动力占全国劳动力总数的50%。由于水土流失，可耕地逐年减少，现有可耕地面积18万公顷，约占全国面积的10%。粮食自给率约30%。畜牧业占重要地位，全国66%的土地可供放牧，以养羊业为主，是非洲著名马海毛产地。2015年持续干旱，全国普遍存在饮用水困难，大量牲畜死亡。莫西西利首相宣布国家处于紧急状态，莱正遭受历史上最严重的旱灾，干旱将持续影响2016—2017年度的粮食收成。

【服务业】2008年莱服务业总产值为48.84亿马洛蒂，占国内生产总值的37%。2012年莱服务业总产值占国内生产总值的55.8%。

【旅游业】政府鼓励发展旅游业，近年修建了一些旅馆和山区度假村以及一座国家公园，游客多来自南非。莱索托高水工程极大地促进了莱山区旅游业的发展。滑雪成为近年来新兴旅游项目。莱目前有大小旅店100余家，35%在首都；旅客床位4000多张，其中一半在首都。据莱索托旅游发展公司（LTDC）统计，2012年莱旅游收入达6亿马洛蒂（约合7300万美元），国际游客增加6.14%，达42万多人，其中非洲游客占95.54%，美洲和亚洲游客分别占0.72%和0.71%，亚洲游客比上年大幅增长12.26%。由于莱被南非环抱的地理特点，绝大多数游客选择陆路交通赴莱旅游，仅有2%选择航空。

【交通运输】公路：总长7436公里，其中柏油路1189公里，砂石路3793公里，土路2454公里。

铁路：莱无独立铁路系统，仅有南非延伸至首都马塞卢的2.6公里铁路运送有限的物资。

空运：莱主要机场为马塞卢莫舒舒国际机场，可起降中型民用客机，每日有4个航班来往于马塞卢和南非约翰内斯堡航线，由南非航空公司运营。全国另有小机场30余个，没有航班，仅以国内运输为主，大多只能起降直升机。

【通讯】莱通讯事业近年来发展迅速。移动电话业务主要由南非VODACOM电信公司与莱索托电信公司合资成立的VODACOM LESOTHO（VCL）电信公司提供。2011年移动电话用户约140万户，国际互联网服务由南非公司和莱本国公司提供。

【财政】近几年财政收支状况如下（单位：亿马洛蒂）：

年度	2011/2012	2012/2013	2013/2014	2014/2015
收入	96.16	135.79	145.67	145.46
支出	114.97	124.88	145.62	143.17
差额	–18.81	10.9	0.05	2.29

莱有多家商业银行和专业金融机构，但主要为南非标准银行（Standard Bank）和莱利银行（Ned Bank）垄断。莱索托中央银行负责金融业的监管。银行服务范围目前仅限于城镇地区。

2014年8月，莱成立信贷局，旨在建立和管理信贷市场，交流信贷信息，扩大对当地和外来投资者的信贷规模，促进经济社会发展。信贷局的成立也是落实IMF等国际机构对莱金融改革的举措。

【外国援助】双边援助主要由英国、美国、爱尔兰、德国、日本等国提供；多边援助主要来自世界银行、欧盟、非洲发展基金、世界粮食计划署和国际开发协会。2015年9月，莱发展计划部举行发展伙伴会议，发展计划大臣发布2012—2013年发展合作报告。报告显示，莱接受外援总金额从2010年的2.76亿美元增至2013年的3.43亿美元，人均183美元。20%政府开支来自政府开发援助，最大援助方是美国（3.25亿美元），其次为欧盟（3.17亿美元）。援款的70%流向社会发展领域，15%支持政府预算，7%投入基础设施建设。

世界银行自1966年开始援助莱索托，目前正在实施的项目涉及医疗健康、水利、道路、教育及农业等领域，累计金额约1.17亿美元（约13亿马洛蒂）。2011年世界银行向莱提供约5000万美元援助，用于教育、卫生、农业、边境安全设施及麦特隆大坝项目的建设。2013年6月，世界银行向莱提供1.8亿马洛蒂无偿援助，帮助莱实施首个发展政策执行计划，即提高公共支出效益，改善全国特别是农村地区的投资环境，吸引外国直接投资。7月，世界银行向莱提供2亿马洛蒂（约2000万美元）援款，用于支持莱包容性增长和竞争力发展政策。11月，世界银行向莱提供1.31亿马洛蒂（约合1310万美元）贷款，帮助莱改善经营环境，创造就业机会，促进私营经济多样化发展。2014年2月，世界银行批准了对莱索托一笔550万美元（约6000万马洛蒂）的无息贷款，以支持莱政府在改善公共财政管理体系方面作出的努力。8月，世界银行宣布将资助1.35亿马洛蒂（约合1543.5万美元）用于莱索托水利改造二期项目，包括继续支持莱麦特隆大坝和供水项目，莱高山水利二期项目的准备工程及帮助莱政府吸引投资改善莱低地地区水务服务项目等。到2016年该项目预计将使3万巴索托人获益。

2013年7月，莱与欧盟签订协议，欧盟将提供680万欧元，帮助莱修建供、排水系统。2007—2010年，欧盟和联合国儿童基金会向莱提供1.07亿马洛蒂援助，用于抚育艾滋病死者遗孤。2015年12月，欧盟宣布将出资1200万欧元，帮助莱索托等7个南部非洲国家抗击厄尔尼诺现象造成的干旱。2016年《南部非洲发展共同体（SADC）与欧盟经济合作伙伴协议》（SADC–EU EPA）将开始实施，届时莱索托将享受向欧洲出口产品免税、免配额待遇。

2013年5月，全球基金向莱捐助1700万美元，用于预防和治疗结核病及艾滋病。同月，沙特阿拉伯通过世界粮食计划署向莱提供价值19.6万美元的粮食援助。10月，国际货币基金组织（IMF）批准第六期对莱索托展延信贷安排（ECF，Extended Credit Facility）860万美元，使莱特别提款权额保持7660万美元，帮助莱弥补财政金融结构性脆弱，达到中期储备目标，以利于莱获得国际援助。同月，沙特阿拉伯通过世界粮食计划署向莱提供价值19.6万美元的粮食援助。同月，俄罗斯向莱政府捐赠价值100万美元的医疗设备，包括实验设备、诊疗设备、手术及重症监护设备等。

【对外贸易】2015年外贸总额23.9亿美元，其中出口额7.84亿美元，进口额16.06亿美元。进口商品主要为食品、燃料、机械等。主要出口为毛纺织品、原材料（羊毛、马海毛等）和牲畜等。

人民生活

全国劳动力约65万。2006年有约5.2万劳工在南非工作，侨汇收入在国民收入中占有一定比例。受金融危机影响，莱索托在南非矿业务工人员减少，导致侨汇收入大幅减少，直接影响民生。莱人口的80%可享有医疗服务。全国划分为18个医疗服务区。病床2404张，医生与病人的比率为1：960。各类医院211所，其中158个医疗中心，18家区级医院，3家全国性转诊医院。2008/2009财政年度莱医疗经费为9.991亿马洛蒂，占政府财政总预算的10.1%。联合国开发计划署2013年报告显示，莱人均寿命为48岁。

2014年9月，莱卫生部疾病控制中心表示，莱艾滋病患病率（23.0%）已超过博茨瓦纳，仅次于斯威士兰，位居全球第二。莱当前艾滋病总感染人数为38万人，其中儿童占10%，妇女占27%，尽管莱每年新增艾滋病感染人数已由2012年的3.2万下降至2013年的2.6万（平均每年下降7%），但依然每天新增62名艾滋感染患者，50人死于相关疾病，距消灭艾滋病的目标仍有较大距离。莱政府2014年拨付2.4亿马洛蒂（约2200万美元）用于艾滋病全民免费医疗，但由于年新增病患较多且莱采用了世界卫生组织最新治疗方案，不能保证所有患者得到及时治疗（2013年莱需接受治疗的16.02万人中只有10.1万人得到医治）。

军 事

莱索托国防军由约3100人组成，包括一支空军中队。2014年6月，塔巴内首相宣布解除国防军司令卡莫利职务，由马豪任国防军司令。2015年大选后，莫西西利首相重新任命卡莫利为国防军司令。2015年6月25日，前国防军司令马豪遭枪杀。

文化教育

【**教育**】国民受教育程度较高，识字率达81%，初级教育普及率达69%，在撒哈拉以南非洲国家中位居前列。根据世发行的《2006年非洲发展指数》，莱索托教育支出占其GDP总额的13%，在撒哈拉以南非洲国家中位居第一。从2000年起，小学开始逐步实行免费教育，小学入学率为85%，中学为23%。2007年学生与教师的比率约为50∶1。

近年来职业技术教育发展较快。现有莱索托大学和与马来西亚合作创办的林国荣创意科技大学两所高等学府。另有两所学院和四所技术学校。2014/2015年教育预算为8.92亿马洛蒂，占预算总额的5.7%。

【**新闻出版**】主要报刊：英文报纸主要有《公众眼报》《时代报》《镜报》《观察家》和《今日莱索托》等。塞苏陀文主要有《摩洛蒂》《摩索托》等10家报刊。《舒舒妇女杂志》为英文季刊，1991年由新闻和广播部创办并发行全国。

莱索托通讯社：1983年由联合国教科文组织资助建立。

莱索托电台和电视台：用塞苏陀语和英语播放，以塞苏陀语为主。全国拥有1.1万台电视机。

对外关系

奉行不结盟和睦邻友好政策。积极参与地区政治事务和经济合作。主张与不同政治、经济制度的国家和平共处。是南部非洲关税同盟、南部非洲发展共同体以及兰特货币区等地区组织成员国，与邻国均保持友好关系。莱还是洛美协定的成员国。近年来，莱在立足南共体的基础上，加强与欧美、联合国专门机构的关系，大力发展与东南亚和中、日、韩等东北亚及北欧国家的关系，积极参与地区与国际事务，大力引进外资，促进经济发展。

【**同中国的关系**】1983年4月30日，中国与莱索托建交。1990年4月莱军政府与台湾当局“复交”，中国于4月7日中止同莱外交关系。1994年1月12日莱巴苏陀兰大会党政府与中国恢复外交关系。复交以来，两国关系发展顺利。近年中方访莱的主要有：外交部部长李肇星（2005年）、外交部副部长吕新华（2005年）、全国政协副主席、中非人民友好协会会长阿不来提·阿不都热西提（2007年）、外交部部长助理翟隽（2009年）、商务部副部长钟山（2012年）、卫生部副部长刘谦（2012年）。莱方访华的主要有：首相莫西西利（2005年正式访问、2006年出席中非合作论坛北京峰会、2007年度假考察、2010年出席上海世博会闭幕式）、国王莱齐耶三世（2010年出席上海世博会莱索托国家馆日活动并访问西安）、国民议会议长莫塔尼亚内（2012年出席在长春举行的第二届世界产业领袖大会）、外交大臣采科阿（2009年正式访问、2012年出席中非合作论坛第五届部长级会议）、副首相兼地方政府、酋长及议会事务大臣梅青（2013年）、文化大臣拉德比（2013年）、卫生大臣马纳莫莱拉（2013年）、首相塔巴内（2014年5月对华私人访问）。

2015年10月，外交与国际关系大臣塞卡马内非正式访华。12月，首相莫西西利出席中非合作论坛约翰内斯堡峰会。

自1983年以来，中国完成了国家会议中心、布达布蒂工业园、国家图书馆兼档案馆、议会大厦等援莱成套项目和蔬菜种植、沼气技术指导等技术合作项目。近年，中国多次通过世界粮食计划署向莱提供了粮食援助。

2001年，中国政府免除截至1999年年底莱对华部分到期债务。2006年11月，中国政府在中非合作论坛北京峰会对非免债方案下免除莱5000万元人民币无息贷款。

自2005年1月1日起，中方对于从莱索托进口的部分商品给予免关税待遇。2014年，中国同莱索托贸易额为1.01亿美元，同比下降2.4%，其中中方出口额0.89亿美元，进口额0.12亿美元。中国对莱主要出口轻纺和机电产品，进口马海毛、珠宝、贵金属等。

双方签有文化协定和高教发展合作项目协议。2011年中国赠莱陶艺设备，并派专家赴莱开展技术培训。中国首批医疗队于1997年4月赴莱工作，截至2015年年底共派出10批121人。截至2014年，中国共接受莱奖学金留学生139人。2014年全年在华留学生共113人，其中奖学金生43名，自费生70名。莱系中国公民出境旅游目的地国。2012年，中国公民赴莱人数为1972人，莱有595人次来华。

中国驻莱索托大使：胡定贤。馆址：United Nations Road，P. O. Box 380，Maseru 100，Lesotho。电话：266–22316521；传真：00266–22310489。E-mail：chinaemb_ls@mfa.gov.cn。

莱索托驻华大使：恩齐尼（Lebohang Ntsinyi，女）。馆址：北京市朝阳区东直门外外交办公楼302室。电话：010–65326843，65326844；传真：65326845。

【**同南非的关系**】莱为南非国中国，囿于特殊的地理关系，莱将发展对南非关系置于对外关系的优先位置。两国拥有相似的历史和文化，且同为多个地区组织成员国。政治和社会经济联系十分紧密。莱大部分产品自南非进口。莱有数万矿工在南非务工，每年为莱创造大量外汇。南非与莱合作的莱高原水利工程，进一步拉近了双方业已存在的紧密关系。1987年，双方互设贸易代表处。1992年12月1日正式建立大使级外交关系。2010年6月，莱齐耶三世国王出席南非世界杯开幕式。8月，南非总统祖马访莱，双方签署经济合作谅解备忘录。2011年8月，莱与南非签署高原水利二期项目协议。2012年10月，塔巴内首相应邀对南非进行工作访问。2013年6月，莱能源、气象与水务大臣塔哈内访问南非。8月，南非总统祖马访莱，双方签署经济合作谅解备忘录。8月，莱首相塔巴内在约翰内斯堡会见南非总统祖马。同月，南非体育与娱乐部部长穆巴鲁拉访莱。2014年3月，莱国王莱齐耶三世、首相塔巴内与南非总统祖马共同出席莱南高原水利二期工程启动仪式，本期工程将投入154.71亿兰特，修建一个大坝（22亿立方米储水量）、一座发电站、一条输水隧道及相关附属设施，从2020年7月起向南非输送莱水资源，并向莱当地输送电力。在莱2014—2015年政治安全危机中，南非副总统拉马福萨作为南部非洲发展共同体调解人先后14次访莱，进行调解，祖马总统也亲自参与调解，最终促成和解，莱提前举行大选，祖马与拉马福萨一同出席了莫西西利首相就职仪式。

【同其他南部非洲国家的关系】莱索托注重发展与非洲国家特别是南部非洲国家的关系，积极参与地区经济合作和一体化进程，参与解决地区热点问题。2009年6月，莱同博茨瓦纳、斯威士兰一道与欧盟签署了过渡经济伙伴协定。2010年3月，莫西西利首相出席纳米比亚新总统波汗巴就职典礼暨纳米比亚独立庆典。2012年8月，塔巴内首相赴莫桑比克出席第32届南部非洲发展共同体首脑会议并访问津巴布韦。2013年1月，塔巴内首相出席在埃塞俄比亚举行的第20届非盟首脑会议。2015年5月，莱国王莱齐耶三世访问阿尔及利亚。6月，莫西西利首相出席在南非约翰内斯堡举行的非盟第二十五届首脑会议。8月，莫西西利首相赴博茨瓦纳出席第35届南部非洲发展共同体领导人峰会。10月，梅青副首相率团赴纳米比亚出席南部非洲关税同盟新办公楼落成典礼。

【同发达国家的关系】莱索托与西方国家保持密切的经济关系。英国每年向莱提供1000万美元援助。自莱成为美国《非洲增长与机遇法案》受益国以来，莱纺织品对美出口大幅增长，2004年莱成为撒哈拉以南非洲地区对美最大服装出口国和美在非第八大贸易伙伴。美将莱列入有资格获得“千年挑战账户”援助的16个国家之一。2007年7月，美千年挑战公司与莱政府签署协议，未来5年将向莱提供援助3.626亿美元，用于卫生、水利及经济发展等领域，并于2009年2月发放了首笔4800万马洛蒂的合同基金支付款。2015年12月，美国千年挑战公司宣布，由于莱政府没有达到“良政、法制”等标准，将推迟与莱签署第二批援助协议。2009年11月，莱齐耶三世国王访问加拿大。2010年3月，日本向莱提供3800万马洛蒂援助，用于应对气候变化。2012年，塔巴内首相出席第67届联合国大会。2013年8月，莱首相塔巴内赴日本出席第五届非洲发展东京国际会议。

【同其他国家的关系】2010年1月莱齐耶三世国王访问新加坡。5月，莱齐耶三世国王访问卡塔尔。10月，莫西西利首相访问科威特。2011年5月，莫西西利首相访问马来西亚和土耳其。7月，莱齐耶三世国王出席摩纳哥王子婚礼。10月，莱齐耶三世国王访问古巴。同月，泰国诗琳通公主访莱。2013年1月，塔巴内首相率团出席在埃塞俄比亚首都亚的斯亚贝巴举行的非盟第二十届首脑会议。2月，英国哈里王子访莱。5月，莱国王莱齐耶三世访问德国、奥地利、英国及比利时。8月，莱国王莱齐耶三世访问西撒哈拉阿拉伯民主共和国。莱首相塔巴内赴马拉维首都利隆圭出席第33届南部非洲发展共同体峰会。莱教育与培训大臣莫索托阿内访问巴西。9月，莱外交部常秘梅青与印度外交部辅秘拜阿共同召开莱印双边合作联合委员会第二次会议。同月，莱首相塔巴内率团出席第68届联合国大会。2014年1月，塔巴内首相出席在埃塞俄比亚首都亚的斯亚贝巴举行的非盟第二十二届首脑会议。3月，塔巴内首相赴印度出席印进出口银行举办的第十届印非项目合作闭门会议。4月，塔巴内首相应邀出席在欧盟总部布鲁塞尔举行的第四届欧盟—非洲峰会。

2015年7月，莱国王莱齐耶三世作为非洲营养大使赴埃塞俄比亚出席为期两天的非洲营养战略启动仪式峰会。10月，莫西西利首相率团出席第三届印非峰会。同月，英国王子哈里访莱。同月，莱国王莱齐耶三世赴法国出席气候变化巴黎大会。（张春燕）

利比里亚

国名 利比里亚共和国（The Republic of Liberia）。

面积 111370平方公里。

人口 440万（2014年）。有16个民族，较大的有克佩尔、巴萨、丹族、克鲁、格雷博、马诺、洛马、戈拉、曼丁哥、贝尔以及19世纪自美国南部移居来的黑人后裔。官方语言为英语。较大民族均有自己的语言。居民85.6%信奉基督教，12.2%信奉伊斯兰教，2.2%信奉当地传统宗教等其他宗教或无宗教信仰。

首都　蒙罗维亚（Monrovia），人口115万。

国家元首　总统埃伦·约翰逊·瑟利夫（Ellen Johnson Sirleaf，女），2012年1月16日就任。

重要节日　独立日：7月26日。

简　况

位于非洲西部。北接几内亚，西北界塞拉利昂，东邻科特迪瓦，西南濒大西洋。海岸线长537公里。属热带季风气候，年平均气温约25℃。

9-10世纪，靠近撒哈拉沙漠中、西非地区的部分居民移居利比里亚。1821年起，在美国获得解放的黑奴被陆续安置于此，于1838年成立利比里亚联邦，并于1847年7月26日宣告独立，建立利比里亚共和国。之后百余年均为美国黑人移民后裔统治。1980年，土著克兰族人多伊军士长发动政变，建立军政府，并于1985年当选总统。1989年，流亡国外的前政府官员查尔斯·泰勒率兵返利，引发全面内战。1990年8月，利成立“全国团结临时政府”，索耶出任总统。1994年，利成立国务委员会，由主席和数位副主席集体行使总统权力。1997年，利举行大选，泰勒当选总统。泰勒执政后，利政局持续动荡。2003年8月，迫于内外压力，泰勒向副总统布拉移交权力，并流亡尼日利亚，利内战结束。10月，利各派组成以布赖恩特为主席的全国过渡政府。2005年10月，利举行总统和议会选举，团结党领袖瑟利夫女士当选总统。

政　治

利比里亚总统瑟利夫就任后，致力于推进和平进程，努力发展基础设施和社会公共事业，全面开展恢复重建，取得积极成效。2011年11月，瑟以90.8%的得票率再次当选总统，并于2012年1月16日宣誓就职。

【宪法】1986年实施第三部宪法。宪法规定，总统是国家元首、政府首脑和武装部队总司令，任期6年，可连任两届。立法权属议会。总统和议员由直接选举产生。实行多党制。

【议会】为最高立法机构，分参众两院。参议院共30席，每州2席，参议员任期9年，可连任两届。众议院席数根据选区数确定，本届议会共73席。众议员任期6年，可连任两届。现任参议长为副总统约瑟夫·博阿凯（Joseph Boakai）。现众议长职位空缺。

【政府】实行总统制。本届政府于2012年3月16日成立，后多次调整，现政府主要成员名单如下：总统埃伦·约翰逊·瑟利夫（Ellen Johnson-Sirleaf，女），副总统约瑟夫·博阿凯，外交部长兼内阁首席部长马扬·卡马拉（Majon Kamara，女），财政部长阿马拉·科内（Amara Konneh），总统事务国务部长爱德华·麦克莱恩（Edward McClain），国防部长布朗尼·萨穆凯（Brownie Samukai），卫生与社会福利部长伯尼斯·丹（Bernice Dahn，女），教育部长乔治·沃纳（George Werner），内政部长亨里克·托克帕（Henrique Tokpah），土地、矿业与能源部长帕特里克·森多洛（Patrick Sendolo），新闻、文化和旅游部长尤金·纳贝（Engene Nagbe），司法部长本内迪克特·桑诺（Benedict Sannoh），公共工程部长威廉·穆尔（William Moore），农业部长摩西·津纳（Mosos Zinnah），交通部长安吉拉·布什（Angela Bush，女），邮电部长弗瑞德里克·诺尔克（Frederick Norkeh），商业与工业部长阿克塞尔·马塞尔·阿迪（Axel Marcel Addy），劳工部长朱娃·劳森（Juah Lawson，女），青年与体育部长萨·恩托（Saah N' Tow），性别发展、儿童和社会福利部长朱莉娅·邓肯－卡塞尔（Julia Duncan-Casell，女），不管部长西尔维斯特·格里格斯比（Sylvester Grigsby）等。

【行政区划】全国划分为15个州。

【司法机构】设最高法院、地方初级法院和特别军事法庭。各级法官由总统任命。最高法院由1名大法官和4名陪审法官组成。现任首席大法官为弗朗西斯·考克普（Francis S. Korkpor），2013年4月上任。总检察长由司法部长兼任。

【政党】实行多党制，现有20多个政党，主要有：

（1）团结党（Unity Party）：1984年8月成立，执政党。主张尊重公民权利，强调团结与和解；倡导建立良好的投资环境，发展私营经济；提倡优先发展教育和基础设施。2010年5月，行动党（LAP）和统一党（LUP）正式并入团结党。目前团结党在参议院和众议院分别占有11席和25席。现任领袖为瑟利夫总统，主席为瓦尼·舍门（Varney Sherman）。

（2）民主变革大会（Congress for Democratic Change）：2005年5月成立。主要反对党。主张实现和平与团结，推行民主和良政；强调优先发展教育和基础设施；倡导加强国际合作，寻求国际支持和援助。目前在参议院和众议院分别占有3席和10席。现任领袖为前世界足球先生乔治·维阿（George Weah），2014年12月当选参议员。主席为纳帅尼尔·麦克吉尔（Nathaniel F. McGill）。

（3）自由党（Liberty Party）：2005年5月成立，同年6月与“联合民主党”合并。现领袖职位空缺，主席为佛内提·科法（Cllr. J.Fonati Koffa）。目前在参议院和众议院分别占有1席和7席。

（4）全国爱国党（National Patriotic Party）：1989年成立，前身系利比里亚全国爱国阵线（National Patriotic Front of Liberia），1997年2月改为现名。创建人泰勒于1997—2003年任利总统。目前在参议院和众议院分别占有6席和3席，现任领袖为罗兰德·马萨奎（Roland Massaquoi），主席为西奥菲勒斯·古尔德

(Theophiluc C.Gould)。

此外，还有和平民主联盟（Alliance for Peace and Democracy）、利比里亚全国民主党（National Democratic Party of Liberia）、全利联合党（All Liberia Coalition Party）、全国改革党（National Reformation Party）、自由民主党（Free Democratic Party）等。

【重要人物】埃伦·约翰逊·瑟利夫：总统，女，1938年生。早年留学美国，获哈佛大学公共管理学硕士学位。曾供职于世界银行、联合国开发计划署、花旗银行等机构。长期活跃于利政坛，团结党领袖。1977—1980年历任利财政部部长助理、副部长、部长。1985年当选参议员，但因反对时任总统多伊而未就职。1997年首次参加总统选举。2003—2005年任利过渡政府改革委员会主席。2005年11月当选总统。2011年11月再次当选。

经济

利比里亚系最不发达国家。农业国，粮食不能自给，工业不发达，矿产资源丰富。天然橡胶、木材和铁矿砂的生产和出口为其国民经济的主要支柱。瑟利夫政府积极实施减贫战略，加强对资源开发管理，修订外商投资法，吸引外资。

2015年主要经济数据如下：

国内生产总值（GDP）：22亿美元。

人均国内生产总值：489美元。

国内生产总值增长率：0.9%。

货币：利比里亚元（Liberian Dollar）。

汇率：1美元=84利元。

通货膨胀率：8.2%。

（资料来源：2016年1月《经济季评》）

【资源】自然资源丰富。铁矿砂已探明储量超过40亿吨。另有钻石、黄金、铝矾土、铜、铅、锰、锌、钶、钽、重晶石、蓝晶石等矿藏。森林覆盖率约59%。出产红木等名贵木材。全国有2000多种植物、600多种鸟类、125种哺乳动物。

【工矿业】全国10%的人口从事矿业和制造业。内战期间由于政局持续动荡，生产受到严重影响，产值急剧下降，内战结束后，受益于铁矿开发增长有所恢复。2014年，利爆发严重埃博拉疫情，工矿业再次遭受沉重打击，其中铁矿产值增长率从2013年的56.8%下降为-0.3%。2014年工业总产值2.74亿美元，占当年GDP比重为13.7%。

2007年联合国解除对利钻石出口制裁后，利钻石生产和出口逐步恢复，当年生产钻石2万克拉，出口创汇近270万美元。2013年钻石产量约4.4万克拉，比2012年增加29.4%；钻石出口价值1700万美元，比2012年增加37%。2014年钻石出口价值3519.3万美元，比2013年增加105.4%。

【农牧林业】主要农作物是水稻和木薯。曾为大米出口国，但内战后粮食不能自给，严重依赖进口。2009年大米产量为20万吨。橡胶为主要经济作物，其他还有可可、咖啡和油棕榈等。2013年橡胶出口收入约为1.2亿美元，较上年减少32%。牧业不发达，禽蛋主要靠进口。2004—2006年，受联合国木材禁运限制，木材生产停止。2006年联合国解除制裁后，生产开始恢复。2009年实现首批木材出口，林业收入约2300万美元。2014年农业总产值6.22亿美元，占当年GDP比重为31.1%。

【船籍注册】是全球第二大方便旗船籍国，截至2011年年底，利籍船只注册数量达3900艘，总吨位达1.2亿吨。船籍注册收入一直是利重要的财政来源之一，预计2015—2016年收入为2500万美元。

【交通运输】铁路：内战前全国只有3条铁路，总长500公里，主要用于运输铁矿砂。内战期间遭到严重破坏。从宁巴州的铁矿区至布坎南港铁路目前已由阿赛洛—米塔尔钢铁公司修复并使用；从邦矿至蒙罗维亚自由港的铁路正由中利联投资有限公司进行修复和延长，已可以初步使用。

公路：总长1.1万公里，其中全天候公路2036公里，柏油路739公里。内战期间受损较严重。在国际社会援助下，已开始修复工作。

水运：利国家港务局管辖蒙罗维亚、格林维尔、哈珀、布坎南4个港口。蒙罗维亚自由港是利最大港口，但年久失修，仅部分泊位可用。2009年前3季度，共装卸货物100万吨。布坎南港内战前主要用于运输铁矿砂和木材，现港口本身仍可使用，但装卸和仓储设施已基本不复存在。

空运：内战前，利全国共有47个机场，其中大型机场2个。内战后，大多数机场设施被毁坏。位于首都的罗伯茨国际机场是利当前最主要民用机场，目前正在逐步修复和扩建。利尚未有自己的商业航空公司，国际航空业务主要由达美航空公司、尼日利亚航空、摩洛哥航空公司、布鲁塞尔航空公司、法国航空公司、肯尼亚航空公司和埃塞俄比亚航空公司经营。2012年，冈比亚、英国航空公司相继在利开通航线。2014年，利爆发埃博拉疫情期间，多家航空公司停航，目前正逐步恢复。

【财政金融】主要财政收入来自税收、船籍注册收入、出口税和国营企业利润。近几年财政收支情况如下（单位：亿美元）：

	2012/2013	2013/2014	2014/2015
收入	5.89	5.09	5.25
支出	5.29	5.31	6.21
差额	0.6	-0.22	-0.96

（资料来源：利比里亚财政部网站）

2014年利外汇储备为5.5亿美元。

近年来，利在国际社会帮助下积极落实国家减贫战略，加紧推进减债进程，努力减轻政府债务负担，截至2009年6月，累计获得债务减免达30亿美元。2010年6月，利达到世界银行和国际货币基金组织提出的“重债穷国倡议”的完成点。2011年6月，利成功获得巴黎俱乐部成员国25.15亿美元债务减免，外债负担进一步减轻。截至2015年7月，外债余额为4.9亿美元。

【对外贸易】主要出口天然橡胶、铁矿、原木、黄金等，进口食品、机械运输设备、制成品、食品等。2014年主要出口国有中国、希腊、美国、德国等；主要进口国有：新加坡、韩国、中国、日本等。近年进出口贸易均为逆差，具体情况如下（单位：百万美元）：

	2012	2013	2014
出口额	507.2	624.3	624.1
进口额	1011	1019.6	2167.4
差　额	–503.8	–395.3	–1543.3

（资料来源：2016年1月《经济季评》）

【外国资本】近年来，外国投资增加迅速，但埃博拉疫情又使这一趋势逆转。根据2015年世界投资报告显示，2013年和2014年，利吸收外国直接投资额分别为10.6亿美元和3亿美元。

【外国援助】根据经济合作与发展组织统计，利2013年获得外援5.34亿美元，主要援助方为：美国（1.6亿美元）、欧盟（700万美元）、瑞典（800万美元）、非洲发展银行（600万美元）、国际开发协会（400万美元）等。

人民生活

根据联合国开发计划署公布的《2015年人类发展报告》，利比里亚的人类发展指数在187个国家中名列第175位。83.7%的人口生活在贫困线以下。人均寿命约60.6岁，5岁以下婴幼儿死亡率为7.1%，孕产妇死亡率0.64%。2007年，艾滋病平均感染率约1.1%。2010年，全国有469家诊所、47处卫生中心和34所医院。医务人员奇缺，全国合格医生不足200人，一半是外国医生。整体医疗水平低，多数乡村居民处于缺医少药状态。2014年，利爆发严重的埃博拉病毒疫情，全国共报告病例10675例，4809人死亡。利医疗体系遭受巨大冲击。2015年5月，世卫组织宣布利疫情结束。，

军　事

1908年2月，组建警察和军事部队。1909年3月，创建利比里亚边防部队。1956年根据《国防法》正式建立利武装部队。1982年改称利比里亚国民警卫队。1989年，总兵力曾达5800人。1990年9月多伊政权垮台后，政府军溃散。内战期间，利有多个武装派别，约计6万名战斗人员。2003年全国过渡政府成立后，各派军事力量开始解武工作。2004年11月，解武和复员工作顺利结束。2006年1月，利政府启动武装部队重建计划，美国出资帮助。2009年2月，利新武装部队完成组建。目前，利新军队总人数为2050名。现任总参谋长丹尼尔·赞坎（Daniel Dee Ziankhan）。

文化教育

【教育】实行小学、中学12年义务教育制。由于战乱，利比里亚教育长期处于停滞状态，中小学校舍和教师严重不足。2011年成人文盲率为59.1%，适龄儿童入学率65.3%。大学学制一般为4年。高等院校有利比里亚大学、卡廷顿学院、AME大学、基督教学院、联合卫理会大学等。利比里亚大学为公立综合性大学，全国最高学府，现设6个本科学院，3个专业学院及3个研究生项目，2012年注册学生约2.38万人，教师375名，员工980名。

【新闻出版】全国共有36家媒体机构，其中34家为私营。《新利比里亚报》为官方报纸，此外还有《每日观察报》《调查者报》《新闻报》等20多家私人报纸。

利比里亚通讯社是利官方通讯社，1979年建立，每周一至周五出版新闻稿。

利比里亚广播公司是利官方广播电视机构，建立于1960年，内战中遭到严重破坏，目前只有其所属的ELBC广播电台和ELTV电视台能够运行。其他较大的广播电台有Star Radio、Radio Veriatas、Truth FM和联利团广播电台等。除Star Radio可覆盖周边各州外，其他电台均只能覆盖首都蒙罗维亚地区。此外，蒙罗维亚地区还有多家电视台，如Real TV、Love TV等，均只能覆盖本地区。

对外关系

利比里亚奉行独立自主、平等互惠的外交政策。遵循确保国家安全、维护领土完整和主权与尊严，互不干涉内政的原则，主张在自由民主基础上实现国际社会的团结，坚定支持非洲一体化进程，主张非洲国家应“以一个声音说话”。现为联合国、不结盟运动、非洲联盟、西非国家经济共同体、萨赫勒—撒哈拉国家共同体和马诺河联盟等组织成员。目前，同140多个国家建立有外交关系。

【同中国的关系】1977年2月17日同中国建交。1989年10月9日，多伊政权与台湾签署关于重新建立“外交关系”的联合公报。10日，中国宣布中止同利比里亚的外交关系。1993年8月10日，中国政府和利比里亚全国团结临时政府签署关于恢复两国外交关系的联合公报。1997年9月5日，利总统泰勒宣布承认“两个中国”。9日，中方宣布中止与利外交关系。2003年10月11日，中国与利比里亚政府签署关于恢复两国外交关系的联合公报。

两国政治交往频繁。2015年11月，瑟利夫总统对华进行国事访问，习近平主席同其会谈，确定两国建立全面合作伙伴关系新定位，国务院总理李克强、全国人大常务委员会委员长张德江分别会见。12月，瑟利夫总统出席中非合作论坛约翰内斯堡峰会，并出席习近平主席同非洲国家领导人早餐会。8月，外交部长

王毅访利。5月，中非合作论坛中方特使周欲晓大使访利。两国经贸、人文等领域交流与合作取得显著成果。5月和11月，中方分别向利比里亚移交援建的埃博拉治疗中心、蒙罗维亚职业技术培训中心。7月，由多家中国矿业、能源、高科技企业代表组成的中国商贸代表团访利。中国矿业大学与利斯特拉—玛瑞斯理工学院（Stella Maris Polytechenic）签署合作谅解备忘录，建立包括交换学生在内的学术和专业交流机制，联合进行科学研究及学生培养。

2015年，中利贸易额为15.34亿美元，同比减少23.4%，其中中方出口额为13.59亿美元，进口额为1.75亿美元。中国向利主要出口船舶等，进口铁矿砂和原木等。

中国驻利比里亚大使：张越。馆址：Oldest Congo Town, Monrovia, Liberia。电话：00231-6-555556（使馆），555855（经商处）；传真：00870-76-3667818，3667818（经商处）。

利比里亚驻华大使：杜德利·麦金利·托马斯（Dudley McKinley Thomas）。馆址：中国北京市朝阳区霄云路18号京润水上花园G36号。电话：010-64403007。

【同美国的关系】两国于1864年建交。利美长期保持着特殊关系。利比里亚内战前，美在利投资约4亿美元，并有常驻军事代表团及和平队。2003年，美派军舰进入利海域，迫使泰勒下台。利内战结束后，美提议组建联合国驻利比里亚特派团，并承诺出资4亿美元帮助利进行和平重建。美把利作为由乱而治国家的典范和“民主样板”，在利主要政府部门都派有美国顾问。2007年起，利成为美《非洲增长与机遇法案》受惠国，两国签署了《贸易与投资框架协议》。2008年，瑟利夫总统4次赴美。2月，美总统布什对利进行国事访问。10月，美向利恢复派遣和平队。2009年8月，美国务卿克林顿访利。2010年4月，美副国务卿威廉·伯恩斯访利。同年，瑟利夫总统4次访美。2011年4月，美军非洲司令部司令卡特·汉姆（Carter F. Ham）将军访利。5月，美助理国务卿布朗菲尔德访利。同月，瑟利夫总统赴美访问，并应邀在哈佛大学毕业典礼上发表讲话。6月，瑟利夫总统再次访美，会见美国务卿克林顿，与美参议员、国会议员举行会谈。2012年1月，美国国务卿克林顿赴利出席瑟利夫总统就职典礼。7月，美国会代表团访利。9月，美非洲司令部司令卡特·汉姆率团访利。2013年1月，瑟利夫总统赴美出席利美“伙伴关系对话会”。2月，美军方代表团访利。同月，美前总统克林顿对利进行私人访问。5月，首届美国—利比里亚伙伴关系对话会在华盛顿举行，利外长、财长、农业部长、商工部长等参加，美方由助理国务卿率领。同月，瑟利夫总统赴美出席联合国2015年后发展议程高级别名人小组会议，期间会见美副防长艾斯塔·卡特（Ashton Carter）及美参、众两院外委会主席。8月，美国参议员代表团访利。11月，美民主党国会议员代表团访利。2014年2月，利美在蒙罗维亚召开第二轮利美合作伙伴对话，美助理国务卿香农出席。7月，利副总统博阿凯率团赴美参加美非峰会。9月，美国国防部次长访利。12月，美国非洲事务助理国务卿和国防部次长访利。2015年2月，瑟利夫总统应邀访美，奥巴马同其会晤。4月，瑟利夫总统再次赴美访问，同塞拉利昂和几内亚总统一同会见奥巴马总统，介绍三国埃博拉疫情形势和疫后重建规划。5月，美前总统克林顿及国际开发署副署长先后访利。7月，瑟利夫总统赴美参加埃博拉疫区国家重建纽约会议。9月，瑟利夫总统赴美出席联大会议、副总统博阿凯率团出席利美投资论坛。

2014年西非爆发埃博拉疫情后，美非洲司令部在蒙罗维亚设立联合指挥中心，在机场驻扎多架运输直升机，负责利境内运送医护人员和防疫物资，并派遣3000名军人协助利等国抗疫。美还在利援建多个治疗中心、6个移动检测实验室，并培训1000余名利医务人员。

【同尼日利亚的关系】1957年3月两国建交。尼日利亚作为地区大国在调停利内战、推进利和平进程等方面发挥了重要作用。2003年8月，尼总统奥巴桑乔赴利比里亚调停内战，接受泰勒赴尼流亡，促成利内战结束。近年两国交往密切。2007年5月，瑟利夫总统出席尼新任总统亚拉杜瓦的就职典礼。2010年1月，尼外长马杜埃奎访利。10月，瑟利夫总统赴尼出席尼国庆活动。12月，瑟利夫总统出席在尼首都举行的西共体特别峰会。2011年1月，瑟利夫总统出席西共体第39次峰会。7月，尼总统乔纳森出席利国庆164周年活动并访利。9月，瑟利夫总统赴尼参加西共体成员国领导人小型峰会。2012年3月，瑟利夫总统赴尼庆祝尼前总统奥巴桑乔75岁生日。2013年6月，瑟利夫总统应尼总统邀请赴阿布贾出席“第二届全球最有影响妇女网络非洲高级别会议”。7月，瑟利夫总统赴尼出席西共体元首和政府首脑峰会。2014年2月，利总统瑟利夫访尼。3月，瑟利夫总统前往尼日利亚出席第七届非盟经济和财政部长会议。

【同加纳的关系】1960年10月两国建交。加纳为利比里亚结束内战、实现和平作出了积极贡献。20世纪90年代，加纳是西共体驻利维和部队的第二大派兵国。2003年，加纳外长率西共体代表团赴利调解内战，并促成利各派最终达成阿克拉和平协定。2007年3月，利总统瑟利夫访问加纳，并出席加纳独立50周年庆典。2010年2月，瑟利夫总统访问加纳。2012年1月，加纳副总统马哈马赴利出席瑟利夫总统就职典礼。8月，瑟利夫总统赴加纳参加米尔斯总统的葬礼。2013年1月，瑟利夫总统赴加纳出席马哈马总统就职典礼。2014年9月，加纳总统马哈马访利。

【同邻国的关系】利比里亚与塞拉利昂于1973年

成立马诺河联盟。1980年几内亚加入该联盟。1986年三国签订《互不侵犯和安全合作条约》。1989年，利内战爆发后，几、塞向利派出维和部队。1999年，利、几、塞三国边境地区爆发武装冲突，利、几相互指责对方支持本国反政府武装，双方关系出现紧张。2002年，三国元首在摩洛哥首都拉巴特举行会晤，决定重启马诺河联盟。2006年12月，瑟利夫总统访几。2007年4月和7月，瑟利夫总统赴几出席马诺河联盟会议，讨论共同边界安全和难民问题。5月，瑟利夫总统访塞。9月，塞总统科罗马访利。11月，瑟利夫总统赴塞参加科罗马总统就职仪式。2008年5月，马诺河联盟峰会在利举行，吸纳科特迪瓦为正式成员。12月，瑟利夫总统赴塞出席马诺河联盟峰会。同月，瑟利夫总统赴几出席孔戴总统葬礼。2010年1月，瑟利夫总统赴布基纳法索，参与劝说几军政权领导人尽快还政于民。4月，瑟利夫总统赴几出席马诺河联盟峰会。11月，几内亚过渡政府总理多雷率团访利。12月，瑟利夫总统赴几出席几新总统阿尔法·孔戴总统就职仪式。2011年3月，瑟利夫总统访问几内亚。4月，瑟利夫总统出席塞拉利昂独立50周年庆典。5月，瑟利夫总统赴科特迪瓦出席瓦塔拉总统就职仪式。6月，科特迪瓦总理兼国防部长索罗访利。同月，塞拉利昂、几内亚、科特迪瓦三国总统赴利参加马诺河联盟第20届领导人峰会。2012年1月，几内亚总统孔戴、科特迪瓦总统瓦塔拉以及塞拉利昂总统科罗马均出席瑟利夫总统就职典礼。3月，瑟利夫总统赴科特迪瓦参加西共体首脑特别会议。5月，塞拉利昂总统科罗马访利。6月，瑟利夫总统赴几内亚出席马诺河联盟第21届领导人峰会，赴科特迪瓦出席西共体峰会。7月，塞拉利昂总统科罗马访利。2013年4月，几内亚总统孔戴、科特迪瓦总统瓦塔拉、塞拉利昂总统科罗马赴利出席马诺河联盟第22届领导人峰会。2014年1月，利总统瑟利夫应邀出席在科特迪瓦召开的西共体特别峰会。3月，瑟利夫总统前往科特迪瓦出席西共体第44届首脑会议。8月，瑟利夫总统赴几内亚出席马诺河联盟特别峰会，四国元首与世界卫生组织总干事陈冯富珍共同呼吁国际社会援助西非抗击埃博拉疫情。2015年4月，利总统瑟利夫赴科特迪瓦进行工作访问。7月，利总统瑟利夫赴几内亚出席马诺河联盟特别峰会。　（刘国华）

利比亚

国名　利比亚国（State of Libya）。

面积　176万平方公里。

人口　636万（2012年），主要是阿拉伯人，其次是柏柏尔人。阿拉伯语为国语。绝大多数居民信仰伊斯兰教。

首都　的黎波里（Tripoli），人口101万（2012年）。

简　况

位于非洲北部，与埃及、苏丹、突尼斯、阿尔及利亚、尼日尔、乍得接壤。北濒地中海，海岸线长1900余公里。沿海地区属地中海型气候，内陆广大地区属热带沙漠气候。

公元前3世纪，利比亚人在反抗迦太基帝国统治的斗争中曾建立统一的努米底亚王国。7世纪，阿拉伯人打败拜占庭人，征服当地柏柏尔人，带来了阿拉伯文化和伊斯兰教。16世纪，奥斯曼帝国攻占的黎波里塔尼亚和昔兰尼加，控制了沿海地区。1912年，利比亚在意土战争后成为意大利殖民地。1943年初，法、英分别占领利比亚南、北部。第二次世界大战后，由联合国对利全部领土行使管辖权。1951年12月24日，利比亚宣告独立，成立联邦制联合王国。后改名为利比亚国。1969年9月1日，以卡扎菲为首的“自由军官组织”发动政变，推翻伊德里斯王朝，成立阿拉伯利比亚共和国。1977年3月改国名为阿拉伯利比亚人民社会主义民众国。1986年4月改国名为大阿拉伯利比亚人民社会主义民众国。2011年，卡扎菲政权被推翻。2013年5月，国名定为利比亚国。

政　治

2011年2月中旬以后，利比亚局势持续动荡，民众示威游行遭到当局镇压后，迅速演变为内战。反对派在东部城市班加西成立“国家过渡委员会”，与卡扎菲政权分庭抗礼。“国家过渡委员会”由约45名来自各地区的代表组成，穆斯塔法·阿卜杜勒·贾利勒（Mustafa Abdul Jaril）任主席。联合国安理会先后通过第1970、1973号决议，对利实施制裁，并授权在利设立“禁飞区”。北约随后对利发动军事行动。8月20日，“国家过渡委员会”武装攻占的黎波里。10月20日，卡扎菲被俘身亡。10月23日，“国家过渡委员会”宣布全国解放。11月22日，利过渡政府成立，阿卜杜拉海姆·凯卜任总理。过渡政府致力于恢复国内秩序，开展战后重建，并在2012年7月顺利组织举行国民大会（制宪议会）选举，穆罕默德·尤素福·马格里夫（Mohammed Yousuf Magarief）任国民大会首任议长（临时国家元首）。8月8日，“过渡委”向国民大会和平移交权力。10月14日，国民大会选举阿里·扎伊丹（Ali Zidan）为临时政府总理，11月14日，新政府宣誓就职。2013

年5月，国民大会通过《政治隔离法》，该法禁止曾在卡扎菲政权时期担任高官者在新政权中担任要职，马格里夫遂于当月28日宣布辞职。6月25日，国民大会选举努里·阿布萨赫明（Nouri Abusahmin）为新议长。2014年3月，扎伊丹总理被国民大会解职，临时政府国防部长阿卜杜拉·萨尼（Abdullah Thinni）任代总理。6月，利举行国民代表大会（新一届制宪议会）选举，7月公布最终选举结果，8月国民代表大会在利东部城市图卜鲁格举行首次会议。2014年5月以来，利内部各派别政治军事斗争日趋激烈，利局势急剧恶化。国际社会特别是联合国逐步加大斡旋力度，召开多次利问题国际会议。2015年12月利各派在摩洛哥签署《利比亚政治协议》，成立民族团结政府9人总理委员会。2016年1月，总理委员会向国民代表大会提交32人政府名单，但遭否决。2月，总理委员会重新提交18人政府名单，由国民代表大会对名单投票。

【宪法】1969年12月曾颁布临时宪法。1973年，卡扎菲发动"文化革命"，宣布停止执行一切现行法律。2011年8月，"国家过渡委员会"公布《宪法宣言》，在政治过渡阶段发挥临时宪法作用。《宪法宣言》规定，利比亚将建立多党制民主国家，实行法治，保障全体人民平等享有基本自由和人权。伊斯兰教为国教，教法是国家立法的主要依据，国家保护非穆斯林民众的宗教信仰自由。《宪法宣言》还公布了利政治过渡的时间表。根据利政治过渡时间表，国民大会成立后组建宪法起草委员会，成立后2个月内完成新宪法起草并提交国民大会审议。审议通过后1个月内组织宪法公投，公投通过后新宪法将正式生效。目前，利已组建制宪委员会，但因利局势持续动荡，制宪进程处于停滞状态，新宪法草案尚未完成。

【议会】卡扎菲政权时期设有总人民大会，是国家最高权力机构。卡扎菲政权被推翻后，2012年7月7日，利举行国民大会选举，共有200名代表当选，穆罕默德·尤素福·马格里夫任首任议长，2013年5月马格里夫议长辞职，努里·阿布萨赫明任新议长。2014年6月，利举行国民代表大会选举，8月，利国民代表大会召开首次会议，并选举阿吉莱·萨利赫·以萨·卡维德尔为新议长，原国民大会未向国民代表大会移交权力。2015年12月，利各派在摩洛哥正式签署《利比亚政治协议》。根据该协议，国民代表大会履行议会职能，国民大会更名为国务委员会，为利最高咨询和协商机构。

【政府】2012年10月，利国民大会选举阿里·扎伊丹为新政府总理。11月，新政府宣誓就职。新政府设3名副总理，27名部长，2名国务部长。利最大的两个政党爱国力量联盟和公正与建设党分别有5人入阁。2013年3月，扎伊丹总理被国民大会解职，临时政府国防部长阿卜杜拉·萨尼任代总理。2014年8月，国民代表大会任命萨尼为临时政府总理。同月国民大会重启运作，并组建"救国政府"。2015年12月利各派签署《利比亚政治协议》，成立民族团结政府总理委员会。2016年1月，总理委员会向国民代表大会提交32人政府名单，但遭否决。2月，总理委员会重新提交18人政府名单，由国民代表大会对名单投票表决。

【行政区划】1998年，利比亚全国划分成26个省。2002年增至28个省及2个地区。

【重要人物】努里·阿布萨赫明：国民大会（首届制宪议会）议长。生于利西部城市祖瓦拉，利少数民族柏柏尔族人，班加西大学法学院毕业，法学学士，曾在英国进修国际关系。2000年起自主创业。2012年7月，以独立人士身份当选祖瓦拉地区国民大会议员。2013年6月当选利国民大会议长。　**阿吉莱·萨利赫·以撒·卡维德尔：**国民代表大会（新制宪议会）议长，出生于利东部古拜地区阿比达特部落，法学学士。曾先后任利司法部助理检察官、绿山省检察长、德尔纳上诉法院案件调查局局长。2011年利内战期间，任利"过渡委"司法委员会委员。2014年7月当选国民代表大会议员。2014年8月起任国民代表大会议长。

经　济

利比亚长期实行单一国营经济，依靠丰富的石油资源，曾一度富甲非洲。1992年开始，因洛克比问题而遭受国际制裁，经济状况不断下滑。1999年联合国中止对利制裁后，特别是近几年国际油价持续居高，利石油收入大幅增加，利经济曾出现较好的发展势头。自2003年起，利开始实行经济改革，尝试建立股票市场，加快部分国营企业和银行的私有化进程。2011年内战爆发前，利原油日产量约160万桶。局势动荡使利石油生产受到严重影响。内战结束后，利石油生产一度恢复至战前水平。因利局势持续动荡，目前利石油日产量在30万至90万桶间波动。

2015年主要经济数据如下：

国内生产总值：332亿美元。

人均国内生产总值：5220美元。

国内生产总值增长率：–11.7%。

货币名称：第纳尔。

汇率：1美元≈1.43第纳尔。

通货膨胀率：12.3%。

（资料来源：2016年《经济季评》）

【资源】以石油为主，探明储量为430亿桶。其次为天然气，探明储量达1.54万亿立方米。其他有铁（蕴藏量20亿—30亿吨）、钾、锰、磷酸盐、铜、锡、硫磺、铝矾土等。沿海水产主要有金枪鱼、沙丁鱼、海绵等。

【工业】石油是利的经济命脉和主要支柱，95%以上的出口收入来自石油。20世纪50年代发现石油后，利石油开采及炼油工业发展迅速。2012年出口石油创汇达516亿美元，主要出口至意大利、德国、西班牙、法国等国。利工业还包括石化、建材、电力、采矿、纺织业、食品加工等。

【农业】农业占国民生产总值约2.6%。农业人口占全国总人口的17%。可耕地面积占全国总面积的1.03%，水浇地不到1%。利农业非常落后，主要农作物有小麦、大麦、玉米、花生、柑橘、橄榄、烟草、椰枣、蔬菜等。畜牧业在农业中占重要地位。全国有牧场850万公顷。养殖的牲畜约1160万头，主要为牛、羊、骆驼，其中牛107万头，羊1038万只，骆驼23万峰。利近一半的粮食和畜牧产品依赖进口。

为解决用水问题，利自1984年8月开始兴建“人工河”工程，用管道把南部地下水引向北部沿海地区。

【交通运输】以公路为主，无铁路。

公路：总长10万公里，其中高级公路5.7万公里，农用路4.2万公里。

水运：主要港口有的黎波里、班加西、图卜鲁格、卜雷加、德尔纳、米苏拉塔、扎维亚、拉斯拉努夫。

空运：拥有利比亚阿拉伯航空公司。各类机场共137个。主要民用机场设在的黎波里、班加西、米苏拉塔、塞卜哈、托卜鲁克、锡尔特和卜雷加。利机场设施在近期冲突中严重受损。

【对外贸易】主要出口产品是石油（产量80%以上供出口）。主要进口粮食、食品、机械、建材、运输设备、电器、化工和轻工产品以及武器装备。2012年，利前三大出口目的地国为意大利、德国、法国。前三大进口来源国为中国、土耳其、意大利。

近年进出口情况如下（单位：亿美元）：

	2012	2013	2014	2015
出口额	522	350	550	100
进口额	181	253	450	230
差　额	341	97	100	130

（资料来源：2013年《经济季评》）

人民生活

2011年2月局势动荡前，利比亚全国有17所综合医院和88个医疗中心，平均每千人有病床4.8张，医生2名。全国有12.2万人享受社会保险。2009年底，全国共有固定电话用户110万门，手机用户500万，互联网用户35.4万人。

文化教育

【教育】15岁以上接受过教育的人口占人口总数的82.6%，为北非最高。受教育时间女性平均10年，男性平均8年。利比亚局势动荡前，全国各级学校教师总数为30.31万人，在校生人数145.55万人。初级师范学院73所，在校学生1.14万人。全国有15所高等院校。主要有的黎波里大学、纳塞尔大学、卜雷加明星大学、盖尔尤尼斯大学等。

对外关系

2011年利比亚政权更迭后，获得国际社会普遍承认，当前，利新政权外交可概括为：坚持阿拉伯、非洲、伊斯兰和发展中国家属性，强调独立自主、平等互利、互不干涉内政等原则。新政权奉行全方位、均衡外交，在总体方针上，摒弃卡扎菲时代“个人外交”“非洲领袖”的烙印，践行相对务实、温和的“新外交”理念，将本国利益作为外交政策立场的出发点，重视民意和对外民间交往。

【联合国对利比亚制裁】2011年2月利比亚局势动荡后，联合国安理会于2月26日一致通过制裁利政府的第1970号决议，包括对利实行武器禁运、限制利高官旅行、冻结相关人员海外资产、将利局势提交国际刑事法庭等。3月17日，安理会通过第1973号决议，决定在利设立“禁飞区”，要求有关国家采取一切必要措施保护利平民，并对利实施更为严格的武器禁运和财产冻结制裁。9月16日，安理会通过第2009号决议，解除部分对利制裁，并决定成立联合国利比亚支助团。10月27日，安理会通过第2016号决议，决定在10月31日后终止第1973号决议关于保护平民和设立“禁飞区”的授权。为防止利国内武器泛滥可能对周边国家的和平稳定构成威胁，防止武器扩散，安理会于2011年10月31日和2012年3月12日，分别通过第2017号和2040号决议。2013年3月14日，安理会通过第2095号决议，放宽对专供人道主义或防护用非致命军事装备的禁运措施。2014年8月27日，安理会通过第2174号决议，进一步加强对破坏利政治过渡进程的组织和个人的制裁力度。2015年3月5日，安理会通过第2208号决议，将禁止从利境内非法出口原油措施的有效期限延长至3月底。3月27日，安理会通过第2213、2214号决议，敦促各会员国对利打击恐怖主义提供支持，对破坏利政治进程、从事非法出口原油的个人和团体列入制裁名单。12月，通过第2259号决议，敦促利尽快组建民族团结政府，支持利打击境内恐怖主义。

【同中国的关系】中华人民共和国与利比亚于1978年建交。利前领导人卡扎菲于1982年访华，江泽民主席于2002年访利。

2011年2月，利局势发生动荡，中国从利撤回35860名公民。利“过渡委”成立后，中方逐步开始与其接触。6月，利比亚“国家过渡委员会”执行局主席吉卜里勒访华。7月，中国外交部亚非司司长陈晓东访问利比亚班加西。9月1日，外交部副部长翟隽作为中国政府代表以观察员身份出席在巴黎举行的“利比亚之友”国际会议，其间会晤利“过渡委”执行局主席吉卜里勒。9月12日，中国政府宣布承认“国家过渡委员会”为利比亚执政当局和利比亚人民的代表。9月21日，外交部长杨洁篪在纽约出席联合国利问题高级别会议，其间会晤利“过渡委”主席贾利勒。2012年1月，外交部张明部长助理在埃塞俄比亚出席非盟部长级会议期间会见利外长本·海亚勒。4月，外交部亚非司陈晓东司长访利。5月，利外长本·海亚勒率团出席中阿合作论坛第五届部长级会议。6月，利外长本·海亚勒访华。2014年3月，中国中东问题特使吴思科出席在意大利首都罗马举行的利问题国际援助部长级会议。2015年4月，利临时政府副外长萨基里来华出席亚非法律协商组织第54届年会。9月，利临时政府外长达依里作为利政府代表来华出席中国人民抗日战争暨世界反法西斯战争胜利70周年纪念活动。12月，达依里外长代表利比亚出席中非合作论坛约翰内斯堡峰会。

2011年年初，利局势出现动荡，中国所有在建项目全部停工。受利国内局势影响，当年中利双边贸易额为27.8亿美元，同比下降57.7%。中方主要出口商品为机电、通讯、纺织品等，进口商品主要是原油。2015年，中利双边贸易额为28.5亿美元，同比下降1.8%，其中中方出口额为19亿美元，同比下降12.1%，中方进口额为9.5亿美元，同比上升28.1%。

利局势动荡后，中国向利提供了人道主义物资援助，向埃及、突尼斯共提供了一定金额的现汇援助和一批物资援助，用于安置利与两国边境难民。

2014年7月以来，利民兵武装在首都的黎波里和东部城市班加西等多地爆发激烈武装冲突，安全局势不断恶化。在我驻利比亚、突尼斯、土耳其、希腊和马耳他等国使、领馆协助下，1800多名中国在利人员安全撤出。目前，仅有数十名中国公民自愿留在利，我国驻利使馆亦已从利境内撤出，仅留少量人员在突尼斯留守。

中利1985年签署两国政府间文化合作协定，在协定框架下，两国签署了多个文化、新闻合作执行计划。2006年和2010年，两国互派演出艺术团组赴对方国家展开文化交流。

中国驻利比亚大使：李志国。馆址：Menstir Street，Gargaresh，Tripoli。电话：（00216-29）485624、485589（临时）。网址：http://www.ly.chineseembassy.org。利比亚驻华大使：萨拉赫丁·布沙里（Salaheddin M.I. Elbishari）。馆址：北京市朝阳区三里屯东六街3号。电话：010-65323666，65323980；传真：65323391。

【同美国的关系】卡扎菲执政后，利美关系一直紧张。1980年里根政府上台后，美指责利比亚支持国际恐怖主义，两国关系迅速恶化。1991年，美、英指控利两名情报人员策划了1988年洛克比空难事件，推动安理会对利实施制裁。2003年8月，利在洛克比问题上对美、英作出重大让步，表示愿支付27亿美元巨额赔偿并为利官员行为承担责任。2004年利美恢复代办级外交关系，美宣布全面取消对利经济制裁。2006年美宣布全面恢复与利比亚的外交关系，并将利从支持恐怖主义国家名单中删除。2008年1月，利外长沙勒格姆访美；9月，美国务卿赖斯访利，标志着两国关系实现正常化。

2011年2月利局势发生动荡后，美公开要求卡扎菲下台。3月，美联合多国部队对利实施军事打击。3月31日，美向北约移交对利军事行动指挥权。7月15日，美宣布承认"国家过渡委员会"为利合法执政当局。10月18日，美国务卿克林顿访问的黎波里。12月17日，美国国防部长帕内塔访问的黎波里。2012年7月、9月，美国副国务卿伯恩斯访问的黎波里。2013年3月，利总理阿里·扎伊丹访问美国和联合国。2014年8月，利临时政府总理萨尼赴美出席首届美非峰会。

美驻利大使遇袭身亡事件：2012年7月，以色列裔美国人制作的影片《穆斯林的无知》被上传至视频网站YOUTUBE，阿拉伯语配音版开始在网上流行。该影片将伊斯兰教先知穆罕默德描绘成笨蛋、玩弄女性者、同性恋和宗教骗子，引发全球多国穆斯林不满。9月11日晚，数百名利民众包围美驻班加西领事馆，抗议电影上映。部分武装分子纵火焚烧了领馆建筑，并同馆内安全人员发生交火，造成美驻利大使克里斯托弗·史蒂文斯及3名使馆人员身亡。事发后，利予以强烈谴责，国民大会议长马格里夫第一时间赴美道歉，认为此举是宗教极端分子实施的孤立犯罪，不代表利政府和人民立场，承诺保护外国驻利外交机构和人员安全，愿与美国配合开展相关调查。美认定该事件为恐怖袭击，但表示此事不会影响美利关系。2014年6月，美在利抓获袭击事件主谋之一阿布·卡塔莱。

【同欧盟国家的关系】在利比亚局势动荡前，欧盟是利第一大贸易伙伴和石油的主要销售地。2007年，欧盟与利签署了全面恢复与利关系的框架协议，并宣布与利建立全面伙伴关系。2011年2月利局势发生动荡后，欧盟于2月28日决定对利政府实施制裁。4月12日，欧盟外长发表声明，呼吁利政府停火，并要求卡扎菲下台。5月22日，欧盟外交与安全政策高级代表阿什顿访问班加西，宣布欧盟驻班加西办事处正式运行。8月29日，欧盟委员会在的黎波里设立人道主义救援办公室。10月10日，欧盟理事会发布会议声明，承认"过渡委"为利国家和人民唯一合法代表与合法临时政府，支持"过渡委"代表利重返联合国。2014年5月利局势再度动荡后，欧洲国家普遍担心利恐怖势力扩散、难民及非法移民浪潮等波及自身。

与意大利的关系：欧盟国家中意大利与利比亚关系最为密切，是利石油主要进口国。2008年8月，意大利总理贝卢斯科尼访利，与卡扎菲签署《利意友好、合作和伙伴关系条约》。2011年2月利局势动荡后，意大利于2月27日宣布终止上述条约，并参加了之后北约对利发动的军事行动。4月4日，意大利宣布承认"国家过渡委员会"。9月30日，意大利外长佛朗哥·弗拉蒂尼访利。2012年1月21日，意大利总理蒙蒂率外长、国防部长等高官对利进行数小时短暂访问，双方发表了《的黎波里宣言》。2013年1月，利国民大会议长马格里夫访问意大利。2014年3月，意、利两国在罗马联合举行利比亚国际援助部长级会议，利总理扎伊丹率团出席。5月利局势恶化后，意积极参与斡旋利比亚问题，多次举行利问题国际会议。

与法国的关系：2011年2月利比亚局势发生动荡后，法国于3月10日承认利反对派"国家过渡委员会"，并建立大使级外交关系。法是最早承认"国家过渡委员会"的国家，也是积极推动安理会通过第1973号决议，并率先发动对利军事行动的国家。9月15日，法国总统萨科齐与英国首相卡梅伦联袂访利。12月14日，法国外长朱佩访利。2012年2月25日，利"过渡委"主席贾利勒、国防部长祖瓦利分别会见了到访的法国国防部长隆盖。11月，法国外长法比尤斯访问的黎波里并在利国民大会发表演讲。2013年1月，法国举办利比亚安全国际会议，利总理扎伊丹率团出席。2014年3月，法国外长法比尤斯出席在意大利首都罗马举行的利问题国际援助部长级会议。

与英国的关系：由于英指责利比亚支持爱尔兰共和军恐怖分裂活动，两国于1984年4月断交。1999年利英复交，并互派大使。2007年，英国首相布莱尔访利，双方签署了军事、能源合作协议。2011年2月利局势发生动荡后，英积极主张对利进行制裁和军事打击，并参与了北约对利军事行动。9月15日，英国首相卡梅伦与法国总统萨科齐联袂访利。2012年1月16日，英国国务大臣伍德斯图克访利。7月16日，英国外交大臣黑格访问的黎波里。2013年1月，英国首相卡梅伦再次访利。2014年5月利局势动荡后，英积极参与利问题国际调解。

与德国的关系：2011年2月利比亚局势发生动荡后，德国对军事干预利比亚持谨慎态度，对安理会第1973号决议投了弃权票。2011年6月，德国副总理兼外交部长韦斯特韦勒访问班加西，宣布承认"国家过渡委员会"为利比亚合法代表，并提供援助。2012年1月，德国外长韦斯特韦勒再次率团访利，双方就发展双边关系等达成广泛共识。4月，德国卫生部长访利。2014年5月利局势恶化后，德积极参与斡旋利问题，曾举办利问题国际会议。

【同阿拉伯国家的关系】卡扎菲执政时期，由于卡本人长期推行"个人外交"，常以"非洲领袖"自居，外交政策极富个人色彩，故利比亚与地区及其他阿拉伯国家关系多有不睦。2011年2月利局势动荡后，阿盟遂中止了利在阿盟的席位。8月，阿盟正式承认利"过渡委"为利人民唯一合法代表，并恢复利在阿盟中的席位。利新政权建立以来，将恢复和发展与阿拉伯国家的关系作为外交重点，积极化解前政权与部分阿国结下的历史恩怨，开展与周边及其他阿拉伯国家的友好合作。部分阿拉伯国家呼吁解除对利武器禁运，帮助利临时政府打击恐怖主义。

【同非洲国家的关系】利比亚新政权建立后，坚持自身非洲属性，但明确宣布摒弃卡扎菲政权外交政策，确立务实、平和的对非外交新基调。强调利无意在非洲做与利地位和实力不相称的事，着手大幅度缩减对非洲国家援助，并考虑减少驻非洲国家外交机构。利将发展与邻国的友好合作关系视作外交重点，希望邻国以相互尊重、互不干涉内政的原则妥善处理利前政权要员引渡、限制前政权流亡势力问题。在打击国内恐怖极端势力和跨界有组织犯罪、加强边界管控问题上，利着力与阿尔及利亚、突尼斯、埃及、苏丹、尼日尔等周边国家加强协调配合，推动建立地区和周边安全沟通机制，共同应对安全挑战。2014年5月利局势恶化后，利周边国家会议在突尼斯召开。8月，利比亚周边国家在埃及首都开罗再次举行会议，会议通过利比亚周边国家会议关于恢复利比亚安全稳定的声明。非盟亦积极参与利问题国际斡旋，先后举行5次利比亚问题国际联络小组会议。（陈曦）

卢　旺　达

国名　卢旺达共和国（The Republic of Rwanda, La République Rwandaise）。

面积　26338平方公里。

人口　1210万（2014年）。由胡图（85%）、图西（14%）和特瓦（1%）三个部族组成。官方语言为卢旺达语、英语和法语。国语为卢旺达语，部分居民讲斯瓦希里语。居民56.5%信奉天主教，26%信奉基督教新教，4.6%信奉伊斯兰教。

首都　基加利（Kigali），人口117万（2012年）。年平均气温19℃。

国家元首　总统保罗·卡加梅（Paul Kagame），2000年4月17日就任，2003年8月25日正式当选，9月12日就职。2010年8月，卢举行总统大选，卡加梅胜选连任，9月6日宣誓就职。

重要节日　独立日：7月1日；解放日：7月4日。

简　况　位于非洲中东部赤道南侧，内陆国家。东连坦桑尼亚，南接布隆迪，西与西北和刚果（金）为邻，北与乌干达接壤。大部分地区属热带草原气候。因地处东非高原，气候温和凉爽，年平均气温19℃。

16世纪，图西人建立封建王国。1890年沦为“德属东非保护地”。第一次世界大战后由比利时委任统治。第二次世界大战后改由比利时“托管”。1962年7月1日宣告独立，成立共和国。1973年7月5日，成立第二共和国。1990年10月，侨居乌干达的图西族难民组成卢旺达爱国阵线（简称“爱阵”）与胡图族政府军爆发内战。1991年6月实行多党制。1993年8月4日，卢政府和爱阵在坦桑尼亚阿鲁沙签署和平协定，决定结束内战。1994年4月6日，胡图族总统哈比亚利马纳因飞机失事遇难身亡引发导致近百万人丧生的大屠杀，内战再度爆发。7月19日，爱阵取得军事胜利，夺取政权。

政　治

1994年卢旺达新政权成立后，宣布实行5年过渡期，实行爱阵主导、多党参政和禁止党派活动的政治管理模式。卢政府奉行民族和解和团结政策，接待并安置回国难民，审判1994年大屠杀罪犯，政局逐渐稳定。1999年6月，卢政党论坛讨论决定延长过渡期4年。2000年4月，爱阵领导人保罗·卡加梅在议会和内阁联席会议上被推举为总统。

卡对内积极开展良政建设，集中精力抓国家重建和恢复经济，同时大力倡导民族和解，召开“第一届全国团结与和解大会”，对外逐步调整与西方国家关系，努力争取外援，执政地位逐步巩固。2003年5月，卢全民公决通过新宪法。8月25日，卢举行1994年以来首次多党总统大选，卡加梅正式当选总统，任期7年。9月举行议会参众两院选举，爱阵及其联盟获半数议席。10月份组成多党联合政府，独立人士贝尔纳·马库扎（Bernard Makuza）出任总理。卢平稳结束过渡期。2008年9月，卢举行议会选举，爱阵及其竞选联盟以78.7%的高票获胜。2010年8月，卢举行总统大选，卡加梅以93%的得票率蝉联。近年来，卢政府积极开展良政建设，促进经济发展，缓和社会矛盾，卢政局保持稳定。

【宪法】第一部宪法于1962年11月24日颁布，1973年7月废止。第二部宪法于1978年12月17日公民投票通过。1991年5月30日，国民发展议会审议通过了第三部宪法。2003年5月26日，卢全民公决通过新宪法，其主要内容有：实行半总统制。总统为国家元首和武装部队最高统帅，由无记名投票直接普选产生，任期7年，可连任1次；总理由总统任命，不得来自同一政党。政府成员根据各党在议会的比例确定；实行多党制和立法、行政、司法三权分立制度。2015年12月，卢以全民公决方式通过宪法修正案。宪法修正案维持总统只能连任1次的规定，将每届任期由7年缩短为5年，同时在新宪法生效前设置7年过渡期，包括卡加梅在内的任何合法候选人均可参选过渡期总统。

【议会】议会实行两院制，由参议院和众议院组成。众议院由80名议员组成，任期5年，本届众议院于2013年9月选举产生，80个席位中卢旺达爱国阵线及其联盟共获41个席位，社会民主党和自由党分别获得7个和5个席位，妇女、青年和残疾人代表占其余27席，现任众议长多娜泰尔·穆卡巴丽莎（Donatille MUKABALISA，女）。参议院由26名参议员组成，其中12名由各省选出，2名由高校院士团选出，8名由总统提名，4名由政党论坛协商提名，任期8年。本届参议院于2011年产生，任期至2019年，现任参议长贝尔纳·马库扎（Bernard MAKUZA）。新宪法修正案将参议员任期调整为5年。

【政府】本届政府于2010年8月成立，2011年10月、2013年2月和2014年7月部分改组，主要成员有：总理阿纳斯塔斯·穆雷凯齐（Anastase MUREKEZI），自然资源、土地、森林、环境与矿业部长文森特·比鲁塔（Vincent BIRUTA），自然资源部负责矿业的国务部长埃沃德·伊梅纳（Evode IMENA），财政与经济计划部长克拉韦尔·加泰特（Claver Gatete），财政与经济计划部负责经济规划的国务部长于齐耶尔·恩达吉吉马纳（Uzziel NDAGIJIMANA），农业与动物资源部长热拉尔迪娜·穆克希马纳（Geraldine MUKESHIMANA，女），农业与动物资源部负责农业的国务部长托尼·恩桑贾尼拉（Tony NSANGANIRA），教育部长西拉斯·卢瓦卡班巴（Silas LWAKABAMBA），教育部负责中小学教育的国务部长奥利维耶·鲁瓦穆夸亚（Olivier RWAMUKWAYA），教育部负责职业技术教育和培训的国务部长艾伯特·恩森吉永瓦（Albert NSENGIYUMVA），卫生部长阿涅丝·比纳瓜赫（Agnes BINAGWAHO，女），卫生部负责公共卫生和基层医疗保障的国务部长帕特里克·恩迪姆邦泽（Patrick NDIMUBANZI），国防部长雅姆·卡巴雷贝（James KABAREBE），司法部长约翰斯顿·布辛杰（Johnston BUSINGYE），外交与合作部长路易丝·穆希基瓦博（Louise MUSHIKIWABO，女），外交与合作部国务部长欧仁·里夏尔·加萨纳（Eugene-Richard GASANA），总理府性别与家庭促进部长奥达·加辛齐格瓦（Oda GASINZIGWA，女），基础设施部长雅姆·穆索尼（James MUSONI），基础设施部负责能源和水的国务部长热尔梅娜·卡马伊雷斯（Germains KAMAYIRESE，女），基础设施部负责交通运输的国务部长亚历克西·恩扎哈布瓦尼马纳（Alexis NZAHABWANIMANA），国内安全部长谢赫穆萨·哈雷利马纳（Sheik Mussa HARERIMANA），东共体事务部长瓦伦丁·鲁格瓦比扎（Valentine RUGWABIZA，女），灾害预防与难民事务部长塞拉菲娜·穆坎塔巴娜（Serafine MUKANTABANA，女），内阁事务部长斯泰拉·福特·穆加博（Stella FORD MUGABO，女），地方政府部长弗朗西斯·卡博内卡（Francis KABONEKA），地方政府部负责社会事务的国务部长阿尔维拉·穆卡巴兰巴（Alvera MUKABARAMBA，女），公共服务和劳动部长朱迪丝·乌维泽耶（Judith UWIZEYE，女），贸易和工业部长弗朗索瓦·卡宁巴（Francois KANIMBA），体育和文化部长约瑟夫·哈比内扎（Joseph HABINEZA），青年和信息产业部长让·菲尔贝·恩森吉马纳（Jean Philbert NSENGIMANA），总统府部长韦南蒂娅·图吉雷耶祖（Venantia TUGIREYEZU，女），发展署署长弗朗西斯·加塔雷（Francis GATARE）。

【行政区划】2006年1月1日起实行新行政区划，全国分为东、南、西、北四省和基加利市，下设40个县市、416个乡镇。

【司法机构】由最高司法会议、最高法院（包括法院法庭局、终审法院、行政法院、宪法法院、审计法院）、上诉法院、初审法院、县法院组成。最高司法会议由最高法院正副院长及2名法官、各上诉法院1名法官、各上诉法院辖区内的初审法院和县法院法官各1名组成，负责除最高法院正副院长外所有法官的任免、升迁等事宜。初审法院以上各级法院均设检察院，分为初审法院共和国检察院、上诉法院总检察院和终审法院总检察院三级。1994年内战使卢司法体系遭受严重破坏，直至1996年4月2日最高司法会议成立，司法系统全面恢复，法官由政府任命，但名义上独立。为加速审判1994年大屠杀在押犯（已关12.5万人），卢于2002年6月启动“民间传统法庭”。2012年6月，卡加梅总统宣布法庭使命结束。该法庭10年间共审理大屠杀相关案件近200万起。最高法院院长查尔斯·卡利瓦博（Charles Kaliwabo），总检察长里夏尔·穆尤穆扎（Richard Muhumuza）。

【政党】1991年实行多党制，当时有17个政党，1994年后仅剩8个。1994年下半年，除爱阵外的其他各党基本停止活动。1998年5月，卢政府同意部分开放党禁，要求各党修正在大屠杀期间所犯错误，改革党的领导机构。2003年6月23日，卢国民议会通过政党法，强调团结与平等的原则，反对民族、地区、宗教分裂。规定成立政党须有全国120名创始成员的签名，法官、检察官、军人、警察及治安人员不得加入政党。目前，重新登记获政府承认的合法政党共有11个。

（1）卢旺达爱国阵线（Rwandan Patriotic Front）：执政党，其前身是上世纪80年代在乌干达成立的卢旺达全国统一联盟，1987年12月改为现名。党员约60万人。1994年成为执政党。2002年12月，爱阵召开政治局扩大会议，制订了未来行动计划。选举弗朗索瓦·恩加兰贝（François NGARAMBE）为爱阵总书记。2005年12月，爱阵召开第六届全国代表大会，重点讨论了未来三年行动计划、推进国家行政制度改革、促进民主与发展等问题。会议重新选举了党的领导机构，卡加梅和恩加兰贝分别再次当选党主席和总书记。该党在议会中占36席。2013年12月17日，卡加梅第四次当选党主席，得票率99.5%。

（2）社会民主党（Democratic Socialist Party）：参政党。1991年7月1日成立，南方知识分子居多。主席万桑·比鲁塔。该党在议会中占7席。

（3）自由党（Liberal Party）：参政党。1991年7月14日成立，以图西人为主。2003年6月8日，该党召开会议选举了新的执行委员会，普罗斯珀·希吉罗任主席。该党在议会中占5席。

（4）中间民主党（Centrist Democratic Party）：1991年6月30日成立。原名基督教民主党，为同1994年大屠杀期间宗教所犯错误划清界限，淡化宗教色彩，1998年改为此名。2003年2月选举产生新的执行委员会，阿尔弗雷德·穆克扎姆富拉当选执委会主席，德罗塞拉·穆戈雷韦尔（Drocella MUGOREWERA，女）任总书记。该党在议会中有1个席位。

此外，还有理想民主党（Democratic Ideal Party）、卢旺达社会党（Rwandan Socialist Party）、卢旺达人民民主同盟（Democratic Popular Union of Rwanda）、进步和谐党（Progress and Concord Party）等4个政党。

【重要人物】保罗·卡加梅：共和国总统。图西族。1957年10月23日生于吉塔拉马省卡蒙伊。1959年11月随父母流亡乌干达。1980年参加现乌干达总统穆塞韦尼领导的乌反政府武装。1987年在乌参加卢旺达“爱国阵线”，1990年10月任爱阵军事领导人。1994年7月爱阵执政后，卡出任卢副总统兼国防部长。1998年2月当选爱阵主席。2000年4月在议会和内阁联席会议上被推举为总统。2003年8月正式当选总统。2010年8月胜选连任。

经　济

卢旺达系联合国公布的世界最不发达国家之一。经济以农牧业为主，粮食不能自给。1994年的内战和大屠杀使卢经济崩溃。爱阵上台后，采取了发行新货币、实行汇率自由浮动、改革税收制度、私有化等一系列恢复经济的措施，经济逐步恢复。近年来，卢加快发展现代农业，大力开发信息产业，努力缓解能源短缺困难，经济保持较快速度增长。2001—2011年，卢经济年均增长率达8.2%。2013年经济增长率6.6%。

2014年主要经济指标如下：

国内生产总值：79亿美元
人均国内生产总值：699美元
经济增长率：7.0%
货币名称：卢旺达法郎（简称卢郎）
汇率：1美元=723卢郎
通货膨胀率：1.3%
（资料来源：2016年《经济季评》）

【资源】自然资源贫乏。已开采的矿藏有锡、钨、铌、钽、绿柱石、黄金等。锡储藏量约10万吨。铌钽蕴藏量估计为3000万吨。据卢地质和矿业局数据，

2013年，卢出口矿石8100万吨，创汇2.28亿美元。基伍湖天然气蕴藏量约600亿立方米。尼亚卡班戈钨矿是非洲最大的钨矿之一。森林面积约62万公顷，占全国面积的24%。

【工业】2014年工业产值占国内生产总值的14.4%。有各类工业企业200余家，除咖啡、茶叶等农畜产品加工厂外，还有卷烟、饮料、火柴、造纸、肥皂、电池、水泥厂等。绝大部分工业品依赖进口。卢工业在1994年内战中遭受巨大损失。近年来，卢政府实行新工业政策，加速私有化进程，促进投资，拓展矿业，工业产值恢复较快。卡吕吕马锡冶炼厂已成为非洲最大锡厂之一。主要矿业产品产量如下（单位：吨）：

	2010	2011	2012	2013
锡矿（吨）	5293	6011	6320	4670
钨矿（吨）	764	1198	1530	1990
铌钽矿（吨）	560	829	980	1750

（资料来源：卢旺达国家银行2013年度报告）

【农牧业】2014年农牧业占国内生产总值的33.1%。从业人口约占劳动力总人口的84%，其中女性为52%。全国可耕地面积约185万公顷，已耕地面积120万公顷，农民人均耕地面积为0.12公顷。天然牧场占全国总面积1/3。经济作物主要有咖啡、茶叶、棉花、除虫菊、金鸡纳等，大部分供出口。50%以上的农民自己拥有小于1公顷的土地，其余农民，尤其是战后归来的难民耕种国有土地，向国家纳税。1994年内战使农牧业生产遭到破坏。近年来卢政府采取新农业政策，增加农业投入，提高粮食产量，促进畜牧业发展，农、牧业总产值已超过战前水平。2011年，卢渔业年捕捞量15526吨。4%的农民养蜂，年蜂蜜产量3500吨，南方省占41%。2011年农业增长率为4.7%。

近年主要经济作物产量如下（单位：千吨）：

	2011	2012	2013	2014
咖啡	16.37	19.96	18.35	16.38
茶叶	24.06	22.50	22.18	24.75
甘蔗	—	—	—	—

（资料来源：卢旺达国家统计局2015年度报告）

【服务业】2014年服务业占国内生产总值的52.5%。从业人员占劳动力总人口的6%。通信业发展迅速。目前卢无线通信市场共有MTN,TIGO和AIRTEL三家运营商，其中MTN为卢旺达无线通信市场第一大运营商，市场份额超过59%。目前卢手机普及率为42%，预计到今年12月上升至60%。卢是东非地区手机普及率最低的国家之一。卢目前有互联网服务商11家、电信公司3家、手机用户660万户、网络用户70万户，信息通信技术产业年均收入约1.67亿美元。旅游业恢复较快，2011年被世界经济论坛、世界银行、非洲发展银行评为最具旅游潜力国家之一。2014年接待游客122万人次。

【交通运输】无铁路，交通运输靠公路和航空。进出口货物通道：一是从基加利经乌干达至肯尼亚的蒙巴萨港，全程1721公里；二是从基加利到布隆迪的布琼布拉，然后由水路经坦桑尼亚的基戈马转铁路至达累斯萨拉姆港，全程1762公里；三是从基加利到鲁苏莫经坦桑尼亚的伊萨卡转铁路至达累斯萨拉姆港，长1638公里。

公路：总长1.31万公里，其中柏油路1100公里。商业运输主要由私人控制。

空运：基加利有国际机场，可起降波音747等大型客机。内战期间卢航空运输一度中断。战后，基加利国际机场很快重新开放。2002年，卢宣布成立卢旺达特快航空公司，该公司拥有1架波音737–600型飞机。2009年3月更名为Rwandair，比利时、南非、乌干达、埃塞俄比亚、肯尼亚、坦桑尼亚、布隆迪、刚果（布）有通卢航班。2012年，南非航空公司、卡塔尔航空公司和土耳其航空公司进入卢旺达航空市场。2015年10月，卢政府批准设立航空旅行物流有限公司（ATL Ltd）。

【财政金融】税收是财政收入主要来源之一。2015年6月，卢公布2015/2016财年预算，总额为17682亿卢郎（约25.8亿美元），比去年增加58亿卢郎。其中，34%将来自外国投资或借贷。近年政府财政收支情况如下（单位：十亿卢朗）：

	2010	2011	2012	2013
收入	430.9	541.7	307.6	734.8
赠款	397.4	440.8	146.2	364.9
支出	879.4	987.2	613.7	1348.2
盈余	–51.1	–4.7	–159.9	–248.5

（资料来源：卢旺达国家银行2015年度报告）

卢旺达主要商业银行有：卢旺达商业银行，基加利银行，卢旺达非洲大陆银行，贸易、发展和工业银行以及人民银行。

截至2014年，外汇储备达到10.85亿美元，外债总额18.51亿美元。

【对外贸易】外贸长期逆差。近几年进出口情况如下（单位：百万美元）：

	2011	2012	2013	2014
出口	469.0	590.7	703.0	723.1
进口	1371.6	1967.0	1899.7	1990.2
差额	–459.9	–820.8	–635.0	–990.7

（资料来源：2015年《经济季评》）

主要出口咖啡、茶等农副产品和钽钨等矿石；进口石油等燃料及机械设备。2014年主要出口对象国是中国、刚果（金）、马来西亚、泰国等；主要进口来源国有乌干达、肯尼亚、印度、中国等。2013年，卢出口创汇11.7亿美元，同比增长13.8%。2014年卢商品出口7.23亿美元，进口19.90亿美元。2015年卢商品出口7.03亿美元，进口20.72亿美元，分别同比减少2.7%和增加4.1%。2014年主要出口钶钽铁矿（1.05亿美元）、锡石（7100万美元）、茶（5200万美元）、咖啡（6000万美元）；进口石油等燃料及机械设备。（资料来源：2015年《经济季评》）

卢外援主要来源为世界银行、英国国际发展部、欧盟、非洲开发银行、德国、荷兰、比利时等。卢政府希望逐步减少对国外援助的依赖，2015—2016财年外援占财政比例为34%。卢积极鼓励吸引外资，成立投资促进机构，推行一系列引进外资的政策。据卢方统计，2010年，6207家投资商对卢投资约4亿美元，新增就业12736个。2014年卢吸引外资量7.4871亿美元，超过2013年的4.7633亿美元。

人民生活

卢是世界上人口密度最高的国家之一，2012年每百平方公里约有居民416人，90%人口居住在农村。2011年人口增长率2.9%，是世界上人口增长最快的国家之一。卢约44.9%的人生活在贫困线以下，人均预期寿命男性50.8岁，女性54.8岁，儿童死亡率5%。80%的居民能喝上清洁饮用水，艾滋病感染率3.1%。1994年内战导致近100万人死亡，22万儿童成为孤儿，卫生医疗体系解体。经过多年努力，2011年全国有44家中型以上医院，560所医疗服务站。2011年，政府支出的9.8%用于卫生医疗事业。2012年，卢失业率为44%，其中2/3为青年。

军 事

卢旺达武装力量原称卢旺达国民军（Rwanda National Army），系1995年在原爱阵武装部队的基础上组建。为实现军队国家化，2002年2月，改称卢旺达国防军（Rwanda Defence Force）。最高军事机构是国防部，下设军队参谋部，总参谋长帕特里克·恩亚姆巴（Patrick Nyamvumba）上将。目前总兵力约3.3万人。此外还有由内政部管辖的警察约2000人。2010年国防预算约450亿卢郎，占国内生产总值的1.37%。

文化教育

【教育】卢教育体系及教育设施因内战严重受损。在国际社会的援助下，教育得到较快恢复。根据2002年人口普查结果，38.2%的卢旺达人为文盲，87.7%的人只上过小学，11.5%上过中学，不足1%的人上过大学。2004年，全国有小学2262所，入学率约92%；中学504所，入学率约73%。自2005年底起，卢政府开始实行小学和初中免费教育，教育经费占政府总支出的16%左右。根据卢教育部2011年数据，卢有小学生234万名，小学2543所，入学率95.9%；中学生48.6万名，中学1362所，入学率25.7%。2010年起，卢实行9年义务教育。2013年卢民众识字率为70%，15—24岁人群识字率为83.7%。

卢现有高等院校29所，其中公立院校17所。公立大学有卢旺达国立大学、高等农业和畜牧业学院、基加利卫生学院、基加利科学技术学院、基加利教育学院和公共法语高等学院，其中卢旺达国立大学是卢最大的综合性高等学校。私立大学有基特瓦教育学院、中非基督复临大学、基加利自由大学、尼亚基邦达大神学院、布塔雷神学新教学院、基加利基督复临非教会大学。有研究所2个，分别为农业和科技研究所。2011年有大学生73674人，43.2%为女生。

【新闻出版】目前有41家媒体，包括19家电台和22家报纸，均为战后创设。《新时代报》是卢唯一日报，此外还有《新接班人报》《大湖地区周刊》《黎明报》等。

卢旺达通讯社为官方通讯社，1975年成立。曾发行《每日新闻》《法文日刊》，发行量310份。1994年后该社成为自负盈亏的独立通讯社。

卢旺达广播电台：国家广播电台，1961年由西德援建，在尚古古、基布耶、鲁亨盖里和比温巴四省设有转播站，现用卢旺达语、法语、斯瓦希里语和英语广播，共有2套节目，每天播音14小时。布隆迪电台的节目在卢旺达被广泛收听。

卢旺达电视台：国营电视台，1993年开播，全国覆盖率为70%。1994年战乱期间物资被盗、停播。在德国的援助下，从1997年11月起复播，每晚用卢旺达语、法语、英语播出5个小时的新闻等节目。

1998年2月22日，卢成立国家国内外公众新闻委员会，负责协调向国内外公众提供新闻。

1998年3月27日，英国BBC电台正式在卢开播。2015年2月因在节目中有诋毁卢政府、否认大屠杀之嫌停播。

对外关系

奉行和平、中立和不结盟的外交政策。重视发展同世界和非洲大国的关系。强调外交的务实性，将争取外援和谋求本国安全作为外交的主要任务。积极参与地区事务，寻求在次地区发挥作用。2009年，加入英联邦。卢系联合国第六大维和人员派遣国，共向中非、苏丹、南苏丹、马里、海地等国派出维和部队及警察6000多人。2013—2014年，卢任联合国安理会非常任理事国。

【同中国的关系】中国与卢旺达于1971年11月12日建交，此后两国友好合作关系发展顺利。

近年来中方访卢的主要有：中共中央政治局常委、中央纪委书记吴官正（2006年8月），外交部长杨洁篪（2009年1月），全国政协副主席李兆焯（2011年2月），中央政治局委员、中央书记处书记、中央组织部部长李源潮（2012年1月），中国政府非洲事务特别代表钟建华大使（2013年2月）、外交部副部长张明（2014年4月出席卢大屠杀20周年纪念活动）、中国政府非洲事务特别代表钟建华（2015年11月）等。

卢方访华的主要有：总统保罗·卡加梅（2001年

11月、2007年5月来华正式访问，2006年11月来华出席中非合作论坛北京峰会、2012年9月来华出席天津夏季达沃斯论坛）、外交与合作部长穆里甘德（2004年7月）、参议长比鲁塔（2006年6月）、总理马库扎（2010年出席上海世博会开幕式）、外交与合作部长路易丝·穆希基瓦博（2012年5月，2015年4月）、财政与经济计划部长卢旺戈姆布瓦（2012年7月来华出席中非合作论坛第五届部长级会议）等。

2014年双边贸易额2.07亿美元，同比减少14.8%，其中中方出口1.15亿美元，同比减少14.1%，进口0.92亿美元，同比减少15.7%。中方主要出口机电产品、车辆等，进口钽铌矿砂和钨矿砂等。2013年7月1日，中方给予卢95%输华商品免关税待遇。2014年12月，中方给予卢方97%商品免关税待遇换文，2015年1月起开始实施。6月，中国银联在卢上线。

中国驻卢旺达大使：潘和钧。馆址：44，Revolution Avenue，Kigali，Rwanda。联系电话：国家地区号：00250；领事保护电话：+250–784825635；总机：0252570843、0252570845、0252570849；传达室：总机转123；办公室电话：总机转166；政治处电话：总机转165；领事部电话：总机转163；传真：0252570848。地址：44，Revolution Avenue，Kigali，Rwanda；E–mail: chinaemb_rw@mfa.gov.cn。

卢旺达驻华大使：查尔斯·卡勇加（Charles Kayonga）。馆址：北京市朝阳区秀水街30号。电话：010–65322193；传真：65322006。

【同比利时的关系】卢曾为比殖民地，两国建有经贸混委会，在卫生、教育、农业、基建、旅游、人员培训等领域合作密切。卢内战结束后，比很快恢复援助，并替卢偿还对世界银行的部分欠债。比从2007年起将对卢援助提高至每年3500万欧元。卡加梅总统先后于2004、2006和2010年多次访比。2010年1月，比外交大臣瓦纳克尔访卢。2010年9月，比发展合作部长访卢。2011年2月，比对外贸易部长访卢。2012年8月，比副首相兼外交大臣雷德尔斯访卢。2013年，比企业与发展部长访卢。根据比、卢两国2011年签署的《合作项目框架协议》，比将在2011—2014年向卢提供1.6亿美元援助。2015年1月，比利时副首相兼外交大臣雷恩代尔访卢。

【同法国的关系】1962年与法建交。卢前政权与法国关系密切。1962—1993年8月，法共向卢提供援助2.8313亿美元，赠款3655万美元，免除卢债务1417万美元。哈比亚利马纳总统曾9次访法，法总统德斯坦和密特朗曾访卢。1990年卢爆发内战，法曾派兵支持卢前政权。1994年6月22日至8月21日，法通过安理会授权在卢实行"绿松石行动"。战后，卢新政府与法关系一度中断。直至1995年5月，法才恢复驻卢使馆。2006年，因法国司法部门指控卢军政高官策划暗杀卢前总统哈比亚利马纳，卢宣布与法国断交。2009年11月，卢法复交。2010年1月，法国外长库什内访卢；2月，法国总统萨科齐访卢；5月，卡加梅总统赴法参加第25届法非峰会。2011年9月，卡加梅总统正式访问法国。2012年9月，卢外长穆希基瓦博访法。

【同美国的关系】1963年卢美建交。美向卢经济结构调整计划和战争难民提供援助，并向卢派出和平队员。1994年卢新政权上台后，美很快与其建立外交关系。2006年11月，卢被纳入美"千年挑战账户"援助计划，每年可获5000万美元援助。美总统克林顿、小布什曾访卢。2011年6月，卡赴美出席美国国际开发署高级别会议。9月，美参议院通过《美卢双边投资协议》。2013年3月、4月，卡加梅总统两次赴美出席国际会议。2014年4月，卡加梅总统赴美访问麻省理工学院、斯坦福大学等高校，并出席在加利福尼亚举行的卢大屠杀20周年纪念活动。8月，卡加梅总统应邀赴美出席首届美非峰会。2015年1月，美宣布通过其国际开发署（USAID）向卢提供逾1.08亿美元发展援助。

【同德国的关系】德国是卢历史上第一个宗主国。卢独立后同联邦德国一直保持密切关系。从1962年起，德开始援助卢旺达。两国混委会轮流在两国首都举行。1993年前，德共向卢提供5.89亿美元的援助。2008年2月，德国总统克勒访卢。卡加梅总统分别于2002、2008、2009年三次访德。2013年，德国经济合作和发展部长访卢，德政府还率先恢复了价值1750亿卢郎（约2.7亿美元）的对卢援助。2015年2月，德外长施泰因迈尔访卢。

【同英国的关系】2009年11月，卢正式加入英联邦，成为其第54个成员国。卡加梅总统先后于2009、2010、2011年多次访英。2010年12月、2013年6月，英负责国际发展的国务大臣两次访卢。2011年10月，卡加梅总统赴澳大利亚出席英联邦第21届政府首脑会议。2013年5月，卡加梅总统赴英国出席第五届"牛津大学非洲工商大会"。2003—2013年，英对卢援助累计达3.8亿英镑。2015年2月，英国前首相布莱尔访卢。9月，卢英两国签署价值3050万英镑的援助协定。

【同非洲国家的关系】1999年卢正式加入东部和南部非洲共同市场（科迈萨）。2000年11月，卢签署非洲联盟章程。2015年5月重返中部非洲国家经济共同体。

卢与乌干达保持特殊盟友关系，两国曾联手介入刚果（金）冲突。因两国军队在刚东部数次发生大规模武装冲突，卢乌关系一度恶化。后两国总统多次会晤，卢乌矛盾逐渐缓解。2011年7月，穆塞维尼总统访卢。12月，卡加梅总统访乌。2012年1月和6月，卡加梅总统两次访乌。2015年2月，乌干达宣布取消对卢旺达及肯尼亚公民的入境签证要求，同时取消对卢、肯特定行业赴乌就业人员的工作许可要求。

与刚果（金）关系复杂。1998年8月，卢支持刚果（金）反政府武装发动叛乱并直接出兵，占据刚东部大片领土，与刚政府关系破裂。2002年7月，两国签署和平协议，卢从刚全部撤军。此后，两国总统多次会晤，政府部长实现互访，两国并展开联合军事行动，共同打击刚东部地区非法武装。2009年卢刚恢复外交关系。2010年6月，卡加梅总统赴刚果（金）参加刚独立50周年活动。2011年12月，卢总理赴刚出席卡比拉总统就职仪式。2012年4月，刚东部地区安全局势升温以来，刚卢双方多次举行高级别会谈，并召开副总理级别的大混委会，5月，刚外长两次访卢，6月卢外长访刚。11月，刚果（金）、卢、乌三国总统在乌干达首都坎帕拉举行会晤。

卢曾同南非保持良好关系。双方建有经贸混委会，在能源、畜牧业、电信等领域合作密切。2006年10月，卡加梅访问南非。2007年5月，卢参议长比鲁塔访南非。2014年3月，因在南非接连发生卢流亡人员遇袭事件，南非与卢相互驱逐外交官。

卢与布隆迪曾保持良好关系，两国互访不断。2007年3月，布总统恩库伦齐扎对卢进行工作访问。2008年2月，布参议长鲁菲基里访卢。2008年8月和2011年1月，卡加梅总统两次访布。2012年7月，卢总理哈布姆兰伊出席布独立50周年庆典活动。2015年初以来，卢布关系趋于紧张，布指责政府暗中参与支持布国内反对派策动武装叛乱，卢方对此予以否认。

（宋瑶）

马达加斯加

国名　马达加斯加共和国（The Republic of Madagascar，La République de Madagascar）。

【面积】 590750平方公里（包括周围岛屿）。

人口　约2320万。马达加斯加人占总人口的98%以上，由18个民族组成，其中人口多的民族有：伊麦利那（占总人口的26.1%）、贝希米扎拉卡（14.1%）、贝希略（12%）、希米赫特（7.2%）、萨卡拉瓦（5.8%）、安坦德罗（5.3%）和安泰萨卡（5%）等。各民族语言、文化、风俗习惯大体相同。在马定居的尚有少数科摩罗人、印度人、巴基斯坦人和法国人，另有华侨和华裔约5万人。民族语言为马达加斯加语（属马来－波利尼西亚语系），官方通用法语和英语。居民中信奉传统宗教的占52%，信奉基督教（天主教和新教）的占41%，信奉伊斯兰教的占7%。

首都　塔那那利佛（Antananarivo），人口约190万。

重要节日　独立日：6月26日。

简　况

位于印度洋西部，是非洲第一大、世界第四大岛。隔莫桑比克海峡与非洲大陆相望。海岸线长约5000公里。东南沿海属热带雨林气候，终年湿热，年平均气温24℃；中部为热带高原气候，温和凉爽，年平均气温18.3℃；西部为热带草原气候，干旱少雨，年平均气温26.6℃。

16世纪末伊麦利那人在中部建立了伊麦利那王国。1794年伊麦利那王国发展为中央集权的封建国家，并于19世纪初统一全岛，建立马达加斯加王国。1896年沦为法国殖民地，1958年10月14日成为“法兰西共同体”内的自治共和国。1960年6月26日宣布独立，成立马尔加什共和国，亦称第一共和国。1975年12月21日，改国名为马达加斯加民主共和国，亦称第二共和国，迪迪埃·拉齐拉卡（Didier Ratsiraka）就任总统。1990年实行多党制。1992年8月19日，通过“第三共和国宪法”，改国名为马达加斯加共和国。1993年2月，在马首次多党选举中，阿尔贝·扎菲（Albert Zafy）战胜拉齐拉卡，当选第三共和国总统。1997年2月，拉齐拉卡在总统选举中获胜，重掌政权。2001年12月16日，马举行总统选举。拉齐拉卡与主要反对派候选人、首都市长马克·拉瓦卢马纳纳（Marc Ravalomanana）围绕选举结果展开激烈争斗，马陷入长达半年的政局动荡。2002年4月，马最高宪法法院宣布拉瓦卢马纳纳当选马总统。5月6日，拉瓦卢马纳纳宣誓就职。2006年12月3日，拉瓦卢马纳纳以绝对优势胜选连任，并于2007年1月19日宣誓就职。此后，拉瓦卢马纳纳创建的“我爱马达加斯加党”（TIM）相继赢得众议院选举、市镇选举和参议院选举。

政　治

2009年1月下旬，马朝野矛盾激化，首都等地发生严重骚乱和流血冲突。3月17日，拉瓦卢马纳纳总统在部分哗变军队压力下被迫交权并流亡国外，反对派领导人、原首都市长安德里·拉乔利纳（Andry Rajoelina）宣布自任总统。非盟、南共体中止马成员国资格，美国、法国、欧盟等谴责拉乔利纳违宪夺权。4月30日，非盟成立国际接触小组主导解决马政治危机。在非盟、南共体等斡旋下，马各政治派别经过多轮和谈签署马普托协议及其补充文件，就过渡期主要安排达成一致。2010年3月，非盟宣布对拉乔利纳及其108名主要支持者实施制裁。11月，拉乔利纳政权单方面举行修宪公投并宣布成立第四共和国，遭到其他各派的抵制。2011年9月，在南共体斡旋下，除前总统拉齐拉卡派外，马主要政治派别先后签署南共体解决马危机路线图及其实施框架。11月，马新过渡政府宣告成立；12月，过渡期国会和最高理事会宣告成立。2012年3月，过渡期独立选举委员会宣告成立。8月，马宣布将于2013年5月和7月分别举行总统和议会选举。2013年年初，马宣布总统和议会选举分别推迟至当年7月、9月举行，但拉乔利纳、拉瓦卢马纳纳夫人拉劳宣布参选，引发巨大争议。在非盟、南共体为代表的国际社会压力下，8月马改组特别选举法庭，取消包括拉乔利纳和拉劳在内的8名候选人资格。10月25日，马举行首轮总统选举。12月20日，举行第二轮总统选举和议会选举。拉乔利纳支持的候选人埃里·马夏尔·拉乔纳里马曼皮亚尼纳（Hery Martial Rajaonarimampianina）以53.49%得票率击败拉瓦卢马纳纳支持的候选人罗班松，当选马第四共和国首任总统。2014年1月25日，埃里宣誓就职。4月，埃里任命库卢·罗歇·洛朗·克里斯托夫（Kolo Roger Laurent Christophe）担任总理，并组建政府。2015年1月，埃里改组政府，任命空军准将拉维卢纳里武（Jean Ravelonarivo）为总理。由于埃里未依据宪法按时组建参议院和最高司法法院等国家机构，5月，马国民议会以违宪和失职为由通过对埃里的罢免议案，但马高等宪法法院最终以证据不足否决该议案。此后，埃里领导的“马达加斯加新生力量党”（HVM）相继赢得市镇选举和参议院选举。目前政局总体稳定。

【宪法】1992年8月19日通过“第三共和国宪法”，经1995年9月、1998年3月和2007年4月三次修订。宪法赋予总统直接任命总理、解散议会的权力，任期5年，可连任两届，由直接选举产生；国民议会和参议院均需2/3的多数方可中止总统权力；地方政权实行自治。2007年修宪取消了自治省，设立拥有行政和财政自治权的地区和乡镇。2010年11月马过渡政权推动通过新宪法，宣布正式成立第四共和国。新宪法主要内容包括将总统任职年龄由40岁降为35岁，并将总统最高连续任职期限由三届改为两届。

【议会】马实行两院制，由国民议会（L’Assemblée Nationale）和参议院（Le Sénat）组成。国民议会现有151个席位，议员任期5年，通过普选产生。2014年1月，马国民议会选举产生议长。3月，马高等宪法法院裁定国民议会领导人选举无效。5月，国民议会重新举行选举，由“支持埃里总统多数联盟”（PMP）提名的前过渡政府旅游部长、“火炬领袖社”议员让·马克斯·拉库图马蒙吉（Jean Max Rakotomamonjy）当选议长。参议院议员任期5年，现有63个席位，三分之二由地方选举产生，其余三分之一由总统任命产生。2015年12月，马举行参议院选举。2016年2月，奥诺雷·拉库图马纳纳（Honoré Rakotomanana）当选参议长。

【政府】政府是国家最高行政机构。本届政府于2015年1月组成，除总理拉维卢纳里武外，还有30名内阁成员，主要有：总统项目、领土整治和装备国务部长里武·拉库图沃（Rivo RAKOTOVAO）、总统府矿业和石油部长若埃利·瓦莱里安·拉拉哈里赛纳（Joéli Valérien LALAHARISAINA）、国防部长多米尼克·让·奥利维耶·拉库图扎菲（Dominique Jean Olivier RAKOTOZAFY）、外交部长贝亚特丽斯·阿塔拉（Béatrice ATALLAH，女）等。

【司法机构】设最高法院、最高司法法院、高等宪法法院。最高法院包括终审法院、国务委员会和审计法院。首席院长和总检察长是最高法院首长。现任首席院长夏尔·拉贝图库塔尼（Charles Rabétokotany），总检察长埃德松·贝尔特利埃·拉维隆萨拉玛（Edson Berthelier Ravelontsalama）。最高司法法院由最高法院首席院长、2名终审法庭庭长、2名上诉法院院长、2名国民议会议员、2名参议员组成。高等宪法法院由9名成员组成，任期7年，不得连任。其中3名成员由总统任命，2名由国民议会任命，2名由参议院任命，2名由最高司法委员会选举产生。院长由总统任命。

【政党】实行多党制，政党众多，目前影响较大的有：

（1）马达加斯加新生力量党（HVM）：执政党。2013年大选前由埃里组建。2015年赢得市镇选举和参议院选举。

（2）支持拉乔利纳总统联盟（MAPAR）：由支持前总统拉乔利纳的“马达加斯加青年准备着”（TGV）、“争取变革民主共和人士联盟”（UDR-C）等政党和政党联盟组成。

（3）“我爱马达加斯加党”（TIM）：前执政党。前身为拉瓦卢马纳纳创建的“我爱马达加斯加协会”，在拉竞选总统活动中发挥了重要作用。拉就任总统后于2002年7月将其转变为政党。基层组织较完备，拉流亡后发生两次分裂。

【重要人物】埃里·马夏尔·拉乔纳里马曼皮亚尼纳：1958年11月出生。获马达加斯加大学经济学硕士学位、加拿大魁北克大学会计学博士学位。长期从事财会经济类教学工作，曾开办会计师事务所。2009年起担任拉乔利纳过渡政府财政和预算部长，并兼任马达加斯加航空公司董事会主席、马会计师最高理事会副主席。2013年10月参加总统选举，以53.49%得票率在12月第二轮选举中胜出，当选第四共和国首任总统。2014年1月25日宣誓就职。 **让·拉维卢纳里武**：1959年4月出生。先后毕业于前苏联基洛夫格勒高级飞行学院、塔那那利佛大学和法国巴黎外交与战略研究中心。曾任伊瓦图海空军基地飞行员和前总统拉齐拉卡副官，后创办工程公司，2012年至2014年担任马军总参谋长空军顾问，2014年12月晋升空军准将。2015年1月14日出任政府总理。

经　济

属最不发达国家之一。经济以农业为主，严重依赖外援，工业基础薄弱。1997—2000年，经济年均增长4.5%。2001年年底大选危机使马国内经济和社会发展受到严重影响。拉瓦卢马纳纳执政后提出"快速、持续"发展口号，出台国家10年减贫战略文件，确定中长期社会经济发展目标，推出"马达加斯加行动计划"，鼓励私营部门发展，改善投资环境，吸引外资，经济实现持续增长。2003—2006年，年均经济增长率6.2%。2009年政治危机发生后，马遭遇国际社会停援减援制裁，外国投资锐减，经济每况愈下，农产品加工、纺织品加工、旅游业等支柱产业和基础设施建设遭遇重创。2014年埃里上台后，积极争取国际社会恢复对马援助，制定2年期国家发展紧急计划和2015—2019国家发展规划，致力于改善投资环境，吸引外资，创造就业。

2015年主要经济数据预测如下：

国内生产总值：95.85亿美元。

人均国内生产总值：401美元。

经济增长率：3.2%。

货币名称：阿里亚里。

汇率：1美元=2939.7阿里亚里。

通货膨胀率：7.4%。

（资料来源：《经济季评》）

【资源】矿藏丰富，主要矿产资源有石墨、铬铁、铝矾土、石英、云母、金、银、铜、镍、锰、铅、锌、煤等，其中石墨储量居非洲首位。此外还有较丰富的宝石、半宝石资源以及大理石、花岗岩和动植物化石。河流湍急，水力发电潜力大。森林面积123279平方公里，约占国土面积的21%，珍稀动植物种类繁多，一些动植物为马独有。

【工业】马工业基础十分薄弱，2014年工业产值占国内生产总值的13.15%。有大小企业约25.8万家，一半以上设在塔那那利佛。主要有炼油、发电、纺织和服装加工、农产品加工、饮料、烟草、造纸、制革、建材等。1989年设立免税区吸引投资，促进私营部门发展，以纺织业和农产品加工业为主。2008年马颁布《关于在马达加斯加设立免税区及免税企业的法令》，对免税区进一步简化和减少行政干预，适用于所有在马注册的本国、外国及合资企业。马主要两个免税区位于首都塔那那利佛的昂容巴道镇和伊瓦多镇，一度汇集企业500家。受2009年爆发的政治危机影响，目前区内企业数量大幅减少，现存企业大部分经营困难。现有约10万名当地员工在免税区工作，其中，约35000人从事面向美国市场的纺织品加工。马60%的出口外汇收入来自于免税区，每月仅工资一项就达120亿阿里亚里（合630万美元）。据统计，免税区全部加工出口业务中，欧洲市场约占55%，美国及加拿大市场约占35%，其他国家约占10%。免税区出口占工业出口的70%，占马出口总额的40%。

【农业】农业人口占总人口80%以上，出口收入的70%来自农业。2014年农业产值占国内生产总值的33%。全国可耕地880万公顷，已耕地280万公顷。土地肥沃，气候适合各种热带、温带粮食和经济作物生长。耕地2/3以上种植水稻，其他粮食作物有木薯、甘薯、玉米等，粮食不能自给。主要经济作物有甘蔗、香草、丁香、胡椒、咖啡、可可、棉花、花生、棕榈等。其中香草生产和出口量居世界首位，约占世界市场总量的2/3。全国牧场面积340484平方公里，占国土面积的58%。沿海以及河流、湖泊盛产各类鱼虾、海参、螃蟹等。

【旅游业】旅游资源丰富，但服务设施不足。上世纪90年代以来，马将旅游业列为重点发展行业，鼓励外商投资旅游业。1990年建立一所旅游学校培养专门人才。同年，法国PULLMAN酒店集团开始在马建设酒店网。1991年成立国家旅游开发委员会。1994年实行国内和地区航运自由化，允许留尼汪、毛里求斯和南非的航空公司进入马航运市场。1997年改革签证制度，允许游客申请落地签证，同时取消旅馆对外国游客高收费的做法。马有717家宾馆，其中星级宾馆111家（床位3040张）。游客主要来自法国（50%以上）、留尼汪、美国、英国、瑞士、德国和意大利等。主要旅游点是努西贝岛、圣玛丽岛。2009年马政治危机爆发后，旅游业遭受沉重打击，游客人数急剧减少，全国约70%酒店停业。2014年访马游客共约22万人次。

【交通运输】水陆交通不发达。铁路为单轨铁路，总长732公里。公路总长49837公里，其中柏油路面5781公里。内河航道共3500公里，但航运仅利用400余公里；沿海港口共18个。80%的海运集中在东部港口塔马塔夫，年吞吐量约400万吨。

马达加斯加航空公司为国有航空公司，有定期航班飞往欧洲、非洲、亚洲和西南印度洋诸岛国。全国有大小机场121个，其中6个国际机场，但仅首都伊瓦图国际机场、塔马塔夫和努西贝机场可起降大型飞机。

【财政金融】政府财政连年赤字，金融业欠发达，全国1/3以上金融业务由马中央银行经营，另有5家商业银行及一些办理储蓄和贷款业务的机构。截至2014年，外债总额34亿美元，外汇储备7.7亿美元。

【对外贸易】1987年开始实行贸易进出口自由化政策，鼓励出口多样化，出口额有所增加。主要进口石油、车辆、机械设备、药品、日用消费品及食品等。主要出口咖啡、虾、铬矿石、香草、丁香、棉纺织品等。主要贸易伙伴有法国、美国、中国、欧盟、南部非洲发展共同体、东南亚部分国家和印度洋诸岛国等。2014年进出口总额54.67亿美元。

【外国资本】电信、矿产和石油开发是近年外资注入的重点领域。马爆发政治危机后，外国投资锐减。

【外国援助】经济发展严重依赖外援。主要援助方有法国、美国、国际货币基金组织、日本、德国、挪威等。2009年马政治危机发生后，国际社会对马采取减援、停援措施，美国取消马《非洲增长与机遇法案》受益国地位，欧盟暂停向马提供发展援助。自2011年年底以来，随着马过渡期进程逐步推进，特别是2013年马顺利举行总统选举，联合国、世界银行、法国、美国、欧盟等主要合作方恢复对马援助，美国恢复马“非洲增长与机遇法案”受益国地位。

人民生活

据《2014年世界人类发展报告》统计，马人类发展指数在187个国家中列第155位。公职部门的职工享受国家的劳保、医疗、住房、子女补贴，其他部门职工由雇主支付社会和医疗保险。65%的居民能得到基本卫生保障，39.6%的居民家庭可获得饮用水，16%的家庭或14%的人口可使用电，2.54%的人口拥有电话。2011年，女性人均预期寿命66岁，男性为62岁。14岁以下少儿占总人口的43.1%，65岁以上老人占总人口的3%。人口自然增长率为2.95%，人口死亡率为0.76%。目前马全国有16名教授级医师，282名专科医师，1580名普通医师，3239名助理医师。全国有105家医院，其中18家在首都；2681家公立和私立医疗中心，其中529家在首都。医生与人口比例为1：10000，病床位1：2000。2009年爆发的政治危机导致人民生活受到很大影响，各类罢工、罢课事件迭起，恶性事件频发，严重影响社会稳定和发展。

军　事

独立后组建人民军。总统为军队最高统帅。国防部为军事行政机构。全国设6个军区。实行义务兵役制，服役期约18个月。

正规军总兵力2.16万人。其中陆军1.25万人，装备有坦克12辆、装甲车100辆以及各种火炮102门；海军500人，其中包括1个海军陆战连，装备有1艘巡逻艇和1艘两栖舰艇；空军500人，装备有各种飞机40余架，其中作战飞机12架、直升机6架；宪兵8100人。

文化教育

【教育】实行五年义务教育。城市地区使用法语教学，农村地区大部分中小学使用马语教学。自1978年起，正式教育分为：五年基础（小学）教育、四年普通初中教育、三年高中教育和高等教育。马有小学18977所，其中公立小学14637所，私立小学4340所；初中学校1596所，其中公立801所，私立795所；高中学校336所，其中公立108所，私立228所。马有6所综合大学，共有28900名大学生，教师900余名，其中塔那那利佛大学规模最大，有学生18500名，教师618名。

【新闻出版】主要报纸有：《马达加斯加午报》（日报，法文，发行量3.5万份）、《论坛报》（日报，发行量1.5万份，马、法文）、《快报》（日报，法文）等。

全国通讯社为国家通讯社。马达加斯加国家广播电台建于1931年4月，有两套节目，第一套节目用马语，第二套节目用法语和英语，每天均播出24小时。

全国共有13家电视台。马达加斯加国家电视台建于1967年，用马语、法语每天播出约9小时（周末15小时）。

对外关系

拉乔利纳2009年3月违宪上台后，南共体、非盟、法语国家组织均向其强力施压，先后中止马成员国资格，要求马尽快恢复宪政秩序。美国、欧盟等谴责拉乔利纳违宪夺权，对马采取减援、停援措施，并在马政治和谈一度陷入僵局时威胁将对马采取必要制裁，向马各派施压。非盟于2009年4月成立马问题国际接触小组主导解决马政治危机。2010年3月17日，非盟宣布对拉乔利纳及其108名主要支持者实施制裁，内容包括旅行限制、冻结海外银行账户和外交孤立等。2011年9月以来，马主要政治派别签署南共体解决马危机路线图及其实施框架，有关过渡期机构相继成立，国际社会对马外交压力有所缓和。2013年以来，国际社会强力推进马选举进程，为大选提供资金和技术支持，非盟、南共体、欧盟、法语国家组织、印度洋委员会等国际和地区组织派出观察员监督两轮大选。马顺利举行大选后，国际社会普通认可选举结果，非盟、南共体恢复马成员国资格，美国、欧盟全面取消对马制裁。2014年埃里总统就职后，频繁出访欧美，寻求政治和经济支持。马现任印度洋委员会轮值主席国。

【同中国的关系】1972年11月6日马中建交。2004年5月，拉瓦卢马纳纳对中国进行国事访问。2005年1月，外交部长李肇星访马。3月，马国民议会议长拉依尼里库访华。8月，马国防部长佩特拉·贝哈贾纳少将和“我爱马达加斯加党”主席拉祖利米哈贾·索罗福南特奈纳分别访华。11月，国务院副总理黄菊访马，两国签署新的经济技术合作协定、促进和相互保护投资协定以及关于成立经济贸易混合委员会的协定等。2006年4月，拉瓦卢马纳纳赴香港和深圳考察。6月，马参议长拉杰米松访华。9月，中共中央纪律检查委员会书记吴官正对马进行正式访问。10月，商务部部长助理陈健访马。11月，拉瓦卢马纳纳来华出席中非合作论坛北京峰会。2007年1月，中国政府特使、外交部部长助理翟隽赴马出席拉瓦卢马纳纳总统就职仪式。5月，拉瓦卢马纳纳来华出席非洲开发银行上海年会并会见温家宝总理。2008年8月，拉瓦卢马纳纳来华出席北京奥运会开幕式。10月，“我爱马达加斯加党”主席、参议长伊万访华。11月，吴邦国委员长访马。2013年10月，中国外交学会前副会长程涛大使率团赴马观察首轮总统选举。12月，中国前驻毛里求斯大使高玉琛率团赴马观察第二轮总统选举和议会选举。2014年2月，外交部副部长张明访马。8月，马总理库卢来华出席第二届夏季青年奥林匹克运动会闭幕式。10月，全国人大常委会副委员长向巴平措访马。

2015年中马贸易额为10.41亿美元，同比增长19.53%；其中中方出口额8.69亿美元，进口额1.72亿美元。中方主要出口纺织品、服装、机电产品等，进口铬矿砂等。

1980年两国签订文化合作协定。2008年11月，塔那那利佛大学孔子学院揭牌成立。2015年2月，塔马塔夫大学孔子学院成立。中国自1973年起向马提供奖学金名额，2014年马在华奖学金生共264名。中国自1975年起向马派遣医疗队，现有4个援马医疗点，迄今已派出19批共594人次，目前有来自甘肃省的30名医疗队员在马工作。中马现有两对友好省市，分别为苏州市和塔那那利佛市、甘肃省和塔马塔夫大区。马是中国公民自费出境旅游的目的地国。

中国驻马达加斯加大使：杨小茸。馆址：Ambassade de la République Populaire de Chine en République de Madagascar。信箱号：B.P.1658 Nanisana-Ambatobe Antananarivo Madagascar。电话：0026120–2240129、2240856；传真：2240215。经参处地址：Bureau du Conseiller Economique de l'Ambassade de la République Populaire de Chine en République de Madagascar。信箱号：B.P.4094 Ambohidratrimo Antananarivo Madagascar。电话：0026120–2244529。

马达加斯加驻华大使：维克托·希科尼纳（Victor Sikonina）。馆址：北京市朝阳区三里屯东街3号。电话：010–65321353；传真：65322102。

【同法国的关系】法国是马前宗主国，两国有着传统关系。法是马最大贸易国、双边援助国和直接投资国。马65%的直接投资来自法国，法在马拥有500多家企业。法在马文化、教育、卫生等领域具有较大影响。法在马设有文化中心，每年向马提供数量可观的赴法学习、进修或培训奖学金。法国际台在马设有调频转播台。法在马侨民约2.6万人。2013年，法国通过欧盟向马大选提供资金援助。2014年1月，埃里当选总统后，法国总统奥朗德当天即致电祝贺，并派法语国家事务部长级代表出席其就职仪式。3月，埃里总统访问法国。2015年9月，拉维卢纳里武总理访问法国。

【同美国的关系】马美1960年6月建交。美从1993年起向马派遣和平队员，目前在马共有100名和平队员，主要从事基层卫生、教育和环境保护工作。2000年，美国将马列入“非洲增长与机遇法案”首批受益国，2004年3月，马美签署旨在开放民事航空领域的双边协定。2004年5月，美将马列为第一批有资格从美“千年挑战账户”申请资金援助的国家。2008年，美通过国际开发署和“千年挑战账户”向马提供1680万欧元援助，用于农村发展和环境保护。8月，美国际开发署向马提供5700万美元，主要用于母婴健康项目。马政治危机发生后，美国于2009年年底取消马“非洲增长与机遇法案”受益国地位。美始终未承认拉乔利纳过渡政权。埃里当选总统后，美国第一时间予以承认，随后全面解除对马制裁。2014年4月，埃里总统访问美国，8月赴美出席美非峰会。2014年6月，美国宣布恢复马《非洲增长与机遇法案》受益国待遇。2015年7月，美国决定将马“非洲增长与机遇法案”受益国待遇延长10年。

【同邻近印度洋岛国的关系】马系印度洋委员会成员国，积极参与地区事务，推动成员国间经济合作。马向周围岛国供应农产品和海产品。2004年4月，毛里求斯总理贝朗热访马，双方签署双边合作总体构架协定、促进和互相保护投资协定及旅游技术合作协定等三个原则文件，并签订糖业管理合作协议。2005年7月，印度洋委员会第三届国家元首和政府首脑会议在塔那那利佛举行。2006年3月，印度洋委员会第22届部长理事会在马举行。马政治危机发生后，印度洋委员会参与非盟马问题国际接触小组的调解工作。2013年，印度洋委员会派观察员监督马两轮大选。埃里当选总统后，印委会承认选举结果。2014年1月，科摩罗、塞舌尔和毛里求斯总统出席埃里总统就职仪式。4月，马接替科摩罗担任印度洋委员会轮值主席国。2015年3月，印度洋委员会粮食安全出资方会议在马举行。

马 拉 维

国名　马拉维共和国（The Republic of Malawi）。

面积　118484平方公里。

人口　1480万（2013年）。绝大多数为班图语系黑人。主要民族为尼昂加族、契瓦族和尧族。官方语言为英语和奇契瓦语。约82%的居民信奉基督教新教和天主教，13%信奉伊斯兰教，其余信奉原始宗教。

首都　利隆圭（Lilongwe），人口约81万（2013年）。

国家元首　总统阿瑟·彼得·穆塔里卡（Arthur Peter Mutharika），2014年5月当选，6月就职。

重要节日　英雄纪念日：1月15日；烈士纪念日：3月3日；劳动节：5月6日；自由日：6月14日；国庆节：7月6日。

简　况

非洲东南部内陆国家，与莫桑比克、赞比亚、坦桑尼亚为邻。3/4国土海拔1000—1500米。属热带草原气候。雨量适中，气候温和。年平均气温20℃左右，分凉干（5—8月）、热（9—11月）、雨（12月至翌年4月）三季。热季最高温度为29℃，凉干季最低温度为7℃。年平均降水量1000—1500毫米。

16世纪，班图人开始大批进入马拉维湖（旧称“尼亚萨湖”）的西北一带，并在马拉维及毗邻地区定居。1891年英国正式宣布这一地区为“英属中非保护地”，又名尼亚萨兰。1953年10月，英国强行将尼亚萨兰同南罗得西亚（今津巴布韦）、北罗得西亚（今赞比亚）组成“中非联邦”。1963年2月1日中非联邦解体，尼亚萨兰实行内部自治。1964年7月6日独立，改名为马拉维。1966年7月6日宣布成立共和国。马拉维大会党（大会党）主席海斯廷斯·班达（Hastings Banda）任终身总统。1994年5月17日，举行首次多党制选举，联合民主阵线（联民阵）主席巴基利·穆卢齐（Bakili Muluzi）当选总统，1999年6月蝉联。2004年5月，宾古·穆塔里卡（Bingu Wa Mutharika）当选马第三任总统，并于2009年5月连任。2012年4月5日，宾古·穆塔里卡总统突发心脏病逝世。7日，副总统乔伊丝·班达（Joyce Banda，女）接任总统。2014年5月，马举行总统、议会、地方政府三合一大选，民进党领导人、前总统宾古·穆塔里卡胞弟彼得·穆塔里卡当选并就任总统。

政　治

实行总统内阁制。总统为国家元首、政府首脑和武装部队总司令，由全国普选产生，任期5年，可以连任1次。议会是马拉维最高立法机构。内阁是马拉维最高行政机构。彼得·穆塔里卡总统执政以来，着力吸引外资，打击腐败，改善民生，马政局保持基本稳定。

【宪法】现行宪法于1994年5月颁布，1995年修订。宪法规定，马实行多党制，总统为国家元首兼政府首脑，任期5年，只能连任1次；保护多党民主和独立的司法权。

【议会】实行一院制。议会由总统、议长、副议长、民选议员等组成，每届任期5年。本届议会于2014年6月组成，共193个议席。执政党民进党77席、大会党53席、人民党26席、联民阵16席、独立议员20席、争取民主联盟1席。议长理查德·姆索沃亚（Richard Msowoya），来自大会党。

【政府】本届政府于2014年6月组成。主要成员有：总统兼国防军和警察总司令、国防部长阿瑟·彼得·穆塔里卡（H.E. Prof. Arthur Peter Mutharika），副总统索洛斯·克劳斯·奇利马（Rt. Hon. Saulos Klaus Chilima），外交与国际合作部长乔治·沙蓬达（Hon. George Chaponda），财政部长古多尔·贡德伟（Hon. Goodall Gondwe），农业与灌溉部长艾伦·齐延贝凯扎（Hon. Allan Chiyembekeza），教育与科技部长伊曼纽尔·法比亚诺（Hon.Emmanuel Fabiano），交通与工程部长弗朗西斯·卡塞拉（Hon.Francis Kasaila），信息、旅游与公民教育部长贾皮耶·姆汉戈（Jappie Mhango），卫生部长彼得·昆帕卢梅（Hon. Dr. Peter Kumpalume），劳工部长亨利·穆萨（Hon. Henry Mussa），司法与宪法事务部长塞缪尔·滕贝努（Hon. Samuel Tembenu），体育与文化部长格雷斯·奇乌米亚（Hon. Ms. Grace Chiumia），自然资源、能源与矿产部长布赖特·姆萨卡（Hon. Bright Msaka），土地、住房与城镇发展部长阿图佩莱·穆卢齐（Hon. Atupele Muluzi），贸易与工业部长约瑟夫·姆瓦纳姆韦卡（Hon. Joseph Mwanamveka），妇女、儿童、残疾人与社会福利部长帕特丽夏·卡利亚蒂（Hon. Patricia Kaliati），内政与国土安全部长琼·卡利拉尼（Hon. Jean Kalilani），地方政府与农村发展部长孔德瓦尼·南库姆瓦（Hon. Kondwani Nankhumwa）。

【司法机构】分最高上诉法院、高等法院和地方法院。

【政党】主要政党有：

（1）民主进步党（Democratic Progressive Party, DPP）：执政党。2005年2月由马时任总统宾古·穆塔里卡成立。根据该党公布数据，有党员250万。主张团结所有马拉维人，致力于恢复经济增长和减贫。现任主席为阿瑟·彼得·穆塔里卡（Arthur Peter Mutharika）。

（2）马拉维大会党（Malawi Congress Party, MCP）：在野党。1944年成立。原名为尼亚萨兰非洲人国民大会，1959年改称现名。1964年马独立后至1994年为马唯一的合法政党，执政时间长达30年。现为马最大反对党。主席为拉扎勒斯·查奎拉（Lazarus Chakwera）。

（3）人民党（People's Party）：2011年由时任副总统乔伊丝·班达建立。该党以“团结、平等、发展”为建党理念，主张保障公民宪法权利，推进政治决策民主化、经济自由化与出口产品多元化，大力发展工商业、教育和艾滋病防控，促进就业、保障粮食安全。主席为乔伊丝·班达（Joyce Banda）。

（4）联合民主阵线（United Democratic Front, UDF）：前身为1992年3月在利隆圭成立的联合民主独立党，同年10月改为现名。1994年起执政，2005年因穆塔里卡总统脱离该党另立新党执政而沦为反对党。主席阿图佩莱·穆卢齐（Atupele Muluzi）。

【重要人物】阿瑟·彼得·穆塔里卡：总统。1940年生。伦敦大学法学学士，耶鲁大学法学硕士、博士。1972年以来，在美国华盛顿大学先后任助教、副教授、教授。曾先后任马拉维司法部长、教育部长、外交部长等职。2014年5月当选马第五任总统，6月就职。

经　济

马拉维为农业国，全国约90%人口从事农业，经济十分落后，是联合国确定的最不发达国家，经济发展严重依赖外援。主要种植烟草、棉花、玉米等，是非洲主要烟草生产国之一，烟草出口占国家外汇收入70%。其白肋烟（Burley）质量上乘，在世界烟草界享有盛誉。

上世纪90年代中期以来，马政府推行私有化和脱贫计划，但因西方指责马吏治腐败并冻结援助，经济发展受阻。宾古·穆塔里卡上台后，努力改善同西方关系，西方逐步恢复援助，经济形势趋于好转。2005年起实施“增长与发展战略”，得到国际货币基金组织的支持。由于政府增加农业投入，扩大实施农业补贴计划，马连续多年实现粮食自给有余，2005—2010年经济增长率超过7%。2011年上半年，马发生外汇和燃油短缺危机，并引发民众全国性示威游行和骚乱。2012年4月，班达就任总统后，着力争取外援，推出一系列经济改革措施，马经济状况有所好转。但由于班达政府曝出“现金门”丑闻并持续发酵，西方传统捐助方至今未恢复，经济面临严峻挑战。对马政府提供预算支持，彼得·穆塔里卡总统上台后，加大改革力度，出台政策举措吸引投资，促进贸易，经济保持相对稳定。2015年以来，受厄尔尼诺现象影响，马旱涝灾害频仍，对马粮食生产及经济发展冲击较大。

马近期主要经济数据如下：

国内生产总值（GDP）：42.58亿美元（2014年）。

人均国内生产总值：255美元（2014年）。

国内生产总值增长率：3%（2015年）。

货币名称：克瓦查（Kwacha）。

年均汇率：1美元≈700克瓦查（2016年1月）。

年均通货膨胀率：24.1%（2015年）。

外汇储备：6.48亿美元（2016年1月）。

进出口额：42.9亿美元（2014年）。

外债总额：18.97亿美元（2015年）。

（源自马拉维政府公布的统计数据）

【资源】矿藏有煤、铝矾土、石棉、石墨、磷灰石、铀、铁矿等。2006年在北部探明了储量为1.16万吨的铀矿。森林面积约73万公顷。水利资源丰富。

【工业】主要是初级产品加工业，包括烟草、茶叶、蔗糖、酿酒、棉纺、菜油、建材和食品加工等。

【农业】是国民经济支柱产业。产值占国内生产总值的1/3以上。全国38%的土地为可耕地，86%的劳动力从事农业生产。主要粮食作物有玉米、高粱、小米、豆类、水稻、木薯等。主要经济作物有烟草、茶叶、甘蔗等，是非洲最大烟草生产国之一。畜牧业以饲养牛、羊、猪、鸡为主。马拉维湖和希雷河上游为主要产鱼区。全国约24万人从事捕鱼业。

【旅游业】近年来，马大力改进旅游设施，旅游业发展较快，2012年游客达77万人次，比2011年增长0.4%。游客主要来自莫桑比克、津巴布韦、南非、坦桑尼亚和英、美等国。主要旅游胜地有马拉维湖、国家公园、狩猎区和自然保护区等。

【交通运输】为内陆国，最近的港口为莫桑比克的纳卡拉港和贝拉港。国内以陆路交通为主。

铁路：总长790公里，与莫桑比克铁路相接。

公路：总长2.49万公里，其中沥青路4073公里，与莫桑比克、坦桑尼亚、赞比亚、津巴布韦、博茨瓦纳及南非的公路连接。

空运：有民用机场4个，其中2个为国际机场，国际航线通往南非、肯尼亚、坦桑尼亚、埃塞俄比亚、赞比亚、津巴布韦、阿联酋和英国。

水运：2010年南部恩桑杰国际内陆码头一期竣工，完成与赞比亚铁路连接。

【财政金融】在西方主要捐助国未恢复对马预算援助支持的背景下，彼得·穆塔里卡总统提出自力更生的口号，大力推进公共服务和财政管理改革，2014/2015财年制定“零外援”预算。2015/2016财年，马预算总额为9300亿克瓦查（约合20.6亿美元）

【对外贸易】主要出口烟草、茶叶、蔗糖、咖啡，进口工业及交通运输设备、石油、化肥、化工产品等。主要贸易对象是南非、英国、日本、美国、法国、德国、荷兰以及南部非洲关税同盟成员国。近三年的进出口额如下（单位：百万美元）：

	2012	2013	2014
出口额	1044	1380	1555
进口额	1713	2330	3086

（资料来源：经济季评）

【外国援助】英国、欧盟、美国、世界银行、日本等是马的主要援助方。2003年年底，西方国家以政府打击腐败不力为由，冻结向马援助款目。2004年5月，宾古·穆塔里卡执政后加大反腐败力度，精兵简政，紧缩开支，获得西方国家认可。2005年起援款逐步解冻。2009/2010年度年获世界银行、英国等援助7.92亿多美元，涉及扶贫、电力、水利建设、投资环境、艾滋病防治项目等。2011年，马与西方国家关系恶化，西方逐渐削减对马援助。2012年4月班达总统就任后，着力改善与西方关系，西方逐渐恢复并增加对马援助。2013年10月，马政坛曝出公职人员贪污公款的“现金门”丑闻，欧盟、挪威、国际货币基金组织宣布暂停对马预算援助，至今尚未恢复。

人民生活

约有劳动力400万人。有5所中心医院、25所地区医院，48个乡村医院，440个医疗中心，101个诊所。平均1000人拥有1.3张床位。人均寿命为53岁，15—49岁人群中约19%携带艾滋病病毒。

军　事

马拉维武装力量包括正规军和警察。总统兼国防军和警察部队总司令。正规军总兵力9000人，由陆、海（马拉维湖）、空三军组成。实行义务兵役制，服役期2年。武器主要由英国、法国等提供。

文化教育

【教育】马拉维沿袭英国教育制度。学校有公立和私立两种。学制小学8年、中学4年。1994年起实行小学免费义务教育。全国共有公立大学3所，即马拉维大学、姆祖祖大学和新建成的马拉维科技大学。有多所私立大学。中学近1000所，小学5000余所，教师2万多人。成人识字率为73.6%。

【新闻出版】主要报刊:《每日时报》，1895年创刊，英文，日发行量1.4万份;《马拉维新闻》，1959年创刊，英文、奇契瓦文周刊，发行量1.9万份;《民族报》,1993年创刊，英文日报，民间报刊，日发行量1.6万份。

马拉维通讯社：官方通讯社，1966年创办。

马拉维国家广播公司：2010年马国家电视台与国家电台合并，成立新的马拉维国家广播公司，隶属马新闻与公民教育部。两台主要用英语、奇契瓦语编播节目。电台有8个频道。

对外关系 奉行睦邻友好和不结盟外交政策。主张通过谈判解决国际争端和地区冲突。马拉维是非洲联盟、不结盟运动、南部非洲发展共同体、东南部非洲共同市场等国际和地区组织的成员国，与90多个国家建立了外交关系。

【同中国的关系】2007年12月28日，中国外交部长杨洁篪与马拉维总统和议会事务部长卡聪加分别代表各自政府在北京签署中马两国建交联合公报，决定两国自即日起建立大使级外交关系。建交以来，两国关系发展势头良好，双方各领域交往与合作全面展开，两国人民之间的相互了解和友谊不断加深。

2009年1月，杨洁篪外长访马。2011年3月，中联部部长王家瑞访问马拉维。2012年3月，外交部外交政策咨询委员会委员吉佩定访问马拉维。4月，胡锦涛主席特使、民政部部长李立国赴马出席穆塔里卡总统葬礼，期间会见了马总统班达。2015年5月，全国人大常委会副委员长张平访马。2016年1月，王毅外长对马进行正式访问。

2012年7月，马拉维外交与国际合作部长伊弗雷姆·姆甘达·丘梅、经济规划与发展部长阿图佩莱·穆卢齐来华出席中非合作论坛第五届部长级会议。2013年6月2—7日，总统班达来华出席首届中国—南亚博览会。2015年8月，马议长姆索沃亚率跨党派联合考察团访华。2015年9月，彼得·穆塔里卡总统来华出席第九届夏季达沃斯论坛。

2015年双边贸易额2.77亿美元，同比增加45.1%，其中我出口2.47亿美元，同比增加57.8%，进口0.3亿美元，同比减少13.3%。中方主要出口纺织品、机电产品和家具等，主要进口烟草和棉花等农产品。

中国驻马拉维大使：王世廷。馆址：Plot 43/342，Lilongwe，Malawi。信箱：P.O. Box No. 31799，Lilongwe，Malawi。电话：00265-1794751；传真：1794752。电子信箱：chinaemb_mw@mfa.gov.cn。

马拉维驻华大使：查尔斯·纳蒙德维（Charles E. Namondwe）。馆址：北京市朝阳区东直门外大街23号503。电话：010-65325889；传真：65326022。

【同南部非洲国家的关系】马拉维政府重视改善和加强同邻国的关系。马于1967年同南非建交，是当时非洲唯一与南非有外交关系的国家。两国签有贸易协议，并在交通、教育、贸易、卫生等方面开展合作。南非是马最大的贸易伙伴。马同赞比亚、津巴布韦、坦桑尼亚等国也保持着密切关系。2013年8月至2014年8月，马拉维担任南部非洲发展共同体轮值主席国。

【同西方国家的关系】重视发展同西方国家的关系。欧盟、美国、英国和日本是马拉维主要援助方。2013年3月，马拉维总统班达访问美国，参加奥巴马总统集体会见非洲四国领导人。2014年8月，穆塔里卡总统赴美出席美非峰会。2015年12月，穆塔里卡总统出席英联邦首脑会议和在英国举行的全球非洲投资论坛。

【同新兴市场国家关系】印度同马拉维交往历史较为悠久，马拉维独立之初即同印度建交。马拉维现有印度后裔和侨民约1.15万人。印度企业涉足马拉维农产品加工、矿产能源开发、制造业等多个领域。巴西同马拉维合作较为密切，淡水河谷公司在马拉维投资10亿美元，参与新建和重建铁路。（陈志嵩）

马 里

国名 马里共和国（The Republic of Mali，La République du Mali）。

面积 124万平方公里。

人口 1580万（2014年）。全国有23个民族，主要有班巴拉（占全国人口的34%）、颇尔（11%）、塞努福（9%）和萨拉考列族（8%）等。各民族均有自己的语言。官方语言为法语，通用班巴拉语（1972年形成文字）。80%的居民信奉伊斯兰教，18%信奉传统拜物教，2%信奉天主教和基督教新教。

首都 巴马科（Bamako），199.5万（2014年，资料来源：2015年第四季度《经济季评》）。4月气温最高，平均为34℃—39℃，1月气温最低，平均为16℃—33℃。

国家元首 易卜拉欣·布巴卡尔·凯塔（Ibrahim Boubacar KEITA), 2013年9月4日就职。

重要节日 独立日：9月22日。

简　况

位于非洲西部撒哈拉沙漠南缘，西邻毛里塔尼亚、塞内加尔，北、东与阿尔及利亚和尼日尔为邻，南接几内亚、科特迪瓦和布基纳法索，为内陆国。北部为热带沙漠气候，干旱炎热。中、南部为热带草原气候。全年分为三个季节：3—5月为热季，6—10月为雨季，11月至翌年2月为凉季。热季最高气温达50℃，凉季最低气温为14℃。

历史上曾是加纳帝国、马里帝国和桑海帝国的中心地区。1895年沦为法国殖民地。1958年成为“法兰西共同体”内的“自治共和国”。1959年与塞内加尔结成马里联邦。1960年9月22日独立，莫迪博·凯塔当选首任总统。1968年，穆萨·特拉奥雷发动军事政变上台。1991年3月，阿马杜·图马尼·杜尔发动政变，建立军人过渡政权，改行多党制。1992年4月，马里举行首次多党选举，非洲团结正义党候选人阿尔法·乌马尔·科纳雷当选总统。1997年5月，科纳雷蝉联总统。2002年杜尔复出政坛，于5月作为独立候选人当选总统，2007年4月连任。杜尔总统执政期间，马里政局总体稳定。

政　治

2012年3月22日，马首都部分军人发动政变，杜尔政府被推翻。马国内主要政党和国际社会一致谴责政变，要求军人立刻恢复宪政、还政于民。经西共体多轮调解，马4月下旬成立过渡政府，5月下旬正式进入为期1年的过渡期，原国民议会议长特拉奥雷任过渡期总统。同时马面临严峻的北方分裂危机。年初，马北方图阿雷格族分裂武装发动叛乱，3月以来已武力控制了马北方三个大区，并于4月6日成立“阿扎瓦德独立国”。“伊斯兰马格里布基地组织”等恐怖和极端力量也借机在马北方扩充势力。2013年1月，马里北方反叛武装南下，向马政府军控制地区发动进攻。应马过渡政府要求，法国和一些非洲国家出兵协助马政府军平叛。此后马政府基本控制北方地区。6月，马过渡政府与北方图阿雷格族武装就在全境举行大选和包容性对话达成初步协议。8月，马总统选举顺利举行，马里联盟党候选人凯塔当选总统并于9月正式就职，任命奥马尔·塔特姆·利（Oumar Tatam LY）为总理并组建新政府。2014年4月，凯塔总统任命原城市规划和城市政策部长穆萨·马拉（Moussa MARA）为总理，组建新一届政府。2015年1月，凯塔总统任命莫迪博·凯塔（Modibo KEITA）为总理并改组政府。

2014年7月以来，马政府与图阿雷格族武装在阿尔及尔启动和谈，在国际调解方的共同努力下，经过多轮谈判，于2015年6月正式签署和平与和解协议，但北方安全局势依然比较脆弱。11月20日，马首都巴马科丽笙酒店发生人质劫持事件，造成包括3名中国公民在内共21人死亡。此后，马北方地区恐怖组织制造了多起袭击事件。

2012年12月20日，联合国安理会通过第2085号决议，决定授权向马派遣为期一年的“非洲领导的驻马里国际支持特派团”（“非马团”），此后“非马团”开始陆续在马部署，目前总兵力约为6300人。2013年4月25日，联合国安理会通过马里问题第2100号决议，授权成立联合国驻马里综合稳定特派团（“联马团”），总兵力约为12600人，“非马团”部分人员将并入“联马团”。7月1日，联合国在马维和行动正式启动。2014年6月，安理会通过决议，“联马团”延期一年。2015年6月，联合国安理会再次通过决议，“联马团”延期一年，并增加40名监督停火的军事观察员。

【宪法】现行宪法于1991年7月制订，1992年6月付诸实施。1999年1月全民公决通过宪法修正案。宪法规定：实行立法、行政、司法三权分立；总统由直接普选产生，任期5年，可连选连任一次；总统是国家元首，拥有任免总理和部长、颁布法令、组织公民投票、解散议会、宣布紧急状态等重要行政权力；国民议会享有立法和监督权；政府是由总统直辖的最高行政机构，向国民议会负责；司法独立；公民享有思想、宗教、信仰、言论、结社、劳动、休息、私人财产不受侵犯、自由经营和社会救助等权利。

【议会】国民议会是最高立法机构，实行一院制。议员由普选产生，任期5年。主要机构由执行局、专门委员会和议会党团组成。本届国民议会（第五届）于2013年12月选举产生，共有147名议员，其中马里联盟党66席、共和民主联盟17席、非洲团结正义党16席、复兴变革力量6席，马里发展共识党5席、非洲民主独立团结党5席、全国民主创议大会党4席，民族复兴党、经济发展和团结党、复兴爱国运动、团结马里联盟分别获3席，其他8个党派共获12席，独立议员4席。议长伊萨卡·西迪贝（Issaka Sidibé），2014年1月22日当选。

【政府】本届政府成立于2015年1月，后多次小幅改组，2016年1月共有32名内阁部长。成员包括：互助、人道主义行动和北方重建部长哈马杜·科纳特（Hamadou KONATE）；国土管理部长阿卜杜拉耶·伊德里萨·马伊加（Abdoulaye Idrissa MAIGA）；外交、国际合作与非洲一体化部长阿卜杜拉耶·迪奥普（Abdoulaye DIOP）；国防和退伍军人部长蒂耶芒·于贝尔·库利巴利（Tiéman Hubert COULIBALY）；安全和公民保护部长萨利夫·特拉奥雷大校（Colonel Major Salif TRAORE）；地方分权和国家改革部长穆罕默德·阿格·埃拉夫（Mohamed Ag ERLAF）；司法、人权和掌玺部长萨纳戈·阿米娜塔·马莱（女）（Mme SANAGO Aminata MALLE）；经济和财政部长布布·西塞（Boubou CISSE）；民族和解部长扎哈比·乌尔德·西迪·穆罕默德（Zahabi Ould Sidi MOHAMED）；侨务部长阿卜杜拉赫曼·西拉（Abdourhamane SYLLA）；农业部长卡苏姆·德农（Kassoum DENON）；国有财产和土地事务部长穆罕默德·阿利·巴蒂利（Mohamed Ali BATHILY）；环境、清洁和可持续发展部长奥斯曼·科内（Ousmane KONE）；畜牧业和渔业部长南戈·登贝莱（Nango DEMBELE）；矿业部长谢赫纳·塞义迪·艾哈迈迪·迪亚瓦拉（Cheickna Seydi Ahamady DIAWARA）；高等教育部长蒙塔加·塔勒（Mountaga TALL）；国民教育部长凯内科罗·巴泰勒米·托戈（Kénékoro dit Barthélémy TOGO）；数字经济、信息和新闻部长乔盖·科卡拉·马伊加（Choguel Kokalla MAIGA）；贸易和工业部长阿卜杜勒·卡里姆·科纳特（Abdel Karim KONATE）；城市一体化和住房部长德拉马内·登贝莱（Dramane DEMBELE）；促进投资和私营部门部长科宁巴·西迪贝（Konimba SIDIBE）；就业、职业培训、青年和公民建设部长马哈曼·巴比（Mahamane BABY）；装备、交通和地区联通部长马马杜·哈希姆·库马雷（Mamadou Hachim KOUMARE）；卫生和公共医疗部长玛丽·马德莱娜·托戈（Mme Marie Madeleine TOGO，女）；能源和水利部长马马杜·弗兰卡利·凯塔（Mamadou Frankaly KEITA）；劳动、公职部长，主管机构联络迪亚拉·拉基·塔拉（Mme DIARRA Raki TALLA，女）；科研部长阿塞图·富内·萨马克·米甘（Assétou Founè Samaké MIGAN）；国土整治与人口部长桑贝尔·巴纳·迪亚洛（Sambel Bana DIALLO）；妇女、儿童和家庭促进部长桑加雷·乌穆·巴（Mme SANGARE Oumou BA，女）；文化、手工业和旅游业部长恩迪亚耶·拉马图拉耶·迪亚洛（Mme N'DIAYE Ramatoulaye DIALLO，女）；宗教事务和信仰部长蒂埃诺·阿马杜·奥马尔·阿斯·迪亚洛（Thierno Amadou Omar Hass DIALLO）；体育部长侯赛尼·阿米翁·金多（Housseïni Amion GUINDO）。

【行政区划】全国划分为10个大区和1个中央直辖管区（首都巴马科）。

【司法机构】由最高法院、宪法法院、高级法院、行政法院、上诉法院、重罪法庭、一审法院等机构组成。最高法院系终审法院，下设司法院和行政财务院。高级法院由国民议会议员组成，负责审理涉及国家元首和国家高级官员的诉讼案。一审法院为初审法院，同级的还有巴马科地区法院、商业法院、治安法院和劳动法院等。最高法院院长努乌姆·塔比利（Nouhoum TAPILY），2011年5月18日就职。

【政党】1991年3月实行多党制，同年7月召开的全国会议制定并通过了《政党法》。2005年8月，国民议会对《政党法》进行了修改，对政党的组建和运作等作出新的规定。现有104个政党。主要有：

（1）马里联盟党（Le Rassemblement pour le Mali）：执政党。系由部分原非洲团结正义党成员于2001年6月成立。宗旨是在多党共和体制下实行社会民主，实现国家团结，全体公民最广泛地参与政治协商和国家管理，相互尊重，共同发展，建立自由、正义、团结、民主的社会。主张实行市场经济，国家对私营经济加以规范，强调社会发展应以人为本。该党成员成分广泛，来自社会各阶层。国内及海外均建有党部。国内党部下设分党部（市镇一级），全国每一个村庄都至少建立了一个基层委员会，党组织在全国的覆盖率超过90%。党的领导机构为全国政治局，共53名成员。在2013年议会选举中获66席，成为议会第一大党。党主席易卜拉欣·布巴卡尔·凯塔。总书记博卡里·特雷塔（Bokari Tréta）。

（2）非洲团结正义党（Alliance pour la Démocratie au Mali-Parti Africain pour la Solidarité et la Justice）：前身为马里民主联盟，1991年5月成立。宗旨是建立民主、繁荣、独立的新马里和法制、自由、公正、进步的社会，巩固和扩大民主，推动经济、社会和文化的发展，合理分配收入。"自由、劳动、团结"为该党箴言。组织机构有基层委员会、分支部、支部和联合会。下设妇女、青年等群众组织。1992年，该党在议会选举中获绝对多数席位，成为执政党。2001年，原党主席易卜拉欣·布巴卡尔·凯塔（Ibrahim Boubacar KEITA）退党，该党出现较大分裂，力量受到削弱。2002年，该党在议会选举中失去绝对多数地位。2003年，该党再次出现分裂，原党第三副主席苏马伊拉·西塞（Soumaïla CISSE）及其追随者退党。2007年，该党联合其他42个政党组成"民主进步同盟"，支持杜尔总统连任，并在议会选举中获51席，再次成为议会第一大党。该党在2013年议会选举中获16席。代主席蒂耶默科·桑加雷（Tiémoko Sangaré），总书记马里芒蒂亚·迪亚拉（Marimantia Diarra）。

（3）共和民主联盟（Union malienne pour la République et la Démocratie）：正式成立于2003年6月。系由原非洲团结正义党第三副主席苏马伊拉·西塞及其追随者脱离非洲团结正义党后创立，最初旨在支持西塞角逐2002年总统选举。该党领导层多出身马里纺织发展公司，属于原非洲团结正义党中的"棉派"。主张建立自由、平等、公正和团结的社会，保障人民自由、民主权利，实现国家的全面发展和繁荣。2007年，该党与非洲团结正义党结盟，支持杜尔总统连任，并在议会选举中获34席，成为议会第二大党。党主席为前总理尤努斯·杜尔（Younoussi TOURE），总书记萨利库·萨诺戈（Salikou SANOGO）。2010年12月，马民主和复兴党（PDR）并入共和民主联盟。该党候选人西塞在2013年8月总统选举第二轮投票中以19.7%的得票率负于现任总统凯塔。该党在2013年议会选举中获17席。

其他政党还有复兴爱国运动（Mouvement Patriotique pour le Renouveau）、全国民主创议大会党（Le Congrès National d'Initiative Démocratique）、民

族复兴党（Parti pour la Renaissance Nationale）、非洲民主独立团结党（Solidarité africaine de la Démocratie et l'Indépendance）、苏丹联盟－非洲民主联盟（Union Soudanaise-Rassemblement Démocratique Africain）、马里民主党（Parti Démocratique Malien）、复兴公约党（Convention pour la Renaissance）等。

【重要人物】总统易卜拉欣·布巴卡尔·凯塔：1945年生。曾留学塞内加尔和法国，获政治学和国际关系学硕士学位。1992—1994年，先后任总统外交顾问、马里驻科特迪瓦兼加蓬、布基纳法索和尼日尔大使、外长。1994—2000年任总理。2002—2007年任国民议会议长。2013年8月当选总统，9月就职。1994年当选非洲团结与正义党主席，2000年10月辞职。2001年6月创建马里联盟党并任党主席。

经 济

系最不发达国家。经济以农牧业为主，粮食不能自给，工业基础薄弱，是非洲主要产金国和产棉国，黄金和棉花收入是外汇主要来源。2012年，受国内局势动荡影响，马国民经济受到重创。近年马里政府重点发展农业，加强水利和道路等基础设施建设，加快石油勘探和矿产开发。为增加税收、扩大就业，政府积极招商引资，兴建水泥、汽车组装、食品加工、制糖等一批新兴企业。目前马国民经济逐步恢复，但尚未达到危机前水平。世界银行2015年10月公布的《经商》杂志中，马被评为西非经货联盟内最适宜营商国家第二名。

2014主要经济数据如下：

国内生产总值（GDP）：121亿美元。

人均国内生产总值：766美元。

国内生产总值增长率：7.2%。

货币名称：非洲金融共同体法郎（Franc de la Communauté financière d'Afrique），简称非洲法郎（FCFA）。

汇率：1美元≈600非洲法郎。

通货膨胀率：0.8%。

（资料来源：2015年第四季度《经济季评》）

【资源】矿业是马国家经济支柱，占国民收入的25%。现已探明的主要矿藏资源及其储量：黄金900吨，铁13.6亿吨，铝矾土12亿吨，硅藻土6500万吨，岩盐5300万吨，磷酸盐1180万吨，锰1500万吨，铀5200吨。系非洲第三大黄金出口国，黄金是马里第一大出口产品，2015年黄金产量50吨。森林面积110万公顷，覆盖率不到1%。水力资源丰富。目前有3个水电站，12个火力发电站，1个太阳能电站。2006年5月，马政府启动了矿产十年规划，总投资1000亿非郎。

【工业】2015年，马工业年产值仅占国内生产总值的4%。马全国共有工业企业427家，绝大多数为私营企业，主要部门有食品加工、出版印刷、纺织、建筑材料等。55%的企业位于首都巴马科，18%位于塞古，50人以下的企业占85%，200人以上的企业仅占4%。

【农牧渔业】农业和畜牧业是马经济支柱。2012年，农业产值占国内生产总值的38.3%。农村人口占总人口的68%。从事农业生产的人口占全国人口的40%。全国可耕地面积3000万公顷，已耕地面积350万公顷。主要经济作物有：小米、玉米、稻谷、花生、棉花等。马是非洲主要产棉国，马每年棉花对国民经济贡献达850亿—1230亿非郎，占国内生产总值的8%，棉花产业从业人口约330万，2014年棉花产量55万吨。2014年谷物产量为698万吨，增长22%；籽棉产量84.8万吨，增长24.7%。

畜产品是马在黄金、棉花之后第三大出口产品。畜牧业产值占国内生产总值8%左右，2011年有牛800多万头、羊1900多万只。渔业产值约占国内生产总值的4%。2013年全国产鱼量为7.1229万吨，增长率约为16%。近年来平均年捕鱼量约10万吨，其中出口占1/5。全国有7.3万渔民，约26万渔业从业人员。

【服务业】服务业主要由交通、通信、商业等部门构成。2012年服务业产值约占国内生产总值的36.4%。

【旅游业】旅游资源丰富，但交通不便。杰内古城、通布图古城、多贡遗迹和加奥阿斯基亚王陵被列入《世界遗产名录》。主要旅游城市有首都巴马科、古城通布图和水城莫普提，最佳旅游季节为11月至次年1月。近年旅游业发展迅速。全国有109家旅行社、439家旅馆饭店、6012套客房。近年来马旅游业受北方安全形势影响严重下滑。通布图古城遭到伊斯兰极端分子破坏，列入世界文化遗产的16座陵墓中有14座被毁。2012年6月被联合国教科文组织列入“濒危世界遗产名录”。2014年3月，联合国教科文组织开始修复被毁陵墓。

【交通运输】系内陆国家，国内运输主要靠公路。进出口物资需经邻国港口转运。两条国际公路干线经巴马科通往科纳克里和阿比让，公路总长分别为1110公里和1115公里。科特迪瓦局势动荡后，经巴马科—洛美公路运输的货物迅速增加。

铁路：仅有一条连接库利克罗、巴马科和达喀尔的国际窄轨铁路，总长1286公里，马里境内长641公里；以货运为主，平均运营时速27公里。

公路：总长9万公里，其中沥青路面3750公里；各型机动车约12万辆，以摩托车和小型卡车为主。

水运：内河航线总长12700公里；马里航运公司负责内河航运的经营和管理，拥有各种船只27艘。

空运：目前，国际航线主要由法国航空公司和比利时航空公司经营。全国有5个城市拥有国际机场，巴马科塞努国际机场可起降各种大型客货飞机2006年运送旅客53.36万人次，该机场于2015年12月31日更名为莫迪波博·凯塔国际机场。马北方危机和“3.22”政变给马航空公司带来严重损失，马航自2012年6月11日起开始裁员，减少飞机数量，取消部分航线。12月，马航宣布中止营业9个月。

【财政金融】近年国家财政预算收支情况如下（单位：亿非洲法郎）：

	2012	2013	2014年	2015年
收入	9543	10030	16600	17320
支出	10669	13788	18200	18797
赤字	1126	3758	1600	1477

2014年外汇储备（不含黄金）为8.6亿美元，截至2014年6月底外债为38.3亿美元。

（资料来源：经济和财政部报告和2015年第四季度经济季评，2015年为估计值）

【对外贸易】实行贸易自由化政策，政府通过发放进出口意向书对贸易进行宏观管理。现同100多个国家和地区有贸易关系。2014年，马主要向以下国家出口：中国18.9%，印度14.5%，印度尼西亚11.1%，孟加拉国9.6%；主要从以下国家进口：法国12.6%，塞内加尔11.4%，科特迪瓦9.7%，中国8.3%。2015年对外贸易额预计为55.2亿美元，其中进口30亿美元，出口25.2亿美元。主要出口黄金、棉花等；进口石油、食品和机械设备等。

【外国援助】据经济合作与发展组织统计，马政府2012年获得官方发展援助10.01亿美元（货币单位下同），其中双边援助占73%。主要捐助方为：美国3.11亿，国际开发协会1.14亿，欧盟1.13亿，加拿大1.05亿，法国0.79亿，荷兰0.53亿，非洲发展基金0.51亿，德国0.46亿，瑞典0.31亿，国际货币基金组织0.27亿。2013年1月29日，由非盟、联合国和西共体共同发起的马里问题捐助方会议在亚的斯亚贝巴召开，为马军和“非马团”募集到约4.5亿美元的援助。5月15日，欧盟、法国与马里一道在布鲁塞尔举办了支持马里发展高级别国际捐助方会议，为马里募集到约32.5亿欧元捐款。截至2014年5月，70%承诺已通过协议形式确认。2013年5月，马里过渡政府与世界银行签署协议，世界银行将向马里3个项目提供总价值为660亿非郎的资助。马里政府、联合国开发计划署、欧盟和比利时签署协议，各国将通过联合国开发计划署成立的一揽子基金为马政府组织大选提供资金，总额达1500万欧元，比利时将向该基金提供150万欧元。国际货币基金组织宣布向马提供1510万美元援助，帮助马满足紧急财政需求。9月，世界银行向马提供5000万美元贷款，用于支持马经济发展。10月，国际货币基金组织宣布向马提供300亿非郎贷款。11月，世界银行决定向马提供8000万美元贷款，用于巴马科城市饮用水供给项目。2015年10月的马里国际发展会议上，国际合作伙伴承诺2015至2017年间向马提供约42.4亿美元援助。

人民生活

根据联合国开发计划署公布的《2015年人类发展报告》，马里的人类发展指数在188个国家中名列第179位。2013年，马里贫困人口占全国总人口的68.3%，医疗卫生条件落后，出生率为4.55%，死亡率为1.32%。2013年人均寿命55岁，青年占人口的65%。截至2007年，全国有70所医院和826家市镇医疗中心，医护人员3849人，平均每10万人拥有8名医生，卫生开支占政府预算支出的10.82%。全国约有11000人死于艾滋病，1.7%的成年人受感染。2006年，登记的固定和移动电话用户共计159.54万人，互联网用户7万人。目前马电力覆盖率为24%，农村地区仅为13.8%。可饮用水覆盖率为64%。

军　事

独立后，马里政府召回在法国外籍军团中的本国青年，并以此为基础组建了马里武装部队。1961年1月20日马要求法撤走驻军，后将这一天定为建军节。实行义务兵、志愿兵和合同兵相结合的兵役制度，义务兵役期为2年。武装力量由陆军、空军、宪兵、警察、共和国卫队和民兵组成，总兵力约1.5万余人。其中陆军6900人，空军400人，海军50人，宪兵1800人，警察1000人，共和国卫队2000人，民兵3000人。总统是全国武装力量最高统帅。现任军队总参谋长为马哈马内·杜尔（Mahamane TOURE），2013年11月8日就职。马里军队曾参加联合国在安哥拉、海地、利比里亚和塞拉利昂的维和行动。

文化教育

重视保护和发展民族文化，鼓励文学创作。官方文艺团体有国家歌舞团、民族乐团和话剧团等。文化设施集中在首都巴马科，主要有伊斯兰文化中心、国家博物馆和国家图书馆。

【教育】沿用法国教育体制。初等教育实行9年制义务教育，中等教育3年，高等教育4—5年。2012年，教育预算占国家预算的18.2%，适龄儿童入学率为75.5%，成人文盲占全国人口的68.9%。2015年5月，世界银行向马提供200亿西非法郎，旨在帮助马政府推进高等教育改革，提高马高校竞争力。2015—2016学年，新开设4所职业培训学校。

【新闻出版】全国发行报刊共47种，主要有:《发展报》，综合性官方日报，发行量约1万份;《回声报》，非洲团结正义党的周刊。另外还有《独立人报》《晨报》《巴马科晚报》和《共和国人报》等。

马里新闻和广告社为官方通讯社，创建于1961年。每周发行1期《新闻周刊》，刊登国内外新闻。有近百名记者。

马里广播电台是官方电台，始建于1957年，播音覆盖面占全国人口的80%以上。用法语、班巴拉语、颇尔语和桑海语等9种语言对内广播；用法语、英语和阿拉伯语对外广播。另外还有200余家私营电台。

马里电视台是唯一官方电视台，创建于1984年，全国建有25个转播站。每天播放7个小时的节目。

马里出版印刷社是唯一国营出版社，始建于

1972年。

对外关系　奉行独立、和平、睦邻友好和不结盟的对外政策。主张尊重国家主权，不干涉别国内政，通过和平方式解决国际争端和地区冲突；积极参与地区和国际事务，努力维护地区和平与稳定，推动非洲团结、一体化进程和地区合作。强调外交为发展服务，广泛寻求外援。现为联合国、世界贸易组织、不结盟运动、法语国家组织、伊斯兰合作组织、非洲联盟、西非国家经济共同体、萨赫勒—撒哈拉国家共同体和萨赫勒地区国家抗旱常设委员会等组织成员。同133个国家建立外交关系。

【同中国的关系】1960年10月25日，中马建交。50多年来，两国关系始终健康、稳定发展。

2010年4月29日至5月2日，马里总统杜尔来华出席上海世博会开幕式。期间，国家主席胡锦涛与其会见。9月20—25日，胡锦涛主席特使、交通运输部部长李盛霖赴马出席马独立50周年庆典。9月26日至10月1日，马里国民议会议长特拉奥雷访华并出席上海世博会中国国家馆日活动。

2011年11月2—5日，马里外交和国际合作部长马伊加非正式访华。

2012年6月，马手工业、文化和旅游部长迪亚洛·法迪玛·杜尔来华参加中非合作论坛文化部长论坛。7月，马国务部长、外交和国际合作部长萨迪奥·拉明·索乌来华参加中非合作论坛第五届部长级会议。

2014年9月，凯塔总统来华出席天津世界经济论坛2014年新领军者年会，李克强总理予以会见。

2015年12月，习近平主席在中非合作论坛约翰内斯堡峰会期间会见凯塔总统。

2014年，双边贸易额3.9亿美元，同比下降8%。其中中方出口3亿美元，同比增长8.2%；进口0.9亿美元，同比下降37.7%。

中国驻马里大使：陆慧英。馆址：No. 2259 Route de Koulikoro，Bamako，Mali。电话：20213597，20206712（经商处）；传真：20213443，20203882（经商处）。国家地区号：00223。邮政信箱：B.P.112。

马里驻华大使：兰西纳·布阿·科内（Lansina Boua KONE）。馆址：北京市朝阳区三里屯东四街8号。电话：010-65321704；传真：65321618。

【同法国的关系】法国是马原宗主国。1960年11月3日，两国关系正常化。双方保持着传统的特殊关系。近年两国高层互访频繁。2010年2月，为解救被基地组织北非分支绑架的法国人质，法外长先后两次访马做工作，经马方调解法人质获释后，法总统萨科齐专程赴马迎接被解救人质。5月，杜尔总统赴法国尼斯出席法非峰会。7月，杜尔总统应邀参加法国庆阅兵仪式。2011年5月，马里外长马伊加访法。10月，法国负责国际合作和欧洲事务的部长德兰古赴马出席“法国—马里日”活动，杜尔总统与其会见。11月，法国文化和通讯部长密特朗赴马出席在巴马科举行的第九届非洲摄影双年展。2012年1月马北方爆发武装叛乱后，法合作部长德兰古、外长朱佩于2月先后赴马，同杜尔总统商讨如何解决北方危机。3·22政变后，法方强烈谴责政变，呼吁政变军人尽快恢复宪法秩序。2012年6月，马过渡总理迪亚拉访法。目前，法国在马侨民约5000人，马里在法侨民约10万人。2013年1月，法军应马过渡政府要求协助马政府军打击北方叛乱武装、收复北方被占领土。2月，法国总统奥朗德访马。法国外交部发展事务部长级代表康芬访马，宣布恢复与马里的合作。同月，马过渡政府总理西索科访法。3月，法国防部长勒德里昂和法国民议会议长克洛德·巴尔托洛内分别访马。4月，法国防部长勒德里昂访马。5月，马过渡期总统特拉奥雷访法，法国外长法比尤斯访马。7月，马过渡期总统特拉奥雷赴法国出席法国国庆日阅兵典礼。9月，法国总统奥朗德出席马新当选总统凯塔就职仪式。9月底，凯塔总统访法。11月，法国内政部长瓦尔斯访马。12月，凯塔总统赴法出席非洲和平与安全法非峰会。2014年2月，凯塔总统赴法私人访问。7月，法国国防部长勒德里昂访马，法马签署防务合作条约。8月，凯塔总统赴法出席第二次世界大战普罗旺斯登陆70周年纪念活动。9月和10月，马拉总理分别对法进行工作访问和赴法出席第14届非洲国际经济论坛。2015年5月，凯塔总统赴法出席加勒比地区黑奴贩卖纪念馆揭牌仪式。10月，凯塔总统对法进行国事访问并出席经济合作与发展组织与马政府合办的马里发展国际会议。

据法方统计，2012年马法双边贸易额为3.03亿欧元，其中马对法出口仅990万欧元。2013年，马从法进口占进口额11.2%。2013年7月，法国向马提供1500万欧元和140亿非郎援助，分别用于预算支持和重建马北方地区基础设施。2015年6月，法宣布免除马430亿西非法郎债务，旨在支持马发展。

【同美国的关系】两国于1960年9月29日建交。近年两国关系发展较快。2008年2月，杜尔总统对美国进行工作访问。马系美国“千年挑战账户”援助对象国，两国于2007年9月正式启动有关合作项目，美方提供2300亿非郎，主要用于尼日尔河地区土地整治、巴马科机场扩建等项目，其中机场扩建项目于2009年1月开始实施。2012年3月马里政变后，美国认为马里民主倒退，决定在《非洲发展和机遇法案》（AGOA）年度规划中取消马里的优先贸易伙伴国地位。两国军事合作近年逐渐增多。2007—2009年，美国连续三年在马里举行联合军事演习，马周边国家参与。2011年4月，美军非洲司令部新任司令卡特·哈姆将军访马。10月，美向马提供了价值9000万美元的军用物资用于支持马里加强反恐行动。11月，马外长马伊加对美进行工作访问。2012年2月，两国再次在马举行联合军事演习，200名美军士兵、150名马军士兵参加。3·22政变后，美强烈谴责政变，呼吁政变军人尽快交权，恢复马宪法秩序。5月，美国负责非洲事务的副国务卿卡尔松访马。6月，美国提供1000万美元紧急救助款用于救助马里难民。8月，美国国际发展署民主、冲突和人道援助办公室负责人南希访马，宣布美国将拨款6800万美元用于马人道主义援助，奥巴马总统还将向马里提供1000万美元的专项援助。2012年9月至今，美国向马里提供的人道主义援助总额已达1.49亿美元。2013年4月，美国共和党参议员、前总统候选人麦凯恩及民主党参议员怀特豪斯访马。7月，美国负责非洲事务的助理国务卿唐纳德访马。2014年8月，马总统凯塔赴美出席美国与非洲领导人峰会。2015年12月，美国与马里签署《安全治理协议》，拟拨款6500万美元帮助包括马里在内的非洲6国建设专业化军事部队。

【同日本的关系】两国于1960年10月4日建交。自1989—2003年，日本向马提供赠款累计达375亿非郎。2005年3月，日向马提供价值15亿非郎的粮食援助。11月，日向马提供69亿非郎援款。2007年，日本向马提供16亿西非法郎用于资助马里大选。2008年3月，日本驻马里使馆开馆。5月，杜尔总统出席在日本横滨举行的第四届非洲发展东京国际会议。2010年3月，日本援建的法雷梅大桥举行奠基仪式。2011年7月，马里—日本混委会第6次会议在巴马科举行。6月，马过渡期总统特拉奥雷赴日本出席第五届东京非洲发展国际会议。2013年1月，日本驻马使馆撤离，当年9月复馆。2014年3月，日本政府重启对马官方援助。截至2014年5月，已通过人道主义组织向马提供198亿西非法郎援助，主要用于难民救助、农业发展、改善政府治理等领域。2014年5月，日本宣布将向马提供4000万美元用于加强萨赫勒地区安全。6月，日本通过联合国粮农组织向马农村发展部捐赠10亿西非法郎用于改善马北方三大区粮食安全状况。2015年3月，日宣布出资22.5亿西非法郎支持马国家警察学校重建工作。4月，日宣布将在2016—2017学年向马高中毕业生及大学生提供赴日留学奖学金名额。

【同邻国的关系】同几内亚关系长期稳定，高层互访频繁。2009年2月，杜尔总统赴几出席悼念孔戴总统逝世有关活动并会见几军政权领导人卡马拉。2010年2月，几代总统科纳特访马。7月，杜尔总统对几进行工作访问。9月，几代总统科纳特赴马出席其独立50周年庆典。12月，杜尔总统赴几出席几新总统阿尔法·孔戴的就职仪式。2012年3月，几总理福法纳访马。2013年1月，马过渡政府总理西索科访几。9月，几总统孔戴出席马新当选总统凯塔就职仪式。2014年3月，马总统凯塔访几。10月，凯塔总统再次访几，表达对几抗击埃博拉疫情的支持。2015年3月，凯塔总统赴几内亚出席第16届塞内加尔河流域开发组织峰会。12月，凯塔总统赴几出席孔戴总统连任宣誓仪式，后赴尼日利亚参加主题为“实施打击恐怖主义策略”的西共体峰会。

同阿尔及利亚关系密切。阿曾在调解马里北部图阿雷格族武装分裂问题上发挥重要作用。2009年4月，杜尔总统致电祝贺阿总统布特弗利卡再次连任。12月，两国军事技术合作协议后续委员会会议在巴马科召开。2010年2月，阿政府指责马政府释放4名伊斯兰马格里布基地组织成员，并召回其驻马大使。后经马政府多次做阿政府工作，阿驻马大使于同年8月返马。2011年4月，马外长马伊加作为杜尔总统特使访阿。5月，马阿两国签署协议，阿将提供1000万美元援助，用于支持马北部地区发展。10月，杜尔总统访阿，与布特弗利卡总统举行会谈。2012年6月，马过渡总理迪亚拉访阿。马爆发危机以来，阿向马提供了3000吨粮食和45吨食品，用于救助北方难民。2013年1月，马过渡政府总理西索科访阿。4月，外交和国际合作部长库利巴利对阿尔及利亚进行工作访问。10月，阿外长拉马拉访马。2014年1月，马里总统凯塔访阿。7月16日，马国内包容性对话在阿尔及尔正式启动，马政府、北方武装及国际调解方出席，并与2015年3月在阿尔及尔草签和平与和解协议。2015年3月，凯塔总统对阿进行国事访问。

同塞内加尔、科特迪瓦有着传统经济、贸易关系。达喀尔港和阿比让港是马主要出海口。2007年4月，杜尔总统出席塞总统瓦德就职仪式。6月，塞总理萨勒出席杜尔总统连任就职仪式。2008年3月，杜尔总统出席在达喀尔举行的第11次伊斯兰国家首脑会议。4月，塞总统瓦德过境访问马里。2009年6月，杜尔总统与瓦德总统在巴马科共同主持召开撒哈拉绿色长城计划会议。2010年3月，塞总统瓦德访马，与杜尔总统共同出席法雷梅大桥奠基仪式。4月，杜尔总统出席塞内加尔独立50周年庆典。2011年4月，杜尔总统访塞。5月，塞外长尼昂访马。2012年5月，塞内加尔总统萨勒访问法国时会见在巴黎治疗的马过渡期总统特拉奥雷，就马里局势交换看法。5月，马过渡政府总理迪亚拉访问塞内加尔。12月，马过渡政府总理西索科访塞。9月，塞总统萨勒出席马新当选总统凯塔就职仪式。2014年4月，马总统凯塔访塞。6月，凯塔总统赴塞出席“非洲发展新伙伴计划”基础设施融资峰会。

2007年6月，科特迪瓦总理索罗出席杜尔总统连任就职仪式。7月，杜尔总统出席在科布瓦凯市举行的“和平之火”解武焚枪仪式。2008年1月，杜尔与科总统巴博共同出席两国电网联网工程开工仪式。2009年3月，杜尔总统就科特迪瓦发生球迷踩踏事件向巴博总统致电慰问。7月，科总理索罗访马。2011年8月，马外长马伊加访科。10月，科总统瓦塔拉对马进行友好工作访问。2012年5月，科特迪瓦非洲一体化部长库利巴利在巴黎拜会马总统特拉奥雷，就马局势交换看法。9月，科特迪瓦负责国防事务的部长保罗·科菲·科菲和非洲一体化部长阿利·库利巴利访马，协商西共体向马派兵问题。12月，马过渡政府总理西索科访科。2013年2月，马过渡期总统特拉奥雷赴科政治首都亚穆苏克罗出席西共体第42届首脑会议。2013年5月，马外长库利巴利访科。7月，马过渡政府总理西索科访科。8月，马新任总统凯塔访科。9月，科总统瓦塔拉出席凯塔就职仪式。

同毛里塔尼亚存在边界纠纷，但未影响双边友好交往。2007年4月，杜尔总统出席毛总统阿卜杜拉希就职仪式。6月，毛总统阿卜杜拉希出席杜尔总统连任就职仪式。2008年8月，毛政变后曾派“国务委员会”委员访马寻求支持。2009年8月，杜尔总统出席毛新任总统阿齐兹就职典礼。2010年2月，毛政府指责马政府释放4名伊斯兰马格里布基地组织成员，并召回其驻马大使。后经马政府多次做毛政府工作，毛驻马大使于8月返马。9月，毛总统阿齐兹出席马独立50周年庆典。2011年5月，马外长马伊加访毛。6月，两国军方开会讨论应对“伊斯兰马格里布基地组织”在两国边境地区的活动。2012年6月，马过渡政府总理迪亚拉访毛塔。2013年1月，马过渡政府总理西索科访毛塔。3月，马过渡期总统特拉奥雷访毛塔。6月，毛塔总理拉格达夫访马。10月，马里外长默罕默德访毛塔。2014年1月，马里总统凯塔访毛塔。2月，凯塔总统赴毛塔出席萨赫勒地区五国元首峰会。5月，毛塔总统、非盟轮值主席阿齐兹访马进行斡旋，马政府与图族武装达成停火。8月，凯塔总统赴毛塔首都努瓦克肖特出席毛总统阿齐兹的就职典礼。

同布基纳法索有1100公里的共同边界，曾于1974年和1985年两次发生大规模武装冲突。1986年12月，两国政府接受海牙国际法庭的最终裁决，关系修复，并于同年互设使馆。近年两国关系发展顺利。2007年6月，布总统孔波雷出席杜尔总统连任就职仪式。2008年7月，两国大混委会第八次会议在巴马科举行。2010年3月，杜尔总统对布进行工作访问。9月，布总统孔波雷出席马里独立50周年庆典。2011年4月，马外长马伊加作为杜尔总统特使访布。8月，布外长巴索莱访马。9月，马里—布基纳法索大混委会第9届会议后续委员会会议在马里首都巴马科召开。3·22政变后，布总统孔波雷作为西非国家经济共同体马里问题调解人积极调解马宪政危机。2012年5月，布基纳法索外长巴索莱在巴黎拜会马过渡期总统特拉奥雷。5月，过渡政府总理迪亚拉访布，会见孔波雷总统。6月，过渡政府总理迪亚拉访布。12月，马过渡政府总理西索科访布。2013年5月，马外长库利巴利访布。8月，马过渡期总统特拉奥雷、新任总统凯塔相继访布。9月，布总统孔波雷出席凯塔就职仪式。2014年6月，布总统孔波雷访马。10月，凯塔总统赴布出席西非经货联盟成立20周年纪念活动。（郭倩）

毛里求斯

国名　毛里求斯共和国（The Republic of Mauritius）。

面积　2040平方公里（包括属岛面积175平方公里）。

人口　约126.29万（2015年6月）。居民主要由印度和巴基斯坦裔（69%）、克里奥尔人（欧洲人和非洲人混血，27%）、华裔（2.3%）和欧洲裔（1.7%）组成。官方语言为英语，法语亦普遍使用，克里奥尔语为当地人最普遍使用的语言。居民中48.5%信奉印度教，32.7%信奉基督教，17.3%信奉伊斯兰教，另有少数人信奉佛教。

首都　路易港（Port Louis），人口约12万。夏季平均气温27℃，1月气温最高，达23℃—30℃。冬季平均气温18℃，6—8月气温最低，为17℃—24℃。

国家元首　总统阿米娜·古里布-法基姆（Ameenah Gurib-Fakim），2015年6月就任。

重要节日　独立日（或共和国日）：3月12日。

简况　位于非洲大陆以东、印度洋西南部。包括本岛及罗德里格岛、圣布兰登群岛、阿加莱加群岛、查戈斯群岛（现由英国管辖）和特罗姆兰岛（现由法国管辖）等属岛。西距马达加斯加约800公里，距肯尼亚蒙巴萨港1800公里，南距留尼汪160公里，东距澳大利亚4827公里。海岸线长250公里。属亚热带海洋性气候，分夏、冬两季，终年温暖潮湿。沿海地区年平均气温25℃，中央高原20℃。

原为荒岛，16世纪初，葡萄牙探险队占据现在的毛里求斯和留尼汪诸岛，取名为马斯克林群岛。1598年荷兰人占领该岛，并以荷兰君主“毛里求斯”命名。1715年法国占领毛岛并改名为“法兰西岛”。1814年成为英国殖民地，并被重新命名为“毛里求斯”。1961年9月实行自治。1968年3月12日宣布独立，实行君主立宪制，英国女王为国家元首，总督代表其行使权力。1992年3月12日改行共和制。实行议会制。总统为国家元首，系礼仪性职务，总理掌握行政实权。

政治

毛里求斯独立以来，历届政府均坚持维护民族团结与和睦，实行文化多元化政策，保持了政局的长期稳定。毛独立后一直实行多党制，社会主义战斗党（社战党）、工党、战斗党轮流执政或联合执政。在2010年5月大选中，工党联合社战党、社民党组成“未来联盟”参选，击败了战斗党、国家团结党和社会民主运动党组成的“心之联盟”，拉姆古兰成功连任总理。2011年8月，执政联盟破裂，拉姆古兰总理对政府进行小幅改组，社战党退出政府。2012年3月30日，总统阿内罗德·贾格纳特（Anerood Jugnauth）向国民议会提交辞呈，宣布辞职。7月，原议长拉杰克斯瓦尔·普里亚格就任总统。2014年6月，沙·杜瓦尔（Charles Gaetan Xavier Luc Duval）辞去副总理兼财长职务，率社民党集体退出执政联盟，加入反对阵营。随后，最大反对党战斗党领袖保罗·贝朗热（Paul Berenger）与总理纳文钱德拉·拉姆古兰（Navinchandra Ramgoolam）领导的工党结成联盟，并推动2014年12月提前举行大选。但在大选中，社战党、社民党、自由运动党组成的“人民联盟”强势逆袭，出人意料地赢得了60个议席中的47席，夺取组阁权力。“人民联盟”领袖贾格纳特正式就任总理。2015年6月，阿米娜·古里布–法基姆出任总统，成为毛历史上首位女总统。2015年6月，“人民联盟”再次赢得市政选举，执政地位日趋稳固。

【宪法】1968年颁布，1991年和1996年两次修改。根据现行宪法，毛是议会共和制国家，总统为礼仪性国家元首，由总理提名，经议会批准后产生，任期5年。总理由议会多数党领袖担任，行使国家行政权，有组成和改组政府以及解散议会、提前举行大选的权力。实行多党制及立法、行政、司法三权分立制度。

【议会】原为立法议会，1991年12月修宪后，改为国民议会，实行一院制，为国家最高立法机构。负责制定法律、讨论国家政策，批准政府各项法令和财政预算。由70名议员组成，任期5年。其中62人经选举产生，其余8人为官委议员，由总统根据选举委员会的建议在落选人中任命产生。议长由议会选举的非议员担任，任期5年，负责召集和主持议会会议，无表决权，但在议会表决出现僵局时有裁决权。本届议会2014年12月成立。共有议员69名（2014年大选中选出7名官委议员），人民联盟拥有51席（社战党33席、社民党11席、自由运动党7席）；反对党16席（战斗党12席、工党4席）；罗德里格人民组织2席。议长桑蒂·拜·哈努曼吉（Shanti Bai Hanoomanjee），2014年12月就职。

【政府】本届政府成立于2014年12月17日，共有24名成员：总理兼国防、内政、财政、经济发展、罗德里格岛和国家发展小组部长阿内罗德·贾格纳特（Anerood Jugnauth），第一副总理兼旅游和对外交通部长沙·杜瓦尔（Charles Gaetan Xavier Luc Duval），副总理兼住房和土地部长肖库塔利·苏登（Showkutally Soodhun），副总理兼能源和公共事业部长伊万·莱斯利·克兰达维卢（Ivan Leslie Collendavelloo），外交、地区一体化和国际贸易部长西塔纳·卢切米纳莱多（Seetanah Lutchmeenaraidoo），青年和体育部长约吉达·绍米纳登（Yogida Sawmynaden），基础设施和内陆交通部长南德库马尔·博达（Nandcoomar Bodha），教育和人力资源、高等教育和科研部长莉拉·德威·杜昆–卢丘蒙（Leela Devi Dookun-Luchoomun，女），卫生和生活质量部长阿尼尔·库马尔辛格·加扬（Anil Kumarsingh Gayan），地方政府部长穆罕默德·安瓦尔·胡斯努（Mohammad Anwar Husnoo），社会融合和经济增长部长普里特维拉杰辛格·鲁蓬（Prithvirajsing Roopun），技术、通讯和创新部长艾蒂安·西纳坦布（Etienne Sinatambou），总检察长拉维·耶里加杜（Ravi Yerrigadoo），农业和粮食安全部长马亨·库马尔·西鲁通（Mahen Kumar Seeruttun），艺术和文化部长桑塔拉姆·巴布（Santaram Baboo），工业、贸易和消费者保护部长阿西特·库马尔·贡加（Ashit Kumar Gungah），性别平等、儿童发展和家庭福利部长玛丽–奥萝尔·玛丽–乔伊丝·佩罗（Marie-Aurore Marie-Joyce Perraud，女），金融服务、良政和机构改革部长苏达尔尚·巴丹（Sudarshan Bhadain），商务、企业和合作社部长苏米尔杜特·博拉（Soomilduth Bholah），社会保障、民族互助和感化机构管理部长法齐拉·道里亚武（Fazila Daureeawoo），海洋经济与资源、渔业、海运和外岛部长普雷姆杜特·昆朱（Premdut Koonjoo），环境、国家应急中心和沙滩管理局部长杰耶什武尔·拉杰·达亚尔（Jayeshwur Raj Dayal），公职事务部长王纯万（Marie Roland Alain Wong Yen Cheong），劳动、产业关系、就业和培训部长苏德什·萨特卡姆·卡里楚恩（Soodesh Satkam Callichurn）。

【行政区划】全国分为5个市、7个大区（下辖130个村）。

【司法机构】毛司法独立。最高法院是国家最高司法机构。最高法院由大法官（Chief Justice，即最高法院院长）、次席大法官（Senior Puisne Judge）以及陪席推事（Puisne Judge）组成。大法官由总统与总理协商后任命；次席大法官由总统与大法官协商后任命；陪席推事由总统与司法和法律委员会协商后任命。在法律界工作5年以上才有资格被任命为最高法院法官。现任最高法院院长为凯休·帕萨德·马塔丁（Kheshoe Parsad Matadeen）。

最高法院下设刑事法庭、中级法庭、地方法庭、劳资关系法庭、常设仲裁法庭等。民事上诉法院和刑事上诉法院是最高法院的两个分支机构，其法官由最高法院当值法官担任。

【政党】2014年大选，共有74个政党登记参选。

主要政党情况：

（1）社会主义战斗党（Militant Socialist Movement/Mouvement Socialiste Militant，MSM）：简称“社战党”。1983年3月组建，由原从战斗党分裂出来的成员和原社会党部分成员合并而成。曾先后与工党、社民党、战斗党联合执政。1995年12月被工党和战斗党联盟击败，结束了12年的执政地位。1999年1月，社战党与战斗党结盟，贾格纳特任联盟领袖。10月，贾之子普拉温德出任社战党副领袖。2000年2月，社战联盟解散。2000年7月，社战党与战斗党再次结盟，并在9月举行的大选中击败工党执政，贾格纳特出任总理。根据两党结盟协议，贾于2003年9月改任总统。2005年社战联盟在大选中失败，失去执政地位。2010年大选中参加工党领导的“未来联盟”获胜后参加政府。2011年8月，执政联盟破裂，社战党退出政府，成为反对党。2014年，社战党领导的“人民联盟”在大选中获胜，获得执政地位。对内主张实行西方式民主，进行社会改革，扩大生产性就业，建立一个“更美好公正”的毛里求斯；对外主张务实外交政策，与不同社会制度的国家发展关系，反对种族歧视，支持建立印度洋和平区。领袖普拉温德·库马尔·贾格纳特。

（2）毛里求斯社会民主党（Mauritian Social Democratic Party/Parti Mauricien Social Démocrate，PMSD）：简称“社民党”。前身是毛里求斯人民联盟，1953年易名为毛里求斯人党，1964年改称现名。1983—1988年、2000—2005年、2006年4月至2007年9月参加政府。主要由毛籍法国人后裔、克里奥尔人、少数穆斯林及上层华人组成。代表农场主、资本家特别是白人资本家的利益。2014年，社民党与社战党、自由运动党联合组成的“人民联盟”在大选中获胜，夺得执政地位。在国际上，与西方一些右翼党派关系密切。领袖沙·杜瓦尔。

（3）工党（Mauritius Labour Party/Parti Travailliste，PTr）：1936年2月23日成立，是毛第一个政党，曾为争取毛独立进行积极斗争。独立后长期单独执政。1982年，工党在大选中失败，1983年开始与社战党、社民党、战斗党等联合执政。1990年，联合政府中工党部长因反对实行共和制而被解职，工党成为反对党。1995年工党与战斗党联盟赢得大选，拉姆古兰出任总理。1997年6月，联盟政府破裂，工党再次单独执政。2000年9月，工党大选失利成为在野党。2005年，以工党为首的社会联盟赢得议会选举，拉姆古兰再次出任总理。2010年5月工党联合社战党、社民党组成“未来联盟”赢得新一届议会大选，拉姆古兰连任总理。2014年，工党与战斗党组成的联盟败选。该党对内主张为工人阶级和小农服务，发展民族经济；对外奉行不结盟政策，主张与东西方国家都发展关系，尤其是加强与非洲各国的团结，主张建立印度洋和平区。领袖纳文钱德拉·拉姆古兰。

（4）毛里求斯战斗党（Mauritian Militant Movement/Mouvement Militant Mauricien，MMM）：简称“战斗党”。1969年成立，主要由知识分子、青年、穆斯林和印度裔组成。曾是毛最大的政党，先后与工党、社战党结盟。2000年9月社战联盟执政后，贝朗热出任副总理兼财长。根据两党结盟协议，贝朗热从2003年9月起担任总理。2005年大选失败，失去执政地位，成为反对党。2010年大选中与国家团结党和社会民主运动党组成的“心之联盟”参选，再度失败。2014年与工党结盟参选，但依然败选。对内主张政治民主化，实行新闻、结社、工会自由，经济上对外开放，发展民族经济；对外主张不结盟和中立，与各国建立友好关系，反对印度洋军事化，要求英国归还迪戈加西亚岛。领袖保罗·贝朗热（Paul Berenger）。

【重要人物】阿米娜·古里布－法基姆（女）：总统，生于1959年10月17日，穆斯林，获英国萨里大学化学学士和英国埃克赛特大学有机化学博士学位。1987年起在毛里求斯大学任教，历任毛大讲师、高级讲师、副教授、教授等职。2001—2010年期间，任毛大科学院院长、毛大副校长。2015年6月5日就任成为毛第6任总统和首位女总统。已婚，有一子一女。 **阿内罗德·贾格纳特**：总理兼国防、内政、财政、经济发展、罗德里格岛和国家发展小组部长。1930年3月29日出生。曾在英国学习法律，获律师资格。1965年参加在伦敦召开的毛独立制宪会议。1965—1967年，任自治政府发展国务部长、劳工部长。1971年加入战斗党后任该党主席。1982年6月与社会党联盟在大选中获胜，任政府总理。1983年战斗党分裂后另组社战党并任领袖至2003年。曾在1983、1987、1991年的三次大选中获胜，蝉联总理。1995年大选失败后下野。2000年9月社战党联手战斗党赢得大选，贾格纳特第五次出任总理。2003年10月起改任总统。2012年3月30日辞职。2014年，社战党、社民党、自由运动党联合组成的“人民联盟”在大选中获胜，贾格纳特再次出任总理。

经　济

毛里求斯是非洲经济发展较好的国家之一，在世界经济论坛2015—2016年“全球竞争力排名”中，毛位居第46位，在非洲国家中位列第一。独立初期，毛经济结构单一，主要生产出口蔗糖。20世纪70年代末开始调整经济结构，实行多元化产业政策，逐步形成糖业、出口加工业、旅游业和金融服务业四大经济支柱，积极开拓国际市场，实现经济快速发展，被誉为“毛里求斯奇迹”。90年代以来，毛积极发展离岸金融业，将路易港建为自由港，服务业在毛经济比重已超70%。2008年，国际金融危机对毛出口加工业、纺织业和旅游业造成一定冲击。贾格纳特政府上台以来，以实现“第二次经济奇迹”为口号，制定“2030愿景”计划，加大宏观调控力度，推进经济结构调整，重点打造港口发展、高端制造、信息创新、海洋经济等新兴产业支柱，保证经济平稳增长。

2014年主要经济数据如下：

国内生产总值（GDP）：126.63亿美元。

人均国内生产总值：10005美元。

经济增长率：3.5%。

货币名称：毛里求斯卢比（Mauritius Rupee）。

通货膨胀率：1.5%。

外汇储备：39.19亿美元。

【工业】以制糖业和出口加工业为主。制糖是毛传统工业，其外汇收入曾占总收入近一半，正常年景毛糖产量每年可达50万—60万吨，但随着毛经济结构及欧盟糖业配额制度调整，蔗糖业发展逐步萎缩。

出口加工业是20世纪80年代初发展起来的新兴工业，主要产品是纺织品、服装、钟表、珠宝首饰、仪表等。毛出口加工区内企业以本国资本为主，其余来自法国、德国、意大利、印度等国和中国香港特区。

【农业】全国可耕地面积为11.08万公顷，占全国总面积的46%，其中蔗田76186公顷，粮田5262公顷。2014年，农业产值占国内生产总值的3%。每年需进口粮食20万吨左右。其他农作物有茶叶、烟草、洋葱、水果等。畜牧业以饲养牛、羊、猪、鹿、鸡等为主。80%的奶制品和90%的牛肉依靠进口，猪肉、鸡和蔬菜基本自给。

毛海岸线长约250公里，有230万平方公里的专属经济区，经济价值较高的渔业资源主要为金枪鱼。20世纪80年代毛捕鱼业发展较快。从1992年起，为保护渔业资源，避免过量捕捞，政府开始采取限制措施。海产品不能自给，每年还需大量进口。近年来，毛为加速经济转型，鼓励发展渔产品加工业，将其列为吸引外资的重点产业之一。2014年，渔业产品产值占国内生产总值1.4%。

【旅游业】为毛重要创汇产业，2014年旅游业产值占国内生产总值的7.2%。截至2015年底，毛共有115家注册运营的饭店。游客主要来自法、英、德等西欧国家及留尼汪、南非、马达加斯加等周边国家或地区，欧洲游客占游客总数的55%。国际金融危机曾对毛旅游业造成一定冲击。2015年全年来毛外国游客达115.17万人次，同比增长10.9%。

【金融服务业】近年来发展迅速。2014年全行业总产值为11.77亿美元，占国内生产总值总量的10.3%，同比增长5.4%。其中，银行类金融机构的产值为6.9亿美元，占国内生产总值的6%，同比上升5.5%，保险和养老金产值为3.48亿美元，占国内生产总值的3.1%，同比上升5%。毛金融保险市场自由、开放。外资银行和保险公司经批准可以在毛注册营业；银行利率放开，由各商业银行自行决定；无外汇管制，当地货币卢比可与外币自由兑换。毛央行按英国央行模式设立和运作，直接向议会报告，在监管金融机构以及对清算、支付和结算体系管理方面发挥积极作用；毛里求斯商业银行（MCB）和毛里求斯国家银行（SBM）系毛排名前两位的商业银行，分别占国内市场份额40%和30%，经营范围除普通银行业务外，还涉及融资租赁、保险理财、投资管理、基金、证券等，其中MCB在《银行家》杂志评比中，综合排名位居东非地区首位，非洲排名第20位。汇丰、巴克莱、德意志、渣打等10余家外资银行均在毛设立子行或分行，主要经营离岸银行业务，其中以汇丰和巴克莱银行业务量最大。

离岸金融是毛金融业支柱，近年来发展迅速。国际货币基金组织公布最新报告显示，2014年，毛共吸纳全球220个国家和地区资金约2970亿美元，其中美国（470亿美元，占16%）、开曼群岛（350亿美元，占12%）、英国（240亿美元，占8%）、香港（120亿美元，占4%）系主要资金来源地。经毛流向第三国资金达2290亿美元，其中印度（2014年1080亿美元，占47%）系主要资金流向地，据印财政部门统计，近15年来，经毛中转投资占印吸引外资总量的三分之一。新加坡（250亿美元，占11%）、中国（140亿美元，占6%）、美国（50亿美元，占2%）、南非（50亿美元，占2%）亦是重要资金流向地。

【交通运输】以公路运输为主。无铁路，毛政府正计划在各大城市间修建单轨铁路网。

公路：毛公路交通较发达，公路总长达2112公里。截至2015年上半年，全国注册机动车47.62万辆，同比增长2.4%。

海运：全国90%以上的进出口物资依靠海运。路易港港口位于毛西北部，紧邻首都路易港市，早在1635年起就作为港口使用，是全岛唯一的商业深水港。该港对毛国民经济至关重要，承接全国99%的对外贸易，港口经营收入对国内生产总值的贡献率超过2%。港口现代化程度较高，建有三个多功能码头，十余个泊位，航道水深从4.6米到14.5米不等，可满足商船、渔船、邮轮等各类船舶靠港需求；拥有27.5公顷集装箱码头和5台现代化集装箱起重机，能为最现代的集装箱船提供服务。该港设计货物吞吐能力为55万标箱，2014年累计吞吐量40.3万标箱，达690万吨，靠泊船只3329艘。

空运：毛现有两个机场，即位于普莱桑斯的拉姆古兰国际机场和罗德里格岛民用机场。前者由中国政府提供优惠贷款并由中资企业建设，航站楼面积3.2万平方米，现代化程度较高，可起降大型客机。罗岛机场原只能起降小飞机。2001年，毛政府成立公营公司，统一经营和管理机场并负责机场扩建工作。毛里求斯航空公司成立于1967年6月，由毛政府、罗杰斯航空公司、英国航空公司、法国航空公司和印度航空公司合资经营。现已开通近30条国际航线，连接10多个欧、亚、非国家，与北京、新加坡、伦敦、巴黎、约翰内斯堡、珀斯等20多个城市有直航。毛航共有空客A340-300六架、空客330-200两架、空客319-100两架、ATR72-500两架和直升机三架。2014年毛航客座率为77.6%，营业额4.62亿欧元，同比增长2%。

【对外贸易】外贸是毛国民经济的重要组成部分。主要出口蔗糖和出口加工区产品，进口粮食及其他食品、棉毛原料、机器设备、石油产品等。同100多个国家和地区有贸易往来，主要贸易国是法国、英国、美国、印度、中国等。截至2006年年底，毛已同包括中国在内的25个国家签订了税收协定。2014年，毛进出口总额为84.70亿美元，出口额为31.09亿美元，进口额为53.61亿美元。

人民生活

毛里求斯实行免费医疗、免费教育、失业救济、米面价格补贴等福利政策。截至2014年底，全国共有医院15所，地区医疗中心21个，社区医疗中心130个，共有床位4437张。平均每万人拥有医生19.3名。平均预期寿命男性为71.0岁，女性为77.6岁。2014年，人口出生率为10.6‰，死亡率为7.7‰。新生儿死亡率为19.4‰。毛拥有现代化的电话网，国内外通信方便。电话普及率较高，截至2014年共有固定电话37.22万部，移动电话165.2万部。互联网接入73.5万人，网接入率58.3%。近年来，毛政府加紧发展电信业，投入巨资建设网络城、教育和培训设施、政府网站以及公共区域免费WIFI等。每年有15天公假日。

军　事

毛里求斯无正规作战部队，武装力量由警察、国家安全局、反贩毒和走私部队、直升机部队、海岸巡逻队、特别机动部队组成，共约1万余人，配备有小型飞机、直升机、装甲车、大炮、巡逻艇。宪法规定总统为武装力量总司令，但武装力量实际控制权掌握在总理手中。

毛武装力量系依靠英国、法国和印度建立。三国与毛的军事交流与互访频繁。三国定期派遣军事专家来毛训练特别机动部队，毛警察部队官兵也被派往上述三国接受训练。

文化教育

【教育】毛里求斯承袭英国教育体制，中、小学学制分别为6年。实行大、中、小学免费教育，是发展中国家中人口受教育程度较高的国家之一。30岁以下的人口受教育率为95%。1997年起，开始实行9年制义务教育，力争将中学入学率提高到95%。2015年年底，毛全国共有学前教育学校939所，在校生2.98万人；小学312所，在校生10.36万人；中学177所，在校生11.43万人；职业学校119所，在校生1.07万人。

毛共有各类高等教育机构65所，公立10所，包括毛里求斯大学、毛里求斯科技大学、毛教育学院、甘地学院、泰戈尔学院、毛开放大学、马斯科林大学、时装设计学院、毛培训与发展学院和毛卫生学院等，其余为私立教育机构，以远程、函授课程为主。毛里求斯大学和毛里求斯科技大学是毛岛最主要的两所综合性大学，学科较全，培养本科生、研究生和博士生。毛里求斯教育学院是以培训中小学教师为主的专科学校。甘地学院是由印度援建的一所东方语言艺术学院，学制2—4年，培养大专生，甘地学院还拥有一所附属中学。2014年，毛高校招录学生50608人。

【新闻出版】毛独立后历届政府实行新闻自由政策。现有报纸、杂志数十种。无通讯社，新闻部门通过电传向报界转发西方各大通讯社的国际新闻。发行量最大的日报是《快报》（L’express）、《晨报》（Le Matinal）、《毛里求斯人报》（le Mauricien）、《挑战报》（Le Défi）。另外还有《华侨时报》等四种中文报纸。毛里求斯广播电视公司受总理府直接领导，其前身是创办于1937年的毛广播公司，现广播电视节目大部分用法语，其次是英语、印地语、克里奥尔语等，也有少量的客家话和广东话节目。2002年4月，先后有两家私营电台Radio One和Radio Plus开播。印度洋出版社是毛出版发行图书的半官方机构，负责出版该国教育学院和甘地学院编写的中、小学教科书，同时进口批发外国图书，不定期举办国际书展。

对外关系

毛里求斯奉行中立、不结盟和全方位外交政策，坚持外交为经济建设服务，主张与所有国家发展友好关系，积极参与地区合作和南南合作，重视发展同东部和南部非洲国家、毛人口来源国和印度洋沿岸国家关系。近年来，毛在本地区积极发挥“小岛大国”作用，承办2005年联合国“小岛屿发展中国家可持续发展国际会议”，倡导减免发展中国家债务，推动非洲区域一体化。以小岛屿国家代言人自居，积极在气候变化等国际问题上发挥作用。

毛是不结盟运动、非盟、东南非共同市场、南部非洲发展共同体、环印度洋地区合作联盟、印度洋委员会等组织成员。截至2015年，毛同90多个国家建立了外交关系。

【同中国的关系】1972年4月15日建交。建交以来，两国友好合作关系发展顺利。两国政府签有经济技术合作协定、文化协定、体育协定等，并成立经济技术和贸易合作联合委员会。2015年，中毛贸易总额为8.56亿美元，同比增长12.8%，其中中方出口额为8.41亿美元，同比增长12.9%，进口额为0.15亿美元，同比增长8.0%。

2007年7月，拉姆古兰总理应邀正式访华，会见了胡锦涛主席，与温家宝总理举行会谈。2009年2月，胡锦涛主席应邀对毛里求斯进行国事访问，会见了贾格纳特总统，同拉姆古兰总理举行会谈。11月，全国人大常委会副委员长王兆国访毛，同普利亚格议长会谈，并会见了贾格纳特总统和拉姆古兰总理。2010年8月，贾格纳特总统来华出席上海世博会毛国家馆日活动。2011年1月，国务院副总理回良玉访毛。贾格纳特总统于2011年7月来华出席毛里求斯航空公司开通至上海直飞航线首航仪式，并赴浙江、海南参观考察。9月来华出席第六届中国中部贸易投资博览会。11月，全国政协副主席罗富和访毛。2012年4月，全国人大常委会副委员长桑国卫访毛。2013年，贝勒波副总统于7月来华出席毛里求斯航空直航北京首航仪式，于11月赴厦门出席海洋周活动，并赴广东参访。

2015年10月，法基姆总统来华出席2015科技创新大挑战年会。同月，毛社战党主席苏登访华。12月，毛总统法基姆出席中非合作论坛约翰内斯堡峰会。2016年1月31日至2月2日，中国外交部长王毅正式访毛。

中国驻毛里求斯大使：李立。馆址：Embassy of The People's Republic of China，Royal Road，Belle Rose，Rose Hill。电话：00230–4674600；4549113（商务处）；4663716（领事部）；2088595（文化处）。传真：4646012。电子邮件：Chinaemb_mu@mfa.gov.cn。

毛里求斯驻华大使：李森光（Lee Hon Chong Miao Kwong）。馆址：北京市朝阳区东直门外大街23号，外交办公大楼202号。电话：010–65325695，65325698（领事处）；传真：65325706。

【同印度的关系】毛印关系特殊。印是毛主要人口来源国，其传统文化、宗教、甚至种姓制度均对毛有深远影响。印是毛重要援助国，两国间设有经贸混合委员会，在信息技术、海洋等领域签有合作协定。2015年3月，莫迪总理访毛期间承诺予毛5亿美元优惠贷款，并在阿加莱家岛综合开发、毛警卫队建设等方面给予支持。印是毛第一大商品进口来源国，2014年印对毛出口372.25亿卢比（约合11.73亿美元），2015年前三季度221.56亿卢比（约合6.11亿美元）。毛是外国投资印度重要金融平台，据印财政部门统计，近15年以来，经毛对印投资占印吸引外资总量三分之一。近年来，双边高层交往密切，毛总统法基姆（2015年12月）、总理贾格纳特（2015年出席印非峰会），时任总理拉姆古兰（2014年5月出席莫迪就职典礼）以及印总统穆克吉（2013年3月）、总理莫迪（2015年3月）等领导人互访。

【同法国的关系】毛法关系密切。法国人后裔掌握毛大多数制糖厂及许多工商业大企业。法是毛重要援助国，截至目前，法国发展署对毛累计援助超过4亿欧元。法是毛最大投资来源国，目前法在毛企业160多家，涉及国民经济各个领域，2014年法对毛非金融类直接投资34.86亿卢比（约合1.10亿美元），2015年上半年17.34亿卢比（约合4800万美元）。法是毛第二大出口目的地国，2014年毛对法出口92.03亿卢比（约合1.63亿美元）。法还是毛最大游客来源国。毛岛和法属留尼汪岛素有“姐妹岛”之称，交往较多。毛法在特罗姆兰岛主权问题上有争议，2010年6月签署《共同开发特罗姆兰岛框架协议》。2010年5月，拉姆古兰总理赴法出席法非峰会，8月29日至9月2日对法国进行了正式访问，2011年5月，毛总理拉姆古兰对法进行非正式访问，2013年1月再次访法。

【同英国的关系】毛是英联邦成员国，同英保持传统关系，在语言文化、立法、行政和司法体系、教育制度等方面均承袭英国体系。英是毛第一大出口目的地国，2014年毛对英出口109.03亿卢比（约合3.44亿美元），2015年前三季度86.22亿卢比（约合2.38亿美元）。英是毛第二大游客来源国。毛英在查戈斯群岛主权问题上存在争议，2015年3月，毛诉英海洋保护区案仲裁庭作出裁决，裁定英在查岛设立保护区方式不符合《联合国海洋法公约》有关程序规定；毛部分仲裁请求实质为毛英关于查岛主权争议，仲裁庭没有管辖权。两国高层交往较多。2010年，拉姆古兰两次访英。2012年2月，拉姆古兰总理赴英国伦敦出席索马里问题国际会议，6月赴英国出席伊丽莎白二世女王登基60周年庆典并对英进行顺访。2015年，贾格纳特总理11月赴马耳他出席英联邦峰会，毛政府多位内阁成员赴英访问或出席国际会议。

【同美国的关系】毛美关系密切。2014年，毛前总理拉姆古兰赴美出席美非峰会。美是毛重要出口市场，在《非洲增长与机遇法案》项下予毛出口商品优惠政策。近200家美国公司在毛设立代表处，2014年美对毛直接投资16.36亿卢比（约合5200万美元）。美在毛英存在主权争议的查戈斯群岛迪戈加西亚岛上驻军是两国关系重要议题。

【同南非的关系】1993年12月，毛里求斯同南非建交。毛与南关系密切，在南约有2万侨民。南是毛主要进口国，两国于1994年签署了新的《避免双重征税》协定。南非是毛重要游客来源国，2011年达8.62万人次，同比增长20%。2004年，南非前总统曼德拉对毛进行私人访问，贝朗热总理访南并出席姆贝基总统就职典礼。2008年4月，南总统姆贝基出席毛独立40周年庆典。2015年5月，毛金融服务、良政和机构改革部长巴丹访问南非并签署毛南避免双重征税协定修订案。11月，毛财长卢切米纳莱多率团访问南非。

【同邻国的关系】1982年倡议成立地区组织印度洋委员会，1997年倡议成立环印度洋地区合作联盟。2007年10月，时任毛外长杜卢在塞舌尔出席印度洋委员会部长特别会议，会议决定毛里求斯、马达加斯加、塞舌尔、科摩罗4国成立印度洋岛国（CMMS）地区组，旨在与欧盟商签《经济伙伴协议》的过程中更好地维护非洲国家共同利益。毛重视发展与非洲大陆国家关系。2015年，毛总统法基姆、第一副总理杜瓦尔、财长卢切米纳莱多等赴南非、加纳等非洲多国访问，并接待加纳总统、马达加斯加总理等访毛。毛高度重视对非经贸合作，将“向非发展”确定为基本国策，积极谋求与加纳等国共建经济特区，与多个非洲国家签署投资、税收、贸易协定，为毛企业进入非洲铺路。2014年，毛对非进出口总额340.61亿卢比（约合10.73亿美元）。毛积极加强与非洲大陆人文交往，提供政府奖学金，给予非洲近30国免签证待遇。

（史天奇）

毛里塔尼亚

国名　毛里塔尼亚伊斯兰共和国（The Islamic Republic of Mauritania，La République Islamique de Mauritanie）。

面积　103万平方公里。

人口　398万（2014年，IMF），总体上分为摩尔族和黑非民族（非洲黑人）两大类。其中白摩尔人（阿拉伯—柏柏尔血统）占30%，具有阿拉伯文化语言传统的哈拉廷人（又称“黑摩尔人”）占40%，非洲黑人占30%。主要黑非民族是图库勒族、颇耳族、索宁克族、沃洛夫族和班巴拉族。阿拉伯语为官方语言，法语为通用语言。民族语言有哈桑语、布拉尔语、索宁克语和沃洛夫语。约96%的居民信奉伊斯兰教。

首都　努瓦克肖特（Nouakchott），人口89.4万（2013年）。9月为最热的月份，气温约24℃—34℃（内陆地区最高温接近40℃）；12月为最冷的月份，气温约13℃—28℃。

国家元首　穆罕默德·乌尔德·阿卜杜勒·阿齐兹（Mohamed Ould Abdel Aziz），2009年7月当选，2014年6月连任。

重要节日　独立日（国庆节）：11月28日。

简　况

位于非洲撒哈拉沙漠西部。与西撒哈拉、阿尔及利亚、马里和塞内加尔接壤。西濒大西洋，海岸线全长667公里。属热带沙漠性气候，高温少雨。年平均气温约25℃。毛里塔尼亚最早的居民是巴富尔黑人民族。后北非柏柏尔人迁入毛北部。公元7世纪阿拉伯人进入毛。1920年毛成为“法属西非洲”管辖下的殖民地。1956年成为“半自治共和国”，1958年9月加入“法兰西共同体”，11月“毛里塔尼亚伊斯兰共和国”宣布成立。1960年11月28日宣告独立，达达赫任总统。1978年，军人发动政变，成立了“全国复兴军事委员会”（后易名为救国军事委员会），萨莱克任主席。1980年，海德拉出任军委会主席、国家元首兼政府总理。1984年12月，参谋长塔亚政变上台，任军委会主席、国家元首。1992、1997、2003年，塔亚三度当选总统。2005年8月，国家安全局长瓦尔等人发动政变，成立“争取公正与民主军事委员会”接管政权。2007年3月25日举行大选，独立候选人阿卜杜拉希当选总统。

政　治

2008年8月6日，以总统府特别参谋长阿齐兹为首的军人成立“最高国家委员会”，接管政权。2009年7月18日毛举行总统选举，阿齐兹当选。2014年6月21日，阿齐兹再次当选总统。目前，毛政局总体稳定。

【宪法】1961年5月20日颁布第一部宪法。1991年7月12日通过的宪法确立了“三权分立”原则，被认为是毛第一部民主宪法。主要内容是：实行总统制，总统为国家元首，由普选产生，任期6年，可连选连任；建立议会制和多党制。2005年8月政变后，以瓦尔为首的军政权对1991年宪法进行调整和补充，于2006年6月举行了修宪公投，修宪案以96.97%的支持率获得通过。修改后的宪法规定：毛总统任期从原来的6年缩短为5年，总统只可连任1次，其候选人的年龄不得超过75岁；修宪至少须1/3议员提议，2/3议员赞成才能提交全民公投。

【议会】1991年通过的宪法规定立法权属议会。议会实行两院制，由国民议会和参议院组成。国民议会共147个席位，由直接选举产生，国民议会议员任期5年。最近一届国民议会于2013年11—12月选举产生，其中执政党争取共和联盟占75席、反对党全国改革与发展联盟占16席、人民进步联盟占7席、民主进步联盟占6席。2014年1月，穆罕默德·乌尔德·布瓦里勒（Mohamed Ould Boilil）当选为新任国民议会议长。参议院共57个席位，由市政委员会组成的选举团间接选举产生，参议员任期6年，每两年改选其中的1/3。最近一届参议院于2009年11月选举产生，其中多数党联盟占45席，民主反对派协调占7席，全国改革与发展联盟占4席。参议长穆罕默德·哈桑·乌尔德·哈吉（Mohamed Hacen Ould Hadj）2013年12月当选。

【政府】本届政府成立于2014年8月21日，经历四次改组，共有28名阁员，由亲阿齐兹总统的多数党联盟组成。总理叶海亚·乌尔德·哈达明（Yahya Ould Hdmyn），外交事务与合作部长伊塞勒库·乌尔德·艾哈迈德·伊齐德·比赫（Isselkou Ould Ahmed Izid Bih）。

【行政区划】现全国划为15个省（Wilaya）、53个县（Moughataa），县下设区（Arrondissement）。全国有216个市镇（Commune）。15个省为：西努瓦克肖特、北努瓦克肖特、南努瓦克肖特、阿德拉尔、阿萨巴、布拉克纳、达赫莱特－努瓦迪布、戈尔戈尔、吉迪马卡、东霍德、西霍德、因奇利、特拉扎、塔岗、提里斯－宰穆尔。

【司法机构】1991年宪法规定，司法权独立于立法权和行政权。总统保证司法的独立性，并主持最高司法会议。政府设有司法部。毛司法机构由县级法院、省级法院、劳工法院、上诉法院、刑事法院、最高法院组成。最高法院院长由总统任命，任期5年，须信奉伊斯兰教。现任最高法院院长为赛义德·乌尔德·贾拉尼（Seyid Ould Ghaylani）。最高法院总检察长穆巴拉克·乌尔德·库利（M’Bareck Ould El Kori）。

【政党】毛独立初期曾实行过多党制。达达赫执政时期，实行一党制。1978年军人执政后取缔一切政党。塔亚执政时期于1991年8月宣布开放党禁，颁布政党法，实行多党制。2005年8月瓦尔政变后，完全开放党禁。目前毛共有97个政党，主要政党有：

（1）执政党——争取共和联盟（Union Pour la Répubilque，UPR）：2009年3月成立，共有党员约50万人。2009年5月5日至8月2日，阿齐兹曾先后以过渡期“最高国家委员会”主席、国家元首和新当选总统身份担任党主席。阿辞去党主席职务后，穆罕默德·乌尔德·穆罕默德·拉明（Mohamed Ould Mohamed Lamine）当选为主席。2014年9月，西迪·穆罕默德·乌尔德·马哈姆（Sidi Mohamed Ould Maham）当选为新任党主席。目前，有57个政党与该党形成总统多数派。该党主张推行多元化政治和民主制度，维护民族团结；鼓励私营经济，改善人民生活；发展睦邻友好，捍卫国家领土和主权；主张普及教育，实现经济社会发展。

（2）民主与发展全国同盟（Pacte National Pour la Démocratie et le Développement，PNDD）：2008年1月成立。主席为叶海亚·乌尔德·艾哈迈德·瓦格夫（Yahya Ould Ahmed Waghf）。2010年12月，该党宣布加入总统多数党派，支持阿齐兹现政权。

（3）民主力量联盟（Rassemblement des Forces Démocratiques，RFD）：主要反对党之一。脱胎于毛最早的反对党——民主力量联盟—新时代党（1991年毛实行多党制时成立）。2000年10月被政府解散，其部分领导人于2001年6月成立民主力量联合会，继续作为反对党存在，党主席为艾哈迈德·乌尔德·达达赫（Ahmed Ould Daddah），达于1992、2003、2009年三次参加总统竞选，得票率分别为31%、6.89%和13.66%，未能当选。2010年9月，民主力量联盟发表公报承认阿齐兹总统地位。

（4）进步力量联盟（Union des Forces du Progrès，UFP）：1998年初自原民主力量联盟—新时代党分裂而来，核心成员是20世纪60—70年代在毛组成的共产党和劳动党骨干。属原反对党内的温和派，主张通过对话协商解决分歧。党主席穆罕默德·乌尔德·马乌鲁德（Mohamed Ould Maouloud）。主要支持者为知识分子、中层民众。

（5）争取民主与革新共和党（Parti Républicain pour la Démocratie et Renouveau，PRDR）：原民主社会共和党，塔亚时期执政党，1991年8月成立，2005年10月更名。2005年8月瓦尔政变后，该党宣布承认新政权，支持军委会改革措施，表示要与过去决裂。2005年10月，召开第三次全国代表大会，选举了由280人组成的全国委员会。12月，该党选举西迪·穆罕默德·乌尔德·穆罕默德·瓦尔（Sidi Mohamed Ould Mohamed Vall）为总书记。

（6）人民进步联盟（Alliance Populaire Progressiste，APP）：成立于1991年10月，是毛最早的反对党之一。主要支持者为下层民众。党主席马苏德·乌尔德·布勒凯尔（Messaoud Ould Boulkheir）。

其他主要政党有：民主进步联盟（Union pour la Démocratie et le Progrès，UDP），民主团结联盟（Rassemblement Pour la Démocratie et L’UNI，RDU），全国改革与发展联盟（Rassemblement National Pour La Reforme Et Le Developpement，RNRD 或 TAWASSOUL）等。

经　济

1986年毛里塔尼亚被联合国定为世界最不发达国家之一。经济结构单一，基础薄弱，铁矿业和渔业是国民经济的两大支柱，油气产业是新兴产业。外援在国家发展中起着重要作用。1992年，毛与国际货币基金组织和世界银行达成协议，开始执行经济结构调整计划，推进自由化进程，同时采取国家调控、监督市场和稳定物价等措施。随后，毛实行经济自由化政策和减贫发展战略，制订吸引外资的优惠政策，推进市场经济体制改革，加大对农业和基础设施的投入。2008年，毛继续积极与国际金融机构合作，世界银行、国际货币基金组织及“八国集团”开始实施免债承诺，免去毛每年2500万美元还款。2008年8月政变后，总额达5亿多美元的外援遭冻结，但作为经济支柱的渔业、矿业、石油国际合作未受到制裁影响，毛经济取得低速增长。2009年8月，阿齐兹就任总统后，国际援助、合作逐步恢复。2011年，毛制定了2011—2015年五年发展规划，将未来五年年均经济增长率定为5.6%，人均国内生产总值目标为1260美元，贫困人口比例降至25%。该规划侧重发展基础设施和民生项目，涵盖的项目总投资额约48亿美元（不包括对国营工矿公司的投资）。2014年起，受国际原材料价格下跌影响，毛矿产特别是铁矿石收入减少。加之毛与欧盟渔业谈判一度受阻，销往日本的章鱼滞销等，渔业收入也有所下降。毛经济增长下行压力加大。

2015年主要经济数据如下：

国内生产总值（GDP）：56.3亿美元。

人均国内生产总值：1407.5美元。

经济增长率：4.2%。

货币名称：乌吉亚（Ouguiya）。

汇率：1美元≈343乌吉亚。

通货膨胀率：4.3%。

（经济季评公开数据）

【资源】矿产资源主要有铁矿，探明储量为87亿吨。其他资源储量：铜矿2300万吨，石膏约40亿吨，磷酸盐1.4亿吨，黄金约184吨。渔业资源丰富，储量为400万吨。石油储量约为1.2亿桶。森林总面积47440公顷。

【工业】工业不发达，主要是一些采矿和小型加工业。采矿业以开采铁矿为主，是世界第七大铁矿石供应国。2012年生产铁矿石1200万吨，铁矿出口收入超过10亿欧元。铁矿石主要出口中国、意大利、德国、法国等。2009年，产铜3.54万吨，黄金9.13万盎司。油气生产是新兴产业，2007年日产原油1.6万桶左右，全年出口创汇6.42亿美元。后原油产量逐年下降，目前日产量在6850桶左右。

【农牧渔业】毛现有可耕地面积53.5万公顷，其中13.5万公顷为灌溉田，35万公顷为雨水田，5万公顷为绿洲。农业产值占国内生产总值5%，主要农作物有高粱、水稻、小米、玉米、小麦、大麦、豆类、椰枣等。农业靠天吃饭，受自然灾害影响大。毛粮食自给率35%，每年大量进口粮食，并需国际援助。畜牧业在国民经济中占重要地位，产值占国内生产总值的6%。主要畜养羊、牛和骆驼。目前牲畜总数存栏量羊1633.3万只，骆驼134.2万头，牛135.1万头。毛海域是西非渔场重要组成部分，渔业是毛国民经济的支柱产业，年捕捞量超过65万吨，渔业产值占国内生产总值约15%，渔业收入占毛外汇收入40%。

【交通运输】交通不发达。只有一条长675公里的铁路，主要承担铁矿砂运输。每年运载出口的全部铁矿砂、5万名旅客和近400头骆驼，并为沿途居民每周运送800立方米水。2013年全国公路里程4460公里，其中柏油路3000公里。主要港口城市是努瓦克肖特和努瓦迪布，总吞吐量1670万吨，其中努瓦克肖特友谊港350万吨，努瓦迪布港120万吨，工矿公司矿石码头1200万吨。毛里塔尼亚航空公司于2007年倒闭，现公司由突尼斯航空公司和当地企业家合资组建，有客机3架。毛有机场27个，其中努瓦克肖特、努瓦迪布机场为国际机场。

【财政金融】毛1973年前使用西非法郎，为发展民族经济，1973年退出西非法郎区，开始使用本国货币乌吉亚，实行收支平衡的财政政策。2013年外汇储备11.02亿美元，外债32.33亿美元。2014年外汇储备10.65亿美元，外债38亿美元。2015年外债37.9亿美元。

毛目前有1家中央银行、10家商业银行、4家保险公司、1家租赁公司、若干信用合作社和百余所小型信贷机构。

【对外贸易】2015年进出口总额为38.47亿美元，其中出口额为17.05亿美元，进口额为21.42亿美元。主要出口铁矿砂和渔产品，铁矿砂主要出口中国、欧盟，渔产品出口西班牙、日本、尼日利亚等国。主要进口能源与矿产品、食品与农产品、机械设备和消费品等。所需生活资料的80%及大部分生产资料靠进口，其中32%为粮食，25%为机械设备，9%为汽车，其余为化工、建材、石油、轻纺用品等。进口商品80%来自欧盟，石油来自阿尔及利亚。主要贸易对象是：中国、法国、意大利、荷兰、日本、比利时等。近几年对外贸易情况如下（单位：百万美元）：

	2012	2013	2014	2015
出口额	2665	2728	2265	1705
进口额	2917	3355	2739	2142
差　额	–252	–627	–474	–415

2013年毛主要贸易伙伴及所占比例情况如下：

出口（%）		进口（%）	
中　国	58.1	中　国	24.3
意大利	8.5	荷　兰	21
美国	4.5	法　国	11.7
西班牙	3.6	西班牙	7.3

人民生活

贫困人口约占全国人口的42%。毛医疗卫生条件十分简陋，缺医少药，医疗人员不足千人。2010年平均寿命为60.75岁，成人文盲率44.2%。2010年人口自然增长率为2.37%，婴幼儿死亡率为6.19%。65岁以上人口占总人口的3.4%。2014年联合国187国人类发展指数中排名161位。目前固定电话7万户，移动电话331万户。

军　事

【国防】独立后建立国民军，指挥官多为法国人。1965年开始启用本国军官，至1973年指挥官全部由本国军官担任。实行义务兵（两年）和志愿兵相结合的兵役制度。总统任武装部队统帅，主持国防会议和最高委员会。国防部设有陆、海、空三军，自1995年起国防部长由文官担任。国民军参谋长直接指挥三军。

文化教育

【教育】毛里塔尼亚政府重视发展教育事业，把提高全民教育水平作为脱贫的重要途径。2004年各级教育平均入学率为46%。全国有5所高等院校：努瓦克肖特大学（建于1980年，是毛第一所综合性大学）、国家行政学校、高等师范学院、高等科学院和高等伊斯兰学院，另外还有5所技术学校。除现代教育外，毛全国各地存在传统的古兰经学校（音译为马哈德拉学校）。

【新闻出版】毛里塔尼亚新闻自由度在阿拉伯国家中排名前列。主要报刊为《人民报》（阿文版）和《视野报》（法文版），日发行量各为1500份。注册的阿、法文独立报刊有100多份，正常出版的报刊仅有20余份。

毛里塔尼亚新闻通讯社：官方通讯社，1975年成立时称“毛新社”，1990年与毛新闻印刷公司合并后改称“毛通社”。无外派记者，所发国外消息主要来源于法新社和路透社。通过阿拉伯联合酋长国通讯社往国外发消息。

毛里塔尼亚电视台：国营，由伊拉克出资，法国承建。1983年试播，1984年正式开播。现有两套彩色节目，用阿拉伯语、法语和黑人少数民族语言播放，平均日播19—20小时。1996年，毛卫星电视接收系统竣工。

毛里塔尼亚广播电台：国家广播电台，1960年建立。现使用的广播设备由德国援建，有2套节目，每日各播出16小时，用阿拉伯语、法语、布拉尔语、索宁克语和沃洛夫语播送。

对外关系

奉行独立、和平、中立的外交政策，强调自身阿拉伯、非洲属性，致力于睦邻友好，积极推动非洲联合及马格里布联盟建设。重视发展与欧盟、海湾国家及国际组织的关系。近年来毛里塔尼亚突出外交为经济服务的方针，努力拓展国际空间，争取更多外援。迄今共与110个国家建立了外交关系。2014年1月至2015年1月，阿齐兹总统曾担任非盟轮值主席。

【对当前重大国际和地区问题的态度】关于经济全球化和国际经济新秩序：经济全球化对发展中国家提出了严峻挑战，但这是世界潮流，不可阻挡。发展中国家迫切需要国际社会更加重视其稳定和发展，特别需要可靠的发展伙伴帮助它们融入全球经济体系。发达国家应对发展中国家进行技术、资金转让，减免发展中国家的债务。发展中国家应加强合作，推动建立一个以所有国家协商、合作与团结为基础的公正的、有助于发展中国家经济增长的国际经济新秩序。

关于联合国改革问题：国际格局的深刻变化要求联合国安理会扩大其代表体制，支持在公正、民主的原则基础上讨论安理会席位问题。坚持非盟共同立场，认为应充分考虑非洲和阿拉伯世界在文明、人口、战略方面的重要性，给非洲和阿拉伯国家各一个常任席位。

关于叙利亚问题：对叙利亚武装冲突不断升级表示遗憾，认为政治解决叙问题是实现叙长久和平与安全的唯一途径。呼吁有关各方通过政治途径实现叙危机公正、持久的解决，尊重叙主权和领土完整与民族团结。

关于恐怖主义：反对一切形式的恐怖主义。呼吁加强国际合作与协调，对恐怖活动坚决予以打击。反对将恐怖主义与特定的国家、宗教联系在一起。认为必须首先消除贫困、不公正等滋生恐怖主义的根源。主张秉持包容态度，加强不同文明和宗教间的对话与理解。

关于中东和平进程和巴以局势：认为阿以冲突是世界和平与安全的最大威胁。联合国、安理会以及四方机制（联合国、美国、俄罗斯、欧盟）等应团结一致，努力推动阿拉伯和平倡议的实施。根据马德里和会精神、“土地换和平”原则和路线图计划恢复和谈是实现中东全面持久和平的唯一途径。对联大给予巴勒斯坦观察员身份表示满意，坚定支持巴在1967年边界范围内建立以耶路撒冷为首都的拥有完全主权的独立的巴勒斯坦国。毛强烈谴责以色列针对加沙巴勒斯坦人民的军事行动。

关于非盟和非洲局势：实现粮食安全、工农业发展和减贫是非盟最基本的目标。今天的非洲应以一个声音对外，努力实现发展与强盛，消除疾病、贫困、战争和冲突，建设良政，尊重人权，实现整个大陆的可持续发展。对非洲地区安全局势表示关注，呼吁非洲各国本着团结的精神和友好协商的原则，在非盟框架内和平解决存在的问题，尽早实现非洲大陆的和平与发展。认为非洲人的问题应由非洲人自己解决，非盟有能力在维护域内和平、调解有关冲突方面发挥重要作用。呼吁建立非洲快速反应部队，第一时间应对危机。赞成实现非洲一体化，主张更有效地发挥非盟的作用。呼吁发达国家与非洲建立平等合作伙伴关系，加大对非援助和投资，要求国际金融机构协调立场，减免非洲日益严重的债务。

【同中国的关系】1965年7月19日中毛建交后，毛里塔尼亚历届政府均对华友好，两国关系持续稳定发展。

近年来，两国各层次友好往来不断。2011年9月，毛总统阿齐兹来华出席在宁夏银川举行的“2011宁洽会暨第二届中阿经贸论坛”并顺访安徽、北京。国家主席胡锦涛、全国政协主席贾庆林分别与阿会见。2012年6月，毛文化、青年与体育部长布瓦德来华出席“中非文化部长论坛”并应邀访华。7月，毛经济事务与发展部长塔赫来华参加“中非合作论坛”第五届部长级会议。9月，毛农村发展部长穆克塔尔来华出席“宁洽会暨第三届中阿经贸论坛“项下中阿农业合作分会。2013年4月，毛经社理事会主席海默尔访华，全国政协主席俞正声、中国经社理事会主席王刚分别与海会见。11月，毛国民军总参谋长穆罕默德少将访华，国务委员兼国防部长常万全与穆会见，总参谋长房峰辉与其会谈。2014年6月，毛商业、工业、手工业与旅游部长娜哈来华出席中阿合作论坛第六届部长级会议。8月，国家卫生和计划生育委员会主任李斌作为国家主席习近平特使赴毛出席阿齐兹总统就职典礼。9月，毛文化部长苏维娜来华出席中阿文化部长论坛。2015年4月，毛畜牧业部长哈比卜应邀访问宁夏回族自治区。7月，国家主席习近平与毛总统阿齐兹、外交部长王毅与毛外长苏维娜就中毛建交50周年互致贺电。9月，阿齐兹总统来华进行国事访问并出席2015中阿博览会开幕式。其间，国家主席习近平同阿举行会谈，国务院总理李克强、全国人大常委会委员长张德江分别会见。

2015年，两国经贸合作进一步发展。前11个月双边贸易额为13.65亿美元，同比下降25%。其中中国进口额为6.86亿美元，同比下降38.55%；出口额为6.79亿美元，同比下降3.2%。

中国驻毛里塔尼亚大使：武东。馆址：N°33 Bis，Ilot K Extention Secteur 1，Tevragh Zeina，Nouakchott，The Islamic Republic Of Mauritania。电话：00222–452–52070；传真：52462。

毛里塔尼亚驻华大使：巴勒·穆罕默德·埃尔·哈比卜（BAL MOHAMED EL HABIB）。馆址：北京市朝阳区三里屯东三街9号。电话：010–65321346，65321703；传真：65321685。

【同法国的关系】毛法有密切的传统关系，两国签有防务协定。法是毛里塔尼亚重要的贸易伙伴和最大投资国。法每年向毛提供各类援助约3000万美元。法在毛侨民和各部门的专家有4000多人。2008年8月毛发生政变后，法参与国际联络小组，积极调解毛问题。2009年10月，阿齐兹总统访法，会见法总统萨科齐。双方讨论了双边合作、地区反恐、打击非法移民、毒品走私和有组织犯罪等问题。2012年10月，阿齐兹总统在马耳他出席地中海南北岸国家“5+5”对话会议期间，会见了法总统奥朗德。2013年1月，阿齐兹总统在出席阿布扎比可再生能源与水资源峰会期间，会见了法总统奥朗德。4月，毛外交与合作部长哈马迪同法外长法比尤斯在努瓦克肖特签署两国2013—2015年合作伙伴框架文件。2014年5月，法国防部长勒德里昂访毛。法内政部长伯纳德赴毛出席萨赫勒五国内政部长会议。6月，毛大选结果公布后，法总统奥朗德、外长法比尤斯分别致电祝贺阿齐兹当选连任。年内，阿齐兹总统还赴法国出席法非峰会及第二次世界大战盟军登陆普罗旺斯纪念活动。2015年底，阿齐兹总统出席在巴黎举行的第21届联合国气候变化大会。

【同美国的关系】1961年毛美建交。美每年向毛里塔尼亚提供小额援助。1995年以来，毛美关系不断发展，美逐步加大对毛的人道主义援助。2008年8月毛政变后，美表示谴责，并采取了停止经济援助、限制旅行等制裁措施。美参与国际联络小组，积极调解毛问题。2009年阿齐兹当选总统后，毛美关系得到改善。近年来，两国在反恐方面开展合作。2014年8月，阿齐兹总统以毛总统、非盟轮值主席身份赴美出席第一届美非峰会。2015年，美非洲司令部司令罗德里格斯、美非洲特别参谋部参谋长唐纳德将军、美非洲事务助理副国务卿、美空军驻非洲和欧洲参谋长雷伊将军分别率团访毛。

【同马格里布国家的关系】毛里塔尼亚对马格里布国家采取睦邻友好与平衡政策，努力同马格里布所有国家保持良好关系，加强在经济、文化、科研等方面的友好合作。2008年8月政变后，毛派特使访问马盟国家，阿尔及利亚表示谴责以违宪方式更替政权，毛应恢复宪政秩序，以对话和磋商方式解决危机。利也多次派特使访毛调解。2009年7月18日大选期间，马盟派观察员赴毛监督选举，对选举过程和结果表示认可。西亚北非政局剧变后，毛着力加强与马盟国家新政权关系。2012年1月，阿齐兹总统前往突尼斯出席突局势剧变一周年庆祝活动。2月，突尼斯总统马尔祖基、摩洛哥外交与合作大臣欧斯曼尼访毛。毛外长哈马迪赴摩洛哥出席马盟第30届外长会。5月，哈马迪外长出席在突尼斯举行的马盟5+5外长会。6月，突尼斯总理贾巴利、利比亚过渡政府总理凯卜分别访毛。9月，毛政府向利比亚当局遣返利前情报主管塞努西。2013年1月，阿齐兹总统前往突尼斯出席突局势剧变二周年庆祝活动。3月，阿尔及利亚总理塞拉勒访毛。4月，摩洛哥政府首脑班基兰访毛。2014年1月，阿齐兹总统赴突尼斯出席突制宪会议特别大会。提克迪外长出席在摩洛哥举行的第20届东耶路撒冷委员会成员国外长会议。2月，提克迪外长参加在利比亚举行的马格里布地区外长磋商会。5月，提克迪外长率团出席在摩洛哥召开的马格里布联盟国家外长理事会第32次会议。阿尔及利亚外长拉马拉访毛。6月，提克迪外长出席在阿尔及利亚举行的马里对话第三轮高级别磋商。总统大选顺利举行后，摩洛哥国王穆罕默德六世、阿尔及利亚总统布特弗利卡、阿拉伯马格里布联盟秘书长哈比卜相继发电祝贺阿齐兹成功连任。7月，提克迪外长访突，出席在阿尔及利亚举行的马里内部对话第四次高官会。8月2日，阿尔及利亚民族院议长本萨拉赫、摩洛哥众议院议长加拉卜出席阿齐兹总统就职典礼。2015年2月，第14届马盟人力资源部长委员会会议在努瓦克肖特举行。5月，毛外交部负责马格里布、非洲及海外侨民事务部长级代表法尔出席在摩洛哥举行的马盟监督委员会第50次会议及第33届马盟外长会。12月，哈达明总理与突总理绥德在突尼斯共同主持毛突合作高级混委会第17届会议。

【同塞内加尔的关系】毛里塔尼亚与塞内加尔有传统关系。两国边民曾经发生流血冲突，并导致两国关系急剧恶化、断交。1992年4月，两国复交，并恢复通航、通邮，重开陆界口岸。1993年，两国实现关系正常化，双边合作发展顺利，影响两国关系的难民问题也逐步得到解决，目前滞留在塞境内的毛难民绝大多数已返回。2008年9月，塞表示反对毛政变，但也批评毛总统阿卜杜拉希解除阿齐兹等军官职务的行为。塞外长多次赴毛了解毛政变后有关情况。2009年5月，塞与非盟、利比亚等就毛问题进行调解。5月28日至6月3日，毛问题国际磋商会议在塞首都达喀尔举行，毛三派在此次会议上达成协议，结束了政治危机。2012年2月，塞总理恩迪亚耶访毛。3月，阿齐兹总统电贺萨勒当选塞新总统；4月，阿齐兹出席在塞首都达喀尔举行的新总统就职仪式。7月，阿齐兹总统在出席非盟首脑会议期间会见塞总统萨勒。9月，对毛进行正式访问。2013年2月，阿齐兹总统在出席第12届伊斯兰合作组织峰会期间会见萨勒总统。9月，阿齐兹对塞进行友好访问。2014年5月，塞内政部长迪亚鲁赴毛出席萨赫勒五国集团内政部长会议。6月，塞内政部长迪亚鲁访毛。7月，塞总统萨勒致电阿齐兹祝贺其成功连任。8月2日，塞总统萨勒出席阿齐兹总统就职典礼。2015年7月，塞总统萨勒出席在毛举行的泛非绿色长城机构成员国第三次首脑会议。9月，阿齐兹总统在出席第70届联大一般性辩论期间会见同样出席大会的塞总统萨勒。10月，哈达明总理在达喀尔与塞总理迪奥纳共同主持毛塞合作高级混委会第12次工作会议。（逄晓妮）

摩洛哥

国名　摩洛哥王国（The Kingdom of Morocco, Le Royaume du Maroc）。

面积　45.9万平方公里（不包括西撒哈拉地区）。

人口　3280万人（2015年），阿拉伯人约占80%，柏柏尔人约占20%。阿拉伯语为国语，通用法语。信奉伊斯兰教。

首都　拉巴特（Rabat），人口64.6万。

国家元首　穆罕默德六世国王（S.M. Le Roi Mohammed VI），1999年7月30日登基。

重要节日　国庆日（登基日）：7月30日；独立日：11月18日。

简况

位于非洲西北端。东部及东南部接阿尔及利亚，南部为西撒哈拉，西濒大西洋，北隔直布罗陀海峡与西班牙相望，扼地中海入大西洋的门户。海岸线1700多公里。

最早的居民是柏柏尔人。公元7世纪，阿拉伯人进入，并于8世纪建立第一个阿拉伯王国。现在的阿拉维王朝建立于1660年，穆罕默德六世国王是该王朝的第22位君主。从15世纪起，西方列强先后入侵。1912年3月30日沦为法国保护国。同年，法国同西班牙签订《马德里条约》，摩北部地带和南部伊夫尼等地被划为西班牙保护地。1956年独立。1957年8月14日定国名为摩洛哥王国，苏丹改称国王。1961年2月穆罕默德五世国王逝世。3月，哈桑二世国王登基。1999年7月23日，哈桑二世国王病逝，王储西迪·穆罕默德于同日即位，7月30日正式登基，称穆罕默德六世。

政治

摩洛哥实行君主立宪制，国王拥有最高权力。穆罕默德六世国王于1999年即位后，坚持君主立宪制、多党制等既定政策，注重发展经济，强调依法治国，优先解决贫困、就业等社会问题。同时加大反恐力度，积极参与国际反恐合作。2011年，穆罕默德六世国王主动进行全面宪法改革，7月1日，摩公投通过新宪法，11月25日，摩举行众议院选举，伊斯兰政党公正与发展党获胜，该党总书记班基兰被国王任命为政府首脑。2012年1月，摩新政府成立，2013年10月政府部分改组。目前摩政局基本保持稳定。

【宪法】摩独立以来已颁布六部宪法。现行宪法于2011年7月1日经公投通过。宪法规定：摩为君主立宪制国家，王权源自宪法；国王是国家元首、宗教领袖和武装部队最高统帅，并担任“大臣委员会”和“最高安全委员会”主席，掌握着重大决策的最终决定权；王位世袭；首相是“政府首脑”，由议会选举中得票最多的政党任命，拥有提名和罢免大臣、解散议会等重要权力，议会拥有唯一立法权，众议院占主导地位。

【议会】议会由众议院和参议院两院组成。众议院议员全部由直接选举产生，共395名，任期5年；参议院议员共120名，由地方行政机构、各行业协会代表选出，原则上任期6年，每3年改选1/3。

本届众议院于2011年11月产生。公正与发展党为议会第一大党，独立党、全国自由人士联盟分别为第二、三大党。现任众议长卡里姆·加拉卜（Karim Ghellab），2011年12月当选。

本届参议院于2015年组成，独立党为参议院第一大党，真实性与现代党次之，公正与发展党位居第三。现任参议长哈基姆·本谢玛（Hakim Benchemas），2015年10月当选。

【政府】本届政府为摩独立以来第31届政府，成立于2013年10月，共39人，主要成员有：政府首脑阿卜杜勒伊拉·班基兰（Abdelilah Benkirane），国务大臣阿卜杜拉·巴哈（Abdellah Baha），内政大臣穆罕默德·哈萨德（Mohamed Hassad），外交与合作大臣萨拉赫丁·梅祖阿尔（Salaheddine Mezouar），司法大臣穆斯塔法·哈密德（Mustafa Ramid），宗教基金与伊斯兰事务大臣艾哈迈德·图菲克（Ahmed Toufiq），经济与财政大臣穆罕默德·布赛德（Mohamed Boussaid）等。

【政府网址】http://www.maroc.ma。

【行政区划】根据2003年9月10日通过的调整行政区划的法令，共划分为12个大区，49个省和12个省级市，1547个市镇。

【司法机构】司法机构分四级：最高法院、上诉法院（21个）、初级法院（68个）和初级法院派驻的法官处。全国设有最高司法委员会。法院院长和法官由国王任命。最高法院第一院长穆斯塔法·法雷斯（Mustapha Fares）。

【政党】实行多党制。现有35个政党，各党均宣布拥护国王和伊斯兰教，在大政方针上与国王保持一致。2011年11月立法选举后，共有18个政党在众议院中拥有席位，形成联合组阁的多数派（公正与发展党、全国自由人士联盟、人民运动、进步与社会主义党）和在野的反对派（独立党、真实性与现代党、人民力量社会主义联盟、宪政联盟等）。主要政党有：

（1）公正与发展党（Parti de la Justice et du Développement）：前身是1967年成立的“人民民主宪政运动”，1998年更用现名。温和的伊斯兰政党，拥护君主制，反对暴力和恐怖主义，主张以渐进方式对社会进行变革、实行“轻度”伊斯兰主义。系众议院第一大党，在395个议席中占107席。现任总书记阿卜杜勒伊拉·班基兰（Abdelilah Benkirane）。

（2）独立党（Parti de l’Istiqlal）：1943年成立。系摩最早的民族主义政党，党内领导层多为大企业家、大农场主，在工商界、政界及人民群众中均有较大影响，长期执政或参政。摩众议院第二大党，在395个议席中占60席。现任总书记哈密德·沙巴特（Hamid Chabat）。

（3）人民运动（Mouvement Populaire）：1957年成立，传统保皇党，无保留地支持国王的各项政策。在众议院395个议席中占32席。现任总书记穆罕尼德·安索尔（Mohand Laenser）。

（4）进步与社会主义党（Parti du Progrès et du Socialisme）：1943年成立，是目前北非地区最大的共产党，也是阿拉伯国家中人数较多，且具有一定政治影响的共产党。在众议院395个议席中占18席。现任总书记穆罕默德·纳比尔·本阿卜达拉（Mohamed Nabil Benabdallah）。

（5）全国自由人士联盟（Rassemblement National des Indépendants）：1978年成立，属保皇派政党，长期参政，在2011年11月众议院选举后宣布成为反对党。系众议院第三大党、第一大反对党，在395个议席中占52席。总书记萨拉赫丁·梅祖阿尔（Salaheddine Mezouar）。

（6）真实性与现代党（Parti Authenticité et Modernité）：2008年成立，由5个小党派合并而成。系众议院第四大党，在395个议席中占47席。现任总书记为穆斯塔法·巴库利（Mustapha Bakkoury）。

（7）人民力量社会主义联盟（Union Socialiste des Forces Populaires）：简称“社盟”，1975年成立，代表中、小资产阶级及知识分子的利益，在知识分子、青年学生和工人中颇有影响。在众议院395个议席中占39席。现任总书记德里斯·拉什加尔（Driss Lachgar）。

（8）宪政联盟（Union Constitutionelle）：1983年成立，代表新兴资产阶级力量，主要由资本家、高级官员及知识分子和律师等自由职业者组成。在众议院395个议席中占23席。现任总书记穆罕默德·萨吉德（Mohamed Sajid）。

【重要人物】**穆罕默德六世**：国王。1963年8月21日出生，是已故哈桑二世国王的长子。1985年毕业于拉巴特穆罕默德五世大学法学院，获法学学士学位，1993年获法学博士学位。1979年被立为王储。1985年被任命为皇家武装部队总参谋部协调员。1994年晋升少将军衔。1999年7月30日登基。爱好阅读、游泳和赛艇运动，精通阿拉伯语和法语，懂英语和西班牙语。1991年曾以王储身份访华。2002年2月对华进行国事访问，是中摩建交以来首位访华的摩国王。2008年5月私人访华，2015年私人访问香港。已婚，夫人称“拉拉·萨尔玛公主”，有一子一女。 **阿卜杜勒伊拉·班基兰**：政府首脑。1954年生于拉巴特。1979年获物理学学士学位，后在拉巴特高等师范学院任教，现为摩教育高级理事会成员。拥有两所私立学校和多家小型公司。年轻时即投身政治活动，曾是摩“社会主义青年”左派组织成员，1976年因坚持伊斯兰信仰而退出，加入伊斯兰激进组织“伊斯兰青年运动”，并曾因此入狱两年。1978年出狱后转而主张温和伊斯兰主义，1980年加入伊斯兰组织“改革与复兴运动”，曾任该组织主席及所属报社社长。后随该组织并入“人民民主宪政运动”。1998年，“人民民主宪政运动”更名为公正与发展党，班基兰曾任该党全国委员会主席，并于2008年7月当选总书记。1992年起连续5次当选众议员。2011年11月29日起任政府首脑。已婚，有6个子女。 **哈基姆·本谢玛**：参议长。1963年生于胡塞马。1980年在胡塞马市创立了人民力量社会主义联盟青年组织地方分支。大学毕业后在拉巴特大学担任政治学教授。2004年积极参与公平与和解机构工作。2007年加入全体民主人士运动，先后担任真实性与现代党副总书记，该党参议员议会党团主席。2015年10月当选参议长。已婚，有2个女儿。 **哈希德·塔尔比·阿拉米**：众议长。1958年生于得土安，毕业于穆罕默德五世大学财政学专业，并获美国纽约大学财经与管理博士学位。曾在得土安和卡萨布兰卡创办经营多家投资公司。1992年任得土安工贸会成员，1997年当选为得土安省议会议员。1996年起担任摩全国自由人士联盟（RNI）得土安地区协调员，2001年被选为RNI中央委员会成员。2002年11月起任工贸与通信大臣，2004年6月起任首相府负责经济事务大臣级代表，2009年当选丹吉尔—得土安大区委员会主席，并于同年起担任RNI议会党团主席。2014年4月当选众议长。已婚，有两子。

经　济

摩洛哥经济总量在非洲排名第六，北非排名第三。磷酸盐出口、旅游业、侨汇是摩经济主要支柱。农业有一定基础，但粮食不能自给。渔业资源丰富，产量居非洲首位。工业不发达。纺织服务业是重要产业之一。摩1983年开始实行经济改革，推行企业私有化和贸易自由化，1996年同欧盟签署联系国协议后，进一步优化经济结构，改善投资环境，加强基础设施建设，2010年同欧盟建立自由贸易区。2009年以来，国际金融危机、欧债危机、西亚北非地区形势变化等使摩经济遇到较大挑战。摩政府致力于扩大内需，加强基础设施建设，扶持纺织、旅游等传统产业，发展信息、清洁能源等新兴产业，积极吸引外资，经济继续保持增长。

2014年主要经济数据如下：

国内生产总值：1060亿美元。

人均国内生产总值：3164美元。

经济增长率：2.4%。

货币名称：迪拉姆（Dirham）。

汇率：1美元=9.5迪拉姆。

通货膨胀率：0.4%。

失业率：9.9%。

外债：455.5亿美元。

（数据来源：美国中情局网站资料）

【资源】磷酸盐为主要资源，储量1100亿吨，占世界总储量的75%。其他矿产资源有铁、铅、锌、钴、锰、钡、铜、盐、磁铁矿、无烟煤、油页岩等。其中油页岩储量1000亿吨以上，含原油60亿吨。

【工矿业】工业部门主要有农业食品加工、采矿、纺织服装、皮革加工、化工医药和机电冶金工业等。磷酸盐是摩经济的重要支柱，摩是世界磷酸盐出口第一大国，2015年上半年摩磷酸盐贸易额约达24亿美元。摩有纺织企业约1700家，从业人口超过20万，纺织服装产值约占国内生产总值的16%，出口额占总出口额的30%，主要出口法国、西班牙、英国、德国、意大利等。手工业在国民经济中占重要位置，主要产品有毛毯、皮革制品、金属加工品、陶瓷和木制家具。

【能源】2007年摩能源总产量1110万吨油当量。能源进口1440万吨油当量。电需求量约205亿度，国内电力生产总量190亿度，进口35亿度。

【农牧渔业】农业产量起伏较大，粮食不能自给，农业人口约占全国总劳力的42%，产值约占国内生产总值的12%，出口（主要为柑橘、橄榄油）占总出口收入的30%。可耕地925.6万公顷，已耕地近700万公顷，人均耕地面积约0.23公顷。蓄水坝90余座，可灌溉土地100万公顷，粮食种植面积558万公顷。主要农作物有小麦、大麦、玉米、水果、蔬菜等。2008年，摩推出“绿色摩洛哥”计划，以提高摩农业生产技术。畜牧业较发达，草地和牧场2029万公顷，2012年牲畜存栏数2370万头，约有牛470万头，羊1900万只。牛羊肉产量45万吨，禽肉产量60万吨。

渔业资源丰富，是非洲第一大产鱼国。现拥有近海渔船2539艘，远洋渔船448艘，另有几千艘小船。从业人员40余万。为保护渔业资源，政府规定休渔期长达8个月。年捕鱼量约80万吨，出口收益超过10亿美元，90%出口日本。沙丁鱼出口量居世界首位。

【旅游业】旅游业发达，已成为摩第二大支柱产业、第二大平衡国际收支来源和第二大吸引就业行业。摩在全球旅游业目的地国家中排名第26位。2014年，摩接待游客总数达1030万，约占全非洲（5600万）的18.3%。主要旅游城市有：拉巴特、马拉喀什、卡萨布兰卡、非斯、阿加迪尔、丹吉尔等。

【交通运输】陆路交通较发达。在国内运输业中占主导地位，90%的客运和75%的货运通过陆路交通完成。

铁路：摩洛哥铁路基础设施建设方面位列非洲前列，投入运营线路1907公里，其中复线370公里，50%线路实现电气化。另有765公里磷酸盐运输线。2003年，摩与西班牙达成协议，两国共同修建一条穿过直布罗陀海峡的海底复线铁路。该工程预计2010年开工，将是连接欧、非两大洲的首条铁路线。摩政府计划在2030年建成两条高铁线路，分别是丹吉尔—卡萨布兰卡—阿加迪尔线和卡萨布兰卡—乌吉达线，这两条高铁线路总长度约为1500公里，造价总额将超过1000亿迪拉姆（约合125亿美元）。摩同法国合作修建丹吉尔—卡萨布兰卡的高铁线路，时速320公里，该项目于2011年启动，系非洲和阿拉伯国家第一个高铁项目。

公路：总长64452公里，其中一级公路15907公里，二级公路9367公里，三级公路39178公里。高速公路约500公里，有拉巴特—丹吉尔、拉巴特—卡萨布兰卡—塞达特、拉巴特—梅克内斯—非斯等多段高速公路。根据摩第2个全国乡村公路10年计划（2005—2015年），每年将新建1500公里公路，届时全国80%的农村地区将通公路。

水运：现拥有港口30个，其中11个为多功能港口，11个为运输、捕鱼用港口。主要港口有卡萨布兰卡、穆罕默迪耶、萨非、丹吉尔、阿加迪尔等，其中，卡萨布兰卡为全国最大港口，占全国港口总吞吐量的37%。丹吉尔—地中海港一期已完工，正在扩建二期，将成为非洲和地中海最大港口之一。

空运：全国共有机场28个，其中国际机场12个，如卡萨布兰卡穆罕默德五世机场、拉巴特—萨累机场、阿加迪尔机场、丹吉尔机场等。摩皇家航空公司（Royal Air Maroc）有飞机47架，开通75条航线，航线通往四大洲32个国家，总航线30多万公里。目前，摩皇家航空公司正在制定2016—2025年发展规划，拟通过增设新航线加强对非洲覆盖率，飞机数量将于2025年扩充至105架，投资将达37.89亿美元。2005年

12月，摩与欧盟签署“天空开放”协议，摩航空市场对欧洲航空公司开放。

1996年12月，经阿尔及利亚、摩洛哥至西班牙、葡萄牙的马格里布—欧洲天然气管道正式开通。管道全长1385公里，初期每年可输送天然气90亿立方米，摩每年可获10亿立方米天然气。2005年起，摩将该管道的过境天然气截留配额用于发电，可满足全国约17%的电力需求。

【通讯电信】摩信息与通信技术使用率位列非洲第四，具有良好的有线和无线通讯系统，5条国际海底电缆和3个卫星地面站与国际卫星组织和阿拉伯卫星组织相连。通讯枢纽是卡萨布兰卡和拉巴特。截至2012年3月底，摩洛哥移动电话用户为3624万，手机普及率达112.6%，平均1人拥有1.2部手机。互联网用户数为340万，同比增长56.6%，互联网普及率约为10.57%。摩主要电信运营商为摩洛哥电信（Maroc Telecom，MT）和地中海电信（Meditelecom，Meditel）。

【财政金融】2014年财政总收入288.3亿美元；财政支出340.3亿美元。2014年外汇储备约217.5亿美元。

【对外贸易】摩同90多个国家和地区有贸易往来，2013年外贸总额为561亿美元，其中进口额为389亿美元，出口额为172亿美元。主要贸易伙伴为欧洲国家，占摩进出口总额约70%。法国是摩最大的贸易伙伴国。2004年，摩与突尼斯、埃及、约旦签署了《阿加迪尔协定》，宣布成立四国自由贸易区。同年，摩分别与美国和土耳其签署双边自由贸易协议。2006年1月，摩美自贸协定正式生效。2008年，摩获得欧盟给予的优先地位（介于成员国与联系国之间），2010年摩与欧盟建立自由贸易区。

近年外贸情况如下（单位：亿美元）：

	2011	2012	2013	2014
总　额	658	632	561	596
出口额	213	209	172	198
进口额	445	423	389	389
逆　差	232	214	217	200

2013年主要贸易伙伴：

出口：法国（21%）、西班牙（17.3%）、巴西（5.4%）。

进口：西班牙（13.1%）、法国（12.1%）、中国（6.9%）。

主要出口磷酸盐及磷肥、渔产品、食品、服装和皮革产品等。主要进口石油、机械设备、粮食等。

【外国资本】摩鼓励外国投资，尤其是20世纪80年代后，把鼓励和促进外国投资作为优先政策之一，颁布了“投资法”和“投资指南”，放宽外汇管理，简化投资手续，保证外国投资者的利益。法国、西班牙、沙特阿拉伯、美国、德国等在摩均有投资。摩外来直接投资主要集中在旅游和房地产业。2014年，摩共吸引外来直接投资48亿美元，同比增长14%。摩在非洲最具投资吸引力国家中排名第二，仅次于南非。

【外国援助】近年来，摩每年可从欧盟、美国、海湾产油国得到约10亿美元的固定援助。摩是法国的第二大受援国，西班牙的第一大受援国。

人民生活

摩洛哥政府执行振兴经济、增加就业、发展医疗卫生、司法及其他社会服务，逐步缩小社会差别，改善低收入者生活水平的政策，对生活必需品给予部分补贴。2007年摩贫困线以下人口280万，城市居民贫困率4.8%，农村人口贫困率14.5%。93%的农村人口能用上电。摩全国有公立医院12所，军医院5所，私立医院102所，医疗中心和医疗诊所1360个，地方医院78所，产院、计划生育中心443个，大学医务中心2所，全国共有病床3万张。每个省均有省级卫生中心。根据联合国开发计划署2010年度人文发展报告，摩在177个国家中排名第114位。

军　事

摩洛哥皇家武装部队建于1956年5月14日，1957年和1960年建立空军和海军。5月14日为建军节。现无国防部，只设国防行政管理机构，主管国防行政事务。设有皇家武装部队总监和海、空军总监（将军、大臣级），由国王直接指挥。穆罕默德六世国王为军队最高统帅兼总参谋长。1966年7月，开始实行义务兵役制，兵役期为18个月。

三军总兵力19.58万人，宪兵约1.2万人。装备主要来源于美国、法国等。其中陆军17.5万人，编有3个司令部，4个机械化旅，2个伞兵旅，11个机械化团等。海军7800人，包括1500人的陆战部队，有4个海军基地，29艘作战舰艇，装备有导弹驱逐舰、护卫舰、海防舰艇、两栖舰艇、支援舰艇。空军1.3万人，有6个中队，96架作战飞机，装备有战斗机、侦察机、武装直升机、教练机、地空导弹、空空导弹等。还有预备役15万人，准军事人员5万人。

文化教育

【教育】摩洛哥视教育为国家发展的根基，强调教育普及化，教材统一化，教师摩洛哥化和教学阿拉伯化。每年教育预算约占国家预算总支出的1/4。全国文盲率已从1960年的87%降至2015年的25.4%。现有高校64所，中学1168所，小学4350所。6岁儿童入学率为95%，7—12岁儿童入学率为94.5%，12—14岁少年入学率为73%，小学在校学生410万，教师13.28万；中学生180万，教师8.68万名；大学在校学生28.6万，教师9773名。国立中、小学教师已全部摩洛哥化，大学教师97%为摩洛哥人。大学24所，著名的高等学府有穆罕默德五世大学、哈桑二世大学、穆罕默德一世大学、卡迪伊亚德大学、卡鲁维因宗教大学和穆罕默德·本·阿卜杜拉大学。

【科研】1980年4月，摩设立皇家科学院，由30名摩洛哥常任院士和30名外籍联系院士组成。由穆罕默德六世领导，国王委派常务秘书主持日常工作。2001年，摩洛哥第一颗科学卫星发射升空。2005年，摩加入欧盟“伽利略”卫星导航计划，成为第一个加入该计划的非洲和阿拉伯国家，也是继中国、印度、以色列、乌克兰后第五个加入该计划的非欧盟国家。

【新闻出版】目前出版的报刊共560多种，其中阿拉伯文375种，法文185种。主要报刊及发行量：官方《新闻报》，约3万份；半官方《撒哈拉晨报》，5万份；《舆论报》，7万份，独立党法文机关报；《旗帜报》，5万份，独立党阿拉伯文机关报；《宣言报》，2.5万份，进社党机关报；《马格里布报》，1万份，自由人士联盟机关报；《民族使命报》，2万份，宪政联盟机关报。

马格里布阿拉伯通讯社：成立于1959年，1977年成为国家通讯社。现有记者247名。与阿拉伯国家通讯社间有供稿联系，与法新社、美联社、塔斯社和新华社等签有交换新闻的协定，与亚、非、拉60个通讯社签有合作协定。在12个国家设有分社。

摩洛哥广播电台：建于1928年，1959年归国家掌握，由新闻部领导。在全国设有9个分台，采用阿、法、英、西班牙和柏柏尔语3种方言广播。另有私营的地中海国际广播电台，1980年7月成立，法、阿文广播。

摩洛哥电视台：建于1962年，1972年开始播放彩色电视节目，建有64个转播站，平均每天播放12小时，全国84%的人可收看电视。1989年建立私人电视台摩洛哥电视二台，每天播放10小时左右的节目，1996年被政府收购70%的资本。

对外关系

奉行不结盟、灵活、务实、多元的外交政策，注重对外关系的均衡发展。维护民族独立和国家主权，保持和加强与欧、美等西方国家的传统关系。1996年，摩洛哥与欧盟签署联系国协议。2008年，摩获得欧盟给予的优先地位。2010年，首届欧盟—摩洛哥峰会在西班牙举行。注重加强阿拉伯世界的团结，尤其重视与海湾国家发展关系。努力在国际事务特别是中东和平进程和伊斯兰世界中发挥作用。2011年，海湾合作委员会与摩建立“优先伙伴关系”。穆罕默德六世国王现任伊斯兰合作组织下属的耶路撒冷委员会主席。摩主张非洲国家团结，但1984年因非洲统一组织（非盟前身）接纳“西撒国”而宣布退出该组织。截至2013年，摩与近150个国家建立了外交关系。

【对当前重大国际和地区问题的态度】关于国际形势：国际关系中紧张和冲突的因素仍未消除。世界经济发展失衡，贫富差距扩大，发展中国家处于极不平等的地位，这是威胁全球稳定的根本因素。主张加强南北对话和南南合作，要求发达国家向发展中国家提供资金和技术援助，大幅削减发展中国家的债务，并通过技术转让缩小南北间日益扩大的数字鸿沟。

关于联合国和安理会改革：认为联合国改革是一个渐进的过程，应本着先易后难的原则，不应为改革预设期限，且不能与联合国整体改革相割裂。应首先考虑协商一致和地域分配公平原则，各地区席位如何分配应由本地区自行决定，有关方案不应从外部强加。摩赞同非洲在安理会拥有两个常任理事国席位，认为应由非洲国家轮流担任。摩还要求给予阿拉伯国家一个常任理事国席位。

关于金融危机：认为当前世界经济遭受前所未有的危机，将使经济增长率减缓，同时影响银行和金融体系的稳定。主张阿拉伯国家应提高警惕，加强对自身金融市场的有效监管，同时尽快实施经济结构调整。金融危机对摩金融市场产生直接影响较小，摩方采取了一系列措施，如扩大对内投资、提高购买力、促进内需、支持中小企业和出口，以降低国际金融危机对摩经济带来的负面影响。

关于气候变化：认为当前全球气候变化主要责任在发达国家，发展中国家是受害者。发达国家应承担“历史责任”，积极履行承诺，帮助发展中国家应对气候变化，坚持“共同但有区别的责任”，反对在减排标准上将部分新兴国家同其他发展中国家区别对待。摩对2009年12月举行的哥本哈根气候变化会议十分重视，在会上同非洲国家、七十七国集团立场保持一致，表示希望通过气候变化谈判促使发达国家向发展中国家提供更多资金和技术援助。摩赞赏中方在会议期间支持非洲国家、七十七国集团维护团结，愿继续在该问题上与中方保持沟通和协调。

关于恐怖主义：恐怖主义是对世界和平、稳定与安全的最严重威胁之一。谴责并坚决打击一切形式的恐怖主义活动。反对将恐怖主义归咎于特定宗教，坚决反对歪曲和妖魔化伊斯兰教。支持建立国际反恐中心，呼吁伊斯兰国家加强团结协作，从根源上消灭恐怖主义。

关于伊斯兰极端主义：伊斯兰极端主义是对伊斯兰教的歪曲。强调摩信奉温和、开放的伊斯兰教，拒绝一切损害这一宽容宗教同一性的行为，反对无谓的宗教分裂。

关于巴以问题：穆罕默德六世国王担任伊斯兰合作组织耶路撒冷委员会主席。摩认为巴勒斯坦问题是整个伊斯兰世界的核心问题，呼吁以色列归还其占领的所有阿拉伯土地，以实现中东地区的和平。支持巴勒斯坦人民在民族权力机构主席阿巴斯的领导下，通过谈判解决与以冲突，建立以耶路撒冷为首都、真正独立并与以色列和平相处的国家的权利。呼吁联合国安理会和中东问题有关四方担起责任，阻止暴力，保证有关各方继续对话和谈判。

关于马格里布联盟建设：强调马盟建设不仅是摩必然的战略选择，同时也是摩与其他地区组织加强合作的基础。积极主张加强马盟组织建设，完善其机构设置。

【同中国的关系】中国与摩洛哥1958年11月1日建交以来，两国关系持续、健康发展。双方交往频繁，在国际事务中合作良好。

近年来，中摩友好合作关系继续保持良好发展势头，各层次往来密切。2012年6月，温家宝总理过境摩卡萨布兰卡；7月，摩外交与合作大臣欧斯曼尼访华。2013年12月，王毅外长访摩；2014年，宁夏回族自治区党委常委、组织部部长傅兴国（3月）、中国人民解放军副总参谋长侯树森（5月）访摩；4月，摩外交与合作部秘书长布里达访华；6月，摩外交与合作大臣梅祖阿尔来华出席中阿合作论坛第六届部长级会议，并作为阿方主席与王毅外长共同主持会议；11月，全国政协主席俞正声访摩。

经贸合作进一步发展，双边贸易增长较快。2015年双边贸易总额为34.3亿美元，同比下降1.7%。其中中方出口额为29亿美元同比下降2.2%，进口额为5.3亿美元，同比增长1.3%。

中摩在政党、文化、青体、卫生、新闻、人力资源培训、旅游、教育等领域的交流与合作进一步密切，团组互访不断。2015年3月，国家体育总局副局长、中国奥委会副主席冯建中访摩；5月，国家新闻出版广电总局局长蔡赴朝访摩，同摩方签署了影视合作协议，双方还共同举办了“中国电影日”活动；10月，上海市卫生和计划生育委员会代表团访摩，出席中国向摩洛哥派遣援外医疗队40周年纪念活动。

中国驻摩洛哥大使：孙树忠。馆址：拉巴特苏维西艾哈迈德·巴拉弗雷吉大街16号（16，Charia Ahmed Balafrej-Souissi，Rabat）。电话：（212-53）7754056，7752718（商务处）；传真：7757519，7756966（商务处）。电传：32745 M BCECHINE（商务处）。

摩洛哥驻华大使：贾法尔·阿尔热·哈基姆（Jaafar Alj Hakim）。地址：北京市朝阳区三里屯路16号（16，San Li Tun Lu，Beijing）。电话：010-65321796，65321489；传真：65321453。

中国台湾省在摩卡萨布兰卡市设有贸易发展协会。

【同美国的关系】摩洛哥与美关系密切，两国间高层互访频繁。美在摩建有战略油库为美第六舰队提供补给。美已取代法国成为摩最主要小麦供应国。美还在摩丹吉尔修建了美本土之外最大的“美国之音”转播站。2004年美总统布什宣布给予摩非北约成员主要盟国地位；11月，摩成为美国设立的千年挑战基金2005年度受援国。同年，摩美签署自由贸易协定。2009年4月，摩外交与合作大臣费赫里访美，美中东特使访摩；9月，美国国务卿赖斯访摩；12月，美国非洲司令部司令威廉·沃德访摩。2010年10月，美国近东事务助理国务卿费尔特曼访摩。2011年2月，美国参议员麦卡恩访摩；3月，摩外交与合作大臣费赫里访美。2012年2月，美国务卿克林顿访摩；3月，摩外交与合作大臣欧斯曼尼访美；9月，摩美在华盛顿举行首届战略对话。2014年4月，美国务卿克里访摩，并同摩外交与合作大臣梅祖阿尔共同主持第二轮摩美战略对话。8月，摩政府首脑班基兰赴美出席美非峰会。2015年4月，摩外交与合作大臣梅祖阿尔与美国国务卿克里在华盛顿共同主持了第三轮摩美战略对话。

【同法国的关系】摩法有传统关系，两国元首和政府首脑多次互访。法是摩洛哥第一大贸易伙伴、第一大投资国和最大债权国。两国军事关系密切，摩军装备大部分由法提供。在法国支持下，摩与欧盟签有联系国协议，并于2008年获得欧盟给予的优先地位（介于成员国和联系国之间）。2009年4月，摩首相法西访法。2010年1月，摩外交与合作大臣费赫里访法；2月，法外贸国务秘书依德拉克、法国欧洲事务国务秘书乐鲁什访摩；12月，摩外交与合作大臣费赫里访法。2012年3月，法外长朱佩访摩；5月，穆罕默德六世国王对法进行私人访问。2013年4月，法总统奥朗德访摩。2014年7月，摩拉希德亲王出席法举行的一战百年纪念活动。2015年2月，穆罕默德六世国王私人访法期间同奥朗德总统举行会谈，同月，法内政部长卡泽纳夫访摩；4月，法三军总参谋长德维利耶、总理瓦尔斯、财政部长萨班分别访摩；6月，穆罕默德六世国王在拉巴特会见法国前总统萨科齐；9月，法总统奥朗德对摩洛哥进行友好工作访问；11月，穆罕默德六世国王访法，同奥朗德总统举行会见。

【同西班牙的关系】摩、西有特殊传统关系。两国领导人互访不断。西是摩洛哥第二大贸易伙伴和主要援助国，在摩有大量投资。2009年摩在西有71万侨民。摩西有领土纠纷，摩要求收回现为西占领的休达、梅利利亚及地中海沿岸一些小岛，西则认为这些领土主权属西。两国曾因摩北部地中海沿岸雷拉岛主权归属问题发生争端。2007年11月，西班牙国王访问休、梅两市，摩曾短期召回驻西大使。2007年，西班牙首相萨帕特罗、王储菲利佩相继访摩。2008年12月，两国首相共同主持摩西高级别会议。2010年2月，西外长莫拉蒂诺斯访摩；8月，西内政大臣鲁巴尔卡巴访摩；11月，摩外交与合作大臣费赫里访西；同月，摩内政大臣谢卡维访西。2012年1月，西班牙首相拉霍伊访摩；5月，摩政府首脑班基兰访西。2014年2月，摩外交与合作大臣梅祖阿尔、工贸大臣阿拉米、外交与合作大臣级代表布艾达在马德里共同出席了与西企业家见面活动；同月，西国防部总参谋长桑切斯访摩；6月，西外长马尔加罗访摩；7月，西班牙国王费利佩六世夫妇访摩；11月，西国防部长厄拉特访摩。2015年6月，摩政府首脑班基兰和西首相拉霍伊在马德里共同主持第11届摩—西高层会议。

【同阿尔及利亚的关系】摩洛哥与邻国阿尔及利亚历史上存在领土纠纷，曾因边界问题发生武装冲突。

1976年因阿支持西撒人阵，承认西撒国，摩阿断交。1988年5月两国复交。穆罕默德六世国王执政以来摩阿关系有所改善。2005年3月，摩国王与阿总统恢复中断14年之久的元首会晤。2007年12月，摩国王与阿总统布特弗利卡通电话，对阿首都发生恐怖袭击造成多人死亡表示慰问。2009年4月，穆罕默德六世国王致电祝贺布特弗利卡总统连任。2012年1月，摩外交与合作大臣欧斯曼尼访阿。2013年2月，摩外交与合作部秘书长布里达访阿。近两年，摩阿双边往访较少。

【同其他阿拉伯国家的关系】摩洛哥同大部分阿拉伯国家保持良好关系。摩同海湾产油国关系尤为密切，海湾国家是摩外援和能源的重要来源。2014年1月，巴勒斯坦总统阿巴斯赴摩出席伊斯兰合作组织耶路撒冷委员会第20次会议；2月，摩拉希德亲王赴突尼斯出席突新宪法颁布仪式；同月，突总理朱玛访摩；同月，摩政府首脑班基兰访问约旦；3月，摩政府首脑班基兰同卡塔尔首相兼内政大臣阿勒萨尼共同在拉巴特主持召开第五届摩—卡高级混委会会议；同月，摩参议长比耶迪拉访问卡塔尔；5月，沙特国王阿卜杜拉对摩进行私人访问；同月，摩国王穆罕默德六世访问突尼斯；7月，摩外交与合作大臣梅祖阿尔访问埃及；同月，毛里塔尼亚总统特使、外交与合作部长提克迪访摩；9月，摩政府首脑班基兰出席突尼斯国际投资会议；10月，摩外交与合作大臣梅祖阿尔访问毛里塔尼亚；11月，突尼斯总理朱玛访摩。2015年2月，科威特外长萨巴赫访摩，并举行第八届摩—科混委会；6月，摩政府首脑班基兰访问突尼斯，与突总理绥德共同主持第18次摩—突大型混委会会议；11月，摩政府首脑班基兰代表穆罕默德六世国王出席在沙特举行的第四届阿拉伯—拉美国家峰会；12月，穆罕默德六世国王对阿联酋进行工作访问。

【同以色列的关系】摩洛哥同以色列有较深的历史渊源。第二次世界大战中，摩王室为保护犹太人作出过贡献。1994年，摩以互设利益代表处，2000年9月底以巴发生冲突后，摩召回驻以代表，关闭以驻摩代表处。2006年2月，以工党领袖佩雷茨访摩，摩国王会见。2007年7月，摩外交大臣本·伊萨与以外长利夫尼在巴黎举行非正式会谈。2014年6、7月，针对巴以形势，摩外交与合作部多次发表公报，谴责以色列在东耶路撒冷建立定居点，呼吁以立刻停止对加沙不可接受的、无理的攻击。（赵宁）

莫桑比克

<u>国名</u> 莫桑比克共和国（葡萄牙语：A República de Moçambique，英语：The Republic of Mozambique）。

<u>面积</u> 799380平方公里。

<u>人口</u> 2350万（资料来源：2014年7月《经济季评》）。主要民族有马库阿－洛姆埃族（约占总人口的40%）、绍纳－卡兰加族、尚加纳族、佐加族、马拉维－尼扬加族、马孔德族和尧族等。官方语言为葡萄牙语，各大民族有自己的语言，绝大多数属班图语系。28.4%的居民信奉天主教，17.9%信奉伊斯兰教，其他多信仰原始宗教和基督教。

<u>首都</u> 马普托（Maputo），人口200.6万。

<u>国家元首</u> 总统菲利佩·雅辛托·纽西（Filipe Jacinto Nyusi），2014年10月当选，2015年1月就职。

<u>重要节日</u> 莫桑比克英雄日：2月3日；莫桑比克妇女节：4月7日；劳动节：5月1日；国庆节：6月25日；胜利日：9月7日；莫桑比克人民解放力量建军节与革命节：9月25日；和平与和解日：10月4日；圣诞节/家庭日：12月25日。

简况

位于非洲东南部。南邻南非、斯威士兰，西界津巴布韦、赞比亚、马拉维，北接坦桑尼亚，东濒印度洋，隔莫桑比克海峡与马达加斯加相望，海岸线长2630公里。高原、山地约占全国面积3/5，其余为平原。属热带草原气候，年平均气温20℃（南部）、26℃（北部）。10月至次年3月为暖湿季，4—9月为凉干季。

13世纪，马绍纳人在现津巴布韦和莫桑比克一带建立莫诺莫塔帕王国，16世纪初国势渐衰。1505年遭葡萄牙殖民者入侵，1700年沦为葡萄牙的"保护国"。1752年由葡总督进行直接统治，当时称"葡属东非洲"。1951年，葡将其改为"海外省"。殖民统治时期，莫人民为争取民族解放进行了顽强的斗争。1974年9月7日，莫桑比克解放阵线（简称解阵党）同葡政府签署了关于莫桑比克独立的《卢萨卡协议》。9月20日成立以解阵党为主体的过渡政府。1975年6月25日正式宣告独立，成立莫桑比克人民共和国。1990年，改国名为莫桑比克共和国。独立后，莫桑比克全国抵抗运动（简称抵运）长期进行反政府武装活动。1992年10月4日，莫政府和抵运在罗马签署了和平总协议，从而结束了长达16年的内战。

政治

1992年恢复和平以来，莫政局长期稳定。政府积极维护民族团结，内外政策较为稳妥务实。2013年5月，抵运与政府军爆发小规模冲突，2014年8月，莫政府与抵运签署停火并结束军事敌对状态协议。在1994、1999、2004、2009和2014年5次多党议会和总统选举中，解阵党均获胜。在2014年10月举行的选举中，解阵党赢得议会250个议席中的144席，纽西以57%的得票率当选总统。纽西总统执政以来，继续执行稳妥务实的政策，将发展经济和消除贫困作为施政的首要任务，严惩腐败并撤换工作不力的官员，保持了政局稳定。2015年4月，议会通过新一届政府2015—2019五年计划，将巩固国家和平与统一、发展人力资源、促进就业、加强基础设施建设、可持续开发自然资源作为施政重点。2015年3月，解阵党召开第十届四中全会，纽西当选新任党主席。

【宪法】现行宪法于2004年12月生效。宪法规定：以多党制取代一党制，实行党政分开和司法独立；总统为国家元首和政府首脑，总统和议员均由全民直接选举产生，任期五年，可连任一次；实行多种经济成分并存的市场经济；扩大公民自由与权利，废除死刑等。

【议会】莫桑比克共和国议会是国家最高立法机构。本届议会于2015年1月组成，任期五年。在250个议席中，解阵党占144席，抵运占89席，莫民主运动占17席。上届议会议长韦罗尼卡·纳塔尼埃尔·马卡莫（Verónica Nataniel Macamo）再次当选议长。马系解阵党政治局委员和莫历史上首位女议长。

【政府】实行总统内阁制，总统为国家元首和政府首脑，内阁中设总理，受总统委托召集并主持部长会议。部长会议是国家最高执行机关，向共和国议会负责。现部长会议成员包括总统、总理及22名部长。现政府主要成员有：总理卡洛斯·多罗萨里奥（Carlos do Rosário），外交与合作部长奥尔德米罗·巴洛伊（Oldemiro Balói），国防部长阿塔纳西奥·姆图穆克（Atanásio M'tumuke），内政部长雅伊梅·蒙泰罗（Jaime Monteiro），经济和财政部长阿德里亚诺·马莱阿内（Adriano Maleiane），交通和通讯部长卡洛斯·梅斯基塔（Carlos Mesquita），农业和粮食安全部长若泽·帕谢科（José Pacheco），海洋、内水和渔业部长阿戈什蒂纽·蒙德拉内（Agostinho Mondlane），矿产资源和能源部长佩德罗·科托（Pedro Couto），公共工程、住房和水利部长卡洛斯·马蒂纽（Carlos Martinho），工业和贸易部长埃内斯托·托内拉（Ernesto Tonela）等。

【行政区划】全国行政区划为省、市、县。现有10个省，43个市（含1个直辖市），141个县（2013年3月，莫桑比克议会通过决议，全国新设13个县，全国行政区划由原来的128个县增至141个）。10省：德尔加杜角省（Cabo Delgado）、尼亚萨省（Niassa）、太特省（Tete）、楠普拉省（Nampula）、赞比西亚省（Zambezia）、索法拉省（Sofala）、马尼卡省（Manica）、伊尼扬巴内省（Inhambane）、加扎省（Gaza）、马普托省（Maputo）。直辖市：马普托市（Maputo）。全国主要城市有马普托市、贝拉市（Beira）、楠普拉市（Nampula）等。

【司法机构】设有最高法院及省、县、区级法院及共和国检察院。最高法院院长安德利诺·穆尚加（Adelino Muchanga）（2014年7月经议会投票批准）。总检察长比阿特丽丝·布西莉（Beatriz Buchili）（2014年7月任命）。

【政党】1990年改行多党制。1991年《政党法》正式生效。《政党法》规定，各党派必须遵循维护国家统一、发扬爱国主义精神和巩固莫桑比克民主三项原则，强调各政党必须具有全国性质，不得以个别地区、部落、宗教为基础；必须有利于国家的和平与稳定，不得谋求通过暴力改变国家的政治与社会秩序；不得搞分裂主义；每省至少有100名党员方能登记，其总部必须设在首都。全国有20多个合法政党。

（1）莫桑比克解放阵线党（Partido Frelimo）：简称解阵党。执政党，1962年6月25日成立。原名莫桑比克解放阵线，1977年2月改为现名。党员约388万人（2015年）。1977年解阵党“三大”确定为“马列主义先锋党”。1989年“五大”改为“全民党”。主张“尊重人权，维护和平与进步，缩小国内社会和地区差别，更加公平地分配财富”，目标是“建立以民主社会主义、平等、自由和团结为基础的莫桑比克社会”。2006年11月，解阵党第九次全国代表大会召开，大会确立反贫困和变革为党的中心任务。2012年9月23—28日，解阵党第十次全国代表大会在德尔加杜角省省会彭巴市召开。大会主题为“50年，团结起来与贫困作斗争，解阵党——主导变革的力量”。会议讨论通过了解阵党未来5年工作纲领，并进行了党主席、总书记、中央委员会委员和政治局委员的换届选举。格布扎和帕温德分别作为党主席和总书记的唯一候选人当选连任。2014年2月，马沙瓦接替辞职的帕温德担任解阵党总书记。2015年3月，解阵党召开十届四中全会，前总统格布扎辞去党主席职务，纽西当选解阵党主席。

（2）莫桑比克全国抵抗运动（Renamo）：简称抵运。系莫第二大党，主要反对党。1976年年初成立，其后长期从事反政府武装活动，曾拥有部队一万余人。1994年，抵运正式宣布由军事组织转变为政党。同年被批准为合法政党。在1994年10月举行的首次多党大选中，该党获得37.78%的选票，在议会中占112席，成为莫第二大党。2001年10月，抵运“四大”通过了新的党章和党纲。在2014年10月举行的大选中，抵运党获得89个议席，其总统候选人德拉卡马获得36.6%的选票。2015年6月，抵运召开“五大”。党主席阿丰索·德拉卡马（Afonso Dhlakama），总书记曼努埃尔·比索波（Manuel Bissopo）。

较有影响的政党还有莫桑比克民主运动党（MDM），和平、民主与发展党（PDD），民主联盟

（UD）和工党（PT）。

【重要人物】菲利佩·纽西：总统，解阵党主席。1959年2月9日生。前捷克斯洛伐克布尔诺军事学院机械工程学士，英国曼彻斯特维多利亚大学管理学硕士。历任莫国家港口和铁路公司铁路部主任、经理、执行董事、国防部长等职。2014年10月，当选总统，2015年1月就职，2015年3月当选解阵党主席。曾于2009年、2012年两次以国防部长身份访华。 **阿曼多·埃米利奥·格布扎**：前总统，前解阵党主席。1943年1月20日生。1963年加入解阵党，1966年当选解阵党中央委员。早年曾参加学生运动，从事地下工作，组织武装斗争，反对殖民统治。莫独立后历任内政部长、国防部副部长兼莫军总政委、总统府部长、交通运输部长等要职。1990—1992年担任解阵党代表团团长，与抵运在罗马进行谈判。2002年6月，在解阵党“八大”上当选该党总书记。2004年12月当选总统，2005年2月宣誓就职，同年3月当选解阵党主席，兼任总书记。2006年11月，在解阵党“九大”上连任党主席。2009年10月连任总统，2010年1月宣誓就职。2015年1月，卸任总统，3月，辞去解阵党主席一职。曾多次访华，2006年11月来华出席中非合作论坛北京峰会，2008年8月来华出席北京奥运会开幕式。2011年8月来华进行国事访问。2013年5月来华出席太湖文化论坛第二届年会。2015年9月来华出席2015年中国共产党与世界对话会。 **卡洛斯·多罗萨里奥**：总理。1954年生，农业经济学家。莫桑比克蒙德拉内大学农村经济学士，英国伦敦大学农业经济和农村发展硕士。曾任赞比西省省长，农业和渔业部长，国会议员。此后调任莫驻印度高专、驻东帝汶大使、驻马来西亚高专、驻新加坡高专。2015年1月起任现职。 **若阿金·阿尔贝托·希萨诺**：前总统，前解阵党主席。1939年10月22日生于加扎省希布托县马莱伊塞村。50年代末创建莫全国学联并任主席。1960年先后留学葡萄牙和法国。1962年积极参加解阵党创建工作，此后历任解阵党中央委员、执行委员、教育书记、新闻宣传书记、安全与防务书记、安全书记、军政委员会委员、驻坦桑尼亚和东非各国代表等职。1974年协助萨莫拉主席同葡萄牙政府谈判，达成关于莫独立的《卢萨卡协议》，其后任莫过渡政府总理。1975年6月莫独立后任外交部长。1986年11月起任解阵党主席、共和国总统兼武装部队司令。1994年和1999年在总统选举中获胜连任。2005年卸任总统并辞去解阵党主席一职。此后，仍活跃于国际舞台。2006年11月在解阵党“九大”上被选举为该党名誉主席。曾多次访华。

经　济

莫为农业国，是联合国宣布的世界最不发达国家和重债穷国。独立后因受连年内战、自然灾害等影响，经济长期困难。1992年实现和平以来，政府大力调整经济结构，改善投资环境，鼓励引进外资，加大对农业和农村地区投入，加快基础设施建设，倡导增收节支，经济恢复性增长较快，年均增长率近10%。

近年来，莫在自然资源勘探开发领域发展较快，煤炭、钛、铁、天然气等均获重大发现，部分已经进入实质开发阶段，为莫经济发展提供了强劲动力。英国《经济学人》杂志预测，莫未来在能源、矿产和基础设施领域有望获得高达900亿美元的投资。2015年以来，受国际大宗商品价格持续走低、旱涝灾害频发、债务负担加大等因素影响，莫经济下行压力增大。针对上述困难，莫政府采取改善投资环境、刺激国内企业发展、维护金融市场稳定等措施积极进行应对。目前，莫宏观经济总体稳定，主要大国和国际金融机构仍看好莫经济发展前景。

2014年莫桑比克主要经济指标如下：

国内生产总值：166亿美元。

人均国内生产总值：650美元。

经济增长率：7.5%。

外汇储备：29.93亿美元。

外债总额：82.21亿美元。

货币名称：梅蒂卡尔（Metical）。

汇率：1美元≈48梅蒂卡尔。

（资料来源：莫桑比克政府）

【资源】有煤、铁、铜、金、钽、钛、铋、铝、石棉、石墨、云母、大理石和天然气等，其中已发现天然气储量5.5万亿立方米，煤蕴藏量320多亿吨，铁矿5亿多吨，钛600多万吨，钽矿储量居世界首位，约750万吨。大部分矿藏尚未开采。莫51%的国土被森林覆盖，林木资源总量约17.4亿立方米。水利资源丰富，赞比西河上的卡奥拉巴萨水电站（HCB）装机容量207.5万千瓦，是南部非洲最大的水电站。2005年，经过艰苦谈判，莫成功从葡萄牙手中收回卡奥拉巴萨水电站的控股权。2006年10月底，两国正式签署水电站移交协议。南非SASOL公司正在开采莫南部伊尼扬巴内省的天然气，并修建了莫至南非的输气管线。巴西淡水河谷公司、澳大利亚力拓、澳大利亚Riversdale公司正在莫中部太特省勘探开发煤炭。2012年莫煤炭产量490万吨。2013年，巴西淡水河谷莫桑比克公司煤炭实际产量400万吨。美国、加拿大、意大利、挪威、日本、马来西亚等多家外国石油公司正在北部鲁伍马（Rovuma）盆地陆上和近海区域开展石油天然气勘探。

【工业】主要是加工工业，有铝加工、制糖、制茶、粮食及腰果加工、卷烟、榨油、纺织、木材、水泥、炼油、机车车辆制造、电池及轮胎业等，主要集中在马普托、贝拉和楠普拉等市。随着MOZAL铝厂、南非SASOL公司天然气开采项目、巴西淡水河谷、澳大利亚力拓、澳大利亚Riversdale公司煤炭开采项目等大型合资企业的建成投产，工业产值占国内生产总值的比重近年大幅上升。

【农业】莫是农业国，80%的人口从事农业生产。国家可耕地面积为3600万公顷，仅10%已利用，可灌溉耕地330万公顷，仅14%已开发。畜牧面积为1200万公顷。农业产值占整个国内生产总值的30%左右。腰果、棉花、糖、剑麻是传统出口农产品。主要粮食作物有玉米、稻谷、大豆、木薯等。2012—2013年度，莫产棉13.6万吨，为莫独立以来产量最高年份。2013年莫渔业产量为22.2万吨。2014—2015年，莫预计生产1450万吨粮食作物，其中谷物253吨。经济作物方面，预计出产棉花10万吨，腰果9.4万吨，甘蔗430万吨，茶叶2.8万吨，香蕉58.6万吨，烟草7.8万吨。2015—2016年农业生产季莫预计将出口糖30.6万吨，同比增长19%，收入1.1亿美元。

【交通运输】莫铁路、港口主要为本国和内陆邻国服务。国际货运曾是主要外汇来源之一。2014年第一季度莫交通和运输业增长10.8%，其中客运增长4.4%，货运增长33.6%，通讯业增长8.2%。

铁路：总长3372公里。主要是由三条东西走向，互不连接的铁路系统组成。2014年建成的莫阿蒂泽－纳卡拉铁路项目长902公里，连接太特省莫阿蒂泽煤矿区，借道马拉维南部和莫桑比克尼亚萨省，直达楠普拉省纳卡拉港，年均可运1800万吨煤炭，拟于2016年年初开始运营。

公路：总长约3.17万公里。其中柏油公路5497公里，南北公路干线（国家公路1号线，EN1）正在分段修复中，东西向公路干线分别为南部的马普托走廊（国家公路4号线，EN4），中部的贝拉走廊（国家公路6号线，EN6）和北部的纳卡拉走廊。

水运：内河航线1500公里，海岸线2600多公里。有马普托、贝拉和纳卡拉等港口15个。其中马普托港是莫最大港口，东非最大港口之一，也是非洲著名的现代化港口之一，始建于1544年，有25个泊位，最大水深12.8米，年吞吐能力为1200万吨，港内有铁路通往南非、津巴布韦和斯威士兰。马普托港2013年货物吞吐量1700万吨，比2012年增长200万吨，预计2017年吞吐量达4000万吨。贝拉港为莫第二大港，有10个泊位，水深8—10米，年吞吐能力为500万吨，可容纳5万吨级货轮。港内铁路通往津巴布韦和马拉维。纳卡拉港为莫第三大港，有6个泊位，年吞吐能力80万吨。自2009年莫政府建立纳卡拉经济特区以来，已投入约6亿美元用于发展基础设施，耗资3亿美元的纳卡拉港改建工程完工后，将年均接受600万吨货物和75万吨集装箱。

空运：莫桑比克航空公司（LAM）拥有大小飞机14架。首都与各省均有航线，国际航线通往南非、肯尼亚、安哥拉、葡萄牙等国。有大小机场10余个，其中国际机场5个。2013年，莫桑比克各机场起落飞机7.2429万架次，输送旅客183.3049万人次，运送货物1.2594万吨，邮件469吨。

【旅游业】莫桑比克建有国家公园和保护区，并正在与南非、津巴布韦建立跨境国家公园。主要国家公园和保护区有：林波波（Limpopo）国家公园、戈隆戈萨（Gorongosa）国家公园、尼亚萨（Niassa）保护区、马普托（Maputo）特别保护区等。2010年，美国国家地理频道为戈隆戈萨国家公园拍摄的宣传片《非洲失落的伊甸园》（Africa's Lost Eden）被维也纳国际旅游电影节评为最佳影片，并在美国、德国、加拿大、葡萄牙、巴西等国电影节获多项大奖。2015年，莫桑比克参展了意大利“米兰世博会”和“威尼斯双年展”，并获选为世界旅游组织执行委员会（2015—2019）委员国。2015年1—6月，莫旅游业收入超过8500万美元，访莫外国游客逾83.4万人次。

【财政金融】全国共有17家商业银行，大部分为葡资参股银行，主要有千禧（莫桑比克）银行、巴克莱（莫桑比克）银行、标准银行、贸易和投资银行、国际贸易银行等。共有5家保险公司，主要有莫桑比克保险公司、Global Alliance等。2013年，莫税务总局征税总额1260亿梅第卡尔（约合42亿美元），比预期收入增加5%，占国内生产总值27%。2014年，莫国家财政预算中国内收入占66%，国内贷款占1%，外国无偿援助占18%，外国贷款占15%。2014年7月，莫议会通过2014年国家预算修正案，将原预算提高82.023亿梅第卡尔（约合2.56亿美元），达到2408.914亿梅第卡尔（约合75.28亿美元），由占国内生产总值的45.0%提高至46.6%。2015年4月，莫议会通过2015年国家预算，预算中财政支出总计2264亿梅蒂卡尔（约合69亿美元），国家收入1699亿梅蒂卡尔（约合51亿美元），财政赤字657亿梅蒂卡尔（约合20亿美元）。2015年12月，莫议会通过2016年国家预算，2016年莫国家预算支出总额2460亿梅第卡尔（约合49.2亿美元），收入中国家税收占71.7%，国内贷款占3.1%，外国无偿援助占10.1%，外国贷款占15.1%。

【对外贸易】随着MOZAL铝厂等几家大型合资企业建成投产，近年来莫外贸出口大幅上升，制造业已取代农业和渔业成为主要出口行业。莫主要出口产品是铝锭、电力、天然气、煤炭、对虾、糖、棉花、烟叶等。主要进口产品为粮食、原材料、石油、机械设备及零配件等。

2014年外贸总额约118.68亿美元。近年对外贸易情况如下（单位：亿美元）：

	2011	2012	2013	2014
出口额	31.18	38.56	41.23	39.16
进口额	53.68	79.03	84.80	79.52
差　额	22.49	40.48	43.57	40.35

（资料来源：2016年3月《经济季评》）

【外国资本】1984年8月颁布《外国投资法》，1987年1月颁布《私人投资法》，鼓励国内外私人投资和兴办合资企业。1993年公布的新法规简化了投资审批手续。2009年，外国对莫投资约158.5亿美元，投资的主要领域为矿业、工业、交通运输和旅游业等。主要投资国为葡萄牙、南非、巴西、印度、澳大利亚等。2010年和2011年，莫政府批准了总值超过60亿美元的投资项目。投资主要集中在农业和农产品加工业、矿产资源、能源、运输和通信、渔业和水产业、建造业和旅游业。2012年对莫直接投资前10位的国家为阿联酋、葡萄牙、南非、毛里求斯、中国、英国、巴西、印度、意大利和莱索托。莫投资促进中心数据显示，2009—2013年，共批准1400个外国直接投资项目，总额180亿美元，创造约20万个就业岗位。据莫投资促进中心统计，2014年莫吸引外商直接投资项目487个，投资总额达24.8亿美元。其中中国在莫投资7280万美元，在莫吸引外国投资的45个国家中位列第五。前四位依次为阿联酋（8.91亿美元）、毛里求斯（5.471亿美元）、南非（3.803亿美元）、葡萄牙（3.364亿美元）。

【外国援助】近年来，国际组织和金融机构多次召开援助莫桑比克捐赠国会议，成立了由19个国家以及国际和地区组织组成的G19援助集团，通过无偿援助、信用贷款及减免债务等途径向莫提供经济援助。双边援助主要由德国、葡萄牙、意大利、瑞典、美国、英国、爱尔兰、日本等国提供。多边援助主要来自国际开发协会、欧盟、世界银行、非洲开发银行、联合国开发计划署、联合国粮食署、联合国难民署等。莫政府已明确提出未来国家发展将逐步降低对外援的依赖，更多依靠自身经济发展。2012年，莫"政府计划援助伙伴"19国以及美国、联合国对莫援助总额为17.29亿美元，同比增长0.1%。2014年6月，19国集团宣布2015年向莫提供2.746亿美元，用于支持莫财政预算，比2014年减少了1.217亿美元。2015年6月，19国集团宣布对莫2016年国家预算及其他项目提供4.67亿美元资金支持。2015年，德国、荷兰、比利时、挪威、丹麦5国退出19国集团，预计2016年14国集团将向莫提供3.12亿美元资金。

人民生活

2013年，莫失业率为22.5%，低于周边国家。2009年新生儿死亡率为8.96%。婴儿死亡率由2003年的178/千人降至2013年的97/千人。2010年艾滋病感染率为11.5%。内战结束后，世界银行等国际组织出资帮助莫恢复或重建医院和医疗站。据莫国家统计局资料，2009年全国共有医疗机构1324个，其中医院52所，卫生中心1018个，卫生所254个。共有病床17341张，医生1042人，护士5213人。2011年，莫采取推广疫苗接种等措施降低疟疾和肺结核死亡率，控制艾滋病传播。霍乱、腹泻、寄生虫和疟疾等主要传染病发病率降低8.1%。莫绝对贫困人口指数为54%。2012年，莫媒体报道，莫结核病患者不断增加，由2002年的2.25万人增至2011年的4.7万人。2013年，莫全国医院和卫生中心共有医务人员2.3万人。2014年，莫肺结核病死亡率为0.127%。2012年，莫卫生部公布，莫艾滋病感染者达145.2万。2015年莫艾滋病感染率为64%，是全球艾滋病感染率最高的十个国家之一。莫疟疾病例由2014年的93885例下降至85785例，因疟疾死亡人数由3245人减少至2467人，降幅24%。据联合国开发计划署《2012年人文发展指数报告》，莫2012年人文发展指数为0.327，居全球第185位。2013年，莫逾800万人口遭遇粮食危机，43%的5岁以下儿童营养不良。联合国发布的《2014人类发展报告》显示，2013年莫桑比克人类发展指数为0.393，位列187个国家中的第178位，较2012年的185位有所上升，但仍是人类发展水平最低的国家之一，远低于撒哈拉以南非洲国家的平均值0.502。2014年莫人均寿命为53岁。

军　事

根据莫政府和抵运1992年签署的和平总协议，莫国防军应有编制3万人，由政府军和抵运部队等量人数组成。莫军队设有陆、海、空三军和后勤部队，实际兵力为步兵营7个、特种兵营3个、工兵营2个、运输营1个、炮兵连3个、海军陆战连2个及少量的后勤、通信、管理人员，共13000人左右。总统兼任武装部队总司令。总参谋部是军队的最高指挥机构。总参谋长格拉萨·雄戈（Graça Chongo）（2013年6月任命）。国防军下设北部、中部和南部军区，其司令部分别设在楠普拉、贝拉和马托拉。实行义务兵役制，服役期2年。近年来，莫积极参与执行联合国的维和任务。曾先后向东帝汶、刚果（金）、科摩罗及布隆迪派兵参加联合国或非盟的维和部队。

文化教育

【教育】1983年改革教育制度，分为普通教育、成人扫盲教育、职业技术教育、教师培训和高等教育。小学实行义务教育，为7年制。1990年再度实行教育制度改革，鼓励社会团体和私人办学。全国人均受教育1.6年。蒙德拉内大学是唯一综合性大学。1996年，成立了贝拉天主教大学和马普托理工科综合高等学院。受内战影响，1983—1992年约有60%的中、小学校遭到破坏，导致50万学生无法入学。1992年和平总协议签署后，国际社会资助莫政府陆续恢复和建设了一些学校。2011年，莫小学、中专和中学就读学生达600万人。2011年，50万名15岁以上的文盲接受了扫盲教育，其中女性占66.5%。2010年，莫在读大学生10.1万人。2011年，莫高等教育机构增至41所，在基础和中级职业技术学校就读学生较2010年增加1100人。2012年，莫全国文盲率为48.1%。2014年，莫议会通过职业教育法，将职业技术教育作为莫教育系统的子系统，莫政府每年将为职业技术教育提供2400万梅第卡尔（约合75万美元）的预算。据莫教育部统计，2014年，莫初等教育第一阶段（1—5年级）共有教师76572名，较2010年增加13%，共有学校11742所，学生485.7259万名；初等教育第二阶段（6—9年级）共有学校5086所，较2010年增加40%。据估算，2016学年，莫共有640万名在读学生，14万名教师和1.2万所学校。

【新闻出版】全国性报刊十余种。主要有：《新闻报》，1926年4月15日创刊，葡文日报，发行量2万多份，系全国最大报纸；《莫桑比克日报》，1902年创刊，1981年改为现名，葡文日报，发行量2万份，该报为私营报纸；《星期天报》，1981年创刊，葡文周报；《时代》，葡文周刊，1971年创刊，发行量2.5万份；《挑战报》，葡文体育周报，1987年创刊。

莫桑比克通讯社（AIM）：国家通讯社，1976年成立。使用葡萄牙语和英语发稿。

莫桑比克电台（RM）：官方电台，1975年成立，用葡语、英语和民族语言广播。对内广播19个小时，对外约5个小时。

莫桑比克电视台（TVM）：国营，1981年成立，每周播7天，每天播出18小时，通过卫星在全国播出，在各主要省份设有代表处和播出中心。

STV电视台：私营，2002年成立，全天播出，覆盖莫主要省市，与巴西媒体Rede Globo和Canal Futura建有合作关系。

对外关系

奉行"广交友，不树敌"的独立、不结盟外交政策，主张在相互尊重主权和领土完整、平等、互不干涉内政和互利的原则基础上与其他国家发展友好合作关系。重视睦邻友好和地区经济合作。主张通过谈判解决国家之间的争端。支持在非洲联盟内部建立预防和解决冲突的机制，支持全面裁军的原则。主张南南合作，要求建立国际政治、经济新秩序。是联合国、非洲联盟、南部非洲发展共同体、不结盟运动、英联邦、伊斯兰会议组织、环印度洋地区合作联盟、葡语国家共同体、世界贸易组织、非洲开发银行等国际和地区组织成员国。同119个国家有外交关系。

【同中国的关系】1975年6月25日中莫建交后，两国友好合作关系不断发展。进入21世纪，中方访莫的主要有：人大常委会副委员长田纪云（2000年），国家主席胡锦涛（2007年），中国政府特使、商务部长陈德铭（2010年），全国政协副主席李兆焯（2011年），中共中央政治局常委李长春同志（2011年），全国政协副主席齐续春（2013年），习近平主席特使、司法部部长吴爱英（2015年1月）、外交部长王毅（2016）等。莫方访华的主要有：解阵党总书记托梅（2000年）、解阵党总书记格布扎（2003年）、总统格布扎（2006、2008、2011、2013年）、解阵党总书记帕温德（2008年）、议长穆伦布韦（2008年）、总理阿里（2010、2012年）、外长巴洛伊（2011年）、总统格布扎（2011、2013年）、解阵党总书记帕温德（2012年）、总检察长保利诺（2012年）、第一副议长绍梅拉（2014年）、国防部部长姆图穆克（2015年）等。2015年12月，在中非合作论坛约翰内斯堡峰会期间，习近平主席同莫桑比克总统纽西举行会见。中莫建交以来，中方承担了经济住房、国家体育场等30个成套项目，农业技术示范中心等20个技术合作项目，3个考察项目。目前正在实施的项目有索法拉省职业技术学校项目等。2015年双边贸易额为23.9亿美元，同比下降33.9%，其中中方出口19.4亿美元，进口4.5亿美元，同比分别下降1.4%、72.6%。中方向莫主要出口机电产品、钢材、车辆等运输设备，从莫主要进口原木、矿产品等初级产品。自2015年1月1日起，中方已给予莫方97%输华产品免关税待遇。

中国驻莫桑比克大使：苏健。馆址：Av. julius Nyerere No.3142，Maputo，Mozambique。电话：00258–21491560；传真：21491196；网址：http://mz.chineseembassy.org。经商处电话：21485454，21494384；传真：21490306；网址：http://mz.mofcom.gov.cn。

莫桑比克驻华大使艾雷斯·阿里（Aires Bonif ácio Baptista Aly）。驻华使馆临时代办：伊萨克·马桑比（Isac M. Massamby）。馆址：北京朝阳区塔园外交人员办公楼1单元7楼2号。电话：0086–10–65323664，65323578；传真：65325189。

【同美国的关系】莫桑比克独立后不久即同美国建交。1982年后两国关系得到改善和发展。美国先后取消对莫提供经援和军援的禁令。美曾参与推动莫国内和平进程。目前，莫为撒哈拉以南接受美国援助较多的国家，是美国《非洲增长与机遇法》的受惠国。2004年，美国宣布莫桑比克成为第一批有资格从"千年挑战账户"计划中申请资金援助的16个国家之一。莫桑比克总统多次访美。2007年7月，格布扎总统对美国进行了工作访问。美军舰艇多次到访莫各主要港口，并与莫军进行交流。2012年，莫桑比克和美国双边贸易额3.901亿美元，其中美国向莫出口3.516亿美元，自莫进口0.385亿美元。2015年9月，纽西总统赴美出席第70届联合国大会，期间会见美企业界人士，鼓励美企扩大对莫投资。

【同葡萄牙的关系】葡萄牙原是莫桑比克宗主国，两国政治、经济关系密切。葡曾参与推动莫和平进程，并为莫培训新军及警察。2010年和2014年，格布扎总统两次对葡萄牙进行国事访问。2014年，莫葡贸易额3.53亿美元，葡萄牙对莫投资3.36亿美元。2015年1月，葡萄牙总统席尔瓦、副总理波尔塔斯赴莫出席纽西总统就职典礼。2015年7月，纽西总统对葡萄牙进行国事访问。

【同其他欧洲国家的关系】莫桑比克重视发展同欧洲国家的关系。北欧诸国为莫传统的援助国。英国、法国、荷兰、瑞士、瑞典、丹麦、芬兰等国每年对莫都有数千万美元的固定财政和物资援助。英、法还曾积极参与莫和平进程，为莫培训国防军。西班牙曾为莫培训警察。2015年7月，纽西总统对法国进行国事访问。

【同非洲及周边国家的关系】积极发展同非洲国家特别是南部非洲周边国家的关系，实行睦邻政策。邻国南非是莫主要投资国之一，两国政治、经贸关系密切。莫是非洲联盟、南部非洲发展共同体、非洲开发银行等地区组织成员国。莫与博茨瓦纳、南非、斯威士兰等签署了互免签证协议，便利人员往来。莫于2009—2010年担任南共体政治、防务和安全机构主席国。2011年，莫与科摩罗、坦桑尼亚等签署了《莫桑比克与科摩罗关于确定海上边界的协议》《莫桑比克与坦桑尼亚关于确定海上边界的协议》《莫桑比克、坦桑尼亚和科摩罗关于确定海上边界三方分界点的协议》，并与赞比亚完成了陆地边界的界定。2012年，莫成功举办葡语国家共同体和南部非洲发展共同体峰会，接任两组织轮值主席国，并以轮值主席身份多次召开特别首脑会议，推动解决马达加斯加、津巴布韦和几内亚比绍政治危机。2014年3月，坦桑尼亚、马拉维尼亚萨湖划界争端新一轮调停会在马普托举行，调停小组组长、莫前总统希萨诺主持会议。2015年6月，纽西总统出席在南非举行的非盟第25届峰会。2015年8月，莫再次担任南共体政治、防务和安全机构主席国。

【同亚洲国家的关系】近年来，莫积极加强同日本、印度、越南、韩国等亚洲国家在能源和矿产资源开发、人员培训、农业等领域的合作，不断扩大经贸往来，吸引亚洲国家对莫投资。日本是莫主要援助国之一，主要投资领域为天然气和矿产开发。2014年，日本首相安倍晋三访莫。2014年7月22日至23日，莫前总统格布扎出席在东帝汶首都帝力举行的第十届葡共体领导人会议，东帝汶接替莫桑比克成为葡共体新一届轮值主席国。印度同莫交往历史悠久，2015年8月纽西总统访印，10月多罗萨里奥总理赴印出席印非峰会。

（刘剑桐）

纳米比亚

国名　纳米比亚共和国（The Republic of Namibia）。

面积　824269平方公里。

人口　230万（2014年二季度《经济季评》）。奥万博族是最大的民族，占总人口的50%。其他主要民族有：卡万戈、达马拉、赫雷罗以及卡普里维、纳马、布什曼、雷霍伯特和茨瓦纳族。白人和有色人约占总人口的12%。官方语言为英语，通用阿非利卡语、德语和广雅语、纳马语及赫雷罗语。90%的居民信仰基督教，其余信奉原始宗教。

首都　温得和克（Windhoek），人口31.6万，年最高气温30℃，最低气温7℃。

国家元首　总统哈格·根哥布（Hage Geingob），2014年11月就任，2015年3月21日就职。

重要节日　元旦：1月1日；独立日：3月21日；劳动节：5月1日；非洲日：5月25日；英雄日：8月26日；人权日：12月10日；圣诞节和家庭日：12月25日和26日。

简　况

原称西南非洲，北同安哥拉、赞比亚为邻，东、南毗博茨瓦纳和南非，西濒大西洋。海岸线长1600公里。全境大部分地区在海拔1000—1500米。西部沿海和东部内陆地区为沙漠，北部为平原。主要河流有奥兰治河、库内内河和奥卡万戈河。气候燥热少雨，年平均气温18℃—22℃，分春（9—11月）、夏（12—2月）、秋（3—5月）、冬（6—8月）四季。

15—18世纪，荷兰、葡萄牙、英国等殖民者先后侵入。1890年被德国占领。1915年，南非参加协约国对德作战，出兵占领西南非洲。1920年，国际联盟委托南非统治西南非洲。1949年，南非非法吞并西南非洲。1960年4月，西南非洲人民组织（简称“人组党”）成立，开始进行争取民族独立的斗争。1966年，联合国通过决议，取消南非对西南非洲的委任统治。1968年，联合国大会根据西南非洲人民的意愿决定将西南非洲更名为纳米比亚。1978年，联合国安理会通过第435号决议，支持纳实现独立。1989年，在联合国监督下举行制宪议会和总统选举，人组党获胜，其候选人努乔马当选总统。1990年3月21日宣布独立。

政　治

纳米比亚独立后，政局一直保持稳定。人组党政府重视教育、卫生、基础设施建设等，注重人民生活的改善，经济社会事业不断发展。2009年11月，纳举行独立后第四次议会和总统大选，人组党获胜，该党候选人希菲凯普涅·波汉巴再次当选总统，于2010年3月正式就职。2014年11月纳举行议会和总统大选，根哥布作为人组党总统候选人参加竞选，以87%的得票率当选，于2015年3月21日就职。人组党赢得全部104个议席中的85席。

【宪法】现行宪法于1990年2月制定。宪法规定：纳实行三权分立、两院议会和总统内阁制，总统为国家元首、政府首脑兼武装部队总司令，任期5年，不得超过两任；经内阁建议，总统可以宣布解散国民议会并举行全国大选；同时总统应辞职并在议会解散后的90天内选举新的总统；修改宪法须经议会两院各2/3多数通过等。2014年8月纳议会通过第四次宪法修正案，内容包括增加国民议会和全国委员会席位，设立副总统职位等。

【议会】由国民议会（National Assembly）和全国委员会（National Council）组成。根据2014年新通过的宪法修正案，国民议会由直接选举和按比例代表制产生的96名议员和总统指定的不超过8名议员组成，每届任期5年。本届国民议会于2015年3月组成，共104个议席，在96个直选议席中，人组党占77席。本届国民议会议长彼得·卡季维维（Peter Katjavivi）。

根据2014年通过的宪法修正案，全国委员会由全国14个区委员会选举的42名代表组成。每年至少举行两次会议。总统无权解散全国委员会。第五届全国委员会于2015年12月成立，主席玛格蕾特·门萨－威廉斯（Margaret Mensah- Williams）。

【政府】本届政府于2015年3月就职。现主要成员有：副总统尼奇·伊扬波（Nickey Iyambo），总理莎拉·库贡盖卢瓦－阿马蒂拉（Saara Kuugongelwa-Amadhila，女），副总理兼国际关系与合作部长内通博·南迪－恩代特瓦（Netumbo Nandi-Ndaitwah），国防部长彭达·亚·恩达科洛（Penda Ya Ndakolo），司法部长艾伯特·卡瓦纳（Albert Kawana），内政与移民部长彭杜克妮·伊武拉－伊塔纳（Pendukeni Iivula-Ithana，女），工业化、贸易和中小企业发展部长伊曼纽尔·恩加奇泽科（Immanuel Ngatjizeko），财政部长卡勒·施莱特魏因（Calle Schlettwein），教育、艺术和文化部长卡特里娜·汉泽－希马尔瓦（Katrina Hanse-Himarwa），体育、青年与国家服务部长杰里·埃坎乔（Jerry Ekandjo），安全保卫部长查尔斯·纳莫洛（Charles Namoloh），矿产与能源部长奥贝特·坎乔泽（Obeth Kandjoze），工程和运输部长阿尔费斯·纳鲁塞尔（Alpheus Naruseb），新闻与通讯技术部长切克罗·特韦亚（Tjekero Tweya）等。

【政府网址】http://www.gov.na。

【行政区划】全国划分为14个行政区（Region）。

【司法机构】由最高法院、区法院和地方法院组成。最高法院大法官和总检察长由总统商内阁和司法咨询委员会后任命。区和地方法院法官由司法部长任命。最高法院大法官彼得·希武特（Peter Shivute）。总检察长由总统事务部长艾伯特·卡瓦纳（Albert Kawana）兼任。

【政党】有大小政党40多个，其中7个政党在议会有席位。主要政党有：

（1）西南非洲人民组织（South West African People's Organization，SWAPO-PARTY）：简称“人组党”，执政党。1960年4月19日成立，前身是1958年成立的奥万博兰人民组织，得到纳最大民族奥万博族及其他社会阶层的广泛支持，1966年8月开始武装斗争，1989年11月在制宪议会选举中获胜，成为执政党。1991年12月举行了纳米比亚独立后的第一次全国代表大会，决定从民族解放组织转变为群众性政党。2012年11月29日至12月2日召开了第五次全国代表大会，选举产生新一届领导集体，波汉巴和哈格·根哥布分别再次当选主席和副主席，南戈洛·姆本巴（Nangolo Mbumba）当选总书记。2015年4月波汉巴在中央政治局委员会议上主动辞去党主席职务，副主席根哥布代理党主席。

（2）特恩哈尔民主联盟（Democratic Turnhalle Alliance）：简称特盟，由白人共和党联合10个民族集团于1977年11月成立，1989年经重新组合后包括12个政党和派别，宣称“既反对共产主义，也反对种族主义”。2003年，其重要成员共和党和全国团结民主组织相继宣布退盟。现任主席麦克亨利·韦纳尼（McHenry Venaani）。该党在2014年大选中获得5个议席。目前为第二大反对党。

（3）民主与进步大会（Rally for Democracy and Progress）：2007年11月，由前外交部长希迪波·哈穆滕尼亚和前矿业与能源部长杰萨亚·恩亚穆共同组建。在2009年11月举行的大选中首次参选并在国民议会中获8个席位。主张进一步巩固民主、尊重人权，反对独裁和威权体制，反对个人崇拜；加大减贫力度，积极推动社会经济发展。该党在2014年大选中获得3个议席。

【重要人物】哈格·根哥布：总统。1941年8月3日出生于纳北部奥特宗朱帕省，达马拉族。1964—1974年在美国期间获得政治学学士、硕士学位，2004年获英国利兹大学哲学博士学位。青年时代投身纳解放运动，参与创建人组党，系纳独立宪法起草人之一。1975—2002年担任人组党政治局委员。1990年3月纳独立后出任总理，并连任至2002年。2002年8月退出纳政坛，2003年移居美国，受邀请担任政府间国际组织“非洲事务全球联盟”（GCA）执政书记。2005年重返政坛。2007年重新当选人组党政治局委员，出任人组党副主席、国民议会党团领袖。2008年4月任贸易与工业部长。2012年再次出任总理。在2014年11月举行的大选中当选总统，2015年3月21日就职。曾于1991年9月以总理身份访华，2006年随波汉巴总统出席中非合作论坛北京峰会，2011年以贸工部长身份随同波汉巴总统访华。2014年4月以总理身份正式访华并出席博鳌亚洲论坛年会。夫人莫妮卡·根哥斯。

经　济

世界上海洋渔业资源最丰富的国家之一，铀、钻石等矿产资源和产量居非洲前列。矿业、渔业和农牧业为三大传统支柱产业，种植业、制造业较落后。独立后，人组党政府先后制订了4个五年经济发展计划及2030年远景规划，大力吸引外资发展制造业、矿产品加工业、旅游业和金融服务业，扶持黑人企业发展。波汉巴执政后，加强公路、铁路和港口等基础设施建设，努力提高国有企业效益，经济形势保持稳定。国际金融危机对纳经济造成一定影响，纳基础设施建设和矿产业等重要出口部门受到冲击，经济增速减缓。为此，纳政府大力推行扩张性财政政策，以创造就业、减贫、优化财富分配为重点，加大基础设施建设投入和矿产资源开发，刺激经济增长。2010年经济呈现复苏态势。近两年，纳政府将实施“就业和经济增长定点干预计划”作为工作重点，加大资金投入，通过重点发展农业、交通运输和旅游业，以刺激经济增长，创造就业机会。2014年纳失业率为28.1%。

2015年纳主要经济数据如下：

国内生产总值：118.84亿美元。

人均国内生产总值：约10010美元。

经济增长率：4.5%。

货币名称：纳米比亚元（简称“纳元”）。

汇率：1美元=16.86纳元。

通货膨胀率：3.8%。

外债总额：71.48亿美元。

外汇储备：10.88亿美元。

（资料来源：2016年第一季度《经济季评》）

【**资源**】矿产资源十分丰富，素有“战略金属储备库”之称。主要矿藏有：钻石、铀、铜、铅、锌、金等。

【**工矿业**】制造业不发达，80%的市场由南非控制。制造企业约300家，90%以上为小规模私人企业，主要行业有食品饮料、纺织服装、皮革加工、木材加工和建材化工等。矿业是纳传统支柱产业，90%的矿产品出口，主要生产氧化铀、钻石、黄金等。2012年纳铀产量约4500吨，约占全球产量10%。列世界第五。纳是重要钻石供应国。近年来，纳钻石销售市场扩大，除美国外，还销往中东和日本等地。

【**农牧渔业**】纳70%的人口生活在农村地区，农业吸纳了纳65%的劳动力。种植业一直较落后。全国可耕地面积6900万公顷，主要粮食作物有玉米、高粱和小米等。由于雨量稀少，土地贫瘠，农作物产出率低且不稳定，粮食不能自给。目前70%的粮食依靠进口，主要来自南非。政府正在推行“绿色农业计划”，力求增加粮食产量。畜牧业较发达，85%的可耕地被用来发展畜牧业，收入占农牧业总收入的88%，以养牛、羊为主，每年养牛180万—300万头，养羊400万只，大部分出口南非和欧洲。所产紫羔羊皮驰名世界。近年畜牧业作为纳农业支柱地位继续得到巩固。纳渔业资源丰富，捕鱼量位居世界前十名，主产鳕鱼、金枪鱼、沙丁鱼、荚鱼、龙虾和蟹，其中90%供出口。

【**旅游业**】旅游业较发达，产值占国内生产总值的10%左右。海滩、自然保护区等旅游景点集中在北部和南部地区，其中北部的艾淘沙公园闻名世界。1997年，纳成为世界旅游组织成员。

近年来，赴纳国际游客逐年递增，2013年共有120万外国游客赴纳观光。纳发展旅游业条件优越，主要有地形地貌丰富多彩，生物多样化特点突出，注重生态保护以及交通基础设施相对完善等。

【**交通运输**】基础设施较发达。

铁路：总长2600公里；平均每年客运量60.2万人次，货运量68.7万吨公里。

公路：总长约6.4万公里，其中沥青路5000公里；年均客运量5万人次，货运量18万吨。

水运：沃尔维斯湾是纳唯一深水港和西南非地区最大的贸易和渔港，年吞吐量约200万吨。

空运：纳米比亚航空公司经营的国际和地区航线通往法兰克福、开普敦、约翰内斯堡、卢萨卡、哈拉雷和罗安达等城市，国内航线通往纳各主要城市及一些偏远城市。纳各大城市均有机场。

【**财政金融**】纳是南部非洲关税同盟和兰特货币区成员国。财政金融大权集中于中央，90%财政收入源于税收。从南部非洲关税同盟所得收入占每年财政收入的20%—30%。另据调查，纳65%的银行为外国资本掌握。

【**对外贸易**】主要出口矿产品、渔产品、畜牧产品及初级加工产品，其中钻石出口占出口收入总额的33%。经济对进口依赖性强，绝大部分生产、生活资料需要进口。接近90%的进口商品来自南非。主要出口市场为南非、英国、美国等。2015年出口总额为42.1亿美元，进口总额为67.77亿美元。

人民生活

纳米比亚虽为中等收入国家，但贫富差距较大。纳政府重视提高人民的医疗卫生条件，医疗卫生经费占财政总预算的9%左右。经过多年努力，纳艾滋病感染率趋于稳定。艾滋病母婴传播比例从2005年的20%降至2013年的4%，新增病例降低了50%。同时实现了85%的治疗覆盖率。

军　事

独立后，政府在整编前纳米比亚解放军和前西南非洲地方军的基础上，建立起一支统一的国防军，总兵力1.5万人，其中空军和海军各约500人，警察特种部队6000人。根据纳财政部向议会提交的2014/2015年度财政预算，国防预算为66亿纳元，约占政府财政预算的10.96%。

文化教育

【**教育**】独立后建立普及教育制度，2012年实现小学免费义务教育。全国拥有1500所中小学校和特种学校。纳米比亚大学是全国唯一的综合性大学，建于1993年，有学生4000多人；另有10多所中等技术学校和师范学校。近年来，纳教育投入持续增加，教育拨款从2000年的

18亿纳元提高到2014年的154亿纳元，占预算总额的23%。目前，初等教育入学率达93.6%，高中入学率为49.5%，高等教育普及率为24%。纳全国识字率从独立时不到75%上升至目前的90%。纳还分别与南非、德国、中国等签署了联合研究和科技合作文件，但教育事业发展仍面临辍学率和不及格率过高、教室严重缺乏和教学质量不尽如人意等挑战。

【新闻出版】全国有192家新闻机构和组织。有报刊十余种。主要报刊和发行量为：《纳米比亚人报》（1万份），1985年创刊；《共和者报》（1万份），1977年创刊，特恩哈尔民主联盟机关报，有英、德、南非荷兰文；《新时代报》（7000份），人组党报；《温得和克广告者报》（1.1万份）。

纳米比亚广播公司为全国性广播和电视机构，成立于1990年，其前身是1979年成立的西南非洲广播公司，产权为国家所有。下设广播电台，用英、德、南非荷兰语和13种地方语广播；电视台只有一个频道，主要用英语播出节目。纳米比亚通讯社为半官方通讯社。南非在纳设有电视转播站。

近年来，纳国有新闻、通讯产业业绩突出。移动通讯核心骨干网络进行了升级改造。随着信号传送基站建设速度加快，纳广播公司调频广播和电视信号的覆盖范围分别达到全国的98%和68%。纳通社第一次开通全天多媒体新闻服务，并在全国设立了6个分部，地方新闻采访能力明显提高。

对外关系

纳米比亚迄今已与108个国家建立外交关系。奉行不结盟、睦邻友好的外交政策，强调外交为经济建设服务，支持加强非洲国家间的合作，主张建立国际政治经济新秩序、加强南南合作、南北对话。注重周边外交。加强同周边国家、亚洲国家的经贸往来。

【同中国的关系】中纳于1990年3月22日建交，两国关系顺利发展，高层往来频繁。2011年5月，全国人大常委会委员长吴邦国访纳米比亚。6月，纳总统波汉巴以南部非洲发展共同体轮值主席身份访华。11月，国务委员刘延东访纳。2012年1月，外交部长杨洁篪访纳；3月，全国人大常委会副委员长华建敏访纳；4月，国务院副总理回良玉访纳；5月，中共中央政治局委员、全国政协副主席王刚访纳。6月，纳开国总统努乔马作为特邀嘉宾来华出席第二届中非青年领导人论坛活动；7月，纳外长乌托尼来华出席中非合作论坛第五届部长级会议。2013年5月，全国政协副主席马飚访纳。8月中央政治局委员、重庆市委书记孙政才访纳。9月纳副总理豪西库来华出席厦门"投洽会"。2014年4月，纳总理哥根布访华并出席博鳌亚洲论坛2014年年会，国家主席习近平、全国政协主席俞正声分别会见，国务院总理李克强会谈。2014年6月，中国海军第16批护航编队对纳进行友好访问，系中国海军舰艇首次访纳。2015年3月，习近平主席特使、交通运输部长杨传堂赴纳米比亚出席根哥布总统就职仪式。3月，国务委员兼国防部长常万全访纳。8月，波汉巴以前总统身份来华出席第四届中非民间论坛。10月，纳开国总统努乔马来华出席第六届香山论坛并访华。2015年12月，习近平主席同根哥布总统在南非约翰内斯堡共同出席中非合作论坛约翰内斯堡峰会时会面。

2015年双边贸易额7.05亿美元、同比下降18.3%，其中中方出口额4.92亿美元、同比下降9.8%，进口额2.13亿美元、同比下降32.8%。

中国驻纳米比亚大使：忻顺康。馆址：28 Hebenstreit Street，Windhoek 9000，Namibia，P.O.Box 22777，Windhoek。电话：402656。国家地区号：264–61；传真：402655，402659。

纳米比亚驻华大使林戈·阿贝德（Mr. Ringo F. Abed）。馆址：北京朝阳区塔园外交人员办公楼2–9–2。电话：010–65324810/11，65322211。传真：65324549。邮编：100600。

【同非洲国家的关系】纳米比亚重视发展同非洲国家、特别是南部非洲发展共同体国家的关系。主张南共体国家建立促进贸易、投资、地区经济发展的共同机制，支持南共体政治、防务与安全机构的工作。支持非盟主导非洲事务。

【同西、北欧国家的关系】同西、北欧国家有密切的经贸联系，德国、瑞典、挪威、法国是纳米比亚主要的援助国。纳独立后即加入洛美协定并与西、北欧国家签有多项经贸、文化和技术合作协定。欧盟向纳主要援助领域包括教育、乡村发展、能力和基础设施建设、政府管理和非政府组织活动等，旨在帮助纳促进减贫和实现可持续增长。纳与德国关系特殊，目前在纳有近4万德裔白人，有30所学校教授德语。2014年同欧盟就《经济伙伴协定》达成共识。

【同美国的关系】美是纳米比亚主要援助国之一，每年向纳提供1000万—1500万美元的双边和地区发展基金。美国公司占外国在纳公司的1/3以上。美和平队青年志愿者计划自纳独立伊始即开始实施，目前约有100名青年志愿者在纳政府机构、中小企业、诊所、学校和社区组织开展志愿服务。2001年，纳获得美《非洲增长与机遇法案》受益国待遇。2006年，美接受纳为"千年挑战账户"受惠国。

【同其他国家的关系】近年来，纳米比亚积极推行"东向"政策，加强同亚洲国家的合作。在高度重视对华关系的同时，积极加强同日本、印尼、印度、泰国、越南、马来西亚、新加坡等国在天然气开发、公务员培训、远程教育、农业、海洋渔业、港口建设、人力资源、旅游等领域的合作，扩大经贸往来。（郭婧）

南　非

国名　南非共和国（The Republic of South Africa）。

面积　1,219,090平方公里。

人口　5496万（南非统计局2015年年中统计数字）。分黑人、有色人、白人和亚裔四大种族，分别占总人口的80.5%、8.8%、8.2%和2.5%。黑人主要有祖鲁、科萨、斯威士、茨瓦纳、北索托、南索托、聪加、文达、恩德贝莱9个部族，主要使用班图语。白人主要为阿非利卡人（以荷兰裔为主，融合法国、德国移民形成的非洲白人民族）和英裔白人，语言为阿非利卡语和英语。有色人主要是白人同当地黑人所生的混血人种，主要使用阿非利卡语。亚裔人主要是印度人（占绝大多数）和华人。有11种官方语言，英语和阿非利卡语为通用语言。约80%的人口信仰基督教，其余信仰原始宗教、伊斯兰教、印度教等。

首都　比勒陀利亚（Pretoria）为行政首都，人口约292万；开普敦（Cape Town）为立法首都，人口约374万；布隆方丹（Bloemfontein）为司法首都，人口约75万（2011年南非人口普查数据）。

国家元首　总统雅各布·祖马（Jacob Zuma）。2009年5月就任。2014年5月连任，任期5年。

重大节日　新年（1月1日）；人权日（3月21日）；耶稣受难日（复活节前的星期五）；复活节（每年过春分月圆后第一个星期五至下星期一）；家庭日（复活节后的星期一）；自由日（国庆日，4月27日）；劳动节（5月1日）；青年节（6月16日）；妇女节（8月9日）；传统节（9月24日）；和解日（12月16日）；友好日（12月26日）。

简　况

位于非洲大陆最南端，东濒印度洋，西临大西洋，北邻纳米比亚、博茨瓦纳、津巴布韦、莫桑比克和斯威士兰，另有莱索托为南非领土所包围。海岸线长3000公里。全国大部分地区属热带草原气候，夏季最高气温为32—38℃，冬季最低气温为-10—12℃。

最早的土著居民是桑人、科伊人及后来南迁的班图人。17世纪后，荷兰人、英国人相继入侵并不断将殖民地向内地推进。19世纪中叶，白人统治者建立起四个政治实体：两个英国殖民地，即开普、纳塔尔殖民地；两个布尔人共和国，即德兰士瓦共和国和奥兰治自由邦。1899—1902年英布战争以英国人艰难取胜告终。1910年四个政权合并为“南非联邦”，成为英国自治领。南非当局长期在国内以立法和行政手段推行种族歧视和种族隔离政策。1948年国民党执政后，全面推行种族隔离制度，镇压南非人民的反抗斗争，遭到国际社会的谴责和制裁。1961年退出英联邦（1994年重新加入），成立南非共和国。1989年，德克勒克出任国民党领袖和总统后，推行政治改革，取消对黑人解放组织的禁令并释放非洲人国民大会（非国大）主席纳尔逊·曼德拉（Nelson Mandela）等黑人领袖。1991年，非国大、南非政府、国民党等19方就政治解决南非问题举行多党谈判，并于1993年就政治过渡安排达成协议。1994年4—5月，南非举行首次不分种族大选，以非国大为首的非国大、南非共产党、南非工会大会三方联盟以62.65%的多数获胜，曼德拉出任南非首任黑人总统，非国大、国民党、因卡塔自由党组成民族团结政府。

政　治

以非国大为主体的民族团结政府奉行和解、稳定、发展的政策，妥善处理种族矛盾，全面推行社会变革，努力提高黑人政治、经济和社会地位，实现由白人政权向多种族联合政权的平稳过渡。1996年，国民党退出民族团结政府，非国大领导的三方联盟基本实现单独执政。非国大继续奉行种族和解政策，努力保持社会稳定，不断提高黑人社会地位和生活水平，连续赢得1999年和2004年大选。2008年，南非政局发生重大变化。9月21日，总统塔博·姆贝基（Thabo Mbeki）宣布辞职。9月25日，国民议会选举非国大副主席卡莱马·莫特兰蒂（Kgalema Mothlante）为新总统。11月，部分前内阁和地方高官脱离非国大，另成立人民大会党。2009年4月22日，南非举行第四次民主选举。非国大以65.9%的得票率再次赢得国民议会选举胜利，并在除西开普省以外的八省议会选举中获胜。反对党民主联盟取得西开普省议会选举胜利。5月6日，国民议会选举非国大主席祖马为南新总统。在2011年5月18日举行的新一届地方选举中，非国大以61.95%的得票率再次获胜。2012年12月，非国大召开第五十三次全国代表大会，祖马以75%的得票率成功连任党主席，非国大前总书记西里尔·拉马福萨（Cyril Ramaphosa）当选副主席。2014年5月7日，南非举行第五次大选，非国大以62.15%的得票率再次胜选，祖马连任总统，拉马福萨任副总统。

【宪法】1994年临时宪法是南非历史上第一部体现种族平等的宪法。1996年，在临时宪法基础上起草的新宪法被正式批准，并于1997年开始分阶段实施。宪法规定实行行政、立法、司法三权分立制度，中央、省级和地方政府相互依存，各行其权。宪法中的人权法案（Bill of Right）被称为南非民主的基石，明确保障公民各项权利。修改宪法序言须国民议会四分之三议员和省务院中的六省通过；修改宪法其他条款须国民议会三分之二议员通过；如修宪部分涉及省务条款，须省务院中的六省通过。

【**议会**】实行两院制，分为国民议会和全国省级事务委员会（简称省务院），任期均为5年。本届议会由2014年5月举行的全国和9省议会选举产生。国民议会共设400个议席，其中200个席位根据全国选举结果分配，另200个席位根据省级选举结果分配。非国大获249席，民主联盟89席，经济自由斗士25席，因卡塔自由党10席，民族自由党6席，联合民主运动、新自由阵线各4席，其余席位由人民大会党、非洲基督教民主党等政党占有。国民议会议长巴莱卡·姆贝特（Baleka Mbete，非国大）。省务院共90名代表，每省10名代表，分别由省长、3名特别代表（由省长任命）和6名常任代表（由省议会选派，依各政党在省议会中的比例选出）组成。省务院主席坦迪·莫迪塞（Thandi Modise，非国大）。南非国民议会和省务院下设与政府各部门相对应的专门委员会、临时委员会和两院联合委员会。

【**政府**】分为中央、省和地方三级。本届政府于2014年5月成立。现内阁成员名单如下：总统雅各布·祖马，副总统西里尔·拉马福萨，总统府部长杰弗里·塔姆桑卡·拉德贝（Jeffrey Thamsanqa Radebe），国际关系与合作部长迈特·恩科阿纳－马沙巴内（Maite Nkoana-Mashabane，女），国防和退伍军人部长诺西维韦·马皮萨－恩卡库拉（Nosiviwe Mapisa-Nqakula，女），警察部长恩科西纳蒂·恩莱科（Nkosinathi Nhleko），国家安全部长戴维·马洛博（David Mahlobo），财政部长普拉温·戈尔丹（(Pravin Gordhan），经济发展部长易卜拉欣·帕特尔（Ebrahim Patel），贸易和工业部长罗布·戴维斯（Rob Davies），内政部长马卢西·吉加巴（Malusi Gigaba），农村发展和土地改革部长古吉莱·恩昆蒂（Gugile Nkwinti），农业、林业和渔业部长森泽尼·佐夸纳（Senzeni Zokwana），矿业部长莫塞本齐·兹瓦内（Mosebenzi Zwane），能源部长蒂娜·乔马特－彼得森（Tina Joemat-Petterson，女），国有企业部长琳恩·布朗（Lynne Brown，女），旅游部长德里克·安德烈·哈内科姆（Derek Andre Hanekom），艺术和文化部长纳西·姆特特瓦（Nathi Mthethwa），科技部长格蕾丝·娜莱迪·潘多尔（Grace Naledi Pandor，女），卫生部长阿伦·莫措阿莱迪（Aron Motsoaledi），公共工程部长图拉斯·恩克塞西（Thulas Nxesi），司法和狱政部长迈克尔·马苏塔（Michael Masutha），劳工部长米尔德莱德·奥利方特（Mildred Oliphant，女），通信部长西亚邦加·奎莱（Siyabonga Cwele），联合执政和传统事务部长戴维·道格拉斯·范鲁廷（David Douglas van Rooyen），交通部长伊丽莎白·迪普奥·彼得斯（Elizabeth Dipuo Peters，女），公职和行政事务部长恩戈阿科·拉马特霍迪（Ngoako Ramatlhodi），社会发展部长巴塔比勒·德拉米尼（Bathabile Dlamini，女），高等教育和培训部长布莱德·恩齐曼德（Blade Nzimande），基础教育部长安吉·莫采卡（Angie Motshekga，女），人居部长琳迪韦·西苏鲁（Lindiwe Sisulu，女），体育和娱乐部长菲基利·姆巴鲁拉（Fikile Mbalula），环境事务部长埃德纳·莫莱瓦（Edna Molewa，女），妇女部长苏珊·沙班古（Susan Shabangu，女），水利部长诺姆菲拉·莫科尼亚内（Nomvula Mokonyane，女），小企业发展部长琳迪韦·祖卢（Lindiwe Zulu，女），新闻部长费丝·穆坦比（Faith Muthambi，女）。

【**行政区划**】全国共划为9个省，设有278个地方政府，包括8个大都市、44个地区委员会和226个地方委员会。

【**司法机构**】司法体系基本分为法院、刑事司法和检察机关3大系统。法院由宪法法院、最高上诉法院、高等法院、地方法院等组成。宪法法院院长莫洪恩·莫洪恩（Mogoeng Mogoeng）。最高上诉法院首席大法官莱克斯·姆帕蒂（Lex Mpati）。总检察长肖恩·凯文·亚伯拉罕斯（Adv. Shaun Kevin Abrahams）。

【**政党**】实行多党制。国民议会现有13个政党。

（1）非洲人国民大会（African National Congress）：简称非国大，主要执政党，最大的黑人政党。主张建立统一、民主和种族平等的新南非，领导了南非反种族主义斗争。创立于1912年，1925年改现名，成员超过100万。曾长期主张非暴力斗争。1960年被南非当局宣布为“非法”组织，主要领导人流亡国外。1961年决定开展武装斗争，成立“民族之矛”军事组织，曼德拉任总司令。1962年，曼德拉等人被捕。非国大在极其困难的条件下坚持斗争，获得国内外的广泛同情和支持，逐渐成为南非影响最大的黑人解放组织。80年代后调整斗争策略，确定政治解决南非问题和灵活处理制宪谈判的战略，在南非平稳过渡进程中发挥了关键作用。1994年4月成为执政党。1997年12月举行第50次全国代表大会，曼德拉辞去主席职务，选举产生以姆贝基为首的新的领导集体。在1999年6月新南非第二次大选中再次获胜，继续执政。2002年12月举行第51次全国代表大会，姆贝基蝉联主席。在2004年第三次大选中，非国大赢得69.68%选票，蝉联执政。2007年12月举行第52次全国代表大会，雅各布·祖马当选党主席。在2009年4月第四次大选中，非国大以65.9%的得票率再次赢得国民议会选举胜利，继续执政。在2011年5月18日举行的地方选举中以61.95%的得票率再次获胜。2012年12月举行第53次全国代表大会，祖马连任主席，拉马福萨当选副主席，全国主席姆贝特和总书记格维德·曼塔谢（Gwede Mantashe）分别连任。在2014年5月7日南非第五次大选中，非国大以62.15%的得票率再次胜选。

（2）民主联盟（Democratic Alliance）：第一大反对党。前身为民主党，2000年6月与新国民党合并后改为现名。主要成员为白人，代表英裔白人工商金融界利益。是白人"自由派"左翼政党，主张废除种族隔离，积极参与南非和平进程。2001年10月，新国民党退出民主联盟。为壮大力量，民盟实行战略转变，致力于建立包括黑人、白人党员在内的人民政党。2003年9月，与黑人政党因卡塔自由党结成"变革联盟"共同应对2004年大选，并在国民议选举中赢得12.37%选票，获50个议席。在2009年4月第四次大选中，赢得国民议会选举16.66%选票，获67个议席。在西开普省议会选举中获得52%的选票，赢得该省执政权。在2011年5月18日举行的地方选举中得票率为21.97%。在2014年5月第五次大选中，赢得国民议会选举22.23%选票，获89个议席，在西开普省支持率升至59%。领袖穆西·迈马内（Mmusi Maimane）。

（3）经济自由斗士（Economic Freedom Fighters）：由非国大青联前主席朱利叶斯·马莱马（Julius Malema）于2013年6月发起成立。主张采取激进政策，无偿收回所有土地并重新分配，实施矿业国有化政策，承诺为全民提供免费教育和医疗。在2014年5月第五次大选中一跃成为第三大党，获6.35%支持率和25个议席。

（4）人民大会党（Congress of the People）：2008年11月由部分前内阁和地方政府高官脱离非国大后组成。主张建立真正不分种族、没有阶级和性别歧视的人民政党，改革现行选举制度和政府官员任命制度；大力发展农业和以出口为导向的劳动密集型产业；强力打击犯罪，培育社会安防意识。在2009年4月第四次大选中，赢得国民议会选举7.42%选票，获30个议席，成为议会第三大党。在2014年5月第五次大选中仅获得3个议席。主席莫修瓦·莱科塔（Mosiuoa Lekota）。

（5）因卡塔自由党（Inkatha Freedom Party）：以夸祖鲁—纳塔尔地区祖鲁族为主的黑人民族主义政党。前身是"民族文化解放运动"，成立于1928年，1990年向所有种族开放，改为政党并用现名。以争取黑人解放为宗旨，主张通过和平谈判解决南非问题。1994年4月在全国大选中得票率居第三位，进入民族团结政府。1996年后在夸祖鲁－纳塔尔省主政。1999年大选后继续参加中央政府，与非国大在夸－纳省联合执政。2003年9月与民主联盟结成"变革联盟"共同应对2004年大选，在大选中赢得6.97%选票，获28个议席；在其传统势力范围夸－纳省议会选中得票率降为36.87%，丧失该省第一大党地位。在2009年4月第四次大选中，赢得国民议会选举4.55%选票，获18个议席；在夸－纳省议会选举中得票率进一步降至20.5%。2011年1月25日，因卡塔自由党前全国主席扎内勒·姆西比（Zanele Magwaza-Msibi）宣布脱离该党而另建新党"民族自由党"（National Freedom Party），使因卡塔自由党实力大为削弱。在2014年5月第五次大选中获得10个议席。主席曼戈苏图·布特莱齐（Mangosuthu Buthelezi）。

（6）南非共产党（South African Communist Party）：与非国大、南非工会大会结成"三方联盟"。其党员以非国大成员身份参选、入阁。1921年7月成立。1950年被南非当局宣布为"非法"组织。1990年2月重新获得合法地位。始终将实现共产主义作为其最终奋斗目标，坚持"社会主义的工人阶级政党"性质，但认为南非基本上是一个经过特殊殖民主义发展的、依附性较强的资本主义，当前的任务仍是推进以黑人彻底解放为目标的民族主义革命。2012年7月召开第13次全国代表大会。总书记布莱德·恩齐曼德，2014年5月再次出任高等教育和培训部长。

（7）联合民主运动（United Democratic Movement）：1997年9月成立，是由原新运动进程和全国协商论坛合并而成的跨种族政党。1999年6月大选中成为第五大党。在2004年大选中获得2.28%的选票，获6个议席，成为国民议会第四大政党。在2009年4月第四次大选中，赢得国民议会选举1%选票，获4个议席。在2014年5月第五次大选中再次获得4个议席。主席班图·霍罗米萨（Bantubonke Holomisa）。

此外，其他政党还有：独立民主党（Independent Democrats）、新自由阵线（Freedom Front Plus）、非洲基督教民主党（African Christian Democratic Party）、联合基督教民主党（United Christian Democratic Party）、泛非主义者大会（Pan Africanist Congress）、少数阵线（Minority Front）、阿扎尼亚人民组织（Azanian People's Organization）、非洲人民大会党（African People's Convention）等。

【重要人物】雅各布·祖马：总统。1942年生。1958年加入非国大，1963年起被白人政权监禁10年，后长期流亡国外。曾任非国大情报部主任、副总书记、全国主席、夸－纳省主席。1997年当选非国大副主席。1999—2005年任副总统。2007年12月当选非国大主席。2009年5月当选总统。2012年12月连任非国大主席。2014年5月连任总统。曾于1996、1998年以地方官员身份、2004年以副总统身份、2008年以非国大主席身份访华，2010年8月以总统身份首次对华进行国事访问。2011年4月来华出席金砖国家领导人第三次会晤和博鳌亚洲论坛2011年年会开幕式。2012年7月来华出席中非合作论坛第五届部长级会议开幕式并访华。2014年12月对华进行国事访问。 **西里尔·拉马福萨**：副总统。1952年生。法学学士。早年从事黑人学生运动，并创立南非全国矿工大会。1991年当选非国大总书记。1994年新南非成立后任国民议会议员、立宪会议主席。1997年角逐非国大主席失利后弃政从商（仍保留非国大全国执委等党内职务）。成为南非第二富有的黑人商人。2012年当选非国大副主席。2014年5月任副总统。 **纳尔逊·曼德拉**：前总统，非国大前主席，著名黑人领袖。1918年生于特兰斯凯乌姆塔塔地区坦姆部族酋长家庭。青年时代就投身于黑人解放事业，并为此放弃继承酋长地位。1944年参加非国大，先后担任非国大青年联盟全国书记、全国主席、非国大副主席。1961年参与创建非国大军事组织“民族之矛”并任总司令，领导开展反对南非种族主义政权的武装斗争。1962年6月被捕。1963年6月以“阴谋颠覆罪”被判处终身监禁。1990年2月获释，3月2日重新当选非国大副主席，1991年7月当选主席。1994年5月就任总统。1997年12月辞去非国大主席职务。1999年大选后退休。主要著作有《走向自由之路不会平坦》、《斗争是我的生命》和自传《漫漫自由路》等。1993年与南非时任总统德克勒克分享诺贝尔和平奖。2009年，联合国将曼生日7月18日定为“曼德拉国际日”。2013年12月5日（南非时间），曼在约翰内斯堡家中因病逝世。

经　济

南非属于中等收入的发展中国家，也是非洲经济最发达的国家。自然资源十分丰富。金融、法律体系比较完善，通讯、交通、能源等基础设施良好。矿业、制造业、农业和服务业均较发达，是经济四大支柱，深井采矿等技术居于世界领先地位。但国民经济各部门、地区发展不平衡，城乡、黑白二元经济特征明显。20世纪80年代初至90年代初受国际制裁影响，经济出现衰退。新南非政府制定了“重建与发展计划”，强调提高黑人社会、经济地位。1996年推出“增长、就业和再分配计划”，旨在通过推进私有化，削减财政赤字，增加劳动力市场灵活性，促进出口，放松外汇管制，鼓励中小企业发展等措施实现经济增长，增加就业，逐步改变分配不合理的情况。2006年实施“南非加速和共享增长倡议”，加大政府干预经济力度，通过加强基础设施建设、实行行业优先发展战略、加强教育和人力资源培训等措施，促进就业和减贫。1994—2004年经济年均增长3%，2005—2007年超过5%。

受国际金融危机影响，南非2008年经济增速放缓，同比增长下滑至3.1%，2009年为-1.8%，一度陷入衰退。为应对金融危机冲击，南自2008年12月以来6次下调利率，并出台增支减税、刺激投资和消费、加强社会保障等综合性政策措施，以遏止经济下滑势头。在政府经济刺激措施、国际经济环境逐渐好转和筹办世界杯足球赛的共同作用下，南非经济逐渐企稳。2010年以来，祖马政府相继推出“新增长路线”和《2030年国家发展规划》，围绕解决贫困、失业和贫富悬殊等社会问题，以强化政府宏观调控为主要手段，加快推进经济社会转型。2012年8月爆发的马利卡纳铂金矿大罢工演变成严重流血冲突，并引发新一轮罢工潮，重创南矿业和交通运输业等支柱产业，加上国际评级机构先后调降南长期主权信用评级展望和政府债券评级，令南经济再度面临严峻形势，兰特兑美元汇率一度跌至三年来新低。2013年以来，由于美国退出量化宽松政策等因素影响，南非出现大幅资本外流。2012年经济增长率为2.2%，2013年为2.2%，2014年为1.5%。受国际大宗商品价格持续低迷、美联储加息及电力短缺、旱情严重等内外不利因素影响，2015年南经济持续低迷，同比增长1.3%，是2010年以来的最低。目前，南政府正在采取削减政府开支、加快工业化进程、发展海洋经济等措施，努力应对经济下滑挑战。

2014年主要经济数据如下：

国内生产总值：约3500亿美元

人均国内生产总值：约6500美元

国内生产总值年增长率：1.5%

货币名称：兰特

汇率：1美元≈12.76兰特（2015年年均）

【资源】矿产资源丰富，是世界五大矿产资源国之一。现已探明储量并开采的矿产有70余种。铂族金属、氟石、铬的储量居世界第一位，黄金、钒、锰、锆居第二位，钛居第四位，磷酸盐矿、铀、铅、锑居第五位，煤、锌居第八位，铜居第九位。根据南非矿业部统计数据，2011年已探明的矿藏储量：黄金6000吨（占世界总储量的11.8%，下同），铂族金属6.3万吨（95.5%），锰1.5亿吨（23.8%），钒364万吨（26%），蛭石1400万吨，铬31亿吨（85%），铀29.5万吨（5.5%），煤301.56亿吨（3.5%），钛7130万吨（10.3%），锆1400万吨（27%），氟石4100万吨（17.1%），磷酸盐15亿吨（2.1%），锑2.1万吨（1.2%），铅30万吨（2.1%），锌1400万吨（3.3%），铜1100万吨（1.6%）。

【工业】制造业、建筑业、能源业和矿业是南非工业四大部门。制造业门类齐全，技术先进，产值约占国内生产总值的17.2%。主要产品有钢铁、金属制品、化工、运输设备、机器制造、食品加工、纺织、服装等。钢铁工业是南非制造业的支柱，拥有六大钢铁联合公司、130多家钢铁企业。近年来，纺织、服装等缺乏竞争力的行业萎缩，汽车制造等新兴出口产业发展较快。

建筑业发展较快。1994—1999年，南非政府共筹集投入125亿兰特建设低造价住房，以缓解黑人城镇居民住房问题。近年来，由于南非加快实施2010年世界杯足球赛场馆建设及房地产开发热，南建筑业发展较快，但设备陈旧、技术工人缺乏等问题比较突出。南政府目前正在实施基础设施发展规划，建筑业面临进一步发展的大好时机。

能源工业基础雄厚，技术较先进。电力工业较发达，发电量占全非洲的2/3，其中约92%为火力发电。国营企业南非电力公司（ESKOM）是世界上排名前十电力生产和第十一大电力销售企业，拥有世界上最大的干冷发电站，供应南非95%和全非60%的用电量。近年来由于电力生产和管理滞后等原因，全国性电力短缺现象严重。在开普敦附近建有非洲大陆唯一的核电站——库贝赫（Koeberg）核电站，发电能力180万千瓦。此外，南非萨索尔（SASOL）公司的煤合成燃油及天然气合成燃油技术商业化水平居世界领先地位，其生产的液体燃油约占南燃油供应总量的1/4。

矿业历史悠久，具有完备的现代矿业体系和先进的开采冶炼技术，是南非经济的支柱。2012年产值约占国内生产总值的5.5%。矿产品是出口的重要构成部分，2012年矿产品出口额约占出口总额38%。南非是世界上重要的黄金、铂族金属和铬生产国和出口国。钻石产量约占世界的9%。南非德比尔斯（De Beers）公司是世界上最大的钻石生产和销售公司，总资产200亿美元，其营业额一度占世界钻石供应市场90%的份额，目前仍控制着世界粗钻石贸易的60%。

2011年矿产品产量如下：黄金180.2吨，铂族金属288.9吨，铬10721千吨，锰8652千吨，煤2.528亿吨，铜89千吨，钻石7046千克拉。

【农牧渔业】农业较发达，产值占国内生产总值的3%。可耕地约占土地面积的12%，但适于耕种的高产土地仅占22%。农业、林业、渔业就业人数约占人口的7%，其产品出口收入占非矿业出口收入的15%。农业生产受气候变化影响明显。玉米是最重要的粮食作物。各类罐头食品、烟、酒、咖啡和饮料畅销海外。盛产花卉、水果，葡萄酒享有盛誉。

畜牧业较发达，主要集中在西部三分之二的国土。牲畜种类主要包括牛、绵羊、山羊、猪等，家禽主要有鸵鸟、肉鸡等。主要产品有禽蛋、牛肉、鲜奶、奶制品羊肉、猪肉、绵羊毛等。所需肉类85%自给，15%从纳米比亚、博茨瓦纳、斯威士兰等邻国和澳大利亚、新西兰及一些欧洲国家进口。绵羊毛产量可观，是世界第4大绵羊毛出口国。

水产养殖业产量占全非洲5%和世界的0.03%。南非商业捕捞船队有各种船只500多艘。全国约有2.8万人从事海洋捕捞业。主要捕捞种类为淡菜、鳕鱼、牡蛎和开普无须鳕。每年捕捞量约58万吨，产值近20亿兰特。此外，南非养蜂业年产值约2000万兰特。

【旅游业】旅游业是当前南非发展最快的行业之一，产值占国内生产总值的8.7%，从业人员达140万人。旅游资源丰富，设施完善。有700多家大饭店，2800多家大小宾馆、旅馆及10000多家饭馆。旅游点主要集中于东北部和东、南沿海地区。生态旅游与民俗旅游是南非旅游业两大最主要的增长点。2010年6月11日至7月11日，第十九届世界杯足球赛决赛圈比赛在南非举行，有力拉动了南旅游业。2012年到南非旅游的外国游客达919万人次。

【交通运输】有非洲最完善的交通运输系统，对本国以及邻国的经济发挥着重要作用。以铁路、公路为主，空运发展迅速。近年来加强了城镇及经济开发区交通基础设施建设。

铁路：总长约3.41万公里，其中1.82万公里为电气化铁路，有电气机车2000多辆。年度货运量约1.75亿吨。由比勒陀利亚驶往开普敦的豪华蓝色客车享有国际盛誉。连接行政首都比勒陀利亚和约翰内斯堡奥立佛·坦博国际机场的高速铁路2011年8月通车，总长约80公里。

公路：分为国家、省及地方三级。2009年总里程（含各级公路和街道）达75.5万公里，其中国家级公路16170公里。年客运量约450万人次，货运量310万辆。

水运：海洋运输业发达，约98%的出口要靠海运来完成，主要港口有开普敦、德班、东伦敦、伊丽莎白港、理查兹湾、萨尔达尼亚和莫瑟尔湾。有商船990艘，总吨位75.5万吨。年港口吞吐量约为12亿吨。德班是非洲最繁忙的港口及最大的集装箱集散地，年集装箱处理量达120万个。

空运：截至2007年年中，南注册飞机总数10189架，其中南非航空公司拥有包括30余架波音飞机和15架空中客车在内的各类民航机共48架，是非洲大陆最大的航空公司之一，也是世界最大的50家航空公司之一。现约有27个民航机场，其中11个是国际机场。每周有600多个国内航班和70多个国际航班，与非洲、欧洲、亚洲及中东、南美一些国家直接通航。平均年客运量达1200万人次。主要国际机场有奥立佛·坦博国际机场（原约翰内斯堡国际机场）、开普敦国际机场和德班沙卡王国际机场等。

管道运输：南非管道运输网络总长3000公里，输送全国85%的石油加工产品。

【通讯网络】南非电讯和信息技术产业发展较快，电信发展水平列世界第20位。共有500万门固定电话。移动电话用户约2900万。因特网用户530万。南非电信公司TELKOM是非洲最大的电信公司，最大的两家信息技术公司DIDATA和DATATEC已在英美市场占有一席之地。其卫星直播和网络技术水平在世界上竞争力较强，南非米拉德国际控股公司（MIH）已垄断了撒哈拉以南非洲的绝大部分卫星直播业务。软件业也开始走向国际市场。

【财政金融】近年来财政收支情况如下：（单位：百万兰特）

	2009/10	2010/11	2011/12	2012/13
收入	571492	755000	830200	887800
支出	748816	897400	972500	1055900

赤字或盈余	−177324	−142400	−142300	−168100

（南非财政部网站）

2015年，官方外汇储备458亿美元，外债总额存量594亿美元。

南非储备银行（The South African Reserve），系南中央银行，始建于1920年，为股份有限银行，除行长与副行长由政府任命外，享有很大的独立决策权。总部设在比勒陀利亚。

截至2009年底，南非共有注册银行31家，另有42家外国银行在南非设有代表处。银行业资产29670亿兰特。其中最大的四家银行是：第一兰特银行（First Rand Bank）、南非联合银行集团（Amalgamated Banks of South Africa Group）、标准银行（Standard Bank）、莱利银行（NedBank Limited）。上述四大商业银行总资产约占南商业银行总资产的84.6%。

【对外贸易】南非实行自由贸易制度，是世界贸易组织（WTO）的创始会员国。欧盟与美国等是南非传统的贸易伙伴，但近年与亚洲、中东等地区的贸易也在不断增长。据南非税务总局统计，2013年南非货物进出口额为1979亿美元，其中，出口951亿美元，进口1028亿美元，贸易逆差77亿美元。2014年南非货物进出口额为1909亿美元，其中，出口910亿美元，进口999亿美元，贸易逆差89亿美元。

出口产品有：黄金，金属及金属制品，钻石，食品、饮料及烟草，机械及交通运输设备等制成品。主要进口机械设备，交通运输设备，化工产品，石油等。2014年前十大出口目的地国为：中国、美国、日本、博茨瓦纳、德国、纳米比亚、印度、英国、荷兰、莫桑比克；前十大进口来源国为：中国、德国、沙特阿拉伯、美国、尼日利亚、印度、日本、英国、意大利、泰国。

【外国资本】主要来自欧美，尤以欧洲为主。对南非累计投资额欧洲占近70%，美洲占近20%。英国是累计对南非直接投资最多的国家，占五分之二左右。外资以证券资本为主，直接投资（FDI）较少。在南非拥有资产的外国公司投资大多集中于采矿、制造、金融、石油加工和销售等部门。2013年南非吸收外国直接投资83亿美元，2014年为57亿美元，2015年锐减为15亿美元。

【外国援助】1994年以来，各国政府、国际组织承诺向南非政府提供援助，用于支持“重建与发展计划”。主要援助国有美国、英国、德国等。多边组织如世界银行和国际货币基金组织也均向南非提供援助。

人民生活

南非属中等收入国家，但贫富悬殊。2/3的国民收入集中在占总人口20%的富人手中。1994年以来南非政府先后推出多项社会、经济发展计划，通过建造住房、水、电等设施和提供基础医疗保健服务改善贫困黑人生活条件。1997年制定《社会保障白皮书》，把扶贫和对老、残、幼的扶助列为社会福利重点。2015年，平均预期寿命为62岁。艾滋病问题是目前南非面临的严重社会问题之一，艾滋病感染率为10.5%。

军　事

总统为武装力量最高统帅。最高国防决策机构是国家安全委员会，下辖国防咨询委员会和国防部。国防部长代表总统处理军队日常事务。国防军司令主持全军的作战、指挥和军事训练等事务，由总统任命，平时对国防部长负责，战时由总统直接领导。国防军总司令索利·肖基上将（Gen.Solly Shoke）。南非国家安全部队包括国防军和警察部队。国防军的陆、海、空军分别建于1912、1922和1920年。新南非成立后将原种族隔离时期的国防军同非国大、泛非大、前黑人家园民族解放组织的部分武装进行合并整编，并确定其任务是维护国家主权和领土完整，履行国际义务，协助维护国内治安等。1997年，义务兵役制改为志愿兵役制。现南非国防军总兵力7.94万人，其中陆军约5.43万人，海军约8000人，空军约1.11万人，卫生部队6000人，另有1.5万人分属国防与退伍军人部、联合作战司令部等指挥控制机关。警察部队13.8万人。警察总监约翰内斯·帕拉内（Johannes K Phahlane）。

文化教育

【教育】因长期实行种族隔离的教育制度，黑人受教育机会远远低于白人。1995年1月，南非正式实施7—16岁儿童免费义务教育，并废除了种族隔离时代的教科书。政府不断加大对教育的投入，着力对教学课程设置、教育资金筹措体系和高等教育体制进行改革。学制分为学前、小学、中学、大学、研究生5个阶段。现有公立高等院校23所，学生75万人；私立高等学院90所，学生3.5万人；继续教育学院和培训学院150所，学生35万人；中小学27850所，学生1214万人。全国有教师36.6万人。2007年成人识字率88.7%，接受过高等教育的人口占总人口约9.1%。2013/2014财年教育预算2538亿兰特，占政府财政总支出的20.3%。著名的大学有：金山大学、比勒陀利亚大学、南非大学、开普敦大学、斯坦陵布什大学等。

【新闻出版】定期出版的报刊数量居非洲之首。共有日报21种，周报27余种，另有200多种省和地方性报纸，600多种各类杂志。发行量较大的有:《星期日时报》（英文）、《每日太阳报》（英文）、《报道报》（阿非利卡语）、《索韦托人报》（英文）、《城市报》（英文）、《星报》（英文）、《公民报》（英文）。其中《星期日时报》《报道报》和《星期日独立报》是全国性报纸。

南非通讯社（South Africa Press Association）是非政府、非赢利性的唯一全国性通讯社（已宣布将于2015年3月31日正式停止运营）。南非广播公司（SABC）下辖广播电台和电视台。广播电台共有18套国内节目，用11种语言向全国广播，拥有2000万听众；对外节目“非洲频道”用4种语言向国外广播。电视台有4个频道，其中2套公共服务节目，2套商业电视节目。M-NET是非洲最有影响力的收费电视频道。

对外关系

新南非奉行独立自主的全方位外交政策，主张在尊重主权和平等互利基础上同一切国家保持和发展双边友好关系。对外交往活跃，国际地位不断提高。已同186个国家建立外交关系。积极参与大湖地区和平进程以及津巴布韦、南北苏丹等非洲热点问题的解决，努力促进非洲一体化和非洲联盟建设，大力推动南南合作和南北对话。是联合国、非洲联盟、英联邦、二十国集团等国际组织或多边机制成员国。2004年成为泛非议会永久所在地。2007—2008，2011—2012年担任联合国安理会非常任理事国。2010年12月被吸纳为金砖国家成员，于2013年3月在德班主办金砖国家领导人第五次会晤。2011年11月承办《联合国气候变化框架公约》第17次缔约方会议。

【同中国的关系】1998年1月1日建交以来，中国南非双边关系全面、快速发展。2000年4月两国元首签署了《中华人民共和国与南非共和国关于伙伴关系的比勒陀利亚宣言》，宣布成立高级别国家双边委员会，迄今已举行五次全体会议。2004年曾庆红副主席访南期间，双方宣布建立战略伙伴关系。2006年温家宝总理访南期间，两国签署《中南关于深化战略伙伴关系的合作纲要》。2007年胡锦涛主席对南进行国事访问。2008年1月，两国建立战略对话机制，至今已举行6次战略对话。2010年8月，祖马总统访华期间，两国元首共同签署《中华人民共和国和南非共和国关于建立全面战略伙伴关系的北京宣言》，将双边关系提升为全面战略伙伴关系。2013年3月，习近平主席对南进行国事访问期间，双方发表联合公报，一致同意将中南关系作为各自国家对外政策的战略支点和优先方向。

双方高层保持密切联系和交往。2013年10月，莫特兰蒂副总统来华访问并与李源潮副主席共同主持中南国家双边委第五次全会。12月，李源潮副主席作为习近平主席特别代表赴南非出席南前总统曼德拉葬礼。2014年5月，民政部部长李立国作为习近平主席特使出席了祖马总统就职仪式。7月，习近平主席在出席巴西金砖国家领导人第六次会晤期间同祖马总统举行了双边会晤。12月，祖马总统对华进行国事访问。

2015年3月，文化部部长雒树刚作为中国政府代表赴南出席南非“中国年”开幕式。4月，南非国民议会议长姆贝特访华。同月，王毅外长对南进行正式访问。7月，习近平主席在出席俄罗斯乌法金砖国家领导人第七次会晤期间同祖马总统举行双边会晤。同月，南非副总统拉马福萨对华进行正式访问。9月，祖马总统来华出席纪念抗日战争暨世界反法西斯战争胜利70周年纪念活动，习近平主席同其举行双边会见。10月，杨洁篪国务委员对南非进行正式访问。12月，习近平主席对南非进行国事访问并与祖马总统共同主持中非合作论坛约翰内斯堡峰会。

中国是南非最大贸易伙伴，南非是中国在非洲最大贸易伙伴。2004年6月，南非承认中国的市场经济地位。2015年双边贸易额460亿美元，同比下降23.66%，其中中方出口158亿美元，进口302亿美元。中国对南主要出口电器和电子产品、纺织产品和金属制品等，从南主要进口矿产品。2014年9月，南非外长马沙巴内来华与商务部部长高虎城共同主持召开中南联合工作组首次会议。

两国双向投资规模不断扩大。截至2015年底，我对南投资存量约130亿美元，涉及矿业、金融、制造业、基础设施、媒体等领域。截至2014年底，南在华实际投资约6.6亿美元，集中在啤酒、冶金等行业。

中南两国签有文化合作协定及其执行计划，多层次、多渠道文化交流与合作发展顺利。近年来，“中国文化非洲行”“感知中国·南非行”“欢乐春节”等大型活动在南举行，反响热烈。南多个艺术团组来华参加“国际民间艺术节”“相约北京—非洲主宾洲”等活动。2014年8月，文化部副部长丁伟访南。

目前，中国已有10余所大学与南非的大学建立合作关系。湖南大学和南非斯泰伦布什大学、东北师范大学和南非比勒陀利亚大学入选中非合作论坛框架内的“中非高校20+20合作计划”，分别结成了合作伙伴。迄今南非接受中国留学生累计逾7100人。截至2014年，中国共接收南非奖学金留学生148名。南非有5所孔子学院和4所孔子课堂，是非洲大陆建有孔子学院和孔子课堂最多的国家。2014年2月，南非基础教育部长莫采卡访华。9月，南非高等教育部长恩齐曼迪访华。

新华社、《人民日报》《经济日报》《科技日报》和中央电视台在南设有记者站，《中国与非洲》杂志在南设有代表处，《北京周报》在南成立“中国与非洲传媒出版有限公司”。南非卫星电视五台在华设有分社。2014年7月，新闻出版广电总局副局长聂辰席，8月科技部党组成员、《科技日报》社长王志学先后访南。

双方已有30对省市结好建立了友省（市）关系，主要有北京市与豪登省、上海市与夸祖鲁/纳塔尔省、山东省与西开普省、浙江省与东开普省、江苏省与自由州省、杭州市与开普敦市等。

2002年，南成为中国公民出境旅游目的地国，是目前接待中国游客最多的非洲国家之一。2010年，南非旅游局在华设立常驻代表机构。2012年1月，南非航空公司开通约翰内斯堡至北京直航航线。2015年3月，南非航空公司停飞北京到约翰内斯堡直飞航线。2015年10月，中国国际航空公司开通北京到约翰内斯堡直飞航线，进一步便利了两国人员往来。2013年，中国公民首站赴南旅游人数为9.69万人，南约有6.86万多人次来华。

根据习近平主席2013年访南同祖马总统达成的共识，中南两国将互办国家年。中国"南非年"于2014年在华成功举办。南非"中国年"于2015年在南非成功举办。

中国驻南非大使：田学军。馆址：965 Church Street，Arcadia 0083，Pretoria。P.O.Box 95764，Waterkloof 0145，Pretoria，SA。电话：0027–12–4316500；传真：3424154。

南非驻华大使：多拉娜·姆西曼（Dolana MSIMANG）。馆址：北京市朝阳区东直门外大街5号。电话：010–85320000；传真：65327319。电子邮件（E–mail）：embassy@saembassy.org.cn。

【同非洲国家的关系】南非视非洲为其外交政策立足点和发挥大国作用的战略依托，将维护南部非洲地区安全与发展、推动南部非洲地区一体化作为其外交首要考虑，参与制订并积极推动实施"非洲发展新伙伴计划"（NEPAD），积极参与调解津巴布韦、苏丹、马达加斯加等热点问题，在多边场合努力为非洲国家代言。近年积极推动联合国加强与非盟合作，致力于促进非洲地区和平与安全。2012年7月，南内政部长德拉米尼－祖马当选新一届非盟委员会主席。

南非与非洲国家高层互访频繁。2013年1月，南非总统祖马出席加纳总统马哈马就职典礼；访问安哥拉。3月，祖马总统再次对安哥拉进行工作访问。4月，祖马总统出席肯尼亚总统肯雅塔就职仪式；对阿尔及利亚、尼日利亚进行工作访问。5月，祖马总统对刚果（布）进行工作访问，尼日利亚总统乔纳森对南非进行国事访问。8月，莫特兰蒂副总统出席津巴布韦总统穆加贝就职典礼。11月，祖马总统对纳米比亚、加纳进行国事访问。2014年2月，祖马总统对刚果（布）进行工作访问。9月，祖马总统对莱索托进行工作访问。11月，布隆迪总统恩库伦齐扎对南非进行国事访问。12月，祖马总统会见到访的南苏丹总统基尔。2015年1月，祖马总统对苏丹进行工作访问。3月，祖马总统出席莱索托新任首相莫西西利的就职仪式。4月，祖马总统对阿尔及利亚进行国事访问，对埃及进行工作访问。同月，津巴布韦总统穆加贝访南；祖马总统赴津巴布韦出席南共体特别峰会。6月，世界经济论坛非洲年会在南非举办；南非主办第25届非盟峰会。同月，南非副总统拉马福萨访问莱索托。7月，南共体"三驾马车"峰会在南非召开。9月，祖马总统访问刚果民主共和国。同月，莫桑比克总统访问南非。

【同欧洲的关系】南非与欧洲（主要是西欧、北欧国家）保持着良好的政治、经济关系。欧盟是南非最大的区域贸易伙伴、投资方及援助方。欧盟投资占南非外来直接投资的一半以上。南非与欧盟签有贸易、发展与合作协议，建有合作联委会机制，并于2007年5月建立战略伙伴关系。2013年6月，南非外长马沙巴内赴欧盟总部和欧盟外交事务与安全政策高级代表阿什顿共同举行第十二次南非—欧盟部长级政治对话。7月，第六届南非—欧盟峰会在南非举行，祖马总统、欧洲理事会主席范龙佩、欧盟委员会主席巴罗佐等出席。

2010年3月，祖马总统对英国进行国事访问；瑞典副首相奥洛夫松对南非进行正式访问。4月，德国副总理兼外长韦斯特韦勒访南。2011年3月，祖马总统对法国进行国事访问。6月，马沙巴内外长赴英国出席第九次南英双边论坛。7月，马沙巴内外长对德国进行工作访问，英国首相卡梅伦对南进行工作访问。11月，法国外长朱佩访问南非。2012年2月，英国外交大臣黑格访问南非。5月，莫特兰蒂副总统访问德国和芬兰。9月，马沙巴内外长对塞浦路斯进行工作访问。10月，莫特兰蒂副总统对意大利进行工作访问。2013年6月，马沙巴内外长访问比利时、芬兰。9月，马沙巴内外长与英国外交大臣黑格在南共同主持召开第十届南非—英国双边论坛。10月，法国总统奥朗德访问南非。2014年4月，莫特兰蒂副总统对英国进行工作访问。2015年11月，祖马总统访问德国。

【同美国的关系】两国关系密切。签有"防御互助条约"和军事协定。曼德拉总统和姆贝基总统均曾多次访美。南与克林顿政府设有副总统级国家双边委员会，布什政府上台后代之以部长级双边协调论坛。美是南第二大贸易伙伴国、最大的投资来源国，南是美在撒哈拉以南非洲最大的出口市场，也是美"非洲经济增长与贸易机会法案"第二大受惠国。

奥巴马总统上任后，南美关系进一步加强。2008年11月，莫特兰蒂总统就奥巴马当选美总统致函祝贺。同月，莫赴美出席二十国集团世界经济与金融峰会。2009年1月，莫特兰蒂总统应约与奥巴马总统通电话。8月，美国国务卿希拉里·克林顿、国会众议院代表团访南。9月，祖马总统赴美出席第64届联大、联合国气候变化峰会及二十国集团领导人匹兹堡金融峰会。2010年4月，祖马总统赴美出席核安全峰会，其间与奥巴马总统举行双边会晤。双方签署了关于建立外长级战略对话机制的合作备忘录。2011年3月，莫特兰蒂副总统对美国进行工作访问。6月，美国第一夫人米歇尔·奥巴马访南。2012年8月，美国国务卿希拉里·克林顿对南进行正式访问，与马沙巴内外长举行南—美第二轮战略对话，并出席首届南—美经贸伙伴关系峰会。2013年6月，美国总统奥巴马访问南非。

【同俄罗斯的关系】南非种族隔离政权时期，因前苏联支持南非共产党和非国大的反种族隔离斗争，两国于1957年断交，后于1992年复交。双方签有军事合作协议，建有政府间联合委员会。1999年曼德拉总统访俄，双方签署"南非和俄罗斯友好合作伙伴原则声明”，从双边、地区和全球三方面规划两国未来关系发展方向。2006年9月，俄总统普京对南进行国事访问，双方签署《友好伙伴关系条约》，确立了两国战略伙伴关系。2007年3月，俄总理弗兰德科夫对南非进行正式访问。2008年5月，姆贝基总统致电祝贺梅德韦杰夫就任俄新总统；德拉米尼－祖马外长对俄进行了正式访问。2010年7月，马沙巴内外长访问俄罗斯，8月祖马总统对俄进行了正式访问。2011年7月，祖马总统对俄进行了工作访问。2013年3月，俄总统普京出席在南非德班举行的金砖国家领导人第五次会晤并对南进行工作访问。5月，祖马总统对俄罗斯进行工作访问。9月，马沙巴内外长访问俄罗斯。2015年5月，祖马总统赴莫斯科出席俄罗斯卫国战争胜利70周年大阅兵。

【同亚太、中东和拉美地区的关系】南非重视发展与亚太、中东以及拉美国家的关系，合作领域不断拓展。

南非与日本建有部长级“南非—日本伙伴论坛”。两国有传统的贸易关系，日本是南非第四大贸易伙伴，也是南非重要的投资国和援助国之一。2001年日本首相森喜朗访南；姆贝基总统对日本进行了国事访问。2006年4月，南非副总统努卡访问日本。2008年5月，姆贝基总统出席在日本举行的第四届非洲发展东京国际会议。2013年6月，祖马总统出席在日本举行的第五届非洲发展东京国际会议并对日本进行工作访问。2013年3月，易卜拉欣副外长与日本副外相松山政司在南主持召开第12届“南—日伙伴论坛”。6月，祖马总统出席第五届非洲发展东京国际会议并对日本进行工作访问。

南非与亚太地区国家合作不断加强。南与印度有传统友好关系，双方建有双边联合委员会，并于1997年曼德拉总统访印时确立了战略伙伴关系。2006年9月，印度总理辛格对南进行正式访问；南副总统努卡访印。2005年，南非与印度尼西亚共同主持亚非峰会。2007年4月，新加坡总统纳丹访南；5月，努卡副总统访问韩国，姆贝基总统访问越南。2008年2月，印度外长穆克吉访南并出席第7届印南部长级联委会；3月，印度尼西亚总统苏西诺对南进行国事访问；4月，姆贝基总统出席在印度举行的印非峰会。2010年1月，澳大利亚外长史密斯对南非进行工作访问。6月，祖马总统对印度进行国事访问。10月，莫特兰蒂副总统对韩国进行工作访问。2011年5月，越南国家副主席阮氏缘访问南非。9月，莫特兰蒂副总统对新西兰进行工作访问。2012年5月，印度总统帕蒂尔对南进行国事访问。9月，马沙巴内外长对泰国、缅甸进行工作访问。2013年1月，南非与菲律宾在比勒陀利亚举行首次双边咨询论坛。5月，加拿大总督约翰斯顿对南非进行国事访问。8月，越南外长范平明访问南非；祖马总统对马来西亚进行工作访问。2015年8月，越南副总理黄忠海访问南非。同月，南非副总统拉马福萨访问日本；10月，祖马总统赴印度出席第三届印非峰会。

南非表示愿意同所有中东地区国家平等发展和加强友好合作关系。与沙特阿拉伯、伊朗等国在国防、能源等领域的合作不断加强，贸易不断增长。关注中东和平进程，希望各方以“土地换和平”原则谈判解决问题；谴责以色列在巴以冲突中滥用武力，杀害无辜的巴勒斯坦平民，并强烈要求以停止使用武力，遵循联合国有关决议，和平谈判解决争端。强烈批评美、英对伊拉克发动战争，认为伊战是“对多边主义的沉重打击”，主张联合国在伊战后重建问题上发挥主导作用。2006年3月，巴勒斯坦民族权力机构主席阿巴斯应姆贝基总统邀请访南。2007年3月，姆贝基总统访问沙特。2008年2月，科威特副首相兼外交大臣萨巴赫访南。2009年7月，祖马总统赴埃及出席不结盟运动第15次首脑会议。2010年1月，阿联酋外交大臣阿卜杜拉访南。2011年11月，祖马总统访问阿联酋和阿曼。

近年来，南非与巴西、阿根廷等拉美国家关系不断发展。2000年12月，南非成为“南方共同市场”的“联系国”。2003年南非、巴西、印度三国成立“印—巴—南对话论坛”（IBSA），2011年10月在南非举办了第5届峰会。2006年9月，姆贝基总统赴古巴参加不结盟运动第14届峰会。2007年4月，玻利维亚副总统贾西亚·利内拉访南。2008年7月，努卡副总统、祖马外长分别访问墨西哥、古巴；9月，委内瑞拉总统查韦斯访南。2009年9月，祖马总统赴委内瑞拉出席第2届非洲—南美峰会，其间与委内瑞拉总统查韦斯、智利总统巴切莱特和乌拉圭总统瓦兹奎斯举行双边会晤。10月，祖马总统对巴西进行国事访问。12月，马沙巴内外长访问古巴。2010年7月，巴西总统卢拉对南非进行国事访问。2010年12月，祖马总统对古巴进行国事访问，并赴墨西哥出席联合国气候变化公约第16次缔约方会议。2011年7月，巴西外长访南。2013年8月，马沙巴内外长赴阿根廷与阿根廷外长齐默尔曼主持两国双边委员会第4次会议。（宋常清）

南　苏　丹

国名　南苏丹共和国（The Republic of South Sudan）。

面积　约62万平方公里。

人口　约1204万（2015年7月估算）。系多部族国家，有尼罗特人、尼罗哈姆人、班图人和努巴人四大族群。主要部族有丁卡族、努维尔族、希鲁克族、巴里族、阿赞德族、穆尔勒族等。大多信奉原始部落宗教，约18%的居民信奉伊斯兰教，约17%的居民信奉基督教，官方语言为英语，通用阿拉伯语。

首都　朱巴（Juba），人口约50万。2011年9月，南苏丹政府决定将湖泊州中部城市拉姆塞尔（Ramciel）定为新首都，计划在未来5—8年内完成迁都。

国家元首　总统萨尔瓦·基尔·马亚尔迪特（Salva Kiir Mayardit），2011年7月9日南苏丹独立建国后，成为南苏丹首位总统。

重要节日　独立日：7月9日；和平日：1月9日；建军日：5月19日；烈士日：7月30日。

简　况

位于非洲东北部，北纬4°—10°线之间，系内陆国。东邻埃塞俄比亚，南接肯尼亚、乌干达和刚果民主共和国，西邻中非共和国，北接苏丹。地形呈槽状，东部、南部、西部边境地区多丘陵山地，中部为黏土质平原，南部边境的基涅提山（Kinyeti）海拔3187米，为全国最高峰。热带草原气候，每年5—10月为雨季，气温20℃—40℃，11—4月为旱季，气温30℃—50℃。19世纪以前，南苏丹没有成文历史。一般认为，属于尼罗特族群的丁卡族、努维尔族和希鲁克族于10世纪左右进入南苏丹。16至18世纪，阿赞德人与阿凡加拉人相继在该地区建立统治。18世纪初开始，欧洲人在阿拉伯人协助下，在包括南苏丹在内的非洲大陆猎奴。

19世纪初，埃及与苏丹侵入南苏丹地区。1899年英国与埃及共管苏丹（包括现在的苏丹和南苏丹），并于1902年将南北作为两个实体分而治之。1955年，苏丹宣布独立前夕，约瑟夫·阿古领导黑人部队发动兵变，南北苏丹第一次内战爆发。1972年，约瑟夫·阿古与苏丹政府签署《亚的斯亚贝巴协定》，第一次内战结束。1983年，约翰·加朗发动兵变，成立"苏丹人民解放运动/解放军"，第二次内战爆发。2005年1月，苏丹南北双方签署《全面和平协议》（CPA），第二次内战结束。根据协议，南苏丹于2011年1月举行全民公投，98.83%的选民赞成独立。7月9日，南苏丹共和国成立。

政　治

南苏丹实行立法、行政、司法三权分立体制，中央、州两级政权享有立法权。目前总统基尔、副总统瓦尼、议长迈古克分别来自丁卡族、巴里族、努维尔族三大族群，基本维持了部落和地域的总体平衡。2013年12月，南苏丹总统基尔与以前副总统马夏尔为首的反对派之间爆发激烈武装冲突。2015年8月，在东非政府间发展组织（简称伊加特）等各方大力斡旋下，南苏丹冲突双方在埃塞俄比亚签署《解决南苏丹冲突协议》。目前，协议正在逐步落实，但南苏丹局势仍未完全恢复稳定。

【宪法】2011年7月9日南苏丹独立当日，原南方自治政府主席基尔签署"南苏丹过渡期宪法"，宣誓就任南苏丹共和国首任总统。"过渡期宪法"共16部分201条，分为总章、公民基本权利、国家经济发展战略、国家机构、军队、州及地方政府和土地所有制与自然资源管理等内容。

【议会】实行两院制，包括国民议会和州委员会。国民议会行使立法权。国民议会共400名议员，现任议长为迈古克·伦迪艾尔。州委员会共50名议员，现任议长为詹姆斯·波尔。

【政府】由总统直接主持，不设总理职务，主要成员如下：总统萨尔瓦·基尔·马亚尔迪特（Salva Kiir Mayardit），副总统詹姆斯·瓦尼·伊加（James Wani Igga）。总统顾问：地方化与政府间联系顾问托尔·邓·马文（Tor Deng Mawin），经济顾问阿格雷·蒂萨·萨布尼（Aggrey Tisa Sabuni），总统特别顾问约瑟夫·拉古（Joseph Lagu）。

政府部长：内阁事务部长马丁·埃利亚·罗姆罗（Martin Elia Lomuro），国防和退伍军人部长库尔·曼扬·居克（Kuol Manyang Juuk），司法部长保利诺·瓦纳维拉·奥南格（Paulino Wanawilla Onango），外交与国际合作部长巴拿巴·马瑞尔·本杰明（Barnaba Marial Benjamin），总统事务部长韩万·安德鲁·库尔·瑞克（Awan Andrew Guol Riak），国家安全部长奥布图·马姆尔·麦特（Obutu Mamur Mete），内政和野生动植物保护部长（暂缺），财政、贸易和经济计划部长大卫·邓·阿索贝（David Deng Athorbei），公共服务和人力资源管理部长恩格·库朗·恩格（Ngor Kulang Ngor），卫生部长瑞克·盖伊·科克（Riek Gai Kok），新闻和广播部长迈克尔·马奎尔·鲁埃斯（Michael Makuei Lueth），农业、林业、旅游、动物资源和渔业部长贝达·马夏尔·邓（Beda Machar

Deng），教育和科技部长约翰·盖·尤阿（John Gai Yoah），土地、住房和实体规划部长凯瑟琳·居恩·贝尼娅（Chatherine Juan Bennia），电力、水坝、灌溉和水资源部长杰玛·努努·昆巴（Jemma Nunu Kumba），路桥部长库昂·丹尼尔·加特鲁瓦克（Kuong Danhier Gatluak），石油、矿产和工业部长斯蒂芬·德修·道（Stephen Dhieu Dau），环境部长阿卜杜拉·邓·尼亚尔（Abdalla Deng Nhial），青年、文化和体育部长纳迪娅·阿若普·杜迪（Nadia Arop Dudi），妇女、儿童和社会福利部长阿乌特·邓·阿奎尔（Awut Deng Acuil），电信和邮政部长丽贝卡·乔书亚·奥夸齐（Rebecca Josua Okwaci）。

根据《解决南苏丹冲突协议》，南苏丹过渡政府将设30个部。2016年1月，协议各方就过渡政府席位分配方案达成一致，具体如下：

政府方获得16个部：国防和退伍军人部，财政和计划部，司法和宪法事务部，新闻、通讯和邮政部，总统事务部，贸易和工业部，野生生物保护和旅游部，道路和桥梁部，议会事务部，国家安全部，卫生部，文化、青年和体育部，妇女、儿童和社会福利部，普通教育和教学部，畜牧业和渔业部，环境和林业部。

反对派获得10个部：石油部，联邦事务部，内政部，水资源和灌溉部，劳工、公共服务和人力资源发展部，高等教育和科技部，人道主义事务和灾害管理部，土地、住房和城市发展部，能源和水坝部，矿产部。

获释前高官获得2个部：外交与国际合作部，交通部。

其他党派获得2个部：内阁事务部，农业和粮食安全部。

2月，基尔总统根据《解决南苏丹冲突协议》任命苏丹人民解放运动反对派（SPLM-IO）领导人马夏尔为南苏丹第一副总统。马夏尔及各部长随后就任。

【政府网站】http://www.goss.org

【行政区划】南苏丹独立时，全国共设10个州，分别是：北加扎勒河、西加扎勒河、瓦拉卜、湖泊、团结、上尼罗河、琼格莱、东赤道、中赤道和西赤道。2015年10月，基尔总统颁布行政令，撤销原有10州，设立28州。反对派指责此举违反过渡期宪法及和平协议精神。国际社会斡旋方呼吁待过渡政府组成后再协商解决行政区划问题。

【司法机构】由最高法院、上诉法院、高等法院和其他法院等共同构成。南苏丹"过渡期宪法"规定，各级行政和立法机构应尊重并保护司法机构的独立性。最高法院由首席法官、副首席法官和不少于9名的其他法官组成，皆由总统提名、议会三分之二多数通过。现任首席法官为瑞克·马杜特。

【政党和组织】注册并在议会中拥有代表的政党共9个，分别是：苏丹人民解放运动（SPLM，执政党）、全国大会党（NCP）、苏丹非洲联盟（SANU）、团结民主阵线（UDF）、苏丹非洲党第一联盟（USAP1）、苏丹非洲党第二联盟（USAP2）、团结民主拯救阵线（UDSF）、苏丹南方民主论坛（SSDF）、非洲全国大会党（ANCP）。

【重要人物】萨尔瓦·基尔·马亚尔迪特：总统。生于1951年1月1日，丁卡族人。20世纪60年代加入南方反政府的"阿尼亚尼亚"运动。1972年和平协议签署后，加入政府军，成为一名上尉军官。1983年与加朗共同创立苏丹人民解放军（SPLA）。1986年出任苏丹人民解放运动武装部队副总参谋长。2005年7月18日担任南方自治政府副主席。2005年8月11日出任苏丹民族团结政府第一副总统、南方自治政府主席。2010年4月连任。2011年7月9日南苏丹独立后任首任总统。

经　济

南苏丹是世界上最不发达国家之一，道路、水电、医疗卫生、教育等基础设施及社会服务严重缺失，商品基本依靠进口，价格高昂。国际社会在基础设施建设和公共服务等方面向南苏丹提供了大量援助。2011年7月，南苏丹央行发行新货币南苏丹镑（SSP）。

南经济严重依赖石油资源，石油收入占政府财政收入的98%。2012年初，由于与苏丹就石油利益分配问题矛盾不断升级，南苏丹全面关井停产。2012年6月，南苏丹政府批准总额为65亿南苏丹镑的2012—2013年紧缩财政预算，较上一财政年度削减约40亿镑。2013年4月，经过国际社会斡旋和两苏艰苦谈判，南苏丹石油恢复生产。10月，南苏丹政府批准187亿南苏丹镑的2013—2014年度财政预算。2013年底南国内冲突爆发后，南石油生产再度受到严重影响。

2015年主要经济数据如下：

国内生产总值：128.8亿美元。

人均国内生产总值：2000美元。

经济增长率：-5.3%。

货币名称：南苏丹镑（South Sudanese Pound, SSP）。

汇率：1南苏丹镑≈0.05美元。

（美国中央情报局公开数据）

【资源】自然资源十分丰富，主要有石油、铁、铜、锌、铬、钨、云母、金、银等，水利资源也很丰富。土地肥沃，适合大规模农林牧业发展。探明石油储量约47亿桶，可采储量为22.6亿桶，剩余可采储量9.3亿桶。

【工业】由于连年战争，南苏丹经济极为落后，几乎没有规模化工业生产，工业产品及日用品完全依赖进口。

【农业】可耕地面积约为2500万公顷，人均6公顷。适合耕种的作物种类很多，特别是一些热带和亚热带作物。主要作物有棉花、花生、高粱、小米、麦、阿拉伯胶、甘蔗、木薯、芒果、木瓜、香蕉、马铃薯、芝麻等。由于战乱、土地所有权和农业技术等因素限制，农业处于原始状态，生产效率低下，基本靠天吃饭，粮食、蔬菜及水果等几乎全部依赖进口。森林覆盖率超过36%。

军　事

南苏丹武装力量前身为“苏丹人民解放军”，独立后改编为南苏丹共和国武装部队。武装部队的使命是捍卫南苏丹宪法，维护领土完整，保卫人民安全。总统基尔兼任武装部队总司令。国防部是军队最高领导机构，总参谋部是最高军事指挥机关。总兵力约8万人，共编成3个军区9个师，每个师编制6000—10000人。部队以陆军为主，独立后不久成立了空军和水上部队。部队武器装备较为落后，重型武器相对较少。

文化教育

南苏丹教育水平极为落后，教学条件和设施十分匮乏。据统计，文盲率为73%，6岁以上儿童入学率仅为37%。南全国大中小学学生注册人数分别为2.5万、4.4万和138万，教师约8000名。南高等学府有朱巴大学、上尼罗河大学、伦拜克大学、托里特大学、北加扎勒河大学等。

对外关系

南苏丹独立后，迅速获得国际社会广泛承认，已与包括安理会五常在内的60多个国家建交。2011年7月14日，南被接纳为联合国会员国，此后相继被接纳为非盟、东非政府间发展组织（伊加特）和东非共同体等组织成员。南苏丹注重均衡发展与各国的友好合作。目前南苏丹在埃及、埃塞俄比亚、厄立特里亚、肯尼亚、乌干达、刚果（金）、津巴布韦、尼日利亚、南非、澳大利亚、挪威、比利时、英国、加拿大、美国和中国等国设有使馆或代表机构。苏丹、中国、美国、英国、德国、意大利、挪威、荷兰、印度、埃及、埃塞俄比亚、厄立特里亚、肯尼亚、利比亚、尼日利亚、南非、乌干达、津巴布韦、土耳其等国已在南设立使馆或代表机构。

【同中国的关系】20世纪70年代，中国就派医疗队、农业专家到苏丹南方，向当地人民提供帮助。苏丹南方自治政府成立后，中国与苏丹南方各层次友好交往不断加强，双方合作日益增多。2007年2月，胡锦涛主席访问苏丹期间，在喀土穆会见时任苏丹第一副总统、南方自治政府主席基尔。基尔曾于2005年3月、2007年7月两次访华。2008年9月2日，中国驻朱巴总领馆开馆。2011年7月9日，南苏丹举行独立庆典，宣布南苏丹共和国正式建国，中国住房和城乡建设部部长姜伟新作为胡锦涛主席特使应邀参加，转交了胡锦涛主席致南苏丹总统基尔的贺电，并代表中国政府与南苏丹外长阿鲁尔签署建交公报。同日，中国驻南苏丹大使馆开馆。2011年8月，外交部长杨洁篪访南。2012年4月，应国家主席胡锦涛邀请，南苏丹总统基尔对中国进行国事访问。访华期间，胡锦涛主席与基尔举行会谈，全国人大常委会委员长吴邦国、国务院副总理李克强分别会见基尔。2012年7月，南外长尼亚尔来华出席第五届中非合作论坛部长级会议。2013年7月，南总统特使、石油和矿产部长德修访华。2014年7月，南副总统瓦尼、总统事务部长韩万、财政部长萨布尼、石油、矿产和工业部长德修访华。8月，南外交与国际合作部长本杰明访华。

2014年3月，南苏丹总统基尔和南苏丹政府分别严厉谴责云南昆明“3·1”严重暴力恐怖事件，向遇难者家属和中国人民表示慰问和支持。

中国政府积极参与南苏丹经济社会建设，援建了医院、活动板房学校、打井、提供医疗设备、抗疟药品和紧急人道主义物资、人力资源培训等项目，得到当地民众好评。南苏丹独立建国后，两国经贸关系发展顺利。2011年11月，双方签订两国贸易、经济和技术协定，并成立双边经贸联委会。2015年，中南双边贸易额为24.82亿美元，同比下降43.5%，其中中方出口1.55亿美元，同比上升135.2%，进口23.27亿美元，同比下降46.3%。南冲突爆发后，中方率先向南提供紧急人道主义援助。

中国驻南苏丹大使：马强。使馆电话：00211–956240887，912386010。网址：http://www.ss.chineseembassy.org。电子邮箱：chinaemb_ss@mfa.gov.cn。

南苏丹驻华大使：迈克尔·米利·侯赛因。馆址：北京市朝阳区霄云路18号京润水上花园H1–2。电话：010–64649921；传真：64649928。电子邮箱：southsudanembassy.beijing@live.com。

【同美国的关系】南苏丹与美国关系密切。1983—2005年苏丹内战期间，美支持苏南方。2001年9月，美国总统布什宣布介入苏丹南北和平进程。“9·11”事件后，美调整对苏政策，加速推动苏南北和平进程，并最终促成南北方于2005年1月签署《全面和平协议》，结束了苏丹长达22年的内战。苏南方自治政府成立以后，美即在南方首府朱巴设立总领馆，并在苏南方自治政府中派遣众多“志愿者”协助工作。2010年后，美政府每年向南提供约3亿美元援助。

南苏丹独立当日，美总统奥巴马、国务卿克林顿分别发表声明祝贺南苏丹建国，承诺美将继续作为其坚定伙伴，并以互换照会方式正式建立外交关系。2011年10月，美国参议员苏珊·丹尼斯·佩奇被任命为美驻南首任大使。12月，美国在华盛顿主持召开南苏丹接触国际会议，号召国际社会向南提供援助。南总统基尔出席会议并顺访美国。2012年3月，南副总统马夏尔访美。2012年8月，美国务卿克林顿访问南苏丹。2013年底南冲突爆发后，美积极介入调解，同英国、挪威共同组建南北苏丹问题“三驾马车”。2014年5月，美国务卿克里访南。同月，美对南冲突双方各一名军事指挥官实施单边定向制裁。8月，南总统基尔赴美出席首届美非峰会。

【同苏丹的关系】 2011年7月9日，南苏丹独立建国，苏丹和平分裂。但由于双方在边界划分、石油利益分配、阿布耶伊地区归属等重大问题上分歧严重，有关谈判进展缓慢，两国龃龉不断，并曾爆发激烈的边境冲突。2012年9月，两苏元首在埃塞俄比亚首都亚的斯亚贝巴就双边合作以及边境安全、经济、公民地位等问题签署一系列协议。但双方在边界划分及阿布耶伊地区归属问题上仍存分歧。在非盟的积极斡旋下，2013年3月两苏在亚的斯亚贝巴就执行边界安全协议和非盟提出的执行已达成协议的时间表达成一致。9月，南苏丹总统基尔访问苏丹。10月，苏丹总统巴希尔访问南苏丹，双方同意尽快建立边界非军事区和开放边境口岸，加快建立阿布耶伊地区行政、立法和警察机构。11月，两苏总统在出席阿拉伯—非洲峰会期间再次举行会晤。12月15日，南苏丹国内爆发冲突后，苏丹积极参与东非政府间发展组织（伊加特）的斡旋行动。

2014年1月，巴希尔总统访问南苏丹，表示苏支持南通过和平谈判解决冲突，承诺开放边界和接受南难民。3月，巴希尔总统出席伊加特就南苏丹问题召开的特别峰会。4月，南总统基尔访苏，双方就未决问题进行商谈，但未达成一致。2016年以来，南北苏丹关系出现改善势头，巴希尔总统同意同南苏丹谈判解决南石油过境费问题，并下令全面开放与南边界和内河运输，基尔总统命令南军队在两国边界地区后撤5英里。

【同埃塞俄比亚的关系】 南苏丹与埃塞关系较为密切，南是埃塞重要的商品出口市场。1972年，在埃塞皇帝海尔塞拉西调解下，苏丹南北双方签署了《亚的斯亚贝巴协议》。埃塞的门格斯图政府是苏丹人民解放运动最重要的外国援助者。2011年7月，埃塞总理梅莱斯赴朱巴出席南独立庆典。此后双方高层互访频繁。2013年底南冲突爆发后，埃塞作为东非政府间发展组织（伊加特）轮值主席国，在南问题上发挥积极、重要的调解作用，并与其他各方一道，促成南冲突双方在埃塞首都亚的斯亚贝巴举行直接谈判并签署多份协议。

【同肯尼亚的关系】 肯尼亚是南苏丹重要邻国，双方有200多公里的共同边界，长期保持着友好关系。肯积极参与苏丹南北和平进程，促成南北双方在内罗毕签署《全面和平协议》，为南苏丹独立建国奠定了法律基础。肯积极帮助南苏丹发展经济，在医疗、教育、基础设施建设和人员培训等方面提供了大量援助。

（曹毅）

尼日尔

国名 尼日尔共和国（The Republic of Niger，La République du Niger）。

面积 1267000平方公里。

人口 1780万（2014年）。全国有5个主要民族：豪萨族（占全国人口的56%）、哲尔马－桑海族（22%）、颇尔族（8.5%）、图阿雷格族（8%）和卡努里族（4%）。官方语言为法语；各民族均有自己的语言，豪萨语可在全国大部分地区通用。88%的居民信奉伊斯兰教，11.7%信奉原始宗教，其余信奉基督教。

首都 尼亚美（Niamey），人口106万（2012年）。最高气温41℃（5月），最低气温14℃（1月），平均气温28℃。

国家元首 总统穆罕默杜·伊素福（Mahamadou Issoufou），2011年3月当选。

重要节日 独立日：8月3日；国庆日：12月18日。

简况

位于撒哈拉沙漠南缘北纬11—23°、东经0—16°之间。系西非内陆国家，东邻乍得，西界马里、布基纳法索，南与贝宁、尼日利亚接壤，北与阿尔及利亚、利比亚毗连。北部属热带沙漠气候，南部属热带草原气候，全年分旱、雨两季，6—9月为雨季，10月至次年5月为旱季。年平均气温30℃，是世界上最热的国家之一。

历史上未形成过统一的王朝。7—16世纪，西北部属桑海帝国。8—18世纪，东部属博尔努帝国。18世纪末，颇尔人在中部建立了颇尔帝国。1904年成为法属西非领地。1922年沦为法国殖民地。1957年获得半自治地位。1958年12月18日成为法兰西共同体内的自治共和国。1960年7月退出法兰西共同体，8月3日正式宣告独立。哈马尼·迪奥里为首任总统。1974年4月，武装部队总参谋长赛义尼·孔切中校发动军事政变，推翻了迪奥里政权，成立最高军事委员会，自任主席兼国家元首。1987年11月，孔切病逝，总参谋长阿里·赛义布上校继任。1990年实行多党制。1993年3月马哈曼·奥斯曼当选总统，组成首届民选政府。1996年1月武装部队参谋长迈纳萨拉·巴雷发动政变上台，同年7月当选总统。1999年4月，总统卫队长瓦拉姆·万凯发动政变枪杀巴雷，自任国家元首兼全国和解委员会主席。1999年11月，尼举行总统和议会选举，争取社会发展全国运动党候选人马马杜·坦贾当选总统，并于2004年12月连任。2009年5月起，为谋求继续执政，坦贾先后解散国民议会和重组宪法法院，并于8月举行全民公投通过第六共和国宪法，将其任期延长3年，并取消连任限制，遭到尼反对派反对和西非国家经济共同体、欧盟等制裁，尼陷入宪政危机。

政　治

2010年2月18日，尼部分军人发动政变，扣押坦贾总统，接管国家权力，成立“恢复民主最高委员会”并推举吉博为主席。军政权随后承诺还政于民，成立了过渡政府、全国协商委员会和全国独立选举委员会，确定过渡期期限为一年，启动了过渡期进程。10月，尼举行全民公投通过第七共和国宪法。2011年1—3月，尼举行地方、立法和总统选举。4月，尼宪法委员会宣布，原反对党尼日尔争取民主和社会主义党候选人穆罕默杜·伊素福以58%的得票率在第二轮总统选举中击败原执政党争取社会发展全国运动党候选人赛义尼·奥马鲁当选总统，并于4月7日宣誓就职。伊素福执政后，组建新一届政府，确立实现全国和解与稳定、确保国内安全、改善人文发展状况等施政重点。目前，尼政局总体稳定。2016年2—3月，尼举行新一届总统选举，15名候选人参选，选举过程平稳、顺利。新总统将在选举委员会宣布结果并经宪法法院确认后就职。

2009年底以来，伊斯兰马格里布基地组织从尼日尔与马里、阿尔及利亚等国交界的边境地区向尼内地渗透，多次绑架人质，并与尼政府军交火。2015年2月，“博科圣地”对尼日尔迪法大区发动袭击，尼日尔政府宣布迪法大区进入紧急状态。受利比亚和马里局势影响，近40万名尼日尔侨民和马里难民涌入尼境内，进一步增加了尼安全形势中的不稳定因素。

【宪法】2010年10月31日经全民公投通过第七共和国宪法。宪法规定尼实行半总统制，总统为国家元首和军队统帅，通过两轮多数选举产生，任期五年，可连选连任一次。总理为政府首脑，由总统任命，对议会负责。

【议会】称国民议会，共设171个议席。最高立法机构，行使立法权并监督政府工作。议员由普选产生，任期五年。

本届议会于2016年2月选举产生，席次主要分布：尼日尔争取民主和社会主义党75席，捍卫非洲联盟尼日尔民主运动25席，争取社会发展全国运动20席，共和国爱国运动党12席。其余席次由12个政党分获。目前，尼议会尚未选出新议长。

【政府】2011年4月21日成立，多次改组或调整，共37名成员，名单如下：总理布里吉·拉菲尼（Brigi Rafini），总统府国务部长穆罕默德·巴祖姆（Mohamed Bazoum），国务部长兼农业部长马伊达吉·阿兰贝耶（Maïdagi Allambeye），国务部长兼矿业和工业发展部长奥马尔·哈米杜·奇亚纳（Omar Hamidou Tchiana），总统府国务部长阿布巴·阿尔巴德（Abouba Albade），部长兼总统办公厅主任乌胡穆杜·穆罕默杜（Ouhoumoudou Mahamadou），外交、合作、非洲一体化和侨民部长卡内·爱沙图·布拉马（Kane Aichatou Boulama），商业和促进私营部门发展部长阿尔马·奥马鲁（Alma Oumarou），能源和石油部长富马科耶·加多（Foumakoye Gado），城市规划和住房部长哈比·穆罕默德·萨利苏（Habi Mahamadou Salissou），内政、公安、权力下放和习俗与宗教事务部长马苏杜·哈苏米（Massoudou Hassoumi），司法和掌玺部长、政府发言人马鲁·阿马杜（Marou Amadou），水利和水处理部长瓦萨尔克·布卡里（Wassalke Boukhari），交通部长萨莱·赛义杜（Saley Saidou），国防部长卡里乔·穆罕默杜（Karidjo Mahamadou），高等教育、研究和创新部长阿斯马纳·阿卜杜（Asmane Abdou），财政部长赛义杜·西迪贝（Saidou Sidibe），人口和促进妇女与儿童保护事业部长玛伊基比·卡迪亚图·丹多比（Maikibi Kadiatou Dandobi，女），国民教育、扫盲和发展民族语言部长阿里·玛丽亚马·哈吉·易卜拉欣（AliMariama Elhadj Ibrahim，女），畜牧业部长马哈曼·哈吉·奥斯曼（Mahaman Elhadji Ousmane），公共卫生部长马诺·阿加利（Mano Aghali），公职和行政改革部长拉瓦利·沙伊布（Laouali Chaïbou），职业和技术教育部长沙伊布·达恩·伊纳（Chaïbou Dan Inna），中等教育部长贝蒂·艾沙图·哈比布·奥马尼（Bety Aichatou Habibou Oumani），环境、城市卫生和可持续发展部长阿达·沙伊富（Ada Chaïfou），装备部长易卜拉欣·诺马奥（Ibrahim Nomao），邮政、电信和数字经济部长阿卜杜·马尼（Abdou Mani），青年和体育部长阿卜杜勒卡里姆·达恩（Abdoulkarim Dan），旅游和手工业部长叶海亚·巴蕾·阿瓦·阿卜杜（Yahaya Baaré Haoua Abdou，女），就业、劳动和社会保障部长萨利苏·阿达（Salissou Ada），文化、艺术和娱乐部长冈博·阿布（Gambo Habou），新闻和各机构关系协调部长亚胡扎·萨迪苏（Yahouza Sadissou），工业发展部长级代表萨尼·马丽亚玛·穆萨（Sani Mariama Moussa，女），预算部长级代表穆罕默德·布沙（Mohamed Boucha），非洲一体化部长级代表雷基亚图·克里斯泰勒·雅库（Rekiatou Christelle Jackou，女），权力下放和习俗与宗教事务部长级代表穆罕默德·塞努西·哈吉·萨姆罗（Mohamed Sanoussi Elhadji Samro），国土整治和地方发展部长级代表易卜拉欣·宾塔·福迪（Ibrahim Binta Fodi，女）。

【行政区划】全国划分为蒂拉贝里、多索、塔瓦、马拉迪、津德尔、阿加德兹和迪法7个大区、1个大区级市即首都尼亚美，36个省和265个镇。

【司法机构】根据第七共和国宪法，司法权由宪法法院、最高法院、国家行政法院、审计法院等管辖。宪法法院主管涉及宪法和选举的法律事项。最高法院是最高司法机构。国家行政法院负责对行政权力机构越权进行初审和终审判决，对有关行政行为合法性的上诉进行衡量和解释。审计法院是监管公共财政的最高司法机关。

【政党】1990年11月实行多党制。现有40余个合法政党，主要有：

（1）尼日尔争取民主和社会主义党—塔雷亚（Parti Nigérien pour la Démocratie et le Socialisme-Tarayya）：议会第一大党和执政党。1991年1月8日成立，主要由工人和知识分子组成，集中于塔瓦省。是具有全国影响的左派政党，主张在自由、民主、正义和公平的基础上，建立稳定、现代的民主共和体制，促进非洲大陆的政治、经济一体化。国际联系较广泛，与法国社会党以及科特迪瓦、布基纳法索和塞内加尔等国政党都有联系。1996年成为社会党国际成员。原副主席穆罕默德·巴祖姆（Mohamed Bazoum）于2011年起代行党主席之职，并于2013年12月当选党主席。

（2）捍卫非洲联盟尼日尔民主运动—卢马纳（le Mouvement Démocratique Nigérien pour une Fédération Africaine-Lumana Africa）：2010年3月从争取社会发展全国运动分裂出来成立，以哲尔马族人为主，在蒂拉贝里、尼亚美等地影响较大。主张秉持民主和主权在民等原则，维护民族团结和国家政治体制的稳定。2010年7月，哈马·阿马杜（Hama Amadou）当选党主席。2011年4月，哈马当选国民议会议长。2014年8月，哈马因涉嫌贩卖婴儿出走法国，2015年11月回国参加总统选举并被捕入狱，在2016年2月21日举行德总统选举首轮投票中以17.79%的得票率排第二，与现任总统伊素福一同进入于3月20日举行的第二轮投票。

（3）争取社会发展全国运动—纳萨拉（Mouvement National pour la Société de Dévelopement-Nassara）：前执政党和主要反对党，2010年2月政变后失去执政地位。前身是赛义布时期的唯一政党——“全国社会发展运动”，成立于1989年5月。1990年11月尼实行多党制后，为适应新形势，摆脱“国家党”的形象，1991年3月改为现名。该党社会基础广泛，在广大农牧民中有较强的影响力。主张通过对话实现社会团结与稳定，提倡发展经济，保障贫困阶层人民享有基本社会服务。1999年11月，该党在总统和立法选举中获胜，重获执政党地位。2002年7月，该党成为非洲民主联盟和国际民主联盟的成员。2009年2月，赛义尼·奥马鲁（Seini Oumarou）当选党主席。2010年3月，原党主席哈马宣布另立新党，该党力量遭到削弱。2014年11月，召开新一届代表大会并选出新政治局。

（4）共和国爱国运动党（Mouvement Patriotique pour la République）：2015年10月从争取社会发展全国运动分裂出来成立，党主席总统府国务部长阿布巴·阿尔巴德（Abouba Albade）。

（5）尼日尔争取民主与进步联盟—拉希亚（Alliance Nigérienne pour la Démocratie et le Progrès-Zamanlahiya）：1992年1月由全国发展社会运动党前外联书记杰尔马科耶创建，势力集中于南部多索省，党员大多为哲尔马族人。主张保障民主以求发展，实行自由经济。主席穆穆尼·杰尔马科耶·阿达穆（Moumouni Djermakoye Adamou）。

（6）争取民主和进步运动—雅马阿（Rassemblement pour la Démocratie et le Progrès-Jama'a）：1997年8月成立。前身为争取民主复兴全国独立人士联盟（UNIRD）。主张“更新民主”“振兴经济”，对外强调“民族尊严和国家主权”。基本党员50万。主席哈米德·阿尔加比德（Hamid Algabid）。

【重要人物】穆罕默杜·伊素福：总统。1952年生于尼塔瓦大区。豪萨族。曾在法国学习，获数学和基础应用专业硕士学位、概率与统计学博士预备文凭以及矿业土木工程师证书。1980—1992年历任尼矿业部矿产司司长、尼法合资阿伊尔矿业公司秘书长、开发部经理和技术总监。1990年参与组建尼日尔争取民主和社会主义党，长期担任党主席。1993—1994年任政府总理。1995—1996年任国民议会议长。曾四次竞选总统失利。2011年3月当选总统。2016年作为总统候选人参加新任总统竞选。　**布里吉·拉菲尼**：总理。1953年生于尼阿加德兹大区。图阿雷格族。尼日尔国家行政学院高等教育毕业文凭，曾留学法国。1987—1991年历任内政国务秘书，农业和环境国务秘书、部长，全国发展委员会主席、国民议会秘书长等职。2004—2009年任国民议会第四副主席。2011年4月出任政府总理。

经济

以农牧业为主，是联合国公布的最不发达国家之一。坦贾总统执政后，尼政府加强宏观调控，开源节流，整顿国家财政。随着西方国家和国际金融机构陆续恢复对尼援助，尼经济状况开始好转，财政危机有所缓解。尼政府积极推进能源资源开发合作多元化政策，努力推进重大工程建设，同时作为“重债穷国减债计划”和“减贫与增长贷款”达标国，获得欧盟、世界银行和国际货币基金组织更多援款和减债，经济状况有所好转。2009年尼宪政危机后，部分国家停止对尼援助，尼财政状况恶化。伊素福总统执政后，出台了2012—2015年经济社会发展规划，积极推进基础设施建设，初步建成本国石油化工产业，同时在巴黎举办融资圆桌会议，争取到外援和投资。近年，尼政府加大对农业、基础设施等领域的投入，经济继续保持小幅增长。但由于尼经济基础薄弱，受自然灾害、国际市场波动和国内安全形势影响较大，总体仍十分困难。

2014年主要经济数据如下：

国内生产总值：76亿美元。

人均国内生产总值：442美元。

国内生产总值增长率：5.6%。

货币名称：非洲金融共同体法郎，简称非洲法郎。

汇率：1美元=494非洲法郎。

通货膨胀率：–0.9%。

（资料来源：2016年第一季度经济季评）

【资源】已探明铀储量21万吨，占世界总储量的11%，居世界第五位。磷酸盐储量12.54亿吨，居世界第四位，尚未开发。煤储量600万吨。石油于2011年开始开发，初步探明石油储量4.99亿吨。还有黄金、锡、铁、石膏等矿藏。

【工业】基础薄弱，2013年工业产值占国内生产总值的19.4%。主要有石油炼制、电力、纺织、采矿、农牧产品加工、食品、建筑和运输业等。20世纪末，尼开始对电信、能源、水、燃料等领域的国营企业实行私有化。主要大型铀矿开采合营公司有阿伊尔矿业公司（SOMAIR）和阿库塔矿业公司（COMINAK），尼政府分别占33%和31%的股份。2014年铀产量为4507吨，居世界第四位。近年来，石油年均产量100万吨。

【农牧林业】农牧林业等第一产业是最主要的经济部门，2013年产值占国内生产总值的37.2%。全国80%以上的居民从事农业，有可耕地1723.89万公顷，已耕地588.29万公顷，有灌溉潜力土地27万公顷，水浇地7万公顷。粮食生产不稳定，主要粮食作物有小米、高粱、薯类和豆类等。2011年下半年至2012年初，尼遭遇10年内第3次粮荒。2012年，尼粮食缺口超过69万吨，600多万人面临饥荒威胁。2014年，尼再次爆发粮荒，400多万人面临粮食短缺。

森林资源贫乏，林业产值约占国内生产总值的3.8%。由于人口增长、大面积开垦耕地和居民日常生活以柴薪为主要燃料等原因，森林面积以年均递减2.4%的速度日益萎缩。

【旅游业】20世纪80年代起步。主要旅游景点：南部的W自然保护区和尼日尔河谷，北部有阿伊尔高地、贾多高原、阿加德兹图阿雷格族城和泰内雷沙漠等。巴黎—达喀尔汽车拉力赛穿越尼国境，曾一度带动了尼旅游业的发展，后于2009年中断。尼日尔非洲国际时装节为尼另一重要旅游项目，1998年首次举办，两年一届。1997年以来尼陆续开办“狩猎旅游”“博物馆旅游”等特色旅游项目。尼近年来年均接待各类旅客8万人次。

【交通运输】尼为内陆国，境内无铁路。进出口物资主要经科托努、拉各斯和洛美等邻国港口转运和空运。

铁路：2014年4月，“科托努—尼亚美—瓦加杜古—阿比让”四国铁路环线项目“科托努—尼亚美”段尼日尔境内部分工程开工。建成后该段铁路将成为尼首条铁路。2016年1月，尼亚美至多索市段铁路竣工，该段铁路长143公里。

公路：总长为19500公里，其中沥青路4000公里，占20.5%，其余为土路。

空运：有尼亚美、阿加德兹和津德尔三个国际机场。尼亚美机场可起降波音747大型客机，阿加德兹和津德尔机场可起降737客机。另有4个国内民用机场。在尼经营国际航线的航空公司有法国航空公司、阿尔及利亚航空公司、埃塞俄比亚航空公司、摩洛哥皇家航空公司、塞内加尔航空公司、利比亚航空公司、苏丹航空公司等。尼亚美国际机场年均国际航班起降约1800架次，国内航班起降800架次，客运量8万人次。

水运：尼日尔河横贯尼境内550公里，有小型机动货船通行，雨季可航行较大船只。

【电信】全国各地均可通邮。现有CELTEL、SONITEL和TELECEL三家电信公司，分别与法国、中国和大西洋电信集团公司合营，覆盖全国主要城市。

【财政金融】国家财政预算严重依赖外援。2013年，尼政府预算收入19.11亿美元，支出20.86亿美元，赤字1.75亿美元。

2000年，世界银行将尼列入“重债穷国减债倡议”国家名单，尼获减债6860亿非洲法郎，占其外债总额的53.5%。2014年尼外债总额28.41亿元，外汇储备12.8亿元（2015年7月《经济季评》）。金融部门包括商业银行、保险公司、邮政储蓄所和全国社会保障基金会等，金融业产值占国内生产总值的12%。主要银行有：尼日尔银行集团（SONIBANK，前国家银行）、非洲国际银行（BIA）、非洲银行（BOA）和尼日尔商业银行（BO N）等。

【对外贸易】主要出口铀、石油和黄金等，2013年铀、石油和黄金出口分别占当年出口收入的54%、30%和4.1%。2014年主要出口国家为尼日利亚、法国、中国和加纳。主要进口国家为中国、法国和尼日利亚。近年外贸状况如下（单位：亿美元）：

	2011年	2012年	2013年	2014年
出口额	12.73	14.58	15.62	14.69
进口额	22.30	23.07	23.94	21.58
差　额	–9.57	–8.49	–8.32	–6.89

（资料来源：2015年7月《经济季评》）

【外国援助】对外援依赖严重。主要援助国和国际组织有法国、美国、德国、日本及欧盟、世界银行和非洲开发基金等。2007年分别就粮食安全和减贫与加快发展战略举行捐助方会议，获各方捐款承诺约31亿美元。2009年尼陷入宪政危机后，欧盟等主要援助方停止了对尼财政和发展援助。2011年尼结束过渡期后，法国、美国和欧盟分别恢复了对尼援助。2012年11月，尼日尔政府和联合国开发计划署共同组织为尼日尔2012—2015经济社会发展计划筹资的圆桌会议在法国巴黎举行，会议共筹资49亿美元。2014年，欧盟向尼提供5375万欧元援助。在第11期欧盟发展基金框架下，欧盟计划向尼提供5.96亿欧元援助。

人民生活

根据联合国开发计划署《2015年人类发展报告》公布的人文发展指数，尼日尔在全部187个国家中排名垫底。全国各级医院和医疗中心共53所，其中国家级医院和医疗中心15所，省级医院6所，县市级32所。平均每4.3万人1名医生，每5203人1名护士，每2702人1张病床。全国医疗普及率为70%，卫生饮用水覆盖率仅73.75%。2010年人口出生率46.1‰，死亡率11.6‰，婴幼儿死亡率198‰，平均预期寿命58.4岁。主要疾病有：脑膜炎、脊髓灰质炎、疟疾、霍乱等。

军　事

武装力量由军队、宪兵、警察、共和国卫队和总统卫队组成。军事力量为陆军和空军，由国防部统辖，总参谋部指挥。准军事力量包括宪兵、警察、共和国卫队和总统卫队，除宪兵归国防部领导外，其余由内政部领导。总统为武装力量最高统帅。实行义务兵和志愿兵相结合的兵役制度。总参谋长：塞尼·加尔巴（Seyni Garba）少将。

2010年正规军兵力约5300人。全国设尼亚美、阿加德兹、津德尔3个军区。准军事力量5400人。2011年国防预算414.5亿非洲法郎。尼分别与法国和美国签有军事合作协议。

文化教育

【教育】上世纪90年代以前，国民教育在各年度预算中一直占国家拨款的20%以上，但从90年代中期开始，所占比例不足10%。全国共有小学12623所，中学、师范学校及各类职业学校871所。小学、初中和高中文化普及率分别为76.1%、19.8%和4.1%。成人识字率为29%。有尼亚美综合大学和伊斯兰大学两所高等学府。

【新闻出版】新闻机构由通讯部统管，最高新闻委员会负责制定新闻方面的有关法规和监督新闻自由的落实。全国共有23家报社，其中国有报社2家，其余为私营报社。官方报纸《萨赫勒报》（Le Sahel）为全国唯一的日报，创刊于1974年，每周一至周四出日报，周五出周末版《萨赫勒星期日刊》（Sahel Dimanche），发行量为5000份。私营报纸主要有《民主者》《共和主义者》《人民论坛》《抉择》等，各发行3000份。

尼日尔通讯社：官方通讯社，成立于1987年。在全国设有5个记者站，无驻外记者，主要接收法新社和泛非通讯社的电信。1997年4月与新华社签署了新闻交换合作协议，国际新闻部分采用新华社电信稿。

萨赫勒之声：国家广播电台，创建于1958年，由法国海外广播公司统一管理。每天播音14小时，除用法语外，还用豪萨、哲尔玛、卡努里、阿拉伯、图布等8种民族语言广播，节目覆盖率为95%。法国国际广播电台在尼亚美建有广播站，每天24小时广播。2007年以来，中国国际广播电台先后在尼亚美、马拉迪、津德尔和阿加德兹市开播调频节目。

萨赫勒电视台：国家电视台，建于1975年。自1988年11月起每天播出，用法语和6种民族语言播放，可覆盖国土面积的70%和全国人口的80%。2001年12月开通 TAL–TV 数字频道。

对外关系

奉行和平中立的外交政策，主张在平等、互相尊重国家主权和领土完整的基础上发展同一切国家或组织的友好关系。执行外交为经济建设与社会发展服务的方针。重视发展同西方大国、国际金融机构以及发展中国家的关系。坚持睦邻友好，积极参与地区事务。2007年与阿尔及利亚、马里等签署边界安全协议。针对近年来萨赫勒—撒哈拉地区日益猖獗的恐怖活动和武器、毒品走私问题，加强同马里、毛里塔尼亚、阿尔及利亚等国合作，共同打击恐怖和走私犯罪活动。曾向利比里亚、塞拉利昂、几内亚比绍和科特迪瓦派遣维和部队，向东帝汶派遣民事警察。近年，派兵参与在马里维和行动，并同尼日利亚、乍得等组成多国联合部队，进入尼日利亚打击“博科圣地”。

【同中国的关系】1974年7月20日同中国建交。1992年7月22日尼与台湾“复交”，中国于7月30日宣布中止同尼的外交关系。1996年8月19日中尼复交，此后两国关系发展顺利。

2010年5月，中国政府非洲事务特别代表刘贵今大使访尼。2011年5月，中国外交部副部长翟隽作为政府特使访尼。11月和12月，尼外长巴祖姆分别来华出席中尼第五届经贸混委会会议和率尼执政党代表团访华。2012年1月，杨洁篪外长访尼，会见伊素福总统，并与巴祖姆外长举行会谈。7月，伊素福总统出席中非合作论坛第五届部长级会议开幕式并访华，胡锦涛主席和李克强副总理分别与其会谈、会见。2014年1月，全国政协副主席、中联部部长王家瑞访尼，分别会见伊素福总统和拉菲尼总理，并与尼执政党主席、外长巴祖姆举行会谈。

2014年中尼贸易总额为3.18亿美元，同比增长59.38%。

中国驻尼日尔大使：石虎。馆址：尼日尔尼亚美市伊萨·贝里区（Quartier Issa Beri，Niamey，Niger）。电话：（227）20723283。传真：20723285。电子信箱：CHINAEMB_NE@MFA.GOV.CN。

尼日尔驻华大使：伊努萨·穆斯塔法（INOUSSA MOUSTAPHA）。馆址：北京市朝阳区三里屯外交办公楼公寓1单元21号。电话：010–65324279。传真：65327041。

【同法国的关系】法是尼前宗主国、最大贸易伙伴和援助国。2008年2月，奥马鲁总理访法。2009年3月，法国总统萨科齐访尼。2010年5月和7月，尼军政权领导人吉博应邀赴法出席第25届法非峰会和法国国庆庆典活动。同年，法向尼提供了450万欧元紧急援助和100万欧元选举资助。2011年5月，伊素福总统在八国集团峰会期间应邀访法，7月对法进行工作访问。2012年3月，伊素福总统赴法出席第6届世界水资源论坛。6月，伊素福对法进行工作访问，会见奥朗德总统。2013年5月和8月，伊素福总统两次对法国进行工作访问，会见奥朗德总统。2014年5月，伊素福总统应奥朗德总统邀请出席在巴黎举行的尼日利亚安全问题峰会。7月，奥朗德总统访尼，法国开发署与尼政府签订6项总额为7420万欧元的合作协议。8月，伊素福总统赴法出席二战普罗旺斯登陆70周年纪念活动。10月，法向尼提供30万欧元粮援。11月，法国总理瓦尔斯访尼。同月，伊素福总统赴塞内加尔出席第15届法语国家组织峰会。2015年1月，伊素福总统赴法参加针对《查理周刊》遭严重恐怖袭击举行的世界各国政要和民众反对恐怖主义大游行。5月，伊素福总统对法国进行工作访问。11月，伊素福总统赴法国出席气候变化巴黎大会。

【同美国的关系】1960年尼美建交。20世纪80年代两国关系发展较快，尼国家元首孔切曾两次访美。90年代初，美每年向尼提供约2000万美元援助。1996年1月巴雷政变上台后，美中止对尼官方援助。1999年底坦贾当选总统后，美恢复对尼援助。2008年3月，美“千年挑战账户”计划向尼提供2300万美元资金援助；6月，美非洲事务助理国务卿帮办访尼。2009年尼发生宪政危机后，美宣布停止向尼提供除人道主义援助以外的其他援助。2010年，美国际开发署向尼提供15亿非郎援助，用于救济迪法大区灾民。2011年7月，伊素福总统应邀赴美访问，奥巴马总统会见，美并恢复千年挑战账户项下援助，项目总额约2300万美元。2012年7月，美政府通过千年挑战账户向尼资助800万美元。9月，拉非尼总理对美进行工作访问，会见美助理国务卿、白宫安全顾问等官员以及国际货币基金组织和世界银行负责人。2013年1月，伊素福总统会见美军非洲司令部司令哈姆将军。2月，美在尼北部部署两架无人机。5月，伊素福总统会见美军非洲司令部司令罗德里格斯。2014年2月至3月，美国在尼日尔塔瓦、阿加德兹地区同尼日尔、尼日利亚和乍得等国联合举行“燧发枪”军事培训和演练。8月，应奥巴马总统邀请，伊素福总统赴美出席首届美非峰会。9月，美向尼提供800万美元军事援助。2015年7月，伊素福总统会见美国常务副国务卿布林肯。10月，伊素福总统会见美军非洲司令部司令罗德里格斯。

【同德国的关系】2005年6月，德向尼提供50万欧元粮食援助。2007年6月，德向尼地方分权投资基金赠送价值1.4亿非洲法郎的物资，用于支持尼农村发展战略。2008年7月，德与尼签署协议，向尼提供900万欧元用于发展国民教育。2010年德向尼提供了包括100万欧元人道主义援助在内的多项援助。2011年11月，德国政府与尼方签署2011—2013年度总额5290万欧元的经济技术合作协议，用于帮助尼实施良政和促进农业生产。2012年3月，尼外长巴祖姆应邀对德进行工作访问，德允向尼提供33亿非郎紧急粮食援助，并在2011—2013年度向尼提供总额340亿非郎的援助。2013年5月，伊素福总统对德国进行工作访问，会见默克尔总理。

【同日本的关系】日是尼主要援助国之一。2004年日向尼提供价值约17亿非洲法郎的粮食援助并减免尼对日债务约19亿欧元。2005年日向尼提供5亿非洲法郎粮食援助。2007年日向尼提供近85亿非洲法郎援款，支持尼发展农业、教育等。2008年2月，日首相特使、副外相访尼；5月，奥马鲁总理赴日出席东京发展国际会议。2010年日向尼提供了两批粮食援助，移交了造价3600万非洲法郎的教室。2012年1月，日本政府向尼提供4.9亿日元粮食援助。目前，有近百位日志愿者和专家顾问在尼工作。2014年1月，伊素福总统赴科特迪瓦出席日本与西非经济共同体领导人峰会。9月，日通过联合国儿童基金会向尼捐赠400万美元医疗物资。12月，日向尼捐赠460万美元的大米，并通过联合国开发计划署向尼提供价值200万美元的移动和固定电台。2015年6月，伊素福总统对日本进行工作访问。

【同周边国家及地区组织的关系】与邻国长期保持睦邻友好关系。2010年，尼军政权派团赴邻国做解释工作，较快恢复与各国关系。贝宁总统、利比亚总理等访尼。摩洛哥、利比亚、布基纳法索、尼日利亚等国分别向尼提供了粮食援助。尼还多次参加萨赫勒地区国家安全会议，商讨打击地区恐怖主义。伊素福总统就职后访问了布基纳法索、马里和贝宁等国，出席了科特迪瓦、尼日利亚、乍得总统就职典礼以及西非经货联盟峰会、非盟首脑会议等地区会议。2012年，伊素福分别对布基纳法索、乍得、苏丹和几内亚进行访问，并出席第18届非盟首脑会议、第40届西共体峰会和南非非国大成立100周年纪念活动、西非经货联盟首脑会议和法语国家组织峰会等。2013年，伊素福总统接待了乍得总统到访，访问了毛里塔尼亚、刚果（布）、马里等国，出席了西共体首脑峰会，几内亚湾海上安全峰会和马里总统就职典礼等活动。2014年，伊素福总统接待了马里总统凯塔，贝宁总统亚伊，访问了科特迪瓦、贝宁、加蓬、刚果（布），出席了萨赫勒五国峰会、第44届西共体首脑会议、西共体马里和尼日利亚安全问题特别峰会、第23届非盟首脑会议、西共体特别峰会、第二届土耳其—非洲国家峰会、第46届西共体峰会等活动。2015年1月，伊素福总统访问几内亚、利比里亚和贝宁。3月，伊素福总统访问乍得、贝宁。5月，伊素福总统赴加纳出席西共体峰会，赴尼日利亚出席尼新任总统布哈里就职典礼，赤道几内亚总统奥比昂访尼。6月，尼日利亚总统布哈里访尼。8月，几内亚总统孔戴、贝宁总理津苏访尼。9月，马里总统凯塔、乍得总统代比访尼，伊素福总统赴尼日利亚出席西共体关于布基纳法索政局特别峰会。11月，伊素福总统赴乍得出席萨赫勒五国第二届峰会。12月，伊素福总统赴贝宁出席贝前总统克雷库葬礼，赴布基纳法索出席布新任总统卡博雷就职典礼。（王立）

尼日利亚

国名 尼日利亚联邦共和国（The Federal Republic of Nigeria）。

面积 923768平方公里。

人口 1.79亿（2014年）。有250多个民族，其中最大的三个民族是北部的豪萨－富拉尼族（占全国人口29%）、西南部的约鲁巴族（占21%）和东部的伊博族（占18%）。官方语言为英语。主要民族语言有豪萨语、约鲁巴语和伊博语。50%居民信奉伊斯兰教，40%信奉基督教，10%信仰其他宗教。

首都 阿布贾（Abuja）。人口约200万。平均最高气温为35℃，平均最低气温为20℃。

国家元首 总统兼武装部队总司令穆罕马杜·布哈里（Muhammadu Buhari）。

重要节日 国庆节：10月1日。

简况

位于西非东南部，东邻喀麦隆，东北隔乍得湖与乍得相望，西接贝宁，北界尼日尔，南濒大西洋几内亚湾。边界线长约4035公里，海岸线长800公里。地势北高南低。境内河流众多。属热带季风气候，全年分为旱季和雨季，年平均气温为26℃—27℃。

尼日利亚系非洲文明古国。公元8世纪扎格哈瓦（Zaghawa）游牧部落在乍得湖周围建立了卡奈姆－博尔努（Kanem-Bornu）王国，该王国延续了一千多年。从10世纪开始，约鲁巴族在尼日尔河下游建立了伊费、奥约和贝宁等王国。11世纪前后，豪萨族在尼北部地区建立了七个城堡王国，史称“豪萨七邦”，16世纪被西部的桑海帝国所征服。1472年葡萄牙殖民者入侵。16世纪中叶英国殖民者入侵。1914年沦为英国殖民地。1960年10月1日宣布独立，并成为英联邦成员国。1963年10月1日成立尼日利亚联邦共和国。

政治

独立后多次发生军事政变，军人长期执政。1998年6月军政府首脑阿巴查病逝，国防参谋长阿布巴卡尔接任国家元首，制定还政于民计划。1999年2月人民民主党候选人奥巴桑乔当选总统，2003年4月蝉联。2007年4月人民民主党候选人亚拉杜瓦当选总统。2010年5月，亚病逝，时任副总统乔纳森继任总统，2011年4月当选连任。2015年3月28日至29日，尼日利亚举行总统、国民议会选举，反对党全体进步大会党获胜，布哈里当选新总统，并于5月29日正式就职。

近年来，尼政局总体保持稳定，但仍存在较多不稳定因素。伊斯兰极端组织“博科圣地”在多地制造爆炸、绑架200多名女学生等恐怖事件，引起国际社会关注。2013年6月，尼政府将“博科圣地”定性为恐怖组织，在该组织活动猖獗的东北部三个州实施紧急状态并派兵清剿。2014年5月，联合国将该组织列入国际恐怖组织名单。布哈里上台后加大打击“博科圣地”力度，取得一定成效。

【宪法】尼日利亚独立以来制定过5部宪法，即1960、1963、1979、1989和1999年宪法（1989年宪法未颁布）。现行宪法是以1979年宪法为基础修订而成，于1999年5月5日颁布，同年5月29日奥巴桑乔总统执政之日起正式实施。主要内容包括：尼是不可分割的主权国家，实行联邦制；实行三权分立的政治体制，总统为最高行政长官，领导内阁；国民议会分参、众两院，是国家最高立法机构；最高法院为最高司法机构；总统、国民议会均由直接选举产生，总统任期四年，连任不得超过两届。

【议会】国民议会由参、众两院组成，议员由直接选举产生，任期四年。2015年3月选举产生第八届国民议会，在参议院109席和众议院360席中，全体进步大会党分别获得64席和214席，占据议会多数。参议长奥卢布科拉·阿布巴卡尔·萨拉基（Olubukola Abubakar Saraki），众议长雅各布·多加拉（Yakubu Dogara）。

【联邦执行委员会（The Federal Executive Council）】即内阁。本届内阁于2015年11月11日成立。由总统、副总统、各部部长和国务部长等组成，共有38名成员，包括：总统布哈里，副总统耶米·奥辛巴乔（Yemi Osinbajo），石油部长由布哈里总统兼任，司法部长马拉米（Abubakar Malami），外交部长奥尼亚马（Geoffrey Onyeama），国防部长阿里（Monsur Dan-Ali），教育部长阿达穆（Adamu Adamu），财政部长阿德奥森（Kemi Adeosun，女），工业、贸易和投资部长埃内拉马（Okechukwu Enelamah），劳工和就业部长恩吉格（Chris Ngige），卫生部长阿德沃莱（Isaac Folorunsho Adewole），妇女事务部长哈桑（Aisha Alhassan，女），尼日尔三角洲事务部长乌古鲁（Usani Usani Uguru），电力、工程和住房部长法绍拉（Babatunde Fashola），联邦首都区部长贝洛（Muhammadu Bello），内政部长丹巴藻（Abdulrahman Dambazau），预算和国家家计划部长乌多马（Udo Udo Udoma），农业和农村发展部长奥贝赫（Audu Ogbeh），交通部长阿马埃奇（Rotimi Amaechi），通信部长希图（Adebayo Shittu），新闻部长拉伊（Mohammed Lai），环境部长阿明娜（Mohammed Amina，女），水资源部长阿达穆（Suleiman Adamu），青年和运动部长达隆（Solomon Dalong），固体矿产部长法耶米（Kayode Fayemi），科技部长奥努（Ogbonnaya Onu），教育部国务部长安武卡（Anthony Anwukah），工业、贸易和投资部国务部长阿布巴卡尔（Aisha Abubakar，女），劳工和就业部国务部长奥绍利（James Ocholi），预算和国家计划部国务部长艾哈迈德（Zainab Ahmed，女），石油部国务部长卡希库（Ibe Kachikwu），电力、劳工和住房部国务部长谢胡里（Mustapha Shehuri），农业和农村发展部国务部长洛波比里（Heineken Lokpobiri），航空部国务部长西里卡（Hadi Sirika），卫生部国务部长埃哈尼尔（Osagie Ehanire），尼日尔三角洲事务部国务部长达拉莫拉（Claudius Daramola），环境部国务部长贾布里勒（Ibrahim Usman Jibril），固体矿产部国务部长布瓦里（Abubakar Bwari），外交部国务部长易卜拉欣（Khadija Bukar Abba Ibrahim，女）。

【行政区划】实行联邦制。设联邦、州和地方三级政府。1996年10月重新划分行政区域，全国划分为1个联邦首都区、36个州以及774个地方政府。

【司法机构】联邦设有最高法院、上诉法院和高等法院，各州设高级法院，地方政府设地方法院。有的州还设有习惯法上诉法院。联邦首席大法官阿洛玛·玛丽亚姆·穆克塔尔（Aloma Mariam Muhktar）。

【政党】1998年6月开放党禁。目前，共有50多个注册政党，其中人民民主党在尼政坛影响最大。各党主要情况如下：

（1）全体进步大会党（All Progressive Congress, APC）：执政党。2013年8月正式注册，由尼日利亚行动大会党（ACTION CONGRESS OF NIGERIA, ACN）、进步变革大会党（Congress for Progressive Change, CPC）和全尼日利亚人民党（ALL NIGERIAN PEOPLE'S PARTY, ANPP）合并组成。2014年6月13日，该党举行首次全国代表大会，近7000名党员代表与会。会议选举了全国执行委员会委员并通过党章。现任主席：约翰·奥耶贡（John Oyegun）。

（2）人民民主党（People's Democratic Party, PDP）：主要反对党。1998年8月成立，曾长期执政。该党目标是：维护尼统一、团结与主权；主张各民族和睦相处，建立自由、平等和公正的社会；促进和巩固尼日利亚政治、经济和社会独立。在尼北部、中部和东南部地区影响较大。现任由副主席赛根德斯担任主席。现在参、众两院分别占45席和125席。

【重要人物】穆罕马杜·布哈里（Muhammadu Buhari）：总统。1942年出生于北部卡齐纳州，豪萨－富拉尼族，信奉伊斯兰教。1962年进入卡杜纳军事培训学院学习，曾在印度、美国、英国的军事院校留学。上世纪七八十年代曾担任州长、石油部长、最高军事委员会成员、国家石油公司主席等职。1983年军事政变后上台执政至1985年。曾于2003年、2007年、2011年3次参加总统选举。2015年3月在总统选举中获胜，5月29日就职。　**耶米·奥辛巴乔（Yemi Osinbajo）**：副总统。1957年3月8日生于拉各斯，约鲁巴族，信奉基督教。伦敦政治经济学院法学硕士，职业律师。历任拉各斯大学法学讲师、教授，司法部长特别顾问，拉各斯州军政府转民选政府智库及转型工作组成员，拉各斯州总检察长、司法厅长，尼国家内部高级顾问团成员等职，并多次在联合国机构和组织任职。2014年12月被全体进步大会党推举为2015年总统选举候选人布哈里的副手。2015年3月布哈里赢得选举后，奥当选副总统，并于5月29日就职。

经　济

原为农业国。上世纪70年代起成为非洲最大的产油国。80年代后，随着国际市场油价下跌，尼经济陷入困境。1992年被国际货币基金组织列为低收入国家。1995年起政府对经济进行整顿，取得一定成效。目前是非洲第一大经济体，2013年尼经济总量全球排名第26位。石油系支柱产业，其他产业发展滞后，粮食不能自给，基础设施落后。近年来，政府加大对基础设施、农业和制造业的投入，推进电力、石油行业改革，经济实现较快增长。

2014年主要经济数据如下：

国内生产总值：5685亿美元。

人均国内生产总值：3175美元。

经济增长率：6.3%。

货币名称：奈拉。

汇率：1美元=158奈拉。

通货膨胀率：7.8%。

（主要来源：《经济季评》2016年第一季度）

【资源】资源丰富。已探明有30多种矿藏。主要有石油、天然气、锡、煤、石灰石等。已探明石油储量372亿桶，居世界第十、非洲第二。2012年日均产油211万桶，全年共产原油7.7亿桶。2013年日产原油194万桶，居非洲第一。已探明天然气储量达5.3万亿立方米。煤储量约27.5亿吨，为西非唯一产煤国。森林覆盖率为17%。

【工矿业】石油工业是国民经济的支柱。尼联邦政府财政收入的85%、国内生产总值的20%—30%来源于石油行业。2012年，原油出口收入约为685亿美元。因国内炼油能力较低，约85%国内成品油消费需依赖进口。电力供应严重不足，现有装机容量929万千瓦，实际最大发电能力450万千瓦，仅不足四成家庭通电。主要制造业为纺织、车辆装配、木材加工、水泥、饮料和食品加工，大多集中在拉各斯及其周围地区。制造业发展水平低，多数工业制品仍依赖进口。

【农业】独立初期，棉花、花生等许多农产品在世界上居领先地位。随着石油工业的兴起，农业迅速萎缩，产量大幅下降。近年来，随着尼政府加大对农业投入，农作物产量有所回升，年均增长7%以上。目前，农业在国内生产总值中所占比重为40%左右。全国70%的人口从事农业生产。可耕地6800万公顷，已耕地3400万公顷。农业主产区集中在北方地区。木薯年产量4000万吨，位居世界第一。大米、面粉等粮食不能自给，年均500万吨大米消费量中200万吨依靠进口。2012—2014年，尼农业领域共吸引外资60亿美元，主要投向化肥、种子、家禽业和棕榈油、水稻生产等领域。

【旅游业】旅游资源丰富，但尚未很好开发。主要旅游景点有：夸拉州和高原州的瀑布，博尔诺州的乍得湖寺院，十字河州的大牧牛场，伊莫州的奥古塔湖，翁多州的温泉和包奇州的野生动物园。

【交通运输】运输以公路为主，以水路、铁路运输为辅。交通运输较为紧张。

铁路：总长3557公里，均为1.067米轨距的单轨线。尼国家铁路公司在15个州有268个车站。机动车日运行能力为190辆。但因年久失修，运行能力低。2006年8月，尼政府宣布用25年完成铁路现代化改造，计划到2043年新建铁路6000公里。

公路：总长194394公里（铺装路面60068公里），其中高速公路1194公里。已基本形成一个连接首都阿布贾和各州首府的交通网，利用率逾90%。公路运输分别占国内货运量的93%和客运量的96%。

水运：内河航线总长3000公里，承担内河航运的主要是贝努埃河和尼日尔河。全国有8个主要海港，2011年货物吞吐量为8276万吨，占西非海运贸易的68%。主要港口有拉各斯的阿帕帕港、丁坎港、科科港、瓦里港、哈尔科特港、卡拉巴尔港和萨派勒港。

空运：尼日利亚国有航空公司曾开设有多条国内和国际航线。但由于经营不善，亏损严重。2005年7月，尼政府将其私有化，改称维京－尼日利亚航空公司。尼投资者持股51%，英国维京大西洋航空公司拥有49%的股权。目前航空业的主力军为Arik、Dana、Air Nigeria、Delta Air等私营航空公司，主要运营国内航线及少量国际航线。国际航线多为外国航空公司垄断。全国有37个机场，主要分布在联邦首都区和各州首府，其中5个国际机场，分别在拉各斯、阿布贾、卡诺、哈尔科特港和卡拉巴尔。尼与65家国际航空公司签有航空协议。2011年运送客流1460万人次。

管道运输：有5000公里长的输油管道，将各炼油厂和部分港口、油井和储油库相连。

【财政金融】尼财政收入主要靠石油出口和税收。地区金融和商业中心，拥有西非第一大证券交易所，西非50强企业中有44家来自尼。2014年以来，由于国际油价持续下跌，尼经济受到较大冲击，财政收入减少。据尼债务管理办公室统计，截至2014年底，尼政府外债总额为97亿美元。2014年外汇储备为369亿美元。（主要来源：《经济季评》2016年第一季度）

【对外贸易】主要出口产品为石油、可可、橡胶和棕榈仁，主要进口产品是机械设备、交通设施和消费品等。2014对外贸易额1432亿美元，出口额约826亿美元，绝大多数为石油出口收入；进口额为616亿美元。主要出口对象国为印度、荷兰、巴西、西班牙和法国等，主要进口国为中国、美国、印度、比利时、荷兰等。（来源：《经济季评》2016年第一季度）

【外国援助】主要援助国和国际组织为美国、英国、加拿大、联合国、欧盟和世界银行等。2006年4月，尼向巴黎俱乐部共偿还45亿美元债务，得到90亿美元债务减免。尼不再欠巴黎俱乐部债务。2011年，世界银行向尼提供5000万美元援助，用于支持发展农业商业化发展项目。2010年和2011年，尼共接受了38.75亿美元的官方发展援助，其中8.56亿美元来自美国。近10年来美国向尼提供36亿美元用于抗击艾滋病。2012年，欧盟与尼政府签署向尼提供1.97亿欧元援助资金的协议。2014年2月，欧盟与尼政府签署60亿奈拉援助协议，用于帮助尼发展现代能源产业。截至2012年底，日本对尼援助达38亿美元。

【外国资本】外国投资领域主要是石油、银行、制造和建筑业。主要投资来源国为美国、法国和英国。2009年，尼成为世界第19位、发展中国家第6位外资流入国，流入金额约为100亿美元。2013年尼吸引外资约65亿美元。根据世界经济论坛发布的2013—2014年全球竞争力指数排名，尼位列第120位。

人民生活

根据联合国开发计划署《2014年人类发展报告》公布的人文发展指数，尼日利亚在187个国家中排名第152位。近年来尼贫困化现象日益严重，“每天1美元”贫困线下的民众比例为70%。官方统计失业率为24%，北部多州高达60%。医疗条件较差。全国约有2万余名医生，10万张病床，患者与医生的比例为4400：1。截至2013年7月，尼感染艾滋病病毒超过340万，人数居全球第二，其中仅有不到50万人得到治疗。2010年11个州爆发霍乱疫情，造成700多人死亡。人均寿命48岁。人口增长率为2.7%。每年30多万人死于疟疾，占全球总数的1/4，是全球唯一小儿麻痹症发病率上升的国家。截至2013年6月，尼移动电话用户约为1.17亿。截至2013年3月网络用户为4500万，居非洲第1位。

军　事

奉行“威慑与防御”相结合的战略方针。自1985年以来，武装部队总司令一直由国家元首兼任。武装部队由陆、海、空三军，联合特遣部队，民兵和预备役部队组成，现役总兵力约8.5万人。实行志愿兵役制，每年征兵一次。1月15日为军队节。

文化教育

【文化】早在两千多年前就有了比较发达的文化。著名的诺克、伊费和贝宁文化使尼享有“撒哈拉以南非洲文化摇篮”的美誉。独立后，尼现代艺术、民间文学、音乐、舞蹈、绘画等都有较快发展，产生了一批著名小说家、戏剧家、诗人和表演艺术家。1986年，著名小说家、诗人和戏剧家沃尔·索因卡获诺贝尔文学奖，是第一位获此殊荣的撒哈拉以南非洲文学家。

【教育】1976年起实行小学免费教育。但由于经济困难，自1985年起改为收费。1999年9月尼政府出台全国基础教育计划，恢复小学免费义务教育。学制为小学6年，初中3年，高中3年，大学4年。截至2012年，全国共有大学124所，著名大学有艾哈迈德·贝罗大学、拉各斯大学、伊巴丹大学、尼日利亚大学和伊费大学等；共有技术院校近百所，普通高中14555所，初中19244所，小学85286所。大多数学校教学设施陈旧，师资不足。全国文盲人口6400万，小学升学率仅44%，在全球位列倒数第一。

【新闻出版】新闻和出版业较发达。全国各种期刊杂志上百种，报纸20余种，电台和电视台近百家。联邦和各州政府设有主管宣传事务的新闻部。主要报纸有：《今日报》《卫报》《每日信报》《新尼日利亚人报》《每日时报》《抨击报》《先锋报》等。

通讯社：尼日利亚通讯社（简称NAN）为官方通讯社，1978年10月成立。在国内36个州派有记者300名，在6个国家设有分社并派常驻记者，与新华社、路透社、法新社、塔斯社、美联社等十多个通讯社签订了新闻交换协议或销售协议。泛非通讯社西非地区总分社的工作亦由尼通讯社承担。

广播电台：尼日利亚联邦广播电台（简称FRCN）：前身是尼日利亚广播公司，1990年改为现名，受联邦政府新闻和通信部领导。主要负责对内广播，使用语言为英语。全国各州均有自己的电台，使用当地语言或英语。尼日利亚之声（简称VON）：前身是尼日利亚广播公司对外广播部，1990年正式脱离尼广播公司改为现名，主要负责用英语、法语、斯瓦希里语、豪萨语、阿拉伯等八种语言每天对外广播。

电视台：尼日利亚国家电视台（简称NTA）成立于1962年，由联邦政府新闻和通信部领导。总部设在阿布贾。全国划为6个电视区。有两套节目，日均播放时间15小时。各州均有电视台通过卫星转收国家电视台节目。目前尼全国共有45个电视台，其中13个为私人有线电视和卫星转播站。部分州的电视台仍为黑白台。

【体育】非洲体育强国，足球运动十分普及。近10年来，尼青年足球队曾3次在世界青年足球锦标赛中夺冠。尼国家足球队获1996年亚特兰大奥运会冠军，2000年非洲杯亚军，2002、2004、2006年非洲杯季军，2008年北京奥运会亚军，2012年非洲杯冠军。此外，在田径、举重等项目上，尼也有一定优势。

对外关系

奉行广泛结好、积极参与国际事务、促进和平与合作的外交政策。长期执行以非洲为中心的外交战略，力图发挥地区大国作用。积极倡导南南合作、南北对话。重视发展与西方、发展中大国关系。积极参与联合国事务，参加维和行动部队人数达5000余人，是联合国维和行动第五大出兵国。与100多个国家建立了外交关系，共设105个驻外机构。是联合国、不结盟运动、77国集团、世界贸易组织、石油输出国组织、非盟和西非国家经济共同体等国际和地区组织成员国，2014—2015年任联合国安理会非常任理事国。

【同中国的关系】中尼自1971年2月10日建交以来，友好合作关系发展顺利。2005年4月，奥巴桑乔总统访华，两国元首一致同意建立战略伙伴关系。2009年中尼举行首次战略对话。

近年来，两国高层交往频繁，政治互信加深。2005年4月，奥巴桑乔总统访华。2006年4月，胡锦涛主席访尼。2006年11月，奥巴桑乔总统来华出席中非合作论坛北京峰会。2008年2月，亚拉杜瓦总统对中国进行国事访问。2010年1月，杨洁篪外长访尼。8月，尼外长阿朱莫戈比亚访华。9月底10月初，胡锦涛主席特使、工业和信息化部部长李毅中出席尼独立50周年庆典。2011年2月，两国元首和外长就中尼建交40周年分别互致贺电。5月，胡锦涛主席特使、铁道部部长盛光祖出席乔纳森总统就职典礼。9月，杨洁篪外长在出席第66届联大一般性辩论期间会见尼外长阿希鲁。2012年7月，阿希鲁外长来华出席中非合作论坛第五届部长级会议。9月，尼众议长坦布瓦尔来华出席世界产业领袖大会。2013年7月，乔纳森总统对华进行国事访问。2013年9月，全国人大常委会委员长张德江访尼。2014年5月，国务院总理李克强访尼。同月，尼参议长马克访华。2014年8月，尼外长瓦利访华。2015年9月和12月，习近平主席在纽约出席联合国成立70周年系列峰会期间和在南非出席中非合作论坛约翰内斯堡峰会期间分别会见尼总统布哈里。8月，张德江委员长在纽约出席第四次世界议长大会期间会见尼众议长多加拉。

中尼签有贸易、经济、技术、科技合作和投资保护等协定，并设有经贸联委会。尼是中国在非洲的第三大贸易伙伴、第一大工程承包市场和第三大投资目的地国。2014年中尼贸易额181亿美元，其中中方出口154.4亿美元，出口商品主要为机电产品和纺织服装，进口原油和液化天然气等。截至2014年底，中国企业在尼累计签订承包工程合同额676.1亿美元。主要承包企业有中土公司、中地海外、华为、中兴等20余家，主要涉及铁路、公路、房屋建设、电站、水利、通信、打井等领域。

中尼签有文化合作协定和高校合作议定书。2012年3月，中尼签署互设文化中心的协定。5月，尼日利亚文化中心在北京设立。2013年9月，设在尼首都阿布贾的中国文化中心举行揭牌仪式。中国自1964年起向尼提供政府奖学金名额，截至2013年共接收奖学金生484名。2013年尼在华留学生2117名，其中奖学金生227名。尼日利亚拉各斯大学和阿齐克韦大学各设立了1所孔子学院。中国苏州大学与尼日利亚拉各斯大学在教育部“中非大学20+20合作计划”项下结成合作伙伴。

中国驻尼日利亚大使：顾小杰。馆址：Plot 302，303, Central District, Abuja, Nigeria。电话：（00234–9）4618661，4618662；传真：4618660。经商处地址：Plot 2232A，Yedeseram Street，OFF IBB Way，Maitama Abuja，Nigeria。电话：（00234–9）4137993，4137994。驻拉各斯总领事馆地址：Plot 161A Idejo Street，Victoria Island，Lagos，Nigeria。电话：（00234–1）2715351，2713535；传真：2715583。经商室地址：Plot 161A Adeola Odeku Street，Victoria Island，Lagos，Nigeria。电话：（00234–1）2612404；传真：2711631。

尼日利亚驻华使馆临时代办：奥吉马默·欧瑞巴（Ojemame O. Orevba）。馆址：北京市朝阳区三里屯东五街2号。电话：010-65323631，65323632，65323633；传真：65321650。

【同美国的关系】尼美1960年建交后，两国关系密切。上世纪90年代，美国因阿巴查军政府废除大选结果和处死人权活动分子萨罗-维瓦而对尼实行制裁。奥巴桑乔民选政府上台后，两国关系迅速改善。奥巴桑乔曾多次访美。克林顿和布什总统先后访尼。2007年亚拉杜瓦总统访美。2010年，乔纳森总统赴美参加核安全峰会并与美总统奥巴马会晤，美宣称尼属于美“战略优先国”之一。两国签署了设立双边委员会的协议、可再生能源合作协定、美为尼提供防治艾滋病技术支持框架协议、培训和部署航空安全的谅解备忘录。2011年，乔纳森总统赴美出席联合国艾滋病问题高级别会议期间与奥巴马总统会晤。2012年4月，尼副总统桑博访美；6月，尼美双边委员会在华盛顿召开高级会议；8月，美国务卿希拉里访尼。2013年2月，美国前总统克林顿访尼；8月，尼美在阿布贾举行双边委员会会议。2014年8月，乔纳森总统赴美出席美非峰会。2015年7月20—23日，尼总统布哈里应奥巴马总统邀请对美进行正式访问。尼在美约有100万侨民。美是尼最大的贸易伙伴之一，尼产品的40%销往美国。尼是美国《非洲增长和机会法案》框架下向美出口最多的撒哈拉以南非洲国家。2011年尼美进出口贸易总额为385亿美元，其中尼向美出口337亿美元。美在尼石油工业中的投资占尼外资的30%，尼约50%的石油出口至美。美连续多年是进口尼石油最多的国家。2012年以来，美由于本国石油产量增加和两座适合尼轻质油炼油厂的关闭，大量削减了从尼石油进口，降幅达70%。

【同英国的关系】独立后两国关系密切，英国曾是尼日利亚最大投资国。尼在英约有100万侨民。上世纪90年代，英国对尼阿巴查军政权实行制裁，并推动英联邦中止尼的成员国资格。奥巴桑乔当选总统后，两国恢复合作。2002年布莱尔首相访尼，2003年伊丽莎白女王访尼并在阿布贾主持召开英联邦首脑会。2005年6月，奥巴桑乔访问英国。7月，奥巴桑乔出席在英国召开的八国集团领导人和非洲国家领导人对话会。2008年7月，亚拉杜瓦总统访英。2011年7月，英国首相卡梅伦访尼，双方签署了到2014年使英尼双边贸易额翻番的谅解备忘录。2012年2月，乔纳森总统访英。2013年2月，乔纳森总统访英。2015年9月，布哈里总统在联合国成立70周年系列峰会期间会见英国首相卡梅伦。10月，奥辛巴乔副总统访问英国。11月，布哈里总统赴马耳他出席英联邦国家首脑会议。2011年尼对英出口13亿英镑，英成为尼第二大出口国。2012年尼英双边贸易额64亿英镑，2014年有望增长至80亿英镑。英在尼投资约占尼外资总额的20%，许多英国公司在尼医疗健康、教育和培训、金融、保险、石油和天然气等领域进行投资。英国公司还协助尼方发展太空项目，以提高尼天气和洪水预报能力。

【同法国的关系】阿巴查军政府时期，法国曾中止对尼经济援助和军事合作。1999年和2000年，希拉克总统和奥巴桑乔总统实现互访。2005年5月，奥巴桑乔对法国进行工作访问并与希拉克会晤。法国将尼列为开展南北合作和提供援助的优先国家之一。2006年11月，尼海军总参谋长阿德克耶（Adekeye）上将访法。2008年6月，亚拉杜瓦总统对法进行国事访问，同萨科奇总统举行会谈。2009年5月，法国总理菲永访尼。2010年6月，乔纳森总统参加在法国尼斯举行的法非峰会。2011年5月，法国总统萨科奇和乔纳森总统在出席科特迪瓦总统瓦塔拉就职典礼期间举行了双边会晤。11月，乔赴法出席国际投资者荣誉理事会会议期间，会见萨科奇。2013年2月，乔纳森总统访法。2014年3月，法国总统奥朗德受邀参加尼建国百年庆典活动，其间双方签署1.7亿美元电力融资协议和在尼建设1.3万千瓦太阳能发电厂协议。5月，在奥朗德总统倡议下，尼日利亚安全问题峰会在巴黎召开，乔纳森总统以及喀麦隆、尼日尔、贝宁、乍得等国总统出席峰会。2015年9月，布哈里总统对法国进行国事访问。12月，布哈里总统赴法出席巴黎气候变化大会，并出席在巴黎举行的乍得湖盆地委员会国家和贝宁安全峰会，讨论共同打击“博科圣地”问题。

【同俄罗斯的关系】奥巴桑乔政府执政后，尼俄双边交往与合作增多。2001年3月，奥巴桑乔总统对俄进行正式访问，双方签署《关于友好与伙伴关系联合声明》，决定加强两国在军事技术和贸易等方面的合作。2009年6月，俄总统梅德韦杰夫访尼，双方签署了投资促进与保护、和平利用核能合作、和平探索外太空合作、石油合作、在押人员引渡、司法互助等6项协议或谅解备忘录。2003年，俄为尼发射第一颗人造卫星。2011年，俄为尼发射第二颗地球探测卫星和另一颗试验卫星。2013年7月，俄能源部长诺瓦克与尼石油天然气资源部长杰兹阿尼举行会见并决定成立能源工作组，改善并协调两国间能源合作问题。

【同德国的关系】尼是德国在非洲的第二大贸易伙伴和主要石油供应国之一，德是尼第六大贸易伙伴。1993年6月德参加欧共体对尼的经济制裁。1999年尼实现还政于民后，两国恢复经贸合作。同年12月奥巴桑乔总统对德进行国事访问。2000年两国政府签署《尼日利亚与德国投资保护和促进协定》，2001年12月签署债务重新安排协议。2004年德国总统约翰内斯·劳访尼。2005年，奥巴桑乔总统对德进行工作访问。2007年6月，亚拉杜瓦总统应邀出席在德举行的八国集团与非洲国家领导人对话会议。11月，德国总统克勒赴尼出席第四届德国—非洲论坛。2011年7月，德国总理默克尔访尼。12月，两国外长在柏林签署成立双边委员会的协议。2012年4月，乔纳森总统访德。2015年9月，布哈里总统在联合国成立70周年系列峰会期间会见德国总理默克尔。2016年2月，德国总统高克访问尼日利亚。

【同南非的关系】尼日利亚曾长期支持南非人民反对种族隔离制度的斗争。两国于1994年建交。1995年尼阿巴查军政府处决人权活动分子萨罗－维瓦后，南非总统曼德拉呼吁对尼制裁。1999年两国成立双边合作委员会，确定两国副总统会晤机制化。2008年6月，亚拉杜瓦总统赴南非出席世界经济论坛会议。2009年5月，亚拉杜瓦总统赴南非出席当选总统祖马的就职典礼。2010年6月，乔纳森总统赴南非出席足球世界杯开幕式。2011年5月，南非总统祖马出席乔纳森总统就职典礼；12月，祖马总统访尼。2012年4月，两国副总统共同出席尼南双边委员会会议；6月，尼副总统桑博访南。2013年4月，祖马总统访尼。5月，乔纳森总统访南。2015年10月，奥辛巴乔副总统访问南非，会见南非总统祖马和副总统拉马福萨。

【同喀麦隆的关系】两国于20世纪90年代为争夺位于两国边界的巴卡西半岛爆发武装冲突，尼日利亚军队进占巴岛大部分地区。2006年6月，两国元首在安南主持下就和平解决巴卡西半岛领土争端问题达成协议。8月，尼从巴卡西半岛撤军。2007年5月，亚拉杜瓦当选总统后即访喀，喀总统比亚出席亚就职仪式。2008年8月，尼政府正式向喀政府移交巴卡西半岛管理权。2010年10月，喀总统出席尼独立50周年庆典活动。2011年7月，尼喀混委会第28次会议在尼举行，会议要求尽快完成两国边界划定，以解决有关巴卡西半岛争端遗留问题。2012年5月，两国宣布计划在年内完成边界立碑工作；10月，尼政府正式宣布放弃上诉国际法院关于半岛归属喀麦隆的判决。2014年4月，两国召开混委会第六届会议，签署了《贸易协定》《科学与技术领域合作协议》《推动文化交流与合作计划备忘录》《青年发展协议》四项协议。7月，喀总统比亚出席了在巴黎举行的尼日利亚安全问题峰会。9月，喀对外关系部长姆邦乔出席了在阿布贾召开的尼安全问题部长级后续会议。两国进一步加大在边境地区的反恐合作。

【同非洲其他国家的关系】与邻国贝宁、乍得、尼日尔等经贸往来密切。但同贝宁、乍得等国在领土或领海划分上存在争端。在非洲和次区域事务中努力发挥主导作用，积极斡旋利比里亚、苏丹达尔富尔、塞拉利昂和科特迪瓦等热点问题。2009、2010年担任西非国家经济共同体（西共体）轮值主席国期间，推动西共体干预几内亚军事政变、尼日尔政治危机和科特迪瓦选举危机。2011年3月，尼作为联合国安理会非常任理事国，投票赞成在利比亚设立禁飞区的决议。7月，乔纳森总统访问利比里亚期间，被利方授予最高国家特别荣誉。同月，乔出席南苏丹独立仪式。2012年马里和几内亚比绍相继发生军事政变，尼派兵参加西共体赴几比和马里的维和行动。2013年，乔纳森总统访问马里、科特迪瓦、加纳、埃及、赤道几内亚、肯尼亚、埃塞俄比亚等国。2014年，乔纳森总统访问纳米比亚、刚果（布）、南非、加纳、赤道几内亚、肯尼亚、乍得、尼日尔等国。2015年6月，布哈里总统就职后即访问了尼日尔、乍得，并在尼日利亚举行乍得湖盆地委员和贝宁峰会，商讨地区安全问题。12月，布哈里总统赴贝宁出席贝前总统克雷库葬礼。同月，奥辛巴乔副总统分别赴几内亚和布基纳法索出席孔戴总统和卡博雷总统就职典礼。

（王玉泽）

塞拉利昂

<u>国名</u>　塞拉利昂共和国（The Republic of Sierra Leone）。

<u>面积</u>　71740平方公里。

<u>人口</u>　630万（2014年）。全国有20多个民族。

南部的曼迪族最大，北部和中部的泰姆奈族次之，两者各占全国人口的30%左右；林姆巴族占8.4%；由英、美移入的“自由”黑人后裔克里奥尔人占10%。官方语言为英语，民族语言主要有曼迪语、泰姆奈语、林姆巴语和克里奥尔语。居民60%信奉伊斯兰教，30%信奉基督教，10%信奉拜物教。

首都　弗里敦（Freetown），人口约85.4万（2012年），年平均气温25.5℃。

国家元首　总统欧内斯特·巴伊·科罗马（Ernest Bai Koroma），2007年9月当选，2012年11月连选连任。

重要节日　独立日：4月27日。

简　况

位于非洲西部，北、东北与几内亚接壤，东南与利比里亚交界，西、西南濒临大西洋。海岸线长约485公里。属热带季风气候，年平均气温约27℃。

曼迪人于13世纪进入该地区。1462年，葡萄牙殖民者侵入。1808年，沿海地区成为英国殖民地，1896年沦为英“保护地”。1961年4月27日宣布独立，但仍留在英联邦内。1971年4月19日成立共和国，史蒂文斯出任总统。1978年公民投票通过一党制共和国宪法。在1985年大选中，武装部队司令莫莫少将当选总统。莫莫执政后期，塞通过修宪完成了一党制向多党制政体的转变。1991年，桑科领导的“革命联合阵线”（简称联阵）发动叛乱，塞内战爆发。1992、1996、1997年发生三次军事政变。1996年2月，塞举行首次多党总统和议会选举，人民党候选人艾哈迈德·泰詹·卡巴当选总统，次年因政变流亡几内亚。1998年2月，西非国家经济共同体维和部队推翻塞军政权。3月，卡巴回国复职。1999年11月，联合国向塞部署维和行动。2002年1月，塞内战结束。5月，卡巴在大选中获胜蝉联。2005年12月，联合国撤出驻塞维和部队，成立联合国驻塞拉利昂综合办事处（2008年10月更名为建设和平综合办事处），继续向塞提供防务和发展方面的帮助。2007年9月，塞举行总统和议会选举，全国人民大会党候选人欧内斯特·巴伊·科罗马获胜，当选新一任总统。

政　治

科罗马总统执政以来，塞政府积极维护国家稳定和团结，大力推行“变革纲领”，努力开展恢复重建。2012年11月，塞举行新一轮总统、立法和地方选举，科罗马总统当选连任，并于11月23日宣誓就职。塞政府积极实施“繁荣纲领”，局势保持总体稳定。2014年3月，联合国驻塞建和办结束任务，象征塞顺利完成和平重建进程。2014年5月，塞爆发埃博拉病毒疫情并不断扩散蔓延，对经济社会发展造成较大冲击。在各方共同努力下，2015年11月，世界卫生组织宣布塞疫情结束。

【宪法】现行宪法于1991年9月24日颁布。宪法规定总统为国家元首、内阁首脑和武装部队总司令，有权任免副总统、内阁部长、军队司令、警察总监、总检察长和首席法官。总统任期五年，可连任，但不得超过两任。

【议会】实行一院制，议员任期5年。本届议会于2012年11月产生，包括12名大酋长议员和112名民选议员（其中全国人民大会党占70席，塞拉利昂人民党占42席）。议长谢库·巴达拉·巴希鲁·敦布亚（Sheku Badara Bashiru Dumbuya），2014年1月当选。

【政府】科罗马总统连任后对政府进行了改组。新内阁成员主要包括：外交和国际合作部长萨穆拉·卡马拉（Samura Kamara），财政与经济发展部长帕特里克·康特（Patrick Conteh），国防部长艾尔弗雷德·帕洛·康特（Alfred Palo Conteh），总检察长兼司法部长约瑟夫·卡马拉（Joseph Kamara），内政部长约瑟夫·班达布拉·达乌达（Joseph Bandabla Dauda），新闻与通讯部长阿尔法·萨希德·巴卡尔·卡努（Alpha Saahid Bakar Kanu），贸易与工业部长哈吉奥斯曼·博耶·卡马拉（Alhaji Osman Boie Kamara），卫生部长阿布巴卡尔·福法纳（Abubakarr Fofanah），水力资源部长莫莫杜·马利吉（Momodu Maligi），地方政府与农村发展部长芬达·黛安娜·科诺马尼（Finda Diana Konomani），农业、森林和食品安全部长蒙特·琼斯（Monty Jones）等。

【行政区划】全国分为3个省（即东方省、南方省和北方省）和西区。3个省之下设有12个行政区，行政区以下设149个酋长领地。

【司法机构】由上级法院和下级法院构成。上级法院有最高法院、上诉法院和高等法院。下级法院包括地区治安法院和酋长领地地方法院。最高司法机关是最高法院。首席法官和上级法院法官由总统直接任命。现任首席大法官为利休斯·汤姆斯（Valesius Thomas）。总检察长由司法部长约瑟夫·卡马拉兼任。

【政党】实行多党制，现有27个政党，主要有：

（1）全国人民大会党（All People's Congress，APC）：执政党。1960年9月成立。1967年赢得议会选举后，未及组阁即被军政权推翻，1968年军政权下台后长期执政至1992年。1996年大选失利后成为在野党，2007年大选后再度执政。党的宗旨是促进民主和多党制，保护自由与人权，建立公平社会，实现可持续发展。现任党领袖和主席为总统科罗马，总书记奥斯曼·福戴·扬桑内（Osman Foday Yansaneh）。

（2）塞拉利昂人民党（The Sierra Leone People's Party，SLPP）：反对党。1951年4月成立，是塞最早成立的政党。宗旨是为巩固、维护和促进民主与人权的基本原则而奋斗。党员主要来自曼迪族，在伊斯兰教信徒中影响广泛。现任党领袖和主席为索马诺·卡彭（Somano Kapen），总书记为苏莱曼·班加·泰詹西（Sulaiman Banja Tejan-Sie）。

（3）人民民主改革运动党（People's Movement for Democratic Change，PMDC）：参政党。2006年1

月成立，系由从人民党中分裂出来的人士组成。宗旨是促进团结、自由、公正和平等，实现良治与发展。现任党领袖为查尔斯·马盖（Charles Margai）。

【重要人物】欧内斯特·巴伊·科罗马：总统。1953年10月2日生。信奉天主教。毕业于塞拉利昂大学，曾获历史、哲学和法律综合专业学士学位以及保险学研究生文凭。1978—2002年先后在塞拉利昂国家保险公司、塞拉利昂保险信托有限公司工作。1996年当选议员。2002年3月当选大会党领袖，参加当年总统选举失败后任议会少数党党团领袖。2007年9月当选总统，2012年11月连选连任。

经　济

系最不发达国家。经济以农业和矿业为主，粮食不能自给。长期内战使塞基础设施毁坏严重，国民经济濒于崩溃。内战结束后，塞政府集中精力重建经济。科罗马总统执政后，重点解决电力短缺问题，优先发展农业、基础设施和矿业，加强税收征管，努力保持宏观经济稳定，取得一定成绩。

2015年主要经济数据如下：

国内生产总值：40亿美元。

人均国内生产总值：645美元。

国内生产总值增长率：–25%。

货币名称：利昂（Leone）。

汇率：1美元=5309利昂。

通货膨胀率：8.1%。

（资料来源：2016年1月经济季评）

【资源】矿藏丰富，主要有钻石、黄金、铝矾土、金红石、铁矿砂等。钻石储量2300多万克拉。黄金矿砂发现5处，其中仅南方省包马洪地区储量即达2000万吨，每吨矿砂含金0.2盎司。铝矾土储量1.22亿吨，金红石储量约2.78亿吨，铁矿砂储量近2亿吨。渔业资源丰富，水产储量约100万吨。全国森林面积约32万公顷，占土地总面积的6%，盛产红木、红铁木等，木材储量300万立方米。

【工业】2014工业生产总值约占国内生产总值的6.3%。采矿业是主要工业部门，其余有建筑业、食品加工、制鞋、石油提炼、制漆和水泥等。2010年钻石出口43.8万克拉。

【农业】2014农业生产总值约占国内生产总值的61.6%。全国65%以上的劳动力从事农业生产。塞可耕地面积占国土面积的75%，但只有9%为已耕地。塞土地肥沃，雨量充沛，适宜农作物生长，但生产方式落后，大多以家庭为单位采用传统方法耕作。粮食不能自给。主要农作物有可可、木薯、咖啡、稻米、甘薯、花生、玉米等，畜牧业以饲养牛、羊、猪、鸡为主。

【旅游业】海滨地区风光秀丽，十分适宜发展旅游业。但由于交通不便和缺乏资金，旅游资源一直得不到有效开发。2014年7月塞国家旅游局宣布，2014年塞全国旅游业收入为3190万美元，同比下降27%。游客较2013年减少37,519人次，2010年全国宾馆酒店有各类注册旅游服务设施221个，床位3255张，旅游从业人员3643人。主要景点有：50公里长、未被污染的原始沙滩、滨图玛尼山脉和铁吉山脉等。

【交通运输】铁路：上世纪60年代末有600公里，1974年后停用。

公路：总长约11999公里，其中8555公里为等级公路（初级、二级、支线），40%的等级公路路况较差。

水运：有33个大小不等的港口和码头，多由外国公司经营。主要港口弗里敦为深水良港，可停泊万吨轮船，年吞吐量125万吨。佩佩尔、邦特、尼蒂为矿产品和农副产品出口港。内河航线750公里，终年可通航的有600公里，部分河流每年仅3个月可通航。

空运：隆吉机场是唯一的国际机场。另有国内机场12个，可停降小型飞机。目前，塞国际航班均由外国航空公司运营。

【财政金融】据塞拉利昂财政部发布的《2013年塞拉利昂经济公报》，2013年财年财政收支情况如下：总收入2.83万亿利昂，总支出3.17万亿利昂，赤字3400亿利昂。

2015年末，外汇储备（不含黄金）5.35亿美元。外债10.45亿美元。

塞拉利昂银行是塞中央银行，负责制定规章制度和监督金融运作。全国共有8家商业银行、2家票据贴现银行以及数十个外汇兑换所。

【对外贸易】主要出口铁矿砂、钻石、金红石、可可、咖啡等，主要进口燃油、机械、食品、工业制成品等。2014年主要出口对象为中国、比利时、美国、罗马尼亚、土耳其等；进口主要来自中国、美国、印度、南非等。近年来对外贸易情况如下（单位：亿美元）：

	2013	2014	2015
进口额（离岸价格）	15.36	12.81	7.24
出口额（离岸价格）	15.71	16.34	11.24

（资料来源：2016年3月经济季评）

【外国援助】据塞拉利昂财政部发布的《2013年塞拉利昂经济公报》，2013年财年塞接受外援总额1.26亿美元，比2012年减少1951万美元。主要援助方为英国、欧盟、世界银行、国际货币基金组织、美国等。

人民生活

根据联合国开发计划署公布的《2014年人类发展报告》，塞拉利昂的人类发展指数在187个国家中居第183位。53.4%的人口生活在贫困线以下。2012年人均寿命妇女为50.7岁，男子为47.6岁。儿童死亡率较高，约有18.2%的儿童在5岁前夭折。孕产妇死亡率为0.97%。疟疾、肺结核、伤寒、霍乱和拉沙热等病流行。

军　事

1961年建军，称塞拉利昂皇家部队，1971年改称塞拉利昂共和国武装部队。最高指挥机构为国防部，总统为武装部队总司令。实行志愿兵役制。1997年军事政变后，国家安全防卫和清剿叛军的任务由西非国家经济共同体驻塞维和部队和塞民防部队承担。根据1999年7月7日签订的洛美协议规定，西共体维和部队自1999年8月开始撤出，维和任务由联合国驻塞拉利昂特派团替代；联阵、民防部队、塞拉利昂军队和准军事组织的所有战斗人员的武装将被解除，重新组建塞武装部队。2002年1月，解除武装进程完成，联阵和民防部队共有47000余人被解武。此后，塞重组共和国武装部队。

塞现有总兵力9874人，其中陆军9544人，海军298人，空军32人。现任总参谋长罗伯特·伊若·科罗马准将（Brig.Robert Yirra Koroma）。

文化教育

【教育】20世纪90年代初成立国家基础教育委员会，实行9年义务教育制。成人文盲率40.9%，适龄儿童入学率22.8%。目前，塞有小学2773所，中学234所，师范学校6所，大学2所，即塞拉利昂大学和恩加拉大学。

【新闻出版】共发行报刊40种，均为英文，多数为周报，发行量较小。其中《每日邮报》和《自由之声》为官方报纸，另有《阿沃克报》《协和时报》《独立观察家报》和《团结报》等私营报纸。

塞拉利昂新闻社成立于1980年，是隶属于新闻部的官方新闻社，由联合国教科文组织向其提供技术和设备。塞新社是泛非新闻社成员，向泛非社、BBC等国际新闻机构和塞拉利昂广播系统提供新闻稿。每天出版《新闻公报》。

塞拉利昂广播电台始建于1955年，每天用英语、曼迪语、克里奥尔语广播，覆盖全国。塞全国共有约40家私营广播电台，节目内容涉及政治、宗教、文化、音乐、教育等。VOA和BBC在塞设有转播站。

塞拉利昂电视台建于1963年，后因设备破旧停播。1994年2月获外商援助重新开播，但仅能覆盖首都弗里敦地区。此外，还有1家私营电视台。另有南非数字卫星电视台（DSTV）在塞开展卫星电视业务。

对外关系

奉行不结盟和睦邻友好政策。致力于非洲团结和地区合作；主张南北对话和南南合作，反对外来干涉，呼吁建立国际经济新秩序；重视发展同英、美等国关系，努力改善同欧盟及国际金融机构的关系，以争取对其和平进程及经济重建的支持；继续保持与主要伊斯兰国家的友好交往。现为联合国、世界贸易组织、不结盟运动、伊斯兰合作组织、英联邦、非洲联盟、西非国家经济共同体、马诺河联盟等组织成员，同世界上160多个国家建立了外交关系。现为非盟联合国改革10国元首委员会主席。

【同中国的关系】1971年7月29日，两国建交，此后两国关系发展顺利。

2012年7月，塞外长达乌达来华出席中非合作论坛第五届部长级会议。2013年6月，塞总统科罗马来华出席第二届世界和平论坛，11月塞外长卡马拉访华。2014年4月，塞副外长斯特拉瑟－金来华参加“亚非国家国际发展合作能力建设部级研讨班”。2013年2月，胡锦涛主席特使、住房和城乡建设部部长姜伟新赴塞出席塞总统科罗马就职典礼。2015年8月，外交部长王毅访塞。

2015年1至10月双边贸易额4.07亿美元，同比下降76.14%，其中中方出口2.45.亿美元，进口1.63.亿美元。中方主要出口机电产品、纺织服装和化工产品等，进口铁矿砂、原木、天然橡胶和可可豆。

中国驻塞拉利昂大使：赵彦博。馆址：No.29，Wilberforceloop，Freetown，Sierra Leone。电话：231571（使馆），234769（经商处）。传真：231797（使馆），234777（经商处）。国家地区号：00232–22。邮政信箱：P.O. Box 778。

塞拉利昂驻华大使：维克托·博卡里·福（Victor Bockarie Foh）。馆址：北京市东直门外大街7号。电话：010–65322174。传真：65323752。

【同英国的关系】1961年4月与英国建交。塞为英联邦成员，两国关系密切。英系塞主要援助国。2006年10月，英派兵与塞军举行联合军事演习。11月，查尔斯王储访塞。2007年5月，英首相布莱尔访塞。2008年1月，科罗马总统访英。2月，英国国际发展国务大臣访塞。6月，英前首相布莱尔访塞。2009年1月，英外交国务大臣刘易斯访塞。4月，英前首相布莱尔访塞。11月，塞援助和投资会议在伦敦举行。2010年2月和11月，英前首相布莱尔两次访塞。5月，英军总参谋长理查德上将访塞。2011年6月，英前首相布莱尔访塞。2012年5月，英国皇家海军无畏号驱逐舰访塞。2013年1月，英前首相布莱尔访塞。10月，英外交部国务部长马克·西蒙斯访塞。塞爆发埃博拉疫情后，英国大力援塞抗疫，在塞建立并运营埃博拉治疗中心。2015年11月，英国驻塞高专表示，已提供4.27英镑用于帮助塞抗击埃博拉疫情和疫后重建。

【同美国的关系】1961年4月同美国建交。2006年4月，美军舰访塞。5月，美向塞捐赠3艘小型近岸巡逻艇。2007年6月，美宣布免除塞5800万美元债务。11月，美助理国务卿弗雷泽赴塞出席科罗马总统就职仪式。2009年9月，美军非洲司令部司令威廉·沃德（William Ward）访塞。11月，美宣布对塞粮食援助提高至每年2400万美元。2010年7月，美政府宣布在其“全球农业与粮食安全项目”项下向塞提供5000万美元，用于农业发展领域。2012年9月，美军非洲司令部司令卡特·哈姆（Carter F. Ham）访塞。2013年3月，应美国总统奥巴马邀请，科罗马总统对美进行工作访问。2014年7月，美国副总统夫人吉尔·拜登访塞。8月，塞外长卡马拉代表科罗马总统赴美出席首届美非领导人峰会。2015年4月，科罗马总统赴华盛顿出席国际货币基金组织和世界银行春季年会。

【同尼日利亚的关系】1961年4月同尼日利亚建交。两国签有安全协定。尼曾在塞驻军，负责塞总统府等要地的守卫，并帮助训练塞军队。2005年9月，尼外长奥孔约－伊维拉访塞。2006年9月，塞国防部副部长布勒尔率团赴尼参加次地区战后国家建设和平与吸引投资论坛。2007年5月，尼总统奥巴桑乔访塞。11月，尼总统亚拉杜瓦赴塞出席科罗马总统就职仪式。2008年7月，尼政策战略研究院代表团访塞。2008年6月塞总统科罗马对尼进行工作访问。2010年5月，科罗马总统访尼。6月，尼国防部长卡尤德访塞。2011年5月，科罗马总统赴尼出席乔纳森总统就职仪式。2012年10月，乔纳森总统访塞。2013年7月，科罗马总统赴尼出席西共体首脑会议。2014年2月，科罗马总统赴尼出席人类安全、和平与发展国际会议并参加尼创建100周年庆祝活动。2015年5月，科罗马总统出席尼日利亚新任总统布哈里就职典礼。

【同利比里亚的关系】1961年4月同利比里亚建交。1973年10月，两国签订关于成立马诺河联盟的宣言。2005年3月，利塞签署难民遣返协议。7月，利全国过渡政府主席布赖恩特赴塞出席马诺河联盟首脑会议。12月，利总统瑟利夫访塞。2006年7月，卡巴总统出席利独立159周年庆祝活动。2007年5月，瑟利夫总统访塞，11月出席科罗马总统就职仪式。2012年1月，科罗马总统赴利出席瑟利夫总统就职仪式。5月，科罗马总统访问利比里亚。2013年2月，瑟利夫总统赴塞出席科罗马总统就职仪式。2014年2月，利比里亚副总统博阿凯访塞。

【同几内亚的关系】1961年4月与几内亚建交。1980年，几内亚加入马诺河联盟。1997年塞发生政变后，卡巴总统流亡几内亚。1998年，几总统孔戴陪同卡巴总统回国复职。2005年7月，几总理赴塞出席马诺河联盟首脑会议。2006年12月，卡巴总统赴几出席马诺河联盟首脑会议。2007年11月，几总统孔戴赴塞出席科罗马总统就职仪式。2008年10月，塞国防部长康特和总参谋长威廉姆斯访几。同月，科罗马总统赴几出席几独立50周年庆典。2009年7月，科罗马总统访几。2010年12月，科罗马总统赴几出席几新任总统孔戴的就职典礼。2012年3月，几内亚外长拉马访塞。6月，科罗马总统赴几参加马诺河联盟首脑会议。12月，科罗马总统访问几内亚。2014年5月，科罗马总统赴几出席第23届马诺河联盟首脑会议。2015年2月，几内亚总统孔戴访塞，就共同抗击埃博拉疫情进行交流。6月5日，科罗马总统与孔戴总统在两国边境举行会谈，协调抗疫。当月12日，科罗马总统赴几内亚出席马诺河联盟埃博拉问题特别峰会。12月，科罗马总统赴几内亚出席孔戴总统就职仪式。（陈永超）

塞内加尔

国名　塞内加尔共和国（The Republic of Senegal, La République du Sénégal）。

面积　196722平方公里。

人口　1490万（2015年）。全国有20多个民族，主要是沃洛夫族（占全国人口的43%）、颇尔族（24%）和谢列尔族（15%）。官方语言为法语，全国80%的人通用沃洛夫语。94%的居民信奉伊斯兰教，5%信奉拜物教，其余信奉天主教。

首都　达喀尔（Dakar），人口352万（2015年）。9—10月气温最高，平均为24℃—32℃，1月气温最低，平均为18℃—26℃。

国家元首　总统马基·萨勒（Macky Sall）。2012年3月当选，4月2日就职。

重要节日　国庆日：4月4日。

简　况

位于非洲西部凸出部位的最西端。北接毛里塔尼亚，东邻马里，南接几内亚和几内亚比绍，西濒大西洋。海岸线长约500公里。属热带草原气候，年平均气温29℃，最高气温可达45℃。11月至次年6月为旱季，7—10月为雨季。

公元10世纪，图库勒尔人建立泰克鲁王国，14和16世纪先后并入马里帝国和桑海帝国。1864年沦为法国殖民地。1909年划入法属西非。1958年11月成为“法兰西共同体”内的“自治共和国”。1959年4月与苏丹（今马里共和国）结成马里联邦。1960年4月4日，同法国签署“权力移交”协定。6月20日，马里联邦宣告独立。8月20日，塞退出联邦，成立独立的共和国，列奥波尔德·塞达·桑戈尔为首任总统。独立后，桑戈尔总统领导的社会党长期一党执政。1974年起实行多党制。1980年12月31日，桑戈尔总统自动引退，总理阿卜杜·迪乌夫接任。此后，迪乌夫于1983、1988、1993年三次连选连任。2000年3月，民主党候选人瓦德击败迪乌夫当选总统，结束社会党长达40年的执政历史。2007年2月，瓦德连选连任。

政　治

瓦德总统执政期间，塞内加尔政局总体稳定。2012年初，塞朝野双方围绕总统大选的争斗加剧，塞局势一度紧张。2月26日和3月25日，塞先后举行两轮总统选举。

反对党候选人萨勒在第二轮投票中以65.8%的得票率击败瓦德，当选为塞历史上第四位总统。4月2日，萨勒正式就职。

塞南部卡萨芒斯地区一直存在分裂势力。2004年底，塞政府与该地区分裂组织“卡萨芒斯民主力量运动”在济金绍尔签署和平协议，但此后塞政府军和“卡萨芒斯民主力量运动”仍时有交火。萨勒总统就职后，宣布优先发展卡萨芒斯地区经济，并接受非政府组织圣·艾智德团体和冈比亚、几内亚比绍等邻国帮助调解卡萨芒斯问题，目前安全形势已显著好转。

【宪法】现行宪法于2001年1月经全民公决通过，后经多次修改。宪法规定：总统是国家元首和武装部队最高统帅，由直接普选产生，任期7年（2001年宪法规定为5年，2008年7月通过的宪法修正案规定，自下届总统起任期为7年），只能连任1次。总统缺位，由国民议会议长代理，并在2至3个月内举行大选（2012年9月宪法修正案规定）。总理为政府首脑，由总统任命。2009年5月和6月，塞国民议会和参议院先后通过宪法修正案，增设副总统职位。2012年9月，塞通过宪法修正案，废除参议院和副总统职位。

【议会】国民议会由普选产生，任期5年。本届国民议会于2012年7月成立，共150个席位。萨勒总统领导的变革力量联盟获119席。现任议长为穆斯塔法·尼亚斯（Moustapha Niasse，参政党进步力量联盟总书记），任期1年。

【政府】本届政府成立于2014年7月，2015年6月进行小范围改组，现政府成员包括：总理默罕默德·布恩·阿布达拉·迪奥纳（Mahammed Boun Abdallah DIONNE）、卫生和社会行动部长埃娃·玛丽·科勒·塞克（Awa Marie Coll SECK，女），武装力量部长奥古斯丁·蒂内（Augustin TINE），内政和公共安全部长阿卜杜拉耶·达乌达·迪亚洛（Abdoulaye Daouda DIALLO），司法和掌玺部长西迪基·卡巴（Sidiki KABA），外交和海外侨民部长曼克尔·恩迪亚耶（Mankeur NDIAYE），经济、财政和计划部长阿马杜·巴（Amadou BA），农业和农村装备部长帕帕·阿卜杜拉耶·塞克（Papa Abdoulaye SECK），妇女、家庭和儿童部长玛丽亚马·萨尔（Mariama SARR），城市改造、住房和生活环境部长迪耶纳·法尔巴·萨尔（Diène Farba SARR，女），地方治理、发展和领土整治部长阿卜杜拉耶·迪乌夫·萨尔（Abdoulaye Diouf SARR），水利和环卫部长曼苏尔·法耶（Mansour Faye），工业和矿业部长阿利·恩古耶·恩迪亚耶（Aly Ngouille NDIAYE），基础设施、陆路运输和改善地区交通部长曼苏尔·埃利曼·卡内（Mansour Elimane KANE），环境和可持续发展部长阿卜杜拉耶·巴尔德（Abdoulaye BALDE），高等教育和研究部长马里·特乌·尼亚纳（Mary Teuw NIANE），国民教育部长塞里涅·姆巴耶·蒂亚姆（Serigne Mbaye THIAM），贸易、非正规部门、消费、本地产品推广和中小企业部长阿里翁·萨尔（Alioune SARR），渔业和海洋经济部长奥马尔·盖伊（Oumar GUEYE），邮政和电信部长亚雅·阿卜杜勒·卡内（Yaya Abdoul KANE），畜牧业和畜牧生产部长阿米娜塔·姆本格·恩迪亚耶（Aminata Mbengue NDIAYE，女），旅游和航空运输部长迈穆娜·恩多耶·塞克（Maïmouna Ndoye SECK，女），促进投资、合作和国家电子政务发展部长胡迪亚·姆巴耶（Khoudia MBAYE，女），文化和新闻部长姆巴尼克·恩迪亚耶（Mbagnick NDIAYE），劳动、社会对话、职业组织和与国家机构联系部长曼苏尔·西（Mansour SY），能源和可再生能源发展部长蒂埃诺·阿拉萨内·萨勒（Thierno Alassane SALL），职业培训、学徒和手工业部长马马杜·塔拉（Mamadou TALLA），青年、就业和构建公民意识部长马梅·姆巴耶·尼昂（Mame Mbaye NIANG），体育部长马塔尔·巴（Matar BA），公职、精简人员和改善公共服务部长维维亚娜·洛尔·伊丽莎白·邦帕西（Viviane Laure Elisabeth BAMPASSY，女），非洲一体化、“非洲发展新伙伴计划”和促进良政部长哈迪姆·迪奥普（Khadim DIOP），负责预算的部长级代表比里马·芒加拉（Birima MANGARA），负责小微金融和互助经济的部长级代表穆斯塔法·迪奥普（Moustapha DIOP），负责调整优化郊区行政区划的部长级代表法图·坦贝杜（Fatou TAMBEDOU，女）。

【行政区划】2008年2月，塞国民议会审议通过关于修改地方行政组织法的法案，决定增设3个行政区。目前全国共有14个大区，172个县市，385个乡镇。

【司法机构】现行宪法规定，司法权由宪法委员会、最高法院、审计法院、各级地方法院和法庭行使。1992年，塞进行司法体制改革，成立宪法委员会、行政法院。2001年宪法延续该体制。2008年4月，塞国民议会通过关于成立最高法院的法案，决定将行政法院和上诉法院合并为最高法院，并于8月对宪法相关条款进行了修改。11月，最高法院成立。现任宪法委员会主席帕普·奥马尔·萨科（Pape Oumar Sakho），最高法院院长马马杜·巴迪奥·卡马拉（Mamadou Badio Camara），总检察长谢赫·艾哈迈德·迪迪安·库里巴利（Cheikh Ahmed Tidiane Coulibaly）。

【政党】塞现有超过250个合法政党，主要有：

（1）争取共和联盟（Alliance Pour la République）：执政党。由原民主党二号人物马基·萨勒于2008年12月成立，主要成员为原民主党内萨勒的支持者。纲领是坚定维护共和价值观，将民主进行到底，把塞人民的关切作为行动的中心，箴言是劳动—团结—尊严。总书记为现任总统萨勒。

（2）进步力量联盟（Alliance des Forces de Progrès）：参政党。由部分原社会党成员于1999年8月组建，主张建立民主政治，依靠政治方式维护社会稳定。总书记为国民议会议长尼亚斯。2012年总统选举第二轮与萨勒结盟。

（3）塞内加尔社会党（Le Parti Socialiste du Sénégal）：参政党。党员120万人。前身为塞内加尔民主集团，1958年与塞内加尔行动社会党合并为塞内加尔进步联盟，1976年12月改为现名。纲领是实行"民主社会主义"，即在保留非洲特性的同时，建立一个开放、民主和人道主义的社会。主席为前总统阿卜杜·迪乌夫（Abdou Diouf），总书记乌斯曼·塔诺·迪昂（Ousmane Tanor Dieng）。

（4）塞内加尔民主党（Le Parti Démocratique Sénégalais）：在野党。由前总统瓦德于1974年7月31日创立。以正义、尊严和博爱为箴言，宗旨是通过民主手段建立一个民主、社会主义和全面发展的社会。2000—2012年为执政党，2012年瓦德选举失利后成为主要反对党。党主席为前总统瓦德。

【重要人物】马基·萨勒：总统。1961年出生。先后在达喀尔大学、法国石油研究院马赛高等物理学院就读。2000年瓦德当选总统后，历任总统顾问、国务部长、政府发言人，2004年4月至2007年6月出任总理等。2007年10月任国民议会议长。2008年11月，萨勒辞去国民议会议长职务。2009年3月当选法蒂克市市长。2012年3月当选总统，4月2日就职。

经　济

系最不发达国家，但经济门类较齐全，现为西非第四大经济体。粮食不能自给，农业以种植花生、棉花为主，是西非地区主要产棉国之一。渔业、花生、磷酸盐出口和旅游是塞四大传统创汇产业。萨勒总统执政后，优先发展高附加值、劳动密集型的外向型经济，促进中小企业发展，加强农业投入，改善电力供应，重视基础设施建设。

2015年主要经济数据如下：

国内生产总值：138.9亿美元。

人均国内生产总值：932.5美元。

国内生产总值增长率：5.6%。

货币名称：非洲金融共同体法郎，简称非洲法郎（FCFA）。

年均汇率：1美元≈600非洲法郎。

（资料来源：2016年第一季度《经济季评》）

【资源】矿产资源不丰富，主要有磷酸盐、铁、黄金、铜、钻石、钛等。磷酸钙储量约1亿吨，磷酸铝储量约5000万—7000万吨，锆石储量约8亿吨。2003年出台矿业法，对勘探阶段的企业实行减免税收等鼓励政策，矿业开采取得快速发展。近海已发现有石油，尚未实现商业开采。内陆有天然气储备。森林面积占国土面积的43.8%。塞同马里、毛里塔尼亚和几内亚成立了"塞内加尔河开发组织"（Organisation pour la Mise en Valeur du Fleuve Sénégal，OMVS），同冈比亚、几内亚、几内亚比绍成立了"冈比亚河开发组织"（Organisation pour la Mise en Valeur du Fleuve Gambie，OMVG），共同进行相关水域综合开发。

【工业】西非地区工业发展相对较好的国家之一。2015年工业产值约占国内生产总值的24.3%。大部分工厂企业集中在达喀尔。食品加工业、化工业、采矿业等是最主要的工业部门。近年汽车装配业、建筑业获得较快发展。

【农牧渔业】2015年农业产值约占国内生产总值的17.1%。农业人口占全国总人口的70%以上。耕地面积占国土面积16.9%。主要经济作物有花生和棉花。除满足国内需要外，绝大部分花生用于出口，是国民经济重要支柱之一。主要农作物有小米、高粱、玉米等。粮食不能自给。近年随着政府加大对农田水利设施投资，耕地面积扩大，水稻等农作物产量有所增加。近年主要农作物产量如下（单位：万吨）：

	2012/2013	2013/2014	2014/2015
花生	69.3	67.7	67.4
棉花	3.2	2.9	2.4
高粱、小米	67	60.7	51.5
玉米	22.3	22.6	17.9
水稻	42.3	43.6	55.7

（资料来源：2014年法兰西银行统计数据）

畜牧业以饲养牛、羊、猪、马、家禽为主，近年产值在国民生产总值中所占比例约为4.3%。牲畜存栏数情况如下（单位：万头、只、匹）：

	2011	2012	2013
牛	334.6	337.9	346.4
绵羊	571.6	588.7	608.8
山羊	488.7	503.8	518.6
猪	51.8	53.3	38.6
马	43.8	44.2	53.7

（资料来源：2013年塞内加尔人口与统计局统计数据）

渔业是塞经济主要支柱之一，是塞第一大创汇产业，2013年出口额占商品出口总额的11.9%。全国渔业从业人员约有50多万，占就业人口的15%，是第二大就业产业。近年来，受渔业资源萎缩影响，渔业从业人员数量有所减少。近年来捕鱼量情况如下（单位：万吨）：

	2011	2012	2013
捕鱼总量	41.7	44.8	44.1
其中：手工捕鱼	37.4	40.6	39.8
工业捕鱼	4.3	4.2	4.3

（资料来源：2013年塞内加尔人口与统计局统计数据）

【旅游业】是塞经济的四大支柱之一，为塞第二大创汇产业，被塞政府列入促进经济快速增长战略中优先发展的产业。旅游点主要集中在达喀尔、捷斯、济金绍尔、圣路易地区。12月至次年2月为旅游旺季。为促进旅游业的进一步发展，塞政府自2007年3月起将旅游业增值税由18%降至10%。2012年塞入境游客首次突破100万人次，主要来自法国、意大利、西班牙、意大利等欧美国家和其他非洲、亚洲国家。2012年，旅游行业收入占商品和服务出口总额的12.7%。

【交通运输】国内运输主要靠公路和铁路，有以达喀尔为中心的联结全国各地的陆路交通干线网。达喀尔是非洲通往欧洲和美洲的海上交通要道，也是重要的国际航空枢纽。

公路：截至2015年，全国公路总长约15000公里，其中柏油路约5300公里。全国共有各类机动车40.2万辆，其中72.8%的车辆集中在首都达喀尔。

铁路：全国铁路网主干线总长达906公里，二级铁路总长151.8公里。连接达喀尔和马里首都巴马科的铁路是最重要的铁路线之一，总长1287公里（其中塞境内646公里）。2003年加拿大公司Canac-Getma获得该线路25年经营权。近几年达喀尔—巴马科铁路线货运量情况如下（单位：吨）：

	2011	2012	2013
总货运量	283166	171129	181030

（资料来源：2013年塞内加尔人口与统计局统计数据）

水运：塞内加尔河全年通航距离为220公里，汛期可通航924公里。达喀尔港是西非重要港口之一，境内及对非洲和欧洲的货运往来频繁，2011年吞吐量为1141万吨。港口管理局与迪拜港世界公司合作，正在实施现代化扩建计划，以增强其竞争力。其他港口有圣路易港和济金绍尔港。近几年达喀尔港货运吞吐量情况如下（单位：万吨）：

	2011	2012	2013
卸载货物量	869	907	950
装载货物量	271	283	270
吞吐总量	1140	1190	1220

（资料来源：2013年塞内加尔人口与统计局统计数据）

空运：达喀尔列奥波尔德·塞达·桑戈尔机场为国际机场，2012年客运量179万人次，货运量2.57万吨。法航、葡航等国际航班起降桑戈尔国际机场。自1998年起，圣路易有包机飞往法国。另有12个二级机场，其中较重要的有济金绍尔机场。塞内加尔航空公司曾与摩洛哥皇家航空公司以股权合作方式组建塞内加尔国际航空公司。2003年塞航曾被评为非洲最佳航空公司。近年来，受巨额债务所累，塞航运营困难。几经波折后，塞政府终止同摩航合作，以塞航为基础组建新的国营航空公司，于2010年下半年恢复营业，但并未改变塞航运营情况。目前塞航仅有1架50座飞机。

2007年4月，布莱茨·迪亚涅国际机场举行奠基仪式。该机场位于距达喀尔50公里处，承运能力将是桑戈尔机场的两倍。新机场于2016年下半年完工。

【财政金融】财政收入的主要来源是各种税收和外国援助。2013年至2015年中央财政收支占国内生产总值比重如下：

	2013	2014	2015
收入	22.5%	24.2%	23.7%
支出	27.9%	29.3%	28.5%
差额	–5.4%	–5.1%	–4.8%

（资料来源：2016年第一季度经济季评）

截至2015年，塞外汇储备约为20.99亿美元，外债总额约57.33亿美元。塞于2000年被国际货币基金组织列入重债穷国减债计划，2003年达到减债计划的完成点，并于2006年被列入多边减债计划。

【对外贸易】主要出口渔业产品、花生、磷酸盐、石油产品、棉花和肥料等，进口粮食、原油、机电和日常消费品等。主要贸易伙伴是法国（系塞最大贸易伙伴，2011年分别占塞进、出口总额的18.1%和4.7%）、马里、印度、尼日利亚、中国、瑞士、荷兰等。近几年进出口贸易情况如下（单位：亿美元）：

	2013	2014	2015
出口额	25.99	26.78	22.7
进口额	56.99	56.96	48.83
差额	–31	–30.18	–26.13

（资料来源：2016年第一季度经济季评）

【外国援助】据经济合作与发展组织统计，塞政府2014年获得官方发展援助为11.07亿美元（货币单位下同），其中双边援助占69.7%。主要捐助方为：法国2.61亿，美国2.38亿，国际开发协会1.44亿，欧盟0.83亿，加拿大0.69亿，非洲开发基金0.44亿，日本0.44亿，全球基金0.29亿，德国0.22亿，比利时0.22亿。

人民生活

根据联合国开发计划署公布的《2015年人类发展报告》，塞人类发展指数在世界188个国家和地区中排第170位。58.4%人口生活在贫困线以下。出生时预期寿命为66.5岁，新生儿死亡率为43.9‰。每万人医生数为0.6人，并且全国一半以上的综合医院及3/4的医护人员集中在达喀尔和捷斯。2013年，塞15—49岁人口艾滋病毒抽样感染率为0.5%。随着政府投入的增加，近年塞疟疾死亡病例、发病率显著下降。

2012年全国固定电话用户34万户，移动电话用户1147万户。移动电话和数据业务普及率分别为94.24%和5.2%。2009年企业和行政机关计算机普及率分别为92.6%和98%。

军　事

1960年8月22日建军。塞内加尔总统为武装部队最高统帅，最高军事决策机构是国防委员会。政府设国防部，军队设总参谋部，下辖七大军区。实行义务兵役制，服役期两年。

2006年总兵力13620人，此外还有宪兵5000人。陆军1.19万人，编有步兵部、工兵营、总统卫队、炮兵群、侦察中队、伞兵连等部队；海军950人；空军770人。现任总参谋长阿马杜·卡内（Amadou KANE）。

文化教育

【教育】塞内加尔教育发展较快。2013年，塞全国有8984所小学，1660所初中，604所高中，300所职业技术学校。2013年，小学入学率为93.1%，初中入学率为88.8%，高中入学率28.6%。成年人识字率为57.7%。全国有公立大学10所，私立大学10余所，私立高等专业院校100余所。其中达喀尔大学（谢赫·安达·迪奥普大学）创立于1957年（前身是"法属黑非洲研究院"），是撒哈拉以南非洲历史最悠久的高等学府之一，设有5个系和21所学院及研究所。目前，在校学生约6万人，教师1150名，行政技术人员1200名。

【新闻出版】全国日报和周报约有15种。1970年创刊的《太阳报》是国内最大的由政府控制的法文日报，日发行量6.5万份。此外，还有反映伊斯兰教派观点的《震旦报》，以及私营报纸《南方日报》《政客》《达喀尔晚报》《经济日报》等。报纸和周刊均用法文出版。

塞内加尔通讯社是国家通讯社，成立于1957年。国内有7个分社，国外无分社。同20个外国通讯社签有新闻交流协定。1999年8月，第一家私营通讯社 Ava Presse 成立。

1973年建立广播电视局，1992年改为国营公司，名为"塞内加尔广播电视"，统管广播电视工作。从1992年开始，塞与法国合作开办调频台可收听法国国际台和设在加蓬的"非洲第一台"的广播。国家电视台的节目尚不能覆盖全国，覆盖面积为80%。在达喀尔，通过卫星天线，可收到美国CNN、法国国际台、Canal Horizon 和 TV5等西方电视台的节目。

对外关系

塞内加尔奉行全方位和不结盟政策。认为国际关系民主化和多元化是世界稳定的重要因素。积极主张维护非洲团结，推动非洲经济一体化及南北对话、南南合作和建立国际政治经济新秩序。重点保持与法国传统"特殊关系"，同时积极发展同美国的关系。重视发展同邻国和阿拉伯国家的关系，积极参与国际和地区事务。现为联合国、世界贸易组织、不结盟运动、法语国家组织、伊斯兰合作组织、非洲联盟、西非国家经济共同体和萨赫勒—撒哈拉国家共同体等组织成员国。同世界大多数国家建立了外交关系。

【同中国的关系】1971年12月7日中塞建交。1996年1月3日，塞内加尔政府宣布与台湾当局"复交"。9日，中国宣布中止同塞外交关系。2005年10月25日，中国外交部长李肇星与塞外交国务部长加迪奥在北京签署复交公报，两国恢复外交关系。

2010年1月，中联部部长王家瑞访塞。4月，中国政府特使、教育部副部长郝平赴塞出席塞独立50周年庆典。2011年1月，国务院副总理回良玉访塞。4月，全国人大常委会副委员长陈至立访塞。2012年7月，外交部部长助理张明访塞。2014年1月，外交部长王毅访塞。2014年5月，中联部副部长于洪君访塞。

2010年4月，塞外交国务部长马迪克·尼昂（Madické NIANG）和国际合作、领土整治、空中交通和能源国务部长卡里姆·瓦德（Karim WADE）率团来华出席中塞经贸混委会首次会议。4月和7月，塞贸易部长阿马杜·尼昂（Amadou NIANG）作为塞政府代表两次来华，先后出席了2010年上海世博会开幕式和塞内加尔国家馆日活动。9月，尼昂外长在纽约出席了中非外长第二次联大政治磋商。11月，塞国民议会议长马马杜·塞克（Mamadou SECK）率执政党代表团访华。2011年5月，尼昂外长访华。2012年7月，塞外交和海外侨民部长阿利翁·巴达拉·西塞（Alioune Badara CISSE）、经济和财政部长阿马杜·卡内（Amadou KANE）来华出席中非合作论坛第五届部长级会议。8月，塞领土整治和地方行政部长谢赫·邦巴·迪耶（Cheikh Bamba DIEYE）来华出席首届中非地方政府合作论坛。2014年2月，马基·萨勒（Macky SALL）总统来华进行国事访问。2014年9月，塞外交和海外侨民部长曼克尔·恩迪亚耶（Mankeur NDIAYE）率团来华出席中塞经贸混委会第二次会议。2015年5月，塞经济、社会和环境理事会主席阿米娜塔·塔勒（Aminata TALL）访华。

2015年双边贸易额为23亿美元，同比增长35.9%。其中中方出口21.9亿美元，进口1.1亿美元。

中国驻塞内加尔大使：张迅。馆址：RUE 18 PROLONGEE，FANN RESIDENCE，DAKAR，REPUBLIQUE DU SENEGAL。信箱：B.P.342。国家地区号：00221。电话：338647775；传真：338647780。

塞内加尔驻华大使：阿卜杜拉耶·法勒（Abdoulaye Fall）。馆址：北京市朝阳区东直门外大街23号，外交办公大楼303–305。电话：010–65325035；传真：65327330。

【同法国的关系】1960年6月19日建交。两国保持着传统的"特殊关系"。法是塞内加尔最大的投资和贸易伙伴，塞是获得法援最多的非洲国家之一。两国领导人多次互访。2007年4月，法国参议长蓬斯莱出席瓦德总统连任就职仪式。7月，法国总统萨科齐访塞。2008年9月，瓦德总统访法。2009年6月底至7月初，法国外长库什内访塞，并出席了达喀尔法国文化中心成立50周年庆祝仪式。10月，塞外交国务部长尼昂应邀赴巴黎出席首届"国际金融交易和发展"部长级会议。2010年4月，法内政部长奥特弗作为政府代表出席了塞独立50周年庆典。2012年2月，塞外长尼昂访法。4月，法外长朱佩赴塞出席萨勒总统就职仪式。同月，萨勒总统访法。7月，萨勒总统再次访法，法向塞提供1.3亿欧元财政援助。10月，法国总统奥朗德对塞进行工作访问，签署对塞援助等4项协定。2013年1月、3月，萨勒总统访法。同月，法国国民议会议长巴尔托洛内对塞进行工作访问。9月，萨勒总统应邀出席在法国举办的第七届法语国家运动会开幕式，并会见奥朗德总统。11月，法国内政部长瓦尔斯及前总理菲永分别访塞。12月，萨勒总统赴法参加法非新型经济伙伴研讨会暨非洲和平与安全峰会。2014年2月萨勒总统访法，5月法国国防部长勒得里昂访塞。8月，萨勒总统赴法出席纪念二战盟军普罗旺斯登陆70周年活动。2015年1月，萨勒总统赴法参加巴黎反恐大游行。2月，萨勒总统赴法参加法非峰会。5月，萨勒总统赴法属瓜德罗普参加加勒比奴隶贸易纪念中心开馆仪式。7月，萨勒总统赴法参加艾克斯市经贸洽谈会，迪奥普总理访法。同月，法国环保、可持续发展和能源部长罗亚尔访塞。

法系塞最重要的双边援助国。2013年法国通过双边、多边渠道共向塞提供援助2.1亿欧元。

塞法签有军事协定，法在塞有驻军并派有军事顾问。近年来，法逐步减少在塞驻军的同时加大对塞军的技术援助，并多次与包括塞在内的非洲国家举行联合军事演习。2008年11月，法塞举行联合军事演习。2009年，法塞就签署新的防务协定多次谈判。2010年4月，瓦德总统单方面宣布关闭法国驻塞军事基地。后经双方协商，法于当年6月起逐步撤出驻塞军事基地，保留一个350人的地区合作行动基地。该基地为联合国马里维和等地区军事行动提供后勤、培训和指挥支持，发挥重要作用。此外，法国是塞第一大留学目的地，塞在法留学生总数和奖学金生人数居黑非洲首位。达喀尔法国文化中心是法国在非洲最大的文化中心。

【同美国的关系】1960年6月20日建交。近年来，塞美关系有较大发展。两国签有相互鼓励和保护投资协定。美对塞内加尔援助和投资逐年增加，已成为塞主要贸易伙伴之一。瓦德总统先后于2004、2006、2008年3次访美。2007年4月，美国劳工部长赵小兰出席瓦德总统连任就职仪式。2009年6月，塞外交国务部长加迪奥访美。2010年4月，塞外交国务部长尼昂访美。2011年8月，美国负责非洲事务的助理国务卿卡森访塞。9月，美国会代表团访塞。2012年8月，美国国务卿希拉里访塞。2013年3月，萨勒总统访美。6月，美国总统奥巴马访塞。2014年8月，萨勒总统赴美出席美国与非洲领导人峰会。

美对塞援助近年来逐年递增。2009年9月，两国签署总额达5.5亿美元的千年挑战账户援款协议，帮助塞加强农业、道路、水利等基础建设。

近年来，美塞不断加强军事合作。2008年9月，美向塞提供了600万美元军事物资，用于支持塞向苏丹达尔富尔地区派遣维和部队。9月，美与塞等多国在塞捷斯举行为期一周的“非洲风2013”联合军演。2011—2014年，美国与包括塞在内的多个国家在塞内加尔、佛得角海域连续举行代号为“撒哈拉快车”的海上军事演习。

【同冈比亚的关系】1965年3月18日建交。1982年2月，塞冈两国结成邦联，塞总统迪乌夫和冈总统贾瓦拉分别任邦联正副总统。1989年9月，邦联解体。1991年两国签署《塞冈友好合作条约》。1998年以来，冈政府多次出面调解卡萨芒斯问题。瓦德总统曾于2004、2006、2010和2011年四度访冈。2007年4月，冈副总统恩杰－赛义迪出席瓦德总统连任就职仪式。2010年4月，冈总统贾梅出席塞独立50周年庆典。2011年5月，塞总理恩迪亚耶访冈。2012年4月，萨勒总统访冈。2013年2月，萨勒总统赴冈出席冈国庆48周年庆典活动。5月，塞外长恩迪亚耶访冈。7月，第六届塞—冈混委会在班珠尔举行，两国签署关于建设冈比亚河大桥的谅解备忘录。2014年12月冈发生未遂军事政变后，贾梅总统暗指塞牵涉其中，塞方予以明确否认。

【同几内亚比绍的关系】1974年9月24日建交。几比同塞内加尔南部要求独立的卡萨芒斯地区接壤，曾参与调解卡萨芒斯问题，并促成塞政府与卡地区反政府武装“卡萨芒斯民主力量运动”达成停火协议。瓦德总统曾于2003、2004和2007年3次访问几比。2009年下半年，因领土纠纷及500名塞渔民非法捕捞被扣事，两国关系一度紧张，后在双方共同努力下得以缓解。2010年1月，塞外长尼昂访问几比。4月，几比总统萨尼亚出席塞独立50周年庆典。2011年7月，塞总理恩迪亚耶访问几比。10月，第9届塞内加尔—几内亚比绍双边混委会在达喀尔举行，塞外长尼昂和几比外长皮雷斯分别率团出席。2012年1月，瓦德总统赴几比出席前总统萨尼亚葬礼。2012年4月，萨勒总统访问几比。2015年5月，几比总理佩雷拉访塞。2015年6月，几比议长卡萨马访塞。2015年8月几比发生政治危机后，萨勒总统以西非国家经济共同体执行主席身份积极参与斡旋工作。

【同毛里塔尼亚的关系】1960年11月28日建交。1989年8月，毛里塔尼亚和塞内加尔两国因边民冲突酿成大规模相互驱赶侨民事件而断交。1992年4月，两国复交，此后双边合作发展顺利，影响两国关系的难民问题逐步得到解决。瓦德总统分别于2000、2003和2006年3次访毛。毛历届领导人均曾访塞，总统塔亚，军委会主席瓦尔，总统阿卜杜拉希分别于2005、2006和2007年访塞。2009年，瓦德总统两度赴毛调解毛宪政危机。6月，在非盟和瓦德的主持下，毛三大政治派别在达喀尔草签协议，就成立过渡联合政府等问题达成一致，结束了为期近1年的宪政危机。2010年1月，塞外长尼昂访问毛塔。4月，毛总统阿齐兹出席塞独立50周年庆典。2011年7月，塞总理恩迪亚耶访问毛塔。2012年7月，塞外长西塞访问毛塔。9月，萨勒总统对毛塔进行首次国事访问。2013年2月，第11届塞、毛塔双边合作混委会在努瓦克肖特举行。7月，塞、毛塔边境部队开始在塞内加尔河上执行联合巡逻，以应对恐怖主义威胁。9月，阿齐兹总统访塞，两国在能源、基础设施、地区安全等领域达成多项合作协议。2015年7月，萨勒总统赴毛塔出席泛非绿色长城机构国家元首和政府首脑峰会。　（毛晓明）

塞舌尔

国名　塞舌尔共和国（Republic of Seychelles）。

面积　陆地面积455.8平方公里，领海面积约40万平方公里，专属经济区面积约140万平方公里。

人口　约9.3419万（2015年）。居民主要为班图人、克里奥尔人（欧洲人和非洲人混血）、印巴人后裔、华裔和法裔等。克里奥尔语为国语，通用英语和法语，官方行文、报刊多使用英文。居民76.2%信奉天主教，6.1%信奉英国圣公会教，17.7%信奉伊斯兰教、印度教或其他宗教。

首都　维多利亚（Victoria），人口3万。热季（12月至次年3月）平均气温30℃，凉季（4—11月）平均气温24℃。

国家元首　总统詹姆斯·阿里克斯·米歇尔（James Alix Michel），2004年4月就任，2006年7月、2011年5月、2015年12月连续三次胜选连任。

重要节日　国庆节：6月29日（原为6月18日，2015起以6月29日为国庆日）。

简　况

位于非洲东面的印度洋上，由115个大小岛屿组成。西距肯尼亚蒙巴萨港1593公里，西南距马达加斯加925公里，南与毛里求斯隔海相望，距印度孟买2813公里。属热带雨林气候，终年高温多雨。

16世纪，葡萄牙人曾到此地，取名“七姊妹岛”。1756年，法国占领，并以“塞舌尔”命名。1794年，英国取代法国。后英、法多次易手，轮流占领。1814年，英法签订和约，塞舌尔成为英国殖民地，归英国在毛里求斯的殖民当局管辖。1903年改为英直辖殖民地。1970年实行内部自治。1976年6月29日宣告独立，成立塞舌尔共和国，仍留在英联邦内。

政　治

塞独立初期，民主党主席曼卡姆任总统，人民联合党主席勒内任总理。1977年6月5日，勒内发动政变推翻曼卡姆，任总统。勒内执政后，实行一党制，推行医疗、教育免费等高福利政策，保持了政局的长期稳定。1991年塞改行多党制。勒内1993年7月，1998年3月，2001年9月三次蝉联总统，2004年4月将总统职务移交副总统米歇尔。米上台后，出台经济社会调整计划，振兴经济、改善民生，缓解社会矛盾。2006年7月，塞举行独立以来第四届总统选举，米歇尔以53.73%的得票率当选总统。2009年6月，执政党人民进步阵线更名为人民党，米歇尔接替勒内就任党主席。2011年5月，人民党在总统大选中再次以55.5%的得票率获胜，米歇尔蝉联总统。2015年12月，经过两轮投票，米歇尔以50.15%的得票率第三次当选总统。

【**宪法**】现行宪法于1993年6月制订并生效，1994、1995、1996、2000和2011年5次修订。宪法规定：塞实行立法、行政、司法三权分立，总统为国家元首兼政府首脑、全国武装部队总司令，由普选产生，任期五年，可连选连任1届。总统可在第一或第二任期就职满一年后的任何时期，以公告形式要求举行下届总统选举，亦可在总统候选人提名日之前将该公告取消；当总统职务因总统死亡或辞职而空缺，或因其他原因总统停止行使职权时，将由议会多数通过，确定一名部长行使总统职权，直至选出新总统；当选总统在就职前死亡，由当选总统指定的副总统接替总统职务。宪法任命委员会（Constitutional Appointments Committee）是塞重要的独立决策机构，履行宪法和其他法律授予的职权，行使职权时不受任何人或机构指令和控制，由3人组成，其中总统和反对党领导人各任命一人，第三名成员由上述两人共同推荐，经总统任命，出任委员会主席。现任主席热雷米·博纳拉姆（Jeremie Bonnelame),2007年就任。司法权属最高法院。

【**议会**】称国民议会，一院制，为塞最高立法机构，下设2个常务委员会（议事规则委员会及财政和公共账目委员会）和5个委员会（国际事务委员会、妇女议员委员会、媒体委员会、政府保证委员会及改革和现代化委员会），议员任期5年。本届议会于2011年10月成立。共有33名议员，其中25名由各选区直接选出，8名按各政党获票总数的比例推出，32名议员来自执政党，仅1名来自反对党。议长帕特里克·赫米尼耶（Patrick Herminie）。

【**政府**】实行总统制。内阁为国家最高行政机构，负责制定和执行国家政策。本届政府于2015年12月组成，共14名成员，主要包括：总统兼国防、司法、信息和碳氢部长詹姆斯·阿里克斯·米歇尔，副总统兼信息技术与通讯、青年、公共管理和公民社会部长丹尼·富尔（Danny Faure），指定部长、社区发展、社会事务和体育部长文森特·梅里顿（Vincent Meriton），外交和交通部长乔尔·摩根（Joël Morgan），教育部长马克苏齐·蒙顿（Macsuzy Mondon，女），财政、贸易和蓝色经济部长让-保罗·亚当（Jean-Paul Adam），卫生部长米齐·拉鲁（Mitcy Larue，女），旅游和文化部长阿兰·圣·安杰（Alain St Ange），国土利用和住房建设部长克里斯蒂安·莱昂尼特（Christian Lionnet），劳工和人力资源部长伊迪丝·亚历山大（Idith Alexander，女）、内政部长查尔斯·巴斯蒂安（Charles Bastienne），环境、能源和气候变化部长迪迪安·道格利（Didier Dogley），投资、企业发展和商业创新部长米歇尔·本斯特朗（Michael Benstrong），渔业和农业部长华莱士·考斯格罗（Wallace Cosgrow）。

【行政区划】全国共分为25个行政区，其中8个区隶属首都维多利亚市。

【司法机构】由最高法院、上诉法院、地方法院和法庭组成。最高法院由大法官、陪席法官和助理法官组成。上诉法院由院长、两名或两名以上上诉法官和文职法官组成。总检察长为政府的首席法律顾问。总统根据宪法任命委员会提议任命检察长、大法官、上诉法院院长、上诉法官、法官助理等，上述职务任期均为7年，检察长、法官任职期间，不得解除其职务。此外还设有制宪法庭，专门受理违宪诉讼，保证宪法的权威性。总检察长罗尼·戈文登（Ronny Govinden）。最高法院大法官弗雷得里克·埃贡达-恩坦达（Frederick Egonda-Ntende），2009年8月就任。上诉法院院长弗朗西斯·麦克格雷戈尔（Francis McGregor）。

【政党】目前，塞舌尔正式注册的政党有5个，分别是：

（1）塞舌尔人民党（Seychelles People's Party）：执政党。前身是塞舌尔人民联合党，成立于1964年，1978年6月改称塞舌尔人民进步阵线，2009年6月改为现名。现有中央委员23名（任期四年），党员2.2万多名。1991年后，该党政策大幅调整，决定由一党制向多元化政治过渡，人阵由先进分子组成的党过渡到向全体塞公民开放的群众性政治组织，不再提及建设社会主义。主席为总统米歇尔，总书记为副总统富尔，前总统勒内被授予"党的创始领导人"称号。在2015年总统大选首轮投票中，米歇尔获47.76%选票，第二轮获50.15%选票，再次当选总统。

（2）塞舌尔民族党（The National Party of Seychelles）：主要反对党。原名联合反对党，1993年6月成立，1998年7月改现名。由塞舌尔人党、塞舌尔民族运动和塞舌尔民族联盟联合组成。纲领是建立一个崭新的民主政府。该党推举其党主席韦维尔·拉姆卡拉旺（Wavel Ramkalawan）作为总统候选人先后参加了2006年7月和2011年5月总统大选，得票率分别为45.7%和41.4%，均负于执政党塞舌尔人民党。总书记为罗杰·曼欣尼（Roger Mancienne）。2015年，拉姆卡拉旺参加总统大选，首轮投票获33.93%选票，在第二轮投票中得到塞舌尔联盟和塞舌尔社会正义与民主党等支持获49.85%选票。

（3）塞舌尔大众民主运动（Seychelles Popular Democratic Movement）：反对党，2011年成立，主席戴维·皮埃尔（David Claude Pierre）。皮原是民族党副秘书长，由于当年民族党抵制议会选举，辞去民族党职务，并建立了大众民主运动，参加了2011年9月的议会选举，获得了10.86%的选票。该党在议会中分配到1个议席位，皮当选为议会反对党领袖。2015年，皮埃尔参加总统大选，在首轮投票中获2.21%选票。

（4）塞舌尔联盟（Lalyans Seselwa）：在野党，2015年4月成立，由几位退休的人民党前部长和人民党成员等组成。主席帕特里克·乔治·皮雷（Patrick Georges Pillay），曾任外交部、教育与文化部、工业与国际商业部、卫生部部长和驻法国大使。2015年，皮雷参加总统大选，在首轮投票中获14.19%选票，在第二轮投票中与塞舌尔联盟及塞社会正义与民主党等结盟，支持塞民族党。

（5）塞舌尔社会正义与民主党（Seychelles Party for Social Justice and Democracy）：在野党，2015年4月成立。主席阿力克西娅·阿姆斯柏瑞（Alexcia Amesbury），现为律师。2015年，阿姆斯柏瑞参加总统大选，在首轮投票中获1.33%选票，在第二轮中将其所有选票集中到塞民族党主席拉姆卡拉旺身上，给人民党制造阻力。

【重要人物】詹姆斯·阿里克斯·米歇尔：总统兼国防、司法、信息和碳氢部长，1944年生。执政党人民党主席。曾任总统办公厅新闻国务部主任兼国防军政治教育局长，教育与新闻部长兼国防军参谋长，财政与交通部长，国防、财政与通讯部长。1996年起任副总统兼财政、经济计划、国防、环境与交通、信息技术与通讯部长等职。2004年4月任现职，2006年7月当选连任，2011年5月蝉联，2015年12月再次胜选。　**丹尼·富尔**，副总统兼通信技术、青年、公共管理和公民社会部长，1962年5月8日生于乌干达，执政党人民党总书记。曾任教育部长、教育和青年部长、指定部长兼教育和青年部长、指定部长兼财政部长。2010年7月起任现职。

经　济

旅游业和渔业为两大经济支柱。旅游业创造七成以上的国内生产总值。全境半数地区为自然保护区，享有"旅游者天堂"的美誉。渔业构成经济另一支柱，渔业资源丰富，鱼类产品位居出口商品首位。工农业基础薄弱，粮食、生活用品和生产资料依赖进口，价格昂贵。国家实行免费教育、医疗、终身保健制度等高福利政策。2008—2013年，塞政府开始实行与国际货币基金组织商定的经济改革方案，主要内容包括重组外债、货币贬值、紧缩货币并鼓励储蓄和投资、精简公职人员、增收节支等。2011年与所有债权国达成债务重组协议。近年来，政府加大推进私有部门发展，加强国企管理，取得显著成效。2015年新增小型企业117家，全国企业数达2290家。旅游业发展良好，抵塞游客人数同比增长19%。

2014年主要经济数字如下：

国内生产总值：16亿美元。

人均国内生产总值：1.7万美元。

经济增长率：2.9%。

货币名称：塞舌尔卢比。

汇率：1美元合12.99卢比。

【资源】渔业为国民经济重要支柱。领海面积约40万平方公里，专属经济区面积约140万平方公里。渔业资源丰富，目前已发现300多种鱼类。森林面积约2000公顷。

【工业】主要是中小型企业，有啤酒厂、香烟厂、金枪鱼罐头厂、鱼粉厂、饮料厂、制茶厂、乳制品厂、饲料厂、涂料厂、混凝土厂、碎石厂等。工业产品有食品、油漆、家具等。

【农牧渔业】农业基础薄弱，耕地面积仅约30平方公里，约占全国土地面积6.21%。主要种植椰子、肉桂、茶叶等经济作物。粮食、肉类和蔬菜多靠进口。金枪鱼产量占世界总产量的10%，金枪鱼罐头和对虾分别为塞第一、第二大出口商品。

【旅游业】塞风景秀丽，全境50%以上地区被辟为自然保护区，享有“旅游者天堂”的美誉，1993年在世界十大旅游点评选中名列第三。主要景点有马埃岛、普拉兰岛、拉迪格岛和伯德岛等。旅游业为塞第一大经济支柱，直接或间接创造了约72%的国内生产总值，每年美元外汇收入约占外汇总收入的70%，并创造了30%的就业机会。2013年，塞接待外国游客23万人，同比增长11%，外汇收入首破3亿美元，创历史新高。旅游者主要来自法国、意大利、德国、英国、南非、俄罗斯、阿联酋和中国等国。近年来，塞旅游部门越来越注重开发中国、印度、海湾国家等亚洲新兴旅游市场。塞拥有较大的星级饭店32家，中小型旅馆62家。加拿大、德国、马来西亚、新加坡、南非和海湾多家公司在塞兴建星级酒店。近年来，塞每年举办国际嘉年华会及克里奥尔节，以吸引更多的国际游客。2015年塞投资8000万卢比用于旅游市场营销，旅游业实现较大增长，其中游客数增长19%，收入增长17%。为保护生态环境，保护塞本土酒店，塞政府叫停大型外资酒店建设项目。

【交通运输】以空运和水运为主。

公路：总长508公里，其中沥青路390公里。有执照的机动车约1.1万辆，其中包括200多辆公交车，250多辆出租车。有30多家租车公司。

空运：塞拥有马埃岛机场、普拉兰岛机场和10多个简易机场，航空交通控制系统先进，其中马埃岛机场跑道约近3000米长，可起降波音、空中客车和协和等大型客机。2012年起塞舌尔航空公司与EHIHAD合作经营，有直达欧洲、中东、亚洲和南非的航班，国际航线多达13条。2013年3月，开通香港直航。国内航线以马埃岛为中心可通往普拉兰岛、拉迪格岛、鸟岛等10多个岛屿。2014年塞航空公司实现纯利320万美元，连续3年赢利，并获世界旅游大奖评比中“印度洋最佳公务舱”和“印度洋最佳空乘人员”奖项。

港口：维多利亚港建于1975年，是塞唯一的天然深水良港，位于印度洋国际航道，是印度洋上重要的交通枢纽，且在印度洋台风带外，现分为商业和渔业码头两部分，深水泊位面积2.6平方公里。商业码头内侧水深9.5米，外侧水深13米，可进行集装箱装卸作业。渔业码头长120米。2015年新建一渔业码头，长425米，总投资1800万美元。

【财政金融】塞财政状况良好，外汇储备稳定增长，债务负担持续降低。2014年，塞国内生产总值16亿美元，增长率2.9%。2015年塞财政总收入为62.3亿卢比，同比增长2%，财政收支相抵，盈余7.35亿卢比，相当于国内生产总值的3.8%。截至2015年底，外汇储备为5.36亿美元。自2008年以来，塞舌尔一直在如约履行多边债务偿还义务。至2015年底，塞外债比率下降至国内生产总值的62%。

除中央银行外，塞有7家商业银行：英国巴克莱银行、法国商业银行、塞舌尔新银行、巴基斯坦哈比卜银行、印度巴罗达银行、毛里求斯商业银行、塞舌尔储蓄银行。塞舌尔发展银行系塞政策银行，塞政府拥有55%股份，其他股东为法国发展银行20%，欧洲投资银行15.91%，德国DEG银行5%，英国巴克莱银行2%，塞新银行1.59%。

【对外贸易】基本为净进口国家，生活用品和生产资料等均靠进口。主要出口鱼、椰干、肉桂皮等，进口纺织品、机器设备、车辆、日用品、食品及石油等。英、法、意、德、荷兰、南非、毛里求斯和新加坡等为主要贸易伙伴。塞尚未加入世界贸易组织，实行进口许可证和配额管理制度。2014年，贸易总额为15.91亿美元，其中出口额为5.51亿美元，进口额为10.4亿美元。2015年3月加入世贸组织。

【外国援助】塞主要援助国和国际机构是中国、法国、美国、日本、英国、澳大利亚、加拿大、德国、印度、世界银行、世界卫生组织、欧洲发展基金、欧盟和非行等，援助项目主要包括学校、医院、办公大楼、游泳池、电厂、海水淡化、飞机、渔业、环保、能力建设及填海工程等。2011年以来，塞与中国、日本、利比亚、马来西亚、阿联酋、巴黎俱乐部等所有债权国达成债务重组协议。2013年1月遭受强暴雨水灾后，塞先后收到中、日、印、英、法、德、美等国家和联合国粮农组织、非行等机构的援助。2014年非洲发展银行向塞提供2060万美元贷款和140万美元援助，用于开展“马埃岛可持续水源扩建”项目。

人民生活

根据联合国开发计划署2013年度人类发展报告，塞在世界187国中排名第46位，在非洲排名第一，属最适合人类生存的国家之一。塞政府推行高福利政策，实行免费义务教育、免费医疗、终身保健制度和全面就业计划，向低收入者提供建房贷款、发放各种救济金。

2015年塞政府医疗卫生预算占国内生产总值总额10%左右。人均寿命男71岁，女76岁。儿童死亡率为10‰左右。无疟疾、黄热病、痢疾等非洲大陆常见病。艾滋病发病率低，截至2013年病例共计558起，艾滋病毒携带者256人。全国共有医院7所，床位416张，保健中心18个，私人诊所9个，牙科诊所6个，医生91人，牙医20人，护士422人，药剂师7人。维多利亚医院是塞舌尔主要医院，建于1924年，科室齐全，共有70名医生和300名护士。2/3的医生来自古巴、印度、巴基斯坦、东欧国家及非洲其他国家。

2012年就业率达总人口的51%，25%的劳动力从事旅游业。实行统一工资制度，规定最低工资2325卢比，工薪人员每年享受15天法定假日和21天年假。63岁退休，领取2100卢比退休补贴。

塞舌尔推行“居者有其屋”计划，向低收入者提供优惠住房贷款。目前绝大多数人拥有自己住房，每7人拥有一辆汽车。电话普及率为每百个居民拥有27个固定电话，移动电话拥有数已超过人口数，25%的家庭拥有计算机，40%的家庭使用因特网。

军　事

1977年6月创建人民解放军，1980年改称人民国防军，由陆军、海岸警卫队和塞舌尔国民卫队组成。实行志愿兵役制。总统兼任国防部长及武装部队总司令，国防军司令巴耶特准将。总兵力550人（包括陆军、海岸警卫队和总统卫队），国民卫队系民兵，主要负责政府部门、外国驻塞使团、国家领导人和部分部长官邸的安全保卫工作，2004年前属警察部队，2004年起编入国防军。1993年实行党、政、军分离。1994年为减少国防开支和提高效能，将作战部和后勤部合并。现有警察约800人，分常规警察、机动警察和消防队，由内政部管辖。1977年9月，塞舌尔加入国际刑警组织。2015年1月米歇尔任命新一届国防军高层官员：国防军司令利奥博德·巴耶特（Leopald Payet），总参谋长米茨歇尔·罗塞特（Michael Rosette）

文化教育

【教育】政府重视发展教育事业，将发展教育事业列为塞舌尔经济和社会发展的首要任务，对5—16岁未成年人实行免费义务教育，包括学前教育2年，小学6年和中学5年。塞教育法规定，无故旷课三周以上儿童的父母将被罚款1000卢比或判三个月监禁。塞共有学校88所，其中幼儿园35所，小学28所，特教1所，中学12所，大学预科11所。塞舌尔大学是塞唯一一所大学，成立于2009年，前身是中国援建的综合工艺学院，主要在英国伦敦大学指导框架下办学，设有信息技术、工商管理、财会、金融、旅游、教育、英语、法语、法学等专业，在校学生约170多人。2000年起开始普及中学后教育，陆续建立了数十所教育机构，包括综合工艺学院、艺术学院、商业与会计学院、视觉艺术学院、旅游学院、教育学院、工业培训学院、卫生与社会研究学院、农业学院、海事学院、成人教育与远程教育中心，基本实行全民文化教育。就读大学预科及赴国外留学学生的学费政府负担60%。目前12岁以上人口识字率达94%。2015年政府教育预算占本年度财政总预算的8%左右。

【新闻出版】主要报刊:《塞舌尔民族报》，官方日报，1976年创刊，时称《民族报》，先后经过《政府公告》《塞舌尔公告》等演变发展而来，用英、法、克里奥尔文出版，发行量4000份;《今日报》，第二大日报，2011年创刊，日发行量2500—3000份;《人民报》，系执政党人民党党报，1964年创刊，是塞创办最早、历史最长的新闻报刊，每周发行4500份;《维多利亚时报》，2013年创办，无党派立场;《政府公报》，不定期出版，主要刊登政府政策性文件事或新措施等;《印度洋与阿拉伯海之声》，民主党月刊，前身为《塞舌尔评论》，由前总统曼卡姆于1994年4月出资创办，2010年更改为现名;《塞舌尔周（SUP)》，联合党党报，1963年创刊，1977年被取缔，1992年9月复刊，1994自动停刊，2002年4月再次复刊，曾一度更名为《新塞舌尔周报》;《塞舌尔周报（SNP）》，民族党党报，周报，1991年塞实行多党制后创刊，发行量3000份。

塞舌尔新闻通讯社：官方通讯社，1979年成立，用英文、法文发稿。

塞舌尔广播公司（SBC）：前身为塞舌尔广播电视台，负责塞舌尔所有广播和电视业务，半官方机构，由总统指定的10人董事会负责。塞舌尔广播电台，建于独立前，原为私有，后改为政府电台，每天用克里奥尔语、英语和法语24小时不间断播出，设调幅（AM）和调频立体声（FM）两个广播频道；塞舌尔国家电视台，于1983年投入使用，24小时不间断播出，主要转播BBC、法国电视台、CCTV英语频道、今日俄罗斯、CNN、KBS的节目。当地制作的节目占20%，用克里奥尔语、英语和法语播出。塞舌尔全国电视机拥有量约14，000台，即平均约5.8人拥有一台。电视制式：PAL/B。

对外关系

奉行中立、不结盟、睦邻友好和务实外交政策，主张在尊重主权和不干涉别国内政的基础上同所有国家建立和发展关系。强调大小国家一律平等，积极维护中小国家利益，主张加强南南合作和南北对话。近年，因经济困难，重点加强同西方国家和国际金融机构的关系，积极发展同中国、印度等新兴大国的关系，争取外援外资。重视气候变化和小岛屿发展中国家可持续发展问题，支持国际社会打击索马里海盗，积极参与东部非洲和印度洋地区事务，倡议建立印度洋和平区。是不结盟运动、非盟、南部非洲发展共同体、东南非共同市场、环印度洋地区合作联盟、印委会等组织成员国及印度洋金枪鱼委员会总部所在地。2015年3月加入世界贸易组织，7月正式成为南共体自贸区成员。

【同中国的关系】中国与塞舌尔1976年6月30日建交。两国关系发展顺利。塞舌尔历届政府均重视发展对华关系，奉行一个中国政策，感谢中国援助。米歇尔总统执政以来，多次表示愿积极拓展同中国在各领域的友好合作。

中方访塞的主要领导人有：国务院副总理姬鹏飞（1980年9月）、国务委员兼外经贸部部长陈慕华（1983年8月）、国务院副总理兼外交部长钱其琛（1996年1月）、国务院总理李鹏（1997年5月）、外交部副部长吉佩定（1999年3月）、外交部长唐家璇（2000年1月）、外交部部领导成员乔宗淮（2002年12月）、外交部长李肇星（2005年1月）、全国人大常委会副委员长司马义·艾买提（2006年1月）、胡锦涛主席（2007年2月）、吴邦国委员长（2008年11月）、国务委员戴秉国（2010年7月，过境）、全国人大常委会副委员长陈至立（2010年9月）、国务院副总理王岐山（2011年3月，过境）、国务委员刘延东（2011年11月，过境）、梁光烈国务委员兼国防部长（2011年12月）、回良玉副总理（2012年3月，过境）、中共海南省常委李秀领（2014年5月，出席塞人民党成立50周年庆典）、中非人民友好协会会长阿不来提·阿不都热西提（2015年5月）、外交部副部长张明（2015年5月）、外交部长王毅（2015年8月，过境）等。

塞方访华的主要领导人有：总统勒内（1978年5月、1983年4月、1991年6月、1995年5月）、副总统米歇尔（1998年5月、2000年10月）、计划与对外关系部长费拉里（1984年5月）和德圣热尔（1990年8月）、青年与文化部长皮莱（1998年12月）、农业与海洋资源部长朱莫（1999年5月）、工业与国际商业部长贝尔蒙（1999年8月）、外交部长博纳拉姆（1999年10月）、教育部长福尔（2000年10月）、议长麦克格雷戈尔（2004年4月）、民族党领袖拉姆卡拉旺（2004年9月）、卫生与社会事务部长梅里顿（2005年8月）、民主党总书记加布里埃尔（2005年9月）、总统米歇尔（2006年11月出席中非合作论坛北京峰会并访华、2008年8月出席北京奥运会开幕式、2010年5月出席上海世博会开幕式、2011年10月非正式访问）、副议长卢卡斯（2008年5月）、国民议会议长赫米尼耶（2009年3月）、副总统富尔（2011年3月、2015年4月）、外交部长亚当（2012年7月来华出席中非合作论坛第五届部长级会议、2013年7月访华）、副议长普尔（2013年8月）、国防军司令巴耶特准将（2014年1月）等。

建交以来，中塞经济技术合作与经贸往来持续发展。中塞签有经济技术合作协定、避免双重征税和防止偷漏税的协定等。中国从1977年起开始向塞提供各种援助。为塞援建了标准局大楼、议会大楼、司法大楼、国家游泳池、安塞罗亚莱医院、综合工艺学院、蒙弗勒利中学、拉扎尔湾小学及幼儿园、奥凯普地区小学校和格拉斯小学和幼儿园等30余个项目。

2014年，双边贸易额4600万美元，同比增长17.2%，其中中方出口4600万美元，无进口。中国对塞主要出口产品为机电产品、家具、纺织服装、塑料制品等，主要进口海产品。

两国签有文化合作协定（1983年）。中方曾派体育教练和音乐教师赴塞执教。多个文艺团组曾赴塞访问演出，并在塞举办电影周、图片展等活动。2012年，在塞举办了剪纸和刺绣班。天津艺术团在塞举行欢乐春节演出。

截至2013年9月，中方共接收塞奖学金生123名。2013—2014年在华留学生共80人。中国向塞派有体育教练和音乐教师。中国从1985年起向塞派遣医疗队，共15批90人次。现有6名医疗队员在塞工作。迄今，中方已为塞培训了1300名各类人员，向塞派出7批共96名青年志愿者和2名农技专家。塞系中国公民出境旅游目的地国。2013年5月，两国签署互免签证协议。2015年，中国公民赴塞旅游人数超过13,000人次，已成为塞旅游第六大客源地。2009年，塞向上海市政府赠送了一对塞独有的亚达伯拉象龟，表达对上海世博会的支持。2012年，塞再次向中方赠送一对亚达伯拉象龟，落户北京动物园。2014年和2015年，中塞共同举办“中国日”活动，包括“塞舌尔人眼中的中国”摄影展、“欢乐春节”文艺演出等；2014年4月，辽宁海城民间高跷秧歌艺术团参加塞第四届国际嘉年华；6月，塞舌尔大学与大连大学合作举办的孔子课堂在塞舌尔大学揭幕。2015年5月，塞旅游学院与北京联合大学签署互派交换讲师和学生的谅解备忘录。

中塞两国政府还签有：《关于中华人民共和国和塞舌尔共和国建立外交关系的联合公报》（1976年6月30日），《关于中华人民共和国和塞舌尔共和国避免双重征税的协定》（1999年8月），《关于中华人民共和国和塞舌尔共和国双边投资保护的协定》（2007年2月），《中华人民共和国和塞舌尔共和国关于移交海盗及武装劫船嫌疑人及其财产的谅解备忘录》（2012年5月）。

中国驻塞舌尔大使：殷立贤（女。馆址：St. Louis，Victoria，Mahe，Seychelles。电话：00248-

4266588（办公室），4266808（经商处）。电传：2398 CHINA EMSZ。传真：4266866。

塞舌尔驻华大使：薇薇安·富克·塔夫（Vivianne Fork Tave，女），馆址：北京朝阳区尚都国际中心11层1105。电话：010-58701192；传真：58701219。

【同法国的关系】塞法有传统关系。法国是塞舌尔的主要援助国和重要贸易伙伴。法主要在渔业、农业、卫生、旅游、教育、广播电视和人员培训方面给予塞方援助。勒内总统先后7次访法。2002年，法国政府改革合作与发展计划，不再将塞列为“优先援助国”，中止对塞直接援助，但同塞继续开展文化、科技等领域的合作。双方签有医疗合作计划、文化合作协议、促进和保护双边投资协议、旅游与就业培训协议、海洋划界协定等。法国与塞舌尔军事合作密切，法军舰多次访塞。2012年，法国援助塞舌尔5400万欧元，用于供水和公共卫生项目。2013年6月，法国派徒步方队参加塞国庆阅兵仪式。

【同英国的关系】塞舌尔系英联邦成员国。英国是塞重要贸易伙伴。英每年援塞金额约100万英镑，主要用于提供技术援助和奖学金。2010年，塞克服经济困难，重开驻英高专署，贝尔蒙副总统专程赴英出席女王庆生活动。2011年5月，英国威廉王子夫妇赴塞度蜜月。2012年初，米歇尔总统出席伦敦反海盗国际会议并访英。英国与联合国毒查办共同向塞捐赠5辆客货两用车。2013年2月，英国资助建设的地区反海盗起诉与情报协调中心投入使用。

【同欧盟的关系】双方2000年签订《科托努协定》。欧盟援助主要用于支持塞预算、双方渔业合作、基础设施建设、固体垃圾处理及政府治理及打击海盗。2008—2012年年欧盟共向塞投资3700万欧元。欧盟积极支持塞经济改革计划，2009年向塞提供900万欧元专项援助，2010年计划再提供800万欧元。2009年11月，英国驻塞高专代表欧盟与塞签署军事人员地位协定，为欧盟海军舰只及相关人员追捕、羁押进入塞领海和内水的海盗提供各种便利。2010年2月，双方签署协议，欧盟同意从应对全球气候变化联盟倡议基金下支出200万欧元，资助塞政府实施应对气候变化国家战略，塞成为欧盟资助应对气候变化的首批试点国家。2010年5月，欧盟负责外交和安全政策的高级代表阿什顿访塞并出席了在塞举行的索马里海盗问题国际会议。2011年塞出口欧盟产品总额愈30亿欧元，主要产品为金枪鱼罐头和冷鲜鱼肉。塞自欧盟进口产品为机械、汽车及医疗化学产品。2012年双方签订《临时经济伙伴协定》，塞将继续获得出口欧盟产品免关税待遇。2014年1月，欧盟海军向塞捐赠血库并同塞举行反海盗联合演习。同月，塞与欧盟签署欧洲发展基金第二项合作协议，欧盟将向塞提供10万欧元的财政与技术支持，推动塞国家发展战略的实施。欧盟同时还向塞提供160万欧元，支持塞教育发展。2015年，欧盟向塞提供76万欧元，帮助加强塞国有和私营经济领域能力建设，进一步实现贸易自由化。

【同美国的关系】勒内执政初期，塞与美国关系冷淡。80年代后期，两国关系明显改善。美国给予塞舌尔《非洲增长和机会法案》的优惠贸易政策。2009年7月，塞美签订驻军保护协定，塞允许美军舰在维多利亚港停泊补给，美向塞提供一架无人侦察机。2010年7月，塞美签订海盗嫌犯移交协议，双方表示将加强在打击海盗、非法捕鱼和毒品走私方面的合作。2013年2月，克林顿基金的气候倡议小组与塞签署备忘录，帮助塞利用垃圾、太阳能和生物发电。

【同俄罗斯的关系】俄罗斯是塞舌尔第三大外国直接投资国。两国军事、文化、教育、体育及反海盗合作持续深化，塞视俄罗斯为紧密合作伙伴。2013年，俄罗斯海军应邀参加维多利亚国际嘉年华及塞舌尔20周年国庆阅兵。

【同印度的关系】塞印关系密切，印度人后裔和侨民在旅塞外国侨民人数中居第一位。塞对印核试验未公开批评，在克什米尔问题上支持印方立场，支持印成为安理会常任理事国。2009年7月，塞印签订促进与保护两国投资协定。2010年1月，塞总统米歇尔访印。双方讨论了两国在医疗、军事、航空等领域的合作。印承诺向塞维多利亚医院提供先进设备，向塞政府提供一位海洋安全顾问和军事装备。同月，塞议长赫米尼耶出席在新德里举行的第26届英联邦议长会议。6月，塞总统米歇尔访印。印宣布与塞达成债务重组协议，印进出口银行将免除塞45%的债务，约137.5万美元，作为支持塞经济改革和债务重组的举措之一。印还将向塞提供1000万美元的优惠贷款。11月，塞开通至印度钦奈的直航。2011年，印度为塞援建了价值100万卢比的IT中心，使塞学生通过中心学习网上课程。2012年印度总统帕蒂尔访塞，印向塞提供2500万美元援助及5000万美元贷款。印近海巡逻艇参加塞国庆阅兵表演。2013年4月，印度向塞捐赠一架海上侦察机，用于塞打击海盗并允诺派两名机师维护和培训塞方人员操作侦察机。同年10月，首届印度日在维多利亚举行，期间，印4艘军舰访塞，并巡逻塞专属经济区。2015年3月，印总理莫迪访塞，8月，塞总统米歇尔访印，双方签署蓝色经济合作、可再生能源、税收情报互换等协议，成立蓝色经济联合工作组。印向塞捐赠7座海岸监控雷达和1架道尼尔飞机。

【同阿联酋的关系】塞与阿关系密切。2011年，阿向塞提供5艘巡逻船并资助塞建造医院门诊中心、住房和风电厂项目。2012年阿援建的国防学院竣工，ETIHAD航空公司投资2000万美元购买塞舌尔航空公司40%的股份。2013年2月，阿联酋向塞捐赠2百万美元救灾；6月，阿投资2800万美元建造的风力发电站启用，为2100个家庭供电；9月，阿为塞国防军援建的兵营和诊所大楼奠基；阿还向塞全国小学生赠送文具礼盒。2014年1月，塞与阿在阿布扎比联合举办蓝色经济峰会。2015年，阿援建塞72套住房项目。

【同南非的关系】1992年4月，塞与南非正式建交。南非曾因1981年其雇佣军侵塞赔偿塞300万美元，并拟在塞投资5000万卢比，帮助塞发展渔业加工和小工业项目。南非现为塞主要贸易伙伴之一。2008年7月，南非向塞提供360万美元无偿援助，以帮助塞应对经济困难。2009年5月，塞总统米歇尔出席南非总统祖马的就职仪式。2010年3月，塞航开通周日至南非开普敦直航。2012年7月南非总统祖马访塞。2013年，塞外长亚当出席南非总统祖马发表国情咨文演说。

【同邻国的关系】塞重视发展同毛里求斯、马达加斯加等邻国的关系。塞与毛里求斯1988年6月17日建交。双方曾对沙亚·马拉沙洲海域归属问题有争议，后经协商，同意共同开发该海域。2008年7月，塞国家发展部长杜加西和毛首席检察官兼司法和人权部长瓦莱登签署两国专属经济区划界协议。同月，塞拉迪格岛和毛罗德里格斯岛签订友好协议。2011年2月，毛副总理普拉文·贾格纳特访塞并出席两国第9次联合委员会会议，双方签署避免双重征税协定的修订本。2012年3月，米歇尔总统赴毛里求斯出席毛独立44周年庆典。6月，毛里求斯总理拉姆古兰访塞并出席塞国庆典礼。2013年8月，塞毛两国共同举行双边合作委员会第10次会议，就安全与打击犯罪达成框架协议。2014年6月，首届塞毛商务论坛召开，双方签署了4个贸易和投资备忘录。2012年塞与毛里求斯签署对斯加林海底高原的共管条约。2015年，塞毛举行第十次大陆架会议和第四届联合委员会会议。

塞同马达加斯加1989年4月12日建交，关系友好。1990年，塞马签订合作开发石油和天然气协议。2002年，作为印委会轮值主席国，塞积极参与国际社会调停马岛政治危机。2007年1月，塞外长皮莱出席马总统拉瓦卢马纳纳的连任就职仪式。8月，米歇尔总统应邀出席在马举行的印度洋岛屿国家运动会开幕式并对马进行访问。2012年7月，米歇尔总统与南非总统祖马在塞共同主持马过渡政权领袖拉乔利与拉瓦卢马纳纳的和谈。2014年1月，塞副总统富尔出席马新总统拉乔纳里马曼皮亚尼纳就职典礼。

2011年塞主办第八届印度洋岛国运动会，毛里求斯、科摩罗、马达加斯加、法属留尼汪等七个印度洋岛国和地区的1,700名运动员参加。

2013年3月，塞主办东印联盟第四次部长会议。2014年1月，塞主办印委会维多利亚宣言签署30周年纪念活动。

【同其他非洲国家关系】2011年6月，坦桑尼亚总统基奎特访塞。年内塞分别与莫桑比克、肯尼亚、马拉维等签署避免双重征税协定。2014年3月，塞外长亚当应邀访肯尼亚；同年6月，肯尼亚外长穆罕默德回访塞舌尔。2014年6月，佛得角总统丰塞卡访塞并出席塞国庆庆典。

（樊建萍）

圣多美和普林西比

国名　圣多美和普林西比民主共和国（The Democratic Republic of Sao Tome and Principe; República Democrática de São Tomé e Príncipe）。

面积　1001平方公里。

人口　约19.3万。90%为班图人，其余为混血人种。官方语言为葡萄牙语。90%的居民信奉天主教。

首都　圣多美（São Tomé），人口约6.5万。最高气温（3月）23℃—31℃，最低气温（7、8月）21℃—28℃。

国家元首　曼努埃尔·平托·达科斯塔（Manuel Pinto da Costa）。1975年圣普独立后出任总统，执政至1991年，2011年8月再次当选总统。

重要节日　独立日：7月12日。

简　况

非洲中西侧几内亚湾东南部岛国，距非洲大陆201公里。由圣多美、普林西比以及罗拉斯、卡罗索等14个小岛组成。东与加蓬、东北与赤道几内亚隔海相望。海岸线长220公里。圣、普两岛均属火山岛。属热带雨林气候，终年湿热。两岛平均气温27℃。1—5月为大雨季，6—9月为旱季，10—12月为小雨季。年均降雨量1000—2500毫米。

15世纪70年代，葡萄牙人到达圣普，将其作为奴隶贸易的据点。1522年沦为葡属殖民地。17—18世纪为荷兰、法国占领。1878年再度为葡统治。1951年成为葡的海外省。1960年圣普解放委员会成立（1972年易名为圣普解放运动，1990年又改名为圣普解放运动—社会民主党，简称“解运”），要求无条件独立。1974年葡当局同解运达成独立协议。1975年7月12日宣告独立，定国名为圣多美和普林西比民主共和国，曼努埃尔·平托·达科斯塔任总统。独立后曾长期由解运一党执政。1990年8月起实行多党制。1991年1月，民主统一党（简称“民统党”）在议会选举中获多数席位，成为执政党；同年3月，米格尔·特罗瓦达当选总统。1996年7月特罗瓦达蝉联总统。1998年11月，解运重新在议会选举中获胜，并于1999年1月组成新政府。2001年8月，民主独立行动党（简称“民独党”）

候选人弗拉迪克·德梅内塞斯击败解运候选人平托当选总统并于9月3日正式就职。2006年7月，德梅内塞斯作为民主运动变革力量/自由党（简称"民运党"）和民统党两党联盟候选人再次当选总统。2010年8月，圣普举行议会选举，民独党获多数席位，该党总书记特罗瓦达出任总理。2011年8月，独立候选人、前总统达科斯塔当选总统。

政 治

达科斯塔上台后，促进民族团结，推进国民经济发展，取得一定成效。2012年12月，特罗瓦达总理被弹劾，达科斯塔任命来自公民与发展民主联盟的加布里埃尔·科斯塔出任总理，组建新一届联合政府。2014年1月，达改组政府。10月，举行议会选举，民独党获多数席位，特罗瓦达再次出任总理。目前，各党派正积极筹备参加将于2016年7月举行的总统选举。

【宪法】现行宪法于1990年9月颁布，其中规定：圣普是一个独立的主权国家，是建立在基本人权基础上的民主法治国家。政教分离、司法独立。总统是国家元首、武装力量总司令，由普选产生，任期五年，可连任一届。总统有权任免总理、解散议会以及颁布法律、法令和命令等。

【议会】国民议会是国家最高代表和立法机构。议员每届任期4年。本届议会于2014年10月产生，共有议员55名，其中民独党获得33席，解运获得16席，民统党和民主发展联盟党分别占5席和1席。议长为若泽·迪奥戈（Jose Diogo）。

【政府】本届政府于2014年11月24日成立。政府成员有：总理帕特里斯·特罗瓦达（Patrice Trovoada），以及外交和侨民部部长阿方索·达格拉萨·瓦雷拉·达席尔瓦（Afonsa Graca Varela Da Silva），国防和国内秩序部部长卡洛斯·奥林匹奥·斯托克（Carlos Olimpio Stock），经济和国际合作部部长阿戈什蒂纽·夸雷斯马·多斯桑托斯·阿方索·费尔南德斯（Agostinho Quaresma Dos Santos Afonso Fernandes），财政和公共行政部部长阿梅里科·多利韦拉·拉莫斯（Americo D'oliveira Ramos）等共11名部长。

【行政区划】全国分为7个县。

【司法机构】最高法院为最高司法机关，负责监督法院对法律的解释和应用，其成员由议会任命；总检察院负责捍卫民主与法制，总检察长由政府提名，总统任命。最高法院院长若热·班德伊拉（Jose Bandeira），总检察长费德里克·桑巴（Frederique Samba）。

【政党】根据1990年9月颁布的政党法规定，一个政党不得少于250人，且在向国家最高上诉法院登记注册后方为合法。2007年初，登记注册的合法政党共14个。

（1）民主独立行动党（Acção Democrática Independente）：1993年3月21日正式成立。现为议会第一大党，共有33席。总书记帕特里斯·特罗瓦达（Patrice Trovoada）。

（2）圣多美和普林西比解放运动—社会民主党（Movimento da Libertação de São Tomé e Príncipe-Partido Social Democrata）：全国最大政党。成立于1960年9月。原名圣多美和普林西比解放委员会，1972年改称解放运动，1990年改为现名。现有议席16个。主席奥雷里奥·马丁斯（Aurelio Martins）。

（3）民主统一党（Partido da Convergência Democrática）：前身为思索小组，成立于1990年11月。现有议席5个。主席哈维尔·门德斯（Xavier Mendes）。

（4）民主运动变革力量/自由党（Movimento Democrãtico-Força da Mudança/Partido liberal）：原名为民主运动—变革力量。2001年12月20日成立，由前解运全国委员会委员欧热尼奥·蒂尼在德梅内塞斯总统的支持下创建，许多骨干来自解运和民独党。2004年4月，召开第一次党代会，改为现名。现有议席1个。主席为前总统弗拉迪克·德梅内塞斯（Fradique Demenezes）。

（5）圣多美劳工党（Partido Trabalhista São-Tomense）：成立于1993年1月13日。原称人民联盟—工党，主要成员为旅居葡萄牙的圣普侨民。2001年6月召开第一次党代会，改为现名。总书记阿纳克莱托·罗林（Anacleto Rolin）。

（6）基督教民主阵线（Frente Democrata Cristã）：前身为1976年成立的圣多美和普林西比全国抵抗阵线。1990年12月召开一大，易为现名。主席阿尔莱西奥·科斯塔（Arlécil Costa）。

（7）反对党—民主联盟（Partidode Coligação Democrãtica da Oposição）：1990年10月15日，由三个各自独立的反对派组织——全国抵抗阵线、全国民主行动及民主独立同盟合并而成。主席内维斯·席尔瓦（Neves Silva）。

【重要人物】曼努埃尔·平托·达科斯塔：总统。1937年8月5日出生。曾在圣普、安哥拉及葡萄牙求学，后就读于柏林洪堡大学，获经济学博士学位。系圣多美和普林西比解放运动—社会民主党（解运）创始人之一，长期担任党主席。1975年圣普独立后出任总统，执政至1991年。圣普实行多党制后，连续两次竞选总统失利。2011年8月，当选总统。 **帕特里斯·特罗瓦达**：总理。1962年3月18日生于加蓬。其父米格尔·特罗瓦达曾任圣普总统（1991—1998）。2001—2002年任圣普外长。2004年当选民独党总书记。2008年2月任总理，5月遭议会弹劾下台。2010年8月再次出任总理，2012年12月遭弹劾。2014年11月再次出任总理。

经　济

系以种植可可等经济作物为主的农业国，联合国公布的世界最不发达国家之一。独立后曾长期实行以国营经济为主的经济政策。1985年开始实行经济自由化。1987年实行经济结构调整计划。2001—2005年经济增长率保持在3%—5%。2005年，圣普政府继续实施结构调整计划，通过推行税收改革、鼓励私营部门发展等举措，努力保持宏观经济稳定。2月，圣普—尼日利亚联合开发局与美国谢夫隆—德士古、埃克森—莫比尔和尼日利亚—挪威股份能源公司签署联合开发区第一区块石油分成合同，圣普获得4920万美元签约金。这是该国取得的第一笔石油美元。近年来，圣普政府积极寻求葡萄牙等国及国际货币基金组织援助，同时采取降低关税、改善投资环境和建立自由贸易区等措施吸引外资，重点投资港口、电力等基础设施，积极发展旅游等新兴产业，经济保持一定增长。但由于外来援助和投资有限，货币持续贬值以及物价上涨等原因，国家财政持续拮据，民众生活水平两极分化严重，超过50%的人口生活在贫困线以下。

2014年圣普主要经济数据如下：

国内生产总值：3.69亿美元。

人均国内生产总值：约1864美元。

国内生产总值增长率：4.5%。

货币名称：多布拉（Dobra）。

汇率：1美元=18466多布拉。

通货膨胀率：8.3%。

（数据来源：2016年第一季度《经济季评》）

【资源】1999年美孚石油公司在圣普近海发现油田。圣普目前探明蕴藏量约60亿—100亿桶，开发尚处起步阶段。森林资源丰富。近年由于破坏性采伐，原始热带雨林覆盖率已下降至28%。16万平方公里的专属经济区可为圣普每年提供13000吨的渔业资源。

【工业】仅有陶瓷、砖瓦、饮料、木材加工、制衣、印刷、汽车修理等小工厂。此外还有两座水电站和一座热电站。

【农业】全国51%的人口从事农业生产。可耕地面积4.8万公顷，已耕地3.8万公顷。1993年开始土地改革，实行包产到户。粮食不能自给，粮食进口占进口总额的17%。主要经济作物有可可、椰干、咖啡、棕榈仁等，其中可可产值占国内生产总值的20%以上，现每年出口3500—4000吨可可，占出口总额的77%以上，其中90%出口比利时，10%出口法国和瑞士。

【旅游业】独特的地理位置和优美的自然景观为圣普提供了丰富的旅游资源，但交通不便及基础设施落后影响了旅游业的发展。20世纪90年代以来旅游设施有了较大改观。2004年2月，议会批准政府提案，允许在圣普开设赌场。2005年全国共有旅馆7家，床位约500张，旅游外汇收入约为1340万美元。主要游客来自葡萄牙和安哥拉。

【交通运输】全国有公路380公里，其中250公里为沥青路。2010年3月，国家2号公路修复工程开工，该条公路长52公里，投资2400万欧元。港口和机场各两个。有通往利伯维尔、罗安达、里斯本、安特卫普等港口的海上航线，主要由葡萄牙和荷兰船运公司经营。圣多美国际机场可供大型客机起降。葡萄牙、安哥拉、加蓬、南非和尼日利亚等国航空公司均有飞往圣多美的航班。

【财政金融】2007年，圣普获国际货币基金组织、巴黎俱乐部等大幅免债，外债从3亿多美元减至约8000万美元，财政状况有所改观。2014年外汇储备约6350万美元。

【对外贸易】主要出口产品为可可，此外还有咖啡、椰干、棕榈仁等。主要进口粮食、燃料、工业产品和日用消费品。主要贸易伙伴为葡萄牙、荷兰、比利时、土耳其等。2013年贸易额为1.29亿美元，其中进口1.18亿美元，出口0.11亿美元。

【外国援助】圣普是世界上人均接受外援最多的国家之一，90%的发展资金依靠外援。主要援助国家和地区以及国际机构为葡萄牙、法国、美国、德国、日本及非洲开发银行、欧盟、联合国开发计划署和国际货币基金组织等。2009年1月、5月，尼日利亚政府决定向圣普分别提供3000万美元贷款和1000万美元无息贷款。2月，欧盟向圣普提供1380万欧元贷款。同月，圣普、葡萄牙双方签署了葡向圣普提供5000万欧元贷款的协议。3月，世行批准向圣普提供360万美元捐款。同月，国际货币基金组织同意资助圣普政府提出的380万美元经济项目。2010年6月，欧盟与圣普签署总额为1500万欧元的援助协议。11月，非洲开发银行决定向圣普提供750万美元的经济援助。2011年3月，世界银行称将于2011年和2012年分别资助圣普国家总预算420万和200万美元，将为圣普2011—2014年的电信计划资助1420万美元，为环境和渔业项目资助410万美元。5月，欧盟宣布将于2011—2014年援助圣普250万欧元。6月，非洲开发银行资助圣普300万美元，用于改善国际机场安全条件和举行全国人口普查。同月，葡萄牙向圣普提供760万欧元贷款用于道路重建。8月，巴西向圣普提供88万美元用于人口普查。2012年2月，日本向圣普提供240万欧元的食品援助，欧盟资助圣普200万欧元用于建设四个供水站。3月，世界银行向圣普提供420万美元财政援助。非洲开发银行向圣普提供800万美元用于减贫项目。俄罗斯免除圣普400多万欧元债务。9月，国际货币基金组织向圣普提供300万美元财政支持。2013年5月，欧盟资助660万美元用于修复圣普海岸公路。6月，东帝汶提供530万欧元援助，用于圣普国家预算和议会项目。

人民生活

根据联合国开发计划署《2015年人类发展报告》公布的人文发展指数，圣普在188个国家中排名第143位。近年来，圣普货币持续贬值，物价上涨，生活在贫困线以下的人口比例已超过50%，其中15%为绝对贫困人口。2002年劳动者最低月工资28美元。全国有3所医院，6所产院，3个综合门诊部，1个妇幼保健中心和1个国家卫生教育中心。共有医务人员218名，其中医生76人，病床580张。2014年人口出生率约为35.12‰，死亡率7.4‰，平均寿命69.4岁，为非洲长寿国之一。

军　事

武装力量创建于1975年（1991年后称圣普革命武装力量），由武装部队、警察、总统卫队和民兵组成。2001年由600人精简至300余人，其中陆军2个营、海军1个排、民兵1个营和总统卫队160人。武器装备主要来自葡萄牙、利比亚和南非。总统为武装部队最高司令。总参谋长儒斯帝诺·利马（Justino Lima）准将。

文化教育

【教育】国家重视教育事业，实行中小学免费教育。全国共有85所学校。政府注重师资培训，并聘请葡、英教师在各中学执教。此外，国家每年还选派留学生到国外深造。全国有图书馆6个，藏书1.4万册；档案馆和博物馆各1个。2004年2月，圣普对教育体制进行改革，小学义务教育由4年改为6年，注册学生为3.5万。2013年文盲率约15%，儿童入学率超过95%。2006年，葡萄牙卢斯埃达大学在圣普设分校。

【新闻出版】社会新闻总局为国家新闻单位主管机构。主要报刊有《消息报》和《共和国日报》，发行量都在800份左右。此外还有《论坛报》《橱窗报》《傻瓜》等。有国家电台、电视台各一家和圣普通讯社。2000年4月，由葡萄牙援建的普林西比自治区电台正式开播。电台每日用葡语播音17小时。电视台自1982年起开播。另外，法国国际广播电台和美国之音电台等在圣普建有中转站。2007年11月，法国TV5《非洲世界》节目在圣普开播。

对外关系

奉行和平与睦邻友好的对外政策，主张同所有国家建立和发展友好合作关系，以更好地利用国际合作资源，为圣普的经济发展服务；重点发展与周边国家、非洲葡语国家以及西方援助国的关系；维护非洲团结，重视区域合作，支持实现非洲一体化；强调通过对话解决争端，要求建立国际政治、经济新秩序。系非洲联盟、中非国家经济共同体、葡语国家共同体成员国和法语国家组织成员国。

【同中国的关系】中圣普于1975年7月12日建交。1997年5月6日，圣普宣布同台湾“建交”。7月11日，中国政府决定中止同圣普的外交关系。两国建交期间，圣普总统平托、特罗瓦达曾分别访华。中国外交部副部长宫达非、江苏省委书记韩培信、外交部副部长杨福昌及国务院副总理兼外长钱其琛等先后访问圣普。

2014年中圣普贸易额为600万美元，均为中方出口。

【同葡萄牙的关系】葡萄牙是圣普最大援助国，两国签有友好合作、经贸、文化和科技等多项协定。葡向圣普派有医生、教师及工程技术人员。7月，圣普总理接见到访的葡财长，两国财长还签署了葡萄牙政府免除圣普3500万欧元双边债务及向圣普提供5000万欧元贷款协定。同月，圣普总统出席在里斯本召开的第七届葡语国家峰会。2009年2月，圣普总理赴葡参加葡执政党——葡社会党党代会。同月，葡萄牙财长访问圣普。3月，葡内政部长访问圣普，双方签署两国在加强国内治安方面的议定书。7月，葡外长和财长访问圣普，双方签署一项经济合作协议，为确定圣普货币多布拉与欧元的固定兑换机制做准备。10月，圣普总理访问葡萄牙。2010年2月，圣普总理访问葡萄牙。2011年1月，葡萄牙外长访问圣普。2月，葡萄牙国防国秘访问圣普。5月，葡萄牙总检察长访问圣普。8月，圣普总统达科斯塔访问葡萄牙。2013年5月和6月，葡社会救助与保障部长、国防部长分别访问圣普。6月，加布里埃尔总理会见葡萄牙总理。9月，达科斯塔总统对葡萄牙进行私人访问。2014年7月，达科斯塔出席在东帝汶举行的第10届葡语国家共同体首脑会议。2015年2月，达科斯塔总统对葡进行私人访问。3月，葡外交国务秘书、国防部长访圣普。11月，达科斯塔总统对葡进行私人访问。

【同法国的关系】两国签有经济文化等合作协定。近年来，双方关系密切，法国是圣普主要援助国之一。2006年2月，法国提供500万欧元援助。10月，法国同圣普签订协议，巴黎俱乐部同意圣普推迟16年偿还欠法国的300万欧元外债。2008年3月，法国同意免除圣普约760万欧元债务。2010年3月，圣普10多名军人赴加蓬参加由法国军队指导举行的中非次地区联合军事演习。2010年5月，圣普总统德梅内塞斯赴法国出席法国—非洲国家首脑会议。9月，法国在加蓬驻军司令访问圣普，意在帮助圣普制定军事法。2012年8月，特罗瓦达总理访法。2015年5月，特罗瓦达总理访法。

【同美国的关系】美国每年向圣普提供一定数量援助。两国签有军事合作协议。2006年6月，双方达成协议，美军方在圣普设立一个区域性海洋监测中心并于当年12月启动。2007年11月美与圣普签署为期两年的“千年挑战账户”协议，计划为圣普提供870万美元援助，帮助政府实施税务改革、发展私有化等。2009年10月，圣普总统致电美国总统奥巴马，祝贺其荣获诺贝尔和平奖。11月，美国防部援助圣普4台雷达。2010年1月，美国海军护卫舰抵圣多美，并为圣海岸卫队举办培训班。4月，圣普总理访问美国。2012年5月，美国非洲司令部司令访问圣普。10月，美国会代表团访圣普。2013年8月，美国海军部长访问圣普。2014年8月，加布里埃尔总理赴美出席美非峰会。

【同尼日利亚的关系】圣普同尼日利亚曾存在海上油田划界问题。2001年两国正式签署关于共同开发海上混合专属经济区的协议，并于2002年成立石油开发部长级联合委员会。2006年7月，两国召开石油开发部长级联合委员会，磋商石油勘探等问题。11月，德梅内塞斯总统赴尼参加在尼举行的非洲—拉美国家峰会。2007年5月，德梅内塞斯总统参加尼日利亚新总统亚拉杜瓦就职仪式。2008年7月，尼日利亚外长访问圣普。2009年1月，圣普总统访问尼日利亚。12月，圣普总理访问尼日利亚。2010年9月，圣普总理特罗瓦达访问尼日利亚。12月，圣普与尼日利亚达成协议，同意2011年为两国石油联合开发局提供1200万美元的运作预算。2011年5月，圣普总统出席尼日利亚总统乔纳森的就职典礼。2013年3月，圣普和尼日利亚石油开发联合部际委员会举行会议。2015年5月，达科斯塔总统赴尼日利亚出席布哈里总统就职典礼。

【同其他非洲国家的关系】同安哥拉、莫桑比克、几内亚比绍、佛得角等四个葡语国家及赤道几内亚、加蓬等邻国关系较密切。与安哥拉建有战略伙伴关系。2010年4月，佛得角总理访问圣普，双方签署了有关建立海上航线和教育培训两项合作协议。6月，葡语国家共同体议会妇女论坛在圣多美开幕。7月，圣普总统赴乌干达出席非盟首脑会议。8月，圣普总统出席刚果（布）和加蓬独立50周年庆祝活动。9月，圣普总理特罗瓦达访问加蓬。10月，特罗瓦达访问利比亚。同月，特罗瓦达赴利比亚出席非洲—阿拉伯国家首脑会议，第六届葡语国家共同体最高监管机构大会在圣多美召开。12月，安哥拉石油公司总裁率团访问圣普，与圣普政府签署合作协议，安石油公司将投资圣普国际机场、深水港、能源开发能项目。2011年3月，中非国家经济共同体11国国防部长会议在圣多美举行，讨论中非地区的防务和安全等问题。4月，圣普总理访问加蓬、安哥拉。同月，安哥拉石油公司代表团访问圣普。5月，加蓬总理访问圣普。2011年8月和2012年1月，圣普总统达科斯塔访问安哥拉。2012年3月，圣普总统访问赤道几内亚，圣普总理访问突尼斯。2012年5月，圣普总统访问南非。6月，圣普总统访问安哥拉，圣普总统出席"里约+20"首脑会议。10月，圣普总统访问刚果（布），圣普总理访问德国。2013年3月，安哥拉社会救助和安置部长访问圣普。4月和10月，达科斯塔总统访问安哥拉。6月，加布里埃尔总理访问安哥拉。8月，达科斯塔总统和加布里埃尔总理分别访问南非和赤道几内亚。10月，达科斯塔总统赴赤道几内亚出席国庆活动。2014年7月，安哥拉议长访问圣普。2015年1月，特罗瓦达总理访问安哥拉。2月，特罗瓦达总理赴喀麦隆出席中非国家打击伊斯兰博科圣地极端组织会议，赴赤道几内亚访问。11月，达科斯塔总统访问安哥拉，并出席安独立庆典。

（王立、尚静）

圣赫勒拿

名称　圣赫勒拿（Saint Helena）。

面积　122平方公里。

人口　7754人（2013年）。绝大多数是圣赫勒拿人，为欧洲移民与部分印度人和非洲黑人的混合人种。通用英语。居民大部分信奉基督教，多属圣公会。

首府　詹姆斯敦（Jamestown），人口约900人。

总督　马克·肯普斯（Mark Capes）

简　况

位于南大西洋，距非洲大陆西南海岸1930公里。为一火山岛。地处热带，由于受凉爽的南大西洋季风影响，气候温和。詹姆斯敦年均气温21℃。年均降水量沿海200毫米，中部760毫米。

1502年5月21日（圣赫勒拿日），为葡萄牙服务的西班牙航海家诺瓦到达该岛。1633年荷兰人侵占该岛。1659年，英国东印度公司取代荷兰，在此行使管辖权。1815—1821年，法国皇帝拿破仑被放逐、囚禁并死于该岛。1834年4月，英国议会通过决议，规定该岛为英国直属殖民地，由英国派任总督。第二次世界大战期间曾为英国海军基地。1945年英国驻军撤离。1960年以后发展为电信中心。

政　治

1981年10月，总督任命宪法委员会修订宪法。1998年修宪告结。现该岛已无政党活动。每四年举行一次立法委员会选举，1997年7月9日，其成员第一次成为领取固定薪水的专职人员。

1981年英国修订国籍法后，该岛居民失去英国公民身份，无权到英国工作定居、赚取外汇，岛内经济逐步萧条。由于近来失业率居高不下，岛内的生活及福利水平下降。1998年2月，一些英国属地的代表在伦敦举行会议，探讨这些属地的法律地位及发展经济的措施。2002年，英国政府发布海外领地法，宣布给予属地居民包括圣岛居民英国公民权及居英权。

【宪法】现行宪法于2009年正式生效。圣赫勒拿立法会议由议长、3名官方长官（首席秘书、财政大臣和总检察长）及12名当选议员组成；行政会议（咨询机构）由总督领导，由上述3名官方长官和当选议员中的5名成员组成。作为立法会议和行政会议成员的总检察长没有投票权。立法会议成员中产生政府各委员会主席及大多数成员。属岛的行政和立法职能由总督实施。

【政府】总督马克·肯普斯（Mark Capes），首席秘书欧文·奥沙利文（Owen O'Sullivan），财政大臣科林·欧文（Colin Owen）。

【司法机构】设有最高法院、地方法院、债务法院和少年法院。总检察长肯尼思·巴登（Kenneth Baddon）。

经　济

很大程度上依赖英国政府提供的发展援助和财政援助。主要经济活动是农业和旅游业。近年来木材加工业得到发展。该岛劳动人口中有相当部分去阿森松和马尔维纳斯群岛等地谋生，每年汇回的款项超过100万英镑。可耕地面积约3580公顷。主要农作物有玉米、马铃薯和蔬菜。岛上有40余种特有植物。丰富的动植物资源及其曾作为拿破仑流放地的历史，使圣岛旅游业得以发展。2013年抵圣岛游客为3200人次。

人均国民生产总值（2009/2010）：3888英镑
货币名称：圣赫勒拿镑，与英镑等值
失业率（2008）：2.9%
（来源：英国外交部网站）

【交通运输】无铁路，对外联系主要靠海上交通。圣赫勒拿轮船公司每年有四次班轮通往英国，停靠加那利群岛、阿森松岛、开普敦等地，每年一次停靠特里斯坦－达库尼亚。詹姆斯敦港为唯一港口。2011年，英政府宣布投资逾两亿英镑在该岛修建机场，计划于2016年使用。

【财政金融】2009/2010年度，政府收入930万英镑，支出2006万英镑。

【对外贸易】2002年出口额4200万美元，进口额1700万美元。主要进口食品、饮料、烟草、燃油、建材、动物饲料、机器设备及汽车等；主要出口鱼，还有少量咖啡、手工艺品。主要贸易对象为英国、美国、坦桑尼亚、日本、西班牙、澳大利亚和南非。

【外国援助】圣从英外交与联邦事务部接受专项援助款项，2006/2007年度接受英援款1476.1万英镑。

人民生活

2007年，岛上有1所医院，58个床位。还有1所养老院及2个诊所。2007年，人均期望寿命男74.86岁、女80.81岁；出生率为12.33‰，死亡率为6.43‰。

文化教育

【教育】实行三级教育制，对5—15岁儿童实行免费义务教育。成人识字率达97%。2009年有各类学生516人，教职员工148人。

【新闻出版】《圣赫勒拿新闻》周刊创刊于1986年，由政府主办，发行1300份。政府广播机构每周播音81小时。全天24小时可收看两个频道的电视节目。1994年7月，一个卫星电视节目中继站投入使用。

附：

属　岛

阿森松岛（Ascension）：小火山岩岛，位于圣赫勒拿西北1131公里。面积90平方公里。岛上无当地居民，人口约为870余人（2011年），主要是英国和美国的军事人员、圣赫勒拿的行政人员、一些通信公司的工作人员以及为该岛提供公共服务的工作人员。通用货币为圣赫勒拿／阿森松镑。居民多信奉圣公会和罗马天主教。首府乔治敦（Georgetown）。地处热带，盛行东南信风，气候宜人。年均降水量沿海135毫米，山区635毫米。

1501年，葡萄牙海员发现该岛。1815年，英国海军占领该岛。1922年11月由英殖民部接管，管辖权属圣赫勒拿。该岛战略地位重要，二战期间曾是美国空军的加油基地，1965年又改为卫星和导弹追踪站。它不仅是英国在南大西洋的重要供应站，还是国际重要通信中心，通过卫星和电缆向欧洲、南非和其他地区提供电讯服务。1982年英国和阿根廷因马尔维纳斯群岛主权归属问题发生战争后，英国恢复向该岛派驻军队，现有100余人。

该岛以盛产“绿色海龟”而闻名。每两个月，圣赫勒拿轮船公司有客货船往来于该岛和英国加的夫、南非开普敦之间。英国国防部船只每月来岛一次，美国货船每三月来岛一次。英国空军飞机每周两次、美国空军飞机每周一次抵离该岛。岛上有人数不多的警察和一所邮局。英国有关组织通过阿森松服务机构为居民提供教育、医疗等公共服务。行政长官是圣赫勒拿政府的代表，在两个顾问组的协助下主持工作。

特里斯坦－达库尼亚群岛（Tristan da Cunha）：位于圣赫勒拿岛以南2300公里，东距南非开普敦2800公里。由特里斯坦－达库尼亚岛（98平方公里）、戈夫岛（Gough Island，91平方公里）、英纳塞西布（Inaccessible Island，10平方公里）和奈丁格尔群岛（Nightingale，2平方公里）等岛屿组成，总面积202平方公里，首府爱丁堡。特里斯坦岛人口260余人，戈夫岛有一个南非开设的小气象站，其他岛屿无人居住。居民多信奉圣公会，少数信奉罗马天主教。气候温和湿润。

特里斯坦—达库尼亚群岛发现于1506年，但在1790—1817年美国捕鲸者来此之前无人居住。1817年英国海军占领该群岛。1938年1月归属圣赫勒拿岛。1961年火山爆发后居民撤离，1963年返居。

渔业税和邮票及手工艺品收入为主要收入来源。小龙虾捕捞业是主要行业。农产品有马铃薯，饲养牲畜和家禽。无机场。圣赫勒拿轮船公司每年有船抵此。来自南非的捕龙虾船每年来此约六次。偶尔也有巡逻船到此。出口鱼产品，贸易对象主要为美国、法国和日本。英国对其援助于1980年终止。有1所医院和1所学校（招收15岁以下的儿童）。行政长官是圣赫勒拿政府的代表，由1个委员会协助其工作。委员会包括8名选举成员（其中至少有1名妇女）和3名指定成员，具有立法和行政建议权。现任行政长官西恩·伯恩斯（Sean Burns）于2010年4月任职。

戈夫岛位于南纬40度20分，西经10度，北距特里斯坦－达库尼亚岛约350公里。1995年年底，联合国教科文组织将戈夫岛野生生物保护区列入世界文化与自然遗产名录。（卢巢）

斯威士兰

国名　斯威士兰王国（The Kingdom of Swaziland）。

面积　17363平方公里。

人口　125万（2014年）。其中斯威士族占90%，祖鲁族和通加族占6%，白人占2%，其余为欧非混血人种。官方语言为英语和斯瓦蒂语。居民约60%信奉基督教，30%信奉原始宗教，10%信奉伊斯兰教。

首都　姆巴巴内（Mbabane），人口6.3万（2012年估计）。1—2月最热为15℃—25℃；6月最冷为5℃—19℃。1月最湿，月均降水量252毫米；6月最旱，月均降水量18毫米。

国家元首　国王姆斯瓦蒂三世（Mswati III），1986年4月25日登基。

重要节日　英联邦日（3月9日）、国王姆斯瓦蒂三世的生日（4月19日）、国旗日（4月25日）、芦苇舞节（每年7、8月间约一周时间）、独立日（9月6日）。

简　况

系非洲东南部内陆小国，北、西、南三面为南非所环抱，东与莫桑比克为邻。属亚热带气候，年平均气温西部为16℃，东部为22.2℃。

15世纪后期，斯威士兰人由中部非洲和东非逐渐向南迁移，16世纪定居于此地并建立起王国。1907年后成为英国“保护地”。1968年9月6日宣布独立，定名斯威士兰王国。国王索布扎二世在位61年，1982年8月逝世，大王后泽莉维摄政。1983年，“王室委员会”立马科塞蒂韦王子为王储，由王储之母恩通比王后摄政。1986年4月25日，马科塞蒂韦王储登基，称姆斯瓦蒂三世。

斯威士兰是南部非洲唯一迄今仍禁止政党参加选举的国家，也是世界上少数几个仍实行绝对君主制的国家之一。20世纪90年代以来要求解除党禁、实行多党制的呼声逐渐增多。1992年实施“廷克汉德拉”（Tinkhundla）选举法，也称部落居住区选举法，仍属传统选举法，候选人只能以个人身份参选。1993年10月据此举行的大选遭到“多党制”提倡者的强烈反对，抗议活动一度此起彼伏。1996年以来，斯威士兰工会联合会（SFTU）发起数次大规模全国罢工，提出解除党禁，实现民主化进程等政治要求。斯国王为缓和局势，成立修宪委员会（后被宪法起草委员会取代）。原定于1999年底完成的修宪工作一再推延。直到2003年5月，宪法起草委员会才向国王递交了新宪法草案。

政　治

2006年2月，斯新宪法正式颁布实施，仍然维持了国王对斯司法、行政、议会事务的绝对权力，对政党合法化问题表述模糊，引起斯民间社会极大不满。一些民主进步力量认为新宪法违背民意，强烈要求开放党禁，近几年斯反政府、要民主的罢工、游行、请愿时有发生，但均未撼动王室权力。2008年5月，政府以反恐为由逮捕人民联合民主运动（the People's United Democratic Movement）主席马苏库，并威胁将解雇参与进步活动的公务员。9月，斯举行新宪法实施后的首次议会选举，多数进步力量予以抵制。国王在选举后任命了新内阁。近年来，爆发多起大规模示威活动，要求国王退位、解除党禁、还政于民，遭到当局严厉镇压。

【宪法】旧宪法于1978年10月制定，规定斯是一个没有种族歧视、不分肤色信仰、人人平等地享有自由和公正的国家；私有财产不可侵犯；禁止一切政党活动；国王为权力至高无上的国家元首，其行政权通过由首相主持的内阁实施。新宪法2006年2月生效，规定保护司法独立、保障人权和言论、结社自由，但并未根本触及解除党禁以及国王对司法、行政、议会事务拥有的绝对权力。国王仍可根据自己的意愿否决法令、解散议会、任命和解职首相、内阁和部分两院议员。

【议会】由参、众两院组成，任期5年，其职能仅限于辩论政府提案并向国王提供咨询。本届议会由2013年10月的选举产生。现有参议院议员30名，其中20名由国王任命，10名由众议院议员选举产生。众议院议员65名，其中10名由国王任命，另55名由选举产生。斯于2013年9月20日举行新一届议会选举。

【政府】本届政府于2013年11月成立。内阁主要成员有：首相巴纳巴斯·西布西索·德拉米尼（Barnabas Sibusiso Dlamini），副首相保罗·德拉米尼（Paul Dlamini），农业大臣阿伦·维拉卡蒂

（Aaron M. Vilakati），信息、通讯和技术大臣克里斯托弗·恩德兰加曼德拉（Christopher Ndlangamandla），经济计划与发展大臣斯赫兰古森菲亲王（Prince Sihlangusemphi），教育和培训大臣菲尼亚斯·马加古拉（Phineas Magagula），商贸大臣吉迪恩·德拉米尼（Gideon Dlamini），财政大臣马丁·德拉米尼（Martin Dlamini），外交和国际合作大臣姆古瓦古瓦·加梅泽（Mgwagwa Gamedze），卫生大臣西邦吉莱·西梅拉内（Sibongile Simelane），内政大臣灿齐莱公主（Princess Tsandzile），住房和城市发展大臣皮瓦因科西·马布扎（Phiwayinkhosi Mabuza），司法和宪法事务大臣西布西索·雄圭（Sibusiso Shongwe，已被革职），自然资源和能源大臣贾布利莱·马什瓦马（Jabulile Mashwama），公职大臣帕特里克·曼巴（Patrick Mamba），公共工程和交通大臣帕斯特·林迪韦·德拉米尼（Pastor Lindiwe Dlamini），旅游和环境事务大臣贾布拉尼·马布扎（Jabulani Mabuza），劳动和社会安全大臣温妮·马加古拉（Winnie Magagula），传统治理和发展大臣姆都都齐·德拉米尼（Mduduzi），体育、文化和青年事务大臣戴维·克鲁泽·恩赫扎姆帕拉拉（David Cruiser Ngcamphalala）。

【行政划区】全国分为4个区：希塞尔韦尼（Shiselweni）、卢邦博（Lubombo）、曼齐尼（Manzini）、霍霍（Hhohho）。

【司法机构】实行罗马—荷兰法和传统习惯法双重法律体系。司法机构由宪法法院、最高法院（前上诉法院）、高级法院、区法院和斯威士（酋长）法庭组成。宪法法院对以上两种法庭体系的判决有最终裁决权。斯威士法庭只负责审理本酋长所管辖地区的民事和刑事案件。

【重要人物】**姆斯瓦蒂三世**：国王。原名马科塞蒂韦（Makhosetive），意即“各族之王”。1968年4月19日生于姆巴巴内，是已故国王索布扎二世的第67子、恩通比王后的独子。1983年被推选为王储，随后前往英国求学。1986年4月25日登基。

经　济

斯人均国内生产总值居撒哈拉以南非洲国家前列，被世界银行列为中等偏下收入国家。奉行自由市场经济，重视利用私人和外国资本，鼓励出口。因经济开放度高、出口以农产品为主，经济增长受气候条件和国际市场变化影响较大。斯在20世纪80年代末期经济发展较快，国内生产总值年增长率曾达7.8%。90年代经济出现回落，平均年增长率为6.5%。2003年推出新的经济增长战略，在增收减支的同时，努力促进农业发展，保障粮食安全，实现农作物种植多样化。斯经济严重依赖南非，自身回旋余地小，出口商品单一，发展不均衡，社会贫富悬殊。

斯2014年主要经济数据如下：

国内生产总值：35亿美元。

人均国内生产总值2756美元。

国内生产总值增长率：2.3%。

货币名称：里兰吉尼（Lilangeni）；复数称埃马兰吉尼（Emalangeni）。

通货膨胀率：5.6%。

汇率：1美元=15.41埃马兰吉尼（2016年3月）

【资源】自然资源丰富，主要矿藏有石棉、煤、黏土、锡石等，另有少量黄金和钻石储量。森林面积54.1万公顷，约占斯总面积的31.5%。境内有5条主要河流，水力资源较丰富，河流流经斯后进入南非和莫桑比克境内。

【工业】工业产值居国民经济首位。2010年工业产值占国内生产总值的46.5%。主要生产石棉、钻石、煤、加工木材、纸浆、水果罐头和棉纺织品等产品。

【农牧业】农牧业在国民经济中占重要地位。斯80%的人口从事农业。2010年农牧业产值占国内生产总值的8%。斯可耕地面积占国土总面积的14.3%，但目前粮食不能自给。草地牧场面积约占国土总面积的67%。主要作物有甘蔗、玉米、棉花等。甘蔗种植是斯就业人口最多的行业。

【旅游业】斯旅游业较发达，但基本由南非财团控制。博彩业是斯旅游业的一大特色，年访斯外国游客超过70万人，约60%为赌客，游客主要来自欧洲、南非等地。近年来，斯政府通过开发野生动物园和展示斯丰富多姿的礼仪文化招揽游客。礼仪文化包括王宫内的各种庆祝活动、斯传统婚礼以及各种民族舞蹈等。旅店设施较好，太阳国际集团在斯开有数家五星级宾馆。

【交通运输】交通以公路运输为主。

公路：公路总长3800公里，其中约1500公里为沥青路，其余为土路或石路等地区道路。与邻国南非、莫桑比克间有国家公路相连。

铁路：总长370公里，与莫桑比克和南非的铁路相连。铁路货运是斯国内及与周边国家开展贸易的重要运输方式。

空运：曼齐尼（Manzini）国际机场有定期国际航班通往南非等国。斯威士兰航空公司（Swaziland Airlink）是斯唯一的航空公司，系由斯政府和南非航空（SAA）出资成立的合资公司。

【财政金融】斯是南部非洲关税同盟成员国，每年从该组织所获税收份额是其财政收入的最大进项，2010/2011财年占37.9%。近年财政收支状况如下（单位：亿埃马兰吉尼）：

	2010/2011	2011/2012
收入	69.45	72.66
支出	109.35	108.15
差额	–39.90	–35.49

2014年，外汇储备为6.91亿美元，外债6亿美元。

【对外贸易】外贸在斯国民经济中占有重要地位，主要出口产品包括软饮料浓缩液、纺织品、蔗糖、纸浆等；主要进口产品有食品、活禽、石化产品、仪器、机械、运输设备等。南非是斯最主要的贸易伙伴，2008年分别占斯进、出口总额的91.8%和64.7%。其他重要贸易伙伴还有欧盟、美国、肯尼亚、英国、中国、韩国等。近三年的进出口额如下：（单位：百万美元）

	2011	2012	2013	2014
出口	2049	2004	2501	1861
进口	2076	2130	2234	1692

（资料来源：《经济季评》）

【外国援助】20世纪90年代以来，斯每年从国际社会获官方发展援助，2006/2007年获各类经济援助共1.13亿美元。日本是斯最大的双边援助国，欧盟是斯最大的多边援助方。

【外国资本】2006年度外国在斯净资产增长68.3%，总计4.32亿美元。

人民生活

2012年失业率约为40%（资料来源：《伦敦经济季评》）。基尼系数为0.607，高于撒哈拉以南非洲的平均数。斯是世界艾滋病感染率最高的国家，2009年感染率达到25.9%。受其影响，斯人均预期寿命为48.7岁。新生儿死亡率55‰，产妇死亡率为4.2‰，5岁以下儿童死亡率73‰，1岁以下儿童百白破和麻疹接种率均达95%。联合国2014年度全球人类发展报告显示，斯人类发展指数位于全世界148位。全国共有187家医院和医疗中心。斯固定电话由斯国有企业——斯电信公司运营，2007年全国共有4.4万门固定电话。1998年引入移动电话服务，南非移动运营商MTN是斯唯一的移动运营商，发展迅速，信号可覆盖89%的斯国土，截至2007年共有38万个移动电话用户。斯有7家网络运营商，与南非网络相连，截至2007年网络用户超过4万户。

军　事

斯威士兰国防军于1973年建军，主要负责国家防务和维持国家秩序，国王为法定的军队总司令。实行义务兵役制，总兵力约4500人。现任司令为斯坦利·德拉米尼少将（Major General Stanley S. Dlamini），副司令帕特里克·莫察准将（Brigadier General Patrick V. Motsa）。另有警察和王室卫队。

文化教育

【教育】政府重视教育，实行小学义务教育制。2011年教育经费占国内生产总值的7.8%。成人识字率为86.9%。根据联合国教科文组织和世界银行的数据，斯有541所小学和182所中学。斯2011年小学毛入学率为107.9%，中学为53.3%，大学4.4%，平均每32.4名学生有一名教师。斯威士兰大学是全国唯一综合性高等学府，有学生近4000人。另有5所师范和职业培训学校，学生1800多人。

【新闻出版】主要报刊有：《斯威士兰时报》，创办于1897年，英文日报，发行1.1万份；《斯威士兰观察家》，英文日报，发行1万份；《斯威士兰新闻》，英文周刊，发行7000份；《斯瓦蒂日报》，发行4000份；《国家》，新闻杂志，双月刊；《斯威士兰农业》，季刊。

电台和电视台由国家掌控，主要有：

斯威士兰新闻广播电台：建于1966年，半官方半商业化管理，用英语和斯瓦蒂语广播。

斯威士兰国际广播电台：建于1974年，用29种语言对东、中、南部非洲及远东国家广播。

斯威士兰电视台：创建于1978年，国立英语台。

对外关系

奉行不结盟和睦邻友好对外政策。主张各国相互尊重主权和互不干涉内政，并通过和平谈判途径解决国家间的纷争；重视发展同非洲国家的友好合作关系；要求建立国际经济新秩序，赞成南北对话；支持促进人类和平与正义。美国、英国、德国、南非、莫桑比克5国在斯设有常设外交代表机构，斯在布鲁塞尔、哥本哈根、伦敦、比勒陀利亚、马普托、内罗毕、科威特、华盛顿和联合国派驻常驻外交机构。

2015年，斯国王和首相分别出席了南共体峰会、非盟峰会、联合国成立70周年系列峰会、亚非领导人会议、第三届印度—非洲论坛峰会、巴黎气候变化大会等地区和国际组织活动。

【同中国的关系】斯威士兰与中国无外交关系。斯1968年独立后即与台湾当局“建交”。

【同西方国家的关系】斯与美国关系较为密切，两国1972年建交。美援助项目主要有抗艾滋病、农业、教育、小型企业发展、机构和人力资源发展、军事培训、贸易能力建设等。斯每年派遣20名学生及选送一些军官赴美学习深造和受训。2000年年底，斯获准成为美国《非洲增长与机遇法》（AGOA）的受惠国家。尽管斯于2004年12月底再次获准享受该优惠待遇，但美要求斯加快民主化进程的压力并未减小。2005年，斯再次获准享受该优惠待遇。2015年1月，美国以劳工保护不力和侵犯人权等为由，取消斯享受该优惠待遇。2009年6月，斯美最终签署了“美国总统防治艾滋病紧急援助计划”（PEPFAR）援斯协议，将美对斯艾滋病领域援助提高至每年2800万美元。美国志愿者组织“和平队”在撤出斯9年后，于2003年重返斯，并于2009年6月与斯完成了关于“和平队”拓展在斯任务的谅解备忘录。美国每年向斯派遣80名“和平队”志愿人员参与斯的经济建设。

斯是英联邦成员国，同英国关系密切。英斯签有军事合作协议。英有军事专家在斯常驻，帮助斯培训军官。2012年5月，斯国王应邀赴英出席英女王伊丽莎白二世登基60周年庆典活动。

斯同法国、瑞典等国分别签有烟草种植和贸易协定，德国、丹麦和瑞典也是斯的主要援助国。

【同南非关系】斯与南非政治经济关系密切。南非是斯最重要的贸易伙伴，1993年两国正式建立外交关系。2001年2月，南非副总统祖马访斯。2002年9月，斯国王赴南非出席可持续发展世界首脑会议。2005年3月，斯国王访问南非，会见了南非总统姆贝基，斯南建立了“联合双边委员会”。2009年5月，斯国王出席南非总统祖马就职典礼。2011年8月，应斯请求，南提供了3.5亿美元的贷款，但因南附有政治、财政和对外关系的条件而进展缓慢。2012年以来，南执政党非国大和工会组织先后公开要求斯政府推进民主改革、改善人权状况。

【同其他非洲国家关系】斯同南部非洲国家关系友好，是南部非洲发展共同体（SADC）、南部非洲关税同盟（SACU）和东南非共同市场（COMESA）成员国。2008年9月至2009年9月，斯任南共体政治、防务和安全委员会轮值主席，两次主持召开有关解决津巴布韦、马达加斯加问题“三驾马车”峰会。2009年6月，斯国王访问津巴布韦。2009年7月，斯国王访问赞比亚。2010年9月，斯主办东南非共同市场首脑峰会。2012年7月和8月，斯国王先后访问纳米比亚和莫桑比克。

（夏绍武）

苏　丹

国名　苏丹共和国（The Republic of the Sudan）。

面积　188万平方公里。

人口　3700万（2014年）。阿拉伯语为官方语言，使用者占总人口的60%。通用英语。居民大多信奉伊斯兰教，属逊尼派。

首都　喀土穆（Khartoum），人口650万（2013年），最热月为7月（26℃—42℃），最冷月为1月（16℃—32℃）。

国家元首　总统奥马尔·哈桑·艾哈迈德·巴希尔（Omar Hassan Ahmed Al-Bashir），1989年6月出任救国革命指挥委员会主席。1993年10月改任总统，1996年3月、2000年12月、2005年7月、2010年4月和2015年4月五次连任。

重要节日　独立日（国庆节）：1月1日；救国革命日：6月30日。

简　况

位于非洲东北部，红海西岸。北邻埃及，西接利比亚、乍得、中非，南毗南苏丹，东接埃塞俄比亚、厄立特里亚。东北濒临红海，海岸线长约720公里。苏丹全国气候差异很大，自北向南由热带沙漠气候向热带雨林气候过渡，最热季节气温可达50℃，全国年平均气温21℃，常年干旱，年平均降雨量不足100毫米。苏丹地处生态过渡带，极易遭受旱灾、水灾和沙漠化等气候灾害。

苏丹历史悠久，早在4000年前就有原始部落居住。公元前2800年至公元前1000年为古埃及的一部分。公元前750年努比亚人在苏丹建立了库施王国。公元6世纪苏丹进入基督教时期。13世纪阿拉伯人征服苏丹，伊斯兰教得以迅速传播，在15世纪出现了芬吉和富尔伊斯兰王国。16世纪，苏丹被并入奥斯曼土耳其帝国势力范围。19世纪70年代英国开始向苏丹扩张。1881年，苏丹宗教领袖穆罕默德·艾哈迈德领导群众开展反英斗争，于1885年建立了马赫迪王国。1899年苏丹成为英国和埃及的共管国。1953年建立自治政府。1956年1月1日宣布独立，成立共和国。1969年5月25日，尼迈里军事政变上台，改国名为苏丹民主共和国。1985年4月6日，达哈卜军事政变上台，改国名为苏丹共和国。1986年4月苏丹举行大选，萨迪克·马赫迪出任总理。1989年6月30日，巴希尔军事政变上台，成立“救国革命指挥委员会”（简称“革指会”）。1993年10月，革指会解散，巴希尔改任总统。

政　治

巴希尔上台后，解散议会、内阁及地方政府；取缔一切政党，停止一切非官方新闻机构的活动；1991年起在全国范围内（南方部分省除外）实行伊斯兰法，以《古兰经》和《圣训》作为制定政治、经济、社会生活方针和政策的准则。1996年3月，苏丹举行首次总统和议会选举，巴希尔当选总统，原全国伊斯兰阵线（简称“伊阵”）领导人图拉比当选议长。1998年6月，苏颁布新宪法，明确规定言论、结社自由和政治协商等原则，承认宗教平等、信仰自由，确立了独立、开放和不干涉别国内政的外交政策。同年底，政府制定并通过《政治结社组织法》，约30个党派注册成为合法政党。1999年年底，巴希尔总统宣布解散议会，图拉比随后宣布退出执政的全国大会党，另组建反对党人民大会党。

2004年后，苏丹继续奉行全国和解政策，积极寻求与北方反对派和解与对话、与南方反政府武装和谈。在美国和东非政府间发展组织（简称“伊加特”）的直接参与下，苏政府与南方反政府武装苏丹人民解放运动（SPLM）的和平谈判取得积极进展，双方于2005年1月9日在内罗毕签署《全面和平协议》。至此，长达22年之久的苏丹内战宣告结束。苏丹于7月9日起进入为期6年的过渡期，过渡期内由北南双方联合执政，巴希尔继续任总统，SPLM主席加朗就任苏第一副总统（加于7月31日坠机身亡，其副手基尔继任）。9月，民族团结政府成立。10月，南方成立以SPLM为主的自治政府，基尔任主席。

2010年4月，苏丹举行全国大选。现任总统巴希尔和南方自治政府主席基尔分别当选连任。2011年1月9—15日，苏丹南方就是否独立问题举行公投。2月7日，苏丹南方公投委员会公布公投最终结果，在有效投票中，98.83%的选民选择分离，1.17%选择统一。7月9日，南苏丹共和国独立建国，苏丹即予承认。2011年以来，由于受西亚北非地区局势持续动荡、南苏丹独立等影响，苏丹政局受到一定冲击。巴希尔总统依靠全国大会党努力巩固执政地位，维护了局势稳定。2014年以来，巴希尔总统倡议开展全国对话，积极推进国内和解。2015年4月，苏举行大选，巴希尔以94.05%的得票率成功连任，第五次连任总统。

【宪法】1973年4月实行首部宪法，1985年4月废止。同年10月颁布过渡宪法，1989年6月30日废止。1998年6月30日，苏颁布并实行新宪法，规定苏丹是多种族、多文化、多宗教国家，国家实行建立在联邦制基础上的非中央集权制；总统是国家主权的最高代表，军队最高统帅，拥有立法、司法、行政最高裁决权，由全民选举产生，任期5年，可连选连任1届；议会为立法机构；司法独立；确立言论、结社自由原则和政治协商原则；宗教信仰自由，各宗教平等相处，南北方公民与义务平等。2002年4月，全国大会党协商会议就修宪问题作出决定，取消总统任期两届的规定，可连选连任。2005年7月，巴希尔总统签署了成立苏丹民族团结政府的过渡期宪法。过渡期为6年，过渡期内苏丹保持统一，实行"一国两制"，建立南北两套立法系统。南方成立自治政府，北方保持建立在伊斯兰法基础上的政府机构，过渡期后南方可行使民族自决权。南苏丹独立建国后，过渡期宪法已不再适用。目前苏丹国民议会正在讨论制订新宪法。

【议会】根据1998年颁布实施的宪法，国民议会为苏丹国家立法机构，75%的议员由直选产生，25%由社团、组织间接选举产生，议长由第一次议员大会选举产生，每届议会任期4年。第一届苏丹全国议会于1996年4月1日成立，共有议员400人，议长为哈桑·阿卜杜拉·图拉比（Hassan Abudulla Turabi）。1999年12月，巴希尔总统宣布解散议会，罢免议长图拉比。2000年12月，苏选举产生新一届议会，2001年2月，艾哈迈德·易卜拉欣·塔希尔（Ahmed Ibrahim Al-Tahir）当选为议长。2005年8月，苏选举产生新一届过渡期国民议会，塔希尔连任议长。2010年4月，塔希尔再次连任。南苏丹独立后，原南苏丹籍议员自动离职。2013年12月，法提赫·伊扎丁（Al-Fatih Izz alden）当选议长。2015年5月，易卜拉欣·艾哈迈德·奥马尔（Ibrahim Ahmed Omer）当选议长。

【政府】由总统直接主持，不设总理职务。

2005年9月20日，由北南双方联合执政、其他党派参政的民族团结政府成立，并于2007年12月、2008年2月、2009年5月、2010年6月4次改组。南苏丹独立后，苏政府于2011年12月进行重组。2012年6月，苏政府进行精简。2013年12月，巴希尔总统大幅改组政府。2015年6月，巴希尔总统组建新政府，主要成员如下：总统奥马尔·哈桑·艾哈迈德·巴希尔，第一副总统巴克利·哈桑·萨利赫（Bakri Hassan Salih），副总统哈赛卜·穆罕默德·阿卜杜拉赫曼（Hassabu Mohamed Abdul-Rahman）。总统助理5人：第一总统助理穆罕默德·哈桑·奥斯曼·米尔加尼（Mohamed Al-Hassan Osman Al-Mirghani），易卜拉欣·马哈茂德·哈米德（Ibrahim Mahmoud Hamid），穆萨·穆罕默德·艾哈迈德（Musa Mohammed Ahmed），贾拉勒·优素福·达加尔（Jalal Yousif Al-Degair），阿卜杜拉赫曼·萨迪克·马赫迪（Abdul-Rahman Al-Sadiq Al-Mahdi）。

政府部长31人：总统事务部长法德勒·阿卜杜拉（Fadul Abdalla），内阁事务部长艾哈迈德·萨阿德·奥马尔（Ahmed Sa'ad Omer），联邦治理部长费萨尔·哈桑·易卜拉欣（Faisal Hassan Ibrahim），国防部长阿瓦德·奥夫（Awad Ouf），内政部长伊斯马特·阿卜杜拉赫曼·宰因·阿比丁（Ismat Abdul-Rahman Zain Al-Abdin），外交部长易卜拉欣·艾哈迈德·甘杜尔（Ibrahim Ahmed Ghandour），司法部长奥德·哈桑·努尔（Awad Al-Hassan Al-Nur），财政和经济规划部长巴德鲁丁·马哈茂德·阿巴斯（Badr-Eddin Mahmoud Abbas），农业和林业部长易卜拉欣·阿丹·艾哈迈德·达黑里（Ibrahim Adam Ahmed Al-Dekhairi），石油和天然气部长穆罕默德·扎伊德·奥德（Mohamed Zayed Awad）等。

【政府网址】苏丹外交部：http://www.mfa.gov.sd。

【行政区划】全国共设17个州，分别是：喀土穆州、北方州、尼罗河州、红海州、卡萨拉州、加达里夫州、杰济拉州、森纳尔州、白尼罗河州、青尼罗河州、北科尔多凡州、南科尔多凡州、北达尔富尔州、西达尔富尔州、南达尔富尔州、中达尔富尔州、东达尔富尔州。

【司法机构】全国设高级司法委员会。下设最高法院和总检察院。首席法官为贾拉勒丁·穆罕默德·奥斯曼（Jalaldin Mohamed Osman），总检察长欧麦尔·艾哈迈德·穆罕默德（Omer Ahmed Mohamed）。

【政党和组织】目前，苏丹全国约有30余个注册政党。主要有：

（1）全国大会党（National Congress Party）：简称"全国大"，苏丹执政党。前身为苏丹全国伊斯兰阵线，1989年政变后成为执政党。1998年起用现名。1999年10月召开首次全国代表大会，巴希尔总统任全国大主席，哈桑·图拉比为秘书长。2000年6月，全国大召开协商委员会会议，决定免去图拉比全国大秘书长职务。9月，易卜拉欣·艾哈迈德·奥马尔（Ibrahim Ahmed Umar）当选全国大秘书长。2005年11月、2009年10月和2014年10月，全国大先后召开二大、三大、四大，巴希尔三次连任党主席。（2）乌玛党（Umma Party）：由苏丹伊斯兰安萨教派第二任教长阿卜杜－拉赫曼·马赫迪于1945年1月创立。1956年同人民民主党联合执政。该党领袖萨迪克·马赫迪（Sadig Al Mahdi）曾任总理（1985—1989年）。1989年，现任总统巴希尔发动军事政变，推翻了乌玛党主导的政府。1996年12月，萨迪克带领部分乌玛党领导人逃亡厄立特里亚，后转至埃及。2000年11月，萨迪克结束流亡返苏，并开始参与苏政治事务。2011年年底，其子阿卜杜拉赫曼·马赫迪被任命为总统助理。2014年5月，萨迪克被苏当局逮捕，获释后宣布退出全国对话，重返反对党联盟阵营。

（3）民主联盟党（Democratic Unionist Party）：成立于1967年，由民族联合党和人民民主党合并组成。现在苏注册登记的民联党为民联党辛迪派，领导人为谢里夫·宰因·阿比丁·辛迪（Al-sharief Zainal-Abdin Al-Hindi），该党部分成员在中央政府中担任部长职位。流亡埃及的穆罕默德·奥斯曼·米尔加尼（Muhammed Uthman Al-Mirghani）领导的国外民联党曾参与组建了包括加朗反政府武装在内的反对党组织联盟“苏丹全国民主联盟”。2001年，国外民联党副主席艾哈迈德·米尔加尼结束12年的流亡生涯返回苏丹。2002年，巴希尔总统、塔哈副总统及外长穆斯塔法等分别与流亡埃及的反政府联盟主席、民联党主席米尔加尼进行接触和对话。2011年年底，民联党入阁参政，党主席之子贾法尔、民联党分离派领导人贾拉勒被任命为总统助理。

【重要人物】奥马尔·哈桑·艾哈迈德·巴希尔：总统。1944年1月1日出生于苏丹北部尼罗河省一个农民家庭。1960年高中毕业后考入瓦迪西纳军事学院，1966年毕业后先后在西部军区、空降部队和独立第八步兵旅服役。曾获苏丹指挥参谋学院军事硕士学位及马来西亚国家军事学院硕士学位。1989年6月30日发动军事政变前任第八步兵旅准将旅长，政变成功后任救国革命指挥委员会主席，兼总理、国防部长和武装部队总司令，并晋升为中将。

1993年10月改任总统。1996、2000、2005、2010和2015年五次连任。曾于1990、1995、2011年访华，2006年来华出席中非合作论坛北京峰会。2015年9月来华出席中国人民抗日战争暨世界反法西斯战争胜利70周年纪念活动。

经　济

苏丹是联合国宣布的世界最不发达国家之一，经济结构单一，基础薄弱，工业落后，对自然环境及外援依赖性强。

上世纪90年代及本世纪初，随着石油大量出口及高油价拉动，苏丹经济保持快速增长，成为非洲经济发展最快的国家之一。南苏丹独立和近来国际油价持续走低对苏丹经济产生冲击，为消除其消极影响，苏丹政府一方面逐步加大对水利、道路、铁路、电站等基础设施以及教育、卫生等民生项目的投入力度；另一方面，努力改变财政严重依赖石油出口的情况，将发展农业作为长期战略。

2014年主要经济数据如下：

国内生产总值（GDP）：732亿美元。

人均国内生产总值：2439美元。

经济增长率：3.6%

货币名称：苏丹镑（Sudanese Pound，SDG）。

汇率：1美元≈8.186苏丹镑。

通货膨胀率：25%。

（美国中央情报局公开数据）

【资源】有铁、银、铬、铜、锰、金、铝、铅、铀、锌、钨、石棉、石膏、云母、滑石、钻石、石油、天然气和木材等丰富的自然资源。

【工业】基础薄弱，主要工业有纺织、制糖、制革、食品加工、制麻、烟草和水泥等。近年来苏政府积极调整工业结构，重点发展石油、纺织、制糖等工业。1999年，苏石油开发取得较大进展，成为石油出口国。2010年生产原油约1.7亿桶。2011年南苏丹独立后，原苏丹58%的石油储量被划归南方，苏石油产量大幅减少。

【农牧业】农业是苏经济的主要支柱。农业人口占全国总人口的80%。农作物主要有高粱、谷子、玉米和小麦。经济作物在农业生产中占重要地位，占农产品出口额的66%，主要有棉花、花生、芝麻和阿拉伯胶，大多数供出口。长绒棉产量仅次于埃及，居世界第二；花生产量居阿拉伯国家之首，在世界上仅次于美国、印度和阿根廷；芝麻产量在阿拉伯和非洲国家中占第一位，出口量占世界的一半左右；阿拉伯胶种植面积504万公顷，年均产量约3万吨，占世界总产量的60%—80%。

【旅游业】由于北南长期战乱，资金严重短缺及遭受安理会制裁，苏旅游业发展受到严重影响。

全国约有5000个酒店客房，床位8200张。首都喀土穆约有35家星级宾馆，床位约1500张。五星级宾馆有5家。

【交通运输】铁路：总长5978公里（2010年）。

公路：3.7万公里（2010年）。

水运：有远洋商船10艘，总吨位12.2万吨；内河航线总长5310公里，有轮船300多艘。苏丹港是苏主要商港，年吞吐量800万吨，承担着90%的进出口运输任务。

空运：空运在苏丹运输中占据重要地位，苏国内90%的运输系通过空运进行。苏丹民航局有大型喷气客机10多架，全国共有100多个机场，喀土穆、苏丹港、卡萨拉、朱奈纳机场为国际机场。

管道运输：苏丹港至喀土穆建有输油管道，全长815公里，年输油能力80万吨。1999年，苏中南部油田经喀土穆至苏丹港长1640公里的输油管道开始投入使用。2012年1月，南苏丹关井停产后，管道处于停运状态。经过北南苏丹间的艰苦谈判，南苏丹石油于2013年4月复产，管道恢复运营。

【财政金融】苏丹共有银行26家。苏丹银行建于1959年，为苏中央银行。其他均为商业银行，其中双尼罗河工业发展银行和喀土穆银行属于国有。

【对外贸易】外贸在苏丹经济中占有重要地位。2012年苏对外贸易总额为111.93亿美元，其中出口额为45.48亿美元，进口额为66.45亿美元。中国、日本、阿拉伯联合酋长国、沙特阿拉伯、印度、埃及、英国、加拿大、美国、澳大利亚等国家以及欧盟是其主要贸易伙伴。近几年进出口情况如下（单位：亿美元）：

	2011	2012	2013	2014
进口额	93.5	66.45	59.41	72.7
出口额	86.5	45.48	41.45	92.4
差　额	−7.0	−20.97	−17.96	19.7

（美国中央情报局公开数据）

人民生活

苏丹人口增长率5.53%，人均寿命57.73岁，14岁以下人口占总人口的45%。一般家庭基本生活费用占工资的66.52%，住房占12.36%。实行全民免费医疗。

军　事

武装部队建立于英国殖民统治时期。独立后，军队实行苏丹化。8月14日为建军节。实行义务兵役制，规定18—30岁的苏丹人必须有两年服役期。武装部队总兵力约为20万人，由陆、海、空3个军种组成。苏还组织和训练军事部队性质的民防军约10万人。军事院校主要有最高军事学院、参谋指挥学院和军事学院。

文化教育

【教育】1988年6月，苏丹教育部决定取消中等和高等教育免费的规定，小学仍为免费教育。各地区教育发展很不平衡，北方教育发展较快。全国人口的41%为文盲，25%的学龄儿童不能入学。全国有中小学校13000余所，综合大学6所，独立的高等学院14所，专科院校23所。在校学生约500万人，其中大学生约25万人，教师约13万人。喀土穆大学建于1902年，是苏丹最早建立的高等学府。

【新闻出版】主要报刊有《今日新闻报》《新闻报》和《舆论报》，均为阿文日报。《新地平线》为英文报，《今日苏丹》为英文月刊。

官方通讯社为苏丹通讯社，1971年5月成立，在内罗毕、摩加迪沙、恩贾梅纳、开罗、吉布提设有分社。现已同法国、德国、伊朗、伊拉克、利比亚、摩洛哥、叙利亚等国的通讯社以及中东通讯社、塔斯社、新华社等建立了业务联系。每日出版阿、英文新闻电信稿各400多份。在印度、美国和联合国派有记者。

苏丹国家广播电台，设在喀土穆以北的恩图曼，建于1940年，用阿、英、法、索马里等语言对国内外播音。在国内共有9个发射台，每日除用阿语播放19个小时的节目外，还用英、法等语言广播3个半小时。

苏丹国家电视台，设在喀土穆以北的恩图曼，建于1963年12月，每天用阿、英文播送节目约15个小时，同各阿拉伯国家和一些外国电视台有业务交流关系，收视观众约1000万。

对外关系

奉行独立自主的外交政策，维护国家主权和统一，反对西方强权政治，主张加强阿拉伯国家团结，密切同非洲国家的合作，重视同中国等国家发展友好合作关系。目前，苏丹同世界上近100个国家建有外交关系。

【对当前重大国际和地区问题的态度】关于国际形势：认为当今世界在政治、战略、经济、社会、文化等方面均处于失衡状态。新的矛盾和冲突此起彼伏，世界局势很不安宁，世人无安全感。世界经济正向大型经济集团化的方向发展，主张阿拉伯和非洲地区集中自己的资源，建立牢固的地区经济联盟和共同市场，走一体化的道路。

关于建立国际新秩序：主张在国际大家庭广泛参与的基础上，以《联合国宪章》为准则建立国际新秩序，以维护世界的安全与稳定，根除不平等的政治、经济关系。

关于反对恐怖主义：拒绝并谴责恐怖主义，认为国际社会必须对恐怖主义采取统一立场。呼吁国际社会对恐怖主义概念作出明确界定，反对将恐怖主义与某一特定的文明挂钩，以及在反恐问题上实行双重标准。强调国际反恐战争应以国际法为基础。

关于安理会改革：支持安理会改革，认为联合国改革应更多地代表发展中国家的利益，安理会改革应在联合国改革的大框架内进行，通过协商一致作出决定，均衡体现各国利益。支持非盟统一立场，主张吸收非洲国家成为安理会常任理事国。安理会的工作应增加透明度和民主，奉行公正、客观的原则，批评动辄以制裁解决争端的做法，反对双重标准。

关于气候变化：认同《联合国气候变化框架公约》和《京都议定书》作为气候变化国际谈判的主渠道，坚持“共同但有区别责任”原则，要求发达国家率先减排，反对为发展中国家设定强制减排目标。

关于人权问题：主张各国应通过合作客观地探讨解决人权问题，反对在人权问题上采用双重标准的做法。强调各国有权选择各自的发展道路和模式，反对某些国家以人权为借口向别国施压，干涉别国内政。

关于中东问题：承认巴勒斯坦国，认为巴人民享有自决权和建国权。主张以色列应撤出所有阿拉伯被占领土。希望在《奥斯陆协议》及“以土地换和平”原则基础上，建立独立的巴勒斯坦国，与以和平共处。2014年加沙局势升级后，苏高度关注并谴责以色列侵略行径。

关于伊拉克问题：支持伊政府维护国家稳定的努力，对伊极端组织“伊拉克和沙姆伊斯兰国”号召全体穆斯林承认其首领为哈里发表示担忧。

关于叙利亚问题：反对外部势力以任何借口军事干预叙利亚事务，强调军事干预将加剧叙局势复杂性，呼吁有关各方通过政治对话和平解决分歧。在阿拉伯联盟表决中止叙利亚成员资格、实施对叙制裁以及联合国大会表决谴责叙当局决议时，苏均投赞成票。支持叙化学武器交予国际监管销毁，欢迎叙接受有关倡议。

【同中国的关系】中国与苏丹1959年2月4日建交后，两国友好合作关系不断发展。2011年以来重要互访有：政治局委员李源潮（2012年1月）、时任外交部长杨洁篪（2011年8月）、外交部长王毅（2015年1月）、环境保护部部长陈吉宁（2015年6月作为习近平主席特使赴苏丹出席巴希尔总统就职典礼）；苏丹总统巴希尔（2011年6月访华、2015年9月来华出席中国人民抗日战争暨世界反法西斯战争胜利70周年纪念活动）、副总统哈赛卜（2014年6月）、议长法提赫（2014年4月）、外交部长库尔提（2012年2月、2013年8月、2014年8月）。

2015年双边贸易额为31.3亿美元，同比下降9.8%，其中中方出口额为24亿美元，同比增长24.3%，进口额为7.3亿美元，同比下降52.6%。

中国驻苏丹大使：李连和。馆址：Manshia District，Khartoum，Sudan。电话：（00249-1）83272730；传真：83271138。商务处电话：83227269；传真：83227268。

苏丹驻华大使：奥马尔·伊萨·艾哈迈德（Omar Eisa Ahmed）。馆址：北京市朝阳区三里屯东二街1号。电话：010-65323715，65322205；传真：65321280。

【同南苏丹的关系】2011年7月9日，南苏丹独立建国，苏丹和平分裂。但由于双方在边界划分、石油利益分配、阿布耶伊归属等重大问题上分歧严重，有关谈判进展缓慢，两国龃龉不断，并曾爆发激烈的边境冲突。2012年4月，非盟提出解决两苏问题“路线图”。其后，两苏在非盟主持下进行多轮谈判。9月27日，两苏元首在亚的斯亚贝巴就双边合作以及边境安全、经济、公民地位等问题签署一系列协议。但双方在边界划分及阿布耶伊地区归属问题上仍存分歧。在非盟的积极斡旋下，2013年3月两苏在亚的斯亚贝巴就执行边界安全协议和非盟提出的执行已达成协议的时间表达成一致。4月南石油复产，9月和10月南总统基尔和苏总统巴希尔互访，两苏关系趋于缓和。2013年年底南苏丹爆发冲突后，苏积极参加东非政府间发展组织（伊加特）的斡旋努力。2014年以来，两国元首多次互访，双方关系总体缓和，但在部分未决问题上仍有分歧。2016年以来，两苏关系出现改善势头，巴希尔总统同意同南谈判解决南石油过境费问题，并下令全面开放与南边界和内河运输，基尔总统命令军队在两国边界地区后撤5英里。

【同美国的关系】1952年，美在喀土穆设联络处，苏丹独立后升为大使馆。1967年，苏为抗议美支持以色列对阿拉伯国家发动侵略战争，同美断交。1972年复交。1989年巴希尔政变上台后，两国关系急剧恶化。1993年，美将苏列入支持恐怖主义国家的黑名单，并于1996年推动安理会通过决议，对苏进行外交和航空制裁。1997年，美单方面对苏实施经济制裁。1998年8月，美指责苏卷入美驻坦桑尼亚和肯尼亚使馆爆炸案，并以苏丹希法制药厂生产违禁化学武器为由，用导弹炸毁该药厂，苏美关系严重恶化。“9·11”事件后，苏政府在反恐问题上配合美，两国关系较前有所缓和。2001年，安理会取消对苏制裁。但美未将苏从支持恐怖主义国家黑名单中删除，并单方面维持对苏经济制裁。2007、2008年，苏外交官员与美方多次接触，表示愿与美改善关系，但美坚持将改善美苏关系与苏落实北南《全面和平协议》和解决达尔富尔问题挂钩。2009年10月，美公布对苏新政策，由过去一味施压转为保持压力与进行接触并重，表示将与苏保持对话，并根据苏方表现予以奖惩。2011年2月，苏外长库尔提访美，美表示如苏承认南方独立，将启动把苏从支持恐怖主义国家名单中除名进程。但南苏丹独立后，美仍未将苏从支恐国家名单中除名，同时维持对苏制裁。2014年8月首届美国—非洲峰会未邀请苏总统巴希尔与会。2015年2月，苏外长库尔提、时任总统助理甘杜尔先后应邀访美，美宣布解决对苏在通讯、农业等领域的部分制裁，苏美关系有所改善。

【同埃塞俄比亚的关系】苏丹与埃塞俄比亚曾因相互支持对方反对派而长期交恶。1996年7月非统组织第32届首脑会议期间，巴希尔总统与埃塞总统梅莱斯举行会晤，双方均表示愿意和平共处，和平解决边界争端。近年来，苏与埃塞保持睦邻友好关系，埃塞支持苏和平进程。2005年4月，巴希尔总统参加在亚的斯亚贝巴举行的“东非首脑会议”，并会见了埃塞总理，双方决定将部长级会议提升到首脑级会晤。2010年5月，埃塞总理梅莱斯参加了巴希尔总统就职典礼。2011年6月，在梅莱斯总理的主持下，苏北南双方在亚的斯亚贝巴就阿布耶伊问题达成一致，同意解除在阿区的军事武装，并由联合国和埃塞政府在该地区尽快部署维和部队。2012年1月，在第18届非盟首脑会议期间，梅莱斯总理召集肯尼亚和两苏总统举行四方峰会，商讨解决两苏石油利益分配问题。9月27日，两苏元首在亚的斯亚贝巴就双边合作以及边境安全、经济、公民地位等问题签署一系列协议。2013年3月，两苏在亚的斯亚贝巴就执行边界安全协议和非盟提出的执行已达成协议的时间表达成一致。2015年3月，苏总统巴希尔、埃塞总理海尔马里亚姆、埃及总统塞西在苏首都喀土穆共同签署《埃塞复兴水坝原则宣言协议》。

【同乍得的关系】苏丹与乍得的关系曾数次因达尔富尔问题紧张。2008年5月，苏达尔富尔地区反政府武装"正义与平等运动"（JEM）袭击苏首都喀土穆，苏指责乍参与策划和实施了这一袭击行动，遂宣布与乍断交。8月，在利比亚斡旋下，苏乍同意恢复外交关系。2009年5月，在卡塔尔和利比亚等国努力下，苏乍双方在卡塔尔首都多哈签署和平协议。此后，乍指责苏支持乍反政府武装，同时多次空袭达区，并派遣地面部队进入苏境内追捕叛军。苏对此予以否认并保持克制。其后双方均有意改善关系，承诺不再支持对方叛军。2010年两国总统互访，双方关系实现正常化。2014年以来，两国总统多次互访，双边关系逐步改善，代比总统还积极劝说苏丹达尔富尔地区叛军加入苏丹和平进程。

【达尔富尔问题】达尔富尔地区位于苏丹西部，面积约50万平方公里，分为北达、南达、西达、中达和东达五个州，生活着80多个部落，共750万人。20世纪60年代以来，当地农牧民常因争夺水草、土地资源发生冲突。

2003年年初，"苏丹解放运动"（SLM）和"正义与平等运动"等反政府武装发动军事行动，造成大量平民死亡和严重的难民问题，达问题引起国际社会广泛关注。美国等西方国家指责苏政府纵容、支持达区阿拉伯民兵组织"金戈威德"滥杀平民，推动联合国安理会先后通过多项决议，威胁对苏制裁。

苏政府于2003年8月开始同达区反政府武装就权力、财富和安全等问题在尼日利亚阿布贾展开谈判，取得一定进展。2004年8月，非盟开始向达区派出特派团（AMIS）执行维和行动，但效果不彰。西方国家积极推动联合国接管AMIS。

2006年8月，安理会通过第1706号决议，决定联合国加快接管进程。苏政府对此坚决反对。此后，国际社会围绕接管问题与苏政府展开广泛对话。11月，联合国秘书长安南提出由联合国向非盟提供财政、技术和后勤支持、在达区部署联合国/非盟"混合行动"的三阶段解决方案。在包括中国在内的国际社会努力下，苏政府先后于2006年12月、2007年4月和6月就安南方案的三个阶段计划与联合国和非盟达成一致，同意在达区部署联合国/非盟混合维和部队，国际社会予以积极评价。2007年7月31日，安理会一致通过第1769号决议，授权在达区部署联合国/非盟"混合行动"。

2007年下半年，达尔富尔政治进程进入了新的阶段。联合国和非盟为推进达区政治进程制订了"路线图"，并于8月初召集达区反对派在坦桑尼亚阿鲁沙举行会议，与会各派就执行"路线图"、尽早与苏政府展开谈判达成一致。10月，苏政府与达区7个反对派在利比亚锡尔特举行和谈会议，但未就复谈达成一致。2008年9月，第130届阿盟外长会议提出旨在推动达区政治进程的"卡塔尔倡议"。2009年2月，苏政府与达区反政府武装"正义与平等运动"举行第一轮多哈和谈，签署《解决达问题善意与建立互信协议》。5月，双方展开第二轮和谈。11月，达区全面和谈启动会议在多哈召开。2010年2月和3月，苏政府分别与达区反对派"正义与平等运动"及"解放与正义运动"在多哈签署和平框架协议，但达区形势依然脆弱。2010年12月底，达问题斡旋方与苏政府、"正义与平等运动"及"解放与正义运动"等达区反对派在多哈举行会谈，未达成全面和平协议。

2011年3月，苏政府宣布取消达区紧急状态，赋予达区人民充分自由，按照2006年签署的《达尔富尔和平协议》在达区举行行政地位公投（即达区作为一个行政区域还是保留3个州）。此后，苏政府批准达区新行政区划，把现有3个州调整为5个州。7月14日，苏政府与达区反对派"解放与正义运动"在多哈签署和平协议，但"正义与平等运动"等其他达区反对派拒绝签署和平协议。10月，苏政府为执行和平协议采取一系列切实措施，有关人员任命和机制建设陆续落实到位。"解放与正义运动"领导人希西就任达区过渡权力机构主席，秘书长巴哈尔担任新政府卫生部长，多名该组织成员担任各部国务部长。12月，苏政府军击毙"正义与平等运动"领导人哈里里，给该组织以沉重打击。2013年4月，苏政府与"正义与平等运动"（巴沙尔派）在多哈签署和平协议，但"正义与平等运动"内部强硬派仍不断进行袭击破坏活动，"正义与平等运动"（巴沙尔派）领导人5月遇袭身亡。

2014年以来，达区局势出现反复，苏政府军与达区反对派、不同部族之间的冲突有所增加，数十万平民流离失所。同时，苏总统巴希尔继续推进多哈和平进程，承诺加大对达区投入，呼吁达区反对派参与全国对话并承诺为其提供安全保证。目前达尔富尔和平进程取得一些积极进展，但由于达区主要反对派拒绝参加全国对话及和平进程等原因，达区和平与重建进程仍面临不少困难。苏政府计划于2016年4月就达区行政区划举行公投，公投的结果为保留原有5个州的行政区划。

（杨滨、华昱清）

索马里

【国名】索马里联邦共和国（The Federal Republic of Somalia）。

【面积】637660平方公里，其中陆地面积627340平方公里，水域面积10320平方公里。

【人口】1080万。分萨马莱和萨布两大族系。其中萨马莱族系占全国人口的80%以上，分为达鲁德、哈维耶、伊萨克和迪尔四大部族。萨布族系分为迪吉尔和拉汉文两大部族。官方语言为索马里语和阿拉伯语，通用英语和意大利语。伊斯兰教为国教，穆斯林占总人口99%。

【首都】摩加迪沙（Mogadishu），人口160万（2013年）。热季平均气温26℃—32℃，凉季平均气温23℃—28℃。

【国家元首】联邦共和国总统哈桑·谢赫·马哈茂德（Hassan Sheikh Mohamud），2012年9月10日当选，9月16日宣誓就职。

【重要节日】独立日：6月26日（索马里北部独立）；国庆节：7月1日（南部独立，即日南、北部合并成立索马里共和国）。

简况

位于非洲大陆最东部的索马里半岛上，北临亚丁湾，东濒印度洋，西交肯尼亚、埃塞俄比亚，西北接吉布提。海岸线长3200公里。大部分地区属热带沙漠气候，西南部属热带草原气候，终年高温，干燥少雨。

公元前1700多年，非洲之角即出现了以出产香料著称的“邦特”国。公元7世纪起，阿拉伯人和波斯人不断移居于此并建立贸易点和若干个苏丹国。1887年，索北部沦为英国“保护地”（英属索马里）。1925年，索南部沦为意大利殖民地（意属索马里）。1941年，英国控制整个索马里。1960年6月26日索北部独立，7月1日南部独立，即日南、北部合并，成立索马里共和国。1969年，索国民军司令穆罕默德·西亚德·巴雷（Mohamed Siad Barre）政变上台，成立索马里民主共和国。1991年1月，西亚德政权被推翻，索自此陷入内战，多个政权并存。2月，阿里·迈赫迪·穆罕默德（Ali Mehdi Mohamed）成立新政府，自任“临时总统”。5月，索马里北部宣布“独立”，成立“索马里兰共和国”。1995年6月，索当时最大的武装派别索马里和解与恢复委员会（SRRC）领导人穆罕默德·法拉赫·艾迪德（Mohamed Farah Aideed）宣布在摩加迪沙成立临时政府，自任“总统”。1996年8月，其子侯塞因·穆罕默德·艾迪德（Hussen Mohamed Aideed）在其病故后继任“临时政府总统”。1998年7月，优素福在索东北部成立“邦特兰”政府并任主席，该自治政权不谋求独立，承认其是索马里的一部分。2000年8月，吉布提主持召开索全国和解会议（阿尔塔和会），选举产生三年期过渡全国政府（TNG），阿布达卡西姆·萨拉特·哈桑（Abdiqasim Salad Hassan）出任总统，但遭索国内派别联合抵制。2002年3月，拉汉文抵抗军宣布成立“索马里西南国”，该势力后并入索过渡联邦政府，不再寻求自治。1991年2月以来成立的上述政权均未获国际社会承认。

政治

为结束索马里军阀割据状态，国际社会先后召开13次索和会，均未果。2002年10月，（东非）政府间发展组织（伊加特）在肯尼亚主持召开第14次索和会，除索马里兰外的各派割据势力、政治集团及民间组织派代表与会，联合国、欧盟、非盟等均予支持。2004年以来，索和平进程取得积极进展。2004年2月23日，索马里和谈全体代表举行会议，通过索《过渡宪章》。10月10日，索马里过渡议会在肯尼亚首都内罗毕选举阿卜杜拉希·优素福·艾哈迈德为索马里过渡联邦政府总统，任期五年。2005年1月15日，索过渡联邦政府正式成立。6月起，过渡联邦政府迁回索境内办公。2006年12月，索过渡联邦政府在埃塞俄比亚军队支持下击溃了反政府的伊斯兰法院联盟武装，控制了首都摩加迪沙及周边地区，但未能实现对索全境的有效控制。2008年12月29日，索总统阿卜杜拉希·优素福辞职。2009年1月31日，主要反对派“重新解放索马里联盟”（ARS）领导人艾哈迈德当选索马里新总统，任命舍马克为总理并成立了新的过渡政府。索新政府积极寻求与各方谈判，实施伊斯兰法，谋求与伊斯兰极端势力和解，得到索国内和国际社会的普遍支持。但反政府武装“沙巴布”和伊斯兰党拒不与新政府对话，并联合武装占领首都摩加迪沙大部分街区和索中南部大部分地区，暗杀多名政府要员，造成大量人员伤亡。过渡政府在非盟驻索马里特派团（AMISOM）的支持下守住了摩加迪沙部分街区和索中部部分地区，双方形成僵持状态。2010年3月15日，过渡政府与索重要武装派别逊尼派联盟（ASWJ）达成协议，后者宣布加入政府。5月16日，索过渡议会在摩加迪沙召开2010年首次会议。因议员内部矛盾难以调和，马多贝议长被迫于17日宣布辞职，并表示多数议员对现政府投了不信任票。28日，过渡议会选举谢里夫·谢赫·哈桑·谢赫·亚丁（Sharif Sheikh Hassan Sheikh Aden）为新任议长。9月21日，舍马克总理辞职。10月14日，艾哈迈德总统任命穆罕默德·阿卜杜拉希·穆罕默德（Mohamed Abdullahi Mohamed）为新总理。11月27日，新内阁经议会批准成立。2011年6月，索过渡联邦机构在乌干达的斡旋下达成《坎帕拉协议》，一致同意将过渡期延长至2012年8月。7月，索内阁重组，阿里出任总理。2011年9月、12月和2012年2月，“结束过渡期协商会议”和第一、第二次“全国协商制宪会议”先后在索举行，索各方通过了《结束过渡期路线图》并就制宪时间表、议会改革方案和完成制宪进程具体方案达成一致。2012年5月，索有关各方在埃塞俄比亚举行会议，就完成结束过渡期前最后阶段各项任务制定时间表。8月1日，索全国制宪会议通过《临时宪法》。8月20日，索联邦议会正式成立并随即选举产生议长和副议长。9月10日，经两轮角逐，哈桑·谢赫·马哈茂德当选索总统。10月6日，马哈茂德提名阿卜迪·法拉赫·希尔敦为索联邦政府总理。11月13日，希尔敦总理提名的内阁部长名单获议会批准，15日新政府宣誓就职。至此，索正式结束长达8年的政治过渡期，成立内战爆发21年来首个正式政府。2013年12月2日，索联邦议会通过对希尔敦总理的不信任案。12日，马哈茂德总统任命阿卜迪韦利·谢赫·艾哈迈德（Abdiweli Sheikh Ahmed）为索联邦政府总理。12月21日，联邦议会批准阿卜迪韦利出任新总理。2014年1月21日，阿卜迪韦利总理提名的新内阁成员名单获议会批准。同年12月，索联邦议会通过对阿卜迪韦利的不信任案，马哈茂德总统任命奥马尔·阿卜迪拉希德·舍马克为新总理。2015年2月9日，联邦议会批准舍马克出任新总理。

【宪法】现行宪法为《索马里临时宪法》，2012年8月1日经索全国制宪会议通过生效。规定索实行联邦制；伊斯兰教为国教；联邦议会由众议院和议会上院组成；总统为国家元首和军队总司令，掌握实权，由联邦议会选举产生，任期4年，无明确任期限制；总理由总统任命，为联邦政府首脑，负责任命副总理、各部部长、国务部长和副部长，非议员也可担任部长级官员；司法独立，建立宪法法院、联邦法院和州法院三级体系，联邦及以上级法院大法官由总统任命；国家安全部门由军队、情报、警察和监狱部门组成；国家尊重人权和法治，立法、行政和司法权相互独立。临时宪法同时规定，现有各联邦州可继续根据各自宪法行使权力，直至全部联邦州均正式成立并通过与联邦宪法相适应的州宪法为止。

【议会】根据临时宪法，联邦议会任期4年，众议院（议会下院）成员应为275人（2012年8月20日议会成立时实际人数为215人），议会上院由联邦各州代表组成，人数不多于54人。目前，议会上院尚待组建。现任联邦议会议长穆罕默德·谢赫·奥斯曼·贾瓦里（Mohamed Sheikh Osman Jawari）。

【政府】总统哈桑·谢赫·马哈茂德（Hassan Sheikh Mohamud）。内阁除总理奥马尔·阿卜迪拉希德·舍马克外，还有55名内阁成员，主要有副总理兼宗教事务部长里得万·希尔西·穆罕默德（Ridwan Hirsi Mohamed）、内政与联邦事务部长阿卜杜拉希·朱达·巴雷（Abdullahi Godah Barre）、财政部长侯赛因·阿卜迪·哈兰（Hussein Abdi Halane）、国防部长穆罕默德·谢赫·哈桑（Mohamed Sheikh Hassan）、外交与投资促进部长阿卜迪拉赫曼·杜阿莱·贝莱（Abdirahman Duale Beyle）、国家安全部长哈利夫·艾哈迈德·埃雷格（Khalif Ahmed Ereg）等。

【行政区划】全国分为18个州，下设87个区，区下辖镇和村。各州为：下朱巴、中朱巴、盖多、下谢贝利、中谢贝利、贝纳迪尔、拜多阿、巴科尔、希兰、加尔古杜德、穆杜格、努加尔、巴里、萨纳格、托格代尔、哈尔格萨、阿瓦达勒、苏勒。

【主要反政府势力】索马里青年圣战组织“沙巴布”（Al-Shabaab）：原为索反政府武装伊斯兰法院联盟（ICU）下属青年武装组织，主要负责保护该联盟领导人并实施针对外国人的暗杀行动。2006年年底ICU被击溃后，“沙巴布”继承其衣钵，趁索过渡联邦政府羸弱和埃塞撤兵之机迅速壮大，成为索实力最强的反政府武装组织，曾一度控制索中南部大部分地区及首都摩加迪沙部分街区。该组织以在索建立极端伊斯兰政权为目标，主张在索实施严格的伊斯兰教法，向异教徒和外国“侵略者”发动圣战。2008年被美国国务院认定为恐怖主义组织。2012年2月，该组织宣布正式与“基地”组织合流并宣誓效忠“基地”领导人扎瓦希里。除与索过渡政府和非盟驻索马里特派团武装对峙外，“沙巴布”还在索境内以及乌干达、肯尼亚等国频繁制造恐怖袭击。2011年下半年以来，该组织在索安全部队、非盟驻索马里特派团以及肯尼亚、埃塞军队的联合打击下遭受重创，活动范围大幅缩小，联军清剿行动仍在进行中。2013年9月，该组织在肯尼亚首都内罗毕西门购物中心制造恐怖袭击，造成72人死亡，240余人受伤。2014年，“沙巴布”对索总统府和议会大厦发动恐怖袭击，造成多人死伤。2015年4月，“沙巴布”对肯尼亚加里萨大学发动恐怖袭击，造成147人死亡。2015年7月26日，“沙巴布”对索首都摩加迪沙半岛皇宫酒店发动自杀式汽车炸弹袭击，造成15人死亡、40余人受伤，其中中国驻索使馆负责安全警卫的工作人员1死4伤。

【重要人物】**哈桑·谢赫·马哈茂德**：总统。1955年生，哈维耶部族阿布加尔次部族人。早年曾在索和印度求学，获教育硕士学位。曾为联合国教科文组织和联合国儿童基金会在索项目官员。1995年联合国机构从索撤离后，积极参与公民社会活动，推动索国内政治和解。1999年创建索马里行政管理学院，并任院长至2010年。2011年成立和平与发展党并任党主席。2012年9月10日当选索总统。　**奥马尔·阿卜迪拉希**

德·舍马克：总理。1960年生，萨玛莱族系人，系索独立后首任总理、第二任总统舍马克之子，拥有索马里和加拿大双重国籍。曾在索马里国立大学、加拿大卡尔顿大学学习，获政治经济学硕士学位。先后在索马里银行、美国可口可乐公司、加拿大非政府组织“和平与发展倡议”、联合国机构等任职。2006—2009年任索过渡联邦政府总统外交政策顾问。2009年2月任索过渡联邦政府总理，2010年9月辞职。2014年7—12月任索驻美大使。2014年12月被任命为总理。　**穆罕默德·谢赫·奥斯曼·贾瓦里**：议长。1945年生，拉汉文部族人。获英语语言证书和法律文凭，曾任英语教师。在西亚德·巴雷执政时期历任索陆地和航空运输部副部长、部长及劳动和体育部长。索内战后移居挪威。2011年被选为索宪法专家委员会主席，领导索临时宪法起草工作。2012年8月28日当选索议长。

经　济

索马里是世界上最不发达的国家之一。经济以畜牧业为主，工业基础薄弱。20世纪70年代初，由于国有化政策过激，加上自然灾害等因素，经济严重困难。80年代，在世界银行和国际货币基金组织支持下，调整经济政策，经济一度好转。1991年后，由于连年内乱，工农业生产和基础设施遭到严重破坏，经济全面崩溃。近年来，部分地方政权辖区局势平稳，首都摩加迪沙安全形势较前好转，经济有所改善。

索2014年各项经济指标为：

国内生产总值：57.1亿美元。

人均国内生产总值：529美元。

国内生产总值增长率：3.7%。

实际通货膨胀率：2.5%。

货币名称：索马里先令（Somali shilling）。

汇率：1美元≈860索马里先令（2015年）。

（资料来源：2015年《经济季评》）

【资源】主要有铁、锡、锰、钨、镍、铬、镁、锌、铝、铀、石英石、绿柱石和石膏等。此外，还有石油和天然气。除绿柱石和石膏外，多数矿藏未开发。渔业资源丰富，森林覆盖率为13%。

【工业】工业产值占国内生产总值的7.4%（2011年）。以中、小型企业为主，主要工业部门有纺织、皮革、制糖、制药、烟草、食品加工、炼油、电力和建筑材料工业等。1991年内乱以来，工业生产停顿。

【农业】全国有可耕地820万公顷，占国土面积的13%。已耕地仅有100余万公顷。2011年农业产值约占国内生产总值的60.2%，农业人口占全国总人口的58%。粮食不能自给。主要农作物有高粱、玉米、大米、豆类、芝麻、棉花、甘蔗和香蕉等。乳香年产600吨，没药年产200吨，各占世界产量的一半。2010年粮食产量23.6万吨。

【畜牧业】主要经济支柱，畜牧业产值约占国内生产总值的40%，畜牧产品出口收入占到出口总收入的50%以上。主要养殖牛、羊、骆驼等。系世界饲养骆驼最多的国家，2010年估计约有700万头。

【渔业】拥有非洲大陆最长的海岸线，渔业资源丰富。据估计，年捕捞量可达18万吨，但受捕捞方式落后、市场销量不大等因素限制，目前年捕捞量仅2万吨。由于索长期处于无政府状态，外国渔船在索领海偷捕现象严重，且渔船和船员被索马里海盗劫持事件屡有发生。

【交通运输】交通运输业落后，境内以公路为主，无铁路。公路总里程2.21万公里，其中2608公里为沥青铺设路面。

水运：海上运输占重要地位，主要港口有南方的摩加迪沙和基斯马尤，北方的柏培拉和博萨索。由于南方时有冲突，北方两港目前承担主要海运任务。1997年，欧盟出资对柏培拉和博萨索进行了一定程度的现代化改造。1999年5月，欧盟出资150万美元建设柏培拉港。

空运：有大小机场62个，绝大部分条件简陋，只有7个机场拥有经铺设的跑道。摩加迪沙和柏培拉有国际机场，可起降大型客机。2001年重建“国家”航空公司——索马里航空公司，但索马里兰和邦特兰均不允许其飞机在两地起降。2001年3月，埃塞俄比亚航空公司开通了从亚的斯亚贝巴飞往索马里兰“首都”哈尔格萨的航班，每两周一班。2012年3月，土耳其航空公司开通伊斯坦布尔至摩加迪沙每周两次定期航线，经停苏丹首都喀土穆，此为1991年以来首次恢复国际定期航班。此外，联合国运送援助物资的飞机也经常在索起降。

通信：固定电话线路多在内战中被毁，目前尚存固定电话约10万部。私营移动电话公司目前已覆盖绝大多数主要城市，拥有约63万手机用户。

【财政金融】2013年，索马里外债总额约2亿美元，其中欠多边债务15亿美元，欠巴黎俱乐部国家双边债务25亿美元，欠其他国家的双边和商业债务16亿美元。

近年来，因战乱而停业的银行开始恢复。目前索较大的银行有：索马里兰中央银行、邦特兰中央银行（1999年8月成立）、索马里巴拉卡特银行（设在摩加迪沙，1996年开业；2001年“9·11”事件后，其在美国及欧洲的分支机构被关闭）和索马里—马来西亚商业银行（设在摩加迪沙，1997年4月开业）。

【对外贸易】外贸在经济中占有重要位置，但连年逆差。传统出口商品为活畜（主要有绵羊、山羊、牛和骆驼）、香蕉、皮革、木炭、鱼和乳香。主要进口糖、阿拉伯茶、小麦、面粉、大米、食用油、燃油和建材。主要贸易伙伴为阿拉伯联合酋长国、吉布提、也门、肯尼亚、阿曼、印度、沙特阿拉伯、中国等国。2014年进口额24.5亿美元，出口额8.06亿美元。

【外国援助】外援主要来自西方国家和国际金融组

织以及土耳其，大约有150家机构向索提供人道主义援助。2005年索过渡联邦政府成立后，得到包括中国在内的一些国家援助。美国是索最大援助国。2012年，随着索成立正式政府并结束政治过渡期，国际社会纷纷加大对索的关注和投入。

人民生活

由于内战不断，索马里治安情况恶化，物价飞涨，生活必需品短缺，居民生活没有保障。医疗保健水平为非洲国家中最低。2000年，首都摩加迪沙仅有一所公立医院和62家私人诊所，缺医少药情况严重，仅有不到1/3的人口享有医疗服务，75%以上人口无安全饮水。据世界银行数据，2004年索人均寿命为47岁，日均收入低于1美元的极度贫困人口占总数的43%，日均收入低于2美元的贫困人口占总数的73%。5岁以下的婴幼儿死亡率为225‰，学龄儿童入学率为22%。约47%有劳动能力人口失业。

【难民】据联合国难民署数据，截至2013年1月，索在国外的难民约113万，主要分布在埃塞俄比亚、肯尼亚、也门等国。2006年年底以来，索局势持续紧张，150余万人流离失所者，另有大量难民涌向周边邻国。2012年索局势明显好转后，索部分难民陆续返回家园。

军　事

1990年，索马里总兵力约为6.45万人。1991年西亚德政权被推翻后长期没有统一的国家军队，各派别和部族拥有自己的武装力量。2005年1月，索过渡联邦政府成立后着手建立统一的安全力量，安全部队和警察约1万余人。索西北索马里兰地方政权另有部队约7000人。2012年索新政府成立后对安全力量进行整编，目前陆军约22000人，海军约900人，空军约300人。

文化教育

【教育】教育事业落后。20世纪70年代初，西亚德政府重视发展教育事业，开展扫盲运动，使识字率从独立前的2%提高到60%。1991年内战以来，学校几乎全部关闭，文盲率剧增，达76%。近年来，在联合国教科文组织及其他一些非政府组织帮助下，许多地区开始重建小学。1998年9月，阿瓦多地区的阿茂德大学建成，成为索1991年以来开学的首家大学。索马里兰“首都”哈尔格萨也有一所大学。2007年，全民识字率为28%。

【新闻出版】目前，索新闻媒体以地方性为主。主要报刊有：《民族报》，1991年创刊，摩加迪沙日报，索马里文，系索目前发行量最大的报纸，总部在伦敦；《知情者》《当代报》，摩加迪沙日报，索文；《共和国人》，索马里兰日报，索文和英文；《小骆驼》，索马里兰日报，索文；《探索》《快乐》《东部之光》，邦特兰日报，索文。

主要广播电台：“摩加迪沙广播电台”，2001年8月成立；“非洲之角电台”，独立的调频台，兼转播英国广播公司索马里语节目；“哈尔格萨电台”，索马里兰政府电台；“加尔卡尤电台”，邦特兰政府电台。

较大的电视台有：“索马里电视网”，由索国内外商人共同兴办，2000年3月开播，有22个频道；“非洲之角电视台”，1999年建立，系索内战以来由索马里人创办的第一家私人电视台，播放两套索马里语节目，转播美国有线新闻网以及体育节目。

对外关系

奉行各国平等、尊重各国主权和领土完整、互不干涉内政、加强睦邻友好的外交政策。

【同中国的关系】中、索于1960年12月14日建交。1990年年底，索马里内战爆发，中国驻索使馆、医疗队和工程技术人员于1991年1月被迫撤离。此后，由中国驻肯尼亚使馆代管索马里有关事务。中国一贯支持并积极推动索和平进程，曾于2003—2007年担任联合国安理会索问题协调员。在索过渡联邦政府成立后，中国政府即予承认，并于2005年12月28日接受过渡联邦政府委派的驻华大使。自1992年起，中国政府和红十字会多次向索提供药品和一般物资援助。2011年8月，为帮助索应对旱灾，中国政府通过世界粮食计划署向索提供粮援现汇。2014年7月，中国向索马里派出复馆小组。2014年10月12日，中国正式恢复驻索马里使馆。2015年7月26日，中国驻索使馆所在酒店遭到自杀式汽车炸弹袭击，造成使馆负责安全警卫的工作人员1死4伤。

2006年11月，索过渡联邦政府总统优素福来华出席中非合作论坛北京峰会。2007年8月，中国驻肯尼亚大使张明赴索马里首都摩加迪沙出席索马里全国和解大会并访问索马里。2010年5月，索外长贾马来华出席“中国—阿拉伯国家合作论坛”第四届部长级会议。2011年4月，索外长奥马尔访华。2012年11月和2013年9月，中国驻肯尼亚大使刘光源两次访问索马里。2013年8月，索副总理兼外长福西娅访华。2014年6月，索外长贝莱来华出席中阿合作论坛第六届部长级会议。2014年10月，张明副外长访索并出席中国驻索使馆复馆仪式。2015年6月，外交部中非合作论坛事务特使刘贵今访问索马里，会见舍马克总理、外交部国务部长哈利德。

索两届过渡政府和2012年成立的正式政府均高度重视对华关系，多次重申一个中国立场，愿进一步加强与中国政府的联系，发展与中国的合作。

索马里驻华大使：优素福·哈桑·易卜拉欣（Mr. Yusuf Hassan Ibrahim）。馆址：北京市朝阳区三里屯路2号。电话：010–65321651。

【同美国的关系】2004年，美支持联合国和伊加特调解索和平进程的努力，并为在肯尼亚召开的索新一轮和会提供了部分财政援助。索和会产生过渡联邦议会、总统和政府后，美对此表示欢迎。美支持索过渡联邦政府在埃塞俄比亚军队支持下打击伊斯兰法院联盟武装，并提供了大量援助。美欢迎吉布提和谈，支持2009年1月成立的索新一届过渡政府。2009年5月索形势恶化后，美向索政府提供了1000万美元的武器弹药。美军突击队2009年9月在索南部地区打死基地组织在东非地区的重要头目纳卜汉。2010年以来，美对索实行“双轨”政策，在继续向索过渡政府提供支持的同时，加强了与索马里兰、邦特兰等地方政府的关系。2012年9月索成立正式政府后，美国加大了对索支持力度，多次派高级别代表团访索，并于2013年1月正式承认索联邦政府。2013年1月，索总统马哈茂德应邀访美，会见美总统奥巴马和国务卿克林顿。2013年10月，美军非洲司令部在摩加迪沙部署军事小组，向非盟驻索特派团和索安全部队提供培训和政策咨询服务。2014年8月，马哈茂德应邀赴华盛顿出席首届美非峰会。2014年9月1日，美军特种部队出动战机和无人机，对“沙巴布”领导人戈达尼实施斩首行动并将其炸死。2015年5月，美国国务卿克里访问索马里。

【同意大利的关系】索、意有传统的政治、经济关系。2004年，意积极支持伊加特主导的索和平进程，为索新一轮和会提供了资助。意向两届索过渡联邦政府提供了大量援助。意与索马里兰关系密切。

【同埃塞俄比亚的关系】埃塞系索最大邻国。西亚德执政时期，索埃因领土争端关系不睦。1977年欧加登战争爆发，同年9月埃塞与索断交。1978年，索从欧加登撤军。此后，两国边界冲突不断，关系紧张。1988年两国签订关系正常化协议，恢复互派大使。索内战爆发后，埃塞积极参与调解。优素福当选过渡联邦政府总统后，埃塞给予大力支持。2006年12月，埃出兵帮助索过渡政府击溃了伊斯兰法院联盟武装，控制了首都摩加迪沙及索大部分地区。2009年1月，埃塞军队撤离索马里。2010年，埃促成索过渡政府与重要武装派别逊尼派联盟达成合作协议。2011年12月，埃塞再次出兵索马里协助索过渡联邦政府清剿反政府武装“沙巴布”。2014年，埃塞人索部队加入非盟驻索马里特派团。

“索马里兰共和国”宣布独立后，积极与埃塞俄比亚发展关系，寻求其支持。目前，双方互设代表处。

【同吉布提的关系】吉布提同索马里渊源颇深，独立前曾被称为“法属索马里”。吉布提人与索马里人同种同源。吉对索局势十分关注，希望索政局早日恢复稳定。积极参与调解索问题的活动，对过渡联邦政府持积极态度。2004年11月，优素福总统访吉，与吉总统盖莱举行会谈。吉支持2006年底索过渡政府在埃塞军队协助下对伊斯兰法院联盟的打击。2008年，吉促成了索马里过渡政府和主要反政府武装“重新解放索马里联盟”在吉布提的和谈。2009年，索过渡联邦政府在吉布提成立。

【同肯尼亚的关系】肯尼亚对索内乱深为不安，担心大批难民涌入，积极调解和推动索和平进程。2002年，作为伊加特授权联合调解索问题的主席国，肯促成索新一轮和会于10月15日在肯召开。多年来肯向索和会提供了大量资金支持。肯积极呼吁向索派驻维和部队及提供援助，并为索培训安全部队。索过渡联邦政府在肯首都内罗毕设有大使馆。2011年10月，肯出兵索马里协助索过渡联邦政府清剿反政府武装“沙巴布”。同年12月，肯人索部队加入非盟驻索马里特派团。2013年9月，“沙巴布”在肯首都内罗毕西门购物中心制造恐怖袭击事件，造成72人死亡，240余人受伤。2015年4月，“沙巴布”在肯东部加里萨大学制造恐怖袭击事件，造成147人死亡，79人受伤。

【同土耳其的关系】土耳其是在索开展经贸合作项目最多、影响最广的国家。目前，土国际合作署、公司、非政府组织、志愿者等近千人在索实施各类项目，涵盖公路、机场、港口、供水、航空、医疗、安全、人道主义救助等领域。索首都摩加迪沙机场和港口现由土公司经营。土政府每年向索提供大量留学生名额，并为索培训政府官员、军警、医护人员。据不完全统计，2011年以来，土向索提供数亿美元援助。2015年2月，土总统埃尔多安访索。

【同阿拉伯国家的关系】索是阿拉伯国家联盟成员，与阿拉伯国家有着悠久的宗教、文化和贸易关系。沙特阿拉伯、科威特、埃及、也门、阿拉伯联合酋长国等国是索重要援助国和贸易伙伴。埃及、也门等阿拉伯国家及阿盟曾积极推动索各派实现和解。2004年10月，优素福当选后，阿盟即表示支持。索过渡联邦政府成立后，阿盟即给予承认并向其提供一定数额的援助。阿盟反对埃塞及其他外国势力干涉索内政，曾希望国际社会客观看待伊斯兰法院联盟。2006年，索过渡政府和法院联盟曾在阿盟斡旋下举行过两轮喀土穆和谈，后因双方爆发全面冲突归于失败。

（吴昊）

坦桑尼亚

国名　坦桑尼亚联合共和国（The United Republic of Tanzania）。

【面积】945087平方公里，其中桑给巴尔2657平方公里。

人口　5350万（2015年），其中桑给巴尔130万。分属126个民族，人口超过100万的有苏库马、尼亚姆维奇、查加、赫赫、马康迪和哈亚族。另有一些阿拉伯人、印巴人和欧洲人后裔。斯瓦希里语为国语，与英语同为官方通用语。坦噶尼喀（大陆）居民中32%信奉天主教和基督教，30%信奉伊斯兰教，其余信奉原始拜物教；桑给巴尔居民几乎全部信奉伊斯兰教。

【首都】达累斯萨拉姆（Dares Salaam），人口430万（2012年），年平均气温25.8℃。

【国家元首】坦桑尼亚联合共和国总统约翰·蓬贝·约瑟夫·马古富力（John Pombe Joseph Magufuli），2015年10月当选。

【重要节日】坦桑尼亚国庆日，又称坦噶尼喀和桑给巴尔联合日：4月26日。

简　况

位于非洲东部、赤道以南。北与肯尼亚和乌干达交界，南与赞比亚、马拉维、莫桑比克接壤，西与卢旺达、布隆迪和刚果（金）为邻，东濒印度洋。大陆海岸线长840公里。东部沿海地区和内陆部分低地属热带草原气候，西部内陆高原属热带山地气候。大部分地区平均气温21℃—25℃。桑给巴尔的20多个岛屿属热带海洋性气候，终年湿热，年平均气温26℃。

人类发源地之一。公元前即同阿拉伯、波斯和印度等地有贸易往来。7—8世纪，阿拉伯人和波斯人大批迁入。阿拉伯人于10世纪末建立过伊斯兰王国。1886年坦噶尼喀内陆被划归德国势力范围，1917年11月英军占领坦全境，1920年坦成为英国“委任统治地”，1946年联合国大会通过决议，将坦改为英“托管地”，1961年5月1日坦取得内部自治，同年12月9日宣告独立，一年后成立坦噶尼喀共和国。桑给巴尔于1890年沦为英国“保护地”，1963年6月24日获得自治，同年12月10日宣告独立，成为苏丹王统治的君主立宪国家。1964年1月12日，桑人民推翻苏丹王统治，成立桑给巴尔人民共和国。1964年4月26日坦噶尼喀和桑给巴尔组成联合共和国，同年10月29日改国名为坦桑尼亚联合共和国，朱利叶斯·坎巴拉吉·尼雷尔任开国总统，后两度连任，直至1985年主动辞职。姆维尼同年10月27日当选联合共和国第四届总统，1990年连任。1995年10月坦举行首次多党大选，姆卡帕当选联合共和国总统，萨勒明以微弱优势连任桑给巴尔总统。2000年10月，姆卡帕蝉联联合共和国总统，革命党候选人卡鲁姆当选桑总统。2005年12月，基奎特当选联合共和国总统，卡鲁姆蝉联桑总统。2010年10月，基奎特蝉联联合共和国总统，革命党候选人、原联合共和国副总统谢因当选桑总统。2015年10月，马古富力当选联合共和国总统。

政　治

曾长期由革命党一党执政，政局稳定。1995年10月举行首次多党大选，反对党公民联合阵线（CUF）指责革命党在大选中舞弊，拒不承认桑给巴尔萨勒明政府。1996年6月革命党召开全国代表大会，姆卡帕当选党主席，实现党政一元化领导。1997年11月，革命党召开第五次全国代表大会，姆连任党主席。1999年10月，坦“国父”、前总统尼雷尔去世，姆在高举尼倡导的联合、团结旗帜的同时，大力加强执政党和政权建设，政局继续保持稳定。2000年10月，革命党在第二次多党选举中以绝对优势胜出。但反对党公民联合阵线拒不承认桑岛大选结果，并号召其支持者举行抗议活动，引发大规模流血冲突。姆卡帕政府采取坚决措施，维护社会秩序，同时与反对党对话，推动朝野两党签署和解协议，维护了社会稳定。2002年10月姆蝉联革命党主席后，继续以发展经济、脱贫减困为施政重点，同时推进反腐、良政，缓解宗教矛盾和朝野矛盾，革命党执政地位进一步巩固。2005年12月，原外长基奎特在第三次多党选举中当选总统，革命党在同期举行的议会选举中赢得232个选区席位中的206席，占88%。2006年6月，基奎特当选革命党主席。基奎特执政以来，提出以“新热情、新活力、新速度”全面推进各项事业，加强党建和党内团结，力主同反对党对话，推动联合政府同桑给巴尔革命政府定期磋商，加大力度惩治腐败，努力塑造亲民、务实的政府形象。2008年1月和2月，基奎特总统先后撤换涉嫌腐败的中央银行行长、责令总理辞职并重组内阁，以表明实施良政的决心。2010年，革命党以较大优势赢得总统和议会选举，反对党在议会席位有所增加。2012年5月，基奎特总统大幅改组政府内阁，并任命大批省、县级年轻官员，表现出提高政府施政水平、打击腐败的决心。2012年11月，革命党召开第八次全国代表大会，基奎特连任党主席。2014年1月，基奎特总统再次改组内阁，撤换部分工作不力和受到贪腐指控的内阁部长。2015年10月，马古富力当选总统。同年12月，马古富力总统任命新一届内阁。

【坦、桑联合问题】坦噶尼喀和桑给巴尔于1964年组成坦桑尼亚联合共和国，此后联合问题时有起伏。1992年12月桑给巴尔政府擅自加入伊斯兰会议组织，遭联合政府强烈反对，遂于1993年被迫退出，但联合之争并未平息。1996年以后，桑反对党加紧反对联合的行动。在联合政府的坚决支持下，桑政府采取强硬措施压制反对党活动，坚决维护联合体制。2000年10月，卡鲁姆当选桑总统后，多次表示维护国家联合的立场，进一步打击了桑分裂势力。2001年以来，联合政府继续巩固统一局面，维护联合政体，争取温和力量，打击桑给巴尔分裂势力，并在预算资金分配和其他事关桑给巴尔切身利益的问题上给予照顾，公联阵不再公开主张分离，转而要求给予桑给巴尔更多自治权力。2008年初，革命党曾与公联阵就在桑给巴尔成立联合政府事进行谈判，但未达成一致。2009年，坦、桑联合问题取得一定进展，但大陆与桑岛在桑油气资源归属等问题上的争议有所升温。桑岛革命党与主要反对党公联阵之间的政治和解谈判在年初中断后于年底恢复，桑总统卡鲁姆与公联阵总书记哈马德举行历史性会谈，受到各方普遍关注。2010年初，桑岛政治和解出现新动向，革命党和公联阵就组建桑岛团结政府达成一致。同年11月，桑岛成立团结政府，桑总统、第二副总统和11名部长来自革命党，桑第一副总统和8名部长来自公联阵。2015年10月，桑给巴尔大选，因存在舞弊行为，结果被选举委员会宣布无效。2016年1月22日，桑选举委员会决定于3月20日重新选举。2016年3月，桑重新举行总统选举，革命党候选人谢因以91.4%得票率成功连任，反对党公民联合阵线以选举缺乏法律依据为由予以抵制。

【宪法】1977年4月制定联合共和国宪法，后经14次修改。联合共和国分设联合政府和桑给巴尔地方政府。1992年第8次宪法修正案明确提出，坦桑尼亚是多党民主国家，奉行社会主义和自力更生政策。1994年第11次宪法修正案规定，联合共和国政府设总统和一名副总统，总统为国家元首、政府首脑和武装部队总司令，由选民直选产生，获简单多数者当选，任期五年，可连任一届。总统与副总统必须来自同一政党，并分别来自大陆与桑给巴尔，副总统不能由桑总统或联合共和国总理兼任，每届任期五年，连任不得超过两届。总统任命总理，由总理主持联合政府日常事务。2000年第13次宪法修正案重新界定了坦政治体制，确认原宪法中的“社会主义”和“自力更生”等原则代表民主、自立、人权、自由、平等、友爱、团结。2010年大选后，坦国内修宪呼声不断。2011年11月，《宪法修订法案》获议会通过。2012年4月，修宪委员会成立。6月和12月，新宪法一稿和二稿先后出台，提出设立坦噶尼喀、桑给巴尔和联合政府三个政府、缩减联合事务、限制总统权力等重大修改。2014年10月，制宪会议通过新宪法草案，决定维持两政府架构。新宪法草案原定于2015年4月进行公投，但因技术原因被无限期推迟。

桑给巴尔宪法于1979年制定，后经4次修改。根据现行宪法，桑是坦桑尼亚联合共和国的一部分，桑总统为桑政府首脑。桑选举与联合共和国总统大选同时举行，桑总统候选人由桑各政党提名，经桑全体选民直选，获1/2以上选票者当选，任期五年，可连任一届。第一副总统由选举中获胜的第二大政党人选出任，由总统任命，第二副总统由与总统来自同一政党的议员担任，主持政府日常事务。政府部长和副部长由总统任命。桑政府有权处理除外交、国防、警务、税收、银行、货币、外汇、航空、港口和邮电等22项联合事务以外的桑内部事务。

【议会】一院制，称国民议会，是联合共和国最高立法机构。议会选举与总统选举同时进行，每5年举行一次。总统有权任命10名议员。本届议会是独立后的第十一届议会，2015年11月成立。现任议长乔布·尤斯蒂诺·恩杜加伊（Job Yustino Ndugai）

桑给巴尔人民代表会议为桑立法机构，拥有联合事务以外的桑事务立法权。本届代表会议于2010年11月选出，法定代表78人。其中革命党28人，公民联合阵线22人。议长潘杜·阿迈尔·基菲乔（Pandu Ameir Kificho）。

【政府】设有联合政府和桑给巴尔地方政府。联合政府实行总统制，内阁由总统、副总统、总理、桑给巴尔总统和各部部长组成。本届联合政府于2015年12月10日成立，现有19位部长、15位副部长。

主要成员有：总统约翰·蓬贝·约瑟夫·马古富力，副总统萨米娅·苏卢胡·哈桑（Samia Suluhu Hassan），总理马贾利瓦·卡西姆·马贾利瓦（Majaliwa Kassim Majaliwa），外交、东非、地区和国际合作部部长奥古斯丁·马希加（Augustine Mahiga），财政计划部部长菲利普·姆潘戈（Philip Mpango）、工贸部部长查尔斯·姆维贾盖（Charles Mwijage）、国防和国民服务部部长侯赛因·阿里·姆维尼（Hussein Ali Mwinyi）等。

本届桑给巴尔政府于2010年11月组成，主要成员有：总统阿里·穆罕默德·谢因（Ali Mohamed Shein），第一副总统赛义夫·哈马德（Seif Hamadi），第二副总统赛义夫·伊迪（Seif Iddi）等。

【行政区划】共有31省，133县。其中大陆26省，桑给巴尔5省。

【司法机构】设有宪法特别法院、上诉法院、高级法院、地方法院以及检察院、司法人员委员会和常设调查委员会。桑给巴尔岛和奔巴岛各设一伊斯兰教法庭，处理违反伊斯兰教义案件。大法官穆罕默德·钱德·奥斯曼（Mohamed Chenge Osman），总检察长弗莱德里克·威瑞玛（Frederick Werema）。

桑给巴尔独立行使司法权，但上诉案件由联合共和国上诉法院审理。桑大法官哈米德·马哈姆德·哈米德（Hamid Mahamoud Hamid），总检察长伊迪·潘杜·哈桑（Iddi Pandu Hassan）。

【政党】坦政党经历了由多党制向一党制、又从一党制向多党制转变的历程。1992年7月改行多党制，现有正式注册政党24个。其中包括：

（1）坦桑尼亚革命党（Chama Cha Mapinduzi）：执政党，由原坦噶尼喀非洲民族联盟和桑给巴尔非洲设拉子党于1977年合并而成。全国代表大会是最高权力机构，每5年举行一次。全国执行委员会是最高决策机构，中央委员会负责领导和处理日常工作。建有省、县、乡支部百户区（WARD）、十户组（CEU）等各级组织机构，影响深入到坦社会的各个层面。主张坚持社会主义和自力更生原则，强调发展经济，在公正、平等和人道的基础上建立一个平等、正义的社会。2000年坦宪法修正案对“社会主义”含义进行了重新界定，但革命党迄未修改党章。主席贾卡亚·姆里绍·基奎特，总书记阿卜杜拉曼·基纳纳

（Abdulrahman Kinana）。有党员700余万。

（2）民主发展党（Chama Cha Demokrasia na Maendeleo）：现为议会最大反对党，1992年成立。主张单独成立坦噶尼喀政府，反对种族歧视，提倡人人平等。主席弗里曼·姆博维（Freeman Mbowe），总书记维尔布罗德·斯拉（Willbroad Slaa）。有党员约100万。

（3）公民联合阵线（The Civic United Front）：亦称人民党（Chama Cha Wananchi），反对党。1992年由桑给巴尔多党促进委员会和人民党合并组成，政治影响主要集中在奔巴岛和桑给巴尔岛。提倡人民共同富裕的原则，在联合问题上极力维护桑给巴尔的民族利益和自主权，主张成立联合政府及坦噶尼喀和桑给巴尔地方政府三个政府。主席暂空缺，总书记塞义夫·哈马德（Seif Hamadi）。有党员约160万。

（4）坦桑尼亚劳动党（Tanzania Labour Party）：反对党，1993年成立。1999年原全国建设和改革会议主席姆雷马率其支持者集体反水加入劳动党后，该党实力大增。主席奥古斯丁·姆雷马（Augustine Mrema），总书记哈罗德·贾夫（Harold Jaffu）。

（5）联合民主党（United Democratic Party）：反对党，1994年成立。主张成立坦噶尼喀政府，重视社会发展，强调应加大对教育和医疗事业投入，推行土地私有化。主席约翰·切约（John Cheyo），总书记穆萨·克维基马（Musa Kwikima）。

（6）全国建设和改革会议（The National Convention for Construction and Reform）：反对党，1991年成立。主要由律师和学者组成，要求扩大民主，保护基本人权和自由，主张在联合体制内建立三个政府，即联合政府、坦噶尼喀政府和桑给巴尔政府，争取坦噶尼喀民族权利。主席詹姆斯·姆巴蒂阿（James Mbatia），总书记博利斯亚·姆瓦伊塞杰（Polisya Mwaiseje）。

其他反对党有：多党民主联盟（The Union for Multi-Party Democracy）、坦桑尼亚民主联盟党（Tanzania Democratic Alliance Party）、全国民主联盟（National League for Democracy）、国家重建同盟（The National Reconstruction Alliance）、联合人民民主党（United People's Democratic Party）等。

【重要人物】约翰·蓬贝·约瑟夫·马古富力：坦桑尼亚联合共和国总统、政府首脑、武装部队总司令。1959年出生于盖塔省。1985—1988年在达累斯萨拉姆大学学习并获化学与数学学士学位，1991—1994年就读于达累斯萨拉姆大学和英国塞福特大学并获化学硕士学位，2006—2009年就读于达累斯萨拉姆大学并获化学博士学位。曾经担任中学化学和数学老师、工业化验师。1995—2000年担任工程部副部长，2000年升任工程部部长。2005—2008年担任土地和人居事务部部长。2008—2010年担任畜牧业和渔业发展部部长。2010—2015年担任工程部部长。2015年10月当选总统，11月5日宣誓就职

经　济

联合国宣布的世界最不发达国家之一。经济以农业为主，平年粮食勉强自给。工业生产技术低下，日常消费品需进口。1967年实行国有化和计划经济，以建设集体农庄为中心，开展严重脱离国情的“乌贾马”社会主义运动，致使经济发展严重滞后。1986年起接受国际货币基金组织（IMF）和世界银行的调改方案，连续三次实行“三年经济恢复计划”。近年，坦政府将脱贫作为政府工作重点，执行以经济结构调整为中心的经济改革政策，推进经济自由化和国有企业私有化进程，坚持适度从紧的财政、货币政策，使国民经济得到缓慢回升。同时，密切与西方捐助国和国际金融机构的关系，谋求吸引外资、减免外债和获得更多援助。2001年以来，坦成立以总统为首的“国家商业协会”和以总理为首的“投资指导委员会”，减免外资企业税费和高科技产品进口税，出台微型信贷政策，扶植中小企业发展。IMF和世行认定坦桑达到重债穷国动议完成点，将于20年内减免其30亿美元外债。2002年10月，IMF将其在非洲的第一个技术援助中心——东非技援中心设在坦。基奎特总统执政后注重改善民生，强调经济发展成果必须惠及普通百姓。目前，坦桑尼亚改革成效日益显现，经济增长连续3年超过6.5%，在撒哈拉以南非洲名列前茅，矿业和旅游业发展强劲，投资环境不断改善，外国直接投资持续增长。但经济结构单一、基础设施落后、发展资金和人力资源匮乏、艾滋病泛滥等长期阻碍经济发展的问题仍然存在。国际金融危机爆发后，对坦桑尼亚经济造成不利影响，坦桑尼亚经济增速放缓。

2015年主要经济数字如下：

国内生产总值（GDP）：443亿美元。

国内生产总值增长率：6.6%。

人均国内生产总值：828美元。

货币名称：坦桑尼亚先令，1先令=100分。

汇率：1美元=2166先令。

通货膨胀率：5.6%。

外债总额：155亿美元。

外汇储备：36.7亿美元。

（数据来源：2016年3月《伦敦经济季评》预测）

【资源】矿产资源丰富，有8个绿岩带，地层大多属太古代岩石，历史上曾生产过近百吨黄金。已探明的主要矿产及储量为：钻石250万吨（含量6.5克拉/吨），金矿1800万盎司，煤3.04亿吨，铁8500万吨，磷酸盐1000万吨，天然气33万亿立方英尺。目前除天然气、钻石、宝石、黄金、镍矿、盐矿、磷酸盐、煤、石膏、瓷土和锡矿等被部分国际矿业公司开采外，其他矿藏均未得到开发利用。大陆、桑给巴尔及近海海域有若干储油前景良好的区域。目前已有多家矿业开

采公司在坦注册，主要依靠外国资金和技术，其中大部分从事黄金开发。此外，澳大利亚、加拿大、爱尔兰等国公司在坦从事石油勘探；世界银行、欧洲投资银行等资助坦开发松戈松戈气田（探明储量300亿立方米），由加拿大管道公司负责建设；有美国公司正拟在姆特瓦拉地区建设天然气发电厂和输电线；另有外国公司正与坦方探讨开发姆纳西湾气田项目（探明储量150亿立方米）的可行性。森林面积约4400万公顷，占国土面积的45%，出产安哥拉紫檀、乌木、桃花心木、栲树等。水力资源丰富，发电潜力超过4.78亿千瓦。

【工业】大陆制造业以农产品加工和进口替代型轻工业为主，包括纺织、食品加工、皮革、制鞋、轧钢、铝材加工、水泥、造纸、轮胎、化肥、炼油、汽车装配和农具制造等。桑给巴尔工业以农产品加工为主，主要有椰子加工厂、丁香油厂、碾米厂、糖厂、石灰厂、自来水厂、发电厂和印刷厂等。

【农业】以种植业、林业、渔业、牧业为主，是坦主要经济支柱。农业吸收全国劳动力的2/3。全国可耕地面积4400万公顷，已耕地面积1020万公顷。主要农作物有玉米、小麦、稻米、高粱、小米、木薯等。主要经济作物有咖啡、棉花、剑麻、腰果、丁香、茶叶、烟叶、除虫菊等。近年来，坦政府提出“农业第一”战略和南部经济发展走廊计划，大力推动农业生产，粮食不断增产。目前丰年自给有余并可少量向邻国出口。

【服务业】坦服务业产值占国内生产总值的49.9%，其中贸易与维修占14.8%，交通运输业占5.1%，通讯业占3.9%，酒店和餐饮业占2.2%，其他服务业（包括金融中介、公共管理、房地产、教育、卫生以及其他社会和个人服务业）占24%。2014年服务业产值增长5.2%，主要受通讯、交通运输和制造业快速发展拉动。

【旅游业】旅游资源丰富，非洲三大湖泊维多利亚湖、坦噶尼喀湖和尼亚萨湖（马拉维湖）均在坦边境线上，海拔5895米的非洲第一高峰——乞力马扎罗山世界闻名。其他自然景观有恩戈罗戈罗火山口、东非大裂谷、马尼亚纳湖等，另有桑岛奴隶城、世界最古老的古人类遗址、阿拉伯商人遗址等历史人文景观。坦1/3国土为国家公园、动物和森林保护区。共有塞伦盖蒂、恩戈罗戈罗等15个国家公园、50个野生动物保护区、1个生态保护区、2个海洋公园和2个海洋保护区，约32315间旅馆客房。2014年赴坦旅游人数约114万人，旅游业收入约20亿美元。

【交通运输】以公路运输为主。

公路：总长87581公里，其中2005年至2015年新建成公路17762公里。桑给巴尔公路总长982公里。

铁路：总长3667公里，主要有坦赞铁路、中央铁路及东非铁路。联结大陆17个省，并与赞比亚、刚果（金）、布隆迪、卢旺达、乌干达及肯尼亚等国相连，是东非内陆国家重要的出海通道。

水运：沿海有达累斯萨拉姆、姆特瓦拉、坦噶和桑给巴尔四大港口。达累斯萨拉姆等港口是进出口贸易的主要通道，同时也是赞比亚、布隆迪、乌干达、卢旺达、刚果（金）和马拉维等内陆国家的出海口。维多利亚湖、坦噶尼喀湖和尼亚萨湖的湖上运输对坦桑和邻国沿湖地区的物资交流和人员作用重要。

空运：共有达累斯萨拉姆、乞力马扎罗及桑给巴尔3个国际机场。其中达累斯萨拉姆机场和乞力马扎罗机场可停降波音747客机，桑给巴尔机场可停降波音737客机。另有国内商用机场22座，简易跑道通用机场21座。达累斯萨拉姆机场、伊林加、林迪、莫希、姆特瓦拉5座机场具有双跑道。

【对外贸易】出口以初级农产品为主，其中棉花、剑麻、腰果、咖啡、烟草、茶叶、丁香出口占外汇收入的80%。工矿业出口产品主要有钻石、黄金、纺织品、服装、皮革制品、鞋、树胶、铝制品等。进口以工业生产资料和工业品为主，主要有仪器、饮料、机械设备、金属制品、交通运输工具、石油等。主要贸易伙伴有中国、印度、德国、英国、日本、沙特、荷兰、意大利、新加坡、肯尼亚等。

【外国投资】1990年成立投资促进中心，负责审批投资项目，向国内外投资商提供咨询。1997年颁布《坦桑尼亚1997年投资法》。2002年颁布《出口加工区法案》。据联合国贸发会议发布的2015年《世界投资报告》显示，2014年，坦吸收外资流量为21.4亿美元；截至2014年底，坦吸引外资存量为170亿美元。外资主要集中在矿业、旅游业、农业、制造业和通讯业等领域。坦政府鼓励外商更多投资于农业、教育、医疗，以及公路、铁路、机场和旅馆建设等项目。目前，英国、中国、印度、肯尼亚、南非等是坦主要外资来源地，其中来自中国、南非、印度等新兴经济体的投资较为活跃。中国是坦第二大外资来源国，仅次于英国。

【外国援助】外国援助在坦国民经济中占有重要地位，近年来坦桑每年接受外援9亿美元左右，其中发展伙伴（Development Partners）通过总体预算支持（General Budget Support）等方式向坦提供援助。主要发展伙伴有英国、印度、南非、荷兰、肯尼亚、美国、加拿大、意大利、德国和国际货币基金组织、世界银行、欧盟、非洲开发银行等。

人民生活

根据联合国《2014年世界人类发展报告》，坦人类发展指数在187个国家和地区中排名第159位，约50%人口生活在贫困线以下。职工享有的各项社会福利相当于其基本工资的20%，公务员收入差别从独立初的1∶17降至目前的1∶5。全国医疗条件较差，共有公立医疗机构3565个，私立医疗机构1959个。全国共有病床26030张。医生与人口比例为1∶64000，远低于世界卫生组织建议的1∶10000。疟情严重，每年约30万人死于疟疾。2011年，坦成人艾滋病感染率5.6%，人口增长率1.96%，婴儿死亡率4.6%。

军事

武装力量由人民国防军、警察部队、国民服务队和民兵组成。总统兼任武装力量总司令，最高军事决策机构和指挥机构分别为国防与安全委员会和国防军总部。国防军建于1964年，总兵力2.8万。陆军约2.3万人，编成5个步兵旅，另有3个坦克团及若干炮兵团/高炮团（部分配属给步兵旅）、萨姆导弹营、反坦克营、通信团、工兵团等。海军约1900余人，下辖舰队司令部、桑给巴尔、姆万扎、基戈马、坦噶等海军站、训练学校、船舶修理厂、3个岸防雷达中队、1个机动雷达站、岸防营、海军陆战连。海军司令部和舰队司令部均位于达累斯萨拉姆基加姆博尼海军基地。空军约3000余人，编成2个飞行团、直升机中队、飞行学院和其他勤务部队。国防军司令瓦伊塔拉（Gen.George M. Waitara）上将。警察部队隶属内政部，共3万人。国民服务队建于1963年，受国防部和国防军总部双重领导，共4000人。民兵部队建于1966年，隶属国防军总部，共8万人。

文化教育

重视发展民族文化，大力推广斯瓦希里语。设有国家艺术委员会、国家斯语委员会、图书馆服务理事会和民间文化协会等。首都达累斯萨拉姆设有国立中央图书馆和国家博物馆等。

【**教育**】实行小学免费义务教育，成人识字率为90.4%，是非洲文盲率最低的国家之一。近年因国家财政拮据，教育经费不足，政府提出教育改革政策，鼓励私人或集体办校。发展伙伴亦将教育作为优先投资领域，投入可观资金。达累斯萨拉姆大学是全国唯一综合性大学，另有10余所大专院校、20多所师范院校。在建的多多马大学占地70多平方公里，建成后可容纳40000名学生，使大学升学率提高10%以上，将是中、东部非洲最大的综合性大学。

【**新闻出版**】主要刊物有英文《每日新闻》，日发行量2万份。斯瓦希里文《自由报》《民族主义者报》和《工人日报》。另有《快报》（每周两期）、英文周刊《商业时报》《东非人报》、斯瓦希里语双周刊《火焰报》。

坦桑尼亚通讯社：国家通讯社，1976年10月成立，大陆各省设有分社，有少数记者驻邻国。

坦桑尼亚电台：国家电台，建于1951年。设在达累斯萨拉姆，分别用英语和斯瓦希里语广播。

桑给巴尔革命之声：桑给巴尔电台，建于1964年，用斯瓦希里语广播，每天播音9小时。

桑给巴尔电视台：国营电视台，1973年建立，用斯瓦希里语播送节目。

海岸电视网（CTN）：大陆的私营电视台，1994年建立。

独立电视台（ITV）：私营电视台，1994年建立。

对外关系

曾是著名的“前线国家”，为非洲大陆的政治解放作出过重大贡献。奉行不结盟和睦邻友好的外交政策，主张在互不干涉内政和相互尊重主权的基础上与各国发展友好合作关系。近年务实倾向增强，强调以经济利益为核心，淡化不干涉内政原则，发展同所有捐助国、国际组织和跨国公司的关系，谋求更多外援、外资。重点营造睦邻友好，全力促进区域经济合作。积极参与调解与其利益相关的地区问题。重视与亚洲国家关系，学习和借鉴亚洲国家的发展经验。是联合国、不结盟运动、英联邦、非洲联盟、东非共同体、南部非洲发展共同体及环印度洋地区合作联盟等组织的成员国。同115个国家建有外交关系。

【**同中国的关系**】中国于1961年12月9日与坦噶尼喀建交，1963年12月11日与桑给巴尔建交。坦噶尼喀与桑给巴尔联合后，中国自然延续与二者的外交关系，将1964年4月26日联合日定为与坦桑尼亚联合共和国建交日。建交以来，两国关系友好密切，人员往来频繁。

近年来，两国高层交往密切。2006年6月，国务院总理温家宝访问坦桑尼亚。11月，坦桑尼亚总统基奎特来华出席中非合作论坛北京峰会。2008年4月，基奎特总统应邀对华进行国事访问并出席博鳌亚洲论坛2008年年会。2009年2月，胡锦涛主席对坦桑尼亚进行国事访问，这是中国国家主席首次访坦。访问期间，胡主席与基奎特总统举行会谈，会见桑给巴尔总统卡鲁姆，并在钻禧礼堂发表面向全非的演讲。2009年11月，中非合作论坛第四届部长级会议期间，温家宝总理会见基奎特总统。2011年8月，全国政协副主席厉无畏访问坦桑尼亚。10月，坦桑尼亚桑给巴尔副总统伊迪来华出席中国西部国际博览会。11月，中共中央政治局委员、中央书记处书记、中宣部部长刘云山访坦。2012年3月，最高检察院检察长曹建明赴坦出席国际反贪局联合执委会会议。2012年9月，国务院副总理回良玉访坦。2013年3月，习近平主席对坦桑尼亚进行国事访问，其间与基奎特总统举行会谈，会见桑给巴尔总统谢因和坦前总统姆卡帕，在尼雷尔国际会议中心发表演讲，向中国援坦专家公墓献花圈。5月，桑给巴尔总统谢因来华出席第二届中国（北京）国际服务贸易交易会。10月，坦桑尼亚总理平达来华出席第十四届中国西部国际博览会。2014年1月，习近平主席特使、住房和城乡建设部部长姜伟新赴坦出席桑给巴尔革命胜利50周年庆典。2月，坦桑尼亚外长门贝访华。6月，李源潮副主席访坦。7月，常万全国务委员兼国防部长访坦。2014年10月，基奎特总统来华进行国事访问。2015年2月，全国政协副主席、中联部部长王家瑞访坦。5月，比拉勒副总统来华出席中国中部投资贸易博览会并访华。11月，习近平主席特使、全国人大常委会副委员长张平出席坦新总统就职仪式。据中国海关总署统计，2015年，双边贸易额46.6亿美元，同比增长7.7%，其中我出口额42.82亿美元，进口额3.78亿美元。中方主要出口机器设备、车辆、日用品等，主要进口矿产品、木材、剑麻纤维、生牛皮和海产品等。

中国驻坦桑尼亚大使：吕友清。馆址：No.2，Kajificheni Close，Toure Drive，Dar es Salaam。电话：2667475，2668064。商务处电话：2668198。传真：2666353。地区号：00255–22。

坦桑尼亚驻中国大使：阿卜杜勒–拉赫曼·阿米里·欣博（Abdulrahaman Amiri Shimbo）。馆址：北京市朝阳区亮马河南路8号。电话：010–65322394。

【同美国的关系】 坦、美于1961年建交。近年来，两国关系持续改善。美重视坦地区大国作用和发展潜力，支持其经济改革，是坦主要投资和援助国之一，并免除了坦美双边债务。多年来，美在坦实施"总统艾滋病紧急救助计划""总统防治疟疾行动计划""全球健康行动计划""保障未来粮食供给计划"和千年挑战账户等项目，每年向坦提供无偿援助近10亿美元。2008年2月，布什总统访坦，宣布美将在5年内向坦提供6.98亿美元援助，帮助坦改善道路、供电及供水等基础设施建设。这是美"千年挑战账户"设立以来美向单个国家提供的最大一笔经援。坦反对美在非洲建立美军司令部。2009年5月，基奎特总统访问美国，美国总统奥巴马与其会见，基成为奥任美国总统后会见的首位非洲国家元首。2011年6月，美国国务卿希拉里访坦，承诺向坦提供总计1亿美元的援助用于坦农业发展和粮食安全以及应对艾滋病等项目。2010年11月，桑给巴尔民族团结政府成立后，奥巴马总统致函基奎特和谢因表示祝贺。2011年，美军非洲司令部司令、国务卿希拉里相继访坦，并承诺向坦提供1亿美元援助。美总统奥巴马专门致电基奎特总统祝贺坦大陆独立50周年。2012年，基奎特总统赴美进行工作访问。2013年7月，美国总统奥巴马访坦，与基奎特总统会谈，出席非洲国家工商业领袖论坛，与美前总统小布什共同悼念1998年美驻坦使馆爆炸案遇难者，参观美企运营的尤邦戈电厂，宣布打击偷猎野生动物的总统令。访坦期间，奥宣布延长实施《非洲增长与机会法案》，宣布美政府将投入70亿美元、私营部门投入90亿美元发展"非洲电力"计划，宣布启动"非洲贸易"计划。奥巴马夫人米歇尔和美前第一夫人劳拉还共同出席了主题为"为妇女投资，使非洲更强大"的非洲第一夫人论坛。2014年8月，基奎特总统赴美出席首届美国和非洲领导人峰会。2015年美国对坦桑尼亚援助预算总额达12亿美元。

【同英国的关系】 坦英关系密切。英是坦最大投资来源国、主要贸易伙伴和援助国，每年援助额约8000万美元。英宣布免除了坦所欠全部债务，积极支持国际货币基金组织和世行等国际金融机构减免坦债务。

【同邻国及其他非洲国家关系】 在地区事务中奉行"广交友、不树敌、促和平、谋发展"政策。重视与周边邻国发展睦邻友好关系，同肯尼亚、乌干达、埃塞俄比亚等国关系密切。重视在地区事务中发挥影响，致力于维护地区和平与稳定。积极参与调解2007年肯尼亚选后危机、津巴布韦大选政治危机，大力斡旋刚果（金）、马达加斯加问题，关注索马里和平进程，为非盟驻索马里维和部队提供培训，参与调解布隆迪问题。参与联合国在向苏丹达尔富尔、刚果（金）、科特迪瓦和南苏丹等维和任务。

【同亚洲国家的关系】 坦重视发展与亚洲国家的关系。2004年12月，姆卡帕总统对越南进行正式访问。2006年9月，坦总理洛瓦萨访问泰国、越南。2004年9月，印度总统卡拉姆对坦进行国事访问。2011年5月，印度总统辛格访坦，宣布向坦提供1.9亿美元经济援助。2011年5月，印度总统辛格访坦，宣布向坦提供1.9亿美元经济援助。日本每年向坦提供约1亿美元无偿援款，每年向坦派出专家和志愿者。2013年5月底、6月初，坦总统基奎特出席第五届东京非洲发展国际会议并与日本首相安倍晋三举行会谈。2015年6月，基奎特访问印度。

（黄未）

突尼斯

国名　突尼斯共和国（The Republic of Tunisia，La République Tunisienne）。

面积　162155平方公里。

人口　1090万（2014年），90%以上为阿拉伯人，其余为柏柏尔人。阿拉伯语为国语，通用法语。伊斯兰教为国教，主要是逊尼派，少数人信奉天主教、犹太教。

首都　突尼斯（Tunis），人口225万（2011年）。

国家元首　贝吉·卡伊德·埃塞卜西（Beji Caïd Essebsi），2014年12月当选。

重要节日　独立日（国庆节）：3月20日。

简　况

位于非洲北端。西与阿尔及利亚为邻，东南与利比亚接壤，北、东临地中海，隔突尼斯海峡与意大利相望，海岸线全长1300公里。北部属地中海型气候，夏季炎热干燥，冬季温和多雨。南部属热带沙漠气候。8月为最热月，日均温21℃—33℃；1月为最冷月，日均温6℃—14℃。

公元前9世纪初，腓尼基人在今突尼斯湾沿岸地区建立迦太基城，后发展为奴隶制强国。公元前146年成为罗马帝国的阿非利加省的一部分。公元5—6世纪先后被汪达尔人和拜占庭人占领。703年被阿拉伯穆斯林征服。13世纪哈夫斯王朝建立了强大的突尼斯国家。1574年沦为奥斯曼土耳其帝国的一个省。1881年成为法国保护领地。1956年3月20日法国承认突尼斯独立。1957年7月25日突制宪会议通过决议，废黜国王，宣布成立突尼斯共和国，布尔吉巴任第一任总统，1975年经议会批准，布尔吉巴成为终身总统。1987年11月7日，总理本·阿里废黜布尔吉巴，长期任总统。

政　治

2010年年底至2011年年初，突发生大规模骚乱，政局陷入动荡，本·阿里于2011年1月14日流亡沙特阿拉伯。突进入政治过渡期。2014年12月，埃塞卜西在总统选举中获胜，突结束政治过渡进程。2015年2月，突新政府成立，哈比卜·绥德（Habib Essid）任总理。当前，突政局总体稳定，但面临严峻的恐怖主义威胁。2015年3月、6月和11月，首都突尼斯城和最主要旅游城市苏斯先后三次发生严重恐怖袭击事件，给突经济、社会带来巨大冲击。11月，埃塞卜西总统宣布突再次进入为期3个月的全国紧急状态。2016年1月，突多地因青年失业等问题引发骚乱，并发生警民冲突和打砸抢烧事件。

【宪法】1959年6月1日，制宪议会通过共和国第一部宪法，规定突是自由、独立的主权国家，实行共和制政体。1998年通过修改宪法和选举法，降低总统候选人的参选年龄，扩大参选范围。总统任期5年，可连任两届。2002年，举行独立后首次全民公决，通过宪法修正案，取消对总统连任次数的限制，并将总统候选人的年龄上限增至75岁。2011年3月4日，突过渡政府宣布，废除现行宪法。2014年1月26日，突制宪会议投票通过新宪法，确定突实行共和制，伊斯兰教为国教，总统由直选产生，任期五年，不得超过两届，实行一院制，立法机构称人民代表大会。

【议会】原为一院制，称国民议会。2002年宪法修正案改为两院制，由众议院和参议院组成。2011年3月4日，突过渡政府宣布解散参、众两院。10月23日，突制宪会议选举顺利进行。复兴运动在217个议会席位中获89席，为第一大党。2014年10月，突举行议会选举，世俗派政党“突尼斯呼声”在217席中占据85席，成为议会第一大党，投票选出的人民代表大会取代具有过渡性质的制宪会议。2014年11月，穆罕默德·纳塞尔（Mohamed Ennaceur）当选人民代表大会主席。

【政府】2015年2月，突新政府成立，包括1位总理，26位部长。2016年1月，突政府改组，新内阁由30位部长组成，主要成员有：总理哈比卜·绥德（Habib Essid），司法部长奥玛尔·曼苏尔（Omar Mansour），国防部长法尔哈特·奥沙尼（Ferhat Horchani），内政部长哈迪·马杜卜（Hedi Majdoub），外交部长赫米斯勒·朱海纳维（Khemaies Jhinaoui），地方事务部长尤瑟夫·沙埃德（Youssef Chahed），宗教部长穆罕默德·克利里（Mohamed Kh'lil），财政部长斯利姆·沙克尔（Slim Chaker），发展、投资与国际合作部长亚辛·易卜拉欣（Yassine Ibrahim）等。

【政府网址】http://www.tunisie.gov.tn。

【行政区划】全国划分为24个省，下设262个县，260个市镇。

【司法机构】最高司法委员会是突尼斯司法系统最高机构。委员会行使对法官任命、晋升、调动和纪律处分的职能。总统根据委员会的建议任命法官，委员会三分之二成员为选举产生，三分之一成员为任命，任期6年。委员会主席在级别最高的成员中选出。全国有1个最高法院，10个上诉法院，24个一审法院，83个地方法庭。每个法院下辖若干民事、刑事法庭。此外，还设有专门审理军事犯罪的军事法庭。最高法院院长为哈立德·阿亚里（Khaled Ayari）。突无独立的检察院，但在每个法院均设有检察机构。现任总检察长为鲁特非·本杰杜（Lotfi Ben Jeddou）。

【政党】突于1981年4月开始实行多党制，2011年1月本·阿里政权倒台后，过渡政府宣布取缔原执政党“宪政民主联盟”，取消党禁，大量政党涌现。目前，突共有110余个合法政党，主要是：呼声党、复兴运动、自由爱国联盟、人民阵线、前景党、保卫共和大会党、民主潮流党。

（1）突尼斯呼声（Nidda Tounes）：世俗派政党，由时任过渡政府总理的埃塞卜西于2012年6月创建，以世俗精英、前政府要员、中左翼人士为骨干。主张走世俗化道路，建设法治国家，发展自由经济，维护社会公平。在议会中有86个席位，为议会第一大党。

（2）复兴运动（Mouvement Ennahdha）：为温和伊斯兰政党，成立于1981年6月，原名伊斯兰倾向运动。上世纪90年代初遭当局打压并取缔。2011年本·阿里政权倒台后，该党获得合法地位并很快成为突政坛影响最大的政治力量。主张基于伊斯兰价值观的民主，强调突的阿拉伯、伊斯兰属性，致力于实现伊斯兰与民主和谐共存。2014年10月议会选举后，由第一大党降为第二大党，在议会中有69个席位。党主席为拉希德·格努希（Rachid Ghannouchi）。

（3）自由爱国联盟（Union Patriotique Libre）：中右党派，成立于2011年5月。依靠党主席斯利姆·里亚希个人的充足资金进行大量广告宣传，在青年群体中获得较大关注。主张维护突“革命”成果，走国家世俗化和现代化道路，坚决反对宗教极端主义和恐怖主义，提倡发展自由经济，扶持中产阶级发展。为议会第三大党，有16个席位。

（4）人民阵线（Front Populaire）：左翼政党联盟，成立于2012年10月，目前由9个政党组成，旨在巩固和整合左翼政治力量，维护广大民众特别是工薪阶层利益。主张维护突“革命”果实，追究前政权腐败分子法律责任，坚持反对恐怖主义，彻查政治暗杀事件，改革司法部门，改善工薪阶层待遇。在议会有15个席位，领导人兼发言人为哈马·哈马米（Hamma Hammami）。

（5）保卫共和大会党（Congrès pour la République）：2001年7月成立，中间派民族主义政党，坚决反对本·阿里政权，2011年1月获合法地位。汇集大量突人权人士，着力打造民主、民生捍卫者形象。在2011年制宪会议选举中获得29席，成为制宪议会第二大党，加入以复运为首的执政联盟。本届议会选举中获得4席。创始人及名誉主席为前临时总统蒙塞夫·马尔祖基（Moncef Marzouki），现任党主席伊马德·戴米（Imad Daimi）。

（6）民主潮流党（Courant Democratique）：2013年5月成立，吸纳左翼民主人士加盟，发展较快。主张实现全社会公正，注重财富平均分配，致力于实现免费教育、医疗等。本届议会选举中获得3席。党主席穆罕默德·阿布（Mohamed Abbou），曾任保卫共和大会党主席，后因党内权力之争退出保卫共和大会党，并建立民主潮流党。

【重要人物】贝吉·卡伊德·埃塞卜西：总统：1926年11月生于突尼斯市北郊。15岁即加入政党，投身民族独立斗争。24岁赴法国巴黎索邦大学法学院深造，其间担任北非穆斯林留法学生会副主席。布尔吉巴执政时期曾任内政部长、国防部长、外长。本·阿里执政时期曾任众议长。2011年突政局突变后，曾出任临时总理，于2012年6月创立呼声党，2014年12月当选突总统。

经　济

突尼斯经济中工、农、服务业并重。工业以石油和磷酸盐开采、制造业和加工工业为主。农业是国民经济重要部门，但粮食不能自给。旅游业较发达，在国民经济中占重要地位。1986年，突经济实行“结构调整计划”，由计划经济向市场经济过渡。1995年突与欧盟签署联系国协议。2008年突与欧盟启动自贸区。此后几年，突经济稳步发展，GDP年均增长5%左右。法国和意大利分别为突第一、第二大贸易伙伴。2012年，突获得欧盟给予的优先伙伴地位。突政治过渡期间，经济增长缓慢，高失业、高赤字、高通胀症状明显，旅游、磷酸盐等支柱产业受到较大冲击。突新政府采取一系列措施应对，广泛寻求国际援助，积极吸引外资，努力振兴经济。

2015年主要经济数据如下：

国内生产总值：515亿美元。

人均国内生产总值：4686美元。

经济增长率：0.5%。

货币名称：第纳尔（Dinar）。

汇率：1美元=1.97第纳尔。

通货膨胀率：4.1%。

失业率：15.3%。

【资源】主要有磷酸盐、石油、天然气、铁、铝、锌等。已探明储量：磷酸盐20亿吨，石油7000万吨，天然气615亿立方米，铁矿石2500万吨。

【工矿业】2013年工业增长率为1.67%。矿产资源主要以磷酸盐、石油为主。2014年突磷酸盐产量为390万吨，低于预期的550万吨。

【农牧渔业】全国可耕地面积900万公顷，已耕地500万公顷，其中7%为水浇地，约34.5万公顷。由于盐碱化、沙漠化等因素，每年约有2万公顷耕地流失。突2015年实现粮食生产自给自足，并有盈余用于出口。2015年前8个月食品贸易创纪录增长，顺差1.92亿美元，食品产业占国民生产总值的8.15%，食品出口占出口总额的9.7%。

突尼斯是橄榄油主要生产国之一，橄榄油产量占世界橄榄油总产量的4%—9%，橄榄油成为突主要的出口创汇农产品。全国种植橄榄6200万株，占地162.5万公顷。2015年前9个月橄榄油出口30万吨，成为全球第一大橄榄油出口国。

突全国有天然和人工牧场29万公顷。2008年牛、绵羊、山羊存栏数分别为44.9万头、409.7万只和82.8万只。2009年肉类总产量为25.6万吨，鲜奶产量103万吨，渔业产量10万吨。

【旅游业】旅游业在国民经济中居重要地位，是突第一大外汇来源。全国约800家旅馆拥有23万张床位，居非洲和阿拉伯国家前列。直接或间接从事旅游业人员达35万人，约占全国人口的3.6%，解决了12%的劳动力就业问题。旅游设施主要分布在东部沿海地带，有五大旅游中心，苏斯“康达维”中心是全国最大的旅游基地。突尼斯市、苏斯、莫纳斯提尔、崩角和杰尔巴岛是著名的旅游区。受政局剧变影响，2011年突接待外国游客约470万人次，同比下降33.3%；旅游收入约13.6亿美元，同比下降36.2%。2013年，突旅游业有所恢复，全年接待外国游客约500万人次，同比增长33.3%，旅游收入约32.3亿美元，同比增长36.2%。2014年突接待外国游客约590万人，同比下降3%，旅游收入为20亿美元。2015年，突先后发生3起严重恐怖主义袭击事件，造成大量外国游客伤亡，旅游业受到严重冲击。2015年前8个月接待游客400万人次，同比下降20%，其中欧洲游客减少50%。

【交通运输】交通运输比较发达。

铁路：总长2190多公里，其中轨距1米的窄轨铁路占1713公里，余为轨距1.44米的铁路。国营铁路公司拥有机车136辆，货车皮5267节。2009年客运总量为3860万人次，同比下降1.5%，货运量为930万吨，下降12.2%。

公路：总长2万公里。2009年公路客运量6.8亿人次，同比下降2.2%。2003年公路货运量11.84万吨。陆路运输目前占突尼斯货运总量的50%，客运总量的90%。至2007年，突拥有各类机动车辆150万辆。

海运：有30个港口，其中8个为大型商业港口，1个为石油转运港。有2支船队，总吨位22.4万吨。主要港口是突尼斯－古莱特、比塞大、布尔基巴、斯法克斯、加贝斯、苏斯、扎尔西斯、拉迪斯及斯基拉港等，2009年海运量为2630万吨，同比下降7.3%；客运总量72万人次，同比增长4.5%。

空运：有两个国营航空公司，主要是突尼斯航空公司。全国共有91架各型号客机。突与国内外44个城市通航。年客运总量为1200万人次。2009年突航空客运量1080万人次，同比下降5%。全国有7个国际机场：突尼斯－迦太基、莫纳斯蒂尔－卡奈斯、杰尔巴－扎尔齐斯、斯法克斯－蒂纳、杜泽尔－内夫塔、塔巴卡－11.7和加夫萨－盖斯尔。

【财政金融】2011年以来，突高赤字、高通胀症状明显，外汇储备短缺。2015年前10个月突公共债务为444.6亿第纳尔，占GDP的51.4%，其中外债280.6亿第纳尔，占GDP的32.5%。

【对外贸易】突推行贸易自由化政策，迄今自由进口的商品额占进口总额的85%，自由出口的商品额占出口总额的95%。近年来突尼斯对外贸易情况如下（单位：亿美元）：

	2012	2013	2014	2015
总额	410	424.1	362	672
出口额	172	174.6	146	276
进口额	238	249.5	216	396
差　额	–66	–74.9	–70	–120

欧盟是突的主要贸易伙伴，其中法国、意大利、德国是与突贸易名列前三名的国家，2013年在突进出口中所占比例如下：

	出口（%）	进口（%）
法国	26.2	19.8
意大利	16	16.7
德国	9.4	7.3

突主要出口产品是机械和电子工业品、矿产、磷酸盐及其衍生产品、纺织品、橄榄油等。进口产品主要是能源、机电设备、汽车、棉花、农业和食品加工产品等。

【外国资本】突外国直接投资主要来自欧盟、美国和阿拉伯国家。截至2013年年底，突外国直接投资存量达346.4亿美元。2013年，突外国直接投资总额约9亿欧元，同比增长24%。法国是突最大投资来源国，投资总额为9200万欧元。德国、意大利位列第2、第3位。2015年，突外国直接投资额为19.73亿第纳尔，同比增长9.2%。

人民生活

突尼斯自20世纪70年代以来，实行对基本食品实施物价补贴的社会福利政策。90年代后，政府开始缩小补贴范围，减少补贴费用，分期提高基本食品价格，同时采取措施，保护困难户和低工资收入者的购买力。2010年突最低工资收入为251.52第纳尔（每周48小时）和216.96第纳尔（每周40小时）。全国78%的人拥有自己的住房，74%的居民享受医疗保险，8%的居民持有免费医疗证。中产阶层和社会保障覆盖率分别达80%和93%。

全国卫生系统共有各类医务人员和职工4万人。全国平均每1200人有1名医生，平均每6500人有1名牙医，平均每330人有1名护士。医疗设施分公立医院、私人医院和个人诊所，以公立医院为主，共176所，有17269张床位，私人医院有床位1800张，另有卫生站1050个。全国有21%的家庭拥有汽车，90%的家庭拥有电视机，82%的家庭拥有冰箱，34%的家庭拥有洗衣机，6%的家庭拥有空调，99.9%的家庭拥有固定电话，80%的人拥有移动电话，90%的家庭享有饮用水和供电。2010年突人口增长率为1.29%，人均寿命74.7岁，婴儿死亡率1.68%。2008年突贫困率为3.8%，贫困家庭8万户。

军　事

1956年建立国民军，1959年建立海军和空军。总统为武装部队总司令。1975年起突尼斯实行义务兵役制，服役期1年。总兵力约4万人。陆军3.1万人，包括3个机械化步兵旅、1个撒哈拉旅、1个特种部队群和8个团，拥有各类坦克和装甲车405辆、炮482门、导弹156枚（具）。海军5000人，拥有各类舰艇40艘。空军4500人，有各型军用飞机70余架，直升机80架。有国民警卫队约4万人。军事装备主要来自法国、美国、意大利。

文化教育

【教育】突尼斯实行基础义务免费教育制（至16岁），从1989/1990学年起，将过去的小学6年、初中3年合并为9年一贯制基础教育。全国近1/4的人口在各级学校学习。小学入学率99%，大学入学率为31.7%。2009年文盲率为19.4%，小学、中、高等教育的人口覆盖率分别为35%、32%、8%。2010/2011学年有中小学5821所，中小学生193.9万。各类大专院校178所，学生33.6万，其中大学共16所：宰敦大学（伊斯兰高等学府）、突尼斯大学、突尼斯玛纳尔大学、迦太基11.7大学、玛努巴大学、中部大学、斯法克斯南方大学等。

【新闻出版】主要报刊有：《复兴报》《自由报》和

《新闻报》。主要周刊有《现实》等。

突尼斯非洲通讯社（Tunis Afrique Presse）：简称"突通社"，创建于1961年1月，为国家通讯社。现有记者、编辑550余人。在巴黎、波恩、纽约、布鲁塞尔、阿尔及尔、拉巴特、开罗、科威特、达喀尔等地派有常驻记者。

突尼斯广播电视总署：1990年成立，国营，统管全国广播和电视工作，下设主席办、办公厅、电视总局和广播总局。突尼斯国家广播电台于1936年首播，现有3个全国性频道对外广播，1个为国内频道，每天24小时以阿文广播；1个为国际频道，每天18小时，以法、德、意、英和西语对外播音；还有1个青年频道，1995年11月开播。此外还有5个地方台。突尼斯国家电视台于1966年6月1日起开播，现分一台（阿文）和二台（法文），还有突尼斯7台和青年台。突直接转播意大利国家电视台和法国商业电视台节目。1991年始设有线电视台转播法国有线电视台节目。

对外关系

突尼斯奉行温和、务实、平衡的外交政策。坚持外交为经济建设和提升国际地位服务，致力多元外交。重点发展与欧盟特别是法国的关系，注重加强同阿拉伯国家的经济合作，积极推动马格里布联盟和地中海联盟建设，同时致力提升同亚洲国家，特别是中、日、韩的关系。迄今为止，突与世界138个国家建立了外交关系。

【对当前重大国际和地区问题的态度】关于国际形势：认为当今世界政治经济形势使各国面临新的机遇和挑战。地区冲突、饥饿、贫困等问题仍然存在，国际金融危机的负面影响还未完全消除。国际社会应共同努力并承担责任，推动实现可持续发展及合作、宽容、团结、互助价值观的形成，促进世界各国共同发展。

关于安理会改革：赞同对包括安理会在内的联合国进行改革，提高安理会效率。改革应是全面和长期的，应关注发展问题和发展中国家的代表性。改革应分阶段、分步骤进行，不能因改革而导致成员国分裂。突坚持非盟共同立场，并支持阿盟在安理会享有合理代表权。

关于中东问题：支持巴人民为恢复合法权利、建立独立国家的斗争。呼吁世界上有影响力的大国、中东问题各方应共同努力，重启和平进程，早日结束巴人民苦难。突赞同巴实现内部和解，支持巴勒斯坦加入联合国的努力。

关于阿拉伯国家局势动荡：认为一些阿拉伯国家局势出现不稳是各类问题多年积累所致。阿拉伯国家在过去20多年里未根据形势变化推进社会经济发展，部分社会群体和地区被忽视，矛盾激化，引发动荡。突希望阿拉伯国家局势尽快实现稳定，产生新一代领导人。西亚北非需要变革，各国政体、政权与民众的关系均需调整。各国统治者应回应民众变革呼声。

【同中国的关系】1964年1月10日，周恩来总理访突尼斯时两国宣布建交。1967年9月中方关闭驻突使馆，1971年10月复馆。近年来中突双边关系不断发展。

2011年，突政局发生动荡后，中突友好合作关系实现了平稳过渡，继续保持顺利发展。

2014年1月，张明副外长访突；6月，突过渡政府外长哈米迪来华出席中阿合作论坛第六届部长级会议。9月，突尼斯复兴运动党主席格努希访华，中央政治局委员、中央组织部部长赵乐际会见。12月，全国人民代表大会常务委员会委员长张德江向突尼斯人民代表大会主席纳塞尔致就职贺电。国家主席习近平向突尼斯新任总统埃塞卜西致就职贺电。

2015年2月，突新政府成立后，李克强总理向新任总理绥德致就职贺电。6月，埃塞卜西总统就"东方之星"沉船事件向习近平主席致慰问信。同月，汪洋副总理出席在罗马举行的联合国粮农组织特别活动期间，同绥德总理简短寒暄。7月，突外交部国务秘书谢勒法来华举行中突两国外交部政治磋商。9月，突总统代表、国防部长奥沙尼来华出席中国人民抗日战争暨世界反法西斯战争胜利70周年纪念活动。12月，突外交部长巴库什出席中非合作论坛约翰内斯堡峰会。

2015年1月至9月，中突贸易总额达10.7亿美元，同比下降1.7%。其中，中方出口额为9.2亿美元，同比上升0.4%，进口额为1.4亿美元，同比下降13.3%。

中国驻突尼斯大使：边燕花。馆址：突尼斯市多克特尔－布尔内大街22号（22，Rue Du Docteur-Burnet-/Tunis）。国家地区号：00216。电话：71780064；传真：71792631。电话：718459453，71845805（经商处）；传真：71841996（经商处）。

突尼斯驻华大使：塔雷克·阿姆里（Tarek Amri）。馆址：北京市朝阳区三里屯东街1号。电话：010–65322435，65322436。

【同法国的关系】突法关系较深，经济合作密切。法国在突尼斯外贸和外资中居首位，也是突旅游业的主要客源。突是人均接受法对外援助最多的国家，法每年向突提供约1亿欧元的援贷款。法是突军事装备的主要来源国之一，每年为突培训近百名中级军官，两国经常举行联合军事演习。2013年3月，突制宪会议议长本·加法尔访法。2014年1月，法总统奥朗德赴突出席突新宪法颁布仪式；同月，突外长哈米迪访法；4月，法外长法比尤斯访突；同月，突总理朱玛访法。同月，突总理朱玛访法。9月，法总理瓦尔斯及外长法比尤斯赴突出席突国际投资大会。2015年3月，奥朗德总统赴突出席反恐大游行；4月，埃塞卜西总统对法国进行国事访问；11月，巴黎恐袭发生后，埃塞卜西总统赴法国，会见奥朗德总统，强烈谴责恐袭。

【同美国的关系】突美关系密切。美较重视突尼斯对马格里布地区稳定的作用。2014年1月，美国副国务卿伯恩斯访突；同月，美国务卿克里访突；4月，突总理朱玛访美；5月，突制宪会议议长加法尔访美；同月，突美举行第28届军事混委会会议；8月，突总统马尔祖基赴美出席首届美非峰会。2015年5月，埃塞卜西总统对美国进行正式访问；11月，美国国务卿克里访突。

【同欧盟国家的关系】欧盟是突尼斯最大贸易伙伴和投资方。突同欧盟贸易占其对外贸易总额的80%。1995年7月，突同欧盟正式签署了"欧洲—地中海国家联系国协议"，并在2008年启动了突欧自由贸易区，系首个签署协议并启动自贸区建设的地中海南岸国家。2012年11月，突获得欧盟给予的优先伙伴地位。2013年1月，欧洲理事会主席范龙佩访突；2月，突总统马尔祖基访问欧洲议会；3月，突总统马尔祖基访问德，德外长韦斯特韦勒访突。2014年1月，欧洲理事会主席范龙佩、意大利议长赴突出席突新宪法颁布仪式；同月，突制宪会议议长加法尔访问欧洲议会；2月，意大利总理伦奇访突；4月，德国外长施泰因迈尔访突；6月，突总理朱玛访问德国；7月，卢森堡外交大臣阿瑟伯恩访突；同月，西班牙外交与合作大臣马加略访突。2015年4月，欧洲理事会主席图斯克访突；同月，德国总统高克对突进行国事访问；5月，意大利总统马特雷拉访突；同月，绥德总理访问欧盟总部；11月，埃塞卜西总统访问瑞典；同月，绥德总理访问德国。

【同马格里布国家的关系】突尼斯积极推动马格里布联盟建设，重视睦邻友好，以维护周边安全。突与地区各国高层互访频繁，并建有高级别混委会。2014年1月，突总理朱玛访问阿尔及利亚；同月，毛里塔尼亚总统阿齐兹赴突出席突新宪法颁布仪式；同月，阿尔及利亚总理塞拉勒访突，与突总理朱玛共同主持两国高级别混委会；同月，突总理朱玛访问摩洛哥；5月，突总理朱玛访问阿尔及利亚；同月，摩洛哥国王穆罕默德六世访突。9月，阿尔及利亚总理萨拉勒、摩洛哥政府首脑班基兰赴突出席突国际投资大会。2015年2月，埃塞卜西总统对阿尔及利亚进行正式访问；4月，埃塞卜西总统会见利比亚临时政府总理萨尼；5月，绥德总理访问阿尔及利亚。

【同其他阿拉伯国家的关系】突尼斯坚持相互尊重国家主权、不干涉内政、睦邻友好、通过谈判解决阿拉伯国家间分歧的原则，同所有阿拉伯国家发展友好关系。突支持巴勒斯坦人民正义事业，巴解政治部现仍设在突。突同情伊拉克人民因制裁所遭受的苦难，向伊提供了部分人道主义援助。2013年1月，苏丹外长库尔提、沙特外交大臣费萨尔分别访突；同月，巴勒斯坦民族权力机构主席阿巴斯、埃及参议长法赫米出席突革命两周年庆祝活动。2014年2月，突总理朱玛访问阿联酋、卡塔尔、沙特、巴林、科威特五国；5月，突外长哈米迪赴多哈出席多哈中东经济愿景会议。2015年3月，埃塞卜西总统出席在埃及沙姆沙伊赫举行的第26届阿盟峰会；5月，巴勒斯坦民族权力机构主席阿巴斯访突；9月，埃及总理马哈拉卜访突；10月，埃塞卜西总统访问埃及、约旦；11月，绥德总理访问约旦、卡塔尔。同月，埃塞卜西总统访问沙特。

（朱晓薇）

乌干达

国名　乌干达共和国（The Republic of Uganda）。

面积　241550平方公里（其中陆地面积199807平方公里，水面和沼泽地为41743平方公里）。

人口　4010万（2015年）。全国约有65个民族。按语言划分，有班图人、尼罗人、尼罗－闪米特人和苏丹人四大族群。每个族群由若干民族组成。班图族群占总人口的2/3以上，包括巴干达（占总人口的18%）、巴尼安科莱（占总人口的16%）、巴基加和巴索加等20个民族。尼罗族群包括兰吉、阿乔利等5个民族。尼罗—闪米特族群包括伊泰索、卡拉莫琼等7个民族。苏丹族群包括卢格巴拉、马迪等4个民族。官方语言为英语和斯瓦希里语，通用卢干达语等地方语言。居民主要信奉天主教（占总人口45%）、基督教新教（40%）、伊斯兰教（11%），其余信奉东正教和原始拜物教。

首都　坎帕拉（Kampala），人口162万（2013年）。年平均气温23℃左右，4、5、9、10月份为雨季，其余为旱季。

国家元首　总统约韦里·卡古塔·穆塞韦尼（Yoweri Kaguta Museveni），1986年1月武装夺取政权，并出任总统。1996年5月成为民选总统，2001年3月蝉联。2006年乌实行多党选举后，穆于2006年2月、2011年2月、2016年2月三次连任总统。

重要节日　独立日：10月9日；抵抗运动胜利日：1月26日；建军节：2月6日。

简　况　位于非洲东部、地跨赤道的内陆国。东邻肯尼亚，南与坦桑尼亚和卢旺达交界，西与刚果民主共和国接壤，北与南苏丹毗连。境内多为海拔1200米左右的高原，丘陵连绵、山地平缓。东非大裂谷的西支纵贯西部，谷底湖泊众多。南部拥有非洲最大的淡水湖——维多利亚湖（面积约6.7万平方公里）近一半的水域，为著名的尼罗河源头之一。属热带草原气候，年平均气温22℃左右，气候温和、雨量充沛。

公元1000年，地处乌南部的布干达地区就建立了王国。19世纪中叶，布干达王国成为东非地区最强盛的国家。1850年后，阿拉伯商人和英国、德国殖民主义者相继进入布干达，布境内爆发了基督教、天主教和伊斯兰教信徒间的连年战争，布干达王国迅速衰落。1890年，英、德签订瓜分东非协议，布干达划为英势力范围。1894年6月，英宣布布干达为其“保护国”。1896年，英将“保护国”范围扩展到乌全境，并于1907年在乌设总督。

1962年10月9日，乌宣布独立，保留布干达等4个自治王国，成立乌干达联邦，仍留在英联邦内。1963年10月，乌修改宪法，取消英派驻乌的总督，由布干达国王穆特萨二世任总统。1966年4月，奥博特任总统。1967年9月，废除封建王国和联邦制，建立乌干达共和国。1971年1月，阿明发动政变，同年3月就任总统。1979年4月乌全国解放军攻占首都，卢莱、比奈萨、穆万加先后担任总统或国家元首。1980年12月，奥博特在大选中获胜，再度出任总统。1985年7月，奥凯洛发动政变，推翻奥博特政权，并出任国家元首。1986年1月25日，全国抵抗军攻占首都，推翻奥凯洛军政权，29日，穆塞韦尼就任总统。

政　治

自1986年穆塞韦尼执政后，结束了乌连年内战的混乱状态，建立并逐步完善以乌干达全国抵抗运动（1995年后更名为乌干达全国运动，2003年改为全国抵抗运动组织，以下简称“抵运”）为核心的独特的“运动制”政治体制（为乌特有的一种党政合一的政治制度，它包容各政党、民族、教派和各界人士，允许政党存在但限制其活动），力促民族和解，化解宗教矛盾，组成了以“抵运”为主，兼顾各方利益的基础广泛的联合政府，政局日趋稳定。

2005年，乌政治体制发生重大转变。7月，通过全民公决改行多党制，并通过以取消总统任期限制为主要内容的宪法修正案。11月，“抵运”全国代表大会选举穆塞韦尼为“抵运”主席和总统候选人参加2006年乌总统选举。2006年2月23日，乌举行首次多党大选。25日，全国选举委员会宣布穆塞韦尼以59.28%的支持率再次当选总统。2011年2月18日，乌举行第二次多党大选。20日，乌选举委员会宣布穆以68.38%的得票率再次胜出。2014年9月，穆塞韦尼解除总理姆巴巴齐职务，并任命时任卫生部长鲁哈卡纳·鲁贡达为新总理。2016年2月18日，乌举行全国大选。20日，全国选举委员会宣布穆塞韦尼以60.75%的得票率连任胜选。

【宪法】1995年10月8日正式颁布实施新宪法，2005年11月修改。规定总统由直接选举产生，任期五年，无任期限制；议会有权弹劾总统和罢免不称职的部长，总统的重大任命、决定和签署重要条约均应先经议会批准；成立由部分内阁成员和议员组成的国务委员会，负责解决政府与议会之间的矛盾，出现政治危机时充当总统顾问，并代表议会批准总统的任命。

【议会】1986年抵运政府成立后，由“全国抵抗运动委员会”代行临时议会职能。根据1995年新宪法，乌于1996年6月选举产生新的国民议会，运动制拥护者获议会多数席位。2011年产生第九届议会。议会共设375席，其中包括238名直选议员、112名地区妇女代表、10名军队代表、5名残疾人代表、5名工人代表、5名青年代表。执政党全国抵运组织共有264名议员，占议员总数的70.4%。议长丽贝卡·阿利图瓦拉·卡加达（Rebecca Alitwala Kadaga），2011年5月就任。

【政府】本届政府于2011年5月成立，2013年5月、2014年9月两次改组，主要成员有：总统约韦里·卡古塔·穆塞韦尼（Yoweri Kaguta Museveni），副总统爱德华·塞瓦努卡·塞坎迪（Edward Kiwanuka Ssekandi），总理鲁哈卡纳·鲁贡达（Ruhakana Rugunda），第一副总理兼公职部长亨利·卡朱拉（Henry Kajura），第二副总理摩西·阿里（Moses Ali），卡拉莫贾地区事务部长珍妮特·卡塔哈·穆塞维尼（Janet Kataha Museveni，女），总统事务部长弗兰克·图姆韦巴泽（Frank Tumwebaze），总理事务部长塔尔西斯·卡布韦盖雷（Tarsis Kabweigyere），贸易和工业部长阿梅莉亚·安妮·基扬巴德（Amelia Anne Kyambadde，女），水资源和环境部长伊弗雷姆·卡蒙图（Ephraim Kamuntu），农牧渔业部长特雷斯·布坎南扬迪（Tress Buchanayandi），国防部长克里斯珀斯·基永加（Crispus Kiyonga），减灾与防灾部长希拉里·奥尼克（Hilary Onek），土地、住房与都市开发部长达乌迪·米盖雷科（Daudi Migereko），卫生部长托姆韦西杰·埃利奥达（Tumwesigye Elioda），外交部长萨姆·库泰萨（Sam Kutesa），教育部长杰西卡·阿卢波（Jessica Alupo，女），能源与矿业部长艾琳·穆洛尼（Irene Muloni，女），新闻与全国指导部长吉米·穆哈维兹（Jim Muhwezi），通信与信息通信技术部长约翰·恩武诺·纳萨西拉（John Nwoono Nasasira），地方政府部长阿道夫·姆韦西杰（Adolf Mwesigye），不管部长亚伯拉罕·比扬达拉（Abraham Byandala），安全部长玛丽·卡鲁罗·奥库鲁特（Mary Karooro Okurut，女），财政、计划与经济发展部长马蒂亚·卡塞加（Matia Kasaija，女），工程与交通部长约翰·毕甘姆比（John Byabagambi），总检察长弗雷德·鲁辛迪（Fred Ruhindi），政府督导纳恩卡比尔瓦·鲁斯（Nankabirwa Ruth），旅游与野生动植物部长玛利亚·穆塔甘巴（Maria Mutagamba，女），司法与宪法事务部长卡欣达·奥塔菲雷（Kahinda Otafiire），内政部长阿龙达·尼亚卡伊里马（Aronda Nyakairima），性别、劳工和社会事务部长穆卢里·穆卡萨（Muruli Mukasa）。

【行政区划】乌干达行政区划有过多次变迁和调整。乌现有111个区（District）和1个首都市。

【司法机构】全国设高等法院、上诉法院和地方法院。政府设司法和宪法事务部长。首席法官本杰明·奥多基（Benjamin Odoki）。

【政党】现有30多个注册政党，主要有：

（1）全国抵抗运动组织（The National Resistance Movement Organization—NRMO）：简称“抵运”，执政党。1981年6月，穆塞韦尼创建反政府组织“全国抵抗运动”，其军事组织为“全国抵抗军”，政治组织为“全国抵抗运动委员会”，下设各级基层委员会。1986年1月“抵运”夺取全国政权，全国抵委会代行议会职能，各级抵委会取代各级地方行政机构，“运动制”在全国确立。1995年9月，乌制宪议会通过新宪法，规定“运动制”延续到2000年，每五年举行一次全民公决，由全体人民就继续实行“运动制”还是改行多党制作出选择。1996年6月，乌选举产生国民议会，取代全国抵委会的议会职能。2000年6月乌举行全民公决，决定保留“运动制”。2005年7月乌全民公决决定弃“运动制”改行多党制。至此，在乌实行近20年的“运动制”宣告退出历史舞台，“抵运”遂转变为政党。

“抵运”的政治纲领通常被称为“十大纲领”，由穆塞韦尼制定，1984年7月颁布，其宗旨是：建立人民民主制度；恢复和保障人身及合法财产的安全；加强民族团结和消除一切形式的宗派主义；捍卫和巩固民族独立；建立一个独立、一体化、能自我生存的国民经济；恢复和改善社会公益设施，重建被战争破坏的地区；消除腐败和滥用职权；安置无家可归者和改善人民生活；与其他非洲国家携手合作，捍卫非洲人民的民主权利和建立混合经济体制。1999年4月，“抵运”全国执委会在原有“十大纲领”基础上补充了环境保护、就业、扶贫等纲要，使之扩充为“十五大纲领”。

（2）民主变革论坛（The Forum for Democratic Change）：由原改革议程组织、议会鼓动论坛和全国民主论坛于2004年8月8日合并组成，简称“论坛”，最大反对党。口号是“一个国家、一个民族”。该党吸收了乌前第一副总理兼内政部长卡泰加亚、前军队司令蒙图、前国外安全局长普科尔等曾居运动政府要职的运动元老和重量级政客，并推举贝西杰为其临时执委会主席。2006年2月贝在乌首次多党大选中获得37.36%的支持票。该党与保守党、正义论坛和社会民主党组成“党际联盟”，推举贝西杰为其共同候选人参加2011年大选。贝得票率26.01%，仅次于穆塞韦尼。2016年，贝代表民主变革论坛再次参加总统选举，获得35.37%的选票。

（3）民主党（The Democratic Party）：反对党。成立于1956年，受天主教派支持，在巴干达族和城市工商界中影响较大，在国际上得到英、美、德、梵蒂冈等西方国家青睐。1961年在大选中获胜，组成第一届乌干达自治政府。翌年在议会选举中败给人大党与卡巴卡耶卡党的联盟。1969年12月被人大党政府取缔。1973年，该党宣传书记保罗·塞莫格雷雷流亡美国，在美重建民主党。后该党加入乌全国解放阵线并参加了阿明下台后的历届政府。1992年5月在坎帕拉等地开始陆续重建支部并恢复活动。信奉自由资本主义，主张议会民主；抨击“运动制”为一党专制，呼吁实行多党民主，并抵制了2000年6月举行的乌政体全民公决。该党总统候选人毛在2011年大选中得票率为1.86%。

（4）乌干达人民大会党（The Uganda People's Congress）：简称“人大党”，反对党。创建于1960年3月，由以奥博特为首的乌国民大会党激进派同民族进步党、乌干达人民联盟党合并而成。1964—1971年和1980—1985年，人大党两次成为执政党，奥博特两度出任总统。1986年1月“抵运”执政后，该党部分领导人以个人身份参加了“运动”政府。该党总体对“运动”政府采取不合作态度，并抵制了2000年6月的政体全民公决。前总统奥博特夫人米瑞娅·奥博特作为该党候选人参加了2006年2月大选，获0.82%支持票。该党总统候选人奥图努在2011年大选中得票率为1.58%。

（5）保守党（The Conservative Party）：原名卡巴卡耶卡党，成立于1960年9月，1980年5月改为现名。1962年，该党与人大党联手参加大选获胜，布干达国王穆特萨二世出任总统。1964年，该党被人大党排挤出内阁，穆特萨流亡英国。代表布干达封建酋长和王室贵族利益，反对政府集权，主张建立联邦，恢复保障联邦制的1962年宪法，实行多党制与议会上下两院制，但采取与“抵运”政府合作的态度。现任主席约翰·肯·卢克雅木齐（John Ken Lukyamuzi）。2011年大选前，该党加入由民主变革论坛等反对党组成的“党际联盟”。

【主要反政府武装】（1）上帝抵抗军（Lord's Resistance Army，LRA）。1987年年初，一名自称艾丽丝·拉奎娜（Alice Lakwena）的女巫聚集起五六千人，打出“圣灵运动”（The Holy Spirit Movement，HSM）的旗号，活动于乌北部地区。后在政府军围剿下，拉奎娜逃往肯尼亚。1989年后，“圣灵抵抗军”的残余分子由拉奎娜之弟约瑟夫·科尼（Joseph Kony）领导的乌干达人民民主军（UPDA）残部所吸收，改称“上帝抵抗军”，驻扎在苏丹南部（现南苏丹境内）、刚果（金）东部地区，在乌北部地区继续作乱，扰乱社会治安。乌政府自1993年起开始了对上帝抵抗军的清剿。2002年3月以来，在苏丹政府的配合下，乌军进入苏南部对“上帝抵抗军”进行大规模围剿，北部安全形势得到较大改观。2006年7月起，乌军与上帝抵抗军开始了时断时续的和谈，双方于2006年8月26日签署了20年来首个正式协议——《停止敌对状态协议》，但谈判双方在很多议题上仍存在分歧，和谈进程面临不少障碍。2007年，和谈形势趋于好转，乌政府军先后与上帝抵抗军签署新的停火协定和《责任与和解协议》，上帝抵抗军还首次派团赴首都谈判，乌北部安全形势继续改善。2008年3月26日双方签署了《监督与实施协议》，谈判正式结束。但科尼以国际刑事法院未解除对其通缉、人身安全缺乏保障为由，拒绝签署《最终和平协议》。2008年12月，乌军与刚果（金）、苏丹南方军队对上帝抵抗军采取联合军事行动，重创上帝抵抗军，其残余势力逃窜至中非共和国，已不再对乌北部构成威胁。2012年3月，乌干达、南苏丹、刚果（金）和中非四国成立5000人的联合部队用于打击上帝抵抗军。

（2）民主同盟军（Allied Democratic Forces，ADF）。其成员多为青年穆斯林极端主义者，声称要从运动制下解放全国并建立伊斯兰国家。领导人姆波扎（Mpoza），原为政府军一名副营长。1997年乌支持卡比拉推翻蒙博托后，与刚果（金）政府达成谅解，刚果（金）协助乌军在两国边境共同围剿ADF，ADF遭毁灭性打击。1998年，乌以追剿西部叛匪为名出兵刚果（金）东部，刚果（金）政府予以强烈谴责。ADF活动一度又趋活跃，以刚果（金）东部地区为依托，频频袭击乌西部有关地区，使乌西部地区安全受到严重威胁。后乌政府军占领刚东部地区，获得较大战略纵深，切断了ADF的补给线，给予其重创。

【重要人物】约韦里·卡古塔·穆塞韦尼：总统兼武装部队总司令、全国运动主席。1944年出生，巴尼安科莱人。1966—1969年在坦桑尼亚达累斯萨拉姆大学攻读政治经济学，获学士学位。1970年回国后任奥博特总统府研究助理秘书。1971年阿明上台后流亡坦桑，参加反对阿明的斗争。1979年阿明被推翻后任全国解放阵线执委兼军委会副主席，历任国防国务部长、国防部长和地区合作部长等职。1980年创建“乌干达爱国运动”。1981年6月，穆与卢莱共同创建“乌干达全国抵抗运动”，先后任副主席、临时主席、主席。1986年1月推翻奥凯洛军政府，就任总统兼国防部长、武装部队总司令。1996年5月在乌首次全民大选中当选总统，2001年3月蝉联。2006年乌实行多党选举后，穆于2006年2月、2011年2月两次连任。曾于1989年、1996年和2004年三次访华，2006年11月来华出席中非合作论坛北京峰会。2015年3月来华进行国事访问并出席博鳌亚洲论坛2015年年会。已婚，有三女一子。

经济

自然条件较好，土地肥沃，雨量充沛，气候适宜。农牧业在国民经济中占主导地位，分别占国内生产总值的70%和出口收入的95%，粮食自给有余。工业落后，企业数量少、设备差、开工率低。对外贸易在国民经济中占重要地位。

是联合国公布的世界最不发达国家之一。由于连年战乱，经济一度濒临崩溃。1986年“抵运”执政后，实行务实、稳妥的经济发展政策，积极进行结构调整，优先发展农业，整顿国营企业，扶植私人经济，推行自由贸易等措施。自1991年以来，经济年均增长6%左右。受国际金融危机影响，乌棉花、渔业、咖啡等传统支柱产业出口萎缩，经济增速下滑。2015年6月发布《2015—2020国家发展计划》，为今后5年国家发展确定了总体目标。

2015年主要经济数字如下：

国内生产总值：237.7亿美元。

人均国内生产总值：593美元。

国内生产总值增长率：5.1%。

通货膨胀率：3.9%。

外债：56.2亿美元。

外汇储备：28.2亿美元。

货币名称：乌干达先令。

汇率：1美元=3241乌干达先令。

（数据来源：2016年3月《伦敦经济季评》预测）

【资源】已探明矿产资源有：铜、锡、钨、绿柱石、铁、金、石棉、石灰石和磷酸盐等。近期在西部阿尔伯特湖区发现了储量丰富的石油资源。森林覆盖率为12%，产硬质木材。水产资源丰富，维多利亚湖是世界上最大的淡水鱼产地之一。水力发电潜力约2000兆瓦。乌西部阿尔伯特湖附近发现石油。

【工业】工业落后。主要工业部门有建筑、食品、饮料、烟草、钢铁、五金、金属矿产、纺织、服装、皮革及制鞋等。企业数量少，规模小，设备差且使用率较低。为吸引外资发展工业，“运动”政府于1991年成立投资局，迄已吸引2000余家外资企业赴乌投资，实际投资额超过25亿美元。乌政府大力推行私有化政策，目前已有122家国有企业实现私有化，尚有36家国企待出售。2014年，工业产值占国内生产总值的24.9%。

【农业】农牧业在整个国民经济中居主导地位，农业人口约占全国人口的80%。粮食自给有余。全国可耕地面积占陆地总面积的42%，已耕地面积500万公顷。主要粮食作物有饭蕉、小米、木薯、玉米、高粱、水稻等。主要经济作物有咖啡、棉花、烟草、茶叶等。2014年，农林牧渔业产值占国内生产总值的23.4%。

【渔业】河流湖泊面积36902.6平方公里，渔业资源较丰富。渔业是乌经济的一个重要组成部分，渔产品是乌重要出口产品，2012年，乌干达渔业收入为1.426亿美元。

【旅游业】20世纪60—70年代初，旅游业是仅次于咖啡和棉花的第三大创汇产业。但此后连年不断的内战使旅游业遭到严重破坏。“抵运”执政后，随着国内局势日益稳定，旅游设施逐步恢复，旅游业得以复兴。1992—1996年，旅游业产值年均增长18%。1998年，外国游客达25万人次，旅游收入1.25亿美元，旅游业产值已占国内生产总值的4.5%，成为仅次于咖啡的第二大出口创汇来源。1999年以来，因受治安问题及9·11事件影响，赴乌旅游人数有所下降。2002年后旅游业恢复较快，2014年入选撒哈拉以南非洲十大新兴旅游目的地。据世界银行估计，乌旅游业产值达10亿美元，约占GDP的5.6%。主要旅游点有尼罗河源头、伊丽莎白国家公园和基代坡河谷国家公园等。

【交通运输】乌为内陆国家，90%以上的进出口物资经肯尼亚的蒙巴萨港。国内运输以公路为主。2008/2009财年，交通运输产值10080亿先令，占GDP的3.37%。据乌官方统计，近年运输情况如下：

公路：总长约7.8万公里，承担99%的客运和95%的货运。2008年机动车保有量约47万辆。

铁路：总长1241公里。自1997年以来，铁路客运停止运营，但铁路运输仍为乌进出口货物的一种方式。货物运输量2005年达18.6万吨公里。

空运：2008年客运量为99.8万人次，货运量68.6万吨。

【财政金融】乌财政来源主要有三个方面：税收、国外援助和出口。2005年初乌对税务局进行了改革，改进了管理效率，增强了直接税收。2015/16财年乌预算支出为81亿美元，其中10.8亿美元将用于电力、道路、机场扩建及信息科技等基础设施建设领域，6.8亿美元将用于教育事业，5.4亿美元将用于提升安保力量。

【对外贸易】在国民经济中占重要地位，近年来进出口额总体呈增长趋势。2014年，乌对外贸易总额为76.87亿美元，其中出口26.60亿美元，进口50.87亿美元。主要出口商品有：咖啡、渔产品、烟草、玉米、花卉、皮革等。乌主要进口商品有：成品油、汽车、钢铁、电讯和声像设备、医疗设备和药品等。

【外国资本】乌投资局极力吸引外资，将外资集中引入到园艺、食品加工、纺织和包装业等领域。2014年，乌吸引外国投资11.5亿美元。截至2014年年底，乌吸收外资存量达99.2亿美元。

【外国援助】“抵运”执政后，乌政局稳定，经济情况不断好转。尤其是乌政府接受国际货币基金组织和世界银行提出的经济结构调整方案后，乌外援不断增加，美、英等西方国家将乌列为对非重点援助国。近年来，乌商业环境改善显著，得到国际社会青睐，外援大幅增长。外援中，多边援助主要来自世界银行、国际货币基金组织、联合国开发计划署和欧盟，双边援助主要来自美国、英国、德国、丹麦和荷兰。2012/2013财年，乌接受外国援助11亿美元，占预算收入的25%。

人民生活

根据联合国《2014年世界人类发展报告》，乌人类发展指数在187个国家和地区中排名第164位。乌人口年均增长率为3.582%。人均预期寿命53.45岁。出生率47.38‰，死亡率11.54‰（2011年）。

近25年来，乌医疗卫生事业取得长足进步，人民生活逐步改善。1986—2011年间，婴儿死亡率从1986年的122‰降至54‰；孕妇死亡率从9‰降至4.38‰。近年来，乌成人艾滋病感染率已下降至6%。乌传染病风险较高，乡村地区儿童大多营养不良。2010年年底，乌北部爆发黄热病疫情，造成数百人感染，50多人死亡。2012年7月，乌首都附近爆发埃博拉疫情，造成17人死亡。

军　事

“乌干达人民国防军”创建于1981年2月，当时称“全国抵抗军”，后称“乌干达人民抵抗力量”，抵运执政后改为政府军。1995年1月起用现名。1987年组建空军。军队统帅为穆塞韦尼总统，现任乌军总司令爱德华·卡通巴·瓦马拉（Edward Katumba Wamala）。

根据乌政府与西方国家的有关协议，乌每年军费开支占国内生产总值的2%以内，乌军费紧缺。

文化教育

【教育】实行英国教育体制：小学7年，初中4年，高中2年。麦克雷雷大学为乌最高学府，始建于1937年，目前在校本科生约3.5万名，研究生约3000名。此外还有姆巴莱伊斯兰大学、姆巴拉拉科技大学、东非基督教大学、乌干达烈士大学等20余所大学。全国10岁以上人口识字率70%。自1997年起实行免费教育制度，政府为全国每户四个孩子提供免费小学教育。2008年小学校达到14179所，教师13.1万名，在校生747万人；初中1907所，教师40352名，初中在校生83万人。

【新闻出版】共有10余种用英语和卢干达语出版的全国和地区性报刊，发行总量约10万余份。主要报刊：《新观察报》，唯一的官方英文日报，1986年5月创刊，其前身为奥博特第二届政府时期的官方《镜报》，现为日报，发行量约4万份；《警戒者报》，私营英文报纸，1992年创刊，现为日报，发行量约3.8万份；《友人报》，卢干达语日报，1911年创刊，是乌历史最久的报纸，原为天主教报纸，后由“友人”出版公司经营；《东非人报》，英文周报，1994年11月首次发行，在坦桑尼亚、肯尼亚和乌干达同时出版。

乌干达通讯社为国家新闻机构，设有地球卫星转播站。2005年11月，乌干达新闻部成立乌干达广播公司取代该通讯社。

乌现有四家广播电台，其中三家为私人电台。国家广播电台设有中、短、调频等波段，以英语、斯瓦希里语播音为主，另有卢干达语等30个部族语言的广播。2005年与乌干达电视台一起归乌干达广播公司管理，并改称“乌干达广播公司电台”。

乌干达电视台在6个乡镇设有转播台，覆盖全国。

对外关系

奉行独立自主和不结盟的外交政策，主张在平等互惠的基础上同各种社会制度的国家发展关系。强调外交为经济建设服务。注重发展与西方国家关系，但反对西方干涉其内政。倡导非洲联合振兴，积极参与地区事务，致力于推动地区合作及经济一体化。是英联邦、不结盟运动、非洲联盟、东非共同体（EAC）、东南非共同市场（COMESA）和政府间发展组织（IGAD）等组织成员国。

【同中国的关系】1962年10月18日中乌建交。建交以来，两国一直保持友好关系。1986年乌干达“全国抵抗运动”执政后，中乌关系发展进入了新阶段，双方在政治、经济、文化等各领域的交流与合作日益深化，同时两国在许多重大国际问题上持相同立场，在众多国际事务中相互支持。

2009年11月，温家宝总理在中非合作论坛第四届部长级会议期间在埃及沙姆沙伊赫会见乌总统穆塞韦尼，双方就深化各领域交流合作进行了深入讨论，达成广泛共识。同年，杨洁篪外长、商务部崇泉部长助理先后访乌。乌安全部长姆巴巴齐、外交部常秘穆古梅、副总统布凯尼亚先后访华。2010年4月，全国人大常委会副委员长严隽琪访乌。同年，乌外长库泰萨、国防部长基永加、贸工部长奥泰费尔先后访华，副议长卡达加来华出席全球妇女峰会。2011年8月，全国政协副主席、中国人民争取和平与裁军协会副会长厉无畏访乌。11月，国务委员兼国防部长梁光烈访乌。2012年1月，中共中央政治局委员、中组部部长李源潮访乌。访问期间，李源潮会见了穆塞韦尼总统、与姆巴巴齐总理举行会谈。双方签署了《中华人民共和国政府和乌干达共和国政府对所得避免双重征税和防止偷漏税的协定》《中华人民共和国政府和乌干达共和国政府经济技术合作协定》。3月，全国人大常委会副委员长桑国卫赴乌出席各国议会联盟第126届大会。10月，胡锦涛主席特使、全国人大常委会副委员长韩启德赴乌出席乌独立50周年庆典。访问期间，韩启德会见了穆塞韦尼总统和卡达加议长。2013年3月，习近平主席在出席南非金砖国家领导人第五次会晤期间会见穆塞韦尼总统。6月，姆巴巴齐总理以“抵运”总书记身份访华。9月，中国全国人大常委会委员长张德江对乌干达进行正式友好访问。2015年2月，杨洁篪国务委员访乌。3月，穆塞韦尼总统来华进行国事访问并出席博鳌亚洲论坛2015年年会。7月，乌外长库泰萨以联大主席身份访华。

2015年，两国贸易额6.4亿美元，同比上升7.06%。其中中方出口5.55亿美元，进口0.86亿美元。

2005年4月，两国签署了《关于中国公民自费旅游实施方案的谅解备忘录》。

中国驻乌干达大使：赵亚力。馆址：37，Malcolm X Avenue，Kololo，Kampala。电话：259881，236895；传真：235087。商务处电话：220232，220572；传真：220379。地区号：00256-414。

乌干达驻华大使：查尔斯·马迪博·瓦吉多索（Madibo Charles Wagidoso）。馆址：北京市朝阳区三里屯东街5号。电话：010-65321708。传真：65322242。

【同美国的关系】两国关系密切。乌每年从美获得各种援助约1.4亿美元，系撒哈拉以南非洲国家中接受美援最多的国家之一，亦是美《非洲增长和机遇法》受惠国之一。乌支持由美国领导的国际反恐行动，美国亦将乌国内两支反政府武装——上帝抵抗军和民主同盟军列为恐怖组织。2003年6月，穆塞韦尼访美，双方签订乌不将美国公民引渡给国际法庭的《国际刑事法庭豁免协定》，美宣布将乌列为首批享受美国150亿美元艾滋病专项基金的非洲国家之一。2003年7月，美国总统布什访问乌干达。2003年11月，穆塞韦尼总统对美进行工作访问。2004年6月，穆塞韦尼总统赴美出席八国集团首脑会议的非洲问题对话会，并出席前总统里根的葬礼。9月，穆塞韦尼总统赴美出席乌干达北美协会组织的年度侨民大会，接受华盛顿州荣誉国民称号。2005年7月，美国宣布向乌提供120万美元，用于帮助提高乌边境关口的安全，堵击恐怖分子越境活动。2007年10月，穆塞韦尼访美。自2007年以来，美已向非盟驻索马里特派团派出国乌干达和布隆迪提供超过1.85亿美元军事援助。2011年1月，美国国际开发署驻乌代表表示，美将在5年内向乌提供1.5亿美元，在乌建设10个小麦、大豆和咖啡仓库。美本财年已向乌提供3000万美元。同月，美国非洲司令部指挥官沃德访乌并会见乌军司令阿隆达，2月，美国副国务卿斯坦伯格访乌并会见穆塞韦尼总统。10月，美国总统奥巴马宣布，他已派遣100人军事顾问团帮助乌、中非、南苏丹和刚果（金）等国打击上帝抵抗军残余力量，其主要任务是提供情报支持，并不直接作战。2012年1月，美国副国务卿伯恩斯访乌并会见穆塞韦尼总统。8月，国务卿希拉里访乌并会见穆塞韦尼总统。2013年，美国向乌提供7.23亿美元援助。2014年5月，美国政府宣布对乌颁布《反同性恋法》实施进一步的制裁措施，包括限制相关人员进入美国、取消军事演习、削减支持乌警方的资金及将本用于乌医疗机构的援助资金转向其他国家等。2014年8月，穆塞韦尼总统赴美出席美非峰会。美启动“非洲维和快速反应伙伴关系”计划，拟与乌等国合作部署维和快速部队。2015年7月，美总统奥巴马访问埃塞俄比亚期间集体会见穆塞韦尼总统等。

【同英国的关系】英为乌前宗主国，对乌有传统影响，两国关系一直友好。穆塞韦尼总统曾多次访英。英每年向乌提供约6000万美元援助和200多名奖学金名额。1999年12月，英宣布免除乌2250万美元债务。2004年12月，英宣布向乌提供2.57亿美元无偿援助。2005年，英国政府以乌政治过渡进程缺乏透明和民主为由，宣布暂停对乌的500万英镑援助（170亿先令）。但英对乌的援助项目、人道主义救援等方面的实际投入仍在增加。2007年11月，第36届英联邦政府首脑会议在乌首都坎帕拉召开，英国女王伊丽莎白二世对乌进行了国事访问。2014年5月，穆塞韦尼赴英出席英国—乌干达商业论坛。

【同法国的关系】“运动”政府执政以来，乌、法关系发展较快。法为乌经济复兴计划、医疗卫生、采矿业和供水工程等提供了大量援助。目前，法是乌重要援助国和乌产品重要出口市场。

【同日本关系】日本长期重视同乌干达关系。两国建交以来，日本为乌干达援建了电力、桥梁等众多基础设施，并为乌方修缮医院。2013年6月，穆塞韦尼总统赴日本出席非洲发展东京国际会议。2015年9月，穆塞韦尼总统赴日本进行工作访问，分别同日本天皇和首相安倍晋三会见、会谈。其间，日本宣布向乌干达提供约2亿美元优惠贷款，用于帮助乌方在首都修建两座立交桥。

【同苏丹的关系】乌苏关系曾长期不睦，两国相互指责对方支持各自国内的反对派。1995年4月乌宣布与苏断交。2001年6月，两国宣布恢复代办级外交关系。2002年年初，穆塞韦尼总统访苏，两国签署边界和安全协议，苏方允许乌军进入苏丹打击上帝抵抗军，乌政府也宣布不再支持苏人解，并劝说该组织与苏政府达成和平协议。同年，两国正式恢复大使级外交关系。2015年9月，穆塞韦尼总统访问苏丹，两国元首一致决定克服障碍，开启双边关系新篇章。

【同南苏丹的关系】近年来，乌与苏丹南方政府关系密切，基尔主席多次访乌。2011年7月，穆塞韦尼总统访问朱巴，参加南苏丹独立庆典。同日，乌发表声明，承认南苏丹。同月，乌和埃塞俄比亚签署协议，将成立部级委员会，共同支持南苏丹发展。10月，乌、南警方成立联络办公室，共同打击边境犯罪。2012年12月，穆塞韦尼访问南苏丹，会见基尔总统。2013年底南苏丹爆发冲突后，乌出兵协助南苏丹政府打击反政府武装。2015年10月，乌方宣布从南苏丹撤离军队。

【同刚果（金）的关系】1997年，乌曾支持洛朗·卡比拉推翻前扎伊尔蒙博托政权，乌同刚果（金）关系一度十分密切。后来乌指责卡庇护乌反政府武装，两国关系恶化。1998年8月，乌支持刚反对派与政府开战，并直接出兵参战。1999年7—8月，刚冲突各方签署卢萨卡停火协议后，刚问题转入政治解决阶段。2001年10月，乌开始撤出驻刚军队，并于2002年9月恢复与刚的外交关系。2003年2月，穆塞韦尼总统和刚总统约瑟夫·卡比拉会晤，决定增设伊图里和平委员会，以便在乌从该地区撤军后维护该地区和平与安全。4月，乌、刚和卢旺达总统在南非首都比勒陀利亚举行刚果（金）和平进程地区峰会。5月，乌完成从刚全部撤军。10月，刚地区合作部长访乌，双方决定实现关系正常化，互派大使，并承诺加强安全合作，不准对方的反政府武装在各自领土上活动。11月，两国总统同意就刚指控乌对其进行武装入侵而上诉国际法院案达成庭外和解。2004年5月，两国民航局签署谅解备忘录，决定恢复自1998年以来中断的商业航班。2006年4月，刚果（金）指责乌驻刚果（金）大使曾参与掠夺刚东部资源，乌随即召回驻刚果（金）大使，拟新派的大使则未得到刚认可，而刚也不愿向乌派出大使。2007年3月以来，乌多次要求刚果（金）对清剿其境内的乌反政府武装予以配合。9月，两国总统在坦桑尼亚进行会谈，签署涉及双边安全、外交和经济合作等领域的多个协议，同意尽快恢复两国大使级外交关系。12月，两国外长签署联合公报，决定全面恢复外交关系。2008年12月至2009年3月，乌干达、刚果（金）和苏丹三方对盘踞在刚果（金）贾兰巴公园的上帝抵抗军予以毁灭性打击，科尼率残部逃窜至中非共和国。2009年3月，穆塞韦尼总统和卡比拉总统在乌刚边境会晤。8月，两国互派大使，双边关系全面恢复。2011年3月，乌、刚果（金）国防部长、联合国驻刚果（金）特派团代表在乌举行为期三天的防务与安全会议。刚果（金）和联合国同意乌军继续跨境打击上帝抵抗军和联合民主阵线叛军。2012年，刚果（金）东部局势再度紧张，乌参与斡旋，推动叛军与刚政府和谈。

【同肯尼亚和坦桑尼亚的关系】乌与肯尼亚、坦桑尼亚关系良好，肯蒙巴萨港和坦达累斯萨拉姆港是乌货物主要进出口港。肯是乌最大贸易伙伴和主要投资来源地之一。三国是东非共同体创始国，并在此基础上于2005年建立关税同盟，2010年建立共同市场。

【同卢旺达的关系】1994年乌支持卢旺达爱国阵线夺取卢政权后，乌卢关系十分密切。1997年两国共同支持洛朗·卡比拉推翻蒙博托政权，1998年又联合支持刚果（金）反政府武装并出兵刚。但1999年8月后，双方在刚问题上分歧加剧，两国军队曾3次在刚东部发生冲突，致使关系恶化。2001年11月以来，双边关系趋缓。2003年9月，乌总统穆塞韦尼出席卢总统卡加梅的就职典礼。2004年1月，两国总统在伦敦会晤。2月，乌内务部长访卢，同卢方举行第二届两国政府间联合委员会会议。2005年9月29日，两国就遣返在乌的25000多名卢难民进行了商谈。2011年12月22日至26日，卢总统卡加梅访乌。期间，卡与穆塞韦尼总统共同出席了欧盟援助的乌卢两国边境公路开工仪式。2012年1月25日至27日，卡加梅对乌进行国事访问。期间，乌、卢举行两国联合常设委员会第十次会议。12月，穆塞韦尼总统访问卢旺达并出席卢爱国阵线成立25周年庆典活动。

（黄未）

西撒哈拉

国名　西撒哈拉（Western Sahara）。

面积　26.6万平方公里。

人口　55万（2013年）。居民为阿拉伯人和柏柏尔人。通用阿拉伯语和西班牙语。信奉伊斯兰教。

首都　阿尤恩（Laayoune）。

简　况　位于非洲西北部。北接摩洛哥，东、南邻阿尔及利亚和毛里塔尼亚，西濒大西洋，海岸线长约900公里。境内大部分为沙漠和半沙漠地带，属热带沙漠气候。西部沿海气候湿润，东部高原气候干燥。内陆日平均温差11℃—14℃。

公元7世纪，阿拉伯人进入该地区。15世纪中叶，葡萄牙人入侵。19世纪，西班牙人入侵，1886年将西撒划为“保护地”，1958年改划为海外省。西班牙的殖民统治遭到阿尔及利亚、摩洛哥和毛里塔尼亚的反对。1973年5月，萨基亚哈姆拉和里奥德奥罗人民解放阵线（简称“西撒人阵”或“波利萨里奥阵线”）宣布成立，决定通过武装斗争争取西撒独立。1975年11月，摩组织“绿色进军”，35万名志愿者开进西撒。同月，西、摩、毛签订《马德里协议》，规定西于1976年2月26日撤离西撒。摩、毛随即签订分治西撒协定，摩控制北部17万平方公里，毛控制南部9万平方公里。阿谴责摩、毛分治西撒，西撒人阵于1976年2月27日宣布成立“阿拉伯撒哈拉民主共和国”（简称“西撒国”）。此后，摩、毛同西撒人阵之间的武装冲突不断。1979年8月，毛放弃对西撒的领土要求，退出西撒战争。摩遂控制原毛占区，并不断向西撒腹地推进。至1987年，摩几乎控制了西撒全部领土。与此同时，摩在西撒建立起6道总长2720公里的防御墙，派驻数万军队并设立行政管理机构。

政　治　自20世纪70年代以来，非统组织和联合国为和平解决西撒哈拉争端进行了积极斡旋，并通过多项决议，但均未取得任何效果。1984年11月，第20届非统首脑会议接纳“西撒国”为成员国，摩洛哥因此宣布退出非统组织。1989年6月，联合国秘书长德奎利亚尔提出解决西撒争端的和平计划，主要内容是：任命一位秘书长个人特使，全权负责在西撒组织公民投票；成立“联合国西撒哈拉公民投票特派团”，包括民事、军事和治安三个小组，负责监督停火，组织公民投票。该计划得到摩与西撒人阵的积极响应。1990年6月，安理会批准了该计划。

1991年联合国安理会通过在西撒地区举行公民投票以确定其归属的第690号决议，即《解决计划》。决议规定：自联合国通过特派团预算之日起16周内，宣布在西撒停火；停火后第20周举行公投。9月5日，联合国特派团进驻西撒。9月6日，摩与西撒宣布正式停火，结束了长达16年之久的西撒战争。西撒公投原定于1992年初举行，但因摩在公投问题上立场变化，冲突双方在确定选民资格问题上出现严重分歧，《解决计划》的执行屡陷僵局，联合国驻西撒特派团任期一延再延。

2001年6月，联合国秘书长及其西撒问题个人特使、美国前国务卿贝克提出《框架协议》草案，核心内容是：西撒最终地位由当地居民在协议执行5年内举行公投决定，此前西撒享有高度自治，但外交、国防、安全由摩负责，参加拟议公投的选民必须在投票前一年全年在西撒居住。《框架协议》草案遭到西撒人阵与阿尔及利亚的强烈反对。2003年初，贝克提出《和平计划》草案，7月，提出该计划修正案，主要内容是：自《和平计划》签署生效起4—5年期间举行全民公决，决定西撒是独立、并入摩还是继续实行权力分治。公决前由西撒行政当局行驶管辖权，摩在外交、国家安全、领土完整等方面对西撒拥有绝对权力。西撒人阵和阿均未表异议，摩表示反对。

2004年6月，贝克辞去秘书长西撒问题个人特使职务。2005年7月，联合国秘书长安南任命荷兰籍人士范瓦尔苏姆为其西撒问题个人特使。2005年8月，在美调解下，被西撒人阵关押的最后一批摩战俘404人获释。2006年3月，摩国王穆罕默德六世访问西撒首府阿尤恩。

2006年10月，阿尔及利亚等国在61届联合国大会非殖民化委员会（四委）提出关于西撒问题的草案，主张在联合国关于通过举行公投决定西撒归属的有关决议的基础上解决西撒问题，并在四委经表决通过。12月，第61届联大核准该决议。

2007年，摩洛哥提出“西撒自治新方案”，其原则是在西撒地区主权属摩的情况下实行高度自治。2007年2月，摩国王派遣特使遍访安理会常任理事国和摩传统关系国，就西撒自治新方案进行游说，争取支持。阿尔及利亚和西撒人阵随即发表声明，表示“坚决反对任何企图抛弃联合国框架、背离民族自决原则的西撒问题解决方案”。4月11日，摩方正式向安理会提交了“关于谈判西撒地区自治法的倡议”。4月30日，经各方妥协，联合国安理会一致通过了第1754号决议。该决议欢迎摩近来为解决西撒问题所作的努力，确认西撒人民的自决权，并鼓励当事方进行不设条件的谈判。摩、阿和西撒人阵最终均表示接受。

2007年6月、8月，2008年1月、3月，在联合国秘书长个人特使范瓦尔苏姆主持下，摩洛哥与西撒人阵在纽约举行了四轮直接谈判。谈判中，摩方坚持西撒主权属摩，认为其方案是解决冲突的唯一现实和不可分割的解决办法。西撒人阵则坚持前任秘书长个人特使贝克提出的“和平计划”有关原则，要求根据民族自决原则就西撒最终地位举行公投。由于分歧太大，谈判未取得实质性进展。

2008年2月，西撒人阵召开大会，选举产生西撒民族院。摩对此强烈反对。

2009年1月，联合国秘书长任命美国外交官罗斯为其西撒问题个人特使。罗斯主张先举行由各方参加的小型非正式会谈，重建互信，寻求共识，为摩洛哥和西撒人阵举行第五轮直接谈判作准备。为此，罗斯于2月和6月访问摩洛哥、西撒、阿尔及利亚、西班牙、法国和毛里塔尼亚等地。各方均表示支持其倡议。2009年8月至2012年7月，在罗斯的主持下，摩洛哥和西撒人阵代表共举行了9轮非正式会谈，阿尔及利亚和毛里塔尼亚也分别派团出席。会谈中，摩西（撒）双方仍坚守固有立场，均不接受以对方方案作为未来谈判的唯一基础，会谈未取得实质进展，但双方都重申愿依据联合国安理会有关决议，共同努力寻求政治解决方案。2012年12月，罗斯表示将就西撒问题开展“穿梭外交”。2012年年底以来，罗斯数次访问地区国家，旨在协调各方立场，为下一阶段磋商作准备。

2015年6月，联合国秘书长办公厅主任苏珊娜·马尔克拉访问斯马拉，会见西撒人阵总书记阿齐兹，表示有必要继续推动西撒有关各方进行谈判，并表示联合国秘书长潘基文计划到地区访问。

近年来，联合国安理会多次通过决议延长西撒特派团任期。2015年4月，安理会通过第2218号决议，决定将特派团任期延至2016年4月30日。截至该时，特派团编制共有215名军警人员，包括24名军事人员、191名军事观察员。此外，共有84名国际文职人员、157名当地文职人员和4名联合国志愿者支助。2014年5月，联合国秘书长潘基文任命加拿大籍金·博尔达克女士为秘书长特别代表兼特派团团长。特派团部队指挥官为巴基斯坦籍穆罕默德·塔亚卜·阿扎姆少将（2015年9月任命）。特派团除监督停火协议执行情况外，还肩负组织和监督公民投票的使命。

2014年6月29日，非盟任命莫桑比克前总统希萨诺任非盟西撒问题特使。7月1日，摩外交与合作部发表公报，反对非盟任命西撒特使，公报指出，西撒问题的政治解决方案应由联合国负责，非盟此举违背了联合国相关决议，呼吁安理会成员国抵制非盟该项决议。

截至目前，约有30多个国家与“西撒国”保持外交关系。

经　济　西撒哈拉磷酸盐矿藏丰富，仅布克拉一地的储量即达17亿吨，建有现代化的磷酸盐开采场。1976年发生战争后，磷酸盐生产陷于停顿，1980年恢复生产。此外，还有钾、铜、石油、铁、锌等资源。

多数居民从事畜牧业，主要饲养羊和骆驼。沿海渔业资源丰富，居民以捕鱼为生。

附：

一、摩洛哥控制区

摩洛哥现实际控制西撒90%以上土地。根据摩议会最新通过的地区法，摩将此前在西撒设立的3个地区合并为1个地区，并建立各级行政管理机构和地方议会、协商会议。摩十几个政党也在西撒活动，设立支部。

近年来，摩在西撒投资十几亿美元进行基础设施建设。新修和扩建公路2060公里，在西撒首府阿尤恩修建了哈桑二世国际机场，有直升机40架，年客运量可达20万人次。同时还修建了14个诊所和9个康复中心，共有病床400张。2015年11月，在摩“绿色进军”40周年纪念之际，摩国王穆罕默德六世宣布启动“南部地区发展新模式”项目，计划在西撒地区投资约80亿美元，推动该地区经济、社会管理及磷酸盐产业等全面发展。

目前摩洛哥在西撒驻军以及行政人员共15万。

二、西撒人阵控制区

“阿拉伯撒哈拉民主共和国”把西撒分为五大行政区，但实际仅控制与摩洛哥、毛里塔尼亚和阿尔及利亚交界的狭窄地带，自然条件恶劣。西撒人阵难民营设在阿尔及利亚廷杜夫省境内，由奥赛尔德、布支杜尔、达赫拉、阿尤恩、斯马拉等5个难民点和拉布尼组成。各难民点有学校、医院、卫生所，并进行生产活动。根据联合国难民署统计，西撒难民总数约为9万人，西撒人阵则称这一数字为16.5万。

联合国难民署自1986年起向西撒难民提供援助。西班牙是西撒难民的最大捐助国，每年通过联合国难民署提供525万美元的捐助。（赵宁）

英属印度洋领地

英属印度洋领地（British Indian Ocean Territory）陆地面积60平方公里，周边水域面积54400平方公里。无首府。无常住人口。2012年，约2500名英美军事人员驻扎该地。通用英语。英镑和美元为通用货币。

1814年，英根据《巴黎公约》从法国手中得到查戈斯群岛（Chagos Archipelago）。该群岛位于毛里求斯东北1930公里处，后受毛里求斯总督管辖。1965年11月，英国将原塞舌尔的阿尔达布拉（Aldabra）、德罗什（Desroches）及法夸尔（Farquhar）与查戈斯群岛合并为英属印度洋领地，以满足英国和美国的防务需要。1976年6月塞舌尔独立时，阿尔达布拉、德罗什及法夸尔归还塞舌尔。此后，英属印度洋领地只剩下查戈斯群岛，包括珊瑚岛迪戈加西亚。在冷战期间，查群岛成为英美的重要军事基地。甚至在1996年和1998年美国轰炸伊拉克时，还使用该群岛为空军基地之一。最初查群岛的主要经济产业是椰子加工业，包括椰子种植园在内，都属私人公司所有。但第二次世界大战后，椰子加工业逐渐衰落。20世纪60年代英国王室购买群岛后，不再经营种植业。岛上居民大部分迁到毛里求斯，还有一部分迁到塞舌尔。后毛里求斯在非统组织和印度的支持下，要求索回查群岛。毛还支持原查群岛居民向英国索取迁徙补偿。1999年3月，英国承诺将给予英国海外领地居民国公民权和居英权，但不包括原查群岛居民。

皮特·海耶斯（Dr Peter Hayes）任领地非常驻专员（2012年10月就任）。约翰·麦克马纳斯（John McManus）任领地首席大臣（2011年4月就任）。专员代表是驻迪戈加西亚皇家海军指挥官。领地的大法官、高级地方法官和法律顾问都是英国居民。　（卢巢）

赞　比　亚

国名　赞比亚共和国（The Republic of Zambia）。

面积　752614平方公里。

人口　1463万（2014年），大多属班图语系黑人。有73个民族，奔巴族为最大部族，约占全国人口的33.6%，其他较大民族还有孃家族、通加族。官方语言为英语，另有31种民族语言。以基督教为国教，80%的人信奉基督教和天主教，其他信奉伊斯兰教、印度教、佛教及当地原始宗教。

首都　卢萨卡（Lusaka），人口310万。海拔1280米，10月最热，日平均最高气温31℃，最低18℃；7月最凉，日平均最高气温23℃，最低9℃。

国家元首　总统埃德加·查格瓦·伦古（Edgar Chagwa Lungu），2015年1月25日就任。

重要节日　青年节：3月12、13日；非洲解放日：5月25日；独立日：10月24日。

简　况　非洲中南部内陆国家，东界马拉维、莫桑比克，南接津巴布韦、博茨瓦纳和纳米比亚，西邻安哥拉，北靠刚果（金）及坦桑尼亚。大部分地区海拔1000米—1500米。属热带草原气候，5—8月为干凉季，气温为15℃—27℃，9—11月为干热季，气温为26℃—36℃，12月至翌年4月为雨季。年平均气温18℃—20℃。

公元9世纪，赞境内先后建立过卢巴、隆达、卡洛洛和巴罗兹等部族王国。1889—1900年，英国人罗得斯建立的“英国南非公司”逐渐控制了东部和东北部地区。1911年，英国将上述两地区合并，以罗得斯的名字命名为“北罗得西亚保护地”。1959年，北罗得西亚联合民族独立党（简称“民独党”）成立，发动群众通过“积极的非暴力行动”争取民族独立。1964年1月，北罗得西亚实现内部自治，同年10月24日正式宣布独立，定国名为赞比亚共和国，仍留在英联邦内。民独党领袖卡翁达（Kenneth David Kaunda）任首任总统。1973年卡翁达取消多党制，实行由民独党执政的“一党民主制”。1990年恢复多党制。1991年11月举行多党选举，多党民主运动（简称“多民运”）领袖奇卢巴当选总统，1996年11月连任。2001年12月，多民运领袖姆瓦纳瓦萨当选总统，2006年10月连任。2008年8月，姆瓦纳瓦萨总统在巴黎病逝。10月30日，赞举行总统补选，多民运候选人、代总统班达当选总统。2011年9月，赞比亚举行总统、议会和地方政府“三合一”大选，爱国阵线领袖萨塔当选总统。2014年10月，萨塔总统在伦敦病逝。2015年1月20日，赞比亚举行总统补选，爱国阵线候选人伦古当选赞比亚新一任总统，任期至2016年8月。

政　治

赞比亚实行总统内阁制。总统为国家元首、政府首脑兼武装部队总司令，由全民选举产生，任期5年，可连选连任一次。

【宪法】1964年制定第一部宪法，1973年制定第二部宪法。1990年议会修改宪法，恢复多党制。现行宪法于1991年8月颁布。宪法规定：总统为国家元首、政府首脑及军队总司令，由普选产生，任期5年，可连任两届；实行总统内阁制，增设副总统，内阁部长由总统从议员中任命；实行立法、司法和行政三权分立；允许反对党存在等。1996年6月，议会再次修改宪法，增加"总统候选人父母和本人必须是赞比亚人""酋长不能从政"等条款。2003年，围绕总统选举程序改革，新一轮宪改进程启动。2007年12月，全国修宪会议召开。2010年12月，政府向议会提交宪法修正案。该宪法修正案内容主要包括：实行比例代表选举制，增加妇女、青年和残疾人代表性，提高国家治理参与度；增加全国选区数量；承认国民双重国籍。2011年4月，该宪法修正案在议会表决中未获通过。2011年9月，萨塔总统就任后，宣布将在90天内通过新宪法。2012年4月，赞比亚宪法起草技术委员会秘书处公布了新宪法草案（初稿），公开征求社会意见。2015年12月，赞议会通过赞宪法修正案，规定总统候选人必须获得半数以上选票才能当选，副总统作为总统竞选伙伴参选，承认赞国民双重国籍。2016年1月，赞宪法修正案正式获得总统签署生效。

【议会】国民议会是国家最高立法机关，实行一院制，共设158个席位，任期5年。其中150个席位由直选产生，总统可另指派8位任命议员。本届议会于2011年9月选举产生，是独立后的第11届国民议会。目前各主要党在议会中的席位分布为：爱国阵线87席、多民运36席、国家发展联合党31席。现任议长帕特里克·马蒂比尼（Patrick Matibini）。

【政府】本届内阁于2015年1月组成，由总统、副总统和25名部长组成。目前主要成员如下：总统埃德加·查格瓦·伦古（Edgar Chagwa Lungu），副总统伊农格·维纳（Inonge Wina），司法部长恩戈萨·辛比亚库拉（Ngosa Simbyakula), 国防部长里奇维尔·西亚姆尼尼（Richwell Siamunene），财政部长亚历山大·契克万达（Alexander Chikwanda), 内政部长戴维斯·姆维拉（Davies Mwila），发展规划部长伊农格·维纳（Inonge Wina，兼任），卫生部长约瑟夫·卡松德（Joseph Kasonde), 外交部长哈里·卡拉巴（Harry Kalaba），农业部长吉文·卢宾达（Given Lubinda），渔业与畜牧业部长格雷福德·蒙德（Greford Monde），劳动与社会保障部长法克逊·沙门达（Fackson Shamenda），商业、贸易与工业部长玛格丽特·姆瓦纳卡特韦（Margaret Mwanakatwe），矿业与矿产发展部长克里斯托弗·亚卢马（Christopher Yaluma），能源与水利发展部长多拉·西利亚（Dora Siliya），信息与广播部长奇辛巴·坎布维利（Chishimba Kambwili），高等教育部长迈克尔·卡因古（Michael Kaingu), 普通教育部长约翰·皮里（John Phiri），土地、自然资源与环境保护部长克里丝特贝尔·恩吉姆布（Christabel Ngimbu），地方政府与住房部长史蒂芬·坎普永戈（Stephen Kampyongo），社区发展部长埃默琳·卡班希（Emerine Kabanshi), 酋长与传统事务部长约瑟夫·卡泰玛（Joseph Katema），工程与供应部长亚姆富瓦·姆坎加（Yamfwa Mukanga), 交通与通信部长卡帕姆布瓦·希姆保（Kapembwa Simbao），性别部长恩坎杜·卢奥（Nkandu Luo），青年、体育与儿童发展部长文森特·姆瓦勒（Vincent Mwale），旅游与艺术部长吉恩·卡帕塔（Jean Kapata）。

【官方网站】http://www.statehouse.gov.zm。

【行政区划】全国分为10省81区。

【司法机构】由最高法院、高等法院、劳资关系法院、初级法院和地方法庭组成。首席大法官艾琳·曼比利玛（Irene Mambilima）。

【政党】赞目前有注册政党近40个。其中主要有：

（1）爱国阵线（The Patriotic Front，PF）：执政党。2001年成立。其纲领是政治上主张分权而治，保障人类的基本权利、自由和社会公平、正义，减少政府行政开支，提高行政效率，反对腐败和滥用公共资源；经济上奉行自由贸易政策，主张实行低税率和低利率刺激经济发展，主张大力发展教育、卫生事业和基础设施，积极创造就业，提高民众收入。党主席埃德加·查格瓦·伦古（Edgar Chagwa Lungu）。

（2）国家发展联合党（United Party for National Development, UPND）：目前最大在野党。1998年12月成立，简称国发党。成立以来发展较快，在南方省和西方省影响较大。经济上以发展农业为主，改变经济结构单一现状。改革选举制度，保证三权分立、相互制衡。主张实行免费教育和医疗服务。扩大就业机会。领袖哈卡因德·希奇莱马（Hakainde Hichilema）。

（3）多党民主运动（The Movement for Multi-Party Democracy，MMD）：1990年12月成立，简称多民运。政治纲领是实行政治多元化、经济自由化、私有化；保护人民参与政治、经济活动的权利；提倡言论、集会、结社自由；党政分开，确保酋长的职能与传统统治。领袖内弗斯·蒙巴（Nevers Mumba）。

（4）联合民族独立党（United National Independence Party，UNIP）：1958年10月成立，简称"民独党"。自赞独立起执政，1991年多党大选后成为反对党。前领袖卡翁达于2000年4月正式宣布退出政坛。领袖提尔言基·卡翁达（Tilyenji Kaunda）。

【重要人物】埃德加·查格瓦·伦古：总统。1956年生。赞比亚大学法学学士。曾长期从事法律工作。2011年当选国会议员。2012年出任内政部长。2013年担任国防部长兼任司法部长和爱国阵线总书记。2015年1月当选赞比亚第六任总统。2015年3月来华进行国事访问并出席博鳌亚洲论坛2015年年会。**肯尼思·戴维·卡翁达**：前总统。1924年4月生于北方省钦萨利县，奔巴族人。曾获名誉法学博士学位。1946年参与创建北罗得西亚非洲人国民大会，曾任组织书记和总书记。1958年10月退出该党，组建赞比亚非洲人国民大会并任主席。1959年3月该党被取缔，卡被流放。1960年1月任民独党领袖。1962年12月当选为议员。1964年1月任内部自治政府总理。独立后长期任总统。1991年竞选总统失败。翌年辞去民独党领袖职务，1995年重新当选该党领袖。1997年因支持未遂军事政变罪名被赞警方拘捕。1998年获释。1999年被法庭判为"无国籍人士"。2000年4月正式宣布退出政坛。10月，赞最高法院宣布卡具有赞比亚国籍。曾于1967、1974、1980、1988、2004、2007年访华，2009年11月来华接受"中非友好贡献奖"。2011年11月，作为赞总统特使访华，转达了萨塔总统发展两国友好关系的愿望。

经　济

经济主要包括农业、矿业和服务业，其中以铜开采和冶炼为主体的矿业占重要地位。赞比亚独立后至20世纪70年代中期经济发展较快，此后由于国际矿业市场价格下跌，政府国有化政策失误等原因，经济陷入困境。多民运执政以来，大力推行经济私有化和多元化，积极吸引外资，经济保持较快增长。2005年达到重债穷国完成点，获巨额债务减免，外债由2005年年底的55亿美元降至2006年年底的6.35亿美元。2008年受国际金融危机影响，矿业遭受较大冲击，经济下滑。班达政府采取降低矿业税率、加速实施经济多元化战略等措施积极应对，取得一定成效，加上国际市场铜价回升，2009年经济明显复苏。2010年矿业公司复产、增产势头良好。2011年，经济继续保持增长势头，世界银行将赞列入低水平中等收入国家。近年来，经济保持快速增长势头。但2014年以来，受国际市场铜价下跌等因素影响，经济发展面临困难有所增多。

2014年主要经济数据如下：

国内生产总值：232亿美元。

人均国内生产总值：1700美元。

经济增长率：6%。

汇率（2015年12月）：1美元≈11克瓦查。

通货膨胀率：7.9%。

外贸总额：236.6亿美元。

外汇储备：30亿美元。

（数据来源：赞比亚国家统计局等）

【资源】自然资源丰富，以铜为主。铜蕴藏量1900万吨，约占世界铜总蕴藏量的6%，素有"铜矿之国"之称。钴是铜的伴生矿，储量约35万吨，居世界第二位。此外还有铅、镉、硒、镍、铁、金、银、锌、锡、铀、绿宝石、水晶、钒、石墨、云母等矿物。全国森林覆盖率为45%。

【工矿业】采矿业较发达，是国民经济主要支柱之一。其主体是铜矿和钴矿的开采和冶炼。独立后赞矿产业曾发展较快，20世纪70年代中期起铜产量逐年下降。1970年前，赞铜矿一直属于私有。1970年赞政府进行铜矿国有化改革，将赞铜矿重组为罗安（ROAN）联合铜矿公司和恩昌加（NCHANGA）联合铜矿有限公司。1982年两大公司又被合并为赞比亚联合铜矿公司（ZCCM），成为当时世界第二大铜矿公司。奇卢巴政府自1991年起大力推行铜矿私有化。2001年国有大型铜矿私有化全部完成，赞铜产量回升。受国际金融危机影响，2008年矿业仅增长2.4%。2009年，随着国际市场铜价回升，矿业增长势头强劲，卢姆瓦那、卢安夏等大型铜矿先后投产或复产。2010年全年铜产量增长17.4%，达82万吨。2011年，赞比亚铜产量为86.9万吨，同比增长1.93%。2012年，赞比亚铜产量为82.5万吨。2013年，赞比亚铜产量为92万吨。2014年国际铜价大幅波动，全年震荡下行，受此影响铜产量下滑至70.8万吨。

制造业较落后。独立前，工业制成品基本依赖进口。独立后，政府积极致力于发展国有制造业。多民运执政后，对制造业实行私有化。1998年以后，制造业得到较快发展。食品、饮料、烟草、纺织和皮革等行业产值约占整个制造业的75%。

【能源】主要来自于水利、石油、木材和煤炭等，除原油依靠进口外，其他基本能自给。赞水利资源丰富，蕴含发电量6000兆瓦，2014年装机容量为2203兆瓦。原为电力出口国。因对主要发电站进行整修，发电量大幅下降，2005年11月开始自南非和刚果（金）进口电力。赞主要从中东、安哥拉进口石油，船运至坦桑尼亚的达累斯萨拉姆港，再通过坦赞输油管道送至恩多拉市的炼油厂。

【农业】农业是赞国民经济的重要部门，产值约占国内生产总值的13%。全国约2/3人口从事农业。目前开发的可耕地面积为620万公顷，只占全部可耕地的14%。土地肥沃，气候温和，适合多种农作物生长。主要农作物是玉米、小麦、大豆、水稻、花生、棉花、烟草等。正常年景玉米可自给。赞耕地普遍缺乏灌溉系统，农作物抗灾能力较弱。

【旅游业】有世界著名的维多利亚瀑布和19个国家级野生动物园，其中卡富埃国家公园占地面积最大。赞还辟有32个狩猎管理区。游客人数保持增长势头。受国际金融危机影响，2009年游客人数明显减少，旅游业产值下滑13.4%。得益于全球经济复苏及南非举办世界杯，2010年到赞比亚旅游人数达到68万人次，增长了20%。2013年8月，赞比亚和津巴布韦联合举办了第20届联合国世界旅游组织大会。

【交通运输】以公路为主，铁路次之。

公路：总长3.73万公里，其中柏油路7000公里左右。公路运输量约占赞国内货运总量的83.4%。

铁路：总长2100公里，由坦赞铁路（赞境内为886公里）和其他一些线路组成。赞国内货运15.3%左右依靠铁路。除坦桑尼亚外，赞还与津巴布韦和刚果（金）有铁路相连。

空运：全国有4个国际机场，即卢萨卡、恩多拉、利文斯敦和姆富韦国际机场，5个二级机场和5个简易机场，共有11家航空公司经营国际客货运业务。

【财政金融】赞政府从20世纪70年代起大举借债，财政预算较多依赖国际援助。近年来国际援助在财政预算中的比重逐年下降，已由2003年的42.7%降至2013年的4.6%。

【对外贸易】主要出口铜、钴、锌、木材、烟草、食糖、咖啡等，其中铜出口是赞主要的外汇来源。主要进口机械设备、石油、化工产品、医药和纺织品等。主要出口国为瑞士、中国、南非、刚果（金）和埃及等，主要进口国为南非、刚果（金）、中国、印度等。近几年来对外贸易情况如下（单位：亿美元）：

	2011	2012	2013	2014
进口额	63.59	72.81	93.9	117.4
出口额	92.00	84.34	104.3	119.2
差　额	28.41	11.53	10.4	1.8

【外国援助】赞所获外援主要来自世界银行等国际金融机构和巴黎俱乐部国家。1996年西方捐助国因政治原因冻结对赞援助，至1997年才部分恢复。2005年4月，赞达到重债穷国计划完成点，获得巨额债务减免。2008年接受外国援助2.09万亿克瓦查。2009年，因赞卫生部被曝光贪腐案件，荷兰等部分西方捐助国一度暂停向赞提供援助。2011年，爱国阵线政府执政后，与包括西方国家在内的各援助方积极发展关系，努力争取外援。

人民生活

赞比亚国民平均寿命为52岁，婴儿死亡率为10.2%。贫困率较高。赞比亚艾滋病人感染率为14.3%。近年来，赞比亚政府在艾滋病防治方面取得显著成绩，除部分偏远和农村地区外，已经基本实现向所有艾滋病感染者免费发放药物。目前全国有2.2万名专业医护人员，每千人中有1.4名临床工作者，低于世界卫生组织建议的每千人2.5名临床工作者标准。

军　事

赞比亚正规军3.5万人，其中陆军2.2万人、空军约6000人，另有国民服务队（准军事部队）7000人、警察2.5万人。武器装备主要来自前苏联、美国、意大利、加拿大、德国等。

文化教育

【教育】实行9年制普及义务教育。成人识字率约为75%。目前赞比亚全国有基础学校8801所，高中690所，技术教育和职业培训院校268所，大学3所，即赞比亚大学、铜带省大学和穆隆古希大学。约95%的适龄儿童能入学，其中有20%可继续升入中学，20—24岁的青年中有2%左右能享受高等教育。近年来，政府利用外国援助，不断加大对教育部门的资金投入。赞比亚政府在各地设有文化村或文化中心，以保留和发展民间传统文化和艺术。

【新闻出版】主要报刊有：《赞比亚时报》，官方最大报纸，发行量1.5万份/日；《赞比亚每日邮报》，官方报纸，发行量1.2万份/日；《邮报》，赞最大私人报纸，发行数量1万份/日。

赞比亚新闻通讯社（Zambia News and Information Services，ZANIS）：隶属于赞新闻与广播服务部，2005年由赞比亚新闻署与赞比亚通讯社合并而成。在全国各省均设有分支机构，全面负责对赞境内的新闻报道。

赞比亚国家广播公司（Zambia National Broadcasting Corporation，ZNBC）：成立于1988年。下设2个电视台和3个广播电台。电视台和广播2、3台用英语广播，广播1台用7种本国语言广播。

赞是泛非新闻社南部非洲地区分社所在地。该分社负责对安哥拉、博茨瓦纳、莱索托、马拉维、莫桑比克、赞比亚和津巴布韦进行新闻报道。

对外关系

赞比亚奉行不结盟和睦邻友好的对外政策，强调外交多元化，主张在相互尊重、互不干涉内政、平等互利的基础上同世界各国建立并发展友好合作关系；注重经济外交，把争取外援、吸引外资、促进经济发展作为外交工作的重点。重视发展与西方的经济合作，争取援助和投资，同时也注意保持独立性。英国、欧盟、美国和日本及世界银行、国际货币基金组织是赞主要援助、投资伙伴。与非洲国家保持传统友好关系，积极致力于南部非洲政治、经济一体化与和平解决地区冲突，支持非洲联盟建设。重视发展与亚洲国家，特别是中国、日本和印度等大国的关系。

【同中国的关系】1964年10月29日中、赞建交。赞比亚是南部非洲第一个与中国建交的国家。中赞传统友谊深厚，两国领导人多次互访，双边友好合作关系发展顺利。

近年来双边高层交往主要有：

2011年11月，开国总统卡翁达作为萨塔总统特使访华。2011年12月，副总统、爱国阵线副主席斯科特率爱国阵线代表团访华。2012年5月，外交与旅游部长卢宾达访华。2013年4月4—11日，时任总统萨塔来华进行国事访问并出席博鳌亚洲论坛2013年年会。习近平主席与其举行会谈，李克强总理、全国政协主席俞正声分别会见。2015年3月26日至4月2日，赞比亚新任总统伦古来华进行国事访问并出席博鳌亚洲论坛2015年年会。习近平主席与其举行会谈，李克强总理、全国政协主席俞正声分别会见。

2011年1月，国务院副总理回良玉对赞进行正式访问。4月，全国政协副主席阿不来提·阿不都热西提访问赞比亚。12月，外交部副部长翟隽访问赞比亚。2012年3月，商务部副部长李金早访问赞比亚。6月，中联部部长王家瑞访问赞比亚。2014年6月，国家副主席李源潮访问赞比亚，会见了萨塔总统，并与副总统斯科特举行会谈。10月，习近平主席特使、全国人大常委会副委员长向巴平措出席赞比亚独立50周年庆典并率全国人大代表团访问赞比亚。2015年1月，习近平主席特使、住房和城乡建设部部长陈政高赴赞出席萨塔总统葬礼，并会见代总统斯科特。

2014年7月，中国驻赞比亚大使周欲晓离任。7月20日，新任中国驻赞比亚大使杨优明抵赞履新。9月2日杨优明大使向赞总统萨塔递交国书。

2015年8月14日，新任赞比亚驻华大使温妮·娜塔拉·奇贝萨孔达（Winnie Natala Chibesakunda，女）抵华履新。8月19日，奇贝萨孔达大使向习近平主席递交国书。2015年两国贸易额为23.6亿美元，同比下降37.7%，其中我出口5.53亿美元，进口18.07亿美元。中国主要从赞进口铜，向赞出口机电、钢铁制品。

中国驻赞比亚大使：杨优明。馆址：7430 United Nations Avenue，10101 Lusaka，Zambia。电话：00260-211-253770，251169（使馆）；263876，264123（商务处）。信箱：P.O. Box 31975（使馆），33208（商务处），Lusaka，Zambia。传真：251157。电子信箱：chinaemb_zm@mfa.gov.cn。

赞比亚驻华大使：温妮·娜塔拉·奇贝萨孔达（Winnie Natala Chibesakunda，女）。馆址：北京市朝阳区三里屯东四街5号。电话：010-65321554，65321778；传真：65321891。电子信箱：diplomat@zambiaembassy.cn。

【同美国的关系】赞美关系良好。赞比亚是美《非洲增长与机遇法案》及“总统防治艾滋病紧急救援计划”受益国。2008年，美向赞提供2.69亿美元艾滋病专项资金援助，并宣布在今后5年内继续提供8.64亿美元用于支持赞艾滋病防治事业。2008年，美非洲司令部副司令耶茨、助理国务卿弗雷泽、教育部长斯佩林斯先后访赞。2010年，赞、美签署双方对两国民航飞机相互开放领空的协议。2011年，美国国务卿克林顿出席在赞举行的《非洲增长与机遇法案》部长级论坛并访赞。12月，美前总统乔治·布什访赞。2012年7月，美前总统乔治·布什再次访赞。2014年8月，赞比亚副总统斯科特赴美出席美非峰会。

【同英国的关系】赞比亚曾是英国殖民地，独立后与英国保持着传统关系。英是赞主要援助、投资国和贸易伙伴之一。2007年，英、赞签订为期10年、英每年向赞提供4000万美元资金援助的协议，用于减贫、直接预算支持、选举及卫生等项目。2012年6月，时任总统萨塔赴英出席英国女王登基60周年庆典活动。

【同邻国的关系】赞比亚努力与周边邻国及其他非洲国家保持良好关系，积极参与地区政治、安全和经济合作。2008年津巴布韦发生选举争议，姆瓦纳瓦萨总统作为南部非洲发展共同体轮值主席积极进行调停。2013年8月，同津巴布韦联合举办第20届联合国世界旅游组织大会。伦古总统上任后先后访问津巴布韦、安哥拉、南非、莫桑比克、博茨瓦纳等国。

赞比亚作为非盟、东南部非洲共同市场（总部设在卢萨卡）、南部非洲发展共同体成员国，重视上述地区组织和“非洲发展新伙伴计划”在解决冲突、促进地区团结、实现经济增长等方面的作用。积极参与地区事务，将地区合作和政治、经济一体化置于优先地位，关注非洲地区和平与发展。（杨洋、李韬）

乍　得

国名　乍得共和国（The Republic of Chad，La République du Tchad）。

面积　128.4万平方公里。

人口　1360万人（2014年）。全国共有民族256个。北部、中部和东部居民主要是阿拉伯血统的柏柏尔族、瓦达伊族、图布族、巴吉尔米族等，约占全国人口的45%；南部和西南部的居民主要为萨拉族、马萨族、科托科族、蒙当族等，约占全国人口的55%。官方语言为法语和乍得阿拉伯语。南方居民通用苏丹语系的萨拉语，北方通用乍得化的阿拉伯语。居民中44%信奉伊斯兰教，33%信奉基督教，23%信奉原始宗教。

首都　恩贾梅纳（N'Djamena），原名拉密堡（Fort-Lamy），1973年9月5日改为现名。人口109.2万。最高气温42℃（4月），最低14℃（12月）。

国家元首　伊德里斯·代比·伊特诺（Idriss Deby Itno），1990年12月4日任国务委员会主席、国家元首。1991年3月4日就任总统。1996年8月8日、2001年6月18日、2006年5月28日、2011年4月25日四次蝉联。

重要节日　独立日（国庆日）：8月11日；自由民主日（即代比执政日）：12月1日。

简　况

位于非洲中部，撒哈拉沙漠南缘，内陆国家。东邻苏丹，南与中非、喀麦隆交界，西与尼日利亚和尼日尔为邻，北接利比亚。北部属沙漠或半沙漠气候，中部属萨赫勒热带草原气候，南部属热带稀树草原气候，全年高温炎热。除北部高原山地外，大部分地区年平均气温27℃以上，北部可达29℃。

早期居民为萨奥人，“萨奥文化”是非洲文化宝库的重要组成部分。公元9—17世纪先后建立加涅姆—博尔努帝国、瓦达伊王国和巴吉尔米等穆斯林王国。1902年沦为法国殖民地，1910年成为法属赤道非洲的一个领地。1911年，部分领土被法出让给德国以换取德承认法对摩洛哥的“保护”。第一次世界大战后重归法国。1946年成为法海外领地。1957年年初成为“半自治共和国”。1958年11月28日成为“法兰西共同体”内的“自治共和国”。1960年8月11日宣告独立，弗朗索瓦·托姆巴巴耶（François Tombalbaye）任国家元首。1975年4月，马卢姆发动军事政变，成立军政府。1978年古库尼反政府武装大举进攻。1979年马卢姆被迫辞职，此后政权几经更迭，政局持续动荡。1982年6月哈布雷攻占首都，并出任总统。1989年4月，乍武装部队总司令伊德里斯·代比等人与哈布雷决裂，并于1990年3月创建爱国拯救运动（简称“爱拯运”）。同年12月，代比推翻哈布雷政权，出任国务委员会（临时政府）主席、国家元首，1991年3月4日就任总统。

政　治

代比执政后，实行多党制，1993年初乍得召开了由各党派参加的最高全国会议，确立过渡机制。1996年3月举行全民公决通过新宪法。6月举行总统选举，代比胜出。1997年3月举行立法选举，爱拯运获议会绝对多数。2001年5月和2002年4月，代比和爱拯运分别再度赢得总统大选和立法选举。2005年反政府武装死灰复燃并迅速发展壮大，活跃在东部与苏丹交界地区，并屡次西进。2006年5月，乍举行总统大选，代比在反对党集体抵制的情况下胜选连任。12月，主要反政府武装之一“变革联合阵线”归顺政府。2007年8月，爱拯运等总统多数派政党与18个反对党签署政治协议，宣布实现和解。2008年1月底2月初，反政府武装联军自东部发动攻势，曾一度占领首都恩贾梅纳大部分市区。2009年1月，乍8支主要反政府武装组成反政府武装联军“抵抗力量联盟”，5月6日，“抵抗力量联盟”与政府军交战。10日，政府军方面宣布已取得决定性胜利。2011年1月11日，乍得举行独立50周年暨第20个自由民主日纪念活动。2月和4月，乍分别举行议会和总统选举。爱拯运赢得议会绝对多数席位，代比以83.59%得票率再次蝉联总统。

【宪法】独立后第一部宪法于1962年4月制定。1993年4月4日，乍得最高全国会议通过了《过渡时期宪章》，作为过渡时期临时宪法。1996年3月31日举行全民公决，通过新宪法。该宪法规定：乍得是一个建立在民主、法治原则和公正基础上的独立的、世俗的、社会化的、统一的、不可分割的主权国家，实行政教分离。行政权由总统和政府共同行使。总统是国家元首，负责保证宪法的实施。总统通过直接普选产生，任期5年，可连任两届。同时规定如经国民议会2/3成员通过，可对宪法进行修改。总统任命总理，并根据总理建议任免政府成员。总理为政府首脑，负责执行部长会议通过的国家政策。议会由国民议会和参议院构成，行使立法权。2005年6月，乍得举行全民公决通过宪法修正案，取消对总统连任次数和年龄的限制，将“参议院”改为由总统任命的“经济、社会和文化理事会”。

【议会】国民议会是最高立法机构。共有188个议席，任期4年。本届国民议会于2011年2月13日选出，5月6日进行补选。6月20日，新一届国民议会举行第一次全体会议，选举爱拯运总书记阿鲁恩·卡巴迪（Haroun Kabadi）为议长。各党派在国民议会中所占席位如下：爱拯运118席，争取民主进步联盟9席，争取共和行动阵线4席，争取发展与革新全国同盟10席，争取民主进步全国联盟VIVA派4席，争取革新与民主同盟和乍得全国民主同盟分获8席，其他党派共获27席。

【政府】本届政府成立于2013年4月24日，共43人。2015年8月23日，代比总统改组政府，新内阁人数由此前的28人增至29人，其中部长26人（含政府秘书长）、国务秘书2人和政府副秘书长1人。包括：总理、政府首脑帕希米·帕达克·阿尔贝（Pahimi Padacke Albert），外交和非洲一体化和国际合作部长穆萨·法基·穆罕默德（Moussa Faki Mahamat），基础设施、互联互通和交通部长阿杜姆·尤努西米（Adoum Younousmi），计划和社会展望部长玛丽亚姆·穆罕默德·努尔（Mariam Mahamat Nour，女），邮政和信息通信新技术部长达乌萨·代比·伊特诺（Daoussa Deby Itno），领土行政部长穆罕默德·阿里·哈桑（Mahamat Ali Hassan），公共安全和移民部长艾哈麦德·穆罕默得·贝希尔（Ahmat Mahamat Bachir），司法和人权部长优素福·阿巴萨拉（Youssouf Abbassalah），财政和预算部长穆罕默得·阿拉明·布尔马·特累耶（Mahamat Allamine Bourma Treye），新闻部长、政府发言人穆斯塔法·阿里·阿利费（Moustapha Ali Alifei），妇女、社会行动和国家团结部长恩加姆巴蒂娜·卡梅尔·苏（Ngarbatnan Carmel Souiv，女），国民教育部长艾哈迈德·卡扎利·阿西尔（Ahmat Khazali Acyl），总统府负责国防、老兵和战争受害者事务部长级代表贝纳因多·塔托拉（Benaindo Tatola），公共卫生部长阿萨内·恩盖杜姆（Assane Ngueadoum），与议会关系部长、政府秘书长阿卜杜拉耶·萨布尔·法杜勒（Abdoulaye Sabre Fadoul），农业部长戈姆迪格·巴伊迪·洛梅（Gomdigue Baidi Lomey），环境和渔业部长卜拉赫·穆罕默德（Brah Mahamat），畜牧部长穆罕默德·阿勒马斯图尔·阿萨德（Mahamat Almastour Asseid），经济和贸易部长吉迪·比沙拉（Djiddi Bichara），公职、劳动和就业部长阿卜杜勒卡里姆·赛义德·博歇（Abdelkerim Seid Bauche），民航和国家气象部长阿瓦·阿西尔（Haoua Acyl，女），领土整治、城市化和住房部长姆博戈·恩加博·塞利（Mbogo Ngabo Seli），职业培训和小手工业部长科斯马德吉·梅西（Kosmadji Merci），矿业和地质部长阿杜姆·哈桑·阿尔西（Adoum Hassan Arsi），石油和能源部长杰拉塞姆·勒贝马杰尔（Djerassem le Bemadjiel），高等教育和科研部长麦凯·哈桑·泰松（Mackaye Hassane Taisso），水利部长安努尔·哈龙·奥马尔（Annour Haroun Oumar），文化和旅游发展部长穆罕默德·安纳迪夫·优素福（Mahamat Annadif Youssouf），青年和体育部长贝泰尔·米亚罗姆（Betel Miarom），总理府负责国家改革和地方民主的部长级代表阿杜姆·盖梅苏（Adoum Guemessou），外交国务秘书马德莱娜·阿林格（Madeleine Alingue，女），金融国务秘书哈比巴·萨岛尔巴（Habiba Sahoulba，女），基础设施、互联互通和交通国务秘书穆罕默德·哈米德·库阿（Mahamat Hamid Koua），计划国务秘书穆罕默德·阿拉胡·塔希尔（Mahamat Allahou Taher）

公共卫生国务秘书德尔苏·卡尔邦苏（Dersou Kalbansou），高等教育国务秘书侯赛因·马萨尔·侯赛因（Hissein Massar Hissein），农业国务秘书穆罕默德·艾哈迈德·萨利赫（Mahamat Ahmat Saleh），国民教育国务秘书桑亚贝·巴尔纳巴斯（Singyabe Barnabas），负责与议会关系的政府副秘书长阿瓦·奥特曼·贾梅（Haoua Outman Djame）

【行政区划】根据1996年4月通过的新宪法，乍得地方行政单位分为大区（Région）、省（Département）、镇（Commune）、村（Communauté Rurale）四级。2008年3月起，全国划分为22个大区（含恩贾梅纳市），下辖57个省级单位（含首都区），各省设有县级行政单位共500余个。

【司法机构】司法体系由宪法委员会、最高法院、上诉法院、初审法院和特别最高法庭组成。宪法委员会负责审查法律、协定等是否违宪，并监督、审理、公布选举及公民投票结果。最高法院是最高司法机构，包括刑事法庭、行政法庭和经济法庭，由16名成员组成，院长由总统征求参众两院议长意见后以法令形式任命，法官实行终身制。最高法院院长阿布戴拉希姆·布雷梅·哈米德（Abderahim Bireme Hamid），总检察长阿哈马特·阿格雷（Ahmat Agrey）。特别最高法庭负责审判总统、政府成员及其同谋的叛国案。

【政党】1991年9月乍得实行多党制。迄今已有87个合法政党，主要有：

（1）爱国拯救运动（Mouvement Patriotique du Salut，MPS）：简称"爱拯运"，1990年3月11日成立，执政党。原为反哈布雷的政治、军事组织。创始人为代比总统和马尔东·巴达·阿巴斯（Maldom Bada Abbas）等人。政治纲领：主张多党民主，发展混合经济；捍卫民族团结和领土完整；对外奉行独立自主、睦邻友好、不干涉别国内政和不结盟政策，遵守联合国和非盟宪章，同一切爱好和平、正义的国家发展友好合作关系。该党设全国代表大会、中央委员会和执行局，在全国各地均有基层组织。全国代表大会是最高权力机构，每两年举行一次会议。中央委员会是最高执行机构，执行局是中央委员会常设机构，现有40名成员。应2/3以上中央委员要求可召开全国特别代表大会。2001年3月召开特别党代会，代比继任党主席，阿巴斯任名誉主席。2012年10月召开第五次党代会，选举贝约姆·马洛·阿德里安（Beyom Mallo Adrien）为总书记。2015年1月26日召开全国代表大会，选举乍得前总理埃马纽埃尔·纳丁加尔（Emmanuel Nadingar）为总书记。2016年2月18日，穆罕默德·泽内·巴达（Mahamat Zene Bada）当选为总书记。

（2）争取民主进步联盟（Rassemblement pour la Démocratie et le Progrès，RDP）：1992年3月10日取得合法地位。创始人洛尔·马哈马特·舒瓦（Loe Mahamat Choua），曾任国家元首和过渡时期最高委员会主席。1997年12月，该党与爱拯运签署合作协议。2001年总统大选中支持代比。2003年12月，舒瓦宣布解除与爱拯运的联盟关系。2007年8月，参与国内和解进程，签署"8·13和解协议"。目前该党在国民议会中拥有9席。

（3）争取共和行动阵线（le Front d'Action pour la République，FAR）：反对党，前身为争取共和行动力量阵线，1993年改组，1995年成为合法政党。代表南方富裕地区利益，主张建立联邦共和制，限制中央政府权力，增加地方自治权；政教分离，保护人权；重建军队，消除强权政治和部族主义；推行和平外交，促进非洲政治经济一体化。党主席恩加尔勒吉·约龙加尔（Ngarlejy Yorongar）。2007年，该党拒绝签署《8·13和解协议》。目前该党在国民议会中拥有4个席位。

（4）争取发展与革新全国同盟（Union Nationale pour le Développement et le Renouveau，UNDR）：反对党。1992年7月21日取得合法地位。主张维护国家和平、团结，实现民族和解；建立一支真正全国性的职业化军队；发展社会经济、农业、畜牧渔业、水电、交通、旅游和手工业；实行地方分权，让妇女和有能力的人参加国家管理；发展教育卫生事业；实现粮食自给等。主席为萨莱赫·凯布扎博（Saleh Kebzabo），曾任第一届过渡政府的贸工部长、乍新社社长，《恩贾梅纳周刊》的创始人。2007年参与政治和解进程。目前在国民议会中拥有10席，为新议会第一大反对党。

（5）争取民主与进步全国联盟VIVA派（VIVA/Rassemblement National pour la Démocratie et le Progrès，RNDP）：参政党。1992年1月29日成立，4月2日成为合法政党。1993年改为现名。主张维护国家统一和稳定，通过和谈解决叛军问题；以民主原则建立多党制，保证三权分立；振兴经济，扩大就业。党主席努尔丁·德尔瓦·卡西雷·库马科耶。1993年11月任过渡政府总理。2007年3月至2008年4月再次出任总理。现任经济、社会和文化理事会主席。目前该党在国民议会中拥有4席。

（6）争取革新与民主同盟（Union pour le Renouveau et la Démocr atie，URD）：反对党。1992年1月26日成立。主张国家政治生活民主化，实行半总统制，三权分立，建立享有行政、财政自主权的省或地区，以向联邦制过渡；建立调控和自由竞争相结合的自由经济体制。卡穆格·瓦达勒·阿卜杜勒卡德尔（Kamougué Wadal Abdelkader），曾任部长、总理、武装部队总司令、国防部长等职，2011年5月病故后，党主席一职空缺。该党在国民议会中拥有8席。

【重要人物】伊德里斯·代比·伊特诺：总统。1953年生于比尔廷省。扎卡瓦族人。曾留学法国。1979年加入乍得民族解放阵线—北方武装部队。1982年6月任“北方武装部队”副参谋长。同年12月出任乍得全国武装部队总司令。1984年6月起任全国独立和革命联盟中央执行局军事和安全书记。1985年11月被派往法国军事学院进修。回国后任总统府国防与安全顾问。1989年起流亡苏丹。1990年3月任乍得爱国拯救运动主席。同年12月就任乍得国务委员会主席、国家元首。1991年3月就任总统。1996年6月在乍得首次多党总统选举中获胜当选。2001年6月、2006年5月和2011年4月三度蝉联总统。信奉伊斯兰教。已婚，有多个子女。

经　济

农牧业国家，经济落后，系世界最不发达国家之一。代比执政后，接受国际货币基金组织经济结构调整计划，重点整顿棉花公司等国营企业和公职部门；鼓励私人投资和发展中、小企业；宣布实行企业私有化和自由经济；打击走私，保证税收；积极争取国际援助，鼓励外国投资。2000年乍得石油开发计划正式启动。2003年7月，南部多巴油田顺利投产，乍得—喀麦隆输油管道开通，石油生产及出口能力骤增，经济一度高速增长，2005年以来增速放缓。近年来，乍得继续执行经济结构调整计划，推进国家减贫战略，加强和改善财政管理，大力促进私营经济发展，并颁布了新能源法。2009年，受全球金融危机和气候灾害影响，乍得石油收入大幅减少，农牧业产量下滑，加之高额军费及政绩工程投资，导致财政赤字激增，国内物价攀升。2010年，乍得政府提出2025年建成新兴国家的战略目标。2011年，提出经济工作三大重点为加强基础设施建设、努力构建工业基础、大力发展农牧业。2014年以来，受国际油价大跌和国内反恐安全开支增加等因素影响，乍得政府财政困难。在这一背景下，乍得政府将远景目标调整为“2030年将乍得建设成新兴区域强国”。

2014年经济数据如下：

国内生产总值：139亿美元。

人均国内生产总值：1022美元。

国内生产总值增长率：7.3%。

货币名称：中非金融合作法郎（FCFA，简称“非洲法郎”）。

汇率：1美元=494非洲法郎。

通货膨胀率：1.7%。

（资料来源：2015年《经济季评》）

【资源】矿产资源较丰富，但大多尚未开采。主要矿产有天然碱、石灰石、白陶土和钨、锡、铜、镍、铬等。世界银行预计乍得石油储量有望超过20亿桶。

【第一产业】乍将农业、牧业、石油和矿产开发列为第一产业。2014年第一产业占国内生产总值的52.6%。2013年石油日产量9.7万桶，主要由美国、中国、英国等石油公司开发。全国可耕地面积5200万公顷，仅开发不足15%。乍得湖平原和南部地区是主要农业区。主要粮食作物有高粱、玉米和小米，还有少量稻米和小麦等，粮食大部分依赖进口。农村人口占全国人口的72%。主要经济作物为棉花，全国约1/4人口从事棉花种植，2012年棉花出口额为220亿非洲法郎。其他经济作物有烟草、花生、芝麻、甘蔗和阿拉伯树胶等。乍得是中部非洲地区主要畜产国，40%的劳动力从事畜牧业，2012年畜产品出口额为2319亿非洲法郎。

【第二产业】即工业，主要为炼油业、农牧产品加工、手工业、建筑业、水利电力等。2014年工业产值占国内生产总值15.1%。全国有22家棉花加工厂，总加工能力为18.8万吨。另有一些纺织、卷烟、面粉、饮料、制糖、农机制造等中小企业。乍电力供应不足，2010年发电量9800万千瓦，电价昂贵，全国仅2%的居民，首都仅9%的家庭能够用电。受电力不足和资金短缺等困扰，乍工业发展困难较多。

【第三产业】20世纪80年代以来，乍商业、交通、电信、金融等服务性行业逐步发展。2014年产值占国内生产总值32.3%。全国20%的人口从事服务业，主要集中于交通运输业和公共领域。

（资料来源：乍得财政和预算部）

【交通运输】内陆国家，无铁路，主要靠公路运输。

公路：总长3.34万公里，其中柏油路524公里，多数公路仅能在旱季通行。

水运：主要集中于沙里河和洛贡河，内河航道总长4830公里，其中2000公里河段能四季通航。出海须经喀麦隆杜阿拉港（距恩贾梅纳1500公里）或尼日利亚的哈科特港（距恩贾梅纳1700公里）转运。

空运：恩贾梅纳国际机场可起降波音747等大型飞机，通往欧洲及周边国家。法国、喀麦隆、利比亚、苏丹和埃塞俄比亚航空公司等有定期航班飞往乍得。2004年2月，原乍得航空公司更名为“Toumai Air Tchad”，经营中部非洲地区和中东航线，并与法航合作经营恩贾梅纳—巴黎航线。

【财政金融】随着石油开发不断推进，乍得财政收入逐年增加。但由于基础设施建设和民生投入加大，财政支出也较快上升。近年政府财政收支情况如下（单位：亿非洲法郎）：

	2011	2012	2013
收入	11702	13666	15695
支出	12637	14866	17242

（资料来源：乍得财政和预算部）

2014年年底外汇储备为10.76亿美元（不包括黄金），外债总额为22.48亿美元。

（资料来源：2015年《经济季评》）

货币发行受中部非洲国家银行（BEAC）掌控。金融市场不健全，贷款利率较高，居民储蓄率低。现有乍得发展银行（BDT）、乍得国际农业银行、乍得信贷银行（BTCD）、法国兴业银行乍得分行、子午线银行集团西非国家银行乍得分行（BMBT）、财政银行（FB）、苏丹商业银行乍得分行、乍得阿拉伯利比亚银行（BTAL）和萨赫勒—撒哈拉投资商业银行乍得分行等9家商业银行。

【对外贸易】2003年起原油成为第一大出口商品，2012年出口额为1.9万亿非洲法郎。畜产品和棉花是乍传统出口商品，主要进口石油制品、化工、机电产品、建筑材料、汽车、纺织品、食品、药材等。2012年主要出口对象国是美国、中国、加拿大、印度和日本；主要进口来源国是中国、喀麦隆、法国、沙特阿拉伯和美国。近几年外贸情况如下（单位：百万美元）：

	2011	2012	2013	2014
出口额	4,522	4,327	3,384	5,008
进口额	3,202	3,375	3,034	4,416

（资料来源：2015年《经济季评》）

【外国援助】外援在财政收入和预算中占很大比重。主要来自美国、法国、德国、瑞士以及联合国、欧盟和非洲开发银行等。2013年乍得共接受外援1047.6亿非郎。

【外国资本】因石油开发前景看好，外国资本近年大量涌入。2000年4月，美国埃克森和雪佛龙两大石油公司和马来西亚国家石油公司组成石油开发集团，参与乍石油开发项目。同年6月，世界银行批准向乍得和喀麦隆两国政府分别提供3950万和5340万美元贷款，用于乍喀输油管道建设项目，总投资37亿美元。2013年外国对乍得直接投资存量41.68亿美元。

人民生活

乍得被联合国列为世界上47个最不发达国家之一，2014年联合国人类发展指数为0.372，在180个国家中排名第184位。人民生活水平较低，超过55%的民众生活在贫困线以下。乍医疗机构及医务人员匮乏。全国共有429个医疗卫生中心，总床位3962张，其中综合性医院仅3所，即恩贾梅纳中央医院、军事医院和自由医院。全国有290名医生和1837名护士。人均预期寿命44岁，人口年增长率3.1%。卫生覆盖率30.6%，饮用水覆盖率27%，婴儿死亡率11.5%。常见病有：疟疾、肝炎、脑膜炎、麻风病、淋病等。成年人艾滋病感染率3.5%。

军　事

1991年1月，代比总统将全国武装部队改编为乍得国民军。全国共划分为8个军区，实行义务兵役制，服役期一年半。乍军队和宪兵总数3.485万人。其中陆军约2.5万人，空军350人，共和卫队5000人，宪兵4500人。总统代比中将为最高军事统帅。

文化教育

【教育】乍得是撒哈拉以南非洲文化教育水平较低的国家。2011年乍成人识字率为35.4%，低于撒哈拉以南非洲国家的平均指数。小学与中学入学率分别为71%和15%。高等教育主要由恩贾梅纳大学、费萨尔国王大学、蒙杜商业技校、阿贝歇科技学院、萨尔赫天文和环境学院等提供，全国共有在校大学生1500人。2003年，全国共有3653所小学，209所初中和36所高中。

【新闻出版】全国有35家报社，均为私人所有。《进步报》为发行量最大的日报，每日印数达3万份。较有影响的报刊还有《时代报》《观察家》《我们的时代》等。

乍得新闻社为国家通讯社，成立于1966年。

乍得国家广播电台1965年成立，主要用法语、萨拉语、阿拉伯语广播。

乍得国家电视台1987年12月成立，节目覆盖首都和乍西南部地区。用法语和阿拉伯语播放节目。定时转播喀麦隆电视节目。

【通信】通信业落后，费用高，覆盖率低。乍得电信公司（Soteltchad）垄断乍固定电话和国际长话业务。2000年，Anglo-Dutch MSI Mobicom（Celtel）公司和Egyptian Orascom（Libertis）公司进入乍移动通信市场。2012年，乍有固定电话用户2.99万，移动电话420万。2009年，乍联合网服务共有16.8万个注册用户。

对外关系

乍得奉行独立自主、务实的全方位外交政策，强调维护国家统一、主权和领土完整，保持稳定的周边环境；支持非洲团结，致力于加强同西方大国和国际金融机构关系；重视发展同阿拉伯国家及非洲国家的关系。与世界上81个国家建立了外交或领事关系。2013年10月，当选2014—2015年度联合国安理会非常任理事国。

【同中国的关系】1972年11月28日，中乍两国建交。1997年8月12日，乍得政府违背中乍建交公报原则，与台湾“复交”，中国政府宣布自8月15日起中止同乍得的外交关系。2006年8月6日，中国外交部长李肇星与乍得外交部长阿拉米在北京签署两国关于恢复外交关系的联合公报。

2006年8月，中国外交部部长助理翟隽作为中国政府特使赴乍出席代比总统就职典礼。11月，阿拉米外长率团出席中非合作论坛北京峰会。2007年1月，李肇星外长访乍。4月，阿拉米外长访华。9月，代比总统访华。2008年8月，乍得总理阿巴斯来华出席北京奥运会开幕式。2009年6月，中国政府非洲事务特别代表刘贵今访乍，代比总统、法基外长分别会见。2011年2月，中国外交部长杨洁篪访问乍得。10月，法基外长访华。2012年7月，法基外长率团出席中非合作论坛第五届部长级会议。8月，中国政府非洲事务特别代表钟建华访乍。9月，中国新任驻乍大使胡志强向代比总统递交国书。2013年8月，法基外长访华。2014年1月，全国政协副主席、中联部部长王家瑞访问乍得。2015年5月，全国人大常委会副委员长张平访问乍得。10月，代比总统来华出席“2015减贫与发展高层论坛”。执政党“爱国拯救运动”总书记埃马纽埃尔·纳丁加尔访华。12月，代比总统出席了中非合作论坛约翰内斯堡峰会，其间出席了习近平主席为部分非洲国家领导人举行的集体会见。

2014年中乍双边贸易额为4.3亿美元，同比下降12.6%，其中中方出口额为3.2亿美元，同比下降17.2%，进口额为1.1亿美元，同比上升4.7%。中方主要进口原油、棉花等，出口机电产品、鞋类等。

中国驻乍得大使：胡志强。馆址：乍得共和国恩贾梅纳市1区住宅、行政和商业小区第1021街（库夫阿大道）Rue No.1021（Boulvard de Koufra）Quartier Residentiel，Administratif et Commercial，Premier Arrondissement，N’Djamena，République du Tchad。通讯地址：乍得恩贾梅纳735号邮政信箱。B.P.735 N’Djamena Tchad。电话：00235–22522949。

乍得驻华大使：艾哈迈德·松吉（Ahmed Soungui）。馆址：北京市朝阳区新东路1号塔园外交公寓2号楼2单元10层2号。电话：010–85323822。

【同法国的关系】乍法传统关系密切。两国签有财政、经济、文化、教育和军事等一系列合作协定。法在乍得设有军事基地，驻军1200人。法军向乍政府军提供情报和后勤支持，并曾协助其击退叛军对首都的进攻。有100多名专家在乍政府主要部门工作，侨民超过2000人。苏丹达尔富尔危机爆发后，法派200名军人赴乍苏边境执行人道救援任务。法公司几乎承包了全部乍喀石油管道建设工程。2009年1月、8月，代比总统对法国进行私人访问。法国参议院外交与国防委员会主席何塞林、法国外长库什内分别于1月、3月访问乍得。5月30日至6月1日，代比赴法国出席第25届法非峰会。7月，代比出席法国国庆庆典。2011年1月，法国国防部长朱佩出席乍独立50周年庆典活动。5月，乍外长法基访问法国。2012年12月，代比总统对法国进行工作访问。2014年7月，法国总统奥朗德访问乍得，宣布将在乍首都恩贾梅纳设立地区反恐中心。2015年1月，德贝总理出访法国。2月，代比总统与访问乍得的法国外长法比尤斯举行会谈。5月，代比总统访问法国。12月，代比总统出席气候变化巴黎大会。

【同美国的关系】乍美于1960年建交。随着乍得石油开发项目的上马，两国关系得到加强。美国企业是乍第一大石油开发商，约有2000多名石油技术人员在乍工作。2013年，美向乍提供援助5330万美元。2009年6月，美国总统达尔富尔问题特使格拉逊访乍。7月，美国国防部助理部长哈德莱斯顿访乍。2014年8月，代比总统赴美出席美非峰会。2015年2月至3月，美军联合乍得、喀麦隆、尼日尔、尼日利亚和部分西方国家军队在乍得举行号为“燧发枪”联合军演。5月，美国以打击恐怖主义为名向乍派驻80名军事人员。8月，代比总统赴美出席美非峰会。

【同苏丹的关系】乍得与苏丹关系曾长期友好，苏丹达尔富尔问题爆发后，乍苏关系出现波折。2003年1月，乍苏两国在喀土穆举行两国高级混委会并达成协议，建立边境安全联合部队、成立乍—苏—中非三方委员会以监督边界安全。2005年4月，乍宣布停止担任达尔富尔问题调解人，要求苏丹尽快解除在苏境内的乍反政府武装。10月，乍谴责苏支持乍反政府武装，关闭驻苏领馆，并要求苏关闭在乍阿贝歇的领馆。12月，乍政府宣布与苏丹“处于交战状态”。2006年2月8日，乍苏在非盟和利比亚等有关方面调解下签署和平协议。4月，乍指责苏支持叛军对首都的进攻，宣布断绝与苏丹外交关系。7月，苏丹外长作为总统特使访乍，双方签署两国关系正常化纪要。8月，苏丹总统巴希尔访乍，与代比总统会谈并决定恢复两国大使级外交关系。2008年2月，乍叛军攻入首都恩贾梅纳并控制大部分地区，后被乍政府军击退。乍谴责苏支持叛军。3月，在塞内加尔和利比亚斡旋下，乍苏签署达喀尔和平协议，决定结束敌对状态。5月，苏反政府武装突袭首都，苏方指责乍政府背后支持，宣布与乍断交。在利比亚等国斡旋下，双方于11月恢复外交关系。2009年10月，苏丹总统顾问加齐访乍寻求改善关系。2010

年1月，双方签署两国关系正常化协议。2月，乍得总统代比访苏，恢复了两国中断6年之久的高层互访。2010年5月，乍得总统代比赴苏丹出席巴希尔总统就职仪式。7月，巴希尔总统赴乍出席萨赫勒—撒哈拉国家共同体第12届峰会。2011年5月，代比总统赴苏丹出席乍得、苏丹、中非三国首脑会议。12月，代比总统访问苏丹。2013年2月，代比总统再次访问苏丹。2013年3月，巴希尔总统出席在乍举行的“萨赫勒—撒哈拉国家共同体”首脑会议。2015年1月，代比总统对苏丹进行友好工作访问。6月，代比总统赴苏丹参加苏丹总统巴希尔的就职仪式。10月，代比总统赴喀土穆出席全国和解对话论坛。

【同利比亚的关系】乍得与利比亚因领土争端等问题曾长期不和。1994年2月3日，国际法院将乍利争议领土“奥祖地带”裁决归乍后，乍利关系改善并不断发展。双方签署了《乍利睦邻、友好与合作条约》及多项合作协定。2005年乍外长阿拉米、总理约阿迪姆纳吉、总统代比先后访利。2006年1月，代比访利。2008年6月、7月，代比总统两次访问利比亚。2009年1月、8月，代比总统对利比亚进行工作访问。2010年1月、4月、6月，代比总统三次访问利比亚。利比亚危机爆发伊始，乍不赞成国际社会对利进行制裁，反对北约空袭。2011年8月，乍宣布承认利“国家过渡委员会”。9月1日，代比并出席了在法国召开的“利比亚之友”国际会议。2012年12月，利新政府总理扎伊丹率团对乍进行工作访问。

【同中非的关系】2001年11月，中非前总参谋长弗朗索瓦·博齐泽（François Bozizé）流亡乍得后，两国关系持续紧张，多次发生边界冲突。2012年年底中非局势动荡后，乍得积极参与调解中非危机。5月，中非过渡期国家元首乔托迪亚访问乍得。2014年2月，中非过渡国家元首桑巴—庞扎访问乍得。2015年1月，中非总理卡蒙对乍得进行正式访问。5月、6月，代比总统两次会见中非过渡政府庞扎。

【同其他非洲国家的关系】乍得是非洲联盟、中部非洲经济与货币共同体、中部非洲国家经济共同体、萨赫勒—撒哈拉国家共同体、尼日尔河流域国家组织、乍得湖盆地委员会等非洲区域性组织的成员。乍得重视发展同邻国及其他非洲国家的友好合作关系，积极参加地区合作。

2011年5月，代比总统出席科特迪瓦总统瓦塔拉就职典礼。同月，出席了尼日利亚总统乔纳森就职典礼。7月，代比总统访问贝宁。同月，出席了南苏丹共和国独立庆典。8月，代比总统出席刚果（布）独立51周年庆典。2012年1月，出席南非执政党“非国大”成立百年庆典。2012年10月，出席赤道几内亚独立44周年庆典。2013年1月，乍得出兵参加非盟在马里的军事干预行动，帮助马政府打击恐怖主义势力。2015年2月，贝宁总统亚伊访问乍得。3月，尼日尔总统伊素福访问乍得。3月，代比总统访问加纳。4月，代比总统赴马里出席萨赫勒地区国家间抗旱常设委员会峰会。5月，代比总统访问尼日利亚。第16届中部非洲国家经济共同体（CEEAC）元首例会在恩贾梅纳举行。7月，加蓬总统邦戈访问乍得。代比总统赴毛里塔尼亚参加泛非绿色长城成员国领导人第三次会议。

（宋瑶）

中　非

国名　中非共和国（The Central African Republic，La République Centrafricaine）。

面积　622984平方公里。

人口　470万（2014年）。全国共有60多个民族，主要有巴雅、班达、班图、乌班吉、恩格班迪等，其中巴雅族人数最多，班达族分布最广。官方语言为法语、桑戈语。约80%的居民信奉基督教，10%信奉伊斯兰教，其余信奉原始宗教。

首都　班吉（Bangui），人口约74.7万（2013年）。最炎热的月份是2月，气温21℃—34℃。最凉爽的月份为7—8月，气温21℃—29℃。

国家元首福斯坦·阿尔尚热·图瓦德拉（Faustin Archange Touadéra），2014年1月当选。

重要节日　独立日：8月13日；国庆日：12月1日。

简　况

位于非洲大陆中部，内陆国家，东接苏丹、南苏丹，南接刚果（布）、刚果（金），西连喀麦隆，北邻乍得。北部属热带草原气候，南部属热带雨林气候，年平均气温26℃。5—10月为雨季，11月至次年4月为旱季。

公元9—16世纪，曾建立班加苏、腊法伊和宰米奥等三个部落王国。1891年沦为法国殖民地。1910年被划为法属赤道非洲领地，称乌班吉沙立。1958年12月1日成立自治共和国。1960年8月13日宣告独立，成立中非共和国。1976年12月成立中非帝国。1979年9月废除帝制，恢复共和。1991年实行多党民主制。1993年9月昂热－菲利克斯·帕塔塞在首次多党大选中当选总统，帕并于1998年蝉联总统。2003年3月，前总参谋长弗朗索瓦·博齐泽·杨古翁达率部攻占班吉，推翻帕塔塞政权，次日就任总统。2005年当选总统，2011年蝉联总统。2013年3月，博齐泽政权被中非反政府武装联盟“塞雷卡”推翻。

政　治

2012年12月，“争取团结民主力量联盟”等数支反政府武装组成联盟“塞雷卡”，连续攻占北部和中部多座城市，要求中非政府全面遵守和平协议，开展政治对话，中非安全形势恶化。2013年1月11日，在国际社会调解下，中非各派在加蓬利伯维尔举行谈判，并签署了《停火协议》等文件。2013年2月3日，中非全国联合政府成立。3月24日，反政府武装联盟“塞雷卡”再次发动攻击，武力推翻博齐泽政权。根据中部非洲国家经济共同体（CEEAC）特别峰会决议，中非全国过渡委员会于4月12日成立，宣布启动18个月的过渡期，此后举行总统和立法选举。“塞雷卡”领导人乔托迪亚当选为过渡期国家元首，原全国联合政府总理尼古拉·蒂昂盖伊（Nicolas Tiangaye）留任。2014年1月，乔托迪亚和蒂昂盖伊在中共体特别峰会上辞职。中非过渡委选举卡特琳娜·桑巴－庞扎（女）为过渡国家元首。7月，中非全国和解与对话论坛在刚果（布）首都布拉柴维尔举行，中非各武装和政治派别、公民社会和宗教团体代表出席并签署停火协议。9月，联合国中非共和国多层面综合稳定团（MINUSCA）接管非盟部队在中非维和任务。2015年12月30日，中非举行总统和立法选举。前总理多洛盖莱和前总理图瓦德拉分获23.74%和19.05%选票，进入第二轮选举。2016年2月20日，中非全国选举委员会宣布，独立候选人、前总理图瓦德拉在2月14日举行的总统大选第二轮投票中，以62.7%得票率当选中非新总统。3月1日，中非宪法法院对上述结果予以确认。

【宪法】 2013年3月博齐泽政权被推翻后，现行宪法被废除。7月，过渡委员会审议通过《过渡宪法草案》，过渡国家元首乔托迪亚签署法令，宣布《过渡宪法》生效。2015年12月13日，中非举行新宪法全民公投，新宪法以93%支持率获通过。

【议会】 2013年3月24日，“塞雷卡”武装夺权后，宣布解散议会。根据中部非洲国家经济共同体决议，中非于4月12日成立全国过渡委员会，履行“国民议会”职责，负责筹备立法选举和总统选举。亚历山大·费迪南·恩根代（Alexandre Ferdinand Nguendet）任主席。2015年12月30日，中非举行立法选举。

【政府】 本届过渡政府成立于2015年7月20日，共32名成员，包括1名总理，2名国务部长，27名部长和3名部长级代表。成员有：过渡政府总理穆罕默德·卡蒙（Mahamat KAMOUN），国防、军队调整、前战斗人员、战争受害者国务部长玛丽·诺埃勒·科亚拉（Mme Marie Noëlle KOYARA），司法、掌玺、司法改革和人权国务部长阿里斯蒂德·索坎比（Aristide SOKAMBI），交通和民航部长阿诺·朱贝·阿巴泽纳（Arnaud DJOUBAYE ABAZENE），财政和预算部长哈桑·卡德尔（Assane KADRE），外交、非洲一体化、法语国家事务部长萨米埃尔·朗巴（Samuel RANGBA），经济、计划、国际合作和支柱产业部长弗洛朗丝·兰比奥（Mme Florence LIMBIO），国民教育和技术教育部长埃卢瓦·安吉马特（Eloi ANGUIMATE），劳动、社会保障和就业部长加斯东·马库藏巴（Gaston MACKOUZANGBA），河流、森林、狩猎和渔业部长伊莎贝尔·戈德耶（Mme Isabelle GAUDEUILLE），卫生和人口部长玛格丽特·桑巴·马利亚沃（Mme Margueritte SAMBA MALIAVO），邮政、电信和新技术部长布南代莱·孔巴（BOUNANDELE KOUMBA），领土管理、权力下放和地方化部长莫迪博·贝希尔·瓦利杜（Modibo Bachir WALIDOU），商业、工业和中小企业部长热特吕德·祖塔（Mme Gertrude ZOUTA），矿产和地质部长约瑟夫·阿博（Joseph AGBO），高等教育和科研部长贝尔纳·西米蒂（Bernard SIMITI），新闻部长布鲁诺·亚庞德（Bruno YAPANDE），农村发展部长泰奥蒂梅·苏莱·巴卢韦（Theotime SOULE BALOUWE），公安和移民部长多米尼克·赛义德－庞甘吉（Dominique SAID-PANGUINDJI），公共工程、装备和领土整治国务部长洛朗·克莱尔·马勒菲（Laurent Clair MALEFU），能源和水利部长雅克·梅达尔·姆博利亚达斯（Jacques Médard MBOLIAEDAS），全国和解、政治对话和公民文化部长弗洛朗丝·莉蒂·恩杜巴（Mme Florence Lydie NDOUBA），社会事务和人道主义行动部长欧仁妮·亚拉法（Mme Eugénie YARAFA），城市化和公共建筑部长雅克·德芒加（Jacques DEMANGA），人居和住房部长吉尔贝·科格伦博（Gilbert KOGRENGBO），环境、生态和可持续发展部长塞巴斯蒂安·韦内祖维（Sebastien WENEZOUI），政府秘书处和处理与其他机构关系部长马克·莫科佩特（Marc MOKOPETE），旅游、艺术、文化和手工业部长莫丽塞特·普西米斯女士（Mme Maurice Psimhis），青年和体育部长阿梅尔·宁加托卢姆·萨约（Armel NINGATOLOUM SAYO），公职部长奥迪勒·齐通戈（Odile ZITONGO），畜牧业部长级代表穆罕默德·塔伊布·雅库布（Mahamat TAÏB YAKOUB），财政和预算部长级代表塞莱斯坦·亚南吉（Célestin YANINDJI）、计划、国际合作和支柱产业部长级代表米歇尔·班多（Michel BINDO）。

【行政区划】 全国划分为16个省、1个直辖市（首都班吉），省以下设69个县。

【司法机构】 原主要司法机构有宪法法院、最高法院、行政法院、审计法院、仲裁法院、普通法院和法庭等。2013年3月，“塞雷卡”武装夺权后，原司法审判机构被解散，迄今仍未组建新的机构。

【政党】 1991年4月起实行多党制。目前全国有合法政党40多个，主要有：

（1）劳动党（Parti KWA NA KWA，KNK）：原名

KNK全国联合会（Convergence Nationale – KWA NA KWA，KWA NA KWA系博齐泽总统竞选口号，在桑戈语中意为“劳动，艰苦地劳动”）。2004年12月为支持博齐泽参加总统选举成立，由支持博参选的中小政党、社会团体、民间协会和独立人士等组成。全国代表大会是最高决策机构，下设全国执行局，为最高领导机构。2009年8月更名为劳动党，博齐泽任党主席。2013年3月，博齐泽政权被推翻后，该党丧失执政党地位。

（2）中非人民解放运动（Mouvement de Libération du Peuple Centrafricain，MLPC）：1978年成立，1981年取得合法地位。1993年党主席昂热－菲利克斯·帕塔塞（Ange-Félix Patasse）在首次多党选举中当选总统，该党成为执政党。2003年帕被博齐泽推翻后流亡国外。2007年6月，该党召开代表大会，前总理马丁·齐盖莱（Martin Ziguélé）当选党主席。

（3）中非民主联盟（Rassemblement Démocratique Centrafricain，RDC）：1987年2月成立。创始人为前总统安德烈·科林巴（André Kolingba）。科林巴执政时期，该党曾是中非唯一合法政党。科因病旅居巴黎后，该党分裂为正统派和革新派。2010年2月科逝世后，纳孔波担任党主席。

（4）恢复民主人民军（Armée pour la Restauration de la Démocratie，APRD）：原反政府武装，现反对党。2005年12月成立，系亲前总统帕塔塞武装力量。2008年5月，该武装与政府签署一揽子和平停火协议。12月，成为合法政党。最高领导机构为政治局，党主席为前国防部长德马福特。2008年5月与政府签署一揽子和平停火协议。10月，博齐泽总统特赦德。12月，德参加包容性政治对话，当选解武、复员、重新安置委员会主席，将APRD注册为合法政党。

其他政党还有：争取进步爱国阵线、国家团结党、争取进步爱国阵线、现代民主论坛、民主自由党、公民论坛、争取共和联盟等。

【重要人物】福斯坦·阿尔尚热·图瓦德拉：中非总统。1957年4月21日出生于班吉，曾获法国里尔第一科技大学和喀麦隆雅温得第一大学数学博士学位。曾任班吉大学理学院数学系助教、理学院副院长、院长、法语及印度洋国家数学计划协调国家间委员会（CIEHPM）成员及主席、班吉大学校长等职。2008年1月被博齐泽任命为总理，2013年1月卸任。2016年2月20日当选总统。

经　济

联合国公布的世界最不发达国家之一。经济以农业为主，工业基础薄弱，80%以上的工业品靠进口。木材、钻石、棉花、咖啡是经济四大支柱。20世纪90年代初曾3次同国际货币基金和世界银行达成协议，执行结构调整计划。因政局持续动荡，战乱不止，生产无法正常进行，经济形势不断恶化。博齐泽总统上台后，整顿林、矿业，严格审查并重新签发开采许可权，打击偷税漏税，整治贪污腐败，努力争取外援，取得一定成效。受国际金融危机影响，中非木材、钻石出口收入下降，经济受到一定影响。2009年6月，中非达到重债穷国减债倡议完成点，获得7.63亿美元债务减免。2012年底以来，中非局势再次动荡，经济遭受重创，政府财政极度困难。

2014年主要经济数据如下：

国内生产总值：17.83亿美元。

人均国内生产总值：379美元。

经济增长率：1%。

货币名称：中非金融合作法郎（FCFA，简称非洲法郎）。

汇率：1美元=494非洲法郎。

通货膨胀率：16%。

（资料来源：2016年伦敦《经济季评》）

【资源】矿产主要是钻石，分布地区占全国面积的1/2。此外还有铀（储量2万吨）、铁（储量350万吨）、黄金、铜、镍、锰、铬、锡、汞和石灰石（储量800万吨）等。北部地区发现有石油。森林面积10.2万平方公里，约占全国面积的16%，可采面积2.8万多平方公里，木材储量约9000万立方米，盛产热带名贵木材。水力资源丰富。北部和东部有大象、犀牛等野生动物。

【工矿业】2014年工矿业产值占国内生产总值的12%。加工工业十分落后。工业企业主要集中于首都班吉，以生产进口替代产品为主。主要工业有：食品加工、机械组装（自行车、摩托车等）、日用化工、电力、卷烟、啤酒、纺织、皮革等。出口行业主要为农产品及木材加工。矿业目前限于钻石和黄金开采，以手工操作为主。2012年钻石产量36.59万克拉。

【农林业】2014年农业产值占国内生产总值的58.2%，全国从事农业的人口180万。可耕地约650万公顷，已耕地约60万公顷。主要种植棉花、咖啡、木薯、花生、玉米、高粱等作物。主要农作物产量如下（单位：万吨）：

	2011	2012	2013	2014
籽棉	1.2	2.22	0.62	0.14
咖啡	0.53	0.54	0.46	0.45
木薯	64.62	65.98	49.59	53.56
花生	17.67	18.05	12.41	13.28
玉米	15.71	16.04	13.0	13.9

（资料来源：2014年法兰西银行年度报告）

林业一度发展较快，2000年超过钻石成为第一大出口创汇产业。2011年原木出口额7.95亿美元。2008年，中非政府出台《森林法》，要求木材企业在中非加工量必须达到70%，原木直接出口量不得超过采伐量的30%，并对未按期递交月度生产和出口报告的公司实施制裁。历年原木产量（单位：万立方米）：

	2011	2012	2013	2014
原木产量	47.86	47.4	38.0	26.34

（资料来源：2014年法兰西银行年度报告）

【交通运输】无出海口，亦无铁路，空运规模很小，主要靠公路和河运。

公路：总长24578公里，其中国家级公路5400公里，地方公路3910公里，乡村便道15268公里。由于遭受战乱及长年失修，多数道路状况不佳，在雨季更难以通行。欧盟和日本政府曾出资390万美元帮助中非政府修复连接班吉和喀麦隆港口城市杜阿拉的一条长达1400公里的柏油路，2006年底工程完工。2005年12月，中非政府设立公路维护基金，负责保养和维护国家公路网，资金来源是公路和燃油税及出资者拨款。2006年4月，欧盟提供750万欧元用于修复班吉公路网。2007年欧盟提供5500万欧元用于修建中非西部至喀麦隆169公里的公路，非洲开发银行提供1.65亿美元用于中非至杜阿拉公路网建设。

水运：内河航运对外贸起重要作用。全国共有内河航道7080公里。进出口物资多由水路经刚果（布）运输，乌班吉河（刚果河支流）是主要的国际运输线，班吉是全国最大的河港，年吞吐量约30万吨。

空运：有12个中型机场和50几个简易机场。年均客流量为10万人次。班吉姆波科为国际机场。有定期航班通往巴黎、杜阿拉、恩贾梅纳等地。

【财政金融】财政收入主要靠税收。局势陷入动荡后政府财政收入大幅下滑，2014年财政收入1.86亿美元，支出2.7亿美元，外汇储备2.6亿美元（不包括黄金）。

（资料来源：2016年伦敦《经济季评》）

【对外贸易】主要出口木材、钻石、咖啡、棉花和烟草，进口轻工、纺织、粮油食品和石油产品。2014年，中非主要出口对象国是中国、印度尼西亚、刚果（金）、挪威、摩洛哥；主要进口来源国是挪威、法国、美国、喀麦隆、乍得。2014年外贸总额4.78亿美元，其中出口0.767亿美元，进口4.01亿美元。近年外贸情况如下（单位：百万美元）：

	2011	2012	2013	2014
出口额	210.0	191.0	107.3	76.7
进口额	335.1	324.8	218.8	401.3

（资料来源：2016年2月伦敦《经济季评》）

【外国援助】2009年6月，世界银行、国际货币基金组织宣布中非达到重债穷国计划完成点，获免7.63亿美元债务。欧盟是中非最大的援助方，其次是美国、国际开发协会、法国、德国。2013—2014财年年均援助额分别是1.01亿美元、4698万美元、4099万美元、3832美元和1622万美元。（资料来源：经济合作与发展组织网站）

人民生活

在2015年联合国公布的世界188个国家人类发展指数排名中列187位。2012年人均寿命49.1岁。职工最低工资1.3万非洲法郎，公职人员还享受相当于工资10%的补贴。医疗卫生落后，全国仅有医疗机构786个，其中117家为私营，公共卫生从业人员3314名，其中护理人员1915人，平均每1.25万人拥有一名医生。65%的人口能在5公里范围内就医。平均1075人占有一张病床，首都和外省的医患比例分别为1：6000和1：90000。产妇死亡率11‰，婴儿死亡率115‰。中非为疟疾和艾滋病高发区，2009年成人艾滋病感染率为4.7%。

军　事

中非1960年独立后在法国帮助下创建军队，全国划分为4个军区。实行义务兵役制，服役期为2年。

2006年武装力量共3150人，其中陆军和总统卫队共2000人，空军150人，宪兵1000人。2013年3月中非进入过渡期后，新的国家军队正在整编和组建中。

文化教育

【教育】大、中、小学均实行免费教育。2002—2003年的政局动荡影响了教育系统正常运作。2005年成年人文盲率48.6%。男生小学入学率78%，女生37%。男生中学入学率17%，女生6%。全国共有6所大学。班吉大学是全国唯一的综合性大学，创办于1969年，有学生7000人，设有法律、经济、文学、人文科学、医学和理科系，以及实用语言和数学教学研究所等，许多毕业生进入行政机构。

【新闻出版】官方日报《桑戈阿非利加报》，1986年7月1日创刊，原称《团结报》，1994年7月17日改为现名。发行约1000份。

中非新闻社1974年5月建立，出版《电讯稿》。

中非广播电台1958年12月创建。

中非电视台建于1972年，每天播放4小时，只有首都班吉和姆拜基市可收看节目。

对外关系

中非奉行睦邻友好、不结盟和多元化外交政策，强调外交为本国利益服务。以争取外援为重点积极展开外交活动，积极发展与周边国家、西方国家及国际与地区组织关系。

【同中国的关系】1964年9月29日两国建交。1966年1月博卡萨上台后，中非同中国断交。1976年8月20日，双方签署两国关系正常化公报。1991年7月8日，中非政府同台湾当局“复交”，中国与中非中止外交关系。1998年1月29日，两国签署联合公报，决定恢复大使级外交关系。复交以来，两国关系不断巩固和加强。

近年，两国高层交往频繁。中方访问中非的有：外长李肇星（2007年）、中联部部长王家瑞（2010年）、国家民族事务委员会主任杨晶（2010年12月作为胡锦涛主席特使出席中非独立50周年庆典）、全国政协副主席罗富和（2011年）。中非方访华的主要有：博齐泽总统（2004、2009年访华，2010年出席上海世博会中非国家馆日和中国国家馆日活动、2012年9月来华出席厦洽会和宁洽会）、外长祖马拉（2006年出席中非合作论坛北京峰会暨第三届部长级会议）、外长甘比（2012年出席中非合作论坛第五届部长级会议）、外长朗巴（2015年8月作为中非驻华使馆客人来华）。2015年12月，中非总理卡蒙赴南非出席中非合作论坛约翰内斯堡峰会，其间出席了习近平主席为部分非洲国家领导人举行的集体会见。

2014年12月30日，中国新任驻中非大使马福林向过渡国家元首庞扎递交国书。

2014年中国与中非两国贸易额3648万美元，同比下降27%，其中中方出口721万美元，同比下降24%，进口2927万美元，同比下降28%。中方主要出口机电产品，进口原木和锯材。

中国驻中非大使：马福林。馆址：班吉市烈士大街（Avenue Des Martyrs，Bangui）。地区号：00236。电话：21612760；传真：21613183。信箱：1430 BANGUI。经商处电话：21614682；传真：21614358。信箱：1369 BANGUI。

中非驻华大使：让·皮埃尔·姆巴佐阿（Jean-Pierre Mbazoa）。馆址：北京市朝阳区新东路1号塔园外交办公楼1-1-132，电话：010-65327353；传真：65327354。

【同法国的关系】同法国保持传统的密切关系。独立后与法国签订十多个双边合作协定。法是中非最大的援助国和主要经贸伙伴。2005年，法国对中非的官方援助占中非所获外援总额的36%。2003年3月博齐泽执政后，法国率先承认博齐泽政权，两国关系持续发展。双方互访不断。2014年1月20日，庞扎当选过渡国家元首后，法国总统奥朗德、外长法比尤斯表示祝贺，23日，外长法比尤斯出席庞扎就职仪式。2015年11月，卡蒙总理赴法出席联合国气候变化大会。2016年2月，中非总统选举结果公布后，法国总统奥朗德祝贺图瓦德拉胜选。

法国曾在中非设有军事基地，1997年关闭。2006年10月，法派兵帮助中非政府军击退反政府武装，此后约230名法军长期驻扎中非。2012年底中非局势恶化后，法增兵350人，保护法和欧盟在中非侨民。2013年12月，在联合国安理会授权下，法国向中非派兵1600人开展“红蝴蝶行动”，协助维持中非安全秩序和解除当地非法武装。2014年3月，法向中非增兵至2000人，2015年6月底缩减至900人。

【同美国的关系】1961年同美建交。美国在中非有和平队员121人。2002年，美关闭了其驻中非使馆。2005年1月，美驻中非使馆重新开馆；7月，美驻中非使馆临时代办宣布与中非全面恢复合作关系，重开班吉美国文化中心。2007年3月，美负责非洲事务的助理国务卿舒瓦纳访问中非。8月，美向中非派驻大使。2011年11月，美向中非上姆博穆省派遣了特种兵，协助中非打击在中非境内活动的乌干达反政府武装“上帝抵抗军”。2014年1月，庞扎当选过渡国家元首后，美国国务卿克里表示祝贺。

【同乍得的关系】同乍得签有卫生、睦邻友好和反偷猎协定。帕塔塞执政后期，因乍收留博齐泽，并支持博反政府武装，两国关系紧张，多次发生边境冲突。2012年底中非局势动荡后，乍积极参与调解中非危机。2013年5月，中非过渡期国家元首乔托迪亚访问乍得。2014年2月，过渡国家元首桑巴-庞扎访问乍得。

【同利比亚的关系】帕塔塞政权与利比亚关系密切。利在中非曾有驻军，为帕塔塞政权数次平息内乱发挥了关键作用。2002年12月，由于中部非洲经济与货币共同体向中非派驻维和部队，利驻军撤离。博齐泽执政后，重视发展与利关系，利比亚领导人卡扎菲积极调解中非政府与叛军矛盾，促成多支叛军与中非政府签署和平协议。卡扎菲政权倒台后，中非政府于2011年9月宣布承认利比亚“全国过渡委员会”为利合法政权。

【同加蓬的关系】重视发展与加蓬的友好合作关系。加蓬已故总统奥马尔·邦戈曾积极调解中非国内矛盾，推动中部非洲经济与货币共同体向中非派遣维和部队，并派兵参与。近年来，博齐泽与中非反政府武装多次在加举行谈判。2012年底中非局势动荡后，加积极参与调解中非危机。2013年1月，中非各派在加蓬首都利伯维尔举行会议并签署了利伯维尔协议。6月，中非过渡期国家元首乔托迪亚访问加蓬。2014年3月，过渡国家元首桑巴-庞扎访问加蓬。

【同苏丹的关系】同苏丹签有贸易、关税、领事和保护边界安全协定。但中非与苏丹边境矛盾不断，苏南部牧民时常进入中非寻找水源和牧场，苏南部叛军不时骚扰中非东北部边境。后两国关系得到改善。中非、苏丹、乍得三国加强合作，联手打击三国交界地区叛军，共同维护边境安全。2013年6月，中非过渡期国家元首乔托迪亚访问苏丹。2014年6月，苏丹议长芒苏尔访问中非。

【同其他非洲国家的关系】积极发展睦邻友好关系，努力缓解同周边国家的紧张局势，赢得稳定的周边环境。重视中部非洲地区经济合作，是中部非洲国家经济共同体（CEEAC）和中部非洲经济与货币共同体（CEMAC）成员国。

同刚果（布）签有矿产开发协议，2005年8月，刚果（布）矿业部长访问中非，双方签订了共同开采交界地区钻石的协议。2009年1月，博齐泽总统访刚。2010年8月，博齐泽总统出席刚果（布）独立50周年庆典。2012年底中非局势动荡后，刚果（布）积极参与调解中非危机，支持中非过渡进程。萨苏总统担任中非和平行动后续委员会主席。5月，中非过渡期国家元首乔托迪亚访问刚果（布）。2014年2月，过渡国家元首桑巴－庞扎访问刚果（布）。10月，刚果（布）外长伊奎贝访问中非。

同刚果（金）签有双边防务协定。2009年10月，卡比拉总统访问中非。2012年10月，博齐泽总统出席在金沙萨举行的法语国家组织峰会。2014年3月，过渡国家元首桑巴－庞扎访问刚果（金）。

2013年5月，中非过渡期国家元首乔托迪亚访问赤道几内亚。2014年9月，中非过渡国家元首庞扎访问赤道几内亚。

2014年7月，中非过渡政府总理恩扎帕耶凯访问安哥拉。

2014年12月，中非过渡国家元首庞扎访问喀麦隆。

2014年12月，中非过渡国家元首庞扎访问埃及。

【同其他国家和国际组织的关系】2014年9月，联合国秘书长潘基文主持召开中非问题高级别会议。中非过渡国家元首庞扎、刚果（布）总统萨苏，及其他多个国家元首、政府首脑、国际和地区组织代表出席会议。（许欣）

欧 洲

阿尔巴尼亚

国名 阿尔巴尼亚共和国（The Republic of Albania）。

面积 28748平方公里。

人口 289.5万（2015年）。其中阿尔巴尼亚族占82.58%，少数民族主要有希腊族、马其顿族、塞尔维亚族、克罗地亚族等。官方语言为阿尔巴尼亚语。56.7%的居民信奉伊斯兰教，6.75%信奉东正教，10.1%信奉天主教。

首都 地拉那（Tirana），人口80万（2015年）。

国家元首 总统布亚尔·尼沙尼（Bujar NISHANI），2012年7月就任，任期5年。

重要节日 国庆节暨独立日：11月28日；反法西斯解放日：11月29日。

简 况 位于东南欧巴尔干半岛西部，北部和东北部分别与塞尔维亚、黑山、马其顿接壤，南部与希腊为邻，西临亚得里亚海，隔奥特朗托海峡与意大利相望。境内山地、丘陵占总面积的77%，平原为23%。森林覆盖率为36%，可耕地面积24%，牧场占15%。海岸线长472公里。属亚热带地中海气候。降水量充沛，年均为1300毫米。1月平均气温1℃—8℃，7月平均气温24℃—27℃。

1190年建立封建制公国。1415年起被奥斯曼土耳其帝国统治近500年。1912年11月28日宣布独立。第一次世界大战中被奥匈、意、法军占领。1925年成立共和国。1928年改行君主制，至1939年4月意大利入侵。第二次世界大战期间，先后被意、德法西斯占领。1944年11月29日全国解放。1946年1月11日成立阿尔巴尼亚人民共和国，1976年改称阿尔巴尼亚社会主义人民共和国。1991年改国名为阿尔巴尼亚共和国。

政 治 近年来，阿尔巴尼亚政局总体稳定。2013年9月，阿尔巴尼亚举行议会选举，政权左右易位，以社会党为首的中左翼联盟获胜，同争取一体化社会运动党组成联合政府。2015年6月举行地方选举，在全国61个城市中，执政联盟赢得包括首都地拉那在内的45个城市，反对党联盟赢得斯库台等15个城市。

【宪法】1998年11月，阿尔巴尼亚经全民公决通过新宪法。2008年修改宪法。宪法规定，阿尔巴尼亚为议会制共和国，实行自由、平等、普遍和定期的选举。总统为国家元首，由议会以无记名方式选举产生，每届任期5年，可连任一届。总统任命总理，并根据总理提名任命政府成员。

【议会】国家最高权力机关和立法机构，实行一院制，任期4年。本届议会于2013年9月产生，现有席位140个，社会党占65席，争取一体化社会运动党占16席，人权联合党占1席，基民党占1席，民主党占50席，共和党占3席，正义与一体化党占4席。本届议会下设8个专门委员会。议长伊利尔·梅塔（Ilir META）。

【政府】称部长会议，任期4年。2013年9月，阿尔巴尼亚新一届政府成立，主要由社会党、争取一体化社会运动党等组成。成员包括：总理埃迪·拉马（Edi RAMA），副总理尼科·佩莱希（Niko PELESHI），外交部长迪特米尔·布沙蒂（Ditmir BUSHATI），财政部长阿尔本·阿赫梅塔伊（Arben AHMETAJ），内务部长赛米尔·塔希里（Saimir TAHIRI），国防部长米米·科泽利（Mimi KODHELI，女），经济发展、旅游、贸易和企业部长米尔瓦·埃科诺米（Milva EKONOMI），能源和工业部长达米安·吉克努里（Damian GJIKNURI），卫生部长伊利尔·贝恰伊（Ilir BEQAJ），教育和体育部长林迪塔·妮科拉（Lindita NIKOLLA，女），社会福利和青年部长布兰迪·克洛西（Blendi KLOSI），环境部长莱弗特尔·科卡（Lefter KOKA），议会关系部长埃尔莫奈拉·费拉伊（Ermonela FELAJ，女），创新和公共管理部长米莱娜·哈丽托（Milena HARITO，女），地方事务国务部长布莱迪·楚奇（Bledi ÇUÇI），欧洲一体化部长克拉伊达·乔莎（Klajda GJOSHA，女），司法部长于利·马尼亚尼（Ylli MANJANI），交通和基础设施部长埃德蒙德·哈吉纳斯托（Edmond HAXHINASTO），城市发展部长埃格兰蒂娜·杰尔梅尼（Eglantina GJERMENI，女），农业、农村发展和水资源管理部长埃德蒙德·帕纳里蒂（Edmond PANARITI），文化部长米雷拉·库姆巴罗（Mirela KUMBARO，女）。

【行政区划】全国划分12个州，下辖61个市。

【司法机构】设宪法法院、最高法院、总检察院、上诉法院、地方法院。最高法院和各级法院行使审判权。最高法院院长和总检察院检察长由议会选举产生。宪法法院院长巴什基姆·戴迪亚（Bashkim DEDJA），最高法院院长捷扎伊尔·扎加尼奥里（Xhezair ZAGANJORI），总检察长阿德里亚蒂克·拉拉（Adriatik LLALLA）。

【政党】目前，阿尔巴尼亚政党约有80个。主要包括：

（1）社会党（Partia Socialiste e Shqipërisë）：执政党。1991年6月12日成立。其前身为阿尔巴尼亚劳动党。现有党员10万人。政治上主张建设民主社会主义，实行政治多元化和议会民主，建立法治国家；经济上主张以所有制多元化为基础的市场经济；外交上主张加入欧洲一体化进程，优先发展同美国的关系，并加强同巴尔干各国之间的联系。主席埃迪·拉马。

（2）争取一体化社会运动党（Levizja Socialiste për Integrim të Shqipërisë）：执政党。2004年9月成立。现有党员3.5万人。政治上主张建立民主法治国家，倡导平等、公正，打击腐败、有组织犯罪和走私贩毒。经济上主张进行合法自由竞争，强调发展生产，提高福利，消除贫穷，繁荣经济，反对经济垄断和灰色经济。外交上以加入欧盟和北约为重点，主张睦邻友好，加强东南欧地区合作，发展同传统友好国家的关系。主席伊利尔·梅塔。

（3）民主党（Partia Demokratike e Shqipërisë）：在野党。1990年12月12日成立。现有党员约10万人。主张民主、人权，全盘私有化和自由市场机制。主席卢尔奇姆·巴沙（Lulzim BASHA）。

（4）共和党（Partia Republikane e Shqipërisë）：在野党。1991年1月成立。现有党员约2万人。提倡建立法治国家，实行西方民主共和制；经济上主张建立自由市场经济，实行私有化，将土地等私有财产全部归还原所有者；外交上强调优先发展同巴尔干国家和地中海国家的睦邻友好关系。主席法特米尔·梅迪乌（Fatmir MEDIU）。

（5）社会民主党（Partia Socialdemokrate e Shqipërisë）：在野党。1991年4月成立。现有党员约2.6万人。该党强调建立民主社会主义，实行包括私有制在内的经济混合所有制，积极发展同美欧等西方国家及同巴尔干地区国家的友好合作关系。主席斯坎德尔·吉努什（Skender GJINUSHI）。

【重要人物】**布亚尔·尼沙尼**：总统。1966年9月29日生于都拉斯。毕业于斯坎德培军事学院，后获地拉那大学法律系学士学位、欧洲研究硕士学位。民主党主席团成员。曾在阿国防部、外交部工作，2005年当选议员，2007年出任内务部长，2009年转任司法部长，2011年再任内务部长。2012年6月11日当选阿第六任总统。已婚，有一儿一女。 **伊利尔·梅塔**：议长。1969年3月24日生于斯科拉巴里。毕业于地拉那大学经济系。争取一体化社会运动党主席。1992年进入社会党全国委员会，1993—1996年任社会党副主席、国际关系书记，1995—2001年任阿尔巴尼亚欧洲社会主义青年论坛主席。1992年起当选议员。1996—1997年任议会外交政策委员会副主席。1998年任副总理兼协调部长，1999年11月任总理。2002—2003年任副总理兼外长。2004年9月创立争取一体化社会运动党并任党主席。2009年9月任副总理兼外长，2010年9月转任副总理兼经济、贸易和能源部长。2013年9月当选议长。曾于2006年以前总理身份访华。已婚，有三个孩子。 **埃迪·拉马**：总理。1964年7月4日生于地拉那。毕业于地拉那艺术学院。社会党主席。1986年起在地拉那艺术学院任教。1996年任地拉那索罗斯基金会执行董事会成员。1998年任阿尔巴尼亚文化、青年和体育部长。2000年任地拉那市长。2003年加入阿社会党，2005年10月当选社会党主席。2013年9月出任总理。2003年9月以地拉那市长身份访华。2014年9月，以总理身份来华出席在天津举行的第八届夏季达沃斯论坛。2015年11月，来华出席第四次中国—中东欧国家领导人会晤。已婚，有三个孩子。

经　济

经济基础薄弱。自20世纪90年代初起，阿尔巴尼亚从计划经济体制向市场经济体制转轨，提出以私有化为主的经济改革计划。近年来，阿尔巴尼亚经济保持增长。

2014年主要经济数据如下：

国内生产总值：134.71亿美元。

国内生产总值增长率：1.9%。

人均国内生产总值：4661美元。

货币名称：列克（Lekë）。

汇率：1美元≈104.96列克（2015年7月）。

通货膨胀率：0.7%。

失业率：17.9%。

（资料来源：阿尔巴尼亚财政部、统计局、阿央行）

【资源】主要矿藏有石油、铬、铜、镍、铁、煤等。探明石油储量约4.37亿吨，铬矿储量3730万吨。水力资源较丰富。

【工业】主要工业部门有食品、纺织、木材、石油、水泥、采矿等。2014年工业产值为20.14亿美元，同比增长2.4%，占国内生产总值的14.95%。主要工业产量为：原油136.82万吨，发电量47.26亿度。

【农业】近年来，阿以发展有机农业为目标，暂无大型农企。耕地面积696千公顷。2014年主要农牧业产品产量为：谷物70万吨，小麦28万吨，玉米38万吨，蔬菜95万吨，土豆24万吨，芸豆3万吨。2014年阿农业产值约合30.54亿美元，同比增长2%，占国内生产总值的22.67%。

【旅游业】近年来，阿尔巴尼亚政府将旅游业作为优先发展的产业。2014年，阿尔巴尼亚入境外国游客367万人次，同比增长4.5%。游客主要来自科索沃、马其顿、希腊、黑山、意大利等地。

【交通运输】以公路运输为主，公路总里程约2.80万公里。实际运营铁路线总长为399公里。2014年，铁路客运量为18.7万人次，铁路货运量为33.8万吨。全国共有都拉斯、发罗拉、萨兰达和申津4个海港。其中，都拉斯港是最大的海港，承担全国约90%的海运业务，同意大利的里雅斯特港和巴里港通航。2014年，港口货物吞吐量406.7万吨。首都地拉那“特蕾莎修女”国际机场是阿唯一运营的民用机场，有36条国际航线。目前，在该机场起降的航空公司共17家。2014年出入境旅客人数181万人次，起降航班17928次，运输货物2324吨。

【财政金融】2014年，阿财政收入约34.88亿美元；财政支出43.27亿美元；财政赤字8.39亿美元，赤字率6.22%。截至2014年年底，阿公共债务余额约合92.70亿美元，占国内生产总值的69.15%。外汇储备为23.5亿美元，外债余额39.08亿美元。

【银行】阿尔巴尼亚银行为阿中央银行。目前，阿尔巴尼亚共有16家二级银行，均为私有银行，且绝大多数为外资银行。其中，国家商业银行（BKT）、莱弗森银行（Raiffeisen）、希腊国民银行（NBG）、国际商业银行（ICB）实力较为雄厚。目前，中资银行在阿尚无分支机构。

【对外贸易】2014年，阿外贸进出口总额77.43亿美元，同比增长7.8%。其中出口额24.39亿美元，同比增长4.9%，进口额53.04亿美元，同比增长9.2%，逆差27.69亿美元，同比增长9.2%。出口商品主要为纺织品和鞋类，矿产品和燃料，建筑材料和金属，食品、饮料和烟草；进口商品主要为机械产品及零配件，食品、饮料和烟草，矿产品及燃料，化工产品和塑料制品，建筑材料及金属等。2014年，阿尔巴尼亚前5大贸易伙伴为意大利、希腊、中国、土耳其、德国。

【外国投资】2014年，阿尔巴尼亚吸引外国直接投资8.01亿欧元，同比下降13.4%。主要投资国为加拿大、瑞士、奥地利、希腊、意大利、土耳其等，主要集中在金融、保险、电信、建筑和矿业等领域。

【外国援助】根据国际货币基金组织（IMF）数据显示，阿尔巴尼亚不在IMF和世界银行“重债穷国倡议”援助的国家之列。2000—2012年，外国援阿总额约47.4亿欧元，其中20.49亿欧元为无偿援助，26.91亿欧元为贷款。自2000年起，阿年均接受外国援助水平保持在3.65亿欧元左右。

【著名公司】（1）阿尔巴尼亚移动通信公司（AMC）2015年更名为电信公司（Telekom），境内信号覆盖全国，提供4G网络服务，2015年，公司用户总数110余万。

（2）阿尔巴尼亚沃达丰移动公司：成立于2001年，为阿尔巴尼亚第二大移动运营商，提供4G网络服务，境内信号覆盖全国。2015年，公司用户总数150余万。

（3）鹰移动公司：成立于2003年，阿尔巴尼亚第三大移动运营商。2007年完成私有化，境内信号覆盖全国，提供4G网络服务。2015年，公司用户总数约50万。

人民生活

近年来，阿尔巴尼亚人民生活水平不断提高。阿尔巴尼亚旅外侨民约120万人。2013年侨汇收入约为7.26亿欧元。2014年阿登记失业人数约为21.98万人，失业率为17.9%。公共部门平均月薪约507美元。阿最低工资标准为22000列克，约合210美元。

军　事

1992年，阿尔巴尼亚“人民军”改名为“国民军”，建军节为12月4日。阿尔巴尼亚武装力量由陆、海、空三军，条令与训练司令部、地区支援旅和后勤旅组成。兵役制度为合同制。现役兵力约有9500人。最高军事指挥机关为总参谋部。2015年，国防预算约为126.71亿列克，约合1.01亿美元。总参谋长为耶罗尼姆·巴佐（Jeronim BAZO）少将，2013年11月履职。

文化教育

【教育】实行9年制义务教育。2014年，教育支出占国家年度预算的10.4%，占国内生产总值的3.3%。2013—2014学年，全国共有公立高校15所，私立高校43所。其中，地拉那大学是阿尔巴尼亚最好的综合性大学。注册学龄前儿童81448名，教师4462名；注册小学生377074名，教师25051名；注册中学生151937名，教师8516名；注册大学生176173名，教师4904名。

【新闻出版】全国各种报刊约160种，主要有《当代报》，发行量约1.5万份；社会党党报《人民之声报》、民主党党报《民主复兴报》和《全景报》；其他报刊有《世纪报》、《信使报》、《共和报》、《阿尔巴尼亚语报》、《经济报》、《阿尔巴尼亚日报》（英文）、《地拉那时报》（英文）等。

阿尔巴尼亚通讯社为国家通讯社。阿尔巴尼亚广播电视委员会和阿尔巴尼亚电信邮政管理局是阿尔巴尼亚媒体通讯业两大主要管理机构。阿尔巴尼亚广播电台为国家广播电台，除对内广播外，还对海外阿侨广播和用英、法、德、意、希、土、塞7种语言对外广播。阿尔巴尼亚电视台为国家电视台，全天24小时播放节目。1996年以来，阿尔巴尼亚私人广播电台和电视台发展较快，据阿尔巴尼亚国家广播电视委员会统计，目前全国私人广播电台约86家、私人电视台约178家。2013年7月1日，中国国际广播电台调频台在阿尔巴尼亚正式开播。

对外关系

奉行务实的外交政策。优先发展同美欧等西方国家的关系，将加入欧盟作为战略目标，重视发展和改善同邻国关系，积极参与区域合作。2009年4月，阿尔巴尼亚加入北约。

迄今，阿尔巴尼亚已同150多个国家建立了外交关系，向40多个国家和国际组织派出代表机构。

【同中国的关系】中阿两国于1949年11月23日建立大使级外交关系。1954年起互设大使馆。近年来，双边关系发展顺利。2014年，中阿共同庆祝建交65周年。2015年4月，中国国家新闻出版广电总局代表团访问阿尔巴尼亚，双方签署了《经典图书互译出版项目合作协议》。9月，河南省政协副主席史济春率河南省代表团访问阿尔巴尼亚。阿文化部部长库姆巴罗、发罗拉大区区长达纳伊、市长莱利访问扬州市。10月，阿总理拉马赴香港举办经贸招商及文化交流活动。11月，阿总理拉马来华出席第四次中国—中东欧国家领导人会晤，李克强总理会谈，习近平主席集体会见。

据中国海关总署统计，2014年，中阿双边贸易额5.69亿美元，同比增长1.7%。其中，中方出口额3.79亿美元，同比增长16.8%，进口额1.90亿美元，同比下降19.3%。2015年，中阿双边贸易额5.59亿美元，同比下降1.5%。其中，中方出口额4.3亿美元，同比增长13.8%，进口额1.29亿美元，同比下降31.9%。

中国驻阿尔巴尼亚大使：姜瑜。馆址：地拉那斯堪德培大街57号（SKENDERBEJ STR.57，TIRANA，ALBANIA）。电话：00355–4–2232385；传真：2233159。电子邮箱：chinaemb_al@mfa.gov.cn。商务处电话：00355–4–2253505；传真：2232077。电子邮箱：al@mofcom.gov.cn。

阿尔巴尼亚驻华使馆临时代办：安迪·卓伊（Andi XHOI）。馆址：北京市朝阳区光华路28号。电话：010–65321120，65321116；传真：65325451。电子邮箱：embassy.beijing@mfa.gov.al。

【同美国的关系】阿尔巴尼亚同美国1922年建交，1946年断交，1991年复交。近年来，阿美关系密切。2015年4月，阿外长布沙蒂访美，阿美两国签署《战略伙伴联合声明》。5月，阿总统尼沙尼访美。7月，美国助理国务卿维多利亚·纽兰访阿。10月，阿议长梅塔访美。

【同欧盟及欧洲国家的关系】加入欧盟是阿尔巴尼亚的外交战略目标之一，阿尔巴尼亚同欧盟和欧洲国家交往密切。1991年，阿尔巴尼亚与欧共体建交。2006年，阿尔巴尼亚同欧盟签署《稳定与联系协议》。2009年4月，阿尔巴尼亚正式提出入盟申请。2010年12月，欧盟免除阿尔巴尼亚公民赴申根区签证。2014年，阿获得欧盟候选国地位。1月，保加利亚总统普列夫内利耶夫、克罗地亚总理米拉诺维奇、斯洛伐克总理菲佐先后访问阿尔巴尼亚。4月，阿总理拉马先后访问德国和欧盟总部，阿议长梅塔访问丹麦。欧安组织轮值主席、瑞士联邦主席伯克哈尔特访问阿尔巴尼亚。5月，奥地利总统费舍尔访问阿尔巴尼亚。6月，阿总理拉马访问法国。欧盟委员会主席巴罗佐访问阿尔巴尼亚。10月，阿总统尼沙尼访问斯洛文尼亚。12月，阿总统尼沙尼对英国进行国事访问。2015年3月，阿议长梅塔访问瑞士。4月，阿议长梅塔赴意大利罗马参加欧盟成员国议长会议。6月，阿总统尼沙尼访问德国。7月，德国总理默克尔访问阿尔巴尼亚。10月，阿总统尼沙尼访问保加利亚。阿总理拉马访问捷克。阿议长梅塔访问法国。11月，欧洲理事会主席图斯克访阿。12月，阿总理拉马访问法国。

【同北约的关系】2002年7月，阿尔巴尼亚开始参加北约主导的阿富汗维和行动。2008年4月，北约布加勒斯特峰会正式邀请阿尔巴尼亚入约。2009年4月1日，阿尔巴尼亚正式成为北约成员国。2010年7月，阿尔巴尼亚向阿富汗派遣首支海外维和作战部队，至今已派遣3000余名维和官兵。2015年12月，北约秘书长斯托尔腾贝格访问阿尔巴尼亚。

【同周边国家的关系】意大利：2014年3月，意大利总统纳波利塔诺访问阿尔巴尼亚。12月，意大利总理伦齐访问阿尔巴尼亚。2015年3月，阿尔巴尼亚总理拉马访问意大利。9月，意大利外长真蒂洛尼访阿。11月，阿议长梅塔访问意大利。

塞尔维亚：2014年11月，阿总理拉马访问塞尔维亚。2015年5月，塞尔维亚总理武契奇访阿。

黑山：2014年12月，黑山副总理兼外长卢克希奇访问阿尔巴尼亚。2015年3月，阿总统尼沙尼访问黑山。

波黑：2015年7月，波黑外长茨尔纳达克访阿。

马其顿：2015年4月，马其顿总统伊万诺夫访问阿尔巴尼亚。5月，马其顿议长韦利亚诺夫斯基访阿。

【同其他国家的关系】：2014年4月，阿总理拉马访问卡塔尔。6月，阿议长梅塔访问科威特。7月，阿议长梅塔访问以色列。10月，阿议长梅塔访问阿塞拜疆。11月，阿总理拉马访问科威特。2015年3月，阿总统尼沙尼访问卡塔尔。4月，阿总理拉马访问阿联酋。阿总统尼沙尼访问巴基斯坦。5月，约旦国王阿布杜拉二世访阿。土耳其总统埃尔多安访阿。9月，阿总理拉马赴美国纽约出席联合国大会。11月，阿总理拉马访问土耳其。12月，阿总理拉马访问以色列。

（朱志学）

爱 尔 兰

国名　爱尔兰（Ireland）。

面积　7.028万平方公里。

人口　463.5万（2015年4月）。绝大部分为爱尔兰人。官方语言为爱尔兰语和英语。居民84.2%信奉罗马天主教，其他信奉基督教新教等。

首都　都柏林（Dublin），人口127.3万。

国家元首　总统，任期7年。现任总统迈克尔·希金斯（Michael D. Higgins），2011年11月就职，任期至2018年。

重要节日　国庆日：3月17日（圣帕特里克日）。

简　况

位于欧洲西部的爱尔兰岛中南部。西濒大西洋，东北与北爱尔兰接壤，东隔爱尔兰海同英国相望。海岸线长3169公里。温带海洋性气候。平均气温2月3.2℃，8月16.2℃。

432年，圣帕特里克到此传播基督教及罗马文化。1169年遭英国入侵。1541年起英王成为爱尔兰国王。1916年，都柏林爆发抗英的“复活节起义”。1921年12月6日，英被迫允许爱南部26郡成立“自由邦”，北部6郡仍属英国。1937年爱宣布“自由邦”为共和国，仍留在英联邦内。1948年12月21日脱离英联邦。1949年4月18日英承认爱独立，但北部6郡仍属英国。

政　治

【宪法】现行宪法于1937年6月14日经议会通过，同年12月29日生效，后修改过10次。宪法规定：爱尔兰国体为共和国，总统由选民直接选举产生，任期7年，有权召集和解散议会，任命内阁总理及部长，并任军队统帅。1999年12月，根据爱英两国政府及北爱有关各方达成的《北爱和平协议》，爱政府修改宪法，取消了有关要求北爱领土主权的条款。

【议会】由总统和众、参两院组成。众议员按比例代表制选举产生，任期5年。本届众议院于2011年3月选出，共有166名议员。目前议席分配为：统一党72席，工党33席，共和党22席，新芬党14席，其他党派和独立议员25席。众议长肖恩·巴雷特（Sean Barrett）。本届参议院于2011年3月选出，共有议员60名，其中11名由总理提名，6名由爱尔兰国立大学和都柏林大学选出，43名由全国五大行业（文教、农业、工商、行政、劳工）选出。目前的议席分配为：统一党19席，共和党12席，工党12席，新芬党3席，独立人士14席。参议长帕迪·伯克（Paddy Burke）。

【政府】2011年3月，统一党和工党组成联合政府。2014年7月联合政府进行改组，15名内阁成员中，统一党10名，工党5名。统一党领袖恩达·肯尼（Enda Kenny）任总理，工党领袖琼·伯顿（Joan Burton，女）任副总理兼社会保障部长。其他成员包括：财政部长迈克尔·努南（Michael Noonan，统一党），公共支出和改革部长布伦丹·豪林（Brendan Howlin，工党），就业、企业和创新部长理查德·布鲁顿（Richard Bruton，统一党），农业、海洋和食品部长兼国防部长西蒙·科文尼（Simon Coveney，统一党），司法和平等部长弗朗西斯·菲茨杰拉德（Frances Fitzgerald，统一党），儿童和青年事务部长詹姆斯·赖利（James Reilly，统一党），卫生部长利奥·沃尔德卡（Leo Varadkar，统一党），外交贸易部长查理·弗拉纳根（Charlie Flanagan，统一党），教育和技能部长珍·奥萨利文（Jan O'sullivan，女，工党），通信、能源和自然资源部长阿利克斯·怀特（Alex White，工党），环境、社区和地方事务部长阿伦·凯利（Alan Kelly，工党），交通、旅游和体育部长帕斯蔻·多诺户（Paschal Donohoe，统一党），艺术、遗产和爱尔兰语事务部长海瑟·汉弗里斯（Heather Humphreys，女，统一党）。

【行政区划】全国分为26个郡和4个郡级市，此外还有7个非郡级市，郡下设市区和镇。26个郡为卡尔洛（CARLOW）、卡范（CAVAN）、克莱尔（CLARE）、科克（CORK）、多内加尔（DONEGAL）、都柏林（DUBLIN）、戈尔韦（GALWAY）、凯里（KERRY）、基尔代尔（KILDARE）、基尔肯尼（KILKENNY）、累伊斯（LAOIS）、利屈姆（LEITRIM）、利默里克（LIMERICK）、朗福德（LONGFORD）、劳思（LOUTH）、梅奥（MAYO）、米思（MEATH）、莫内根（MONAGHAN）、奥法莱（OFFALY）、罗斯科门（ROSCOMMON）、斯来果（SLIGO）、提珀雷里（TIPPERARY）、瓦特福德（WATERFORD）、西米思（WESTMEATH）、韦克斯福德（WEXFORD）、威克洛（WICKLOW）。4个郡级市为都柏林（DUBLIN）、科克（KORK）、利默里克（LIMERICK）和瓦特福德（WATERFORD）。

【司法机构】最高法院即终审法院为最高司法机关，下设高等法院、巡回法院和地区法院。法官由政府推荐，总统任命。法官如不称职或有不端行为，经议会两院批准后予以免职。全国共设23个地区法院管辖区、8个巡回法院管辖区。地区法院有法官63名，巡回法官37名。最高法院由大法官、高等法院院长和其他9名法官组成。另设特别刑事法院，专门审理危害公共安全的案件。大法官苏珊·丹瀚姆（Susan Denham，女），高等法院院长皮特·凯利（Peter Kelly）。总检察长玛丽·惠兰（Maire Whelan，女），负责就法律和立法事务向政府提出建议。

【政党】主要政党包括：统一党、工党、共和党。

（1）统一党（FINE GAEL）：议会第一大党。成立于1933年，党员约3.5万人。代表富裕农民、中产阶级和工商业资本家集团利益，系中右翼政党。对内主张削减公共开支，降低税率和私有化；对外主张经济开放，参与欧洲一体化建设。领袖为恩达·肯尼。

（2）工党（THE LABOUR PARTY）：议会第二大党。成立于1912年，党员约1万人，大多数为工会会员和天主教民族主义者。1998年12月，工党与民主左派党合并，保留工党名称。主张建立公平、民主、多元的社会，以"人生而平等"为其价值核心。近年政策出现向中间路线靠拢趋势。领袖为琼·伯顿。

（3）共和党（FIANNA FAIL）：议会第三大党，成立于1926年，党员约10万人。历史上该党19次单独组阁或联合组阁。传统上较保守，对内主张减税，增加就业机会，对外主张实行中立政策，支持欧盟一体化建设。领袖为迈克尔·马丁（Michael Martin）。

【重要人物】迈克尔·希金斯：总统。1941年生，曾就读于爱尔兰国立大学、英国曼彻斯特大学和美国印第安纳大学，获社会学学士学位。1973年至1977年任参议员，1981年当选众议员，先后任戈尔韦市市长，爱政府首任艺术、文化和爱尔兰语区事务部长，工党主席。2011年10月作为工党候选人在总统选举中获胜，11月11日正式就任爱第9任总统。 **恩达·肯尼**：总理。1951年4月生，毕业于爱尔兰国立大学，曾任小学教师。24岁当选众议员，系众议院中任职最长的议员。历任教育和劳工国务部长、旅游和贸易部长。2002年出任统一党领袖，2006年当选欧洲人民党副主席。2011年大选中率统一党赢得大选并与工党联合组阁，任新政府总理。

经　济

爱传统经济以农牧业为主，经济社会发展水平一度滞后，被称为"欧洲农村"。20世纪80年代以来，大力发展软件和生物工程等高科技产业，以良好投资环境吸引大量海外投资，迅速实现由农牧经济向知识经济的过渡。1999—2003年软件出口分别居世界第一和第二，被誉为"欧洲软件之都"。香农开发区作为世界上第一个经济特区，被誉为"区域性开发的成功典范"。1997—2001年，爱经济连年高速增长，国内生产总值年均增幅达9.2%，高居欧盟榜首。2004—2007年，GDP年均增幅达5.3%。2007年，人均GDP达43321欧元，居欧盟第二位。

2008年以来，受国际金融危机影响，爱在欧元区内最早宣布进入衰退。爱采取向银行注资、提供担保、将受困银行国有化等措施稳定金融系统，导致财政状况急剧恶化。2010年财政赤字占GDP比重达32%，政府负债占GDP比重达94%，两项指标均高于欧盟《稳定与增长公约》规定的3%和60%的标准。爱陷入主权债务危机，被迫接受欧盟与国际货币基金组织850亿欧元的援款并实行财政紧缩政策。

2011年，爱尔兰在欧盟重债国中率先实现经济温和增长。2013年12月15日，爱正式宣布无条件退出欧盟与国际货币基金组织的援助计划。2014年，爱GDP为1813.3亿欧元，同比增长5.2%。

【资源】铅锌矿储量丰富，是欧洲最大的铅锌生产国。锌产量占世界的4.3%，铅产量占世界的2%。泥煤分布占全国面积的13%。天然气储量估计为382亿立方米。所需能源的70%依靠进口。

【工业】主要有电子、电信、化工、制药、机械制造、采矿、纺织、制衣、皮革、造纸、印刷、食品加工、烟草、木材加工等部门。近年来，化工、电子工程、计算机软件产业等突飞猛进，传统的服装、制鞋及皮革业所占比重明显下降。2014年，工业总产值达1024亿欧元。

【农业】以畜牧业为主。家畜及其产品约占农业总产值的70%以上。主要农作物有小麦、燕麦、马铃薯、甜菜等。耕地和林地面积占整个陆地面积的75%。2014年农业生产总值为70亿欧元。

【交通运输】内陆交通运输以公路和铁路为主。

公路：总长9.6万公里。承担96%客运量和90%货运量。

海运：绝大多数国际贸易货物运输由海运承担。主要港口有都柏林、香农、科克等，承担着爱50%的海运任务，与英、法等国有定期班船。年吞吐量约为45300万吨。

空运：主要有都柏林、香农和科克3个国际机场。与8个国家的29个城市有定期航班。

【财政金融】2014年，财政赤字73.31亿欧元，占GDP的3.9%。截至2015年底，外汇储备6.78亿欧元。

爱尔兰中央银行（CENTRAL BANK OF IRELAND）：成立于1943年，曾负责发行爱尔兰镑，2002年1月1日爱开始使用欧元后主要负责为欧洲央行提供金融服务。

【对外贸易】在经济中占有举足轻重的地位。主要贸易对象是欧盟其他成员国、美、日等国家。2014年，爱尔兰对外贸易总额为1547.74亿欧元，同比增长6.8%。其中，进口额621.58亿欧元，同比增长11.4%；出口额926.16亿欧元，同比增长3.9%。2015年，爱尔兰对外贸易总额为1780.61亿美元，同比增长16%。其中，进口额670.23亿美元，同比增长10%；出口额1110.38美元，同比增长19%；顺差440.15亿美元，同比增长38%。英国和美国继续为爱前两大贸易伙伴。

主要出口机械和交通设备、计算机、化学药品、食品、饮料、烟草、科学仪器等；主要进口数据处理设备、化学产品、石油（产品）、纺织品、服装、原料、半成品等。

【对外援助】重视对外发展援助，外交部设有专门对外援助署。致力于将发展援助增至联合国提出的国民生产总值（GNP）的0.7%目标。受国际金融危机影响，爱官方对外援助额有所下降，2015年为6亿欧元，占GNP的0.35%。受援国主要集中在非洲，援助重点从埃塞俄比亚、马拉维、赞比亚等非洲最穷国家扩至越南、老挝等亚洲国家，官方发展援助主要用于人道主义援助和帮助贫困国家发展经济。

【著名公司】（1）百利公司（R&A BAILEY & CO）：经营百利甜酒及其他饮料，销往160多个国家。百利酒是世界知名品牌，在同类产品中世界排名第9位。通讯地址：NANGOR HOUSE，WESTERN ESTATE，DUBLIN 12，IRELAND。电话：003531–4051200，网址：www.baileys.com。

（2）吉尼斯公司（GUINNESS）：1759年创建于爱尔兰都柏林，创始人阿瑟·吉尼斯，主要生产烈性黑啤酒。1833年发展成为爱最大酿酒厂，吉尼斯黑啤酒从此闻名世界。1886年在伦敦设立分公司。1954年，英国吉尼斯啤酒公司执行董事休·比佛成立专门小组，收集并认证有关世界纪录的资讯，编纂《吉尼斯世界纪录大全》。1955年，第一本《吉尼斯世界纪录大全》出版。目前，其英文版已在100多个国家发行，另有36个非英语版本。全球累计销量超过1亿册。吉尼斯公司通讯地址：GUINNESS STOREHOUSE，ST. JAMES GATE，DUBLIN 8，IRELAND。电话：003531–4084800；传真：4081965。网址：www.guinness.com。

军　事

奉行军事中立政策，不参加任何军事集团，军队规模很小，但装备精良。1922年建军。国防力量分为常备部队（PDF）和后备役部队（RDF）。常备军包括陆、海、空三军，后备役部队则由陆军后备部队和海军后备部队组成。总统为武装部队最高统帅。武装部队直接受国防部领导。实行志愿兵役制，预备役期为6年，正规军服役期3年。2015年8月，国防部发布《国防白皮书》，提出在全球化背景下，作为开放的小国，爱支持全球和平、安全和发展，坚持军事中立的同时支持联合国维和行动，支持欧盟安全与国防政策，维持与北约良好关系。

文化教育

【教育】中小学实行义务教育，大学由国家提供部分经费。2005年以来，政府不断增加教育投入，2013年教育支出占GDP的6.4%。文盲人数占全国人口1%左右。著名高等学府有爱尔兰国立大学、都柏林大学等。

爱尔兰国立大学：建于1908年，分别在都柏林、科克、戈尔韦和梅努斯设有4所学院。网址：www.nui.ie。

都柏林大学：建于1591年，下设三一学院。网址：www.tcd.ie。

利默里克大学、都柏林城市大学：建于1989年，独立后首批创建的大学。网址分别为：www.ul.ie 和 www.dcu.ie。

【新闻出版】有全国性日报8种。此外还有5种星期日报及许多周报、月报和杂志，地方性报纸90余种。主要报刊有《爱尔兰时报》（日发行量约7.5万份）、《爱尔兰独立报》（日发行量约11万份）、《爱尔兰先驱晚报》（日发行量约5.6万份）和《观察者报》（日发行量约3.7万份）。

无官方通讯社。

爱尔兰广播电视总台于1926年成立并开始广播。1961年开始播放电视节目。用英语播音。全年广播时间超过8700小时。另有爱尔兰语广播电台。

对外关系

1955年加入联合国，1973年加入欧共体，2001年至2002年担任联合国安理会非常任理事国。目前与104个国家建交。2013年上半年第七次担任欧盟轮值主席国。

【对当前重大国际问题的态度】认为全球化既给世界带来发展机遇，同时也带来挑战。主张以联合国为国际集体安全体系核心，依据国际法和平解决国际争端。

重视联合国作用，主张大小国家在国际事务中平等发挥作用，积极推动联合国改革，通过参与联合国维和与发展援助等扩大自身影响。

重视人权外交，是"人权无国界"理论首倡国。近年来开始转向务实，承认人权内涵因国家具体情况不同而存在差异。

重视气候变化问题，与欧盟的总体立场保持一致。主张发达国家对气候变化负有历史责任，应率先大幅减排，并在资金和技术转让方面给予发展中国家以支持。

认为"9·11"事件后，国际形势发生了重大变化，在全球范围内打击恐怖势力是当务之急。同时也认为加大对发展中国家援助、消除贫困对于根除恐怖主义至关重要。

【同中国的关系】中爱1979年6月22日建交。近年来随着经济实力增强，爱寻求在欧盟及国际事务中发挥更大的作用，日益重视发展对华关系。1998年埃亨总理访华后，爱政府制定了"亚洲战略"，将中国作为重点合作伙伴，两国关系有了较快发展，高层互访明显增多。2000年，李岚清副总理与哈尼副总理实现互访。2001年9月，朱镕基总理正式访爱。2002年1月，爱外长科恩访华；10月，全国政协副主席叶选平访爱。2003年10月，爱总统麦卡利斯访华。2004年5月，温家宝总理在爱担任欧盟轮值主席国期间访爱；同年黄菊副总理与李肇星外长分别于11月和4月访爱；爱副总理哈尼3月来华出席爱国庆活动。2005年1月，爱总理埃亨第二次访华，回国后主持制定新阶段“亚洲战略”，将中国列为爱在亚洲的首要合作伙伴；4月，全国人大副委员长何鲁丽访爱；6月，爱议会众议长奥汉伦、参议长凯埃利率议会代表团访华；爱财长科恩来华出席第六届亚欧财长会议；2006年9月，曾培炎副总理访爱。2008年10月，爱总理科恩来华出席第七届亚欧首脑会议。2008年四川汶川地震后，爱总统麦卡利斯、总理科恩、外长马丁等分别发来慰问电，科恩总理和马丁外长亲赴我驻爱使馆表示慰问。爱政府向我提供100万欧元的现金援助和价值11万欧元的物资援助。2009年为庆祝中爱建交30周年，两国国家元首、政府总理和外长互致贺电。6月，全国政协副主席王志珍访爱。7月，全国政协副主席、统战部长杜青林访爱。2010年5月，马丁外长访华。6月，麦卡利斯总统来华出席上海世博会爱国家馆日活动。9月，中共中央政治局常委李长春访爱。2011年6月，全国人大副委员长王兆国访爱。2012年2月，国家副主席习近平访爱。3月，爱尔兰总理肯尼访华，双方发表《中华人民共和国和爱尔兰关于建立互惠战略伙伴关系的联合声明》。5月，全国政协副主席王刚访爱。8月，全国政协副主席阿不来提·阿不都热西提访爱。2013年5月，爱众议长巴雷特、参议长伯克访华。7月，爱副总理兼外交贸易部长吉尔摩访华。10月，马凯副总理访爱。2014年6月，中央政治局常委、中央书记处书记刘云山访爱。2014年12月，爱总统希金斯夫妇对华进行为期9天的国事访问。2015年5月，李克强总理对爱进行过境访问。

中爱经贸合作近年来发展迅速。1999年双边贸易额仅4.19亿美元，2008年双边贸易额已增至70.7亿美元。国际金融危机发生后，中爱两国贸易往来受到冲击下滑。2014年，中爱双边贸易额65.3亿美元，同比下降2.0%。其中，中方出口28.0亿美元，同比增长13.3%，进口37.3亿美元，同比下降11.1%。2015年，中爱双边贸易额71.1亿美元，同比增长8.8%。其中，中方出口28.2亿美元，同比增长0.8%，进口42.9亿美元，同比增长14.8%。

2015年，爱在华投资项目22个，实际投入4.52亿美元，中国对爱投资1131万美元。截至2015年底，爱累计在华投资项目324个，实际投入16.52亿美元；中国累计对爱投资2.61亿美元。目前，110多家爱公司在华开展业务，中国也有多家公司在爱开展业务。

中爱在文化、教育、科技等领域合作不断深化，已签署多个领域的合作文件。2004年，中爱互在对方举办文化节。2010年，爱以“城市空间及人民都市生活的演变”为主题参加上海世博会，吸引了大批观众。2011年，在爱花博会上推出的中国传统苏州园林——“爱苏园”吸引了9万多名观众参观。目前，中方已在爱开设2所孔子学院，中国在爱留学生近万人。2007年3月，中国成功在都柏林举办“中国国际软件交易会”首届海外分会。两国地方和民间交流活跃，上海市和科克市、甘肃省和斯莱果郡、北京市和都柏林市、苏州市和基尔肯尼市、云南省和克莱尔郡、贵阳市和米斯郡先后结成友好关系。2002年3月，爱军舰首次访华。

中国驻爱尔兰大使：徐建国。馆址：Embassy of the People’s Republic of China in Ireland，40 AILESBURY ROAD，DUBLIN 4，IRELAND。电话：00353-1-2601119；传真：2839938。网址：http://ie.chineseembassy.org。

爱尔兰驻华大使：康宝乐（Paul Kavanagh）。馆址：北京市朝阳区日坛东路3号（Embassy of Ireland No. 3，Ri Tan Dong Lu）。电话：010-65322691；传真：65326857。

【同英国的关系】对英关系在爱对外关系中占据重要地位。北爱问题是爱英关系中的重要问题。爱英两国政府积极合作，推动北爱有关各方于1998年达成北爱和平协议；1999年11月，北爱首次成立由亲英的统一派和亲爱的共和派联合执政的自治政府。但此后由于两派准军事组织在真正解除武装及彻底放弃准军事活动等问题上出现反复，英被迫数次暂时中止自治政府的运作，恢复对北爱直接统治。经过反复折冲，2005年8月，爱尔兰共和军宣布放弃暴力并完全解除武装。2006年10月，在英爱两国政府主导下，北爱各派政治力量在苏格兰举行会晤，最终达成《圣安德鲁斯协议》，为北爱实现政治和平画定蓝图。2007年3月，北爱地方议会举行选举，民主统一党和新芬党得票总数过半，被授权组建联合政府，北爱民主统一党领袖佩斯利和新芬党领袖亚当斯在贝尔法斯特举行历史上首次面对面会晤；5月，北爱地方联合政府重启。联合政府由民主统一党、新芬党、北爱统一党和社会民主工党四党组成并分享权力。

2010年4月，北爱的警务和司法权从英议会顺利移交至北爱地方议会。目前，除国防、外交及移民政策外，其他事务均由北爱地方政府自行管理。

2011年5月，英女王伊丽莎白二世访爱，是近百年来英国王室对爱尔兰的首次访问。同月，英国首相卡梅伦访爱。2012年6月，英女王踏上北爱土地，与前爱尔兰共和军领袖、北爱现任副首席部长马丁·麦吉尼斯实现历史性握手。2014年4月，爱尔兰总统希金斯对英国进行国事访问，这是爱尔兰独立以来国家元首首次正式访问英国。爱尔兰总理肯尼和副总理兼外长吉尔摩也陪同访英。10月，爱总统希金斯再次访英。9月，爱外交贸易部长弗拉纳根访英。2015年11月，爱总理肯尼访英。爱英互为重要经贸伙伴，2014年双边贸易额为280.34亿欧元，2015年双边贸易额达305亿欧元。

【同美国的关系】爱美于1923年建立外交关系。爱重视同美的特殊友好关系，借重美解决北爱问题。

爱总统、总理等政要多次访美。美约有4500万爱裔移民，在美政界颇有影响。美总统肯尼迪、里根、克林顿等均为爱裔。每年爱国庆日，美总统邀爱政界要人出席在白宫举行的盛大庆祝晚会。美是爱最大的投资国，第二大贸易伙伴国。美在爱投资占其对欧盟总投资的1/4，在爱有500余家企业，大多经营高新技术产业。2014年3月，爱总理肯尼访问美国，出席爱尔兰国庆庆祝活动。6月，爱总理肯尼、副总理兼外交贸易部长吉尔摩先后访美。9月，爱外交贸易部长弗拉纳根访问美国。2015年10月，爱总统希金斯夫妇访问美国。2014年双边贸易额为256.2亿欧元，2015年双边贸易额为260.39亿美元。

【同欧盟的关系】1973年加入欧共体，视欧盟为外交重心，在重大问题上与欧盟保持一致，借助欧盟加强其在国际社会中的影响。支持欧盟扩大，但力争维护小国利益。积极参与欧盟一体化建设，1999年1月首批加入欧元区，2002年1月1日起正式使用欧元。2002年10月第二次全民公决通过了有关欧盟扩大的《尼斯条约》。2009年10月第二次全民公决通过了有关欧盟一体化的《里斯本条约》。2013年上半年第七次担任欧盟轮值主席国。

爱是欧盟地区基金最大受益国之一。1973—1999年，得到欧盟援款274亿爱镑，2000—2006年再获得98亿欧元。2012年，爱尔兰以60.3%的支持率通过对欧盟“财政契约”公投。

【同亚洲国家的关系】近年来积极拓展与亚洲的关系，1998年制定“亚洲战略”，重视发展与中国、日本、印度、韩国、东盟等亚洲国家关系。2005年制定并实施第二阶段“亚洲战略”，将中国列为爱在亚洲首要合作伙伴。2013年6月，日本首相安倍晋三访问爱尔兰，成为首位访爱的日本首相。2015年9月，印度总理莫迪访问爱尔兰。

【同非洲国家的关系】重视与非洲的关系，积极参与联合国在非维和行动，积极开展对非洲穷国的援助，将大部分援助用于非洲国家，援助重点包括埃塞俄比亚、莱索托、马拉维、乌干达等。2014年11月，爱尔兰总统希金斯访问埃塞尔比亚、马拉维和南非。

（潘飞亚）

爱沙尼亚

国名　爱沙尼亚共和国（The Republic of Estonia）。

面积　4.53万平方公里。

人口　131.2万（2016年1月）。主要民族有爱沙尼亚族、俄罗斯族、乌克兰族和白俄罗斯族。官方语言为爱沙尼亚语。英语、俄语亦被广泛使用。主要信奉基督教路德宗、东正教和天主教。

首都　塔林（Tallinn），面积158.3平方公里，人口约40.4万（2014年8月）。始建于1248年丹麦王国统治时期，1991年恢复独立后成为爱沙尼亚共和国首都。塔林市位于爱西北部，濒临波罗的海，历史上一度是连接中东欧和南北欧的交通要冲，被誉为“欧洲的十字路口”。气候受海洋影响明显，春季凉爽少雨，夏秋季温暖湿润，冬季寒冷多雪，年均气温6.8℃。塔林港是爱最大的港口。

国家元首　总统托马斯·亨德里克·伊尔韦斯（Toomas Hendrik Ilves），2006年9月当选，2011年8月连选连任，任期5年。

重要节日　独立日（国庆日）：2月24日；恢复独立日：8月20日；胜利日：6月23日（纪念1919年爱抗击德国军队获胜）。

简　况

位于波罗的海东海岸，东与俄罗斯接壤，南与拉脱维亚相邻，北邻芬兰湾，与芬兰隔海相望，西南濒里加湾，边界线长1445公里，海岸线长3794公里。属海洋性气候，冬季平均气温-5.2℃，夏季平均气温17.7℃，年平均降水量500—700毫米。

爱沙尼亚族形成于12—13世纪。曾先后被普鲁士、丹麦、瑞典、波兰、德国、沙俄和苏联占领统治。1918年2月24日爱宣布摆脱沙俄统治独立，成立爱沙尼亚共和国。同年2月德国乘虚而入占领爱沙尼亚。同年11月，苏维埃俄国宣布对爱拥有主权。1920年2月，苏维埃俄国承认爱独立。1940年6月，苏联出兵爱沙尼亚，同年7月成立爱沙尼亚苏维埃社会主义加盟共和国。1991年8月20日，爱脱离苏联，宣布恢复独立。同年9月17日，联合国宣布接纳爱为成员国。爱于2004年3月29日加入北约，5月1日加入欧盟，2007年12月21日加入申根区，2011年1月1日加入欧元区。

政　治

爱沙尼亚政治局势总体稳定。2015年4月8日，由改革党、社会民主党、祖国联盟—共和国党组成的三党联合政府成立，改革党主席塔维·罗伊瓦斯（Taavi Roivas）连任总理。

【宪法】现行宪法于1992年6月28日通过，7月3日生效，除序言部分外共分15章、168条。宪法确定，爱是独立主权的民主国家，国家最高权力属于人民，独立和主权至高无上、不可剥夺。爱实行三权分立的多党议会民主制。

【议会】一院制，共101个议席，任期四年。主要职能：通过法律；决定全民公决；选举共和国总统；批准或宣布废除条约；授权总理组成政府；通过并批准国家预算；决定对共和国政府、总理及部长进行不信任投票；宣布全国处于紧急状态；解决宪法所规定的总统、政府、其他国家机关或地方政府职权以外的所有行政问题等。年满21周岁且有选举资格的公民均可竞选议员。2015年3月，爱沙尼亚举行第13届议会选举，共有6个政党进入议会，分别是改革党（30席）、中间党（27席）、社会民主党（15席）、祖国联盟—共和国党（14席）、自由党（8席）及保守人民党（7席）。议长埃基·内斯托尔（Eiki Nestor，社民党成员），2015年3月30日连任。

【政府】现政府于2015年4月成立。改革党主席塔维·罗伊瓦斯连任总理。内阁成员包括：外长玛丽娜·卡尤兰德（Marina Kaljurand，无党派，女），内政部长汉诺·派夫克尔（Hanno Pevkur，改革党，留任），国防部长汉内斯·汉索（Hannes Hanso，社民党），教育与研究部长约根·利基（Jurgen Ligi，改革党），司法部长乌尔玛斯·雷恩萨鲁（Urmas Reinsalu，祖国联盟—共和国党），环境部长马克·珀米兰茨（Marko Pomerants，祖国联盟—共和国党），文化部长英德里克·萨尔（Indrek Saar，社民党），经济事务与基础设施部长克里斯汀·米歇尔（Kristen Michal，改革党），企业部长丽萨·奥维尔（Liisa Oviir，社民党，女），农村事务部长乌尔玛斯·克鲁泽（Urmas Kruuse，改革党），财政部长斯温·塞斯特（Sven Sester，祖国联盟—共和国党），卫生与劳动部长杰夫根尼·奥辛诺夫斯基（Jevgeni Ossinovski，社民党），社会保障部长马古斯·萨克纳（Margus Tsahkna，祖国联盟—共和国党），公共治理部长阿托·阿斯（Arto Aas，改革党）。

【主要网址】政府：http://valitsus.ee；外交部：www.vm.ee。

【行政区划】全国共分15个省，大小城镇254个。

【司法机构】分城乡地区法院、上诉法院和最高法院三级。最高法院院长普利特·皮卡梅（Priit Pikamae),2013年上任。总检察长拉芙丽·珀琳（Lavly Perling，女），2014年10月上任。

【政党】主要政党有：

（1）改革党（Estonian Reform Party），执政党，成立于1994年，共有12844名成员（2015年）。属右翼自由党，主席为塔维·罗伊瓦斯，现任总理。

（2）社会民主党（Social Democratic Party）：执政党，原名为温和党（The Moderates），成立于1996年，2004年2月改为现名，2012年2月与爱沙尼亚俄罗斯党（Estonian Russain Party）合并，共有6182名成员（2015年）。属中左倾向的政党，党主席为杰夫根尼·奥辛诺夫斯基，现任卫生与劳动部长。

（3）祖国联盟—共和国党（Pro Patria and Res Publica Union），执政党，2006年6月由祖国联盟与共和国党合并而成，共有9665名成员（2015年）。属极右翼政党，党主席为党主席为马古斯·萨克纳，现任社会保障部长。

（4）中间党（Estonian Center Party），在野党，成立于1991年，共有14309名成员（2015年）。属中左翼政党，党主席为埃德加·萨维萨尔（Edgar Savisaar）。

较有影响的政党还有：爱沙尼亚保守人民党（Estonian Conservative People's Party，由原人民联盟和爱沙尼亚爱国运动党于2012年5月合并而成）、绿党（Estonian Greens）、爱沙尼亚波罗的海俄族人党（Russian Baltic Party in Estonia）、爱沙尼亚基督教人民党（Estonian Christian People's Party）、爱沙尼亚社会民主劳工党（Estonian Social-Democratic Labor Party）、爱沙尼亚民主党（Estonian Democratic Party）、爱沙尼亚独立党（Estonian Independence Party）、农民党（the Farmers' Party）和俄族人团结党（Russian Unity Party），爱沙尼亚联合左翼党等。

【重要人物】**托马斯·亨德里克·伊尔韦斯**：总统。1953年12月生于瑞典斯德哥尔摩，自幼在美国长大。1976年和1978年先后毕业于美国哥伦比亚大学和宾夕法尼亚大学。1984—1993年历任德国慕尼黑“自由欧洲电台”评论员、电台爱沙尼亚语部负责人。1993—1996年历任爱沙尼亚驻美国、加拿大和墨西哥大使；1996—2002年历任两届爱外交部长。任外长期间，于1998年加入人民党（温和党前身），同年5月访华，2002年10月因温和党在地方选举中失利而引咎辞去党主席职务，改任副主席。2002—2004年历任两届欧洲议会议员，兼任欧洲议会外委会副主席。2006年9月23日当选爱总统，2011年8月连选连任，对内主张实行市场经济，吸引外资；对外主张发展与西方，特别是对美关系。　**埃基·内斯托尔**：议长，社民党成员。1953年9月出生于塔林，1976年毕业于塔林理工学院，道路交通机械工程师。1994年加入社民党。1994—1995年任地区事务部长，1999—2002年任社会事务部长，2003年起任第十、十一、十二届议会议员，2014年3月当选议长。　**塔维·罗伊瓦斯**：总理，改革党主席。生于1979年9月，塔尔图大学对外经济专业毕业。1998年加入改革党，曾任司法部长顾问、人口事务部长顾问、安西普总理顾问。2007年当选第十一届议会议员，2011年连任第十二届议会议员，并先后担任议会财政委员会主席与欧盟事务委员会主席。2012年2月任社会事务部长。2014年3月出任总理，2015年4月连任。

经　济

自恢复独立以来，爱沙尼亚一直奉行自由经济政策，大力推行私有化，实行自由贸易政策，经济发展迅速，年均经济增速在欧盟成员国内位列前茅。2014年是欧债危机发生以来总体经济形势较好的一年，主要经济数据如下：

国内生产总值：199.63亿欧元（约265亿美元）。

人均国内生产总值：15186欧元（约合20140美元）。

国内生产总值增长率：2.9%。

货币名称：欧元（2011年1月1日加入欧元区）。

年平均汇率：1美元=0.754欧元（2014年）。

CPI指数：–0.1%。

失业率：7.4%。

经济增长率：1.8%。

【资源】自然资源匮乏。主要矿产有油页岩（已探明储量约60亿吨）、泥煤（储量约40亿吨）、磷矿（储量约7亿吨）、石灰岩等。森林面积222.2万公顷，森林覆盖率达48%，森林蓄积量4.66亿立方米，人均木材拥有量达362立方米。

【工业】主要工业部门有：机械制造、木材加工、建材、电子、纺织和食品加工业。据爱沙尼亚统计局统计，2013年工业总产值约为106亿欧元，同比增长1%。其中电力、电气、热水供应同比下降5%，采矿业同比下降4%。

【农业】农林牧渔业中以畜牧业和种植业为主，畜牧业主要饲养奶牛、肉牛和猪，主要农作物有小麦、黑麦、马铃薯、蔬菜、玉米、亚麻和饲料作物。2014年爱农业用地面积约为97.5万公顷，同比增长0.92%。

【交通运输】公路：公路总里程16576公里。2014年，公路货运总量3727万吨，同比增长12.6%，其中国际货物运输量1358万吨，同比增长40.1%；货物运输周转量69亿吨公里，同比增长6.6%，其中国际货物运输周转量为53亿吨公里。

铁路：铁路总里程2167公里，其中，公共铁路线1540公里，非公共铁路线627公里。2014年铁路客运量为594万人次，同比增长41.4%；货运量为3629万吨，同比下降17%。

空运：2014年航空客运量为204万人次，同比增长2.5%；货运量为2万吨，同比减少4.3%。

海运：2014年港口货物吞吐量4358万吨，同比增长1.6%；货物运出量901万吨（不含过境运输），货物运入量549万吨；过境运输量2898万吨。2014年港口客运量869万人次，同比下降9.5%。主要港口有塔林港、西由拉迈港、昆达港、北帕尔迪斯基港、帕尔努港等。

【财政金融】爱沙尼亚政府重视控制财政赤字，实行较为保守的财政政策。2014年财政收入66.78亿欧元，支出64.88亿欧元，财政结余1.9亿欧元。外汇储备3.6亿欧元，净外债权总额17.3亿欧元，占国内生产总值8.7%。

【主要银行】（1）瑞典银行（Swedbank）：成立于1991年4月30日。

（2）SEB银行（SEB）：成立于1992年12月15日。

（3）爱沙尼亚诺底亚银行（Nordeapank Eesti）：成立于1995年2月27日。

【对外贸易】2014年爱全年进出口贸易总额258.2亿欧元，同比下降0.3%；出口额为120.8亿欧元，同比下降1.8%；进口额为137.4亿欧元，同比增长1.03%，贸易逆差为16.6亿元。从出口看，向欧盟出口占其出口总额的72%，瑞典占18%，芬兰占15.3%；从进口看，从欧盟进口占进口总额的83%，芬兰占15%，德国占11.5%，瑞典占10.8%。电子、通信产品，矿产品，机械设备和木材、木质制品这四大类产品一直是爱最主要的进出口商品。其中，电子、通信产品的进出口占比均逐年上升，机械设备进出口均逐年下降。

【对外投资】2014年对外投资52亿欧元，主要投资国是塞浦路斯、立陶宛、拉脱维亚，主要投资领域为交通仓储、金融、高科技等。

【吸引外资】截至2014年年底，爱沙尼亚累计吸引外国直接投资158.9亿欧元。其中，来自欧元区国家的直接投资额为72.1亿欧元，占比45.3%；来自独联体国家的直接投资额为10亿欧元，占比6.3%。在爱最大投资国为瑞典，累计投资额41.9亿欧元，占比26.4%，以下依次为芬兰（34.7亿欧元，21.8%）、荷兰（16.5亿欧元，10.4%）、挪威（8.8亿欧元，5.5%）。金融与保险领域的投资占27.1%，房地产占16.5%，零售业为14.8%。

【著名公司】（1）瑞典银行股份有限公司（AS Swedbank）：创建于1992年1月10日，主要从事银行及金融业务。公司地址：Liivalaia 8，15040，Tallinn。电话：（372）6310310；传真：（372）6310410；网址：www.swedbank.ee。

（2）爱沙尼亚能源公司（Eesti Energia AS）：创建于1998年8月11日，主要从事生产及分配电能业务。公司地址：24 Laki St. 12915，Tallinn。电话：（372）7152222；传真：（372）7152200；E-mail：info@energia.ee；网址：www.energia.ee。

（3）爱沙尼亚电信公司（AS Eesti Telecom）：创建于1991年4月16日，主要从事电信业务。公司地址：Valge 16，19095，Tallinn，Estonia。电话：（372）6111470；传真：（372）6311224；E-mail：mailbox@telekom.ee；网址：www.telecom.ee。

（4）塔林港股份有限公司（AS Tallinna Sadam）：创建于1990年11月14日，从事海运业务。公司地址：Sadama 25，15051，Tallinn。电话：（372）6318555；传真：（372）6318166；E-mail：portoftallinn@portoftallinn.com；网址：www.portoftallinn.com。

人民生活

2014年爱沙尼亚居民月平均工资为1005欧元，比2013年提高6%。月平均养老金为345欧元。

军事

爱沙尼亚总统是全国武装力量的最高统帅。国防委员会是总统国防事务的最高咨询机构。国防部是政府执行和实施国防政策的部门。国防军司令是军队最高指挥官。国家实行义务兵役制，服役期8—12个月。国防军总兵力约7000人。现任国防军司令为里霍·德拉斯（Riho Terras）少将，国防军总参谋长为伊格·施维德（Igor Schvede）海军准将。

文化教育

【教育】实行9年制义务教育。2014年，共有学前教育机构653所，各类中小学校528所，各类技术职业学校48所，高等教育机构33所，其中大学9所（6所国立，3所私立），各类职业高等教育机构20所。

2014年，共有22.97万人在各类学校学习，学前教育学生6.88万人，中小学学生14.25万人，各类技校及职业学校学生2.52万人，大学学生5.52万人，留学生2800人，比2013年增加600名。

2014年，共有各类公共图书馆556个（含各类学校图书馆及农村图书馆），各类博物馆256个。

著名高等学校：塔尔图大学（University of Tartu），建于1632年瑞典国王阿道夫·古斯塔夫二世（Gustavus II Adoplphus）统治时期，1919年由古斯塔夫学院改称塔尔图大学。塔尔图大学设有神学、法律、医学、哲学、生物和地理、物理和化学、教育、体育、经商管理、数学和信息科学、社会学等11个学科，下属13个系和研究所，被尊为“爱沙尼亚的启蒙圣母”，爱沙尼亚许多政要和知名人士均毕业或曾任教于该校。该校师资人员共约1800名，其中教授190名，学生1.7万人。大学网站：www.ut.ee。联系地址：Ulikooli 18，50090 Tartu，Estonia。电话：372-7375100。

【新闻出版】2013年共发行700余种各类报纸杂志，其中主要爱文报刊及发行情况：爱沙尼亚晚报（SL Ohtuleht，50.8万份，日报）、邮差报（Postimees，50.5万份，日报）、爱沙尼亚快报（Eesti Ekspress，42.7万份，周报）、爱沙尼亚日报（Eesti Paevaleht，21.7万份）等。主要俄文报刊有：每日新闻（Den Za Dnjom，10.5万份，周报）等。

主要通讯社：波罗的海通讯社（Baltic News Service-BNS），成立于1990年4月，私营通讯社，有近220名工作人员。

主要电台：（1）布谷电台，私营电台，成立于1992年，每天24小时用爱沙尼亚语广播。（2）俄罗斯电台，私营电台，1998年建台，每天21小时用俄语广播。

主要电视台：（1）爱沙尼亚国家广播电台与电视台（Estonian Public Broadcasting），由爱沙尼亚电台（Eesti Raadio，1926年建台）与国家电视台（Estonian Television-ETV，1955年建台）于2007年6月合并成立。用爱沙尼亚语和俄语播放节目。（2）TV3，私营电视台，用爱沙尼亚语播放节目。（3）Kanal 2，私营电视台，1993年建台，用爱沙尼亚语和俄语播放节目。

对外关系

以欧盟和北约为经济、安全依托，重视与波罗的海及北欧国家的传统友谊，着力推动和加强区域合作，进一步加大参与国际事务力度，不断巩固与美国关系，对俄罗斯关系有所缓和。

【同中国的关系】1991年9月11日，中爱两国建立外交关系。1992年年初中国在爱设立使馆。1993年2月，中国向爱派驻大使。爱方于1997年在华设立使馆并派驻临时代办。2002年4月，爱向中国派驻首任大使。

2014年12月，李克强总理在塞尔维亚贝尔格莱德会见出席中国—中东欧国家领导人会晤的爱沙尼亚总理罗伊瓦斯。2015年11月，李克强总理在苏州会见来华出席第四次中国—中东欧国家领导人会晤的爱沙尼亚总理罗伊瓦斯。1月，爱时任外长彭图斯·罗西曼努斯对华进行工作访问，与王毅外长举行会谈。

2015年1月，农业部副部长牛盾访爱，并签署了《中华人民共和国与爱沙尼亚共和国农业部2015—2016年农业领域合作行动计划》；4月，教育部副部长李卫红在拉脱维亚首都里加市出席第五届亚欧教育部长会议期间，与爱沙尼亚教育与研究部长约根·利基签署了《中华人民共和国教育部与爱沙尼亚共和国教育与研究部关于相互承认高等教育文凭的协议》；7月，国家卫生与计划生育委员会副主任孙志刚率团访爱，并签署两国《关于卫生和医学科学的合作谅解备忘录》。这是中爱建交以来签署的首份卫生领域合作文件；10月，文化部副部长丁伟率中国政府文化代表团赴爱访问，并出席波罗的海“中国艺术节”闭幕演出。

据中方统计，2014年中爱进出口总额为13.7亿美元，同比增长4.7%。其中，中方对爱出口11.4亿美元，同比增长3.3%；自爱进口2.3亿美元，同比增长12.8%。中方顺差9.1亿美元，同比增长1.19%。2015年中爱进出口总额为11.9亿美元，同比下降13.1%，其中，中方对爱出口9.5亿美元，同比下降16.7%；自爱进口2.3亿美元，同比增长4.2%。中方顺差9.6亿美元，同比增长5.49%。中方对爱出口的主要商品有通信设备及其零部件、机电产品、家具和机动车、非机动车零部件等。自爱主要进口通信设备零部件、木材、光学、计量精密仪器和设备以及铜和铜废料等。

中国驻爱沙尼亚大使：曲喆。馆址：塔林市纳尔瓦大街98号，邮政编码：15009（Narva mnt. 98，15009 Tallinn，Estonia）。电话：（372）6015830，6015831；传真：6015833。网址：www.chinaembassy.ee。电子邮箱：mailoffice@chinaembassy.ee；chinaemb@online.ee。经商处电话：（372）6607867，6607868；传真：6607818。电子邮箱：chincoff@online.ee。

爱沙尼亚驻中国大使：罗克（Toomas Lukk）。馆址：北京市朝阳区亮马桥北小街1号，邮政编码：100600。电话：010–85316700；传真：85316701。

【同美国的关系】对美关系在爱总体外交中具有极其重要的位置，爱不断密切与美国关系，与美保持多层次、多领域的交往。2015年6月，时任外长彭图斯·罗西曼努斯访美，与美国副国务卿布林肯会晤。同月，美国防部长阿什顿·卡特访爱，爱总理罗伊韦斯、国防部长斯温·米克赛尔与其会晤；8月，美议员约翰·麦凯恩、谢尔顿·怀特豪斯、约翰·巴拉索访爱，爱总统伊尔韦斯、外长卡尤兰德予以会晤。

【同欧盟的关系】支持欧盟应对欧债危机相关举措。支持欧盟完善单一市场建设，加快发展数字市场。主张欧盟继续实施自由贸易政策，与美国、加拿大、日本及欧盟东部伙伴国签订全面自贸协议。爱国家领导人积极利用欧盟内部会议、国际会议等多边场合，不断扩展、深化同欧盟国家的合作，同时努力为本国在欧盟内争取利益。支持欧盟扩员，积极参与欧洲一体化进程。

【同俄罗斯的关系】2014年，因乌克兰局势，爱俄关系趋于紧张。2014年2月两国外长签署了两国边界协定。爱注重与俄在旅游、文化和教育等领域务实合作。两国外长于2015年9月在联大期间会晤，俄外长表示希望政治紧张不要成为制约两国开展经贸合作的障碍。10月，爱议会代表团访问莫斯科。

【同周边国家的关系】积极发展与周边国家关系，以加强波罗的海—北欧（NB8）合作为优先方向。高度重视进一步加强与传统贸易伙伴北欧国家的关系，双边和多边合作不断深化，关系日益密切。积极主导欧盟波罗的海战略，全面深化与拉脱维亚和立陶宛的合作，并通过定期会晤机制，协调三国在欧盟内部事务和重大国际问题上的立场。

【同其他国家的关系】在欧债危机和乌克兰局势冲击的背景下，爱拓展同世界其他地区交流合作并加大经贸合作力度，重点加强对亚洲国家及新兴市场国家关系，开始在全球范围内调整外交布局。（刘聪慧）

安道尔

<u>国名</u>　安道尔公国（The Principality of Andorra）。

<u>面积</u>　468平方公里。

<u>人口</u>　85580人（2015年）。其中安道尔人占49%，属加泰罗尼亚族。外国移民中西班牙人占24.6%，其次为葡萄牙人（14.3%）和法国人（3.9%）。官方语言为加泰罗尼亚语，通用西班牙语、法语和葡萄牙语。居民多信奉天主教。

<u>首都</u>　安道尔城（Andorra la Vella），人口22256。

<u>国家元首</u>　法国总统弗朗索瓦·奥朗德（François Hollande）和西班牙乌赫尔地方主教胡安·恩里克·比韦斯（Joan Enric Vives）同为国家元首，称为两大公。

<u>重要节日</u>　宪法日：3月15日，国庆节：9月8日。

简　况

位于西南欧西班牙和法国之间，比利牛斯山脉中部，为内陆国。北部与法国接壤57公里，南部与西班牙接壤64公里。全部为山地，平均高度1996米。属山地气候，年平均气温9.9℃。

有关安道尔的记录始于公元839年的《乌赫尔大教堂落成纪要》，该《纪要》称安道尔为乌赫尔伯爵的领地。从11世纪起，乌赫尔主教的权力逐步延伸至整个安道尔，1133年安道尔成为其教区。13世纪，法国弗阿伯爵与乌赫尔主教争夺安道尔主权，双方为此进行了多次战争，最后于1278年和1288年达成两项协议，决定共管安道尔，并对各自在经济、法律、军事等方面的权限进行分工，安道尔由此成为公国，一直延续到1993年。期间，1793年法国因爆发大革命而暂时失去对安道尔的统治权，1806年拿破仑一世收回这一权力。法国实行共和制后，这一权力归总统所有。1982年1月4日实行体制改革，行政权从议会改由政府行使。1993年3月14日，安道尔全民公决，通过了有史以来第一部《宪法》。安成为一个独立的主权国家，但继续沿用两大公政治体制。

政　治

1993年12月安首次举行议会选举，由里瓦斯·雷格领导的全国民主联盟在选举中获得相对多数并于1994年年初组阁。此后，自由党长期执政。2009年4月，安举行第5次议会选举，由豪梅·巴图梅乌（Jaume Batumeu）率领的社民党获得议会28席中的14席，成为议会中第一大党。2015年3月，安举行第7次议会选举，以自由党为基础组建的中右联盟安道尔民主主义者党获胜。

【宪法】1993年3月14日颁布《宪法》，宣告成立独立、法治、民主和社会福利的国家。宪法明确规定由西班牙乌赫尔主教和法国总统继续分别担任安道尔的两大公，主权属于安道尔人民。宪法共分九章一百零七条，对安道尔的主权、权利与自由、大公、总委员会（议会）、政府、地方机构、司法、宪法法院和机构改革等方面做了规定。

【议会】一院制，称总委员会，1419年成立，代表安道尔人民行使立法权，通过预算，监督政府行为。总委员会由普选产生，共28名委员，其中14名委员系由全国选举产生，其余由全国7个行政区各选2名，任期4年，每两年改选半数。本届总委员会于2015年3月成立，议长比森特·马特乌·萨莫拉（Vicenç Mateu Zamora）。席位分配情况如下：

安道尔民主主义者党	15
安道尔自由党	8
社会民主党	3
社会民主与进步党	2

【政府】首相为政府首脑，由总委员会选举产生、两大公任命。2015年3月，安举行议会选举，安道尔民主主义者党再次获胜，获得议会28席中的15席，安东尼·马蒂·佩蒂特当选首相。希尔维特·萨沃亚·苏涅任外交大臣。

【行政区划】全国划为7个行政区：安道尔城（Andorra la Vella）、卡尼略（Canillo）、马萨纳（Massana）、圣胡利娅·德洛里亚（Sant Julia de Loria）、恩坎普（Encamp）、莱塞斯卡尔德·恩戈尔达（Les Escaldes-Engordany）和奥尔迪诺（Ordino）。

【司法机构】领导机构为司法高等理事会，由5名成员组成，任期6年。司法系统包括初级法院、中级法院和高级法院。另设宪法法院。

【政党】主要有两大党：安道尔民主主义者党（Demòcrates per Andorra），由自由党等政党组成的中右联盟，现为执政党，领导人安东尼·马蒂·佩蒂特（Antoni Martí Petit）。安道尔自由党（Partit Liberal d'Andorra），现为最大反对党，领导人胡安·加布里埃尔·伊·艾斯特尼（Joan Gabriel i Estany）。

【重要人物】胡安·恩里克·比韦斯：安道尔大公、西班牙乌赫尔地方主教。1949年7月24日生于西班牙巴塞罗那。1974年9月被授予神甫职位，并获神学、哲学和教育科学硕士学位。曾担任巴塞罗那大主教管区代理主教、教区神甫、神学院神甫，加泰罗尼亚神学院及拉蒙·柳利大学教授。1993年6月被任命为诺纳主教和巴塞罗那副主教，2001年6月被任命为乌赫尔地方主教。2003年5月12日被任命为乌赫尔地方大主教和安道尔大公。　**安东尼·马蒂·佩蒂特**：安道尔首相。1963年7月30日出生，法国图卢兹大学建筑系毕业，1994年起步入政坛，1994年当选议会议员，2003年再次当选议员，长期担任安道尔莱塞斯卡尔德·恩戈尔达市市长。2011年联合安道尔自由党等中右翼党派建立了安道尔民主主义者党，并在4月举行的议会选举中大获全胜，获得了全部28席中的20个，成为安道尔首相。2015年3月，安道尔民主主义者党在议会选举中获得全部28席中的15席，马蒂成功连任。

经　济

2014年国内生产总值25.25亿欧元，同比增长3.2%，人均国内生产总值3.58万欧元，同比增长9.5%。2014年，政府预算为6.03亿欧元，财政收入为5.73亿欧元，财政支出为5.46亿欧元。政府收入主要来源于对进口和银行的税收，对石油等产品的间接税以及通过发行邮票所得。

【资源】目前农业种植面积8.01平方公里，占全国面积1.7%。主要农产品有马铃薯和烟草等，畜牧业以牛、马、羊为主，2015年存栏共5483头。主要矿藏有铁、明矾和铅。工业以香烟制造为主，其次有建筑、纺织、木材和食品加工。森林面积178.79平方公里，占全国面积38.2%，归国家所有。水力资源丰富，利用高山融雪建成多座小水电站，可满足全国1/4用电需求，其余从法国和西班牙进口。

【交通】没有铁路，只有公路320公里。全国共有注册车辆3079辆。有1个私人直升机机场。

【财政金融】无本国货币。2002年1月1日起，使用欧元作为支付货币。1991年7月1日，加入欧洲关税同盟。实行低税制，不征所得税，有"无税天堂"之称。2014年，金融业占GDP的21%。2014年，全国银行系统总资产为140亿欧元，主要银行有安道尔私人银行、CAIXA银行、安道尔萨巴德尔银行、安道尔信贷银行等，共计42家分行。

【旅游业】支柱产业旅游业占GDP的80%。2014年，全国共有酒店床位34019个，2015年，接待外来旅游人员累计210万人，同比增长15.2%，接待各类型外来访客共601万人，同比下降0.1%。

【对外贸易】2015年前三季度进出口总额8.914亿欧元，其中，安进口8.32亿欧元，同比下降1.5%；出口0.594亿欧元，同比增长13.2%。主要贸易伙伴为西班牙和法国，其次是欧洲其他国家以及亚太和北美洲等。主要进口产品是建筑材料、香烟、电器、化妆品、汽油燃料、服装、光学产品、各种加工食品及生活日用品，其中许多供应给外国游客；主要出口产品是羊毛、牲畜、皮革、香烟、木材、黄油、奶酪。

文化教育

小学至高中实行免费义务教育。全国有学校33所，实行三种教育体制：（1）安道尔教育，占38%，由安政府负责；（2）西班牙教育，占30%，由西教育部负责发放西班牙语教材；（3）法国教育，占32%，由法国负责，实施法教育部计划，用法语教学。安现有两所大学。中学生毕业后可选择在国内或到西班牙、法国接受高等教育。

人民生活

社会保险制度创建于1966—1968年间，为病人、老人和劳动者提供保险金或养老金。2010年，有健康中心363家，其中综合性医院1所，全国医护人员共计995人。2014年，有固定电话47075部，移动电话66241部。

对外关系

1993年独立前，对外关系由西、法两国代管，此后开始逐步建立和发展独立的对外关系。1993年6月3日，安道尔与法国和西班牙签署合作协议，法、西两国宣布承认安道尔为主权国家并同其建立外交关系。同年7月28日，加入联合国，以后陆续加入了国际电信联盟、国际劳工组织、国际红十字会、世界卫生组织、世界知识产权组织、世界旅游组织、欧洲委员会、欧洲安全和合作组织、国际民航组织等国际和地区组织。签署了欧洲社会契约条约。此外，还不定期列席欧盟有关会议。安奉行和平睦邻友好政策，将发展同西班牙、法国及欧盟国家关系作为重点。2005年，被接纳为伊比利亚美洲首脑会议成员国。同年10月，平塔特首相出席了在西班牙举行的第15届伊比利亚美洲首脑会议。2015年，西班牙政府首相拉霍伊访安，安外交大臣萨沃亚访西。安首相马蒂与法国总理瓦尔斯实现互访。安同葡萄牙、意大利、阿联酋、欧盟机构等签署税务和投资合作协定。目前与世界上约80个国家签有建交协议，但迄今只在奥地利、比利时、西班牙、法国、葡萄牙和美国设有使馆，西班牙、法国在安设有使馆。

【同中国的关系】1994年6月29日，安道尔同我国正式建立大使级外交关系。我驻西班牙大使兼任驻安道尔大使，两国没有互设使馆。

2005年1月，安首相福尔内访华。2007年10月，张业遂副外长访安。2008年8月，安首相平塔特来华出席北京奥运会开幕式并观赛。2008年11月，中国工业经济联合会会长徐匡迪率团访安，会见了安首相平塔特。2014年是中安建交20周年，5月，安外交大臣萨沃亚访华。6月，李克强总理与安首相马蒂、王毅外长与安外交大臣萨沃亚互致贺电。2015年，安政府首相马蒂、安总委员会议议长马特乌成功连任，李克强总理、张德江委员长分别致电表示祝贺，王毅外长致电祝贺萨沃亚连任安外交大臣。

据中国海关总署统计，2014年双边贸易总额为223万美元，同比下降1.1%，其中我出口220万美元，同比下降1.8%，我进口3万美元，同比增长108.8%。2015年双边贸易总额为176万美元，同比下降21%，其中我出口175万美元，同比下降20.4%，我进口1万美元，同比下降65.4%。

2005年2月，中安签署了旅游合作谅解备忘录。2007年1月1日起，安正式成为中国公民出境旅游目的地国。

文化方面，1999年，我在安举办图片展。2000年，红星歌舞团赴安专演。2005年，《多彩中华》民族服饰演出团赴安演出。2014年，上海白玉兰乐团赴安举办中安建交20周年专场音乐会。

中国驻安道尔大使：吕凡（驻西班牙大使兼任）。

地址：C/Arturo Soria, 111–113, 28043, Madrid,Spain。

电话：（0034）915192035。

（周颖政）

奥 地 利

国名　奥地利共和国（The Republic of Austria，Republik Österreich）。

面积　83871平方公里。

人口　857.29万（2013年12月31日）。其中外国人113.25万人，占13.2%。少数民族有斯洛文尼亚人、克罗地亚人和匈牙利人，约占总人口的0.5%。官方语言为德语。61.4%的居民信奉天主教。

首都　维也纳（Wien），人口179.37万（2014年9月30日）。

国家元首　联邦总统海因茨·菲舍尔（Heinz Fischer），2004年4月25日当选，7月8日就任。2010年4月25日再次当选。

重要节日　国庆日：10月26日。

简　况

中欧南部的内陆国。东邻匈牙利和斯洛伐克，南接斯洛文尼亚和意大利，西连瑞士和列支敦士登，北与德国和捷克接壤。属海洋性向大陆性过渡的温带阔叶林气候。平均气温1月为–2℃，7月为19℃。

公元996年，史书中第一次提及“奥地利”。12世纪中叶在巴本贝格王族统治时期形成公国，成为独立国家。1278年开始了哈布斯堡王朝长达640年的统治。18世纪初，哈布斯堡王朝领土空前扩大。1815年维也纳会议后成立了以奥为首的德意志邦联，1866年，奥在普奥战争中战败，邦联解散。1867年与匈牙利签约，成立奥匈帝国。1918年第一次世界大战结束后，帝国解体，成立共和国。1938年3月被德国吞并。二战后被苏、美、英、法四国占领。1945年4月成立第二共和国。1955年5月，四个占领国同奥签订《重建独立和民主的奥地利国家条约》，宣布尊重奥的主权和独立。10月占领军撤出，奥重获独立。10月26日，国民议会通过永久中立法，宣布不参加任何军事同盟，不允许在其领土上设立外国军事基地。自1965年起，10月26日被定为国庆日。

政　治

2015年，奥地利社民党和人民党联合政府推出二战后最大规模税改方案，就教育、科研、养老金等改革达成多项共识，并逐步推进实施。联邦政府与地方政府在难民安置、税收以及教育权限分配等问题上注重政策协调。在2015年举行的5个地方州选举中，社民党和人民党多有失票，最大在野党自由党支持率上升。受中东局势、难民危机、恐怖袭击等影响，奥部分民众举行反伊斯兰化运动，提出限制穆斯林移民、关闭促进文化和宗教交流的“阿卜杜拉中心”等要求，为此，奥政府注重加强社会舆论疏导，引导民众采取包容态度，维护社会心态的稳定。

【**宪法**】现行宪法于1920年11月10日生效。1925年和1929年通过两项附则。1934年宪法被废除。1945年奥重建后宣布1920年宪法和两个附则继续有效。宪法规定，奥为联邦制共和国，总统是国家元首，由普选产生，任期6年。总理为政府首脑，任期5年。

【**议会**】由国民议会和联邦议会组成。国民议会制定并通过法律，主持新政府就职仪式，可通过不信任表决罢免联邦政府及其成员。联邦议会代表各州利益，有权将国民议会通过的法律提案驳回，但如国民议会坚持原案，联邦议会不得再提异议。国民议会共183席，按比例代表制产生，任期5年。本届国民议会产生于2013年9月，其中：社民党53席，人民党46席，自由党42席，绿党22席，施特纳赫党11席，新奥地利党9席。议长任期五年，现任议长多丽丝·布雷斯（Doris Bures，女，社民党）。联邦议会共62席，由各州按人口比例选派，议长由各州多数党议员轮流担任，任期半年。国民议会和联邦议会联合组成联邦会议，主要职能是接受总统就职宣誓及在必要时决定对外宣战。

【**政府**】2013年12月16日社民党和人民党组成大联合政府，设13个部。2014年8月26日，时任副总理兼财政部长米夏埃尔·施平德勒格（Michael Spindelegger，人民党）辞职。9月2日，交通、创新和技术部长多丽丝·布雷斯当选新任国民议会议长，接替8月2日因病去世的议长芭芭拉·普拉默（Barbara Prammer，女，社民党）。奥政府针对上述变化重新改组。2016年1月，由于劳动、社会和消费者保护部长洪德施托弗尔被社民党推举为该党总统候选人而辞去部长一职，奥政府再次进行小幅改组。现成员如下：总理维尔纳·法伊曼（Werner Faymann，社民党），副总理兼科学、研究和经济部长赖因霍尔德·米特雷纳（Reinhold Mitterlehner，人民党），劳动、社会和消费者保护部长阿洛伊斯·施特格尔（Alois Stoeger，社民党），教育和妇女部长加布丽埃莱·海尼施－霍谢克（Gabriele Heinisch–Hosek，女，社民党），卫生部长扎比内·奥伯豪泽尔（Sabine Oberhauser，女，社民党），交通、创新和技术部长格拉尔德·克鲁格（Gerald Klug，社民党），国防和体育部长汉斯·彼德·多斯科齐尔（Hans Peter Doskozil,社民党），负责媒体、艺术、文化、宪法的总理府部长约瑟夫·奥斯特迈尔（Josef Ostermayer，社民党），欧洲、融入和对外事务部长（外交部长）塞巴斯蒂安·库尔茨（Sebastian Kurz，人民党），财政部长汉斯·耶尔格·舍林（Hans Jörg Schelling，人民党），内政部长约翰娜·米克尔－莱特纳（Johanna Mikl–Leitner，女，人民党），司法部长沃尔夫冈·布兰德施泰特（Wolfgang Brandstetter，人民党），农林、环境和水利部长安德烈·鲁普雷希特（Andrä Rupprechter，人民党），家庭和青年部长索菲·卡尔马辛（Sophie Karmasin，女，无党派）。此外，总理府以及科学、研究和经济部各设1名国务秘书。

【**行政区划**】全国划为9个州：布尔根兰、克恩滕、上奥地利、下奥地利、萨尔茨堡、施蒂利亚、蒂罗尔、福拉尔贝格、维也纳。州下设市、区、镇（乡）。

【**司法机构**】全国有三个法院系统：宪法法院，审理涉及宪法，特别是地方与联邦政府纠纷的案件，院长格哈特·霍尔齐格尔（Gerhart Holzinger）；行政法院，负责涉及官方机构及其工作人员的行政纠纷案件，院长鲁道夫·蒂内尔（Rudolf Thienel）；最高法院，负责刑事和民事案件，院长埃卡特·拉茨（Eckart Ratz）。

【**政党**】（1）奥地利社会民主党（Sozialdemokratische Partei Österreichs）：执政党。1889年成立。1919—1920年执政，1934年被取缔。1945年改名为社会党，1991年改为现名。主席维尔纳·法伊曼。

（2）奥地利人民党（Österreichische Volkspartei）：执政党。前身是1887年建立的基督教社会党，1945年改为现名。主席赖因霍尔德·米特雷纳。

（3）奥地利自由党（Freiheitliche Partei Österreichs）：在野党。1955年成立，前身是“独立者联盟”，曾于1983—1986年和社会党组成联合政府。2000年2月与人民党联合执政，2005年党内发生分裂后失去执政地位。主席海因茨－克里斯蒂安·施特拉赫（Heinz–Christian Strache）。

（4）绿党（Die Grünen）：在野党。前身是“绿色和平组织”。1986年成立。联邦发言人（主席）埃娃·格拉维施尼克（Eva Glawischnig，女）。

（5）施特纳赫党（Team Stronach）：由奥地利富商、麦格纳国际集团创始人弗朗克·施特纳赫（Frank Stronach）于2012年9月创建。2013年9月首次参加奥国民议会选举，得票5.8%，获11席，进入议会。主席弗朗克·施特纳赫。

（6）新奥地利党（NEOS, Das Neue Österreich）：由奥地利企业家马蒂亚斯·施特洛尔茨（Mathias Strolz）于2012年10月27日创建。2013年9月首次参加奥国民议会选举，得票5%，获9席，进入议会。主席马蒂亚斯·施特洛尔茨。

【**重要人物**】**海因茨·菲舍尔**：总统。1938年10月9日生于格拉茨市。1971年当选国民议会议员。1975年起先后任社民党议会党团主席、联邦科研部长，1990年、1996年和1999年三次当选国民议会议长。2002年12月起任国民议会第二议长。2004年4月25日当选联邦总统，7月8日就任。2010年4月25日再次当选。　**维尔纳·法伊曼**：总理。1960年5月4日生于奥地利维也纳。法律专业毕业。1985—1994年任维也纳市议会议员。2007年1月至2008年12月任奥交通、创新和技术部长。2008年8月出任社民党主席。同年12月2日出任社民党与人民党大联合政府总理。

经　济

受国际金融危机和由此导致的实体经济危机影响，2008年奥经济增长速度减缓，2010年后企稳向好。2015年，奥经济保持温和增长，全年经济增长率预计0.8%。1—9月，进出口总额1961亿欧元，同比增长2%。标准普尔维持对奥AA+的评级，前景展望为稳定。失业率较往年有所攀升，预计5.7%，但仍是欧盟国家中就业状况较好的国家之一。通缩风险上升，物价指数长期低位徘徊，全年通胀率0.9%。

2014年主要经济数据如下：

国内生产总值：3293亿欧元。

人均国内生产总值：38540欧元。

国内生产总值增长率：0.4%。

货币名称：欧元（Euro）。

通货膨胀率：1.7%。

失业率：5.6%。

【资源】矿产主要有石墨、镁、褐煤、铁、石油、天然气等。森林、水力资源丰富，森林面积363万公顷，森林覆盖率43.3%。木材蓄积量11.35亿立方米。

（资料来源：奥地利统计局官方网站和奥地利联邦农林、环境和水利部官方网站）

【工业】2014年工业产值1446.4亿欧元，占国内生产总值的44%。主要工业部门有钢铁、机械制造、化工、采矿、电子和汽车制造等。工业从业人员39.8万。主要工业品产量如下（单位：万吨）：

	2012	2013	2014
铁矿	214.2	232.3	243.7
石油	91.7	91.7	94.5
天然气（亿立方米）	17.3	13.6	12.5

（资料来源：奥地利统计局官方网站和奥地利联邦商会官方网站）

【农林业】2014年农林业产值为37.73亿欧元，占国内生产总值的1.14%，农林业从业人数41.4万。2013年农业用地273万公顷，占全国面积的32.5%。牧场145万公顷（1986年），占17.2%。农业发达，机械化程度高，主要农产品自给有余。

【旅游业】旅游业发达。2014年接待游客3756万人次，其中外国游客2529万人次。全国有各类旅馆62100家，共有床位106万张。外国游客主要来自德国、荷兰、瑞士、英国、意大利和比利时等国。

【交通运输】奥地利地处欧洲中部，是欧洲重要的交通枢纽。

铁路：全国铁路总长5702公里。2013年客运量2.74亿人次，货运量9545万吨。2014年货运量9828万吨。

公路：全国各类公路总长约10.7万公里，其中高速公路和快速路2144公里。2014年货运量3.49亿吨。

水运：多瑙河航线长350公里。2014年多瑙河货运量1012.2万吨。

空运：奥地利航空公司成立于1957年，2009年成为德国汉莎航空公司的子公司，2012年7月1日起，奥地利航空公司所有飞机由蒂罗尔航空公司运营。有76架飞机。2014年奥全国民用航空客运量2698万人次，货运量23.9万吨。全国有6个机场，主要国际机场是维也纳施威夏特机场。

（资料来源：奥地利统计局官方网站）

【财政金融】近3年财政收支情况如下（单位：亿欧元）：

	2012	2013	2014
支出	729	750	758
收入	659	687	722
赤字	70	63	36

（资料来源：奥地利联邦商会官方网站）

2014年，国债2780.9亿欧元，相当于国内生产总值的84.5%。2015年国债2911.0亿欧元，相当于国内生产总值的86.8%。

（资料来源：奥地利联邦商会官方网站台）

【对外贸易】外贸在经济中占重要地位，近3年外贸情况如下（单位：亿欧元）：

	2012	2013	2014
进口额	1320	1307	1298
出口额	1235	1258	1281
差　额	–85	–49	–17

（资料来源：奥地利统计局官方网站）

主要出口产品是机械、钢铁、原料、食品、工业半制成品和制成品。进口主要是原料、机械、石油和石油制品、汽车、食品以及初加工产品和工业制成品。

【对外投资】2014年奥在国外直接投资额50.1亿欧元，主要投资对象国是荷兰、法国、捷克和美国等。

【外国资本】2014年外国在奥直接投资额为36.0亿欧元。主要投资来源国是俄罗斯、荷兰、卢森堡、塞浦路斯等。

【发展援助】2014年发展援助额8.63亿欧元，同比下降2.1%，占国民生产总值的0.27%。发展援助的重点领域是免除债务以及向联合国的机构提供资金支持等。

人民生活

2014年就业人员月平均工资4150欧元。全国共有专业医生24099名，医院279家，病床67114张。实行全国社会保险和救济制度，主要有医疗、失业、养老和事故四大类保险。

军　事

1955年9月，奥地利颁布《国防法》，创建联邦军。总统为武装力量最高统帅。国家安全委员会为最高安全决策机构，是联邦政府在外交、安全和国防事务上的总咨询机构，由联邦总理、副总理、外交、国防、内政、司法部长及议会各议会党团代表等17名有表决权的正式成员组成，联邦总理任主席，联邦军总参谋长列席。国防部为最高军事指挥机关，平时由联邦政府授权国防部长对联邦军行使指挥权。总参谋长是国防部长的最高军事顾问，代表国防部长对奥军境内外行动实施指挥。联合作战司令部是战略级的指挥机构，统一指挥地面和空中部队。奥军实行义务兵役制，服役期6个月。

奥长期奉行中立政策。自1995年加入欧盟后，积极参与欧盟共同防务建设。自1996年起，多次参加联合国维和行动。

文化教育

【教育】学龄儿童享受9年义务教育，学费、书费和上学交通费由国家负担。凡持有高中毕业文凭可免试上大学。2014/2015年度有各类中小学、职业学校6013所，在校学生112.9万人，各类高等院校189所，大学生37.6万人。著名的维也纳大学创立于1365年，系德语国家最古老的大学之一。

【新闻出版】2014年全国有各类报纸276种，其中日报14种，周报262种。主要报纸2014年发行量为：《皇冠报》89.7万份，《信使报》19.15万份，《新闻报》9.09万份，《标准报》9.93万份。主要杂志发行量为：《新闻周刊》16.2万份，《侧面》周刊9.08万份，《趋势》经济月刊5.26万份。

奥地利通讯社：1946年建立，以向奥报纸和电台提供世界各大通讯社的消息为主，有时也发布奥官方消息。

1924年9月建立国家广播电台，1958年1月开播电视节目。2013年，国家广播电台下设12家电台，播出4套电视节目。

对外关系

奥地利外交政策的基点是以和平中立为基础，以欧盟为依托，积极推动欧盟深化和扩大，在重大国际问题上与欧盟协调一致。重视加强同周边邻国特别是中东欧国家关系，保持和深化同大国关系，谋求在国际事务中发挥独特作用。2015年是奥地利中立政策确立60周年、加入联合国以及加入欧盟20周年，奥外交在继承和平中立政策传统的同时，积极参与多边外交事务，在伊朗核问题、叙利亚、乌克兰等国际热点问题上积极参与斡旋，在多边事务上发挥积极作用。继续推动和支持西巴尔干地区合作，促进该地区共同发展。难民危机爆发后，奥地利提出解决难民问题的“五点建议”，积极与德国、意大利等国协调，呼吁欧盟国家加强团结、共担责任。

【同中国的关系】1971年5月28日奥地利同中国建立外交关系，建交后两国关系总体发展顺利。

1985年9月，奥总统基希施莱格访华，这是奥总统首次访华。1999年3月，国家主席江泽民对奥进行国事访问，这是中国国家元首首次访奥。进入21世纪，中奥关系全面发展，两国高层往来频繁。朱镕基总理（2002年9月）、全国政协主席贾庆林（2004年8月）、全国人大常委会委员长吴邦国（2009年5月）先后访奥。奥总统克莱斯蒂尔（2001年5月）、总理许塞尔（2005年4月）、国民议会议长科尔（2005年10月）、总理古森鲍尔（2008年10月来华出席第七届亚欧首脑会议）等相继访华。2010年1月，奥总统菲舍尔对华进行国事访问。同年5月，奥总理法伊曼来华出席上海世博会奥地利国家馆日活动。2011年2月，奥副总理兼财长普勒尔和外长施平德勒格共同访华。5月，奥总理法伊曼访华。10月，国家主席胡锦涛应邀对奥进行国事访问，同奥总统菲舍尔会谈，分别会见总理法伊曼、国民议会议长普拉默，胡锦涛主席和夫人刘永清还在菲舍尔总统夫妇陪同下访问萨尔茨堡州。

2012年，中奥关系总体进一步发展，但受到涉藏问题的严重干扰。5月，奥地利总理法伊曼、副总理兼外长施平德勒格不顾中方多次严正交涉，执意分别会见达赖，给中奥关系带来消极影响。2013年，中奥关系实现平稳过渡。奥政府重申坚持一个中国政策，承认西藏是中国的一部分，不支持任何主张“西藏独立”、有损中国领土完整的分裂行为。两国关系实现转圜。

2014年9月，前国务委员唐家璇访奥，与奥总统菲舍尔会见并同奥前总理许塞尔等智库人士座谈。10月，奥副总理兼科学、研究和经济部长米特雷纳，外长库尔茨，农林、环境和水利部长鲁普雷希特，联邦商会主席莱特同期访华并同国务院副总理汪洋会见。

2015年3月，奥总统菲舍尔对华进行国事访问并出席博鳌亚洲论坛2015年年会。国家主席习近平同菲舍尔总统举行了会谈，国务院总理李克强和全国人大常委会委员长张德江分别会见了菲舍尔总统。访问期间，两国元首共同出席签字仪式，见证了涉及经贸、农业和质检领域的3个双边合作文件的签署。

两国经济合作继续深化，中奥经贸联委会已召开25次会议。2014年双边贸易额82.5亿美元，同比增长16.7%。其中我出口24亿美元，同比增长17.6%；进口58.5亿美元，同比增长16.3%。2015年双边贸易额为74.7亿美元，同比下降9.5%。其中我出口25亿美元，同比增长4.2%；进口49.7亿美元，同比下降15.1%。截至2015年年底，我与奥签订技术引进合同2014项，累计合同金额为57.9亿美元；我共批准奥投资项目1183个，实际投入金额18.6亿美元。截至2015年年底，我对奥非金融类直接投资额3.1亿美元。

截至2015年年底，中奥两国已建立18对友好省州（市）关系。

中国驻奥地利大使：赵彬。馆址：Metternichgasse 4，1030 Wien。电话：（431）714314948。电传：135794 CHINBA。传真：7136816。商务处电话：（431）714314921；传真：714314922。领事部电话：（431）7103648；传真：7103770。

奥地利驻华大使：艾琳娜（Irene Giner-Reichl，女）。馆址：100600，北京市朝阳区建国门外秀水南街5号。电话：010-65329869；电传：22258；传真：65321505。商务处电话：85275050；传真：85275049。签证处电话：65322061；传真：65321505。文化处电话：65329757；传真：65329271。科技处电话：85276040；传真：85276040-808。

（彭方千）

白俄罗斯

国名　白俄罗斯共和国（The Republic of Belarus）。

面积　20.76万平方公里。

人口　949.87万人（2016年4月）。共有100多个民族，其中白俄罗斯族占83.7%，俄罗斯族占8.3%，波兰族占3.1%，乌克兰族占1.7%，犹太族占0.1%，其他民族占3.1%。官方语言为白俄罗斯语和俄罗斯语。

宗教　白俄罗斯共有25个教派，宗教团体总人数达340多万（2015年年初）。最普遍的宗教是基督教，包括东正教、天主教、东仪天主教和新教，其他还有犹太教、伊斯兰教。东正教为最主要的宗教（70%以上），西北部一些地区信奉天主教及东正教与天主教的合并教派。

首都　明斯克（Minsk），人口195.99万（2016年1月），1月平均气温为-7℃，7月平均温度为18℃，年平均气温8℃（2015年）。

国家元首　总统亚历山大·格里戈里耶维奇·卢卡申科（Александр Григорьевич Лукашенко），1994年7月10日就任，2001年9月、2006年3月、2010年12月、2015年10月四次连任。

重要节日　公历新年：1月1日；东正教圣诞节：1月7日；卫国战争胜利日：5月9日；独立日（共和国日）：7月3日，纪念1944年7月3日苏军解放被德国法西斯占领的明斯克；十月革命日：11月7日。

简况

内陆国，位于东欧平原西部。东邻俄罗斯，北、西北与拉脱维亚和立陶宛交界，西邻波兰，南接乌克兰。温带大陆性气候。平均气温由于区域位置不同而有差别，1月平均气温西南部为-4.5℃，东北部为-8℃；7月平均气温北部为17℃，南部为18.5℃。

白俄罗斯人是东斯拉夫族的一支。白俄罗斯（“白色罗斯”）一词始见于1135年编年史。公元862年，白俄罗斯土地上建成波洛茨克城堡。9—12世纪，以该城堡为中心形成波洛茨克公国。13世纪上半叶形成白俄罗斯语言文字。13世纪中期至18世纪末，先后归属立陶宛大公国和立陶宛—波兰王国等。18世纪起并入俄罗斯帝国。1918年3月，亲德的白俄罗斯全体会议执行委员会在德占区宣布成立白俄罗斯人民共和国。1919年1月，白俄罗斯苏维埃社会主义共和国成立并于1922年12月30日加盟苏联。1990年7月27日，白最高苏维埃通过国家主权宣言。1991年12月8日，废除1922年加入苏联时签订的条约，12月19日改名为白俄罗斯共和国，简称白俄罗斯。

政治

1994年开始实行总统制，同年7月，卢卡申科当选首任总统。2001年9月卢以75.2%得票率获得连任。2004年10月，白举行全民公决，废除了宪法中关于总统任期的限制。2006年3月19日，白提前举行总统大选，卢以82.6%的得票率当选。2010年12月19日，卢以79.67%的得票率第四次当选。2015年10月11日，卢以83.5%的得票率第五次当选白总统。2014年、2015年，白政局总体稳定。

【宪法】1996年11月24日全民公决通过总统提出的宪法修正案，11月27日生效。2004年10月17日全民公决决定取消其中第81条关于总统任期连续不得超过两届的限制。白宪法规定：白俄罗斯实行总统制和三权分立；总统为国家元首和武装力量总司令，由选民直接选举产生，任期5年，可以连选连任，没有限制；总统有权确定全民公决、解散议会、确定各级议会选举、任命政府总理（须经议会下院批准）、任免所有副总理以下政府成员、任免所有司法机构、中央选举和全民公决委员会领导人、决定政府辞职等；在总统缺席或不能履行职务时，由总理代行总统职权。

【议会】称国民会议，由共和国院（上院）和代表院（下院）组成，每届任期4年。本届国民会议为第五届，于2012年10月组成。共和国院共64名代表，其中56名由全国6州1市（明斯克）的地方苏维埃代表会议以秘密投票方式各选举8名产生，另8名由总统任命。主要职能是通过或否决下院通过的法案；批准总统关于司法机构、中央选举和全民公决委员会、中央银行领导人的任命；选举宪法法院的6名法官；决定解散地方代表苏维埃；审议总统关于战争状态和紧急状态的命令；审议下院对总统的弹劾等。主席米哈伊尔·弗拉基米洛维奇·米亚斯尼科维奇（Михаил Владимирович Мясникович），2015年1月16日当选。代表院由110名代表组成，以秘密投票方式直接普选产生。代表院主要职能是审议宪法修改补充草案和各类法案；确定总统大选；批准总统关于总理的任命；对政府表示不信任；接受总统辞职等。主席弗拉基米尔·巴甫洛维奇·安德烈琴科（Владимир Павлович Андрейченко），2012年10月18日当选。

【政府】称部长会议，并设有部长会议主席团。2015年，部长会议主席团成员有：总理安德列·弗拉基米罗维奇·科比亚科夫（Андрей Владимирович Кобяков），总统办公厅主任科西涅茨·亚历山大·尼古拉耶维奇（Косинец Александр Николаевич），国家监察委员会主席安菲莫夫·列昂尼德·瓦西里耶维奇（Анфимов Леонид Васильевич），第一副总理马秋舍夫斯基·瓦西里·斯坦尼斯拉沃维奇（Матюшевский Василий Станиславович），副总理卡利宁·阿纳托里·尼古拉耶维奇（Калинин Анатолий Николаевич），副总理科恰诺娃·娜塔利亚·伊万诺夫娜（Кочанова Наталья Ивановна），副总理鲁瑟·米哈伊尔·伊万诺维奇（Русый Михаил Иванович），副总理谢马什科·弗拉基米尔·伊里奇（Семашко Владимир Ильич），经济部长季诺夫斯基·弗拉基米尔·伊万诺维奇（Зиновский Владимир Иванович），财政部长阿马林·弗拉基米尔·维克托罗维奇（Амарин Владимир Викторович），外交部长马克伊·弗拉基米尔·弗拉基米罗维奇（Макей Владимир Владимирович）。

【行政区划】全国划分为明斯克、布列斯特、维捷布斯克、戈梅利、格罗德诺、莫吉廖夫6个州和具有独立行政区地位的首都明斯克市。

【司法机构】设宪法法院、最高法院和总检察院。宪法法院院长彼得·彼得罗维奇·米克拉舍维奇（Пётр Петрович Миклашевич），2008年2月就任。最高法院院长瓦连京·奥列格维奇·苏卡洛（Валентин Олегович Сукало），1997年1月就任。总检察长亚历山大·弗拉基米罗维奇·科纽克（Александр Владимирович Конюк），2011年9月就任。2014年1月1日起，原白最高经济法院并入最高法院。

【政党】没有执政党。国民会议选举不按党派按选区原则分配名额，在白议会中没有固定的议会党团。政党在社会政治生活中影响有限。共有15个合法政党，37个合法工会，2402个合法社会团体（其中国际性团体230个）。15个政党中较大的有：白俄罗斯共产党、白俄罗斯联合左派党“正义的世界”、白俄罗斯人民阵线党、联合公民党、自由民主党等。此外，还有白俄罗斯社会民主党（人民大会）、白俄罗斯社会民主大会党、农业党、共和国党、劳动正义党、白俄罗斯爱国党、白俄罗斯社会体育运动党、白俄罗斯绿党、共和党。

【重要人物】亚历山大·格里戈里耶维奇·卢卡申科：总统。1954年8月30日生于白俄罗斯维捷布斯克州奥尔尚斯基区科佩斯村，白俄罗斯族。先后毕业于莫吉廖夫师范学院和白农业科学院，专业为历史学、经济学。1975—1977年在原苏联边防军服役，1979年加入苏联共产党。曾担任莫吉廖夫州什克洛夫区团委书记、集体农庄党委书记、国营农场场长。1990年当选为共和国最高苏维埃代表。1993年担任白最高苏维埃反腐败临时委员会主席。1994年7月10日就任白俄罗斯共和国首任总统。2001年9月、2006年3月、2010年12月、2015年10月四次连任。作为总统，曾于1995年1月、1997年4月、2001年4月、2005年12月、2008年8月、2010年10月、2013年7月和2015年9月八次访华。2008年8月，来华出席北京奥运会开幕式，2010年10月出席上海世博会白俄罗斯国家馆日，2015年9月出席纪念中国人民抗日战争暨世界反法西斯战争胜利70周年阅兵式活动。爱好冰球、滑雪等体育运动。已婚，有三子。 **安德烈·弗拉基米罗维奇·科比亚科夫**：总理。1960年生于俄罗斯莫斯科市。1983年毕业于莫斯科航空学院。1985—1988年，先后任戈梅利州罗加切夫市投影仪厂装配车间副主任，高级技师。1988—1989年，任白俄罗斯共产党罗加切夫市委员会组织处指导员。1989—1991年在白俄罗斯国立古比雪夫国民经济学院、白俄罗斯共产党政治与社会管理学院学习。1991—1995年，先后任罗加切夫市投影仪厂经济计划处处长，副厂长。1995—1996年，任白俄罗斯总统监察局副处长。1996—1998年，白国家监察委员会副主席、国家轻工业产品销售与生产联合企业主席。1998—2000年，白国家监察委员会主席。2000年被任命为白政府第一副总理。2000—2001年，白政府副总理。2002—2003年，白政府副总理兼经济部长。2003—2010年，白政府副总理。2010—2011年，白总统办公厅副主任。2011—2012年，白驻俄罗斯大使及白常驻欧亚经济共同体代表。2012年8月至2014年12月，白总统办公厅主任。2014年12月27日起，任白政府总理。 **米哈伊尔·弗拉基米罗维奇·米亚斯尼科维奇**：国民会议共和国院主席。1950年5月6日生于明斯克州。白俄罗斯族。1972年毕业于布列斯特建筑工程学院工程技术专业，1989年毕业于明斯克最高党校。经济学博士，教授，国家科学院通讯院士。1972年参加工作，任明斯克规划设计院技术处工程师。1972—1973年，参军服役。1973—1977年，明斯克自来水生产联合体工程师、生产技术处处长、工程建设管理处总工程师。1977—1983年，明斯克市执委会公共服务企业局总工程师、局长。1983—

1985年，明斯克苏维埃区人民代表苏维埃执委会主席、明斯克市人民代表苏维埃执委会副主席。1985—1986年，白俄罗斯共产党明斯克市委书记。1986—1990年，白俄罗斯苏维埃社会主义共和国公共住房事业部部长。1991—1994年，白俄罗斯部长会议第一副主席。1994—1995年，白俄罗斯副总理。1995—2001年，白总统办公厅主任、总统特别事务助理。2001年10月—2010年，白国家科学院院长。2010年12月—2014年12月，白政府总理。2015年1月16日，当选为白国民会议共和国院主席。　**弗拉基米尔·巴甫洛维奇·安德烈琴科**：国民会议代表院主席。1949年生于维捷布斯克州。1977年毕业于俄罗斯韦利科卢克斯基农业学院，1988年毕业于明斯克高级党校。白功勋农业工作者。1968—1970年，在苏军服役。1970年开始在里奥兹涅斯基区从事共青团、党务和经济工作。1981—1991年，先后担任区农业局局长、区执委会主席、白俄罗斯共产党上德维纳区委第一书记。1991—1994年，先后担任维捷布斯克州执委会农业和居民粮食保障委员会第一副主席、主席。1994年11月起任维捷布斯克州执委会主席。1996年、2000年、2004年三次当选白国民会议共和国院议员。2008年9月当选国民会议代表院议员，10月当选第四届国民会议代表院主席，2012年10月18日当选第五届国民会议代表院主席。

经　济

白工业基础较好。机械制造业、冶金加工业、机床、电子及激光技术比较先进；农业和畜牧业较发达，马铃薯、甜菜和亚麻等产量在独联体国家中居于前列。1996年以来，白经济持续增长。2011年，在诸多内外因素综合作用下，爆发严重经济金融危机，白卢布贬值近200%，外汇储备急剧减少、物价大幅上涨，居民实际收入锐减，GDP增长5.5%。2012年白GDP增长1.7%。2013年，GDP增长0.9%。2014年，受出口下降、政府偿还外债压力增大等因素影响，白经济复苏动力不足，增长缓慢，GDP增长1.6%。白政府已采取拓宽贸易渠道，推进企业现代化改造等措施来提振经济。

2015年以来，白俄罗斯受俄拖累负面影响进一步显现，经济陷入近20年来首次负增长和最大衰退期，GDP同比下降3.9%，降幅超过俄罗斯，出口下滑26%，外汇缩水24.6%。2016年第一季度白经济形势未现好转趋势，恐难实现白政府制定的全年GDP增长0.3%的目标。

据白国家统计委员会数据，2015年白主要宏观经济指标（按全年平均汇率1美元约合15864.62白卢布计算）如下：

国内生产总值：690.11万亿白卢布（约合435亿美元）。

人均国内生产总值：4600美元。

国内生产总值增长率：下降3.9%（按可比价格计算）。

货币名称：白俄罗斯卢布（Белорусский рубль）。

汇率（全年平均汇率）：1美元约合15864.62白卢布，全年货币贬值近52.6%。

通货膨胀率：12%。

失业率：1.1%（截至2016年2月）。

【资源】主要矿产资源有钾盐、岩盐、泥炭、磷灰石等。能源和原材料绝大部分靠进口。大小河流2万多条，总长9.06万公里。有1万余个湖泊，享有“万湖之国”美誉。森林覆盖率39%。境内有3.1万种动物。

【工业】据白国家统计委员会数据，2015年白工业产值约为729万亿白卢布，约合365亿美元，同比下降6.6%。主要工业部门有机械制造、金属加工、化工、电子、光学仪器、石油加工、木材加工、轻工、食品加工等。

【农业】2015年农业产值为136.7万亿白卢布，约合68亿美元，同比下降2.8%。农业用地面积586.01万余公顷。从业人员29.9万，约占总劳动力的9.3%。

【交通运输】铁路和公路交通网较发达，是欧洲交通走廊的组成部分。主要国际机场是明斯克国家机场。长途运输以铁路为主，铁路总长5491公里，其中电气化铁路约1012公里。公路总长101100公里。石油运输管道约3000公里，天然气运输管道约7400公里，石油产品运输管道约1100公里。

【财政金融】近几年财政收支情况如下（单位：亿白卢布）：

	2012	2013	2014	2015
收入	952000	1058000	1282000	1672130
支出	959000	1081000	1228000	1521413
赤字（–）/盈余（+）	–7000	–23000	+54000	+150717

截至2016年1月1日，白国家外债总额130亿美元，同比增长3.2%。

白俄罗斯国家银行作为中央银行，负责制定有关信贷政策，协助政府就宏观经济运行状况进行信贷调节。目前在白俄罗斯共有31家国有和商业银行，其中7家为外国独资银行，26家有外国参股，其中外资占50%以上的银行有20家。外资在白银行中的比重为19.6%。白商业银行总资本为395.1万亿白卢布。白较大的银行有白俄罗斯银行、白俄罗斯农工银行、白俄罗斯工业建设银行、白俄罗斯外经银行和白俄罗斯投资银行。

【对外贸易】2015年白对外货物贸易总额570亿美元，同比下降25.6%；其中出口267亿美元，同比下降26%；进口303亿美元，同比下降25.2%。

2015年白前5大进口国为：

国家	所占比率
俄罗斯	56.6%
中国	7.9%
德国	4.6%

波兰	3.6%
乌克兰	3.1%

2015年白前5大出口国为：

国家	所占比率
俄罗斯	38.9%
英国	11.2%
乌克兰	9.4%
荷兰	4.3%
德国	4.1%

据白国家统计委员会发布的信息，2015年俄罗斯仍为白俄罗斯最大的贸易伙伴国，与白进、出口额均居第一位，分别占白对外进、出口总额的56.6%和38.9%。

【外国资本】2015年，白吸引直接外资净值为16.12亿美元，同比下降11%。

人民生活

2014年白居民月现金收入522万白卢布（约合509美元），同比增长18%。2014年白人均月工资609万白卢布（约合593美元），同比增长20.3%。平均退休金264.3万白卢布（约合223美元），同比增长19.7%。2015年白居民实际收入全年连续下降，且降幅逐月扩大，全年同比下降5.9%。白居民实际收入构成比例如下：工资性收入（60%）、转移性收入（25.9%）、经营性收入（7.7%）和财产性收入（6.4%）。

军　事

1991年9月23日白俄罗斯最高苏维埃通过决定，根据"足够原则"建立本国防御体系和军队。1992年1月11日，白宣布接管其境内原苏军的所有常规力量。3月20日，白最高苏维埃通过《武装力量法》，决定从即日起在接管的原苏军部队基础上组建本国军队。1994年，白最高苏维埃决定继承原苏军的传统，将每年的2月23日（原苏联建军节）定为白俄罗斯祖国保卫者和武装力量日（即建军节）。

1992年12月6日，白通过了独立后的第一部《军事学说》。2001年10月，白对《军事学说》进行修订并在此基础上通过了第二部《军事学说》。根据白《军事学说》，白奉行防御性军事战略。白军事安全保障的主要目标是防止针对白俄罗斯的军事威胁，将其控制在局部范围内并最终予以消除。《军事学说》规定，白不参加其他国家间的军事冲突，仅在自身遭到侵略或武装入侵并在所有遏制侵略的手段均告无效时，才使用军事力量；保障国家军事安全的任务由武装力量协同列入国家军事组织的其他军队和军事单位共同完成。同时致力于取得无核地位，主张稳定地裁减常规军备并进行双边、多边裁军对话，以多边或双边国际条约和协议为基础同其他国家合作。白军事政策的基本方向在总统领导下制定，由国民会议下院批准，安全会议和部长会议负责实施。根据白宪法，总统是武装力量总司令并领导安全会议。安全会议统一协调和领导国防部、内务部、国家安全委员会和国家边防委员会等强力部门。安全会议主席由总统担任。现任安全会议国务秘书为亚历山大·韦尼阿米诺维奇·梅茹耶夫少将，国防部长为安德烈·阿列克谢耶维奇·拉夫科夫少将，总参谋长为奥列克·阿列克谢耶维奇·别洛科涅夫少将。目前，白已制订第三部《军事学说（草案）》，待议会审议通过。

白俄罗斯武装力量于2001年年底开始进行大规模精简整编，目前由陆军、空防军两个军种和特种部队一个兵种组成，2015年有兵力约5.7万人。白实行普遍义务兵役制和合同兵役制相结合的兵役制度，未受过高等教育的义务兵服役期为18个月，受过高等教育的义务兵服役期为12个月。

文化教育

【文化】文化生活较丰富，文化基础设施较齐全。白俄罗斯共有1.3万多个文化单位，在册员工5.9万多人。有剧院28座；博物馆157所；图书馆3059个；文化馆、俱乐部等4000多个；电影院和放映点3000多个；文化公园27个；马戏院2座；著名文化设施有白俄罗斯国家大剧院、共和国宫剧场、白俄罗斯国家图书馆、白俄罗斯国家美术馆、白俄罗斯国家历史博物馆、明斯克交响音乐厅、明斯克音乐剧院、明斯克音乐厅等。每年2月举办的"明斯克国际图书展销会"、5月底在克里莫维奇市举办的"金蜜蜂"国际少儿艺术节、6月底在巴布鲁伊斯克市举办的"友谊花环"国际民族艺术节、7月初在维捷布斯克市举办的"斯拉夫巴扎"国际文化艺术节、11月举办的"落叶时节"国际电影节等国际文化活动在东欧地区具有较大影响。2016年为白俄罗斯文化年，旨在恢复和发展民族文化传统。中白建交以来，中国文化部在白举办了10次"中国文化日"活动。每年，中国文化部和中国驻白俄罗斯大使馆在明斯克共同举办"欢乐春节"、"中国电影周"和多项艺术演展等活动。丰富多彩的文化交流活动在白俄罗斯广受欢迎，反响热烈。

【教育】现行教育法为1991年10月29日颁布的"白俄罗斯共和国教育法"，2002年3月19日颁布《白俄罗斯共和国教育法修正案》。普通学校实行十一年制免费义务教育，高等院校学制4至5年，分免费和缴费两种形式。所有学校考试打分为10分制，有别于其他独联体国家的5分制。自2015年起，白俄罗斯开始加入博洛尼亚进程。现有4064所学前教育机构（在校儿童约39.8万人，5.41万教师）、3579所普通中等教育机构（在校生约92.82万人，教师约为12.81万人）、225所中等专业学校（学生约15.22万人）、226所高职院校（学生约为7.99万人）、54所本科院校（其中国立高等院校45所、非国立高等院校9所），约拥有42.84万大学生。其中30所高校位于白俄罗斯首都明斯克。目前教育领域工作人员共44.5万人，在高等院校工作的有2.46万余人。著名大学有：白俄罗斯国立大学、白俄罗斯国立技术大学、白俄罗斯国立师范大学、白俄罗斯国立经济大学、白俄罗斯国立农业大学、明斯克国立语言大学等。在白俄罗斯留学的外国学生中，最多的是来自土库曼斯坦的学生，约7400人。中国约有2000名学生在白俄罗斯学习。截至2015年12月，在白俄罗斯共有3所孔子学院，分别是白俄罗斯国立大学孔子学院、明斯克国立语言大学孔子学院和白俄罗斯国立技术大学孔子学院，及1所独立的孔子课堂，为白俄罗斯国立体育大学武术孔子课堂。自2015年5月，白俄罗斯教育部已把汉语作为白俄罗斯中学生高考的必考外语语种之一，这说明汉语已经正式进入了白俄罗斯国民教育体系。

【新闻出版】共有1584种出版物，其中报纸723种，刊物817种，其他44种，有1150种为私营。主要以白俄罗斯语、俄语为主，有少量英语、波兰语、乌克兰语和德语版。

主要报刊：《苏维埃白俄罗斯报》总统办公厅机关报。《共和国报》，白俄罗斯政府机关主办，日报，混用俄、白两种语言出版。《人民报》，议会机关报。《祖国荣誉报》，国防部机关报。《我们的田野》，白语版反对派报纸。

主要通讯社：共有9家通讯社（私营7家），白俄罗斯国家通讯社（白通社）为最大官方通讯社。成立于1918年12月，曾隶属于苏联塔斯社（白俄罗斯分部），1991年3月正式改称白通社，现隶属总统办公厅。向白及其他独联体国家的220家新闻单位提供白语、俄语和英语新闻及互联网多语种新闻和图片新闻。出版周刊《七日》，发行4万份；俄英双语季刊《白俄罗斯经济》，发行6500份；月刊《白俄罗斯思想库》，发行6000份。除独联体国家外，还与中国、伊朗、马来西亚、古巴等国通讯社建立业务联系。国际文传电讯—西方通讯社，隶属于俄罗斯国际传媒集团“国际文传电讯社”，1994年成立。独立通讯社“别拉潘”（“白俄罗斯非官方新闻社”的俄语缩写）。

【电子传媒】至2015年，全白有273家广播电视台，其中广播电台173家（私营145家），电视台100家（私营59家）。较大的有：白俄罗斯国家广播电视公司，下辖白俄罗斯国家电视1台、2台、3台、5台、24台，国际卫星频道“白俄罗斯—TB”，公共电视台，首都电视台。白俄罗斯广播电台1台、“首都”广播电台、“白俄罗斯”国际电台。白近年网络媒体发展很快，2010年2月总统签署“关于完善国家互联网使用”的法令，同年在国家电信总公司下成立国家话务交换中心，对网络资源使用统一管理。截至2013年12月，全白在.BY下共注册约5000个域名，有9万余个网站。同时，有线电视迅速普及，通过有线电视可以收看包括“欧洲新闻”、“BBC”、“欧洲体育”等100多套节目。

对外关系

白俄罗斯奉行独立务实的外交政策，以发展对俄罗斯关系为重点。2014年、2015年，白继续发展同俄罗斯战略联盟关系，积极参与独联体、集体安全条约组织和欧亚经济共同体框架内活动，主动斡旋乌克兰危机，并同俄罗斯、哈萨克斯坦积极建设统一经济空间，推进欧亚经济联盟建设。白同美欧对话增多，美欧对白大部分制裁暂停4个月，关系有所缓和。白继续重视和发展同中国、古巴、委内瑞拉等国的友好合作关系，努力争取外交空间，积极参与国际事务，扩大国际影响，成为上合组织观察员国。

【同中国的关系】1992年1月20日，中白正式建交。2014年1月，白总理米亚斯尼科维奇访华。9月，白副总理托济克访华。国务院副总理张高丽访白。2015年两国关系继续向前发展，双方高层保持密切接触和交流。4月，王毅外长访白。5月，国家主席习近平对白进行国事访问。两国元首签署中白友好合作条约，签署并发表中白关于进一步发展和深化全面战略伙伴关系的联合声明。9月，白总统卢卡申科来华出席中国人民抗日战争暨世界反法西斯战争胜利70周年纪念活动。

两国经贸合作总体平稳。据中国海关总署统计，2014年，中白进出口贸易额为18.49亿美元，同比增长27.3%；其中，中方出口11.1亿美元，同比增长27.3%；中方进口7.39亿美元，同比增长27.3%。2015年，中白进出口贸易额为17.6亿美元，同比下降4.8%；其中，中方出口7.49亿美元，同比下降32.5%；中方进口10.11亿美元，同比增长36.9%。两国大型经济技术合作项目稳步推进。

人文合作持续发展。2015年，中国文化“电影周”、“欢乐春节”等活动相继举行。9月，“白俄罗斯与中国：战火中结下的兄弟情谊”主题图片展、“白俄罗斯在丝绸之路经济带建设中的优势与前景”专题研讨会等活动顺利举行。两国互派留学生不断增加，校际交流继续扩大。

中国驻白俄罗斯大使：崔启明。使馆地址：明斯克市别列斯坚斯卡娅街22号（г. Минск, ул.Берестянская, 22），电话/传真：00375-17-2853683。领事部电话：2853391。经商参处电话：2891413。

白俄罗斯驻华大使：布里亚。使馆地址：日坛东一街1号。电话：010-65321691/65326426；传真：65326417。武官处电话/传真：65326504。

【同俄罗斯的关系】两国1992年6月25日建交。1997年签订俄白联盟条约，1999年签订《关于成立俄白联盟国家的条约》。2000年条约正式生效。白支持俄推进独联体一体化进程，与俄、哈萨克斯坦成立三国关税同盟，共同推进欧亚经济共同体、集体安全条约组织一体化机制建设，积极响应并推动“欧亚经济联盟”建设。2015年2月，白国民会议共和国院主席米亚斯尼科维奇访俄；俄白联盟国务秘书拉波塔访白；3月，白总统卢卡申科赴莫斯科出席俄白联盟国家最高国务委员会会议；6月，白外长马克伊访俄；俄国家杜马主席纳雷什金访白，与白国民会议代表院主席安德烈琴科共同主持俄白联盟国家议会大会；12月，白总统卢卡申科对俄进行国事访问，双方签署联合声明。

【同独联体国家的关系】与独联体国家关系是白外交优先方向之一。2015年，白继续发展与独联体各国友好关系，并积极参加集体安全条约组织、欧亚经济委员会、独联体峰会等机制框架内活动。乌克兰地区矛盾不断升级，白主动斡旋乌克兰危机，为调节乌危机为各方交流提供良好平台。1月，独联体成员国常驻代表委员会会议在白召开；2月，欧亚政府间委员会在莫斯科召开，俄、白、哈、亚、吉等国总理出席会议；3月，白总统卢卡申科赴阿斯塔纳，同俄总统普京、哈总统纳扎尔巴耶夫举行三国元首会晤；白国民会议共和国院主席米亚斯尼科维奇访问土库曼斯坦；4月，白外长马克伊赴比什凯克出席独联体外长理事会会议；白外长马克伊赴杜尚别出席集体安全条约组织成员国外长理事会会议；集体安全条约组织秘书长博尔久扎访白；哈萨克斯坦众议院主席贾库波夫及参议院主席托卡耶夫访白；俄白联盟国家国务秘书拉波塔访白；10月，白总统卢卡申科赴哈萨克斯坦出席独联体国家峰会和欧亚经济委员会最高理事会峰会；白总理科比亚科夫赴杜尚别出席独联体国家联合政府首脑会议；12月，白总统卢卡申科访问土库曼斯坦；白总统卢卡申科赴莫斯科出席欧亚经济联盟最高委员会会议和集体安全条约组织安全理事会会议。

【同美国、欧盟等西方国家的关系】2015年，白同美国、欧盟关系回温。白通过积极协调乌克兰危机和俄乌关系，白欧关系向好发展。白外长马克伊访问德国，赴里加出席欧盟“东部伙伴关系”计划里加峰会；白副外长库普琴娜赴布鲁塞尔出席白欧现代化问题第5轮磋商；白国民会议代表院副主席古明斯基出席在赫尔辛基举行的第24届欧洲议会大会。拉脱维亚、爱沙尼亚、立陶宛、法国、捷克等多国高级别官员先后访白；美国务院副助理国务卿鲁宾、美国国会代表团访白。白欧人权问题首轮对话在布鲁塞尔举行；美欧宣布暂停对白大部分经济制裁。

【同发展中国家的关系】白把与发展中国家发展关系作为争取更多国际支持、扩大经济贸易合作的重要途径。2015年白俄罗斯进一步加强与巴基斯坦、印度、古巴、越南等发展中国家在经贸、能源、科技等领域的合作。4月，白外长马克伊访问印度；白副外长雷巴科夫赴阿布扎比出席白阿外交部首轮磋商；白副外长雷巴科夫访问蒙古；5月，白总统卢卡申科访问巴基斯坦；印尼人民协商会议主席古斯曼访白；6月，印度总统慕克吉访白；7月，摩尔多瓦总统蒂莫夫蒂访白；津巴布韦副总统姆南加古瓦访白；8月，巴基斯坦总理谢里夫访白，两国领导人签署《白巴友好合作条约》；11月，土耳其总统埃尔多安访白；塞尔维亚总统尼科利奇访白；12月，白总统卢卡申科访问越南。

（仇嘉杰）

保加利亚

<u>国名</u> 保加利亚共和国（The Republic of Bulgaria, Република България）。

<u>面积</u> 111001.9平方公里。

<u>人口</u> 720.22万人（2014年）。其中保加利亚族占84%、土耳其族占9%，罗姆族（吉卜赛）占5%，其他（马其顿族、亚美尼亚族等）占2%。保加利亚语为官方和通用语言，土耳其语为主要少数民族语言。居民主要信奉东正教，少数人信奉伊斯兰教。

<u>首都</u> 索非亚（София），人口131.66万人（2014年）。属温带大陆性气候，1月平均气温为-1℃，7月为24℃，年降水量约600毫米。

<u>国家元首</u> 总统罗森·普列夫内利埃夫（Росен ПЛЕВНЕЛИЕВ），2011年10月当选，2012年1月就职，任期5年。副总统马尔加里塔·波波娃（Маргарита ПОПОВА）。

<u>重要节日</u> 国庆节：3月3日。保加利亚教育文化和斯拉夫文字节：5月24日。

简况

位于欧洲巴尔干半岛东南部，北部与罗马尼亚隔多瑙河相望，西部与塞尔维亚、马其顿相邻，南部与希腊、土耳其接壤，东部临接黑海，海岸线总长378公里。北部属大陆性气候，南部属地中海式气候。平均气温1月-2℃—2℃，7月23℃—25℃。

色雷斯人是保加利亚最古老的居民。公元395年并入拜占庭帝国。681年，斯拉夫人和古保加利亚人在多瑙河流域建立斯拉夫保加利亚王国（史称第一保加利亚王国）。1018年被拜占庭占领。1185年建立第二保加利亚王国。1396年被奥斯曼土耳其帝国占领。1878年，保加利亚摆脱奥斯曼土耳其帝国的统治宣布独立。两次世界大战中，保加利亚均为战败国。1944年9月9日，成立以保加利亚共产党和农民联盟为主体的祖国阵线政府并宣布建立保加利亚人民共和国。此后保加利亚共产党长期执政。1989年苏东剧变期间，保加利亚国内政权更迭，改行多党议会民主制。1990年2月27日，保加利亚将摆脱奥斯曼帝国统治纪念日3月3日定为国庆日。同年11月15日，改国名为保加利亚共和国。

政　治

2014年7月，保总理奥雷沙尔斯基向议会递交辞呈，社会党政府执政421天后提前结束任期。8月，总统普列夫内利埃夫签署命令解散议会，任命索非亚大学法律系教授格布里兹纳什基为看守政府总理。10月5日，保提前举行议会大选。争取欧洲进步公民党以32.67%得票率成为保议会第一大党，获优先组阁权。11月7日，争取欧洲进步公民党、改革者阵营组成联合政府，公民党主席博里索夫出任总理。联合政府致力于推进基础设施等建设，加大社会福利投入。2015年10月，主要执政党公民党在保地方选举中取得胜利，赢得大多数大区首府和主要城市市长职位，政府执政地位进一步巩固。

【宪法】现行宪法于1991年7月12日通过，并于次日公布后生效。宪法规定，保加利亚为议会制国家，总统象征国家团结并在对外交往中代表国家。

【议会】保加利亚议会称国民议会，议长称国民议会主席。根据宪法，议会行使立法权和监督权，并有对内政外交等重大问题作出决定的权力。实行一院制，共240个议席，议员按比例制通过直接选举产生，任期4年。

2014年10月5日，保加利亚提前举行议会选举，产生第43届国民议会。240个议席分配情况为：争取欧洲进步公民党84席，以社会党为首的为了保加利亚联盟39席，争取权利与自由运动党38席，改革者阵营23席，爱国阵线19席，保加利亚无审查党15席，阿塔卡党11席，保加利亚复兴第二条道路11席。议长：采茨卡·察切娃（ЦЕЦКА ЦА ЧЕВА），2014年10月27日当选。

【政府】内阁称部长会议。2014年11月7日，保新一届政府成立。现内阁成员包括：1位总理、4位副总理、16位部长（其中2人为副总理兼部长）。总理：博伊科·博里索夫（БОЙКО БОРИСОВ），负责联盟政策和行政管理的副总理兼内务部长：鲁米亚娜·博奇瓦洛娃（РУМЯНА БЪЧВАРОВА），负责欧洲政策和机构事务的副总理：米格列娜·库内娃（МЕГЛЕНА КУНЕВА），负责欧盟基金和经济政策的副总理：托米斯拉夫·冬切夫（ТОМИСЛАВ ДОНЧЕВ），负责人口和社会政策的副总理兼劳动和社会政策部长：伊瓦伊洛·卡尔芬（ИВАЙЛО КАЛФИН），外交部长：达尼埃尔·米托夫（ДАНИЕЛ МИТОВ），国防部长：尼古拉伊·内恩切夫（НИКОЛАЙ НЕНЧЕВ），司法部长：埃卡特里娜·扎哈里埃娃（ЕКАТЕРИНА ЗАХАРИЕВА），财政部长：弗拉迪斯拉夫·戈拉诺夫（ВЛАДИСЛАВ ГОРАНОВ），地区发展和公共事业部长：莉莉亚纳·巴弗洛娃（ЛИЛЯНА ПАВЛОВА），教育、青年和科学部长：托多尔·塔内夫（ТОДОР ТАНЕВ），卫生部长：佩特尔·莫斯科夫（ПЕТЪР МОСКОВ），文化部长：韦日迪·拉西多夫（ВЕЖДИ РАШИДОВ），环境和水利部长：伊韦丽娜·瓦西列娃（ИВЕЛИНА ВАСИЛЕВА），农业和食品部长：德西斯拉娃·塔内娃（ДЕСИСЛАВА ТАНЕВА），交通、信息技术和通讯部长：伊瓦伊洛·莫斯科夫斯基（ИВАЙЛО МОСКОВСКИ），经济部长：博日达尔·鲁卡尔斯基（БОЖИДАР ЛУКАРСКИ），能源部长：特梅努什卡·佩特科娃（ТЕМЕНУЖКА ПЕТКОВА），旅游部长：尼科丽娜·安格尔科娃（НИКОЛИНА АНГЕЛКОВА），青年和体育部长：克拉森·克拉列夫（КРАСЕН КРАЛЕВ）。

【主要网址】总统府：www.president.bg；议会：www.parliament.bg；政府：www.government.bg；外交部：www.mfa.bg。

【行政区划】共有28个大区和265个市。

【司法机构】设最高司法委员会、最高上诉法院、最高行政法院、总检察院、特别侦察局、最高律师委员会，各行政区、市设有法院与检察院。最高司法委员会代主席迪米特尔·乌祖诺夫（Димитър УЗУНОВ）；最高上诉法院院长洛赞·帕诺夫（Розан ПАНОВ），2015年2月就职；最高行政法院院长格奥尔基·科列夫（Георги КОЛЕВ），2010年3月就职；总检察长索蒂尔·察察罗夫（Сотир ЦАЦАРОВ），2013年1月就职；特别侦察局局长德拉戈米尔·迪米特罗夫（Драгомир ДИМИТРОВ），2012年4月就职。

【政党】保注册政党300多个，主要有：

（1）争取欧洲进步公民党（Граждани за европейско развитие на България–ГЕРБ，简称“公民党”）：2006年12月3日正式注册成立。该党奉行基督教民主主义原则，努力推行基督教教旨、家庭和民主价值观。希望建立自由、民主、团结、公正的社会，推动保加利亚更好地融入欧洲。2009年7月至2013年2月成为议会第一大党和执政党。2013年5月在议会选举中获得97个议席，系议会最大在野党。2014年10月，在第43届议会选举中获得84个议席，以32.67%得票率成为议会第一大党，并与改革者阵营共同组成联合政府。党主席：博伊科·博里索夫。

（2）保加利亚社会党（Българска социалистическа партия–БСП）：前身是保社会民主工党，成立于1891年8月2日。1919年5月25日更名为共产党并加入第三国际。1944年后连续执政47年。1990年2月，保共十四大决定走民主社会主义道路，并于同年4月更名为社会党。曾于1994—1997年、2005—2009年执政。2014年7月，谢尔盖伊·斯塔尼舍夫（Сергей СТАНИШЕВ）辞去担任13年之久的党主席职务，转而担任欧洲议会议员。7月27日，社会党举行党代会，选举米哈伊尔·米科夫（Михаил Миков）为党主席。

（3）争取权利与自由运动（Движение за права и свободи–ДПС）：1990年1月4日成立，是保土耳其族人的政治组织。1990年4月26日注册为政党。该党主张民族平等，尊重所有人的权利与自由，通过制定正确的民族政策实现民族和解与团结。1997年4月，该党同其他小党联合组成救国联盟参加大选，成为议会第三大党。曾于2001—2005年与稳定与振兴国民运动（НДСВ）联合组阁，2005—2009年与社会党、稳定与振兴国民运动党联合组阁。

（4）改革者阵营（Реформаторски блок）：2013年12月20日由保加利亚5个党派签署协议联合组成，属中右翼政党。该党在欧洲议会获得1个席位。

（5）爱国阵线（Патриотичен фронт）：2014年8月3日成立。极右翼政党。联合党主席：瓦列里·西美昂诺夫（Валери СИМЕОНОВ）和克拉西米尔·卡拉卡察诺夫（Красимир КАРАКАЧАНОВ）。

（6）保加利亚无审查党（България без цензура）：2014年1月25日成立。民粹主义政党。党主席：尼科拉伊·巴雷科夫（Николай Бареков）。

（7）阿塔卡党（АТАКА）：在野党。2005年7月注册成立，倡导爱国主义和民族主义政治力量。党主席：沃伦·西德罗夫（Волен СИДЕРОВ）。

（8）保加利亚复兴第二条道路（ABV）：2014年6月28日成立，由保前总统、社会党前主席珀尔瓦诺夫组建。坚持左翼政党原则，注重民生发展，倡导实行总统共和制。党主席：格奥尔基·珀尔瓦诺夫（Георги ПЪРВАНОВ）。

【重要人物】罗森·普列夫内利埃夫：总统。1964年生于保加利亚戈采·德尔切夫市。1989年毕业于索非亚技术大学机械系。在保加利亚和德国建筑行业工作多年，曾任多家建筑公司总经理。2009年加入保公民党经济政策小组，同年出任政府区域发展与建设部长。2011年10月当选总统，2012年1月就任。**采茨卡·察切娃**：议长。1958年生于保加利亚乌格尔琴市。毕业于索非亚大学法律系。曾长期从事法律咨询工作。2007年当选普列文市议员。2009年当选保首位女议长。2014年11月再次当选。**博伊科·博里索夫**：总理。1959年生于保加利亚班基亚市。毕业于保内务部高级专业学校消防技术与安全专业。曾任内务部秘书长、索非亚市长。2006年创立中右翼的公民党并一直担任党主席。2009—2013年任政府总理。2014年11月再次出任总理。

经　济

1989年苏东剧变前，保90%国民收入依靠进出口贸易，外贸伙伴主要是经互会国家。1989年后，保向市场经济过渡，发展包括私有制在内的多种所有制经济，优先发展农业、轻工业、旅游和服务业。至2004年年底，保大部分国有资产完成私有化。2001—2008年，保经济增长率保持在5%以上。2009年，保经济受国际金融危机和欧洲主权债务危机冲击有所衰退。2010年起经济逐步企稳回升。

2014年主要经济指标如下：

国内生产总值：420.1亿欧元。

人均国内生产总值：5808欧元。

国内生产总值增长率：1.7%。

货币名称：列弗（лев）；1列弗=100斯托丁卡（стотинки）。

汇率：1欧元≈1.956列弗；1美元≈1.474列弗。

通货膨胀率：–1.4%。

失业率：11.4%。

【资源】自然资源贫乏。主要矿藏有煤、铅、锌、铜、铁、铀、锰、铬、矿盐和少量石油。森林面积约412万公顷，约占保国土面积的33%。

【工业】2014年工业产值616.32亿列弗、同比下降1.58%。主要工业部门有机械制造、电子、冶金、食品、轻纺、造纸、化工等。近年主要工业品产量如下：

	2011	2012	2013
轧制钢材（万吨）	114.9	83.2	87.3
自行车（辆）	635792.0	874718.0	742562.0
香烟（百万根）	22267.0	27053.0	28969.0

（资料来源：保加利亚国家统计局2015年出版的《保加利亚统计手册》）

【农业】2014年农业产值69.86亿列弗。近年主要农产品产量如下（单位：万吨）：

	2012	2013	2014
小麦	445.5	550.5	534.2
向日葵	138.8	197.4	200.9
玉米	171.8	273.9	313.6
土豆	15.1	18.6	13.2
西红柿	0.9	11.7	12.0
葡萄酒（百万升）	124.9	141.7	164.3

（资料来源：保加利亚国家统计局2015年出版的《保加利亚统计手册》）

【服务业】20世纪90年代以来，保服务业保持快速发展。2013年服务业产值约占国内生产总值的63%。

【旅游业】旅游业较发达。2014年接待外国游客940.9万人次、同比增长2.4%，主要来自俄罗斯、德国、罗马尼亚、英国、波兰、乌克兰、捷克、法国、奥地利、瑞典、希腊、土耳其、马其顿、塞尔维亚。2014年，保共有旅馆2166家，床位31.42万张。

（资料来源：保加利亚国家统计局2015年出版的《保加利亚统计手册》）

【交通运输】以铁路和海运为主。2014年全国客运总量为182.39亿人公里，货运总量332.01亿吨公里。

铁路：2014年总长5493公里，电气化铁路占71.1%。

公路：2014年总长36.74万公里，货车369189辆、公交车23040辆。

水运：2014年有商船117艘。

有三个主要港口：瓦尔纳港、布尔加斯港和鲁塞港。

（资料来源：保加利亚国家统计局2015年出版的《保加利亚统计手册》）

【财政金融】截至2014年底，保国家外债总额393.56亿欧元，占国内生产总值的92.1%。外汇储备201.1亿美元。近年财政收支情况如下（单位：亿欧元）：

	2012	2013	2014
收入	140.87	148.60	150.37
支出	142.71	155.99	166.08
盈亏	–1.84	–7.39	–15.71

主要银行：国家央行：（Bulgarian National Bank）。私营银行主要有：UniCredit Bulbank，DSK Bank，United Bulgarian Bank，Post Bank，Raiffeisenbank (Bulgaria)，Societe Generale Expressbank等。

【对外贸易】2014年外贸总额640.9亿美元、同比增长0.5%。近年外贸情况如下（单位：亿美元）：

	2012	2013	2014
贸易额	594.8	637.7	640.9
出口	267.1	298.4	293.4
进口	327.7	342.9	347.5

2014年主要进口机电产品、金属矿石、化工材料、燃料，主要出口纺织品、贱金属、机械装备。主要进口来源国有：俄罗斯、德国、意大利、罗马尼亚、土耳其和希腊，进口额（单位：百万美元）分别为：5279、4256、2440、2367、1967、1774，分别占保进口总额的15.2%、12.2%、7.0%、6.8%、5.7%、5.1%；主要出口目的地国有：德国、土耳其、意大利、罗马尼亚、希腊和法国，出口额（单位：百万美元）分别为：3526、2751、2628、2321、1965、1258，分别占保出口总额的12.0%、9.4%、8.9%、7.9%、6.7%、4.3%。

（资料来源：保加利亚国家统计局2015年出版的《保加利亚统计手册》）

【外国资本】1991年5月17日颁布实施外国投资法，1992年修订后重新公布。允许外商在保合资或独资经营，军事等特定部门和领域除外。外企利润率为40%，如外资股超过49%和价值10万美元以上者，可按30%的优惠率计征。外国投资者可以将投资所得的外汇利润、利息、红利和其他外汇收入汇出保境。1996年4月，保宣布吸引外资新举措：对私有股份超过66%的外资和合资企业，在税收方面给予为期5年的优惠，利润税头3年免征，后2年减免50%，条件是这些企业必须将利润的50%进行再投资；向外资开放部分能源、原材料等重点企业和30%的电信业。2014年，外国在保直接投资12.89亿欧元。

（资料来源：保加利亚国家统计局2015年出版的《保加利亚统计手册》）

人民生活

2014年，职工平均月工资为452欧元。2014年人均消费：肉及肉制品46.5公斤，蛋140个，鲜奶18.8升，糖7.5公斤，水果50.5公斤，蔬菜70.9公斤。

（资料来源：保加利亚国家统计局2015年出版的《保加利亚统计手册》）

军　事

保加利亚军队建立于1944年9月。1990年1月26日国务委员会决定禁止在军队开展党派活动。同年9月成立总统安全委员会，主席由总统担任。安全委员会负责制定与武装力量有关的对内对外政策，战时制定反对外来侵略的方针政策。1991年11月8日，国防部长改由文职官员担任。总兵力3.9万人，其中现役军人3万人，文职9000人。2015年国防预算开支4.89亿欧元。

文化教育

【教育】全国普及12年制义务教育。2014/2015学年有各类教学单位4975所，在校生1284910人，教师102799人。中小学校2087所、中等专业技术学校及职业技术培训中心843所、高等学校54所。著名高等学府有索非亚大学、普洛夫迪夫大学、大特尔诺沃大学、新保加利亚大学、国民和世界经济大学等。

（资料来源：保加利亚国家统计局2015年出版的《保加利亚统计手册》）

【新闻出版】主要报刊有：《劳动报》，1946年创刊；《24小时报》，1991年4月18日创刊；《言论报》，前身为《工人事业报》，1927年3月5日创刊，1990年4月4日改名；《监视器报》，1998年创刊；《现在报》，1997年10月21日创刊；《标准报》，1992年8月10日创刊；《日志报》，2001年2月12日创刊。

主要通讯社：保加利亚通讯社，为国家通讯社，成立于1898年。同世界上许多国家通讯社有合作关系和业务联系，其领导人由议会任免。索非亚新闻社，成立于1967年，国家资助，民间经营，主要负责对外宣传和报道。

保加利亚国家广播电台：国家广播电台，成立于1929年，业务受议会监督，其领导人由议会任免。1958年后开始全天播音。现有2套全国性节目。对外用10种语言广播。

保加利亚电视台：国家电视台，业务受议会监督，其领导人由议会任免。1958年建成，1959年正式开播。现有3套节目。

对外关系 保加利亚于2004年3月加入北约，2007年1月加入欧盟。保政府在优先发展与欧美关系的同时，积极参与地区合作，注重睦邻友好，开展多元外交。

【同中国的关系】中国与保加利亚于1949年10月4日建交。2014年1月，两国关系定位提升为全面友好合作伙伴关系。

两国高层交往密切。2014年1月，保总统普列夫内利埃夫对华进行国事访问，习近平主席、李克强总理、张德江委员长分别会谈、会见。双方发表了《中华人民共和国和保加利亚共和国建立全面友好合作伙伴关系的联合公报》。5月，中共中央政治局委员、时任天津市委书记孙春兰访保。12月，保总检察长察察罗夫访华。2015年10月，王毅外长访保。11月，保总理博里索夫来华出席第四次中国—中东欧国家领导人会晤。

两国经贸合作稳步提升。据中国海关总署统计，2014年中保双边贸易额21.7亿美元、同比增长4.4%，其中，中方出口11.8亿美元、同比增长5.5%，中方进口9.9亿美元，同比增长3.1%。2015年中保双边贸易额17.9亿美元，同比下降17.5%，其中，中方出口10.4亿美元，同比下降11.9%；中方进口7.5亿美元，同比下降24.2%。

中国驻保加利亚大使：魏敬华，2013年9月20日递交国书。馆址：STR. ALEXANDER VON HUMBOLDT 7, SOFIA 1113, REPUBLIC OF BULGARIA。电话：00359–2–9733873，9733947（领事部）；9710238（商务处）；传真：9711081。网址：www.chinaembassy.bg。电子邮箱：chnemb_bg@live.cn。

保加利亚驻华大使：舒丘尔利埃夫。馆址：建国门外秀水北街4号。电话：010–65321946，65321916；传真：65324502。电子邮箱：Embassy.Beijing@mfa.bg。

【同美国的关系】1947年恢复公使级外交关系，1950年断交，1959年再度复交，1966年升格为大使级外交关系。两国关系曾长期紧张，1989年后逐步改善并恢复正常。2001年美“9·11”事件后，保政府声明支持美为打击恐怖主义可能采取的一切行动，并应美方要求为执行反恐行动的美运输机提供空中走廊。2012年12月，保总理博里索夫访美。2013年1月，保外长姆拉德诺夫访美。4月，保总统普列夫内列埃夫赴美出席“反诽谤联盟”成立100周年纪念活动。2014年4月，美助理国务卿纽兰访保。

【同俄罗斯的关系】冷战时期，保一直同苏联保持密切关系。1989年苏东剧变后，保仍与俄罗斯保持较好关系。2008年，两国举行保加利亚—俄罗斯年系列活动，俄总统普京访保并为保加利亚“俄罗斯年”揭幕。近年来，保重视在经贸、能源等领域同俄开展合作。2014年2月，保总理奥雷沙尔斯基和总统普列夫内利埃夫分别出席索契冬奥会开幕式和闭幕式。7月，俄外长拉夫罗夫访保。保不承认克里米亚公投结果，反对克并入俄罗斯。

【同欧洲国家的关系】2014年1月，保总统普列夫内利埃夫访问黑山。9月，奥地利总统菲舍尔访保。11月，匈牙利总统阿戴尔访保。12月，保总理博里索夫访问德国。

【同其他国家的关系】重视发展与亚太地区国家以及广大发展中国家的关系。2014年3月，保总统普列夫内利埃夫访问卡塔尔。4月和5月，保总理奥雷沙尔斯基先后访问越南和以色列。8月，保总统普列夫内利埃夫访问阿塞拜疆。

【同国际及地区组织的关系】2014年1月，保外长维格宁出席欧盟对外关系委员会例会，呼吁尽早吸纳保加入申根协定。4月，北约秘书长拉斯穆森访保，出席保加入北约十周年庆祝活动。7月，国际原子能机构总干事天野之弥访保。8月，欧盟委员会宣布，保加利亚人格奥尔吉埃娃出任欧委会副主席。同月，保总统普列夫内利埃夫出席在纽约举行的第69届联合国大会。9月，保总统普列夫内利埃夫出席在意大利米兰举行的第十届亚欧首脑会议。（甄旺达）

比　利　时

国名　比利时王国（The Kingdom of Belgium，Le Royaume de Belgique）。

面积　陆地面积30528平方公里，领海及专属经济区3462平方公里。

人口　1121万（2015年）。官方语言为荷兰语、法语和德语。80%的居民信奉天主教。

首都　布鲁塞尔（Brussels，Bruxelles），人口115.5万（2013年），其中85%的居民讲法语，15%讲荷兰语，外籍人约占全市人口的1/3。布鲁塞尔为欧盟总部和北约总部所在地，有“欧洲首都”之称。

国家元首　国王菲利普（Phillipe），2013年7月21日即位。

重要节日　国庆日：7月21日；国王日：11月15日。

简　况

位于西欧，北连荷兰，东邻德国，东南与卢森堡接壤，南和西南与法国交界，西北隔多佛尔海峡与英国相望。海岸线长66.5公里。属海洋性温带阔叶林气候。

公元前克尔特族的比利其人在此居住。公元前57年起长期为罗马人、高卢人、日耳曼人分割统治。9—14世纪被各诸侯国割据。14—15世纪建立了勃艮第王朝。随后又陆续为西班牙、奥地利、法国所统治。1815年被并入荷兰。1830年10月4日独立。1867年成为永久中立国。在两次世界大战中均被德国占领。二战后加入北约。1958年加入欧共体，并与荷兰、卢森堡结成经济联盟。1993年完成国家体制改革，正式实行联邦制。

政　治

2014年5月25日，比利时举行联邦、地区、欧洲议会“三合一”选举，共选举150名联邦众议员、313名地区议会议员和21名欧洲议会议员。新弗拉芒联盟党蝉联北部荷语区和全国第一大党，法语社会党保持南部法语区第一大党。选举结果公布后，国王已先后任命新弗拉芒联盟党主席德维沃、法语革新运动党主席米歇尔为组阁协调人，法语革新运动党主席米歇尔和荷语基民党领导人皮特斯为联合组阁人，就联邦政府组阁进行谈判。10月11日，比利时成立新政府，法语革新运动党主席米歇尔出任首相。

【宪法】1831年制定首部宪法。1994年2月出台新宪法，保留了原宪法有关基本自由、权力分享和国家民主等条款，并规定：比实行世袭君主立宪的联邦制，国王为国家元首、三军最高统帅，与议会共同行使立法权，与政府共同行使行政权，但实权在政府，政府对议会负责。议会实行两院制，主要由众议院行使立法权，参议院只在修宪、外交事务、国家体制改革等方面与众议院享受同等权力，在其他方面仅有立法建议和咨询权。新宪法扩大了地区政府的内政和外交权力。新宪法首次承认女性王室成员的王位继承权。2014年1月，议会对宪法进行最新修订，议会任期从4年延长至5年，参议院改为非常设机构，联邦政府进一步向地方政府下放权力。

【议会】联邦议会由150名众议员和60名参议员组成，任期5年。众议员由全国11个选区直选产生。2014年5月起，联邦参议院为非常设机构，参议员首次由之前71名减少到60名，其中由各大区、语区议会指派50名，参议院宣誓就职后再自行遴选10名。年满18岁的国王子女是法定参议员，但不参加投票。各党派席位如下：

党派	众议院	参议院
新弗拉芒联盟党	33	12
法语社会党	23	9
法语革新运动党	20	9
荷语基督教民主党	18	8
荷语开放自民党	14	5
荷语社会党	13	5
法语人道主义民主中心党	9	4
法语生态党	6	3
荷语绿党	6	3
弗拉芒利益党	3	2
比利时工人党	2	
法语民主联邦党	2	
法语人民党	1	

【政府】2014年10月11日，法语革新运动党、荷语新弗拉芒联盟党、荷语基民党、荷语开放自民党联合组成比利时新一届联邦政府。新政府除首相外，共有14名大臣，4名国务秘书。法语革新运动党主席夏尔·米歇尔（Charles Michal）出任首相，副首相兼外交大臣为迪迪埃·雷德尔斯。联邦议会众议长为西格弗里特·布拉克（Siegfried Bracke，新弗拉芒联盟党），参议长为克里斯蒂娜·德弗莱涅（Christine Defraigne，女，法语革新运动党）。

【行政区划】全国分为10个省和589个市镇。10个省：安特卫普、西弗兰德、东弗兰德、林堡、弗拉芒布拉邦、瓦隆布拉邦、列日、埃诺、那慕尔和卢森堡。

【司法机构】全国设225个治安审理所，27个初审法院，5个上诉法院，1个最高法院。10省和布鲁塞尔首都大区各设1个重罪法庭。三级法院均有相应的检察机构。各级法院的法官均由国王直接或根据同级议会的提名任免，终身任职。各级检察长由国王根据政府提名任免。最高法院院长高德（Jean de Codt）。最高检察院检察长杜恩斯拉赫（P. Duinslaeger）。

【政党】主要政党有：

（1）新弗拉芒联盟党（NVA）：2001年成立，前身为成立于1954年的人民联盟党（Volksunie）。现任主席巴尔特·德维沃（Bart De Wever）。2010年联邦大选中成为荷语区第一大党，赢得众议院最多席位。2014年在联邦、地区、欧洲议会“三合一”选举中蝉联全国、荷语区第一大党。

（2）荷语基督教民主党（CD&V）：前身是1968年从比基督教社会党分裂独立的荷语基督教人民党，1999年改现名。现任党主席伍特·贝克（Wouter Beke）。

（3）荷语开放自民党（OPEN VLD）：成立于1992年11月，前身为成立于1972年的荷语自由进步党（Partij voor Vrijheid en Vooruitgang，PVV）。现任党主席格温多琳·鲁腾（Gwendolyn Rutten，女）。

（4）荷语社会党（SP.A）：1978年，比利时社会党因民族矛盾分裂为荷语社会党（SP）和法语社会党（PS）。2001年，SP更名为SP.A。现任党主席布鲁诺·托巴克（Bruno Tobback）。

（5）弗拉芒利益党（Vlaams Belang）：1978年12月，弗拉芒国家党（VNP）和弗拉芒人民党（VVP）合并为弗拉芒集团（Vlaams Blok），后更名为弗拉芒利益党。现任党主席杰罗尔夫·阿内曼斯（Gerolf Annemans）。

（6）法语社会党（PS）：南部法语区第一大党。前身是1885年创立的比利时工人党（POB）和1945年成立的比利时社会党（PSB）。1978年，社会党按语言分裂为法语社会党（PS）和荷语社会党（SP）。现任党主席保罗·马涅特（Paul Magnette）。

（7）法语革新运动党（MR）：前身是建于1846年的自由党（PL），是比利时历史最久的政党，后分裂。2002年3月24日，法语革新自由党（PRL）、法语民主阵线（FDF）、国民革新运动（MCC）合并组成法语革新运动党（MR）。现任党主席奥利维·沙斯泰尔（Olivier Chastel）。

（8）法语人道主义民主中心党（CDH）：1968年由基督教社会党分裂而成法语基督教社会党（PSC），2002年改为现名。党主席为伯努瓦·吕特根（Benoît Lutgen）。

（9）荷语绿党（Groen）：前身为1982年成立的荷语生态党（Agalev），2003年改为现名。党主席伍特·范贝森（Wouter Van Besien）。

（10）法语生态党（Ecolo）：成立于1980年。该党实行集体领导。

此外还有比利时工人党、法语民主联邦党、法语人民党等小党。

【重要人物】菲利普：国王。1960年4月15日出生。1978—1981年就读于比利时皇家军校，之后到英、美高校深造，主修政治学。1993年8月起，菲利普任比外贸局理事会名誉主席，兼任联邦可持续发展委员会名誉主席。1994年6月21日宣誓成为联邦参院参议员。2001年被授予少将军衔。2013年7月21日登基。已婚，有两女两子。曾以王储身份分别于2004年、2007年、2008年（出席北京奥运会开幕式）、2010年（出席上海世博会比利时国家馆日）、2011年（出席中比建交40周年庆祝活动）访华。2015年6月首次以国王身份访华。　**阿尔贝二世**：前任国王，2013年7月21日以健康状况不佳为由正式退位。1934年6月6日生于布鲁塞尔。1993年获陆军中将和海军中将军衔。1993年8月9日登基。曾于1975年和1993年两次以亲王身份率经贸代表团访华，2005年6月对中国进行国事访问。已婚，有两子一女。　**夏尔·米歇尔**：首相。1975年12月21日出生。法学硕士。历任省议员、省议会副主席、瓦隆大区大臣、联邦众议员。2007—2011年任联邦发展合作大臣。2011年1月，当选法语革新运动党主席。2014年6月被国王任命为联邦政府组阁协调人，10月11日组阁成功并出任首相。

经　　济

比利时为发达的资本主义工业国家，经济高度对外依赖，80%的原料靠进口，50%以上的工业产品供出口。

2014年主要经济数据如下：

国内生产总值：5346.72亿美元。

人均国内生产总值：47722美元。

经济增长率：1.0%。

货币名称：欧元（Euro）。

汇率：1欧元≈1.29美元（2014年）。

通货膨胀率：0.5%。

失业率：8.5%。

【资源】煤炭曾为比利时经济发展作出突出贡献，但已开发殆尽。全国88.34%的能源需求依赖进口。石油资源主要从俄罗斯、中东、挪威进口。2012年其电力能源的51.4%来自核电，33.4%来自化石能源，13.8%依靠生物能、太阳能、风能等可再生能源。有少量铁、锌、铅、铜。森林和绿地面积6059平方公里。

【工业】2013年工业附加值531.09亿欧元，约占国内生产总值14.51%。主要工业部门有钢铁、机械、有色金属、化工、纺织、玻璃、煤炭等行业。

【农业】2013年农牧渔业附加值为26.91亿欧元，约占国内生产总值0.73%。农业就业人口7.55万，约占总劳动人口的1.28%。农业用地面积约为133.4万公顷。

近几年主要农作物耕地面积如下（单位：万公顷）：

	2009	2010	2011	2012
谷物（不含玉米）	27.83	27.66	25.57	27.46
甜菜	6.27	5.93	6.22	6.12
玉米	24.70	23.88	24.56	23.76
马铃薯	7.37	8.18	8.23	6.69
有机农业	3.28	3.61	4.22	4.98

主要家禽饲养数如下（单位：万只）：

	2009	2010	2011	2012
鸡	1182.8	1159.5	1229.2	1198.4
肉鸡	2065.9	2189.9	2308.4	2270.5

主要牲畜存栏数如下（单位：万头、万只）：

	2009	2010	2011	2012
牛	260.0	259.3	256.0	248.4
其中奶牛	50.4	50.0	48.8	48.5
猪	632.1	643.0	652.1	663.4
羊	12.6	12	11.4	11.9

主要牲畜屠宰量以及屠宰数量如下：

屠宰量（单位：万公斤）：

	2010	2011	2012	2013
牛	26314.5	27228.2	26228.0	24991.2
羊	271.4	243.9	216.3	229.5
猪	112376.7	110825.4	110961.0	113057.2

屠宰数量（单位：万头、万只）：

	2010	2011	2012	2013
牛	83.5	85.7	82.3	80.6
羊	15.1	13.4	12.3	12.1
猪	1189.6	1176.5	1169.5	1191.5

（资料来源：比利时统计局网站）

【服务业】第三产业发展迅速，2013年附加值为2659.93亿欧元，约占国内生产总值72%，比上年增长0.5%。服务业就业人数约364.02万人，占总劳动人口的80%。

【旅游业】截至2014年，拥有旅馆及其他各种旅游设施5139处，36.62万张床位。2014年接待国内外游客3620万人次。旅游业收入105.44亿美元，约占国内生产总值的2.6%。主要旅游点是阿登山区、北海海滨和布鲁塞尔市等。

【交通运输】铁路：总长3592公里，2013年全年客运量2.32亿人次，货运量79.75亿吨/公里。

公路：总长14.9万公里，其中高速公路1763公里。

水运：内河航道总长2043公里，货运吞吐量1.08亿吨（2009年）。有5个海港，7个内河港，2012年海运到港货运量4.85亿吨。

空运：空中运输网络联系49个国家，74个城市。2013年，比利时6个主要机场客运月吞吐量共计2666万。

【财政金融】2014年比联邦政府财政收入为2055.26亿欧元，财政支出2185.85亿欧元，财政赤字130.59亿欧元，占GDP的比例为3.2%。公共债务占GDP106.5%。近几年比全国财政收支及公共债务情况如下（单位：亿欧元）：

	2010	2011	2012	2013	2014
收入	1732.84	1830.41	1913.22	1952.10	2055.26
支出	1871.62	1973.92	2064.90	1970.39	2185.85
公共债务	3402.57	3616.72	3753.89	3683.02	4283.64

（资料来源：比利时国家银行年度统计报告）

截至2015年11月，比外汇储备224.67亿欧元，截至2015年4月，黄金储备227.4吨。

2013年，比利时有7个金融公司、104个信贷机构、129个保险企业。

2013年比利时主要银行有：比利时国家银行（National Bank of Belgium）、比利时联合银行（KBC Bank）、法国巴黎银行富通（BNP Paribas Fortis）、荷兰国际集团比利时银行（ING Belgium）、安盛欧洲银行（AXA Bank Europe）、比弗斯银行（Belfius bank）、比利时新农业银行（Crelan）、比利时邮政银行（Bpost Bank）、Argenta、Record Bank等。

【对外贸易】外贸是比经济命脉，2015年1—10月进出口总额为3954亿欧元，其中出口额为1969亿欧元，同比下降3.5%，进口额为1985亿欧元，同比下降4.8%。2014年进出口总额为4896.3亿欧元，其中出口额2413.3亿欧元；进口额2483亿欧元，在世贸组织公布的排名中，比利时是全球第十二大出口国、第十三大进口国。

进出口主要产品是化工产品、装备、原料制品、运输器材和塑料制品。主要贸易伙伴是德国、荷兰和法国，其次是其他欧洲国家及非洲、北美、亚洲。

【对外投资】2013年对外投资总额892.2亿美元。重点投资国家：瑞典、西班牙、法国、荷兰、卢森堡、英国、巴西、美国、德国。截至2015年年底，比在华投资项目960个，实际投入15.14亿美元。

【对外援助】2014年提供官方公共发展援助24.37亿美元，占GDP的比例为0.46%。主要受援国：刚果（金）、卢旺达和布隆迪、马里等。比政府向阿富汗承诺自2015年起三年内每年援助1200万欧元用于阿富汗民用设施重建。

【外国资本】比利时政府对外国资本采取鼓励政策。2012年吸收外资额为707.7亿美元，其特点以多国或跨国公司形式居多，对解决就业和扩大出口起到促进作用。主要投资部门为工业和服务业。

【著名公司】比利时著名企业情况如下：

	营业额	业务范围	所在地
英博啤酒集团	85亿欧元	啤酒	布鲁塞尔
苏威集团	79亿欧元	化工	布鲁塞尔
贝尔卡特集团	45亿欧元	钢丝制品	科特利克

人民生活

比利时全国共有全科医生1.79万名，专科医生2.15万名，药剂师1.23万名，护士6.27万名，医院病床总数约7.4万张。

军　事

比利时宪法规定国王是武装力量名义上的最高统帅。议会负责批准国防预算和与军事有关的法律。政府负责制定防务政策。内阁防务委员会是最高军事决策机构，同时也是国王的最高防务咨询机构。国防大臣在首相领导下，负责执行防务政策。武装力量由陆、海、空、卫生兵四部分组成。2002年撤销总参谋部，在国防部下设国防参谋部，是最高军事指挥机构。

1995年取消义务兵制度，实行志愿兵制，国内服役期1年，国外服役期10个月。

2012年，比利时军队总人数已裁至3.4万人（含2000名文职），而2007年军队人数达4.2万人。2015年将削减至3.2万。2015年国防预算50.85亿美元，约占GDP的1.1%。比利时在北约框架内参与阿富汗维和行动，在阿富汗驻军215人。

文化教育

【**教育**】比利时实行6—18岁免费义务教育制。教育由地区政府管理。教育经费占国民生产总值的6.4%。2009年，比利时接受学前教育儿童约40万人，小学在校生约74万人，中学在校生约81万人，各类高等院校在校生共计约31万人。

前三大著名高等学校情况：

名称	建校年份	学生人数	外国留学生数	教师数
鲁汶天主教大学（荷语）	1425年	36923	5078	1463
鲁汶天主教大学（法语）	1969年	26018	4226	2612
根特大学	1816年	34750	3533	2777

【**新闻出版**】有日报30种，周报千余种，其他期刊5000余种，主要用荷文和法文出版，极少数用德文出版。

主要报刊有：《标准报》（荷语）、《自由比利时报》（法语）、《最新消息报》（法语）、《晚报》（法语）。《标准报》发行量30余万份，居首位，其余10万—30万份。

比利时通讯社于1936年创建。国家广播局建于1930年，1960年分为两个独立的广播电视台，分别用法语、荷语播送广播、电视节目，隶属地区政府领导。

对外关系

比利时推行积极的欧洲政策，主张加快欧洲一体化建设步伐；支持参与联合国维和行动和人道主义援助；重视与美国的关系；主张加强与独联体和东欧国家的交往；在积极推动发展中国家民主化进程的同时，注意与其保持平稳关系；通过发展援助等手段，努力恢复对非洲大湖地区的传统影响。重视发展与发展中大国和新兴经济体之间的关系。努力维持或重塑与利比亚、突尼斯等经历过“阿拉伯之春”的中东传统友好国家的关系。突出经济外交的重要性，重视公共外交等“软实力”建设。

比利时现与约160个国家有外交关系，在90多个国家设有使领馆。

【**对总体国际形势的看法**】主张建立多极化的世界新秩序，反对单边主义。认为世界上各主要力量，特别是欧洲应发挥重要作用，承担更多的责任与义务。联合国是维护世界稳定、保护人权、促进经济发展的最主要机构，支持联合国在冲突地区采取行动，并愿为国际维和行动提供人力和财力支持。联合国应进行机构改革，更好地反映当今世界，公平公正地代表各不同地区的利益。认为促进可持续发展也是联合国的一大任务。主张加速欧洲一体化进程，强调欧洲宪章的重要性，支持欧盟东扩，积极推动欧洲防务建设。认为欧洲防务是北约十分必要的补充，主张欧洲建立与其经济实力相适应的防务，增强军事力量。主张全面禁止生产和使用大规模杀伤性武器，赞成逐步裁减并最终销毁核武器，并建立可靠的裁军核查机制。认为全球化是双刃剑，应赋予全球化一个道德的基础。全球贸易应进一步自由化，为了解决欠发达国家所面临的问题，仍需增加发展援助。认为欧债危机对欧盟经济产生了严重冲击并还将继续持续。主张欧盟成员国施行统一的财政政策，认为欧盟不能只着眼于执行严格的预算纪律，也要注重经济增长和创造就业机会。支持欧洲央行参与应对欧债危机，主张合并欧洲金融稳定基金和欧洲稳定机制。赞成建立统一的欧洲银行监管机制。

【**同中国的关系**】1971年10月25日，中国与比利时建交。

近年来，两国高层交往密切。2009年10月，习近平副主席访问比利时并出席“欧罗巴利亚—中国艺术节”开幕式，两国关系得到进一步巩固。2010年4月，比副首相兼外交与体制改革大臣瓦纳克尔访华。5月，比首相莱特姆来华参观上海世博会。6月，比王储菲利普亲王来华出席上海世博会比利时国家馆日活动。10月，温家宝总理访问比利时。2011年10月，菲利普王储再次访华。2012年4月，刘延东国务委员访比。5月，李克强副总理访比。6月，比副首相兼外交大臣雷德尔斯访华。2012年9月，温家宝总理赴比出席第十五次中欧领导人会晤并访问比利时。2013年5月，比联邦众议长弗拉奥访华。9月，迪吕波首相出席大连夏季达沃斯论坛。9月，全国人大常委会副委员长吉炳轩访比。10月，马凯副总理访比。12月，玛蒂尔德王后出席香港设计营商周比利时主宾国活动。2014年1月，杨洁篪国务委员访比。3月，习近平主席对比进行国事访问。2015年6月，李克强总理出席第十七次中国欧盟领导人会晤并顺访比利时。6月，菲利普国王访华。

比是中国在欧盟的第七大贸易伙伴。2014年，中比贸易额272.7亿美元，同比增长7.3%。其中我出口172.1亿美元，同比增长10.7%；进口100.6亿美元，增长2%。2015年，中比贸易额232.2亿美元，同比下降14.9%。其中我出口162.1亿美元，同比下降5.8%；进口70.1亿美元，下降30.3%。我从比主要进口钻石、机电设备、化工产品等，我向比主要出口机电产品、纺织品、服装及珠宝、家具等。截至2015年年底，比对华投资项目960个，实际投入15.14亿美元。2015年，比对华实际投入7629万美元，同比下降29.5%。

科技交流持续展开。2015年6月24日，菲利普国王访华期间，中比第十九届科技合作联委会在北京召开。2012年11月，中关村科技园驻比利时办事处在布鲁塞尔挂牌。2012年，海尔集团与比新鲁汶大学合作建设了我国第一个海外设计实验室。华为、中兴和大唐电信先后与世界著名的比利时微电子中心（IMEC）开展合作研究。中关村科技园在布鲁塞尔开设了欧洲第二家办事处。2013年，武汉东湖高新技术创业中心又同新鲁汶大学签署合作协议，共同建设中国第一个海外企业孵化器，为两国科技型中小企业提供科技成果转化和创业服务平台。2015年，比利时微电子研究中心同中方签署协议，共同投资建设中国最先进集成电路研发平台。

文化交流蓬勃发展。2012年2月，文化部分别与比利时弗拉芒大区、法语区政府签署新的文化交流执行计划。2013年10月，两国签署中华人民共和国在比利时布鲁塞尔设立中国文化中心的谅解备忘录。2014年3月，习近平主席访比期间正式宣布将在比利时设立中国文化中心。2015年9月，文化中心正式揭牌，刘延东副总理和比利时副首相兼外交大臣雷德尔斯共同出席揭牌仪式。

中比开展大熊猫合作研究。2013年9月，中国野生动物保护协会同比利时天堂公园在大连签订有关合作协议。大熊猫“星徽”和“好好”于2014年2月运抵比利时。

教育交流进一步深化。截至2014年底，我在比有留学生约1891人，多为硕士或博士生，2014年比在华留学生约1184人。中国在比设有6所孔子学院。2013年5月，中国教育部和国家留学基金委率领38家中国高校负责人访比。

中国驻比利时大使：曲星。馆址：443–445 AVENUE DE TERVUREN，1150 WOLUWE SAINT–PIERRE。值班电话：0032–478982562；传真：27792895。领事部电话：0032–26633001，476751182（领事保护）。商务处电话：0032–26633003。

比利时驻华大使：马怀宇（Michel Malherbe）。馆址：北京市朝阳区三里屯路6号。办公室（兼领事）电话：010–65321736；传真：65325097。

【同美国的关系】1832年2月9日建交。比利时重视美国在世界上的领导作用，但反对美单边主义，支持建立多极化国际格局。保持和发展同美在政治、经济和军事方面的合作关系。认为北约不仅是共同防御组织，而且是欧洲安全的根本保障，也是共同价值观的载体，是维系欧美同盟关系的主要保证，为捍卫欧美共同利益发挥着重要作用。主张继续维持并不断加强北约，支持北约东扩，认为北约的扩大保证了大多数欧洲国家的安全，但同时强调北约东扩无意针对俄罗斯。对美发展国家导弹防御系统（NMD）和退出《反导条约》感到担忧，认为这会引发新一轮核军备竞赛。谴责美国针对欧盟的窃听行为。

【同俄罗斯及东欧国家的关系】比利时关注俄罗斯局势，支持俄国内改革，主张西方国家在政治、经济上帮助俄罗斯，以保持俄的稳定。主张发展同中东欧国家和独联体国家的关系，通过提供援助发展双边经贸关系。

【同邻国的关系】比利时是欧共体创始国之一，与邻国关系密切，同荷兰、卢森堡两国关系尤为特殊。1958年，三国签署《比荷卢经济联盟条约》，共同协商财政、经济和社会事务政策，在欧共体、世界卫生组织等国际机构中采取共同立场。三国之间还有防务协定。1990年6月，比同荷、卢、法、德签署五国商品、资本、人员自由流通协定。

比外贸的主要对象是欧盟国家。2013年，比是欧盟内第六大出口国，对欧盟出口约占出口总额的75.9%。荷兰是比利时从欧盟进口最大来源国，德、法、英次之；德国是比利时向欧盟出口最大对象国，法、荷、英次之。

【同其他国家的关系】重视发展与非洲国家的关系，承认欧洲原宗主国对非洲国家负有巨大的历史责任，希通过向非洲提供发展援助发挥独特影响。比利时确立了优先向非洲提供发展援助的原则，其65%的发展合作援助流向非洲。比极为重视刚果（金）和平进程，从人力、财力上大力支持2011年刚果（金）总统、议会选举。关注中部非洲局势，提出“大湖地区和平行动计划”，支持南非等非洲重要国家在热点问题上发挥应有作用。支持法国在联合国框架内对马里军事援助，向马里派驻70多名官兵，参与当地军事人员培训。支援法国在中非的军事行动。

重视发展与新兴国家的关系，加强与印度、南非等国接触与合作，开展经济合作。2013年下半年，举办“欧罗巴利亚—印度艺术节”，阿斯特里德公主率经贸代表团访问印度、南非等国。接待印度总统、韩国总统等访问，签署大量经贸投资合作协议。

重视叙利亚人道主义危机，敦促叙冲突各方关注难民问题，积极推动国际社会增加人道主义援助，改善叙医疗卫生状况。关注伊朗问题，2014年，副首相兼外交大臣雷德尔斯访问伊朗，呼吁伊朗尽快与有关各方达成协议，恢复国际社会信任。在乌克兰问题上积极发声，支持欧盟斡旋努力。（朱宁）

冰　岛

国名　冰岛共和国（Republic of Iceland, Forseti Ísland s）。

面积　10.3万平方公里。

人口　33.27万（2015年年底）。绝大多数为冰岛人，属日耳曼族。冰岛语为官方语言，英语为通用语言。85.4%的居民信奉基督教路德宗。

首都　雷克雅未克（Reykjavik），市区人口12.2万（2015年年底），1月平均气温 -0.2℃，7月平均气温12.5℃。

国家元首　总统奥拉维尔·拉格纳·格里姆松（Olafur Ragnar GRIMSSON），1996年8月1日就职，2000年、2004年、2008年和2012年4次连任。

重要节日　国庆节：6月17日。

简　况

位于北大西洋中部，靠近北极圈，为欧洲第二大岛。海岸线长约4970公里。属寒温带海洋性气候，变化无常。因受墨西哥湾暖流影响，较同纬度其他地方温和。夏季日照长，冬季日照极短。秋冬季可见极光。多火山和地热喷泉。

8世纪末，爱尔兰修道士首先移居冰岛。9世纪后半叶，挪威开始向冰岛移民。930年建立议会和冰岛联邦。1262年臣属于挪。1380年冰、挪同归丹麦统治。1904年获内部自治。1918年冰丹签订联邦法，规定冰为主权国家，但外交事务仍由丹负责。1940年丹麦被德国占领，冰丹关系中断。同年英军进驻，次年美军取代英军驻冰。1944年6月16日冰议会正式宣布解散冰丹联盟，17日成立冰岛共和国。

政　治

2008年金融危机爆发后，冰金融和经济遭受沉重打击，民众对中右政府极为不满，政府被迫提前解散。2009年5月，中左政府上台执政，积极推动冰加入欧盟，实施经济刺激方案，冰经济企稳回升，但在民众关注的社会福利改革方面滞缓。2013年4月冰举行议会选举，中右政党独立党和进步党获胜，新政府积极促进经济恢复，重视改善民生。当前冰经济恢复势头良好，政局总体稳定。

【宪法】1944年6月17日颁布，后经多次修订。宪法规定，冰岛实行共和制。议会和总统共同执掌立法权，法院执掌司法权，总统和政府共同拥有行政权。总统通过直接选举产生，任期4年，可连选连任。

【议会】议会原分上下两院，1991年10月合并为一院。共有议员63名，任期4年。本届议会于2013年4月27日大选后产生，由6个政党组成，其中进步党19席，独立党19席，社会民主联盟9席，“左翼绿色运动”7席，“光明未来”6席，海盗党3席。议长古德芬松（Einar K.Guðfinnsson，独立党）。

【政府】2013年4月冰举行大选。5月进步党和独立党组成的中右联合新政府，共有阁员10人：总理贡劳格松（Sigmundur Davið Gunnlaugsson，进步党），财政和经济事务部长贝尼迪克松（Bjarni Benediktsson，独立党），外交部长斯韦英松（Gunnar Bragi Sveinsson，进步党），卫生部长朱力尤松（Kristjan Por Juliusson，独立党），教育、科学和文化部长贡纳尔松（Illugi Gunnarsson，独立党），工业和贸易部长阿纳多蒂尔（Ragnheiður Elin Arnadottir，女，独立党），社会事物和住房部长达多蒂尔（Eyglo Harðardottir，女，进步党），渔业和农业部长约翰松（Sigurður Ingi Johannsson，进步党），环境和自然资源部长马格努斯多蒂尔（Sigrún Magnúsdóttir, 女，进步党），内政部长诺达尔（Ólöf Nordal，女，独立党）。

【主要网址】外交部：www.mfa.is；议会：www.althingi.is。

【司法机构】实行地方法院和最高法院两级审判制。最高法院共有9名大法官，由总统任命，终身任职。最高法院院长由9位法官轮流担任，任期2年。院长希格博恩松（Markús Sigurbjörnsson，2012年就任）。此外还有2个特别法庭：劳工法庭和国家弹劾法庭。

【政党】（1）进步党（Progressive Party）：执政党。1916年成立。主席贡劳格松主张继续加强与欧盟的联系，条件成熟时可考虑加入欧盟和欧元区；经济私有化，提高社会福利。

（2）独立党（Independence Party）：执政党。1929年成立。主席贝尼迪克松主张继续将冰美双边防务合作协定作为安全防务政策基石，同时加强与其他北约成员国尤其是北欧和西欧国家的合作；在冰岛获准保留对渔业资源和其他自然资源的控制权之前，不加入欧盟和欧元区；重视环保；主张国有企业私有化。

（3）社会民主联盟（Social Democratic Alliance）：在野党。2000年成立。由社会民主党（Social Democratic Party）、人民联盟（People’s Alliance）和妇女组织（Women’s List）合并而成。主席阿纳松（Árni Páll Árnason）。支持改革社会福利制度，主张加入欧盟和欧元区。

（4）左翼绿色运动（The Left-Green Movement）：简称绿党。在野党。1999年成立。主席雅克博斯多蒂尔（Katrín Jakobsdóttir，女）。主张奉行独立的外交政策，反对加入任何军事组织，反对外国在冰驻军；重视环保和保护低收入者利益；反对加入欧盟和欧元区。

（5）海盗党（Pirate Party）：在野党。2012年成立。主席约斯多蒂尔（Birgitta Jónsdóttir，女）。主张信息革命，呼吁言论自由、互联网政治透明及网络信息分享合法化。

（6）光明未来（Bright Future）：在野党。2012年成立。主席斯泰因格里姆松（Guðmundur Steingrímsson）。主张筑牢经济基础以维护良好和可持续的生活水准，追求经济多样性、民主、公平、福利和社会资源共享。

【重要人物】奥拉维尔·拉格纳·格里姆松：总统。1943年生。原人民联盟党人。政治学博士。曾在冰岛大学执教。后任进步党执委会委员、自由左翼联盟执委会主席、议会人民联盟议员及党团主席。1987—1995年任人民联盟主席。1988—1991年任财政部长。1996年6月29日当选冰岛共和国第五任总统，2000年、2004年、2008年和2012年四次连任。积极参与国际交往与合作，曾多次获国际和平奖章。1994年应中国外交学会邀请随同冰前总理赫尔曼松夫妇访华。2005年5月对华进行国事访问，2007年10月对华进行工作访问并应邀出席上海特奥会有关活动。2008年8月来华出席北京奥运会闭幕式。2010年9月来华参加上海世博会冰岛馆日活动并出席天津夏季达沃斯论坛、联合国贸发会议第二次世界投资论坛活动。　**贡劳格松**：总理。1975年3月生。冰岛大学经济和贸易学学士，哈佛大学经济和管理学硕士。2009—2013年任雷克雅未克北部选区议员。2009年当选进步党主席。2013年当选雷克雅未克东北部选区议员。2013年5月出任总理。

经　济

渔业是经济支柱，工业以炼铝等高能耗工业和渔产品加工业为主。外贸依存度大。1970年加入欧洲自由贸易联盟，1994年参加欧洲经济区，1995年初成为世界贸易组织创始成员国。1995—2000年，冰岛经济进入高速增长时期，国内生产总值年均增长近4%，在经济合作与发展组织（OECD）中名列前茅。2001年起经济增长速度放慢，2002年国内生产总值出现负增长。自2003年起，冰政府通过财政紧缩政策使经济重新稳步增长。2006年冰货币贬值，通胀率持续走高，但在政府干预及国际货币组织协助下，金融市场恢复稳定。2008年9月，冰三大银行因高风险投资失败而破产，被收归国有，冰陷入严重经济危机。冰政府对外积极争取援助，与中国达成35亿元人民币的本币互换协议，获国际货币基金组织20亿美元贷款以及其他北欧国家援助；对内全力应对危机，节约行政开支，努力重建金融体系，稳定经济秩序，鼓励传统行业生产和对外贸易。2011年以来，冰经济走出危机阴影并进入恢复阶段。

2014年主要经济数据如下：

国内生产总值：145亿美元。

人均国内生产总值：4.5万美元。

国内生产总值增长率：1.8%。

货币名称：冰岛克朗（Íslensk Krona）。

汇率：1美元=130冰岛克朗（2016年1月，冰岛中央银行）。

通货膨胀率：2%。

失业率：5%。

（资料来源：除注明外，均根据冰岛统计局。下同）

【资源】渔业、水利和地热资源丰富，其他自然资源匮乏，石油等产品需要进口。可开发的年水力发电量为640亿度，地热能年发电量可达72亿度。2013年水力发电量为126亿度，利用地热发电44.7亿度。目前，约90%的冰岛居民利用地热取暖。

【工业】基础薄弱。除渔产品加工和针织等轻工业外，主要为炼铝业和制药业。近年，炼铝业成为冰岛工业发展热点。

【农牧业】所处纬度高，日照量少，仅南部几个农场年产400吨—500吨农作物。可耕地面积1000平方公里，占全国总面积的1%。畜牧业占较主要地位，大部分农业用地被用做饲料草场。相应的毛纺业和制革业比较发达。肉、奶、蛋自给有余，粮食、蔬菜、水果基本依靠进口。农业产值约占国内生产总值的3.3%。

【渔业】冰岛的支柱产业。2014年，捕鱼量为110.5万吨，主要鱼种有鳕鱼、毛鳞鱼和黑线鳕；产值占国内生产总值的7.7%；绝大部分渔产品出口，出口额占冰外贸出口总额的36%。

【服务业】在国民经济中占重要地位。2013年服务业和零售业产值占国内生产总值的70.3%。

【旅游业】1980年起大力发展旅游事业。2014年外国游客110万人次，首次突破百万大关。2015年再创历史新高，仅1—10月游客数量即超过2014年全年水平。主要旅游点有冰川、火山地貌、地热喷泉和瀑布等。

【交通运输】无铁路，海运和空运比较发达。2014年交通运输情况如下：

国家级公路：总长1.3万公里。共有轿车21.31万辆，货车3万余辆。

水运：共有1055艘船只，总吨位19.4万吨。其中渔船838艘，总吨位14.4万吨。雷克雅未克为主要港口，年货物吞吐量228.7万吨。

空运：共有飞机362架。凯夫拉维克机场为主要航空港，年运送旅客约88万人次。

【财政金融】近几年国家财政情况如下（单位：亿冰岛克朗；资料来源：冰岛中央银行）：

	2012	2013	2014
收入	6796	6796	9027
支出	7510	7510	9057
差额	–714	–715	–30

2008年金融危机后，冰岛实行严格的外汇管制措施。2015年6月，冰政府宣布逐步解除2008年资本管制综合措施，让冰进一步重返国际资本市场。

【对外贸易】经济单一，对外贸依赖度高，2014年外贸额相当于国内生产总值的61%，主要贸易伙伴为荷兰、英国、西班牙、德国和美国等。

【对外援助】对外援助金额约为国内生产总值的0.22%。主要用于冰岛开发署（Icelandic Development Agency）向非洲国家提供援助以及参与联合国儿童基金项目、联合国妇女发展项目、世界粮食计划署项目等重要的国际援助项目。

【外国资本】外国资本主要来自比利时、卢森堡、美国、瑞士等国。主要投资项目为铝厂、硅铁厂、水电站和滤净剂厂。

人民生活

全国平均每千人有小轿车671辆，电视机450台，电话630部，手机1076部。互联网普及率98%。全国平均每千人有3.7名医生，8.4名护士。女性平均寿命为83.6岁，男性为80.6岁。

军事

根据宪法，冰不设军队。1949年加入北大西洋公约组织，1951年同美国签订防务协定，由美负责其防务。2006年9月，美撤销驻冰军事基地并将协议区域内土地和设施归还冰岛。设有一支海洋巡逻队，约100人，配备3艘巡逻艇、两架直升机和一些小型飞机，负责渔区保护和海上救护工作。全国有警察700余名。2008年，冰议会通过《防务法案》并在外交部下设防务局，负责管理海防、空防系统，参与、协调冰同国际组织的防务合作。2010年3月，冰政府宣布逐步撤销防务局，其职能将分摊至包括海岸警卫队在内的多个部门。

文化教育

【教育】国民受教育程度较高，早在18世纪中叶就已实现全民扫盲。实行10年免费义务教育。教育经费约占政府开支的8.3%。全国共有15所高等院校，冰岛大学是最大的综合性大学。

【新闻出版】全国性报纸有《晨报》、《新闻报》、《每日导报》。最大的《晨报》日发行量约5万份。有国家广播电台和电视台各1家，其中国家广播电台有5套节目播出。私人电视台10家，其中3家可覆盖全国，另有数家私人广播电台。

对外关系

作为北约成员与美国进行防务合作并保持与大西洋两岸国家的良好关系是冰外交政策的核心。冷战结束后，为顺应国际形势的变化，冰除继续重点保持与美等西方国家的伙伴关系外，注意加强与亚洲等其他地区国家的关系，并通过联合国积极参与国际事务。目前冰已同139个国家（包括欧盟）建有外交关系，在18个国家设有使馆，4个国家设有总领馆，3个城市设有常驻代表团。

【对当前重大国际问题的态度】关于世界形势：认为冷战结束后直接军事威胁虽已消除，但地区及民族间的冲突有所加剧，建立新安全机制的努力尚未取得重大进展，全球局势仍存在诸多不确定因素，气候变化、环境污染和传染病等全球性问题带来的威胁凸显。

环境和气候变化问题：重视保护海洋环境、防治海洋污染。积极参与环保合作，主张可持续发展。认为气候变化问题是全人类当前面临的重大挑战，需各国通力合作，共同应对。同意发达国家和发展中国家应承担共同但有区别的责任，西方发达国家应承担更多责任。2007年通过气候变化新战略，提出至2050年将温室气体排放减少50%—75%，并考虑通过购买温室气体排放指标或协助他国利用清洁能源等方式来完成减排义务。支持巴黎气候变化大会通过的《巴黎协议》。2015年冰政府提出关于减少温室气体排放和应对气候变化的16项计划，将与欧盟和挪威合作，达成到2030年将温室气体排放量减少40%的目标。

巴以问题：认为中东局势关键在于以色列和巴勒斯坦的关系，巴勒斯坦人在其主权国家范围内享有安全和生存的权利，以色列的安全应当建立在巴勒斯坦实现建国的基础上。中东地区的稳定可通过巴以两国同时存在和以色列安全得到保证的方式得以实现。支持双方重启和平谈判。

防扩散、朝核问题：认为核扩散是对国际和平与安全的严重威胁，支持一切旨在防止大规模杀伤性武器扩散的国际努力；反对朝鲜拥核，呼吁朝信守其国际承诺，希有关方尽快恢复六方会谈，力求以和平方式解决朝核问题。

国际反恐问题：谴责任何形式的恐怖主义，主张所有民主国家团结一致，使用一切合法手段打击恐怖主义。已批准并开始执行有关反恐的国际文件，亦将有关条款纳入冰法律体系。

【同中国的关系】中冰于1971年12月8日建交。次年5月中国在冰设立使馆并派驻大使。1983年，中国驻冰大使改由中国驻丹麦大使兼任，在冰保留使馆，设临时代办。冰驻华大使则一直由巡回大使或驻第三国大使兼任。1995年1月，冰在华设立使馆并派出首任常驻大使。同年12月，中国恢复向冰派驻大使。

建交后，双边往来逐步发展。冰方访华的有：外交部秘书长彼德·索尔斯坦松（1975年）、议会外交政策委员会主席奥古斯特松（1979年）、外长欧·约翰内松（1982年）、外交部秘书长英格瓦松（1985年）、总理赫尔曼松（1986年）等。我方访冰的有：耿飚副总理（1979年，系我国家领导人首次访冰）。

20世纪90年代以来，两国互访增多。冰总理奥德松、外长汉尼巴尔松（1994年），议长索凯斯多蒂尔、总统芬博阿多蒂尔（1995年，系冰总统首次访华，并出席北京世界妇女大会），议会副议长阿纳德（1999年），外长奥斯格里姆松（2001年），环境部长弗里德雷夫斯多蒂尔、财政部长哈尔德、卫生部长克里斯蒂安松（2002年），审计署审计长索尔达尔松（2003年），工商部长斯韦里斯多蒂尔、司法部长比亚尔纳松（2004年），总统格里姆松（2005年、2007年），议长布伦达尔、卫生部长克里斯蒂安松、环境部长索尔达多蒂尔、交通部长博兹瓦尔松（2005年）、外交外贸部长斯卡费丁松（2010年）等先后访华。

中国国务院副总理兼外长钱其琛、国务院副总理李岚清（1995年），全国人大常委会副委员长田纪云（1996年）、中共中央政治局委员黄菊（1999年）、全国人大常委会委员长李鹏、中共中央政治局委员丁关根、国务委员吴仪、最高人民检察院检察长韩杼滨（2000年），国家主席江泽民、国务委员王忠禹（2002年），中共中央政治局常委罗干（2003年），全国人大常委会副委员长王兆国（2004年），全国人大常委会副委员长成思危，全国政协副主席黄孟复、张梅颖，国务委员陈至立（2006年）、中共中央政治局常委、中纪委书记贺国强（2010年）等先后访冰。

2012年4月20—22日，温家宝总理对冰进行正式访问，这是中冰建交41年来中国国家总理首次访冰。2013年4月13—18日，冰岛总理约翰娜·西于尔扎多蒂对中国进行正式访问。2013年10月27—28日，马凯副总理访冰。2014年6月28日—7月4日，冰岛外长斯韦英松访华。11月，全国政协副主席杜青林访冰。2015年6月22—24日，中共中央政治局委员、北京市委书记郭金龙访冰，分别与冰岛总统格里姆松、总理贡劳格松会见、会谈。

2014年，中冰贸易额为2亿美元，同比下降8.5%，其中我出口1.4亿美元，同比下降2%，进口6000万美元，同比下降21.2%。2015年，中冰贸易额为1.9亿美元，同比下降6.1%，其中我出口1.2亿美元，同比下降13%；进口7000万美元，同比增长10.6%。中国为冰在亚洲最大，全球第七大贸易伙伴。

双边人文交流活跃。2008年5月，冰岛大学“北极光”孔子学院正式成立。同年，北京外国语大学也开设冰岛语言文化课程。2013年10月28日，由中国首批冰岛语专业学生翻译的冰岛著作《首个冰岛代表团访问新中国纪实——约翰纳斯的日记与诗歌》首发仪式在北京外国语大学举行。

中国驻冰岛大使：张卫东（2014年9月30日递交国书）。馆址：Bríetartún 1, 105 Reykjavík。电话：00354–5276688；传真：5626110。网址：http://is.china-embassy.org。

冰岛驻华大使：司迪方（2013年10月11日递交国书）。馆址：北京市朝阳区东三环北路8号，亮马河大厦办公楼1座802室。电话：010–65907795/7796；传真：010–65907801。网址：www.iceland.is/iceland-abroad/cn。

【同北约的关系】视北约为其外交和安全政策的基础。认为北约对维护欧洲和平与稳定起着关键作用。认为在新形势下，冰应更多依靠北约的集体防务安排。支持北约东扩、建立快速反应部队，积极参与北约事务。自2007年开始，与美国联合北约、挪威、丹麦等国在冰举行年度防务和安全演习。

【同美国的关系】冰美关系在冰外交和安全政策中占主导地位。两国于1951年签署《冰美防务协定》，由美代表北约负责冰防务，在距冰首都50公里处的凯夫拉维克设立空军基地。冷战高峰期，美在冰驻军曾多达4700人。2006年9月，美单方面决定关闭凯夫拉维克空军基地，但承诺在必要情况下履行对冰防务义务，两国签署《关于美国武装力量撤离冰岛协议区域和设施并将其归还冰岛的协定》及《防务安排共识》。2007年8月，冰美联合北约、挪威、丹麦和拉脱维亚在冰举行防务和安全演习，两国并商定此类演习将每年举行一次。

【同欧洲和欧盟的关系】欧盟是冰最大的贸易伙伴。1994年加入欧洲经济区，2001年成为申根协定成员国。重视加强与欧盟在经济、外交和安全领域的磋商与合作。在多数重大问题上与欧盟保持一致。认为自身安全和经济利益同欧洲大陆紧密相连。认为欧盟应避免与北约的职能重叠，欧盟不是防务同盟，没有义务保障成员国安全，集体安全问题应由北约来解决。

由于担心欧盟共同渔业和农业政策将损害自身利益及不认同欧盟的管理方式，迄今未加入欧盟。2008年国际金融危机爆发后，冰金融及经济遭受沉重打击，国内入盟呼声渐高，冰政府于2009年递交入盟申请。2012年后，由于国内反对入盟民意增强，于2012年底暂停入盟谈判。2015年3月，冰政府未通过议会直接向欧盟致函，宣布撤销入盟申请，致使入盟进程搁浅。

【同北欧国家的关系】积极参与北欧合作是冰外交政策重要组成部分，与其他北欧国家保持着传统的密切关系。主张北欧国家在欧洲及周边事务中加强内部协调与合作。积极支持芬兰提出的欧盟“北部地区”政策，使之成为欧、俄、冰、挪四方共同战略。在金融危机中得到北欧四国援助。

【同俄罗斯的关系】1994年与俄签署两国关系基本准则声明。认为俄在欧洲持久和平问题上扮演着不可或缺的角色，关注俄形势发展，支持其持久改革进程。1999年两国就巴伦支海问题在莫斯科签订协议，结束了历时6年的巴伦支海争端。认为俄吞并克里米亚属非法，乌克兰主权和领土必须得到尊重，俄在克采取的军事行动及进行的“非法公投”应受到谴责。有关各方应尊重并切实履行明斯克协议。冰追随美欧对俄实施制裁。2015年6月，因冰继续支持欧盟延长对俄经济制裁遭俄反制，俄将冰列入食品禁运名单。

【同波罗的海三国的关系】积极支持波罗的海三国争取独立的努力，并于1991年8月率先与三国建交。积极参与北欧国家与三国在政治、经济等领域的合作，支持波海三国加入北约。在波罗的海委员会、北极理事会、巴伦支海理事会等合作机制内，积极发展同波海三国的关系。（杨迪）

波 兰

国名 波兰共和国（The Republic of Poland）。

面积 312679平方公里。

人口 3847.9万（2014年12月）。其中波兰族约占97.1%（2014年），此外还有德意志、白俄罗斯、乌克兰、俄罗斯、立陶宛、犹太等少数民族。官方语言为波兰语。全国约87%的居民信奉罗马天主教。

首都 华沙（Warsaw），面积517平方公里。人口173.54万（2014年12月）。2014年平均气温9.8℃，最高气温37℃，最低气温–38℃，降水量555毫米。

国家元首 总统安杰伊·杜达（Andrzej Duda），2015年8月就职，任期5年。

重要节日 国庆节：5月3日（宪法日，1791年5月3日波兰颁布第一部宪法）；11月11日（独立日，1918年11月11日波兰恢复独立）。

简 况

位于欧洲中部，西与德国为邻，南与捷克、斯洛伐克接壤，东邻俄罗斯、立陶宛、白俄罗斯、乌克兰，北濒波罗的海。边界线长3511公里，海岸线长770公里。属海洋性向大陆性气候过渡的温带阔叶林气候。2015年2月最低气温–27.6℃，8月最高气温37.9℃。

波兰国家起源于西斯拉夫人中的波兰、维斯瓦、西里西亚、东波美拉尼亚、马佐维亚等部落的联盟。公元9、10世纪建立封建王朝，14、15世纪进入鼎盛时期，18世纪下半叶开始衰落。1772年、1793年和1795年三次被沙俄、普鲁士和奥匈帝国瓜分，1918年11月11日恢复独立。1939年9月1日，法西斯德国入侵波兰，第二次世界大战全面爆发。战后建立波兰共和国，后改名为波兰人民共和国。波兰统一工人党（共产党）执政40余年。1980年，反政府组织团结工会组织全国大罢工，当局于1981年12月至1983年7月实行战时状态，宣布团结工会为非法组织。1989年4月，议会通过团结工会合法化和实行议会民主等决议。团结工会在当年6月提前举行的议会大选中获胜，成立以其为主体的政府。12月29日，议会通过宪法修正案，改国名为波兰共和国，将5月3日定为国庆日。

政 治

2015年，波兰政局总体稳定，年内先后举行总统选举和议会选举。5月，波举行总统选举，最大反对党法律与公正党总统候选人杜达胜选。10月，波举行议会选举。法律与公正党以37.58%的得票率胜出，获得众议院460个议席中的235席；主要执政党公民纲领党获得24.9%选票，位列第二，获138席；“库齐兹”运动得票率达8.81%，获42席；“现代波兰”协会得票率为7.6%，获28席；人民党得票率为5.13%，获16席；德意志少数民族占1席。11月16日，波组成新一届政府，法律与公正党副主席贝阿塔·谢德沃（Beata Szydło，女）出任总理。

【宪法】1997年4月，波兰国民大会（众、参两院联席会议）通过新宪法。该宪法于当年10月生效，确立三权分立的政治制度和以社会市场经济为主的经济体制，规定：众议院和参议院拥有立法权，总统和政府拥有执法权，法院和法庭行使司法权；经济体制的基础为经济自由化、私有制等原则；武装力量在国家政治事务中保持中立。根据该宪法，如总统否决议会或政府提交的法案，众议院可以五分之三的多数否决总统的决定。

【议会】由众议院和参议院组成，是国家最高立法机构，任期4年。众议院议员460名，参议院议员100名，均通过直接选举产生。本届议会于2015年10月成立，由5个党派组成。众议院的席位分配是：法律与公正党235席，公民纲领党138席，“库齐兹”运动42席，“现代波兰”协会28席，人民党16席，德意志少数民族1席。众议长马莱克·库赫钦斯基（Marek Kuchcinski，法律与公正党），2015年11月就任。参议院的席位分配是：法律与公正党61席，公民纲领党34席，人民党1席，独立议员4席。参议长斯坦尼斯瓦夫·卡尔切夫斯基（Stanisław Karczewski，法律与公正党），2015年11月就任。

【政府】本届政府于2015年11月组成，下设19个部。政府总理和部长名单如下：部长会议主席（亦称总理）贝阿塔·谢德沃（Beata Szydło，女）、第一副总理兼文化部长彼得·格林斯基（Piotr Gliński）、副总理兼发展部长马泰乌什·莫拉维茨基（Mateusz Morawiecki）、副总理兼科学和高等教育部长雅罗斯瓦夫·戈文（Jarosław Gowin）、财政部长保罗·萨瓦玛哈（Paweł Szałamacha）、能源部长克里什托夫·特霍热夫斯基（Krzysztof Tchórzewski）、国库部长达维德·雅茨凯维奇（Dawid Jackiewicz）、国防部长安东尼·马切莱维奇（Antoni Macierewicz）、司法部长兹比格涅夫·焦布洛（Zbigniew Ziobro）、环境部长扬·什史科（Jan Szyszko）、教育部长安娜·扎莱夫斯卡（Anna Zalewska，女）、体育和旅游部长维托尔德·班卡（Witold Bańka）、劳动和社会政策部长伊丽莎白·拉法尔斯卡（Elżbieta Rafalska，女）、内务与行政化部长马柳什·布瓦什查克（Mariusz·Błaszczak）、农业部长克里什托夫·尤盖尔

（Krzysztof Jurgiel）、外交部长维托尔德·瓦什奇科夫斯基（Witold Waszczykowski）、数字化部长安娜·斯特莱吉斯卡（Anna Streżyńska，女）、基础设施与建设部长安杰伊·阿达姆契克（Andrzej Adamczyk）、卫生部长康斯坦丁·拉基维乌（Konstanty Radziwiłł）、海洋经济与内河航运部长马莱克·格鲁巴尔契克（Marek Gróbarczyk）、总理府办公厅主任贝阿塔·坎帕（Beata Kempa）。

【行政区划】1998年7月，议会通过政府制订的关于地方自治机构改革方案，决定将原有的49个省调整为16个省，同时重新设立县制，由省、乡两级改为省、县、乡三级，共设16个省，314个县，2479个乡。新机制于1999年1月1日启动。

【司法机构】最高法院是国家最高审判机关，主要职责是监督下属法院的审判活动。法官由总统任命，任期6年。现任最高法院院长玛乌格热塔·盖尔斯多夫（Małgorzata Gersdorf），2014年12月就职。总检察院是国家最高检察机关，主要职责是领导和监督下属检察院的工作。1990—2010年，该职由司法部长兼任。2010年3月31日起，改由国家司法理事会和国家检察院理事会分别提名、总统任命，任期6年，不得连任。现任总检察长安德烈·塞莱梅特（Andrzej Seremet），2010年3月就职。

【政党】根据宪法和1997年实施的新政党法，必须收集1000名以上年满18岁的成年人签名方可建立政党。目前最具影响的政党是：

（1）法律与公正党（Prawo i Sprawiedliwość）：执政党。2001年6月成立，党员约30000人（截至2015年12月）。该党具有保守主义和基督教民主主义的性质。政治上，主张实行政治家财产公开制度，建立反腐机构，同犯罪现象作斗争，严惩犯罪分子甚至主张临时恢复死刑，实行向家庭倾斜政策；外交上，主张亲美近欧、睦邻周边，同时强硬维护本国利益。主席雅罗斯瓦夫·卡钦斯基（Jarosław Kaczyński）。

（2）公民纲领党（Platforma Obywatelska）：在野党。2001年1月成立，党员约17000人（截至2015年12月）。由曾于2000年参加总统选举的独立候选人奥莱霍夫斯基，原“团结选举行动”成员、时任众议长普瓦任斯基和原自由联盟成员、时任参议院副议长图斯克共同倡议并组建。该党在意识形态上兼具保守自由主义、新自由主义和基督教民主主义色彩。主要纲领为：发展教育和经济，与贪污腐败做斗争，使国家非政治化及对农村进行结构改造。主席格热格日·谢蒂纳（Grzegorz Schetyna）。

（3）人民党（Polskie Stronnictwo Ludowe）：在野党。原称农民党，该党历史可追溯到19世纪。东欧剧变后，于1990年5月重新创立，党员约12.3万人（2013年）。该党在意识形态上具有中间主义，新平均地权主义，基督教民主主义和新凯恩斯主义的性质。主张国家扶持农业，提供免费教育和医疗，放缓私有化步伐，反对单一税制，支持欧洲一体化。主席伏瓦迪斯瓦夫·科希尼亚克－卡梅什（Władysław Kosiniak–Kamysz）。

【团体】（1）团结工会（NSZZ Solidarność）：1980年成立。有40万—68万成员（截至2010年）。1982年12月波兰当局宣布实行军管时被取缔。1989年4月恢复合法地位，同年6月赢得议会选举并成立以其为主体的政府。1993年9月大选中未进入议会。1996年6月联合基督教民族统一党、中间派协议会等35个右翼政党和团体组成“团结工会选举联盟”（简称“团选联”），赢得1997年议会大选，并与自由联盟联合组阁。2001年，由于执政联盟内部矛盾以及改革措施不力，政府支持率明显下降，不少党派和议员纷纷退出“团选联”。在2001年选举中，“团选联”未进入议会。10月，团结工会召开第十四次全国代表大会并做出决议，禁止任何政治组织使用“团结工会”这一名称和标志，禁止工会领导人同时担任政党领导职务。团结工会成为纯工会性质的社会组织。主席彼得·杜达（Piotr Duda），2010年10月当选。

（2）全波工会协议会（Ogólnopolskie Porozumienie Związków Zawodowych）：1984年11月成立。有约80万会员。系左翼工会组织。主张通过提高超额工资累进税、增加退休人员收入、解决职工住房问题等维护职工权益，反对国有企业私有化和普遍私有化政策。主席扬·古斯（Jan Guz），2004年4月就职，多次连任。

【重要人物】安杰伊·杜达：总统。44岁，雅盖隆大学法律专业博士学位，曾在雅盖隆大学任助教。2005年加入法律与公正党，历任该党议员团司法委员会顾问、司法部副国务秘书、国家检察院检察官、总统府副国务秘书。2011年当选众议员，2013年出任法律与公正党新闻发言人，2014年当选欧洲议会议员。2015年5月当选总统，8月宣誓就职。已婚，有一女。　**贝阿塔·谢德沃**：女，总理。1963年出生，毕业于波著名学府雅盖隆大学，哲学和历史学博士。执政党法律与公正党副主席。长期从事文化和议会工作，历任奥斯维辛地区议员、布热什切市市长和波众议员。2014年任杜达竞选总统团队负责人。2015年11月出任总理。已婚，有两个孩子。

经　济

1989年剧变后，采取“休克疗法”，开始从中央计划经济向市场经济转型。在经历持续近3年的衰退后，1992年起经济止跌回升，并连续二十余年保持增长。特别是国际金融危机爆发以来，经济增幅虽有下滑，但仍好于欧盟多数国家，2009年为欧盟内唯一实现正增长的国家。2013年，经济增长1.6%，经济总量居欧盟成员国第9位。

2014年主要经济数据如下：

国内生产总值：5476亿美元。

人均国内生产总值：14423美元。

国内生产总值增长率：3.4%。

货币名称：兹罗提（ZŁOTY）。1兹罗提=100格罗什（GROSZ）。

年平均汇率：1美元=3.157兹罗提。

通货膨胀率：0.6%。

失业率：9.1%。

【资源】主要矿产有煤、页岩气、硫磺、铜、锌、铅、铝、银等。截至2013年年底，已探明硬煤储量为514.14亿吨，褐煤226.84亿吨，硫磺5.1亿吨，铜17.62亿吨。截至2015年年底，森林面积963.7万公顷，森林覆盖率30.8%。

【工业】2014年工业总产值按现行价格计算为3851.27亿兹罗提（约合1219.91亿美元），占当年国内生产总值的22.3%。工业部门从业人员294.82万，占就业总数的20.47%。

近几年主要工业产品产量如下（单位：万吨）：

	2012	2013	2014
硬煤	7980.0	7680.0	7300.0
褐煤	6430.0	6580.0	6390.0
原钢	854.3	819.9	879.7
硫磺（按纯量计）	67.6	52.6	60.5
发电量（亿度）	1620.0	1650.0	1590.0
小轿车（万辆）	54.0	47.5	47.3
水泥	1590.0	1450.0	1540.0

（资料来源：2015年波兰统计年鉴）

【农牧业】2015年农业用地1859.7万公顷，人均占地面积0.48公顷。2014年农村人口1523.9万，占全国人口的39.7%。农业就业人数232.68万，占就业总数的16.2%。2014年农业总产值按现行价格计算为519.93亿兹罗提（约合164.69亿美元），占当年国内生产总值的3%。

近几年主要农产品产量如下（单位：万吨）：

	2012	2013	2014
小麦	860.08	948.5	1162.9
黑麦	288.80	335.9	279.2
大麦	418.00	293.4	327.5
燕麦	146.85	119.0	145.9
甜菜	1235.00	1123.4	1348.9
马铃薯	874.00	711.1	742.5
油菜籽	189.60	267.8	327.6

（资料来源：同上）

近几年牲畜存栏数如下（单位：万头或万只）：

	2012	2013	2014
牛	577.7	379.0	345.0
猪	1158.1	1559.3	1639.6
羊	26.7	11.0	12.5

（资料来源：同上）

【旅游业】2014年接待外国游客1486万人次。游客多来自德国、乌克兰、白俄罗斯、俄罗斯、英国、荷兰、奥地利、拉脱维亚、意大利、丹麦、西班牙、瑞典、法国和美国。主要旅游胜地有首都华沙，沿海城市革但斯克、索波特和什切青，以及托伦、奥尔什丁、南部古城克拉科夫、山城扎科帕内、克雷尼察和东部的比亚沃维扎森林区等。

【交通运输】2014年交通运输情况如下：

铁路：铁路总长19240公里，其中标准轨铁路19240公里（包括电气化铁路11830公里）；客运量2.68亿人次，货运量2.27亿吨。

公路：公路总长28万公里；有1938.9万辆小轿车，324.2万辆载重汽车；客运量4.31亿人次，货运量15.47亿吨。

水运：内河航运线总长3655公里，内河货运量760万吨，客运量151.5万人次。共有海运船只104艘，304.5万载重吨，货运量680万吨，客运量160万人次；海运商港6个，货物吞吐量6893.5万吨，主要海港有革但斯克、格丁尼亚、什切青、希维诺乌西切等。

空运：波兰航空公司有飞机52架，同41个国家、70个城市有定期航班，国际航线91条，总长度为19.6万公里；客运量780万人次，货运量4.0万吨。主要国际机场是华沙肖邦国际机场。

管道运输：石油及其产品输送管道总长2483公里，输送量4980万吨。

（资料来源：同上）

【财政金融】2012—2014年财政预算情况如下（单位：亿美元）：

	2012	2013	2014
收入	883	884	898
支出	976	1018	990
赤字	93	134	92

截至2014年年底，波兰外债总额为3520亿美元，外汇储备1004亿美元。

【对外贸易】主要进口石油、汽车、钢铁、合成材料及工业成品油等。主要出口汽车、内燃机、橡胶制品、铝制品、农产品等。

2012—2014年波兰进出口情况如下（单位：亿美元）：

	2012	2013	2014
进口额	1984.63	2078.23	2221.55
出口额	1846.61	2052.19	2188.92
差额	−138.03	−26.04	−32.63

2014年主要贸易伙伴及占波兰外贸总额的比例如下：

	出口（%）	进口（%）
德国	26.1	22.0
英国	6.4	2.4
捷克	6.3	3.7
法国	5.6	3.8
俄罗斯	5.3	10.5
意大利	4.5	5.4
荷兰	4.2	3.8
中国	1.0	10.5

（资料来源：同上）

【外国资本】2014年波兰吸引外国直接投资119.3亿美元，主要投资国为德国、法国、英国等。

人民生活

2014年国民经济各部门的人均月工资为3783兹罗提（约合1227美元），工业部门企业职工的月平均工资为3872兹罗提（约合1226美元）。退休金和抚恤金月平均为2117兹罗提（约合670.57美元）和1941兹罗提（约合614.82美元）。2014年城市人均住房面积26.6平方米，农村25.5平方米；2014年平均每千人拥有小汽车520辆，移动电话2108部；2012年全国有医师85025名，牙医师12491名，药剂师26843名，护士和助产士236006名，每千人有病床4.92张；年人均消费肉类食品65.04公斤，牛奶40.92公升，鸡蛋150个。

军　事

1943年10月12日建立波兰人民军。1990年更名为波兰军队，将8月15日定为建军节（1920年8月15日，波兰军队在华沙近郊击退苏俄红军进攻并转入反攻）。总统为武装力量最高统帅。总统任主席的国防委员会是最高国防决策机构。国防部为最高军事行政机关。总参谋部是国防部领导下的最高军事指挥机构。2013年7月，波总统签署法令，对波军指挥系统进行改革。国防部长领导波军总参谋长、各军种司令。总统可在总理要求下指定战时总指挥。总参谋部负责制订军队发展规划，为总统、总理及国防部长提供防务建议。总参谋长是米奇斯瓦夫·高促乌（Mieczyslaw GOCUL）中将，2013年5月就职。

2009年9月，波军最后一批义务兵退役，波军职业化改造初步完成。自此，波军开始根据自愿原则招收士兵。截至2012年12月，波兰武装力量总人数为95318人。

2014年国防开支为233.52亿兹罗提（约合73.97亿美元），占国家预算总支出的7.47%，占国内生产总值的1.4%。

文化教育

【教育】从1999年9月1日起，波兰实行新的教育体制。新体制分为小学6年、初中3年、高中3年。高等教育一般为4或5年。2014年普通教育经费和高等教育经费支出分别为3.21亿兹罗提（约合5.67亿美元）和143.9亿兹罗提（约合38.08亿美元），分别占财政预算的0.2%和0.8%。著名高等学府有克拉科夫雅盖隆大学（1364年）、华沙大学（1816年）、波兹南密茨凯维奇大学（1919年）、华沙工业大学等。2014/2015学年各级学校、学生、教师数目如下：

	学校（所）	学生（万人）	教师（万人）
小学	13525	230.61	18.04
初中	7443	109.28	10.07
初级职业学校	1712	19.0	1.64
普通高中	2286	52.38	4.24
职业高中	210	0.6	0.05
技校	1957	51.01	4.63
高等院校	434	146.94	9.65

（资料来源：同上）

【新闻出版】2013年年底，全国出版发行的报纸杂志7827种，其中主要报刊有：《选举报》，19万份；《超级快讯》，37万份；《共和国报》，9.4万份；《日报》，5.3万份。此外，还有《论坛报》、《事实》、《政治周刊》、《直言周刊》和《新闻周刊》等。

国家主要通讯社有波兰通讯社（PAP）、广播新闻社。国家主要电台和电视台是波兰广播电台和波兰公共电视台（TVP）。1990年10月，众议院通过关于允许开办私营电台和电视台的法令。截至2012年底，共有296家广播电台，其中全国性电台8家；电视台20家，其中全国性电视台12家。

对外关系

1999年3月12日加入北约，2004年5月1日加入欧盟，2007年12月加入申根协定。主张欧盟和北约继续东扩。2013年，波兰政府延续理性务实的外交路线，对外政策以“服务波兰、构建欧洲、了解世界”为使命，更加注重现实利益和战略平衡：政治和经济上立足欧盟，安全和防务上倚靠北约和美国，睦邻周边，积极构建全方位外交格局，力求在欧盟和北约中发挥更大作用，在地区和国际事务中影响力上升。2014年，波以加入欧盟10周年、加入北约15周年、转轨25周年等为契机，积极在世界各地开展公共外交活动，推广价值观、转型经验、经济发展成就等。现同189个国家保持外交关系。

【对当前重大国际问题的态度】关于国际形势：国际政治、经济和社会格局已发生重大变化。美国领导地位受到挑战，无力单独应对层出不穷的各种传统与非传统安全威胁。新兴国家地位显著提高，与欧美大国差距逐渐缩小。世界多极化趋势更加明显。西方应适应形势变化，积极调整自身角色。

关于联合国作用与改革：联合国是解决全球性问题不可或缺的力量，在维护世界安全和稳定、气候变化等领域具有重要作用。联合国应与时俱进，适应各国力量变化新趋势，进行相应改革。应增加常任理事国席位，但不赋予新增常任理事国否决权。应让欧盟作为整体成为安理会常任理事国。应为东欧国家增加一个非常任理事国席位。

关于欧洲一体化：《里斯本条约》生效有助于深化欧洲一体化进程，促使成员国在对外关系和安全政策方面采取共同行动，但欧债危机凸显了欧洲一体化进程的脆弱。欧盟应致力于建设更具竞争力、开放和安全的欧洲。欧盟继续扩大有助于巩固地区及世界安全与稳定。波兰视欧盟为自身发展的重要依托，希在地区事务中扮演更加重要的角色。波兰反对“双速”、“多速”欧洲。目前，欧元区正处在重建过程中，不稳定、不确定因素较多，波兰不急于采用欧元。主张建立欧洲能源联盟。

关于北约转型：北约在维护世界和平与稳定方面具有重要作用。北约是波兰国家安全主要支柱之一。北约应与欧盟加强防务合作。波兰坚持共同防御原则，积极参与北约行动，支持北约扩大。北约应强化内部团结，缩小新老成员差异，增强快速反应和行动能力。在乌克兰危机背景下，呼吁北约向波增派驻军，加强空中军事力量。

关于乌克兰局势：认为俄罗斯应对乌克兰局势承担主要责任，对俄在乌克兰有关行动深感忧虑，拒绝承认克里米亚公投结果，也不接受俄将克里米亚纳入俄联邦的单方面决定，支持欧盟及美等盟国对俄采取制裁措施。

关于气候变化：应对气候变化需要全世界共同努力。波兰赞成欧盟制定的“三个20%”计划，但反对设定更高的温室气体减排目标，损害中东欧国家利益。波兰支持联合国公约谈判平台，但主张变革谈判方式和程序。欧委会提出的欧盟2030、2040和2050能源路线图超出了波兰的承受能力，在欧洲经济危机的情况下也不现实。欧盟设置进一步减排目标时应考虑波兰能源结构单一、经济发展较西欧落后等实际情况。2013年11月主办第19届联合国气变大会，为2015年各国政府达成新的普遍气候协议提供了草案文本。

关于叙利亚问题：叙利亚政府的行为违反《联合国宪章》并侵犯人权。叙政府应立即停止对本国国民使用暴力。呼吁叙利亚政府与反对派武装停止敌对，继续和平对话。

关于伊朗核问题：波兰反对核武器扩散，支持欧盟为解决伊核问题所作努力。伊朗政府应按照国际社会要求，配合国际原子能机构工作，澄清伊核计划有关问题，使其更加透明。波兰注意到西方与伊朗关系出现缓和迹象。

关于朝核问题：朝鲜半岛对世界和平意义重大。朝核问题直接影响朝鲜半岛及东北亚地区安全局势。朝鲜应遵守联合国安理会有关决议，呼吁朝鲜重启韩朝对话及与国际原子能机构合作并重回六方会谈，同国际社会一道努力实现半岛无核化。作为中立国监督委员会成员，波兰愿积极活动，在朝核问题上发挥一定作用。

关于中东和平进程：波兰支持以“中东路线图”为基础解决巴以冲突。联合国在中东和平问题上具有重要作用。巴以双方应停止军事、暴力行动，恢复对话谈判并签署永久停火协议。波兰愿参与加沙地区重建工作，与国际社会一道推进中东和平进程。

关于阿富汗问题：阿富汗的安全、民主和发展符合国际社会共同利益。波兰支持北约在阿采取军事行动打击恐怖主义、维护地区安全，积极参与欧盟对阿重建和发展项目。阿政府应加强维稳和重建能力，避免阿再次成为恐怖主义基地。

关于国际反恐：波兰反对恐怖主义、民族和宗教仇恨及其他一切形式的极端主义。恐怖主义是全球威胁，反恐需各国采取团结、有效和坚决行动。波兰重视同国际组织和其他国家在反恐问题上的合作，主张从军事、经济和政治等各个层面采取行动，铲除恐怖主义滋生的根源。波兰积极配合美国网络反恐计划，已加入北约在爱沙尼亚塔林的网络防御中心。

关于人权问题：波兰重视和关注人权问题。认为侵犯人权是对当前国际安全的极大破坏，保护和促进人权理应成为各国共同责任。支持联合国人权理事会发挥更大作用。

【同中国的关系】1949年10月7日，中波两国建立大使级外交关系。2004年，两国建立友好合作伙伴关系。2011年12月，两国关系提升为战略伙伴关系。

2013年4月，首届中波地方合作论坛在波兰革但斯克举行，波兰行政和数字化部长博尼访华。5月，中央政治局委员、中央军委副主席许其亮上将过境波兰，农业部副部长张桃林访波；波兰国防部长谢莫尼亚克访华。6月，全国政协副秘书长、致公党中央常务副主席蒋作君访波；波兰众议长科帕奇、经济部副国务秘书安托妮什－克里克访华。7月，国家安监总局副局长孙华山、国家新闻出版广电总局副局长阎晓宏、国务院新闻办公室副主任李伍峰访波；波兰农村和乡村发展部副国务秘书纳尔维克赴重庆出席中国—中东欧国家地方领导人会议。9月，中华全国供销合作总社理事会主任王侠访波；波兰前总理帕夫拉克访华。10月，中央文献研究室主任冷溶访波。11月，国务院总理李克强出席罗马尼亚布加勒斯特第二次中国—中东欧国家领导人会晤期间与波兰总理图斯克举行双边会见，国家发展改革委员会副主任解振华赴波兰出席联合国气候变化大会华沙会议，国家食品、药品监督管理总局副局长孙咸泽，商务部国际贸易谈判代表兼副部长钟山，中国工程院副院长谢克昌访波。12月，波兰参议长博鲁塞维奇、总统府国务秘书杰孔斯基访华。

2014年3月，国务院总理李克强与波兰总理图斯克就乌克兰局势通电话。6月，中央政治局委员、重庆市委书记孙政才访波。8月，全国政协副主席、致公党主席、科技部部长万钢，国务委员兼国防部长常万全访波。9月，全国政协副主席马培华访波。

2015年5月，全国政协副主席、台盟中央主席、两岸同胞民间交流促进会会长林文漪访波。8月，波副总理兼国防部长谢莫尼亚克访华。9月，波众议长基达瓦－布翁斯卡来华出席中国人民抗日战争暨世界反法西斯战争胜利70周年纪念活动。11月，波兰总统杜达对华进行国事访问并出席第四次中国—中东欧国家领导人会晤。

两国外交部保持交往。2013年9月，外交部长王毅与波外长西科尔斯基在出席联大期间举行双边会晤。2014年3月，王毅外长与西科尔斯基外长就乌克兰局势通电话。5月，中波第二轮副外长级战略对话在北京举行，外交部副部长王超与波兰外交部副国务秘书法尔主持。2015年4月，外交部副部长王超赴波举行中波第三轮副外长级战略对话，并出席卡托维茨欧洲经济大会和"16+1合作"专场活动。6月，波外长谢蒂纳访华并举行中国波兰政府间合作委员会首次全体会议。10月，外交部长王毅访问波兰。

根据中国海关总署统计，2014年中波贸易额为171.95亿美元，同比增长16.1%。其中中方出口142.57亿美元，同比增长13.4%，进口29.38亿美元，同比增长31.5%。2015年中波贸易额为170.90亿美元，同比下降0.6%。其中中方出口143.46亿美元，同比增长0.6%，进口27.44亿美元，同比下降6.6%。

中国驻波兰大使：徐坚。馆址：华沙博尼弗拉泰尔斯卡街1号（BONIFRATERSKA 1）。电话：（004822）8313836；传真：63542110。网址：www.chinaembassy.org.pl。商务处电话：（004822）8313861。

波兰驻中国大使：林誉平（Mirosław Gajewski）。馆址：北京建国门外日坛路1号。电话：010–65321235；传真：65321745。网址：www.pekin.polemb.net。商务处电话：010–65321888；传真：65324958。领事处电话：010–65321235；传真：65323567。

【同欧盟的关系】继续以"依托欧盟促进经济与社会发展、加强在欧盟内地位与作用"为外交重点，主张加强欧盟内部团结和共同行动。高度重视欧盟单一市场建设、能源安全，提倡建设更有竞争力、开放和安全的欧盟。主张强化欧盟机构作用，提高决策效率，推动欧盟在国际舞台上发挥更加重要的作用。在欧盟内地位和影响有所上升。2014—2020年度共获得1195亿欧元欧盟资金，成功争取到包括碳排放交易免费额度在内的气变补偿。尚未加入欧元区。2014年8月，波兰总理图斯克被推选为欧洲理事会主席，12月1日就任，任期两年半。

【同欧盟大国的关系】视波德关系为波兰最重要的双边关系。两国高层交往日益频繁，双方一致主张深化两国战略合作，协商解决历史和现实争端。德国是波兰最大贸易伙伴，也是波兰最大出口国及欧盟预算最大净出资国。波兰外资总额的五分之一来自德国。视法国为传统盟友，双方在安全、政治、经济、人文领域交流活跃。2015年波兰总统杜达、总理谢德沃分别访法。在"魏玛三角"（德国、法国、波兰）机制内的作用更加突出。视英国为北约内重要盟友，与英传统合作基础良好，在欧盟单一市场等方面意见相近。

【同美国和北约的关系】认为波美关系具有特殊重要意义，视美国为欧洲之外最主要伙伴，是仅有的3个坚决支持美国对伊拉克动武并在第一时间派兵参战的盟国之一。近年来，随着美国主导全球事务能力下降和战略重心转移，对美政策更趋理性、务实。2014年3月、6月，美国副总统拜登、总统奥巴马先后访波。2015年2月，美军向波特种部队赠送45辆反地雷装甲车。9月，波兰总统杜达赴美出席联合国成立70周年系列峰会。

视北约和美国为波兰国家安全重要支柱，支持深化跨大西洋合作和北约东扩，坚持共同防御原则，积极参与制定北约新战略和阿富汗重建，向驻阿国际安全援助部队（ISAF）派兵1000余人，2014年底已正式结束维和使命。2015年，波在增加自身军事投入同时，更加注重强化跨大西洋安全合作，强烈要求北约增加东翼力量，呼吁北约在波境内长期驻军，积极推动落实北约纽波特峰会共识和筹备2016年北约华沙峰会。

【同俄罗斯及东部邻国的关系】波俄关系历史错综复杂，纠葛颇多。2007年公民纲领党执政后，波俄关系总体较为平稳，但波力促的欧盟"东部伙伴关系计划"为乌克兰危机爆发埋下伏笔。乌危机使波俄关系在政治与经济层面遭到严重破坏，两国中断高层与政治交往，陷入制裁与反制裁的恶性循环。波在制裁俄问题上立场强硬。俄禁止进口欧盟农产品致波农产品出口损失惨重。

高度重视欧盟"东部伙伴关系计划"。视乌克兰为重要战略伙伴。自2013年11月乌克兰局势动荡以来，波积极介入调停。2014年3月，在波、德、法三国外长斡旋下，乌克兰冲突双方达成停火协议。乌克兰新政府组成后，波大力支持新政府稳定乌局势。

【同中东欧国家的关系】视中东欧为波兰在欧盟内的战略依托，重视维谢格拉德集团（波兰、匈牙利、捷克、斯洛伐克）、波罗的海国家理事会等地区组织合作。2012年7月至2013年6月，波兰担任维谢格拉德集团轮值主席国，积极加强集团内经贸合作、对欧盟政策协调、能源安全和防务合作。2013年3月，维谢格拉德集团峰会在华沙举行，四国总理参加，德国总理默克尔、法国总统奥朗德应邀出席。波与波罗的海三国就"东部伙伴关系计划"、跨大西洋关系、欧盟事务等多次对话，并积极就能源合作等交换意见。

【同其他国家的关系】密切关注西亚北非局势发展，大力宣扬自身民主转型经验。支持突尼斯、埃及、利比亚等国现代化、民主化进程。重视同印度、日本、韩国等亚洲国家加强人员往来，加大对该地区投入，积极开展与中东、拉美、非洲地区经贸尤其是能源等领域合作。（李犇）

波斯尼亚和黑塞哥维那

国名 波斯尼亚和黑塞哥维那（Bosnia and Herzegovina，Bosna i Hercegovina），简称波黑。

面积 5.12万平方公里。

人口 382万（2014年），其中波黑联邦占62.55%，塞尔维亚族共和国占35%，布尔奇科特区占2.45%。主要民族为：波什尼亚克族，约占总人口43.5%；塞尔维亚族，约占总人口31.2%；克罗地亚族，约占总人口17.4%。三族分别信奉伊斯兰教、东正教和天主教。官方语言为波斯尼亚语、塞尔维亚语和克罗地亚语。

首都 萨拉热窝（Sarajevo），人口约29万（2014年）。

国家元首 主席团行使国家元首职责，由波什尼亚克、塞尔维亚和克罗地亚三族各一名代表组成，任期4年。主席团主席为轮值制，由三族代表每8个月轮换一次。本届主席团于2014年11月组成。主席团成员为：姆拉登·伊万尼奇（Mladen IVANIĆ，塞族），德拉甘·乔维奇（Dragan ČOVIĆ，克族）和巴基尔·伊泽特贝戈维奇（Bakir IZETBEGOVIĆ，波族）。

简况

位于欧洲巴尔干半岛中西部。南、西、北三面与克罗地亚毗连，东与塞尔维亚、黑山为邻。大部分地区位于迪纳拉高原和萨瓦河流域。南部极少部分濒临亚得里亚海，海岸线长约21.2公里。南部属地中海式气候，北部属温带大陆性气候。南部1月平均气温6.3℃，7月27.4℃，北部1月平均气温-0.2℃，7月22.7℃。年平均气温11.2℃。

6世纪末7世纪初，部分斯拉夫人南迁到巴尔干半岛，在波斯尼亚和黑塞哥维那等地定居。12世纪末，斯拉夫人建立独立的波斯尼亚公国。14世纪末，波斯尼亚进入鼎盛时期。1463年后成为奥斯曼土耳其属地，1908年被奥匈帝国占领。1914年6月28日，奥匈帝国皇储弗朗茨·斐迪南大公在萨拉热窝遭当地青年暗杀，引发第一次世界大战。

1918年第一次世界大战结束后，南部斯拉夫民族成立塞尔维亚人—克罗地亚人—斯洛文尼亚人王国。1929年改称南斯拉夫王国，波黑是其中的一部分，被划分为几个行政省。1945年，南斯拉夫各族人民取得反法西斯战争胜利，成立南斯拉夫联邦人民共和国（1963年改称南斯拉夫社会主义联邦共和国），波黑成为其中的一个共和国。1992年3月，波黑就国家是否独立举行全民公决，波族和克族赞成独立，塞族抵制投票。此后，波黑三族间爆发历时三年半的战争。1992年5月22日，波黑加入联合国。1995年11月21日，在美国主持下，南斯拉夫联盟共和国塞尔维亚共和国总统米洛舍维奇、克罗地亚共和国总统图季曼和波黑共和国总统伊泽特贝戈维奇签署代顿波黑和平协议（简称“代顿协议”），波黑战争结束。

政治

自1995年代顿协议签署以来，波斯尼亚和黑塞哥维那民族关系渐趋缓和，政局逐步稳定。

【宪法】1995年11月，波黑根据代顿协议制定宪法。宪法规定：波黑正式名称为“波斯尼亚和黑塞哥维那”；波什尼亚克族、塞尔维亚族和克罗地亚族三个民族为主体民族；波黑由波黑联邦和塞族共和国两个实体组成；波黑设3人主席团，由三个主体民族代表各1人组成，主席团成员分别由两个实体直接选举产生。2014年10月，波黑举行全国大选，选举国家主席团成员，议会代表院、波黑联邦议会代表院和塞族共和国议会议员，塞族共和国总统和副总统，以及波黑联邦州议会议员。

【议会】由代表院和民族院组成，任期4年。代表院由三个民族的42名代表组成，其中28名来自波黑联邦，14名来自塞族共和国。代表院设主席1人，副主席2人，分属三族。主席一职由波黑三族轮流担任，主席、副主席每8个月轮换一次。代表院议员的产生方式是通过大选中参选各政党的具体得票数来分配名额。本届代表院于2014年10月选举产生，波黑民主行动党拥有10个议席，塞族共和国独立社民人士联盟6席，波黑民主阵线党5席，波黑塞族民主党5席，争取波黑美好未来联盟4席。现任代表院轮值主席为博尔娅娜·克里什托（Borjana KRIŠTO，克族），姆拉登·博西奇（Mladen BOSIĆ，塞族）和舍菲克·扎费罗维奇（Šefik DŽAFEROVIĆ，波族）为副主席。

民族院设15个席位，由波黑联邦的10名代表和塞族共和国的5名代表组成。民族院议员是由波黑联邦议会民族院和塞族共和国人民议会根据主体民族比例和大选结果推选产生。主席、副主席轮值方式与代表院相同。本届民族院于2015年2月推举产生。现任轮值主席为奥格年·塔迪奇（Ognjen TADIĆ，塞族），萨费特·索夫蒂奇（Safet SOFTIĆ，波族）和巴里沙·乔拉克（Bariša ČOLAK，克族）为副主席。

【政府】波黑政府称部长会议，由主席和部长组成，任期4年。部长会议主席由主席团任命，经议会代表院批准。部长由部长会议主席任命。本届部长会议于2015年3月组成，主席为戴尼斯·兹维兹迪奇（Denis ZVIZDIĆ，波族）。部长会议成员有：副主席兼财政部长弗耶科斯拉夫·贝万达（Vjekoslav BEVANDA，克族），副主席兼对外贸易和经济关系部长米尔科·沙罗维奇（Mirko ŠAROVIĆ，塞族），民政部长阿迪尔·奥斯马诺维奇（Adil OSMANOVIĆ，波族），人权和难民部长塞米哈·博罗瓦茨（Semiha BOROVAC，波族），外交部长伊戈尔·茨尔纳达克（Igor CRNADAK，塞族），安全部长德拉甘·梅克蒂奇（Dragan MEKTIĆ，塞族），司法部长约西普·格鲁贝沙（Josip GRUBEŠA，克族），国防部长玛丽娜·彭黛什（Marina PENDEŠ，克族），通信和交通部长暂时空缺。

【主要网址】波黑主席团：www.predsjednistvobih.ba；波黑部长会议（政府）：www.vijeceministara.gov.ba；波黑外交部：www.mfa.ba。

【行政区划】波黑由波黑联邦和塞族共和国两个实体组成。波黑联邦下设10个州，塞族共和国下设62个区。1999年，设立布尔奇科特区，直属国家。

【司法机构】根据宪法，波黑设宪法法院和国家法院。宪法法院是裁决两实体之间以及两实体内部各机构间纠纷的唯一法律授权机构，拥有终审决定权。宪法法院由9名法官组成，法官任期5年，其中4人由波黑联邦代表院选出，2人由塞族共和国议会选出，其余3人由欧洲人权法院院长推选，但不能是波黑或波黑邻国的公民。宪法法院院长米尔萨德·切曼（Mirsad ĆEMAN）。国家法院院长克雷索·梅德季达（Kreso MEDDŽIDA，女）。两实体分设波黑联邦最高法院和塞族共和国最高法院。

【政党】主要政党有：

（1）波黑民主行动党（Stranka demokratske akcije Bosne i Hercegovine）：主要执政党。1990年5月成立，系波族最大政党。主张建立完整和统一的波黑。主席巴基尔·伊泽特贝戈维奇。

（2）塞族共和国独立社民人士联盟（Savez nezavisnih socijaldemokrata Republike Srpske）：塞族共和国主要执政党。主张执行代顿协议，支持以代顿协议为基础的波黑体制，积极致力于发展和加强同塞尔维亚的特殊平行关系。主席米洛拉德·多迪克（Milorad DODIK）。

（3）波黑克族民主共同体（Hrvatska demokratska zajednica Bosne i Hercegovine）：主要执政党。1990年8月成立，系克族第一大政党。主张维护波黑克族利益，建立统一波黑。主席德拉甘·乔维奇（Dragan ČOVIĆ）。

（4）争取波黑美好未来联盟（Savez za bolju budućnost BiH）：主要执政党。2009年成立，系以波族为主的多民族政党。主张维护波黑的统一，大力发展经济，改善民生。主席法赫鲁丁·拉东契奇（Fahrudin RADONČIĆ，波族）。

（5）波黑塞族民主党（Srpska demokratska stranka Bosne i Hercegovine）：国家层级执政党。1990年7月成立，系塞族政党。主张遵守代顿协议安排，维护塞族共和国实体权力，反对激进分离主义。主席姆拉登·博西奇。

（6）塞族共和国民主进步党（Partija Demokratskog Progresa Republike Srpske）：国家层级执政党。1999年9月成立。主张维护塞族合法权益，维护波黑领土完整。主席布拉尼斯拉夫·博雷诺维奇（Branislav BORENOVIĆ）。

（7）波黑社会民主党（Socijal demokratska partija Bosne i Hercegovine）：在野党。1990年成立，系多民族政党，社会党国际成员。倡导建立多民族、多宗教、多元文化的波黑，主张民族和解。主席内尔明·尼克希奇（Nermin NIKŠIĆ，波族）。

（8）波黑克族民共体1990（Hrvatska Demokratska Zajednica 1990 Bosne i Hercegovine）：在野党。由原波黑克族民共体部分成员脱党后于2006年4月成立，系克族第二大政党。主张维护克族作为主体民族的合法权益，拥护统一的波黑。代理党主席伊利亚·茨维塔诺维奇（Ilija CVITANOVIĆ）。

【重要人物】**姆拉登·伊万尼奇**：波黑主席团塞族成员。1958年生于桑斯基莫斯特市。塞族共和国民主进步党名誉主席。毕业于巴尼亚卢卡大学经济系，并在贝尔格莱德大学获得经济学硕士和博士学位。曾任巴尼亚卢卡大学经济学教授、塞族共和国总理、波黑部长会议副主席兼外长。2014年11月当选主席团塞族成员。　**德拉甘·乔维奇**：波黑主席团克族成员。1956年出生于莫斯塔尔。克族民共体主席。毕业于莫斯塔尔大学机械学院。曾任波黑联邦副总理兼财政部长、波黑议会民族院主席团成员。2014年11月当选主席团克族成员。　**巴基尔·伊泽特贝戈维奇**：波黑主席团波族成员。1956年生于萨拉热窝。民主行动党主席。毕业于萨拉热窝大学建筑系。波黑前总统阿里亚·伊泽特贝戈维奇之子。曾任萨拉热窝州议会和波黑联邦议会议员。2010年11月当选主席团波族成员。2014年11月连任。　**戴尼斯·兹维兹迪奇**：部长会议主席。1964年生于萨拉热窝，波什尼亚克族。民主行动党副主席。毕业于萨拉热窝大学建筑与城市规划学院，并取得建筑学硕士和博士学位。曾先后任萨拉热窝州总理、波黑联邦议会代表院主席。2015年3月出任部长会议主席。

经　济

波黑战争给波经济带来严重破坏，几近崩溃。战后在国际社会援助下，波经济恢复取得一定进展。

2014年主要经济数据如下：

国内生产总值：272.59亿可兑换马克（约合139.37亿欧元）。

国内生产总值实际增长率：0.7%。

人均国内生产总值：7123可兑换马克（约合3642欧元）。

货币名称：可兑换马克（CONVERTIBLE MARK，BAM），或称波黑马克。1马克=100芬尼（Fenings）。

汇率：1美元≈1.8047可兑换马克（2016年1月）。

通货膨胀率：–0.2%（波黑中央银行2013年年度报告）。

登记失业率：27.5%。

（以下数据若无特别说明，均来源于波黑国家统计局）

【资源】矿产资源丰富，主要有铁矿、褐煤、铝矾土、铅锌矿、石棉、岩盐、重晶石等，其中煤炭蕴藏量达38亿吨。图兹拉地区食用盐储量为欧洲之最。波黑拥有丰富的水资源，潜在的水力发电量达170亿千瓦。森林覆盖率46.6%，其中65%为落叶植物，35%为针叶植物。

【工业】2014年波黑主要工业产品产量：电力161.6亿千瓦时，产煤1165万吨（土状褐煤594万吨，暗色褐煤570万吨）。2014年波黑工业产值同比增长0.1%。

【农牧业】2014年波黑主要牲畜存栏量：牛44.4万头，羊109.9万头，猪53 .3万头，家禽2066.4万只。2014年波黑主要农产品产量：小麦17万吨，玉米79.8万吨，土豆30万吨。（波黑对外贸易和经济关系部数据）

2013年，波黑农业产值18.3亿马克（约合9.36亿欧元），占国内生产总值的6.97%，同比增长16.13%。2014年，农产品和食品加工出口6.49亿马克，占波出口总额的7.5%。

【旅游业】2014年波黑入境旅游人数53.6万人次，同比增长1.5%，过夜天数108.8万天，同比减少1.8%。其中，中国游客6549人次，同比增长16.2%。旅游设施主要有旅馆、浴场、私人小旅馆、汽车宿营地、温泉和疗养地等。主要旅游点是萨拉热窝、巴尼亚卢卡和莫斯塔尔。

【交通运输】波黑位于前南斯拉夫的中心地区，连接前南与欧洲的部分重要交通干线经过波黑。交通运输以铁路和公路为主。2014年波黑全国注册机动车92万辆，其中小汽车80万辆，卡车76226辆，公共汽车4130辆，摩托车7833辆。

公路：根据波黑联邦及波黑塞族共和国道路公司数据，2014年全国公路总长22871公里，其中高速公路124公里。2014年波黑全国公路运输：客运量1975.4万人次，货运量725.5万吨。

铁路：2014年波黑全国铁路运输：客运量52.8万人次，货运量1350.6万吨。

空运：波黑有4个国际机场，分别是萨拉热窝、巴尼亚卢卡、莫斯塔尔和图兹拉。2014年航空客运量为95.7万人次。

【财政金融】波黑国家预算在很大程度上依赖于两实体上缴的部分税收，另外一部分收入依靠征收印花税。根据波黑2016年预算法案，2016年国家预算为17.2亿可兑换马克（约合8.8亿欧元），其中国家机构预算为9.5亿可兑换马克（约合4.9亿欧元）。根据波黑央行数据，截至2014年12月，波黑外汇储备782亿马克（约合400亿欧元）。

【对外贸易】2014年波黑进出口贸易总额248.8亿可兑换马克（约合127.2亿欧元），其中，出口86.8亿可兑换马克（约合44.4亿欧元），进口162亿可兑换马克（约合82.8亿欧元）。主要出口商品有初级金属产品、矿产品、木材、机械产品、农产品等。主要进口商品有机械、食品、石油、化工、交通工具等。重要贸易伙伴为：克罗地亚、德国、塞尔维亚、意大利、斯洛文尼亚、奥地利、黑山、俄罗斯等。

【外国援助】战后约有50个捐资国、30个国际组织和400多个非政府组织参加了波黑的恢复与重建项目。国际社会共组织5次布鲁塞尔波黑重建国际捐资会议，为波黑筹集55.83亿美元的援助，其中无偿援助占69.56%，优惠贷款占30.44%，主要捐资方为欧盟、世界银行、美国、日本、荷兰、英国等。2001年，国际社会结束对波黑的大规模援助。

人民生活

1992年爆发战争后，人民生活水平急剧下降，食品和医药用品极端匮乏。国际社会向波黑提供大量人道主义援助。1995年代顿协议签署后，人民生活有所改善。2014年波黑人均净月工资为830可兑换马克（约合424欧元）。

军　事

波黑战争期间，波、塞、克三大民族均拥有自己的武装。战后，根据代顿协议，波黑联邦和塞族共和国两个实体分别成立了国防部和军队，同时开始在北约的监督下大幅裁军。2003年12月，波黑颁布首部《国防法》，决定在国家一级组建国防部。2005年10月，波黑通过《国防法修正案》和《兵役法》，决定组建全国统一的职业化军队。截至2015年底，波黑武装力量总人数为9729人。2014年度国防预算为2.86亿可兑换马克（约合1.46亿欧元），约占国内生产总值的0.98%。现任国防部长为玛丽娜·彭黛什，武装力量联合参谋长为安托·耶莱奇（Anto JELEČ）少将。波黑武装力量日为12月1日。

文化教育

【文化】波黑文化生活丰富，每年举办电影节、戏剧节、音乐节等。萨拉热窝电影节为欧洲十大电影节之一。根据波黑国家统计局数据，2012年，全国共有37家电影院，29家剧院。波黑联邦有113家图书馆，塞族共和国有50家图书馆。

【教育】波黑教育体制符合国际教育体制标准。根据波黑国家统计局数据，2014—2015年度，波黑学校和在校师生情况：小学1812所，学生296819人，教师24062人；中学311所，学生143881人，教师12774人。全国有高校202所，学生109259人。主要高校为萨拉热窝大学、巴尼亚卢卡大学、莫斯塔尔大学和图兹拉大学。

【新闻出版】根据波黑国家统计局数据，波黑全国共发行各类报刊138种。主要报刊有：《每日之声报》、《解放报》、《独立报》、《塞族之声报》、《自由波斯尼亚周刊》等。

根据波黑国家统计局数据，2014年，全国有电视台48家。主要电视台：波黑国家电视台、波黑联邦电视台和塞族共和国电视台等。全国有电台131个。

对外关系

波黑将加入欧盟和北约作为外交的中心任务，重点发展与美国、欧盟关系，致力于睦邻修边，加强区域合作。截至2015年11月，共有173个国家同波黑建交。

【同中国的关系】1992年5月波黑加入联合国时，中国作为共同提案国予以支持，事实上承认了波黑。1992年6月和1995年3月，西拉伊季奇分别以波黑外长和总理身份两次非正式访华。1995年4月3日，中国和波黑建立大使级外交关系。2013年2月，波黑央行行长科扎里奇访华。5月，波黑民政部长诺维奇出席中国—中东欧国家合作文化论坛。9月，中国人民解放军副总参谋长王冠中访问波黑。10月，波黑防长奥斯米奇访华。11月，李克强总理在布加勒斯特会见出席第二次中国—中东欧国家领导人会晤的波黑部长会议主席贝万达。2014年9月，波黑副总理兼外长拉古姆季亚随欧洲社会党代表团访华。12月，李克强总理在布加勒斯特会见出席第三次中国—中东欧国家领导人会晤的波黑部长会议主席贝万达。2015年9月，波黑主席团轮值主席乔维奇来华出席中国人民抗日战争暨世界反法西斯战争胜利70周年纪念活动。11月，波黑部长会议主席兹维兹迪奇来华出席第四次中国—中东欧国家领导人会晤。

据中国海关统计，2014年，中波贸易额为3.18亿美元，同比增长184%。其中，中国出口2.83亿美元，同比增长210.84%；进口3486.6万美元，同比增长66.74%。2015年，中波贸易额为1.15亿美元，同比下降63.83%。其中，中国出口6153.9万美元，同比下降78.25%；进口5372.9万美元，同比增长54.1%。

中国驻波黑大使：陈波。馆址：波黑萨拉热窝市布拉切·贝吉奇大街17号（Braće Begić 17, 71000 Sarajevo）。电话：(0038733) 215102；传真：215108。电子邮箱：chinaemb_ba@mfa.gov.cn。

波黑驻华大使：博里斯拉夫·马里奇（Borislav MARIĆ）。办公地点：北京市朝阳区塔园外交人员办公楼1单元5楼501号。电话：010–65326587；传真：65326418。电子邮箱：ambbhdip@public.bta.net.cn。

【同美国的关系】1992年4月，美国承认波黑独立；同年8月，两国建交。1995年11月21日，在美国主持下，波黑、克罗地亚和南斯拉夫联盟领导人在美国俄亥俄州代顿空军基地就全面政治解决波黑问题达成协议。波黑停战后，美国对波黑战后重建提供经济援助达10亿美元。2012年10月，美国国务卿克林顿访问波黑。2013年5月，美国副助理国务卿里克访问波黑。2014年12月和2015年6月，美国副助理国务卿叶访问波黑。

【同欧盟及欧洲国家的关系】欧盟支持波黑融入欧洲一体化，强调波黑应加强入盟意愿和共识，推动国内政治、司法改革进程，并通过欧盟资金援助实现经济社会转型和发展，尽快符合入盟条件。德国在维护波黑安全、稳定及融入欧洲一体化过程中发挥主导作用，并为波黑国内政治经济改革提供支持和帮助。

波黑主张尽早加入欧盟。2008年6月，波黑与欧盟签署《稳定与联系协议》。2012年6月，欧盟公布波黑加入欧盟的路线图，明确波黑递交入盟申请前必须推行修宪等改革措施及期限。目前，波黑正在争取获得提出入盟申请的资格。2015年6月，波黑与欧盟《稳定与联系协议》正式生效，波黑取得入盟联系国地位。

2003年1月，欧盟特派团正式开始接替联合国特派团在波黑执行维和使命，欧盟驻波黑特派团警察部队共500人进驻。2004年11月，安理会通过决议，由欧盟部队（EUFOR）取代多国稳定部队。12月，欧盟部队共7000人正式进驻。2014年3月，欧盟外交和安全政策高级代表阿什顿访问波黑。奥地利外长库尔茨和匈牙利外长毛尔托尼联合访问波黑。英国外长黑格访问波黑。5月，德国外长施泰因迈尔访问波黑。6月，英国欧洲事务大臣利丁顿访问波黑。斯洛文尼亚总统帕霍尔访问波黑。2015年1月，德国外长施泰因迈尔和英国外交大臣哈蒙德访波。2月，欧盟外交和安全政策高级代表莫盖里尼访波。7月，德国总理默克尔访波。

【同北约的关系】波黑致力于加入北约。2009年5月，波黑有条件加入北约“成员国行动计划”。2014年5月，北约秘书长拉斯穆森访问波黑。8月，波黑主席团轮值主席伊泽特贝戈维奇赴威尔士出席北约峰会。

【同俄罗斯的关系】1992年4月27日，俄罗斯承认波黑。1995年2月建交。代顿协议签署后，俄罗斯派部队参加驻波黑多国稳定部队。2003年4月，俄正式宣布从波黑全部撤军。2013年11月，波黑塞族共和国总统访俄。2014年2月，俄副外长梅什科夫访波。3月和5月，波黑塞族共和国总统多迪克两次访俄。

【同伊斯兰国家的关系】波黑是伊斯兰国家会议组

织的观察员。2014年2月，土耳其外长达武特奥卢访波。5月，波黑主席团轮值主席伊泽特贝戈维奇访土。8月，波黑主席团轮值主席伊泽特贝戈维奇出席土耳其新任总统埃尔多安就职仪式。2015年5月，土耳其总统埃尔多安访问波黑。12月，波黑主席团轮值主席乔维奇和主席团波族成员伊泽特贝戈维奇访土。

【同邻国的关系】波黑奉行睦邻友好政策，外交中心任务是改善与邻国的关系。2014年6月，波黑主席团全体成员、克罗地亚总统约西波维奇、黑山总统武亚诺维奇和马其顿总统伊万诺夫在萨拉热窝共同出席一战爆发百年纪念活动。8月，波黑主席团轮值主席伊泽特贝戈维奇、塞尔维亚总统尼科利奇、克罗地亚总统约西波维奇和黑山总统武亚诺维奇在波黑莫斯塔尔会晤并共同签署关于尽快彻底解决难民问题的共同宣言。2015年7月，克罗地亚总统基塔罗维奇、黑山总统武亚诺维奇和斯洛文尼亚总统帕霍尔，以及塞尔维亚总理武契奇出席斯雷布雷尼察“种族灭绝”二十周年纪念活动。

同塞尔维亚的关系：2000年12月15日，两国建交。2001年互派大使。2014年4月，波黑主席团成员拉德马诺维奇访问塞尔维亚。5月，塞尔维亚总理武契奇访问波黑。8月，波黑副总理兼外长拉古姆季亚访问塞尔维亚。2015年7月，波黑主席团成员集体访问塞尔维亚。11月，塞尔维亚总理武契奇率政府代表团访问波黑，与波黑部长会议主席兹维兹迪奇主持召开首次两国政府间联席会议。

同黑山的关系：2006年6月14日，波黑承认黑山独立并宣布两国建交。2014年6月，黑山总理久卡诺维奇访问波黑。2015年8月，波黑与黑山签署两国领土划界协议。

同克罗地亚的关系：1992年7月建交。2014年2月，克罗地亚总理米拉诺维奇访问波黑。3月，克罗地亚第一副总理兼外长普西奇访问波黑。2015年9月，克罗地亚总统基塔罗维奇访问波黑。（殷涛）

丹　麦

国名　丹麦王国（The Kingdom of Denmark, Kongeriget Danmark）。

面积　4.2916万平方公里（不包括格陵兰和法罗群岛）。

人口　570万人（2015年12月），丹麦人约占88.7%，外国移民约占11.3%。官方语言为丹麦语，英语为通用语。77.8%的居民信奉基督教路德宗，0.6%的居民信奉罗马天主教。

首都　哥本哈根（Copenhagen，København），人口75万（2015年12月）。

国家元首　女王玛格丽特二世（Margrethe II），1972年1月14日即位。

重要节日　国庆日：4月16日，女王玛格丽特二世生日。宪法日：6月5日，纪念1849年6月5日颁布丹麦王国宪法。

简　况

位于欧洲北部。南同德国接壤，西濒北海，北与挪威、瑞典隔海相望。海岸线长7314公里。地势低平，平均海拔约30米。属温带海洋性气候。平均气温1月0℃，8月16℃。年均降水量约860毫米。

公元985年形成统一王国。公元8—12世纪为强盛的海盗时期，曾征服现英国、挪威、法国诺曼底、莱茵河畔等地区。14世纪走向强盛，并于1397年成立以丹麦女王玛格丽特一世为盟主的卡尔马联盟，疆土包括现丹麦、挪威、瑞典、冰岛、格陵兰、法罗群岛以及芬兰的一部分。15世纪末开始衰落。1523年瑞典脱离联盟独立。1814年将挪威割予瑞典。1849年建立君主立宪政体。两次世界大战中均宣布中立。1940年4月至1945年5月被纳粹德国占领。1944年冰岛脱离丹独立。1949年加入北约，1973年加入欧共体。拥有对格陵兰和法罗群岛的主权。

政　治

自由党单独执政的丹麦新一届少数政府于2015年6月成立。政策主张包括：在刺激经济增长和维持社会福利之间寻求平衡，缩减大城市政府编制和预算开支，降低收入税，保障失业救济、养老和幼儿教育的福利支出，增加医疗、警务安全领域投入，收紧移民和难民政策，鼓励移民融入并服务社会。

【宪法】宪法于1849年制定，1866年、1915年、1920年、1953年四度修宪。宪法规定，丹实行君主立宪制。经议会5/6多数通过，政府可将一定范围内的主权让渡某种“国际机构”。

【议会】一院制，共179个议席。议员经普选产生，任期4年。本届议会于2015年6月大选后产生，由自由党（34席）、社民党（47席）、丹人党（37席）、红绿联盟（14席）、自由联盟（13席）、选择党（9席）、激进党（8席）、社人党（7席）和保守党（6席）组成。此外，格陵兰和法罗群岛各占2席。议长皮娅·柯丝高（Pia Kjærsgaard，女，丹人党）。

【政府】本届政府于2015年6月大选后产生，系自由党一党执政的少数政府。自由党主席拉尔斯·勒克·拉斯穆森（Lars Løkke Rasmussen）出任首相。其他阁员为：财政大臣克劳斯·约尔特·弗雷泽里克森（Claus Hjort Frederiksen），外交大臣克里斯蒂安·延森（Kristian Jensen），文化和宗教事务大臣贝特尔·霍德（Bertel Haarder），交通和建筑大臣汉斯·克里斯蒂安·施密特（Hans Christian Schmidt），商业和增长大臣特罗尔斯·伦德·保尔森（Troels Lund Poulsen），移民、融合和住房事务大臣因格尔·斯托贝（Inger Støjberg，女），社会和内政大臣卡伦·埃勒曼（Karen Ellemann，女），司法大臣索伦·平德（Søren Pind），能源和气候事务大臣拉尔斯·克里斯蒂安·利勒霍特（Lars Christian Lilleholt），儿童、教育和性别平等大臣艾伦·特拉内·诺尔布（Ellen Trane Nørby，女），健康和老龄事务大臣苏菲·勒德（Sophie Løhde，女），税务大臣卡斯滕·洛伦岑（Karsten Lauritzen），高教和科学大臣乌拉·特尔奈斯（Ulla Tørnæs，女），国防和北欧合作大臣彼得·克里斯滕森（Peter Christensen），就业大臣约恩·尼尔高德·拉尔森（Jørn Neergaard Larsen），食品和环境大臣伊斯本·伦德·拉尔森（Esben Lunde Larsen）。

【主要网址】丹麦王室：www.kongehuset.dk；议会：www.folketinget.dk；首相府：www.stm.dk；外交部：www.um.dk。

【行政区划】2007年1月1日，丹实行新的行政区划。全国设5个大区、98个市和格陵兰、法罗群岛2个自治领（自治领的国防、外交和货币政策由丹麦中央政府负责）。

【司法机构】法院分三级。全国有1所最高法院、2所国家法院和82所地方法院。此外，还有海事与商业法庭、特别诉讼法庭等专门法庭。最高法院由1名院长和18名法官组成，院长和法官由政府（司法大臣）推荐，女王任命，任职到退休。法院独立行使职权。最高法院院长珀尔·索盖德（Poul Søgaard）。检察机构隶属司法部，设总检察长1名和检察官9名，均由女王任命，任职到退休。总检察长乌勒·哈塞加德（Ole Hasselgaard）。议会监察官约根·斯汀·索恩森（Jørgen Steen Sørensen）。

【政党】（1）自由党（The Liberal Party）：执政党，1870年成立，为丹麦最古老政党。支持欧盟合作，主张自由竞争，反对中央集权。2015年6月大选支持率19.5%，系丹第三大党，主席拉尔斯·勒克·拉斯穆森。

（2）社会民主党（The Social Democratic Party）：在野党，1871年成立。2015年6月大选支持率26.3%，丹第一大政党。主张保持和发展福利制度，积极参与国际合作。主席梅特·弗雷泽里克森（Mette Frederiksen，女）。

（3）丹麦人民党（The Danish People's Party）：政府支持党，1995年10月由退出进步党的议员组成。2015年6月大选支持率21.1%，丹第二大政党。有强烈的民族主义色彩，反对国际合作。主席克里斯蒂安·图勒森·道尔（Kristian Thulesen Dahl）。

（4）红绿联盟（Red-Green Alliance 或 Unity List）：在野党，1989年由原丹麦共产党、共产主义工人党及反欧盟势力组建。反对加入欧盟合作、力主裁减军费、降低失业率、加强环境保护等。1994年9月第一次进入议会。2015年6月大选支持率7.8%。采取集体领导制。

（5）自由联盟（Liberal Alliance）：政府支持党，原称新联盟，2007年由原激进党议员纳萨·卡德尔（Naser Khader）等三人组建，2008年8月改称现名。2015年6月大选支持率7.5%。主张深化移民的社会融合。主席安诺斯·萨缪尔森（Anders Samuelsen）。

（6）选择党（The Alternative），在野党，2013年11月由原激进党党员、前文化大臣埃尔贝克（Uffe Elbæk）组建。2015年6月首次参加大选，支持率4.8%。支持环保主义、可持续发展和社会公正。主席乌弗·埃尔贝克（Uffe Elbæk）。

（7）激进自由党（The Danish Social-Liberal Party）：在野党，1905年成立。2015年6月大选支持率4.6%。重视个人尊严、自由及环境问题，主张参与国际合作。主席莫滕·厄斯特高·克里斯滕森（Morten Østergaard Kristensen）。

（8）社会主义人民党（The Socialist People's Party）：在野党，1959年从丹麦共产党分裂而成。2015年6月大选支持率4.2%。重视人权、民主和环保，支持裁军，主张在平等、自愿的基础上参与国际合作。主席皮娅·奥尔森·迪赫尔（Pia Olsen Dyhr，女）。

（9）保守人民党（The Conservative People' s Party）：政府支持党，简称保守党，1916年成立。2015年6月大选支持率3.4%，主张坚持私有制和自由贸易，积极参与国际合作。主席索伦·佩普·鲍尔森（Søren Pape Poulsen）。

此外，丹还有基督教民主党（The Christian Democratic Party）和少数党（Minority' s Party）等两个议会外政党。

【重要人物】玛格丽特二世：女王。1940年4月16日生于哥本哈根。曾就读于丹麦哥本哈根大学、奥胡斯大学、法国巴黎大学、英国剑桥大学和伦敦经济学院。1972年1月14日登基。1967年6月10日与亨里克亲王（Henrik，法国伯爵）结婚。有二子，长子腓特烈王储（Frederik），次子约阿希姆王子（Joachim）。女王兴趣广泛，在考古、美术和文学方面颇有造诣。曾于1979年对华进行正式访问，是中国改革开放后第一位访华的西方国家元首。2014年4月对华进行国事访问。　**拉尔斯·勒克·拉斯穆森**：首相，自由党人。1964年生，哥本哈根大学法学硕士。历任腓特烈堡州州长、内政和卫生大臣、财政大臣等职。2009—2011年出任丹首相。2012—2014年任全球绿色增长研究所主席。2012年自创勒克基金会并任主席。已婚，有三个子女。2010年来华出席博鳌亚洲论坛年会。

经　济

丹麦是发达的西方工业国家，人均国内生产总值居世界前列。2008年下半年国际金融危机爆发后，丹麦银行业出现银行间市场冻结、流动性不足等问题，房贷市场受影响较大，股市遭重创。2009年经济陷入轻度衰退，工业生产、私人消费、进出口、私营部门投资持续下降，企业破产率和失业率大幅上升，通货膨胀抬头。2010年，丹麦经济逐步复苏。受欧债问题影响较小，享有AAA主权信誉评级。经济高度依赖外贸。

2015—2016年度世界经济论坛全球竞争力排名第12位。

2014年主要经济指标如下：

国内生产总值：19426亿丹麦克朗（约合3424亿美元）。

人均国内生产总值：约34.1万丹麦克朗（约合6.1万美元）。

经济增长率：1.3%。

货币名称：丹麦克朗（Krone），1克朗=100欧尔（Øre）。

汇率：1美元=6.8丹麦克朗；1欧元=7.45丹麦克朗。

通货膨胀率：0.6%。

失业率：6.5%。

（资料来源：国际货币基金组织、丹麦统计局。以下除注明外，均来自丹麦统计局）

【资源】自然资源贫乏。除石油和天然气外，其他矿藏很少。石油探明剩余可采储量为9亿桶，居世界第43位。天然气探明剩余可采储量为520亿立方米，居世界第66位。探明褐煤储量9000万立方米。森林覆盖面积48.6万公顷，覆盖率约11.4%。北海和波罗的海为近海重要渔场。

（资料来源：美国中央情报局）

【工业】工业在国民经济中占重要地位，但近年来在国民经济中比重逐渐下降，工业总产值约占国内生产总值的14%。主要工业部门有：食品加工、机械制造、石油开采、造船、水泥、电子、化工、冶金、医药、纺织、家具、烟草、造纸和印刷设备等。产品60%以上供出口，约占出口总额的70%。船用主机、水泥设备、助听器、酶制剂和人造胰岛素等产品享誉世界。企业以中小型为主。

【农业】农牧业高度发达，产量和农产品品质不断提升。农牧结合，以牧为主。近年受欧盟共同农业政策影响较深，农业在国民经济中所占份额逐年下降，但在外贸中仍占较大比重。农牧业总产值约占国内生产总值的2%，有耕地2.8万平方公里，农场4.2万个。农业科技水平和生产率居世界先进国家之列。农畜产品除满足国内市场外，大部分供出口，占产品出口总额的约20%，猪肉、奶酪和黄油出口量居世界前列，是世界最大貂皮生产国之一。

【渔业】欧盟主要渔业国之一，2014年总捕鱼量36万吨，产值42亿克朗，主要有鳕鱼、比目鱼、鲱鱼、鳗鱼和虾等，主要用于生产鱼油和鱼肉。2014年底共有渔船576艘。

【服务业】服务业发达，产值约占国内生产总值的84%。主要包括商业、电信、金融、保险、旅游和技术服务等。

【旅游业】2014年境内游客入住4704万间夜。主要旅游点有首都哥本哈根、安徒生故乡欧登塞、乐高积木城及日德兰半岛西海岸和最北角斯卡晏等。

【交通运输】海、陆、空交通发达。

铁路：铁路总长2650公里，客运量2.8亿人次，货运量805万吨。（2014年）

公路：公路总长约7.4万公里，其中高速公路1182公里，共有各种汽车约420万辆，其中小轿车233万辆、货车39.8万辆、卡车2.8万辆、拖拉机9.3万辆、摩托车15万辆、公共汽车1.3万辆。公路货运量为1.78亿吨。（2014年）

水运：水路总长400公里，船舶1742艘，总吨位1410万吨，港口装卸集装箱46.7万个，货运量7650万吨，客运量4180万人次。全国有港口137个，奥胡斯港和菲德烈西亚港货运量居前列。（2014年）

空运：共有23个机场，各类民用飞机千余架。北欧航空公司为瑞典、丹麦和挪威共有，三国分别占3/7、2/7、2/7股份。哥本哈根卡斯楚普机场是丹最大航空港，也是欧洲北部重要航空枢纽。2014年空运乘客1623人次，货物16.5万吨。（2014年）

（资料来源：丹麦统计局）

【财政金融】近几年中央政府财政收支情况如下（单位：亿克朗）：

	2012	2013	2014
收入	9993	10306	10987
支出	10711	10478	11227
差额	–718	–172	–240

2014年，中央政府债务占GDP24%。国家银行黄金和外汇储备为5365亿克朗。有银行88家，雇员3.9万人。其中最大的两家银行为诺迪亚银行（Nordea）和丹麦银行（Danske Bank）。

（资料来源：丹麦国家银行、金融管理局）

【对外贸易】外贸是丹经济命脉。主要原料靠进口，产品销售依赖国际市场。政府制定优惠政策，鼓励产品出口。同100多个国家和地区有贸易往来，1987年以来一直保持较大顺差。主要进口产品为运输设备、电信产品、纸张、原油、煤炭、钢铁、机械和饲料等。主要出口产品为乳制品、肉、鱼、家具、医药、电子产品、仪表、船舶、纺织品和服装等。

对外贸易情况如下（单位：亿克朗）：

	2012	2013	2014
外贸总额	11489	11658	11787
进口额	5343	5475	5577
出口额	6146	6183	6210
差额	803	708	633

2014年丹与主要贸易伙伴贸易情况（单位：亿克朗）：

	出口	进口
德国	1098	1140
瑞典	745	684
英国	481	265
荷兰	257	422
法国	224	165
意大利	145	202
波兰	168	183
芬兰	172	75
挪威	422	298
美国	420	298

【对外投资】2014年丹对外直接投资总额为10860亿克朗，外国对丹直接投资总额为5950亿克朗。

（资料来源：丹麦国家银行）

【对外援助】2014年丹对外经济援助为188亿克朗，占当年国民总收入的0.97%，主要关注减贫、妇女、教育、健康等。

（资料来源：丹麦外交部）

【著名公司】（1）A.P. 穆勒－马士基集团（A.P. Moller–Maersk Group）：成立于1904年。全球最大集装箱航运公司。总部哥本哈根。还从事石油天然气勘探与开发、航空运输、商品零售等。1984年成为首家获准在华开设办事处的外国船商，在华设立马士基（中国）航运有限公司，现成为国内最大的外国航运公司。

（2）诺和诺德集团（Novo Nordisk）：1923年创建，世界著名医药和生化制品集团公司。2000年，诺和诺德决定将两类核心业务拆分，负责制药业务的公司沿用原名，负责酶制剂业务的公司改名为诺维信（Novozymes）。诺和诺德生产的胰岛素和诺维信生产的酶制剂分别占世界市场份额的50%和40%以上。总部在哥本哈根，在欧美、亚洲均设有生产厂。产品20世纪60年代进入中国市场。

（3）维斯塔斯集团（Vestas）：成立于1989年，国际风力发电技术领域的主导生产企业，全球最大的风电设备生产商之一。全球雇员近19700人，在75个国家装有超过5.6万台风机。2006年在天津设厂，2009年在天津建成其全球最大规模的一体化风电生产基地。

（4）丹佛斯集团（Danfoss）：成立于1933年，丹最大工业集团，在制冷、供热、水处理和传动控制制造领域居世界领先地位，产品注重环保、节能、增效。丹佛斯（天津）有限公司1995年成立，是其在亚洲的最大生产基地。

人民生活

以高福利、高收入、高税收、高消费为特征。2014年社会福利（公共服务及秩序、教育、医疗卫生、社会保障、住房、文化娱乐）开支为6499亿克朗，约占当年国内生产总值的33%。

军　事

根据丹麦宪法，玛格丽特二世女王是武装力量最高统帅。国防部是武装力量最高行政机关，国防大臣为文职，向议会和首相负责，对武装力量实施行政领导。国防司令部是武装力量最高指挥机构，负责丹三军的作战、训练和后勤保障。现任国防司令彼得·巴特拉姆（Peter Bartram，2012年3月上任）。实行义务兵与志愿兵相结合的兵役制。义务兵服役期8—12个月，志愿兵服役期为54—72个月。

丹麦武装力量由陆、海、空三军和国民卫队组成，其中陆、海、空三军为现役正规军队。截至2014年底，丹军共18827人，陆军、海军和空军兵力分别为8325人、2792人和3379人。其中，陆军装备豹2A5主战坦克57辆、装甲车664辆、直升机22架；海军编成水面舰艇部队和海防舰艇部队，主要装备舰艇74艘；空军编为6个航空兵中队、1个雷达中队，装备各种飞机109架（其中F–16A/B型战斗机45架、C–130型运输机4架）。

2014年国防开支为250亿克朗。

（资料来源：丹麦国防部）

文化教育

【文化】文化教育事业发达。童话作家安徒生、原子物理学家尼尔斯·玻尔、音乐家卡尔·尼尔森等举世闻名；迄有13位丹麦人获诺贝尔奖。在生物学、环境学、气象学、免疫学等方面处于世界领先地位。执行使每个社会成员在文化方面平等发展的文化方针，鼓励地方发展文化事业。

2013年全国公共图书馆藏书1654万册，借阅2855万册次。拥有各类博物馆258所，参观人次1335万。拥有163家影院，全年播放国内外电影500部，观影1287万人次。

【教育】教育事业发达。1973年起实行九年制免费义务教育。全国共有学校2820所，学生125万人，其中小学2457所，学生71万人；高中168所，学生15万人；职业学校482所，学生28万人；综合性大学8所，学生15万人。最著名的高等学府有哥本哈根大学（建于1479年）、奥胡斯大学（建于1928年）和丹麦技术大学。

【新闻出版】全国有日报32种，发行量125万份。周报11种，发行量67万份。主要报纸发行量如下（括号内为创刊年）：《日德兰邮报》（1871年），平日版8.4万份，周日版10.9万份；《政治报》（1884年），平日版

9万份，周日版11.7万份;《贝林时报》(1749年)，平日版7.6万份，周日版8.7万份。

丹麦通讯社（Ritzaus Bureau）：1866年创建。丹唯一的全国性通讯社，由各大报纸合办。

丹麦广播公司：1925年创立。丹麦最大的全国性广播电台和电视台。

丹麦电视二台：1988年创立，1989年开播。

对外关系

视联合国、欧盟和北约为其外交三大支柱，视美国为最重要战略盟友，视北约为其安全保障，积极拓展以北欧合作为基础的环波罗的海合作。重视应对全球化挑战，强调发展对中国、印度、巴西等新兴国家关系。积极推行"气候外交"。重视对外发展援助，强调以外援促进人权与民主。

【对当前重大国际问题的态度】关于国际形势：认为国际安全形势趋向严峻，俄罗斯针对乌克兰的行动是冷战结束后欧洲面临的最大安全威胁，恐怖主义、难民、民族和宗教问题等非传统安全因素成为威胁国际安全与稳定的突出问题。认为世界政治朝多极化方向发展，主张各大国加强对话与合作，共同应对气候变化和能源安全等全球性挑战。

关于联合国作用和改革：视联合国为国际社会构架的基础和国际和平、安全与稳定的保障，积极参与联合国事务。希望安理会增加效率和效力并进行改革，反对扩大否决权，建议对新增常任理事国设立任期等时间性限制。呼吁联合国重视非洲发展问题，强调提高对经社发展领域的重视。

关于国际反恐：认为恐怖主义已成为国际社会面临的最严重威胁和核心挑战之一，反恐重点应是减少极端主义、恐怖主义和激进行为滋生的土壤，将继续帮助脆弱国家实现稳定，发展民主和人权，改善政府职能和执法能力。积极参与全球反恐行动，实行以预防和打击为重点的全方位反恐战略。同时认为反恐必须以国际法、尊重人权和法治等核心价值观为基础。

关于阿富汗问题：2002年参与国际安全援助部队在阿行动。支持2012年北约峰会达成共识，在2014年北约自阿撤军后每年向阿安全部队提供13亿美元资金。2013—2017年对阿援助由每年5亿丹麦克朗增长至5.3亿克朗，阿成为丹第一大援助对象。

关于非洲问题：重视对非关系，支持推动非洲实现联合国千年发展目标。注重将经援与民主、人权挂钩。2007年出台新《非洲战略》，增加对非援助，关注非洲地区应对气候变化挑战以及青年、性别平等、就业等问题。2008年初成立非洲委员会，负责援助监管和政策咨询。

关于北极问题：视北极事务为对外政策重点之一。认为北极问题升温带来机遇和挑战。积极参与并希在北极事务中发挥主导作用，呼吁遵循有关国际法、和平利用北极资源及实现北极地区无核化，反对"北极争夺战"，强调通过磋商解决有关分歧和争议，重视保护北极生态环境，呼吁通过国际、地区、多边和双边合作促进北极发展。2014年12月与格陵兰自治政府共同提交格陵兰北部海域200海里以外大陆架划界案，强调横跨北极的罗蒙诺索夫海岭是格陵兰岛的自然延伸，成为全球第一个对北极点提出正式声索的国家。

【同中国的关系】1950年1月9日正式承认中华人民共和国，1950年5月11日建交，1956年2月15日由公使馆升格为大使馆。20世纪80年代以来，中丹科技、环保等领域合作发展较好，先后签署科技合作议定书、环境合作协议、关于清洁发展机制项目合作的谅解备忘录、加强双边科技合作谅解备忘录等。2008年，中丹建立全面战略伙伴关系。

2010年，全国人大常委会副委员长华建敏、全国政协副主席郑万通访丹。丹麦首相拉斯穆森访华并出席博鳌亚洲论坛年会，王储腓特烈和副首相兼外交大臣埃斯珀森分别出席上海世博会开、闭幕式。2011年10月，外交部长杨洁篪访丹。

2012年6月，胡锦涛主席对丹麦进行国事访问，分别会见丹麦女王玛格丽特二世、议长吕克托夫特，并同首相托宁－施密特会谈。这是中丹建交以来中国国家主席首次访丹。9月，丹麦首相托宁－施密特来华出席在天津举办的第六届夏季达沃斯论坛年会，并参访北京、天津、上海。12月，丹麦外交大臣瑟芬达尔正式访华。

2013年6月，全国政协主席俞正声对丹麦进行正式友好访问，同丹麦议长吕克托夫特会谈，并分别会见丹麦首相托宁－施密特、王储腓特烈和外交大臣瑟芬达尔。

2014年4月，丹麦女王玛格丽特二世对华进行国事访问。6月，中共中央政治局常委刘云山对丹麦进行正式访问。9月，丹麦首相托宁－施密特来华出席2014年天津夏季达沃斯论坛。

2015年9月，习近平主席在联合国大会系列峰会期间同丹麦首相拉斯穆森会见。10月，丹麦外交大臣延森正式访华。

2014年，双边贸易额达106.1亿美元，同比增长17%。其中，我出口65.5亿美元，同比增长15%；进口40.6亿美元，同比增长20%。2015年，双边贸易额达102.5亿美元，同比下降3.4%。其中，我出口61.5亿美元，同比下降6%；进口41.0亿美元，同比增长0.9%。

中国驻丹麦大使：刘碧伟（2013年11月12日递交国书）。馆址：OEREGAARDSALLE 25, 2900 HELLERUP, COPENHAGEN DENMARK。电话：45–39460889，39611013（商务处），39460877（签证处）；传真：45–39625484，39612913（商务处），39460878（签证处）。网址：www.chinaembassy.dk。

丹麦驻中国大使：戴世阁（A. Carsten

Damsgaard，2015年8月19日递交国书）。馆址：北京市朝阳区三里屯东5街1号。电话：010-85329900；传真：85329999。网址：www.ambbeijing.um.dk/zh。

【同美国及北约的关系】视对美关系为跨大西洋合作的核心内容，并极力发展紧密、稳定的对美双边关系。丹美双边高层往来频繁，将丹属自治领格陵兰岛上的图勒基地纳入美导弹防御系统。在阿富汗、反恐等问题上合作密切，但未接收关塔那摩释放囚犯。

1949年以创始成员国身份加入北约，视北约为丹国防与安全政策的基石，积极参加北约军事行动，支持北约东扩和战略转型。认为北约在集体防御外，还应承担捍卫自由、民主及人权等共同价值观的责任，力求在推进民用警力合作等方面发挥作用。丹前任首相安诺斯·福格·拉斯穆森于2009年8月至2014年9月出任北约秘书长。

【同欧盟的关系】支持欧盟东扩和一体化建设，在重大外交政策上与欧盟保持一致，期待欧盟在国际事务中发挥更大作用。在欧盟合作中仍有“四项保留”（司法、防务、货币、欧洲公民权），2015年12月全民公投否决取消对欧盟司法合作保留。2012年上半年担任欧盟轮值主席国期间，推动欧洲经济治理，推进冰岛、黑山入盟谈判，推动欧盟与日本、美国、加拿大、印度等商签自贸协定。认为来丹麦领取福利津贴的欧盟国家公民人数增长过快，对欧盟福利政策态度趋于强势。2015年难民潮涌入欧洲后，认为难民问题是欧盟当前面临的最大危机，欧盟一体化和内部融合问题堪忧。

【同中东欧和波罗的海三国关系】重视发展同中东欧和波罗的海国家的关系，认为北约和欧盟双东扩有利于保持欧洲的长期稳定。曾积极支持波海三国独立，同其他北欧国家一起最早承认并同三国建交，强调继续加强同波海三国在经济、社会保障、军事等领域的合作，积极推动环波罗的海地区合作。

【同俄罗斯的关系】在人权和欧盟东扩问题上与俄分歧明显。2002年因拒交车臣流亡政客与俄交恶。强烈谴责俄2008年在南奥塞梯的军事行动。2009年与俄双边关系实现正常化，丹外交大臣和首相先后访俄，签署了一系列合作协议，包括2011年起俄向丹提供天然气协议，丹同意俄输欧天然气管道穿越丹海峡。2014年俄与乌克兰交恶后，丹支持欧盟谴责俄侵害乌主权和领土完整，参与欧盟对俄制裁。

【同新兴市场国家的关系】2012年5月出台《新兴市场国家战略》，希未来5年对新兴市场国家出口增长50%，新兴市场国家在丹投资增长1倍，保持和发展丹对新兴市场国家服务出口的领先地位。（邹晓墨）

附：

法罗群岛

名称 法罗群岛（The Faroe Islands,Foeroyar），丹麦属地。

面积 0.1399平方公里。

人口 4.87万人（2015年）。居民绝大部分为斯堪的纳维亚人后裔。语言主要为法罗语，通用丹麦语。多数人信奉基督教路德宗。

首府 托尔斯港（Thorshavn），人口约2万人（2014年）。

高级专员 丹·迈克尔·克努特森（Dan Michael Knudsen），2015年9月15日上任。

简 况

位于挪威、苏格兰和冰岛之间的北大西洋海域。由18个小岛（其中17个有人定居）组成。海岸线总长1117公里。平均海拔高度逾300米。属温带海洋性气候。托尔斯港1月平均气温5.9℃，7月10.3℃。年均降水量1321毫米。（资料来源：丹麦气象局）

约公元650年爱尔兰的基督教徒移居此地。约1035年成为挪威属地。1380年丹麦与挪威结成联合王国，法罗群岛从此受丹麦管辖。二战期间曾受英国控制。1948年起成为丹麦的自治领。岛上设有北约雷达设施和丹麦海军基地。有自己的旗帜、邮票、特别护照和货币。丹麦克朗也可流通。1974年与欧共体签署自由贸易协定。1977年宣布渔区由20海里扩至200海里。1984年宣布为无核区。1985年宣布群岛对地下资源拥有主权。1992年，丹麦政府同意将地下矿产主权移交自治政府。1998年，丹麦政府与自治政府签署新的经济关系协议，同意自治政府自行处理经济和金融事务。2000年，法罗群岛自治政府与丹麦政府就独立问题进行了四轮谈判，后因财政补贴年限和减免债务等分歧谈判破裂。2003年11月，法罗群岛与欧盟签署协议，开始享有与其他欧盟国家同等的内部免关税贸易权利。2005年，法罗群岛自治政府与丹麦政府签署了关于提高法罗群岛自治度的联合声明，赋予法罗群岛更多自治权。

政 治

设有自治议会和自治政府，在丹麦议会中有2个席位。丹麦中央政府掌管法罗群岛的防务、外交、司法、货币等事务，并派驻高级专员（相当于总督）负责联络、协调和民法领域工作。岛内教育、卫生和社会事务由中央政府和自治政府共同负责，其他事务由自治政府负责。

【议会】自治议会（Loegting）每4年选举一次，共有33个议席，分7个选区按比例代表制普选产生。议会下属财政、外事、贸工、自治事务、文化、司法和发展事务等7个委员会。本届议会于2015年8月大选产生。社会民主党8席，共和党7席，人民党和联合党各6席，进步党和中间党各2席，独立党2席。议长：派尔·艾·雷纳图格夫（Páll á Reynatúgvu，共和党）。

【政府】本届自治政府于2015年8月由社会民主党、共和党、进步党联合党组成，共有8名成员：总理阿克塞尔·V. 约翰内森（Aksel V. Johannesen, 社会民主党），副总理兼渔业部长海格尼·霍伊达尔（Høgni Hoydal, 共和党），财政部长克里斯蒂娜·哈弗丝（Kristina Háfoss, 共和党），外交与产业部长保尔·米科尔森（Poul Michelsen，进步党），交通、基础设施与劳工部长亨里克·伍德（Henrik Old, 社会民主党），社会事务部长艾伊斯古·塞缪尔森（Eyðgunn Samuelsen，女，社会民主党），卫生与内务部长丝丽斯·斯坦伯格（Sirið Stenberg，女，共和党），教育、科研、文化事务部长里格莫尔·丹姆（Rigmor Dam，女，联合党）。

【主要政党】（1）社会民主党（Social Democratic Party）：1925年建党，1928年进入自治议会。主张法罗群岛继续保留在丹麦王国联合体中，支持更高程度的自治，支持北欧合作，强调保障人民福利水平。主席：阿克塞尔·V. 约翰内森。

（2）共和党（Republican Party）：1948年建党，1950年进入议会。支持法罗群岛完全独立，主张实行共和制。主席：海格尼·霍伊达尔。

（3）人民党（People's Party）：1940年建党，同年进入议会。主张法罗群岛以渐进式自治的方式脱离丹麦王国联合体，在政治和经济上取得独立地位，自治议会拥有完全立法权，支持法罗群岛以独立身份加入北约。主席：约尔根·尼克拉森（Jørgen Niclasen）。

（4）进步党：2011年建党，由原人民党党员组建，在2011年、2015年大选中均获议会两席位。主张法罗群岛独立。主席：保尔·米科尔森。

（5）联合党（Union Party）：1906年建党以来，一直在议会拥有席位。主张法罗群岛继续保留在丹麦王国联合体中，但强调与丹麦及格陵兰三方在联合体中的平等地位，致力于法罗群岛人民在经济、文化等领域稳定、自由的发展。主席：贝尔索尔·艾·斯泰格·尼尔森（Bárður á Steig Nielsen）。

（6）中间党（Center Party）：1992年建党，1994年进入议会。主张继续保留在丹麦王国联合体中，但反对法罗群岛加入欧盟，致力于基督教理念在社会的推广。主席：杰尼斯·拉那（Jenis Av Rana）。

（7）新自治党（New Self-Rule）：1906年建党，除1943—1946年外一直在议会拥有席位。主张以渐进式的自治方式获得法罗群岛实际上的独立。强调当地语言与丹麦语地位同等。主席：约格凡·斯格尔海姆（Jógvan Skorheim）。

（资料来源：法罗群岛官方网站）

经　济

20世纪90年代初经济出现困难，1995年起增长较快，1997—2001年经济平均增长率达到5.2%。2002—2004年经济增长放缓，近年有所好转。丹麦政府的经济援助占国内生产总值约5%。渔业资源丰富。除鱼产品和部分羊肉能自给外，工业品主要靠进口。捕鱼和鱼产品加工业在经济中占主导地位，产值约占国内生产总值20%，鱼产品占出口总额95%以上。旅游业发展较快，手工业、建筑业、贸易、服务和运输业也在法罗群岛经济中占有一定地位。

2014年各项经济指标如下：

国内生产总值：26.13亿美元。

人均国内生产总值：5.42万美元。

国内生产总值增长率：3.1%。

货币名称：法罗群岛克朗（Krone）。

汇率：1美元=6.8克朗。

通货膨胀率：14.1%。

失业率：3.1%。

（资料来源：法罗群岛官网、法罗群岛统计局、世界银行）

【渔业】在经济中占重要地位。主要捕捞鳕鱼、黑线鳕、鲱鱼、鲭鱼、军曹鱼及虾。2015年捕鱼量6.67万吨。拥有20吨以上渔船150艘，总吨位约10.4万吨。

【农业】由于夏季气温低，仅能种植马铃薯和一些蔬菜。草场茂盛，畜牧业较发达。主要饲养羊、牛和马。农业人口约占人口总数0.4%（2014年）。

【交通运输】水运：有港口20余个，多为渔港。岛与岛之间有固定渡轮，岛外有航线直通冰岛、英国和欧洲大陆，到美洲的货运主要通过丹麦、冰岛和荷兰。

空运：位于维格夷岛的维格尔机场是法罗群岛的唯一机场。全年有固定航班直飞丹麦和冰岛，夏季有航班飞往苏格兰和挪威。平均年客运量逾16万人次。

【财政金融】近几年财政收支情况如下（单位：亿克朗）：

	2010	2011	2012
收入	79.6	90.4	93.8
支出	71.5	81.5	98.2
差额	8.1	8.9	–4.4

【对外贸易】外贸在国民经济中占主导地位。主要出口鱼产品、钓具、毛线及皮草，进口食品、牲畜、机械、交通工具、化工产品、原料、燃料等。2014年对外贸易总额为123.3亿克朗。

2014年法罗群岛与其主要贸易伙伴进出口情况如下（单位：亿克朗）：

	进口	出口
丹麦	16.3	4.2
挪威	11.8	2.3

德国	5.5	6.4
中国	2.9	3.9
瑞典	2.8	1.1
冰岛	2.3	0.6

人民生活　81.6%的民众是基督教法罗群岛教会成员，有61所教堂，医院3所，影院2家。机动车辆2.9万辆，其中私人小轿车2.1万辆。

文化教育　实行九年制义务教育。丹麦语为必修课程。2012年有中小学61所，学生7145人；2011年有师范、技术、商业、航海、医护等专业学校13所，学生999人。法罗大学是唯一的综合性高等院校。有4家报社，1家广播电视公司。2014年出版法罗文图书205册，其中108册为译本。

（资料来源:《2015年法罗群岛统计年鉴》、法罗群岛旅游官网）

（刘凌璇）

格陵兰

名称　格陵兰（Greenland，Kalaallit Nunaat），丹麦属地。

面积　216.6086万平方公里（无冰区41万平方公里）。

人口　5.6万（2015年）。官方语言为格陵兰语和丹麦语。大多数居民信奉基督教路德宗。

首府　努克（Nuuk），前称戈特霍布（Godthaab）。人口1.7万（2015年）。

高级专员　米凯拉·英吉尔（Mikaela Engell），2011年上任。

简　况　世界第一大岛。位于北美洲东北部。全岛约4/5的面积在北极圈以内，近85%的土地终年冰雪覆盖。海岸线长4.4万公里。年平均气温在0℃以下，最低可达–70℃。1月平均气温–5.7℃，7月6.3℃。年均降水量752毫米。

公元前约1000年，加拿大北部因纽特人迁至格岛北部定居，以狩猎为生。1261年成为挪威殖民地。1397年，丹麦、挪威及瑞典等组成卡尔马联盟，格陵兰转由丹管辖。挪1905年独立后与丹就格陵兰归属发生争议。1933年，海牙国际法庭将格判归丹麦。1953年，丹麦宪法规定格陵兰为丹一部分。1973年格陵兰随丹麦一起加入欧共体，1985年退出。

1978年，丹通过格陵兰内部自治法。1979年5月1日，格正式实行内部自治，通过当地普选产生自治议会和自治政府。2004年，丹格联合成立“格陵兰—丹麦自治委员会”，在丹宪法基础上研究扩大格陵兰自治权。经丹中央政府和自治政府批准和格陵兰公投通过，2009年6月格陵兰获得“充分自治”地位，承认格陵兰人民是国际法定义下享有自决权的民族，明确格陵兰语为格官方语言，进一步扩大格自治权。

政　治　设有自治议会。格陵兰在丹麦议会中有2个议席，有自己的旗帜和邮票。丹中央政府负责格陵兰防务、外交、司法和货币，并派驻高级专员（相当于总督）负责联络、协调和民法领域工作。其他事务均由自治政府负责。政局基本稳定。

【议会】自治议会（Inatsisartut）经普选产生，任期4年，设31个议席。本届自治议会于2013年3月选举产生，前进党11席，因纽特人共同体党11席，民主党4席，因纽特人党2席、团结党2席。议长拉什·埃米尔·约翰森（Lars Emil Johansen，前进党）。

【政府】本届自治政府于2014年12月由前进党、团结党和民主党组成，内阁共有9名成员：总理吉姆·吉尔森（Kim Kielsen，前进党），兼管内部事务；第一副总理兼财政、矿业资源和外交部长维图斯·库要齐措克（Vittus Qujaukitsoq, 前进党）；第二副总理兼住房和建设部长克努德·克里斯蒂安森（Knud Kristiansen，团结党）；渔业、狩猎和农业部长卡尔–克里斯蒂安·克鲁斯（Karl-Kristian Kruse, 前进党）；工业、劳工和贸易部长兰蒂·韦斯特盖尔德·艾瓦德森（Randi Vestergaard Evaldsen，女，民主党）；家庭、平等和社会福利部长玛莎·伦德·奥勒森（Martha Lund Olsen，女，前进党）；卫生和北方合作部长桃瑞丝·雅克布森（Doris Jakobsen，女，前进党）；教育、文化、研究和教堂部长尼维·奥勒森（Nivi Olsen，女，民主党）；自然、环境与司法部长玛拉·赫伊·库克（Mala Høy Kuko，团结党）。

【行政区划】全岛分为东格陵兰、西格陵兰和北格陵兰三部分。

【政党】主要有：

（1）前进党（Siumut）：1977年7月成立。属温和社会主义民主党派，主张实现更高程度的自治。主席：吉姆·吉尔森。

（2）因纽特人共同体党（Inuit Ataqatigiit）：1976年成立。由从前进党分裂出来的左翼人士组成。主张格陵兰脱离丹麦完全独立。主席：萨拉·奥勒斯维格（Sara Olsvig）。

（3）团结党（Atassut）：1978年成立。前身是团结运动，1981年改为现名。倾向保守，主张加强格陵兰与丹麦的关系。主席：克努德·克里斯蒂安森。

（4）民主党（Demokraatit）：2002年建党，由2001年从前进党中分裂出来的自治议会议员佩尔·贝斯勒森（Per Berthelsen）发起组建。主张加强格陵兰的民主化，走温和的中间道路。主席：兰迪·韦斯特盖尔德·艾瓦德森。

（5）因纽特人党（Inuit）：极左翼党派，2013年成立并首次参加选举。反对上届政府出台的《采矿项目法案》，要求修订该法案，防止采矿业引进大批外籍劳工导致当地工人失业。主席：尼库·奥勒森（Nikku Olsen）。

（6）标杆党（Partii Naleraq）：2014年建党，由从前进党分裂出来的议员汉斯·安诺克森（Hans Enoksen）组建，在2014年选举中获得议会3个席位。该党属中间党派，主要关注渔业、农业和偏远地区，反对前进党的渔业政策。

经济

捕鱼业和鱼产品加工业是主要经济部门。1977年建立200海里渔区。2013年总捕鱼量约10.4万吨。主要海产品为北极虾、格陵兰大比目鱼、鳕鱼和鲑鱼。有各种渔船757艘，其中吨位在20吨以上渔船118艘。

2013年各项经济指标如下：

国内生产总值：112亿丹麦克朗。

人均国民收入：20万丹麦克朗。

国内生产总值同比增长率：–1.9%。

货币名称：丹麦克朗（Krone）。

汇率：1美元=6.8丹麦克朗（2014年）。

通货膨胀率：1.4%。

失业率：10.1%。

（资料来源：格陵兰统计局，下同）

【狩猎业和牧业】狩猎业是传统行业，2013年有1998人持有狩猎执照。2013年猎获海豹约10.4万头、鲸鱼3313头、驯鹿9743头、麝牛2092头、北极熊126只、鸟类6.8万只。畜牧业以羊为主，2013年养羊2万只。

【资源与采矿业】地下蕴藏铅、锌、冰晶石、铬、煤、钨、钼、铁、镍、铀和石油等资源。其中，冰晶石已自1987年起被禁采。1989年在该岛东部发现金矿，初步探明储量价值约12亿克朗，每年可采12吨。近年来，矿业开采前景良好。2014—2018年间的矿业主要项目有格陵兰岛北部的锌铅矿，南部的稀土矿，西南部的钙长石矿等。2014年共申请或批准勘探、开采矿相关许可证共145项。

【交通运输】主要交通工具为船、飞机、直升机和雪橇等，没有铁路交通。同丹麦、加拿大和冰岛有定期航班或客货轮联系，有14个机场和16个港口。

【财政金融】近几年财政预算收支情况如下（单位：亿克朗）：

	2009	2010	2011	2013
收入	91	96	98	103
支出	93	94	93	101
差额	–2	2	5	2

2014年，丹麦政府对自治政府的拨款为36.4亿克朗。

【对外贸易】主要出口鱼、虾和裘皮；进口机械、矿产品、燃料、食品、烟酒和运输工具等。近年来贸易进出口情况如下（单位：亿克朗）：

	2011	2012	2013	2014
进口额	53.5	50	46.2	43.1
出口额	26.3	27.8	27.5	30.3
差　额	–27.2	–22.2	–18.7	–12.8

2014年主要贸易伙伴占进出口总额百分比如下（单位：%）：

	出口	进口
丹麦	79.89	65.28
冰岛	9.63	0.86
瑞典	0.00	20.99
中国	0.00	2.35
荷兰	0.66	1.05

（资料来源：格陵兰统计局、UNSD）

人民生活

有医院、医疗所18所，医生89人，牙医33人，护理人员525人，病床441张。2014年有机动车辆5877辆，其中载人汽车3958辆。

军事

丹在格岛设有格陵兰司令部，具体负责渔区巡逻、海上救援、海洋测量、气象服务及同美军事基地的联络。1941年4月9日，丹美签订《格陵兰防务协定》，美取得在岛上建立军事设施的权利。美国设有图勒军事基地、雷达站和预警系统。2004年8月，格与丹、美三方签署了关于升级图勒雷达基地的防务协议，将图勒雷达基地纳入美国国家导弹防御系统。

文化教育

【教育】实行九年制免费义务教育，教学用语为格陵兰语，丹麦语为学生必修课目。2011年有中小学87所、职业学校10所、贸易学院、教育学院、小型大学（格陵兰大学）各1所。绝大多数学生到丹麦高等院校接受高等教育。

【新闻出版】主要报刊有《格陵兰邮报》，前进党党报《前进报》和团结党党报《团结报》。有1家格陵兰广播电视台，2家广播电台和若干地方小电视台。

（刘凌璇）

德　国

国名　德意志联邦共和国（The Federal Republic of Germany，Die Bundesrepublik Deutschland）。

面积　357376平方公里（2014年底，德国联邦统计局网站）。

人口　8129万（2015年3月31日），是欧盟人口最多的国家，每平方公里人口密度为227人（2014年底），是欧洲人口最稠密的国家之一。主要是德意志人，有少数丹麦人和索布族人。有772万外籍人，占人口总数的9.5%，其中最多的是土耳其人，共155万。通用德语。居民中信奉新教和罗马天主教的各占约30%。

首都　柏林（Berlin），人口346.9万，年平均气温约9.5℃（2014年底，德国联邦统计局）。

国家元首　总统约阿希姆·高克（Joachim GAUCK），2012年3月18日当选，3月23日宣誓就职。

重要节日　新年：1月1日；复活节：每年春分月圆之后第一个周日（3月21日至4月25日之间）；五一国际劳动节：5月1日；德国统一日（国庆节）：10月3日；圣诞节：12月25日。

简　况

位于欧洲中部。东邻波兰、捷克，南毗奥地利、瑞士，西界荷兰、比利时、卢森堡、法国，北接丹麦，濒临北海和波罗的海。陆地边界全长3757公里，海岸线长2389公里。位于北纬47°—55°之间的北温带，西北部海洋性气候较明显，往东、南部逐渐向大陆性气候过渡。平均气温1月-6℃—1.5℃，7月17℃—20℃。

公元962年建立德意志民族神圣罗马帝国。1871年建立统一的德意志帝国。1914年挑起第一次世界大战。1919年建立魏玛共和国。1939年发动第二次世界大战。战后被美、英、法、苏四国占领。1949年5月23日西部颁布《基本法》，建立德意志联邦共和国。同年10月7日东部成立德意志民主共和国。1990年10月3日，德国实现统一。

政　治

在2013年的德国大选中，默克尔总理领导的联盟党表现出色，获得41.5%的选票，继续保持议会第一大党地位。社民党得票25.7%，左翼党和绿党分获8.6%和8.4%的选票进入议会。默克尔联合执政伙伴自民党得票仅为4.8%，历史上首次未能迈过5%“议会门槛”。经过长达五周的谈判后，联盟党与社民党最终达成联合组阁协议，大联合政府于12月17日宣誓就职。

当前，德国政党格局呈现“朝大野小、中间偏左”的特点。联合执政的联盟党和社民党在联邦议院优势明显，反对党绿党和左翼党仅占总席位20%。默克尔总理开启第三任期以来，大联合政府保持施政连续性和稳定性，逐步推进最低工资标准、高速公路过路费、养老金、双重国籍等各项改革措施，坚持可持续发展模式，社会反响积极，民众满意度普遍较高。

【宪法】《德意志联邦共和国基本法》于1949年5月23日生效。基本法确定了德国五项基本制度：共和制、民主制、联邦制、法治国家和社会福利制度。1956年、1968年曾作过较大修改。1990年8月两德统一条约对《基本法》某些条款又作了适应性修订，10月3日起适用于全德国。

【议会】由联邦议院和联邦参议院组成。联邦议院行使立法权，监督法律的执行，选举联邦总理，参与选举联邦总统和监督联邦政府的工作等。每届任期4年。参加联邦议院的各党议员分别组成议会党团。本届（第18届）联邦议院于2013年9月22日组成，共有631席。各党席位分配为：联盟党（基民盟/基社盟）311席，社民党193席，左翼党64席，联盟90/绿党63席。议长诺贝特·拉默特（Norbert LAMMERT，基民盟）。

联邦参议院参与联邦立法并对联邦的行政管理施加影响，维护各州的利益。按各州人口比例由各州政府指派3—6名州政府成员组成，共69席。参议长由各州州长轮流担任，任期1年，总统因故不能行使职权时代行总统职务。现任参议长由萨克森州州长斯坦尼斯劳·提里希（Stanislaw TILLILLICH，基民盟）担任，2015年11月1日就任，任期至2016年10月31日。

【政府】本届联邦政府由联盟党和社民党于2013年12月17日组成。基民盟主席安格拉·默克尔（Angela MERKEL，女）连任总理。政府其他主要成员有：副总理兼经济和能源部长加布里尔（Sigmar GABRIEL，社民党），外交部长施泰因迈尔（Frank-Walter STEINMEIER，社民党），内政部长德梅齐埃（Thomas DE MAIZIERE，基民盟），司法部长马斯（Heiko MAAS，社民党），财政部长朔伊布勒（Wolfgang SCHAEUBLE，基民盟），国防部长冯德莱恩（Ursula VON DER LEYEN，基民盟），经济合作与发展部长穆勒（Gerd MÜLLER，基社盟）等。

【行政区划】德国行政区划分为联邦、州、市镇三级，共有16个州，13175个市镇。各州的名称是：巴登－符腾堡州、巴伐利亚州、柏林市、勃兰登堡州、不来梅市、汉堡市、黑森州、梅克伦堡－前波莫瑞州、下萨克森州、北莱茵－威斯特法伦州、莱茵兰－普法尔茨州、萨尔州、萨克森州、萨克森－安哈特州、石勒苏益格－荷尔斯泰因州和图林根州。其中柏林、不来梅和汉堡为市州。

【司法机构】联邦宪法法院是德国宪法机构之一，主要负责解释《基本法》，监督《基本法》的执行，并对是否违宪作出裁定。共有16名法官，由联邦议院和联邦参议院各推选一半，由总统任命，任期12年。正、副院长由联邦议院和联邦参议院轮流推举。现任院长安德烈亚斯·福斯库勒（Andreas VOSSKUHLE），2010年3月就任。

此外设有联邦法院（负责民事和刑事案件）、联邦行政法院、联邦财政法院、联邦劳工法院、联邦社会法院等。

联邦和州法院相应设有检察院，但不受法院的管辖，不干预法院的审判工作，其任务主要是领导刑事案件的侦查并提起公诉。检察院受联邦或州政府司法部的领导，在行使职权时相对独立。联邦检察院由联邦总检察长和若干名联邦检察官组成，联邦总检察长彼得·弗兰克（Peter FRANK）于2015年10月就任。

【政党】德国实行多党制，主要有以下政党：

（1）德国基督教民主联盟（Christlich-Demokratische Union Deutschlands）：简称“基民盟”。主要执政党。1945年6月成立。曾于1949—1969年，1982–1998年执政。2005年至今为主要执政党，现有党员44.7万人（2015年12月），是德国第一大政党，党主席安格拉·默克尔。

（2）基督教社会联盟（Christlich-Soziale Union in Bayern e.V.）：简称“基社盟”。执政党。1945年成立。根据与基民盟达成的协议，该党只在巴伐利亚州发展组织并开展活动，在联邦议院与基民盟组成联盟党议会党团。现有党员14.5万人（2015年12月），党主席霍斯特·泽霍夫（Horst SEEHOFER）。

（3）德国社会民主党（Sozialdemokratische Partei Deutschlands）：简称“社民党”，主要执政党。成立于1863年，是世界上成立最早的工人党之一。1878年，被俾斯麦政府宣布为非法，1890年重新获得合法地位。1933年，社民党被纳粹政权取缔，战后重建。1990年9月，东、西德社民党合并。现有党员44.6万人（2015年12月），是德国第二大政党。党主席西格玛·加布里尔。

（4）左翼党（Die Linke）：在野党。2007年6月16日由左翼党—民社党（Demokratische Linke–PDS）和劳动与社会公平选举抉择党（Wahlalternative Arbeit und Soziale Gerechtigkeit）合并而成。现有党员6万人（2015年12月），党主席卡提亚·基平（Katja KIPPING，女）和贝尔恩德·里克辛尔（Bernd RIEXINGER）。

（5）联盟90/绿党（Buendnis 90/Die Gruenen）：简称“绿党”。在野党。德国西部的绿党成立于1980年1月。1993年5月与东部的联盟90/绿党合并。现有党员6万人（2015年12月），党主席西莫纳·皮特（Simone PETER，女）和策姆·约茨德米尔（Cem OEZDEMIR）。

（6）自由民主党（Freie Demokratische Partei）：简称“自民党”。成立于1948年12月。现有党员5.4万人（2015年12月），党主席克里斯蒂安·林德纳（Christian LINDNER）。

（7）德国海盗党（Piratenpartei Deutschland）：2006年9月成立。现有党员1.5万人（2016年1月），党主席史蒂芬·科尔纳（Stefan KÖRNER）。

（8）德国的共产党（Deutsche Kommunistische Partei）：1968年成立，前身为1956年被禁止的德国共产党，现有党员3000人（2014年），党主席帕特里克·科波勒（Patrik KÖBELE）。

（9）德国另外选择党（Alternative für Deutschland）：2013年2月成立，现有党员1.9万人（2015年12月），现任党主席为弗劳克·佩特里（Frauke PETRY）、耶尔格·默尔腾（Jörg MEUTHEN）。

【重要人物】安格拉·默克尔：联邦总理，1954年7月17日生于汉堡。物理学博士。1978—1990年在民主德国科学院物理化学中心研究所工作。1990年8月加入基民盟。1991年任基民盟联邦副主席。1991—1994年任联邦妇女和青年部部长。1994—1998年任联邦环境、自然保护和反应堆安全部部长。1998—2000年任基民盟总书记。2000年4月起任基民盟主席，2002年9月至2005年11月兼任联盟党议会党团主席。2005年11月22日出任总理，是德国第一位女总理，也是德国历史上最年轻的总理。2009年10月28日连任。2013年12月17日再次连任。再婚。　**约阿希姆·高克**：联邦总统。1940年出生于梅前州罗斯托克，无党派人士。曾任神父，笃信基督教。2010年受社民党和绿党推举参选联邦总统失利。2012年3月由联盟党、自民党和绿党联合推举再次参选，当选第11任联邦总统。2016年3月首次访华。已婚，有4个孩子。同妻子分居，和女友同居。

经　济

德国是高度发达的工业国。经济总量位居欧洲首位，世界第四。2014年外贸总额为21360亿欧元，其中出口额为11237亿欧元，同比增长3.3%，进口额为9101亿欧元，同比增长2.2%，顺差2136亿欧元。2015年外贸总额为21438亿欧元，其中出口额为11958亿欧元，同比增长6.4%，进口额为9480亿欧元，同比增长4.2%，顺差2478亿欧元。2015年，国内资产投资6029亿欧元，私人可支配收入17579亿欧元，私人消费支出16327亿欧元，公共支出5892亿欧元。国民总收入30937.7亿欧元。截至2015年9月底，国家负债总额20277亿欧元，占国内生产总值67%。2015年，德国公共财政总收入

13499亿欧元，总支出13306亿欧元，国家财政预算总盈余193亿欧元，占国民生产总值的0.6%。

2015年德国经济主要数据如下：

国内生产总值：30266亿欧元。

人均国内生产总值：37232欧元。

国内生产总值增长率：1.7%。

货币名称：欧元（Euro）。

年平均汇率：1欧元=1.3281美元。

通货膨胀率：0.5%。

失业率：6.1%。

（资料来源：德国联邦统计局网站）

【资源】德国是自然资源较为贫乏的国家，除硬煤、褐煤和盐的储量丰富之外，在原料供应和能源方面很大程度上依赖进口，约2/3的初级能源需进口。天然气储量约3820亿立方米，能满足国内需求量约1/4。硬煤探明储量约2300亿吨，褐煤约800亿吨；其他矿藏的探明储量为：钾盐约130亿吨，铁矿石16亿吨，石油5000万吨。东南部有少量铀矿。森林覆盖面积1076.6万公顷，占全国面积约30%。水域面积86万公顷，占全国面积2.4%。

【工业】2015年，工业企业（不含建筑业）总产值7021.2亿欧元，占国内生产总值的23.2%。2014年工业就业人数（不含建筑业）802.7万，占国内总就业人数（4264万）的18.8%。工业结构及特点：（1）侧重重工业。汽车和机械制造、化工、电气等部门是支柱产业，其他制造行业如食品、纺织与服装、钢铁加工、采矿、精密仪器、光学以及航空航天业也很发达。（2）高度外向。主要工业部门的产品一半以上销往国外。（3）中小企业是中流砥柱。约2/3的工业企业雇员不到100名。众多中小企业专业化程度强，技术水平高，灵活性强。（4）垄断程度高。占工业企业总数2.5%的1000人以上的大企业占工业就业人数40%和营业额的一半以上。

【农牧业】农业发达，机械化程度很高。2015年共有农业用地1673.1万公顷，约占德国国土面积的一半，其中农田面积1184.6万公顷。2015年拥有农业企业28.1万家，以中小企业和家庭企业为主，平均占有土地59.5公顷，其中生态农业企业1.8万家。2015年农林渔业就业人口63.5万，占国内总就业人数的1.5%。2015年农林渔业产值151.9亿欧元，约占国内生产总值0.5%。近几年德国主要农牧渔业产品产量如下（单位：万吨）：

	2012	2013	2014	2015
谷物	3988.19	4311.73	5201.04	4886.68
小麦	2240.93	2486.37	2778.47	2654.95
水果	108.21	93.60	128.08	111.65
葡萄酒（亿升）	9.01	8.41	9.20	—
蔬菜	361.00	321.39	354.13	—
鸡蛋（百万个）	10589.00	10989.00	11557.00	—
猪存栏数（万头）	—	2813.33	2808.59	2753.54
牛存栏数（万头）	—	1268.60	1270.20	1263.55
水产品（万吨）	2.66	2.55	2.63	—

（资料来源：德国联邦统计局网站。注：2015年为初步统计数据）

【服务业】包括商业、交通运输、电信、银行、保险、房屋出租、旅游、教育、文化、医疗卫生等部门。2015年，服务业就业人数为3188.6万，占总就业人口的74.1%。近几年德国服务业产值如下（单位：亿欧元）：

	2011	2012	2013	2014	2015
服务业总产值	15996	16385	16936	18097	18802
商业、饭店业、交通	3391	3475	3552	4072	4219
信息通信业	947	960	962	1275	1334
金融保险业	1015	944	997	1076	1067
房地产业	2832	2893	2992	2918	3063
企业服务	2539	2645	2801	2902	3057
公共服务、教育、卫生	4219	4381	4506	4784	4975
其他服务行业	1053	1087	1126	1070	1107

（资料来源：德国联邦统计局网站）

【旅游业】旅游业发达。每年有大量国内外游客在德国旅游，2014年旅游过夜共4.24亿人次，其中国内游客入住约3.48亿人次，外国游客约0.76亿人次。截至2014年底，德国拥有各种旅馆51865家，床位356.4万张。著名景点有科隆大教堂、柏林国会大厦、波恩文化艺术展览馆、罗滕堡、慕尼黑德意志博物馆、海德堡古城堡、巴伐利亚新天鹅堡和德累斯顿画廊等。

【交通运输】交通运输业十分发达，公路、水路和航空运输全面发展。特别是公路密度为世界之冠。2014年，德国货运总量44.78亿吨，其中公路运输总量34.93亿吨，铁路3.65亿吨，内河2.28亿吨，海运3亿吨，管道8773万吨，航空440万吨。2014年，客运总量123.21亿人次，其中铁路运输26.94亿人次，公路及城市轨道交通94.4亿人次，航空1.87亿人次。

铁路：截至2013年年底，铁路总长3.79万公里，有机车21608辆，客运车厢9253节，货运车皮119040节。（数据5年更新一次）

公路：2015年等级以上公路23万公里，其中高速公路12900公里。截至2015年初全国注册机动车共5371.56万辆，其中小轿车4440万辆，卡车270.1万辆。

水运：2014年，全国海港吞吐量为3亿吨，其中汉堡港1.39亿吨。内河航道总长7700公里，内陆货运商船2274艘，客运商船993艘，内河货运总量2.28亿吨。

民航：民航运输业发达。截至2015年11月，民航总客运量1.82亿人次，货运量410万吨。法兰克福机场是世界主要航空港之一，2015年1—11月，该机场进出港旅客和货物吞吐量分别为5692万人次和194万吨。

管道：2014年输油管道总长约2400公里，输送原油8733万吨。

【**财政金融**】2015年，德国公共财政总收入13499亿欧元，总支出13306亿欧元，国家财政预算总盈余193亿欧元。截至2015年9月底，国家负债总额20277亿欧元，占国内生产总值67%。近几年联邦政府财政状况如下（单位：亿欧元）：

	2011	2012	2013	2014	2015
收入	11520	11634	11948	12996	13499
支出	11640	11744	12042	12907	13306
差额	–120	–105	–94	89	193

（资料来源：德国联邦统计局网站）

截至2014年底，德国联邦银行黄金储备约3384吨，价值1075亿欧元，对国际货币基金组织的债券为206亿欧元。截至2015年6月底，德国的外汇储备为338亿欧元，在国际货币基金组织的特别提款权为150亿欧元。

德国主要银行：（1）德意志联邦银行，1948年成立，是德国的中央银行，决定国家货币政策、负责货币发行并管理外汇黄金储备，截至2014年底总资产规模为7708亿欧元。（2）德意志银行，1870年成立，德国最大的商业银行。1998年11月该行收购美国信孚银行后，资产总额超过瑞士联合银行，一度成为全球最大的商业银行。截至2014年底拥有员工98138名，资产总额为17090亿欧元。（3）商业银行，1870年成立。2008年9月收购1872年成立的德累斯顿银行，成为德国第二大商业银行。同年12月，该行被德国政府部分国有化。截至2014年底拥有员工52103名，资产总额为5576.1亿欧元。（4）巴伐利亚抵押联合银行（又称德国裕宝联合银行），1997年7月，巴伐利亚联合银行和巴伐利亚抵押和汇兑银行合并后总资产达7430亿马克。2005年，被意大利联合信贷银行兼并。截至2014年底拥有员工17980，资产总额为3003亿欧元。

【**对外贸易**】德国是世界贸易大国，同世界上230多个国家和地区保持贸易关系，全国近1/3的就业人员从事的工作与出口有关。曾于1986—1990年，2003—2008年保持世界第一出口大国的地位。2015年出口11958亿欧元，较上年增加6.4%，进口9480亿欧元，较上年增加4.2%，外贸顺差2478亿欧元。近几年来外贸情况如下（单位：亿欧元）：

	2011	2012	2013	2014	2015
出口额	10612	10957	10938	11237	11958
进口额	9025	9059	8962	9101	9480
差 额	1587	1898	1976	2136	2478

（资料来源：德国联邦统计局网站）

德国出口业素以质量高、服务周到、交货准时而享誉世界。主要出口产品有汽车、机械产品、化工产品、通信技术、供配电设备和医学及化工设备。主要进口产品有化学品、汽车、石油天然气、机械、通信技术和钢铁产品。主要贸易对象是西方工业国，其中进出口一半以上来自或销往欧盟国家。2015年对主要贸易伙伴国出口和进口情况如下（单位：亿欧元）：

	出口额	进口额	差 额
法国	1030.46	670.07	360.38
美国	1139.00	593.02	545.98
英国	892.92	382.58	510.34
意大利	581.02	490.39	90.63
荷兰	795.17	881.23	–86.06
比利时	413.75	368.61	45.14
奥地利	580.41	373.41	207.00
西班牙	387.83	265.23	122.60
瑞士	492.52	426.61	65.91
中国	712.11	915.24	–203.13

（资料来源：德国联邦统计局网站）

【**对外投资**】截至2014年底，德国对外直接投资累计14159亿欧元，绝大多数投往欧美国家，主要投资目的地国是美国、英国、荷兰、比利时以及中国。

【**对外援助**】官方对外援助主要以财政合作（提供优惠贷款）和技术合作（免费派遣专家、提供设备及培训人员等）方式进行。2014年德国政府为欠发达国家提供发展援助28.89亿欧元，占官方发展援助总额的23.1%，较上年增加3.52亿欧元（德国联邦经济合作和发展部）。

【**外国资本**】截至2013年底，外国在德国直接投资累计4583.5亿欧元，主要投资来源国荷兰（累计1003.4亿欧元）、英国（累计337.8亿欧元）、美国（累计336.5亿欧元）和瑞士（累计262.2亿欧元）。外国投资主要集中在金融、商业、食品工业、化工、交通、电子技术和机械制造部门。

【**著名公司**】（1）大众汽车股份公司（Volkswagen）：成立于1938年，主要生产销售各式汽车、发动机和有关配件。2015年9月底雇员总数61万人，销售额1603亿欧元。现任董事长潘师（Hans DIETER PÖTSCH）。 地 址：Volkswagen AG 38436 Wolfsburg。

（2）戴姆勒股份公司（Daimler AG）：前身为1886年成立的奔驰汽车厂和戴姆勒汽车厂。1998年与美国克莱斯勒汽车公司合并，主要生产各种车辆、飞机发动机和内燃机等。2007年8月，公司将克莱斯勒80.1% 的股权出售给美国私募基金泽普世资本管理公司。2009年4月，宣布转让克莱斯勒剩余股份。2015年公司雇员总数28.4万人，总销售额1495亿欧元。董事长迪特·蔡彻（Dieter ZETSCHE）。地址：Daimler AG 70546 Stuttgart。

（3）西门子股份公司（Siemens AG）：1847年成立，主要生产经营各类电气设备、电子元件等，2015年9月公司雇员总数34.8万人，销售额756亿欧元。董事长兼首席执行官凯飒（Joe KAESER）。地址：Siemens AG 80333 Muenchen。

（4）巴斯夫集团（BASF）：又称巴登苯胺苏打公司，1865年建立，主要经营石油、化工产品和药品等，2015年公司雇员总数11.3万人，销售额743.3亿欧元。董事长库尔特·博克（Kurt BOCK）。地址：BASF AG 67056 Ludwigshafen。

（5）安联保险集团（Allianz Group）：成立于1890年，主要提供保险、风险管理咨询及投资理财服务。2015年公司雇员总数14.25万人，销售额1251.9亿欧元。董事长奥利弗·拜特（Oliver BÄTE）。地址：ALLIANZ AG Koeniginstrasse 80802 Muenchen。

人民生活

2015年德国国民总收入30937.7亿欧元，人均国民收入37979欧元。2014年，全职雇员平均每月毛收入为3527欧元，生产性行业及服务业平均小时工资31.8欧元。2012年，私人家庭平均每月净收入3132欧元。

2013年，德国家庭平均住房面积91.9平方米，每100个家庭拥有耐用消费品数字如下：轿车105.4辆，移动电话171.8部，固定电话124.5部，平板电视67.1台，DVD机70.8台，卫星电视接收器44.6部，有线电视接口47.1个，个人电脑164.9台，电冰箱121.9台，洗衣机97.2台。2012年共有医院2017所，病床50.15万张，共有医生34.87万人。

军　事

德国联邦国防军成立于1955年11月。军队在和平时期由国防部长领导，战时由联邦总理任最高统帅。联邦国防军总监察长为军队最高指挥官，现任总监察长福尔克·维克尔（Volker WIEKER，2010年1月上任）。

2016年度，德国国防预算为343亿欧元，同比增加4%，占政府预算的10.8%。目前总兵力约17.7万人，其中陆军约6万人，海军约1.6万人，空军约2.8万人（德国联邦国防军网站），其余为中央卫勤、联合支援两大职能部队。德军正在进行新一轮改革，旨在建立一支“规模更小、战斗力和机动性更高”的现代化军队。德国已于2011年7月1日起取消义务兵役制，改为志愿兵役制，并计划到2016年将部队规模缩减至16.35万人。德军目前参加海外行动约3200人。

德国国防政策的主要内容是：军事战略从本土防御转向危机处置和冲突预防；推动欧盟独立防务建设，使欧盟和北约在危机处置上成为平等的战略伙伴；拓展德军军事能力建设领域；确保德军在需要时迅速重建其本土防御的能力；积极参与北约传统防区外行动；调整国防开支重点，压缩维持费，稳步提高装备费比例；以欧洲内部和跨大西洋合作为平台，加强军事装备的联合开发。

文化教育

德国教育和文化艺术事业主要由各州负责，联邦政府主要负责教育规划和职业教育，并通过各州文教部长联席会议协调全国的教育工作，在中小学教育、高等教育以及成人教育和进修方面，主要立法和行政管理权属于各州。全国性的文化艺术活动由联邦政府予以资助。对外文化交流由外交部负责协调。

【教育】大、中、小学和职业教育发达。实行12年制义务教育，公立学校学费全免，教科书等学习用品部分减免。小学学制4—6年，中学学制5—9年，高等学校享有一定自主权，对高中毕业生原则上实行自由入学，对部分学科规定名额限制。职业教育实行双元制，即职业学校理论学习和企业中的实践相结合。成人教育和业余教育十分普及。教师为终身公务员，必须受过高等教育。2015年，德国各类中小学4.7万所，高校427所；在校中小学生1100万人，大学生280万人。（资料来源：德国联邦统计局网站）

【新闻出版】新闻出版事业十分发达，报刊种类繁多。2015年，德国发行量最大的日报是《图片报》，日发行量约187.3万份。其他全国性大报发行量如下：《时代》周报，51.2万份；《南德意志报》，36.8万份；《法兰克福汇报》，26.39万份；《世界报》，18.8万份。最大的地方性报纸是《西德意志汇报》，发行量39.7万份。2015年，德国各类日报的日发行总量约1608万份。有各类杂志近万种，最重要的时事政治周刊《明镜》发行量约79.6万份（2015年），《焦点》50.1万份（2015年）。

通讯社：德意志新闻社，1949年成立，为私营股份有限责任公司，下设报纸、广播和电视新闻200多个部门，属于世界最大通讯社之一。总社在汉堡，图片新闻编辑总部在法兰克福，在国内其他50多个城市设有分社或编辑部，在80多个国家派驻记者或聘用撰稿人。是德国大众传媒的主要消息来源，其客户包括500余家国内和750余家国外新闻单位及大量非新闻机构。德新社用德语、英语、西班牙语和阿拉伯语发稿，内容包括国内外政治、经济、科技、文化等各个领域，在德国日报中的采用率达99%。此外还有一些专业性通讯社，如福音教新闻社、体育新闻社、联合经济新闻社等。原第二大通讯社德国国际通讯社，于2010年由德意志电讯社和美联社德语新闻服务合并而成，于2012年10月申请破产。

全国主要广播电台：（1）德国广播电台，1994年成立，分别在柏林和科隆进行广播，由联邦政府和州广播电台出资兴办，主要负责对国内广播。（2）德国之声电台，1960年成立，总部设在科隆，由联邦政府出资兴办，用包括中文在内的31种语言向全世界广播，并用德、汉、英等语言播放电视新闻节目。此外还有11家州电台。

全德国主要电视台:（1）德国电视一台（ARD），1950年成立，由各州电台、德国广播电台和德国之声电台组成德国广播协会，共同经营，播放全国性的第一套节目及地方性的第三套节目。（2）德国电视二台（ZDF），是德国最大的电视台，1961年由各州共同组建，总部设在美因兹，播放第二套节目。（3）其他一些卫星电视节目和私营电视台如SAT1、RTL、PRO7也拥有大量观众。

对外关系

德国政府将欧盟和跨大西洋伙伴关系作为外交政策的两大支柱；继续推进欧盟一体化进程和结构性改革，致力于欧盟团结和联合自强；保持与美国的紧密盟友关系，并将其视为德国外交政策基石之一；支持北约改革和转型，强调北约应成为欧美战略对话的主要场所；对俄罗斯关系因乌克兰问题陷入僵局，参与欧美对俄制裁，但依然致力于同俄对话协商；继续利用自身地缘和政治经济优势，深化与中东欧国家关系，维持在该地区传统影响力；重视新兴市场国家作用，加强与中、印等国的协调合作，将中国视为德国甚至是欧洲重要战略伙伴；继续谋求联合国安理会常任理事国席位；通过向非洲、拉丁美洲推广德国政经模式，谋求扩大影响；积极谋求在气候变化、能源安全、伊朗核、乌克兰等国际问题上发挥作用。

【同中国的关系】1972年10月11日，中华人民共和国与德意志联邦共和国建立外交关系。2007年，中德关系因涉藏问题出现重大波折。2008年，德国外交部通过信函方式向中国作出相关承诺，双边关系实现转圜。2010年，中德建立战略伙伴关系，2012年提升为展望未来的战略伙伴关系。2014年进一步提升为全方位战略伙伴关系。

近年来，双边关系发展顺利，两国高层互访频繁。重要往访：2009年10月和2014年3月，习近平分别以国家副主席和主席身份访德。2011年1月、2013年5月、2014年10月，李克强分别以国务院副总理和总理身份访德。2015年3月，马凯副总理赴德出席汉诺威消费电子、信息及通信博览会（CeBIT），为中国伙伴国活动发表视频贺词。2015年6月，中央政治局委员、中央政法委书记孟建柱以习近平主席特使身份访德。

重要来访：2006—2015年，默克尔总理先后8次访华。2007—2010年，时任总统克勒3次访华。

两国立法机构往来密切，中国全国人大已经同德国联邦议院建立交流合作机制。地方合作日益加强，截至2016年1月底，两国已建立81对友好省州（市）关系。

近年来，德国一直是中国在欧洲最大贸易伙伴。据中国海关总署统计，2014年，双边贸易额为1777.5亿美元，同比增长10.0%，其中中国对德国出口额为727.1亿美元，同比增长7.9%；进口额为1050.4亿美元，同比增长11.5%，逆差323.3亿美元。2015年，双边贸易额为1567.8亿美元，同比减少11.8%，其中中国对德国出口额为691.6亿美元，同比减少4.9%；进口额为876.2亿美元，同比减少16.6%，逆差184.6亿美元。中方从德国主要进口汽车、汽车零部件、金属加工机床、医药品、集成电路、纺织机械及零件、医疗仪器等；主要出口自动数据处理设备及其部件、服装及衣着附件、纺织纱线及织物制品、家具及其零件、农产品、鞋类、太阳能电池、打印机、船舶等。

德国是欧洲对华技术转让最多的国家。截至2015年底，中国从德国引进技术21939项，合同金额716.9亿美元。德国是欧盟对华直接投资最多的国家，截至2015年底，中国累计批准德国企业在华投资项目9002个，德方实际投入254.7亿美元。德国在华主要投资领域为汽车、化工、发电设备、交通、钢铁、通信等，大部分为生产性项目，技术含量高，资金到位及时。截至2015年底，经中国商务部核准的中国对德国非金融类投资66.1亿美元。

两国在人文、科教等各领域的交流与合作富有成效。截至2014年底，中国在德国留学生共计30315人，在华德国留学生共计8193人。两国合作建立并投入运营17所孔子学院和3所孔子课堂。2013—2014年，两国在对方国家互办语言年。德国是中国最重要的科技合作伙伴之一。1978年，两国签署科技合作协定并建立科技合作联委会机制。2009—2010年，中德科教年在两国同时举行。2015年，两国共同举办中德“创新合作年”。2008年5月，中国文化中心在柏林正式投入运营。2012年，中国文化年活动在德国举行。2010年5月，时任德国总统克勒访华时两国签署了新的中德对话论坛协议，2015年中德对话论坛于6月在德国莱比锡举行。2016年，两国举办青少年交流年。

中国驻德国大使：史明德。馆址：Maerkisches Ufer 54，10179 Berlin，Germany。电话：0049/30/275880；27588117（办公室）；传真：27588221。领事部地址：Brückenstraße 10，10179 Berlin。电话：0049/30/27588529；传真：27588520。经济商务处地址：Majakowskiring 66，13156 Berlin，Germany。电话：0049/30/88668282；传真：88668288。

德国驻华大使：柯慕贤。馆址：北京市朝阳区东直门外大街17号。电话：010–85329000；传真：65325336。法律、领事处电话：65325560、65321925（签证预约）。

【同美国的关系】美国是德国最重要盟友之一，对美国关系是德国对外关系两大支柱之一。德国认为欧美具有共同价值观和诸多共同利益，是世界上相互联系和依赖最为密切的经济伙伴。主张加强德美相互信任和政治协调，以更平等姿态维护和发展跨大西洋伙伴关系，在坚持自身标准和价值观基础上稳妥推进欧美自由贸易谈判，为北约战略转型发挥更大作用，以提升德国在欧洲及世界上的分量，巩固并密切欧美联系。

德美高层互访频繁、接触密切。2013年6月奥巴马总统首次正式访问德国。2015年2月，默克尔总理第八次访问美国。2013年曝出的德美“窃听门”事件对两国政治互信造成负面影响。

【同法国、英国的关系】德法特殊关系是德国欧盟政策的核心。二战后，德国主动与法国和解。德法领导人现建有6—8周会晤一次及每年举行两次联合内阁会议的机制，发挥欧洲一体化的发动机作用，共同规划欧盟未来发展大计。欧债危机爆发后，德国主导欧盟应对危机，影响增强。德法轴心面临新一轮调整。但两国领导人均高度重视彼此关系，均选择对方作为当选后的首访国。2015年巴黎两度暴恐袭击事件发生后，德国均第一时间发出明确支持法国的声音，显示德法团结。

德国重视英国在欧盟内外的实力和影响，视英国为重要伙伴。两国高层互访频繁，2015年默克尔总理首次出访即选择英国。反对苏格兰独立，担心英国举行“脱欧公投”及离欧倾向上升，主张在遵守欧盟条约基础上，将英国留在欧盟内。

【同俄罗斯的关系】德国视俄罗斯为政治军事大国，认为从地缘政治角度考虑，德俄关系及欧俄关系具有战略意义。在安全领域主张同俄罗斯合作而非对抗，强调德俄合作不损害第三国利益。两国政府建有政府磋商、民间对话等各种合作机制，致力于继续发展和深化同俄罗斯的现代化战略伙伴关系，扩大双方在经贸和能源领域合作，同时突出对俄罗斯民主、人权等问题的关注。德国总统高克出于对俄罗斯人权状况不满，未出席2014年索契冬奥会开幕式。

乌克兰危机爆发后，德国积极介入，默克尔总理多次同俄罗斯总统普京通电话并亲赴莫斯科斡旋，施泰因迈尔外长同俄罗斯外长拉夫罗夫多次会晤，在劝和促谈方面发挥关键和重要作用。

【同亚洲国家的关系】德国认为亚洲在世界政治经济舞台上迅速崛起，积极谋求通过双边和多边渠道加强同亚洲国家关系，以谋取经济利益。认为中国和印度的崛起不仅对本地区，也将对未来世界格局产生重要影响。重视同日本和印度关系，认为日本和印度是德国在亚洲可以信赖的重要伙伴。看重中国、印度、日本对解决地区冲突的作用，支持亚洲区域合作，并致力于同东盟合作和推动亚欧会议进程。

默克尔担任总理以来共访华8次，访问印度和日本各2次。2014年2月，德国总统高克访问印度和缅甸。2015年10月，德印举行第三轮政府磋商。2015年10月，高克总统对韩国和蒙古进行首次国事访问。

【同非洲的关系】德国重视发展同非洲关系，增加对非发展援助，努力扩大影响。德国看重非洲发展潜力和能源、原材料资源优势，支持非洲区域经济发展，推动非洲融入经济全球化进程。2014年5月，德国政府出台新版对非洲政策指导方针，全面规划德非在安全、社会、经济领域合作，帮助非洲应对贫困、环境污染、法制不健全、极端主义等问题。同时，德国也在欧盟和联合国框架内参与非洲维和事务，认为应该让非洲联盟在维护地区持久稳定方面发挥更大作用。主张加强非洲动乱地区的军事行动，但不会派遣作战部队。

【同拉美国家的关系】德国看好拉美地区经济发展潜力，认为欧洲和拉美经济互补性强，积极致力于加强同拉美国家在共同价值观基础上的合作。德国政府视拉美为全球治理伙伴。2010年8月，德国政府出台新的拉美战略文件，视拉美为可信赖的伙伴，全面提升21世纪德国—拉美伙伴关系。（李昇欣　牟恺）

俄罗斯联邦

国名　俄罗斯联邦，亦称“俄罗斯”（The Russian Federation，The Russia；Российская Федерация，Россия）。

面积　1712.5187万平方公里。

人口　1.463亿（截至2015年1月1日）。民族193个，其中俄罗斯族占77.7%，主要少数民族有鞑靼、乌克兰、巴什基尔、楚瓦什、车臣、亚美尼亚、阿瓦尔、摩尔多瓦、哈萨克、阿塞拜疆、白俄罗斯等族。俄语是俄罗斯联邦全境内的官方语言，各共和国有权规定自己的国语，并在该共和国境内与俄语一起使用。主要宗教为东正教，其次为伊斯兰教。根据全俄民意研究中心的调查结果，50%—53%的俄民众信奉东正教，10%信奉伊斯兰教，信奉天主教和犹太教的各为1%，0.8%信奉佛教。

首都　莫斯科（Москва）。根据2012年7月1日起实施的扩大方案，面积为2510平方公里。常住人口1220万（根据2014年俄联邦统计局数据）。平均气温：1月 -8℃，7月21℃。

国家元首 俄罗斯联邦总统弗拉基米尔·弗拉基米罗维奇·普京（Владимир Владимирович ПУТИН）。2012年3月4日当选，5月7日宣誓就职。

重要节日 公历新年：1月1日；东正教圣诞节：1月7日；俄历新年：1月13日；祖国保卫者日（原苏联建军节）：2月23日；国际妇女节：3月8日；春天与劳动节（原苏联劳动者团结日）：5月1日；伟大卫国战争胜利日：5月9日；国家主权宣言通过日（国庆日）：6月12日；人民团结日（2004年设立，为纪念莫斯科打败波兰入侵者）：11月4日。

简　况

俄罗斯横跨欧亚大陆，北邻北冰洋，东濒太平洋，西接大西洋。东西最长9000公里，南北最宽4000公里。邻国西北面有挪威、芬兰，西面有爱沙尼亚、拉脱维亚、立陶宛、波兰、白俄罗斯，西南面是乌克兰，南面有格鲁吉亚、阿塞拜疆、哈萨克斯坦，东南面有中国、蒙古和朝鲜。东面与日本和美国隔海相望。海岸线长33807公里。俄罗斯大部分地区处于北温带，以大陆性气候为主，温差普遍较大，1月气温平均为–40℃—–5℃，7月气温平均为11℃—27℃。年降水量平均为150—1000毫米。

15世纪末至16世纪初，以莫斯科大公国为中心，逐渐形成多民族的封建国家。1547年，伊凡四世（伊凡雷帝）改大公称号为沙皇。1721年，彼得一世（彼得大帝）改国号为俄罗斯帝国。1861年废除农奴制。1917年2月，资产阶级革命推翻了专制制度。1917年11月7日（俄历10月25日）十月社会主义革命，建立世界上第一个社会主义国家政权——俄罗斯苏维埃联邦社会主义共和国。1922年12月30日，俄罗斯联邦、外高加索联邦、乌克兰、白俄罗斯成立苏维埃社会主义共和国联盟（后扩至15个加盟共和国）。1990年6月12日，俄罗斯苏维埃联邦社会主义共和国最高苏维埃发表《国家主权宣言》，宣布俄罗斯联邦在其境内拥有“绝对主权”。1991年8月，苏联发生“8·19”事件。9月6日，苏联国务委员会通过决议，承认爱沙尼亚、拉脱维亚、立陶宛三个加盟共和国独立。12月8日，俄罗斯联邦、白俄罗斯、乌克兰三个加盟共和国领导人在别洛韦日签署《独立国家联合体协议》，宣布组成“独立国家联合体”。12月21日，除波海三国和格鲁吉亚外的苏联11个加盟共和国签署《阿拉木图宣言》和《独立国家联合体协议议定书》。12月26日，苏联最高苏维埃共和国院举行最后一次会议，宣布苏联停止存在。至此，苏联解体，俄罗斯联邦成为完全独立的国家，并成为苏联的唯一继承国。1993年12月12日，经过全民投票通过了俄罗斯独立后的第一部宪法，规定国家名称为“俄罗斯联邦”，和“俄罗斯”意义相同。

政　治

俄国内政局保持稳定。推进现代化问题成为俄社会政治生活的主线之一。2000年3月26日，普京当选俄总统后，着力稳定社会政治形势，逐步在全国建立起垂直权力体系，同时多方改造并巩固统一俄罗斯党，使其实力日趋壮大。2003年底，该党在俄杜马大选中大获全胜，占据议会2/3席位。2004年3月14日，普京以71.3%的得票率连任总统。2004年别斯兰人质事件后，普京通过改变地方领导人和国家杜马的产生办法进一步强化了以总统为核心的垂直权力体系。2005年底，俄通过非政府组织法，加强了对非政府组织活动的管理和规范。2007年12月2日，第五届俄国家杜马选举顺利举行。统一俄罗斯党、俄罗斯共产党、俄罗斯自由民主党和公正俄罗斯党进入杜马。2008年3月2日，梅德韦杰夫当选为俄罗斯联邦总统，5月7日宣誓就职，随即提名普京出任政府总理。5月8日，国家杜马批准普京的总理提名，当日普京出任总理。2011年12月4日，第六届俄国家杜马选举顺利举行。统一俄罗斯党、俄罗斯共产党、俄罗斯自由民主党和公正俄罗斯党进入杜马。2012年4月4日，俄新的“政党法”正式生效。新的“政党法”简化了政党登记制度，规定自2013年1月1日起俄政党满500名党员即可申请注册。2012年3月4日，普京当选为俄罗斯联邦总统，5月7日普京宣誓就职，随即提名梅德韦杰夫出任政府总理。5月8日，国家杜马批准梅德韦杰夫的总理提名，当日梅德韦杰夫出任总理。

2014年俄国内重大事件主要有：2月7—23日，第22届冬奥会在索契举行，普京出席开、闭幕式。3月18日，普京在克里姆林宫同克里米亚及塞瓦斯托波尔代表签署条约，允许克里米亚和塞瓦斯托波尔以联邦主体身份加入俄罗斯联邦。条约规定，自3月18日起，克里米亚共和国和塞瓦斯托波尔直辖市加入俄罗斯联邦。3月31日，普京签署命令，成立联邦克里米亚事务部。4月12日，普京解除副总理赫洛波宁兼任的总统驻北高加索联邦区全权代表职务。4月17日，普京举行年度“与普京直接连线”，历时3小时55分钟，回答了81个问题，其中35个问题涉及克里米亚和乌克兰局势。5月12日，俄政府设立北高加索事务部。9月8日，普京签署命令，取消联邦地区发展部、联邦国防订货署和联邦国防供货署。9月14日，俄举行近年来规模最大的地方选举，选出30名州长，14个地区的议会议员和3个联邦主体的市长。10月26日，俄开始采用永久冬令时制，比世界时快3个小时，时区由9个增至11个。12月4日，普京在克里姆林宫发表年度国情咨文，着重阐述了俄对重大内政外交问题的立场。12月18日，普京在莫斯科国际贸易中心举行第十次年度大型记者会，历时近三个半小时，就俄内外政策、西方对俄制裁等问题回答了记者提问。

2015年俄国内重大事件主要有：1月14日，梅德韦杰夫总理在莫斯科出席主题为《俄罗斯与世界：新维度》的第六届盖达尔论坛。1月27日，俄政府批准并颁布了《2015年确保经济持续发展和社会稳定计划》，即反危机计划。2月27日，俄著名反对派人士、俄罗斯共和党—人民自由党联合主席涅姆佐夫在莫斯科市中心遇刺身亡。3月6日，普京签署5个总统令，规定自签署之日起，总统办公厅、政府办公厅、俄联邦审计署等部门人员薪资减少10%。3月31日，普京签署命令，成立联邦民族事务署。4月15日，俄总统网站公布了2014年度普京、总统办公厅工作人员及家庭成员的收入及不动产情况。俄政府网站公布了梅德韦杰夫总理和政府成员提交的2014年度个人收入和财产信息。4月16日，普京举行自2000年执政以来第13次与公众直播连线。在近4个小时的时间里，普京回答了涉及俄经济形势、社会保障、乌克兰局势、俄与西方关系等70多个问题。5月9日，俄首都莫斯科举行纪念卫国战争胜利70周年庆典及红场阅兵式，普京在阅兵式上发表讲话，约30位外国元首、政府首脑及国际组织负责人参加。6月19日，普京出席第19届圣彼得堡国际经济论坛全体会议并发表讲话。7月5日，俄反对派政党“俄罗斯共和党—人民自由党”在莫斯科举行全体大会，决定将政党改名为“人民自由党”，将原有联席主席制改为单一主席制，并选举卡西亚诺夫为党主席。7月8—10日，金砖国家领导人第七次会晤和上海合作组织成员国元首理事会第十五次会议在俄乌法市举行。7月24日至8月9日，第十六届世界游泳锦标赛在俄喀山市举行。8月10日，俄政府批准《2016—2025年千岛群岛社会经济发展联邦专项规划》。8月20日，梅德韦杰夫签署政府令，解除雅库宁俄铁公司总裁职务，任命交通部第一副部长别洛泽罗夫为俄铁新总裁。9月3日，普京出席在符拉迪沃斯托克举行的第一届东方经济论坛。9月13日，俄84个联邦主体（北高加索的卡巴尔达—巴尔卡里亚共和国除外）举行地方选举。21个主体举行地方行政长官直选，11个主体举行地方议会选举，23个行政首府举行市议会选举，共举行各级别选举1.07万场。78个注册政党中的55个政党参选，共登记候选人19.15万人，涉及选民5100万人，为有史以来规模最大的一次地方选举。10月22日，普京在索契出席“瓦尔代”国际辩论俱乐部年会并发表讲话，阐述对国际形势和外交重大问题的看法和立场。10月31日，俄A321客机在埃及发生空难，机上224人全部遇难。11月25日，普京签署总统令，追授被土耳其击落的苏-24轰炸机机长佩什科夫中校“俄罗斯英雄”称号，授予获救飞行员穆拉赫金与救援行动中牺牲的波济尼奇（追授）英勇勋章。12月17日，17日，普京举行就任总统以来第11次年度大型记者会，共回答40多个问题，历时3小时7分钟，参会记者达创纪录的1390人。12月31日，普京签署了关于批准《俄联邦国家安全战略》的命令，以新版国家安全战略替代了2009年5月出台的《2020年前俄联邦国家安全战略》。新的安全战略明确指出，美国及其盟国在政治、经济、军事和信息传播等方面对俄施压，干涉俄政治独立，威胁俄国家安全；北约全面对俄进行渗透，其军事设施向俄边境推进，致使俄安全局势受损；美国在欧洲、亚太和中东部署反导防御系统，实施“全球打击”构想，部署太空武器和非核高精尖武器系统，从而对全球稳定和地区稳定构成严重威胁；美国和欧盟制造了乌克兰危机，威胁到俄罗斯的稳定；对俄国家安全构成严重威胁的“伊斯兰国”恐怖主义势力是西方推行双重反恐标准的产物。

【**宪法**】1993年12月12日经全民投票通过，同年12月25日正式生效。该宪法是俄罗斯独立后的第一部宪法，规定俄罗斯是共和制的民主联邦法制国家，确立了总统制的国家领导体制。

【**议会**】俄罗斯联邦会议（议会）由联邦委员会（上院）和国家杜马（下院）组成。

（1）联邦委员会目前共170名代表（议员），由每个联邦主体的权力代表机关和权力执行机关各一名代表组成。主要职能是批准联邦法律、联邦主体边界变更、总统关于战争状态和紧急状态的命令，决定境外驻军、总统选举及弹劾、中央同地方的关系问题等。联邦委员会主席瓦莲京娜·伊万诺芙娜·马特维延科（Валентина Ивановна МАТВИЕНКО，女），2011年9月21日当选。

（2）国家杜马共450名代表（议员），自2007年12月第五届国家杜马起，议员按比例代表制原则从各党派中选举产生，规定得票率达到7%的政党能参与议员席位分配。2011年12月，国家杜马代表选举法曾做修订，在政党进入国家杜马的“门槛”没变情况下，规定得票率超过5%不足6%的政党可获1个席位，得票率在6%—7%之间的政党可获2个席位；代表任期由4年延长至5年。2013年2月，俄再次对议员选举办法进行修改，规定将在2016年举行的第七届国家杜马选举中，恢复实行混合选举制，即225个议席由参选政党按得票比例进行分配，另外225个议席由全国225个选区的获胜代表组成。国家杜马的主要职能是通过联邦法律、宣布大赦、同意总统关于政府首脑的任命等。本届国家杜马为第六届，于2011年12月4日选举产生。共有4个议员团，分别为统一俄罗斯党党团（238席）、俄罗斯共产党党团（92席）、公正俄罗斯党党团（64席）、俄罗斯自由民主党党团（56席）。共设30个委员会。前总统办公厅主任谢尔盖·叶夫根尼耶维奇·纳雷什金（Сергей Евгеньевич НАРЫШКИН，“统一俄罗斯”党）2011年12月21日当选国家杜马主席。

【**政府**】俄罗斯联邦政府是国家权力最高执行机关。2012年5月8日普京签署总统令，任命梅德韦杰夫为政府总理。5月21日，梅德韦杰夫提交的政府结构和人员组成建议获总统批准，新政府组成，设总理、1名第一副总理、6名副总理和21个部。2013

年5月8日，普京解除副总理兼政府办公厅主任弗拉基斯拉夫·尤利耶维奇·苏尔科夫职务。5月22日，任命政府办公厅副主任普里霍季科为副总理兼政府办公厅主任。8月31日，普京任命尤里·彼得罗维奇·特鲁特涅夫为副总理兼俄总统驻远东联邦区全权代表。11月1日，成立联邦建设和住房公共事业部。2014年3月31日，成立联邦克里米亚事务部。2014年5月12日，成立北高加索事务部。2014年9月8日，取消联邦地区发展部。2015年7月15日，取消克里米亚事务部，其职能转给经济发展部。目前，俄政府共有8位副总理和21个部长。现任政府成员名单：总理德米特里·阿纳托利耶维奇·梅德韦杰夫（Дмитрий Анатольевич МЕДВЕДЕВ），1名 第一副总理：伊戈尔·伊万诺维奇·舒瓦洛夫（Игорь Иванович ШУВАЛОВ），7名副总理为：奥尔加·尤利耶夫娜·戈洛杰茨（Ольга Юрьевна ГОЛОДЕЦ，女），阿尔卡季·弗拉基米罗维奇·德沃尔科维奇（Аркадий Владимирович ДВОРКОВИЧ），德米特里·尼古拉耶维奇·科扎克（Дмитрий Николаевич КОЗАК），副总理兼政府办公厅主任谢尔盖·埃都阿尔多维奇·普里霍季科（Сергей Эдуардович ПРИХОДЬКО），德米特里·奥列格维奇·罗戈津（Дмитрий Олегович РОГОЗИН），副总理兼俄总统驻远东联邦区全权代表尤里·彼得罗维奇·特鲁特涅夫（Юрий Петрович ТРУТНЕВ），亚历山大·根纳季耶维奇·赫洛波宁（Александр Геннадиевич ХЛОПОНИН）。各部部长为：远东发展部长亚历山大·谢尔盖耶维奇·加卢什卡（Александр Сергеевич ГАЛУШКА），自然资源与生态部长谢尔盖·叶菲莫维奇·东斯科伊（Сергей Ефимович ДОНСКОЙ），内务部长弗拉基米尔·亚历山德罗维奇·科洛科利采夫（Владимир Александрович КОЛОКОЛЬЦЕВ），司法部长亚历山大·弗拉基米罗维奇·科诺瓦洛夫（Александр Владимирович КОНОВАЛОВ），北高加索事务部长列夫·弗拉基米罗维奇·库兹涅佐夫（Лев Владимирович КУЗНЕЦОВ），外交部长谢尔盖·维克托罗维奇·拉夫罗夫（Сергей Викторович ЛАВРОВ），教育和科学部长德米特里·维克托罗维奇·利瓦诺夫（Дмитрий Викторович ЛИВАНОВ），工业和贸易部长杰尼斯·瓦连京诺维奇·曼图罗夫（Денис Валентинович МАНТУРОВ），文化部长弗拉基米尔·罗斯季斯拉沃维奇·梅津斯基（Владимир Ростиславович МЕДИНСКИЙ），建设和住房公共事业部长米哈伊尔·亚力山德罗维奇·梅尼（Михаил Александрович МЕНЬ），体育部长维塔利·列昂季耶维奇·穆特科（Виталий Леонтьевич МУТКО），通信和大众传媒部长尼古拉·阿纳托利耶维奇·尼基福罗夫（Николай Анатольевич НИКИФОРОВ），能源部长亚历山大·瓦连京诺维奇·诺瓦克（Александр Валентинович НОВАК），民防、紧急情况和消除自然灾害后果部长弗拉基米尔·安德烈耶维奇·普奇科夫（Владимир Андреевич ПУЧКОВ），财政部长安东·格尔曼诺维奇·西卢阿诺夫（Антон Германович СИЛУАНОВ），卫生部长韦罗妮卡·伊戈列芙娜·斯科沃尔佐娃（Вероника Игоревна СКОВОРЦОВА，女），交通部长马克西姆·尤利耶维奇·索科洛夫（Максим Юрьевич СОКОЛОВ），农业部长尼古拉·瓦西利耶维奇·费奥多罗夫（Николай Васильевич ФЕДОРОВ），劳动和社会保障部长马克西姆·阿纳托利耶维奇·托皮林（Максим Анатольевич ТОПИЛИН），经济发展部长阿列克谢·瓦连京诺维奇·乌柳卡耶夫（Алексей Валентинович УЛЮКАЕВ），国防部长谢尔盖·库茹格托维奇·绍伊古（Сергей Кужугетович ШОЙГУ）。

【司法机构】俄罗斯联邦司法机关主要有联邦宪法法院、联邦最高法院和联邦总检察院。联邦宪法法院院长瓦列里·德米特里耶维奇·佐尔金（Валерий Дмитриевич ЗОРЬКИН），2003年2月起任该职。联邦最高法院院长维亚切斯拉夫·米哈伊洛维奇·列别杰夫（Вячеслав Михайлович ЛЕБЕДЕВ），1989年7月起任该职。总检察长尤里·雅科夫列维奇·柴卡（Юрий Яковлевич ЧАЙКА），2006年6月23日起任该职。联邦委员会根据总统提名任命联邦宪法法院院长、联邦最高法院院长和联邦总检察长。

【政党和团体】2011年底，俄举行第六届国家杜马（议会下院）选举，"统一俄罗斯"党、俄罗斯联邦共产党、"公正俄罗斯"党和自由民主党等四个政党进入本届杜马。尽管杜马政党组成情况与上届基本相同，但力量对比情况发生较大变化。俄共、公俄党和自民党所占席位均有所上升，统俄党所占席位大幅下降，仅略高于半数。2012年4月，修改后的《政党法》正式生效，政党登记注册条件放宽，俄政党数量大幅增加。截至2014年上半年，在俄司法部获准注册的政党已超过77个。

2011年5月，在时任俄政府总理普京的提议下，"全俄人民阵线"（Общероссийский Народный Фронт）成立，最初目的是支持普京竞选下任总统。2013年6月11—12日，"全俄人民阵线"正式举行成立大会，成为超党派社会运动组织，更名为"人民阵线—为了俄罗斯"，推举普京为最高领导人。

当前俄主要政党有：

（1）"统一俄罗斯"党（Партия "Единая Россия"）：党主席为俄政府总理梅德韦杰夫，2012年5月出任。最高委员会主席为格雷兹洛夫（Борис Вячеславович ГРЫЗЛОВ），总委员会主席团书记为涅韦罗夫（Сергей Иванович НЕВЕРОВ）。该党成立于2001年12月1日，由"统一"党、"祖国"运动和"全俄罗斯"运动合并而成。截至2015年12月，共有党员

2200万。在本届国家杜马中有238名代表，占半数以上。在联邦委员会中有121名议员。在全国各级立法机构中，议员均占据多数。俄绝大多数联邦主体行政长官由该党党员或其支持者担任。

领导机构包括党的最高委员会、总委员会和中央执行委员会。最高委员会确定党的发展战略，总委员会为党的日常决策机构，中央执委会履行日常党务管理和执行职能。该党拥护总统的各项方针政策，主张将强有力的国家管控与尊重公民自由和人权结合起来，改革国家治理方式，提高政府工作效率，逐步实现国家职能由经营者向调控者转变。主张将市场经济与社会公正结合起来，经济改革和发展以改善人民物质生活水平为宗旨。

2007年10月，"统俄党"举行第八次代表大会第一阶段会议，正式推出"普京计划"作为竞选纲领，时任总统的普京决定带领该党参加杜马选举。在当年12月举行的国家杜马选举中，获得64%以上选票，占有315个议席。同年12月举行八大第二阶段会议，与其他三党联合推举梅德韦杰夫为俄总统候选人。

2008年4月，"统俄党"举行第九次代表大会，修改党章，普京作为无党派人士担任该党主席。11月，该党召开第十次代表大会，宣布与农业党合并，通过修改党章的决议并补选最高委员会、改选总委员会、中央监察委员会，沃洛金连任总委员会主席团书记。

2009年11月，"统俄党"在圣彼得堡市召开第十一次代表大会，通过新党纲并修改党章，补选党的领导机构。大会通过的格雷兹洛夫报告将"俄罗斯保守主义"确立为该党意识形态，强调以"2020年国家发展战略""普京计划"和梅德韦杰夫《前进，俄罗斯》一文为思想基础，通过巩固社会和谐，实现建设"自由、繁荣、强大的新俄罗斯"的目标。

2010年2月，"统俄党"与"公俄党"签署政治协议，决定结成政治"联盟"，即"公俄党"支持总统和普京政府的方针政策，"统俄党"继续支持米罗诺夫担任联邦委员会主席。9月，被撤销莫斯科市长职务的卢日科夫辞去"统俄党"最高委员会联席主席职务，并退出"统俄党"。10月，俄总统梅德韦杰夫签署命令，任命统俄党总委员会主席团书记沃洛金为政府副总理兼政府办公厅主任。涅韦罗夫出任"统俄党"总委员会主席团代书记一职。

2011年9月，"统俄党"召开第十二次代表大会，总统梅德韦杰夫提名总理普京为2012年总统选举候选人，普京承诺当选后将提名梅德韦杰夫出任总理。此次大会还决定由梅德韦杰夫领衔"统俄党"参加12月国家杜马选举。在2011年12月举行的第六届国家杜马选举中，"统俄党"得票率为49.3%，获得238个议席，仍控制半数以上席位。

2012年5月，"统俄党"召开第十三次代表大会，选举梅德韦杰夫为党主席，并对党章作出重大修改，包括加强党内民主，规定党内关键职位全部由选举产生，总委员会主席团书记、各级党组织书记差额直接选举产生；参加地方行政长官选举应先在党内举行预选；总委员会中新人数量应超过20%等。

2013年10月，"统俄党"召开第十四次代表大会，总统普京、总理兼党主席梅德韦杰夫等出席。大会充分肯定该党在国家发展建设方面的地位和作用，并对最高委员会、总委员会、中央检查监察委员会等中央领导机构进行了补选。党的领导层保持总体稳定，无重大变化。

2016年2月，"统俄党"召开第十五次代表大会，总理兼党主席梅德韦杰夫做主旨发言。大会决定调整党的领导机构，修改党章，成立了（杜马选举）竞选纲领制订委员会和预投票组委会。

（2）俄罗斯联邦共产党（Коммунистическая партия Российской Федерации）：中央委员会主席久加诺夫（Геннадий Андреевич ЗЮГАНОВ）。截至2015年12月，俄共党员人数为15.7万人。在国家杜马拥有92名议员。

俄共成立于1990年6月，当时是苏联共产党的一部分。1991年"8·19"事件后，俄共被当局禁止活动，财产被没收。1993年2月，俄共召开第二次代表大会，重建并恢复活动。1995年1月，俄共第三次代表大会通过新党纲，规定俄共主要目标之一是建立人民政权，主张用和平手段进行社会改革。2000年12月，俄共召开七大，提出将作普京当局"负责任的、不妥协的、建设性的反对派"。2002年1月，俄共召开第八次非例行会议，修改了党纲和党章，将"同新一轮自由化改革进行毫不妥协的斗争"定为俄共主要政治任务。在2007年12月国家杜马选举中，俄共获得11.6%的支持率，分得57个议席。在2008年3月举行的总统选举中，久加诺夫与梅德韦杰夫等4名候选人角逐，获得约18%的选票，位居第二。11月，俄共举行第十三次代表大会，重新选举中央委员会和中央纪律检查委员会，久加诺夫连任党主席。大会通过新党纲，重申俄共为当局强硬反对派的政治定位，明确理论创新、干部队伍年轻化和党内民主等党现阶段的20项迫切任务。

在2009年春秋两次地方议会和市政领导选举中，俄共通过举办纪念列宁诞辰140周年、推出本党克服金融危机纲领、在远东地区组织抗议当局提高进口车关税等活动，保住了地方议会第二大党地位。在10月地方选举后，因不满统一俄罗斯党大获全胜的选举结果，该党联合公正俄罗斯党、自由民主党等政党退出国家杜马会议现场，被评为2000年普京执政以来俄政局中最严重的政治风波，后由当局出面调停恢复议会工作。

在2011年3月俄地方选举中，俄共获得总共547个议席中的71席，得票率为12.98%。7月，俄共宣布成立具有统一阵线性质的"民兵"组织，以吸引更多选民，对抗普京领衔的全俄人民阵线。9月，俄共举行第十四次代表大会，久加诺夫作报告，在苏联解体20周年之际对苏联解体的原因和教训进行了反思。在12月举行的第六届国家杜马选举中，俄共得票率为19.19%，获得92个议席。12月，俄共正式推举久加诺夫为总统候选人。在2012年3月举行的总统选举中，久加诺夫得票率为17.18%，仅次于普京排名第二。

2013年2月，俄共召开党的第十五次代表大会，庆祝党成立20周年，总结总统选举结果。大会通过了修改党章决议，重新选举中央委员会180名及纪律检查委员会45名成员。发表《资本主义陷入危机，未来属于社会主义》、《共产党人反对反人民的私有化》、《捍卫俄罗斯各族人民利益》等声明。2013年10月、2014年10月、2015年3月，俄共中央委员会第三、第六、第七次全会分别研究了《民族问题与巩固各民族友谊的任务》、《俄罗斯工人阶级地位与俄共加强在无产者阶层的影响》、《十月革命的遗产与俄共的任务》等理论问题。2015年9月在地方行政长官和立法机构选举中，俄共候选人竞选成功，当选伊尔库茨克州州长。

（3）“公正俄罗斯”党（Партия “Справедливая Россия”）：党主席米罗诺夫（Сергей Михайлович МИРОНОВ），自任“公俄党”国家杜马议会党团领导人。2006年10月28日，由“祖国”党、退休者党和生活党合并而成。截至2015年12月，党员人数为23万。该党主要以俄“祖国”党为班底组建，“祖国”党曾以社会公正和爱国主义为基本理念，自称为“体制内反对派”（системная оппозиция власти）。

“公正俄罗斯”党自称是具有社会民主主义取向的左翼政党，主要目标是建立社会伙伴关系，实现社会民主、团结，在人道主义基础上，达到社会公正。2007年2月26日，该党在圣彼得堡召开第一次代表大会，大会讨论了党的政治纲领，提出了包括消除贫困、恢复俄传统价值、保护民族文化、严厉打击贪腐、建立知识型和社会需求型经济模式等一系列政策主张。党主席米罗诺夫在报告中提出了在俄建立社会主义的思想。在2007年12月国家杜马选举中，“公俄党”获得7.8%选民支持，得到38个议席。2008年4月，“公俄党”举行第三次代表大会，改组了党的领导机构，米罗诺夫任党主席，巴巴科夫担任中央委员会主席团第一书记。6月，“公俄党”加入社会党国际，成为该组织观察员。9月，该党宣布同社会公正党和“绿党”合并。

2009年6月，“公俄党”召开第四次代表大会，通过了新党纲，修改党章，补选中央领导机构。该党积极谋求在俄左翼力量中的领军地位并扩大在世界左翼运动中的影响。在四大前与社会党国际联合举办了主题为《克服金融危机的战略：社会主义者的立场》的第三届世界社会主义论坛。为展示该党应对国际金融危机的立场，该党出台《稳定俄金融体系和实现可持续发展的计划》，对政府反危机纲领提出批评，强调刺激内需、加强社会保障力度，特别关注弱势群体保护和反腐倡廉等社会热点问题。在年内两次地方选举中，在个别地区获得市长职位。

2011年4月，“公俄党”召开第五次代表大会，米罗诺夫作了题为《党的纲领——国家发展纲领》的报告，选举出新的党主席、议员委员会主席、中央委员会主席团和中央监察委员会成员，对党章作出修改，通过了党的选举前纲领草案。该党国家杜马议会党团领导人列维切夫当选为新的党主席，米罗诺夫改任党的杜马议会党团领导人。5月，俄圣彼得堡立法会议召回代表圣彼得堡的俄联邦委员会主席米罗诺夫，米被自动解除联邦委员会主席职务。此后，“公俄党”发生内讧，国家杜马副主席巴巴科夫等多名重要党员退党，该党民意支持率严重下滑。在12月举行的第六届国家杜马选举中，“公俄党”得票率为13.24%，获得64个议席。在2012年3月举行的总统选举中，该党总统候选人米罗诺夫得票率为3.85%，在五名候选人中排名最后。2013年10月，“公俄党”召开第七次代表大会，米罗诺夫重新当选党主席，原党主席列维切夫改任该党议员理事会主席。2015年10月，“公俄党”召开中央委员会会议，部署2016年国家杜马大选准备工作。

（4）俄罗斯自由民主党（Либерально-демократическая партия России）：党主席日里诺夫斯基（Владимир Вольфович ЖИРИНОВСКИЙ）。成立于1989年12月，是前苏联实行多党制后成立的第一个政党。截至2015年12月，党员人数为22万人。该党具有较浓厚的民族主义色彩，形成了较为稳定的选民队伍。对内主张集权，建立单一制国家，对重要部门实行国家垄断。对外主张在苏联时期领土内恢复俄罗斯帝国版图，提出国界“只能外推，不能内缩”；主张加强同东欧的联系以建立斯拉夫国家联盟；推行南下战略，称俄罗斯士兵应“洗靴印度洋”。“9·11”事件后，又主张与西方结盟。日里诺夫斯基本人经常发表轰动性言论，以吸引民众注意力。基本支持普京当局在各领域的政策。自由民主党经常与“统俄党”议员团合作。

2008年5月，“自民党”召开第二十一次代表大会，日里诺夫斯基连任党主席。该党将2009年定为“自由民主党年”，举行多场活动纪念本党作为前苏联实行多党制后的第一个政党成立20周年。该党积极参与春秋两季地方选举，利用党内“金融寡头”类型议员的丰厚资金造势，但因在莫斯科市议会选举中失去席位，与俄共、“公正俄罗斯”党等一起抗议选举结果，引发国家杜马“罢会风波”。党主席日里诺夫斯基则高调批评莫斯科市长卢日科夫腐败，吸引选民眼球。

在2011年12月举行的第六届国家杜马选举中，自民党得票率为11.67%，获得56个议席。在2012年3月举行的总统选举中，该党总统候选人日里诺夫斯基得票率为6.22%，在五名候选人中排名第四。在2013年3月举行的党的第二十六次代表大会上日里诺夫斯基再次当选党主席。

2015年3月31日，“自民党”召开全国积极分子大会，庆祝该党成立25周年（始从第一次党代会），党主席日里诺夫斯基阐述大俄罗斯主义思想。11月，为准备杜马选举，该党提出俄罗斯走中间道路的竞选思想。

【重要人物】弗拉基米尔·弗拉基米罗维奇·普京：俄罗斯联邦总统。1952年10月7日生于列宁格勒市（今圣彼得堡市）。1975年毕业于列宁格勒大学法律系。曾在前苏联克格勃系统工作15年，其中1985—1990年在前民主德国工作。1990年回国后，先后任列宁格勒大学校长外事助理、圣彼得堡市市长顾问、市政府外联委主席。1994年任圣市第一副市长。1996年任俄总统事务局副局长。1997年3月任俄总统办公厅副主任兼监察局局长。1998年5月任总统办公厅第一副主任，7月任联邦安全总局局长。1999年3月起兼任联邦安全会议秘书，8月9日被任命为第一副总理、代总理，8月16日就任总理。12月31日叶利钦辞去总统职务，任命普京为代总统。2000年3月26日当选总统。2004年3月14日再次当选，5月7日正式宣誓就职。2008年5月8日其总理提名在国家杜马通过，同日被梅德韦杰夫任命为政府总理。2012年3月4日，普京当选新一届俄罗斯总统，5月7日宣誓就职。酷爱体育，曾获桑勃式摔跤健将、柔道运动健将及功勋教练称号，喜欢游泳和钓鱼。能讲德语。离异，有二女。　**德米特里·阿纳托利耶维奇·梅德韦杰夫**：俄罗斯联邦政府总理。1965年9月14日生于列宁格勒市（今圣彼得堡市）。1987年毕业于国立列宁格勒大学法律系，1990年毕业于该校研究生院。法学副博士，副教授。1990—1999年任教于国立圣彼得堡大学。1990—1995年先后任列宁格勒市苏维埃主席顾问、圣彼得堡市政府外事委员会专家顾问。1999—2000年任总统办公厅副主任。2000年起任总统办公厅第一副主任，同年起任“天然气工业”股份公司董事会主席。2003年10月起任总统办公厅主任。2005年11月14日被普京总统任命为政府第一副总理。2008年3月2日当选总统，同年5月7日正式就职。2012年5月7日普京正式宣誓就任总统后第二天，国家杜马通过了梅德韦杰夫的总理提名。已婚，有一子。　**瓦莲京娜·伊万诺芙娜·马特维延科**：俄罗斯联邦委员会主席。1949年4月7日生于乌克兰舍佩托夫卡市。1972年毕业于列宁格勒化学制药学院，后从事共青团工作。1986年任列宁格勒市执行委员会副主席。1989年当选苏联人民代表，任苏联最高苏维埃妇幼和家庭事务委员会主席。1991—1998年历任苏联（俄罗斯）驻马耳他大使、俄外交部地方、议会与社会组织局局长、俄驻希腊大使。1998年任负责社会事务的副总理。2003年被任命为总统驻西北联邦区全权代表，同年10月当选圣彼得堡市长。2011年9月21日当选联邦委员会主席。已婚，有一子。　**谢尔盖·叶夫根尼耶维奇·纳雷什金**：俄罗斯联邦国家杜马主席，统俄党成员。1954年10月27日生于列宁格勒市。1978年毕业于列宁格勒机械工程学院无线电工程专业；后毕业于圣彼得堡国际工商管理学院经济系。1982年任列宁格勒工学院院长助理，并作为苏联国家科学技术委员会经济顾问组成员在苏联驻比利时大使馆工作。1992年任列宁格勒市财政经济委员会处长。1995年任圣彼得堡“工业建筑银行”对外投资处处长。1997年任列宁格勒州政府投资局局长。1998年任列宁格勒州政府对外经济贸易和国际联络委员会主任。2004年任总统经济局副局长。2004年3月，任政府办公厅副主任。2004年9月13日，任政府办公厅主任。2007年2月16日，任政府副总理兼政府办公厅主任。2011年12月21日任国家杜马主席。懂英语、法语。有两个孩子。

经　济

2014年，俄罗斯GDP为709758亿卢布，按汇率计约为18381亿美元，同比增长0.6%，人均国内生产总值约为12563美元。

2014年俄罗斯主要经济数据为：

国内生产总值：709758亿卢布（约合1.8381亿美元）。

人均国内生产总值：1.26万美元。

国内生产总值增长率：0.6%。

货币名称：卢布。

汇率：1美元≈38.614卢布。

通货膨胀率：7.8%。

失业率：5.1%。

【自然资源】俄罗斯自然资源十分丰富，种类多，储量大，自给程度高。森林覆盖面积8.67亿公顷，占国土面积51%，居世界第一位，木材蓄积量820亿立方米。主要矿产资源有煤、铁、泥炭、石油、天然气、铜、锰、铅、锌等。储量居世界前列的有：天然气已探明蕴藏量为48万亿立方米，占世界探明储量的21%，居世界第一位；石油探明储量252亿吨，占世界探明储量的5%；煤蕴藏量1570亿吨，居世界第二位；铁矿石蕴藏量650亿吨，居世界第一位，约占40%；铝蕴藏量4亿吨，居世界第二位；铀蕴藏量占世界探明储量的14%；黄金储量1.42万吨，居世界第四至第五位；磷灰石占世界探明储量65%；镍蕴藏量1740万吨，占世界探明储量30%；锡占世界探明储量30%；铜8350万吨。非金属矿藏也极为丰富，石棉、石墨、云母、菱镁矿、刚玉、冰洲石、宝石、金刚石的储量及产量都较大，钾盐储量与加拿大并列世界首位。

【水力和渔业资源】水力资源丰富，境内有300余万条大小河流，280余万个湖泊；贝加尔湖是世界上蓄水量最大的淡水湖。渔业资源相当丰富，生物资源总量2580多万吨，鱼类为2300万吨。

【工业】近年来俄政府大力发展基础设施、加工业、服务业和运输业，但俄经济发展仍高度依赖自然资源的出口。2014年，俄工业生产增长1.7%。

【农业】2014年俄粮食产量为1.04亿吨，同比增长13.8%，农业总产值同比增长3.7%。主要粮食作物有小麦、大麦、黑麦、燕麦、玉米、大米、豆类。经济作物以亚麻、向日葵和甜菜为主。畜牧业主要为养牛、养羊、养猪业。

【服务业】2014年，俄服务贸易总额为1445.39亿美元，其中俄出口501.53亿美元，进口943.86亿美元。运输服务、旅游、建筑、保险和金融服务贸易额位居前列。

【财政收支】2014年俄联邦财政预算收入为14.5万亿卢布，支出为14.83万亿卢布，财政赤字3338亿卢布，占GDP的0.47%。

【外汇储备】截至2015年1月1日俄罗斯国际储备额为3854.6亿美元。截至2014年1月1日国际储备额为5095.95亿美元。

【外债余额】截至2015年1月1日，俄外债余额为5995亿美元，比2014年1月1日减少了18%。从外债构成上看，俄政府举借的外债为415亿美元（前苏联占17.7亿美元，俄罗斯占391.8亿美元）；央行为104亿美元；商业银行为1711美元；其他领域（企业）为3765亿美元。2015年俄罗斯的银行及企业需偿还外债1282亿美元，其中1081亿美元为外债本金，201亿美元为利息。

【主权债务评级】2015年初穆迪、标普、惠誉三大国际评级机构纷纷下调俄主权信用评级，从BBB级降至BBB–级。2015年3月18日中国信用评级机构大公国际资信评估有限公司宣布首次评定俄罗斯第三大银行——俄罗斯天然气工业银行（简称俄气银行）信用等级为A–，评级展望为稳定。

【贸易总量】据俄海关署统计，2014年俄外贸总额为7829亿美元，较2013年下降7%，顺差2109亿美元，同比下降0.6%；其中出口4969亿美元，同比减少5.8%；进口2860亿美元，同比减少9.2%。

【主要贸易伙伴】2014年俄主要贸易伙伴排名依次为：(1）中国—884亿美元；(2）荷兰—732亿美元；(3）德国—700亿美元；(4）意大利—484亿美元；(5）白俄罗斯—315亿美元；(6）土耳其—310亿美元；(7）日本—307亿美元；(8）美国—291亿美元；(9）乌克兰—278亿美元；(10）韩国—273亿美元。中国已连续第五年成为俄第一大贸易伙伴。

从地区看，欧盟仍是俄最大的贸易伙伴，2014年俄与欧盟贸易总额为3773亿美元，较2014年下降9.6%，占2014年俄贸易总额的48.2%。其他依次为：2014年俄与亚太国家贸易总额为2111亿美元，同比增长1.3%，占俄外贸总额26.6%；与独联体国家贸易总额为956亿美元，同比增长15%，占俄外贸总额12.2%；与关税同盟贸易额为525亿美元，同比下降9%，占俄外贸总额6.7%。

【商品结构】主要出口商品结构：2014年俄出口商品结构未有明显改善，能源产品仍是其主要出口商品，出口总额为3454亿美元，较2013年下降7%，占俄出口额69.5%；其中向非独联体国家出口3175亿美元，占俄能源产品出口比重91.9%。其他各主要出口商品依次为：金属及其制品405亿美元，同比下降0.7%，占比8.2%；化工产品290亿美元，同比下降5.2%，占比5.8%；机械、设备及交通工具263亿美元，同比下降7%，占比5.3%；食品及农业原料189亿美元，同比增长17.4%，占比3.8%；贵金属及其制品118.3亿美元，同比下降17.6%，占比2.4%；木材及纸浆116亿美元，同比增长6.4%，占比2.3%。

主要进口商品结构：2014年机电产品为俄主要进口商品，进口额为1362亿美元，较2013年下降11.8%，占俄进口总额47.6%；其中自非独联体国家进口1281亿美元，占比94%。其他主要进口商品依次为：化工产品463.8亿美元，占俄进口16.2%；食品及农业原料397亿美元，占俄进口13.9%；金属及其制品191亿美元，占俄进口6.7%，纺织品及鞋163.4亿美元，占俄进口5.7%；木材和纸浆59亿美元，占俄进口2%。

【石油天然气】石油天然气工业长期以来在俄经济中发挥核心作用，乌拉尔牌石油价格是俄制定国家财政预算的重要依据。2014年俄罗斯石油（包括凝析油）产量为5.3亿吨，同比增长0.58%。原油加工量2.8亿吨，同比下降2.4%。初级提炼石油为2.8亿吨，同比增长5.6%。出口石油2.21亿吨，同比下降6%。当年俄天然气开采量为6264.19亿立方米，同比下降6.23%，出口量为1834.35亿立方米，同比下降10.48%。本行业主要企业包括：

（1）天然气工业股份公司（GAZPROM）：成立于1993年2月，主要从事天然气勘探、开采、运输、加工和销售，为俄罗斯营业额和利润最大的公司，也是世界最大的天然气开采企业。2014年《财富》500强第17位。2014年的该公司天然气开采量为4320.25亿立方米，同比减少10%。

（2）卢克石油公司（LUKOIL）：成立于1991年，俄最大的私人石油公司，2014年《财富》500强第43位，当年石油产量8657.1万吨，同比下降0.4 %。

（3）俄罗斯石油公司（ROSNEFT OIL）：成立于1993年，是俄罗斯最大国有石油公司，2014年《财富》500强第46位，当年石油产量1.9亿吨，同比下降6 %。

（4）苏尔古特石油天然气股份公司（SURGUTNEFTEGAS）：成立于1993年，2014年《财富》500强第472位，当年石油产量为6142.5万吨，与上年基本持平。

（5）俄罗斯石油运输公司（Transneft）：成立于1992年11月，为俄罗斯国有石油运输公司，垄断俄罗斯国内生产石油的管线运输。

此外，2014年俄罗斯其他大型油气公司产油量为：俄罗斯天然气工业石油公司3362.4万吨，同比下降31.8%；鞑靼石油公司2652.9万吨，同比增长0.4%；罗斯石油公司853.4万吨，同比下降3.2%；巴什基尔石油公司1779.9万吨，同比增长10.74%。

【冶金行业】俄罗斯矿产资源丰富，铁、铝、铜、镍等金属矿产的储量和产量都居于世界前列，矿石开采和冶金行业在俄罗斯经济中发挥重要作用，有色冶金行业是俄罗斯重要的工业部门之一，其产值约占俄罗斯国内生产总值的2.8%，占工业生产的10.2%。有色冶金产品是俄罗斯主要出口商品之一。从出口创汇额来看，俄罗斯冶金行业占俄罗斯所有行业创汇额的17%，仅次于燃料动力综合体，列第二位。该行业俄罗斯主要企业包括：

（1）诺里斯克镍业公司（Norisk Nickel's）：成立于1993年，前身为“诺里斯克镍业”康采恩，1997年完成私有化，为世界最大的镍和钯生产企业。

（2）俄罗斯铝业联合公司（Rusal）：2006年由俄罗斯铝业公司、西伯利亚乌拉尔铝业公司和瑞士嘉能可公司联合组建，是世界最大的铝和氧化铝生产企业，其铝产量占世界产量12%，氧化铝产量占世界产量15%。

（3）北方钢铁公司（Severstal）：1993年成立为股份公司，世界最大的黑色金属冶金公司之一。

（4）欧亚集团（Euroasia）：成立于1992年，世界最大的矿石开采和冶炼企业。

【国防工业】俄罗斯国防工业继承了前苏联庞大国防的大部分，从设计、研发、试验到生产体系较为完整，部门较为齐全，是世界上少有的能生产海、陆、空、天武器和装备的国家。在俄罗斯国内装备更新速度有限的情况下，俄罗斯国防工业大力发展对外合作与出口，2014年俄向国外出口的军事装备总价值超过150亿美元。在俄出口武器名单中，占据首位的是军用飞机，随后依次为海军舰艇、陆军装备和防空武器。

人民生活

截至2014年12月，俄罗斯居民储蓄存款总额为206634亿卢布，较上年同期增长13.8%。根据俄联邦统计委员会公布数据，2014年俄居民平均月收入32600卢布，比2013年增加9.2%，平均月退休金10786。平均月支出22871卢布。用于购买商品和服务的消费支出约占收入总额的75.1%。但2014年俄居民可支配收入下降1%，其中2014年12月下降7.3%。2014年初，俄罗斯新房价格平均50208卢布/平方米，2014年11月的二手房均价为191700卢布/平方米，因2014年下半年卢布汇率剧烈波动，物价和房价因统计口径不同已无法准确衡量实际价格水平。

军　事

俄罗斯军队是在前苏联军队基础上组建的。1992年3月16日，俄罗斯总统叶利钦发布关于组建俄罗斯联邦国防部的命令，同年5月7日发布了关于组建俄罗斯武装力量的命令。

俄罗斯联邦总统、俄罗斯联邦会议（包括上院联邦委员会、下院国家杜马）、俄罗斯联邦政府对保障国家安全、国防能力状况，对俄罗斯武装力量和其他部队的战斗准备程度、动员准备程度和战斗力状况负全责。俄罗斯联邦总统是国家元首和武装力量最高统帅，负责确定联邦军事政策的基本方针，批准《俄罗斯联邦军事学说》，对俄联邦武装力量、其他部队、军事单位和机关实施领导等。俄罗斯联邦会议负责审核联邦预算法规定的国防开支，通过国防领域的联邦法律，批准俄联邦总统关于在俄全境或部分地区实行战争状态或紧急状态的命令，决定关于在俄境外使用俄联邦武装力量的问题等。俄罗斯联邦政府负责落实其职权范围内对武装力量、其他部队、军事单位和机关的国防保障措施，拟定并向联邦议会提出联邦预算中国防开支的建议，组织制定和完成武器和国防工业综合体发展的国家规划等。

俄罗斯联邦武装力量由管理机关、军团、兵团、部队、军事院校以及后勤部门组成。在组织编制结构上分为陆军、海军、空天军3个军种和战略火箭兵、空降兵2个独立兵种。未编入武装力量的其他军队包括内卫部队，联邦安全总局、联邦警卫总局所属部队，民防部队等。

俄罗斯联邦总统对武装力量和其他部队实施全面领导，并通过国防部长和总参谋长对武装力量实施作战指挥。国防部长通过国防部对联邦武装力量实施直接领导。俄罗斯联邦武装力量总参谋部对武装力量进行作战指挥。

俄罗斯联邦总统兼武装力量最高统帅为普京（2012年5月7日正式就任）。国防部长绍伊古（2012年11月6日任现职），国防部第一副部长兼总参谋长格拉西莫夫大将（2012年11月9日任现职），国防部第一副部长察里科夫（2012—2015年任国防部副部长，2015年12月任现职），国防部副部长兼常务秘书潘科夫（2005年9月13日任现职，2009年3月30日由大将改为文职），国防部副部长萨多文科上将（2013年11月7日任现职），国防部副部长安东诺夫（文职，2011年2月2日任现职），国防部副部长鲍里索夫上将（2012年11月15日任现职），国防部副部长布尔加科夫大将（2010年7月27日任现职），国防部副部长波波夫上将（2013年11月7日任现职），国防部副部长舍夫佐娃（女，文职，2010年8月4日任现职）（排序以俄国防部网站2016年2月内容为准）。

1993年11月，俄时任总统叶利钦批准了第一部

《俄罗斯联邦军事学说》。1996年5月，俄颁布首部《国防法》。1997年12月，俄公布第一部《俄罗斯联邦国家安全构想》，2000年1月10日，俄代总统普京批准了《俄罗斯联邦国家安全构想》。2000年4月21日，俄罗斯总统批准了第二版《俄罗斯联邦军事学说》。2000年9月9日，俄罗斯总统批准了《俄罗斯联邦信息安全学说》。2009年5月12日，俄罗斯总统梅德韦杰夫签署了《俄罗斯联邦2020年前国家安全战略》。2010年2月，俄出台新一版《俄罗斯联邦军事学说》。2014年12月26日，俄根据周边安全形势变化，再次出台新版《俄罗斯联邦军事学说》。2015年12月31日，俄总统普京签署命令，批准新版《俄罗斯联邦国家安全战略》。

2008年9月15日，时任俄总统梅德韦杰夫发布“重塑军队面貌”的命令，开始了新一轮军事改革，史称“新面貌”改革。改革总目标是建立一支“全新的、高度机动、装备现代化，能够遂行多种军事任务的军队”。改革取得的阶段性成果主要有：一是裁减编制员额。将现役军人总数由120万裁减至100万。其中军官约22万、合同制士兵约22.5万、义务兵约54.5万。基干部队（即缩编部队）均被裁撤，所有作战力量均为常备部队。二是调整编制和指挥体制。按照地域原则将六大军区整编为东部、西部、南部、中部四大军区，并相应成立四大联合战略司令部，赋予其对辖区内各军兵种部队的指挥权和联合指挥作战职能。俄军指挥体制由“军区—集团军—师—团”四级改为“战略司令部—战役司令部—旅团”三级。其中，陆军24个师被裁掉23个，组建了约110个作战旅。空军撤销军师团建制，组建了3个职能司令部和4个地区司令部，以及33个航空基地（2013年又恢复了3个航空兵师的编制）。海军仍由北方舰队、太平洋舰队、黑海舰队和波罗的海舰队四大舰队及里海分舰队组成，俄海军总司令部2012年10月底正式由莫斯科搬迁至圣彼得堡；为应对叙利亚危机，2013年俄海军组建了常驻地中海的地中海混合编队。战略火箭兵由3个导弹集团军12个导弹师组成。空降兵建制不变，由4个师1个旅组成；但2013年10月，俄总统签署命令，决定将陆军3个空降旅转隶空降兵指挥。空天防御兵成立于2011年12月，下辖航天司令部、防空反导司令部（下辖若干个空天防御旅和1个反导师）和普列谢茨克国家航天试验发射场等。三是实行军事院校改革。计划将原有65所军事院校整合为10所新型综合性高等军事院校。但自2013年起停止了院校裁减计划，2015年底全军保留了26所院校和8所分校。四是大幅提高军人福利待遇。自2012年1月1日起，俄现役军人的工资大幅增长，人均涨幅2.5—3倍，退休人员退休金也增长了1.6倍。为了整饬军纪、预防犯罪，俄军还组建了专门的军事警察部队。五是提高军队装备现代化水平。2012年初，时任国防部长谢尔久科夫宣布，改革第一阶段（即军队的结构改革阶段）已经完成，俄军改革进入第二阶段，即重点推动武器装备现代化的新阶段，计划在2020年前为此投入20万亿卢布（约6700亿美元）。在2016年前将武装力量现代化装备比重提升至30%，2020年前提升至70%以上。

2012年11月，因国防部所属“国防服务公司”爆出重大腐败案，谢尔久科夫被解职，绍伊古接任俄国防部长。上任伊始，绍伊古在坚持改革基本方向的前提下，对国防部进行了一系列重大人事调整，对此前谢氏改革中的一些不合理举措进行了修正和纠偏，如将军官任免权归还军区司令、部分恢复军区司令部裁撤的岗位、部分恢复“新面貌旅”的师级编制（如2013年5月9日“胜利日”阅兵前恢复了第2近卫摩步师和第4近卫坦克师的建制）、恢复被取消的负责思想教育工作军官的编制等。其重大改革调整举措包括：一是2013年，俄正式成立国家防御指挥中心，加大对武装力量的大规模突击实兵检验。二是出台货币化军人住房保障政策，推动建设50座新型军事城镇，以彻底解决2012年1月1日前应分配住房军官的住房问题。2015年，俄军共有2.7万名军人得到了公寓房，无房军官的数量从2013年的4万人下降至2015年的5000人。三是2014年12月，以北方舰队为基础成立北部联合战略司令部，以加强北极地区的防御作战能力。四是2015年8月1日，俄将空军和空天防御兵合并，组建新的军种空天军。按照集团军—师—团的编制恢复了4个空防集团军，即将原来4个军区所属的第1、第2、第3、第4空防司令部，分别恢复为第6、第14、第11、第4空防集团军，并于2015年起开始组建隶属北部联合战略司令部的第45空防集团军。将原空防司令部所属航空兵基地恢复为航空兵师—团编制，将原空天防御兵旅恢复为防空师，将航天兵司令部改编为空天军第15特种集团军，将防空反导司令部改编为防空反导集团军。五是2015年9月30日起，俄罗斯在叙利亚展开“专项军事行动”，出动空中力量对叙境内的“伊斯兰国”恐怖组织实施空中打击。截至2015年底，俄空中力量完成4000多架次作战飞行任务，对恐怖组织的8000多个目标实施了打击与摧毁。六是加快军队装备现代化步伐。截至2015年底，俄武装力量现代化武器装备的比例达到47%，各军兵种现代化武器装备的比例分别提高到：陆军35%，空天军52%，海军39%，战略火箭兵51%，空降兵41%。

兵役制度：俄武装力量兵员补充实行双轨制，即义务兵役制与合同兵役相结合的混合兵役制。从2008年1月1日起，应征入伍的义务兵服役期缩短至1年。俄军在军队职业化方面也做了很多工作。未来5年，计划每年招募5万名合同制军人。2015年，俄武装力量满编率达到92%，合同役军人的数量增加了10%，达到35.2万人（2012年为17.1万），预计2016年将达到38.4万人。到2020年前，在100万武装力量总员额中，合同制军人将增加至49.92万，义务兵役制军人将缩减至14.5万。

历年军费开支：根据俄联邦国家统计局校正后的数据，俄罗斯历年国防支出为：2005年5818亿卢布，2006年6834亿卢布，2007年8340亿卢布，2008年10436亿卢布，2009年11912亿卢布，2010年12797亿卢布，2011年15172亿卢布，2012年18141亿卢布，2013年21014亿卢布（俄总统普京称当年军费实际支出约2.3万亿卢布），2014年24881亿卢布，2015年32860亿卢布，2016年预计为28860亿卢布。（注：因卢布兑美元的汇率变化较大，相关国际研究机构推算俄每年的军费开支为：2000年63亿美元，2001年78.5亿美元，2002年91亿美元，2003年110亿美元，2004年137.16亿美元，2005年189.7亿美元，2006年238.6亿美元，2007年327亿美元，2008年383.84亿美元，2009年341.05亿美元，2010年376亿美元，2011年506亿美元，2012年610亿美元，2013年690亿美元，2014年770亿美元，2015年为938亿美元。）

2009年2月4日，俄罗斯、哈萨克斯坦、亚美尼亚、白俄罗斯、吉尔吉斯斯坦、塔吉克斯坦和乌兹别克斯坦元首在集安条约组织集体安全委员会非常会议上通过了创建集体快反部队的决定。6月14日集安条约组织莫斯科峰会上，俄、哈、亚、塔、吉5个成员国签署了成立集体快反部队的协议，决定组建兵力约2万人的集安条约组织快反部队。主要任务是在现实和潜在威胁背景下巩固成员国安全，打击恐怖主义、极端主义和毒品走私，预警并消除自然灾害和技术事故紧急情况，保证集安条约组织有效参与维护国际和平与安全。

境外驻军：驻摩尔多瓦共和国德涅斯特河沿岸地区战役集群1000人；驻亚美尼亚久姆里第102军事基地4500人；驻塔吉克斯坦第201军事基地（摩步师）7200人（有俄军事专家称9000人）；驻吉尔吉斯斯坦坎特空军基地250人；驻叙利亚塔尔图斯海军物资技术保障站少量军人和40—50名技术维修专家；驻阿布哈兹古达乌塔军事基地3800人；驻南奥塞梯茨欣瓦利军事基地3800人。在哈萨克斯坦萨雷沙甘、塔吉克斯坦努列克、白俄罗斯巴拉诺维奇各驻有1个雷达站。在哈萨克斯坦拜科努尔驻有第5航天发射场，兵力约3000人。驻越南金兰湾海军补给站约50名工作人员；驻叙利亚塔尔图斯港海军补给站约600名军人及技术保障人员；驻叙利亚拉塔基亚空军基地2500—3000名军人。

文化教育

【文化】俄罗斯共有博物馆2727所，其中艺术博物馆352座，历史和考古博物馆516座，地方志类博物馆1403座，自然科学类博物馆48座，科技类博物馆22座，综合类博物馆225座，行业、专业和其他类博物馆161座，参观人数超过9580万。圣彼得堡的埃尔米塔什博物馆是世界上最大的艺术、历史文化博物馆之一。收藏外国美术作品居本国第二位的是普希金造型艺术博物馆。俄罗斯最大的艺术博物馆是特列恰科夫美术馆。

据不完全统计（俄罗斯专家多有争议），俄罗斯共有各类图书馆13万所，隶属联邦级图书馆9所，在国家统计之列隶属俄罗斯文化部的图书馆为40116所（截至2014年底），共有图书、杂志、报纸以及其他出版物（包含电子读物）和文献8.43亿册（份）。位于莫斯科的俄罗斯国家图书馆是俄罗斯藏书最多的图书馆。位于圣彼得堡的俄罗斯民族图书馆是俄罗斯对公众开放的最古老的图书馆之一。

俄罗斯是一个有着悠久戏剧传统的国家。第一个剧院建在沙皇阿列克谢·米哈伊洛维奇的宫殿，而第一座向公众开放的剧院是伊丽莎白女皇1756年在圣彼得堡下旨筹建的。目前，俄罗斯共有658座剧院，其中歌剧和芭蕾舞剧院75座，戏剧、戏剧和音乐剧院377座，儿童和青少年剧院184座，观众超过3580万。观看马戏是俄罗斯传统的娱乐方式。目前，俄共有67个马戏团，其中39个有固定演出场所，28个属流动演出团体。近年观众减少了2成，约为560万。

2013年，俄罗斯与德国继续开展互办国家年的活动、与荷兰互办国家年；在越南开展“俄罗斯文化日”的活动；与中国就“旅游年”举办了系列大型双边文化交流活动；在摩尔多瓦和乌克兰分别举办系列“俄罗斯精神文化日”的活动。2013年，俄罗斯在喀山举办了夏季大学生运动会、在索契举办文化奥林匹克决赛；国际芭蕾舞和编导比赛、全俄芭蕾舞和编导比赛、首届全俄音乐比赛、第二届圣彼得堡国际文化论坛；第五届莫斯科国际现代艺术双年展、“偶像”国际马戏艺术节；纪念罗斯受洗1025周年、圣谢尔盖诞生700周年、第一次世界大战胜利100周年、斯坦尼斯拉夫斯基诞辰150周年等纪念活动。

2014年，俄罗斯与英国开展“2014俄罗斯—英国年”、与意大利举办“俄罗斯—意大利旅游年”、在奥地利、瑞士和芬兰举办俄罗斯文化季，开启了与德国的“2014—2015俄语和文化年”、与中国开展“2014—2015中俄青年友好交流年”，举办第三届圣彼得堡国际文化论坛。根据俄罗斯总统令，“2014是俄罗斯文化年”，2014年俄罗斯举办各类大型文化活动125项，其中包括纪念圣彼得堡的埃尔米塔什博物馆建成250周年的大型活动。

【教育】根据2013年9月1日起开始实施的新版《俄罗斯联邦教育法》，俄罗斯教育主要包括学前教育、基础教育、中等职业教育、高等教育和补充教育。基础教育包括：初级基础教育（小学1—4年级）、基本基础教育（初中5—9年级）、完全基础教育（高中10—11年级）。职业教育包括：初级职业教育（相当于我国的中专，新教育法已经取消这个阶段，2014年开始不再招生）、中等职业教育（相当于我国的高等职业技术学院）。高等教育包括三个阶段：第一阶段——本科学士、第二阶段——专家和硕士、第三阶段——高技能人才培养。

新教育法在高等教育层级引入了一个新的阶段——高技能人才培养（包括临床硕士、表演类副博士和高等军事院校研究生班，他们在通过副博士论文答辩后可授予副博士学位）。

截至2015年9月，俄罗斯共有学前教育机构50980所，其中包括41300个幼儿园（其中私立幼儿园有928所，2013年为549所）。截至2015年8月1日，3—7岁学前教育适龄儿童入园率为96.4%。

在学前教育机构学习的儿童以及入托儿童的数量与2014年比较增加了7.3%，总数达到680万人（2014年为640万人）。

2015年8月1日3—7岁儿童中未能在学前教育机构入园的人数为20.46万人。

有31个联邦主体的3—7岁儿童学前教育入学率高于99%，有46个联邦主体为90%—99.9%。

为了保证学前教育入学率，联邦预算用于学前教育系统现代化项目的总金额为1300亿卢布，其中2013—2014年支出500亿卢布，2015年已支出300亿卢布。

截至2015年9月，俄罗斯共有43200所市立和国立基础教育机构，以及751所私立学校。

2015—2016学年基础教育学校学生总数为1410万人，比去年增加4%（增加54.33万人）。

从2007年起，每年的一年级新生人数均有增加。根据俄教科部的统计，2015—2016学年一年级新生人数为160万人，比2014年增加14.5万人。

俄罗斯基础教育阶段（小学到高中）学习期限一般为11年，一些艺术学校为12年。小学入学年龄要求是7岁。基础教育教学计划一学年的时间一般是34周，每周课时量为27—38学时。一些特色学校（Гимназия和Лицей）可以适当延长学习时间和加大教学难度。

基础教育阶段课程分为必修课程和选修课程。必修课程分为人文系列（俄语、文学、外语、俄罗斯史、世界史、经济、地理、法律基础、政治学、体育等）、自然科学系列（数学、物理、化学、生物、生态学、天文学等）以及“技术类课程”（绘画、制图、家政、裁缝、烹调、金属加工等）；选修课主要是一些反映地方特色和学生兴趣的课程。

俄罗斯自2001年起在基础教育毕业阶段试行统一国家考试，考试科目共11门，其中数学、俄语为必考科目，其他为选考科目。选考科目根据所报考大学和专业要求而定，但参加各科奥林匹克竞赛并获奖的学生，其相应科目可以以满分计算甚至免试入学。2012—2013年，有超过1.6万人享受了此项高考优惠政策。

2007年统一国家考试推广至全国，2009年起作为中学毕业和大学入学的必须形式，莫斯科国立大学和圣彼得堡国立大学和其他一些符合条件的大学和专业有权进行补充测试。2010年，有87.8万名考生参加了统一国家考试。2012年，有88万人参加了统一国家考试，其中应届毕业生79万，其他人员9万。2013年，有86万人参加了统一国家考试。

截至2015年9月，提供补充基础教育课程的儿童补充教育机构共计11710所（2014年为10400所）。

过去一年，实施补充教育课程的基础教育机构增加了7.4%。

包括此类学校在内，提供补充教育服务的教育机构共有14700所。

参加补充教育学习的儿童超过950万人（2014年为840万人）。

截至2015年1月1日，接受补充教育服务的儿童覆盖率达到64%（2014年1月1日为58.8%）。

截至2015年9月，俄联邦职业教育机构约3300所，其中1000所只提供职工技能培训。此外还有400所国立高等教育机构提供中等职业教育课程。

俄罗斯中等职业教育的办学目标是培养技术工人，分为普通职业教育和双证职业教育两种类型。普通职业教育即在基本基础教育或完全基础教育的基础上进行职业培训，分为9年级毕业后进行一至两年半的职业教育和11年级毕业后进行一至一年半的职业培训；双证职业教育即中学毕业证和职业教育文凭双证教育，毕业生既可持职业教育文凭工作，也可以持中学毕业证参加大学入学考试。学习期限分9年基础教育＋至少3年职业教育和11年基础教育＋一至一年半职业教育两种。

2000年以来，俄初等职业教育机构数量呈不断减少趋势，2006年全俄共有3547所初等职业教育机构，至2012年，这一数据已缩减到2817所。同时，中等职业教育机构数量逐渐增加，2000年全俄共有中等职业教育机构2786所，2012年这一数据已增加到2981所，在校生超过200万。截至2011年年底，全俄共有中等职业学校2925所。其中，公立2665所，私立260所，在校学生208.2万人。2013年生效的新教育法甚至取消了初等职业教育这一阶段，将其与中等职业教育合并，中等职业教育将承担培养技术工人和中等程度专家的任务。

截至2015年9月，俄联邦共有950所高等教育机构（其中国立高校548所，非国立高校402所）和近1300所分校。2014—2015学年该数字为969所和1400所。2014—2015学年在高等院校学习的学生人数为520万人，比2013—2014学年减少了7.8%。2014—2015学年高校编制内教师的数量为29.98万人，比前一学年减少了6.31%。

高等教育机构数量减少的原因是根据对高等教育机构办学效益测评的结果，对超过4项指标不合格的高校和分校进行了优化和重组。

高等教育的教学计划一般为36周一学年。大学生的一周最高课时量（包括上课和课外学习）不能超过54学时，上课时数平均为每周27学时，硕士生每周上课时数平均为14学时。

在俄所有高校中，得到俄联邦政府重点支持的高校共41所，分三个层次：2所享有高度自治权的联邦政府直属高校——莫斯科国立大学和圣彼得堡国立大学、10所联邦大学（2014年新增1所）和29所国家研究型大学。在此基础之上，为落实普京总统在2012年5月7日就任时提出的“到2020年俄罗斯应该有不少于5所高校进入世界大学排名榜前100名”的要求，2013年共有15所大学获得国家财政重点支持（共90亿卢布，约合16亿人民币）（2014年圣彼得堡国立电力技术大学退出，2015年新增6所，从而使进入5—100计划的院校达到20所），目标是使它们在2020年前进入世界一流大学行列。

2015年10月16日俄启动通过竞争选取大学建立支点大学计划，其目标将定位于解决地区经济问题，为劳动力市场提供高技能人才。2016年1月，俄教科部批准11所院校的支点大学计划。

【新闻出版】俄罗斯合法注册新闻媒体9万多家。其中，纸制印刷媒体约6.8家，电子媒体约2.1万家，通讯社1660余家，90%为非国有媒体。俄各大新闻媒体在《俄罗斯联邦宪法》和《俄罗斯联邦大众传媒法》规定框架下有序运行。

主要报刊有：（1）《俄罗斯报》，政府机关报，1990年11月11日创刊，在俄全境及独联体国家发行，日发行量16.6万份。俄国家的各种法律法令文件生效后须在该报全文发表。目前，该报在俄国内设有32个记者站，在独联体和欧洲设有16个分社。2006年，在北京设立分社。（2）《消息报》，私营报业，社会政治类报纸，曾为苏联政府机关报，1917年3月创刊。1991年苏联解体后，该报重组为私营报业。每周一至周五出版五期，并在莫斯科和圣彼得堡发行周末增刊。在俄境内的发行量约15万份，在独联体2.3万份，在欧洲4000份。2010年，在北京设立分社。（3）《独立报》，私营报业，1990年12月21日创刊。以报道俄国内及国际重大社会、政治问题，以及文化、体育等新闻为主。（4）《生意人报》，1989年12月创刊，当时为周报，也是苏联第一份私营商业出版物。1992年9月，改为日报。目前，旗下有《政权》和《金钱》两种知名商业周刊和《星火》等社会政治类杂志。（5）《共青团真理报》，为苏联时期主要报刊之一，1925年3月13日创刊，在世界上48个国家出版发行。目前，该报分日报和周报两种，是俄普通读者最喜爱的报刊之一。（6）《专家》杂志，创刊于2000年，为周刊，是俄目前较有权威性和影响力的经济和社会政治类题材刊物，在俄国内各个地区和独联体国家均有发行。此外，在俄较有影响的刊物还有《公报》、《莫斯科共青团员报》、《劳动报》、《论据与事实报》、《真理报》、《议会报》、《明日周报》、《The Moscow Times》，以及《剖面》、《政权》、《金钱》、《星火》、《世界经济与国际关系》、《国际生活》、《远东问题》、《世界与政治》、《自由思想》、《Russian View》等杂志。

主要通讯社有：（1）塔斯社，官方通讯社，俄三大通讯社之一。其前身是苏联时期的塔斯社及1992年1月成立的俄通社，随后更名为俄通—塔斯社，并于2014年9月1日再次更名为塔斯社。目前，在俄境内拥有8个区域中心和34个分社，在世界各地拥有75个代表机构，包括在中国北京和上海设立的2个记者站。同路透社、美联社、共同社和新华社等70多家世界各地的通讯社建立了信息合作关系。（2）“今日俄罗斯”国际新闻通讯社，官方通讯社，俄三大通讯社之一。根据2013年12月9日俄联邦总统令，俄罗斯新闻社（简称“俄新社”）和“俄罗斯之声”广播电台重组成为“今日俄罗斯”国际新闻通讯社。目前是俄政府对外宣传的主要通讯社，其通信网络覆盖了全俄、独联体及世界其他地区的40多个国家，拥有巨大的图片库，库存约100万张，每天以多种文字发布社会、政治、经济、科学和金融方面的消息。该社拥有举办新闻发布会的专业信息平台，为俄总统办公厅、政府、议会、各大部委、地方权力机关及其他社会团体提供信息服务。2004年5月，其前身俄新社在北京设立分社。（3）国际文传电讯社，私营通讯社，俄三大通讯社之一。成立于1989年9月，系苏联时期首家非国有通讯社。是俄目前在现代IT领域和其他经济部门中唯一掌握金融市场信息的专业化机构。用多种语言发布各类信息，并专门设有“国际新闻”、“中国新闻”以及“中国经贸述评”等栏目。在俄各联邦主体设有19个代表处。分别于1999年、2002年在上海、北京设立分社。（4）波罗的海新闻社，俄国家级通讯社，2000年在圣彼得堡成立。在俄国内和独联体地区设有分支机构，拥有广阔的信息网、专业的工作团队及多个科研中心，与国内外多家媒体建立了信息合作关系。2010年，在北京设立分社。

主要广播电台有：（1）“俄罗斯之声”广播电台，隶属于“今日俄罗斯”国际新闻通讯社，是俄政府主要外宣媒体。其前身为1929年成立的苏联国有电台，1989年1月1日使用现名对外广播。目前，用38种语言全时段通过短波、中波、调频、卫星和移动电话网络向160个国家和地区播发信息，听众达到1.09亿。该台官方网站——“卫星网”用33种语言播发新闻，其中包括中文网页。（2）“俄罗斯”广播电台，成立于1990年12月10日，是俄国有媒体及唯一联邦级广播电台，每天24小时全天候通过长波、中波、短波和网络对外广播，包括新闻、社会政治、音乐、文学、科教及儿童类节目。每日听众达1.2亿。（3）“莫斯科回声”广播电台，私营电台，成立于1990年。全天使用俄语广播，主要受众为俄国内和独联体地区。（4）“灯塔”广播电台，是历史悠久并较有影响的俄国家音乐电台。1964年根据前苏联政府的有关决定建立。该电台每半个小时播发5分钟的新闻内容，其他节目的设置还有音乐、直播、晨间幽默、专访和广播电影等栏目。该广播电台目前拥有3个广播频道。

主要电视台有：（1）“全俄国家电视广播公司”，俄最大国有控股媒体，成立于1990年7月。旗下设有“俄罗斯 –1”综合频道、“俄罗斯 –2”社会频道、“俄罗斯 – 文化”频道等3个联邦级电视频道，“俄罗斯 –24”新闻频道，面向海外俄侨俄人的“星球”国际频道，俄语版“欧洲新闻”频道，以及“体育”频道。此外，该公司还创办了“俄罗斯”、“灯塔”、“文化”、“调频—新闻”、“青少年”等5个广播电台。其中，“俄罗斯 –1”综合频道成立于1991年5月，覆盖全俄及部分独联体和波罗的海国家，俄境内观众约占全国总人口的98.5%，独联体和波罗的海国家约有5000万观众。“俄罗斯 –1”综合频道节目种类多样，包括新闻、电视剧、电影、电视评论、脱口秀、大型文艺和纪录片等，同时直播重要大型活动和社会政治事件。该频道的《消息》节目在俄具有重要影响力，收视率很高，多次获得俄国内电视新闻类节目大奖。“俄罗斯 –24”新闻频道，为俄唯一一家全天24小时播发新闻节目的电视频道，以播发俄国内新闻和国际新闻为主，同时以传播迅速、信息量大见长，重要新闻节目连续滚动播出。2006年，在北京设立分社。（2）第一电视台，国家参股的综合性电视台，其前身是成立于1939年的苏联中央电视台，受全苏广播电视委员会领导。苏联解体后，1991年在其基础上成立奥斯坦基诺国家电视广播公司。1995年2月28日，奥斯坦基诺电视广播公司并入新成立的俄罗斯公众电视股份公司，并改称俄罗斯公众电视台，2002年9月更名为第一电视台。在俄本土覆盖率达到99.8%，观众1.4亿。1994年，在北京设立分社。（3）独立电视台，俄目前唯一经过联邦政府批准的私营电视台，成立于1993年。除俄本土外，还覆盖到独联体国家以及西欧、中东、美国和加拿大等国家和地区。（4）中心电视台，隶属于莫斯科市政府，成立于1997年。节目覆盖俄大部分地区和部分独联体国家以及欧洲国家。（5）RT电视台，是俄主要外宣电视媒体，成立于2005年。下设英语、阿拉伯语、西班牙语、RT-America、纪录片等5个频道，均为24小时对外播报，并于2012年全部升级为高清频道。目前，该台已成为俄5大联邦级电视媒体之一，其在俄境内收视率仅次于俄第一电视台、全俄国家电视广播公司，并已同全球80多个国家的上万家电视媒体建立了合作关系。2007年，该台成功登录“YouTube”视频网，目前点击率已达12亿次。

对外关系

2013年初俄罗斯外交部公布新版《俄罗斯联邦外交政策构想》，明确提出俄对外政策理念的五大特征，即实用性、开放性、多元化、独立性和延续性；明确指出俄对外政策的九大目标：一是维护国家安全、主权和领土完整；二是促进经济增长、提高民众生活水平；三是推动建立公正、民主的国际秩序，巩固世界和平；四是维护睦邻友好；五是以非对抗方式捍卫国家利益；六是增强俄在全球经济格局中的地位；七是保护海外公民权益；八是在全球普及俄语、宣传俄文化；九是促进不同宗教与文化的和谐共存，推动文明的对话。

截至2012年10月24日，俄共与193个国家建有外交关系，设有146个驻外外交代表机构、14个常驻国际组织代表机构。148个国家在俄设有外交代表机构。

2014年初，乌克兰危机爆发，克里米亚并入俄，俄与美西方关系受到严重冲击。美西方对俄进行经济制裁，将俄开除出“八国集团”，俄加速推进“东向政策”，大力度推动远东开发，积极发展与东部邻国关系，力争实现外交突围。2015年俄先后举办二战胜利70周年“5·9”阅兵式，承办金砖国家、上合组织峰会，一定程度打破了美西方对俄的孤立。俄积极推进欧亚经济一体化建设，2015年1月1日欧亚经济联盟正式成立，成员国包括俄罗斯、白俄罗斯、哈萨克斯坦、亚美尼亚、吉尔吉斯斯坦。俄美关系因乌克兰危机、叙利亚问题陷入冷战后低谷，但双方在叙利亚、伊朗核、阿富汗、反恐、防扩散等问题上仍保持一定合作。俄进一步深化对华战略协作，明确支持“一带一路”与“欧亚经济联盟”对接。俄积极推进全方位大国外交，通过出兵叙利亚反恐，进一步强化了俄在中东地缘影响，增强了俄作为当今世界有重大影响的力量中心的地位。

【对当前重大国际问题的态度】国际秩序：积极主张建立多极化国际体系，反对单极世界及单边主义，坚持联合国在国际关系中拥有核心地位和最高权威，坚持国际法至上原则，主张通过对话谈判和平解决国际争端，反对干涉主权国家内政，反对绕过联合国安理会对一国进行单方面制裁。

联合国改革：认为应合理地改革联合国，以使其更好地适应世界政治和经济形势的变化；应继续提高联合国安理会活动的效率，在保证应有工作效能的前提下，赋予该机构更大的代表性；任何关于建立联合国安理会补充席位的决定，必须在联合国成员国最广泛一致的基础上通过；联合国安理会五个常任理事国的地位应当保留。支持印度成为联合国安理会常任理事国。

伊朗核问题：在反对伊拥有核武器的同时，肯定伊拥有和平利用核能权利，包括在国际原子能机构监督下进行铀浓缩活动的权利，并积极同伊开展民用核能合作。俄坚持以和平和外交方式解决伊核问题，敦促伊积极同国际社会合作，特别是加强同国际原子能机构的对话与合作。伊朗新总统鲁哈尼上任后，俄积极推动伊核问题不断取得突破。2015年7月，伊核六国与伊朗就伊核问题达成全面协议。

中东问题：作为中东问题国际四方调解成员之一，俄认为巴以矛盾是中东问题的核心。俄与冲突各方及中东有关国家保持密切外交接触，主张坚持公正平衡立场，全力促进政治谈判进程，通过对话与合作解决争端，反对滥用制裁和使用武力，主张建立由国际社会和中东地区各国及有影响的政治力量广泛参与的国际协调机制解决中东问题。随着中东形势不断变化发展，俄认为难民问题、“伊斯兰国”等恐怖极端组织蔓延等正日益成为中东问题的新焦点，呼吁建立反恐同盟。

叙利亚问题：坚持以2012年6月达成的《日内瓦公报》为基础，呼吁冲突各方立即停火止暴，坚决反对外国势力对叙局势进行干预，支持叙政府和反对派通过和平谈判方式解决分歧，实现民族和解。2013年俄提出“化武换和平”倡议，成功化解美国可能对叙的军事行动，持续加强对叙的支持，加速推进叙问题政治解决进程。2015年9月底，俄应叙当局请求派出空军赴叙参与打击“伊斯兰国”等恐怖组织。10月，俄提出解决叙问题的新主张，强调叙有关各方停止交战、进行议会选举、组建过渡政府、进行总统选举、亲政府的民兵武装加入政府军、组建全国军事委员会，反政府的叙利亚自由军与政府军合并等。2016年2月，美国与俄罗斯就叙冲突各方停火达成协议，叙问题解决进入新的发展阶段。

朝鲜核问题：坚持朝鲜半岛无核化，支持朝核问题六方会谈进程，认为这是解决朝核问题的唯一有效机制，呼吁有关各方遵循六方会谈达成的协议，致力于实施2005年“9·19”共同声明的相关规定，履行对朝援助义务，促成朝核设施实现去功能化，最终实现朝鲜半岛可验证的无核化。俄支持美朝直接接触对话。2016年1月6日朝第四次核试后，俄明确表示谴责，认为此举严重违反联合国安理会相关决议，支持对朝采取新的制裁，但认为制裁不应使朝鲜经济崩溃和出现人道灾难，同时敦促有关各方保持克制，避免进一步激化半岛紧张局势。3月2日，联合国安理会一致通过涉朝问题的第2270号决议。

【同中国的关系】2014年，中国与俄罗斯全面战略协作伙伴关系继续在高水平上运行，两国迎来建交65周年。双方政治互信不断加深，务实合作取得重要成果，人文交流日益密切，国际战略协作卓有成效。

一、两国高层交往密切

2月，中国国家主席习近平赴俄罗斯索契出席第22届冬季奥林匹克运动会开幕式，并同俄罗斯总统普京举行双边会晤，就中俄关系和双边务实合作问题交换意见。7月和9月，习近平主席在巴西福塔莱萨出席金砖国家领导人第六次会晤和在塔吉克斯坦杜尚别出席上海合作组织成员国元首理事会第14次会议期间分别与普京总统举行会晤，就中俄关系和双边合作等问题交换意见。5月，普京总统对中国进行国事访问并出席在上海举行的亚洲相互协作与信任措施会议第四次峰会。两国元首举行会谈，就进一步发展中俄关系、双方各领域合作以及重大国际和地区问题深入交换意见，达成广泛共识，签署并发表《中俄关于全面战略协作伙伴关系新阶段的联合声明》。11月，普京总统来华出席亚太经合组织第22次领导人非正式会议，习近平主席会见普京总统。

10月，国务院总理李克强正式访俄，与梅德韦杰夫总理举行中俄总理第十九次定期会晤，并分别会见普京总统、联邦委员会主席马特维延科和国家杜马主席纳雷什金。两国总理签署并发表《中俄总理第十九次定期会晤联合公报》。12月，李克强总理在哈萨克斯坦阿斯塔纳出席上海合作组织政府首脑理事会第十三次会议期间，与梅德韦杰夫总理举行双边会见。

二、两国立法机构互访频繁

1月，俄联邦委员会第一副主席托尔申来华，与全国人大常委会副委员长向巴平措举行会见。7月，俄国家杜马第一副主席梅利尼科夫访华，全国人大常委会委员长张德江和副委员长吉炳轩分别会见梅利尼科夫。9月，俄联邦委员会主席马特维延科访华并出席中国全国人大与俄联邦委员会合作委员会第八次会议。习近平主席、李克强总理分别会见马特维延科，张德江委员长与马特维延科举行会谈，并签署《中国全国人民代表大会与俄罗斯联邦会议合作委员会章程》。

三、两国各领域机制性交往积极开展

4月，国务院副总理汪洋赴俄罗斯符拉迪沃斯托克与俄副总理罗戈津举行中俄总理定期会晤委员会双方主席会晤。6月，国务委员杨洁篪赴俄罗斯萨马拉与俄总统驻伏尔加河沿岸联邦区全权代表巴比奇主持召开中国长江中上游地区和俄罗斯伏尔加河沿岸联邦区领导人座谈会，并会见俄联邦委员会主席马特维延科。8—9月，国务院副总理张高丽赴俄罗斯与俄副总理德沃尔科维奇举行中俄能源合作委员会第十一次会议，并赴雅库茨克与普京总统共同出席中俄东线天然气管道俄境内段“西伯利亚力量”管道开工仪式。9月，国务院副总理刘延东赴俄罗斯乌里扬诺夫斯克与俄副总理戈洛杰茨举行中俄人文合作委员会第十五次会议。10月，国务院副总理汪洋赴俄罗斯索契与俄副总理罗戈津举行中俄总理定期会晤委员会第十八次会议，并共同出席第九届中俄经济工商界高峰论坛。

1月，国务委员兼公安部部长郭声琨在北京会见俄联邦安全总局副局长谢多夫。4月，俄副总理德沃尔科维奇来华，与国务院副总理张高丽举行中俄能源合作委员会双方主席会晤。5月，俄副总理罗戈津来华，与国务院副总理汪洋举行中俄总理定期会晤委员会双方主席会晤。6月，俄联邦安全会议秘书帕特鲁舍夫来华，分别与中共中央政治局委员、中央政法委书记孟建柱和国务委员杨洁篪举行中俄执法安全合作机制首次会议和中俄第十轮战略安全磋商。7月，俄总统办公厅主任伊万诺夫访华，习近平主席会见伊万诺夫，中央政治局委员、中央书记处书记、中央办公厅主任栗战书与伊万诺夫举行会谈。9月，俄第一副总理舒瓦洛夫来华，与国务院副总理张高丽举行中俄投资合作委员会第一次会议。11月，俄国防部部长绍伊古访华，国务院总理李克强、中央军委副主席许其亮分别会见绍伊古，国防部部长常万全与绍伊古举行会谈。中俄友好、和平与发展委员会俄方主席季托夫访华，与委员会中方主席、前国务委员戴秉国举行双方新任主席首次工作会晤。

四、两国其他高级别接触频繁

3月，国务院副总理刘延东赴俄罗斯圣彼得堡与俄副总理戈洛杰茨共同出席中俄青年友好交流年开幕式。4月，国务委员兼公安部部长郭声琨在塔吉克斯坦杜尚别出席上海合作组织安全会议秘书第九次会议期间，会见俄联邦安全会议秘书帕特鲁舍夫。国务委员杨洁篪会见来华出席博鳌亚洲论坛2014年年会的俄副总理德沃尔科维奇。5月，国家副主席李源潮赴俄出席第十八届圣彼得堡国际经济论坛，并会见俄总统普京。6月，中共中央政治局委员、中央政法委书记孟建柱赴俄罗斯喀山出席第五届安全事务高级代表国际会议，并会见俄联邦安全会议秘书帕特鲁舍夫。10月，国务院副总理刘延东赴俄陪同李克强总理出席中俄总理第十九次定期会晤期间，分别会见俄副总理戈洛杰茨和国家杜马第一副主席兼奥委会主席茹科夫。

4月，俄鞑靼斯坦共和国总统明尼哈诺夫访华，国务委员杨洁篪会见明尼哈诺夫。5月，俄第一副总理舒瓦洛夫来华进行工作访问，国务院副总理张高丽与舒瓦洛夫举行会晤。6月，俄副总理罗戈津来华，国务院副总理汪洋与罗戈津举行中俄总理定期会晤委员会双方主席会晤，并共同出席在哈尔滨举行的首届中俄博览会开幕式。8月，俄国家杜马第一副主席、奥委会主席茹科夫来华出席南京青奥会开幕式。9月，俄副总理德沃尔科维奇来华出席在天津举行的2014夏季达沃斯论坛，国务院总理李克强会见德沃尔科维奇。12月，俄乌里扬诺夫斯克州州长莫罗佐夫访华，国务院副总理刘延东在北京会见莫罗佐夫。俄副总理兼总统驻远东联邦区全权代表特鲁特涅夫访华，国务院副总理汪洋在北京会见特鲁特涅夫。

五、两国外交部长保持密切接触

俄外交部长拉夫罗夫4月对中国进行正式访问，习近平主席会见拉夫罗夫，王毅外长与拉夫罗夫举行会谈。此外，两国外长在国际多边场合5次会晤，多次通电话和互致函电，就双边关系、中俄在国际和地区事务中的协作交换意见，协调立场。

六、两国务实合作成果丰硕

（一）双方积极扩大和深化经贸合作

2014年，中俄贸易额达到953亿美元，创历史新高，中国连续五年成为俄罗斯第一大贸易国，俄罗斯是中国第九大贸易国。投资合作取得积极进展，建立副总理级中俄投资合作委员会，确定32个重点合作项目。原油、煤炭、电力、新能源领域合作顺利进行。双方签署总价值超过4000亿美元、年供气量380亿立方米、为期30年的东线天然气购销合同，俄方启动其境内段管道建设。双方签署西线天然气项目部门间备忘录和企业间框架协议。中国企业成功收购俄罗斯亚马尔液化气公司20%股份，双方签署年进口300万吨液化气合同。双方积极研究开展核能全产业链合作和共同开拓第三国市场。双边本币结算折合18.71亿美元。双方签署规模为1500亿元人民币/8150亿卢布的本币互换协议，积极扩大本币结算。联合研制远程宽体客机和重型直升机项目稳步推进。双方积极商谈莫斯科至喀山高铁项目合作，加强在火箭发动机、卫星导航系统、载人航天、深空探测、电子元器件等航天领域全面系统合作。中国作为主宾国参加俄罗斯第三届莫斯科“开放式创新”国际论坛，俄罗斯作为主宾国参加中国“浦江创新论坛”。

（二）人文交流蓬勃发展

中俄青年友好交流年开幕式在圣彼得堡成功举行，双方完成交流活动近300项，交流规模达数万人次。在双方共同努力下，中共六大纪念馆建馆工作取得阶段性进展。双方制订2020年将两国留学人员规模扩大到10万人的计划，支持莫斯科大学与北京理工大学创办中俄联合大学。文化交流进展顺利，歌剧《叶甫盖尼·奥涅金》在中国国家大剧院成功演出。双方建立高效的传染病联防联控机制及疫情信息通报机制，俄方及时协调安-124大型运输机协助中方将大型实验室运到塞拉利昂，解决了中方医疗队援非抗击埃博拉疫情的紧急需要。两国红色旅游取得积极成效，中国赴俄游客增加5%。体育、媒体和出版、电影及档案等领域合作卓有成效。双方商定在中俄人文合作委员会框架下开展创新对话，加强相关政府部门和智库在创新政策等领域的交流活动。

七、在国际事务中保持密切战略协作

双方在重大国际和地区问题上立场相同或相近，共同推动叙利亚、伊朗核、朝核、乌克兰等热点问题政治解决进程；在联合国、金砖国家、上海合作组织、亚太经合组织、二十国集团、亚信等国际多边框架内密切协调配合，推动亚洲安全观等重大倡议；商定2015年共同举办第二次世界大战胜利70周年庆祝活动，维护《联合国宪章》的宗旨、原则，维护二战胜利成果和国际公平正义；在反恐、信息安全等领域开展了密切合作，共同应对新威胁、新挑战。

2015年，中俄双方围绕共同庆祝第二次世界大战胜利70周年、“一带一路”建设与欧亚经济联盟建设对接合作、密切人文交流特别是青年交流、深化国际领域战略协作四条主线，推动中俄全面战略协作伙伴关系在高水平上呈现更加积极的发展势头。

一、两国高层交往密切

5月，中国国家主席习近平应俄罗斯总统普京邀请赴俄出席纪念卫国战争胜利70周年庆典并访俄，其间同普京总统举行会谈，会见俄总理梅德韦杰夫、俄老战士和援华专家及亲属代表，两国元首签署并发表《中华人民共和国和俄罗斯联邦关于深化全面战略协作伙伴关系、倡导合作共赢的联合声明》、《中俄关于丝绸之路经济带建设和欧亚经济联盟建设对接合作的联合声明》，见证两国能源、经贸、金融等各领域多项重要合作协议的签署，双方就进一步增进政治和战略互信、深化全方位务实合作、密切国际协作、实现发展战略对接、推动构建以合作共赢为核心的新型国际关系达成重要共识。7月，习近平主席在俄罗斯乌法出席金砖国家领导人第七次会晤和上海合作组织成员国元首理事会第十五次会议期间同普京总统举行会晤。9月，普京总统来华出席中国人民抗日战争暨世界反法西斯战争胜利70周年纪念活动，习近平主席、李克强总理分别会见普京总统。11月，习近平主席和普京总统分别在土耳其安塔利亚二十国集团领导人第十次峰会、法国巴黎气候变化大会期间举行双边会晤。习近平主席在菲律宾马尼拉出席亚太经合组织第二十三次领导人非正式会议期间同俄总理梅德韦杰夫简短寒暄。

12月，俄罗斯总理梅德韦杰夫访华并举行中俄总理第二十次定期会晤、出席上海合作组织总理会议和第二届世界互联网大会。国家主席习近平在乌镇会见梅德韦杰夫，李克强总理和梅德韦杰夫在北京举行两国总理第二十次定期会晤，签署并发表《中俄总理第二十次定期会晤联合公报》。全国人大常委会委员长张德江在北京会见梅德韦杰夫。

二、两国立法机关合作取得新成果

4月，全国人大常委会委员长张德江会见来华访问的俄国家杜马副主席热列兹尼亚克。6月，张德江委员长赴俄出席金砖国家议会论坛和中俄议会合作委员会首次会议，开创了两国立法机关合作的新平台，共同推动金砖国家立法机关合作。其间，张德江委员长同普京总统举行会见，同俄联邦委员会主席马特维延科、国家杜马主席纳雷什金举行会谈，会见鞑靼斯坦共和国总统明尼哈诺夫。10月，俄联邦委员会副主席乌马汉诺夫访华，张德江委员长和艾力更·依明巴海副委员长分别会见乌马汉诺夫。

三、两国各领域机制性交往积极开展

3月，中共中央政治局委员、中央书记处书记、中央办公厅主任栗战书访俄，会见普京总统，同俄总统办公厅主任伊万诺夫会谈。4月，国务委员郭声琨赴俄出席上海合作组织成员国安全会议秘书会议并访俄，其间会见俄联邦安全会议秘书帕特鲁舍夫、内务部长科洛科利采夫、警卫总局局长穆罗夫、麻醉品监管总局局长伊万诺夫。5月，国务委员杨洁篪赴俄出席金砖国家安全事务高级代表第五次会议并同俄联邦安全会议秘书帕特鲁舍夫举行中俄第十一轮战略安全磋商，普京总统会见杨洁篪国务委员。6月，国务院副总理张高丽赴俄，同俄第一副总理舒瓦洛夫举行中俄投资合作委员会第二次会议，并出席第十九届圣彼得堡国际经济论坛。中共中央政治局委员、中央书记处书记、中宣部部长刘奇葆赴俄出席首届中俄媒体论坛，会见俄总统办公厅第一副主任格罗莫夫、圣彼得堡市长波尔塔夫琴科。中共中央政治局委员、中央政法委书记孟建柱赴俄，出席第六届安全事务高级代表国际会议并举行中俄执法安全合作机制第二次会议，同俄联邦安全会议秘书帕特鲁舍夫举行会谈。7月，国务院副总理汪洋赴俄，与俄副总理罗戈津举行中俄总理定期会晤委员会双方主席会晤，并共同出席俄第六届国际创新工业展开幕式。9月，中共中央政治局委员、中央书记处书记、中宣部部长刘奇葆赴俄出席“共同胜利的70年”纪念活动，其间会见俄共中央第一副主席、俄国家杜马第一副主席梅利尼科夫、俄总统驻远东联邦区副全权代表莫托维洛夫、哈巴罗夫斯克边疆区行政长官什波尔特及滨海边疆区代行政长官乌索里采夫。国务院副总理汪洋赴俄，同俄副总理兼总统驻远东联邦区全权代表特鲁特涅夫共同主持召开中国东北地区和俄罗斯远东地区地方合作理事会第一次会议，并共同出席中俄实业界合作圆桌会议和俄首届东方经济论坛。中俄友好、和平与发展委员会中方主席戴秉国赴俄，同委员会俄方主席季托夫共同主持召开委员会第十次全会，习近平主席和普京总统向全会致贺词，委员会中方主席戴秉国会见了俄国家杜马主席纳雷什金、联邦安全会议秘书帕特鲁舍夫和副总理德沃尔科维奇。11月，中共中央政治局委员、中央军委副主席许其亮访俄，其间会见普京总统、同俄国防部长绍伊古举行小范围会谈。

4月，俄副总理德沃尔科维奇来华，同国务院副总理张高丽举行中俄能源合作委员会双方主席会晤，并共同出席首届中俄中小企业实业论坛开幕式。俄副总理罗戈津来华，同国务院副总理汪洋举行中俄总理定期会晤委员会双方主席会晤。8月，俄总统驻伏尔加河沿岸联邦区全权代表巴比奇来华，同国务委员杨洁篪举行中国长江中上游地区和俄伏尔加河沿岸联邦区地方领导人第四次座谈会。10月，俄副总理戈洛杰茨来华，与国务院副总理刘延东举行中俄人文合作委员会第十六次会议。俄副总理罗戈津来华，同国务院副总理汪洋举行中俄总理定期会晤委员会双方主席会晤，并共同出席第二届中俄博览会开幕式。11月，俄副总理德沃尔科维奇来华，同国务院副总理张高丽举行中俄能源合作委员会第十二次会议。12月，俄副总理罗戈津来华，同国务院副总理汪洋举行中俄总理定期会晤委员会第十九次会议。

四、两国其他高级别接触频繁

5月，陪同习近平主席访俄的国务委员杨洁篪和俄罗斯副总理戈洛杰茨共同出席在莫斯科举行的纪念第二次世界大战胜利70周年中俄青年联合交响乐团音乐会。

3月，俄第一副总理舒瓦洛夫来华出席博鳌亚洲论坛2015年年会。6月，国务院副总理张高丽和俄总理梅德韦杰夫通过北京—莫斯科—黑河三地视频连线方式共同出席中俄东线天然气管道中国境内段开工仪式。9月，陪同普京总统来华出席“9·3”纪念活动的俄副总理戈洛杰茨和国务院副总理刘延东在北京共同出席中国人民大学俄罗斯研究中心揭牌仪式和中俄青年联合交响乐团纪念中国人民抗日战争暨世界反法西斯战争胜利70周年音乐会。俄副总理兼总统驻远东联邦区全权代表特鲁特涅夫来华出席大连夏季达沃斯论坛2015年年会，国务院总理李克强会见特鲁特涅夫。10月，中共中央政治局委员、国家副主席李源潮会见来华出席亚洲政党丝绸之路专题会议的俄国家杜马公正俄罗斯党党团主席、杜马副主席列维切夫，就加强中共同公俄党交流合作，推动双边关系发展交换意见。12月，来华参加中俄总理第二十次定期会晤的俄副总理戈洛杰茨和国务院副总理刘延东在北京举行双边会见。

五、两国外交部长保持密切会晤

4月，外交部长王毅访俄，会见普京总统，同俄外交部长拉夫罗夫会谈。此外，两国外长在国际多边场合8次会晤，多次互致函电，就双边关系、国际和地区热点问题、中俄国际协作深入对表，协调立场。

六、两国务实和人文合作成果显著

（一）务实合作规模和质量同步提升

2015年，受全球经济放缓、大宗商品价格波动和卢布贬值等因素影响，中俄贸易额以美元计算为680.6亿，同比下降28.6%，但贸易规模和质量同步提升。中国继续保持俄罗斯第一大贸易伙伴国地位，俄罗斯是中国第十一大贸易伙伴国。习近平主席5月访俄期间，双方签署价值约200亿美元的经贸合作文件，涉及贸易融资、投资和经济技术合作项目。两国元首签署《中俄关于丝绸之路经济带建设和欧亚经济联盟建设对接合作的联合声明》。双方商定将上海合作组织作为对接合作的重要平台。双方在中俄投资合作委员会框架下确定58个重大投资合作项目，积极探讨开展产能和先进装备制造及三方合作。中俄东线天然气管道中国境内段开工修建。双方本着共担风险、互利共赢的原则巩固和扩大传统能源合作，建立稳定的能源上中下游一体化合作模式。丝路基金收购俄罗斯亚马尔液化气项目9.9%股份，使中国对该项目整体持股达29.9%。双方在相互开放、优势互补、互利共赢的基础上积极商谈核领域一揽子合作。中俄企业联合体成功中标莫斯科—喀山高铁项目勘察设计工作。联合研制远程宽体客机和重型直升机、卫星导航、深空探测、火箭发动机和航天电子元器件等战略性大项目合作取得阶段性成果。两国金融合作水平不断提升，俄罗斯以域内创始成员国身份加入亚洲基础设施投资银行，成为该行第三大股东国；中国购买俄罗斯10亿美元债券，动用110亿卢布用于支持双边贸易结算和投资；两国有关部门分别签署了金融、财金、保险监管领域合作备忘录。双方成立中国东北地区和俄罗斯远东地区地方合作理事会并举行首次会议，确定了重点合作领域，推动中俄远东开发合作进入新阶段。“长江—伏尔加”两河流域合作机制日臻成熟，双方积极研究将该机制升级为两地区地方合作理事会。

（二）人文合作主题鲜明，亮点纷呈

双方以历史记忆增进人文交流，围绕第二次世界大战胜利70周年这一主题，在各领域共同举办了60多项内容丰富、形式多样的庆祝和纪念活动，引导两国人民铭记历史，缅怀先烈，珍爱和平，共创未来。5月和9月，中俄青年联合交响乐团纪念第二次世界大战胜利70周年音乐会分别在莫斯科和北京成功举办。两国900多所高校建立了直接联系，组建6个同类大学联盟。两国长短期留学交流人员达7万余人。俄罗斯政府推动将汉语列入俄国家统一考试科目。两国元首商定2016—2017年举办中俄媒体交流年，加强双方媒体交流与合作，以提升中俄两国国际话语权。12月，中俄青年友好交流年闭幕式暨中俄媒体交流年开幕式在北京隆重举行，标志着为期两年的中俄青年友好交流年圆满收官，也为2016—2017年中俄媒体交流年拉开序幕。俄罗斯已成为中国游客最喜爱的欧洲旅游目的地之一。2015年，中国赴俄旅游人数达121.95万人次，同比增长27.75%，中国公民赴俄“红色旅游”蓬勃发展。在双方共同努力下，中共六大会址常设展览馆建馆工作、深圳北理莫斯科大学等重大人文合作项目取得重要进展。双方还积极探讨和推动筹办2022年冬奥会、中医药在俄推广等合作。

七、两国密切开展国际战略协作

双方围绕共同庆祝第二次世界大战胜利70周年、推动建立以合作共赢为核心的新型国际关系开展密切合作。习近平主席和普京总统相互出席“5·9”庆典和“9·3”纪念活动，共同出席联合国成立70周年系列峰会。中俄共同推动联合国通过“纪念第二次世界战胜利70周年”决议并举行联大特别纪念会议，在战略安全磋商框架内发表《中俄第十一轮战略安全磋商关于第二次世界大战胜利及联合国成立70周年的联合声明》，双方商定继续放大共庆第二次世界大战胜利70周年的积极效应，坚定维护胜利成果和国际公平正义。双方以上海合作组织、金砖国家、二十国集团、亚太经合组织、亚信等多边机制为平台开展密切协调配合，共同维护《联合国宪章》宗旨、原则和国际法基本准则，反对霸权主义和强权政治，共同推动伊朗核、叙利亚、朝核等国际和地区热点问题政治解决进程，推动构建以合作共赢为核心的新型国际关系。

中国驻俄罗斯大使：李辉。馆址：莫斯科友谊街6号（г. Москва, улица Дружбы, дом 6）。电话：007–495–9382006；传真：9382182。商务处电话：007–495–9382111。领事部电话：007–499–1431543。

俄罗斯驻华大使：安德列·伊万诺维奇·杰尼索夫（Андрей Иванович Денисов）。馆址：北京市东直门内北中街4号。电话：010–65321381。商务处电话：65322181。领事部电话：65321267。

【同美国的关系】2014年，俄美关系因乌克兰危机持续恶化，双方大部分传统领域合作中断，合作规模全面收缩，奥巴马政府宣布在国际上对俄孤立。2月22日，乌克兰独立广场事件升级，亚努科维奇被议会罢免总统职务后离开基辅，辗转多地后到达俄罗斯。当日，俄总统普京与美国总统奥巴马通电话，就乌克兰局势、伊核、叙利亚及双边问题交换意见，普京强调应做乌极端反对派工作，采取紧急措施稳定乌局势，奥巴马祝贺俄成功举办索契冬奥会。3月2日，普京应约与奥巴马通电话，详细讨论乌克兰当前的严峻局势，奥巴马对俄可能向乌派兵表达关切，普京提醒美方关注乌当局鼓动极端民族主义者的挑拨和犯罪行为，强调俄在乌公民与同胞的生命遭到现实威胁，若暴力行为继续向乌东部和克里米亚蔓延，俄有权维护自身利益，保护俄族同胞。3日，应美方提议，俄总理梅德韦杰夫与美国副总统拜登通电话，双方就乌克兰局势交换看法。7日，普京应约与奥巴马通话，继续讨论乌严峻局势，双方对乌危机爆发原因及当前局势的看法和评价产生分歧，普京表示，俄不能无视乌东南部、克里米亚地区向俄求助的呼吁，将在国际法框架内采取适当行动，并强调俄美关系对维护世界安全域稳定极端重要，不应受双方在个别问题上分歧的羁绊。双方商定，两国外长将保持密切沟通。17日，普京应约与奥巴马通电话，讨论乌局势、向乌派驻欧安组织观察团等问题。普京就克里米亚公投表示，鉴于科索沃公投的先例，公投完全符合国际法及联合国宪章。双方表示，尽管存在分歧，仍需共同努力，稳定乌局势。29日，普京与奥巴马通电话，双方讨论了乌克兰危机、"德左"等问题。4月14日，普京与奥巴马通电话，讨论乌克兰局势，首先是乌东南部对基辅当局抗议活动，普京呼吁美对乌当局施加影响，防止流血和冲突。普京否认奥巴马对俄干涉乌东南部局势的关切。6月6日，普京出席诺曼底登陆70周年庆祝活动期间与奥巴马进行简短交流。12日，普京与美国第41任总统老布什通电话，祝贺其90岁诞辰，积极评价其为发展俄美关系所做贡献。23日，普京与奥巴马通电话，讨论乌克兰危机现状及前景，普京强调要恢复乌东南部局势，乌当局首先应停止军事行动，冲突方开展直接对话。双方对"伊斯兰国"在伊拉克不断扩大地盘表示担忧，并讨论了叙利亚、伊朗核等问题。7月4日，普京就美国独立日向奥巴马致电祝贺，希望俄美关系能克服困难与分歧，在务实平等基础上获得发展。普京表示，俄美肩负维护世界稳定与安全的特殊责任，应开展合作，造福两国和世界人民。17日，普京与奥巴马通电话，讨论乌克兰、中东局势。普京强调，乌东南部冲突已造成重大人员伤亡，数十万人沦为难民，应立即落实无条件停火，希望美推动乌和平谈判进程。普京对美决定对俄实施制裁表示失望，并向奥巴马通报了刚刚收到的马航客机在乌克兰坠毁的消息。8月1日，普京应约与奥巴马通电话，双方就乌克兰局势交换意见，强调应在乌东立即停火，开启政治进程。普京表示，美对俄制裁政策不具建设性，将给俄美双边合作及国际稳定带来严重损害。11月11日，在北京出席亚太经合组织领导会会议期间，普京与美国总统奥巴马简短交流。

2015年，俄美关系继续恶化。2月11日，俄总统普京与美国总统奥巴马通电话，主要就乌克兰局势及即将在明斯克进行的"诺曼底机制"四方会谈交换看法。5月12日，俄总统普京在索契会见来访的美国国务卿克里，双方就乌克兰局势等国际重大问题交换意见。6月26日，俄总统普京与美国总统奥巴马通电话，就乌克兰危机局势交换看法。7月4日，俄总统普京致电美国总统奥巴马，就美国独立日表示祝贺。15日，俄总统普京致电美国总统奥巴马，就政治外交手段解决伊朗核问题交换意见。9月29日，俄总统普京与美国总统奥巴马在纽约举行双边会晤。11月30日，俄总统普京在纽约联合国气候变化大会召开期间与美国总统奥巴马举行双边会谈，奥巴马对俄罗斯战机在叙利亚遭到土耳其击落表示遗憾，双方还就乌克兰问题交换意见，均认为必须尽快落实明斯克协议。12月15日，俄总统普京在克里姆林宫接见美国国务卿克里，就其与俄外长拉夫罗夫达成的一些共识进行会谈。

【同欧洲国家的关系】2014年，俄罗斯同欧洲国家关系因乌克兰危机、双方制裁与反制裁而跌入低谷。1月7日，俄总理梅德韦杰夫分别与保加利亚总理奥雷沙尔斯基、立陶宛总理布特克维丘斯、罗马尼亚总理蓬塔会晤。14日，俄总理梅德韦杰夫在索契会见挪威总理欧娜·索尔贝格。2月23日，普京与德国总理默克尔通电话，讨论乌克兰局势，默祝贺俄成功举办索契冬奥会。24日，普京与法国总统奥朗德通电话，就乌克兰问题交换意见。28日，普京分别与英国首相卡梅伦、德国总理默克尔、欧洲理事会主席范龙佩通电话，就乌克兰局势交换看法，各方强调应采取措施避免暴力升级，恢复乌局势稳定。3月2日，普京分别与奥朗德、默克尔通电话，讨论乌克兰局势。5日，普京应约与默克尔通话，就乌克兰危急局势交换意见，讨论国际社会合作恢复乌局势的可能方案等问题。9日，普京与卡梅伦、默克尔通电话，继续讨论乌克兰复杂的社会政治局势，及克里米亚将于3月16日举行公投问题。尽管存有分歧，各方均表示应缓解紧张，尽快恢复局势稳定。普京强调，克里米亚合法当局采取措施维护半岛居民合法权益，符合国际法。12日，普京应约与欧安组织主席国、瑞士联邦总统伯克哈尔特通电话，双方就俄瑞建交200周年互致祝贺，并就双边各领域合作交换看法，双方详细讨论了乌克兰局势及欧安组织协调解决乌危机等问题。16日，普京应约与德国总理默克尔通电话，双方讨论了乌危机局势、当日举行的克里米亚全民公投、向乌派出欧安组织监督团等问题，普京表示，克里米亚公投符合包括《联合国宪章》第一章在内的国际法，俄将尊重克民众选择。23日，普京应约与德国总理默克尔通电话，双方讨论了克里米亚入俄后形势问题。31日，普京与德国总理默克尔通电话，讨论乌危机、“德左”等问题，普京表示，应在乌推行宪法改革，维护乌境内各地区民众利益。4月15日，普京与德国总理默克尔通电话，就乌当局武力镇压东南部抗议活动问题，普京强调，冲突升级将导致乌处于内战边缘。默克尔表示，计划于4月17日举行的俄、欧盟、美、乌克兰四方日内瓦会晤将对缓和乌局势具有重要意义。25日，普京应约与德国总理默克尔通电话，讨论了乌当局不履行4月17日达成的日内瓦协议、俄经乌向欧供气等问题，普京强烈谴责基辅当局对乌东南部平民动武。5月1日，普京应约与德国总理默克尔通电话，讨论乌克兰危机局势，默克尔希俄方提供协助，释放在乌东南部被扣的包括来自德等欧洲国家的军事观察员。普京强调，当前最重要的是自乌东南部撤出军事武装、停止暴力、在宪法改革框架内开展包括乌各地区和政治力量的全民对话。双方强调应发挥欧安组织居中调停的职能。4日，普京、默克尔通电话，讨论乌局势及俄对欧供应天然气问题，普京表示，乌当局应与东南部地区代表开展直接对话。7日，普京在莫斯科会见来访的欧安组织主席国、瑞士联邦总统伯克哈尔特，重点讨论化解乌克兰危机问题。19日，普京应约与德国总理默克尔通电话，讨论乌克兰危机局势，包括5月25日乌总统选举，双方希望继续推进乌宪法改革进程及根据欧安组织“路线图”开展的乌当局和地方代表对话。24日，普京应约与德国总理默克尔、法国总统奥朗德通电话，讨论乌克兰的严峻局势，各方表示希望乌总统选举顺利举行，并强调应加速俄、欧、乌三方能源领域谈判。27日，普京与意大利总理伦奇通电话，讨论乌局势、俄意能源等领域合作问题。30日，普京与法国总统奥朗德通电话，讨论6月5日巴黎会晤及6月6日诺曼底登陆70周年庆祝活动、乌克兰局势等。6月3日，普京与默克尔就乌克兰局势通电话，双方强调要采取措施缓和紧张局势，同时讨论了俄向欧供气的俄、欧盟、乌克兰三方会谈问题。5日，普京在巴黎与英国首相卡梅伦会晤，讨论重启处于冻结状态的俄英对话等双边问题及乌克兰危机局势等。6日，赴法国出席诺曼底登陆70周年庆祝活动的俄总统普京与奥朗德在巴黎举行会谈，就俄法双边关系、乌克兰局势等国际问题交换看法。6日，普京在巴黎与默克尔会晤，讨论调解乌克兰危机等问题。10日，普京与西班牙国王胡安·卡洛斯一世通电话，普京感谢卡洛斯一世为俄西友好关系做出的巨大贡献，希望费利佩六世王子继续传承双边友好合作。11日，普京与默克尔通电话，讨论正在布鲁塞尔举行的俄、欧盟、乌克兰三方天然气谈判进程问题。13日，普京与欧盟委员会主席巴罗佐通电话，就乌克兰危机、乌拖欠俄天然气债务及乌欧签署联系国协定等问题交换意见。14日，普京应约与德国总理默克尔、法国总统奥朗德通电话，继续就乌克兰危机、乌拖欠俄天然气债务及乌欧签署联系国协定等交换意见。19日，普京与德国总理默克尔、法国总统奥朗德通电话，讨论乌克兰危机问题，普京对乌当局在乌东南部开展军事行动表明严重关切。7月3日，普京与德国总理默克尔、法国总统奥朗德通电话，讨论乌克兰问题。各方积极评价7月2日举行的俄、德、法、乌四国外长柏林会晤成果及通过的联合声明。强调应维持长期停火，并于7月5日前举行乌问题联络组会议。普京对乌东大量平民伤亡及沦为难民逃往俄深表担忧。各方表示要发挥欧安组织积极作用，监督冲突地区局势。13日，普京在里约热内卢与德国总理默克尔会晤，双方表示乌克兰局势不断恶化，应尽快恢复联络组工作，并须尽快宣布停火、换俘及恢复和平等。普京对乌冲突方炮火殃及俄境内表达极度关切与担忧。15日，普京致电容克，祝贺其当选欧委会新任主席。普京在贺电中表示，虽然俄欧关系正经历重大考验，但希望双方互利战略伙伴关系能继续发展。15日，俄总理梅德韦杰夫与芬兰总理亚历山大·斯图布通电话，就两国在经贸、投资、能源等领域合作交换意见。18日，普京就马航客机在乌克兰坠毁造成大量荷兰公民遇难，向荷兰首相马克·卢特致电慰问。19日，普京应约与德国总理默克尔通电话，讨论乌克兰局势及马航客机坠毁事故。22日，普京荷兰首相马克·卢特通电话，讨论执行联合国安理会关于对马航客机坠毁进行调查的2166号决议的相关问题。8月6日，普京应约与德国总理默克尔通电话，讨论乌克兰局势。普京强调，乌东战火不断，造成大量人员伤亡和人道灾难，责任在乌当局。11日，普京与欧委会主席巴罗佐通电话，讨论乌克兰局势及俄欧关系等问题。16日，普京与德国总理默克尔通电话，讨论乌克兰人道局势问题。29日，普京与法国总统奥朗德通电话，讨论乌克兰危机局势及政治解决乌危机等问题。9月15日，普京应约与德国总理默克尔通电话，双方积极评价俄、欧、乌三方于9月12日在布鲁塞尔达成的将执行欧乌联系国协议推迟至2016年1月1日的决定，以及俄对欧洲国家供气、乌克兰局势发展等问题。18日，普京应约与奥地利总理法伊曼通电话，讨论乌克兰局势。双方赞成尽快恢复俄欧关系。10月2日，普京应约与德国总理默克尔就乌克兰局势通电话，双方强调应严格履行明斯克协议确定的有关停火、后撤重型武器、欧安组织对局势有效监督要求，并尽快解决乌克兰供气问题。双方还讨论了打击“伊斯兰国”、抗击埃博拉疫情等问题。10月12日，普京应约与德国总理默克尔通电话，讨论筹备双方在10月16—17日亚欧峰会期间举行会谈问题。16—17日，普京出席在米兰举行的亚欧峰会。其间，普京与意大利总统纳波利塔诺、总理伦奇、德国总理默克尔、奥地利总理法伊曼、欧委会主席巴罗佐、澳大利亚外长毕晓普、意大利前总理贝卢斯科尼会晤。17日，普京出席在米兰举行的乌克兰危机调解的“诺曼底四方”会晤，与德国总理默克尔、法国总统奥朗德、乌克兰总统波罗申科就乌克兰危机调解、俄经乌向欧供气等举行四方会谈。21日，普京就法国道达尔公司总裁马哲睿在莫斯科伏努科沃机场空难中遇难表示哀悼。30—31日夜，普京与德国总理默克尔、法国总统奥朗德、乌克兰总统波罗申科举行电话会谈，讨论乌危机局势。各方欢迎就俄经乌向欧供气达成协议，表示将严格履行明斯克协议，化解乌东部局势，强调联络组应继续开展工作，欧安组织应监督停火实施情况。俄方主张乌当局与顿涅茨克、卢干斯克直接对话，以化解危局。11月15日，在澳大利亚布里斯班出席G20峰会期间，普京与意大利总理伦奇会晤，就乌克兰东南部紧张局势、俄意双边关系交换意见，伦奇并邀请普京2015年赴米兰出席世博会。15日，在澳大利亚布里斯班出席G20峰会期间，普京分别与英国首相卡梅伦、德国总理默克尔、法国总统奥朗德、欧委会主席容克会晤，着重就乌克兰局势交换意见和看法。18日，普京在莫斯科会见来访的德国外长施泰因迈尔。18日，俄外长拉夫罗夫与来访的德国外长施泰因迈尔举行会谈，讨论乌克兰局势、俄欧关系等问题。12月6日晚，普京与出访莫斯科的法国总统奥朗德在伏努科沃2号机场会晤，就乌克兰危机调解等交换意见。17日及22日，普京先后两次与德国总理默克尔、法国总统奥朗德、乌克兰总统波罗申科举行电话会谈，讨论乌克兰局势，强调须确保顿巴斯地区停火持续，应举行联络组会议落实明斯克协议，基辅当局与乌东对话、实施人道援助等。

2015年，俄欧关系出现缓和迹象，但仍未明显好转。1月7日，俄总统普京向法国总统奥朗德发去慰问电，向在《查理周刊》杂志恐怖事件造成的重大人员伤亡表示沉重哀悼，严厉谴责了恐怖分子的残酷行径，并表示俄将与国际社会一道共同打击恐怖主义。10日，普京与德国总理默克尔通话，就乌克兰局势交换看法。23日，普京与白俄总统卢卡申科通电话，就乌克兰局势加剧条件下，两国如何加强合作交换看法。25日、26日普京分别致电德国总理默克尔、法国总统奥朗德就乌克兰局势交换意见。31日，普京致电马塔雷拉，祝贺其在意大利总统选举中获胜。同日，普京再次与德国总理默克尔、法国总统奥朗德通电话，就乌克兰东南部紧张局势交换意见。2月5日，普京与希腊总理阿莱克斯·齐普莱斯通电话，祝贺其领导的左派和进步联盟党在议会选举中获胜，同时祝贺其当选。7日，俄总统普京在克里姆林宫会见德国总理默克尔、法国总统奥朗德，就乌克兰问题上商定明斯克协议各条款进行磋商。8日，俄总统普京分别与德国总理默克尔、法国总统奥朗德、乌克兰总统波罗申科通电话，就即将于9日在柏林举行的关于乌克兰东南部紧张局势的会谈进行磋商。同日，普京在索契接见白俄总统卢卡申科，就两国关系发展及乌克兰最新形势交换看法。11日，普京在明斯克出席“诺曼底机制”四方会谈。14日，普京分别致电德国总理默克尔、法国总统奥朗德，就12日“诺曼底四方”会谈所达成协议进行磋商。15日，俄总统普京分别与德国总理默克尔、法国总统奥朗德、乌克兰总统波罗申科通电话，就落实“诺曼底四方”会谈所达成协议、实现乌东南部地区停火、撤出重武器等问题进行磋商。17日，俄总统普京分别与德国总理默克尔、乌克兰总统波罗申科通电话，商谈乌克兰停火、欧安组织的监督机制等问题。19日，俄总统普京分别与德国总理默克尔、法国总统奥朗德、乌克兰总统波罗申科通电话。26日，俄总统普京会见法国参议院议长热拉尔·拉尔谢。3月2日，俄总统普京分别与德国总理默克尔、法国总统奥朗德、乌克兰总统波罗申科通电话。3日，俄总统普京在克里姆林宫与到访的白俄罗斯总统卢卡申科会谈。5日，俄总统普京、俄总理梅德韦杰夫分别会见意大利总理马泰奥·伦齐，双方就包括叙利亚和利比亚局势在内的国际和地区问题交换意见。24日，俄总统普京致电德国总理默克尔，向在法国南部发生事故的德国航空公司造成的人员伤亡表示哀悼。同日，普京向西班牙国王费利佩六世致慰问电，向在法国南部空难事故中造成的西班牙公民伤亡表示哀悼。4月8日，俄总统普京同到访的希腊总理阿莱克斯·齐普拉斯，就两国合作前景进行会谈。9日，俄总理梅德韦杰夫会见到访的希腊总理阿莱克斯·齐普拉斯。23日，俄总统普京同芬兰总统邵利·尼尼斯特会谈，双方就乌克兰局势、两国关系发展及国际问题交换意见。24日，普京在埃里温同法国总统奥朗德会谈，双方就明斯克协议的实施及共同关心的国际和地区问题交换看法。30日，俄总统普京分别与德国总理默克尔、法国总统奥朗德、乌克兰总统波罗申科通电话，就落实明斯克协议、稳定乌克兰局势等问题交换意见。5月7日，俄总统普京同希腊总理阿莱克斯·齐普拉斯通电话，就两国总统达成的合作协议进行讨论。10日，俄总统普京会见来俄访问的德国总理默克尔。25日，俄总统普京致电安德泽杰·杜达，祝贺其在波兰总统选举中获胜。当日，普京与英国首相卡梅伦通电话，祝贺其再次当选英国首相并就中东局势、打击恐怖主义等问题进行磋商。29日，俄总统普京分别与德国总理默克尔、法国总统奥朗德通电话，就解决乌克兰危机、在欧安组织监督下实现停火、撤出重武器、设立非军事区域等问题进行磋商。6月2日，俄总统普京在克里姆林宫会见斯洛伐克总理罗伯特·菲乔，双方就两国及共同关心的国际和地区问题交换意见。5日，俄总统普京同希腊总理阿莱克斯·齐普莱斯通电话，就两国经济合作等议题进行磋商。10日，俄总统普京在米兰与意大利总理伦奇会谈，双方就两国关系及共同关心的国际和地区问题进行磋商。当日，普京访问梵蒂冈并会见罗马天主教皇方济各。10日，普京在罗马还与意大利总统塞尔焦·马塔雷拉进行会谈。16日，普京会见到访的芬兰总统尼尼斯特，双方就共同关心的国际问题交换意见。19日，俄总统普京在圣彼得堡会见希腊总理齐普拉斯。22日，俄总统普京分别与德国总理默克尔、法国总统奥朗德通电话，就落实明斯克协议及即将于23日举行的四国会谈进行磋商。26日，俄总理梅德韦杰夫会见斯洛文尼亚总统博鲁特·帕霍尔。29日，俄总理梅德韦杰夫与芬兰总理席比拉会谈，双方就两国在能源领域合作交换意见。7月3日，俄总统普京致电白俄总统卢卡申科，祝贺白俄独立日。6日，俄总统普京与希腊总理齐普拉斯通电话，就希腊债务危机等问题交换看法。7日，普京与法国总统奥朗德通电话，就欧洲局势交换看法。8日，普京在俄乌法市会见白俄总统卢卡申科，双方就两国在经贸、投资等领域合作交换意见。15日，普京与芬兰总统尼尼斯特通电话，就俄杜马主席纳雷什金由于制裁未能出席于7月5—9日在赫尔辛基举行的欧安组织议长会议一事对两国关系的影响等话题进行讨论。17日，普京致电意大利总理伦齐，双方就两国多个领域合作等问题进行讨论。同日，普京分别与德国总理默克尔、法国总统奥朗德、乌克兰总统波罗申科通电话，就乌克兰局势升级交换看法。23日，普京再次致电德国总理默克尔、法国总统奥朗德、乌克兰总统波罗申科，讨论落实明斯克协议等问题。29日，普京与意大利总理伦齐通电话，讨论两国在能源、人文等领域合作。8月5日，俄总统普京与法国总统奥朗德通电话，就法国取消将两艘“西北风”级航母移交给俄罗斯海军一事进行会谈。9日，俄总理梅德韦杰夫在喀山会见到访的匈牙利总理欧尔班。29日，普京分别与德国总理默克尔、法国总统奥朗德通电话，就乌东南部紧张局势及落实明斯克协议等问题交换意见。9月9日，俄总统普京分别与德国总理默克尔、法国总统奥朗德、乌克兰总统波罗申科通电话，就乌克兰局势升级交换看法。21日，俄总统普京向希腊总理齐普拉斯发去贺电，祝贺其领导的政党在议会选举中获胜。10月2日，俄总统普京抵达巴黎出席诺曼底四方会谈。当日，普京分别与法国总统奥朗德、德国总理默克尔举行双边会谈，就在乌克兰和叙利亚问题双方立场交换看法。5日，俄总理梅德韦杰夫在索契会见卢森堡总理贝特尔，双方就两国经贸合作交换意见。9日，俄总统普京同芬兰总统尼尼斯特通电话，就两国关系、经贸合作及其前景交换意见。23日，俄总统普京致电法国总统奥朗德，向在法国里布伦市因交通事故造成的人员伤亡表示慰问。11月5日，俄总统普京与英国首相卡梅伦通电话，就俄客机在西奈半岛坠落事件表达俄方立场，希在打击国际恐怖主义方面共同努力。14日，俄总统普京致电法国总统奥朗德，就巴黎市一系列恐怖袭击事件表示关注及因此造成的人员伤亡表示慰问。俄总理梅德韦杰夫向法国总理曼纽尔·瓦尔斯致电表示慰问。16日，俄总统普京在安塔利亚分别会见德国总理默克尔、意大利总理伦齐、英国首相卡梅伦。17日，俄总统普京与法国总统奥朗德通电话，关于两国在共同打击国际恐怖主义方面进行合作等问题交换意见。26日，俄总统普京在克里姆林宫接见到访的法国总统奥朗德，就共同打击国际恐怖主义、两国关系等话题进行讨论。30日，俄总统普京在巴黎分别会见德国总理默克尔和欧盟委员会主席容克。12月19日，俄总统普京与英国首相卡梅伦通电话，双方就中东局势交换意见。30日，俄总统普京分别与德国总理默克尔、法国总统奥朗德、乌克兰总统波罗申科通电话，就乌克兰局势及全面落实明斯克协议等问题进行讨论。

【同独联体国家的关系】俄罗斯将推动独联体全面合作和一体化作为外交主要优先方向。俄罗斯、哈萨克斯坦、白俄罗斯从关税同盟、共同经济空间过渡到一体化新阶段。2014年5月29日，俄、哈、白在阿斯塔纳签署《欧亚经济联盟条约》，决定在关键经济领域奉行一致政策，实现商品、服务、资本和劳动力自由流动。2015年1月1日，欧亚经济联盟正式启动，欧亚经济共同体终止运行。2015年1月2日和2015年8月12日，亚美尼亚、吉尔吉斯斯坦分别正式加入欧亚经济联盟。俄罗斯推动独联体各机制良好运转。2014年10月和2015年10月，独联体成员国分别在明斯克和阿斯塔纳举行峰会，商定加强边防、反恐、教育、文化等合作。在国际联军撤出阿富汗背景下，独联体成员国向塔吉克斯坦提供援助，帮助塔守卫其同阿富汗的边界。阿斯塔纳峰会上，成员国元首发表声明纪念伟大卫国战争胜利70周年，强调二战结果不容篡改，国际社会应警惕法西斯主义复辟。俄罗斯作为集体安全条约组织主席国，推动成员国加强协调，共同应对毒品走私、非法移民、信息犯罪、恐怖主义和有组织犯罪等威胁。该组织多次举行代号为“协作”、“防线”、“牢不可破的兄弟情谊”军事演习，以提高独联体快速反应部队的维和能力。2014年5月，集体安全条约组织举行“通道”禁毒演习，成员国相关部门首次在塔吉克斯坦和阿富汗边境地区开展了联合行动。俄罗斯同白俄罗斯关系深入发展。作为联盟国家，俄白在外交、国防、安全、人文和国际事务中紧密协调。俄对白能源出口在双边贸易中占较大比重，两国贸易额2014年、2015年连续下滑。俄对白累计投资55亿美元，是白最大投资国。俄罗斯同乌克兰关系僵冷。2014年2月22日，乌克兰发生政变，外交政策转向加入欧盟和北约，俄乌关系严重受损。乌俄实施制裁与反制裁，两国国家间委员会机制停摆，经济合作冻结，科技、文化、军技合作中断。俄乌贸易额2014年、2015年累计下跌80%。俄总统普京签署法令，独联体自贸区协定自2016年1月1日起对乌终止效力。2014年3月16日，克里米亚就自身地位举行全民公投，3月18日脱离乌克兰，并入俄罗斯。乌东部顿涅茨克、卢甘斯克地区亦宣布独立，要求入俄。乌政府军同乌东部民间武装爆发持续冲突。2015年2月12日，“诺曼底四方”俄罗斯、乌克兰、法国、德国领导人在明斯克会晤，就乌东部停火、冲突双方各自后撤重型武器以及政治解决乌危机达成新的“明斯克协议”。乌东部冲突逐渐走向“冻结”。俄自2014年8月起持续向乌东部运送人道主义物资。截至2015年底，俄共派出48支车队，运送食品、药品等物资59000吨。俄罗斯同摩尔多瓦关系因摩2014年6月同欧盟签署联系国协定受到负面影响。两国贸易额2014年、2015年同比分别下降30%、32%。俄摩仍保持副总理级政治交往。俄罗斯同亚美尼亚战略伙伴关系续有发展。俄亚总统频繁会晤，两国政府间经济合作委员会运行良好。俄是亚最大贸易伙伴，双边贸易额占亚外贸总额23.5%，俄对亚投资占外国投资总额40%。2014年8月，俄罗斯、阿塞拜疆、亚美尼亚总统在索契会晤，寻求纳戈尔诺—卡拉巴赫问题解决途径。亚在乌克兰问题上坚定支持俄立场。俄罗斯同阿塞拜疆保持高层对话，推动双边关系发展。2014年9月，俄阿在阿斯特拉罕签署两国政府间鼓励和相互保护投资协定，促进了双边贸易。俄罗斯同格鲁吉亚继续寻求关系正常化。俄逐步解禁格商品进口，恢复两国定期航班，双边贸易实现增长。2014年6月，格同欧盟签署联系国协定，俄格就由此给俄格经贸合作带来的问题展开工作磋商。俄罗斯同中亚国家保持多层次战略伙伴和盟友关系。在中东、北非、阿富汗局势动荡背景下，俄同中亚国家就打击恐怖主义、极端主义、有组织犯罪、毒品贩运和非法移民开展合作。俄罗斯同哈萨克斯坦战略伙伴关系高水平发展，两国在双边和联合国、集体安全条约组织、上海合作组织框架内保持协作。2014年6月，俄哈21世纪睦邻同盟条约正式生效。2015年10月，俄哈签署里海北部水底划界协议，为两国开发里海大陆架石油资源扫清了障碍。俄罗斯同塔吉克斯坦关系发展良好。2014年1月，塔公民在俄居留协定正式生效。2014年2月，俄塔关于俄驻塔军事基地的协定正式生效，俄驻塔军事基地将存续至2042年。俄罗斯同吉尔吉斯斯坦通过高层对话推动友好关系持续发展。2014年11月，俄吉设立“俄吉发展基金”，俄向吉提供优惠贷款，助吉完成一体化过渡。俄罗斯同乌兹别克斯坦关系快速发展。俄是乌最大贸易伙伴，俄资企业在乌达900家。2014年12月，俄总统普京访乌，两国签署2015—2019年间发展和深化经济、金融合作的一揽子协议。俄罗斯同土库曼斯坦关系稳步发展。两国政府间经济合作委员会对双边关系发展起到推动作用。

【同亚太国家的关系】2014年，俄罗斯大力推进“向东转”政策，加快与亚太地区的经济融合，推动远东地区振兴。2月8日，俄总统普京在出席索契冬奥会开幕式期间会见日本首相安倍晋三。22日，俄总统普京、总理梅德韦杰夫在出席索契冬奥会闭幕式期间会见韩国总理郑烘原。5月20日，俄总统普京在出席亚信峰会期间会见蒙古国总统额勒贝格道尔吉。23日，俄总统普京在出席圣彼得堡国际经济论坛期间会见蒙古国总理阿勒坦呼亚格。7月16日，俄总统普京在出席金砖国家峰会期间会见印度总理莫迪。9月3日，俄总统普京对蒙古国进行工作访问，并与蒙古国总统额勒贝格道尔吉举行会谈。11日，俄总统普京在出席上海合作组织元首理事会会议期间，与中国国家主席习近平、蒙古国总统额勒贝格道尔吉举行三方会谈。11月9日，俄总统普京在出席亚太经合组织峰会期间会见日本首相安倍晋三、印度尼西亚总统佐科·维多多、马来西亚总理纳吉布，并与越南国家主席张晋创、澳大利亚总理艾伯特进行简短交谈。12—13日，俄总理梅德韦杰夫赴缅甸出席东亚峰会期间会见缅甸总统吴登盛、越南总理阮晋勇、老挝总理通邢·塔马冯、柬埔寨首相洪森、泰国总理巴育、印度总理莫迪。16日，俄总统普京赴澳大利亚布里斯班出席二十国集团峰会。18日，俄总统普京会见到访的朝鲜领导人特使、朝鲜劳动党中央政治局常委、中央委员会书记崔龙海。25日，俄总统普京、总理梅德韦杰夫分别会见到访的越南共产党中央总书记阮富仲。12月11日，俄总统普京对印度进行正式访问，并分别与印度总统慕克吉、总理莫迪举行会见会谈。

2015年，俄罗斯进一步强化亚太外交。4月6—7日，俄总理梅德韦杰夫访问越南，并分别与越南国家主席张晋创、总理阮晋勇、越共中央总书记阮富仲举行会见会谈。8日，俄总理梅德韦杰夫访问泰国，并与泰国总理巴育举行会谈。5月7—9日，俄总统普京会见来俄出席“5·9胜利日”阅兵式的蒙古国总统额勒贝格道尔吉、越南国家主席张晋创、印度总统慕克吉。29日，俄总理梅德韦杰夫会见越南总理阮晋勇。当日，欧亚经济联盟与越南签署自贸区协议。6月18日，俄总统普京在出席圣彼得堡国际经济论坛期间会见蒙古国总理赛汗比勒格。7月7—8日，俄总统普京在出席上海合作组织元首理事会会议期间会见印度总理莫迪，并与中国国家主席习近平、蒙古国总统额勒贝格道尔吉举行三方会谈。9月3日，俄总统普京会见老挝国家主席朱马里。28日，俄总统普京在出席联合国大会期间会见日本首相安倍晋三。11月15日，俄总统普京在出席二十国集团峰会期间会见日本首相安倍晋三。18—19日，俄总理梅德韦杰夫赴菲律宾出席亚太经合组织峰会，并分别会见菲律宾总统阿基诺、泰国总理巴育、越南国家主席张晋创。21—22日，俄总理梅德韦杰夫赴马来西亚出席东亚峰会，并分别会见马来西亚总理纳吉布、老挝总理通邢·塔马冯、越南总理阮晋勇、新加坡总理李显龙、缅甸总统吴登盛。24日，俄总理梅德韦杰夫访问柬埔寨并与柬埔寨首相洪森举行会谈。12月24日，俄总统普京与到访的印度总理莫迪举行会谈。

【同中东、拉丁美洲和非洲国家的关系】2014年，俄罗斯继续加强与中东、拉丁美洲和非洲国家关系。1月9日，俄总统普京与伊朗总统鲁哈尼通电话，就两国在各个领域互利合作、国际及地区形势等问题交换意见。2月1日，俄总统普京向以色列总理内塔尼亚胡发去慰问电，对前总理沙龙的去世表示深切哀悼。16日，俄总统普京会见到访的伊朗外长扎里夫。23日，俄总统普京、总理梅德韦杰夫分别会见到访的巴勒斯坦总统阿巴斯，讨论双边合作和地区局势等问题。2月7日，俄总统普京会见到访的土耳其总理埃尔多安，就俄土双边合作等问题交换看法。11日，俄总统普京向阿尔及利亚总统布特弗利卡就阿军机事故造成的重大人员伤亡表示慰问。13日，俄总统普京会见到访的埃及第一副总理、国防部长塞西和外交部长法赫米。3月4日，俄总统普京应土耳其请求与土总理埃尔多安通电话，就乌克兰及克里米亚局势交换意见。14日，应伊朗提议俄总统普京与伊朗总统鲁哈尼通电话，就两国及国际局势交换意见。25日，俄总统普京与阿根廷总统克里斯汀娜通电话，就克里米亚和乌克兰问题交换看法。31日，俄总统普京同土耳其总理埃尔多安通电话，祝贺其领导的正发党在国民议会选举中获胜。4月2日，俄总统普京与南非总统祖马通电话，两国领导人就乌克兰及克里米亚公投等问题交流看法。15日，俄总统普京与以色列总理内塔尼亚胡通电话，就两国共同关心的地方及国际问题交换意见。17日，俄总统普京与土耳其总理埃尔多安通电话，双方讨论了两国双边合作及国际地区局势问题。5月14日，俄总统普京分别致电土耳其总统阿卜杜拉、总理埃尔多安，向在索玛地区矿井瓦斯爆炸中伤亡人员及其家属表示沉重哀悼和慰问。16日，俄总统普京致电土耳其总理埃尔多安，向5月13日土索玛地区矿难表示哀悼。21日，俄总统普京在上海会见伊朗总统鲁哈尼。25日，俄总理梅德韦杰夫会见巴林王国阿勒哈利法王子，双方就两国在经贸、科技、投资等领域合作交换意见并签署一系列合作文件。30日，应土耳其提议俄总统普京与土总理埃尔多安通电话，就国际问题及两国关系前景交换意见。同日，俄总统普京与阿卜杜勒·塞西通电话，祝贺其在埃及总统选举中获胜并就两国关系发展前景及共同关心的国际及地区问题交换意见。6月11日，俄总统普京致电鲁文·里夫林，祝贺其在以色列总统选举中获胜。20日，俄总统普京与即将对俄进行国事访问的巴勒斯坦总统阿巴斯进行会谈。同日，俄总统普京与伊拉克总理马利基通电话。25日，俄总统普京与以色列总理内塔尼亚胡通电话，就中东地区局势交换看法。同日，俄总统普京、总理梅德韦杰夫分别会见对俄进行国事访问的巴勒斯坦总统阿巴斯，就国际和地区问题交换意见。7月10日，俄总统普京与以色列总理内塔尼亚胡通电话，就地区紧张局势及两国共同关心的国际问题交换看法。11日，俄总统普京对古巴进行国事访问并会见古巴领导人菲德尔·卡斯特罗。12日，俄总统普京访问尼加拉瓜并与尼总统丹尼尔·奥尔特加进行会谈。同日，俄总统普京对阿根廷进行国事访问。13日，俄总统普京对巴西进行国事访问。 15日，俄总统普京在巴西福塔莱萨会见南非总统祖马。17日，俄总统普京在巴西会见委内瑞拉总统马杜罗、玻利维亚总统莫拉莱斯、乌拉圭总统穆希卡。同日，俄总统普京与伊朗总统鲁哈尼通电话，就伊朗核计划及加沙地区局势交换意见。23日，俄总统普京与以色列总统内塔尼亚胡通电话，就加沙地区局势交换意见。24日，俄总统普京致电阿尔及利亚总统布特弗利卡，向在空难中的遇难人员及其家属表示哀悼。8月7日，俄总统普京与埃及总统塞西通电话。11日，俄总统普京致电埃尔多安，祝贺其当选土耳其总统。12日，俄总统普京会见对俄进行国事访问的南非总统赛西。13日，俄总统普京与巴勒斯坦总统阿巴斯通电话，就加沙地区紧张局势交换意见。22日，俄总统普京与土耳其总统埃尔多安通电话，双方就两国合作前景交换意见。28日，俄总统普京会见对俄进行国事访问的南非总统祖马。29日，俄总统普京会见伊朗总统鲁哈尼。10月2日，俄总统普京会见约旦国王阿卜杜拉二世，双方就两国在能源、基础设施及农业等领域的合作前景交换了意见。12日，俄总统普京在索契会见巴林国王哈马德·本·伊萨·阿勒哈利法，就两国在经贸投资、能源、人文等领域合作交换看法。11日，俄总统普京与土耳其总统埃尔多安通电话。21日，俄总统普京与以色列总理内塔尼亚胡通电话。27日，俄总统普京致电巴西总统迪尔玛·罗塞夫，祝贺其连任。11月7日，俄总统普京在莫斯科会见对俄进行国事访问的秘鲁总统奥良塔·乌马拉，双方就两国在能源、科技及人文领域合作交换意见。9日，俄总统普京在北京会见智利总统米歇尔·巴切莱特，双方就两国合作前景交换看法。24日，俄总统普京与伊朗总统鲁哈尼通电话，双方就伊朗核计划交换意见。26日，俄总统普京在索契官邸会见叙利亚副总理兼外交部长穆阿利姆，双方就俄叙两国关系交换了意见。29日，俄总统普京致电尼日利亚总统古德勒克·乔纳森，对在恐怖袭击中遇难的尼公民表示哀悼。12月1日，俄总统普京对土耳其进行国事访问并会见土总统埃尔多安、总理阿赫迈特·达乌特奥卢。3日，俄总理梅德韦杰夫接见到访的叙利亚石油部长苏莱曼·阿巴斯及叙内务及消费者保护部长哈桑·萨菲亚一行，就俄叙两国在能源、经贸等领域合作进行讨论。

2015年1月14日，俄总统普京与约旦国王阿卜杜拉二世通电话，就中东局势交换看法。15日，俄总统普京会见委内瑞拉总统马杜罗，双方就两国及共同关心的国际局势交换意见。28日，俄总统普京会见伊朗总统特使、伊朗国际事务高级顾问阿里·阿克巴尔·韦拉亚提。2月9—10日，俄总统普京对埃及进行国事访问。10日，俄总统普京在埃及开罗会见亚历山大教宗和全非洲牧首费奥多尔二世。28日，俄总统普京与约旦国王阿卜杜拉二世通电话，就中东及北非局势交换意见。3月17日，俄总统普京与土耳其总统埃尔多安通电话，双方就两国及国际和地区问题交换了意见。26日，俄总统普京与伊朗总统鲁哈尼通电话。27日，俄总统普京致电以色列总理内塔尼亚胡，祝贺其领导的右翼政党联盟在国会选举中大幅获胜。4月13日，俄总统普京、总理梅德韦杰夫在莫斯科分别会见对俄进行国事访问的巴勒斯坦总统阿巴斯。14日，俄总统普京与以色列总理内塔尼亚胡通电话。20日，俄总统普京与沙特国王萨勒曼·本·阿卜杜勒·阿齐兹通电话。23日，俄总统普京在克里姆林宫接见到访的阿根廷总统克里斯汀娜。24日，俄总理梅德韦杰夫会见古巴国务委员会副主席里卡多·阿拉尔孔·德克萨达。5月6日，俄总理梅德韦杰夫与古巴国务委员会主席兼部长会议主席劳尔·卡斯特罗会谈。9日，俄总统普京在克里姆林宫会见埃及总统塞西。当日，俄总统普京在莫斯科会见南非总统祖马。10日，俄总统普京在莫斯科会见津巴布韦总统、非盟轮值主席罗伯特·穆加贝，双方就两国关系未来发展趋势及俄罗斯与非盟之间的关系交换意见。21日，俄总统普京在莫斯科接见到访的伊拉克总理海德尔·阿巴迪，双方就两国及国际地区局势交换意见。6月8日，俄总统普京与土耳其总统埃尔多安通电话，祝贺其领导的正发党在议会选举中获胜。13日，俄总统普京在莫斯科会见土耳其总统埃尔多安，双方就地区和国际局势、乌克兰问题交换了意见。29日，俄总统普京在莫斯科会见叙利亚外长瓦利德·穆阿利姆，双方就叙利亚局势、共同打击国际恐怖分子等问题进行了磋商。7月8日，俄总统普京在俄乌法市会见南非总统祖马。同日，俄总统普京会见巴西总统罗塞夫，双方就两国合作中的关键问题进行了磋商。9日，俄总统普京在俄乌法市会见伊朗总统鲁哈尼。20日，俄总统普京致电土耳其总统埃尔多安，向在土南部恐怖袭击中遇难的人员及其亲属表示哀悼。26日，俄总统普京与土耳其总统埃尔多安通电话，就中东局势交换看法。30日，俄总统普京与以色列总理内塔尼亚胡通电话。8月25日，俄总统普京会见约旦国王阿卜杜拉二世，双方就两国及国际局势交换看法。26日，俄总统普京在克里姆林宫接见到访的埃及总统塞西。9月3日，俄总统普京在北京会见委内瑞拉总统马杜罗，双方就地区和国际局势交换看法。16日，俄总统普京与沙特国王阿卜杜勒·阿齐兹通电话，就巴勒斯坦、以色列地区紧张局势交换意见。俄总理梅德韦杰夫与巴西副总统特梅尔会谈，就两国经济合作交换意见。21日，俄总统普京在莫斯科会见以色列总理内塔尼亚胡。22日，俄总统普京会见巴勒斯坦总统阿巴斯。23日，俄总统普京在莫斯科会见土耳其总统埃尔多安。28日，俄总统普京会见伊拉克总理海德尔·阿巴迪。28日，俄总统普京在美国纽约会见伊朗总统鲁哈尼。10月10日，俄总统普京致电土耳其总统埃尔多安，对在安卡拉恐怖事件中遇难的土民众表示哀悼。20日，俄总统普京在莫斯科会见叙利亚总统巴沙尔·阿萨德。21日，俄总统普京与土耳其总统埃尔多安通电话，就叙利亚局势交换意见。同日，俄总统普京与沙特国王阿卜杜勒·阿齐兹通电话，讨论叙利亚局势。21日，俄总统普京与阿根廷总统克里斯汀娜通电话。22日，俄总统普京同伊朗议长拉里贾尼举行会谈。26日，俄总统普京与沙特国王阿卜杜勒·阿齐兹通电话，就叙利亚局势交换意见。31日，俄总统普京与埃及总统塞西通电话。11月4日，俄总统普京与土耳其总统埃尔多安通电话。6日，俄总统普京与埃及总统塞西通电话，就保障俄在埃公民等进行磋商。13日，俄总统普京与伊朗总统鲁哈尼通电话，双方就两国关系发展等议题进行交流。当日，俄总统普京与委内瑞拉总统马杜罗通电话。16日，俄总统普京在土耳其阿塔利亚会见土耳其总统埃尔多安，当日，还会见了沙特国王阿卜杜勒·阿齐兹，双方就叙利亚及中东局势交换了意见。18日，俄总统普京与以色列总理内塔尼亚胡通电话，双方就国际和地区局势交换了看法。同日，俄总统普京还与埃及总统塞西通电话，两国首脑就俄飞机事件进行了磋商。23日，俄总统普京在伊朗德黑兰会见伊朗最高领袖哈梅内伊。同日，俄总统普京致电毛里西奥·马克里，祝贺其在阿根廷总统选举中获胜。23日，在天然气出口国第三次会议上，俄总统普京会见委内瑞拉总统马杜罗、玻利维亚总统莫拉莱斯。24日，俄总统普京在索契会见约旦国王阿卜杜勒二世。30日，俄总统普京在联合国气候变化问题大会上会见以色列总理内塔尼亚胡、秘鲁总统乌马拉。12月16日，俄总统普京与阿根廷总统马克里通电话，祝贺其成功当选阿总统。22日，俄总统普京与以色列总理内塔尼亚胡通电话。（张雅婷　冯海明）

法 国

国名 法兰西共和国（The Republic of France，La République Française）。

面积 55万平方公里（不含海外领地），欧盟面积最大国家。

人口 6663万（2016年1月，含海外领地），其中本土人口6451万。全球第六大移民国，移民人口占总人口8.8%。

语言 法语。（目前全球讲法语的国家和地区共47个，总人数约2.77亿）。

宗教 62%居民信奉天主教，约有600万穆斯林（占总人口10%左右）和少数新教、犹太教、佛教、东正教徒。

首都 巴黎（Paris），市区人口223万。年平均气温11℃，较为湿润，年均降水量600毫米。

国家元首 总统弗朗索瓦·奥朗德（François Hollande），2012年5月6日当选，5月15日就职，任期5年。

重要节日 国庆节：7月14日。1880年议会立法确认，1789年法国资产阶级大革命攻克巴士底狱日为国庆节。

简 况

位于欧洲西部，本土呈六边形，三边临水。与比利时、卢森堡、德国、瑞士、意大利、西班牙、安道尔、摩纳哥接壤，西北隔拉芒什海峡与英国相望。平原占总面积的2/3。主要山脉有阿尔卑斯山脉、比利牛斯山脉、汝拉山脉等。濒临四大海域：北海、英吉利海峡、大西洋和地中海。边境线总长度为5695公里，其中海岸线2700公里，陆地线2800公里，内河线195公里。西部属温带海洋性气候，南部属亚热带地中海气候，中部和东部属大陆性气候。1月平均气温北部1℃—7℃，南部6℃—8℃；7月北部16℃—18℃，南部21℃—24℃。

古称“高卢”，公元1世纪被罗马人占领，5世纪，法兰克人移居到这里，843年建立查理曼帝国，成为独立国家。10—14世纪加佩王朝统治时期改称法兰西王国。17世纪下半叶波旁王朝路易十四统治时期达到鼎盛。1789年7月14日爆发资产阶级大革命，发表《人权宣言》，废除君主制，1792年建立第一共和国。此后历经拿破仑建立的第一帝国、波旁王朝复辟、七月王朝、第二共和国、第二帝国、第三共和国。1871年3月，巴黎人民武装起义，成立世界上第一个无产阶级政权——巴黎公社，当年5月被镇压。第一次世界大战中，法国参加协约国，对同盟国作战获胜。第二次世界大战期间遭到德国入侵，戴高乐将军组织了反法西斯的“自由法国”运动，1944年8月解放巴黎。1946年10月，法兰西第四共和国成立，进入政坛不稳定时期，12年间更迭了20多届政府。1958年，第五共和国成立，戴高乐出任首任总统。此后，蓬皮杜、德斯坦、密特朗、希拉克、萨科齐、奥朗德先后出任总统。

法国国旗为蓝白红三色旗，国歌为《马赛曲》。

政 治

政局总体稳定。社会党及左翼执政联盟掌控议会两院，但因经济增长乏力，失业率居高不下，社会党政府支持率长期在低位徘徊，在2014年3月底举行的市镇选举中失去在地方第一大党地位。2014年以来，奥朗德总统两次改组政府。2015年1月和11月法国两次遭受严重恐怖袭击，反恐形势严峻，法国政府强化安全措施，全力加强反恐。

【宪法】现行第五共和国宪法系1958年9月公民投票通过，10月4日生效，是法国历史上第16部宪法。曾进行过多次修改。宪法规定，总统为国家元首和武装部队统帅，任期5年，由选民直接选举产生。总统任免总理并批准总理提名的部长；主持内阁会议、最高国防会议和国防委员会；有权解散议会，但一年内不得解散两次；可不经议会而将某些重要法案直接提交公民投票表决；在非常时期，总统拥有“根据形势需要采取必要措施”的全权。在总统不能履行职务或空缺时，由参议长暂行总统职权。

【议会】实行国民议会和参议院两院制，拥有制定法律、监督政府、通过预算、批准宣战等权力。国民议会共577席，任期5年，采用两轮多数投票制，由选民直接选举产生。本届国民议会于2012年6月选出，议长克洛德·巴尔托洛内（Claude Bartolone），属社会党。

参议院共348席，由国民议会和地方各级议会议员组成选举团间接选举产生，任期为6年，每3年改选1/2。本届参议院于2014年9月改选产生，右翼获得多数席位，议长热拉尔·拉尔歇（Gérard Larcher），属共和国人党。各党派在两院中所占席位如下：

国民议会（资料来源：法国国民议会网站2016年2月14日更新）

社会、共和与公民党团	287
共和国人党党团	196
民主联盟和独立人士党团	29
生态党	18
激进、共和、民主和进步党团	18

左翼民主与共和派党团	15
无党派人士	11

参议院（资料来源：法国参议院网站2015年12月14日更新）

共和国人党党团	144
社会与共和党团	110
民主联盟和独立人士党团	42
共产党、共和与公民党团	19
欧洲社会民主联盟党团	17
生态党	10
无党派人士	6

【政府】本届政府于2014年4月2日成立，2016年2月11日改组。除总理外，包括部长18名，国务秘书20名。主要成员有：总理曼努埃尔·瓦尔斯（Manuel Valls），外交和国际发展部长让-马克·艾罗（Jean-Marc Ayrault），环境、能源和海洋部长塞格林·罗雅尔（Ségolène Royal，女），国民教育、高等教育和科研部长纳贾·瓦洛-贝尔卡塞姆（Najat Vallaud-Belkacem，女），掌玺和司法部长让-雅克·于尔沃阿（Jean-Jacques Urvoas），财政和公共账目部长米歇尔·萨班（Michel Sapin），国防部长让-伊夫·勒德里昂（Jean-Yves Le Drian），社会事务和卫生部长玛丽索尔·图雷娜（Marisol Touraine，女），内政部长贝尔纳·卡泽纳夫（Bernard Cazeneuve），经济、工业和数字部长埃马纽尔·马科龙（Emmanuel Macron）等。

【行政区划】分为大区、省和市镇。本土划为13个大区、96个省，还有5个海外单省大区、5个海外行政区和1个地位特殊的海外属地。全国共有36700个市镇。

【司法机构】分为两个相对独立的司法管辖体系，即负责审理民事和刑事案件的普通法院与负责公民与政府机关之间争议案件的行政法院。

普通法院有两类：民事法院、刑事法院。

普通法院系统纵向分为四级：初审法院、高等法院、上诉法院和最高法院。最高法院是最高一级司法机关，负责受理对35个上诉法院所作判决的上诉。

行政法院是最高行政诉讼机关，下设行政法庭。行政法院对行政法令的合法性作最后裁决，并充当政府在制定法律草案方面的顾问。行政法院院长名义上由总理担任，后者委托副院长行使管理权。

法国的检察机关没有独立的组织系统，其职能由各级法院中配备的检察官行使。检察官虽派驻在法院内，但职能独立于法院，其管理权属于司法部。最高法院设总检察长1人，检察官若干人；上诉法院设检察长1人，检察官若干人；高等法院设检察官1人，代理检察官和助理检察官若干人。

【政党】法国实行多党制，主要政党有：

（1）社会党（Parti Socialiste，简称PS）：执政党和国民议会第一大党，左翼政党。前身是1905年成立的“工人国际法国支部”，1920年发生分裂，多数派另组共产党，少数派则保留原名。1969年改组成立社会党，1971年与其他左翼组织合并，仍用现名。党员约20万人，多为公职人员和知识分子。原第一书记哈勒姆·戴齐尔（Harlem Désir）出任政府国务秘书后，让-克里斯托夫·冈巴德利斯（Jean-Christophe Cambadélis）于2014年4月15日当选第一书记，2015年6月连任。该党对内注意体现左翼政党色彩，主张维护劳工利益，同时采取务实的经济政策；对外主张维护法国独立核力量，推动欧洲一体化建设，并加强南北对话。2010年3月，在大区议会选举中获胜。2011年3月和9月，先后赢得省议会部分选举和参议院改选，并与其他左翼力量共同赢得参议院多数席位。2012年5月，社会党候选人奥朗德当选法国总统。2012年6月，在立法选举中获胜。2014年，在市镇选举、欧洲议会选举和参议院改选中接连失利。

（2）共和国人党（Les Républicains，简称LR）：主要反对党和参议院第一大党、国民议会第二大党，属中右政党。原人民运动联盟党，2015年5月更名共和国人党。前身系2002年总统大选中的竞选联盟，核心为原保卫共和联盟（戴党），并吸收了自由民主党和法兰西民主联盟的主要力量。党员约20万人，多为职员、官员、自由职业者、商人、农民和工人等。现任主席为前总统萨科齐，2014年11月当选。

（3）国民阵线（Front National，简称FN）：极右翼政党，成立于1972年10月。党员约7.5万人，多为中小工商业者。1986年议会选举中首次进入国民议会。代表极端民族主义思潮，强调“要把法国从欧洲控制和世界主义中拯救出来”，呼吁“进行一次反对新共产主义和世界主义的十字军讨伐”。现任主席让-玛丽娜·勒庞（Jea-Marine LE PEN，女），2011年1月起担任现职。在欧债危机爆发、法国经济复苏乏力、失业率居高不下、难民危机和恐怖主义接踵而至的影响下，国民阵线借机大打移民、安全、就业牌，民意支持持续冲高。2012年4月，在法国总统选举第一轮投票中，该党候选人让-玛丽娜·勒庞得票率17.9%，创历史新高。2014年，国民阵线在3月市镇选举中赢得10多个市镇执政权；在5月法国欧洲议会选举中，得票率超过25%，位居各党之首。2015年12月，国民阵线在大区议会选举的首轮投票中，以28%的得票率力压传统两大政党，居全国第一。

（4）民主与独立派联盟（Union des démocrates et indépendants，简称UDI）：中间派政党，成立于2012年9月。党员5万人。原党主席让-路易·博尔洛（Jean-Louis Borloo）因病辞职后，伊夫·杰戈（Yves Jégo）于2014年4月9日任代理党主席，直至2014年11月13日让-克里斯多夫·拉加德（Jean-Christophe

Lagarde）任新主席。该党定位为“开放、富有建设性的反对派”，“平和、可信的替代力量”，欧洲一体化建设、绿色增长和经济竞争力是其首要关切，提出建设“人性化的自由主义”。

（5）法国共产党（Parti Communiste Français，简称PCF）：现有党员约7万—8万，多为工人、雇员、教员、手工业者等。现任全国书记皮埃尔·洛朗（Pierre Laurent）。1920年12月成立。二战后初期达到顶峰，最多时拥有党员80多万，曾是法第一大党。但此后在法经济结构发生深刻变化和国内外政治风云变幻的背景下，法共应对乏力，力量和影响不断下降，逐渐沦为边缘小党。2008年年底，法共三十四大召开，决定与左翼党结成左翼阵线，在2011年省议会选举与参议院改选中分获118席与20席。2012年4月法国总统选举第一轮投票中，左翼阵线候选人让－吕克·梅朗雄（Jean–Luc Melenchon）得票率11.11%。

其他政党有：

右翼：保卫法兰西运动（Mouvement pour la France）、保卫法兰西联盟（Rassemblement pour la France）。

左翼：左翼共和联盟（Association pour une Gauche Républicaine）、共和与公民运动（Mouvement Républicain et Citoyen）、左翼激进党（Parti Radical de Gauche）。

中间派：公民运动—共和之极（Mouvement des Citoyens—Pôle Républicain）。

极右：全国共和运动（Mouvement National Républicain）。

极左：工人斗争党（Lutte Ouvrière）、革命共产主义同盟（Ligue Communiste Révolutionnaire）、劳动党（Parti des Travailleurs）。

【重要人物】弗朗索瓦·奥朗德：总统。1954年8月12日生于法国鲁昂。1980年毕业于法国国家行政学院。1979年加入社会党，1981年任总统府经济事务专员。1988年、1997年、2002年3次当选国民议会议员。1997—2008年任社会党第一书记。2001年当选科雷兹省首府蒂勒市市长。2008年当选科雷兹省议会主席。2011年10月经党内初选成为社会党总统候选人。2012年5月6日当选法兰西共和国第7位暨第10任总统。5月15日正式就任。　**曼努埃尔·瓦尔斯**：总理。1962年8月13日生于西班牙巴塞罗那，1982年加入法国籍。毕业于巴黎一大，历史学士。1980年加入社会党。曾任大巴黎地区议员、阿让特伊市副市长和埃夫里市长。2002—2012年任国民议会议员。2012年5月起任埃罗政府内政部长。2014年3月31日，前总理埃罗因左翼执政联盟在市镇选举中失利引咎辞职后，瓦尔斯被奥朗德总统任命为总理。

经　济

法国是最发达的工业国家之一，在核电、航空、航天和铁路方面居世界领先地位。

2014年主要经济数据如下：

国内生产总值：2.14万亿欧元。

经济增长率：0.4%。

货币名称：欧元（Euro）。

通货膨胀率：0.5%。

本土失业率：10.4%。

【资源】铁矿蕴藏量约10亿吨，但品位低、开采成本高，煤储量几近枯竭，所有铁矿、煤矿均已关闭，所需矿石完全依赖进口。有色金属储量很少，几乎全部依赖进口。能源主要依靠核能，约76%的电力靠核能提供。此外，水力和地热资源的开发利用也比较充分。据法国农业部统计：森林面积约1615.4万公顷，覆盖率29.4%。

【工业】法工业产值约占国内生产总值的11.2%。主要工业部门有汽车制造、造船、机械、纺织、化学、电子、日常消费品、食品加工和建筑业等，钢铁、汽车和建筑业为三大工业支柱。核能、石油化工、海洋开发、航空和宇航等新兴工业部门近年来发展较快。核电设备能力、石油和石油加工技术仅次于美国，居世界第二位；航空和宇航工业仅次于美国和俄罗斯，居世界第三位。钢铁、纺织业居世界第六位。

据法国钢业联盟、法国汽车制造商委员会、法国国家经济研究与统计局统计，2014年主要工业产品产量如下：粗钢1615.2万吨，小汽车550万辆，总发电量5630亿度，其中核电4360亿度。

【农牧业】法国是欧盟最大的农业生产国，也是世界主要农产品和农业食品出口国。据法国国家经济研究与统计局资料：2014年农业产值722亿欧元，同比下降0.9%。农业人口约84.5万。本土农业用地2884万公顷，约占本土面积的54%。

农业的传统地区结构为：中北部地区是谷物、油料、蔬菜、甜菜的主产区，西部和山区为饲料作物主产区，地中海沿岸和西南部地区为多年生作物（葡萄、水果）的主产区。法国已基本实现农业机械化，农业生产率很高。农业食品加工业是法国对外贸易的支柱产业之一。

2014年主要农产品产量如下：粮食7280万吨，其中，小麦3900万吨，玉米1870万吨，土豆800万吨，油料作物740万吨。

2014年畜牧业存栏数：牛1920万头，猪1330万头，羊850万头。

（资料来源：法国农业部，法国国家经济研究与统计局）

【服务业】服务业在法国民经济和社会生活中占有举足轻重的地位，自20世纪70年代以来发展较快，连锁式经营相当发达，已扩展至零售、运输、房地产、旅馆、娱乐业等多种行业。据法国国家经济研究与统计局数据，2014年服务业用工占总就业人口的76.9%。法国大型零售超市众多，拥有家乐福（Carrefour）、欧尚（Auchan）等世界著名品牌。

【旅游业】法国是世界第一大旅游接待国，旅游产值占国内生产总值7.3%。每年游客接待量超过8000万人。旅游从业人员约110万人，旅行社6396家。全国有18060家旅馆和23235家各类小旅店、野外宿营地、青年之家等。有餐馆和咖啡馆195016家。

【交通运输】交通运输发达，水、陆、空运输均极为便利，据法国生态、可持续发展和能源部，法国国家经济研究与统计局资料：

铁路：在法国本土，国家铁路网通往除科西嘉岛以外的各个地方，铁路总长30000公里，其中电气化铁路15687公里，高速铁路2024公里。高速火车技术居世界领先地位。2014年铁路客运量为1022亿人/公里，货运量为322亿吨/公里。

公路：法国公路网是世界最密集、欧盟国家中最长的，总长度超过100万公里，其中高速公路11465公里。2014年公路客运周转量为8838亿人/公里，其中使用私家车的客运量为8296亿人/公里，使用公共交通为542亿人/公里。公路货运量为2885亿吨/公里。

水运：内河航道总长14932公里，其中可通行1500吨级以上船舶的航道约1900公里。巴黎是主要内河港口。2014年货运量为78亿吨/公里。主要海港有马赛港、勒阿弗尔港和敦刻尔克港。2013年法国本土海港总吞吐量3.4亿吨。

空运：2014年航空旅客周转量近1.42亿人次，起降飞机约270万架次。建有494个机场，其中153个为民用，通达134个国家和地区的529个城市。主要航空公司为法航，主要机场有巴黎戴高乐机场和奥利机场、尼斯机场等。

【财政金融】政府财政收入主要来源于税收，税率高于美、日等国。主要税种有增值税、所得税、公司税、社会福利税等。据法国国家经济研究与统计局数据：2015年，法国财政收入2800亿欧元，公共财政赤字为705亿欧元；2015年第三季度公共债务达2.1万亿欧元，全年债务总额预计占国内生产总值的96.3%。

截至2015年11月，法国外汇储备总额为1574亿美元。

据法兰西银行数据：法共有注册金融机构1500多家。巴黎国民银行、兴业银行、农业信贷银行、里昂信贷等八大银行资产占全国银行总资产的一半以上。

【对外贸易】与世界各大地区和100多个国家有贸易往来，世界第五大出口国和第六大进口国。据法国国家经济研究与统计局数据：2014年进出口总额9284亿欧元，贸易逆差538亿欧元。近年来，法国政府把促进出口作为带动经济增长的重要手段，在保持和扩大原有国际市场的同时，积极开发拉美、亚太等地区市场。

法国进口商品主要有能源和工业原料等，出口商品主要有机械、汽车、化工产品、钢铁、农产品、食品、服装、化妆品和军火等。法国对外贸易的70%在欧洲国家内部进行。美国是法国在欧盟之外的最大贸易伙伴。2014年法国与主要贸易伙伴货物贸易额如下（单位：亿欧元）：

	出口		进口
德国	710	德国	856
比利时	312	中国	430
意大利	310	比利时	401
西班牙	304	意大利	366
英国	304	美国	316
美国	274	西班牙	297
荷兰	175	荷兰	216
中国	162	英国	198
瑞士	129	瑞士	126
波兰	71	俄罗斯	103

（资料来源：法国国家经济研究与统计局）

【对外投资】2014年法国新增对外直接投资323亿欧元。法国对外投资主要集中在欧盟成员国，对美国和石油输出国组织成员国、非洲、拉美的投资也较高，并以工业、能源、服务部门为主。大多数投资采用企业兼并或购买公司股份的形式。

【对外援助】据法国外交部资料：2014年对外援助总额约为83亿欧元。援助主要方式为贷款、减债等。主要援助对象包括非洲国家以及越南、黎巴嫩等国。

【外来投资】近年来，外国对法国服务业和工业部门的投资加快，主要领域有机械、汽车、化工产品、钢铁、农产品、食品、服装等。2014年，外国资本在法直接投资额新增115亿欧元，比、卢、瑞士、德、日、美等国是法国主要外资来源国。

人民生活

法国是高福利国家。社会保险制度始建于1945年，现已发展得较为完善。各类社会保障总支出约6000亿欧元，资金主要来源于雇员和雇主交纳的社会分摊金以及对工资外收入征收的普通社会税金，保障范围涵盖退休金、养老金、医疗保险费、家庭津贴、待业金（失业补助和职业培训费）、残疾人补助等。由于人口老龄化等问题，政府财政逐渐不堪重负，多次进行退休制度改革和医疗保险改革以减轻国家财政负担。法国长期实行最低标准工资制度，2014年1月起最低工资为每月1445.38欧元。2014年人均国民收入约43080美元，居世界第15位（世界银行数据）。据法国国家经济研究与统计局数据：2013年全法共有3192家医疗机构，住院床位41.3万张，2014年平均每10万人可享受334位医生、63位牙医、141位助产士和112位药剂师的服务。截至2013年1月1日，法国家庭57.8%拥有自己的产权房，汽车、手机、个人电脑、互联网等普及率居世界前列。

军 事

法国目前的国防体制是在1959年《国防组织法》基础上建立起来的。1958年宪法规定，总统是武装力量的最高统帅，只有总统本人有使用核打击力量的决定权，在其领导下的国防决策机构包括内阁会议、国防委员会、小范围国防委员会和高级国防委员会，其中内阁会议是最高决策机构，负责制定国防政策、任免将级军官，有权宣布总动员、发布戒严令和紧急状态令等。法国奉行独立自主的防务政策，逐步推进军队职业化改革，以职业兵役制替代义务兵役制；以独立的战略核力量为主要防务手段，由战略航空力量、战略海洋力量、太空力量构成；国防工业实施以合并、推动高科技及真正走上市场为内容的改组。

武装力量由陆、海、空三军和宪兵组成。据法国国防部数据：总兵力约27万人，2015年国防预算为396亿欧元，占当年财政预算13.4%。

陆军编有1个地面作战司令部、1个后勤司令部、8个作战旅、4个专业旅和1个后勤旅。主要装备有：各型坦克200辆、轻型装甲车1470辆、各型火炮350门、各型直升机303架。

海军编有战略海军司令部和水面、反潜、扫雷、潜艇等各专业作战司令部以及海军航空兵司令部和海军陆战队司令部。主要装备有：核动力航母1艘、战略弹道导弹核潜艇4艘、各种战舰和支援舰71艘、各类飞机202架。

空军编有1个空军司令部（1个歼击机大队、1个支持和保护大队、1个领空监控大队、1个安全和干预大队）、1个空中防卫和作战司令部、1个战略空军司令部、1个空军支援司令部（1个技术和后勤大队、1个基建大队、1个信息通讯大队、1个人员支持大队）和人力资源管理部门。主要装备有：歼击机202架、运输机80架、直升机80架以及预警机、侦察机、空中加油机、运输机和教练机若干。

三军总参谋长皮埃尔·德维里埃（Pierre de Villiers，2014年2月15日任命）上将，陆军参谋长让-皮埃尔·波什尔（Jean-Pierre Bosser，2014年9月1日任命）上将，海军参谋长贝尔纳·罗杰尔（Bernard Rogel，2011年9月12日任命）上将，空军参谋长安德烈·拉纳塔（André Lanata，2015年9月21日任命）上将。

国外驻军：海外驻军约2万人，其中约3000人接受联合国、北约等国际组织的指挥。法国在非洲、印度洋和太平洋等地区拥有军事基地及可使用机场、港口10余处。驻外部队的主要任务是：维护法国海外省和海外领地的主权独立、领土完整及安全利益；执行与法国签有双边军事合作协定国家的驻军任务；参加联合国维和部队。

文化教育

【**教育**】法国教育在20世纪50—60年代进行了两次重大改革，逐渐形成现今极具特点、复杂多样的教育体制。6—16岁为义务教育。公立小学和中学免收学费，免费提供小学和初中教材。高等学院除私立学校外，一般也只缴纳少量注册费。初等教育学制5年，入学率100%。中等教育包括普通教育和职业技术教育两类。普通中等教育分为初中和高中两个阶段，学制7年各为4年和3年。中等职业技术教育近年来发展较快，主要包括技术高中、职业高中、艺徒培训中心、就业前教育适应班4种类型和层次。高等教育分为综合性大学、高等专业学院、高等技术学校和承担教学任务的科研教育机构4类。2014—2015学年，据法国教育部、法国国家经济研究与统计局数据：法拥有37009所小学、11343所中学、83所大学以及226所名校，各类在校生人数1538.6万，其中小学生678.9万、中学生549.7万、大学生247.1万。2014年全国教职人员共118万，其中教师92.6万，行政技术人员25.4万。2014年教育预算占GDP的6.8%。

法著名高校有：巴黎大学、格勒诺布尔第一大学、斯特拉斯堡第一大学、里尔第一大学、里昂第一大学以及巴黎综合理工学院、国家行政学院、巴黎高等商业学院、巴黎高等师范学院等。

【**新闻出版**】全国共有各种报纸杂志4000余种，其中日报100多种。发行量最大的全国性报纸是《费加罗报》，约为32万份，其他发行量为20万份以上的全国性报纸主要有《世界报》、《回声报》、《队报》等。发行量最大的地方报纸是《西部法兰西报》。主要杂志有《快报》、《观点》、《新观察家》、《巴黎竞赛画报》、《费加罗杂志》等。法约有6000家出版社，其中51家的图书出版量占全国的83%。（资料来源：法国报刊评价中心）

通讯社：法新社（AFP），世界主要通讯社之一。1835年创立，原名哈瓦斯通讯社，1944年8月改组并改用现名。1957年政府确定法新社的独立地位，但其财政管理仍由国家控制。在国外有200家分社，辐射150个国家，向全球约7000家报纸、2500家电台和400家电视台供稿。

广播电台：法国国家广播公司成立于1975年，下设7个广播电台：国内综合台、新闻台、文化台、音乐台、蓝色台、巴黎联合广播电台、青年摇滚电台。此外，为加强对外宣传，国家广播公司专设独立的法国国际电台RFI，除了法语，以12种语言全天对外广播，几乎覆盖全世界。1982年政府通过法令，取消国家对电台的垄断，允许私人和团体设立电台。目前，全国私营电台1018家，主要有卢森堡电台、蒙特卡洛电台、欧洲一台等。

电视台：现有5家全国性国营电视台：法国2台、法国3台、法国4台、法国5台（教育台）、法国Ô台（文化交流台）。25家全国性私营台，包括法国1台、法国6台、CANAL+（收费台）等。几十家中央或地方的有线电视台，主要通过ADSL和TNT（数字地面电视）方式播出，另可接收大部分国际卫星电视频道。TV5和法国国际台France24是覆盖世界大部分地区的法国电视台。

对外关系

法国是联合国安理会常任理事国、欧盟创始国及北约成员国，同191个国家建立了外交关系，在162个国家设有大使馆，还设有16个常驻代表团和91个领事机构。此外，法在国外还有161个文化与研究机构、98个文化中心、384家法语联盟（法语推广机构）。（资料来源：法国外交部）

法国基本外交政策是：倡导多边主义，反对单边主义；致力于欧盟一体化建设，尤其是政治和防务建设，继续发挥法在其中的核心作用；重视大国关系，注意加强同新兴国家的政治、经济、文化联系；努力保持并发展与非洲国家的传统关系，推动发达国家增加对非援助；广泛参与国际事务和热点问题的解决；帮助法国企业开拓海外市场；保持和提高法文化的国际影响力。

【对重大国际问题的态度】关于总体国际形势：认为当今世界进入“零极”世界。一方面，美欧同时内顾造成国际权力真空。另一方面，新兴市场国家越来越坚持自己的主张。中国、印度等大国重新崛起是一个积极趋势，试图对此加以抗拒不仅毫无意义，还将适得其反。中国在非洲安全、伊朗核等方面正在作出更大贡献。旧秩序处于消亡之中，新秩序尚未建立，新的全球性挑战层出不穷。呼吁国际社会更有效地打击恐怖主义。毒品在未来十年内可能成为重大疾患；危重传染病肆虐全球的风险不容忽视；新信息技术的发展是双刃剑，既扩大了个人自由空间，也对保护个人隐私构成挑战。

联合国改革：认为联合国安理会应该更好地代表当今世界，保持有效应对21世纪安全问题的能力，支持增加一定数量常任和非常任理事国，支持“四国集团”入常，支持增加非洲国家在安理会特别是在常任理事国中的代表性，同时也应该考虑阿拉伯国家代表性问题。在发生种族灭绝等罪行时，联合国五个常任理事国应该放弃使用否决权。

欧洲经济：受增长乏力、通胀率过低和财政紧缩等因素影响，欧盟经济面临长期停滞的风险。欧盟必须变革，重新审视有关政策，着力解决增长和就业问题。变革不光是调整结构和减少赤字，还需要各国联动，相互协作。欧盟应该充分考虑各国预算执行情况，确保减赤节奏同增长目标和通胀水平相适应。应该加大基础设施、科研、创新、培训、环境等领域投资力度，在替代能源和数字信息化等方面制定合理的未来政策，提高跨大西洋贸易投资伙伴关系协定等国际谈判透明度，确保平等、互惠。

打击“伊斯兰国”：在打击“伊斯兰国”问题上态度坚决，2015年9月以来，在叙利亚对“伊斯兰国”目标实施独立空中打击，是最早参与空中打击的西方国家之一。认为巴黎系列恐怖袭击事件是“伊斯兰国”对法国发动的战争行为，要彻底消灭而非遏制“伊斯兰国”。加大对叙利亚和伊拉克境内“伊斯兰国”目标的空袭力度，派遣“戴高乐”号航母赴地中海海域参与反恐行动。呼吁各国在安理会框架内加强反恐合作，希望美国和俄罗斯加入反恐同盟，共同打击“伊斯兰国”。

叙利亚问题：认为政治途径是解决叙利亚问题唯一出路。叙利亚问题的最终解决，应该是现政权的部分人士同温和反对派达成协议。如果不解决叙利亚危机，中东地区可能将陷入全面战争。曾在叙利亚问题上持较强硬立场，认为巴沙尔是内战元凶，不能代表叙利亚人民，必须被排除在叙利亚政治进程之外，法方不会同巴沙尔对话。巴黎系列恐怖袭击事件后，法方对叙利亚政策有所调整，奥朗德称法国在叙利亚的敌人是“伊斯兰国”，而非巴沙尔。

巴以问题：认为巴勒斯坦和以色列必须作为两个相互承认对方国家领土范围的国家和平共存，巴以冲突的和平解决是恢复中东地区稳定的根本，在巴勒斯坦和平建国和维护以色列国家安全问题上完全可以找到并行不悖的办法。法国支持巴勒斯坦作为观察员国加入联合国，要求以方停止在东耶路撒冷和约旦河西岸地区新建犹太人定居点。呼吁巴以举行和谈。认为解决问题的关键在美国，欧洲也应该发挥重要作用。法国国民议会已经通过承认巴勒斯坦国的决议草案。

【同中国的关系】法国是第一个同中国正式建交的西方大国。1964年1月27日，中法两国建立大使级外交关系。建交后，两国关系总体发展顺利。90年代初，中法关系因法国政府参与西方对华制裁并批准售台武器一度受到严重影响。1994年1月12日，两国政府发表联合公报，法方承诺不再批准法国企业参与武装台湾地区，双边关系恢复正常。两国在政治、经济、文化、科技、教育等各个领域的合作富有成果。1997年和2004年，法国在西方大国中率先同我国建立全面伙伴关系和全面战略伙伴关系。2008年，中法关系因涉藏问题出现重大波折。2009年4月1日，中法发表新闻公报，中法关系逐步恢复良好发展势头，各领域合作进展顺利。2012年5月奥朗德总统上任后，两国关系稳定发展。2012年6月，胡锦涛主席在出席二十国集团洛斯卡沃斯峰会期间同奥朗德总统举行双边会见。11月，温家宝总理在老挝万象出席第九届亚欧首脑会议期间同奥朗德总统举行双边会见。2013年4月，奥朗德总统对中国进行国事访问，习近平主席、李克强总理、张德江委员长分别同其会谈、会见。9月，杨洁篪国务委员在陪同习近平主席出席二十国集团领导人圣彼得堡峰会期间，会见法国总统外事顾问燕保罗。10月，王毅外长访问法国，奥朗德总统、法比尤斯外长分别同其会见、会谈。12月，法国总理埃罗访华，习近平主席、李克强总理、张德江委员长分别同其会见、会谈。2014年1月，法国国民议会议长巴尔托洛内访华，并出席中法建交50周年相关纪念活动，习近平主席、张德江委员长、刘延东副总理分别同其会见、会谈。同月，杨洁篪国务委员赴法国举行中法战略对话，分别与奥朗德总统、法比尤斯外长、总统外事顾问燕保罗举行会见、会谈。3月，习近平主席首次对法国进行国事访问，分别与奥朗德总统、埃罗总理、巴尔托洛内议长、贝尔参议长举行会谈、会见。6月，中共中央政治局委员、中央政法委书记孟建柱访法。9月，最高人民法院院长周强访法，马凯副总理赴法主持召开中法高级别经济财金对话第二次会议，国务院副总理刘延东赴法主持召开中法高级别人文交流机制启动仪式暨首次会议，张高丽副总理在纽约出席联合国气候变化峰会期间会见奥朗德总统。10月，李克强总理在米兰出席亚欧首脑会议期间会见奥朗德总统，马凯副总理在成都第十五届西博会期间会见法国参议院外事委员会主席、前总理拉法兰和法国政府代表、外交部国务秘书费克尔。11月，习近平主席在出席二十国集团领导人布里斯班峰会期间会见奥朗德总统。2015年1月，法国总理瓦尔斯正式访华，习近平主席、李克强总理和张德江委员长分别同其会见、会谈。2015年5月，法国外长法比尤斯来华，同刘延东副总理共同主持中法高级别人文交流机制第二次会议。2015年6月，李克强总理访问法国，同奥朗德总统、瓦尔斯总理、巴尔托洛内国民议会议长、拉尔歇参议长分别举行会谈、会见。9月，法国外长法比尤斯来华出席中国人民抗日战争暨世界反法西斯战争胜利70周年纪念活动，李克强总理、王毅外长分别同其会见、会谈。同月，法国总统外事顾问奥迪贝尔来华，同杨洁篪国务委员共同主持中法战略对话，张高丽副总理同其会见。同月，法国财政和公共账目部长萨班来华，同马凯副总理共同主持中法高级别经济财金对话第三次会议，李克强总理同其会见。同月，中共中央书记处书记、中央纪委副书记赵洪祝访问法国，同法国社会党第一书记冈巴德利斯举行会见。11月，奥朗德总统访华，习近平主席、李克强总理、张德江委员长分别同其会谈、会见。同月，习近平主席赴法国出席气候变化巴黎大会期间会见奥朗德总统。

2015年，法国是中国在欧盟内第四大贸易伙伴、第六大实际投资来源国、第二大投资目的国和第四大技术引进国。中国是法国在亚洲第一大、全球第五大贸易伙伴。2014年中法双边贸易额为557.9亿美元，同比增长10.9%。其中，中方出口额为287.1亿美元，同比增长7.4%，进口额为270.8亿美元，同比增长14.6%。2015年，中法双边贸易额为514.1亿美元，同比下降7.8%，其中中方出口额为267.5亿美元，同比下降6.8%，进口额为246.6亿美元，同比下降8.9%。

法国在华投资主要集中在能源、汽车、航空、通信、化工、水务、医药等领域，大部分为生产性企业。截至2015年年底，法国在华投资项目4997个，实际投资148.59亿美元。2015年，中国对法国非金融类直接投资2.46亿美元，同比下降23.1%。

中国驻法国大使：翟隽，2014年1月到任，2月20日递交国书。馆址：11，Avenue George V，75008 Paris。电话：(331)49521950；传真：47205946。领事部地址：20，Rue Washington，75008 Paris。电话：(331)53758805；传真：53758806。经商处地址：21，Rue de l'Amiral d'Estaing，75016 Paris。电话：(331)53577000；传真：47234831。

法国驻华大使：顾山(Maurice Gourdault-Montagne)，2014年8月到任。馆址：北京市朝阳区天泽路60号。电话：010-85312000；传真：85312020。商务处传真：85312390。

【同欧洲国家的关系】2014年8月3日，德国总统高克访问法国，和奥朗德总统共同出席“第一次世界大战一百周年纪念仪式”。9月4日，奥朗德总统出席在英国威尔士纽波特举行的北约峰会。9月22—23日，瓦尔斯总理访问德国。12月6日，奥朗德总统访问俄罗斯。2015年2月5日，奥朗德总统访问乌克兰。2月12日，奥朗德总统和俄罗斯总统普京、德国总理默克尔、乌克兰总统波罗申科在白俄罗斯首都明斯克举行四方峰会。4月22日，乌克兰总统波罗申科访法。5月28日，英国首相卡梅伦访法。7月6日，德国总理默克尔访法。10月15日，奥朗德总统在比利时首都布鲁塞尔出席欧盟峰会。10月16日，奥朗德总统赴冰岛参加北极圈论坛大会。10月22—23日，奥朗德总统访问希腊。11月11—12日，奥朗德总统出席在马耳他首都瓦莱塔举行的难民问题峰会。11月23日，英国首相卡梅伦访法。11月25日，德国总理默克尔访法。11月26日，奥朗德总统访问俄罗斯。

【同中东、北非国家的关系】2014年7月28日，奥朗德总统与巴勒斯坦总统阿巴斯通电话。9月12日，奥朗德总统访问伊拉克。11月26日，埃及总统塞西访法。2015年5月4日，奥朗德总统访问卡塔尔。6月24日，沙特国防大臣萨勒曼访法，和法比尤斯外长共同主持首届法国与沙特阿拉伯联合委员会。9月19—20日，奥朗德总统访问摩洛哥。10月20日，科威特首相贾比尔访问法国。11月20日，摩洛哥国王穆罕默德六世访法。

【同亚太国家的关系】2014年11月18日，奥朗德总统访问澳大利亚。2015年2月26—27日，奥朗德总统访问菲律宾。4月21日，澳大利亚外长毕晓普访法。4月27日，澳大利亚总理阿博特访法。11月4日，奥朗德总统访问韩国。

【同非洲国家的关系】2014年9月29日，几内亚总统孔戴访法。11月28日，奥朗德总统访问几内亚。

2015年2月6日，奥朗德总统在巴黎召开法国—非洲论坛。7月1—2日，奥朗德总统访问贝宁、安哥拉和喀麦隆。9月14—16日，尼日利亚总统布哈里访法。10月5日，加纳总统马哈马、乍得总统代比、非盟委员会主席祖马分别访法。

【同美洲国家的关系】2014年11月2—4日，奥朗德总统访问加拿大。2015年1月16日，美国国务卿克里访法。4月21日，古巴外长罗德里格斯访法。5月11日，奥朗德总统访问古巴。6月8日，智利总统巴切莱特访法。9月28日，奥朗德总统赴美国纽约出席第70届联合国大会。10月28日，乌拉圭总统巴斯克斯访法。11月9日，玻利维亚总统莫拉莱斯访法。11月17日，美国国务卿克里访法。11月24日，奥朗德总统访问美国。（王碧晗）

梵蒂冈

国名　梵蒂冈城国（The Vatican City State）。梵在国际事务中一般自称教廷或圣座（Holy See）。

面积　0.44平方公里。

人口　常住人口约836人（2012年7月数据），意大利人为主。官方语言为意大利语和拉丁语。信奉天主教。

首都　梵蒂冈城（The Vatican City）。

国家元首　教皇方济各（Francesco），原名豪尔赫·马里奥·贝尔戈里奥（Jorge Mario Bergoglio），阿根廷人，意大利后裔，2013年3月13日当选，19日举行就职仪式。

简　况

位于意大利罗马城西北角的高地上，是世界上国土面积最小的国家。属亚热带地中海型气候，年平均气温16℃，1月平均气温为7℃，7月平均气温为24℃。

公元2世纪，罗马教区主教因常驻古罗马帝国首都，政治、经济影响力最为显赫，试图凌驾于其他教区主教之上，逐渐独占“教皇”称谓。756年，教皇斯提芬二世获得法兰克国王丕平所赠罗马城及周围区域，拥有宗教和世俗管理权。此后，教皇权势不断扩张，在意大利中部建立了以教皇为封建君主的教皇国。1870年意大利国家统一后，教皇在意大利的世俗权被剥夺，教皇退入罗马城西北角的梵蒂冈宫中躲避，自称“梵蒂冈囚徒”，与意大利王国进行对抗。为获得教会支持，1929年2月，意法西斯独裁者墨索里尼同教皇庇护十一世签订《拉特兰条约》，教皇正式承认教皇国灭亡，另建梵蒂冈城国，意大利承认梵蒂冈为主权国家，主权属于教皇。

政　治

梵蒂冈是政教合一的国家。教皇是梵蒂冈的首脑，集最高立法、行政、司法权于一身。教皇自称“基督在世代表”，是世界各国天主教徒的精神领袖。教皇由80岁以下枢机主教组成的教皇选举团选举产生，终身任职。新任教皇必须获得2/3以上选票方能当选。教皇通过教皇委员会行使立法、行政权，通过宗教法庭行使司法权。教皇之下还设有枢机主教团，作为教皇的咨询机构。截至2015年12月，梵枢机主教团、教皇选举团的人数分别为216人和117人。

作为枢机主教团的补充，教皇保罗六世于1965年设立世界主教大会（Sinodo），不定期召开会议，就涉及天主教会发展的重大问题进行研讨。梵蒂冈拥有自己的卫队（由瑞士人担任）、邮电机构、公共事业机构和银行等。发行的邮票可在意大利流通使用。

20世纪70年代以来，梵蒂冈将保护人的尊严和权利，维护和平，促进民主，推动不同种族、宗教和文化之间和平相处与对话作为基本政策。教皇约翰·保罗二世（Giovanni Paolo II）曾公开为伽利略等在历史上遭到天主教会迫害的著名人物平反。2000年3月，教皇约翰·保罗二世对天主教会在历史上所犯七大罪过（1. 背离福音，强迫教徒忏悔罪恶；2. 进行十字军东征等宗教战争和设立宗教裁判所审判异端；3. 分裂基督教；4. 敌视犹太教，对二战时纳粹分子残害犹太人保持沉默；5. 强行传教；6. 歧视妇女；7. 不关心社会问题）表示忏悔。教皇本笃十六世（Benedetto XVI）重点关注贫困、战争、环保、全球化等问题，于2013年2月宣布退位。

现任教皇方济各出身耶稣会，生活简朴，作风亲民务实，主张强化教会服务大众的意识。坚持天主教传统，但在非纯教义问题上持开明态度。主张教会“走出去”，鼓励传教士广泛接触群众，积极传播信仰。反对歧视异教徒，主张世界各宗教开展对话。

【政府】1988年6月，教皇约翰·保罗二世宣布教廷改革，对内部机构进行调整。中央机构设有国务秘书处（Secretariat of State）、圣部（Prefecture）、理事会（Council）等。

国务秘书处是教皇直接领导的工作机构，协助教皇行使职权，主管内政和外交事务，由枢机主教衔的国务卿（Secretary of State）领导。国务卿由教皇任命，地位仅次于教皇。现任国务卿为彼得罗·帕罗林（Pietro Parolin，意大利人），外长为保罗·理查德·加拉格尔（Paul Richard Gallagher，英国人）。

圣部负责处理天主教的各种日常事务，各部由部长（Prefect）负责，下设秘书长（Secretary）和副秘书长（Under-Secretary）。现有信理部、万民福音传播部、东方教会部、圣事部、圣职部、修会部、主教部、圣礼部、天主教教育部等9个圣部。

宗座理事会根据教皇的要求设立，负责处理一些专门事务，包括平信徒理事会、正义和平理事会、家庭事务理事会、跨宗教对话理事会等12个理事会。各理事会由主席（President）负责，一般由德高望重的枢机主教担任，任期5年，下设秘书长（Secretary）和副秘书长（Under-Secretary）。

梵蒂冈官方网站：www.vatican.va；中文版网址：www.vatican.va/chinese/index.html。

【司法机构】梵蒂冈设有三个法院，分别是最高法院、上诉法院和圣赦法院。

【重要人物】教皇方济各，豪尔赫·马里奥·贝尔戈里奥：1936年12月17日出生于阿根廷布宜诺斯艾利斯，意大利后裔，耶稣会士。1963年哲学专业毕业，1969年12月晋铎。1973年当选耶稣会阿根廷省会长。1992年5月被教皇约翰·保罗二世任命为天主教布宜诺斯艾利斯总主教区辅理主教，1998年晋升为该教区总主教。2001年2月，教皇约翰·保罗二世擢升其为枢机主教。后曾先后供职于梵礼仪与圣事部、圣职部、修会部并兼任家庭理事会理事、拉美事务委员会委员。2013年3月13日当选为第266任教皇，成为天主教历史上首位南美籍、1300多年来首位来自欧洲以外地区的教皇。

经　济

梵蒂冈拥有自己的银行、邮局、电信等公共服务机构，但其自然资源匮乏，没有工农业生产。其财政收入主要依靠旅游业、发行邮票和钱币、不动产出租、宗教银行盈利以及教徒捐款等。2014年，世界各国天主教信徒向梵捐款约7200万欧元。

自2007年起，梵蒂冈连续多年出现财政赤字，内部腐败丑闻不断被媒体曝光。教皇方济各执政以来在经济领域实施了一系列改革，将经济职能从国务秘书处剥离，设立教廷经济秘书处（Secretariat for the Economy），统一管理经济和金融事务。邀请多家知名会计事务所参加教廷经济监管调查委员会（COSEA），全面清查教廷财产和各圣部账目。2014年，梵蒂冈银行盈利6930万欧元。

梵蒂冈在北美、欧洲许多国家有数百亿美元投资，在意大利涉足银行信贷、房地产等众多行业，仅地产就达46万余公顷。黄金、外汇等储备达100多亿美元。

文化教育

【文化】梵蒂冈在意大利、法国、西班牙、比利时、美国、加拿大、巴西、智利、埃塞俄比亚、菲律宾、日本等国设有大学或神学院，并在世界许多国家和地区设有学校、医院和文化机构。梵蒂冈图书馆世界知名，馆藏典籍十分丰富。梵蒂冈博物馆是世界上最著名的博物馆之一，收藏着无数艺术珍品，每年接待游客超过500万人次。

【新闻出版】《罗马观察家报》是梵蒂冈唯一官方日报，创办于1861年。官方月刊为《教廷文汇》，官方年鉴为《宗座年鉴》。国际信德通讯社为官方通讯社。梵蒂冈拥有广播电台，建于1931年，可用35种语言24小时播音，并建有新闻网站。梵蒂冈印刷厂可将教会文件译成94种文字发行。

对外关系

截至2016年1月，梵蒂冈同180个国家和地区建立了正式外交关系。86个国家在罗马建有独立的驻梵蒂冈使馆并派驻使节。梵蒂冈派驻天主教国家的圣使享受当然使团长待遇。梵蒂冈是经合组织成员以及联合国、欧安组织、国际粮农组织等重要国际或地区组织常驻观察员。

【同中国的关系】中华人民共和国同梵蒂冈无外交关系，梵蒂冈与台湾当局保持所谓“外交关系”。中华人民共和国成立后，梵蒂冈拒不承认新中国，并对中国内政进行无端指责和粗暴干涉，反对中国天主教徒的爱国运动。中国广大爱国天主教徒对此予以坚决反对和强烈谴责，并决心走独立自主自办教会的道路。

20世纪80年代以来，梵蒂冈一再表示希望同中国改善关系，但仍同台湾当局保持“外交关系”，继续干涉中国内政。2000年10月，梵蒂冈不顾中方的强烈反对，将近代史上曾在中国犯下丑恶罪行的一些外国传教士及其追随者封为“圣人”，引起中国政府和人民以及中国天主教会的极大愤慨。2001年10月24日，教皇约翰·保罗二世在有关利玛窦的研讨会致辞中，就天主教会在历史上对中国和中国人民犯下的错误表达歉意，但未就“封圣”事件做出明确道歉。

2007年6月30日，梵蒂冈发表教皇本笃十六世致中国天主教界的牧函，这是教皇首次对中国天主教信徒发表牧函，也是首次系统阐述梵蒂冈在中国天主教会问题上的政策和立场。2008年，中国爱乐乐团在梵蒂冈举办专场音乐会，教皇本笃十六世出席并为北京奥运会祝福，这是中国艺术团体首次在梵蒂冈演出。2008年四川汶川大地震和2010年青海玉树地震后，教皇本笃十六世均公开对灾区人民表示慰问和祈祷。

但2010年11月、2011年7月和2012年7月，梵蒂冈先后发表声明无端指责中国承德、乐山、汕头、哈尔滨教区祝圣主教为“非法”，并对相关主教处以所谓“绝罚”。中国国家宗教事务局发言人就此发表谈话，对梵方无理指责进行了驳斥。中梵关系再次陷于低谷。

教皇方济各当选后，以不同方式表示希望与中国改善关系，两国关系有所缓和。2014年8月，教皇方济各访问韩国途中，乘坐专机首次飞越中国领空，并在专机上发电向习近平主席和中国人民致以问候。2014年12月，教皇方济各拒绝会见在意大利窜访的达赖喇嘛。在中国发生重大自然灾害或事故时，教皇方济各还多次公开向受灾群众表示慰问和祈祷。

中国政府对同梵蒂冈改善关系的基本立场是：一、梵蒂冈必须断绝同台湾的所谓“外交关系”，承认中华人民共和国政府是中国唯一合法政府，台湾是中国领土不可分割的一部分；二、梵蒂冈不得干涉中国内政，包括不以宗教事务为名干涉中国的内部事务。

【同意大利的关系】梵蒂冈同意大利关系密切。两国在修改《拉特兰条约》问题上曾存在矛盾，但通过谈判在1984年2月签署修改条约的新协定。意总统、总理、议长等国家政要同教皇保持经常性会晤，教皇每年对意一些城市进行宗教访问。2013年3月19日，意总统纳波利塔诺率意政要出席教皇方济各就职仪式，6月8日对梵蒂冈进行访问，称意梵关系植根于历史并在跨宗教对话中不断发展。2014年，教皇方济各访问卡塞塔、卡萨诺等地。2015年，教皇又先后访问佛罗伦萨、都灵、那不勒斯等城市。近年来，面对世俗化的冲击，天主教会坚持维护传统伦理道德观，教廷同意大利激进党派经常在同性恋婚姻、堕胎、安乐死等敏感问题上爆发激烈论战。但在意大利普通民众中，教廷特别是教皇本人仍具有很高威信。

【同美国的关系】1984年1月，梵美在断交117年后复交。前任教皇约翰·保罗二世和本笃十六世多次访美，美多任总统也曾到访梵蒂冈。2013年3月，美国副总统拜登出席教皇方济各就职仪式。2015年9月，教皇方济各访问美国并出席第70届联合国大会，美国总统奥巴马、副总统拜登偕家人赴机场迎接。教皇方济各在美国与古巴关系正常化过程中发挥重要斡旋作用。

【同欧洲国家的关系】梵同欧洲国家，特别是信奉天主教的国家关系密切，高层互动频繁。2005年8月，教皇本笃十六世访问德国，受到当地政要和信徒的热烈欢迎。2006年5月本笃十六世访问波兰并参观奥斯维辛集中营，发表讲话呼吁维护世界和平。其后，他又先后访问捷克、葡萄牙、塞浦路斯、英国和西班牙。

2013年5月，德国总理默克尔访梵，与教皇方济各就人权、宗教自由等问题交换看法。2014年11月，教皇访问欧洲议会和欧洲理事会，会见了上述机构领导人并在欧洲议会发表演讲。

【同俄罗斯及独联体国家的关系】梵蒂冈于1992年同乌克兰、亚美尼亚、阿塞拜疆、格鲁吉亚、摩尔多瓦、白俄罗斯、哈萨克斯坦、乌兹别克斯坦、吉尔吉斯斯坦等国建立外交关系。2007年7月，俄罗斯总统普京访问梵蒂冈，与教皇本笃十六世就进一步改善两国关系交换了意见。2009年，时任俄罗斯总统梅德韦杰夫访梵，两国宣布建立完全外交关系。2015年6月，俄总统普京再次访梵，与教皇方济各举行会晤，教廷授予普京“和平天使”奖章。2016年2月，教皇方济各在古巴首都哈瓦那与俄罗斯东正教大牧首基里尔举行了历史性会晤，这是自1054年以来基督教信仰东西两个分支领导人的首次会面。

【同亚非拉国家的关系】非洲和拉美地域辽阔，人口众多，天主教在上述地区的很多国家拥有传统影响力。近年来，当地天主教信徒日益减少，天主教内的解放神学派发展较快，同梵分歧加深。为巩固和扩大天主教影响，历任教皇均重视对非洲、拉美国家的访问，在减贫、禁毒、可持续发展等亚非拉国家关心的问题上给予充分关注。2012年，教皇本笃十六世访问墨西哥、古巴。访古期间，教皇表示希望古政府继续推进改革，建立开放社会，试图巩固天主教会在古巴的地位和影响。2013年1月，梵在马来西亚设立大使馆并派驻大使。2月，梵同南苏丹建交。7月，教皇方济各访问巴西并出席第28届世界青年日活动。2014年8月，教皇方济各访问韩国，与韩国总统朴槿惠举行会晤并出席一系列宗教活动。2015年1月，教皇访问斯里兰卡和菲律宾。7月，教皇方济各访问厄瓜多尔、玻利维亚和巴拉圭，9月，教皇方济各访问古巴。11月，教皇方济各访问肯尼亚、乌干达和中非。这是他就任教皇后首次访问非洲。2016年2月，教皇方济各访问墨西哥。

【同中东地区国家的关系】1993年12月，梵同以色列签署了实现双方关系正常化和相互承认的协定，次年6月宣布建立大使级外交关系。1994年2月梵同约旦建交。天主教与东正教、犹太教和伊斯兰教的关系逐步改善。教皇本笃十六世主张在宗教和解的背景下保持天主教价值观，曾批评伊斯兰教的暴力倾向，鼓吹将犹太人“改造为基督徒”，引起其他宗教人士的不满。2007年，梵宣布与阿拉伯联合酋长国建交。2009年，教皇本笃十六世访问以色列，呼吁巴以和解。2012年访问黎巴嫩，呼吁黎巴嫩国内基督徒与穆斯林和平共处，敦促不同宗教摒弃激进主义，进行真正对话，推动和平。2014年5月，教皇方济各访问以色列、约旦和巴勒斯坦，呼吁巴以领导人为和平共同努力。

（王昊）

芬　兰

<u>国名</u>　芬兰共和国（The Republic of Finland, Suomen Tasavalta）。

<u>面积</u>　33.8417万平方公里。

<u>人口</u>　547.1万人（2015年1月）。芬兰族占

84.3%，瑞典族占6.1%，还有少量萨米人。芬兰语和瑞典语均为官方语言。73.8%的居民信奉基督教路德宗，1.1%信奉东正教（2015年1月）。

首都 赫尔辛基（Helsinki），人口62万（2015年1月）。夏季平均气温17.1℃，冬季平均气温-1.8℃。

国家元首 总统绍利·尼尼斯托（Sauli Niinistö，联合党），2012年3月就任。

重要节日 12月6日（国庆日暨独立纪念日）。

简况 位于欧洲北部。与瑞典、挪威、俄罗斯接壤，南临芬兰湾，西濒波的尼亚湾。海岸线长1100公里。地势北高南低。内陆水域面积占全国面积的10%，有岛屿约17.9万个，湖泊约18.8万个，有"千湖之国"之称。全国约1/4的土地在北极圈内。属温带海洋性气候。平均气温冬季-14℃—3℃，夏季13℃—17℃，年均降雨600毫米。

约9000年前冰河末期，芬兰人的祖先从南方和东南方迁居至此。8世纪至9世纪，逐步形成了苏奥米、海门和卡累亚拉三个主要部落。12世纪后半叶开始隶属于瑞典，14世纪中叶正式成为其一部分，被瑞统治长达6个世纪。1809年俄瑞战争后成为俄国的大公国。1917年12月6日独立，1919年成立共和国。1939—1940年芬苏战争（芬称"冬战"）之后，芬被迫同苏联签订芬苏和约，向苏割让领土。1941—1944年纳粹德国进攻苏联，芬参与对苏战争（芬称"续战"）。1947年2月，芬作为战败国与苏联等国签订巴黎和约。1948年4月，与苏联签订《友好合作互助条约》。1955年加入联合国。1995年加入欧盟。1999年加入欧洲经货联盟（欧元区），2002年1月欧元正式在芬流通。

政治 【宪法】1919年7月17日颁布生效。宪法规定，国家立法权由议会和共和国总统共同行使；总统拥有任命政府、掌管外交、统帅三军等实权，每六年选举一次。1999年芬议会通过新宪法，加强了议会和政府在国家政治生活中的作用，削减了总统部分权力。

【议会】一院制，国家最高立法机关。由选民直接选举的200名议员组成，任期4年。主要职能是立法、监督政府、监督财政。本届议会于2015年4月选举产生，议长玛利亚·洛赫拉（Marja Lohela，女，芬兰人党）。

【政局】政局总体稳定。芬本届政府由议会第一、二、三大政党（中间党、芬兰人党、联合党）组成，在议会中拥有稳定多数。对内以促进经济增长、改善就业为重点，改革社会保障体系，积极应对人口老龄化和全球化挑战；对外以欧盟共同外交和安全政策为基础，在欧盟框架下开展对外关系，加强与美俄合作，发展与北约和平伙伴关系。

【政府】2015年5月29日，由中间党、芬兰人党、联合党组成的联合政府正式宣誓就职。新政府共设11个部、14个内阁席位，中间党主席尤哈·西比莱（Juha Sipilä）出任总理，芬兰人党主席蒂莫·索依尼（Timo Soini）任外长，联合党主席亚历山大·斯图布（Alexander Stubb）任财政部长。其他内阁成员还有：国防部长尤西·尼尼斯托（Jussi Niinistö，芬兰人党），经济部长奥利·雷恩（Olli Rehn，中间党），司法与就业部长亚里·林德斯特姆（Jari Lindström，芬兰人党），内政部长佩特利·奥尔波（Petteri Orpo，联合党），农业与环境部长基莫·蒂里凯宁（Kimmo Tiilikainen，中间党），教育文化部长萨妮·格兰-拉森宁（Sanni Grahn-Laasonen，女，联合党），外贸与发展部长莱尼塔·托伊瓦卡（Lenita Toivakk，女，联合党），交通通讯部长安娜·贝尔内尔（Anna Berner，女，中间党），地方政府与公共改革部长阿努·韦赫维莱宁（Anu Vehviläinen，女，中间党），社会卫生部长汉娜·曼蒂莱（Hanna Mäntylä, 芬兰人党，女），家庭与社会服务部长尤哈·雷胡拉（Juha Rehula，中间党）。

【网址】政府网址：www.valtioneuvosto.fi；议会网址：www.eduskunta.fi；外交部网址：formin.finland.fi。

【行政区划】芬兰实行两级行政体制，即中央政府及市县政府。中央政府在6个地区设有地区管理署和15个经济发展、交通和环境管理中心，主要负责统筹区域内的服务资源，同市县无行政辖属关系。目前，全国共有313个市县（2016年1月）。

【司法机构】最高司法机关为最高法院和最高行政法院。最高法院由院长和19名法官组成，负责审理民事和刑事案件。最高行政法院由院长和20名法官组成，负责审理政府机构和省、市（县）机构的行政案件。起诉机关是各级检察院。另设有国家法律监察官，有权出席内阁会议，监督总统、内阁和政府各部门的决定是否符合宪法规定。最高法院和最高行政法院院长、法官以及最高检察长均由总统任命。最高法院院长蒂莫·埃斯科（Timo Esko），2016年1月就任；最高行政法院院长贝卡·威赫沃里（Pekka Vihervuori），2012年就任；最高检察长马蒂·尼森宁（Matti Nissinen），2010年就任；政府法律监察官亚科·约恩卡（Jaakko Jonkka），2007年就任。议会法律监察官佩特里·耶斯基莱宁（Petri Jaaskelainen），2010年就任。

【政党】多党制。主要政党有：

（1）芬兰中间党（Centre Party of Finland）：执政党。1906年成立。以建立平等和公正的社会为目标，对内反对政治经济权力垄断，主张保障农林业在国民经济中的地位，维护中小企业和农业生产者的利益；对外主张实行积极的和平外交政策，重视与北欧和波海地区国家的关系。现有党员十余万人。主席尤哈·西比莱（2012年当选）。

（2）正统芬兰人党（The True Finns）：执政党。

1995年成立。主张维护小农、城市贫民和中小企业利益，鼓励创新经济。对外坚持民族主义和疑欧立场。现有党员近1万人。主席蒂莫·索依尼（1997年当选）。

（3）民族联合党（The National Coalition Party）：执政党。1918年成立。一战和二战期间为芬主要执政党。主要代表工商企业界利益，以保障国家独立和维护民族的政治和经济利益、追求经济和精神生活的发展为基本目标。现有党员约4.1万人。主席亚历山大·斯图布（2014年当选）。

（4）芬兰社会民主党（The Finnish Social Democratic Party）：在野党。1899年成立。对内主张政治、经济民主，实现充分就业和公平分配，保障社会福利，发展社会民主主义；对外主张缓和、裁军，实现国际和平。现有党员5.4万人。主席安蒂·林奈（Antti Rinne，2014年当选）。

（5）芬兰基督教民主党（The Finnish Christian Democratic Party）：在野党。1958年成立。以基督教教义为宗旨，主张实行对社会和生态负责的市场经济，注重环保和可持续发展，要求保障平等高效的社会福利。对外主张建立一个开发、安全的欧洲，发展共同防务。主席萨丽·艾萨叶（Sari Essayah，女，2015年当选）。

（6）瑞典族人民党（The Swedish People's Party）：在野党。1906年成立。由芬兰的瑞典族人组成。主张维护瑞典族居民的社会地位和权利。现有党员约3万人。主席卡尔·哈格隆德（Carl Haglund，2012年当选）。

（7）绿色联盟（The Green League）：在野党。1988年成立。主张保护环境，支持芬和平外交政策，积极参与和平与环保活动。现有党员3800人。主席维莱·尼尼斯托（Ville Niinistö，2011年当选）。

（8）芬兰左翼联盟（The Finnish Left Union）：在野党。1990年成立。主张政府借贷扩大投资，刺激经济发展，保障社会福利，发展可再生能源。对外主张积极参与联合国维和行动，加强国防建设。主席帕沃·阿尔欣麦基（Paavo Arhinmäki，2009年当选）。

【重要人物】绍利·尼尼斯托：总统。1948年生。法律硕士，联合党人。1987年当选议员。1994年任联合党主席、副总理兼财长。2003年出任欧洲投资银行副行长。2007年3月当选议长。2012年3月当选总统。曾多次访华。2013年4月，对华进行国事访问并出席博鳌亚洲论坛年会。已婚，有两子。 **尤哈·西比莱**：总理。1961年生。工科硕士，中间党人。2011年步入政坛，同年加入中间党并当选全国议员，2012年出任中间党主席。2015年4月率中间党赢得议会大选，5月出任第44任政府总理。

经 济

二战后，芬兰以教育和科技创新为引领，快速实现从农业、林业型经济向后工业经济、知识型经济转化。20世纪80年代，芬兰经济以年均3.7%的速度持续增长。90年代初，经济出现严重衰退，芬政府通过经济结构调整、加大科技投入等措施，使经济走出低谷。90年代中后期经济增长率保持在5%左右。1999年加入欧元区，2002年1月欧元取代芬兰马克，正式流通。

近年来，受全球经济形势和欧债危机影响，芬经济增长缓滞，失业上升，出现轻微衰退，但总体保持稳定。在生态环保、信息通讯、清洁技术、新能源、机械制造等领域居世界前列。在2015—2016年世界经济论坛年度竞争力排名中位居第八。

2014年主要经济指标如下：

国内生产总值：2040亿欧元。

人均国内生产总值：3.7万欧元。

国内生产总值增长率：–0.1%。

货币名称：欧元（Euro）。

消费者物价指数：–0.2%（2015年12月）。

失业率：8.2%（2015年12月）。

（资料来源：芬兰统计局官方网站，下同）

【资源】森林覆盖率约80%，约2282万公顷，人均4.2公顷，木材储积量21.89亿立方米。矿产资源中以铜为主，还有少量的铁、镍、钒、钴等。泥炭资源丰富，已探明储量约690.94亿立方米，相当于40亿吨石油。有两座核电站（四个核反应堆），第五个反应堆在建。能源供给中，核电约占27%，水电16%，生物能13%，煤10%，天然气7%，泥炭4%，风能3%，能源进口约占20%。

【工业】工业在20世纪90年代得到快速发展，已从劳动、资金密集型转变为技术密集型。建立在森林基础上的木材加工、造纸和林业机械制造业为经济支柱，并具有世界领先水平，整个森林工业产量占世界总产量的5%，是世界第二大纸张、纸板出口国（占世界出口量的25%）及世界第四大纸浆出口国。工业从业人口为30.2万人，约占总劳动力的13.2%(2013年）。

【信息业】信息产业发达，芬兰是因特网接入比例和人均手机持有量最高的国家之一，网络接入率超过90%，每1000人拥有手机1722部。芬在2015年世界经济论坛在其发布的网络就绪指数（Networked Readiness Index）排名第二。从事信息通信业的劳动力约8.7万人，占总劳动力的3.8%。

【农林业】林业发达，农畜产品自给有余。耕地约229.8万公顷，农林密切结合，几乎所有的农户都经营一定数量的林地。近年来，在传统农林业基础上大力发展生物经济。从事农林业的劳动力为7.8万，约占总劳力的3.7%（2013年）。

【服务业】服务业发达，分为私人服务业和公共管理服务业两大类。主要包括商业、贸易、旅馆、饭店、银行、保险、社会性服务业和公共服务业。从业人口为152.7万，占总劳力的72.9%（2013年）。

【旅游业】2014年，全国游客总数1065万人次，其中外国游客273万人次，主要来自俄罗斯、瑞典、英国、法国、美国、爱沙尼亚、日本、挪威等。主要旅游点目的地有赫尔辛基、罗瓦涅米市、图尔库、东部湖区和奥兰岛。

【交通运输】交通运输业发达，以铁路和公路为主。目前交通运输情况：

铁路：总长5944公里，客运量6830万人次，货运量3700万吨。（2014年）

公路：高速公路7.8万公里，客运量3.48亿人次，货运量330.4万吨。道路总长15.7万公里，其中公路7.8万公里，高速公路约881公里。各种机动车376.6万辆，其中小汽车约319.4万辆、公共汽车1.6万辆、货车13.8万辆。

水运：商船697艘，总吨位168万吨；内河航线长9541公里，客运量29.4万人次，货运量110万吨公里；沿海航线长9979公里，客运量382.8万人次，货运量440万吨公里；水运港口近30个，总吞吐量3.4亿吨。重要港口有赫尔辛基、图尔库、科特卡和波里。

空运：有76个机场，22家航空公司，注册飞机1518架；客运量1969万人次；货运量1.8亿吨；国际机场有赫尔辛基、图尔库、坦佩雷、罗瓦涅米、奥卢等。

【财政金融】国家财政收支情况（单位：亿欧元）：

	2011	2012	2013	2014
收入（不包括借债）	505	615	506	532
支出	505	662	576	542
差额	0	–47	–70	–10

2014年政府债务1210亿欧元，占国内生产总值的59.3%。

【对外贸易】2014年外贸总额约为1137亿欧元，其中进口577.8亿欧元，同比下降1%，出口559.7亿欧元，同比不变，外贸逆差18.1亿欧元。近几年对外贸易情况如下（单位：亿欧元）：

	2011	2012	2013	2014
出口额	568.6	567.8	560.5	559.7
进口额	605.4	591.6	584.1	577.8
差　额	–36.8	–23.8	–23.6	–18.1

芬出口商品主要有机电产品、化工产品、纸张纸板、金属等；进口商品主要有金属、原油、化工产品等。主要贸易对象为欧盟国家，占进出口总额的57%。芬主要贸易伙伴依次为德国、瑞典、俄罗斯、美国、荷兰、英国、中国、比利时、爱沙尼亚、挪威。

【对外投资】芬直接投资国主要为瑞典及其他欧盟国家，外国对芬直接投资主要来自瑞典、美国和英国等国家。截至2014年年底，芬对外直接投资966亿欧元，吸引外资770亿欧元。

【对外援助】20世纪90年代初芬经济衰退，政府被迫大幅削减外援款项，1996年后有所增加。2014年外援总额约8.79亿欧元，占国内生产总值的0.55%。主要受援国为：埃塞俄比亚、肯尼亚、莫桑比克、赞比亚、坦桑尼亚、尼泊尔、越南、尼加拉瓜、阿富汗、波黑、科索沃、苏丹和巴勒斯坦地区。对外援助情况如下（单位：亿欧元）：

	2010	2011	2012	2013	2014
总额	9.27	7.86	8.30	10.81	8.79
占国内生产总值百分比	0.54%	0.4%	0.4%	0.56%	0.55%

【著名公司】（1）诺基亚集团（Nokia）成立于1865年，早期从事造纸、化工、橡胶行业，20世纪60年代进入电信市场，90年代主要生产移动和固定电信网络设备及移动电话，发展迅速。2013年9月，诺基亚将旗下手机业务出售给微软，并专注于网络研发、设备及服务。2016年1月，诺基亚完成收购阿尔卡特—朗讯，两家合并后将成为全球最大的移动通信网络设备供应商。在美国财富杂志评选的“全球五百强”排行榜（2015年）中位居第392位。

（2）芬欧汇川集团（UPM–Kymmene）是世界最大的纸和纸制品生产商之一，具有百年历史，在芬拥有93万公顷森林，年平均消费林材24万立方米。2014年总销售额99亿欧元，主要生产纸张纸浆、纸板和包装薄膜，近年加大对生物能源的开发生产。

（3）斯道拉—恩索纸业集团（StoraEnso）由瑞典斯道拉纸业公司和芬兰恩索纸业公司于1998年合并组建而成，芬、瑞分别占股51%、49%，是一家林、纸、包装一体化集团，主要生产文化用纸、包装纸板和木材制品等。1998年在苏州收购紫兴纸业有限公司，年产15万吨铜版纸。2006年与山东华泰纸业有限公司合资兴建山东斯道拉恩索华泰纸业有限公司，年产超级压光纸20万吨。2007年与广西高峰集团签署北海林浆纸一体化项目合资协议。

（4）通力集团（Kone）是全球最大电梯和自动扶梯供应商之一，是开发环保节能产品的先锋，全球无齿轮电梯和无机房电梯的领导者。1998年开始在华业务，投资5800万美元在江苏昆山成立通力电梯有限公司，在华业务包括电梯及自动扶梯的销售、安装、维护和更新改造。承接了国家大剧院、鸟巢、上海虹桥机场扩建等具有影响力的项目。

（5）富腾工程有限公司（Fortum）是欧洲主要能源公司之一，由耐思特（NESTE）工程公司、IVO有限公司等组成。经营范围包括石油和天然气，电力和热能，工程建造、运营和维护，业务几乎涉及所有能源领域。2001年在华投资建立辽河富腾热电有限公司。

人民生活

生活水平较高，社会保障制度完善。据欧盟统计局（Eurostat）数据，芬兰的生活质量指数排名在欧盟内位居第二，仅排在丹麦之后。人均寿命80岁，全国有医生21714人，每千人拥有3.9名医生；每千人拥有小汽车688辆、移动电话1722部；人均住房面积39.9平方米。

军　事

总统为军队最高统帅。国防委员会是最高咨询机构。总理负责领导民政方面的国防活动。国防军总司令负责军事方面的国防活动。现任总司令陆军上将亚尔莫·林德伯格（Jarmo Lindberg）2014年8月上任。实行普遍义务兵役制，服役期6—12个月。常备武装力量2.2万人。

文化教育

【**教育**】教育事业发达，实施科教兴国政策。1921年起实行义务教育。1980年起在全国实行九年一贯制免费义务教育。连续多年在经济合作与发展组织（OECD）的“国际学生评价体系”（PISA）中列为首位。全国现有各类学校4023所，在校学生超过189万人（包括成人教育及各类业余学校的在校生）。教育支出约占国内生产总值的6.5%，研发投入占国内生产总值的3.3%。著名高等学校有赫尔辛基大学、阿尔托大学、坦佩雷大学等。2014年，芬兰各级学校数、学生人数：

	学校（所）	学生（万人）
基础学校	2639	55.5
普通高中	395	11.3
职业学校	132	17.3
专科学院	27	14.3
综合性大学	16	16.2

2014年，芬兰全国有图书馆790家，移动图书馆143部，人均借阅量和人均出版量均居世界前列。

【**新闻出版**】全国共有报纸182种（其中每周发行4至7期的46种），各种杂志和期刊3029种。2014年，主要报刊、创刊年及发行量:《赫尔辛基新闻》，1904年，28.5万份;《晚报》，1932年，11万份;《晨报》，1882年，10万份;《图尔库新闻》，1904年，8万份。

有5家通讯社，其中最大的是芬兰通讯社（STT），简称芬通社，1915年成立，属半官方性质，同世界主要通讯社均有业务联系。外国在芬的通讯分社有15家。

芬兰广播公司（YLE）：1926年成立，1934年改为国营。对外用芬兰语、瑞典语、英语、德语和法语广播。1958年开播电视。此外还有赫尔辛基有线电视台、私营广告电视台等。20世纪70年代开始有有线电视。2007年芬兰全面实行数字电视。

对外关系

战后长期奉行同苏联保持睦邻友好关系、不介入大国冲突、同各国发展友好关系的“积极的和平中立政策”。冷战结束、苏联解体后，芬兰对其外交政策进行了重大调整，将发展同欧盟的关系作为外交重点。1995年1月1日成为欧盟正式成员。仍坚持奉行军事不结盟和独立可靠的防务政策，密切与北约的合作，同时继续与俄罗斯保持睦邻关系，支持俄融入国际社会。芬已与186个国家缔结了外交关系。

【**对当前重大国际问题的态度**】关于国际形势：认为近年来各国对全球利益、安全地位的争夺日益激烈，恐怖主义、大规模杀伤性武器扩散、环境污染等全球性问题构成新的安全威胁。国际金融危机和世界经济衰退对国际政治产生较大影响，世界经济、政治格局正在加速调整，新兴力量进一步上升。当今世界上，各国依存度不断增加，任何一国都无法单独应对全球性挑战，应通过加强国际合作共同应对。

关于全球化进程：认为全球化是双刃剑，新信息技术和人员流动使各国依存度空前增加，但恐怖主义、地区冲突和大规模杀伤性武器扩散带来新的安全威胁。全球化成果在一国内部和国际分配不均衡，贸易保护主义在一些国家抬头。芬兰奉行自由贸易政策，认为开放的国际经济、政治体系符合芬利益。

关于联合国：认为应加强联合国在国际事务中的主导地位和作用。支持联合国及安理会改革，支持增加常任理事国和非常任理事国。认为维护并遵守联合国核心价值观和准则是安理会改革的目标，是实现世界和平、保障人权与发展的前提条件。

关于气候变化：认为气候变化是主要安全威胁之一。主张欧盟在应对气候变化问题上发挥主导作用，发达国家应率先减排，为发展中国家提供技术支持。确立建立无碳社会目标，即到2025年计划停止使用煤炭燃料，2050年排放量在1990年基础上减少80%，加入欧盟将全球气候变暖幅度控制在2摄氏度内的共同承诺。对第21届联合国气候变化大会上达成的《巴黎协定》感到满意，赞赏中国所做贡献，并承诺2015—2018年向绿色气候基金贡献8000万美元。

关于核安全问题：对核能态度较其他欧洲国家积极。认为核能是一种经证实的减缓气候变化的方法，但日本核事故表明了核能的风险。政府应将核能作为临时性的解决方案，同时继续投资开发新的可再生能源。

关于北极合作：重视加强各国北极合作，认为北极地区发展机遇与威胁并存。强调应维护原住民权利，认为该地区受气候变化影响最大，且后续影响正向全球扩散。将北极理事会视为地区最重要的北极事务合作平台，扩大北极事务在欧盟内部影响力，协调欧盟北极政策，支持域外国家参与北极事务。

【**同中国的关系**】芬兰是最早同新中国建交的西方国家之一（1950年10月28日建交），也是最早同新中国签署政府间贸易协定的西方国家（1953年）。1951年中芬互设公使馆，1954年升格为大使馆。

近年来，中芬关系保持良好发展势头。2013年，习近平主席和尼尼斯托总统就中芬构建面向未来的新型合作伙伴关系达成重要共识。2014年3月，习近平主席在荷兰出席第三届核安全峰会期间同芬总统尼尼斯托会见。6月，中共中央政治局常委、中央书记处书记刘云山访芬。10月，李克强总理在意大利米兰出席亚欧首脑会议期间与芬兰总理斯图布举行双边会见。11月，汪洋副总理访芬。

2015年是中芬建交65周年。6月、7月，刘延东副总理、国务委员兼国防部长常万全分别访芬。8月，张德江委员长在美国纽约出席第四次世界议长大会期间会见芬兰议长洛赫拉。11月，芬兰议长洛赫拉非正式访华，在北京同张德江委员长会见，与罗富和政协副主席共同出席中芬建交65周年招待会，赴浙江省义乌市出席首届中国—北欧青年领军者论坛，并参加李源潮副主席集体会见。

2014年中芬兰双边贸易额91.5亿美元，同比减少6%。其中，中方出口51亿美元、同比下降12.6%，进口40.5亿美元、同比增加3.8%。

2015年中芬双边贸易额70.3亿美元，同比减少23.2%。其中，中方出口35.4亿美元、同比下降30.5%，进口34.9亿美元、同比下降14%。

中国驻芬兰大使：于庆泰（2014年2月27日递交国书）。馆址：Vanha kelkkamaki 9–11, 00570 Helsinki, Finland。电话：(3589)2289 0110（办公室），684 8416（商务处）；传真：2289 0168（使馆），684 9595（商务处）。网址：www.chinaembassy-fi.org。

芬兰驻华大使：马寰雅（Marja Rislakki，2015年12月递交国书）。馆址：北京朝阳区光华路1号嘉里中心南楼26层，邮政编码100020。电话：010–85198300；传真：85198301。网址：www.finland.cn。

【同欧盟的关系】芬兰视欧盟为对外政策依托，强调和平、民主、福利、自由和稳定是欧盟的核心目标，坚持民主、法治和人权等价值观。主张欧盟应继续扩大影响力，履行对西巴尔干国家和土耳其的入盟承诺。强调以《里斯本条约》为契机，加快构建共同外交与安全政策。致力于提高欧盟全球地位和加强欧盟治理，促使欧盟在周边地区、战略伙伴关系和重要全球问题中发挥更大作用。目前，芬有7个党派共13名欧洲议员，前总理卡泰宁在新一届欧委会内任主管经济事务副主席。

【同俄罗斯的关系】出于历史和地缘政治原因采取融俄政策，积极推动改善欧俄关系，期待俄由此转型为民主和市场经济国家。重视保持与俄的睦邻友好关系和务实合作。俄是芬最大的进口来源国和重要出口市场，芬能源和原材料依赖从俄进口。但金融危机波及芬俄贸易，双边贸易额在芬外贸中比重下降。乌克兰危机后，芬主张制裁与对话并重。2014年8月，尼尼斯托总统访俄并与普京会谈，成为欧盟宣布加大对俄制裁以来首位访俄欧盟国家元首。

【同北欧及波海三国的关系】重视发展同其他北欧国家、波罗的海三国及其他波海地区国家的合作，认为这对促进欧洲北部安全稳定具有重要意义。主张加强地区节能环保、能源开发、文化、教育、军备等方面合作。在欧盟内部力推北部地区合作，主张欧盟北部地区政策成为欧、挪、冰、俄四方共同政策。推动北欧国家在气候变化、节能环保领域整合资源，合作开辟亚洲等新兴市场。

【同美国的关系】重视对美关系，认为美国是芬兰和欧洲的最重要合作伙伴之一，强调巩固跨大西洋战略关系和北约在欧洲安全格局中的核心地位。认为美仍是唯一超级大国。希通过双边和北约和平伙伴关系等渠道保持对美关系。2011年3月，美国副总统拜登访芬，芬外长斯图布访美。2014年，芬总统尼尼斯托在出席荷兰核安全峰会期间与美总统奥巴马会见。

【同北约的关系】认为北约仍是欧洲最重要的军事联盟、跨大西洋关系重要纽带以及欧洲安全的基石，其扩大有利于波罗的海地区稳定。致力于促进欧盟与北约合作，认为北约是讨论欧洲安全政策的核心平台。重视加强同北约的和平伙伴关系，对入约持开放态度，但认为目前并非加入良机。2009年出台《安全和防务政策白皮书》，重申保留入约的自由选择权。乌克兰危机爆发后，芬入约问题再度升温，芬一方面坚持军事不结盟政策，另一方面加强与北约合作。2014年9月与北约签署“东道国援助”协议，成为北约“增强合作伙伴”和非北约成员中与北约关系最近国家。

【同发展中国家的关系】重视同发展中国家关系，主张中国、印度、巴西等国在世界政治和经济领域发挥更大作用。支持南北对话，主张建立国际经济新秩序。认为通过发展合作可以提高全球安全保障并获得商业利益。强调联合国应该在对外发展援助方面发挥更大作用，呼吁西方各国重视并增加外援。2002年联合坦桑尼亚发起以全球化和发展援助为主题的“赫尔辛基进程”。（潘佳宾）

荷 兰

国名　荷兰王国（The Kingdom of the Netherlands，de Koninkrijk der Nederlanden）。

面积　41528平方公里。

人口　1698万人（荷兰统计局，2015年12月）。

近81%为荷兰族，此外还有弗里斯族，摩洛哥、土耳其、苏里南为较大的少数族裔，华人已成为第四大少数族裔。官方语言为荷兰语，弗里斯兰省讲弗里斯语。本土居民中26%信奉天主教，16%信奉基督教（荷兰统计局，2015年）。

首都　阿姆斯特丹（Amsterdam），人口83.4万（荷兰统计局，2015年12月）。政府所在地海牙（The Hague），人口51.9万（荷兰统计局，2015年12月）。

国家元首　国王威廉－亚历山大（King Willem-Alexander），2013年4月30日即位。

重要节日　国王日（即国庆日，系现任国王威廉－亚历山大生日）：4月27日；解放日（二战期间盟军解放荷兰日）：5月5日。

简　况

位于欧洲西北部。东邻德国，南接比利时，西、北濒北海。海岸线长1075公里。24%的面积低于海平面，1/3的面积仅高出海平面1米。从13世纪即开始围海造田，增加土地面积约6000平方公里。属海洋性温带阔叶林气候。沿海地区平均气温夏季16℃，冬季3℃；内陆地区夏季17℃，冬季2℃。年平均降水量797毫米。

16世纪前长期处于封建割据状态。1568年爆发为时80年的反抗西班牙统治的战争。1581年北部7省成立荷兰共和国（正式名称为尼德兰联省共和国）。1648年《威斯特伐利亚和约》签署后，西班牙正式承认荷兰独立。17世纪曾为海上殖民强国，经济、文化、艺术、科技等各方面均非常发达，被誉为该国的“黄金时代”。18世纪后，荷兰殖民体系逐渐瓦解，国势渐衰。1795年法国军队入侵。1814年脱离法国，1815年成立荷兰王国。1848年宪法正式确立君主立宪制。第一次世界大战期间保持中立。第二次世界大战初期宣布中立，1940年5月遭德军入侵，王室和内阁成员流亡英国，成立流亡政府。战后放弃中立政策，加入北约和欧共体（欧盟）。

政　治

本届内阁成立于2012年11月5日，由自由党和工党联合组成。内阁共设13名大臣（包括首相）和7名国务秘书。首相马克·吕特（Mark Rutte，自由党），副首相兼社会事务大臣德维克·阿舍尔（Lodewijk Asscher，工党），外交大臣伯特·孔德尔斯（Bert Koenders，工党）。

【宪法】1814年3月29日颁布，1848年修改。规定荷兰是世袭君主立宪王国，立法权属国王和议会，行政权属国王和内阁。枢密院为最高国务协商机构，主席为国王本人，其他成员由国王任命。

【议会】由一院和二院组成。两院议员任期均为4年，但改选不在同一年进行。

一院（参议院）主要职责是立法，有权同意或拒绝批准法案，但不能提出或修改法案。议员75名，由省议会间接选举产生。本届一院于2015年5月26日选举产生，6月9日宣誓就职。现任议长为安吉·布鲁克斯－克诺尔（Ankie Broekers-Knol，自由党，女）。

二院（众议院）主要职责是立法和监督内阁执政。立法权体现在二院可自行提出法案、批准或否决内阁提案和修改法案。监督权体现在二院具有预算核准权、独立调查权和质询权。议员150名，按比例代表制通过直接普选产生。本届二院于2012年9月产生，现任议长哈蒂娅·阿瑞布（Khadija Arib，女，工党），于2016年1月13日当选。

一、二院席位分配如下：

党派	一院	二院
自由党	13	41
工党	8	38
新自由党	9	15
基民盟	12	13
社会党	9	15
左翼绿党	4	4
六六民主党	10	12
基督教联盟	3	5
其他各小党	7	7
总计	75	150

【行政区划】荷兰王国由荷兰本土、博纳尔、圣尤斯特歇斯和萨巴3个海外特别行政区以及阿鲁巴、库拉索、圣马丁3个海外属地组成。荷兰本土划分为12个省，省下设403个市镇。

【司法机构】全国设62个基层法院（市镇法院）、19个中级法院（地区法院）、5个上诉法院和1个最高法院。此外还设有军事法庭、行政法庭等若干特别法庭。各级法院法官均系高等院校法律专业毕业，由国王任命，任期终身（实际到70岁）。

地区法院为初审法院，负责审理一般性民事、刑事及行政诉讼，上诉法院专门负责审理上诉、抗诉案件，最高法院是最高司法机构，对不服从上诉法院判决结果的案件进行终审，对下级法院的判决有否决权。最高法院终审不是通过对法律事实的再次认定，而是审查上诉法院在判决过程中是否正确适用了法律。最高法院仅审理民事案件、刑事案件和涉税案件，其他最高审判机关为枢密院下属行政法庭（审理公民、庇护申请者等个体对政府普遍行政行为的诉讼）、交易与工业行政上诉法院（审理经社领域的行政诉讼）和中央上诉法庭（审理涉公务员和社保诉讼）。

【政党】主要政党有8个：自由民主人民党、工党、基督教民主联盟、新自由党、社会党、基督教联盟、左翼绿党、六六民主党。荷政党实行领导人负责制，党主席负责日常党务工作。

（1）自由民主人民党（Volkspartij voor Vrijheid en Democratie，VVD）：成立于1948年，现有党员3.3万人。曾多次参政，2006年大选后成为在野党。2010年大选跃居第一大党，成为执政党，2012年大选蝉联第一大党再度参与组阁。崇尚自由主义，主张充分尊重个人的自由，推动经济自由化和市场化，代表企业主的利益。领导人吕特（Mark Rutte），主席凯萨（Henry Keizer）。

（2）工党（Partij van de Arbeid，PVDA）：1946年成立，现有党员约5.2万人，历史上曾多次执政。2012年大选中成为第二大党并参与组阁。为传统左翼政党，主张在实现经济发展和社会公正之间保持平衡，合理分配权力、收入和知识财富，代表工人、职员、知识分子和中小企业主利益。领导人萨姆松（Diederik Samsom），主席斯贝克曼（Hans Spekman）。

（3）基督教民主联盟（Christen–Democratisch Appèl，CDA）：由历史上的天主教人民党、基督教历史同盟和反对革命党3个党派于1980年合并组成。现有党员约5.6万人。21世纪前十年基本一直是荷兰第一大党，2010年大选位居第四但参与组阁。2012年大选再度失利退居第五大党。属基督教民主主义政党，既代表垄断资产阶级利益，也得到深受基督教影响的农业地区和小城市选民及商界的广泛支持。反对过分强调政府或市场的作用，主张维护传统价值观和道德观。领导人范海尔斯玛·布玛（Sybrand van Haersma Buma），主席佩特欧姆（Ruth Peetoom，女）。

（4）新自由党（Partij voor Vrijheid，PVV）：系2005年从自由党中分裂出来的极右翼政党。2006年首次参加大选即获得9个席位，被誉为"政坛黑马"。2010年大选位居第三，默许支持自由党与基民盟组成少数内阁，但2012年4月反对继续削减财赤撤销默许支持导致内阁倒台。主张降低税收，提高教育质量，反对接收外来移民尤其反对伊斯兰教。领导人、主席威尔德斯（Geert Wilders）。

（5）社会党（Socialistische Partij，SP）：成立于1972年，现有党员约4.4万人。主张实现求真、平等、互助的人类社会，强调人人拥有良好的工作、收入、福利、教育和健康权利。领导人卢默（Emile Roemer），主席马莱尼森（Jan Marijnissen）。

（6）六六民主党（Democraten 66，D66）：1966年由工党、自由党中分裂出来的左翼激进分子组成。现有党员约2.4万人。主张对现有的民主模式进行改革，建立开放的民主制度，保障公民的个人权利。领导人贝赫托德（Alexander Pechtold），主席格拉珀（Fleur Gräper，女）。

（7）基督教联盟（Christen Unie）：成立于2000年，2006年首次获得参政权。主张和谐的劳资关系，推迟退休年龄，反对人为堕胎。领导人斯洛布（Arie Slob），主席阿德玛（Piet Adema）。

（8）左翼绿党（GroenLinks，GL）：创建于1990年。主张实现社会公正，维护中下层人民的利益，特别强调环境保护。领导人克拉维尔（Jesse Klaver），主席梅杰尔（Marjolein Meijer）。

【重要人物】**威廉－亚历山大**：国王。1967年4月27日生。1987年入莱顿大学学习，1993年获历史硕士学位。2013年4月30日继承王位，为荷兰王国第7代君主。爱好网球、滑雪、登山、驾驶飞机。育有3女。1999年4月以王储身份陪同贝娅特丽克丝女王访华，2005年10月、2007年5月以水利专家身份非正式访华，2008年北京奥运会和2010年上海世博会期间以王储身份访华。2015年10月首次以国王身份对中国进行国事访问。 **吕特**：首相。自由党党首。1967年2月14日生。毕业于莱顿大学历史系。曾长期担任联合利华公司人力资源经理。2002年步入政坛，当年7月至2004年5月担任社会福利部国务秘书，其间任二院议员4个月。2004年6月至2006年6月担任教科文部国务秘书。2006年5月担任自由党党团主席。2010年6月9日的议会大选中，在其领导下自由党一举成为第一大党，并与基民盟组成少数内阁。同年10月就任首相。2012年4月23日内阁因减赤分歧严重而倒台，吕特留任看守内阁首相。在同年9月举行的议会大选中，自由党再度蝉联第一大党并再度组阁，吕特连任首相。2013年11月正式访华。2015年3月来华出席博鳌亚洲论坛年会，习近平主席予以会见。

经济

发达资本主义国家。外向型经济，80%的原料靠进口，60%以上的产品供出口。对外贸易的80%在欧盟内实现。商品与服务的出口约占国民生产总值的55%。电子、化工、水利、造船以及食品加工等领域技术先进，金融服务和保险业发达；陆、海、空交通运输十分便利，是欧洲大陆重要的交通枢纽；农业高度集约化，农产品出口额居世界前列。

主要经济数据如下：

国内生产总值：8800亿美元（2014年）。

人均国内生产总值：52071美元（2014年）。

经济增长率：0.9%（2014年）。

货币名称：欧元（Euro）。

通货膨胀率：0.6%（2016年1月）。

失业率：6.6%（2015年12月）。

（资料来源：荷兰统计局网站，下同）

【资源】自然资源贫乏，但北部格罗宁根省天然气储量丰富，2014年开采天然气425亿立方米。

【工业】工业发达。主要工业部门有食品加工、石油化工、冶金、机械制造、电子、钢铁、造船、印刷、钻石加工等。是世界主要造船国家之一。鹿特丹是欧洲最大的炼油中心。自20世纪80年代以来，荷政府积极鼓励发展新兴工业，特别重视发展空间、微电子和生命科学等高技术产业。

【农牧渔业】农业高度集约化，从业人员19.3万，农业用地2.3万平方公里。农业构成中，畜牧业占52.6%，园艺业占33.4%，农田作物占14%。花卉生产发达，出口额占世界市场的60%。

【服务业】服务业是国民经济支柱产业，占GDP 73.2%，主要集中于物流、银行、保险、旅游和法律等行业。

【财政金融】2014年财政赤字占GDP比重为2.4%；公共债务占GDP比重为68.2%。

主要金融机构：

（1）荷兰国际集团（ING）：荷兰第一大金融机构。由荷兰中产—邮政银行集团（NMB POSTBANK GROUP）与荷兰国民人寿保险公司（NATIONALE-NEDERLANDEN）于1991年合并而成。2015年全球500强名列第91位。2005年3月，与北京商业银行签订战略合作伙伴协定。

（2）荷兰银行（ABN-AMRO BANK）：由荷兰通用银行（ABN BANK）和阿姆斯特丹—鹿特丹银行（AMRO BANK）于1991年合并而成，在世界上拥有3000多家分支机构，是世界上拥有银行网络最多的银行之一。集团资产总额5333亿美元，世界百大银行中名列第53位。1903年首次进入中国设立分行，进入中国已经百余年，现已发展成为在华最重要的外资金融机构之一。

（3）荷兰农业合作银行（RABO BANK NEDERLAND）：由荷兰数家农村信用社于1973年合并而成，为荷兰第二大银行，资产总额约9076亿美元，世界百大银行中居第29位。主要从事农业、农业机械和食品工业等行业的金融交易。在北京、上海等地设有办事处。

【对外贸易】外贸在经济中占重要地位。2014年进出口总额为8149.42亿欧元，其中进口3825.56亿欧元，同比下降0.9%；出口4323.86亿欧元，同比下降0.1%。进口主要是工业原料、原油、半制成品和机械等；出口主要是食品、机械、化工、石油制品、电子产品、船舶和农产品等。

【对外投资】为世界主要对外投资大国之一，其中约一半流向欧盟成员国，美、日是其欧盟以外投资的重点。近年来荷加强了对东欧和东南亚国家的投资。

【对外援助】20世纪80年代以来，荷兰官方外援金额在国内生产总值中所占比重一直保持在0.8%左右，居发达国家前列。受欧债危机影响，2011、2012年这一比值降至0.7%，2014年发展合作总预算为37亿欧元，仅占国内生产总值的0.4%。2015年预算重新加大发展援助投入，紧急援助预算近6亿欧元，在全球排名前十。本届荷兰政府的发展援助主要针对以下国家：阿富汗、也门、南苏丹、布隆迪、卢旺达、巴勒斯坦地区、孟加拉国、埃塞俄比亚、莫桑比克、乌干达、越南、南非等。

【外国资本】外国对荷直接投资主要来自美国、英国、比利时、卢森堡、德国等国家。主要领域集中在信息、化工、医学设备仪器、电子通讯等。自2010年以来，中国连续5年成为荷第二大直接投资来源国。

【著名公司】荷兰著名的跨国公司有：

（1）荷兰皇家壳牌集团（Royal Dutch/ Shell Group of Companies）：荷最大的工业公司，2012、2013年均为《财富》杂志全球500强首位，2014年降至第二，2015年降至第三。1907年由荷皇家石油公司与英国壳牌运输和贸易公司合并而成，实行两总部控股制，其中荷资本占60%，英占40%，两总部分别设在荷兰鹿特丹和英国伦敦。集团公司下设14个分部，分别经营石油、天然气、化工产品、有色金属、煤炭等，其中石油、石化燃料的生产和销售能力居世界第二位。公司在中国广东惠州的石油化工合资项目总投资43亿美元，2005年10月落成投产，是目前中外合资最大的项目之一。

（2）飞利浦电子公司（Philips Electronic N.V）：成立于1891年，在60多个国家设有营业机构，共有雇员26.51万人。其股票在9个国家的16个交易所上市。主要生产视听产品、照明、电子元件、半导体、医疗设备、小家电、工业电子及商业电子等，其中照明设备、彩色显像管、电动剃须刀、X光分析仪及音响设备在国际市场居领先地位。总部设在阿姆斯特丹。

（3）联合利华公司（Unilever N.V）：英、荷合资企业，成立于1930年，世界著名日用及食品化工集团。公司在荷兰鹿特丹和英国伦敦各有一个总部。荷兰部分主要生产食品，英国则主要生产日用化工产品。集团现有员工30.6万人，分布在世界70多个国家和地区。

（4）阿克苏－诺贝尔公司（Akzo Nobel N.V）：跨国化工和医药集团，1994年由荷兰阿克苏公司和瑞典诺贝尔公司合并而成。公司主要有药品、涂料和化学3个部门，共有员工8.6万人，在世界60多个国家和地区设有分支机构。主营盐、碱、塑料、添加剂、工业及纺织用纤维、各种薄膜、医疗设备、药品及药品生产用原料等。

人民生活

社会保障体系较完备，居民福利水平较高，贫富差距不明显。2010年家庭平均收入为42900欧元，平均消费31479欧元，结构主要如下：食品4969欧元，服装1821欧元，住房10955欧元，出行和娱乐10289欧元，医疗卫生2490欧元，其他974欧元。

军　事

二战前为中立国，战后加入北约，并以北约的集体防卫政策作为其国防政策的基础。国王是全国武装力量最高统帅，实际指挥权掌握在内阁手中。国防委员会是荷最高安全决策机构，首相为委员会主席。现任国防大臣韩妮思－普拉斯哈尔特（Jeanine Hennis-Plasschaert，女）。1997年1月1日起军队全面实行职业化，通过与志愿者签订合同形式招募人员。现役部队6.9万人。2015年军费预算为75亿欧元。

文化教育

【教育】实行12年（5—16岁）全日制义务教育。中小学校分为公立和私立两类。荷全国共有8421所各级各类学校，学生总数379.4万人，教育和科研经费332亿欧元。小学在校生共157万余人，中学在校生94万人，成人和职业教育学校在校生约55万人。荷高等教育分为大学和高等职业教育。荷现有13所重点大学，其中6所综合性大学、3所理工大学、4所专业类大学，在校生24万人。高等职业学校学生41万人。著名高等院校有莱顿大学、乌特勒支大学、阿姆斯特丹大学、阿姆斯特丹自由大学、格罗宁根大学、鹿特丹伊拉斯谟大学、代尔夫特理工大学和瓦格宁根农业大学等。高等教育水平位居世界前列，13所综合大学中11所跻身2015年《泰晤士高等教育》世界著名大学前200名。

莱顿大学建于1575年，是欧洲历史最悠久的大学之一，治学严谨，综合学术水平享誉全球。这里最早开设了人体解剖课，拥有欧洲大陆最著名的汉学院和中文图书馆，诞生了世界上第一座低温物理实验室和第一台心电图仪，爱因斯坦曾在此担任了26年的客座教授。贝娅特丽克丝女王、威廉－亚历山大国王、吕特首相均毕业于此。现有学生1.89万人，外国留学生约1500人，教职员工约4000人。

代尔夫特理工大学原属1842年建立的“皇家学院”的一个理工分院，1905年正式取得大学地位，世界顶尖理工大学之一。荷兰历史最悠久、规模最大、专业涉及范围最广的理工大学，专业几乎涵盖了所有的工程科学领域，尤其是航空工程、电子工程、水利工程等学科在全球具有领先地位和卓越声望。与英国帝国理工学院、瑞士苏黎世联邦工学院、德国亚琛理工大学构成IDEA联盟。现有学生约1.7万人，外国留学生约1300名，教职员4640人。

瓦格宁根大学始建于1876年（时为荷兰国家农业大学），是一所研究生命科学的著名高等学府，最近几十年发展为一个国际性的科研机构，致力于向全世界提供充足和优质的粮食作物。在农业实践教育方面首屈一指，是欧洲农业与生命科学领域最好的研究型大学之一，在农业学科方面的研究机构中排名世界第二，在环境科学与生态学方面的研究机构中排名世界第一。现有学生1万名，外国留学生约500人，教职员6500余人。

【新闻出版】报刊发行始于1618年。现共有日报近90种（其中全国性日报9种），综合性和专业性期刊约4000种。主要报刊有《人民报》、《新鹿特丹商报》、《忠诚报》、《金融日报》、《电讯报》，周刊有《埃尔什维尔》、《自由荷兰》、《HP时代》、《绿色阿姆斯特丹人》等。

荷兰通讯社：半官方新闻机构。

共有5个全国广播电台、10个地区广播电台和150个地方广播电台。电视广播覆盖率100%，其中85%的家庭可接收有线电视。全国有35个广播电视组织，由荷兰广播电视协会根据各组织会员人数分配广播电视的播放时间，其中8大广播电视组织在3套半官方的全国性电视节目中拥有绝大部分播放时间。近年来，商业电视台发展较快。

对外关系

为欧盟和北约成员国。对外政策具有大西洋派和欧洲派双重色彩。国家安全、经济利益和民主人权是其外交的三大支柱。视美国为传统盟友，认为世界上任何重大问题的解决均离不开美国的合作，美在欧洲的存在是实现欧洲安全与稳定的保证。积极参与欧盟事务，于2016年上半年担任欧盟轮值主席国。现任财政大臣戴索尔布卢姆为欧元集团主席，原外交大臣蒂莫曼斯为欧盟委员会第一副主席。支持欧盟和北约双东扩。重视联合国等国际组织的作用，支持联合国改革。重视发展与亚洲国家的关系。

【同中国的关系】1954年11月19日两国建立代办级外交关系，1972年5月18日升格为大使级。

近年来，中荷关系保持良好发展势头。2006年荷兰政府制定首份对华政策文件，强调将一个中国原则作为对华政策的基石，对随后欧盟出台的对华政策文件产生积极影响。2008年8月，鲍肯内德首相、威廉－亚历山大王储夫妇来华出席北京奥运会开幕式并观赛。玛格丽特公主出席残奥会开幕式并观赛。10月，鲍肯内德首相出席第七届亚欧首脑会议并正式访华。2010年5月，鲍肯内德首相、威廉－亚历山大王储夫妇分别来华出席上海世博会开幕式和荷兰国家馆日活动。2011年5月，荷兰副首相兼经济、农业和创新大臣费尔哈根访华。10月，全国政协主席贾庆林访荷。2012年5月，全国人大常委会委员长吴邦国访荷。2012年10月，荷兰外交大臣罗森塔尔访华。2013年5月，荷兰议会二院外委会代表团访华。6月，荷兰外交大臣蒂莫曼斯非正式访华。11月，荷兰首相吕特正式访华。2014年3月，中国国家主席习近平对荷兰进行国事访问并出席在海牙举行的第三届核安全峰会。11月，荷兰王后马克茜玛以联合国秘书长包容性金融特别代表身份访华。2015年3月，荷兰首相吕特出席博鳌亚洲论坛年会，习近平主席予以会见。6月，荷兰外交大臣孔德尔斯正式访华。9月，荷兰国务大臣威灵克作为政府特使来华出席中国人民抗日战争暨世界反法西斯战争胜利70周年纪念活动。10月，荷兰国王威廉－亚历山大对华进行国事访问。

中荷经贸关系发展较快。荷兰是中国在欧盟的第三大贸易伙伴。据统计，2014年中荷贸易额742.8亿美元，同比增长5.9%。其中，中方出口649.3亿美元，增长7.6%；进口93.5亿美元，下降4.9%。2015年中荷贸易额682.7亿美元，同比下降8.1%。其中，中方出口594.8亿美元，下降8.4%；进口87.9亿美元，下降5.9%。

截至2014年年底，共有8574名中国留学生在荷兰学习；荷兰在华留学人员1959人，其中70人享受中国政府奖学金。现已有20多所荷兰高等院校与中国有关高校建立了长期交流关系，主要有：莱顿大学、阿姆斯特丹大学和北京大学；乌特勒支大学、代尔夫特理工大学和清华大学等。2006年6月，两国政府签订的相互承认高等教育学位证书及入学的协议生效。目前我国在荷兰设有两所孔子学院，分别位于莱顿大学海牙分校和格罗宁根大学。两国已建立26对友好省市关系。

中国驻荷兰大使：陈旭。馆址：Willem Lodewijklaan 10, 2517JT, Den Haag, the Netherlands。电话：0031-70-3065061；传真：3551651。领事部电话：0031-70-3065091；传真：3065085。商务处电话：0031-70-5121002；传真：5111206。

荷兰驻中国大使：凯罗（Ron Keller）。馆址：北京市朝阳区亮马河南路4号。电话：010-85320200；传真：85320301。

我国于1996年开始派驻常驻荷兰武官。荷兰于2006年在华设立武官处并派驻首任武官。

荷兰在中国上海、广州、重庆、香港设有总领事馆。中国在荷属加勒比地区威廉斯塔德设有总领事馆。

【同美国的关系】荷美关系历来密切。政治上荷主张同美保持平等伙伴关系，军事上依靠美核保护伞，强调美在欧洲的存在是欧洲稳定的重要保证；经济上美是荷在欧盟以外最大的贸易伙伴，双方互为主要投资国。“9·11”事件后，荷领导人发表声明，谴责恐怖分子对美国的袭击，支持美反对恐怖主义的行动。支持美国在伊拉克问题上的立场，向伊派出1300名士兵。2005年3月，荷撤回期限已满的驻伊拉克维和部队，同时派遣近千人的特种部队和多架战机，参加美在阿富汗的反恐军事行动，虽然2010年从阿富汗撤军，但很快通过派遣警察训练人员的方式重返阿富汗。2008年6月，荷兰首相鲍肯内德和外交大臣费尔哈根访美。2009年4月21日，荷兰外交大臣费尔哈根访美。7月14日，荷兰首相鲍肯内德访美。9月14日，荷兰王储威廉－亚历山大访美。2011年11月，荷兰首相吕特访美。2015年6月，荷兰国王威廉－亚历山大访美。

【同欧盟国家的关系】重视加强与西欧国家的关系，与邻国的高层往来密切。1997年上半年，荷轮任欧盟主席国时推动签订了修改《马斯特里赫特条约》的欧盟《阿姆斯特丹条约》。1998年成为首批欧元成员国之一。2004年下半年，再次轮任欧盟主席国，积极推动欧盟政治联合和防务建设取得新的进展，历史上首部《欧洲宪法条约》得以正式签署。2008年6月和7月，议会两院先后审批通过欧盟《里斯本条约》。

【同俄罗斯及东欧国家的关系】密切关注独联体和东欧各国的发展动向，支持和推动其向民主和市场经济体制过渡。重点发展与东欧各国的关系，支持其加入欧盟和北约。2005年11月，俄罗斯总统普京访荷。2007年5月1日，荷向2004年新加入欧盟成员国开放劳动力市场。2007年10月，荷兰首相鲍肯内德访问俄罗斯。2008年3月4日，荷兰承认科索沃独立。2009年6月，俄罗斯总统梅德韦杰夫访荷。2011年10月，荷兰首相吕特率经贸代表团访俄。2013年4月，俄罗斯总统普京访荷。2013年9月，荷兰国王威廉－亚历山大对俄罗斯进行国事访问。2014年6月，荷兰国王威廉－亚历山大对波兰进行国事访问。

【同其他国家的关系】对亚太地区经济迅速发展十分关注，认为这对西方既是巨大挑战，同时也带来机遇。努力改善和发展同亚洲国家的关系，扩大和加深同亚洲地区的经贸合作。近年来同日本、韩国、印尼、马来西亚、澳大利亚、新西兰等国家保持良好关系，高层互访增多。2007年10月，荷女王贝娅特丽克丝访问印度。2009年10月，荷兰首相鲍肯内德访问新加坡和日本。2011年10月，越南总理访荷。2012年3月，荷兰外交大臣罗森塔尔访问韩国。2012年4月，土耳其总统居尔访荷。2013年12月，荷兰首相吕特率经贸代表团访问以色列和巴勒斯坦地区。2014年10月，荷兰国王威廉－亚历山大访问日本和韩国。2015年11月，荷兰首相吕特访问日本。

【同苏里南的关系】苏里南原为荷兰殖民地，1975年独立，荷允提供35亿荷盾的发展援助。2004年8月，两国就荷取消对苏发展援助达成一致，宣布今后双方将以更务实的合作关系取代纯援助关系，加强在安全、环境、文化和投资等领域的合作。2012年4月，因苏里南议会通过了一项赦免曾参与谋杀异见人士的现任总统鲍图瑟等人的法案，荷兰召回了驻苏里南大使。2013年1月，荷兰外交大臣蒂莫曼斯同苏里南外长拉金举行会晤，就进一步加强双边合作交换了意见。2013年11月，荷兰再度向苏里南派遣大使。（周洁）

黑　山

__国名__　黑山（Montenegro，Crna Gora）。

__面积__　1.38万平方公里。

__人口__　62.5万（2014年）。其中黑山族占44.98%，塞尔维亚族占28.73%，波什尼亚克族占8.65%，阿尔巴尼亚族占4.91%。主要宗教为东正教。

__首都__　波德戈里察（Podgorica），人口约19万

（2014年）。

国家元首 总统菲利普·武亚诺维奇（Filip VUJANOVIĆ），2013年4月连选连任。任期5年。

重要节日 国庆日：7月13日。

简 况 位于欧洲巴尔干半岛中西部，东南与阿尔巴尼亚为邻，东北部与塞尔维亚相连，西北与波黑和克罗地亚相接壤。西南部地区濒临亚得里亚海，海岸线长293公里。气候依地形自南向北分为地中海式气候、温带大陆性气候和山地气候。1月平均气温5℃，7月平均气温25℃。

公元6世纪末和7世纪初，部分斯拉夫人移居到巴尔干半岛。9世纪，斯拉夫人在黑山地区建立"杜克里亚"国家。11世纪，"杜克里亚"改称"泽塔"，并于12世纪末并入塞尔维亚。1356年，"泽塔"脱离塞尔维亚并重获独立。15世纪，奥斯曼土耳其帝国占领波德戈里察及其以北领土，泽塔王朝陷落。1878年柏林会议承认黑山为独立国家。1910年黑山成为王国。1918年第一次世界大战后，黑山再次并入塞尔维亚，加入"塞尔维亚人—克罗地亚人—斯洛文尼亚人王国"，1929年改称南斯拉夫王国。1941年第二次世界大战爆发，德、意法西斯入侵并占领南斯拉夫王国。1945年，南斯拉夫人民赢得反法西斯战争胜利。同年11月29日，南斯拉夫联邦人民共和国宣告成立。1963年改称南斯拉夫社会主义联邦共和国，1991—1992年斯洛文尼亚、克罗地亚、波斯尼亚和黑塞哥维那、马其顿四个共和国相继宣布脱离南联邦独立。1992年4月27日，塞尔维亚与黑山两个共和国联合组成南斯拉夫联盟共和国。2003年2月4日，南斯拉夫联盟共和国议会通过《塞尔维亚和黑山宪法宪章》，改国名为塞尔维亚和黑山。2006年5月21日，黑山就国家独立举行全民公投并获通过。6月3日，黑山议会正式宣布独立。6月28日，黑山加入联合国。

政 治 近年来，黑山政局总体保持稳定。2016年，黑山将举行新一届议会选举。

【议会】一院制。议员通过直选产生，任期4年。本届议会于2012年11月6日组成，共有81个议席。社会主义者民主党—社会民主党39席，波什尼亚克党3席，克罗地亚公民倡议党联盟1席，社会主义人民党9席，民主阵线20席，正面黑山党7席，阿尔巴尼亚人民主联盟党、阿尔巴尼亚联盟党各1席。议长兰科·克里沃卡皮奇（Ranko KRIVOKAPIĆ）。

【政府】国家权力执行机构。本届政府于2012年12月就职，由社会主义者民主党、社会民主党、阿尔巴尼亚民主联盟、波什尼亚克党和克罗地亚公民倡议党等组成，总理米洛·久卡诺维奇（Milo ĐUKANOVIĆ）。政府成员有：负责政治事务及内政外交的副总理杜什科·马尔科维奇（Duško MARKOVIĆ），负责经济和财政事务的副总理兼信息社会和电信部部长武伊察·拉佐维奇（Vujica LAZOVIĆ），负责欧洲一体化事务的副总理兼外交和欧洲一体化部部长伊戈尔·卢克希奇（Igor LUKŠIĆ），负责地区发展事务的副总理拉费特·胡索维奇（Rafet HUSOVIĆ），司法部部长佐兰·帕津（Zoran PAŽIN），内务部部长拉什科·科涅维奇（Raško KONJEVIĆ），国防部部长米丽察·佩亚诺维奇·久里希奇（Milica PEJANOVIĆ-ĐURIŠIĆ, 女），财政部部长拉多耶·茹吉奇（Radoje ŽUGIĆ），教育部部长普雷德拉格·博什科维奇（Predrag BOŠKOVIĆ），科学部部长萨妮娅·弗拉霍维奇（Sanja VLAHOVIĆ，女），文化部部长帕弗莱·戈兰诺维奇（Pavle GORANOVIĆ），经济部部长弗拉迪米尔·卡瓦里奇（Vladimir KAVARIĆ），交通和海运部部长伊万·布拉约维奇（Ivan BRAJOVIĆ），农业和农村发展部部长佩塔尔·伊万诺维奇（Petar IVANOVIĆ），可持续发展和旅游部部长布拉尼米尔·格沃兹达诺维奇（Branimir GVOZDANOVIĆ），卫生部部长布迪米尔·舍格尔特（Budimir ŠEGRT），人权和少数民族权益部部长苏阿德·努马诺维奇（Suad NUMANOVIĆ），劳动和社会保障部部长佐丽察·科瓦切维奇（Zorica KOVAČEVIĆ，女），不管部部长玛丽娅·武契诺维奇（Marija VUČINOVIĆ，女）。

【主要网址】政府：www.gov.me；议会：www.skupstina.me；外交部：www.mvpei.gov.me；《胜利报》：www.pobjeda.me。

【司法机构】设宪法法院、最高法院、行政法院、上诉法院、经济法院、中级法院和初级法院。国家检察体系设最高检察长、2个中级检察长和13个初级检察长。宪法法院院长戴桑卡·洛比契奇（Desanka LOPIČIĆ，女），2014年1月当选。最高法院院长韦斯娜·梅戴尼察（Vesna MEDENICA，女），2014年7月就任。最高检察长伊维察·斯坦科维奇（Ivica STANKOVIĆ），2014年10月当选。

【行政区划】全国共设21个行政区。

【政党】黑山主要政党有：

（1）黑山社会主义者民主党（Demokratska Partija Socijalista Crne Gore）：执政党。原为黑山共产主义者联盟，1991年6月改为现名。现有党员11万人。主张平等公正、民族团结，坚定走欧洲一体化道路。主席米洛·久卡诺维奇。

（2）黑山社会民主党（Socijaldemokratska Partija Crne Gore）：执政党。1993年成立，主要代表劳工利益。致力于建设民主社会主义，主张在改革中实现社会公正和经济繁荣。主席兰科·克里沃卡皮奇。

（3）黑山社会主义人民党（Socijalistička Narodna Partija Crne Gore）：在野党。1998年3月成立，由黑山社会主义者民主党分裂产生。主张平等、自由、正义、民主，主张发展市场经济，促进社会繁荣。主席斯尔詹·米利奇（Srđan MILIĆ）。

（4）新塞尔维亚民主党（Nova Srpska Demokratija）：在野党。2009年1月成立。前身为塞尔维亚人民党。主张加强议会民主和建立法制国家，强调塞族民族平等性。主席安德里亚·曼迪奇（Adrija MANDIĆ）。

【重要人物】**菲利普·武亚诺维奇**：总统。1954年9月生。毕业于贝尔格莱德大学法学院。曾任黑山司法部长、内务部长、总理、议长等职务。2003年5月当选黑山总统，2008年5月和2013年4月连选连任。2000年4月曾以南斯拉夫联盟黑山共和国总理身份应贵州省邀请访华。2008年8月来华出席北京奥运会开幕式。2010年5月来华出席上海世博会黑山国家馆日活动。2014年8月来华出席南京青奥会开幕式。懂英语。已婚，有三个孩子。　**米洛·久卡诺维奇**：总理。1962年出生于黑山尼克希奇市，黑山族。毕业于黑山大学经济学院。1989年进入黑山共产主义者联盟领导层，成为南斯拉夫社会主义联邦共和国时期南共联盟最年轻的中央委员。1998年当选南联盟黑山共和国总统。1991—2010年先后出任5届总理、1届总统。2012年12月再次当选总统。曾多次来华。2015年11月，来华出席第四次中国—中东欧国家领导人会晤。黑山社会主义者民主党主席，已婚，有一子。　**兰科·克里沃卡皮奇**：议长。1961年8月生。毕业于贝尔格莱德大学法学院，曾在英国、美国学习进修。曾任黑山议会议员、议会人权和自由委员会主席、欧洲委员会议会议员。2003年起出任议长，2006年、2009年、2012年三度连任。黑山社会民主党主席。2007年曾应全国政协邀请访华。2008年8月来华出席北京奥运会闭幕式。2012年赴上海出席我国向黑山出口远洋货轮交付仪式。懂英语。已婚，有两个子女。　**伊戈尔·卢克希奇**：副总理兼外交和欧洲一体化部部长。1976年6月生。毕业于黑山大学经济学院。博士。2001年起连续6次当选为黑山议员。2004年2月任黑山财政部长。2008年12月任黑山副总理兼财政部长。2010年12月出任黑山总理。2012年12月任副总理兼外交和欧洲一体化部部长。2010年曾应保利集团邀请访华。2012年赴上海出席我国向黑山出口远洋货轮交付仪式。懂英语、法语、意大利语。已婚，有三个孩子。

经　济

近年来，黑山经济受国际金融危机冲击较大，2010年起实现恢复性增长。2014年主要经济数据如下：

国内生产总值：54.9亿欧元。

人均国内生产总值：5857欧元。

增长率：1.8%。

货币：欧元（Euro）。

通货膨胀率：1.3%。

失业率：16.1%。

（资料来源：黑山国家统计局、黑山中央银行，下同）

【资源】森林和水利资源丰富，森林覆盖率为39.43%。此外，铝、煤等资源丰富，铝矿石储量3600万吨、褐煤3.5亿吨。

【工业】2014年工业产值同比增长1.3%。主要工业有采矿、建筑、冶金、食品加工、电力和木材加工业等。近年主要工业产品产量如下（单位：万吨）：

	2012	2013	2014
发电量（亿度）	38.00	37.00	39.00
钢	4.12	3.87	3.94
铝	8.70	9.60	9.80
褐煤	194.78	193.56	195.60

【农牧业】2014年全国农业用地为51.6万公顷，占国土总面积的37.4%。其中，可耕地面积18.91万公顷，播种面积3.25万公顷。

2014年主要农产品产量为（单位：吨）：小麦2213；大麦1628；玉米8683；土豆14.2万；李子8861；橄榄4105；葡萄4.02万。

2014年主要畜牧产品和牲畜存栏总数为：牛8.9万头；猪2.5万头；羊24.1万只；家禽51万只，马4032匹。

【服务业】2014年服务业产值为13.3亿欧元。服务单位主要包括旅馆、餐厅、咖啡馆、酒吧等。

【旅游业】旅游业是黑山国民经济的重要组成部分和主要的外汇收入来源。主要风景区是亚得里亚海滨和国家公园等。2014年黑山游客总数约152万人次，同比增长0.7%。旅游者主要来自塞尔维亚、俄罗斯、波黑、乌克兰、法国等。

【交通运输】以铁路和公路为主。2014年交通运输情况如下：

铁路：总长250公里，共有48个车站。客运量81.2万人次，货运量69.8万吨。

公路：总长7773公里。客运量588.5万人次，货运量41.2万吨。

空运：共载客142.3万人次，载货量为772吨。有2个机场，分别是波德戈里察机场和蒂瓦特机场。

水运：巴尔港为黑山主要港口，可停泊大型远洋轮船。总吞吐量为122.8万吨。

【财政金融】2014年外债总额为20.4亿欧元，外汇储备约4.8亿欧元。

【对外贸易】黑山严重依赖进口，贸易逆差较严重。主要贸易伙伴为：塞尔维亚、意大利、希腊、斯洛文尼亚等。2014年黑山对外贸易总额21.17亿欧元，同比下降0.6%；其中出口额3.33亿欧元，进口额17.84亿欧元。近年来，黑山进出口情况如下（单位：亿欧元）：

	2012	2013	2014
出口额	3.7	3.76	3.33

进口额	18.2	17.73	17.84
差 额	−14.5	−13.97	−14.51

【外国资本】2014年外资净流入为5.98亿欧元。主要集中在不动产和金融等领域。

人民生活

截至2014年年底，全国共有各类医院120所，职业医生1414名，病床4070张。2015年，职工月平均工资为477欧元。黑山约有140万移动电话用户。

军　事

黑山最高军事决策机构是国家安全委员会，总统是武装力量的最高统帅。2006年，黑山军队取消义务兵役制。2006年12月，黑山成为北约"和平伙伴关系国"，2007年获得北约对话国地位，2009年12月，成为北约行动计划成员国。2015年12月，北约外长理事会上正式邀请黑山入约，并将于2016年启动入约谈判。

文化教育

【教育】黑山具有完备的教育体系，包括学前教育、初等教育、中等教育、高等教育、成人教育和特殊教育等。普及实施八年制义务教育。2013/2014年度各级学校情况如下：

	学校（所）	学生（人）	教师（人）
学前班	108	14230	1356
小学	438	71572	4980
中学	49	33221	2367
高等学校	39	23750	1546

【文化】黑山共有10家职业剧院、9家电影院、24家博物馆、36家图书馆。

【新闻出版】2013年黑山有报纸杂志175种，主要日报有《消息报》、《胜利报》。黑山通讯社（MINA）为黑山唯一通讯社。2013年共有40家电台和20家电视台。其中黑山国家广播电视台（RTCG）为国有。

对外关系

融入欧洲—大西洋一体化进程是黑山外交的战略目标。黑山重视发展同大国的关系，奉行睦邻友好政策，致力于促进地区的和平与稳定。截至2015年12月，已有173个国家同黑山建立外交关系。

【同中国的关系】2006年6月4日，黑山外长米奥德拉格·弗拉霍维奇致信李肇星外长，寻求中国承认黑山为主权独立国家。6月14日，李肇星外长复信黑山外长弗拉霍维奇，宣布中国政府承认黑山。7月6日，中华人民共和国代表、外交部长李肇星和黑山代表、外交部长弗拉霍维奇在北京签署《中黑建立外交关系联合公报》。弗拉霍维奇外长对中国进行正式访问。2012年1月，黑山议长克里沃卡皮奇出席在上海举行的货轮交接仪式。3月，国务院副总理回良玉访问黑山。4月，国务院总理温家宝在波兰会见出席中国—中东欧国家领导人会晤的黑山总理卢克希奇。2013年11月，国务院总理李克强在布加勒斯特会见出席第二次中国—中东欧国家领导人会晤的黑山总理久卡诺维奇。2014年2月，国家主席习近平出席索契冬奥会开幕式期间同黑山总统武亚诺维奇寒暄。8月，黑山总统武亚诺维奇来华出席南京青奥会开幕式，习近平主席会见。12月，李克强总理在贝尔格莱德会见出席第三次中国—中东欧国家领导人会晤的黑山总理久卡诺维奇。2015年11月，黑山总理久卡诺维奇来华出席第四次中国—中东欧国家领导人会晤，李克强总理在京会见。

据中国海关总署统计，2014年，双边贸易额2.11亿美元，其中，中方出口额1.57亿美元；进口额5420万美元。2015年，双边贸易额1.59亿美元，同比下降24.7%。其中，中方出口额1.34亿美元，同比下降14.6%；进口额2500万美元，同比下降54.4%。

中国驻黑山大使：崔志伟。馆址：波德戈里察市拉多萨瓦·布里察大街4号（Radosava Burica 4, Podgorica Montenegro），邮编：81000。电话：00382-20-609275；传真：609296。

黑山驻华大使：布兰科·佩罗维奇（Branko PEROVIĆ）。馆址：北京市朝阳区三里屯外交公寓3-1-12，邮编：100600。电话：010-65327610；传真：65327690。

【同美国的关系】2006年6月12日，美国承认黑山独立。8月15日，两国建交。2010年1月，黑山总理久卡诺维奇访美。2011年10月，黑山总理卢克希奇访美。2012年9月，黑山国防部长佩亚诺维奇–久里希奇访问美国。11月，美国副国务卿帮办里克尔访问黑山。12月，美国缅因州国民警卫队司令坎贝尔访问黑山。2013年8月，美国国务卿助理帮办吉访问黑山。10月，美国国务卿助理帮办布拉扬访问黑山。11月，黑山议长克里沃卡皮奇访问美国。2014年4月，黑山总理久卡诺维奇访问美国。2015年3月，黑山副总理兼外交和欧洲一体化部部长卢克希奇访问美国。7月，美助理国务卿纽兰访问黑山。10月，黑山议长克里沃卡皮奇访问美国。11月，黑山国防部长佩亚诺维奇·久里希奇访问美国。

【同欧盟及欧洲国家的关系】将加入欧盟作为外交优先方向。2006年6月12日，欧盟外长会议决定承认黑山。2007年10月，黑山同欧盟签署《稳定与联系协议》。2008年12月，黑山总理久卡诺维奇向欧盟轮值主席国法国总统萨科奇递交入盟申请。2010年12月，黑山获得欧盟候选国地位。2013年12月，黑山开启入盟谈判。2015年4月，黑山总理久卡诺维奇访问欧盟。6月，黑山副总理兼外交和欧洲一体化部部长卢克希奇赴布鲁塞尔出席欧盟—黑山第六次稳定与联系委员会会议。截至2015年12月，已完成50%的章节谈判。

2015年2月，瑞典议会议长阿林访问黑山。比利时副首相兼外交大臣雷恩代尔访问黑山。黑山副总理兼外交和欧洲一体化部部长卢克希奇访问匈牙利。3月，黑山总理久卡诺维奇访问德国。斯洛伐克副总理兼外交部长莱恰克访问黑山。5月，意大利总统马塔雷拉访问黑山。黑山副总理马尔科维奇访问斯洛伐克。拉脱维亚外交部长林克维奇访问黑山。6月，希腊外交部长科齐阿斯访问黑山。黑山总理久卡诺维奇访问斯洛伐克。奥地利欧洲、融入和对外事务部长（外交部长）库尔茨访问黑山。7月，黑山总统武亚诺维奇访问保加利亚。意大利外交与国际合作部部长真蒂洛尼访问黑山。黑山总理久卡诺维奇访问捷克。8月，波兰副总理兼国防部长谢莫尼亚克访问黑山。12月，罗马尼亚议会众议长兹格内亚访问黑山。

【同北约的关系】黑山以加入北约为其战略目标。2006年12月，黑山成为北约“和平伙伴关系国”，2007年获得北约对话国地位，2009年12月，成为北约行动计划成员国。2015年6月、10月，北约秘书长斯托尔滕贝格访黑。12月，北约外长理事会上正式邀请黑山入约，并将于2016年启动入约谈判。

【同俄罗斯的关系】2006年6月11日，俄承认黑山为主权独立国家。26日，两国建交。2014年4月，黑山就乌克兰局势发表声明，支持乌的主权和领土完整，反对克里米亚公投，支持欧盟理事会有关决议，呼吁在国际社会的调停下继续对话。黑俄关系因此受到影响。2015年12月，北约正式邀请黑山入约，引发俄罗斯强烈抗议。2015年6月，俄罗斯联邦宪法法院副院长马夫林访问黑山。

【同周边国家的关系】黑山奉行睦邻修边政策，积极参与区域合作。2006年6月，黑山同塞尔维亚、克罗地亚、波黑、马其顿、斯洛文尼亚、马其顿等国建交。8月，黑山同阿尔巴尼亚建交。2015年4月，黑山总理久卡诺维奇赴布鲁塞尔出席了西巴尔干国家政府首脑会晤。

同塞尔维亚的关系：20世纪90年代初，南斯拉夫社会主义联邦共和国解体后，黑山与塞尔维亚共同组成南斯拉夫联盟共和国。2003年，南联盟更名为塞黑。2006年5月21日，黑山就独立问题举行全民公投并获通过。6月22日，黑山与塞尔维亚两国正式建交。2015年2月，塞尔维亚总理武契奇访黑山。9月，塞尔维亚第一副总理兼外长达契奇访黑山。10月，黑山总统武亚诺维奇访塞。12月，黑副总理兼外交和欧洲一体化部部长卢克希奇访塞尔维亚。

同阿尔巴尼亚的关系：2015年3月，阿尔巴尼亚总统尼沙尼访问黑山。9月，阿尔巴尼亚总理拉马访问黑山。

同克罗地亚的关系：2015年2月，黑山总统武亚诺维奇出席克罗地亚新当选总统基塔罗维奇的就职典礼。4月，黑山副总理兼外交和欧洲一体化部部长卢克希奇访问克罗地亚。6月，克罗地亚总统基塔罗维奇、议长莱科分别访问黑山。

同斯洛文尼亚的关系：2015年8月，斯洛文尼亚总理采拉尔访问黑山。10月，黑山总理久卡诺维奇访问斯洛文尼亚。

同波黑的关系：2015年8月，波黑主席团轮值主席乔维奇访问黑山。7月，波黑外交部长茨尔纳达克访问黑山。

同马其顿的关系：2015年9月，马其顿总统伊万诺夫访问黑山。（段伟）

捷　克

国名　捷克共和国（The Czech Republic，Česká republika）。

面积　78866平方公里。

人口　1055万（2015年）。其中90%以上为捷克族，斯洛伐克族占2.9%，德意志族占1%，此外还有少量波兰族和罗姆族（吉普赛人）。官方语言为捷克语。主要宗教为罗马天主教。

首都　布拉格（Prague），496平方公里。人口125.9万（2015年）。2014年平均气温9.0℃。

国家元首　总统米洛什·泽曼（Miloš ZEMAN），2013年1月当选，3月8日正式就任，任期5年。

重要节日　国庆日：第一次世界大战导致奥匈帝国瓦解，1918年10月28日，捷克斯洛伐克共和国成立。1993年1月1日，捷克、斯洛伐克各自独立，捷克沿用10月28日为国庆日。

简　况

地处欧洲中部。东靠斯洛伐克，南邻奥地利，西接德国，北毗波兰。四季分明，夏季平均气温约25℃，冬季平均气温约-5℃，气候湿润，年均降水量674毫米。

5—6世纪，斯拉夫人西迁到今天的捷克和斯洛伐克地区，公元830年在该地区建立了大摩拉维亚帝国。9世纪末、10世纪上半叶在今捷克地区成立了捷克公国。1419—1437年，捷克地区爆发了反对罗马教廷、德意志贵族和封建统治，要求宗教改革的胡斯运动。1620年，捷克被哈布斯堡王朝吞并。第一次世界大战后奥匈帝国瓦解，捷克与斯洛伐克联合，于1918年10月28日成立捷克斯洛伐克共和国。1938年9月，英、法、德、意四国代表在慕尼黑签署了《慕尼黑协定》，将捷克斯洛伐克的苏台德地区割让给德国。1939年3月捷被纳粹德国占领。1945年5月9日，捷在苏军帮助下获得解放。1948年2月，捷克斯洛伐克共产党开始执政。1960年7月改国名为捷克斯洛伐克社会主义共和国。1968年8月20日，苏、波、匈、保、民德五国出兵捷克斯洛伐克，镇压"布拉格之春"改革运动。1969年4月，胡萨克出任捷共第一书记（后为总书记），1975年任总统。1989年11月，捷政权更迭，实行多党议会民主制。1990年改国名为捷克和斯洛伐克联邦共和国，同年6月举行首次议会选举，捷克地区的"公民论坛"和斯洛伐克地区的"公众反暴力"组织分别在本地区获胜，占据联邦议会中的多数席位，并组成联邦政府。1992年6月，捷联邦举行第二次议会选举，由"公民论坛"演变而来的公民民主党（简称"公民党"）和从"公众反暴力"组织分裂出来的争取民主斯洛伐克运动获胜，成为执政党。1992年12月31日，捷斯联邦解体。1993年1月1日起，捷克和斯洛伐克分别成为独立主权国家。

政　治

2013年10月，捷克举行议会众议院选举。社会民主党在选举中获胜，并与ANO2011运动、基督教民主联盟—捷克斯洛伐克人民党组成中左三党联合政府，社会民主党主席博胡斯拉夫·索博特卡（Bohuslav SOBOTKA）担任总理。

【宪法】1960年7月，国民议会通过宪法，改国名为捷克斯洛伐克社会主义共和国。1968年10月，国民议会通过宪法法律，规定捷克斯洛伐克是由捷克族和斯洛伐克族两个平等民族组成的联邦制国家。1989年11月，联邦议会取消宪法中关于捷共在社会中领导作用的条款。1990年4月，联邦议会通过宪法修正案，将国名改为捷克和斯洛伐克联邦共和国，并修改了国徽。1992年11月25日，联邦议会通过了"联邦解体法"。12月15日，捷克民族议会决定接管联邦议会的职能，并于16日通过了新宪法，改国名为捷克共和国，修改了国徽，确定了多党议会民主制和平等、自由、法制的原则。新宪法于1993年1月1日生效。

【议会】国家最高立法机构，实行参众两院制。众议院共有议席200个，任期4年。参议院共有议席81个，任期6年，每2年改选1/3参议员。

本届众议院于2013年10月选举产生，有6个政党进入议会：社会民主党50席、ANO2011运动47席、捷克和摩拉维亚共产党33席、TOP 09党26席、公民民主党16席、曙光党—直接民主党和基督教民主联盟—捷克斯洛伐克人民党各14席。主席扬·哈马切克（Jan HAMAČEK）。

1996年11月，捷举行了战后首次议会参议院选举。2014年10月举行了1/3参议员换届选举后，议席组成情况如下：社会民主党33席、公民民主党14席、基督教民主联盟11席、市长联盟6席、捷克和摩拉维亚共产党5席、绿党和无党派人士联盟5席、独立议员7席。主席米兰·什捷赫（Milan ŠTĚCH）。2016年秋季将举行1/3换届选举。

【政府】现政府于2014年1月29日正式就职。主要成员有：总理博胡斯拉夫·索博特卡（Bohuslav SOBOTKA），副总理兼财政部长安德烈·巴比什（Andrej BABIŠ），副总理兼负责科学和创新的无任所部长帕维尔·别洛布拉代克（Pavel BĚLOBRADEK），外交部长卢博米尔·扎奥拉莱克（Lubomír ZAORÁLEK），国防部长马丁·斯特罗普尼茨基（Martin STROPNICKÝ），内务部长米兰·霍瓦内茨（Milan CHOVANEC），工贸部长扬·姆拉代克（Jan MLADEK），司法部长罗贝尔特·佩利坎（Robert PELIKÁN），劳动和社会事务部长米哈埃拉·玛尔克索娃·托米诺娃（Michaela MARKSOVA TOMINOVÁ），交通部长丹·焦克（Dan ŤOK），农业部长马利安·尤雷奇卡（Marian JUREČKA），卫生部长斯瓦托普卢克·涅梅切克（Svatopluk NĚMEČEK），教育部长卡特日娜·瓦拉霍娃（Kateřina VALACHOVÁ），环境部长理查德·布拉贝茨（Richard BRABEC），文化部长丹尼尔·赫尔曼（Daniel HERMAN），政府立法、人权和平等机会的无任所部长伊日·丁斯特比尔（Jiří DIENSTBIER），地方发展部长卡尔拉·什列赫托娃（Karla ŠLECHTOVÁ）。

【主要网址】政府：www.vlada.cz；外交部：www.mzv.cz。

【行政区划】全国共划分为14个州级单位，其中包括13个州和首都布拉格市。各州下设市、镇。

【司法机构】全国设宪法法院、最高法院和最高监察院，院长均由总统任命。宪法法院院长帕维尔·里赫茨基（Pavel RYCHETSKÝ），2003年就任，任期10年,2013年获连任。最高法院院长伊娃·布罗诺娃（Iva BROŽOVÁ），2000年就任，无任期年限。最高检察院院长帕维尔·泽曼（Pavel ZEMAN），2011年就任，任期5年。州、市（区）均设法院、检察院、公证机关和经济仲裁机关。

【政党】全国共有政党、运动、联盟等政治组织60余个。主要有：

（1）捷克社会民主党（简称社民党，Česká strana sociálně demokratická）：约有党员1.6万人。最早成立于1878年，1938年解散，1945年恢复活动，1948年6月27日与捷克斯洛伐克共产党合并，1989年11月19日开始独立活动。自称中左党，政治上主张维护工人和其他劳动者的利益，经济上主张实行社会市场经济。1998年6月首次成为执政党。在2002年议会众议院大选中再次获胜并组建以该党为首的联合政府，2006年成为在野党。党主席博胡斯拉夫·索博特卡。

（2）ANO2011运动：2011年由捷克亿万富豪、食品制造业巨头巴比什创建。主张增加就业、支持企业经营及降低增值税。2012年，该党曾参加参议院和地方选举，未有斩获。2013年众议院选举中异军突起，一举成为众议院第二大党。党主席安德烈·巴比什。

（3）捷克和摩拉维亚共产党（简称捷摩共，Komunistická strana Čech a Moravy）：约有党员9万人，实际参加活动的党员约3万人。由原捷克斯洛伐克共产党演变而来，成立于1990年3月31日。该党在历届议会中一直占有一定席位。党主席沃伊杰赫·菲利普（Vojtěch FILIP）。

（4）TOP09党：成立于2009年6月，右翼政党。T、O、P三字母分别为捷克语中传统、责任和繁荣三个单词的首字母，09代表成立时间为2009年。该党崇尚民主和保守主义，反对民粹主义。党主席米罗斯拉夫·卡卢塞克（Miroslav KALOUSEK），名誉主席卡雷尔·施瓦岑贝格（Karel SCHWARZENBERG）。

（5）公民民主党（简称公民党，Občanská demokratická strana）：约有党员2.3万人。成立于1991年4月，其前身为1989年11月成立的"公民论坛"。该党属右翼保守政党，推崇民主、自由，强调继承欧洲基督教传统、捷第一共和国的人道和民主传统，反对马列主义意识形态和任何形式的集体化倾向，主张实行彻底的私有化和市场经济。党主席彼得·菲亚拉（Petr FIALA）。

（6）基督教民主联盟—捷克斯洛伐克人民党（简称人民党，Křesťanská a demokratická unie – Československá strana lidová）：约有党员8万人。成立于1918年，1945年加入捷共的民族阵线，1989年11月恢复原党的"非社会主义传统"。自称为中右党，强调基督教传统。党主席帕维尔·别洛布拉代克。

（7）曙光党—直接民主（简称曙光党，Úsvit– přímé demokracie）：2013年5月成立，倡导建立全面的直接选举制度。党主席冈村富雄（Tomio OKAMURA），为日捷混血。

【重要人物】米洛什·泽曼：总统。1944年9月生于科林市。1968年加入捷共。1969年毕业于布拉格高等经济学院，后留校执教。1985—1989年在捷克斯洛伐克科学院经济研究所工作。1989年剧变后，加入"公民论坛"。1990年到捷克斯洛伐克科学院预测研究所工作。同年，加入社会民主党，并当选为联邦议会民族院议员。1990—1991年出任联邦议会主席团委员。从1990年6月起，任联邦议会民族院计划和预算委员会主任。1993年2月当选社会民主党主席。1996年出任众议院主席。1998—2002年任总理。2013年1月当选总统，3月就职。**博胡斯拉夫·索博特卡**：总理。1971年10月生于布尔诺市。毕业于布尔诺马萨里克大学法学院。1989年加入捷克社民党，1990年参与创立社民党青年团。1996年当选众议员。2001—2002年任社民党众议院议员团主席。2002年7月任财政部长。2003年10月至2006年9月任副总理兼财政部长。2011年当选社民党主席。2014年1月就任政府总理。

经　济

捷克为中等发达国家，工业基础雄厚。2009年受国际金融危机影响经济下滑，2010年和2011年实现恢复性增长，2012年和2013年经济再次下滑，2014年经济企稳回升。2014年主要经济数据如下：

国内生产总值：2057亿美元。

人均国内生产总值：19563美元。

国内生产总值增长率：2.3%。

货币名称：捷克克朗（Kč），1克朗=100哈莱士。

年均汇率：1美元≈21克朗，1欧元≈27.5克朗。

通货膨胀率：0.5%。

失业率：4.9%。

【资源】褐煤、硬煤和铀矿蕴藏丰富，其中褐煤和硬煤储量约为134亿吨，分别居世界第三位和欧洲第五位。石油、天然气和铁矽储量甚小，依赖进口。其他矿物资源有锰、铝、锌、萤石、石墨和高岭土等。森林面积265.1万公顷，约占全国总面积的33%。伏尔塔瓦河上建有多座水电站。

【工业】主要工业有机械、化工、冶金、纺织、电力、食品、制鞋、木材加工和玻璃制造等。2013年工业总值同比下降0.1%。近几年主要工业产品产量如下：

	2011	2012	2013
电（亿度）	876.0	875.0	870.0
净煤（万吨）	5790.0	5397.0	4898.0
钢板（万吨）	146.1	153.2	154.7

（资料来源：2014年捷统计年鉴及经济公报）

【农业】2013年粮食产值75855百万克朗，畜牧业产值46895百万克朗。农业用地面积247.7万公顷，其中耕地面积142.8万公顷。森林覆盖率33%。农业人口14.2万，占全国劳动人口的5.6%。2013年粮食总产量751.3万吨。近几年主要农牧产品产量如下：

	2011	2012	2013
甜菜（万吨）	389.9	386.9	374.4
马铃薯（万吨）	80.5	66.2	53.6
牛肉（万吨）	17.0	17.1	16.4
猪肉（万吨）	33.0	29.1	29.9
禽肉（万吨）	21.6	23.9	22.8
奶（百万升）	2664.0	2741.0	2775.0
蛋（百万个）	1272.0	1150.0	1233.0

近几年主要农畜存栏数如下（单位：万头、万匹或万只）：

	2011	2012	2013
牛	134.4	135.4	135.3
猪	174.9	157.9	158.7

羊	20.9	22.1	22.1
马	3.1	3.3	3.4
家禽	2125.0	2069.1	2326.5

（资料来源：2014年捷统计年鉴）

【旅游业】2013年捷克旅游业产值约120亿美元。游客主要来自德国、俄罗斯、荷兰、丹麦、英国、西班牙等国。主要旅游城市有布拉格、捷克克鲁姆洛夫、卡洛维伐利等。（资料来源：2014年捷统计年鉴）

【交通运输】以公路、铁路和航空运输为主。

公路：总长55588公里，其中高速公路657公里。客运量总计3.38亿人次，货运量总计3.52亿吨。

铁路：总长9588公里，电气化铁路3060公里。客运量总计1.74亿人次，货运量总计8395万吨。

水运：内河航道377公里，货运量总计162万吨。

空运：客运量总计616万人次，货运量总计8923吨。主要国际机场为布拉格瓦茨拉夫·哈维尔机场。（资料来源：2014年捷统计年鉴）

【财政金融】近几年财政收支情况（单位：亿克朗）：

	2011	2012	2013
财政收入	10128	10514	10942
财政支出	11555	11524	11635
盈余或赤字	–1427	–1010	–693

据捷国家银行公布数据，截至2013年年底，捷国家银行外汇储备为571亿美元。（资料来源：2014年捷统计年鉴及经济公报）

【对外贸易】外贸在捷克经济中占有重要位置，国内生产总值80%依靠出口实现。2013年，捷对外贸易总额为3059亿美元，其中捷方出口1619亿美元，进口1440亿美元。近几年外贸情况（单位：亿美元）：

	2011	2012	2013
出口额	1622	1568	1619
进口额	1514	1409	1440
差额	108	159	179

进口商品主要有：石油、天然气、计算机、轿车及配件、电信设备、机械设备、医药产品和器械、铁矿石、载重汽车和家用电器等。出口商品主要有：轿车及配件、电力、钢材、机械设备、玻璃制品、木材、化工产品、轮胎、家具等。主要贸易对象为：德国、斯洛伐克、波兰、中国、意大利、法国、奥地利、英国和荷兰。（资料来源：2014年捷工贸部统计）

【外国资本】2013年，捷克实际吸引外资约36.4亿美元。1993—2013年，累计吸引外资1371.2亿美元。主要投资国为德国、荷兰、奥地利、英国、瑞士、美国。（资料来源：2014年捷统计年鉴及经济公报）

人民生活

2013年，捷人均月工资为1296美元。2013年，平均每百家有全自动洗衣机101台、电冰箱111台、彩色电视机144台、个人电脑120台、手机205部、小汽车117辆、摩托车10辆、每222人拥有1名医生。（资料来源：2014年捷统计年鉴及经济公报）

军　事

捷克和斯洛伐克于1993年1月1日各自独立后，原联邦国家军队和武器装备按2：1分割，总统是军队最高统帅。1996年总兵力为6.5万人，2011年减至3.2万人。捷加入北约后，为满足北约提出的在军队和装备方面与缔约国接轨的要求，按北约各国模式改建了军队。2013年，军费开支为25.6亿美元，占国内生产总值的1.3%。（资料来源：2014年捷统计年鉴）

文化教育

【教育】实行九年制义务教育。高中、大学实行自费和奖学金制，但国家对学生住宿费给予补贴。根据1990年颁布的有关法律，允许成立私立和教会学校。著名大学有查理大学、捷克技术大学、马萨里克大学、布拉格经济大学和帕拉茨基大学。2013/2014年度各类学校数量、学生及教师人数如下：

	学校（所）	学生（万人）	老师（万人）
幼儿园	5085	36.3	2.9
九年制小学	4095	82.7	5.8
高中（含技校）	1331	44.9	4.1

2013年，捷克共有71所大学，其中26所公立大学，45所私立大学。大学在校生36.8万，其中外国留学生4万。位于首都的查理大学是中欧最古老的学府，创办于1348年，现有16个院系（其中4个在外地）。创办于1707年的捷克技术大学，在中欧同类大学中也拥有最悠久的历史。（资料来源：2014年捷统计年鉴）

【新闻出版】2013年捷克全国发行各种报纸、杂志5017种。主要报纸有：《今日青年阵线报》、《权利报》、《经济报》、《人民报》等。

捷克通讯社（捷通社）为国家商业性通讯社，在国外有12个分社，与20多个国家的通讯社有业务联系。

捷克广播电台：2013年，公共电台播音约15.8万小时，私人电台播音约64.7万小时。

捷克国家电视台于1953年5月1日开始试播，1954年正式开播。2013年，捷克国家电视台播放时间约38459小时。私人电视台播放时间约1255341小时。（资料来源：2014年捷统计年鉴）

对外关系

捷克系北约、欧盟成员国，奉行经济靠欧盟、安全靠美国的对外政策，积极参与欧盟共同外交和安全政策及北约行动并将“经济外交”和“人权外交”作为重点。捷与斯洛伐克保持“超常”关系，重视与德国、奥地利开展睦邻合作。积极倡导次区域合作，努力加强维谢格拉德集团（波兰、匈牙利、捷克、斯洛伐克）在地区事务中的作用与影响。捷现已与195个国家建立了外交关系并加入了联合国、欧安合作组织、国际货币基金组织及世界银行等国际组织。2015年7月至2016年6月，捷克任维谢格拉德集团（V4）轮值主席国。

【同中国的关系】1949年10月6日，中国同原捷克斯洛伐克建交。1957年3月27日，双方签订了中捷友好条约。1989年11月捷剧变后，中捷两国在和平共处五项原则基础上保持和发展了友好合作关系。1992年年底捷联邦议会通过联邦解体法后，中国政府即照会捷方，决定从1993年1月1日起承认捷克共和国，并与其建立大使级外交关系。双方延用1949年10月6日作为建交日。2014年10月，中捷两国领导人及外长就两国建交65周年互致贺电。

2014年2月，习近平主席出席索契冬季奥运会期间同捷克总统泽曼举行双边会见。4月，捷克外长扎奥拉莱克正式访华并发表两国外交部新闻公报。近两年来，双方政治互信不断加深，务实合作取得积极成果。两国在经贸、科技、卫生、金融、文化、教育、地方等领域合作继续推进。6月，捷卫生部长涅麦切克出席在天津举行的第二届中捷卫生论坛。2014年6月，捷工贸部长姆拉代克来华出席中国—中东欧国家经贸促进部长级会议。8月，国务院副总理张高丽赴捷出席第二次中国—中东欧国家地方领导人会议并同捷总统泽曼、总理索博特卡分别会见。10月，捷总统泽曼来华进行国事访问，习近平主席、李克强总理分别与其会谈、会见。12月，国务院总理李克强在贝尔格莱德出席第三次中国—中东欧国家领导人会晤期间同捷总理索博特卡举行双边会晤。同月，全国政协副主席、中共中央对外联络部部长王家瑞访捷并同捷总统泽曼、总理索博特卡分别会谈、会见。

2015年3月，中国人民解放军副总参谋长孙建国海军上将访捷。同月，中共中央政治局委员、重庆市委书记孙政才访捷并同捷总统泽曼、总理索博特卡分别会见。4月，捷议会众议院主席哈马切克应中联部邀请访华，全国人大常委会委员长张德江，国务院副总理刘延东，全国政协副主席、中联部部长王家瑞分别会见。5月，国家主席习近平在莫斯科出席俄罗斯纪念卫国战争胜利70周年庆典期间同泽曼总统寒暄。6月，国务院副总理刘延东赴捷出席首届中国—中东欧国家卫生部长论坛并同捷总统泽曼、总理索博特卡、议会众议院主席哈马切克分别会见、会谈。9月，捷总统泽曼应邀来华出席中国人民抗日战争暨世界反法西斯战争胜利70周年纪念活动，习近平主席同其举行双边会见。10月，外交部长王毅应邀对捷克进行正式访问，并同捷总统泽曼、总理索博特卡、外长扎奥拉莱克分别会见、会谈。11月，中共中央书记处书记、全国政协副主席杜青林访捷并同捷总统泽曼、总理索博特卡分别会见。同月，捷总理索博特卡来华出席第四次中国—中东欧国家领导人会晤并对华进行正式访问，习近平主席、李克强总理分别同其会见、会谈。

据统计，2014年，中捷双边贸易额109.8亿美元，同比增长16.2%，其中中方出口79.9亿美元，同比增长16.9%，进口29.9亿美元，同比增长14.2%。2015年，中捷双边贸易额110.1亿美元，同比增长0.3%，其中中方出口82.3亿美元，同比增长3.0%，进口27.8亿美元，同比下降7.0%。

中国驻捷克大使：马克卿。馆址：布拉格6区佩莱街18号（Pelléova 18，Praha 6，16000，Czech Republic）。电话：00420–224311323；传真：224319888。商务处电话：233028872。领事部电话：233028898。使馆网址：www.chinaembassy.cz。

捷克驻华大使：贝德日赫·科佩茨基（Bedřich KOPECKÝ）。馆址：北京市建国门外日坛路2号。电话：010–85329500；传真：85329590。商务处电话：85329531。领事处电话：85329521。网址：www.mzv.cz/beijing。

【同欧洲国家的关系】2015年主要交往有：1月，斯洛伐克总统基斯卡访问捷克；土耳其大国民议会主席奇切克访问捷克；捷克、奥地利、斯洛伐克三国总理举行会谈；捷总统泽曼就巴黎恐怖袭击事件向法国总统奥朗德致慰问电；捷总理索博特卡、外长扎奥拉莱克访问法国。4月，国际社会驻波黑代表因茨科访问捷克；摩纳哥亲王阿尔贝二世访问捷克；阿尔巴尼亚外长迪特米尔访问捷克；捷总理索博特卡访问斯洛文尼亚；捷克—波兰政府间磋商在布拉格举行，两国总理共同主持；捷总统泽曼对梵蒂冈进行国事访问。5月，捷克政府和斯洛伐克政府2015年第三次联席会议在捷举行，两国总理及政府内阁成员出席；德国总理默克尔访问捷克；匈牙利外长西雅尔多访问捷克；捷总统泽曼访问波兰并出席纪念二战胜利70周年活动；波兰前总统克瓦希涅夫斯基访问捷克；捷总统泽曼访问俄罗斯并出席纪念二战胜利70周年系列活动；捷总统泽曼访问拉脱维亚。6月，亚美尼亚总理亚伯拉罕扬访问捷克；捷外长扎奥拉莱克访问亚美尼亚；德国国防部长冯德莱恩访问捷克；捷总理索博特卡访问德国；捷外长扎奥拉莱克访问瑞士；捷总理索博特卡在斯洛伐克会见英国首相卡梅伦；捷外长扎奥拉莱克访问荷兰。7月，安道尔外交大臣萨沃亚访问捷克；捷外长扎奥拉莱克访问德国；格鲁吉亚外长基达舍丽访问捷克。8月，捷副外长施拉迈克出席在斯洛文尼亚举行的第十届布莱德战略论坛；捷工贸部长姆拉代克访问芬兰；捷克—奥地利举行两国外长会晤；法国外长法比尤斯访问捷克；德国交通部长多布林特访问捷克。9月，捷总理索博特卡访问塞尔维亚；塞尔维亚第一副总理兼外长达契奇访问捷克；捷总统泽曼对阿塞拜疆进行国事访问；捷总理索博特卡分别同斯洛伐克总理菲佐、奥地利总理法伊曼举行会谈。10月，拉脱维亚外长林克维奇斯访问捷克；阿尔巴尼亚总理拉马率企业家代表团访问捷克；捷外长扎奥拉莱克访问波黑及克罗地亚。12月，波兰总理希沃德访问捷克。

【同美国的关系】2015年主要交往有：3月，捷总统泽曼访问美国。9月，捷总统泽曼、捷总理索博特卡、捷外长扎奥拉莱克分别对美国进行工作访问。

【同其他国家的关系】2015年主要交往有：1月，蒙古总统额勒贝格道尔吉访问捷克；捷总统泽曼向越南国家主席张晋创致两国建交65周年贺电。2月，捷总统泽曼访问约旦和阿联酋；捷总理索博特卡访问韩国。4月，埃及外长斯胡克里访问捷克。5月，越南国家主席张晋创对捷克进行国事访问；捷外长扎奥拉莱克访问肯尼亚、莫桑比克及毛里求斯。6月，捷外长扎奥拉莱克访问以色列和巴勒斯坦；哥伦比亚总统桑托斯访问捷克；巴勒斯坦外长马勒基访问捷克。7月，韩国国会议长郑义和访问捷克；摩洛哥外长梅祖阿尔访问捷克。9月，捷外长扎奥拉莱克访问伊朗；哥斯达黎加外交和宗教事务部长桑斯访问捷克。10月，马来西亚参议院主席扎哈尔访问捷克；以色列总统里夫林对捷克进行国事访问；捷外长扎奥拉莱克访问越南、马来西亚；智利众议院主席努涅斯洛萨诺访问捷克；捷总理索博特卡访问约旦。11月，捷总理索博特卡访问德国；奥地利联邦议会议长克奈弗尔访问捷克；英国外交大臣哈蒙德访问捷克；捷总理索博特卡在巴黎与挪威首相举行会谈。12月，韩国总统朴槿惠访问捷克；捷副外长考斯基赴阿根廷出席总统马克里就职仪式；突尼斯国防部长奥沙尼访问捷克。

【同国际和区域组织的关系】2015年主要交往有：1月，欧委会第一副主席蒂默曼斯访捷；捷外长扎奥拉莱克出席欧洲理事会外交事务大会。2月，捷总理索博特卡出席欧盟政府首脑非正式会议。3月，捷外长扎奥拉莱克出席欧盟委员会常务会议；捷总理索博特卡出席欧盟峰会；捷外长扎奥拉莱克在日内瓦出席联合国人权理事会第二十八次会议；捷外长扎奥拉莱克出席维谢格拉德集团（V4）国家与德国外长会晤。4月，欧盟委员会副主席谢夫乔维奇访捷；捷外长扎奥拉莱克出席欧盟和南地中海8国外长非正式会议；捷总理索博特卡出席欧洲理事会特别会议。5月，捷外长扎奥拉莱克出席在安塔利亚举行的北约外长会议；捷外长扎奥拉莱克出席V4及东部伙伴关系国家外长会议；捷外长扎奥拉莱克出席欧盟委员会外长会议及国防事务会议。6月，捷外长扎奥拉莱克出席在巴黎举行的经合组织部长级会议；欧洲人权理事会秘书长亚格兰访捷；欧盟委员会贸易委员马姆斯特罗姆访捷；捷总理索博特卡在布鲁塞尔出席欧盟与拉丁美洲和加勒比国家首脑会议；捷总理索博特卡在斯洛伐克出席V4峰会和国际安全会议；捷外长扎奥拉莱克出席在卢森堡举行的欧盟理事会外事会议；捷外长扎奥拉莱克出席欧盟总务理事会会议；捷总理索博特卡出席在布鲁塞尔举行的欧盟峰会；捷外长扎奥拉莱克出席在布鲁塞尔举行的欧盟委员会外长会议。9月，V4集团召开总理特别会晤；北约秘书长托尔滕贝格访问捷克；捷外长扎奥拉莱克主持召开V4国家、卢森堡、德国外长级会议；捷总理索博特卡与欧盟委员会主席容克举行电话会议；捷外长扎奥拉莱克出席欧盟理事会常务会议。10月，捷内务部长霍瓦内茨出席在卢森堡举行的欧盟内政部长会议；捷总统泽曼赴匈牙利出席V4集团峰会；捷外长扎奥拉莱克出席欧盟委员会外长会议及总务会议；捷总理索博特卡出席欧盟峰会。11月，捷总理索博特卡、副总理别洛布拉代克出席在马耳他举行的欧盟—非洲首脑峰会；捷外长扎奥拉莱克在卢森堡出席亚欧外长会议；V4集团和西巴尔干国家外长会议在布拉格举行；捷总理索博特卡出席在布鲁塞尔举行的欧盟—土耳其特别首脑会议；捷总理索博特卡出席在巴黎举行的全球气候峰会。12月，V4国家总理会议在布拉格召开；捷副外长特拉帕出席欧盟发展部长非正式会议；捷副外长库哈内克出席欧盟委员会外长会议；捷副外长施拉迈克出席欧盟委员会总务会议；捷总理索博特卡出席欧盟峰会。（何超）

克罗地亚

国名　克罗地亚共和国（The Republic of Croatia，Republika Hrvatska）。

面积　56594平方公里。

人口　428.5万（2011年）。主要民族有克罗地亚族（90.42%），其他为塞尔维亚族、波什尼亚克族、意大利族、匈牙利族、阿尔巴尼亚族、斯洛文尼亚族等，共22个少数民族。官方语言为克罗地亚语。主要宗教是天主教。

首都　萨格勒布（Zagreb），人口79万（2011年），最高气温38℃，最低气温–11.6℃。

国家元首　总统科琳达·格拉巴尔–基塔罗维奇（Kolinda Grabar–Kitarovic，女），2015年2月就任。

重要节日　国庆节：6月25日。

简　况

位于欧洲中南部，巴尔干半岛的西北部。西北和北部分别与斯洛文尼亚和匈牙利接壤，东部和东南部与塞尔维亚、波斯尼亚和黑塞哥维那、黑山为邻，西部和南部濒亚得里亚海，岛屿众多，海岸线曲折，长1880公里。

6世纪末和7世纪初，斯拉夫人移居到巴尔干半岛定居。8世纪末和9世纪初，克罗地亚人曾建立早期封建国家。10世纪，克罗地亚王国建立。1102—1527年，克罗地亚处于匈牙利王国统治之下。1527—1918年，克罗地亚受哈布斯堡王朝统治，直到奥匈帝国崩溃。1918年12月，克罗地亚与一些南部斯拉夫民族联合成立塞尔维亚人—克罗地亚人—斯洛文尼亚人王国，1929年改称南斯拉夫王国。1945年，南斯拉夫各族人民赢得反法西斯战争胜利，同年11月29日宣告成立南斯拉夫联邦人民共和国，1963年改称南斯拉夫社会主义联邦共和国，克成为南联邦六个共和国之一。1991年5月底，克举行全民公决，赞成克独立。同年6月25日，克议会通过决议，宣布脱离南斯拉夫社会主义联邦共和国独立。1992年5月22日，克罗地亚加入联合国。2009年4月1日，克罗地亚加入北约。2013年7月1日，克罗地亚加入欧盟。

政　治

近年来，克政局稳定。2015年11月，克举行第八届国家议会选举，以民主共同体为首的中右翼爱国联盟与桥党组成新一届联合政府。

【宪法】1990年12月22日，克罗地亚共和国公布新宪法。宪法规定，总统任期5年，任期不得超过两届。2000年11月，克议会通过宪法修正案，改半总统制为议会内阁制。2001年3月，克议会再度修宪，决定取消省院，改两院制为一院制。2010年6月，克议会第4次修宪，主要确定了克加入欧盟和作为欧盟成员国的法律基础，包括对欧盟的主权让渡、克入盟公投、履行欧盟法律义务和欧盟成员国公民在克权利等。

【议会】国家最高权力和立法机构，一院制。议员通过直选产生，任期4年。本届议会于2015年12月28日成立，由151名议员组成。其中，以克民主共同体为首的"爱国联盟"59席，以克社会民主党为首的"克罗地亚在增长"联盟56席，桥党17席，伊斯特拉民主会议党3席、斯拉沃尼亚—巴拉尼亚民主联盟2席，米兰·班迪奇365—劳动团结党2席，克对话倡议党2席，人民党—改革者党1席，人墙党1席，少数民族议员8席。议会下设29个专门委员会。议长热利科·雷伊奈尔（Željko Reiner，克民共体成员），2015年12月就任。2014年5月25日，克举行第二次欧洲议会议员选举，共获11个席位。

【政府】国家权力执行机构。本届政府于2016年1月22日组成，系克历史上首个专家型政府，由民共体、桥党和无党派人士组成，共设20个部。总理蒂霍米尔·奥雷什科维奇（Tihomir OREŠKOVIĆ），2016年1月就任。政府主要成员：第一副总理托米斯拉夫·卡拉马尔科（Tomislav KARAMARKO），副总理博若·佩特罗夫（Božo PETROV），财政部长兹德拉夫科·马里奇（Zdravko MARIĆ），企业和手工业部部长达尔科·霍尔瓦特（Darko HORVAT），劳动和养老金体系部长娜达·希基奇（Nada ŠIKIĆ，女），海洋、交通和基础设施部长奥莱格·布特科维奇（Oleg BUTKOVIĆ），建设和空间规划部长洛夫罗·库什切维奇（Lovro KUŠČEVIĆ），外交和欧洲事务部长米罗·科瓦奇（Miro KOVAČ），国防部长约西普·布列维奇（Josip BULJEVIĆ），退伍军人部长（暂空缺），旅游部长安顿·克利曼（Anton KLIMAN），卫生部长达里奥·纳基奇（Dario NAKIĆ），科技、教育和体育部长普雷德拉格·舒斯塔尔（Predrag ŠUSTAR），文化部长兹拉特科·哈桑贝戈维奇（Zlatko HASANBEGOVIĆ），地方发展和欧盟基金部长托米斯拉夫·托卢希奇（Tomislav TOLUŠIĆ），社会政策和青年部长贝尔娜尔迪察·尤雷蒂奇（Bernardica JURETIĆ，女），司法部长安特·什普尔列（Ante ŠPRLJE），国家行政部部长杜布拉夫卡·尤尔莉娜·阿莉贝戈维奇（Dubravka Jurlina ALIBEGOVIĆ，女），内务部长弗拉霍·奥雷皮奇（Vlaho OREPIĆ），经济部长托米斯拉夫·帕奈尼奇（Tomislav PANENIĆ），农业部长达沃尔·罗米奇（Davor ROMIĆ），环境和自然保护部长斯拉文·多布罗维奇（Slaven DOBROVIĆ）。

【主要网址】总统府：www.predsjednik.hr；议会：www.sabor.hr；政府：www.vlada.hr；外交部：www.mvep.hr；克通社：www.hina.hr。

【行政区划】全国设20个省和1个省级直辖市，下辖128个市和428个区。

【司法机构】设宪法法院和最高法院等。宪法法院院长娅斯娜·奥梅耶茨（Jasna OMEJEC，女），2008年就任，2012年连任。最高法院院长布兰科·赫尔瓦廷（Branko HRVATIN），2005年就任，2009年、2013年连任。最高检察院检察长丁科·茨维坦（Dinko CVITAN），2014年就任。

【政党】截至2016年2月，共有151个政党和政治组织登记注册。主要有：

（1）克罗地亚民主共同体（Hrvatska Demokratska Zajednica，HDZ）：执政联盟第一大党。1989年6月17日成立。现有党员约21万。主张通过民主方式联合所有愿意在社会和政治生活中运用基督教文明和伦理道德的普遍价值观念的人，争取实现克罗地亚精神和物质生活的全新复兴。克独立后，民共体在议会和地方选举中连续赢得多数，长期执政。主席托米斯拉夫·卡拉马尔科。

（2）克罗地亚社会民主党（Socijaldemokratska Partija Hrvatske，SDP）：主要在野党。1990年11月3日成立。现有党员人数超过4万。主张保护劳动人民、中下层和需要特殊照顾的少数民族的利益，建立民主政治和法律社会秩序，促进社会和谐快速发展，为推动地区自治和区域平衡发展创造社会、经济和政治条件。主席佐兰·米拉诺维奇（Zoran MILANOVIĆ）。

（3）桥党（MOST）：执政联盟成员。2012年成立于达尔马提亚地区小镇梅特科维奇，最初为地方政党，后逐步吸纳各界社会独立人士加入，并在2015年国家议会大选中一跃成为议会第三大党。该党主张发扬社会民主，提升公民意识，提倡社会对话、包容，主张组建专家型政府，对国家政治、经济、金融、教育、卫生等进行全方位改革，实现国家复兴。主席博若·佩特罗夫（Božo PETROV）。

（4）克罗地亚人民党（Hrvatska Narodna Stranka，HNS）：由克人民党和自由民主主义者党于2005年合并组成。现有党员人数约4.5万人。主张全民平等，依法治国，三权分立，保护少数民族和有特殊需要的社会团体，联合欧洲其他国家共同维护和平，实行建立在平等、自由劳动道德观念上的市场经济，维护个人尊严、宗教信仰和文化艺术创作自由，以民主方式解决各种社会问题，在国际社会承认的领土范围内建设现代化的克罗地亚。主席韦斯娜·普西奇（Vesna PUSIĆ，女）。

（5）克罗地亚斯拉沃尼亚—巴拉尼亚民主联盟（Hrvatski demokratski savez Slavonije i Baranje，HDSSB）：2005年成立。2005年，原克民共体成员格拉瓦什因不满政府对斯拉沃尼亚—巴拉尼亚地区的发展投入而组建的独立政党。主席弗拉迪米尔·希什利亚吉奇（Vladimir ŠIŠLJAGIĆ）。

（6）克罗地亚工党—劳动党（Hrvatski Laburisti-Stranka rada）：2010年成立。主张保护工人、失业者及退休人员，反对不公正、腐败，主张法制、社会公平性，维护每个公民的尊严，尊重劳动和知识，认为劳动是个人和社会发展、精神文明的基础。主席德拉古廷·莱萨尔（Dragutin LESAR）。

【重要人物】科琳达·格拉巴尔－基塔罗维奇：总统。1968年4月29日生于里耶卡。毕业于萨格勒布大学哲学院和政治学院，国际关系硕士。曾任克外交和欧洲一体化部部长、克驻美大使、北约公共外交事务助理秘书长。2015年1月当选克总统，2月宣誓就职。 **热利科·雷伊奈尔**：议长。1953年5月28日生于萨格勒布。毕业于萨格勒布大学医学院，医学博士。曾任卫生部副部长、部长。2008年起当选国家议会议员，2012—2015年任副议长。2015年12月28日，当选克第八届国家议会议长。克民主共同体成员。 **蒂霍米尔·奥雷什科维奇**：总理。1966年生于萨格勒布。毕业于加拿大麦克马斯特大学化学系，财务及信息系统专业工商管理硕士学位。曾在礼来制药加拿大分公司、梯瓦药业集团加拿大公司、克罗地亚普利瓦制药公司、梯瓦欧洲公司工作，先后担任首席财务官、首席执行官。2016年1月22日出任总理。

经　济

克罗地亚是前南斯拉夫地区经济较为发达的国家，经济基础良好。旅游、建筑、造船和制药等产业发展水平较高。

主要经济数据如下：

国内生产总值：约572.15亿美元（2014年）。

人均国内生产总值：约13442美元（2014年）。

国内生产总值增长率：–0.4%（2014年）。

货币名称：库纳（KUNA）、利帕（LIPA），1库纳=100利帕。

汇率：1美元≈7.04库纳；1欧元≈7.64库纳（2015年12月）。

通货膨胀率：–0.9%（2015年11月）。

失业率：17.7%（2015年11月）。

外债累计：527.95亿美元（截至2015年9月）。

（资料来源：克罗地亚统计局、央行等）

【资源】森林和水力资源丰富，全国森林面积268.87万公顷，森林覆盖率为47%。此外，还有石油、天然气、铝等资源。

【工业】2013年工业从业人员约37.2万人，占全国总劳动力的21.8%。2013年工业产值228.2亿美元。2013年工业产值同比上涨0.4%。主要工业部门有食品加工、纺织、造船、建筑、电力、石化、冶金、机械制造和木材加工业等。近几年主要工业产品产量如下：

	2010	2011	2012
发电量（亿度）	146.7	108.9	102.2
天然气（亿立方米）	26.9	24.1	19.6
原油（万吨）	71.9	45.1	43.6
钢（万吨）	9.4	10.0	10.0

（资料来源：克统计局、国际钢铁协会等）

【农牧渔业】2013年农业从业人口约为5.8万，占全国总劳动力的2.2%。2013年农业产值约35亿美元。农业主要包括种植业、畜牧业、林业、渔业等。全国农业可耕地面积为125.2万公顷，播种面积约为106.1万公顷。

近几年主要农副产品产量如下（单位：万吨）：

	2012	2013	2014
小麦	99.97	99.89	64.89
玉米	129.80	187.44	204.70
甜菜	91.92	105.07	139.20
土豆	15.13	16.25	16.08
苹果	4.48	12.82	10.23
李子	1.50	3.93	0.81
葡萄	18.76	18.76	13.49
橄榄	5.09	3.43	0.88

主要牧畜存栏总数如下：

	2012	2013	2014

牛（万头）	45.2	44.2	44.1
猪（万头）	118.2	111.0	115.6
羊（万只）	67.9	62.0	60.5
家禽（万只）	1016.1	930.7	1031.7

渔业捕获量如下（单位：千吨）：

	2012	2013	2014
海水鱼	58.69	71.01	73.96
淡水鱼	4.27	3.29	3.86

水产品养殖量如下（单位：千吨）：

	2012	2013	2014
蟹、虾	0.49	0.69	0.76
牡蛎、贝类	4.50	3.84	3.18
其他海鱼	9.04	10.18	10.94

（资料来源：同上）

【服务业】服务业领域包括商业、餐饮、酒店、交通、金融、教育、医疗和社保等。2013年服务业从业人员93.4万，占全国总劳动力的76%。

【旅游业】旅游业发达，是克罗地亚国民经济的重要组成部分和外汇收入的主要来源。2014年，克罗地亚旅游收入98.39亿美元，占国内生产总值17.2%。游客总人数约为1312.8万人次，同比增长5.6%。过夜总人数为6648.4万人次，同比增加2.6%。旅游者主要来自德国、斯洛文尼亚、意大利、奥地利和捷克等国。主要风景区有亚得里亚海海滨、普利特维采湖群和布里俄尼岛等。

【交通运输】交通运输业较为发达，以铁路和公路为主。主要情况如下：

铁路：2014年总长2604公里，其中电气化铁路970公里，占总里程的37%。2014年客运量约为2193万人次，货运量约为1039万吨。

公路：2014年总长26778公里，其中高速公路1290公里。截至2014年年底，公路客运量约为5400万人次，货运量约为6614.6万吨。截至2014年年底，拥有小汽车约147万辆，货车约14万辆。

水运：2014年拥有商用客船84艘，总载客量为33830人；商用货船45艘，总吨位为121.2万吨。2014年克海上客运量为1302.9万人次，比上年增长2%；货运量为2033.5万吨，下降17.8%。克拥有七个可以停泊大型远洋轮船的海港，分别为里耶卡、普拉、希贝尼克、扎达尔、斯普利特、普洛切和杜布罗夫尼克。其中里耶卡港地位突出，经此港可通达克全境及整个欧洲。2014年，港口总吞吐量为1914.5万吨。

空运：2014年有客机24架，航线21条。2014年客运量约为186万人次，货运量3000吨。有8个国际机场（4E级），主要机场为萨格勒布“普莱索”机场。1998年1月1日，克罗地亚航空公司成为欧洲航空协会（AEA）第27个正式成员。

管道运输：2014年输油管道总长610公里，天然气管道总长2662公里。2014年输油497.1万吨，输气194.7万吨。

【财政金融】近几年克罗地亚政府财政收支情况如下（单位：亿美元）：

	2011	2012	2013
财政收入	188	235	236
财政支出	211	263	264
收支差额	–23	–28	–28

（资料来源：克罗地亚央行）

截至2015年4月底，克罗地亚央行外汇储备为164.88亿美元。

【对外贸易】2014年克对外贸易总额为367.5亿美元，其中出口额138.4亿美元，同比增长9.0%；进口额229.1亿美元，同比增长4.5%。逆差90.7亿美元。

2014年，克罗地亚前三大出口市场为：意大利（13.9%）、波黑（11.9%）、斯洛文尼亚（11.3%）。克罗地亚前三大进口国为：德国（15.1%）、意大利（14.2%）、斯洛文尼亚（10.8%）。

2014年主要出口商品：石油产品、矿物燃料及润滑剂、药品、电力设备、食品。主要进口商品：原油和天然气、矿物燃料及润滑剂、交通工具、药品、机床设备。

近三年进出口情况如下（单位：亿美元）：

	2012	2013	2014
出口额	128	127	138
进口额	216	219	229
差　额	–88	–92	–91

【对外投资】截至2013年年底，克罗地亚累计对外投资50.58亿美元。克罗地亚对外投资主要投资国为荷兰（18亿美元）、塞尔维亚（8.7亿美元）、波黑（8.5亿美元）和斯洛文尼亚（2.9亿美元），投资主要集中在焦炭和精炼石油产品、海运、零售贸易和金融等领域。

【外国资本】截至2013年年底，克罗地亚累计引进外资359.4亿美元。外资主要来自奥地利（94.5亿美元）、荷兰（45.3亿美元）、德国（43亿美元）、匈牙利（30.5亿美元）和卢森堡（22.7亿美元）等。外国投资主要集中在金融、不动产等领域。

人民生活

截至2014年年底，克罗地亚共有150.1万固定电话用户，446.1万移动电话用户，134.1万互联网宽带用户。全国医疗工作者共6.6万人，病床2.5万张。克罗地亚平均每千人拥有医生1.9人、病床5.4张、小汽车347.2辆。

军　事

克罗地亚于1991年建立军队。5月28日为建军节。实行义务兵役制，服役期6个月。2015年克罗地亚军队总人数16586人，其中军职15234人，占92%；文职1352人，占8%。2015年克罗地亚国防预算为5.6亿欧元，占GDP1.28%。宪法规定，共和国总统为克武装力量的最高统帅。克军总参谋长德拉戈·洛夫里奇中将（Drago LOVRIĆ），2011年3月就职，任期至2016年3月。

文化教育

【文化】2014年，克罗地亚有138家广播电台，26家电视台，117家各类剧院，52支专业乐团和合唱团，159家影院。

【教育】克罗地亚文化教育程度较高，具备较为完整的教育体系，包括学前教育、初等教育、中等教育、职业教育、高等教育、成人教育和特殊教育等。全国普及实施八年制小学义务教育。主要有萨格勒布大学、里耶卡大学、奥西耶克大学、斯普利特大学、扎达尔大学、杜布罗夫尼克大学和普拉大学等7所高等学府。2013/2014年度各级学校情况如下：

	学校（所）	学生（人）	教师（人）
学前教育	1562	131037	10785
初等教育（小学、初中）	2132	327204	32306
中等教育（高中）	739	182878	25584

【新闻出版】2010年，克罗地亚共出版书籍7348种，出版报纸267种，杂志2676种。克语全国性日报共有三种:《晚报》，日发行量20.5万份;《晨报》，日发行量10万份;《信使报》4.2万份；地方性日报共有9种：如《自由达尔马提亚报》12万份;《新报》4000份等。

克罗地亚现有4家通讯社，分别是克罗地亚通讯社（HINA）、克通社影像社（FaH）、天主教信息通讯社（IKA）和斯普利特私人新闻通讯社（STINA）。其中，克罗地亚通讯社为国家通讯社，成立于1990年7月。克罗地亚国家电视台（HTV）成立于1956年，有3个国内频道和1个卫星频道。克罗地亚国家广播电台成立于1926年。

对外关系

克罗地亚1991年独立。2009年加入北约。2013年7月1日正式加入欧盟。入盟后，克在立足欧盟的同时，重视发展同美国、俄罗斯和中国等大国的关系。曾任2008—2009年度联合国安理会非常任理事国、安理会反恐委员会主席。致力于睦邻友好和地区合作，推动地区民族和解，与塞尔维亚等其他前南斯拉夫国家关系不断改善和加强。

截至2016年2月，克罗地亚已同世界上178个国家建立外交关系。

【同中国的关系】1992年5月13日两国建交。建交后，双边关系发展顺利。2005年，两国宣布建立全面合作伙伴关系。2009年6月，胡锦涛主席访问克罗地亚。2012年5月，全国人大常委会委员长吴邦国访克。2013年11月，李克强总理在布加勒斯特会见出席中国—中东欧国家领导人会晤的克罗地亚总理米拉诺维奇。同月，克第一副总理兼外长普西奇访华。2014年5月，中共中央政治局委员、国务院副总理刘延东访克。6月，中共中央政治局委员、重庆市市委书记孙政才访克。8月，克议长莱科访华并出席南京青奥会闭幕式。2015年10月，克总统基塔罗维奇访华。11月，中共中央书记处书记、全国政协副主席杜青林访克。同月，克议长莱科来华出席第四次中国—中东欧国家领导人会晤，李克强总理会见，习近平主席集体会见。

据中国商务部统计数据，2014年中克贸易额11.28亿美元，同比下降24.5%。其中，中国出口10.27亿美元，同比下降26.1%；进口1.01亿美元，同比下降3.5%。2015年中克贸易额10.97亿美元，同比下降2.7%。其中，中国出口9.86亿美元，同比下降4.0%；进口1.12亿美元，同比增长9.8%。

中国驻克罗地亚大使：邓英。馆址：萨格勒布市姆利诺维大街132号，（Mlinovi 132, Zagreb）。电话（003851）4637011；传真：4637012。

克罗地亚驻华大使：奈博伊沙·科哈罗维奇（Nebojša KOHAROVIĆ）。馆址：北京三里屯外交人员办公楼2–72。电话：010–65326241；传真：65326257。

【同美国的关系】1992年4月7日，美国承认克罗地亚。同年8月6日，克美建交。克重视发展对美关系。2014年2月，克第一副总理兼外长普西奇访美。5月，克总统约西波维奇访美。9月底至10月初，克总理米拉诺维奇赴美会见美商业界人士。2015年6月，美国国务院能源事务特使兼协调员霍克斯坦访克。11月，美国副总统拜登出席在克举行的“布尔多—布里俄尼进程”领导人特别会议。2016年1月，克总统基塔罗维奇对美国进行工作访问。

【同俄罗斯的关系】1991年10月4日建交。2014年2月，克总统约西波维奇出席索契冬奥会开幕式。

【同欧盟及欧盟国家的关系】2004年6月，克罗地亚成为欧盟正式候选国。2005年10月，欧盟启动同克罗地亚的入盟谈判。2011年6月，克完成入盟谈判，12月与欧盟签署入盟条约。2012年1月，克入盟全民公投以67%的支持率获得通过，欧盟成员国陆续启动批准克入盟程序。2013年3月，欧盟委员会发表对克入盟的最终监测报告，确认克已履行其义务和入盟条约中所列要求。4月，克举行首次欧洲议会议员选举，产生12名欧洲议会议员。7月1日，克正式成为欧盟第28个成员国。2014年4月，克签署加入“欧洲经济区”协议。5月，克进行新一届欧洲议会议员选举，产生11名欧洲议会议员。2015年9月，欧洲理事会主席图斯克访克。

【同北约的关系】2000年5月，克罗地亚加入北约“和平伙伴关系”。2009年4月，克罗地亚成为北约正式成员国。2014年9月，克总统约西波维奇、第一副总理兼外长普西奇等出席北约威尔士峰会。2015年4月，克总统基塔罗维奇访问北约总部。7月，北约秘书长斯托尔滕贝格访克。

【同邻近国家的关系】同波黑的关系：1992年7月建交。2014年2月，克总理米拉诺维奇访问波黑。4月，克总统约西波维奇出席在波黑举行的"2014国际经济博览会"开幕式。

同塞尔维亚的关系：1996年9月建交。受前南解体遗留问题影响，两国关系曾一度紧张。近年来，双方关系明显缓和。2014年2月，克第一副总理兼外长普西奇访塞。3月，海牙国际法庭正式开庭审理两国互诉种族屠杀案，双方领导人均强调不应因历史问题影响双边关系的改善和发展。2015年2月，联合国海牙国际法庭就克、塞互诉种族灭绝罪行案做出终审判决，认定双方均免于灭绝种族罪指控和责任。6月，克总统基塔罗维奇与塞尔维亚总统尼科利奇在第三次"布尔多—布里俄尼进程"领导人会晤期间举行双边会见。

同黑山的关系：2006年7月建交。2014年6月，黑山总理久卡诺维奇访克。2015年6月，克总统基塔罗维奇出席在黑山举行的第三次"布尔多—布里俄尼进程"领导人会晤。同月，克议长莱科访问黑山。

同斯洛文尼亚的关系：1992年2月建交。2014年3月，两国签署《申根区互助合作协议》。2015年3月，克总统基塔罗维奇与斯洛文尼亚总统帕霍尔举行非正式会晤。2015年7月，克退出克斯边界仲裁协定。2016年1月，克总统基塔罗维奇再次与斯洛文尼亚总统帕霍尔举行非正式会晤。同月，克总理奥雷什科维奇访问斯洛文尼亚。

同马其顿的关系：1992年3月建交。2014年1月，马其顿议长韦利亚诺斯基访克。2015年7月，马其顿总统伊万诺夫访克。（殷涛）

拉脱维亚

国名　拉脱维亚共和国（The Republic of Latvia）。

面积　64589平方公里，其中陆地面积62046平方公里，内水面积2543平方公里。

人口　228万（2014年）。拉脱维亚族占62%，俄罗斯族占26%，白俄罗斯族占3%，乌克兰族占2%，波兰族占2%。此外还有犹太、爱沙尼亚等民族。官方语言为拉脱维亚语，通用俄语。主要信奉基督教路德教派和东正教。

首都　里加（Riga），人口71万（2014年），1月平均气温-4.6℃，7月平均气温21.4℃，全年平均气温6.7℃。

国家元首　总统莱蒙德斯·韦约尼斯（Raimonds VEJONIS），2015年6月当选，7月就职。

重要节日　独立日（国庆日）：11月18日。

简　况

位于波罗的海东岸，北与爱沙尼亚，南与立陶宛，东与俄罗斯，东南与白俄罗斯接壤。国界线总长1862公里。平均海拔87米，地貌为丘陵和平原。气候属海洋性气候向大陆性气候过渡的中间类型。1月平均气温-4.6℃，7月平均气温21.4℃，夜晚平均气温11℃。平均年降水量732毫米。

公元10世纪，建立早期的封建公国。12世纪末至1562年，被日耳曼十字军侵占，后归属德利沃尼亚政权。1583—1710年，先后被瑞典、波兰—立陶宛公国瓜分。1710—1795年，被沙皇俄国占领。1795—1918年，拉东部和西部分别被俄罗斯和德国割据。1918年11月18日，拉成为独立的共和国。1939年8月，苏联和德国签订秘密条约，拉被划入苏联势力范围。1940年6月，苏军根据苏拉双边友好协议进驻拉，建立苏维埃政权，同年7月21日成立拉脱维亚苏维埃社会主义共和国，8月5日并入苏联。1941—1945年，被德国侵占。二战结束后，重新并入苏联。1990年5月4日，拉最高苏维埃通过关于恢复拉脱维亚独立的宣言，并改国名为拉脱维亚共和国。1991年8月22日，拉最高苏维埃宣布拉脱维亚共和国恢复独立。同年9月6日，苏联国务委员会承认拉独立。9月17日，拉加入联合国。

政　治

政局基本稳定。2015年12月，斯特劳尤马总理辞职。韦约尼斯总统于2016年1月13日提名绿色农民联盟党人库钦斯基斯为总理候选人。2月11日，拉脱维亚议会以60票赞成，32票反对审议通过了由绿色农民联盟、团结党和民族联盟组成的新一届政府成员名单，库钦斯基斯正式出任总理，任期至2018年。

【宪法】1993年7月6日，拉议会通过决议，恢复1922年拉独立初通过的宪法。1994年、1996年和1997年，议会三次对宪法进行了修订。宪法规定拉脱维亚是独立的民主共和国，议会是国家最高立法机构，总统由议会选举产生，任期4年，最多任2届，总任期不超过8年。总统任命总理并授权其组成政府（须经议会简单多数通过）。

【议会】国家最高立法机构，实行一院制，由100名议员组成，任期4年，议员由18岁以上的公民直接选举产生。参选党必须获得5%以上的选票才能进入议会。本届议会是2014年10月选举产生的第十二届议会，共有6个议会党团，其中和谐中心联盟25席，团结党23席，绿色农民联盟21席，民族联盟——一切为了拉脱维亚及祖国自由联盟17席，真心为拉脱维亚7席，拉脱维亚地区联盟7席。现任议长伊娜拉·穆尔涅采（Inara Murniece，女，民族联盟成员），2014年11月当选。议会领导机构为议会主席团，由主席（即议长）、2名副主席、秘书长和副秘书长5人组成。议会下设15个委员会，每年举行春季和秋季2次会议。

【政府】现政府于2016年2月成立，成员名单如下：总理马里斯·库钦斯基斯（Maris KUCINSKIS，绿色农民联盟），外交部长埃德加斯·林克维奇斯（Edgars RINKEVICS，团结党），财政部长达娜·雷兹涅斯–奥佐拉（Dana REIZNIECE–OZOLA，女，绿色农民联盟），文化部长达茜·梅尔巴尔德（Dace MELBARDE，女，民族联盟），卫生部长昆提斯·别列维奇斯（Guntis BELEVICS，绿色农民联盟），环境保护与地区发展部长卡斯帕尔斯·格尔哈茨（Kaspars GERHARDS，民族联盟），国防部长莱蒙德斯·伯格马尼斯（Raimonds BERGMANIS，绿色农民联盟），教育科技部长卡尔利斯·沙杜尔斯基斯（Karlis SADURSKIS，团结党），福利部长雅尼斯·雷尔思（Janis REIRS，团结党），农业部长雅尼斯·杜克拉夫斯（Janis DUKLAVS，绿色农民联盟），交通部长乌尔迪斯·奥古利斯（Uldis AUGULIS，绿色农民联盟），副总理兼经济部长阿尔维尔斯·阿舍拉登斯（Arvils ASERADENS，团结党），司法部长德金塔尔斯·拉斯纳奇斯（Dzintars RASNACS，民族联盟），内政部长里查德斯·科兹罗夫斯基斯（Rihards KOZLOVSKIS，团结党）。

【主要网址】总统府：www.president.lv；议会：www.saeima.lv；政府：www.mk.gov.lv；外交部：www.mfa.gov.lv。

【行政区划】设有110个区和9个全国级市。

【司法机构】最高法院院长伊瓦尔斯·比奇克维奇斯（Ivars BICKOVICS），2008年6月就职。总检察长埃里克斯·卡尔梅耶斯（Ēriks KALNMEIERS），2010年7月就职。

【政党】截至2014年，在司法部登记注册政党和政治团体主要有：

（1）和谐中心联盟（Harmony Center）：反对党。由“和谐”社会民主党、拉脱维亚社会党组成。其主体“和谐”社会民主党由四党合并，成立于2010年。里加市长尼尔斯·乌沙科夫斯（Nils USAKOVS）同时担任该党主席。雅尼斯·乌尔巴诺维奇斯（Janis URBANOVICS）为和谐党副主席及议会党团主席。

（2）团结党（Unity）：执政联盟成员。由新时代党（New Era）、公民联盟（Civic Union）和另类政治联盟（Society for Other Politics）于2010年3月6日合并成立。议会党团主席和党主席均为索尔薇塔·阿博尔京娜（Solvita ABOLTINA，曾担任第十、十一届议会议长）。

（3）民族联盟——一切为了拉脱维亚及祖国自由联盟（National Alliance “All For Latvia!” – “For Fatherland and Freedom/LNNK”）：执政联盟成员。由一切为了拉脱维亚党（All For Latvia!）和为了祖国和自由党（For Fatherland and Freedom/LNNK）于2010年合并成立。2011年7月23日转为单一政党。共同主席为加伊迪斯·贝尔津什（Gaidis BERZINS）和莱维斯·津塔尔斯（Raivis DZINTARS）。议会党团主席为加伊迪斯·贝尔津什（Gaidis BERZINS）。

（4）绿色农民联盟（Union of Greens and Farmers）：执政联盟成员。由拉脱维亚农民联盟（Latvia’s Farmers’ Union）和拉脱维亚绿党（Green Party of Latvia）于2006年合并成立。联盟主席为阿曼德·克劳兹（Armands Krauze）。议会党团主席为奥古斯特·布里格曼尼斯（Augusts Brigmanis）。

其他政党有：改革党（Reform Party）、统一拉脱维亚人权党（For Human Rights in United Latvia）、拉脱维亚社会民主工人党（Latvian Social Democratic Workers’ Party）、最后党（Last Party）、支持总统共和制党（For a Presidential Republic）、人民控制党（People's Control）、“自由、消除恐惧、仇恨与愤怒”党（Freedom, Free from Fear, Hate and Anger）、基督民主联盟（Christian Democratic Unions）等。

【重要人物】莱蒙德斯·韦约尼斯：总统。1966年6月生于俄罗斯西北部的普斯科夫。1995年获拉脱维亚大学生物学硕士学位。早年从事教师、地方议员等职业，并在多家环保单位供职。2002年起进入拉政界。2002—2003年任环境保护与地方发展部长。2003—2011年任环境部长。2011年10月前任环境保护与地方发展部长。后任议员。2014—2015年任国防部长。2015年6月当选总统，7月宣誓就职。懂英语、俄语。 **伊娜拉·穆尔涅采：**议长，女，1970年12月30日出生，2007年毕业于拉脱维亚大学经济文化系，进入政坛前担任记者、编辑，2011年辞去记者职务参加议会选举并成功当选第十一届议会议员，2014年9月当选第十二届议会议员，11月4日就任议长。懂俄语、英语。 **马里斯·库钦斯基斯：**总理。1961年11月出生于拉脱维亚瓦尔米耶拉。毕业于拉脱维亚大学经济学系。1994年起历任瓦尔米耶拉市政厅议员、地区理事会主席、市长、地区发展部长。2002—2016年任议员，2014年起任议会长期发展委员会主席。2014年加入绿色农民联盟。2016年1月被韦约尼斯总统正式提名为总理候选人。2月其内阁名单获议会通过。懂俄语、德语和基本英语。

经济

1991年恢复独立后，拉脱维亚按西方模式进行经济体制改革，推行私有化和自由市场经济。1998年被正式接纳为世界贸易组织成员。2008年遭国际金融危机重创，国内生产总值连续2年下降达20%。2009年接受国际货币基金组织和欧盟75亿欧元贷款援助，成功实施财政紧缩，2011年起恢复经济增长。2014年拉主要经济数据如下：

国内生产总值：272亿美元。

人均国内生产总值：15729美元。

国内生产总值增长率：2.4%。

通货膨胀率：0.6%。

失业率：10.8%。

（资料来源：拉中央统计局）

【资源】有泥炭、石灰石、石膏、白云石、石英砂等少量矿产。有1.4万个野生物种。森林面积349.7万公顷，其中168.6万公顷为国有林，覆盖率为49.9%。

【工业】工业支柱产业有采矿、加工制造及水电气供应等。2014年工业产值同比下降0.9%，其中制造业同比下降0.1%，工业占GDP比重16.37%。

【农业】包括种植业、畜牧业、渔业等行业。2014年农业占国内生产总值的比重为3.45%。（资料来源：拉脱维亚中央统计局）

近几年主要农业、渔业、林业产品产量分别为（单位：万吨）：

	2012	2013	2014
谷物	212.5	194.9	222.7
马铃薯	53.9	49.6	50.6
蔬菜	16.1	14.0	19.1
捕鱼	9.04	—	12.3

主要牲畜和家禽存栏量（单位：万头/万只）：

	2012	2013	2014
牛	39.3	40.6	42.20
其中奶牛	16.5	16.5	16.60
猪	35.5	36.8	34.90
绵羊	8.4	8.5	9.30
山羊	1.3	—	1.20
马	1.1	—	1.01

【服务业】服务业是拉脱维亚的支柱产业。2014年服务业占国内生产总值的比重为80.19%。

【旅游业】2014年拉入境游客达652万人次。主要来自立陶宛、爱沙尼亚、俄罗斯、挪威、瑞典、德国等国。拉主要旅游城市和风景区有：里加古城、尤尔马拉海滨、希古达和采西斯风景区、露天民俗博物馆、隆达列宫等。全国共有旅游公司202家，主要有：拉脱维亚旅游公司（Latvia Tours）、里加旅行社（Riga Travel Agency）、塔斯旅游公司（Tas Travel Agency）、大学生青年旅行社（Student and Youth Travel）、波罗的海旅游公司（Baltic Travel Group）等。

【交通运输】铁路：总长1860公里，其中250公里电气化铁路，2014年货运量5704万吨。

公路：国家级公路线总长20093公里。2014年公路货运量6223.9万吨。

水运：内河航线全长350公里。主要海港有里加、文茨皮尔斯和利耶帕亚。2014年里加港吞吐量4108万吨，文茨皮尔斯港吞吐量2620.6万吨。

空运：共有飞机216架，有里加、文茨皮尔斯、利耶帕亚三个国际机场。波罗的海航空公司（AIR BALTIC）创建于1995年，是拉唯一的国际航空公司，国家占99.8%股份，目前拥有飞机28架，其中5架波音737-500飞机，9架波音737-300飞机，6架FOKKER-50飞机，8架庞巴迪Q400飞机。2014年，里加国际机场客运量为481.4万人次，同比增长0.4%。里加现有直飞莫斯科、伦敦、曼彻斯特、斯图加特、维也纳、巴黎、罗马、米兰、法兰克福、都柏林、慕尼黑、布鲁塞尔、斯德哥尔摩、赫尔辛基、哥本哈根、华沙、特拉维夫、布拉格、塔林、维尔纽斯、基辅、奥德萨、明斯克、塔什干、伊斯坦布尔等地的国际航班。

输油管道总长766公里，其中原油输送管道437公里，石油产品输送管道329公里。天然气输送管道1242公里。2014年通过管道运送石油产品570万吨，同比增长4.2%。

【财政金融】近年财政收支情况如下（单位：亿美元）：

	2012	2013	2014
收入	99.98	107.35	88.6
支出	103.52	110.12	92.1
差额	-3.54	-2.77	-3.5

（资料来源：拉脱维亚中央统计局）

2014年拉中央政府债务达111.75亿美元，同比增长11.3%，占国内生产总值37.4%。

拉脱维亚银行（央行）成立于1922年9月19日，1991年9月3日拉脱维亚银行恢复了可以发行货币的央行地位，1993年拉脱维亚银行正式发行拉特。截至2014年底，拉共有26家商业银行及外国银行分支机构。主要商业银行为：（1）Swed银行（Swed Banka）；（2）SEB联合银行（SEB Banka)；（3）DnB银行（DnB Banka）；（4）Citadele银行（Citadele Banka)；（5）芬兰北欧银行拉脱维亚分行（Nordea Banak Finland Latvia Branch）；（6）Rietumu银行（Rietumu Banka）。

（资料来源：拉脱维亚商业银行协会）

【对外贸易】与世界120多个国家和地区有贸易关系。根据拉中央统计局资料，2014年拉进出口总额为302.96亿美元，同比增长0.8%。近年外贸情况如下（单位：亿美元）：

	2012	2013	2014
出口额	126.14	131.28	135.88
进口额	159.02	165.52	167.08
差　额	–32.88	–34.24	–31.20

拉脱维亚主要贸易伙伴仍为周边欧盟成员国和独联体国家，主要出口国为立陶宛、爱沙尼亚、俄罗斯；主要进口国家为立陶宛、德国、俄罗斯，对周边国家依赖程度依然较高。

主要出口商品是木材、木制品及木炭、钢铁、矿物燃料；主要进口商品为矿物燃料、机械用具及零配件、车辆及零配件。

【外国资本】截至2014年年底累计吸引外资90亿欧元。拉已同奥地利、保加利亚、白俄罗斯、比利时、加拿大、中国、瑞士、捷克、丹麦、埃及、西班牙、爱沙尼亚、芬兰、法国、英国、希腊、克罗地亚、匈牙利、冰岛、以色列、意大利、韩国、科威特、立陶宛、摩尔多瓦、挪威、荷兰、波兰、葡萄牙、罗马尼亚、新加坡、斯洛伐克、瑞典、土耳其、乌克兰、乌兹别克、越南等国家和地区签署投资保护协定。

【著名公司】（1）"阿尔达利斯"啤酒厂（Aldaris）：拉最大的啤酒酿造企业，有140余年历史。主要生产各种啤酒和无酒精饮料，年销售额近3800万美元。产品出口爱沙尼亚、立陶宛、俄罗斯、哈萨克斯坦等国。

（2）"莱依玛"巧克力厂（Laima）：拉最大的巧克力糖果生产企业，1924年建厂，年销售额3500多万美元。主要产品有：巧克力糖、巧克力糕点、奶糖、水果糖等。产品出口美国、德国、以色列、瑞典、瑞士、爱沙尼亚、立陶宛和独联体等国家和地区。

（3）"格林戴克斯"制药有限公司（Grindex）：波罗的海三国制药行业的龙头企业，经营范围包括药品研发、生产、销售等。生产多种药品，包括几种专利产品，其产品销售到50多个国家。2011年公司营业额达1.39亿美元，增长6.9%，纯利润1340万美元，减少5.6%。在拉脱维亚、爱沙尼亚和俄罗斯有4家子公司，在10个国家设有办事处。

人民生活

2014年居民平均税前工资949美元/月。

军　事

1991年8月23日开始组建军队，11月成立国防部。现任武装力量司令是莱蒙德斯·格劳贝准将（Raimonds GRAUBE）。国防力量由陆、海、空军和国民卫队组成。2006年前实行义务兵役，2007年1月开始实行军队职业化。根据本人意愿，军队与士兵签署3—15年的服役合同。计划于2020年将国防预算增加到占GDP2%的水平。军队实力计划维持在5100人左右。在组建军队过程中，特别是2004年4月拉加入北约后，美、英、德、法及北欧国家提供了培训和武器装备等方面的协助。在北约支持下，拉同立陶宛、爱沙尼亚积极开展军事合作，统一三国安全事务。三国在北约框架内联合进行的项目有：波海的海国家联合区舰队（BALTRON）、波罗的海地区空情监控网（BALTNET）和波罗的海军事学院（BALTDEFCOL）。迄今，拉已同40多个国家的军队建立联系，同近30个国家签署了军事合作协议。从1996年4月起，拉军开始参加国际维和行动。目前，拉在阿富汗驻军约180人。

文化教育

【文化】截至2014年，共有112所博物馆、15家电影院、559个文化中心、811所公共图书馆和9家剧院。

【教育】实行九年义务教育，允许私人办学校。大学实行公费和自费两种制度。2012/2013学年度在校学生43.2万人。其中学前班人数为9.3万，普通学校21.2万，职业学校为3.2万，高等院校9.4万人。主要高等院校有：拉脱维亚大学、里加工业大学、拉脱维亚农业大学、波罗的海俄罗斯学院、拉脱维亚医学院、拉脱维亚海洋学院、拉脱维亚音乐学院、拉脱维亚艺术学院等。创办于1919年的拉脱维亚大学是建校最早的大学，现有13个院系。

【新闻出版】拉报纸和杂志主要用拉文和俄文发行。拉文报纸主要有：《拉脱维亚报》、《日报》、《独立报》、《经济日报》、《里加晚报》等。俄文报纸主要有：《今日新闻报》、《电讯报》（周报）。英文报纸有《波罗的海时报》（周报）。

主要通讯社有拉脱维亚通讯社（LETA）和波罗的海新闻社（BNS）。拉通社成立于1920年，原为国家通讯社，1997年实行私有化，现有160名记者和编辑人员，主要提供波罗的海三国新闻，用拉、俄、英三种文字发稿。波罗的海新闻社成立于1991年4月，现有200名工作人员，主要提供北欧和环波海地区国家新闻，用拉脱维亚文、立陶宛文、爱沙尼亚文、俄文和英文5种文字发稿。拉有20多名驻外记者，主要在俄罗斯、立陶宛、爱沙尼亚、美国、比利时等国进行采访报道。现有100多名外国常驻记者，其中50余名来自俄罗斯各大报纸、通讯社和电视台，其他来自中国、立陶宛、爱沙尼亚、波兰、芬兰、丹麦、德国、加拿大等国。路透社、德通社和新华社在拉设有记者站。

有47家全国和地方广播电台，分别用拉语和俄语广播。拉国家广播电台为公共电台，成立于1925年，共有五套节目。一套用拉语广播，主要为新闻分析类节目；二套为拉脱维亚流行音乐节目；三套为古典音乐节目；四套用俄语和其他少数民族语言播音，以新闻分析为主；五套以娱乐节目为主。其他主要广播电台还有："FM100"，"SWH"，"Star FM"，"FM102.7"，基督之声广播电台，"Super FM"等。

全国和地方电视台有28家。拉脱维亚国家电视台（LTV）是拉最大的公共电视台，成立于1954年，有两个频道，一频道以新闻、国际评论等政治性节目为主，全部用拉语播出。七频道主要是文艺、体育和娱乐节目，有部分俄语节目（占30%）。商业电视台主要有：拉脱维亚独立电视台（LNT）、电视三台（TV3）和电视五台（TV5）。另有59家有线电视台，Baltcom TV和Telia Multicom用户最多，可收看俄罗斯、美国、英国、德国、法国、波兰等国的电视节目。

对外关系　恢复独立以来，拉将加入欧盟和北约作为外交优先方向。2004年4月2日，拉正式加入北约；5月1日，正式加入欧盟。12月30日，拉宣布自2005年1月1日起拉特与欧元正式挂钩，汇率浮动不超过1%。2014年1月1日，拉正式启用欧元，成为欧元区第18个成员国。2015年上半年首次担任欧盟轮值主席国。在对外关系上，拉全力深化与欧盟、美国的关系，谋求发展与俄罗斯的务实合作，拓展外交空间。拉与158个国家建立了外交关系。

【同中国的关系】1991年9月12日，中拉两国建立外交关系。1992年1月4日，中国在拉设立大使馆。同年1月底，拉政府与台湾当局签署所谓“建立领事关系的联合声明”，于2月上旬允许台在里加开设“总领事馆”。中国政府决定从拉撤出大使馆。1994年7月，拉政府代表团前往北京，承诺断绝同台湾的领事关系，双方签署了中拉两国关于实现关系正常化的联合公报。同年8月，中国大使馆恢复在里加工作。

2014年，中拉友好合作关系进一步发展。2月，中拉经贸联委会第九次会议在拉举行。2月至8月，波罗的海三国在华联合举办“波罗的海艺术节”。6月，国家质检总局局长支树平访拉。交通部副部长翁孟勇出席在拉举行的“欧亚连接”高级别欧亚交通物流会议。10月，国务院总理李克强在米兰出席亚欧首脑会议期间会见拉总统贝尔津什。11月，第八届环球中国商务会议在拉举行。12月，李克强总理在塞尔维亚贝尔格莱德会见出席第三次中国—中东欧国家领导人会晤的拉脱维亚总理斯特劳尤马。

5月，拉议长阿博尔京娜访华。5月和10月，拉外交部国务秘书、中国—中东欧国家合作拉国家协调员贝德高维奇斯来华出席第三次中国—中东欧国家合作国家协调员会议和阿富汗问题伊斯坦布尔进程第四次外长会。9月，拉交通部国务秘书奥佐林斯赴新疆出席第四届中国—亚欧博览会。

根据中国海关总署统计，2014年中拉贸易总额为14.6亿美元，较上年下降0.7%。其中，中国对拉出口额为13.2亿美元，下降4.2%；中国从拉进口额为1.4亿美元，增长48.1%。拉出口商品主要是机械和电子设备、运输工具、金属制品、化工产品、木材及其制品等，进口商品主要是纺织品、机械设备和电子设备、金属制品等。

中国驻拉脱维亚大使：黄勇（2015年9月递交国书）。馆址：里加市甘尼布丹比斯街5号，邮编LV–1045(5 Ganibu dambis Street, Riga, LV–1045, Latvia)。电话:（00371）67357023，67357024；传真：67357025。电子邮箱：chinaemb_lv@mfa.gov.cn。经济商务参赞处地址：里加市达尔巴街2号，邮编LV–1046（2 Darba Street，Riga，Latvia）。电话:（00371）67805475；传真：67805470。电子邮箱：lv@mofcom.gov.cn。

拉脱维亚驻华大使：赛尔嘉（Maris SELGA，2016年2月29日递交国书）。馆址：北京市朝阳区嘉林路甲1号嘉林花园71号别墅。电话：010–64333863；传真：64333810。电子邮箱：latemb.cn@bj-shuma.net。

【同欧盟的关系】积极参与欧盟决策，重点在预算问题上维护自身利益。支持欧盟通过“财政契约”和银行业监管，赞成欧元区扩大并成为稳定、强大的统一货币联盟。主张欧盟各成员国均衡发展，要求欧盟为拉农村发展拨款，并将对拉农业补贴提高至欧盟平均水平的80%。

【同美国的关系】两国于1991年9月5日建交。拉美关系是拉双边外交重点之一，强调与美的战略伙伴关系。2014年4月，美派150名士兵赴拉举行联合军演。

【同波罗的海等邻国的关系】与波海、北欧及德国等周边国家开展紧密合作。通过与上述国家定期磋商，在政治、经济、外交、军事和能源安全等领域开展广泛合作，寻求在欧盟内的共同利益，并就欧盟中期预算和在阿富汗行动协调立场。但在能源供应多元化问题上未取得重大进展。

【同俄罗斯的关系】拉俄于1991年10月4日建交。两国历史积怨深重，关系时有龃龉。拉在乌克兰问题上态度较为强硬，支持美欧对俄采取制裁措施。

【同独联体各国的关系】拉与同为前苏联加盟共和国的独联体国家关系普遍良好，政治、经贸往来密切，支持欧盟东部伙伴计划，密切关注乌克兰局势发展。

（陈晨）

立　陶　宛

国名　立陶宛共和国（The Republic of Lithuania）。

面积　6.53万平方公里。

人口　289.1万（2015年12月）。立陶宛族占

84.2%，波兰族占6.6%，俄罗斯族占5.8%。此外还有白俄罗斯、乌克兰、犹太等民族。官方语言为立陶宛语，多数居民懂俄语。主要信奉罗马天主教，此外还有东正教、新教路德宗等。

首都 维尔纽斯（Vilnius），面积401平方公里，人口53.2万（2015年1月）。1月平均气温 –4.9℃，7月平均气温17℃。

国家元首 总统达利娅·格里包斯凯特（Dalia GRYBAUSKAITĖ，女），2009年7月就职，2014年5月连选连任，任期5年。

重要节日 国家重建日（国庆日，1918年2月16日立陶宛宣布国家重建，立陶宛共和国成立）：2月16日；恢复独立日（1990年3月11日立陶宛发表恢复独立宣言）：3月11日；国家日（1253年7月6日立陶宛国王明陶卡斯加冕）：7月6日。

简　况

位于波罗的海东岸，北接拉脱维亚，东连白俄罗斯，南邻波兰，西濒波罗的海和俄罗斯加里宁格勒州。国境线总长1644公里，海岸线长90公里。属海洋性向大陆性过渡气候。最高点海拔293.6米。1月平均气温 –1℃，7月平均气温19℃。

1009年史书首次提及立陶宛。1240年成立统一的立陶宛大公国。1385年后立陶宛与波兰三次联合，1387年接受天主教为国教。维陶塔斯大公执政期间（1392—1430年）是立鼎盛时期，成为当时欧洲面积最大的国家之一。1795年后逐步被沙俄吞并。第一次世界大战期间，立曾一度被德国占领。1918年2月16日，立宣布独立并建立资产阶级共和国。1920年10月9日，波兰占领维尔纽斯和立东部地区，第二大城市考纳斯成为立临时首都。1939年8月，苏联和德国签订秘密条约，立被划入苏联势力范围，次年初苏军进驻立境内。1941年苏德战争爆发后，立被德国占领。1944年苏联军队进入立，立陶宛苏维埃社会主义共和国成立并加入苏联。1990年3月11日，立通过恢复独立宣言，宣布脱离苏联独立。1991年9月6日，苏联国务委员会承认立独立，9月17日立加入联合国。2004年3月29日立加入北约，5月1日成为欧盟成员国。

政　治

立陶宛政局总体稳定。2012年10月，代表中左翼的社会民主党、劳动党和秩序与正义党在议会选举中获过半议席，并同波兰人选举运动四党共同组成执政联盟。新政府执政以来，着力促进经济增长，解决就业、税收和社会公平问题。格里包斯凯特总统保持较高民意支持率，于2014年5月连选连任，在国家政治和社会生活中继续发挥着较为重要的作用。2014年8月，波兰人选举运动退出执政联盟。

【宪法】1992年10月25日经全民公决通过，11月2日生效，后多次修订。现行宪法共15章154条。规定立陶宛是独立的民主共和国，主权属于全体人民，公民权利一律平等。立为议会制国家。议会是国家最高立法机关，批准或否决总统提名的总理人选；任命和解除国家领导人的职务；有权弹劾总统，但需经3/5以上议员支持。总统由公民直接投票选举产生，任期5年，最多任2届。凡年龄在40岁以上且近3年在立连续居住的立公民均可竞选总统。如总统病故、辞职、被弹劾或由于健康原因无法履行职务时，其职责由议长代为行使。总统是国家武装力量最高统帅，就重大外交问题做出决策，经议会同意任命和撤换总理，根据总理推荐任命和撤换部长。

【议会】国家最高立法机关，实行一院制，共有141个席位，任期4年。凡年满25岁、在立定居的立公民均有权竞选议员。其中71名议员由全国71个选区直接选出，其余70名由进入议会的政党产生，获得5%以上选票的政党和7%以上选票的政党联盟可进入议会，并根据各自获得选票的比例分配议席。本届议会于2012年10月选举产生，主要党团及所占议席分别为：社会民主党40席、祖国联盟—基督教民主党32席、劳动党29席、秩序与正义党12席、自由运动党10席、波兰人选举运动8席、无党派10席。现任议长洛丽塔·格劳济涅内（Loreta GRAUZINIENE，女），2013年10月当选。

【政府】本届政府为独立后第16届政府，于2012年12月组成，由社会民主党、劳动党、秩序与正义党和波兰人选举运动四党联合执政（2014年8月波兰人选举运动退出执政联盟）。政府下设14个部。总理：阿尔吉尔达斯·布特克维丘斯（Algirdas BUTKEVICIUS）。内阁成员包括：外交部长利纳斯·安塔纳斯·林克维丘斯（Linas Antanas LINKEVICIUS），环境部长凯斯图蒂斯·特雷乔卡斯（Kestutis TRECIOKAS），能源部长罗卡斯·马修利斯（Rokas MASIULIS），财政部长里曼塔斯·沙久斯（Rimantas SADZIUS），国防部长尤奥扎斯·奥莱卡斯（Juozas OLEKAS），文化部长萨鲁纳斯·比鲁蒂斯（Sarunas BIRUTIS），交通运输部长里曼塔斯·辛克维丘斯（Rimantas SINKEVICIUS），卫生部长丽曼特·莎拉舍维丘特（Rimante SALASEVICIUTE，女），司法部长尤奥扎斯·比亚尔纳托尼斯（Juozas BERNATONIS），经济部长埃瓦尔达斯·古斯塔斯（Evaldas GUSTAS），内务部长代利斯·阿尔方萨斯·巴拉考斯卡斯（Dailis Alfonsas BARAKAUSKAS），农业部长维尔吉妮娅·巴尔特赖蒂埃内（Virginija BALTRAITIENE，女），社会保障与劳动部长阿尔吉曼塔·帕别金斯基耶涅（Algimanta PABEDINSKIENE，女），教育和科学部长奥德罗内·皮特雷尼涅（Audrone PITRENIENE）。

【行政区划】2011年6月，立陶宛进行行政区划改革，取消县制，全国改为由7个城市、43个区、8个自治机构和2个疗养区共60个地方行政单位构成，大小城镇100余座。主要城市有维尔纽斯、考纳斯、克莱佩达、希奥利艾等。

【司法机构】宪法法院院长罗穆阿尔达斯·凯斯图蒂斯·乌尔拜蒂斯（Romualdas Kęstutis URBAITIS），2011年4月就职，任期9年。最高法院院长金塔拉斯·克里热维丘斯（Gintaras KRYŽEVIČIUS），2009年10月就职，任期9年。总检察长埃瓦尔达斯·帕西利斯（Evaldas PASILIS），2015年12月就职，任期5年。

【政党】截至2014年3月，立共有40余个政党和政治组织注册登记，主要政党有：

（1）社会民主党（Lithuanian Social Democratic Party）：联合执政党之一。1896年创建，1989年8月12日重建，2001年1月27日与立陶宛劳动民主党（Lithuanian Democratic Labor Party）合并。现有党员2.1万余人。主席阿尔吉尔达斯·布特克维丘斯，现任总理。

（2）劳动党（工党）（Lithuanian Labor Party）：联合执政党之一。2003年11月26日创建，2006年发生分裂，部分党员脱党另建公民民主党。2011年6月，与立陶宛新联盟（New Union of Lithuania）合并。2013年4月，与工党（Labor）合并。2013年10月，与基督教党（Christian Party）合并。现有党员2.4万余人。主席洛丽塔·格劳济涅内，现任议长。

（3）秩序与正义党（Order and Justice Party）：联合执政党之一。2002年3月9日成立，原名自由民主党，2006年5月13日改称秩序与正义党（自由民主党），2008年3月8日该党第八次代表大会决定正式改称现名，现有党员1.3万余人。主席罗兰达斯·帕克萨斯（Rolandas PAKSAS），前总统、现任欧洲议会议员。

（4）立陶宛波兰人选举运动（Electoral Action of Poles in Lithuania），在野党（2014年8月退出执政联盟）。1994年8月28日成立，现有成员1355人。主席维尔德玛·托马舍夫斯基（Valdemar TOMASEVSKI），现任欧洲议会议员。

（5）祖国联盟—基督教民主党（原保守党）（Homeland Union–Lithuanian Christian Democrats "LITHUANIAN CONSERVATIVES"）：在野党。1993年5月1日成立。现有党员约1.4万人。主席安德留斯·库比留斯（Andrius KUBILIUS）。

（6）自由运动党（Liberals Movement of the Republic of Lithuania）：在野党。2006年2月25日成立，主要由从自由中间联盟中退出的成员组成，现有党员4900余人。主席埃利吉尤斯·马修利斯（Eligijus MASIULIS）。

（7）自由中间联盟（Lithuanian Liberal and Centre Union）：在野党。2003年5月31日创建，由立自由者联盟、中间联盟和现代基督教民主联盟三党合并组成，现有成员4000余人。2011年，分裂后的原执政党之一民族复兴党宣布并入自由中间联盟。主席阿尔吉斯·恰普利卡斯（Algis ČAPLIKAS）。

其他政党有：勇敢之路党（The Way of Courage）、农民党联盟（The Peasants Union）、绿党（Greens Party）等。

【重要人物】达利娅·格里包斯凯特：总统，女。1956年3月1日生于维尔纽斯市。1983年毕业于苏联列宁格勒日丹诺夫大学政治经济学专业，1988年在莫斯科社会科学院完成经济学博士论文答辩。1983—1990年在维尔纽斯高级党校任教。1990—1991年在立陶宛经济研究所任职。1991—1994年先后任对外经济关系部和外交部司长。1994—1995年任驻欧盟大使兼入盟谈判副代表。1996—1999年任驻美国使馆公使。1999—2001年先后任财政部和外交部副部长。2001—2004年任财政部长。2004—2009年任欧盟委员会财政计划和预算委员。2009年5月当选总统，并于7月正式就职。2014年5月连选连任总统，并于7月正式就职。未婚，无子女。　**洛丽塔·格劳济涅内**：议长，女。生于1963年1月10日。1992年毕业于立陶宛农业经济学院。1992—2004年任立陶宛UAB公司会计和审计员。2004年起连续3届当选立议会议员。2013年10月当选议长。　**阿尔吉尔达斯·布特克维丘斯**：总理。1958年11月19日生。1984年毕业于维尔纽斯理工大学建筑经济系，1995年获考纳斯技术大学硕士学位，2008年获社会学博士学位。1992年加入立社会民主党，1999年任该党副主席，2009年任主席。1996年起连续五届当选立议会议员。2001—2004年任议会预算和财政委员会主席。2004—2005年任财政部长。2006—2008年任交通运输部长。2012年12月出任总理。已婚，有一女。

经　济

2014年，立陶宛经济增速有所放缓，但基本面向好，失业率有所下降，通货膨胀率持续走低，顺利完成欧元过渡。主要经济数据如下：

国内生产总值：482.3亿美元。

人均国内生产总值：16386美元。

国内生产总值增长率：2.9%。

货币名称：欧元（Euro，2015年1月1日加入欧元区）。

汇率：1美元=0.754欧元（平均汇率）。

通货膨胀率：0.1%。

失业率：10.7%。

【资源】森林和水资源丰富。森林面积217.7万公顷，覆盖率为33.4%。有722条河流，长度超过100公里的河流有21条，最长的涅穆纳斯河全长937公里，在立境内长度为475公里。立境内湖泊众多，水域面积超过880平方公里，面积超过0.5公顷的湖泊有2834个，其中最大的德鲁克夏伊湖面积4479公顷（42.26平方公里）。此外还有泥炭、矿物建筑材料等资源。

【工业】2013年工业（不含建筑业）产值716.65

亿立特（约合275.5亿美元），同比增长0.77%，占国内生产总值的59.9%。工业主要分为加工制造业、水电气供应两大部分，产值分别为627.14亿立特和81.19亿立特，同比分别增长1.55%和下降5.58%。2010年，工业从业人口23.81万，占就业总人口的17.7%。

近几年主要工业产品产量如下（单位：万吨）：

	2012	2013	2014
开采泥炭	38.62	53.81	53.63
开采石英砂	5.39	5.70	5.39
原油	10.10	8.60	8.10
木纤维板（万平方米）	1740.00	1840.00	2120.00
造纸	12.35	11.98	12.52
水泥	101.50	106.90	90.27
电视机（万台）	20.90	13.00	17.45
亚麻纤维	0.53	0.47	0.57
套装（万套）	31.58	29.80	25.99
布匹（万平方米）	2370.00	3440.00	3610.00

（资料来源：立陶宛统计局）

【农业】2014年农业产值24.51亿欧元，同比下降11.9%。2013年，农业从业人口11.07万，占就业总人口的8.6%。

近几年主要农产品产量及家禽（畜）存栏数如下（单位：千吨、千匹、千头、千只）：

	2012	2013	2014
谷物	4585.2	4438.0	5324.1
马铃薯	541.5	423.8	468.5
蔬菜	303.1	258.9	251.1
油菜	632.9	550.6	501.5
马	36.4	29.5	22178.0
牛	752.4	729.3	713489.0
猪	790.3	807.5	754633.0
羊	75.4	96.4	113469.0
家禽	8921.2	9085.6	9761555.0

（资料来源：立陶宛统计局）

【服务业】服务业是立陶宛国民经济的重要组成部分。2014年，服务业产值154.2亿欧元，同比增长6.7%。其中交通运输业76.5亿欧元，酒店服务业1.74亿欧元，其他服务业75.96亿欧元，同比分别增长5.9%、3%和7.7%。2014年，服务业从业人口43.9万人，占就业总人口的33.2%。

【旅游业】2014年，立陶宛宾馆、旅店、疗养院等旅游机构共接待境内外游客202.2万人次，其中外国游客118.3万人次，占58.5%，主要来自俄罗斯、波兰、德国和拉脱维亚等国。2014年，立公民赴国外旅游88.5万人次，同比增长1.4%，主要目的国为波兰、白俄罗斯、俄罗斯、拉脱维亚。截至2014年年底，立共有各类宾馆、酒店等1400家，客房24251间。主要旅游景点：维尔纽斯老城、特拉盖古堡、凯尔纳维遗址、尼达沙丘、帕兰加、希奥利艾十字架山、德鲁斯基宁盖等。

【交通运输】交通体系完备，铁路网与欧洲及独联体国家连成一体，可直接或转车前往有关国家；公路网发达，有E28、E67、E77、E85、E262、E272等6条欧洲公路干线经过；克莱佩达港是立陶宛最大海港，与世界200多个港口通航。国内交通运输以公路、铁路为主。

2014年，立全年货运总量为1.27亿吨，较上年增长3.3%。客运总量为4.26亿人次，较上年增长3.6%。

铁路：境内通车里程1767.6公里，货运量4900万吨，同比增长2%；客运量457.7万人次，同比减少5.5%。

公路：全国公路总长21320公里，其中高速公路309公里，欧洲E级公路1510公里，国道4946公里，县道14625公里。货运量4600万吨，同比增长2.9%；客运量3.85亿人次，同比增长1.1%。

海运：海上货运量718.0万吨，同比增长4.2%；客运量29.0万人次，同比增长14.6%。克莱佩达港货物吞吐量3659.4万吨，同比增长17%；客运量28.0万人次，同比增长12.1%。

河运：内河货运量103.77万吨，同比增长4.2%；内河客运量171.55万人次，同比下降8.31%。

空运：各机场货运总量3500吨，同比增长20.7%；客运总量为44.46万人次，同比下降46.3%。机场进出港旅客269.29万人次，同比增加17.9%。

主要国际机场：维尔纽斯机场、考纳斯机场、帕兰加机场。

【财政金融】立陶宛中央银行数据显示，截至2014年12月，立黄金储备2.4亿美元，外汇储备103亿美元。

据立财政部统计，2014年，立中央财政收入109.3亿欧元，财政支出110.2亿欧元，财政赤字0.9亿欧元。截至2014年年底，立国家债务（含中央政府、地方政府及社会保障基金债务）总额154.7亿欧元，占国内生产总值的42.5%，其中国内债务39.95亿欧元，同比减少0.16亿欧元，国外债务114.76亿欧元，同比减少19.86亿欧元。同期，政府长期债务147.7亿欧元，占95.5%，短期债务7亿欧元，占4.5%。近年国家预算收支状况如下（单位：亿欧元）：

	2012	2013	2014
收入	47.7	80.8	85.2
支出	50.6	89.8	87.8
差额	–2.9	–9.0	–2.6

截至2014年，立共有7家注册商业银行、8家外国银行分行和1家外国银行代表处，外国资本超过80%。此外还有立中央信用社及其他76家信用社，另有174

家欧盟国家银行虽在立无代表机构，但可处理跨国业务。

【对外贸易】据立陶宛海关统计，2014年立进出口总额502.5亿欧元，同比减少1.6%，其中出口额243.6亿欧元，同比增长5.5%，进口额258.9亿欧元，同比减少2.3%，外贸逆差为15.3亿欧元，同比减少21.5%。

主要出口商品为矿产品、机电设备、电气设备、木材等，主要进口商品为矿产品、机电设备、电气设备、化工产品、蔬菜及水果等。近几年进出口贸易额如下（单位：亿欧元）：

	2012	2013	2014
出口额	230.7	245.5	243.6
进口额	250.7	265.1	258.9
差　额	–20.0	–19.6	–15.3

2014年，立对欧盟国家出口占出口总额的54.8%，对独联体国家占32.4%，其中对俄罗斯出口占20.9%；立自欧盟国家进口占进口总额的65.6%，独联体国家占26.6%，其中从俄罗斯进口占20.7%。

【外国资本】截至2014年年底，立陶宛累计吸引外国直接投资128.6亿欧元，较上年增加1.14%，人均累计吸引外国直接投资4404欧元。主要投资国及所占份额依次为：瑞典22.1%，荷兰11.3%，德国8.7%，挪威6.3%，波兰、塞浦路斯各5.7%。外国投资主要集中在制造业、金融保险业、房地产、批发零售、机动车和摩托车维修、信息通讯等领域。

【对外投资】截至2014年年底，立陶宛累计对外直接投资23.3亿欧元，较上年减少1.76%。对外投资总额中90.8%投向欧盟国家，8.2%投向独联体国家。主要投资对象国及所占份额依次为：荷兰20.4%，波兰12.8%，拉脱维亚、塞浦路斯各11.3%，爱沙尼亚8.5%。对外投资主要集中在教学、科研和技术活动、制造业、批发零售、机动车和摩托车修理、金融保险业。

人民生活

2014年，立陶宛平均月收入677.4欧元，较上年增长4.8%。贫困线为人均月收入241欧元。2014年立失业率为10.7%，较上年下降1.1个百分点，总就业人口为132.24万，失业人口为14.1万人。

军　事

1992年11月19日组建军队，2004年3月29日加入北约。总统为武装力量最高统帅，国家国防委员会是协助总统处理国防事务的决策机构，由总统、议长、总理、国防部长和三军司令组成。现阶段实行行政领导与作战指挥相分离的军政、军令双轨领导体制，即由国防部文职人员控制军队，由三军司令及其领导的国防参谋部指挥部队执行各种作战训练任务。现任国防部长尤奥扎斯·奥莱卡斯（Juozas OLEKAS），三军司令尤纳斯·朱卡斯（Jonas ZUKAS）中将。2014年，立军共有1.6万余人，编为陆军、空军、海军、特种作战部队、后勤保障部队、军事教育训练机构和部队等，其中陆军约8000人，空军约1000人，海军约600人，还有8000余名预备役人员。

2014年度国防预算3.91亿美元，约占当年国内生产总值的0.8%。

文化教育

【教育】教育管理机构主要是教育和科学部、议会教科文委员会和国家科学委员会。重大教育问题由议会或政府与国家科学委员会协商决定。采取10年基础教育制度，即初等小学（1—4年）、基础中学（5—10年）。基础中学毕业后，学生可选择进入高级中学（2年）、职业学校（3—4年）、音乐学院（6年）或职业教育中心。高级中学毕业后可进入高校进行为期4—5年的本科学习。此外，立陶宛还设立强化高中（通常为私立中学）（4年）、特殊教育学校（为残疾儿童而设）和青年学校等。

2013/2014学年，立共有各类学校1330所，注册学生总数为551638人，教师总数51086人。全国共有公立大学14所，私立大学9所，在校大学生104923名，教师9684名。主要高等院校有：维尔纽斯大学、维尔纽斯师范大学、盖迪米纳斯理工大学、考纳斯维陶塔斯大学、考纳斯理工大学、考纳斯医学院和立陶宛军事学院等。维尔纽斯大学创建于1579年，是立最著名的综合性大学，也是欧洲最古老的高等学府之一，现有学生2.2万名。

【新闻出版】2014年，立陶宛定期出版549种杂志和期刊，年发行总量5510万份；报纸239种，发行量1.1亿份。主要报刊有：《立陶宛晨报》、《共和国报》、《晚间消息报》、《商业新闻》、《考纳斯日报》、《西部快报》、《人物杂志》等。

主要通讯社有：立陶宛通讯社（ELTA）、波罗的海通讯社（BNS）等，均为私营通讯社。

主要电视台有：国家电视台——立陶宛电视台（LTV）、自由独立频道（LNK）、“TV–3”电视台、“TV–4”电视台等。

主要电台有：国家电台——立陶宛电台、“M–1”电台、“中央电台”、“自由之波”电台、俄语电台“俄罗斯广播”、波兰语电台“ZNAD WILII”等。

对外关系

2004年3月29日加入北约，5月1日加入欧盟。2007年12月21日，正式成为申根协议成员国。奉行务实的对外政策，重视睦邻友好合作，努力扩大在波罗的海地区乃至欧盟的影响力。积极参与国际事务，已先后加入60多个国际和地区组织。大力发展与乌克兰、摩尔多瓦、外高加索和巴尔干地区国家的关系，支持其加入欧盟和北约。2011年，立任欧洲安全与合作组织（OSCE）轮值主席国，积极推动该组织在应对跨国威胁、维护地区安全、发展与地中海国家关系等方面加强对外合作。2012年担任波罗的海与北欧八国区域合作机制协调员。2013年下半年接任欧盟轮值主席国，将促进经济增长、增加就业、推进能源安全与东部伙伴计划作为主要任务。2014—2015年任联合国安理会非常任理事国。截至2015年9月，立陶宛建交国总数为181个。

【对当前重大国际问题的态度】立陶宛在重大国际问题上重视与欧盟协调立场，主张欧盟和北约继续扩员，支持北约“灵巧防御”理念，认为北约应进一步强化在成员国外交及安全政策方面的协调，主张加强跨大西洋合作。支持联合国进行全面改革，以进一步提高工作透明度和行政效率，加强安理会权威。在气候变化问题上，支持欧盟减排计划，积极落实《京都议定书》并参与联合国气候变化会议。高度重视能源安全问题，主张提高核安全标准，积极呼吁欧盟尽早制定统一的能源安全战略，减少对俄罗斯的能源依赖。积极参与乌克兰问题斡旋，支持美国和欧盟对俄罗斯进行制裁。关注朝鲜核和伊朗核等国际热点问题，主张严格控制大规模杀伤性武器扩散。

【同中国的关系】1991年9月14日，中国与立陶宛建立外交关系。

2014年，中立关系续有发展。12月，李克强总理在贝尔格莱德会见出席第三次中国—中东欧国家领导人会晤的立陶宛总理布特克维丘斯。6月，立陶宛经济部长库斯塔斯来华出席中国—中东欧国家经贸促进部长级会议。6月和10月，立陶宛交通部副部长什柳帕斯先后来华出席第六届中国国际物流、交通运输及远程信息处理博览会和中国（连云港）丝绸之路国际物流博览会。9月，立陶宛教育和科技部长帕瓦尔基斯来华出席夏季达沃斯论坛年会。

据中国海关总署统计，2013年中立双边贸易额为18.1亿美元，同比增长5.3%。其中，中国对立出口16.9亿美元，同比增长3.4%，自立进口1.2亿美元；同比增长39.3%。2014年双边贸易额为18.2亿美元，同比增长0.1%。其中，中国对立出口16.6亿美元，同比减少1.7%；自立进口1.6亿美元，同比增长16.6%。

中国驻立陶宛大使：魏瑞兴（2015年4月到任）。馆址：维尔纽斯市阿尔吉尔多大街36号（Algirdo g.36, LT-03218 Vilnius, Lithuania），电话：3705-2162861；领事部电话：2162972；传真：2162682；网址：www.fmprc.gov.cn/ce/celt/chn/。经商处地址：维尔纽斯市布林捷街34号（Blindziug.34, LT-08110 Vilnius, Lithuania）。电话：3705-2722375；传真：2722161；网址：http://lt.mofcom.gov.cn。

立陶宛驻华大使：伊娜·玛邱罗尼塔（Ina Marciulionyte，女，2015年9月到任）。馆址：北京市朝阳区霄云路18号京润水上花园B区30号，邮政编码：100016。电话：010-84518520；传真：65906507。

【同美国的关系】1991年9月6日与美国建立外交关系。立陶宛独立以来，一直与美保持密切关系，在重大国际问题上基本支持美方立场，积极参与美领导的军事行动。与北约互动频繁。2013年8月，波罗的海三国（立陶宛、拉脱维亚、爱沙尼亚）总统集体访美，会见美国总统奥巴马，就加强战略合作、能源安全合作、网络信息安全以及跨大西洋经贸合作交换意见。2014年3月，美国副总统拜登访问立陶宛，与立总统格里包斯凯特会见并讨论乌克兰局势。10月，立总理布特克维丘斯访问美国。

【同俄罗斯的关系】1991年10月9日与俄罗斯建立外交关系。受历史和现实等因素影响，近年来，立俄关系发展缓慢，高层往来不多。2014年，受乌克兰危机影响，立俄关系有所恶化。

【同波罗的海邻国的关系】立陶宛与拉脱维亚、爱沙尼亚在政治、经济、历史、地理、文化等众多方面有着密不可分的传统联系，三国之间除设有国家元首、政府首脑及部长级定期会晤机制外，还建立了波罗的海大会、波海地区国家经济论坛、三国首都会议机制等。2014年，三国继续保持各级别、各领域的频繁互访和密切交往。三国还就推动建立波海三国统一能源市场、修建波海联合铁路等问题取得一定进展。

【同其他国家的关系】2014年立总统格里包斯凯特先后访问波兰、土耳其、格鲁吉亚、乌克兰和韩国。立同利比里亚、基里巴斯、斐济、塞拉利昂、尼日尔和多哥六国建交。（郭海波）

列支敦士登

国名 列支敦士登公国（The Principality of Liechtenstein, Das Fuerstentum Liechtenstein）。

面积 160.5平方公里。

人口 37366人（2014年12月），其中外国人12579人，约占33.7%，主要来自瑞士、奥地利、德国和意大利。官方语言为德语。天主教为国教，信奉天主教的居民约75.9%，基督教约8.5%，伊斯兰教约5.4%。

首都 瓦杜兹（Vaduz），人口5421人（2014年12月）。

国家元首 汉斯－亚当二世（Hans-Adam II）公爵。2004年8月15日起，王储阿洛伊斯摄政，代公爵处理国内、国际事务。

重要节日　国庆节：8月15日；圣诞节：12月25日。

简　况　位于阿尔卑斯山中部和莱茵河谷的内陆国。西邻瑞士，东接奥地利。气候温和，平均气温1月1.1℃，7月19.9℃。列支敦士登人是公元500年以后迁移到此的日耳曼民族的后裔。1719年1月23日以列支敦士登亲王之姓氏建国。1806年列作为主权国家加入“莱茵联盟”，1815年加入“德意志联盟”。1852年，与奥匈帝国签订关税条约，1919年，条约随奥匈帝国崩溃而终止。1923年，列与瑞士签订了关税条约，两国边界开放，建立共同经济区，使用统一货币——瑞士法郎。两次世界大战期间，列均保持中立。

政　治　实行议会民主的君主立宪制，公爵拥有最高权力。人民通过选举议员或提出倡议、参加公民投票行使政治权利。2013年新一届政府成立，由激进公民党和祖国联盟联合组成，未来四年的政策基于两党的合作协定。

【宪法】宪法规定国家政体为君主立宪制，国家元首世袭。旧宪法于1921年10月5日制定。公爵与议会自1995年9月起就公爵、政府及议会间权力分配问题进行修宪谈判，经过艰难讨价还价，2003年3月，列公民投票通过公爵汉斯－亚当二世提出的修宪案。2003年8月14日新宪法正式生效。

【议会】实行一院制。人民直接选举议会，议长是人民最高代表，议会参与立法和缔结国家条约、掌管财政，监督政府。议会任期4年。议长每年改选一次。议长及议员均为兼职。本届议会2013年2月产生，有25名议员，激进公民党10席，祖国联盟8席，独立党4席，自由名单3席。现任议长阿尔贝特·弗里克（Albert Frick，激公党），副议长维奥兰达·兰特尔－科拉（Violanda Lanter–Koller，祖国联盟）。

【政府】由5名成员组成，除首相和副首相外，其余3名政府委员均为兼职。根据列宪法规定，政府成员由公爵根据议会的建议任命，任期4年。本届政府2013年3月组成。首相兼财政部长阿德里安·哈斯勒（Adria Hasler），副首相兼内政、司法、经济部长托马斯·茨威弗霍夫（Thomas Zweifelhofer），政府委员兼基础设施、环境和体育部长马利斯·阿曼－马克赛尔（Marlies Amann–Marxer，女），政府委员兼社会部长毛罗·佩德拉茨尼（Mauro Pedrazzini），政府委员兼外交、文化和教育部长奥蕾莉亚·弗里克（Aurelia Frick，女）。

【司法机构】法院分三级：地方法院、中级法院和最高法院。最高法院共有5名法官，由公爵根据议会的推举任命，任期4年，院长胡贝图斯·舒马赫（Hubertus Schumacher，至2018年）。

【政党】现有4个主要政党：

（1）激进公民党（Fortschrittliche Bürgerpartei）：1918年成立。主席埃尔弗里德·哈斯勒（Elfried Hasler）。

（2）祖国联盟（Vaterländische Union），1918年成立。主席雅克布·毕歇尔（Jakob Büchel）。

（3）自由名单（Freie Liste），1986年成立，成员为青年知识分子、环保主义者。1993年首次进入议会。理事会主席由派伯·弗里克（Pepo Frick）与黛雅·凯西（Derya Kesci）共同担任。

（4）独立党（Die Unabhängigen），为参加2013年大选成立，由10名独立竞选人组成，首次进入议会即获4席。

【重要人物】汉斯－亚当二世公爵：国家元首。1945年2月14日生于瑞士苏黎世。曾在维也纳和瑞士圣加仑学习并在伦敦一家银行受过职业培训。获经济学士学位。1984年8月其父弗朗茨·约瑟夫二世将大部分权力授予他，由他负责政府事务。1989年11月13日约瑟夫二世逝世，同日，汉斯－亚当宣布继位，定名汉斯－亚当二世。在金融和经济方面有专长，主张积极参与国际事务。在其执政后，列先后加入联合国、欧洲自由贸易联盟和欧洲经济区。已婚，有四个子女。　**阿洛伊斯王储：**1968年6月11日生于苏黎世。1987年赴英国桑赫斯特皇家军事学院学习，曾在香港和伦敦服役。获奥地利萨尔茨堡大学法学硕士学位。1993年至1996年，在伦敦一家经济评估公司工作。1990年8月15日，宣誓为公爵继承人。2004年8月15日起摄政。已婚，有三子一女。

经　济　原是贫穷的农业国，大多数人从事畜牧业，只有小规模的纺织和陶瓷等工业。战后逐步发展成为发达的工业国家。工业是国民经济的支柱，工业产品95%以上供出口。低税收政策和银行保密法促进了金融业发展，但同时使列成为“避税天堂”。有16家银行，2014年收益634亿瑞郎，升幅11%，银行管理的资金量为1277亿瑞郎，同比增长6.3%。1912年开始发行邮票，列国邮票闻名遐迩，也是国家财政的重要来源之一。

2013年列主要经济数据如下：

国内生产总值：53亿瑞郎。

人均国内生产总值：17.3万瑞郎。

国内生产总值增长率：3.6%。

货币名称：瑞士法郎，1瑞士法郎=100生丁。

汇率：1美元=0.9938瑞郎（2016年2月）。

物价上涨率：–0.2%（2013年）。

失业率：2.4%（2014年）。

【资源】有大理石矿。森林面积66平方公里，占国土面积的41%。

【工业】工业发达，主要有金属加工、机械、仪表制造、陶瓷、化工、医药、电子、纺织和食品加工等。真空镀膜产品、用于造船工业和建筑业的射钉枪、钻孔机以及假牙产品享有国际声誉。工业产品质量高，有竞争力，主要向欧美国家出口。2014年，全国有工业企业593家，从业人员14514人，占总从业人口的38.3%。

【农业】截至2015年，农业用地面积35.31平方公里，占国土总面积的22%。以种植土豆、玉米、葡萄为主。45%的农业毛产值来自牛奶产业，2013年牛奶产量13373吨。2014年，农业从业人员225人，占总从业人口0.6%。

【服务业】服务业发达，主要包括旅游业、金融和保险业。2014年从业人员23136人，占总从业人口的61.1%。

【旅游业】地处欧洲南北交通要道，绮丽的自然风光，“袖珍国家”所独有的魅力以及王室藏画展和高山滑雪场等为发展旅游业创造了有利条件。2013年，列共有36家旅馆，978张床位，2015年旅馆过夜105299人次。

【交通运输】以公路运输为主，境内无高速公路和铁路。

【财政金融】列政府近年财政收支情况如下（单位：亿瑞郎）：

	2011	2012	2013
收入	17.24	17.59	15.39
支出	16.03	18.84	15.99
盈余	1.21	–1.25	–0.60

（资料来源：列支敦士登统计局）

【对外贸易】2013年进出口总额为52.46亿瑞郎，其中进口额18.84亿瑞郎，同比增长1.7%，出口额33.62亿瑞郎，同比下降0.2%。主要贸易伙伴是瑞士、德国、美国。

人民生活

世界上最富有的国家之一。全国有正式医生114人。邮局服务点12个。全国拥有固定电话机18000部，移动电话38800部，电视机14845台。每千人拥有小汽车770辆。

军　事

1868年废除军队。根据宪法规定，紧急情况下，“每个有持械能力”的公民（60岁以下）都有义务保卫祖国。1933年成立“列支敦士登安全团”，现有警察120人。

文化教育

【教育】幼儿园2年，小学5年，初中4年，高中4年。中学毕业生大多到瑞士和奥地利上大学。2000年，列第一所高等院校—列支敦士登人文科学大学正式建立，设有心理学和神经学两门学科。与瑞士开展职业教育合作。有一所音乐学校。2013/2014年度，列在校大学生约700人（不含在国外上大学的学生），中小学及“特殊学校”在校生总数约为5000人，教师约600名。

【新闻出版】有3家报纸：《列支敦士登人民报》，创刊于1878年，是列历史最悠久的报纸，日发行量8000份，每周四为大版，发行量18500份；《列支敦士登祖国报》，日发行量10500份；《列支敦士登周报》，每周日出版，发行量32000份。1955年建立第一家私营广播电台。1998年3月批准成立第一家私营电视台。

对外关系

永久中立、依附瑞士、根据可能和本国利益积极参与国际活动是列外交政策的三大支柱。列是联合国、欧洲委员会、欧洲自由贸易联盟和欧洲经济区成员国。同70个国家建立大使级外交关系。

与瑞士保持着特殊关系。根据1919年两国达成的协议，瑞士驻外机构代表列国在外国的利益，但列保留与其他国家建立外交关系的权利。与奥地利的关系也很密切。1938年以前，列支敦士登的公爵都在维也纳定居。目前，列奥两国除签有国家条约外，在司法合作、教育及社会生活领域也签有一系列协定。

近年来，列积极开展经济和实效外交。深化与欧盟合作，积极寻求加入《申根协定》，但反对加入欧盟。由于低税政策和银行保密法，部分欧洲国家指责列成为邻国企业和富人逃税的“天堂”。列因此多次成为欧盟国家打击逃税和洗钱行为的目标。

【同中国的关系】根据列支敦士登公国与瑞士联邦于1919年签订的协议和1951年瑞士驻华公使馆同中国外交部的换文，中瑞1950年9月14日建交时，中列两国同时建立了外交关系。1988年9月，中国向列国首次委派总领事（由中国驻苏黎世总领事兼任）。

1990年10月，外交部长钱其琛在联大会晤列国首相兼外长布隆哈特。外交部副部长周南（1988年9月）、王英凡（1997年3月）分别访问列国。1995年9月，列外长安德丽娅·维利来华参加第四届世界妇女大会。2002年10月，列公爵汉斯－亚当二世对上海进行私人访问。2005年5月，中列双方在浙江举办联合发行《绘画作品》特种邮票的中方首发式。6月，中国国家邮政总局代表团参加在瓦杜兹举行的列方首发式，受到阿洛伊斯王储接见。2006年2月，温家宝总理致函列王储阿洛伊斯，邀请列参加2010年上海世博会。2007年10月，列国家元首汉斯－亚当二世公爵应中国国家杂交水稻工程技术研究中心主任袁隆平邀请非正式访华。2008年8月，公主诺拉以国际奥委会委员身份来华出席北京奥运会开幕式。2009年5月，列正式确认参展2010年上海世博会。9月，汉斯－亚当二世公爵再次应袁隆平邀请非正式访华。2010年5月，列政府委员兼外交、文化、司法部长弗里克来华参加“全球妇女峰会”并赴上海世博会参观，外交部副部长傅莹、文化部副部长王文章、司法部副部长张苏军分别会见。8月底9月初，列摄政王储阿洛伊斯和首相屈策尔共同来访华，习近平副主席会见并宴请，商务部、财政部和税务总局负责人分别会见，双方签署关于承认中国完全市场经济地位的谅解备忘录，列代表团出席上海世博会列国家馆日活动。10月底11月初，副首相迈尔访华，出席上海世博会闭幕活动。2011年6月，外交部副部长傅莹访列。2012年10月，应中国国家杂交水稻工程技术研究中心主任袁隆平邀请，列国家元首汉斯－亚当二世公爵对湖南进行私人访问。2013年11月，列摄政王储阿洛伊斯、外长弗里克来华出席列王室珍品展开幕式。2014年9月，列摄政王储阿洛伊斯为第二十届列支敦士登工商及手工业博览会主宾国中国馆开幕剪彩。

中列贸易往来始于20世纪50年代。近年来，两国经贸关系发展迅速。2014年，中列双边贸易额为1.2195亿美元，同比下降8.3%。其中中国向列出口2138万美元，同比增长20.6%，从列进口1.0057亿美元，同比增长12.7%。2015年，中列双边贸易额为1.3201亿美元，同比增长8.3%。其中，中国向列出口2817万美元，同比增长31.8%；从列进口1.0384亿美元，同比增长3.3%。2014年7月1日生效的《中国—瑞士自由贸易协定》自动适用于中列间的货物贸易领域。

2004年6月，中国与瑞士签署旅游目的地国实施谅解备忘录（包括列），并于9月1日开始执行，列正式成为中国公民出境旅游目的地国。2008年1月，中国证监会与列支敦士登金融管理局在北京签署《证券期货监管合作谅解备忘录》。同年，列出版两套以北京奥运会为主题的邮票。2010年，列出版了以世博会为主题的纪念邮票。2013年11月至2014年2月，列王室珍品展在北京和上海展出。2015年9月，列支敦士登国家邮局发行中列建交65周年纪念邮票及纪念封，庆祝双方建交65周年。

中国驻苏黎世兼驻列支敦士登公国总领事：高燕平。总领馆地址：Bellariastrasse 20，CH–8002 Zuerich。电话：0041–44–2011005，2011073（签证处）；传真：2017712。网址：zurich.china-consulate.org。

瑞士驻中国大使（代表列在华利益）戴尚贤（Jean Jacques de–Bardel）。馆址：北京市朝阳区三里屯东五街3号。电话：010–85328888（总机）；传真：65324353。网址：www.eda.admin.ch/beijing。（陆辉）

卢　森　堡

国名　卢森堡大公国（The Grand Duchy of Luxembourg，Le Grand-Duché de Luxembourg）。

面积　2586.3平方公里。

人口　56万（2015年1月），其中卢森堡人占55%，外籍人占45%，主要为欧盟成员国（葡、意、法、比、德、英、荷）侨民。官方语言是法语、德语和卢森堡语。法语多用于行政、司法和外交；德语多用于报刊新闻；卢森堡语为民间口语，亦用于地方行政和司法。97%的居民信奉天主教。

首都　卢森堡（Luxembourg），面积51.2平方公里，人口10万。

国家元首　大公亨利（Le Grand-Duc Henri），2000年10月7日即位。

重要节日　国庆日：6月23日。

简　况

卢森堡位于欧洲西北部，东邻德国，南毗法国，西部和北部与比利时接壤。属海洋—大陆过渡性气候，1月份平均气温0.8℃，7月份17.5℃；年平均气温9℃，年均降水量782.2毫米。

公元前，卢森堡曾是高卢人的居住地。公元400年后日耳曼人入侵，先后成为法兰克王国和查理曼帝国的一部分。公元963—1354年，先后为神圣罗马帝国阿登伯爵、卢森堡伯爵和卢森堡公爵的自治领地。15—18世纪历受西班牙、法国和奥地利统治。1815年维也纳会议决定卢为大公国，由荷兰国王兼任大公，同时又是德意志同盟的成员。1839年伦敦协定承认卢为独立国家。1867年成为中立国。1868年实行君主立宪制。1890年前拿骚公爵阿道夫成为卢大公，彻底摆脱荷兰国王的统治。两次大战中均被德国入侵。1945年成为联合国创始国，1948年放弃中立政策，1949年加入北约，20世纪50年代参与创建欧共体（后成为欧盟），并与荷兰、比利时结成经济联盟。1995年3月26日成为首批申根区国家之一，1999年1月1日成为首批欧元国之一。

政　治

实行君主立宪制。卢森堡政局长期保持稳定，政府推进经济社会体制改革与多元化战略，注重保障民生，经济实现持续发展，外交活跃。

【**宪法**】1868年10月17日颁布，后经多次修改。宪法规定，大公为国家元首、武装部队统帅，拥有立法权和行政权，有权解散议会。实际上，议会行使立法权，政府行使行政权，对议会负责。

【**议会**】一院制，为最高立法机构。有议员60名，任期5年。本届议会于2013年10月20日选举产生，基社党保持议会第一大党地位，但席位未过半数。议长迪·巴托洛梅奥（社工党）。

【**政府**】本届政府于2013年12月4日由社工党、民主党和绿党联合组成，内阁共15名成员（1名首相、1名副首相、13名大臣）。主要成员有首相兼国务大臣沙维尔·贝泰尔，副首相兼经济、国土安全和国防大臣埃蒂安·施耐德，外交和欧洲事务大臣让·阿瑟伯恩。

【行政区划】全国划分为卢森堡、迪基希、格雷文马赫3个省，下辖12个专区、106个市镇。省长、市（镇）长由大公任命。

【司法机构】全国设1个高等法院、1个行政法院、2个地区法院、3个治安法院。1996年又成立宪法法院。各级法院的法官均由大公任命，终身制。最高法院院长玛丽－保尔·恩格尔（Marie-Paule Engel，女），总检察长罗伯特·比佛（Robert Biever）。

【政党】（1）基督教社会党（Parti Chrétien Social，P.C.S.）：简称“基社党”，1914年成立。原名“右派党”，1944年改用现名。主席马克·斯波茨（Marc Spautz）。

（2）社会工人党（Parti Ouvrier Socialiste Luxembourgeois，P.O.S.L.）：简称“社工党”，1902年成立。原名卢森堡社会民主党，1945年改用现名。主席克洛德·哈根（Claude Haagen）。

（3）民主党（Parti Démocratique，P.D.）：1904年成立。前身是自由党，1945年重建，称民主爱国集团，1955年改用现名。主席科琳娜·卡昂（Corinne Cahen，女）。

（4）绿党（Parti Vert “Dei Greng”）：1983年成立。1986年分裂，1994年12月重新合并。主席弗朗索瓦茨·福尔迈（女）（Françoise Folmer）和克里斯蒂昂·克密尔特（Christian Kmiotek）。

（5）选择民主改革党（Parti réformiste d’alternative démocratique）：1989年成立。原名民主与合理退休金行动委员会，2006年4月改用现名。主席罗伯特·梅伦（Robert Mehlen）。

（6）左派党（La Gauche/Déi Lénk）：1999年由部分来自卢森堡共产党、新左派、社会革命党等党派的成员创建。全国协调委员会为最高领导机构，委员会成员轮流担任党主席和书记等职。

（7）卢森堡共产党（Parti Communiste du Luxembourg，P.C.L）：1921年成立。主席阿里·吕克尔特（Ali Ruckert）。

【重要人物】**大公亨利**：国家元首，1955年4月16日生。1975年在英国桑赫斯特皇家军事学院学习并获得军官文凭。1978年在瑞士日内瓦大学获政治学学士学位，曾获多项荣誉博士学位。1989年成为卢军上校，并被授予英国伞兵团荣誉少校军衔。1980—1998年任国务委员会成员。1998年以来任国际奥委会委员。2000年10月7日正式即位。曾于1988年、1994年、1998年三度以大公储身份访华，2006年9月以大公身份对华进行国事访问，2008年8月以卢国家元首及国际奥委会委员身份来华出席北京奥运会开幕式及相关活动。2010年10月出席上海世博会卢森堡国家馆日活动。

经济

发达资本主义国家，国小民富。人均国内生产总值连续多年位居世界第一。自然资源贫乏，市场狭小，经济对外依赖性大。钢铁工业、金融业和卫星通信业是卢森堡经济的三大支柱产业。

主要经济数据如下：

国内生产总值：616.33亿美元（2014年）。

人均国内生产总值：11.2万美元（2014年）。

经济增长率：4.1%（2014年）。

货币名称：欧元（Euro）。

通货膨胀率：0.5%（2016年1月）。

失业率：6.7%（2015年12月）。

【资源】资源贫乏。森林面积近9万公顷，约占国土面积的1/3。卢98%的能源靠进口，主要是天然气和石油产品。全国电力消费的50%靠自产，其中4%来自可再生能源。卢政府反对发展核能。

【工业】以钢铁为主，化工、机械制造、橡胶、食品工业也较发达。目前90%的工业产品用于出口。工业产值占国内生产总值约10%，工业就业人口占全国就业人口的10%。2011年工业（含能源）附加值30.12亿欧元，非钢铁业工业产值11.7亿欧元。

【农业】农业占经济总量比重不断下降，2011年农业、渔业附加值1.18亿欧元。农业生产主要位于卢北部、东部，多半由拥有50公顷以上土地的大农场经营，其中畜牧业占农业生产50%以上，另有葡萄种植、林业、狩猎、渔业等。农业用地13.08万公顷。农业人口约5000人，约占全国就业人口0.3%。卢绿色农业占地3924公顷，从业单位102家，其中养蜂厂15家，菜地14家，葡萄园8个，果园8个。卢森堡人均消费绿色食品量在欧盟27国中排名第三。

【旅游】年均接待游客约100万人次。2015年拥有各类旅馆233家，共7601张床位；野外宿营地89处，可接待游客能力45427人次。

【交通运输】截至2014年，国家级公路总长2899公里（其中高速公路152公里），铁路275公里。2015年，客运航空公司客运量268.7万人次，货运量73.8万吨。

【财政金融】2016年，卢国家预算收入130.7亿欧元，预算支出135亿欧元。卢金融业发达，银行林立。首都卢森堡市被称为“金融之都”，是全球第八大金融投资中心。截至2012年年底，卢货币金融机构总资产约10900亿欧元，在卢注册的银行为142家，银行总资产7931亿欧元，比上年增长0.9%。2011年卢银行业实现净收益29.06亿欧元，较上年下降24%。卢森堡也是仅次于美国的世界第二、欧洲最大的基金管理中心。卢森堡国家储蓄银行（BECC）成立于1856年，总资产413亿欧元，目前是欧元区唯一一家保持三A评级的营业银行。卢森堡通用银行成立于1919年，现有雇员2170人，总资产369亿欧元；此外，还有成立于1856年的卢森堡国际银行和成立于1949年的卢森堡信贷银行。

【著名公司】（1）阿塞洛尔—米塔尔集团（Arcelor-Mittal）：卢第一大企业，世界第一大钢铁集团。总部设在卢森堡市。2001年，卢阿尔贝德钢铁公司（创建于1882年）与法国北方和西班牙阿塞拉利亚合并，形成阿塞洛尔集团（Arcelor）。2006年7月，阿塞洛尔又与世界第一大钢铁公司米塔尔合并，成立阿塞洛尔—米塔尔集团。在60多个国家设有分支机构，员工总数约32万人，在卢员工5870人。2010年，粗钢产量9060万吨，占世界钢铁产量8%。2011年销售额940亿美元，较上年增长20.4%；但净收入同比下降22%，为23亿美元。由于市场需求不旺，公司已暂时关闭在卢森堡境内的RODANGE和SCHIFFLANGE两家炼钢厂。

（2）欧洲卫星公司（SES GLOBAL）：成立于1985年，总部设在卢森堡。该公司通过运营ASTRA、AMERICOM及NEW SKIES卫星系统为客户提供电视、广播和多媒体直接到户的信息传送服务。拥有卫星数量52颗，居欧洲首位、世界第二，其卫星信号全球覆盖率达99.999%。1.22亿欧洲家庭可接收该公司卫星转播的2400套电视、电台节目。公司还参股SES SIRIUS、QUETZSAT、CIEL等多家卫星运营商。1998年12月参股亚星公司，与中国的中信公司同为亚星公司股东。2011年净利润6.17亿欧元，同比增长26.8%。公司计划在2014年底前发射7颗新卫星。

（3）卢森堡货运航空公司（Cargolux Airlines International）：成立于1970年，是欧洲最大、世界第十大全货运航空公司。拥有波音747–400F型货机16架。经营国际货运线路90多条，覆盖全球50多个国家和地区。2009年公司总收入13.52亿美元，货运总量62.78万吨，占全球市场份额的4%，雇员1110人。目前开通至北京、上海、厦门、重庆、郑州、香港、台北航线。该公司股权比例为卢方65%，卡塔尔航空公司占35%。

（4）卢森堡广播电视公司（RTL）：该公司系卢与德国联合组建的欧洲最大的视听媒体集团，拥有40个电视台和33个广播电台。

【对外贸易】主要出口产品为机械设备、钢铁制品、轮胎和塑料等。原料和消费品大多靠进口。主要贸易伙伴是欧盟国家，其中对德、法、比三个邻国出口占出口总额53.5%，从三国进口占进口总额63.4%。出口欧盟以外主要是美国和一些亚洲国家。

2014年，进出口总额296亿欧元，其中出口额为114.3亿欧元，进口额为181.7亿欧元。逆差67.4亿欧元。

【对外援助】发展援助是卢外交政策的重要组成部分。对外发展援助约占国民生产总值的1%，位居世界前列。2012年对外援助额达3.14亿欧元，援助重点为非洲国家。

人民生活

连续多年人均收入水平排名世界第一，人均寿命80岁。卢森堡市是世界最安全和生活水平最高的城市之一。

军　事

大公为武装力量最高统帅，实际由国防大臣直接指挥。卢森堡武装力量总兵力2114人，由陆军、宪兵和警察组成。其中陆军930人，编成1个轻步兵营（辖3个连）和1个独立连，主要装备有5辆装甲运兵车和若干反坦克导弹。宪兵682人，警察502人。陆军实行志愿兵役制，服役期3年。宪兵和警察实行招募制。2012年国防预算为7589万欧元。

卢森堡是北约成员国，奉行依靠北约的集体安全政策。北约在卢无驻军，但设有1个预警机基地，驻有18架E–3A型预警机。卢同美国签有共同防务协定，同德国签有共同防卫边境地区领土的协定。

文化教育

【教育】法律规定，在卢森堡年满6岁儿童必须接受九年义务教育。2003年建立首所完整的大学——卢森堡大学，2014/2015年度在校生6200多人。

卢国家对文化的投入逐年提高。2012年预算为1.05亿欧元，占国家支出的0.59%。曾举办过欧洲文化年活动。

【科研】2014年科研支出占国内生产总值的1.25%。从事科研人数占人口百分比位居世界前10位。重要的科研机构有：卢森堡大学中心，高等技术研究所，大公国研究院，地球动力研究中心等。

【新闻出版】有6家日报：5家德文报，1家法文报，日发行量共约13万份。其中，《卢森堡言论报》（德文）日发行7.5万余份；《日报》（德文）日发行2.5万余份；《新闻》（德文）日发行2万余份；《洛林共和报》（法文）日发行2万余份。卢森堡电视台用法、德、荷、卢语播送，星期日还有意大利语节目。卢森堡广播电台用法、德、英、卢、荷等多种语言广播。

卢森堡广播电视公司（RTL）有40家电视台和33家广播电台，节目覆盖整个欧洲，是欧洲最大的视听媒体集团，美国本土外最大的独立发行商。

对外关系

卢森堡主张在国际关系中应遵循的准则是：平等、不使用武力或以武力相威胁、反对军备竞赛、遵守国际法、尊重人权、尊重小国利益。卢对外政策以欧洲为重点，与比利时、荷兰结成经济联盟，是欧盟和北约成员国。主张在北约、欧盟和欧安会组织的框架内建立欧洲集体安全体系，积极推动欧洲一体化进程。强调美应在欧洲事务中发挥作用，认为俄罗斯和前南斯拉夫地区的稳定对欧洲安全至关重要。主张积极发展和扩大与亚太地区国家的经贸合作，推动欧亚国家间进行政治对话，加强与新兴大国合作关系。发展援助以消除贫困、促进发展、维护安定为目标，重点是非洲。目前卢已同147个国家建立了外交关系。

【同中国的关系】1972年11月16日建交。

近年来，中国与卢森堡大公国关系发展良好。两国在金融、航空货运、钢铁等领域合作进展顺利，投资基金、卫生、环保等新领域合作效果良好。2008年8月，大公亨利以卢国家元首和国际奥委会委员身份来华出席北京奥运会开幕式及相关活动。9月，菲利克斯王子来华出席残奥会开幕式。10月，卢首相容克来华出席亚欧首脑会议并顺访湖南。2009年11月，卢首相容克以欧元集团主席身份来华出席第12次中欧领导人会晤。2010年4月，卢副首相兼外交大臣阿瑟伯恩访华，议长莫萨来华出席上海世博会开幕式。10月，大公亨利来华出席上海世博会卢森堡国家馆日活动。2011年10月，纪尧姆大公储访华。2012年2月，外交部副部长张志军访卢。5月，全国人大常委会委员长吴邦国访卢。9月，回良玉副总理过境卢。11月，卢大公储纪尧姆率经贸代表团访华并出席中卢建交40周年招待会。2013年7月，卢副首相兼外交大臣阿瑟伯恩来华会见王毅外长，12月，纪尧姆大公储率经贸代表团访华。2014年8月，卢外交部秘书长温鹍豪来华与王超副外长举行两国外交部部际政治磋商。10月，李克强总理出席中欧论坛汉堡峰会期间会见卢森堡首相贝泰尔。

近年来，中卢双边贸易额总体不断增加。2011年，中卢贸易额19亿美元，同比增长52.9%。2012年，中卢贸易额22.2亿美元，同比增长16.7%。2013年，中卢贸易额19.7亿美元，同比下降11.3%。2014年，中卢贸易额22.5亿美元，同比增长9.5%。2015年，中卢贸易额26.35亿美元，同比增长17%，其中我方出口23.25亿美元，同比增长19.3%，我方进口3.1亿美元，同比增长1.9%。

截至2015年年底，卢对华投资项目423个，实际投入31.02亿美元。

截至2015年年底，我对卢金融类和非金融类直接投资共170.4亿美元。卢是中国在欧盟内累计第一大投资目的地。

截至2015年7月底，我自卢引进技术184项，累计合同金额12.4亿美元。

截至2014年6月底，我对卢工程承包合同额560万美元，营业额546万美元。

1979年两国签订文化合作协定。1983年至今，双方先后签署了7个文化交流执行计划，互办各种艺术品展、古文物展、图片展、音乐会。中国杂技团、民族乐团、体操队曾访卢。卢交响乐团、Largo乐队等艺术团队多次访华演出。2011年10月，卢承办“第四届中欧文化对话”，卢前首相、文化和财政大臣分别出席活动并致辞，由中国艺术研究院和各领域专家组成的中方代表团与欧方就多个专题进行深入探讨。2013年2月，“文化中国·四海同春”艺术团赴卢访演。4月，卢森堡电影代表团参加第三届北京国际电影节，电影节承办方组织了“卢森堡电影日”。

教育合作富有成果。2000年双方签署了中卢教育合作谅解备忘录。2006年卢大公亨利访华期间，两国签署《中国人民大学和卢森堡大学合作备忘录》。2007年，卢森堡大学正式启动与山东大学、人民大学等高校的研究生互换委培项目，中国首批留学生已学成归国。目前，卢每年派1名学生来华学习。我方派学生赴卢学习酒店业及旅游业管理，此外，我有少量自费留学生在卢学习。中国在卢留学生人数五十余人。2011年7月，“卢森堡中国语言文化中心”成立，在旅卢华人社团开办的“卢森堡中文学校”基础上，增设成人班和书法、绘画和武术等课程。

中国驻卢森堡大使：黄长庆。馆址：2，Rue Vander Meulen，Dommeldange L–2152 Luxembourg。电话：00352–436991；传真：422423。电传：2434 Amchin Lu。电子邮箱：AMBCHINE@PT.LU。

卢森堡驻中国大使：石泰嵋。办公地址：北京市朝阳区工体北路甲2号盈科中心B座1701室。电话：010–85880900；传真：65137268。电子邮箱：pekin.amb@mae.etat.lu。

【同美国的关系】卢森堡认为跨大西洋关系是国际社会稳定的关键，北约的团结是跨大西洋关系的重要表现。主张欧美在中东、伊拉克、伊朗、反恐等重大问题上加强合作，共同促进民主和人权。

【同俄罗斯及东欧国家的关系】卢森堡认为欧洲的和平与稳定离不开俄，应与俄建立稳定的伙伴关系。俄格冲突爆发后，主张欧盟应释放善意，恢复欧俄战略伙伴关系谈判。认为欧盟与北约应在东扩问题上与俄保持对话和沟通。主张欧盟与东欧国家保持联系，支持中东欧国家转轨进程，认为中东欧人民有权要求加入到一个民主的欧洲中来。

【同其他国家的关系】卢森堡同比利时、荷兰有历史传统关系，并结成经济联盟。欧洲是卢外交重点。作为欧共体创始国之一，卢积极主张和推动欧洲一体化建设进程，同时强调兼顾大小国家利益，反对大国支配欧洲事务。支持欧盟深化改革，1992年7月批准《马斯特里赫特条约》，1998年7月批准《阿姆斯特丹条约》。

重视发展与亚洲国家及新兴大国的关系，同时注意加强发展与拉美国家的关系。（朱元瑞）

罗马尼亚

国名 罗马尼亚（Romania，România）。

面积 238391平方公里。

人口 1994万（2014年）。罗马尼亚族占89.5%，匈牙利族占6.6%，罗姆族（吉普赛人）占2.5%，日耳曼族和乌克兰族各占0.3%，其余民族为俄罗斯、塞尔维亚、斯洛伐克、土耳其、鞑靼等。城市人口所占比例为55.2%，农村人口所占比例为44.8%。官方语言为罗马尼亚语，主要少数民族语言为匈牙利语。主要宗教有东正教（信仰人数占总人口数的86.7%）、罗马天主教（4.7%）、新教（3.2%）。

首都 布加勒斯特（Bucuresti），人口194万（2012年）。平均气温1月为–2.9℃，7月为22.8℃。

国家元首 总统克劳斯·约翰尼斯（Klaus IOHANNIS），2014年12月当选，任期至2019年12月。

重要节日 国庆日：12月1日（1918年国家统一日）；建军节：10月25日（1944年全境解放日）。

简 况

位于东南欧巴尔干半岛东北部。北和东北分别与乌克兰和摩尔多瓦为邻，南接保加利亚，西南和西北分别与塞尔维亚和匈牙利接壤，东南临黑海。海岸线245公里，温带大陆性气候。平均气温1月为–3℃—1℃，7月为22℃—24℃。

罗马尼亚人的祖先为达契亚人。约公元前1世纪，布雷比斯塔建立了第一个中央集权和独立的达契亚奴隶制国家。公元106年达契亚国被罗马帝国征服后，达契亚人与罗马人共居融合，形成罗马尼亚民族。14世纪先后建立瓦拉几亚、摩尔多瓦和特兰西瓦尼亚3个公国。16世纪后成为奥斯曼帝国的附属国。1859年，瓦拉几亚公国和摩尔多瓦公国合并，称罗马尼亚，仍隶属奥斯曼帝国。1877年5月9日，罗马尼亚宣布独立。1881年，改称罗马尼亚王国。1918年12月1日，特兰西瓦尼亚公国与罗马尼亚王国合并。至此，罗马尼亚形成统一的民族国家。

二战期间，安东尼斯库政权参加德、意、日法西斯同盟。1944年8月23日，罗举行反法西斯武装起义。1945年3月6日，罗成立联合政府。1947年12月30日，成立罗马尼亚人民共和国。1965年，改国名为罗马尼亚社会主义共和国。1989年12月22日，齐奥塞斯库政权被推翻，罗马尼亚救国阵线委员会接管国家一切权力，易国名为罗马尼亚，定国庆日为12月1日。

政 治

2014年11月，罗举行总统大选，锡比乌市长约翰尼斯当选。2015年11月，总理蓬塔因布加勒斯特重大火灾事故引咎辞职。同月，罗议会通过由前欧盟农业委员、欧委会主席国际粮食安全顾问乔洛什为总理的新政府名单。新政府为专家内阁，成员均为无党派人士。

【宪法】1991年11月21日，罗议会批准新宪法，12月8日全民公决予以通过。罗宪法规定：罗马尼亚是一个主权、独立、统一和不可分割的民族国家；政体为共和制。2003年10月，罗修改宪法，进一步确立政治多元化、三权分立的制衡原则；明确规定保障和保护私有财产；允许少数民族在地方行政及司法程序中使用本民族语言；保障男女平等；取消义务兵役制；增补罗加入欧盟、北约的相关条款，规定罗公民同欧盟公民依法享有同等权利和义务，允许欧盟公民在罗购买土地和拥有土地所有权。

【议会】议会是罗人民最高代表机构和唯一的立法机关，由参议院和众议院组成。任期4年。本届议会于2012年12月普选产生，共有588名议员，其中参议员176人，众议员412人。参议长克林·波佩斯库–特里恰努（Crin Popescu–TARICEANU）、众议长瓦列留·兹格内亚（Valeriu ZGONEA）。

目前，议会中各党派所占议席数如下：

	参议院	众议院
社会民主党	63	152
国家自由党	73	111
全国进步联盟	10	49
匈牙利族民主联盟	9	18
少数民族议员	0	27
人民运动党	21	23
独立议员	0	32

【政府】2015年11月成立新政府。政府成员名单如下：

总理达奇安·乔洛什（Dacian CIOLOŞ），副总理兼地区发展和公共行政部长瓦西里·登古（Vasile DÂNCU），副总理兼经贸和商业环境部长科斯汀·博尔克（Costin BORC），外长拉泽尔·科默内斯库（Lazăr COMĂNESCU），内务部长彼得·托伯（Petre TOBĂ），农业和乡村发展部长阿基姆·伊里梅斯库（Achim IRIMESCU），国防部长米赫内亚·莫托克（Mihnea MOTOC），文化部长弗拉德·亚历山德雷斯库（Vlad ALEXANDRESCU），教育和科研部长阿德里安·库拉日（Adrian CURAJ），能源部长维克多·格里戈雷斯库（Victor GRIGORESCU），公共财政部长安卡·德拉古（Anca DRAGU），欧盟资金部长奥拉·勒杜库（Aura RĂDUCU），司法部长拉卢卡·普鲁讷（Raluca PRUNĂ），环境、水利和森林部长克里斯蒂娜·帕尔梅（Cristiana PALMER），劳动、家庭、社会保障和老龄人口部长克劳迪亚·科斯泰亚（Claudia COSTEA），电信和信息社会部长马留斯·博斯坦（Marius BOSTAN），公共咨询和公民对话部长维多利亚·亚历山德鲁（Victoria ALEXANDRU），与议会关系特派部长奇普里安·布古尔（Ciprian BUCUR），海外侨民特派部长丹·斯托埃内斯库（Dan STOENESCU）。

【行政区划】1个直辖市和41个县（相当于我国的省），下设市、镇、乡。

【主要网址】罗马尼亚总统府：www.presidency.ro；参议院：www.senat.ro；众议院：www.cdep.ro；政府：www.gov.ro；外交部：www.mae.ro；国防部：www.mapn.gov.ro；内务部：www.mai.gov.ro；教育部：www.edu.ro；财政部：www.mfinante.ro。

【司法机构】中央设有宪法法院、审计法院、最高法院和最高检察院，县、市、镇设各级法院和检察院。宪法法院院长奥古斯丁·泽格雷安（Augustin ZEGREAN），2013年连任。审计法院院长尼古拉·沃克罗尤（Nicolae VACAROIU），2008年就任。最高法院院长利维娅·多依娜·斯坦丘（Livia Doina STANCIU，女），2010年就任。最高检察院检察长蒂贝留－米哈伊尔·尼梦（Tiberiu–Mihail NITU），2013年就任。

【政党】1989年12月22日以后实行多党制。主要政党有：

（1）社会民主党（Partidul Social Democrat）：前身为成立于1989年12月的救国阵线，主要由原罗共干部和知识分子组成。1992年3月救国阵线分裂，其中左翼力量于同年4月成立民主救国阵线，1993年7月改称罗马尼亚社会民主主义党。2001年6月，该党与非议会政党社会民主党合并，改用现名。该党为中左翼政党，其基本价值准则是自由、社会公正和正义、团结、责任和管理精神。2003年7月，社民党同社劳党合并。10月，社会民主党被社会党国际接纳为正式成员。约有党员50万人。党主席为利维乌·德拉格内亚（Liviu DRAGNEA）。

（2）国家自由党（Partidul National Liberal）：始建于1864年，1990年1月重建，后几经分化组合。2001年1月，该党主流派与非议会政党联盟党合并，保留国家自由党的名称。2003年4月，该党与右翼力量联盟合并。该党曾为欧洲自由党成员，2014年6月加入欧洲人民党。同年7月，国家自由党与右翼政党民主自由党合并。约有党员50万人。该党设有两位主席，分别为瓦西里·布拉加（Vasile BLAGA）和阿利娜·戈尔吉乌（Alina GORGHIU，女）。

（3）全国进步联盟（Uniunea Nationala pentru Progresul Romaniei）：成立于2010年5月，由于社民党和国家自由党的脱党人士建立。2015年8月，该联盟与人民党合并，合并后的名称仍为全国进步联盟。该联盟为中左翼政党，宗旨是国家利益和爱国主义至上。约有党员50万人。党主席为加布里埃尔·奥普雷亚（Gabriel OPREA）。

（4）自由民主联盟（Alianta Liberalilor si Democratilor）：前身为2014年8月由参议长特里恰努创立的自由改革党，2015年11月同保守党合并为自由民主联盟。该党两位主席分别为参议长克林·波佩斯库－特里恰努（Calin Popescu–TARICEANU），前保守党主席达尼埃尔·康斯坦丁（Daniel CONSTANTIN）。

（5）罗马尼亚匈牙利族民主联盟（Uniunea Democrata Maghiara din Romania）：成立于1989年12月25日。匈民联以基督教教义为其活动的基础。约有党员25万人。党主席为凯莱曼·胡诺尔（Kelemen HUNOR）。

（6）人民运动党：成立于2013年。该党为右翼政党，党主席为特拉扬·伯塞斯库（Traian BASESCU）。

【重要人物】克劳斯·约翰尼斯：总统。1959年6月13日出生于罗马尼亚锡比乌省，德意志族。1983年毕业于克卢日大学物理系。1983—1997年，在锡比乌中小学任教。1997—2000年，任锡比乌省教育局副总学监、总学监。2000—2014年，任锡比乌市市长。2010年当选罗德意志族民主论坛主席。2013年，加入国家自由党并任该党副主席。2014年6月，当选国家自由党主席。11月，当选罗总统。已婚，无子女。 **克林·波佩斯库－特里恰努**：议会参议院议长。1952年1月14日出生于布加勒斯特。毕业于布加勒斯特建筑学院水利工程系。1990年成立罗首家私人广播电台并任台长。历任众议员、国务部长（副总理）兼工贸部长。2004—2008年任政府总理。2008年当选参议员。国家自由党创始人之一，历任执行书记、副主席、主席。2014年3月退党。同月，在罗主要执政党——社民党支持下当选议会参议长。8月，组建自由改革党并出任党主席。已婚，夫人为国家自由党欧洲议员，有两个孩子。 **瓦列留·兹格内亚**：议会众议院议长。1967年9月3日出生于多尔日县。1993年毕业于布加勒斯特建筑学院，2006年和2007年分别获国防学院和国家安全高等学院硕士学位。2000年、2004年、2008年三次当选众议员。2006—2010年，任众议院秘书长。2010—2012年5月，任众议院副议长。2012年7月，当选众议长。1996年加入社会民主主义党。1999—2000年，任社会民主主义党多尔日县地方青年组织主席。2001年至今，任社会民主党全国委员会委员。2004—2008年，任社民党众议院议员团副主席。2012年5—6月，任社民党众议院议员团主席。 **达奇安·乔洛什**：总理。1969年7月出生。先后毕业于罗马尼亚克卢日农业与兽医大学、法国雷恩和蒙彼利埃国立高等农学院。农业经济和乡村发展专业博士。2005—2007年，任农业部部长顾问。2007年，任农业部副国务秘书。2007—2008年，任农业部长。2010—2014年，任欧盟农业委员。2015年7月，任欧盟委员会主席国际粮食安全顾问。同年11月，出任罗政府总理。懂英语、法语。已婚。

经　济

1989年剧变后罗马尼亚开始由计划经济向市场经济过渡。2000—2008年经济连年增长。受国际金融危机影响，2009年和2010年经济负增长。2011年起经济企稳回升，2011年、2012年、2013年经济增长率分别为2.5%、0.3%、3.5%。

2014年罗主要经济数据如下：

国内生产总值：1500亿欧元。

人均国内生产总值：7010欧元。

国内生产总值增长率：2.8%。

货币名称：列伊（Leu/RON）。

汇率：1欧元≈4.5列伊；1美元≈4.2列伊。

通货膨胀率：1.4%。

失业率：6.4%。

【资源】矿藏有石油、天然气、煤、铝土矿、金、银、铁、锰、锑、盐、铀、铅等，森林面积为636万公顷，约占全国面积的28%，水力资源蕴藏量为565万千瓦。内河和沿海产多种鱼类。

【工业】主要工业部门有冶金、石油化工和机器制造。2013年工业生产总值同比增长2.5%。

近年主要工业产品产量如下：

	2010	2011	2012
钢（万吨）	390	444	497
发电量（亿千瓦时）	610	610	623
净煤（万吨）	3030	3482	3868
天然气（亿立方米）	110	106	120
原油（万吨）	405	400	440
化肥（万吨）	106	115	145
小汽车（万辆）	35	36	60
水泥（万吨）	685	—	745

（资料来源：罗国家统计局公报）

【农业】2013年粮食产量2756万吨。全国农业面积1480万公顷，其中耕地面积940万公顷。森林面积635万公顷，森林覆盖率27.3%。

近年主要农产品产量如下（单位：万吨）：

	2010	2011	2012
粮食	1671	2084	2507
玉米	904	1172	1326
小麦	581	713	920
蔬菜	386	418	485
马铃薯	328	408	520
甜菜	84	66	92
水果	142	148	173
葡萄	74	88	98
油料作物	238	269	365
向日葵	126	179	236

近几年牲畜存栏数如下：

	2010	2011	2012
牛（万头）	200	199	205
猪（万头）	543	536	543
羊（万只）	842	853	1010
禽（万只）	8085	7984	8072

（资料来源：罗国家统计局公报）

【服务业】2013年罗马尼亚服务业产值同比增长20%。

【旅游业】旅游资源较为丰富，主要旅游点包括布加勒斯特、黑海海滨、多瑙河三角洲、摩尔多瓦地区、喀尔巴阡山山区等。到2013年年底有旅行社约4000个。2013年接待外国旅游者610万人。

【交通运输】以公路、铁路运输为主。

铁路：总长2万公里。2011年铁路货运量6099万吨，客运量6100万人次。

公路：总长8.2万公里，其中高速公路340公里，欧洲级公路6190公里。

水运：河道长1780公里，拥有港口35个、海港3个。康斯坦察港现有100多个泊位，是黑海第一大港口。

空运：已开辟连接首都和国内17个城市、欧洲大多数国家的航线。主要航空公司为罗马尼亚航空公司（TAROM）。有6个国际机场，最重要的是布加勒斯特广达国际机场，还有康斯坦察、蒂米什瓦拉、阿拉德、锡比乌、苏恰瓦等机场。

（资料来源：罗国家统计局公报）

【财政金融】2011—2013年预算执行情况（单位：亿欧元）：

	2011	2012	2013
收入	382	595.8	675
支出	442	646.2	690
赤字	60	50.4	15

截至2014年12月31日，外汇储备322.16亿欧元，黄金储备价值32.9亿欧元，中长期外债761.16亿欧元，较2013年年底下降3.48%，占罗外债总额的80.75%。

【对外贸易】罗马尼亚目前同世界约180个国家和地区有经贸往来。2014年贸易进出口总额1109.6亿欧元，同比增长5.8%。

近年对外贸易情况如下（单位：亿欧元）：

	2012	2013	2014

出口额	450.4	495.6	524.6
进口额	546.1	552.7	585
差　额	–95.7	–57.1	–60.4

主要出口产品有：鞋类、服装、纺织品。

主要进口产品：机电、家电、矿产品、石油产品。

主要贸易国：德国、意大利、法国。

（资料来源：罗国家统计局公报）

【外国资本】1991年罗马尼亚通过《外国投资法》，1994年重新修订。2014年吸引外资24.3亿欧元，同比下降10.58%。主要投资国包括荷兰、法国、德国、美国、意大利。截至2014年年底，中国在罗注册资本约为4.2亿美元。

人民生活

2014年人均月收入约420欧元。全国有医疗机构1200多家，病床15.6万张，医务工作者5万人，平均寿命男性67.6岁、女性74.9岁。居民互联网使用率60%。

文化教育

【教育】现行教育体制分学龄前、小学、初中、高中、职业教育、高等教育和大学后教育。全国已普及10年制义务教育。截至2011年年底，全国共有小学4623所，在校学生172万人，教师14万人。中学1638所，在校学生84万人，教师6万人。大学108所，在校学生78万人，教师3万人。全国著名高等学府有：布加勒斯特大学、布加勒斯特工学院、布加勒斯特经济学院、克鲁日—纳波卡大学、雅西大学等。2013年教育支出16.3亿欧元，约占国内生产总值的1.2%。

【新闻出版】目前主要报刊有：《真理报》、《自由罗马尼亚报》、《全国信使报》、《罗马尼亚评论报》、《今日报》、《每日事件报》、《经济论坛》、《九点钟报》（英文）、《世界杂志》。

罗马尼亚通讯社：国家通讯社。前身系1889年成立的罗电报通讯社，系罗最早的政府新闻机构。1949年更名为罗马尼亚通讯社。

罗马尼亚广播公司：国家广播电台。1994年在罗广播电台基础上组建，对外用罗马尼亚语和11种外语广播。

罗马尼亚电视公司：国家电视台。创办于1958年，1994年组建为电视公司。1983年8月开始黑白、彩色混播，现已全部播放彩色节目。1990年后陆续建立的PRO TV电视台、“天线一号”电视台、PRIMA电视台、ACASA电视台、民族电视台等私人电视台迅速发展，已具有较大规模和较高收视率。罗同100多个国家的广播、电视系统有联系。有线电视用户337万户，有线电视普及率居世界第18位。

对外关系

目前，罗马尼亚同182个国家建立了外交关系。对外坚持欧美优先、兼顾周边、重视大国原则，并将发展对华关系作为其外交战略优先方向。罗于2004年3月29日加入北约，2007年1月1日加入欧盟。

【同中国的关系】中华人民共和国和罗马尼亚于1949年10月5日建立大使级外交关系。长期以来，两国保持着密切的友好合作关系。2004年6月，中罗建立了全面友好合作伙伴关系。2013年双方共同发表《中华人民共和国政府和罗马尼亚政府关于新形势下深化双边合作的联合声明》。2014年，两国共同庆祝建交65周年。

两国高层交往密切。2014年3月，罗政府第一副总理兼地区发展和公共行政部长德拉格内亚访华。2014年8月，罗总理蓬塔对华进行正式访问。习近平主席、李克强总理、张德江委员长分别会见、会谈。2014年9月，张高丽副总理对罗进行正式访问，分别同罗第一副总理德拉格内亚、副总理奥普雷亚、众议长兹格内亚会谈、会见。2014年12月，李克强总理出席第三次中国—中东欧国家领导人贝尔格莱德会晤期间同罗总理蓬塔举行双边会见。2015年2月，杨洁篪国务委员在出席慕尼黑安全政策会议期间会见罗外长奥雷斯库。9月，习近平主席在出席联合国大会系列峰会期间会见罗总统约翰尼斯。11月，罗副总理兼经贸和商业环境部长博尔克来华出席第四次中国—中东欧国家领导人会晤，其间，习近平主席予以集体会见，李克强总理同其双边会见。

两国经贸合作总体保持稳定。据中国海关总署统计，2014年，中罗双边贸易额为47.5亿美元、同比增长17.8%，其中中方出口32.3亿美元、同比增长14.3%，进口15.2亿美元、同比增长26%。2015年双边贸易额44.6亿美元、同比下降6%，其中中方出口额31.6亿美元、同比下降1.9%，中方进口额13亿美元、同比下降14.7%。

中国驻罗马尼亚大使：徐飞洪。馆址：布加勒斯特市一区北方路2号（Sos. Nordului nr.2，sector 1，Bucuresti, Romania, codul postal 71512）。电话：0040–21–2328858；传真：2330684。商务处电话：0040–21–2329677；传真：2307786。领事部电话：0040–21–2334188。网址：www.chinaembassy.org.ro。

中国驻康斯坦察总领事：宿彦文。馆址：康斯坦察市瓦西里·珀尔万大街11至13号（Str. Vasile Parvan nr. 11–13, Constanta, Romania）。电话：0040–241–617833；传真：612092。

罗马尼亚驻华大使：多鲁·科斯泰亚（Doru Costea）。馆址：北京日坛路东2街。电话：010–65323442，65323879；传真：65325728。商务处电话：010–65323315。签证处电话：010–65323616。网址：http://beijing.mae.ro。

罗马尼亚驻上海总领事：弗洛林·马留斯·达库（Florin Marius Tacu）。馆址：上海市长宁区仙霞路88号太阳广场西塔305室。电话：021–62700361；传真：62085105。

罗马尼亚驻香港总领事：塔利达·国伊安（Talida Goean，女）。馆址：香港北角电气道148号。电话：00852–25233813；传真：25233815。

【同美国的关系】美国于1880年6月14日在罗马尼亚设立办事处，同年8月11日，该办事处升为公使馆。1941年12月罗美断交。1946年2月罗美恢复公使级外交关系。1964年6月1日罗美建立大使级外交关系。2007年8月，美在罗设立军事基地。2010年2月，罗最高国防委员会决定同意美在罗境内部署新反导系统，计划于2015年投入使用。2011年9月，罗美签署《罗美面向21世纪的战略伙伴关系联合声明》及美在罗部署反导系统协议。2015年11月，美在罗南部德维塞卢空军基地部署“标准–3”短程导弹拦截装置。2015年，罗总统约翰尼斯、总理蓬塔、副总理兼内务部长奥普雷亚分别访问美国。美国助理国务卿纽兰、联邦调查局局长科米、美驻欧洲海军司令弗格森访罗。

【同俄罗斯和独联体国家的关系】俄罗斯：罗马尼亚与俄罗斯于1878年9月建立公使级外交关系。1918年两国断交，1934年6月9日，两国恢复外交关系。1941年6月22日，两国再次断交。1945年8月6日，双方建立公使级外交关系，同年8月24日，两国外交关系升格为大使级。2010年8月，俄以罗驻俄使馆一名外交官从事间谍活动为由宣布其为“不受欢迎的人”，罗外交部表示抗议并对俄采取报复措施。近年来，罗俄关系有所缓和，罗致力于拓展同俄务实合作。2015年，罗总统约翰尼斯访问乌克兰，罗外长奥雷斯库、国防部长杜沙分别访问格鲁吉亚。格鲁吉亚总理加利巴什维利访罗。

【同欧洲国家的关系】2015年主要往来有：

英国首相卡梅伦、土耳其总统埃尔多安、保加利亚总统普列夫内利埃夫、斯洛伐克总理菲佐、阿尔巴尼亚总理拉马、德国外长施泰因迈尔、意大利外长真蒂洛尼等访罗。1月，罗总统约翰尼斯赴巴黎参加反恐大游行。5月，约翰尼斯总统赴波兰出席二战胜利70周年纪念活动、赴意大利出席米兰世博会罗国家馆日活动。11月，约翰尼斯总统赴巴黎出席联合国气候变化大会。约翰尼斯总统年内还访问了摩尔多瓦、德国、克罗地亚、西班牙、奥地利等国；罗总理蓬塔访问摩尔多瓦、塞尔维亚等国；罗外长奥雷斯库访问法国、英国、匈牙利，并出席在斯洛伐克举行的维谢格拉德集团同东部伙伴外长会议。

【同其他国家的关系】2015年主要往来有：

罗马尼亚重视拓展与中东、美洲等地区国家的关系。2015年，罗总理蓬塔访问沙特、卡塔尔、科威特、阿联酋、约旦、墨西哥等国。

【同国际或区域组织的关系】2015年主要往来有：

联合国：9月，罗总统约翰尼斯赴纽约出席联合国成立70周年系列峰会及全球妇女峰会。

欧盟：1月，罗总统约翰尼斯访问欧盟总部；罗外长奥雷斯库出席欧盟外长会议。2月，罗外长奥雷斯库出席慕尼黑安全会议；约翰尼斯总统出席欧盟领导人会议和欧洲人民党峰会。3月，约翰尼斯总统出席欧盟春季峰会。4月，欧盟委员会副主席东布罗夫斯基、黑海经合组织秘书长维尔坤分别访罗；罗外长奥雷斯库出席欧盟东部伙伴关系外长会。5月，约翰尼斯总统赴拉脱维亚出席欧盟东部伙伴关系峰会。6月，约翰尼斯总统出席欧盟夏季峰会。10月，约翰尼斯总统出席欧盟首脑会议。12月，罗新任总理乔洛什出席欧盟首脑会议。

北约：3月，北约欧洲盟军最高司令布里德拉夫访罗。5月，罗外长奥雷斯库赴土耳其出席北约外长会议；1500名北约军人在罗境内黑海海域举行军事演习。9月，北约指挥控制中心在罗等6个中东欧国家建成。11月，北约与中东欧国家领导人峰会在罗举行。12月，北约设在罗南部德维塞卢空军基地的反导系统正式建成。

欧洲安全与合作组织：2015年轮任欧洲安全与合作组织安全委员会主席。（邵柳连）

马耳他

国名　马耳他共和国（The Republic of Malta）。

面积　316平方公里。主要由5个岛屿组成，其中马耳他岛最大，面积245.73平方公里；第二大岛为戈佐岛，面积67.08平方公里。

人口　42.7万（2014年）。主要是马耳他人，占总人口95%以上，其余为阿拉伯人、意大利人、英国人等。马耳他语和英语为官方语言。天主教为国教，信奉人数占98%，少数人信奉基督教新教和东正教。

首都　瓦莱塔（Valletta），0.758平方公里，人口6444（2014年）人。

国家元首　总统玛丽·路易斯·科勒略·普雷卡（H.E. Marie Louise Coleiro Preca，女），2014年4月4日就职，任期5年。

重要节日　国庆日：9月21日。

简　况　位于地中海中部的岛国，有“地中海心脏”之称。海岸线长190余公里，多天然良港。属亚热带地中海式气候，年均气温19.7℃，最高气温40℃，最低气温5℃。年均降水量560毫米。

公元前5000年，岛上即有史前人类活动。公元前10—8世纪，腓尼基人到此定居。公元前218年起，受罗马人统治。9世纪起，先后被阿拉伯人、诺曼人占领。1530年，耶路撒冷圣约翰骑士团从罗得岛移居这里。1798年，法国军队将骑士团逐出。1800年被英国人占领，1814年沦为英国殖民地。1947—1959年及1961年起获得一定程度的自治，1964年9月21日正式宣布独立，为英联邦成员国，实行君主立宪制，英女王仍为国家元首，向马派遣总督。1966年举行独立后的第一次大选，国民党获胜执政。1971—1987年，工党连续执政16年之久。1974年12月13日，马议会通过宪法修正案，改君主立宪政体为共和国制，总统为国家元首。1979年3月31日，英被迫从马撤出军事基地。1987—1996年，国民党执政。1996—1998年，工党执政。1998年至2013年3月，国民党执政。2013年3月，工党赢得大选开始执政。

政治

国民党执政期间，马于2004年5月1日加入欧盟，加速融入欧盟进程。对内，国民党政府对马经济、社会政策进行较大调整，在财政、金融、税收、司法、教育和医疗等领域推行一系列改革措施，经济开始好转。2007年12月加入申根区，2008年1月正式启用欧元。对外，加强与欧盟内国家的友好关系，巩固同地中海南北两岸国家的合作，推动欧盟和阿盟合作，支持成立地中海联盟，同时继续发展同美、俄、中、印、澳、南非、巴西、土耳其等域外国家和新兴大国的关系。2013年3月，工党政府上台，基本延续了国民党政府的外交政策，同时更加重视发展对华关系。

【宪法】1964年9月21日颁布的独立宪法规定，马耳他为君主立宪制政体，英国女王为马耳他国家元首。1974年12月13日修改宪法，马成为共和国，但仍保留在英联邦内。总统为国家元首，由总理提名经议会投票同意产生，任期5年。

【议会】一院制，称众议院，由普选产生，任期5年，为立法机构。本届议会于2013年3月选举产生，共6 9席，其中工党（执政党）占39席，国民党（反对党）占30席。议长安格鲁·法鲁贾（Angelo Farrugia），2013年4月就职。

【政府】2013年3月，工党击败国民党赢得大选，组成新一届政府，约瑟夫·穆斯卡特（Dr. Joseph Muscat）任总理，内阁成员包括副总理兼欧洲事务及竞选纲领执行部长路易斯·格莱克（Louis Grech），外交部长乔治·维拉（George Vella），旅游部长爱德华·扎米特·刘易斯（Edward Zammit Lewis），教育和就业部长伊伐瑞斯特·巴特洛（Evarist Bartolo），可持续发展、环境和气候变化部长里奥·布林卡特（Leo Brincat），交通和基础设施部长乔·米兹（Joe Mizzi），戈佐部长安东·雷法洛（Anton Refalo），社会对话、消费者事务和公民自由部长海琳娜·达利（Helena Dalli，女），经济、投资和小企业部长克里斯琴·卡东纳（Christian Cardona），家庭和社会团结部长迈克尔·法鲁贾（Michael Farrugia），内政事务和国家安全部长卡梅罗·阿贝拉（Carmelo Abela），财政部长爱德华·锡库鲁纳（Edward Sciluna），能源和卫生部长康拉德·米兹（Konrad Mizzi），司法、文化和地方政府部长欧文·鲍尼奇（Owen Bonnici），行政规划和简化事务国务秘书德波拉·施恩贝里（Deborah Schembri），欧盟2017轮值主席国和欧盟资金事务国务秘书伊恩·博奇（Ian Borg），科研、创新、青年和体育事务国务秘书克里斯·阿玖斯（Chris Agius），农业、渔业和动物权益事务国务秘书罗德里克·高蒂斯（Roderick Galdes），竞争力和经济增长事务国务秘书乔西·赫雷拉（Jose Herrara），卫生事务国务秘书克里斯·费尔尼（Christ Fearne），残疾人权益及老龄事务国务秘书贾斯汀·卡鲁安纳（Justyne Caruana），地方政府事务国务秘书斯蒂芬·博恩坦波（Stefan Buontempo）等。

【行政区划】全国共有68个地方市政委员会，其中马耳他岛54个，戈佐岛14个。

【司法机构】高等法院为最高司法机构，由1名首席大法官和16名大法官组成，由总统根据总理推荐任命，任职到65岁退休。现任首席大法官为西尔维奥·卡米莱里（Dr. Silvio Camilleri），2010年就任。检察长彼得·格雷克（Dr. Peter Grech），2010年就任。

【政党】（1）工党（Partit Laburista，PL）：执政党。1921年成立，党员以工人居多。对内主张“公民第一”，权力一律平等，逐步削弱宗教势力，建立自主经济，工会参与企业管理，出售部分国有企业股份。对外主张中立和不结盟，不参加任何军事集团，反对马加入欧盟，但在马入盟后表示尊重马人民的选择；重视同地中海国家关系。现任领袖约瑟夫·穆斯卡特，2008年6月就职。

（2）国民党（Partit Nazzjonalista, PN）：主要反对党。1880年成立，党员主要是工商业者、教职员、律师、农民。对内主张把马建成信奉天主教，具有欧洲传统和民族精神，自由正义的民主国家。对外主张加强同欧洲国家和地中海各国的联系和合作。现任领袖西蒙·布苏蒂尔（Dr. Simon Busuttil），2013年5月就职。

（3）民主选择党（Alternattiva Demokratika, AD），又称“绿党”（The Green Party）：成立于1989年，是欧洲绿党成员，在马议会无席位，注重环境及社会问题。在2013年大选中，该党支持率为1.8%。2014年5月，在欧洲议会议员选举中表现平平，未获议席。现任主席阿诺德·卡索莱（Arnold Cassola），2013年6月就职。

【重要人物】玛丽·路易斯·科勒略·普雷卡：总

统，1958年12月生。毕业于马耳他大学法律和人类学专业。早年加入马耳他工党并积极投身政治，1982—1991年出任工党总书记一职，成为马有史以来首位出任此类政党高级职务的女性。1998年当选马议员并一直连任。作为反对派议员期间，先后担任社会政策、旅游、卫生领域影阁部长，并自1998年起一直担任社会事务委员会成员。2013年工党赢得大选后被任命为家庭和社会团结部长。2014年4月就任马总统。已婚，有一女。　**约瑟夫·穆斯卡特**：总理，工党领袖。1974年1月生，毕业于马耳他大学，获商业管理和公共政策学士、欧洲研究硕士。2007年获英国布里斯托尔大学管理研究博士学位。曾任工党电视台记者、工党网络报纸主编和瑞银集团马耳他代表处投资顾问等。1994—2001年任工党青年论坛财政书记、代理主席。1994—2001年任工党全国执委会主席。2001—2003年任工党教育书记。2003年任工党年度大会主席。2004年当选欧洲议会议员，任经济和货币委员会副主席等职。2008年6月当选工党领袖，9月辞去欧洲议员职务，10月当选马议会议员并出任反对党领袖。2013年3月，率领工党在大选中获胜并出任总理。已婚，有一对双胞胎女儿。

经　济

马资源贫乏，技术人员短缺，工业基础薄弱，粮食基本依赖进口，对外贸易长期逆差。旅游业、造船和修船业是其传统产业，其中旅游业是马外汇的重要来源。2004年加入欧盟以来，政府不断大力调整经济结构，推出系列改革措施，宏观经济不断改善。此外，欧盟大笔援款也给马经济注入活力，经济实现连续增长，于2008年初顺利加入欧元区。得益于严格的金融管理制度和保守谨慎的信贷投资传统，加之少有国外公司在马上市，马金融体系及股市未受2008年国际金融危机直接冲击。但受海外市场不景气、进出口和内需下降影响，马经济增长于第二季度开始放缓并于年底陷入衰退，当年经济增长率仅为1.6%。2009年持续下滑，国内生产总值增长率为 –2.1%。为缓解危机影响，2010年政府投入约9000万欧元用以制订经济刺激计划，并采取提高存款准备金率、实施旅游业贷款利息补贴、为企业量身定制资金帮扶等一系列措施，以稳定市场、保障就业、吸引投资和刺激经济。马经济开始复苏，旅游业和新兴金融服务业恢复增长。

2014年马主要经济数据如下：

国内生产总值：79.6亿欧元。

人均国内生产总值：18600欧元。

国内生产总值增长率：3.5%。

货币名称：欧元（Euro）。

失业率：5.9%。

通胀率：0.31%。

【资源】除建筑用石灰岩外，无矿产资源，石油、天然气完全依赖进口。太阳能、风能资源丰富，但开发不足，可替代能源使用率仅为0.36%。淡水资源匮乏，55%生活用水依靠海水淡化。

【制造业】近年来制造业产值不断下降，目前仅占 GDP 的14%左右，低于西方国家总体水平；从业人员占总劳力的比重不足20%。主要产品有电子、化工、机械设备、医药、食品饮料等。

【农业】马土地贫瘠，可耕地有限，加之严重缺水，制约了农业的发展。2014年，农业和渔业产值占 GDP 的1.31%，农业人口不足2000人。农业产业主要为猪、禽养殖业，主要农副产品有小麦、马铃薯、番茄、西葫芦、葡萄、橙子等。大部分粮食、牛奶、植物油、水果等依赖进口。

【旅游业】旅游业是马经济支柱和主要外汇来源，但也面临价格和质量等结构性问题。由于政府在2006年推出的一些激励措施吸引了一些廉价航空公司开始在马运营，使旅游业在2007年取得较大增长。但受国际金融和经济危机影响，自2008年第四季度起，马旅游业出现大幅下滑，2009年访马游客人数减少8.4%。2014年，访马游客人数约为171万。英国、意大利、德国、法国等欧盟国家为赴马游客的主要来源国。

【交通运输】境内无铁路和内陆水路，与岛外的交通主要依赖航空和海运。唯一机场是卢阿（Luqa）国际机场，目前与欧、美、北非等主要大城市有多条直飞航线。马耳他航空公司有12架客机，阿航、汉莎、法航、意航、英航、埃航和廉价航空 RYANAIR、EASYJET 等在马经营定期航班。港口主要有2个，法资管理的自由港系地中海沿岸第三大港，年吞吐量逾300万只20尺标箱，与世界125个港口有货物往来，另与新加坡合资管理大港。与意大利、利比亚等有海运客运航线。在马注册船只约2500艘，是世界第六大船舶登记国（2014年）。马国土面积小，且多山地丘陵，国内交通主要依靠公路，全国公路约2200公里，无高速交通系统。全国共约有33.5万辆车辆（2014年），其中私人车辆25.7万辆，平均2位居民拥有1辆以上汽车，私车拥有率居世界前列。公交系统不太发达，主要为学生和来马游客服务。

【财政金融】马入盟后公共财政状况总体良好，在 GDP 增长、降低结构性赤字和公共债务等方面取得积极成果。受国际金融和经济危机影响，从2008年起，马财政状况出现逆转。2009年政府财政赤字达2.97亿欧元，约占 GDP 的5.1%；政府债务超过39亿欧元，占 GDP 的67.6%。2014年政府财政赤字1.68亿欧元，占 GDP2.1%；债务54亿欧元，占 GDP68%。

【对外贸易】马对外贸易长期逆差。欧盟一直保持马最大贸易伙伴地位，占马对外贸易近三分之二以上，其中英国、意大利为马主要贸易对象国。主要进口日用消费品、机械、食品、原材料，主要出口电子、服装、医药、普通机械产品等。2013年马进出口总额为96亿欧元，其中进口56.8亿欧元，出口39.2亿欧元，贸易逆差17.6亿欧元。

人民生活　实行免费教育、免费医疗及退休保险制度。人均寿命81.9岁（2013年）。2014年，互联网入户率达80.7%，成人普及率达73.2%。2014年，法定最低工资为每年8615欧元，在欧盟国家中处于中间水平。

军　事　不设国防部，武装部队由总理直接管辖。现有正规军约2010人。武装部队司令杰弗里·柯米（Jefferey Curmi）准将，2013年12月就职。根据1980年同意大利签订的双边防务协定，意负责为马提供安全保障。马警察力量约1800人，由内政部管辖。现任警察总署署长皮特·保罗·扎密特（Peter Paul Zammit），2013年4月就职。

文化教育　【**教育**】共有各类学校约340所，在校生8.4万人，教师近1万人，公立学校均实行免费教育，另有各类私立和教会学校。高等教育入学率约为60%，马耳他大学（University of Malta）系马唯一一所大学，其他主要高等院校是大专院校旅游学院（Institute of Tourism Studies，ITS）及高职院校马耳他人文科技学院（Malta College of Arts, Science & Technology，MCAST）。

【**新闻出版**】共有主要日报4份，马耳他文和英文各占2份。最大报纸为《时报》（Times of Malta）和《独立报》（The Malta Independant），发行量分别为3.7万份和1.6万份（2015年），另有多种周报。

广播电视受马耳他广播局监管。马耳他电视台（TVM）为国家电视台，1962年开始播放电视节目，由政府公共广播服务有限公司经营。工党和国民党分别开设各自电视台One TV和Net TV。私营有线电视台（Smash TV, Calypso TV, Favourite）以播放娱乐性节目为主。另有教育台Education 22和电视购物台ITV。马广播局成立于1961年9月，现为欧广联和英联邦广播协会及欧洲新闻学会的成员。马公共广播服务有限公司系于1991年9月27日成立的政府机构。马总理府新闻局统管政府新闻政策和各类新闻媒体。

对外关系　独立后一直奉行中立政策，始终保持与欧洲大陆和地中海沿岸国家的友好关系，强调自己是“欧洲的一部分，也是地中海的一部分”，坚持以欧盟和地中海为重点，全面参与欧盟决策进程，推动欧洲地中海合作，积极发展同地中海南北两岸国家关系。重视并积极发展同美国、俄罗斯、中国、澳大利亚、印度、南非等域外大国和新兴经济体的关系。

认为世界处于新旧国际秩序交替之中。新的问题不断出现，国际和平与安全受到威胁。在安全与发展、民主和人权、繁荣与环保等问题上，各国相互依存度加深，需要在国际领域开展新的多边合作。赞成多边主义，提倡国际法制，不赞成使用武力和采取军事行动解决地区冲突；认为加强对话和深化合作是世界各国共同有效应对全球化所面临机遇与挑战的基础。

关注地中海、北非事务。自身定位为“具有地中海使命的欧盟国家”，巩固并深化与地中海南岸北非邻国的传统友好关系，认为只有加强地中海地区伙伴关系，欧地合作才能实现。强调地中海和欧洲的安全密切相关，力促欧盟给予地中海国家更多的经援，推动并积极参与各种欧洲—地中海合作进程：发起成立地中海议会大会并在马设立秘书处；举办首届欧盟—阿盟外长会议，并成功争取在马设立欧盟—阿盟联络办；坚决支持并积极参加地中海联盟成立大会，成功获得联盟副秘书长职位。

马是世界上人口密度最高的国家之一，高度关注近年来日益严重的地中海非法移民问题。主张保护难民的人道主义权利，开展国际合作搜救海上遇险难民，倡导在欧盟内部建立强制性“责任分摊”制度，根据各国接纳能力共同安置有关难民。主张加强与地中海南岸国家对话，加大同难民来源国、中转国的发展合作，同时严厉打击非法蛇头组织，呼吁国际社会和欧盟从源头上制止偷渡行为。

十分关注中东局势，同情巴勒斯坦一方。支持巴以分别建国，强调军事手段无法解决问题，应通过和平对话解决巴以冲突。呼吁联合国所有成员国全力支持联合国秘书长工作，早日解决巴勒斯坦难民、耶路撒冷最终地位、定居点、边界、水资源和安全等问题。自1975年起为联合国巴勒斯坦人民行使不可剥夺权利委员会报告员。

重视联合国等多边国际组织作用，强调国际关系应遵循《联合国宪章》的宗旨和原则，主张联合国在世界和平与安全等重大问题上发挥主导作用，反对绕过联合国对一些国家采取重大行动。赞成联合国改革，作为“观点相近国家”成员，支持扩大安理会，但主张应坚持协商一致，反对人为设定时间表或强行推动表决。

坚决反对国际恐怖主义，认为恐怖主义不应有生存的空间。积极参与国际反恐合作，坚持全面执行关于反恐的国际公约和安理会决议，愿与其他国家共同努力，彻底根除一切形式的恐怖主义。

重视气候变化问题，认为国际组织和相关机构应以更加协同的态度对待该问题及其后果，有关各方应采取一致立场，帮助相关国家提高应对气候变化的能力，支持在联合国框架公约内就减排尽快采取行动，认为小岛国受气候变化负面影响的脆弱性应予重视。支持欧盟关于2020年和2025年中长期应对气候变化目标，承诺出资80万欧元，参与欧盟为发展中国家提供资金援助。

【**同中国的关系**】中马1972年1月31日建交以来，一直保持友好合作关系。双方高层互访较频繁。2001年7月，江泽民主席与德马科总统成功互访。近年中方往访的还有：全国人大常委会副委员长王兆国（2004年7月）、全国政协主席贾庆林（2004年9月，过境）、全国政协副主席王忠禹（2005年6月）、国务院副总理回良玉（2005年8月）、中纪委书记吴官正（2005年9月）、国家副主席习近平（2009年2月）、全国人大常委会副委员长兼秘书长李建国（2010年9月）、全国政协副主席陈宗兴（2012年6月）、全国政协副主席杜青林（2013年10月）等。马方来访的还有：国民党副领袖、副总理冈奇（2000年4月）、议长塔博恩（2002年7月）、总理阿达米（2002年10月）、国民党副领袖、副总理博奇（2005年10月和2006年10月）、外长弗南多（2007年5月）、总理冈奇（2008年10月）、议会外委会主席弗南多（2009年7月）、副总理兼外长博奇（2010年3月和2011年8月）、工党领袖穆斯卡特（2010年4月）和议长弗南多（2012年9月）。总理穆斯卡特2013年9月来华出席夏季达沃斯论坛年会，2014年7月来华出席生态文明贵阳国际论坛年会。2015年7月，国民党领袖布苏蒂尔和外长维拉先后访华。

2010年4月底，阿贝拉总统来华出席上海世博会开幕式期间意外受伤，中方给予阿精心治疗，胡锦涛主席亲往探望并派专机送阿贝拉回国。马方对此甚为感动，认为此事再次证明了中国是马耳他真正的朋友，体现了中国政府和人民对马耳他政府和人民的深情厚谊。

2008年5月四川汶川特大地震发生后，马总统阿达米、议长加利亚、副总理兼外长博奇分别发来慰问电，总理冈奇、议长加利亚、副总理兼外长博奇亲赴中国驻马使馆吊唁地震遇难者。马政府向中方提供100顶帐篷和4.6万欧元捐款。2010年4月青海玉树地震发生后，马总统阿贝拉、议长加利亚和副总理兼外长博奇分别致信中方表示慰问。2011年年初利比亚国内局势发生动荡后，马耳他政府积极支持、配合中方撤离滞留利比亚的中国公民。2月，温家宝总理向冈奇总理致口信表示感谢。3月，外交部副部长傅莹访问马耳他，向马方转交了温家宝总理的感谢信。

2012年年初，杨洁篪外长过境马耳他，与马总理冈奇、副总理兼外长博奇会见会谈。2012年6月、2014年5月，外交部副部长宋涛、王超分别赴马进行两国外交部部际磋商。

1972年建交后，两国经贸关系不断发展。1997年，双方签署《贸易和经济合作协定》，确立了经贸混委会制度。2014年12月，马耳他经济、投资和小企业部部长卡东纳来华出席中马政府经贸混委会第9次会议。2009年和2011年，马基础设施、交通和通讯部部长奥斯汀·盖特两次访华。2010年，中国证监会主席尚福林、中国银监会主席刘明康和国家税务总局局长肖捷分别访马，并签署有关协议或备忘录。2011年，中国国家开发银行副行长郑之杰访马，马耳他—中国商会成立。2012年5月，中国银监会副主席郭利根访马。6月，中石油在马开设办事处。2014年12月，上海电力股份有限公司与马耳他能源公司签署项目合同，交易总额达3.2亿欧元。2014年，双边贸易额为37.8亿美元，同比增长16.8%，其中我出口31.9亿美元，同比增长27%，进口5.9亿美元，同比下降18.5%。2015年，双边贸易额为28.2亿美元，同比下降25.4%，其中我出口23.8亿美元，同比下降25.4%，进口4.4亿美元，同比下降25.4%。2015年，马耳他成为亚洲基础设施投资银行意向创始成员国，是首批加入亚投行的欧洲国家之一。2016年1月，马正式成为亚投行成员。

近年来，中马在文化、卫生、教育、军事、警务、民政、青年等领域的交流与合作增多，签有多个合作文件。2003年9月，中方在马正式成立地中海地区首个中国文化中心。2009年，文化部部长蔡武访马。20世纪90年代，中方在马设立了地中海地区和欧洲首个中医中心，每年为患者提供治疗近5000人次，并于2008年在马新建国立医院设立了中医门诊科。2012年9月，马卫生、老年和社区服务部部长卡萨访华，与中国卫生部签署中医药领域合作议定书。教育方面，每年中方向马方提供1至2名全额奖学金留学名额，马耳他大学地中海外交关系学院和国际海洋法学院则向中方共提供2至3个奖学金名额。2011年，马耳他大学孔子学院成立。2015年5月，上海中医药大学同马耳他大学签署合作协议，合作建立中医诊疗中心并开设“中医和中国文化”硕士课程。目前，约有30多名中国留学生在马耳他大学和旅游学院就读。军事方面，2008年，总参谋长助理杨志琦中将访马，2009年，马武装部队司令卡梅尔·瓦萨洛准将访华。2010年，马警察署长约翰·里佐访华。我民政部和国家老龄委多年来与在马的联合国老龄问题研究所保持良好合作关系。近年来，两国在青年领域交流增多，增进了两国青年间的彼此了解。2009年，全国青联主席助理倪健率团访马。2011年双方开展中欧青年交流对口活动。马为中国公民出境旅游目的地国，双方签署了关于互免持外交和公务护照人员签证的协定（2008年生效）。2015年7月，马驻上海总领馆揭牌。截至2012年7月，中马共结成一对友好城市（桑塔露西亚市与苏州市金阊区）。

重要双边协议：《中华人民共和国卫生部与马耳他共和国内政和社会发展部关于开展中医领域合作的协议》（1995年4月）、《中马卫生和医学领域合作协定》（1998年4月）、《中马中医领域合作协议》（1998年4月）、《中马两国旅游合作协定》（1998年5月）、《中马民用航空运输协定》（1998年9月）、《中马外交部关于磋商的谅解备忘录》（2001年7月）、《中国外交学院与马耳他地中海外交学院合作协议》（2001年7月）、《中华人民共和国政府与马耳他政府关于设立文化中心的谅解备忘录》（2001年7月）、《中华人民共和国国家旅游局和马耳他旅游部关于中国公民有组织地赴马耳他旅游实施方案的谅解备忘录》(2001年7月)、《中华人民共和国政府和马耳他政府关于禁止非法贩运和滥用麻醉药品和精神药物的合作协议》(2001年10月)、《中华人民共和国教育部与马耳他教育部合作备忘录》(2002年6月)、《中华人民共和国政府和马耳他政府关于互免持外交和公务护照人员签证的协定》(2007年12月)、《中华人民共和国卫生部和马耳他社会政策部2009—2013年度执行计划的协议》(2008年12月)、《中华人民共和国和马耳他关于刑事司法协助的条约》(2009年2月)、《中华人民共和国政府和马耳他政府关于打击跨国犯罪的合作协定》(2009年2月)、《中华人民共和国政府和马耳他政府关于促进和保护投资的协定》(2009年2月)、《中国孔子学院总部与马耳他大学关于合作设立马耳他大学孔子学院的协定》(2009年2月)、《证券期货监管合作谅解备忘录》(2010年1月)、《中国银监会与马耳他金融服务局银行监管合作谅解备忘录》(2010年2月邮签)、《中华人民共和国政府和马耳他政府对所得避免双重征税和防止偷漏税的协定》(2010年10月)、《中华人民共和国教育部与马耳他教育和就业部关于相互承认高等教育学位学历证书的协议》(2013年5月)、《中华人民共和国政府和马耳他共和国政府中期合作规划谅解备忘录》(2014年7月)。

中国驻马耳他大使：蔡金彪。馆址：Karmnu Court, Lapsi Street, St. Julian's, STJ1264, Malta。电话：00356–23798804；传真：21364730。电子邮箱：chinaemb_mt@mfa.gov.cn。网址：http://mt.chineseembassy.org 或 http://mt.china-embassy.org。

马耳他驻华大使：卓嘉鹰（John Aquilina）。馆址：北京市三里屯办公楼1–51。电话：010–65323114；传真：65326125。电子邮箱：maltaembassy.beijing@gov.mt。马耳他签证申请中心网址：http://mt.vfsglobal.cn/chinese。

【同欧盟的关系】2004年5月加入欧盟，2007年12月加入申根区，2008年1月加入欧元区。2008年，马议会批准《里斯本条约》。10月，马批准《欧盟移民与难民庇护公约》。支持欧盟进一步扩大，支持乌克兰与欧盟签署伙伴协议，支持冰岛、西巴尔干国家和土耳其入盟愿望。2008年8月，马政府发表声明，承认科索沃独立。坚持欧盟共同外交与安全政策，主张欧盟发挥更大政治影响力，强化跨大西洋关系，促进与非盟和阿盟的关系。2011年4月，欧洲理事会主席范龙佩访马时表示，欧洲理事会和盟内其他国家将继续在移民问题上与马保持团结，并给予必要协助。2017年上半年马将担任欧盟轮值主席国。

【同北约的关系】马国民党政府曾于1994年5月加入北约"和平伙伴关系计划"(Partnership for Peace, PfP)。1996年工党执政后，以违反马宪法关于中立、不结盟规定为由退出。1998年9月，国民党政府重新执政，与北约保持密切关系。2008年4月，国民党政府重新加入PfP，但强调指出，马加入PfP的目的并非为了加入北约，而是为了发展国家必备的军事和民事协同能力，以便有效参与联合国制裁危机处理和促进和平行动，完全符合宪法有关保持中立的规定。马视加入PfP为致力于促进泛欧洲安全秩序的努力以及发展和提升欧盟—北约合作职能的途径。

【同意大利的关系】马重视与邻国意大利的关系。根据有关双边协定，意大利为马提供防务安全保障，并向马提供一定的财政援助。两国外交部及议会间保持经常性接触。2009年3月，马总统阿达米访意，双方签署修订两国避免双重征税协定议定书；马方表示将派军方人员参加意大利与利比亚于5月在利海域开始的联合海上巡逻，以减少抵马非法移民。12月，马武装部队接受了意驻马军事代表团价值400万欧元的装备捐赠。近年来，两国在非法移民营救和接收问题上龃龉不断，但双方表示愿通过协商解决有关问题，并联合向欧盟内其他国家施压，呼吁盟友分担非法移民压力。2012年9月，意外长泰尔齐访马期间，两国签署加强外交部部际合作、深化双边关系的谅解备忘录。2013年7月15日，马总理穆斯卡特访问意大利并与意总理莱塔就应对非法移民、联合海上搜救、油气开采等问题交换看法。

【同英国的关系】马是英联邦成员，同英保持传统友好关系。2008年11月，马副总理兼外长博奇访英，与英外交大臣米利班德就欧盟—阿盟对话、地中海联盟、中东和平进程、欧盟扩大等议题举行会谈。2011年5月，马总理冈奇对英进行正式访问，与英首相卡梅伦和外交大臣黑格会见会谈，就加强双边合作交换看法。2012年7月，英主管欧洲事务的外交国务大臣利汀顿访马，两国签署外交部部际合作谅解备忘录。2013年7月24日，马总理穆斯卡特访英，出席英联邦运动会开幕式，并与英首相卡梅伦会见。2015年11月，马举行英联邦政府首脑会议，英女王伊丽莎白二世和卡梅伦首相出席。

【同美国的关系】马同美国关系密切，美军舰经常赴马停靠补给。2008年8月，两国签署避免双重征税协定。11月，奥巴马当选美总统后，马政府、各政党均向其表示祝贺。2009年12月，美驻马大使表示，美尊重马宪法奉行的中立政策，但希马参与对阿富汗农业和良政等非军事领域的培训项目。同月，马加入美免签计划。2010年，美对马军事援助约45.5万美元，但2011年美新预算案停止对马进行军援。2011年4月，马反对党领袖穆斯卡特访美。10月，美国国务卿希拉里对马进行正式访问。

【同北非、中东国家的关系】马高度重视与北非和中东国家的关系，与利比亚、突尼斯、阿尔及利亚等北非阿拉伯国家在投资、金融、侨务等领域有着密切的传统联系。2009年8月，卡扎菲访问马耳他。9

月，马总统阿贝拉出席利比亚革命胜利40周年庆典活动，成为出席该庆典的唯一西方国家领导人。2011年2月利比亚发生动乱以来，马政府致力于协助各国经马撤离侨民行动。坚持宪法中立原则，声明将不支持和参与在利上空设置禁飞区等军事行动。支持对利制裁，同时极力维护马经济利益。呼吁利比亚政权和平过渡并愿向利人民提供必要的人道主义援助。利新政府成立后，马积极提供援助。2011年3月，马举办西撒哈拉问题国际会议，马副总理兼外长博奇会见摩洛哥和阿尔及利亚与会代表，并表示南地中海地区的和平与稳定至关重要。2012年1月，马副总理兼外长博奇访问沙特阿拉伯。4月，卡塔尔埃米尔对马进行国事访问。马十分关注中东局势，同情巴勒斯坦，并尽己所能向巴提供物资和资金等人道主义援助。但同时与以色列积极接触，极力塑造在中东问题上的调停者角色。2013年10月15日，马总理穆斯卡特访问以色列，同以总理内塔尼亚胡会谈，同以总统佩雷斯和巴勒斯坦总理哈姆达拉会见。2015年11月，马举行首届欧非领导人峰会，60多位国家元首、政府首脑及国际组织代表就难民问题举行讨论。（马骏）

马　其　顿

国 名　马其顿共和国（The Republic of Macedonia，Republika Makedonija）。

面积　25713平方公里。

人口　209.6万（2015年）。主要民族为马其顿族（64.18%），阿尔巴尼亚族（25.17%），土耳其族（3.85%），吉普赛族（2.66%）和塞尔维亚族（1.78%）。官方语言为马其顿语。居民多信奉东正教，少数信奉伊斯兰教。

首都　斯科普里（Skopje），人口50.3万（2015年）。2015年最高气温32℃，最低气温-2℃，平均气温13.6℃。

国家元首　总统格奥尔盖·伊万诺夫（Gjorge IVANOV），2009年4月当选，2014年4月连任，任期5年。

重要节日　国庆节：9月8日。

简　况

位于欧洲巴尔干半岛中部。西邻阿尔巴尼亚，南接希腊，东界保加利亚，北部与塞尔维亚接壤。气候以温带大陆性气候为主。

7世纪，斯拉夫人迁居马其顿地区。10世纪下半叶至11世纪初，塞缪尔始建第一个斯拉夫人的国家。此后，该地区长期处于拜占庭和奥斯曼帝国统治之下。1912年第一次巴尔干战争结束后，塞尔维亚、保加利亚、希腊军队占领马其顿地区。经过1913年第二次巴尔干战争，塞尔维亚、保加利亚和希腊重新瓜分马其顿地区。地理上属于塞尔维亚的部分称瓦尔达尔马其顿，属于保加利亚的部分称皮林马其顿，属于希腊的部分称爱琴马其顿。第一次世界大战后，瓦尔达尔马其顿作为塞尔维亚的一部分并入塞尔维亚人—克罗地亚人—斯洛文尼亚人王国（1929年改称南斯拉夫王国）。第二次世界大战后，南斯拉夫联邦人民共和国成立（1963年改称南斯拉夫社会主义联邦共和国）。1991年11月20日，马其顿宣布独立，定宪法国名为“马其顿共和国”。因希腊反对马其顿使用宪法国名，1993年4月7日，马其顿以“前南斯拉夫马其顿共和国”的暂时名称加入联合国。

政　治

近年来，马其顿国内政局保持基本稳定。2014年4月，马其顿举行总统选举和议会选举。内部革命组织民族统一民主党候选人格奥尔盖·伊万诺夫连任总统，特拉伊科·韦利亚诺斯基（Trajko VELJANOSKI）连任议长，尼古拉·格鲁埃夫斯基（Nikola GRUEVSKI）连任总理。2016年1月18日，格鲁埃夫斯基总理辞职，内部革命组织民族统一民主党秘书长埃米尔·迪米特里埃夫（Emil DIMITRIEV）出任过渡政府总理。

【**宪法**】1991年11月17日，马其顿通过新宪法，规定马其顿是一个主权、独立、民主和福利的国家，总统以无记名投票方式通过普选产生，任期5年，最多不得超过两任。1992年1月，马其顿议会对宪法进行修改，声明马其顿对邻国没有领土要求。2001年11月，马其顿议会再次修宪，扩大阿尔巴尼亚族自治权利。

【**议会**】国家最高立法机构。议员通过直选产生，任期4年。本届议会于2014年5月选举产生，设123个议席，其中含3个海外选区议员席位。马其顿内部革命组织竞选联盟获61席（含3个海外议员议席），社会民主联盟竞选联盟获34席，阿尔巴尼亚族融合民主联盟获19席，阿尔巴尼亚族民主党获7席，阿尔巴尼亚族国家民主复兴党获1席，公民选择党1席。议长特拉伊科·韦利亚诺斯基，2008年6月首次当选，2011年6月连任，2014年5月再次连任。

【**政府**】国家权力执行机构。本届政府成立于2014年6月，2016年1月，总理格鲁埃夫斯基宣布辞职，迪米特里埃夫出任过渡政府总理。政府成员有：副总理兼财政部长佐兰·斯塔夫莱斯基（Zoran STAVRESKI），副总理穆萨·扎菲里（Musa XHAFIRI，阿族），副总理弗拉迪米尔·佩舍夫斯基（Vladimir PESHEVSKI），副总理法特米尔·贝希米（Fatmir BESIMI），外交部长尼古拉·波波斯基（Nikola POPOSKI），国防部长佐兰·约莱夫斯基（Zoran JOLEVSKI），内务部长奥利维尔·斯帕索夫斯基（Oliver SPASOVSKI，女），司法部长阿德南·亚沙尼（Adnan JASHARI，阿族），交通和通讯部长弗拉多·米萨伊洛夫斯基（Vlado MISAJLOVSKI），经济部长贝基姆·奈齐里（Bekim NEZIRI，阿族），农业林业和水利部长米哈伊尔·茨韦特科夫（Mihail CVETKOV），卫生部长尼科拉·托多罗夫（Nikola TODOROV），信息化社会与管理部长玛尔塔·托莫夫斯卡（Marta TOMOVSKA，女），教育和科学部长阿布迪拉奇姆·阿代米（Abdilaqim ADEMI，阿族），地方自治部长利里姆·沙巴尼（Lirim SHABANI，阿族），文化部长伊利沙白·坎切斯卡·米莱夫斯卡（Elizabeta KANCHESKA MILEVSKA，女），劳动和社会政策部长弗洛辛纳·塔舍夫斯卡–莱蒙斯基（Frosina TASHEVSKA-REMENSKI，女），生活环境和空间规划部长努尔汉·伊扎里（Nurhan IZAIRI，阿族），不管部长弗尔坎·查科（Furkan CHAKO），不管部长奈日戴·穆斯塔法（Nezhdet MUSTAFA），不管部长韦莱·萨马克（Vele SAMAK），不管部长比尔·帕夫莱斯基（Bill PAVLESKI），不管部长杰里·纳乌莫夫（Jerry NAUMOFF），不管部长维萨尔·菲达（Visar FIDA，阿族），不管部长戈兰·米茨科夫斯基（Goran MICKOVSKI）。

【主要网址】总统府：www.president.gov.mk；政府：www.vlada.mk；议会：www.sobranie.mk；外交部：www.mfa.gov.mk。

【行政区划】2004年8月，马其顿议会通过《新行政区划法》，共设85个地方行政单位。

【司法机构】设宪法法院、普通法院和检察院。普通法院分初级（区法院）、中级（地区法院）和最高法院3级。宪法法院院长埃伦娜·戈舍娃（Elena GOSHEVA，女），2012年就任。最高法院院长莉迪娅·奈戴尔科娃（Lidija NEDELKOVA，女），2012年就任。检察长马尔科·兹弗尔莱夫斯基（Marko ZVRLEVSKI），2013年就任。另外，还设有经济法院和军事法院。

【政党】共有80个政党。主要政党为：

（1）马其顿内部革命组织民族统一民主党（Internal Macedonian Revolutionary Organization Democratic Party for Macedonian National Unity）：执政党。1990年6月成立。约有党员11万人。主张维护马其顿国家独立、主权和领土完整，保障少数民族权利，反对国家分裂，通过实行市场经济将马其顿建成富裕的国家，同邻国发展睦邻友好关系，争取加入欧盟和北约。主席尼古拉·格鲁埃夫斯基。

（2）阿族融合民主联盟（Democratic Union for Integration）：执政党。2002年6月成立。主张马其顿所有公民一律平等，保证阿族人参加政治生活，以彻底改变马其顿阿族人的地位。2011年6月以来，为联合执政党之一。主席阿里·阿赫麦提（Ali AHMETI）。

（3）马其顿社会民主联盟（The Social Democratic Union of Macedonia）：在野党。前身为马其顿共产主义者联盟，1989年改称马其顿共盟—民主改革党，1993年改为现名。党员约6万人。对内主张建立民主的马其顿国家和遵循市场经济规律的新经济体制，对外执行和平外交政策，致力于加入欧盟和北约，同邻国发展等距离的睦邻友好关系。马其顿独立后，该党曾长期执政。2006年至今，为在野党。主席佐兰·扎埃夫（Zoran ZAEV）。

（4）阿族民主党（Democratic Party of Albanians）：在野党。1994年2月成立。主张遵循欧洲标准，实现公民和多种族间的高度民主平等；法律面前人人平等。主席曼杜赫·塔奇（Manduh THACI）。

【重要人物】格奥尔盖·伊万诺夫：总统。1960年生。毕业于斯科普里大学法学院，博士。曾任国家电台编辑、斯科普里大学法学院副主任、国家高等教育鉴定理事会主席等职。2009年4月当选总统，2014年4月连任。2013年10月来华出席在成都举办的第十四届中国西部国际博览会。已婚，有一子。　**特拉伊科·韦利亚诺斯基：**议长。1962年生。毕业于斯科普里大学法律系。内部革命组织成员。曾任司法部国务秘书、副部长，总理法律顾问。2006年当选议员，任选举和任命事务委员会主席等职。2008年6月、2011年6月、2014年5月3次当选议长。2010年4月来华出席上海世博会开幕式。已婚，有一子一女。　**埃米尔·迪米特里埃夫：**总理。1979年生。毕业于斯科普里大学哲学院。内部革命组织民族统一民主党秘书长。曾任国防部副部长。2016年1月出任过渡政府总理。已婚，有两个孩子。

经　济

独立后，马其顿经济深受前南危机影响，后又因国内安全形势恶化再遭重创。近年来，随着国内外环境的改善和各项改革措施的推进，马其顿经济有所恢复和发展。

2014年马主要经济数据如下：

国内生产总值：113.2亿美元。

人均国内生产总值：5472美元。

国内生产总值增长率：3.8%。

货币名称：代纳尔（Denar）。

汇率：1美元≈46.437代纳尔。

通货膨胀率：–0.3%。

失业率：28%。

（资料来源：马其顿财政部、国家统计局，下同）

【资源】矿产资源比较丰富，有煤、铁、铅、锌、铜、镍等，其中煤的蕴藏量约9亿吨。还有非金属矿产碳、斑脱土、耐火黏土、石膏、石英、蛋白石、长石等。森林覆盖率为35.5%—38.8%。

【工业】2014年工业产值约为28.07亿美元，占国内生产总值的24.8%，同比增长5%。主要工业部门有矿石开采、冶金、化工、电力、木材加工、食品加工等。

【农业】2014年农业产值约11.5亿美元，占国内生产总值的10.2%，同比增长2%。农业用地面积为126.3万公顷，其中耕种面积为51.2万公顷，畜牧面积75.1万公顷。

近年主要农产品产量如下（单位：吨）：

	2012	2013	2014
小麦	214963	258960	287956
稻米	24361	27921	30500
玉米	115928	131043	136930
烟草	27333	27859	27575

牲畜存栏数如下（单位：头/只）：

	2012	2013	2014
牛	251240	238333	241607
绵羊	732338	731828	740457
猪	176920	167492	165054
家禽	1776297	2201550	1939879

【旅游业】2013年旅游收入约1.8亿欧元，占国内生产总值1.2%。主要旅游设施有旅馆、浴场、私人小旅馆、汽车宿营地等。主要旅游区是奥赫里德湖、斯特鲁加、多伊兰湖、莱森、马弗洛沃山和普雷斯帕湖等地。2014年，旅游从业人口10462人，占从业总人口的2.08%。近年游客数据如下（单位：人次）：

	2012	2013	2014
国内游客	312274	302114	310336
外国游客	351359	399680	425314
游客总数	663663	701794	735650

【交通运输】客运以公路为主，货运以铁路和公路为主。

铁路：2014年铁路总长699公里，其中电气化铁路223公里。2014年铁路客运量80.3万人次，货运量237.6万吨。

公路：2014年公路总长为14199公里。客运量811.5万人次，货运量3158.7万吨。

空运：主要机场是斯科普里机场和奥赫里德机场。2014年航空客运量127.8万人次，货运量3428吨。

【财政金融】近年财政收支情况如下（单位：百万代纳尔）：

	2012	2013	2014
收入	138073	138046	145929
支出	155840	155456	168063
赤字	17767	17416	22134

截至2014年12月，外汇储备24.4亿欧元。

主要银行：商业银行，成立于1955年。马其顿银行，成立于1998年。

【对外贸易】2014年，马进出口总额122.1亿美元，同比增长11.8%。其中，出口额49.34亿美元，同比增长14.7%；进口额72.77亿美元，同比增长9%。主要贸易伙伴为欧盟国家、前南斯拉夫国家、日本、美国、加拿大、中国等。主要进口产品为电力、原油、金属、机动车、食品、饮料、纺织品、化工产品。主要出口产品为钢铁、服装、石油产品、水果、蔬菜、金属矿石、食品、葡萄酒、烟草和卷烟、饮料、化工产品等。近年进出口额如下（单位：亿美元）：

	2013	2014
出口额	42.99	49.34
进口额	66.2	72.77
差 额	-23.21	-23.43

【外国资本】2013年外国直接投资总额46.95亿美元。

人民生活

2014年，63.5%家庭拥有汽车，97.7%家庭拥有电视机，68.4%家庭拥有上网电脑。每百人中拥有18部电话机，106部手机。2014年月平均工资461美元。

军　事

1992年3月28日，马其顿创建军队。总统为武装力量最高统帅。国防政策以维护国家的独立主权和领土完整为主要任务，积极要求加入北约。实行职业军人兵役制，职业军人每3年签一次合同。现役军人7766名。2014年国防开支总额1.15亿欧元，占GDP的1.17%。现任总参谋长梅托迪亚·威里茨科夫斯基（Metodija VELICKOVSKI）中将。

文化教育

【教育】全国普及九年制义务教育。2013年，教育经费占GDP的3.6%。2013/2014学年度共有初级学校（小学和初中）在校学生190541人，中等学校（高中、职业学校）在校学生85876人，高等学校在校学生56697人。主要高校有：斯科普里大学、比托拉大学、泰托沃大学等。

【新闻出版】2013年，出版报纸22种，总发行量1691万份。主要报纸有:《日报》、《晨报》、《晚报》、《新马其顿报》等。刊物87种，总发行量为313.5万册。主要刊物有:《论坛》、《TEA》等。

通讯社：马其顿文传社（国家通讯社MACFAX），另有马其顿新闻社（MAKPRESS）和马其顿新闻中心（MIC）。

电视台：全国有公共电视台58家，其中中央台1家，地方电视台52家，另有5家私立电视台。中央台用马其顿语和阿尔巴尼亚语等7种语言播放。

广播电台：全国共有60个广播电台，其中国家广播电台1个，地方广播电台59个。国家广播电台用马其顿语、阿尔巴尼亚语、土耳其语、吉普赛语、弗拉西语、塞尔维亚语、保加利亚语和希腊语广播。

对外关系

对外政策的主要目标是维护国家的独立、主权和领土完整；致力于加入欧盟和北约；优先发展同大国和邻国的关系。截至2015年12月，马其顿已同167个国家建立外交关系。

【同中国的关系】1993年10月12日，中马建交。1999年1月27日，马其顿外长迪米特罗夫在台北同台“外长”胡志强签署“建交公报”；2月8日，马其顿政府正式批准“建交公报”；2月9日，中方宣布同马其顿中止外交关系。

2001年6月18日，马其顿正式同台湾断绝“外交关系”，中国外长唐家璇和马其顿外长米特雷娃在北京签署《中华人民共和国和马其顿共和国关于实现关系正常化的联合公报》，中马关系恢复正常。

近年来，双边关系发展顺利。马其顿总统、议长、总理、外长等分别访华。唐家璇国务委员（2006年）、张德江副总理（2008年）、回良玉副总理（2012年）等中方领导人先后访马。

2013年7月，马总理格鲁埃夫斯基来华出席中国—中东欧国家地方领导人会议。10月，马总统伊万诺夫来华出席第十四届中国西部国际博览会，习近平主席在京会见。11月，李克强总理在布加勒斯特会见共同出席第二次中国—中东欧国家领导人会晤的马总理格鲁埃夫斯基。2014年7月，马总理格鲁埃夫斯基来华进行商务推介活动。12月，李克强总理在贝尔格莱德会见共同出席第三次中国—中东欧国家领导人会晤的马总理格鲁埃夫斯基。2015年5月，习近平主席赴俄罗斯出席卫国战争胜利70周年庆典期间同马总统伊万诺夫寒暄。11月，马总理格鲁埃夫斯基来华出席第四次中国—中东欧国家领导人会晤，李克强总理在京会见。12月，马国防部长约莱夫斯基访华。

据中国海关总署统计，2014年，中马贸易总额为1.68亿美元，同比下降2.3%。其中中方出口额为7666万美元，同比增长20.8%；进口额为9125万美元，同比下降15.5%。2015年，中马贸易总额为2.19亿美元，同比增长31.3%。其中中方出口额为8651万美元，同比增长12.8%；进口额为1.33亿美元，同比增长47%。

中国驻马其顿大使：温振顺。馆址：马其顿斯科普里市474大街20号（UL 474 BR.20，1000，SKOPJE，MACEDONIJA）。电话：（003892）3213163；传真：3212500。

马其顿驻华大使：伊利亚·伊萨伊洛夫斯基（Ilija ISAJLOVSKI）。官邸：北京市朝阳区塔园公寓9–1–51；使馆：北京市朝阳区三里屯外交公寓办公楼1–32。电话：010–65327846；传真：65327847。电子邮箱：macdebas@public3.bta.net.cn。网址：www.macedonianembassy.com.cn。

【同美国的关系】1994年2月美正式承认马其顿。1995年9月，马美建交。2015年2月，马国防部长约莱夫斯基访美。7月，美助理国务卿纽兰访马。9月，马总理格鲁埃夫斯基访美。10月，马国防部长约莱夫斯基赴美举行两国国防事务磋商。

【同俄罗斯的关系】1994年1月，马俄建交。1998年1月，马其顿总统格利戈罗夫访俄，双方签署友好合作声明。2015年10月，俄总统国际文化合作特使、前文化部长什维德科伊访马。

【同欧盟及欧洲国家的关系】马其顿积极发展同欧盟国家的关系。1996年1月，马其顿同欧盟建立外交关系。2000年4月，马其顿同欧盟签署《稳定和联系公约》。2004年3月，马其顿正式向欧盟递交入盟申请。2005年12月，欧盟首脑会议决定给予马其顿欧盟候选国地位。2015年2月，欧盟睦邻与扩大事务委员汉恩访马。6月，马副总理贝希米访问欧盟。7月，马副总理贝希米、外长波波斯基等赴布鲁塞尔出席第十二届欧盟—马其顿稳定与联系委员会会议。11月，欧洲理事会主席图斯克访马。12月，马外长波波斯基访问欧盟。

2015年1月，奥地利欧洲、融入和对外事务部长（外交部长）库尔茨访马。4月，比利时副首相兼外交大臣雷恩代尔访马。5月，马外长波波斯基访问丹麦。9月，马总统伊万诺夫访问波兰。法国负责欧洲事务的国务秘书戴齐尔访马。10月，马总理格鲁埃夫斯基访问西班牙。11月，马总理格鲁埃夫斯基访问匈牙利。12月，捷克众议长哈马切克访马。马外长波波斯基访问挪威。

【同北约的关系】加入北约是马其顿对外政策的战略目标之一。1998年5月，马其顿加入北约“和平伙伴关系计划”。2015年3月，马总理格鲁埃夫斯基在布鲁塞尔会见了北约秘书长斯托尔腾伯格。马议会批准继续派部队参与北约在阿富汗的维和行动。5月，马议长韦利亚诺斯基赴布达佩斯出席北约议会大会春季会议。马总参谋长科特斯基赴布鲁塞尔参加北约军事委员会会议。9月，马国防部长约莱夫斯基、外长波波斯基赴布鲁塞尔出席马其顿—北约理事会。

【同周边国家的关系】马其顿主张在相互尊重主权、领土完整、互不干涉内政的原则基础上，同邻国保持平等的睦邻友好关系。

同希腊的关系：马其顿独立后，希腊认为马其顿地理概念广泛，其范围包括希腊的北部地区，坚决反对将“马其顿”或“马其顿”的派生词作为马国名。1995年9月13日，在联合国秘书长特使万斯的主持下，马希双方在联合国签署两国关系正常化的《临时协议》。但双方就马其顿国名问题的谈判迄未取得实质性进展。2011年12月，国际法庭最终裁定希腊在2008

年布加勒斯特北约峰会上否决马其顿加入北约，违反了马希两国1995年签署的《临时协定》第11款，并驳回希腊诉马其顿违反《临时协定》的请求。2015年2月，马总理格鲁埃夫斯基电贺希总理齐普拉斯胜选。6月，希外长科奇亚斯访马。12月，马外长波波斯基访希。

同保加利亚的关系：1992年1月15日，马保建交，但保加利亚不承认马其顿民族和马其顿语。2015年2月，马总统伊万诺夫出席保前总统热列夫葬礼。4月，马首都斯科普里同保首都索菲亚正式结好。10月，马总统伊万诺夫访保。

同阿尔巴尼亚的关系：1993年4月26日，阿尔巴尼亚承认马其顿。12月24日，马阿建交。2015年1月，阿议长梅塔、国防部长科泽利分别访马。马外长波波斯基访阿。2月，马经济部长奈齐里访阿。4月，马总统伊万诺夫访阿。

同塞尔维亚的关系：两国于1996年4月8日建交。2015年2月，塞总理武契奇、议长戈伊科维奇分别访马。5月，马总参谋长科特斯基访塞。11月，马外长波波斯基访塞。

同黑山的关系：2015年2月，黑山副总理兼外交和欧洲一体化部部长卢克希奇访马。9月，马总统伊万诺夫访黑。

同斯洛文尼亚的关系：2015年4月，斯洛文尼亚总参谋长奥斯特曼访马。9月，马外长波波斯基赴斯出席第十届布莱德战略论坛。

同波黑的关系：2015年2月，马总参谋长科特斯基访波。9月，波黑外长茨尔纳达克访马。

同克罗地亚的关系：2015年2月，马总统伊万诺夫出席克总统基塔罗维奇就职典礼。克国防部长科特罗马诺维奇访马。7月，马总统伊万诺夫访克。

（段伟）

摩尔多瓦

国名　摩尔多瓦共和国（Republic of Moldova, Republica Moldova）。

面积　33800平方公里。

人口　355.31万（2016年1月1日，不含“德左”地区和本德尔市）。城市人口151.11万，农村人口204.20万。其中摩尔多瓦族占75.8%，乌克兰族8.4%，俄罗斯族5.9%，加告兹族4.4%，罗马尼亚族2.2%，保加利亚族1.9%，茨冈族0.4%，犹太族0.1%，其他民族0.5%。多数人信奉东正教。官方语言为罗马尼亚语，俄语为族际通用语。

首都　基希讷乌（Chisinau），面积571.6平方公里，人口73.6万。2015年全年平均气温12℃，年降水量431毫米。

国家元首　代总统尼古拉·蒂莫夫蒂（Nicolae TIMOFTI）。2012年3月23日就职，2016年3月23日任届期满，任代总统。

重要节日　公历新年：1月1日；东正教圣诞节：1月7日；东正教复活节：4月；胜利日：5月9日；独立日（国庆日）：8月27日；语言节：8月31日。

简　况

摩为内陆国，东、南、北与乌克兰为邻，西连罗马尼亚。属温带大陆性气候。2015年平均气温为北部10.5℃，中部12℃，南部12.1℃。年均降水量为北部382毫米，中部431毫米，南部466毫米。

摩尔多瓦人的祖先为达契亚人。13—14世纪，蒙古鞑靼人和匈牙利人入侵，达契亚人逐渐分为三支：摩尔多瓦人、瓦拉几亚人、特兰西瓦尼亚人。1359年，摩尔多瓦人在喀尔巴阡山以东至德涅斯特河之间的大部分领土上建立了摩尔多瓦公国。1487年，摩公国沦为奥斯曼帝国附庸，直至18世纪均处于奥斯曼帝国的统治之下。1600年，摩尔多瓦、瓦拉几亚、特兰西瓦尼亚三个公国实现短暂的统一。1812年，沙俄通过对土耳其战争夺取了摩公国部分领土，即比萨拉比亚。1859年，摩尔多瓦与瓦拉几亚合并，称罗马尼亚。1918年1月，比萨拉比亚宣布独立，3月与罗马尼亚合并。1940年6月，苏联占领比萨拉比亚，将其大部分领土与德涅斯特河左岸的摩尔达维亚自治共和国合并，使其成为苏联15个加盟共和国之一。1941年，比萨拉比亚划归罗马尼亚。1944年9月，苏罗停战协定规定恢复1940年的苏罗边界，比萨拉比亚被划归苏联。1990年6月，摩尔达维亚苏维埃社会主义共和国改国名为摩尔多瓦苏维埃社会主义共和国，1991年5月23日更名为摩尔多瓦共和国，1991年8月27日宣布独立。目前，摩同132个国家建立了外交关系，共设立40个驻外使馆或代表处。

政　治

2014年11月30日，摩举行独立以来第9次议会选举，社会党人党、自由民主党、共产党人党、民主党和自由党进入议会。2015年1月23日，自由民主党和民主党组成少数派执政联盟“与欧洲一体化联盟”，民主党副主席坎杜当选议长。2月18日，摩组成政府，无党派商界人士加布里奇出任总理。6月16日，加布里奇总理递交辞呈。6月22日，摩总统任命副总理兼外交及与欧洲一体化部长盖尔曼任代总理。7月23日，自由民主党、民主党和自由党签署“关于组建支持与欧洲一体化执政联盟的协议”。7月30日，摩议会以52票通过对自民党副主席斯特雷勒茨的总理提名，摩政府组成。10月29日，摩议会以65票赞成，18票反对通过对斯特雷勒茨政府不信任案，罢免了政府。10月30日，总统任命副总理布列加为代总理。2016年1月15日，议会多数联盟向总统推荐信息技术和通讯部长菲利普为总理人选，20日，摩议会以57票通过对菲的总理提名，摩政府组成。

【德涅斯特河左岸问题】摩尔多瓦德涅斯特河左岸地区（简称“德左”）位于德涅斯特河东侧并与乌克兰相邻，面积4163平方公里，人口63万，其中摩族占40%，乌克兰族占28%，俄罗斯族占25%。俄在“德左”地区有驻军。1990年9月，“德左”地区宣布独立，国际社会迄未承认。1992年年初，摩当局与“德左”地区爆发武装冲突。7月，冲突停止。摩提出在保持一个国家的前提下给予“德左”地区高度自治，但“德左”坚持独立。欧安组织和联合国分别于1999年11月和12月通过决议，要求俄罗斯在2002年年底前从“德左”撤军。2003年11月，俄罗斯就解决“德左”问题提出了“实现国家统一框架基础原则备忘录”，摩政府最终宣布放弃签署备忘录。2005年7月，摩议会通过法案，给予“德左”地区特殊行政地位，强调其是摩领土不可分割的一部分；10月，美国、欧盟首次作为观察员参加解决“德左”问题谈判，形成摩尔多瓦、“德左”、俄罗斯、乌克兰、欧洲安全与合作组织及美国、欧盟参加的“5+2”谈判机制。2006年9月，“德左”地区就未来地位问题举行全民公决，97.1%的民众支持独立并加入俄罗斯联邦。2008年12月，摩总统沃罗宁与“德左”领导人斯米尔诺夫在蒂拉斯波尔举行会晤，双方同意在有俄罗斯参加的“2+1”模式下继续磋商。2009年3月，摩总统沃罗宁、俄总统梅德韦杰夫、“德左”领导人斯米尔诺夫在莫斯科就“德左”问题签署共同声明，重申“5+2”机制的重要性，同意在“德左”问题解决后将三方维和部队改为由文职人员组成的欧安组织部队。2011年11月30日，各方在立陶宛首都维尔纽斯重启“5+2”正式谈判。2011年12月26日，叶夫根尼·舍夫丘克（Evgheni SEVCIUC）当选“德左”地区新一届领导人。2012年1月，摩总理菲拉特与“德左”领导人舍夫丘克在乌克兰敖德萨会晤，就恢复“德左”地区铁路运输、维和部队人员轮换、“德左”地区通行手续简化等问题交换意见。3月，摩与“德左”在蒂拉斯波尔签署有关双方恢复在“德左”地区铁路运输原则议定书。2013年2月18—19日，“5+2”谈判在乌克兰利沃夫举行，就德河两岸人员、车辆及货物自由通行、修复古拉–伯库鲁伊和贝乔克村跨河大桥、“德左”地区放射性物质外运等问题进行了讨论。5月23—24日，“5+2”谈判在乌克兰敖德萨举行，就德河两岸自由通行、“德左”地区放射性物质外运、加强德河两岸执法部门合作、德河生态环境保护等问题交换了意见，摩政府和“德左”当局签署了拆除雷济纳–勒布尼察缆索桥的文件。7月16—17日，“5+2”谈判在奥地利维也纳举行，摩与“德左”签署加强环境和德河生态系统保护文件。9月23日，摩总理良格与“德左”地区领导人舍夫丘克首次举行会晤，签署“德左”地区铁路运输议定书延期文件。10月3日，“5+2”谈判在比利时布鲁塞尔举行，讨论了德河两岸人员自由通行、修复古拉–伯库鲁伊和贝乔克村跨河大桥、保护德河生态系统等议题。10月30日，摩总理良格与“德左”领导人舍夫丘克在德国出席“在解决‘德左’冲突过程中建立信任措施”国际会议期间举行会晤，讨论了安全区和“德左”地区经济形势等问题。11月25—26日，“5+2”谈判在乌克兰基辅举行，讨论了德河两岸居民自由通行、德河两岸在摩与欧盟建立自由贸易区后的经济合作、推动摩政府与“德左”地区通过公民社会论坛和媒体开展对话等议题；摩政府与“德左”当局签署了养老金和社会福利，实施杜伯萨里市和克柳列尼镇污水处理系统修复项目两份文件。2014年6月6日，“德左”领导人舍夫丘克访俄，会见俄副总理罗戈津，讨论了“德左”经济与社会问题、乌克兰局势和摩欧签署联系国协议对“德左”的影响等议题。同日，“5+2”谈判在维也纳举行，讨论了德涅斯特河两岸自由通行、开通跨河大桥、火车运行和摩欧建立自由贸易区后摩与“德左”经济合作等议题。2014年6月10日，俄副外长卡拉辛访问“德左”。卡表示，俄将致力于落实舍夫丘克与俄副总理罗戈津达成的共识，继续为“德左”提供经济社会发展援助，通过“小步走”方式解决“德左”民生问题，卡还会见了俄驻“德左”维和人员。2015年4月21日，“5+2”谈判非正式会晤在维也纳举行。5月18日，摩议长坎杜与“德左”地区立法机构领导人布尔拉举行会晤，就加强人文合作和基础设施建设交换意见。11月29日，“德左”举行地区立法机构选举暨地方选举。地区立法机构43个议席中，“复兴党”获12席，“革新党”和其他独立候选人获31席。12月23日，“德左”第六届地区立法机构举行首次全会，选举克拉斯诺·谢尔斯基为地区立法机构“主席”，还一致投票通过了“德左”领导人舍夫丘克提名的普罗库金任“德左”“政府”领导人。12月24日，摩政府宣布，2016年1月1日起，摩全境包括“德左”地区实行摩与欧盟签署的联系国协议。

【宪法】1994年7月29日，摩议会通过了新宪法，其中规定：摩是一个主权、独立、统一和不可分割的国家；坚持在政治多元化条件下的民主，实行三权分立；公有和私有制并存；摩永远为中立国家，不允许在摩领土上驻扎外国军队；国语为摩尔多瓦语。2013年12月5日，宪法法院做出决定，将摩国语定为罗马尼亚语。1999年7月25日，摩议会决定将7月29日定为宪法日。2000年7月28日，摩由半议会半总统制改为议会制，摩总统由议会选举产生。2016年3月4日，摩宪法法院做出裁决，恢复实行全民选举总统。

【议会】实行一院制，共有101个议席。2014年11月摩举行议会选举，社会党人党、自由民主党、共产党人党、民主党和自由党分获25席、23席、21席、19席和12席，进入议会。2015年1月23日，自由民主党、民主党签署建立"为了欧洲的摩尔多瓦联盟"协议，组成少数联盟。民主党副主席安德里安·坎杜当选议长。加布里奇政府辞职后，摩议会各党重新分化组合，7月23日，自由民主党、民主党和自由党签署执政联盟协议，组成议会多数。10月，摩议会通过斯特雷勒茨政府不信任案后，各党就组成议会多数进行多轮谈判，2016年1月11日，由民主党和退出摩共的议员组成的"为了摩尔多瓦—社会民主联盟"34名议员、自由党13名议员、自民党8名议员和1名独立议员签署声明，组成议会多数。

【政府】2016年1月20日，摩议会批准了菲利普提交的组阁名单，新政府正式成立。内阁成员为：总理帕维尔·菲利普（Pavel FILIP）、副总理兼外长安德烈·加尔布尔（Andrei GALBUR）、负责社会事务的副总理乔治·布列加（Gheorghe BREGA）、负责统一事务的副总理乔治·巴兰（George BALAN）、副总理兼经济部长奥克塔万·卡尔梅克（Octavian CALMIC）、财政部长奥克塔万·阿尔马舒（Octavian ARMASU）、司法部长弗拉基米尔·齐波塔里（Vladimir CEBOTARI）、内务部长亚历山大·吉兹坦（Alexandru JIZDAN）、国防部长阿纳托尔·沙拉鲁（Anatolie SALARU）、地区发展和建设部长瓦西里·波特格（Vasile BITCA）、农业和食品工业部长爱德华·格拉马（Eduard GRAMA）、交通和道路基础设施部长尤里·基林丘克（Iurie CHIRINCIUC）、环境部长瓦列留·孟泰安（Valeriu MUNTEANU）、教育部长克里纳·福苏（Corina FUSU，女）、文化部长莫尼卡·巴布克（Monica BABUC，女）、劳动和社会保障部长斯特拉·格里戈拉什（Stela GRIGORAS）、卫生部长卢克桑达·格拉万（Ruxanda GLAVAN，女）、青体部长维克托·祖布库（Victor ZUBCU）、信息技术和通讯部长瓦西里·博特纳里（Vasile BOTNARI）、加告兹自治区行政长官伊丽娜·弗拉赫（Irina VLAH，女）、科学院院长乔治·杜卡（Cheorghe DUCA）。

【行政区划】2003年6月，摩实行新行政区划，全国共分32个区、3个直辖市（基希讷乌、伯尔兹、本德尔）及2个地方行政区（加告兹自治行政区、德涅斯特河左岸行政区）。各区名称如下：新阿内尼、巴萨拉比亚斯卡、布里切尼、卡胡尔、冈代米尔、格勒拉什、格乌舍尼、奇米什利亚、克柳列尼、敦杜舍尼、德罗恰、杜伯萨里、埃迪奈茨、弗洛列什蒂、弗列什蒂、格洛代尼、亨切什蒂、亚洛维尼、辽瓦、尼斯波列尼、奥克尼察、奥尔海、雷齐纳、勒什坎尼、森杰雷、索洛卡、斯特勒舍尼、绍尔德奈什蒂、斯特凡大公、塔拉克里亚、泰莱奈什蒂、温杰尼。

【司法机构】宪法法院院长亚历山德鲁·特纳塞（Alexandru TANASE，2011年10月就任）、最高法院院长米哈伊·波阿莱伦吉（Mihai POALELUNGI，2012年2月就任）、最高检察院总检察长科尔涅留·古林（Corneliu GURIN，2013年4月就任，2016年2月辞职）。

【政党】2007年12月，摩议会通过政党法。新法规定，从国家预算中拨款0.05%作为政党活动经费，在中央和地方权力机构占有20%以上席位的政党按其所占比例获得经费。摩主要政党有：

（1）摩尔多瓦社会党人党（Partidul Socialistilor din Republica Moldova）：成立于1996年6月29日。现有党员1万人。该党倡导社会民主价值理念，主张摩应保持永久中立地位，加强与俄罗斯的友好合作。主席伊戈尔·多顿（Igor DODON）。

（2）摩尔多瓦民主党（Partidul Democrat din Republica Moldova）：前身为1997年2月8日成立的"为了民主与繁荣的摩尔多瓦"社会政治运动，2000年4月15日更名为摩尔多瓦民主党。现有党员1万人。以欧洲民主为目标，主张在经济持续增长的基础上复兴摩尔多瓦，消除贫困与失业，促进出口，支持本地生产者和中小企业，打击腐败。主张和平解决"德左"问题与回归欧洲。主席马里安·卢普（Marian LUPU）。

（3）摩尔多瓦自由民主党（Partidul Liberal Democrat din Republica Moldova）：成立于2007年12月8日。党员约有4.5万人。该党主张巩固民主制度，发展经济，加入欧盟和北约。2011年3月，以乌列基安为首的"我们的摩尔多瓦"联盟与自由民主党合并。代主席瓦列留·斯特雷勒茨（Valeriu STRELET）。

（4）摩尔多瓦自由党（Partidul Liberal din Republica Moldova）：前身为成立于1993年的改革党，2005年4月更名为自由党。约有党员1.9万人。该党主张创造就业机会，提高社会福利，通过发展经济吸引"德左"，主张摩并入罗马尼亚，加入欧盟和北约。主席米哈伊·金普（Mihai GHIMPU）。

（5）摩尔多瓦共产党人党（Partidul Comunistilor din Republica Moldova）：成立于1993年10月23日。现有党员2.1万人，全国共有基层党组织1670个。2007年加入欧洲左翼党。该党最终目标是实现共产主义，坚持在创新马列主义学说的基础上结合摩的情况发展自己。摩共主张的四个战略优先方向是：新的生活质量、经济现代化、融入欧洲和加强社会团结。主席弗拉基米尔·沃罗宁（Vladimir VORONIN）。

2015年12月21日，摩尔多瓦共产党人党议员团14名议员宣布退党并与民主党组建"为了摩尔多瓦–

社会民主联盟”。

【重要人物】尼古拉·蒂莫夫蒂：总统。1948年12月22日生于摩尔多瓦索罗卡区弗洛列什蒂村，1972年毕业于摩尔多瓦国立大学法律系。1974年起从事司法工作，1980年任最高法院法官，1990年当选最高法院副院长，1996—2001年年底任上诉法院法官、院长。1996年任摩法官协会主席，2011年3月任最高司法委员会主席。2012年3月出任总统，2016年3月23日任期届满后任代总统。懂俄语和法语。已婚，有三子。 **帕维尔·菲利普**：总理。1966年4月10日生于摩尔多瓦斯特勒舍尼区。1990年毕业于基希讷乌理工学院。1991—1996年，在国际管理学院学习。1991至2008年，在“欢乐”糖果股份公司工作。2008年，任烟草股份公司总经理。2011年1月，任信息技术和通讯部部长，2013年5月31日，连任信息技术和通讯部部长。已婚，有两个孩子。懂英语、俄语。 **安德里安·坎杜**：议长。1975年11月27日生于摩尔多瓦基希讷乌市。1998年6月毕业于罗马尼亚巴别什－波来乌大学法律系。1998年8月，任摩议会外委会高级顾问。2002年11月，任普华永道会计师事务所驻摩代表。2010年12月任摩议会法律、任命和豁免委员会成员。2013年5月，任副议长，2014年7月任副总理兼经济部长，2015年1月23日当选议长。已婚，有一子一女。懂英语、俄语。 **伊戈尔·多顿**：社会党人党主席。1975年生于摩尔多瓦格勒拉什区，毕业于摩农业大学经济系、摩经济学院管理系和国际管理学院经济法系，获经济学博士学位。1997年，任摩证券交易所电子交易系统主管、交易部主任。2001至2005年任摩国家有价证券管理局主席。2003年，任摩综合商品交易所主席。2005年，任摩经济和贸易部副部长、部长。2008年，任摩第一副总理兼经济和贸易部部长。2009年任摩共议员，2011年11月，退出摩共成为独立议员并宣布加入社会党人党，2011年12月社会党人党举行第十次代表大会，多顿连任党主席。已婚，有三子。懂英语、俄语。 **马里安·卢普**：民主党主席、前议长。1966年6月20日生于摩尔多瓦伯尔兹市，1987年毕业于摩尔多瓦国立大学经济系。1991年获得经济学博士学位并开始在摩经济和改革部对外经济关系司工作，1997年任该司司长。2001年6月任经济部副部长，2003年8月任部长。2005年3月任议长。2009年6月脱离摩共阵营后加入民主党，并任党主席。2010年12月再次当选议长，兼任代总统至2012年3月。2013年4月被议会解除职务。已婚，有一子一女。懂英语、法语和俄语。 **瓦列留·斯特雷勒茨**：自民党代主席。1970年3月8日生于摩尔多瓦雷齐纳县察留卡村。1993年毕业于摩尔多瓦国立大学历史系，2005年毕业于摩尔多瓦经济学院经济和法律系。1994年，当选摩尔多瓦全国青年联盟主席并加入“社会民主集团”选举联盟。2001年，加入“故乡”选举联盟，后参加社会民主党并任社会民主党副主席。2007年，参加创建自由民主党并任副主席。2009年至今任议员（自民党），其中2011—2014年，任自民党议会党团主席。2015年1月，任议员、议会常设局委员。2015年7月30日，任总理，10月29日，摩议会通过对斯特雷勒茨政府的不信任案，30日，斯递交辞呈。已婚，有二子二女。懂英语、俄语、法语。 **弗拉基米尔·沃罗宁**：共产党人党主席、前总统。生于1941年5月25日。1971年毕业于苏联食品工业学院。历任摩共中央组织部副部长、宾杰雷市党委第一书记、内务部长（少将军衔）。1994年任摩共党中央第一书记。1998年3月当选议员，任议会常设局委员和摩共议员团主席。2001年2月再次当选议员，4月当选总统，2005年4月连任总统。2009年9月辞去总统职务。已婚，有一子一女。

经　济

摩尔多瓦是传统农业国家，葡萄种植和葡萄酒酿造业发达。摩独立后，经济形势持续恶化。2000年经济开始回升。2009年在全球金融危机中，摩经济遭受严重打击，国内生产总值下降6.5%。2010年、2011年经济恢复增长。2012年经济微幅下滑。2013年经济增长8.9%。2014年经济增长4.6%。

2015年主要经济数据如下：

国内生产总值：1218.51亿摩列伊（约合61.98亿美元）。

人均国内生产总值：34294摩列伊（约合1744美元）。

国内生产总值增长率：–0.5%。

货币名称：摩尔多瓦列伊（Moldovan Leu），简称摩列伊；1列伊=100巴尼（Bani）。

汇率：1美元=19.66摩列伊（2015年12月31日）。

通货膨胀率：9.8%。

失业率：5%。

【资源】主要有建筑材料、磷钙石、褐煤等。地下水资源丰富，约有2200个天然泉。森林覆盖率为9%，主要树种有柞树、千金榆树、水青冈树等。野生动物有獐、狐狸和麝鼠等。

【工业】2015年工业生产总值约为389.7亿摩列伊（约合19.8亿美元），同比减少10.5%。其中，采掘业同比减少14.2%，加工业同比减少6.7%。2015年主要工业部门产值如下：

部门	单位	产量	同比增长（或下降%）
面包	万吨	10.50	–17.90
面粉	万吨	6.10	–48.40
肉类	万吨	3.59	–16.60
香肠	万吨	1.69	3.25
砂糖	万吨	8.50	–52.30
白兰地	万升	217.60	–21.20
葡萄酒	万升	11332.00	–18.50
矿泉水	万升	11539.00	7.30

针织品	万件	1500.00	−11.00
鞋	万双	177.00	−38.20
电力	百万千瓦时	934.00	−2.90
热力	百万兆千卡	1.70	−32.60

【**农业**】2015年农业生产总值约为268亿摩列伊（约合13.6亿美元），同比减少1.6%。其中，种植业产值同比增长2.4%，畜牧业产值同比减少9.4%。2015年主要农产品产量如下（单位：万吨）：

农产品	产量	同比增长（%）
小麦	92.0	−16.5
大麦	17.8	−9.4
甜菜	53.6	−60.4
玉米	107.1	−31.1
葵花籽	48.3	−11.7
烟叶	0.1	持平
土豆	15.8	−41.0
蔬菜	24.4	−25.3
水果	48.4	−2.6
葡萄	59.8	0.7

畜牧业主要产品产量如下（单位：万吨）：

	产量	同比增长（%）
肉禽类	18.0	9.8
牛奶	51.8	−1.2
鸡蛋	598.0	−7.3

【**服务业**】2015年摩商品零售总额为406.4亿摩列伊（约合20.7亿美元），同比增长6.3%。

服务业总产值为349.25亿摩列伊（约合17.8亿美元），同比增长10.7%。

【**旅游业**】2015年，摩旅行社共接待游客27.9万人次，同比减少1.5%。其中，境外游客9.4万人次，同比增长0.5%.

【**交通运输**】以铁路和公路运输为主。全国有铁路1156公里，公路9360公里，其中国道3339公里，地级公路6021公里。2015年，客运量为2.43亿人次，同比增加2.6%。货运量如下：

	货物运输量（万吨）	同比增长（%）
总量	1196.0	−17.3
铁路	415.8	−17.0
公路	764.8	−17.0

【**财政金融**】截至2015年12月末，摩外汇储备为17.2亿美元（摩国家银行公布）。据摩财政部数据，2015年，国家公共财政收入为436.6亿列伊（约合22.2亿美元），同比增长2.9%；公共财政支出为463.9亿列伊（约合23.6亿美元），同比增长4.5%。

【**对外贸易**】2015年对外贸易总额为59.6亿美元，同比减少2.2%，其中出口额19.7亿美元，同比减少15.9%，进口额39.9亿美元，同比减少25%，外贸逆差20.2亿美元，同比减少32.1%。

对欧盟出口额为12.18亿美元，同比下降2.3%，占出口总额的61.9%；对独联体国家出口4.92亿美元，同比下降33.1%，占出口总额的25%。

从欧盟国家进口19.5亿美元，同比下降23.9%，占进口总额的49%；从独联体国家进口10.18亿美元，同比减少29.7%，占进口总额的25.5%。

主要出口商品：蔬菜、水果、粮食及其制品、食用油、酒类、烟草、药品、机械及运输设备、家具、服装、鞋类等。2015年摩主要出口情况如下：

	出口额（亿美元）	同比增长（%）	所占比重（%）
俄罗斯	2.40	−43.2	12.2
罗马尼亚	4.46	2.8	22.7
意大利	1.97	−19.0	10.0
乌克兰	0.46	−59.0	2.3
德国	1.17	−14.8	6.0

主要进口商品：石油、天然气、电力、蔬菜、水果、粮食及其制品、鱼、肉及其制品、奶制品、烟、酒、化学制品、药品、机械及运输设备、家用电器等。2015年摩主要进口情况如下：

	进口额（亿美元）	同比增长（%）	所占比重（%）
俄罗斯	5.36	−25.3	13.4
罗马尼亚	5.55	−30.9	13.9
乌克兰	3.71	−32.1	9.3
德国	3.21	−24.7	8.1

【**投资**】2015年摩固定资产投资约为208.2亿列伊（约合10.59亿美元），同比增长3%，按美元计算，同比下降27%。

人民生活

2015年摩平均月工资为4610.9列伊（约合235美元），同比增长10.5%。财政拨款单位平均月工资为5770列伊（约合293美元），同比增长10.3%，实体部门平均月工资为4803列伊（约合244美元），同比增长7.9%。

军　事

建军时间：1992年9月3日。1992年3月17日摩最高苏维埃通过《国防法》、《武装力量法》、《摩尔多瓦公民兵役法》、《军队和接受军训的公民及其家属的社会保障和法律保障法》。同日，摩总统就任摩武装力量总司令，宣布前苏联驻摩的军队、装备和设施归摩所有，并在此基础上组建摩国防军。现役军人共计6500人。

摩总统为武装力量的最高统帅，即武装力量总司令。武装力量由国防军、边防军和警察部队组成。国防部行使对国防军的领导。此外，军事指挥机关还有边防部队局和属内务部管辖的警察部队总局。在和平时期，国防军总参谋部负责制订武装力量的军事训练计划。如遇战争，总参谋部将在武装力量总司令的领导下，领导军事单位保卫国家。国防政策的主要目标是确保国家和人民的安全，按照国际法的准则预防战争和军事冲突，保卫国家独立和领土完整。摩宪法规定摩为中立国家，不容许外国在摩领土上驻军，也不容许利用摩领土进攻其他国家，摩不首先对他国发动军事行动。

文化教育

【教育】摩实行免费义务教育。教育结构分为：学龄前教育、初级教育、中等教育和高等教育。主要高等院校有国立大学、经济学院、自由国际大学、国立理工大学、国立医药大学、农业大学、基希讷乌国立师范学院、艺术学院、音乐学院等。

2015/2016学年，摩有小学及中学1347所，在校生34.1万人；中等职业技术学校61所，在校生1.75万人；高等专科学校45所，在校生2.98万人；大学31所，其中19所为国立大学，共有在校生8.95万人。平均每1万人中有252名大学生。

【文化】截至2014年年末，摩有公共图书馆1360家，馆藏书刊1690万册。博物馆119家，剧院16座，公共休闲活动中心1229间。

【新闻出版】共发行报纸杂志429种，189种为罗文版，其余为俄文或罗俄两种文字出版。主要罗文报纸有：《时间报》、《基希讷乌新闻》、《民族》、《文学和艺术报》、《基希讷乌周刊》、《人民之声》；主要俄文报纸有：《摩尔多瓦共青团真理报》、《全景报》、《经济评论》、《共产党人报》、《事实与论据》。主要杂志有：《IT-摩尔多瓦》（罗、俄）、《摩尔多瓦妇女》、《银行与金融》（俄）、《商界》（俄）等。

通讯社、广播电台有：摩尔多瓦通讯社（国营）、巴萨通讯社（私营）、因佛达格通讯社（私营）、摩尔多瓦国家公共广播电视公司下设的摩尔多瓦电视台和电台，其他私营及合资电视台共13家。

对外关系

摩积极发展同美国、欧盟国家的关系，将融入欧洲、加入欧盟作为摩内政外交的优先目标，重视发展同俄罗斯及其他独联体国家的关系。摩已加入联合国、世界银行、国际货币基金组织、世界贸易组织、欧洲安全与合作组织、欧洲委员会、欧洲复兴开发银行、国际移民组织等国际组织。1994年5月，同北约签署“和平伙伴关系计划”。2001年6月，加入“东南欧稳定公约”。2006年5月以正式成员身份加入“东南欧合作进程”。2007年，成为东南欧能源协定正式成员国。2009年，担任独联体轮值主席国。2010年，加入欧洲能源共同体协议。2010年1月，与欧盟启动联系成员国协定谈判，同年6月，与欧盟启动签证自由化谈判。2012年6月，与欧盟签署共同航空区协议和农产品地理标志协议。2013年4月，获欧盟免签待遇，同年11月，与欧盟草签联系成员国协定。2014年6月，与欧盟正式签署联系成员国协定。2015年2月，摩总理加布里奇访问布鲁塞尔欧盟总部。2015年3月，摩总理加布里奇访问布鲁塞尔欧盟总部，与欧盟外交与安全政策高级代表莫盖里尼主持首届摩欧联系国委员会会议。10月，摩总理斯特雷勒茨访问布鲁塞尔欧盟总部。欧盟委员会贸易专员马尔姆斯特罗姆访摩。11月，摩议长坎杜访问布鲁塞尔欧盟总部。欧盟全部成员国批准摩欧联系国协议，12月1日摩欧联系国协议正式生效。

【同中国的关系】1992年1月30日建交。同年6月，中国在基希讷乌设立大使馆。1996年3月，摩在北京设立大使馆。

2015年10月，全国人大常委会副委员长向巴平措访摩。

据中国海关总署统计，2014年中摩双边贸易额为1.4亿美元，同比增长6.3%。其中，中方进口额为0.25亿美元，同比增长29.6%，出口额为1.15亿美元，同比增长2.4%。2015年中摩双边贸易额为1.21亿美元，同比下降13.3%。其中，中方进口额为2104万美元，同比下降13.3%，出口额为9996万美元，同比下降13.3%。1999年，双方举行中摩政府间经贸合作委员会第一次会议，2014年举行第7次会议。

2014/2015学年，摩在华政府奖学金留学生20人。中国在摩政府奖学金留学生6人。

中国驻摩尔多瓦大使：张迎红（2015年8月25日递交国书）。馆址：摩尔多瓦基希讷乌市多索夫泰大主教街124号（Str. Mitropolit Dosoftei, 124, Chisinau, Republic of Moldova），邮编：2004。使馆电话：00373-22-210712；传真：295960。领事部电话、传真：00373-22-296104。商务处地址：摩尔多瓦基希讷乌市安东·克里汉街30号（Str. Anton Crihan 30, Chisinau, Republic of Moldova），邮编：2009。电话：00373-22-222257，213072；传真：223335。

摩驻华大使奥雷尔·乔科伊（Aurel Ciocoi，2016年2月29日递交国书）。馆址：北京市朝阳区塔园外交人员办公楼2-9-1号。电话：010-65325494；传真：65325379。

【同俄罗斯的关系】2015年6月，摩副总理奥西波夫访俄，与俄副总理罗戈津共同主持两国经贸合作委员会会议。

【同独联体国家的关系】2015年4月，摩议长坎杜出席在圣彼得堡举行的独联体议会大会会议。5月，摩总理加布里奇访问乌克兰。5月，摩总理加布里奇访问哈萨克斯坦出席独联体成员国政府首脑理事会会议。7月，摩副总理兼外长盖尔曼访问乌克兰。摩总统蒂莫夫蒂访问白俄罗斯。12月，摩总统蒂莫夫蒂访问土库曼斯坦。

【同罗马尼亚的关系】2015年2月，罗总统约翰尼斯访摩。3月，摩议长坎杜访罗。5月，罗总理蓬塔访摩。6月，罗外长奥列斯库访摩。7月，摩总统蒂莫夫蒂访罗。罗总参谋长丘克中将访摩。9月，罗众议长兹戈内亚访摩。摩总理斯特雷勒茨访罗，与罗总理蓬塔共同主持两国政府联席会议。

【同其他欧洲国家的关系】2015年3月，丹麦外交大臣利泽高和波兰外长谢蒂纳联袂访摩。4月，立陶宛总统包斯凯特访摩，爱沙尼亚外长罗西曼努斯，摩总统蒂莫夫蒂访问土库曼斯坦。5月，瑞典外交大臣瓦尔斯特伦和立陶宛外长林克维丘斯联袂访摩。10月，拉脱维亚外长林克维奇斯访摩。

【同美国的关系】2015年3月，美副国务卿布林肯访摩。7月，美北卡罗亚纳州国民警卫队司令莱克少将访摩。

【同其他国家的关系】2015年4月，土耳其外长恰武什奥卢访摩，摩副总理兼外长盖尔曼访问卡塔尔。5月，摩总统蒂莫夫蒂出席在地拉那举行的东南欧合作进程12国元首和政府首脑峰会。

【同国际组织的关系】2015年3月，摩总理加布里奇访问布鲁塞尔北约总部。5月，摩国防部长齐博塔鲁访问布鲁塞尔北约总部。6月，摩国防部长齐博塔鲁访问布鲁塞尔北约总部，出席北约成员国防长会议。摩副总理兼外长盖尔曼访问布鲁塞尔欧盟总部。黑海经济合作组织议会大会会议和外长理事会会议在摩举行。9月，摩总理斯特雷勒茨、副总理兼外长盖尔曼出席联合国可持续发展峰会。11月，摩总统蒂莫夫蒂出席在巴黎举行的联合国气候变化大会。12月，摩副总理兼外长盖尔曼出席在贝尔格莱德举行的第22届欧安组织外长理事会会议。（王琦）

摩　纳　哥

国名　摩纳哥公国（The Principality of Monaco, La Principauté de Monaco）。

面积　2.02平方公里，其中约0.5平方公里为填海造地。

人口　37800人（2014年），其中摩纳哥籍8951人，其他人口来自100多个国家，以法国人、意大利人居多。

语言　官方语言为法语，通用意大利语和英语，另有摩纳哥方言，仅为老人及在初级教育中使用。

宗教　91%的人口信奉天主教。

首都　摩纳哥（Monaco）。

国家元首　阿尔贝二世亲王（Prince Albert Ⅱ），2005年7月12日即位。

重要节日　国庆日：11月19日。

简　况

位于欧洲西南部，三面被法国包围，南濒地中海。边境线长5.47公里，海岸线长3.83公里。地形狭长，东西长约3公里，南北最窄处仅200米。境内多丘陵，最高海拔不足200米。属亚热带地中海式气候，夏季干燥凉爽，冬季潮湿温暖。年均气温15℃—20℃，年均降水量为600—700毫米。

先后有利古利亚人、腓尼基人和迦太基人在此居住。1297年，格里马尔迪家族夺取了摩纳哥城堡，开始了对摩长达700年断断续续的统治。14世纪形成公国雏形，先后成为西班牙、法国的保护国。1861年同法国签署协定，摩放弃对芒通、罗克布伦两大市镇的所有权，领土由20平方公里缩小到现有面积，法承认摩独立。同年，摩法建立关税同盟。1911年首次颁布宪法，成为君主立宪国。1918年同法国签署确定两国政治关系的条约，摩承诺在完全尊重法国政治、经济、航海和军事利益的前提下行使主权，法国负责保障摩的独立、主权和领土完整。1954年同法签署睦邻和行政互助协定。2002年10月，摩法签署新的双边关系条约，再次确认两国传统特殊友好关系，同时赋予摩更多的主权和权力。2005年摩法又签署一系列条约，两国关系实现新突破：摩拥有自行任命包括国务大臣（即政府首脑）在内的所有政府成员的权力；摩法加强司法、行政、税收等领域的合作。

政　治

【宪法】现行宪法于1962年12月颁布，2002年4月修改。根据宪法，摩纳哥为世袭君主立宪制国家，亲王为国家元首，王位继承人须是亲王的合法直系子嗣（男性优先）以及亲王的兄妹及其直系子嗣。亲王对外代表国家，拥有最高行政权，有权签署和批准条约。政府首脑，即国务大臣，须为摩纳哥籍或法国籍，由亲王任命并得到法国政府批准，可代表亲王执掌包括外交在内的各项工作，并对亲王负责。立法权和预算权由亲王和议会共同掌管。

【议会】一院制，共有24名议员，通过直接普选产生，任期5年。立法权由亲王和议会共同行使，亲王负责提出法案，议会进行讨论和投票，最后由亲王批准。本届议会于2013年2月选出，议长洛朗·努维永（Laurent NOUVION）。

【政府】又称政府委员会，由6名大臣组成。由亲王任命并对亲王负责，在亲王领导下行使行政权。国务大臣（即政府首脑）可代表亲王执掌包括外交在内的各项工作并签署政府法令。现政府成员包括：国务大臣塞齐·泰尔（Serge TELLE, 2016

年2月1日起任职），财政与经济大臣让·卡斯特利尼（Jean CASTELLINI），社会与卫生事务大臣斯特凡·瓦莱利（Stéphane VALERI），装备、环境与城市规划大臣玛丽–皮埃尔·格拉马格里亚（Marie-Pierre GRAMAGLIA），内政大臣帕特里斯·塞拉里奥（Patrice CELLARIO），对外关系大臣吉尔·托内利（Gilles TONELLI）等。

【行政区划】全国设1个市镇单位，下辖4个区（非行政单位）。市镇委员会由15名成员组成，通过直接选举和按名单投票方式产生，任期4年。市长和副市长由市镇委员会从其成员中选出。现任市长为乔治·马桑（Georges MARSAN），2003年初次当选，2007年3月、2011年3月、2015年3月三次连任。

【司法机构】亲王拥有司法权，法院以其名义执法，独立审理案件。司法机构包括治安法庭、初审法院、上诉法院、重审法院、重罪法院和最高法院等。此外还有劳工法庭、房租仲裁委员会和高等仲裁法院等专门法庭。最高法院有5名正式法官及2名候补法官，分别由议会、国务委员会、枢密院、法院推荐，并由亲王任命，任期4年，负责审理行政诉讼和裁定援引的法律条文是否适当。最高法院院长由亲王指定。现任最高法院院长为迪迪埃·利诺特（Didier LINOTTE）。1962年废除死刑。

【枢密院】枢密院为亲王的咨询机构，由7名摩纳哥籍人组成，任期3年，可连任。亲王指定主席和3名成员，其他成员由议会提名、亲王任命。枢密院每年至少召开2次会议，对涉及国家最高利益的问题提出处理意见。亲王在签署重要国际条约，解散议会，审理入籍申请及特赦，大赦等问题上必须咨询枢密院。现任主席米歇尔–伊夫·姆鲁（Michel-Yves MOUROU）。

【国务委员会】咨询机构，由亲王挑选并任命的12名成员组成，负责对亲王拟订的法律和敕令草案提出咨询性意见。

【政党】无固定政治组织和党派。在议会选举期间，一些政见相同的人临时组成政治团体参加竞选。

【重要人物】阿尔贝二世亲王：国家元首。1958年3月14日生于摩纳哥。美国马萨诸塞州阿姆赫斯特大学毕业，政治学学士，并获爱尔兰梅努斯教皇大学名誉哲学博士学位。自1976年起，曾先后在摩政府各部门、法国海军、巴黎和纽约的商业公司、银行、法律事务所工作。1982年任摩红十字会主席。1983年任摩游泳联合会主席。1984年任摩游艇俱乐部主席和摩田径联合会主席。1988年起，任国际奥委会委员兼田径联合会副主席，蒙特卡洛电视节组委会主席。1993年起，任摩出席联合国大会代表团团长。1994年起，任摩奥委会主席。1996年任亚特兰大奥运会协调委员会委员。2005年4月，前任国家元首兰尼埃三世亲王逝世后任摄政，7月即位。主张积极发展对华关系。已先后9次访华。1993年6月和1999年6月分别以国际奥委会委员和摩王储身份访华。2002年11月来华出席摩驻上海名誉领事馆开馆仪式。2004年11月率摩经贸代表团非正式访华。2007年4月对中国进行国事访问。2008年8月来华出席北京奥运会开幕式。2010年10月来华出席上海世博会摩纳哥国家馆日活动。2014年8月来华出席南京青奥会开幕式。2015年8月来华出席世界田径锦标赛。酷爱体育，曾代表摩参加奥运会比赛。有姐妹两人。2010年6月与南非游泳选手威兹托克（Charlene WITTSTOCK）订婚，2011年7月完婚。2014年年底，王室龙凤双胞胎诞生，男孩雅克·奥诺雷·兰尼埃（Jacques Honoré Rainier）为王储。

经济

摩纳哥国土面积狭小，自然资源稀少。20世纪50年代以来，摩政府采取多元化、高附加值和无污染的经济发展方针，积极推动第三产业全面发展，取得显著成就，其中尤以金融业发展最为突出。除本国银行外，许多世界著名的银行均在摩设有分支机构。摩在房地产、广告、保险、咨询、贸易、服务业等领域发展迅速。摩有少量工业，主要是化工、医药、化妆品等。摩纳哥一年一度的国际汽车“F1（一级方程）”大奖赛较为著名。摩纳哥是欧洲著名旅游胜地。

摩国民经济统计习惯使用“国民经济营业额”。2005年，摩政府首次公布国内生产总值。2013年国内生产总值为49.4亿欧元，同比增长9.3%。2014年国民经济营业额为127亿欧元。其中批发和零售业营业额为64.5亿欧元，金融业和保险业营业额16.7亿欧元，公共工程及不动产营业额为16.6亿欧元，工业部门营业额为10.3亿欧元，住宿和餐饮业营业额为6.2亿欧元，运输和仓储业营业额为4.8亿欧元。

【工业】为支持工业发展，政府积极给予企业财政支持，并克服国土狭小的困难，努力为工业发展提供地皮。鼓励建立高附加值、无污染的出口型企业，积极发展高技术产业。2014年工业部门营业额为10.3亿欧元。主要工业部门有塑料加工（占2014年工业营业额的32.8%）、洗护和香水（12.9%）、医药（10.4%）、电力工业（6.6%）等。截至2014年，共有各类工业企业116家。

【银行业】银行业发达，除本国银行外，世界上一些大银行均在摩设有分支机构。2013年，共有银行和营业所35个，金融公司3个，吸收储蓄额达329亿欧元，证券632亿欧元，发放贷款190亿欧元。

【旅游业】旅游业是支柱产业之一。摩是欧洲著名旅游胜地，每年都举行许多文体活动吸引游客，其中蒙特卡洛国际杂技节、国际礼花节、一级方程式汽车大奖赛等闻名于世。娱乐、住宿设施完善。2014年有星级旅馆14家，餐馆115家，客房总数2508间，床位4642张。近年来注重发展商业旅游设施，兴建了大型会议中心，吸引一些国际会议在摩召开。2014年接待游客19.5万人次。

【交通运输】公路总长50公里，与欧洲高速公路网连接。铁路总长1.7公里，并入法国铁路网，由法国国营铁路公司管理。有2个港口，主要用于停靠各类游艇，商船则可在锚地短期停泊，有直升机航班往返于法国尼斯和摩纳哥之间。

【财政金融】国民收入主要来自旅游业、不动产、中小企业、银行、保险、邮票、博彩等。烟草、邮票等由国家专卖。税收在国民收入中所占比重逐渐增大。政府不征收个人所得税，对企业征收税率为33.33%的利润税。摩不是欧盟成员国，但根据有关协议，被视作欧盟关税区内的实体。增值税制及税率与法国相同，普通税率为19.6%，优惠税率自2012年起由原来的5.5%升至7%（生活必需品仍维持5.5%）。此外还征收遗产税等。

2013年国家财政收入9.45亿欧元，支出9.33亿欧元，财政盈余1209万欧元，占GDP的1.18%。

【对外贸易】2014年进出口贸易总额约22.03亿欧元，其中进口额约为10.62亿欧元（自欧进口占76.4%），出口额约为11.42亿欧元（对欧出口占67.7%），顺差7980万欧元。主要进口商品有：化工产品、交通运输设备、电子设备等；主要出口商品有：化工产品、电子设备、交通运输设备、食品等。

人民生活

摩纳哥经济发达，人民生活水平很高，2014年人均国内生产总值140741欧元，位居世界前列。摩政府不征收个人所得税，因此吸引了数量可观的富裕避税移民。

文化教育

【教育】摩纳哥对6—12岁的儿童实行义务教育，教育体制与法国相同。公立学校包括6所幼儿园及小学、1所初中、1所高中和1所酒店管理学校；私立学校有1所小学和1所小学至高中混合学校。高等院校包括摩纳哥国际大学和造型艺术学院等。课程设置方面，摩纳哥历史是必修课，小学、初中开设摩纳哥语课程。摩纳哥国际大学提供工商管理、金融和奢侈品管理专业学士、硕士和博士的英语课程。2012—2013学年，中小学在校生6196人，教师454人。

【新闻出版】主要报刊有《尼斯晨报摩纳哥专版》和《摩纳哥周刊》等。蒙特卡洛广播电台和电视台收听、收视率较高，是西欧重要的广播电台和电视台，用36种语言播音。

此外，摩每年都举办蒙特卡洛国际杂技节等大量的文化交流活动。摩海洋博物馆和研究所享誉世界，此外还有拿破仑纪念馆、国家博物馆、卡罗琳图书馆、蒙特卡洛歌剧院等文化设施。

军　事

摩纳哥无军队，根据摩法有关双边条约，法国承诺保护摩独立、主权和领土完整。摩有550名治安警察，其中包括约148名消防抢险人员（其中6名为文职）和119名亲王卫队成员，人均警察数量排名全球第一。

对外关系

摩纳哥主张普遍裁军，维护世界和平、安全、进步、自由、人权，推进经济和社会发展，支持国际人道主义行动，反对国际恐怖主义。十分重视世界环保事业，特别是海洋、生态保护及研究。

1918年摩法条约规定，摩采取外交行动须事先与法国政府达成协议。2002年10月，摩法两国签署新条约，摩首次获得对外正式建交权，摩无须预先征得法国同意，即可自主地与其他国家谈判建立正式外交关系。2005年12月1日新条约生效。对法关系是摩外交重心，两国在经济、安全等领域合作密切，摩在国际热点问题上紧随法方立场。

截至2013年年底，摩纳哥与113个国家建立大使级外交关系。摩在法国、意大利、中国、西班牙、荷兰、比利时、卢森堡、瑞士、德国和列支敦士登等27个国家和15个国际组织派有常驻或非常驻大使，在全球81个国家和地区设立了135个领事代表处。共有83个国家向摩派驻外交代表，其中75个国家为大使（法国、意大利为常驻大使），其他国家为名誉总领事或兼任总领事。

摩于1993年5月28日加入联合国，是联合国教科文组织、国际电信联盟、世界卫生组织、世界旅游组织等近70个国际组织的成员国。国际海道测量组织、国际体育总会、国际业余田联等10余个国际机构总部设在摩纳哥。蒙塔纳经济论坛、能源峰会等国际会议常年在摩举行。

摩主张在保护本国经济利益的同时加强与欧盟的关系。2004年10月加入欧洲委员会。持申根签证可赴摩。

【同中国的关系】中国与摩纳哥于1995年1月16日建立领事关系。2006年2月6日，中摩关系升格为大使级。中国驻法国大使兼任驻摩纳哥大使。2012年1月16日，摩现任驻华大使（非常驻）福特里埃女士向胡锦涛主席递交国书。2008年10月31日，中方向摩首任驻北京名誉领事闫兰女士颁发名誉领事证书。现摩在北京、上海和香港各设一名名誉领事。

建交以来，中摩关系平稳发展。重要互访有：阿尔贝王储访华（1993年6月）；江泽民主席和国家副主席胡锦涛分别予以会见（1999年6月）；唐家璇外长访法期间应邀出席摩国务大臣午宴（2001年4月）；阿尔贝王储赴沪主持摩驻沪名誉领馆开馆仪式（2002年6月）；李岚清副总理、吴仪国务委员率上海申办世博会代表团出席在摩举行的国际展览局大会（2002年12月）；阿尔贝王储率经贸代表团对中国进行非正式访问（2004年11月）；李肇星外长对摩纳哥进行正式访问（2006年2月）；摩元首阿尔贝二世亲王对中国进行国事访问（2007年4月）。2008年5月，四川汶川特大地震后，阿尔贝二世亲王向胡锦涛主席致函慰问，摩政府和红十字会向中方提供15万欧元的紧急援助。8月，阿尔贝二世亲王来华出席北京奥运会开幕式并赴青岛、香港等地观赛。2010年10月，阿尔贝二世亲王来华出席上海世博会摩纳哥国家馆日活动。2013年4月，阿尔贝二世亲王向习近平主席致就职贺信。2014年8月，阿尔贝二世亲王来华出席南京青奥会开幕式活动期间，与习近平主席在南京举行双边会见，并赴北京主持摩纳哥驻北京名誉领事馆开馆仪式。2015年，中摩友好合作关系继续深入发展。1月，习近平主席与阿尔贝二世亲王互致贺电，庆祝中摩建交20周年。8月，阿尔贝二世亲王来华出席世界田径锦标赛，并出席摩在华举办的海洋环保图片展开幕式。9月，翟隽大使在摩举行国庆招待会，阿尔贝二世亲王特派国务秘书普瓦松作为亲王代表与国务大臣罗杰共同出席。

据中方统计，2014年中摩贸易额为2450万美元，同比下降36.4%。其中，中方出口额1289万美元，同比下降55.2%，中方进口额1161万美元，同比增长19.4%。据摩方统计，2014年双边贸易额为6100万欧元，同比减少一半。其中，中方出口额4480万欧元；中方进口额1620万欧元。中国成为仅次于意大利和英国的摩第三大进口国。中国自摩进口产品主要包括医药、集成电路及微电子组件、阀门、二极管及类似半导体器件、液泵及液体提升机、变压整流电感器及零件、塑料制品等；中国向摩出口产品主要包括服装、鞋类、纺织纱线及织物、录放像机、电视机、塑料制品、灯具、复印机、不锈钢及餐具等。截至2015年5月，摩对华投资项目23个，实际使用金额295万美元。2015年1—5月，中国在摩开展工程承包合同金额6000万美元，完成营业额4000万美元。

中摩在文化、艺术、教育、旅游领域开展了一系列交流。自1982年起，中国每年派杂技团参加在摩纳哥举办的蒙特卡洛国际杂技节大赛并多次获奖，2012年1月，上海市杂技团参演杂技节并荣获两尊“金小丑”最高奖。2000年5月，摩纳哥蒙特卡洛芭蕾舞团来华演出，12月，京剧《杨门女将》在摩演出。2001年7月，西安兵马俑展在摩纳哥格里马尔迪宫举办。2002年2月，摩纳哥举行新春中国杂技演出，勒克莱尔国务大臣出席。2004年7月和10月，摩纳哥少儿合唱团和蒙特卡洛芭蕾舞团先后来华演出。2006年，我派团参加了摩纳哥电视节、礼花节等活动，中国茶叶还参加了一年一度的蒙特卡洛世界顶级奢侈品展览。2009年8月，摩纳哥国家芭蕾舞团在上海演出取得成功。2010年10月，摩纳哥蒙特卡洛芭蕾舞团舞剧《睡美人》在上海大剧院演出成功。2013年10月，摩纳哥蒙特卡洛芭蕾舞团在国家大剧院上演两部大型舞剧《罗密欧与朱丽叶》和《天鹅湖》，是国家大剧院2013年度国际舞蹈节的开篇之作。2014年2月，中国文联和摩纳哥政府共同在摩纳哥举办2014“今日中国”艺术周暨摩纳哥中国节活动，6月，摩纳哥文化周活动在上海举行。2015年1月，中国国家杂技团在蒙特卡洛国际杂技节荣获金奖。3月，第二届摩纳哥中国艺术节在摩举办，国务大臣罗杰出席开幕式。6月，“摩纳哥周”在上海、北京举办。蒙特卡洛芭蕾舞团、蒙特卡洛爱乐乐团分别来华访演。9月，摩游艇节期间举办“中国之夜”专场活动。

中国驻摩纳哥大使：翟隽。馆址：11，Avenue George V，75008 Paris。电话：(331) 49521950；传真：47205946。领事部地址（驻马赛总领馆）：20，boulevard Carmagnole，13008 Marseille。电话：(334) 91320000；传真：91320008。经商处地址：21，Rue de l'Amiral d'Estaing，75016 Paris。电话：(331) 53577000；传真：47234831。（王碧晗）

挪　威

国名　挪威王国（The Kingdom of Norway，Kongeriket Norge）。

面积　38.517万平方公里（包括斯瓦尔巴群岛、扬马延岛等属地）。

人口　521万（2015年年底）。96%为挪威人，外国移民约占4.6%。有萨米族约3万人，主要分布在北部。官方语言为挪威语和萨米语（部分地区）。多数人信奉基督教路德宗，挪威教会成员占人口总数的74%。

首都　奥斯陆（Oslo），人口约66万（2015年年底）。年平均气温5.7℃，降水量763毫米。

国家元首　国王哈拉尔五世（Harald V），1991年1月21日即位。

重要节日　宪法日：5月17日（纪念1814年5月17日通过第一部宪法）。

简　况　位于北欧斯堪的纳维亚半岛西部。东邻瑞典，东北与芬兰和俄罗斯接壤，南同丹麦隔海相望，西濒挪威海。海岸线长21192公里（包括峡湾）。大部分地区属温带海洋性气候。

9世纪形成统一王国。9—11世纪进入全盛期。14世纪中叶开始衰落，1397年与丹麦和瑞典组成卡尔马联盟，受丹麦女王玛格丽特一世统治。1814年被丹割让予瑞典。1905年6月7日脱离瑞挪联盟独立，选丹麦王子为国王，称哈康七世。第一次世界大战期间中立。第二次世界大战中被德国占领。战后由工党、保守党单独或与其他政党联合执政。

政　治

政局稳定。2013年9月，由保守党、进步党、基督教民主党、自由党组成的“泛蓝联盟”在议会大选中击败连续执政八年的由工党、社会主义左翼党、中间党组成的“红绿联盟”；10月，保守党和进步党组建少数政府。新政府推行机构改革，明确将增强劳动市场竞争力、政府简政放权、重视全民教育、加强基础设施建设、加大公共安全投入、关爱弱势群体、加快社保体系建设、加强地方民主作为八大政策核心；秉承自由、民主、人权的价值观外交，强调对外援助应兼顾民主、经济和社会发展，重视挪企业拓展海外利益及能源在外交全局中的重要地位。

【宪法】现行宪法于1814年5月17日通过，后经多次修订。宪法规定挪实行君主立宪制。国王为国家元首兼武装部队统帅，并提名首相人选，但无权解散议会。

【议会】国家立法机构，采用比例代表直选制。由169名议员组成，任期4年。本届议会于2013年9月选举产生，工党55席，保守党48席，进步党29席，基督教民主党10席，中间党10席，自由党9席，社会主义左翼党7席，绿色环境党1席。议长乌勒米克·托马森（Olemic Thommessen，保守党）。

【政府】本届政府于2013年10月16日组成，内阁大臣共19人，其中保守党11人，进步党8人。成员为：首相埃娜·索尔贝格（Erna Solberg，保守党，女），财政大臣西芙·延森（Siv Jensen，进步党，女），地方政府与现代化事务大臣扬·图勒·桑奈尔（Jan Tore Sanner，保守党），交通与通讯大臣凯迪·索尔维克－奥尔森（Ketil Solvik–Olsen，进步党），外交大臣博尔格·布兰德（Børge Brende, 保守党），欧洲及北欧合作事务大臣伊丽莎白·阿斯帕克（Elisabeth Aspaker，保守党，女），贸易与工业大臣莫妮卡·马兰（Monica Mæland，保守党，女），气候与环境保护大臣维达尔·海尔格森（Vidar Helgesen，保守党），儿童与平等事务大臣索尔维格·胡尔娜（Solveig Horne，进步党，女），卫生与护理大臣本特·赫耶（Bent Høie，保守党），司法大臣安德斯·阿努森（Anders Anundsen，进步党），石油与能源大臣托德·利恩（Tord Lien，进步党），国防大臣伊纳·玛丽·埃里克森·索尔莱德（Ine Marie Eriksen Søreide，保守党，女），移民与融合事务大臣西尔维·里斯特豪格（Sylvi Listhaug，进步党，女），教育大臣托尔比约恩·勒埃·伊萨克森（Torbjørn Røe Isaksen，保守党），渔业大臣佩尔·桑德贝格（Per Sandberg，进步党），劳动与社会事务大臣阿妮肯·豪格利（Anniken Hauglie，保守党，女），文化与宗教事务大臣琳达·凯瑟琳·霍夫斯塔·海勒兰（Linda Cathrine Hofstad Helleland，保守党，女），农业与食品大臣永·格奥格·达勒（Jon Georg Dale，进步党）。

【主要网址】政府：www.regjeringen.no；议会：www.stortinget.no。

【行政区划】全国设1市18郡。

【司法机构】法院独立行使职能，分三级：最高法院，6个高等法院，93个区、市初审法院。此外还设有劳资纠纷法院、社会保障法院、土地认证法院等。最高法院设1名院长和18名大法官，院长为图尔·谢（Tore Schei），2002年就任。检察院隶属司法部，总检察长为托尔－阿克塞尔·布什（Tor–Aksel Busch），1997年就任。

【政党】全国有20多个注册政党。

（1）工党（Labour Party）：在野党，1887年成立。挪第一大党。对内主张实行福利社会，实现充分就业、可持续发展、公正分配和加强社会福利。对加入欧盟持积极态度。党员5.8万人。主席约纳斯·加尔·斯特勒（Jonas Gahr Støre）。

（2）保守党（Conservative Party）：执政党，1884年成立。代表金融、航运和工商业大垄断资本利益，强调自由市场竞争，坚定拥护加入欧盟。党员3.5万人。主席埃娜·索尔贝格。

（3）进步党（Progress Party）：执政党，1973年成立。对外国移民和申请避难者态度较苛刻，赞成加入欧盟，主张减税。党员1.6万人。主席西芙·延森。

（4）社会主义左翼党（Socialist Left Party）：在野党。1975年成立。奉行激进的社会民主主义路线，反对加入欧盟。主张外交上对美国相对独立，注重环保。党员约1万人。主席奥于敦·比约洛·里斯巴肯（Audun Bjørlo Lysbakken）。

（5）中间党（Centre Party）：在野党，1920年成立。代表农场主和家庭农户利益，坚决反对加入欧盟。党员1.9万人。主席特吕格韦·施拉斯沃德·维杜姆（Trygve Slagsvold Vedum）。

（6）基督教民主党（Christian Democratic Party）：在野党，1933年成立。维护基督教传统道德观念，反对加入欧盟，支持向发展中国家提供经援。党员3万余人。主席克努特·阿里尔·哈莱德（Knut Arild Hareide）。

（7）自由党（Liberal Party）：在野党，1884年成立。代表中小资产阶级利益，反对极端垄断和社会化，主张国际参与。党员约8000人。主席特利娜·施·格兰德（Trine Skei Grande，女）。

其他政党：挪威共产党（Norwegian Communist Party）、红党（The Red Party）、绿色环境党（The Green Party）等。

【重要人物】哈拉尔五世：国王。1937年2月21

日生于奥斯陆。1940年4月德国入侵挪威后，随其母及两个姐姐应美国总统罗斯福之邀侨居美国，战后回国。1955年入挪威军事学院学习。1960至1962年在英国牛津大学学习历史、经济和政治学，1984年获英国约克大学荣誉博士学位。1977年获陆海空上将军衔。1957年9月起为挪王储，开始参与国事活动。1991年1月21日即位。1985年4月作为王储首次访华。1997年10月偕宋雅王后访华。2008年8月偕宋雅王后来华出席北京奥运会开幕式。 **埃娜·索尔贝格**：首相，1961年生。社会、政治、统计和经济学硕士。1989年起任议员，历任议会财政、地方事务、选举、卫生与护理、外交与国防事务等委员会委员。2001至2005年任地方政府与地区发展大臣。2004年起任保守党主席。2013年10月起任首相。已婚，有一女一子。

经　济

挪威是拥有现代化工业的发达国家。20世纪70年代，近海石油工业兴起，成为国民经济重要支柱，经济快速发展。90年代初因取消石油生产限额，挪石油出口获巨额收益，外贸顺差大幅增加，失业率和通胀率长期维持在较低水平。2008年金融危机爆发后，挪政府出台了一揽子应对方案，挪经济未受明显冲击，在较短时间内恢复稳定并重新实现连续增长。2014年以来，受油价下跌影响，挪油气产业投资减少，经济增速放缓，但基本面保持良好。

2014年主要经济指标如下：

国内生产总值：3.2万亿挪威克朗（约合5007亿美元）。

人均国内生产总值：61.4万挪威克朗（约合9.7万美元）。

国内生产总值增长率：0.5%。

货币名称：挪威克朗（Krone），1克朗=100欧尔（Øre）。

汇率：1美元＝6.3挪威克朗。

消费者物价指数（CPI）：2.0%。

失业率：3.5%。

（资料来源：除注明外，均根据挪威中央统计局数据，下同）

为加强对石油收入的合理利用与长远规划，挪于1990年设立“石油基金”，2006年改称“政府养老基金—全球”，由财政部委托中央银行管理。截至2015年第三季度，基金市值7.02万亿挪威克朗（约合8699亿美元）。（挪威央行数据）

【资源】油气、水力、森林、渔业资源丰富。截至2014年年底，原油及天然气预计总储量为141亿立方米（石油当量），已开采45%（挪石油管理局数据）。每年可开发的水电资源约2140亿度，已开发62%（挪威水资源与能源管理局数据）。北部沿海是世界著名渔场。

【工业】在国民经济中占有重要地位，海洋石油、化工、航运、水电、冶金等尤为发达。欧洲重要铝、镁生产国和出口国，硅铁合金产品大部分供出口。现为世界第十一大石油出口国。

【农林渔业】近三分之一国土在北极圈以内，农业面积99.9万公顷，仅占国土面积2.6%，其中牧草地65.2万公顷。农业以畜牧业为主，蛋、奶制品基本自给，蔬菜水果主要依靠进口。森林覆盖率占国土面积40%。渔业是重要的传统经济部门，养殖业以三文鱼为主，主要捕捞鱼种为鳕鱼、鲱鱼、鲐鱼、毛鳞鱼等。2014年渔业捕捞量231万吨，总价值144亿克朗；鱼产品总出口量251万吨，总价值671亿克朗，其中三文鱼100万吨，总价值437亿克朗。

【服务业】包括商业、旅游、运输、通讯、金融保险、房地产、建筑、公共服务等。主要旅游城市有首都奥斯陆、第二大城市卑尔根等，西北部地区的峡湾和冰川等自然景观享有盛名。

【交通运输】海运业发达。商船队总吨位1516万吨，国内年客运量约8.0亿人公里，货运量约153亿吨公里。主要港口有奥斯陆、卑尔根和特隆海姆，奥斯陆港年吞吐量约570万吨。铁路总长约4200公里，公路总长9.4万公里。1946年与瑞典、丹麦共同成立北欧航空公司（SAS），拥有2/7股份。主要机场有奥斯陆、卑尔根和斯塔万格。

【财政金融】近年来收支情况（挪财政部数据，单位：亿挪威克朗）：

	2012	2013	2014
收入	12907	12918	12788
支出	9961	10631	11271
盈余	2946	2287	1517

主要银行有：挪威中央银行（Norges Bank），总资产5137亿克朗（不含政府养老基金—全球），国际外汇储备4486亿克朗（约合712亿美元）；国家住房银行、渔业银行、农业银行等国家专业银行；挪威银行（DNB）、诺迪亚（Nordea）等商业银行。

【对外贸易】主张自由贸易。外贸在经济中占据重要地位。近几年对外贸易情况如下（单位：亿挪威克朗）：

	2012	2013	2014
出口	9353	9165	9085
进口	5076	5277	5608
差额	4277	3888	3477

主要出口原油、天然气、焦炭与精炼石油制品、金属、各类机械、渔产品。主要进口机械、机动车、电子光学产品、金属、化学原料及制品、食品。主要进口国包括瑞典、德国、中国等。主要出口国有英国、德国、荷兰等。

【对外投资】截至2014年年底，挪威在国外直接投资总额约1.3万亿挪威克朗，主要集中在欧盟国家和美国等。投资主要集中在石油、制造、交通与通信、金融等行业。

【对外援助】2014年外援金额约317亿挪威克朗，约占国民总收入（GNI）的0.99%。主要受援国有阿富汗、巴勒斯坦、巴西、南苏丹、老挝等。外援中双边与多边项目约各占一半。多边援助中50%以上通过联合国机构实施。

【外国资本】截至2014年年底，外国在挪直接投资总额约1.36万亿挪威克朗。主要投资国有瑞典、美国、荷兰、卢森堡等。投资主要集中在石油、金融以及制造业。

【经济团体和大公司】（1）挪威工商联合会（NHO）：1989年1月成立，由雇主协会、工业协会和手工业协会合并组成，是挪最大的企业家组织，成员包括全国1万多家企业。会长克里斯汀·斯库根·伦德（Kristin Skogen Lund）。

（2）挪威国家石油公司（Statoil）：1972年成立，是挪最大石油公司、北海最大原油生产商和西欧最大原油销售商。2006年年底与挪海德鲁公司油气部合并，现拥有2.3万名职工。股票市值约合4180亿挪威克朗。总裁埃尔达·赛特勒（Eldar Sætre）。

（3）挪威海德鲁公司（Norsk Hydro）：创建于1905年，著名铝制品生产商，挪最大的工业公司。主要经营化工、轻金属、化肥、水电、食品、医药等，34.3%的股本为挪威政府所有。在50个国家和地区共有1.3万雇员。年营业额为约2000亿挪威克朗。总裁思文·布朗特塞格（Svein Brandtzæg）。

人民生活

人民生活和社会福利水平较高，连续多年位居联合国“人类发展指数”排名之首。女性平均寿命84岁，男性80岁；平均每千人有小轿车491辆；移动电话用户占全国人口98%，互联网普及率达96%。

军　事

国王为名义上的最高统帅。内阁通过国防大臣掌握全军。最高作战指挥机构为最高国防司令部，国防司令哈康·布伦－汉森上将（Haakon Bruun-Hanssen，2013年11月上任）。奉行与美国和北约结盟的防务政策，建有北约军事基地。实行义务兵役制，服役期12个月。现役军人和文职人员共约1.7万人。自1947年以来先后参加40余项国际维和行动，参加人员约6万人次。

文化教育

【教育】1998年起实行十年制义务教育。学校大多数为公立，中央负责高等教育，地方负责中等和初等教育。各类在校学生总数约116万，教师9.9万。有高等院校55所，学生约27万。奥斯陆大学是挪威最大的综合性大学，1813年成立，有学生约4万。此外还有卑尔根大学、挪威科技大学、特罗姆瑟大学、挪威生命科学大学、挪威商学院（BI）等著名高等学府。

【科研】科研经费40%以上由政府提供，其余由科研单位自筹。主要研究机构为“挪威科研理事会”，下设六个部门，分别负责工业和能源、生物生产和改良、环境与发展、文化和社会、自然科学和技术方面的研究工作。

【新闻出版】全国出版各种日报约60种，日平均发行量约300万份。另有其他报刊100余种。主要报纸有:《晚邮报》、《世界之路报》、《日报》、《卑尔根时报》等。

挪威通讯社（NTB）：1867年成立，非官方。

挪威国家广播公司（NRK）：1933年建立，分广播、电视两部分，隶属文化部。

对外关系

外交以联合国、北约、欧盟、周边为四大重点，但因内政原因迄未加入欧盟，不属欧元区国家。积极参与联合国事务，重视加强与欧盟、周边及新兴国家关系。致力于气候外交，希国际社会达成公平有力的气候协议，支持发展中国家应对气候变化的努力。与140多个国家有外交关系。

【对当前重大国际问题的态度】关于国际形势：认为当前全球和地区性力量对比正不断发生变化，新兴大国快速进入国际舞台，影响力日趋上升。主张国际社会应建立由联合国主导的新秩序，以维护全球和平与安全、促进经济的可持续发展、确保人权进步。对乌克兰危机导致的欧俄紧张局势感到担忧，谴责俄方违反国际法及国际关系准则。

关于联合国的作用：重视联合国作用，强调联合国是维护国际和平与安全最重要的组织，积极主张“有效多边主义”。支持安理会改革，认为安理会应更具代表性、合法性和有效性。积极参与联合国维和与重建行动。

关于防扩散、裁军问题：主张完全销毁核武器，建立无核世界，认为核扩散是对国际和平与安全的严重威胁。主张国际社会应在联合国框架内就核安全问题进行合作。反对朝鲜拥核，谴责朝方有关破坏国际核裁军和防扩散体系的举动，敦促朝方通过谈判以符合国际法的方式维护自身安全利益。

关于反恐：积极参与打击恐怖主义和有组织犯罪的国际合作，认为须加大预防性投入，消除冲突根源。主张国际社会在联合国主导下广泛开展反恐合作。

对外发展援助问题：坚持将国民总收入（GNI）的1%用于外援，主张推动经济可持续发展和促进人权，致力于加强在环境和气候变化领域的援助。

【同中国的关系】1954年10月5日建交。建交以后，两国关系平稳发展。20世纪80年代两国关系有较大发展。进入90年代，双方高层互访频繁，在各领域的合作迅速发展。1996年和1997年，江泽民主席和挪国王哈拉尔五世实现互访。

2009年，全国政协副主席、中央统战部部长杜青林、中联部部长王家瑞访挪。挪卫生与护理大臣汉森、环保与国际发展大臣索尔海姆等访华。2010年，中共中央政治局常委、中央纪委书记贺国强、北京市委书记刘淇访问挪威。挪王储哈康来华出席上海世博会挪威馆日活动。2010年10月后，中挪关系因诺贝尔和平奖授奖问题陷入低谷。

据中国海关总署统计，2014年双边贸易额72亿美元，同比增长16%；其中中国对挪威出口27.3亿美元，自挪威进口44.7亿美元，同比分别减少0.2%和增长28.8%。2015年双边贸易额70亿美元，同比减少2.7%；其中中国对挪威出口28.6亿美元，自挪威进口41.4亿美元，同比分别增长4.6%和减少7.2%。

中国驻挪威大使：赵军（2012年5月22日递交国书）。使馆馆址：TUENGEN ALLÉ 2B，0244，OSLO，NORWAY，电话：（47）22492052；传真：22921978。商务处：电话：47–22449638；传真：22447230。签证处电话、传真：22148908。网址：www.chinese-embassy.no。

挪威驻华大使：司文（Svein Sæther，2008年4月3日递交国书）。馆址：北京三里屯东一街1号。电话：010–85319600；传真：65322392。网址：www.norway.org.cn。

【同美国及北约的关系】视美为最重要盟友，将同美国及北约保持密切合作视为外交和安全政策基石。1949年作为创始成员国加入北约。强调北约在欧洲安全政策上的主导作用，主张加强跨大西洋纽带，积极参加北约行动。挪前首相延斯·斯托尔滕贝格自2014年10月起出任北约秘书长。

【同俄罗斯关系】强烈谴责俄罗斯“非法入侵”克里米亚，在乌克兰问题上同欧盟保持一致立场，但仍保留一定程度政治对话和务实合作。2011年与俄就巴伦支海划界问题达成协议。

【同欧盟的关系】两次全民公投否决加入欧盟，但作为欧洲经济区和申根成员国，与欧盟保持密切联系并积极协调立场，支持欧盟一体化建设。支持欧洲各国在维护本国安全利益和社会稳定的基础上，积极协同应对难民问题。

【同亚洲及发展中国家的关系】日益重视亚洲，认为中国、印度的崛起将进一步提升亚洲的国际影响力，视亚洲发展为机遇。曾于2001年、2007年两次出台全面深化同中国关系的对华战略文件。2005年出台“对印度行动计划”。2011年出台“巴西战略”。（范天原）

附：

斯瓦尔巴群岛

名称　斯瓦尔巴群岛（The Svalbard Archipelago）。主权属于挪威王国。

面积　6.1022万平方公里。

人口　2100人（2013年）。绝大多数居住在朗伊尔城。主要为挪威人，另有少量俄罗斯、波兰及乌克兰人。

首府　朗伊尔城（Longyearbyen），位于斯匹次卑尔根岛（Spitsbergen）。

简况

位于北冰洋，南距挪威北海岸657公里，由9个主岛和众多小岛组成。近60%的区域被冰川覆盖。年平均气温最高7℃，最低–22℃；年均降水量约200毫米。

12世纪由北欧维京人首先发现，17世纪成为重要的捕鲸中心，20世纪初发现煤炭资源。几个世纪以来，英国、荷兰、丹麦和挪威等国对其提出主权要求。1920年2月，18个国家签署斯瓦尔巴条约。根据该条约，缔约国在承认挪威对斯瓦尔巴群岛拥有完全主权的前提下，可以享有在该群岛地域及其领水内的捕鱼、狩猎权，开展海洋、工业、矿业、商业活动的权利和在一定条件下开展科学调查活动的权利，但严禁将该岛用于战争目的或修建军事设施。1925年，中国等33个国家参加该条约，同年斯瓦尔巴群岛正式并入挪威。中国于2004年在斯瓦尔巴群岛建立北极黄河站，此系中国建立的第一个北极科考站，该站拥有全球极地科考中规模最大的空间物理观测点。此外，挪威、德国、法国、英国、意大利、荷兰、日本、韩国、印度等国也在岛上建有科考站。除科考人员外，目前在岛上定居的人员主要来自挪威、俄罗斯和乌克兰。

政治

斯瓦尔巴总督既是最高行政长官，也是最高司法长官。总督由挪威政府任命，对挪威司法部极地事务司负责。任期三年，可延长两年。现任总督夏施汀·阿斯克霍尔特（Kjerstin Askholt，2015年任命）。挪威极地研究所负责提供政策咨询服务。

经济

经济活动十分有限，主要为采煤业。

【财政金融】通用挪威克朗。财政预算主要来自挪政府直接拨款。一部分收入来自出售捕鱼许可证。

【资源】煤炭资源蕴藏丰富。其他矿藏包括铁、磷酸盐、亚硫酸盐、石棉、硬石膏和石灰石等。

【交通】对外交通主要通过空运和海运。朗伊尔城建有机场和深水海港，每日有航班直飞挪威北部城市特罗姆瑟与首都奥斯陆，海运仅限6、7、8三个月。此外还有俄罗斯修建的直升机站、移动雷达站等少量航空设施。

【旅游】每年约有10万游客前往观光。

人民生活

岛上娱乐、交通、金融和教育设施很少。仅有1所医院。有4所初级学校。（范天原）

扬马延岛

名称　扬马延岛（Jan Mayen）。

面积　377平方公里。

简　况　小火山岩岛，位于北冰洋，与挪威、格陵兰岛、斯瓦尔巴群岛和冰岛隔海相望。气候恶劣，寒冷多雾。1970年9月，岛上火山自19世纪初以来首次喷发。未发现可开采的矿藏，地表也十分贫瘠，目前主要用于气象观察、导航和无线电传输。约有50名居民（通常一次居住时间仅为一年）。没有公共交通和食宿设施。

17世纪曾有捕鲸者和狩猎者在岛上短暂居住。19世纪中期以来成为挪威人重要的海豹捕猎场所。20世纪初，挪气象学会上岛开始气象观察活动并于1922年宣布占据该岛。1929年5月8日，挪威国王颁布法令宣布对扬马延岛拥有主权，1930年正式并入挪威版图。扬马延岛是二战期间唯一未被德军占领的挪领土，挪政府和盟军继续利用该岛的气象站并修建了无线电定位站。1946年，在岛上建立集气象观测站和海岸无线电台于一体的基地，后来成为北大西洋防务合作中远程导航（LORAN）系统的一部分。基地司令兼任该岛最高行政长官。1980年，经与冰岛谈判，挪政府宣布将扬马延岛专属经济区扩大至200海里。　（范天原）

布韦岛

名称　布韦岛（Bouvet Island, Bouvetøya），挪威领地。

面积　49平方公里。

简　况　位于南大西洋，地处南纬54°26′、东经3°24′，好望角西南约2400公里、南极洲以北约1600公里处。布韦岛的本身为一冰川覆盖的火山锥，最高点奥拉夫峰（Olav Peak）海拔780米，四周为陡峭岩石和冰崖，自然资源贫乏。海岸线长29.6公里。属极地气候，年平均气温 –1℃。

1739年1月1日，法国探险家布韦（J. B. C. Bouvet de Lozier）率探险船队抵此，该岛因而得名。1930年，挪威宣布该岛为其领地。目前该岛无人居住，挪科学家定期来岛。防务由挪司法和警察部极地司管辖。岛上无经济活动，1970年被宣布为自然保护区，1977年设立了一个自动化气象站。近海岸仅有一个抛锚点。　（范天原）

葡　萄　牙

国名　葡萄牙共和国（A República Portuguesa, The Portuguese Republic）。

面积　92212平方公里。

人口　1038.7万（2014年）。主要为葡萄牙人。2014年，外国合法居民为390113人，主要来自巴西、佛得角、乌克兰等国。官方语言为葡萄牙语。2014年，劳动力人口为522.56万，人口密度为112人/平方公里。约85%的居民为天主教徒。

首都　里斯本（Lisbon），人口218万（2014年，里斯本大区），8月气温为17℃—28℃（平均日最低温及最高温），1月气温为8℃—14℃。

国家元首　总统阿尼巴尔·安东尼奥·卡瓦科·席尔瓦（Aníbal António Cavaco Silva），2006年首次当选，2011年连任，任期5年。2016年1月24日，马尔塞洛·德索萨（Marcelo de Sousa）当选新一届总统，于3月9日就职。

重要节日　4月25日：纪念1974年4月25日推翻独裁统治；6月10日：国庆日；10月5日：共和国日；12月1日：恢复独立日。

简　况　位于欧洲伊比利亚半岛的西南部。东、北与西班牙毗邻，西、南濒临大西洋。海岸线长832公里。地形北高南低，多为山地和丘陵。北部属海洋性温带气候，南部属亚热带地中海式气候。

1143年成为独立王国。15、16世纪成为海上强国，在非、亚、美洲建立大量殖民地。1580年起隶属西班牙王室，1640年摆脱西班牙统治。18世纪末，法国拿破仑军队入侵葡萄牙，1811年，葡萄牙在英国帮助下赶走法国军队。1820—1910年实行君主立宪制。1910年10月成立共和国。1926年5月建立军人政府。1932年，萨拉查就任总理，实行法西斯独裁统治。1949年加入北约。1955年加入联合国。1974年4月25日，一批中下级军官组成的“武装部队运动”推翻统治葡萄牙达40余年的极右政权，开启国家民主化进程，并宣布放弃在非洲的殖民地，葡萄牙正式成为西方民主制度国家。1986年1月1日加入欧共体，1999年1月1日成为欧元区创始成员国之一。

政　治　2015年10月4日，葡萄牙举行议会选举。社民党—人民党执政联盟赢得大选，但丧失议会绝对多数优势，只能组建少数政府。11月10日，最大反对党社会党与葡萄牙共产党、左翼集团等首次结成“大左翼”联盟，在议会否决政府施政纲领，新政府（第20届）被迫下台。11月24日，席尔瓦总统授权议会第二大党社会党总书记科斯塔组阁。26日，科斯塔政府宣誓就职，并在议会通过施政纲领。新政府上任后，适度放松紧缩政策，加大对民生、福利的关注和支出。目前，葡政局总体保持稳定。

【宪法】现行宪法于1976年制定，后经历6次修订，最近一次修订于2004年完成。宪法规定，总统、议会、政府和法院是国家权力机构；总统为武装部队最高司令，根据政府提名任免总参谋长和三军将领。总统有权在听取各党派、国务委员会意见后解散议会，并在必要时解散政府、罢免总理。

【议会】一院制，议员230人，任期4年。本届议会为1974年4月25日民主化进程以来的第13届议会，于2015年10月选举产生。社会党人费罗·罗德里格斯（Ferro Rodrigues）任议长。4位副议长分别为：若泽·科雷亚（José Correia，社民党）、若热·拉桑（Jorge Lacão，社会党）、若泽·曼努埃尔·普雷萨（José Manuel Pureza，左翼集团）、特雷莎·卡埃罗（Teresa Caeiro，人民党，女）。各党派议席分配如下：社民党89席，社会党86席，左翼集团19席，人民党18席，共产党16席，绿党1席，人、动物、自然党1席。

【政府】本届政府为第21届宪法政府，于2015年11月26日就职，由社会党执政。主要成员有：总理安东尼奥·科斯塔（António Costa），外交部长奥古斯托·桑托斯·席尔瓦（Augusto Santos Silva），部长会议和行政现代化部长玛丽亚·曼努埃尔·莱唐·马克斯（Maria Manuel Leitão Marques），财政部长马里奥·森特诺（Mário Centeno），国防部长若泽·阿尔贝托·阿泽雷多·洛佩斯（José Alberto Azeredo Lopes），内政部长康斯坦萨·乌尔巴诺·德索萨（Constança Urbano de Sousa，女），司法部长弗朗西斯卡·范杜嫩（Francisca Van Dunem，女），总理助理部长爱德华多·卡布里塔（Eduardo Cabrita），文化部长若昂·苏亚雷斯（João Soares），科学、技术和高等教育部长曼努埃尔·埃托尔（Manuel Heitor），教育部长蒂亚戈·布兰当·罗德里格斯（Tiago Brandão Rodrigues），劳动、团结和社会保障部长若泽·安东尼奥·维埃拉·达席尔瓦（José António Vieira da Silva），卫生部长阿代尔贝托·坎波斯·费尔南德斯（Adalberto Campos Fernandes），规划和基础设施部长佩德罗·马克斯（Pedro Marques），经济部长曼努埃尔·卡尔代拉·卡布拉尔（Manuel Caldeira Cabral），环境部长若昂·佩德罗·马托斯·费尔南德斯（João Pedro Matos Fernandes），农业、林业和农村发展部长路易斯·卡波拉斯·桑托斯（Luís Capoulas Santos），海洋部长安娜·保拉·维托里诺（Ana Paula Vitorino，女）。

【重要网址】总统府：www.presidencia.pt；议会：www.parlamento.pt；总理府：www.portugal.gov.pt/pt.aspx；外交部：www.portugal.gov.pt/pt.aspx；教育部：www.portugal.gov.pt/pt.aspx；最高法院：www.stj.pt。

【行政区划】全国分为18个大区，分别为：里斯本、波尔图、科英布拉、维亚纳堡、布拉加、雷阿尔城、布拉甘萨、瓜达、莱里亚、阿威罗、维塞乌、圣塔伦、埃武拉、法鲁、布朗库堡、波塔莱格雷、贝雅、塞图巴尔。另有马德拉和亚速尔2个自治区。

【司法机构】最高法院是最高司法机构，院长由法官选举产生。最高法院院长在国家领导人中排名第四，位于总统、议长和总理之后，如前三位领导人不在国内或无法履行职责时，最高法院院长可代行国家元首职务。现任最高法院院长为安东尼奥·席尔瓦·恩里克斯·加斯帕尔（António Silva Henriques Gaspar），2013年9月12日就职。总检察院是最高检察机构，总检察长若安娜·马尔盖斯·维达尔（Joana Marques Vidal，女），2012年10月12日就职。

【政党】葡实行多党制，主要政党有：

（1）社会党（Partido Socialista）：执政党。1973年4月在“葡萄牙社会主义运动”基础上重建。党员约8.3万人。曾于1995—2002年上台执政，并于2005年再获执政地位至2011年6月。2015年11月，社会党联合左翼集团和共产党在议会否决社民党—人民党联合政府施政纲领，迫其下台。11月26日社会党政府宣誓就职。总书记安东尼奥·科斯塔，2014年当选。

（2）社会民主党（Partido Social Democrata）：在野党。1974年5月成立，原名人民民主党，1976年改为现名。党员约11.32万人。曾于1985年至1995年10月连续执政10年，2002年4月至2005年3月、2011年6月至2015年10月两度与人民党联合执政。在2015年10月议会选举中执政联盟再度赢得大选，但丧失议会多数优势，因施政纲领未获议会通过而被迫下台。主席佩德罗·帕索斯·科埃略（Pedro Passos Coelho），2010年当选。

（3）左翼集团（Bloco da Esquerda）：在野党。1998年成立。党员约7000人。政治委员会常委兼发言人卡塔里娜·马丁斯（Catarina Martins，女）。

（4）人民党（Partido Popular）：在野党。1974年7月成立。前身是社会民主中心党，1995年2月改名人民党。党员2.5万人。2002年4月至2005年3月、2011年6月至2015年10月曾两度与社民党联合执政。主席保罗·波尔塔斯（Paulo Portas），2010年就任。

（5）葡萄牙共产党（Partido Comunista Português）：在野党。1921年成立。党员约6万人。总书记热罗尼姆·德索萨（Jerónimo de Sousa），2004年就任。

（6）绿党（Partido Ecologista “Os Verdes”）：在野党。1982年成立。

（7）人、动物、自然党（Partido Pessoa–Animais–Natureza）：在野党。2009年成立。

其他政党包括：葡萄牙民主运动（Movimento Democrático de Portugal）、人民君主党（Partido Popular Monárquico）、革命社会党（Partido Social Revolucionário）等。

【重要人物】阿尼巴尔·安东尼奥·卡瓦科·席尔瓦：总统。1939年7月15日生于葡南部阿尔加维省洛莱市。1964年获里斯本技术大学经济学学士学位，后获英国约克大学经济学博士学位。资深经济学家。1974年加入社民党。1980年任财政部长，同年当选议会议员。1985年起四次当选社民党主席。1985年11月至1995年11月担任葡总理。1996年竞选总统失败，重返大学任教，并担任葡萄牙央行顾问。2006年再次竞选总统获胜，2011年获得连任。曾于1987年、1994年和2014年3次访华，并作为葡方代表签署《中葡关于澳门问题的联合声明》。 **马塞洛·雷贝洛·德索萨**：总统。1948年12月12日生于葡里斯本市。1971年获里斯本大学法学学士，后获法学硕士和政治法学博士学位。长期在里斯本大学任教，兼任葡天主教大学和里斯本新大学客座教授。1974年加入葡社民党。1975年当选为议会议员。1981—1983年先后出任部长会议助理国秘和议会事务部长。1996—1999年担任社民党主席。创立《快报》和《周报》，并担任主编。2000—2015年担任电视政治评论员。2006—2015年任葡总统最高国务咨询机构国家理事会成员。2016年竞选总统获胜，任期5年。离异，有1子1女。 **安东尼奥·路易斯·桑托斯·达·科斯塔**：总理。1961年生于里斯本。先后获里斯本大学法学学士和葡萄牙天主教大学欧洲学硕士学位。1975年加入社会党青年团，1982—1993年任社会党里斯本市议员，先后于1987—1990年和1994—2011年任社会党书记处书记。1991—1995年当选为国家议员。在古特雷斯政府时期，先后担任议会事务国秘、议会事务部长和司法部长，并担任1998年里斯本世博会政府总负责人。2002—2004年任社会党议会党团主席。2004—2005年任欧洲议会副主席。2005—2007年在苏格拉底政府时期担任国务兼内政部长。2007年当选里斯本市长，后在2009和2013年的市政选举中高票连选连任。2014年11月，当选社会党总书记。2015年10月议会选举中败于时任总理科埃略。11月联合左翼集团和共产党在议会否决政府施政纲领，迫其下台。同月，科斯塔组阁成功并宣誓就职。

经　济

葡萄牙是欧盟中等发达国家，工业基础薄弱。纺织、制鞋、酿酒、旅游等是国民经济支柱产业。软木产量占世界总产量一半以上，出口位居世界第一。2008年以来，受国际金融危机和主权债务危机影响，葡萄牙经济遭受重创，主权信用评级被调降至“垃圾级”。2011年4月，葡萄牙成为继希腊、爱尔兰之后，第三个申请救助的欧盟国家。5月16日和21日，欧盟财长会议和国际货币基金组织分别批准对葡援助方案，同意在之后三年内由欧盟和国际货币基金组织分别向葡提供520亿欧元和260亿欧元、总计780亿欧元援助贷款。作为条件，葡须在2011年、2012年、2013年将财政赤字占国内生产总值比例分别降至5.9%、4.5%和3%。2012年9月，“三驾马车”同意将葡财赤率达标期限延长1年。2013年3月，“三驾马车”再次同意将葡财赤率达标期限延长1年。2013年4月，欧盟财长会批准葡推迟7年偿还欧盟向葡提供的援款，平均偿还期限延长至19—22年。2014年5月，葡按期完成援助备忘录，正式退出“三驾马车”救助。

2014年葡国内生产总值同比增长0.9%。第一、第二和第三产业增加值对国内生产总值贡献率分别为2.3%、21.5%和76.1%。

2014年主要经济数据如下：

国内生产总值：1734.46亿欧元。

人均国内生产总值：16675.8欧元。

经济增长率：0.9%。

年平均通货膨胀率：–0.3%

年平均失业率：13.9%。

（资料来源：葡萄牙国家统计局）

【资源】矿产资源较丰富，主要有：钨、铜、黄铁、铀、赤铁、磁铁矿和大理石，钨储量在西欧国家中第一位。森林面积320万公顷，覆盖率35%。

【工业】工业包括采掘业、加工业等。主要工业部门有电力、纺织、服装、制鞋、食品、化工、造纸、电子器械、陶瓷、酿酒、软木等。2014年实现工业增加值258.8亿欧元，同比下降1.8%。第二产业就业人口110.76万人，占就业总人口的24.3%。

【农林渔业】2014年农业产值为66.9亿欧元，同比下降1.4%，实现增加值25亿欧元，同比增长3.3%。2013年林业产值11.75亿欧元，同比增长5.5%，实现增加值8.56亿欧元，同比增长14%。农业就业人口34.25万人，占就业总人口的7.5%。

【服务业】20世纪90年代以来，服务业快速发展，产值连年增长。20世纪末，服务业占国民经济及全国就业人口比重就已达到欧洲发达国家水平。2014年服务业实现增加值1223亿欧元，同比增长1.2%，从业人口309.86万人，占就业总人口的68.1%。

【旅游业】旅游业是葡外汇收入重要来源。近年来，葡旅游业发展势头良好，旅游收入连续5年实现增长。2014年旅游收入103.94亿欧元，同比增长12.4%。接待外国游客890万人次、同比增长12.2%，游客主要来自英国（24.2%）、德国（13.5%）、西班牙（11.1%）、法国（9.1%）、荷兰（6.5%）等国家。主要旅游目的地有里斯本、波尔图、阿尔加芙大区、马德拉群岛等。

【交通运输】陆路运输总里程数超过8万公里，是葡交通运输的主要方式。

铁路网：铁路总长2546公里。2014年，铁路运送旅客1.28亿人次，同比增长1.5%，运送货物859万吨，同比下降6.6%。

公路网：由高速公路（AE）、主要公路（IP）、辅助公路（IC）、国道（EN）和地区公路组成。大陆部分公路总长为14310公里，其中2988公里是高速公路，占公路网总里程数的20%。2014年公路货运量为1.2亿吨。

水运：内陆河运总里程210公里，水运主要为海运。主要港口有里斯本、阿威罗、锡图巴尔、锡奈什、丰沙尔（位于马德拉群岛）和蓬塔德尔加达（位于亚速尔群岛）。2014年国内河运客运量为1843万人次。

空运：全国有15座大型机场，38座小型机场，11座直升机场。大陆部分主要国际机场在里斯本、波尔图和法罗等地，都位于沿海地区。亚速尔自治区有9座机场，马德拉自治区有2座机场。葡萄牙航空公司（TAP Portugal）是葡最大航空公司。2014年，商业航班起降15.8万架次，同比增长6.7%，运送旅客3451万人次，同比增长5.5%。

【财政金融】近年葡政府财政收支情况如下（单位：亿欧元）：

	2011	2012	2013	2014
收入	770.4	675.7	724.1	772.3
支出	844.2	782.4	806.5	896.7
赤字	73.8	106.7	82.4	124.4

2014年，葡财政赤字占国内生产总值比重为7.2%。截至2015年11月，公债总额为2313亿欧元，占国内生产总值的131%。

2013年，葡外汇储备218亿美元。侨汇收入是葡重要经济来源之一，主要来自居住在法国、瑞士、美国、德国、西班牙、英国、卢森堡、安哥拉、加拿大和委内瑞拉等国的葡萄牙侨民。2012年，侨汇收入为27.5亿欧元，同比增长13%。

（资料来源：国际货币基金组织、葡萄牙央行、葡萄牙国家统计局）

【对外贸易】近年外贸统计如下（单位：亿欧元）：

	2012	2013	2014	2015
进口额	563.7	570.1	588.5	601.2
出口额	452.1	473.0	481.8	498.1
差　额	–111.6	–97.1	–106.7	–103.1

进口主要产品有燃料、农产品、机械设备、仪表、汽车、化工产品和常用金属、塑料、橡胶和食品等；出口主要产品为机械、矿物燃料、普通金属、仪表、汽车、塑料、橡胶、服装、纸浆、矿石、农产品、食品、纺织品、鞋类、木材和软木等，大理石出口居世界前列。

主要出口地区有：欧盟（占出口总量的70%）、非洲葡语国家（8%）、北美自由贸易区（5%）等。主要进口来源地有：欧盟（占进口总量的75%）、非洲葡语国家（3%）、中国（2.7%）等。

主要出口目的地国家包括：西班牙、德国、法国、安哥拉、英国、美国、荷兰、意大利、比利时、中国等。主要进口来源地国家包括：西班牙、德国、法国、意大利、荷兰、英国、安哥拉、比利时、中国、美国等。

（资料来源：葡国家统计局）

【对外投资】20世纪90年代和21世纪初，葡萄牙对西班牙和巴西进行大量投资。2001年以来，对欧盟成员国投资额大幅增加。近年来，葡在海外直接投资总额每年约在70亿至200亿欧元。投资领域主要包括金融保险、加工业、科技咨询、建筑业、零售及批发贸易、电力、天然气、房地产、计算机及通信等。投资目的地主要有荷兰、西班牙、德国、巴西、安哥拉、卢森堡、美国、英国、波兰、莫桑比克等。2014年葡萄牙直接对外投资210亿欧元，吸引外国直接投资460亿欧元。

【对外援助】葡对外发展援助分为单边援助和多边援助两类。单边援助主要针对非洲葡语国家、东帝汶和一些不发达国家，大部分是无息贷款，以及少量专项贷款。多边援助一般通过联合国、欧盟、世界银行和地区发展银行等国际机构实施。对外援助领域包括教育、卫生、工农业生产、人道主义援助和基础设施等。

（资料来源：经济合作与发展组织）

【外国援助】2007—2013年，共从欧盟获得结构基金164.2亿欧元、团结基金27.22亿欧元、农村发展基金31.7亿欧元、渔业基金2.2亿欧元。2011年4月，葡看守政府向欧盟请求财政援助。同年5月，“三驾马车”同意在此后3年内向葡提供总金额为780亿欧元的援助贷款，帮助其应对主权债务危机。2014年5月，葡按期完成援助备忘录，正式退出救助。

人民生活

2014年，人均年可支配收入16661欧元。2015年，最低工资为505欧元/月。

2015年，人均受教育年限7.7年，预期人均寿命80.24岁，其中男性77.16岁，女性83.03岁。

2014年，卫生医疗领域预算83.34亿欧元，约占政府预算总额的5%。全国共有各类医院、保健中心1700余所，医生46739名，护士66340名，药剂师8240名，每10万人有203张床位。

军　事

总统为三军最高统帅，国防部长通过总参谋部和各军种参谋部领导武装力量。总参谋长阿尔图尔·皮纳·蒙特罗

（Artur Pina Monteiro）上将。武装力量由正规军和国家安全部队组成。实行义务兵、志愿兵、合同兵三结合的兵役制。服役期：义务兵4个月，志愿兵8—10个月，合同兵不定期，但至少一年以上。每年国防预算开支约20亿欧元，约占政府预算总额的1%。正规军总兵力4万人，其中陆军2.2万人，海军1.1万人，空军0.7万人。此外，还有包括共和国卫队和公安警察在内的准军事部队及预备役部队20余万人。

文化教育

【教育】实行12年义务教育，包括基础教育（小学4年，中学预备班2年，初中3年）和中等教育（3年，相当于我国高中）。高等教育为大学4—5年。2014年，科教预算69.6亿欧元，占政府预算总额的4%。主要高等院校有里斯本大学、科英布拉大学、波尔图大学、里斯本理工大学、米尼奥大学、阿威罗大学、埃武拉大学和国家行政管理学院。近年高等院校、教师及学生数量统计如下：

	高等院校	注册学生	教师
2010/2011	300	396268	38064
2011/2012	300	390273	37091
2012/2013	298	371000	35482
2013/2014	298	362200	33528
2014/2015	298	349658	32346

【新闻出版】全国有各种期刊1513种，其中466种除发行纸质版外还有网络版。自20世纪90年代起，葡所有报社皆为私营。目前主要日报有:《新闻日报》、《公众报》、《新闻报》和《晨邮报》；主要周刊有《快报》、《太阳报》。主要商务金融性刊物有:《经济日报》、《生意日报》和《经济周刊》。

国家通讯社为卢萨社，1987年由葡萄牙通讯社和葡萄牙新闻社合并而成。

主要电台有葡萄牙广播电台、复兴电台、商业电台等。有葡萄牙国家电视台、SIC电视台和独立电视台等三家电视台。

对外关系

主张在平等互利的基础上同世界各国普遍发展友好合作关系。重点维护同美国、欧盟和葡语国家共同体三大外交支柱。坚定支持欧洲一体化进程，主张维护欧元区稳定。在反恐、欧洲难民潮等问题上尊重欧盟立场。重视发展跨大西洋关系，支持TTIP谈判。同葡语国家交往活跃，积极推动葡语国家共同体扩大规模。大力开展经济外交，扩大同亚洲、非洲、拉美等新兴市场国家合作，是亚洲基础设施投资银行创始成员国。在国际问题上总体与欧盟保持一致，在“伊斯兰国”、乌克兰局势等热点问题上，表态相对谨慎。与世界上180个国家和地区建立有外交关系，共设146个驻外使领馆。其中使馆70个，领馆66个，驻国际组织代表团10个。

【同中国的关系】中葡1979年2月8日建交。同年9月，两国互派大使。1987年4月，中葡两国政府通过协商就解决历史遗留的澳门问题达成协议，并签署关于澳门问题的联合声明，中国于1999年12月20日恢复对澳门行使主权。2005年12月，两国建立全面战略伙伴关系。近年来，两国高层互访频繁，政治互信提升。中方主要往访有（按时间顺序）：国家主席习近平（2014年过境特塞拉岛），中共中央政治局常委、中央书记处书记刘云山（2014年），中共中央政治局委员、中央书记处书记、中宣部部长刘奇葆（2015年）。葡方主要来访有（按时间顺序）：议长伽马（2009年）、国务部长兼财政部长加斯帕尔（2012年）、国务部长兼外交部长波尔塔斯（2012年）、总统席尔瓦（2014）。葡总理苏格拉底和副总理波尔塔斯曾分别出席中国—葡语国家经贸合作论坛（澳门）第三届（2010年）和第四届（2013年）部长级会议。

近年来，中国企业积极参与葡萄牙私有化进程，取得令人瞩目的成绩。2011年，中国石化斥资35.4亿美元收购葡萄牙石油和天然气公司旗下巴西子公司30%的股份。同年，中国长江三峡集团以26.9亿欧元成功收购葡电力公司21.35%股份，成为最大股东。2012年，国家电网公司以3.87亿欧元收购葡电网公司25%股权，成为第一大股东。2014年，复星集团以10亿欧元收购葡储蓄总行附属保险公司80%股份，以5680万欧元收购葡电网3.9%股份，以4.6亿欧元收购圣灵集团医疗服务子公司（EES）96%股份。2015年，海通国际控股公司以3.79亿欧元收购葡新银行旗下圣灵投资银行。

据中国海关总署统计，2014年中葡双边贸易额为48亿美元，同比增长22.9%，其中我出口31.4亿美元，同比增长25.1%；进口16.6亿美元，同比增长18.9%。2015年中葡双边贸易额为43.6亿美元，同比下降9.1%。其中中方出口29亿美元，同比下降7.6%，中方进口14.6亿美元，同比下降11.9%。截至2015年年底，葡累计对华投资项目213个。

两国在科技、文化、教育、司法等各领域合作良好。双方签有《政府间科技合作协定》，迄今已召开7届中葡科技合作联委会。2012年签署《关于科技创新合作谅解备忘录》，2013年“中葡先进材料联合创新中心”落户浙江大学。2014年签署《关于海洋科学领域研究与创新合作议定书》。2014年续签《文化领域合作2014—2017年度执行计划》。两国签有《相互承认高等教育学历、学位证书的协定》。2014年签署《教育和培训合作执行计划（2014—2017年度）》。葡萄牙米尼奥大学、里斯本大学和阿威罗大学先后开设孔子学院。在司法领域，两国签有《中葡刑事司法协定》、《中葡引渡条约》和《中葡移管被判刑人条约》。

近年来，两军保持友好交往。2006年，葡国防部长阿马多访华，签署《两国国防部合作协议》。2009年，葡海、空军参谋长分别率团出席我海、空军成立60周年系列活动。2010年，葡海军“萨格雷斯”号风帆训练舰访问上海。2011年，葡陆军参谋长拉马略上将访华。2013年4月，由黄山舰、衡阳舰和青海湖舰组成的中国海军第十三批护航编队抵达葡首都里斯本，对葡进行为期5天的友好访问。2014年，中央军委委员、总政治部主任张阳上将访葡，葡空军参谋长皮涅伊罗上将访华。2015年，葡武装力量总参谋长蒙特罗上将访华，中国海军第二十批护航编队访葡。

两国地方和民间交往密切。结有7对友好城市：北京—里斯本、上海—波尔图、无锡—卡斯卡伊斯、珠海—卡斯特罗布兰科、铜陵—莱利亚、蓬莱—莱里亚、永川—托列斯维德拉斯。2000年12月，中国葡萄牙友好协会在北京成立。

中国驻葡萄牙大使：蔡润。馆址：Rua do Pau de Bandeira 13, Lapa, 1200–756, Lisboa, Portugal。电话：(00351) 213928430，213928441；传真：213928431。网址：www.fmprc.gov.cn/ce/cept/chn；电子邮箱：chinaemb_pt@mfa.gov.cn。

商务处地址：Avenida das Descobertas, 8, Restelo, Lisboa, Portugal。电话：(00351) 213041260；传真：213014950。

葡萄牙驻中国大使：若热·托雷斯–佩雷拉（Jorge Torres–Pereira）。馆址：北京市三里屯东五街8号。电话：010–65323497，65323220；传真：65324637；电传：22326 PORTB CN。商务处电话：010–65320401；传真：65326746。网址：www.portugalembassychina.com/?lng=cn&aId=0；电子邮箱：pequim@mne.pt。

【同欧盟的关系】欧盟是葡对外关系的基础。葡积极支持并参与欧洲一体化进程，赞成欧盟东扩；反对将成员国分为不同等级，反对欧盟决策权过分集中在少数国家手中。2007年下半年，成功担任欧盟轮值主席国，主持完成修订和签署《里斯本条约》，使欧盟走出“制宪”困境，并完成申根区东扩至中东欧9国。保持与西、法、德等欧盟大国的高层交往，促进经济和科技合作；积极推进欧盟能源战略规划，积极发展可再生能源；重视与欧盟各国联合打击非法移民和反对恐怖主义，正式启动电子生物指纹护照和签证制度；成功促成欧洲海洋安全局总部落户里斯本。2009—2011年，轮值欧盟海军司令。

欧债危机爆发后，葡认为在货币联盟基础上强化经济治理有助于保障欧盟稳定和一体化发展，债务危机给欧盟国家提供了一个加强凝聚力的机会，成员国从各自为战到联合应对，再次印证了欧盟一体化的必要性和紧迫性。

【同美国的关系】葡是美国的传统盟国，历来把同美国的关系放在优先地位。1995年，葡美签署《防务合作协定》，葡允许美使用亚速尔群岛的拉日什空军基地。“9·11”事件后，坚决支持美反恐军事行动，在保持发展与美政治、经济关系的同时，进一步加强军事合作。2007年，加强与美在安全防务领域的实质合作，支持美设立非洲司令部。与美签署共同打击恐怖主义协议，接收2名叙利亚籍关塔那摩恐怖嫌犯。2011年9月，在纽约出席联大会议的葡外长波尔塔斯与美国国务卿希拉里举行双边会晤。2011年11月，葡总统席尔瓦访美，与奥巴马总统举行会谈。2012年5月，葡总理科埃略赴美出席北约芝加哥峰会。2013年1月，美防长帕内塔访葡，就两国防务合作交换意见。3月，葡财长加斯帕尔访美，美方承诺购买葡国债，支持葡应对主权债务危机。

【同非洲葡语国家和巴西的关系】由于历史原因，葡同非洲葡语五国（莫桑比克、安哥拉、佛得角、几内亚比绍、圣多美和普林西比）关系较为密切。作为葡语国家最集中的地区和葡石油、天然气的主要供应地，非洲在葡外交中的分量愈加重要。近年来，为发挥在欧、非两个大陆之间的桥梁作用，葡积极发展同五国的合作，高层互访频繁，加大在非能源、军事、金融和商贸等领域投入。2007年轮任欧盟主席国期间，倡导召开第二届欧非峰会。积极响应“地中海联盟”倡议，重视同北非马格里布国家的关系，维护南欧地区和平与稳定，保证能源供应多元化，开拓葡出口市场。

重视加强与巴西的传统关系。近10年来累计对巴投资90亿欧元，600多家企业参与。2012年上半年，葡对巴直接投资逾3亿欧元。2011年4月，巴西总统罗塞芙访葡，表示巴将积极支持葡应对主权债务危机。同年7月，葡外长波尔塔斯访巴，表示葡政府将按期完成援葡备忘录，切实保障巴投资利益。2012年9月，波尔塔斯再次访巴，表示葡计划在圣保罗建立企业孵化器。2012年9月至2013年6月，葡巴分别在对方国家举办文化年活动。2013年4月，两国重启葡巴峰会筹备工作。5月，波尔塔斯访巴，加大吸引巴对葡投资。6月，巴西总统罗塞芙对葡进行正式访问。

葡还积极利用葡语国家共同体（Community of Portuguese-Speaking Countries, Comunidade dos Países de Língua Portuguesa，简称葡共体），推动葡语国家之间的政治、外交、经贸、文化合作。葡共体于1996年7月由葡萄牙和巴西倡议成立，总部设在里斯本，成员国包括葡萄牙、巴西、安哥拉、莫桑比克、佛得角、几内亚比绍、圣多美和普林西比、东帝汶（2002年加入）。2008年7月至2010年7月，葡担任葡共体轮值主席国。2010年7月，葡总统席尔瓦对安哥拉进行国事访问并出席葡共体第八届峰会，会议通过了《罗安达宣言》和《关于葡语推广、传播和投射的巴西利亚行动计划》。2014年7月，葡总统席尔瓦、总理科埃略共同出席在东帝汶举行的葡共体峰会。

【同西班牙的关系】葡萄牙1974年“四二五”革命后，葡西关系一度紧张，1975年年末起趋于缓和。

1977年11月，两国签订友好和互不侵犯条约。两国政府首脑定期举行会晤。2006年，席尔瓦总统对西进行国事访问。2012年，西首相拉霍伊访葡。2013年5月，葡总理科埃略访西，双方呼吁欧盟加大投融资力度，促进增长和就业，支持成员国进行财政整顿和经济改革。2014年7月，西国王费利佩六世访葡，分别会见葡总统和总理。

【同东帝汶的关系】东帝汶是葡萄牙前殖民地，1951年名义上改为葡海外省。葡"四二五"革命后，葡新政权主张非殖民化，允许东帝汶举行公民投票，实行自决。1992—1999年，在联合国秘书长主持下，葡与印度尼西亚就东帝汶问题进行12轮谈判，最终就东帝汶民族自决问题达成共识。1999年8月，东帝汶举行全民公投，78.5%的东帝汶人支持独立。2010年9月，东帝汶总统奥尔塔访葡。2011年9月，东帝汶总理古斯芒访葡。2012年5月，葡总统席尔瓦对东帝汶进行国事访问，出席东建国10周年庆典及新总统就职仪式。葡支持东担任2014—2016年葡共体轮值主席国。（钱韵磊）

瑞　典

国名　瑞典（Sweden，Sverige）。

面积　44.9964万平方公里。

人口　984.5万（2015年年底）。90%为瑞典人。外国移民及其后裔约150万人，北部萨米族是唯一的少数民族，约1万人。官方语言为瑞典语。90%的国民信奉基督教路德宗。

首都　斯德哥尔摩（Stockholm），市区人口92.1万（2015年年底），全年平均气温6.7℃。

国家元首　国王卡尔十六世·古斯塔夫（Carl XVI Gustaf），1973年9月15日即位。

重要节日　国庆日：6月6日。

简　况

位于北欧斯堪的纳维亚半岛东半部。西邻挪威，边境线长1619公里；东北接芬兰，边境线长586公里；东临波罗的海，西南濒北海，同丹麦隔海相望，海岸线长2181公里，领海12海里。地形狭长，地势自西北向东南倾斜。北部为诺尔兰高原，南部及沿海多为平原或丘陵。湖泊约10万个，可通航河流较少。大部分地区属温带针叶林气候，最南部属温带阔叶林气候。受北大西洋暖流影响，平均气温1月北部–16℃，南部–0.7℃；7月北部14.2℃，南部17.2℃。

公元11世纪初开始形成国家。1157年兼并芬兰。1397年与丹麦、挪威组成卡尔马联盟，受丹统治。1523年脱离联盟独立。1654—1719年为强盛时期，领土包括现芬兰、爱沙尼亚、拉脱维亚、立陶宛以及俄国、波兰和德国的波罗的海沿岸地区。1718年对俄国、丹麦和波兰作战失败后逐步走向衰落。1805年参加拿破仑战争，1809年败于俄国后被迫割让芬兰，1814年从丹麦取得挪威，结成瑞挪联盟，1905年挪独立。瑞典在两次世界大战中均保持中立。

政　治

当前政局总体平稳。2014年9月，瑞举行新一届议会选举，原执政联盟以39.3%的得票率落败，由社民党、环境党、左翼党组成的"红绿联盟"以43.7%的支持率胜出。

【宪法】现行宪法由政府法典（1809年制定，1974年修订）、王位继承法（1810年制定，1979年修订）和新闻自由法（1949年制定）三个基本法组成。此外还有议会组织法（1866年制定，1974年修订）。宪法规定瑞典实行君主立宪制。国王是国家元首，作为国家象征仅履行代表性或礼仪性职责，不能干预议会和政府工作。议会是立法机构，由普选产生。政府是国家最高行政机构，对议会负责。国王的长子女是法定王位继承人。

【议会】一院制，共349名议员，议员经普选产生，任期4年。议会组织法规定，政党在大选中需获得全国选票的4%或一个选区的12%才能进入议会。根据2014年9月14日大选结果，共有8个政党进入本届议会，其中社会民主工党113席、温和联合党84席、瑞典民主党获49席、环境党25席、中间党22席、左翼党21席、人民党19席、基督教民主党16席。议长乌尔班·阿林（Urban Ahlin，社民党）。

【政府】2014年10月，社民党和环境党组成左翼联合政府，共有阁员24人：首相斯特凡·勒文（Stefan Löfven，社民党），副首相兼气候和环境大臣奥萨·罗姆松（Åsa Romson，女，环境党），战略问题、未来事务和北欧合作大臣克里斯蒂娜·佩尔松（Kristina Persson，女，社民党），外交大臣玛戈特·瓦尔斯特伦（Margot Wallström，女，社民党），外援大臣伊萨贝拉·略芬（Isabella Lövin，女，环境党），国防大臣彼得·胡尔特克韦斯特（Peter Hultqvist，社民党），财政大臣马格达莲娜·安德松（Magdalena Andersson，女，社民党），金融市场和消费事务大臣兼副财政大臣佩尔·布隆德（Per Bolund，环境党），民政大臣阿道兰·谢卡拉比（Ardalan Shekarabi，社民党），教育大臣古斯塔夫·弗里杜林（Gustav Fridolin，环境党），高中和继续教育大臣爱达·哈兹亚里奇（Aida

Hadzialic, 女，社民党），高等教育和科研大臣海莲妮·海尔马克·科努特松（Helene Hellmark Knutsson，女，社民党），工商和创新大臣米卡尔·丹贝里（Mikael Damberg，社民党），住房和城市发展大臣麦赫麦特·卡普兰（Mehmet Kaplan，环境党），基础设施事务大臣安娜·约翰松（Anna Johansson，女，社民党），农村事务大臣斯文·埃里克·布克特（Sven-Erik Bucht，社民党），能源大臣易卜拉欣·贝兰（Ibrahim Baylan，社民党），文化和民主事务大臣爱丽丝·巴赫·库恩克（Alice Bah Kuhnke，女，环境党），社会保障大臣安妮卡·斯特兰德海尔（Annika Strandhäll，女，社民党），卫生和体育事务大臣加布里埃尔·维克斯特伦（Gabriel Wikström，社民党），儿童和老人护理及性别平等事务大臣奥萨·雷涅尔（Åsa Regnér，女，社民党），劳动市场大臣于娃尔·约翰松（Ylva Johansson，女，社民党），司法和移民事务大臣摩根·约翰松（Morgan Johansson，社民党），内政大臣安德士·于格曼（Anders Ygeman，社民党）。

【主要网址】瑞典王室：www.royalcourt.se；议会：www.riksdagen.se；首相府：www.regeringen.se；外交部：www.ud.se；瑞典国际开发署：www.sida.se；瑞典学会：www.si.se。

【行政区划】全国划分为21个省和289个市县。省长由政府任命，市级领导机构由选举产生，省、市均有较大自主权。

【司法机构】法院分三级：最高法院、6所中级（上诉）法院、72所初审法院，此外另设28所行政法院。皇家最高法院由16名政府任命的终身法官组成，现任院长玛丽安娜·隆蒂尤斯（Marianne Lundius，女）。全国设国家检察院、6个中级检察院、38个区级检察院和11个专司经济犯罪的检察院。国家检察长由政府任命，现为安德士·佩尔克莱夫（Anders Perklev）。设有独立监察官，对议会负责，监督各级政府机构和官员。现任总监察官伊丽莎白·菲拉（Elisabet Fura，女）。

【政党】主要政党有：

（1）社会民主工党（Socialdemokratiska Arbetarpartiet）：简称社民党，执政党。1889年成立。瑞典第一大政党，曾长期执政。现有党员约10万人。主张保持和发展福利制度，积极参与国际合作。主席斯特凡·勒文。

（2）环境党（Miljöpartiet de Gröna）：执政党。1981年9月成立。现有党员9000人。强调环保，主张关闭核电站，反对加入欧元区。实行集体领导制，主要领导人奥萨·罗姆松和古斯塔夫·弗里杜林。

（3）温和联合党（Moderata Samlingspartiet）：亦称保守党，在野党。1904年成立。现有党员约5.5万人。主张坚持私有制和为企业减税，积极参与国际合作，主张加入北约。主席安娜·辛贝里·巴特拉（Anna Kinberg Batra，女）。

（4）人民党（Folkpartiet Liberalerna）：亦称自由党，在野党。1934年成立。现有党员约1.8万人。主张自由竞争和宽松的移民政策。主席扬·比约克隆德（Jan Björklund）。

（5）中间党（Centerpartiet）：在野党。1913年成立，原名农民协会，1958年改为现名。现有党员约4.3万人。代表农场主和家庭农户利益。反对加入欧盟和北约、反对中央集权，强调环保。主席安妮·略夫（Annie Lööf，女）。

（6）基督教民主党（Kristdemokratiska Partiet）：在野党。1964年成立，原名基督教社会民主党，1996年改为现名。现有党员约2.3万人。坚持基督教价值观，重视家庭。主席埃芭·布什·托尔（Ebba Busch Thor，女）。

（7）左翼党（Vänsterpartiet）：在野党。1917年成立。原名左翼党—共产党人，1990年改为现名。现有党员约1.1万。要求缩短工时，重视妇女权利，反对加入欧盟。主席尤纳斯·舍斯泰特（Jonas Sjöstedt）。

（8）瑞典民主党（Sverigedemokraterna）：在野党。1988年成立。党员5800余人。具有民粹主义色彩，要求政府实行更加严格的移民政策。2010年首次进入全国议会。主席吉米·奥克松（Jimmie Åkesson）。

【重要人物】卡尔十六世·古斯塔夫：国王。1946年4月30日生于斯德哥尔摩。1966年高中毕业后在部队接受军事训练，1968年在乌普萨拉大学和斯德哥尔摩大学进修。1973年9月15日即位。爱好体育运动。1976年6月与德国人希尔维亚结婚。有二女一子，长女维多利亚公主为王储。1981年9月和2006年7月偕王后访华，2008年8月出席北京奥运会闭幕式，2010年5月出席上海世博会，11月随瑞典皇家工程院科技考察团访华，2011年2月与王后对沪进行私人访问。 **斯特凡·勒文**：首相。1957年7月21日生于斯德哥尔摩。1979年进瑞典北部海格隆德兵工厂做电焊工。1995年入瑞典五金工会工作，2001年任副主席，2006年任主席。2012年当选瑞典社民党主席。2014年10月当选瑞典首相。2010年作为瑞典五金工会主席访华，2015年3月来华出席博鳌亚洲论坛年会。

经　济

经济发达。20世纪90年代初受世界性经济危机影响出现衰退，1994年经济开始回升，此后大力发展电子和信息技术产业，经济一直保持2%—4%的增长速度。2008年以来，国际金融危机对瑞典实体经济造成冲击。面对危机，瑞典政府采取一系列措施稳定金融市场，刺激经济增长。2009年起瑞经济企稳回升。

2014年主要经济数据如下：

国内生产总值：39181亿瑞典克朗（约合5713亿美元）。

人均国内生产总值：40.4万瑞典克朗（约合5.9万

美元）。

国内生产总值增长率：2.3%。

货币名称：瑞典克朗（Krona），1克朗=100奥尔（Öre）。

汇率：1美元=8.5瑞典克朗（2015年12月）。

通货膨胀率：0.1%（2015年12月）。

失业率：6.2%（2015年11月）。

（资料来源：瑞典统计局。下同）

【资源】铁矿、森林和水力是瑞典三大资源。已探明铁矿储量36.5亿吨，系欧洲最大的铁矿砂出口国。铀矿储量25万至30万吨。森林覆盖率为54%，蓄材26.4亿立方米。可利用的水力资源有2014万千瓦（1760亿千瓦时），已开发81%。此外，北部和中部地区有硫、铜、铅、锌、砷等矿，储量不大。

【工业】工业发达，主要有矿业、机械制造业、森林及造纸工业、电力设备、汽车、化工、电信、食品加工等。2014年工业产值占国内生产总值的20.3%。

【农业】全国耕地面积共264.83万公顷，占国土面积的5.93%。2014年农业产值约占国内生产总值的1.2%。粮食、肉类、蛋和奶制品自给有余，蔬菜、水果主要靠进口，农产品自给率达80%以上。

【服务业】服务业发达，从业人员主要分布在医疗护理、商业、运输通信、金融、企业服务、教育、科研、公共行政部门、个体、文化服务及家庭服务等领域。2014年服务业产值约占国内生产总值的63%。

【旅游业】旅游业稳定发展，2014年共接待外国旅客约2000万人次。主要旅游地有首都斯德哥尔摩，北部自然保护区，南部的哥德堡市和斯康奈省。

【交通运输】

铁路：总长1.08万公里。2014年客运量2.07亿人次，货运量6800万吨。

公路：总长21.6万公里，其中有国道、省道14万公里。2014年公路货运量3.8亿吨。轿车458.6万辆、公共汽车1.4万辆、卡车58.1万辆、拖拉机32.5万辆、摩托车28.9万辆。

水运：现有商船320艘，其中货船128艘，客船192艘，总吨位320万吨；全国港口吞吐量1.67亿吨。

空运：北欧航空公司（SAS）为瑞典、丹麦和挪威共有，瑞典占3/7股份，丹、挪各占2/7股份，现有飞机182架；此外瑞还有安德森商业航空公司（Andersson Business Jet AB）、商业喷气公司（Bussness Jet）等小型从事商业旅行服务和国内短途旅行的航空公司十余个。2014年全国机场进出港4060万人次。

【财政金融】近年来财政收支情况如下（单位：亿瑞典克朗）：

	2011	2012	2013	2014
收入	17350	17780	18160	18960
支出	17310	17910	18580	19710
差额	40	–130	–420	–750

【对外贸易】外贸依存度较高，2014年对外贸易额2.2万亿瑞典克朗，同比上升4.6%，进口额约1.11万亿瑞典克朗，同比上升6%，出口额约1.13万亿瑞典克朗，同比上升3%，贸易顺差120亿瑞典克朗。出口商品主要有：各类机械、运输通信设备、化工及医药产品、纸张纸浆、造纸设备、铁矿石、家用电器、能源设备、石油制品、天然气和纺织品等。

鼓励自由贸易，积极拓展外贸市场。2014年主要贸易伙伴（单位：亿瑞典克朗）：

	出口	进口
挪威	1180	920
德国	1120	1930
英国	800	690
美国	760	280
丹麦	780	820

【对外投资】1989年正式取消外汇管制。主要投资对象是美国和欧洲国家，2014年瑞典对外投资2.8万亿瑞典克朗。

【外国资本】近年来瑞以良好的基础设施和充足的高科技人才吸引了大量外资，瑞典的外国投资者主要来自德国、芬兰、美国、英国、荷兰等国。2014年瑞典吸收外国直接投资2.4亿瑞典克朗。

【对外援助】2014年瑞外援额为427.56亿瑞典克朗，占国民总收入的1.09%。主要受援对象是阿富汗和撒哈拉以南的非洲国家。（资料来源：OECD）

【著名公司】2015年排名世界500强的瑞重要公司（单位：亿美元）：

公司名称	营业收入	排名
沃尔沃汽车公司（Volvo）	412.3	268
爱立信公司（Ericsson）	332.2	363
大瀑布能源公司（Vattenfall）	241.8	491

（资料来源：《财富杂志》网站）

人民生活

生活水平较高。社会保障制度完善，医疗卫生体系发达。2013年共有医生3.4万人，护士10.2万人。2014年男女平均寿命分别为80岁和84岁，老龄化较严重。

军　事

奉行军事不结盟政策。和平时期注重包括军事防务、民防、经济防务和心理防务的总体国防建设。国王为全国武装力量最高代表。三军总司令负责提出军事战略，领导部队训练，指挥全军作战。全国划分为四个军区。2011年7月1日，瑞典取消实行100多年的义务兵役制，开始实行募兵制。常规军总兵力2.5万人，预备役6.1万人。2014年国防开支为480亿瑞典克朗。军工发达，80%的军事物资可自己生产。三军总司令米克尔·毕登（Micael Bydén）上将。

文化教育

实行科教立国政策。2014年研发投入为国内生产总值的3.16%。

【**教育**】实行九年一贯制义务免费教育。2014—2015学年小学和初中在校生95万，高中在校生32.4万。全国有各类高校47所（其中综合性大学7所，艺术类院校9所），在校学生41万人，教师15万人。护理高等学校5所。国民教育程度高，25岁到64岁的国民中约40%接受过高等教育。

著名高校有斯德哥尔摩大学、乌普萨拉大学、隆德大学、皇家工学院等。

【**科研**】科研较发达。全国科研力量主要集中在国家资助的全国各级高校、专业研究所、皇家科学院和工程院以及企业资助的下属研发部门。科研开发投入逐年增加，每年开展研发项目约5000多个。

【**文化**】文化生活较丰富。全国有专业和公共图书馆389个，各类博物馆241个，电影院823所。年产40部电影。

【**体育**】全民体育健身活动丰富，网球、冰球、乒乓球、足球、手球、高尔夫球、赛马等竞技项目普及并有较高水平，全国约有2.7万个体育协会和俱乐部。

【**新闻出版**】年出版图书近1.6万多种，日报170种，总发行量超过450万份。主要报纸有《每日新闻》、《瑞典日报》、《晚报》等。主要新闻媒体有：瑞典通讯社、瑞典广播电台、瑞典电视台和教育电视台等。

对外关系

将维护国际法和尊重人权作为对外政策两大基石，视北欧周边地区为自身安全基础。加入欧盟、申根协定，但未加入欧元区。未加入北约，但系北约“增强合作伙伴”关系国，乌克兰危机后同北约合作加强。支持欧盟一体化进程，主张加强跨大西洋合作，重视发展同新兴市场国家关系。重视联合国等国际组织作用，积极推动联合国改革，密切关注国际热点问题，希望通过提供发展援助、参与国际维和行动等方式发挥影响，外援占国民总收入比重超过1%。

【**对当前重大国际问题的看法**】

关于国际形势：认为全球安全形势严峻，俄罗斯针对乌克兰的行动是冷战结束后欧洲和平与安全面临的最大挑战。瑞典社会发展和周边环境正面临冷战结束以来最重大的考验。叙利亚战乱、“伊斯兰国”恐怖势力、难民、网络犯罪等威胁不容忽视。人权、气候变化、贫困等问题仍困扰世界。核扩散引发的恐惧和军备竞争将威胁世界和平，应该坚定推动核不扩散进程。

关于自由贸易：视自由贸易为对外贸易和经济政策的重要基石，反对贸易保护主义。积极通过双边、多边机制和地区性贸易协定推动自由贸易。重视世界贸易组织机制，积极推动多哈回合谈判。要求欧盟内部加强市场建设，推动欧盟同重要伙伴国尽快结束双边或地区自由贸易谈判。

关于北极问题：认为北极地区环境脆弱，但发展潜力巨大。应该重点保护北极地区生态和原住民文化。对域外国家参与北极事务原则上持积极开放态度。

关于巴以问题：关注巴以冲突，推动欧盟、联合国及其他有关各方加大介入力度，实现持久和平。本届政府上台后即宣布承认巴勒斯坦国，对巴勒斯坦承诺5年援助并大幅提高援助额度。同时重视同以色列友好关系。

关于阿富汗问题：长期致力于阿富汗经济社会的和平发展，向阿提供援助，参与阿重建进程，支持阿反腐和促进人权和民主的事业，尤其重视维护妇女权益。2015年起参与由北约主导的在阿军援培训项目。

【**同中国的关系**】瑞典于1950年5月9日同我国建交，是第一个与中国建交的西方国家。建交后两国关系稳定发展。1957年两国签署政府间贸易协定，瑞典是最早同我国签署政府间贸易协定的国家之一。20世纪80年代以来，两国科技、教育、环保等领域合作发展较好，先后签署教育与科技合作意向书、高等教育合作框架协议、环境与能源技术合作框架协议、在可持续发展方面加强战略合作框架文件等。

2006年7月，瑞国王卡尔十六世·古斯塔夫对华进行第二次国事访问。2008年8月和2010年5月，卡尔十六世·古斯塔夫国王来华，分别出席北京奥运会闭幕式和上海世博会。2007年6月，胡锦涛主席访问瑞典。这是中国国家主席首次对瑞典进行国事访问。2008年4月，瑞首相赖因费尔特对中国进行正式访问并出席博鳌亚洲论坛年会开幕式。10月，赖因费尔特首相再次来华出席第七届亚欧首脑会议。2009年12月，赖因费尔特首相来华出席第12次中欧领导人会晤。2010年3月，习近平副主席对瑞典进行正式访问，并出席中瑞建交60周年庆祝活动。2012年4月，温家宝总理对瑞进行正式访问。2013年6月，全国政协主席俞正声对瑞典进行正式友好访问。2015年3月，瑞首相勒文来华出席博鳌亚洲论坛年会。4月，瑞副首相兼气候和环境大臣罗姆松访华。

2014年双边贸易额139.6亿美元，同比上涨1.3%。其中，中方出口71.7亿美元、同比上涨5.4%，进口67.9亿美元、同比下降2.8%。2015年双边贸易额135.2亿美元，同比下降3.1%。其中，中方出口71亿美元、同比下降1%，进口64.2亿美元，同比下降5.5%。

中国驻瑞典大使：陈育明（2013年12月5日递交国书）。馆址：Lidovägen 8，11525 Stockholm，SWEDEN。电话：+46-8-57936429；传真：57936452，6363305（商务处）。网址：www.chinaembassy.se。

瑞典驻华大使：罗睿德（Lars Fredén，2010年12

月1日递交国书）。馆址：北京东直门外大街3号。电话：010–65329790；传真：65329792。网址：www.swedenabroad.com/beijingcn。

【同欧盟及欧洲其他国家的关系】积极促进欧洲的强大、团结、开放。支持欧盟扩大和实施“东部伙伴计划”，认为加入欧盟标准必须从严掌握，推动土耳其加入欧盟进程，促进塞尔维亚和科索沃关系正常化，推动波黑改革进程。认为欧洲经济一体化、单一市场、欧元区对欧洲至关重要，支持欧洲金融稳定机制。致力于提高欧洲危机管控能力和共同行动能力。

【同美国的关系】认为美国是欧盟的主要战略伙伴，欧美有着共同的利益和价值观，欧美发展持续和广泛的合作关系有益于欧洲和整个世界的安全与繁荣。高度重视并积极推动跨大西洋贸易投资伙伴关系协定谈判进程。

【同对俄罗斯的关系】高度重视同俄罗斯的关系，希望在尊重国际法、国际机制和原则基础上发展对俄关系，推动俄罗斯承担其在世界贸易组织和欧洲理事会中的责任，促俄罗斯向多元化、民主化方向发展。2014年乌克兰危机爆发后，瑞追随欧美共同政策，参加对俄制裁，双边关系趋于紧张。（郭伯涵）

瑞　士

国名　瑞士联邦（Swiss Confederation）。

面积　41284平方公里。

人口　830.62万人（2016年1月），其中外籍人超过24.6%。德语、法语、意大利语及拉丁罗曼语4种语言均为官方语言，居民中讲德语的约占64%，法语22.6%，意大利语8.3%，拉丁罗曼语0.5%，其他语言4.6%。信奉天主教的居民占38.2%，新教26.19%，其他宗教12.4%，无宗教信仰22.2%。

首都　伯尔尼（Bern），市区人口14万（2015年9月）。

国家元首　联邦委员会全体成员集体作为国家元首。联邦主席由联邦委员会七名委员轮任，对外代表瑞士，任期一年。2015年联邦主席是西莫内塔·索马鲁加（Simonetta Sommaruga，女，社民党），2016年联邦主席是约翰·施耐德–阿曼（John N. Schneider–Aman，自民党）。

重要节日　国庆节：8月1日；圣诞节：12月25日。

简　况

位于中欧的内陆国。与奥地利、列支敦士登、意大利、法国和德国接壤。地处北温带，受海洋性气候和大陆性气候交替影响，气候变化较大，年平均气温9℃。

1291年8月1日，乌里、施维茨和下瓦尔登三个州在反对哈布斯堡王朝的斗争中秘密结成永久同盟，此即瑞士建国之始。1815年维也纳会议确认瑞士为永久中立国。1848年制定宪法，设立联邦委员会，成为统一的联邦制国家。在两次世界大战中均保持中立。

政　治

自1959年起，一直由议会中的四大党自由民主党（简称自民党）、社会民主党（社民党）、基督教民主人民党（基民党）和瑞士人民党（人民党）组成联合政府，四党在联邦委员会中的比例为2∶2∶2∶1。这一模式保证了几十年来瑞政局的稳定，被称为“奇妙组合”。2003年联邦议会选举后，人民党赢得联邦委员会的第二个席位，基民党则失去一席，“奇妙组合”发生变化。2007年联邦议会选举后，“奇妙组合”被“五党共治”替代。联邦委员会中，自民党和社民党各占两席，基民党、人民党和公民民主党各占一席。2011年联邦议会选举，联邦委员会保持既有格局。2015年11月选举后，自民党、社民党和人民党在联邦委员会中各占两席，基民党占一席。

【宪法】1848年制定通过，1874年以来曾多次修改。瑞士实行“公民表决”和“公民倡议”形式的直接民主。凡修改宪法条款、签订期限为15年以上的国际条约或加入重要国际组织，必须经过公民表决并由各州通过方能生效。1999年瑞士公民表决通过新宪法，明确规定瑞士是联邦制国家，各州有自己的宪法。联邦政府管辖外交、财政、金融、联邦税收、货币、国防、海关、铁路、邮电、能源、电视、广播和社会保障等，其他事务由各州管辖。各州必须遵守联邦的全国性法规并接受联邦的监督。新宪法还确定了国际法高于国内法的原则。

【议会】联邦议会是最高立法机构，由具有同等权限的国民院和联邦院组成。只有两院一致批准，法律或决议方能生效。国民院有200名议员，由公民普选产生，任期4年；联邦院有46名议员，由各州选派，任期因州而异，最长4年。两院议长任期均为1年。2015/2016年度国民院议长克里斯塔·马克瓦尔德（Christa Markwalder，女，自民党），联邦院议长拉菲尔·孔特（Raphaël Comte，自民党）。

本届议会2015年11月产生，各主要政党在两院所占席位如下：

	国民院	联邦院
瑞士人民党	68	6

社会民主党	43	12
基督教民主人民党	30	13
自由民主党	33	13
绿党	12	1
自由绿党	7	—
公民民主党	7	1

【政府】联邦委员会是国家最高行政机构，由7名委员组成，分任7个部的部长，实行集体领导，任期4年。设主席和副主席，由联邦委员轮任，任期1年，不得连任。2016年度联邦委员会组成如下：

联邦主席兼经济、教研部长约翰·施耐德－阿曼，联邦副主席兼环境、交通、能源和电信部长多丽丝·洛伊特哈德（Doris Leuthard，女，基民党），外交部长迪迪埃·布尔克哈尔特（Didier Burkhalter，自民党），财政部长于利·毛雷尔（Ueli Maurer，人民党），司法警察部长西莫内塔·索马鲁加（Simonetta Sommaruga，女，社民党），内政部长阿莱恩·贝尔塞（Alain Berset，社民党），国防、民防和体育部长居伊·帕默林（Guy Parmelin，人民党）。

【司法机构】联邦法院是瑞最高司法机构。法院内设民事、刑事、公法和社会法法庭，现有联邦法官38名，均由议会选举产生，正、副院长每两年改选一次。现任联邦法院院长为吉尔伯特·考利（Gilbert Kolly），副院长为乌尔里希·迈尔（Ulrich Meyer）。

此外，瑞士还设有联邦行政法院和联邦刑事法院，负责审理行政申诉或上诉案件、渎职案件及恐怖袭击、泄密、叛国、洗钱等特殊刑事案件。

【行政区划】瑞士的行政区划分为三级，即联邦、州、市镇。全国由26个州组成（其中6个州为半州）：苏黎世、伯尔尼、卢塞恩、乌里、施维茨、上瓦尔登（半州）、下瓦尔登（半州）、格拉鲁斯、楚格、弗里堡、索罗图恩、巴塞尔城（半州）、巴塞尔乡（半州）、沙夫豪森、外阿彭策尔（半州）、内阿彭策尔（半州）、圣加仑、格劳宾登、阿尔高、图尔高、提契诺、沃州、瓦莱、纽沙泰尔、日内瓦、汝拉。

【政党】大小政党共有30多个，主要政党有：

（1）瑞士人民党（SVP），法语区称中间民主联盟，1971年由农民党和民主党合并组成。党员约9万人。现任主席托尼·布龙纳（Toni Brunner）。

（2）自由民主党（FDP），法语区称激进民主党，1894年成立。党员约12万人。主席菲利普·穆勒（Philipp Müller）。

（3）社会民主党（SP），法语区称社会党，1888年成立。党员约3.5万人。主席克里斯蒂安·勒夫拉特（Christian Levrat）。

（4）基督教民主人民党（CVP），法语区称基督教民主党，建于1912年。前身是“人民保守党”，1970年改为现名。党员约10万人。主席克里斯托弗·达伯雷（Christophe Darbellay）。

（5）公民民主党（BDP），2008年成立，自人民党中分离出来。党员约6500人。主席马丁·兰多尔特（Martin Landolt）。

（6）绿党（GPS），建于1983年。党员约7500人。联邦主席为蕾古拉·吕茨（Regula Rytz）和阿黛拉·多昂·古梅（Adèle Thorens Goumaz）。

【重要人物】约翰·施耐德－阿曼：联邦主席兼经济、教研部长。64岁，自民党。曾任瑞士经济协会副主席，瑞士机械、电子和冶金工业协会主席、联邦议会国民院议员。2010年当选联邦委员并出任经济教研部长，2011年年底连任。2016年轮任联邦主席，任期一年。

经　济

瑞士是高度发达的工业国。实行自由经济政策，政府尽量减少干预。对外主张自由贸易，反对贸易保护主义。

2014年主要经济数据如下：

国内生产总值：7010亿美元。

人均国内生产总值：85594.3美元（世界第5位）。

国内生产总值实际增长率：2%（按上年价格计算）。

货币名称：瑞士法郎（简称瑞郎），1瑞郎=100生丁。

汇率：1美元=1.0017瑞郎（2016年1月）。

通货膨胀率：0%。

失业率：3.2%。

【资源】瑞士矿产资源匮乏，仅有少量盐矿、煤矿、铁矿和锰矿。生产生活所需能源、工业原料主要依赖进口。水力资源丰富。森林面积127.8万公顷，森林覆盖率为32.4%。

【工业】机械制造、化工、医药、高档钟表、食品加工、纺织业是瑞士的主要支柱产业。工业技术水平先进，产品质量精良，在国际市场具有很强的竞争力。除ABB、雀巢、诺华、苏尔寿等著名大公司外，绝大多数为中小企业。2015年第二季度，工业就业人数约104万，占总就业人口的24%。

【农业】主要农作物有小麦、燕麦、马铃薯和甜菜。肉类基本自给，奶制品自给有余。2014年，农业就业人数约15.9万，占总就业人口的3.7%。

【旅游业】旅游业十分发达，是仅次于机械制造和化工医药的第三大创汇行业。2014年，瑞士拥有旅馆4554家，床位24.6万张。2015年游客过夜数为3307万人次，同比下降0.8%。主要旅游点是苏黎世、日内瓦、卢塞恩和洛桑等地。

【交通运输】以公路和铁路运输为主。

铁路：总长5124公里，全部电气化，铁路密度居世界前列。2014年列车客运量达4.68亿人次。

公路：总长71553公里，分国道、州道、镇道，其中国道1823公里，为公路交通主干。公路网四通八达，遍及全国。拥有目前世界上最长的公路隧道——圣哥达大隧道，总长16300米。

水运：水路航线总长1226公里，共拥有46艘海运货轮。重要内河港口为巴塞尔。

空运：主要国际机场有苏黎世机场和日内瓦机场。2014年在瑞注册的飞机1880架，直升机321架。

管道运输：有输油管道108公里，天然气管道1986公里。

【财政金融】近几年联邦财政收支情况如下（单位：亿瑞郎）：

	2012	2013	2014
收入	644.1	670.0	649.1
支出	627.3	645.3	647.2
盈余	16.8	24.7	1.9

（资料来源：瑞士联邦统计局网站）

金融业发达，2013年全国共有银行283家。最大城市苏黎世是国际金融中心之一，是仅次于伦敦的世界第二大黄金交易市场。有209家保险企业，其中外资保险公司48家。

瑞士两大银行：（1）瑞士联合银行（UBS），由原瑞士联合银行和瑞士银行公司于1997年12月合并，投资资产总计2.23万亿瑞郎，拥有员工6万余人，是世界第一大资产管理公司。2014年盈利36亿瑞郎。（2）瑞士信贷银行（CSG），成立于1856年，2013年总资本约1.28万亿瑞郎，拥有员工4.51万人。2014年盈利23亿瑞郎。

保险公司：（1）苏黎世金融服务集团，1872年成立。1997年与英国最大的烟草集团BAT的金融保险业务分部（BASF）合并，组成苏黎世金融服务集团，总部设在苏黎世。（2）新集团为世界第二大保险公司，员工约5.5万人。2014年，集团盈利46亿美元。

【对外贸易】外贸在经济中占重要地位。95%的原料、能源和60%的消费品依靠进口；工业产品的70%—90%外销，商品和服务出口占国内生产总值的40%。2014年商品进出口总额3870亿瑞郎。近几年进出口情况如下（单位：亿瑞郎）：

	2012	2013	2014
进口额	1768	1776	1786
出口额	2006	2012	2084
差　额	238	236	298

（资料来源：瑞士联邦统计局网站）

主要出口商品是机械设备、化工产品、医药、精密仪器、钟表及食品，主要进口商品是原料、半成品和耐用消费品。主要贸易伙伴是欧盟和美国。

【对外援助】瑞士将帮助战乱国家恢复和平、发展经济、消除贫困作为其发展援助的主要目标，并通过双边和多边途径加以实施。援助对象主要是非洲、亚洲、拉美地区贫穷的中、小发展中国家以及东欧和独联体国家。瑞政府计划2015年达到联合国关于发达国家发展援助占其国内生产总值0.7%的目标。

【对外投资】2014年瑞士对外直接投资达330亿瑞郎，累计达10560亿瑞郎。投资主要在欧盟、亚洲等主要地区工业国。

【外国投资】2014年外国在瑞士直接投资达60亿瑞郎。其中79%来自欧洲其他国家，13%来自美国。外资企业在瑞共有员工约45.5万人。

【著名公司】（1）雀巢公司：成立于1866年，总部设在韦维，现已发展成为世界上最大的食品工业集团，拥有员工33.3万人。2014年销售额916亿瑞郎。公司主要产品有饮料、奶制品、冷冻食品、成品及半成品食物、巧克力和糖果等。董事长兼首席执行官彼得·包必达（Peter Brabeck–Letmathe）。

（2）ABB集团：1988年由ASEA公司和BBC Brown Boveri公司合并而成，是一个业务遍及全球的电气工程集团，主要业务包括开发、生产和销售发电设备、高压输电设备及系统、中低压配电设备及安装和电力机车等。总部苏黎世。2014年营业额398.30亿美元，税前盈利40.58亿美元。现有员工14万人。集团董事长胡伯图斯·冯·格林伯格（Hubertus von Grünberg），总裁兼首席执行官约瑟夫·豪根（Josef Hogan）。

（3）诺华公司（Novartis）：总部在巴塞尔，世界第二大医药公司。由瑞士两大化工集团汽巴·嘉基和山度士于1996年3月合并而成。2014年营业额580亿美元，纯利润103亿美元。主要经营医疗保健，农用化学品和食品。全球共有员工约12万人。集团董事长乌里希·雷纳（Ulrich Lehner），首席执行官约瑟夫·吉默内（Joseph Jimenez）。

人民生活

瑞士是高工资、高福利、高消费国家。截至2010年全国共有医疗卫生从业人员541824名。2014年，瑞全国有289家医疗保健机构、床位37636张，每千人有床位4.6张。全国共有机动车约590万辆，其中小轿车446万辆，每千人有小轿车541辆。

军　事

实行民兵制，现役编制兵力12.9万人，有陆、空军两个军种。凡20—34岁身体健康的男性公民都必须服兵役，服役人员一生中参加军训时间总计280天。服役期间和退役后，单兵武器装备均归个人保管。1995年，瑞士颁布了第一部民役法，规定自1997年起公民可在军役和民役间自由选择。联邦委员会拥有最高指挥权并通过国防部领导军队。总体作战指导思想是防御战。2014年国防开支约36.5亿瑞郎，约占全部财政支出的6%。

文化教育

【教育】教育事业由各州管理，自筹经费，自编教材。全国实行9年义务教育制，各类学校13300余所。有38所高等院校，其中苏黎世高等工业大学和洛桑高等工业大学直属联邦。2013/2014年度9年义务教育学生91.03万余人。学前教育学生16.2万人。高中及职业学校学生36.2万人。高等院校学生22.9万人。

【新闻出版】有1个通讯社：瑞士通讯社。全国有报纸79种，影响较大的是德语报纸《新苏黎世报》、《每日导报》和《一瞥报》。瑞士荣格集团（Ringier AG）创立于1883年，是瑞士最大的综合性媒体集团，总部设在苏黎世，全球拥有员工8000多人，2014年实现销售额9.9亿瑞郎。

各语区均有各自语言的广播电视。瑞士公共广播电视公司（SRG），总部设在伯尔尼，1997年开播，享有联邦广播特许权，负责用四种官方语言制作和播送广播和电视节目。瑞士国际广播电台用官方语言和英语、西班牙语及阿拉伯语制作节目，通过无线电短波、卫星向国外传送。

对外关系

瑞士为永久中立国，自1815年以来一直奉行中立政策。近年来，为更好地维护自身利益，瑞逐步调整外交政策，由传统保守的中立向“积极的中立”过渡，把促进和平共处，尊重人权并促进民主，维护瑞海外经济利益，减少全球危机与贫困以及维护人类基本生存条件视为其外交政策的五大目标。自2002年9月加入联合国以来，瑞外交政策更加突出人权和人道主义，大力开展斡旋外交，力图在国际事务中发挥独特作用，扩大瑞的国际影响。瑞士同世界上192个国家建有外交关系。

【同中国的关系】1950年9月14日与中国建交。近年来，两国关系继续保持良好发展势头。2014年1月，王毅外长赴瑞出席叙利亚问题第二次日内瓦会议，期间会见瑞联邦主席兼外交部长布尔克哈尔特。5月，中共中央政治局委员、天津市委书记孙春兰率中共代表团访瑞，会见瑞联邦委员兼经济部长施耐德–阿曼。7月，瑞联邦议会联邦院议长格尔曼访华并出席生态文明贵阳国际论坛2014年年会，分别会见张德江委员长和李源潮副主席。2015年1月，李克强总理出席达沃斯世界经济论坛2015年年会并对瑞士进行工作访问。2月，瑞联邦委员兼财政部长维德默–施鲁姆普夫访华。6月，瑞联邦副主席兼经济、教研部长施耐德–阿曼来华出席亚洲基础设施投资银行章程签署仪式，习近平主席同其简短会见。9月，瑞联邦委员兼内政部长贝尔塞访华，马凯副总理会见。

瑞士是中国在欧洲第七大贸易伙伴国，中国是瑞士在亚洲最大贸易伙伴国。2013年7月，两国签订《中瑞自由贸易协定》，是中国与欧洲大陆国家和全球经济前20强国家签署的首个双边自贸协定。2014年7月1日，中瑞自贸协定正式生效。2014年，双边贸易额435.8亿美元，同比下降26.8%，其中对瑞出口30.9亿美元，同比下降13.4%，从瑞进口404.9亿美元，同比下降27.7%。2015年，双边贸易额442.7亿美元，同比增长1.7%，其中对瑞出口31.7亿美元，同比增长2.5%，从瑞进口411亿美元，同比增长1.6%。我进口以机电产品、化工医药产品、光学仪器、医疗设备和钟表为主；出口以纺织品、机电产品、化工原料、玩具、体育器材和皮革制品为主。

金融领域合作成为中瑞两国合作新亮点。2015年1月，李克强总理访瑞时宣布给予瑞士500亿元人民币的合格境外投资者（RQFII）配额。6月，瑞士成为首批加入亚投行的意向创始成员国之一。10月，中国建设银行苏黎世分行成为首家进入瑞士的中资银行，并被中国人民银行授权担任瑞士人民币业务清算行。11月，中国人民银行宣布在银行间外汇市场开展人民币与瑞郎直接交易，瑞郎成为第七个可直接与人民币进行交易的主要货币。

2015年，中瑞共同发行纪念邮品庆祝建交65周年。作为建交65周年活动之一的瑞士太阳能飞机“阳光动力2号”来华并在南京举行庆祝活动。

中国驻瑞士大使：耿文兵。馆址：Kalcheggweg 10，CH–3006 Bern。 电话：0041–31–3527333，3514593（领事部），9511401（商务处）；传真：3514573。电子邮箱：china-embassy@bluewin.ch。

瑞士驻中国大使：戴尚贤（Jean Jacques de-Bardel）。馆址：北京市朝阳区三里屯东五街3号。电话：010–85328888（总机）；传真：65324353。网址：www.eda.admin.ch/beijing。

【同欧盟的关系】与欧盟利益关系紧密。对欧盟进出口额分别约占瑞进出口总额的66%和45%（2014年），欧盟是其第一大贸易伙伴。全力推动瑞欧双边合作向纵深发展，双方于2002年和2004年签署涉及人员自由往来、消除技术壁垒、司法警察及难民合作、利息税等16个领域的双边协议。2008年12月，正式加入申根区。2009年，加入欧盟对外边境行动管理署（FRONTTEX），与欧盟草签教育合作协定，全民公投支持将瑞欧人员自由流动协定永久化并将该协定适用范围扩大至保加利亚和罗马尼亚。

但另一方面，瑞加入欧洲经济区、入盟申请以及启动入盟谈判的公民倡议先后遭公投否决。同时，随着欧盟内联外扩向纵深发展，成员国利益需求更加多元，形成统一对瑞政策措施的难度增加，在谈判中坚持要求瑞全盘接受欧盟有关法规。2014年年底，瑞全民公投通过“反对大规模移民”公民倡议，给瑞欧关系带来新的不确定性和挑战。

2010年政府发表《瑞欧关系审议报告》，强调通过对瑞的欧盟政策目标以及对发展瑞欧关系可采取的模式及利弊进行全面评估，确认走“双边道路”仍是瑞目前发展对欧关系的最佳选择。2015年欧洲难民危机发生后，瑞积极支持并参与欧盟难民分配计划，对欧关系有所缓和。

【同美国的关系】同美国关系密切。强调多边主义和通过外交手段解决冲突，期待美重视多极世界的现实。2013年以来，迫于美方压力，在税务纠纷问题上做出重大妥协，此后瑞美关系持续改善。2015年年初，瑞士联邦副主席施耐德－阿曼访美，双方就进一步深化经贸合作等进行了交流。（陆辉）

塞尔维亚

国名　塞尔维亚共和国（The Republic of Serbia，Republika Srbija）。

面积　8.83万平方公里。

人口　713万（不含科索沃地区，2014年）。其中，塞尔维亚族（83%）、匈牙利族（3.5%）、波什尼亚克族（2%）、罗姆人（2%）和克罗地亚族（0.8%）。主要宗教是东正教。

首都　贝尔格莱德（Belgrade，Beograd），人口167万（2014年）。1月平均气温0.6℃，7月平均气温24.4℃。

国家元首　总统托米斯拉夫·尼科利奇（Tomislav NIKOLIĆ），2012年6月就任，任期5年。

重要节日　国庆节：2月15日。

简　况

位于欧洲巴尔干半岛中北部，东北与罗马尼亚、东部与保加利亚、东南与马其顿、南部与阿尔巴尼亚、西南与黑山、西部与波黑、西北与克罗地亚相连。以温带大陆性气候为主，四季分明。冬季寒冷，夏季炎热。1月平均气温0℃，7月平均气温22℃，年平均气温11℃。

公元6—7世纪，部分斯拉夫人越过喀尔巴阡山移居巴尔干半岛。9世纪，塞尔维亚国家形成。14世纪上半叶，塞尔维亚曾是巴尔干最强盛的国家之一。15世纪，奥斯曼土耳其帝国征服包括塞尔维亚在内的巴尔干大部分地区，并统治达500年。1878年，柏林会议承认塞尔维亚独立。1882年，塞尔维亚成为王国。第一次世界大战后，部分南部斯拉夫民族于1918年12月联合成立塞尔维亚人—克罗地亚人—斯洛文尼亚人王国，1929年改称南斯拉夫王国，塞尔维亚成为其中一部分。第二次世界大战期间，南斯拉夫被德、意法西斯占领。1945年5月15日，南全国解放，同年11月29日，铁托领导下的南斯拉夫联邦人民共和国成立，塞尔维亚成为南联邦六个共和国之一。1963年4月南斯拉夫修改宪法，改国名为南斯拉夫社会主义联邦共和国。1991年，斯洛文尼亚、克罗地亚、波黑和马其顿先后宣布脱离南联邦独立。1992年4月27日，塞尔维亚、黑山两个共和国联合成立南斯拉夫联盟共和国（The Federal Republic of Yugoslavia）。2003年2月，南斯拉夫联盟议会通过“塞尔维亚和黑山宪法宪章”，南联盟更名为“塞尔维亚和黑山”（Serbia and Montenegro）。2006年6月3日，黑山共和国宣布独立。6月5日，塞尔维亚共和国宣布继承塞黑国际法主体地位。

政　治

近年来，塞尔维亚政局总体保持稳定。2014年3月，塞举行提前议会选举，组成以前进党、社会党为主的联合政府。2015年，塞政府致力于改善民生，维护社会稳定，推进政治、经济改革，取得较好效果。

【宪法】2006年11月，塞尔维亚议会通过新宪法。根据新宪法，塞尔维亚是塞民族和所有生活在塞公民的国家，建立在法制和社会公正基础上，奉行民主，尊重人权和少数民族权利，从属欧洲价值观；科索沃享有高度自治，是塞尔维亚共和国领土的一部分。

【议会】国家最高权力机构，实行一院制。议员通过直选产生，任期四年。本届议会于2014年4月16日成立，共有250个议席。其中塞尔维亚前进党联盟158席，塞尔维亚社会党联盟44席，民主党联盟19席，新民主党联盟18席，伏伊伏丁那匈牙利人联盟6席，桑贾克民主行动党3席，阿尔巴尼亚族民主行动党2席。议长玛娅·戈伊科维奇（Maja GOJKOVIĆ，女）。

【政府】最高权力执行机构。本届政府于2014年4月27日组成，系以塞前进党、塞社会党、塞社会民主党、社会党人运动、新塞尔维亚党等组成的联合政府。总理阿莱克桑达尔·武契奇（Aleksandar VUČIĆ）。政府成员有：第一副总理兼外交部长伊维察·达契奇（Ivica DAČIĆ），副总理兼建设、交通和基础设施部长佐拉娜·米哈伊洛维奇（Zorana MIHAJLOVIĆ，女），副总理兼贸易、旅游和电信部长拉西姆·利亚伊奇（Rasim LJAJIĆ），副总理兼国家管理和地方自治部长科丽·乌多维奇基（Kori UDOVIČKI，女），财政部长杜尚·武约维奇（Dušan VUJOVIĆ），经济部长热利科·塞尔蒂奇（Željko SERTIĆ），农业和环保部长斯奈扎娜·博戈萨夫列维奇·博什科维奇（Snežana Bogsavljević BOŠKOVIĆ，女），矿业和能源部长阿莱克桑达尔·安蒂奇（Aleksandar ANTIĆ），司法部长尼古拉·塞拉科维奇（Nikola SELAKOVIĆ），内务部长奈博伊沙·斯特法诺维奇（Nebojša STEFANOVIĆ），教育、科学和技术发展部长斯尔詹·韦尔比奇（Srđan VERBIĆ），卫生部长兹拉蒂博尔·伦查尔（Zlatibor LONČAR），劳动、就业、退伍军人和社会问题部长阿莱克桑达尔·武林（Aleksandar VULIN），青年和体育部长瓦尼亚·乌多维契奇（Vanja UDOVIČIĆ），文化和信息部长伊万·塔索瓦茨（Ivan TASOVAC），主管欧洲一体化事务的不管部部长亚德兰卡·约克西莫维奇（Jadranka JOKSIMOVIĆ，女），负责紧急情况事务的不管部部长韦利米尔·伊利奇（Velimir ILIĆ）。

【主要网址】总统府：www.predsednik.rs；议会：www.parlament.gov.rs；政府：www.srbija.gov.rs；外交部：www.mfa.gov.rs；《政治报》：www.politika.rs。

【司法机构】设有最高法院、共和国检察院、宪法法院、地方各级法院和检察院等。最高法院和各级法院行使审判权。最高法院院长和检察院检察长由议会选举产生。最高法院院长德拉戈米尔·米洛耶维奇（Dragomir MILOJEVIĆ），2013年12月就任，任期5年。共和国检察长扎戈尔卡·多洛瓦茨（Zagorka DOLOVAC，女），2010年1月就任，任期6年。宪法法院院长韦斯娜·伊利奇·普雷利奇（Vesna Ilić PRELIĆ，女），2014年1月就任，任期3年。

【行政区划】29个州，下辖194个区。

【政党】塞尔维亚主要政党有：

（1）塞尔维亚前进党（Srpska Napredna Stranka）：执政党。成立于2008年10月。系由塞尔维亚激进党分裂出来的党派。主张将塞尔维亚建设成为东、西方间的桥梁和有自尊的欧盟成员国。主席阿莱克桑达尔·武契奇。

（2）塞尔维亚社会党（Socijalistička Partija Srbije）：执政党。成立于1990年7月，由原塞尔维亚共产主义者联盟和塞尔维亚劳动人民社会主义联盟合并而成。主张实行民主社会主义，建立现代法治国家和经济发达、文化繁荣的国家。主席伊维察·达契奇。

（3）民主党（Demokratska Stranka）：在野党。成立于1990年2月。主张保障议会民主、法治和人权自由。主席博扬·帕伊蒂奇（Bojan PAJTIĆ）。

【重要人物】托米斯拉夫·尼科利奇：总统。1952年生。毕业于诺维萨德大学经济与工程管理学院。自南联盟时期起，长期担任塞尔维亚议会议员。1998年先后任南联盟塞尔维亚共和国副总理、南联盟副总理。2012年5月当选塞尔维亚总统。1991—2008年，任塞激进党第一副主席。2008年10月创立塞前进党并任党主席。2012年5月当选总统后辞去党主席职务。曾于2013年8月访华。已婚，有两个孩子。**玛娅·戈伊科维奇**：议长。1963年生。毕业于诺维萨德大学法学院。1998—1999年任南联盟塞尔维亚共和国政府不管部部长，1999—2000年任南联盟副总理。2004年当选诺维萨德市市长。2012年任塞共和国议会议员。2014年4月起任塞议会议长。**阿莱克桑达尔·武契奇**：总理。1970年生。毕业于贝尔格莱德大学法学院。1993年加入塞激进党，1994年当选该党秘书长。2008年加入塞前进党，并任该党副主席。2012年9月，当选塞前进党主席。1998至2000任南联盟政府信息部长。2012年7月至2014年4月任塞第一副总理。2014年4月27日起任总理。曾于2015年11月正式访华并出席第四次中国—中东欧国家领导人会晤。英语流利，懂俄语、法语。已婚，有一子一女。

经济

近年来，塞尔维亚积极实行经济改革、推进私有化、改善内部投资环境，经济恢复较快。但受国际金融危机和欧洲主权债务危机影响，塞尔维亚经济再次出现波动。

2014年主要经济数据如下：

国内生产总值：438亿美元。

人均国内生产总值：6129美元。

国内生产总值增长率：-1.8%。

货币名称：第纳尔（DINAR）。

汇率：1美元≈100第纳尔（2014年12月）。

通货膨胀率：1.7%。

失业率：16.81%。

（资料来源：塞尔维亚国家统计局、人民银行）

【资源】矿藏有煤、铁、锌、铜等，森林覆盖率25.4%，水力资源丰富。

【工业】主要工业部门有冶金、汽车制造、纺织、仪器加工等。近几年主要工业产品产量如下（单位：万吨）：

	2012	2013	2014
电力（亿度）	365.96	396.96	337.91
煤	3858.70	4068.70	3011.8
石油	112.48	116.40	111.23
天然气（亿立方米）	6.72	6.60	6.31
铜	12.97	13.11	11.98
铸铁	3.72	4.23	4.16
铸钢	0.65	0.68	0.74
铝	6.45	6.57	6.35
水泥	183.07	159.17	160.54

（资料来源：2014年塞尔维亚统计年鉴）

【农牧业】农业在塞尔维亚经济中占有重要地位。土地肥沃，雨水充足，农业生产条件良好。农业土地506万公顷，主要集中在北部的伏伊伏丁那平原和塞尔维亚中部地区。农业土地中耕地329万公顷，果园24万公顷，葡萄园5.6万公顷，草场62.1万公顷，牧场84.5万公顷。近几年主要农产品产量如下（单位：万吨）：

	2012	2013	2014
小麦	191.09	269.03	238.72
玉米	353.26	586.44	795.16
土豆	57.80	76.68	59.20
大豆	28.06	38.52	54.90
向日葵	36.60	51.28	50.92
甜菜	232.83	298.32	350.74
烟草	1.02	1.00	0.93

苹果	17.87	33.23	15.33

（资料来源：同上）

近几年主要牲畜存栏和畜牧产品总数如下（单位：万头、万只）：

	2012	2013	2014
牛	92.10	91.30	92.00
猪	313.90	314.40	323.60
羊	163.50	161.60	174.80
家禽	2417.50	2345.00	1716.70
猪肉（万吨）	25.20	24.90	24.90
牛肉（万吨）	8.20	7.00	7.00
羊肉（万吨）	2.20	3.00	3.00
家禽肉（万吨）	9.40	9.20	9.20
牛奶（亿升）	14.42	14.18	14.92
鸡蛋（亿个）	13.88	17.55	18.92
蜂蜜（吨）	6865.00	8554.00	4388.00

（资料来源：同上）

【服务业】主要包括旅馆、餐厅、咖啡馆和酒吧等。2014年，塞尔维亚共有旅馆2278家。（资料来源：同上）

【旅游业】旅游业发展良好。2014年接待外国过夜游客216.1万人次。主要旅游区有浴场、滑雪场和国家公园等。（资料来源：同上）

【交通运输】以铁路和公路为主。近年交通运输情况如下：

铁路：总长3819公里，其中电气化铁路1279公里。2014年客运周转量4.52亿人公里，货运周转量29.88亿吨公里。

公路：总长4.44万公里，其中高速公路5073公里。2013年共有小轿车177.01万辆，公共汽车9018辆；货车14.08万辆。

空运：共有23架飞机，1985个客位，航线总长为4.19万公里，2014年客运周转量24.54亿人公里，货运周转量327.7万吨公里。共有5个机场，主要机场为贝尔格莱德尼古拉·特斯拉机场。（资料来源：同上）

【财政金融】2014年，塞尔维亚财政收入为135.07亿欧元，支出156.56亿欧元。截至2014年年底，塞尔维亚人民银行外汇储备131.5亿美元，外债总额345亿美元。2014年共吸引外资23.1亿欧元，同比增长112.5%。

【对外贸易】近年来，塞尔维亚对外经贸活动日渐活跃，外贸额总体保持上升势头。2014年，塞尔维亚外贸额继续保持上升趋势。近几年进出口情况如下（单位：亿美元）：

	2012	2013	2014
出口额	112.29	146.12	148.49
进口额	189.28	205.53	206.09
差　额	−76.99	−59.41	−57.60

2014年塞尔维亚主要出口产品为：车辆、电器及电子产品、谷物、蔬菜和水果，主要进口产品为：汽车、石油及其制成品、天然气、电器及电子产品等。前五大出口国是：意大利、德国、波黑、俄罗斯和罗马尼亚，前五大进口国是：德国、俄罗斯、意大利、中国和匈牙利。（资料来源：塞尔维亚国家统计局、财政部）

人民生活

2014年全国共有医生2.11万名，病床40489张。2014年塞尔维亚人均税后月工资约500美元，居民消费价格同比增长2.1%。（资料来源：2014年塞尔维亚统计年鉴、塞尔维亚财政部）

军　事

塞尔维亚军队是2006年6月塞尔维亚和黑山解体后，在接受原塞尔维亚和黑山军队的基础上组建而成的。建军节为4月23日。总统为武装力量最高统帅，国防部为武装力量军事领导机构。总参谋部为武装力量军事指挥机构。总参谋长为留比沙·迪科维奇（Ljubiša DIKOVIĆ）将军。截至2014年年底，塞尔维亚军队总兵力约2.8万人。2015年国防预算为4.72亿欧元，占国内生产总值1.44%。（资料来源：塞尔维亚国防部）

文化教育

【教育】塞尔维亚实行八年制义务教育。全国主要大学有贝尔格莱德大学、诺维萨德大学、尼什大学、克拉古耶瓦茨大学和普里什蒂纳大学。2013/2014年度各级学校情况如下：

	学校（所）	学生（万人）	教师（万人）
小学	3455	57.4721	5.3460
中学	494	27.8181	3.0767
高等院校	189	24.2848	1.5329

（资料来源：2014年塞尔维亚统计年鉴）

【新闻出版】2012年，全国共有报纸374种，其中日报20种。主要日报有《政治报》、《新闻晚报》、《快报》、《今日报》和《信使报》等，用塞尔维亚文出版。期刊主要有《新闻周刊》、《时代》等。

贝塔通讯社、FoNet通讯社为主要私营通讯社。2011年全国共有220家电台和110家电视台。

对外关系

争取尽快加入欧盟，全力发展同美国、俄罗斯、中国等大国关系，睦邻修边，积极参与区域合作。

【同中国的关系】1992年4月27日，南斯拉夫联盟共和国组成，中国政府宣布驻南斯拉夫社会主义联邦共和国大使转任驻南斯拉夫联盟共和国大使。2003年2月，南联盟更名为塞尔维亚和黑山后，中国驻南斯拉夫联盟共和国大使馆和大使更名为驻塞尔维亚和黑山大使馆和大使。2006年黑山独立后，中国于6月14

日宣布中国驻塞尔维亚和黑山大使转任驻塞尔维亚大使，使馆亦随之更名。2014年12月，李克强总理正式访问塞尔维亚并出席第三次中国—中东欧国家领导人会晤。2015年6月，张高丽副总理访塞。9月，塞总统尼科利奇来华出席“中国人民抗日战争暨世界反法西斯战争胜利70周年”纪念活动。12月，塞总理武契奇正式访华并出席第四次中国—中东欧国家领导人会晤。

据中国海关总署统计，2014年，双边贸易额5.37亿美元，同比下降12.0%。其中，中方出口额4.25亿美元，同比下降1.2%；进口额1.13亿美元，同比下降27.8%。2015年，双边贸易额5.49亿美元，同比增长2.2%。其中，中方出口额4.15亿美元，同比下降2.2%；进口额1.34亿美元，同比增长18.8%。

中国驻塞尔维亚大使：李满长。馆址：贝尔格莱德乌日奇卡大街25号（Užička 25，Beograd）。电话：(+38111) 3695057；传真：3066001。商务处地址：贝尔格莱德约万纳·达尼恰大街1号（Jovana Danića 1，Beograd）。电话：(+38111) 2651630；传真：2650726。

塞尔维亚驻华大使：米兰·巴切维奇（Milan BAČEVIĆ）。馆址：北京市朝阳区三里屯东六街1号。电话：010–65323516或65321562；传真：65321207。商务处电话：65323616。

【同欧盟的关系】将加入欧盟作为外交首要任务。2015年12月，欧盟同塞正式开启入盟谈判。3月，欧盟外交和安全政策高级代表莫盖里尼访塞。5月，欧委会睦邻政策和扩大谈判委员哈恩访塞。6月，塞总理武契奇访问布鲁塞尔并会见欧盟外交和安全政策高级代表莫盖里尼。7月，塞总理武契奇访问布鲁塞尔并会见欧委会主席容克；欧洲议会议长舒尔茨访塞。9月，塞总理武契奇访问布鲁塞尔并与欧盟外交事务委员会成员会谈。10月，塞总理武契奇出席欧洲委员会议会大会。12月，塞总理武契奇赴布鲁塞尔出席塞入盟问题会议并会见欧委会睦邻政策和扩大谈判委员哈恩。

【同欧洲国家的关系】2015年，塞尔维亚与欧洲各国交往密切。1月，塞总理武契奇访问芬兰、奥地利。2月，塞总理武契奇访问瑞典。4月，塞总统尼科利奇会见德国外长施泰因迈尔。塞总理武契奇访问斯洛伐克、阿塞拜疆。葡萄牙外长马谢特访塞。5月，塞总理武契奇访问德国。6月，塞总理武契奇访问挪威。7月，德国总理默克尔访塞。塞议长戈伊科维奇访问西班牙。塞第一副总理兼外长达契奇访问黎巴嫩、西班牙。9月，塞总理武契奇访问美国。捷克共和国总理索博特卡访塞。10月，英国外交大臣哈蒙德访塞。11月，塞议长戈伊科维奇访问匈牙利。

【同俄罗斯的关系】2015年，塞尔维亚与俄罗斯关系发展良好。4月，塞国防部长加希奇访问俄罗斯。5月，俄罗斯外长拉夫罗夫访塞。10月，塞总理武契奇访问俄罗斯。

【同周边国家的关系】同克罗地亚的关系：2015年2月，塞总理武契奇访问克罗地亚。

同斯洛文尼亚的关系：2015年2月，塞总理武契奇访问斯洛文尼亚。6月，塞总统尼科利奇会见斯洛文尼亚总统帕霍尔。10月，塞总统尼科利奇访问斯洛文尼亚。

同波黑的关系：2015年4月，塞总统尼科利奇会见波黑外长茨尔纳达克。5月，塞总理武契奇访问波黑。

同阿尔巴尼亚关系：2015年5月，塞总理武契奇访问阿尔巴尼亚。

同马其顿的关系：2015年11月，马其顿外长波波斯基访问塞尔维亚。

同保加利亚的关系：2015年3月，保加利亚总统普列夫内利埃夫访问塞尔维亚。

同黑山的关系：2015年2月，塞内务部部长斯特法诺维奇访问黑山。

【同其他国家的关系】2015年4月，塞第一副总理兼外长达契奇访问塔吉克斯坦。塞议长戈伊科维奇访问土耳其。5月，塞议长戈伊科维奇访问科威特。塞总统尼科利奇访问古巴。7月，塞第一副总理兼外长达契奇访问伊朗、埃及。11月，塞总统尼科利奇访问白俄罗斯。12月，土耳其总理达武特奥卢访塞。塞总统尼科利奇访问阿根廷。

（邓聪）

塞浦路斯

国名　塞浦路斯共和国（The Republic of Cyprus）。

面积　9251平方公里，其中塞北部土耳其族区面积3355平方公里。

人口　85.8万（2014年），其中希腊族占72.8%，土耳其族占9.6%，外籍人占17.6%。主要语言为希腊语和土耳其语，通用英语。希腊族信奉东正教，土耳其族信奉伊斯兰教。

首都　尼科西亚（Nicosia），人口32.95万（2014年）。年均最高气温31℃—37℃，最低气温5℃—15℃。

国家元首　尼科斯·阿纳斯塔西亚迪斯（Nicos Anastasiades），2013年2月28日就任，任期5年。

重要节日　国庆日：10月1日。

简　况

位于地中海东北部，为地中海第三大岛。海岸线全长782公里。属于亚热带地中海型气候，夏季干热，冬季温湿。夏季平均气温28℃—35℃，冬季4℃—10℃。

公元前1500年，希腊人移居塞浦路斯岛。后曾被埃及、波斯等国征服。公元前58年并入罗马帝国。公元395年归属拜占庭帝国。1571年由奥斯曼帝国统治。1878年被割让给英国，1925年成为英"直辖殖民地"。1959年2月19日与英国、希腊、土耳其签订"苏黎世—伦敦协议"。1960年8月16日宣布独立，成立塞浦路斯共和国。1961年加入英联邦。独立后，希、土两族多次发生冲突。1974年后，土族北移，并于1975年和1983年先后宣布成立"塞浦路斯土族邦"和"北塞浦路斯土耳其共和国"，形成两族南北分治局面。目前，"北塞浦路斯土耳其共和国"仅得到土耳其承认。

政　治

2013年2月，民主大会党主席阿纳斯塔西亚迪斯当选总统，并组建以民大党为核心、民主党和欧洲党参与的三党联合政府。2014年2月，因不满民大党在塞浦路斯问题谈判上让步过多，民主党宣布退出联合政府。3月，阿纳斯塔西亚迪斯总统宣布对内阁进行小范围改组。2015年5月，阿纳斯塔西亚迪斯总统与土族新任领导人阿肯基举行首次正式会晤，重启塞浦路斯问题谈判，双方重点就被占财产归还、经济结构等进行磋商。

【宪法】现行宪法于1960年8月16日公布。宪法规定塞为共和国，总统由希族人担任，土族人任副总统，行政权属总统、副总统，他们对行政方面的重大决定均有最后否决权。由于两族争端，宪法并未得到贯彻实施。

【议会】实行一院制，议会每5年选举一次。独立之初，议会共有50个席位，其中希族35席，土族15席。1964年两族冲突爆发后，土族议员退出议会。1985年通过宪法修正案。议席增至80个，其中希族56席，土族24席。（土族长期以来另立议会，共50个席位，由土族各党派通过选举产生）。现议会2011年5月选出，为塞第10届议会，议长为社会民主运动党主席雅纳基斯·奥米卢（Yiannadis Omirou），任期5年。议会56个议席分配情况如下：

民主大会党（右翼）20席，劳动人民进步党（左翼）19席，民主党（中右）9席，社会民主运动党5席，欧洲党2席，绿党1席。

【政府】总统内阁制。总统是国家元首、政府首脑。尼科斯·阿纳斯塔西亚迪斯在2013年2月总统选举中获胜，成为塞第七任总统。现政府主要成员有：外交部长约昂尼斯·卡索里蒂斯（Ioannis Kasoulides，民主大会党），财政部长哈里斯·耶奥亚蒂斯（Harris Georgiades，民主大会党），内政部长苏格拉底·哈西科斯（Socrates Hasikos，民主大会党），国防部长赫里斯托弗洛斯·弗卡伊迪斯（Christoforos Fokaides，民主党），教育与文化部长科斯塔斯·卡迪斯（Costas Kadis，民主党），交通与工程部长马里奥斯·迪米特里亚迪斯（Marios Demetriades，独立），商工旅游部长乔治·拉科特里皮斯（Georgios Lakkotrypis，民主大会党），农业、自然资源与环境部长尼科斯·库亚利斯（Nicos Kouyialis，民主大会党），劳工与社会保障部长乔治娅·艾米丽娅尼都（Georgia Emilianidou，女，民主大会党），司法与公共秩序部长约纳斯·尼科拉乌（Ionas Nicolaou，民主大会党），卫生部长乔治·潘波利迪斯（Giorgos Pamporidis，民主大会党）。

【行政区划】全国划分为六个行政区：尼科西亚、利马索、法马古斯塔、拉纳卡、帕福斯和基雷尼亚。基雷尼亚和法马古斯塔的大部分及尼科西亚的一部分由土族控制。

【司法机构】有最高法院、刑事法院、区级法院、家庭事务法院、军事法院等。最高司法理事会由共和国总检察长和最高法院院长及法官组成。最高法院院长科斯塔斯·克里利蒂斯（Kostas Klirides）。总检察长佩德罗斯·克利里迪斯（Petros Kliridis）。

【政党】主要政党有：

（1）民主大会党（Democratic Rally）：议会第一大党，执政党。1976年7月4日成立。约有党员1万人，多系银行家、工商企业家、律师、医生和高级职员等。该党主张对内发展西方民主，对外同希腊等西方国家及欧盟大力发展政治、经济和文化等关系，主张通过谈判解决塞问题。主席阿维罗夫·奈奥菲多（Averof Neofyto）。

（2）劳动人民进步党（The Working People's Progressive Party）：议会第二大党，在野党。1926年8月成立，前身为塞浦路斯共产党。1941年改组并改用现名。现有党员1.4万人。该党主张各党派合作制定解决塞问题的共同路线和策略。总书记安德罗斯·基普里亚努（Andros Kyprianou）。

（3）民主党（Democratic Party）：议会第三大党，在野党。1976年7月11日成立。约有党员8000人，成员多系中小企业主、职员、自由职业者和富裕农民等。基本目标是实现国家统一和完全独立，争取国家的进步和经济发展。主张维护塞的独立、主权、领土完整、统一和不结盟。坚持土耳其从塞撤军和根据联合国决议寻求解决塞问题。主席尼古拉斯·帕帕多普洛斯（Nikolas Papadopoulos）。

（4）社会民主运动（Social Democratic Movement），在野党。1969年2月成立。党员约3000人。该党目标是促进民族和社会的发展。对内主张机会均等、消灭人剥削人制度，在人民控制生产资料和资源的基础上建设社会主义；对外反对美国和北约对塞的控制，主张积极发展与不结盟国家、社会主义国家和阿拉伯国家的关系。该党曾于1998年参政，1999年由于克莱里季斯总统决定不在塞南部部署俄制地空导弹而退出政府，与中央重组运动（Movement for the Regrouping of the Centre）合并后易名，但很快分裂。主席雅纳基斯·奥米卢。

（5）欧洲党（European Party）：2005年6月成立。由欧洲民主党、新视野党和一位独立人士联合组成，主席迪米特里斯·希路瑞斯（Demetris Syllouris）。

土族主要政党：（1）民族团结党（National Unity Party）：1975年成立，主席德尔维什·埃尔奥卢（Dervic Eroglu）。（2）共和土族党（Republican Turkish Party）：1970年成立，主席法伦迪·索耶尔（Fernti Soyier）。（3）民主党（Democratic Party）：1992年成立，主席塞达尔·登克塔什（Sedar Denktas）。（4）公共民主党（Communal Democracy Party）：2007年成立，主席穆斯塔法·阿肯基（Mustafa Akinci）。（5）改革党（Reform Party）：2006年成立，主席图尔加伊·阿夫基（Turgay Avci）。

【重要人物】尼科斯·阿纳斯塔西亚迪斯：总统。1946年9月27日生于利马索，1969年毕业于希腊雅典大学法学系，1971年获伦敦大学航海法硕士学位。1976年任民主大会党青年组织利马索省首任书记，1987年任党青年组织主席。1981年当选该党历史上最年轻议员，并于1986、1991、1996年连任。1997年当选党主席，2001、2006和2011年自动连任议员，在议会先后任议会人权委员会、外事委员会主席和代议长。2013年2月当选总统。曾于1996、2001、2005、2012和2015年访华。 **雅纳基斯·奥米卢**：议长。1951年9月18日生于帕福斯。毕业于希腊雅典大学法学院。曾任塞统一民主中间派联盟（2000年2月改名为塞社会民主运动，又称社会党）总书记、第一副主席和议会发言人。1998年3月曾出任国防部长，次年4月辞职。2001年7月后任社会党主席。1981年以来7次当选议员。2011年6月当选现职。

经　济

20世纪60年代，国民经济的支柱是农业。自70年代中期塞分裂以来，经济结构发生较大变化。从70年代至80年代中期，经济发展主要依靠制造业。之后，船运、旅游、金融业等服务业取代制造业，成为拉动经济增长的主力。1998年成为欧盟成员候选国后，开始按照入盟要求对经济政策、结构进行调整。2004年5月1日，正式加入欧盟。2008年1月1日顺利加入欧元区，此后经济进一步融入欧洲。2012年6月，受希腊债务减记影响陷入财政危机，不得不向欧盟申请救助。2013年3月25日，塞与“三驾马车”达成100亿欧元救助原则性协议，条件是对境内第一、第二大银行超过10万欧元以上的存款进行重组。

2014年主要经济数据如下：

国内生产总值：173.94亿欧元。

人均国内生产总值：2.03万欧元。

国内生产总值同比下降：3.71%。

全年财政收入：70.27亿欧元。

财政支出：85.75亿欧元。

财赤率：8.9%。

货币名称：欧元（Euro）。

失业率：16%。

通胀率：–1.0%。

（资料来源：欧盟统计局）

土族当局的人口普查显示，土族区实际人口约28.69万。土族区经济规模小，以农业和旅游业为主，人均收入逾1万美元。

【资源】矿藏以铜为主，其他有硫化铁、盐、石棉、石膏、大理石、木材和土性无机颜料。近年来矿源开采量逐年下降。森林面积1735平方公里。水力资源贫乏，已建立大型水坝6个，总蓄水量1.9亿立方米。

【工业】2014年，工业生产总值约为35.7亿欧元，约占国内生产总值的20.4%。由于国内市场不大，塞工业产品和加工农产品大部分用于出口。工业企业大多为私企，规模不大，雇用工人在30人以下。主要工业部门有食品、纺织、皮革、木材、金属、机械、运输、电力、光学、化工等。

【农业】近年来，农业对本国经济的贡献随着服务业的快速发展略有下降。2013年，农业生产总值同比减少4.3%。但农产品贸易在对外贸易中仍具有举足轻重的地位。对外出口最多的五种产品中有三种为农产品：柠檬、土豆和奶酪。

【服务业】金融、保险、服务及旅游业等较为发达。注重发展度假旅游产业，近年来旅游业成为国家外汇收入主要来源和拉动经济增长的支柱产业。2015年出境旅游111.89万人次，同比减少7.4%。2014年1—11月入境旅游收入约为20.6亿欧元。主要旅游城市有帕福斯、利马索、拉纳卡等。

【交通运输】有公路1.7万公里，其中一半以上是已铺路面道路。北部土族区道路里程占35%。2015年全年共注册机动车25735辆，其中小汽车注册数量为21462辆。主要港口有利马索（年吞吐量60万标准箱）、拉纳卡（年吞吐量25万标准箱）、法马古斯塔（塞岛分裂前的主要港口，现仅土族使用）。海运业发达，2011年，在塞注册船舶有1848艘，总吨位2202万吨。

【财政金融】2014年财政赤字为15.44亿欧元，占GDP的8.9%。其中，财政收入70.27亿欧元，占GDP的40.4%；财政支出85.75亿欧元，占GDP的49.3%。

【对外贸易】2014年进口总额约为51.4亿欧元，同比增长6.52%，出口总额为14.4亿欧元，同比减少10.32%。主要出口商品为医药用品、机械用具、柑橘、服装、奶酪、酒类及部分轻工产品和农产品。主要进口矿产品、机械、运输设备、贱金属及其制品、化学工业及相关工业产品等。

【外国援助】欧盟、希腊、美国每年分别向塞提供3600万、2000万和1500万美元的援助。2007年，欧盟批准2007—2013年欧洲渔业基金（EFF）执行准则，向塞提供1750万欧元资助。2011年塞与俄罗斯签订总额为25亿欧元政府贷款，贷款期限4.5年。2013年3月25日，欧盟同意向塞提供100亿欧元金融救助贷款。

人民生活

受2013年银行业危机影响，人民生活水平有所降低。

军　事

武装力量为国民警卫队，建于1964年，分为陆、海、空三军。司令和一些高级军官由希腊军官担任。实行义务兵役制，服役期为24个月，总兵力约1.2万人，另有辅助兵力750人，预备役人员6万人。

希腊在塞驻军约1000人；土耳其在“北塞”驻军约4.75万人；英国在塞有两个主权军事基地，驻军3700人；联合国驻塞浦路斯维和部队900人。自2000年起，参与了欧洲防御能力增强计划19个项目中的5个，为欧盟防务贡献力量。

土族常规部队“保安旅”有5000人，编为7个步兵营和1个装甲连，另外还有武装警察部队1853人。

文化教育

【教育】小学和初中实行义务教育，15岁以上人口受教育率为97%。近年来，教育经费占政府预算的7%左右，列欧盟第二。有各类教育机构约1270所，在校学生约18万，其中约70%就读于公立学校。各种高等专科学校30所。有一所综合性大学。

【新闻出版】有各种报刊30余种。希族主要有：《自由爱好者报》，1955年创刊，发行量2万份；《黎明报》，1956年创刊，发行量1.4万份；另有《公民报》、《斗争报》、《今日报》、《自由新闻报刊》、《真理报》和《新闻报》等。土族主要报刊有：《灰狼报》，1951年创刊，发行量5000份。塞浦路斯通讯社于1976年4月成立，为非官方通讯社。1997年2月与新华社签署合作协议，开始进行新闻交流与合作。

共有10个覆盖全岛范围的电台。塞浦路斯广播电台建于1952年，除用希腊语广播外，还用土、英、法、阿拉伯和亚美尼亚语广播。土族电台建立于1963年。另有38个地方广播电台。

共有7个覆盖全岛范围的电视台，其中2个国家电视台，3个私人电视台，2个卫星电视台。国家电视台建于1957年。土族电视台建于1976年。另有6个地方电视台。

对外关系

奉行中立的和平外交政策，支持不结盟运动，是不结盟运动25个创始国之一。强调维护国家独立、主权、统一和领土完整，发展同世界各国的友好关系。主张用和平手段解决地区及国际争端，国家不论大小一律平等，关注小国安全。追求全面、平等地参与欧盟事务，申请加入北约“和平伙伴关系计划”，深化同周边国家关系，推动与阿拉伯世界的关系进一步发展，提升与美国、俄罗斯、中国等其他国家的双边关系。认为塞浦路斯问题依然是关乎民族存亡的最大挑战，需要集体的力量来解决。2004年5月加入欧盟，随后宣布退出不结盟运动。与世界上173个国家建立了外交关系。

【同中国的关系】1971年12月14日两国建立大使级外交关系。当前中塞关系发展良好。2011年12月，双方共同庆祝建交40周年，胡锦涛主席与赫里斯托菲亚斯总统互致贺电。近年重要来访：总统阿纳斯塔西亚迪斯（2015年）来华出席亚洲政党丝绸之路专题会议并访华；总统赫里斯托菲亚斯（2008年）两次来华，分别出席北京奥运会开幕式和第七届亚欧首脑会议；议长赫里斯托菲亚斯（2007年）；议长卡洛扬（2011年）；外长基普里亚努（2008、2010年）；国防部长弗卡伊迪斯（2014年）。近年重要往访：全国政协副主席王刚（2010年），全国政协副主席陈宗兴（2012年），全国政协副主席、科技部长万钢（2015年），国务委员刘延东（2012年），文化部部长蔡武（2014年），外交部长王毅（2015年）。

据中国海关总署统计，2014年双边贸易总额11亿美元，同比增长7.4%；其中，我向塞出口10.4亿美元，同比增长6.8%；我自塞进口0.6亿美元，同比增长18.5%。

中国驻塞浦路斯大使：刘昕生。馆址：No.28，Archimidous St. Engomi Nicosia P.O.Box 4531，Nicosia,Cyprus。电话：（00357）22352182（办公室）；传真：22353530。商务处地址：No.17，Agapinor St. Nicosia，P.O.Box 7088，Nicosia，Cyprus。电话：（00357）22375252；传真：22376699。

塞浦路斯驻华大使：阿伊斯·罗伊祖。馆址：北京市朝阳区塔园外交人员办公楼2–13–2。电话：010–65325057；传真：65324244。

【同美国的关系】美国每年向塞提供1500万美元的经济援助。美国支持联合国秘书长为解决塞问题所做的努力，曾多次提出塞问题解决方案，寻求解决塞问题的途径，并同塞保证国希腊、土耳其、英国等保持着密切接触。2014年5月，美副总统拜登对塞进行为期两天的访问，是1962年以来首位访塞的美国副总统。2015年12月，美国务卿克里访塞。

【同欧盟的关系】塞的历史、文化和经济根系欧洲，加入欧盟是塞基本国策。1971年开始与欧共体（欧盟前身）谈判，1972年签署“联系国协定”，1987年与欧共体签订关税同盟条约。1990年7月，正式申请加入欧共体。1997年，欧盟接纳塞为首批入盟候选国。1998年11月，与欧盟开始入盟谈判。1999年，欧盟赫尔辛基会议正式确认“解决塞问题不是塞入盟的前提条件”。2003年3月，欧洲议会外事委员会通过塞入盟决议，同意塞入盟申请。7月，与欧盟警察部队签署共同打击跨国有组织犯罪协议。9月，签署加入欧盟经济区协议。2004年5月，正式加入欧盟并表示，希望欧盟在塞问题上发挥积极作用。2008年7月，议会批准《里斯本条约》。2012年下半年，塞轮任欧盟主席国。

【同英国的关系】塞是英联邦成员国。英国是塞安全保证国之一，在塞有两个主权军事基地。投资、贸易和旅游人数在塞均居首位。英国支持联合国秘书长为解决塞问题所做的斡旋努力。塞国防部与英方签有年度军事合作计划，在分享专业知识、联合演习、参与研讨会和救援行动等方面开展合作。2014年1月，塞总统阿纳斯塔西亚迪斯率政府代表团对英国进行了为期四天的访问。2015年7月，英外交大臣哈蒙德访塞。

【同希腊的关系】两国关系密切。希族一直保持着希腊的语言、文化传统和宗教信仰。希腊是塞的安全保证国，塞始终将发展和加强同希腊关系置于其对外关系的首位。希腊一贯支持塞在加入欧盟及解决塞问题上的立场，每年向塞提供2000万美元的财政援助。

【同土耳其的关系】与土无外交关系，且矛盾复杂尖锐。1974年，土耳其出兵塞岛。1983年11月“北塞浦路斯土耳其共和国”宣布成立后，土即予以承认，成为国际上唯一承认“北塞”的国家。每年土族近一半的财政支出由土耳其援助。2011年7月，土总理埃尔多安访问塞土族区。

【同俄罗斯的关系】同俄保持着传统的友好合作关系。近年来，两国在军事、旅游等方面关系明显加强。俄支持联合国有关解决塞问题的努力，主张塞岛非军事化及以联合国有关决议为基础通过政治对话解决塞问题。2011年12月，俄罗斯与塞浦路斯签署双边政府贷款协议，俄分批向塞提供总额25亿欧元贷款，年收益率达到4.5%，贷款期限为4.5年。2015年12月，俄外长拉夫罗夫访塞。

（韩亚静）

圣马力诺

国名 圣马力诺共和国（The Republic of San Marino, La Repubblica di San Marino）。

面积 61.16平方公里。

人口 33005人（2015年），其中84.3%拥有圣马力诺国籍。官方语言为意大利语。居民大多信奉天主教。

首都 圣马力诺（San Marino），人口约4096人。

国家元首 由两名权力相等的执政官共同担任，任期半年，不能连任，三年后可再次当选。执政官由大议会选举产生，分别于每年3月和9月改选，4月1日和10月1日就职。执政官既是国家元首，又是议会首脑。2014年10月1日至2015年3月31日为吉安·佛朗哥·泰伦齐（Gian Franco Terenzi）和奎里诺·扎诺蒂（Guerrino Zanotti），2015年4月1日至9月30日为安德烈亚·贝卢齐（Andrea Belluzzi）和罗伯托·文图里尼（Roberto Venturini），2015年10月1日至今为洛雷拉·斯特凡内利（Lorella Stefanelli）和尼古拉·伦齐（Nicola Renzi）。

重要节日 国庆：9月3日。

简况

位于欧洲亚平宁半岛东北部的内陆国，距亚德里亚海仅23公里。四周与意大利接壤。境内起伏多山，最高点蒂塔诺山海拔755.24米。属亚热带地中海式气候，年平均气温16℃，冬季最低气温-2℃，夏季最高气温30℃。年均降水量880毫米。

相传公元301年，一位叫马力诺的基督徒石匠为逃避罗马皇帝的迫害，藏身于蒂塔诺山顶。圣马力诺的地名由此而来。最初圣实行族长管理，1243年确立了两个执政官联合执政的制度，成为当今世界上最古老的共和国。在两次世界大战中，圣始终保持中立。战后，圣经济稳定发展，并加入了联合国等一些重要国际组织。

政治

实行多党民主制。2012年11月，由于执政的中右政府出现危机，圣马力诺提前举行议会选举。由天主教民主党、圣马力诺人党、社会民主党及人民联盟组成的左中右大联盟“圣马力诺共同利益”以10031票胜选。由社会党、共和国联盟党及圣马力诺温和党组成的联盟“国家协议”获4408票，左翼联盟“活跃公民”获3180票。

【宪法】圣马力诺没有真正的宪法，1974年7月8日通过的法律《公民权利与圣马力诺基本制度原则宣言》行使宪法的职责，该法律源于古代习惯法、1600年通过的《圣马力诺法令》等，2002年2月26日曾进行修订。

【议会】一院制，名为大议会，由两名执政官主持。拥有立法、选举执政官、批准条约、通过财政预算和任命高级官员等权力。本届为第17届议会，由60名议员组成，全国按比例制普选产生，任期5年。议会讨论和通过的法律，需由执政官公布、内政部发表公报后方可生效。执政联盟获得60个议席中的35个。

【政府】政府成员由大议会任命。不设总理，外长行使总理职责。本届政府为圣马力诺第28届政府，于2012年12月成立，任期5年。组成如下：外交及政务部长帕斯夸莱·瓦伦蒂尼（Pasquale Valentini），内政、公共职能、司法及地方关系部长吉安·卡洛·文图里尼（Gian Carlo Venturini），财政、预算及邮政部长克劳迪奥·费利奇（Claudio Felici），教育、文化、科研、社会活动及机会均等部长朱塞佩·马里亚·莫尔甘蒂（Giuseppe Maria Morganti），卫生、社会安全、家庭、社会救济及经济规划部长弗朗切斯科·穆索尼（Francesco Mussoni），国土、环境、农业、电信、青年、体育、社会保障及部长马泰奥·菲奥里尼（Matteo Fiorini），劳动、合作与信息部长伊罗·贝卢齐（Iro Belluzzi），工业、手工业、商务、交通与调研部长马尔科·阿尔齐利（Marco Arzilli），旅游和体育部长泰奥多罗·隆费尔尼尼（Teodoro Lonfernini）。

【行政区划】全国划分为9个行政区，分别是：阿夸维瓦、博尔戈·马乔列、基耶萨诺瓦、多玛尼亚诺、法埃塔诺、费奥伦蒂诺、蒙泰贾迪诺、塞拉瓦莱和圣马力诺城。

【政党】主要政党有：

（1）天主教民主党（Partito Democratico Cristiano Sammarinese）：执政党，中右翼政党。成立于1948年，圣第一大党，有2400名党员。2012年11月大选中同圣马力诺人党联合竞选，拥有21个议席。书记马尔科·加蒂（Marco Gatti），主席泰奥多罗·隆费尔尼尼（Teodoro Lonfernini）。

（2）社会民主党（Partito dei Socialisti e dei Democratici）：执政党，中左翼政党。成立于2005年，拥有10个议席。书记玛丽娜·拉扎里尼（Marina Lazzarini），主席弗朗切斯科·莫尔甘蒂（Francesco Morganti）。

（3）社会党（Partito Socialista）：在野党，中左翼政党。成立于2012年，拥有7个议席。书记西莫内·切利（Simone Celli），主席阿古斯托·卡萨利（Augusto Casali）。

（4）左翼联盟（Sinistra Unita）：在野党，极左翼政党。成立于2005年，拥有5个议席。主席加斯托内·帕索利尼（Gastone Pasolini）。

（5）人民联盟（Alleanza Popolare）：执政党，中间派政党。成立于1993年，拥有4个议席。主席安东内拉·穆拉罗尼（Antonella Muraloni）。

此外，还有圣马力诺人党、共和国联盟党、10号公民运动等党派。

经　济

20世纪60年代以来，圣旅游业、商业和工业持续发展，经济结构发生根本性变化，逐步由农业国转变为工业和服务业发达的国家，国内生产总值大幅增长。中小企业是经济支柱，以服装、机械制造、电子设备、化工、建筑、酿酒为主。第三产业发展迅速，就业人口中第三产业占40%。此外，旅游业和邮票发行也是圣国民收入的重要来源。近年来，受国际金融危机的影响，以及国际社会要求其增加银行系统透明度和进行税制改革的压力，境内注册企业数量减少，失业率有所上升，经济增长放缓，但总体经济形势稳定，国家预算略有盈余，没有国债。2014年国内生产总值13.90亿欧元，同比下降1%。

【资源】自然资源贫乏，全部能源从意大利进口。

【工业】主要工业部门有纺织、电子、服装、水泥、制革、造纸、家具、陶瓷、酿酒等。铝制品厂是欧洲最大的铝制品厂之一。

【农牧业】传统农牧业活动有谷物种植、养羊等。现今农牧业日益衰退，主要集中在谷物、葡萄、果树种植以及牲畜饲养。可耕地面积6000公顷。主要农产品有葡萄、橄榄、小麦、玉米、奶酪和肉类产品等。

【旅游业】旅游业发达，收入占国民生产总值的50%以上。全国有中等规模以上的旅馆27家，饭店67家。2015年共接待游客189万人次。

【邮票】精美绝伦的集邮册、首日封和圣马力诺硬币是其旅游收入的重要来源之一。1894年首次在意大利发行纪念邮票和贴邮票的信封。全国所有10家邮局均出售纪念邮票和可收藏硬币，1979年起，境内使用注名邮戳。

【交通】无铁路、机场和港口，公路总长220公里，无高速公路。

【财政金融】财政收入主要来源包括税收、发行邮票和纪念币。

【对外贸易】资源匮乏，国力有限，石油制品、工业原料、电力、粮食和副食品主要依赖从意进口。主要贸易伙伴是意大利、欧盟其他成员国、美国和中国。

人民生活

2015年12月常住人口为33005人。2015年预期寿命男性为82.18岁，女性为86.73岁。2015年失业率为6.96%。

全体公民享受公费医疗。全国有1所医院，3所医疗中心，17个诊疗所，6所药房。

军　事

奉行中立政策，无正规军，也不实行义务兵役制，但在遭受外来侵略情况下，所有16至65岁的公民都将应征保卫国家。国防预算主要用于国内安全、治安和执法等非军事项目。

大议会卫队：成立于1740年，当时用于保卫大议会及执政官，目前作为执政官仪仗队。

城堡卫队：主要负责对政府机构常规服务与边境巡逻，保卫议会所在地和执政官的安全，在重大仪式中组成仪仗队炮兵，必要时与宪兵合作。

民兵：成立于1600年，16至55岁的公民均可参加。负责参加官方典礼或仪式，在特殊时期协助宪兵与警察。

宪兵：成立于1842年。负责预防及打击犯罪，维护公共秩序，保护公民及其财产安全，监督法律法规的执行等。由受过专门训练的人员组成。

市政警察：成立于1963年。不属于军队建制，但可与宪兵合作，负责管理交通并维持民事、工业、商业、旅游、金融及税收秩序。

文化教育

【教育】实行小学和中学16年义务教育制。全国有托儿所6所，幼儿园14所，小学14所，初中3所，高中4所，大学1所，以及一些专业培训班和夜校。高中入学率为95%，大学入学率为68%。境内文化机构包括：公共图书馆5所，国家博物馆5所，私人博物馆5所。

【新闻出版】全国有3家报纸和期刊，其中，《新闻》由外交部主办；《圣马力诺》由天民党主办。共有2个电台，1993年建立圣马力诺广播电视台。主要网站：www.libertas.sm。

对外关系

外交政策的宗旨是维护国家的主权和独立，愿同一切友好的国家发展关系。奉行积极中立的外交政策，主张互相尊重独立、主权和领土完整；反对武装干涉和侵略，维护世界和平；支持裁军与核不扩散条约，主张全面销毁核武器；强调加强南北对话，支持各国开展合作；重视保护人权，支持并遵守有关国际条约；主张大小国家一律平等，致力于促进合作与稳定，为建设和平、公正的世界而努力；认为世界正经历着深刻变化，世界局势由紧张对峙走向安全与合作；主张各国增强相互信任与合作，通过和平方式解决地区冲突。参与了欧洲安全与合作组织的创建，认为该组织具有重大历史意义，是保证未来欧洲和平、安全与合作最有效的机制，必须加强其作用。积极参加国际活动，发展同国际组织的关系。1992年3月2日正式加入联合国。同年9月加入国际货币基金组织。目前是国际法院、世界卫生组织、世界旅游组织、国际红十字会等24个国际组织的正式成员。是欧盟委员会成员国。同中国、意大利、梵蒂冈、美国、法国、英国、加拿大、俄罗斯、比利时、德国、日本、印度、埃及、古巴等90多个国家建立了正式关系。

【同中国的关系】1971年5月4日中圣达成建交协议，5月6日正式建立领事级外交关系。1991年7月15日起升格为大使级外交关系。1995年7月19日，萨维娜·扎费拉尼被任命为首任驻华大使（非常驻）。中方主要往访有：回良玉副总理（2007年）、王毅外长（2013年）。圣方主要来访有：外长穆拉罗尼（2012年）。两国于1980年8月26日签订文化教育合作协定，1985年签订互免签证协议（这是我国与西方国家首次签署此类协议）。2001年中圣联合发行中圣建交30周年纪念封。2005年7月，中圣两国就圣在香港委派名誉领事以互换照会形式达成协议。圣积极参加2010年上海世博会，驻华大使（非常驻）扎费拉尼作为圣政府代表出席上海世博会开幕式，圣旅游、体育和经济部长贝拉尔迪出席圣国家馆日活动，圣工业部长阿尔齐利出席中国国家馆日活动。

2011年是中圣建交40周年，双方共同举行了系列庆祝活动。中国驻意使馆在圣马力诺举办两国建交40周年招待会。中国人民对外友好协会主席陈昊苏访圣。圣议会外委会主席、圣中友协主席泰伦齐访华。2012年7月，圣外交、政治、电信和交通部长穆拉罗尼访华，杨洁篪外长与其举行会谈，中圣双方签署《关于税收情报交换的协定》。2013年10月，王毅外长访圣，会见圣执政官卡皮基奥尼和穆乔利，与圣外长瓦伦蒂尼会谈。2014年5月，圣中友协主席泰伦齐应邀来京出席中国国际友好大会暨中国人民对外友好协会成立60周年纪念活动。2015年9月，圣中友协主席泰伦齐以前政要身份来华出席中国人民抗日战争暨世界反法西斯战争胜利70周年纪念活动。

中圣两国自1988年开始直接贸易往来，双边贸易额一直较小。2014年中圣双边贸易额为581万美元，其中中方出口283万美元，同比增长41.5%，中方进口298万美元，同比增长54.4%。2015年中圣双边贸易额为846万美元，其中中方出口430万美元，同比增长52%，中方进口416万美元，同比增长39.3%。

中国驻意大利大使李瑞宇兼任中国驻圣马力诺大使。馆址：Via Bruxelles 56，00198 Roma Italy。总机：0039-06-96524200；传真：85352891。

圣马力诺在华未设使馆。1995年11月6日任命萨维娜·扎费拉尼为圣驻中国大使（非常驻）。

【同意大利的关系】圣意关系十分密切。圣重视改善和发展同意大利的关系。早在1897年，两国就签有“友好睦邻条约”，1971年签订“友好睦邻条约”的补充协定。1979年两国外交关系由总领事级升为大使级。1990年意总统科西嘉访圣。2002年3月，圣执政官和外长访意，双方签署文化、科学合作以及避免双重征税协定。2010年1月，意经济发展部长斯卡约拉访圣，会见圣执政官并与圣外长穆拉罗尼举行会谈，就两国经贸、金融、投资合作交换意见。2014年6月，意总统纳波利塔诺对圣马力诺进行国事访问。（孙纵横）

斯洛伐克

国名 斯洛伐克共和国（The Slovak Republic，Slovenská Republika）。

面积 49037平方公里。

人口 539.7万人（2014年）。斯洛伐克族占

85.8%，匈牙利族占9.7%，罗姆族（吉卜赛人）占1.7%，其余为捷克族、乌克兰族、日耳曼族、波兰族和俄罗斯族。官方语言为斯洛伐克语。居民大多信奉罗马天主教。

首都　布拉迪斯拉发（Bratislava），人口42万（2014年）。2014年平均气温10.5℃；最高气温34℃；最低气温 –12℃。

国家元首　总统安德雷·基斯卡（Andrej KISKA），2014年3月29日当选，2014年6月15日就任，任期5年。

重要节日　1992年9月1日，捷克斯洛伐克联邦斯洛伐克民族委员会通过斯洛伐克共和国宪法。1993年1月1日斯洛伐克独立，将1月1日、9月1日定为国庆日。

简　况

欧洲中部的内陆国。东邻乌克兰，南接匈牙利，西连捷克、奥地利，北毗波兰。属海洋性向大陆性气候过渡的温带气候。

5—6世纪，西斯拉夫人在此定居。公元830年后成为大摩拉维亚帝国的一部分。906年帝国灭亡后，沦于匈牙利人统治之下，后为奥匈帝国的一部分。1918年奥匈帝国解体，10月28日成立独立的捷克斯洛伐克共和国。1939年3月，被纳粹德国占领，后建立傀儡的斯洛伐克国。1945年5月9日，捷克斯洛伐克在苏军帮助下获得解放，恢复共同国家。1948年2月，捷克斯洛伐克共产党执政。1960年改国名为捷克斯洛伐克社会主义共和国。1989年11月，捷克斯洛伐克政权更迭，改行多党议会民主和多元化政治体制。1990年4月，改国名为捷克和斯洛伐克联邦共和国。1992年12月31日，捷克和斯洛伐克联邦解体。自1993年1月1日起，斯洛伐克共和国成为独立主权国家。

政　治

2011年10月，因欧洲金融稳定基金议案在国民议会表决中未获通过导致右翼联合政府垮台。2012年3月，斯举行提前大选，中左社会民主—方向党（简称方向党）以44%的得票率获胜，在议会150席位中占据83席，独自组建中左政府。该党主席菲佐担任总理。方向党执政4年，斯政局较为稳定。2016年3月斯将举行议会选举，各党派努力备选。

【宪法】1992年7月17日，斯洛伐克国民议会通过宪法，规定斯实行多党议会民主制。同年9月1日，该法在捷克斯洛伐克联邦斯洛伐克民族委员会获得通过，并于10月1日生效。

【议会】国民议会为斯洛伐克最高立法机构，实行一院制，共150个席位，每届任期4年。本届议会于2012年3月10日大选产生，有6个党派进入议会：社会民主—方向党83席、基督教民主运动16席，普通公民组织14席（原为16席，2人退党），桥党13席，民主基督教同盟—民主党8席（原为11席，3人退党），自由与团结党6席（原为11席，5人退党）。议长佩特尔·佩列格里尼（Peter PELLEGRINI，方向党）。2016年3月5日，斯将举行国民议会换届选举。

【政府】由总理、副总理和各部部长组成。现政府于2012年4月3日正式就职，主要成员有：总理罗贝尔特·菲佐（Robert FICO），负责投资的副总理卢博米尔·瓦日尼（Ľubomír VÁŽNY），副总理兼内务部长罗贝尔特·卡利尼亚克（Robert KALIŇÁK），副总理兼财政部长佩特尔·卡日米尔（Peter KAŽIMÍK），副总理兼外交部长米罗斯拉夫·莱恰克（Miroslav LAJČÁK），经济部长瓦兹尔·胡达克（Vazil Hudák），交通部长扬·波恰特克（Ján POČIATEK），农业部长卢博米尔·亚赫纳特克（Ľubomír JAHNÁTEK），国防部长马丁·格尔瓦奇（Martin GLVÁČ），司法部长托马什·伯雷茨（Tomáš BOREC），劳动、社会事务和家庭部长扬·里赫特尔（Ján RICHTER），环境部长佩特尔·日加（Peter ŽIGA），教育部长尤赖·德拉克斯勒尔（Juraj DRAXLER），文化部长马雷克·马贾里奇（Marek MAĎARIČ），卫生部长维利安·齐斯拉克（Viliam ČISLÁK）。

【主要网址】政府：www.government.gov.sk；外交部：www.foreign.gov.sk。

【行政区划】全国分为8州79个县，下设市、镇。布拉迪斯拉发为直辖市。

【司法机构】宪法法院、最高法院是国家最高司法机关，总检察院是国家最高检察机关，其院长、副院长、总检察长、副总检察长均由议会选举产生，总统任命。宪法法院院长伊维塔·玛采科娃（Ivetta MACEJKOVÁ），2007年就任，任期12年。最高法院院长丹涅拉·什维佐娃（Daniela ŠVECOVÁ），2014年10月就任，任期5年。总检察长亚罗米尔·齐日纳尔（Jaromír Čižnár），2013年7月就任，任期7年。地方还设有地方法院、检察院。

【政党】注册党派100余个，主要有：

（1）社会民主—方向党（Sociálna demokracia–Smer）：执政党。党员约16200人。2005年1月，方向党与民主左翼党、民主选择党和社会民主党正式合并，更名为社会民主—方向党。把建立有序、公正和稳定的社会作为党的首要目标。主席罗贝尔特·菲佐。

（2）基督教民主运动（简称基民运，Krest’anske demokratické hnutie）：在野党。党员约15360人。1989年11月成立，该党崇尚基督教价值观，主张建立公正、民主国家。党主席扬·菲戈尔（Ján FIGEL）。

（3）民主基督教同盟—民主党（简称民基盟，Slovenská demokratická krest’anská únia–Demokratická strana）：在野党。党员7117人。2006年1月，民基盟与民主党合并，正式更名为民基盟—民主党。主张建立基于基督教和民主价值观的民主法制国家及稳定和高效运转的自由市场经济体制。党主席帕沃尔·弗雷肖（Pavol FREŠO）。

（4）自由与团结党（Sloboda a solidarita）：在野党。成立于2009年3月，主张尊重个人自由和社会团结，推崇自由市场经济和私有制，反对国家干预。党主席理查德·苏利克（Richard SULÍK）。

（5）桥党（MOST–Híd）：在野党。党员4472人。2009年7月成立，由原匈牙利联盟党分化而出的主要党员创立，匈牙利族党团，主张睦邻友好和多民族和平共处。主席贝拉·布加尔（Béla BUGÁR）。

（6）普通公民组织（Obyčajní ľudia a nezávislé osobnosti）。在野党。成立于2011年11月。右翼党派，倡导为民请愿，反对腐败。主席伊戈尔·马托维奇（Igor MATOVIČ）。

（7）斯洛伐克民族党（Slovenská národná strana）。非议会在野党。党员2500人。斯洛伐克民族党是斯洛伐克人于1871年创立的最早的政党，1945—1989年，民族党停止活动。1990年，新型的斯洛伐克民族党成立，致力于发展斯洛伐克国家和民族特性。主席安德雷·丹科（Andrej DANKO）。

（8）网党（SIEŤ）。2014年6月成立，由前议员、总统候选人普罗哈茨卡领导组成，标榜团结各阶层人民，主张减税减赋、改善社会福利、反腐倡廉。该党成立后支持率一度达到17%，后受党主席丑闻影响，目前支持率在10%左右，有望进入下一届议会。主席拉多斯拉夫·普罗哈茨卡（Radoslav PROCHÁZKA）。

【重要人物】安德雷·基斯卡：总统。1963年2月出生。毕业于斯洛伐克技术大学电子技术学院，获工程师资格。1992年创办黄金贸易公司，1996年创立贷款服务公司，后发展成为斯有影响力的信贷集团，基成为斯最富有的商人之一。2014年4月，击败现任总理菲佐当选总统，于6月15日就职。　**罗贝尔特·菲佐**：总理。1964年9月出生。毕业于斯洛伐克考门斯基大学法学院，获法官资格证书。1986年至1995年在司法部法律研究所从事刑法研究工作。1999年创建方向党，任主席至今。2006—2010年任总理。2012年4月再次出任总理。　**佩特尔·佩列格里尼**：议长。1975年10月出生。毕业于斯洛伐克马特亚·贝拉大学经济系。2006年成为斯国民议会议员（方向党），2010年连任。曾先后担任斯国民议会经济政策委员会委员，特权豁免委员会委员，交通、邮电、通信和信息委员会主席等。2012—2014年任斯财政部国务秘书，2014年任教育部长。2014年11月当选斯国民议会议长。

经　济

早年为农业区，基本无工业。捷克斯洛伐克共产党执政期间在斯逐步建立了钢铁、石化、机械、食品加工及军事工业，缩小了同捷在经济上的差距。1989年剧变后，斯根据联邦政府提出的“休克疗法”开始进行经济改革，导致经济大衰退。1993年1月斯独立后，推行市场经济，加强宏观调控，调整产业结构。近年来，斯政府不断加强法制建设，改善企业经营环境，大力吸引外资，逐渐形成以汽车、电子产业为支柱，出口为导向的外向型市场经济。2009年受国际金融危机影响经济下滑，2010年、2011年实现恢复性增长，2012年增速有所放缓。2013年国内生产总值为721.3亿欧元，同比增长0.9%。

2014年主要经济数据如下：

国内生产总值：746.55亿欧元。

人均国内生产总值：1.38万欧元。

国内生产总值增长率：2.4%。

货币名称：欧元（Euro）。

通货膨胀率：–0.1%。

失业率：12.3%。

【资源】有褐煤、硬煤、菱镁矿。石油、天然气依赖进口。

【工业】2014年工业生产总值为173.22亿欧元，占国内生产总值的22.9%。主要工业部门有钢铁、食品、烟草加工、石化、机械、汽车等。从业人员52.7万，约占总劳动力的23.71%。近几年主要工业产品产量如下：

	2011	2012	2013
水泥（万吨）	504.2	440.6	312.1
汽车（万辆）	64.0	92.7	98.7
火力发电（亿度）	73.1	72.4	64.9
水力发电（亿度）	40.7	43.7	50.9

（资料来源：斯国家统计局 Slovstat 数据库）

【农业】2014年农业生产总值为19.39亿欧元，占国内生产总值的2.7%。农业用地192.12万公顷，可耕地面积为135.91万公顷。森林覆盖率约41.4%。农业人口约8.27万，占总劳动力的3.5%。粮食总产量931.6万吨。主要农作物有大麦、小麦、玉米、油料作物、马铃薯、甜菜等。近几年主要农牧产品产量如下（单位：万吨）：

	2012	2013	2014
小麦	127.53	168.43	207.24
大麦	47.04	44.60	67.59
玉米	117.04	112.33	181.41
土豆	16.57	16.45	17.88
甜菜	89.45	114.46	155.02
油料作物	45.43	61.24	73.87

近几年主要农畜存栏数如下（单位：万头、万匹或万只）：

	2012	2013	2014
牛	47.1	46.8	46.6
猪	63.2	63.7	64.2
羊	41.0	40.0	39.1

马	0.6	0.5	0.5
家禽	1185.0	1096.9	1249.4

（资料来源：斯国家统计局Slovstat数据库）

【交通运输】以公路和铁路运输为主，近年来航空运输有所发展。2014年交通情况：

公路：总长17949公里，其中高速公路420公里。客运量总计2.64亿人次，货运量总计1.29亿吨。截至2014年年底，斯共有汽车272.6万辆，其中私人汽车1949万辆。

铁路：总长3627公里，其中复线1017公里，电气化铁路1586公里。客运量总计4927万人次，货运量总计5100万吨。

水运：内河航道172公里，客运量总计15.4万人次，货运量总计183.8万吨。

空运：客运量总计58万人次，货运量总计0.9万吨。

（资料来源：斯国家统计局Slovstat数据库）

【财政金融】近几年财政收支情况（单位：亿欧元）：

	2012	2013	2014
财政收入	154	126.47	121.40
财政支出	187	149.67	155.91
差　额	–33	–23.20	–34.51

截至2014年，斯外汇储备为28.6亿美元；截至2014年，斯外债总额835亿欧元。（资料来源：斯国家统计局、斯央行网站）

【对外贸易】2014年斯对外贸易总额1247.4亿欧元，其中出口647.21亿欧元，进口600.19亿欧元。近几年外贸情况如下（单位：亿欧元）：

	2012	2013	2014
出口额	628.33	641.72	647.21
进口额	592.24	599.40	600.19
差　额	36.09	42.32	1247.40

主要出口商品有：钢材、电子产品、交通工具、机械产品、化工产品、矿物燃料、金属和金属制品、电力设备等。主要进口商品有：石油、天然气、机械设备、原材料、食品、化工产品等。主要贸易伙伴为：德国、捷克、俄罗斯、意大利、奥地利、波兰、法国、匈牙利、英国、荷兰、比利时和美国。2014年斯对欧盟出口占其出口总额的81%，自欧盟进口占其出口总额的60%。

【外国资本】2014年斯吸引外资3.7亿欧元，外资绝大部分流向工业生产、交通、邮电通信、金融和保险业、商业、建筑业、服务业等领域。主要投资国为荷兰、德国、奥地利、意大利、匈牙利、捷克等。

人民生活

2014年，人均月工资837欧元。

军　事

1993年捷克和斯洛伐克联邦解体后，捷与斯按二比一原则分割原捷联邦的军队及其装备。总统是斯全国武装力量最高统帅，国防委员会是国防与安全问题的最高决策机构，国防部是政府主管军事的行政机关，总参谋部是全军最高指挥机构，总参谋长佩特尔·沃伊特克（Peter VOJTEK）。2005年，斯军队开始职业化，现有兵力约1.3万人。

文化教育

【教育】实行十年制义务教育，国家对食宿给予补贴。最著名高等院校有考门斯基大学、斯洛伐克技术大学、艺术学院等。2014年各类学校数量及学生人数如下：

	学校（所）	学生（人）	教师（人）
幼儿园	2896	156402	15175
九年制小学	2133	425731	29646
高中	242	74891	5598
中专	448	142799	11183
大学	36	127077	9071

（资料来源：斯国家统计局Slovstat数据库）

【新闻出版】斯报刊实行私有化，2014年全国发行报纸杂志1400余种，主要日报有:《真理报》、《存在报》、《新时代》、《经济报》、《经济日报》等。主要通讯社有：斯洛伐克通讯社（斯通社，国家商业性通讯社），斯洛伐克信息通讯社（私营通讯社）。主要电视台有：斯洛伐克国家电视台，JOJ电视台，Markiza电视台等。

2014年斯国家广播电台对内广播60527小时，私人广播电台全年广播231796小时。

2014年斯电视台播放全国性节目16105小时，私人电视台全年播放节目705225小时。

（资料来源：斯国家统计局Slovstat数据库）

对外关系

斯外交活跃，以欧盟和北约为依托，发展睦邻友好关系，重视同大国关系，积极推动地区合作，广泛参与国际事务。1993年1月1日，斯洛伐克成为主权独立国家，外交不断进取，国际地位显著提高。2004年3月和5月分别加入北约和欧盟；2006—2007年担任联合国安理会非常任理事国；2007年12月成为《申根协定》缔约国；2009年1月1日起加入欧元区。

【同中国的关系】1949年10月6日，中国同原捷克斯洛伐克建交。1957年3月27日，双方签订了中捷友好条约。1993年1月1日斯洛伐克共和国独立，双方商定中国同捷斯联邦签署的条约和协定对斯继续有效，并沿用1949年10月6日为两国建交日。

2014年，中斯迎来建交65周年，两国共同举办了系列文化庆祝活动。10月，中斯两国领导人及外长就两国建交65周年互致贺电。12月，国务院总理李克强在贝尔格莱德出席中国—中东欧国家领导人会晤期间同斯总理菲佐举行双边会晤。

2015年2月，斯副总理兼外长莱恰克访华。5月，斯国民议会议长佩列格里尼访华，随访的副总理兼财政部长卡日米尔出席在重庆举办的亚欧互联互通产业对话会，张高丽副总理会见。11月，副总理瓦日尼来华出席第四次中国—中东欧国家领导人会晤。其间，习近平主席在北京集体会见，李克强总理双边会见，王毅外长同其签署《中华人民共和国政府和斯洛伐克共和国政府关于推进丝绸之路经济带和21世纪海上丝绸之路建设的谅解备忘录》。

双方在经贸、科技、文化、教育、地方等领域合作富有成效。据中国海关总署统计，中斯贸易额2010年为37.5亿美元，2011年为59.69亿美元，2012年为60.08亿美元，2013年为65.4亿美元。2014年为62.1亿美元，同比下降5.2%，其中中方出口28.3亿美元，同比下降8.3%，进口33.8亿美元，同比下降2.4%。据中国商务部统计，截至2014年，斯对华实际投资累计达4347万美元，中国在斯投资额累计达1540万美元。截至目前，中国是斯第十大出口目的地和第九大进口来源国，斯也是中东欧国家中对华出口和顺差最多的国家。

2015年5月，中斯经济联委会第11次例会在斯召开。9月，中斯科技委员会第七次会议在斯召开。10月，上海对外经贸大学和考门斯基大学在斯合作成立第二所孔子学院。11月，国家质检总局和斯农业和农村发展部签署《关于卫生与植物卫生领域合作的谅解备忘录》，国家原子能机构和斯经济部签署《关于民用核工业燃料循环供应链领域合作的谅解备忘录》。两国文化部签署了2015—2019年度文化合作计划，两国教育部签署2016—2019年教育合作计划。

中国驻斯洛伐克大使：林琳。馆址：布拉迪斯拉发市扬乔娃街8号（Bratislava Jancova 8，Slovak Republic）。电话：00421-2-62803348；传真：62804289。商务处电话：52920154。领事部电话：62804283。网址：http://sk.china-embassy.org。

斯洛伐克驻华大使：暂时空缺，临时代办托马斯·菲利克斯（Tomas Felix）。馆址：北京建国门外日坛路。电话：010-65321531，65325653（使馆、商务处、签证处）。传真：65324814。

【同欧洲国家的关系】斯高度重视发展与欧洲国家特别是周边国家关系，同西巴尔干国家交往频繁，支持该地区国家加入欧盟。2015年主要往来有：1月，总理菲佐赴捷克布尔诺出席同捷总理索博特卡、奥地利总理费曼举行的三方会谈，赴法国巴黎出席《查理周刊》恐怖袭击遇难者纪念活动，国民议会议长佩列格里尼访问斯洛文尼亚，副总理兼外长莱恰克访问挪威；瑞典国防部长胡尔特奎斯特访斯。2月，总统基斯卡赴克罗地亚出席克新任总统基塔洛维奇就职仪式，国民议会议长佩列格里尼访问捷克，副总理兼外长莱恰克出席德国慕尼黑安全会议，其间，同黑山总理久卡诺维奇、波黑外长拉古姆季亚双边会晤；罗马尼亚外长奥雷斯库访斯，匈牙利总理欧尔班赴斯出席斯匈石油管道开通仪式。3月，总统基斯卡访问欧盟总部，总理菲佐赴捷克、匈牙利、罗马尼亚工作访问，副总理兼外长莱恰克在斯高塔特拉山举办中北欧12国外长会议，访问阿尔巴尼亚、黑山；土耳其总统埃尔多安、保加利亚外长米托夫、德国外长施泰因迈尔访斯。4月，总统基斯卡访问梵蒂冈，总理菲佐赴西班牙出席欧盟外长及阿尔及利亚、埃及、以色列等十国外长会议，赴荷兰海牙出席2015全球网络空间会议；塞尔维亚总理武契齐、奥地利副总理兼经济部长米特勒纳访斯。5月，总理菲佐访问土耳其，赴捷出席欧洲核论坛开幕式。6月，2015年布拉迪斯拉法安全论坛（GLOBSEC）在斯召开，英国首相卡梅伦，法国总统奥朗德、波黑塞族共和国总理伊万尼奇、法国议会外交事务委员会主席伊丽莎白吉古、马其顿总统伊万诺夫、格鲁吉亚总统马尔格韦拉什维利、黑山总理久卡诺维奇、波兰总统科莫罗夫斯基等出席。7月，总理菲佐访问波兰，副总理兼内政部长卡利尼亚克访问奥地利并签署临时代收500名中东难民的备忘录；奥地利总统菲舍尔、意大利外交部长真蒂洛尼访斯。8月，罗马尼亚众议院议长兹格内亚访斯。9月，副总理兼外长莱恰克赴斯洛文尼亚出席布莱德战略论坛；捷克总理索博特卡和奥地利总理费曼赴斯出席难民问题三方会谈，列支敦士登外交、教育和文化部长弗里克访斯。11月，罗马尼亚总统约翰尼斯访斯。12月，克罗地亚总统基塔罗维奇访斯。

【同美国的关系】2015年1月，副总理兼外长莱恰克访美。3月，国防部长格尔瓦奇访问美国。4月，副总理兼外长莱恰克访美并出席硅谷创业会议；美国务院反腐专员肯特访斯。

【同俄罗斯的关系】2015年4月，俄罗斯外长拉夫罗夫访斯并出席布拉迪斯拉法解放70周年庆祝活动。5月，总理菲佐访俄并出席俄罗斯卫国战争胜利70周年纪念活动。

【同乌克兰的关系】2015年2月，斯总统基斯卡赴乌克兰出席乌克兰革命死难者游行活动，总理菲佐携副总理兼外长莱恰克、经济部长帕弗利斯对乌克兰进行正式访问。9月，乌克兰总理亚采纽克访斯。

【同其他国家的关系】2015年1月，阿塞拜疆外长马梅季亚罗夫访斯。2月，副总理兼外长莱恰克访问菲律宾。3月，副总理兼外长莱恰克访问巴西、哥伦比亚。5月，越南文化体育和旅游部部长黄永爱访斯。6月，巴勒斯坦外长马勒基访斯。11月，格鲁吉亚总理加里巴什维利、肯尼亚众议长穆图里访斯。12月，越南副总理黄中海访斯。

【同国际或区域组织的关系】积极参与欧盟和北约事务，注重加强维谢格拉德集团（V4）合作，2014年下半年至2015年上半年任维谢格拉德集团轮值主席国。2016年下半年斯将担任欧盟轮值主席国。2015年2月，副总理兼外长莱恰克访问联合国总部，主持"联合国改革友好国家小组"会议。3月，V4、北欧及巴尔干国家外长会议在斯召开。4月，V4防长会议在斯召开。5月，V4外长会议在斯召开。6月，菲佐赴欧盟出席欧元区首脑峰会特别会议；欧委会副主席卡泰宁、谢夫乔维奇访斯。7月，总理菲佐赴欧盟出席欧元区首脑峰会。9月，总理菲佐出席V4总理就难民问题召开的特别峰会，副总理兼外长莱恰克赴美出席联合国可持续发展大会；北约秘书长斯托尔滕贝格访斯。10月，联合国秘书长潘基文访斯。11月，总理菲佐赴马耳他出席欧非移民论坛开幕式，赴法国出席气候变化大会；欧盟委员会副主席东布罗夫斯基、谢夫乔维奇访斯。12月，总理菲佐赴捷克出席V4首脑+韩国总统会晤。

（张文博）

斯洛文尼亚

<u>国名</u>　斯洛文尼亚共和国（The Republic of Slovenia，Republika Slovenija）。

<u>面积</u>　20273平方公里。

<u>人口</u>　206.3万（2015年7月）。主要民族为斯洛文尼亚族，约占83%。少数民族有塞尔维亚族、克罗地亚族、匈牙利族、意大利族等。官方语言斯洛文尼亚语，主要宗教为天主教。

<u>首都</u>　卢布尔雅那（Ljubljana），人口28.3万（2014年）。

<u>国家元首</u>　总统博鲁特·帕霍尔（Borut PAHOR），2012年12月当选，任期5年。

<u>重要节日</u>　国庆节：6月25日。

简　况

位于欧洲中南部，巴尔干半岛西北端。西接意大利，北邻奥地利和匈牙利，东部和南部与克罗地亚接壤，西南濒亚得里亚海。海岸线长48公里。特里格拉夫峰为境内最高的山峰，海拔2864米。最著名的湖泊是布莱德湖。气候分山地气候、大陆性气候和地中海式气候。夏季平均气温21.3℃，冬季平均气温-0.6℃，年平均气温10.7℃。

6世纪末，斯拉夫人迁移到现斯洛文尼亚一带。9—20世纪初，斯洛文尼亚一直受德意志国家和奥匈帝国的统治。1918年年底，斯洛文尼亚与其他一些南部斯拉夫民族联合成立塞尔维亚人—克罗地亚人—斯洛文尼亚人王国，1929年改称南斯拉夫王国。1941年，德国、意大利法西斯入侵南斯拉夫。1945年，南斯拉夫各族人民赢得反法西斯战争的胜利，并于同年11月29日宣告成立南斯拉夫联邦人民共和国（1963年改称南斯拉夫社会主义联邦共和国），斯洛文尼亚为其中的一个共和国。1991年6月25日，斯洛文尼亚议会通过决议，宣布脱离南斯拉夫社会主义联邦共和国，成为独立的主权国家。1992年5月，斯洛文尼亚加入联合国。2004年3月和5月，斯洛文尼亚先后成为北约和欧盟成员。

政　治

斯洛文尼亚独立后政局长期保持稳定。2014年7月，斯洛文尼亚提前举行议会选举，采拉尔党（2015年3月更名为现代中间党）获胜并获得组阁权。9月，由采拉尔党、退休者民主党和社会民主人士党组成的联合政府成立。米罗·采拉尔（Miro CERAR）出任新政府总理。

【宪法】1991年12月23日，斯洛文尼亚议会通过新宪法。1997年和2000年两次修宪。宪法确立立法、行政、司法三权分立原则。

【议会】斯洛文尼亚国民议会是国家最高立法和监督机构，实行一院制。国民议会由90名议员组成，通过直接选举产生，任期4年。全国共分8个选区，每个选区选出11名代表，保留2名代表席位给意大利族和匈牙利族议员。本届国民议会于2014年8月组成，有7个政党进入议会，其中采拉尔党36席、斯民主党21席、斯退休者民主党10席、社会民主人士党6席、左翼联盟6席、新斯洛文尼亚基督教人民党5席及布拉图舍克联盟4席，意大利族和匈牙利族少数民族议员各1席。议长米兰·布尔格莱兹（Milan BRGLEZ，现代中间党成员）。

【政府】国家权力执行机构，任期4年。本届政府成立于2014年9月，由采拉尔党、退休者民主党和社会民主人士党组成。总理米罗·采拉尔。政府成员为：副总理兼公共管理部长博里斯·科普里夫尼卡尔（Boris KOPRIVNIKAR），副总理兼外交部长卡尔·埃里亚韦茨（Karl ERJAVEC），副总理兼农业、林业和食品部长戴扬·日丹（Dejan ŽIDAN），内务部长韦斯娜·吉约尔科斯·日妮达尔（Vesna Györkös ŽNIDAR，女），国防部长安德雷娅·卡蒂奇（Andreja KATIČ，女），财政部长杜尚·姆拉莫尔（Dušan MRAMOR），经济发展和技术部长兹德拉夫科·波契瓦尔舍克（Zdravko POČIVALŠEK），司法部长戈兰·克莱门契奇（Goran KLEMENČIČ），劳动、家庭、社会事务及平等机会部长阿妮娅·科帕奇·姆拉克（Anja Kopač

MRAK，女），卫生部长米洛伊卡·科拉尔·采拉尔茨（Milojka Kolar CELARC，女），教育、科学和体育部长玛娅·马科维茨·布伦契奇（Maja Makovec BRENČIČ，女），基础设施部长佩特尔·加什佩尔希奇（Peter GAŠPERŠIČ），文化部长尤莉雅娜·比集亚克·姆拉卡尔（Julijana Bizjak MLAKAR，女），环境和空间部长伊雷娜·玛伊岑（Irena MAJCEN，女），负责发展、战略项目与凝聚的不管部长阿伦卡·斯梅尔科莉（Alenka SMERKOLJ，女），负责斯国家与邻国斯民族共同体及与海外斯洛文尼亚人关系的不管部长戈拉兹德·日马弗茨（Gorazd ŽMAVC）。

【主要网址】斯洛文尼亚政府：www.gov.si；国家统计局：www.stat.si；政府新闻办公室：www.ukom.gov.si；宏观经济分析与发展研究所：www.umar.gov.si；工商会：www.gzs.si。

【行政区划】全国分为12个统计地区，共有212个市镇级行政单位。

【司法机构】法院和检察院是国家司法机构。法院分宪法法院、最高法院、高等法院、地区法院和县级法院，另外设有专业法院：劳动和社会法院（主要负责处理雇佣关系和社会福利方面的法律案件）、行政诉讼法院及审计法院。宪法法院主要负责判定议会有关立法是否与国家宪法相抵触，由9名法官组成，任期9年，不得连任。宪法法院院长米罗斯拉弗·莫泽蒂奇（Miroslav MOZETIČ），2013年11月就任，任期3年。最高法院为最高司法机构。院长布兰科·马斯莱沙（Branko MASLEŠA），2010年11月就任，任期6年。检察院分共和国检察院、高等检察院（4个）和地区检察院（11个）。总检察长兹温科·菲舍尔（Zvonko FIŠER），2011年5月就任，任期6年。

【政党】斯洛文尼亚登记注册的政党共有83个（2013年）。议会政党有：

（1）现代中间党（Stranka Modernega Centra，前采拉尔党）：执政党。成立于2014年6月。主张建立法治国家，提倡可持续发展，确保人的尊严，保障社会和经济安全，崇尚宽容、自由、相互尊重、互惠和团结。主席米罗·采拉尔（2014年6月当选），现任总理。

（2）斯洛文尼亚退休者民主党（Demokratična Stranka Upokojencev Slovenije）：执政党。成立于1991年5月。强调保护人权、自由和尊严；建立法治和福利的国家；提倡建立社会、卫生安全体制；强调保护自然环境和人的良好生存环境。主席卡尔·埃里亚韦茨，现任副总理兼外长。

（3）社会民主人士党（Socialni Demokrati）：执政党。成立于1993年5月29日，原名社会民主人士联合名单。2005年改为现名。倡导尊重人权和尊严，确保人的自由；主张发展经济，建立安全、平等、经济发展的社会；强调社会和法治国家；保护少数者权利。主席戴扬·日丹，现任副总理兼农业、林业和食品部长。

（4）斯洛文尼亚民主党（Slovenska Demokratska Stranka）：在野党。前身为1989年2月16日成立的斯洛文尼亚社会民主协会，后更名为斯社会民主党，2003年9月改为现名。主张民主、自由、尊重人权，建立法治国家，强调法律面前人人平等；倡导相互尊重、社会团结；强调发展经济，认为经济增长是国家可持续繁荣的基础。主席雅奈兹·扬沙。

（5）左翼联盟（Združena Levica）：在野党。2014年3月1日成立。主张建立民主化的社会主义，制定确保人和自然可持续发展的社会和经济制度，力求社会各领域民主化的发展。

（6）新斯洛文尼亚基督教人民党（Nova Slovenija–Krščanska Ljudska Stranka）：在野党。前身为斯洛文尼亚基督教民主党。成立于2000年8月。主张建立自由、法治的国家；认为健康、成功的经济和井然有序的城市和乡村是国家繁荣、人民幸福的最重要前提。主席柳德米拉·诺瓦克（Ljudmila NOVAK，女）。

（7）布拉图舍克联盟（Zavezništvo Alenke Bratušek）：在野党。成立于2014年5月。主张法律面前人人平等，确保法治和平等原则，建立法治国家，打击腐败；提倡可持续发展，认为人与人的团结是建立公正社会和成功发展市场经济的条件。党主席阿伦卡·布拉图舍克。

【重要人物】博鲁特·帕霍尔：总统。1963年11月生。毕业于卢布尔雅那大学社会、政治和新闻学院（现社会科学学院）。1992年当选议员。1993年当选联合名单党（现社会民主人士党）副主席，1997—2012年任主席。1996年再次当选议员。1995—1996年任议会外委会主席。2000—2004年任议长。2004年6月当选欧洲议员。2008年领导社会民主人士党在议会选举中获胜，并于11月出任总理。2011年12月，在提前议会大选中再次当选议员。2012年12月当选总统。1995年率议会外委会代表团访华。2010年6月作为总理对华进行工作访问，并出席上海世博会斯洛文尼亚国家馆日活动。　**米罗·采拉尔**：总理。1963年8月生。现代中间党主席。法学博士，曾长期在卢布尔雅那大学执教，主要教授法学理论、法律哲学、比较法和法律职业道德。近3年连续荣获斯洛文尼亚最具名望的法律专家称号，曾12次入选斯洛文尼亚最有影响的法律工作者团队。曾参与斯洛文尼亚宪法起草工作，近20多年来一直担任议会法律顾问。2014年6月，成立采拉尔党并任党主席。9月，当选总理。2015年11月，来华出席第四次中国—中东欧国家领导人会晤。　**米兰·布尔格莱兹**：议长。1967年9月生。现代中间党成员。毕业于卢布尔雅那大学社会科学学院，后取得法学学士和国际关系专业博士学位。1992年起在社会科学学院任教，曾担任国际关系专业教研室主任，教授国际关系、国际法政策、外交与领事关系、欧洲人权保护和国际关系与对外政策理论等课程。曾任斯红十字会副主席。2014年8月当选议长。

经　济

斯洛文尼亚拥有良好的工业和科技基础。服务业发达、教育程度高。自1991年独立后，经济转轨平稳，人民生活水平持续提高。2004年加入欧盟并充分依托欧盟优势，扩大外向型经济，各项宏观经济指标名列新入盟国家前列，已于2006年被世界银行列为发达国家。2007年1月1日，斯加入欧元区。2009年以来，斯经济受国际金融危机和欧洲主权债务危机影响较大。

2014年主要经济数据如下：

国内生产总值：373.03亿欧元。

人均国内生产总值：18093欧元。

国内生产总值增长率：3.0%。

货币名称：欧元（Euro）。

通货膨胀率：0.2%。

失业率：13.1%。

（资料来源：斯洛文尼亚国家统计局）

【资源】森林和水利资源丰富，森林覆盖率为66%。矿产资源相对贫乏，主要有汞、煤、铅、锌等，采矿业多年来呈下降趋势。石油与天然气等能源消耗主要依赖进口。

【工业】主要工业部门有汽车制造、机械设备和家用电器制造、电气机械和仪表制造、化工（含制药）、电力能源、冶金、橡胶及塑料产品加工、非金属矿物质制品加工、食品饮料加工、木材加工、家具制造、造纸、印刷出版、纺织、成衣和皮革制品加工。2014年，工业总产值88.25亿欧元，约占国内生产总值的24%。近几年工业产品产量如下：

	2010	2011	2012
非家用制冷与排气设备（台）	479656.0	630474.0	650895.0
其他农业林业机械（台）	14862.0	20372.0	18820.0
机床（台）	62039.0	69220.0	57672.0
电动机、发动机、变压机（万台）	6203.9	6922.0	5767.2
配电、电力控制仪表（万台）	15000.0	17400.0	17600.0
绝缘电线电缆（吨）	4505.0	3824.0	4142.0
发电量（千兆瓦时）	16433.0	16056.0	15729.0
油漆、涂料（万吨）	24.4	20.0	19.4
葡萄酒（万升）	2268.0	2494.4	2046.8

（资料来源：斯洛文尼亚国家统计局）

【农业】农业在国民经济中比重逐年下降。2014年农业用地482219公顷，农业人口8.18万人。2014年农业总产值7.53亿欧元，约占国内生产总值的2%。农产品不能满足本国需求，每年需从其他国家大量进口粮食等农产品。近几年主要农产品产量如下（单位：吨）：

	2012	2013	2014
牛肉	77700	41000	40000
猪肉	42300	29000	30000
家禽肉	83700	60000	62000
小麦	188065	138000	173000
玉米	277358	890000	1390000
马铃薯	79253	62000	97000

近几年主要牲畜存栏总数如下（单位：头／只）：

	2010	2011	2012
牛	470151	462300	460063
其中奶牛	180680	189016	185829
猪	395593	347310	296097
绵羊	129788	119976	114152
家禽	4618000	4007000	4839000

近几年渔业捕获量如下（单位：吨）：

	2012	2013	2014
海水鱼	329	388	496
淡水鱼	790	847	945

（资料来源：同上）

【服务业】为国民经济重要组成部分。包括批发和零售、修理、旅馆饭店、运输、通信、仓储、金融中介机构、房地产、租赁、企业服务、公共管理、教育、医疗保健、社会服务、其他社区或个人服务。从业人口超全国人口总数1/5。2014年，服务业总值153.61亿欧元，约占全年国内生产总值的41.12%。

（资料来源：同上）

【旅游业】斯旅游业比较发达。2014年，共有住宿设施1260余家，房间43100间，床位123235张，旅客超过352.4万人次，过夜959.1万人次。国外游客主要来自意大利、奥地利、德国和克罗地亚。主要旅游区为亚得里亚海海滨和阿尔卑斯山区。主要旅游点有：特里格拉夫山区国家公园、布莱德湖、波斯托伊纳溶洞。主要旅游设施有：海滨浴场、滑雪场、温泉、溶洞、旅馆、疗养胜地、山区或海滨度假旅馆、私人小旅馆、过夜旅馆、汽车宿营地、野营宿营地、酒吧、咖啡馆、旅游农场等。

【交通运输】地理位置较好，电气化铁路和现代化公路占相当大比重。

铁路：2014年铁路总长1209公里，其中电气化500公里，复线铁路330公里。客运量1483.7万人次，货运量1798.9万吨。

公路：2014年公路总长38884公里，其中高速公路676公里。全国载人小汽车106.8万辆，卡车68195辆，公共汽车2410辆，农用拖拉机97559辆。2014年公路客运量2921.9万人次，货运量7414.3万吨。

海运：有3个港口，分别是科佩尔港、伊佐拉港和皮兰港。其中，科佩尔港是斯第一大港。该港建成于1958年，港区面积为450公顷，有2000米的海岸可供装卸货物，有25万平方米的仓储面积。2014年海运货运量1801.2万吨。

空运：2015年共有客机10架。2014年，共起降20872架次，载客132万人次，货运1149吨。卢布尔雅那约热·普奇尼克机场为唯一的国际机场。国家航空公司为亚得里亚航空公司。

【财政金融】近年财政收支情况如下（单位：亿欧元）：

	2012	2013	2014
收入	156.20	162.66	167.49
支出	169.75	216.53	185.77
差额	–13.55	–53.87	–18.28

（资料来源：同上）

2014年，斯外汇储备为34.46亿欧元。政府财政赤字占国内生产总值的5%。累计外债301.3亿欧元，占国内生产总值的80%。

【对外贸易】斯洛文尼亚经济为高度外向型，对外贸易在国民经济中占有较高比重。2014年主要贸易伙伴国为：德国、意大利、奥地利、克罗地亚和法国。主要出口商品类别为：汽车和运输设备、医药、电子机械和设备、工业机械产品、金属制品、石油化工产品、钢铁产品等。主要进口商品类别为：汽车和运输设备、石油化工产品、电子机械及设备、医药、工业机械产品、钢铁产品呢、涂料、金属制品等。近几年对外贸易进出口总额如下（单位：亿欧元）：

	2012	2013	2014
出口额	208.71	215.49	229.36
进口额	219.21	221.14	225.80
差　额	–10.50	–5.65	3.56

（资料来源：同上）

【对外投资】2012年对外投资总额为56亿欧元，主要国家及投资额为（单位：亿欧元）：克罗地亚（15.09）、塞尔维亚（13.83）、波黑（5.73）、马其顿（3.55）、俄罗斯（3.26）、利比里亚（1.96）、荷兰（1.84）、黑山（1.19）、德国（1.12）、奥地利（0.77）。

【对外援助】斯主要通过欧盟、联合国和世界银行等机构提供外援，援助对象主要集中在巴尔干地区。援外数额：2008年为4680万欧元，2009年为5127万欧元，2010年为4425万欧元。

【外国资本】2012年累计引进外资117.24亿欧元。主要国家有（单位：亿欧元）：奥地利（56.05）、瑞士（10.15）、意大利（8.18）、德国（7.69）、法国（6.22）、克罗地亚（5.14）、荷兰（5.1）、英国（3.65）、比利时（3.15）、卢森堡（1.93）。

【著名公司】（1）Gorenje电器厂。主要产品：洗衣机、电冰箱等家用电器。注册资本：1亿欧元。创建于20世纪50年代。董事长弗拉尼奥·博比纳茨（Franjo Bobinac）。网址：www.gorenjegroup.com/si。

（2）雷诺轿车组装厂（Revoz）。主要产品：轿车和轿车零部件。注册资本：5500万欧元。创建于20世纪50年代。董事长帕特里采·哈埃特尔（Patrice HAETTEL）。网址：www.revoz.si。

（3）Krka制药厂。主要产品：药品。注册资本：5470万欧元。创建于20世纪50年代。董事长兼总经理约热·佐拉里奇（Jože Colarič）。网址：www.krka.si。

人民生活

斯政府重视提高和改善人民生活水平，实行覆盖所有纳税人家庭和个人的医疗保障和社会保障制度，包括免费医疗、免费教育、失业保障金、退休金、残疾人福利等。2014年，斯共有29家医院，其中综合性医院18家，妇产医院2家，肺病专科医院2家，神经疾病医院4家，整形医院2家，康复医院1家。共有病床9356张，医师和牙医5760人，国家注册护士5135人。每万人拥有27.9医生、24.9名护士、6.6名牙医和6.6名药剂师。每10万人拥有1.4家医院和453.8张病床。2015年11月人均每月税前收入1679欧元。

军　事

国家武装部队正式成立于1991年6月，原名为斯领土保卫部队，1993年10月改名为斯洛文尼亚军队。总统为国家武装力量最高统帅。1998年起，斯按西方标准改组军队体制，分为基本国防部队、加强部队、快速反应部队。2003年9月取消义务兵役制。截至2015年12月，斯军队总人数7963人，其中常规军人数7049人，预备役914人。2014年国防支出为3.20亿欧元，占国内生产总值的0.9%。斯在以下国家和地区派有维和人员：科索沃、阿富汗、黎巴嫩、叙利亚、波黑、马其顿、塞尔维亚和马里。

文化教育

【教育】2014年斯教育支出22.10亿欧元，占国内生产总值的5.9%。斯实行12年义务教育制度。学制：小学8年，中学4年，大学4—6年。2011/2012学年在校学生人数分别为：小学生159674人，中学生77741人，大学生89600人，研究生15079人。2012年毕业大学生16884人，研究生1993人。各类教师共计36539人。2012年，共有国立综合性大学4所，中学127所，小学451所。2011年，全国各类图书馆共计1175个，博物馆51个。

【新闻出版】2012年，斯有日报8种，周刊42种，双周刊39种，月刊369种，双月刊121种。读者量较大的全国性报纸主要为：《Žurnal 24小时报》（37.3万人）、《斯洛文尼亚新闻》（Slovenske Novice，36.5万人）、《劳动报》（Delo，15.1万人）、《日报》（Dnevnik，14.1万人）、《晚报》（Večer,13.4万人）、《普里莫尔斯卡新闻报》（Primorske Novice,7万人）和《金融报》（Finance，5.6万人）。

电视台：2014年共有55个电视频道。其中国家电视台为斯洛文尼亚广播电视台（RTV，6个频道，1958年成立）。私营商业电视台主要有Kanal A（1989年成立）和POP TV（1993年成立），2000年10月，POP TV的母公司美国Super Plus收购了Kanal A，但仍使用其名称。

广播电台：2014年，共有76个广播频道。2012年，听众人数最多的电台有：Radio 1（20.2万人）、Val 202（16万人）和斯广播电台第一套节目（11.1万人）。

国家通讯社：斯洛文尼亚通讯社，简称STA，成立于1991年6月20日。

对外关系　斯洛文尼亚于2004年5月1日正式加入欧盟。致力于全面融入欧盟体系。积极发展同德国、法国等欧盟大国和美国、俄罗斯等大国的关系。注重发展与其他前南斯拉夫国家的关系，积极参与协调西巴尔干事务及国际热点问题的解决。截至2012年6月，斯已与184个国家建立外交关系。

【同中国的关系】1992年5月12日中斯建交。两国关系发展顺利。2014年5月，中国—中东欧国家合作斯洛文尼亚国家协调员、外交部经济外交司总司长拉什昌来华出席第三次中国—中东欧国家合作国家协调员会议。9月，第二届中国—中东欧国家高级别智库研讨会在斯举行，前国务委员唐家璇、外交部副部长王超和中国国际问题研究基金会理事长刘古昌等与会。同月，中国人民外交学会名誉会长李肇星赴斯洛文尼亚出席第九届布莱德战略论坛。11月，汪洋副总理访问斯洛文尼亚。2015年3月，中共中央政治局委员、重庆市委书记孙政才访问斯洛文尼亚。6月，斯国民委员会主席贝尔瓦尔访华。7月，中国—中东欧国家合作斯洛文尼亚国家协调员、外交部经济外交司总司长拉什昌来华出席第五次中国—中东欧国家合作国家协调员会议。9月，第二届中国—中东欧国家旅游合作高级别会议在斯洛文尼亚举行。10月，全国人大民族委员会副主席委员艾斯海提·克里木拜访问斯洛文尼亚。11月，斯总理采拉尔来华出席第四次中国—中东欧国家领导人会晤。同月，斯副总理兼农林食品部长日丹访华。

据中国海关总署统计，2014年双边贸易额为23.2亿美元，同比增长8.6%。其中，中方出口额为19.9亿美元，同比增长7.8%；进口额3.3亿美元，同比增长8.9%。2015年双边贸易额为23.8亿美元，同比增长2.5%。其中，中方出口额为20.9亿美元，同比增长5%；进口额2.9亿美元，同比下降12.7%。

中国驻斯洛文尼亚大使：叶皓。馆址：卢布尔雅那市科布拉列瓦大街3号（Koblarjeva 3, 1000 Ljubljana,Republic of Slovenia）。电话：00386-1-4202855；传真：2822199。

斯洛文尼亚驻华大使：普瑞泽（Janez PREMOŽE）。馆址：北京市朝阳区霄云路18号京润水上花园F区57号。电话：010-64681154；传真：64681040。

【同美国的关系】1992年8月，斯美建交。两国关系密切。2011年2月，斯洛文尼亚总理帕霍尔访美。

【同俄罗斯的关系】1992年5月，斯俄建交。两国关系发展良好。2014年5月，斯副总理兼外长埃里亚韦茨访问俄罗斯。7月，俄罗斯外长拉夫罗夫访问斯洛文尼亚。

【同欧盟的关系】1992年4月13日，斯洛文尼亚同欧盟建交。2004年5月1日，斯洛文尼亚正式加入欧盟。2005年2月1日，斯洛文尼亚议会以79票对4票批准《欧盟宪法条约》。2008年上半年，斯洛文尼亚担任欧盟轮值主席国。2014年2月，欧洲理事会主席范龙佩访问斯洛文尼亚。3月，欧洲议会议长舒尔茨访问斯洛文尼亚。11月，斯总理采拉尔访问欧盟总部。

【同欧洲国家的关系】2014年2月，卢森堡首相贝泰尔访问斯洛文尼亚。3月，斯副总理兼外长埃里亚韦茨访问斯洛伐克。西班牙外交大臣马加略和奥地利外长库尔茨分别访问斯洛文尼亚。4月，斯总理布拉图舍克分别访问挪威和英国。捷克总统泽曼、保加利亚外长维格宁分别访问斯洛文尼亚。5月，斯总统帕霍尔访问意大利。9月，斯总统帕霍尔访问爱尔兰。10月，斯议长布尔格莱兹访问匈牙利。11月，斯副总理兼外长埃里亚韦茨访问捷克。德国总统高克和奥地利议会上院主席布拉特尼克分别访问斯洛文尼亚。

【同西巴尔干国家的关系】斯重视发展同西巴尔干国家的关系，致力于加强合作。2014年5月，斯总统帕霍尔和国民委员会主席贝尔瓦尔分别访问塞尔维亚。6月，斯总统帕霍尔访问波黑，看守政府总理布拉图舍克分别访问波黑和塞尔维亚。（朱志学）

乌　克　兰

国名　乌克兰（UKRAINE，УКРАИНА）。

面积　603549平方公里（不含克里米亚半岛共576604平方公里）。

人口　4276万（2015年12月31日，不含克里米亚半岛）。共有130多个民族，乌克兰族约占77%，俄罗斯族约占20%，其他为白俄罗斯、犹太、克里米亚鞑靼、摩尔多瓦、波兰、匈牙利、罗马尼亚、希腊、德意志、保加利亚等民族。官方语言为乌克兰语。主要宗教为东正教和天主教。

首都　基辅（KYIV,КИЕВ），人口290.6万（2015年12月31日），面积827平方公里。全国政治、经济、文化、科学中心。2015年，7月最高气温36.3℃，1月最低气温 -13℃。

国家元首　总统彼得·阿列克谢耶维奇·波罗申科（Пётр Алексеевич Порошенко），2014年6月7日就任。

重要节日　公历新年，1月1日；东正教圣诞节：1月7日；统一日（纪念东西乌克兰合并），1月22日；国际妇女节，3月8日；国际劳动节，5月1日；纪念与和解日，5月8日；胜利日（纪念第二次世界大战胜利），5月9日；宪法日（纪念1996年颁布独立后制定的第一部宪法），6月28日；独立日（国庆节），8月24日；乌克兰保卫者日，10月14日。

简　况

位于欧洲东部，黑海、亚速海北岸。95%国土为平原。东西长1316公里，南北长893公里。北邻白俄罗斯，东北接俄罗斯，西连波兰、斯洛伐克、匈牙利，南同罗马尼亚、摩尔多瓦毗邻。陆地边界线长5631公里，海岸线长1959公里。最大山系为西部的喀尔巴阡山，最高峰戈尔维拉峰海拔2061米。大部分地区为温带大陆性气候。1月平均气温 -7℃，7月平均气温20.5℃。

“乌克兰”一词最早见于《罗斯史记》（1187年）。公元9世纪下半叶建立古罗斯国家—基辅罗斯。后在其境内逐步形成三个主要民族乌克兰族、俄罗斯族和白俄罗斯族。1240年蒙古帝国拔都率西征军占领基辅。公元1654年，哥萨克首领赫梅利尼茨基与俄罗斯沙皇签订《佩列亚斯拉夫和约》，乌俄两国合并。1917年12月，建立乌克兰苏维埃政权。1919年1月成立乌克兰苏维埃社会主义共和国并于1922年加入苏联（西部乌克兰1939年加入）。1990年7月16日，乌最高苏维埃通过《乌克兰国家主权宣言》。1991年8月24日乌宣布独立。

政　治

2013年11月底，乌当局宣布暂停同欧盟签署联系国协议，引发大规模抗议示威活动并升级为流血冲突，反对派通过“颜色革命”暴力夺权，亚努科维奇被解除总统职务，导致乌危机爆发。2014年3月16日，根据克里米亚地区（含塞瓦斯托波尔市）全民公投结果，俄迅速接收该地区为新联邦主体。5月11日，乌东部顿涅茨克、卢甘斯克两州举行公投，宣布成立“人民共和国”。5月25日，在第六届（非例行）总统选举中，亿万富翁、无党派人士波罗申科当选总统。波就任后表示首要任务是结束战争和混乱局面，恢复和平；反对乌实行联邦制。7月17日，马来西亚航空公司一架班机在顿涅茨克州距乌俄边境约50公里处坠毁，乌局势更加复杂敏感。当局推进东南部地区“反恐行动”造成大规模流血冲突。在国际社会努力下，乌冲突双方于9月初在明斯克达成停火协议，但小规模交火仍时有发生。9月，议会通过法案，赋予东部民间武装控制部分地区特殊地位，但未得到东部积极回应。11月2日，东部民间武装控制的“顿涅茨克人民共和国”和“卢甘斯克人民共和国”自行举行地方领导人和议会选举。乌政府和美西方予以谴责，俄表示尊重选举结果，并希乌政府尽快与东部新当选领导人开展对话。随后波罗申科总统签署命令废除东部特殊地位法，当局与东部民间武装交火频繁。

2015年，乌当局继续奉行与欧盟和北约一体化方针，按照西方标准进行全面政治、经济、社会改造，国内党派林立，各政治力量实力此消彼长、内斗加剧，社会不满情绪积聚，东部冲突久拖未决。2月，俄乌德法四国领导人在明斯克举行会谈，最终就缓和乌东部地区冲突达成共识。明斯克联络小组俄、乌、欧安组织三方代表以及乌东部民间武装领导人签署履行2014年9月明斯克停火协议的一揽子措施文件，被外界称为“新明斯克协议”。4月，乌议会通过《关于谴责共产主义和纳粹主义极权制度影响和清除其标志法》。8月，乌议会一读通过“去中央集权化修宪案”并引发议会大楼外流血事件。9月，乌民间团体、社会人士等发起“封锁克里米亚”行动。10月，全乌（克里米亚半岛、东部被占地区除外）举行地方选举，选举产生地方新一任立法、行政机构。12月，乌议会执政联盟基础出现动摇，政府数名部长先后声明辞职，内阁面临改组危机。

【宪法】1996年6月28日，乌议会通过独立后的第一部宪法，确定乌为主权、独立、民主的法制国家，实行共和制，乌克兰语为官方语言。总统为代表国家的最高元首；最高拉达为立法机关；内阁为行政机关，对总统负责。2004年12月8日，乌议会通过宪法修正案，规定自2006年1月1日起乌政体由总统—议会制过渡为议会—总统制。2010年10月1日，乌宪法法院裁决2004年“政治改革”宪法修正案违宪，全面恢复1996年宪法效力，国家政体由议会—总统制重回总统—议会制。2014年2月17日，乌议会通过决议，恢复2004年宪法，将国家体制恢复到议会—总统制。

【议会】乌议会由450名议员组成，一院制，任期五年。设议长一人，第一副议长、副议长各一人。乌本届第八届议会于2014年10月26日选举产生，由“波罗申科集团”、“人民阵线”、“反对派集团”、“自助党”、“激进党”和“祖国党”6个议会党团组成。2016年4月14日前，弗拉基米尔·鲍里索维奇·格罗伊斯曼（Владимир БорисовичГройсман）为议长（“波罗申科集团”），安德烈·弗拉基米罗维奇·帕鲁比（Андрей ВладимировичПарубий）为第一副议长（“人民阵线”），奥克桑娜·伊万诺夫娜·瑟洛伊德（Оксана ИвановнаСыроид）为副议长（“自助党”）；议会设28个委员会：农业政策与土地关系委员会，建筑、城市建设、公共事业和地区政策委员会，预算委员会，国家建设和地方自治委员会，生态政策、自然资源利用和消除切尔诺贝利核事故灾难后果委员会，经济政策委员会，欧洲一体化委员会，立法保障与执法事务委员会，反腐败委员会，外事委员会，信息化与信息技术委员会，文化与宗教委员会，科学与教育委员会，国家安全与国防委员会，卫生委员会，燃料—能源综合体、核政策和核安全委员会，税收与海关政策委员会，人权、少数民族与族际关系委员会，法律政策与司法委员会，工业与投资政策委员会，议会章程与事务委员会，言论与信息自由委员会，家庭、青年政策、体育和旅游委员会，社会政策、就业与退休保障委员会，退伍军人、战争参与者、反恐行动参与者和残疾人事务委员会，交通事务委员会，财政与银行事务委员会，私有化特别监督委员会。

【政府】2014年12月2日，乌议会通过政府组阁名单。截至2016年4月14日，政府由总理、2名副总理和17名部长组成。分别为：总理阿尔谢尼·彼得洛维奇·亚采纽克（Арсений Петрович Яценюк），副总理兼文化部长维亚切斯拉夫·安纳托利耶维奇·基里连科（Вячеслав Анатольевич Кириленко），副总理兼地区发展、建筑和住宅公用事业部长根纳季·格里高利耶维奇·祖布科（Геннадий Григорьевич Зубко），内阁部长安娜·弗拉基米洛芙娜·奥尼先科（Анна Владимировна Онищенко），农业政策和粮食部长阿列克谢·米哈伊洛维奇·帕夫连科（Алексей Михайлович Павленко），内务部长阿尔森·鲍里索维奇·阿瓦科夫（Арсен Борисович Аваков），经济发展和贸易部长艾瓦拉斯·阿布罗马维丘斯（Айварас Абромавичус），信息政策部长尤里·雅罗斯拉沃维奇·斯捷茨（Юрий Ярославович Стець），能源和煤炭工业部长弗拉基米尔·瓦西里耶维奇·杰姆奇申（Владимир Васильевич Демчишин），外交部长帕维尔·安纳托利耶维奇·克里姆金（Павел Анатольевич Климкин），基础设施部长安德烈·尼古拉耶维奇·皮沃瓦尔斯基（Андрей Николаевич Пивоварский），青年和体育部长伊戈尔·亚历桑德洛维奇·日丹诺夫（Игорь Александрович Жданов），国防部长斯捷潘·季莫费耶维奇·波尔托拉克（Степан Тимофеевич Полторак），教育和科学部长谢尔盖·米洛诺维奇·克维特（Сергей Миронович Квит），卫生部长亚历山大·克维塔什维利（Александр Квиташвили），财政部长纳塔利亚·安·亚列西科（Наталия Энн Яресько），社会政策部长帕维尔·瓦列里耶维奇·罗津科（Павел Валерьевич Розенко），司法部长帕维尔·德米特里耶维奇·彼得连科（Павел Дмитриевич Петренко）。

【主要网址】总统：www.president.gov.ua；政府：www.kmu.gov.ua；议会：portal.rada.gov.ua。

【行政区划】全国原有24个州，1个自治共和国，2个直辖市，共27个行政区划。乌东部危机后，克里米亚共和国和塞瓦斯托波尔直辖市入俄，变为25个行政区划，具体名称如下：基辅州、文尼察州、沃伦州、第聂伯罗彼得罗夫斯克州、顿涅茨克州（2014年5月12日宣布独立，但并未获得任何国家或地区承认）、日托米尔州、外喀尔巴阡州、扎波罗热州、伊万—弗兰科夫州、基洛夫格勒州、卢甘斯克州（2014年5月12日宣布独立，但并未获得任何国家或地区承认）、利沃夫州、尼古拉耶夫州、敖德萨州、波尔塔瓦州、罗夫诺州、苏米州、捷尔诺波尔州、哈尔科夫州、赫尔松州、赫梅利尼茨基州、切尔卡瑟州、切尔诺夫策州、切尔尼科夫州和基辅直辖市。乌目前共有490个区、460个市、885个镇和28385个村。此外，乌议会2月通过《社区自愿联合法》，鼓励村、镇、市自愿合并。截至2016年3月，乌已建立169个联合社区。

【司法机构】分为最高法院和地方法院，法官由选举产生，任期五年。案件审理过程中的分歧交由最高行政法院裁决。司法监督由总检察长或其下属的地方检察长执行。检察长任期五年。1996年10月18日成立宪法法院，由18名法官组成，任期三年。宪法法院院长尤里·瓦西里耶维·巴乌林（Юрий Васильевич Баулин），2014年3月任职；最高法院院长雅罗斯拉夫·米哈伊洛维奇·罗曼纽克（Ярослав Михайлович Романюк），2013年5月任职；总检察长维克多·尼古拉耶维奇·绍金（Виктор Николаевич Шокин），2015年2月任职，2016年4月获准辞职。

【政党】实行多党制，截至2015年10月9日，共有297个政党在乌司法部注册登记，其中影响较大的政党为：

（1）波罗申科集团（Блок Петра Порошенко）：乌第一大党，执政联盟党之一。前身为“团结党”，2001年2月成立。2014年9月与“打击党”联合参加第八届议会选举。2015年8月，与“打击党”合并。主张坚持和完善议会总统制，由党团和议员联盟组建联合政府。加强地方权力，取消州长，设置执行代表，州委员会由各地方选举产生，在语言、文化、教育、历史领域考虑各地方特点。将加入欧盟作为对外政策优先方向，使人民生活达到欧洲标准。现任党首维塔利·克利奇科（Виталий Кличко）。

（2）人民阵线（Народный Фронт）：成立于2014年3月，执政联盟党之一。主张乌克兰要用自己的力量抵御外敌，保障国家安全，保护公民权利和自由，实现达到欧洲标准的全面改革。现任党首阿尔谢尼·亚采纽克（Арсений Яценюк）。

（3）反对派集团（Оппозиционный блок）：2014年9月，由乌克兰发展党、中心党、新政策党、国家中立党、乌克兰—前进党和劳动乌克兰党六党联合组成“反对派集团”参加议会选举。主张开启关于乌克兰未来的公共对话，保障公民权利、自由和安全。现任党首尤里·博伊科（Юрий Бойко）。

（4）自助党（Самопомощь）：成立于2012年10月，执政联盟党之一。认为乌克兰是单一民族体，应该学会互相帮助、互相支持。现任党首安德烈·萨多沃伊（Андрей Садовый）。

（5）激进党（Радикальная Партия）：原名乌克兰激进—民主党，成立于2010年8月18日。主张取消议会议员特权，减少议员数量；拿起武器保护自己的自由，加强国防。现任党首奥列格·利亚什科（Олег Ляшко）

（6）全乌克兰“祖国”联盟（Всеукраинское объединение “Батькiвщина”）：右派，主张建立民主国家和公民社会，推行市场经济，扩大社会福利，加速私有化进程。现任党首尤里娅·季莫申科（Юлия Тимошенко）。

此外，还有“人民意志”党（Политическая партия “Воля народа”）、“我们的家园”党（Политическая партия “Наш край”）、“复兴”党（Партия “Возрождение”）、乌克兰自由运动（Всеукраинское объединение “Свобода”）、人民党（Народная Партия Украины）、“我们的乌克兰”人民联盟（Народный союз “Наша Украина”）、社会党（Социалистическая партия Украины）、“统一乌克兰”党（Партия “Единая Украина”）、进步社会党（Прогрессивная социалистическая партия Украины）、斯拉夫党（Славянская партия）、人民民主党（Народно-демократическая партия）、“公民立场”党（Политическая партия “Гражданская позиция”）、乌克兰青年党（Молодежная партия Украины）、乌克兰共产党（Коммунистическая Партия Украины）等。

【重要人物】彼得·阿列克谢耶维奇·波罗申科：总统。1965年9月生于敖德萨州。1989年毕业于基辅大学国际关系与国际法系国际经济关系专业。1984—1986年在军队服役，1989—1990年任基辅大学国际关系教研室助教。1990—1998年先后担任“共和国”中小企业联合体副总经理，乌克兰工业投资康采恩总经理，文尼察粮果股份公司监事会主席。1998年3月，在文尼察州第12选区当选为乌议会议员，2001年12月，参加尤先科领导的“我们的乌克兰”政党联盟，2002年3月再次当选乌议会议员，出任议会财政委员会主席。2005年2—9月任乌克兰国家安全与国防委员会秘书，2006年3月当选乌克兰第五届议会议员。2009年10月至2010年3月任外长。2012年3—12月任经济发展与贸易部部长。2012年12月当选乌第七届议会议员。2014年5月当选乌第五任总统。已婚，有二子，两女。**阿尔谢尼·彼得洛维奇·亚采纽克**：总理。1974年5月22日生于乌克兰切尔诺夫策市。先后就读于切尔诺夫策尤里·费季科维奇国立大学法律系，基辅经贸大学切尔诺夫策经贸学院会计与审计系。经济学副博士。1992—2001年先后任“尤列克”法律咨询公司总裁、“阿瓦利”银行顾问、董事会副主席。2001年9月至2013年1月任克里米亚自治共和国经济部代部长、部长。2003年1月至2005年2月任乌克兰中央银行第一副行长、代行长。2005年3—9月任敖德萨州副州长。2005年9月至2006年8月任乌经济部长。2006年9月至2007年3月任总统秘书处第一副主任。2007年3—12月任乌外交部长。2007年11月当选议员。2007—2008年任乌第六届议会议长。2009年任“变革阵线”党主席，2012年“变革阵线”党同“祖国党”合并。2012年当选乌第七届议会议员，出任“祖国党”议会党团主席。2014年2月27日出任总理。2014年3月31日与乌时任议长图尔奇诺夫创建“人民阵线”党。2014年7月24日为抗议执政联盟解散，辞去乌克兰总理职务，8月1日被乌议会驳回。2014年11月27日当选乌克兰新一届政府总理。已婚，有两女。**弗拉基米尔·鲍里索维奇·格罗伊斯曼**：议长。1978年1月20日生于乌克兰中西部城市文尼察市。先后就读于乌克兰地区人力资源管理学院法学专业和乌克兰总统附属国立国家管理学院社会发展管理和地区与地方管理专业，硕士学位。1994—2005年在乌克兰商业机构任领导职务。2002年当选文尼察市委员会议员，任市人权、法律、议员活动与道德问题常设议员委员会副主席。2005年11月任文尼察市市长。2010年连任文尼察市市长。2014年2月27日任乌克兰副总理兼地区发展、建设和住宅公用事业部部长。2014年7月被任命负责领导乌克兰马航MH17事故调查委员会工作。2014年7月24日至8月1日，任乌克兰代总理。2014年11月27日当选乌克兰第八届议会议长。已婚，有一子，两女。

经　济

2015年，乌经济形势困难，工农业产值下滑，外贸萎靡不振，本币持续贬值，国家大举外债，经济运行主要靠外部“输血”支撑，一度处于债务违约边缘。3月，国际货币基金组织批准四年期援乌信贷纲要，总贷款额达175亿美元，并于3月中旬和8月上旬分别向乌提供第一笔50亿美元和第二笔17亿美元贷款。之后，国际货币基金组织指责乌政府改革、反腐等工作不力，迟迟未予提供第三笔17亿美元贷款。11月，乌财政部宣布完成总额150亿美元的债务重组，暂时避免了债务违约。12月，乌总理亚采纽克宣布延期支付俄罗斯的30亿美元债务。全年乌欧、乌俄贸易大幅下降。

2015年主要经济数据如下：

国内生产总值：19795亿格里夫纳。

国内生产总值增长率：-9.9%。

进出口（商品和服务）总额903.32亿美元，同比下降24.2%。

货币名称：格里夫纳（гривня），戈比（копейка），1格里夫纳=100戈比。

汇率（2015年12月31日）：1美元=24格里夫纳。

通货膨胀率：43.3%。

失业率：9.5%。

【资源】乌国土面积的三分之二为黑土地，占世界黑土总量的1/4。境内有100多条流长超过100公里的河流，2万多个湖泊。森林资源较为丰富，森林覆盖率43%，跨越三个植被带—森林沼泽带、森林草原带和草原带。乌已探明有80多种可供开采的富矿，主要包括煤、铁、锰、镍、钛、汞、石墨、耐火土、石材等，这些矿产分布在全国7000多个地区，其中有4000多个地区已进行开发。乌已探明的铁矿石的储量有275亿吨；锰矿石的储量超过21亿吨，位居世界前列；煤、染料矿石、陶土地蜡和石墨的储量也比较丰富。乌石油和天然气资源相对匮乏，其中80%蕴藏在第聂伯罗彼得罗夫斯克州和黑海沿岸，乌国内所需石油90%依赖进口。顿巴斯为乌最大的煤矿，已探明储量1090亿吨。

【工业】2015年，乌工业产值14960亿格里夫纳，同比下降13.4%，其中开采业产值515.22亿格里夫纳，同比下降14.2%；加工业产值3668.47亿格里夫纳，同比下降12.6%；冶金业产值2666.1亿格里夫纳，同比下降16.1%；机械制造业产值1037.08亿格里夫纳，同比下降14.1%；供电、供气、供热及供冷产值2853.01亿格里夫纳，同比下降12%；供水、排水及废料管理产值174.33亿格里夫纳，同比下降13.3%。

【农业】2015年，乌农业产值5441.9亿格里夫纳，同比下降4.8%。其中肉产量327.68万吨（活重），同比下降1.4%；奶产量1068.24万吨，同比下降4%；蛋产量167.8亿个，同比下降14.3%；粮食及豆类产量6012万吨，同比下降5.8%；葵花籽产量1118万吨，同比增长10.3%；甜菜产量1033万吨，同比下降34.3%；土豆产量2083万吨，同比下降12%；露地蔬菜产量921万吨，同比下降4.4%。牛377万头，同比减少2.8%；羊132万只，同比减少3.2%；猪709万头，同比减少3.5%；家禽2.09亿只，同比减少1.6%。

【旅游业】2015年，外国公民入乌人次同比下降2.2%，为1242万人次，主要来自摩尔多瓦（439万）、白俄罗斯（189万）、俄罗斯（123万）等；乌公民出境人次同比增长3%，为2314万人次，主要目的地国为波兰（950万）、俄罗斯（408万）、匈牙利（244万）。外国公民入乌和乌公民出境主要目的为因私及旅游。全乌主要景点分布在基辅、克里米亚半岛、敖德萨、利沃夫、外喀尔巴阡山、切尔尼戈夫等地。

【交通运输】2015年，乌货运量为6.01亿吨，同比下降10.6%；客运量51.75亿人次，同比下降12.3%。

铁路：货运量3.5亿吨，同比下降9.4%；客运量3.898亿人次，同比增长0.1%。

公路：货运量1.47亿吨，同比下降18.2%；客运量22.598亿人次，同比下降22.4%。

水运：货运量640万吨，同比增长8.4%；客运量60万人次，同比下降3.1%。主要海港：敖德萨、南方港、尼古拉耶夫、赫尔松、马里乌波尔、伊利乔夫斯克等。

空运：货运量10万吨，同比下降12.1%；客运量630万人次，同比下降2.6%。主要国际航空港：基辅鲍里斯波尔机场、利沃夫机场、敖德萨机场等。

【财政金融】2015年，乌完成预算收入6520.31亿格里夫纳，同比增长43%；实现预算支出6798.71亿格里夫纳，同比增长30%；预算赤字278.4亿格里夫纳（约占GDP的1.4%）；外汇储备133亿美元（截至2015年12月31日）；债务总额654亿美元，其中外债434亿美元，内债221亿美元。

【对外贸易】2015年，乌对外商品贸易总额为756.37亿美元，同比下降30.2%。其中，商品出口381.35亿美元，同比下降29.3%；商品进口375.02亿美元，同比下降31.1%，顺差6.33亿美元。乌对外服务贸易总额为146.95亿美元，同比下降18.2%。其中，服务出口95.51亿美元，同比下降17.1%；服务进口51.44亿美元，同比下降19.3%，顺差44.07亿美元。乌主要商品出口市场分别为俄罗斯（48.29亿美元，占比12.6%）、土耳其（27.71亿美元，占比7.2%）、中国（23.99亿美元，占6.2%）等。主要商品进口市场为俄罗斯（74.85亿美元，占比19.9%）、德国（39亿美元，占比10.3%）、中国（37.7亿美元，占比10%）等。与上年相比：丝绸、鲜活动物及植物等出口量上升，矿物燃料及石油制品，锌、锡、镍矿矿产，铁路机车等出口量下降；丝绸、船舶、化肥等进口量上升，艺术品、珠宝、铁路机车等进口量下降。

近年商品进出口情况如下（单位：亿美元）：

	2013	2014	2015
进出口总额	1402	1083	756.37
同比增幅	8.6%	–22.8%	–30.2%
出口额	633	539	381.35
同比增幅	–8.0%	–14.8%	–29.3%
进口额	770	544	375.02
同比增幅	–9.1%	–29.3%	–31.1%

（资料来源：乌国家统计局）

【对外投资】截至2015年12月31日，乌克兰海外直接投资（股本）总额为62.1亿美元，较上年同期减少1.42亿美元。乌主要投资目的地国为塞浦路斯（58.17亿美元，占93.7%）、俄罗斯（1.22亿美元，占2%）、拉脱维亚（6980万美元，占1.1%）。

【吸引外资】截至2015年12月31日，乌吸引外国直接投资（股本）总额为433.71亿美元，较上年同期减少25.44亿美元。乌主要外资来源国为塞浦路斯（117.4亿美元，占27.1%）、荷兰（56.1亿美元，占12.9%）、德国（54.1亿美元，占12.5%）、俄罗斯（33.9亿美元，占7.8%）、奥地利（24亿美元，占5.5%）。

【著名公司】（1）克里沃罗格钢铁公司：20世纪30年代成立，位于第聂伯罗彼得罗夫斯克州，主要生产并出口各种冶金制品。电话：380–564–785301；传真：928550。

（2）南方机器制造厂：苏联时期成立，位于第聂伯罗彼得罗夫斯克州，设计生产导弹和宇航产品。电话：380–562–343912；传真：343912。

（3）切尔卡瑟氮肥股份公司：苏联时期成立，位于切尔卡瑟州，生产并出口各种矿物肥。电话：380–472–392926；传真：640336。

（4）安东诺夫飞机制造厂：1946年成立，位于基辅市郊，集设计、试验和生产于一身，共生产"安"式飞机22000多架，出口50多个国家。电话：380–44–4543149；传真：4008144。

人民生活

2015年，乌居民总收入17439亿格里夫纳，同比增长15%；可支配收入13317亿格里夫纳，同比增长15.6%；月人均可支配收入2590格里夫纳，同比增长16.1%；实际可支配收入同比下降22.2%；消费价格指数（商品和服务）同比增长48.7%。居民月人均工资4195格里夫纳，同比增长20.5%，其中，男性月人均工资4848格里夫纳，女性月人均工资3631格里夫纳。居民名义工资同比增长20.5%，实际工资同比下降20.2%。

军　事

乌军队在原苏军基础上组建于1991年8月24日，拥有陆、海、空军三个军种。苏联解体后，乌继承了原苏军大量部队、武器装备及战略储备物资，其中包括78万名现役军人，6500辆坦克，7150辆装甲车，1500架飞机，350艘舰艇，1272枚洲际导弹核弹头，2500枚战术核武器。1992年，乌宣布奉行无核、中立、不结盟政策，开始进行大规模裁军，并在俄罗斯、美国的帮助下销毁了大量核武器。1994年2月，乌在独联体国家中率先加入北约"和平伙伴关系"计划，正式与北约建立合作关系。1997年，乌开始实施《军队建设和发展规划（2005年前）》。2000年7月，乌提出融入欧洲大西洋一体化的战略方针。2005年10月，乌根据北约军队标准制定了"乌武装力量2006至2011年发展规划"。2014年，乌放弃"不结盟地位"，当局视俄为"侵略者"，宣布大力发展军备，开启征兵计划。2015年9月，乌新版军事学说（2015—2020年）生效，将俄定性为"军事对手"，确定军事领域改革目标为2020年前乌军全面达到北约成员国军队标准。11月，乌总统波罗申科签署命令，允许外国人和无国籍人士在乌军中以合同兵身份服役。截至2015年3月，乌军总兵力18.4万。2015年度乌国家安全和国防预算支出约为900亿格里夫纳，占GDP的5%，同比增长约1倍。其中，国家安全预算支出约为GDP的2%，国防预算支出约为GDP的3%。

文化教育

【文化】乌克兰文化政策的宗旨是：国家对文艺组织和艺术家提供法律保障，支持民族文化的发展，不对其实行政治或行政干预，保持文化艺术在其存在和发展过程中所表现出的自身价值和独立性，保证创作自由，保存文化遗产，为各民族人民进一步发展其传统文化创造必要条件。吸引各方资金，以支持文化基层单位和重要文艺机构开展活动。截至2014年底，乌共有各类剧院113所，各级博物馆543家，各类图书馆1.69万个，藏书2.58亿册。

【教育】实行国家管理和社会自治相结合的教育管理体制。教育与科技部是国家教育主管部门，参与制定国家教育、科学和干部职业培训法规，制定教育发展纲要、国家教育标准和教育工作的具体政策，统筹全乌教育工作。地方教育由地方权力执行机构及地方自治机构负责管理并建有专门的管理机构，学前教育、基础教育、校外教育机构及中等师范学校均隶属上述机构。地方教育管理机构负责向其所属学校拨款，为教育工作者及青少年提供社会保障，为学生就近入学并接受教育创造必要条件。

教育体制主要由学前教育、普通中等教育、职业技术教育、高等教育组成，还有校外教育、继续教育、副博士研究生教育、博士研究生教育、自学教育。截至2016年3月，乌共有659所高校，在校学生160.53万。著名大学有国立基辅大学、国立技术大学（基辅理工学院）、基辅莫吉拉国立大学、乌克兰音乐学院、国立哈尔科夫大学、国立哈尔科夫师范大学、国立利沃夫大学、国立塔夫里大学、敖德萨音乐学院等。

【新闻出版】1992年10月2日乌克兰最高苏维埃通过《乌克兰信息政策法》。乌新闻机构管理部门为乌国家广播电视信息政策委员会，前身为乌信息政策部，隶属乌内阁，主要负责乌新闻机构的政策指导、业务管理和协调。

主要电视台：乌国家电视1台、国际电视台、"新频道"电视台、"1 + 1"电视台、"ICTV"电视台、"五频道"电视台和基辅电视台等。除国家电视1台由国家财政拨款外，其余电视台均为私营股份制电视台。

主要广播电台：乌国内共有40多个电台，影响较大的有：乌国家广播公司、基辅市广播电台、"自由"电台、"金门"电台等。乌国家广播公司创建于1924年，共4套节目，每天播出94.5小时，覆盖乌全境。

主要报纸：《事实报》、《政府信使报》、《乌克兰之声》、《今日报》、《日报》、《基辅导报》、《镜报》、《2000报》、《共青团真理报》、《生意人报》、《工人报》、《基辅电讯》等。

主要通讯社：1家官方通讯社，20余家私营通讯社。乌国家通讯社简称乌通社，创建于1918年。每天用乌克兰语、俄语、英语、德语四种语言发布消息，向乌政府机关、500多家新闻机构、社会团体、企业、驻乌外交使团提供新闻稿。是“欧洲通讯社联盟”成员，在中国、俄罗斯、美国、英国等10多个国家有常驻记者。

对外关系

乌新政权视美西方为外交优先方向，坚定推进加盟入约融欧进程；谴责俄侵略行径，拒不承认克里米亚并入俄，积极争取国际社会同情和支持；寄希望于美欧助其维护国家主权、安全和领土完整，防范俄继续肢解乌。2014年9月16日，议会正式批准同欧盟签署的联系国协议。12月23日，议会以绝对多数票通过放弃不结盟地位法案，决定加强与北约合作。2015年，乌克兰继续西进战略，努力加强美欧关系，深化加盟入约改革，推动签署乌欧联系国协定、乌欧免签协议、乌欧自贸区协定等。努力加强与波兰、斯洛伐克、摩尔多瓦等传统战略伙伴关系，发展同日本、土耳其、中亚政治经济往来。截至2012年12月31日，乌与180个国家建立外交关系。

【同中国的关系】1992年1月4日，中乌正式建立外交关系。建交以来，双边关系稳步健康发展。2011年，中乌宣布建立和发展战略伙伴关系，确定两国关系新定位。2013年中乌签署中乌友好合作条约，中乌战略伙伴关系进一步深化，各领域合作进展顺利。2015年1月李克强总理出席在瑞士达沃斯举行的世界经济论坛活动期间会见乌总统波罗申科，双方就两国关系发展及乌局势交换意见。

据中国海关总署统计，2014年中乌双边贸易额为85.9亿美元，其中，中国出口51.1亿美元，中国进口34.7亿美元。据乌克兰海关统计，2015年中乌双边贸易额为61.7亿美元，下降23.7%。其中，乌克兰对中国出口24.0亿美元，下降10.3%，占乌克兰出口总额的6.3%；自中国进口37.7亿美元，下降30.3%，占乌克兰进口总额的10.1%；乌方逆差13.7亿美元，下降49.9%，中国是乌克兰第三大出口市场和第三大进口来源地，是乌克兰第二大贸易伙伴国（进出口总额）。

中国驻乌克兰大使：张喜云。馆址：基辅市格鲁舍夫斯基大街32号（г. Киев, ул.Грушевского, 32）。邮编：01901。电话：0038-044-2537371；传真：2533154。领事部电话：0038-044-2531049；传真：2540086。经商处电话：0038-044-2847710；传真：2848040。

乌克兰驻华大使：焦明。馆址：北京市三里屯东六街11号，邮编：100600。电话：010-65326359。领事部电话：010-65324114。

【同欧盟的关系】2015年1月7—8日，乌总理亚采纽克率团访问德国会见德总统高克、总理默克尔，双方主要讨论了乌东部冲突和乌德合作问题，德方承诺向乌方提供5亿欧元贷款用于重建乌东部基础设施。11日，乌总统波罗申科赴巴黎出席法国反恐大游行，与法国总统奥朗德、德国总理默克尔举行简短会见，主要就协调召开“诺曼底模式”阿斯塔纳峰会交换意见。15日，乌总统波罗申科会见到访的欧洲理事会国会议员大会主席布拉赛尔，双方讨论了乌东局势和乌国内改革问题。19—21日，乌总统波罗申科访问瑞士，出席达沃斯世界经济论坛并发表讲话，其间与荷兰首相马克、土耳其总理达武特奥卢、国际货币基金组织总裁拉加德、经济合作与发展组织秘书长古利亚举行会见。波与各国领导人讨论了顿巴斯局势、乌国内改革和反腐情况及国际反恐形势等问题，表示乌方正积极进行政经改革以推动入欧和入约进程，呼吁国际社会增加对乌经济援助。26日，乌总统波罗申科会见欧盟委员会人道主义援助和危机应对委员赫里斯托斯，双方讨论了乌东局势和欧盟对乌人道主义援助问题。赫宣布欧盟计划向乌提供1500万欧元人道主义援助。2月6日，乌总统会见到访的斯洛伐克总理菲佐，双方讨论了乌入欧和斯向乌供应天然气的问题。6—8日，乌总统波罗申科赴德出席51届慕尼黑安全会议，并与德国总理默克尔、美国副总统拜登、北约秘书长斯托滕贝格、欧盟外交和安全政策高级代表莫盖里尼、斯洛文尼亚总统帕霍尔举行会谈，讨论乌局势。波呼吁国际社会增加对乌支持和援助，申明乌坚定支持明斯克协议。默呼吁各方继续通过政治途径解决冲突。拜谴责俄分裂乌东西行径，表示美将继续对乌提供安全协助。10日，乌总统波罗申科会见到访的西班牙外长何塞，双方就乌局势和乌入欧问题交换意见。12日，乌总统波罗申科赴布鲁塞尔出席欧盟峰会，并与英首相卡梅伦、欧盟委员会主席容克举行会谈，讨论乌局势和国际社会增加对乌宏观经济援助等问题。容确认欧盟将向顿巴斯难民提供1500万欧元人道援助。16日，乌总统波罗申科会见到访的德联邦议长拉默特，双方讨论了乌东局势和乌入欧问题。22日，基辅举办独立广场胜利一周年庆祝活动，欧盟理事会主席图斯克等政要出席活动。3月4日，乌总统波罗申科会见到访的意大利总理伦齐，就乌东局势和加强两国经贸合作问题交换意见。同日，乌总统波罗申科与英外长哈蒙德举行会谈讨论乌东局势。11日，乌总统波罗申科、总理亚采纽科分别会见到访的瑞典首相勒文，与其重点讨论顿巴斯局势、欧安组织特派团监测停火进展等问题，一致认为应继续对俄制裁。15—16日，乌总统波罗申科访问德国，与德总统高克、总理默克尔、联邦议会议长拉默特举行会晤。波向德方通报了乌东部局势，建议增加欧安组织特派团技术装备推进落实明斯克协议，呼吁增加对俄制裁，希德批准乌欧联系国协定、促成欧对乌免签制度。17日，乌总统波罗申科会见到访的罗马尼亚总统约翰内斯。双方就两国关系、黑海划界、乌东部局势等问题交换意见，深入探讨乌罗经贸、能源、环境、交通、基建等领域合作前景。19日，乌总理亚采纽克赴布鲁塞尔出席欧盟峰会，其间亚与欧盟委员会主席容克、波兰总理科帕奇、西班牙首相拉霍伊举行会谈，通报顿巴斯局势，呼吁各国维持对俄统一战线、增加对俄制裁。25日，乌总统波罗申科与到访的奥地利外长库尔茨举行会谈。波向库通报了顿巴斯地区局势和乌司法改革、投资环境改善和反腐成果。4月1日，乌总统波罗申科会见欧洲对外关系委员会高级专家代表团。波介绍了东部局势，向欧寻求支持。同日，乌总理亚采纽克赴德国工作访问，赞赏德国向乌提供的5亿欧元援助。22日，乌总统波罗申科访问法国，强调落实明斯克协议的必要性，指出应往乌东派遣维和部队，法国总统奥朗德称现阶段仍有违反停火制度现象，但派遣维和部队暂无必要，双方元首商定加强在能源、农业、交通等领域的合作。同日，波罗申科在巴黎会见法国国民议会议长巴尔托洛。波呼吁法国民议会加快审判乌欧联系国协定并对乌实施免签制度。27日，乌总统波罗申科、欧洲理事会主席图斯克、欧盟委员会主席容克出席在基辅举行的乌克兰—欧盟峰会。峰会两大主题是抗击俄侵略与支持乌改革。欧盟积极评价乌改革第一阶段在宪法改革、去中央集权化、反腐、能源领域重建、改善商业环境等方面取得的成果。5月6日，乌总统波罗申科在基辅会见意大利外长真蒂洛尼。波称经国际观察员确认，未履行明斯克协议的不是乌方，而是俄方支持的民间武装。波还向意介绍乌改革成功，吸引投资。12日，乌总统波罗申科在基辅会见挪威外长布伦德。波表示乌正在建设新的方向供气平台，不会让天然气问题成为向乌施压的手段，欢迎挪签署1350万美元的对乌财政援助协议。13日，乌总统波罗申科访问德国，会见德总理默克尔。双方强调了落实明斯克协议的必要性。14日，乌总统波罗申科在德国会见欧洲理事会主席图斯克。双方积极评价乌克兰—欧盟峰会上关于向顿巴斯地区派遣欧盟评估团的决定，该评估团已于当日开始工作。当日，波还会见了欧盟委员会主席容克、法国总统奥朗德、芬兰总统尼尼斯特，波与各方讨论东部局势，谴责民间武装不断破坏停火制度。22日，乌总统波罗申科在里加“东部伙伴国”峰会期间与德、法、英首脑分别举行双边会谈。29日，乌克兰波罗申科在基辅会见了德外长弗兰克，双方探讨了如何保障落实明斯克协议、德国对乌援助等问题。6月17日，乌总统波罗申科在基辅会见英国前首相布莱尔，波谴责俄作为《布达佩斯备忘录》的担保国公然破坏国际法与全球安全系统，称英应与美、法一道继续向乌提供安全保障。18日，乌总统波罗申科在基辅会见欧盟委员会睦邻与扩张政策事务委员哈恩。波表示，哈此行标志着欧盟在支持乌、抗击俄侵略、保障乌主权与领土完整等问题上的一致性。同日，乌总统波罗申科在基辅会见G7与欧盟外交使团代表。波感谢英国、意大利、加拿大、德国、美国、日本等国对乌改革与统一的有力支持。26日，乌总统波罗申科在基辅会见卢森堡外长艾索。艾向波通告了卢作为欧盟委员会轮值主席国在援乌问题上的计划与日程，表示欧盟对俄制裁取决于明斯克协议落实情况，指出欧支持乌开展改革，包括修改宪法。7月3日，乌总统波罗申科在基辅会见欧洲议会主席舒尔茨。双方就乌欧联系国协定、乌欧互免签证、欧对乌宏观经济援助等问题交换意见。7日，乌总统波罗申科在基辅会见保加利亚总统普列夫内利耶夫。波感谢保加利亚对乌克兰领土与主权完整的支持。14日，乌总统波罗申科在基辅会见斯洛文尼亚副总理兼外长埃里亚韦茨。波感谢斯支持乌主权与领土完整，希望斯方支持乌竞选2016—2017年度联合国非常任理事国。15日，乌总理亚采纽克会见英国首相卡梅伦。双方商定在安防、关税系统领域改革开展务实合作。22日，乌总统波罗申科在基辅会见欧洲议会副主席查尔涅茨基。波感谢查支持乌改革、抗击俄侵略。查表示，欧洲议会愿支持2016年乌欧实行免签制度。8月11日，乌总理亚采纽克在基辅会见英国防大臣法伦。法称英拟增强培训乌军计划。24日，乌总统波罗申科在柏林会见德总统高客、德总理默克尔、法总统奥朗德。各方呼吁遵守明斯克协议，德法未提及对乌进一步经济援助事。27日，乌总统波罗申科赴布鲁塞尔访问欧盟总部，分别会见欧盟理事会主席容克、欧盟委员会主席图斯克、欧盟外交与安全政策高级代表莫盖里尼。波呼吁各方遵守从9月1日起停火意愿，强调民间武装预计于10月18日、11月1日举行的非法选举极其危险，严重威胁明斯克进程，呼吁俄对此施压，希望乌议会支持宪法修订案，贯彻落实明斯克协议政治部分。双方并就乌欧联系国协定、互免签证、自由贸易区等问题交换意见。同日，波还会见了比利时首相米歇尔。米表示比将继续对俄实施制裁，呼吁各方全面遵守明斯克协议。9月10日，乌总理亚采纽克会见斯洛伐克总理菲佐。亚表示，乌将扩大从斯进口天然气规模。双方并就俄“北溪—2”项目交换意见。24日，乌总统波罗申科在基辅会见欧洲议会国际贸易与法制委员会议员，双方就2016年1月1日起实施乌欧自由贸易区、乌欧互免签证等问题交换意见。27日，乌总统波罗申科在纽约会见英国首相卡梅伦。波向卡通报了近期东部局势，卡表示，英将向乌派遣军事教官，给予乌专项援助。双方强调10月18日、11月1日在民间武装控制区举行非法选举破坏明斯克协议。同日，波罗申科在纽约会见德国总理默克尔。双方就10月2日巴黎“诺曼底模式”领导人会晤准备工作、乌欧实施自由贸易区、乌欧互免签证等问题交换意见。28日，乌总统波罗申科在纽约会见奥地利总统菲舍尔。波表示，2016年1月1日起实施的乌欧自由贸易区制度将为乌奥经贸合作创造新机遇，奥表示愿向乌战区难民提供人道主义援助。10月2日，乌总统波罗申科在巴黎会见法总统奥朗德。波表示乌法关系达到历史最高水平，双方指出有必要进行联合国安理会改革。22日，乌总统波罗申科在基辅会见卢森堡首相贝特尔。波谢卢投票支持乌当选联合国安理会非常任理事国。双方就双边关系、明斯克协议落实情况、乌地方选举等交换意见。23日，乌总理亚采纽克赴柏林会见德总理默克尔。亚表示，民间武装控制区选举必须符合乌法律与欧安组织标准。默表示，唯有在三方联络组织积极调解制定相应乌法律后，顿巴斯民间武装控制区才能举行选举。双方还就乌德经贸合作、建立乌德商会、自贸区等问题交换意见，并签署3亿美元对乌天然气贷款。11月9日，乌总统波罗申科在基辅会见欧盟委员会副主席、外交和安全政策高级代表莫盖里尼。双方就继续政治调解局势、解决顿巴斯地区人道主义危机、推进乌反腐去中央集权化、乌欧互免签证等问题交换问题。11月17日，乌总统波罗申科在基辅会见立陶宛外长林克维丘斯、瑞典外长瓦尔斯特仑。波感谢两国提供务实援助，两国外长表示坚定对俄制裁直至其落实明斯克协议，乌危机仍是欧外交优先方向之一。各方就乌东局势、明斯克协议落实情况、乌欧互勉签证等问题交换意见。19日，乌总统波罗申科访问意大利，分别会见意总统马塔雷拉、总理伦奇与众议长博尔德里尼。双方就乌欧联系国协定、乌欧互免签证、反腐、能源、农业等领域合作问题交换意见。26日，乌总统波罗申科访问荷兰，分别会见荷兰国王威廉－亚历山大、总理吕特。双方指出乌欧自贸区将给两国自贸市场带来机遇，拟开始为举办两国商业论坛做准备，商定就追究马航MH17航班失事肇事者责任事加强联合行动。30日，乌总统在巴黎会见芬兰总统尼尼斯特、荷兰首相拉斯穆森、德国总理默克尔并与奥地利、罗马尼亚、意大利、荷兰、卢森堡、希腊等国领导人举行简短会面。波感谢各方支持，呼吁各国领导人继续对俄制裁，并就乌欧互免签证交换意见。12月11日，乌总统波罗申科在基辅会见塞浦路斯总统阿纳斯塔夏季斯。双方就乌欧联系国协定、互免签证、深化双边合作等问题交换意见。16日，乌总统波罗申科访问欧盟总部，会见欧盟理事会主席图斯克、欧盟委员会主席容克。波感谢欧对实施乌欧自贸区坚定支持，强调乌将针对免签计划继续在反腐、司法、内务等领域进行改革，希望欧加快向乌提供第二笔宏观经济援助。同日，乌总统波罗申科在布鲁塞尔会见瑞典首相勒文。波向勒通报了近期顿巴斯地区局势与明斯克协议落实情况。双方强调加强欧盟对俄制裁保持一致十分重要，呼吁恢复乌领土完整。

【同美国的关系】2015年1月28日，美财政部长雅各布访问乌克兰，分别与乌总统波罗申科、总理亚采纽克举行会见，讨论美乌金融合作、美增加对乌经济援助问题。波、亚向雅通报乌金融、能源、司法改革和反腐进展，感谢美方向乌增加20亿美元贷款担保，邀请美方出席拟于4月举办的乌募捐大会。2月5日美国务卿克里访乌，分别会见乌总统波罗申科、总理亚采纽克。其间克敦促俄立即停止对乌东分裂势力的支持，宣布美将向乌提供新一笔10亿美元的信用贷款以支持乌经济改革。3月6日，乌总统波罗申科会见到访的美国副国务卿布林肯。波向布通报了顿巴斯局势和新明斯克协议执行情况，谴责民间武装未履行撤武协定、释放人质等。30日，乌总统波罗申科会见到访的美国国会代表团。波向美通报了乌东局势进展和乌政治、经济、反腐改革成果，强调乌美军事领域合作重要性。20日，乌总统波罗申科与美驻乌大使派亚特赴乌西部利沃夫州出席乌美“无畏守护者2015”联合军演启动仪式。此军演另有来自加拿大、英国、波兰等北约国家士兵参加。6月10日，乌总统波罗申科在基辅会见美驻联合国代表鲍尔。双方就落实明斯克协议问题进行讨论。20日，乌总统波罗申科在基辅会见美国参议员麦凯恩。波向麦通报了近期顿巴斯地区局势，指出俄与民间武装分子不遵守明斯克协议导致局势激化，乌美联合军演具有重要意义，欢迎美参议院通过国防预算案。26日，乌总统波罗申科在基辅会见威尼斯委员会主席马克特。波感谢委员会提出关于乌宪法去中央集权化部分修改意见，希委员会继续对乌宪法修改，按照欧洲标准进行司法改革提供专业支持。7月2日，乌总统波罗申科在基辅会见美国国会议员罗斯卡姆。波感谢美对乌的支持，罗表示对乌支持是美外交政策优先方向之一。双方并就加强军事技术、航天领域合作进行讨论。乌总统波罗申科在基辅会见美国国会代表团。波感谢美在军事技术、金融、安全、人道援助等领域多乌的支持。美议员表示，国会两党均对乌表示支持。13日，乌总理亚采纽克在华盛顿会见美总统奥巴马、副总统拜登。亚高度评价美方对乌方的支持，美希望乌深化在能源领域改革，推动乌履行对国际货币基金组织及其他金融机构的责任。同日，亚采纽克会见美贸易部长普里茨克及美商界代表，并参加首届乌美商业论坛。16日，乌总统波罗申科在基辅会见美国务卿努兰。波感谢美对乌援助与支持，希美继续促进缓解乌东局势，协助解决停火、后撤武器、交换战俘等。努祝贺乌议会高票通过去中央集权化宪法修正案并提交至宪法法院，称美将继续协助乌方。22日，乌总统波罗申科在基辅会见美国驻欧指挥官、北约联合武装力量总司令布里德洛夫。波感谢美与北约支持加强乌国防能力，双方就乌东局势、乌美联合军演等交换意见。8月6日，乌总统波罗申科在基辅会见美国会代表团及美众议院民主党领袖佩洛西。波指出美国会在乌支持乌主权与领土完整、国防、改革、稳定经济发面发挥了重要作用，双方并就落实明斯克协议、深化军事合作等问题交换意见。9月3日，乌总统波罗申科在基辅会见美参议院军事委员会议员里德。波感谢美国会对乌的帮助，里表示美将尽力保障俄落实明斯克协议，赞赏乌与债权人达成债务重组共识。10日，乌总统波罗申科在基辅会见美国助理国务卿努兰。努表示美支持乌为近期顿巴斯停火付出的努力，赞赏乌去中央集权化宪法改革。双方强调应进一步保障国际对乌支持，并就美乌关系，美向乌财政援助等问题交换意见。9月29日，乌总统波罗申科在纽约会见美总统奥巴马。奥表示美支持乌主权与领土完整，将继续推动乌开展改革，寻找外交途径解决冲突。30日，乌总统波罗申科在纽约会见美副总统拜登。波感谢美对乌支持。拜表示乌安全问题与叙利亚局势无关，欢迎9月29日签订关于后撤口径100毫米以上重型武器协议。双方强调俄应完全落实明斯克协议。10月12日，乌总统波罗申科在基辅会见美参议院代表团。波向美方通报了停火、达成取消非法选举共识等情况，强调在保障欧安组织全面监控、释放非法关押人质等方面没有积极进展。双方还就增强国防、经济、反腐等领域合作交换意见。17日，乌外长克里姆金访美，会见美国家安全顾问赖斯，美常务副国务卿布林肯、美助理国务卿努兰等。双方讨论了顿巴斯局势，强调俄支持的民间武装应遵守停火、后撤武器、允许欧安组织观察员通行以监控符合乌法律的地方选举。美称若俄继续侵略，破坏明斯克协议，则将联欧继续甚至加大对俄制裁。26日，乌总统波罗申科在基辅会见美商务部长普利茨克和美大企业代表团。波向普通报乌地方选举情况，介绍了乌商业、反腐、司法等领域改革。普宣布美将给予乌第三笔超10亿美元贷款。双方并就乌吸引外资、企业私有化等问题交换意见。11月13日，乌总统波罗申科在基辅会见美财政部长卢。波感谢美对乌支持与援助，通报了近期顿巴斯局势。双方就乌税务、反腐等领域改革交换意见。12月7日，乌总统波罗申科在基辅会见美副总统拜登。拜指出乌经济发展出现积极信号，力保颜色革命成果。拜称克里米亚是乌领土，要求乌在顿巴斯地区举行自由、公正的地方选举，进行去中央集权化宪法改革，通过东部地方选举法、大赦法等。拜还支持乌加强能源安全，指出乌欧自贸区生效具有重要意义，承诺向乌提供新一笔3亿美元援助。

【同加拿大的关系】2015年5月11日，波罗申科会见加拿大外长尼克尔森，波感谢加国派出的200名教官训练乌军，加方表示计划向乌提供3000万加元的援助。6月6日，乌总统波罗申科在基辅会见加拿大总理哈珀。哈表示支持乌，将继续对俄实行经济制裁，强调俄应撤离乌境内重型武器。双方还就军事、经济、贸易、投资等领域合作交换意见。6月26日，乌总统波罗申科在基辅会见加拿大国防部长肯尼，波感谢加在增强乌国防能力上给予援助。7月14日，乌总理亚采纽科在渥太华会见加拿大总理哈珀、加拿大商界代表。双方签署关于建立乌加自由贸易区谈判落实文件，就吸引加对乌投资、增加双边贸易额、扩大乌商品对加出口等问题进行讨论。11月29日，乌总统波罗申科在巴黎会见加拿大总理特鲁多。波向特通报了近期顿巴斯地区局势，特指出将继续向俄施压，双方强调在经贸、军技等领域进一步深化特殊伙伴关系，并就简化签证等问题交换意见。

【同土耳其的关系】2015年3月20日乌总统波罗申科、总理亚采纽克会见到访的土耳其总统埃尔多安，就乌局势、乌土双边关希和经贸合作等问题交换意见。当日两国总统出席“乌克兰—土耳其高层合作委员会”第4次会议并签署联合声明，决定近期举行乌土经贸合作委员会、军工合作委员会定期会晤和自贸协定谈判。11月30日，乌总统波罗申科在巴黎会见土耳其总统埃尔多安。波向埃通报近期东部局势。埃介绍了俄苏24战机侵犯土领空的具体情况。双方指出永不承认俄归并克里米亚，谴责俄侵犯乌民族、鞑靼人及其他克里米亚居民基本权利与自由，商定加强经贸等领域合作。

【同以色列的关系】2015年12月22日，乌总统波罗申科赴耶路撒冷会见以色列总统里夫林、总理内塔尼亚胡。波感谢以对乌公民提供的经济与医疗援助，向里介绍了近期顿巴斯地区局势。双方强调应全面落实明斯克协议，恢复乌领土完整。两国元首并就经贸、科技、旅游、人文等领域合作、开启乌以自贸区、进一步发展两国传统友谊关系、深化两国在国际问题上相互协作等问题交换意见。波还与内签署了一系列科技、教育、文化及基础设施发展等领域双边合作文件。

【同独联体国家的关系】同俄罗斯的关系：2015年乌俄关系持续恶化。1月25日，为向俄方施压，乌国家安全与国防委员会通过决议对俄罗斯实施制裁。2月6日，乌对俄160多家企业实施制裁，限制其在乌经济活动。4月，乌克兰政府禁止在乌传播与公映部分俄罗斯电影和电视剧。5月15日，乌总统波罗申科签署了乌议会最高拉达通过的4部“去共产主义化”法律，禁止共产党活动和共产主义标识，禁止公开发表共产主义言论，拆除颂扬前苏联时期的纪念碑，为乌克兰民族主义分子平反等。根据乌《禁止对共产主义和社会主义集权制度的宣传》法，乌中央政府拟在9个月内对乌各带有前苏联色彩的区域、城镇、居民点、街道进行重命名。9月16日，乌克兰总统波罗申科签署法令，乌克兰对俄罗斯400名自然人与90名法人制裁名单生效。9月20日，根据克里米亚鞑靼议会领导人提议，乌民间发起封锁克里米亚活动，乌克兰总统波罗申科对该活动表示支持，乌极端势力“右区”积极参与封锁。10月25日，乌克兰宣布对俄罗斯航空公司禁飞。同月，乌右翼分子和克里米亚鞑靼极端分子发起对克岛能源封锁。11月20日激进分子炸毁克岛4根输电杆塔导致克岛发生大规模停电并持续数日。11月26日，乌克兰禁止所有俄罗斯航空公司飞经乌领空和在乌境内中转。11月23日，乌克兰政府宣布禁止对克里米亚的货运与铁路运输。

同摩尔多瓦的关系：2015年2月22日，基辅举办独立广场胜利一周年庆祝活动，摩尔多瓦总统蒂莫夫蒂出席活动。5月6日，乌克兰总统波罗申科会见摩尔多瓦总理布里奇。波称希望看到强大、政治稳定的摩尔多瓦，对摩在经济发展、金融稳定等领域合作项目很感兴趣。

同土库曼斯坦的关系：2015年3月27日，乌总统与到访的土库曼斯坦总理兼外长梅列多夫举行会谈。双方高度评价乌土关系，商定继续挖掘两国合作潜力，并就恢复直航和人道主义领域合作深入交换意见。10月29日，乌总统波罗申科赴阿什哈巴德会见土总统别尔德穆哈梅多夫。双方签署一系列农业、工业、旅游等领域合作协议。

同白俄罗斯的关系：2015年8月12日，乌总统波罗申科在基辅会见白俄罗斯外长马克伊。波感谢白为缓解乌东局势提供平台，指出近日交火有所上升。马指出白对近期顿巴斯局势恶化表示担忧，愿为进一步和平调解提供帮助。双方并就乌白关系以及能源、农业、汽车制造、航空等领域合作交换意见。

同格鲁吉亚的关系：2015年9月16日，乌总统波罗申科与格鲁吉亚总统马尔格韦拉什维利通电话。波高度评价格对乌的全面支持，双方就双边关系问题交换意见，强调在“古阿姆集团”框架下加强合作十分必要。

同哈萨克斯坦的关系：2015年10月9日，乌总统波罗申科访问哈萨克斯坦，会见哈总统纳扎尔巴耶夫。波表示哈多年来一直是乌可靠伙伴，指出两国在能源、航天、机械制造、文化交流等领域合作具有巨大潜力。双方就乌东问题、哈向乌提供天然气石油煤炭助乌实现能源多样化等问题交换意见。会后双方签署《乌哈2015—2017年合作路线图》，计划在哈建设石油天然气设备、铁路、市政交通、路桥、采矿设备等领域联合企业。

同阿塞拜疆的关系：2015年11月13日，乌总统波罗申科与阿塞拜疆总统阿利耶夫通电话。波表示两国关系深化前提条件已具备，强调两国都面临外部侵略、国家安全与领土完整威胁等问题，应联合坚持国际基本法则，指出乌对阿“纳卡问题”立场不变。阿利耶夫称阿方将一如既往支持乌领土完整。双方商定加快举行政府间经济合作委员会例行会议，并就共同协作对抗全球与地区安全威胁等问题交换意见。

【同波罗的海国家的关系】2015年1月10日，乌总统波罗申科会见到访的拉脱维亚外长埃德加斯，双方就将于5月举行的东欧伙伴峰会、欧盟对乌经济援助和联合抵制俄信息宣传等交换意见。14日，乌总统波罗申科会见到访的爱沙尼亚总理罗伊瓦斯，双方就乌东战事、欧洲能源安全和两国军事技术合作等问题交换意见。2月13日，乌总统波罗申科会见拉脱维亚议长穆尔涅采，双方讨论了乌局势和乌入欧问题。3月21日，乌总统波罗申科会见到访的立陶宛总统格里包斯凯特。波向格通报了乌东局势和国内改革进程。8月13日，乌总统波罗申科在基辅会见立陶宛外长林克维丘斯。波对立给予乌帮助与支持表示感谢，林表示愿进一步协助乌团结国际力量阻止俄罗斯侵略。双方并就近期顿巴斯局势、乌欧联系国协定、欧洲一体化、军技合作等问题交换意见。乌总统波罗申科在基辅会见立陶宛总理布特克维丘斯。波指出两国在联合国安理会、MH17建立国际刑庭等问题上合作良好。布表示支持乌去中央集权化，双方并就乌欧互免签证，加强两国贸易、投资、科技、国防安全与军事技术等领域合作交换意见。10月27日，乌总统波罗申科在基辅会见拉脱维亚总统韦约尼斯。波感谢拉方对乌抗击俄侵略、乌入欧的支持。韦表示拉不承认侵略克里米亚。双方就双边关系，明斯克协议落实情况等问题交换意见。14日，乌总统波罗申科在利沃夫会见斯洛文尼亚总统帕霍尔。波通报了近期顿巴斯地区局势，指出俄未完成明斯克协议，呼吁欧继续制裁。双方并就乌反腐等领域改革、乌欧联系国协定等问题交换意见。12月2日，乌总统波罗申科赴维尔纽斯会见立陶宛总统格里包斯凯特、总理布特克维丘斯。双方商定加强经贸、交通、能源、农业等领域合作，并就国家能源、反垄断委员会、电力管控、反腐等领域改革经验交换意见。14日，乌总统波罗申科在基辅会见立陶宛、拉脱维亚、爱沙尼亚国防部长。波表示，乌短时间内在国防安全、军队等领域改革已取得显著成效，指责俄未完全落实明斯克协议，希欧继续制裁俄。乌总统波罗申科在基辅会见拉脱维亚、立陶宛两国宪法法院院长，波介绍了乌去中央集权化宪法改革大体情况，表示乌愿与两国在宪法领域进行长期战略合作。

【同“维谢格拉德”集团的关系】2015年1月19日，乌总统波罗申科会见到访的波兰总理科帕奇，双方讨论了乌波关系，两国在能源、国防、军事技术等领域的合作，乌、波、立陶宛共建防卫队，乌欧一体化进程，欧盟对乌援助等问题。29日，乌总理亚采纽克会见到访的立陶宛外长林克维丘斯，双方讨论了北约、欧盟对俄政策问题，亚祝贺立驻乌使馆成为2015—2016年北约对乌联络馆。2月9日乌总统波罗申科会见到访的波兰总统科莫罗夫斯基，波向其通报了乌东局势，科表示对乌入欧问题给予充分支持。13日乌总统波罗申科会见匈牙利总理欧尔班，双方讨论了乌局势和乌匈合作问题。22日，基辅举办独立广场胜利一周年庆祝活动，斯洛伐克总统等政要出席活动。3月2日，乌总统波罗申科会见到访的波兰外长谢蒂纳和丹麦外长里德加德，三方讨论了缓和顿巴斯局势、乌国内改革、欧洲能源安全等问题。4月8日，波兰总统科莫罗夫斯基对乌进行正式访问，会见乌总统波罗申科。波感谢波兰对乌入欧的支持，双方重点讨论了向顿巴斯地区派遣联合国维护部队的问题。乌总统波罗申科赴波兰进行工作访问，会见波兰总统科莫罗夫斯基、联合国秘书长潘基文。三方讨论了顿巴斯局势，指出该地区未完全实现停火与后撤重型武器，应向东部派遣维和部队。7月2日，乌总统波罗申科在利沃夫会见波兰总统科莫罗夫斯基。波称乌改革借鉴了波兰经验，乌波专家高效合作加快了乌改革进程。波方表示将继续支持乌方改革。9月9日，乌总理亚采纽克赴华沙会见波兰总理科帕奇。乌波签署1亿欧元贷款合同，用于乌波边境道路及检查站设施建设。28日，乌总统波罗申科在纽约会见波兰总统杜达。波高度评价波兰坚定支持政治调解乌局势。杜表示，波兰将一直是乌实行亲欧改革道路上的可靠伙伴。12月15日，乌总统波罗申科在基辅会见波兰总统杜达。杜宣布波兰将向乌提供10亿欧元贷款。双方共同反对俄建设“北溪–2”项目，商定设立乌克兰—波兰—立陶宛军旅团，加强三国、欧盟及地区安全。

【同亚太国家的关系】2015年3月1—3日，乌外长克里姆金访问日本并会见日本首相安倍晋三，双方就顿巴斯问题交换意见。克向安通报乌局势和国内改革情况，感谢日对乌支持、援助。5月6日，乌总统波罗申科在基辅会见新加坡外交部长兼司法部长尚穆根。尚表示新支持乌领土与主权完整，愿与乌在治国、反腐、经济、安全等领域展开合作。6月6日，乌总统波罗申科在基辅会见到访的日本首相安倍晋三。两国元首就政治、经济等领域合作深入交换意见，并共同出席日方为基辅污水处理项目投资11亿美元的签字仪式。9月29日，乌总统波罗申科在纽约会见日本首相安倍晋三。波感谢日对乌大规模财政援助，安指出若乌东部举行非法选举，日不会承认其结果。11月30日，乌总统波罗申科在巴黎会见越南总理阮晋勇。双方商定2016年在基辅举办两国政府间经贸与科技合作委员会会议，并就加强两国政治对话、深化经贸关系等问题交换意见。同日，乌总统波罗申科会见日本首相安倍晋三。波感谢日在G7框架下对乌有力支持。安表示日坚持俄全面落实明斯克协议。双方并就顿巴斯、克里米亚地区局势发展交换意见。

【同中东国家的关系】2015年2月23—24日乌总统波罗申科对阿拉伯联合酋长国进行工作访问，与阿总理穆罕默德就加强两国经济、能源、国防、农业合作等问题交换意见。

【同联合国和其他国际组织的关系】2015年3月23日，乌总统波罗申科与到访的联合国副秘书长、开发计划署署长克拉克举行会谈。波向克介绍了乌国内改革进展，建议联合国开发计划署参与乌去中央集权化和宪法改革工作。4月21日乌总统波罗申科在瑞士会见红十字国际委员会主席毛雷尔。波高度评价红会为乌难民提供的援助，指出乌与红会将保持长期合作。红会称将大幅提高对乌援助物资，2015年对乌援助额将达8450万美元。同日，乌总统波罗申科在瑞士会见国际奥委会主席巴赫。双方讨论了体育合作的问题。4月22日，乌总统波罗申科在经济合作与发展组织委员会会议上发表演讲，并会见该组织主席戈利亚。28日，乌总统波罗申科在基辅主持召开国际支持乌克兰大会，共56个国际和机构、500多个外国投资人和商业代表参会。波谴责俄加大对东部民间武装的支持，呼吁落实明斯克协议，并向与会者通报乌改革、反腐成果，展示乌经济潜力，吸引投资。5月8日，乌总统波罗申科在基辅会见联合国秘书长潘基文，共同出席乌纪念与和解日庆祝活动。7月1日，乌总统波罗申科在基辅会见欧洲复兴开发银行行长查克拉巴蒂。波表示乌克兰愿扩大与该行合作，查表示乌经济尚富有活力，双方就投资、银行系统改革等问题进行讨论。15日，乌总统波罗申科在基辅会见威尼斯委员会主席布吉克基奥。波指出委员会在乌宪法、司法、选举等领域改革中发挥了重要作用，双方并就去中央集权化宪法修订案交换意见。29日，乌外长克里姆金在纽约会见联合国秘书长潘基文。双方就在顿巴斯地区设立联合国办公室问题交换意见。9月6日，乌总统波罗申科在基辅会见国际货币基金组织总裁拉加德。波感谢拉在支持乌反腐、金融、投资等领域开展改革，指出2015年截至当时该组织已向乌援助共计67亿美元。拉高度评价乌为稳定经济局势所做工作。10月13日，乌外长克里姆金会见联合国秘书长潘基文。克向潘通报了“诺曼底模式”会谈、明斯克会谈、地方选举、明斯克协议落实等情况，表示亲俄民间武装对顿巴斯地区实施封锁，造成数月来联合国及其他国际组织人道援助无法进入该地区。

【同北约的关系】2015年9月21日，乌总统波罗申科在利沃夫会见北约秘书长斯托尔滕贝格。双方出席“乌克兰—2015”乌北约紧急情况处理联合演习开幕式。波高度评价此次演习，称其旨在提高各参与国应对突发自然与人为灾害的水平。22日，乌总统波罗申科主持召开乌国家安全与国防委员会会议。北约秘书长斯托尔滕贝格参会。这是历史上首次北约秘书长参加乌国安委会议，会议谈及进一步发展乌北关系、抗击俄罗斯侵略、推动明斯克进程等议题。北约未提及对乌武器援助事。12月17日，乌总统波罗申科在布鲁塞尔会见北约秘书长斯托尔滕贝格。波感谢北约对乌的全方位、务实援助，表示乌为达到北约标准将进行一系列内政、国防领域改革，指出签署乌与北约国防技术合作路线图具有重要意义。

【解决乌东部危机诺曼底模式会谈】2015年2月11—12日，乌总统波罗申科在明斯克出席“诺曼底模式”乌俄德法四国元首会晤。会晤持续近16小时，取得一定进展，联络组代表签署《关于落实明斯克协议综合措施》文件，商定从2月15日零时起实施停火并后撤重型武器。四国元首会后发表声明，支持《关于落实明斯克协议综合措施》，坚持政治解决乌东冲突。24日，“诺曼底模式”四国外长会在巴黎举行，乌俄德法四国外长出席会议，重点讨论了落实新明斯克协议、撤出重型武器等问题。四方同意配合欧安组织特派团监测重型武器撤出等工作。4月14日，乌俄德法四国外长在柏林举行诺曼底模式外长会，会晤持续近3个小时，各方呼吁后撤口径小于100毫米以下重型武器，商定尽快在三方联络小组下任命各分工作组代表等。5月6日，乌俄欧三方联络小组在明斯克举行闭门会晤。乌方代表库奇马、俄方代表库利穆哈梅托夫、欧安组织代表塔利亚维尼，“顿涅茨克共和国”代表普希林，“卢甘斯克共和国”代表达伊尼参会。会见持续近4小时。会晤各方一致同意建立安全、政治、人道、经济四个分工作组，推动各组工作。据悉，此系乌俄欧分工作组代表第一次举行会见，乌与两共和国代表开始对话，会晤还确定了分工作组的具体日程。6月23日，乌俄德法四国在巴黎举行“诺曼底模式”外长级会晤，各方对乌东局势恶化深表担忧，呼吁各方立即停火，推动乌政府与顿涅茨克和卢甘斯克两州代表进行对话，6月26日前后撤口径大于100毫米的重型武器。8月26日，乌欧俄联络组及政治、经济、人道各分工作组在明斯克举行会晤。各方达成初步停火意愿，愿进一步开展战俘互换、逐步恢复顿巴斯地区经济局势，修复铁路，保障水供应等。9月1日，波罗申科在基辅会见三方联络欧安组织代表赛迪克。波表示乌全面履行包括进行去中央集权化宪法改革在内等明斯克协议规定的内容，重申东部两州地方选举应符合乌法律。赛赞赏乌议会一读通过去中央集权化宪法修订案，欢迎近期乌东部实行的停火制度。9日，乌俄德法四国领导人举行“诺曼底模式”电话会谈。四方讨论了近期明斯克协议落实状况与9月8日三方联络组会晤情况。四国领导人积极评价近期顿巴斯停火情况，强调应签订在欧安组织监督下从接触线后撤重型武器的协议。乌德法领导人表示，民间武装举行非法选举威胁政治调解进程。俄总统则强调乌应落实明斯克协议政治部分，进行宪法改革，即给予东部特殊地位、举行地方选举、通过自治法，呼吁乌当局与民间武装代表尽快展开对话。10月3日，乌俄德法四国领导人在巴黎举行“诺曼底模式”会晤。四国领导人对峰会成果表示满意，商定乌应研究制定地方选举法、特殊地位法和大赦法。12月30日，乌俄德法四国领导人举行“诺曼底模式”电话会谈。四国领导人就近期顿巴斯地区紧张、不稳定的局势进行讨论，一致认为各方应在接触线附近地区遵守停火制度，确定明斯克协议延期至2016年，商定继续就此问题保持沟通，并于2016年年初举行“诺曼底模式”外长会，强调三方联络组应加快就东部举行地方选举模式问题做工作，尽快研制通过乌东部专门地方选举法，指出欧安组织民主制度与人权办公室应参与此次地方选举。（张良）

西　班　牙

国名　西班牙王国（The Kingdom of Spain，Reino de España）。

面积　505925平方公里。

人口　4643.99万（2015年），主要是卡斯蒂利亚人（即西班牙人），少数民族有加泰罗尼亚人、加里西亚人和巴斯克人。官方语言为卡斯蒂利亚语（即西班牙语），少数民族语言在本地区亦为官方语言。94%的居民信奉天主教。

首都　马德里（Madrid），人口314.20万（2015年）。

国家元首　国王费利佩六世（Felipe VI），2014年6月19日登基。

重要节日　国庆节：10月12日；宪法日：12月6日。

简况

位于欧洲西南部伊比利亚半岛。西邻葡萄牙，东北与法国、安道尔接壤，北濒比斯开湾，南隔直布罗陀海峡与非洲的摩洛哥相望，东部和东南部濒临地中海。海岸线长约7800公里。中部高原属大陆性气候，北部和西北部沿海属海洋性气候。首都平均气温1月4.9℃，8月22.5℃。

政治

1492年“光复运动”胜利后，建立统一的西班牙封建王朝。哥伦布发现新大陆后西开始海上扩张，逐渐发展为海上强国，在欧、美、非、亚各洲均有殖民地。1588年以“无敌舰队”被英国击溃为标志，开始衰落。1873年建立第一共和国。1931年建立第二共和国。1936年佛朗哥发动叛乱并于1939年夺取政权，实行独裁统治。1947年佛朗哥宣布西为君主国，自任终身国家元首。1975年11月佛朗哥病逝，胡安·卡洛斯一世国王登基。1976年7月胡安·卡洛斯一世国王任命原国民运动秘书长阿·苏亚雷斯为首相，西开始向西方议会民主政治过渡。1982年工人社会党首次在大选中获胜组阁，上台执政长达14年。1996—2004年人民党连续执政。2004—2011年工社党重新上台执政。2011年11月，工社党在大选中失利，人民党重掌政权。2014年6月，西班牙国王胡安·卡洛斯一世宣布退位，46岁的王储费利佩六世登基。2015年12月，人民党在大选中取胜，赢得全部350个议席中123席，但失去绝对多数优势，截至2016年2月，各党派仍在进行组阁谈判。

【宪法】现行宪法于1978年12月6日全国公民投票通过，12月29日生效。宪法规定西班牙是社会与民主的法治国家，实行议会君主制，王位由胡安·卡洛斯一世的直系后代世袭。国王为国家元首和武装部队最高统帅，代表国家。政府负责治理国家并向议会报告工作。宪法承认并保证各民族地区的自治权。

【议会】由参议院和众议院组成，行使立法权，审批财政预算，监督政府工作。立法权以众议院为主，参议院为地区代表院。议员由普选产生，任期4年。本届议会于2015年12月投票产生，于2016年1月正式组成。当前，众议员350名，参议员266名。众议院排名前四的政党为：人民党（123席）、工人社会党（89席）、“我们能”党（65席）和公民党（40席）。众议长弗朗西斯科·哈维尔·洛佩斯·阿尔瓦雷斯（Francisco Javier López Álvarez，工社党），参议长皮奥·加西亚—埃斯库德罗·马克斯（Pío García-Escudero Márquez，人民党）。

【政府】截至2016年2月，由于新政府仍未组成，上届政府作为看守政府继续执政。该政府于2011年12月21日成立，有14名内阁成员：首相马里亚诺·拉霍伊·布雷（Mariano Rajoy Brey），副首相兼首相府大臣、政府发言人索拉亚·萨恩斯·德圣玛丽亚（Soraya Sáenz de Santamaría，女），经济及竞争大臣路易斯·德金多斯（Luis de Guindos），财政及公共管理大臣克里斯托瓦尔·蒙托罗（Cristóbal Montoro），外交与合作大臣何塞·曼努埃尔·加西亚–马加略（José Manuel García–Margallo），司法大臣拉斐尔·卡塔罗·波罗（Rafael Catalá Polo），国防大臣佩德罗·莫雷内斯（Pedro Morenés），内政大臣豪尔赫·费尔南德斯·迪亚斯（Jorge Fernández Díaz），发展大臣阿娜·帕斯托尔（Ana Pastor，女），教育及文体大臣伊尼格·门德斯·德维戈（Íñigo Méndez de Vigo），就业及社会保障大臣法蒂玛·巴涅斯（Fátima Bañez，女），工业、能源及旅游大臣何塞·曼努埃尔·索里亚（José Manuel Soria），农业、食品及环境大臣伊莎贝尔·加西亚（Isabel Garcia，女），卫生、社会服务和平等大臣阿方索·阿隆索·阿拉内吉（Alfonso Alonso Aranegui）。

【行政区划】全国划分为17个自治区、50个省、8000多个市镇，在摩洛哥境内另有休达和梅利利亚两块飞地。

【司法机构】司法领导机构是司法总委员会，由20名成员组成，最高法院院长卡洛斯·莱斯梅斯（Carlos Lesmes）兼任主席。司法机构分司法法院和行政法院两大系统。

最高检察机构是国家总检察院，下辖各级检察院及派驻各司法部门的检察官。国家总检察长爱德华多·托雷斯–杜尔塞·利凡特（Eduardo Torres–Dulce Lifante）。

【政党】西实行多党制。主要政党有：

（1）人民党（Partido Popular）：执政党。原名人民同盟，1977年创立，1989年易名为人民党。执行“中间改良主义”路线。现有党员约86万。该党成立后不久便在国家的政治舞台上崭露头角，力量不断扩大。1996年5月首次上台执政。2000年3月蝉联执政。2011年11月再次赢得大选。主席马里亚诺·拉霍伊·布雷，总书记玛丽亚·多洛雷斯·德科斯佩达尔（María Dolores de Cospedal，女）。

（2）西班牙工人社会党（Partido Socialista Obrero Español）：最大在野党。成立于1879年，现有党员约62万。总书记佩德罗·桑切斯·佩雷斯–卡斯特洪（Pedro Sánchez Pérez–Castejón），主席米卡艾拉·纳瓦罗·加尔松（Micaela Navarro Garzón）。该党于1982—2011年间曾六度执政。

（3）“我们能”党（Podemos）：2014年1月成立，在2015年12月全国大选中赢得69个众议院席位，成为众议院第三大党。总书记是该党创始人巴勃罗·伊格莱西亚斯（Pablo Iglesias），注册党员约38万。

（4）公民党（Ciudadanos）：2006年成立，原系加泰罗尼亚自治区地方性政党，在2015年12月全国大选中赢得40个众议院席位，成为议会第四大党。党主席阿尔伯特·里维拉（Albert Rivera），注册党员约3万。

【重要人物】费利佩六世：国王。1968年2月8日生于马德里，是胡安·卡洛斯一世国王和索菲娅王后的幼子。1985年从加拿大雷克菲尔德高中毕业后，在西班牙萨拉戈萨陆军学院、马林海军学院和圣哈维尔空军学院接受为期三年的正规军事教育。结束军校学习后，进入马德里自治大学学习法律、经济、信息技术和历史，随后赴美国乔治城大学深造并获国际关系硕士学位。1986年成为王储，2014年6月登基。喜爱滑雪和打壁球，擅长帆船运动。2004年与平民莱蒂西亚结婚，育有二女。 **马里亚诺·拉霍伊·布雷**：首相。1955年3月27日生。法学学士。1996—2003年曾担任西班牙公共管理大臣，教育和文化大臣，第一副首相兼首相府大臣，内政大臣和政府发言人。2003至2004年任人民党总书记。2004年起任人民党主席。2011年12月当选首相，目前任看守政府首相。

经 济

西班牙是中等发达的资本主义工业国，经济总量居欧盟第五位。20世纪80年代初，西开始实行紧缩、调整、改革政策，采取了一系列经济自由化措施。以1986年加入欧共体为契机，经济发展出现高潮。90年代初，由于出现经济过热现象，经济增长速度放慢并陷入衰退。90年代中期以来，在西政府采取的宏观调控政策的作用下，经济开始回升并持续稳步增长。1998年5月西成为首批加入欧元区国家后，经济持续快速增长，年增幅高于欧盟国家平均水平。近年来，受全球金融危机影响，西金融风险加大，房地产泡沫破灭，失业率飙升，经济急速下滑，社会发展面临严峻挑战。2012年6月，西向欧元集团申请不超过1000亿欧元的优惠贷款用于救助西银行业。2015年，西经济实现恢复性增长，国内生产总值增长率为2.9%。

2014年主要经济数据如下：

国内生产总值：10411亿欧元。

人均国内生产总值：22412欧元。

国内生产总值增长率：1.4%。

通货膨胀率：–0.2%。

失业率：23.7%。

（资料来源：西班牙统计局报告）

【资源】主要矿产储藏量：煤88亿吨，铁19亿吨，黄铁矿5亿吨，铜400万吨，锌190万吨，汞70万吨。森林总面积1500万公顷，森林覆盖率30%。

【工业】工业产值产占GDP比例较高。其中，2014年钢产量1420万吨，同比下降0.6%，排名世界第16位。西班牙主要工业部门还包括食品、汽车、冶金、化工、能源、石油化工、电力等行业。纺织、服装和制鞋业是西重要传统产业。汽车工业是西支柱产业之一，2014年产量超240万辆，同比增长11.08%，达5年来最高水平，位居世界第9位、欧盟第2位。2014年西班牙对外出口汽车204万辆，同比增长8.51%。

（资料来源：西班牙统计局报告）

【农牧业】西班牙农业用地面积占国土面积13.8%，居欧盟第二位。农作物种植种类主要有葡萄、橄榄、柑橘等。畜牧业以猪、牛为主，头数分别占所有畜类的41.5%和28.1%。猪肉、羊肉产量居欧盟第二位。2014年西班牙农业总产量下降3.7%，总产值达到239亿欧元，同比下降10%。

（资料来源：西班牙统计局报告）

【服务业】国民经济的重要支柱之一，包括文教、卫生、商业、旅游、科研、社会保险、运输业、金融业等。其中，旅游业发达，是国民经济的重要支柱之一。2014年西班牙入境旅游人数为6494万人次，同比增长3.8%，创2008年以来新高；旅游收入达630亿欧元，同比增长6.5%。加泰罗尼亚是吸引外国游客最多的自治区。西班牙的著名旅游胜地有马德里、巴塞罗那、塞维利亚、太阳海岸、美丽海岸等。联合国旅游组织总部设在马德里。

【交通运输】以陆路交通运输为主。目前，主要交通运输情况如下：

铁路：高速铁路9654公里，普通铁路6268公里，客运量5.79亿人次，货运2090万吨。

公路：总长165595公里。客运量13.58亿人次，货运车辆550万辆。

水运：客运量和货运量分别为3140万人次和4.7亿吨。主要港口53个，其中最主要的有巴塞罗那、毕尔巴鄂、塔拉戈纳、阿尔赫西拉等。

空运：飞机班次166万架次，客运量和货运量分别为1.93亿人次和6.25亿吨。全国有机场105个。主要机场有马德里巴拉哈斯机场、帕尔马·德马略卡机场和巴塞罗那机场。

【财政金融】尽管西班牙经济形势有所好转，西财政形势依然较为严峻。2014年，西班牙公共债务10337.41亿欧元，占GDP比例达99.3%，人均负担公债额达2.26万欧元；财政赤字占GDP比例5.9%。

（资料来源：西班牙央行统计数据）

西班牙主要银行：桑坦德中部西班牙美洲银行（Banco Santander Central Hispanoamericano），市值约500亿欧元；毕尔巴鄂比斯开对外银行集团（Banco Bilbao Vizcaya Argentaria），市值约353亿欧元；巴塞罗那储蓄银行（La Caixa），市值约143亿欧元；班基亚银行（Bankia），市值约85亿欧元；人民银行（Banco Popular），市值约44亿欧元。

【对外贸易】2014年，西对外贸易总额5328亿欧元。其中进口2789亿欧元，出口2539亿欧元。近年外贸情况如下（单位：亿欧元）：

	2010	2011	2012	2013	2014
进口额	2381	2608	2534	2502	2789
出口额	1858	2145	2226	2342	2539
差　额	–523	–463	–308	–160	–250

（资料来源：西班牙工业、能源、旅游部报告）

主要进口石油、工业原料、机械设备和消费品。主要出口汽车、钢材、化工产品、皮革制品、纺织品、葡萄酒和橄榄油等。主要贸易伙伴是欧盟、亚洲、拉美和美国。

（资料来源：西班牙统计局报告）

人民生活

政府福利开支不断增加。职工均可享受社会保险，费用由国家负担34%，企业和个人承担64%。平均寿命约为82岁。有公立医院约300家，私立医院约460家。

（资料来源：西班牙统计局报告）

军　事

武装力量由正规军和准军事力量（国家安全部队）组成，国王为最高统帅。国防委员会是国防最高决策机构，国王任主席，政府首相主持工作。成员有副首相、国防、外交、内政大臣、国防参谋长、三军参谋长。国防部负责制定防务政策并领导国防工业。三军参谋长联席会议是首相和国防大臣的军事顾问机构。西班牙已取消义务兵役制，实现军队职业化。西班牙陆海空三军撤销了原有建制，并根据职能和任务分工，成立了6个作战司令部、10个部队支援机关，以减少指挥层次、加强作战效率。2016年国防预算为59.62亿欧元。现役军人为124000人，其中陆军70000人，海军31000人，空军23000人。

文化教育

中、小学实行免费义务教育（6—16岁）。小学为6年，中学为4年，大学4—5年。高等学府主要有：马德里孔普鲁腾塞大学、马德里自治大学、萨拉曼卡大学、巴塞罗那大学等。2013—2014学年全国学生人数共计约862万，其中幼儿园、小学、中学学生数分别为188万、286万和246万人，大学生142万人。2016年教育预算为21.40亿欧元。

（资料来源：西班牙统计局报告）

【新闻出版】全国共有报刊155种，全国性杂志170种。主要报纸平均日发行量:《国家报》，发行量32.48万份;《阿贝塞报》，24.21万份;《先锋报》，22.03万份;《世界报》，15.61万份。

主要通讯社：埃菲社，官方通讯社，1939年1月创办。另外还有私营的欧洲通讯社、罗戈斯通讯社。

广播电视总局统管电台、电视台。全国共有200多家电台，主要有西班牙国家广播电台和私营的西班牙广播公司、洲际电台、西班牙人民广播电台。

电视台：西班牙电视台为国营、全国性电视台，有两个频道。此外还有安达卢西亚、加泰罗尼亚、加里西亚、巴斯克和马德里等地方电视台。1989年政府批准建立了多频道、天线-3和电视5台3家私营电视台。1997年两家数码电视台开始运营。

对外关系

西班牙奉行欧洲主义，坚定推动欧洲一体化及欧盟机构建设。高度重视并深化同美国关系，注重维持与伊比利亚美洲传统关系，重视加强与地中海地区和非洲关系，积极开拓同亚洲新兴国家的合作。注重经济外交，在欧债危机背景下将促进经济复苏、拉动就业增长作为外交政策的首要目标。整合政治、经济、文体、教育、艺术等多方面外交资源，力图打造“西班牙国家品牌”。西与近二百个国家和地区有外交、领事和商务关系。2016年外交预算为14.74亿欧元。

【同中国的关系】1973年3月9日同我国建交。两国政治、经贸、文化、科技、教育、司法等领域的友好合作关系不断发展。双方签有引渡条约、被判刑人移管条约、刑事司法互助条约、航空协定、文化协定、经济和工业合作协定、科技合作基础协定、避免双重征税协定、投资保护协定和打击有组织犯罪合作协定。2005年，两国建立了全面战略伙伴关系。

近年来，中西关系继续保持良好发展势头，两国高层往来密切。中方重要往访有：全国人大常委会副委员长蒋树声（2008年7月），全国政协副主席王刚（2008年9月），国务院总理温家宝（2009年1月），中共中央政治局常委、中纪委书记贺国强（2009年6月），全国人大常委会副委员长司马义·铁力瓦尔地（2010年11月），国务院副总理李克强（2011年1月），全国政协副主席孙家正（2011年6月），全国人大常委会副委员长乌云其木格（2011年7月），全国政协副主席黄孟复（2011年7月），全国人大常委会副委员长严隽琪（2011年11月），全国人大常委会委员长吴邦国（2012年5月），全国政协副主席杜青林（2013年10月），全国政协副主席、科技部部长万钢（2013年5月），全国政协副主席、中联部部长王家瑞（2014年12月），中宣部部长刘奇葆（2015年6月）等。北京奥运会、残奥会期间，西王后、王储等王室成员以及多名政要来华出席开、闭幕式并观摩赛事。第7届亚欧首脑会议期间，西首相萨帕特罗来华参会。2010年5月，西众议长博诺来华出席上海世博会开幕式。2010年8月，萨帕特罗首相来华参加上海世博会西班牙国家馆日活动。2011年4月，萨帕特罗首相来华出席博鳌亚洲论坛并访问北京。2013年6月和7月，西外交与合作大臣马加略及众议长波萨达分别来华访问。9月，工业、能源及旅游大臣索里亚率多位西政府高官来华出席中西论坛及中西建交40周年活动。2014年9月，拉霍伊首相正式访华，习近平主席、李克强总理和张德江委员长分别与拉会见、会谈。2015年11月，习近平主席出席二十国集团安塔利亚峰会期间，与拉霍伊首相举行会晤。

近年来，中西经贸合作持续发展，西是我在欧盟内第六大贸易伙伴。2014年，双边贸易额为277.1亿美元，同比增长11.2%。其中我出口215.1亿美元，同比增长13.6%，进口62.1亿美元，同比增长3.8%。2015年，双边贸易额为274.6亿美元，同比下降0.9%。其中我出口218.6亿美元，同比增长1.7%，进口56亿美元，同比下降9.7%。

中国驻西班牙大使：吕凡。馆址：C /.Arturo Soria，113。网址：www.embajadachina.es/chn。电话：003491-5194242；传真：5192035；电传：27719 CHNAME。领事部电话：003491-7216287。商务处电话：4135892；电传：22808 EMCHIE。网址：http://es.mofcom.gov.cn/index.shtml。中国驻巴塞罗那总领事：汤恒。馆址：No. 34，AVDA.Tibibado，08022-Barcelona，Spain。网址：http://barcelona.china-consulate.org/chn/。电话：003493-2541199；传真：4173833。

西班牙驻中国大使：曼努埃尔·瓦伦西亚·阿隆索。馆址：北京市朝阳区三里屯路9号。电话：010-65321986、65321445；传真：65323401。领事部电话：65320780。商务处电话：65322072。驻上海总领馆电话：021-63213543。

【同欧盟的关系】奉行欧洲主义，视欧洲为其对外政策三大传统支柱之首，融入欧盟并在欧盟内发挥更大作用是西对外政策的根本。认为强大和团结的欧洲是世界进步的保障，欧盟应拥有真正的安全防务政策，在预防和解决国际和地区冲突中发挥积极有效和可信的作用，根据联合国宪章担负起维护世界和平与安全的责任。西积极致力于欧盟一体化建设，支持并推动通过《里斯本条约》，并于2010年上半年担任欧盟轮值主席国。同德国、法国、意大利和葡萄牙建立了政府首脑定期会晤机制。

【同美国的关系】视对美关系为西外交格局中重要支点之一。近年来，西美关系不断密切，合作领域不断拓宽。西在参加北约反导防御系统等问题上与美积极配合。

【同北非国家的关系】将近邻北非地区作为西不可忽视的外交重点。愿推动有关国家和平民主进程。在预算大幅削减背景下，西对非发展援助将进一步向医疗卫生等福利项目和"良政工程"倾斜。遵守联合国对解决西撒哈拉主权争端的原则立场，愿积极发展同摩洛哥和阿尔及利亚关系。

【同拉丁美洲国家的关系】与拉美国家有特殊传统关系，把发展与拉美国家的关系作为其战略重点。主张建立伊比利亚美洲共同体，积极倡导并参与伊比利亚美洲首脑会议。主张通过建立欧盟—拉美战略伙伴关系，推动欧盟与拉美进一步接近。

【同亚洲国家的关系】将亚太地区及新兴大国作为新的外交重点。认为上述国家很好地把握了全球化带来的机遇，并成功抵御全球金融危机冲击，取得了高速经济增长和不断上升的国际地位。愿通过推动经贸合作和文化交流以及增设外交代表机构等方式加强与亚太国家联系。（金秋）

希　腊

国名　希腊共和国（The Hellenic Republic）。

面积　131957平方公里，其中15%为岛屿。

人口　1079万人。98%以上为希腊人，其余为穆斯林及其他少数民族。官方语言为希腊语，东正教为国教。

首都　雅典（Athens），人口381.2万人。最高气温（7月）18℃—41℃，最低气温（1月）0℃—18℃。

国家元首　总统普罗科比斯·帕夫洛普洛斯（Prokopis Pavlopoulos），2015年2月18日当选。

重要节日　国庆：3月25日；复活节：春分月圆后第一个星期日；抗击意大利人侵日：10月28日；圣诞节：12月25日。

简　况

位于巴尔干半岛最南端。北同保加利亚、马其顿、阿尔巴尼亚相邻，东北与土耳其的欧洲部分接壤，西南濒爱奥尼亚海，东临爱琴海，南隔地中海与非洲大陆相望。海岸线长约15021公里，领海宽度为6海里。属亚热带地中海气候。平均气温冬季0℃—13℃，夏季23℃—41℃。

西方文明的发祥地。公元前3000年至前1100年克里特岛曾出现米诺斯文化，公元前1600年至前1050年伯罗奔尼撒半岛出现迈锡尼文化。公元前800年形成奴隶制城邦国家，前5世纪为鼎盛时期。公元前146年并入罗马帝国。15世纪中期被奥斯曼帝国统治。1821年，爆发争取独立的战争。1832年成立王国。1974年通过全民公投改为共和制。此后由新民主党和泛希腊社会主义运动（简称泛希社运）轮流执政。2015年1月，激进左翼联盟左联党首次上台执政至今。

政　治

2014年12月，希腊提前两个月举行总统选举，但议会三轮投票无果，议会被迫提前解散。2015年1月25日，希腊举行议会大选，支持"反紧缩"政策的激进左翼联盟（简称左联）胜出，与右翼小党独立希腊人共同组成联合政府。左联主席齐普拉斯任总理。9月20日，希腊再次举行议会选举，齐普拉斯领导的左联蝉联议会第一大党，与独立希腊人再次联合组阁成功。齐普拉斯连任政府总理。

【宪法】现行宪法于1975年6月11日生效。国家体制为"总统议会共和制"，总统为国家元首，任期5年，可连任一次；立法权属议会和总统，行政权属总理，司法权由法院行使。1986年通过的宪法修正案使总统的权力缩小。

【议会】一院制。议会的主要职能是立法和监督政府工作。议会由全国56个选区普选产生，共有300名议员。本届议会于2015年9月选举产生，任期4年。现议会议席分配如下：左联144席，新民主党75席，金色黎明18席，泛希社运16席，希腊共产党15席，河流党11席，独立希腊人9席，中间联盟党9席。尼科斯·武齐斯（Nicos Voutsis）任议长。

【政府】现政府于2015年9月23日组成，现有部委18个，内阁成员44人。总理阿莱克西斯·齐普拉斯（Alexis Tsipras），副总理扬尼斯·兹拉加萨基斯（Yiannis Dragasakis），内政和行政重建部长帕诺斯·库鲁普利斯（Panos Kouroumblis），经济、发展和旅游部长乔治·斯塔萨基斯（George Stathakis），国防部长帕诺斯·卡梅诺斯（Panos Kammenos），教育、科研、宗教事务部长尼科斯·菲利斯（Nikos Filis），外交部长尼科斯·科齐阿斯（Nikos Kotzias），司法、透明和人权部长尼科斯·帕拉斯盖沃普洛斯（Nikos Paraskevopoulos），劳工、社会保障和社会团结部长乔治·卡特鲁加洛斯（George Katrougalos），卫生部长安兹雷阿斯·克桑索斯（Andreas Xanthos），文化和体育部长阿里斯蒂季斯·帕尔塔斯（Arisidis Baltas），财政部长埃夫克利兹·察卡洛托斯（Euclid Tsakalotos），环境和能源部长帕诺斯·斯库尔莱蒂斯（Panos Skourletis），基础设施、交通和网络部长赫里斯托斯·斯皮尔齐斯（Christos Spirtzis），海运和岛屿政策部长索佐里斯·兹里察斯（Thodoris Dritsas），农业发展和食品部长旺盖利斯·阿波斯托卢（Vangelis Apostolou），国务部长尼科斯·帕帕斯（Nikos Pappas），政府工作协调国务部长阿莱科斯·弗拉普拉利斯（Alekos Flambouraris），总理府副部长兼政府发言人奥尔加·耶罗瓦西莉（Olga Gerovasili）。

【司法机构】最高司法机构包括最高法院和最高行政法院及检察机构。法院分初级、上诉及最高法院三级。各级法院设有检察官，初级地方治安法院设有公诉人。

【政党】主要政党是：

（1）激进左翼联盟（SYRIZA, Coalition of the Radical Left）：简称“左联”，成立于2004年1月，由十余个左翼小党组成，主要是当年希共国内派成员。2012年6月议会选举中，成为第一大反对党。2013年召开首届党大会，正式完成从竞选联盟到政党的转变。系本届联合政府主要执政党。主席阿莱克西斯·齐普拉斯。

（2）新民主党（New Democracy）：1974年10月成立，创始人是康斯坦丁·卡拉曼利斯。该党曾于1974—1981年，1990—1993年、2004—2009年、2012—2014年执政。主席基里阿科斯·米措塔基斯（Kyriakos Mitsotakis）。

（3）金色黎明（Golden Dawn）：极右翼政党。成立于1993年。凭借反紧缩和主张退出欧元区的民粹主义思想，于2012年6月首次进入议会。主席尼科斯·米哈洛里亚科斯（Nikos Michaloliakos）。

（4）河流党（The River）：成立于2014年2月，创始人是记者出身的斯塔夫罗斯·塞奥佐拉基斯（Stavros Theodorakis），2015年1月首次进入议会。主席斯塔夫罗斯·塞奥佐拉基斯。

（5）希腊共产党（Communist Party of Greece）：1918年成立。总书记迪米特里斯·古楚巴斯（Dimitris Koutsoumpas）。

（6）独立希腊人（The Independent Greeks）：成立于2012年2月，由前新民主党议员帕诺斯·卡梅诺斯（Panos Kammenos）创立，右翼政党。2012年6月首次进入议会，获得20个席位。主席帕诺斯·卡梅诺斯。现与左联党联合执政。

（7）泛希社运（Pan-Hellenic Socialist Movement）：1974年9月成立，创始人是安德烈·帕潘德里欧。该党于1981—1989年、1993—2003年、2009年底—2011年执政。2012年6月大选后，与新民主党、民主左翼共同组建联合政府。主席福菲·耶妮马塔（Fofi Gennimata）。

【重要人物】普罗科比斯·帕夫洛普洛斯：总统。1950年生于希腊伯罗奔尼撒半岛南部城市卡拉马塔，毕业于雅典大学法学院，后赴巴黎第二大学深造并获公法博士学位。1981—1989年任教于雅典大学法学院。同时，成功入选希最高行政法院和最高法院律师，兼任多家企业的法律顾问。大学期间曾辍学半年任总统秘书，1989—1990年任政府发言人，1996年任新民主党新闻发言人。1996年首次当选议员，连任至今。2004—2007年、2007—2009年两次出任内政部长。2015年2月出任希腊总统。精通法语、英语、意大利语。已婚，有两子。　**阿莱克西斯·齐普拉斯**：总理。1974年生于雅典，毕业于雅典理工学院，获土木工程系硕士学位。2006年当选雅典市议会议员，2008年出任激进左翼联盟—联合社会阵线主席，2009年、2012年两次当选希腊议会议员。2010年当选欧洲议会左翼党团副主席，2014年连任。2015年1月出任希腊总理，9月再次连任。未婚，有女友，育有两子。

经　济

希腊属欧盟经济欠发达国家之一，经济基础较薄弱，工业制造业较落后。海运业发达，与旅游、侨汇并列为希外汇收入三大支柱。农业较发达，工业主要以食品加工和轻工业为主。近年来，希政府积极推行经济和社会福利改革，鼓励外来投资，取得一定效果。2009年年底以来深陷主权债务危机。欧盟、欧洲央行和国际货币基金组织先后向希提供救助贷款2390亿欧元。2015年，齐普拉斯政府上台后，继续与国际债权人进行债务谈判。7月13日，欧元区召开特别峰会，就希腊第三轮救助协议达成一致，决定未来三年将向希腊提供820亿至860亿欧元的救助贷款。目前，希政府正履行一系列结构性改革措施，有关初期援助贷款也将逐步落实到位。

2015年主要经济数据如下：

国内生产总值：1844.29亿欧元。

人均国内生产总值：16000欧元。

国内生产总值实际增长率：–0.7%。

货币：欧元（Euro）。

财政赤字率：0.5%。

失业率：24.6%。

【资源】主要矿产有铝矾土（储藏量约10亿吨）、褐煤（储藏量58亿吨）、镍、铬、镁、石棉、铜、铀、金、石油、大理石等。森林覆盖率为17%。

【工业】工业基础较薄弱，规模较小，技术较落后。2014年工业产值占国内生产总值仅1.8%。主要工业有采矿、冶金、食品加工、纺织、造船、建筑等。

【农业】希腊属丘陵地区，可耕种地面积占国土面积的30%，其中灌溉农业面积占37%。64%的耕地面积种植粮食作物，其他为果树、橄榄树和蔬菜等。希主要农产品都能自给自足，水果蔬菜可批量出口欧洲、俄罗斯等地，只进口少量肉、奶及调剂类农产品。希出口的农产品还有烟草、棉花、橄榄油、水果和甜菜等。2014年农业占国内生产总值的3.8%。

【服务业】服务业是希经济的重要组成部分。2014年服务业占国内生产总值的82.8%。其中，旅游、贸易和运输业对国内生产总值的贡献率为26%。

【旅游业】旅游业是希获得外汇来源和维持国际收支平衡的重要经济部门。自20世纪60年代以来旅游业发展迅速，入境游客人数连年增长。近年来，希政府将旅游业发展重心从增加游客数量转向提高游客消费水平，取得较好经济和社会效益。主要旅游景点有：雅典卫城、德尔菲太阳神庙、奥林匹亚古运动场遗址、克里特岛迷宫、埃皮达夫罗斯露天剧场、维尔吉纳马其顿王墓、圣山、罗得岛、科孚岛等。2004年雅典奥运会为希腊旅游业打下了良好的基础，特别是基础设施得到明显改善。2014年希腊接待的入境旅游人数为2200万，同比增加23%。2015年1—10月，希腊接待的入境旅游人数为2250万。

【交通运输】国内运输以公路和海运为主，铁路为辅，对外贸易主要靠海运。

铁路：希铁路系统比较落后，利用率低，经济效益不佳。铁路总长2554公里，年货运量259万吨，年客运量888万人次。奥运会前后，希政府加大对地铁、市内轻轨建设的投入，取得一定成效，但总里程增长不多。为适应经济发展需要，希政府计划建设南北铁路大动脉，以提高希经济和交通运输的能力。

公路：希腊高速公路里程约为2186公里。近年来，希政府在欧盟支持下，大力发展基础建设，高速公路、机场、桥梁及其他交通枢纽设施建设，高等级公路及城市主干道建设增加较多，城市交通状况明显改善。特别是在奥运会期间，以雅典为中心连接全国的交通网络为奥运会成功举办发挥了重要作用。

据希腊国家统计局统计，2016年1月，希腊新增机动车10665辆，同比增长3.7%。2015年全年，希腊新增机动车15.28万辆，同比增长11.3%。

海运：希腊是世界航运大国，海运业是国家经济的重要支柱产业。近年来，希致力于船队现代化建设，虽船舶数量有所减少，但吨位和质量明显提高，在世界航运业的竞争力不断增强。海运业共为19万人提供了就业机会，除6万名在海轮上工作的希腊籍船员外，海运业带动的金融、保险、咨询服务业、船用设备、维修等相关产业吸纳了13万劳动力，仅在比雷埃夫斯港就有1000多家企业开展与海运业相关的经营活动。希有各类港口150个，主要有比雷埃夫斯、萨洛尼卡、沃洛斯、佩特雷、伊拉克里翁，港口总吞吐量约为8035万吨。截至2015年11月，希腊共拥有百吨级以上船只1834艘，同比减少2.3%；总注册吨位4412.9万吨，同比增长1.6%。截至2015年3月，希腊船东共拥有4057艘超过1000总吨的船舶，总运力约为3.145亿载重吨，同比上涨8%。希腊船队的吨位目前占全球18.6%的份额，运力占世界船队15.9%。

空运：爱琴航空（Aegean Airlines）是希腊最大的航空公司，成立于1987年，提供定期及包机服务，由雅典和萨洛尼卡前往其他主要的希腊城市和一些欧洲主要城市。奥林匹克航空公司（Olympic Airlines）是希腊另一大型航空公司，2009年3月将部分股权出售给一私人公司，并改名为Olympic Air。2012年10月，爱琴航空公司宣布与奥林匹克航空公司达成并购协议。2013年10月，有关协议最终获得欧盟竞争委员会通过，爱琴航空公司正式收购奥林匹克航空公司，后者依然以前者子公司的身份存在和运营。全国有39个机场。主要机场有维尼泽洛斯（雅典）国际机场、萨洛尼卡、克里特和罗德岛机场等。2012年全年，希腊共安排进出港航班38.28万班，进出港旅客人数为3665.8万人次。

【财政金融】近年财政状况如下（单位：亿欧元）：

	2010	2011	2012	2013	2014
财政赤字	241.93	200.04	193.70	231.09	62.7
占国内生产总值	10.5%	9.3%	10%	12.70%	3.5%
公共债务	3285.88	3478.17	3039.15	3214.78	3171.0
占国内生产总值	142.8%	161.7%	156.9%	177.5%	177.1%

（资料来源：希腊统计局）

希腊共有各类金融机构约60家，其中当地银行22家，外国银行或分行21家，15家合资银行等。四大商业银行有：国民银行（ETHNIKI）、欧元银行（EUROBANK）、阿尔法银行（ALPHA）、比雷埃夫斯银行（PIRAEUS）等。

截至2014年6月，希银行坏账率为34%，高于2013年的31.9%，其中50%为消费贷款，33%为企业贷款，17%为住房贷款。

【对外贸易】希同100多个国家有贸易关系，欧盟成员国是其最大贸易伙伴，占其进出口总额的42%—47%。德国、意大利、英国、保加利亚、俄罗斯和中国为其主要贸易伙伴。近年外贸情况如下（单位：亿美元）：

	2011	2012	2013	2014	2015
出口额	315.81	283.1	366.71	362.16	286.96
进口额	605.42	535.3	620.71	637.40	435.80
外贸赤字	289.61	252.2	254.10	275.24	194.70

（资料来源：希腊国家统计局）

主要出口商品为食品、烤烟、石油产品、纺织品、橄榄油、水泥等。主要进口商品为原材料、石油及石油产品、天然气、日用品和交通运输设备等。

【对外投资】希对外投资主要集中在保加利亚、罗马尼亚、马其顿和阿尔巴尼亚等邻国。截至2014年年底，希对华直接投资项目累计130个，实际投资额9606万美元。

【外国援助】2014年5月，欧盟与希腊签署了《2014至2020年地区发展援助规划》，规划将为希腊地区发展制定最高补贴限额，大型企业投资地区项目可获得投资成本10%—25%的补贴，中小企业还可分别增加10%或20%。希每年还从美国获得约3亿美元的军事援助。2009年年底以来，希主权债务问题不断加剧。2010年5月，欧元区同国际货币基金组织（IMF）宣布启动救助机制，在未来3年内分批向希提供1100亿欧元贷款。2012年3月，欧元区财长会议批准了向希腊提供总额1300亿欧元的第二轮救助贷款的协议。2015年7月，欧元区召开特别峰会，就希腊第三轮救助协议达成一致，决定未来三年将向希腊提供820亿至860亿欧元的救助贷款。

人民生活

据欧委会公布数据显示，2013年希贫困人口占总人口比重23.7%，比2001年增长1.8%；家庭可支配收入较危机前缩水14.8%；劳动力成本下降4.7%；平均工作时间43.7小时/周，居欧盟首位。

军　事

总统是名义上的武装部队最高统帅。总理负责国防政策和部队建设，任最高国防委员会主席。国防部长在总理领导下实施国防政策并管理武装部队。总参谋长主管作战指挥机构。军队受本国和北约双重指挥。实行义务兵役制，服役期自2010年起由12个月减为9个月。正规军总兵力近15万人，其中陆军9.35万人、海军1.5万人、空军3.3万人。陆军编为1个集团军、4个军、1个装甲师、3个机械化师、9个步兵师、1个支援师、2个机械化旅、1个山地突击团、1个伞兵团和1个海军陆战队团。主要装备有2285辆主战坦克、2364辆装甲车、2279门火炮和205架直升机；海军有8艘潜艇、6艘巡逻艇、57艘其他舰艇和20架武装直升机。空军编为7个战斗机联队、1个防空导弹大队、4个训练联队、2个运输联队，装备各型飞机600余架。除正规军外，准军事部队（国民警卫队、警察、港警等）共5万人。

文化教育

【教育】实行9年义务教育制，公立中小学免费，大学实行奖学金制。2015年教育经费约占国内生产总值的1.6%。全国共有21所大学，著名大学有雅典大学、萨洛尼卡大学、克里特大学、佩特雷大学、雅典工学院。

【新闻出版】希腊发行各类报纸近200种，杂志上千种，但发行量有限。全国发行量较大的主要日报有：《消息报》、《每日报》、《论坛报》和《自由新闻报》等。

雅典通讯社：1905年成立，官方通讯社，同世界各主要通讯社均有联系。马其顿通讯社：1991年成立，半官方通讯社。

希腊新公共电视台（NERIT）：2013年6月成立，7月开播。前身为希腊广播和电视公司，于1966年正式开播，2013年受债务危机影响被政府宣布接替，曾受政府新闻部领导，统一管理国营电视台2个、广播电台4个，并依法批准核发地方和私人广播电视台的许可证。首家私营电视台于1988年开播，较有影响的私营电视台有："MEGA"、"STAR"、"ANTENNA"、"SKAI"等。私营电视台近百个，私营广播电台近1000个。

对外关系

致力于发挥扼守欧、亚、非三大洲十字路口的地缘优势，在主要大国间维持平衡，争取自身利益最大化。把欧盟作为外交政策立足点，重视发展同中国、美国、俄罗斯等大国关系，对拉美国家"向左转"有较强认同，希望借助希独特地缘区位优势，在巴尔干发挥经济、政治和安全引领作用。反对科索沃独立。支持土耳其加入欧盟，但将其与塞浦路斯问题全面解决相挂钩。

【同中国的关系】1972年6月5日建交以来，中希两国友好合作关系稳步发展，两国间友好、互信关系日益增强，在联合国及其他国际组织的合作密切。

近年来，两国高层互访频繁，我访希的主要领导人有：国家主席习近平（2014年），国家主席胡锦涛（2008年），国务院总理李克强（2014年），国务院总理温家宝（2010年），全国政协主席贾庆林（2011年），政治局常委、中纪委书记贺国强（2009年），国务院副总理张德江（2010年），全国人大常委会副委员长乌云其木格（2009年）等。希方访华的重要人士有：总统帕普利亚斯（2008年），总理萨马拉斯（2013年），议长贝纳基（2007年），副总理兹拉加萨基斯（2015年），外长芭戈雅妮（2007年）等。

2013年以来，中希全面战略伙伴关系持续发展，各领域友好合作不断扩大。2014年2月，习近平主席在出席索契冬奥会活动期间会见帕普利亚斯总统。6月，李克强总理对希腊进行正式访问，双方共同发表《关于深化全面战略伙伴关系的联合声明》。7月，习近平主席过境访问希腊罗德岛，希总统和总理均亲赴接待。8月2日，79名中国公民搭乘希"萨拉米斯"号护卫舰安全撤离利比亚并顺利抵达希比雷埃夫斯港。此系希政府近年来第四次协助我大规模撤离海外公民。12月，李克强总理与萨马拉斯总理通电话。2015年1月，李克强总理向希新任总理齐普拉斯致就职贺信。2月和4月，李克强总理应约与齐普拉斯总理通电话，就中希关系和两国务实合作交换意见。3月，希腊副总理兹拉加萨基斯率特使团访华，外长科齐阿斯随行。2016年1月，李克强总理应约再次与齐普拉斯总理通电话。

受希腊主权债务危机持续恶化影响，中希双边贸易额有所下滑。2014年中希双边贸易额为45.3亿美元，同比增长24%。其中我出口41.8亿美元，同比增长30%，进口3.5亿美元，同比下降20.2%。2015年中希双边贸易额为39.5亿美元，同比下降12.8%。其中我出口36.7亿美元，同比下降12.2%，进口2.9亿美元，同比下降17.1%。海运务实合作继续深化。2015年是中希海洋合作年，两国在多个领域取得近30项合作成果。2015年11月，希海运部长兹里察斯访华并出席中国与南欧国家海洋合作论坛。中远比雷埃夫斯港集装箱码头公司集装箱吞吐量不断刷新纪录，成为地中海地区最具增长势头的码头。人文、教育领域交流与合作进一步深化。

中国驻希腊大使：邹肖力。馆址：Demokratias 10–12，Paleo Psychico，Athens，Greece。电话：（30210）6783840；传真：6723819。网址：http://gr.chineseembassy.org。

希腊驻华大使：瓦西里奥斯·科斯蒂斯（Vassilios Costis）。馆址：北京朝阳区光华路19号。电话：010–85325493；传真：85326858。网址：www.grpressbeijing.com。

【同美国的关系】战后在政治、经济、军事上长期依靠美国。两国签有防务合作协定。希军事装备的80%来自美国。美每年向希提供3亿美元的军事援助，主要用于购买军事装备等。目前美在希仍保留一个军事基地。

【同欧盟的关系】希认为《里斯本条约》为欧盟更民主、更有活力和进一步扩大奠定了基础，提供了欧盟机构的效率和影响力。支持欧盟扩大和一体化走向深化，认为欧盟应在国际事务中发挥更大作用。认为巴尔干国家加入欧盟有利于地区稳定与繁荣。希望在东南欧国家加入欧盟的进程中发挥主导作用。将马其顿、土耳其入盟问题与马国名、希—塞浦路斯—土关系问题捆绑，希望对申请入盟的马、土两国施加压力。希认为债务危机考验欧盟机构能力和政治团结，将推动欧盟一体化走向深入。全球化条件下，欧盟不应满足于建立货币联盟，必须建成真正的政治联盟，并统筹协调区内经济、社会政策，施行全面治理。

【同巴尔干邻国的关系】主张睦邻友好，视巴尔干为重要外交场所，积极推动巴尔干的区域合作，谋求在该地区发挥主导作用。支持邻国加入欧盟和北约，反对科索沃独立。与马其顿存在国名分歧，主张通过谈判达成双方均可接受的解决方案。

【同阿拉伯国家的关系】希同阿拉伯国家有着传统友谊，积极推动中东和平进程。希是最早呼吁黎以冲突停火的国家之一，并利用各种方式及时向黎提供人道主义援助。积极为应对该地区局势和缔造未来中东和平贡献力量。

【同土耳其的关系】希支持土加入欧盟，但把塞浦路斯问题全面解决作为土入盟前提，要求土履行候选国义务，遵守有关原则。希与土保持经济、文化、旅游等方面的交流与合作，努力扩大双边经贸合作，冷静处理双方分歧，保持希土关系总体稳定。

【同塞浦路斯的关系】希是塞独立的三个保证国之一，两国关系十分密切。希支持塞希族在解决塞问题上的立场，主张根据塞希、土两族人的比例建立一个独立、统一和中央集权的联邦国家。继续致力于在联合国有关决议基础上找到一个公正、可行的解决方案。支持塞两族开展直接贸易等交流，改善气氛，使两族关系更加紧密。（徐惠敏）

匈　牙　利

国名　匈牙利（Hungary，Magyarország）。

面积　93030平方公里。

人口　985.6万（2015年1月）。主要民族为马扎尔族，约占90%。少数民族有斯洛伐克、罗马尼亚、克罗地亚、塞尔维亚、斯洛文尼亚、日耳曼等族。官方语言为匈牙利语。居民主要信奉天主教（66.2%）和基督教新教（17.9%）。

首都　布达佩斯（Budapest）。人口175.8万（2015年1月）。2014年平均气温13.3℃，最高气温35.8℃，最低气温 –11.1℃。

国家元首　总统阿戴尔·亚诺什（ÁDER János），2012年5月10日就职，任期5年。

重要节日　3月15日：1848年革命和自由斗争纪念日；8月20日：匈牙利国庆节；10月23日：1956年革命和自由斗争纪念日暨1989年共和国成立日。

简　况

中欧内陆国。东邻罗马尼亚、乌克兰，南接斯洛文尼亚、克罗地亚、塞尔维亚，西靠奥地利，北连斯洛伐克，边界线全长2246公里。属大陆性气候，凉爽湿润，2014年降水量约为690毫米。

公元896年，马扎尔游牧部落从乌拉尔山西麓和伏尔加河湾一带移居多瑙河盆地。1000年，圣·伊什特万建立封建国家，成为匈第一位国王。1526年土耳其人侵，匈封建国家解体。1541年匈一分为三，分别由土耳其苏丹、哈布斯堡王朝和埃尔代伊大公统治。1699年起全境由哈布斯堡王朝统治。1848年爆发革命自由斗争。1849年4月建立匈牙利共和国。1867年成立奥匈二元帝国。1919年3月建立匈牙利苏维埃共和国。1949年8月20日宣布成立匈牙利人民共和国并颁布宪法。1956年10月爆发匈牙利事件。1989年10月23日国名改为匈牙利共和国。2012年1月1日起更名为匈牙利。

政 治

2014年4月，匈举行国会换届选举，执政党青年民主主义者联盟（简称青民盟）和基督教民主人民党（简称基民党）组成的竞选联盟获胜，并赢得超过2/3议席；社会党、尤比克党和绿党进入国会。新一届国会5月6日成立。6月6日，政府完成组阁，宣誓就职。青民盟主席欧尔班连任总理。2015年匈政局总体稳定。2月和4月，匈牙利举行国会议员补选，青民盟和基民党联盟以2席之差失去2/3绝对多数。

【宪法】1989年10月18日国会通过宪法修正案，对宪法作了重大修改，确定匈实行多党议会民主制，建立独立、民主、法治的国家，执行立法、行政、司法三权分立的原则。2011年4月18日国会通过名为《基本法》的新宪法，将“匈牙利共和国”更名为“匈牙利”，确定基督教为匈牙利历史和文明的基础。

【议会】国会是立法机关和国家最高权力机构，实行一院制。根据匈新《选举法》规定，自2014年起匈国会议席减少至199席，每4年普选一次。本届国会于2014年5月由青民盟、基民党、社会党、尤比克、绿党5党组成，民主联盟和集结2014党未获足够议席，不得组建议员团，两党议员均以独立议员身份参与国会活动。目前，青民盟与基民党共占131席，社会党占29席，尤比克占24席，绿党占5席，独立议员占10席。国会下设17个常设委员会。国会每年分春季会期和秋季会期。国会主席格维尔·拉斯洛（KÖVÉR László，青民盟），2014年5月6日当选。

【政府】国家最高行政机构。按照法律规定，各部部长由总理提名，共和国总统任命。现政府于2014年6月组成，现设有10个部。政府成员：总理欧尔班·维克多（ORBÁN Viktor）、副总理兼民族政策不管部长谢姆延·若尔特（SEMJÉN Zsolt）、总理府部长拉扎尔·亚诺什（LÁZÁR János）、内务部长宾戴尔·山多尔（PINTÉR Sándor）、外交与对外经济部长西雅尔多·彼得（SZIJJÁRTÓ Péter）、国防部长施米赤科·伊什特万（SIMICSKÓ István）、司法部长特罗查尼·拉斯洛（TROCSÁNYI László）、国家经济部长沃尔高·米哈伊（VARGA Mihály）、人力资源部长鲍洛格·佐尔坦（BALOG Zoltán）、农业部长法泽考什·山多尔（FAZEKAS Sándor）、国家发展部长谢斯达克·米克洛什（SESZTÁK Miklós）、总理办公室部长罗甘·安道尔（ROGAN Antal）。

【主要网址】总统府：www.keh.hu；总理府：www.kormany.hu./hu/miniszterelnokseg；外交部：www.kormany.hu/hu/kulgazdasagi-es-kulugyminiszterium。

【行政区划】全国划分为首都和19个州，设立24个州级市、274个市、2854个乡。首都是布达佩斯。

【司法机构】法院和检察院是国家司法机构。法院分最高法院、地区法院和地方法院三级，实行两审终审制；检察机构分最高检察院、州检察院和地方检察院三级。最高法院院长由国会选举产生，任期六年。最高法院院长道拉克·彼得（Dr. DARÁK Péter），2012年1月当选。最高检察院检察长由国会选举产生，任期九年。最高检察长波尔特·彼得（POLT Péter），2010年12月当选。自1990年1月起设宪法法院，现任院长鲍佐劳伊·彼得（PACZOLAY Péter），2008年7月就任。

【政党】登记注册的政党有183个，大部分成立于80年代末。目前，国会中共有5个政党。

（1）青年民主主义者联盟（FIDESZ）：执政党。1988年3月30日成立，主要由青年知识分子组成。主席欧尔班·维克多。

（2）基督教民主人民党（KDNP）：执政党。1989年9月30日成立，主要由支持右翼的基督教信众组成。主席谢姆延·若尔特。

（3）匈牙利社会党（Magyar Szocialista Párt）：在野党。1989年10月7日成立，主要由知识分子、职员和企业家组成。主席道比阿什·约瑟夫（TÓBIÁS József）。

（4）尤比克党（JOBBIK / Magyarországért Mozgalom）：在野党。2003年10月24日成立，主要由青年人组成。主席沃纳·加博尔（VONA Gábor）。

（5）绿党（Lehet más a Politika）：在野党。2009年2月26日成立，主要由青年知识分子组成。主席施佛尔·安德拉什（SCHIFFER András）。

国会外的政党主要有：匈牙利共产主义工人党（Magyar Kommunista Munkáspárt）、匈牙利社会民主党（Magyarországi Szociáldemokrata Párt）、匈牙利民主论坛（Magyar Demokraták Forúm）、匈牙利自民盟（Szabad Demokraták Szövetség）等。

【重要人物】**阿戴尔·亚诺什**：总统。1959年5月9日生于久尔－莫松－肖普隆州。1983年毕业于罗兰大学。青民盟创始人之一，1990—2009年任国会议员，1998—2002年任国会主席，2009年当选欧洲议会议员，并任欧洲议会环境、公共卫生和食品安全委员会副主席。2012年5月2日当选总统，并于5月10日正式就职。 **欧尔班·维克多**：总理。1963年5月31日生于塞盖什白城。毕业于罗兰大学法学院。1988年加入青民盟，为青民盟创始成员之一，1993年起任青民盟主席。1990年起为国会议员，1998—2002年任总理。2010年5月再次出任总理。2014年6月连任总理一职。2009年作为党主席访华，2010年来华出席上海世博会闭幕式。2014年2月，来华进行正式访问。2015年来华出席中国—中东欧国家领导人会晤。**格维尔·拉斯洛**：国会主席。1959年生于维斯普雷姆州。1986年毕业于罗兰大学法律专业。青民盟创始人之一。1990年当选国会议员，1998年任主管情报的不管部部长，2000—2001年任青民盟主席。2002年任国会国家安全委员会主席、青民盟议员团副主席、全国选举委员会主席等。2010年7月当选国会主席。2014年6月连任国会主席一职。

经　济　属中等发达国家，经合组织（OECD）成员国。经济目标是建立以私有制为基础的市场经济。经济转轨顺利，私有化基本完成，市场经济体制已经确立。目前，私营经济的产值约占国内生产总值的86%。

2014年主要经济数据如下：

国内生产总值：1032亿欧元。

人均国内生产总值：10500欧元。

国内生产总值增长率：3.6%。

货币名称：福林（Forint）。

汇率：1欧元=308.66福林；1美元=232.52福林。

通货膨胀率：0%。

失业率：7.7%。

【资源】自然资源比较贫乏。主要矿产资源是铝矾土，蕴藏量居欧洲第三位，此外有少量褐煤、石油、天然气、铀、铁、锰等。森林覆盖率为22.1%。

【工业】工业发展较快。2014年工业生产增长7.6%，总产值26.8万亿福林。其中加工工业占94.7%，电力工业占4%，矿产工业占0.4%。工业从业人员88.9万，占全国就业人口总数的21.7%。近几年主要工业产品产量如下（单位：万吨）：

	2011	2012	2013
煤	950.0	931.4	958.1
天然气	195.1	189.6	167.9
石油	—	—	—
电（亿度）	342.7	323.3	286.0
预拌混凝土（万吨）	4.2	25.3	82.4

［资料来源：2014年匈牙利统计手册（2015年出版）］

【农牧业】农业基础较好。主要种植小麦、玉米、甜菜、土豆、葡萄等。2014年同上年相比增产30%，粮食总产量1661万吨。2014年小麦平均每公顷产量4730公斤，玉米7820公斤，甜菜69200公斤，马铃薯25580公斤。耕地面积433.1万公顷。农牧林渔业从业人员18.9万，约占全国就业人口总数的4.6%。近几年主要农、畜产品产量如下（单位：万吨）：

	2012	2013	2014
小麦	401.1	505.8	526.2
玉米	476.3	675.6	931.5
甜菜	88.2	99.1	106.7
马铃薯	54.8	48.7	56.7
水果	82.2	85.0	104.0
葡萄	35.6	45.1	40.6
肉牛	7.5	7.7	7.8
肉猪	53.0	52.3	56.2
肉羊	1.8	1.8	1.8
肉禽	70.2	68.8	73.6
鱼	1.9	1.9	—
牛奶（亿升）	17.7	17.3	18.3
鸡蛋（亿个）	24.1	25.0	24.0

［资料来源：2014年匈牙利统计手册（2015年出版）］

近几年主要农畜存栏数如下（单位：万只或万头）：

	2012	2013	2014
牛	—	78.2	80.2
猪	298.9	300.4	313.6
羊	118.5	128.7	125.5
鸡	3007.5	2947.4	3052.1

［资料来源：2014年匈牙利统计手册（2015年出版）］

【服务业】发展迅速。各种小商店、小饮食店、小旅馆和其他服务网点的私有化已经完成。2014年全国商业网点144190个，零售总额为88045亿福林。2014年商业就业人数54.8万，约占全国就业人数的13.4%。

【旅游业】比较发达。2014年旅游外汇收入14595.3亿福林。全年接待外国游客4598.4万人次。2014年全国共有星级饭店1031家，总床位14.2万张，其中五星级饭店10家，四星级饭店190家。主要旅游点：布达佩斯、巴拉顿湖、多瑙河湾、马特劳山。

【交通运输】目前已形成以首都为中心、通向全国和邻国的铁路和公路网。

铁路：总长7082公里，其中电气化铁路2909公里。2014年货运量101.7亿吨公里，客运量77.2亿人公里。

公路：总长31802公里，其中高速公路1144公里。2014年货车43万辆，小轿车310万辆，公共汽车1.8万辆。公路货运量373.4亿吨公里，长途客运量129.9亿人公里。

水运：水路长1638公里。2014年货运量18亿吨公里，客运量900万人公里。

空运：民用飞机1256架，其中直升机137架。2014年货运量1500万吨公里，客运量43.2亿人公里。1个国际机场：布达佩斯李斯特·费兰茨机场。

管道运输：管道总长7999公里。总输送量58亿吨公里，其中输送石油20.5亿吨公里，输送天然气30亿吨公里。

【财政金融】近几年财政收支情况如下（单位：亿

福林）：

	2012	2013	2014
收入	94036	110012	118010
支出	100148	119865	126381
赤字	6112	9853	8371

［资料来源：2014年匈牙利统计手册（2015年出版）］

【对外贸易】2014年进出口总额为502641亿福林。外贸进口额241436亿福林，比上年增长8.8%；出口额261205亿福林，比上年增长7.1%；外贸顺差19769亿福林。匈同欧盟国家的进出口贸易分别占匈进出口总额的75%和78.2%，同其他国家分别占25%和21.8%。近几年进出口情况如下（单位：亿欧元）：

	2012	2013	2014
贸易额	1532.5	1564.3	1629.8
出口	799.5	817.2	846.9
进口	733.0	747.1	782.9
差额	66.5	70.1	64.0

［资料来源：2014年匈牙利统计手册（2015年出版）］

主要进口产品中机械设备占46.3%，加工产品占34.4%，能源占12%，原材料占2.2%，食品、烟、酒占5.1%。主要出口产品中机械设备占54.6%，加工产品占31.6%，能源占3.5%，原料占2.6%，食品、烟、酒占7.6%。2014年主要贸易国及外贸额如下（单位：亿福林）：

	进口	出口
德国	60804	71600
奥地利	17527	14351
意大利	10657	12010
法国	11473	11748
俄罗斯	16797	6561
中国	12378	4953
日本	2824	1624
英国	4201	9396
美国	4630	9143
荷兰	9851	7687
波兰	12542	10064

［资料来源：2014年匈牙利统计手册（2015年出版）］

【外国资本】积极鼓励吸收外资。2013年引进19.9万亿福林。主要集中在加工业、汽车制造业、贸易、运输和通信、金融、房地产等行业。在匈投资的前六位国家是德国、荷兰、奥地利、法国、美国和瑞士。2013年，外资企业27744家。

人民生活

重视提高和改善居民生活水平，不断增加退休金、家庭补贴、生育和抚养儿童的补助金等。此外，在医疗、教育、文化、体育和旅游等方面实行优惠补贴。2014年家庭人均年净收入102万福林。2014年国家投入补贴总额为3347亿福林，平均每家月补2.47万福林。截至2014年1月，全国退休人员共有280万人。2014年全国有医生38994人，平均每万人拥有医生39.6人，每十万人拥有病床70张。2014年人均食品消费量：牛奶148公斤，肉类和鱼类共52.9公斤，鸡蛋214个，糖28公斤，油类33公斤。

军　事

1990年2月匈牙利人民军改名为匈牙利国防军。1999年3月，匈正式成为北约成员国。宪法规定共和国总统是武装力量最高统帅。国防部是最高军事统率机关。于2004年12月取消义务兵役制。2014年军队总人数为2.9万，职业兵1.2万，文职人员6753人。国防军司令兼总参谋长本戈·蒂博尔（BENKŐ TIBOR）上将。2014年国防开支为2567亿福林，占国内生产总值的1%。

［资料来源：2014年匈牙利统计手册（2015年出版）］

文化教育

实行12年制义务教育，幼儿免费入托，小学免费教育。学制：小学8年，中学（包括职业中学）4年，大学4—6年，医科大学7年。除公办学校外，还有教会学校、私立学校和基金会学校。1986年9月实施新教育法，扩大各类学校业务上和经济上的自主权，促使学校生活民主化。1993年通过了第一部高等教育法。2013年教育预算支出11423亿福林，文化预算支出2037亿福林。2014/2015年度各级学校数量、学生及教师人数如下：

	学校（所）	学生（人）	教师（人）
幼儿园	4544	321489	31234
小学	3621	751034	75704
中学	1823	437512	36497
专科学校	683	102482	8124
高等院校	67	306524	21080

［资料来源：2014年匈牙利统计手册（2015年出版）］

【新闻出版】发行量较大的全国性报纸主要有：《人民自由报》，1942年创刊，2010年日发行量8.8万份；《民族体育报》，1903年创刊，9.0万份；《匈牙利民族报》，1938年创刊，5.6万份；《匈牙利新闻报》，1968年创刊，2.7万份；《人民之声报》，1873年创刊，3.1万份；《世界经济报》，1969年创刊，1.2万份。

通讯社：匈牙利通讯社，国营，1880年成立。

主要广播电台：科苏特广播电台，裴多菲广播电台和巴尔托克广播电台均为国营电台。此外还有尤文图斯广播电台、多瑙广播电台，均为商业电台。2014年广播时间总共为421万小时。

主要电视台：国营电视台有匈牙利电视台（MTV），1957年成立；多瑙河电视台，1992年成立。私营电视台有RTL Klub电视台，1997年成立；TV2电视台，1997年成立。2014年播放节目时间总共为310万小时。

对外关系

主要外交目标和任务是：保障国民安全，服务国内经济发展和改善民生；高效应对全球化挑战；加强中欧地区合作，积极参与欧洲一体化建设；加强匈族人团结。在国际金融危机影响的情况下，致力于成为亚欧贸易桥梁，提出“向东开放”战略，视中国、俄罗斯、印度为经济外交重点。目前，同170多个国家建立了外交关系。

1999年3月加入北约，2004年5月加入欧盟。2007年12月正式加入申根协定。

【同中国的关系】1949年10月6日建交。中匈关系一直发展顺利。近年来，两国继续保持高层和各级别交往。2012年4月，温家宝总理赴波兰出席中国—中东欧国家领导人会晤期间同匈牙利总理欧尔班举行双边会见。4月30日至5月1日，李克强副总理正式访匈，同欧尔班总理举行会谈，并分别会见代总统、国会主席格维尔以及副总理兼行政和司法部长纳夫拉齐赤。2013年11月布加勒斯特会晤中国—中东欧国家领导人期间，李克强总理同欧尔班总理举行双边会见。2014年2月，匈总理欧尔班来华进行正式访问。习近平主席、李克强总理和张德江委员长分别与其会见、会谈。4月，李克强总理与欧尔班总理通电话。2015年11月，欧尔班总理来华出席中国—中东欧国家领导人会晤，李克强总理同其举行双边会见。

2014年，中匈双边贸易额为90.2亿美元，同比增长7.3%。其中，中方出口额为57.6亿美元，增长1.3%；进口额为32.6亿美元，增长20.1%。中国主要出口机电产品、计算机部件、音视设备、纺织品、服装等，主要进口机电产品、汽车零配件等。匈是中东欧地区华商和中资机构最集中的国家之一。截至2014年年底，中国对匈累计投资达30亿美元。万华、华为等大型企业在匈经营良好。中国企业在匈投资领域为金融、化工、通信、新能源等。截至2015年9月，匈对华累计投资3.6亿美元，投资领域涵盖污水处理、建材、食品加工和家禽饲养。

两国在金融、旅游、航空、文教、科技等领域合作不断扩大。2003年，中国银行在布达佩斯设立分支机构（匈牙利中国银行），这是中国在中东欧地区的首家营业性金融机构。同年，匈成为中国公民出境旅游目的地国。2004年，中国海南航空公司开通北京—布达佩斯直航（2012年初暂停航班）。2004年，布达佩斯匈中双语学校成立。罗兰大学孔子学院、塞格德大学孔子学院、米什克尔茨大学孔子学院和佩奇大学孔子学院在匈先后设立。2013年，中东欧汉语教师培训中心在匈成立。2015年，中国国际航空公司恢复开通北京—布达佩斯航线。同年，中国人民银行宣布将人民币境外机构投资者（RQFII）试点地区扩大至匈牙利，投资额度500元亿人民币，授权匈牙利中国银行担任匈牙利人民币业务清算行。

中国驻匈牙利大使：段洁龙。馆址：1068 Budapest，Városligeti fasor 20–22。电话：00–361–4132401；传真：3229067。经商处电话：00–361–4133369。领事部电话：00–361–4133373。网址：www.chinaembassy.hu。

匈牙利驻华大使：西洛什·采齐里奥（SZILAS Cecilia）。馆址：北京三里屯东直门外大街10号；电话：010–65321431；传真：65325053。商务处电话：010–65323182。网址：www.mfa.gov.hu/emb/beijing。

1990年6月，台湾地区在匈设立“台北贸易办事处”，1995年更名为“台北代表处”。1998年5月，匈国际贸易与发展公司在台北设立“匈牙利贸易办事处”。

【同欧洲国家的关系】2014年，匈总统阿戴尔访问比利时、卢森堡、保加利亚、斯洛伐克等；总理欧尔班访问波兰、斯洛伐克、塞尔维亚、德国巴伐利亚州等；匈外长纳夫拉齐赤访问斯洛文尼亚、斯洛伐克、克罗地亚、波兰等；匈外长西雅尔多访问奥地利、德国、塞尔维亚、阿尔巴尼亚、马其顿等。波兰总统科莫罗夫斯基、波兰总理图斯克、法国外长法比尤斯、奥地利总统费舍尔、奥地利外长库尔茨等分别访匈。

【同美国的关系】2014年，匈外长西雅尔多访问美国，与美国务院欧盟及欧亚事务助理国务卿维多利亚就双边关系、阿富汗局势和乌克兰局势等问题举行会谈。美国国会参议员麦凯恩、负责欧洲及欧亚事务助理国务卿霍特和负责能源外交事务助理国务卿霍克斯坦、国务院能源事务特使帕斯夸尔、国务院助理国务卿托马斯、国际安全事务助理部长德里克等分别访匈。

【同俄罗斯和独联体国家的关系】2014年，匈总理欧尔班访问俄罗斯，与俄总统普京举行会谈。匈外长西雅尔多访问阿塞拜疆、俄罗斯。阿塞拜疆总统阿利耶夫、哈萨克斯坦国会主席扎哈库博夫等分别访匈。

【同其他国家的关系】匈重视发展与亚太地区各国的关系和加强同广大发展中国家的往来。2014年，匈总统阿戴尔访问越南；匈总理欧尔班访问沙特、韩国；匈国会主席格维尔访问新加坡、澳大利亚、新西兰；匈外长马尔托尼访问智利；匈外长西雅尔多访问日本。土库曼斯坦总统别尔德穆哈梅多夫、蒙古总统额勒贝格道尔吉、马来西亚外长阿曼等分别访匈。

【同国际及地区组织的关系】2014年，匈总统阿戴尔访问联合国总部。匈总理欧尔班出席北约、欧盟峰会等。匈外长西雅尔多出席欧盟外事委员会会议。欧盟委员会主席巴罗佐访匈。（刘振华）

意 大 利

国名 意大利共和国（The Republic of Italy, la Repubblica Italiana）。

面积 301333平方公里。

人口 6077万（2014年）。主要是意大利人。讲意大利语，西北部的瓦莱·达奥斯塔、东北部的特伦蒂诺—上阿迪杰和弗留利—威尼斯·朱利亚等少数民族地区分别讲法语、德语和斯洛文尼亚语。大部分居民信奉天主教。

首都 罗马（Roma), 人口约300万（2015年）。最热的月份为7月，一般气温在20～32℃；最冷月份为1月，一般气温在1℃—10℃。

国家元首 总统塞尔焦·马塔雷拉（Sergio Mattarella），2015年1月31日当选，2015年2月3日宣誓就职。

重要节日 元旦：1月1日；主显节：1月6日；复活节：春分后第一次月圆之后的第一个星期日；解放日：4月25日；劳动节：5月1日；国庆日：6月2日；圣母升天节：8月15日；万圣节：11月1日；胜利日：11月4日；圣诞节：12月25日。

简况

位于欧洲南部，包括亚平宁半岛及西西里、撒丁等岛屿。北以阿尔卑斯山为屏障与法国、瑞士、奥地利、斯洛文尼亚接壤，东、南、西三面分别临地中海的属海亚得里亚海、爱奥尼亚海和第勒尼安海。海岸线长约7200多公里。大部分地区属亚热带地中海式气候。平均气温1月2℃—10℃，7月23℃—26℃。

意大利半岛史前就有人类活动迹象，最早可追溯到旧石器时代早期。公元前9世纪伊特鲁里亚人曾创造灿烂的文明。公元前754年罗马建城。古罗马先后经历王政（前753—前509年）、共和（前509—前27年）、帝国（前27—476年）三个阶段，存在长达一千年。共和时期，罗马基本完成疆域扩张，帝国时期，成为以地中海为中心，跨越欧、亚、非三大洲的大帝国。西罗马帝国于476年灭亡，东罗马帝国于1453年灭亡。公元962年至11世纪，意大利北部和中部成为“日耳曼民族神圣罗马帝国”的一部分，而南部则为拜占庭领土，直至11世纪诺曼人入侵意南部并建立王国。12—13世纪在意大利的神圣罗马帝国统治瓦解，分裂成许多王国、公国、自治城市和小封建领地。随着经济实力增强，文化艺术空前繁荣。15世纪，人文主义和文艺复兴运动在意大利应运而生，16世纪在欧洲广泛传播。15世纪末，法国和西班牙争夺亚平宁半岛斗争激化，导致了持续数十年的意大利战争。16世纪起，大部分领土先后被法、西、奥占领。18世纪民族精神觉醒。19世纪民族复兴运动兴起。1861年3月建立王国。1870年攻克罗马，完成领土统一。此后，意同其他欧洲列强进行殖民扩张竞争，曾先后占领了厄立特里亚（1885—1896年）、索马里（1889—1905年）、利比亚和爱琴群岛（1911—1912年），并在中国天津取得一块商业租界（1902年）。一战时获得了东北部特伦蒂诺、上阿迪杰、威尼斯·朱利亚和多德卡尼索斯等地区。1922年10月31日墨索里尼上台执政，实行长达20余年的法西斯统治；其间包括入侵埃塞俄比亚（1930—1936年）、帮助佛朗哥在西班牙打内战和与德国结成罗马—柏林轴心（1938年）、随后卷入二战（1939—1945年）并沦为战败国。1946年6月2日全民公投，废除君主立宪，同年7月12日组成共和国第一届政府。二战后，参加马歇尔计划、签署“大西洋公约”并积极参加欧洲一体化进程，系欧盟创始国之一。

政治

实行议会共和制。总统为国家元首，总理行使管理国家职责。本届政府成立于2014年2月，系意战后第63届政府，由民主党、新中右、中间联盟和意大利公民选择四党联合执政。总理马泰奥·伦齐。

【宪法】现行宪法于1947年12月22日由立宪会议通过，1948年1月1日颁布，2001年10月7日，全民公决通过修改后的宪法。总统为国家元首和武装部队统帅，代表国家的统一，由参、众两院联席会议选出。总理由总统任命，对议会负责。

【议会】议会是最高立法和监督机构，由共和国参议院和众议院组成。参、众两院权力相等，决议、法案等需经过两院都通过方有效。参、众两院分别普选产生315名和630名议员，任期5年。总统有权在任期内任命5位终身参议员，本届参议院共有6名终身参议员。议会的主要职能是：制定和修改宪法和法律，选举总统，审议和通过对政府的信任或不信任案，监督政府工作，讨论和批准国家预算、决算，对总统、总理、部长进行弹劾，决定战争状态和授予政府必要的政治决定权力等。目前，意政府正全力推动宪法改革，削弱参议院部分权力。本届为战后第17届议会，于2013年2月24—25日选举产生。彼得·格拉索（Pietro Grasso）和劳拉·博尔德里尼（Laura Boldrini）分别当选参、众议长。参、众两院各党派议席分配如下：

	参议院：	众议院：
民主党	112	301

力量党	40	54
自由人民自治联盟	19	21
五星运动	35	91
人民地带（新中右和中间联盟）	32	31
北方联盟	12	16
大自治和自由党	16	31
自治和社会党	20	31
其他（包括终身参议员）	35	85
共计	321	630

【政府】本届政府于2014年2月22日宣誓就职。内阁成员如下：总理：马泰奥·伦齐（Matteo Renzi），总理府国务秘书：克劳迪奥·德温琴蒂（Claudio De Vincenti）。主要部长有：外交部长保罗·真蒂洛尼（Paolo Gentiloni），内政部长安杰利诺·阿尔法诺（Angelino Alfano），司法部长安德烈亚·奥兰多（Andrea Orlando），国防部长罗贝塔·比诺蒂（Roberta Pinotti），经济与财政部长皮埃尔·卡罗·帕多安（Pier Carlo Padoan），经济发展部长费代里卡·圭迪（Federica Guidi），基础设施与运输部长格拉齐亚诺·德尔里奥（Graziano Delrio），农业、食品和林业政策部长毛里齐奥·马丁纳（Maurizio Martina），环境、国土与海洋保护部长吉安·卢卡·加莱蒂（Gian Luca Galletti），劳动与社会政策部长朱利亚诺·波莱蒂（Giuliano Poletti），教育、大学与科研部长斯特法尼亚·贾尼尼（Stefania Giannini），文化遗产、活动和旅游部长达里奥·弗兰切斯基尼（Dario Franceschini），卫生部长贝亚特里切·洛伦津（Beatrice Lorenzini），宪法改革与议会关系部长玛丽亚·埃莱娜·博斯基（M. Elena Boschi），公共职能与简化部长马里亚娜·马蒂亚（Marianna Madia）。

【行政区划】全国划分为20个行政区，101个省，8003个市镇。20个行政区包括15个普通自治行政区：皮埃蒙特、伦巴第、威内托、利古里亚、艾米利亚－罗马涅、托斯卡纳、翁布里亚、拉齐奥、马尔凯、阿布鲁佐、莫利塞、坎帕尼亚、普利亚、巴西利卡塔、卡拉布里亚，以及5个特别自治行政区：瓦莱·达奥斯塔、特伦蒂诺－上阿迪杰、弗留利－威尼斯·朱利亚、西西里岛及撒丁岛。

【司法机构】最高司法委员会是最高司法权力机构，拥有独立司法体制以及任命、分配、调遣、晋升法官等权力。由33人组成，总统任主席，最高法院院长和总检察长为当然成员。其他成员由议会选举的10名委员（律师和司法教授）和全体法官选出的20名法官组成，任期4年，不得连任和兼职。宪法法院负责处理法律法规的合宪性审查，协调并解决中央政府各部门、中央与地方、地方与地方之间权力划分的争议，并依据宪法处理对总统和内阁部长的指控。由15名法官组成，任期9年，不得兼职，享有豁免权。宪法法院院长阿方索·夸兰塔（Alfonso Quaranta），最高法院院长乌戈·德塞尔沃（Ugo De Siervo），总检察长维塔里亚诺·埃斯波西托（Vitaliano Esposito）。此外，还设有地方调解法官、初审法院、上诉法院、审计院（主管公共账目和养老金）等机构。

【政党】实行多党制，各主要政党或党派联盟大部分属于中左和中右两大阵营：

（1）民主党（Partito Democratico）：中左翼最大政党，主要执政党之一。2007年10月成立，由雏菊党、左翼民主党等多个左翼党派联合组建。全国书记马泰奥·伦齐。

（2）力量党（Forza Italia）：中右翼最大政党。2013年，意大利自由人民党（Popolo della Libertà）在是否支持大联合政府的问题上产生内部分歧，形成反对大联合政府的“鹰派”和支持大联合政府的“鸽派”。2013年11月，意大利前总理西尔维奥·贝卢斯科尼（Silvio Berlusconi）及其“鹰派”支持者宣布解散自由人民党，恢复成立意大利力量党（Forza Italia），贝卢斯科尼任党主席。

（3）五星运动（Movimento 5 Stelle）：近年来迅速崛起的非传统政党。2009年10月成立，起源于“格里洛朋友运动”，擅长通过街头演讲、微博、脸书等形式进行联络、宣传和开展活动，主席贝佩·格里洛（Beppe Grillo）。

（4）新中右（Nuovo Centrodestra）：中右翼政党，主要执政党之一。2013年自由人民党分裂后组建，内政部长、原自由人民党书记安杰利诺·阿尔法诺任党主席。

（5）意大利公民选择党（Scelta Civica）：支持欧洲主义的中间派政党，执政党之一。2013年1月成立，曾支持意前总理马里奥·蒙蒂（Mario Monti）竞选连任。2013年10月，蒙蒂辞去该党主席职务，现任主席为恩里科·扎内蒂（Enrico Zanetti）。

（6）北方联盟（Lega Nord）：中右翼政党。1989年12月成立，前身是意中北部6个自治运动联盟。创始人翁贝托·博西（Umberto Bossi）任党主席，马泰奥·萨尔维尼（Matteo Salvini）任全国书记。

（7）左翼生态自由党（Sinistra Ecologia Libertà）：左翼政党，2009年3月成立，党主席尼基·文多拉（Nichi Vendola）。

【重要人物】**塞尔焦·马塔雷拉**：总统。1941年生于西西里大区巴勒莫市，罗马大学法学专业毕业。1983年，首次以天民党候选人当选众议员，1987年再次当选。1987—1990年先后担任与议会关系部长、公共教育部长。1998—2001年，历任副总理、国防部长。2006年，参与组建民主党。2011年被议会推选为宪法法院法官。2015年1月，当选意第13任总统。　**马泰奥·伦齐**：总理。1975年生于意大利佛罗伦萨，佛罗伦萨大学法学系毕业。2001—2003年任雏菊党佛罗伦萨地区协调员。2003年任雏菊党佛罗伦萨省书记。2004—2009年任佛罗伦萨省省长。2007年加入民主党。2009—2014年任佛罗伦萨市市长。2013年12月当选民主党全国书记。2014年2月当选总理，成为意大利战后最年轻的总理。 **彼得罗·格拉索**：参议长。1945年生于意大利利卡塔。1991年任司法部刑事局顾问。1999年8月任巴勒莫总检察长。2005年10月任国家反黑手党总检察长。在2013年举行的意大利议会选举中当选参议员。在2013年3月举行的参议长选举中以137票当选。 **劳拉·博尔德里尼**：众议长。1961年生于意大利马切拉塔，罗马大学法学系毕业。1998—2012年任联合国难民署发言人。在2013年举行的议会选举中，代表左翼生态自由党当选众议员。在2013年3月举行的众议长选举中以327票当选，成为意大利战后第三位女众议长。

经 济

意大利是发达工业国，欧洲第四大、世界第八大经济体（2014年国内生产总值）。意人均国内生产总值居欧盟第12位、世界第26位。服务业发达，占国内生产总值的75%。中小企业发达，被誉为“中小企业王国”，中小企业数量占企业总数的99.8%以上。地区经济发展不平衡，北方工商业发达，南方以农业为主，经济较为落后。

2014年主要经济数据如下：

国内生产总值：1.616万亿欧元（名义）。

人均国内生产总值：25300欧元。

国内生产总值增长率：–0.4%。

出口总额增长率：2.0%。

进口总额增长率：–1.6%。

财政赤字率：3.0%。

就业率：55.7%。

失业率：12.7%。

（资料来源：意大利国家统计局）

【资源】自然资源贫乏，仅有水力、地热、天然气等能源和大理石、黏土、汞以及少量铅、铝、锌和铝矾土等矿产资源。本国石油和天然气产量分别仅能满足4.5%和22%的国内市场需求，能源和主要工业原料供给依赖进口。

【工业】实体经济发达，是欧盟内仅次于德国的第二大制造业强国。各类中等技术含量消费品和投资产品在世界市场上占有相当份额，但高技术产品相对较少。主要工业有：石油化工、汽车制造、家用电器、电子仪器、冶金、机械、设备、纺织、服装、制革、家具、食品、饮料、烟草、造纸、出版、印刷、建筑等。中小企业专业化程度高，适应能力强，传统上以出口为导向，在制革、制鞋、服装、纺织、家具、厨卫、瓷砖、丝绸、首饰、酿酒、机械、大理石开采及机械工业等领域具有较强的国际竞争力。

【农林渔业】农、林、渔业占国内生产总值比例为2.4%。农业可用土地1780万公顷，其中已利用土地1270万公顷，农业企业约160万家。意大利是欧盟内仅次于法国的第二大农业国，农产品质量享誉世界，239种农产品获得欧盟最高认证，是欧盟国家中拥有该级别认证最多的国家。2014年农业附加值293亿欧元，占国内生产总值的1.8%。2010年，意大利葡萄酒产量超过法国，成为世界最大葡萄酒生产国，主要出口德国、美国和英国。

【服务业】服务业发展较快，始终保持上升势头，在国民经济中占有重要地位，产值占国民生产总值2/3，多数服务业与制造业产品营销或供应有关。

【旅游业】旅游业发达，是世界第五大旅游国。主要旅游城市包括罗马、威尼斯、佛罗伦萨等。旅游从业人员约32万人。据统计，2014年意大利共接待游客3.78亿人次，其中外国游客1.87亿人次，在意大利平均逗留3.55天。

【交通运输】交通基础设施完善，但建设时期早，普遍较为陈旧。国内运输主要依靠公路，铁路、水路和航空运输也较发达。全国公路总长66.5万公里，其中高速公路总计6661.3公里，铁路网总长19394公里。全国有352个港口，其中包括热那亚、那不勒斯、威尼斯、的里雅斯特、塔兰托、里窝那、锡拉库扎等19个主要大港。全国共有机场96座。意居民汽车拥有率为61%。

【财政金融】巨额赤字和公共债务一直是意经济的两大难题。2011年，受希腊主权债务危机影响，意主权债务形势趋于严峻。2012年，蒙蒂政府果断实施一系列紧缩措施并推行结构性改革，主权债务问题逐步缓解。伦齐政府执政后，继续全面深化改革。2014年财赤率3%，公债总额2.134万亿欧元，占国内生产总值的132.1%。2015年前三季度财赤率2.9%，同比下降0.4个百分点，国债认购率和收益率保持平稳。

意大利主要金融机构有：联合圣保罗银行（Intesa Sanpaolo）、裕信银行（Gruppo Unicredit）、卡皮塔里亚集团（Capitalia）、锡耶纳银行（Banca Monte dei Paschi di Siena）、忠利集团（Assicurazioni Generali）等。

【对外贸易】对外贸易是意经济的主要支柱。外贸产值占国内生产总值40%以上。意产品在国际上有较强竞争力，出口商品种类齐全。主要以机械仪器、汽车、农产品加工、钢铁、化工化学、制药、家用电器、服装、制鞋、贵重金属等工业制成品为主。2014年，意大利出口排名世界第8，进口排名第11，进出口总额10006.1亿美元，同比增长0.3%。其中出口5286.4亿美元，增长2.0%；进口4719.7亿美元，下降1.6%。贸易顺差566.7亿美元，增长46.2%。2015年，意政府借助米兰世博会大力推广“意大利制造”，意出口保持强劲势头，1—8月同比增长5.6%。

意主要贸易伙伴为欧盟国家。2014年，意对欧盟国家贸易占其对外贸易总量的54.3%以上。近年来，意大利对世界其他地区市场出口份额逐渐增加，美国、中国、土耳其、俄罗斯等国家已成为意大利在欧盟外的重要贸易伙伴。

【著名公司】意大公司情况如下：

（1）芬梅卡尼卡集团（Gruppo Finmeccanica）是意大利规模最大的高科技集团公司，公司总产值占意大利国防工业总产值的70%，国家控股32.4%，涉及航空、航天、能源、电子防务、交通和信息技术等领域。集团主要进行飞机、直升机、卫星、导弹系统、雷达、火车及发电机组的设计和生产。2014年销售业绩约为146亿欧元，有员工47000人。网址：www.finmeccanica.com。

（2）忠利集团（Gruppo Generali），成立于1831年。欧洲第三大保险集团，世界十大保险集团之一。由297家公司组成，其中107家保险公司，119家金融与房地产公司。忠利集团与50多个国家有业务往来。2002年，忠利保险有限公司和中国石油天然气集团公司合资组建中意人寿保险有限公司，公司注册资本19亿元人民币，成为中国加入WTO后首家获准成立的中外合资保险公司。目前，中意人寿注册资本37亿元，总资产约500亿元，是中国最大的合资寿险公司之一。网址：www.generali.com。

（3）菲亚特集团（Gruppo Fiat），1899年创办，总部设在都灵，由阿涅利家族控制管理。2014年1月，菲亚特集团与美国克莱斯勒汽车公司完成并购，宣布成立意美合资并有荷兰资本参与的新公司，菲亚特-克莱斯勒汽车公司（Fiat Chrysler Automobiles），成为全球第7大汽车制造商。2015年，该公司利润为4.1亿美元，同比下降40%，主要原因是公司支付了远超预期的召回费用和重组计划预算。1996年，中国南京汽车集团与菲亚特集团依维柯公司共同成立南京依维柯汽车有限公司，成为当时中意两国最大的合作项目。2010年，由广州汽车集团股份有限公司和菲亚特集团汽车股份公司以50：50出资比例建立的广汽菲亚特汽车有限公司在湖南长沙经济技术开发区成立，主要业务包括乘用车产品的整车、发动机、零部件的研究开发、生产制造、销售及售后服务等。2010年中国成为菲亚特五大市场之一。2011年年底，菲亚特公司表示将继续拓展在华业务，除了在华生产菲亚特汽车外，还将在华生产旗下阿尔法-罗密欧品牌汽车。网址：www.fiatgroup.it。

（4）倍耐力集团（Pirelli S.p.A）成立于1872年。主要经营橡胶轮胎、电缆和通信设备，是全球第五大轮胎制造商，2014年销售额超过60亿欧元。总部设在米兰，目前在全世界12个国家拥有24家子公司。业务遍布全球160多个国家，拥有约1万家经销商及零售商。2005年，倍耐力进入中国。2007年年底，倍耐力在山东建立子午线轿车轮胎生产线，正式投产高性能轿车轮胎。2015年8月中国化工集团公司斥资71亿欧元收购倍耐力集团26.2%的股份，成为倍最大的单一股东。2016年2月，中国化工集团董事长任建新出任倍耐力集团董事会主席。网址：www.pirelli.it。

（5）意大利电信公司（Telecom Italia S.p.A），前身是意大利电信集团（Gruppo Telecom Italia），有上百年历史，总部设在米兰。40%股份由意大利和其他一些国家政府控制。公司在9个国家开展业务，共拥有760万宽带客户，其中意境内客户为610万人。网址：www.telecomitalia.it。

（6）埃尼集团（Ente Nazionale Idrocarburi, ENI），总部在米兰。1953年2月由国家控制的石油、天然气、石油化工企业合并而成。经营范围包括：原油、天然气、化学品和石油化工产品、核燃料、煤、机械设备、采矿业与冶金，并承包工程建筑及贸易。同约70个国家有业务往来，有员工8.4万人。2013年，中国石油天然气集团公司斥资42亿美元收购埃尼集团东非公司28.57%股权。网址：www.eni.it。

（7）国家电力公司（ENEL），1962年成立，国家控股68%，1999年在米兰和纽约上市，拥有230万股民，是意大利第一大电力公司和第二大天然气输送公司。员工人数6.4万人，生产能力42000兆瓦，电力领域拥有3000万用户。网址：www.enel.it。

人民生活

根据意大利国家统计局数据，意大利共有2581万个家庭，平均每个家庭2.28人。多年来，意人口老龄化现象严重，2014年，65岁以上老年人口占总人口的21.6%，14岁以下青少年人口占总人口的13.7%。人口出生率为8.3‰，死亡率为9.8‰。人均寿命较长，男性平均79.4岁，女性平均84.5岁。2014年，人均居民可支配收入21298欧元，比2013年上升1.3%。居民家庭月平均消费约2368.4欧元，同比上升0.47%。2014年，居民储蓄意愿为12.8%，贷款意愿为5%。

【南方问题】南方地区包括阿布鲁佐、莫利塞、坎帕尼亚、普利亚、卡拉布里亚、巴西利卡塔大区，以及西西里岛和撒丁岛。南方地区面积为12.3万平方公里，占意大利国土总面积的40.8%，人口2085万，占全国人口的36%。由于历史原因，南方经济和社会发展严重滞后，某些大区在欧盟中甚至处于最落后水平。南方人均国内生产总值仅占中北部地区的一半。2014年，意南部失业率一度高达20.7%。此外，南方"黑手党"等有组织犯罪猖獗，虽然近年来受到警方沉重打击，但仍对南方发展产生消极影响。

军　事

总统为武装部队最高统帅，总理对国防政策及军队建设负责。国防部是最高军事行政机关，负责武装力量的建设和管理，实行以国防部长（文官）为首、国防参谋长和国防秘书长分别主管军事和后勤管理的双轨制。国防参谋部是最高军事指挥机构，下辖陆军、海军、空军参谋部和宪兵总部。参谋长委员会为国防部最高咨询机构，成员有国防参谋长、三军参谋长、国防秘书长和宪兵总部司令，由国防参谋长任主席。国防参谋长是最高军事长官，通过国防参谋部、国防秘书厅和军种参谋部对三军实施行政管理，通过三军作战司令部、舰队司令部、空军作战司令部指挥部队的作战和演习。根据2004年出台的法令，意大利从2005年开始实施军队职业化，目前是志愿兵与职业军人相结合的兵役制度，志愿兵可通过不同等级考试成为职业军人。意从1997年起开始逐步裁军，2014年陆、海、空总兵力约17.4万人，国防预算202.66亿欧元，同比下降2.3%。意是北约成员，北约南欧盟军司令部设在那不勒斯。美国在意设有数十处军事基地，在加埃塔、那不勒斯等地设有海军基地，在阿维亚诺设有空军基地，在维琴察、里窝那设有陆军基地。意大利军队曾多次参与联合国、北约、欧盟框架下涉及多个国家的国际维和任务。

文化教育

【教育】意大利教育体系分为三个阶段，即5年初级教育（小学），8年中级教育（3年初中，5年高中），大学、专科院校等高等教育，16岁以下可享受义务教育，2012至2013学年共有在校学生24.75万。意政府教育投入约占国内生产总值的4.2%，低于欧盟5.3%的平均水平。根据2013年统计数据，17.6%的18—24岁年轻人在未获高中学历前选择放弃学业，15—19岁人群中98.3%至少拥有初中学历，20—24岁人群中77.3%至少拥有高中学历。著名大学有罗马大学、米兰“博可尼”大学、米兰理工大学、都灵理工大学、波伦亚大学、帕多瓦大学、那不勒斯大学、比萨大学和佛罗伦萨大学等。

新闻出版新闻出版比较发达，全国有各种报纸杂志52种。主要报纸及其日平均发行量如下（2015年2月）:《晚邮报》，39.3万份;《共和国报》，35.6万份;《新闻报》，22.6万份;《24小时太阳报》，20万份;《体育报》，11.6万份;《信使报》，13.6万份;《赛场体育邮报》，21万份;《日报》，15.4万份。此外，还有一些地方报和主要政党的机关报。

主要综合性期刊:《展望》周刊，29.7万份;《快报》周刊，19.2万份；女性周刊《现代妇女》，23.4万份；宗教性期刊《基督教家庭》，34.1万份。

安莎通讯社：1945年建立，意最大通讯社。

意大利广播电视公司：成立于1954年，属国有。目前有3个主要频道播送综合广播电视节目。意广播电视事业发达，全国有私人广播电视台500余家。

对外关系

对外政策基本点是立足欧洲，积极参加欧盟建设，促进欧洲一体化进程；依靠北约，重视发展跨大西洋盟友关系，主张联合国安理会改革，但坚决反对增加常任理事国，强调联合国在建立国际新秩序和解决地区冲突中的主导作用，积极参加联合国框架下的维和与人道主义救援行动；主张世界多极化和加强地区性合作；认为应对现行国际金融体制进行改革，加强全球经济治理；主张通过对话解决地区冲突和南北差距，减免债务和增加对第三世界国家的援助；关注巴尔干半岛局势和地中海事务，积极推动中东和平进程；拓展同亚太地区国家的关系，强调维护人权。同120多个国家建立外交关系。

【同中国的关系】1970年11月6日中国与意大利建交。2004年5月温家宝总理访意期间，两国建立全面战略伙伴关系，并成立中意政府委员会。近年来，中国访意的主要领导人有：国家主席胡锦涛（2009年），全国人大常委会委员长吴邦国（2009年），国务院总理温家宝（2010年），中共中央政治局常委、中纪委书记贺国强（2010年），国家副主席习近平（2011年），中共中央政治局委员、全国政协副主席王刚（2011年），全国政协主席贾庆林（2012年），国务院副总理回良玉（2013年），国务院总理李克强（2014年），中共中央政治局委员、中央政法委书记孟建柱（2014年），国务院副总理汪洋（2015年）、最高法院院长周强（2015年）等。意访华的重要人士有：总理贝卢斯科尼（2003年、2008年）、总理普罗迪（2006年）、总统纳波利塔诺（2010年）、总理蒙蒂（2012年）、总理伦齐（2014年）、参议长格拉索（2015年）等。

意大利是中国在欧盟的重要贸易伙伴。1970年两国贸易额仅为1.2亿美元。目前，意大利是中国在欧盟的第五大贸易伙伴，中国是意大利在亚洲的第一大贸易伙伴。2014年，双边贸易额为480.4亿美元，同比增长10.7%。2015年1—11月，双边贸易额为402.2亿美元，同比下降7.3%，其中我方出口250亿美元，同比下降3.7%，我方进口152.2亿美元，同比下降12.8%。我对意主要出口商品有：服装及衣着附件、纺织纱线、织物及制品、鞋类、旅游用品及箱包、山羊绒、玩具、自动数据处理设备及其部件、塑料制品、医药品等。我从意主要进口商品有：纺织机械、动物皮革、电视显像管、金属加工机床、橡胶或塑料加工机械、医药品、烟草加工机械、型模及金属铸造用型箱、电视、收音机及无线电通信设备的零附件、计量检测分析自控仪器及器具等。

中意双向投资合作发展迅速，截至2015年11月，意在华投资项目共计5405个，实际投入66.5亿美元。截至2015年11月，我在意非金融类直接投资7.73亿美元。2014年以来，我企业和金融机构抓住意行业私有化契机，以参股、并购等形式实现对意投资的井喷式增长，总金额近200亿美元，主要涉及能源、高端制造等领域。

两国于1978年签署中意政府间科技合作协定，成立中意科技合作混委会，双方至今已召开14次混委会会议。2011年，中意技术转移中心、中意设计创新中心和中意电子政务中心正式启动。2010年11月，首届中意创新合作高层论坛在罗马召开，之后每年在两国轮流举办，至今已举办五次。中意在环境监测、水资源管理、可再生能源等环保领域合作成果丰硕，双方签署项目近百个。2013年，中意纺织和新材料研发中心先后在佛罗伦萨和杭州揭牌成立。2015年11月，第六届"中意创新合作周"在华成功举办。

中意在文化、教育等领域的交流与合作密切。2010年10月至2012年2月，"中国文化年"活动在意大利成功举办。2010年10月，中意签署协议，确定中国国家博物馆同罗马威尼斯宫国家博物馆互设长期展馆。2014年6月，两国文化部签署《关于建立文化合作机制的谅解备忘录》，并于2015年4月签署《2015—2019年度文化合作执行计划》。双方已在意合作建立11所孔子学院，34所孔子课堂。截至目前，中意两国已建立80对友好省市和地区关系。

中国驻意大利大使：李瑞宇。馆址：Via Bruxelles，56 Roma。总机：0039–06–965242；传真：85352891。网址：www.fmprc.gov.cn/ce/ceit/chn/。

意大利驻华大使：谢国谊（Ettore Francesco Sequi）。馆址：北京三里屯东二街2号。总机：010–85327600。商务处：010–85327600–1–2；文化处：010–65322187。网址：www.italianembassy.org.cn；签证申请中心网址：www.italyvac.cn，咨询电话：010–84185417。

【同欧盟的关系】 意大利作为欧盟创始成员国之一，高度重视并积极推动欧洲一体化建设。认为欧盟一体化建设是应对全球化挑战的有效手段，只有建立强大团结的欧盟才能最大限度维护意安全和利益。支持欧盟机构改革，积极参与欧盟对外行动署的筹建和运作。欧洲主权债务危机爆发后，倡议在欧盟内部设立应对危机的统一基金，支持欧盟三大经济治理措施，即由欧洲统一发债、赋予欧洲央行更大权力以及加大体制改革协调力度。2014年下半年，意大利担任欧盟轮值主席国。同年10月，米兰举行第10届亚欧首脑会议。意总理伦齐多次访问欧盟机构及德国、法国，英国等国，就促进投资与增长、欧盟机制改革等问题积极协调立场，呼吁欧盟及其成员国在难民问题上承担更多责任。意前外长莫盖里尼目前担任欧盟外交和安全政策高级代表。

【同美国的关系】 意大利是美国传统盟友，战后一直与美国保持密切政治、经济和军事关系。重视发展跨大西洋伙伴关系，承认美国在世界新秩序中的主导作用，主张发展与美特殊伙伴关系。2014年，意美贸易额559.9亿欧元，其中意对美出口394.2亿欧元，从美进口165.7亿欧元元。2013年在美国举办意大利文化年。2014年3月，美国总统奥巴马访意。2015年4月和2016年2月，意总理伦齐和意总统马塔雷拉分别访美。

【同北约的关系】 认为北约仍是欧洲主要防务力量，在保障欧洲和各成员国安全方面发挥核心作用。主张北约与欧盟在危机处理和维和行动方面进行密切合作。支持北约组建快反部队，主张北约和欧盟快反部队互为补充，共同维护跨大西洋联盟。支持北约东扩，倡导北约与俄罗斯建立新型伙伴关系。主张北约转变职能，在解决地区冲突、反恐和防扩散行动中发挥重要作用。

【同俄罗斯的关系】 意积极发展与俄罗斯关系，视俄为世界政治、军事和能源大国，重视俄在欧洲政治、安全的合作，率先提出俄与欧洲有着共同的文化和宗教渊源，俄应成为未来大欧洲的一员。支持俄加入世界贸易组织；力促欧盟和北约进一步对俄开放。同俄在经贸、能源、科技和文化等领域的合作不断加深，意是俄在欧洲第二、全球第三大贸易伙伴。2013年11月，俄罗斯总统普京访意。2015年3月，意总理伦齐访问俄罗斯。6月，俄总统普京访问意大利。在乌克兰问题上，意大利遵循欧盟统一立场，与其他欧盟成员国一道向俄施压。但由于意俄能源、经贸合作密切，意不主张对俄采取大规模制裁措施，呼吁俄乌通过对话解决冲突。

【同巴尔干国家的关系】 出于地缘政治考虑，积极参加"中欧倡议"组织活动，促进该地区合作，谋求在中南欧特别是巴尔干地区发挥更大作用。曾负责联合国驻阿尔巴尼亚多国维和部队的指挥工作，为稳定阿局势发挥了重要作用。用于巴尔干重建的投资额在欧盟国家中居第二位，仅次于德国。是中东欧国家的重要贸易伙伴。

【同地中海国家的关系】 意认为自己是欧洲和地中海的桥梁，历届政府一直将该地区视为意地缘战略的重点。作为"地中海和平稳定宪章"的倡议国和欧盟—地中海伙伴关系国成员，意积极推动欧盟与地中海国家之间的对话与合作，实施欧盟—地中海战略，支持巴塞罗那进程。强调北约南翼的重要性，呼吁欧盟关注地中海地区局势，支持2010年建立欧盟—地中海自由贸易区。推动北约成立"地中海常设舰队"，与法、西组建"地中海快速反应部队"。

【同亚洲、非洲、拉丁美洲国家的关系】 意重视同亚太地区国家的关系，加强同东南亚国家的经济合作。主张印巴和解，积极推动朝鲜半岛和平进程，促进印尼的民主进程。意积极参与阿富汗战后重建工作。在与亚洲国家的关系中，意重点发展与中国、日本、伊朗及中亚各国的双边关系。意是第一个同朝鲜建交的西方国家，关注朝鲜半岛局势。认为朝核问题涉及国际安全，主张通过外交手段和平解决；同北非国家有较深历史渊源，近年来积极拓展同广大非洲国家关系，不断深化经贸、文化等合作，扩大发展援助规模。（王昊　孙纵横）

英 国

国名 大不列颠及北爱尔兰联合王国（The United Kingdom of Great Britain and Northern Ireland）。

面积 24.41万平方公里（包括内陆水域）。英格兰地区13.04万平方公里，苏格兰7.88万平方公里，威尔士2.08万平方公里，北爱尔兰1.41万平方公里。

人口 6470万（2015年），其中英格兰占83.9%，苏格兰占8.4%，威尔士占4.8%，北爱尔兰占2.9%。官方语言为英语，威尔士北部还使用威尔士语，苏格兰西北高地及北爱尔兰部分地区仍使用盖尔语。居民多信奉基督教新教，主要分英格兰教会（亦称英国国教圣公会，其成员约占英成人的60%）和苏格兰教会（亦称长老会，有成年教徒59万）。另有天主教会及伊斯兰教、印度教、锡克教、犹太教和佛教等较大的宗教社团。

首都 伦敦（London），人口861万（2015年）。最热月份为7月，一般气温在13℃—22℃；最冷月份为1月，一般气温在2℃—6℃。

国家元首 女王伊丽莎白二世（Queen Elizabeth II），1926年4月21日出生，1952年2月6日即位，1953年6月2日加冕。

简 况

岛国，位于欧洲西部，由大不列颠岛（包括英格兰、苏格兰、威尔士）、爱尔兰岛东北部和一些小岛组成。隔北海、多佛尔海峡、英吉利海峡与欧洲大陆相望。海岸线总长11450公里。属海洋性温带阔叶林气候。通常最高气温不超过32℃，最低气温不低于-10℃。北部和西部的年降水量超过1100毫米，其中山区超过2000毫米，中部低地为700—850毫米，东部、东南部只有550毫米。每年2—3月最为干燥，10月至翌年1月最为湿润。

公元1—5世纪，大不列颠岛东南部受罗马帝国统治。后盎格鲁、撒克逊、朱特人相继入侵。7世纪开始形成封建制度。829年英格兰统一，史称“盎格鲁－撒克逊时代”。1066年诺曼底公爵威廉渡海征服英格兰，建立诺曼底王朝。1536年英格兰与威尔士合并。1640年爆发资产阶级革命，1649年5月19日宣布为共和国。1660年王朝复辟。1688年发生“光荣革命”，确定了君主立宪制。1707年英格兰与苏格兰合并，1801年又与爱尔兰合并。18世纪60年代至19世纪30年代成为世界上第一个完成工业革命的国家。1914年占有的殖民地比本土大111倍，是第一殖民大国，自称“日不落帝国”。1921年爱尔兰南部26郡成立“自由邦”，北部6郡仍归英国。第一次世界大战后英开始衰落，其世界霸权地位逐渐被美国取代。第二次世界大战严重削弱了英经济实力。随着1947年印度和巴基斯坦相继独立，英殖民体系开始瓦解，但英仍是英联邦53个成员国的盟主。目前，英在海外仍有13块领地。1973年1月加入欧共体。

政 治

2015年5月，英国举行议会大选，组成保守党单独执政政府，戴维·卡梅伦（David Cameron）连任首相。新政府上台后，将保持经济的长期发展作为主要任务，以控制公共开支、减少赤字为重点，积极促进劳动生产率和就业增长。调整福利政策，增加医疗预算。推动宪政方案，向苏格兰、威尔士、北爱尔兰进行权力下放。推动欧盟改革，宣布将在2017年年底之前就是否留在欧盟举行全民公投。

【苏格兰和威尔士地方议会和政府】1999年5月，苏格兰和威尔士选举成立地方议会，分别设129个和60个议席。7月1日，两地议会和政府正式运作。苏格兰议会在地方政务、司法、卫生、教育、经济发展等方面享有一定的立法权和行政权，并享有部分征税权，可将所得税的基本税率浮动3%。经英国中央政府授权，英国苏格兰地区于2014年9月18日就是否脱离英国实现独立举行公投。公投结果显示，55%的民众反对独立，45%支持独立，“苏格兰独立”公投以未获通过告终。现任苏格兰首席部长尼古拉·斯特金（Nicola Sturgeon）。

威尔士议会主要在就业、卫生、教育和环境等问题上拥有决策权，但没有调整税率的权力。此举被视为工党政府实施权力下放的标志性成就。现任威尔士首席部长卡因·琼斯（Carwyn Jones）。

【北爱尔兰自治政府】1998年4月10日，英国和爱尔兰政府及北爱尔兰冲突各方签署和平协议，英向北爱移交地方事务管理权，爱尔兰放弃对北爱领土的主权要求，之后选举产生北爱地方议会，推举成立由北爱多党分享权力的北爱自治政府，行使除国防、外交和税收之外的立法和行政权。由于北爱各派在缴械等问题上的争执，英政府先后被迫4次中止北爱政府的运作。经过多次波折，2005年7月28日，爱尔兰共和军发表声明，宣布从即日起放弃武装斗争，不再从事任何非和平活动。随后，英政府拆毁在北爱的部分军事设施并分阶段撤军。2007年3月9日，北爱举行地方议会选举，民主统一党和新芬党得票总数过半。2007年5月8日，北爱各方经过艰苦谈判，就权力分配达成妥协，北爱地方联合政府宣告重启。2010年2月，民主统一党和新芬党就移交警务和司法权问题达成协议，北爱的警务和司法权从英议会移交至北爱地方议会。2015年9月，联合政府因爱尔兰共和军前成员遇刺事件引发危机，北爱地方政府首席部长彼得·罗宾逊（Peter Robinson）率多位部长辞职。12月，阿莱娜·福斯特（Arlene Foster）当选民主统一党新领袖并担任北爱地方政府首席部长，新芬党的马丁·麦吉尼斯（Martin McGuinness）任副首席部长。

【宪法】英国宪法不是一个独立的文件，由成文法、习惯法、惯例组成。主要有大宪章（1215年）、人身保护法（1679年）、权利法案（1689年）、议会法（1911、1949年）以及历次修改的选举法、市自治法、郡议会法等。政体为君主立宪制。君主是国家元首、最高司法长官、武装部队总司令和英国国教圣公会的“最高领袖”，形式上有权任免首相、各部大臣、高级法官、军官、各属地的总督、外交官、主教及英国圣公会的高级神职人员等，并有召集、停止和解散议会，批准法律，宣战媾和等权力，但实权在内阁。苏格兰有自己独立的法律体系。

【议会】最高立法机构，由君主、上院（贵族院）和下院（平民院）组成。上院议员包括王室后裔、世袭贵族、终身贵族、教会大主教及主教。1999年11月，上院改革法案获得通过，除92人留任外，600多名世袭贵族失去上院议员资格，非政治任命的上院议员将由专门的皇家委员会推荐。2006年7月首次经过选举产生了上院议长，现任议长为迪苏莎女男爵（Baroness D'Souza）。下院议员由普选产生，采取简单多数选举制度，任期5年，但政府可提议提前大选。本届议会下院于2015年5月选出，在650个议席中，保守党占331席、工党占232席、苏格兰民主党占56席、自民党占8席、其他小党和无党派人士占23席。现任议长为约翰·伯科（John Bercow）。（资料来源：英国议会网站）

【政府】实行内阁制。由君主任命在议会中占多数席位的政党领袖出任首相并组阁，向议会负责。现政府为保守党政府，于2015年5月大选后组成。同月，英国内阁进行调整。现任内阁主要成员为：

首相兼首席财政大臣、文官大臣戴维·卡梅伦，首席大臣兼财政大臣乔治·奥斯本（George Osborne），上院领袖兼掌玺大臣斯托厄尔女男爵（Baroness Stowell），内政大臣特里萨·梅（Theresa May），外交大臣菲利普·哈蒙德（Philip Hammond），内阁办公室国务大臣兼兰卡斯特公爵郡大臣奥利弗·莱特文（Oliver Letwin），司法大臣兼大法官迈克尔·戈夫（Michael Gove），国防大臣迈克尔·法伦（Michael Fallon），商业、创新和技能大臣兼贸易委员会主席萨义德·贾维德（Sajid Javid），就业和养老金大臣伊恩·邓肯·史密斯（Iain Duncan Smith），卫生大臣杰里米·亨特（Jeremy Hunt），社区和地方政府事务大臣格雷格·克拉克（Greg Clark），教育大臣兼妇女事务大臣尼基·摩根（Nicky Morgan），国际发展大臣贾斯汀·格里宁（Justin Greening），能源和气候变化大臣安布尔·拉德（Amber Rudd），交通大臣帕特里克·麦克洛克林（Patrick McLoughlin），苏格兰事务大臣戴维·芒德尔（David Mundell），北爱尔兰事务大臣特里萨·维勒斯（Theresa Villiers），威尔士事务大臣斯蒂芬·克拉布（Stephen Crabb），文化、媒体和体育大臣约翰·惠廷德尔（John Whittingdale），环境、食品和乡村事务大臣伊丽莎白·特拉斯（Elizabeth Truss），下院领袖兼枢密院大臣克里斯·格雷林（Chris Grayling）。

【主要网址】英王室：www.royal.gov.uk；中央政府：www.gov.uk；内阁办公室：www.cabinetoffice.gov.uk；首相府：www.number10.gov.uk；议会：www.parliament.uk；财政部：www.hm-treasury.gov.uk；英格兰银行：www.bankofengland.co.uk；外交及联邦事务部：www.fco.gov.uk；司法部：www.justice.gov.uk；内政部：www.homeoffice.gov.uk；国防部：www.mod.uk；卫生部：www.dh.gov.uk；环境、食品和乡村事务部：www.defra.gov.uk；国际发展部：www.dfid.gov.uk；商业、创新和技能部：www.bis.gov.uk；就业和养老金事务部：www.dwp.gov.uk；交通部：www.dft.gov.uk；社区与地方政府部：www.communities.gov.uk；儿童、学校和家庭事务部：www.dfes.gov.uk；文化、传媒和体育部：www.culture.gov.uk；贸易和投资署：www.uktradeandinvest.gov.uk；国家统计局：www.statistics.gov.uk；税务及海关总署：www.hmrc.gov.uk；英国广播公司：www.bbc.co.uk。

【行政区划】分为英格兰、威尔士、苏格兰和北爱尔兰四部分。英格兰划分为43个郡。苏格兰下设32个区，包括3个特别管辖区。威尔士下设22个区。北爱尔兰下设26个区。苏格兰、威尔士议会及其行政机构全面负责地方事务，中央政府仍控制外交、国防、总体经济和货币政策、就业政策以及社会保障等。

伦敦也称“大伦敦”（Greater London），下设独立的32个城区（London Boroughs）和1个“金融城”(City of London)。各区议会负责各区主要事务，但与大伦敦市长及议会协同处理涉及整个伦敦的事务。

【司法机构】有三种不同的法律体系：英格兰和威尔士实行普通法系，苏格兰实行民法法系，北爱尔兰实行与英格兰相似的法律制度。司法机构分民事法庭和刑事法庭两个系统。在英格兰和威尔士，民事审理机构按级分为郡法院、高等法院、上诉法院民事庭、最高法院。刑事审理机构按级分为地方法院、刑事法院、上诉法院刑事庭、最高法院。最高法院是英国所有民事案件的最终上诉机关，也是英格兰、威尔士和北爱尔兰所有刑事案件的最终上诉机关。苏格兰高等法院是苏格兰所有刑事案件的最终上诉机关。

1986年成立皇家检察院，负责受理所有由英格兰和威尔士警察机关提交的刑事诉讼案。总检察长和副总检察长是英政府的主要法律顾问。现任总检察长杰里米·赖特（Jeremy Wright）。

2007年5月，英内政部改组，分为内政部、司法部两个独立部门。内政部专责安全、反恐、移民，打击犯罪、毒品、反社会行为及建立身份证制度等事务；司法部负责法院、监狱、缓刑等事务。

【政党】政党体制从18世纪起即成为英宪政中的重要内容。现英国主要政党有：

（1）保守党（Conservative Party）：议会第一大党。领袖戴维·卡梅伦，2005年12月当选。保守党前身为1679年成立的托利党，1833年改称现名。1979—1997年曾4次连续执政18年。2015年5月英国大选后，保守党获单独执政地位，组成保守党政府。支持者一般来自企业界和富裕阶层。主张自由市场经济，严格控制货币供应量，减少公共开支，压低通货膨胀，限制工会权利，加强“法律”和“秩序”等。近年来，提出“富有同情心的保守主义”，关注教育、医疗、贫困等社会问题。强调维护英国主权，反对“联邦欧洲”、欧盟制宪，不加入欧元区，认为英国继续作为欧盟成员符合英国利益，但主张重新谈判英国同欧盟的关系，承诺将于2017年年底前就英欧关系进行公投。

（2）工党（Labour Party）：议会第二大党。1900年成立，原名劳工代表委员会，1906年改用现名。1997—2010年连续执政13年。2010年、2015年大选失利成为反对党。2015年9月，杰里米·科尔宾（Jeremy Corbyn）当选新领袖。近年来，工党更多倾向关注中产阶级利益，与工会关系一定程度上有所疏远。主张保持宏观经济稳定增长，建立现代福利制度。外交上主张积极参与国际合作，视与美国和欧盟关系为两大外交支柱，支持欧盟一体化建设，反对英国脱离欧盟。

英国其他政党还有：苏格兰民族党（Scottish National Party）、自由民主党（Liberal Democrat Party）、威尔士民族党（Plaid Cymru）、绿党（Green Party）、英国独立党（UK Independence Party）、英国国家党（British National Party），北爱尔兰一些政党如：北爱尔兰统一党（Ulster Unionist Party）、民主统一党（Democratic Unionist Party）、社会民主工党（Social Democratic and Labour Party）、新芬党（Sinn Fein）等。

【重要人物】伊丽莎白二世：国家元首。全称为“托上帝洪恩，大不列颠及北爱尔兰联合王国以及其他领土和属地的女王、英联邦元首、基督教的保护者伊丽莎白二世”。1926年4月21日生，为已故英王乔治六世的长女。6岁时开始接受治国教育，研读法律、历史和语言，能讲流利的西班牙语，也会法语和德语。二战期间，担任一些社会团体的领导职务，战后担任更多的社会职务，经常巡视英国各地。1952年2月6日即位，1953年6月2日加冕。女王丈夫为菲利普亲王，受封为爱丁堡公爵。生有三子一女，长子查尔斯王子受封为威尔士亲王，是英国王储。女王曾于1986年10月访华。1999年10月、2005年11月和2015年10月分别邀请江泽民主席、胡锦涛主席和习近平主席对英进行国事访问。2014年6月会见访英并举行中英总理年度会晤的李克强总理。　**戴维·卡梅伦**：英国首相。1966年10月生于伦敦，先后就读于伊顿公学和牛津大学。2001年当选议会下院议员，2003年起历任保守党下院副领袖、保守党副主席和影阁教育大臣。2005年12月当选保守党领袖。2010年英国大选后，保守党与自民党组建联合政府，卡出任首相。2015年英国大选后组成保守党政府，卡续任首相。曾于2007年12月以保守党领袖身份访华。2010年和2013年作为首相访华。已婚，现有一子二女。

经　济

英是世界上第五大经济体，欧盟内第二大经济体，排在德国之后。私有企业是英经济的主体，占国内生产总值的60%以上，服务业占国内生产总值的3/4，制造业只占1/10左右。受国际金融危机影响，英金融业遭受重创，经济收缩7.2%，为20世纪30年代大萧条以来最大衰退。

2014年主要经济数据如下：

国内生产总值：2.94万亿美元。

人均国内生产总值：45600美元。

国内生产总值增长率：2.9%。

货币名称：英镑（Pound Sterling）；1英镑=100便士。

汇率：1英镑=1.56美元；1英镑=1.127欧元（2014年12月）。

通货膨胀率：1.5%。

失业率：5.6%，失业人口为168万人。

（资料来源：英国家统计局网站）

【资源】英是欧盟中能源资源最丰富的国家，主要有煤、石油、天然气、核能和水力等。能源产业在英经济中占有重要地位。2014年发电量降至335太千瓦时，降幅6.7%；石油产量同比下降8.8%。能源进口下降8.1%，总出口下降7.8%，降至1980年以来最低水平。近年来，政府强调要提高能源利用效率，发展核能和可再生能源，减少对传统矿物燃料的依赖，建设“低碳经济”，并为此进行了一系列立法保障和政策引导，鼓励高效节能技术开发，培养企业和家庭节能意识。2014年，可再生能源占总发电量的比例为19.2%，超过核电占比19%。

【工业】英主要工业有：采矿、冶金、化工、机械、电子、电子仪器、汽车、航空、食品、饮料、烟草、轻纺、造纸、印刷、出版、建筑等。生物制药、航空和国防是英工业研发的重点，也是英最具创新力和竞争力的行业。目前，英工业产值约占国内生产总值的23%。同许多发达国家一样，随着服务业的不断发展，英制造业自20世纪80年代开始萎缩，80年代和90年代初两次经济衰退加剧了这一态势。英制造业中电子和光学设备、人造纤维和化工产品，特别是制药行业仍保持雄厚实力。

【农牧渔业】英农牧渔业主要包括畜牧、粮食、园艺、渔业，可满足国内食品需求总量的近2/3。目前，农业在英国内生产总值中所占比重不到1%，从业人数约45万，不到总就业人数的2%，低于欧盟国家5%的平均水平，低于其他主要工业国家。农用土地占国土面积的70%，其中多数为草场和牧场，仅1/4用于耕种。农业人口人均拥有70公顷土地，是欧盟平均水平的4倍。英是欧盟国家中最大捕鱼国之一，捕鱼量占欧盟的20%，满足国内2/3的需求量。

【服务业】服务业包括金融保险、零售、旅游和商业服务等，是英经济的支柱产业，产值约占国内生产总值的四分之三。2014年英服务贸易总额2268亿英镑。伦敦是世界著名金融中心，拥有现代化金融服务体系，从事跨国银行借贷、国际债券发行、基金投资等业务，同时也是世界最大外汇交易市场、最大保险市场、最大黄金现货交易市场、最大衍生品交易市场、全球第三大保险市场、重要船贷市场和非贵重金属交易中心，并拥有数量最多的外国银行分支机构或办事处。伦敦金融城从业者近40万人，共有550多家跨国银行、170多家国际证券公司在伦敦设立了分支机构或办事处。

【旅游业】英国旅游业收入居世界第五位，仅次于美国、西班牙、法国和意大利，是英最重要的经济部门之一，从业人员约270万，占就业人口的9.1%。2014年来英游客达3440万人次，收入达210亿英镑。法国游客居海外游客之首，其他依次为德国、美国、爱尔兰、西班牙、荷兰、意大利和波兰。伦敦是外国游客必到之处，且旅馆众多，但旅馆房间多为豪华型，经济型房间较为紧缺；而餐馆在数量和风味上都有很大增长，可满足不同口味的需求。主要旅游地区有：伦敦、爱丁堡、卡迪夫、布赖顿、牛津和剑桥等。主要观光景点有：歌剧院、博物馆、美术馆、古建筑物、主题公园和商店等。

【交通运输】英交通基础设施较齐全。陆路、铁路、水路、航空运输均较发达。伦敦有十分发达的地铁网。1994年英法海底隧道贯通，将英国与欧洲大陆的铁路系统连接起来。卡梅伦政府执政后，推出建设高铁计划，英政府拟投资426亿英镑修建连接伦敦和伯明翰至北英格兰高铁2号线，预计2017年动工，2026年完工；并于2014年6月提出修建利兹至曼彻斯特的高铁3号线。近年来的交通运输情况如下：

铁路：英铁路总长达1.66万公里，电气化率为33%。日均发送旅客300万人次，货物周转量6000万吨公里。全国铁路和伦敦地铁分别承担了铁路系统运输量的49%和44%，其余由轻轨承担。

公路：英国公路总长达39.4万公里，其中3540公里为高速公路，承担着19.8%的交通量；3.08万公里为A级公路，承担44.3%的交通量。截至2013年年底，注册的机动车辆总数为3500万辆，新增机动车272万辆。

水运：英内河航道共3200公里，其中620公里用于货运。泰晤士河是最繁忙的内陆水运河，其次为福斯河。海运承担了95%的对外贸易运输。英国大小港口众多，其中100个为重要商业港口，有52个港口年吞吐量在100万吨以上。吞吐量超过1000万吨的港口有：格里姆斯比－因明翰、伦敦、蒂斯－哈特浦尔、福斯、米尔福德－黑文、南安普顿、利物浦、萨仑沃、菲利克斯托、多佛等。通过发展航运金融和海事服务，英国保持了全球航运定价中心和管理中心地位。伦敦是国际海事组织、国际海运联合会等国际航运机构总部所在地。2013年，英国港口吞吐货物量达5.03亿吨。

空运：英国所有的航空公司和大多数机场均为私营企业。目前共有50多家航空公司，在役飞机967架，2013年载客量约2.28亿人次。英国航空公司（British Airways）是世界最大航空公司之一，拥有300多架飞机，其航线覆盖90多个国家和地区约220座城市。英共有462家机场，其中35个机场年客流量在10万人次以上。英最大机场是伦敦希思罗机场，也是世界最大最繁忙的机场之一，客流量6590万人次；盖特威克机场是英第二大机场，客流量3300万人次。（资料来源：英国家统计局网站、欧洲统计局网站）

【财政金融】每年4月6日开始新的财政年度。政府财政预算支出包括公共支出（中央政府和地方政府开支）、支付债务利息和财务调整。财政预算收入含直接税、间接税和国民保险税收入三项。截至2015年6月，英政府外汇储备总额为968亿美元。根据2014/2015财年预算案，英政府本财年总收入6480亿英镑，总支出7320亿英镑，赤字840亿英镑，占GDP比重为5.5%。

（资料来源：英国家统计局网站、英财政部网站、英格兰银行网站、欧洲统计局网站）

【主要银行】

（1）英格兰银行（Bank of England）：1694年成立，1946年成为英国的中央银行，是世界上第一家中央银行。

（2）汇丰银行控股公司（HSBC Holding）：世界第77大公司。2014年营业收入975亿美元。

（3）劳合社（Lloyds Banking Group）：世界第94大公司。2014年营业收入832亿美元。

（4）巴克莱银行（Barclays）：世界第171大公司。2014年营业收入577亿美元。

（5）皇家苏格兰银行（Royal Bank of Scotland）：世界第255大公司。2014年营业收入426亿美元。

（6）渣打银行（Standard Chartered）：世界第470大公司。2014年营业收入257亿美元。

（资料来源：2014年财富全球500家最大公司）

【对外贸易】英基础设施完善，政府配套服务措施到位，鼓励自由贸易，重视引进新技术、新产品和新的管理方法，以增加出口，提高就业。英与世界80多个国家和地区有贸易关系，主要贸易对象是欧盟、美国和日本。

2014年，英国外贸进出口总额分别约为5124亿英镑和5472亿英镑。主要进口产品有：食品、燃料、原材料、服装、鞋业、电子机械设备、汽车等。主要出口产品有：石油及相关产品、化工产品（包括医药制品）、烟草、饮料、机械设备等。近年来，英前五位最大出口市场为：美国、德国、荷兰、法国、爱尔兰，前五位最大进口来源地为：德国、中国、荷兰、美国、法国。

【对外投资】英一直是国际资本的重要输出大国，这一特点随着英1979年取消外汇管制和北海油田的发现更加突出。20世纪80年代上半期英对外投资额可与美、日媲美，但随着90年代初期的经济衰退，英对外投资也随之大幅下降，之后又开始大幅攀升。2003年，英国贸易局更名为"贸易和投资署"，下设英贸易伙伴局和投资局。

【对外援助】根据联合国千年发展目标，英正逐步将对具体项目的援助改为向落实减贫战略的国家政府直接提供援助。2011年，英宣布停止对俄罗斯、中国、越南、塞尔维亚等16国的直接援助，将援助集中于埃塞俄比亚、孟加拉、尼日利亚、刚果（金）、巴基斯坦等27个最不发达的国家和地区。2013年，英成为七国集团中首个将国民总收入0.7%用于对外援助的国家。2014年，英官方发展援助（ODA）总额为114亿英镑，占国民生产总值的0.72%。非洲和亚洲是英对外援助重点。

【外国资本】英国政府鼓励吸引外资。根据联合国贸发会议发布的《世界投资报告2014》，2013年英国吸收外国直接投资为371亿美元，截至2013年年底吸收外国直接投资存量为1.6万亿美元（9750亿英镑），吸收外资存量同比增长8.3%，位居欧洲第一、世界第二（仅次于美国）。外资在英投资项目主要为计算机软件、信息技术、互联网、电子商务、电子和通信、医药和生物技术、管理行业、汽车、食品和饮料等。投资形式为收购、兼并现有企业，扩大生产规模，建立科研基地或跨国公司等。美国是对英最大投资国，其他主要投资国包括法国、日本、加拿大、德国、爱尔兰、挪威等。

【著名公司及经济团体】：2014年营业收入进入《财富》全球500强的英国公司和企业有：

（1）英国石油（BP）：世界第6大公司。主要经营炼油业务。2014年营业收入3962亿美元。

（2）乐购（Tesco）：世界第63大公司。主要经营食品及药品业务。2014年营业收入1033亿美元。

（3）汇丰银行控股公司（HSBC Holdings）：世界第77大公司。主要经营金融业务。2014年营业收入975亿美元。

（4）劳合社（Lloyds Banking Group）：世界第94大公司。主要经营金融业务。2014年营业收入832亿美元。

（5）保诚集团（Prudential）：世界第95大公司。主要经营保险投资业务。2014年营业收入819亿美元。

（6）联合利华（Unilever）：世界第140大公司，英国与荷兰联合公司，主要经营食品及洗剂用品。2014年营业收入661亿美元。

（7）沃达丰（Vodafone）：世界第141大公司。主要经营电信业务。2014年营业收入660亿美元。

（8）英杰华（Aviva）：世界第157大公司。主要经营人寿健康保险业务。2014年营业收入614亿美元。

（9）英国法通保险公司（Legal & General Group）：世界第159大公司，主要经营投资保险业务。2014年营业收入614亿美元。

（10）巴克莱银行（Barclays）：世界第171大公司。主要经营金融业务。2014年营业收入577亿美元。

（11）力拓集团（Rio Tinto Group）：世界第201大公司，英国和澳大利亚联合公司。主要经营矿产业务。2014年营业收入512亿美元。

（12）南苏格兰电力公司（Scottish and Southern Energy）：世界第215大公司。主要经营天然气与电力。2014年营业收入486亿美元。

（13）皇家苏格兰银行集团（Royal Bank of Scotland Group）：世界第255大公司。主要经营金融业务。2014年营业收入426亿美元。

（14）森特理克集团（Centrica）：世界第263大公司。主要经营能源业务。2014年营业收入415亿美元。

（15）葛兰素史克（Glaxo Smith Kline）：世界第265大公司。主要经营制药业务。2014年营业收入414亿美元。

（16）桑斯博里（J. Sainsbury）：世界第300大公司。主要经营食品及药品店业务。2014年营业收入368亿美元。

（17）英国标准人寿保险公司（Standard Life）：世界第374大公司。主要经营保险业务。2014年营业收入321亿美元。

（18）英国耆卫保险公司（Old Mutual）：世界第397大公司。主要经营保险业务。2014年营业收入310亿美元。

（19）英美资源集团（Anglo American）：世界第413大公司，经营矿产业务。2014年营业收入293亿美元。

（20）英国电信公司（BT）：世界第421大公司。主要经营电信业务。2014年营业收入为291亿美元。

（21）威廉莫里森超市连锁公司（Wm. Morrison Supermarkets）：世界第435大公司。主要经营超市业务。2014年营业收入277亿美元。

（22）康帕斯集团（Compass Group）：世界第437大公司。主要经营饮食业务。2014年营业收入274亿美元。

（23）英国宇航集团（BAE Systems）：世界第455大公司。主要从事航天国防服务。2014年营业收入264亿美元。

（24）阿斯利康（Astra Zeneca）：世界第468大公司，主要经营制药业务。2014年营业收入257亿美元。

（25）渣打集团（Standard Chartered Group）：世界第470大公司。主要经营金融业务。2014年营业收入257亿美元。

（26）国际航空集团（International Airlines Group）：世界第484大公司。主要经营航空业务。2014年营业收入247亿美元。

（27）罗尔斯·罗伊斯公司（Rolls-Royce Holdings）：世界第489大公司。主要经营汽车设计、生产和销售业务。2014年营业收入242亿美元。

（28）英美烟草集团（British American Tobacco）：世界第499大公司。主要经营烟草业务。2014年营业收入239亿美元。

英中贸易协会（China-Britain Business Council）：前身是1953年由一批冲破西方对华贸易封锁的英中小企业成立的"48家集团"。后英政府又成立了半官方的"英中贸易协会"。两组织于1991年合并为"英中贸易48集团"，1998年更名为"英中贸易协会"。该会受英政府的资助和指导，现有核心会员近300家，绝大部分是长期从事对华经贸合作的企业、银行和贸易公司。主要任务是：促进中英双边贸易和经济技术合作。主要活动是：组织贸易代表团访华，接待中国到访代表团，举办展览会，为英商提供中英贸易信息和咨询，出版《中英贸易回顾》和《英国工业》等刊物。（资料来源：2014年财富全球500家最大公司、英中贸协资料）

人民生活

实行公共保健、社会保险等福利制度，是最早实施福利制度的西方国家。实行五天工作制。2015年1—5月失业率为5.6%，就业人口与2014年第四季度相比减少6.7万，为2013年以来首次下降；平均工资增长3.8%，创2010年4月以来最大升幅。

国民医疗服务体系（National Health Service）是英福利体系的标志。1948年由当时的工党政府创立，并一直延续至今，为全民提供免费医疗服务。由于初级健康保健实施良好，英人均寿命与其他发达国家相当。2014年，男性平均寿命为78.5岁，女性为82.3岁；婴儿死亡率为4.7‰。（资料来源：英国家统计局网站）

军　事

建军时间约在17世纪中期。女王伊丽莎白二世为英军名义上的最高统帅。最高军事决策机构是"国防与海外政策委员会"，首相任主席，成员有国防大臣、外交大臣、内政大臣和财政大臣等；必要时，国防参谋长和三军参谋长列席会议。国防部为国防执行机构，既是政府行政部门，又是军事最高司令部。现任国防大臣迈克尔·法伦（Michael Fallon）。

英是北约集团的创始国和主要成员国，拥有独立的核力量，将北约集体防务力量作为英国安全的基础；积极推动建立欧洲快速反应部队；保持强大的常规部队及核威慑力量；突出强调质量建军和联合快速反应部队的建设，重点提高英军处理各种危机、应付突发事件的快速反应能力，努力维护英在欧洲及海外传统势力范围的战略利益。

英实行正规军与预备役部队相结合的武装力量体制。现有正规军总兵力19.6万。实行志愿兵役制，服役期3、6、9、12、15年不等，一般最长为22年。预备役部队总兵力19.15万。在海外驻军4.1万人，主要部署在阿富汗、伊拉克、科索沃、直布罗陀、德国、加拿大、塞浦路斯、马尔维纳斯群岛、波斯尼亚和塞拉利昂等地。2015年11月，英出台《2015年国家安全战略暨国防与安全战略评估报告》，全面规划英未来国家安全与防务建设的优先方向和工作重点。大幅增加对英武装力量、安全和情报机构的投入，未来10年投入1780亿英镑用于英军事装备和支持，向安全和情报机构增加25亿英镑拨款。增加皇家空军和海军编制，组建全新"联合武装力量2025"，同时确保核威慑能力。根据2014/2015财年预算案，英国防支出380亿英镑。

英军事工业发达，武器装备的现代水平居世界先进行列。军事工业规模可观、种类齐全、技术力量雄厚，具有独立研制包括战略核武器在内的各种大型武器装备的能力，某些技术和装备居世界一流水平。英是世界武器出口大国，主要出口类别包括军用飞机、战术导弹、作战舰艇和军事电子设备。（资料来源：英统计局网站、英国防部网站）

文化教育

【教育】英格兰、威尔士和苏格兰实行5—16岁义务教育制度，北爱地区实行4—16岁义务教育制度。义务教育归地方政府主管，高等教育则由中央政府负责。

英重视教育和科研水平的提高，目前正进行教育改革，允许高校增收学费，同时继续加大教育投资。根据2014/2015财年预算案，英教育支出980亿英镑。中小学公立学校学生免交学费，约占学生总数的90%以上。私立学校师资条件与教学设备较好，但收费高，学生多为富家子弟，约占学生总数的7%。英文盲率仅为1%。

约40%中学毕业生能够接受高等教育。全国有110多所大学和高等教育学院。著名的高等院校有牛津大学、剑桥大学、帝国理工学院、伦敦政治经济学院、圣安德鲁斯大学、伦敦大学学院、华威大学、曼彻斯特大学、爱丁堡大学和卡迪夫大学等。目前有30多万名海外学生在英大专院校学习。

【科技】英是世界高科技、高附加值产业的重要研发基地之一，其科研几乎涉及所有科学领域。以世界1%的人口，从事世界5%的科研工作，所发表学术论文占9%，引用量达12%，仅次于美国。获国际大奖人数约占世界的10%，迄已涌现出90多位诺贝尔科学奖得主，居世界第二。在生物技术、航空和国防方面具有较强的竞争力。

【文化】英国是世界文化大国之一，文化产业发达。全国约有2500家博物馆和展览馆对外开放，其中大英博物馆、国家美术馆等闻名于世。英国皇家芭蕾舞团、伦敦交响乐团等艺术团体具有世界一流水准。每年举行约500多个专业艺术节，其中爱丁堡国际艺术节是世界上最盛大的艺术节之一。当今世界80%的信息以英语传播。（资料来源：英国家统计局网站）

【新闻出版】英国新闻出版业发达，目前全国共有约1300多种报纸，8500种周刊和杂志，其中全国性日报11份，每周日发行的报纸11份。主要报纸、杂志有《泰晤士报》、《金融时报》、《每日电讯报》、《卫报》、《独立报》、《观察家报》、《星期日泰晤士报》和《经济学家》等。英15岁以上人口中有超过2/3的人至少阅读一份全国性日报。英互联网普及率较高，2014年第一季度英国网民达4460万人，占全国成年人人口的87%。

通讯社主要有3家：（1）路透社：1851年成立，集体合营，世界重要通讯社之一，总部设在伦敦，在130个国家设有190多个分支机构，拥有编辑、记者和摄影师及各类工作人员约5.5万人。（2）新闻联合社：1868年创办，由PA新闻、PA体育、PA检索和PA数据设计4家公司联合经营，专门为英国和加拿大的企业提供公关和投资信息。（3）AFX新闻有限公司：由法新社与金融时报联合经营，向欧洲的金融及企业界提供信息和服务，在欧洲12国、美国及日本设立分支机构，总部在伦敦。

英共有5家通过地面发射的覆盖全国的电视台，即英国广播公司（BBC）、独立电视台（ITV）、第四频道（Channel 4）、第五频道（FIVE）和专门针对威尔士地区并使用威尔士语的S4C。此外还有卫星电视和有线电视，如天空电视等。

英国广播公司（BBC）除提供电视节目外，还提供无线电广播服务。该公司系由几个无线电制造商于1922年创办，最初只向全英提供有限的无线电广播服务，现成为世界大型广播公司，拥有10多个传统及在线广播电台、10多个传统及数码交互式电视频道，2010年在全球约有各类听众和观众2.4亿人。目前广播电台年播出总量达4万多小时，在英国内拥有60%的听众，其对外广播电台用40多种语言向全世界各国播放节目。电视台开播于1936年，目前每年播出时间超过5万小时，BBC1主要播放新闻、时事、宗教、体育、歌剧及少儿和娱乐节目，BBC2主要播放音乐、艺术、喜剧、教育及一些特别节目。

独立电视台（ITV）节目始播于1955年，面向全国提供24小时全天服务，其中1/3时间播放新闻，其他时间播放体育、喜剧、游戏和电影等。经费来源主要靠广告赞助。第4频道（Channel 4）自己不制作节目，所播节目主要从独立制片人或包括海外的节目制作商处获取。节目从形式到内容以表现实验性、改革性和创新性为主。第五频道（FIVE）于1997年3月开播，主要播出时政、儿童节目、电影、戏剧和体育节目。

对外关系

英国是联合国安理会常任理事国以及欧盟、北约、英联邦等120多个重要国际组织成员，系5个核大国之一，同185个国家建立了外交或领事关系，有13块海外领地。冷战结束后，英努力维护大国地位，利用传统影响和软实力，力求发挥“超出自身实力”的影响力。2009年国际金融危机发生后，英经济受到重创，对外行动能力有所下滑。

2015年5月保守党政府成立后，主张发挥英国全球影响力、促进国家繁荣。呼吁改革国际机构，发展同盟关系；认为欧盟应当进行改革，主张同欧盟就英欧关系达成新协议；积极拉近伙伴关系纽带，同美国保持特殊关系；强调发展同新兴经济体的关系。

【对当前重大国际问题的态度】关于联合国和安理会改革：认为联合国是国际体系的基石、国际集体行动合法性的最有力来源和最具广泛代表性的国际组织。主张在国际问题上更多发挥联合国作用，推动联合国增加对减贫、疾病防治和环境保护的投入，呼吁实现联合国千年发展目标，将人权、安全及发展问题更紧密联系起来，提高联合国预防和解决冲突的能力。主张对联合国安理会进行必要改革，支持安理会同时扩大常任和非常任理事国，支持德国、日本、印度、巴西四国和非洲国家“入常”，但反对新常任国享有否决权。

关于全球经济治理和二十国集团：支持积极参与全球经济治理，认为二十国集团已取代八国集团成为全球经济治理的最佳机制，倡导保持世界经济自由开放、协调各国宏观经济政策和加强金融监管。主张发展议题是二十国集团的主要任务之一，推动建设二十国集团“三驾马车”机制。

关于欧洲一体化问题：积极参与欧盟事务，视欧盟为英发挥国际作用的重要平台和依据，重视欧洲共同市场建设，但对欧盟进一步的财政乃至政治一体化持保留态度。英政府2015年5月上台后强调维护英主权和独立性，重新审议英欧关系，主张从欧盟收回部分权利，力推欧盟改革，提高欧盟的灵活性、开放性和竞争力。

关于气候变化：与欧盟保持一致立场，认为气候变化是全球性问题，需要各国长期共同努力应对。提出到2050年将温室气体排放水平在1990年标准上降低80%的目标，对2015年巴黎第21届联合国气候变化大会上达成新条约表示欢迎。

关于反恐：认为恐怖主义是英面临的主要安全威胁之一，将反恐置于国家安全战略的重要位置。宣布加大打击极端主义和恐怖主义力度。升级反恐战略，成立新的反恐行动中心。通过强化国际合作升级高风险地区反恐和反极端主义专家网络，构建更强大而有效的全球安全情报网。2015年12月，英议会通过决议授权政府空袭叙利亚境内"伊斯兰国"目标。

关于防扩散、核裁军：认为在防扩散领域做发展中国家工作至关重要。认为核裁军与金融危机和气候变化同等重要。支持建立无核武器的世界，愿适时参与多边核裁军谈判。

关于乌克兰问题：视乌克兰危机为冷战结束后欧洲面对的最大安全挑战，与美国、欧盟密切沟通协调，共同应对危机。乌克兰危机爆发后，英积极推动和参与欧美等对俄制裁，并努力推动政治解决乌问题。

关于伊拉克问题：认为解决伊拉克问题还需依靠伊政府，2014年6月，英外交大臣、国防大臣先后访伊，展现对伊政府打击极端组织的政治支持，并推动伊各派搁置分歧。已向伊提供500万英镑的人道主义援助，支持联合国向伊提供援助的倡议。

关于叙利亚局势：认为叙是保持中东格局稳定的关键因素，积极推动国际和地区力量解决叙问题。赞同政治解决叙利亚问题，认为巴沙尔政权已失去合法性，支持叙反对派，拒绝承认叙2014年6月大选合法性。重视对叙利亚人道主义援助。

关于伊朗核问题：对伊核问题全面协议表示欢迎，并表示协议达成后，工作重点应转向确保协议得到迅速全面的实施。鼓励伊朗在地区事务，特别是打击伊斯兰极端主义中发挥透明、建设性作用。

关于朝鲜核问题：关注朝核问题，谴责朝退出《核不扩散条约》，认为此举威胁到地区稳定。敦促朝以"明确和可核查的"方式放弃核武计划，允许国际原子能机构派监督员返朝，并全面、无条件地遵守所有相关国际条约和义务。英强烈谴责朝鲜进行核试和射星，支持联合国对朝采取严厉措施。

关于阿富汗问题：认为阿富汗稳定事关反恐大局，事关北约战略转型，该问题是英外交首要优先内容。表示英并不指望阿富汗拥有"完美民主"，而是希望阿能保持局势稳定并维护自身安全。英作战部队于2014年底撤离阿富汗，但仍将继续为阿提供长期的经济、政治和安全支持。主张联合国应在北约撤军后发挥主导作用，协调国际社会对阿援助。

【同中国的关系】英国于1950年承认新中国，是最早承认新中国的西方大国。中英于1954年6月17日建立代办级外交关系，1972年3月13日升格为大使级。此后三十多年，中英关系历经波折，总体上朝着积极稳定的方向发展。1997年香港政权顺利交接后，两国关系进入全面发展的新阶段。

1998年，朱镕基总理与布莱尔首相实现互访，双方发表联合声明，宣布建立中英全面伙伴关系。1999年，江泽民主席成功访英，这是中国国家元首对英国的首次国事访问。2004年5月，温家宝总理对英进行正式访问，两国发表联合声明，宣布建立中英全面战略伙伴关系，同意建立两国总理年度会晤机制，并确定两国重点合作领域。2005年7月在英轮任八国集团主席时，胡锦涛主席赴英出席八国集团同中国、印度、巴西、南非、墨西哥五国领导人对话会。11月，胡锦涛主席应伊丽莎白二世女王邀请对英进行国事访问。2006年9月，温家宝总理对英进行工作访问。2006年10月，全国政协主席贾庆林对英进行正式友好访问。2008年1月、8月，布朗首相两次访华；10月，米利班德外交大臣代表布朗首相来华出席第七届亚欧首脑会议。2009年1月，英政府首次发表题为《英中合作框架》的对华战略文件。同月，温家宝总理对英进行正式访问，双方发表合作应对国际金融危机的联合声明。4月，胡锦涛主席赴英出席二十国集团领导人伦敦金融峰会。2010年7月，国务委员戴秉国与英外交大臣黑格在北京进行中英战略对话。11月，国务院副总理王岐山与英财政大臣奥斯本在北京共同主持第三轮中英经济财金对话。同月，卡梅伦首相访华。

2011年1月，国务院副总理李克强访英。6月，国务院总理温家宝访英。9月，国务院副总理王岐山和国务委员戴秉国分别访英，与英方共同主持第四轮中英经济财金对话和第五轮中英战略对话。2012年1月，英财政大臣奥斯本访华。4月，中共中央政治局常委李长春、国务委员刘延东分别访英，中英启动高级别人文交流机制并举行第一次会议。8月，国务委员戴秉国作为中国政府代表出席伦敦奥运会开幕式。2013年10月，英国财政大臣奥斯本访华，与马凯副总理共同主持第五次中英经济财金对话。12月，卡梅伦首相访华，与李克强总理举行两国总理年度会晤。

2014年2月，杨洁篪国务委员访英并举行中英战略对话。4月，刘延东副总理和亨特卫生大臣在北京共同主持中英高级别人文交流机制第二次会议。6月，李克强总理正式访英并举行中英总理年度会晤，会见了伊丽莎白二世女王，同卡梅伦首相举行会谈，双方发表《中华人民共和国政府和大不列颠及北爱尔兰联合王国政府联合声明》。9月，马凯副总理访英与奥斯本财政大臣主持第六次中英经济财金对话。

2015年3月，英国剑桥公爵威廉王子访华。6月，中共中央政治局委员、中央政法委书记孟建柱，中共中央政治局委员、北京市委书记郭金龙和王毅外长分别访问英国。8月，杨洁篪国务委员同英外交大臣哈蒙德在北京举行第七次中英战略对话。9月，刘延东副总理赴英同英卫生大臣亨特主持中英高级别人文交流机制第三次会议；马凯副总理在北京同英国首席大臣兼财政大臣奥斯本主持第七次中英经济财金对话；英国首相特使、前司法大臣克拉克代表英国政府来华出席中国人民抗日战争暨世界反法西斯战争胜利70周年纪念活动。

2015年10月19—23日，应伊丽莎白二世女王邀请，习近平主席对英国进行国事访问。访问期间，习主席分别同伊丽莎白二世女王、菲利普亲王、查尔斯王储、安德鲁王子、威廉王子等英国王室成员见面，同卡梅伦首相在唐宁街10号首相府举行会谈，并应邀赴契克斯首相私人官邸做客。卡陪同习主席访问了曼彻斯特。习主席还分别在英国议会、伦敦金融城、中英工商峰会闭幕式上发表重要演讲。中英两国发表《中英关于构建面向21世纪全球全面战略伙伴关系的联合宣言》，开启持久、开放、共赢的中英关系“黄金时代”。

经贸、科技、教育、文化等领域的交流与合作继续发展。英国是中国在欧盟内第二大贸易伙伴、第二大投资目的国和第二大实际投资来源地，中国是英国在欧盟外第二大贸易伙伴。2014年，中英双边贸易额808.7亿美元，同比增长15.3%，实现5年内翻一番。其中我出口额571.4亿美元，增长12.2%，进口额273.3亿美元，增长23.5%。2015年，中英双边贸易额785.3亿美元，同比下降2.9%。其中我出口额596亿美元，增长4.3%，进口额189.3亿美元，下降20.2%。

人文交流持续活跃。伦敦书展中国主宾国活动、“中国印·李岚清篆刻书法艺术展”等大型活动在英成功举行，中国奥运代表团参战伦敦奥运会、残奥会取得佳绩。我在英孔子学院和孔子课堂分别增至29所和127间，全英开设汉语教学的中小学达600多所。中国在英留学人员约15万，居在欧洲国家留学人数之首，英在华留学生数量近7000人。2015年，两国举办首个“中英文化交流年”。

两国已缔结友好（省、郡、区）54对。

中国驻英大使：刘晓明。使馆地址：49–51 PORTLAND PLACE, LONDON W1B 1JL。电话：0044–20–72994049, 0044–20–797–0292561（24小时）；传真：76362981，76365578。领事部地址：31 PORTLAND PLACE, LONDON，W1B 1QD。电话：0044–20–76311430；传真：74369178。经商处地址：16 LANCASTER GATE，LONDON W2 3LH。电话：0044–20–74028775转8233；传真：0044–20–77062777。文化处地址：11 WEST HEATH ROAD, HAMPSTEAD NW3 7UX，电话：0044–20–74318830；传真：74318810。教育处地址：50 PORTLAND PLACE LONDON W1B 1NQ。电话：0044–20–76120262；传真：75804474。科技处地址：10, GREVILLE PLACE, LONDON NW6 5JN，电话：0044–20–76250079；传真：76250070。

英国驻华大使：吴百纳（Barbara Janet Woodward）。使馆地址：北京市光华路11号。电话：010–51924000；传真：65321937/8/9。领事签证处地址：北京市光华路1号嘉里中心21层。电话：010–85296600；传真：85296081（领事），85296080（签证）。文化教育处地址：北京市东三环北路8号亮马河大厦4层。电话：010–65906903；传真：65900977。国际发展处地址：北京市光华路1号嘉里中心南座30层。电话：010–85296882。

【同其他国家的关系】与美国关系：从维护西方世界团结和对多极秩序主导权的目的出发，强调美国的领导地位和国际作用不可或缺，将英美特殊关系作为外交基石，认为这种特殊关系是建立在两国人民的密切接触与广泛的商业联系基础之上，在重大国际和热点问题上与美协调并提供协助，借英美关系提升英的地位，在国际事务中发挥超出自身实力的作用。

与欧盟关系：2010年5月，英联合政府上台后继续奉行积极的对欧政策。2011年12月，英首相卡梅伦在欧盟峰会上，反对法、德提出的修改《里斯本条约》以应对欧债危机的提议，欧盟不得不放弃修约初衷，改为缔结政府间条约。2015年5月英保守党在议会大选中获胜后，卡梅伦首相承诺将于2017年底前举行英欧关系公投。11月，卡梅伦正式提出欧盟改革四大目标：一是保护单一市场的独立性，保护英国和其他非欧元区国家的利益；二是改革欧盟的僵化体制，提振欧洲的竞争力；三是保证英国不参与欧盟建设一个“前所未有的紧密联盟”进程，加强各国议会的自主权力；四是限制欧盟移民在英国领取福利的权利。12月，英议会通过《欧盟公投法案》。

与法、德关系：注重与法、德合作，主张共同推动欧盟单一市场建设，提升欧盟经济竞争力，联手应对欧洲主权债务危机，促进欧盟改革，推进欧盟共同外交和防务建设，加强与法国的军事合作。

与西巴尔干地区国家关系：看重西巴尔干国家的重要战略位置，与该地区各国均保持了密切联系，并通过欧盟及双边渠道向有关国家提供发展援助。承认科索沃单方面宣布独立，在科设立大使馆并向科当局提供援助。支持马其顿、塞尔维亚申请加入欧盟。

与俄罗斯关系：认为俄实现民主、保持稳定有利于欧洲和平，鼓励俄进一步改革。英是俄罗斯重要的投资国，俄是英重要的能源供应方，双方经贸关系较密切。2011年和2013年，卡梅伦首相两度访俄，并利用多边场合与俄领导人数次见面。双方同意推动两国关系发展，将在阿富汗问题、反恐以及打击贩毒等方面加强合作。2012年，俄罗斯总统普京非正式访问英国并会见卡梅伦首相。乌克兰危机爆发后，英积极推动和参与欧美等对俄制裁，并努力推动政治解决乌问题。

与中东欧及其他独联体国家关系：欢迎中东欧、独联体国家加入北约和欧盟，关注格鲁吉亚、乌克兰、乌兹别克斯坦、塔吉克斯坦和吉尔吉斯斯坦等国的民主进程及人权状况。

与日本关系：重视在全球化背景下增强与日政治、经济和军事关系，积极发展双方在环境、科技、人道援助、反恐等领域的合作。视日是“可信赖”的国际伙伴，重视日在朝鲜半岛、伊拉克、中东等地区热点问题上的作用，支持日成为联合国安理会常任理事国，欢迎日积极参与国际维和行动。2012年4月，卡梅伦首相访问日本。同年5月，日本天皇夫妇访问英国。2014年5月，日本首相安倍晋三访问英国。

与巴基斯坦关系：对巴基斯坦局势表示高度关切，重视与巴反恐合作，支持打击巴伊斯兰极端主义势力，希巴局势尽快恢复稳定，高度关注阿、巴边境安全形势，在制定对巴援助政策时重点考虑帮助巴减少贫困。承诺在2020年前向巴提供6.5亿英镑（约合10.5亿美元）教育援助，帮助400万巴儿童接受教育。

与中东国家关系：支持中东和平进程，重视同该地区国家发展关系。认为阿以冲突是中东问题的症结，支持“以土地换和平”的原则，呼吁阿以双方停止暴力，通过政治途径实现中东问题的全面解决。承认以色列对西耶路撒冷的实际控制，但不承认以对耶城拥有主权。反对扩大犹太人定居点。认为巴勒斯坦享有包括建国在内的自决权，支持向巴提供援助。强调推动中东和平进程对根除国际恐怖主义的重要性。

与英联邦国家关系：积极改善并发展与英联邦国家的传统联系，增加对成员国的援助，注重经援与民主、法治、人权和良政挂钩，希以民主自由观念增进英联邦国家的凝聚力，利用英联邦广泛的联系提升英国际影响。英联合政府加大对英联邦的重视和投入，主张加强英联邦的作用，将之打造成为推进民主、发展和人权的平台，更多地借重英联邦实现英外交政策目标，尤其强调加强与印度的关系。

与非洲国家关系：将非洲问题作为英外交重点之一。支持“非洲发展新伙伴计划”以及非盟发挥更大作用。主张国际社会在减债、投资和市场准入等方面为非洲提供更有利的条件，增加对非援助。大力推动千年发展目标。认为非洲发展的关键是实行西方“民主制度”和“良治”，强调对非援助要与非洲“民主”、“良治”挂钩。关注非洲地区冲突，参与非洲地区的维和行动。呼吁国际社会共同为减贫而努力。十分关注中国在非行动，愿与中方加强在非洲问题上的合作，包括在非洲国家合作一些联合项目。主张欧中非三方合作。

与津巴布韦关系：与津巴布韦关系紧张，反对津政府实施激进土地改革。指责津总统穆加贝无视人权、限制言论自由、操纵选举、破坏经济，鼓动欧盟等西方国家实施并延长了对津制裁。推动英联邦终止了津的成员资格。欢迎津巴布韦分权协议，希望协议能使津找到经济复兴和政治稳定的新路，但不会马上取消对津经济制裁和启动经济援助计划。

与拉美国家关系：主张与拉美国家加强双边交往，密切欧盟与拉美地区的联系，重视与该地区前宗主国西班牙合作，促进双方在该地区的利益。支持巴西成为联合国安理会常任理事国，主张与古巴发展关系，要求古促进人权和政治自由，呼吁促进委内瑞拉国内政治和解。自2011年起，英国与阿根廷关于马岛归属的争端有所加剧。2013年3月，马岛居民就主权争议举行公投，结果98.8%的选票选择继续保留英国“海外属地”的政治地位，阿根廷政府宣布不承认该公投结果。

（仇文婷）

直布罗陀

名称　直布罗陀（Gibraltar）。现为英国海外领地（British Overseas Territory）。

面积　6.543平方公里。

人口　33140人（2014年）。主要是直布罗陀人（意大利、马耳他、西班牙人后裔），其次是英国人，其余为摩洛哥人、印度人、葡萄牙人、巴基斯坦人和西班牙人。主要语言为英语，亦通用西班牙语、意大利语和葡萄牙语。77%的居民信奉天主教，9%的居民信奉英国国教，9%的居民信奉伊斯兰教。

总督　爱德华·戴维斯中将（Lieutenant-General Edward Davis），2016年1月19日就职。

重要节日　民族日：9月10日。

简　况

位于伊比利亚半岛南端，海岸线长12公里。自最南端的欧罗巴角灯台，天气晴好时能望见对岸的非洲大陆。属地中海气候，冬季平均温度为12℃—18℃，夏季为13℃—29℃。

1501年正式纳入西班牙版图。西班牙国王卡洛斯二世无嗣，嘱由法国波旁王族继承西王位。1700年卡洛斯二世死后，法国王路易十四之孙菲力普被宣布为西国王。但卡洛斯二世的外甥、奥地利查理大公按哈布斯堡王族的血缘关系也要求继承王位。由此引发

1701年王位继承战争。英国和荷兰支持查理大公，并于1704年攻占直布罗陀。1713年交战双方签订《乌特勒支和约》，承认了菲力普的西班牙国王地位，但作为交换条件，直布罗陀被割让给英国。英占直布罗陀后，驱逐了原有的西班牙居民，从外地大量移民。1909年英国在直布罗陀与西本土之间的中立地带修筑军事基地和机场并设栅栏，形成现今的边界。

西班牙从未放弃收复直布罗陀的要求。第二次世界大战后，西加强了收复活动。1964年联合国非殖民化特别委员会认为“给予殖民地国家和人民独立宣言的条款完全适用于直布罗陀”，要求英西两国政府谈判解决直布罗陀争端。1966年联合国大会又通过决议，敦促“加快直布罗陀非殖民化”。英国拒绝谈判，并加速推行直布罗陀“自治”，于1967年9月10日在直布罗陀举行了归属问题的公民投票，结果绝大多数人赞成直布罗陀继续归属英国。联大通过决议指出这次公民投票违背了联合国决议，再次敦促英西举行谈判。1969年直布罗陀议会通过新宪法，宣称直“是英国的一部分”，在“没有完全充分表达民意的公民投票的情况下，直布罗陀不应交给他国”。西班牙对此表示强烈不满，于1969年封锁边界，撤走在直工作的工人，中断与直的通信和交通联系，禁止英国飞机飞越西领空，使直布罗陀成为孤岛。

1980年，西英两国商定通过对话解决关于直布罗陀的一切分歧并恢复直布罗陀地区的直接联系。1981年，英国授予直布罗陀居民完全的英国国籍，使西英争端更为复杂。1984年11月，英方首次表示同意谈判包括直主权在内的各种问题。此后西英双方举行了多轮谈判，但进展不大。2000年4月，西英两国政府就直布罗陀问题达成一项协议，明确英政府是处理直涉外事务的唯一政府。2001年11月，西英两国外交大臣举行正式会谈，双方同意今后达成一项涵盖有对外合作与主权等重大问题的全面协议，共同致力于让直享有更大的自治权。2002年11月，直布罗陀就主权归属问题举行公民投票，99%以上的直居民反对西英两国对直主权共享。西英两国都明确表示对直公投结果不予承认。

2004年10月27日，西英两国一致同意成立新的三方对话论坛，直布罗陀首次作为独立一方参加有关会谈。2005—2010年，三方对话论坛举行了一系列会议，包括3次部长级会议。2006年9月18日，西、英、直三方在西南部城市科尔多瓦（Cordoba）市举行的三方对话论坛首次部长级会议上签署了一个“历史性”文件。根据协议，直将在两年内出资建造一个新机场，新机场由一家西班牙和直布罗陀合资公司经营，向西班牙开放。协议还包括英政府支付早年在直工作过的西班牙工人养老金，西承认直的国际电话代码（350），西将为边关通行提供更大方便，以及西在直建立塞万提斯学院等。但协议没有提及直主权问题。

2008年6月，直当地政府首席部长彼得·卡鲁阿纳（Peter Caruan）宣布，直已不再是英国殖民地，他将不再参加联合国反殖民地委员会。他要求委员会给予直殖民地人民自主决定权。他同时说：“直布罗陀从来不曾也永远不会再成为西班牙的一部分。”

2009年7月21日，西班牙外交大臣莫拉蒂诺斯首度访问直布罗陀，这是西班牙部长级官员三百多年来首次踏上直布罗陀的土地。他与英国外交大臣米利班德及直首席部长彼得·卡鲁阿纳举行了历史性的会面。

2012年起，英西双方就西班牙船只出现在直布罗陀沿海多次发生争执，主权争端时有激化。

2015年，直布罗陀首席部长法比安·皮卡多（Fabian Picardo）公开发表文章称：“如果英国退出欧盟，直布罗陀将被西班牙所掌控。只有英国仍旧属于欧盟，才能保护直布罗陀免受这类行为的伤害。”

政　治

直布罗陀长期以来由社会民主党和直布罗陀社会主义工党轮流执政。2015年年底，直举行大选，社工党领袖法比安·皮卡多连任政府首席部长。2015年9月28日总督詹姆斯·达顿爵士（Sir James Dutton）离任，艾莉森·麦克米伦（Alison MacMillan，女），女任代理总督。2016年1月19日新总督爱德华·戴维斯中将就任。直政局总体保持稳定。

【宪法】现行宪法于2006年11月经直公民投票通过，2007年1月2日生效。新宪法依旧保留了1969年宪法序言部分的陈述。总督是英国女王的代表，其职责包括防务、外交以及内部安全事务等。

【议会】直布罗陀议会（Gibraltar Parliament）为一院制，有18个席位，其中17席经普选产生，任期4年，议长席位由议会任命。本届议会于2015年11月26日选出，社会主义工党—自由党联盟占10席，社民党占7席。

【政府】直布罗陀作为英国的海外领地，由英国王室委派总督兼驻军司令，负责涉外事务、防务和内部安全事务。政府由总督和部长会议组成。部长会议由议会选举产生，首脑为首席部长。本届政府由社会主义工党—自由党联盟领导，于2015年11月组成，主要成员：首席部长法比安·皮卡多，副首席部长约瑟夫·加西亚（Joseph Garcia，自由党）。

【司法机构】司法系统包括上诉法院、最高法院、初审法院和地方法院。

【政党】主要政党有：

（1）直布罗陀社会主义工党（Gibraltar Socialist Labor Party，GSLP）：成立于1978年。中左翼政党。1988—1996年为执政党。2015年再度执政。领导人法比安·皮卡多。

（2）直布罗陀自由党（Liberal Party of Gibraltar）：成立于1991年，也称直布罗陀国民党（Gibraltar National Party）。中间派政党。与社工党联

合执政。领导人约瑟夫·加西亚。

（3）直布罗陀社会民主党（Gibraltar Social Democrats，GSD）：成立于1989年。中左翼政党。1996—2011年执政。2013年，该党领导人、前首席部长彼得·卡鲁阿纳退休，丹尼尔·费萨姆（Daniel Feetham）接任。

【重要人物】爱德华·戴维斯中将：总督。1963年2月13日出生，1981年起在皇家海军陆战队服役。2011年12月至2014年6月担任皇家海军陆战队总指挥官，参加过阿富汗战争。2014年7月晋升中将，2016年初任直布罗陀总督。　**法比安·皮卡多**：首席部长。1972年2月18日生于直布罗陀。1993年获得英国牛津大学奥里尔学院法学学士学位。他是英国四大律师学会之一的格雷律师学会的成员并于1994年取得律师资格。他曾是直布罗陀国民党（现称直布罗陀自由党）创始人之一。2003年脱离自由党，加入直布罗陀社会主义工党。2011年4月他取代任职多年的乔·博萨诺成为该党领导人。同年12月出任首席部长。2015年获得连任。

经　济

直布罗陀缺乏自然资源。主要经济行业是金融业（占地区生产总值22%）、海运业（20%）和零售/旅游业（25%），网络游戏业发展迅猛。依赖对欧盟国家的贸易。近年来，直年均经济增长率达9%。

对外贸易主要进口产品：燃料、制成品和食品；主要出口产品：转口石油产品（51%）、制成品。主要贸易伙伴是英国，其次为西班牙、日本和荷兰。2014年进口石油产品19.25亿英镑，非石油产品4.78亿英镑。2014年，劳动人口2.42万人，其中从事工业的人口占40%，从事服务业人口占60%。财政收入主要来自个人所得税、关税、不动产税、邮政和彩票。公路长约50公里，有机场和海港各1个。2014年每百人有汽车90.6辆。近15年来，直旅游业一直快速增长，2015年自陆、海、空抵达直布罗陀的游客分别为962.5万人、34.2万人和21.8万人。直布罗陀是“避税天堂”，有7万家注册企业。2002年10月，欧盟委员会决定对直的金融体系进行深入调查，同时敦促英国取消或对直现行的免税体制进行改革。

2015年主要经济数据如下：

地区生产总值：16.37亿美元（2014年估值）。

人均地区生产总值：49419英镑（2014年估值）。

货币名称：直布罗陀镑，与英镑等值。

汇率：1美元=0.89直镑。

通货膨胀率：1.8%（2014年估值）。

（资料来源：英国外交部、美国CIA）

文化教育

直布罗陀对5—15岁少年儿童实行义务教育。共有6种报刊，主要报纸杂志是《直布罗陀纪实报》和《见解》杂志。直布罗陀广播公司（GBC）提供电视和广播服务，有1家电视台和4家广播电台。

人民生活

2015年估计，直布罗陀居民平均预期寿命为79.28岁，其中男性为76.43岁，女性为82.34岁。2014年，直有电话线2.4万条，手机用户3.8万人，互联网用户2.02万户（2009年）。

军　事

长期以来，直布罗陀的军事防务由英国负责。1991年3月，英国陆军正式将直布罗陀的防务移交给由当地人组成的一个团队，同时还保留了部分驻军，从此结束了英国在直布罗陀长达287年的军事管辖。战略地位重要的军民合用机场直布罗陀机场目前由英国皇家空军管理，是英国重要的空军基地。其附近建有英国皇家海军的军事基地。

（张修竹）

美　　洲

阿 根 廷

国名　阿根廷共和国（Argentine Republic, República Argentina）。

面积　2780400平方公里（不含马尔维纳斯群岛和阿主张的南极领土。资料来源：阿根廷国家统计和普查局）。

人口　4011万（2010年）。白人和印欧混血种人占95%，多属意大利和西班牙后裔。印第安人口60.03万，其中人口最多的少数民族为马普切人（Mapuche）（2005年印第安人口普查）。官方语言为西班牙语。76.5%的居民信奉天主教，9%的居民信奉新教（2008年宗教普查）。

首都　布宜诺斯艾利斯（Buenos Aires），人口289万（2010年）。首都气候温和，年平均气温17.4℃，全年降雨量1313.1毫米。

国家元首　总统毛里西奥·马克里（Mauricio Macri）。2015年12月10日就职，任期至2019年12月10日。

重要节日　国庆节：5月25日；独立日：7月9日。

简　况

位于南美洲东南部，东濒大西洋，南与南极洲隔海相望，西邻智利，北与玻利维亚、巴拉圭交界，东北与乌拉圭、巴西接壤。南北长3694公里，东西宽1423公里。陆上边界线长25728公里，海岸线长4725公里。北部属热带气候，中部属亚热带气候，南部为温带气候。年平均气温北部24℃，南部5.5℃。

16世纪前居住着土著印第安人。16世纪中叶沦为西班牙殖民地。1810年5月25日爆发反抗西班牙殖民统治的“五月革命”，成立了第一个政府委员会。1812年，民族英雄圣马丁率领人民抗击西班牙殖民军，于1816年7月9日宣布独立。此后阿长期处于动乱和分裂状态。1853年，乌尔基萨将军制定了第一部宪法，建立联邦共和国，乌成为阿制宪后第一任总统。1860年改为共和国。20世纪30年代起，军人多次执政。1943年庇隆总统执政后，阿逐步实现工业化。70年代中后期，军政府曾对左翼反对派人士进行残酷镇压。1982年同英国因马尔维纳斯群岛主权争端爆发战争，战败后军政府倒台。1983年激进党的阿方辛民选政府上台，恢复并大力推进民主化进程，民主政体逐渐巩固。正义党领袖梅内姆自1989年起连续执政10年，推行新自由主义经济政策，阿经济一度有较大发展。梅执政后期，阿经济转入衰退，社会问题日益突出。1999年激进党人德拉鲁阿当选总统后，未能遏止持续3年的经济衰退。2001年12月，阿爆发严重的政治、经济和社会危机，德被迫辞职。此后阿形势严重动荡，10日之内数易总统。2002年1月1日，正义党人杜阿尔德被国会推举为总统，仍无法扭转政经颓势。2003年5月，正义党人基什内尔就任总统后，阿经济快速复苏，政局稳定，民生改善，国际和地区影响力重新回升。

政　治

2007年10月，基什内尔总统夫人克里斯蒂娜作为中左翼跨党派联盟“胜利阵线”候选人赢得大选，成为阿历史上首位民选女性总统。克执政后，基本承袭基什内尔政府各项内外政策。2011年10月，克成功连任。但近年来，受经济增速放缓、通胀高企、失业率攀升等因素影响，民众不满情绪明显增多，抗议活动时有发生。在2015年11月22日举行的大选第二轮投票中，反对党联盟“我们改变”候选人马克里当选新任总统。马克里主张改变阿现行发展模式，实行自由市场经济，减少政府干预，提升经济竞争力，改善社会民生，推行多元务实平衡外交。目前，阿经济社会形势总体保持稳定。

【宪法】1853年制定第一部宪法。1994年8月22日，宪法经第四次修改后实施。修改后的宪法规定：阿根廷为联邦制国家，实行代议制民主。总统为国家元首和政府首脑，兼任武装部队统帅。总统通过直选产生，任期4年，可连选连任一次。

【议会】国家最高权力机构，由参、众两院组成，拥有联邦立法权。参、众议员均由直选产生，可连选连任。参议院72席，全国24个省区各3席。参议员任期六年，每两年改选1/3。众议院257席，由各省区按人口比例分配。众议员任期四年，每两年改选1/2。

2015年，各主要党派在议会的席位如下：

	众议院	参议院
胜利阵线	117	42
激进公民联盟	50	11
共和国方案联盟	41	4
正义党异见派	36	30
其他党派	13	5

宪法规定参议长由副总统兼任，现任副总统兼参议长为加夫列拉·米切蒂（Gabriela Michetti），2015年12月10日就职，任期四年。另常设临时参议长一名，在副总统空缺或代行总统之职时，代行参议长职责。现任临时参议长费德里科·皮内多（Federico Pinedo），2015年12月10日就职。现任众议长埃米利奥·蒙索（Emilio Monzó），2015年12月10日就任。

【政府】本届政府于2015年12月10日成立，设有26个部级单位。本届政府主要阁员如下：内阁首席部长马科斯·培尼亚（Marcos Peña），内政部长罗赫利奥·弗里赫里奥（Rogelio Frigerio），外交和宗教事务部长苏珊娜·马尔科拉（Susana Malcorra，女），国防部长胡利奥·马丁内斯（Julio Martínez），财政金融部长阿方索·布拉特·加伊（Alfonso Prat Gay），生产部长弗朗西斯科·卡夫雷拉（Francisco Cabrera），交通部长吉列尔莫·迪特里希（Guillermo Dietrich，安全部长帕特丽西亚·布尔里希（Patricia Bullrich，女），司法部长赫尔曼·加拉瓦诺（Germán Garavano），教育部长埃斯特万·布尔里希（Esteban Bullrich），科技部长何塞·利诺·巴拉尼奥（José Lino Barañao），能源和矿业部长胡安·何塞·阿兰古伦（Juan José Aranguren），电信部长奥斯卡·阿瓜德（Oscar Aguad），环境部长萨尔吉奥·贝尔格曼（Sergio Bergman），公共传媒部长埃尔南·隆巴尔迪（Hernán Lombardi），卫生部长豪尔赫·莱穆斯（Jorge Lemus），社会发展部长卡罗列娜·斯坦利（Carolina Stanley，女），旅游部长古斯塔沃·桑托斯（Gustavo Santos），农牧渔业部长里卡多·布尔雅伊莱（Ricardo Buryaile），现代化部长安德烈斯·伊瓦拉（Andrés Ibarra），文化部长巴勃罗·阿维柳托（Pablo Avelluto）。总统府秘书长费尔南多·德·安德雷斯（Fernando de Andreis），"贝尔格拉诺计划"负责人何塞·卡诺（José Cano），央行行长费德里科·施图岑涅格（Federico Sturzenegger），联邦公共收入管理局局长阿尔韦托·阿巴德（Alberto Abad），联邦视听传媒服务局局长米盖尔·德·戈多伊（Miguel de Godoy）

【行政区划】全国划分为24个行政单位。由23个省和联邦首都（布宜诺斯艾利斯市）组成。

【司法机构】由最高法院和各联邦法院组成。最高法院由正、副院长和五名大法官组成，院长和大法官由总统提名后经参议院批准任命，任期三年，可连选连任。另设法官理事会，负责挑选联邦法院法官并管理全国司法事务。现任高法院长里卡多·路易斯·洛伦塞蒂（Ricardo Luis Lorenzetti），2006年12月就任。副院长埃莱娜·海顿·德诺拉斯科（Elena Highton de Nolasco，女）。总检察长亚历杭德拉·马格达莱娜·希尔斯·卡尔沃（Alejandra Magdalena Gils Carbó，女）。阿宪法中还规定设护民官一职，以保障人权及弱势群体权益。现任总护民官由秘书长卡洛斯·哈基姆（Carlos Haquim）代理。

【政党】正义党和激进党为传统大党。2001年底阿根廷全面危机后，阿传统政党日益衰微，新兴政党不断涌现。主要政治力量有：

（1）"我们改变"：执政联盟，2015年3月成立，由共和国方案联盟、激进公民联盟等政党组成，现为阿第二大政治力量。

——共和国方案联盟（Propuesta Republicana）：新兴中右派。2005年由变革承诺党和发展重建党联合成立。主张减少国家干预，实行自由市场经济。现有党员2万余人，影响力主要集中在首都布宜诺斯艾利斯及周边省份。主席为毛里西奥·马克里（Mauricio Macri）。

——激进公民联盟（Unión Cívica Radical）：亦称激进党，阿第二大党，社会党国际成员。1891年成立，是阿历史最悠久的政党，曾六次执政。现有党员250万人。信奉人道主义，主张政治多元化和社会改良。主席为埃内斯托·桑斯（Ernesto Sanz）。

（2）正义党（Partido Justicialista）：反对党。又名庇隆主义党，阿第一大政党，基督教民主党国际成员。1945年由庇隆创建，党员主要来自中低收入阶层，以工会力量为支柱。曾八次执政。现有党员350万人。政治民主、经济独立、社会公正是庇隆主义的三大支柱。强调资本为民族经济服务，追求社会福利，主张劳资调和，维护劳工权益。上世纪90年代末以来，党内派系林立，组织松散。

2003年基什内尔总统执政后，以正义党内本派力量为主、联合激进党内异见派和部分地方中左政党组建中左跨党派竞选联盟——胜利阵线，成为阿第一大政治力量。胜利阵线强调变革与团结，倡导社会公正、消除贫富分化。目前，胜利阵线在参、众两院占多数优势。主席为爱德华多·费尔纳（Eduardo Fellner）。

（3）新替代阵线（Unión por una Nueva Alternativa）：反对党联盟。2015年4月成立，党员多为正义党异见派。主张推行市场化改革，提高经济竞争力，增加就业，缩小贫富差距，促进司法公正。

2015年大选中，该阵线获得21.34%的选票，一跃成为阿第三大政治力量。主席为塞尔吉奥·马萨（Sergio Massa）。

（4）广泛进步阵线（Frente Amplio Progresista）：反对党联盟，新兴中左派。2011年成立，由社会党、南方自由党、团结与平等党等主张社会民主主义的政党组成。主张发展可持续经济和建立福利国家。主席为埃梅斯·胡安·宾内尔（Hermes Juan Binner）。

【重要人物】毛里西奥·马克里：总统。1959年2月8日生于布宜诺斯艾利斯省丹提尔市，毕业于阿天主教大学土木工程专业，并赴美国哥伦比亚大学、宾夕法尼亚大学进修。其父亲为阿根廷著名企业家。1995年至2007年担任阿根廷博卡青年足球俱乐部主席。2003年创建变革承诺党，2005年更名为共和国方案联盟。2005年至2007年任全国众议员。2007年当选布宜诺斯艾利斯市市长，2011年连选连任。2015年11月22日在总统大选第二轮投票中成功当选。已婚，有一子三女。

经　济

阿根廷是拉美地区综合国力较强的国家。工业门类较齐全，农牧业发达。

20世纪初，阿经济总量曾位居世界前十名。80年代因债务危机，经济大幅衰退。1991年起实施以私有化为核心的新自由主义经济政策，实行比索兑美元1∶1固定汇率制，阿经济重新步入增长轨道，1991年至1998年年均增长率达6%。受东南亚金融危机和巴西金融动荡冲击，阿经济自1998年下半年开始滑坡，外债和通胀压力加剧，2001年底爆发严重经济危机。

2001年经济危机以来，由于国际融资艰难，阿政府被迫立足国内，强化政府干预，鼓励出口，限制进口，严格外汇管制。2003年至2011年，阿根廷经济实现较快增长。

自2012年以来，受国际经济金融形势等影响，阿根廷经济增速明显放缓，通货膨胀压力增大，外汇储备下降。2014年7月，阿政府与“秃鹫基金”债务谈判失败，阿在美国部分资金被冻结，阿陷入技术性债务违约。马克里总统上台后大刀阔斧推行经济改革，陆续出台取消外汇管制、放松进出口管制等举措，并积极争取国际融资。目前，阿经济金融形势总体稳定。

2014年主要经济指标如下：

国内生产总值：5402亿美元（世界银行统计数据）。

人均国内生产总值：14560美元（世界银行统计数据）。

国内生产总值增长率：0.5%。

货币名称：比索（Peso）。

汇率：1美元=14.58比索（2016年2月）。

通货膨胀率：23.9%。

失业率：7.5%。

外汇储备：258亿美元（截至2015年12月）。

【资源】矿产资源丰富，居世界第六位，是拉美主要矿业国之一。主要有石油、天然气、金、铜、铝、铀、铅、锌、硼酸盐、黏土等，大部分位于与智利、玻利维亚交界的安第斯山脉附近。但矿产资源勘探水平较低，截至2013年预计尚有75%的资源未得到勘探开发。现已探明蕴藏量：石油3.94亿立方米，天然气3325.11亿立方米，可开采页岩气22.71万亿立方米，可开采页岩油270亿桶，煤炭8.25亿吨，铁3亿吨，铀7080吨。水力、渔业资源丰富。森林面积125.3万平方公里，森林覆盖率45.06%。

【工业】工业较发达，主要有钢铁、汽车、石油、化工、纺织、机械制造、食品加工等，门类齐全。工业地理分布不均衡，主要集中在布宜诺斯艾利斯省和科尔多瓦省，内地省份工业基础薄弱。核工业发展水平居拉美前列，2013年，拥有三台运行中的核电机组和较完整的核燃料循环体系，能独立生产浓缩铀。目前正在筹建第四座核电站。食品加工业较先进，主要有肉类加工、乳制品、粮食加工、水果加工、酿酒等行业。生物柴油年产量约250万吨，出口量居世界第一。2014年阿工业生产下降2.5%。近几年主要工业产品产量如下：

	2011	2012	2013	2014
粗钢（万吨）	561.1	499.6	518.6	548.8
铝（万吨）	41.6	41.3	44.0	44.0
铁（万吨）	447.1	368.3	411.5	442.8
电解锌（万吨）	4.20	3.78	3.67	2.91
发电量（亿千瓦小时）	1248.0	1292	1293	1297
水泥（万吨）	1159.2	1071.6	1189.2	1140.8
原油（万立方米）	3374.1	3229.1	3133.3	3088.1
天然气（亿立方米）	455.2	441.2	416.9	414.8
汽车（万辆）	82.9	76.45	79.14	61.7

（资料来源：阿根廷国家统计和普查局、工业部、汽车生产商协会）

【农牧渔业】农牧业发达，是世界粮食和肉类重要生产和出口国，素有“世界的粮仓和肉库”之称。全国大部分地区土壤肥沃，气候温和，适于农牧业发展。东部和中部的潘帕斯草原是著名的农牧业区。全国可耕地和多年生作物用地2720万公顷，占国土面积的9.8%。长期牧场面积14210万公顷，占国土面积的51.2%。灌溉面积169万公顷，占可耕地面积的6.8%。2001年农业人口398.9万人，占总人口比重的10.7%。人均耕地面积0.77公顷，居世界前列。2012年农牧林业产值1744.05亿比索，同比增长11.7%。

主要种植大豆、小麦、玉米、高粱、葵花籽等。2008年阿全国发生大面积罕见旱灾，农牧业生产受到严重影响。次年起生产逐步回复，2010/2011年度阿粮食总产量首次突破1亿吨大关，其中谷物产量4961万吨，油料作物产量5268万吨。2012年初，阿再次发生大面积旱灾，农作物产量下滑至8974万吨，其中谷物产量为4612万吨，油料作物产量4362万吨，同比分别减少12.3%、7%和17.2%。近年来，受国际市场大豆价格不断上涨影响，阿大豆种植面积日益扩大，由1997/1998年度的717.6万公顷扩大至2011/2012年度的1867.1万公顷，增加了160.19%。马铃薯、棉花、玉米、高粱、水稻等作物的种植面积则大幅减少，传统畜牧生产亦受到一定影响。近几年主要农产品产量如下（单位：万吨）：

	2010/2011	2011/2012	2012/2013	2013/2014
大豆	4889	4010	5060	5340
玉米	2300	2120	2700	3309
水稻	175	157	156	158
小麦	1527	1450	802	919
高粱	444	425	364	347
葵花籽	367	334	310	206

（资料来源：阿根廷农业部）

畜牧业历史悠久，牲畜品种及畜牧水平在世界均占先进地位。畜牧业占农牧业总产值的40%。全国牲畜的80%集中在潘帕斯大草原，以牛羊为主。阿是注射疫苗非口蹄疫区和非疯牛病疫区。

阿根廷是牛肉生产、出口和消费大国。2007年阿牛肉产量135万吨，居世界第五；出口量60万吨，居世界第五；国内人均年消费65.3公斤，居世界第二。2008年以来，为稳定国内市场供应，阿政府对牛肉出口采取了限制措施，阿牛肉出口有所减少。2014年全国牛存栏5164.7万头，牛肉产量269万吨，出口量20.3万吨。

近年来阿禽肉产量增长迅速。2003年至2011年，阿禽肉产量年均增长11.4%，年均出口额约5亿美元。2012年阿禽肉出口量达27.1万吨。2014年主要畜牧产品情况为：

	屠宰量（万头、亿只）	出口量（万吨）	消费量（万吨）
牛	1210.1	20.3	247.1
猪	511.0	0.145	43.8
羊	316.6	0.34	5.7
家禽	7.3	168	

（资料来源：阿根廷农牧渔业部）

渔业资源丰富。渔业生产60%在南部，近50%集中在马德普拉塔港口。主要渔产品为鳕鱼、鱿鱼、对虾等。2014年捕鱼量为78.3万吨，同比下降4.7%；其中出口46.6万吨，出口额14.88亿美元，同比分别增长-0.3%和8.1%。

【旅游业】旅游业发达，是南美主要旅游国家。近年来，受经济复苏和比索贬值的影响，赴阿根廷游客大幅增加。旅游业成为阿第三大创汇产业。2013年共接待外国游客238.5万人次，创汇26.3亿美元。全国有自然保护区39个，总面积366.41万公顷。有世界自然和文化遗产八处，2009年联合国教科文组织将探戈舞正式列入人类非物质文化遗产名录。主要旅游点有巴里洛切风景区、伊瓜苏大瀑布、莫雷诺冰川等。

【交通运输】交通运输在拉美诸国中最为发达，公路、铁路、航空和海运均以首都为中心，向外辐射，形成扇形交通网络。国内交通运输以陆运为主，外贸货物的90%通过水路运输。20世纪90年代，阿政府将交通运输服务业全部实行了私有化。

铁路：总长34059公里。但铁路部门长期经营不善，连年亏损，加之缺乏投资，许多设备及2/3的线路老化，大部分路段已停运。2014年共运送旅客2.66亿人次，货物1665万吨。

首都布宜诺斯艾利斯是最早修建地铁的南美城市，地铁网络发达，共有六条线路，总长58.8公里，2014年共输送旅客2.42亿人次。

公路：总里程超过50万公里。2011年国道总长39518公里，有铺装路面所占比重为89.11%。当年中央政府用于道路基础设施建设127.41亿比索，同比增长38.06%。2008年国家级公路收费站通过车辆1.22亿辆次，收费2.10亿比索。2012年新车上牌数量为84.54万辆，其中国产汽车35.38万辆，进口汽车49.16万辆。2014年全年生产汽车61.7万辆，同比下降22%。

水运：全国有海港38个，内河港口25个。2010年港口吞吐量1.4亿吨。重要港口有布宜诺斯艾利斯港、布兰卡港和罗萨里奥港等。巴拉圭—巴拉那河道是阿主要内河航线，全长3302公里。

空运：全国有机场58个，其中23个为国际机场。各省省会、主要城市及重要旅游点每天均有航班往来，国际航线26条。2012年阿主要机场客运量2472.5万人次，其中国内航线客运量1299.2万人次，国际客运量1173.3万人次。首都埃塞伊萨（Ezeiza）国际机场是全国最大的航空港。阿根廷航空公司（Aerolíneas Argentinas）是阿最大航空公司。

【财政金融】阿根廷政府财政收入曾长期赤字。2002年开始厉行增收节支，连续多年实现初级财政盈余。2012年以来，为缓解国际市场需求下降的冲击，阿加大初级财政支出拉动内需。2014年阿政府初级财政赤字560亿比索，相当于国内生产总值1.35%。

截至2015年12月，阿外债余额1376.13亿美元。

截至2012年底，阿全国共有各类银行金融机构和非银行金融机构80家，其中国有银行12家，私有银行52家，非银行金融机构16家，总资产达7903.75亿比索。

【对外贸易】对外贸易在国民经济中占有重要地位。近年来，阿根廷政府大力促进出口，积极推动产品出口结构和出口市场多元化，加之国际市场大宗商品价格不断走高，阿外贸连续多年保持顺差。主要出口产品为油料作物、石油、天然气、汽车、谷物、牛肉、皮革、奶制品、钢铁、渔产品和林产品等；进口核反应堆及机械设备、汽车、电子产品、燃料、有机化学品、塑料及其制成品、钢铁、医药产品等。主要贸易伙伴为巴西、中国、欧盟、美国、智利、墨西哥、日本等。2014年，阿对外贸易总额1371.84亿美元，其中出口额719.35亿美元，进口额652.49亿美元，同比分别下降12%、11%和12%，顺差66.86亿美元，同比减少17%。近年对外贸易情况如下（单位：亿美元）：

	2011	2012	2013	2014
出口额	842.69	812.05	830.26	719.35
进口额	739.22	685.14	740.02	652.49
差　额	103.47	126.91	90.24	66.86

（资料来源：阿根廷国家统计和普查局）

【外国资本】阿根廷吸引外资的历史始于19世纪上半叶。二次大战前，英国资本占半数以上。二战后，美资后来居上。1990—1999年，外国投资总额达1210亿美元，其中主要来源于西班牙、美国、法国、智利等国家。外国投资主要集中在石油、天然气、汽车制造、医药、化工、金融、民航、电信、服务业等部门。2001年经济危机后，阿外资流入大幅下降，2004年起开始回升。近年吸收外国直接投资额如下（单位：亿美元）：

	2011	2012	2013	2014
投资额	72.42	125.51	90	66.12

（资料来源：阿根廷国家统计和普查局、联合国拉美和加勒比地区经贸委员会）

人民生活

阿根廷原来贫富差距相对较小，中产阶级所占比重大。受2001年经济危机影响，阿贫困人口占全国人口的比例从1994年的16%升至2003年的51.7%。2003年以来，阿政府重视扩大就业和增加对社会事业的投入，随着经济持续复苏，阿贫困人口有所减少。2013年上半年贫困率和赤贫率分别为4.7%和1.4%。

据联合国开发署2013年报告，阿2012年人类发展指数为0.811，超过拉美地区0.741的平均水平，位列第二。营养不良人口比率小于5%（2006年）。人均预期寿命76.1岁（2012年），出生率18.7‰，死亡率7.9‰，新生儿死亡率为12.0‰（2010年）。2001—2010年人口年均增长率为11.2‰。阿人均拥有医生比例及医疗占国内生产总值比重均达到发达国家水平。人均医疗支出为1665美元（2006年）。全国共有医疗机构8000所，共设床位78057张（2004年）。2015年卫生预算为411.59亿比索，占全年预算支出的3.29%。

军　事

阿根廷总统为武装力量最高统帅，下设国防委员会和危机委员会。国防委员会由副总统、内政部长、外交部长、国防部长和经济部长组成，协助总统制定和评估国防政策和国防战略。危机委员会由国防部长、武装力量联合参谋长和陆、海、空军参谋长组成，协助总统进行军事行动和军事战略评估和决策。国防部长全面主持国防事务，并直接对总统负责。联合参谋长协调各军种工作，并直接对国防部长负责。陆、海、空军参谋长主持各自军种事务，并直接对国防部长负责。

联合参谋长巴里·德尔·瓦列·索萨（Bari del Valle Sosa），陆军少将。陆军成立于1810年5月29日，现任陆军参谋长是里迭戈·苏涅尔（Diego Suñer）陆军少将。海军成立于1814年5月17日，现任海军参谋长马塞洛·爱德华多·伊波利托·斯鲁尔（Marcelo Eduardo Hipólito Srur）海军中将。空军成立于1912年8月10日，现任空军参谋长是恩里克·维克多·埃姆雷因（Enrique Víctor Amrein）空军少将。

在结束军政府统治后，阿根廷与邻国关系逐步改善，国防政策由原来与邻国的“假设冲突”战略调整为“战略性防御”。认为21世纪的冲突将围绕粮食、水和能源展开，阿应以此为前提制定国防战略。积极开展地区军事合作，加入南美国家联盟南美防务理事会。积极参与联合国维和行动，与智利、秘鲁共同组建联合维和部队。1993年倡导建立联合国“白盔部队”，辅助“蓝盔”维和部队从事人道主义救助行动。

自1995年起由义务兵役制改为志愿兵役制，18—24周岁公民可根据协议期限志愿服兵役，最高服役年龄至28周岁。武装力量由正规军和准军事部队组成，其中正规军由陆、海、空三军组成。现有三军总兵力7.37万人。准军事部队3.124万人，此外还有预备役部队37.5万人。阿是南美地区军费开支最低的国家之一。2015年国防预算为252.67亿比索，占全年预算支出的2.02%，低于南美地区平均水平。没有海外基地和驻军。

文化教育

【教育】阿根廷教育水平居拉美国家前列。1884年通过的《普通教育法》是阿根廷全国教育体系的基石。2006年颁布的《国家教育法》规定，全国实行13年制义务教育，包括学前1年，小学6年，初中3年，高中3年，小学入学年龄为六岁。规定中央及各省市教育专项经费占国内生产总值比重不得低于6%。其他主要教育法规还有：1995年颁布的《高等教育法》、2005年颁布的《职业技术教育法》、2006年颁布的《教育融资法》等。每年9月11日为教师节。

2010年人口普查显示：阿全国文盲64.18万人，文盲率为1.9%。2015年教育和文化预算930.49亿比索，占全年预算支出的7.43%。2013年阿普通教育情况如下：

	教育机构（所）	教师（人）	学生（人）
学前教育	18137	127082	1652657
小学教育	22227	353823	4563491

中学教育	11939	179497	2341110*
		1525009**	
非大学高等教育	2198	26946	793018

注：* 为初中数据；** 为高中数据。

（资料来源：阿根廷教育部）

至2005年底，全国完成大学学业人口占全国人口比例为12.6%，其中男性占11%，女性占14%。2010年全国18—24岁青年中大学生比例为50.5%。著名大学有布宜诺斯艾利斯大学、拉普拉塔国立大学、科尔多瓦国立大学等。其中科尔多瓦国立大学成立于1613年，是阿历史最悠久的高等学府。2015年全年预算支出中约385.33亿比索将用于发展国立大学教育，占国内生产总值0.8%。2012年阿高等院校情况如下：

	总数（所）	大学（所）	学院（所）
	119	98	21
公立大学	55	48	7
私立大学	62	49	13
外籍大学	1	1	—
国际大学	1	—	1

（资料来源：阿根廷教育部）

	学生总数（人）	入学新生（人）	大学毕业生（人）
	1824904	423920	110360
公立大学	1442286	315138	73483
私立大学	382618	108782	36877

（资料来源：阿根廷教育部）

【科研】科研水平位居拉美前列。在科技领域至今共有三位诺贝尔奖获得者，分别获得1947年和1984年医学奖和1970年化学奖。据联合国教科文组织统计，阿每100万人中有713名科学家或工程师，每1000名经济活动人口中有1.9名研究人员，均居拉美前列。全国重要的科研机构包括国家原子能委员会（CNEA，1950年成立）、国家农牧业技术研究院（INTA，1956年成立）、国家工业技术研究院（INTI，1958年成立）、国家科学技术研究委员会（CONICET，1958年成立）等。

2015年政府科技经费预算为185.35亿比索，占全年预算支出的1.48%；全国科研人员为46884人。近年阿科技研发情况如下（单位：亿比索）：

	2008	2009	2010	2011
总支出	62.76	76.25	101.33	134.90
政府支出	27.76	34.79	46.30	58.84
高校支出	16.04	22.07	28.76	38.96
企业支出	17.62	18.01	24.54	34.84

（资料来源：阿根廷国家统计和普查局）

【新闻出版】2004年全国有出版社8745家，其中62%集中在首都。2006年全国报纸日发行量周一至周六为108.83万份，周日为183.86万份。2012年全年杂志发行9.65万本，2013年全国发行图书8817.2万册。

主要报纸有:《号角报》(Clarín)：1945年创刊，标榜中立，反映“发展主义”的经济观点，发行量37.96万份;《国民报》(La Nación)：1870年创刊，主要反映大农牧主的观点，发行量15.79万份;《金融界报》(Ambito Financiero)：1976年创刊，金融类报纸，发行量8万份;《新闻报》(La Prensa)：1869年创刊，反映右翼保守势力的立场，发行量3000份;《纪事报》(El Cronista)：1963年创刊，以社会新闻为主，发行量8000份。目前各大报均已推出网络版。重要周刊有《市场》(Mercado)、《索莫斯》(Somos)、《人物》(Gente)等。

美洲通讯社（Télam）为阿国家通讯社，成立于1945年，属总统府新闻国务秘书处领导，设28处国内记者站，无国外记者站。2013年有员工450名，300余家用户，日发稿量560条。报联社（DyN）为私人通讯社，是阿最大新闻社，1982年成立，用户为阿全国大多数报社、电台、电视台及一些企业、国家机构和政党。

阿第一家广播电台成立于1920年。全国有调幅电台260个，调频电台1150余个（大部分无许可证），短波电台6个。公共广播电台1台（LRA 1）是阿唯一一家全国性国家电台，成立于1937年，有一套调幅节目和三套调频节目。阿根廷对外广播电台成立于1958年，现用七种语言进行对外广播。收听率最高的调幅电台主要有米特雷电台（Radio Mitre，1925年成立，综合电台）、网络电台（Radio La Red，1929年成立，原名“细刨花电台”，1991年更改为现名，主要播放体育、时事新闻类节目）、大陆电台（Radio Continental，1969年成立，主要播放文艺类节目）和美洲电台（Radio América，1948年成立，综合电台）等。

2011年阿全国有线电视公司共八家，有线电视用户580万人，有线电视覆盖率75%，卫星电视覆盖率4%。阿根廷有线电视集团（CableVisión）成立于1981年，拥有用户152万人，是阿最大的有线电视公司。2012年收视率最高的电视台依次为TELEFE电视台（收视率11.2%）、电视13台（Canal 13，收视率9.5%）、电视9台（Canal 9，收视率4.7%）、美洲电视台（América，收视率4.3%）和电视7台（Canal 7，国有电视台，收视率2.7%）。

对外关系

奉行独立自主的多元化外交政策，主张多边主义和国际关系民主化，奉行不干涉内政、保护人权和恪守国际法等原则。实行多元务实均衡的外交路线，积极修复同美欧国家传统关系，重视发展同巴西等新兴大国关系，调整同委内瑞拉等激进左翼国家关系。大力推进南美一体化，密切南方共同市场同拉美“太平洋联盟”经贸合作。致力于恢复行使对马尔维纳斯群岛等领土的主权。同184个国家建有外交关系，是联合国、世界贸易组织、二十国集团、七十七国集团、美洲国家组织、拉美和加勒比国家共同体、南美国家联盟、南方共同市场等国际和地区组织及多边机制成员。

【对当前重大国际问题的看法和立场】关于国际形势：认为和平与发展是时代主流，新兴发展中国家的崛起正在逐步改变国际格局，多极化将占主导地位，但美国仍将发挥重要作用。消除贫困是防止国际和国内冲突的基础。认为发展不足是导致世界经济不平衡的根源，主张加强南南对话，以发展更公正的全球经济。

关于世界经济形势：认为面对当前世界经济复杂形势，市场信心没有恢复，各国人民深感不安。应采取加强对金融系统和评级机构的监管、通过政治方式解决经济问题、加强全球金融信息透明、向实体经济注资等措施加以应对。

关于国际金融体系改革：主张加快国际金融体系改革进程，增加发展中国家代表性和发言权，促进国际金融体系民主化。呼吁国际货币基金组织、世界银行等多边金融机构开辟大规模融资渠道，增加用于发展的贷款，为新兴市场和发展中国家提供及时、无条件的金融支持。要求进一步完善金融监管体系，打击"避税天堂"，增加资金流向透明度，限制投机资本运作及帮助有关国家妥善处理主权债务重组等。

关于联合国及安理会改革：认为联合国是维护世界和平与安全和实践多边主义的唯一途径，主张进一步加强联合国作用，提升联合国权威。面对复杂多变的国际形势，联合国现状已不能完全适应现实，应对安理会、否决权、决策透明化等问题进行改革。作为"观点相近国家"成员，反对增加常任理事国，主张增加可连选连任、不拥有否决权的非常任理事国，认为"中间方案"是安理会改革的可能出路。

关于气候变化：支持将联合国气候变化框架公约及其京都议定书作为气候变化国际谈判框架，坚持共同但有区别责任原则，反对为发展中国家设定强制减排指标。认为发达国家应对其历史行为负相应责任，要求发达国家向发展中国家提供力所能及的资金和技术支持，反对任何将责任转嫁给发展中国家的做法。认为气候变化问题已成为发达国家遏制发展中国家发展的手段，要求应对全球变暖问题不应以牺牲发展为代价。

关于多哈回合谈判：主张建立更加公平合理的国际贸易秩序，要求通过谈判改变多边贸易体制中的结构性失衡。主张发达国家承担更大责任，要求美欧取消农业补贴，进一步开放市场。认为各方应通过平等协商，达成一个兼顾各方利益，尤其是有利于发展中国家利益的相对平衡的结果，而不是屈从于美欧压力。

关于粮食安全：认为粮食问题是国家主权问题，粮食安全涉及国家主权安全。粮食危机的根源在于发达国家实行的高额农业补贴和保护主义政策。此外，国际金融机构以获得贷款为由，对发展中国家强行施加一系列条件，导致发展中国家未能充分发挥生产潜力，也是造成粮食危机的主要原因。国际市场的投机行为进一步加剧了粮价上涨。但阿反对二十国集团采取共同行动干预国际粮食价格，认为只有找到世界经济失衡的原因并采取相应措施，才能解决世界经济面临的一系列深层次问题。

【同中国的关系】1972年2月19日中国与阿根廷建交。建交以来，两国关系稳步发展，各领域友好合作日益扩大。2004年胡锦涛主席和基什内尔总统成功互访，中阿建立战略伙伴关系。2010年7月，克里斯蒂娜总统对中国进行国事访问。2012年6月、12月，国务院总理温家宝、全国政协主席贾庆林先后访问阿根廷。

2013年9月二十国集团领导人圣彼得堡峰会期间，习近平主席同克里斯蒂娜总统举行双边会见。5月，国家副主席李源潮访问阿根廷。2014年7月，习近平主席应邀对阿根廷进行国事访问，中阿建立全面战略伙伴关系。2015年2月，克里斯蒂娜总统应邀对中国进行国事访问。2015年12月，习近平主席特使、全国人大常委会副委员长吉炳轩出席阿总统权力交接仪式。

中阿除互设大使馆外，阿在上海、香港和广州设有总领事馆。目前，双方建有18对友好省、市关系。

据中国海关总署统计，2015年双边贸易额为145.77亿美元，其中中方出口额为88.65亿美元，进口额为57.12亿美元，同比分别增长12.7%、15.4%和8.8%。两国在基础设施建设、能矿、金融、农业、机械制造、电信等领域的合作开展顺利。

中国驻阿根廷大使：杨万明。馆址：Av.Crisólogo Larralde 5349，1431-Buenos Aires，República Argentina。电话：005411-45478100或45478199；传真：45451141。商务处电话：45542613或45541258；传真：45538939。领事部电话：45478128。

阿根廷驻中国大使：古斯塔沃·阿尔维托·马蒂诺（Gustavo Alberto Martino）。馆址：北京市朝阳区三里屯东五街11号。电话：0086-010-65322090，65322142。商务处电话：65322875。签证处电话：65322354。

【同拉美国家的关系】奉行睦邻友好政策，将发展同拉美国家、尤其是地区大国的关系作为外交优先目标。重视南方共同市场一体化，认为同巴西的战略联盟关系是南共市"战略轴心"。与智利、墨西哥建有战略伙伴关系。马克里总统上台后，大幅调整前政府对委内瑞拉政策，多次批评委人权状况，双方龃龉增多。

【同美国的关系】阿历届政府均将发展同美国关系放在对外政策的重要位置。2003年至2015年"胜利阵线"执政期间，不断加强同委内瑞拉等左翼国家关系，阿美关系相对冷淡。2012年以来，阿与美“秃鹫基金”和有关法院围绕拖欠债务问题摩擦不断，阿美关系受到一定影响。马克里当选总统后，积极修复同美国关系，双方互动明显增多。2015年11月，马同美总统奥巴马通电话。

【同欧洲国家的关系】欧盟是阿根廷主要经贸伙伴和农牧产品传统出口市场。阿与西欧有共同的文化渊源、宗教信仰和血缘关系，历届政府均重视同欧洲的传统关系，阿积极推动南共市与欧盟合作。2014年以来，阿政府先后就国有化补偿问题、债务问题同西班牙雷普索尔公司、“巴黎俱乐部”达成协议。马克里总统上台后，邀请法国总统奥朗德、意大利总理伦齐等欧洲国家领导人访阿，积极推动南共市同欧盟商签自贸协定。

2012年、2013年分别是阿英马岛战争30周年和英国武装占领马岛180周年。2013年3月，马岛当局就是否保持英国海外领地地位进行公投，99.8%的马岛居民投赞成票。阿方对公投强烈反对，不承认公投结果，同英国关系一度紧张。马克里总统上台后表示，绝不放弃对马岛的主权诉求，同时希改善同英国的关系。

【同亚太国家的关系】阿根廷重视拓展与亚太国家关系，看重该地区经济发展速度、市场容量和潜力。把发展同亚太国家关系，特别是同中国的关系置于其外交政策的重要位置，积极寻求扩大与该地区的政治和经贸联系。2011年，作为东亚—拉美合作论坛拉美协调国，阿成功举办论坛第五届外长会。2013年1月，克里斯蒂娜总统先后访问阿联酋、印尼、越南。马克里总统重视亚太地区政治经济影响力，表示将加大战略投入。（马振）

阿 鲁 巴

国名 阿鲁巴（Aruba）。

面积 180平方公里。

人口 110663人（2014年），人口增长率1.36%（2014年）。人口中80%为印第安人与欧洲白人的混血后裔。官方语言为荷兰语，通用帕彼曼都语（荷兰语、西班牙语、英语、印度语和西非方言混合而成），也讲西班牙语和英语。居民中75.3%信奉天主教，4.9%信奉基督教新教。

首府 奥拉涅斯塔德（Oranjestad），人口3.49万（2014年）。

总督 弗雷迪斯·瑞仿瑶（Fredis Refunjol），2004年5月11日就任。

重要节日 旗帜日：3月18日。

简 况

阿鲁巴岛位于加勒比海南部，小安的列斯群岛的最西端，南距委内瑞拉北岸28公里，属背风群岛的一部分。属热带气候，年平均气温28.6℃，年降水量611毫米。

岛上最早的居民是印第安部族阿拉瓦克人。1499年西班牙占领该岛。1643年易手荷兰。1807年被英国夺取。1814年重归荷兰管辖，并成为荷属安的列斯的一部分。1986年1月1日宣布正式脱离荷属安的列斯，成为荷兰王国的一个单独的政治实体（自治国），荷兰继续负责该岛的防务和对外事务。在经济和货币事务方面，阿鲁巴和荷属其他海外领地组成合作联盟。

政 治

【宪法】1986年1月1日施行。荷兰国王为其元首，总督为国王的代表。阿鲁巴拥有完全的内部事务自治权，实行议会制。

【议会】立法机构，一院制，由普选产生，有21个议席，任期四年。本届议会于2013年9月27日大选产生，阿鲁巴人民党13席（比上届增加1席），人民选举运动7席（减少1席），真正民主党1席。议长玛丽索尔·洛佩斯－特朗普（Marisol Lopez-Tromp，女）。

【政府】阿鲁巴人民党于2009年和2013年两次赢得大选，单独成立政府，其领导人迈克·埃曼（Mike Eman）两度出任首相。本届内阁其他成员为文化部长米歇尔·胡伊伯尔－温克拉尔（Michelle Hooyboer-Winklaar，女），财政和经济事务部长迈克·德梅萨（Mike De Meza），基础设施部长贝尼·塞温格（Benny Sevinger），司法和教育部长阿瑟·道尔斯（Arthur Dowers），卫生和体育部长理查德·韦恩·菲瑟（Richard Visser），旅游、劳工和运输部长奥特马尔·奥杜贝尔（Otmar Oduber）。

【主要网址】http://www.overheid.aw/（政府），http://cbs.aw/wp/（中央统计局）。

【司法机构】本岛设初审法庭，阿鲁巴、荷属圣马丁、博奈尔、圣尤斯特歇斯、萨巴设立联合高级法院（Joint Court of Justice of Aruba，Curaçao，Sint Maarten and of Bonaire，Saint Eustatius and Saba）。

【政党】主要政党有：

（1）阿鲁巴人民党（Arubaabse Volkspartij，AVP）：执政党，属于基督教民主党。1942年成立。赞同阿鲁巴目前的“分离状态”。领袖为首相迈克·埃曼。

（2）人民选举运动（Movimentu Electoral di Pueblo，MEP）：在野党，属于社会党。1971年成

立，有党员1200人。领袖为前首相纳尔逊·奥杜贝尔（Nelson O. ODUBER）。

还有阿鲁巴爱国运动（Movimento Patriotico Arubano，MPA）、RED党、真正民主党（Democracia Real）、阿鲁巴自由组织（Organisacion Liberal Arubiano，OLA）、阿鲁巴爱国党（Partido Patriótico Arubano）等。

【重要人物】弗雷迪斯·瑞仿瑶：总督。1950年生于阿鲁巴岛。曾先后在奥杜贝尔政府中任社会和教育部长、副总理兼教育和行政事务部长等职。2004年出任阿鲁巴第三任总督。　**迈克·埃曼**：首相，阿鲁巴人民党主席。1961年9月1日出生，是阿首任和第三任首相简·亨德里克·埃曼之弟。1992年毕业于荷属安的列斯大学的法学专业，并成为公证员，2001年当选议员。2003年当选为阿鲁巴人民党主席。2005年大选后任反对党领袖。2009年10月，出任首相。2013年10月，获得连任。

经　济

旅游业和离岸银行业成为阿鲁巴经济的支柱产业，此前一直作为阿主要产业的石油冶炼和存储转运业已经于2009年基本结束。2011年，农业占地区生产总值0.5%，工业占16.3%，服务业占83.2%。近十年来，旅游业的快速增长，也带动了相关经济部门的持续发展。

主要经济数据如下：

地区生产总值：25.84亿美元（2011年）。

人均地区生产总值：2.53万美元（2011年）。

地区生产总值增长率：–5.7%（2009年）。

货币名称：阿鲁巴弗罗林。1美元=1.78阿鲁巴弗罗林（2015年）。

通货膨胀率：0.4%（2014年）。

失业率：6.9%（2005年）。

【工业】目前工业除提供船舶转载设施外，仅限于烟草制品、饮料和一些消费品。建有“自由工业区”。海水淡化厂可日淡化海水2080万公升，为世界最大的海水淡化厂之一。2011年发电量9.8亿千瓦小时（估计）。

【农业】土质贫瘠，农业不发达。主要农产品有芦荟、活牲畜、鱼。

【旅游业】国民经济的支柱之一。该岛终年阳光充足，气候宜人，热带风光独具一格。著名的“棕榈海滨浴场”及早期印第安人的岩洞吸引着不少的游人。20世纪后期，大力发展旅游业，目前，每年接待游客超过150万人，游客75%来自美国。

【交通运输】无铁路。公路长800公里，有全天候的公路网。水路交通发达，主要港口奥拉涅斯塔德可停泊远洋轮。2006年接待油轮和货轮464艘，游轮等955艘。首府的贝娅特丽克丝国际机场有通往美国、欧洲、中美洲、南美洲和加勒比国家的航线。

【财政金融】2013年，财政收入6.251亿美元，支出8.139亿美元。财政赤字占GDP7.5%，公共债务占GDP67%。

【对外贸易】2013年，进口额为31.62亿美元，出口额为22.22亿美元。

主要进口商品有机械和电子设备、原油（用于提炼和再出口）、化工产品、食品等，主要出口商品有活牲畜及其产品、艺术及收藏品、机械和电子设备、运输设备等。2013年，主要进口来源国有美国（49.6%）、荷兰（11.1%）、英国（6.8%），主要出口目的国（地区）有哥伦比亚（36.9%）、前荷属安的列斯地区（18.5%）、美国（12.7%）、委内瑞拉（12.4%）、荷兰（4.6%）。

【经济团体】阿鲁巴工商会（Aruba Chamber of Commerce and Industry）：成立于1930年。地址：J.E. Irausquin Boulevard 10，P.O. Box 140，Oranjestad，Aruba（Dutch Caribbean）。电话：00297–5821120转分机34或41；传真：5883200。网址：http://www.arubachamber.com/。

人民生活

阿鲁巴有1所荷兰援建的现代化医院，有床位308张。政府对低收入者、政府公务员及其家庭成员以及参加社会保险的私营企业雇员及家庭提供免费医疗服务。2015年居民平均期望寿命76.56岁。2014年有固定电话3.5万部，移动电话13.97万部，因特网用户8.77万户。

军　事

阿鲁巴防务由荷兰负责。荷兰任命的总督为岛上武装力量总司令。荷兰在阿鲁巴驻扎海军。1999年美国海军和空军在岛上设有巡逻基地以对付该地区的非法贩毒活动。

文化教育

【教育】阿鲁巴自1999年始，对4—16岁儿童实行义务教育。教育制度与荷兰类似。初等教育从六岁开始，学制六年。中等教育学制五年。2011年教育开支约占地区生产总值的6%。成人识字率约96.8%。有小学68所，中学12所，大学5所，有些学生选择赴北美、南美或欧洲接受高等教育。2007年有全日制学生22930人。

【新闻出版】全国有六家日报，主要是:《阿鲁巴朋友报》，1884年创刊，荷兰文日报，发行量1.1万份（包括在荷属安的列斯）;《新闻报》，英文日报，发行量8228份。

主要通讯社为阿鲁巴通讯社。荷兰通讯社和美联社在该岛设有办事机构。有六家广播电台，除一家为宗教和文化电台外，其余为商业电台。均用荷兰、英、西班牙、帕彼曼都语播音。

阿鲁巴电视台为1963创立的商业电视台。

对外关系

外交均由荷兰负责。阿鲁巴为国际劳工组织（ILO）、国际货币基金组织（IMF）、国际刑警组织（Interpol）、国际奥委会（IOC）、万国邮政联盟（UPU）、金融行动特别工作组（FATF）和国际工会联合会（ITUC）成员，联合国教科文组织（UNESCO）、世界旅游组织（UNWTO）联系成员，加勒比共同体（Caricom）观察员。

【同中国的关系】2011年1月，中国驻荷兰大使张军访问阿鲁巴，与阿首相、外事局长举行会谈。2012年7月，驻荷兰大使张军应约会见阿首相。2013年6月，中国外交部部长王毅与荷兰外交大臣蒂默曼斯就中方在威廉斯塔德设立总领馆一事达成一致，领区包括荷属加勒比地区库拉索、阿鲁巴、圣马丁三个自治国以及博奈尔、萨巴、圣尤斯特歇斯三个行政市。2013年10月，中国首任驻威廉斯塔德总领事陈绮曼（女）赴库履新。2014年9月，驻威廉斯塔德总领馆正式开馆。驻荷兰大使陈旭出席开馆仪式并与阿鲁巴议长举行会见。

2007年，阿鲁巴政府授权中国国际技术智力合作公司（中文简称“中智”，英文简称CIIC）的全资子公司中智国际商务发展中心（CIIC International Business Development Center）作为“阿鲁巴中国事务投资促进办公室”（Aruba Investment and Promotion Office），负责阿鲁巴与中国贸易、投资、旅游、文化交流等事务的沟通与联络。

中国驻威廉斯塔德总领事馆（荷属加勒比地区）地址：Schottegatweg Oost 32,Willemstad,Curacao，Dutch Caribbean。电话：005999-7385446；传真：7384446。邮箱：consulate_cur@mfa.gov.cn。（周洁）

安 圭 拉

名称 安圭拉（Anguilla）。

面积 96平方公里。

人口 16418人，人口增长率2.03%，出生率12.67‰，死亡率4.57‰（2015年估计）。主要居民是黑人（90.1%），混血人（穆拉托人）4.6%，白人3.7%。另有4000侨民常住美属维尔京群岛，1万侨民常住英国。英语为官方语言。居民中信奉基督教新教的占83.1%，天主教占5.7%。

首府 瓦利（The Valley），人口3000人。

总督 克里斯蒂娜·斯科特（Christina Scott，女），2013年7月23日就任。

重要节日 安圭拉日：5月30日（1967年），每年庆祝日期略有不同；宪法日：8月11日。

简 况

安圭拉位于东加勒比海背风群岛的北端，在圣基茨岛西北113公里，包括安圭拉岛（90平方公里）、松布雷罗岛（5平方公里）等。属亚热带气候。由于受信风影响，气候湿热。月平均气温26.67℃。年平均降水量889毫米（2—3月为旱季，9—10月为雨季）。

1650年沦为英国殖民地。1825年6月，英将其划归圣基茨岛管辖。1958年，圣基茨、尼维斯与安圭拉成为西印度联邦的一部分。1962年，该联邦解体。1967年2月，英国将安与圣基茨、尼维斯合并成为英国联系邦，取名为“圣基茨—尼维斯—安圭拉”，实行内政自治，外交与国防由英国负责。安不愿接受圣基茨和尼维斯的统治，同年5月举行公民投票，宣布脱离同圣基茨和尼维斯的联合。1969年2月，再次举行公民投票，宣布独立，成立共和国；3月，英国军队占领该岛。1969年英国在安设专员进行管理，直至1972年。1976年2月，英国为安圭拉制定新宪法。1980年12月19日正式脱离圣基茨—尼维斯联邦，重新成为直属英国的自治领。1982年4月1日改由总督管理。现为英国的海外领地（British Overseas Territory）。

政 治

2010年2月，安圭拉议会举行换届选举，反对党安圭拉统一运动获胜，休伯特·休斯（Hubert Hughes）再次出任首席部长。2011—2013年，安政局基本稳定。

2013年7月18日，总督阿里斯塔尔·哈里森（Alistair Harrison）卸任，副总督斯坦利·雷德（Stanley Reid）任代理总督。7月23日，新总督克里斯蒂娜·斯科特就任，她是安圭拉第一位女总督。

【宪法】现行宪法于1982年4月1日起施行，1990年修订。规定总督由英国女王任命，拥有行政权，负责外事、防务、司法和内部安全。在其他事务上与以首席部长为首的执行委员会协商。执行委员会对议会负责。

【议会】一院制议会（House of Assembly）由11名成员组成，任期5年。其中7名由普选产生，2名由总督与首席部长协商后指定，另2名为财政部长和总检察长。本届议会于2010年2月15日选举产生，安圭拉统一运动4席（得票率32.7%），安圭拉联合阵线尽管得票率达39.4%，但只获得2席，安圭拉进步党1席（得票率14.7%）。议长芭芭拉·韦伯斯特-伯恩（Barbara Webster-Bourne，女），她是安圭拉第一任女议长。

【政府】称执行委员会（Executive Council），总督任主席，通常由在议会中占多数议席的政党组成，包括首席部长（Chief Minister），不超过3名其他部长，以及2名当然成员（副总督和总检察长）。本届政府于2010年2月16日组成，主要成员有：总督克里斯蒂娜·斯科特，首席部长兼财政、经济发展、投资与旅游部长和社会发展部长维克多·班克斯（Victor Banks），内政、自然资源、土地和体育规划部长科拉·理查森－霍奇（Cora Richardson–Hadge），基础建设、通信、公共工程和住房部长柯蒂斯·理查森（Curtis Richardson），副总督斯坦利·雷德（Stanley E. Reid），总检察长詹姆斯·伍德（James M. Wood）。

政府网址：http://www.gov.ai/。

【司法机构】设高等法院、上诉法院和地方法院。高等法院开庭时，东加勒比最高法院派一名法官参加。最高可上诉至英国枢密院。

【政党】（1）安圭拉统一运动（Anguilla United Movement，AUM）：执政党。1979年成立，1984年重组。领袖休伯特·休斯。

（2）安圭拉联合阵线（Anguilla United Front，AUF）：反对党。2000年1月7日由安圭拉民族联盟（Anguilla National Alliance，ANA）和安圭拉民主党（Anguilla Democratic Party，ADP）组成的保守派联盟。领导人为奥斯本·弗莱明（Osbourne B. Fleming）和维克多·班克斯（Victor Banks）。

（3）安圭拉进步党（Anguilla Progressive Party，APP）：领导人布伦特·戴维斯（Brent Davis）。

（4）安圭拉民族战略选择（Anguilla Strategic Alternative，ANSA）：领袖爱迪逊·贝尔德（Edison Baird）。

【重要人物】克里斯蒂娜·斯科特：总督。长期在英国政府不同部门任职。2006—2009年任首相私人秘书。2009—2013年任内阁办公厅应急秘书处主任。2013年7月任安圭拉总督。

经　济

安圭拉经济活动在很大程度上依赖于豪华旅游、离岸银行业务、龙虾捕捞和侨汇。旅游业的发展也带动了建筑等相关行业对地区生产总值的贡献。由于游客多来自工业发达国家，因此这些国家的经济状况以及本岛的天气状况对旅游收入的影响较大。为此，政府近年来努力发展离岸银行业务。服务业在经济中占有极为重要地位，2013年估计服务业产值占地区生产总值的73.8%，主要经济数据如下：

地区生产总值：2.8亿美元（2013年）。

人均地区生产总值：19886.2美元（2013年）。

地区生产总值增长率：-3.3%（2013年估计）。

货币名称：东加勒比元；1东加元=100分。

汇率：1美元=2.7东加元（固定汇率，1976年起）。

通货膨胀率（消费价格，估计）：1.3%（2015年），-3.1%（2014年）。

失业率：6.9%（2005年估计）。

【资源】自然资源贫乏。

【工业】2013年估计工业产值占地区生产总值的23.6%。以建筑业为主，还有晒盐业和造船业等。晒盐业主要生产工业用盐，向特立尼达和多巴哥等国出口。另有一些鱼虾加工业。

【农业】主要种植水果和蔬菜，满足岛内需要。2013年估计农业产值占地区生产总值的2.5%。主要农作物有豌豆、红薯和玉米。家畜养殖是传统的出口创汇来源，20世纪80年代后半期，渔业发展较快，部分鱼、虾（龙虾）用于出口，出口额占出口总额的90%。

【旅游业】旅游业是安经济的主体，且对其他经济部门有强劲拉动作用。近几年游客人数和旅游收入逐年增长。2006年旅店和餐饮业产值占地区生产总值的31.2%。2003年接待游客总数109282人次，主要来自美国、加勒比国家、欧洲和加拿大，过夜游客人数增长6.7%。

【交通运输】2006年交通运输和通信业产值占地区生产总值的15.6%。

公路：总长175公里，其中约100公里为柏油路。2002年注册机动车为5978辆。

水运：主要港口是鼓风角、路德港。

空运：有航线通往圣基茨、英属维尔京和加勒比其他岛屿。有3个机场，沃巴尔克（WALLBALKE）机场是全岛唯一现代化机场。

【财政金融】财政年度从4月1日至翌年的3月31日。财政状况良好，数年来一直保持盈余，2000年首次出现60万东加元的赤字，主要与飓风灾害有关，这也暴露了该岛经济的脆弱性。财政收入除来自英国外，大部分来自在国外工作的劳工的汇款，此外还有关税和邮票收入。2013年估计预算收入6952万美元，支出7837万美元，税收及其他收入占地区生产总值39.6%；估计预算赤字占地区生产总值的5%。2013年估计公共债务占地区生产总值20%。

【对外贸易】长期逆差。2015年估计进口额为1.286亿美元，出口额为600万美元；

主要进口燃料、粮食、机器设备、化工产品、卡车、纺织品等。主要出口龙虾和鱼、家畜、盐、建材、朗姆酒等。主要贸易对象是美国、波多黎各、英国等。

【经济团体】安圭拉工商会（Anguilla Chamber of Commerce and Industry）。通信地址：P.O. Box 321, The Valley，Anguilla，British West Indies。电话：001（264）497-2839。电子信箱：acoci@caribcable.com。网址：http://www.anguillachamber.com/index.htm。

人民生活

安圭拉有1家医院和数家诊所。1982年起实行社会保险制度。1998年政府卫生预算开支占地区生产总值4.92%。2003年贫困线以下人口占总人口23%。2015年居民平均期望寿命81.31岁。2014年有固定电话5900部，手机2.6万部，因特网用户3700户（2009年）。

军　事

安圭拉防务由英国负责。

文化教育

【教育】安圭拉对5—17岁儿童实行免费义务教育。有公立小学6所，学生1460人；公立中学1所，学生1062人。无高等学校。成人识字率95%。2008年教育开支占地区生产总值3.5%。

【新闻出版】有《光明》(周刊)、《安圭拉人》(周刊)、《安圭拉生活杂志》(每年三期)等。还有临近岛屿圣马丁出版的《每日先驱报》和《纪事》。有9家电台和1家电视台。

安圭拉电台(Radio Anguilla)：1969年创立。1976年起为政府所有和经营，每天播音17个小时。

加勒比灯塔电台：私人商业性和宗教性电台，创建于1981年，每天播音24小时。

对外关系 外交由英国掌管。安圭拉为万国邮政联盟、加勒比发展银行、东加勒比国家组织成员，加勒比共同体联系成员，设有国际刑警组织安圭拉支局。（叶苓）

安提瓜和巴布达

国名 安提瓜和巴布达(Antigua and Barbuda)。

面积 442.6平方公里。

人口 8.9万(2015)，绝大多数为非洲黑人后裔。英语为官方语言和通用语。多数居民信奉基督教。

首都 圣约翰(St. John's)，人口2.9万。

国家元首 英国女王伊丽莎白二世，女王任命总督为其代表。现任总督罗德尼·威廉斯(Rodney Williams)，2014年8月14日就任。

重要节日 独立日：11月1日。

简　况 位于东加勒比。属热带气候，年均气温27℃。年均降水量约1020毫米。

1493年，哥伦布第二次航行美洲时到达该岛，并以西班牙塞维利亚安提瓜教堂的名字命名。1520年至1629年间曾先后遭西班牙和法国殖民者入侵。1632年被英国占领。1667年根据《布雷达条约》正式成为英国殖民地。1967年成为英国的联系邦并成立内部自治政府。1981年11月1日宣布独立，为英联邦成员国。

政　治 独立后，安提瓜工党长期执政。2004年和2009年，联合进步党两度赢得大选。2014年6月，工党以14比3击败联合进步党，赢得议会多数席位，重新执政。党领袖贾斯顿·布朗(Gaston Browne)出任总理。目前，安巴政局稳定。

【宪法】1981年11月1日正式生效。宪法规定安提瓜和巴布达是一个“统一和享有主权的民主国家”；总督必须由本国人担任，由英国女王根据总理的建议任命，并根据内阁的决定行使职权。

【议会】两院制，由参议院和众议院组成，任期五年。参议院17人，由总督任命，其中11人(必须有1名巴布达居民)由总理提名；4人由反对党领袖提名；1人由总督自己决定；1人由巴布达委员会(巴布达地方政府的主要机关，其成员和作用由议会决定)提名。众议院17人，由直接选举产生。本届议会于2014年6月组成，参议长阿琳西亚·威廉斯－格兰特(Alincia Williams-Grant，女)，众议长杰拉尔德·瓦特(Gerald Watt)。

【政府】本届政府于2014年6月组成。成员包括：总理兼财政和公司管理部长贾斯顿·布朗(Gaston Browne)，总检察长兼司法、公共安全、移民和劳工部长斯特德罗伊·本杰明(Steadroy Benjamin)，高级部长莱斯特·伯德(Lester Bird)，外交和国际贸易部长查尔斯·费尔南德斯(Charles Fernandez)，公用事业、民航和交通部长罗宾·耶尔伍德(Robin Yearwood)，旅游、经济发展、投资和能源部长阿索特·迈克尔(Asot Michael)，卫生和环境部长莫尔温·约瑟夫(Molwyn Joseph)，工程和住房部长尤斯塔斯·莱克(Eustace Lake)，贸易、商业、工业、体育、文化和国家庆典部长保罗·格林(Paul Greene)，社会转型和人力资源开发部长萨曼莎·马歇尔(Samantha Marshall)，新闻、广播、电信和信息技术部长梅尔福德·尼古拉斯(Melford Nicholas)，农业、土地、渔业和巴布达事务部长阿瑟·尼布斯(Arthur Nibbs)，教育和科技部长迈克尔·布朗(Michael Browne)等。

【行政区划】全国共分为安提瓜、巴布达和雷东达三个岛。安提瓜岛设六个行政区，即圣约翰、圣彼得、圣乔治、圣菲利普、圣玛丽和圣保罗。

【司法机构】本国设地方法院，最高司法机关是东加勒比最高法院(设在圣卢西亚，由高等法院和上诉法院组成，有一名法官常驻安巴)，终审可上诉至英国枢密院。

【政党】主要政党：

(1)安提瓜和巴布达工党(Antigua and Barbuda Labour Party)：执政党。成立于1946年，1976年至2004年，该党连续执政。2014年6月，工党赢得议会多数席位，重新执政。党领袖贾斯顿·布朗(Gaston Browne)。

(2)联合进步党(The United Progressive Party)：反对党。1992年3月，由统一国家民主党、进步劳工运动及安提瓜加勒比解放运动合并成立。其中进步劳工运动曾于1971年至1976年执政。2004年和2009年，联合进步党两度赢得大选。党领袖哈罗德·洛弗尔（Harold Lovell）。

此外，还有巴布达人民运动（Barbuda People's Movement）等政党。

【重要人物】罗德尼·威廉斯：总督。生于1947年，曾就读于安巴文法学校、西印度大学并获医学学士学位。曾任文法学校教师、西印度大学董事会成员。1984年至2004年代表工党连续当选圣保罗选区众议员，历任众议院副议长、政府顾问、经济发展、教育、旅游部长等职。已婚，有三子。　**贾斯顿·布朗：**总理兼财政和公司管理部长。生于1967年。1999年起担任众议员。曾任规划和贸易部长。2012年11月当选工党领袖，2014年6月率领工党赢得大选并出任总理。已婚，有二子。

经　济

经济基础薄弱，门类单一。旅游业是最重要经济部门。离岸金融业和网上博彩业为主要财政收入来源。农业在国民经济中比重逐年下降，粮食不能自给。工业基础薄弱，以制造业、建筑业为主。

2015年主要经济指标：

国内生产总值：12.85亿美元。

增长率：2.2%。

人均国内生产总值：14391美元。

货币名称：东加勒比元。

汇率：1美元=2.7东加元。

（主要资料来源：国际货币基金组织）

【资源】仅有少量石灰石、黏土、建筑用石料及重晶石。

【农业】包括家畜业、林业和渔业。农业在国民经济中的地位持续下降。粮食不能自给。近年来，安巴政府鼓励发展农业，减少对进口食品依赖。目前主要农产品有玉米、蔬菜、水果及少量海岛棉等。安提瓜岛捕捞少量活鱼和龙虾。

【旅游业】在国民经济中占主导地位，旅游收入约占国内生产总值的74.2%。全国共有1.9万个就业岗位直接或间接与旅游业相关，占总就业岗位的68.4%。游客主要来自美国、欧洲、加拿大以及加勒比海其他国家。安提瓜岛以海滩、国际赛艇比赛和狂欢节而著名，巴布达岛发展较为落后，但岛内各种野生动物每年也吸引大量游客。

【交通运输】全国有干线公路384公里，辅助公路780公里，无铁路。首都圣约翰是天然深水港，有现代化的设施，可停靠万吨级远洋客货轮。维尔·伯德机场位于首都圣约翰东北9公里，有通往北美、欧洲和加勒比地区其他英语国家的航线，安提瓜和巴布达两岛之间每天有定期航班。

【财政金融】2014至2015财年，安巴政府财政收入为6.9亿东加勒比元，财政支出为7.3亿东加勒比元。（资料来源：国际货币基金组织）

【对外贸易】由于工业不发达，从小五金到各类电子产品、汽车等商品几乎全部进口，历来逆差很大。主要进口机械设备、运输工具、生产用原料（含半制成品）、燃料与润滑油、建材、农产品、汽车、食品及日用品等。出口少量朗姆酒、海岛棉、服装、皮棉、加工食品等。主要贸易对象是美国和加勒比地区国家。2015年，安巴出口额为5407.7万美元，进口额为0.7万美元。（资料来源：国际货币基金组织）

【经济团体】安提瓜和巴布达工商会（Antigua and Barbuda Chamber of Commerce and Industry Ltd）：1944年成立，1991年改为现名，会长克拉维斯·约瑟夫（Clarvis Joseph）。地址：Red Cliffe St, P. O. BOX774, St John's。

人民生活

国家提供免费医疗和养老金，能够保障基本医疗和卫生。2015年，安巴人均寿命76.33岁，人口增长率1.24%，出生率1.59%，死亡率0.57%。

军　事

国防军现役军人350人，预备役2500人。军费开支占国民生产总值的0.5%。

文化教育

【教育】中小学实行义务教育，小学阶段5—12岁，中学阶段12—16岁。大部分中小学为公立。安提瓜国立学院（Antigua State College）向大学预科学生提供基础教育和部分职业专科教育；安提瓜和巴布达国际技术学院（Antigua and Barbuda International Institute of Technology）和安提瓜和巴布达旅游培训学校（Antigua and Barbuda Hospitality Training Institute）提供高等职业专科教育。安提瓜美国大学（American University of Antigua）为私立医学院，提供大学本科教育。学生还可通过西印度大学（University of the West Indies）入学考试进入分设在加勒比其他国家（牙买加、特立尼达和多巴哥、巴巴多斯）的西印度大学分校接受高等教育。

新闻出版主要报纸有：《观察家日报》（Daily Observer），网址 www.antiguaobserver.com。

安提瓜和巴布达广播公司（Antigua and Barbuda Broadcasting Service）为安巴新闻部下属机构，下设电视台和广播电台。另一家私人商业电视台开设有线电视频道。

对外关系

安提瓜和巴布达政府积极推行务实外交，在主权平等的基础上与各国发展友好合作关系。积极参与地区一体化进程，支持成立加勒比共同体单一市场和经济，将加强与加勒比国家的关系视为外交政策的核心。重视同英、美等传统友好国家发展关系，并努力开拓同中国、日本等亚洲国家的关系。

关注可持续发展问题，呼吁国际社会照顾小国关切，避免小国在国际社会中日益被边缘化。系小岛屿国家联盟成员，在气候变化问题上要求将全球温升控制在1.5℃以内，要求发达国家提供适应气候变化所需资金和技术。

【同中国的关系】1983年1月1日，中国与安提瓜和巴布达建交。建交以来，两国友好关系顺利发展，双边高层互访和各领域交流与合作不断加强。

2013年5月，时任安巴总督莱克－塔克来华出席太湖文化论坛第二届年会。6月，国家主席习近平在访问特立尼达和多巴哥期间同时任安巴总理斯潘塞举行双边会晤。2014年7月，习近平主席访问巴西期间，出席中国—拉美和加勒比国家领导人会晤，并会见拉共体“四驾马车”领导人，安巴总理布朗参加上述活动。8月，布朗总理对华进行正式访问并出席在南京举行的第二届夏季青年奥林匹克运动会闭幕式。

据中国海关总署统计，2013年，双边贸易额为2.46亿美元，其中中方出口额为2.45亿美元，进口额为33.9万美元，同比分别增长–67.1%、–67.1%和374.6%。中方主要出口船舶、纺织品、日用家电、塑料橡胶制品和矿物燃料等。

中国驻安提瓜和巴布达大使：任共平。馆址：Paradise View, St. John’s, Antigua, W.I.。电话：001–268–4621125；传真：001–268–4626425。经商处：Mckihhon Way, Paradise View, St. John’s, Antigua, W. I.。电话：001–268–4620986；传真：001–268–4620986。

安提瓜和巴布达驻华大使（非常驻）：肖尔（David SHOUL）。

【同美国的关系】安巴与美国经贸关系紧密，美国的援助和游客是安巴外汇收入的重要来源。2008年11月，斯潘塞总理向美国当选总统奥巴马致信祝贺，并将安巴最高峰命名为“奥巴马峰”。

【同英国的关系】安提瓜和巴布达是英联邦成员，在政治、司法及教育方面仍承袭英国体制。英每年向安巴提供相当数量的援助，包括人员培训等。2011年7月，安巴政府将一块海滩命名为“戴安娜王妃海滩”。

【同加勒比国家的关系】安提瓜和巴布达是加勒比多个地区组织成员，与加共体，尤其是东加勒比国家组织中其他成员保持密切关系，主张实现加勒比一体化和更广泛的区域性合作，加强地区协商对话。2010年6月，安巴与其他东加勒比国家组织成员共同成立东加勒比经济联盟。2011年3月，“信风”年度军事演习在安巴举行。2014年下半年，安巴担任加共体轮值主席国。

（朱莹）

巴巴多斯

国名 巴巴多斯（Barbados）

面积 431平方公里。

人口 28万（2015年），其中80%以上为非洲黑人后裔，4%为欧洲后裔。英语为官方语言和通用语。居民多信奉基督教。

首都 布里奇顿（Bridgetown），人口约11.2万。

国家元首 英国女王伊丽莎白二世，女王任命总督为其代表。总督埃利奥特·菲茨罗伊·贝尔格雷夫爵士（Sir Elliot Fitzroy Belgrave），2012年6月1日就任。

重要节日 独立日：11月30日。

简况

位于东加勒比海小安的列斯群岛最东端。海岸线长97公里。热带雨林气候，年均气温23℃至30℃。

16世纪前为印第安人阿拉瓦克族和加勒比族居住地。1518年西班牙人登岛，十余年后葡萄牙人侵。1624年被英国占领，1627年设总督管辖。1958年加入西印度联邦。1961年10月实现内部自治。1966年11月30日独立，现为英联邦成员国。

政治

独立后，民主工党和工党交替执政，政局保持稳定。2010年10月，副总理兼总检察长和内政部长弗罗因德尔·斯图亚特（Freundel Stuart）接替任内病逝的汤普森任总理。2013年2月，民主工党在大选中获胜，斯图亚特连任总理。

【宪法】现行宪法于1966年独立时生效。宪法规定，总督任命众议院多数党领袖为总理，并根据总理提名任命部长。内阁由总理和不少于五名部长组成，对议会负责。反对党领袖亦由总督任命。

【议会】分参、众两院，任期均为五年。参议院21席，由总督任命，其中12席由总理提名，2席由反对党领袖提名，另7席由总督在社会名流中选任。众议院30席，普选产生。2013年2月大选中，民主工党获16席，工党获14席。参议长克丽安·伊菲尔（Kerryann F.Ifill），2012年3月就任。众议长迈克尔·卡林顿（Michael A. Carrington），2008年2月就任。

【政府】本届政府于2013年2月成立，主要内阁成员有：总理兼国家安全、民政和城市发展部长斯图亚特，总检察长兼内政部长阿德里尔·布拉思韦特（Adriel Brathwaite），财政和经济事务部长克里斯托弗·辛克勒（Christopher Sinckler），外交和外贸部长玛克辛·麦克林（Maxine Mcclean，女），旅游与国际交通部长理查德·西利（Richard Sealy），工业、国际商务、商业和小企业发展部长唐维尔·英尼斯（Donville Inniss）等。

【司法机构】由上诉法院、高等法院和地方法院组成。首席法官马斯顿·吉布森（Marston Gibson），2011年9月就任。终审法院为加勒比法院。

【政党】主要政党有：

（1）民主工党（Democratic Labour Party）：执政党。1955年由原工党成员创建。曾于1961年至1976年、1986年至1994年执政。2008年1月再次执政，2013年2月蝉联执政。党领袖斯图亚特。

（2）巴巴多斯工党（Barbados Labour Party）：反对党。1938年成立，曾于1976年至1986年、1994年至2008年执政。党领袖米娅·莫特利（Mia Mottley,女）。

（3）人民自强党（The People's Empowerment Party）：2006年成立，前身为1988年建立的克莱蒙特·佩恩运动（Clement Payne Movement）。党主席大卫·卡米松（David Comissiong）。

【重要人物】埃利奥特·菲茨罗伊·贝尔格雷夫爵士：总督。1931年3月16日生。毕业于英国伦敦大学、剑桥大学，法学硕士。历任巴公诉总长、最高法院法官和上诉法官。对巴法制建设贡献突出，曾被授予巴"荣誉同伴"称号。2011年11月接替因病提前卸任的克利福德·赫斯本兹总督出任代总督，2012年6月正式就任总督。已婚，有一女。　**弗罗因德尔·斯图亚特**：总理。1951年4月27日生。西印度大学政治学、历史学学士，法学硕士。曾从事律师工作。1994年至1999年任众议员，2003年至2007年任参议员，2008年再次当选众议员并任副总理兼总检察长和内政部长。2010年10月接任总理，2013年2月连任。有一女。

经　济

传统产业为制糖业。上世纪80年代以来推行经济多元化，旅游、离岸金融、轻工制造和信息服务业发展迅速，为全球著名离岸金融中心。

2015年主要经济数据如下：

国内生产总值：44.51亿美元。

人均国内生产总值：15912美元。

国内生产总值增长率：2.23%。

货币名称：巴巴多斯元。

汇率：1美元=2巴元。

通货膨胀率：2.5%。

失业率：12.27%。

（资料来源：巴巴多斯央行、国际货币基金组织）

资源石油储量约200万桶，天然气储量1.1亿立方米。石灰石储量约300亿吨。浮石储量13.2亿吨。

【农业】全国土地65%为可耕地。近年来原糖产量大幅下降。政府鼓励发展蔬果种植业以减轻食品进口压力。

【制造业】主要有制糖、饮料、朗姆酒和啤酒酿造、化学药品、电子零部件、服装、家具和食品加工等。

【建筑业】旅游基础设施建设近年来发展迅速，已成为经济增长主要动力之一。巴大型建筑公司还承建加勒比其他国家道路、机场和工业设施。

【旅游业】主要经济支柱之一。游客主要来自欧洲、美国和加拿大。

【交通运输】空运：东加勒比地区重要航运中心。距首都布里奇顿18公里的格兰特利·亚当斯机场是加勒比地区最现代化的国际机场之一，24小时运营，有17个停机泊位和飞往美国、英国、加拿大、南美和多个加勒比国家的直达航班。

水运：首都布里奇顿为全天候深水港，可停靠万吨级远洋客货轮。有8个泊位，能同时为5艘轮船提供燃料补给。

公路：总长约1793公里。

【财政金融】2013财年，财政收入29.82亿巴元，支出37.37亿巴元，外汇储备约5.78亿美元。（资料来源：巴央行、国际货币基金组织）

对外贸易主要出口原糖、朗姆酒、化学制品、食品、饮料等，进口食品、饮料、石油、机械设备、汽车等。主要贸易伙伴为美国、英国、特立尼达和多巴哥、加拿大。近年进出口额如下（单位：百万美元）：

	2011年	2012年	2013年
出口	467.8	437.7	758.8
进口	1606.4	1,437.7	1561.8
差额	–1138.6	–1000	–803

（资料来源:《经济季评》、巴巴多斯央行）

【经济团体】（1）巴巴多斯工商会（Barbados Chamber of Commerce and Industry）：1825年成立。地址：Braemar Court，Deighton Road，St. Michael，Barbados。电话：1–246–4344750，传真：1–246–2282907。

（2）巴巴多斯国家石油有限公司（Barbados National Oil Co. Ltd.）：1982年成立，主要开采原油和天然气。地址：Woodbourne，St Philip。电话：1–246–4201800。

人民生活

实行免费医疗。2013年居民人均寿命74.99岁，人口增长率0.33%。

军　事

国防军始建于1978年，包括常备军、后备军和学生军训团。1974年成立的海岸警卫队在国防军成立后成为其海上部队。1981年建立空军。

文化教育

【教育】实行大中小学免费义务教育。小学入学率100%，中学入学率89%，全国成人识字率99.7%。设有西印度大学凯夫希尔分校。

【新闻出版】主要报刊有《巴巴多斯鼓动报》，1895年创刊，发行量1.5万份；《民族报》，1973年创刊，发行量2.5万份；《巴巴多斯人》，月刊，1953年创办，月发行量8000份。

主要媒体有：加勒比媒体公司，2000年由加勒比通讯社和加勒比广播公司合并成立，业务涵盖广播、电视和因特网服务；巴国营电视台，1964年开始播放黑白电视节目，1971年11月在加勒比地区首播彩色电视节目。

对外关系

奉行独立自主和不结盟的外交政策，主张外交多元化，外交为经济发展服务。积极推动加勒比地区一体化。在巩固与美国、英国、加拿大等国传统友好关系的同时，积极探索与巴西、中国、印度、日本等国发展平等互利关系。

【同中国的关系】1977年5月30日，中国与巴巴多斯建交。

近年来，两国高层往来不断，各领域友好合作进一步加强，在国际事务中保持良好沟通与配合。

2013年6月，国家主席习近平在访问特立尼达和多巴哥期间同巴巴多斯总理斯图亚特举行双边会晤。

中方重要往访有：全国人大常委会副委员长阿沛·阿旺晋美（1981年3月），国务院秘书长罗干（1992年7月），全国人大常委会副委员长陈慕华（1993年6月），国务院副总理钱其琛（1998年7月），国务委员吴仪（2003年1月），全国人大常委会副秘书长王云龙（2004年11月），国务院副总理回良玉（2009年2月），全国人大常委会副委员长陈昌智（2011年11月），中共中央政治局委员、天津市委书记张高丽（2012年6月）等。

巴方重要来访有：总理亚当斯（1980年6月）、桑迪福德（1990年5月）、阿瑟（2000年5月、2007年6月）、汤普森（2008年5月）和斯图亚特（2011年6月），副总理莫特利（2004年11月，2007年9月出席第二届中加经贸合作论坛），参议长戈洛普（1999年9月），首席大法官吉布森（2015年），外长麦克林（2015年，出席中拉论坛首届部长级会议），民主工党主席皮尔格林（2015年，出席中拉政党论坛首次会议）等曾访华。

巴承认中国完全市场经济地位。中巴签有鼓励和相互保护投资协定和所得税避免双重征税和防止偷漏税协定。2015年，中巴双边贸易额8402.7万美元，其中中方出口6519.7万美元，进口1883万美元，同比分别增长 –2.6%、–8.8% 和27.2%。中方主要向巴出口纺织品和服装、钢铁或铝制结构体及其部件、塑料制品等，主要进口废塑料、电阻器、废金属等。

巴是中国公民出境旅游目的地国。中巴签有文化协定。中方曾组织乒乓球队访巴，并多次派体育、武术、杂技和文艺团体赴巴访演，并在当地举办艺术展。2002年8月，中国公安部组队参加在巴举行的国际室内足球邀请赛并获亚军。巴曾派青年代表来华参加中拉青年节。大连外国语学院同西印度大学签有教育和文化交流协议。2014年，巴文化部长率艺术团访华并参加“相约北京”拉美和加勒比音乐节演出。2015年11月，中国海军“和平方舟”号医院船首次对巴进行友好访问并提供医疗服务。

两国间重要双边协议及文件有：

《中华人民共和国和巴巴多斯关于建立外交关系的联合公报》（1977年5月30日），《中华人民共和国政府和巴巴多斯政府文化协定》（1980年6月13日），《中华人民共和国政府和巴巴多斯政府关于巴巴多斯在中华人民共和国香港特别行政区保留名誉领事馆的协定》（1997年4月30日），《中华人民共和国政府和巴巴多斯政府关于鼓励和相互保护投资协定》（1998年7月20日），《中华人民共和国政府和巴巴多斯政府关于对所得避免双重征税和防止偷漏税的协定》（2000年5月15日），《关于中国公民旅游团队赴巴巴多斯旅游实施方案的谅解备忘录》（2005年2月），《中华人民共和国农业部与巴巴多斯农业部关于农业合作的谅解备忘录》（2009年2月），《中华人民共和国政府和巴巴多斯政府关于对所得避免双重征税和防止偷漏税的协定议定书》（2010年2月），《中华人民共和国教育部与巴巴多斯教育与人力资源部关于派遣汉语教师的谅解备忘录》（2011年6月）。

中国驻巴巴多斯大使：王克。地址：NO.17, GOLF VIEW TERRACE, GOLF CLUB ROAD, ROCKLEY, CHRIST CHURCH, BARBADOS。电话：001–246–4356890。传真：4358300/4356607。网址：http://bb.china-embassy.org、http://bb.chineseembassy.org/。电子信箱：chinaemb_bb@mfa.gov.cn。

【同美国的关系】巴历届政府均十分重视同美保持和发展传统友好关系，双方在反恐、禁毒等领域保持密切合作。2013年5月，巴总理斯图亚特在特立尼达和多巴哥参加美国副总统拜登集体会见加勒比共同体国家领导人。2015年4月，巴总理斯图亚特在牙买加参加美国—加勒比共同体领导人峰会。

【同英国的关系】英是巴重要贸易伙伴，为巴出口蔗糖、朗姆酒及其他产品提供优惠待遇。英为巴最大旅游客源国之一和巴在海外移民最集中的国家，在英的巴移民约5万余人。2013年5月，巴总理斯图亚特会见到访的英国副外交大臣马克·西蒙兹。2015年9月，巴总理斯图亚特在牙买加参加英国首相卡梅伦集体会见加勒比共同体成员国领导人活动。

【同加拿大的关系】加是巴第二大游客来源地和第

四大商品出口市场。巴与加保持着密切金融往来，在巴注册的约6000家从事离岸金融或其他离岸业务的银行、国际商务公司、外国代销公司和豁免保险公司大部分来自加拿大。

【同加勒比国家的关系】巴视加强同加勒比各国的友好合作关系为其外交政策核心。巴是加勒比共同体、加共体单一市场首批成员，承认加勒比法院为其终审法院。2015年7月，加共体第36届政府首脑会议在巴首都布里奇顿举行。

【同其他国家的关系】2015年4月，巴总理斯图亚特赴巴拿马出席第七届美洲国家首脑会议并首次对巴拿马进行工作访问。巴文化部长拉什利访问古巴并同古方签署两国文化合作协议。2015年7月，巴同卢旺达正式建立外交关系。（王默）

巴　哈　马

国名　巴哈马国（The Commonwealth of The Bahamas）

面积　陆地面积13878平方公里，由700多个岛屿（其中30个岛有人居住）及2400多个珊瑚礁组成，国土总面积（含水域）25.9万平方公里。

人口　36.4万（2015年），其中黑人占90.6%，欧美白人后裔占4.7%，混血种人占2.1%。官方语言为英语。多数居民信奉基督教。

首都　拿骚（Nassau），其所在的新普罗维登斯岛人口约25万。

重要节日　独立日：7月10日。

国家元首　英国女王伊丽莎白二世。女王根据巴总理提名任命总督为其代表。现任总督玛格丽特·平德林（Marguerite Pindling，女），2014年7月8日就任。

简　况

巴哈马群岛位于美国佛罗里达州东南、古巴东北海域，由西北向东南延伸，长1223公里，宽96公里。由700多个岛屿及2400多个珊瑚礁组成，其中30个岛屿有人居住。属亚热带气候，8月为最热月份，平均气温30℃；1、2月为最冷月份，平均气温20℃。年平均气温23.5℃。年平均降水量1000毫米。

原为印第安人居住地。1492年哥伦布首航美洲最先到达巴哈马群岛中部的圣萨尔瓦多岛（华特林岛）。1647年首批欧洲移民抵达。1649年为英国人占据。1717年英国宣布巴哈马群岛为其殖民地。1783年英国、西班牙签订《凡尔赛和约》，正式确定该群岛为英属地。1964年1月实行内部自治。1973年7月10日独立，为英联邦成员国。

政　治

巴沿用英国的政治体制，实行君主立宪制。1973年独立后，巴进步自由党和自由民族运动交替执政，政局长期保持稳定。2012年5月7日，进步自由党赢得大选，党领袖佩里·克里斯蒂（Perry Christie）出任总理。

【政府】总理为政府首脑。本届政府于2012年5月组成。主要内阁成员有：总理兼财政部长佩里·克里斯蒂，副总理兼工程与城区发展部长菲利普·戴维斯（Philip Davis），外交与移民部长弗雷德里克·米切尔（Frederick Mitchell）、总检察长兼司法部长埃里森·吉布森（Allyson Gibson）等。

【宪法】现行宪法于1973年7月10日生效。宪法规定，巴哈马为主权民主国家，必须保证公民的基本人权和自由。

【议会】由参议院和众议院组成，任期五年。参议院由总督任命的16名议员组成，其中9名由总理提名，4名由反对党领袖提名，另3名由总理和反对党领袖协商提出。众议院由普选产生的38名议员组成。本届众议院于2012年5月组成，进步自由党占30席，自由民族运动占8席。参议长莎伦·威尔逊（Sharon Wilson），众议长肯德尔·梅杰（Kendal Majpr），均于2012年5月当选。

【行政区划】全国共分31个区、19个岛组，在新普罗维登斯（首都拿骚所在地）、大巴哈马、安德罗斯、阿巴科、伊柳塞拉等主要岛屿上设有地方专员。

【司法机构】设有最高法院、上诉法院和地方法院。均受理刑事和民事案件。英国枢密院为终审法院。最高法院院长伯顿·霍尔（Burton Hall），上诉法院院长琼·索耶（Joan Sawyer）。

【政党】（1）进步自由党（Progressive Liberal Party, PLP），执政党。成立于1953年10月。1973年7月领导巴哈马独立。主要代表黑人和中小资产阶级利益。独立后，该党连续执政至1992年，并于2002年至2007年执政。2012年5月，该党再次胜选上台。领袖为佩里·克里斯蒂（Perry Christie）。

（2）自由民族运动（Free National Movement, FNM），反对党。成立于1972年。由从进步自由党分裂出来的议员和联合巴哈马人党（United Bahamian Party）组成。领导层多为中产阶级和知识分子。曾于1992年至2002年、2007年至2012年执政。党领袖休伯特·明尼斯（Hubert Minnis）。

（3）民主全国联盟（Democratic National Alliance, DNA），反对党。由自由民主运动前议员、移民国务部长布兰威尔·麦卡特尼（Branville McCartney）于

2011年4月组建，在2012年5月大选中虽未获议席，但对两大主要政党选情产生重要影响，成为巴哈马政坛的第三大党。

另有巴哈马民主运动（Bahamas Democratic Movement）等政党，在巴政治生活中影响较小。

【重要人物】**玛格丽特·平德林**：总督。女，1932年6月26日生于巴哈马，系巴首任总理林登·平德林遗孀。长期从事慈善事业，曾任巴红十字会筹款委员会主席。2014年7月8日就任总督。 **佩里·克里斯蒂**：总理兼财政部长。1943年8月21日生于巴首都拿骚。曾就读于英国伯明翰大学，获法学学士学位，毕业后成为执业律师。1974年至1977年任参议员。1977年起，历任卫生和国民保险部长，旅游部长，农业、贸易和工业部长。1992年至1997年任进步自由党副领袖，1997年起任党领袖。2002年至2007年任总理。2012年5月再任总理兼财政部长。圣公会教徒。已婚，有三个子女。

经济

巴是加勒比地区最富裕的国家，人均国内生产总值在西半球国家中仅次于美国和加拿大。旅游业和金融业是国民经济支柱产业，船舶服务业是国民经济重要部门。近年来巴政府提出实现经济多样化发展策略，大力吸引外资，重点发展工业和农业，取得一定进展。

2015年主要经济数据如下：

国内生产总值：88.8亿美元。

国内生产总值增长率：4.38%。

人均国内生产总值：24394美元。

货币名称：巴哈马元；1元=100分。

汇率：1美元=1巴哈马元。

（主要资料来源：国际货币基金组织）

【资源】海产资源丰富。有石油、天然气、盐等。可耕地少，淡水不足，农业资源有限。

【制造业】有伐木、小船制造、水泥、食品加工、饮料、酿酒、手工艺品和制药等，主要集中在大巴哈马岛的自由贸易区内。为实施经济多样化战略，巴政府鼓励发展中小企业，并为此制定了优惠政策。

【农渔业】巴土层薄，土壤贫瘠，农业不发达。只种植少量蔬菜、水果，主要农作物有甘蔗、蕃茄、香蕉、玉米、菠萝、豆类等。食品80%靠进口，部分蔬菜和柑橘类水果能自给并有少量出口，肉类生产基本上满足国内需求。巴政府对农产品和水果产品实行保护政策。

巴海域是世界重要渔场之一，主要出产龙虾、海螺、石斑鱼、马林鱼、旗鱼和金枪鱼等，其中龙虾约占水产总量的60%。

【旅游业】是巴国民经济第一大支柱产业。每年平均接待游客500万人次，旅游业年收入约占国内生产总值的40%和外汇收入的60%以上，为巴提供了约50%的就业机会。游客主要来自美国、加拿大和欧洲。全国共有旅店客房约15000间。座落在天堂岛的亚特兰蒂斯饭店举世闻名。

【金融服务业】是巴国民经济的第二大支柱产业，由于巴与美国毗邻，国内政治经济形势稳定，有严格的银行保密法，无直接税和外汇管制，巴已成为全球重要的离岸金融中心。据国际货币基金组织研究估计，巴国际离岸金融服务业资产为5980亿美元，约为本国GDP的70余倍，位列世界离岸金融服务业第四位，仅排在开曼群岛、中国香港和新加坡之后。

【交通运输】航空和海运较发达。

公路：公路总长3350公里，其中新普罗维登斯岛上约966公里，其余主要分布在伊柳塞拉岛、大巴哈马岛、长岛以及卡特岛上。

水运：巴是国际海运中心之一，有两个主要港口：拿骚和自由港。船舶服务业是巴第三大经济部门，商船注册居世界第三，船舶注册量1400多艘，吨位超过5000万吨。

空运：有通往美国、加拿大、欧洲、古巴等国的定期航班。有两个主要国际机场（拿骚和自由港），可降大型客机；另有55处国内机场，各主要岛屿间有航班运营。

【财政金融】政府收入主要来自关税和印花税等，约占总收入的70%。2013/2014财年，巴政府预算财政收入15.03亿美元，预算财政支出20.36亿美元（其中经常性项目支出17.37亿、资本项目支出2.95亿），财政赤字4.43亿美元。

【对外贸易】主要商品长期依赖进口，每年均有巨额贸易赤字，主要靠旅游业收入维持国际收支平衡。

2012年，巴进出口总额为44.75亿美元，其中出口8.28亿美元，进口36.47亿美元。主要出口渔产品、化工产品、药品、朗姆酒、食盐，进口食品、消费品、机械设备和汽车等。主要贸易对象是美国、加拿大、欧盟、日本、韩国。

（资料来源：巴哈马国家统计局2013年10月公布数据）

【经济团体】（1）巴哈马商会（Bahamas Chamber of Commerce），地址：Shirley St., POB N-655。电话：001-242-322-2145。传真：322-4649。

（2）巴哈马农工公司（Bahamas Agricultural and Industrial Corp.），地址：BAIC Bldg, East Bay St., POB N-4940, Nassau。电话：001-242-322-3740。传真：322-2123。

人民生活

巴人均GDP在美洲地区仅次于美国和加拿大，但贫富悬殊较严重。家庭居民房屋拥有率为60%。

军事

皇家国防军（海岸警卫队）是巴哈马唯一的安全部队，约1000人，负责国家安全、港口及航行安全、灾害救援、缉毒、遣返非法移民等。

文化教育

【教育】小学六年制，中学六年制。公立学校对5—14岁儿童实行免费义务教育。适龄儿童入学率为小学98%，中学89%。学生多在巴哈马当地就读大学，巴哈马学院为巴最高学府。西印度大学在巴设有旅游分院。

【新闻出版】主要报刊有《拿骚卫报》、《巴哈马日报》和《论坛报》。

巴哈马广播公司：国营，1936年建立。

巴哈马电视台：国营，1977年建立，属巴哈马广播公司所有。

此外，还可接收美国电视节目和一些卫星节目。

对外关系

奉行和平合作、尊重各国主权的外交政策。倡导民族自决、独立自主、领土完整和互不干涉内政原则，主张国际合作及和平解决争端。注重外交为经济发展服务。是联合国、加勒比共同体、加勒比国家联盟、美洲国家组织、英联邦以及不结盟运动成员国。

【同中国的关系】1997年5月23日，中国与巴哈马国建立外交关系。

近年来，中巴关系发展顺利，双方保持高层互访势头。

2013年6月，国家主席习近平在访问特立尼达和多巴哥期间同巴哈马总理克里斯蒂举行双边会晤。2015年1月，克里斯蒂总理来华出席中拉论坛首届部长级会议开幕式。

中方重要往访有：全国人大常委会委员长吴邦国（2009年）、国务院副总理回良玉（2009年）、王岐山（2011年）、外交部长杨洁篪（2011年）、全国人大副委员长成思危（2005年）、国务委员吴仪（2003年）、全国政协副主席李兆焯（2013年）等。

巴方重要来访有：特恩奎斯特总督（1999年）、英格拉哈姆总理（1997年、2010年）、克里斯蒂总理（2004年、2015年）、霍洛韦斯科参议长（2010年）、史密斯众议长（2010年）、威尔逊参议长（2014年）、米切尔外长（2014年，非正式；2015年，出席中拉论坛首届部长级会议）等。

巴承认中国完全市场经济地位，是中国在加勒比地区的主要贸易伙伴之一。2015年，中巴双边贸易额为16.10亿美元，其中中方出口15.86亿美元，进口0.24亿美元，同比分别增长116.8%、113.6%和12855.2%。中方主要出口船舶、成品油、钢铁或铝制结构体及其部件、油漆、服装等，进口农产品和机械设备。

两国文化交流内容丰富。巴政府文化代表团、巴国家青年合唱团、巴舞蹈团、巴哈马中国友好协会代表团、巴民族歌舞团等文化团组曾访华。中国杂技团、中国河北省杂技团、中国人民对外友好协会代表团、中国扬州木偶团、中国山东杂技团等代表团、天津华夏未来少儿艺术团和河南少林武僧团及杂技团等曾访巴。巴哈马学院设有孔子学院。2014年5月，中方眼科专家赴巴开展白内障手术“光明行”活动。

2005年2月，中国将巴哈马列为中国公民出境旅游目的地国。2006年3月，中国公民赴巴旅游组团业务正式启动。2014年2月12日，《中华人民共和国政府和巴哈马国政府关于互免签证的协定》正式生效实施。根据协定规定，中国公民凭有效的普通、公务普通、公务、外交护照均可免签入出境巴哈马，每次停留不超过30日。

两国间重要双边协议及文件有：

中华人民共和国和巴哈马国关于建立外交关系的联合公报（1997年5月21日），中巴两国政府关于巴哈马国在中华人民共和国香港特别行政区保留名誉领事馆的协定（1997年6月23日），中巴两国政府关于巴哈马国在中华人民共和国香港特别行政区设立总领事馆的换文（1999年1月15日），中巴两国政府海运协定（2003年4月10日），中华人民共和国政府和巴哈马国政府文化协定（2004年8月），中巴两国政府关于互免持外交护照人员签证的协定（2009年2月），中巴两国农业部关于农业合作的谅解备忘录（2009年2月），中巴两国政府关于促进与保护投资协定（2009年9月），中华人民共和国政府和巴哈马国政府关于互免签证的协定（2013年12月）。

中国驻巴哈马国大使馆大使：苑桂森（Yuan Guisen）。地址：3RD ORCHARD TERRACE, VILLAGE ROAD。信箱：P.O.BOX SS-6389, Nassau, The Bahamas。电话：001-242-3931415。传真：001-242-3930733。电子信箱：chinaemb_bs@mfa.gov.cn。

【同美国的关系】同美国保持传统友好关系。美是巴最大的经贸合作伙伴，为巴游客和消费品主要来源地。巴美在金融、反毒、反恐等方面合作密切，两国签有反毒、司法互助和税收情报交换协议等政府间协定。2013年5月，巴总理克里斯蒂在特立尼达和多巴哥参加美国副总统拜登集体会见加勒比共同体国家领导人。2014年2月，巴外长米切尔与到访的美国国务院负责打击国际毒品犯罪与执法事务的助理国务卿帮办阿雷加分别代表两国政府签署《巴哈马政府与美国政府关于反毒品与联合执法协定的第五条修正案》。2015年4月，巴总理克里斯蒂赴牙买加出席美国—加勒比共同体领导人峰会。

【同加勒比国家的关系】与加勒比国家关系密切。1983年7月加入加勒比共同体，积极参与加共体事务，推动加强地区安全合作，打击非法移民和毒品等，但未加入加共体单一市场与经济。2013年6月，加勒比国家增长论坛地区性研讨会在巴举行。2016年4月，第57届美洲国家开发银行理事会年会在巴举行。

【同英联邦国家的关系】与英国及英联邦国家保持密切的传统关系，英每年给巴一定的经济援助。2015年9月，巴总理克里斯蒂在牙买加参加英国首相卡梅伦集体会见加勒比共同体成员国领导人。

【同古巴的关系】巴积极发展与古巴的关系。2000年4月，双方互设外交机构。2003年两国私人货轮开通，结束了古巴长达40年的贸易禁运。2004年11月，古驻巴总领馆升格为大使馆。2005年，古向巴派出首任常驻大使。2011年10月，两国签订海洋边界协定。巴古每年贸易额约2000万美元。（王默）

巴 拉 圭

国名　巴拉圭共和国（Republic of Paraguay, República del Paraguay）。

面积　40.68万平方公里。

人口　655.3万（2014年）。95%为印欧混血种人，其余为印第安人和白种人。官方语言为西班牙语和瓜拉尼语。89.6%的居民信奉天主教。1.8%的居民是土著人。

首都　亚松森（Asunción），人口51.9万，夏季气温22℃—35℃，冬季气温12℃—22℃。

国家元首　奥拉西奥·曼努埃尔·卡特斯·哈拉（Horacio Manuel Cates Jara），2013年8月就职，任期至2018年8月。

重要节日　独立日：5月14日

简　况

南美洲内陆国家，与阿根廷、玻利维亚和巴西三国为邻。地处拉普拉塔平原北部，巴拉圭河从北向南把全国分成东、西两部分。东部为丘陵、沼泽和波状平原，全国90%以上的人口集中于此；西部为原始森林和草原。属亚热带气候，夏季平均气温27℃，冬季平均气温17℃。东部年平均降水量为1500毫米，西部为500毫米。

原为印第安瓜拉尼人居住地。1537年沦为西班牙殖民地。1811年5月14日宣告独立。1865年，洛佩斯政府为扩大地盘，进攻当时巴西的西南地区，巴西、阿根廷、乌拉圭三国联军对巴宣战。战争历时五年，巴拉圭战败，洛佩斯政府割地赔款，疆域缩小近一半，并失去出海口，成为内陆国家。19世纪70年代后，由红党与自由党轮流执政。1932年至1935年，巴同玻利维亚为争夺石油资源发生查科战争，双方签订和平协定，巴得到查科地区3/4的土地。1954年5月4日，军人斯特罗斯纳伙同红党右翼发动政变上台，实行军事独裁长达35年。1989年2月2日，巴第一军区司令罗德里格斯发动政变，推翻斯特罗斯纳独裁政权，并于同年5月举行了第一次民主选举，罗本人当选总统。在1993年总统选举中，红党候选人瓦斯莫西获胜，成立1954年后第一届民选文人政府。

政　治

2008年4月21日，反对党“争取变革全国联盟”候选人、前主教卢戈当选总统，结束了红党连续执政61年的历史。卢戈执政后，执政联盟内部松散，矛盾加剧，内阁成员更迭频繁。主要反对党红党不断积蓄力量，实力回升，依靠国会议席优势对政府形成牵制。2012年6月，巴北部发生警察与占地农民间的流血冲突，造成17人死亡。红党以卢戈处置不当为由，分别推动众议院和参议院以压倒性多数通过对卢戈的弹劾案。卢戈被迫宣布辞职，但表示弹劾程序不符合法律程序。副总统弗朗哥接任总统。2013年4月21日，巴举行总统大选。红党候选人奥拉西奥·卡特斯当选，并于8月15日就职。

【宪法】现行宪法于1992年6月20日颁布。宪法规定巴为代议制国家。总统由普选产生，任期五年，不得连任。设副总统一名，现任副总统胡安·埃乌德斯·阿法拉·马西埃尔（Juan Eudes Afara Maciel），红党，2013年8月15日就职，任期至2018年8月。

【议会】分为参、众两院，参议员45人，众议员80人，均由普选产生，任期五年。本届议会于2013年4月选举产生。各党派在议会所占席位如下：

	众议院	参议院
红党	44	19
真正激进自由党（蓝党）	27	13
公民道德全国联盟	2	1
全国聚会党	2	1
瓜苏阵线	1	5
其他	4	6
总计	80	45

参、众议长任期一年，每年改选。现任参议长布拉斯·安东尼奥·亚诺（Blas Antonio Llano）。现任众议长乌戈·贝拉斯克斯·莫莱诺（Hugo Velázquez Moreno）。

【政府】政府由总统府秘书处和11个部组成。主要成员有（2015年12月）：总统府秘书长胡安·洛佩斯（Juan López）、外交部长埃拉迪奥·洛伊萨加（Eladio Loizaga）、财政部长赫尔曼·罗哈斯（Germán Rojas）、国防部长迪奥赫雷斯·马丁内斯（Diogénes Martínez）、内政部长弗朗西斯科·德·巴尔加斯（Francisco De Vargas）、公共工程和通讯部长拉蒙·希门尼斯（Ramón Jiménez）、工业和贸易部长古斯塔沃·莱特（Gustavo Leite）、农牧业部长胡安·卡洛斯·巴鲁哈（Juan Carlos Baruja）、公共卫生和社会福利部长安东尼奥·巴里奥斯（Antonio Barrios）、教育与文化部长玛尔塔·拉富恩特（Marta Lafuente，女）、司法和劳动部长卡尔拉·阿德里阿娜·巴希卡鲁波（Carla Adriana Bacigalupo，女）和妇女部长安娜·玛丽亚·巴伊阿尔迪（Ana María Baiardi，女）。

【行政区划】全国划分为17个省和1个特别区（首都亚松森）。

【司法机构】根据宪法，国家设司法委员会，由八人组成。最高法院由九名大法官组成，大法官由司法委员会提名并经政府同意后，由参议院任命。现任最高法院院长安东尼奥·弗雷特斯（Antonio Fretes）。

【政党】传统政党六个，主要有：

（1）红党（Partido Colorado）：又名全国共和联盟（ANR，Asociación Nacional Republicana）或国家共和党。巴第一大党，执政党。现有党员约199万。1887年9月11日成立，历史上多数时期为执政党。主要代表大地主、大牧场主和大资产阶级利益。对内注重发展民族经济和打击腐败，对外致力于加强南共市和地区一体化建设。现任主席莉莲·萨马涅戈（Lilian Samaniego，女）。

（2）真正激进自由党（PLRA，Partido Liberal Radical Auténtico）：又称蓝党。最大在野党。有近100万名党员。1977年从激进自由党分裂出来。1989年2月获合法地位。在工人、农民和知识界有一定影响。对内主张实行土改、发展民族经济，要求实行民主开放和国家的全面改造；对外主张维护民族独立、反对外来干涉，同世界各国发展友好关系。现任主席为布拉斯·安东尼奥·利亚诺·拉莫斯（Blas Antonio Llano Ramos）。

（3）亲爱祖国党（PQ，Patria Querida）：在野党。前身为亲爱祖国运动（Movimiento Patria Querida），2000年成立，2003年9月更为现名。主张推进全面变革，认为严惩腐败是首要任务。现任主席为罗伯托·坎波斯·奥尔蒂斯（Roberto Campos Ortíz）。

（4）公民道德全国联盟（UNACE，Unión Nacional de Ciudadanos Éticos）：在野党。2002年3月成立，由从红党分裂出来的红色道德全国团结派组成，自称有31万党员。现任主席为卡梅洛·贝尼特斯·坎特罗（Carmelo Benitez Cantero）。

（5）国家团结党（PPS，Partido País Solidario）：在野党。2001年由前全国聚会党领导人之一卡洛斯·阿尔韦托·费利佐拉·帕利亚雷斯（Carlos Alberto Filizzol Pallares）创立并任主席。党员人数约2.5万。

（6）全国聚会党（PEN，Partido Encuentro Nacional）：在野党。1993年5月成立。党员约18万人。主要由独立派人士组成。政治上主张多元化，改变传统政党长期执政局面；经济上主张改革，实现社会财富公平分配。现任主席为埃米利奥·卡马乔·帕雷德斯（Emilio Camacho Paredes）。

经　济

国民经济以农牧业为主，工业基础薄弱，是拉美最落后的国家之一。经济活动主要集中在首都亚松森和东方市，经济受气候及国际初级产品价格影响。

20世纪70年代初至80年代中期，随着伊泰普水电站的兴建，巴年均经济增长率达9%。80年代末期，经济陷入停滞。90年代后，巴实行新自由主义经济政策，积极扩大对外贸易和引进外资，但未能改变经济增长缓慢的局面。1996年起经济连续七年负增长，2002年经济总量和人均国民收入达近20年来最低。2003年后，受地区经济好转及国际农产品市场价格变动等影响，经济出现恢复性增长，出口、投资和消费逐渐转旺。

2008年，受国际经济金融危机影响，巴经济增长大幅回落，财政赤字和贸易逆差扩大，外汇储备和投资减少。2009年下半年以来，随着国内旱情缓解和国际农产品需求上涨，巴经济形势逐渐企稳回升。2013年，在国内农产品丰收及出口增长的带动下，巴经济出现强劲反弹，全年增长达14.4%，居拉美首位。2014年经济增长率为4.8%。

2014年主要经济数字：

国内生产总值：308.88亿美元。
人均国内生产总值：4400美元。
国内生产总值增长率：4.8%。
货币名称：瓜拉尼（Guaraní）。
通货膨胀率：5.03%。
汇率：1美元≈5000瓜拉尼（2016年1月）。
失业率：6.3%（2015年6月）。

【资源】盐矿和石灰石储量较大，还有少量铁、铜、锰、铁钒土、云母、铌、天然气、铝矾土等。水力资源丰富。出产珍贵的硬质木材。

【工业】工业基础薄弱，以轻工业和农牧产品加工业为主，主要产品有肉类罐头、面粉、饮料、烟草、柴油和石脑油等。

【农牧业】农业是国民经济的主要支柱，2012年农产品出口占出口总额的53.2%。2012年全国农牧业用地面积3108.69万公顷，其中农作物种植总面积336.52万公顷，农场28.97万个。主要农产品有大豆、棉花、烟草、小麦和玉米等。近年主要农产品产量如下（单位：万吨）：

	2009	2010	2011	2012
大豆	385.5	746	831	435
稻米	21.5	31.5	40.8	39.6
甘蔗	480.0	513.1	533.9	418.6
葵花籽	19.4	26.2	10.9	7.9
玉米	185.8	334.6	307.9	307.9
木薯	262.1	262.4	245.4	168.6

花生	2.3	2.66	2.4	1.2
烟草	0.6	0.634	0.644	0.483
小麦	106.7	140.2	146.4	156.1

（资料来源：巴拉圭统计局、中央银行、巴拉圭农牧业部）

畜牧业在经济中占有重要地位。近年来国际市场对肉类需求增加，巴肉类出口大幅上升。2011年9月和2012年1月，巴国内两次暴发口蹄疫，肉类生产和出口受到严重影响。2012年，猪存栏数154万头，牛存栏数1329万头，禽类1501万只。

【林业】2011年，森林覆盖面积为1724.56万公顷，森林覆盖率为42.4%。70%的森林资源集中在格兰查科地区。

【能源】石油及其衍生品全部依赖进口。近年，在靠近玻利维亚边界的查科地区发现储量丰富的天然气。水力资源丰富，蕴藏量约为56000兆瓦。与巴西共同建设伊泰普水电站，装机容量1400万千瓦。与阿根廷共同建设亚西雷塔—阿皮培水电站，装机总量300万千瓦。

2008—2012年巴拉圭发电量统计表（单位：亿千瓦时）

	2009	2010	2011	2012
发电量	1012.05	1068.88	1116.15	1223.38

（资料来源：巴拉圭统计局）

【旅游业】旅游业是外汇收入主要来源之一。近年来，受地区经济动荡等影响，旅游业发展面临挑战增多。2012年，接待外国游客57.94万人，比上年增长10.62%。旅游业总收入2.64亿美元。游客主要来自阿根廷、巴西、乌拉圭和玻利维亚。

【交通运输】铁路：总长1147公里。原由英国资本控制，1961年收归国有。共有12条线路，其中中央铁路长441公里，连接首都和阿根廷边境城市安卡尔纳森。所有铁路均处于闲置状态。

公路：总长1.23万公里，其中柏油路7460公里，石板路1300公里，碎石路1000公里。

水运：全国共有七个港口，主要港口是亚松森。国家商船队主要承担巴至阿根廷和乌拉圭的短途河运。巴拉圭海外船运公司有班轮通往美国和欧洲一些主要港口。2012年，内河水路总长3100公里。

空运：2012年，具有正规跑道的机场15个（无正规跑道的785个），其中两个为国际机场，分别位于亚松森和东方市。巴拉圭航空公司（LAPSA）原为国营，1994年政府出售其80%股份。有定期航班通往阿根廷、乌拉圭、巴西、玻利维亚、比利时和美国。

【财政金融】2014年底，外汇储备为69.87亿美元，外债余额为134.3亿美元。

【对外贸易】2014年，对外贸易总额269.56亿美元，其中出口140.05亿美元，进口129.51亿美元，同比分别增长48.77%、99.25%和16.78%。主要贸易对象国为巴西、乌拉圭、智利、阿根廷、美国、日本、荷兰和意大利等。主要出口产品为粮食、植物油和肉类等。近年来对外贸易情况如下：

2011—2014年对外贸易统计表（单位：亿美元）

	2011	2012	2013	2014
出口额	77.66	72.84	70.29	140.05
进口额	115.49	107.56	110.9	129.51
差额	−37.83	−34.72	−40.61	10.54

（资料来源：巴拉圭中央银行）

2012—2015年主要产品出口额统计表（单位：百万美元）

	2012	2013	2014	2015
大豆	2270.18	3185.20	2315.20	1898.10
谷物	1158.10	890.10	619.20	799.20
肉制品	795.59	1061.50	1372.50	1185.70
木材	88.21	48.20	42.20	799.20

（资料来源：巴拉圭海关）

2009—2012年进口分类统计（单位：亿美元）

	2009	2010	2011	2012
消费品	21.72	30.75	36.34	34.04
资本货	23.52	37.90	44.14	36.83
中间产品	19.73	25.35	34.55	36.70

（资料来源：巴拉圭统计局）

【外国资本】巴拉圭政府积极引进外资。1991年制定《国内外投资法》，对外资实行特别优惠政策，规定五年内免缴95%的赢利税。外资主要来源于美国、巴西、阿根廷，投资集中在食品、加工、纺织和化工行业。近年来，由于巴政局持续动荡，投资环境不佳，外资净流入额明显下降。

人民生活

社会两极分化较严重。贫困人口占人口总数的22.6%（2014年）。土地高度集中，不到1%的人占有全国75%以上的土地。基尼系数为0.557（2012年）。2013年，巴平均预期寿命为73岁，男女分别为70.70岁和74.92岁。2012年，每百户家庭拥有冰箱83.3台，电视机89.4台，洗衣机69.5台，空调30.3台，汽车27.5辆，固定电话19.4部，移动电话92.2部，29.5%的家庭拥有电脑，25.1%的家庭使用互联网。2012年人口增长率1.69%，人口密度16.4人/平方公里。其中城市人口393.29万人，农村人口273.97万人。每千人拥有1.13名医生和1.2张病床。

军　事

宪法规定，总统为武装部队总司令。国防委员会是最高军事决策机构，由总统、全体内阁部长、武装力量参谋长和陆、海、空三军司令组成，总统任主席，国防部长任副主席。国防部为最高军事行政机关。此外，还设有武装部队资格评判特别委员会，由总司令，武装部队司令，总参谋长，陆、海、空三军司令和后勤部队司令组成，总司令任该委员会主席，主要职能是决定军官晋升和退役。实行义务兵役制，服役期陆军和空军为一年半，海军两年。现任陆军司令阿达尔韦托·拉蒙·加尔塞特·马丁内斯中将（Adalberto Ramón Garcete Martinez），海军司令胡安·卡洛斯·贝尼特斯·弗洛姆赫斯少将（Juan Carlos Benítez Fromherz），空军司令米格尔·克里斯特·雅各布斯少将（Miguel Christ Jacobs）。

2012年，巴全国总兵力约1.7万人。

文化教育

【教育】实行九年义务教育制。全国有两所公立大学：亚松森国立大学和天主教大学，另有10所私立大学。宪法规定教育预算应占总预算的20%以上。政府自1990年起执行全国教育发展计划，开展扫盲运动。2012年，巴15岁以上文盲率为4.7%，其中城市3.2%，农村7.2%，女性5.6%，男性3.8%。巴公共教育投资占国民生产总值的4.1%。2011年各级教育情况如下：

	学校（所）	在校生（人）	教师（人）
小学	8231	116.3万	6.4万
中学	2418	22.91万	2.4万
技校	434	4.2万	3.6万
国立大学	2	6.35万	1.0万

【新闻出版】主要报纸有:《彩色ABC》，日发行量7.5万份;《今日报》，日发行量4万份;《论坛报》，日发行量3万份;《最新时刻报》，日发行量4.5万份。

全国广播电台为国家电台，另有11个私营商业电台和五家电视台。

对外关系

实行对外开放和多元化外交政策，愿同世界所有国家发展友好合作关系。主张维护国家主权、人民自决、不干涉别国内政、反对在国际关系中使用武力或以武力相威胁等原则，主张通过谈判解决国际争端。重视与拉美国家、特别是南方共同市场其他成员国的关系，努力参与地区事务和一体化进程。积极发展同美国、西欧国家关系。

是联合国、77国集团、世界贸易组织、世界卫生组织、美洲国家组织、拉美经济体系、拉美一体化协会、拉美和加勒比共同体、南方共同市场、安第斯共同体（联系国）等国际和地区组织的成员。

2012年6月卢戈总统遭到弹劾并宣布辞职后，多数拉美国家及主要地区组织均对巴国会弹劾程序提出质疑，南共市宣布中止巴成员国资格，阿根廷、委内瑞拉、厄瓜多尔、玻利维亚及美洲玻利瓦尔联盟等谴责巴反对党行为是“政变”。卡特斯当选总统后，积极开展周边外交，先后访问阿根廷、巴西、乌拉圭、智利等国并出席南美国家联盟首脑峰会等国际会议，南美国家联盟和南共市已分别宣布恢复巴成员国资格。

【同中国的关系】中巴无外交关系。巴于1957年同台湾当局“建交”。台在巴首都设有“大使馆”，在巴第二大城市东方市设有“总领馆”。据中国海关总署统计，2014年中国同巴拉圭贸易额为14.5亿美元，其中中方出口14亿美元，进口0.5亿美元，同比分别增长2.1%、2.9%和–16%。

【同美国的关系】重视与美关系，在打击国际犯罪、缉毒合作、反恐问题上与美积极配合，但在出兵伊拉克、向古巴派遣人权观察员及建立美洲自由贸易区等问题上未给予美支持。2005年8月，美国防部长拉姆斯菲尔德访巴，双方就建立“美巴战略关系”达成共识。2006年5月，巴副总统卡斯蒂略尼访美。2008年10月，卢戈总统访问美国。2009年12月和2010年11月，美国总统奥巴马特使、国务院西半球事务助理国务卿巴伦苏埃拉两度访巴。

【同巴西的关系】同巴西保持传统友好关系。巴西在政治、经济、文化等方面对巴拉圭有较大影响，是巴拉圭在南方共同市场最重要的贸易伙伴，两国签订有多项双边合作协定。2008年9月和2010年5月，卢戈总统两次访问巴西。2011年6月，巴西总统罗塞芙访问巴拉圭并出席第41届南共市首脑会议。2013年9月，卡特斯总统访问巴西。

【同阿根廷的关系】同阿根廷长期保持睦邻关系。双方经贸关系密切，在水电合作上成果显著。2010年5月，卢戈总统赴阿根廷卡达莱斯出席南美国家联盟特别首脑会议。8月，阿外长蒂梅尔曼对巴进行工作访问。2013年9月，卡特斯总统访问阿根廷。

【同其他拉美国家的关系】同拉美各国关系稳步发展，高层交往频繁。2013年8月，卡特斯总统出席在苏里南举行的第七届南美国家联盟首脑峰会。2014年7月，卡特斯总统出席在委内瑞拉举行的南共市第46届峰会。

【同日本的关系】与日本保持密切的经济合作关系。日本是巴最大援助国。在巴有日侨约7000人。2010年1月，巴外长拉科戈纳塔赴日本东京出席第四届东亚—拉美论坛外长会议并访问日本。2011年3月日本东北部发生特大地震灾害后，巴政府向日提供援助。6月，日本外相松本刚明访巴，双方签署《粮食安全合作协议》。8月，日本向巴提供1900万美元援助，用于为偏远地区修建饮用水等公共设施。2014年6月，巴总统卡特斯访问日本，与日本首相安倍进行会谈并达成援助协议。

（黄凌飞）

巴拿马

国名 巴拿马共和国（The Republic of Panama, la República de Panamá）。

面积 7.55万平方公里。

人口 365.7万（2015年）。印欧混血种人占75%，印第安人12.5%，黑人9.2%，另有少量白人和亚洲人。西班牙语为官方语言。85%的居民信奉天主教，4.7%信奉基督教新教，4.5%信奉伊斯兰教。

首都 巴拿马城（Ciudad de Panamá），人口171万（2010年）。雨季（5—12月）气温为23°C —32°C，旱季（1—4月）气温为21°C —31°C。

国家元首 总统胡安·卡洛斯·巴雷拉（Juan Carlos Varela），2014年7月1日就职，任期五年。

重要节日 独立日：11月3日。

简况

位于中美洲地峡。东连哥伦比亚，南濒太平洋，西接哥斯达黎加，北临加勒比海。连接中美洲和南美洲，巴拿马运河从北至南沟通大西洋和太平洋。海岸线全长2988公里。

原为印第安人居住地。1501年沦为西班牙殖民地。1821年加入大哥伦比亚共和国。1903年在美国支持下脱离哥伦比亚独立。同年巴美签订《运河条约》，美取得修建和经营运河的永久垄断权和运河区的永久占领使用权。1977年9月，巴美签署新的运河条约（又称“托里霍斯—卡特条约”），有效期到1999年12月31日。新条约规定，巴拿马运河由两国官员组成的运河管理委员会管理，期满后由巴拿马承担运河的管理和防务。1999年12月31日，巴拿马收回运河主权。

政治

2014年5月4日，巴拿马主义党候选人巴雷拉当选总统，并于7月1日就职。

【宪法】现行宪法于1972年生效，历经1978年、1983年、1994年和2004年四次修改。规定国家三权分治，总统为国家元首，通过直接选举产生，任期五年，不得连任，但可隔届竞选。1994年，巴议会通过宪法修正案，取消军队，建立警察部队。2004年，再次修宪将国民议会更名为“国民大会”，并取消一个副总统职位。

【议会】国民大会为一院制，行使立法权。由72名议员组成，通过直选产生，任期五年。本届议会于2014年7月1日组成，各党派所占席位如下：民主革命党27席，民主变革党24席，巴拿马主义党（执政联盟成员）16席，人民党（执政联盟成员）1席，民族主义共和自由运动党3席，无党派人士1席。国会主席：鲁文·德莱昂·桑切斯（Rubén de León Sánchez，民主革命党），2015年7月1日当选，任期一年。

【政府】本届政府于2014年7月1日组成，主要成员有：副总统兼外交部长伊莎贝尔·圣马洛（Isabel Saint Malo，女），总统府部长阿尔瓦罗·阿莱曼·埃亚利（Álvaro Alemán Healy），内政部长米尔顿·戈恩－恩里克斯（Milton Cohen-Henríquez），公共安全部长鲁道夫·阿吉莱拉·弗兰切斯基（Rodolfo Aguilera Franceschi），经济财政部长杜尔西迪奥·德拉瓜尔迪亚（Dulcidio De La Guardia），工商部长梅利顿·阿罗查·鲁伊斯（Melitón Arrocha Ruiz），农牧业发展部长豪尔赫·阿朗戈·阿里亚斯（Jorge Arango Arias），卫生部长哈维尔·特连特斯（Javier Terrientes），住房部长马里奥·埃切莱库·阿尔瓦雷斯（Mario Etchelecu Álvarez），劳工部长路易斯·埃内斯托·卡莱斯·鲁迪（Luis Ernesto Carles Rudy），社会发展部长阿尔西维亚德斯·巴斯克斯（Alcibiades Vásquez），教育部长马塞拉·帕雷德斯（女，Marcela Paredes），公共工程部长拉蒙·阿罗塞梅纳（Ramón Arosemena），运河部长罗伯特·罗伊·科雷亚（Roberto Roy Correa），旅游部长赫苏斯·谢拉（Jesús Sierra）。

【行政区划】全国划为九个省和五个原著居民区，省下设县（市），县（市）下设区。

【司法机构】司法权由高等法院和国家总检察院行使。高等法院设9名法官，由政府任命，国会批准，任期10年。高等法院院长何塞·阿尤·普拉多（José Ayu Prado）。国家总检察长肯娜·伊索尔德·波塞尔（Kenya Isolde Porcell，女）。

【政党】执政联盟包括：

（1）巴拿马主义党（Partido Panameñista）：巴第三大党。原称阿努尔福党（Partido Arnulfista）。1988年8月从真正巴拿马主义党中分裂出来，1991年10月正式成立。2005年1月改为现名。现有党员23.6万人。2009年1月加入马丁内利领导的“变革联盟”参加大选。2011年8月，与执政党民主变革党同盟关系破裂。主席为现任总统胡安·卡洛斯·巴雷拉（Juan Carlos Varela），总书记阿尔西维亚德斯·巴斯克斯·贝拉斯克斯（Alcibíades Vásquez Velásquez）。

（2）人民党（Partido Popular）：2001年7月由基督教民主党更名为人民党。现有党员2.4万人，成员多为大学生、知识分子、专业人员。主席米尔顿·戈恩－恩里克斯（Milton Cohen-Henríquez），总书记何塞·拉莫斯·雷耶斯（José Ramos Reyes）。

主要反对党包括：

（1）民主变革党（Partido Cambio Democrático）：1998年5月成立。2011年3月原爱国联盟党并入该党。现有党员38.3万人。主席里卡多·马丁内利·贝罗卡尔（Ricardo Martinelli Berrocal），总书记罗慕洛·罗斯（Rómulo Roux）。

（2）民主革命党（Partido Revolucionario Democrático）：1978年由托里霍斯将军倡议筹建，1979年3月11日成立。现有党员44.1万人。主席贝尼西奥·埃纳西奥·鲁宾逊(Benicio Enacio Robinson)。

（3）民族主义共和自由运动（Movimiento Liberal Republicano Nacionalista）：1982年8月成立，现有党员10.6万人。该党强调实行代议制民主的廉洁政治，对外主张与美国、欧盟、拉美地区国家平等合作。主席塞尔希奥·冈萨雷斯·鲁伊斯（Sergio González Ruiz）。

【重要人物】胡安·卡洛斯·巴雷拉：总统。1963年12月12日生于巴拿马城。美国乔治亚州立理工学院毕业，工程师。系巴知名企业家，拥有家族制酒业“巴雷拉兄弟”和数家无线电台等产业。在1994年和1999年两次大选中担任巴拿马主义党竞选活动负责人。2009年作为该党候选人同马丁内利组成联盟搭档竞选，胜出后任副总统兼外长。2011年，因政见不和，被免去外长职位。2014年5月作为巴拿马主义党候选人参加大选获胜，7月1日就职。

经　济

运河航运、金融服务、科隆自贸区和旅游业是巴经济的四大支柱。服务业收入在国民经济中占有重要地位。近年来，巴经济保持较快增长。

2014年巴主要经济数据：

国内生产总值：462.13亿美元。

人均国内生产总值：13000美元。

国内生产总值增长率：6.2%。

货币名称：在巴流通美元，另发行巴波亚（Balboa）作为辅币。

汇率：与美元等值。

通货膨胀率：2.6%。

失业率：4.8%。

（资料来源：巴经济财政部）

【资源】全国70%以上的土地被热带森林所覆盖，林业资源丰富，主要有红木、雪松、棕榈树、橡胶树等。矿产有金、银、铁、铜、钼、铝矾土、盐、汞、硫磺和煤等。

【工业】工业基础薄弱，以食品加工业和轻工业为主，无重工业。2014年制造业、建筑业、采矿业、水电和天然气供应分别增长了0.2%、14.9%、12.5%和5.6%。

【农业】耕地面积占全国土地面积的22.6%。全国20%以上的劳动人口从事农牧渔业。水稻、玉米、豆类为主要农作物，香蕉、甘蔗、菠萝、香瓜、西瓜和咖啡为主要经济作物。2014年农牧渔业产值同比减少0.2%。

【旅游业】巴有六处景点被联合国教科文组织列为“人类自然遗产”。著名旅游区有巴拿马运河、孔塔多拉旅游区、桑普拉斯群岛、牛口群岛和雷岛等。2014年巴拿马共有宾馆客房10334间，入住率为56.1%。接待游客666.8万人，旅游业收入34.68亿美元，同比分别增长7.5%和4.6%。

（资料来源：巴经济财政部）

【交通运输】国内交通以公路为主。

公路：2011年巴公路总长为15327公里。

铁路：巴铁路网全长355公里，连接巴拿马城和科隆市的巴拿马－科隆铁路是主要客、货运线路，2008年被私营公司收购。总投资18.8亿美元、全长13.7公里的巴拿马城地铁一号线于2014年4月投入运营。

水运：巴是海运大国。巴拿马运河连通大西洋和太平洋，全世界约3%的贸易航运经由巴拿马运河。曼萨尼略港，香港和记黄埔巴拿马港口公司经营的克里斯托瓦尔港、巴波亚港，台湾长荣公司经营的科隆集装箱码头是最主要的四个港口。2014年巴各港口吞吐货物8250万公吨，同比增长5.5%；集装箱吞吐量677.4万标箱，同比下降3.2%。

空运：巴是拉美空运中心之一，全国有近250个机场和停机坪。托库门国际机场（原名奥马尔·托里霍斯机场）是巴最大的国际机场，位于巴拿马城以东11公里处，接待能力1000万人次／年。2014年托库门机场共接待旅客720万人，同比增长8.9%。

（资料来源：巴经济财政部）

【财政金融】巴是拉美地区最重要的金融中心，巴拿马城国际银行中心（CBI）现有银行93家。2014年巴共吸引外国直接投资47.19亿美元，外债182.6亿美元。近年巴中央政府财政收支状况情况如下（单位：百万美元）：

	2012	2013	2014
收入	6490.1	6916.8	6979.5
支出	7775.5	8705.6	9132
差额	−1285.5	−1788.8	−2152.5

（资料来源：巴总审计署）

【对外贸易】商品贸易历年均有巨额逆差。2014年巴进出口总额145.28亿美元，出口8.18亿美元，进口137.1亿美元，同比分别增长4.7%、−3%、5.2%。主要出口产品为金枪鱼、虾、鱼粉、咖啡、香蕉等，主要出口对象为美国、瑞典、西班牙、哥斯达黎加等。主要进口石油产品、药品和食品等，进口主要来自美国、科隆自由贸易区、日本、哥斯达黎加等地。

科隆自由贸易区位于巴拿马运河大西洋入海口

处，建于1948年，是仅次于香港的世界第二大自由贸易港。2014年科隆自贸区贸易总额222.2亿美元，其中进口106.9亿美元，出口115.3亿美元，同比分别下降12.8%、11.3%和15%。

人民生活

根据巴2010年人口普查结果，全国人口密度为45.9人/平方千米，平均寿命77.79岁。2012年全国人口出生率19.9‰，死亡率4.6‰，婴儿死亡率14.3‰。至2014年8月全国共有劳动人口178.13万，其中就业人口169.5万。2014年人均年纯收入12335美元。2012年全国共有61家医院、800家医疗中心，床位8774张。

（资料来源：巴总审计署）

军　事

1989年美军入侵巴拿马，逮捕原国防军司令诺列加。1990年，巴决定解散国防军，建立由政府直接领导的警察部队，负责维护国家治安和防务。1994年巴通过宪法修正案，取消军队。2011年国家警察力量20000人。

文化教育

【教育】根据巴2010年人口普查结果，巴文盲率5.5%。自1995年起实行11年义务教育，包括学前教育、6年小学和3年初中。著名高等学府有巴拿马大学、技术大学、圣玛丽亚大学和地峡大学。

【新闻出版】全国有八份西班牙文报纸：《巴拿马美洲报》、《自由论坛报》、《每日报》、《新闻报》、《我的日报》、《世纪报》、《巴拿马明星报》、《资本和金融》。此外，还有三份中文日报：《拉美快报》、《拉美侨声》、《新报》。

巴有电台273家，大部分为商业台。无线电视频道10个，有线电视频道2个。私人互联网服务供应商10家，用户约30万人。

对外关系

奉行中立、不结盟的外交政策。主张和平共处、尊重人权和可持续发展，支持通过联合国和多边主义化解国际和地区冲突。现阶段对外政策的基本目标是：维护国家的主权和独立，维护民主；保持运河的中立性；开展有利于国家发展的国际合作，重视与美国、欧盟、日本、俄罗斯、印度等国发展关系；广泛吸引外资，通过商签自由贸易协定扩大出口。

同132个国家（不包括中国台湾地区）保持外交关系。是联合国、世贸组织、国际货币基金组织、世界银行、世界卫生组织、77国集团、不结盟运动、拉美和加勒比国家共同体、美洲国家组织、中美洲一体化体系等国际和地区组织成员国，中美洲共同市场准成员国，也是拉美“太平洋联盟”候选成员国和跨太平洋战略经济伙伴关系协定（TPP）观察员。2015年4月，主办第七届美洲峰会。

【同中国的关系】中国和巴拿马无外交关系。1973年5月新华社在巴拿马设立分社。1987年12月中国银行在巴拿马城设立分理处，1994年8月升格为中国银行巴拿马分行。1995年9月，中巴两国政府签署《中华人民共和国政府和巴拿马共和国政府关于互设民间商务代表处的协议》。1996年3月和8月，双方分别在对方首都设商代处。

近年中巴交往主要有：全国人大常委会副委员长向巴平措赴巴出席拉美议会第29届年会暨议会大楼竣工典礼（2013年10月），全国人大环境与资源保护委员会副主任委员龚建民赴巴出席拉美议会第30届年会和该议会成立50周年活动（2014年12月），全国人大外委会副主任委员田修思赴巴出席拉美议会第31届年会（2015年11月），巴副外长因卡别来华出席中拉论坛首届部长级会议（2015年1月），巴拿马城市长布朗敦访华（2015年3月），巴海事部长巴卡拉访华（2015年3月），巴运河事务部长罗伊访华（2015年4月）。

巴现为中国在拉美第八大贸易伙伴。据中国海关统计，2014年中巴贸易额94.34亿美元，其中中方出口93.07亿美元，进口1.27万美元，同比分别增长–14.52%、–15.34%和190.09%。70余家中国企业参加巴拿马第32届国际贸易博览会。

中国巴拿马贸易发展办事处代表：王卫华。地　址：Torre Global Bank, P.22，Calle 50，Ciudad de Panamá。电话：00507–2654058/61/62，传真：2654051。

巴拿马中国贸易发展办事处代表：林锦珍（Any Lam Chong Leon，女）。地址：北京市朝阳区塔园外交公寓6号楼1单元11号，电话：0086–10–65325981，传真：65326822。

巴于1922年1月5日与“中华民国”建立“外交关系”，互设“大使馆”。1974年台在科隆设“领事馆”，2009年8月关闭。台“中央社”在巴设有分社。巴台间签有农业技术合作、渔业技术合作、投资及待遇保护、空中运输、贸易、文化、观光合作、新闻合作、派遣志工等协定。台曾向巴派驻农技团，传授农产品种植、水产捕捞和养殖技术。

近年巴台交往主要有：马英九赴巴出席巴雷拉总统就职仪式（2014年7月），巴副外长因卡别、教育部副部长斯达夫访台（2014年11月），巴内政部长恩里克斯访台（2015年3月），工商部副部长冈萨雷斯率团参加台湾国际食品展（2015年6月）。

据台方统计，2014年台巴贸易额为2.65亿美元，其中台出口2.28亿美元，进口0.37亿美元，同比分别增长21%、27.4%和–7.5%。

【同美国的关系】巴于20世纪初在美国支持下脱离大哥伦比亚并出让运河开凿权。此后巴对美形成了既有矛盾又严重依赖的复杂关系。60年代之前巴美关系以合作为主，60年代末到80年代末，在以托里霍斯将军为代表的军人主政期间，巴民族主义有所发展，巴美关系相对紧张。1977年经过长期艰苦谈判，巴美签署新的运河条约即托里霍斯–卡特条约。1989年美以缉毒为借口军事入侵巴拿马，逮捕原国防军总司令诺列加总统并将其押到美国审判和服刑，同时扶持恩达拉执政。1994年6月3日起，美逐步撤离驻巴美军。1997年2月，巴美签署“全天候开放”航空协定，成为拉美第一个同美达成此类协议的国家。“9·11”事件后，巴积极配合美反恐战略，与美签署“反毒品合作”、“保护运河安全”和“加强巴拿马与哥伦比亚边境安全”等多项协议。2007年，巴美签署自贸协定。

2014年，双方继续加强在反毒、反洗钱、打击有组织犯罪方面的合作。美国务卿克里出席巴雷拉总统就职仪式，巴副总统兼外长伊萨贝尔访美。2015年，奥巴马总统赴巴出席第七届美洲峰会并会见巴雷拉总统。

【同欧洲国家的关系】欧盟是巴资金和技术的主要来源地。巴政府重视加强同欧盟国家传统友谊。2014年，巴雷拉总统上任伊始即出访梵蒂冈和西班牙。2015年，巴雷拉总统赴瑞士达沃斯出席世界经济论坛年会。巴拿马与俄罗斯签署引渡协议。

【同拉丁美洲国家的关系】1989年12月美国入侵巴拿马后，大多数拉美国家宣布不承认恩达拉政府。1990年里约集团取消巴成员国资格。巴举行民主选举后，里约集团于1994年8月重新接纳其为成员国。

2014年，巴在巩固发展与周边国家关系同时，积极参与地区事务，恢复与委内瑞拉外交关系，与哥伦比亚解决拟将巴列入“避税天堂黑名单”之争，并顺利通过与墨西哥的自贸协定。2015年，巴雷拉总统访问古巴，巴拿马同域内国家关系继续改善。

【同亚洲国家的关系】近年来，巴与亚洲国家交往逐渐增多。日本、韩国向巴提供多项经济和技术援助。2014年，巴拿马与以色列实现高层互访，巴雷拉总统在第69届联大期间会见日本首相安倍晋三。2015年，巴拿马与以色列完成自贸协定谈判，与阿联酋签署通航协议，并与沙特、土库曼斯坦建交。

【巴拿马运河和运河扩建计划】巴拿马运河位于巴拿马中部的蜂腰地带，是一条联通太平洋和大西洋的著名国际航道。运河全长81.3千米，宽152—304米，深13.5—26.5米。运河两端各有一套三级双向船闸。船只通过（自第一道船闸算起）一般需8—10小时，长度、船腹、吃水线、重量等方面的限制分别为965英尺、106英尺、39.5英尺、6.5万吨级以下。运河对所有国籍船只实行全天候无歧视开放。现每天通航能力为38艘。2015年，运河货物通行量3.4亿吨，过河费及相关收入26.1亿美元，同比分别增长4.3%和8%。

美国原在运河区设有南方司令部。根据1979年生效的托里霍斯—卡特条约，美国在2000年以前关闭在运河两岸的14个军事基地，运河主权及管理权归还巴拿马。1999年11月30日，美将在巴的最后一个军事基地“克莱顿堡基地”移交巴政府，结束了美在巴的军事存在。12月14日，巴举行运河移交典礼，31日，运河正式归还巴拿马。

1997年6月11日，巴总统佩雷斯正式批准《巴拿马运河管理局法》。巴运河管理局于1999年12月31日起取代由美巴双方共同组成的运河委员会行使管理运河的职权。

针对全球贸易不断增长，国际海运大型船舶越来越多的形势，巴政府决定拓宽运河。2006年4月，托里霍斯总统正式公布运河扩建计划，主要包括修建第三套大型船闸等工程，使超巴拿马型船舶能顺利通过运河。整个工程预计耗资52.5亿美元，建设工期7至8年，建成后将使运河通行能力由每年3.3亿吨增至6亿吨。工程融资将通过提高船舶过河费和国际融资解决。10月，运河扩建项目获巴全民公决通过。2007年9月，运河扩建工程启动。2016年初，巴运河管理局宣布，由于部分工程进展较慢，竣工时间可能较此前预计的2016年4月稍有推迟。（管亚培）

巴 西

国名 巴西联邦共和国（The Federative Republic of Brazil，República Federativa do Brasil）。

面积 851.49万平方公里。

人口 2.028亿（2013年），白种人占53.74%，黑白混血种人占38.45%，黑种人占6.21%，黄种人和印第安人等占1.6%。官方语言为葡萄牙语。64.6%的居民信奉天主教，22.2%的居民信奉基督教福音教派。

首都 巴西利亚（Brasília），人口279万（2013年），年平均气温21℃。

国家元首 总统迪尔玛·罗塞夫（Dilma Rousseff，女），2011年1月1日就任，2014年10月赢得连任，2015年1月1日就职，任期至2019年1月1日。

重要节日 独立纪念日（即巴西国庆日）：9月7日。

简 况 位于南美洲东部。北邻法属圭亚那、苏里南、圭亚那、委内瑞拉和哥伦比亚，西接秘鲁、玻利维亚，南接巴拉圭、阿根廷和乌拉圭，东濒大西洋。海岸线长约7400公里。国土的80%位于热带地区，最南端属亚热带气候。北部亚马孙平原属赤道热带雨林气候，年平均气温27℃—29℃。中部高原属热带草原气候，分旱、雨两季，年平均气温18℃—28℃。南部地区年平均气温16℃—19℃。

1500年4月22日，葡萄牙航海家佩德罗·卡布拉尔抵达巴西。16世纪30年代葡派远征队在巴建立殖民地，1549年任命总督。1808年拿破仑入侵葡萄牙，葡王室迁往巴西。1821年葡王室迁回里斯本，王子佩德罗留巴任摄政王。1822年9月7日，佩德罗王子宣布独立，建立巴西帝国。1889年11月15日，丰塞卡将军发动政变，推翻帝制，成立巴西合众国。1964年3月31日，军人政变上台，实行独裁统治，1967年改国名为巴西联邦共和国。1985年1月，反对党在总统间接选举中获胜，结束军人执政。此后，代议制民主政体日益稳固。2002年10月，以劳工党为首的左翼政党联盟候选人卢拉赢得大选，成为巴西历史上首位直选左翼总统。2006年10月，卢拉连选连任。2010年10月，迪尔玛·罗塞夫作为劳工党候选人赢得大选，成为巴西历史上首位女总统，2016年8月31日，巴西参议院表决通过总统弹劾案，罗塞夫总统被罢免职务，代总统特梅尔转为总统。

政　治

2013年以来，多次发生抗议物价上涨、公共服务欠缺、腐败等问题的游行示威，但局势总体保持稳定。2014年6至7月，巴先后举办世界杯足球赛和金砖国家领导人第六次会晤。

【宪法】第一部宪法制定于1882年。1988年10月5日颁布巴西历史上第八部宪法，规定总统由直接选举产生，任期五年，取消总统直接颁布法令的权力。在公民权利方面，宪法保障人身自由，废除刑罚，取消新闻检查，规定罢工合法，16岁以上公民有选举权等。1994年和1997年议会分别通过宪法修正案，将总统任期缩短为四年，并允许总统和各州、市长连选连任一次。

【议会】国会是国家最高权力机构。主要职能是：制定一切联邦法律；确定和平时期武装力量编制及兵力；制定全国和地区性的发展计划；宣布大赦令；授权总统宣布战争或和平；批准总统和副总统出访；批准或撤销总统签署的临时性法令、联邦干预或戒严令；审查总统及政府行政开支；批准总统签署国际条约；决定临时迁都等。

国会由参、众两院组成。两院议长、副议长每两年改选一次，可连选连任。参议长兼任国会主席。参议员81人，每州三人，任期八年，每四年改选1/3或2/3。众议员513人，任期四年，名额按各州人口比例确定，但最多不得超过70名，最少不低于八名。现任参议长雷南·卡列罗斯（Renan Calheiros，民主运动党），2013年2月当选，2015年2月连任，众议长爱德华多·库尼亚（Eduardo Cunha，民主运动党），2015年2月当选，两人任期均至2017年2月。各主要政党席位如下：

	参议院	众议院
民主运动党 *	18	67
劳工党 *	13	59
社会民主党	11	53
工党 *	3	22
进步党 *	6	41
民主工党 *	6	17
民主党（原自由阵线党）	4	21
社会党	7	34
共产党 *	1	12

注：* 为执政联盟成员。

【政府】本届联邦政府于2015年1月1日成立，共设22个部。现内阁成员如下：

农牧业和供给部长卡蒂亚·阿布雷乌（Kátia Abreu，女），科技和创新部长塞尔索·潘塞拉（Celso Pansera），文化部长茹卡·费雷拉（Juca Ferreira），国防部长阿尔多·雷博洛（Aldo Rebelo），教育部长阿洛伊西奥·梅尔卡丹特·奥利瓦（Aloizio Mercadante Oliva），财政部长内尔松·巴尔博扎（Nelson Barbosa），全国一体化部长吉尔贝托·欧齐（Gilberto Occhi），司法部长若泽·爱德华多·卡多佐（José Eduardo Cardozo），劳动和社会保障部长米格尔·罗塞托（Miguel Rossetto），卫生部长马塞洛·卡斯特罗（Marcelo Castro），城市部长吉尔贝托·卡萨布（Gilberto Kassab），通讯部长安德烈·菲格雷多（André Figueiredo），外交部长毛罗·路易斯·维埃拉（Mauro Luiz Vieira），矿能部长爱德华多·布拉加（Eduardo Braga），社会发展和消除饥饿部长特雷莎·坎佩洛（Tereza Campello，女），农村发展部长帕特鲁斯·阿纳尼亚斯（Patrus Ananias），体育部长乔治·希尔顿（George Hilton），发展、工业和外贸部长阿曼多·蒙泰罗（Armando Monteiro），环境部长伊萨贝拉·特谢拉（Izabella Teixeira，女），计划、预算和管理部长瓦尔迪尔·西芒（Valdir Simão），旅游部长恩里克·爱德华多·阿尔维斯（Henrique Eduardo Alves），交通部长安东尼奥·卡洛斯·罗德里格斯（Antonio Carlos Rodrigues）。

【行政区划】全国共分26个州和一个联邦区。州下设市，全国共有5564个市。

【司法机构】根据1988年颁布的宪法，司法机构包括联邦最高法院、联邦法院、高等司法法院、高等劳工法院、高等选举法院、高等军事法院和各州法院。联邦最高法院由11名大法官组成，大法官必须是年龄在35岁以上、65岁以下的巴西公民，由总统提名，经参议院批准后任命。联邦最高法院院长里卡多·莱万多夫斯基（Ricardo Lewandowski，2014年7月就任，任期两年）。联邦总检察长罗德里戈·雅诺特（Rodrigo

Janot，2013年9月17日任职，并于2015年8月连任，任期两年）。

【政党】现登记有32个政党，主要有：

（1）劳工党（Partido dos Trabalhadores，PT）：主要执政党。1980年2月成立，主要由城乡劳动者、工会领导人和知识分子组成，是巴西最大左翼政党，现有党员约158万人。该党政治上主张建设真正代表社会群体利益的政党，实行改革，保障劳动者权益；经济上主张公平分配财富；对外主张各国相互尊重、加强国际合作，维护世界和平。主席鲁伊·法尔康（Rui Falcão）。

（2）民主运动党（Partido do Movimento Democrático Brasileiro，PMDB）：第一大党。执政联盟成员。1980年1月成立，党员约236万。其前身为1965年成立的巴西民主运动，在军政府时期长期为唯一合法的反对党。对内主张维护民主制度，实行土地改革和保护民族工业，主张社会公正，缩小贫富差距。对外主张执行独立的外交政策，尊重各国自决权。主席米歇尔·特梅尔（Michel Temer）。

（3）社会民主党（Partido da Social Democracia Brasileira，PSDB）：主要反对党。1988年6月25日成立，由一批因对民运党不满而退出该党的人组成。主张完善民主制度，实行经济开放，鼓励外国投资，改革分配制度，消除贫富差别。主席阿埃西奥·内维斯（Aécio Neves）。

（4）社会党（Partido Socialista Brasileiro，PSB）：主要反对党。1947年4月成立，其前身为1946年成立的民主左派党，1947年更为现名。党员约58.3万。政治上主张国家管理民主化，保障党派活动享有充分自由；经济上主张注重发展工业生产；社会领域主张充分维护工人权利；对外主张遵循国家权利和义务平等的原则，实现国家关系的和谐发展。主席卡洛斯·西凯拉（Carlos Siqueira）。

（5）民主党（Democrata，DEM）：主要反对党。1985年1月成立，原称自由阵线党（Partido da Frente Liberal，PFL），2007年3月更名，党员约108万。对内主张维护民主制度，实行社会变革和国营企业私有化，改革分配制度等；对外主张主权自决和平等。主席若泽·阿格里皮诺（José Agripino）。

（6）民主工党（Partido Democrático Trabalhista，PDT）：执政联盟成员。1979年成立，前身为巴西工党的一部分，系社会党国际成员。主张实行多党制，工会独立，实行土改，消除贫富不均和扶助中小企业。对外主张民族独立，人民自决，各民族和平相处和不结盟。主席卡洛斯·卢皮（Carlos Lupi）。

（7）共产党（Partido Comunista do Brasil，PC do B）：执政联盟成员。1962年从原“巴西共产党”中分裂出来，将1922年3月25日作为建党日。主要成员是城乡劳动者、青年学生和自由职业者。1985年7月获合法地位。主席若泽·雷纳托·拉贝洛（José Renato Rabelo）。

（8）工党（Partido Trabalhista Brasileiro，PTB）：执政联盟成员。1945年由时任总统瓦加斯创立。1964年军人政变后被迫停止活动。1979年重新组建。主席罗伯托·杰弗逊·蒙泰罗·弗朗西斯科（Roberto Jefferson Monteiro Francisco）。

（9）进步党（Partido Progressista，PP）：执政联盟成员。原名巴西进步党，1995年9月由改革进步党和进步党合并而成，2003年4月更名。信奉基督教义，推崇自由、进步与社会正义。主张在不损害国家主权和尊严的基础上，逐步推行改革开放。在保障全国各地区、各阶层均衡发展的前提下，实现社会正义和国家现代化。主席西罗·诺盖拉（Ciro Nogueira）。

（10）社会主义人民党（Partido Popular Socialista—PPS）：执政联盟成员。1992年1月，巴西的共产党宣布解散，以党主席罗伯托·弗莱雷为首的“现代派”决定改名成立社会主义人民党。主席罗伯托·弗莱雷（Roberto Freire）。

其他政党还有：基督教社会党（Partido Social Cristão）、共和国党（Partido da República）、社会自由党（Partido Social Liberal）、民族动员党（Partido da Mobilização Nacional）、共和党（Partido Republicano Brasileiro）、绿党（Partido Verde）、民主社会党（Partido Social Democrático）等。

【重要人物】**米歇尔·特梅尔**：总统。1940年9月23日生。圣保罗天主教大学法学博士。律师、教授。民主运动党人。1983年起，历任圣保罗州检察官、检察长、州政府公共安全局长。1987—2010年连任联邦众议员。1997—2000年、2009—2011年任众议长。2010年10月作为劳工党总统候选人罗塞夫的搭档参加大选，当选副总统，2011年1月1日就职，2014年10月连任，2015年1月1日就职，2016年8月31日，罗塞夫总统被罢免职务，特梅尔转为总统。

经　济

巴西经济实力居拉美第一位，世界第七位。农牧业发达，是多种农产品主要生产国和出口国。工业门类齐全，石化、矿业、钢铁、汽车工业等较发达，民用支线飞机制造和生物燃料产业具有世界领先水平。服务业产值占国内生产总值近六成，金融业较发达。

1967—1974年，经济年均增长率高达10.1%，被誉为“巴西奇迹”。20世纪80年代，受高通胀和债务困扰，经济出现衰退。从90年代开始，巴西政府推行外向型经济模式，经济重拾增势。受1998年亚洲金融风暴波及，1999年发生严重金融动荡，经济增速再次放缓。卢拉执政以后，采取稳健务实的经济政策，控制通膨和财政赤字，鼓励生产性投资和工农业发展，加强金融监管，巴西经济逐步走上稳定发展道路。2010年底卢拉卸任时，巴西成为世界第七大经济体。

近年来，为应对国际金融危机，巴西政府采取一系列财政金融政策，维护宏观经济稳定，但经济增速逐步放缓。2011年至2014年，国内生产总值分别增长2.7%、1%、2.3%和0.1%。当前，巴西经济下行、财政赤字、通胀等压力加大。

2014年巴西主要经济数据如下：

国内生产总值：5.52万亿雷亚尔。

人均国内生产总值：27229雷亚尔。

经济增长率：0.1%。

货币名称：雷亚尔（Real）。

汇率：1美元≈4.03雷亚尔（2016年1月）。

通货膨胀率：6.4%。

失业率：4.8%。

（资料来源：国际货币基金组织、巴西地理统计局、巴西中央银行）

【**资源**】矿产、土地、森林和水力资源十分丰富。铌、锰、钛、铝矾土、铅、锡、铁、铀等29种矿物储量位居世界前列。铌矿储量已探明455.9万吨，产量占世界总产量的90%以上。已探明铁矿储量333亿吨，占世界总储量9.8%，居世界第五位，产量居世界第二位。已探明石油储量153亿桶，居世界第15位，南美地区第二位（仅次于委内瑞拉）。2006年以来，在沿海陆续发现多个特大盐下油气田，预期储量500亿至1500亿桶，有望进入世界10大储油国之列。森林覆盖率达62%，木材储量658亿立方米，占世界1/5。水力资源丰富，拥有世界18%的淡水，人均淡水拥有量2.9万立方米，水力蕴藏量达1.43亿千瓦/年。

【**工业**】实力和工艺均居拉美首位。20世纪70年代即建成比较完整的工业体系，工业基础较雄厚。2013年工业产值9952亿雷亚尔，同比增长1.2%，占国内生产总值20.6%。主要工业部门有：钢铁、汽车、造船、石油、水泥、化工、冶金、电力、建筑、纺织、制鞋、造纸、食品等。民用支线飞机制造业和生物燃料产业在世界上居于领先水平。20世纪90年代中期以来，药品、食品、塑料、电器、通信设备及交通器材等行业发展较快；制鞋、服装、皮革、纺织等行业萎缩。近几年来主要工业产品产量如下（单位：万吨）：

	2011	2012	2013	2014
铝	144.0	143.6	130.4	96.2
粗钢	3520.0	3470.0	3417.8	3391.2
纸浆	1399.7	1380.0	1512.0	1646.1
汽车（万辆）	440.6	334.2	371.0	315.0

（资料来源：巴西网站）

【**农牧业**】农牧业发达，咖啡、蔗糖、柑橘、菜豆产量居世界首位，是全球第二大大豆生产国、第二大转基因作物种植国、第四大玉米生产国，是世界上最大的牛肉和鸡肉出口国。全国可耕地27亿多亩，尚有15亿亩未开发利用，被誉为21世纪的世界粮仓。2013年粮食总产量1.88亿吨，牛存栏数近2亿头。近几年主要农产品产量如下（单位：万吨）：

	2011	2012	2013	2014
稻谷	1370.0	—	1176.0	1120.0
大豆	7175.0	—	8150.0	8162.0
小麦	579.0	438.0	571.2	597.1
玉米	5620.0	7298.0	8150.6	8005.2
棉花	—	131.0	170.0	173.4

（资料来源：驻巴西使馆经商处、巴西农业供给公司、巴西农牧业协会、巴西国家地理统计局）

【**能源结构**】使用可再生能源较多的国家，在一次能源生产结构中所占比例高达41%。其中甘蔗制乙醇和水力发电分别占到一次能源生产总量的16.1%和12.5%。

巴西是世界十大电力大国之一。截至2013年年底，全国共有电站3097座，装机总容量12.67万兆瓦，全年发电量达5700.3亿度。其中水电站1119座，装机容量8.6万兆瓦，占全国装机总量的67.9%；火电站1821座，装机容量3.65万兆瓦，占全国装机总容量的28.8%；核电站两座，装机容量2007兆瓦，占全国装机总容量的1.6%。此外，还有108座风力发电站和45座光伏发电站。

【**服务业**】服务业对巴西经济发展举足轻重，它不仅是产值最高的产业，也是创造就业机会最多的行业。主要部门包括不动产、租赁、旅游业、金融、保险、信息、广告、咨询和技术服务等。2013年，巴西服务业产值27789亿雷亚尔，同比增长8.5%，占国内生产总值57.4%。

【**旅游业**】2014年接待外国游客逾640万人次，同比增长10%，创汇66亿美元。全国主要旅游城市和景点：里约热内卢、圣保罗、萨尔瓦多、巴西利亚、伊瓜苏大瀑布、马瑙斯、黑金城、巴拉那石林和大沼泽地等。

【**交通运输**】交通基础设施总量不足。近年来，巴西政府通过加大投资力度、完善机制体制、改善投资环境等一系列举措，大力推动交通基础设施建设。

铁路：铁路运力居拉美首位，目前铁路网总长度约为30374万公里，主要分布在巴西南部、东南部和东北部，其中35%以上建于60年前。除零星旅游线路外，大多为运输铁矿石、农产品等的货运线路。

公路：总长175万公里，承担全国逾2/3的货物运输量，柏油路21.9万公里，高速公路1万公里。

水运：全国共有港口37座，年吞吐量7亿吨，桑托斯港为巴西最大港口，吞吐量占全国1/3。位于亚马孙河中游的马瑙斯港为最大内河港口，可停泊万吨级货轮。

空运：全国共有2498个飞机起降点，居世界第二，其中国际机场34个，与世界主要地区有定期航班。

2012年航空旅客运量为1.1亿人次。圣保罗国际机场是全国航空枢纽，年运送乘客3500万人次。

【财政金融】2014年初级财政盈余325.4亿雷亚尔，占国内生产总值的0.63%。公共债务余额2.295万亿雷亚尔，相当于国内生产总值的41.6%。2014年，巴西外汇储备3741亿美元，外债3476亿美元。

巴西银行：成立于1808年，是巴西最大的国家银行，在21个国家设有代表处。2004年10月在上海开设办事处，2014年升格为分行。

巴西经济社会发展银行：成立于1952年，主要职责是为巴西大型基础设施和工程提供资金帮助。

【对外贸易】近年来，巴西政府积极采取措施鼓励出口，实现贸易多样化，对外贸易额增长迅速。近几年巴西外贸情况如下（单位：亿美元）：

	2012	2013	2014	2015
进口额	2231.42	2396	2290	1714.53
出口额	2425.80	2422	2251	1911.34
顺　差	194.38	26	−39	196.81

（资料来源：巴西发展、工业和外贸部，巴西地理统计局）

主要进口机械设备、电子设备、药品、石油、汽车及零配件和小麦等。出口汽车及零部件、飞机、钢材、大豆、药品和矿产品（主要是铁矿砂）等。

2015年与各主要贸易伙伴进出口情况如下（单位：亿美元）：

	中国	美国	阿根廷	德国
进口	274.3	264.7	102.8	103.8
出口	441.7	240.8	128.0	51.8
总额	716.0	505.5	230.8	155.6

（资料来源：中国海关总署，巴西发展、工业和外贸部）

【外国资本】外国在巴主要投资部门为汽车、能源、通信、金融、冶金、化工、交通运输、机械等。2014年巴吸收外国直接投资625亿美元。主要投资国是美国、中国、卢森堡、荷兰、日本、西班牙、法国、澳大利亚和德国等，外资主要投向银行、能源、冶金、机械制造等领域。

【著名企业】（1）巴西石油公司（PETROBRAS）：1953年10月成立，负责国家在石油领域的垄断经营。1997年8月，政府颁布法令，允许私人和外资参与该公司经营，打破国家对石油领域垄断，但巴西石油公司仍为巴境内最大的石油企业。2014年，公司拥有生产平台134个，炼油厂15个，输油（气）管道34639公里，各类油轮326艘（其中自有57艘），定点加油站7710个，火力发电站21座，风力发电站4座，生物燃料厂5座（其中自有3座），化肥厂3个。公司在世界17个国家经营业务，总部设在里约热内卢。2014年，公司油气日产量203.4万桶，净利润236亿雷亚尔。现任总裁阿尔德米尔·本迪内（Aldemir Bendine）。

（2）巴西航空工业公司（EMBRAER）：世界第三大民用飞机制造企业和巴西主要出口创汇企业之一，在生产120座以下支线飞机方面居世界领先地位。成立于1969年，1994年实行私有化。目前国家持股0.8%，但拥有否决权。主要产品为ERJ-145系列和E 170/190系列支线喷气客机、“超级大嘴鸟”螺旋桨战斗机等。总部在圣保罗州的圣若泽多斯坎普斯市，同时在美国、法国、葡萄牙、中国和新加坡设有办公机构和客户服务中心。与中国航空工业集团公司在哈尔滨设有合资企业，先后生产民用支线飞机和公务机。2014年，全公司共有员工19116人，当年交付飞机208架，营业收入149亿雷亚尔，净利润7.96亿雷亚尔。现任总裁弗雷德里科·弗勒里·库拉多（Frederico Fleury Curado）。

（3）淡水河谷公司（VALE）：1942年成立，世界第二大矿业公司，最大铁矿石生产和出口商。1997年巴政府将公司私有化后，公司盈利不断上升，经营规模逐步扩大。除传统的铁、铝、镍、锰、铜等矿产品外，还将业务拓展到铁路、水路运输、热力发电和金融证券等领域。公司在上海设有办事处。2014年生产铁矿石3.32亿吨，同比增长6.5%，营业收入382.4亿雷亚尔，同比下降19.5%，净利润6.57亿雷亚尔，同比增长12.5%。现任总裁穆里洛·费雷拉（Murilo Ferreira）。

（4）Suzano纸浆和纸张公司：巴西历史最悠久的企业之一，经营纸浆和纸张业务已达87年，是全球第二大桉树纸浆生产商和拉美市场最大纸张销售商。目前，公司生产的桉树纸浆销往全世界31个国家，约30种品牌的纸张在全球86个国家有售。公司行政总部位于圣保罗，生产工厂分布在圣保罗州、巴伊亚州等内陆城市，在巴西拥有77.1万公顷森林。公司自有员工5700多名，外包业务员工约8100名，在美国、瑞士设立分公司，在中国、英国拥有销售代表处，在阿根廷设立纸张分拨中心，在以色列建立科研实验室。

人民生活

巴西实行社会养老保险的福利政策。2015年初，政府设定的最低月工资为788雷亚尔。中产阶层人口达1.08亿，占总人口的54%。近年来贫困人口减少3600万。2013年人均预期寿命74.23岁，新生儿死亡率19.6‰。据统计，全国共有医院5864所，平均每千人拥有病床3.11张。还有63662个卫生站等卫生服务机构，平均每千人拥有2.08名医生。

军　事

总统为三军最高统帅。军队分为海、陆、空三个军种，分别建立于1823年12月11日、1848年8月25日和1940年10月23日。2012年三军总兵力约28.8万人，其中陆军17.1万人，海军5.5万人，空军6.2万人。实行义务兵役制，服役期一年或一年半。自1947年起参加联合国维和行动，是十大维和人员派遣国之一。

文化教育

【教育】实行九年义务教育制。目前高等教育机构共2199所，其中公立大学252所，私立大学1947所，在校生约640.8万人。著名高等学府有圣保罗大学、坎皮纳斯大学、巴西利亚大学、里约热内卢天主教大学等。罗塞夫总统就职以来，积极推行“科学无国界”项目，即政府在2011—2014年提供10万个奖学金名额，资助科学和工学领域学生和研究人员赴海外知名高校学习和从事科研。

【新闻出版】全国日报有532种，发行量在15万份以上的主要报纸有:《圣保罗页报》、《圣保罗州报》、《环球》、《号外》、《零点》、《人民邮报》等。全国杂志有3651余种，主要杂志有:《请看》、《时代》、《这就是》等，均为周刊。

全国有广播电台4305家，大多为私人所有。巴西广播公司为官方电台。大型电视台有七家，全国覆盖面达99.77%，并通过卫星向美洲、欧洲主要国家和日本传送节目。“环球台”为全国最大私营电视台，其他较大的私营电视台有“巴西电视网”和“纪录”等。政府管理的有两家，即国家电视台和教育电视台。上述电台和电视台均使用葡萄牙语。

对外关系

奉行国家独立、民族自决、主权平等、不干涉内政、尊重主权和领土完整、和平解决争端的对外政策，主张世界多极化和国际关系民主化。主张加强联合国作用，积极推动联合国安理会改革，争当安理会常任理事国。

罗塞夫政府奉行外交为国家经济社会发展服务的方针，以南美为战略依托，积极推动地区一体化，注重同美国和欧盟国家传统关系，重视同发展中大国，特别是同新兴市场国家的合作，加大在非洲和亚太地区投入。积极参与重大全球性事务。

同192个国家建有外交关系。是联合国、世界贸易组织、美洲国家组织、拉美和加勒比国家共同体、南美国家联盟、南方共同市场等国际和地区组织以及金砖国家、二十国集团、七十七国集团等多边机制成员国，不结盟运动观察员。

【对当前重大国际问题的看法和立场】国际形势：当前国际形势发生深刻复杂变化，国际体系处于过渡阶段，全球化深入发展，热点问题更加突出。国际金融危机影响深远，发达国家和发展中国家力量对比此消彼长，新兴大国迅速崛起，成为推动世界格局演变的重要力量。主张世界多极化和国际关系民主化，支持多边主义，反对霸权主义。提倡各国在国际法准则基础上开展合作。

全球治理机制改革：第二次世界大战后建立的以联合国和布雷顿森林体系为核心的世界政治经济治理体系已难以应对当今世界和平和安全、经济金融危机、气候变化、粮食危机等众多挑战。主张建立一个更具代表性和更透明的全球治理机制。呼吁通过改革强化联合国的权威和作用，加强发展中国家代表性。主张建立更加公正、平衡的世界经济体系，积极推动国际金融体系改革。

联合国及其安理会改革：认为联合国是国际政治和安全的决策核心。联合国改革的必要性和紧迫性突出，应该充分体现发展中国家代表性。是“四国集团”和L69集团成员，主张同时增加常任和非常任理事国两类成员。

二十国集团：二十国集团新兴市场国家协调机制成员。认为二十国集团比八国集团更具代表性和合法性，作为全球经济治理重要平台的地位日益稳固。主张将世界经济恢复增长、国际货币基金组织份额改革、维护国际贸易发展列为当前二十国集团的工作重点，扩大非洲国家参与，并建立与非成员国对话机制。

金砖国家：视金砖国家合作机制为夯实本国经济基础、提升自身影响力、跻身世界大国的重要平台，认为金砖国家加强合作对改变当前不合理的国际政治、经济、贸易和金融秩序，增强发展中国家在国际事务中的参与权和发言权，推动多极化进一步发展具有重要意义。认为金砖国家应加强在政治领域中的协调和沟通，积极推进机制建设，深化各领域务实合作。

多哈回合谈判：认为推进多哈回合谈判具有重要意义，并视其为实现巴西外贸多元化战略的重要途径之一。是多哈回合谈判核心成员和发展中成员农业谈判协调组成员，强调尊重发展授权及发展中成员的特殊和差别待遇，在已有成果基础上通过多边方式完成一揽子谈判。主张实施削减农业国内补贴，改善农产品市场准入条件。在工业品部门减让问题上持防守立场。

可持续发展：可持续发展是一个内涵广泛的综合概念，不能局限于气候变化、生物多样性等单一领域。经济、社会、环境应平衡协调发展，是可持续发展的三大支柱。可持续发展机制框架改革势在必行，并应统筹兼顾三大支柱之间关系。共同但有区别的责任符合当前世界发展需要。可持续发展的路径和方式应适应不同国家根据本国国情和发展现状作出的不同选择。

气候变化：是“基础四国”和“七十七国集团加中国”的重要成员。主张维护联合国气候变化框架公约及京都议定书在气候变化国际谈判中的基本框架和主渠道地位，坚持共同但有区别责任原则和“巴厘路线图”授权，要求发达国家率先减排，强调发达国家应该向发展中国家提供资金、技术、能力建设支持。作出“到2020年温室气体在照常排放基础上减少36.1%至38.9%”的自主减缓承诺。可再生能源资源丰富，75%的温室气体排放来自于毁林，能源消费产生的排放不高。

生物燃料：重视发展生物燃料，在燃料乙醇的研发、生产、应用方面居世界领先水平。近年来加大对纤维素乙醇的研发力度。积极推动国际生物燃料合作，同美国建立乙醇合作战略联盟，同多个非洲国家签署生物能源合作协议，倡议成立“国际生物燃料论坛”，并于2008年举办首届国际生物燃料大会。认为生物能源在实现可持续发展、保障能源安全和应对气候变化等方面发挥着重要作用，强调巴西以非粮作物甘蔗生产燃料乙醇不影响粮食安全。

关于人权：坚定推进人权事业，主张人权问题的非选择性、客观性和多边性原则，但应该避免人权问题政治化、片面化，坚持所有国家都适用同一评判标准。

关于西亚北非局势：巴境内有1500万阿拉伯后裔，在中东问题上有特殊利益。近10年来显著加大对中东投入，是第一个获得阿盟观察员地位的拉美国家。认为西亚北非地区动荡是一个多层次、多方面的复杂问题，因此难有统一解决方案，动荡将是一个长期过程。不干涉地区国家内政，主张尊重地区国家主权独立和领土完整，反对没有联合国安理会授权的军事干预。同时认为不能无视地区国家的人权状况和民众诉求，支持地区人民更广泛参与国家决策，以为地区带来长久和平与稳定。

关于“保护中的责任”：系巴西首创的外交理论概念。2011年9月罗塞夫总统在联大发言中首次正式提出。强调“保护中的责任”不是取代“保护的责任”，而是对其进行补充。认为武力干预应是穷尽外交手段后的最后选择，并得到安理会授权，受安理会监督。实施“保护”过程中应强化责任，避免“手术成功，病人死亡”的局面。

【同中国的关系】1974年8月15日巴西与中国建交。建交以来，中巴在政治、经贸、科技、文化等领域的友好合作关系全面发展。1993年中巴建立战略伙伴关系，2012年提升为全面战略伙伴关系。双方建有中国—巴西高层协调与合作委员会（简称高委会）、立法机构定期交流、外长级全面战略对话等机制。

两国高层交往频繁。2014年7月，习近平主席应邀出席在巴西举行的金砖国家领导人第六次会晤、中国—拉美和加勒比国家领导人会晤并对巴西进行国事访问。中巴双方发表关于进一步深化中巴全面战略伙伴关系的联合声明，并签署多项合作文件。2015年7月和11月，习近平主席在出席金砖国家领导人第七次会晤和气候变化巴黎大会期间同罗塞夫总统两次举行双边会见。5月，李克强总理对巴西进行正式访问。6月，张德江委员长在出席金砖国家议会论坛期间同巴西众议长库尼亚举行双边会见。1月，习近平主席特别代表、国家副主席李源潮出席罗塞夫总统连任就职仪式。6月，汪洋副总理访问巴西并主持召开中国—巴西高层协调与合作委员会第四次会议。

中巴在国际事务中合作密切，在联合国、世贸组织、二十国集团、金砖国家、基础四国等国际组织和多边机制中合作密切，并就国际金融体系改革、气候变化、发展中大国合作等重大国际问题保持良好沟通与协调。

据中国海关总署统计，2015年中巴双边贸易额为716.0亿美元，其中中方出口额为274.3亿美元，进口额为441.7亿美元，同比分别增长 -17.3%、-21.4%和 -14.5%。中国是巴西第一大贸易伙伴、出口对象国和进口来源国，巴西是中国第十大贸易伙伴和在拉美地区最大贸易伙伴。中方主要出口机械设备、计算机与通信技术设备、仪器仪表、纺织品、钢材、运输工具等，主要进口铁矿砂及其精矿、大豆、原油、纸浆、豆油、飞机等。

截至2014年年底，中国累计对巴实际投资189.4亿美元，主要涉及能源、矿产、农业、基础设施、制造业等行业。截至同期，巴西在华投资5.4亿美元，主要涉及飞机制造、压缩机生产、煤炭、房地产、汽车零部件生产、水力发电、纺织服装等项目。中国企业在巴西承建了天然气管道、火电厂、港口疏浚等项目。

中巴科技、人文交流成果丰硕。中巴联合研制地球资源卫星项目被誉为南南合作的典范，已发射四颗卫星，卫星数据广泛应用于非洲、南美洲、亚太地区，并免费向非洲国家提供图像。双方建有农业联合实验室、气候变化和能源创新技术中心以及纳米研究中心，并正在筹建气象卫星联合中心和生物技术中心。

2012年6月，双方就互设文化中心签署谅解备忘录。2013年9月，分别在巴西和中国举办“中国文化月”和“巴西文化月”。教育部在巴西利亚大学和圣保罗大学建有汉语教学点，孔子学院总部在巴西建有10所孔子学院和两所孔子学堂。中国传媒大学和巴西圣保罗大学亚洲文化中心分别设有葡萄牙语水平考试和汉语水平考试考点。中国社会科学院拉美研究所和北京大学分别设有巴西研究中心和巴西文化中心。

中国驻巴西大使：李金章。馆址：SES–Av. das Nações，Lote 51，CEP：70443–900，Brasília DF，Brasil。电话：0055–61–21958200；传真：33463299。领事部电话：21958271。商务处电话：32481446；传真：32482139。

中国在圣保罗、里约热内卢和累西腓分别设有总领馆。

巴西驻华大使：江豹。馆址：北京市朝阳区光华路27号。电话：0086–10–65322881。签证处电话：65322993。

巴西在上海、香港、广州设有总领馆。

【同拉美国家的关系】把发展与拉美特别是南美国家的关系置于外交政策优先位置。以南方共同市场为依托，积极推进地区一体化，倡议并推动成立南美国家联盟，积极参与拉美和加勒比国家共同体建设。

【同美国的关系】巴西独立后，美国是第一个承认巴西的国家。巴同美保持着传统、密切的政治和经贸关系，主张在平等和相互尊重的基础上，同美建立平等、成熟的伙伴关系。美是巴第二大贸易伙伴和最大投资来源国。2015年巴美贸易总额为505.5亿美元。2011年3月，奥巴马总统访巴，双方发表联合公报，将两国关系定位为“全球伙伴关系”，双方建立外长和国防部长定期磋商机制。2012年4月，罗塞夫总统访美，双方提出建设21世纪伙伴关系，双方建立外长和国防部长定期磋商机制。2013年5月，美国副总统拜登访巴。“棱镜门”事件曝光后，媒体陆续披露美国情报机构对巴西总统、政府、个人通信实施监控。巴方对此反应强烈，罗塞夫总统推迟原定于2013年10月对美国进行的国事访问。2015年1月，美国副总统拜登出席罗塞夫总统连任就职仪式。2015年6月，罗塞夫总统对美国进行工作访问。

【同欧盟国家的关系】巴西同欧盟政治、经济、文化关系密切，认为欧盟是巴西全球外交格局中不可替代的组成部分，保持同欧盟的政治对话对巩固多边国际体系具有重大意义，同欧盟建有峰会、政治磋商机制和战略伙伴关系。积极推动南方共同市场同欧盟自由贸易谈判。

【同亚洲国家的关系】认为东亚和东南亚是当今世界最具经济活力的地区，重视发展同亚洲国家，尤其是同中国、日本、印度、韩国和东盟国家的政治和经贸关系，并希望进一步密切同亚洲地区性组织之间的联系。积极参与“东亚—拉美合作论坛”，同东盟建立伙伴关系。

日本同巴西于1895年建交。日在巴拥有最大海外侨社，旅巴日侨和日裔约160万，旅居日本的巴西移民也达到20万人。日是巴西发展与亚太地区国家关系的重点之一，也是巴在亚洲的重要贸易伙伴和投资来源国。近年来，双方经贸合作进一步加强，2015年，两国贸易额为97.2亿美元。2014年7月31日至8月2日，日本首相安倍晋三对巴进行正式访问。

【同非洲国家的关系】同非洲有种族、文化和历史渊源，高度重视发展同非洲国家，特别是同非洲葡语国家的关系。积极参加联合国在非洲的维和行动，免除了部分非洲国家的债务。

【同俄罗斯和独联体国家的关系】重视俄罗斯大国地位和对国际事务的影响。2000年，巴俄正式启动两国副总统—总理级高级合作委员会，确立了面向21世纪的两国关系框架。巴与独联体各国都建立了外交关系，主动发展双边经贸和科技合作，其中较为突出的是与乌克兰的空间技术合作。

【同中东和阿拉伯国家的关系】重视同中东国家的对话和贸易交流，希望通过在巴西的黎巴嫩、叙利亚和犹太人移民加强同中东国家的联系。谴责中东地区各种暴力和恐怖行为，支持巴勒斯坦同以色列的和谈进程。支持伊拉克战后重建。（吴頔）

百　慕　大

<u>名称</u>　百慕大（Bermuda）。

<u>面积</u>　53.3平方公里。

<u>人口</u>　70196人，人口增长率0.5%，出生率11.33‰，死亡率8.23‰（2015年估计）。黑人占53.8%，白人占31%，混血人占7.5%，其他民族7.1%（2010年人口普查）。英语为官方语言和通用语，少数人讲葡萄牙语。居民多信奉基督教。

<u>首府</u>　汉密尔顿（Hamilton），位于百慕大岛，人口1.3万（2010年）。

<u>总督</u>　乔治·弗格森（George Fergusson），2012年5月23日就任。

<u>重要节日</u>　百慕大日：5月24日。

简　况

北大西洋西部群岛，距美国东海岸的南卡罗来纳州917公里。由7个主岛及130余个小岛和礁群组成。气候温和湿润，年平均气温21℃。年平均降水量1470毫米。

1503年西班牙人胡安·百慕大抵达该岛。1609年，英国人在岛上定居。1684年沦为英国殖民地，是英联邦中最早的英国殖民地。1940年3月，英美签订《行政协定》，美以一些旧驱逐舰为代价，租借该群岛中的摩根、特克尔和圣大卫3个岛屿，为期99年。1957年英国军队最后撤出百慕大群岛。1968年百慕大群岛获得内部自治权，实行政党体制。现为英国的海外领地（British Overseas Territory）。

政　治

百慕大进步工党（Progressive Labor Party，PLP）于1998年上台执政，并连续在2003年、2007年的大选中获胜。2010年10月，葆拉·考科斯（Paula Cox，女）接任总理。她是进步工党的第四位总理。

2011年，为了迎接2012年将举行的大选，两大反对党——百慕大联合党（United Bermuda Party，UBP）和百慕大民主联盟（Bermuda Democratic Alliance，BDA）于5月合并为一个新党——一个百慕大联盟（One Bermuda Alliance，OBA）。

2012年5月18日，总督理查德·格兹尼爵士（Sir Richard GOZNEY）离任，副总督戴维·阿克利（David B. Arkley）代理总督。5月23日，新总督弗格森就任。

【宪法】1968年6月8日施行。1973年、1979年、

1989年、2001年和2003年5次修订。宪法规定，百慕大为英国殖民地，设自治政府；总督代表英国女王，通过总督委员会掌管外事、防务和内部治安；总理由议会多数党领袖担任，由总督任命；其他部长由总理任命；内阁对议会负责。

【议会】分参议院（Senate）和众议院（House of Assembly），任期均为5年。参议院由11人组成，其中3人由总督任命，5人总理任命，反对党领袖任命3人。众议院由36人组成，普选产生。本届议会于2012年12月17日选举产生，在众议院中，一个百慕大联盟占19席，进步工党占17席。议长霍顿（K. H. Randolph Horton，进步工党），2013年2月8日当选，这是第一次由反对党成员出任议长。

【政府】内阁通常由在议会中占多数议席的政党组成，包括总理和不少于6名议员。本届政府于2014年5月组成，主要成员：总理迈克尔·邓克利（Michael Dunkley），内政部长迈克尔·法伊（Michael Fahy）、财政部长鲍勃·理查德（Bob Richards）等。

政府网址：http://www.gov.bm/portal/server.pt。

【司法机构】设最高法院、上诉法院和3个地方法院。最高法院对一切严重的刑事、民事案件行使裁判权，并接受地方法院案件的上诉。上诉法院成立于1964年，职权与其他英联邦国家的上诉法院相同。最高法院首席法官伊恩·卡瓦利（Ian Rowe Chukudinka Kawaley），2012年4月3日就任。上诉法院院长爱德华·扎卡（Edward ZACCA），2004年1月1日就任。终审权在英国枢密院的司法委员会。

【政党】主要有：

（1）一个百慕大联盟：执政党。2011年5月17日由百慕大联合党和百慕大民主联盟合并而成，约翰·巴里特（John Barritt）任临时领袖。2011年9月，克雷格·加农涅当选为领袖。2012年底，该党赢得大选上台执政。

（2）进步工党：在野党。1963年建立，1998—2012年执政。左翼党，党员大多数为黑人。主张经济“百慕大化”、推行更公平的税收制度、健全福利制度以及争取独立。领袖为前总理葆拉·考科斯。

【重要人物】**乔治·弗格森**：总督。1955年出生，其父曾任新西兰总督（1962—1967年）。1978年入英国北爱尔兰办公室任职。1988年转入英国外交与联邦事务部（FCO）任一等秘书。曾任驻苏联、韩国、美国的外交官。2006—2010年，任英国驻新西兰和萨摩亚高级专员（大使）及皮特凯恩总督（非常驻）。2012年任百慕大总督。　**迈克尔·邓克利**：总理。生于1958年。现任“一个百慕大联盟”领袖。2014年5月19日就任总理。

经　济

百慕大是世界人均地区生产总值最高的地区之一。与美国经济联系紧密，旅游业、金融服务业和保险业为支柱产业。在地区生产总值中，服务业产值占90%以上。百慕大是世界保险和再保险业中心之一，其资产超过350亿美元，规模仅次于伦敦和纽约。国际商务、金融中介、置业和理财服务收入约占国民产值的40%，为百外汇收入主要来源。2001年，国际商务部门的收入约占地区生产总值的15.3%。近年来，随着美国经济走缓，旅游业受到影响，百经济增速减缓。高度依赖进口，农业和制造业在经济中所占份额很小。

2013年估计的主要经济数据如下：

地区生产总值：51.98亿美元（购买力平价）。
人均地区生产总值：8.57万美元（购买力平价）。
地区生产总值增长率：–2.5%（2013年）。
货币名称：百慕大元；1元=100分。
汇率：1美元=1百慕大元。
通货膨胀率：1.8%（消费价格）。
失业率：7%。

【工业】由于缺乏自然资源，只有船舶修理、小船制造、制药和手工艺品等小型工业。2014年从业人口约占劳动力总数的15%。近年来，政府积极鼓励发展轻工业生产。建筑业在地区生产总值中的比例上升。2014年估计工业产值占地区生产总值的5.2%。2014年估计发电量为6.489亿千瓦小时。

【农业】有可耕地839英亩，一半用于种植蔬菜和水果，主要有马铃薯、柑橘、香蕉等；另一半为休耕地。90%以上的食品靠进口，奶、蛋基本自给。农业劳动力占就业人口总数的2%（2013年）。小规模的渔业生产仅能满足约1/3的当地需求。2014年估计农业产值占地区生产总值的0.7%。

【服务业】2014年估计服务业产值占地区生产总值的94.1%。2013年直接从事服务业的人口劳动力的占83%。金融服务业是第二大经济部门。由于百慕大政局相对稳定，没有外汇管制，并严格遵守金融保密法，该群岛成为世界上最大的境外金融和商业中心之一。金融业已超过旅游业成为百慕大外汇收入的主要来源。保险业相当发达，约占世界意外险种再投保量的1/3。至2003年年底，在百注册的国际公司达14042家，其中大部分为保险公司，其次为商贸公司、航运集团、个人投资公司。百慕大是世界第五大船舶注册地。

【旅游业】最主要的经济部门，收入占地区生产总值的32%、外汇总收入的40%。从业人口占全国劳动力的60%。主要接待高收入游客。近年来旅游业不太景气，75%—80%的过夜游客来自美国，其余的来自加拿大等英联邦国家。2003年接待外国游客48.37万人次。

【交通运输】公路：总长447公里，其中222公里为私有（2010年）。2002年注册车辆46662辆，其中包括私人小汽车20775辆，客车、出租车819辆。为缓解交通拥挤状况，每个家庭限购1辆客用汽车。

水运：主要港口为汉密尔顿、爱尔兰岛和圣乔治。2008年在百注册的船只137艘。

空运：肯德利费尔德是唯一的国际机场。有通往英国、美国的航线。

【财政金融】财政年度为每年的4月1日至翌年的3月31日。关税、公司税、印花税和土地税是政府收入的主要来源，其中关税占总收入的35%—40%。政府总支出的一半用于支付工资。2011/2012财年，预算收入9.732亿美元，支出11.15亿美元，税收及其他收入为地区生产总值的17.4%，预算赤字为地区生产总值的2.5%。2012年估计外债达14亿美元。

【对外贸易】外贸历年巨额入超，几乎所有商品均依赖进口。估计进口额和出口额分别为9.58亿美元（2015年）和1200万美元（2015年）。

2014年主要进口来源国为韩国（56.5%）、美国（17.9%）、新加坡（56.5%）、土库曼斯坦（5.5%）、中国（5.2%）；主要出口目的国为印度尼西亚（8.5%）、美国（8.1%）。主要进口产品为服装、燃料、机械和运输设备、建筑材料、化工产品、食品和活畜等。出口产品以药品的再出口为主，其次为化妆品和鲜花。

人民生活

政府实行社会保险和养老金制度，为所有就业者提供养老金。政府为所有居民提供医疗保险，并为儿童提供免费医疗，为老人提供医疗补贴。2008年百慕大贫困线以下人口占11%。

2015年百慕大居民平均期望寿命为81.15岁，男人为77.94岁，女人为84.42岁。2014年有固定电话2.92万部，移动电话5.95万部，因特网用户6.83万户（2014年）。

军　事

防务由英国负责，驻有百慕大团。

文化教育

【教育】百慕大公立学校为5—16岁儿童提供免费义务教育，并为高等教育及教师培训提供大量奖学金。2005年识字率为98%。目前有26所中小学，其中小学18所，中学5所，高中2所，特殊教育学校1所。百慕大学院建于1972年，为大专性质；国内无大学。学生中学毕业后一般赴美国、英国或加拿大的大学深造，如学生被这些国家的名牌学校录取，百政府将为每位学生提供奖学金。近年来，政府加大了对教育的投资力度。2010年教育支出占地区生产总值的2.6%。

【新闻出版】主要报纸有《皇家日报》（The Royal Gazette）和《百慕大太阳》（Bermuda Sun）（一周两期）。

广播电视公司有两家：百慕大广播公司（Bermuda Broadcasting Company，BBC）和VSB。

有3家电视台，另提供有线电视及卫星电视转播服务。约有10家广播电台。

对外关系

外交由英国掌管。百慕大作为英国代表团的成员参加国际劳工组织、世界卫生组织和其他国际组织。百慕大为万国邮政联盟、国际奥委会成员，加勒比共同体联系成员，设有国际刑警组织百慕大支局。美国在百慕大派有总领事。2012年，百慕大派团参加伦敦奥运会。

【同中国的关系】2010年12月2日，中百共同签署了《中华人民共和国政府和百慕大群岛政府关于税收情报交换的协定》及谅解备忘录（以下简称“协定及谅解备忘录”）。这是中国继与巴哈马、英属维尔京群岛、马恩岛、根西、泽西签署税收情报交换协定后对外正式签署的第六个税收情报交换协定。

双方分别于2011年3月23日和2011年10月31日互相通知已完成使协定及谅解备忘录生效所必需的各自法律程序。根据协定第十三条及谅解备忘录第六条的规定，该协定及谅解备忘录自2011年10月31日起生效，并于2012年1月1日开始执行。　（叶苓）

秘　鲁

国名　秘鲁共和国（The Republic of Peru，La República del Perú）。

面积　1285216平方公里。居拉美第四位。

人口　3081万（2014年6月），居拉美第五位。其中印第安人占45%，印欧混血种人占37%，白人占15%，其他人种占3%。官方语言为西班牙语，一些地区通用克丘亚语、阿伊马拉语和其他30多种印第安语。96%的居民信奉天主教。

首都　利马（Lima），人口889万（2015年12月）。年平均气温18.7℃。

国家元首　总统奥扬塔·乌马拉·塔索（Ollanta HUMALA Tasso），2011年7月28日就职，任期五年。

重要节日　独立日：7月28日。

简　况

位于南美洲西部。北邻厄瓜多尔、哥伦比亚，东界巴西、玻利维亚，南接智利，西濒太平洋。海岸线长2254公里。山地占全国面积的1/3。安第斯山纵贯南北。全境从西向东分为热带沙漠、高原和热带雨林气候。年平均气温西部12℃—32℃，中部1℃—14℃，东部24℃—35℃。

公元11世纪，印第安人以库斯科城为首府，在高原地区建立印加帝国。1533年沦为西班牙殖民地。1544年成立秘鲁总督区，成为西班牙在南美殖民统治的中心。1821年7月28日宣布独立。1835年，秘鲁与玻利维亚合并，称秘鲁—玻利维亚邦联，1839年邦联瓦解。1879—1883年，联合玻利维亚同智利进行了“太平洋战争”，秘战败割地。

20世纪秘鲁多半遭受内乱外患，军人多年执政。1980年5月，秘鲁举行民主选举，恢复文人政府。1990—2000年，“改革90”领导人藤森（日裔）两次担任总统，2000年11月流亡日本，2007年9月，被秘鲁从智利引渡回国。2009年4月，因“践踏人权罪”被判入狱25年。2001—2006年，“秘鲁可行”党领导人托莱多任总统。2006—2011年，阿普拉党领袖加西亚任总统。

政　治

2011年4月，秘鲁举行总统和议会选举。6月5日，左翼“秘鲁胜利”联盟总统候选人奥扬塔·乌马拉在第二轮总统选举中赢得51.45%的选票，当选总统，并于7月28日就职。乌执政以来，选择温和中间道路，总体延续前几届政府经济政策，加大公共投入，促进经济增长；提倡“社会融合”，加大民生投入，推动经济社会协调发展；完善政府官员评估和司法监督机制，严厉打击腐败、偷税漏税、洗钱、贩毒等各种犯罪行为。

2016年，秘鲁将举行总统选举，首轮投票于4月10日举行。届时如无候选人得票率超过50%，得票率排名前两位的候选人将进入于6月5日举行的第二轮投票。呼声较高的总统候选人包括：“人民力量”党总统候选人藤森庆子、“全民为了秘鲁”党候选人古斯曼、“为了变革的秘鲁人”党候选人库辛斯基、“争取进步联盟”候选人阿库尼亚、“人民联盟”候选人加西亚等。目前，秘政局基本稳定，乌进入执政末期。

【宪法】现行宪法于1993年12月31日生效。宪法规定总统可连任一届，隔届可再当选；增设第一和第二副总统；国会由两院制改为一院制；对恐怖分子可处极刑等。2000年11月2日，秘国会通过宪法修正案，规定总统不得连任，但可隔届参选。2005年3月11日，秘国会再次通过宪法修正案，正式赋予军人和警察投票权。

【议会】称国会，一院制，由130名议员组成，行使立法和监督职能。议员由选举产生，任期五年，须是秘鲁出生、年满25岁、有选举权的本国公民，可连选连任。国会每年举行两次全会，休会期间由常务委员会主持工作。本届议会于2011年7月成立，各党团议席分配情况如下：秘鲁胜利党团36席、人民力量党团35席、秘鲁可行党团11席、人民行动—广泛阵线党团9席、议会协商党团9席、基督教人民党—争取进步联盟党团7席、民族团结党团7席，尊严与民主党团7席，地区联盟党团6席、无党团议员3人。现任国会主席路易斯·伊维里科·努涅斯（Luis Iberico Núnez），2015年7月26日就职，任期一年。

【政府】内阁由部长会议主席和18名部长组成。总统主持部长会议并任命内阁。现任内阁成员为：部长会议主席佩德罗·阿尔瓦罗·卡特利亚诺（Pedro Álvaro Cateriano），外交部长安娜·玛丽亚·桑切斯（Ana María Sánchez，女），国防部长哈克·哈伊莫·阿尔瓦雷斯（Jakke Raimo Álvarez），经济和财政部长阿方索·塞古拉·瓦辛（Alonso Segura Vasi），内政部长何塞·路易斯·佩雷斯（José Luis PÉREZ），外贸和旅游部长布兰卡·马加利·席尔瓦·比拉尔德·阿尔瓦雷斯（Blanca Magali Silva Velarde–Álvarez，女），司法部长奥尔多·阿莱杭德罗·巴斯克斯·里奥斯（Aldo Alejandro Vásquez Ríos），教育部长海梅·萨阿韦德拉·昌杜韦（Jaime Saavedra Chanduví），卫生部长阿尼瓦尔·贝拉斯克斯·瓦尔蒂维亚（Aníbal Velásquez Valdivia），农业部长胡安·曼努埃尔·贝尼特斯·拉莫斯（Juan Manuel Benites Ramos），劳动和促进就业部长丹尼尔·毛拉特·罗梅罗（Daniel Maurate Romero），生产部长彼罗·盖齐·索利斯（Piero Ghezzi Solís），能源和矿业部长罗萨·玛丽亚·奥尔蒂斯（Rosa María Ortiz，女），交通和通信部长何塞·加利亚多·库（José Gallardo Ku），住房、建设和用水部长弗朗西斯科·敦莱尔·库亚（Francisco Dumler Cuya），妇女部长马塞拉·怀塔·阿莱格雷（Marcela Huaita Alegre，女），环境部长曼努埃尔·普尔加·比达尔（Manuel Pulgar Vidal），文化部长迪亚娜·阿尔瓦雷斯·卡尔德龙·加略（Diana Álvarez Calderón Gallo，女），发展和社会融合部长保拉·布斯塔曼特·苏亚雷斯（Paola Bustamante Suárez，女）。

【行政区划】全国共分24个省和一个直属区（卡亚俄区）。

【司法机构】法院分四级：最高法院、高级法院、一审法院和调解法院。各级法官均通过全国或地方法官委员会考核推荐，由总统任命。最高法院院长从大法官中选举产生，任期两年。现任最高法院院长维克多·蒂科纳（Víctor Ticona）。

国家检察院为独立机构，检察长由最高检察团选举产生，任期三年，可连选连任一次，但第二任期不得超过两年。现任国家检察长巴布罗·桑切斯·贝拉尔德（Pablo Sánchez Velarde）。审计署为独立机构，审计署长由政府提名，国会任命，任期七年。现任国家审计署长福阿德·埃里亚斯·科里（Fuad Elías Khoury）。

【政党】秘鲁政党主要有：

（1）民族主义党（Partido Nacionalista Peruano）：新兴左翼政党。2005年由奥扬塔·乌马拉创建。在贫困地区和城市弱势群体中拥有较高支持率。反对新自由主义经济发展模式，主张国家对经济适当干预，促进社会公正。提倡拉美国家团结和一体化。2010年底同秘“红色祖国”、秘社会主义党等传统左翼政党结成“秘鲁胜利”联盟参加大选，并在第二轮投票中胜出。党主席为纳迪内·埃雷迪亚·阿拉尔孔·德乌马拉（Nadine Heredia Alarcón de Humala，乌马拉总统夫人）。

（2）阿普拉党（Partido Aprista Peruano）：又称“人民党”。秘最大传统政党，政治立场中左，党员80余万，多为中下层人士。1930年由阿亚·德拉托雷创建。对内主张民主自由和社会正义，反对独裁，主张对新自由主义经济政策进行调整，允许多种所有制并存；对外主张捍卫国家主权，反对帝国主义干涉，促进拉美团结。1985—1990年首次执政，2006—2011年再度执政。党主席为前总统阿兰·加西亚·佩雷斯（Alan Garcia Pérez）。

（3）“人民力量”党（Fuerza Popular）：2010年藤森庆子（前总统藤森之女）为参加总统选举创建“2011力量”党，后改名为“人民力量”党。政治立场中右。尊重民主与法制，主张平等和社会正义，促进地区均衡发展。强调效率和透明，倡导根除腐败，严打各种犯罪行为，维护社会治安。党主席藤森庆子（Keiko Fujimori，女）。

（4）“秘鲁可行党”（Perú Posible）：1994年亚历杭德罗·托莱多为参加次年总统选举创建的政党。政治立场中右。尊重民主人权，主张以“人本主义”进行国家建设，通过持续的经济增长促进社会公平。认为私人经济是促进经济增长和技术创新的主体力量。2001—2006年执政。党主席亚历杭德罗·托莱多（Alejandro TOLEDO）。

（5）人民行动党（Partido Acción Popular）：1956年由费尔南多·贝朗德等人在原“全国青年民主阵线”基础上创建。核心政治主张为民主、民族主义和革命。对内主张实行代议制民主和混合经济模式；对外强调独立自主和不结盟原则，支持拉美一体化。该党曾于1963—1968年、1980—1985年两度执政。党主席哈维尔·阿尔瓦·奥兰迪尼（Javier Alva Orlandini）。

（6）基督教人民党（Partido Popular Cristiano）：传统中右政党。1966年由基督教民主党分裂而成。在秘鲁中上层，特别是企业界影响较大。主张建设互助社会和提高共同福利。提倡尊重人权，建立和谐劳资关系，依靠私营企业发展经济，实施渐进社会变革。1980—1984年同人民行动党联合执政。2010年11月同人道主义党、进步联盟、全国重建党组成“伟大变革”联盟参加大选。党主席劳尔·卡斯特罗·斯坦格纳罗（Raúl Castro Stagnaro）。

【重要人物】奥扬塔·乌马拉·塔索：总统。1962年6月27日生。毕业于乔利略军校。退役陆军中校。曾在阿亚库巧省边防部队服役。1991年参加政府军清剿反政府游击队“光辉道路”的军事行动。2000年因领导兵变要求藤森政府下台，被捕入狱，后被国会特赦。2003—2004年先后任秘驻法国使馆副武官和驻韩国使馆武官。2005年10月创建民族主义党。2006年以民族团结党总统候选人身份参选，在第二轮选举中以微弱劣势败北。2011年作为左翼“秘鲁胜利”联盟总统候选人参加大选，在6月5日第二轮选举中获胜。2011年7月28日就职，任期五年。已婚，夫人娜迪内·埃雷迪亚，有两女一子。

经 济

秘鲁为传统农矿业国家，属拉美中等发展水平经济体。全球竞争力排名第65位（来源：世界经济论坛），人类发展指数排名第82位（来源：联合国开发计划署）。矿产资源丰富，石油自给有余。藤森执政期间，实行私有化政策，并在物价、税收等方面进行了一系列改革，经济形势逐步好转。托莱多政府实行“恢复经济政策”，宏观经济运行平稳，五年间经济年均增长率达5%。

加西亚政府时期，经济连年快速增长。2009年，受国际金融危机冲击，秘鲁经济仅微幅增长。2010年，秘经济重返快速增长轨道，全年经济增长8.78%，在拉美国家中位居前列。

乌马拉政府注重加强宏观调控，积极推行自贸战略，大力吸引外资，有效抑制通胀。近年来，秘鲁经济持续较快增长，增速位居拉美国家前列。2014年，秘经济增长2.35%。2015年8月，秘经济增长2.57%，前八个月增幅为2.55%。2015年，秘经济增长预期2.79%。（来源：世界银行）

2015年主要经济数据：

国内生产总值（GDP）：2118亿美元（2014年）。

人均国内生产总值：6800美元（2014年）。

货币名称：新索尔（Nuevo Sol）。

汇率：1美元=2.62新索尔（2016年1月）。

通货膨胀率：4.2%（2015年）。

失业率：5.7%（2015年6月）。

外汇储备：614.39亿美元（截至2015年9月）。

（资料来源：秘鲁中央储备银行、秘鲁国家统计局）

【资源】矿业资源丰富，是世界12大矿产国之一。主要有银、铜、锌、锡、铋、钒、铅和黄金等。目前石油探明储量为363.9亿桶，天然气1960亿立方米，液态天然气储量9.35亿桶。煤储量11亿吨，铀储量10万吨。铁矿石储量8.61亿吨，铜储量为5790万吨，钼储量约45万吨，铅、锌铅储量520万吨，锌储量1820万吨。银储量为4.38万吨，金储量为3000吨。森林覆盖率为58%，面积7800万公顷，在南美洲仅次于巴西。渔业资源丰富。

【工矿业】工业以加工和装配业为主，石化、冶金、基建、电力、制药等产业发展相对缓慢。2015年1—10月，秘铜产量增加18.08%（135万吨），黄金产量增加0.84%（370万盎司），锌产量增加10.39%（188万吨），白银产量增加7.04%（1.0680亿盎司），铅产量增加14.28%（257264吨），铁矿石产量增加0.83%（642万吨），锡产量减少14%（16079吨）。

【**农牧渔业**】秘是世界十大农产品生产国之一，高原藜麦和芦笋产量居世界第一，鳄梨第三，葡萄第五，青椒第四，朝鲜蓟第三。秘是世界主要鱼粉、鱼油生产国。2013年秘农牧业产品出口总值达44亿美元，占当年秘国内生产总值的2.1%。农牧业用地占全国土地总量的30%，达3874.2万公顷，农业人口约占全国人口的1/3。2011年至2014年，秘农业年均增长3.2%。2015年秘农业产值预计增长2.1%，农产品出口额将达47亿美元。

【**旅游业**】秘鲁是印加文明的发祥地，旅游资源丰富。2014年秘共吸引385.9万人次外国游客来访，同比增长1.5%；其中，来自智利、美国和厄瓜多尔的游客人数分别占43.9%、12.6%和9.5%。出境游客总计302万人次，同比增长2.8%；智利（49.8%）、美国（11.3%）和厄瓜多尔（5.6%）为前三大旅游目的地。2015年上半年，秘共接待外国游客167万人次，同比增长7.9%。主要旅游景点有库斯科城、马丘比丘遗址、利马大广场、黄金博物馆等。

【**交通运输**】秘鲁的交通运输以公路为主，公路货运量占全国运输总量的80%。水上运输较发达，外贸主要依靠海上运输。

铁路：秘是南美最早修建铁路的国家，1851年建成第一条利马至卡亚俄的铁路。2013年铁路总里程1929公里，主要有中部、南部和东南部铁路，多用于山区农矿产品运输及部分旅游客运。2013年客运量215万人次，货运量766.7万吨。

公路：公路里程14.07万公里。其中国道2.46万公里，省道2.42万公里，市镇级公路9.18万公里。2012年，全国机动车合计299.92万辆。秘鲁主要公路是纵贯南北的泛美公路和横跨东西的中央公路。

水运：秘鲁濒临太平洋，沿海多优良港口。内陆地区尤其是亚马逊地区河流纵横，水路运输便利。秘现有海港19个，河港4个，湖港1个。2011年有各类民用船只6053艘，货运量2174万吨。主要港口有：卡亚俄、派塔、钦博特、伊洛、萨拉维里等。

空运：2013年客运量1578.96万人次。秘鲁有机场66个，其中国际机场5个，国际航线可通美国、欧洲部分国家和拉美各主要国家。最主要国际机场有豪尔赫·查维斯机场和阿雷基帕、奇克拉约、皮斯科、伊基托、库斯科机场等。

【**财政金融**】近几年秘鲁中央政府财政收支情况如下（单位：亿新索尔）：

	2011	2012	2013	2014
收入	882.30	972.87	1032.03	1284.96
支出	789.79	909.92	1015.89	1235.43
差额	92.51	62.95	16.14	49.53

（资料来源：秘鲁中央储备银行）

【**对外贸易**】秘鲁实行自由贸易政策。主要出口矿产品、石油、农牧业产品、纺织品和渔产品等。

2015年秘贸易总额692.7亿美元，其中出口332.5亿美元，进口360.2亿美元，同比分别减少11.7%、13.9%和9.9%，主要原因是国际大宗商品价格下跌，矿产品、农渔产品出口减少等。主要贸易伙伴为中国、美国、巴西和加拿大。

近几年秘鲁对外贸易情况（单位：亿美元）

	2012年	2013年	2014年	2015年
出口额	456.39	414.3	381.1	332.5
进口额	411.13	436.7	423.5	360.2
差额	45.27	22.4	42.4	27.7

（资料来源：秘鲁外贸旅游部）

【**外国资本**】1991年3月，秘鲁政府修改外资法，取消了对外国投资的某些限制措施，允许外商在能源、电信、自来水等部门投资，利润自由汇出。2014年秘鲁吸引外国直接投资额（IED）为81.7亿美元，同比下降15.8%。西班牙、英国、美国是秘主要投资来源国。

【**外国援助**】2007/2013年度，欧盟向秘鲁提供1.32亿欧元援助，主要用于提高政府执政能力和发展社会事业。2010年秘接受美国援助资金共1.66亿美元，用于打击贩毒、军事合作和加强民主建设。2011年，德国宣布将向秘提供500万欧元援助以支持秘保护雨林及生物多样性，并计划向秘提供总值2亿欧元的援助用于秘开展环保、权力下放和循环饮用水等领域项目。加拿大宣布在未来四年内向秘提供总额为489万美元的援助以解决秘国内因采矿引发的社会冲突。2012年8月，美洲开发银行与秘经济财政部签署协议，向秘提供1.4亿美元的援助，用于支持秘卫生、教育和环境保护。

人民生活

2013年秘鲁全国共有医院511家、医疗中心2096家、卫生所7124个。贫困率从2007年的42.4%下降至2014年的22.7%，累计500万人实现脱贫。通水率从2004年的70%升至2014年的86%（农村地区通水率从36%升至64%）。通电率从76%增至93%（农村地区从32%增至75%）。新生儿死亡率从21‰降至17‰。2014年，每10位居民中7位有医保。

军　事

秘鲁总统为武装力量最高统帅。国防委员会为最高军事决策机构，总统任主席。最高军事指挥机构是武装力量联合指挥部，直属总统领导，成员为三军总司令，并轮流担任主席。现任联指司令何塞·奎托·阿塞尔比（José Cueto Aservi），陆军司令里卡多·蒙卡达·诺沃亚（Ricardo Moncada Novoa），海军司令卡洛斯·特哈达·梅拉（Carlos Tejada Mera），空军司令海梅·菲格罗亚·奥利沃斯（Jaime Figueroa Olivos），国民警察司令奥斯卡·贝塞拉·贝拉尔德（Oscar Becerra Velarde）。秘鲁实行义务兵役制，服役期两年。

2009年秘鲁三军总兵力10.1867万人。陆军6.21万人，下辖5大临时军区，编有5个步兵旅、2个装甲旅、2个摩托旅、2个山地旅、2个特种旅、1个丛林旅、1个陆航旅和1个纵队。海军2.291万人，设有5个海区，拥有现役巡洋舰1艘、导弹驱逐舰8艘、导弹护卫舰6艘、潜艇6艘、巡逻艇59艘等。空军1.69万人，编有4个飞行联队和1个训练司令部。另有约10万国民警察组成的准军事部队。自20世纪70年代开始引进苏联飞机。

2013年，秘鲁国防预算16.26亿美元。

文化教育

【教育】秘鲁政府重视发展教育事业。现行教育体制为：学前教育1—2年，小学6年，中学6年，大学5年。2010年，秘鲁小学入学率为98.7%，初中入学率为91.6%。教育预算4.705亿美元。

秘全国著名高等院校大多集中在首都利马。最著名的国立大学是圣马科斯大学（建于1551年），亦是拉美历史最悠久的高等学府。排名前五位的私立大学分别是：天主教大学、利马大学、圣马丁·德彼雷斯大学、里卡多·帕尔马大学和太平洋大学。

【新闻出版】全国共有各种报纸及刊物20余种。主要有：《商报》，发行量约28万份；《快报》，发行量15万份；《共和国报》，发行量15万份；《秘鲁人报》，发行量25万份；《太阳报》，发行量3万份。主要政论期刊有：《假面具》周刊，发行量3.5万份；《请听》和《是》各发行1万份。

秘鲁新闻社和安第斯新闻社为官方通讯社。

全国共有广播电台1107家，除一家国家电台外，其余均为私人电台。影响较大的电台有：国家电台、圣罗莎电台、秘鲁节目电台、团结电台和联合电台等。

全国共有电视发射台和转播台90家，其中七家有全国广播网。电视七台为国家台，其余均为商业性电视台。影响较大的商业性电视台有拉丁台（电视二台）、美洲台（电视四台）、泛美台（电视五台）、安第斯台（电视九台）、OK台（电视十一台）和全球网台（电视十三台）。

对外关系

秘鲁奉行独立自主的外交政策，强调外交为经济发展服务。主张在国际事务中遵循国际法、联合国宪章和泛美体系准则，维护国际和平与安全。支持联合国改革，主张加强联合国的权威。尊重普世人权观。重视同美国的关系，积极发展同拉美国家关系，支持地区团结和一体化，反对地区军备竞赛，努力拓展同欧盟及亚太国家关系。现与130多个国家保持外交关系。

秘是不结盟运动、七十七国集团、十五国集团、里约集团、南美国家联盟、安第斯国家共同体、拉美一体化协会、拉美经济体系、亚马孙合作条约、太平洋经济合作理事会、南太平洋常设委员会、太平洋联盟等国际和地区组织的成员国。1998年11月，秘鲁正式加入亚太经济合作组织。

2015年，秘继续推行多元化外交，积极实施自贸战略，扩大出口，吸引投资，服务于国内经济发展和"社会融合"。2015年9月，秘总统乌马拉赴美国出席联合国成立70周年系列峰会。10月，秘鲁主办世界银行和国际货币基金组织年会。同月，秘鲁当选联合国经济和社会理事会2016—2018年度成员国，此系秘鲁第10次当选该理事会成员国。2016年11月秘鲁将主办亚太经合组织领导人非正式会议。

【同中国的关系】1971年11月2日建交。2008年11月胡锦涛主席访秘鲁期间，中秘宣布建立战略伙伴关系。2009年，两国正式签署自由贸易协定。

2012年，两国高层交往密切。全国政协副主席、统战部部长杜青林（3月），中共中央委员、内蒙古自治区党委书记胡春华（5月），全国政协副主席阿不来提·阿不都热西提（11月），全国政协副主席张梅颖（12月）相继访秘。秘国会主席阿布加塔斯、最高法院院长圣马丁及前总统加西亚分别访华。2013年，秘外长龙卡利奥洛（2月）、总统乌马拉（4月）、国会第二副主席艾古伦（5月）访华。2014年1月，秘鲁国会主席奥塔罗拉访华。同年11月，乌马拉总统来华出席亚太经合组织第二十二次领导人非正式会议并对中国进行工作访问。张德江委员长对秘进行正式友好访问。2015年5月，李克强总理对秘鲁进行正式访问。

两国经贸合作不断深化。2009年4月，两国正式签署自由贸易协定，2010年3月协定生效实施。目前，中国是秘鲁全球第一大贸易伙伴和第一大出口市场。2013年，双边贸易总额146.2亿美元，同比增长6%，其中我出口61.9亿美元，进口84.3亿美元，同比分别增长16.1%和下降0.4%。2014年，双边贸易总额143亿美元，其中中方出口61亿美元，进口82亿美元，同比分别下降2%、1.4%和2.5%。2015年，双边贸易额144.7亿美元，其中中方出口63.5亿美元，进口81.2亿美元，同比分别增长1.6%、4.2%和−0.3%。

中国驻秘鲁大使：贾桂德。馆址：Jirón José Granda 150 San Isidro Lima 27，Perú。信箱：Apartado Postal 375。国家地区号：511。电话：2220842、4429458（办公室、值班），4429466（领事部），电传：036–25283 PE CHI LIMA；传真：4429467。网址：http://www.embajadachina.org.pe。商务处地址：Av. Javier Prado Oeste 2496 Magdalena del Mar，Lima 17，Perú。信箱：Apartado Postal 170140。电话：4619536，传真：4619855，电传：036–25625 PE CHIS LIMA。

秘鲁驻华大使：胡安·卡洛斯·卡普纳伊（Juan Carlos Capuñay）。馆址：北京市朝阳区三里屯外交人员办公楼1单元91号。电话：010-65322494，65323719；传真：65322178；电传：22278 LEPRU CN。网址：http：//www.embperu.cn.net。

【同美国的关系】秘美1826年建交。美是秘鲁最大的贸易伙伴和出口市场。2006年4月，两国政府签署自贸协定，并于次年获美国会通过。2012年，美国务卿希拉里·克林顿、国防部长帕内塔、主管西半球事务的助理国务卿雅各布森分别访秘，秘国防部长奥塔罗拉访美。2013年6月，乌马拉总统对美国进行国事访问。11月，外长里瓦斯访美。

【同拉美国家的关系】秘鲁重视同地区内国家特别是邻国的关系，积极推动地区一体化进程，反对地区军备竞赛。2012年，秘总统乌马拉访问委内瑞拉、智利、阿根廷，在出席联合国可持续发展大会—里约峰会期间与巴西总统罗塞芙举行会晤，与厄总统科雷亚共同主持第六届两国内阁部长联席会议。秘外长龙卡利奥洛访问巴西、哥伦比亚、乌拉圭、墨西哥和委内瑞拉。厄瓜多尔总统、墨西哥、巴西、萨尔瓦多和阿根廷外长访秘。秘鲁和墨西哥、巴拿马签署的自贸协定正式生效实施，秘正式以地区观察国身份加入中美洲一体化体系（SICA）。10月15—16日，拉美“太平洋联盟”高级别小组和技术小组会议在利马举行。

2013年，乌马拉总统访问古巴，赴委内瑞拉出席查韦斯总统葬礼和马杜罗总统就职仪式，赴智利出席首届拉共体—欧盟首脑会议和首届拉共体会议，赴苏里南出席南美国家联盟第七次首脑峰会，与墨西哥、哥伦比亚和智利三国元首共同召开拉美“太平洋联盟”第六届首脑会议，并会见到访的巴西总统罗塞夫、厄瓜多尔总统科雷亚。1月，秘外长龙卡利奥洛赴智利出席拉共体—欧盟外长会议和拉共体外长会议。7月至12月，秘外长里瓦斯出席伊比利亚美洲外长特别会议，并代表乌马拉总统出席第23届伊比利亚美洲峰会，出席第九次拉美“太平洋联盟”部长级会议、第37届安第斯共同体外长会议，并代表秘方接受2013—2014年度安共体轮值主席国任命，对巴西进行工作访问，并会见到访的巴拿马外长法夫雷加和洪都拉斯外长阿圭罗。

2014年1月，乌马拉总统赴古巴出席第二届拉美加勒比共同体峰会。2月，乌赴哥伦比亚卡塔赫纳出席太平洋联盟第八次首脑峰会，并对哥进行正式访问。3月，乌赴智利出席智总统权力交接仪式。7月，乌访问墨西哥，同墨总统培尼亚举行会谈，双方签署安全、气候变化、教育、旅游等领域10项合作协议。2月，秘外长里瓦斯、国防部长卡特里亚诺赴智利出席两国政治和协商常务委员会第五次会议。

2015年5月，乌马拉总统会见来访的洪都拉斯总统阿尔瓦拉多，并共同出席两国自贸协定签字仪式。6月，秘鲁—玻利维亚首届双边内阁会议在秘鲁普诺市召开，总统乌马拉、玻利维亚总统莫拉莱斯出席会议。10月，乌马拉总统、哥伦比亚总统桑切斯在哥伦比亚主持召开两国双边内阁第二次会议。

【同独联体国家和东欧国家的关系】苏联解体后，秘鲁政府相继承认独联体各国。1997年，秘先后与哈萨克斯坦、白俄罗斯和立陶宛建立大使级外交关系。2007年，俄国家杜马副主席佩赫京、俄外长拉夫罗夫分别访秘。2008年11月，俄罗斯总统梅德韦杰夫对秘进行国事访问，梅系首位访秘的俄最高领导人。2011年，俄外长拉夫罗夫访秘。秘鲁—乌克兰磋商机制第三次会议在利马召开。2012年，秘外长龙卡利奥洛访问俄罗斯，乌克兰外长访秘。2013年，秘鲁总统乌马拉会见到访的俄罗斯防长绍伊古。2014年1月，秘外长里瓦斯会见来访的亚美尼亚共和国外长纳尔班迪安。

【同日本及其他亚太地区国家和组织的关系】藤森总统执政期间，秘日关系发展迅速，日本在秘鲁对外关系中的地位明显上升。秘是拉美国家中接受日援最多的国家。近年来，秘积极发展与亚太国家的关系，加强对太平洋事务的参与，积极参与亚太经合组织事务及跨太平洋战略经济伙伴关系协定（TPP）的谈判。2011年，秘同日本签署经济伙伴协定，同韩国自由贸易协定生效，并同印度正式启动自贸协定谈判。2012年，秘总统乌马拉对日本和韩国进行首次正式访问，并在出席联合国可持续发展大会—里约峰会期间会晤韩国总统李明博。韩国、阿富汗和阿塞拜疆外长访秘。秘鲁和日本经济协作协定正式生效。

2013年，秘鲁总统乌马拉会见到访的印度副总统安萨里、来秘出席秘鲁—日本建交140周年纪念活动的日本首相特使西村康敏议员，赴印尼出席亚太经合组织第21次领导人非正式会议，并对泰国进行正式访问，完成秘泰自贸协定谈判。秘外长里瓦斯会见来访的新加坡外长穆尚根。

2014年1月，日本文仁亲王夫妇访问秘鲁。3月，乌马拉总统会见到访的韩国总统特使崔炅焕。2015年4月，韩国总统朴瑾惠对秘鲁进行国事访问。

【同欧盟的关系】欧盟是秘鲁重要贸易伙伴和投资来源地。2010年，秘同“欧洲自由贸易联盟”（EFTA）签署自贸协定。2011年，秘外长龙卡利奥洛访问西班牙、法国、德国和欧盟。2012年，秘总统乌马拉访问西班牙、德国、瑞士、比利时、法国、葡萄牙，外长龙卡利奥洛访问葡萄牙和瑞典。葡萄牙总理、德国、英国、西班牙、乌拉圭外长访秘。秘鲁—挪威贸易优惠协定正式生效，至此，秘与欧洲自由贸易联盟所有成员国贸易协定全部生效。12月，欧洲议会和秘国会相继批准欧盟与秘的自贸协定。

2013年，乌马拉总统会见到访的意大利国防部长毛罗。欧盟外交和安全政策高级代表凯瑟琳·阿什顿、欧盟委员会副主席塔亚尼、西班牙首相拉霍伊、罗马尼亚总统伯塞斯库访秘。1月秘鲁外长龙卡利奥洛赴智利出席拉共体—欧盟外长会议和拉共体外长会议。12月，秘外长里瓦斯对西班牙、意大利进行正式访问。2014年1月，乌马拉总统会见对秘进行正式访问的芬兰外长图奥米奥亚。2015年3月，秘总统乌马拉会见来访的德国总统高克。6月，乌马拉总统赴布鲁塞尔出席第二届拉美经委会—欧盟峰会。7月，乌马拉总统对西班牙进行国事访问。

【同中东地区国家的关系】秘鲁重视发展同该地区国家关系。2012年，秘外长龙卡利奥洛访问摩洛哥和突尼斯，阿联酋外长访秘。10月1—2日，第三届南美—阿拉伯国家峰会在利马举行。

2014年2月，乌马拉总统访问以色列、巴勒斯坦和卡塔尔三国。（张瑞博）

波多黎各

国名　波多黎各自由邦（The Commonwealth of Puerto Rico），拥有美国联邦领土地位（US Commonwealth Territory）。

面积　13790平方公里，其中陆地面积8870平方公里，海岸线长501公里。

人口　350万（2015年7月）。白人（多是西班牙裔）占75.8%，黑人占12.4%，混血占3.3%，美洲印第安裔占0.5%，亚裔占0.2%，其他族裔占7.8%。官方语言为西班牙语和英语。居民主要信奉基督教（天主教徒56%，新教及其他44%）。

首府　圣胡安（San Juan）。

总督　加西亚·帕蒂拉（Alejandro Garcia Padilla），2013年1月就职，任期四年。

简况

位于加勒比海大安的列斯东部，北临大西洋，南濒加勒比海，东与美属、英属维尔京群岛隔水相望，西隔莫纳海峡同多米尼加共和国为邻。科地勒拉山穿过境内，属热带海洋性气候，雨量充足，1月平均气温24℃，7月平均气温27℃。

原为印第安人居住地。1493年哥伦布第二次去美洲大陆时抵达此岛。1509年沦为西班牙殖民地。1869年，波多黎各人民起义，宣布成立共和国，遭西班牙军镇压。1897年实现内部自治。1898年美西战争后割让给美国。1917年，波多黎各人被赋予美国公民权。波多黎各居民可以参加美国全国的政党初选，但不能参加美国总统大选。1947年开始自行选举总督。1952年通过的宪法规定，在实现内部自治的前提下，保持与美国的联系，美国会通过法律给予波多黎各美国联邦领土地位（即在内部事务方面享有自治地位）。在1993年11月的全民投票中，48%的人赞成保持美国联邦领土地位，46%赞成拥有美国州的地位，4%的人赞成完全独立。在2012年11月的全民投票中，33%的人赞成保持美国联邦领土地位，61%赞成拥有美国州的地位，5%的人赞成完全独立。

政治

波多黎各现仍维持美国联邦领土地位，但宪法地位问题（即与美国关系的法律地位问题）仍是内部争执的焦点。目前主要争执点是维持目前的美国联邦领土地位还是成为美国之一州。

【宪法】根据1952年通过的宪法，总督为最高行政长官，由选举产生，任期四年。下设部长会议。美国国会有权废止波多黎各议会通过的法律。

【议会】分参众两院。参议员27人，众议员51人，任期四年。由于不实行美国税务法律，该岛在美国国会无代表权。该岛人民选举出地方代表常驻美国国会，只在众院各委员会参加表决。

【政府】总督拥有行政权，也是民兵总司令，有权宣布戒严。现任总督加西亚·帕蒂拉。

【政党】（1）人民民主党（Partido Popular Democratico）：1938年成立。1948年实行选举产生总督以来，该党曾多次执政。主张保持波的美国联邦领土地位。现任主席安尼巴尔·阿塞维多·维拉（Anibal Acevedo-Vila）。

（2）新进步党（Partido Nuevo Progresista）：1967年成立。曾数次执政。主张成为美国一州。现任主席为佩德罗·罗塞罗（Pedro Rossello）。

（3）波多黎各独立党（Partido de la Independencia Puertoriqueno）：1946年成立。主张波从美国独立出来。现任主席鲁本·贝里奥斯（Ruben Berrios）。

其他政党有波多黎各国家民主党、国家共和党、社会党、共产党等。

经济

波多黎各系加勒比地区最丰富多元的经济体之一，历史上曾以甘蔗种植业为主，后工业超过农业成为经济支柱。前五大经济部门依次为制造业、金融保险和房地产业、其他服务业、政府机构开支、贸易。主要工业包括制药、电子、石化、食品加工、纺织服装等。美国税收优惠政策和联邦援助项目对波经济至关重要，但最低工资标准等相关制度也成为波经济发展阻力。近年来，波日益注重发展同加勒比地区和拉美国家经济联系，致力于将本岛建成拉美国家面向美加自由贸易区成员的制成品加工中心。受2006年波政府取消美国制造商税收减免政策等影响，波制造业外流严重，经济发展困难增大，十年间经济总计萎缩15%，迄今已连续六年负增长。截至2014年，波制造业就业人口缩减过半，大量居民前往美国本土寻求工作机遇。美国人口普查数据显示，2004年以来，波多黎各人口减少了9.2%。随着近年经济衰退加剧，波债务危机日益严重。2015年8月和2016年1月，波多黎各政府两次宣布无法按时足额偿还债务。波多黎各财政年度为当年7月1日至次年6月30日。

主要经济数据如下：

地区生产总值：1036.8亿美元（2014年）。

人均地区收入：1.98万美元（2014年）。

货币名称：美元。

通货膨胀率：0.6%（2015年）。

失业率：15%（2015年）。

【**工业**】2014年，工业产值占地区生产总值的48.5%。主要有制药、电子、服装、机械制造、建筑、采矿、化工、塑料、石油、食品加工和饮料等行业。

【**农业**】2014年，农业产值占地区生产总值的0.7%。主要生产棉花、咖啡、甘薯、烟草、水果等。

【**服务业**】2014年，服务业产值占地区生产总值的50.8%。从业人口占劳动总人口的79%。

【**旅游业**】旅游业是国民经济重要支柱产业。2013年，旅游业收入占波总收入的7%，共接待游客约320万人次，绝大多数来自美国大陆。主要名胜有：蓬塞艺术博物馆、圣胡安老城、圣胡安大教堂、云盖雨林和波多黎各16—17世纪家庭博物馆等。

【**交通运输**】运输业较发达。拥有铁路96公里，高速路426公里，机场29个。波为加勒比地区空运中心，圣胡安、蓬塞、马亚古埃斯均为海空良港。

【**对外贸易**】2013年，进出口总额分别为473亿美元和697亿美元。主要贸易伙伴除美国大陆外，还有日本、英国、多米尼加、爱尔兰、美属萨摩亚等。同美国大陆的进出口贸易分别占其进出口总额的55%和90%。

军　事

美国负责波多黎各防务。实行义务兵役制，拥有主要由美国联邦政府提供预算的国民警卫队1.1万人。

文化教育

【**教育**】波多黎各对6—16岁儿童实行免费义务教育。授课用西班牙语进行，但所有年级英语都是必修课。有中小学1782所，私立中小学818所；高等学校69所（其中以圣胡安大学、波多黎各大学等3所大学规模最大）。平均56%的人至少受过一年大学教育。

【**新闻出版**】主要报纸：《世界报》、《新日报》、《圣胡安明星报》等。广播电台125个，电视台30多个，其中三个属美国驻军。

对外关系

波多黎各为国际奥委会成员、联合国拉美及加勒比经社理事会准成员，拥有加勒比共同体和共同市场的观察员地位。

（路辉）

玻利维亚

国名　多民族玻利维亚国（The Plurinational State of Bolivia，Estado Plurinacional de Bolivia）。

面积　1098581平方公里。

人口　977.52万（2015年）。印第安人占总人口的54%，印欧混血种人占31%，白人占15%。官方语言为西班牙语。主要民族语言有克丘亚语和阿依马拉语。多数居民信奉天主教。

首都　政府、议会所在地：拉巴斯（La Paz），人口87.7万（2015年），海拔高度3627米，年平均气温14℃。法定首都（最高法院所在地）苏克雷（Sucre），人口31.2万（2012年），年平均气温21.8℃。

国家元首　总统胡安·埃沃·莫拉莱斯·艾马（Juan Evo Morales Ayma），2006年1月22日就职，2009年12月在根据新宪法举行的大选中当选总统，2010年1月22日就职，任期至2015年1月。在2014年12月举行的大选中再次当选，任期至2020年1月。

重要节日　独立日（即国庆节）：8月6日。

简　况

位于南美洲中部，内陆国。东北与巴西为界，东南毗邻巴拉圭，南邻阿根廷，西南邻智利，西接秘鲁。属温带气候。

公元13世纪为印加帝国的一部分。1538年沦为西班牙殖民地，史称上秘鲁。1825年8月6日宣布独立，为纪念解放者玻利瓦尔取名玻利瓦尔共和国，后改为现名。1952年4月爆发人民武装起义，民族主义革命运动领导人帕斯·埃斯登索罗就任总统。此后，军事政变频繁，政局长期动荡。1983年10月恢复民主政体。

政　治

2005年12月18日，玻利维亚提前举行大选，左翼的“争取社会主义运动”候选人莫拉莱斯以54%的选票当选，成为玻建国以来首位印第安人总统。莫拉莱斯总统就职后，提出在玻建设“社群社会主义”，在政治、经济、社会等领域推进重大变革，如成立制宪大会、实施油气资源国有化、土改等。2009年1月，玻举行新宪法公投，以约60%的支持率获得通过。3月，莫宣布将原国名“玻利维亚共和国”改为“多民族玻利维亚国”。12月，莫拉莱斯以63%的选票再次当选总统，任期至2015年。其间，莫一直保持较高支持率，执政党掌控参议院和众议院多数席位。莫拉莱斯总统在2014年12月举行的大选中成功连任，2015年1月宣誓就职，任期至2020年1月。2016年2月21日，玻举行修宪公投，决定是否将总统和副总统连选连任次数由一次改为两次。24日，玻选举法院宣布公投未获通过。当前，玻政局总体稳定，执政党拥有国会绝对多数和中下层民众广泛支持，执政基础仍较稳固。但反对派将借机对执政党形成更多掣肘，朝野博弈日趋复杂。

【宪法】1826年颁布。宪法规定，国体为共和制，总统和副总统均由直接选举产生，总统任期为五年，可连任一次。

2009年1月25日，玻新宪法获得公投通过。新宪法对原宪法作了上百处修改，主要有：（1）强调玻多民族国家性质，赋予公民更多权利，政府应承担更多义务。（2）建立四权分立政治体制，印第安人较前更受重视，提出除行政、立法、司法权力机关外，建立多民族选举机构为第四种国家权力机关。（3）规定总统和副总统可连任1次。（4）改变现行行政区划体制，实行符合宪法的自治制度。（5）国家政权在经济中扮演重要角色，采取复合经济模式，限制大地产和双重地契。（6）关于后续立法及未来的宪法修订，若修改整个宪法或涉及根本内容，需由土著人全权制宪会议进行。

【议会】玻多民族立法大会由参、众两院组成，拥有通过和修改法律、审查议员资格、处理违法议员、弹劾政府部长等职权。宪法规定，副总统兼任国会主席。众议院设130席，按各省人口比例分配，其中68位众议员由各区选民直接选举产生，其余在大选中产生。年满25岁、服过兵役、无犯罪记录、由政党或合法团体提出的候选人均可竞选。参议院设36席，每省四席，参议员经大选直接选举产生。年满35岁、具有当选众议员资格的公民方能当选。每届国会任期五年。参、众议长由两院分别选举产生，任期一年，可连选连任。现任参议长何塞·阿尔韦托·冈萨雷斯·萨玛涅戈（José Alberto González Samaniego），众议长莉莉·加夫列拉·蒙塔尼奥·比亚尼亚（Lilly Gabriela Montaño Viaña），于2016年1月就职。各主要政党在国会中所占席位如下：

	参议院	众议院
争取社会主义运动（MAS）	25	88
民主团结联盟（UD）	9	32
基督教民主党（PDC）	2	10

【政府】总统内阁制。总统为国家元首、政府首脑和武装部队统帅。本届政府于2010年1月成立，2011年初、2012年初、2014年初、2015年初四次调整。内阁成员有：外交部长戴维·乔克万卡·塞斯佩德斯（David Choquehuanca Céspedes），总统府部长胡安·拉蒙·金塔纳（Juan Ramón Quintana），内政部长卡洛斯·罗梅罗（Carlos Romero），国防部长雷米·费雷拉（Reymi Ferreira），司法部长比希尼娅·贝拉斯科（Virginia Velasco，女），环境和水务部长玛利亚·亚历山德拉·莫雷拉·洛佩斯（María Alexandra Moreira Lopez,女），发展规划部长雷内·冈萨雷斯·奥雷利亚纳（Rene Gonzalez Orellana），经济与财政部长路易斯·阿尔韦托·阿尔塞·卡塔科拉（Luis Alberto Arce Catacora），生产发展和多种经济部长安娜·拉莫斯（Ana Ramos，女），公共工程、服务和住宅部长米尔顿·克拉罗斯·伊诺霍萨（Milton Claros Hinojosa），矿业和冶金部长费利克斯·塞萨尔·纳瓦罗（Felix Cesar Navarro），油气资源与能源部长路易斯·阿尔韦托·桑切斯·费尔南德斯（Luís Alberto Sanchez Fernández），教育部长罗伯特·阿吉拉尔（Roberto Aguilar），文化和旅游部长马科·马塞洛·马奇卡奥·班科维奇（Marko Marcelo Machicao Bankovic），卫生与体育部长阿德里亚娜·坎佩罗·纳瓦（Adriana Campero Nava，女），劳动、就业和社会保障部长何塞·贡萨洛·特里戈索·阿古多（José Gonzalo Trigoso Agudo），农村发展和土地部长内塞萨尔·乌戈·科卡里科·雅娜（Cesar Hugo Cocarico Yana），自治部长乌戈·希莱斯·努涅斯·德尔普拉多（Hugo Siles Nuñez del Prado），透明和反腐败部长塔蒂亚娜·巴尔迪维亚（Tatiana Valdivia，女），通信部长玛利亚内拉·帕科·杜兰（Marianela Paco Duran），体育部长蒂托·里维拉（Tito Rivera）。

【行政区划】全国共分为九省。

【司法机构】2011年10月，直选产生新一届司法机构法官。由大法官、农业环境法院法官、宪法法院法官和法官委员会委员等共56人组成，任期六年，其中男女法官各28人，土著人法官占多数。目前，帕斯托·马马尼（Pastor Mamani Villca）任最高法院院长，塞农·乌戈·巴卡雷萨·莫拉莱斯（Zenón Hugo Bacarreza Morales）任宪法法院院长。总检察长由多民族立法大会选举产生，任期6年，不得连任。现任总检察长拉米罗·格雷罗（Ramiro Guerrero），2012年10月当选。

【政党】全国合法政党23个，主要有：

（1）争取社会主义运动（Movimiento Al Socialismo，MAS）：1997年7月成立。执政党。玻新兴左派政党，系“广泛参与的全国性民主力量”。反对新自由主义经济和经济全球化。玻议会第一大政治力量。党的领导人为总统埃沃·莫拉莱斯。

（2）民主统一联盟（Unidad Demócrata）：最大反对党，2014年6月由“民族团结党”（Unidad

Nacional）和“社会民主运动党”（Movimiento Demócrata Social）合并而成，主张维护中产阶级和企业界利益，党的领导人为玻“水泥大王”萨姆埃尔·多利亚·梅迪那（Samuel Doria Medina）。

（3）基督教民主党（Partido Demócrata Cristiano）：反对党，1954年2月成立。主张改革现有经济模式，维护社会稳定，促进生产发展。党的领导人为前总统豪尔赫·基罗加（Jorge Quiroga）。

（4）无畏党（Movimiento Sin Miedo）：1999年3月成立，原为执政党“争社运”联盟党，2010年起与“争社运”决裂，成为反对党。目前该党占据拉巴斯、奥鲁罗两市市长席位。党的领导人为拉巴斯市前市长胡安·德尔格拉纳多（Juan del Granado）。

（5）绿党（Partido Verde）：主张重视环境保护和少数族裔利益。党的领导人是玻 TIPNIS 自然保护区土著人领袖费德南多·巴尔加斯（Fernando Vargas）。

其他主要政党有：新共和力量党、公民团结联盟、自由玻利维亚运动、左革阵、“四·九”革命先锋党、社会党、共产党等。

【重要人物】胡安·埃沃·莫拉莱斯·艾马：总统。1959年10月26日生于玻利维亚奥鲁罗省一个贫苦印第安人家庭。未受过高等教育。年轻时曾当过矿工、面包工人和泥瓦匠。从20世纪80年代起积极投身古柯农工会组织工作，逐渐成为该组织的主要领导人，曾连续九次当选六大古柯农工会联盟秘书长。1997年当选众议员，2001年因领导古柯农封路、游行活动被罢免。2002年，莫拉莱斯组建争取社会主义运动党，并在议会选举中获得35个议席，成为全国第二大党。同年，莫拉莱斯以该党领袖身份参加大选并进入第二轮，但在议会投票中以微弱差距败北。莫分别在2005年12月、2009年12月、2014年12月举行的三次大选中当选总统。本届任期至2020年。

经　济

玻利维亚是世界著名的矿产品、天然气出口国，工业不发达，农牧产品可满足国内部分需求，为南美最贫穷的国家之一。莫拉莱斯上台后，摒弃新自由主义经济政策，大幅提升政府在经济生活中的作用，宣布对油气资源实行国有化，提高天然气出口价格，并推动土地改革，取得积极成效。近年来，玻经济年均增速超过5%，财政和外贸保持盈余。

2015年主要经济数据：

国内生产总值：382.6亿美元。

人均国内生产总值：3412美元。

国内生产总值增长率：5.05%。

通货膨胀率：2.95%。

货币名称：玻利维亚诺（Boliviano）。

汇率：1美元=6.96玻利维亚诺。

（资料来源：玻国家统计局，玻中央银行）

【资源】矿产资源丰富，主要有锂、锡、锑、钨、银、锌、铅、铜、镍、铁、黄金等。锂储量1050万吨，居世界第一。锡储量为115万吨，占世界储量的1/4。铁储量约450亿吨，在拉美仅次于巴西。石油探明储量为9.29亿桶，天然气为52.3万亿立方英尺。森林覆盖面积50万平方公里，占国土面积的48%。

【工业】工业落后，以小工业及食品、纺织、皮革、酿酒、卷烟等加工业为主。有色金属冶炼有一定能力，拥有号称世界第三的平托（Vinto）冶炼厂。

【农牧渔业】农业较落后。全国可耕地面积3.4万平方公里，约占国土面积的3%。粮食生产仅能满足国内34%的需求，其余依赖进口。2013年全国牛存栏数为884万头，羊929万只，猪286万头。主要经济作物有棉花、咖啡、烟草、甘蔗、向日葵和古柯等。主要农牧产品为玉米、水稻、小麦、薯类产品和大豆等。

【旅游业】旅游基础设施相对落后。近年来重视发展旅游业。游客多来自秘鲁、阿根廷、美国、巴西及西欧国家。玻现有具备接待能力的各级旅店836家，床位3万多张。主要旅游景点有的的喀喀湖、印加帝国古城蒂亚瓦纳科和伊利马尼雪山等。

【交通运输】主要铁路和公路网集中在西部，边远地区依靠航空沟通。

公路：2010年各类公路总长80887公里，其中沥青路和石子路面分别占7.9%和37.3%，土路占54.8%；有各类机动车辆44.9万辆。

铁路：2011年铁路总长3652公里。

空运：拥有玻利维亚国家航空公司等四家民用航空公司和八家航空运输公司。拉巴斯、圣克鲁斯和科恰班巴各有一个国际机场，国际航线14条。2010年客运量为160.1万人次，货运量3.36万吨。

水运：内河航运线1.4万多公里。2010年水运客货运量分别为1.58万人次和107万吨。

【对外贸易】玻历届政府均重视发展对外贸易，特别是鼓励出口以拉动经济增长。玻积极参与地区一体化进程，与多数拉美国家签有经济互补协定。近年来，玻大力开拓其天然气出口市场，并制定了“南方共同市场能源供应地战略”。现与世界80多个国家和地区保持着贸易关系。

受国际和地区经济形势不利影响，2015年玻进出口同比分别下降31.6%和8.3%。贸易逆差创12年来新高。主要进口原材料及中间产品、工业设备、消费品、运输设备和食品。主要出口对象国为巴西、美国、阿根廷、哥伦比亚、委内瑞拉。近几年进出口额如下（单位：亿美元）：

	2012	2013	2014	2015
出口	119.67	121.62	129.91	89.09
进口	82.81	92.82	105.60	96.82
差额	36.86	28.80	24.31	−7.73

（资料来源：玻利维亚国家统计局）

【外国投资】2014年玻吸收外国直接投资21.13亿美元，同比增长4.08%。外资主要流向石油天然气、工业、矿业等领域。主要投资国为西班牙、瑞典、美国、法国和秘鲁等。

人民生活

玻利维亚政府将教育文化、健康营养、卫生设施、城市建设和住房、就业等列为社会发展政策中需要迫切解决的问题。莫拉莱斯执政以来，注重对社会事业的投入和改善民生，玻各项社会发展指标有所好转，社会贫困差距进一步缩小，玻已从低收入国家跨入中低收入国家行列。人口贫困率由2005年的60.6%下降至2014年的21%，赤贫率由2005年的38.2%下降至2013年的18%；儿童死亡率由2000年的31.8 ‰下降至2011年的21.7 ‰；15岁以上人口识字率由2001年的86.4%上升至2010年的91.2%；2012年，人均预期寿命67.9岁。2013年，玻政府将劳工基本工资和最低工资水平分别提高8%和20%。玻最低工资标准为每月173美元。

军　事

玻利维亚实行义务兵役制，凡年满18岁的男性公民必须服兵役，服役期一年。自1995年起，军官服役期延长至35年。

总兵力4万人（2005年），其中陆军2.5万人，编为10个师，有各类坦克、装甲车200辆，轻型炮200门；空军8000人，编为4个旅，下辖13个飞行大队，有战斗机25架，运输机30架，直升机30架；海军7000人，编为6个海区，下辖8个陆战队，有内河巡逻艇10艘，美制“波士顿”级救生艇8艘。警察部队总兵力2万人，归内政部管辖。各军种装备较陈旧落后。

武装力量总司令维克托·巴尔迪维索（Víctor Baldivieso），陆军司令奥马尔·萨利纳斯（Omar Salinas），海军司令贡萨洛·阿尔孔（Gonzalo Alcon），空军司令维克托·乌戈·梅内塞斯（Víctor Hugo Meneses），警察司令瓦尔特·比利亚尔潘多（Walter Villarpando）。

文化教育

【教育】玻利维亚文化教育落后，其文盲率是拉美最高的国家之一。2010年文盲率为9%，公办学校人数为13.8万人。国家对6—12岁儿童实行义务教育，但基础设施薄弱，资金缺乏。著名大学有圣弗朗西斯科·哈维尔大学和圣安德烈斯大学。2014年7月，据联合国教科文组织数据，玻文盲率降至3.8%。

【新闻出版】主要报刊有:《日报》，发行量5万份;《责任报》发行量4万份;《理性报》发行量约3万份;《时代报》发行量约2.5万份;《新闻报》，发行量4万份;《变革报》，发行量1.2万份。

有广播电台639家，其中322家设在城市，317家设在农村。多为商业电台，用西班牙语、阿依马拉语和克丘亚语广播。

国家电视台创建于1964年，在拉巴斯等七个省有转播台。另有九家私营电视台及三家有线电视和卫星电视台。

对外关系

玻利维亚奉行独立自主、和平和不结盟的对外政策，维护民族独立和主权，坚持各国一律平等、人民自决，不干涉别国内政、和平解决国际争端等原则，突出多元外交和务实经济外交。重视发展同拉美国家的传统友好关系，积极推进地区一体化。2005年莫拉莱斯总统上台后，同美国关系趋于冷淡。玻历届政府均坚持向智利提出恢复太平洋出海口的要求。莫拉莱斯总统执政后，双方就此重开谈判，后因智方坚持出海口问题不容谈判，玻将争端诉诸海牙国际法院。2015年6月，海牙国际法院作出于玻有利的裁决，宣布玻对玻智出海口争端具有管辖权。重视发展同欧盟和亚太国家的经贸合作关系。主张反毒，但认为古柯不是毒品，呼吁国际社会为古柯“解禁”。2013年1月，推动联合国通过玻重新加入1961年《联合国麻醉品单一公约》及咀嚼古柯叶合法化提案。积极参与国际事务，国际影响力不断提升。成功推动联合国将2013年确定为“国际藜麦年”。2013年11月当选七十七国集团2014年主席国，并于2014年6月成功举办七十七国集团成立50周年纪念峰会。

玻系不结盟运动、世界贸易组织、美洲国家组织、拉美和加勒比国家共同体、南美国家联盟、安第斯共同体、里约集团、拉普拉塔河流域组织、亚马孙合作条约组织等成员国和南方共同市场联系国。同86个国家保持外交关系。玻驻外使馆33个，领事馆104个，多派遣名誉领事。26个国家和国际组织在玻派有常驻大使或代表，在玻内地城市设有41家外国领事馆。

【同中国的关系】中玻于1985年7月9日建交。建交以来，两国关系发展顺利。

2012年7月，玻利维亚两位副外长阿鲁拉尔德和拉达访华，举行两国外交部间第八次政治磋商和中玻第三次双边领事磋商。10月，玻国防部长萨阿韦德拉和发展规划部长卡罗分别访华。12月，玻参议长蒙塔尼奥访华。2013年12月，玻总统莫拉莱斯来华进行国事访问。2014年6月，习近平主席特使、全国人大常委会副委员长陈竺赴玻参加七十七国集团成立50周年纪念峰会。2015年1月，习近平主席特使、国土资源部长姜大明赴玻出席莫拉莱斯总统就职仪式。5月，玻发展规划部长奥雷利亚纳访华。10月，加西亚副总统对华进行正式访问。

两国经贸合作发展迅速，合作领域不断拓宽。2015年，中玻双边贸易额10.15亿美元，其中我出口5.7亿美元，进口4.45亿美元，同比分别下降15.42%、19.26%和10.1%。

中国驻玻利维亚大使：吴元山。馆址：Calle 1, NO.8532，Los Pinos，Calacoto，La Paz，Bolivia。电话：00591-2-2793851（办公室），2792902（值班

室），2794567（商务处）；传真：2797121。电传：03093352（CHINALP BV）。

玻利维亚驻华大使：埃里韦托·基斯佩·查尔卡（Heriberto Quispe Charca）。办公处：北京市朝阳区塔园外交人员办公楼2–3–1号。电话：010–65323074，65324370（领事）；传真：65324686。

【同美国的关系】玻美于1825年6月8日建交。历史上两国保持密切关系。美在玻驻有外交和军事使团，派有帮助培训缉毒部队的军事顾问。玻是接受美援助最多的拉美国家之一。

2008年9月，玻以干涉内政为由驱逐美大使，两国迄未恢复互派大使。2010年11月，莫拉莱斯总统表示希与美重新互派大使，在平等和相互尊重的基础上尽快实现关系正常化。2011年11月7日，玻美签署了基于互相尊重主权原则的双边框架协定，同意重新互派大使，玻美关系有所缓和。2013年以来，玻美关系因玻方驱逐美国际发展计划署官员和“棱镜门”事件等再度恶化。2015年4月，莫拉莱斯总统出席美洲国家首脑会议时，表示希与奥巴马总统会晤。12月，加西亚副总统与美驻玻代办就玻美双边关系举行会谈并表示，玻希于2016年举行玻美高级别对话。2016年2月，莫拉莱斯总统指责美在修宪公投前夕支持反对派，干涉玻内政。两国关系再度紧张。

【同拉美国家的关系】重视同拉美各国，特别是安第斯共同体以及巴西和阿根廷等邻国的传统友好关系，高层往来频繁。玻利维亚与多数拉美国家签有经济互补和投资保护协定，积极参与地区一体化进程，谋求实现成为贯通两大洋的通道。莫拉莱斯总统上台后玻与古巴、委内瑞拉结成“反新自由主义阵营”和拉美“正义轴心”，并推动玻加入委倡导的美洲玻利瓦尔选择（2009年6月更名为“美洲玻利瓦尔联盟”，ALBA）。委、古两国给予玻大量现金、实物和技术援助。玻积极参与地区一体化，努力加强与周边国家的相互信任和合作。2015年7月，玻正式加入“南共市”。

玻地区外交积极活跃。2014年1月和5月，莫拉莱斯总统分别访问委内瑞拉和古巴。3月，莫拉莱斯总统赴智利出席智新当选总统巴切莱特就职仪式。6月，莫赴萨尔瓦多出席萨新任总统桑切斯就职仪式。7月，莫赴委内瑞拉出席南美国家联盟会议。8月，莫赴苏里南出席第七届南美国家联盟领导人峰会，并与巴西总统罗塞芙举行会晤。12月，莫赴秘鲁出席第20届气候变化大会。同月，莫赴古巴出席美洲玻利瓦尔联盟第13次峰会。2015年4月，莫拉莱斯总统出席第七届美洲国家首脑会议。12月，莫拉莱斯总统赴阿根廷出席阿新任总统马克里就职仪式。

同智利的关系：玻在太平洋战争（1879—1883年）中被智击败，丧失沿海大片领土，成为内陆国。此后玻一直要求重新获得出海口，历届政府均将此列为外交政策重点。1978年双方因出海口问题谈判破裂而断交，迄今只保持领事关系。

2006年1月莫拉莱斯上台后，玻主动缓和与智利的关系，两国元首50年来首次相互出席对方就职仪式。2011年1月，玻智两国宣布成立双边高委会，商谈出海口问题。此后，由于智方态度强硬，谈判进程陷入停顿。2013年4月，玻正式向海牙国际法院提交玻关于出海口问题的起诉书。2014年4月，玻总统莫拉莱斯向海牙国际法院提交谅解备忘录，要求同智方展开有诚意的谈判，以尽快解决两国出海口之争。7月，智方就海牙国际法院是否有权审理此案提出异议。2015年9月，海牙国际法院做出于玻有利的判决，宣布玻对玻智出海口主权争端具有管辖权。

【同欧洲国家的关系】玻利维亚重视发展同欧盟各国的关系，争取贷款和援助。2013年7月，莫拉莱斯总统赴俄罗斯参加石油输出国组织峰会返回途中，专机过境欧洲受阻，一度对双方关系造成严重影响。玻政府曾召回驻有关国家大使，推动拉美地区组织通过谴责决议并召开首届“反帝反殖”峰会，共同声讨美欧行径。在法国、意大利、西班牙、葡萄牙等相关国家就此向玻方致歉后，莫表示接受道歉，并希望继续发展同欧洲国家的互利友好关系。2014年9月，莫拉莱斯总统访问西班牙和白俄罗斯，分别与上述国家政要会见、会谈。同月，莫在纽约出席联大会议期间会见法国总统奥朗德，双方就修复因专机受阻事件受损的双边关系达成共识。2015年6月，莫访问布鲁塞尔、出席拉共体—欧盟国家首脑峰会，并会见法国总统奥朗德、意大利总统伦齐。11月，莫拉莱斯总统访问德国、意大利、法国、爱尔兰，其间分别会见德国总理默克尔、法国总统奥朗德等政要。

【同日本的关系】1956年，玻日两国签署移民协定，随后1000户日本家庭移居玻利维亚。日本是玻贷款和援助主要提供国之一。

2010年12月，莫拉莱斯总统访问日本，同菅直人首相举行会谈。日方同意在玻投资2.5亿美元建立1个火电厂，并表示愿同玻方在锂矿开发领域加强合作。2011年2月，日本宣布向玻提供350万美元机械设备，帮助玻抵御洪灾。2012年6月，玻日签署投资合作协议，日本将向玻提供700万美元饮用水供应设备，改善玻部分农村居民饮水条件。2013年8月，莫拉莱斯总统接见到访的日本众议员西村康敏，就举办2014年玻日建交100周年有关庆祝活动和深化两国经贸合作交换意见。2015年4月，加西亚副总统访日，就加强盐湖矿产和地热开发合作同日方交换意见，日方承诺向玻提供多项援助。

【同其他国家的关系】2013年2月20—23日，莫拉莱斯总统赴赤道几内亚首都马拉博参加南美—非洲国家论坛第三届峰会并会见赤几总统奥比昂等部分非洲国家元首。8月，莫拉莱斯总统向新当选的伊朗总统哈桑鲁哈尼表示祝贺，并积极评价自2007年建交以来玻伊关系发展。2014年5月，莫拉莱斯总统访问阿尔及利亚，这是玻1825年建国以来国家元首首次访阿。

（陈秋竹）

伯利兹

国名 伯利兹（Belize）。

面积 22966平方公里。

人口 36.4万（2015年）。混血种人和克里奥尔人分别占总人口的48.7%和24.9%，其次还有印第安人、印度人、华人和白人。居民中49.6%信奉天主教，25.5%信奉基督教新教，另有少数伊斯兰教徒。

语言 英语为官方语言，但近半数居民通用西班牙语或克里奥尔语。

首都 贝尔莫潘（Belmopan），人口约1.8万人。

国家元首 英国女王伊丽莎白二世，女王任命总督为其代表。现任总督科尔维尔·诺马·扬爵士（Sir Colville Norma Young），1993年11月就任。

重要节日 独立日：9月21日。

简　况

位于中美洲东北部。北与墨西哥接壤，西和南与危地马拉毗邻，东濒加勒比海。海岸线长386公里。属亚热带雨林气候。年平均气温25℃至27℃。南方雨量高达4550毫米。

原为玛雅人居住地。16世纪初沦为西班牙殖民地。1638年英国殖民者入侵，1862年正式宣布其为英国殖民地，改名英属洪都拉斯。1973年6月改为伯利兹。1981年9月21日独立，为英联邦成员国。

政　治

独立以来，统一民主党和人民统一党轮流执政。2015年11月大选中，执政党统一民主党蝉联执政，党领袖迪安·巴罗（Dean BARROW）连任总理，任期五年。目前，伯政局稳定。

【宪法】现行宪法于1981年9月生效。宪法规定：英国女王为伯利兹国家元首，由女王任命的总督（须是伯利兹公民）代表；总督任命众议院多数党领袖为政府总理，并根据总理提名任命副总理及部长。

【议会】由参、众两院组成，任期均为五年。参议员12名，由总督任命，其中6名由总理提名，3名由反对党领袖提名，伯利兹教会、工商界和工会组织各推荐1名。众议员31名由大选产生。本届议会于2015年2月组成。现任参议长马可·佩什（Marco Pech），众议长迈克尔·佩尔菲特（Michael Peyrefitte）。

【政府】本届政府于2015年11月组成。主要成员包括：总理兼财政、能源、公共服务和设施部长迪安·巴罗；副总理兼农业、渔业、林业、环境和可持续发展部长加斯帕·维加（Gaspar Vega），总检察长兼外交部长威尔弗雷德·埃尔林顿（Wilfred Elrington），经济发展、石油、投资和贸易部长埃尔温·孔特雷拉斯（Erwin Contreras）等。

【司法机构】设上诉法院、最高法院和区法院。2010年2月，伯利兹宣布将加勒比法院取代英国枢密院作为伯终审法院。上诉法院院长埃利奥特·莫特利（Elliot Mottley），最高法院院长阿卜杜雷·康特（Abdulai Conteh）。

【政党】主要政党：

（1）统一民主党（United Democratic Party，“红党”，简称UDP）：执政党，1974年由民族独立党、人民发展运动、自由党和黑人联合发展协会合并组成，主要得到黑人的支持。1984年至1989年，1993年至1998年执政。2008年2月赢得大选，2012年3月、2015年11月蝉联执政。领袖迪安·巴罗。

（2）人民统一党（People's United Party，“蓝党”，简称PUP）：反对党。1950年成立，支持者多来自混血种人。曾于1954年至1984年、1989年至1993年、1998年至2008年执政。领袖弗朗西斯·丰塞卡（Francis Fonseca）。

【重要人物】迪安·巴罗：总理。1952年生于伯利兹。获美国佛罗里达大学法学硕士学位。1983年开始从政。1984年当选众议员。1984年至1989年担任外交和经济发展部长、总检察长。1990年任统一民主党副领袖。1993年至1998年任副总理兼外交和经济发展部长、总检察长、国家安全和移民部长。1998年任党领袖至今。2008年2月任总理，2012年3月、2015年11月连任。

经　济

以农业为主，产值约占国内生产总值的22%。近年来，旅游业得到快速发展，逐步成为支柱性产业。同时，离岸金融业、渔业、轻工业和建筑业等也有较快的发展。工业不发达，人民生活用品绝大部分靠进口。

统一民主党执政以来，致力于吸引外资，发展旅游业，扩大国有企业在石油行业的份额，加大对教育、住房及医疗卫生等领域投入，以刺激经济增长，增加政府财政收入，改善国家债务状况。

2015年主要经济指数如下：

国内生产总值：17.6亿美元。

人均国内生产总值：4842美元。

国内生产总值增长率：2.2%。

通货膨胀率：0.7%。

货币名称：伯利兹元。

汇率：1美元=2伯利兹元。

（资料来源：国际货币基金组织）

【资源】 森林和渔业资源丰富。森林面积约1.6万平方公里，覆盖率70%左右。产红木、苏木、染料木等贵重木材，红木被称为国木。盛产龙虾、旗鱼、海牛和珊瑚等。西北地区有石油、重晶石、锡石、黄金等矿藏。伯已证实的石油储量为670万桶，是加勒比地区继特立尼达和多巴哥之后第二个出口原油的国家。

【工业】 工业不发达，主要工业部门为制衣、制糖、柑橘加工、啤酒及饮料。工业生产主要为了满足国内消费，出口产品生产集中在制糖、服装以及粮食生产等领域。近年来服装业发展较快，成为仅次于制糖的第二大创收行业和提供就业机会的主要部门。

【农林渔业】 农业是经济支柱，农田占伯国土面积的1/3 。农业从业人数约占总劳力的30.5%, 农产品出口约占外汇总收入的71%。主要农作物有甘蔗、柑橘、香蕉、水稻、玉米、可可等。

【旅游业】 旅游业起步较晚，但发展迅速。拥有世界第二大、北半球第一大堤礁和玛雅遗迹，吸引着越来越多的游客。拥有八大野生动物保护区，包括世界仅存的美洲虎和红足鲣鸟保护区。近几年来政府重视旅游业投资，游客人数迅速增加，年旅游收入超过1亿美元。

【交通运输】 公路：总长为3007公里。主要城镇间有公路相通，全国有四条主要交通干线，其中有两条与邻国墨西哥和危地马拉相通。

水运：伯利兹城是主要港口，可停靠集装箱轮船。有九条主要出入航运线。与牙买加有定期班轮，与美国、英国和欧洲大陆等地有良好的海上运输线。

空运：菲利普·戈德森国际机场（Phillip Goldson International Airport）位于伯利兹城城郊，有通往美国、中美洲邻国的航线。国内有玛雅、热带和岛际等航班。

【财政金融】 2014年伯政府财政收入10.01亿伯利兹元，财政支出11.34亿伯利兹元，外债总额134.8万美元。（资料来源：国际货币基金组织）

【对外贸易】 高度依赖进口，对外贸易长期逆差。主要出口糖、香蕉、成衣、水果、木材、海产品；主要进口机械和运输设备工业制品、日用品、食品、燃料和药品。主要贸易对象为美国、英国、欧盟、墨西哥、加拿大、加勒比共同体国家。

【经济团体】 伯利兹工商会（Belize Chamber of Commerce and Industry），1920年成立。网址：www.belize.org。

伯利兹贸易与投资发展会（Belize Trade and Investment Development Service），1986年成立。网址：www.belizeinvest.org.bz。

军　事

国防军建于1978年，包括陆军、空军和海防队，现有正规军1050人，后备队700人。英国驻军于1994年1月1日开始从伯撤军，并正式将防务移交伯政府。国防军总司令戴维·琼斯（David Jones），2013年2月1日就职。

文化教育

【教育】 政府一贯对教育部门予以强有力的财政支持，其经常项目开支的1/4用于教育事业，5岁至14岁儿童享受免费义务教育。教育体系主要由初等、中等及高等教育三个层次组成。初等教育为八年制，中等教育为四年制。

【新闻出版】《伯利兹时报》（Belize Times）：周报，发行量约6000份；《报导者》（The Reporter）：周报，1968年创刊，发行量6500份；《阿曼达拉报》（Amandala）：周报，发行量45000份；《今日伯利兹》（Belize Today）：月刊，发行量17000份；《人民的脉搏》（The People's Pulse）：周报，发行量5000份。

伯利兹电台：国家电台，建于1937年。每天用英语和西班牙语广播。另有一家私营电台。

伯利兹广播网（BBN）：建于1952年，属国家所有，但独立经营，下设两个电台。用英语和西班牙语播音。还有若干小电视台，24小时播放，主要播放美国卫星电视节目。

对外关系

伯利兹奉行不结盟的对外政策。积极维护和发展与加勒比各国的关系，参与地区一体化进程，强调睦邻友好，努力促进中美洲的和平与稳定，注重发展同英国的传统关系和对美关系，积极维护和发展与加勒比各国的关系，努力促进中美洲的和平与稳定。1974年5月加入加勒比共同体，1990年成为美洲国家组织成员国。

【同中国的关系】 1987年2月6日两国建交。同年4月，伯总理埃斯基韦尔访华。1989年10月11日，普赖斯政府与"台湾当局"建立"外交关系"。10月23日，中国政府宣布中止与伯外交关系。

1997年6月，中伯签署了《中华人民共和国政府和伯利兹政府关于将伯利兹驻香港名誉领事馆改为"伯利兹贸易办事处"的协议》。

据中国海关总署统计，2013年中伯贸易额为1.3亿美元，其中中方出口1.22亿美元，进口838.5万美元，同比分别增长116.6%、132.8%和7.7%。

【同美国的关系】 伯美关系密切。美是伯最大的贸易伙伴和经援国。美每年向伯派遣约200名和平队员。共有185家美国公司在伯投资，总额约为2.5亿美元，主要投资领域为旅游业。

【同英国的关系】 伯独立后继续保持与英国的传统关系，英多次向伯提供经援。英国从1994年1月1日起开始撤走其主要驻军，正式将防务移交伯政府，仅保留约100人维持一所丛林战训练学校，以防备危地马拉对伯的领土要求。2005年，英国向美洲国家组织和平基金捐款用于伯利兹和危地马拉边境地区的基础设施项目，以推动两国争议地区的重建信任进程。2010年12月，因预算削减，英国防部宣布关闭在伯军事基地。

【同加勒比国家的关系】伯利兹与加勒比地区其他国家有着相同的经历，所以在政治、文化、经济以及社会等方面与其相似。该地区国家支持伯与危地马拉通过外交途径解决两国领土争端。伯利兹是加勒比共同体成员。在地区一体化问题上，伯利兹与加勒比国家紧密合作，共同努力。（陆兵）

多米尼加

国名 多米尼加共和国（The Dominican Republic，La Repúbilca Dominicana）。

面积 48734平方公里。

人口 1013.51万（2011年）。黑白混血种人和印欧混血种人73%，白人16%，黑人11%。官方语言为西班牙语。90%以上居民信奉天主教，少数人信奉基督教新教和犹太教。

首都 圣多明各（Santo Domingo），人口329.4万（2011年）。年平均温度25℃。

国家元首 总统达尼洛·梅迪纳（Danilo Medina），2012年8月16日就职，任期四年。

重要节日 国庆日：2月27日。

简况

位于加勒比海北部，大安的列斯群岛中的伊斯帕尼奥拉岛东部。东隔莫纳海峡与波多黎各相望，西接海地，南临加勒比海，北濒大西洋。北部、东部属热带雨林气候，西南部属热带草原气候，平均气温25℃。

原为印第安人居住地。1496年西班牙人在岛上建立圣多明各城，成为欧洲殖民者在美洲的第一个永久性居民点。1795年归属法国。1809年复归西班牙。1844年2月27日独立，成立多米尼加共和国。1930年特鲁希略发动军事政变上台，实行长达30年的独裁统治。1965年美国出兵占领多米尼加。1966—1978年改革党人巴拉格尔执政。1978—1986年革命党人古斯曼、布兰科先后执政。1986—1996年巴拉格尔再次连续执政。1996—2000年解放党人费尔南德斯执政。2000—2004年革命党人梅希亚执政。2004—2012年，解放党人费尔南德斯再度执政并连任。2012年5月，解放党人梅迪纳赢得大选，任期至2016年。

政治

2012年5月20日，多举行总统选举，执政的解放党候选人梅迪纳以51.74%得票率当选总统，于8月16日就职。梅执政以来，制定了2012—2016年国家发展计划，实行财税改革，改善国内投资环境，加大对教育、社保等民生项目及基础设施建设的投入和对小微企业的支持，取得一定成效。目前，多政局稳定。

【宪法】根据1966年11月颁布的宪法，多实行总统制，设总统和副总统。总统是国家元首、政府首脑和武装力量最高统帅，由公民选举产生。此后多四次修改宪法，规定总统只可连任一届。

【议会】分参、众两院。参议院设32个席位，由各省和国家区（即首都）各选一名议员。众议院设190个席位，其中包括7名海外议员，每个省至少选2名议员。2010年多举行议会和市政选举。目前，在参议院中，解放党22席，革命党6席，基督教社会改革党4席；在众议院中，解放党98席，革命党78席，基督教社会改革党9席，争取民主联盟1席，社会民主集团党1席，全国进步力量党1席，基督教人民党1席，团结变革独立运动1席。现任参议长克里斯蒂娜·利萨尔多（Cristina Lizardo，女），于2014年8月16日当选，众议长阿韦尔·马丁内斯·杜兰（Abel Martínez Durán），于2010年8月16日当选，连任至今。

【政府】本届政府于2012年8月16日组成。主要内阁成员：副总统玛格丽特·塞德尼奥·德费尔南德斯（Margarita Cedeño de Fernández，女），总统府部长古斯塔沃·蒙塔尔沃（Gustavo Montalvo），内政和警察部长何塞·拉蒙·法杜尔（José Ramón Fadul）、外交部长安德烈斯·纳瓦罗·加西亚（Andrés Navarro García），武装力量部长马克西莫·穆尼奥斯·德尔加多（Máximo Muñoz Delgado），财政部长西蒙·利萨尔多（Simón Lizardo），工商部长何塞·德尔·卡斯蒂略（José del Castillo），经济、计划和发展部长胡安·特米斯托克雷斯·蒙塔斯（Juan Temístocles Montás），农业部长安赫尔·埃斯特韦斯·博尔迭德（Ángel Estévez Bourdierd），公共工程和通讯部长贡萨洛·卡斯蒂略（Gonzalo Castillo），体育部长海梅·费尔南德斯·米拉瓦尔（Jaime Fernández Mirabal），环境和自然资源部长包蒂斯塔·罗哈斯·戈麦斯（Bautista Rojas Gómez），能源和矿业部长安东尼奥·伊萨·孔德（Antonio Isa Conde），公共卫生部长阿尔塔格拉夏·古斯曼·马塞丽诺（Altagrácia Guzmán Marcelino），公共管理部长拉蒙·本图拉·卡梅霍（Ramón Ventura Camejo），旅游部长弗朗西斯科·哈维尔·加西亚（Francisco Javier García），劳动部长马里查·埃尔南德斯（Maritza Hernández，女），文化部长何塞·安东尼奥·罗德里格斯（José Antonio

Rodríguez），教育部长卡洛斯·阿马兰特·巴雷特（Carlos Amarante Baret），高等教育和科技部长利希亚·阿玛达·梅洛（Ligia Amada Melo，女），青年部长豪尔赫·米纳亚（Jorge Minaya），妇女部长亚历杭德里纳·赫尔曼（Alejandrina Germán，女）等。

【行政区划】全国划分为31个省和一个国家区。省下设市和乡。

【司法机构】由最高法院、检察院和司法部门共同行使司法权。最高法院由16名大法官组成，最高法院院长由参议院任命。总检察长由总统任命。全国有1个宪法法院、11个上诉法院、4个土地法院、6个劳工法院、5个少年儿童法院、1个高等行政法院、1个税务法院，此外还设有治安法院等各类上诉和其他法院33个、法庭50个。全国设11个司法管辖大区、35个司法管辖区。现任最高法院院长马里亚诺·赫尔曼·梅希亚（Mariano Germán Mejía）。现任总检察长弗朗西斯科·多明戈斯·布里托（Francisco Domínguez Brito）。

【政党】全国有20多个政党，执政联盟主要包括：

（1）多米尼加解放党（Partido de la Liberación Dominicana）：又称"紫党"。1973年成立，由从多米尼加革命党分裂出来的已故前总统胡安·博什和前总统莱昂内尔·费尔南德斯等人创建。曾于1996—2000年、2004—2008年、2008—2012年三次执政，2012年8月第四次执政。现有党员200余万人。主席莱昂内尔·费尔南德斯（Leonel Fernández）。

（2）基督教社会改革党（Partido Reformista Social Cristiano）：又称"红党"。1961年成立，原称多米尼加改革党，1984年与基督教社会革命党合并改称现名。曾执政多年。前党主席巴拉格尔去世后，该党影响有所下降。主席费德里科·安东·巴特耶（Federico Antón Batlle）。因政见不和，该党已决定从执政联盟分裂出来，与最大反对党现代革命党联合参加2016年5月举行的总统选举。

主要反对党包括：

（1）多米尼加革命党（Partido Revolucionario Dominicano）：又称"白党"。1939年由胡安·博什等人创建。1973年博什另组解放党后，该党发生分裂，分成布兰科派、马赫卢塔派和戈麦斯派。系社会党国际成员。现有党员100余万人。党主席米格尔·巴尔加斯·马尔多纳多（Miguel Vargas Maldonado）。2015年底，该党决定加入由执政党解放党等组成的联盟参加2016年大选。

（2）多米尼加现代革命党（Partido Revolucionario Moderno (PRM)）。2014年从多米尼加革命党分裂出来。该政党带有民主主义色彩，以多国家创始人之一何塞·弗朗西斯科·佩纳·戈麦斯博士的思想和政治实践为指导，主张引导多人民在民主、自由、公正的氛围内实现发展。主席路易斯·罗杜尔夫·阿比纳德尔·可罗纳（Luis Rodolfo Abinader Corrona），将作为该党候选人参加2016年大选。

【重要人物】**达尼洛·梅迪纳**：总统。1951年11月10日出生于多米尼加圣胡安省。圣多明各自治大学化学学士和圣多明各技术学院经济学硕士学位。1973年加入多米尼加解放党。1984年、1990年和1994年连续三次当选众议员。1990年起先后任多米尼加解放党发言人、拉美议会社会事务委员会主席、众议长、总统府国务秘书等职。2000年参加总统选举落败。2012年5月在大选中获胜，同年8月16日就职。已婚，有三个子女。

经　济

旅游业、出口加工业和侨汇是多经济的三大支柱。2008年以来，受全球经济和金融危机、飓风灾害等影响，多经济增速放缓。2012年梅迪纳执政以来出台多项促进社会经济发展的政策措施，加大对基础设施建设、医疗卫生、教育等民生项目投入。多经济保持恢复性增长。

2014年主要经济数据：

国内生产总值：624.84亿美元。

国内生产总值增长率：7.3%。

人均国内产值：6044美元。

货币名称：比索（Peso）。

汇率：1美元=44.14比索。

通货膨胀率：3%。

失业率：6.4%。

（资料来源：多米尼加中央银行）

【资源】矿产资源丰富，主要有金、银、铁、镍和铝矾土等。森林覆盖率39.2%。石油、煤炭和水力资源缺乏，能源主要依靠进口。电力供应不足，缺口约27万千瓦时。

【工业】烟草加工、制糖、化肥和水泥生产为主要产业，其次有纺织和食品加工业等。2014年，制造业、建筑业和矿业等工业产值占国内生产总值67.7%。

【农业】国民经济的重要部门。以种植甘蔗、烟草、咖啡、可可为主，还有水稻、香蕉、水果等。耕地面积占国土面积26.7%。2014年农牧业产值占国内生产总值5.8%。

近年主要农产品产量如下（单位：千吨）：

	2012	2013	2014
蔗糖	718.94	674.37	704.71
烟草	9.13	9.49	9.66
咖啡	27.00	16.17	13.40
可可	72.22	71.35	72.21
大米	491.84	535.61	537.86

（资料来源：多米尼加农业部、中央银行）

【服务业】2014年，饭店、餐饮、交通、通讯、水、电、金融等服务业产值占国内生产总值43.4%。

【旅游业】多政府重视旅游业发展。　2014年接待外国游客446.5万人次，旅游业收入56.37亿美元，同比分别增长9.4%、11.3%。外国游客主要来自美国、欧洲及南美国家。主要旅游景点有圣多明各、拉罗马纳、卡纳港、普拉塔港和金色海滩等。

【交通运输】以公路为主。2013年全国公路总里程19705公里（其中约50%为沥青路）。铁路1784公里，其中80%用于甘蔗运输。有14个港口、30家船运公司。主要海港有圣多明各港、海纳港、博卡奇卡港和圣彼德罗德马科利斯港。全国有圣多明各、拉罗马纳、普拉塔港、蓬塔卡纳、巴拉奥纳萨马南和圣地亚哥西瓦奥等八个国际机场。有52家航空公司经营着258条常规航线。2013年航空客运量为963万人次。

【财政金融】近年政府收支情况如下（单位：百万比索）：

	2012	2013	2014
收入	474,960.74	369,413.0	417,389.7
支出	510,058.1	451,277.1	496,768.3
盈/亏	−35,097.36	−81,864.1	−79,378.6

（资料来源：多米尼加中央银行）

2014年多外汇储备48.62亿美元。外债余额169.21亿美元，同比增长6.5%，占多国内生产总值的26.4 %。外国直接投资22.09亿美元。多是国际货币基金组织、世界银行和美洲开发银行等国际和地区金融机构的援助对象国。

【对外贸易】主要出口蔗糖、可可、咖啡、烟草、服装、金、银、镍铁合金等，进口石油、食品、机电产品和化工原料等。主要贸易伙伴是美国、欧盟、日本、委内瑞拉和墨西哥等。

近年贸易进出口情况如下（单位：亿美元）：

	2012	2013	2014
出口	90.68	96.51	99.2
进口	197.61	182.31	172.88
差额	−106.93	−85.80	−73.68

注：进口数据中包括原油及其制品。

（资料来源：多米尼加中央银行）

人民生活

根据联合国和世界银行的贫困标准（按购买力平价每人每天消费不足2美元），2014年多贫困率35.8%，赤贫率7.9%。2014年出生率20.07‰，死亡率6.37‰，平均寿命72.81岁，其中男性70.43岁，女性75.35岁，新生儿死亡率23.65‰。平均每千人拥有3.3名医生及一张病床床位。多全国共有公立医院和诊所2065所，床位10145个，医务人员73847人。

军　事

实行义务兵役制，服役期四年。2004年全国武装力量总数为2.45万人，其中陆军1.5万人，海军4000人，空军5500人。另有准军事警察1.5万人。2012年国防预算为2.52亿美元，占国内生产总值0.4%。

文化教育

【教育】对全国6—15岁的儿童实行义务教育。2014年小学入学率为96.9%，平均每25名小学生有一名教师；中学入学率为53.2%，平均每27名中学生有一名教师。全国文盲率15%。共有幼儿园9624所，中小学1137所，各类高校46所，其中大学36所、高等专业学院6所、高等技术学院4所。主要大学有圣多明各自治大学、圣多明各科技学院、圣地亚哥科技大学、加勒比大学、圣多明各天主教大学、伊比利亚美洲大学等。

【新闻出版】主要报刊有:《利斯汀日报》(Listín Diario)，1889年8月1日创刊，发行量12万份;《加勒比报》(Periódico El Caribe)，1948年4月创刊，发行量5万份;《国民报》(El Nacional)，1966年创刊，发行量8万份;《今日报》(Hoy)，1981年8月创刊，发行量10万份;《新闻报》(La Información) 1915年11月创刊，发行量2.5万份；还有两份免费日报:《自由日报》(Diario Libre)，2001年5月创刊，发行量15万份;《日报》(El Día)，2002年3月创刊，发行量4.5万份。全国有各类出版社15家。

全国有48家电视台和325家广播电台。多米尼加国家广播电视台（Corporación Estatal de Radio y Televión）为主要电视台，另有安第亚斯电视台（Teleantillas）、彩色屏幕电视台（Color Visión）、系统电视台（Telesistema）、国家新闻网（Red Nacional de Noticias, RNN）、新闻网（Cadena de Noticias,CDN）等；主要广播电台有大千广播电台（Radio Mil）、多米尼加教育广播电台（Radio Educativa Dominicana）、商业广播电台（Radio Cadena Comercial）等。

对外关系

奉行尊重领土完整和主权独立、互不干涉内政的外交政策；主张国际和平与安全应建立在尊重国家主权、意识形态多元化和各国人民自决权的基础上；呼吁建立更加合理的国际经济新秩序，反对贸易保护主义；支持联合国改革，认为改革应充分考虑使全球化进程向有利于世界各国人民利益的方向发展；谴责国际贩毒和恐怖主义。

【同中国的关系】中国与多米尼加无外交关系。1993年10月15日，中多签署互设贸易发展办事处协议。1994年3月，多在广州设办事处，后于1995年3月关闭。1994年4月，我在圣多明各设处。1997年6月中多签署关于多驻香港领事机构改为贸易发展办事处的协议和关于两国贸易发展办事处运作备忘录。2005年11月，多在北京设立贸易发展办事处。

近年双方往来不多。中方访多主要有：中国侨联主席林兆枢（2007年5月）、贸促会副会长董松根（2007年7月）、致公党中央副主席李卓彬（2008年4月）、贸促会副会长王锦珍（2009年11月）、致公党中央副主席王钦敏（2012年5月）、外交学会副会长黄星原（2012年6月至7月）。多方访华主要有：青年部长克雷斯波（2007年7月）；总检察长希门内斯（2008年5月）；众议长巴伦廷（2008年9月）；科学院院长莫雷诺（2010年6月）；旅游部长加西亚（2010年10月，参加上海世博会多米尼加国家馆日活动）；解放党国际关系书记，多经济、计划和发展部长蒙塔斯（2013年4月）；多执政联盟干部考察团（2013年12月）；副外长利里亚诺（2015年1月，来华出席中国—拉共体论坛首届部长级会议）；民航总局局长亚历杭德罗（2015年5月出席在澳门举行的中拉基础设施合作论坛）。

据中国海关统计，2014年中多贸易额15.51亿美元，其中中方出口12.74亿美元，进口2.77亿美元，同比分别增长15.92%、21.91%和–5.46%。

中国多米尼加贸易发展办事处代表：高守坚，2012年5月到任。办事处地址：Av.27 De Febrero, #495, Torre Forum, Piso11, El Millon, Santo Domingo, República Dominicana。电话：001–809–3733825。

多米尼加中国贸易发展办事处代表：吴玫瑰（Rosa del Carmen Ng Báez），2011年5月到任。办事处地址：北京市朝阳区霄云路18号G座37室。电话：0086–10–64681387。

多米尼加与台湾当局保持"外交关系"。双方签有友好条约、农技合作协议、贸易协议和投资保护协定等。台在多派有农业、工业技术团，主要从事水稻品种改良、园艺作物栽培、水产养殖及技术合作等项目。

近年台访多主要团组："副总统"吕秀莲（2007年7月）、"国防部长"李天羽（2007年11月）、"外长"黄志芳（2007年12月）、"总统"马英九（2008年8月、2010年1月、2015年7月）、"副总统"吴敦义（2012年8月）、"外长"林永乐（2012年12月、2015年7月随马英九访问）、"交通部长"叶匡时（2013年9月）。多访台主要团组：众议长巴伦廷（2007年4月、6月）、副总统阿尔武凯克（2007年10月）、总统特使马丁内斯（2008年5月）、武装力量部长拉斐尔（2010年6月）、武装力量部长佩雷斯（2011年5月）、青年部长罗德里格斯（2011年9月）、副总统阿尔武凯克（2011年10月）、总统特使皮查多（2012年5月）、总统府部长古斯塔沃（2012年12月）、农业部长罗德里格斯（2013年5月）、国防部长佩雷斯（2013年5月）、最高法院院长赫尔曼（2013年6月）、众议长阿韦尔·马丁内斯·杜兰（2014年10月）、参议长克里斯蒂娜（2015年2月）、外长纳瓦罗（2015年4月）。

2014年多台贸易额1.48亿美元，其中多出口3146万美元，进口1.17亿美元，基本与2013年持平。

【同美国的关系】同美国关系密切，在经济上对美依赖较深。双方在贸易、税收改革及打击走私、洗钱、贩卖武器、毒品交易和有组织犯罪等领域加强合作。2004年费尔南德斯总统执政以来，费支持美国发动对伊拉克战争，并派兵参与伊战后重建和维和。2010年海地地震发生后，多同意美国将其作为向海地提供援助的桥梁。2011年，美国务卿希拉里·克林顿赴多参加"美洲繁荣道路倡议"部长会，副国务卿巴伦苏埃拉访多，多美签署司法互助协议，继续加强在打击贩毒、有组织犯罪、恐怖主义活动等领域合作。2012年美内政部、劳动部等代表团访多，就贸易、共同打击毒品和贩卖人口等有组织犯罪开展合作。2014年多美贸易额为125亿美元，其中多进口80亿美元，出口45亿美元，同比分别增长8.7%、11.1%、6.1%。美是多第一大进口来源国。2013年，美对多直接投资为13亿美元，占多吸收外国直接投资总额65.3%。

【同拉美国家的关系】同拉美和加勒比国家保持传统友好关系，支持并积极参与地区一体化进程。2010年，参与斡旋洪都拉斯政变问题，承认洪新政府，接受洪被罢黜总统塞拉亚流亡请求。2011年，费尔南德斯总统访问危地马拉和巴西，出席海地新任总统马尔泰利的就职仪式。多主办"美洲繁荣道路倡议"第四届部长会议、第五届美洲竞争力论坛、第二届圣多明各国际论坛、比亚里茨（Biarritz）论坛、第16届美洲地区移民问题会议。2012年，费尔南德斯总统同海地总统马尔泰利实现互访，赴哥伦比亚出席第六届美洲峰会，赴巴西出席联合国可持续发展大会。2012年，梅迪纳总统执政以来，不断加强与拉美各国交往，2013年举办中美洲一体化体系首脑会议、拉美和加勒比妇女大会、加勒比论坛部长会议特别会议，梅迪纳总统赴危地马拉出席第43届美洲国家组织大会。2013年，多正式加入中美洲一体化体系，并成为拉美"太平洋联盟"观察员。2014年1月梅迪纳总统赴古巴出席第2届拉美及加勒比国家共同体峰会；4月出席加勒比国家联盟第六届峰会；6月出席第43届中美洲一体化体系首脑会议；7月出席加勒比共同体峰会。2016年1月，多接任拉美和加勒比国家共同体轮值主席国。

【同其他国家的关系】欧盟是多米尼加的主要援助方和投资方之一。第十期（2008—2013年）欧洲发展基金向多提供1.73亿欧元的无偿援助。2006—2010年，欧洲投资银行向多提供了3.83亿美元贷款。1993—2010年，欧盟主要成员国对多直接投资额达60.58亿美元。2012年，费尔南德斯总统访问西班牙、法国、意大利和比利时。梅迪纳总统就任后，赴西班牙出席第22届伊比利亚美洲峰会。2013年意大利、俄罗斯在多设领事机构。2014年9月多与欧盟签署备忘录，欧盟向多提供220万欧元无偿援助用于减灾。

多政府重视发展同亚非国家的关系，积极同亚非国家开展能源合作并争取直接投资。近年来，多与摩洛哥、卡塔尔、阿拉伯联合酋长国、印度、南非、斯里兰卡、吉尔吉斯斯坦、阿富汗、孟加拉国和图瓦卢等国建立外交关系，并成为非洲联盟观察员国。2011年，多与约旦签署政府间合作协议，与卡塔尔结为战略联盟，卡承诺向多供应天然气并扩大对多旅游投资。2012年，多与印度、韩国签署文化、金融、卫生

等领域多项合作协议。2013年，多在哈萨克斯坦增设名誉领事机构。（石晶）

多米尼克

国名　多米尼克国（The Commonwealth of Dominica）

面积　751平方公里。

人口　7.1万（2015年）。主要为黑人和黑白混血种人。居民多数信奉天主教，少数信奉新教。官方语言英语。

首都　罗索（Roseau），人口约2万。

国家元首　总统查尔斯·安杰洛·萨瓦林（Charles Angelo Savarin），2013年10月就任。

重要节日　独立日：11月3日。

简况

位于东加勒比海向风群岛东北部。东临大西洋，西濒加勒比海，南与马提尼克岛隔马提尼克海峡、北同瓜德罗普隔多米尼克海峡相望。岛内多山，年均气温25至32度，热带海洋气候。

原为来自南美印第安部落的阿拉瓦克人和加勒比人居住地。1493年哥伦布抵达该岛。1763年《巴黎条约》将该岛划归英国，后被法国两度占领。1805年法国占领者放火烧毁罗索，英国支付8000英镑“赎金”后正式占领该岛。1958年加入西印度联邦。1967年实行内部自治。1978年11月3日独立，现为英联邦成员国。

政治

独立后，自由党曾长期执政。此后，自由党和统一工人党交替执政。2000年1月，工党在大选中以微弱优势获胜，与自由党组成联合政府。2004年1月，查尔斯总理任内病逝，教育部长罗斯福·斯凯里特（Roosevelt Skerrit）接任总理和工党领袖，并于2005年、2009年和2014年带领工党连续赢得三届大选，连任总理。

【宪法】现行宪法于1978年独立时生效。宪法规定，总统由议会选举产生，任期5年，不得超过两任。

【政府】本届政府于2014年12月组成，内阁主要成员有：总理兼财政、公共服务部长斯凯里特，总检察长利瓦伊·彼得（Levi Peter），外交与加共体事务部长芙朗辛·巴伦（Francine Baron），青年、体育、文化与选区发展部长贾斯蒂娜·查尔斯（Justina Charles），规划、经济发展与投资部长约翰·科林·麦金泰尔（John Collin Mcintyre），住房、土地与水资源管理部长雷金纳德·奥斯特里（Reginald Austrie），公共工程与港口部长伊恩·皮纳德（Ian Pinard），农业与渔业部长约翰逊·德里戈（Johnson Drigo），社会服务、家庭与妇女事务部长凯瑟琳·丹尼尔（Catherine Daniel），法律、移民与国家安全部长雷伯恩·布莱默（Rayburn Blackmoore），旅游与城市建设部长罗伯特·汤奇（Robert Tonge），教育与人力资源开发部长皮特·塞让（Petter Saint-Jean）、商业、企业与小企业发展部长罗瑟琳·保罗（Roselyn Paul），卫生与环境部长肯尼思·达鲁（Kenneth Darroux），信息、科学、通讯与技术部长凯尔维·达鲁（Kelver Darroux）。

【议会】一院制，任期5年。共30席，21席由选举产生，称为众议员，9席由总理和反对党领袖提名产生（总理提名5人，反对党领袖提名4人，由总统任命，称为参议员）。本届议会于2014年12月组成，21席众议员中，工党占16席，统一工人党占5席。议长阿利克斯·博伊德—奈茨（Alix Boyd-Knights，女），2000年4月就任，2005年、2010年连任。

【司法机构】由东加勒比最高法院和地方初审法院组成。东加勒比最高法院6名陪审法官中须有一位常驻多，负责即席裁决。地方初审法院处理涉及不超过500东加元的案件。2014年7月，多米尼克议会通过议案，决定以加勒比法院取代英国枢密院作为多终审法院。

【政党】主要政党有：

（1）多米尼克工党（Dominica Labor Party，简称DLP）：执政党。1955年成立，1978年至1980年执政，1985年重组。2000年与自由党组成联合政府。2005年、2009年和2014年大选中均获胜。党领袖斯凯里特。

（2）多米尼克统一工人党（United Workers' Party，简称UWP）：反对党。1988年7月成立，1995年至2000年执政。党领袖赫克托·约翰（Hector John）。

（3）多米尼克自由党（Dominica Freedom Party，简称DFP），1968年成立，前身为联合人民党。1980年至1995年执政，2000年与工党组成联合政府。2005年和2009年大选中均未获得议席，2014年未参加大选。

【重要人物】查尔斯·安杰洛·萨瓦林：总统。1943年10月2日生。英国剑桥大学毕业。从政前曾从事教师、工会组织工作。曾任多旅游、外交、能源、国家安全部长，多驻欧盟及联合国日内瓦办事处代表，多国家开发公司总经理。1996年至2006年任多自由党领袖。　**罗斯福·斯凯里特**：总理。1972年6月8日生。毕业于多国立学院、美国新墨西哥州立大学和密西西比大学，心理学、英文学士。曾任中学教师、公司顾问、国立学院讲师。2000年当选众议员，任体育和青年事务部长，同年10月任教育和人力资源开发事务部长。2004年1月继任总理兼财政、计划和加勒比事务部长。2005年、2009年和2014年带领多工党连续胜选，蝉联总理。

经　济

以农业为主。2015年主要经济指标如下：

国内生产总值：5.38亿美元。

增长率：2.67%。

人均国内生产总值：7601美元。

货币名称：东加勒比元。

汇率：1美元≈2.4东加勒比元。

通货膨胀率：2.39%。

（资料来源：国际货币基金组织）

【资源】蕴藏大量浮石，年产10万吨。地热、水力资源较丰富，有待开发。森林面积约360平方公里。

【工业】基础薄弱，有小型水果加工、服装、卷烟、酿酒、肥皂、榨油等轻工业。建筑业和制造业占国内生产总值比例较小。

【农业】主要种植香蕉、椰子、柑橘、芒果等。农业收入约占国内生产总值16%，占出口收入近50%。致力于推行农业生产多元化，发展花卉业、水产养殖和蔬菜生产。

【旅游业】旅游资源丰富，热带雨林、温泉、冷泉、瀑布等景观发展潜力较大。近年来多大力发展生态旅游。游客主要来自美国、加拿大、欧洲和加勒比其他国家。

【金融业】近年来大力发展离岸金融业，但规模尚小。

【交通运输】以公路运输为主，无铁路。

公路：岛内有全天候公路1200公里，其他公路200公里。

水运：最大港口为罗索，其次为朴茨茅斯。年吞吐量约10万吨。

空运：有两个机场，仅供小型飞机起降。年客运量约2万人。

【财政金融】2015年，多财政收入4.37亿东加元，支出4.87亿东加元。（资料来源：国际货币基金组织）

【对外贸易】主要出口香蕉等农产品，进口石油、日用品、食品等。近年进出口额如下（单位：百万美元）：

	2010年	2011年	2012年	2013年
进口	223.77	226.06	194.68	202.99
出口	36.82	30.11	33.51	38.01
差额	−186.95	−195.95	−161.17	−164.98

（资料来源：东加勒比中央银行）

【经济团体】（1）多米尼克进出口署（Dominica Export & Import Agency，DEXIA）：1986年成立，经营农产品进出口业务。地址：P.O.Box 173，Bayfront，Roseau。电话：1-767-4482780。

（2）多米尼克工商协会（The Dominica Association of Industry & Commerce，DAIC）：1973年成立。地址：P.O.Box 85，14 Church Street，Roseau。电话：1-767-4491962。

人民生活

国有7所医院、44个卫生所、35名医生、92名护士、252个床位。

军　事

无常规军。警察、海岸警卫队约400人。

文化教育

【教育】对5岁至15岁青少年实行免费义务教育。

【新闻出版】主要报纸有《纪事报》，每周五发行；《太阳报》，每周一发行。主要电视台有政府新闻电视台、玛频有线电视台、萨特有线电视台。主要电台有多米尼克广播公司、凯瑞调频、Q95。主要新闻网站为“多米尼克在线”。

对外关系

推行务实外交，提倡互惠合作。强调发展与美国、加拿大、欧盟、日本等发达国家关系，重视发展与中国、古巴、委内瑞拉等国关系。

【同中国的关系】2004年3月23日，中国同多米尼克建交。近年来，中多高层交往不断，两国关系发展顺利。

2013年6月，国家主席习近平在访问特立尼达和多巴哥期间同多米尼克总理斯凯里特举行双边会晤。7月，斯凯里特总理来华出席生态文明贵阳国际论坛。11月，斯凯里特总理非正式访问上海、广州。2014年5月、10月，斯凯里特总理先后非正式访问广东、安徽和上海。2015年3月，斯凯里特总理非正式访问北京、上海。

其他重要互访有：全国人大常委会副委员长顾秀莲（2007年）、全国人大常委会副委员长陈昌智（2012年）、中联部部长王家瑞（2009年）、外交部副部长杨洁篪（2006年）；利物浦总统（2006年、2008年、2010年）、斯凯里特总理（2004年、2005年、2007年、2008年、2013年、2014年、2015年）、奈茨议长（2006年）、巴伦外长（2015年，出席中拉论坛首届部长级会议）、多米尼克工党主席赛让（2015年，出席中拉政党论坛首次会议）。

建交以来，中多经济技术合作稳步推进。多承认中国完全市场经济地位，是中国公民出境旅游目的地国。

2015年，中多贸易额3458.6万美元，其中中方出口3393.2万美元，进口65.4万美元，同比分别增长−8.0%、−8.4%和15.5%。中方主要向多方出口纺织品、家具、电线、电缆、塑料制品、服装、陶瓷产品等，进口废金属、废塑料、废纸、通断保护电路装置等。

两国在教育、人文和医疗等领域进行了良好交流合作。中国在多派有农业和医疗专家组。2014年8月，中国“光明行”眼科专家组赴多提供白内障义诊服务。

中央电视台英文频道已在多落地。中华全国青年联合会、中国人民对外友好协会、广东省友好代表团、广东省艺术团等曾访多。多新闻记者团、青年代表团、工党干部考察团等曾访华。2010年，多与加勒比共同体其他成员国集体参展上海世博会。2015年8月，多遭受热带风暴袭击，中国政府先后向多政府提供两笔共计50万美元紧急人道主义现汇援助。

两国间重要双边协议及文件：中华人民共和国和多米尼克国关于建立外交关系的联合公报（2004年3月23日），中华人民共和国教育部和多米尼克教育、人力开发、体育与青年事务部合作计划（2005年9月20日），关于中国公民旅游团队赴多旅游实施方案的谅解备忘录（2005年9月20日），中华人民共和国政府和多米尼克国政府关于互免持外交、公务（官员）护照人员签证的协定（2013年10月）。

【同加勒比国家的关系】支持并积极参与加勒比地区一体化进程，是加勒比共同体、东加勒比国家组织、加勒比国家联盟、美洲玻利瓦尔联盟等地区组织成员。

【同拉美国家的关系】多同委内瑞拉关系传统友好，是委倡议成立的“加勒比石油计划”成员国。委是多主要援助来源国之一。多遭受热带风暴“埃瑞卡”袭击后，委向多派遣医疗救援队并提供物资援助。2015年9月，委内瑞拉总统马杜罗访多。多支持美国改善同古巴关系。

【同美国的关系】美是多主要援助来源国之一，主要通过世界银行和加勒比开发银行等国际和地区组织在教育、卫生等领域向多提供技术援助。美向多派有和平队志愿者。多美签有海事执法协定、司法协助条约和双边引渡条约。2013年5月，多总理斯凯里特在特立尼达和多巴哥参加美国副总统拜登集体会见加勒比共同体国家领导人。2015年4月，多总理斯凯里特赴牙买加出席美国—加勒比共同体领导人峰会。

【同欧盟的关系】欧盟是多最大援助方，帮助多修建多项基础设施并提供各类人力资源及技术培训。2008年10月，加勒比论坛成员国与欧盟签署经济伙伴关系协定（EPA）。

【同加拿大的关系】加是多重要援助来源国之一，多加关系稳定良好。加与包括多在内的东加勒比国家签有贸易优惠协定，多出口加商品大部分享受免税待遇。

【同日本的关系】多日于1978年12月建交，日是多在亚洲最早建交的国家。多日在渔业领域建有工作级磋商机制。日本在多援建了数个渔业综合设施工程，并派有志愿者在多工作。2014年7月，日本首相安倍晋三在访问特立尼达和多巴哥期间，同多总理斯凯里特举行双边会晤。

中国驻多米尼克大使：李江宁（Li Jiangning）。

馆址：Morne Daniel, Roseau, The Commonwealth of Dominica

信箱：P.O.Box 2247, Morne Daniel, Roseau, The Commonwealth of Dominica。电话：001-767-4490088（政治处），4490058（经商处），4490080（领事部），4493557（办公室）；值班：6177772（手机）；传真：4400088；网址：http://dm.chineseembassy.org/chn/，http://dm.china-embassy.org/chn/；电子信箱：chinaemb_dm@mfa.gov.cn，emb.dmnk@gmail.com。

（王默）

厄瓜多尔

国名 厄瓜多尔共和国（The Republic of Ecuador，La República del Ecuador）。

面积 256370平方公里。

人口 1596万（2013年）。其中，印欧混血种人占77.42%，印第安人占6.83%，白种人占10.46%，黑白混血种人占2.74%，黑人和其他人种占2.55%。官方语言为西班牙语，印第安人通用克丘亚语。94%的居民信奉天主教。

首都 基多（Quito），人口224万（2012年）。海拔2818米。全年气温在10℃—23℃之间。年平均气温13.5℃。

国家元首 总统拉斐尔·科雷亚·德尔加多（Rafael Correa Delgado），2006年11月，主权祖国联盟运动候选人科雷亚当选总统并于2007年1月就职。2009年4月，科雷亚根据新宪法再次当选总统并于8月就职，任期四年。2013年2月，科雷亚连任总统并于5月就职，任期四年。

重要节日 独立日（即国庆节）：8月10日。

简况

位于南美洲西北部。东北与哥伦比亚毗连，东南与秘鲁接壤，西临太平洋。海岸线长930公里。赤道横贯国境北部（国名即西班牙语“赤道”之意）。东西部属热带雨林气候。山区盆地为热带草原气候，山区属亚热带森林气候。平均气温沿海为23℃—25℃，东部地区23℃—27℃。年平均降水量2000毫米—3000毫米，山区1000毫米。

古代境内居住着印第安部落。15世纪属于印加帝国。1532年沦为西班牙殖民地。1809年8月10日宣布独立，但仍被西班牙殖民军占领。1822年结束西班牙的殖民统治并加入由哥伦比亚、委内瑞拉和巴拿马组成的大哥伦比亚共和国。1830年该共和国解体后，宣布成立厄瓜多尔共和国。二次大战后，厄政局长期动乱，政权更迭频繁，军人多次执政。1979年，军政府还政于民，政局趋于稳定。1998年2月，厄瓜多尔国会罢免时任总统布卡拉姆。2002年10月，古铁雷斯当选总统。2005年4月，厄国会以“弃职”为由罢免古总统职务，副总统帕拉西奥接任总统。帕上台后，由于缺乏社会基础和政党支持，未能兑现政治改革的承诺，同时对石油生产危机和社会问题处理不力，导致政府威信下降和社会动荡，大规模罢工和抗议活动时有爆发。

政　治

2006年11月26日，主权祖国联盟运动候选人科雷亚在第二轮总统选举中当选总统，并于2007年1月15日就职。2009年4月，厄根据新宪法重新举行选举，科雷亚当选总统。2010年9月，为抗议国民代表大会通过包含削减警察和军人福利待遇条款的法律，厄爆发警察抗议活动并引发骚乱，科雷亚总统遭袭并被困，后在军方、国会及国际社会支持下脱困。2013年2月，科雷亚再次连任总统，并于5月宣誓就职。2015年12月，厄执政党推动国民代表大会通过宪法修正案，规定总统自2021年起可连选连任不受限制。

科雷亚总统执政九年多来，以“美好生活社会主义”为指导思想，全面推行“公民革命”，顺应了厄中下层民众要求彻底变革的愿望。截至目前，科雷亚已三次当选总统，赢得全部七次全民公决，个人支持率保持高位，执政地位不断巩固，厄政局总体保持稳定。

【宪法】现行宪法于2008年9月28日通过。新宪法建立了五权分立的政治体制，在加强行政权、改革立法权和司法权的基础上，增设公民参与社会管理权和选举权。规定总统可连任一次（宪法修正案规定总统自2021年起连任不受限制），并可在任期头三年解散议会。加强政府对国民经济的宏观规划和计划性指导，严格控制涉及国计民生的战略性部门，加强金融监管，取消中央银行自主权。成立债务委员会，严格审查和批准举借外债手续。

【国会】厄瓜多尔国民代表大会实行一院制。议员共137名，其中全国议员15人，省议员116人，海外议员6人。本届国会于2013年5月组成，5月14日正式宣誓成立，任期四年。各党派在议会中所占席位如下：执政党主权祖国联盟运动100席，“创造机会运动”11席，基督教社会党6席，“1·21”爱国社团党5席，“多民族左翼党派联盟”5席，“前进”党5席，其他党派5席。主席、副主席由国会全体会议选举产生，任期两年，可连选连任。现任主席加夫列拉·里瓦德内拉（Gabriela Rivadeneira，女），第一副主席罗萨那·阿尔瓦拉多（Rosana Alvarado，女），第二副主席马塞拉·阿吉尼亚加（Marcela Aguiñaga，女）。

【政府】总统为国家最高行政首脑。现政府于2013年5月组成并多次改组。目前，共包括8个国务秘书处、6个协调部和22个执行部。现内阁成员有：公共行政国务秘书比尼西奥·阿尔瓦拉多（Vinicio Alvarado），新闻国务秘书费尔南多·阿尔瓦拉多（Fernando Alvarado），政治管理国务秘书比维安娜·博尼利亚（Viviana Bonilla，女），规划与发展国务秘书桑德拉·纳兰霍（Sandra Naranjo，女），水资源国务秘书卡洛斯·贝尔纳尔·阿尔瓦拉多（Carlos Bernal Alvarado），亚马孙生态发展研究院部长豪尔赫·卡尔瓦斯（Jorge CALVAS），高等教育、科技和创新国务秘书雷内·拉米雷斯（René RAMIREZ），危机处理国务秘书路易斯·哈拉米略（Luis Jaramillo），社会发展协调部长塞西莉亚·巴卡（Cecilia VACA，女），经济政策协调部长帕特里西奥·里维拉（Patricio RIVERA，女），生产、就业及竞争力协调部长纳塔利埃·塞利（Nathalie CELY，女），战略行业协调部长拉斐尔·波韦达（Rafael POVEDA），安全协调部长塞萨尔·纳瓦斯（César NAVAS），知识、人力资源协调部长安德烈斯·阿劳斯（Andrés ARAUZ），农业、畜牧业、水产养殖和渔业部长哈维尔·庞塞（Javier PONCE），环境部长达尼埃尔·奥尔特加（Daniel Ortega），外贸部长迭戈·奥莱斯蒂亚（Diego AULESTIA），文化和遗产部长吉列亚乌梅·隆（Guillaume LONG），国防部长费尔南多·科尔德罗（Fernando Cordero），体育部长哈维尔·恩德里卡（Xavier Enderica），城市发展与住房部长玛丽亚·德·洛斯·安赫莱斯·杜阿尔特（María de los Ángeles Duarte，女），教育部长奥古斯托·埃斯皮诺萨（Augusto ESPINOSA），电力与可再生能源部长艾斯特万·阿尔沃罗斯（Esteban ALBORNOZ），财政部长福斯托·埃雷拉（Fausto HERRERA），经济和社会包容部长贝蒂·托拉（Betty TOLA，女），工业和生产力部长米格尔·爱德华多·埃加斯（Miguel Eduardo Egas），内政部长何塞·塞拉诺（José Serrano），司法、人权和宗教部长李迪·苏尼加（Ledy Zúñiga，女），不可再生自然资源部长卡洛斯·帕雷哈（Carlos Pareja），矿业部长哈维尔·费利佩·科尔多瓦（Javier Felipe Córdova），外交和移民事务部长里卡多·帕蒂尼奥（Ricardo PATIÑO），劳动关系部长莱昂纳多·贝雷苏埃塔·卡里翁（Leonardo Berrezueta Carrión），公共卫生部长卡里娜·班赛（Carina VANCE，女），通讯和信息社会部长奥古斯托·埃斯平（Augusto Espín），交通与公共工程部长瓦尔特尔·索利斯（Walter Solís），旅游部长费尔南多·阿尔瓦拉多·埃斯皮内尔（Fernando Alvarado Espinel）。

【行政区划】全国划分为24个省，下设215个市、1081个区。

【司法机构】国家司法法院（Corte Nacional de Justicia）为国家最高司法机关，共有21名法官（包括院长在内）。现任院长为卡洛斯·拉米雷斯·罗梅罗（Carlos Ramírez Romero）。此外，厄瓜多尔还设有宪法法院，主要处理与宪法相关的条文解释和判决。现任院长为帕特里西奥·帕斯米尼奥·弗莱雷（Patricio Pazmiño Freire）。总检察长华盛顿·佩桑特斯·穆尼奥斯（Washington Pesantez Muñoz），总监察长迭戈·加西亚·卡里翁（Diego García Carrión）。

【政党】全国性主要政党有：

（1）主权祖国联盟运动（Movimiento Alianza País）：执政党。2005年11月建立。现有党员92万。主张对内建立民主、稳定的社会，实现法律公正，加强经济、社会和环境的协调与平衡，建立完全竞争的市场机制，打破少数经济寡头的行业垄断；对外维护国家独立和在能源、货币和文化等方面的主权，推动地区合作。党主席拉斐尔·科雷亚·德尔加多（Rafael Correa Delgado）。

（2）创造机会运动（Movimiento Creo Oportunidad）：在野党。2010年建立。政治上倡导代议制民主；经济上反对国家干预，要求摒弃以原材料出口和举债为动力的发展模式；外交上主张亲美，欢迎美洲国家组织在地区事务中发挥更大作用。党主席吉列尔莫·拉索（Guillermo Lasso）。

（3）"1·21"爱国社团党（Partido Sociedad Patriótica 21 de Enero）：在野党。2002年2月建立。2003年1月至2005年4月曾执政。党员40万人。主张继承拉美和厄瓜多尔民族先驱的理想，建立一个摆脱殖民主义、落后贫困与愚昧状态的民主国家。主张根除腐败，实施立法、司法和监察机构的改革。反对霸权主义，主张人民自决。党主席卢西奥·古铁雷斯（Lucio Gutierrez）。

（4）基督教社会党（Partido Social Cristiano）：在野党。1945年成立时称基督教民主党，1951年改为现名。1956—1960年和1984—1988年两次执政。党员35万人。代表企业家利益，主张基督教民主。党主席帕斯夸尔·德尔西奥波·阿拉贡第（Pascuál Del Cioppo Aragundi）。

其他政党有：国家行动制度革新党、民主左派党、罗尔多斯党、帕查库蒂克运动、公民道德运动、基督教民主联盟和人民民主运动等。

【重要人物】**拉斐尔·科雷亚·德尔加多**：总统。1963年4月6日生于瓜亚基尔，毕业于厄天主教大学，曾在比利时和美国多所大学进修，获经济学博士学位。曾在瓜亚基尔天主教大学任教，还曾担任厄圣弗朗西斯科大学、拉美社会科学院、安第斯大学客座教授。2005年4月至8月担任经济和财政部长。曾发表《厄瓜多尔经济的脆弱性》、《发展的挑战》等专著。2006年11月当选总统并于2007年1月就职。2009年4月根据新宪法再次当选总统并于8月就职，任期四年。2013年2月，科雷亚连任总统并于5月就职，任期至2017年5月。已婚，妻子安妮·马勒布，比利时裔，有两女一子。

经济

厄瓜多尔为南美地区经济相对落后的国家，工业基础薄弱，农业发展缓慢，石油业是厄瓜多尔第一大经济支柱。经济发展分为三个时期，即可可时期、香蕉时期和石油时期。厄以"香蕉之国"闻名于世，1992年起连续多年香蕉产量和出口量均居世界第一位。

2000年1月，马瓦德总统宣布实行经济美元化，遭到民众反对。诺沃亚继任总统后，正式实施经济美元化政策。2004年，厄政府同国际货币基金组织等国际金融机构达成外债重组和贷款协议，宏观经济继续保持增长势头。但美元化也带来竞争力下降、出口乏力等弊端。2007年1月科雷亚总统执政后，宣布摒弃新自由主义经济模式，加强国家对经济运行的控制力度，重审与外国签署的投资保护协定。在资源问题上强调国家利益与主权。2008年下半年以来，国际金融危机对厄实体经济影响逐步显现，厄原油出口等下降。厄政府制定措施，加大对基础设施修建、改建的投入，通过大量的公共工程建设拉动内需和就业。2011年起厄经济实现较快复苏。2013年科雷亚总统连任以来，继续推进经济结构转型，提出发展五大基础工业，积极应对国际油价下跌，大力扶持科技创新，实施选择性进口替代措施，通过大规模公共投资和出口拉动经济增长，推动油气产业上中下游一体化，全力推进水电、风能等新能源开发利用。2015年以来，随着国际油价持续下跌、美元走强，厄面临巨大国际收支和平衡压力。厄政府积极应对，加大鼓励投资和出口，削减财政支出，努力改善局面。

2015年主要经济数据如下：

国内生产总值：1005.4亿美元（2014年）。

人均国内生产总值：6273美元（2014年）。

经济增长率：0.4%。

进出口总额：388.3亿美元。

外汇储备：24.96亿美元（截至2015年12月）。

通货膨胀率：3.38%。

失业率：5.65%。

（资料来源：厄瓜多尔中央银行）

货币名称：美元（厄从2000年1月实行经济美元化，原货币苏克雷已于同年9月停止流通。目前厄已完全使用美元）。

【资源】自然资源较丰富。截至2010年，厄瓜多尔已探明原油储量为82.35亿桶，占世界已探明原油储量的0.6%。天然气储量2250亿立方米。此外，金、银、铜、钯、锌、铅、铁、锰、煤、硫黄等金属和石灰岩、粘土、硅砂、石膏、煤、重晶石、磷、泡沫岩石等非金属矿藏丰富。森林覆盖率68%。水力和渔业资源丰富。其中，金枪鱼捕捞量占世界总捕捞量的32.9%，位居世界第一。

【工业】主要有石油和采矿业、制造业、建筑业、食品加工业、纺织业和电力工业等。2009年，制造业、建筑业、采矿业产值分别为21.34亿美元、54.49亿美元和83.85亿美元。2014年厄石油产量2.03亿桶，煤炭产量8850万吨，原油日均产量55.64万桶，天然气日均产量5.15亿立方米。

【农牧渔业】2006年，全国可耕地面积为931万公顷，种植面积590万公顷。2011年，农牧业产值为35.97亿美元。粮食不能自给。香蕉、花卉、可可、咖啡、水产为传统出口农产品。香蕉业作为支柱产业在厄国民经济中地位十分重要。厄香蕉以出口为主，目前保持世界出口第一、种植第四和生产第五的地位。近年来，水产品出口在厄国民经济中比重上升。

【服务业】2011年服务业产值299.39亿美元，占国内生产总值的47.85%。

【旅游业】厄瓜多尔历来重视旅游业，旅游业已成为厄第四大创汇行业，约有50万人直接或间接从事旅游业。2010—2014年，外国游客来厄数量增长率48.7%，居拉美各国之首。2015年，外国游客156万人次，旅游业收入6.5亿美元，外国游客主要来自哥伦比亚、美国、秘鲁等国。2010年，全国共有星级宾馆357家。其中，3星级134家，4星级93家，5星级25家。主要旅游点有基多、瓜亚基尔、昆卡、因巴布拉省、东部亚马孙河流域和加拉帕戈斯群岛（龟岛）。基多市、龟岛和昆卡市被联合国教科文组织列入“世界文化与自然遗产”名录。

【交通运输】交通事业自20世纪80年代起发展较快。

公路：总长4.32万公里，其中沥青路6040公里，硬石路2.1万公里，其余为土路。2009年，保有机动车数量905651辆。

铁路：总长965.5公里，车站15个。近20年铁路建设基本处于停滞状态。2009年，客运人数为83247人次。

空运：国际机场3个，分别在基多、瓜亚基尔和拉塔昆卡（仅从事国际货运）。国内航线的民用机场有17个，跑道70条；另有350个简易机场，多为军用机场，主要集中在亚马孙地区。厄瓜多尔航空公司为国营，拥有10架大型客机。另有厄军方经营的TAME航空公司、2家国内私人航空公司和8家外国航空公司在厄运营。2009年，空运旅客330万人次。搭乘国际航班入境人数为1324121人次，出境人数为1282631人次。

海运：拥有一个8艘油船的石油船队，1700余艘渔船和两家较小的私人海运公司。主要港口有瓜亚基尔、埃斯梅拉达斯、玻利瓦尔、曼塔和巴拉奥。其中，瓜亚基尔港是厄最古老也是最主要的港口。每年吞吐量约1300万吨，占厄进出口量的65%。2009年，国际货运吞吐量为4550.7万吨。

输油管道：从东部阿格略湖至埃斯梅拉达斯港，全长503公里。

【财政金融】近几年财政收支情况如下（单位：亿美元）：

	2012	2013	2014
收入	188.6	200.0	203.8
支出	209.5	250.0	267.9
差额	–20.9	–50.0	–64.1

（资料来源：厄瓜多尔财政部）

2014年，厄中央政府财政收入203.8亿美元，财政支出267.9亿美元，赤字64.1亿美元，财政赤字率为6.4%。税收收入144.6亿美元，占财政收入的71%。政府经常性支出149.8亿美元，固定资产投资支出118.1亿美元。截至2014年12月，厄中央政府公共债务余额301.4亿美元，占GDP的比重为30%，同比增长6%。其中，外债余额达到175.8亿美元，同比增长36.1%，外债负债率17.5%，内债余额125.6亿美元，同比增长26.5%。

【对外贸易】奉行出口商品和市场多样化、保护和发展民族工业、鼓励工业制成品和半制成品出口等政策。主张同世界不同制度和意识形态的国家发展贸易并进一步寻求新市场。与90多个国家和地区有贸易关系。2013年11月以来，为减少进口和平衡贸易逆差，厄政府对293项产品实施进口限制措施。2015年3月，厄政府对2961种进口商品增收5%—45%不等的关税。2015年厄对外贸易总额388.3亿美元，其中进口额204.6亿美元，出口额183.7亿美元，贸易逆差20.9亿美元，同比分别增长–25.56%、–28.6%和–22.59%。近几年进出口贸易情况如下（单位：亿美元）：

	2013	2014	2015
总　额	510.0	521.6	388.3
出口额	260.4	257.3	183.7
进口额	249.6	264.3	204.6
差　额	–10.8	–7.0	–20.9

（资料来源：厄瓜多尔中央银行）

厄主要出口石油、香蕉、大虾和鲜花，主要进口机械设备、工业原料、燃料和消费品等。主要贸易伙伴是美国、巴拿马、哥伦比亚、秘鲁、中国、欧盟和日本。2015年，厄原油出口1.32亿桶，收入56.07亿美元。

【外国资本】1997年，厄瓜多尔颁布《促进与保障投资法》，规定在国防、安全、广播电视、新闻等领域不能实施外国直接投资，在其他领域的外国与本国投资享受同等待遇。2008年，厄颁布新宪法规定，国内资本优先于外资，外资为本国资本的补充。2012年，厄吸收外资5.87亿美元。2015年前三季度，厄吸收外国直接投资5.16亿美元。

【外国援助】2006年1月，日本向厄瓜多尔提供1000万美元贷款；2月，西班牙向厄提供3000万欧元贷款。2007年2月，委内瑞拉向厄提供10亿美元贷款。4月，日政府向厄提供370万美元无偿援助用于购买农业肥料。7月，美国向厄捐赠价值950万美元的高科技通信设备及军事设备用于打击贩毒活动。2008年2月，欧盟向厄提供1620万欧元，用于支持厄教育计划。2014年6月，日本政府向厄分别提供共计13亿日元援助，用于农业、可再生能源和公共卫生等领域建设。

2007年，厄启动亚苏尼环保项目，希以不开发亚苏尼地区石油资源换取国际社会环保资金支持，但响应者寥寥，截至2013年8月中旬仅到位1330万美元。2013年8月，厄政府决定开发该地区油气资源。

人民生活

拉美地区较贫困的国家，人民生活水平较低。2010年，厄瓜多尔平均最低工资为240美元。2012年，全国贫困人口率为16.1%，基尼系数为0.44。2004年，全国共有917家医院，28653张病床。2009年，婴儿死亡率15.2‰。2010年，卫生和公共事业开支约13.3亿美元，约占国内生产总值的2.3%。2009年互联网用户总数达184万人，较2008年增长5.14%。

军　事

厄瓜多尔总统为武装部队最高统帅，通过国防部长和三军联合指挥部统率全军。国防部长由总统任免，可为现役或退役军人。三军联合指挥部由联指司令和陆、海、空三军司令组成，负责从战略层面规划、领导训练和作战计划的制定，并提供国防和战争政策咨商。实行义务兵役制，服役期一年。现任三军联指司令

奥斯瓦尔多·法维安·桑布拉诺·奎瓦（Oswaldo Fabián Zambrano Cueva）海军少将，陆军司令路易斯·米格尔·安赫尔·卡斯特罗·阿亚拉（Luis Miguel Ángel Castro Ayala）陆军少将，海军司令安赫尔·伊萨克·萨尔索萨·阿吉雷（Ángel Isaac Sarzosa Aguirre）海军少将，空军司令塞萨尔·阿夫东·梅里萨尔德·帕翁（César Abdón Merizalde Pavón）空军中将。

总兵力约5.5万人，其中陆军3.5万人，编有4个师、14个旅，装备轻型坦克111辆、装甲车67辆、装甲运输车350辆、各型火炮1000门、飞机90架。海军1.4万人，设有3个军区，编有1个舰队、1个潜艇分队，装备各型舰艇38艘，各型潜艇30艘，飞机20架。陆战队1500人，编为3个陆战营。海军航空兵250人。空军6000人，设有3个军区、4个司令部，编有7个联队、16个中队，装备飞机200余架，其中作战飞机78架。另有海岸警卫队200人，预备役军人10万。

文化教育

【教育】厄瓜多尔宪法规定，国民生产总值至少6%用于基础和中等教育。2010年厄全国文盲率为6.8%。2012年厄政府预算17.7%用于教育。2013年基础教育入学率96%，高等教育入学率35%。目前国立大、中、小学实行免费教育，大学实行自治，保护私人办学自由。近几年来，教育事业发展较快。著名高等院校有厄瓜多尔中央大学、天主教大学、瓜亚基尔大学和昆卡大学。

【新闻出版】厄瓜多尔新闻事业比较发达。有50多种报纸和21种杂志，多为私人经营。主要报纸和发行量:《商报》，为曼蒂利亚家族的私营报纸，发行量9万份;《今日报》，由海梅·曼蒂利亚集资兴办，7.2万份;《宇宙报》，7.5万份;《快报》，6万份。《浏览》是发行量较大的综合性杂志。以上报刊均为西班牙文版。

国家通讯社：厄瓜多尔和南美洲公共新闻社（简称"安第斯通讯社"）。

全国社会通讯秘书处成立于1973年，原名全国公共新闻秘书处，主管全国新闻宣传工作。

广播电台：全国电台共460多家，首都有54家。主要有厄瓜多尔电台、天主教电台、基多电台、成就电台和安第斯之声电台。电台绝大多数为私人所有。

全国主要电视台：2台、4台、8台、10台和13台。

2012年互联网用户总数达800万人。

对外关系

厄瓜多尔奉行独立、自主、和平的外交政策。主张各国相互尊重主权和领土完整，互不干涉，和平解决国际争端。坚持不结盟政策，认为不结盟运动的任务已由政治转向经济。强调外交为经济建设服务。主张全面裁军，减少核武器，拉美应成为真正的无核区。要求建立国际经济、金融和货币新秩序。赞成债务国采取一致立场和联合行动，以争取合理的偿债条件，强调债权国必须与债务国共同承担责任，政治解决外债问题。主张加强联合国的作用，安理会应具有更广泛的代表性，并增加其工作透明度和决策民主性。主张尊重和捍卫人权，支持召开国际人权会议。认为在新形势下，拉美国家只有加强团结合作，实行一体化，才能获得发展。主张积极发展同亚太地区国家的政治与经贸关系。要求加入亚太经合组织。同140余国保持外交关系。

【同中国的关系】中国与厄瓜多尔于1980年1月2日建交。2015年1月，两国建立战略伙伴关系。

近年来，双方高层交往频繁。2012年3月，全国政协副主席白立忱访厄。2013年3月，全国人大常委会副委员长陈昌智访厄并出席第128届各国议会联盟大会。5月，中国政府特使、水利部部长陈雷出席科雷亚总统就职仪式。2015年1月，全国人大常委会副委员长张宝文访厄并出席亚太议会论坛第23届年会。2012年9月，厄国民代表大会第二副主席巴拉雷索访华。2013年4月，厄国民代表大会主席科尔德罗访华。2014年1月，厄副总统格拉斯访华。2015年1月，厄总统科雷亚来华出席中拉论坛首届部长级会议开幕式

并对华进行国事访问。2015年12月，厄副总统格拉斯来华出席中拉政党论坛首次会议。

厄是中国在拉美第十大贸易伙伴。2014年中厄双边贸易额43.1亿美元，其中我方出口额32.5亿美元，进口额10.6亿美元，同比分别增长15.2%、9.6%、36.95%。2015年1—11月，中厄双边贸易额38.1亿美元，其中我方出口额26.6亿美元，进口额11.5亿美元，同比分别增长0.1%、–7.1%、22.3%。中国主要出口机械设备、汽车、钢材等，主要进口原油、香蕉、鱼粉等。

中国驻厄瓜多尔大使：王玉林。馆址：Avenida Atahualpa No.349 y Avenida Amazonas Quito, Ecuadx。国家地区号：00593–2。电话：2444362（值班室），2458337，2458587，2444362（领事部），2458128（经商处）；传真：2444364。

厄瓜多尔驻华大使：何塞·玛利亚·博尔哈（José María Borja）。馆址：北京市朝阳区三里屯办公楼2–62号。电话：010–85319499；传真：85319415。

【同美国的关系】厄瓜多尔与美国于1848年8月12日建交。两国经济关系密切，厄资金和技术大部分来自美国。美是厄主要石油出口国和第一大贸易伙伴。美政府支持厄政府实行经济美元化。1999年4月厄美签署协议，厄允美国租用曼塔空军基地用于反毒。2009年9月租约到期后，厄政府不再续约。2011年4月，美、厄两国因“维基解密”事件相互驱逐大使。11月，美国国务院西半球事务助理国务卿巴伦苏埃拉以学者身份访厄。2012年1月，厄新任驻美大使向奥巴马总统递交国书。6月，美新任驻厄大使递交国书，标志着两国外交关系恢复正常。2013年6月，美国副总统拜登与科雷亚总统通话。2014年4月，科雷亚总统对美国进行非正式访问。8—10月，美国驻厄缉毒合作办公室和美国国际开发署关闭在厄办公机构。11月，美国西半球事务助理国务卿雅各布森访厄。2015年9月，科雷亚总统赴纽约出席联合国成立70周年系列峰会。

【同拉美和加勒比国家的关系】厄是拉美和加勒比国家共同体（拉共体）、美洲玻利瓦尔联盟、南美国家联盟等地区组织成员国，南美国家联盟秘书处设在厄首都基多。2013年3月，科雷亚总统赴委内瑞拉出席查韦斯总统葬礼，4月，科雷亚总统访问多米尼加和海地。2015年1月，科雷亚总统赴玻利维亚出席莫拉莱斯总统就职仪式，并赴哥斯达黎加出席第三届拉共体峰会。5月，赴哥斯达黎加出席索利斯总统就职仪式并访问智利。6月，赴玻利维亚出席“77国集团＋中国峰会”开幕式并赴萨尔瓦多出席塞伦总统就职仪式。8月，赴哥伦比亚出席桑托斯总统就职仪式并访问危地马拉、苏里南。12月，赴墨西哥出席第24届伊比利亚美洲峰会，赴阿根廷出席马克里总统就职仪式并访问哥伦比亚、秘鲁。2015年3月，墨西哥总统培尼亚访厄。10月，智利总统巴切莱特访厄。11月，巴拉圭总统卡特斯访厄。2015年1月，厄出任拉共体轮值主席国，任期一年。

【同欧盟、日本的关系】欧盟和日本是厄瓜多尔所需资金、技术的重要来源，又是厄传统出口产品的重要市场，相互间签有多项经贸和科技合作协定。2010年5月，科雷亚总统赴西班牙出席第六届欧拉峰会并会见希腊总理帕潘德里欧。9月，厄总统科雷亚访问日本和韩国。11月，西班牙外交大臣希门尼斯访厄。2011年，西班牙王后索菲亚访厄。2012年，西班牙王储费利佩夫妇访厄。2013年4月，科雷亚总统访问德国、意大利和西班牙。2014年4月，科雷亚总统访问西班牙和意大利。2015年6月，科雷亚总统出席在比利时布鲁塞尔召开的第二届“拉共体—欧盟”领导人峰会。

（朱晓辉）

法属圣马丁

__名称__　圣马丁海外领地（Overseas Collectivity of Saint Martin, Collectivité d’Outre–Mer de Saint–Martin），简称“法属圣马丁”（Saint–Martin）。

__面积__　54.4平方公里（包括圣马丁岛北部及邻近一些小岛）。

__人口__　36457人（2015年12月，法国国家经济研究与统计局）。包括克里奥尔人（也称穆拉托人，指黑人、白人混血儿）、黑人、瓜德罗普梅斯蒂索人（法国人与东亚人混血儿）、白人和东印度人等。

__语言__　法语是官方语言，也使用英语、荷兰语、法语当地方言、西班牙语、帕皮亚门托语（荷属安的列斯方言）。

__宗教__　居民信奉天主教、耶和华见证会、基督教新教、印度教等。

__首府__　马里戈特（Marigot），地处圣马丁岛中西部沿海，人口5700人。

__行政长官__　安妮·洛比（Anne LAUBIES，女），2015年5月21日就任。

__重要节日__　法国国庆日（巴士底日，Bastille Day）：7月14日（1789年）；舍尔歇日（废除奴隶制节，Schoalcher Day）：7月12日（1848年）。1848年，“法国的废除奴隶制之父”维克托·舍尔歇（Victor

Schoelcher）在第二共和国时期任海军部副部长，起草废除殖民地奴隶制的著名法令。

简 况

圣马丁岛（法文Saint-Martin，荷兰文Sint Maarten）位于加勒比海东部、波多黎各岛东南300公里，在小安的列斯群岛中向风群岛的北端，它是世界上最小的分属两国的岛屿。地形丘陵起伏。地处北纬18度，属热带气候，气候温和，气温集中在20℃—32℃，年平均气温28℃。7—10月为湿季，有飓风；12—5月为干季。

1493年11月11日（圣马丁节），第二次远航安的列斯群岛的哥伦布登上圣马丁岛。之后，该岛先后成为法国、荷兰和西班牙的殖民地。1648年，法国与荷兰将圣马丁岛瓜分。岛的南部（占全岛1/3，34平方公里）由荷兰管辖，北部（占2/3，56平方公里）由法国统治，两部分之间没有关税壁垒。

荷属圣马丁曾为荷属安的列斯的一部分，2010年10月10日，荷属安的列斯解体，荷属圣马丁成为荷兰王国内单独的政治实体（海外属地）。

法属圣马丁曾长期归瓜德罗普管辖。2003年，法属圣马丁居民公投通过要求脱离瓜德罗普、成为法国直辖海外行政区（COM）的决议。2007年2月7日，法国国会通过法案，分别授予其和邻近的圣巴泰勒米岛海外行政区的地位。同年7月15日，法属圣马丁正式成为法国单独的海外领地。

政 治

2012年3月，法属圣马丁举行五年一度的领地议会换届选举，责任成就联盟获胜。同年6月20日，法属圣马丁和圣巴泰勒米共同选举出一名法国国民议会议员——丹尼埃尔·吉博斯（Daniel Gibbes，属共和国人党党团）。

法属圣马丁在法国参议院有一个席位，现任参议员为纪尧姆·阿尔奈（Guillaume Arnell，属欧洲社会民主联盟党团），2014年9月28日当选，任期6年。

【宪法】实行法国宪法，行政长官（Préfet）为法国总统的代表。

【议会】一院制的领地议会（Le Conseil Territorial）

任期五年，有23个席位，议员由普选产生。本届议会于2012年3月18日和25日选举产生：责任成就联盟17席，丹尼埃尔·吉博斯团队6席。

2012年4月1日，阿兰·理查森（Alain Richardson，责任成就联盟）就任领地议会主席。2013年4月17日，由于理查森被免职，第一副主席阿利娜·汉森（Aline Hanson，女，责任成就联盟）当选为新一任主席。她是第一位女性主席。

【政府】称为执行委员会（Le conseil exécutif），领地议会主席任执委会主席（政府首脑）。执委会主席阿利娜·汉森。还设有咨询机构——经济社会和文化委员会（Le conseil économique social et culturel）。

【政党】主要政党有：人民进步运动（Movement for the Advancement of the People，MAP），领导人路易·穆森东（Louis Mussington）；民主联盟（Union pour la démocratie，UD），领导人丹尼埃尔·吉博斯（Daniel Gibbes）；责任成就联盟（Rassemblement Responsabilité Réussite，RRR），领导人阿兰·理查森（Alain Richardson）；丹尼埃尔·吉博斯2012团队（Team Daniel Gibbes 2012），领导人丹尼埃尔·吉博斯；进步联盟（Union Pour le Progrès，UPP），领导人路易－康斯坦·弗莱明（Louis-Constant Fleming）；圣马丁成就党（Réussir Saint-Martin），领导人让－吕克·哈姆雷特（Jean-Luc Hamlet）；所有人的圣马丁（Saint-Martin pour tous），领导人马尔特·欧冈德蕾－苔丝（Marthe Ogoundélé-Tessi）。

经 济

圣马丁岛拥有得天独厚的洁净海滩和宜人的气候。法属圣马丁的经济活动主要领域是第三产业。在2014年岛内的所有公司中，贸易公司占66.8%。旅游业发展迅速，已经成为经济支柱，26.4%的劳动人口服务于住宿餐饮业。2014年大约有260万游客前往该岛，主要来自北美。2011年失业率为30.5%。2010年地区生产总值5.44亿欧元，人均1.47万欧元。在地区生产总值（2000年）中，农业仅占1%，工业占15%，服务业为84%。使用欧元（euros，EUR），也接受美元。

法属圣马丁有两个港口和一个小型机场，最近的国际机场为位于荷属圣马丁的朱丽安娜国际机场。

（王碧晗）

哥伦比亚

国名 哥伦比亚共和国（The Republic of Colombia，La República de Colombia）。

面积 1141748平方公里。

人口 4856万（2016年2月）。其中印欧混血种人占60%，白人占20%，黑白混血种人占18%，其余为印第安人和黑人。官方语言为西班牙语。多数居民信奉天主教。

首都 波哥大（Bogotá），人口798万（2016年1月）。年平均气温14℃。

国家元首 总统胡安·曼努埃尔·桑托斯·卡尔

德龙（Juan Manuel Santos Calderón），2014年8月7日就职，任期至2018年8月。

重要节日　独立日：7月20日。

简　况

位于南美洲西北部，东邻委内瑞拉、巴西，南接厄瓜多尔、秘鲁，西北与巴拿马相连，北临加勒比海，西濒太平洋。海岸线长2900公里。境内分为东部平原区和西部山地区。哥地处热带，气候因地势而异。东部平原南部和太平洋沿岸属热带雨林气候，1000米—2000米的山地属亚热带森林气候，西北部属热带草原气候。

原为奇布查族等印第安人的居住地。1536年沦为西班牙殖民地。1810年7月20日宣布独立，后遭镇压。1819年，南美解放者西蒙·玻利瓦尔领导的起义军大败西班牙殖民军后，哥重获解放。1821年与现厄瓜多尔、委内瑞拉、巴拿马组成大哥伦比亚共和国。1829—1830年，委、厄先后退出，大哥伦比亚共和国解体。1831年改名为新格拉纳达共和国，1861年称哥伦比亚合众国，1886年改称现名（1903年巴拿马独立）。历史上，自由党和保守党曾长期轮流执政。2002年5月，独立人士乌里韦当选总统并于2006年连任。2010年8月，民族团结社会党候选人桑托斯当选总统，并于2014年连任，任期至2018年8月。

政　治

现任总统胡安·曼努埃尔·桑托斯·卡尔德龙（Juan Manuel Santos Calderon），自2010年8月起执政，并于2014年6月在大选第二轮投票中击败“民主中心”候选人苏卢亚加成功连任，同年8月就职，任期至2018年8月。执政联盟由民族团结社会党、自由党和激进变革党组成，均为中右翼政党。在野党主要有保守党和民主选择中心党，分别为右翼政党和左翼政党。在2015年10月举行的地方选举中，执政联盟取得胜利。

桑托斯总统执政以来，在努力推进经济建设的同时，对游击队保持打击，积极推进和平谈判进程，赢得民众广泛好评，取得不俗政绩。在第二任期，桑以“民主繁荣”为目标，把争取和平、促进公平和发展教育作为执政的三大支柱。继续加大反腐力度，推行行政和司法改革，努力改善民生，吸引外资，创造就业和消除贫困，继续推进国内和谈事业，加强公民安全保障。哥政府与国内最大反政府武装“哥伦比亚革命武装力量”（FARC）自2012年底启动和谈以来，双方已就农业、游击队政治参与、打击毒品、“过渡性司法安排”、受害者补偿等议题达成一致，有望于2016年年内完成和谈并签署和平协议。

【宪法】现行宪法是在1886年宪法基础上修改而成的，于1991年颁布。新宪法扩大民主参与范围，并加强司法权力。主要内容有：实行三权分立的代议制民主；总统为国家元首兼政府首脑、武装部队最高统帅，直选产生，最多可连任两届。恢复设立副总统；省长、市长为直选产生；保障公民人身安全、信仰、结社、劳动、思想和教育自由等人权。2004年，哥议会通过允许总统连选连任法案；2005年，宪法法院批准了该法案。

【议会】国会由参、众两院组成，国会主席兼任参议长。本届国会于2014年7月20日成立，任期4年。参议员102名，众议员166名，均由直选产生，可连选连任，任期均为四年。参议长和众议长任期一年。现任国会主席兼参议长路易斯·费尔南多·贝拉斯科（Luis Fernando Velazco）、众议长阿尔弗雷多·德鲁克·苏莱塔（Alfredo Duluque Zuleta），均于2015年7月就职。主要党派在本届议会中的席位如下：

	参议院	众议院
民族团结社会党	21	37
保守党	18	27
自由党	17	39
民主中心党	20	19
激进变革党	9	16
绿色联盟	5	6
民主选择中心党	5	3
公民选择党	5	6
其他政党	2	13

【政府】总统制，内阁成员16人。本届政府于2014年8月组成，现内阁成员为：内政部长胡安·费尔南多·克里斯托·布斯托斯（Juan Fernando Cristo Bustos），外交部长玛丽亚·安赫拉·奥尔古因（María Ángela Holguín，女），财政与公共信贷部长毛里西奥·卡德纳斯·圣玛丽亚（Mauricio Cárdenas Santamaría），司法部长耶西德·雷耶斯·阿尔瓦拉多（Yesid Reyes Alvarado），国防部长路易斯·卡洛斯·比列加斯（Luis Carlos Villegas），农业和农村发展部长奥雷利奥·伊拉戈里·巴伦西亚（Aurelio Iragorri Valencia），卫生和社会保障部长亚力杭德罗·加维里亚（Alejandro Gaviria Uribe），劳动部长路易斯·爱德华多·加尔松（Luis Eduardo Garzón），矿业和能源部长托马斯·冈萨雷斯·埃斯特拉达（Tomás González Estrada），贸易、工业和旅游部长塞西莉亚·阿尔瓦雷斯－科雷亚·格伦（Cecilia Álvarez-Correa Glen，女），教育部长希纳·玛丽亚·帕罗迪（Gina María Parody，女），环境和可持续发展部长加布里埃尔·巴列霍（Gabriel Vallejo），住房、城市和国土部长路易斯·费利佩·埃那奥（Luis Felipe Henao），信息技术和通信部长戴维·卢纳（David Luna），交通部长纳塔利亚·阿韦略（Natalia Abello，女），文化部长玛丽亚娜·加尔塞斯（Mariana Garcés，女）。

【行政区划】全国分32个省和波哥大首都区。

【司法机构】最高法院、行政法院、宪法法院、高级司法委员会和总检察院组成哥司法体系。最高法院是最高司法机关，由23名大法官组成。国家行政法院和宪法法院分别由26名和9名大法官组成。高级司法委员会由13名大法官组成。各法院院长均由大法官选举产生，任期一年。总检察院属哥司法系统的组成部分，但享有行政和预算自治权。最高法院院长何塞·布斯托斯·马尔蒂内斯（José Bustos Martínez），宪法法院院长玛丽亚·维多利亚·科雷亚（María Victoria Correa），总检察长维维安·莫拉莱斯·霍约斯（Viviane Morales Hoyos），国家总监察长亚利杭德罗·奥多涅斯·马尔多纳多（Alejandro Otoñez Mardonado）。

【政党】全国主要政党如下：

（1）民族团结社会党（Partido Social de la Unidad Nacional）：2005年成立，简称“U”党。党的创始人为现总统桑托斯。议会第一大党。强调代表广大民众利益，尊重政治多元化，重视民主建设，巩固民主宪政，监督政府机构，推动建设公正、自由、繁荣的社会。现任党主席赛尔希奥·迪亚斯·格拉纳多斯（Sergio Díaz Granados）。

（2）保守党（Partido Conservador）：哥伦比亚传统政党。1849年成立。1987年曾易名为社会保守党，1992年改回原名。党员160万。曾主要代表农牧业主、教会和大资产阶级利益，现在中小资产阶级、工人、农民中亦有一定影响。主张维护民族独立和国家主权，反对干涉别国内政，促进社会公正，推崇市场经济，允许意识形态差异。党主席戴维·巴基尔（David Barguil）。

（3）自由党（Partido Liberal）：哥伦比亚传统政党。1848年成立。党员400万。主要代表工商资产阶级的利益，在工农和小资产阶级中也颇有影响。主张发展民族经济和推行政治、经济改革，外交上主张各国平等，互不干涉内政和民族自决。1989年6月，该党加入社会党国际。历史上，该党曾长期与保守党轮流执政。党主席奥拉西奥·塞尔帕（Horacio Serpa）。

（4）民族统一党（Partido de Integración Nacional）：2009年11月成立，主要力量来自原公民团结党。该党在2010年3月议会选举中得票率位居第四。主张创立在“安全与社会承诺”口号框架下的新的政治选择，并进行必要改革。党主席安赫尔·阿利里奥·莫雷诺（Ángel Alirio MORENO）。

（5）激进变革党（Partido Cambio Radical）：1998年成立，在2002年和2006年大选中支持乌里韦竞选总统。对内主张实行民主变革，增加公共管理透明度，消除贫困，重建道德，完成国内和平进程，对外主张实行全方位外交，尊重国际法，和平解决争端。党主席卡洛斯·费尔南多·加兰·帕琼（Carlos Fernando Galán Pachón）。

（6）民主变革中心党（Polo Democrático Alternativo）：2006年成立。为左翼政党代表，主要成员来自工会、企业行会和中下阶层人士等。在2006年举行的总统大选中，该党候选人卡洛斯·加维里亚得票率位居第二。主张政治多元化，反对新自由主义，加强国家对经济的宏观调控和对战略型企业的控制。主席克拉拉·洛佩斯·奥夫雷贡（Clara López Obregón）。

（7）绿党（Partido Verde）：2009年9月成立。在2010年举行的总统大选中，该党候选人安塔纳斯·莫克库斯得票率位居第二。提出“为国家政治生活输氧”，主张尊重宪法体制，追求社会公正，尊重生命，反对暴力，提倡保护环境和生物多样性，实现经济、社会和环境的可持续发展。总书记路易斯·爱德华多·加尔松（Luis Eduardo Garzón）。

【重要人物】胡安·曼努埃尔·桑托斯·卡尔德龙：总统。1951年8月10日出生于波哥大市。毕业于美国堪萨斯大学经济和企业管理系。伦敦经济学院经济学硕士，哈佛大学经济发展及公共管理硕士。曾担任哥驻国际咖啡组织代表（1972—1981年）、哥《时代报》副社长（1981—1991年）、外贸部长（1991—1993年）、财政和公共信贷部长（2000年）、国防部长（2006—2009年）等职。1995—1997年担任哥自由党领导委员会成员，2004年退出自由党，2005年创建民族团结社会党。2010年6月当选总统，并于2014年6月再次当选，8月7日就职，任期四年。夫人玛丽亚·克莱门西亚·罗德里格斯，有两子一女。

经　济

哥伦比亚在拉美属中等发展水平。农业、矿业为国民经济支柱产业。是世界第二大鲜花出口国、第三大咖啡和香蕉出口国及第四大煤炭出口国。绿宝石储量居世界第一位。

桑托斯政府将矿业、建筑业、农业、基础设施和产业创新作为拉动经济增长和就业的五大动力。推行矿业权益金分配改革，实行税制改革，加强汇市调控，控制本币过度升值，增强出口产品竞争力，积极吸引外资，经济复苏势头进一步巩固。2014年哥伦比亚经济增长4.3%。2015年前3季度，经济增长3%。

2015年主要经济数据如下：

国内生产总值：4271亿美元（来源：国际货币基金组织）。

人均国内生产总值：8859美元（来源：国际货币基金组织）。

外汇储备：467.4亿美元。

贫困率：28.2%（2015年6月）。

失业率：8.93%。

通膨率：6.77%。

货币名称：哥伦比亚比索（COP）。

外贸总额：872.89亿美元。

汇率：1美元=3149.47比索（2015年12月31日）。

【资源】自然资源丰富。已探明煤炭储量约70.64

亿吨，居拉美第二位。石油储量18亿桶，天然气储量187亿立方米，铝矾土储量1亿吨，铀储量4万吨。此外还有金、银、镍、铂、铁等矿藏。森林面积约4923万公顷。

【工矿业】采矿业有石油、煤炭、黄金、绿宝石、铀、镍、铝矾土、铁和铂等。20世纪80年代以来，石油业发展迅速，成为哥支柱产业之一。2015年，哥建筑业增长率达9.9%，水电气增长3.8%、工业制造业增长0.9%。能矿业是唯一出现负增长的部门，增长率为－0.2%；其中煤炭开采同比下降3.5%，石油开采同比下降1.4%。

2015年，哥原油日均产量为100.6万桶。2015年哥煤炭产量为8555万吨，同比下降3.5%。

（资料来源：哥伦比亚矿业和能源部）

【农业】耕地面积467万公顷，占国土的8.5%。是世界第二大鲜花出口国，香蕉和咖啡出口居世界第三位。2014年农牧林渔业产值214亿美元，同比增长2.3%，农牧产品出口额为72.59亿美元，同比增长10%。哥是世界第九大热带水果出口国，共出口433种水果。

【服务业】服务业发展较快。主要包括供电、煤气和水，商业餐饮和旅馆，金融部门，社区、社会与个体服务等。2014年服务业增长5.5%。（资料来源：哥统计局）

【旅游业】主要旅游区有：波哥大、卡塔赫纳、麦德林、卡利、圣玛尔塔、圣安德烈斯、巴兰基亚和库库塔等。2014年，哥伦比亚共接待外国游客419万人次，同比增长11.9%。

【交通运输】以公路为主。2014年交通仓储业增长4.2%。

铁路：总里程3368公里。1992年停止客运。2008年运营车厢749节，机车40台，运营里程1672公里，货运量5847万吨。1995年麦德林市地铁建成运营。

公路：2008年总长16.4万公里，机动车辆总数为539万辆。2005年客运量为15657万人次，货运量13973万吨。

水运：2002年拥有海船23艘，总吨位17.7万吨。2008年海运量为25.3万人次。主要海港有布埃纳文图拉、圣玛尔塔、卡塔赫纳和巴兰基亚。内河可通航里程18225公里。2002年拥有各类内河船只2003艘，2008年内河客运量为354.3万人次，货运量457万吨。

空运：共有74个哥伦比亚民航局所属的机场，其中11个为国际机场，主要机场有埃尔多拉多和何塞·玛丽亚·科尔多瓦。有3家航空公司，哥伦比亚国家航空公司（Avianca）是拉美最早成立的航空公司，与17个国家通航。2014年1至11月，哥航空客运量为2803.9万人次，同比增长7.7%。航空货运量67.92万吨，同比增长4.7%。

管道运输：2011年有输油管道5467公里，多用途管道3106公里。

【财政金融】近几年中央财政收支情况如下（单位：亿比索）：

	2011	2012	2013	2014
收入	942472	1070672	1197812	1258986
支出	1117539	1225072	1364702	1442600
赤字	175067	154399	166890	183615

截至2015年年底，哥外汇储备余额为467.40亿美元。

（资料来源：哥伦比亚国家统计局、中央银行）

【对外贸易】推动外贸出口和自贸战略是哥本届政府施政重点。主要出口产品有石油、化工产品、煤炭、咖啡、农副产品和纺织品等。其中，绿宝石出口居世界第一位，鲜花出口居世界第二位，咖啡出口居世界第三位。主要进口机械设备、化工产品、农副产品、纺织品和金属材料等。主要贸易对象为美国、墨西哥、中国和日本等。近几年外贸情况如下（单位：亿美元）：

	2012	2013	2014	2015
总额	1162.27	1154.44	1158.83	872.89
出口	601.25	588.24	547.95	356.91
进口	561.02	566.20	610.88	515.98
差额	40.23	22.04	–62.93	–159.07

（资料来源：哥伦比亚国家统计局、中央银行）

【对外投资】哥伦比亚主要投资对象依次为巴拿马、墨西哥、英国、萨尔瓦多、巴西、秘鲁和洪都拉斯，主要投资领域为工业制造业、金融与企业服务业、交通、仓储与通信业、水电气。2013年，哥对外投资额为24.46亿美元，同比增长75.4%。

【外国资本】2014年，哥伦比亚吸收外国直接投资160.54亿美元，同比下降0.9%，主要投向石油、矿业、贸易、交通和金融等领域。外资主要进入石油、矿业、制造业和金融、企业服务业。

人民生活

1991年起，哥伦比亚对全国不满周岁的婴儿予以免费医疗，并全面推行医疗保险制，每人每月需缴纳工资5.5%—7%的医疗保险金。全国共有医院1010所，医生34862名，护士11164名；平均每1200人拥有1名医生，共有病床46610张。但医生和病床地区分布不平衡，专业不全，护士短缺。1996年，哥专门设立为500万贫困人口提供医疗补贴的卫生体系。2011年，哥医疗保障覆盖率达到97%。2001年，全国共有737万个固定电话和326万部手机。2002年，哥有71.2万电脑用户。2004年，哥手机用户增至1041万。2014年哥手机用户达到5180万户，同比增长10.3%。2012年，哥宽带用户达到630万。

军　事

哥伦比亚总统为武装力量最高统帅。军事力量总司令部是最高军事指挥机构。最高国防委员会为最高军事咨询机构。实行义务兵役制，服役期两年。现任军事力量总司令胡安·罗德里格斯（Juan Rodríguez），陆军司令阿尔韦托·何塞·梅西亚·费雷罗（Alberto José Mejía Ferrero），海军司令莱昂纳多·圣玛丽亚·盖坦（Leonardo San María Gaitan），空军司令卡洛斯·爱德华多·布埃诺（Carlos Eduardo Bueno），国家警察局长豪尔赫·埃尔南多·涅托（Jorge Hernando Nieto）。

三军总兵力28.52万人。陆军23.75万人，编有步兵旅、独立机械化营、别动营、伞兵营和高炮营等。海军3.46万人，编为2支舰队、2个陆战营和海军航空队、1支海军陆战队，拥有各型舰艇90余艘，其中潜艇4艘、驱逐舰4艘、护卫舰4艘，装备各型飞机10架。空军1.31万人，装备各型飞机200余架，其中作战飞机72架、武装直升机72架。此外，准军事部队（国民警察）14.41万人。

2013年，哥国防预算为26万亿比索。

文化教育

【教育】哥伦比亚实行小学义务教育。2011年，文盲率为6.6%。著名高等学府有：哥伦比亚国立大学、哈维里亚那大学、安第斯大学、国立师范大学等。2012年，哥教育预算为18.97万亿比索。2011年各级学校、教师、学生情况如下：

	学校（所）	教师（万人）	学生（万人）
学龄前	43930	5.2	102.9
小学	53921	18.8	455.3
中学	18897	21.1	429.7
大学	286	—	184.9

【新闻出版】全国约有400种报纸杂志。主要报纸有：《时代报》，发行量35万份；《观察家报》，22万份；《新世纪报》，近3万份；《共和国报》，5万多份。主要杂志（均为周刊）有：《星期》、《变革》等。以上报刊均为西班牙文。

哥伦比亚新闻社是哥最大的私人通讯社，成立于1981年，向全国近20家报纸和电台提供新闻。

全国共有582座广播电台。“国家电台”是唯一国营电台，创建于1940年。“哥伦比亚广播公司”、“全国广播公司”和“托德拉尔”电台为较大的三家私人广播公司，在各地设有广播发射台和转播台。

电视业始于1954年。全国共有15家电视台，其中三家为国家电视台和播放台，但一、二台通过合同向私人电视节目制作台和播放台出租，第三台为国家直接管理，播放文化教育等节目。蜗牛电视台、RCN电视台、CMI电视台等为主要私人电视机构。

对外关系

哥伦比亚奉行独立自主、不结盟和多元化的外交政策。实施外交为国内和平进程和经济发展服务的战略，努力提高哥伦比亚的国际地位，创造有利的国际环境。重视同美国的关系，加强同拉美地区特别是周边国家的合作，巩固同欧盟的传统联系，增进与亚太国家的交流合作。哥现与171个国家保持外交关系。

【同中国的关系】1980年2月7日两国建交。

近年来，双边关系继续顺利发展，两国各领域交流合作进一步扩大。2014年7月，习近平主席在访问巴西并出席中国同拉美和加勒比国家领导人会晤期间，同哥伦比亚总统桑托斯进行交谈。8月，教育部部长袁贵仁作为习近平主席特使出席桑托斯总统连任就职仪式。2015年11月，习近平主席在菲律宾马尼拉出席第23次领导人非正式会议期间同桑托斯总统举行双边会见。5月，李克强总理对哥伦比亚进行正式访问。6月，哥伦比亚国会主席兼参议长（时任）纳梅访华。1月，哥伦比亚外长奥尔古因来华出席中国—拉共体论坛首届部长级会议。4月，中国外交部副部长王超赴哥举行两国外交部间第八次政治磋商。

2014年，双边贸易额156.4亿美元，同比增长49.8%，其中中方出口80.4亿美元，同比增长17.9%，进口76亿美元，同比增长109.9%。2015年，中哥双边贸易额达111.3亿美元，其中，中方出口75.8亿美元，进口35.5亿美元，同比分别增长–28.9%，–5.7%和–53.3%。国际油价下跌是双边贸易额大幅下滑的主要原因。

中国驻哥伦比亚大使：李念平。馆址：Carrera 16 No.98–30，Bogotá D.C，Colombia。国家地区号：0057–1。电话：6223235（总机），6223202（值班），6223213（办公室），6222879（经商处），6223228（文化处），6223126（领事部），6223248（武官处）；传真：6223114。

哥伦比亚驻华大使：卡尔门萨·哈拉米略（Carmenza Jaramillo）。馆址：北京市朝阳区光华路34号。电话：010–65323367，65323377，65321713，65323166（领事事务），6532646l（武官处）；传真：65321969。

【同美国的关系】哥美于1822年6月17日建交。两国传统关系密切，美是哥第一大投资国和贸易伙伴。2006年2月，哥美签署双边自贸协定，2011年10月获美国国会批准。2009年，哥允许美军使用哥境内的七个军事基地。2010年，美通过《哥伦比亚计划》继续向哥提供军事和发展援助。2011年，哥美自贸协定获美国会通过。2012年，美总统奥巴马等访哥。同年5月，哥美自贸协定正式生效。2013年，桑托斯总统对美国进行正式访问。2014年，哥外长奥尔古因访问美国，与美国务卿克里共同主持两国第四轮高级别对话会议。哥国会主席兼参议长克里斯托（1月）访美。2015年2月，美国国务卿克里宣布设立支持哥和平谈判特使，由美前副国务卿阿隆索出任该职。9月，哥总统桑托斯赴纽约出席第70届联大会议并访问美国。其间，桑分别会见美国总统奥巴马、副总统拜登及国务卿克里，美方高度评价哥和谈取得的重要成果，表示将继续支持哥和平进程和冲突后重建。桑还参加了由美国发起并由50余个国家组成的世界和平行动委员会会议。2016年2月，桑托斯总统访美，同美总统奥巴马共同高调庆祝“哥伦比亚计划”实施15周年，双方并宣布达成“哥伦比亚和平”新协议，美据此拟于2017财年向哥方提供4.5亿美元援助。

【同欧洲国家的关系】欧盟是哥重要合作伙伴。2012年，哥伦比亚与欧盟签署自贸协定。西班牙首相拉霍伊、欧盟委员会副主席达哈尼、葡萄牙总理科埃略访哥。桑托斯总统访问葡萄牙。2013年，葡萄牙总统席尔瓦、德国总统高克、荷兰国王威廉·亚历山大夫妇访哥。桑托斯总统访问英国、瑞士。哥外长奥尔古因访问奥地利、德国、葡萄牙。法国外长法比尤斯访哥。2014年，哥总统桑托斯访问西班牙并出席在瑞士达沃斯举行的世界经济论坛。芬兰外长图奥米奥亚、挪威外长布兰德、英国副首相克莱格分别访哥。2月，欧洲议会批准对哥赴欧公民给予90日免申根签证待遇。8月，哥举行桑托斯总统就职仪式，西班牙太皇胡安·卡洛斯一世、欧盟理事会主席范龙佩应邀出席。加拿大国际贸易部长法斯特访哥。2015年2月，德国外长施泰因访哥。3月，哥总统桑托斯对西班牙进行国事访问。同月，由哥政府和伦敦战略研究所共同主办的“卡塔赫纳对话会”在哥卡塔赫纳市召开。5月，葡萄牙副首相波尔塔斯、瑞典外长瓦尔斯特伦分别访哥，德国政府宣布设立哥伦比亚和平进程特别代表，为哥提供相关协助。

【同拉美国家的关系】与拉美国家保持密切的传统关系。哥伦比亚同委内瑞拉、智利签有双边自由贸易协定，同厄瓜多尔建立自由贸易区。同墨、委签有三国自由贸易协定。同中美洲和加勒比地区的自由贸易和经济合作取得显著进展。哥积极谋求加强同南方共同市场的关系。2011年，哥与智利、墨西哥、秘鲁宣布成立“太平洋联盟”，与智利、秘鲁三国联合股票市场正式运营。2012年，哥伦比亚同域内国家交往活跃。桑托斯总统先后访问危地马拉、古巴、哥斯达黎加、洪都拉斯、萨尔瓦多、巴拿马；奥尔古因外长访问古巴、海地、委内瑞拉。玻利维亚总统莫拉莱斯、墨西哥当选总统培尼亚、阿鲁巴总理哥德弗里德、厄瓜多尔外长帕蒂尼奥、秘鲁外长龙卡利奥洛、苏里南外长拉金、阿根廷外长齐默尔曼等访哥。4月，哥成功主办第六届美洲国家峰会。2013年，桑托斯总统先后出席南美国家联盟特别首脑会议、委总统马杜罗就职仪式、加勒比国家联盟第五次首脑会议、拉美“太平洋联盟”第七届峰会、厄总统科雷亚就职仪式、第23届伊比利亚美洲峰会。哥外长奥尔古因访问厄瓜多尔、秘鲁、乌拉圭、阿根廷和智利。阿根廷总统克里斯蒂娜、巴西外长帕特里奥塔、危地马拉外长卡雷拉、厄瓜多尔外长帕蒂尼奥访哥。2014年，桑托斯总统出席洪都拉斯总统埃尔南德斯就职仪式，并赴古巴首都哈瓦那出席拉美和加勒比共同体（CELAC）第二届峰会。秘鲁总统乌马拉对哥进行国事访问。哥外长奥尔古因赴墨西哥出席拉美“太平洋联盟”外长会，并访问委内瑞拉。2月，哥在卡塔赫纳市主办拉美“太平洋联盟”第八届元首峰会。

2015年，哥总统桑托斯赴巴拿马出席第七届美洲峰会（4月），对墨西哥进行国事访问（5月），出席在秘鲁帕拉卡斯市举行的拉美“太平洋联盟”第十届领导人峰会（7月），并同秘鲁总统乌马拉在哥麦德林市举行会晤（10月），共同主持召开两国第二次内阁理事会。8月，美洲国家组织（OEA）秘书长阿尔马格罗访哥并会见桑托斯总统。10月，巴西总统罗塞芙对哥进行国事访问。同年，哥外长奥尔古因赴厄瓜多尔首都基多出席南美国家联盟外长会（3月），与南美国家联盟秘书长桑佩尔和巴西、厄瓜多尔外长联合访问委内瑞拉，推动委政府与反对派进行对话（3月），赴哥斯达黎加出席东亚－拉美合作论坛第七届外长会（8月），赴荷兰海牙国际法庭出席哥尼（加拉瓜）领海主权争端前期听证会（10月）。4月，墨西哥外长、巴西外长分别访哥。

8月，委内瑞拉总统马杜罗宣布关闭同哥边境部分口岸，以应对边境日益严重的走私和非法移民问题，两国边境形势一度紧张。9月21日，经厄瓜多尔和乌拉圭总统推动，哥、委两国总统举行会谈，共同制定了两国关系正常化的路线图，两国外长、防长及相关部门负责人分别举行对口谈判，两国边境紧张形势通过外交途径得到有效缓解。

【同亚洲国家的关系】近年来，哥伦比亚重视发展与亚太国家的政治和经贸合作关系。2012年，桑托斯总统访问中国、新加坡；奥尔古因外长访问中国、日本、越南。韩国总统李明博访哥。哥伦比亚与韩国完成自贸协定谈判。2013年，日本经济、贸易和工业部部长茂木敏充访哥。2014年7月，日本首相安倍晋三访哥。8月，韩国国会议员韩素京和李章宇等应邀出席桑托斯总统就职仪式。2015年1月，哥外长奥尔古因访问韩国；4月，韩国总统朴槿惠访哥，与哥总统桑托斯举行会谈，并出席哥韩两国企业家论坛。11月，菲律宾举行亚太经合组织第23次领导人非正式会议期间，哥总统桑托斯应邀赴马尼拉出席亚太经合组织领导人同太平洋联盟领导人对话会。（王梦春）

哥斯达黎加

国名 哥斯达黎加共和国（The Republic of Costa Rica，La República de Costa Rica）。

面积 5.11万平方公里。

人口 483.68万人（2015年）。白人和印欧混血种人占95%，黑人3%，印第安土著居民约0.5%。官方语言为西班牙语。95%的居民信奉天主教。

首都 圣何塞（San José），人口142万。最热月（7月）平均气温21℃—27℃，最冷月（1月）平均气温9℃—26℃。

国家元首 总统路易斯·吉列尔莫·索利斯·里韦拉（Luis Guillermo Solís Rivera），2014年5月8日就职，任期四年。

重要节日 独立日，9月15日。

简况

位于中美洲南部。东临加勒比海，西濒太平洋，北接尼加拉瓜，东南与巴拿马毗连。海岸线长1200公里。

原为印第安人居住地。1564年沦为西班牙殖民地。1821年9月15日宣布独立。1823年加入中美洲联邦，1838年退出。1848年8月30日成立共和国。

政治

2014年5月，公民行动党索利斯就任总统。索将打击腐败、发展经济、消除不平等作为执政重点。目前哥政局保持稳定。

【宪法】现行宪法于1949年11月7日生效。宪法规定，国家实行立法、司法和行政三权分立的共和制。总审计署和最高选举法院为独立机构。总统为国家元首和政府首脑，可隔届再次当选；总统和副总统由直接选举产生，任期四年；总统缺位时，依次由第一副总统、第二副总统和议长接任。

【议会】称立法大会，一院制，为全国最高立法机构，由57名议员组成。议员由选民直接选举，任期4年，不得连任。本届立法大会于2014年5月组成，其中执政党公民行动党12席，民族解放党18席，基督教社会团结党8席，广泛阵线党8席，自由运动党4席，哥斯达黎加革新党2席，全民皆人党、民族重建党和基督教民主联盟各1席，独立议员2席。现任主席为基督教社会团结党的拉斐尔·奥尔蒂斯·法夫雷加（Rafael Ortiz Fábrega），2015年5月就职，任期一年。

【政府】本届政府于2014年5月成立。主要内阁成员有：第一副总统兼财政部长埃利奥·法利亚斯·贝内加斯（Helio Fallas Venegas），第二副总统安娜·埃莱娜·查孔（Ana Helena Chacón，女），总统府部长塞尔希奥·阿尔法罗·萨拉斯（Sergio Alfaro Salas），外交和宗教事务部长曼努埃尔·冈萨雷斯·桑斯（Manuel González Sanz），外贸部长亚历山大·莫拉·德尔加多（Alexander Mora Delgado），经济、工业和贸易部长维尔梅尔·拉莫斯·冈萨雷斯（Welmer Ramos González），规划和经济政策部长奥尔加·玛尔塔·桑切斯（Olga Marta Sánchez，女），卫生部长费尔南多·略尔卡·卡斯特罗（Fernando LLorca Castro），科技与电信部长马塞洛·亨金斯·科洛纳斯（Marcelo Jenkins Coronas），公共安全部长路易斯·古斯塔沃·玛塔（Luis Gustavo Mata），教育部长索尼亚·玛尔塔·莫拉（Sonia Martha Mora，女），住房部长罗森多·普霍尔·梅萨列斯（Rosendo Pujol Mesalles），能源、环境部长埃德加·古铁雷斯·埃斯佩莱塔（Edgar Gutiérrez Espeleta），劳动和社会保障部长维克多·莫拉雷斯·莫拉（Víctor Morales Mora），文化和青年部长西尔维·杜兰·萨尔瓦铁拉（Sylvie Duran Salvatierra，女），农业及畜牧业部长路易斯·费利佩·阿劳斯·卡瓦利尼（Luis Felipe Arauz Cavallini），司法与和平部长塞西莉亚·桑切斯·罗梅罗（Cecilia Sanchez Romero，女），旅游部长毛里西奥·本图拉·阿拉贡（Mauricio Ventura Aragón）。

【行政区划】全国划分为七个省，下设81个县市、421个区。各省名称如下：瓜纳卡斯特、阿拉胡埃拉、埃雷迪亚、卡塔戈、圣何塞、利蒙、彭塔雷纳斯。

【司法机构】最高法院是最高司法机构，由22名法官组成，任期八年。任满时如无立法大会2/3议员的反对，可自动连任。下设四个法庭，第一、第二、第三法庭各由五名法官组成，第四法庭（宪法法庭）由七名法官组成。地方分省、县、区三级法院。最高法院院长萨雷雅·比亚努埃瓦·蒙赫（Zarella Villanueva Monge，女），2013年5月当选。

【政党】主要政党：

（1）公民行动党（Partido Acción Ciudadana）：执政党。2000年12月由奥通·索利斯·法利亚斯（Ottón Solís Fallas）创建。2014年首次执政。党主席玛加丽塔·博拉尼奥斯·阿尔金（Margarita Bolaños Arquín，女）。

（2）民族解放党（Partido de Liberación Nacional）：1952年4月成立。曾九次执政。党主席何塞·玛丽亚·菲格雷斯·奥尔森（José María Figueres Olsen）。

（3）基督教社会团结党（Partido Unidad Social Cristiana）：1983年12月由民主复兴党、民族共和党、

基督教民主党和人民联盟党组成。党主席佩德罗·穆尼奥斯·丰塞卡（Pedro Muñoz Fonseca）。

（4）广泛阵线（Frente Amplio）：2004年成立。从原共产党中分裂出来的左翼政党。党主席帕特里西亚·莫拉·卡斯特利亚诺斯（Patricia Mora Castellanos，女）。

（5）自由运动（Movimiento Libertario）：1994年12月组成。党主席维克托·达尼洛·库韦罗·科拉莱斯（Victor Danilo Cubero Corrales）。

【重要人物】路易斯·吉列尔莫·索利斯·里韦拉：总统。1958年4月25日出生于哥斯达黎加。毕业于哥斯达黎加大学历史系。在哥斯达黎加大学等高校执教30余年，并曾在外交部工作。青年时期加入民族解放党，曾先后担任该党国际关系副书记、对外政策协调员和总书记。2005年退出民族解放党，2009年加入公民行动党。2014年4月作为公民行动党候选人当选总统。

经　济

哥经济发展水平在中美洲名列前茅。是菠萝、香蕉、咖啡等热带农产品生产和出口国，外贸、旅游、服务业在国民经济中占据重要地位。倡导自由贸易，努力扩大出口。积极吸引外资，对外开放电信、保险等行业。鼓励发展农牧业、旅游业、高科技制造业和创新产业，加大科技、教育、基础设施投人，开发利用可再生能源和清洁能源。有关举措取得一定成效，近年来哥经济保持恢复性增长。

2014年主要经济数据如下：

国内生产总值：495.5亿美元。

增长率：3.5%。

人均国内产值：10381美元。

通货膨胀率：5.1%。

失业率：9.7%。

货币名称：科朗（colón）。

汇率：1美元=535科朗（2016年1月）。

（资料来源：哥中央银行）

【资源】自然资源丰富。铝矾土蕴藏量约1.5亿吨，铁蕴藏量约4亿吨，煤蕴藏量约5000万吨。森林覆盖面积60万公顷。

【工业】以轻工和制造业为主，主要有纺织、电子产品、机械、食品、木材、化工等。原材料依赖进口，产品主要出口。石油全部进口，主要来自委内瑞拉。2013年制造业总产值为34981.7亿科朗，占国内生产总值的21.2%，从业人员17.85万人；建筑业总产值为11553.9亿科朗，占国内生产总值的4.3%，从业人员11.6万人。

【农业】系中美洲农业发展水平最高的国家之一。2013年，哥农牧渔业生产总值12919.1亿科朗，占国内生产总值的8.6%，从业人数24.7万。农产品出口额占出口总额的24.5%。哥是世界上仅次于厄瓜多尔的第二大香蕉出口国。2013年香蕉出口创汇8.28亿美元，占哥出口总额的7.3%。目前哥香蕉种植面积4.56万公顷，从业人员3.4万。主要出口对象为美国和欧盟。

哥是咖啡生产国协会和国际咖啡组织的成员。据哥咖啡协会统计，2011年哥咖啡产量为209.5万袋（每袋46公斤），同比增加1.46%，创汇3.78亿美元。目前哥咖啡种植面积约9万公顷，从业人员5万。主要出口对象为美国和欧盟。

【服务业】在国民经济中占有重要地位。主要有金融保险、不动产、企业服务、公共管理、社区服务和中介服务等。2013年，哥服务业总产值为163792.3亿科朗，占国内生产总值74%。

【旅游业】旅游业发达，是哥外汇收入主要来源之一。游客主要来自北美、中美和欧洲等地区。自20世纪90年代以来，哥政府充分利用自然资源，将生态旅游业发展为国家主要经济支柱之一。旅游胜地有伊拉苏火山、波阿斯火山、阿雷纳火山、西班牙殖民文化遗址等。全国有30多个国家森林公园和自然保护区。2014年赴哥旅游的外国游客人数达252万人次，同比增加3.7%。

（资料来源：哥国家旅游协会）

【交通运输】国内交通以公路为主。

公路：国家公路网由国道和地方道路组成，国道由国家公路委员会（CONAVI）管理，地方道路由各地方政府进行运营管理。是中美洲公路里程最长的国家。泛美高速公路贯穿南北。

铁路：总长278公里，由国家铁路局运营。由于缺乏投资和年久失修，自1995年起哥铁路基本处于停运状态，只承运少量货运及往返圣何塞和莫因市的游客。2005年起圣何塞至周边城市的铁路恢复运营，但由于设备老化和客流量少，基本无盈利。

水运：拥有轮船1029艘。四个主要港口为利蒙港、莫因港、蓬塔雷纳斯港、卡尔德拉港。其中利蒙港和莫因港的总吞吐量占全国的80%以上。

空运：两家航空公司经营10条国内航线、15条国际航线。有两个国际机场，首都有胡安·圣玛丽亚国际机场，年客运量200万人次。2001年由美国建筑公司BECHTEL承包经营20年。北部利比里亚市有丹尼尔·奥杜韦国际机场。

【通讯业】哥通讯业发达，居拉美国家前列。2013年，全国共有电话线153万条，手机用户540万户，因特网使用者为167万人。

【财政金融】2014年外汇储备72.11亿美元，外债191.86亿美元。中央政府财政赤字15270亿科朗，占国内生产总值的4.9%。近年中央政府财政收支情况如下（单位：十亿科朗）：

	2012	2013	2014
收入	3271.9	3530	3799

支出	4275.0	4870	5326
差额	1003	1340	1527

（资料来源：哥中央银行）

中央银行（1950年成立）和国家银行（1936年成立）为哥斯达黎加主要金融机构。中央银行行长为奥利维埃尔·卡斯特罗（Olivier Castro）。

【对外贸易】哥实行贸易开放政策，与中国、美国、欧盟、墨西哥、智利、秘鲁、中美洲五国、多米尼加、新加坡等签有自由贸易协定，与世界50多个国家（地区）有贸易关系。对外贸易在国民经济中占重要地位。主要出口电子芯片、集成电路、纺织品、香蕉、菠萝、咖啡、医疗器械、加工食品、机械和电子配件等，主要出口对象为美国、中国、欧盟、中美洲邻国；主要进口原材料、消费品、燃料、润滑油和资本货物，主要进口来源为美国、欧盟、委内瑞拉、墨西哥。

近年来，哥进出口情况如下（单位：百万美元）：

	2012	2013	2014
进口	13030	18001	17160
出口	11298	11543	11130
差额	–1732	–6458	–6030

（资料来源：哥中央银行）

【外国资本】外资主要来自美国、加拿大、墨西哥和西班牙等国。2014年哥吸引外国直接投资21.5亿美元，同比减少21.5%，主要涉及房地产、电信、贸易服务等行业。

【外国援助】哥主要从国际货币基金组织、世界银行和美洲开发银行获得贷款，用于生产性行业、基础设施建设和经济结构调整。

人民生活

2013年哥全国贫困率为20.7%；其中极端贫困率为6.4%。哥共有劳动力221.1万人，就业人口202.2万人。根据2013年世界人类发展报告，哥人类发展指数排名世界第62位。公共卫生支出占国内生产总值的21.5%。平均寿命79.3岁，婴儿死亡率9.5‰。

军　事

1948年12月1日哥宣布废除武装力量，成立国民警卫队，成为世界上第一个没有军队的国家。

文化教育

【教育】高度重视教育。实行中小学义务教育，全国有小学6884所，12%的人口接受高等教育，教育水平居拉美国家前列。主要高等院校有哥斯达黎加大学和国立大学。

【新闻出版】全国有六家日报，主要有：《民族报》，发行8.5万份；《自由新闻》，发行5万份；《共和国报》，发行5.88万份。全国有130家电台、12家电视台。影响较大的商业性电视台有哥斯达黎加电视7台、2台、13台。

对外关系

哥奉行和平中立的外交政策，支持各国人民自决和不干涉内政原则，重视发展同拉美各国的传统友好关系，积极推动地区经济一体化进程，支持建立美洲自由贸易区。三度当选联合国安理会非常任理事国（1974—1975年、1997—1998年、2008—2009年），是2012—2016年联合国人权理事会成员。2014年1月至2015年1月任拉美和加勒比国家共同体轮值主席国。是拉美“太平洋联盟”候选成员国。同154个国家保持外交关系。

【同中国的关系】中哥于2007年6月1日建交。

2007年10月，阿里亚斯总统对中国进行国事访问。2008年11月，胡锦涛主席对哥进行国事访问。2012年8月，钦奇利亚总统对中国进行国事访问。2013年6月，习近平主席对哥进行国事访问。2014年7月，习近平主席出席中拉领导人会晤期间在巴西同索利斯总统举行双边会见。2015年1月，索利斯总统来华进行国事访问并出席中拉论坛首届部长级会议开幕式。

2011年以来，其他中方主要往访有：胡锦涛主席特使、全国人大常委会副委员长陈昌智（2011年3月），全国政协副主席万钢（2011年9月），全国人大常委会副委员长华建敏（2011年11月），全国政协副主席、统战部长杜青林（2012年4月），国务院副总理张高丽（2012年6月，时任中共中央政治局委员、天津市委书记），全国政协主席贾庆林（2012年12月），中央政治局委员、中央统战部部长孙春兰（2015年11月）。

哥方主要来访有：自由运动党主席格瓦拉（2011年3月），立法大会专门委员会主席阿拉亚、索托马约尔和贡戈拉（2011年8月），圣何塞市长阿拉亚（2011年8月），前总统阿里亚斯（2012年5月），最高法院院长莫拉（2012年6月），第二副总统利伯曼（2012年9月来华出席夏季达沃斯论坛），第一副总统皮瓦（2013年4月过境北京），立法大会主席门多萨（2013年7月），立法大会主席奥尔蒂斯（2015年9月，以基督教社会团结党领导人身份）等。

中国是哥第二大贸易伙伴。2010年4月8日，两国签署自贸协定。2011年8月1日，该协定正式生效。据中国海关统计，2014年中哥贸易额为52.9亿美元，其中中方出口11.1亿美元，进口41.8亿美元，同比分别增长–6.8%、19.7%和–12%。

两国人文领域交流日益活跃。2011年8月，广州市与圣何塞市签署加强友好交流与合作备忘录。9月，首届中哥地质论坛举行。2015年2月，南京民族乐团赴哥演出。

中国驻哥斯达黎加大使：宋彦斌，2013年1月18日递交国书。馆址：De la casa de D. Oscar Arias 100 metros al sur y 50 metros al oeste, Rohrmoser, Pavas,

San José, Costa Rica。电话：00506-22914811，传真：00506-22914820。邮政信箱：1518-1200。电子邮箱：chinaemb_cr@mfa.gov.cn。领事部、文教科组办公地址：Frente a la casa de D. Oscar Arias, Rohrmoser, Pavas, San José, Costa Rica。电话：00506-22914650，传真：22914654。

哥斯达黎加驻华大使里卡多·莱昂·佩雷斯（Ricardo León Pérez）。馆址：建国门外交公寓1号楼5单元41-42。电话：0086-10-65324157，传真：65324546。领事部电话：65234157-807。

中哥建交前，哥台往来密切。中哥建交后，台宣布终止与哥"外交关系"，并停止一切在哥援建项目和合作计划。据哥方统计，2014年台哥贸易额为6.36亿美元，其中台出口1.41亿美元，进口4.95亿美元，同比分别增长-4.2%、12.8%和-8.2%。

【同美国关系】哥美1851年建交。两国关系密切，高层互访不断。美为哥最大的贸易伙伴，2012年哥对美出口14.73亿美元，进口53.21亿美元。美一直视哥为拉美国家的"民主样板"并提供大量经济援助。双方在反恐、禁毒、军事等领域保持密切合作。美在哥建有拉美警察学校，美军舰使用哥太平洋和大西洋港口。2011年5月，哥总统钦奇利亚访美，会见美能源部长朱棣文，就两国开展环境、气候变化与可更新能源领域合作交换看法。9月，钦赴美出席联合国大会，与美国务卿克林顿会晤，探讨中美洲地区安全策略。2013年5月，美总统奥巴马访哥，与钦奇利亚总统会谈，并出席美国与中美洲一体化体系（SICA）特别首脑会议。2015年2月，哥外长访美。

【同拉美国家关系】重视发展同拉美国家特别是中美洲各国的睦邻友好合作关系，保持密切高层往来，推动中美洲地区一体化进程并积极协调地区冲突。2011年5月，哥与秘鲁签署自贸协定。2013年5月，与哥伦比亚签署自贸协定。哥与巴西加大在能源领域合作，与哥伦比亚、墨西哥积极开展打击毒品犯罪合作。

2010年10月，哥与尼加拉瓜因边界领土争端关系紧张。2015年12月，海牙国际法院裁决，确定卡莱罗岛（波尔蒂略岛）属于哥，尼有疏浚圣胡安河的权力，认为哥在修建圣胡安河沿岸公路前有义务进行环境评估。2015年底以来，因古巴移民过境问题与尼关系再度趋紧，因推动有关国家协调解决方案未果，哥宣布退出中美洲一体化体系政治活动。

【同欧洲国家的关系】同欧洲国家有着传统经贸往来。2011年1月，哥外长卡斯特罗出访英国、德国、挪威、西班牙等国，就哥与尼加拉瓜边界冲突做工作。5月，德国总统伍尔夫访哥。2012年5月，哥总统钦奇利亚出访德国、法国、意大利等国。6月，哥与中美洲有关国家同欧盟签署《中美洲—欧盟伙伴关系协议》。2013年7月，哥立法大会批准这一协议。

【同亚太国家的关系】近年来，哥日益重视开展同亚太国家的经贸合作，主张中美洲与东盟国家建立经常性的政治和经济磋商机制。2011年1月，日本文仁亲王夫妇访哥，庆祝哥日建交75周年。5月，哥第一副总统皮瓦访问韩国。

12月，哥总统钦奇利亚访日，分别会见日本首相野田佳彦和明仁天皇。2012年8月，钦奇利亚总统访问韩国。2015年7月，印度外长辛格访哥。9月，哥与老挝建立外交关系。（张音）

格 林 纳 达

国名　格林纳达（Grenada）。

面积　344平方公里。

人口　10.7万（2015年），黑人约占82%，混血人占13%，白人及其他人种占5%。英语为官方语言和通用语。居民多信奉天主教。

首都　圣乔治（St.George's），人口约1万。

国家元首　英国女王伊丽莎白二世，女王任命总督为代表。现任总督塞茜尔·拉格雷纳德（Cecile La Grenade），2013年5月就任。

重要节日　独立日：2月7日。

简　况

位于东加勒比海向风群岛最南端，南距委内瑞拉海岸约160公里。属热带海洋性气候，1月至5月为旱季，6月至12月为雨季。8月至11月天气较热，最高气温35℃。12月至3月，天气较凉爽，最低气温18℃。年平均气温26℃。

原为印第安人居住地。1498年被哥伦布"发现"，1650年归属法国，1762年被英国占领。1763年法国根据《巴黎条约》将格转让给英国，1779年被法国重新占领。1783年根据《凡尔赛条约》正式确认为英国所有，从此沦为英国殖民地。1974年2月7日宣布独立，同年加入联合国。1979年3月，"新宝石运动"发动军事政变，成立人民革命政府，毕晓普担任总理。1983年10月，副总理科尔德等人发动政变，杀害毕晓普总理等人。美国遂以保护侨民和应东加勒比国家组织请求干预为由，与牙买加、多米尼克、巴巴多斯等六个加勒比国家联合出兵格林纳达。1984年恢复大选。

政治

2013年2月，格林纳达提前举行大选。反对党新民族党获得众议院全部15席，党领袖基思·米切尔（Keith Mitchell）出任总理。目前，格政局稳定。

【宪法】现行宪法于1974年独立时生效。1979年3月13日因内乱停止实施。1984年1月1日恢复实施。

【议会】分参、众两院，本届议会于2013年2月组成，任期为五年。参议院13席，由总督根据总理和反对党领袖提名任命。参议长劳伦斯·约瑟夫（Lawrence Joseph），2013年3月就任。众议院15席，由普选产生。新民族党拥有全部15席。众议长迈克尔·皮埃尔（Michael Pierre），2013年3月就任。

【政府】本届政府于2013年2月20日组成。主要成员有总理兼能源、财政、信息、国家安全和公共事务管理部长基思·米切尔，副总理兼劳动、法律、卡里亚库和小马提尼克事务部长及总检察长埃尔文·尼姆罗德（Elvin Nimrod），卫生和社会保障部长尼古拉斯·斯蒂尔（Nikolas Steele），农业、林业、渔业、土地和环境部长罗兰·博拉（Roland Bhola），通信、工程、发展、公共设施和信息产业部长格雷戈里·鲍恩（Gregory Bowen），计划、经济、贸易和合作部长奥利弗·约瑟夫（Oliver Joseph），教育和人力资源部长安东尼·博茨韦恩（Anthony Boatswain），外交部长克拉丽斯·莫德斯特－柯温（Clarice Modeste–Curwen），住房和社区发展部长德尔马·托马斯（Delma Thomas），青年、体育和教会事务部长艾玛林·皮埃尔（Emmalin Pierre），旅游、民航和文化部长约兰德·贝恩－霍斯福德（Yolande Bain–Horsford）等。

【司法机构】设有最高法院和地方法院。最高法院包括高等法院和上诉法院。1991年格加入东加勒比国家组织后，其司法权移至东加勒比最高法院，但终审机构为英国枢密院司法委员会。

【政党】主要政党：

（1）新民族党（New National Party）：执政党。1984年8月成立后，曾五次（1984年、1995年、1999年、2003年和2013年）获胜组阁。现任领袖基思·米切尔（Keith Mitchell），主席埃尔文·尼姆罗德（Elvin Nimrod）。

（2）民族民主大会党（National Democratic Congress）：反对党。1987年10月成立，系由新民族党部分成员和民主劳工大会、格林纳达民主劳工党合并而成。曾于1990年、2008年赢得大选。

【重要人物】**塞茜尔·拉格雷纳德**：总督。女，1952年出生。曾就读于西印度大学、美国马里兰大学，获化学博士学位。长期从事食品科学研究工作。2013年5月7日就任格林纳达总督，为格历史上首位女总督。 **基思·米切尔**：总理。1948年生于格林纳达，早年就读于西印度大学、美国霍华德大学和美利坚大学，先后获数学硕士、博士学位。1984年至1989年任公共事务部长，1995年至2008年出任总理。2013年2月，领导新民族党大选获胜，并再次出任总理。

经济

经济主要以农业和旅游业为主，工业不发达。2004年9月“伊万”飓风使格农业遭受毁灭性打击。国际金融危机爆发后，格旅游业收入大幅下滑。为应对严峻的经济形势，格政府对外积极寻求援助，对内实施经济刺激政策。

2015年主要经济数据如下：

国内生产总值：9.6亿美元。

人均国内生产总值：8971美元。

国内生产总值增长率：3.4%。

通货膨胀率：0.3%。

货币名称：东加勒比元。

汇率：1美元=2.7东加元。

（主要资料来源：国际货币基金组织）

【资源】有一定储量的石油，但尚未开采。森林面积40.47平方公里。

【工业】工业不发达。主要为小型加工制造业包括农产品加工、食品、饮料、纺织、轻型组装等。

【农业】农业基础薄弱，主要种植肉豆蔻、香蕉、可可、椰子、甘蔗等。曾是世界第二大肉豆蔻生产国，有“香料之国”之称，肉豆蔻产量约占世界总产量的1/3。“伊万”飓风对格肉豆蔻生产造成毁灭性打击后，格政府着力恢复农业生产。

【旅游业】格经济重要部门。国际金融危机爆发后，格旅游业遭受巨大冲击。近年来有所恢复。

【交通运输】全国有公路1127公里，无铁路。海空交通便利。首都圣乔治有深水港设施，可停靠大型远洋客货轮。2003年竣工的圣乔治港扩建工程使格具备停泊国际上先进大型货轮的条件。有三个机场，其中莫里斯·毕晓普国际机场有通往加勒比共同体各国和伦敦、北美的客货航班。

【对外贸易】主要出口肉豆蔻、香蕉、可可等；进口食品、机械、交通设备和基本制成品。每年贸易均有巨额逆差。主要贸易伙伴为特立尼达和多巴哥、美国。

【经济团体】（1）格林纳达工商会（Grenada Chamber of Industry and Commerce，Inc.)1921年成立。地址：Decaul Bldg，Mt Gay，P.O.B.129，St. George's。电话：001473–440–2937。传真：001473–440–6627。

（2）格林纳达肉豆蔻合作联合会（Grenada Co–Operative Nutmeg Association）：1947年成立。地址：POB 160，ST Geroge's。电话：001473–440–2117。传真：001473–440–6602。

人民生活

2015年人均寿命74.05岁，人口增长率0.48%，出生率为1.61%，死亡率为0.81%。全国共有公立医院3家，私立医院3家，平均每1150人拥有一名医生，每170人有一张病床。

军　事

无正规军，有警察约600人。

文化教育

【**教育**】对5—16岁儿童实行免费义务教育，全国识字率96%。小学和中学学制均是七年。有20所公立中学，有一所医学院、一所艺术学院。首都圣乔治有一免费公共图书馆。每个区都设有职业培训中心。

【**新闻出版**】有几家周报，主要是:《格林纳达时报》、《今日格林纳达》、《格林纳达之声报》、《情报员》。

格林纳达广播公司：国营，成立于1972年，包括格林纳达广播公司电视台。

对外关系

奉行“维护国家议会民主及和平友善”的外交政策，反对以武力解决国际争端，愿与世界所有国家发展贸易和文化交往。支持全球反恐斗争，支持打击跨国犯罪，打击毒品、武器走私和洗钱。主张通过解决发展问题消除贫穷、饥饿、失业等问题，发达国家应向发展中国家提供技术、经济以及其他形式的援助。主张改革全球贸易体系，呼吁发达国家停止对农业进行补贴，消除非关税和其他阻碍农产品贸易的技术壁垒。在重大国际问题上主张与本地区组织协调一致立场。曾于2009年至2011年任小岛屿国家联盟主席国，重视气候变化外交，多次在多边场合呼吁国际社会重视对小岛国在气候变化问题上的关切。

【**同中国的关系**】中格于1985年10月1日建交。1989年7月19日，格政府宣布与台湾当局“建交”；8月7日，中国中止了与格的外交关系。2005年1月20日，中格签署了关于恢复外交关系的联合公报，宣布自即日起正式恢复外交关系。

2013年6月，国家主席习近平在访问特立尼达和多巴哥期间同格林纳达总理米切尔举行双边会晤。2015年9月，米切尔总理来华出席第九届夏季达沃斯论坛，李克强总理会见。

复交后双方其他重要互访有：全国人大常委会副委员长顾秀莲（2007年7月）、陈昌智（2012年7月）访格。格总督威廉斯（2005年9月）、总理米切尔（2005年7月）、总理托马斯（2009年6月、2010年7月出席上海世博会加勒比共同体日活动）、副总理尼姆罗德（2014年9月、2015年12月出席中拉政党论坛首次会议）访华。

格承认中国完全市场经济地位。中格贸易以中方出口为主。据中国海关总署统计，2015年，双边贸易额1252.2万美元，基本为中方出口，同比下降15.8%。我对格主要出口钢材、塑料制品、建筑及采矿用机械、冷冻机和制冷设备。

两国在教育、文化和旅游等领域的交流合作进展顺利。2005年，我国宣布格为中国公民出境旅游目的地国。2006年，两国签署《中格政府文化合作协定》。中国人民解放军军乐团、山东省杂技团、天津华夏未来少儿艺术团和广州杂技团曾赴格访问演出。2014年2月，格首届“中国电影节”开幕。2015年6月，两国全面互免签证协议正式实施。8月，中国新闻代表团访格并出席加勒比广播联盟（CBU）第46届年会。12月，中国海军“和平方舟”号医院船访格，向格民众提供医疗和人道主义服务。广东省佛山市与格首都圣乔治建有友好城市关系。

两国重要双边协议及文件:《中华人民共和国与格林纳达恢复外交关系的联合公报》(2005年1月),《中华人民共和国政府和格林纳达政府文化合作协定》(2006年5月),《中华人民共和国与格林纳达互免签证协定》(2015年2月)。

中国驻格林纳达大使：欧渤芊（Ou Boqian)。使馆地址：Azar Villa At Calliste St. George's，Grenada。电话：001473-4141228，传真：4396231，网址：http://gd.china-embassy.org/，http://gd.chineseembassy.org/。电子邮箱：chinaemb_gd@mfa.gov.cn。

【**同加勒比国家的关系**】格重视加勒比地区一体化，主张东加勒比各国应首先联合。积极主张实现加勒比经济一体化和更广泛的区域合作，支持向风群岛一体化。不断加强与邻国的双边交往和经贸往来。2010年6月，格与其他东加勒比国家组织成员共同成立东加勒比经济联盟。2011年2月，第22届加勒比共同体政府首脑会议在格举行。2012年9月，格与特多政府签署油气开发合作协定。2013年9月，加勒比共同体—古巴第四次外长会议在格举行。　（朱莹）

古　巴

国名　古巴共和国（The Republic of Cuba，La República de Cuba）。

面积　109884平方公里。

人口　1123.83万（2014年）。白人65%，黑人10%，混血种人24%，华裔1%。官方语言为西班牙语。主要信奉天主教、新教、非洲教、古巴教等。

首都　哈瓦那（La Habana)，人口212万（2014年）。年平均气温25.6℃。最热月（8月）平均气温

24℃—32℃，最冷月（1月和2月）平均气温18℃—27℃。

国家元首　国务委员会主席劳尔·卡斯特罗·鲁斯（Raúl Castro Ruz），2008年2月就任，2013年2月再次当选。

重要节日　国庆日：1月1日（革命胜利纪念日）；起义日：7月26日（攻打蒙卡达兵营纪念日）；建军节：12月2日（"格拉玛"号登陆日）。

简　况

位于加勒比海西北部墨西哥湾入口。北距美国佛罗里达半岛217公里，东与海地和多米尼加隔海相望（77公里），南距牙买加140公里，西离墨西哥尤卡坦半岛210公里。由古巴岛、青年岛等1600多个岛屿组成，是西印度群岛中最大的岛国。古巴岛长1250公里，宽31—191公里。海岸线长5746公里。全境大部分地区属热带雨林气候，年平均气温25℃。5—10月为雨季，11—4月为旱季。6—11月为飓风多发期。

1492年10月27日，哥伦布发现古巴岛。1510年西班牙开始对古巴进行殖民统治。1868年和1895年两次爆发独立战争。1898年美西战争后被美国占领。1902年美国扶植成立"古巴共和国"。1903年美强租两处古海军基地，其中关塔那摩基地迄今仍被美占领。此后，古基本上由亲美独裁政府统治，政局动荡。1953年7月26日，菲德尔·卡斯特罗·鲁斯（Fidel Castro Ruz）率领一批进步青年攻打蒙卡达兵营，失败后被捕入狱，1955年流亡墨西哥。1956年12月，卡斯特罗率领81名起义战士乘"格拉玛"号游艇返古，在马埃斯特腊山区开展游击战。1959年1月1日，卡斯特罗率起义军推翻了巴蒂斯塔独裁统治，建立革命政府。1961年，古巴军民在吉隆滩击败美国雇佣军入侵，卡斯特罗宣布开始社会主义革命。1962年，美宣布对古实行经济、贸易和金融封锁。

政　治

2006年7月31日，卡斯特罗主席因病将职权移交其胞弟劳尔临时代理。2008年2月24日，在古巴第七届全国人民政权代表大会上，劳尔当选国务委员会主席兼部长会议主席，并接任革命武装力量总司令，正式接替卡斯特罗。这是古巴自1959年革命胜利以来首次实现最高领导人更替。2013年2月24日，在古巴第八届全国人民政权代表大会上，劳尔再次当选国务委员会主席兼部长会议主席，任期至2018年。目前，古巴政局稳定，社会秩序良好。

【宪法】现行宪法于1976年2月通过，宪法规定：古巴是主权独立的社会主义国家，是一个民主、统一的共和国，由全体劳动者组成，谋求政治自由、社会公正、个人和集体利益及人民团结。1992年7月，第三届全国人民政权代表大会第11次会议通过宪法修正案，把马蒂思想与马列主义并列作为党的指导思想。2002年6月，第五届全国人民政权代表大会特别会议通过宪法修正案，重申社会主义制度不可更改。

【议会】全国人民政权代表大会为国家最高权力机关，享有修宪和立法权。每届任期五年。每年举行两次例会。全国和省级人大代表候选人由群众和学生组织提名后交市级人民政权代表大会审批，然后由全体选民以无记名方式直选产生。第八届全国人大成立于2013年2月，共有代表614人。主席胡安·埃斯特万·拉索·埃尔南德斯（Juan Esteban Lazo Hernández）。

国务委员会于1976年取消总统制后设立，在全国人民政权代表大会休会期间代表人大行使立法等国家权力，由主席、第一副主席、五名副主席、一名秘书和23名委员组成，从全国人大代表中选举产生。宪法规定，国务委员会主席是国家元首、政府首脑和武装部队总司令。本届国务委员会成立于2013年2月。主席劳尔·卡斯特罗·鲁斯，第一副主席米格尔·迪亚斯—卡内尔·贝穆德斯（Miguel Díaz-Canel Bermúdez）；五名副主席：何塞·拉蒙·马查多·本图拉（José Ramón Machado Ventura）、拉米罗·巴尔德斯·梅嫩德斯（Ramiro Valdés Menéndez）、格拉迪丝·玛丽亚·贝赫拉诺·波特拉（女，兼总审计长，Gladys María Bejerano Portela）、萨尔瓦多·安东尼奥·巴尔德斯·梅萨（Salvador Antonio Valdés Mesa）、拉萨拉·梅塞德斯·洛佩斯·阿塞阿（女，Lázara Mercedes López Acea）；秘书：奥梅罗·阿科斯塔·阿尔瓦雷斯（Homero Acosta Alvarez）。

【政府】即部长会议，是国家最高行政机关，由主席、第一副主席、若干副主席、执行秘书、各部部长和法律确定的其他人员组成。其中由主席、第一副主席、副主席和执行秘书共同组成的执行委员会系其领导机构。部长会议主席由国务委员会主席兼任，成员经主席建议由全国人民政权代表大会任命。本届部长会议成立于2013年2月。现任主席劳尔，第一副主席迪亚斯－卡内尔；五位副主席：巴尔德斯·梅嫩德斯、里卡多·卡布里萨斯·鲁伊斯（Ricardo Cabrisas Ruíz）、乌里塞斯·罗萨莱斯·德尔托罗（Ulises Rosales del Toro）、安东尼奥·恩里克·卢松（Antonio Enrique Lussón）、马里诺·阿尔韦托·穆里略·豪尔赫（Marino Alberto Murillo Jorge，兼古巴《经济社会政策纲领》落实和改进常设委员会主席、经济和计划部长）、阿韦拉多·科洛梅·伊瓦拉（Abelardo Colomé Ibarra，兼内政部长）；执行秘书：何塞·阿马多·里卡多·格拉（José Amado Ricardo Guerra）。部长有：农业部长古斯塔沃·罗德里格斯·罗列罗（Gustavo Rodríguez Rollero）、内贸部长马里·布兰卡·奥尔特加·巴雷多（Mary Blanca Ortega Barredo，女）、建设部长雷内·梅萨·比利亚法尼亚（René Mesa Villafaña）、文化部长胡利安·冈萨雷斯·托莱多（Julián González Toledo）、教育部长埃娜·埃尔萨·贝拉斯克斯·科别利亚（Ena Elsa Velázquez Cobiella，女）、高等教育部长鲁道夫·阿拉尔孔·奥尔蒂斯（Rodolfo Alarcón Ortiz）、革命武装力量部长莱奥波尔多·辛特拉·弗里亚斯（Leopoldo Cintra Frías）、财政和价格部长利娜·奥琳达·佩德拉萨·罗德里格斯（Lina Olinda Pedraza Rodríguez，女）、通讯部长迈米尔·梅萨·拉莫斯（Maimir Mesa Ramos）、食品工业部长玛丽亚·德尔卡门·康塞普西翁·冈萨雷斯（María del Carmen Concepción González，女）、工业部长萨尔瓦多·帕尔多·克鲁斯（Salvador Pardo Cruz）、司法部长玛丽亚·埃斯特尔·雷乌斯·冈萨雷斯（María Esther Reus González，女）、外交部长布鲁诺·罗德里格斯·帕里利亚（Bruno Rodríguez Parrilla）、公共卫生部长罗伯托·莫拉莱斯·奥赫达（Roberto Morales Ojeda）、劳动和社会保障部长玛格丽塔·马莱内·冈萨雷斯·费尔南德斯（Margarita Marlene González Fernández，女）、交通部长阿德尔·奥诺弗雷·伊斯基耶多·罗德里格斯（Adel Onofre Yzquierdo Rodríguez）、旅游部长曼努埃尔·马雷罗·克鲁斯（Manuel Marrero Cruz）、外贸外资部长罗德里戈·马尔米耶卡·迪亚斯（Rodrigo Malmierca Díaz）、央行行长埃内斯托·梅迪纳·比利亚韦兰（Ernesto Medina Villaveirán）、科技和环境部长埃尔瓦·罗莎·佩雷斯·蒙托亚（女，Elba Rosa Pérez Montoya）、能源和矿业部长阿尔弗雷多·洛佩斯·巴尔德斯（Alfredo López Valdés）、全国水利资源委员会主席伊内斯·玛丽亚·查普曼（女，Inés María Chapman）、体育和文娱局长胡里奥·克里斯蒂安·希门内斯·莫里纳（Julio Christian Jiménez Molina）、古巴广播电视委员会主席达尼洛·西里奥·洛佩斯（Danylo Sirio López）。

【行政区划】全国划分为15个省（包括省级市哈瓦那市），一个特区（青年岛特区）。省下设168个市。

【司法机构】最高人民法院是国家最高司法机构。共和国总检察院负责行使司法监督权。最高人民法院院长、法官、总检察长、副总检察长均由全国人民政权代表大会选举和罢免。最高人民法院院长鲁文·雷米西奥·费罗（Rubén Remigio Ferro），1999年1月就任，连任至今。总检察长达里奥·古拉·德尔加多（Darío Cura Delgado），2010年3月就任。

【政党】古巴共产党（Partido Comunista de Cuba，PCC），古唯一合法政党。宪法规定，古巴共产党是马蒂思想和马列主义先锋组织，是古巴社会和国家的最高领导力量。1961年，"七·二六运动"、人民社会党和"三·一三革命指导委员会"合并成"古巴革命统一组织"，1962年改名为"古巴社会主义革命统一党"，1965年改用现名。古共成立以来共召开六次全国代表大会（1975年12月、1980年12月、1986年2月、1991年10月、1997年10月和2011年4月）。古共四大决定，允许信仰宗教的先进革命分子入党。古共五大通过政治、经济和修改党章三项决议，并选举产生中央委员会和中央政治局。2006年7月，古共五届五中全会决定恢复设立中央书记处。2008年4月，古共五届六中全会决定成立政治局委员会，作为政治局最高决策机构，由国务委员会主席、第一副主席和五名副主席组成，并增补三名政治局委员。2011年4月，古巴共产党第六次全国代表大会召开，选举产生了六届中央委员会（116人）、中央政治局（14人）和书记处（7人）。革命领袖卡斯特罗正式卸任古共中央第一书记，由劳尔接任，马查多出任第二书记。2012年1月，古共召开党的全国代表会议，研究部署加强和改进党的建设等问题，做出转变党的职能和作风、打破领导干部终身制、实现干部队伍年轻化等决策，并通过了《关于古巴共产党工作目标的决议》。古共现有党员约80万人。

【重要人物】劳尔·卡斯特罗·鲁斯：菲德尔·卡斯特罗胞弟。古巴共产党中央委员会第一书记、国务委员会主席兼部长会议主席、革命武装力量总司令。1931年6月3日出生。受其兄卡斯特罗影响，青年时代即投身于反对独裁统治的学生运动，加入了古巴人民社会党。1953年参加攻打蒙卡达兵营战斗，失败后被捕入狱。1955年大赦获释，流亡美国、墨西哥。1956年随卡斯特罗乘"格拉玛"号游艇回到古巴，在马埃斯特腊山区开展游击战争。1958年在克里斯塔尔山区开辟并领导了第二战线。1959年革命胜利后任革命武装力量部长。1965年起任古共中央第二书记。1976年起任国务委员会第一副主席兼部长会议第一副主席，同年被授予大将军衔。1997年在古共五大上被确定为卡斯特罗的接班人。2006年7月，卡斯特罗因病将职权移交劳尔临时代理。2008年2月，在古巴第七届全国人民政权代表大会上，当选国务委员会主席兼部长会议主席，兼革命武装力量总司令，成为国家最高领导人。2011年4月，在古共六大上当选古共中央第一书记。2013年2月，再次当选国务委员会主席兼部长会议主席。曾于1997年11月、2005年4月、2012年7月访问中国。　**菲德尔·卡斯特罗·鲁斯：**古巴杰出的革命家和领导人。曾长期担任古共中央第一书记、国务委员会主席兼部长会议主席、革命武装力量总司令。1926年8月13日生于奥连特省。1949年加入古巴人民社会党。1950年在哈瓦那大学获法学博士学位。1953年率一批青年攻打蒙卡达兵营失败后被捕。1955年大赦获释后流亡墨西哥并组织了"七·二六运动"。1956年回到古巴，在马埃斯特腊山区开展反对巴蒂斯塔独裁统治的武装斗争。1959年革命胜利后出任总理。1965年古巴共产党成立，卡当选古共中央第一书记。1976年取消总统制后任国务委员会主席兼部长会议主席。有《历史将宣判我无罪》等著述。2006年7月，卡斯特罗主席因病将职权移交胞弟、法定接班人劳尔临时代理。2008年2月，在第七届全国人民政权代表大会上，卡斯特罗正式卸任国务委员会主席兼部长会议主席和革命武装部队总司令。2011年4月在古共六大上正式卸任古共中央第一书记。曾于1995年11月、2003年2月两次访问中国。

经　济

长期实行计划经济体制。旅游、制糖业和镍出口为重要经济支柱。曾长期维持以蔗糖生产为主的单一经济发展模式，从1990年起糖工业逐渐丧失主导地位。20世纪80年代末期，苏东剧变使古经济受剧烈冲击。1990—1993年古巴国内生产总值累计下降超过35%。1993年开始逐步推出"特殊阶段的措施"，允许个人拥有外汇，扩大个体经济，改革农业体制。1994年推出扩大企业自主权，实行财税改革，开放农贸自由市场和小商品市场，向外资开放生产部门等举措。1997年，古共五大首次提出把经济工作放在优先地位。1998年启动国企改革。2003年收紧外汇管理，禁止本国企业开设美元账户。1994—2003年，古经济年均增长3.6%。2004—2007年，经济进入快速发展时期，年均增长9.2%。2008—2010年，受国际金融危机、严重飓风灾害及美国封锁等影响，古经济形势严峻。

2011年古共六大后，古工作重心转向经济建设，出台了一系列政策调整措施，主要思路是进一步转变经济管理模式，向国企下放更多经营自主权，努力搞活流通体制，逐步取消农产品国家统购；缩减社会福利，逐步取消配给制，稳步推进国有部门裁员；支持个体经营等多种非公有制经济发展。在这些措施带动下，古经济活力有所增强，个体经营扩张较快。

2014年古主要经济数据如下：

国内生产总值：523.33亿比索。

人均国内产值：4662比索。

国内生产总值增长率：1.3%。

货币名称：比索（Peso）和可兑换比索（Peso convertible，1995年1月开始流通）。

汇率：1美元=26.5比索；1美元=1可兑换比索。

失业率：2.7%。

通货膨胀率：5.3%。

（资料来源：古巴国家统计局网站）

【资源】镍储量约1600万吨，居世界第三位，年产量约7万吨，居世界第四位。铁、铬、钴蕴藏量分别为35亿吨、200万吨、80万吨，此外还有锰、铜等。森林覆盖率29.8%。物种多样，有8000多种植物，14000多种动物。

【工业】近年来，工业结构明显调整，采矿、发电、炼油、炼钢、食品加工、机械、轻纺、电子、水泥等行业发展较快，制糖业在国民经济中的比重呈下降趋势。制造业以生物技术和制药工业为重点，迄今投入约10亿美元。2014年古巴制造业产值65.34亿比索，建筑业产值28.83亿比索，糖工业产值2.45亿比索，矿业产值3亿比索。

近年主要工业产品产量如下（单位：万吨）：

	2012	2013	2014
蔗糖（粗糖）	146.7	153.4	—
镍（钴）	6.82	6.60	—
钢	27.70	32.20	25.60
水泥	183.34	165.90	157.99
发电（亿度）	184.32	191.56	193.66
雪茄（亿支）	3.92	4.11	4.26
原油（万吨）	299.89	289.71	—
天然气（百万立方米）	1.03	1.07	1.20

（资料来源：古巴国家统计局网站、世界钢铁协会网站）

【农业】1959年革命胜利后，古政府实行土地改革，建立了大量国营农场和农村合作社，确立了国有制主导的发展模式，农业生产以甘蔗、烟草种植为主。20世纪90年代初，古再次推行农业改革，允许国营农场将部分土地租借给合作社，以优化农业结构。

2002年糖工业重组后，大量甘蔗田转种其他作物或用于发展林业。2014年古全国耕地266.9万公顷，其中国营农场49.7万公顷，占18.6%；农业生产基层组织、农牧业生产合作社、服务与信贷合作社及个体农民共计拥有耕地217.2万公顷，占81.4%。甘蔗、咖啡、水稻、烟草、香蕉和酸性水果的种植面积分别为40.03万公顷、13.53万公顷、17.16万公顷、0.88万公顷、11.12万公顷和2.32万公顷。古大米、豆类和小麦等主要依赖进口。

2014年农业产值（含畜、林、渔）为19.45亿比索，同比增长2.26%。

近年主要农产品产量如下（单位：万吨）：

	2012	2013	2014
块茎	233.70	223.90	250.71
蔬菜	211.20	240.65	249.89
水稻	64.16	67.26	57.64
酸性水果	20.37	16.69	9.68
其他水果	96.49	92.50	88.45
玉米	36.04	42.62	42.73
菜豆	12.70	12.98	13.19
香蕉	88.50	65.85	83.62

近年主要畜产品产量如下（单位：万吨）：

	2012	2013	2014
猪肉	25.2	29.3	29.8
牛肉	13.4	13.4	14.3
鸡肉	4.48	4.16	4.23
鸡蛋（亿只）	25.1	26.6	25.7

（资料来源：古巴国家统计局网站）

【服务业】从业人员素质高、经验丰富，可在医疗、教育、信息、电信、航空、海上运输、船舶修理等领域提供专业服务。2014年服务业约占国内生产总值的73.4%。

【旅游业】旅游资源丰富。全国约有适宜旅游海滩300处，其中巴拉德罗海滩是著名旅游胜地。近年来，旅游业成为古重点发展方向、第一大创汇产业和重要就业来源。2014年全国有旅馆430家，客房6.3万间。2014年入境外国旅客300.30万人次，同比增长6.5%。游客主要来自加拿大、英国、意大利、西班牙和德国。

近年来旅游业发展情况如下：

	2012	2013	2014
外国游客（万人次）	283.9	285.3	300.3
旅游外汇收入（亿美元）	26.13	26.08	25.46

（资料来源：古巴国家统计局网站）

【交通运输】以公路为主。

公路：总长4.9万余公里（其中硬化公路10990公里，高速公路682公里）。中央公路横贯古巴岛。2014年公路客运量为10.97亿人次，货运总量为4138.30万吨。

铁路：总长14838公里，其中一半以上为甘蔗运输专线。另有147公里电气化铁路。2014年客运量970万人次，货运总量为1689.28万吨。

海运：有16个商业港口和23个辅助港口。1980年前是加勒比地区最大海运国家，曾有6家船运公司，商船约100艘，总吨位120万吨。1990年由于苏联解体，古海运量下降了一半。主要港口有哈瓦那港和圣地亚哥港。2014年海运货物总量为687.49万吨。

空运：共有20个机场，其中11个为国际空港，年接待总能力为800万人次。哈瓦那和巴拉德罗国际机场每年入境人数占全国70%。2014年航空客运总数130万人次，货运总量为8900吨。

【财政金融】2014年财政收入309.45亿比索，支出323.02亿比索，实际财政赤字13.57亿比索，占国内生产总值2.3%。截至2012年底，古外债总额为85.95亿比索。

近年来财政收支情况如下（单位：亿比索）：

	2012	2013	2014
总收入	334.24	310.37	309.45
总支出	362.02	333.61	323.02
赤字	27.78	23.24	13.57
占国内生产总值比重（%）	3.7	1.3	2.3

（资料来源：古巴国家统计局网站）

截至2007年，古巴除中央银行外，有8家商业银行、15家非银行金融机构、12家外资银行代表处和4家外资非银行金融机构代表处，尚无外资机构获得营业许可。

古巴国民银行是最大商业银行，1948年12月成立。1997年5月起不再承担中央银行职能而改为商业银行，主要承办对国家有重大影响项目的贷款、转贷或担保业务，不办理储蓄业务。

【对外贸易】主要出口镍、蔗糖、蜂蜜、龙虾及对虾、咖啡、浓缩果汁、酸性水果、雪茄烟、朗姆酒等，主要进口石油、粮食、机械、化肥、化工产品等。2014年进出口总额241.86亿比索，其中出口140.28亿比索，进口101.58亿比索，同比分别下降2.3%、2.8%和1.5%。主要出口对象为荷兰、俄罗斯、委内瑞拉、加拿大、中国、西班牙等，主要进口来源国为委内瑞拉、意大利、西班牙、德国、加拿大、中国等。

近年来进出口情况如下（单位：亿比索）：

	2012	2013	2014
出口额	141.91	144.38	140.28
进口额	97.24	103.15	101.58
差　额	44.67	41.23	38.70

（资料来源：古巴国家统计局网站）

【对外援助】援外对象主要是拉美、加勒比和非洲国家。目前，古巴有七万余名援外人员在上百个国家提供医疗、体育、教育等服务。医务援外人员约5.4万人，分布在67个国家，其中一半以上在委内瑞拉；通过实施“奇迹计划”，为30多个国家的近50万名患者进行眼科手术；援外教育工作者约1.5万名；接收了来自130多个国家的4.7万名青年留学生；参加了近30个国家的扫盲工作。

【外国投资】1995年9月，古巴颁布外资法。2014年3月，古巴出台新的《外国投资法》。2015年11月，古巴政府发布新的《外国投资项目目录》，包括326个项目，计划引资82.1亿美元。外资主要集中在镍矿、石油、旅游和电信等行业，其中50%以上来自欧盟。主要投资来源国为西班牙、加拿大、意大利、法国、英国、墨西哥、中国等。截至2004年，与62个国家签署促进和相互保护投资协定，与8个国家签署避免双重征税协定。

人民生活

实行全民免费医疗制度。拥有完整的医疗卫生保健网络：家庭医生—门诊医院—综合医院／专门医院，家庭医生保健体系覆盖全国99.1%的人口。2014年医疗卫生支出70.98亿比索，占国内生产总值的8.8%。平均寿命78.45岁，人口出生率11.2‰，死亡率8.3‰，新生儿死亡率4.2‰，人口增长率2.5‰。2014年全国共有医院152所，床位58995张，综合门诊部451个，医生85563名（其中家庭医生12842名），平均每130人就有一名医生，是世界上人均拥有医生率最高的国家之一。

2014年，全国共有510.55万经济活动人口，就业人口496.98万，其中男性占62.8%，女性占37.2%。职工月均工资584比索，同比增长24%。2012年每百人拥有电话（含移动电话）33.9部。

军 事 实行义务兵役制，服役期两年，每年征兵两次。古巴革命武装力量部前身为起义军，1959年改为现名。12月2日为建军节。国务委员会主席为武装部队总司令。革命武装力量部负责三军的指挥和管理，现任部长辛特拉。

2014年国防开支28.52亿比索，占当年国内生产总值的5.47%。全国总兵力：正规部队4.9万人，其中陆军3.8万人，海军3000人（含陆战队550人），空军与防空军8000人。另有预备役部队3.9万人、准军事部队2.65万人（其中国家保安队2万人，边防警卫队6500人）、劳动青年军6.5万人、民防卫队5万人、地方民兵100万人。

文化教育 古巴政府重视发展文化教育，系拉美识字率和平均受教育水平最高的国家之一。拥有较高水准的芭蕾舞团、交响乐团等文艺团体。群众文化普及程度较高，全国有剧院81家、电影院279家、录像厅368家、图书馆392家、书店326家、艺术馆126家、博物馆272家、文化之家347个。全国有电视频道43个，电视节目播出总时长7万小时；广播电台96家，节目播出总时长超过51万小时。

【教育】古巴教育水平居世界前列，实行全民免费教育制度，共分三级：第一级为学龄前教育；第二级包括小学、初中和大学预科；第三级为高等教育。2014年全国共有大、中、小学及特殊教育机构共计9432所，在校学生190.16万，教师28.03万。适龄儿童入学率近100%，近85%的高中毕业生可进入大学或专科学校，15岁以上人口文盲率为0.2%。2014年教育经费投入为87.96亿比索，占国内生产总值的17.5%。

2014年各级学校、教师和学生数量如下：

	学校（所）	学生（万人）	教师（万人）
小学（含学前班）	9432	81.57	11.67
中学	1766	75.20	9.24
大学	51	17.33	4.55
成人	371	11.53	0.40

（资料来源：古巴国家统计局网站）

哈瓦那大学建于1728年，是古巴最古老、规模最大的高等学府，拥有13个系、30多个专业，下设14家科研所。

【体育】拉美体育强国。全国有5134个体育场所，4.12万名专业体育教师。在2012年伦敦奥运会上，古巴体育代表团共获得5枚金牌、3枚银牌和6枚铜牌，名列金牌榜第16位。在伦敦残奥会上共获得9枚金牌、5枚银牌和3枚铜牌，名列第15位。在2014年贝拉克鲁兹中美洲及加勒比地区运动会上，古巴体育代表团共获得123块金牌、66块银牌和64块铜牌。体育强项有棒球、拳击、排球、柔道、击剑、足球等。

【新闻出版】主要报刊:《格拉玛报》，古巴共产党机关报，创于1965年10月，发行量70万份;《起义青年报》，共青盟中央机关报;《劳动者报》，中央工会机关报;《波希米亚》周刊，创于1908年5月，发行量30万份。

主要通讯社：拉美通讯社，官方国际通讯社，创建于1961年，在全世界设有37个分社；国家通讯社，创建于1974年，主要负责国内新闻报道。

全国性广播电台五家：时钟电台、进步电台、起义电台、音乐电台和古巴哈瓦那国际电台（用八种语言播音）。

全国性电视台两家：古巴国家电视台（Cubavisión）和起义电视台（TeleRebelde）。

对外关系 主张尊重各国主权和领土完整，尊重民族自决权，反对干涉别国内政。主张世界各国和各国人民一律平等。谴责一切形式的霸权主义、干涉主义、单边主义和歧视政策，反对使用或威胁使用武力，反对包括国家恐怖主义在内的一切形式的恐怖主义。

古巴是联合国创始会员国，世界贸易组织、不结盟运动、拉美和加勒比国家共同体、拉美一体化协会、加勒比国家联盟、加勒比论坛、美洲玻利瓦尔联盟等国际和地区组织成员国。

同194个国家和地区有外交关系。

【同中国的关系】古巴是西半球第一个与新中国建交的国家。1960年9月2日，卡斯特罗主席宣布古巴断绝同台湾关系，并表达了与新中国建交的意愿。28日，中古两国政府发表联合公报，确认建交。

建交初期两国关系良好，中国全国人大常委会副委员长郭沫若（1960年）访古，古总统多尔蒂科斯（1961年）、国家银行行长格瓦拉（1960年）等访华。1966年起，双方除保持大使级外交关系和贸易关系外，其他往来先后中止。1983年，各领域交往陆续恢复。1989年两国外长互访后，中古关系走向全面恢复。进入20世纪90年代后，两国高层互访频繁，各领域平等互利合作不断扩大。中方访古主要有：江泽民主席（1993年11月、2001年4月）、全国政协主席李瑞环（1995年6月）、全国人大委员长乔石（1996年4月）、中共中央政治局常委尉健行（1999年4月）、全国人大委员长李鹏（2001年11月）、中共中央政治局常委李长春（2003年7月）、胡锦涛主席（2004年11月、2008年11月）、全国政协主席贾庆林（2005年5月）、中共中央政治局常委罗干（2005年12月）、中共中央政治局常委吴官正（2007年4月）、中共中央政治局常委贺国强（2008年6月）、全国人大委员长吴邦国（2009年9月）、习近平主席（2014年7月，2011年6月曾以国家副主席身份访古）、国务委员兼国务院秘书长、国家行政学院院长杨晶（2014年12月）、中央军委副主席范长龙（2015年6月）、国务院副总理汪洋

（2015年6月）。

古方访华主要有：菲德尔·卡斯特罗主席（1995年、2003年）、劳尔·卡斯特罗主席（2012年，1997年、2005年以第一副主席身份访华）、迪亚斯－卡内尔第一副主席（2013年，2015年来华出席中国人民抗日战争暨世界反法西斯战争胜利70周年纪念活动）、国务委员会副主席兼部长会议执行秘书拉赫（1993年、1999年）、全国人大主席阿拉尔孔（1993年、2007年、2010年）、国务委员会副主席拉索（1996年、2006年）、国务委员会副主席兼内政部长科洛梅（1997年、2010年）、国务委员会副主席兼部长会议副主席马查多（1999年、2004年）、部长会议副主席穆里略（2012年）、国务委员会副主席巴尔德斯（2015年）。

我国是古巴第二大贸易伙伴，古巴是我在加勒比地区第一大贸易伙伴。据我国海关统计，2014年，中古贸易额13.96亿美元，其中中方进口3.33亿美元，出口10.63亿美元，同比分别下降25.8%、34.4%和22.7%。我国主要出口机电产品、钢材、高新技术产品、汽车等，主要进口镍、食糖、酒类等。

两国在文教、卫生、科技、新闻、体育、军事等领域的互利友好合作进展顺利。2014年，中国公民首站赴古巴约4842人次，同比增长3%；古巴来华约3486人次，同比减少3.2%。2015年12月，中古开通商业直航，这是我国同加勒比国家开通的首条直航航线。

中国驻古巴大使：张拓，2012年2月13日递交国书。馆址：Calle 13 No.551 entre C y D，Vedado，Ciudad de La Habana，Cuba。电话：0053–7–8333005，传真：8333092。领事部电话：8360037。商务处地址：Calle 42 No.313 esq. 5ta. Av. Miramar，Ciudad de La Habana，Cuba。商务处电话：0053–7–2042585。传真：2041021。

古巴驻华大使：白诗德（Alberto Jesús Blanco Silva），2011年12月5日递交国书。馆址：北京市建国门外秀水南街1号。电话：0086–10–65321855，65326656；传真：65322870。商务处电话：65321243。经济处电话：65321984。

【同美国的关系】1959年1月，美国宣布承认古巴革命临时政府。1961年1月3日，美古断交。1961年4月，美国雇佣军入侵古巴吉隆滩失败。1962年2月7日，美国宣布对古巴实行全面经济封锁政策。1977年，双方互设“照管利益办事处”。苏联解体后，美国加大对古巴施压力度，先后于1992年和1996年颁布“托里切利修正案”和“赫尔姆斯—伯顿法”，强化对古巴经济封锁。

“9·11”事件后，美国将古巴列为“邪恶轴心”外围国家，指责古巴支持恐怖主义和研发生化武器。2004年，美国宣布中止同古巴移民谈判，再度将古巴列入“支持恐怖主义国家”名单。2009年奥巴马总统上任后，美国对古巴政策有所缓和，但仍将古巴列入“支恐国家”名单。2014年12月，古美启动关系正常化进程。2015年5月，美国将古巴从“支恐国家”名单中删除。7月，两国恢复外交关系并重新相互开设使馆。2015年4月和9月，劳尔主席同奥巴马总统举行两次会晤。美出台措施逐步放宽对古经济封锁，双方同意恢复通邮和通航，人员往来更加密切。

【同拉美和加勒比国家的关系】积极推动地区一体化进程，同拉美国家关系总体良好。近年来，先后同乌拉圭、巴拿马、哥斯达黎加、萨尔瓦多复交，同墨西哥、洪都拉斯恢复大使级外交关系。古巴同拉美国家贸易额占古外贸总额40%以上。古巴向不少拉美国家派有医生、教师和体育教练，每年吸收近千名拉美留学生。2013年1月至2014年1月，古巴担任拉美和加勒比国家共同体轮值主席国。2015年4月，在拉美和加勒比国家一致支持下，劳尔主席出席第七届美洲峰会，这是古巴历史上首次参会。

古巴同委内瑞拉、玻利维亚等拉美左翼国家关系密切，共同创建美洲玻利瓦尔联盟。古委在经贸、能源、医疗、金融、通信等领域开展了广泛合作。目前，古巴在委内瑞拉有数万名医疗和教育工作者。2013年3月查韦斯总统逝世后，劳尔主席赴委参加葬礼。双方高层保持经常性接触和互访。

【同俄罗斯的关系】1960年5月8日与苏联建交。苏联解体后，俄罗斯停止对古巴援助，古俄关系一度较冷淡。2004年以来，俄罗斯调整对古政策，两国关系逐步恢复。2009年和2012年，劳尔主席两次访俄。2013年1月，俄罗斯总理梅德韦杰夫访古。2014年7月，俄总统普京访古，宣布免除古巴在苏联时期积欠的约320亿美元债务（约占积欠债务总额的90%），双方签署能源、工业、医疗、防灾等领域合作文件。2015年，俄罗斯国防部长、外长、国家杜马主席分别访古。劳尔主席访俄并出席纪念卫国战争胜利70周年庆典活动。

【同加拿大的关系】1945年3月16日与加拿大建交。加拿大是古巴主要贸易对象和投资国，也是古巴最大旅游客源国，每年约有近100万加拿大游客赴古巴旅游。加拿大反对美国“赫尔姆斯—伯顿法”，并于1997年通过“外国治外法权措施法”，允许本国公司反诉美国公司。2000年，卡斯特罗主席赴加参加特鲁多总理葬礼。2005年，加拿大SHERRIT公司与古方签订镍矿合资公司扩大生产规模的协议，协议总金额4.5亿美元，双方各出资50%。

【同欧盟国家的关系】欧盟反对美国利用“赫尔姆斯—伯顿法”干涉自由贸易的做法。1996年，发表对古巴政策文件“共同立场”，主张同古巴进行建设性对话，通过加强经贸文化往来促古“向民主转变”。2003年，欧盟谴责古巴审判75名“持不同政见者”和判处三名劫船犯死刑，古欧关系出现倒退。2005年以来，双方恢复官方接触，古欧关系有所改善，但在人权等问题上仍有分歧。2008年，古巴签署联合国人权两公约，欧盟全面解除对古制裁。2010年西班牙担任欧盟轮值主席国期间，积极推动废除欧盟对古“共同立场”，但因古巴异见人士绝食身亡事件而搁浅。2012年3月，教皇本笃十六世访问古巴。2014年2月，欧盟宣布在维持“共同立场”的前提下同古方商签政治对话与合作协议，双方已举行数轮磋商。2015年5月，法国总统奥朗德首次访古。2016年2月，劳尔主席对法国进行国事访问，这是古巴元首21年来首次访法。

【同亚洲和非洲国家的关系】同亚非国家保持传统友好关系。古巴革命胜利后曾向部分非洲国家提供军事援助和派出军事人员，并长期向非洲国家提供医疗、人员培训等援助。迄今共有8万多名古巴援外人员在28个非洲国家工作过，现仍有4000多名各类专家和技术人员在非工作。迄今，古方共接受了3.3万名非洲留学生，现有非洲留学生2200多名。古巴还在五个黑非洲国家实施扫除文盲计划。2012年，劳尔主席访问越南。2013年，迪亚斯－卡内尔第一副主席访问越南、老挝。2015年，迪亚斯－卡内尔第一副主席访问南非、安哥拉、纳米比亚、印度。（何哲峰）

圭亚那

国名 圭亚那合作共和国（The Cooperative Republic of Guyana）。

面积 21.5万平方公里。

人口 80.2万（2015年）。其中印度裔占43.5%、非洲裔占30.2%、混血种人占16.7%、印第安人占9.1%。英语为官方语言和通用语，也使用克里奥尔语、乌尔都语、印第安语和印地语。居民30.5%信奉基督教新教，28.4%信奉印度教，8.1%信奉天主教，7.2%信奉伊斯兰教。

首都 乔治敦（Georgetown），人口约25万。

国家元首 总统戴维·格兰杰（David Granger），2015年5月就职，任期五年。

重要节日 共和国日：2月23日。独立日：5月26日。

简况

位于南美洲北部。西北与委内瑞拉交界，南与巴西毗邻，东与苏里南接壤，东北濒大西洋。属热带雨林气候，年降雨量1500毫米至2000毫米，年均气温24℃—32℃。公元9世纪起为印第安人定居地。15世纪西班牙人入侵，17、18世纪为荷兰占领，1814年荷将其转让给英国，1831年正式成为英殖民地，取名英属圭亚那。1966年5月26日宣告独立。1970年2月23日成立圭亚那合作共和国。

政治

圭独立以来，人民全国大会党曾长期执政。1992年至2015年，人民进步党上台后连续执政。2015年5月11日，圭提前举行大选，由民族团结伙伴联盟（主体是人大党）和变革联盟组成的反对党联盟以微弱优势赢得大选，人大党领袖戴维·格兰杰出任总统。目前，圭政局总体稳定。

【宪法】现行宪法于1980年10月6日生效。宪法规定总统为国家元首、政府首脑和武装部队最高统帅，议会多数党领袖出任总统，任期五年，可连选连任两届。总统有权解散议会。

【议会】一院制。议会由国民议会和总统组成，任期五年。国民议会设65席，其中40席为不分区议员，按比例代表制在全国范围内选举产生，25席为地区议员，按人口比例和种族构成从全国10个选区中分别选出。

本届议会于2015年5月产生，民族团结伙伴联盟和变革联盟获33席，人民进步党获32席。议长巴顿·斯科特兰（Barton Scotland），2015年7月就任。

【政府】本届政府于2015年7月组成，主要成员包括总统戴维·格兰杰、总理摩西·纳加穆图（Moses Nagamootoo）、副总统兼外交部长卡尔·格里尼奇（Carl Greenidge）、副总统兼本地人民事务部长悉尼·埃尔科克（Sydney Alllcock）等。

【司法机构】最高法院由上诉法院和高等法院组成。现任上诉法院代院长卡尔·辛格（Carl Singh），高等法院代院长伊恩·张（Ian Chang）。终审法院为加勒比法院。

【政党】主要政党：

（1）人民全国大会党（The People's National Congress）：执政联盟成员。1955年10月伯纳姆等人脱离人民进步党后于1959年组建。领袖戴维·格兰杰，总书记奥斯卡·克拉克（Oscar Clarke）。

（2）变革联盟（Alliance for Change）：执政联盟成员。2005年10月成立，被称为“第三势力”，由前人进党和人大党中央执委联合组建。领袖凯姆拉什·拉姆加谭（Khemraj Ramjattan），主席奈杰尔·休斯（Nigel Hughes）。

（3）人民进步党（The People's Progressive Party）：1950年1月成立，执政党。领袖巴拉特·贾格迪奥（Bharrat Jagdeo），总书记克莱蒙特·罗西

（Clement Rohee）。

【重要人物】**戴维·格兰杰**：总统。1945年7月15日生于首都乔治敦。曾就读于圭亚那大学和西印度大学，获历史学士学位、政治学硕士学位和国际关系硕士学位。1965年加入圭国防军，1979年至1990年任国防军参谋长，1990年至1992年任总统国家安全顾问，1994年擢升准将并退役。2011年起任议会反对党领袖。2015年5月大选中当选总统。**摩西·纳加穆图**：总理。1947年11月30日生于科伦太因地区。曾就读于圭亚那大学和西印度大学。曾任教师、记者、律师。1964年加入人进党。1992年至2000年，历任信息部长、地方政府和地区发展部长。2011年10月脱离人进党，加入反对党变革联盟。2015年5月大选后出任总理。

经　济

圭经济以初级产品生产为主，铝矾土、蔗糖和大米为三大经济支柱。近年来，圭政府执行稳健的宏观经济政策和适度扩张的财政政策，加大对公共设施投入，并进行大规模糖业改造，经济稳中有升。

2015年主要经济数据如下：

国内生产总值：32.03亿美元。

人均国内生产总值：3993美元。

国内生产总值增长率：3.2%。

通货膨胀率：1.04%。

货币名称：圭亚那元。

汇率：1美元=206圭元。

（资料来源：国际货币基金组织）

【资源】自然资源丰富。矿藏有铝矾土、金、钻石、锰、钼、铜、钽、钨、镍、铀等，其中铝矾土蕴藏量丰富，约3.6亿吨。森林面积16.4万平方公里，占全国土地面积的83%。水力资源丰富。

【工业】以采矿业和制糖业为主。主要开采铝矾土、黄金和钻石。

【农林渔业】农林渔业产值约占国内生产总值的30%，出口额约占圭出口总额的一半。主要种植水稻和甘蔗，产量约占圭农业总产量的一半，此外还种植椰子、水果、蔬菜、烟草等。

【旅游业】近年来，圭重视开发旅游资源，但基础设施落后，宾馆业不配套，旅游发展受限。

【交通运输】公路及水运都集中在沿海地区。

铁路：有长约187公里的黄金运输专用铁路。

公路：全长7970公里，其中沥青路面约1300公里。

水运：有5900公里内河航道。首都乔治敦和新阿姆斯特丹为主要港口。

空运：主要为契迪·贾根国际机场，内地有数个小型简易机场。

【财政金融】2014年圭政府财政收入1827.05亿圭元。财政支出为2156.21亿圭元，外债总额23.03亿美元。（资料来源：国际货币基金组织）

【对外贸易】主要出口黄金、糖、海产品、铝土、大米、木材等；进口燃油、润滑油和消费品等。主要贸易伙伴为美国、欧盟、加拿大和加共体国家。2015年，圭进出口总额27亿美元，其中出口12亿美元，进口15亿美元。（资料来源：国际货币基金组织）

经济团体主要经济团体：

（1）乔治敦工商会（Georgetown Chamber of Commerce and Industry）：成立于1889年。主席科默尔·拉姆诺斯（Komal Ramnauth）。地址：156 Waterloo Street，North Cummingsburg，Georgetown。

（2）圭亚那制造商协会（Guyana Manufacturers Association Ltd.）：成立于1967年。会长诺曼·麦克莱恩（Norman McLean）。地址：157 Walterloo Street, North Cummingburg, Georgetown。

人民生活

国家为老人提供养老金，为工伤事故者提供抚恤金。2015年人均寿命68.09岁，人口增长率0.02%，出生率1.56%，死亡率0.73%。

军　事

圭国防军有现役军人1600人，其中陆军1400人，海军、空军各100人。实行志愿兵役制，服役期三年。现任国防军参谋长布里格迪尔·马克·菲利普斯（Brigadier Mark Phillips）准将。另外有预备役部队1500人。

文化教育

【教育】对6至15岁青少年实施免费义务教育。成人识字率约91.8%。

【新闻出版】圭亚那三大日报：《圭亚那纪事报》（Guyana Chronicle），1881年由政府创办，官方报纸，日发行量6000份；《凯丘新闻报》（Kaieteur News），1997年由无党派私人企业家格兰·劳尔创办，目前日发行量居第一位，约22900份；《斯塔布罗克新闻报》（Stabroek News），1986年创办，私营报纸，日发行量14000份。

圭亚那共有14个电视频道和6家广播电台。圭亚那电视台（NCN）为国家电视台，主要转播英国BBC和美国CNN新闻，以及美国和印度电影。圭亚那广播公司（GBG）是唯一全国性广播电台，1979年成立。

《圭亚那评论》（Guyana Review）为唯一新闻性杂志，1993年创刊，发行量约2000份。

对外关系

奉行独立、不结盟的外交政策，与各国发展友好合作关系。目标是维护国家主权、领土完整和独立，促进国家经济和社会发展，塑造良好国际形象。

重视与加勒比国家和南美邻国的关系，努力使圭成为连接加勒比和南美国家的桥梁。把发展对美、欧关系作为外交政策的重点。主张与世界各国发展友好关系，积极参与不结盟运动、英联邦和联合国活动，倡导建立“全球人类新秩序”，提高圭在国际政治舞台上的影响和地位。是加勒比共同体、加勒比开发银行、南美国家联盟和美洲开发银行成员。

【同中国的关系】1972年6月27日，中国与圭亚那建交。

近年来，两国友好合作关系发展顺利，高层往来不断，在国际事务中保持良好配合。

2013年6月，国家主席习近平访问特立尼达和多巴哥期间，同圭亚那时任总统拉莫塔举行双边会晤。2014年7月，国家主席习近平在巴西出席中国—拉美和加勒比国家领导人会晤，圭时任总统拉莫塔参加集体会晤。

中方重要往访有：全国人大常委会副委员长阿沛·阿旺晋美（1981年）、陈慕华（1993年）和顾秀莲（2007年），国务院副总理耿飚（1978年）和钱其琛（1998年），国务委员吴仪（2003年）等。

圭方重要来访有：总统阿瑟（1977年）、贾根（1993年）和贾格迪奥（2003年，2008年出席夏季达沃斯年会，2010年出席上海世博会加共体日活动），总理伯纳姆（1975年，1984年）和海因兹（1996年，2005年，2011年和2014年），议长纳拉因（1989年）和拉姆克兰（2004年），外长卡罗琳·罗德里格斯－伯基特（2015年，中拉论坛首届部长级会议）、人民全国大会党中央执委卡罗尔·史密斯－约瑟夫（2015年，中拉政党论坛首次会议）等。

圭承认中国完全市场经济地位。两国建有经贸混委会机制，迄已举行11次会议。中圭贸易以中方出口为主。据中国海关总署统计，2015年，中圭双边贸易额2.1亿美元，其中中方出口1.61亿美元，进口0.49亿美元，同比分别增长1.4%、–3.8%和22.8%。

中方主要向圭出口机电产品、船舶、纺织品、钢材、高新技术产品、塑料产品、农产品、轮胎等，进口木材、锯材及农产品等。

两国文化、旅游和教育等领域的合作取得积极进展。中圭签有文化协定。2005年，我国宣布圭为中国公民出境旅游目的地国。中方曾数次向圭派出体育团队、教练，并多次派杂技团、艺术团赴圭访演。圭曾派乒乓球队来华参加亚非拉乒乓球友好邀请赛。2013年3月，圭亚那大学设立孔子学院。2014年5月，圭孔子学院正式揭牌。福建省福州市与圭首都乔治敦市、重庆市南川区与圭林登市分别建有友好城市关系。

《中华人民共和国和圭亚那合作共和国关于建立外交关系的联合公报》（1972年6月27日）；《中华人民共和国政府和圭亚那合作共和国政府关于发展两国贸易关系、互设商务办事处的协议》（1971年11月24日）；《关于中圭成立经济、贸易和科技合作混委会换文》（1984年6月15日）；《中华人民共和国政府和圭亚那合作共和国政府文化协定》（1984年6月15日）；《中圭两国政府科学技术合作协定》（1988年12月2日）；《中圭外交部官员会晤制度议定书》（1990年4月15日）；《中圭两国政府关于派遣中国医疗队赴圭工作的医疗合作议定书》（1993年3月26日）；《中华人民共和国政府和圭亚那合作共和国政府关于互免公务旅行签证协定》（1998年7月20日）；《中华人民共和国政府和圭亚那合作共和国政府贸易协定》（2001年9月17日）；《中华人民共和国政府与圭亚那共和国政府关于促进和保护投资协定》（2003年3月27日）；《关于2007年度开展援圭亚那青年志愿者项目的协议书》（2007年6月6日）；《中国旅游团队赴圭亚那旅游实施方案的谅解备忘录》（2007年7月10日）。

中国驻圭亚那大使：张利民（Zhang Limin）。地　址：Lto2, Mandela Avenue，Botanic Gardens，Georgetown, Guyana。　信　箱：P.O. Box 101274, Georgetown, Guyana。电　话：00592–2254297，　传真：2259228。领事保护值班电话：00592–2274117（座机），00592–6246702（手机）。网址：http://gy.chineseembassy.org，http://gy.china-embassy.org。电子邮箱：chinaemb_gy@mfa.gov.cn。

【同加勒比国家关系】重视同加勒比国家的团结与合作，积极推动加勒比地区一体化进程。2006年1月正式加入加勒比单一市场，为加勒比共同体创始国之一，也是其秘书处所在地。　（朱莹）

海　　地

国名　海地共和国（The Republic of Haiti, La République d'Haïti）。

面积　27750平方公里。

人口　1091万（2015年）。95%为黑人。80%的居民信奉天主教，16%的居民信奉新教，农村信奉伏都教。官方语言为法语和克里奥尔语，90%的居民使用克里奥尔语。

首都　太子港（Port au Prince），人口约276万（2015年）。最高气温38℃，最低气温16℃。

国家元首　若瑟莱尔姆·普里韦尔（Jocelerme Privert）。2016年2月14日当选临时总统，接替任满卸任的马尔泰利总统。

重要节日　独立日：1月1日。国旗日：5月18日。海地发现日：12月5日。

简　况　位于加勒比海北部，伊斯帕尼奥拉岛（即海地岛）西部。东与多米尼加共和国相邻，南临加勒比海，北濒大西洋，西与古巴和牙买加隔海相望。75.8%的国土为山地，其余为平原和高原。海岸线长1080余公里。北部属热带雨林气候，南部为热带草原气候。年平均气温25℃。

原为印第安人居住地，1492年被哥伦布发现，先后沦为西班牙和法国殖民地。1790年爆发反法独立战争。1804年1月1日宣告独立，定国名为海地，是拉美和加勒比地区第一个宣布独立的国家。自独立以来，海内乱不断。1915—1934年被美国占领。1957—1986年杜瓦利埃家族实行独裁统治。1988年2月举行首次民主选举。1990年12月，阿里斯蒂德当选总统，但于次年9月被军事政变推翻，流亡海外。1994年7月，联合国安理会授权以美国为首的多国部队对海地进行干预。同年10月，阿返海重新执政。1995年12月，执政的“拉瓦拉斯之家”候选人普雷瓦尔当选总统。2000年11月阿里斯蒂德再次执政后，海朝野严重对立，局势动荡。2004年海地爆发动乱，阿被迫辞职并再次流亡国外，联合国海地稳定特派团（联海团）进驻。2006年2月，普雷瓦尔再次当选总统。2010年1月12日，海地发生7.3级强烈地震，造成至少22.3万人死亡，近150万人受灾，直接经济损失达140亿美元。10月起暴发霍乱，造成7000多人死亡，60万人感染。

政　治

2010年11月　和2011年3月，海分别举行总统和议会选举两轮投票。2011年4月20日，农民代表党候选人马尔泰利以67.57%的得票率当选总统，并于5月14日宣誓就职。2011年10月，科尼耶出任总理并组建新内阁，此后两任总理先后辞职。2014年12月，保尔接任新总理。2015年10月，海举行总统大选第一轮投票，执政党光头党候选人莫伊兹和反对党进步与解放党候选人赛里斯坦胜出。由于双方对首轮投票结果存在争议，第二轮选举被迫推迟到2016年4月举行。2016年2月，海国民议会选举普里韦尔为临时总统，接替已于2月7日任满卸任的马尔泰利总统。

【宪法】现行宪法于1987年3月29日通过，1988年6月至1989年3月曾中止实施，其后少数条款被废止。1994年10月，海地恢复法制化。宪法规定：海地是不可分割、主权、独立、自由、民主的共和国；三权分立是神圣原则；国家主权属全体公民；公民可直接选举共和国总统、立法机构成员及宪法与法律规定的其他权力机构成员；宗教信仰自由，法律面前人人平等；总统任期五年，不得连任，可隔届再次参选，但总任期不超过两届；行政权由总统、总理和国民议会分享；议会有权弹劾政府。修改宪法须经参议院和众议院各2/3议员同意。

【议会】国民议会分参、众两院。议员由公民直接选举产生。参议员任期六年，每两年改选1/3成员。众议员任期四年，每四年全部换届。参、众议员均可连选连任。参议长兼任国民议会议长，任期两年。众议长兼任国民议会副议长，任期一年。第50届议会于2016年1月成立，无政党占多数。参议长昂德里·里谢（Andris Riché），2015年1月29日当选。众议长肖尔泽·尚西（Cholzer Chancy），2016年1月11日当选。

【政府】总理由总统提名、经议会批准，内阁由总理商总统组成。每届内阁部长人数不少于10名，总理可酌情增减。本届政府于2015年1月成立，埃文斯·保尔（Evans Paul）出任总理，主要内阁成员包括：外交和宗教事务部长兼国防部长勒内尔·雷诺（Lener Renauld），总理府选举事务部长级代表让·弗里兹·让路易（Jean Fritz Jean-Louis），总理府社会项目及政府工程部长级代表爱德华·于勒（Edouard Jules），计划及对外合作部长伊夫·热尔曼·约瑟夫（Yves Germain Joseph），司法及公共安全部长皮埃尔·里夏尔·卡齐米尔（Pierre Richard Casimir），内政及国土部长阿尔杜安·泽菲兰（Ardouin Zéphirin），经济及财政部长威尔森·拉罗（Wilson Laleau），农业、自然资源及农村发展部长利奥内尔·瓦尔布兰（Lyonel Valbrun），旅游及创意产业部长斯特法尼·巴米尔·维尔杜因（Stéphanie Balmir Villedrouin，女），商业和工业部长埃尔韦·代（Hervey Day），公共工程、交通、通讯和能源部长雅克·卢梭（Jacques Rousseau），教育和职业培训部长内斯米·马尼加（Nesmy Manigat，女），卫生和人口部长弗洛朗斯·迪普瓦尔·吉尧姆（Florence Duperval Guillaume，女），社会事务和劳动部长阿里埃尔·亨利（Ariel Henry）、妇女状况及权益部长加布里埃尔·亚森特（Gabrielle Hycinthe），侨务部长罗贝尔·拉布鲁斯（Robert Labrousse），文化部长迪特尼·若昂·拉通（Dithny Joan Raton，女），新闻部长马里奥·迪皮伊（Mario Dupuy），青年及体育部长吉米·阿尔贝（Jimmy Albert），环境部长让－玛丽·克洛德·热尔曼（Jean-Marie Claude Germain）。

【行政区划】全国划分为10省，省下设区，区下设市镇。

【司法机构】设最高法院、上诉法院、高级法院、治安法院和特殊法庭。

【政党】海地政党林立。1986年8月海全国委员会颁布法令规定，合法政党创建者应不少于20人、支持者不少于2000人。目前合法登记的政党逾百个，主要有：

（1）光头党（Parti Haïtien Tèt Kalé, PHTK）：执政党，2012年8月由时任总统马尔泰利组建，在青年中颇受欢迎。现为众议院第一大党，占25席，在参议院占2席。总协调人安娜·瓦莱丽·蒂莫泰·米尔福尔（Anne Valérie Thimotée Milfort）。

（2）民主团结联盟（Konvansyon Inite Demokratik, KID）：亲政府党派，2005年5月成立。实力雄厚，在参议院占3席，众议院占7席，现总理埃文斯·保尔系该党领导人之一。总协调人艾诺尔德·约瑟夫（Enold Joseph）。

（3）团结党（Inite）：系2009年9月由前总统普雷瓦尔联合其之前领导的"希望平台党"（Plateforeme de l'Espoir）中亲普政治团体组建而成的政党联盟。现为参议院第一大党，占5席。党主席约瑟夫·朗贝尔（Joseph Lambert）。

（4）拉瓦拉斯之家（Fanmi Lavalas）：主要反对党之一，颇具影响力。1996年10月由前总统阿里斯蒂德创建。2000—2004年为执政党，现在参议院占1席，众议院占6席。总协调人系前总统让·贝尔特朗·阿里斯蒂德（Jean Bertrand Aristide）。

（5）进步与解放党（Ligue Alternative pour le Progrès et l' Emancipation Haïtienne, LAPEH）：重要反对党，成立于2011年7月20日。该党候选人于德·赛里斯坦是本次总统大选的有力竞争者。总协调人让·赫特托尔·阿纳卡西斯（Jean Hector Anacacis）。

经济

拉美最贫穷国家，经济以农业为主，严重依赖外援。2009年加入加勒比经济共同体。基础设施建设滞后，投资环境较差。2010年，由于地震的严重破坏，经济负增长7%。2011年以来，政府以灾后重建为工作中心，积极开展国际合作，经济有所复苏，但灾后重建进展未达预期目标。

2015年海主要经济数据如下：

国内生产总值：87.1亿美元。

人均国内生产总值：824.2美元。

国内生产总值增长率：2.7%。

货币：古德（Gourde）。

汇率：1美元=48.56古德。

通货膨胀率：4.6%。

失业率：28.9%（2012年）。

（资料来源：海地统计局、世界银行）

【资源】主要矿藏有铝矾土、金、银、铜、铁等，其中铝矾土储量约1200万吨，此外还有高岭土、大理石、碳酸盐、褐煤等非金属矿藏。森林覆盖率为2.6%。2012年宣称在海地东北部发现储量达28吨的金矿及储量100万吨的铜矿。石油主要依赖进口。2006年5月，海加入"加勒比石油计划"后，委内瑞拉每天向海提供1.4万桶石油。

【工业】工业基础薄弱。近年来，因政局动荡、基础设施落后，招商引资成效有限。海地北部及南部建有两大工业园区。2015年海工业产值同比增长3.2%，占国内生产总值18.8%。

【农业】海主要经济部门。全国500万人从事农业生产。全国可耕地面积90万公顷，其中20万公顷为可灌溉地，但仅8万公顷具有灌溉系统。2015年海农业产值占国内生产总值20.4%，同比下降3.5%。粮食不能自给，严重依赖进口和国际援助。

【旅游业】主要外汇来源之一。但因治安状况恶劣、基础设施落后，旅游业发展缓慢。2013年，世界经济论坛将海地重新列入旅游目的地国名单。2015年，旅游业及其附属产业总产值占国内生产总值9.54%。全国酒店房间数2686间，主要旅游景点有北部的海地角和南部的雅克迈尔、莱卡。

【交通运输】以公路运输为主，没有营运铁路。

公路：截至2015年，总长3875公里。其中国家级公路961公里，沥青、水泥公路752公里，碎石路209公里。省级公路1615公里。

空运：客货运市场由外国航空公司控制，目前共有五个机场，首都太子港和海地角建有国际机场，承担全国94%的客运量，在杰雷米、雅克迈、莱卡三座城市建有国内机场。

海运：国际港口有太子港、海地角港，沿海还有格纳伊夫港、自由堡港、和平港等14个中小港口及五个小型码头。

【财政金融】2014财年海国家财政收入为471亿古德（约合10.80亿美元），支出704亿古德（约合16.14亿美元），财政赤字233亿古德（约合5.34亿美元），外债余额19.37亿美元。

主要银行有：联合银行（UNIBANK），1993年7月成立，2013年资产总额为12.26亿美元；国家信贷银行（Banque Nationale de Crédit），1979年8月17日成立，2014年资产总额为10.19亿美元；索日银行（Sogebank），1986年4月26日成立，2014年资产总额为11.99亿美元。

【对外贸易】主要出口咖啡、可可、芒果、香精油和加工制成品等产品，进口食品、燃油（成品油）、工业制成品、机械设备、运输设备及日用消费品等。主要贸易伙伴是美国和欧盟。

近年进出口情况如下（单位：亿美元）：

	2013	2014	2015
出口额	15.6	16.6	17.6
进口额	45.3	47.3	44.1
差额	29.7	30.7	26.5

（资料来源：海地税务总局、海地经济信息数据研究所）

人民生活

75%的国民生活在贫困线（日人均消费不足2美元）以下。仅27.6%的居民享有卫生保健服务，58%的居民享有饮用水。根据2012年海地卫生部和联合国的统计数据，急性营养不良人口占总人口4.1%，慢性营养不良人口占23.4%，体重过轻人口占10.6%。2013年平均寿命62岁，人口出生率25‰，死亡率9‰，新生儿死亡率52‰。2014年4月海议会通过《最低工资法案》，各行业日最低工资125古德至260古德不等。2014年，固定电话用户4.1万，手机用户677万，互联网用户占总人口11.4%。

军　事

1994年10月，阿里斯蒂德总统复职后宣布解散国家军队，目前有一支12000人（2015年）的国家警察队伍在联合国海地稳定特派团的指导下负责维护国内秩序。地震后，海警察体系遭受严重破坏，联合国安理会决定扩大维和警察规模并加强对海地警察队伍建设的支持和援助，计划在2016年建立一支15000人的警察队伍。2011年9月，马尔泰利总统成立“军队重建委员会”，拟在海恢复军队。2015年12月，海地颁布法令宣布军队进入“行政再动员”阶段。

文化教育

【教育】6—14岁儿童享受免费义务教育。2013年公共教育支出占国内生产总值的3.5%。2015年成人文盲率为39.3%。全国有小学13599所，中学3477所，其中约88%的学校为私立学校。高等学校117所，其中私立大学82所，公立大学16所，专业学院19所。

【新闻出版】海地主要日报为《消息报》（Le Nouvelliste）。官方通讯社为海地通讯社，于1981年成立。全国注册有100多家电视台和300多家广播电台，其中许多已不再运营。官方电视台为海地国家电视台（Télévision Nationale d'Haïti）。

对外关系

是美洲开发银行、世界银行、国际货币基金组织、世界贸易组织、拉美和加勒比国家共同体、加勒比共同体成员。30多个国际和地区组织在海设有常驻机构。2010年1月地震发生后，国际社会展开救援，并向海提供经济援助，有关国家在联合国的协调下积极参与海灾后重建。当前海外交中心工作是继续争取国际援助，重建国际形象，大力吸引外资。

【同中国的关系】中海无外交关系。1996年9月，两国政府签署互设贸易发展办事处协议。1997年1月和1998年2月，中海互在对方首都设处。

2010年1月海地发生强烈地震后，时任外长杨洁篪致电海外长表示慰问，中方向海派出救援队和医疗队，并累计向海提供了价值1.03亿元人民币的现汇、物资和医疗救护援助。2004年10月以来，中方向联合国海地稳定特派团（联海团）派遣维和警察共计1100余人次。2012年11月，中方第九支维和警察部队任务到期撤回后，暂停向海派遣维和警察。2012年7月，海外交部宣布，单方面对中国公民实行免签。

主要交往：近年来，中方去访团组较少。海方主要来访团组：临时政府总理拉托特（2006年），议长朗贝尔（2007年），工商部长杜塞（2007），总理顾问安托尼奥（2009年），公共工程、交通及通信国务秘书西内亚斯（2015年来华出席中国—拉共体论坛首届部长级会议），财政部长拉罗（2015年）。

据中国海关统计，2014年，中海贸易额4.06亿美元，其中中方出口3.91亿美元，进口0.15亿美元，同比分别增长20.1%、20.8%和1.14%。中方主要向海出口化工产品、塑料和橡胶制品、服装、贱金属及制品、机电音像设备和汽车零配件等，主要进口废钢铁等。

中国海地贸易发展办事处代表：凌军，2015年3月到任。地址：No.8，Impasse Simon，Rue Alamanda，Morne-Calvaire，Pétion-Ville，Pout-au-Prince，Haiti。电话：00509–37132489、48203889。

海地中国贸易发展办事处代表：娜塔莉·吉赛尔·美诺斯（Nathalie Gissel Ménos）。2012年5月到任。地址：北京市朝阳区霄云路18号D16。电话：0086–10–64608307。传真：64637141。

海地与台湾当局于1956年“建交”。1965年，台在海设“大使馆”。台向海提供多笔贷款并实施了一些经济合作项目。现台在海派有农业技术团，主要从事稻米增产示范推广及训练计划、竹类栽培及加工利用计划等。2010年海地震发生后，台向海派遣了救援队，并承诺向海提供超过1亿美元的援助。2013年11月，台路竹会义诊团赴海义诊。

近年海访台主要团组有：参议长巴斯蒂安（2009年）、外长尼古拉斯（2009年）、前总理阿列克西（2009年）、马尔泰利总统（2014年）、外长布吕杜斯（2015年3月）。此外，2012年8月，马尔泰利总统赴多米尼加出席多总统权力交接仪式时会见台“副总统”吴敦义。台访海主要团组有：“总统夫人”周美青（2010年），“行政院”副院长陈冲（2011年，以“总统特使”身份参加马尔泰利总统就职仪式），“总统”马英九（2013年8月、2015年7月）。

2014年台海贸易额2830万美元，其中台方出口2455万美元，进口375万美元，同比分别增长2%、1.1%、8.26%。台主要出口纺织品、小客车、电扇等，进口金属废料、不锈钢、棉制品等。

【同美国的关系】海美关系密切，美是海最大贸易伙伴和最大援助国，2009年4月，时任美国务卿希拉里·克林顿访海。5月，联合国秘书长潘基文任命美前总统克林顿为海地事务特使。2010年1月海地地震后，美派军进驻海地并已累计提供价值42亿美元的援助。2012年2月，海总理科尼耶访美。2014年2月，马尔泰利总统访美，奥巴马总统会见，并重申将继续为海地重建提供援助。2015年9月，海总理保尔访美，会见美国务卿克里和美洲国家组织秘书长阿尔玛格罗。10月，克里国务卿访海。

【同拉美国家的关系】海重视发展同拉美和加勒比地区国家的关系，是拉美和加勒比国家共同体、美洲国家组织成员国。2010年地震发生后，多米尼加、厄瓜多尔、智利、巴西、墨西哥等国总统先后访海，向海提供赈灾援助。2014年3月，马尔泰利总统赴圣文森特和格林纳丁斯参加第25届加勒比共同体首脑会议。同月，拉莫特总理访问委内瑞拉、智利。4月，马尔泰利总统赴墨西哥参加第三届墨西哥—加勒比共同体首脑会议、第六届加勒比国家联盟首脑峰会。5月，加勒比石油计划主席、美洲玻利瓦尔联盟秘书长阿尔瓦雷斯访问海地。6月，布吕杜斯外长访问巴西、巴拉圭。7月，马尔泰利总统访问巴哈马。2015年，马尔泰利总统先后出席第三届拉共体峰会、第七届美洲峰会，并访问墨西哥、委内瑞拉和多米尼加。8月，委内瑞拉时任副总统阿雷阿萨访海。

【同其他国家的关系】加拿大是海地第二大援助国。2008年加拿大国际关系部长特伦布莱、外交部长贝尼埃分别访海。2010年1月海地地震后，加拿大承诺向海提供约7亿美元援助，并为控制霍乱捐款600多万美元。此后，加方又两次向海提供共计3000万美元援助。

此外，欧盟也是海援助的主要来源之一，双方签有双边贸易和援助协议。法国和西班牙是欧盟成员中对海援助大国。2010年地震后，法国向海提供1270万欧元援助用于灾后重建。2011年，西班牙王后索菲亚访海，向海捐赠5000万欧元用于发展海地中小型企业。2014年2月，马尔泰利总统访问法国、梵蒂冈、比利时及欧盟总部。3月，欧盟驻海使团宣布向联合国开发计划署捐赠500万欧元用于海各项选举。7月，欧洲理事会主席范龙佩回访海地，重申将继续向海提供援助。2015年5月，法国总统奥朗德访海。6月，马尔泰利总统出席在比利时举行的欧盟—拉共体峰会。

亚洲国家中，日本是向海提供援助最多的国家，累计援助额1.74亿美元。2014年7月，马尔泰利总统在特立尼达和多巴哥出席加勒比—日本峰会期间会见日本首相安倍晋三。

（汤庆治）

荷属圣马丁

名称 荷属圣马丁领地（Country of Sint Maarten, Land Sint Maarten）。简称“荷属圣马丁”（Sint Maarten）。

面积 34平方公里。

人口 37660人（2014年）。多数居民为黑人。官方语言为英语与荷兰语，居民还使用西班牙语、帕彼曼都语（荷兰语、西班牙语、英语、印度语和西非方言混合而成）、法语等。居民中41.9%信奉基督教新教，33.1%信奉天主教。

首府 菲利浦斯堡（Philipsburg），人口1327人（2014年）。

总督 尤金·郝利德（Eugene Holiday），2010年10月10日荷属安的列斯解体后就任。

重要节日 圣马丁日：11月11日。

简 况

圣马丁岛（法文Saint-Martin，荷兰文Sint Maarten）位于加勒比海东部、波多黎各岛东南300公里，在小安的列斯群岛中的风群岛北端，它是世界上最小的分属两国的岛屿。地形丘陵起伏。地处北纬18度，属热带气候，气候温和，气温在24℃—35℃，平均气温约27℃。7—11月有飓风。6—11月为湿季，12—5月为干季。年降水量1140毫米。

圣马丁岛于1493年圣马丁节（12月11日）时被第二次远航美洲途中的哥伦布所“发现”，并宣布此地为西班牙领土。1631年，荷兰人占领该岛。西班牙于1633年重占该岛。1648年，法国与荷兰将圣马丁岛瓜分。岛的南部（占全岛1/3，约37平方公里）由荷兰管辖，北部（占2/3）由法国统治，两部分之间没有关税壁垒。法属圣马丁曾长期归瓜德罗普管辖。2007年7月15日，法属圣马丁正式成为法国单独的海外领地。

荷属圣马丁于20世纪80年代初与邻近的萨巴岛（Saba）和圣俄斯塔休斯岛（St Eustatius，又译为圣尤斯特歇斯岛）一起，组成荷属安的列斯向风群岛选区。2010年10月10日，荷属安的列斯解体，根据各岛公决的结果，荷属圣马丁和库拉索（Curaçao）分别成为荷兰王国内单独的政治实体（自治国），而博奈尔岛（Bonaire，又译为博内尔岛）、萨巴岛和圣俄斯塔休斯岛则成为荷兰的三个海外特别行政区［也被称为加勒比荷兰（Caribbean Netherlands）］。荷兰继续负责荷属圣马丁的防务和对外事务。

政 治

【宪法】2010年10月10日起施行基本法（Staatsregeling）。荷兰国王为其元首，总督为国王的代表。荷属圣马丁拥有完全的内部事务自治权，实行议会制。

【议会】一院制议会（Estates of Sint Maarten）有15个席位，任期四年。本届议会于2014年10月选举产生。联合人民党（UP或UPP）7席，民族阵线（NA）4席，民主党（DP）2席，联合圣马丁党（USP）2席。议长为萨拉·维斯考特-威廉姆斯（Sarah Wescott-Williams，女）。

【政府】2015年11月，民族阵线、民主党与联合圣马丁党联合组阁。民族阵线党首威廉·马林（William Marlin）当选首相，兼任住房、规划和环境部长，理查德·吉布森（Richard Gibson Sr.）为财政部长，临时兼任司法部长，伊瑞尼亚·阿林戴尔（Irania Arrindell）为旅游、经济事务、运输及电信部长，艾米尔·李（Emil Lee）为公共卫生、社会发展及劳动部长，斯尔维亚·雅各布（Silveria Jacobs）为文化教育、青年事务及体育部长。

【司法机构】本岛设初审法庭，阿鲁巴、库拉索、荷属圣马丁、博奈尔、圣尤斯特歇斯、萨巴设立联合高级法院（Joint Court of Justice of Aruba，Curaçao，Sint Maarten and of Bonaire，Saint Eustatius and Saba）。

【政党】主要政党有：(1)圣马丁民主党（Democratic Party of Sint Maarten，DP-St. M）：执政党之一。领导人为首相萨拉·维斯考特－威廉姆斯。

(2)民族阵线（National Alliance，NA）：议会第一大党。领导人为威廉·马林。

(3)联合人民党（United People's Party，UPP）：领导人为前副首相狄奥多尔·海利格（Theodore Heyliger）。

(4)联合圣马丁党（United St. Maarten Party，USP）：领导人弗朗斯·理查德森（Frans Richardson）。

经　济

经济活动主要集中在旅游业，农业和渔业极其有限，使得几乎所有食品均需要进口，能源和工业制成品也需要进口。荷属圣马丁的人均收入在前荷属安的列斯的五个岛屿中排第一位。

2014年主要经济数据如下：

地区生产总值：3.658亿美元。

人均地区生产总值：6.68万美元。

地区生产总值实际增长率：3.6%。

货币名称：加勒比盾（Caribbean guilder）。

汇率：1美元=1.79加勒比盾。

通货膨胀率：4%（2012年）。

失业率：12%（2012年）。

【工业】仅有极少量的轻工业、制造业及农业。

【旅游业】国民经济的支柱，劳力占总劳力的80%。气候宜人，海滩优美，热带风光独具一格，吸引着不少的游人。每年接待游客数量接近200万人。

【交通运输】无铁路。公路长53公里。圣马丁岛的主要港口和机场均位于荷属部分。主要港口菲利浦斯堡可停靠大型邮轮。朱丽安娜国际机场位于荷属圣马丁西部，是东加勒比地区重要的航空枢纽，其繁忙程度仅次于波多黎各的圣胡安国际机场，2012年共接待了约50万名旅客。由于该机场跑道只有2349米，当飞机到达机场附近的梅霍海滩时，离海滩高度只有约10—20米，被视为全球最危险的机场之一。

人民生活

荷属圣马丁政府对低收入者、政府公务员及其家庭成员以及参加社会保险的私营企业雇员及家庭提供免费医疗服务。2013年居民平均期望寿命男75.34岁，女79.99岁。2001年有固定电话5153部。

军　事

荷属圣马丁防务由荷兰负责。

文化教育

【教育】教育制度与荷兰类似。初等教育从六岁开始，学制六年。中等教育学制五年。在菲利浦斯堡设有圣马丁大学。加勒比美国大学医学院（原设在蒙特塞拉特）也设在荷属圣马丁。

【新闻出版】有《今日报》（Today Newspaper）等报刊，“圣马丁之声”（Voice of St.Maarten）、“圣马丁有线电视台”（St. Maarten Cable TV）等广播电视台。

对外关系

【同中国的关系】2011年1月，中国驻荷兰大使张军访问圣马丁，与首相、外事局长举行会谈。2013年6月，中国外交部部长王毅与荷兰外交大臣蒂默曼斯就中方在威廉斯塔德设立总领馆事达成一致，领区包括荷属加勒比地区库拉索、阿鲁巴、圣马丁三个自治国以及博奈尔、萨巴、圣尤斯特歇斯三个行政市。2013年10月，中国首任驻威廉斯塔德总领事陈绮曼（女）赴库履新。2014年9月，驻威廉斯塔德总领馆正式开馆。驻荷兰大使陈旭出席开馆仪式。

中国驻威廉斯塔德总领事馆（荷属加勒比地区）地址：Schottegatweg Oost 32,Willemstad，Curacao，Dutch Caribbean。电话：005999-7385446；传真：005999-7384446。邮箱：consulate_cur@mfa.gov.cn。

（周洁）

洪都拉斯

国名　洪都拉斯共和国（The Republic of Honduras，La República de Honduras）。

面积　112492平方公里。

人口　859.856万（2014年）。印欧混血种人占83%，印第安人10%，黑人5%，白人2%。官方语言为西班牙语。95.8%的居民信奉天主教。

首都　特古西加尔巴（Tegucigalpa）。宪法规定首都由特古西加尔巴城和科马亚圭拉城（Comayagüela）共同组成，称作中央大区，面积1514平方公里，人口102.9万。最热月（5月）平均气温18℃—30℃，最冷月（1月）平均气温14℃—25℃。

国家元首　总统胡安·奥兰多·埃尔南德斯（Juan Orlando Hernández），2014年1月27日就职。任期四年。

重要节日 独立日：9月15日。

简　况

位于中美洲北部。北临加勒比海，南濒太平洋的丰塞卡湾，东、南同尼加拉瓜和萨尔瓦多交界，西与危地马拉接壤。海岸线长1033公里。沿海属热带雨林气候，年平均气温31℃；中部山区凉爽干燥，年平均气温23℃。全年分两季，6月—10月为雨季，11月—5月为旱季。

原为土著印第安人居住地，16世纪沦为西班牙殖民地。1821年9月15日独立。1823年加入中美洲联邦。1838年联邦解体后成立共和国。

政　治

2013年11月，洪举行总统选举。执政的国民党总统候选人埃尔南德斯胜选，并于2014年1月27日就职。埃尔南德斯政府执政以来，着力改善民生和投资环境，加大对教育、卫生等领域投入。2015年，洪爆发社保局窝案，多位执政党政要涉案，反对党及民众组织多次大规模游行，造成社会动荡，埃尔南德斯总统遭遇执政以来最大危机。

【宪法】现行宪法于1982年1月20日生效。宪法规定，国家实行立法、司法和行政三权分立的共和制。总统是国家元首、政府首脑和武装力量最高统帅，由直接选举产生，任期四年，不得连任。

【议会】议会实行一院制，为全国最高立法机构，由128名议员组成。议员由选民直接选举，任期四年。本届议会于2014年1月组成，其中执政党国民党48席，自由与重建党37席，自由党27席，其他党派16席。现任议长为国民党的毛里西奥·奥利瓦（Mauricio Oliva），2014年1月当选，任期四年。

【政府】本届政府于2014年1月27日成立，包括15个部，主要内阁成员有：政府协调部长豪尔赫·拉蒙·埃尔南德斯（Jorge Ramón Hernández），总统府部长雷纳尔多·桑切斯（Reinaldo Sánchez），内政部长里戈韦托·张·卡斯蒂略（Rigoberto Chang Castillo），外交部长阿图罗·科拉莱斯·阿尔瓦莱斯（Arturo Corrales Álvarez），贸易投资部长阿尔登·里韦拉（Alden Rivera），财政部长维尔弗雷多·塞拉托·罗德里格斯（Wilfredo Cerrato Rodríguez），自然资源和环境部长何塞·安东尼奥·加尔达梅斯（José Antonio Galdámez），劳工部长卡洛斯·阿尔贝托·埃拉索（Carlos Alberto Erazo），卫生部长约拉尼·巴特雷斯（Yolany Batres，女），教育部长马隆·奥涅尔·埃斯科托（Marlon Oniel Escoto），能源、公共工程、交通和住房部长罗贝尔托·奥尔东涅斯（Roberto Ordóñez），农牧部长豪尔赫·洛沃（Jorge Lobo），国防部长萨穆埃尔·雷耶斯（Samuel Reyes），公共安全部长胡里安·帕切科（Julián Pacheco），社会发展部长利桑德罗·罗萨莱斯（Lisandro Rosales）。

【行政区划】全国划分为18个省：阿特兰蒂达、科隆、科马亚瓜、科潘、科尔特斯、乔卢特卡、埃尔帕拉伊索、弗朗西斯科·莫拉桑、格拉西亚斯·阿迪奥斯、因蒂布卡、海湾群岛、拉巴斯、伦皮拉、奥科特佩克、奥兰乔、圣巴巴拉、巴列、约罗。

【司法机构】由最高法院、上诉法院和地方法院组成。最高法院院长和总检察长由国民议会选举产生，任期四年，可连选连任。最高法院由15名大法官组成，任期七年。最高法院院长豪尔赫·里韦拉·阿维莱斯（Jorge Rivera Avilés）。总检察长阿夫拉姆·阿尔瓦伦加·乌尔维纳（Abraham Alvarenga Urbina）。

【政党】主要政党有：

（1）国民党（Partido Nacional）：又称“蓝党”，执政党。1902年从自由党中分离成立。党主席里卡多·阿尔瓦雷斯·阿里亚斯（Ricardo Alvarez Arias）。

（2）自由党（Partido Liberal）：又称“红党”，1881年成立。曾于1981年至2010年四次执政。党主席埃尔温·桑托斯（Elvin Santos）。

（3）自由与重建党（Partido Libertad y Refundación）：2011年从自由党中分离成立。党主席马努埃尔·塞拉亚（Manuel Zelaya）。

【重要人物】胡安·奥兰多·埃尔南德斯：总统。1968年10月28日出生。毕业于洪都拉斯国家自治大学。曾担任议员，2010年至2014年任议长。2013年11月，埃作为国民党候选人赢得大选，2014年1月就职。

经　济

拉美最不发达国家之一。农业系国民经济主导产业，工业基础相当薄弱。

2014年主要经济数据如下：

国内生产总值：195.9亿美元。

人均国内生产总值：2323美元。

国内生产总值增长率：2.4%。

通货膨胀率：2.36%。

失业率：7.8%。

货币名称：伦皮拉（Lempira）。

汇率：1美元=22.4伦皮拉（2016年1月）。

（资料来源：洪都拉斯中央银行）

【资源】主要矿藏有金、银、铜、铅、锌、煤、锑、铁等。林业资源丰富，森林覆盖率70%，盛产松木、杉木、红木等优质木材。

【工业】传统工业以加工制造、矿业、建筑为主。2014年矿业、制造业、建筑业、汽车业分别增长4.5%、7.1%、-5.5%和7.7%。近几年主要工业部门产值如下（单位：百万伦皮拉）：

	2012年	2013年	2014年
矿业	3290	3342	3900
制造业	64388	66093	69740
建筑业	21214	22865	21607
汽车产业	50306	53193	58050

【农牧业】主要农产品有咖啡、香蕉、果蔬、玉米

和豆类等。粮食不能自给。全国可耕地面积139万公顷，占国土面积的34%。农业从业人口118万。2014年农业产值519.78亿伦皮拉，同比上升13.2%。

【旅游业】20世纪90年代以来旅游业发展迅速，古老的玛雅文化遗址、风景秀丽的海滩和珊瑚礁吸引了大量游客，旅游收入逐年增加。

【交通运输】铁路：全国铁路总长40公里，多集中在北部沿海地区。其中投入运营的有4公里，为香蕉和甘蔗专用运输线。

公路：全国公路有14346公里，其中柏油路为3220公里。主要有泛美公路和南方公路。

水运：主要港口有科尔特斯、特拉、塞巴和特鲁希略。

空运：有四个国际机场：特古西加尔巴市的“通孔廷机场”、圣佩德罗苏拉市的“拉蒙·比列达机场”、拉塞瓦市的“戈罗松机场”和罗亚坦市的“胡安·曼努埃尔机场”。两家航空公司：国家航空运输公司和洪都拉斯航空服务公司，航线通往美国、墨西哥和中美洲国家。另有19家国内小型机场。

【财政金融】近年政府财政收支情况如下（单位：百万伦皮拉）：

	2012	2013	2014
总收入	52477.8	64598.3	79045.3
总支出	81941.9	94384.6	86721.3
差额	–29464.1	–29786.3	–7676
财政赤字占 GDP 比重	6%	7.7%	1.7%

（资料来源：洪都拉斯中央银行）

2014年，洪外汇储备为37.3亿美元，较上年增长12%。外债55亿美元。

【对外贸易】主要出口咖啡、香蕉、棕榈油、虾、食糖、烟草等农作物及金、锌、铅、银等矿产品，主要出口对象国为美国、欧盟和中美洲国家；主要进口电子设备、化工产品、燃料、润滑油、工业制成品和粮食等，主要进口来源国为美国、欧盟、中美洲国家和日本。

近几年对外贸易情况如下（单位：百万美元）：

	2012	2013	2014
出口	4420	7833	7800
进口	9504	11025	10950
差额	–5083	–3192	–3150

2014年主要产品出口额如下（单位：百万美元）：

咖啡	838.8
香蕉	456
棕榈油	309.6
虾	252
钢铁制品	196.4

2014年主要产品进口额如下（单位：百万美元）：

燃料和润滑油	2084.8
化工产品	1149.9
电子产品	1596.4
食品	982.6

（资料来源：洪都拉斯中央银行）

【外国资本】外资主要来自美国、英国和加勒比国家，用于电子通讯、食品制造等行业。2014年洪吸引外国直接投资11.44亿美元，同比增长8%。侨汇收入33.53亿美元。

人民生活

人口自然增长率为2.1%，人口密度为71.5人/平方公里。平均寿命73.1岁，五岁以下儿童死亡率25.1‰。全国有105家医院，1547个卫生所，5312张病床。结核病、疟疾、艾滋病患者人数居中美洲国家之首。2015年洪都拉斯凶杀率为每10万人60起，居拉美前列。

军　事

1954年10月21日　建　军。1995年4月取消义务兵役制，实行志愿兵役制。武装部队共有12000人，警察6000人。武器装备均由美国提供，军官大多由美国培训。1997年10月，原由军人控制的警察领导权正式转交给政府。1998年9月，议会修改宪法，废除武装力量总司令一职，职权移交国防部长。

文化教育

【教育】城市小学为七年制。农村小学三年制。14岁以前实行义务教育。全国有10所高等院校，其中洪都拉斯国立自治大学成立于1846年。

【新闻出版】主要有四份全国日报：《新闻报》、《时代报》、《论坛报》和《先驱报》。有3份新闻周刊：《世界时代》、《洪都拉斯周报》和《市场报》。2007年报纸发行量71811份。目前全国有181家电台，33个电视频道和74个有线频道。洪都拉斯电台为官方电台，美洲电台为商业电台。

对外关系

主张各国和平共处，相互尊重领土主权；促进民主，捍卫人权；重视发展同美国、欧盟及日本等发达国家的关系，保持与拉美国家的传统友好；支持地区一体化进程；支持国际反恐合作。系77国集团、不结盟运动、中美洲一体化体系、拉美和加勒比国家共同体成员国。1994年4月加入关贸总协定。曾任1995—1996年度联合国安理会非常任理事国、2004—2006年度联合国人权委员会成员国。

【同中国的关系】同中国无外交关系。近年来两国交往不多。中方主要往访有：贸促会副会长董松根（2011年9月）。洪方主要来访有：财政部长威廉·常·王、能源部长马丁内斯和环境部长奎亚尔（2011年2月，商务考察）、洪多党议员团（2012年6月）、洪前总统洛沃（2014年5月）、洪代外长奥乔亚

（2015年1月）。

据中国海关统计，2014年中洪贸易额8.5亿美元，其中中方出口6.9亿美元，进口1.6亿美元，同比分别下降17.9%、14.1%和30.9%。中国主要向洪方出口塑料制品、化工产品、棉纺织品、铝等，进口咖啡、纺织品等。

洪与台湾省保持“外交关系”，双方签有投资保护、农业技术合作、渔业合作等协定。2007年5月，洪台签署自由贸易协定。2011年5月，洪总统府部长纪廉出席台湾地区领导人马英九“就职”仪式。2014年1月，马英九出席洪总统埃尔南德斯就职仪式。2015年7月，埃尔南德斯访台，同马英九会见。

台在洪企业主要集中在圣佩得罗苏拉市。2014年洪台贸易总额为1.19亿美元，其中台出口7440万美元，进口4430万美元，同比分别增长10.9%、7.2%和15.7%。

【同美国的关系】洪美关系密切。美是洪最重要的贸易伙伴。洪近40%的出口产品输往美国。两国签有军事合作协定，美在洪驻有军事使团，在帕尔梅罗拉设有军事基地。

2004年5月，洪等中美洲国家与美签署自由贸易协定。2006年4月，洪美自由贸易协定生效。2011年以来，洪总统洛沃多次访美。2012年，美国副总统拜登、国土安全部长纳波利塔诺、助理国务卿布朗菲尔德分别访洪。洪是中美洲最大的侨民输出国，每年约有10万侨民进入美国。近年来，美通过向“北三角联盟”拨款援助等方式积极帮助洪解决其安全、移民等问题。

【同拉美国家的关系】重视发展同拉美国家特别是中美洲国家的关系。系拉美和加勒比国家共同体、拉美经济体系、加勒比国家联盟、中美洲共同市场等地区组织成员国。积极参与地区一体化进程。

2009年洪发生政变后，被美洲国家组织中止成员国资格。2011年6月，洪重返美洲国家组织。11月与其他中美洲国家同墨西哥签署自由贸易协定。12月正式恢复与巴西、阿根廷的大使级外交关系，基本实现与地区国家关系正常化。2012年，洪担任中美洲一体化组织轮值主席国。埃尔南德斯总统上任以来已出访巴拿马、萨尔瓦多等国，积极发展同其他拉美国家尤其是中美洲邻国的关系。

【同欧盟关系】与欧盟有重要贸易关系。2009年3月，洪主持召开欧盟与中美洲伙伴协议第七轮谈判。2012年6月，洪与中美洲其他五国共同与欧盟签署伙伴关系协议。

（李超）

加拿大

国名　加拿大（Canada）。

面积　998万平方公里，居世界第二位，其中陆地面积909万平方公里，淡水覆盖面积89万平方公里。

人口　3598万（2015年10月）。主要为英、法等欧洲后裔，土著居民150万人。英语和法语同为官方语言。居民中信奉天主教的占45%，信奉基督教新教的占36%。

首都　渥太华（Ottawa），地处安大略省。首都地区（包括安大略省渥太华市和魁北克省迦蒂诺市）人口128.2万，面积4715平方公里。年平均最高气温15℃—26℃（7月），最低气温-16℃—6℃（1月）。

国家元首　英国女王伊丽莎白二世。由女王任命的总督代行职权。总督由总理提名，女王任命，任期一般为五年。现任总督戴维·约翰斯顿（David Johnston），2010年10月就任。

重要节日　国庆日（加拿大日）：7月1日。

简　况

位于北美洲北部。东临大西洋，西濒太平洋，西北部邻美国阿拉斯加州，南接美国本土，北靠北冰洋。海岸线约长24万多公里。东部气温稍低，南部气候适中，西部气候温和湿润，北部为寒带苔原气候。中西部最高气温达40℃以上，北部最低气温低至-60℃。

原为印第安人与因纽特人居住地。16世纪沦为法国殖民地，后被割让给英国。1867年7月1日，英将加拿大省、新不伦瑞克省和诺瓦斯科舍省合并为联邦，成为英国最早的自治领。此后，其他省也陆续加入联邦。1926年，英国承认加的“平等地位”，加拿大始获外交独立权。1931年，加成为英联邦成员国，其议会也获得了同英议会平等的立法权，但仍无修宪权。1982年，英国女王签署《加拿大宪法法案》，加议会获得立宪、修宪的全部权力。

政　治

1867年建立联邦以来，加拿大基本上由自由党和进步保守党轮流执政。1993年，自由党在联邦大选中获胜，让·克雷蒂安（Jean Chrétien）就任总理。1997年、2000年大选中，自由党连续获胜，克蝉联执政。2003年12月，克雷蒂安宣布退休，保罗·马丁（Paul Martin）继任总理。2004年6月，加举行大选，自由党再次获胜，马丁连任总理。2006年1月，保守党在大选中战胜自由党上台，该党领袖斯蒂芬·哈珀（Stephen Harper）担任总理。2008年10月、2011年5月，保守党两次赢得大选并蝉联执政。2015年10月，自由党赢得加第42

届大选，该党领袖贾斯廷·特鲁多出任总理。

【宪法】加至今没有一部完整的宪法，主要由在各个不同历史时期通过的宪法法案构成，其中包括1867年英国议会通过的《不列颠北美法案》。宪法规定，加实行联邦议会制，尊英王为加国家元首，总督为英女王在加代表，英、法语均为官方语言。宪法宗旨为和平、秩序和良政。

【议会】由参议院和众议院组成，参众两院通过的法案由总督签署后成为法律。总督有权召集和解散议会。参议院共105席，名额按各省人口比例和历史惯例分配。参议员由联邦总理提名，总督任命。1965年6月2日前任命的为终身制，此后任命的到75岁退休。截至2015年12月，参议院议席情况为：保守党44席，自由党27席，独立人士11席，空缺23席。现任参议长为自由党人乔治·富里（George Furey），2015年12月就任。众议院共338席，众议员由按各省人口比例划分的联邦选区直接选举产生，任期四年。2015年10月19日，加举行第42届联邦大选。自由党领袖贾斯廷·特鲁多带领该党赢得众议院184个席位。保守党99席、新民主党44席、魁北克集团10席，绿党1席。众议长为自由党人杰夫·里甘（Geoff Regan），2015年12月就任。

【政府】内阁制。由众议院中占多数席位的政党领袖出任总理并组阁。本届自由党政府于2015年11月就职，现政府主要成员有：总理贾斯廷·特鲁多（Justin Trudeau）、外交部长斯特凡纳·迪翁（Stephane Dion）、国防部长哈尔吉特·萨詹（Harjit Sajjan）、财政部长威廉·莫诺（William Morneau）、国际贸易部长克里斯蒂娅·弗里兰（Chrystia Freeland）、国库委员会主席斯科特·布里森（Scott Brison）、自然资源部长詹姆斯·卡尔（James Carr）等。

【行政区划】全国分10省三地区。10省为不列颠哥伦比亚、阿尔伯塔、萨斯喀彻温、曼尼托巴、安大略、魁北克、新不伦瑞克、诺瓦斯科舍、爱德华王子岛、纽芬兰和拉布拉多，三地区为育空、西北、努纳武特。各省设省督、省议长、省长和省内阁。地区也设立相应职位和机构。

【司法机构】设联邦、省和地方（一般指市）三级法院。联邦法院一般受理财政、海事和有关经济方面的案件。最高法院由一名大法官和八名陪审法官组成，主要仲裁联邦和各省上诉的重大政治、法律、有关宪法问题以及重大民事和刑事案件。最高法院的裁决为终审裁决。最高法院法官均由总理提名，总督任命，75岁退休。首席大法官贝弗利·麦克拉克林（Beverley McLachlin，女）于2000年1月就任。司法部长兼总检察长乔迪·雷布尔德（Jody Raybould）于2015年11月就任。各省设有省高等法院和省法院，主要审理刑事案件及其他与该省有关的重要案件，但也有一些省级法院审理民事案件。地方法院一般审理民事案件。

【政党】（1）自由党（Liberal Party）：执政党。1873年成立。代表工业垄断资本集团利益并兼顾中、小企业利益。领袖为贾斯廷·特鲁多，前总理皮埃尔·特鲁多长子，2013年4月当选。

（2）保守党（Conservative Party）：正式反对党，加右翼政党。由联盟党和进步保守党于2003年12月合并而成，代表银行保险业、铁路运输业、能源工业垄断资本和大农场主利益。临时领袖为罗娜·安布罗斯（Rona Ambrose）。

（3）新民主党（New Democratic Party）：反对党。1961年由“平民合作联盟”与“加拿大劳工大会”联合而成。属于社会民主党性质，代表中下劳动阶层利益，主张政府提供更多公共产品以弥补市场缺陷。领袖为托马斯·穆凯尔（Thomas Mulcair）。

（4）魁北克集团（Bloc Quebecois）：反对党。1990年成立。代表魁北克人的利益，主张魁北克独立。临时领袖为雷亚尔·富廷（Rhéal Fortin）。

其他政党还有：绿党、社会信用党、加拿大党和加拿大共产党等。

【重要人物】**戴维·约翰斯顿**：总督。1941年6月生于加安大略省萨德贝里市。曾先后在美国哈佛大学、英国剑桥大学和加拿大皇后大学法律专业攻读并获学位。毕业后曾在加皇后大学、多伦多大学、西安大略大学等校任教。1979—1994年任麦吉尔大学校长。1997年被授予“加拿大勋章”最高等级（Champion of the Order of Canada）。1999—2010年任滑铁卢大学校长。热爱运动，曾是冰球和马拉松运动员，担任过哈佛大学冰球队队长，并两次入选全美冰球联队。2010年10月就任加第28任总督。已婚，有五女。　**贾斯廷·特鲁多**：总理。1971年12月生于加渥太华市，麦吉尔大学文学学士和环境地质学硕士，不列颠哥伦比亚大学教育学学士。2008年首次当选加联邦众议员，2011年连选连任。2013年4月当选加自由党领袖。2015年10月率自由党以较大优势击败保守党赢得大选。特鲁多出任加第23任总理。

经　济

加拿大是西方七大工业国家之一。制造业、高科技产业、服务业发达，资源工业、初级制造业和农业是国民经济的主要支柱。加以贸易立国，对外贸依赖较大，经济上受美国影响较深。

2015年主要经济指标如下：

国内生产总值（GDP）：18081.4亿美元。

人均国内生产总值：50254美元。

国内生产总值增长率：1.2%。

货币名称：加拿大元。

汇率：1美元=1.39加元（2015年12月）。

失业率：6.9%。

【资源】地域辽阔，森林和矿产资源丰富。矿产有60余种，主要有（按储量世界排名）：钾（97亿吨，第一)、钨(26万吨,第二)、铀(52万吨,第三)、镉(55万吨,第三)、镍(490万吨,第四)、铅(200万吨,第五)等。石油储量仅次于委内瑞拉和沙特居世界第三,其中97%以油砂形式存在。已探明的油砂原油储量为1732亿桶,占全球探明油砂储量的81%。森林面积4亿多公顷(居世界第三,仅次于俄罗斯和巴西),产材林面积286万平方公里,分别占全国领土面积的44%和29%;木材总蓄积量约为190亿立方米。加领土面积中有89万平方公里为淡水覆盖,可持续性淡水资源占世界的7%。

【工业】2015年加制造业总产值1736.33亿加元,占国内生产总值的10.5%,从业人员171万,占全国就业人口的9.5%。建筑业总产值1194.3亿加元,占国内生产总值的7.2%,从业人员137.1万,占全国就业人口的7.6%。近年主要工、矿业产品产量如下:

	2011	2012	2013	2014
汽车(万辆)	220	248	230	239
原油(亿公吨)	1.69	1.83	1.93	2.17
天然气(亿立方米)	1727.39	1445.40	1548.3	1689.3
铁矿砂(万吨)	3357.30	3942.70	4277	4419.6
煤(万吨)	6673.60	6694.20	6833.1	6911.6
镍(万吨)	21.20	19.70	21.47	22.08
金(万公斤)	9.82	10.40	12.14	15.08
铜(万吨)	55.10	56.30	61.35	68.40
铀(万吨)	0.87	0.97	0.75	1.00

(资料来源:加拿大统计局、加国土资源部、加国家能源局网站等)

【农牧业】2015年农、林、牧、渔业总产值264亿加元,约占国内生产总值的1.6%。主要种植小麦、大麦、亚麻、燕麦、油菜籽、玉米、饲料用草等作物。可耕地面积约占国土面积16%,其中已耕地面积约6800万公顷,占国土面积7.4%。2015年,农业人口65万,占全国就业人口的3.6%。加渔业发达,75%的渔产品出口,是世界上最大的渔产品出口国。

【服务业】2015年产值为11576亿加元,约占当年国内生产总值的70.2%,从业人员1407.6万,占当年全国就业人口总数的78%。

【旅游业】2014年旅游收入173亿加元,接待外国游客171万人。主要旅游城市有温哥华、多伦多、渥太华、蒙特利尔、魁北克市等。

【交通运输】水、陆、空运输均十分便利,人均交通线占有量居世界前列。2015年运输业总产值713.86亿加元,约占当年国内生产总值的4.3%。共提供91.7万个工作岗位,占全国工作岗位的5%。具体情况如下:

铁路:总长72245公里,货运量2.77797亿吨。

公路:目前全国高速公路和普通公路总长140.89万公里。横贯加拿大的高速公路长7725公里,于1971年全线通车,从太平洋东岸的维多利亚直到大西洋西岸纽芬兰的圣约翰斯,是全世界最长的国家级高速公路。全国注册车辆总数达2600余万辆。

水运:圣劳伦斯运河深水航道全长3769公里,是世界最长的运河,船舶通航可从大西洋抵达五大湖水系。全加共有25个大的深水港和650个小港口,年吞吐量总计4.7亿吨。最大港口是温哥华港,年吞吐量达7630万吨。

空运:约有商业飞机4500架,主要机场68个,包括多伦多、温哥华、卡尔加里和蒙特利尔等国际机场。年客运量约1.185亿人次,货运量约107.6万吨。

管道运输:输送石油、天然气与水的管道总长19.6万公里,是世界第二长的管道系统。

【财政金融】受国际金融危机冲击,2009/2010财年,加联邦财政预算出现高额赤字,连续11年保持盈余的状况就此结束。自2011年6月以来,加政府在历年预算案中将减少赤字作为重要任务之一,计划大幅削减政府开支,争取在2015财年实现赤字“归零”。2014年2月,加财长弗莱厄蒂向议会提交《加拿大2014年经济行动计划》新财年预算案,重申2015财年实现联邦预算平衡目标,强调政府将继续致力于促进就业和经济增长,奠定国家长期繁荣的基础。受国际油价低迷、外需不振影响,2015年一季度和二季度加拿大经济分别萎缩0.8%和0.5%。三季度和四季度经济分别增长2.4%和0.8%。2015年加经济增速约1.2%。近年财政预算情况如下(单位:亿加元):

	2011/2012	2012/2013	2013/2014	2014/2015
收入	2452	2550	2639	2763
支出	2714	2761	2529	2502
盈余	–262	–211	–297	–29

截至2015年12月,加外汇储备为797.53亿美元,黄金储备5800万美元。2015财年,联邦债务总额约6158.1亿加元。

主要银行有:(1)加拿大皇家银行(Royal Bank of Canada):成立于1869年,最大的民营银行。2014年资产总值达9400亿加元。

(2)加拿大帝国商业银行(Canadian Imperial Bank of Commerce):由加拿大商业银行(1867年成立)与加拿大帝国银行(1875年成立)于1961年合并而成。2014年总资产为4149亿加元。

(3)蒙特利尔银行(Bank of Montreal):成立于1817年。2014年总资产为5886亿加元。

【对外贸易】加经济对外贸依赖严重,2015年对外商品贸易额为10712.42亿加元,出口额与进口额分别减少0.9%与增长0.1%。近年外贸情况如下(单位:亿加元):

	2012	2013	2014	2015
出口额	4545.49	4719.52	5288.49	5239.62
进口额	4619.27	4755.79	5240.58	5472.80
差　额	−73.78	−36.27	47.91	−233.18

（资料来源：加统计局网站）

主要出口汽车及零配件、其他工业制品、林产品、金属、能源产品等；主要进口机械设备、汽车及零配件、工业材料、食品等。主要贸易对象是美国、中国、日本和欧盟国家。2015年对美出口额占加出口总额的75.5%，对华出口额占加出口总额的4.0%；自美进口额占加进口总额的66.3%，自中国进口额占加进口总额的7.1%。

【对外投资】截至2014年年底，加直接海外投资总额为8288亿加元。

【对外援助】加政府2014/2015财年对外援助总额为49亿加元。

【外国资本】截至2014年年底，外国在加直接投资总额为7323亿加元。

【与中国往来较多的著名公司和经济团体】（1）庞巴迪公司（Bombardier）：成立于1942年，总部设在蒙特利尔，主要业务为设计、开发、制造、销售飞机、火车、有轨电车等大型交通运输设备及相关产品，是全球大型交通运输设备领军企业之一。2014年总收入为201亿美元，总资产691亿美元。董事长：布多昂（Laurent Beaudoin）。地址：800 Renelevesque Blvd. West，Montreal，Que.，Canada，H3B 1Y8。

（2）鲍尔公司（Power Corp. of Canada）：成立于1925年，主要从事广播电视、出版、金融、采矿、房地产等业务，由德马雷家族控股。多位前总理卸任后均在鲍尔公司任职。2014年营业额466.29亿加元，总资产3777.81亿美元，董事长：保罗·德马雷（Paul Desmarais, Jr.），总裁兼首席执行官：安德烈·德马雷（Andre Desmarais）。地址：751 Square Victoria，Montreal，Quebec，Canada，H2Y 2J3。

（3）加中贸易理事会（Canada-China Business Council）：加拿大一非营利性民间机构，成立于1978年，宗旨是推动和促进加拿大与中国之间的贸易和投资。总部设在多伦多。在加拿大温哥华和中国北京、上海、沈阳、南京、成都、深圳设有办事处。董事会主席彼得·克鲁伊特（Peter Kruyt），也是鲍尔公司副总裁。会长彼得·哈德（Peter Harder）。机构网址：http://www.ccbc.com。

人民生活

加拿大社会保险体系涵盖广泛，包括失业保险、失业救济、医疗保险、养老金、家庭津贴和残疾津贴等多项内容，由联邦、省和市三级政府分类负担和管理。68%的家庭有私人住宅，人均拥有汽车量排名世界第十三，每千名居民拥有607辆汽车。

军　事

总督为形式上的武装部队最高司令，总理是实际上的最高统帅，国防部长在国防参谋长的协助下负责武装部队建设并领导全国部队。加拿大以北大西洋公约组织的集体防务、与美国的双边战略和防务合作为其防务政策的两大支柱。积极参加联合国维和行动和国际观察、监督活动，主张军备控制、裁军谈判和销毁生化武器。在保持与美国、西欧国家军事合作的同时，近年来与亚太地区的军事交往有所加强。

加拿大正规军总兵力约6.8万人，另有预备役5.1万人。2014/2015财年军费支出为201亿加元，占当年国内生产总值的1%。

文化教育

【教育】联邦政府不设专门机构，教育管理权归省级政府。各省教育经费基本依靠自筹，联邦政府也提供一定资助。普及中、小学教育。著名学府有女王大学、麦吉尔大学、多伦多大学、不列颠哥伦比亚大学、拉瓦尔大学和阿尔伯塔大学等。

【新闻出版】加拿大主流媒体在全国范围形成了“一社”（加拿大通讯社）、“两报”（《环球邮报》、《国家邮报》）、“三台”（加拿大广播公司电视台、加拿大电视台、环球电视台）为主导的基本格局。此外，还有一些重要的地区性大报，如《多伦多星报》、《蒙特利尔日报》、《渥太华公民报》和魁北克《新闻报》。

加拿大通讯社成立于1917年，是加最大的通讯社。总部设在多伦多，在加13个城市和美国华盛顿设有分社，向加国内约100家日报、逾500家电台和电视台供稿。美联社和路透社与该社有合作关系，是其国际新闻主要来源。

日报共有112家，日发行量566万余份。其中，英文报纸《多伦多星报》日发行量35万份，周六版46.3万份，周日版30.9万份；《环球邮报》日发行量34.6万份，周六版40.7万份；《国家邮报》日发行量16.3万份，周六版16.7万份。法文报纸《蒙特利尔日报》发行量27.8万份，周六版29.1万份，周日版27.4万份。杂志有1300种，年发行量4.2亿本。

加拿大广播公司是加唯一的国有传媒企业，成立于1936年，初期仅制作广播节目，1952年开始制作电视节目。该公司拥有英、法语两套电视网和英、法、原住民语言和国际台四套广播，覆盖全国绝大部分地区和人口。其国际广播电台于1942年建立，用包括中文在内的九种语言播音，但受预算削减影响已于2012年6月停用短波广播，仅用互联网广播。此外，加主要电视台还包括加拿大电视台、环球电视网（均为全国性私营英语电视台）和TVA电视台（地区性私营法语电视台）。

珀斯特新闻网创立于2010年，收购破产的加西环球通讯公司的报纸业务后成为加最大的收费报纸报业集团。目前拥有《国家邮报》、《渥太华公民报》等10

家知名报纸，合计日均发行量超过100万份。

对外关系　加拿大外交主要目标是维护国际和平和国家安全，促进经济发展，输出以自由、民主、人权和法治为核心的价值观。加不断巩固同美国的特殊盟友关系，推进与拉丁美洲、亚洲、欧洲国家关系，关注乌克兰问题，积极捍卫北极主权，大力拓展海外市场，谋求贸易和能源资源出口多元化，重视同印度、中国等新兴经济体的合作。重视多边外交，积极参与北约、七国集团、二十国集团、亚太经合组织、东盟地区论坛等多边合作机制。截至2015年，加已同193个国家建交。

【同中国的关系】1970年10月13日加拿大与中国建交。2015年以来，两国关系保持良好发展势头。

两国高层及各级别交往频繁。2015年10月13日，习近平主席与加总督约翰斯顿就中加建交45周年互致贺电。2015年10月21日，国务院总理李克强向加当选总理特鲁多致贺电。10月28日，李克强总理应约与特鲁多通电话。特鲁多表示加拿大应同中国建立更紧密的关系，他将致力于不断增进加中传统友谊，开创两国关系新局面。11月16日，习近平主席在出席二十国集团领导人安塔利亚峰会期间会见加总理特鲁多，双方就新形势下推动中加战略伙伴关系发展达成重要共识。

2015年以来，最高人民法院副院长陶凯元，地质调查局局长钟自然，国家工商总局局长张茅，教育部副部长郝平，人力资源和社会保障部副部长胡晓义，文化部副部长丁伟，中宣部副部长、国务院新闻办公室副主任崔玉英，国家卫生计生委副主任刘谦，国家新闻出版广电总局副局长吴尚之，国家体育总局局长刘鹏、副局长蔡振华，保监会副主席周延礼，国家预防腐败局副局长傅奎，国家发展改革委副主任、国家能源局局长努尔·白克力分别访加。加拿大最高法院首席大法官麦克拉克林、国际贸易部副部长霍根、加农业部副部长里昂、外交部助理副部长葛淑珊、边境服务局局长卢克·波特兰斯等分别访华。

两国在经贸、能源资源、金融、科技、环保、卫生、民航、教育、司法执法等各领域的交流与合作取得新进展。双边贸易和投资额持续增长。2015年中加贸易额为556.9亿美元，同比增长0.9%，中国是加拿大第二大贸易伙伴、第二大进口来源地及第二大出口市场。双方就互为对方商务、旅游、探亲人员颁发长期多次签证达成互惠安排，并举行中加第二轮领事磋商、中加经贸联委会第25次会议、中加海洋与渔业科技合作第七次联委会、中加第15次外交部政治与安全磋商、中加执法合作工作组第十二次会晤、中加第三次反恐磋商等机制性会议和磋商、第四届中加文化对话等机制性磋商。金融合作成为两国务实合作新亮点，中国工商银行（加拿大）在多伦多启动人民币清算行服务。两国人员交流更加密切。2015年中国公民首站赴加人数为62.9万人，加赴华人数为67.9万人。2015至2016年中加文化交流年系列活动开幕。4月，河北文化周活动在温哥华举行。9月，京剧名家、中国戏曲学院二级教授张火丁携京剧《锁麟囊》赴加拿大多伦多演出。9月，中央音乐学院艺术团赴渥太华访演。10月，中国少数民族艺术团赴多伦多演出。11月，“文化中国·锦绣四川”文艺团赴加拿大巡演。双方在联合国改革、二十国集团、亚太经合组织等重大国际和地区问题上保持密切沟通与协调。

两国地方交往活跃。2015年，辽宁省副省长赵化明、广东省委副书记马兴瑞、山东省副省长孙伟、湖北省副省长许克振、重庆市常务副市长翁杰明、四川省副省长黄彦蓉、吉林省人大常委会副主任荀凤栖、浙江省政协副主席王建满、海南省人大常委会副主任符跃兰等访加，加西北地区省长麦克劳德、安大略省省长韦恩、不列颠哥伦比亚省省长简蕙芝、渥太华市市长沃森、温哥华市市长罗品信等访华。截至2015年12月，中加共结成52对友好省市关系。

中国驻加拿大大使：罗照辉。馆址：515 St. Patrick Street，Ottawa，Ont. Canada，K1N 5H3。电话：001-613-7893434；传真：7891911。网址：http://ca.chineseembassy.org。商务处地址：401 King Edward Avenue，Ottawa，Ont. Canada K1N 9C9。电话：2368828；传真：2365078。领事部地址：（同使馆地址）。电话：7893434转232；传真：7891414。

加拿大驻华大使：赵朴（Guy Saint-Jacques）。馆址：北京市朝阳区东直门外大街19号。网址：http://www.canadainternational.gc.ca/china-chine/offices-bureaux/index.aspx。电话：010-51394000；传真：51394449。商务处传真：51394450。移民和签证处传真：51394449。

【同美国的关系】美是加拿大邻国和最重要的盟国，两国在政治、经贸、军事等领域保持着密切关系。加历届政府均视对美关系为外交政策基石。2015年10月加自由党执政后继续着力加强同美国的关系。

2009年2月，美总统奥巴马访加。9月，加总理哈珀赴美出席二十国集团匹兹堡峰会并顺访美。2011年2月，加总理哈珀对美进行短暂工作访问。2011年12月，加总理哈珀再次访美，双方宣布正式实施“边境安全与经济竞争力行动计划”和“规制合作行动计划”，保障两国边境安全并促进经贸合作。2012年5月，加总理哈珀赴美国芝加哥出席北约峰会。2013年5月，加总理哈珀访问美国。2013年，加外交、国贸、自然资源、公共安全部长等高官访美。2014年2月，加总理哈珀与奥巴马总统在墨西哥北美首脑峰会期间会晤。4月，加总督约翰斯顿访美。此外，加外长、国贸部长、自然资源部长等高官也在年内访美。2015年4月，加总督约翰斯顿访美。

美是加最大投资来源国，加美互为最大贸易伙伴。2014年，加美双边贸易额达7500亿加元，其中加出口4000亿加元，进口3500亿加元，分别占加当年出、进口总额的75.7%和66.8%。加美间存在贸易纠纷，主要集中在钢铁、农产品、知识产权等方面。加美曾进行过长达五年的“软木贸易战”，双方于2006年4月达成一项为期七年的协议，使争端告一段落，2012年双方将协议延至2015年。2009年以来，加方就美“购买美国货”等贸易保护主义做法多次向美方提出交涉。双方同意谈判商签地方政府采购协议，以互惠方式解决争端，防止贸易纠纷失控。2015年2月，美国总统奥巴马否决了美国会通过的建议批准美加基斯通 XL 石油管道项目法案。

【同亚洲主要国家的关系】加认为亚洲将成为未来的世界经济中心，重视发展与亚洲的经济和战略关系。加是亚太经合组织成员、东盟地区论坛成员和东盟对话国，亚太地区已成为加重要的贸易伙伴，也是加资金、技术和移民的来源地之一。

日本、韩国、新加坡是加传统贸易伙伴，中国、印度、东盟等也是加重视的新兴市场。2014年，加与日、韩、印度的双边贸易额分别为202.6亿加元、99.5亿加元、57.2亿加元。加政府制订“亚太门户计划”，重点用于基础设施建设，旨在将不列颠哥伦比亚省打造成连接北美和亚洲的航运枢纽，同时保护港口、货物贸易和人员的安全。

加与亚洲主要国家关系继续发展。2014年1月，加总理哈珀访问以色列、巴勒斯坦和约旦。3月，加总理哈珀访问韩国，签署加韩自由贸易协定。同月，加撤出驻阿富汗全部部队。7月，加外长贝尔德访问蒙古、日本。8月，加外长贝尔德访问新加坡、东帝汶、印尼并赴缅甸出席加拿大—东盟对话伙伴国会议。11月，加外长贝尔德访问印度，国际贸易部长法斯特访问印度、日本。

2015年1月，加拿大韩国自贸协定正式生效。2月，加国际贸易部长法斯特访问韩国。3月，加国际贸易部长法斯特访问泰国、菲律宾、印度。4月，印度总理莫迪、菲律宾总统阿基诺分别访问加拿大。5月，加宗教自由大使贝内特访问印尼、缅甸。12月，加国际发展和法语国家联盟事务部长比伯访问日本、越南。

【同西欧国家的关系】加是北约、英联邦、八国集团和法语国家首脑会议的成员国，重视发展同西欧国家的关系，认为加自身的繁荣和安全与西欧国家紧密相关。加与西欧国家在政治、经济、军事和文化等领域保持着传统的密切关系，在重大国际问题上经常与西欧各国协调立场。

加与欧盟在外交和安全政策方面立场相近，建立了一年两次的“加拿大—欧盟首脑会议”机制，关系密切，早在1996年即签署了加强双边关系的政治宣言和行动计划。2011年5月，加总理哈珀赴法国出席八国集团领导人峰会，其间同法国总统萨科齐、英国首相卡梅伦举行双边会晤。同月，哈珀访问希腊。2012年4月，加外长贝尔德访问英国、德国，并赴比利时出席加欧年度跨大西洋对话会议，加欧同意加快完成《加欧全面经济贸易协定》和《加欧战略伙伴关系协定》谈判。8月，德国总理默克尔访加。10月，加外长贝尔德访问奥地利和法国。2013年3月，法国总理艾罗访加。6月，加总理哈珀访问英国、法国。9月，意大利总理莱塔访加。12月，加与欧盟宣布就签署全面经济贸易协定达成原则一致。2014年6月，加总理哈珀访问比利时、法国，分别出席七国集团峰会和纪念诺曼底登陆70周年纪念活动。9月，加总理哈珀访问英国，并出席北约峰会。同月，欧盟委员会副主席兼外交与安全政策高级代表阿什顿访加，双方宣布完成“加欧战略伙伴关系协定”谈判。10月，加外长贝尔德访问荷兰，12月，访问冰岛。2015年5月，加总理哈珀访问荷兰，出席荷兰解放70周年纪念活动。6月，加总理哈珀访问意大利、梵蒂冈。2月，外交国务部长叶里奇访问克罗地亚。3月，加外长尼科尔森访问法国。4月，加外长尼科尔森赴德国出席七国集团外长会。5月，加外长尼科尔森赴土耳其出席北约外长会。6月，加外长尼科尔森赴法国出席打击“伊斯兰国”国际会议。12月，加外长迪翁赴比利时出席北约外长会。2015年11月，加总理特鲁多赴马耳他出席英联邦国家首脑会议。11月，加总理特鲁多赴法国出席巴黎气候变化大会。

【同独联体和东欧国家的关系】苏联解体后，加拿大迅速承认独联体各国，并积极发展同它们的双边关系。加向独联体和东欧国家均提供援助，并给予俄罗斯、乌克兰、爱沙尼亚、拉脱维亚、立陶宛、亚美尼亚等国关税优惠待遇。加对独联体国家的援助主要用于推动结构性改革和民主进程，以帮助其顺利完成向市场经济的转轨。对东欧国家援助主要集中在政治、司法改革以及技术和管理援助等领域。

2012年4月，波兰总理塔斯克访加，两国签署新的《避免双重征税协定》。9月，加外长贝尔德访问俄罗斯。2013年12月，加外长贝尔德访问乌克兰。2014年3月，加总理哈珀访问乌克兰，加外长贝尔德访问罗马尼亚、摩尔多瓦。4月，加外长贝尔德访问捷克、斯洛伐克、波兰、拉脱维亚、爱沙尼亚。6月，加总理哈珀访问波兰、乌克兰，并出席乌克兰总统波罗申科就职典礼。7月，加国贸部长法斯特访问乌克兰。8月底9月初，加外长贝尔德访问挪威、克罗地亚和阿尔巴尼亚。2015年6月，加总理哈珀访问乌克兰、波兰。5月，加外长尼科尔森访问乌克兰。

乌克兰危机爆发后，加坚决支持乌克兰反对派上台执政并召回驻俄大使，推出多轮对俄制裁措施，加俄关系交恶。

【同拉丁美洲国家的关系】拉美国家是加拿大重要贸易伙伴和投资目的地。加是美洲国家组织成员国，与拉美国家建立了“加拿大—拉美国家论坛”，与加勒比国家建立了不定期首脑会晤制度，与智利、哥斯达黎加等国签署了自由贸易协议，与墨西哥同为北美自由贸易区成员。加积极主张将北美自由贸易区扩大至南美，成立美洲自由贸易区。加关注海地局势，在海地派有维和部队。加对古巴奉行接触政策，近年对古投资增长较快，现有数十家公司在古经营采矿等企业。

2012年4月，加总理哈珀赴哥伦比亚出席第六届美洲首脑会议并访问智利，与智利签订“升级版”自贸协定。7月，加外交国务部长阿布隆齐宣布将通过加“打击犯罪能力建设计划”向墨西哥、中美洲和加勒比国家援助150万加元，以增强其执法能力及打击毒品走私。10月，加拿大和巴西在渥太华举行首轮加巴战略伙伴关系对话并发表联合声明。12月，加与巴拿马自贸协定正式生效。2013年2月，加外长贝尔德访问墨西哥、古巴、秘鲁、巴拿马、多米尼加、海地。5月，加总理哈珀访问秘鲁、哥伦比亚，并以观察员身份在哥出席“太平洋联盟”峰会。同月，智利总统皮涅拉访加。7月底8月初，加外长贝尔德访问尼加拉瓜、哥斯达黎加、哥伦比亚、智利、巴拉圭、乌拉圭和巴西七国。11月，加与洪都拉斯正式签署双边自贸协定、劳工合作协定和环保合作协定。2014年2月，加总理哈珀访问墨西哥并出席北美首脑峰会。4月，秘鲁总统乌马拉访加。6月，加外长贝尔德访问阿根廷、巴拉圭、玻利维亚、厄瓜多尔。2015年1月，加外长贝尔德赴巴西出席巴西新任总统罗塞夫就职典礼。4月，加总理哈珀赴巴拿马出席美洲国家首脑会议。

【同非洲国家的关系】近年来，加拿大重视发展与非洲国家关系，关注并参与联合国及非洲地区组织主导的非洲地区冲突及内战的调停与斡旋。2010年4月，加总督米夏埃尔·让对塞内加尔、刚果、卢旺达进行国事访问，对佛得角进行工作访问。2011年3月，加参与北约对利比亚军事行动。2012年5月，加总理哈珀在美国戴维营出席八国集团峰会期间宣布，将为八国集团非洲粮食安全“新联盟计划”提供资助。10月，加总理哈珀访问塞内加尔，并赴刚果（金）出席第14届法语国家组织峰会。2013年1月，贝宁总统、非盟主席亚伊访加，宣布两国签署投资保护协定。3月，加宣布完成与喀麦隆和赞比亚的投资保护协定谈判。5月，加总督约翰斯顿访问加纳、博茨瓦纳和南非。同月，加外长贝尔德访问加纳、肯尼亚、坦桑尼亚，并与坦签署投资保护协定。9月，加外长贝尔德访问阿尔及利亚。12月，加总理哈珀夫妇赴南非出席前南非总统曼德拉追悼活动。同月，加与几内亚完成双边投资保护协定谈判。2014年4月，加外长贝尔德访问埃及。6月，加国贸部长法斯特访问布基纳法索、马达加斯加、南非、坦桑尼亚四国。2015年12月，加国际发展和法语国家事务联盟部长比伯宣布向埃塞俄比亚提供3000万美元紧急人道主义援助用于该国抵抗旱灾。

（张明磊）

开曼群岛

名称 开曼群岛（The Cayman Islands）。

面积 264平方公里（陆地面积，开曼群岛政府资料）。

人口 56092人（2013年估算），人口增长率2.1%，出生率12.11‰，死亡率5.53‰（2015年估计）。混血种人占40%，白人20%，黑人20%。英语为官方语言和通用语。居民多信奉基督教。

首府 乔治敦（George Town），位于大开曼岛，人口27704人（2010年）。

总督 海伦·基尔帕特里克（Helen Kilpatrick，女），2013年9月6日就任。

重要节日 宪法日：7月的第一个星期一。

简况

位于加勒比海西北部，距牙买加西北部290公里，主要岛屿为大开曼岛、开曼布拉克岛和小开曼岛。属亚热带气候，受信风影响，平均气温夏季30℃，冬季25.5℃。年平均降水量1433毫米。6—11月有飓风。

1503年哥伦布发现该群岛。1670年根据《马德里条约》，开曼群岛归英国统治，但在1959年前的280年间，群岛实际上为当时的英国殖民地牙买加的属地，由牙买加总督全权管辖。1962年牙买加独立后，群岛才单独成为英国直辖殖民地，由英女王任命的总督行使管辖权。现为英国的海外领地（British Overseas Territory）。

政治

2009年11月，开曼新宪法生效，政府事务领袖麦克基瓦·布什（McKeeva Bush）成为开曼第一任总理。

2012年12月18日，议会以11票对3票通过一项对总理布什的不信任案。12月19日，总督泰勒解除布什的总理职务，任命前议长、副总理朱莉安娜·奥康纳-康诺利（Julianna O'Connor-Connolly，女）为总理，她是开曼群岛第一位女总理，同时兼任财政部长。

2013年5月，开曼群岛举行议会选举，投票率79.9%，联合民主党败北，在野的人民进步运动上台执政。同年8月7日，总督邓肯·泰勒（Duncan Taylor）卸任，副总督弗朗茨·曼德森（Franz Manderson）任代理总督。9月6日，新总督海伦·基尔帕特里克就任。

【宪法】现行宪法于2009年11月6日生效。

【议会】称立法会议（Legislative Assembly），任期4年，有21个席位，包括由选举产生的18名议员以及议长和两名来自内阁的当然成员（副总督、总检察长）。本届议会于2013年5月22日选举产生，人民进步运动9席，联合民主党3席，开曼联盟3席，独立人士2席，人民民族同盟1席。议长朱莉安娜·奥康纳－康诺利（女，前总理）。

【政府】内阁（Cabinet）通常由在议会中占多数议席的政党组成，由总督主持，包括两名官方成员（副总督和总检察长）和5名当选成员（称为部长，其中1名任总理）。官方成员由总督任命，在议会中无席位；5名部长由议会议员选举产生。

2012年12月布什总理被解职后，政府人员及职务有所调整，奥康纳－康诺利出任总理。

2013年5月，人民进步运动组成新一届政府。成员包括：总督海伦·基尔帕特里克，总理兼内政和社区事务部长奥尔登·麦克劳克林（Alden McLaughlin），副总理兼区域管理、旅游和运输部长摩西·科克康奈尔（Moses I. Kirkconnell），计划、农业、住房和基础设施部长库尔特·蒂贝茨（Kurt Tibbetts），财政和经济发展部长马可·阿切尔（Marco Archer），金融服务、商业和环境部长韦恩·潘顿（Wayne Panton），卫生、体育、青年和文化部长奥斯本·博登（Osbourne V Bodden），教育、雇用和性别事务部长塔拉·里弗（Tara Rivers，女，独立人士），副总督弗兰茨·曼德森，总检察长塞缪尔·保尔金（Samuel Bulgin）。

政府网址：http://www.gov.ky/portal/page?_pageid=1142，1&_dad=portal&_schema=PORTAL。

【司法机构】设有即决法院（包括青少年法院）、群岛大法院（相当于最高法院）和上诉法院（在牙买加）。英国枢密院为最高上诉机关。大法院每年开庭6次，审理民事和刑事案件，接受即决法院的上诉。首席法官安东尼·斯梅利（Anthony Smellie）。

【政党】目前主要有两大政党：

（1）人民进步运动（People's Progressive Movement，PPM）：2002年成立。2005—2009年执政。2011年2月，奥尔登·麦克劳克林出任领袖。2013年再次成为执政党。

（2）联合民主党（United Democratic Party，UDP）：2001年成立。2001年11月至2005年5月执政。2009年重新执政。领袖为前总理麦克基瓦·布什。

【重要人物】**海伦·基尔帕特里克**：总督，女。2005—2013年任金融和商业集团总经理。2013年9月任开曼群岛总督。　**奥尔登·麦克劳克林**：总理。生于1961年9月6日。2000年当选为立法会议议员，连任至今。2005—2009年任教育、培训、就业、青年、体育和文化部长。2011年任人民进步运动领袖。2013年任总理兼内政和社区事务部长。　**朱莉安娜·奥康纳－康诺利**：议长，前总理，女，生于1962年。在利物浦大学获得法律学位。1996年当选为议员。1997年任社区事务、体育、妇女、青年和文化部长，也是开曼群岛第一位女部长。2001年联合民主党成立，她是创建者之一，2012年退党。2001—2003年任议长。2003—2005年任计划、通信、区域管理和信息技术部长。2009年11月任布什政府副总理兼区域管理、工程和性别事务部长。2012年12月接替布什任总理。2013年大选后再任议长。

经　济

金融服务和旅游业是两大经济支柱。由于没有直接的税收，开曼群岛成为繁荣的离岸金融中心。旅游业约占地区生产总值的70%和外汇收入的75%。旅游业是针对高端市场，主要是为了迎合北美游客，约有一半游客来自美国。岛上的食品和消费品约90%必须进口。

主要经济数据如下：

地区生产总值：25.07亿开曼元（2014年实际GDP）。

人均地区生产总值：4.43万美元（2013年估计）。

地区生产总值增长率：1.7%（2014年）。

货币名称：开曼元；1元＝100分。

汇率：1美元＝0.83开曼元（2012—2013年估计）。

通货膨胀率：1.7%（消费价格，2015年估计）。

失业率：4.7%（2014年）。

【工业】规模极小。2013年估计工业产值占地区生产总值的27.4%。2011年发电5.94亿千瓦小时。主要生产建材、首饰、家具、食品和化学包装用具。

【农业】受土地贫瘠、雨水少、劳动力费用高等因素的制约，农业很不发达，2013年估计农业产值仅占地区生产总值的0.3%。主要作物为蔬菜、热带水果等。90%以上的粮食靠进口。

【金融服务业】经济的重要部门。由于开曼政局稳定，没有外汇限制，不收直接税，并严格遵守金融保密法，该群岛成为世界最大的离岸金融中心之一，设有证券交易所。截至2008年，超过9.3万家公司在开曼注册，其中包括近300家银行、800家保险公司和10000家共同基金。

【旅游业】主要经济支柱，以豪华旅游为发展方向，主要面向北美游客，旅游业收入占外汇收入的75%左右。2002年旅游收入为5.85亿美元，2008年抵达游客总数超过190万。

【交通运输】公路：785公里。2000年注册的机动车为2.48万辆。

水运：有船通往佛罗里达、牙买加、哥斯达黎加和海地。主要港口是乔治敦。2000年国际货运量为2.39亿吨。

空运：有通往美国休斯敦、迈阿密和牙买加金斯敦的定期航班。有两个国际机场：欧文·罗伯茨机场和杰勒德·史密斯机场，均可供喷气客机起降，有8个航空公司在此运营。岛屿之间有国内航线。

【财政金融】财政年度从每年的7月1日至翌年的6月30日。政府财政收入主要来自进口税、印花税、注册费、版权税、财产税和旅游者税。估计2012年和2013年，预算收入分别为7.234亿和7.005亿美元，支出7.428亿和7.575亿美元，税收及其他收入占地区生产总值32.1%和31.3%，预算赤字占地区生产总值0.9%和2.5%。

【对外贸易】每年贸易赤字巨大，90%的食品和消费品均需要进口。但是，旅游和来自境外金融业的收入以及国外汇款大体上将其抵销。估计2015年，出口额为1470万美元，进口额为7.074亿美元。主要出口产品有海龟肉、皮革和贝壳等；主要进口产品有机械、运输设备和食品等。主要贸易伙伴是美国、前荷属安的列斯、日本。

人民生活

开曼群岛儿童享受免费医疗。平均每千人有2.15名医生。2015年人均预期寿命81.13岁，婴儿死亡率6.08‰。2014年有固定电话3.29万部，移动电话9.11万部，互联网用户4.36万户（2014年）。

军　事

开曼群岛由英国负责防务。

文化教育

【教育】在开曼群岛公立学校对5—15岁学生实行免费义务教育。识字率98%。政府开设有1所4年制的大学——开曼群岛大学和1所法律学校。

【新闻出版】主要报刊有《开曼罗盘》和《开曼网络新闻》（均为每周5天出版）及《开曼观察家》（周刊）。

开曼电台：政府商业电台，1976年起用英语全天播音。开曼群岛国际学院电台：1973年创立，播放文化教育节目。

电视台：开曼电视台，1991年成立，全天播放当地及美国新闻娱乐节目。开曼群岛国际电视网：1992年成立，播放当地、加勒比、国际新闻及美国娱乐节目。

对外关系

外交由英国掌管。开曼群岛为万国邮政联盟、国际奥委会、加勒比开发银行成员，联合国教科文组织、加勒比共同体联系成员，设有国际刑警组织开曼群岛支局。2012年开曼群岛派团参加伦敦奥运会。

【同中国的关系】作为离岸金融服务中心之一，一些发达国家（地区）通过开曼群岛对华进行投资。而开曼群岛也是中国对外直接投资主要流向地之一。2012年，中国流向英属维尔京、开曼群岛的投资大幅下降，对外直接投资流向英属维尔京群岛、开曼群岛的投资共计30.67亿美元，较2011年的111.45亿美元下降72.5%。（叶苓）

库拉索

名称　库拉索领地（Land Curacao），简称“库拉索”（Curaçao）。

面积　444平方公里。

人口　155900人（2014年），人口增长率1.3%（2014年）。主要为印第安人与欧洲白人的混血后裔。官方语言为荷兰语，通用帕彼曼都语（荷兰语、西班牙语、英语、印度语和西非方言混合而成），也讲西班牙语和英语。居民中72.8%信奉天主教，3.2%信奉基督教新教。

首府　威廉斯塔德（Willemstad），人口约14万（2014年）。

总督　露西尔·乔治－沃特（Lucille George-Wout，女），2013年11月4日就任。

重要节日　旗帜日：7月2日。

简　况

包括库拉索岛（Curaçao）和邻近无人居住的小库拉索岛（Klein Curacao），位于东加勒比海南部，南距委内瑞拉北岸55公里。属热带气候，年平均最高气温31.2℃，最低气温25.6℃。年均降水量553.4毫米。

岛上最早的居民是印第安部族阿拉瓦克人。1634年，荷兰人占领库拉索。1954年，库拉索与阿鲁巴（Aruba）、荷属圣马丁（Sint Maarten）、博奈尔岛（Bonaire）、萨巴岛（Saba）、圣尤斯特歇斯岛（St Eustatius）组成荷属安的列斯（Netherlands Antilles），成为荷兰王国的一个单独的政治实体（1986年1月1日，阿鲁巴脱离荷属安的列斯）。2010年10月10日，荷属安的列斯解体，根据各岛公决的结果，库拉索和荷属圣马丁分别成为荷兰王国内单独的政治实体（自治国），而博奈尔岛、萨巴岛和圣尤斯特歇斯岛则成为荷兰的三个海外特别行政区，也被称为加勒比荷兰（Caribbean Netherlands）。

政　治

【宪法】2010年10月10日起施行基本法（Staatsregeling）。荷兰国王为其元首。

【议会】一院制议会（Staten），由普选产生，有21个议席，任期四年。本届议会于2012年10月19日选举产生，主权人民（PS）5席，库拉索未来运动（MFK）5席，安的列斯重建党（PAR）4席，进步与社会变革党（PAIS）4席，新安的列斯运动（MAN）2席，人民民族党（PNP）1席。议长为马罗林诺·弗朗克 Marcolino Franco。

【政府】本届政府于2013年6月成立，由主权人民同进步与社会变革党和人民民族党等组成。主权人民领导人伊瓦尔·阿希斯（Ivar Asjes）出任首相兼总务部长。另外七位内阁成员为卫生、环境和自然部长本·怀特曼（Ben Whiteman），教育、科学、文化和体育部长卢比亚·比托丽娜（Rubia Bitorina，女），社会发展、劳动和福利部长让内·弗朗西斯卡（Jeanne Francisca，女），政府政策、计划和服务部长埃蒂安·范德霍斯特（Etienne van der Horst），司法部长纳尔逊·纳瓦罗（Nelson Navarro），经济合作部长斯坦利·帕尔姆（Stanley Palm），财政部长何塞·亚丁，交通、运输和城市规划部长（Earl Balborda），全权部长马韦利内·维尔斯（Marvelyne Wiels，女）。

【主要网址】http://www.curacao-gov.an/（政府），http://www.cbs.aw/cbs/home.do（中央统计局）。

【司法机构】本岛设初审法庭，阿鲁巴、库拉索、荷属圣马丁、博奈尔、圣尤斯特歇斯、萨巴设立联合高级法院（Joint Court of Justice of Aruba，Curaçao，Sint Maarten and of Bonaire，Saint Eustatius and Saba）。

【政党】主要政党有：

（1）主权人民（Pueblo Soberano，PS）：执政党之一。2005年建立。2013年5月5日，主张库拉索脱离荷兰独立的领导人赫尔米恩·维尔斯（Helmin Wiels）遭暗杀身亡。现领导人为首相伊瓦尔·阿希斯。

（2）库拉索未来运动（Movementu Futuro Korsou，MFK）：最大反对党。2010年建立。领导人为前首相、反对党领袖赫里特·肖特。

（3）安的列斯重建党（Partido Antia Restruktura，PAR）：反对党。成立于1993年11月。领导人为前荷属安的列斯总理（2006—2010）埃米莉·德容-埃尔哈格（Emily de Jongh-Elhage，女）。

（4）进步与社会变革党（the Party for the Advancement and Social Innovation，PAIS）：领导人阿历克斯·罗萨里阿（Alex Rosaria）。

（5）新安的列斯运动党 [Movimentu Antiyas Nobo（New Antilles Movement），MAN]：反对党。领导人尤尼斯·艾斯登（Eunice Eisden）

（6）人民民族党（People's National Party，PNP）：领导人汉弗莱·达维拉尔（Humphrey Davelaar）

（7）工人解放阵线 [Frente Obrero Liberashon（Workers' Liberation Front），FOL]：领导人安东尼·戈德特（Anthony Godett）。

经 济

旅游、石油提炼（包括石油转运和石油产品）和离岸金融业为库拉索经济的三大支柱。有天然良港，可停泊大型油轮。委内瑞拉国家石油公司从库拉索政府租赁岛上的一个炼油厂，炼油厂的大部分石油是从委内瑞拉进口的，石油产品大部分出口到美国。几乎所有的消费品和资本货均需进口，主要进口来源国是美国、巴西、意大利和墨西哥。政府正努力推动工业和贸易多样化，已经与欧盟签署有关协议。医疗卫生改革和养老金制度改革因政府预算和人口老龄化等原因难以推进。受国际金融危机及荷兰援助减少影响，库经济近年出现下滑。

2013年主要经济数据如下：

地区生产总值：32.4亿美元。

人均地区生产总值：2.2万美元。

地区生产总值增长率：0.5%。

货币名称：荷属安的列斯盾。

汇率：1美元=1.775荷属安的列斯盾。

通货膨胀率：1.3%。

失业率：13%。

【农业】土壤贫瘠和供水不足严重阻碍了农业的发展。主要农产品有芦荟、活牲畜、鱼。

【工业】以石油提炼为主。

【旅游业】国民经济的支柱之一。该岛终年阳光充足，气候宜人，热带风光独具一格。目前，库拉索旅游业收入已占全岛 GDP 的20%。

【交通运输】无铁路。公路长550公里，有全天候的公路网。水路交通发达，主要港口威廉斯塔德。有一个机场。

【财政金融】2012年政府预算赤字占 GDP-0.4%，公共债务占 GDP33.2%。

【对外贸易】2011年进口额为12.8亿美元，出口额为16亿美元。主要进口产品有原油、食品和机械设备等，主要出口产品有石油产品。

人民生活

库拉索是加勒比地区生活水平较高的地区之一，其人均地区生产总值排名居世界第28位（按购买力平价居第46位）。政府对居民提供免费医疗，对低收入者、政府公务员及其家庭成员以及参加社会保险的私营企业雇员及家庭提供免费医疗服务。2009年居民平均期望寿命男72.4岁，女80.1岁。

军 事

防务由荷兰负责。荷兰皇家海军在加勒比地区有常驻部队，并在库拉索设有基地。

文化教育

【教育】在库拉索对4—16岁儿童实行义务教育。教育制度与荷兰类似。初等教育从六岁开始，学制六年。中等教育学制五年。

【新闻出版】有政府主办的一家电视台和一家广播

电台，另有几家私人电台。

对外关系 外交由荷兰负责。库拉索为万国邮政联盟（UPU）、国际电信联盟（ITU）和金融行动特别工作组（FATF）成员，联合国教科文组织（UNESCO）、世界旅游组织（UNWTO）联系成员，加勒比共同体（Caricom）观察员。

【同中国的关系】 2011年1月，中国驻荷兰大使张军访问库拉索，与库总督、首相、经济部长和外事局长举行会谈。2013年6月，中国外交部部长王毅与荷兰外交大臣蒂默曼斯就中方在威廉斯塔德设立总领馆事达成一致，领区包括荷属加勒比地区库拉索、阿鲁巴、圣马丁三个自治国以及博奈尔、萨巴、圣尤斯特歇斯三个行政市。2013年10月，中国首任驻威廉斯塔德总领事陈绮曼（女）赴库履新。2014年9月，驻威廉斯塔德总领馆正式开馆。驻荷兰大使陈旭出席开馆仪式并与库拉索首相、外事局长举行会谈。

中国驻威廉斯塔德总领事馆（荷属加勒比地区）

地　址：Schottegatweg Oost 32,Willemstad,Curacao, Dutch Caribbean。电　话：005999-7385446；传　真：005999-7384446。邮箱：consulate_cur@mfa.gov.cn。

（周洁）

马尔维纳斯群岛

名称 马尔维纳斯群岛（Islas Malvinas，以下简称“马岛”），英国称福克兰群岛（Falkland Islands）。

面积 12173平方公里（马岛地方政府网站）。

人口 2931人（2014年），其中60岁及以下人口占82%，90%以上是英国移民及后裔。讲英语。居民中66%信奉基督教。

首府 阿根廷港（Puerto Argentino），英国称斯坦利（Stanley）。人口2120人（2012年）。

总督 科林·罗伯茨（Colin Roberts）。2014年4月28日就任马岛总督。

简　况 位于阿根廷南端以东的南大西洋水域，西距阿根廷483公里，与巴塔哥尼亚大陆架相连。由索莱达（东福克兰）、大马尔维纳（西福克兰）两大岛和200多个小岛组成。海岸曲折，海岸线长1288公里。北部两条东西走向的山脉贯穿两大岛并延伸到周围岛屿，最高峰705米。岛上多丘陵，河流短小流缓。属海洋性气候，多风、寒湿。1月平均气温（最热月）9.4℃，7月（最冷月）2.3℃，年平均气温5.6℃。全年雨量均衡，年均降水量625毫米，一年中雨雪天气250天左右。岛上植被为浓密矮小的亚灌木干草原，鸟类、企鹅及海豹等海洋哺乳动物繁多。马岛当局专设有自然保护区。

马岛西望南大西洋和南太平洋的交通要道——麦哲伦海峡，战略地位十分重要，历史上是世界海上强国争夺之地。

阿根廷历史学家认为马岛是1520年由葡萄牙人发现的。英国学者则认为英国航海家戴维斯1592年最先发现马岛。1690年，英国船长约翰·斯特朗最先在西岛登陆。18世纪中叶，法、英先后在两大岛上建立居民点并少量驻军。1770年西班牙开始管辖群岛，1767—1811年共任命了32任总督，但英以最先发现为由，声称仍对群岛拥有主权。阿于1816年独立后即宣布继承西班牙对马岛的主权，马岛为其领土不可分割的一部分，并任命马岛地方官员，拒绝英对马岛的主权要求。1833年1月，英武装占领马岛，驱逐了阿驻岛总督和岛上居民。此后两国对马岛主权之争从未间断。阿历届政府始终将收复马岛主权作为对外政策的重要目标。

二战结束后，阿英两国断续进行了多次谈判，但没有结果。1972年，在马岛附近海域发现了丰富的石油和天然气资源，估计储量为英国北海油田的数倍，马岛问题谈判变得更加复杂。1982年2月，谈判再次破裂。同年4月2日，阿政府派兵占领马岛，英宣布与阿断交并派出特遣舰队，“马岛战争”爆发。6月14日，英军攻占马岛首府，驻岛阿军宣布投降。战后，马岛开始使用自己的宪法、货币、旗帜和国徽，以体现岛民“自治”。阿曾提出按“香港租借”方式解决马岛问题和向马岛派遣联合国和平部队等建议，均遭英拒绝。1986年，英宣布马岛周围150海里为“渔业保护区”，并于1993年将“保护区”扩大为200海里，阿方就此提出强烈抗议。几经谈判，阿英于1990年达成复交协议，但英一直拒绝讨论马岛主权问题，阿则将对马岛的主权要求写入1994年宪法，声明“阿根廷对马尔维纳斯群岛、南乔治亚和南桑德韦奇群岛及周边海域拥有合法的、不受时限约束的主权。在尊重国际法和岛上居民生活方式的基础上，收复并完全恢复行使上述地区主权，是阿根廷人民永不改变、永不放弃的目标”。

1989年和1990年，阿英两国发表《马德里联合声明》，同意在“搁置主权”的方式下，就开展马岛地区合作进行谈判，并达成一系列谅解。1990年，两国发表关于保护渔业资源的联合声明，并成立南大西洋渔业委员会。1995年9月，阿英达成在马岛水域共同勘探开采油气资源的协议，并建立了磋商和信息交流过渡制度，规定双方军队的直接接触必须受两国外交部的监督。1998年10月，梅内姆总统访问英国。1999年3月，英国王储查尔斯访问阿根廷，是1925年以来第一位访阿的英国王储。同年，两国发表《建立信任、缓解紧张状态》的联合声明，并就阿公民持本国护照赴马岛、石油开采、打击非法捕鱼、通信、巡逻等达成协议，同意在马岛达尔文公墓建立阿根廷阵亡将士纪念碑；两国海军亦在南大西洋举行了马岛战争后首次联合军事演习。

2003年，阿英两国外交部就开通阿根廷至马岛直航航班问题进行了数次接触，但未达成协议。当年11月，阿方停止向非定期飞往马岛的阿旅游包机颁发许可证。

2005年以来，英单方面决定将在马岛附近海域捕鱼许可证期限由原来的1年延长至25年，并开始为油气公司在马岛附近海域进行勘探开发活动颁发许可证，阿对此提出强烈抗议，认为英单方面举动违背了联合国的相关决议，无助于为重启谈判创造良好气氛，并于2007年3月宣布中止与英的相关合作，中断南大西洋渔业委员会会议，禁止第三国渔业公司持马岛当局颁发的许可证在马岛海域进行捕捞作业，并停止执行关于油气资源合作的共同声明。2007年12月，《里斯本条约》将马岛列为欧盟海外领地，阿政府就此向欧方提出抗议并重申对马岛的主权。2008年以来，阿政府多次就英方在马岛设立火箭发射场、制订马岛新“宪法”、单方面开采马岛海域油气资源等提出强烈抗议。2011年，英政府宣布将举行“马岛战争”胜利30周年庆祝活动并派威廉王子登岛服役，计划在马岛附近海域建立自然保护区。阿方表示强烈不满，阿政府宣布禁止未经阿方许可的船只通过马岛水域。2013年3月10—11日，马岛行政当局就“是否保持群岛作为英国海外领土的政治地位”举行公投，99.8%的选民表示赞同。阿拒绝承认这一结果，认为岛上居民无权援引民族自决原则来决定马岛政治地位。巴西、委内瑞拉、古巴、智利等拉美国家表示坚决支持阿方立场。英方则要求包括阿在内的世界各国尊重马岛居民的决定。

阿历届政府均重申对马岛的主权要求，呼吁英方早日与阿就马岛主权问题重开谈判，以找到公正、和平、持久的解决办法；同时坚持马岛主权问题只能在阿、英两国政府间解决，拒绝接受马岛当局参与主权谈判。

阿对马岛的主权要求得到了世界上大多数国家的支持。1965年，第20届联大通过2065号决议，呼吁阿英通过谈判，和平解决马岛主权争端。1982—1990年，联大每年审议马岛议题，并先后通过7项决议，敦促阿英政府恢复谈判，尽早解决这一主权争端。自1991年起，联大每年将该问题推迟至下届联大审议，未再进行实质性讨论，亦未通过新决议。1983年至今，联合国非殖民化特别委员会会议（英不参加）每年均以协商一致的方式通过与联大关于马岛问题决议内容相似的决议。1999年，联合国秘书长安南表示，将尽一切努力促成阿英谈判，以尽快结束马岛“殖民地状态”。美洲国家组织、南美国家联盟、里约集团、南方共同市场等地区组织和伊比利亚美洲首脑会议、南美—阿拉伯国家会议等多边机制亦多次通过决议或声明，敦促阿英政府依照联合国有关决议就马岛主权重开谈判，尽早和平解决争端。

政　治

根据马岛1985年自定的宪法，马岛属英海外领地，除外交与军事事务外，由岛民实行“自治”。总督代表英女王行使权力。马岛地方政府由农业、渔业、矿业、教育、卫生和社会福利等22个部门组成。设立法委员会和行政委员会。立法委员会有委员8人，选举产生，任期4年，在总督主持下不定期开会，但每年至少举行4次，负责制定维护本岛法律、秩序、立法权和行政权的法案，但须提交英国女王，经英外交大臣批准方能生效。本届立法委员会2009年11月经选举产生，任期至2013年11月。每年立法委员会从其成员中挑选3名，与首席行政官和财政官一起组成行政委员会，每月定期举行会议，负责向总督提出有关行政方面的建议。总督、首席检察官和英在南大西洋岛屿驻军司令有权出席上述两个委员会会议，并有发言权。英在马岛有海、陆、空驻军约1300人。

2008年6月11日，英国政府批准了马岛新“宪法”，以进一步加强岛上居民的民主和“自决”权利，并就总督权力等问题做出了重大修改。新“宪法”于2009年1月1日生效。

经　济

羊毛和渔产品加工业是马岛传统支柱产业。近年来，颁发石油开采许可证和捕鱼许可证成为马岛当局主要收入来源。目前除国防支出仍由英国负担外，马岛当局已实现财政自理。2007年地区生产总值（GDP）约为1.64亿英镑，人均GDP为34944美元。2012年岛上居民人均年收入2.01万英镑。2011/2012年度，马岛财政收入4650万英镑，财政支出4300万英镑。英国每年向马岛划拨7000万英镑，用于维护驻马岛军事基地。

2004年出口额为1.25亿美元，主要出口产品为羊毛、肉类、皮革、渔产品，主要出口对象国为西班牙、英国和美国。进口额为9000万美元，主要进口燃料、建材、食品、日用必需品和各类生产资料，主要进口来源国为英国、西班牙和法国。

马岛现行货币为“福克兰镑”，与英镑等值。英镑在岛上可自由兑换。岛上唯一一家银行——渣打银行马岛分行设在阿根廷港（斯坦利）。

岛上电力自给自足，其中90%靠矿物燃料发电。2012年发电量1200万千瓦时，用电量1116万千瓦时。燃料全部依赖进口。2006年进口石油1.25万吨。

【**资源**】蕴藏丰富的泥炭以及铅、铝、铁和银等矿产资源。近海有石油和天然气，石油预计储量100亿桶，潜在产能50万桶/日，可为马岛地方政府带来近1800亿美元税收。目前马岛油气有限公司正与外国公司合作进行相关勘探工作。2010—2012年，已钻探11口测试井，发现丰富的油气储藏，预计部分区域可于2017年进入生产阶段。

【农牧渔业】岛上土地超过90%为牧场。全岛农场84家，总面积114.05万公顷。有绵羊约48.9万只（2012年），年产羊毛160万公斤，产值约300万英镑。毛质优良，主要出口英国等欧盟国家。

渔业资源丰富，马岛渔场是世界最优良的渔场之一。年均捕鱼量约25万—30万吨，主要有鱿鱼、石斑鱼、乌贼、鳕鱼等品种，大部分出口至欧洲和远东市场。2008年捕捞量为27万吨，同比下降10%。自1987年起，马岛当局向在群岛专属区捕鱼的外国渔船征收捕鱼特许税，特许税年均收入约2000万英镑，是岛上第一大收入来源。

【旅游业】旅游业是马岛第二大产业，年产值约400万英镑。近年来，马岛旅游业发展较快，年均游客数量约6万人次。主要客源国为美国、加拿大和英国。发行邮票和纪念币也是马岛重要产业。

【交通运输】公路总长约864公里。有7座中小型机场。马岛主要岛屿间有不定期小飞机服务。英国皇家空军每月6次从马岛飞往英国，岛上军民均可乘坐。智利航空公司每周有直航班机从智利飞往马岛。主要港口为阿根廷港（斯坦利港）。达尔文航运公司提供从英国南海岸开往该港的定期航班服务。敦豪国际航空快递公司（DHL）提供邮寄服务。

人民生活

2015年岛上有电话线路2000条，手机用户约5000人，互联网用户约3000人，约98.3%家庭普及互联网。居民拥有车辆总数2058辆，平均每个家庭1.66辆。

全体岛民享受免费医疗，阿根廷港（斯坦利）建有1家医院，共47张病床，1间急诊室，1间产房，1间重症监护室和1间隔离病房。对偏远地区农场实行定期出诊。危重病人需送往智利或乌拉圭等国救治。

马岛治安良好，几无犯罪现象发生。

文化教育

【教育】实行11年制免费义务教育制度，采用英国教育和考试体系。首府阿根廷港（斯坦利）有中小学各1所，在其他大农场还开设有3所小规模的学校。另设巡回教师和远程教育系统，负责偏远农村学生教育。每年选送学生去英国学习。2005年全岛共有55名教职员工、400名学生。2009/2010财政年度教育经费为530万英镑。

【新闻出版】岛上有2家电视台，8个电台，2份周报——《企鹅新闻报》和《冬绿树快报》。　（叶苓）

美　国

国名　美利坚合众国（The United States of America）。

面积　963万平方公里，本土东西长4500公里，南北宽2700公里，海岸线长22,680公里。

人口　3.087亿（2010年）。白人占64%，拉美裔占16.3%，黑人占12.6%，亚裔占4.7%（2010年美人口普查数据，族群划分有交叉）。通用英语。46.5%的居民信奉基督教新教，20.8%信奉天主教，1.9%信奉犹太教，1.6%信奉摩门教，1.7%信奉其他基督教，不属于任何教派的占22.8%。

首都　华盛顿哥伦比亚特区（Washington, D. C.），人口约63万。

国庆日　7月4日（美国独立日，1776年）。

国家元首　巴拉克·奥巴马（Barack Obama）。美国第44任（第57届）总统，2013年1月20日就职。

简　况

位于北美洲中部，领土还包括北美洲西北部的阿拉斯加和太平洋中部的夏威夷群岛。北与加拿大接壤，南靠墨西哥湾，西临太平洋，东濒大西洋。大部分地区属大陆性气候，南部属亚热带气候。中北部平原温差很大，芝加哥1月平均气温 -3℃，7月24℃；墨西哥湾沿岸1月平均气温11℃，7月28℃。

原为印第安人聚居地。15世纪末西班牙、荷兰、法、英等国开始向北美移民。到1773年，英已建立13个殖民地。1775年爆发独立战争。1776年7月4日通过《独立宣言》，正式宣布建立美利坚合众国。1787年制定联邦宪法，1788年华盛顿当选为第一任总统。在1776年后的100年内，美国领土几乎扩张了10倍。

政　治

美总统奥巴马第二任期以来，着眼美经济、社会的结构性问题，提出包含促进经济和就业、改革教育制度、保障中产阶级住房、改革税制、落实医保改革等五大支柱的长期发展战略。同时，积极吸引外国投资，加强基础设施建设，增加研发投入，建立更多高科技制造业中心，努力培育新经济增长点，提升美国国际竞争力。

【政府】总统内阁制。总统是国家元首、政府首脑兼武装部队总司令。总统通过间接选举产生，任期四年。政府内阁由各部部长和总统指定的其他成员组成。内阁实际上只起总统助手和顾问团的作用，没有集体决策的权力。2013年1月20日，巴拉克·奥巴马（Barack Obama）宣誓就任总统。副总统小约瑟夫·拜登（Joseph Robinette Biden Jr.）。内阁有15名部长：国务卿约翰·克里（John Kerry），财政部长雅各布·卢（Jacob Lew），国防部长阿什顿·卡特（Ashton Carter），司法部长洛蕾塔·林奇（Loretta Lynch，女），内政部长萨利·朱厄尔（Sally Jewell，女），农业部长托马斯·维尔萨克（Thomas Vilsack），商务部长潘尼·普利兹克（Penny Pritzker，女），劳工部长托马斯·佩雷斯（Thomas Perez），卫生与公众服务部长西尔维亚·伯韦尔（Sylvia Burwell，女），住房与城市发展部长朱利安·卡斯特罗（Julien Castro），交通部长安东尼·福克斯（Anthony Foxx），能源部长欧内斯特·莫尼兹（Ernest Moniz），教育部长小约翰·金（John King Jr.），退伍军人事务部长罗伯特·麦克唐纳（Robert McDonald），国土安全部长杰伊·约翰逊（Jeh Johnson）。

【宪法】1776年7月4日制定了宪法性文件《联邦条例》。1787年5月制定了宪法草案，1789年3月第一届国会宣布生效。它是世界上第一部作为独立、统一国家的成文宪法。宪法的主要内容是建立联邦制的国家，各州拥有较大的自主权，包括立法权；实行三权分立的政治体制，立法、行政、司法三部门鼎立，并相互制约。两个世纪以来，共制定了27条宪法修正案。重要的修改有：1791年9月由国会通过的包括保证信仰、言论、出版自由与和平集会权利在内的宪法前10条修正案，后通称“民权法案”（或“权利法案”）；1865年和1870年通过的关于废除奴隶制度和承认黑人公民权利的第13条和15条修正案；1951年通过的规定总统如不能行使职权由副总统升任总统的第25条修正案。

【国会】国会是最高立法机构，由参、众两院组成。两院议员由各州选民直接选举产生。参议员每州2名，共100名，任期六年，每两年改选1/3。众议员按各州的人口比例分配名额选出，共435名，任期两年，期满全部改选。两院议员均可连任，任期不限。参众议员均系专职，不得兼任政府职务。本届国会（第114届）于2015年1月6日开幕。目前，参议院有民主党人44人，亲民主党独立人士2人，共和党人54人；众议院有民主党人188人，共和党人246人，空缺1名。参议院议长（副总统兼任）小约瑟夫·拜登（Joseph Robinette Biden Jr.）；临时参议长奥林·哈奇（Orrin Hatch，共和党）；众议院议长保罗·瑞安（Paul Ryan，共和党）。

【司法机构】设联邦最高法院、联邦法院、州法院及一些特别法院。联邦最高法院由首席大法官和八名大法官组成，终身任职。联邦最高法院有权裁定联邦和各州的任何法律违宪而不被采用。因斯卡利亚大法官2016年2月14日去世，目前仅有八名大法官。现任首席大法官小约翰·罗伯茨（John Roberts Jr.）。

【行政区划】全国共分50个州和一个特区（哥伦比亚特区），有3042个县。联邦领地包括波多黎各和北马里亚纳；海外领地包括关岛、美属萨摩亚、美属维尔京群岛等。各州名称：亚拉巴马、阿拉斯加、亚利桑那、阿肯色、加利福尼亚、科罗拉多、康涅狄格、特拉华、佛罗里达、佐治亚、夏威夷、爱达荷、伊利诺伊、印第安纳、艾奥瓦、堪萨斯、肯塔基、路易斯安那、缅因、马里兰、马萨诸塞、密歇根、明尼苏达、密西西比、密苏里、蒙大拿、内布拉斯加、内华达、新罕布什尔、新泽西、新墨西哥、纽约、北卡罗来纳、北达科他、俄亥俄、俄克拉何马、俄勒冈、宾夕法尼亚、罗得岛、南卡罗来纳、南达科他、田纳西、得克萨斯、犹他、佛蒙特、弗吉尼亚、华盛顿、西弗吉尼亚、威斯康星、怀俄明。

【政党】美国有多个党派，但在国内政治及社会生活中起重大作用的只有共和党和民主党。

（1）共和党（Republican Party）：成立于1854年。1861年林肯就任总统，共和党首次执政。此后至1933年的70多年中，除16年外，共和党一直主政白宫。1933年至2001年之间，曾有艾森豪威尔（1953年1月至1961年1月）、尼克松（1969年1月至1974年8月）、福特（1974年8月至1977年1月）、里根（1981年1月至1989年1月）、乔治·H·W·布什（1989年1月至1993年1月）和乔治·W·布什（2001年1月至2009年1月）执政。共和党全国委员会主席现为雷恩斯·普利巴斯（Reince Priebus）。该党没有固定的党员人数，一般在总统大选中投共和党候选人票者就成为其党员。

（2）民主党（Democratic Party）：1791年成立，当时称共和党。1794年改称民主共和党，1828年改为民主党。1861年南北战争前夕，民主党内部分裂，该党的南方奴隶主策划叛乱。南北战争结束后，民主党在野24年。1885年克利夫兰当选总统。此后该党又大部分时间在野。1933年开始，民主党人罗斯福（1933年3月至1945年4月）、杜鲁门（1945年4月至1953年1月）、肯尼迪（1961年1月至1963年11月）、约翰逊（1963年11月至1969年1月）、卡特（1977年1月至1981年1月）、克林顿（1993年1月至2001年1月）、奥巴马（2009年1月至今）先后当选总统执政。现任全国委员会主席为黛比·舒尔茨（Debbie Schultz）。该党没有固定的党员人数，一般在总统大选中投民主党候选人票者就成为其党员。

【重要人物】巴拉克·奥巴马（Barack Obama）：总统，民主党。1961年8月4日生于夏威夷州火奴鲁鲁市，父亲来自肯尼亚一部落首领家庭，母亲出生于堪萨斯州白人工薪家庭。1983年获哥伦比亚大学国际关系专业学士学位。1991年获哈佛大学法学博士学位。1996年当选伊利诺伊州参议员。2004年当选伊州联邦参议员。2008年11月当选总统，成为美国历史上首位非洲裔总统。2012年11月成功连任。 **小约瑟夫·拜登**（Joseph Biden Jr.）：副总统，民主党。1942年生于宾夕法尼亚州。1965年获特拉华大学历史学与政治学双学位。1968年获锡拉丘兹大学法学博士学位。1972年当选特拉华州联邦参议员。曾任参议院对外关系委员会主席。2008年11月当选副总统。2012年11月成功连任。

经济

美国有高度发达的现代市场经济，其国内生产总值居世界首位。2007年美国爆发次贷危机，并于2008年迅速升级演变成大萧条以来最严重的国际金融危机。奥巴马政府实施大规模经济刺激计划应对危机。二任以来，奥巴马政府着力推动经济就业增长，打造新经济增长点，美国经济总体保持温和增长态势。

2015年主要经济数据：

国内生产总值（GDP）：179,429亿美元（按当年价格计算）。

人均国内生产总值：56,374美元（按当年价格计算）。

实际国内生产总值增长率：2.4%。

通货膨胀率：0.7%。

【资源】自然资源丰富，矿产资源总探明储量居世界首位。煤、石油、天然气、铁矿石、钾盐、磷酸盐、硫磺等矿物储量均居世界前列。其他矿物有铜、铅、钼、铀、铝矾土、金、汞、镍、碳酸钾、银、钨、锌、铝、铋等。战略矿物资源钛、锰、钴、铬等主要靠进口。美国已探明原油储量334亿桶，居世界第12位。目前，美国已探明天然气储量7.716万亿立方米，居世界第七位；已探明煤储量4910亿吨，居世界第一。森林面积约44亿亩，覆盖率达33%。

【工业】近年来，美国着力优化产业结构，实施“再工业化”战略，推动制造业回流，美国工业生产保持稳定增长。2015年，美国工业生产增长率约为4.6%，约占当年美国国内生产总值的19%，是美国经济的重要基础支柱。信息、生物等高科技产业发展迅速，利用高科技改造传统产业也取得新进展。美国主要工业产品有汽车、航空设备、计算机、电子和通信设备、钢铁、石油产品、化肥、水泥、塑料及新闻纸、机械等。

【财政金融】2012、2013、2014、2015财年美联邦财政赤字分别为1.1万亿美元、5140亿美元、4860亿美元和4390亿美元。2016年3月，美国债总额达19.1万亿美元，约占GDP的106%。2011年以来，民主、共和两党财政政策之争愈演愈烈。2013年3月，美被迫启动自动减支机制，未来10年将削减1.2万亿美元联邦政府开支。2014年1月，美国会参众两院通过了总额为1.1万亿美元的2014财年综合拨款法案。3月，奥巴马向国会提交了总额为3.9万亿美元的“2015财年联邦预算方案”。12月，美国会通过“2015剩余财年联邦政府综合性拨款法案”。2015年2月，奥巴马向国会提交了总额为3.99万亿美元的2016财年预算案。5月，国会参众两院分别通过了共和党版本的2016财年预算案。10月，美众院、参院分别通过法案，将美国债上限延长至2017年3月。奥巴马于11月2日正式签署该法案。2016年2月，白宫向国会提交2017财年联邦政府财政预算建议案，全年预算总支出为4.14万亿美元，其中社保、医保等强制性开支为2.61万亿美元，国防、外交等可自由裁量支出为1.23万亿美元。

自2008年11月以来，美联储实施三轮量化宽松政策，同时进行“扭曲操作”，主要内容包括大规模购买美长期国债和抵押贷款支持债券，维持0%至0.25%的超低利率政策。截止2014年8月，美联储资产负债表突破4.4万亿美元。2013年12月开始，美联储开始实施渐进式的量化宽松退出机制，通过连续八次削减购债规模，于2014年10月正式终止量化宽松资产购买计划。2015年12月，美联储正式宣布加息0.25%，将联邦基金利率目标区间由0%—0.25%升至0.25%—0.5%，长达七年的“零利率”政策宣告结束。

目前，美国主要商业银行有：

（1）摩根大通（J. P. Morgan Chase）：2000年12月由J. P. 摩根公司和大通—曼哈顿公司合并而成，总部设在纽约。

（2）美国银行（Bank of America Corp）：原中文名“美国美洲银行”，创建于1968年10月，总部设在旧金山。

（3）富国银行（Wells Fargo）：创立于1852年，总部设在旧金山，是美国唯一一家获得AAA评级的银行。

（4）花旗集团（Citigroup）：1955年纽约花旗银行与纽约第一银行合并，改名为纽约第一花旗银行，1962年改为第一花旗银行，1967年改为花旗公司。总部设在纽约。1998年与旅行者集团合并组建花旗集团，成为世界上最大的金融服务公司。

【对外贸易】美国是世界上第二大进口国（地区）和第三大出口国（地区）。奥巴马政府高度重视出口，将扩大出口作为带动美国经济复苏的重要举措之一。2010年3月，奥巴马签署行政法令《国家出口倡议》，加大对美国出口企业的支持力度，提出未来五年美国出口额翻一番的目标。

美国主要出口商品为：化工产品、机械、汽车、飞机、电子信息设备、武器、食品、药品、饮料等。主要进口商品是：食品、服装、电子器材、机械、钢材、纺织品、石油、天然橡胶以及锡、铬等金属。

2015年美国前五大货物贸易伙伴为中国、加拿大、墨西哥、日本和德国。美国前五大货物出口市场为加拿大、墨西哥、中国、日本和英国。美国前五大货物进口市场为中国、加拿大、墨西哥、日本和德国。

2015年，美国商品和服务贸易总额约为4.99万亿美元，较2014年下降约3.9%；其中出口额约2.23万亿美元，同比下降约4.8%；进口额约2.76万亿美元，同比下降约3.1%；逆差5315亿美元，同比增长约4.5%。

按中方统计，2015年中美货物贸易额达5584亿美元，同比增长0.6%。其中中国对美出口4096亿美元，同比增长3.4%；中国自美进口1487亿美元，同比下降6.5%。中方顺差2609亿美元，同比上升10.1%。中国是美国第一大贸易伙伴。美国是中国第一大出口市场、第二大贸易伙伴和第四大进口来源地。

近年美国对外贸易情况如下（单位：亿美元）：

	2013年	2014年	2015年
商品和服务进口	27439	28505	27618
总额商品和服务出口总额	22724	23454	22303
逆差	4715	5051	5315

【对外投资和外国资本】据统计，2015年，美国对外直接投资总额约3360亿美元，吸收外国直接投资约3840亿美元。

【对外援助】美国是全球进行双边对外援助最多的国家。据美国国际开发署统计，2016财年美国对外援助总额约为379亿美元，约占当年美GDP的0.22%，主要投向南亚、中东北非和非洲撒哈拉沙漠以南地区，阿富汗是接受美经济和军事援助最多的国家，其次是巴基斯坦、以色列、伊拉克等。美国国际开发署、国务院、农业部、国防部和千年挑战公司（MCC）等是执行美双边对外援助的主要机构。

【主要大公司】在《福布斯》网站2015年5月公布的全球企业2000强中，美国公司占据564席，遥遥领先，其中前十位的排序如下：

伯克希尔·哈撒韦公司（Berkshire Hathaway, Inc. CLA），

摩根大通（J.P. Morgan Chase），

埃克森·美孚公司（Exxon Mobil），

通用电气公司（General Electric），

美国富国银行集团（Wells Fargo），

苹果公司（Apple Inc.），

雪佛龙公司（Chevron），

沃尔玛公司（Wal-Mart Stores），

花旗银行（Citigroup），

威瑞森电信公司（Verizon Communications）。

人民生活

2015年美国个人收入总额为154,045亿美元，较2014年上涨4.4%。美国个人净储蓄率一直不高，自20世纪90年代后期不断下降，2005年达到大萧条以来的历史最低点-0.5%。2007年次贷危机引发经济危机以来，美国个人净储蓄率有所上升，2009年升至4.3%，2015年底为5.5%。

美国贫富差距较大，反映家庭收入分配差距的基尼系数为0.45，超过警戒水平。美国的社会福利分为社会保险和非社会保险两种。属于社会保险福利项目的有：老残保险、失业保险和其他就业保险；属于非社会保险福利项目的有：对抚养儿童困难家庭的补助、社会保障收入、食品券、医疗补助、住房补助和能源补助。美国的医疗保障体系主要由联邦医疗保险和政府医疗补助两部分组成。联邦医疗保险主要为65岁以上老人、残障人士和晚期肾衰竭病人提供医疗保障，政府医疗补助则是为低收入者及符合特定标准的个人与家庭提供健康保险服务。近年来，美国医疗开支不断攀升，政府财政入不敷出。奥巴马政府执政后，大力推动医保改革立法进程。2010年3月，美国会通过以“全覆盖”和“低成本”为核心的医保改革法案。该法案将使3200万无医保者获保，使美医保覆盖率提高至95%，并在10年内为美财政节省近1400亿美元。但此轮医保改革的实施也引发不少争议。

军　事

美国总统兼任武装部队总司令，掌握最高指挥权。进攻性战略武器和核武器的使用权集中在总统手中。国家军事指挥系统由国家安全委员会、国防部和参谋长联席会议组成。国家安全委员会负责向总统提供与国家安全有关的内政、外交和军事政策的综合咨询建议，其法定成员为总统、副总统、国务卿和国防部长四人。参谋长联席会议主席为首席军事顾问，国家情报总监为首席情报顾问，总统国家安全事务助理负责具体协调落实。国防部是总统领导与指挥全军的办事机构，又是向各联合司令部发布总统和国防部长命令的军事指挥机关。参谋长联席会议是总统和国防部长最高军事咨询机构，由主席、副主席、陆军和空军参谋长、海军作战部长及海军陆战队司令组成。国防部长阿什顿·卡特（Ashton Carter），参谋长联席会议主席约瑟夫·邓福德（Joseph Dunford），国家情报总监詹姆斯·克拉珀（James Clapper）。

美国现役部队总兵力130.1万人，后备役81.1万人，文职人员72.3万人。在美军现役部队中，陆军46万人，海军38万人，海军陆战队18.2万人，空军49万人。另外，美国海岸警卫队共4.3万人。美国同世界上50多个国家和地区订有多边和双边军事条约，海外基地与设施共800余个，向40个国家和地区提供军事援助，与90多个国家和地区订有援外军事训练计划。2015、2016、2017财年军费预算分别为6000亿美元、6070亿美元、5827亿美元。

文化教育

【教育】中小学教育主要是由各州教育委员会和地方政府管理。学校分公立、私立两类。多数州实行十年义务教育。各州学制不一，大部分为小学六年、初中三年、高中三年。高等教育有两年制的初级学院和技术学院，四年制的大学本科和二至四年的研究生院。

著名高等学府有：哈佛大学、普林斯顿大学、耶鲁大学、宾夕法尼亚大学、杜克大学、斯坦福大学、

加州理工学院、麻省理工学院、哥伦比亚大学、达特茅斯学院、华盛顿大学圣路易斯分校、西北大学、康奈尔大学、约翰·霍普金斯大学、布朗大学、芝加哥大学、莱斯大学、圣母大学、范德比尔特大学、艾莫利大学和加利福尼亚大学伯克莱分校等。

【新闻出版】美国报业系统庞大，是世界第四大报纸发行市场，现日均发行各类报刊约5000万份。2014年进入世界发行量前100名的美国日报有:《今日美国》、《华尔街日报》、《纽约时报》、《洛杉矶时报》、《纽约每日新闻》、《华盛顿邮报》和《纽约邮报》等。

美联社是美国最大的通讯社，1848年在芝加哥成立，1893年成为联营公司，1990年将总部迁到纽约。在国外有三个总分社、60多个分社；与世界上115个国家的新闻机构有交换新闻关系。合众国际社是美国第二大通讯社，1958年由前合众社和国际新闻社合并组成，总部设在纽约。国外有80多个分社，拥有一个世界范围的图片网。

美国有普通电视台1791家，数字节目电视台1682家；全国共有调频广播电台9885家，短波广播电台5036家；4994家地方电视台和调频广播电台。最大的两家对外广播机构为美国之音和美国广播电视网，均属官方电台。美国最大的几家全国性广播网是全国广播公司（NBC）、哥伦比亚广播公司（CBS）、美国广播公司（ABC）、美国有线电视新闻网（CNN）和福克斯（FOX）等。

对外关系

奥巴马政府继续推进各项外交议程，巩固与传统盟友关系，发展与新兴大国关系，实施亚太“再平衡”战略，开拓与非洲、拉美国家关系，应对各个热点问题。

【同中国的关系】1978年12月16日，中美两国发表建交公报。1979年1月1日，中美两国正式建立大使级外交关系。

2014年以来，中美关系总体保持稳定发展。两国高层和各级别交往密切，在经贸、两军、网络、执法、人文、地方等领域的交流与合作取得新进展，就伊朗核、朝鲜半岛核、阿富汗、叙利亚等地区热点问题以及气候变化、抗击埃博拉疫情等全球性挑战保持密切有效的沟通与协调。

2014年2月14—15日，应外交部部长王毅邀请，美国国务卿克里访华。国家主席习近平、国务院总理李克强、国务委员杨洁篪分别会见，外交部部长王毅同克里举行会谈。

3月6日，国务委员杨洁篪应约同美国总统国家安全事务助理赖斯通电话。

3月10日，国家主席习近平应约同美国总统奥巴马通电话。

3月24日，国家主席习近平同美国总统奥巴马在荷兰核安全峰会期间举行会晤。

5月13日，国务院总理李克强在人民大会堂会见美国总统特别代表、财政部长雅各布·卢。

5月13日，外交部部长王毅应约同美国国务卿克里通电话。

7月2日，国务委员杨洁篪应约同美国国务卿克里通电话。

7月9—10日，第六轮中美战略与经济对话在北京举行。习近平主席特别代表国务院副总理汪洋、国务委员杨洁篪和奥巴马总统特别代表美国国务卿克里、财政部长雅各布·卢共同主持对话。习近平主席出席本轮对话和第五轮中美人文交流高层磋商联合开幕式并发表讲话。习近平主席会见美方代表团主要成员。

7月10日，国务院总理李克强在中南海紫光阁会见来华出席第六轮中美战略与经济对话和第五轮中美人文交流高层磋商的美国总统奥巴马特别代表、国务卿克里和财政部长雅各布·卢。

7月10日，国务院副总理刘延东同美国国务卿克里在北京共同主持第五轮中美人文交流高层磋商全体会议。会后，刘延东副总理同克里举行小范围会见。

8月9日，外交部部长王毅在缅甸首都内比都出席东亚合作系列外长会期间会见美国国务卿克里。

9月7—9日，应国务委员杨洁篪邀请，美国总统国家安全事务助理赖斯访华。国家主席习近平、中央军委副主席范长龙、外交部部长王毅分别会见，国务委员杨洁篪同赖斯举行会谈。

9月21—24日，国家主席习近平特使、国务院副总理张高丽赴美国纽约出席联合国气候峰会。23日，张高丽副总理会见美国总统奥巴马。

9月30日—10月2日，外交部部长王毅应美国国务卿克里邀请访问美国，会见美国总统奥巴马、总统国家安全事务助理赖斯、国防部长哈格尔、前总统国家安全事务助理布热津斯基和多尼隆，同克里国务卿举行会谈。

10月12日，正在俄罗斯陪同国务院总理李克强访问的外交部部长王毅应约同美国国务卿克里通电话。

10月17—21日，应美国政府邀请，国务委员杨洁篪访问美国，在波士顿同美国国务卿克里举行会谈并出席其家宴，在华盛顿会见美国总统国家安全事务助理赖斯、国防部长哈格尔。

10月28日，国务院副总理张高丽在北京人民大会堂会见美国总统气候变化和能源政策顾问波德斯塔。

同日，国务院副总理汪洋在中南海紫光阁会见美国贸易代表弗罗曼。

11月7日，外交部部长王毅在国家会议中心会见来华出席亚太经合组织部长级会议的美国国务卿克里。

11月10—12日，应国家主席习近平邀请，美国总统奥巴马来华出席第二十二届亚太经合组织领导人非正式会议并对中国进行国事访问。11日晚，两国元首在中南海瀛台通过散步、晚宴、茶叙等进行了深入交流。12日，习近平主席为奥巴马总统举行了欢迎仪式和欢迎午宴，先后进行小、大范围会谈，共同会见记者并回答提问。12日下午，国务院总理李克强、全国人大常委会委员长张德江先后会见奥巴马总统。

11月24日，外交部部长王毅在维也纳出席伊朗核问题谈判期间应约会见美国国务卿克里。

12月21日，外交部部长王毅应约同美国国务卿克里通电话。

12月16—18日，第25届中美商贸联委会在美国芝加哥举行，国务院副总理汪洋同美国商务部长普利兹克、贸易代表弗罗曼共同主持会议。美国农业部长维尔萨克与会。

2015年2月11日，国家主席习近平应约同美国总统奥巴马通电话。

2月24—26日，应美国总统国家安全事务助理赖斯邀请，国务委员杨洁篪访问美国纽约，其间同赖斯举行会晤。

3月20日，外交部部长王毅应约同美国国务卿克里通电话。

3月29日，外交部部长王毅在瑞士洛桑出席伊朗核问题六国与伊朗外长会期间会见美国国务卿克里。

3月30—31日，美国总统奥巴马特别代表、财政部长雅各布·卢访华，国务院总理李克强、副总理汪洋、财政部部长楼继伟等分别会见。

4月3日，外交部部长王毅应约同美国国务卿克里通电话。

4月11—17日，美国商务部长普利兹克和能源部常务副部长舍伍德－兰德尔访华。

5月16—17日，应外交部部长王毅邀请，美国国务卿克里访华。国家主席习近平、国务院总理李克强、中央军委副主席范长龙、国务委员杨洁篪分别会见，外交部部长王毅会见并宴请。

5月20日，国务院副总理汪洋同美国财政部长雅各布·卢通电话。

6月23—24日，第七轮中美战略与经济对话和第六轮中美人文交流高层磋商在美国华盛顿成功举行。国务院副总理刘延东作为习近平主席特别代表，同美国国务卿克里共同主持人文交流高层磋商。国务院副总理汪洋、国务委员杨洁篪作为习近平主席特别代表，同美国总统奥巴马特别代表国务卿克里、财政部长雅各布·卢共同主持本轮战略与经济对话。

7月9日，正在俄罗斯乌法陪同国家主席习近平出席金砖国家领导人会晤的外交部部长王毅应约同美国国务卿克里通电话。

7月21日，国家主席习近平应约同美国总统奥巴马通电话。

8月5日，外交部部长王毅在马来西亚吉隆坡会见美国国务卿克里。

8月28—29日，美国总统国家安全事务助理赖斯访华。国家主席习近平礼节性会见，中央军委副主席范长龙、中央财办主任刘鹤、外交部部长王毅、商务部部长高虎城分别会见，国务委员杨洁篪同赖斯举行会谈和工作午餐。

9月9—12日，国家主席习近平特使、中共中央政治局委员、中央政法委书记孟建柱率公安、安全、司法、网信等部门有关负责人访问美国，同美国国务卿克里、国土安全部部长约翰逊、总统国家安全事务助理赖斯等举行会谈。

9月11日，国务院副总理汪洋应约同美国财政部长雅各布·卢通电话。

9月15—17日，国家主席习近平特别代表、国务委员杨洁篪赴洛杉矶出席首届中美气候智慧型/低碳城市峰会闭幕式并致词，会见美国副总统拜登。

9月21日，外交部部长王毅同美国国务卿克里通电话。

9月22—25日，国家主席习近平应美国总统奥巴马邀请对美国进行国事访问。在西雅图，习近平主席出席了当地政府和美国友好团体联合举行的欢迎晚宴并就中美关系发表重要演讲，集体会见了地方和联邦政要，出席中美省州长论坛、中美企业家座谈会，出席侨界举行的欢迎招待会，并参访了波音、微软两家企业和塔科马市林肯中学。在华盛顿，习近平主席出席了奥巴马总统举行的国事活动，包括欢迎仪式、大小范围会谈、共同会见记者、国宴等。抵达华盛顿当晚，奥巴马总统为习近平主席举行了小范围晚宴。习近平主席还出席了拜登副总统、克里国务卿举行的欢迎午宴，并集体会见了美国国会参众两院领导层。

11月6日，国务院副总理汪洋同美国财政部长雅各布·卢进行中美经济事务定期通话机制首次通话。

同日，外交部部长王毅应约同美国国务卿克里通电话。

11月21—23日，第26届中美商贸联委会在广州举行。国务院副总理汪洋与美国商务部长普利兹克、贸易代表弗罗曼共同主持。美国农业部长维尔萨克与会。

11月24日，国务委员杨洁篪应约同美国国务卿克里通电话。

11月30日，国家主席习近平在巴黎出席联合国气候变化大会期间同美国总统奥巴马举行双边会晤。

12月1日，首次中美打击网络犯罪及相关事项高级别联合对话在华盛顿举行。对话由国务委员兼公安部部长郭声琨同美国司法部长林奇、国土安全部长约翰逊共同主持。

同日，中国公安部与美国国土安全部第二次部级会晤在美国华盛顿举行。国务委员兼公安部部长郭声琨同美国国土安全部长约翰逊共同主持。

12月11日和14日，国家主席习近平先后两次应约同美国总统奥巴马通电话。

12月20日，正在塞浦路斯访问的外交部部长王毅应约同美国国务卿克里通电话。

中美经贸合作发展迅速。2014年，中美双边货物贸易额5210亿美元，同比增长7.5%。其中中国对美出口3684亿美元，同比增长4.7%；中国自美进口1526亿美元，同比增长14.8%。中方顺差2158亿美元，同比下降1.4%。中美互为第二大贸易伙伴。美国是中国第六大进口来源地和第一大出口市场，中国是美国第三大出口市场和第一大进口来源地。

2015年，中美双边货物贸易额达5584亿美元，同比增长0.6%。其中中国对美出口4097亿美元，同比增长3.4%；中国自美进口1487亿美元，同比下降6.5%。中方顺差2609亿美元，同比增长10.1%。中国是美国第一大贸易伙伴，美国是中国第二大贸易伙伴。美国是中国第四大进口来源地和第一大出口市场，中国是美国第三大出口市场和第一大进口来源地。

中美双边投资保持平稳较快发展。截至2015年年底，美国对华投资项目累计达6.6万余个，实际投入774.7亿美元，中国企业在美国非金融类直接投资约289亿美元。2015年，美国对华投资实际投入25.9亿美元，基本与2014年持平；中国企业在美国非金融类直接投资约83.9亿美元，同比增长60.1%。

中美两军关系保持良好发展势头。双方已经签署两军重大军事行动相互通报机制谅解备忘录和海空相遇安全行为准则谅解声明。2014年2月，美国陆军参谋长奥迪尔诺访华。4月，美国国防部长哈格尔访华。5月，解放军总参谋长房峰辉访美。6—8月，中国海军派舰艇成功参加“环太平洋”多边联合军演并访美。10月，解放军副总参谋长王冠中与美国国防部副部长沃穆斯共同主持第15次中美国防部防务磋商。中国同美澳一道举行三边陆军特种作战野外生存训练。11月，解放军副总参谋长孙建国访美。2015年1月，中美两国在广东和海南举行了第二次两军人道主义救援减灾联合实兵演练和第十次研讨交流。3月，两国在华盛顿举行首次中美国防部亚太安全对话。4月，解放军总参谋长房峰辉同美军参联会主席邓普西首次使用视频通话。6月，中央军委范长龙副主席访美。11月，美军太平洋总部司令哈里斯访华。两军在西雅图举行人道主义救援减灾联合演练。

中美在教育、科学、文化、卫生、体育、旅游、执法等领域务实交流与合作继续加强。2014年6月，文化部部长蔡武访问美国华盛顿，并参加美国史密森学会和中国对外文化交流协会联合举办的“史密森民俗节中国主宾国”活动。7月，蔡武部长率中国政府文化代表团访问洛杉矶。7月，第五轮中美人文交流高层磋商在北京举行。9月，全国政协副主席、科技部部长万钢率团访问美国，主持召开第15届中美科技合作联委会。9月，国家卫生与计划生育委员会与美国中华医学基金会在北京共同举办中美医学教育高层论坛，全国人大副委员长陈竺、国家卫生与计划生育委员会主任李斌等出席论坛并致辞。10月，教育部与美国职业篮球协会（NBA）在北京签署关于推广校园篮球的合作谅解备忘录，国务院副总理刘延东、国家体育总局局长刘鹏同NBA主席萧华共同见证签字仪式。12月，国家互联网信息办公室主任鲁炜赴美出席第七届中美互联网论坛并访美。第12次中美执法合作联合联络小组会议在北京举行。2015年4月，美国国土安全部长约翰逊访华。6月，第六轮中美人文交流高层磋商在美国华盛顿举行。9月，美国卫生部长伯韦尔访华。10月，国家体育总局副局长、中国奥委会主席杨树安赴美出席国家和地区奥林匹克委员会协会第二十届代表大会。11月，第13次中美执法合作联合联络小组会议在华盛顿举行。12月，首次中美打击网络犯罪及相关事项高级别联合对话在华盛顿举行。中国公安部与美国国土安全部第二次部级会晤在美国华盛顿举行。

中美两国在重大国际地区和全球性问题上保持着密切沟通与协调，中美关系的战略意义和全球影响进一步上升。两国同有关各方共同努力，促使叙利亚化武问题实现软着陆，推动伊朗核问题谈判达成全面协议。双方两次发表气候变化联合声明，共同推动联合国气候变化巴黎大会通过《巴黎协定》。双方签署了中美发展合作备忘录，开启两国合作新领域。美国支持人民币加入国际货币基金组织特别提款权货币篮子。双方还就朝鲜半岛核、阿富汗、南苏丹、抗击埃博拉疫情等国际地区问题和全球性挑战保持有效沟通对话，加强在联合国、二十国集团、亚太经合组织、东亚峰会等多边机制框架内的合作，共同维护和促进世界的和平、稳定与繁荣。

另一方面，中美两国在台湾、涉藏、涉港、海上、网络、人权等问题上时有分歧与摩擦。奥巴马政府多次重申一个中国政策，恪守中美三个联合公报，支持两岸关系和平发展。但同时，美方继续不顾我反对，与台湾发展官方往来和军事联系，提升美台实质关系。2014年4月，美环保署长麦卡锡访台，系14年来首位美内阁级官员访台。2015年12月，美国政府宣布总值18.3亿美元的对台军售。达赖多次赴美窜访，美方包括奥巴马总统在内的多名政要同其见面。美方持续介入海上争议，质疑和炒作中方南海岛礁建设问题，并派遣美军舰机进入中国南沙群岛有关岛礁邻近海空域。美方持续炒作中方所谓网络商业窃密问题。2014年5月，美国司法部以“商业窃密”等罪名对中方五名军官提出起诉。美方多次通过发布“国别人权报告”、“宗教自由报告”，就“世界人权日”发表声明等干涉中国内政。此外，美方多次就所谓“人权个案”对中方说三道四。针对美方错误消极言行，中方进行了有力斗争，坚决维护了中国核心利益，维护了中美关系总体稳定的发展局面。

中国驻美国大使：崔天凯（2013年4月上任）。馆址：美国华盛顿哥伦比亚特区西北区外国使馆中心区

3505号（3505 International Place，NW，Washington，D.C.，20008，U.S.A.）。电话：001–202–4952266。网址：http://www.china-embassy.org，http://us.chineseembassy.org，http://us.china-embassy.org。商务处电话：001–202–6253357；传真：3375845。签证处电话：001–202–3371956；传真：5889760。

美国驻华大使：博卡斯（Max Baucus，2014年3月上任）。馆址：北京市朝阳区安家楼路55号。电话：010–85313000。网址：http://beijing.usembassy-china.org.cn。商务处电话：85296655；传真：010–85296558/6559。签证处电话：非移民签证处电话：40008–872–333(从中国拨打)，0086–21–3881–4611(从国外拨打)。传真：8531–3355。移民签证：仅广州总领馆受理。电话：4008–872–333（从中国拨打），00 86–20–3881–4611（从国外拨打）。传真：3884–4412。

【同日本的关系】美国继续巩固与日本的同盟关系。2014年10月7日至9日，美助理国务卿拉塞尔访日，其间两国就《美日防卫合作指针》修订工作举行外交和防务部门局长级会议，并发布修订工作中期报告。11月5日，日防卫相江渡聪德与美太平洋舰队司令哈里斯举行会谈，双方就“尖阁诸岛”（即我钓鱼岛及其附属岛屿）属于美日安保条约适用范围达成共识。11月8日至19日，美日在位于日本九州、奄美大岛周边海空域举行“利剑·2015”三军联合实兵演习。11月16日，美、日、澳三国领导人在澳大利亚布里斯班G20峰会期间举行三边首脑会晤，并发表联合新闻稿。12月17日至19日，日防卫省统合幕僚长河野克俊访美，与美参联会主席邓普西会谈。12月18日，美国务院网站发布“美日联合新闻声明”称，美日安保磋商委员会（2+2）宣布，两国致力于在2015年上半年完成《美日防卫合作指针》修订工作。12月26日，美向日方交付第二套陆海便携式监视雷达（AN/TPY–2）。12月29日，美、日、韩三国签署《关于朝鲜核与导弹威胁的情报交流协议》。

2015年1月26日至2月27日，美日在美加利福尼亚州德尔顿兵营举行“铁拳–2015”军事演习。2月12日至14日，美常务副国务卿布林肯访日。3月16日至18日，日本国家安全保障局局长谷内正太郎访美，与美总统国家安全事务助理赖斯、常务副国务卿布林肯举行会谈，就日首相安倍晋三访美一事进行协调。3月25日，美军参联会主席邓普西访日，与日首相安倍晋三、防卫大臣中谷元分别会见、会谈。4月26日至5月3日，日本首相安倍晋三访美，与奥巴马举行会谈并共见记者，在美国会发表演讲。双方在此访前夕举行了美日外长、防长“2+2”对话并发表新版《美日防卫合作指针》。7月22日，美日在东京举行第三次政府间网络对话，双方确认将加强信息共享和重要基础设施防护合作。8月26日，美总统奥巴马与日首相安倍晋三通电话。9月28日，美防长卡特在五角大楼会见日外相岸田文雄。9月29日，正在纽约出席联合国大会的日首相安倍晋三会晤美副总统拜登。同日，美、日、韩三国外长举行会晤。11月3日，美防长卡特与日防卫大臣中谷元在东盟防长扩大会议期间举行会晤。11月16日至25日，美日举行2015年度海上联合实兵演习。11月19日，美总统奥巴马与日首相安倍晋三在马尼拉亚太经合组织（APEC）第二十三次领导人非正式会议期间举行双边会晤，就巩固和发展美日同盟、反恐、TPP等进行了讨论。

【同韩国的关系】美韩关系持续发展。2015年1月29日至30日，美国务院负责武器控制、核查和裁军事务的助理国务卿罗斯访韩。2月9日至10日，美常务副国务卿布林肯访韩。3月2日至4月24日，美韩举行年度“关键决心/鹞鹰”联合军演。3月5日，美驻韩大使李柏特在首尔出席活动时遭袭击受伤。3月15日至16日，美助卿拉塞尔访韩。3月29日至4月2日，美国务院负责经济事务的助理国务卿里夫金访韩。4月9日至11日，美国防部长卡特访韩。4月16日，美、韩、日副外长在华盛顿举行三边会晤。6月14日—16日，韩外长尹炳世访美。8月17日至28日，美韩举行2015“乙支自由卫士”联合军演。9月29日，美、韩、日外长在联大期间举行会晤，主要讨论了朝鲜半岛局势和朝核问题。10月13日至16日，韩总统朴槿惠访美，与美总统奥巴马举行会晤，双方发表《关于美韩关系的联合情况说明》。10月26日至27日，美韩海军在韩东部海域举行海上联合机动演习。11月2日，美防长卡特与韩国防长韩民求在首尔举行第47次美韩例行安保会议。11月25日，《美韩原子能协定》修订版正式生效。

【同朝鲜的关系】2015年1月，美国总统奥巴马下令对包括朝情报机构和军工企业在内的三家实体实施新制裁。美国联邦调查局局长科米称，确切证据表明，朝鲜实施了对索尼影业的网络攻击。朝鲜常驻联合国副代表安明勋在记者会上称，朝向美提出以停止美韩联合军演为条件换取朝暂停核试验的提议，但遭拒绝。2月，美常务副国务卿布林肯称，美考虑在韩部署“萨德系统”完全属于防御性质，目的只是应对朝鲜威胁。美韩双方尚未就此展开讨论，也未作出任何决定。4月，第七次美韩联合国防协商机制会议决定，组建美韩遏制战略委员会，应对朝鲜日益增长的导弹及核威胁。美国国务院六方会谈特使塞勒称，朝鲜应借鉴各方达成伊核问题框架协议的经验，朝停止核试验和射导是任何谈判的先决条件。6月，驻韩美军司令部、韩美联合司令部、“联合国军司令部”联合发布《战略摘要》，制定应对朝鲜导弹威胁四大作战原则。7月，2015年度美《国家军事战略报告》称，伊朗、朝鲜等国核导能力对美及盟国构成严重安全威胁。美国国务院六方会谈特使塞勒称，伊核协议达成彰显谈判所能带来的价值和可能性，也是美展现灵活并愿与长期存在分歧国家进行沟通的最佳例证。如朝鲜决定摆脱在外交、经济上的孤立状态，对话之门将向朝鲜敞开。8月，朝外相发言人李东日表示，朝是否进行第四次核试验完全取决于美国的态度，为了让朝主权和人民不受到核威胁，朝只能选择采取自卫方案。10月，朝外长李洙墉在联合国大会演讲呼吁称，朝鲜半岛急需一个和平协定，朝已做好商谈准备。美常务副国务卿布林肯访韩期间表示，如朝通过发射远程火箭发起挑衅，国际社会将采取严厉措施。美对朝政策特别代表金圣镕在美国会作证时称，将通过威慑、施压、外交三重手段应对朝威胁。11月，美国务院朝鲜人权事务特使罗伯特·金呼吁国际社会持续向朝鲜施压，使朝鲜人权状况得到改善。12月，美对朝鲜实施新制裁，制裁对象包括朝鲜战略火箭部队、朝鲜瑞川商业银行代表等四个组织和六名个人。

【同东南亚国家关系】2014年9月26日，美国务卿克里在纽约出席美国—东盟部长级会议。9月29日至10月10日，美菲举行年度联合两栖登陆军事演习。9月30日，美国和马来西亚签署《海上执法发展项目合作协议》。10月1日至2日，越南副总理兼外长范平明访美，会见美国务卿克里，美宣布2014年底或2015年初部分解除对越军售禁令，双方签署了《2014—2020年海上联合巡逻协议》等海上合作文件。10月21日，美越在河内举行2014年防务政策对话会。10月22日，美、日、菲三国首次在南海进行联合军演。10月29日，美助理国务卿拉塞尔同越南副外长胡春山在美举行第五轮美越亚太对话。11月13日至14日，美总统奥巴马赴缅甸出席第九届东亚峰会和美—东盟峰会并顺访缅甸，与缅总统吴登盛、联邦议长吴瑞恩及反对派领导人昂山素季等会晤。

2015年1月14日至15日，美负责民主和人权事务的助理国务卿马里诺夫斯基，负责人口、难民、移民事务的助理国务卿理查德，太平洋司令部副司令克拉奇菲尔德，副助理国防部长哈维等访缅，双方举行第二次美缅人权对话等一系列活动。1月20日至28日，美助理国务卿拉塞尔先后访问菲律宾、马来西亚、泰国、柬埔寨。1月22日至27日，美负责政治、军事事务的助理国务卿塔瓦尔访问越南和新加坡。1月27日至29日，美负责武器控制、核查和裁军事务的助理国务卿罗斯访缅。3月2日至4日，美助理国务卿罗斯分别访问马来西亚、印度尼西亚和新加坡。4月20日至30日，美菲"肩并肩2015"联合军演在菲举行。5月29日至31日，美防长卡特出席在新加坡举行的香格里拉对话会并发表讲话，谈及南海"军事化"、航行和飞越自由、"南海行为准则"（COC）等问题，并宣布将启动约4.25亿美元的新版"东南亚海事安全倡议"，加强地区国家的海事能力建设。5月31日至6月1日，美防长卡特访问越南。7月7日至10日，越共中央书记阮富仲首次访美，会见美总统奥巴马，双方发表《美越联合愿景声明》。8月4日至7日，美国务卿克里出席在吉隆坡举行的东亚合作系列外长会，并访问新加坡、越南。10月5日，美国、日本、新加坡、马来西亚、越南等12国结束TPP谈判，达成基本协定。10月26至27日，印尼总统佐科首次访美。11月2日至11日，美国和文莱举行"卡拉特2015"联合军演。11月3日至4日，美防长卡特出席东盟防长扩大会议。11月12日，奥巴马致电缅甸全国民主联盟主席昂山素季，祝贺该党赢得缅甸大选；致电缅甸总统登盛，对缅大选顺利举行表示赞赏。11月17日至19日，奥巴马赴菲律宾马尼拉出席亚太经合组织（APEC）领导人非正式会议，其间会见菲总统阿基诺，参观美售菲军舰。11月20日至22日，奥巴马赴马来西亚吉隆坡出席东亚合作领导人系列会议和第三届美国—东盟峰会，美白宫新闻秘书室并于当天发布《美国—东盟战略伙伴关系联合声明》以及《美国—东盟关系说明文件》，正式宣布将美国—东盟关系提升至战略伙伴关系。11月24日，美助理国务卿拉塞尔派访问缅甸。12月8日，美国和新加坡就在新首次短期部署P-8A反潜侦察机达成一致。12月17日至18日，美助理国务卿拉塞尔访问老挝。

【同南亚国家的关系】美国重视发展与南亚国家的关系。2015年1月，美总统奥巴马访问印度并作为主宾出席印共和国日庆典，双方签署《友谊宣言》、《亚太和印度洋地区共同战略远景》等多项文件。国务卿克里访印度、巴基斯坦，出席印全球投资者峰会，主持第六次美巴战略对话。克在印期间与不丹总理策林·托杰举行会晤，成为首位与不丹总理举行会晤的美国务卿。2月，美国防部长卡特访问阿富汗，与阿总统加尼就驻阿美军撤军问题等举行会谈。奥巴马与巴基斯坦总理谢里夫通话，讨论反恐等问题。国务院负责南亚事务助卿比斯瓦尔访问斯里兰卡，斯外长萨马拉维拉访美。3月，总统奥巴马、国务卿克里、国防部长卡特等同到访的阿富汗总统加尼、首席执行官阿卜杜拉举行会晤。美宣布：推迟从阿撤军，年底前驻阿美军仍将保持在9800人；美将出资8亿美元启动新的美阿合作计划；美政府将寻求国会批准在2017年前继续向阿提供资金援助，以帮助阿安全部队规模达到35.2万人。4月，美积极参与尼泊尔救灾，派遣灾难应对小组，提供1000万美元援助。5月，克里访问斯里兰卡，会晤斯总统西里塞纳。助理国务卿比斯瓦尔访问尼泊尔，考察救灾行动进展并讨论灾后重建事宜。6月，防长卡特访问印度，同印总理莫迪、防长帕里卡尔等举行会晤，签署合作协议并发表联合声明。7月，奥巴马与阿富汗总统加尼和首席执行官阿卜杜拉通话，讨论如何加强阿军事力量、协助阿政府与塔利班和解进程等。9月，美印举行首次战略与经济对话并发表联合声明，美国务卿克里、美国商务部长普利茨克、印度外长斯瓦拉杰、商业和工业部部长西沙拉曼共同出席。美国和孟加拉国举行安全对话。10月，巴基斯坦总理谢里夫访美。12月，美国防长卡特访问阿富汗。

【同俄罗斯的关系】美国与俄罗斯保持接触，但双方关系仍较困难。2015年1月，美国务卿克里与俄外长拉夫罗夫通电话。2月，美总统奥巴马致电俄总统普京，讨论乌东部局势等问题。奥巴马、克里等谴责俄反对派领袖涅姆佐夫遭枪杀事件，要求俄立即进行调查。3月，克里同拉夫罗夫在日内瓦会晤，讨论乌克兰等问题。4月，克里致电俄外长拉夫罗夫，反对俄向伊朗交付S-300导弹系统。5月，克里访问索契，会见普京和拉夫罗夫。6月，克里与拉夫罗夫在维也纳会晤，就伊朗核、乌克兰问题等交换意见。7月，北美防空联合司令部出动战机在阿拉斯加附近拦截两架俄轰炸机。美指责俄通过针对俄境内国际非政府组织的“不受欢迎”法案。奥巴马与普京通话，讨论伊朗核全面协议问题。9月，克里与拉夫罗夫通话，就俄在叙利亚加强军力并重申支持巴沙尔政权表达关切。美防长卡特与俄防长绍伊古通电话，讨论叙利亚冲突问题。联大期间美俄元首、外长分别举行会晤。10月，克里出席叙利亚问题外长会并再次会见拉夫罗夫。11月，克里出席第二次叙利亚问题维也纳会议并会见拉夫罗夫。奥巴马在二十国集团会议期间与普京举行非正式会晤，讨论叙利亚、反恐和乌克兰问题。美财政部宣布对支持叙利亚总统巴沙尔的四名个人和六个实体实施制裁，其中包括一家俄银行。12月，克里访问俄罗斯，会见普京总统并同拉夫罗夫外长会谈，双方就叙利亚、乌克兰等问题交换看法。

【同欧洲国家的关系】美欧跨大西洋同盟关系继续发展。2015年1月，美总统奥巴马、国务卿克里等谴责法国杂志社遭袭。美司法部长霍尔德赴巴黎参加国际反恐会议。2月，副总统拜登、克里访欧盟总部和德国，会晤欧洲议会、欧洲理事会及部分东欧国家等领导人，出席慕尼黑安全会议。美欧在布鲁塞尔举行第八轮跨大西洋贸易投资协定（TTIP）谈判。德国总理默克尔访美。3月，奥巴马与英、法、德、意及欧洲理事会领导人进行视频会议，讨论乌克兰问题。奥巴马在白宫会晤欧洲理事会主席图斯克。4月，克里赴德国参加七国集团外长会。奥巴马在白宫会晤到访的意大利总理伦齐。拜登与乌克兰总统波罗申科通电话，承诺美向乌提供1770万美元人道主义援助。美欧在纽约举行第九轮 TTIP 谈判。克里在华盛顿会晤欧盟外交和安全政策高级代表莫盖里尼。5月，拜登与乌总理亚采纽克通话。宣布向乌提供1800万美元人道主义援助。克里赴土耳其出席北约外长会。6月，奥巴马赴德国参加七国集团（G7）峰会，会晤德总理默克尔。美防长卡特访问爱沙尼亚，会晤波罗的海三国防长。7月，奥巴马分别同法总统奥朗德、德国总理默克尔、希腊总理齐普拉斯通话，讨论希腊债务危机问题。美乌等国部队在乌西部举行“快速三叉戟”年度联合军演。美欧在布鲁塞尔举行第十轮 TTIP 谈判。8月，美欧举行冷战以来最大规模联合空中军事演习。奥巴马与德国总理默克尔通话。拜登与乌克兰总统波罗申科通话。9月，美承诺提供40亿美元用于难民救济。克里先后访问英、德两国，与英外交大臣哈蒙德、德外长施泰因迈尔举行会谈。10月，克里先后访问意大利、法国、西班牙、德国、奥地利、英国。德国总统高克访美。11月，克里出访法国、比利时、科索沃、塞尔维亚、塞浦路斯、希腊。法国总统奥朗德应邀访美，双方表示将加强合作打击“伊斯兰国”。12月，美国设在罗马尼亚南部德韦塞卢的反导系统宣布建成。

【同中东国家的关系】美国谨慎应对中东地区多个热点问题。2015年1月，美国务卿克里赴伦敦参加21国打击“伊斯兰国”国际联盟会议。克里与伊朗外长扎里夫在日内瓦会晤。美总统奥巴马赴沙特吊唁，并会晤沙新国王萨勒曼。2月，奥巴马致函国会并提交决议草案，要求正式授权其最长三年动用武力打击“伊斯兰国”。克里与伊朗外长扎里夫在慕尼黑安全会议期间会晤，随后双方率团在日内瓦举行双边会晤，美能源部长莫尼兹和伊朗原子能机构主席萨利希参加。鉴于也门政局动荡、安全形势持续恶化，美暂时关闭驻也使馆。美向安理会成员国提交一份关于南苏丹问题的制裁决议草案并获得通过。3月，克里赴沙特与海湾合作委员会成员国外长会晤。奥巴马发表伊朗传统新年贺词，认为美伊正面临改变两国关系未来的最好机遇。鉴于也门安全形势恶化，美撤离所有驻也门人员。4月，奥巴马发表电视讲话欢迎各方达成伊核问题框架协议，克里与伊朗外长扎里夫在纽约会晤。接待伊拉克总理阿巴迪访美，美伊就推进战略伙伴关系发表联合声明。5月，奥巴马在戴维营主持美国—海合会峰会。克里赴日内瓦与伊朗外长扎里夫会晤。6月，奥巴马与伊拉克总理阿巴迪在七国集团峰会期间举行双边会谈。白宫宣布打击“伊斯兰国”追加措施。克里与伊朗外长扎里夫在维也纳举行会谈，并参加伊核问题全面协议谈判。7月，克里、能源部长莫尼兹分别与伊朗外长扎里夫、首席核谈判代表萨利希在维也纳举行会晤。美及伊核问题六国与伊朗达成伊核问题全面协议。奥巴马总统发表全国讲话、在白宫举行记者招待会，阐述达成协议的积极意义。防长卡特访问以色列、沙特、约旦，并突访伊拉克。副总统拜登与伊拉克总理阿巴迪通电话，讨论打击“伊斯兰国”问题。8月，克里赴埃及与埃外长共同主持美埃战略对话，随后赴卡塔尔参加美国—海合会外长会。9月，奥巴马与到访的沙特国王萨勒曼举行会谈。副总统拜登与伊拉克总理阿巴迪在联大期间就打击“伊斯兰国”等问题举行会谈。10月，奥巴马与土耳其总统埃尔多安就加强打击“伊斯兰国”合作问题通话，与沙特国王萨勒曼就叙利亚问题通话。11月，奥巴马与到访的以色列总理内塔尼亚胡举行会谈，与土耳其总统埃尔多安通电话。克里访问突尼斯并主持第二轮美突战略对话，赴维也纳参加第二次叙利亚问题外长会。12月，克里在纽约参加叙问题第三次外长会，支持联合国安理会通过叙利亚政治进程决议。

【同美洲国家的关系】美国积极拓展与拉美国家关系。2015年1月，美放宽对古巴贸易和旅行限制。美副总统拜登赴巴西出席巴西总统罗塞芙就职仪式。美在华盛顿举行首次加勒比能源安全峰会。美古在古巴举行复交首轮谈判。2月，美古在华盛顿举行第二轮复交谈判。3月，拜登访问危地马拉、萨尔瓦多和洪都拉斯。美宣布对委内瑞拉七名高级官员采取拒发签证、冻结在美资产等制裁措施。美古在古巴举行第三轮复交谈判。4月，美总统奥巴马访问牙买加、巴拿马并出席美国－加勒比共同体峰会和美洲国家峰会，集体会见“中美洲统合体”国家领导人，与古巴领导人卡斯特罗举行首次会晤。5月，美古在华盛顿举行第四轮复交谈判，美正式将古巴从“支恐国家”名单中删除。6月，美与哥伦比亚联合主办国际禁毒执法大会，举行美墨加第二次多边事务三边磋商、美国－加勒比公民安全高级别对话、美与萨尔瓦多、危地马拉、洪都拉斯三国高级别安全对话、美国与巴拉圭政治与经济对话。巴西总统罗塞芙访美。7月，美古正式恢复外交关系、重新互设使馆。古巴外长访美并主持古巴驻美使馆开馆仪式。8月，克里访问古巴，并为美驻古使馆揭牌。9月，奥巴马在联大期间会见古巴领导人劳尔·卡斯特罗。10月，副总统拜登致电危地马拉当选总统莫拉莱斯祝贺其在大选中获胜。国务卿克里赴智利参加“我们的海洋2015”大会并访问海地。11月第二次美国古巴双边委员会会议、美古移民对话会、第二次美古反毒品对话分别在华盛顿举行。12月美对委内瑞拉反对党赢得议会选举表示欢迎，美国与古巴就恢复直接通邮、恢复商业航班达成共识。

【同非洲国家的关系】美国继续加大对非洲关注和投入。2015年4月，美总统奥巴马集体会晤几内亚、利比里亚和塞拉利昂总统。5月，克里访问肯尼亚、索马里和吉布提。克里率团赴尼日利亚参加尼新当选总统布哈里就职仪式。6月，奥巴马签署将“非洲增长与机遇法案”延长10年的修正案。美对苏丹总统巴希尔在南非出席非盟峰会表示严重关切。7月，奥巴马访问肯尼亚、埃塞俄比亚和非盟总部，在肯出席第六届全球企业家峰会，集体会晤肯尼亚、埃塞、乌干达、苏丹、非盟领导人。8月，贸易代表弗罗曼率团赴加蓬主持“非洲增长与机遇法案”论坛。9月，克里会见到访的南非外长马沙巴内。美宣布向贝宁、喀麦隆、乍得、尼日尔、尼日利亚等国提供4500万美元援助打击“博科圣地”。10月，副国务卿休厄尔访问刚果（金）。副国务卿希金博特姆会见到访的利比里亚政府高级代表团。11月，奥巴马与南非总统祖马通电话讨论布隆迪局势。克里与到访的安哥拉外长希科蒂举行会谈。12月克里出席利比亚问题国际会议，支持联合国斡旋利比亚政治对话。（王胜耀　吴炳江　于泉龙　崔家骁）

美属维尔京群岛

名称　美属维尔京群岛（The United States Virgin Islands），美国海外属地，为美国“未合并领土”（unincorporated territory）。

面积　1910平方公里，其中陆地面积为346平方公里，水域面积1564平方公里，海岸线长188公里。

人口　13.47万。主要分布在圣克鲁斯岛和圣托马斯岛。黑人占76.2%，白人占13.1%，亚裔1.1%，其他6.1%。居民主要是西印度群岛人，还有美国人和波多黎各人等。英语为官方语言，广泛使用西班牙语、法语和克里奥尔语。居民多信奉基督教（浸信会教徒42%，天主教徒34%，圣公会教徒17%，其他7%）。

首府　夏洛特·阿马里（Charlotte Amalie），位于圣托马斯岛。

总督　肯尼斯·迈普（Kenneth Mapp），2015年1月5日就职。

简　况　位于大西洋和加勒比海之间，在加勒比海小安的列斯群岛东部，西距波多黎各64公里，由圣托马斯（215平方公里）、圣约翰（80平方公里）和圣克鲁斯（52平方公里）三个主岛和约50个小岛组成。属亚热带海洋气候，一年温差变化不大，年均气温26℃。

原始土著居民为加勒比地区的卡鲁比（Carib）和阿拉瓦克（Arawak）印第安人。1493年欧洲人到达该群岛，土著居民几乎全被屠杀。16世纪起先后受西班牙、荷兰、英国、法国和马耳他控制。1670年丹麦将圣托马斯和圣约翰两岛据为殖民地。1733年圣克鲁斯岛被法国卖给丹麦后形成丹麦的西角印度群岛。1917年，美国用2500万美元向丹麦买下该群岛，由美国海军部管辖。该群岛居民从1927年起成为美国公民，但不能在本岛参加美国总统的选举。1954年美国政府修订了1936年通过的《维尔京群岛组织法》，规定该岛居民享有一定限度的选举权，成立了经选举产生由15人组成的参议院。自1970年始，行政权被交给民选总督。从1973年起，普选产生1名驻美国众院代表，但只在众院的委员会有表决权。该群岛有自己的旗帜。

政　治　1970年以前，维尔京群岛民主党执掌地方行政权。总督执掌行政权，原由美国总统任命，1970年起改由普选产生，任期4年。在1970年的总督选举中，海尔文·伊文思当选为第一任民选总督。

【宪法】1936年制定《维尔京群岛组织法》，1954年修订，1968—1972年间曾多次尝试通过宪法（须经美国总统和国会批准），以确立最后法律地位，获取更大自治权，但均被全民否决。1980年7月，该岛第四次制宪会议通过一部宪法草案，并于1981年7月获得美国国会批准。在同年11月3日举行的全民公决中，80.3%居民赞成维持目前地位，14.2%赞成与美国合并，4%赞成终止美国对群岛的主权。但此次公决因投票率太低（仅27.4%）而无效。

【议会】维尔京群岛参议院，为一院制。由15名议员组成，任期两年。议会法案生效须经总督批准。本届议会于2014年11月选举产生。

【政府】本届政府于2014年产生。由总督、副总督和地方行政官员等组成，并有一名派驻美国众议院的代表。总督肯尼斯·迈普，任期4年。

【政党】主要政党有：

（1）维尔京群岛民主党（Democratic Party of the Virgin Islands）：源于1936年成立的各种俱乐部。1962年该党正式得到法律承认，并加入美国民主党全国委员会。从20世纪60年代起一直控制着议会。主席阿图罗·沃特林顿（Arturo Watlington）。

（2）维尔京群岛进步共和党（Progressive Republican Party of the Virgin Islands）：前身是一个政治俱乐部。受当地白人地主、实业家和某些富有的有色人种团体支持。主席加里·斯普拉夫（Gary Sprauve）。

（3）独立公民运动（Independent Citizens' Movement）：1968年成立。主要得到下层有色人种群众的支持。领导人尤赛·理查德（Usie Richards）。

经　济　维尔京群岛经济十分倚重美国，对美国商品的进口依赖严重，90%的贸易同波多黎各和美国进行。迄未探明自然资源。旅游业收入约占地区生产总值的80%，游客主要来自美国。2013年地区生产总值为37.92亿美元，人均地区收入3.6万美元。2014年失业率为12.2%。流通货币为美元。

【工业】主要工业部门有炼油、酿酒、手表制造、纺织、电子工业等。圣克鲁斯岛有世界上最大的炼油厂（之一），日处理原油能力为545万桶。朗姆酒是主要出口产品之一，但由于北美自由贸易协定于1994年生效，墨西哥已成为该群岛朗姆酒出口的有力竞争者。

【农业】养牛、捕鱼、蔬菜及水果种植为主要行业。近年来政府鼓励粮食作物的生产。

【旅游业】是主要经济活动，产值约占地区生产总值的80%，从业人员占全部就业人口的80%。2008年接待游客280万人次。主要旅游名胜有：圣约翰群岛的维尔京群岛国家公园、海滨浴场、印第安古迹和丹麦移民史迹等。

【交通运输】海空运输较发达。圣托马斯和圣克鲁斯岛均有国际机场。

【对外贸易】外贸主要面向波多黎各和美国市场，主要进口原油，出口石油制品。

军　事　维尔京群岛防务由美国负责。1967年美国政府将设在圣托马斯岛的海军基地移交给维尔京群岛管理。目前美国在圣克鲁斯岛西岸保持一个雷达声纳追踪站和一个海岸追踪控制中心。

文化教育　**【教育】**维尔京群岛对16岁以下青少年实行强制义务教育。小学八年，中学四年。

【新闻出版】主要报刊有：《商业公报》（双周刊）、《维尔京群岛新闻日报》、《信风》及《自豪》杂志。有22家电台和五家电视台。

（王胜耀）

蒙特塞拉特

名称　蒙特塞拉特（Montserrat）。

面积　102平方公里（陆地面积）。

人口　5241人，人口增长率0.5%，出生率11.26‰，死亡率6.3‰（2015年估计）。非洲裔黑人占88.4%，混血人占3.7%。通用英语。居民信奉基督教新教和天主教。

首府　普利茅斯（Plymouth），毁于1997年火山爆发。临时政府所在地为该岛北部的布莱兹（Brades）。

总督　总督伊丽莎白·卡里尔（Elizabeth Carrier），2015年8月5日就任。

重要节日　英国女王诞辰：6月的第二个星期六。

简　况　蒙特塞拉特岛位于加勒比海东北、小安的列斯群岛中部。东北、东南分别与安提瓜岛和瓜德罗普岛隔水相望。属热带气候，平均气温夏季32℃，冬季24℃。年降水量1250—2000毫米。6—11月有飓风。

1493年哥伦布到达此岛。1632年沦为英国殖民地，后曾两次被法国占领。1783年再度沦为英国殖民地。

1871—1956年为背风群岛联邦的一部分。1958—1962年为西印度联邦成员。1962年联邦解体，它成为单独的领地。1967年1月举行公民投票，仍继续为英国殖民地。1971年由英国女王任命总督直接统治。现为英国的海外领地（British Overseas Territory）。

该岛南部的苏弗里耶尔火山在沉寂350年后，于1995—1997年不断喷发，造成严重灾难，半数以上的居民逃离了世代居住的家园。科学家预言，苏弗里耶尔火山活动还将持续数十年。2009年和2010年，该火山仍有大规模喷发。

政　　治

2009年9月，蒙特塞拉特争取变革和繁荣运动在议会选举中获胜，鲁本·米德（Reuben T. Meade）第二次出任首席部长（Chief Minister）。2010年10月，蒙特塞拉特新宪法生效，米德成为蒙第一任总理（premier）。

2014年9月12日，唐纳森·罗密欧（Donaldson Romero）任新一届总理。

【宪法】2010年新宪法的修订工作基本完成后，宪法草案提交英国议会。2011年9月1日，新宪法（Montserrat Constitution Order 2010）生效。总督由英国女王任命，副总督由蒙特塞拉特人担任。

【议会】称立法会议（Legislative Council），任期5年。由12名成员组成：议长、9名普选产生的议员、官方成员2名（总检察长和财政秘书）。本届议会于2014年9月11日选举产生。

【政府】称为内阁[新宪法生效前称为执行委员会（Executive Council）]，通常由在议会中占多数议席的政党组成，成员包括总理（原称首席部长）和3名其他部长以及2名当然成员（总检察长和财政秘书）。本届政府于2014年9月12日产生，4名部长均为争取变革和繁荣运动成员。目前政府组成人员有：总理兼财政、经济发展、旅游和文化部长唐纳森·罗密欧，通信、工程和劳工部长保罗·路易斯（Paul Lewis），教育、卫生、社区服务、体育和青年部长德尔梅·赖安（Delmaude Ryan），农业、土地、住房、环境和教会事务部长克劳德·霍根（Claude Hogan）。

网址：http://www.gov.ms/。

【司法机构】设有即席裁决法院和地方法院。最高终审机构为东加勒比最高法院（设在圣卢西亚）。该法院驻蒙陪席推事（巡回）内维尔·史密斯（Neville L. Smith）。地方法官安娜·瑞安（Anna B.Ryan）。

【政党】（1）争取变革和繁荣运动（Movement for Change and Prosperity，MACP）：执政党。其前身是1991年成立的国家进步党，2006年改为现名。2009年，鲁本·米德任领导人。

（2）新人民解放运动（New People's Liberation Movement，NPLM）：1996年成立，其前身是人民解放运动。2011年初，领导人约翰·奥斯本去世。

（3）蒙特塞拉特民主党（Montserrat Democratic Party，MDP）：领导人洛威尔·刘易斯，2006—2009年任首席部长。

还有蒙特塞拉特工党（Montserrat Labour Party）、蒙特塞拉特改革党（Montserrat Reformation Party）等。

【重要人物】伊丽莎白·卡里尔：总督。毕业于伦敦大学，获公共政策与管理学硕士学位。曾任英国国际发展部南苏丹部长3年。在英国国际发展部任职期间，还先后在印度尼西亚、牙买加、孟加拉国等国工作。2015年8月，出任蒙特塞拉特总督。

经　　济

蒙特塞拉特以旅游业、服务业和农业为主。近年来，通讯业和金融业发展迅速，正逐渐成为政府的主要收入来源之一。为实现农产品自给的目标，政府重视发展农业，制定了一系列发展计划。20世纪90年代中期开始的火山活动曾使经济基本停滞，而其影响至今仍未消除。而2006年起，火山活动有所增强，给该岛经济恢复带来不利影响。蒙官方与英国就有关援助达成《国家政策计划》（Country Policy Plan）（每三年一期）。目前岛上有限的经济活动包括采矿、建筑、金融及服务业、旅游等。估计2014年在地区生产总值中，服务业占76.6%，工业占21.9%，农业占1.6%。

主要经济数据如下：

地区生产总值：1.5987亿东加勒比元（2009年）。

人均地区生产总值：31725东加勒比元（2009年）。

经济增长率：–6%（2010年）。

货币名称：东加勒比元。

汇率：1美元=2.7东加勒比元（固定汇率，1976年起）。

通货膨胀率（消费价格，估计）：4.8%（2012年），4.5%（2013年）。

失业率：13%（2001年）。

【工业】目前规模较小。从业人数占劳动人口的23%。主要生产轻工产品，如朗姆酒、纺织品、电子零件等。2011年估计发电量2400万千瓦小时。

【农牧渔业】可耕地较少。从业人数占劳动人口的1.6%。主要种植棉花、土豆、红薯、辣椒、热带水果和蔬菜等，其中土豆、红薯、芒果和酸橙可向邻岛出口。

【旅游业】重要经济部门。游客主要来自北美。2006年旅游状况低迷，到港人数和旅游收入全面下降。2006年到港人数9500人，旅游收入2090万东加元。

【交通运输】1997年火山爆发后，公路大部被毁。目前，岛屿北部的公路设施已经建成。

水运：原主要港口普利茅斯于1997年损毁于火山活动。目前在北部的里特尔湾已经建成一个新的港口，有渡轮通往安提瓜岛。

空运：主要机场布莱克伯恩机场于1997年毁于火山活动。在北部修建的新机场于2005年开始启用。

【财政金融】财政年度为4月1日至翌年3月31日。估计2012年和2013年预算收入均为3140万美元，支出为4148万和3704万美元。

2006年政府总债务为1270万东加元，其中中央政府债务为400万东加元。

2012年底估计外汇和黄金储备为3208万美元。

【对外贸易】长期严重入超。主要出口产品有电子元器件、塑料袋、服装、辣椒、柠檬、牛等。主要进口产品有机械和运输设备、食品、工业制成品、燃料、润滑油等。主要出口国为美国、安提瓜和巴布达。主要进口国为美国、英国、特立尼达和多巴哥、加拿大。2015年估计外贸出口额为360万美元，进口额为3000万美元。

【外国援助】援助来自英国、加拿大、欧盟、联合国、加勒比开发银行和美国国际开发署。1997年蒙特塞拉特火山大规模爆发，使岛上2/3土地无法居住，居民集中到北部“安全区”。从1995年迄今，英国提供的财政援助和项目基金已经超过3亿英镑。2011/2012财年，英国政府援助将达2500万英镑。2013年1月，为了促进蒙特塞拉特的经济复苏，欧盟公布了5520万美元的一揽子援助计划，特别注重公共财政管理、公共部门改革和审慎的经济管理。

人民生活

蒙特塞拉特北部有1所医院。2015年估计居民平均期望寿命74.14岁。2014年有固定电话3100部，移动电话4500部。2009年有因特网用户1200户。

军　事

蒙特塞拉特防务由英国负责。

文化教育

【教育】2009年蒙特塞拉特教育支出占地区生产总值的5.8%。对人公立学校的5—14岁儿童实行免费义务教育。成人文盲率低于5%。2004/2005学年，小学与中学入学率均为96%，学生与教师之比分别为20∶1和11∶1。高等教育则由西印度群岛大学（在巴巴多斯、牙买加、特立尼达和多巴哥设有校园）提供。

【新闻出版】出版英文周刊《蒙特塞拉特记者》。

蒙特塞拉特电台：政府电台，1952年创立，1957年首次播音。安的列斯电台：地区商业性电台。1963年创立，用英、法两种语言播音。明珠广播网络：商业性电台，1984年创立。

安的列斯有线电视台：有两个频道。另有蒙特塞拉特有线电视台。

对外关系

外交由英国掌管。蒙特塞拉特为万国邮政联盟、加勒比共同体、加勒比开发银行、东加勒比国家组织成员，设有国际刑警组织蒙特塞拉特支局。（叶苓）

墨　西　哥

国名　墨西哥合众国（The United Mexican States, Los Estados Unidos Mexicanos）。

面积　1964375平方公里。

人口　1.2亿（2014年底），印欧混血人和印第安人占总人口的90%以上。官方语言为西班牙语，88%的居民信奉天主教，5.2%信奉基督教新教。

首都　墨西哥城（Ciudad de México）。面积1525平方公里，人口约2200万（含卫星城），海拔2240米。最热月（5月）平均气温12℃—26℃；最冷月（1月）平均气温6℃—19℃。

国家元首　总统恩里克·培尼亚·涅托（Enrique Peña Nieto），2012年12月1日就职，任期六年。

重要节日　独立日：9月16日。

简　况

位于北美洲南部。北邻美国，南接危地马拉和伯利兹，东临墨西哥湾和加勒比海，西南濒太平洋。海岸线长11122公里，其中太平洋海岸7828公里，墨西哥湾、加勒比海岸3294公里。有300万平方公里专属经济区和35.8万平方公里大陆架。东、西、南三面为马德雷山脉所环绕，中央为墨西哥高原，东南为地势平坦的尤卡坦半岛，沿海多狭长平原。墨气候复杂多样。高原地区终年温和，平均气温10℃—26℃；西北内陆为大陆性气候；沿海和东南部平原属热带气候。大部分地区分旱（10—4月）、雨（5—9月）两季，雨季集中了全年75%的降水量。

美洲文明古国。玛雅文化、奥尔梅克文化、托尔特克文化和阿兹特克文化均为墨印第安人创造。1519年西班牙殖民者入侵。1810年9月16日伊达尔戈神父发动起义，开始独立战争。1821年墨宣告独立。1824年10月成立联邦共和国。1910年爆发资产阶级民主革命。1917年颁布资产阶级民主宪法，宣布国名为墨西哥合众国。革命制度党自1929年起连续执政71年。2000年、2006年国家行动党连续两次赢得大选。2012年革命制度党重新执政。

政　治

培尼亚总统就职以来，着力推进财税、能源、电信等领域结构性改革，加大科技创新投入、基础设施建设和扶贫力度，促进经济增长；加强警察队伍建设，成立国家宪兵队，保护公民安全；增加政府透明度，严厉打击腐败。目前墨政局稳定。

【宪法】1824年颁布独立后第一部宪法。1917年2月5日颁布《墨西哥合众国宪法》并执行至今，历经多次修改。宪法规定立法、行政、司法三权分立；总统通过直接普选产生，任期六年，终身不得再任；土地、水域及其他一切自然资源归国家所有；工人有权组织工会、罢工等。联邦各州制定本州宪法，但州政府权力受国家宪法约束。

【议会】联邦议会分为参议院、众议院两院，行使立法权。主要职权有：批准条约及总统对司法、财政、外交及军队高级官员的任命；修改宪法；批准总统出访；必要时任命临时总统等。两院均设"领导委员会"和"政治协调委员会"。两院议员不得连选连任，但可隔届竞选。

参议院128名议员，由31个州和联邦区各选四名组成，任期六年。本届参议院于2012年9月选举产生，革命制度党53席，国家行动党37席，民主革命党21席，其他党派17席。现任参议长为国家行动党的罗伯托·希尔·苏亚尔特（Roberto Gil Zuarth），2015年9月1日就职，任期至2016年8月31日。

众议院500名议员，其中300席通过多数票选举产生，200席按政党比例代表制产生，任期三年。本届众议院于2015年6月产生，革命制度党203席，国家行动党108席，民主革命党56席，绿色生态党47席，国家革新运动35席，其他党派51席。现任众议长为民主革命党的赫苏斯·桑布拉诺·格里哈尔瓦（Jesús Zambrano Grijalva），2015年9月1日就职，任期至2016年8月31日。

【政府】本届政府于2012年12月1日成立。主要内阁成员有内政部长米格尔·安赫尔·奥索里奥·钟（Miguel Angel Osorio Chong），外交部长克劳迪娅·鲁伊斯·马谢乌·萨利纳斯（Claudia Ruiz Massieu Salinas，女），国防部长萨尔瓦多·西恩富戈斯·塞佩达（Salvador Cienfuegos Zepeda），海军部长比达尔·弗朗西斯科·索韦龙·桑斯（Vidal Francisco Soberón Sanz），财政和公共信贷部长路易斯·比德加赖·卡索（Luis Videgaray Caso），社会发展部长何塞·安东尼奥·梅亚德·库里布雷尼亚（José Antonio Meade Kuribreña），环境和自然资源部长拉法尔·巴齐亚诺（Rafael Pacchiano），能源部长佩德罗·华金·科德韦尔（Pedro Joaquín Coldwell），经济部长伊尔德方索·瓜哈尔多·比利亚雷亚尔（Ildefonso Guajardo Villarreal），农业、畜牧业、农村发展、渔业及食品部长何塞·加尔萨达（José Calzada），通信与交通部长赫拉尔多·鲁伊斯·埃斯帕萨（Gerardo Ruiz Esparza），公共教育部长奥雷略·努尼奥·马耶尔（Aurelio Nuño Mayer），卫生部长梅塞德斯·胡安·洛佩斯（Mercedes Juan López，女），劳动和社会保障部长阿方索·纳瓦雷特·普里达（Alfonso Navarrete Prida），农业、领土及城市发展部长罗萨里奥·罗夫莱斯·贝兰加（Rosario Robles Berlanga，女），旅游部长恩里克·德拉马德里（Enrique de la Madrid）等。

【行政区划】全国划分为31个州和一个联邦区（墨西哥城），州下设市（镇）和村。

【司法机构】分为最高法院、大区法院（巡回法院）和地区法院三级。最高法院大法官由总统提名18名候选人，参议院任命其中11人，任期15年。最高法院每四年从其法官中选举一人任院长，不得连任。现任最高法院院长路易斯·玛利亚·阿吉拉尔·莫拉莱斯（Luis María Aguilar Morales），任期至2018年12月31日。大区法院和地区法院的法官由最高法院指派，任期四年。

设有总检察院和联邦区检察院。总检察长由总统提名，参议院任命。现任联邦总检察长阿雷利·戈麦斯·冈萨雷斯（Arely Gómez González）。此外，还设有联邦劳动保护检察院、联邦消费者检察院、保护儿童和家庭检察院等。

【政党】近年来，墨多党制民主政体进一步发展，主要政党有：

（1）革命制度党（Partido Revolucionario Institucional）：执政党。1929年3月4日成立，1929—2000年连续执政71年。社会党国际成员。党主席曼略·法比奥·贝尔特龙内斯（Manlio Fabio Beltrones），总书记卡罗利娜·蒙罗伊·德尔玛索（Carolina Monroy del Mazo，女）。

（2）国家行动党（Partido Acción Nacional）：反对党。1939年9月15日成立。基督教民主国际成员。党主席里卡多·安纳亚·柯尔特斯（Ricardo Anaya Cortés），总书记达米安·塞佩达·比达莱斯（Damian Zepeda Vidales）。

（3）民主革命党（Partido de la Revolución Democrática）：主要反对党。1987年7月成立，前身是全国民主阵线，1989年5月墨西哥社会党（原墨西哥共产党）加入后改为现名。社会党国际成员。党主席阿古斯丁·巴萨维·贝尼特斯（Agustín Basave Benítez），总书记贝亚特里斯·莫西卡·莫尔加（Beatriz Mojica Morga）。

此外，还有劳动党（Partido del Trabajo）、绿色生态党（Partido Verde Ecologista）、公民运动党（Partido Movimiento Ciudadano）等。

【重要人物】恩里克·培尼亚·涅托：总统。1966年7月20日生于墨西哥州的阿特拉科穆尔科市。墨西哥泛美大学法学学士，蒙特雷理工学院工商管理硕士。2003年9月，当选墨西哥州议员，并任州议会政治协调委员会主席。2005年9月至2011年9月，任墨西哥州州长。革命制度党党员，曾担任墨西哥州议会革命制度党党团协调人。2012年7月，作为革命制度党和绿色生态党组成的"对墨西哥的承诺"联盟总统候选人赢得大选。2012年12月1日就职，任期六年。

经　济

墨是拉美经济大国，世界最开放的经济体之一，同45个国家和地区签有自贸协定。工业门类齐全，石化、电力、矿业、冶金和制造业较发达。旅游业发达，侨汇收入丰富。

2014年主要经济数据如下：

国内生产总值：1.38万亿美元。

国内生产总值增长率：2.1%。

人均国内生产总值：10715美元。

货币名称：比索（Peso）。

汇率：1美元≈14.9比索（2014年底）。

通膨率：4.1%。

失业率：4.8%。

（资料来源：墨国家统计局、墨西哥银行）

【资源】世界能源和矿产大国。矿产资源丰富，是世界主要石油生产国和出口国之一。据墨西哥国家统计局统计，截至2014年，已探明油气总储量130.71亿桶，居世界第17位。墨是全球最大的白银生产国和铜生产国之一，天青石、铋、莹石、砷、镉、硅灰石、石墨、锌、铅、钼和重晶石产量也均居世界前列。拥有八个世界级矿山，其中铜矿两个，盐矿、银矿、金矿、萤石矿、锰矿、石膏矿各一个。森林面积1.39亿公顷，水力资源约1000万千瓦。

【工业】门类齐全，石化、能源、矿业、冶金和制造业较发达。2014年工业产值占GDP总量的34.7%。近年主要工矿业产品产量如下：

	2012	2013	2014
非炼焦煤（吨）	13656051	13065353	13435005
铁（吨）	8047183	8093547	7855096
焦炭（吨）	2166046	2216314	2229899
银（千克）	4496393	4860923	4729407
原油（万桶/日）	289.1	252.2	242.9

（资料来源：墨国家统计局）

【农牧业】传统农业大国。1994年加入北美自由贸易协定后农业生产受冲击，严重萎缩。全国可耕地面积2990万公顷，其中常用耕地面积1850万公顷。主要种植玉米、高粱、小麦、大豆、水稻和棉花等。剑麻产量居世界前列。2014年农业产值占GDP总量的3.2%。近年主要农产品产量如下（单位：千吨）：

	2012	2013	2014
玉米	21954	22664	22766
高粱	7022	6308	6392
小麦	3231	3357	3377
大米	178	180	180
菜豆	1068	1295	1293

（资料来源：墨国家统计局）

【服务业】服务业是墨产值最高、创造就业机会最多的部门。2014年产值占GDP总量的62.2%。墨服务业主要包括商业、金融业、电信产业、不动产、旅游、保险、广告和传媒等。

【旅游业】旅游资源丰富，旅游服务业发达。近年来，墨政府积极促进旅游业发展，如开辟旅游新线路和增设旅游项目等。2014年接待外国游客8104.2万人次，全年旅游业收入162.58亿美元，同比增长16.5%。

【交通运输】交通运输业较发达，以公路交通和航运为主。

公路：总长389345公里。注册车辆3802.4万辆。2014年全国公路客运量34.59亿人次，货运量5.11亿吨。

铁路：总长26727公里。2014年铁路客运量4788.7万人次，货运量11693.6万吨。

水运：经过20世纪90年代的私有化改革后，墨西哥港口成功地完成了现代化改造，国内码头各种设施较为先进，同欧洲、美国、中南美洲和加勒比地区、远东地区、地中海地区和斯堪的纳维亚半岛的许多国家设有客货运班轮。墨全国共有大小港口和码头198个，其中海港140个，内河港口29个，内湖码头29个。主要港口有墨西哥湾的阿尔塔米拉港、韦拉克鲁斯港、太平洋沿岸的曼萨尼略港和拉萨罗—卡德纳斯港。2014年全国港口货运集装箱载重2.86亿吨，同比减少0.69%。

空运：截至2015年底，墨西哥共有机场76个，其中由主要的17个机场运送将近86%的乘客，这些机场主要分布于墨西哥城、坎昆、阿卡普尔科、瓜达拉哈拉和蒙特雷等城市。2013年，全国航空客运量4655.8万人次，其中国际旅客1502.2万人次，货运203.78万吨。

【财政金融】近年公共财政收支预算及执行情况如下（单位：亿比索）：

	2012	2013	2014
总收入	35145	38037	44672
总支出	39203	41822	
差额	–4058	–3785	

（资料来源：墨财政部、墨西哥银行）

截至2015年12月，墨外汇储备1745.3亿美元。截至2014年12月底，墨政府内债余额43241.2亿比索，外债余额11384.73亿比索。2014年墨侨汇收入总额为236亿美元。

主要银行有：墨西哥银行（Banco de México），墨中央银行，成立于1925年。墨西哥外贸银行（Banco Nacional de Comercio Exterior），成立于1937年。

【对外贸易】同200多个国家和地区建立了贸易关系，与45个国家签订了自由贸易协定。近年墨对外贸易情况如下（单位：亿美元）：

	2012	2013	2014
进口	3709.15	3812.10	3999.4
出口	3707.52	3800.27	3966.2
差额	−1.63	−11.83	−33.2

（资料来源：墨国家统计局）

墨主要出口原油、工业制成品、石油产品、服装、农产品等。主要进口客车、石化产品、食品、医药制品、广播电视接收及发射设备等。

【外国资本】墨是拉美吸引外资最多的国家之一。据墨经济部统计，2014年墨吸收外国直接投资225.7亿美元，同比下降35.9%。2015年墨吸收外国直接投资285亿美元，同比增长26.3%。投资主要领域为制造业、贸易和金融服务业。主要投资来源地为美国、西班牙和加拿大。

【著名公司】墨西哥石油公司（PEMEX）：隶属墨能源部，是墨最大、拉美第二大企业，也是世界第十大石油生产企业。成立于1938年，现有员工15.3万人。2014年日产原油242.9万桶，日出口114.2万桶，日生产天然气65.3亿立方英尺，全年销售收入15867亿比索，上缴税费7461亿比索。总裁：埃米利奥·洛索亚·奥斯丁（Emilio Lozoya Austin）。公司总部：Torre Ejecutiva Piso 44，Marina Nacional 329，Col. Huasteca Miguel Hidalgo，México D.F.。

墨西哥电话公司（TELMEX）：成立于1947年，现为墨最大通讯服务公司，有员工4.6万人。主要经营电话、宽带、数字电视及数据传输业务，占有墨国内90%以上的固话市场份额。总裁：卡洛斯·斯利姆（Carlos Slim）。公司总部：Parque Vía 190，Col. Cuautemoc，México D.F.。

墨西哥水泥公司（CEMEX）：成立于1906年，现为墨最大、世界第三大水泥公司，全球最大的白水泥生产商。主要从事水泥及熟料、商品混凝土的生产和销售，在全球50多个国家和地区设有分支机构，入选美国《财富》杂志企业500强。2012年实现销售总额149.84亿美元。总裁洛伦索·桑布拉诺（Lorenzo H. Zambrano）。公司总部 Av. Constitución 444 Pte. Monterrey, Nuevo León, México。

人民生活

贫富分化严重。墨西哥社会发展评估委员会2014年报告显示，墨贫困人口占总人口的46.2%，其中赤贫人口占总人口的9.5%。

军　事

墨军队建于1821年，始称国民军，1913年改称宪制军。根据宪法，总统为武装力量最高统帅，有权宣布“紧急状态”和“战争状态”，决定兵力调动、国防开支和将级以上将领任命等。最高国防决策机构为“国家安全内阁会议”，由总统领导，成员包括国防部长、海军部长、内政部长、外交部长及其他有关政府部长。

国防部和海军部是最高军事行政机关和军事指挥机构。国防部领导并指挥陆军和空军，海军部领导并指挥海军。长期以来，墨军基本上没有对外作战，主要担负维护国内安定的任务。墨实行义务兵和志愿兵相结合的兵役制度。规定18—45岁的男性公民均需服兵役。义务兵服役期一年，志愿兵服役期3—9年。现役总兵力26.7万人。2015年国防预算74.4亿美元。

文化教育

【教育】墨是教育大国，公共教育基本为免费教育。2014年教育支出占国内生产总值的5.2%。墨现行教育体制分为：

基础教育：学前（3年）、小学（6年）和初中（3年），宪法规定从2008年开始实行从学前到初中的12年义务教育制。义务教育阶段的教材免费。

高中教育：墨称之为准高等教育（3年）。

高等教育：本科4—5年，技术大学2—4年，硕士3年，博士2年。高等院校分四类：国立大学（含自治大学）、私立大学、科技院校和研究机构中的教学机构等。

非学校教育：成人教育、远距离教育及职业培训等。

目前，墨全国有小学99140所，初中37924所，高中16457所，大学和科技院校4294所，职业技术院校788所。

墨西哥国立自治大学是墨规模最大、历史最悠久的大学，在拉美也较有影响。学校成立于1551年，1929年实行自治，称墨西哥国立自治大学并沿用至今。2014—2015年在校学生34.25万人，教师员工3.88万人。全校有15个系、4所学院、5个多学科中心、26个博物馆、9所预科学校及47个科研机构。墨大还在全国32个州、美国、加拿大、西班牙、中国、哥斯达黎加、法国和英国设有分校。墨西哥25%的科学家在墨大工作，承担全国近一半的科研任务。

【科研】墨有较完整、系统的科研体系。全国科学技术理事会是最高科技领导机构，1970年成立，主席由总统任命。全国高级科研人员近万名。科研领先优势为：环境和气候、生物医药研究和卫生、农林渔业、工业和制造技术、电子、材料和度量学、非核能源、生物技术、航空、空间研究及应用等。主要科研机构有：科学院、石油研究所、农业研究所、核能研究所和国际玉米和小麦中心等。

【新闻出版】全国约有300家报纸和100多种全国性刊物。主要报刊有：《宇宙报》（El Universal），发行量15万份；《每日报》（La Jornada），发行量10.6万份；《改革报》（Reforma），发行量14万份；《至上报》（Excelsior），发行量4.5万份；《金融家报》（El Financiero），财经类报纸，发行量约8.1万份。

墨西哥通讯社为官方通讯社，隶属内政部。墨转载国际新闻90%来源于美联社、合众社和法新社。

特莱维萨和阿兹特克为墨两大电视集团，拥有全国95%以上的电视观众。

墨每年出版1.2万种书刊，总发行量2.5亿册，是世界上出版西班牙语刊物最多的国家之一。

【文化艺术】美洲著名文明古国，曾孕育了玛雅、奥尔梅克、托尔特克和阿兹特克等古代印第安文化。玛利雅奇音乐和萨巴特奥舞蹈融合了西班牙和印第安音乐的特色，成为墨西哥独特的民族艺术形式。

墨西哥文学在拉美独树一帜。作家奥克塔维奥·帕斯（1990年获诺贝尔文学奖）、胡安·鲁尔福和卡洛斯·富恩特斯都是现代西班牙语文坛巨匠。墨西哥壁画举世闻名，里维拉、奥罗斯科、西凯罗斯为杰出壁画家。

对外关系

长期奉行独立自主的外交政策，主张维护国家主权与独立，尊重民族自决权，推行对外关系多元化。主张和平解决国际争端。

墨是联合国、世贸组织、二十国集团、北美自由贸易区、亚太经合组织、经济合作与发展组织、美洲国家组织、拉美和加勒比国家共同体、拉美“太平洋联盟”等组织成员国和不结盟运动观察员。现同193个国家有外交关系。

【同中国的关系】1972年2月14日与中国建交。建交以来，两国关系发展顺利。2003年12月，温家宝总理访墨，两国建立战略伙伴关系。2013年习近平主席访墨期间，两国领导人共同宣布将中墨关系提升为全面战略伙伴关系。2004年8月，中墨成立政府间两国常设委员会。

建交以来，墨历任总统均在任内访华。中国国家主席、国务院总理等领导人先后访墨。2014年11月，培尼亚总统来华出席亚太经合组织第二十二次领导人非正式会议并进行国事访问。2015年11月，两国元首在二十国集团领导人安塔利亚峰会期间举行双边会见。2014年11月和2015年7月，全国人大常委会委员长张德江和墨参议长巴尔沃萨分别访墨、访华，实现建交以来两国立法机关领导人首次互访。此外，全国人大常委会副委员长罗富和访墨并出席第九届中拉企业家高峰会。墨旅游部长马谢乌来华出席中拉论坛首届部长级会议。农业部长加尔萨达访华。

据中国海关总署统计，2014年中墨贸易总额达434.5亿美元，其中中方出口322.6亿美元，进口111.9亿美元，同比分别增长10.8%、11.4%、9.3%。

截至2014年底，中国对墨直接投资存量5.4亿美元。截至2014年底，墨在华累计投资项目201个，实际利用外资1.25亿美元。中方对墨出口的主要商品有计算机与通信技术产品、服装、电器及电子产品、机械设备、电视、收音机、无线电讯设备零附件、原油等；从墨主要进口计算机与通信技术产品、电子技术产品、自动数据处理设备零附件、集成电路及微电子组件、汽车零附件等。

文化、教育交流：2015年，我驻墨使馆联合墨参议院成功举办“欢乐春节”活动，中国作家协会、北京市书画家代表团访墨并作专题讲座，“美丽天津”艺术团、辽宁芭蕾舞团等多个艺术团访墨并参加“塞万提斯艺术节”，墨电影局长桑切斯访华并参加北京电影节。北京大学、政法大学、北京外国语大学、北京语言大学、湘潭大学等高校代表团访墨。

中国驻墨西哥大使：邱小琪。馆址：Avenida Río Magdalena No.172，Colonia Tizapán，C.P. 01090，México，D.F.。电话：0052-55-56160609，传真：56160460。商务处地址：Calle Platón No.317, Colonia Polanco, C.P.11560 México，D.F.。电话：0052-55-52808592，传真：52804847。

驻蒂华纳总领馆总领事：王坚。馆址：Av. Lomas del Monte 1614. Frace. Lomas de Agua Caliente, Primera Sección Tijuana, B.C. 22440 México。信箱：Apartado Postal 2830，邮编：22440。电话：0052-664-6816771，传真：6219762。电子邮箱：chinagct@hotmail.com。

墨西哥驻华大使：温立安（Julián Ventura Valero），2013年7月3日递交国书。馆址：北京市朝阳区三里屯东五街5号。电话：010-65322022，传真：65323744。商务处电话：65322272。签证处电话：65322070。

1989年，台湾远东贸易服务中心在墨设立代表处。1993年开设了“中国台北进出口银行驻墨办事处”。1994年2月，台在墨增设“台北经济文化办事处”，下设“新闻旅游办公室”。1990年，墨外贸银行在台北设立“驻台商务办事处”。

2014年墨台贸易额26亿美元，其中墨向台出口6.2亿美元，从台进口19.8亿美元。墨向台出口石化产品、棉花、铜、钢材等，进口计算机、电器设备、纺织品、服装、塑料制品和电子元件。

【同美国的关系】1825年与美建交。1846年美人侵墨，1848年双方签订和约，墨被迫将230万平方公里的领土割让给美国。1994年，墨加入北美自由贸易区。美是墨最大贸易伙伴、投资国和债权国。对美关系是墨历届政府的外交重心。

培尼亚政府继续深化同美国关系，特别是在安全、移民等问题上加强双方合作，推动北美地区一体化从贸易领域向生产领域过渡。2015年1月，培尼亚总统访美。

据墨西哥经济部统计，2014年墨美贸易总额为5248亿美元，其中墨对美出口3295亿美元，从美进口1953亿美元，墨顺差1342亿美元。

【同拉美国家的关系】墨政府重视同地区国家传统友好关系，主张加强在中美洲一体化进程中的主导地位，充分发挥连接南美和北美国家的桥梁作用。2015年4月，培尼亚总统赴巴拿马出席第七届美洲峰会。7

月，培尼亚总统赴秘鲁出席拉美“太平洋联盟”第十次峰会。此外，哥伦比亚、巴西、智利、古巴等国元首分别对墨进行国事访问。

【同欧洲国家的关系】墨政府重视发展同欧盟关系，视欧洲为世界政治力量的重要平衡因素，将对欧关系作为对外关系多元化战略的重要组成部分，以改变墨外交对美单极依赖的现状。2008年，墨与欧盟建立战略伙伴关系。2015年3月，培尼亚总统对英国进行国事访问。6月，培尼亚总统赴欧盟总部出席第二届欧盟—拉共体峰会和第七届墨西哥—欧盟峰会，并访问意大利。7月，培尼亚总统对法国进行国事访问。此外，西班牙国王、土耳其总统、芬兰总统和罗马尼亚总理分别访墨。

【同亚太国家的关系】认为亚太地区是当今世界最具经济活力的地区。重视并优先发展同中国、日本、印度等国家关系。墨是亚太经合组织、太平洋盆地经济理事会、太平洋经济合作会议、亚太议会、拉美“太平洋联盟”、跨太平洋战略经济伙伴协定（TPP）、东亚—拉美合作论坛等组织成员。2015年9月，培尼亚总统在联大期间会见印度总理。11月，培尼亚总统访问菲律宾，并出席亚太经合组织第二十三次领导人非正式会议。7月，墨参议长巴尔沃萨访问中、日、韩三国。 （万贝）

南乔治亚和南桑德韦奇群岛

南乔治亚和南桑德韦奇群岛（South Georgia and South Sandwich Islands）地处南大西洋，是英属海外领地，常住人口不详，英语为通用语，英镑为通用货币，首府位于南乔治亚岛爱德华国王角。当地经济以渔业、旅游为主。政府主要收入来源为发放渔业许可证，2011年该领地收入为450万英镑。

南乔治亚岛位于马尔维纳斯群岛（福克兰群岛）东南1390公里处，面积约3592平方公里。南桑德韦奇群岛距南乔治亚岛东南约750公里，面积约311平方公里。1775年，英国船长库克抵达南乔治亚和南桑德韦奇群岛，自此该群岛被英国据为己有。1908年，该群岛成为马尔维纳斯群岛（福克兰群岛）的组成部分。1927年和1948年，阿根廷分别正式向南乔治亚和南桑德韦奇群岛提出主权要求。1955年，英国单方面将此主权纠纷提交国际法庭处理，但由于阿根廷的坚决反对，国际法庭未予受理。在1982年英阿马岛战争之前，南乔治亚一直是英国南极考察基地。在1976年12月约50名阿根廷科研人员来到之前，南桑德韦奇群岛一直无人定居。1982年马岛战争中阿根廷人被英军赶走。英国驻马岛总督兼任驻南乔治亚和南桑德韦奇群岛专员。1993年5月，鉴于阿根廷政府将出售附近水域的捕鱼许可证，英政府宣布其控制领域由群岛周围12海里扩展到200海里以内，以保护珍贵的渔业资源。英于2001年3月从南乔治亚岛撤出驻扎军队，同时增加岛上的科研力量，由英驻马岛皇家军队负责南乔治亚和南桑德韦奇群岛安全。现任专员科林·罗伯茨（Colin Roberts），行政长官马丁·柯林斯（Martin Collins）。 （汪森）

尼加拉瓜

国名　尼加拉瓜共和国（The Republic of Nicaragua，La República de Nicaragua）。

面积　13.04万平方公里。

人口　610万人（2013年）。印欧混血种人占69%，白人17%，黑人9%，印第安人5%。官方语言为西班牙语，在大西洋沿岸也使用苏莫语、米斯基托语、英语。居民多信奉天主教。

首都　马那瓜（Managua），人口213.2万（2012年）。最高气温32℃，最低气温23℃。

国家元首　总统丹尼尔·奥尔特加·萨阿韦德拉（Daniel Ortega Saavedra），2012年1月10日就职，任期五年。

重要节日　独立日：9月15日。

简况

位于中美洲地区中部。北靠洪都拉斯，南连哥斯达黎加，东临加勒比海，西濒太平洋。海岸线长约820公里。属热带气候。1—5月为旱季，6—12月为雨季。年平均气温25.5℃。

原为印第安人居住地。1524年沦为西班牙殖民地。1821年宣告独立。1823年加入中美洲联邦。1839年建立共和国。在美国的支持下，索摩查家族自1936年起对尼进行长达40余年的独裁统治。1979年，桑地诺民族解放阵线推翻独裁政权并开始执政。1990年，桑解阵下台后，制宪自由党连续三届执政。

政　治

2006年11月，曾于20世纪80年代执政的桑解阵领导人奥尔特加再次当选总统并于2007年1月10日就职。2011年11月，奥尔特加连选连任，并于2012年1月就职，任期至2017年。

【宪法】1986年8月18日由国民议会通过，1987年1月生效。1995年2月、2000年1月和2004年12月三次修改宪法。规定尼是独立、自由、自主、统一和不可分割的国家。国家中央权力机构由总统、国民大会、最高法院和最高选举委员会组成；总统为国家元首、政府首脑和武装部队最高司令。总统和议员由选举产生，任期五年。总统任命内阁部长需经国民议会批准，议会有权罢免政府官员和再否决总统对法案的否决。

【议会】国民议会为一院制，由90名议员组成，任期五年。议长任期一年，可连选连任。本届议会于2012年1月组成，其中桑解阵62席，独立自由党28席。现任议长雷内·努涅斯（René Núñez），2007年当选，连任至今。

【政府】本届政府于2012年1月成立。主要成员有：副总统奥马尔·阿耶斯莱文·阿塞韦多（Omar Hallesleven Acevedo），内政部长安娜·伊莎贝尔·罗萨莱斯（Ana Isabel Rosales，女），外交部长萨穆埃尔·桑托斯（Samuel Santos），财政部长阿尔韦托·格瓦拉（Alberto Guevara），国防部长鲁特·埃斯佩兰萨·塔皮亚（Ruth Esperanza Tapia，女），发展、工业和贸易部长奥尔兰多·索洛萨诺（Orlando Solórzano），农牧和林业部长阿列尔·布卡尔多（Ariel Bucardo），交通与基础设施部长巴勃罗·费尔南德斯·马丁内斯（Pablo Fernández Martínez），卫生部长索尼娅·卡斯特罗·冈萨雷斯（Sonia Castro González，女）、劳动部长赫阿内斯·查韦斯（Jeaneth Chávez，女），环境与自然资源部长胡安娜·阿赫尼亚尔（女，Juana Argeñal），能源和矿产部长埃米利奥·拉巴乔利（Emilio Rappaccioli），家庭和社区经济部长玛丽亚·安东涅塔·马查多·卡纳莱斯（María Antonieta Machado Canales，女），教育部长米利亚姆·劳德斯（Miriam Ráudez，女），旅游部长马里奥·萨利纳斯（Mario Salinas），青年部长博斯科·卡斯蒂略（Bosco Castillo），妇女部长阿伦·帕特里西亚（Arlen Patricia，女）。

【行政区划】全国划分为16个省和两个自治区，下设153个市镇。

【司法机构】设最高法院、上诉法院和共和国法院。最高法院由国民议会选举产生的16名大法官组成，大法官任期五年。最高法院院长是阿尔瓦·卢斯·拉莫斯·巴内加斯（女，Alba Luz Ramos Vanegas）。

【政党】主要政党有：

（1）桑地诺民族解放阵线（Frente Sandinista de Liberación Nacional，FSLN）：执政党。1961年7月23日成立，主要由工人、农民和知识分子组成，为推翻索摩查军人独裁统治进行了长期的武装斗争。1979年7月至1990年4月执政。2006年11月在大选中获胜，丧失政权16年后再度执政。2011年11月在大选中再次胜出并继续执政。总书记为现总统奥尔特加。

（2）独立自由党（Partido Liberal Independiente，PLI）：反对党。1944年成立，主要由自由民族主义党中不满索摩查家族而分裂出来的成员组成。2011年11月，其候选人加德亚参加总统选举，以31.13%的得票率居第二位。

（3）制宪自由党（Partido Liberal Constitucionalista，PLC）：反对党。1996年首度执政。2001年11月在大选中再度获胜。2006年11月在大选中败北。现任主席玛丽亚·阿伊德·奥苏那（María Haydeé Osuna，女），总书记米格尔·罗萨雷斯·奥尔特加（Miguel Rosales Ortega）。

（4）尼加拉瓜自由联盟（Alianza Liberal Nicaragüense，ALN）：反对党。2006年由前内政部长蒙特亚莱格雷创建，主要由制宪自由党中不满阿莱曼与桑解阵结盟而分裂出来的成员组成。2006年11月，其候选人蒙特亚莱格雷参加总统选举，以28%的得票率居第二位。主席爱德华多·蒙特亚莱格雷（Eduardo Montealegre）。

（5）桑地诺革新运动（Movimiento Renovador Sandinista, MRS）：反对党，1995年5月18日成立。主要由从桑解阵分离出来的部分干部、知识分子和艺术家组成，主张维护社会民主、法制、公平。主席恩里克·萨恩斯（Enrique Sáenz）。

【重要人物】丹尼尔·奥尔特加·萨阿韦德拉：总统。1945年出生。1963年加入桑解阵。1981年任民族复兴政府执行委员会协调员（相当于政府首脑）。1984年当选总统，1985—1990年执政。1991年起任桑解阵总书记。1990年、1996年和2001年三次竞选总统失利。2006年，第四次竞选获胜。2011年11月成功连任，2012年就任。

经　济

以农牧业为主。主要生产棉花、咖啡、甘蔗、香蕉、肉类等。

2014年主要经济数据如下：

国内生产总值：118.06亿美元。

人均国内产值：1904.7美元。

国内生产总值增长率：4.7%。

货币：科多巴（Córdoba）。

汇率：1美元=26科多巴。

通货膨胀率：6.5%。

失业率：6.7%。

（资料来源：尼加拉瓜中央银行）

【资源】拉美主要产金国之一，已探明有106条金矿脉，年产量居世界第13位。其他矿藏有银、锑、锌、铜、铅等。地热资源丰富，有两处石油矿藏。森林面积占国土面积的43%。有动物1.23万种，植物5700多种。

【工业】基础薄弱，以制造业为主，近年来出口加工业发展迅速。主要有食品、饮料、烟草、纺织、木材、化工、金属、黑色金属产品等。设有拉斯梅塞德斯等工业开发区。2014年尼制造业、建筑业和采矿业同比分别增长5%、2.8%和–0.39%。

（资料来源：尼加拉瓜中央银行）

【农牧业】国家主要出口创汇部门。主要农作物有咖啡、甘蔗、香蕉、玉米、水稻、高粱等。可耕地和牧场面积共计625.5万公顷，其中20%未开发。农牧业劳动人口占全国总人口的42.6%。2014年农业总产值同比增长5.2%。

（资料来源：尼加拉瓜中央银行）

【服务业】商业、交通运输、保险、水电等各项服务业从业人员约40万。2014年尼商业和服务业总产值同比增长5.4%。

【旅游业】旅游资源丰富。近年来旅游业发展较快，同咖啡、糖构成尼经济的三大支柱。2014年尼全国共有酒店873家，客房11817间，共接待外国游客138万人次，同比增长8%，旅游收入4.45亿美元。著名旅游景点有尼加拉瓜湖、圣地亚哥火山等。

【交通运输】主要为陆路和水路运输。

铁路：总长345公里，1994年起因损毁严重而停运。

公路：总长24748公里，其中柏油路1500公里。通往洪都拉斯和哥斯达黎加段泛美高速公路长368.5公里。

水运：位于太平洋岸的科林托港和位于大西洋岸的布卢菲尔兹港是国际商港。国内五条河流中部分可通航。

空运：国际航线通往迈阿密、墨西哥城、哈瓦那和中美洲各国首都。马那瓜的塞萨尔·奥古斯托·桑地诺机场为主要国际机场。

【财政金融】2014年尼外汇储备22.76亿美元，外债总额47.97亿美元，侨汇11.36亿美元，外国直接投资8.4亿美元。

（资料来源：尼加拉瓜中央银行）

【对外贸易】尼是世贸组织成员，同50多个国家和地区有贸易关系。与墨西哥、中美洲其他国家、多米尼加、美国、欧盟签有自由贸易协定，与哥伦比亚、委内瑞拉、加拿大、日本等签订关税优惠协议。2014年尼外贸总额为85.1亿美元，其中出口额26.3亿美元，进口额58.8亿美元，同比分别增长5.95%、9.6%和4.4%。主要出口咖啡、香蕉、肉类、水产品、蔗糖、金、银、木材等，主要出口对象国为美国、委内瑞拉和墨西哥。进口原材料、消费品、石油等，主要进口来源国为委内瑞拉、美国、中国、哥斯达黎加和墨西哥。

（资料来源：尼加拉瓜中央银行）

【外国援助】国际社会每年都向尼提供大量援助。日本、瑞士是给予尼援助较多的国家。多边援助主要来自欧盟、联合国开发计划署和联合国儿童基金会。2000年12月，世界银行批准尼成为“重债穷国计划”（HIPC）的受益国。世界银行、国际货币基金组织、美洲开发银行、石油输出国组织国际发展基金、巴黎俱乐部等机构大幅减免尼债务。

人民生活

尼是拉美和加勒比地区最贫穷的国家之一。平均寿命74.7岁。2010—2015年人口增长率1.2%，出生率23.2‰，死亡率4.6‰，新生儿死亡率18.1‰。2013年共有劳动人口423.15万人。2014年平均月工资4251科多巴。2012年全国共有医院或诊所62家，平均每万人拥有病床9张。

军　事

1961年桑解阵成立后领导游击斗争。1979—1990年桑解阵执政期间将游击队定名为桑地诺人民军。1990年宣布裁军并废除义务兵役制。1995年2月，桑地诺人民军改称尼加拉瓜国民军。尼宪法规定，军队必须服从政府指挥，总统为武装部队最高司令；国民军总司令从军事委员会提名的候选人中产生，由总统任命，任期五年，不得连任。

文化教育

【教育】实行中小学义务教育。小学学制6年，中学5年，大学4—7年。全国有四所大学，其中最著名的是马那瓜国立大学。2007年1月，尼取消公立学校学生注册费和学费，恢复免费教育。

【新闻出版】全国共有私营电视台16家，广播电台280家。主要日报为《新闻报》和《新日报》。

对外关系

奉行不结盟的外交政策，强调在主权平等、民族自决和相互尊重的原则下与各国建立和发展关系。主张和平解决国际争端，保护人权，支持所有旨在缓和国际紧张局势、推动裁军和制止军备竞赛的行动。主张加强南南合作，改善南北经济关系，支持联合国改革。奥尔特加政府上台后，尼加入美洲玻利瓦尔联盟（ALBA），同委内瑞拉、古巴、玻利维亚加强关系，积极推动中美洲一体化进程。

【同中国的关系】1985年12月7日中尼建交。1990年11月6日，尼台“复交”。11月9日，中国政府宣布中止与尼的外交关系。

中尼断交后双方往来较少。近年中方访尼主要有：中拉友协秘书长王宏强（2007年3月）、贸促会副会长张伟（2008年4月）、贸促会副会长王锦珍（2010

年12月）、中国经济联络中心主任胡延新（2013年7月）。尼访华主要有：尼中友协主席阿尔塞（2006年7月、2010年9月）、旅游部长萨利纳斯来华出席“2010世界旅游日全球主会场庆典活动”（2010年9月）、副外长蒙卡达来华出席中国—拉共体论坛首届部长级会议（2015年1月）。

2014年中尼贸易总额6.11亿美元，其中中方出口5.68亿美元，进口4300万美元，同比分别增加–0.55%、8.65%和–52.94%。中方主要向尼出口轻工和纺织品、计算机和通信设备、摩托车和自行车零件等产品，进口农产品、食糖、皮革和木材等。

1955年台在尼设“公使馆”，1962年升格为“大使馆”。1990年尼台“复交”后，双方保持高层往来。2013年，尼外长桑托斯和台“外长”林永乐先后互访。2014年8月，台“行政院长”王金平赴尼出席中美洲和加勒比国家立法机构主席论坛。2015年7月，马英九访尼。

2006年6月，尼台签订“自由贸易协定”，12月生效。据台方统计，2014年尼台贸易额1.31亿美元，其中台出口4830万美元，进口8270万美元，同比分别增加8.6%、–8.8%和22%。

【同美国的关系】上世纪80年代桑解阵政权受到美国制裁。1990年桑解阵下台后，尼美关系恢复。尼在反恐、反毒和伊拉克战争问题上给予美支持。2007年，奥尔特加再度执政后表示愿与美发展关系，但多次公开谴责美内外政策，尼美关系有所疏远。2008年，受尼市政选举舞弊事件影响，美方宣布中断对尼援助。2009年，桑托斯外长两度访美，美部分恢复对尼援助。2010年，奥尔特加总统多次公开批评美国对外政策并拒绝美、欧关于重新审核尼市政选举结果的要求，尼美关系紧张。2011年，美指责尼大选程序不规范，终止对尼“千年挑战账户”援助项目。2012年，美再次批评尼市政选举程序不规范，重新审查对尼援助。2013年，尼在境内协助美抓获联邦调查局头号通缉犯埃里克·贾斯汀·托特。奥尔特加总统赴哥斯达黎加出席美国总统奥巴马同中美洲一体化体系成员国领导人会晤。2014年，奥尔特加总统会见到访的美商会副主席汉森。美国文化中心在尼落成。2015年，两国继续在反毒、打击有组织犯罪和人道主义援助等领域加强合作。

【同中美洲邻国的关系】尼重视同邻国的关系，保持高层互访，积极参加地区首脑会议，就地区事务协调行动。主张推进中美洲地区政治经济一体化，建立中美洲关税联盟，积极推动中美洲加入拉美地区一体化进程。

2010年10月，尼与哥斯达黎加因边界领土争端关系紧张。2013年，因哥斯达黎加在边境主权争议地区进行基础设施建设，尼多次诉诸海牙国际法庭。2015年12月，海牙国际法庭裁决，确定卡莱罗岛（波尔蒂略岛）属于哥，尼有疏浚圣胡安河的权力，认为哥在修建圣胡安河沿岸公路前有义务进行环境评估。2015年11月以来，因古巴赴美移民过境问题与哥关系再度紧张。

【同古巴的关系】1979年桑解阵取得革命胜利后即同古巴复交。两国政府签有多项合作协议。古曾向尼派出军事顾问、医生、教师及其他专业技术人员。1990年3月，尼右翼新政府上台后，古巴停止对尼军援，但保留在尼专业技术人员。1991年，尼表示欢迎古重返美洲国家组织，反对美国出台反古的赫尔姆斯—伯顿法，呼吁美结束对古封锁。1995年尼古签署体育交流协议。1998年12月，古免除尼5010万美元外债，向尼派遣359名医务人员。但在2002年、2003年联合国人权会上，尼右翼政府两次支持反古提案。奥尔特加总统再次执政后，尼古关系升温。奥多次访古，古向尼派遣教师和医生。

【同其他拉美国家的关系】重视加强同拉美其他国家的友好合作关系。1999年9月，尼加入里约集团。奥尔特加总统执政后，尼同委内瑞拉等美洲玻利瓦尔联盟（ALBA）成员关系密切，委向尼提供大量经援。同哥伦比亚因圣安德列斯群岛等七个岛屿的主权归属及领海等问题存在争议。（管亚培）

萨尔瓦多

国名 萨尔瓦多共和国（The Republic of El Salvador, La República de El Salvador）。

面积 2.072万平方公里。

人口 630万（2013年）。其中印欧混血种人占90%，欧洲人后裔占12%，印第安人占1%。官方语言为西班牙语。75%以上的居民信奉天主教。

首都 圣萨尔瓦多市（San Salvador），面积72.25平方公里，人口206万（2012年）。最热月（5月）平均气温19℃—33℃，最冷月（12月）平均气温16℃—32℃。

国家元首 总统萨尔瓦多·桑切斯·塞伦（Salvador Sánchez Cerén），2014年6月1日就任，任期五年。

重要节日 独立日：9月15日（1821年《中美洲

独立议定书》签订日）。

简　况　位于中美洲北部。东北部和西北部分别与洪都拉斯和危地马拉接壤，南濒太平洋。海岸线长256公里。除南部沿岸狭长平原外，其余为山地高原，境内多火山，被称为"火山之国"。平均海拔650米。全境属热带气候，年均气温28℃。11—4月为旱季，5—10月为雨季。沿海和低地气候湿热，山地气候凉爽。

原为印第安人居住地。1524年沦为西班牙殖民地。1811年开始独立战争。1821年9月15日签订《中美洲独立议定书》。1823年加入中美洲联邦。1841年脱离中美洲联邦，宣布成立共和国。此后多次与邻国发生战争。1907年中美洲六国签署《和平与友谊协定》。20世纪30年代起，军人多次发动政变，政局长期动荡。1974年诞生左派武装组织法拉本多·马蒂民族解放阵线（以下简称马蒂阵线）。1992年1月16日，马蒂阵线与政府签署《和平协定》，结束内战。

政　治　2014年3月，萨举行总统选举第二轮投票，执政党马蒂阵线候选人萨尔瓦多·桑切斯·塞伦获胜，并于6月1日宣誓就职，任期五年。

【宪法】现行宪法于1983年12月23日生效。规定国家实行三权分立的代议制民主共和体制，总统、副总统由直接选举产生，不得连选连任。

【议会】国民议会实行一院制，共有议员84名，其中64名按各省人口比例分配，其余20名不分省籍，按得票数确定。议员任期三年，可连选连任。本届议会于2015年5月成立，任期至2018年4月。其中民族主义共和联盟占35席，马蒂阵线31席，民族团结大联盟11席，民族和解党4席，其他党共3席。议长为马蒂阵线的洛雷娜·培尼亚（Lorena Peña），任期至2016年11月7日，之后由民族团结大联盟议员吉列尔莫·加列戈斯（Guillermo Gallegos）接替议长职务，任期至2018年4月。

【政府】本届政府于2014年6月组成。主要内阁成员有：副总统奥斯卡·奥尔蒂斯（Oscar Ortiz），外交部长乌戈·罗赫尔·马丁内斯·博尼利亚（Hugo Roger Martínez Bonilla），财政部长卡洛斯·卡塞雷斯（Carlos Cáceres），经济部长塔西斯·萨洛蒙·洛佩斯（Tharsis Salomón López），国防部长大卫·蒙吉阿·帕耶斯（David Munguía Payés），劳动和社会保障部长桑德拉·爱迪威尔·格瓦拉·佩雷斯（Sandra Edibel Guevara Pérez，女），农业部长奥雷斯特斯·奥特斯（Orestes Ortez），公共卫生部长比奥莱塔·门希瓦尔（Violeta Menjívar，女），公共工程、交通、住房和城市发展部长赫尔松·马丁内斯（Gerson Martínez），环境和自然资源部长利纳·波尔（Lina Pohl，女），旅游部长何塞·拿破仑·杜阿尔特（José Napoleón Duarte）。

【行政区划】全国划为14个省，省下设262个市。

【司法机构】司法权由最高法院、总检察院等行使。最高法院由15名法官组成（含院长），由议会选举产生，任期九年，每三年改选1/3。最高法院院长任期五年，可连选连任。总检察长由议会选举产生，任期三年，可连选连任。最高法院院长奥斯卡·阿曼多·皮内达·纳瓦斯（Oscar Armando Pineda Navas），2014年8月就职；总检察长索妮娅·伊丽莎白·科尔特斯·德马德里斯（Sonia Elizabeth Cortéz de Madriz，女），2010年1月就职，2013年1月连任。

【政党】主要政党：

（1）法拉本多·马蒂民族解放阵线（Frente Farabundo Martí para la Liberación Nacional）：执政党。1980年10月，"法拉本多·马蒂人民解放军"、"全国抵抗武装力量"、"人民革命军"、中美洲劳工革命党、萨尔瓦多共产党联合组成反政府武装阵线。1992年1月，该阵线与政府签署《和平协定》，12月成为合法政党。1995年6月阵线内部各党派统一组建"法拉本多·马蒂民族解放阵线"党。1994、1999和2004年三次参加总统选举失利，2009年3月该党候选人富内斯赢得总统选举，2014年3月该党候选人桑切斯再次赢得大选。现有党员约12万人。全国执委会总协调员梅达多·冈萨雷斯（Medardo González）。

（2）民族主义共和联盟（Alianza Republicana Nacionalista）：主要反对党。1981年9月由罗伯特·德阿武因松（Roberto D'Abuisson）创立，1982年1月正式登记注册。曾于1989年至2009年执政。全国执行委员会主席豪尔赫·贝拉多（Jorge Velado）。

【重要人物】萨尔瓦多·桑切斯·塞伦：总统。1944年6月18日出生于萨尔瓦多克萨特佩克市。从阿尔韦托师范学校毕业后在家乡一所小学执教10年。1970年参与创建萨尔瓦多第一支左翼武装力量——法拉本多·马蒂人民解放力量，1983年4月任该组织总书记。此后该组织与萨其他左翼政治军事团体联合，形成了马蒂阵线。1992年参与签署标志萨内战结束的《和平协议》。1994年至1997年，2001年至2004年两度担任马蒂阵线总协调员，2000年至2009年，连续三届当选议员，其间2006年至2008年任马蒂阵线议会党团领袖。2009年6月至2014年6月任萨尔瓦多副总统兼教育部长。2014年3月，作为马蒂阵线候选人当选总统，6月1日就职，任期五年。

经　济　以农业为主，工业基础薄弱。近年来受国际经济和金融危机影响，萨经济增长缓慢。

2014年主要经济数据如下：

国内生产总值：251.64亿美元。

人均国内生产总值：3924美元。

国内生产总值增长率：1.8%。

货币名称：科朗（Colón）。

固定汇率：1美元=8.75科朗。
失业率：6.2%。
通膨率：2.7%。
（资料来源：萨尔瓦多中央储备银行）

【资源】矿藏有金、银、铜、铁、石油、煤、锌、铅、水银、硫磺等，还有较丰富的地热和水力资源。森林面积约占国土面积的13.4%。是世界主要橡胶生产国之一。

【工业】主要有食品加工、纺织、成衣制作、卷烟、制糖、水泥、炼油、医药、汽车装配等部门。从业人口占劳动人口的19.3%。2014年制造业、交通运输业、采矿业、建筑业、电力及供水产值同比分别增长2.5%、1.7%、–3.3%、–10.5%和2.2%。

【农业】农业是国民经济的支柱之一。农村人口271万。农业从业人口约占劳动人口的1/4。农业出口收入占出口总额的1/3。全国可耕地面积210.4万公顷。主要农作物有玉米、菜豆、大米和高粱。2014年农林渔业产值同比增长1.6%。

【旅游业】萨尔瓦多是古代玛雅文化发祥地之一。火山、高原湖泊及太平洋沿岸的海滨浴场景色宜人。现有旅馆188家，客房4426间，床位7133个。2013年接待外国游客182.2万人次，旅游业创汇9.04亿美元，同比增长17.2%。
（资料来源：萨尔瓦多旅游部）

【交通运输】以公路为主。

公路：总长12164公里。主要公路为泛美公路和滨海公路。

铁路：总长283公里。因经营不善，自2005年起停运。

水运：主要港口有阿卡胡特拉港、自由港、库图科港和凯旋港，其中阿卡胡特拉港是中美洲重要港口之一。

空运：位于首都以南40公里处科马拉帕（Comalapa）的萨尔瓦多国际机场是中美洲现代化水平最高的国际机场之一。此外还有略潘戈国际机场。萨尔瓦多航空公司有通往中美洲各国、墨西哥城、迈阿密和洛杉矶的国际航线。

【财政金融】2001年起实行经济美元化政策。2014年外汇储备26.61亿美元，外债余额85.19亿美元。侨汇收入42.17亿美元。近年中央政府财政收支情况如下（单位：百万美元）：

	2012	2013	2014
收入	3758	4002	4963
支出	4166	4319	5403
差额	–408	–317	–440

（资料来源：拉美经济季评、萨尔瓦多中央储备银行）

【对外贸易】对外贸易占国内生产总值一半以上。主要出口咖啡、棉花、蔗糖、虾类和纺织品等，主要出口对象国为美国、危地马拉、洪都拉斯和哥斯达黎加；主要进口原材料、燃料、工业制成品和日用消费品，主要进口来源国为美国、危地马拉、墨西哥和日本。2014年，萨进出口总额157.85亿美元，其中进口105.13亿美元，出口52.72亿美元，同比分别减少2.9%、3.9%、2.4%。
（资料来源：萨尔瓦多中央储备银行）

【外国资本】美国是萨最大的投资来源国，控制着萨全部空运、2/3的铁路及大部分咖啡生产。美在萨私人投资主要涉及银行、炼油、机械制造等部门。其他投资来源国主要有：德国、法国、日本、西班牙和意大利。2014年，萨吸引外国直接投资27.5亿美元，同比增长53.4%。

人民生活

贫困人口占全国人口30.7%，基尼系数0.52。2009年平均寿命72.3岁，出生率25.3‰，死亡率5.47‰。城镇化率61%。2010年最低月工资为207.7美元。

军　事

1992年，萨政府根据《和平协定》颁布新的征兵法，实行志愿兵役制。总兵力为1.68万，其中陆军1.5万人、海军700人、空军1100人。另有预备役部队4200人、警察和准军事部队1.2人。

文化教育

【教育】实行九年制义务教育。中、小学入学率分别为48%和92%，成人识字率80%。大学有圣萨尔瓦多大学和中美洲大学等。

【新闻出版】主要报刊有:《新闻写真》、《今日》、《世界报》和《拉丁日报》等。

全国有51家电台。国家电台隶属总统府新闻局。有八家电视台，其中一家为国家电视台。

对外关系

强调维护国家主权和领土完整；尊重人权和基本自由；各国人民自决，互不干涉内政；依据国际法和平解决争端；寻求和维护国际和平与安全；不威胁使用武力；支持在平等、公正和合作基础上建立国际新秩序，主张国际关系民主化。重视发展同美国和中美洲邻国的传统关系，积极参与中美洲地区一体化进程。现同103个国家（不包括中国台湾省）建交。

【同中国的关系】萨尔瓦多与中国无外交关系。双边人员往来较少。2008年5月，萨尔瓦多议员团访华。2009年3月，应马蒂阵线邀请，中联部工作组以观察员身份赴萨观察大选。2010年11月，中国贸促会在萨尔瓦多首都圣萨尔瓦多市举办中国贸易展览会。2011年9月，应中联部邀请，马蒂阵线派员参加中美洲加勒比国家政党干部考察团。2012年6月，外交学会副会长黄星原访萨；11月，中国贸促会在萨举办中国贸易展览会。2015年1月，卡斯塔内达副外长出席在北京举行的中拉论坛首届部长级会议。

据中国海关统计，2014年中萨贸易额6.12亿美元，其中中方出口5.97亿美元，进口1470.3万美元，同比分别增长15.47%、14.59%和17.67%。中方主要出口纺织品、鞋类、车辆、机械设备、化学品等，进口电力机械、金属矿砂等。

萨同台湾当局关系密切，双方签有农业、贸易、文化、科技、相互促进和保护投资等协议。2007年5月，萨台签署自由贸易协定，2008年3月协定生效。2008年5月，萨卡总统出席马英九"就职"仪式。2009年4月，台"外长"欧鸿炼访萨。6月，马英九出席富内斯总统就职仪式。2010年10月，萨国防部长蒙吉亚访台。2012年5月，萨外长马丁内斯出席马英九"就职"仪式。8月，台"立法院长"王金平赴萨出席中美洲和加勒比地区国会议长论坛第13届特别会议。2014年6月，台"行政院长"江宜桦出席桑切斯总统就职仪式。7月，马英九访萨。2015年7月，台"外长"林永乐访萨并出席"民主国家共同体"第八次部长级会议。

目前台在萨注册公司45多家，投资总额约7300万美元。2014年萨台贸易总额1.24亿美元，其中萨出口0.19亿美元，进口1.05亿美元，同比分别增长-33.83%、-66.59%和19.14%。

【同美国的关系】同美国关系密切。美是萨主要投资来源国和贸易伙伴。萨美贸易占萨外贸总额的80%。2001年以来，美给予旅美萨非法移民临时特别保护，允许暂时居留和工作许可。现旅美萨侨民约250万。美在萨尔瓦多的科马拉普萨设有军事基地。萨在反恐、反毒、伊拉克战争等问题上坚决支持美立场。2003年至2008年，萨共派遣11批军事人员前往伊拉克，系唯一曾在伊驻军的拉美国家。2004年5月，萨等中美洲五国及多米尼加与美签署自由贸易协定。2006年3月，该协定率先在萨生效。2012年2月，美国土安全部长纳波利塔诺访萨；4月，中美洲国家安全会议在萨举行，萨国防部长阿科斯塔和美南方司令部司令弗雷泽共同主持会议。2013年3月，马丁内斯外长访美；5月，富内斯总统赴哥斯达黎加出席美国与中美洲一体化体系特别首脑会议。2014年3月，美国国务卿克里致电桑切斯祝贺其当选萨总统。

【同欧洲国家的关系】重视发展同欧洲国家的关系，积极参与中美洲国家同欧盟伙伴关系协议谈判。2007年西班牙国王卡洛斯访萨。2008年，西班牙第一副首相德拉维加访萨，宣布西在三年内向萨提供950万欧元用于打击有组织犯罪。2009年，德国免除萨1400万美元的债务。2010年5月，富内斯总统出席在西班牙首都马德里举行的欧盟与拉美和加勒比国家峰会。10月，萨外长马丁内斯访问德国。2012年1月，芬兰议长海内卢奥马访萨。6月，萨尔瓦多及中美洲其他五国同欧盟签署伙伴关系协议。2013年5月，富内斯总统访问梵蒂冈；8月，中美洲国家同欧盟伙伴关系协议在萨生效。2014年6月，西班牙王储费利佩出席桑切斯总统就职仪式。2015年6月，萨尔瓦多外长马丁内斯访问西班牙、俄罗斯，并赴比利时和意大利分别出席"第二届拉美和加勒比国家共同体—欧盟峰会"和"第七届意大利—拉美和加勒比国家会议"。

【同拉丁美洲国家的关系】重视发展与拉美国家的关系，积极推动中美洲一体化进程。萨是拉美和加勒比国家共同体、中美洲共同市场、中美洲经济一体化银行、中美洲议会、中美洲一体化体系和加勒比石油计划成员国。与墨西哥、多米尼加、智利、巴拿马和哥伦比亚等国分别签订了自由贸易协定。

2004年5月，萨与危地马拉、洪都拉斯和尼加拉瓜达成协议，决定从2005年起建立中美洲关税联盟。11月，萨危两国实现两国人员和商品自由流通。2006年7月，萨与洪都拉斯、危地马拉、尼加拉瓜达成协议，四国实行统一签证制度。2007年8月，萨尔瓦多、危地马拉、洪都拉斯同哥伦比亚签署自贸协定。2008年萨卡总统先后访问哥斯达黎加和墨西哥。2009年，萨卡总统访问智利和巴西。6月，萨宣布与古巴复交。2010年2月和7月，富内斯总统访问古巴，两次出席中美洲一体化体系成员国元首会晤。2011年，富内斯总统访问哥伦比亚，参加在危地马拉举行的中美洲安全策略援助大会，11月与其他中美洲国家集体同墨西哥签署自贸协定；举办美洲国家组织第41届年会、中美洲一体化体系第38次会议。2012年1月，富内斯总统赴尼加拉瓜出席奥尔特加总统就职仪式；8月，桑切斯副总统访问厄瓜多尔；11月，雷耶斯议长访问古巴。2014年6月，萨加入加勒比石油计划，成为该组织第19个成员国；同月，桑切斯总统赴玻利维亚圣克鲁斯出席77国集团成立50周年纪念峰会。2015年，萨尔瓦多担任中美洲一体化体系轮值主席国，积极参与拉共体、"中美洲北三角共同繁荣联盟计划"等多边组织事务。

（管亚培）

圣巴泰勒米

名称　圣巴泰勒米海外领地（Overseas Collectivity of Saint-Barthélemy，Collectivité d’Outre-Mer de Saint-Barthélemy），简称“圣巴泰勒米”（Saint-Barthélemy）。也称“圣巴特”（“Saint Barts”、“Saint Barths”或“Saint Barth”）。

面积　25平方公里（包括圣巴泰勒米岛及邻近一些小岛，资料来源：法国官方资料）。

人口　9269人（2012年估计）。有白人、克里奥尔人（也称穆拉托人，指黑人、白人混血儿）、黑人、瓜德罗普梅斯蒂索人（法国人与东亚人混血儿）等。

语言　法语为主要语言，也使用英语。

宗教　居民信奉天主教、基督教新教、耶和华见证会等。

首府　古斯塔维亚（Gustavia），位于圣巴泰勒米岛西岸。

行政长官　安妮·洛比（Anne LAUBIES，女），2015年5月21日就任（由法属圣马丁行政长官兼任）。

重要节日　法国国庆日（巴士底日，Bastille Day）：7月14日（1789年）；圣巴泰勒米日（St. Barthelemy Day）：8月24日。

简况

圣巴泰勒米岛（面积21平方公里）位于加勒比海最东北部，圣马丁岛西南25公里，瓜德罗普岛西北230公里。周围有一些小岛礁。地处北纬17.9度，属热带气候，终年气温变化不大，平均气温约27℃。7—10月为湿季（被称为“hivernage”），12—5月为干季（被称为“carême”）。年降水量1140毫米。

圣巴泰勒米岛于1493年被第二次远航美洲途中的哥伦布所“发现”，以与其兄长同名的圣人而命名，并宣布此地为西班牙领土。1648年，法国人到此殖民。1784年，法国将该岛出售给瑞典。瑞典的统治在该岛留下不少印记，首府古斯塔维亚即是纪念瑞典国王古斯塔夫三世而得名。1878年3月16日，瑞典将该岛回售给法国。法国随即将其划归瓜德罗普管辖。2003年，该岛居民公投通过要求脱离瓜德罗普、成为法国直辖海外行政区（Les collectivités d’outre-mer，COM）的决议。2007年2月7日，法国国会通过法案，分别授予该岛和邻近的法属圣马丁海外行政区的地位。同年7月15日，圣巴泰勒米正式成为法国单独的海外领地。

政治

2012年，圣巴泰勒米政局基本稳定。2012年3月，圣巴泰勒米举行五年一度的领地议会换届选举，圣巴特第一党继续执政。同年6月20日，圣巴泰勒米和法属圣马丁共同选举出一名法国国民议会议员——丹尼埃尔·吉博斯（Daniel Gibbes，属共和国人党党团）。

圣巴泰勒米在法国参议院有一个席位，现任参议员为米歇尔·马格拉斯（Michel Magras，属共和国人党党团），2008年9月21日当选，2014年9月28日连任。

【宪法】实行法国宪法，行政长官（préfet）为法国总统的代表。

【议会】一院制的领地议会（Le Conseil Territorial），任期5年，有19个席位，议员由普选产生。本届议会于2012年3月18日选举产生：圣巴特第一党16席，圣巴特团结党2席，圣巴特运动1席。领地议会主席布律诺·马格拉斯（Bruno Magras，圣巴特第一党），2007年7月16日当选，2012年3月18日连任。

【政府】称为执行委员会（Le conseil exécutif），领地议会主席任执委会主席（政府首脑）。执委会主席布律诺·马格拉斯。还设有咨询机构——经济社会和文化委员会（Le conseil économique social et culturel）。

【政党】（1）圣巴特第一党（Saint-Barth d’abord）：议会第一大党，领导人布律诺·马格拉斯。

（2）圣巴特团结党（Tous pour Saint-Barth）：领导人伯努瓦·肖万（Benoît Chauvin）。

（3）圣巴特运动（Saint-Barth en mouvement）：领导人马克西姆·德素什（Maxime Desouches）。

经济

圣巴泰勒米岛是典型的热带岛屿，向以风光明媚、不受污染的海滩闻名，是全球名人和富豪的度假天堂。11—4月为旅游旺季，旅游业是其主要收入支柱，游客主要来自北美和欧洲。目前其经济立足于高端旅游和免税奢侈品消费。该岛曾被财经杂志《福布斯》选为全球十大购物天堂之一，这里一直是富豪乐园，亦是好莱坞明星的度假天堂。岛上拥有众多天然沙滩，首府有多个购物中心，其滨海大道更是国际名牌林立，加上是免税岛，吸引名人富豪到此购买珠宝、香水、名牌服饰等奢侈品。岛上住宿以别墅和酒店为主，别墅式客房1200间。受金融危机影响，2007—2010年游客数量持续下降；但2010—2014年，游客数量年均增长6%。2014年，空运旅客171051人次，同比增长4.5%；海运同比增长8.3%，到港旅客184350人次。

使用欧元。据统计，2010年地区生产总值为3.19亿欧元，人均3.57万欧元。

（王碧晗）

圣基茨和尼维斯

国名 圣基茨和尼维斯联邦（The Federation of Saint Kitts and Nevis），原国名圣克里斯托弗和尼维斯联邦（The Federation of St. Christopher and Nevis）仍沿用。

面积 267平方公里，其中圣基茨岛174平方公里，尼维斯岛93平方公里。

人口 6.1万（2015年）。黑人占94%，另有少量英国、葡萄牙和黎巴嫩裔。官方语言为英语。居民多为英国圣公会教徒，也有新教徒和天主教徒。

首都 巴斯特尔（Basseterre），人口1.3万。

国家元首 英国女王伊丽莎白二世，女王任命总督为其代表。现任总督塞缪尔·西顿（Sir Samuel Weymouth Tapley Seaton），2015年9月1日就任。

重要节日 独立日：9月19日。

简况

位于东加勒比海背风群岛北部，由圣基茨、尼维斯等岛屿组成。热带海洋性气候，平均气温26℃。年均降雨量圣基茨1400毫米，尼维斯1220毫米。

1493年哥伦布到达圣基茨岛，1623年被英国占领，后法国一度占领该岛两端。1783年《凡尔赛条约》将该岛正式划归英国。尼维斯岛1628年成为英国殖民地。1983年9月19日宣告独立，为英联邦成员国。

政治

2015年2月，反对党联盟获议会11席中的7席赢得大选，联盟领袖蒂莫西·哈里斯（Timothy Harris）出任总理。

【宪法】现行宪法于1983年独立时生效。宪法规定圣基茨和尼维斯实行联邦制，给尼维斯以最大自主权。尼维斯有自己的立法、政府机关，设总理和副总督。副总督为尼岛最高首脑。

【议会】一院制，共14席，11席由选举产生（8名自圣基茨岛选出，3名自尼维斯岛选出），另3名经提名产生（2名由总理提名，1名由反对党领袖提名），任期五年。

【政府】本届政府于2015年2月组成。内阁主要成员有：总理兼财政、可持续发展部长蒂莫西·哈里斯，副总理兼教育、青年和体育部长肖恩·理查兹（Shawn Richards），外交部长马克·布兰特利（Mark Brantley），旅游和国际贸易部长林赛·格兰特（Lindsay Grant）等。

【司法机构】由东加勒比最高法院行使司法权力，终审机构为英国枢密院。

【政党】主要政党：

（一）执政党：

（1）人民工党（People's Labour Party，PLP）：2013年成立。党领袖蒂莫西·哈里斯（Timothy Harris）。

（2）关心市民运动（Concerned Citizen's Movement，CCM）：由四个党派联合组成。主要势力在尼维斯岛。党领袖万斯·艾默里（Vance Amory）。

（3）人民行动运动（People's Action Movement，PAM）：1965年成立。代表中产阶级利益。党领袖林赛·格兰特（Lindsey Grant）。

（二）反对党：

（1）工党（Labour Party），1932年成立。主要势力在圣基茨岛。圣独立后，该党曾于1995年上台，并连续三次赢得大选，2015年2月败选下台。党领袖登齐尔·道格拉斯（Denzil Douglas）。

（2）尼维斯革新党（Nevis Reformation Party，NPR）：1970年成立。主张尼维斯脱离圣基茨。1980年至1995年与人民行动运动联合执政。党领袖约瑟夫·帕里（Joseph Parry）。

【重要人物】蒂莫西·哈里斯：总理兼财政、可持续发展部长。1964年1月14日出生。曾就读于西印度大学、加拿大康考迪亚大学，获会计学博士学位。曾是工党党员，历任农业、教育、外交部长等职。2013年成立人民工党并与关心市民运动党、人民行动运动党结成联盟，赢得2015年大选并出任总理。

经济

制糖业和旅游业是国民经济两大支柱。近年来，圣为实现经济多样化，重视发展轻工业和旅游业。

2015年主要经济数据如下：

国内生产总值：8.9亿美元。

人均国内生产总值：14618美元。

国内生产总值增长率：5%。

通货膨胀率：–2.2%。

货币名称：东加勒比元。

汇率：1美元=2.7东加勒比元。

（资料来源：国际货币基金组织）

【工业】建筑业和制造业发展较快，主要有农产品加工、轧棉、服装、电子元件、食品生产和酿酒等。尼维斯致力于发展小型离岸金融业。

【农业】以种植甘蔗和棉花为主，其他农产品有椰子、水果、香蕉等。尼维斯岛农业规模较小，主要生产海岛棉、水果和蔬菜。

【旅游业】增长较快，为圣外汇收入重要来源。游客主要来自美国、加拿大和英国。

【交通运输】铁路：窄轨，总长58公里，在圣基茨主要用于运输甘蔗。

公路：总长383公里，其中163公里为沥青路。

水运：主要港口为巴斯特尔深水港，可停靠豪华游轮并提供集装箱业务。有国营商业客轮进行各岛间客运。

空运：罗伯特·卢埃林·布雷德肖机场为圣基茨岛上国际机场，尼维斯也建有一个机场，有通往北美、英国和加勒比其他国家的航班。

【财政金融】2014年，圣财政收入9.66亿东加元，财政支出7.48亿东加元，外债总额1.56亿美元。（资料来源：国际货币基金组织）

【对外贸易】主要出口蔗糖，进口机械、食品和化工产品。主要贸易伙伴为美国、英国、特立尼达和多巴哥、波多黎各。2014年，圣进出口总额为3.05亿美元，其中出口0.63亿美元，进口2.42亿美元。（资料来源：国际货币基金组织）

【经济团体】主要经济团体有：

（1）圣基茨和尼维斯工商会（St. Kitts-Nevis Chamber of Industry and Commerce）：成立于1949年，主席迈克尔·莫顿（Michael Morton）。通信地址：P O Box 332 Horsford Road Fortlands,Basseterre。电话：001-869-4652980，传真4654490。

（2）圣基茨投资促进署（St.Kitts Investment Promotion Agency,SKIPA）：成立于1987年。地址：CAP Southwell Industrial Park,Basseterre,St. Kitts。电话：001-869-4651153，传真4651154。

人民生活

2015年人均寿命75.5岁，人口增长率0.76%，出生率1.35%，死亡率0.71%。

军　事

有一支约300人的正规国防军（含步兵及海岸警卫队）。

文化教育

【教育】对5至17岁青少年实行义务教育。全国有30所国立学校、8所私立学校、5所教会学校和1所技术学校。2000年由私人出资在尼维斯创办美洲医科大学。成人识字率97.8%。

【新闻出版】主要报刊有：《民主者》，每周六出版；《劳动者发言人》，每周三、六出版；《观察者》周刊。总发行量约4.4万份。全国有三家广播电台、两家广播电视台和有线电视广播。

对外关系

主张在互相尊重主权、基本权利和自由的基础上，扩大同世界各国的关系，反对“任何大国对小国的操纵和胁迫”。是加勒比共同体和共同市场、东加勒比国家组织、英联邦和联合国等组织成员。重视加勒比地区一体化，支持东加勒比地区合作。

【同中国的关系】中圣无外交关系。

据中国海关统计，2015年，中圣双边贸易总额为1376.3万美元，其中中方出口额为1342.5万美元，进口额为33.8万美元，同比分别下降49.2%，49.6%和20.2%。

【同其他国家和地区的关系】圣同英国、美国、加拿大、委内瑞拉、哥伦比亚、特立尼达和多巴哥，尤其与东加勒比地区的安提瓜和巴布达、蒙特塞拉特的关系较为密切。（朱莹）

圣卢西亚

国名　圣卢西亚（Saint Lucia）。

面积　616平方公里。

人口　17.1万人（2015年）。85.3%为黑人，10.9%为黑白混血人种，另有少数白人。英语为官方语言和通用语。当地居民普遍讲帕图阿语（Patois，亦称克里奥尔语）。居民多信奉罗马天主教。

首都　卡斯特里（Castries），人口6.8万。

国家元首　英国女王伊丽莎白二世。女王任命总督为代表。现任总督皮尔莱特·路易茜爵士（Dame Pearlette LOUISY），1997年9月17日就任。

重要节日　国庆日（哥伦布发现圣卢西亚岛纪念日）：12月13日；独立日：2月22日。

简　况

位于东加勒比海向风群岛中部，山地岛国，多短小河流、肥沃河谷。最高山峰为莫基米山，海拔959米。热带气候，年均气温26℃。

最早居民为印第安人。1639年遭英国入侵，1651年被法国占领，此后被英、法长期争夺。1814年，《巴黎和约》正式将该岛划为英国殖民地。1979年2月22日宣告独立，现为英联邦成员国。

政　治

独立后，工党和统一工人党交替执政。2011年11月，工党胜选上台，党领袖、前总理肯尼·安东尼（Kenny Anthony）第三次出任总理。

【宪法】现行宪法于1979年独立时生效，规定国家元首为英国女王，女王任命总督为其代表。议会有权修改宪法。

【议会】分参、众两院，任期均为五年。参议院11

席，由总督任命，其中6席由总理提名，3席由反对党领袖提名，2席为独立人士。参议长克劳迪厄斯·弗朗西斯（Claudius Francis）。众议院17席，由选举产生，总检察长为当然成员。目前，执政党圣工党在议会占11席，反对党统一工人党占6席。众议长彼得·福斯特（Peter Foster）。

【政府】本届政府于2011年12月组成。内阁主要成员有：总理兼财政、经济事务部长肯尼·安东尼，副总理兼基础设施、港口和交通部长菲利普·皮埃尔（Philip Pierre），外交、国际贸易和民航部长阿尔瓦·巴普蒂斯特（Alva Baptiste），教育、人力资源发展和劳工部长罗伯特·刘易斯（Robert Lewis）等。

【司法机构】由东加勒比最高法院和地方初审法院组成，司法终审权归属英国枢密院。

【政党】主要政党有：

（1）圣卢西亚工党（St. Lucia Labour Party）：执政党。1946年成立。党领袖肯尼·安东尼。

（2）统一工人党（The United Workers，Party）：反对党。1964年由人民进步党和全国劳工运动合并而成。党领袖艾伦·切斯特尼（Allen Chastanet）

【重要人物】**皮尔莱特·路易茜**：总督。女，1946年6月8日生。西印度大学巴巴多斯分校英语和法语语言文学学士、加拿大拉瓦尔大学文学硕士和英国布里斯托尔大学哲学博士。曾在圣多校执教，历任圣A级学院院长，阿瑟·刘易斯爵士社区学院艺术、科学和总体研究系主任、副院长、院长。1997年9月任圣总督。曾发表多篇教育学学术论文并获奖。精通英语、法语和克里奥尔语。 **肯尼·安东尼**：总理兼财政、经济事务部长。1951年1月8日生。毕业于西印度大学和英国伯明翰大学，法律博士，在英获律师资格。曾在西印度大学特立尼达和多巴哥分校执教。曾任圣教育部长、加共体秘书处首席律师。1996年1月当选圣工党领袖。1997年5月任总理，2002年连任，2011年12月胜选，第三次出任总理。

经　济

旅游业和农业为国民经济支柱。近年来旅游业发展迅速。

2015年主要经济数字如下：

国内生产总值：14.38亿美元。

人均国民生产总值：8410美元。

国内生产总值增长率：2.4%。

通货膨胀率：2.1%。

货币名称：东加勒比元。

汇率：1美元=2.7东加元。

（资料来源：国际货币基金组织）

【资源】无重要矿藏，地热、森林资源丰富，南部有硫磺矿。

【工业】主要生产出口型轻工业产品，如肥皂、椰油、朗姆酒、饮料、电子装配和服装等。近年来建筑业发展较快，为促进工业发展，将圣南部维约堡建成自由工业区。

【农业】约三分之一就业人口从事农业，主要种植香蕉、椰子、可可、香料等，香蕉主要出口欧盟。

【旅游业】重要外汇来源。游客主要来自北美和欧洲。

【交通运输】无铁路。公路总长约1210公里。首都卡斯特里和南部城市维约堡为重要进出口岸。北部有一个地区性机场，南部有一个国际机场，有飞往多个加勒比国家和定期直飞北美、英国和法国的航班。

【财政金融】金融业在国民经济中占重要地位，政府计划建立国际金融服务中心。2015年政府财政收入9.84亿东加元、支出11.56亿东加元。（资料来源：国际货币基金组织）

【对外贸易】主要出口初级农产品，进口粮食、食品、石油、机械及其他工业品、日用品。主要贸易伙伴为美国、英国、加拿大及加勒比共同体成员国。近年进出口额如下（百万东加元）：

	2011年	2012年	2013年
出口	435.77	419.33	469.32
进口	1889.21	1797.81	1523.85
差额	−1453.43	−1378.49	1054.52

（资料来源：东加勒比中央银行）

【经济团体】圣卢西亚农工商会（Saint Lucia Chamber of Commerce, Industry and Agriculture），1884年成立。地址：1st Floor, American Drywall Building, Vide Boutielle, Castries。电话：001-758-4523165。

人民生活

有两家综合医院、一家精神病院和一个吸毒酗酒康复中心，435张病床、64名医生和256名护理人员。社区共有33个保健中心、一家联合诊所、两家地区医院。

军　事

无常备军。有一支约300人的皇家警察部队（包括特种服务部队）和海岸警卫队。

文化教育

【教育】对5—15岁青少年实施义务教育。成人识字率90.1%。有两位诺贝尔奖得主：阿瑟·刘易斯（1979年经济学奖）、德雷克·沃尔科特（1992年文学奖）。

【新闻出版】主要报纸有：《声报》（The Voice）、《星报》（The Star）、《远征军报》（The Crusader）、《一个加勒比》（One Caribbean）、《镜报》（The Mirror）、《先锋》（The Vanguard）。

主要广播电视台有：圣卢西亚广播电台（Radio Saint Lucia）、海伦电视台（Helen Television System）、达哈电视台（Daher Broadcasting System）等。

对外关系

强调外交为经济服务，主张同所有国家保持和谐关系，通过双边和多边协定深化地区和次区域一体化。是东加勒比国家组织秘书处所在地。同美国、英国、法国、加拿大等国保持良好关系。

【同中国的关系】1997年9月1日，中国与圣卢西亚建交。2007年4月30日，圣与台湾当局“复交”；5月5日，中国政府宣布中止同圣的外交关系。

2015年，中圣双边贸易额2135.1万美元，其中中方出口2128.2万美元，进口6.9万美元，同比分别增长-28.7%、-28.8%和106.4%。

【同美国的关系】圣美关系密切，两国签有反毒协定、共同打击犯罪条约和引渡条约。圣允许美军舰进入圣领海及专属经济区，追捕、搜查涉嫌贩毒船只。2013年5月，圣总理安东尼在特立尼达和多巴哥参加美国副总统拜登集体会见加勒比共同体国家领导人。2015年4月，圣总理安东尼在牙买加参加美国—加勒比共同体领导人峰会。

【同古巴的关系】圣呼吁解除对古经济封锁，允许其重返泛美体系，主张接纳古为加勒比共同体成员。古向圣提供医疗卫生领域援助。

【同加勒比国家的关系】圣是加勒比共同体、东加勒比国家组织等地区组织成员国。东加勒比国家组织秘书处设在圣首都卡斯特里。

（王默）

圣皮埃尔和密克隆

名称　圣皮埃尔和密克隆海外领地（Overseas collectivity of Saint Pierre and Miquelon，Collectivité d'Outre-Mer de Saint-Pierre-et-Miquelon），简称“圣皮埃尔和密克隆”（Saint-Pierre-et-Miquelon）。

面积　242平方公里，其中圣皮埃尔岛25平方公里，密克隆岛（大密克隆岛）110平方公里，朗格拉德岛（小密克隆岛）91平方公里，后两岛之间有狭长地峡相连。

人口　6057人（2016年1月1日），人口密度为25人/平方公里。居民多为法国移民后裔。语言官方语言为法语。

宗教　99%的居民信奉天主教。

首府　圣皮埃尔市（Saint-Pierre），人口5618人（2010年）。

行政长官　让-克里斯托弗·布维尔（Jean-Christophe Bouvier），2014年9月就任。

重要节日　7月14日（法国国庆）。

简　况

位于北美洲加拿大纽芬兰岛以南25公里的北大西洋中。全境由圣皮埃尔、密克隆、朗格拉德等八个岛屿组成。拥有120公里的海岸线。气候阴冷多风，年平均气温5.6℃，冬季最低气温达-20℃，夏季平均气温10℃—20℃。年降水量1400毫米。

1520年，葡萄牙人航行到此。1536年，被法国人雅克·卡蒂耶起用现名。1604年，法国渔民在此建立第一个永久性居民点。此后200年中，英法交替占领该群岛。1816年被法国占领。1946年10月成为法国海外领地（territoire d'outre-mer，TOM）。1976年7月改为法国海外省（département d'outre-mer，DOM）。1985年6月成为法国的享有特殊地位的地方行政单位（集合领地）（collectivité territoriale）。2003年3月成为法国的海外地方行政区（collectivités d'outre-mer，COM），但其正式名称仍为圣皮埃尔和密克隆领地。法国政府任命一名行政长官为其代表。防务由法国负责。

2006年，“群岛明天”在议会选举中获胜后上台执政。2012年，圣皮埃尔和密克隆政局基本平稳。同年3月，圣皮埃尔和密克隆领地议会举行六年一度的换届选举，“群岛明天”继续执政。

圣皮埃尔和密克隆在法国国民议会和参议院各拥有一个议席。现任国民议会议员为斯塔夫·克莱尔奥（Stéphane Claireaux，属激进、共和、民主和进步党团），2014年6月29日当选。现任参议员为卡琳·克莱尔奥（Karine Claireaux，女，属社会和共和党团），2011年9月25日当选。

政　治

【宪法】实行法国宪法，行政长官（Préfet）为法国总统的代表。现任行政长官让-克里斯托弗·布维尔，2014年9月起任职。

【领地议会（Conseil territorial）】地方议会，原称省议会（Conseil général），2007年2月根据法国相关法律改为现名，其权力有所增加。领地议会由19名议员组成，任期六年，其中圣皮埃尔岛15名，密克隆岛4名。本届议会于2012年3月18日选出，“群岛明天”占15席，“未来之路”4席。领地议会主席斯蒂芬·阿塔诺（Stéphane ARTANO，“群岛明天”），2006年3月31日任职。

【政府】由行政长官、19名领地议会议员以及当地选出的法国国民议会议员和参议员共同组成。议会主席为地方政府首脑。

【司法机构】在圣皮埃尔设初审法庭、高等上诉法庭和行政法庭。初审法庭庭长帕斯卡尔·玛蒂斯（Pascal Mathis），高等上诉法庭庭长弗朗索瓦·比龙（François Billon）。

【政党】主要政党均与法国本土政党联系密切，有“群岛明天”（Archipel Demain—AD，与原人民运动联盟有联系）、“未来之路”（Cap sur l'Avenir，与左翼激进党有联系）等党派。

经　济　传统经济以渔业及其加工业为主。后因与加拿大发生海域和捕鱼定额之争，渔业生产受到严重影响。1992年经国际仲裁法庭裁决，圣皮埃尔和密克隆获得专属经济区12348平方公里（只相当于法国主张面积的25%）。为来往船只、主要是拖网渔船提供给养服务也曾是重要的经济收入之一，但受渔业不景气影响而趋于萧条。政府将开发港口和扩大旅游业作为保持经济发展的主要手段。因土质和气候条件不适宜农业生产，只有少量的蔬菜种植、养猪及蛋禽生产。在财政方面相当依靠法国政府给予的资助。

主要经济数据如下：

地区生产总值：1.72亿欧元（2008年）。

人均地区生产总值：2.83万欧元（2008年）。

货币名称：欧元，也使用加拿大元。

汇率：1美元=0.897欧元（2016年估计）。

通货膨胀率（消费价格）：4.5%（2010年）。

失业率：8.8%（2012年）。

【工业】主要为渔产品加工业，从业人员占就业总人口41%，主要生产鱼子酱、腌鳕鱼等。2010年发电量估计为5300万千瓦小时。

【渔业】为传统经济支柱。近年来注重在法属经济区开发多样化资源，大力发展扇贝和鳕鱼的人工养殖。2014年总渔获量2579吨。

【旅游业】为重要经济部门。有一家旅行社、15家旅馆，138间客房。2014年接待游客约为12720人次。游客主要来自加拿大。

【交通运输】以海空运输为主。

公路：117公里（其中80公里铺设路面）。平均每个家庭拥有2.6辆车。

海运：有两艘轮船，满足圣皮埃尔港和密克隆港、朗格拉德岛间的通航。2014年进港旅客13497人，同比增长23.1%。

空运：有两个机场，圣皮埃尔机场能起降大型飞机，和法国本土间没有直飞航线。法航班机从巴黎经伦敦或蒙特利尔达圣皮埃尔。圣皮埃尔航空公司辟有通往加拿大哈利法克斯、新斯科舍、蒙特利尔、魁北克、蒙克顿、西德尼等地的直航航线。地方航空公司航线通往纽芬兰岛。2014年货运量202吨，客运量35951人次。

【财政金融】财政支出常年大于收入，主要依靠法国政府援款填补赤字。

主要银行为始建于1889年的圣皮埃尔和密克隆群岛银行（Banque des Iles Saint Pierre et Miquelon）和1962年成立的圣皮埃尔信贷银行（Crédit Saint Pierrais）。

【对外贸易】2014年出口额为152.8万欧元，进口额为8864.1万欧元。主要出口鱼和鱼产品，主要进口制成品、石油产品、食品等。主要贸易对象是加拿大、法国及其他欧盟国家。

人民生活　居民享受与法国公民同等的社会福利待遇。圣皮埃尔和密克隆有一所综合性医院，35张病床，可提供去往加拿大和法国本土的转院服务；此外，还设有养老院和残疾人中心。2013年平均每10万人拥有312名医生。人均预期寿命80.13岁（2013年估计）。2010年有固定电话4800部。

文化教育　【教育】实施与法国相同的教育制度，对6—16岁儿童实行免费义务教育。2014年公立学校有小学四所，各类中等学校五所（包括技术学校1所），总在校生799人；私立学校有小学四所，中学一所，总在校生436人。

【新闻出版】主要报刊有：《政府公报》，月刊，1866年创办；《回声报》，周刊，1982年创办，发行量2500份；《自由之风》，周刊，发行量350份；《纽带》，人民运动联盟机关报，一年发行10期。

法国海外广播电视台在圣皮埃尔和密克隆设有分台。电台有两个频道，电视台有三个频道。

大西洋电台：私人电台，每天播音24小时。

（王碧晗）

圣文森特和格林纳丁斯

国名　圣文森特和格林纳丁斯（St.Vincent and the Grenadines）。

面积　389平方公里。其中圣文森特岛344平方公里。

人口　10.3万（2014年）。其中黑人占66%，混血人种占19%。英语为通用语言。居民多信奉基督教新教和天主教。

首都　金斯敦（Kingstown）。1.4万人。

国家元首　英国女王伊丽莎白二世。女王任命总督为其代表。现总督弗雷德里克·纳撒尼尔·巴兰坦（Frederick Nathaniel Ballantyne），2002年9月就任。

重要节日　独立纪念日：10月27日。

简　况　位于小安的列斯群岛南部。热带气候，年均气温26℃。原为印第安加勒比部落居住地。1489年哥伦布到达圣文森特岛。1627年被英国占领，后被英国、法国长期争夺。1783年根据《凡尔赛条约》沦为英国殖民地。1979年10月27日宣告独立，现为英联邦成员国。

政　治　独立以来，新民主党和联合工党交替执政。政局总体稳定。2015年12月，联合工党领袖拉尔夫·冈萨维斯（Ralph Gonsalves）率联合工党赢得大选，连续第四次出任总理。

【宪法】现行宪法于1979年10月27日独立时生效。

【议会】一院制，任期五年。共有21名议员。15名众议员由普选产生，6名参议员由总督根据总理和反对党领袖提名任命，任期均为五年。现任议长汉德里克·亚历山大（Hendrick Alexander）。

【政府】本届政府于2015年12月组成。内阁主要成员有：总理兼财政、国家安全、格林纳丁斯事务和司法部长冈萨维斯（Dr. Ralph Gonsalves），教育部长格尔琳·米盖尔（Girlyn Miguel），外交、外贸和消费者事务部长卡米洛·冈萨维斯（Camillo Gonsalves），交通、工程、城市发展和地方政府部长弗雷德里克·斯蒂芬森（Frederick Stephenson），住房、人居、土地勘察和设计部长蒙哥马利·丹尼尔（Montgomery Daniel）等。

【行政区划】全国分为六个区。

【司法机构】由东加勒比最高法院行使司法权，终审权归属英国枢密院。

【政党】主要政党有：

（1）联合工党（United Labour Party）：执政党。1994年9月由圣文森特工党与全国统一运动党合并而成。2001年上台执政至今。党领袖冈萨维斯。

（2）新民主党（New Democratic Party）：反对党。1975年12月由詹姆斯·米切尔创建。曾于1985年至2001年执政。领袖安海姆·尤斯塔斯（Arnhim EUSTACE）。

经　济　农业和旅游业为国民经济支柱。2015年主要经济数据如下：

国内生产总值：7.65亿美元。
国内生产总值增长率：4.94%。
人均国内生产总值：6959美元。
货币名称：东加勒比元。
汇率：1美元=2.7东加元。
通货膨胀率：1.2%。
（资料来源：国际货币基金组织）

【工业】有少量农产品、服装、皮革、榨油和肥皂加工。小型制造业发展缓慢，主要生产水泥、面粉和家具等。

【农业】可耕地约占土地总面积的18%。主要种植香蕉、葛根、甘薯、甘蔗和椰子等。是世界上最大的葛粉生产国。

【旅游业】旅游区主要集中在有优质海滩的格林纳丁斯群岛。近年来受国际金融危机影响，旅游收入下滑。

【交通运输】公路长约829公里，其中柏油路580公里，非柏油路249公里。

水运：首都金斯敦有一个深水港。

空运：共有6个机场。首都金斯敦的约书亚（ET JOSHUA）国际机场有通往加勒比共同体各国和欧美国家的客货航班。

【财政金融】2015财年，圣政府财政收入为5.70亿东加元，支出为6.66亿东加元。

【对外贸易】主要进口食品、机械等，出口香蕉、蔬菜和葛粉。主要贸易伙伴为新加坡、特立尼达和多巴哥、美国。

人民生活　2014年人口出生率1.39%，死亡率0.71%。

军　事　无正规军，国防由总部在巴巴多斯的地区安全体系负责。

文化教育　【教育】实行小学义务教育。成人识字率为96%。教育支出约占国民生产总值的7%。

【新闻出版】主要报纸有《圣文森特人周报》、《星报》、《圣文森特之声》、《正义报》、《政府公报》、《新时代》。有9个调频电台，其中圣文森特和格林纳丁斯电台为唯一国营电台。有电视广播站、有线电视运营商各1家。

对外关系　奉行维护民族尊严和地区团结的外交政策。同美国、英国、加拿大及加勒比地区其他国家关系密切。主张加勒比一体化。为联合国、加勒比共同体、加勒比国家联盟、美洲玻利瓦尔联盟等国际和地区组织成员。

【同中国的关系】中圣无外交关系。

据中国海关总署统计，2015年，中圣双边贸易额3961.2万美元，其中中方出口3956.2万美元，进口4.9万美元，同比分别增长6.2%、6.1%和149327.3%。

（王默）

苏 里 南

国名 苏里南共和国（The Republic of Suriname）。

面积 16.4万平方公里。

人口 55.8万（2015年）。其中印度裔占33%，克里奥尔人占31%，印尼裔占15%，丛林黑人占10%，印第安人占4%，华人占3%，白人占1%，其他人种占3%。荷兰语为官方语言，通用苏里南语。居民的42%信奉基督教，20%信奉印度教，13%信奉伊斯兰教。

首都 帕拉马里博（Paramaribo），人口25.9万。

国家元首 总统德西·鲍特瑟（Desire Bouterse），2010年8月就任，2015年7月再次当选总统，任期五年。

重要节日 独立日：11月25日。

简 况

位于南美洲北部。东邻法属圭亚那，南界巴西，西连圭亚那，北濒大西洋。属热带雨林气候。年均气温23℃—27℃。原为美洲印第安人居住地。1593年被西班牙探险者宣布为其属地。1602年荷兰人开始到此定居。1630年英国移民迁入。1667年英、荷签订条约，苏成为荷兰殖民地。1815年维也纳条约正式确立荷对苏的宗主国地位。1954年实行内部自治。1975年11月25日宣告独立，成立共和国。

政 治

2015年5月25日，苏举行新一届议会选举。议会51席中，民族民主党获27席，反对党V7联盟获17席，大众解放发展党领导的A联盟获5席，进步工农联盟获1席，统一民主发展党获1席。7月14日，苏国民议会举行总统选举，民族民主党候选人、主席鲍特瑟当选总统并于8月12日宣誓就职。目前苏政局稳定。

【宪法】1987年国民议会通过新宪法草案并生效。宪法规定：立法权由国民议会和总统共同行使，国民议会经由全民选举产生。总统和副总统由国民议会三分之二以上多数选举产生，如果未达三分之二，将由国民议会和省、市议会共同组成的国民大会选举产生。总统是国家元首、政府首脑、国务委员会主席、武装部队总司令，行使行政权，任命内阁；政府由总统、副总统及各部部长组成，副总统兼任总理，领导内阁，对总统负责，政府部长不是国民议会的议员；国务委员会监督政府执行国民议会的决定，成员由总统和工会、企业、立法机构及军方等主要政治力量的代表组成，有权否决它认为违背宪法的法案，最终否决权在总统手中，总统在1个月内考虑同意或反对国务委员会的决定。法院司法独立，不受任何干涉。

【议会】国民议会为一院制，设51个席位，任期五年。本届议会2015年6月成立。议长珍妮弗·西蒙斯（Jennifer Simons），2015年6月就任。

【政府】本届政府于2015年8月12日组成。主要成员有：总统德西·鲍特瑟，副总统阿斯温·阿德欣（Ashwin Adhin），外交部长尼尔玛拉·巴德里辛格（Niermala Badrising），财政部长吉尔摩·霍夫德拉德（Gilmore Hoefdraad）等。

【行政区划】全国划为一市即帕拉马里博市和九大区：瓦尼卡、尼克里、萨拉马卡、科摩维纳、马罗维纳、巴拉、勃洛克彭都、西帕里维尼、科罗尼。

【司法机构】设最高法院、检察院和三个地方法院。最高法院法官任职终身制，院长埃瓦尔德·翁布勒（Ewald Ombre），2010年6月就任。总检察长索巴肖德尔·彭瓦西（Soebhaschaudre Punwasi）。

【政党】主要政党：

（1）民族民主党（Nationale Democratische Partij，简称NDP）：执政党。成立于1987年6月，主张建立以民族、民主为基础的社会经济秩序。党主席德西·鲍特瑟。

（2）进步改革党（Vooruitstrevende Hervormings Partij，简称VHP）：反对党。1949年成立，1974年改为现名。党员主要为印度裔。主要维护印度裔利益。党主席昌德利卡波萨德·单多吉（Chandrikapersad Santokhi）。

（3）民族党（Nationale Partij Suriname，简称NPS）：反对党。1946年成立，主要由克里奥尔人组成。主张实行议会民主，发展独立的民族经济。党主席格里高利·鲁斯兰德（Gregory Rusland）。

【重要人物】德西·鲍特瑟：总统。1945年10月13日生于苏里南多姆堡。职业军人，曾在荷兰皇家军校学习，后在荷兰和北约军队服役。1975年加入苏国防军。1980年参与发动军事政变，先后出任国防军总司令和全国军事委员会主席等职。1987年创立民族民主党，并任党主席。1987年和1991年两次参加大选，均失利。1996年至2000年，民族民主党赢得大选，鲍出任国家顾问。2010年8月就任总统，2015年7月再次当选总统并于8月宣誓就职。

经 济

自然资源丰富，铝矿业、加工制造业和农业为经济主要产业。

2015年主要经济数据如下：

国内生产总值：50.5亿美元。

人均国内生产总值：9052美元。

国内生产总值增长率：1.5%。

货币名称：苏里南元。

通货膨胀率：5.2%。

汇率：1美元=3.3苏元。

（资料来源：国际货币基金组织）

【资源】铝土矿资源丰富，1998年年底探明蕴藏量约为5.8亿吨。其他矿产有石油、铁、锰、铜、镍、铂、黄金等。近年来在近海发现石油。森林和水力资源丰富，森林覆盖率达95%。1998年，苏宣布将160万公顷（相当于国土的10%）的原始雨林设为国家保护区。

【工业】以铝矾土开采、加工为主，为世界第九大铝矾土生产国。此外还有粮食加工、香烟、饮料、化工产品生产等。

【农林渔业】耕地面积占国土面积的0.36%。农林渔业产值约占国内生产总值的4.3%。主要农作物为稻米、水果、蔬菜、甘蔗、棕榈、咖啡和可可。稻米播种面积约占可耕地面积的50%。43%的稻米用于出口，占出口总值的8%。原木年产量约16万立方米。渔业是重要创汇来源，年捕捞量约3万吨，其中约2万吨出口。

【交通运输】以公路和水运为主。

铁路：总长225公里，用来运输木材和铝矾土。无公用客运铁路。

公路、桥梁：总长约1万公里（2012年）。1999年7月竣工的哥本南大桥将首都帕拉马里博和西部尼克里地区连结起来。2000年5月竣工的苏里南河大桥将首都和东部地区连接起来。

水运：可航行的河流总长约1500公里。首都帕拉马里博为主要港口。轮渡可通往圭亚那和法属圭亚那。

空运：有一个国际机场，有四条国际航线。其他机场及简易机场只能供小型短距离起落飞机使用。

【财政金融】2014年财政总收入40.42亿苏元，总支出49.27亿苏元，外债总额10.67亿美元。（资料来源：国际货币基金组织）

【对外贸易】主要出口氧化铝，其次为大米、虾、水果、木材等，进口燃料、工业原材料和半制成品、机械、交通和生活用品。主要贸易伙伴为美国、加拿大、挪威等。2014年，苏进出口总额41.16亿美元，其中出口21.49亿美元，进口19.67亿美元。（资料来源：国际货币基金组织）经济团体主要经济团体有：

（1）工商会（Chamber of Commerce and Industry），1910年成立。主席阿麦拉里（R.L.A. Amwwrali）。地址：P.O.BOX 139，Mr. J.C. De Miranda Straat 10，Paramaribo, Suriname, 电话：00597-473527，传真：470802。

（2）苏里南工贸协会（Suriname Trade and Industry Association）：1950年成立。主席迈耶（M. Meyer）。地址：P.O.Box 111，Prins Hendrikstraat 18，Paramaribo, Suriname。

人民生活

拥有现代化医疗设施，但医疗卫生系统人才流失极为严重。2015年，苏人均寿命71.97岁，人口增长率1.1%，出生率1.63%，死亡率0.61%。

军　事

国防军由海陆空三军组成，总兵力约2500人。

文化教育

【教育】对6至12岁儿童实行义务教育，大中小学免费。全国有一所大学（苏里南大学）。成人识字率为94.7%。

【新闻出版】主要报纸有：《真理时报》，发行量约8000份；《西方晚报》，发行量约1.8万份。主要通讯社为苏里南通讯社，同西方、拉美、加勒比各大通讯社有业务联系，每天出版荷文、英文新闻稿。

主要广播电台有：苏里南广播基金会，创建于1965年，由政府经营，用荷兰语和当地语言播音；苏里南国际广播电台，创建于1984年，由政府经营，用荷兰语、英语和苏里南语播音，每周两次；K.B.C. 电台，创建于1985年，用当地语言和英语广播；帕拉马里博电台，创建于1957年，用当地语言、英语和西班牙语广播；鼓声电台：创建于1958年，用荷兰语、当地语广播。

主要电视台有：苏里南电视台，建于1965年，由政府经营，用当地语言、荷兰语和英语广播，阿波尼电视台，1985年建立，由政府经营，用荷兰语、英语、葡萄牙语、西班牙语及当地语言广播。

对外关系

奉行不结盟的外交政策，维护国家主权、民族自决和不干涉内政等原则；重视发展同邻国圭亚那、巴西和法属圭亚那的关系；保持与美国、荷兰以及其他欧盟国家的务实关系；促进地区一体化，加强同南美大陆特别是亚马孙条约国家间的合作；近年来，努力开拓同日本、中国、印尼、马来西亚和韩国等亚太国家的关系。苏是加勒比共同体、加勒比开发银行、伊斯兰会议组织和美洲开发银行成员。与约100个国家建立了外交关系。

【同中国的关系】中苏于1976年5月28日建交。2011年9月，苏副总统阿梅拉利出席在特立尼达和多巴哥举行的第三届中国—加勒比经贸合作论坛，并与中国国务院副总理王岐山会见。11月，全国人大常委会副委员长陈昌智访苏。2012年6月，中共中央政治局委员、天津市委书记张高丽访问苏里南。11月，苏里南外长拉金访华。2013年6月，国家主席习近平访问特立尼达和多巴哥期间，同苏里南总统鲍特瑟举行双边会晤；同月，鲍特瑟总统来华出席第二届世界和平论坛并访华。2014年7月，习近平主席访问巴西期间，出席中国—拉美和加勒比国家领导人会晤，苏总统鲍特瑟参加会见。

据中国海关总署统计，2013年双边贸易额为2.02

亿美元，其中中方出口额为1.74亿美元，进口额为2809万美元，分别增长-4.9%、-8%和20.3%。

中国驻苏大使：杨子刚。使馆地址：Anton Dragtenweg 154，P.O.Box 3042，Paramaribo，Suriname。电话：00597-451570，451210。电传：197 CEP512 SN。商务处地址：Erosstraat 4，P.O.Box 8116，Paramaribo，Suriname。电话：00597-450490，452560。

苏里南驻华大使劳埃德·卢西恩·皮纳斯（Lloyd Lucien PINAS）。使馆地址：北京建国门外大街外交公寓2-2-22，邮政编码：100600。电话：010-65322939，65322938；传真：65322941。

华侨华人组织：广义堂创建于1880年，是苏最大、影响最广的华侨华人社团。所办《洵南日报》为加勒比地区影响最大的中文报刊。

友好组织：苏中友协1974年成立，现任主席伦纳德·约翰斯（Leonard JOHANNS）。

【同荷兰的关系】由于历史原因，苏在政治、经济和文化等方面受荷影响很深。1975年苏独立后，两国关系曲折发展，荷曾数次中止对苏援助。本届政府上台后，苏荷关系趋于紧张。2011年3月，荷兰正式将苏从对外援助对象国名单上除名。

【同圭亚那的关系】苏圭于1975年11月25日建交。圭与苏里南之间存在领土纠纷，主要在科兰太因河上游地区的新河三角洲，涉及面积1.7万平方公里（现在圭实际控制范围内）。圭苏多次举行边界委员会会议，商讨在有争议的海域共同开发资源和新河三角洲非军事化问题，但迄今无进展，制约了两国在其他领域的合作关系。2004年，圭政府将两国海洋边界划分的争端提交国际海洋法法庭进行仲裁。2007年9月，国际海洋法法庭作出裁决，基本采用中间线原则划定两国海洋边界。

2011年3月，苏总统鲍特瑟访圭，同圭总统贾格迪奥举行会谈，双方均表示希遵循国际法原则以和平方式解决两国领土争议。

【同印度的关系】2010年1月，苏内政部长哈桑坎访问印度，并出席世界印度侨民大会。2月，苏国防部长弗尔纳尔德对印进行工作访问。

【同美国的关系】苏重视发展同美国的关系，在经济上对美依赖较深。反对美制裁古巴，反对美对伊拉克发动战争，在修建美国和墨西哥边界隔离墙问题上与美立场有分歧。苏美在缉毒方面有合作。2003年，在美压力下，苏加大打击非法移民的力度。在美洲自由贸易区谈判中，苏对美存有戒心，担心美在贸易安排中牺牲弱小国家利益，主张加强与巴西等拉美国家协调立场。2010年9月，苏总统鲍特瑟出席联大会议期间同美总统奥巴马会见。

【同巴西的关系】苏十分重视与巴西的关系，双方合作领域广泛。在国际事务中，苏跟随巴西较紧，认为巴西能代表拉美中小国利益。巴西在苏有数万移民，多为非法居留。2010年12月，苏总统鲍特瑟出席在巴西举行的南方共同市场首脑峰会。2011年5月，巴西军舰访苏，进行水文地质考察。2012年5月，巴西外长帕特里奥塔访苏；9月，巴西国防部长阿莫林访苏。

【同印尼的关系】苏、印尼曾同属荷兰殖民地，由于历史渊源，两国关系较为密切。两国在多个领域开展经济技术合作，每年举行经济混委会。2003年，两国签订了航空合作协议和避免双重征税协议。2011年9月，苏外长拉金同印度尼西亚外长在纽约签署两国持外交公务护照互免签证协议，10月协议正式生效。

（朱莹）

特克斯和凯科斯群岛

名称　特克斯和凯科斯群岛（The Turks and Caicos Islands）。

面积　430平方公里。约有40个岛屿，仅8个有人居住。

人口　5.02万，人口增长率3.17%，出生率17.44‰，死亡率3‰（2015年估计）。黑人占90%，混血种人、欧洲人和北美人后裔占10%。英语是官方语言。多数人信奉基督教。

首府　科伯恩城（Cockburn Town），位于特克斯群岛北部的大特克岛上，人口5100人（2004年估计）。

总督　彼得·贝克汉姆（Peter Beckingham），2013年10月9日就任。

重要节日　宪法日：8月30日（1976年）。

简　况

位于巴哈马群岛东南端，距海地北部约145公里。东部濒临大西洋，西部同古巴隔水相望，由特克斯和凯科斯两组群岛组成。属亚热带气候。8月为最热月份，气温26℃—32℃，1—2月为最冷月份，气温21℃—27℃。6—11月有飓风。

原为印第安人的阿拉瓦克部族和卢卡约斯部族居住地。1512年西班牙人抵此。1766年成为英国殖民地。1799年归英国巴哈马总督区管辖。1873—1959年归英国牙买加总督区管辖。1962年牙买加独立后，该群岛成为英直属殖民地。1972年英女王第一次任命主管该群岛的总督。现为英国的海外领地（British Overseas Territory）。

政　治

2009年8月，英国政府以清除岛上政府的腐败现象为由，暂停当地政府的统治权，交由英国指派的总督管理。此举遭到岛上官员强烈反对。总督接管政府等权力后，由首席行政官及一个顾问委员会协助其工作。

2011年8月22日，总督戈登·韦瑟雷尔（Gordon Wetherell）离任，马丁·斯坦利（Martin Stanley）任代理总督。9月，新总督托德就任。

2012年10月15日，安雅·威廉斯（Anya Williams，女）出任副总督。11月9日，特克斯和凯科斯群岛举行了新一届议会选举。原议会于2007年选出，2009年被强行解散。在本次选举中，议会解散前的执政党进步民族党获得15个席位中的8席，人民民主运动7席。11月13日，进步民族党领袖鲁福斯·尤因（Rufus Ewing）就任新一任总理。

2013年9月15日，总督达米安·罗德里克·托德（Damian Roderic Todd）卸任，安雅·威廉斯任代理总督。10月4日，休·谢泼德（Huw Shepheard）任代理总督。10月9日，新总督上任。

【宪法】2006年8月9日新宪法生效。规定英国女王为元首，总督代表英国女王并由女王任命，掌管外交、防务等事务。2009年由于总督接管政府等权力，宪法进行了临时修订[The Turks and Caicos Islands Constitution（Interim Amendment）Order 2009]。

【议会】一院制议会（House of Assembly）任期4年。有21名成员，包括15名普选产生的成员，以及4名来自内阁的指定成员、1名当然成员（总检察长）和议长。2007年2月选出的议会在2009年8月被解散。本届议会于2012年11月9日选举产生，在15名普选成员中，进步民族党占8名，人民民主运动占7名。

【政府】内阁包括总督、总理和6名其他部长及总检察长，通常由在议会中占多数议席的政党组成。

2009年8月14日，总理和内阁权力被总督接管。2009年8月18日至2012年10月15日由临时顾问委员会（Advisory Council）行使政府职能。其成员包括：约瑟夫·康诺利（Joseph Connolly）、埃迪特·考克斯（Edith Cox，女）、西奥·达勒姆（Theo Durham）、卡尔顿·米尔斯（Carlton Mills）、欧根·奥托恩耶（Eugene Otuonye，2011年7月13日去职）、多琳·奎尔奇－米西克（Doreen Quelch-Missick，女）、约翰·史密斯（John Smith）、克莱顿·托马斯（Clayton Thomas，2011年8月11日任职）以及5名当然成员（总督、副总督、首席行政官、总检察长、常任财政秘书）。

2012年11月，组成新一届政府，内阁成员包括总督、总理鲁福斯·尤因、副总督安雅·威廉斯（女）、总检察长休·谢泼德等。

【司法机构】设最高法院。首席法官常驻巴巴多斯，首席法官不在期间由一位地方法官代理。上诉法院设在巴哈马的拿骚。英国枢密院为其最高上诉法院。

【政党】主要政党：（1）进步民族党（Progressive National Party，PNP）：执政党。主张成立全面自治政府。曾于1980—1988年、1991—1995年、2003—2009年执政。2012年，鲁福斯·尤因出任该党领袖。2012年底再次执政。

（2）人民民主运动（People's Democratic Movement，PDM）：主张成立内部自治政府并最终取得独立。曾于1976—1980年、1988—1991年、1995—2003年执政。2012年6月奥斯瓦尔德·斯基平斯（Oswald Skippings）当选为该党领袖，夏琳娜·卡特莱特－鲁滨逊（Sharlene Cartwright-Robinson）则成为该党第一位女性副领袖。

【重要人物】彼得·贝克汉姆：总督。生于1949年。职业外交官。1979年起在英国外交部工作。2005—2009年任英国驻菲律宾大使。2010年任英国驻印度副高级专员。2013年10月任特克斯和凯科斯群岛总督。　**鲁福斯·尤因：**总理。生于1972年。就读于西印度群岛大学和美国约翰斯·霍普金斯公共卫生布鲁姆伯格学院。医学博士和外科医生。2012年任进步民族党领袖。2013年11月任总理。

经　济

该群岛自然资源缺乏，无制造业，主要生产部门是渔业和盐业，收入主要来自旅游业和金融服务业。2015年估计在地区生产总值（GDP）中，服务业占89.5%，工业占10%，农业占0.5%。

2007年估计的主要经济数据如下：

地区生产总值：6.32亿美元（购买力平价）。
人均地区生产总值：2.91万美元。
地区生产总值增长率：11.2%。
货币名称：使用美元；1美元=100分。
通货膨胀率：2.5%（消费价格，2015年估计）。
失业率：5.4%（2007年）。

【农渔业】农业规模很小，种植少量玉米、豆类、热带水果和蔬菜。渔业是重要经济部门，有世界上最大的海螺养殖场，渔业产品是主要出口产品。农业和渔业人口占全部劳动力的1/5。

【金融服务业】金融服务业是近几年新兴产业，由于没有外汇管制和不收税，发展较快，成为主要经济部门。2000年在该群岛注册的公司共有8000家，该岛公司注册费收入达270万美元。

【旅游业】政府重视发展旅游业，旅游业是财政和外汇收入的主要来源之一。2007年抵达游客总数为30万人次，主要来自美国和加拿大。主要旅游景点有索尔特珊瑚礁，被联合国教科文组织列为世界遗产。

【交通运输】公路：总长121公里，其中铺设路面的仅24公里。

水运：有通往伦敦、迈阿密和佛罗里达的货运航班。1990年国际货运量估计为28.4万吨。大特克、普罗维登西亚莱斯和南凯科斯有港口。

空运：有8个机场，大特克、普罗维登西亚莱斯、南凯科斯和北凯科斯都有国际机场。航班通往迈阿密、海地、多米尼加和巴哈马。

【财政金融】财政年度为日历年。关税是政府财政收入的主要组成部分。此外英国每年继续提供大量资金，用于基础建设工程和技术合作。工资和补贴占经常开支的17.4%。2012年和2013年估计，预算收入为4.174亿美元和4.341亿美元，支出为4.089亿美元和4.376亿美元。2005年外债约为4043万美元。

【对外贸易】历年严重入超且逐年增加。主要进口食品、饮料、制成品、原材料和燃料；出口龙虾、海螺和渔业产品。渔业产品出口年收入为400万美元。主要贸易伙伴是美国、英国以及邻国。2007年估计出口额为2477万美元，进口额为5.913亿美元。

【外国援助】英国是最大的援助国。2000年英国提供1120万美元，各类多边组织提供援助170万美元。

人民生活 大特克岛有1所综合医院。每个岛上有1个诊所。

2012年特克斯和凯科斯群岛居民平均期望寿命估计为79.26岁。有固定电话3700部（2009年），手机2.51万部（2004年）。2012年有互联网主机73217台。

军　事 特克斯和凯科斯群岛防务由英国负责。

文化教育 【教育】公立学校实行13年免费义务教育（从4岁开始）。识字率98%。2005/2006学年，特克斯和凯科斯群岛对政府教育开支3100万美元，有小学生3560人，中学生1704人。设有1所社区学院，科伯恩城有温莎大学。

【新闻出版】岛上没有日报，主要报刊有《特克斯和凯科斯新闻》（周报）、《特克斯和凯科斯自由新闻》（周报）等。

特克斯和凯科斯广播电台为政府所有。岛上可以收看到巴哈马的电视节目。在大特克岛和普罗维登西亚莱斯岛可收看有线电视。

对外关系 外交由英国掌管。特克斯和凯科斯群岛为万国邮政联盟、加勒比开发银行成员，加勒比共同体联系成员，设有国际刑警组织特克斯和凯科斯群岛支局。（叶苓）

特立尼达和多巴哥

国名　特立尼达和多巴哥共和国（The Republic of Trinidad and Tobago）。

面积　5128平方公里，其中特立尼达岛4828平方公里，多巴哥岛300平方公里。

人口　132.8万（2015年）。印度裔和非洲裔为两大主要族裔，分别占总人口约35%，其余为混血人种、欧洲人、阿拉伯人后裔及华人。英语为官方语言和通用语。居民多信奉天主教、印度教，少数信奉英国圣公会教、伊斯兰教。

首都　西班牙港（Port of Spain），人口49万。

国家元首　总统安东尼·托马斯·阿基纳·卡莫纳（Anthony Thomas Aquinas Carmona），2013年3月就任，任期5年。

重要节日　独立日：8月31日；狂欢节：每年2月。

简　况 位于加勒比海小安的列斯群岛的东南端，西与委内瑞拉隔海相望。热带海洋性气候，气温在20至34度之间。特立尼达岛原为印第安人阿拉瓦克族和加勒比族居住地。1498年哥伦布经过该岛，宣布其为西班牙所有。1781年被法国占领。1802年根据《亚眠条约》划归英国。多巴哥岛历经西班牙、荷兰、法国、英国多次争夺，1814年根据《巴黎条约》沦为英国殖民地。1889年两岛均成为英国殖民地。1956年实行内部自治。1962年8月31日独立。1976年8月1日改为共和国，现为英联邦成员国。

政　治 议会民主制。总统为国家元首，由议会选举产生。总理为政府首脑，由议会多数党领袖担任。独立以来，代表非洲裔利益的人民民族运动党曾先后执政长达40年。2015年9月，反对党人民民族运动党以23席比18席战胜以联合民族大会党为主的执政联盟，赢得选举。目前特多政局总体稳定。

【宪法】现行宪法于1976年8月1日生效。宪法规定特多为共和国；总统为国家元首（虚位），由议会选举产生，任期五年；每五年举行大选，政府由大选中获众议院多数席位的政党组成，对议会负责。多巴哥设有多巴哥议会，享有有限的税收自主权以及卫生、教育、住房及行政事务权力。

【议会】分参、众两院，任期均为五年。参议院31席，由总统任命，其中总理提名16人，反对党领袖提名6人，另9人由总统在社会名流中选任。现任参议长克里斯蒂娜·坎加卢（Christine Kangaloo），2015年9月就任。众议院41席，普选产生。众议长布丽吉德·安尼塞塔—乔治（Bridgid Annesette-George），

2015年9月就任。

【政府】本届政府于2015年9月成立。目前内阁主要成员有：总理兼人民和社会发展部长基思·罗利（Keith Rowley），外交兼加共体部长丹尼斯·摩西（Dennis Moses），贸易和工业部长葆拉·戈皮—斯库恩（Paula Gopee-Scoon），社区发展部长富兰克林·卡恩（Franklin Khan），教育部长安东尼·加西亚（Anthony Garcia），能源部长妮科尔·奥利维雷（Nicole Olliviere），财政和经济部长科尔姆·莫伯特（Colm Imbert），卫生部长特伦斯·德亚尔辛格（Terrence Deyalsingh），住房和城市发展部长马琳·麦克唐纳（Marlene Mcdonald），农业、土地和海洋资源部长克拉伦斯·拉巴拉特（Clarence Rambharat），劳工和小微企业发展部长珍妮弗·巴普蒂斯特—普赖默斯（Jennifer Baptiste-primus），司法与法律事务部长法里斯·阿尔拉维（Faris Al-Rawi），国家安全部长埃德蒙·狄龙（Edmund Dillon），民族多元和社会融和部长谢丽—安·克里奇洛—科伯恩（Cherrie-Ann Crichlow-Cockburn），社会发展、文化和艺术部长妮安·加兹比－多利（Nyan Gadsby-Dolly），公共事务管理部长兰德尔·米切尔（Randall Mitchell），公共设施部长安西尔·安托万（Ancil Antoine）、交通部长马克西·卡菲（Maxie Cuffie），规划和可持续发展部长卡米尔·鲁滨逊－里吉斯（Camille Robinson-Regis），工程和基础设施部长菲茨杰拉德·海因兹（Fitzgerald Hinds），旅游部长莎姆法·库乔（Shamfa Cudjoe），科技部长艾安娜·韦伯斯特－罗伊（Ayanna Webster-Roy），体育部长达里尔·史密斯（Darryl Smith）等。

【行政区划】全国分为9个郡、2个市、3个区和1个半自治行政区（多巴哥岛）。

【司法机构】设最高法院（由高等法院和上诉法院组成）和地方法院。地方法院和高等法院均对民事和刑事案件享有初审权。上诉法院受理地方法院和高等法院审理过的上诉案件。

【政党】主要政党有：

（1）人民民族运动党（People's National Movement，简称PNM）：执政党。1956年1月成立。曾于1956年至1986年、1991年至1995年、2001年至2010年执政。主要代表非洲裔利益，属温和民族主义政党。主张政治自由、社会平等和种族博爱。政治领袖基思·罗利。

（2）联合民族大会党（United National Congress，简称UNC）：反对党。1989年4月成立。曾于1995年至2001年执政。2010年5月，与人民大会党等四个政党组成人民伙伴联盟赢得大选。主要代表印度裔利益。主张在权力分配和种族问题上实行平等。政治领袖卡姆拉·佩萨德—比塞萨尔。

（3）人民大会党（Congress of People，简称COP）：执政党。2006年9月联合民族大会党内部严重分裂，政治领袖杜克兰携五名众议员成立该党。2010年5月加入人民伙伴联盟。支持者以中产阶级为主。政治领袖普拉卡什·拉马达尔。

（4）独立自由党（Independent Liberal Party，简称ILP）：反对党。2013年7月成立。创始人杰克·沃纳原为联合民族大会党主席。政治领袖雷克哈·拉姆吉特。

【重要人物】安东尼·托马斯·阿基纳·卡莫纳：总统。1953年生于特多。毕业于西印度大学，英语语言文学、政治学和法学学士。1989年任特多高级检察官。1994年至1999年历任特多公诉署首席助理、副署长。2001年至2004年任海牙前南斯拉夫问题和阿鲁沙卢旺达问题国际刑事法庭上诉律师。2004年起任特多最高法院法官。2011年当选海牙刑事法院法官。2013年2月当选特多总统，3月18日就任。　**基思·罗利**：1949年生于特多。西印度大学地理学博士。1987年至1990年任反对党参议员，1991年当选众议员并连选连任至今。曾任农业、土地和海洋资源部长，计划和发展部长，住房部长，贸易和工业部长。2010年6月出任议会反对党领袖。2015年9月率领人民民族运动党赢得大选并担任总理。

经　济

以能源开发和加工为主。能源产业产值占国内生产总值约40%。近年来，建筑、旅游和金融保险业等发展较快。

2015年主要经济数据如下：

国内生产总值：276.7亿美元。

人均国内生产总值：20380美元。

增长率：–0.07%。

失业率：5%。

货币名称：特立尼达和多巴哥元。

汇率：1美元=6.43特元。

（资料来源：国际货币基金组织、特多央行）

【资源】为世界最大天然沥青产地，重要液化天然气、氨肥、甲醇生产国，为英语加勒比地区重要石油输出国。天然沥青湖面积约47公顷，已探明储量1200万吨。已探明可开采天然气储量4361亿立方米，石油储量为7.3亿桶。

【工业】以石油、天然气开采和炼油为主，其次为建筑业和制造业。加工制造业门类较齐全，主要生产化肥、钢铁、食品、烟草等。

【农业】主要种植甘蔗、咖啡、可可、柑橘、椰子和水稻等，其中可可质量上乘。约75%食品靠进口。全国可耕地约23万公顷。

【旅游业】产值约占国内生产总值14%，从业人员占全国就业人口17%。游客主要来自美国、英国、加拿大及加勒比其他国家。

【交通运输】以公路运输为主。公路总长8000余公里。

水运：主要港口有西班牙港、利萨角、查瓜拉马斯和塔巴拉多角。其中西班牙港规模最大，有通往世界各大港口的海运线。有6艘商船，其中客船1艘，客货船4艘，油艇1艘。

空运：有6座机场。特立尼达岛和多巴哥岛各有一个机场可停降波音747等大型客机。位于首都西班牙港的皮亚科国际机场是英语加勒比地区最现代化的机场，有飞往欧洲、美国、加拿大及拉美多国的直达航班。

【财政金融】2013—2014财年，特多财政收入534亿特元，财政支出642亿特元。（资料来源：国际货币基金组织）

【对外贸易】主要出口石油、化工产品、制成品、原材料和牲畜，进口燃料、润滑油、运输设备和食品等。主要贸易伙伴有美国、哥伦比亚、委内瑞拉、俄罗斯、巴西和中国。（资料来源：国际货币基金组织）

【经济团体】（1）特立尼达和多巴哥工商会（Trinidad & Tobago Chamber of Industry & Commerce）：成立于1891年。地址：Columbus Circle, Westmoorings，Port of Spain。

（2）特立尼达和多巴哥粮农有限公司（Food and Agriculture Corporation of Trinidad and Tobago Ltd.）。地址：Arena Road，Port of Spain。

人民生活

社会福利较为完备。政府向老年人和失业者分别发放养老金和失业救济金。

军　事

国防军始建于1962年，由陆军、空军和海岸警卫队组成。总统为国防军司令，总参谋长负责军队日常事务。

文化教育

【教育】中小学实行免费义务教育。大学有西印度大学特多圣奥古斯丁分校、特立尼达和多巴哥大学，另有东加勒比农学院和一所教师培训学院。

【新闻出版】主要报纸有《特立尼达和多巴哥快报》、《特立尼达卫报》和《新闻日报》。主要新闻机构有加勒比新媒体集团（拥有3个电视频道和3家电台）、加勒比通讯网（私营）和特立尼达广播有限公司。有广播电台30余家，多为私营。主要电台有国营的中波610电台和特立尼达电台。有8家电视台，主要有TV6，CNC3和CNMG。

对外关系

奉行独立自主和不结盟的外交政策，维护民族独立和国家主权，坚持不干涉别国内政原则，反对殖民主义和种族主义，主张建立国际经济新秩序，开展平等互利的国际经济合作。外交以促进特多经济发展为核心任务。积极推进加勒比一体化进程，参与加勒比共同体、美洲国家组织、联合国等国际和地区组织事务。同西方传统盟友保持密切关系的同时，注重加强与中国、印度等主要发展中国家的联系。

【同中国的关系】1974年6月20日，中国同特立尼达和多巴哥建交。2005年，两国建立“互利发展的友好合作关系”。建交以来，两国在政治、经贸和文化等领域进行了卓有成效的合作，在国际事务中相互理解和支持。

2013年6月，国家主席习近平对特多进行国事访问，此系中特建交以来，中国国家主席首次访特。2014年2月，特多时任总理比塞萨尔来华进行正式访问，此系近30年来，特多总理首次访华。

其他重要互访有：国务院副总理耿飚（1978年），全国人大常委会副委员长阿沛·阿旺晋美（1981年），国务院秘书长罗干（1992年），全国人大常委会副委员长布赫（1997年），国务院副总理钱其琛（1998年），全国政协主席李瑞环（2000年），中央军委副主席、国务委员兼国防部长迟浩田（2001年），国务委员吴仪（2003年），国家副主席曾庆红（2005年），中共中央政治局常委贺国强（2008年），国务院副总理王岐山（2011年），中央政治局委员、全国人大常委会副委员长王兆国（2012年），全国人大常委会副委员长陈昌智（2016年）；特多总理威廉斯（1974年、1975年）、钱伯斯（1985年），总统理查兹（2010年），众议长马克和参议长哈梅尔—史密斯（2012年），杜克兰外长（2015年，出席中拉论坛首届部长级会议），人民民族运动党总书记福特（2015年，出席中拉政党论坛首次会议）。

特多承认中国完全市场经济地位。近年来，两国经贸合作发展较快。2015年，双边贸易额5.21亿美元，其中中方出口额为4.81亿美元，进口额为0.4亿美元，同比分别增长 -1.4%、12.6% 和 -61.1%。中方主要出口钢材、纺织品、服装、农产品、塑料制品和汽车，进口天然沥青、液化石油气、废金属和废塑料。

两国文化、体育、青年、医疗等领域团组交流频繁。中方曾派军乐团、京剧团、杂技团和歌舞团等文艺团组赴特多访演，足球和乒乓球等体育团体赴特多访问比赛。中方多次在特多举办摄影、国画、陶瓷、服饰和工艺美术展。2012年，重庆艺术团、深圳爱华艺术团赴特多访演。2013年，浙江婺剧团“欢乐春节”艺术团赴特多访演。2014年，中国残疾人艺术团、天津艺术团先后赴特多访演。2014年8月，中国首次向特多派遣短期医疗队。

特多“卡塔里全星钢鼓乐队”曾来华访演。特多田径、乒乓球和篮球队曾访华。2010年9月，特多举办上海世博会“特多周”活动。10月，特多武术团来华参加第八届中国郑州国际少林武术节并获铜奖。2014年5月，特多华人钢鼓乐团来华参加拉美和加勒比音乐节。西印度大学特多圣奥古斯丁分校设有孔子学院和中特农业创新示范园。中国海军“和平方舟”号医院船曾访问特多。中方“光明行”眼科专家组和短期医疗队曾赴特多开展义诊。特多圣费尔南多医院建有中国政府捐赠的加勒比首个显微外科训练中心。

两国重要双边协议及文件有：《中华人民共和国和特立尼达和多巴哥建立外交关系的联合公报》（1974年6月），《中特贸易、经济和科学技术合作协定》（1985年7月），《中华人民共和国政府和特立尼达和多巴哥共和国政府关于特立尼达和多巴哥在中华人民共和国香港特别行政区保留名誉领事馆的协定》及《中华人民共和国政府和特立尼达和多巴哥共和国政府关于中华人民共和国香港特别行政区与特立尼达和多巴哥共和国互免签证的协定》（1997年3月），《中华人民共和国政府和特立尼达和多巴哥共和国政府关于相互促进和保护投资协定》（2002年7月），《中华人民共和国政府和特立尼达和多巴哥共和国政府关于对所得避免双重征税和防止偷漏税的协定》（2003年9月），《中华人民共和国政府与特立尼达和多巴哥共和国政府文化合作协定》（2005年1月），《中华人民共和国政府和特立尼达和多巴哥共和国政府关于互免持外交、公务/官员护照人员签证的协定》（2006年10月），《关于中国旅游团队赴特多旅游实施方案的谅解备忘录》（2007年3月），《中华人民共和国政府与特立尼达和多巴哥共和国政府关于建立贸易和经济技术合作联合委员会的谅解备忘录》（2008年6月），《中华人民共和国政府和特立尼达和多巴哥共和国政府关于中国派遣医疗队赴特多工作的议定书》（2014年2月），《中华人民共和国国家体育总局与特立尼达和多巴哥共和国体育部体育合作谅解备忘录》（2014年2月），《中华人民共和国国家能源局与特立尼达和多巴哥共和国能源和能源事务部关于能源和能源相关领域合作的谅解备忘录》（2014年2月），《中国民用航空局与特立尼达和多巴哥共和国运输部的谅解备忘录》（2014年2月）。

中国驻特多大使：黄星原（Huang Xingyuan）。馆址：NO.39, ALEXANDRA STREET, ST. CLAIR, PORT OF SPAIN, TRINIDAD AND TOBAGO。电话：001-868-6286417（政治处），6285556（经商处），6221832（领事部），6229258（办公室），传真：6227613（政治处），6288020（经商处），网址：http://tt.china-embassy.org/，http://tt.chineseembassy.org/。电子信箱：chinaemb_tt@mfa.gov.cn（政治处），sinott2012@gmail.com（经商处）。

【同美国的关系】美国是特多第一大贸易伙伴，在特多有大量投资，特多对美经济依存度较高。两国在打击毒品走私等领域合作密切。2009年4月，美国总统奥巴马赴特多出席第五届美洲国家首脑会议。2010年11月，比塞萨尔总理访问美国。2011年4月，比赴美国出席美洲国家组织首脑会议。2012年9月，美“安德伍德”号军舰访问特多。2013年4月，比访问美国。6月，美国副总统拜登访问特多。

【同其他西方国家关系】注重与西方发达国家保持密切的政治和经济往来。2008年10月，特多作为加勒比论坛成员与欧盟签署《经济伙伴关系协定》。2009年11月和2010年7月，英联邦首脑峰会、第25届英联邦议会协会大会先后在特多首都西班牙港举办。9月，比塞萨尔总理访问英国。2012年5月，加拿大总督、巴拿马总理访问特多。

【同加勒比国家的关系】积极推动地区一体化进程，是加勒比共同体以及加勒比国家联盟创始国之一。是加勒比国家联盟总部所在地、加共体单一市场成员国。2011年12月，加勒比共同体国家和古巴首脑会议在特多举办。2012年5月，加勒比地区贸易投资大会在特多举行。8月，牙买加、圭亚那、圣文森特和格林纳丁斯等加勒比国家政要访问特多，出席特多独立50周年庆祝活动。

【与拉美国家的关系】积极同拉美国家开展安全和打击毒品走私合作。2010年8月，特多同委内瑞拉签署共同开发天然气协定。2011年11月，美洲国家组织国家安全部长级会议在特多举办。12月，比塞萨尔总理赴委内瑞拉出席拉美—加勒比峰会。2012年3月，比访问巴拿马。4月，比赴哥伦比亚出席美洲国家组织峰会。

同亚非国家的关系同印度往来较多，两国签有经贸科技协定和文化协定。同韩国签有促进和保护投资协定。2009年4月，特多发起并举办特多—非洲能源会议。2011年3月，印度政府出资援建特多的新甘地研究所动工。2012年1月，比塞萨尔总理访问印度。2014年7月，日本首相安倍晋三访问特多并与加共体国家领导人举行集体会晤。（王默）

危地马拉

国名　危地马拉共和国（The Republic of Guatemala, La República de Guatemala）。

面积　108889平方公里。

人口　1586万（2015年）。土著印第安人占41%，其余为印欧混血种人和欧洲移民后裔。官方语言为西班牙语。70%的居民信奉天主教，20%的居民信奉基督教新教。

首都　危地马拉城（Ciudad de Guatemala），人口470万（2015年）。海拔1480米。亚热带气候，最热月（5月）气温为16℃—29℃，最冷月（1月）气温为

12℃—23℃。

国家元首　总统吉米·莫拉莱斯（Jimmy Morales），2016年1月14日就任。任期四年。

重要节日　独立日：9月15日。

简　况

位于中美洲西北部。西部和北部与墨西哥、东北与伯利兹、东南与洪都拉斯和萨尔瓦多接壤，东临加勒比海的洪都拉斯湾，南濒太平洋。海岸线长约500公里。境内多山地和火山，沿海平原土壤肥沃，北部森林覆盖率较高。以亚热带气候为主，年平均气温16℃—20℃，5—10月为雨季，11—4月为旱季。

危地马拉是古代玛雅文化的中心之一。1524年沦为西班牙殖民地。1821年9月15日宣布独立。1823年加入中美洲联邦。1839年成立共和国。后长期实行独裁统治。1944年起开始民主化进程。1954年起进入右翼军政府和文人政府交替执政时期。1960年出现左派军事组织。1982年1月，危全国各左派游击队合并成立“危地马拉全国革命联盟”，左派武装斗争遍布全国各地。1996年12月，阿尔苏政府（全国先锋党）与“危地马拉全国革命联盟”达成《最终和平协定》，结束长达36年的内乱。

政　治

是拉美最贫困的国家之一，多年内战造成社会发展滞后。长期以来，高凶杀率和高贫困率构成危两大痼疾。2015年9月，前总统佩雷斯因涉嫌贪腐，执政期未满即被迫辞职。同年10月，“民族融合阵线”候选人莫拉莱斯在大选中当选总统，并于2016年1月14日就职。目前，危政局总体稳定。

【宪法】现行宪法于1985年5月经国民议会通过，1986年1月14日生效，1994年1月30日通过宪法修正案。宪法规定：总统为国家元首、政府首脑和武装部队总司令；总统、副总统由直接选举产生，任期四年，不得连选连任；军人退役满五年后才能竞选总统。

【议会】国民议会为一院制，行使立法权，议员任期四年，可连选连任。设议长和三名副议长，任期一年。本届国民议会于2016年1月成立，共158席，各党所占席位如下：革新民主自由党44席，全国希望联盟36席，全民党18席，爱国党17席，国家融合阵线11席，其余政党占32席。现任议长为全国希望联盟议员马里奥·塔拉塞纳·迪亚斯·索尔（Mario Taracena Díaz Sol），2016年1月14日就职，任期一年。

【政府】本届政府于2016年1月组成。主要成员有：副总统哈菲特·埃内斯托·卡夫雷拉·弗兰科伊（Jafeth Ernesto Cabrera Francoi），外交部长卡洛斯·劳尔·莫拉莱斯（Carlos Raúl Morales），内政部长弗朗西斯科·曼努埃尔·里瓦斯·拉腊（Francisco Manuel Rivas Lara），财政部长胡里奥·埃克托尔·埃斯特拉达（Julio Héctor Estrada），国防部长威廉姆斯·曼西利亚（Williams Mansilla），交通运输、基础设施和住房部长卢克雷西亚·奥多涅斯·卡斯特罗（Lucrecia Ordóñez Castro，女），教育部长奥斯卡·乌戈·洛佩斯·里瓦斯（Oscar Hugo López Rivas），公共卫生和社会福利部长何塞·阿方索·卡夫雷拉·埃斯科瓦尔（José Alfonso Cabrera Escobar），能源和矿业部长何塞·佩拉约·卡斯塔尼翁（José Pelayo Castañón），经济和贸易部长鲁本·埃斯图亚多·莫拉莱斯·蒙罗伊（Rubén Estuardo Morales Monroy），环保部长费德里克·弗朗哥·科登（Federico Franco Cordón），劳工和社会保障部长奥拉·莱蒂西亚·特莱瓜里奥（Aura Leticia Teleguario，女），农业、畜牧业和食品部长马里奥·门德斯·科瓦尔（Mario Méndez Cóbar），社会发展部长何塞·吉列尔莫·莫雷诺（José Guillermo Moreno），环境和自然资源部长悉尼·亚历山大·萨穆埃尔斯（Sidney Alexander Samuels），文化和体育部长何塞·路易斯·切亚·乌鲁埃拉（José Luis Chea Urruela）。

【行政区划】全国划分为22个省，下设338个市镇。

【司法机构】由最高法院、宪法法院、总检察署、国家公诉专署、内务部等组成国家司法委员会。设最高法院、上诉法院、初级法院。最高法院有13名大法官，任期五年，由议会选举产生，可连任；最高法院院长兼任国家司法委员会主席，由大法官以2/3多数票选举产生，任期一年，不得连任。现任最高法院院长拉努尔福·拉法埃尔·罗哈斯·塞蒂纳（Ranulfo Rafael Rojas Cetina），2015年10月当选。

【政党】主要政党有：

（1）国家融合阵线（Frente de Convergencia Nacional）：执政党。2008年1月成立，由前军政府退役军人组成，右翼政党。总书记埃德加·胡斯蒂尼亚诺·奥瓦列·马尔多纳多（Edgar Justiniano Ovalle Maldonado）。

（2）革新民主自由党（Libertad Democrática Renovada）：反对党。2008年底，部分国会议员宣布脱离全国希望联盟，成立新党“全民福祉联盟”，后改名为“民主革新自由党”。总书记曼努埃尔·巴尔迪松（Manuel Baldizón）。

（3）全国希望联盟（Unidad Nacional de la Esperanza）：反对党。2002年9月由前总统科洛姆组建，中左政党。总书记为科洛姆前妻桑德拉·托雷斯（Sandra Torres）。

（4）爱国党（Partido Patriota）：反对党。退役将军、前总统奥托·佩雷斯于2001年3月13日创建该党并担任党的实际领导人。原为贝尔赫政府执政联盟成员，2004年6月因政见分歧宣布退出。总书记为巴伦廷·格拉马霍（Valentín Gramajo）。

【重要人物】吉米·莫拉莱斯：总统。1969年3月18日生于危地马拉城，危地马拉圣卡洛斯大学战略安全学博士、危地马拉马里亚诺·加尔韦斯大学高等战略研究学硕士、危地马拉泛美大学传媒学硕士。著名喜剧演员。曾任圣卡洛斯大学经济系和传媒学院教师。2012年加入国家融合阵线，2013年至2016年初担任该党总书记。2015年作为国家融合阵线候选人参加总统选举，以较大优势当选总统。已婚，夫人帕特里夏·马罗金（Patricia Marroquín）。

经　济

以农业为主，工业基础薄弱。受内战影响，经济长期停滞。1996年《最终和平协定》生效后，危经济恢复增长。2003年至2008年，年均增长率达4%。2009年，受国际经济和金融危机影响，危经济低迷，财政状况恶化。2010年起，危经济恢复增长。

2014年主要经济数据如下：

国内生产总值：587亿美元。

人均国内产值：3703美元。

国内生产总值增长率：4%。

货币名称：格查尔（Quetzal）。

汇率：1美元=7.74格查尔。

通货膨胀率：2.95%。

失业率：2.9%。

（资料来源：危地马拉央行、国家统计局）

【资源】矿产有铅、锌、铬、锑、金、银、水银、镍等；石油储量14.3亿桶。林业资源丰富，森林和湿地面积占国土面积的34.5%。

【工业】以轻工业为主。传统工业有制造业及采矿、纺织、食品加工、制药和造纸等行业。近年来以纺织业为主的客户加工业、电力、通信业等发展较快。2014年工业产值占国内生产总值的23.8%。

【农业】在国民经济中占有重要地位。全国可耕地面积为1090万公顷。农业以种植咖啡、甘蔗、香蕉、可可等为主。农业人口占全国人口的1/3。近年因受自然灾害、国际市场农产品价格走低等因素影响，传统农业产量有所下降，但鲜花、水果等非传统产品出口增长。2014年农业产值占国内生产总值的13.1%。

【旅游业】旅游业是危主要外汇来源。丰富的生态环境和文化古迹是危重要的旅游资源。主要旅游景点有：危地马拉城老城区，蒂卡尔、奇奇卡斯特南戈、亚柯哈和纳库穆等玛雅文明遗址，阿蒂特兰湖、火山风光等。每年的1月、7月、8月、12月和复活节是旅游旺季。2014年共接待外国游客214.2万人次，同比增长12.9%，旅游收入15.64亿美元，同比增长5.6%。游客主要来自美国、加拿大、墨西哥、中美洲国家和欧盟。

【交通运输】以公路运输为主。

公路：2014年总长16860公里，其中沥青或水泥公路占74%，其余为乡村公路。主要干线有泛美公路、太平洋公路和大西洋公路。各类机动车约273万辆。

铁路：曾有一条铁路，现已停运。

水运：主要港口有大西洋沿岸的巴里奥斯和圣托马斯·德卡斯蒂利亚港及太平洋沿岸的格查尔港。2014年货运量2392万吨。

空运：有危地马拉城拉奥罗拉机场和蒂卡尔市圣埃莱娜机场两个国际机场，危地马拉国际航空公司经营通往中美洲各国、多米尼加、墨西哥、美国、西班牙、荷兰等国的航线。2014年拉奥罗拉国际机场客运量221.7万人次。

【财政金融】当前，危政府大力压缩财政支出，减少财政赤字。近年中央政府财政收支情况如下（单位：百万格查尔）：

	2012年	2013年	2014年
收入	42819	48663	52217
支出	55319	57893	60819

（资料来源：财政部）

2014年外债余额142.5亿美元，外汇储备79.56亿美元，财政赤字率1.89%，侨汇收入55.44亿美元。

2011年，危全国共有各类银行机构3118家。

【对外贸易】主要出口咖啡、蔗糖、香蕉等传统农产品。主要出口对象国为美国、中美洲国家、欧盟、墨西哥等国家和地区；主要进口消费品、原料及半成品、资本商品和燃油等，主要进口来源国为美国、墨西哥、中美洲国家、中国、欧盟、哥伦比亚等国家和地区。

近年进出口贸易情况如下（单位：亿美元）：

	2012年	2013年	2014年
进口额	158.36	163.56	167.58
出口额	100.95	101.90	108.33
差额	−57.41	−61.66	−59.25

（资料来源：经济季评）

【外国资本】在危外国公司主要有哥伦比亚麦德林公共服务公司控股的危地马拉电力公司等。2014年外国直接投资13.99亿美元，同比增长7.99%。

【外国援助】1996年年底危和平协议签署后，国际社会允诺向危提供19亿美元的援助，用于国家重建。1997年，美洲开发银行向危提供1.83亿美元贷款。2002年2月，咨询小组华盛顿会议筹措13亿美元资金支持危和平进程。2009年美洲开发银行、国际货币基金组织、世界粮食计划署等多边组织和西班牙等国向危提供约21亿美元贷款。2010年，美国、欧盟分别宣布907万美元和3512万欧元的援助承诺，用于帮助危消除饥饿与贫困。2012年9月，美洲开发银行向危提供2.37亿美元贷款，用于帮助危进行财政改革。10月，世界银行向危提供2亿美元贷款，用于帮助危重组公共债务。2015年12月，美国国会决定拨款7.5亿美元，用于帮助"中美洲北三角繁荣联盟"的洪都拉斯、危地马拉、萨尔瓦多三国推进国内发展，解决对美非法移民问题。

人民生活 2013年人均寿命为71.36岁，出生率25.1‰，死亡率5‰。截至2012年年底，城市人口占总人口的50.2%。贫富悬殊，10%的人口占有全国42.4%的财富，基尼系数0.55。据2014年危全国生活条件报告显示，危贫困人口占总人口的59.3%，其中赤贫人口占总人口的23.4%。2010年1月1日起，危最低工资上调至每人每天56格查尔（合6.71美元），外加每月250格查尔（合29.97美元）的奖金。

军　事 实行义务兵役制，服役期为两年。现役总兵力为3.9万人。2014年国防支出占国内生产总值0.4%。

文化教育 【教育】实行小学义务教育。小学6年，中学6年。截至2014年，有初级教育机构19141所，中学7825所，大学15所，其中圣卡洛斯大学为国立，2014年有学生19.5万人，其余14所为私立。2012年文盲率16.6%。2013年教育经费占国内生产总值的2.8%。

【新闻出版】发行量较大的报纸有：《自由新闻报》，1951年创刊，发行量13万份；《时报》，1920年创刊，发行量1万份；《中美洲日报》，官方日报，1880年创刊，发行量1.5万份。此外，还有《21世纪报》和《新闻报》。

全国有95家广播电台，其中“危地马拉之声”等五家电台由政府经营，其余90家为私营电台。全国有26家电视台，其中五家为国家电视台，一家军队电视台，六家教育电视台，其余为私营商业电视台。

对外关系 主张维护国际和平与安全，尊重民族自决和不干涉别国内政，以和平手段解决国际争端。重视加强与美国、欧盟、墨西哥和日本的经贸关系，积极参与国际事务和推动地区一体化进程。系联合国、不结盟运动、美洲国家组织、拉美和加勒比国家共同体、拉美议会、拉美经济体系、加勒比国家联盟、中美洲共同市场、中美洲一体化体系、中美洲议会等国际和地区组织成员国。现同154个国家（不包括中国台湾省）保持外交关系。

【同中国的关系】中危无外交关系。

近年中方主要往访有：贸促会副会长王锦珍（2007年9月）、贸促会秘书长徐沪斌（2009年9月）、贸促会副会长董松根（2011年9月）、外交学会副会长黄星原（2012年6月）。

危方主要来访有：危商会代表团（2008年4月）、危爱国党代表团（2010年9月）、外长卡雷拉（2013年5月来华出席联合国教科文组织举办的“文化：可持续发展的关键”国际会议）、外长莫拉莱斯（2015年1月来华出席中国—拉共体论坛首届部长级会议）。

据中国海关统计，2014年中危贸易额19.2亿美元，其中中方出口18.7亿美元，进口0.5亿美元，同比分别增长16.4%、26.5%和–70.4%。中方主要向危方出口石化、纺织、机械设备、金属制品等，进口水果、糖等食品。

危同台湾当局于1960年9月建立“外交关系”。双方保持密切交往，签有农业、贸易、投资、文化、体育、技术、矿业、职业培训等合作协定。2005年9月，陈水扁访危，双方签署自由贸易协定。2006年7月，该协定生效。2009年，马英九访危，危副总统埃斯帕达访台。2010年，危总统顾问诺列加访台。2011年危总统科洛姆、副总统埃斯帕达、外长罗达斯分别访台。2012年，台“外长”杨进添访危，出席佩雷斯总统就职仪式；危最高法院院长阿尔达那访台。2013年4月，危经济部长德拉托雷访台。6月，佩雷斯总统访台，双方签署台向危提供5000万美元无偿援助并为危公路项目提供低息贷款的合作协议。2016年1月，台“外长”林永乐访危，出席莫拉莱斯总统就职仪式。

2014年危台贸易总额为1.67亿美元，其中危进口1.09亿美元，出口0.58亿美元。

【同美国的关系】同美保持密切的政治、经济和军事关系关系，美在危派有军事使团、军事顾问，设有两处军事基地。2004年，危加强与美在打击洗钱、走私和贩毒领域方面的合作，危国会批准美直接参与危国内反毒的“猎豹”计划。2005年，美副国务卿佐立克访危，美向危提供救护物资。2006年，布里斯外长访美，美向危提供250万美元的缉毒经费，危美自贸协定生效。2007年，美总统布什访危。2008年，危总统科洛姆访美。2010年2月，危总统科洛姆再度访美，美国务卿克林顿访危并出席在危举行的中美洲国家首脑会议。2011年12月，科洛姆总统对美进行工作访问。2012年5月，美国防部西半球事务副部长莫拉访危。7月，危美两国军队进行反毒联合演习。9月，危副总统巴尔德蒂访美，为饮用水和疫苗接种等项目寻求援助。2013年5月，佩雷斯总统与美总统奥巴马在出席哥斯达黎加中美洲一体化峰会期间会晤，就两国经贸合作、打击贩卖毒品和非法移民等问题交换看法。2014年6月、2015年3月和2016年1月，美副总统拜登三次访危，其中2016年1月还出席莫拉莱斯总统就职仪式。

【同欧洲国家的关系】重视发展与欧洲国家的关系。2006年，贝尔赫总统出席欧盟与拉美加勒比国家峰会，危与奥地利签署投资保护协定，与黑山共和国建交。2007年，西班牙国王卡洛斯、第一副首相德拉维加先后访危。2008年，西班牙王储费利佩出席科洛姆总统就职仪式。2009年，西班牙负责伊比利亚美洲事务的国务秘书希门内斯访危。2011年，欧盟宣布向危提供650万欧元，以改善危儿童营养不良状况。2012年6月，包括危在内的中美洲国家与欧盟伙伴关系协议生效。2013年2月，佩雷斯总统访问西班牙和梵蒂冈。2016年1月，西班牙老国王胡安·卡洛斯访危，出席莫拉莱斯总统就职仪式。

【同墨西哥的关系】历史上两国曾发生边境冲突。1998年危墨签署教育、文化和科技合作协议。2006年，墨总统福克斯和当选总统卡尔德龙先后访危。2007年，罗森塔尔外长访墨。2008年，危总统科洛姆访墨。2009年，墨总统卡尔德龙访危，两国签署相互承认学历、促进性别平等及合作打击腐败等协议，并宣布进行两国电网并网。2011年11月，危与其他中美洲国家集体同墨签署自贸协定。2013年4月、5月和7月，佩雷斯总统与墨西哥总统多次会晤，就两国边界争议、双边经贸合作、社会安全、非法移民和走私等问题交换看法。8月，危墨自贸协定生效。2015年11月，危当选总统莫拉莱斯访墨。2016年1月，墨外长马谢乌访危，出席莫拉莱斯总统就职仪式。

【同拉美其他国家的关系】积极参与中美洲一体化进程，斡旋哥斯达黎加同尼加拉瓜边界纠纷，重视加强与南美国家关系。2004年11月，危同萨尔瓦多实现两国人员和商品自由流通。2006年7月起，危地马拉、萨尔瓦多、尼加拉瓜、洪都拉斯四国使用统一签证。2007年8月，危地马拉、萨尔瓦多、洪都拉斯三国同哥伦比亚签署自贸协定。2010年2月，智利总统访危，两国签署自贸协定。2011年，科洛姆总统访问厄瓜多尔，多米尼加总统费尔南德斯访危，危与秘鲁签署自贸协定。2012年，萨尔瓦多总统富内斯访危，危副总统巴尔德蒂访问哥斯达黎加，危继续同特立尼达和多巴哥谈判自贸协定。2013年5月，佩雷斯总统赴哥斯达黎加出席中美洲一体化峰会。2015年4月，佩雷斯总统赴巴拿马出席第七届美洲峰会。2016年1月，厄瓜多尔总统科雷亚、洪都拉斯总统埃尔南德斯、萨尔瓦多总统桑切斯访危，出席莫拉莱斯总统就职仪式。

【同伯利兹的关系】危地马拉同伯利兹长期存在领土争端，危认为前英属殖民地伯利兹有1.2万平方公里领土属危。1991年8月，危正式承认伯利兹，两国建立大使级外交关系。1996年10月，两国外长举行非正式会晤，危主张将领土争端交由国际仲裁，伯认为应在双边框架内解决。2000年年底，两国政府就稳定边界局势签署协议。2002年2月，危总统波蒂略参加在伯举行的中美洲—加勒比首脑会议，成为第一位访伯的危总统。2004年5月，两国外长在美洲国家组织总部举行会晤并发表联合公报，表示将在美洲国家组织框架下寻找适当机制，以公正、平等、和平的方式永久解决领土争端。2005年9月，两国签署有关谈判框架协议。2006年2月，双方在华盛顿启动边界谈判。2008年，双方同意于2013年10月分别举行全民公投，以决定是否将领土争端提交国际法庭。

【同亚洲其他国家关系】近年来，日益重视发展同亚洲国家的关系。积极开展与日本、印度、韩国等国的经贸合作关系。2004年6月，危与文莱建交。2005年5月，危外长布里斯访问印度。9月，韩国总统卢武铉访危并出席韩国与中美洲一体化峰会。2006年2月，布里斯外长访问日本和韩国。7月，危与蒙古建交。8月，危与尼泊尔、塔吉克斯坦建交。2007年2月，危与卡塔尔、乌兹别克斯坦建交。9月，危与朝鲜建交。2008年2月，危与老挝建交。5月，埃斯帕达副总统访问韩国。2009年12月，以色列副总理亚阿隆访危。2011年9月，危与哈萨克斯坦建交。10月，危与巴基斯坦建交。2013年2月，危与斯里兰卡建交。12月，佩雷斯总统访问以色列。（万贝）

委内瑞拉

国名　委内瑞拉玻利瓦尔共和国（The Bolivarian Republic of Venezuela，La República Bolivariana de Venezuela）。

面积　91.64万平方公里。对现在圭亚那管辖之下约15.9万平方公里的埃塞奎博地区有主权要求。

人口　2991万人（2014年）。印欧混血种人占58%，白人29%，黑人11%，印第安人2%。官方语言为西班牙语，居民98%信奉天主教，1.5%信奉基督教。

首都　加拉加斯（Caracas），人口322万，年均气温21℃。

国家元首　总统尼古拉斯·马杜罗·莫罗斯（Nicolás Maduro Moros），2013年4月19日就职，任期至2019年。

重要节日　独立日：7月5日。

简　况　位于南美洲大陆北部。东与圭亚那为邻，南同巴西接壤，西与哥伦比亚交界，北濒加勒比海。海岸线长2813公里。全境除山地外基本上属热带草原气候。气温因海拔高度不同而异，山地温和，平原炎热。每年6—11月为雨季，12—5月为旱季。

古代为印第安人阿拉瓦克族和加勒比族的居住地。1567年沦为西班牙殖民地。1811年7月5日宣布独立。1819—1829年同现哥伦比亚、巴拿马和厄瓜多尔组成“大哥伦比亚共和国”。1830年建立委内瑞拉联邦共和国。1864年改名为委内瑞拉合众国。1953年改为委内瑞拉共和国。1999年改称委内瑞拉玻利瓦尔共和国。1958年实行宪政，建立文人政权。此后，民主行动党和基督教社会党交替执政。1998年12月，查韦斯作为“爱国中心”总统候选人参加大选并获胜，打破了两大传统政党长期交替执政的政治格局。

政治

查韦斯执政后积极倡导“玻利瓦尔革命”，主张通过“和平革命”实现“参与式民主”，先后推动制定新宪法，开展土改，对工会组织进行全面改组，颁布旨在深化经济和社会变革的一系列法律法规，但遇到强大阻力。2002年4月11日，委反对派举行大规模抗议示威，发生流血冲突。以陆军司令巴斯克斯为首的军人发动政变，关押查韦斯总统。13日，查韦斯获释并恢复行使总统职权。2006年12月，查韦斯在大选中连任后，全面推进21世纪社会主义建设。

2011年6月，查韦斯在古巴访问期间宣布罹患癌症，并在古接受手术。2012年10月，委举行总统选举，查再次胜选连任。2013年3月5日，查在加拉加斯病逝。4月14日，委重新举行大选。马杜罗以1.49个百分点的微弱优势击败反对党联盟“民主团结圆桌会议”候选人卡普里莱斯赢得选举，并于4月19日宣誓就职。

2014年2月，委国内爆发大规模游行示威，引发暴力冲突和人员伤亡。马杜罗政府同反对派举行对话，基本控制局势。

2015年12月6日，委举行全国代表大会选举。执政党统一社会主义党获得55席，由主要反对党组成的“民主团结圆桌会议”赢得112席。这是自1999年来反对派首次赢得该选举。2016年1月5日，委新一届全代会成立，委政治进入“府院之争”并迅速升温，局势复杂敏感。朝野双方激烈交锋，反对派积极谋求年内通过修宪或罢黜公投促马杜罗总统下台。

【宪法】现行宪法于1999年12月颁布。2009年2月，委内瑞拉通过全民公投修改宪法，取消对包括总统在内的民选公职人员连选连任次数的限制。

【议会】全国代表大会（简称“全代会”）是全国最高立法机构，一院制。全代会主要职能为制定法律、修改宪法、依法监督政府和公共管理部门、宣布大赦和审批国家预算等。全代会代表由全国大选直接选举产生，任期五年；主席任期一年，可连选连任。第一届全代会于2000年8月成立。本届全代会于2016年1月成立，由163名代表组成（另有4名代表因舞弊被最高法院停职）。执政党统一社会主义党及其盟党占据54个代表席位，“民主团结圆桌会议”占据109席。现任全代会主席为反对派议员、民主行动党总书记亨利·拉莫斯·阿鲁普（Henry Ramos Allup）。

【政府】总统是政府首脑，副总统和内阁部长由总统任命。本届政府于2013年4月成立。现内阁成员有：副总统阿里斯托沃洛·伊斯图里斯（Aristóbulo Istúriz Almeida），人民政权经济生产、工业与商务部长米盖尔·佩雷斯·阿瓦德（Miguel Pérez Abad），人民政权内政和司法部长古斯塔沃·冈萨雷斯（Gustavo González），人民政权外交部长德尔西·罗德里格斯（Delcy Rodríguez，女），人民政权计划部长里卡多·何塞·梅嫩德斯（Ricardo José Menéndez），人民政权公社和社会主义运动部长伊西斯·奥乔亚（Isis Ochoa，女），人民政权财政和公共银行部长鲁道福·梅迪纳（Rodolfo Medina），人民政权国防部长弗拉迪米尔·帕德里诺·洛佩斯（Vldimir Padrino López），人民政权石油和矿业部长欧罗希奥·德尔皮诺（Eulogio Del pino），人民政权外贸外资部长赫苏斯·法利亚（Jesús Faría），人民政权旅游部长马莱尼·孔特雷拉斯（Marleny Contreras，女），人民政权农业和土地部长维尔马·卡斯特罗（Wilmar Castro Soteldo），人民政权卫生部长路易西安娜·梅洛（Luisana Melo，女），人民政权劳动与社会保障部长奥斯瓦尔多·贝拉（Oswaldo Vera），人民政权住房部长曼努埃尔·克维多（Manuel Quevedo），人民政权水资源部长埃内斯托·派瓦（Ernesto Paiva），人民政权教育部长鲁道福·佩雷斯（Rodolfo Pérez），人民政权高等教育和科技部长豪尔赫·阿雷阿萨（Jorge Arreaza），人民政权食品部长马科·托雷斯（Rodolfo Marco Torres），人民政权文化部长弗莱迪·尼亚涅斯（Freddy Ñáñez），人民政权交通部长路易斯·绍塞（Luis Sauce），人民政权信息和通信部长路易斯·何塞·马卡诺（Luis José Marcano），人民政权渔业水产部长安赫尔·贝利萨里奥（Ángel Belisario Martínez），人民政权城镇农业部长洛伦娜·弗雷特斯（Lorena Freitez，女），人民政权印第安人事务部长克拉拉·比达尔（Clara Vidal，女），人民政权妇女和性别平等部长格拉迪斯·雷克纳（Gladys Requena，女），人民政权电力部长路易斯·莫塔（Luis Motta Domínguez），人民政权体育和青年事务部长梅尔文·马尔多纳多（Mervin Maldonado），人民政权监狱服务部长伊利斯·巴雷拉（Iris Valera，女），人民政权边境事务部长赫拉多·伊斯基耶多（Gerardo Izquierdo），人民政权首都地区人民动员部长丹尼尔·阿庞特（Daniel Aponte）。

2009年9月，委内瑞拉政府设立常设行政机构——部长会议，查韦斯总统任主席并任命六名副主席，分别负责安全、社会、经济、生产、区域内生发展和政治事务。部长会议分三级运作：第一级是主席会议，由查韦斯总统主持，六名副主席参加；第二级是小组会议，由六名副主席分别主持，其分管领域的部长参加；第三级是行政会议，由副总统主持，全体部长参加。现任主席为马杜罗总统，副主席为副总统阿里斯托沃洛·伊斯图里斯，人民政权经济生产、工业与商务部长米盖尔·佩雷斯·阿瓦德（Miguel Pérez Abad），农业和土地部长维尔马·卡斯特罗（负责农业和食品事务），计划部长里卡多·何塞·梅嫩德斯（负责规划事务），高等教育和科技部长豪尔赫·阿雷阿萨（负责社会发展事务），外交部长德尔西·罗德里格斯（负责政治主权、安全和和平事务，女），公社和社会主义运动部长伊西斯·奥乔亚（负责地区社会主义发展事务，女）和卫生部长路易斯安娜·梅洛（负责社会主义使命计划事务，女）。

【行政区划】全国划分为23个州，一个首都区和一个联邦属地（由311个岛屿组成）。

【司法机构】最高法院为全国最高司法机构，由院长、两名副院长和32名大法官组成，下设宪法、政治行政、选举、民事审判、社会审判和刑事审判六个法庭。大法官由司法推选委员会推荐，由全国代表大会任命，任期12年，不得连任。院长任期两年，可连选连任一次。现任最高法院院长格拉迪斯·玛利亚·古铁雷斯·阿尔瓦拉多（Gladys María Gutierrez Alvarado，女）。司法系统还包括总检察署、护民署、刑事调查机构和司法辅助机构。国家总检察长为路易莎·奥尔特加·迪亚斯（Luisa Ortega Díaz，女）。总审计长马努艾尔·恩里克·加林多（Mauel Enrique Galindo），护民官塔雷克·威廉·撒伯（Tarek William Saab）。

【政党】（1）委内瑞拉统一社会主义党（Partido Socialista Unido de Venezuela，PSUV）：执政党。2008年1月成立。现有正式党员763万人。2009年11月至2010年4月，统社党召开第一次特别代表大会，确定《党章》、《原则宣言》和《基础纲领》三个文件。该党主张反对资本主义和帝国主义，奉行社会主义、人道主义和国际主义，捍卫玻利瓦尔革命果实，维护劳动阶级和人民利益，致力于建设公平、自由、人道的“21世纪社会主义”。2014年7月，统社党召开第三届全国代表大会，选举马杜罗总统为新一届主席。

（2）正义第一党（Primero Justicia）：反对党。2000年成立，2003年成为全国性政党政党，主张人道主义中间路线。反对党联盟“民主团结圆桌会议”领导人卡普里莱斯为其创始人。党主席胡里奥·博尔赫斯（Julio Borges），总书记托马斯·瓜尼帕（Tomás Guanipa）。

（3）一个新时代党（Un Nuevo Tiempo）：反对党。1999年成立，2006年成为全国性政党。在2010年全代会选举中，获得99.86万张选票，仅次于委统一社会主义党，成为新一届全代会最大反对党。社会党国际成员。全国协商委员会为党的最高权力机构。党的主席曼努埃尔·罗萨莱斯（Manuel Rosales）。执行主席奥马尔·巴尔博萨（Omar Barboza）。

（4）民主行动党（Partido de Acción Democrática）：反对党。1941年9月13日成立，有党员150万人。社会党国际成员。全国代表大会为党的最高权力机构。党的主席伊萨贝尔·卡尔莫纳（Isabel Carmona），发言人亨利·拉莫斯·阿留普（Henry Ramos Allup）。

（5）基督教社会党（Partido Socialcristiano）：反对党。1946年1月成立，党员约45万。基民党国际和美洲基民组织成员。党的主席罗贝托·恩里克斯（Roberto Enriquez），总书记赫苏斯·阿尔贝托·巴里奥斯（Jesús Alberto Barrios）。

【重要人物】尼古拉斯·马杜罗·莫罗斯：总统。1962年11月出生，中学毕业。青年时期为学生运动领袖，曾担任加拉加斯地铁工会领导。历任“玻利瓦尔革命运动200”全国领导人、“玻利瓦尔劳动者力量党”协调员和“第五共和国运动”动员部主任。2008年参与创建执政党委内瑞拉统一社会主义党，现为统社党副主席。1998年当选众议员，2005—2006年担任全国代表大会主席。2006年8月被任命为外长。2012年10月，被任命为副总统兼外长。2013年1月起不再兼任外长。3月8日，就任代总统。4月14日在重新举行的总统选举中击败反对党联盟候选人卡普里莱斯当选总统，并于4月19日就职。2014年7月26日，当选统社党主席。

经　济

自然禀赋优越，能源资源丰富，是拉美经济发展水平较高的国家之一。石油业为国民经济命脉。冶金、矿业、电力、制造、建筑、石化和纺织等工业部门发展较快。农业发展缓慢，粮食不能自给。查韦斯总统上台后摒弃“新自由主义”经济模式，大力发展民族产业和国有及集体经济，实施农业、工业和旅游业发展综合计划，鼓励生产和刺激内需，调整收入分配，经济取得恢复性增长。马杜罗总统执政后，全面延续查韦斯经济政策。2015年，马杜罗提出“经济复苏计划”，加大生产领域投入，启动经济特区建设，努力确保物资供应和市场稳定。同时，受国际油价持续低迷等因素影响，委经济遭遇较严重困难。2016年2月，马杜罗政府推出经济改革新政，宣布提高汽油价格、改革汇率制度，并积极推动各主要产油国限产提价。

2015年主要经济数据如下：

国内生产总值：3967.8亿美元（估算）。
人均国内生产总值：13265.8美元（估算）。
国内生产总值增长率：–5.7%。
货币名称：玻利瓦尔。
汇率：1美元=10玻利瓦尔（2016年2月）。
通货膨胀率：180.9%。
外贸总额：177.5亿美元（前三季度）。
进口总额：92.7亿美元（前三季度）。
出口总额：84.8亿美元（前三季度）。
外汇储备：164亿美元。

（资料来源：世界银行、委内瑞拉中央银行、委内瑞拉国家统计局）

【资源】矿产资源丰富。截至2014年，委石油（含重油）探明储量为2977亿桶（约合465亿吨），居世界第一位。天然气探明储量5.58万亿立方米，铁矿石探明储量36.3亿吨，煤炭探明储量7.3亿吨，铝土矿地质储量34.8亿吨，黄金可开采储量792吨。此外，还有金刚石、铀、石灰岩等矿产资源。水力资源丰富，装机容量超过2600万千瓦。境内有105条河，最长的为奥里诺科河，全长2200公里，系南美洲第三大河流。

【工业】主要工业部门有石油、铁矿、建筑、炼钢、炼铝、电力、汽车装配、食品加工、纺织等。其中石油部门为国民经济支柱产业，2015年石油业同比负增长0.9%，非石油业同比负增长5.6%。2013年，委石油日产量278万桶（约合40万吨），日出口量257万桶（3.71万吨）。天然气日产量2亿立方米。（资料来源：委内瑞拉石油矿业部、委内瑞拉国家石油公司）

【农牧渔业】委内瑞拉全国共有2707万公顷土地用于农林业生产，其中耕地面积268万公顷，天然和人工放牧草场面积1379万公顷，森林覆盖率为56%。2013年委内瑞拉玉米产量224万吨，水稻产量100万吨，土豆产量62.3万吨，咖啡产量7.8万吨，蔗糖产量62万吨。畜牧业产量527万吨。渔业和水产业产量25万吨。（资料来源：委内瑞拉国家统计局）

【服务业】2013年商业产值占GDP的10.12%；通信业产值占GDP的6.99%；金融保险业产值占GDP的6.63%。（资料来源：委内瑞拉中央银行）

【旅游业】全国共有旅游接待设施2461个，客房77372间，星级饭店483家，其中五星级饭店23家、四星级28家、三星级127家。著名游览景点为安赫尔瀑布和玛格丽塔岛等。2013年共接待外国游客64.38万人次，比2012年下降17.7%，游客主要来自哥伦比亚、巴西和美国等国。国内旅游人数超过1400万人，同比增加14.4%。旅游业收入30亿玻利瓦尔，同比增加83%。

【交通运输】2013年，运输仓储业产值占国内生产总值的3.4%。

公路：委内瑞拉公路网相对发达。目前全国共有公路总里程约9.34万公里，其中铺装路面3.5万公里。高速公路约2500公里。全国公路网面积密度为10.2公里/百平方公里。汽车运输量占全国总货运量的70%和客运量的90%。全国共有机动车约600万辆。

铁路：除了为矿区专门服务的市郊铁路专线，委内瑞拉已建成铁路约41公里，年客运量约3200万人。在建（含改建）铁路五条，里程共约1354公里。首都加拉加斯共有五条开通运营或正在建设的城市轨道交通线路，开通运营里程总长约83公里。

水运：委内瑞拉海岸线长约2800多公里，商贸港点220处以上。全国有9个国际港口，34个石油、铁矿砂港和5个渔港。主要港口为拉瓜伊拉港、卡贝略港、马拉开波港和奥尔达斯港，其中卡贝略港（Cabello）的货物吞吐量占全国公共港口总吞吐量的60%以上，是最大的公共性商贸港口。全国共有1000吨以上各类民用船舶60艘，总吨位63万吨。

内河航线总长1000多公里，奥里诺科河（Orinoco）和阿普雷河（Apure）是委内瑞拉境内的最主要的通航河流，是委内瑞拉中部地区铁矿、铝土矿和冶金产品主要的运输通道，沿岸分布有众多货主码头。

空运：全国共有61个商业机场，其中11个为国际机场。主要国际机场为西蒙·玻利瓦尔机场，基本集中了全国90%的国际航班。

管道运输：目前拥有原油运输管道约6370公里，成品油运输管道480公里，天然气管道4010公里，重油管992公里，其他管道（油/水）141公里。

【财政金融】近几年财政收支具体情况如下（单位：亿玻利瓦尔）：

	2011	2012	2013
收入	3048	3845	6019
支出	3589	4640	6472
结余	–541	–795	–453

截至2015年底，委外汇储备164亿美元。

（资料来源：委内瑞拉财政部、委内瑞拉中央银行）

【对外贸易】1990年9月，委加入《关税和贸易总协定》，现与世界100多个国家和地区有贸易关系。主要出口原油、石油化工产品、铝锭、钢材、铁矿砂和金属制品等，进口机电设备、化工和五金产品、汽车配件、建筑材料及农产品等。主要贸易对象为美国、中国、哥伦比亚、巴西和墨西哥。近几年进出口贸易情况如下（单位：亿美元）：

	2011	2012	2013	2014
出口	926	995	686	817
进口	507	775	530	386
差额	419	220	156	431
石油出口	881	940	647	778
非石油出口	45	55	39	39

（资料来源：委内瑞拉中央银行）

【外国资本】1990年修改《外资法》，扩大对外开放领域，取消对外资利润汇出和再投资等方面的限制。1995年7月4日，国会通过《石油对外开放法案》，对外资全面开放石油新区的勘探、开采和经销活动，实行风险自负、利润共享政策，同时规定外国投资者在石油业投资须缴纳67.7%的所得税和16.66%的主权税（矿区使用费可适当减免）。2001年11月，查韦斯总统颁布《石油法》，规定将石油开采主权税率由原来的16.66%提高到30%，所得税率由67.7%降至50%；在新成立的合资公司中，委国家石油公司须控股50%以上。2014年11月，委政府颁布新修订的《外资法》，以加快经济特区建设，加大吸引外资力度。2015年，委累计吸收外国直接投资26.09亿美元。2016年2月，委政府开放石化和矿产等核心产业，鼓励各国投资。

人民生活

2013年贫困人口占全部人口的19.6%，同比下降1.4个百分点。2015年赤贫率为4.8%。2011年人均寿命74.3岁，人口出生率2.45%，死亡率5.14‰，婴儿死亡率14.78‰。截至2013年年底，全国互联网用户1282万，手机用户3172万，固定电话用户776万，有线电视用户210万。（资料来源：委内瑞拉国家统计局、委内瑞拉中央银行）

军　事

委内瑞拉总统是军队的最高统帅。国家安全与防务委员会是总统在国家安全与防务战略和政策方面的最高咨询机构，由副总统、国防部长、内政部长、财政部长以及武装力量总监、联合参谋长等人组成。最高军事指挥部是军队的最高领导机构，是总统和国家安全与防务委员会的最高军事顾问机构，由国防部长、武装力量总监、合参谋长及四个军种司令七人组成，由国防部长负责领导。实际指挥机构是国防部下属的联合参谋部和联合指挥部。

委军实行义务兵役制。根据兵役法规定，凡年满18—50岁身体健康的公民，必须依法在兵役局注册登记服兵役。陆、海、空军和国民警卫队的服役期限均为24个月。

人民政权国防部长弗拉迪米尔·帕德里诺·洛佩斯（Vladimir Padrino López），武装部队战略作战司令弗拉迪米尔·帕德里诺·洛佩斯（兼任），陆军司令胡安·德·赫苏斯·加西亚·杜桑上将（Juan de Jesús García Toussaintt），海军司令富兰克林·阿斯德鲁瓦尔·蒙普莱斯海军上将（Franklin Asdrúbal Montplaisier），空军司令埃德加·瓦伦丁·克鲁兹·阿特阿加上将（Édgar Valentín Cruz Arteaga），国民警卫队司令内斯托尔·路易斯·雷韦罗尔·托雷斯上将（Néstor Luís Reverol Torres），玻利瓦尔国家民兵司令塞萨尔·拉蒙·维加·冈萨雷斯上将（César Ramón Vega González）。

委内瑞拉武装力量由正规军，即陆军、海军、空军和国民警卫队四个军种以及国家玻利瓦尔民兵等后备役部队组成。武装力量总兵力约26.5万人。其中，陆军6.3万人、海军1.75万人、空军1.15万人、国民警卫队2.3万人、国家玻利瓦尔民兵15万人。

文化教育

【**教育**】对6—15岁儿童实行义务教育，已被联合国教科文组织宣布为无文盲国家。全国有48所大学，其中23所公立大学、25所私立大学，另有103所专科学院。著名大学有委内瑞拉中央大学、西蒙·玻利瓦尔大学、安德烈斯·贝略天主教私立大学。委内瑞拉政府规定，全国所有学校都必须在教育部备案，并按统一规定课程教学。2009年修改教育法，将“21世纪社会主义”纳入中小学教学大纲。2012年，学前班人数122万，九年制基础教育普及率93%，中等教育普及率75.1%，注册大学生263万人。

【**新闻出版**】有100多种报纸杂志，其中日报75种。主要报纸均为私营：《国民报》，1943年创刊，在知识界较有影响，发行量17.5万份；《宇宙报》，1909年由努涅斯家族创办，无党派报纸，在金融企业界较有影响，发行量14万份；《最新消息报》，1941年创办，以社会新闻为主，发行量约35万份。主要杂志有《塞塔》、《波希米亚人》等，属综合性杂志。以上报刊均为西班牙文版。2010年发行《奥里诺科邮报》，系执政党统一社会主义党机关报。

委内瑞拉通讯社为国营通讯社，1977年5月成立。后改为玻利瓦尔通讯社。

2009年建立国家通讯委员会，2010年初，在该委员会注册登记的电台、电视台有391家，除国家广播电台、国家电视台之外，其余均为私营和商业性质。

对外关系

委内瑞拉系拉美左翼阵营“旗手”。奉行反帝、反殖、反霸、独立自主的外交政策，主张建立相互尊重和无霸权的多极化世界。委同160多个国家保持外交关系，是不结盟运动、七十七国集团、石油输出国组织、世界贸易组织、美洲国家组织、拉美和加勒比国家共同体、南美国家联盟、南方共同市场、拉美一体化协会、拉美经济体系等国际和地区组织成员国，是美洲玻利瓦尔联盟、加勒比石油计划的创始国。拉美经济体系和加勒比石油计划总部设在加拉加斯。是联合国安理会2015—2016年度非常任理事国。

【**同中国的关系**】中委于1974年6月28日建交。建交以来，中委在政治、经贸、科技、文化等领域的友好合作关系全面发展。2001年4月，江泽民主席对委内瑞拉进行国事访问，同查韦斯总统共同宣布两国建立共同发展的战略伙伴关系。2004年12月，委内瑞拉宣布承认中国完全市场经济地位。2014年7月，习近平主席对委内瑞拉进行国事访问，同马杜罗总统共同宣布将中委关系提升为全面战略伙伴关系。2015年1月，马杜罗总统来华出席中拉论坛首届部长级会议开幕式。9月，马杜罗总统来华出席中国人民抗日战争暨世界反法西斯战争胜利70周年纪念活动。

此外，近年中方访委的有：国家副主席李源潮（2013年5月）。委方访华的有：总统马杜罗（2013年9月），副总统阿雷阿萨（2013年7月），统一社会主义党第一副主席、全国代表大会主席卡韦略（2013年7月）。

2015年，中委双边贸易额达121.9亿美元，同比下降28.2%，其中中方出口额为68.7亿美元，进口额为53.2亿美元，同比分别下降39.3%、6%。中方主要出口电器、计算机、电子产品、机械设备等，主要进口原油、成品油、铁矿砂及精矿等。

中国驻委内瑞拉大使：赵本堂。馆址：Av. Orinoco con la Calle Monterrey，Urbanización Las

Mercedes，Municipio Baruta，Caracas，Venezuela。电话：0058–212–9931171（值班电话），9754022，9761678（商务处）；传真：9935685，9770611（商务处）。

委内瑞拉驻华大使：伊万·安东尼奥·塞尔帕·格雷罗（Iván Antonio Zerpa Guerrero）。馆址：北京市朝阳区三里屯路14号。电话：010–65321295，65323521。

【同美国的关系】委美于1835年6月30日建立外交关系。查韦斯总统上台执政后，美批评委内瑞拉政府侵犯人权，指责其支持哥伦比亚反政府游击队并与哥贩毒集团有联系。为此，美对委国家石油公司采取制裁措施。查韦斯总统批驳美方有关指责，反对美以人权、反毒为借口干涉委内政，明确反对美政治、经济和贸易制度。2010年，委美相互驱逐对方大使。2013年6月，委外长豪阿同美国国务卿克里举行会晤，决定就恢复正常关系和互派大使等重启对话。9月，双方中止有关对话并相互驱逐包括代办在内的三名外交官。2014年2月委国内爆发大规模游行冲突后，马杜罗总统指责美国是幕后推手，双方再次相互驱逐多名外交官，但委方同时宣布提名新任驻美大使。2015年2月，美以"侵犯人权和进行政治迫害"为由对委官员进行制裁。3月，奥巴马总统颁布政令，宣布委为美"国家威胁"，委方对此表示强烈反对。2015年4月，马杜罗总统在出席美洲峰会期间同奥巴马总统举行简短会见，双方重申愿在相互尊重的基础上发展关系。此后，两国高级别官员就改善双边关系进行了一系列接触。委美经贸联系紧密，美是委第一大贸易伙伴，委是美第五大石油供应国。

【同欧洲国家的关系】欧盟是委内瑞拉第二大贸易伙伴和投资来源地。委重视发展同欧盟国家的关系，以求引进资金、技术和增加出口。委与欧盟成员国签有多项经贸和科技合作协定。2012年6月，白俄罗斯总统卢卡申科访委。2013年6月，马杜罗总统访问意大利、葡萄牙、法国。7月，马杜罗总统访问俄罗斯、白俄罗斯，并出席在俄举行的天然气输出国论坛峰会。2015年1月，马杜罗总统先后访问俄罗斯和葡萄牙，并与俄总统普京举行会见。2015年7月，马杜罗总统赴俄罗斯出席纪念卫国战争胜利70周年庆典。

【同拉美和加勒比国家的关系】委内瑞拉重视同拉美国家关系，积极参与地区事务，大力推动美洲玻利瓦尔联盟等拉美一体化战略，同古巴、玻利维亚、厄瓜多尔等国家关系密切。

2010年7月，委内瑞拉中断与哥伦比亚的外交关系。8月，两国复交。2011年12月，委成功举办首届拉美和加勒比国家共同体峰会。2012年7月，查韦斯总统赴巴西出席南方共同市场特别峰会。7月31日，委正式加入南共市。2013年4月，马杜罗总统访问古巴。5月，马访问乌拉圭、阿根廷、巴西，出席厄瓜多尔总统科雷亚就职仪式并访问玻利维亚。2014年1月，马赴古巴出席拉美和加勒比国家共同体第二届峰会。6月，马赴玻利维亚出席七十七国集团成立50周年纪念峰会。8月，马访问哥伦比亚。2014年1月，玻利维亚总统莫拉莱斯访委。2015年5月，马杜罗总统访问古巴。2015年8月以来，委内瑞拉一度同邻国哥伦比亚、圭亚那分别爆发边境和争议海域纠纷，目前有关争端在联合国秘书长调停下有所缓解。

【同亚洲、太平洋及非洲国家的关系】委内瑞拉看重亚太及非洲地区发展前景，逐步加强与上述地区的经贸合作，把发展与亚太及非洲国家的关系作为实现外交多元化的重要目标。2012年1月和6月，伊朗总统艾哈迈迪–内贾德两次访委。委支持伊朗、土耳其和巴西关于伊朗和平利用核能的协议，反对国际社会制裁伊朗。2014年5月，巴勒斯坦总统阿巴斯访委。2015年1月，马杜罗总统先后访问伊朗、沙特、卡塔尔、阿尔及利亚等国，并与伊总统鲁哈尼举行会见。

（陈昭国）

乌拉圭

国名 乌拉圭东岸共和国（The Oriental Republic of Uruguay，República Oriental del Uruguay）。

面积 17.62万平方公里。

人口 338.05万（2012年，乌拉圭国家统计局），其中白人占91.0%，印欧混血种人占4.9%。官方语言为西班牙语。66%的居民信奉天主教。

首都 蒙得维的亚（Montevideo），面积530平方公里，人口133.84万（2012年，乌拉圭国家统计局），年平均气温16℃。

国家元首 总统塔瓦雷·拉蒙·巴斯克斯·罗萨斯（Tabaré Ramón Vazquez Rosas），2015年3月1日就职，任期五年。

重要节日 国庆日：8月25日。

简 况

位于南美洲东南部，乌拉圭河与拉普拉塔河的东岸。北邻巴西，西界阿根廷，东南濒大西洋。海岸线长660公里。地势平坦，丘陵和草原相间，平均海拔116米。属温带气候，1—3月为夏季，气温17℃—28℃，7—9月为冬季，气温6℃—14℃。年降水量由南至北从950毫米递增到1250毫米。

早期为查鲁亚印第安人居住地。1516年西班牙探险队到达。1726年西班牙殖民者建立蒙得维的亚城，开始殖民统治。1810年何塞·阿蒂加斯发起独立运动。1825年8月25日，胡安·安东尼奥·拉瓦列哈等一批爱国者收复蒙得维的亚城，宣告乌拉圭独立。1903年，红党的何塞·巴特列·奥多涅斯当选总统后，以畜牧业为依托，大力发展对外贸易和服务业，奠定了国民经济发展基础。20世纪上半叶，乌拉圭政治稳定、福利优厚、社会安宁，被誉为“南美瑞士”。60年代末经济出现困难，社会矛盾激化，局势动荡。1973年2月军人政变上台，实行独裁统治。1984年，军政府还政于民，同年11月红党候选人胡利奥·玛丽亚·桑吉内蒂当选总统，乌拉圭恢复民主宪制。1989年，白党的路易斯·拉卡列当选总统。1994年，桑吉内蒂再次当选总统。2000年3月，红党的豪尔赫·巴特列上台执政。2004年10月，左翼政党联盟广泛阵线总统候选人巴斯克斯在大选中获胜。2009年11月，左翼政党联盟广泛阵线总统候选人穆希卡当选总统。2014年11月，执政联盟广泛阵线候选人、前总统巴斯克斯当选总统，并于2015年3月1日就职。

政　治

自20世纪80年代中期结束军人独裁统治后，乌民主政体不断巩固。2015年3月1日，巴斯克斯总统再次执政以来，致力于深化体制改革，组建高效节约型政府，高度关注民生，以优化财富分配、整饬治安、消除贫困为施政重点，优先帮扶弱势群体。巴斯克斯着力打造亲民政府，广泛同社会各界接触，主动加强同反对派合作，保持较高民意支持率。目前乌政局保持稳定。

【宪法】1830年7月18日颁布第一部宪法，后经多次修改。1951年宪法废除了总统制，设立国务会议（最高行政权力机构）。1966年修宪恢复总统制。1973年军人政变后废除宪法。1985年民选政府执政后恢复。目前实施的是1996年修改并经全民公决通过的宪法。宪法规定：乌拉圭实行民主共和制，三权分立。设总统和副总统各一名。总统是国家元首和政府首脑，兼武装力量最高统帅。总统、副总统和各省省长均由公民直选产生，任期五年。总统不能连任，可隔届再次参选。现任副总统为劳尔·费尔南多·森迪克·罗德里格斯（Raúl Fernando Sendic Rodríguez），2015年3月1日就职。

【议会】两院制。参、众两院分别由30名参议员和99名众议员组成，任期五年，可连选连任。国会主席兼参议长由副总统兼任。众议长由众议员选举产生，任期一年。每年3月15日至12月15日为国会会期。闭会期间，由参、众两院组成常设委员会主持日常工作。现任众议长为“广泛阵线”成员亚利杭德罗·桑切斯（Alejandro Sánchez），2015年3月就职。本届国会于2015年2月15日组成。各党派在国会中所占席位：

	参议院	众议院
广泛阵线	16	50
白党	10	32
红党	4	13
独立党派人士	1	3
人民大会党	0	1

【政府】本届政府于2015年3月1日成立，设13个部。总统为政府首脑。除总统、副总统外，内阁主要成员包括（截至2016年1月）：内政部长爱德华多·博诺米（Eduardo BonomI），外交部长鲁道夫·尼恩·诺沃亚（Rodolfo Nin Novoa），经济和财政部长达尼洛·阿斯托里（Danilo Astori），国防部长埃莱乌特里奥·费尔南德斯（Eleuterio Fernandez），社会发展部长玛里娜·阿里斯门迪（Marina Arismendi，女），教育和文化部长玛丽亚·胡利娅·穆尼奥斯（María Julia Muñoz，女），交通和公共工程部长维克托·罗西（Victor Rossi），工业、能源和矿业部长卡罗丽娜·科塞（Carolina COSSE，女），劳动和社会保障部长埃内斯托·穆罗（Ernesto Murro），旅游和体育部长莉莲·凯齐齐安（Liliam Kechichián，女），公共卫生部长豪尔赫·巴索（Jorge Basso），牧农渔业部长塔瓦雷·阿格雷（Tabaré Aguerre），住房、土地规划和环境部长埃内伊达·德莱昂（Eneida de Leon，女）。

【行政区划】全国共分19个省。

【司法机构】最高法院由五名大法官组成，需经国会批准。大法官任期十年，退休年限为70岁。院长由五人轮流担任，任期一年。现任最高法院院长为豪尔赫·切迪亚克·冈萨雷斯（Jorge Chediak González）。

【政党】主要政党有：

（1）广泛阵线（Frente Amplio）：左翼政党执政联盟，议会第一大政治力量。成立于1971年，包括人民政府运动、社会党、基督教民主党、共产党等派别。1973年被军政府取缔，1982年恢复合法地位。1989年、1994年两度竞选首都市长成功。1994年同其他左翼政党组成进步联盟—广泛阵线。2004年，新多数派加入，改名为进步联盟—广泛阵线—新多数派。2005年再次改名为广泛阵线。1994年、1999年和2004年三次推举联盟主席巴斯克斯参加总统选举，前两次未获成功，第三次在大选首轮投票中胜出。2009年，广泛阵线总统候选人穆希卡再次赢得大选。该党以社会民主主义为指导思想，认为民主应包括政治、经济、社会三方面内涵：追求政治民主，反对集权统治；追求经济民主，反对贫困；追求社会民主，主张经济与社会协调发展。在对外交往中主张通过对话和平解决争端，捍卫自决，反对干涉、封锁、以大欺小。现有20多个左派政党和派别，主要有“人民参与运动”（Movimiento de Participación Popular）、“乌拉圭大会”（Asamblea Uruguay）、“新空间”（Nuevo Espacio）等。现任主席莫尼卡·哈维尔（Mónica Xavier，女）。

（2）白党（Partido Blanco）：又称民族党（Partido Nacional）。在野党，议会第二大政治力量。1836年成立。代表农牧业主利益，在内地特别是农村影响较大。政治上主张维护国家主权、公民自由和宪法，追求正义的民主社会。主张改革经济、社会和国家体制。奉行独立自主、多元化外交政策，在自决和不干涉原则基础上同世界各国发展关系。1973年被军政府取缔，1982年恢复合法地位，曾于1990—1995年执政。2002年10月退出与红党的执政联盟。党内有"埃雷拉派"（Herrerismo）、"实干派"（Manos a la Obra）、"全国罗查运动"（Movimiento Nacional de Rocha）、"全国挑战派"（Desafío Nacional）等派系。党的最高领导机构是全国领导委员会。现任主席路易斯·阿尔韦托·埃韦尔（Luis Alberto Heber），2011年6月就任。

（3）红党（Partido Colorado）：在野党，议会第三大政治力量。1836年成立。传统中右翼政党，代表工商资产阶级、社会民主主义者和自由职业者利益。信奉民主、自由、参与、社会公正原则。对内主张建立合理的国民经济体系，发展社会福利事业，公平分配收入。对外强调民族自决和不干涉政策，主张和平解决国际争端，积极参与和推动多边合作及拉美地区一体化。历史上曾执政100多年，1973年被军政府取缔，1982年恢复合法地位，1984年、1994年和1999年三度在大选中获胜。党内主要派别有"激进巴特列主义"（Batllismo Radical）、"巴特列论坛"（Foro Batllista）、"红色巴特列联盟"（Unión Batllista Colorada）和"九四运动"（Cruzada 94）等。全国执行委员会为该党领导机构，由15名委员按月轮值主席。现任总书记马克斯·萨波林斯基（Max Sapolinski）。

【重要人物】塔瓦雷·拉蒙·巴斯克斯·罗萨斯：总统。1940年1月17日出生于蒙得维的亚。1990年至1994年任蒙得维的亚市长。曾于1994年、1999年连续两次参加大选。2004年10月作为"广泛阵线"候选人在大选中获胜，当选总统，2010年3月1日卸任。2014年代表"广泛阵线"第四次参加大选，并在11月30日举行的第二轮投票中以55.04%的得票率再次当选总统。2015年3月1日正式就职。已婚，夫人玛丽亚·奥希利亚多拉·德尔加多（María Auxiliadora Delgado），有四子。

经　济

在拉美处于中等发展水平。经济规模较小，产业结构单一，依赖出口，能源依赖进口。农牧业较发达，主要生产并出口肉类、羊毛、水产品、皮革和稻米等。工业以农牧产品加工业为主。服务业占国民经济比重较高，以金融、旅游、物流、交通业为主。

实行自由市场经济政策，积极参与地区经济一体化。巴斯克斯政府注重保持宏观经济政策连续性，重视宏观调控，控制财政支出，加强金融监管，着力加强服务业，加大基础设施建设投入。当前乌经济运行平稳。

2014年主要经济数据如下：

国内生产总值：574.7亿美元。

国内生产总值增长率：3.5%。

人均国内生产总值：16360美元。

货币名称：乌拉圭比索（Peso Uruguayo）。

汇率：1美元=30.35乌拉圭比索（2016年1月）。

通货膨胀率：8.3%。

失业率：7.0%。

（数据来源：世界银行、乌拉圭中央银行）

【资源】盛产大理石、紫水晶石、玛瑙和乳白石等。已探明有铁、锰等矿藏。林业和渔业资源丰富，盛产黄鱼、鱿鱼和鳕鱼。

【工业】以农牧产品加工业为主，包括肉类加工、榨油、酿酒、制糖、罐头、面粉、牛乳和干酪加工等，其次是纺织业，主要加工羊毛、生产棉纺和化纤产品。2012年全国共有工业企业14830家，工业部门劳动力14.02万人，占总劳动人口16.7%，工业制造业出口额41.44亿美元。2013年工业总产值1260.46亿比索，约占国内生产总值的11.05%。

【能源】能源依赖进口，2012年能源消耗总量为369.3万吨石油当量，其中石油、电力和煤炭分别占43.2%、22.3%和14.7%。原油全部依赖进口，2012年进口原油207.27万吨。电力以水力发电为主，近30.3%电力从邻国购买，2012年发电量为9396千兆瓦时。

【农林牧渔业】农牧业在国民经济中占重要地位，农牧产品大部分供出口。2013年农林牧渔业产值994.97亿比索，占国内生产总值的8.7%。农牧业从业人口1.3万，约占总就业人口的1.6%。2012年全国农业用地1622.7万公顷，其中可耕地面积207万公顷，固定耕种面积7.5万公顷，灌溉面积33.1万公顷。牧业用地面积1235.1万公顷，牧场44890家，肉类、羊毛、皮革等传统产品出口占出口总额的1/3以上，是世界第六大稻米出口国。2012/2013年度各种作物播种面积情况如下（单位：万公顷）：

水稻	17.80	向日葵	0.2
小麦	45	高粱	/
大麦	11.7	大豆	105
玉米	12.3	甘蔗	0.65

近年主要农产品产量情况如下（单位：万吨）：

	2011	2012	2013
小麦	130.07	201.63	98.2
大麦	18.64	32.69	22
大豆	154.10	211.22	276.5

玉米	28.62	52.83	69.3
高粱	12.34	37.26	/
葵花籽	0.39	0.65	0.2
甘蔗	31.33	42.00	31.3

（资料来源：乌拉圭国家统计局及乌拉圭农牧渔业部网站）

2010/2011年度乌牛肉产量99.7万吨，出口34.0万吨，牛奶产量18.43亿升，其中制奶业用奶16.80亿升，奶产品出口52.7亿美元。羊肉产量8.5万吨，出口1.7万吨，羊毛产量3.05万吨。

2011年，乌共出口羊毛及毛纺织品3.47万吨，同比下降14%；出口创收2.59亿美元，同比增长30.3%。主要销往中国（36.4%）、德国（13.9%）、土耳其（6.5%）、印度（6%）和英国（3.5%）。

2011年全国森林面积154.5万公顷，森林覆盖率约8.8%，天然林场面积85万公顷。2008年原木采伐量944万立方米。近几年主要水果产量如下（单位：吨）：

	2010	2011	2012	2013
橙子	154211	135180	156727	122000
柑橘	121445	93407	124700	87000
柠檬	37656	38215	46895	/
柚子	1897	3570	2328	/
苹果	52226	73368	50271	46000
梨	18702	14796	18268	9000

（资料来源：乌拉圭国家统计局及乌拉圭农牧渔业部网站）

乌拉圭海域面积2.35万平方千米。2012年，全国共有渔船674条，其中工业捕捞船70条，渔民捕捞船604条，年捕鱼量7.7万吨，其中海鱼7.2万吨，甲壳类0.08万吨，软体鱼0.16万吨，淡水鱼0.22万吨。

【矿业】2012年产矿1462.54万吨，主要矿物产量如下（单位：万吨）：

	2009	2010	2011	2012
石灰岩	141.16	143.23	148.94	144.12
铁	2.02	1.68	0.83	0.95
黏土	6.81	4.33	3.03	2.67
砂	191.21	188.53	180.96	178.09
石渣	440.46	399.30	438.38	498.55
凝灰岩	100.71	138.87	81.58	169.01

【旅游业】乌政府重视发展旅游业，旅游业发达。境外游客主要来自阿根廷、巴西、巴拉圭和智利等周边国家。埃斯特角和首都蒙得维的亚是主要旅游地。2015年上半年到乌外国游客158万人次，同比增长10.3%，旅游外汇收入11.24亿美元，同比增长8%。

【能源环境】2007年二氧化碳排放量为621.9万吨，人均年排放1.9吨，国内生产总值每增长1000美元二氧化碳排放0.25吨。

【交通运输】交通运输业以公路运输为主，大部分由政府控制。

公路：总长8783公里，其中水泥路328公里，沥青路7516公里，沙砾路939公里。2011年全国机动车保有量为160.45万辆，生产汽车1.39万辆，销售5.5万辆。

铁路：总里程2993公里，除11公里复轨铁路外，其余均为窄轨铁路。2012年全国铁路客运量37.7万人次，货运量107.7万吨。

水运：内河航运为重要运输手段，航线总长1250公里。海运不发达。蒙得维的亚港是乌拉圭最大的港口，此外还有科洛尼亚、派桑杜、埃斯特角、萨尔托等港口。2012年蒙得维的亚港进港船只4550条，货物吞吐量5970.2万吨，全国港口货物吞吐量287.49万吨，客运量205.88万人次。

空运：有两家主要的航空公司。普卢纳（Pluna）公司负责国际航线，与阿根廷、巴西、智利、巴拉圭、玻利维亚、西班牙等国通航。2012年7月，该公司由于严重的资金问题宣布无限期停运，乌议会随即通过破产清算草案并宣布其破产。塔穆（Tamu）公司负责国内航线。首都的卡拉斯科国际机场是国内最大机场，派桑杜、里韦拉、萨尔托、梅洛、阿蒂加斯、埃斯特角及杜拉斯诺等地均有机场。2013年全国航空客运量177.98万人次，货运量3.09万吨。

【财政金融】截至2015年第一季度乌外债余额253.59亿美元，外汇储备额185.84亿美元。政府财赤为20.11亿美元，约占国内生产总值的3.5%（2014年）。近几年财政收支情况如下（单位：亿比索）：

	2011	2012	2013	2014
收入	2116.29	2347.18	2734.88	3872.10
支出	2226.33	2550.63	2941.14	3918.59
差额	–110.04	–203.45	–206.26	–46.49

（资料来源：乌拉圭国家统计局网站、乌拉圭中央银行网站资料）

【对外贸易】在国民经济中占有重要地位，外贸总额超过国内生产总值的1/3。乌历届政府均强调以外贸带动经济发展，采取鼓励出口及市场多元化政策。现政府除加强与本地区国家经贸关系外，积极开拓北美和亚太市场。2014年乌主要出口目的地为巴西、中国、阿根廷和委内瑞拉；主要进口来源地为中国、阿根廷、巴西和美国。主要出口产品为大豆、肉类、大米、小麦和奶制品；主要进口产品为汽车、汽车配件和电话等。近年外贸情况如下（单位：亿美元）：

	2011	2012	2013	2014
出口额	80.22	87.41	91.55	91.17
进口额	85.71	85.33	95.33	110.77
差　额	–5.49	2.08	–3.78	–19.6

（资料来源：乌拉圭中央银行、国家统计局网站资料）

2014年，乌外国直接投资总额28.05亿美元，同比增长0.3%。

人民生活

国内城镇化率较高。2012年，全国城镇人口311.07万，占总人口92%；农村人口26.98万，占总人口8%。人口比例总体平衡。全国女性人口170.85万，男性人口167.2万。社会福利较高。政府对失业、退休、残疾、妇孺、工伤、疾病等均提供福利补贴，并实行满30年工龄退休制。政府开支的相当一部分用于文教卫生领域。2012年基尼指数为0.379，10%最富有人群与10%最贫困人群收入相差11.8倍，贫困差距为2.2倍。贫困人口41.9万人，贫困率12.4%，同比下降1.3个百分点；赤贫人口1.7万人，赤贫率0.5%，与2011年持平。2011年侨汇收入为1.23亿美元，同比增长3.3%。

2012年全国劳动人口占14岁以上人口的59.9%，就业岗位分布状况如下（单位：%）：

岗位	比例	男性比例	女性比例
手工制造业	12.9	15.0	10.4
建筑业	7.3	12.7	0.6
批发零售、车辆维修业	18.4	18.7	18.0
运输、仓储和通信业	5.8	8.3	2.7
金融中介行业	1.7	1.6	1.8
公共管理和社保行业	5.8	6.2	5.3
农牧林业	10.5	14.7	5.2
渔业	0.2	0.3	0.1
水电气供应行业	0.9	1.2	0.5
酒店服务业	3.0	2.5	3.7
房地产销售和租赁业	7.0	7.1	6.9
教育业	60.	2.6	10.3
社会和医疗服务业	7.5	3.3	12.6
社区服务业	4.7	4.3	5.3
家政服务业	7.9	1.1	16.3
采矿业	0.2	0.4	–
境外从业人员	0.1	0.1	0.1

2012年，第一、第二、第三产业平均劳动时间分别为每周44.2小时，41.5小时和37.7小时。2012年退休总人数40.34万人，其中22—54岁退休人数8649人，55—59岁11853人，60—64岁5.48万人，65—69岁7.39万人，70—79岁15.02万人，79岁以上10.4万人。全国享受失业保险人数为12.47万人。

2011年全国平均年龄33.5岁，男性31.7岁，女性35.2岁。人口出生率14.3‰，死亡率9.3‰，人口自然增长率5.0‰。平均预期寿命为76.58岁，男性72.9岁，女性80.3岁。

2012年全国共有医生1.57万名，病床6074张，平均215名居民拥有1名医生，用于医疗公共开支占国内生产总值的2.9%，医疗体系覆盖率97.5%。2012年新增艾滋病患者322人，累计共4765人。

2012年全国座机使用量101.1万部，移动电话499.55万部，65.8%的家庭装有固定电话，51.3%的家庭有宽带接入。

2012年全国共有居民住房138.98万套。

军　事

奉行“独立自主、不参加任何军事集团”的国防政策，重视军队职业化建设。实行志愿兵役制。服役期1—2年，可延长。现总兵力25541人，占人口的0.76%。其中陆军16234人，海军5403人，空军2984人，准军事部队（特警）920人。2010年军费预算为85.6亿比索，占国内生产总值的1.06%。自1992年起参加联合国维和行动，是十大维和人员派遣国之一，目前有2595名乌拉圭士兵在海外执行任务，约占拉美国家参加维和行动人数的40%。军队高级将领有：陆军司令佩德罗·阿格雷·西凯拉少将（Pedro AGUERRE Siqueira），海军司令莱昂纳多·阿隆索上将（Leonardo Alonso），空军司令阿尔贝托·萨内利准将（Alberto Zanelli）。

文化教育

【教育】教育事业发达。实行九年制免费义务教育，公立大学和专科学校免收学费。2011年全国文盲率为1.6%，农村人口文盲率3.1%。15—24岁人口文盲率为0.2%，25—34岁人口文盲率为0.3%，35—44岁人口文盲率为0.6%，45—59岁人口文盲率为0.9%，60岁以上人口文盲率为2.5%。大学及以上文化程度人口占总人口的10.8%。2010—2014年乌教育经费预算为83.41亿美元，占总预算的37%。位于首都的共和国大学是全国唯一的公立综合性大学，有22个院系。另有蒙得维的亚大学、天主教大学、乌拉圭大学、企业家大学等五所私立大学。2012年乌各类学校数量及在校师生人数如下：

	学校（所）	在校生（人）	教师（人）
学龄前教育	1075	109602	3824
小学	2421	319288	18439
中学	770	270784	20210
技校	123	79895	7546
公立大学	1	19334	10571
私立大学	5	24932	2198

（资料来源：乌拉圭国家统计局、乌拉圭文化教育部）

【新闻出版】全国有各类报刊374种，其中日报31种。主要报纸有：《国家报》，1918年创刊，发行量10万份；《晨报》，1917年创刊，发行量4万份。此外，还有《共和国报》、《观察家报》、《最新消息报》等。2011年全国图书发行量共1558种，电台100多家，电视台20家。

对外关系

奉行独立自主的外交政策，强调不以政治制度或意识形态画线，主张世界多极化和国际关系民主化，加强南南合作。

外交多元务实，积极参与地区事务，以南方共同市场为依托，支持南美及拉美一体化，注重发展同美国和欧盟国家的传统关系，重视扩大同包括中国在内的亚太国家合作。

同176个国家保持外交关系，在其中49个国家设有大使馆。是联合国、美洲国家组织、拉美和加勒比国家共同体、南美国家联盟、拉美一体化协会、拉美经济体系、里约集团、七十七国集团、南方共同市场成员国和不结盟运动观察员。现为2016—2017年度联合国安理会非常任理事国。

【同中国的关系】1988年2月3日中乌建交。建交以来，两国关系发展顺利。自20世纪90年代以来，中国国家主席、全国人大常委会委员长等相继访乌。中乌建交以来历任总统均曾访华。2001年，江泽民主席访乌，双方建立长期稳定、平等互利的友好合作关系。2002年，乌拉圭总统巴特列访华。2005年，全国政协主席贾庆林、中共中央政治局常委罗干先后访乌。2006年，全国人大常委会委员长吴邦国访乌。2008年，回良玉副总理访乌。2009年，乌拉圭总统巴斯克斯访华。2013年，乌拉圭总统穆希卡访华。双方迄已举行七次外交部间政治磋商、17次经贸混委会。

近年来，中乌两国高层交往频繁。2011年6月，时任国家副主席习近平访乌，与穆希卡总统、阿斯托里副总统兼国会主席分别举行会谈，双方签署经济技术、文化和旅游等领域合作文件。7月，全国人大常委会副委员长路甬祥访乌。2012年6月，温家宝总理对乌拉圭进行正式访问，与穆希卡总统会谈，分别会见阿斯托里副总统兼国会主席和奥里科众议长，双方签署经济技术、农业、环保、质检合作协议，并发表联合声明。2013年5月，穆希卡总统来华进行工作访问，习近平主席、张德江委员长分别会谈、会见，双方签署两国经贸合作五年发展规划、经济技术、教育、质检等合作协议。2014年7月，习近平主席同穆希卡总统共同出席在巴西利亚举行的中拉领导人会晤。

两国经贸合作保持快速增长。据中国海关总署统计，2014年中乌双边贸易额为50.9亿美元，其中中方出口额为24.6亿美元，进口额为26.3亿美元，同比分别增长6.2%、5.8%和6.6%。2015年双边贸易额43.6亿美元，其中中方出口19.5亿美元，进口24.1亿美元，同比分别减少14.3%、20.7%和8.4%。中国是乌拉圭第一大贸易伙伴和乌羊毛、大豆、牛肉最大进口国，乌是我国进口大豆第四大来源国。

中国驻乌拉圭大使：董晓军。馆址：Av. Miraflores 1508，esq. Pedro Blanes Viale，Carrasco，Montevideo，Uruguay。电话：005982–6001419，6043899（经商处）。

乌拉圭驻中国大使：费尔南多·卢格里斯（Fernando Lugris）。馆址：北京市朝阳区塔园外交人员办公楼1–11–2。电话：010–65324445，65324413。

【同其他拉美国家的关系】优先发展同拉美国家的关系，特别是同巴西、阿根廷、巴拉圭等南共市成员国的关系。积极参与拉美地区事务，以南共市为优先方向，支持南美及拉美一体化。积极倡议加强区域合作，应对金融市场震荡，维护地区经济稳定。重点推进同巴西、阿根廷等邻国、大国关系，加强同委内瑞拉、墨西哥等其他地区重点国家合作。2015年12月，接任南方共同市场轮值主席国。

【同美国的关系】同美国自1830年建交以来一直保持传统友好关系。2007年，美总统布什访问乌拉圭，双方签署《贸易与投资框架协议》。2010年3月，美国务卿希拉里出席乌总统权力交接仪式。2011年3月，美国防部西半球事务部长助理莫拉访乌，举行美乌首次防务战略对话。2012年，阿斯托里副总统兼国会主席访美。2014年5月，穆希卡总统访美并同奥巴马总统举行会谈。2014年7月，乌应美方要求接收六名美关塔那摩嫌犯。

【同欧盟的关系】重视保持同欧盟的传统关系，但反对欧盟农业保护主义政策，希通过谈判推动乌拉圭对欧盟出口产品多元化。2010年至2014年，穆希卡总统先后访问西班牙、瑞典、德国、比利时、芬兰、梵蒂冈和布鲁塞尔欧盟总部。乌同瑞士、西班牙、马耳他等国签署避免双重关税协定和引渡协定。2015年10月，巴斯克斯总统访问法国。（李霖）

牙　买　加

国名　牙买加（Jamaica）。

面积　10991平方公里。

人口　281.4万（2015年）。黑人和黑白混血种人占90%以上，其余为印度人、白人和华人。多数居民信奉基督教，少数人信奉印度教和犹太教。

语言　官方语言为英语。

首都　金斯敦（Kingston），人口97万。

国家元首　英国女王伊丽莎白二世，女王任命总督为其代表。现任总督帕特里克·林顿·艾伦（Patrick Linton Allen），2009年2月26日就任。

重要节日　独立日：8月6日。

简　况　位于加勒比海西北部。东隔牙买加海峡与海地相望，北距古巴约145公里。属热带雨林气候，年平均气温为27℃。

原为印第安人阿拉瓦克族居住地。1494年哥伦布来到此地，1509年沦为西班牙殖民地。1655年被英国占领。1866年成为英直辖殖民地。1962年8月6日宣告独立，为英联邦成员国。

政　治

独立以来，牙买加工党和人民民族党长期交替执政，政局稳定，但失业、贫困、贩毒和暴力犯罪等社会问题突出。2016年2月，牙买加工党赢得大选，党领袖安德鲁·霍尔尼斯（Andrew Holness）出任总理。

【宪法】现行宪法于1962年8月6日生效。宪法规定总督任命众议院多数党领袖为政府总理，并根据总理提名任命部长。内阁由总理和不少于11名的部长组成，对议会负责。

【议会】由参、众两院组成，任期五年。参议员21名，由总督任命，其中总理推荐13名，反对党领袖推荐8名。众议员63名，普选产生。参议长汤姆·芬森（Tom Finson）、众议长皮尔内尔·查尔斯（Pearnel Charles）于2016年3月10日就职。

【政府】本届政府于2016年3月7日组成。主要内阁成员有：总理兼国防、经济增长和就业部长安德鲁·霍尔尼斯（Andrew Holness），外交和外贸部长卡米娜·约翰逊－史密斯（Kamina Johnson-Smith），财政和公共服务部长奥德利·肖（Audley Shaw），国家安全部长罗伯特·蒙塔古（Robert Montague）等。

【行政区划】全国划分为3个郡，下设14个区。

【司法机构】有上诉法院、最高法院、初审法院和各专门法院，英国枢密院为终审司法机构。各法院院长均由总理提名，经反对党同意后由总督任命，任期不限。上诉法院院长西摩·潘顿（Seymour Panton），2007年7月就职。最高法院院长扎拉·麦克卡拉（Zaila Mccalla），2007年6月就职。

【政党】主要政党有：

（1）牙买加工党（Jamaica Labour Party, 简称JLP）：执政党。1943年7月成立。党章规定以“健康的基督教原则”为建党基础，坚持民主主义的最高理想。客观上倾向于保护工人和社会弱者的利益，主张维护劳方和资方的各自权利并发展私营经济。曾于1962年至1972年、1980年至1989年、2007年至2011年执政。2016年2月赢得大选并再次执政。党领袖安德鲁·霍尔尼斯。

（2）人民民族党（People's National Party，简称PNP）：反对党。1938年9月成立，社会党国际成员。1940年宣布奉行“社会主义原则”。1974年9月提出“民主社会主义”纲领。曾于1972年至1980年、1989年至2007年、2011年至2015年执政。党领袖波西娅·辛普森－米勒（Portia Simpson-Miller）。

（3）新牙买加联盟（New Jamaica Alliance，简称NJA）：反对党，2002年6月成立，由全国民主运动（NDM）、牙共和党（RPJ）和牙全国统一联盟（JANU）合并组成。

【重要人物】帕特里克·林顿·艾伦：总督，1951年2月7日生于牙波特兰区。曾就读于牙莫尼格师范学院，在美国安德鲁斯大学获历史和宗教学学士、系统神学硕士和教育行政管理学博士学位。1986年起从事神职工作，曾先后担任西班牙城基督复临安息会（简称“安息会”）教堂牧师、牙中部安息会联合会教育和联络事务主管、西印度群岛安息会联盟教育和家庭生活事务主管、牙中部安息会联合会主席、西印度群岛安息会联盟主席。2006年被授予牙政府“杰出勋章”。2009年2月26日就任牙独立后第六任总督。　**安德鲁·霍尔尼斯**：总理，1972年7月22日出生。毕业于西印度大学。曾在牙非政府组织“鼓励儿童志愿机构”工作。1995年加入工党，2007年任教育部长。2011年10月接替辞职的牙前总理戈尔丁，成为牙历史上最年轻的总理，同年12月败选下野，担任议会反对党领袖。2016年2月，带领牙工党赢得大选并出任总理。

经　济

旅游业、矿业、农业和新兴的信息技术服务业是牙国民经济支柱。以旅游业为核心的服务业收入占牙GDP总值的60%以上。

2015年主要经济数据如下：

国内生产总值：138.2亿美元。

人均国内生产总值：4912美元。

国内生产总值增长率：1.1%。

通货膨胀率：6.1%。

货币：牙买加元。

汇率：1美元=110.9牙买加元。

（主要资料来源：国际货币基金组织）

【资源】主要有铝矾土，储量约25亿吨，居世界第四位。其他矿藏有钴、铜、铁、铅、锌和石膏等。森林面积26.5万公顷。

【工业】铝矾土的开采冶炼是最重要的工业部门，此外还有食品加工、饮料、卷烟、金属制品、电子设备、建筑材料、化学制品和纺织服装等工业。

【农牧渔业】具有悠久的农业传统。全国耕地面积约27万公顷，森林覆盖率为20%。主要种植甘蔗和香蕉，其他还有可可、咖啡和红胡椒等。

【旅游业】重要经济部门，主要外汇来源。近年来旅游业发展迅速，直接从业人数4万人，间接从业人数为17万人。游客主要来自美国、欧洲和加拿大。

【交通运输】以公路为主，有良好的公路网。

公路：公路总长17925公里，约4991公里为柏油路面，其中786公里为一级公路。

铁路：总长339公里。1992年起停止客运，现几乎完全用于运输铝矾土和氧化铝。

水运：沿海有13个港口。金斯敦为世界第七大天然港，占地25公顷，是加勒比海一个主要的中转站，有现代化的集装箱码头和仓库，每年集装箱吞吐能力为150万个标准箱。

空运：有首都金斯敦的诺曼·曼利和蒙特哥贝的唐纳德·萨格斯特两个国际机场。牙买加航空公司有通往北美、欧洲和加勒比国家的航线。

【财政金融】2014年，牙财政收入4117.16亿牙元，财政支出4194.91亿牙元，外债总额173亿美元。（资料来源：国际货币基金组织）

【对外贸易】主要出口铝矾土、氧化铝、蔗糖和香蕉等，进口石油、食品、机械产品等。主要贸易伙伴为美国、英国和加拿大等。2014年，牙进出口总额为66.82亿美元；其中出口额为14.82亿美元，进口额为52亿美元。（资料来源：国际货币基金组织）经济团体主要有：

（1）牙买加商会（Jamaica Chamber of Commerce），地址：7–8 East Parade，POB 172，Kingston。电话：001–876–922–0150。

（2）牙买加投资贸易促进署（Jamaica Promotions Corporation, 简称：JAMPRO），地址：35 Trafalgar Rd, Kingston 10。电话：001–876–929–7190；传真：001–876–924–9650。

人民生活

政府部门工作人员和企业职工退休后享受养老金。全国有公费医疗服务，公立医院30所，病床7648张，医生759人。

军　事

牙买加国防军成立于1962年7月31日，前身为英国陆军西印度步兵团，由现役和预备役人员组成，其中：现役部队约2500人，包括2个步兵营、1个飞行大队、1个海岸警卫队、1个工兵团、1个后勤保障营和1个总部情报科；预备役部队（即国防军第三步兵营）约有1000人。

文化教育

【教育】公办中小学校实行免费教育，经费主要由政府承担，同时吸纳教育组织、私营企业和非政府组织的贷款和捐赠。全国共有高等院校17所，其中西印度大学莫纳分校为加勒比地区著名综合性高等学府，设有人文与教育学、伦理与应用科学、社会学、医学和研究生院等五个学院共30多个学科，现有学生约1.1万人。

【新闻出版】牙买加新闻署：1962年成立，是政府新闻机构。

牙买加通讯社：1979年成立。是官方通讯社，隶属新闻部。

广播电台和电视台主要有：

牙买加广播公司，1959年政府拨款建立，由政府任命董事会领导。设有广播电台和电视台。广播电台一台及二台全天播音。电视台为商业性，每星期播出140个小时。牙买加电台，1950年建立，由21个团体合资开办，全天播音。

牙买加电视台（TVJ），为牙收视率最高的电视台，系牙广播媒体集团公司的控股子公司，市场占有率约60%，日均观众约100万人。

CVM电视台，牙第二大电视台，市场占有率约35%，主要以时事、体育和娱乐节目为主。

LOVE电视台，为宗教服务电视台。

对外关系

奉行独立、不结盟的外交政策，主张国家主权平等、互不干涉内政、促进国际合作，主张在联合国的框架内解决国际争端，反对使用武力。外交工作主要目标是维护国家主权、吸引外资和游客、开拓国际市场。积极发展同加勒比国家的团结与合作，积极参与加勒比共同体和加勒比国家联盟等地区性组织，大力促进地区一体化进程。优先发展与美国等西方主要发达国家关系，努力发展与拉美、亚洲、非洲等发展中国家的友好合作。在国际和多边事务领域表现活跃，曾分别两度当选联合国安理会非常任理事国和七十七国集团主席，积极利用联合国、世界贸易组织、美洲国家组织、英联邦首脑会议、小岛屿国家联盟等国际和地区平台阐述政治立场，寻求外来支持。目前，牙同147个国家建立了外交关系。

【同中国的关系】1972年11月21日中国同牙买加建立外交关系。2005年2月，两国建立“共同发展的友好伙伴关系”。近年来，两国友好合作关系发展顺利，高层往来不断，在国际事务中保持良好配合。2008年4月，中牙建立并启动两国外交部官员会晤机制。

中方重要往访有：全国政协主席李瑞环（1995年）、国务委员吴仪（2003年）、国家副主席曾庆红（2005年）、全国人大常委会副委员长成思危（2007年）、国家副主席习近平（2009年）、国务院副总理回良玉（2011年）等。

牙方重要来访有：总理曼利（1991年）、总督库克（1999年）、总理帕特森（1998年和2005年）、总理戈尔丁（2010年）等。

2013年6月，国家主席习近平在访问特立尼达和多巴哥期间同牙买加总理辛普森–米勒举行双边会晤。8月，牙总理辛普森–米勒正式访华。

牙买加承认中国完全市场经济地位，是中国在英语加勒比国家中最大的贸易伙伴之一。2013年中牙双边贸易额为6.31亿美元，其中中方出口额为6.27亿美元，进口额为381.1万美元，同比分别下降22.7%、20.2%、87.6%。中方主要出口纺织品、服装、食品、化学品、轻工产品和机电产品等，进口铝矾土和氧化铝等。

中国驻牙买加大使：董晓军；使馆地址：8 Seaview Avenue Kingston 10 Jamaica；电话：001–876–9273871（办公室、值班），001–876–9787780（商务处）；传真：001–876–9273919。网址：http://jm.chineseembassy.org。

牙买加驻华大使：拉尔夫·托马斯（H.E.Mr. Ralph Thomas）；使馆馆址：建国门外秀水街1号建外外交公寓6号楼2单元7层2号；电话：010-65320670，65320671；传真：010-65320669。网址：http://www.jamaicagov.cn。

【同美国的关系】牙美关系密切，美国是牙买加最大的贸易伙伴和第二大经援国，牙美年均贸易额约20亿美元，美在牙铝矿业、旅游业、金融保险业等方面有大量投资。牙在美有大量侨民。两国签有投资保护和知识产权保护等协定。牙对美政策重在促进官方往来和交流，提高对美国商品和服务出口，吸引更多美国游客与投资，争取更多发展援助。近年来两国在打击毒品犯罪方面合作增多。

【同英国的关系】牙与英国保持着传统的友好关系。英在牙投资较多，对牙经济有较大影响。2012年3月，英国王子哈里为庆祝英女王登基60周年访牙。与此同时，牙总理辛普森-米勒表示，将于任内推动牙脱离英联邦，改行共和制。

【同加拿大的关系】牙与加关系密切。加在牙总投资1.4亿多美元，并有4家银行。牙买加航空公司中有加拿大股份和技术人员。加每年向牙提供援助。每年有不少加拿大游客赴牙旅游。牙向加派出大量劳务人员，从事农业、服务业等方面工作。近年来，两国在缉毒、司法协助和移民等方面的合作不断加强。2012年10月，牙总理辛普森-米勒访加。

【同加勒比国家的关系】重视加勒比地区的团结与合作，努力促进地区一体化进程，是加勒比共同体创始国之一。牙在促进加共体各成员间政治团结、经济合作等方面发挥着积极作用。2006年初，牙成为加共体单一市场首批成员。2009年1月，牙开始在全国颁发加勒比共同体护照。2月，牙与加勒比开发银行签署一项金额为1亿美元的贷款协议。2010年1月海地地震后，牙积极参与海地赈灾。2011年4月，牙通过《外国人和英联邦公民就业法》，放开加共体公民在牙从事护士、教师等职业，无须申请工作许可。

【同古巴的关系】1972年12月牙古建交。1981年与古巴断交。1990年7月27日，牙古恢复外交关系。牙古关系近年来发展较快，双方交往日益增多。自1973年以来，已有13000多名牙籍学生接受古巴政府资助赴古留学。牙坚决反对美国长期对古实施的禁运政策，支持美洲国家组织废除驱古决议。

【同日本的关系】1964年牙日建交，两国关系发展顺利。两国间有外长级磋商机制，2010年8月，牙副总理兼外交和外贸部长鲍访日。日本主要通过提供捐款、贷款、债务减免、实物捐赠和投资等方式对牙进行援助，并派青年志愿人员赴牙服务，两国文化、艺术和教育交流项目不断发展。日本是牙蓝山咖啡和朗姆酒的最大海外市场。

【同其他发展中国家的关系】重视发展同拉美、非洲、中东等地区发展中国家特别是新兴市场国家关系。2012年，邀请南非、尼日利亚总统出席牙独立50周年庆祝活动并访牙。在巴西、科威特新设使馆。同墨西哥开展农业、能源合作。2013年5月，辛普森-米勒总理赴埃塞俄比亚，出席庆祝非洲统一组织成立50周年非盟特别峰会，并访问埃塞俄比亚。（陆兵）

英属维尔京群岛

名称　英属维尔京群岛（The British Virgin Islands）。

面积　153平方公里。

人口　33454人，人口增长率2.32%，出生率10.91‰，死亡率4.99‰（2015年估计）。黑人占82%，白人6.8%，还有印第安人、亚裔、混血人等（2001年估计）。英语为官方和通用语言，少数人讲西班牙语。居民中86%信奉基督教新教，10%信奉天主教。

首府　罗德城（Road Town），位于托托拉岛（Tortola），人口约8600人（2006年）。

总督　约翰·邓肯（John Duncan），2014年8月15日就任。副总督伊内兹·阿齐博尔德（Inez Archibald，女）

重要节日　领地日（Territory Day）：7月1日（1956年），每年纪念时间略有不同，2012年和2013年均为7月1日。2014年为6月30日（星期一）。

简　况

位于大西洋和加勒比海之间，背风群岛的北端，距波多黎各东海岸100公里，与美属维尔京群岛毗邻。约有60个岛屿（其中16个有人居住），领海面积1489平方公里，最大岛屿是托托拉岛（54平方公里）。属亚热带气候，平均气温28℃，年降水量1000毫米。7—10月常遭受飓风和热带风暴袭击。

原始土著居民为加勒比地区的印第安人。1493年哥伦布航行到此。1672年被英国兼并。1872年成为英国殖民地背风群岛（the Leeward Islands）的一部分，受背风群岛总督管辖。1956年拒绝加入西印度联邦（the West Indian Federation），7月1日成为单独的领地。1967年获得自治。1971年设总督管理。英属维尔京群岛现为英国的海外领地（British Overseas Territory）。

政　治

在2011年11月举行的议会选举中，反对党民族民主党击败执政的维尔京群岛党，该党领袖奥兰多·史密斯（Orlando Smith）出任总理兼财政部长。2012年，英属维尔京群岛政局基本稳定。

【宪法】2007年6月15日施行新宪法（The Virgin Islands Constitution Order 2007），取代1976年宪法。英国女王为英属维尔京群岛元首，总督为女王代表，负责其外事、防务、治安、司法等事务。

【议会】议会（House of Assembly）由13名直接选举成员、议长和总检察长组成，任期4年。第二届议会于2011年11月7日选出，民族民主党9席，维尔京群岛党4席。议长英格里德·摩西–斯凯特利菲（Ingrid Moses–Scatliffe，女）。

【政府】内阁包括总理、4名其他部长和1名当然成员（总检察长），通常由在议会中占多数议席的政党组成，其领袖担任总理。内阁成员由总理提名，总督任命。本届内阁于2014年8月组成，成员包括：总督约翰·邓肯（John Duncan），总理兼财政和旅游部长奥兰多·史密斯，副总理兼自然资源和劳动部长凯德里克·皮克林（Kedrick Pickering），卫生和社会发展部长罗尼·斯克顿（Ronnie Skelton），教育和文化部长米隆·沃尔温（Myron V. Walwyn），通信和工程部长马克·范特尔浦（Mark Vanterpool），内阁部长桑德拉·沃德（Sandra Ward，女）。

【主要网址】http://www.bvi.org.uk/government/（政府伦敦办公室）；http://www.dpu.gov.vg/AboutUs/GovernmentBVI.html（发展计划署）；http://www.bviwelcome.com/（旅游局）；http://www.bviports.org/（港务局）

【司法机构】受辖于东加勒比最高法院（Eastern Caribbean Supreme Court，由高等法院和上诉法院组成，均设在圣卢西亚）。法律体系是参照英国普通法律体系设立的，也增加了一些别的法律条款。每个岛上设1个初审法庭。终审可上诉至英国枢密院。

【政党】有4个政党。

（1）民族民主党（National Democratic Party，NDP）：执政党。成立于1998年5月。2003—2007年执政，2011年再次执政。领袖为总理奥兰多·史密斯。

（2）维尔京群岛党（Virgin Islands Party，VIP）：反对党。20世纪70年代初成立。1986—2003年、2007—2011年执政。领袖为前总理拉尔夫·特尔福德·奥尼尔（Ralph Telford O'Neal）。

（3）统一党（United Party，UP）：20世纪60年代中期成立，领袖格列高利·麦德罗（Gregory Maduro）。

（4）关心市民运动（Concerned Citizen's Movement，CCM）：1994年成立，前身为独立人民运动。领袖埃塞林·史密斯（Ethlyn SMITH）。

【重要人物】约翰·邓肯：总督。1958年4月17日出生。是英国外交官。曾任多边军控和裁军大使和英国裁谈会议常驻日内瓦代表。2013年6月，英女王伊丽莎白二世任命其为英属维尔京群岛总督。其于2014年8月14日到达英属维尔京群岛，并于第二天宣誓就职。

经　济

英属维尔京群岛主要依靠旅游业和金融服务业，有少量农业与渔业。进入21世纪后，经济稳定发展，年增长率维持在3%以上。2014年在地区生产总值（GDP）中，服务业占86.9%，工业12%，农业1.1%。

主要经济数据如下：

地区生产总值：5亿美元（购买力平价，2010年估计）。

人均地区生产总值：4.23万美元（购买力平价，2010年估计）。

地区生产总值增长率：3.05%（2011年估计）。

货币名称：美元。

通货膨胀率（消费价格）：2.3%（2015年估计）。

失业率：8.7%（2011年估计）。

【工业】制造业规模较小。主要生产朗姆酒、旅游品、印刷品等。2012年发电量估计为5500万千瓦小时。

【农牧渔业】约有耕地800公顷，草场4000公顷。主要种植水果、蔬菜和甘蔗。水果和蔬菜供国内消费并出口美属维尔京群岛，甘蔗主要用于酿造朗姆酒。有畜牧养殖业和渔业。大部分食品靠进口。

【服务业】离岸金融服务业和房地产业是新兴产业，近年来发展很快。政府进行立法促进保险业务以加强金融业并使其多元化。离岸金融业收入等占政府直接收入的50%。

作为世界重要离岸金融中心之一，曾有超过70万家离岸公司在此注册，目前仍有活动的约45万家。这里被不少公司视为“避税天堂”，离岸金融中心为逃税、资本外逃和洗钱犯罪创造了机会。

【旅游业】最重要的经济部门和发展计划的基础之一。2008年接待各类游客达93.4万人次（其中海上巡游旅客57.1万人次，过夜游客34.6万人次）。

【交通运输】岛内以公路运输为主。2007年公路总长约200公里。

水运：有直达英国、美国和荷兰的轮船。罗德港（Road Harbor）为一深水港。主岛间有渡船往来。

空运：有4个机场，航线通往迈阿密、美属维尔京群岛以及圣基茨等附近岛国。主要机场是距罗德城约16公里的牛肉岛机场，航班经波多黎各和安提瓜连接北美及欧洲。

【财政金融】财政年度为4月1日至翌年3月31日。2012年估计财政收入与支出均为3亿美元，税收及其他收入占地区生产总值27.4%。

2004年外债为4410万美元。2010年经常账户收支余额3.626亿美元（估计）。

【对外贸易】历年均为入超。2013年估计进口额为3.2亿美元，出口额为2550万美元。主要进口产品有建筑材料、汽车、食品、机械等，主要出口产品有朗姆酒、鲜鱼、水果、动物、砾石等。主要贸易对象为美属维尔京群岛、美国等。

【外国援助】援助主要来自英国和加勒比开发银行。

人民生活

托托拉岛有1所医院，其他岛屿有诊所。2014年英属维尔京群岛居民平均期望寿命估计为78.46岁。2014年有固定电话11800部，移动电话48400部，互联网主机505台（2012年），用户4000户（2002年）。

军　事

英属维尔京群岛防务由英国负责。

文化教育

【教育】2010年英属维尔京群岛教育支出占地区生产总值4.3%。15岁以上人口识字率为98.2%。中小学实行免费义务教育（12年，从5岁开始）。2005年小学与中学的入学率分别为95%和88%，学生与教师之比分别为15∶1和9∶1。有1所以前首席部长斯托特命名的社区学院。

【新闻出版】有3种周刊：《英属维尔京灯塔》，1984年创刊，发行量3000份；《维岛太阳》，1962年创刊，发行量2850份；《维尔京群岛观点》，周刊。

有5家商业电台。维尔京群岛广播有线公司创立于1965年，设ZBVI电台，进行商业性广播。英属维尔京群岛有线电视台，主要通过电缆收看美属维尔京群岛和波多黎各的电视节目。ZBTV西印度有线电视台为商业性电视台。

对外关系

外交由英国掌管。英属维尔京群岛为万国邮政联盟、国际奥委会、加勒比开发银行、东加勒比国家组织成员，联合国教科文组织、加勒比共同体联系成员，设有国际刑警组织英属维尔京群岛支局。

2012年英属维尔京群岛派团参加伦敦奥运会。

【同中国的关系】作为离岸金融服务中心之一，一些发达国家（地区）通过英属维尔京群岛对华进行投资。而英属维尔京群岛也是中国对外直接投资主要流向地之一。2012年，中国流向英属维尔京、开曼群岛的投资大幅下降，对外直接投资流向英属维尔京群岛、开曼群岛的投资共计30.67亿美元，较2011年的111.45亿美元下降72.5%。

2009年12月7日，《中华人民共和国政府和英属维尔京群岛政府关于税收情报交换的协议》及《中华人民共和国政府和英属维尔京群岛政府关于税收情报交换协议的议定书》在伦敦正式签署。这是中国继与巴哈马签署税收情报交换协定后对外正式签署的第二个税收情报交换协定。中国与英属维尔京群岛双方分别于2010年2月11日和2010年12月1日互相通知已完成使该协议和议定书生效所必需的各自法律程序。根据协议第十四条的规定，该协议及议定书自2010年12月30日起生效，并适用于2011年1月1日或以后取得的所得。　　（叶苓）

智　　利

国名　智利共和国（The Republic of Chile，República de Chile）。

面积　756626平方公里。

人口　1782万（2014年）。其中城市人口占86.9%。印欧混血种人占75%，白人20%，印第安人10.3%。官方语言为西班牙语。在印第安人聚居区使用马普切语。15岁以上人口中信仰天主教的占70.0%，信仰福音教的占15.0%。

首都　圣地亚哥（Santiago），人口715.46万（2014年）。1月最热，平均气温为12℃—19℃。6月最冷，平均气温为3℃—14℃。年均最高气温22.6℃，最低气温9.3℃。

国家元首　总统米歇尔·巴切莱特·赫里亚（Michelle Bachelet Jeria，女），2014年3月11日就职，任期四年。

重要节日　独立日：9月18日。

简　况

位于南美洲西南部，安第斯山脉西麓。东邻阿根廷，北界秘鲁和玻利维亚，西濒太平洋，南与南极洲隔海相望。海岸线总长约1万公里。是世界上最狭长的国家，南北长4352公里，东西宽96.8—362.3公里。境内多火山，地震频繁。气候地区差异大：北部是常年无雨的热带沙漠气候；中部是冬季多雨、夏季干燥的亚热带地中海式气候；南部为多雨的温带阔叶林和寒带草原气候。年均最低和最高气温分别为8.6℃和21.8℃。

早期境内居住着阿劳干人、马普切人、火地人等印第安民族，16世纪初以前属于印加帝国。1535年，西班牙殖民者从秘鲁侵入智利北部。1541年建立圣地亚哥城，智利沦为西班牙殖民地。1810年成立执政委员会，实行自治。1818年宣告独立。1970年社会党人阿连德当选总统，组成“人民团结”政府。1973年以皮诺切特为首的军人推翻阿连德政府上台，开始了长达17年的军政府统治。1989年，社会党、基民党等组成"争取民主联盟"（后称执政联盟）参加议会选举和总统大选，基民党人艾尔文当选总统，于次年3月11日开始执政，代议制民主恢复。1994年3月基民党人弗雷继任。1998年皮诺切特交出军权，智"民主过渡"进程基本完成。

政　治

自军人"还政于民"以来，智政局保持稳定。中左政党组成的执政联盟连续执政20年，历经四届政府。2010年1月，中右翼联盟总统候选人皮涅拉在大选第二轮投票中当选总统，于2010年3月11日就职，任期四年。2013年12月智举行大选第二轮投票，中左翼"新多数派联盟"候选人、前总统巴切莱特以较高得票率当选总统，"新多数派联盟"获得参、众两院多数席位。2014年3月11日，巴切莱特总统正式就职。目前，智政局总体稳定。

【宪法】现行宪法于1981年3月11日生效，后经过1989年、1991年、1993年、2005年四次修改。宪法规定，总统是国家元首和政府首脑，不能连任，可隔届再次参选。2005年修宪将总统任期改为四年，并取消了终身参议员和指定参议员。

【议会】国民议会（Congreso Nacional）实行参、众两院制。议会由直接选举的38名参议员、120名众议员组成。参议员任期八年，每四年改选其中一半；众议员任期四年。1973年军事政变后议会被解散，1990年3月11日恢复。本届议会成立于2014年3月11日。现任参议长为基督教民主党人帕特里西奥·瓦尔克（Patricio Walker），众议长为争取民主党人马尔科·安东尼奥·努涅斯（Marco Antonio Nuñez），均于2015年3月当选，任期一年。主要党派在议会中所占席位如下：

	参议院	众议院
基督教民主党	5	21
社会党	6	15
争取民主党	6	15
民族革新党	6	16
独立民主联盟	8	29
社会民主激进党	0	6
共产党	0	6
自由党	0	1
社会广泛运动	1	0
独立派人士	5	11

【政府】本届政府于2014年3月11日组成，共设24个部委。2015年5月，受贪腐丑闻影响，巴切莱特总统宣布改组内阁。主要成员有：内政部长豪尔赫·布尔戈斯（Jorge Burgos），外交部长埃拉尔多·穆尼奥斯（Heraldo Muñoz），国防部长何塞·安东尼奥·戈麦斯（José Antonio Gómez），财政部长罗德里格·巴尔德斯（Rodrigo Valdés），总统府秘书部部长尼科拉斯·埃萨吉雷（Nicolás Eyzaguirre），政府秘书部部长马塞洛·迪亚斯（Marcelo Díaz），经济部长路易斯·费利佩·塞斯佩德斯（Luis Felipe Céspedes）。

【行政区划】全国共分为16个大区（Región），下设51个省（Provincia）和346个市（Comuna）。大区主席和省长由总统任命，市长由选民直接选举产生，任期四年，可连任。

【司法机构】司法独立。全国设最高法院、17个上诉法院和一个军事法庭。最高法院院长塞尔希奥·穆尼奥斯·加哈尔多（Sergio Muñoz Gajardo），于2014年1月就任。1999年成立检察院，国家检察长为萨瓦斯·查安·萨拉斯（Sabas Chahuán Sarrás），2007年11月就任。

【政党】实行多党制，主要政党分为中左翼"新多数派联盟"和中右翼反对派联盟"智利前进"两大阵营。

1. 中左翼"新多数派联盟"：执政联盟，其前身系由基督教民主党、社会党、争取民主党、社会民主激进党等中左翼政党组成的"争取民主联盟"，2013年4月吸纳共产党等加入。

（1）基督教民主党（Partido Demócrata Cristiano，PDC）：成立于1957年。智利议会第一大中左翼政党。党员10.8万。基督教民主党国际成员。主张实现真正的基督教主义，建立民主制度，尊重人权，与不同思想派别共处。该党在智民主化进程中发挥了重要作用，其领导人艾尔文、弗雷先后担任后军政府时代第一、二任民选总统。现任党主席豪尔赫·皮萨罗（Jorge Pizarro）。

（2）社会党（Partido Socialista，PS）：成立于1933年。党员约10.9万。社会党国际成员。曾长期自称为马克思主义党，苏联解体后把党的发展目标改为民主社会主义，主张建立一个自由、民主、人道的社会。1970年至1973年与共产党等组成"人民团结"政府，该党领导人阿连德任总统。1979年发生分裂。1989年12月阿拉特和阿尔梅达两大派宣布联合。1989年、1993年和1999年与争取民主党、基民党等结盟参加大选获胜。现任党主席伊萨贝拉·阿连德（Isabela Allende）。

（3）争取民主党（Partido por la Democracia，PPD）：成立于1987年。党员8.4万。社会党国际成员。其主张与社会党基本相同，但更为自由化。对内主张积极推动宪法改革，根除军政府建立的法制体系。对外主张以国际主义、人道主义、和平主义和拉美主义原则同世界各国建立外交、贸易和文化关系。2000年至2006年，党领袖拉戈斯担任总统。现任党主席海梅·金塔纳（Jaime Quintana）。

（4）社会民主激进党（Partido Radical Social Demócrata，PRSD）：成立于1888年。党员约9万。

社会党国际成员。其前身为激进党。1987年激进党内发生分裂，原副主席安塞尔莫·苏莱等另组社会民主激进党。1992年两党合并定为现名。其意识形态来源于欧洲社会民主主义和拉美改良主义，主张在人道主义原则基础上建立自由和民主的社会。现任党主席埃内斯托·贝拉斯科·罗德里格斯（Ernesto Velasco Rodríguez）

（5）共产党（Partido Comunista，PC）：成立于1912年。党员4.7万。原名社会主义工人党，1922年改为现名。1970年至1973年与社会党等联合执政。1979年提出"人民造反"路线，要求立即结束军政权。1983年同社会党阿尔梅达派等组成"人民民主运动"。1985年被宪法法庭宣布为非法。1990年10月恢复合法地位。2010年首次进入国会。现任党主席吉列尔莫·泰列尔（Guillermo Tellier），总书记劳塔罗·卡蒙娜（Lautaro Carmona）。

2. 中右翼"智利前进"：在野反对派联盟，由民族革新党和独立民主联盟等组成。

（1）民族革新党（Renovación Nacional，RN）：1987年2月由右翼的民族联盟、独立民主联盟和全国劳动阵线合并而成。后独立民主联盟脱离该党。党员7.7万人。主张维护和发展西方文明和历史传统，建立"以人为中心，充分尊重个人自由"的社会。2010年，该党领袖皮涅拉当选总统。现任党主席克里斯蒂安·蒙克贝格（Cristi-án monckeberg）。

（2）独立民主联盟（Unión Demócrata Independiente UDI）：成立于1983年。党员8万。由独立人士和1979年成立的"新民主"组织组成。该党自2001年起成为议会第一大党。主张多元民主和权力下放，实施私有制基础上的市场经济。现任党主席埃尔南·拉腊因（Hernán Larraín）。

【重要人物】米歇尔·巴切莱特·赫里亚：总统。1951年9月29日生于智利首都圣地亚哥，毕业于智利大学医学系。曾于1997年赴美国华盛顿泛美防务学院进修。社会党人。青年时代曾因反对皮诺切特军事独裁统治遭到拘禁，被迫流亡海外，1979年回国。2000年至2004年先后担任卫生部长、国防部长。2006年3月至2010年3月担任总统，是智历史上首位女总统。2010年7月至2013年3月担任联合国妇女署首任执行主任。2013年12月，作为中左翼"新多数派联盟"候选人在智大选第二轮投票中以62.16%的得票率再次当选总统，

并于2014年3月11日就职，任期四年。离异。有一子两女。

经济

智利属于拉美经济较发达的国家之一。矿业、林业、渔业和农业是国民经济四大支柱。1974年皮诺切特军政府执政后实行经济改革，调整产业结构，全面开放市场，拓展全方位自由贸易。此后，文人政府基本延续这一政策。智利经济多年保持较快增长，其综合竞争力、经济自由化程度、市场开放度、国际信用等级均为拉美之首，被视为拉美经济发展样板。但智经济结构单一、对外依存度高、能源短缺等问题较突出。

2014年的主要经济数据如下：

国内生产总值：2581亿美元。

人均产值：14900美元。

国内生产总值增长率：1.9%。

货币名称：比索（peso）。

汇率：1美元=732比索。

通货膨胀率：4.5%。

失业率：6.2%。

（资料来源：世界银行、智利中央银行）

【资源】矿藏、森林和水产资源丰富，以盛产铜闻名于世，素称"铜之王国"。已探明的铜蕴藏量达2亿吨以上，居世界第一位，约占世界储藏量的1/3。铜储量、产量和出口量均为世界第一。铁蕴藏量约12亿吨，煤约50亿吨。此外，还有硝石、钼、金、银、铝、锌、碘、石油和天然气等。盛产温带林木，木质优良，是拉美第一大林产品出口国。渔业资源丰富，是世界上人工养殖三文鱼和鳟鱼的主要生产国。

【工业】工矿业是智国民经济的命脉。2013年，工业总产值为144008.87亿比索，矿业总产值1152838.93亿比索。近几年主要工矿业产品产量如下：

	2011	2012	2013
铜（万吨）	526.3	543.4	577.6
金（吨）	45.1	48.6	48.5
银（吨）	1291.3	1151.2	1217.8
铁矿砂（万吨）	1262.5		
石油（万立方米）	27.69		
天然气（亿立方米）	14.40		
煤（万吨）	65.41	69.85	
钼（万吨）	4.09	3.51	3.87

（资料来源：智利矿业部，国家铜委员会，智利中央银行）

【农林牧渔业】2012年，农林牧渔业总产值32894.33亿比索，从业人口80.07万。2012年主要农作物播种面积74.32万公顷。近年来主要农产品产量如下（单位：万吨）：

	2010/11	2011/12	2012/2013
小麦	157.6	121.3	147.47
燕麦	56.38	45.08	68.04
大麦	12.27	7.59	7.96
水稻	13.04	14.98	13.03
玉米	143.76	149.33	151.85
马铃薯	167.64	109.34	115.90

（资料来源：智利农业部）

2013年水果种植面积为30.01万公顷，年产量

415.20万吨。主要水果有苹果、葡萄、油梨、李子、桃、梨等。

林业：2012年森林覆盖面积16.20万平方公里，约占国土面积22%。其中天然林13.18万平方公里，人工林2.90万平方公里。主要树种是辐射松（64.9%）和桉树（29.3%），主要林产品为木材、纸浆、纸张等。

畜牧业：牧场面积12.93万平方公里。2013年产牛肉20.63万吨，猪肉55万吨，禽类68.06万吨，牛奶39.8亿升。

渔业：2011年捕鱼量为443.5万吨。

【旅游业】智利政府重视发展旅游业。2010年全国有旅行社1246家，其中33.3%在首都大区，19.3%在瓦尔帕莱索，共有星级酒店、宾馆、别墅等住宿设施4126处。2013年共接待外国游客357.6万人次，主要来自巴西、阿根廷等周边国家，北美和欧洲。

【交通运输】铁路：总长6000公里。2013年客运量为2862万人次，货运量26.4万吨。首都圣地亚哥地铁全长103公里，2013年客运量为4.66亿人次。

公路：总长10万公里。其中泛美公路长达3600公里。2013年全国有各种机动车417万辆。

海运：2012年国内外船只货物总吞吐量达1.02亿吨。全国共有70多个沿海港口，主要港口有：瓦尔帕莱索港、塔尔卡瓦诺港、安托法加斯塔港、圣安东尼奥港和彭塔阿雷纳斯港等。

空运：有五家航空公司，六个国际机场。2013年国内航线年客运量947万人次，货运量2.85万吨。国际航线客运量700万人次，货运量27.08万吨。全国有大小机场325个，主要国际机场有首都的阿图罗·梅里诺·贝尼特斯机场和北部阿里卡市的查卡柳塔机场。

【财政金融】近几年的财政收支情况如下（单位：亿比索）：

	2011	2012	2013	2014
收入	258890.44	261147.67	286886.94	331285.96
支出	243773.34	254333.81	245298.83	353427.52
差额	15117.1	6813.86	41588.11	−22141.56

（资料来源：智利中央银行）

截至2015年年底，外汇储备386.43亿美元。外债余额为1490.2亿美元。

主要银行有：智利银行，成立于1893年，2013年资产总额22.84万亿比索。

【对外贸易】智利经济在很大程度上依赖对外贸易。出口总额占国内生产总值的60%左右。实行统一的低关税率（2003年起平均关税率为6%）的自由贸易政策。目前同世界上170多个国家和地区有贸易关系。近年贸易情况如下（FOB，单位：亿美元）：

	2011	2012	2013	2014
出口额	807.7	767.9	762.01	766.48
进口额	662.1	705.7	719.26	723.47
差　额	145.6	62.3	42.75	43.01

近年来主要贸易对象及占智外贸总额的比例：

占智出口（%）

	2011	2012	2013	2014
美国	10.9	11.7	12.7	12.1
日本	11.4	11.0	9.9	10.0
中国	22.7	23.2	25.1	24.6
韩国	13.1	6.0	5.6	5.7

占智进口（%）

	2011	2012	2013	2014
阿根廷	7.1	7.5	5.8	5.3
美国	21.1	22.0	20.8	19.7
巴西	9.3	7.3	7.1	7.0
中国	16.1	17.7	19.3	20.9

（资料来源：智利海关）

【对外投资】智利对外投资活动始于20世纪70年代。90年代以来智经济持续快速发展，由于国内市场狭小，一批大型企业和跨国公司为开拓国外市场和争取更有利的发展环境，开始在厄瓜多尔、阿根廷、墨西哥、秘鲁和巴西等周边国家投资。根据智利外交部经济总司报告，目前智利超过1000家企业在海外投资项目达2500个，分布于全球70多个国家，2013年上半年对外投资总额达103.79亿美元。

【对外援助】据智利外交部国际合作署统计，2012年，智对外援助422.46万美元，主要受援对象为拉美和加勒比国家。

【外国投资】根据智利央行数据，2013年智利吸收外国直接投资154.54亿美元。

【外国援助】据智外交部国际合作署统计，2006年智接受国外合作项目援助1.0274亿美元，其中来自国外双边合作项目援助6466.66万美元，多边合作项目援助3807.6万美元。

对智提供合作项目援助的主要国家有德国、日本、西班牙等。国际组织主要包括欧盟、联合国和美洲国家组织等。援助项目涉及环境保护、能源开发、国家建设、公共管理、科技创新等领域。

【著名公司】（1）智利国家铜公司（Corporacion Nacional del Cobre de Chile，简称CODELCO）：成立于1976年4月1日，是世界最大的铜生产企业，经营铜矿的开发、开采、提炼、加工及销售等。2013年产量162.1万吨，占智全国总产量的28%。现任董事长奥斯卡·兰德莱特切·莫雷诺（Oscar Landerretche Moreno）。地址：Huerfanos 1270，Santiago，Chile。

（2）智利化工、矿业公司（Sociedad Quimica y Minera de Chile S.A.，简称SQM）：成立于1968年，

经营化肥、化工产品、碘、锂的生产及销售。2013年资产总额47.67亿美元，纯收入4.7亿美元。董事长胡利奥·庞塞·勒鲁（Julio Ponce Lerou），首席执行官帕特里西奥·孔特塞·冈萨雷斯（Patricio Contesse Gonzalez）。地址：El Trovador 4285，Las Condes，Santiago，Chile。

（3）智利钼金属公司（Molibdenos y Metales S.A.，简称Molymet）：成立于1975年，是世界上钼的主要生产企业，占有全球1/3的市场份额，从事钼及相关产品的生产及销售。2013年资产总额17.58亿美元，销售额9.1亿美元。总裁卡洛斯·乌尔塔多·鲁伊斯－塔格莱（Carlos Hurtado Ruiz-Tagle）。地址：Camino Nos a Los Morros N°66, San Bernardo, Chile。

（4）南美船运公司（Compania Sudamericana de Vapores S.A.，简称CSAV）：成立于1872年，拉美最大的船运公司，经营船运及相关配套服务。2013年资产总额23.77亿美元，销售额32.06亿美元。董事长吉列尔莫·卢克希奇·克雷格（Guillermo Luksic Craig）。地址：Valparaíso，Chile。

人民生活

2013年智利最低月工资标准为21万比索，全国共有劳动力837.9万人。2012年智利中产阶级约为1100万人，占全国人口的69.8%。贫困人口占全国人口的14.4%。近十年智医疗卫生事业发展迅速，建立了完善的医保体系。智利的医保体系由公共、私营两部分组成，其中公共医保占66%，私营部分占34%。医疗保障金占收入的7%。全国有公立医院213家，床位29057张；私人医院105家，床位7053张。2011年全国共有医生26393人，平均659人拥有一个医生。2011年就诊人数为6089万人次。2013年医疗卫生支出占GDP的5.6%。2012年人口普查显示，智最近十年人口增长率0.99%。人均寿命79.1岁，其中60岁以上的人口占全国人口的14%。截至2012年，智利全国固定宽带用户占全国总人口的11.3%，3G移动宽带普及率为8.3%。

军　事

智利武装部队分为陆、海、空三个军种，三军实行分权独立，无统一的军事指挥机构，各军种总司令为本军种最高军事长官。宪法规定，总统是最高国防领导人，战时担任武装力量最高统帅，经国会授权对外宣战。国家安全委员会是国家安全问题的最高决策机构。国防部是最高军事行政机关，国防部长由文人担任，是总统最直接的军事助手。国防部下辖联合参谋部，负责协调和制定三军的作战、训练、情报、军事预算和军购等事宜。实行志愿兵与义务兵相结合的兵役制，陆、空军士兵服役期为12个月，海军士兵服役期为18个月。2010年智利国防白皮书规定智执行威慑性、积极防御的国防政策。

陆军3.5万人，海军1.63万人，空军0.78万人。智利没有统一的军区划分，各军种根据防务需要划分为不同的军区。陆军编为六个师、一个特种作战旅和一个陆航旅，海军设五个海区，空军编成五个航空旅。2013年军费预算27.72亿美元。

文化教育

【教育】实行12年义务基础教育。中等学校分为两种：一是科学—人文学校，即普通中学，学生毕业后绝大部分报考大学；另一种为技术—职业学校，分工业、商业、技术和农业等门类。从这类学校毕业的学生既可参加工作，也可升大学。有各类学校10768所，其中高等教育院校298所，职业学校82所，技术培训中心156个。著名大学有：智利大学、智利天主教大学、圣地亚哥大学。人均受教育时间为9.25年。2012年在校学生人数465.52万，其中中学生104.42万，大学生112.71万。成人识字率97.77%，文盲率2.23%。2012年公共教育经费支出约为48760.39亿比索。

【科研】主要科研机构有科学院、全国科学技术研究委员会和核能委员会。科学工作者人数占全国总人数的3.68%，居拉美第四位。

【新闻出版】全国有报社87家。共发行824种报纸杂志，其中日报124种，杂志463种，简报69种。主要报纸有：《信使报》，1827年创刊，发行量平日13万份，星期六18万份，星期日31万份；《民族报》，1980年创刊，发行量3万份；《三点钟报》，1950年创刊，发行量平日18万份，周末23万份；《二点钟报》（晚报），1931年创刊，发行量4万份；《最后消息报》，1902年创刊，发行量15万份；主要杂志有：《事件》，1971年创刊，发行量3万份；《新情况》，1976年创刊，发行量2.5万份；《今日》，1977年创刊，发行量3万份。除《民族报》为官方报纸外，其他均为独立发行。

主要通讯社为私营的环球通讯社。

2013年全国共有电台2068家，主要有国家电台、合作电视台、波塔莱斯电台、农业电台和矿业电台。

电视台九家，其中影响较大的是国家电视台、智利大学电视台、天主教大学电视台、大视野电视台和瓦尔帕莱索天主教大学电视台。2012年电视节目播放时间共计5.48万小时。

【文化艺术】智是拉美文化艺术水准较高的国家之一。全国有图书馆1999家，总藏书量为1790.7万册。有电影院305家。首都圣地亚哥是全国文化活动中心，有25个美术馆。诗人加夫列拉·米斯特拉尔获1945年诺贝尔文学奖，成为第一个获此奖的南美洲作家。诗人巴勃罗·聂鲁达获1971年诺贝尔文学奖。

对外关系

智利奉行独立自主的多元化务实外交政策。主张尊重国际法，和平解决争端，捍卫民主和人权。大力推行全方位的外交战略，经济外交色彩浓厚，对外交往十分活跃。智优先巩固和发展同拉美邻国和南共市国家的关系，积极推动拉美一体化，重视与美、欧的传统关系，积极拓展同亚太国家的关系，努力实现出口市场多元化。同世界上172个国家建立了外交关系。重视双边自由贸易谈判，目前智已同绝大多数拉美国家及美国、加拿大、欧盟、韩国、中国、日本等64个国家和地区签署了25个自由贸易协定。2015年10月，由智利、新加坡、文莱、新西兰发起的跨太平洋战略经济伙伴协定（TPP）在美国达成。

智利积极参与国际和地区事务，是南美国家联盟、美洲国家组织、拉美和加勒比国家共同体、亚太经合组织、太平洋经济合作理事会、太平洋盆地经济理事会、不结盟运动、十五国集团等国际和地区组织的成员国和南方共同市场的联系国。曾连续当选联合国经社理事会成员国，安理会2003—2004年、2014—2015年度非常任理事国，人权委员会2002—2004年度成员国，南美国家联盟2008—2009年度轮值主席国。同新加坡一起倡议并推动成立了“东亚—拉美合作论坛”，并成功主办了论坛第二届、第三届高官会和首届外长会。近年来，还成功主办了第六届和第17届伊比利亚美洲首脑会议、第二届美洲国家首脑会议、第108届各国议会联盟大会、第33届美洲国家组织大会、2004年亚太经合组织会议及2008年南美国家联盟首脑特别峰会。2011年12月，拉美和加勒比国家共同体成立，智利担任首任轮值主席国，任期一年。2012年6月和9月，先后成功举办拉美“太平洋联盟”第四届峰会和拉美和加勒比国家共同体外长会。

【对当前重大国际问题的态度】关于当前国际形势：认为和平与发展是人类共同的目标和任务。加强多边主义、南南合作和南北对话越来越成为多数国家的共识。亚太地区正成为世界政治、经济的重心和国际热点、地区问题的集中地区。推动建立富有同情心、消除贫困的更加均衡的世界是迫切任务。各国应共同努力应对贫困、社会不公、腐败和气候变化等挑战。

关于国际金融危机：认为应对源于发达国家的国际金融危机是当今世界的重大挑战。国际社会应坚决反对贸易保护主义和防范新型金融保护主义，将危机转变为巩固多边主义、促进包容性全球化的机遇。积极评价二十国集团为支持多边金融机构采取的一揽子措施，认为这些措施反映了新兴经济体和发展中国家的需要。应加快对现行国际金融体系的改革，尽快建立更加透明、调控规范的国际金融新体系。

关于联合国和安理会改革问题：主张对联合国进行全面和必要改革，提高其效率，加强其政治合法性，以适应新的国际形势。支持安理会扩员，以增加代表性，提高发展中国家参与度。

关于人权问题：高度尊重、保护和促进人权是智利外交政策的核心之一。认为国际社会应关注和促进人权，建立维护人权的有效国际机制。支持联合国人权理事会国别审查制度，要求有关国际组织在不干涉内政的前提下，加强对各成员国人权状况的监督检查和对侵犯人权的预防。

关于禁核和裁军问题：反对核扩散，反对任何国家进行核试验。主张和平利用核能，不生产、不获得、不储存核武器。反对军备竞赛，积极参加联合国裁军会议。

关于环境和气候变化问题：坚持共同但有区别的责任原则，要求发达国家按《联合国气候变化框架公约》原则和“巴厘路线图”的要求，在2012年后继续率先减排，并向发展中国家提供资金和技术。主张发展中国家加强团结，防止发达国家推卸责任。积极评价并支持《哥本哈根协议》，认为《哥本哈根协议》基本锁定了国际社会在气候变化主要问题上的共识，为以后的气候变化谈判提供了基础。智利已向《联合国气候变化框架公约》秘书处书面表达了其支持《哥本哈根协议》的态度，宣布到2020年减排20%。相比其他拉美国家，智利温室气体排放主要来自大规模毁林而非工业化进程，减排压力较小。

关于反恐：坚决反对任何形式的恐怖主义，认为恐怖主义敌视文明的基本准则，是威胁人类共存的灾祸和人类的共同敌人。反恐斗争是维护民主的要素之一，但反恐不应以牺牲人类自由为代价。

关于拉美一体化：积极支持拉美一体化进程。主张通过加强拉美国家基础设施建设、开展能源和交通合作以及促进人员往来等途径，推动贸易和投资自由化，提高拉美在国际上的整体地位。积极加入南美国家联盟，希望该联盟促进成员国建立互信互利的战略联盟关系，有效地推动地区一体化。

关于伊朗核问题的立场：认为伊朗享有开发核能的权利，同时应该遵循有关义务，将核能用于和平用途。呼吁伊朗切实遵守国际原子能机构理事会和联合国安理会有关决议，扩大同国际原子能机构的合作，澄清其核计划中可能与军事有关的部分，以扭转双方缺乏互信的状况。主张通过外交途径解决伊朗核问题。

【同中国的关系】智利于1970年12月15日同中国建交，是第一个同中国建交的南美洲国家。2004年两国建立全面合作伙伴关系。2012年两国建立战略伙伴关系。建交以来，两国关系发展顺利，双方高层接触频繁，经贸合作日益扩大，在国际多边领域保持良好合作。迄今，双方已举行13次外交部间政治磋商、20次经贸混委会、8次科技混委会和9次议会政治对话委员会会议。

2014年7月，习近平主席在巴西利亚会见出席中国—拉美和加勒比国家领导人会晤的智利总统巴切莱特。11月，巴切莱特总统来华出席亚太经合组织领导人第二十二次非正式会议并进行工作访问。2015年1月，智利外长穆尼奥斯来华出席中拉论坛首届部长级会议。5月，李克强总理对智利进行正式访问。

2015年双边贸易额318.85亿美元，其中中方出口额132.91亿美元、进口额185.94亿美元，同比分别增长–6.2%、2.1%和–11.4%。智是中国在拉美的第三大贸易伙伴，中国是智在全球的第一大贸易伙伴、第一大出口目的地、第二大进口来源地和智利铜最大买主。

中国驻智利大使：李宝荣。馆址：EMBAJADA DE LA REPUBLICA POPULAR CHINA，AV. PEDRO DE VALDIVIA 550，SANTIAGO，CHILE。电话：00562–2339880（办公室），2339898（领事部），2339886（文化处）；传真：2341129，3352755。

商务处地址：AV. PEDRO DE VALDIVIA 1032，SANTIAGO，CHILE。电话：00562–2239988；传真：2232465。

智利驻华大使：贺乔治（Jorge Heine）。馆址：北京市朝阳区三里屯东四街1号。电话：010–65321591；传真：65323170。

【同拉美和加勒比国家的关系】智政府强调立足拉美，优先巩固和加强同拉美国家，特别是周边邻国的关系。重视地区国家间的政治磋商与协调以及经贸技术合作，积极推动地区一体化，维护地区民主与和平。皮涅拉总统执政后访问多个拉美国家。2011年4月，与秘鲁、哥伦比亚、墨西哥宣布成立拉美"太平洋联盟"，以推动实现沿太平洋国家经贸合作和一体化。2011年12月，拉美和加勒比国家共同体成立，智利担任首任轮值主席国，任期一年。2012年6月和9月，智先后成功举办拉美太平洋联盟第四届峰会和拉美和加勒比国家共同体外长会。

【同美国的关系】智美1823年建交。美国一直是智最主要的经贸伙伴和投资国之一。智民选政府执政后同美关系实现正常化，把对美关系视为外交重点，美亦把智视为在拉美优先考虑的国家之一，恢复给予智"普惠制"待遇，允智重新加入美海外投资保险体系，取消了禁止向智出口武器和提供军援的"肯尼迪修正案"。智美建有政治、国防等磋商机制。2003年，智作为安理会非常任理事国，在对伊动武问题上不支持美对伊动武，并挑头提出"折中方案"，双方关系由此一度出现波折。同年6月6日，智美签署双边自由贸易协定。2010年，皮涅拉总统在多边场合两度会晤美国总统奥巴马。美国国务卿希拉里在智利2·27地震后访智并予以援助。2011年3月，美国总统奥巴马访智，双方签署包括核能合作在内的多项合作协议。2013年6月，皮涅拉总统访问美国，双方签署免签协议，使智利成为首个赴美旅游免签的拉美国家。2014年3月，美副总统拜登赴智出席智总统权力交接仪式。6月，巴切莱特总统访美。

【同欧盟的关系】巩固和加强同欧盟的传统关系是智的既定方针。智欧高层互访频繁。2010年，皮涅拉总统访问西班牙，并出席欧拉领导人峰会。欧盟是智重要的贸易伙伴和出口市场。1999年，智欧开始商谈自由贸易协定。2002年双方签署政治、经济伙伴与合作协议，智成为同欧盟签署自贸协定的第二个拉美国家。协议于2003年1月1日起生效。2010年，智与欧盟签订发展和创新伙伴关系协议。2011年3月，皮涅拉总统访问意大利和西班牙。2013年1月，智成功举办拉美和加勒比国家共同体和欧盟国家第一次首脑会议。2015年6月，巴切莱特总统访问意大利、梵蒂冈和法国，并出席于比利时布鲁塞尔举行的欧盟—拉共体领导人峰会。

【同亚太国家的关系】智政府把加强同亚太地区的关系放在其外交的重要位置，认为加强同亚太国家的经贸关系符合其外交多元化和多样化的总目标，对智当前和长远经济发展都具有重要战略意义。亚太地区国家是智最大的贸易伙伴。1994年11月，智正式加入亚太经合组织。2004年，智作为东道国成功主办了亚太经合组织会议。2008年，巴切莱特访问中国并出席博鳌亚洲论坛2008年年会。2009年巴切莱特出席在新加坡举行的第17次亚太经合组织首脑会议。2010年11月，皮涅拉总统出席在日本横滨举行的第18次亚太经合组织领导人非正式会议。智积极参与亚太区域经济安排，分别于2007年3月、2008年7月、2010年11月同日本、澳大利亚、马来西亚签署自贸协议。2012年3月，皮涅拉总统访问越南、日本并出席在韩国首尔举行的核安全峰会。2013年2月，印度外长访问智利。

【同俄罗斯和东欧国家的关系】近年来，智同俄罗斯和东欧国家双边政治交往有所增加，经贸领域的互惠合作有所发展。智将东欧地区视为进一步开拓出口产品市场的重点地区之一。与匈牙利签署了鼓励和相互保护投资协定，与乌克兰和俄罗斯签署了空间技术合作协定。2005年，保加利亚总统访智。2010年，智同俄罗斯建立战略合作伙伴关系。（宋栩韬）

大洋洲

澳大利亚

国名　澳大利亚联邦（The Commonwealth of Australia）。

面积　769.2万平方公里。

人口　2397万（2016年1月）。英国及爱尔兰后裔占74%，亚裔占5%，土著人占2.7%，其他民族占18.3%。官方语言为英语。约63.9%的居民信仰基督教，5.9%的居民信仰佛教、伊斯兰教、印度教等其他宗教。无宗教信仰或宗教信仰不明人口占30.2%。

首都　堪培拉（Canberra），人口约37.9万（2016年），年平均气温20℃。

国家元首　英国女王伊丽莎白二世。女王根据澳大利亚总理提名任命总督为其代表，任期五年。现任总督彼得·科斯格罗夫（Peter Cosgrove），2014年3月28日就任。

重要节日　澳大利亚日（国庆日）：1月26日。

简　况

位于南太平洋和印度洋之间，由澳大利亚大陆、塔斯马尼亚岛等岛屿和海外领土组成。东濒太平洋的珊瑚海和塔斯曼海，北、西、南三面临印度洋及其边缘海。海岸线长36735公里。北部属热带气候，大部分属温带气候。年平均气温北部27℃，南部14℃。

最早居民为土著人。1770年英国航海家詹姆斯·库克抵澳东海岸，宣布英国占领这片土地。1788年1月26日，英向澳流放的第一批犯人抵悉尼湾，开始在澳建立殖民地，后来将1月26日定为澳国庆日。1900年，英议会通过“澳大利亚联邦宪法”和“不列颠自治领条例”。1901年1月1日，澳六个殖民地区联合成为澳大利亚联邦。1926年成为英帝国自治领。1931年成为英联邦内独立国家。1986年，英议会通过“与澳大利亚关系法”，澳获得完全立法权和司法终审权。1999年11月澳全民公决决定维持君主立宪制政体。

政　治

【议会】联邦议会是立法机构，成立于1901年，由女王（澳总督为其代表）、众议院和参议院组成。2013年9月，澳举行联邦大选，产生新一届众议院。众院有150名议员，按人口比例选举产生，任期三年。自由党73席，工党55席，国家党16席，独立人士2席，绿党1席，帕尔默团结党1席，凯特澳大利亚党1席，国家自由党1席。现任众议长托尼·史密斯（Tony Smith，自由党），2015年8月就职。参院有76名议员，六个州每州12名，两个地区各两名。各州参议员任期六年，每三年改选一半，各地区参议员任期三年。现任参议长斯蒂芬·帕里（Stephen Parry，自由党），2014年7月就职。

【政府】政府由众议院多数党或政党联盟组成，任期三年。2013年9月，自由党—国家党联盟在联邦大选中战胜原执政党工党组建新政府，自由党领袖托尼·阿博特（Tony Abott）出任总理。2015年9月，前通讯部长马尔科姆·特恩布尔（Malcolm Turnbull）取代阿博特成为自由党领袖，并就任澳联邦总理。主要成员有：总理马尔科姆·特恩布尔，副总理兼农业与水资源部长巴纳比·乔伊斯（Banaby Joyce），外交部长朱莉·毕晓普（Julie Bishop，女），总检察长乔治·布兰迪斯（George Brandis），国库部长斯科特·莫里森（Scott Morrison），财政部长马赛厄斯·科尔曼（Mathias Cormann），工业、创新与科学部长克里斯托弗·派恩（Christopher Pyne），移民与边境保护部长彼得·达顿（Peter Dutton），环境部长格雷格·亨特（Greg Hunt），卫生兼体育部长苏珊·利（Sussan Ley），国防部长马利斯·佩恩（Marise Payne），通讯兼艺术部长米奇·法菲尔德（Mitch Fifield），贸易与投资部长史蒂夫·西奥博（Steve Ciobo）等。

【行政区划】全国划分为六个州和两个地区。六个州分别是新南威尔士、维多利亚、昆士兰、南澳大利亚、西澳大利亚、塔斯马尼亚；两个地区分别是北方领土地区和首都地区。各州有州督、州议会、州政府和州长。

【司法机构】最高司法机构是联邦最高法院，对其他各联邦法院、州法院、地区法院具有上诉管辖权，并对涉及宪法解释的案件作出决定，由一名首席大法官和六名大法官组成。现任首席大法官罗伯特·申顿·弗伦奇（Robert Shenton French），2008年9月就职。除高等法院外，全国还设有联邦法院和家庭法院。各州设最高法院、区法院和地方法院。首都地区和北领地只设最高法院和地方法院。

【政党】有大小政党几十个，主要政党有：

（1）自由党（Liberal Party）：1944年成立，前身是1931年成立的澳大利亚联合党。主要代表工商业主利益，曾多次执政。2013年9月7日，托尼·阿博特领导的自由党—国家党联盟在联邦大选胜出执政。现任领袖马尔科姆·特恩布尔。

（2）国家党（National Party）：成立于1918年，原称乡村党，后称国家乡村党，1982年改用现名。其势力范围主要在农村地区，代表农场主利益，1996年至2007年与自由党联合执政，2013年与自由党再度联合执政。领袖巴纳比·乔伊斯。

（3）澳大利亚工党（Australian Labour Party）：成立于1891年，为澳最大政党，同工会关系密切，工会会员多为其集体党员。自1940年以来曾11次执政。2013年9月7日，陆克文（Kevin Rudd）领导的工党在澳联邦大选中失利，结束了六年的执政期。现任领袖比尔·肖顿（Bill Shorten）。

其他小党有绿党、澳大利亚民主党和澳大利亚共产党等。

【重要人物】**彼得·科斯格罗夫**：总督。1947年7月生于澳大利亚悉尼，毕业于澳皇家军事学院。1968年参加越南战争。1997年任澳皇家军事学院院长。1999年率国际维和部队执行东帝汶维和任务。2001年任澳陆军司令。2002年升任澳国防军总司令。2005年退役。2014年3月就任澳第26任联邦总督。　**马尔科姆·特恩布尔**：总理，男，61岁，出生于澳大利亚悉尼。悉尼大学政治学和法学学士，牛津大学民法学学士。曾从事记者、律师、投资银行家、企业家等职业。2004年当选澳大利亚联邦众议员。2008年9月至2009年12月任反对党自由党领袖。2013年9月起在自由党—国家党联盟政府中任通讯部长。2015年9月14日当选自由党领袖，并出任澳大利亚第29任联邦总理。

经　济

澳大利亚是一个后起的工业化国家。农牧业发达，自然资源丰富，盛产羊、牛、小麦和蔗糖，也是世界重要的矿产品生产和出口国。农牧业、采矿业为其传统产业。近年来，制造业和高科技产业发展较快。服务业已成为国民经济主导产业。20世纪70年代以来，进行了一系列经济改革，大力发展对外贸易，经济保持较快增长。2008年之前的17年，经济年均增长率为3.5%，在经合组织国家中名列前茅。受国际金融危机影响，2009年经济增幅有所放缓。但由于澳金融体系稳健，监管严格，宏观经济政策调整空间大，在危机中表现好于其他西方国家。本世纪以来经历了矿业繁荣期，但对其他行业造成挤压。近两年来，矿业繁荣明显降温，公共财政压力上升，经济增长有所放缓。

主要经济数据如下：

年国内生产总值（2014年度）：约1.58万亿澳元。

经济增长率（2014年度）：2.5%。

人均国内生产总值（2014年度）：约6.8万澳元。

货币：澳元（1澳元≈0.74美元，2016年3月）。

失业率：5.8%（2016年1月）。

进出口总额：6632亿澳元，比上年同期增长2.3%。其中，出口3267亿澳元，增长2.4%；进口3365亿元，增长2.2%。贸易逆差98亿澳元，下降4.9%。（2014年12月）

外汇储备：657.05亿澳元（2014年12月）。

【资源】矿产资源丰富，至少有70余种。其中铅、镍、银、铀、锌、钽的探明经济储量居世界首位。澳是世界上最大的铝矾土、氧化铝、钻石、钽生产国，黄金、铁矿石、煤、锂、锰矿石、镍、银、铀、锌的产量也居世界前列。澳还是世界最大的烟煤、铝矾土、钻石、锌精矿出口国，第二大氧化铝、铁矿石、铀矿出口国，第三大铝和黄金出口国。已探明的有经济开采价值的矿产蕴藏量包括：铝矾土约53亿吨，铁矿砂146亿吨，黑煤403亿吨，褐煤300亿吨，铅2290万吨，镍2260万吨，银4.14万吨，钽40835吨，锌4100万吨，黄金5570吨。原油储量2270亿升，天然气储量2.2万亿立方米。森林覆盖率21%，天然森林面积约1.63亿公顷（2/3为桉树）。渔业资源丰富，捕鱼区面积比国土面积多16%，是世界上第三大捕鱼区，有3000多种海水和淡水鱼以及3000多种甲壳及软体类水产品，其中已进行商业捕捞的约600种。最主要的水产品有对虾、龙虾、鲍鱼、金枪鱼、扇贝、牡蛎等。

【工业】以制造业、建筑业和矿业为主。2014财年，矿业产值为1345.48亿澳元，占GDP的8.5%，制造业和建筑业产值分别为987.18亿澳元和1249.24亿澳元，分别占GDP的6.3%和7.9%。

【农牧业】农牧业发达，农牧业产品的生产和出口在国民经济中占有重要地位，是世界上最大的羊毛和牛肉出口国。受多年旱灾影响，近年来澳农牧业产量和产值持续下降。2014财年，农牧业从业人员30.7万，产值361.82亿澳元，占GDP的2.3%。农产品出口410亿澳元，农牧业用地4.05亿公顷，占全国土地面积53%。主要作物有小麦、大麦、棉花、蔗糖和水果。

【服务业】服务业是澳经济最重要和发展最快的部门。经过30年的经济结构调整，已成为国民经济支柱产业。2014财年，服务业产值达11838.51亿澳元，占

GDP 的75%。

【**旅游业**】2011/2012年度，旅游业产值为410.18亿澳元，占 GDP 的2.8%。近年来，海外游客人数总体呈上升趋势，但国内游客仍是旅游业的主导。2011/2012年度，国内游客消费支出810亿澳元，海外游客消费支出255亿澳元。澳旅游资源丰富，著名的旅游城市和景点有悉尼、墨尔本、布里斯班、阿德莱德、珀斯、黄金海岸、达尔文、大堡礁、艾尔斯岩（乌鲁鲁）等。

【**交通运输**】国际海、空运输业发达。悉尼是南太平洋主要交通运输枢纽。交通运输情况如下：

铁路：自20世纪90年代以来，铁路行业进行了公司化和私有化改革。全国铁路总长约4.4万公里。2009/2010年度远途铁路乘客约1500万人次，城市轨道交通乘客约6.03亿人次，与上年基本持平。2006/2007年度铁路运送货物6.65亿吨，同比增长3.8%。

公路：全国公路总长90多万公里。2015年，注册机动车辆1800万辆，其中客车1355万辆，轻型货车291万辆，公共汽车9.5万辆。

水运：港口97个，墨尔本为全国第一大港。2011/2012年度，拥有国际海运船只约80艘，国际水运货运量8.99亿吨，有30541艘 / 次海运船只抵港。

空运：截至2013年6月，注册飞机15060架，各类机场和跑道约2000个，常旅客机场约250个，其中12个国际机场。2013财年，国内航班数64.3万架次，国内商业服务旅客量5770万人次，空运物资20.35万吨。国际航班17.37万架次，国际旅客3240万人次，空运物资88.1万吨。澳航空业务主要由“快达”（Qantas）、“维珍澳洲”（Virgin Australia）和“捷星”（Jetstar）航空公司主导。客流量排名前十的机场为：悉尼、墨尔本、布里斯班、珀斯、阿德莱德、黄金海岸、凯恩斯、堪培拉、霍巴特和达尔文。

【**财政金融**】财政年度为每年7月1日至次年6月30日。2015财年，政府预算财政赤字351亿澳元，经济增长率2.75%，失业率6.5%，通胀率2.5%。截至2014年12月，总储备资产额538.91亿澳元。截至2015年3月，净外债总额9546亿澳元，约占 GDP 的60%。

金融业成熟完善，监管严格。拥有全球第五大金融体系和资本市场。2010年金融业实际产业附加值约1350亿澳元，占国内生产总值的11%。银行总资产2.7万亿澳元。截至2010年9月，共有56家商业银行在澳运营，其中，国内银行12家，外资银行子行9家，外资银行分行35家。澳储备银行（RBA）为中央银行。国民银行、联邦银行、西太银行、澳新银行为最主要的四大银行，总资产占全部银行资产的50%以上。截至2010年6月，全国共有28764台自动取款机（ATM）提供银行服务。金融监管框架由澳审慎金融监管局（APRA）、澳证券和投资委员会（ASIC）、澳储备银行三大独立机构组成。

股票市场发达，由澳股票交易所（ASX）运作，三种传统主要股票指数包括综合普通股指数（All Ordinaries）、综合工业股指数（All Industrials）和综合资源股指数（All Resources）。自2000年4月起，澳股票交易所和标准普尔公司联合推出全新股票指数，以更好地反映投资市场的新变化。新股指主要包括 S&P/ASX100、S&P/ASX200和 S&P/ASX300三种，其中 S&P/ASX200代表本地市场88.2% 的资金，被认为可能成为衡量澳股票市场运行状况的最重要指标。目前处于新旧指数共存阶段。

【**对外贸易**】澳对国际贸易依赖较大。澳与130多个国家和地区有贸易关系。目前，澳主要贸易伙伴依次为中国、日本、美国、韩国、新加坡、英国、新西兰、泰国、马来西亚和印度等。近年来商品和服务贸易进出口情况如下（单位：亿澳元）：

	2011/2012	2012/2013	2013/2014	2014/2015
出口额	3133	2492	3267	3277
进口额	2949	3234	3365	3368
逆顺差	184	742	98	91

2012/2013年度，澳出口主要包括铁矿石、煤、教育旅行服务、黄金、个人旅游、原油、天然气、小麦、铝矾土、铜矿、牛肉、铜、羊毛制品等。进口主要包括个人旅行服务、原油、摩托车、精炼油、航空器材、药物、通信器材、计算机、公交车、货车、黄金等。

【**对外投资**】20世纪80年代以来，澳在海外投资持续增长。截至2014年12月，海外投资累计达1.9万亿澳元。主要投资对象为美国、英国、新西兰和日本等。

【**对外援助**】澳对外援助的主要对象是南太平洋岛国和部分亚洲国家。2012/2013年度，澳对外官方发展援助总额约51.49亿澳元。主要集中于巴布亚新几内亚等南太岛国和东南亚。近年来援助总额变化情况如下（单位：亿澳元）：

	2009/2010	2010/2011	2011/2012	2012/2013
援助额	38.18	43.62	48.64	51.49
占 GDP 百分比	0.35%	0.33%	0.35%	0.34%

【**外国资本**】截至2014年12月，外国在澳投资达2.7万亿澳元。主要来自美国、英国、日本、比利时和国际资本市场。外国对澳投资主要集中在金融保险、制造和采矿等行业。

【**著名公司**】2012/2013年度，澳主要上市企业是：

（1）国民银行（National Australia Bank Ltd.）：澳最大的商业银行，成立于1858年。1893年公司化，1984年成为有限公司。2015年，利润48.7亿美元。董事会主席迈克尔·钱尼（Michael Chaney），首席执行官安德鲁·索伯恩（Andrew Thorburn）。地址：500

Bourke Street, Melbourne, Victoria 3000。

（2）澳大利亚联邦银行（Commonwealth Bank of Australia）：澳第二大商业银行，也是澳客户人数最多的银行。成立于1912年。2015年，利润约79亿美元。董事会主席戴维·特纳（David Turner），首席执行官伊安·纳里夫（Ian Narev）。地址：Level 1, 48 Martin Place, Sydney, New South Wales 2000。

（3）西太银行（Westpac Banking Corporation）：澳最老的银行。前身新南威尔士银行（Bank of New South Wales）成立于1817年，1982年更名。2015年，利润约69.5亿美元。董事会主席林德赛·马克思泰德（Lindsay Maxsted），首席执行官盖尔·凯利（Gail Kelly）。地址：Level 25, 60 Martin Place, Sydney, New South Wales 2000。

（4）澳新银行（ANZ BANK）：澳主要商业银行之一，创始于1835年。2015年，利润约66.8亿美元。董事会主席约翰·莫舍尔（John Morschel），首席执行官迈克尔·史密斯（Michael Smith）。

（5）必和必拓公司（BHP BILLITON LTD.–Broken Hill Proprietary Billiton Ltd.）：以经营石油和矿产为主的著名跨国公司。BHP于1885年在墨尔本成立。Billiton于1860年成立。2001年6月，两公司合并。2015年，利润约138.32亿美元。该公司与中国已有百余年的业务关系，包括矿产品和钢材进出口，矿物和海陆石油勘探等。董事会主席雅克·纳泽（Jacques Nasser），首席执行官安德鲁·麦肯齐（Andrew Mackenzie）。地址：180 Lonsdale Street, Melbourne, Victoria 3000。

（6）麦格里集团（Macquarie Group Limited）：成立于1969年，是一家多元化国际金融机构，提供银行、金融顾问及投资服务。2012年，总资产1540亿澳元，雇用员工1.4万人。董事会主席凯文·麦卡恩（Kevin McCann），首席执行官尼古拉斯·穆尔（Nicholas Moore）。地址：GPO Box 4294, Sydney NSW 1164。

（7）澳电信公司（TELSTRA）：澳最大电信企业，成立于1901年，1991年成为有限公司。澳政府分别于1997年、1999年和2006年出售该公司股票，逐渐将其私有化，目前澳政府控股17%。2015年，利润约39.2亿美元。董事会主席凯瑟琳·利文斯通（Catherine Livingstone），首席执行官戴维·索迪（David Thodey）。地址：Level 41, 242 Exhibition Street, Melbourne, Victoria 3000。

（8）西农集团（Wesfarmers Limited）：澳最大的零售公司之一。前身为西澳州农民合作社，成立于1914年，1984年上市。业务涉及零售、家装、煤矿、保险等广泛领域，2007年收购当时澳最大的零售公司科尔斯公司（Coles）。2015年，利润约24.6亿美元。雇用员工22万人，是澳雇员人数最多的私人企业。董事会主席鲍勃·埃夫里（Bob Every），首席执行官理查德·戈伊德（Richard Goyder）。地址：40 The Esplanade, Perth 6000, Western Australia。

（9）力拓集团（Rio Tinto Group）：世界第二大矿业公司，成立于1873年。在全球拥有60多家子公司。2012年，营业收入605.37亿美元，利润58.26亿美元，总资产1195.45亿美元，雇用员工6.793万人。该公司向中国出口铁矿石、铝矾土、氧化铝、铝等矿产品。董事会主席简·杜·普莱西斯（Jan du Plessis），首席执行官山姆·沃尔什（Sam Walsh）。集团包括力拓股票上市公司（Rio Tinto plc，总部在英国伦敦）和力拓有限公司（Rio Tinto Limited，总部在墨尔本，地址：Level 33,55 Collins Street, Melbourne, Victoria 3000）。

人民生活

澳是一个高福利国家，福利的种类多而齐全，主要包括：失业救济金、退伍军人及家属优抚金、残疾人救济金、退休金以及家庭补贴等。2013年5月就业人数1166.4万，失业率5.5%。2012年，全职成年职工人均周工资1454.8澳元。截至2012年9月，每千人拥有车辆745辆。

所有永久居民享受全国性的医疗保健待遇，其资金来源于政府税收收入。近年来，政府积极鼓励扩大私人医疗保险。2011年至2012年，约51.7%的人参加各种私人医疗保险。2011/2012年度，全国共有公立医院756所（其中精神病院19所），拥有床位56478张，平均每千人拥有2.5张。私人医院593所，拥有床位28351张，平均每千人1.26张。

军　事

总督为武装部队总司令。国防部为军队行政管理机构。国防委员会为三军最高决策机构，主席由国防部长担任。国防军司令为国防部长的首席军事顾问。现任国防军司令为马克·宾斯金（Mark Binskin）上将。

澳实行志愿兵役制。国防军由陆、海、空三军组成。2015年，常规军5.9万人，预备役兵力约2.2万人。常规军中，陆军3万人，编成第一师司令部（Headquarters 1st Division）、部队司令部（Forces Command）和特种作战司令部（Special Operations Command）三个司令部；海军1.41万人，下辖14个主要海军基地；空军1.42万人，下辖11个主要空军基地，装备F/A-18、F-111、AP-3C等各类飞机。截至2013年6月，被派往海外执行任务的共计3030人，包括1550人派往阿富汗参加北约领导的反恐多国部队执行反恐任务，约800人派往中东，2人随联合国伊拉克援助团（UNAMI），56人在中东和非洲参与维和行动，115人派往参加地区援所（所罗门）团等。近年来国防预算情况如下（单位：亿澳元）：

	2011/2012	2012/2013	2013/2014	2014/2015
国防预算（美元）	290	241.8	271	219
占GDP（%）	2	1.6	1.8	1.9

文化教育

【教育】教育主要由州政府负责。各州设教育部，主管本州的大、中、小学和技术教育学院。联邦政府只负责给全澳大学和高等教育学院提供经费，制定和协调教育政策。学校分公立、私立两种，实行学龄前教育、中小学12年义务教育和高等教育，重视并广泛推行职业教育。2013年，全国有小学6290所，中学1390所，中小学连读学校1322所，特殊学校403所，约60%的学生在公立学校就读。中小学教师25.9万，其中约65%的教师在公立学校任教。2012年，全国共有高校学生109.5万人，同比增加2.6%，其中93.8%在公立学校就读，本国学生83.1万人，同比增加4.4%，国际学生26.4万人，同比减少2.7%。著名高等院校有澳国立大学、莫那什大学、阿德莱德大学、墨尔本大学、新南威尔士大学、昆士兰大学、悉尼大学、西澳大利亚大学等。澳广泛进行职业培训教育，重视师资队伍建设，科技教育发展迅速。

【新闻出版】有四大报业集团:《先驱报》和《时代周刊》杂志集团、默多克新闻公司、费尔法克斯公司和帕克新闻联合控股公司。其中，默多克新闻公司发展最快，近年来买下了英国的《泰晤士报》和美国的《纽约邮报》，已成为国际性报业集团。主要报刊有:《澳大利亚人报》，发行量约41万份;《每日电讯报》，发行量39.7万份;《悉尼先驱晨报》，发行量约26万份;《世纪报》，发行量约20.2万份;《金融评论报》，发行量约8.5万份;《堪培拉时报》，发行量约4万份。有期刊1400多种，《澳大利亚妇女周刊》是发行量最大的刊物，达80多万份。《公报》周刊（1880年创刊）是最老的刊物之一。

澳大利亚联合新闻社（AAP）是最大通讯社，总部在悉尼，1964年起与路透社结为联社。

有三个广播电视管理机构。(1)澳大利亚广播公司（ABC）：有四个电台网，通过州和地区首府的制作设备向全国播放非商业性广播和电视节目，并为边远地区提供卫星服务；澳大利亚广播电台（Radio Australia）和澳大利亚国际电视台（Australia Television International）向海外播放。年度预算大部分由联邦议会拨款。(2)澳大利亚通讯和媒体局（Australian Communications and Media Authority）：管理电信、互联网、商业性电台和社区广播，收费并发放许可。全国有商业电台270多家，商业电视台55家。(3)澳大利亚特别节目广播事业局（Special Broadcasting Service，SBS）：主管SBS电视台和SBS广播电台，由联邦政府资助。SBS电视台是一个多元文化电视台，于1980年10月24日联合国日开始工作，除新闻、体育和部分纪录片用英语播送外，其余节目均用澳各移民族裔的语言配英文字幕播送，为非英语背景人士提供了解世界的媒体渠道。

对外关系

【同中国的关系】中澳于1972年12月21日建交以来，双边关系总体发展顺利。1999年江泽民主席访澳期间，双方一致同意建立中澳面向21世纪长期稳定、健康发展的全面合作关系。2003年，胡锦涛主席应邀对澳进行国事访问，就深化中澳全面合作关系与澳领导人达成共识。2006年4月，温家宝总理对澳进行正式访问，与澳领导人就发展中澳21世纪互利共赢的全面合作关系达成共识。2007年9月，胡锦涛主席对澳进行国事访问并出席悉尼亚太经合组织（APEC）领导人非正式会议，与澳领导人就进一步发展中澳互利共赢的全面合作关系达成重要共识。2012年10月，澳政府发布《亚洲世纪中的澳大利亚白皮书》，强调澳应抓住亚洲特别是中国发展的重要机遇，致力于发展更加全面、紧密的对华合作关系。2013年4月澳总理吉拉德访华期间，双方一致同意建立中澳相互信任、互利共赢的战略伙伴关系，建立两国总理年度定期会晤机制，并由两国外长举行年度外交与战略对话，中国国家发展与改革委员会主任与澳国库部长、贸易部长举行年度战略经济对话。2014年11月，习近平主席出席二十国集团领导人布里斯班峰会并对澳大利亚进行国事访问，两国关系提升为全面战略伙伴关系。

2014年11月，国家主席习近平对澳大利亚进行国事访问期间，会见澳大利亚总督科斯格罗夫，同总理阿博特会谈，分别会见澳反对党工党领袖、昆士兰州州长、新南威尔士州州长、塔斯马尼亚州代州督及州长等，在澳大利亚联邦议会发表演讲，出席首届中澳省州负责人论坛及中澳工商界首席执行官圆桌会等，并为悉尼中国文化中心、堪培拉“北京花园”、悉尼科技大学“中国馆”揭牌。同月，澳总理阿博特来华出席亚太经合组织领导人非正式会议。

2015年3月，澳大利亚总督科斯格罗夫对华进行国事访问并出席博鳌亚洲论坛2015年年会。国家主席习近平、国务院总理李克强、全国人大常委会委员长张德江分别会见。6月，国家主席习近平就中澳签署自贸协定与阿博特总理互致贺信。9月，国务院总理李克强向澳新任总理特恩布尔致就职贺电。11月，国家主席习近平在土耳其安塔利亚出席二十国集团领导人第十次峰会期间会见澳总理特恩布尔，国务院总理李克强在马来西亚吉隆坡出席第十次东亚峰会期间与澳总理特恩布尔举行中澳总理年度定期会晤。

2016年2月，澳大利亚外长毕晓普访华。

双边经贸合作继续保持快速增长。据中方统计，2013年中澳双边贸易额1364亿美元，同比增长11.5%。目前，澳是中国第八大贸易伙伴、第九大出口市场和第七大进口来源地。据澳方统计，2015年，中澳双边货物进出口额为1139.8亿美元，同比下降16.7%。中国为澳大利亚第一大贸易伙伴、出口市场和进口来源地。2015年6月，中澳双方签署了《中华人民共和国政府和澳大利亚政府自由贸易协定》，协定于同年12月20日生效。中国对澳主要出口商品为家电、计算机、服装、纺织品、鞋、箱包和玩具等；从澳主要进口铁矿石、煤、氧化铝、铜矿石、羊毛和大麦等。

国际金融危机以来，中国企业赴澳投资步伐加快，中澳双向投资活跃。据商务部统计，截至2014年底，中国对澳非金融类直接投资199亿美元。澳是中国对外各类投资第二大目的地，主要涉及能矿资源开发、运输、贸易等领域。澳是我重要的外资来源地，截至2014年年底，澳累计在华投资设立企业10639，累计实际使用外资77.5亿美元。

中澳两国在科技、文化、教育、旅游等领域交流与合作成果丰硕。目前，中国是澳第三大国际科技合作伙伴。2010年6月，国家副主席习近平访澳期间为江苏大学与澳国立大学共建的“中澳功能分子材料联合研究中心”揭牌。8月，澳创新工业与科技部在上海世博会澳大利亚馆举办“中澳科技周”及《中澳科技合作协定》签署30周年庆祝活动。2011年4月，吉拉德总理访华期间，双方宣布成立中澳科学与研究基金。中澳签署《教育交流备忘录》和《相互承认高等教育文凭和学位证书协议》等文件。同年6月，中澳旅游峰会在澳举行。双方于2010年6月至2012年6月互办文化年活动。2014年11月，悉尼中国文化中心正式揭牌。目前，汉语已成为澳第二大语言。截至2014年年底，中国已在澳开设13家孔子学院。中国在澳留学生总数近24.17万人，是澳最大的海外留学生来源国。2015年起，澳政府旨在促进澳学生赴亚洲国家留学的“新科伦坡计划”在华实施。中国首站赴澳游客达94.87万人。截至2016年1月，两国已建立97对友好省州和城市关系。

两军保持友好交往。2014年7月，中央军委副主席范长龙访澳。12月，澳大利亚国防军司令马克·宾斯金和国防部秘书长丹尼斯·理查森来华参加中澳第17次防务战略磋商。2015年8月，中方派员赴澳参加“科瓦里－2015”中澳美三边陆军联训和“熊猫袋鼠－2015”中澳双边联训。10月，我海军医院船访澳。同月，澳两艘军舰访问湛江，并与我海军舰船举行海上联演。11月，中澳新美四边人道主义救援减灾联合室内推演在澳举行。12月，中央军委委员、中国人民解放军总参谋长房峰辉访澳，其间会见澳国防部长佩恩，与澳国防军司令宾斯金、国防部秘书长理查森举行第18次防务战略磋商。

中国驻澳大利亚大使：成竞业。馆址：15 Coronation Drive, Yarralumla, A.C.T. 2600, Australia。电话：0061-2-62734780；传真：62735848。网址：http://au.china-embassy.org、http://au.chineseembassy.org。电子邮箱：chinaemb_au@mfa.gov.cn。

澳大利亚驻华大使：安思捷（Jan Adams，女）。馆址：北京东直门外大街21号。电话：010-51404111（总机）；传真：51404230。商务处：51404184，51404210；传真：65324606。签证处：51404424；传真：51404164。

1972年12月21日，澳大利亚与台“断交”，与台保持民间经济和文化往来，允许台保留设在墨尔本和悉尼的“远东贸易公司”。1981年10月，澳商会在台北设立办事处。1990年11月，澳允许台在堪培拉设“台北经济文化办事处”。澳在台北设“澳大利亚驻台北工商办事处”。2012/2013年度，澳台贸易额为114亿澳元，台为澳第七大出口市场和第十四大进口来源地。

【同美国的关系】澳美于1940年3月6日建交。1951年澳、新（西兰）、美三国签订《澳新美安全条约》后，澳美结成同盟关系。“9·11”事件后，澳启动《澳新美安全条约》，派兵参加美对阿富汗和伊拉克战争。近年来澳总理、外交部长、国防部长多次访美。2003年10月，美总统布什访澳。2005年7月，澳美签署澳参与美导弹防御计划谅解备忘录，澳同意美在澳北部建立联合军事训练中心。2005年11月，两国签署《澳美联合训练中心备忘录》。2006年3月，美、澳、日举行首次外长级战略对话。12月，澳美举行首次年度国防、外交双部长磋商。

2014年6月，澳总理阿博特访美。2014年8月，美国务卿克里、国防部长哈格尔访澳，与澳外长毕晓普、国防部长约翰斯顿举行第28次年度双部长磋商。11月，美国总统奥巴马访澳并参加二十国集团峰会。2015年1月，澳外长毕晓普访美。10月，澳美双部长磋商在美举行。11月，澳总理特恩布尔与美国总统奥巴马在APEC期间举行会见。2016年1月，澳总理特恩布尔访美。澳美经贸关系密切。2004年5月，澳美正式签署双边自由贸易协定（FTA）。该协定于2005年1月正式生效。2014年，双边贸易额为406亿澳元。美是澳第三大贸易伙伴。

【同日本的关系】自1996年起，澳日开始年度首脑会晤并建立“政治、军事”年度磋商机制。2006年3月，日外相麻生太郎访澳期间，两国宣布建立“全面战略关系”，商定今后每年各举行一次外长会晤、副外长级政策对话和高官级战略磋商。2014年7月，日首相安倍晋三访澳，其间双方签署了军事设备及技术转让协议。11月，日本首相安倍晋三访澳并参加二十国集团峰会。2015年5月，澳外长毕晓普访日。11月，澳、日外长和防长在澳举行第六次双部长会议。12月，澳总理特恩布尔访日。

2003年7月，澳日签署了双边贸易与经济框架协定。2007年4月，澳日启动双边自由贸易协定谈判。2014年7月，日首相安倍晋三访澳期间，与澳总理阿博特签署经济伙伴关系协定（EPA），即两国之间的自由贸易协定。2014年，双边贸易额为655亿澳元。日是澳第二大贸易伙伴。

【同朝鲜及韩国的关系】澳朝曾于1974年建交，

次年断交。2000年5月复交。2003年1月，澳派代表团访朝。2004年4月，澳驻华大使兼驻朝大使赴朝递交国书。8月，澳外长唐纳访朝。澳促朝弃核，支持联合国安理会2006年10月及2009年6月分别通过的第1718号决议和第1874号决议，对朝采取控制签证、禁止朝船只入港等制裁措施。2010年5月、11月，“天安号”事件、延坪岛炮击事件发生后，除执行联合国对朝制裁外，还实施推迟对朝援助等单方面制裁措施。金正日去世后，澳代总理斯旺和外长陆克文联合发表声明，呼吁朝保持冷静和克制，以符合本国人民利益的方式行事，同国际社会保持建设性接触。2012年12月，朝鲜发射卫星后，澳总理吉拉德发表声明，对朝予以谴责。2013年2月朝进行核试验后，澳支持并执行联合国安理会第2094号决议决定的对朝制裁。

澳重视与韩国的经济和安全关系。2000年5月，澳与韩国宣布建立外长和贸易部长年度会晤机制，2003年7月，澳总理霍华德访韩。2006年12月，韩总统卢武铉访澳。2008年4月，澳韩完成双边自由贸易协定可行性研究。5月，澳外长史密斯访韩。2009年3月，韩总统李明博访澳。2011年4月，澳总理吉拉德访韩。12月，韩国防部长官金宽镇访澳。2012年4月，澳气候变化和能源效率部长康比特访韩。2013年10月，澳外长毕晓普访韩。2014年4月，澳总理阿博特访韩，其间双方签署自由贸易协定（FTA）。2015年5月，澳外长毕晓普访韩。2014年，双边贸易额为323亿澳元。韩是澳第四大贸易伙伴。

【同印尼的关系】2002年10月，印度尼西亚巴厘岛爆炸事件后，澳大利亚与印尼加强反恐合作，两国签订了双边反恐合作协定。2005年4月，印尼总统苏西洛访澳，与澳签署全面发展两国伙伴关系框架协议。2006年11月，澳外长唐纳访问印尼，并与印尼外长维拉尤达共同签署《澳大利亚—印尼安全合作框架协定》。2011年10月，首届澳—印尼对话在印尼举行。11月，首届澳—印尼年度领导人会晤在印尼巴厘岛举行。2012年3月，首届澳—印尼外交国防双部长会议在澳举行。7月，印尼总统苏西洛访问澳达尔文，与吉拉德举行澳印领导人峰会，并发表联合公报，重申两国“全面战略伙伴关系”。印尼是澳主要的发展援助接受国之一。2014年6月，澳总理阿博特访印尼。2014年8月，澳外长毕晓普访问印尼期间，双方签订就同意恢复两国间情报与军事合作签署谅解备忘录。2015年11月，澳总理特恩布尔访问印尼。2014年，澳与印尼贸易额为117亿澳元。印尼是澳第十二大贸易伙伴，是澳主要的发展援助接受国之一。

【同东盟其他国家的关系】澳大利亚于1974年同东盟正式建立对话伙伴关系，并先后与马来西亚、新加坡和印尼等主要东盟国家签订了双边或多边安全防务条约。巴厘岛爆炸事件后，澳与东南亚国家加强反恐合作，与印尼、马来西亚、泰国签订反恐协定，并与印尼主办了地区反恐会议。澳与东盟的经贸关系发展良好，签署了《紧密经济伙伴关系》协议，澳对东盟的商品出口占其出口总额的12%。2010/2011年度，澳与东盟贸易额641.07亿澳元，占其贸易总额的13.9%。2003年3月，澳与新加坡正式签订双边自由贸易协定（FTA）；2004年7月，澳与泰国正式签订双边自由贸易协定（FTA）。11月，在澳、新与东盟领导人峰会上，三方同意于2005年正式启动澳、新与东盟自由贸易区谈判。2005年，澳加入《东南亚友好合作条约》，澳总理霍华德于12月获邀参加吉隆坡首届东亚峰会。2010年1月，东盟—澳大利亚—新西兰自贸协定正式生效。2014年10月，澳总理阿博特出席在缅甸内比都市举行的第九届东亚峰会。2015年3月，越南总理访澳，双方决定加强全面伙伴关系。5月，澳外长毕晓普访问泰国、新加坡。7月，阿博特总理访问新加坡。11月，澳总理特恩布尔赴菲律宾马尼拉出席APEC领导人第二十三次非正式会议，赴马来西亚吉隆坡出席第十届东亚峰会。

【同太平洋岛国的关系】澳大利亚认为维护南太地区稳定、促进岛国经济发展符合其利益。2003年7月应所罗门群岛政府要求，澳与新西兰及部分南太岛国对所罗门进行联合军事干预。2003年12月与巴布亚新几内亚签署一揽子援助方案，协助巴新政府整治经济、治安等。2004年2月与瑙鲁签署谅解备忘录，协助瑙摆脱危机。澳还提出“联合地区管理”等主张，推动建立南太地区联合航线和设立地区警察培训中心等。同年，联合新西兰推出旨在实现地区和平、和谐、安全与繁荣的“太平洋计划”。所罗门群岛和东帝汶分别于2006年4月和5月发生骚乱后，澳联合地区国家向两国派遣部队和警察以稳定局势。12月，斐济发生政变，澳与新西兰等国对斐济实施制裁。2007年年底澳工党政府就任后表示将加大对岛国援助力度，投入10亿澳元实施“南太伙伴计划”，设立“南太民事和军事伙伴中心”，并积极修复与所罗门、巴新等岛国关系，重申加强地区援所团（RAMSI）和对东帝汶的安全承诺。2009年8月，第40届太平洋岛国论坛首脑会议在澳凯恩斯举行，通过《凯恩斯契约》。2010年8月，澳总理吉拉德出席在瓦努阿图举办的第41届太平洋岛国论坛首脑会议。10月，澳外长陆克文访问巴新，巴新总理奥尼尔访澳。2012年3月，澳总督布赖斯赴汤加出席汤加国王图普五世的葬礼，并顺访萨摩亚、图瓦卢、基里巴斯等八个太平洋岛国。4月，澳外长卡尔赴斐济出席太平洋岛国论坛斐济问题部长级联络组会议。8月，澳总理吉拉德赴库克群岛拉罗汤加岛出席第43届太平洋岛国论坛首脑会议，并宣布澳将在10年内拨款3.2亿澳元帮助太平洋岛国促进男女平等。2013年3月，澳总理吉拉德访问巴新，两国发表《巴布亚新几内亚澳大利亚新伙伴关系联合声明》。2012年，澳与太平洋岛国论坛成员国商品贸易额为219亿澳元。9月，澳精神卫生与老龄部长柯林斯代表澳政府赴马绍尔群岛出席第44届太平洋岛国论坛。2014年11月，澳外长毕晓普访问巴新。2015年1月，巴新总理访澳。3月，澳外长毕晓普访问瓦努阿图、库克群岛、基里巴斯和汤加。

【同新西兰的关系】新西兰是澳大利亚盟国，两国领导人有半年度定期互访机制，安全和经贸关系密切。1983年3月，澳、新签订《进一步密切经济关系协定》(CER)。1990年建立澳新自由贸易区。2014年2月，澳总理阿博特访新。2015年2月，澳总理阿博特访新，外长毕晓普访新。4月，澳总理阿博特再次访新。6月，澳外长毕晓普再次访新。10月，澳总理特恩布尔访新。2016年2月，新西兰总理约翰·基访澳。2013年，双边贸易额为161亿澳元，新是澳第七大贸易伙伴。

【同欧盟的关系】澳与欧盟有传统的经济、安全和人文联系。双方不断加强在安全、经贸、教育、科技、交通、环保等领域合作。欧盟是澳重要贸易伙伴、澳最大的投资来源地和第二大投资目的地。欧盟对澳投资占澳外资总额的1/3，澳对外投资的1/4在欧洲。2008年4月，澳总理陆克文访问欧盟，与欧盟主席巴罗佐就建立澳欧伙伴关系框架达成共识。同月，陆访问英国，并与法国总统萨科齐在北约峰会期间会晤。6月，澳外长史密斯首次访英。2014年4月，英国威廉王子夫妇访澳。11月，法国总统奥朗德、英国首相卡梅伦、德国总理默克尔赴澳参加二十国集团峰会。2015年1月，挪威国王访澳。4月，澳总理阿博特访问法国，澳外长毕晓普访问法国、德国和比利时。4月，英国哈里王子访澳。7月英国威尔士亲王访澳。11月，澳总理特恩布尔访德，赴土耳其出席二十国集团峰会。12月，澳总理特恩布尔赴法国出席气候变化大会。2014年，澳与欧盟双边贸易额为580亿澳元。

【同俄罗斯的关系】澳大利亚重视与俄罗斯的关系，在能源开发、防扩散等领域与俄合作。2006年6月，澳、俄就俄加入世界贸易组织(WTO)签署双边协议。2007年，俄总统普京访澳并出席亚太经合组织领导人峰会，此为俄国家元首首次访澳。2012年2月，俄外长拉夫罗夫访澳。2013年9月，澳外长卡尔代表澳政府出席俄罗斯圣彼得堡二十国集团峰会。2013年，澳与俄双边贸易额为20.6亿澳元。

【同中东国家关系】澳大利亚关注中东安全问题，派兵参与海湾战争、伊拉克战争。希望阿以通过和平方式结束冲突。反对伊朗发展核武。工党政府上台后，澳于2008年6月从伊拉克撤出500多名作战部队。2009年3月，伊拉克总理马利基访澳，澳总理陆克文与其会谈，双方发表联合宣言。7月底，澳驻伊部队完成在伊军事任务，除80人继续留在伊负责澳使馆安全保卫外，其余全部撤离。2008年5月，澳总督杰弗里访问以色列。6月，外长史密斯访问阿联酋和科威特。2011年2月至3月，澳外长陆克文先后访问南非、突尼斯、埃及、约旦、以色列、巴勒斯坦、沙特、阿联酋、阿曼等国。11月，澳总理吉拉德访问阿富汗，出席澳驻阿使馆落成仪式。2012年6月，澳外长卡尔访问阿尔及利亚、沙特、阿曼、利比亚等国。2015年1月，伊拉克外长贾法里访澳。

澳重视中东市场潜力，积极推动农牧产品和制成品向中东地区出口，沙特阿拉伯和阿拉伯联合酋长国是澳在中东的主要贸易伙伴。2012年，澳与中东国家商品贸易总额约130亿澳元。

【同拉美国家关系】近年来积极加强同拉美国家在政治、经贸、人文等领域的交流合作以及在联合国、二十国集团等多边机制中的协调。2008年至2009年，澳外长史密斯先后访问墨西哥、秘鲁、巴西、智利、古巴、特拉尼达和多巴哥等国，智利、巴西、哥伦比亚外长访澳。2009年，澳与墨西哥、智利、古巴等三国签署政治合作谅解备忘录。同年，与智利自由贸易协定生效。同年11月，与加勒比共同体的15个成员国签署谅解备忘录。2010年12月，澳外长陆克文出席在巴西举行的南方共同市场领导人会议并发表演讲，宣布将在四年内向拉美提供1亿澳元发展援助。2012年6月，澳总理吉拉德访问巴西，出席“里约+20可持续发展会议”，并会见巴西总统罗塞夫。2012年，澳与拉美国家商品贸易总额为82亿澳元。2014年12月，澳贸易部长罗布访问巴西、秘鲁、智利。2015年6月，澳外长毕晓普访问智利、秘鲁、巴西。(陈哲颖)

巴布亚新几内亚

国名 巴布亚新几内亚独立国(The Independent State of Papua New Guinea)。

面积 陆地面积46.28万平方公里。

人口 732.1万(2013年)。城市人口占15%，农村人口占85%。98%属美拉尼西亚人，其余为密克罗尼西亚人、波利尼西亚人、华人和白人。官方语言为英语，地方语言820余种。皮金语在全国大部分地区流行，南部的巴布亚地区多讲莫土语。居民中93%为基督教徒，传统拜物教也有一定影响。

首都 莫尔斯比港(Port Moresby)，人口约32万

（2012年）。

国家元首 英国女王伊丽莎白二世。女王任命总督为其代表，任期六年。迈克尔·奥吉奥（Michael Ogio）2011年2月25日就任巴布亚新几内亚（以下简称“巴新”）第九任总督。

重要节日 独立日：9月16日。

简况

位于太平洋西南部。西与印度尼西亚的伊里安查亚省接壤，南隔托雷斯海峡与澳大利亚相望。属美拉尼西亚群岛。全境共有600多个岛屿。主要岛屿包括新不列颠、新爱尔兰、马努斯、布干维尔和布卡等。海岸线全长8300公里，包括200海里专属经济区在内的水域面积达240万平方公里。海拔1000米以上属山地气候，其余属热带气候。5—10月为旱季，11—4月为雨季，沿海地区年均气温21.1℃—32.2℃，山地地区比沿海地区低5℃—6℃。年平均降水量2500毫米。

新几内亚高地地区早已有人定居。1511年葡萄牙人发现新几内亚岛。18世纪下半叶，荷兰、英国、德国殖民者接踵而至。1906年英属新几内亚交澳大利亚管理，改称澳属巴布亚领地。德属部分在第一次世界大战中被澳军占领，1920年12月17日国际联盟委托澳管理。1942年被日本占领。1945年联合国将其重新交澳托管。1949年澳将原英属和德属两部分合并为一个行政单位，称“巴布亚新几内亚领地”。1973年12月1日实行内部自治。1975年9月16日独立。迈克尔·索马雷（Michael Somare）为首任总理。

政治

2012年8月，巴新举行第九届议会选举，人民全国代表大会党成为议会第一大党并牵头组建新一届联合政府，该党领袖彼得·奥尼尔（Peter O' Neill）于8月3日当选总理。

【关于布干维尔和平进程】巴新布干维尔自治区原系北所罗门省，是巴新最大铜矿潘古纳铜矿所在地。由于巴新中央政府、地方政府、开发公司和矿区土地主之间的互矛盾不断激化，当地民众于1988年开始诉诸武力，关闭了铜矿，并于1990年宣布独立，布危机爆发。2001年6月22日，巴新政府与布干维尔各派就全面解决布问题达成协议。8月30日，布干维尔和平协议正式签署，标志着长达12年的战争结束，布开始走上恢复和重建道路。2005年1月，中央政府批准《布干维尔宪法》，5月，布举行自治政府选举。6月，布自治政府正式成立。2010年6月，新布干维尔党候选人约翰·莫米斯（John Momis）当选布自治政府主席，2015年6月连任。

【宪法】1975年8月15日制定，同年9月15日生效。2013年2月，巴新议会通过延长“政治稳定期”的宪法修正案，规定议员在新政府成立30个月内不得对政府提出不信任案。9月，巴新议会通过宪法修正案，规定提出对政府不信任案须由1/5以上的议员联署并在表决前公示三个月。2015年9月，巴新宪法法院裁定上述延长“政治稳定期”的宪法修正案违宪无效。

【议会】称“国民议会”，一院制。议员任期五年。本届议会于2012年8月选出，现有议员111人。现任议长杰西奥多·佐伦诺克（Theo Zurenuoc）。

【政府】由议会中占多数的政党或政党联盟组阁。内阁对议会负责。除奥尼尔总理外，现内阁其他主要成员有：副总理兼政府间关系部长利奥·戴恩（Leo Dion），国家计划部长查尔斯·埃布尔（Charles Abel），国库部长帕特里克·普鲁埃奇（Patrick Pruaitch），财政部长詹姆斯·马拉佩（James Marape），外交与移民部长伦宾克·帕托（Rimbink Pato）等。

【行政区划】全国划分为20个省，另设布干维尔自治区及首都行政区（莫尔斯比港市）。

【司法机构】设有最高法院、国家法院和地方法院。现任最高法院首席大法官为萨拉莫·英加（Salamo Injia）。

【政党】现执政党为人民全国代表大会党（People's National Congress Party），1996年成立，现有议员60名左右。总理奥尼尔为该党领袖。其他联合执政党包括：国民联盟党（National Alliance Party），联合资源党（United Resources Party），人民党（People's Party），人民进步党（People's Progress Party）。奥尼尔总理领导的执政联盟占议会所有111席中的100多席。

【重要人物】迈克尔·奥吉奥：总督。1942年生于巴新布干维尔自治区。曾在巴新和澳大利亚接受高等教育，获澳大利亚行政学院教育管理专业毕业证书。1987—2002年任国会议员，其间先后任公共服务部长、布干维尔事务管理部长、国会副议长、环境与环保部长、林业部长、副总理兼文化和旅游部长。2007年再次当选国会议员。2007年8月至2011年1月任高教、研究与科技部长。2011年2月起任巴新第九任总督。　**彼得·奥尼尔**：总理。1965年2月生，获巴新大学商业学学士学位。曾在政府部门、私营企业和金融机构任职。2002年6月当选议员，历任劳工与产业关系部长、公共服务部长、财政与国库部长、工程部长等职。2011年8月被议会选举为总理，2012年8月连任。

经济资源丰富，经济落后，许多山区居民仍过着原始部落自给自足的生活。全国人口中近37%生活在国际贫困线（人均1.25美元/天）以下。2014年联合国开发计划署人类发展指数显示，巴新在165个国家中列第157位。矿产、石油和农业经济作物是巴新经济的支柱产业。

近年来，巴新政府集中精力发展经济，制订了《2011—2015年中期发展规划》、《2010—2030年发展规划》、《2050年远景规划》等发展战略规划，为巴新经济社会发展提供了相对稳定的外部政策环境，使巴新经济实现连续12年正增长。目前经济形势处于历史最好水平。2014年国内生产总值增长率为8.4%。政府加大吸引外资的力度并取得一定成效，液化天然气项目、拉姆镍矿等投资项目均取得重要进展，为推动巴新经济持续增长发挥了重要作用。但同时，人口增长较快，大量农村人口流向城市，失业率居高不下，社会治安有待改善，广大民众生活依旧艰难。

2014年主要经济数据如下：

国内生产总值：162.18亿美元。

人均国内生产总值：2192美元。

经济增长率：5.4%。

货币名称：基那。

汇率：1美元≈2.65基纳（2015年11月）。

外汇储备：22.96亿美元（2015年1月）。

【资源】金、铜产量分别列世界第11位和第10位，已探明铜矿储量2000万吨，黄金储量3110吨，铜金共生矿储量约4亿吨。石油、天然气蕴藏丰富，原油储量5.76亿桶，天然气探明储量6.25万亿立方英尺，预测储量14万亿立方英尺。此外还有铬、镍、铝矾土等丰富的矿产资源。

【林业】热带原始森林覆盖面积3600万公顷，约占国土面积的86.4%，林木总蓄积量为12亿立方米，可采蓄积量为3.6亿立方米。主要出口原木，深加工产品包括家具、胶合板及地板等建筑材料。2014年木材出口总额为8.15亿基那。

【农业】可耕地面积占国土面积的0.66%。农业人口占全国人口的85%。主要农产品为椰干、可可豆、咖啡、天然橡胶和棕榈油。巴新是太平洋岛国地区最大的椰油和椰干生产国。2014年农产品出口总额为30.5亿基那。

【渔业】1978年宣布200海里专属经济区，捕鱼区扩大至240万平方公里，渔业资源丰富，是南太平洋地区第三大渔区。盛产金枪鱼、对虾和龙虾。金枪鱼年潜在捕捞量30万吨，目前年捕捞量约20万吨，占世界捕捞量的10%及南太地区的20%—30%，主要出口亚洲、美国。其他各类鱼出口1.5万吨以上。2014年巴新渔业出口总额为3.21亿基那。

【旅游业】旅游资源丰富，开发潜力较大。

【交通运输】公路：总长约3万公里。

水运：与澳大利亚、日本、新加坡、其他太平洋岛国等国家和地区及中国台湾和中国香港等地有海运联系。主要港口有莫尔斯比港、莱城和拉包尔等。

空运：巴新最大航空公司为国营的新几内亚航空公司，设有飞往国内主要城市和澳大利亚、新加坡、日本、菲律宾、中国香港及所罗门群岛的航线，拥有20余架飞机。此外，巴新还有六七家私营航空公司，多经营直升机等小型飞机运输。机场大多为设在偏远地区的小型机场，只有少数机场可停降大型飞机，其中首都杰克逊机场为主要国际机场。

【财政金融】财政收入主要来源是税收和国际援助。2014年财政收入为126.74亿基那。2015年政府预算总额为162亿基那。截至2014年，巴新外债为37.2亿基那。

主要银行有：（1）巴布亚新几内亚银行（Bank of Papua New Guinea）：即巴新中央银行，成立于1973年，负责制定货币政策、监管其他商业银行并发行货币等职能。现任行长为威尔逊·卡米特（Wilson Kamit）。

（2）南太银行（BSP）：占全国市场的60%，政府拥有其25.3%的股份。此外，巴新还有澳大利亚的澳新银行、西太银行以及马来西亚的五月银行等商业银行。

【对外贸易】贸易在巴新经济中占重要地位。2014年进出口总额282.4亿基那，其中进口额为108.3亿基那，出口额为174.1亿基那，顺差65.8亿基那。主要出口铜、金、矿砂、原木、原油、椰干、椰油、可可、咖啡、棕榈油等初级产品。主要贸易对象国有澳大利亚、日本、新西兰、中国、韩国、英国、新加坡、美国和德国等。

【外国资本】积极鼓励外国投资。主要投资来源国有澳大利亚（占总额近2/3）、马来西亚、新西兰、韩国、日本和美国等。巴新工、矿、林、农、渔各业几乎均为澳、日、英、美等国公司所控制。

【外国援助】外援主要来自澳大利亚，占全部外援的近70 %。2015—2016财政年度，澳大利亚对巴新援助为5.55亿澳元。提供援助的还有中国、新西兰、日本、美国、英国、韩国、欧盟、联合国开发计划署、世界银行、国际货币基金组织和亚洲开发银行等。

【著名公司】（1）新几内亚航空公司（Air Niugini）：巴新国营航空公司，成立于1973年，资产总额为1.15亿基那。辟有自莫尔斯比港飞往悉尼、布里斯班、凯恩斯、霍尼亚拉、马尼拉、新加坡、东京、香港等多条国际航线和20多条国内航线。负责人：董事会主席加思·麦基尔韦恩（Garth McIllwain）、首席执行官西蒙·富（Simon Foo）。通信地址：P.O.Box 7186，Boroko NCD，PNG。电话：00675-3259000；传真：3273482。

（2）轮船贸易公司（Steamships Trading Company Ltd.）：巴新最大的私营综合性商业公司，创立于1919年。现从事商品批发零售、海运、旅馆、房地产、汽车及配件、肥皂生产和工程施工等业务。负责人：董事会主席W.L.罗瑟里（W. L. Rothery）、经理大卫H.考克斯（David H. Cox）。通信地址：Champion Parade & Hunter Street，P.O. Box 1，Port Moresby，PNG。电话：00675-3220222；传真：3213595。

人民生活

全国有19家医院，240余家诊所。人均寿命63岁，65岁以上人口21.5万人，约占全国人口的3%。人口自然增长率为27‰，婴儿死亡率为48‰。主要流行病有霍乱、痢疾、肺炎和疟疾等。目前，巴新的性传播疾病和艾滋病发病率在亚太地区居首位。巴新1987年发现首例艾滋病患者，病例年增长率为0.9%，截至目前，巴新艾滋病病毒携带者达3.6万人。

文化教育

【教育】巴新教育体制分中央、省、地三级。国民识字率为57.8%。全国有登记中、小学10466多所，在校生约180万人。现有六所大学，主要有巴新大学和巴新科技大学，学生约8000人。另有21所私营城乡国际学校，在校生6000余人。

【新闻出版】主要通讯社为官方的巴新国际通讯社。主要报刊有：英文报纸《国民报》（日报，发行量约7万份）、《信使邮报》（日报，发行量约4万份）、《星期日纪事报》（周报，发行量约1万份）和皮金语报纸《同乡报》（周报，发行量约1万份）。巴新国家广播公司（NBC）成立于1975年，下设三个主要电台。EMTV电视台（私营）创建于1987年。巴新国家电视台（NTS）于2008年9月17日开播，主要报道巴新经济社会发展成就和政府在农业、林业、渔业等方面的政策。

军　事

巴新军队创建于1940年，称巴新国防军，现有编制5000人。巴新与澳大利亚签有防务合作协议，澳每年向其提供约4000万澳元军援，并提供军事培训。

对外关系

对外奉行中立政策，主张各国和平相处，增加经济往来与合作，致力于南太平洋地区的和平与稳定。支持联合国在国际事务中发挥积极作用。积极参与国际和地区事务。近年来，巴新政府在继续与澳大利亚、新西兰等南太平洋国家和欧美国家发展传统关系的同时，对东亚和东南亚各国重视程度不断提高。2012年奥尼尔担任总理后，继续奉行“广交友、不树敌”和“向北看”政策，重点发展与周边主要国家关系，积极参与地区事务，谋求地区大国地位。巴新已同70余个国家建交，是联合国、不结盟运动、亚太经合组织、东盟地区论坛、太平洋岛国论坛、太平洋共同体、美拉尼西亚先锋集团等组织成员，有18个驻外使馆（团）。

近年来，巴新外交特别是多边外交更加积极、活跃。主办了第五届南太旅游组织（SPTO）大会、SPTO部长理事会会议、第16届非加太—欧盟联合议会大会、2015年太平洋运动会、第46届太平洋岛国论坛会议，并将主办2018年亚太经合组织领导人非正式会议。

【同中国的关系】1976年10月12日两国建交。2014年11月，习近平主席对斐济进行国事访问时在楠迪同包括奥尼尔总理在内的建交太平洋岛国领导人举行集体会晤，中国同岛国宣布建立相互尊重、共同发展的战略伙伴关系。

近年来，巴新同中国关系稳定发展，双边高层交往频繁。2004年2月，巴新总理索马雷访华，两国发表《联合新闻公报》。2005年9月，全国人大常委会副委员长许嘉璐出席巴新独立30周年庆典。2006年10月，巴新总督马塔内访华。2007年3月，曾培炎副总理访问巴新。2009年4月，索马雷总理访华并出席博鳌亚洲论坛年会。2009年10月，陈炳德总参谋长访问巴新。2009年11月，李克强副总理访问巴新。2010年9月，索马雷总理来华出席第四届夏季达沃斯论坛并访问北京。2011年9月，国务院副总理回良玉过境巴新首都莫尔斯比港。2012年9月，奥尼尔总理来华出席中国（宁夏）国际投资贸易洽谈会并访问北京，李克强副总理会见。11月，全国人大常委会副委员长周铁农访问巴新。2013年1月，巴新国防部长伯克访华。10月，巴新议长佐伦诺克访华，张德江委员长会见。11月奥尼尔总理赴华出席第二届中国—太平洋岛国经济发展合作论坛，汪洋副总理会见。2014年11月，奥尼尔总理来华出席第22次亚太经合组织领导人非正式会议，习近平主席会见。2015年9月，奥吉奥总督来华出席中国人民抗日战争暨世界反法西斯战争胜利70周年纪念活动，习近平主席会见。

两国经贸、经济技术、文化、农业、卫生、渔业等各领域合作不断加强。中冶集团与巴新方合作开发的拉姆镍钴矿项目于2012年12月正式竣工并投产。2007年11月，两国签署《关于中国旅游团队赴巴布亚新几内亚旅游实施方案的谅解备忘录》。2008年7月，首届巴新—中国贸易投资洽谈会在巴新首都莫尔斯比港举行。

据中国海关总署统计，2015年，中巴新贸易额为27.98亿美元，同比增长36.3%，其中中国出口额为9.89亿美元，同比增长55.4%；进口额为18.08亿美元，同比增长27.7%。截至2015年，中国在巴新非金融领域直接投资总额约为4.97亿美元。

中国驻巴布亚新几内亚大使：李瑞佑。馆址：Sir John Guise Drive，Waigani，Papua New Guinea，P.O. Box 1351，Boroko，PNG。电话：00675-3259903（值班）；传真：3258247，3211208（商务处）。网址：www.chinaembassy.org.pg。电子信箱：chinaemb_pg@mfa.gov.cn。

巴新驻华大使：克里斯托弗·梅罗（Christopher Mero）。馆址：北京市朝阳区塔园外交人员办公楼2单元11层2号。电话：010-65324312，65324709。网址：www.pngembassy.org.cn。

巴新现有华侨、华人约10000人，主要是：（1）当地出生的华人，多数从事批发、超市、房地产和加工业等，资本较大，在巴新社会有一定地位和影响。（2）来自东南亚各国和中国港台的华人，多经营超市、伐木、捕鱼、餐馆等，生活较富裕。（3）近年来来自中国大陆（主要是福建省）的华侨、华人，大多打工、经营餐馆和小店等。

【同澳大利亚、新西兰的关系】巴新同澳一直保持着特殊关系，两国领导人互访频繁，每年举行部长级磋商。澳是巴新最大援助国，年援助额约5亿澳元。澳也是巴新最大贸易与投资伙伴，澳投资占外国在巴新投资的近2/3。在两国"防务合作计划"下，澳向巴新提供包括培训和技术咨询在内的军事援助，双方定期举行联合军演。2011年10月和2012年11月，巴新总理奥尼尔两次访问澳大利亚。2013年4月，澳总督布赖斯访问巴新。5月，澳总理吉拉德访问巴新，双方签署《伙伴关系联合宣言》。2015年3月，澳总理阿博特访问巴新，双方签署《经济合作协议》。5月，澳外长毕晓普访问巴新。

巴新同新西兰关系密切。巴新是新西兰最大的援助对象国和在南太地区第三大出口市场。

【同美国的关系】两国签有防务合作和联合军事演习等协议，巴新允许美军舰停靠其港口。根据与美的《国防安排规划》，巴新派军官赴美进行培训。美向巴新提供大量人道主义援助，为巴新布干维尔重建等提供帮助。

2010年11月，美国务卿克林顿访问巴新。2011年6月，美助理国务卿坎贝尔和太平洋舰队司令威拉德访问巴新。同年10月，美国国际开发署太平洋岛国地区办公室在巴新首都莫尔斯比港设立。美目前有100名和平队志愿人员在巴新学校、医院服务。2015年6月至7月，美军"仁慈号"医院船访问巴新布干维尔地区和东新不列颠省，为当地居民提供医疗服务，并开展防灾减灾合作演练与培训。

【同其他太平洋岛国的关系】与所罗门群岛、斐济和瓦努阿图同为美拉尼西亚先锋集团成员国。2007年3月，巴新总理索马雷与所罗门群岛总理索加瓦雷、瓦努阿图总理利尼及斐济临时政府外长奈拉蒂考在瓦首都维拉港签署《美拉尼西亚先锋集团宪章》。

1990年，巴新布干维尔岛"革命军"宣布脱离巴新，成立"布干维尔共和国"，并得到所罗门群岛政府的支持。巴新与所关系因此恶化。2003年以来，巴新与所的关系逐步缓和。2011年10月，所总理菲利普访问巴新。2013年5月，巴新总理奥尼尔访所。

【同东盟国家的关系】加强与东盟国家的关系是巴新对外工作的重点之一。近年来，巴新外长一直以观察员身份出席东盟外长会议。1994年，巴新成为东盟地区论坛成员。马来西亚是巴新第二大投资国。印尼、新加坡、菲律宾也有许多私营企业在巴新投资。2009年4月，巴新总理索马雷访问菲律宾。2013年3月，泰国总理英拉访问巴新。6月，巴新总理奥尼尔访问印尼，11月，赴印尼出席亚太经合组织第二十一次领导人非正式会议并会见印尼、越南等国领导人。2015年3月，印尼外长蕾特诺访问巴新。5月，印尼总统佐科访问巴新。

【同日本的关系】日本是巴新第二大贸易伙伴和第二大援助国。1974年以来，日提供的援助共约32亿基那，年均援助额占巴新接收外国援助总额的24%。近年来，两国政治和经贸关系发展迅速，人员往来增多。2011年3月日本发生强烈地震并引发海啸后，巴新向日捐款1000万基那用于灾后重建。2012年5月，巴新驻日大使代表奥尼尔总理出席在日本冲绳举行的第六届日本—太平洋岛国领导人会议。2013年3月，奥尼尔总理访问日本。5月，日本副外相山口壮访问巴新。10月，巴新外长帕托赴东京出席日本—太平洋岛国领导人会议第二届部长级会议。2014年7月日首相安倍晋三访问巴新。2015年10月，奥尼尔总理访问日本，会见日本天皇，同安倍晋三首相举行会谈，两国总理发表纪念建交40周年的联合声明。

【同欧洲国家的关系】巴新是英联邦成员，同英国签有防务合作协定，英每年向巴新提供约10万美元的援助。法国于1996年12月同巴新签订友好合作框架协议。2012年5月，巴新总督奥吉奥赴英出席女王登基60周年庆典活动。2012年11月，英国查尔斯王子夫妇访问巴新。2015年6月，奥尼尔总理访问英国、比利时和法国，其间会见英国女王。7月，英国约克公爵安德鲁王子赴巴新出席太平洋运动会开幕式。

（刘国栋）

北马里亚纳群岛

名称　北马里亚纳群岛（The Northern Mariana Islands），拥有美国联邦领土（US Commonwealth Territory）地位。

面积　464平方公里。

人口　5.38万人。多数属密克罗尼西亚人种，另有少数西班牙人、德国人和日本人。官方语言为英语、查莫罗语、加罗林语。居民主要信奉罗马天主教。人均寿命77.82岁。

首府　塞班岛（Saipan Island）。

总督　拉尔夫·托雷斯（Ralph Torres），2015年12月28日就任。

重要节日　国庆日：1月8日。

简　况

位于北太平洋马里亚纳群岛北部，东距檀香山5300公里，距日本东京2400公里。由15个岛屿组成，其中六个有人居住，主要聚居在塞班岛、罗塔岛和提尼安岛三个大岛上。塞班岛最大，人口38896人。阿格里汗岛最高，3166英尺。北部九个岛火山活动频繁，有几个为活火山。热带海洋气候，温度较高且变化不大，年均气温27℃。

3500年前就有人居住。葡萄牙航海家麦哲伦1521年首次发现该岛，1565年被西班牙占领。1899年被西班牙卖给德国。第一次世界大战爆发后被日本占领，1944年第二次世界大战期间被美军攻占。联合国1947年将北马里亚纳交美国托管。1972年与美国就未来政治地位进行谈判。1975年同美签署《关于建立北马里亚纳群岛与美利坚合众国政治联盟的条约》（简称《自由联邦条约》），并于同年6月由公民投票通过了该条约。根据该条约，北马里亚纳在政治上同美国合并，享有一定的内政自主权，国防由美国负责。1978年第一位民选总督和第一届政府就职。1986年11月，美国宣布北马里亚纳获得美国联邦地位，居民获得美国公民权。1990年12月，联合国安理会通过终止部分太平洋托管领土托管协定的决议，结束了北马里亚纳群岛的托管地位，北马里亚纳正式成为美国的一个联邦领土，使用美国国旗。

政　治

主要党派是民主党、共和党和契约党。共和党人佩德罗·特诺里欧（Pedro A. Tenorio）任驻华盛顿代表。北马里亚纳群岛在夏威夷和关岛设有联络处。政府下设领土和国际事务办公室。北马里亚纳现为南太平洋委员会成员和联合国亚太经社会准成员（associate member）。

【宪法】1978年1月1日起实施自由联邦宪法。实行行政、立法和司法三权分立。国家元首是美国总统，由普选产生的总督和副总督主持政府，另外选举产生驻华盛顿代表。

【议会】议会拥有立法权，分参众两院。参议员九人，任期四年；众议员20人，任期两年。

【司法】基本上以美国法律为模本，但在海关、工资、移民、税收等方面另行制定了法律法规。法院分为联邦领土最高法院、高级法院和地区法院。

经　济

2014年北马里亚纳群岛地区实际生产总值为7.91亿美元，人均1.53万美元。服务业尤其旅游业是最重要的产业。成衣制造由于享受美国的免税待遇和无配额优惠，自20世纪80年代中期以来已成为最大的制造业和出口部门。20世纪80年代的经济增长导致外国劳工大量涌入。1990年外来人口首次超过常驻居民，该岛议会随即通过限制外籍劳工的法令。经济发展的优势是同美国的特殊关系和地理上同日本的邻近，主要制约因素是基础设施不足和对外籍劳工的依赖。同时，该自由邦联还可享受美国政府向各州提供的联邦资助。流通货币为美元。度量衡除个别实行英制外，正逐渐转向实行公制。

【农渔业】可耕地约占总面积69.6%（2007年），以小农庄为主，主要生产咖啡、可可豆、水果和烟草等。海岸线长1482公里，渔业资源丰富。

【旅游业】旅游业受到重视，是其主要外汇收入来源。游客主要来自日本、韩国和中国。50%的居民从事旅游业，产值占国内生产总值约1/4。

【交通运输】海上交通方便，塞班、罗塔和提尼安3个岛上都有港口。有三个机场，350公里高速公路。

【对外贸易】最大贸易伙伴为香港、日本。2014年，出口额为4.63亿美元，进口额为6.17亿美元。

文化教育

【教育】北马里亚纳群岛学校按美国方式运作。共有19所中小学、一所大学。

【新闻出版】有《马里亚纳观察家》、《马里亚纳评论》等几种周刊和《马里亚纳面面观》、《太平洋每日新闻》等四种报纸。有四家广播电台和两家电视台。有一家互联网服务供应商。（王胜耀）

法属波利尼西亚

<u>名称</u>　法属波利尼西亚海外领地（Overseas Collectivity of French Polynesia，Pays d'Outre-Mer de la Polynésie francaise），简称“法属波利尼西亚”（French Polynesia，Polynésie française）。

<u>面积</u>　4167平方公里，其中可居住面积3521平方公里。

<u>人口</u>　271800人（2014年12月法波统计局数据），人口密度为77.7人/平方公里。社会群岛235503人，土阿莫土、甘比尔群岛16664人，马克萨斯群岛9264人，南方群岛6839人，人口增长率0.7%。其中多数为波利尼西亚人，其余为波—欧混血种人、欧裔、华裔等。

<u>语言</u>　官方语言为法语和塔希提语，通用波利尼西亚语。

<u>宗教</u>　居民中54%信奉基督教新教，30%信奉罗马天主教，6%无宗教信仰。

<u>首府</u>　帕皮提（Papeete），1818年建城，人口约为26000人（2012年）。

高级专员 莱昂内尔·贝弗尔（Lionel Beffre），2013年9月16日就任。

重要节日 法国国庆日：7月14日。

简 况 位于太平洋的东南部。西与库克群岛隔海相望，西北临莱恩群岛。由社会群岛（包括向风群岛和背风群岛）、土阿莫土群岛、甘比尔群岛、南方群岛、马克萨斯群岛等组成，共有118个岛屿，其中76个岛屿有人居住，位于社会群岛的塔希提岛（又译大溪地）最大。属热带雨林气候，11—4月为雨季，年均降水量1625毫米。3月为气温最高月，达28℃，8月为气温最低月，达20℃，年均气温26℃。历史上曾多次受到飓风袭击。

公元300年已经有人在此居住。1595年，西班牙人蒙达那首先登上马克萨斯群岛。此后的300年间，葡萄牙人、英国人、法国人先后发现了这些群岛并开始争夺所有权。1880年，塔希提岛沦为法国殖民地。至19世纪末，其他岛屿亦被法占领。1946年成为法国海外领地（territoire d' outre-mer，TOM）。1956年与法国政府达成自治框架协议，1957年正式命名为法属波利尼西亚，由总督管理，领地议会和政府委员会协助其工作。1977年开始实行地区自治，1984年实行内部自治，但法国仍掌管外交、国防、财政和司法权，政府委员会的权力，尤其是商务方面的权力有所增强。法国委派高级专员（Haut commissaire de la République）取代总督为最高行政首脑，管理政府委员会。1984年9月改政府委员会为部长会议，主席由领地议会选出。加斯东·弗罗斯（Gaston Flosse）当选为首任主席。1991年4月、1996年5月和2001年5月弗罗斯连任主席。1999年10月，法国参议院提出宪法修正条款，允许该岛增加自治权，并首次就该岛的未来达成协议。波利尼西亚的地位也将从海外领地变成海外属地，法波也将有权与其他太平洋国家签署国际条约。2000年1月，该修正款提交参众两院联合会议通过；2004年2月，法国国民议会和参议院通过法案，将波利尼西亚提升为高度自治的海外属地（pays d' outre-mer au sein de la République，POM），享有自主选举领导人、议会立法、管理经济社会事务及组织公投等权力。法中央政府保留外交、国防、司法、边防、海关、教育等涉及主权事务的权力。

2013年5月17日，联合国第67次大会一致通过一项决议，将法属波利尼西亚重新列入联合国非自治领土名单。

政 治 自治政府主席由议会选举产生，由于在议会内各党团实力相近，故近年来政府更迭频繁。

2013年4月、5月举行两轮地方选举，人民联盟取得绝对优势，主张独立的民主联盟居第二。8月23日，吉尔·康塔勒（Gilles Cantal）任代理高级专员，接替离任的拉夫拉基耶尔（Jean-Pierre Laflaquiere）。9月16日，新一任高级专员莱昂内尔·贝弗尔就任。

法波在法国国民议会有三个席位（2012年比上届增加一席）、在法国参议院有两个席位。现任国民议会议员：麦娜·塞齐（女）（Maina Sage），2014年6月当选；若纳斯·塔于图（Jonas Tahuaitu）和让－保尔·蒂阿伊瓦（Jean-Paul Tuaiva），均于2012年6月当选；三人均属于民主联盟和独立人士党团。现任参议院议员：尼奥·洛雷（Nuihau Laurey），拉娜·特图妮（女）（Lana Tetuanui），均于2015年5月当选，均属于民主联盟和独立人士党团。

【**宪法**】实行法国宪法。共和国高级专员是法国总统的代表。

【**议会**】领地议会（Assemblée de la Polynésie française）为属地权力立法机构，由各群岛在地方选举中选出57名成员组成（2001年5月前为41席），任期五年。领地议会选出七个与政府各部对应的常设委员会，各委员会主席均由执政党议员担任。本届议会于2013年5月组成，议员任期五年。现任议长为马塞尔·图亚尼（Marcel Tuihani），2014年9月15日当选。据法波议会网站2016年1月14日更新显示，各党派在议会中所占席位如下：

多数自治联盟党	29
人民联盟党	18
民主联盟党	10

【**政府**】主席（Président de Polynésie française）由议会选举产生，主席提交政府成员名单经过议会批准。

本届政府于2014年9月12日组成，主要成员有：政府主席爱德华·弗里奇（Edouard Frutch），政府副主席兼预算、财政和能源部部长尼奥·洛雷（Nuihau Laurey），旅游、航空运输、行政和公共事务部部长兼政府发言人让－克里斯托弗·布伊苏（Jean-Christophe Bouissou），住房、城建和地产事务部部长泰阿里·阿尔法（Tearii Alpha），经济和投资部部长特瓦·霍夫里奇（Teva Rohfritsch），就业、团结和妇女权益部部长普利丝叶·特弗洛桥（Priscille Tea Frogier，女），教育、高等教育、青年和体育部部长妮可·法雷塔桑凯（Nicole Fareata Sanquer，女），装备、治理、城市规划和运输部部长阿尔贝·索里亚（Albert Solia）；卫生和研究部部长帕特里克·奥维尔（Patrick Howell），语言推广、文化交流和环境部部长贺雷摩纳·马图埃塔普（Heremoana Maatuaiahutapu）。

政府一经成立，决定下调薪水，取消公车，各政府机关公车必须在上班时间使用，规定每周二为主席和其他政府成员公众接待日。

【**行政区划**】分为向风群岛（塔希提岛等）、背风群岛（腊亚特阿群岛等）、南方群岛、马克萨斯群岛、甘比尔—土阿莫土群岛等五个区域。

【司法机构】设初审法庭、上诉法院和行政诉讼法庭。

【政党】主要政党有：（1）人民联盟（Tahoeraa Huiraatira/Rassemblement Populaire）：1977年成立。支持同法国保持密切联系，承认法国属性，政治上主张自治；主席加斯东·弗罗斯（Gaston FLOSSE）。

（2）民主联盟党（Tavini Huiraatira/l' Union pour la Démocratie）：1977年成立。主张独立，反对核试验；认为经过多年自治，社会没有什么变化，唯有独立，社会才能发展；在党主席的努力下，2013年5月17日，联合国第67届会议通过一项决议，将波利尼西亚再列入联合国非自治领土名单。主席奥斯卡·特马鲁（Oscar Temaru）。

（3）多数自治联盟党（Rassemblement pour une majorité autonomiste，RMA）：2015年12月成立，由Tapura和A Tia Porinetia两党成员合并组成；政治上主张自治，认同法国属性，支持政府行动。

【重要人物】爱德华·弗里奇（Edouard Fritch）：政府主席。1952年1月4日生于帕皮提。1984年9月当选为装备部长，并先后担任海洋、群岛、电信、就业部长。1995年至2005年5月任法波副主席。2000年5月至2008年3月担任皮拉埃市长。2007年4月当选为法波议会议长，2009年2月再次当选。2009年11月，再次当选法波副主席。2013年5月再次当选为法波议会议长。2014年3月再次当选皮拉埃市长。2014年9月12日当选为法波主席。

经　济

法属波利尼西亚是大洋洲地区排在澳大利亚、新西兰、夏威夷和新喀里多尼亚之后的第五大经济体。传统经济以农业为主，工业基础薄弱。20世纪90年代，法国在南太平洋进行核试验导致驻军增加，促使当地建筑业和服务业急剧发展，外来劳务人员大量涌入塔希提岛，自给自足的传统农业经济遭到破坏。旅游业已成为主要经济支柱。经济增长主要得益于法国的财政支持和旅游业的发展。作为太平洋共同体成员，法波政府正努力寻求与亚太国家发展紧密的经贸关系，以促进其出口能力的增长。

2014年的主要经济数据估计如下：

地区生产总值：5386亿太平洋法郎。

人均地区生产总值：198万太平洋法郎。

经济增长率：1.8%。

货币名称：太平洋结算法郎（Comptoirs Français du Pacifique francs，CFP或XPF）。

汇率：1欧元=119.33太平洋法郎（固定汇率），1美元=89.98太平洋法郎（2014年）。

通货膨胀率：0.3%。

失业率：21.8%（2012年）。

（资料来源：法波统计局）

【资源】矿藏主要有磷酸盐和钴。渔业资源丰富，盛产金枪鱼和珍珠。拥有森林1万公顷。

【工业】主要有采矿业、制造业、建筑业。2011年工业产值占地区生产总值的7%。2014年共有工业企业2425家，总营业额为979.4亿太平洋法郎，从业人口占总劳动力的8%。制造业产品主要有农产品、纺织、服装、皮革、鞋类等。

火力发电为主要能源，占总发电量的2/3，另有水力和太阳能发电。波利尼西亚用电量主要来自塔西提。2014年塔西提发电总量5.03亿千瓦小时，其中火力发电3.27亿千瓦小时，同比下降9.3%；水力发电1.67亿千瓦小时，同比上升12.4%。

【农业】截至2014年11月，法波农业从业人员占总人口的3%。

2013年法波种植业产值43.95亿太平洋法郎，占农业收入的70%，其中椰子13.53亿、水果10.87亿、蔬菜11.96亿。2014年，主要农产品出口增加，椰子产量上升30%。

2013年，法波畜牧业共生产4642吨，主要来自塔西提，产值19.25亿太平洋法郎，其中鸡蛋8.53亿，猪肉5.6亿，奶制品1.34亿。由于奶制品和鸡蛋产量下降，畜牧业产量同比下降23%。

【服务业】旅游业为主要经济部门，2014年有2750家企业，占地区总企业数的12%，营业额占法波全年营业额的15%。2014年接待游客18.1万人次，同比增长9.9%。游客主要来自美国、法国、日本、澳大利亚、加拿大、意大利和新西兰。酒店和家庭旅店共有客房4240间。主要旅游点为塔希提岛、波拉波拉岛以及茉莉亚岛。

【交通运输】公路：总长2590公里，其中柏油路1735公里，石面路855公里。

水运：主要港口帕皮提，远洋轮船定期在此停泊。塔希提国际海运代理公司及其他几家海运公司的航线通达新西兰、智利、斐济及其他欧洲和亚洲国家。

空运：2010年各岛共有53个机场（其中46个为硬面跑道），直升机场1个。距帕皮提6公里的法阿机场是唯一的国际机场，7家国际航空公司承担往返于当地和法国巴黎、美国、智利、日本、新喀里多尼亚、新西兰和库克群岛间的运输，两家当地航空公司承担各岛间的运输。2014年国际航线客运量553940人次，货运量10983吨；本地区航线客运量861163人次，货运量1955吨。

【财政金融】2013年财政收入1051.76亿太平洋法郎，支出919.34亿太平洋法郎。截至2013年年底，公共债务为832.49亿太平洋法郎，人均负担30万。2014年，法国政府援助额为1722亿太平洋法郎。不设收入税、遗产税。

2014年共有13家银行和金融公司。主要银行有：（1）波利尼西亚银行（Banque de Polynésie SA）：1973年成立。法国兴业银行占72%股份。截至2014年年底，总资产1240亿太平洋法郎。下设18个分行。

（2）塔希提银行（Banque de Tahiti SA）：1969年成立，为法国人民－储蓄银行集团（Groupe BPCE）所有。截至2014年年底，总资产2008亿太平洋法郎。下设18个分行。

（3）太平洋社会发展信贷银行（Banque SOCREDO）：1959年成立，国家占50%股份。截至2014年年底，总资产2531亿太平洋法郎，吸收存款1598亿太平洋法郎。下设27个分行。

【对外贸易】主要从法国、美国等国进口大米、糖、面粉、水泥、石油产品及机械等商品，向中国香港、法国、美国、日本等出口椰油和人工养殖珍珠（占其出口额的82.7%）。2014年进口额和出口额分别为1599亿太平洋法郎和162亿太平洋法郎。

人民生活

法属波利尼西亚居民享受免费医疗，公立机构包括位于帕皮提的法属波利尼西亚医疗中心（Centre hospitalier de Polynésie française，524张病床）以及公共卫生局（Direction de la santé publique）下属的医疗机构。私立机构均位于塔希提岛，共有244张病床。2013年平均每10万人拥有184名医生。人口增长率为1.08%（2014年），出生率为15.5‰（2013年），婴儿死亡率为10.2‰（2013年）；预期寿命男为72.9岁，女为74.4岁。2014年最低工资标准为15.3万太平洋法郎/月。2014年有移动电话254547部，互联网接入率为每百人17.44户。2009年法波贫困人口接近28%，而2001年贫困人员仅为18%，贫困线即每月收入仅为4.8万法郎。由于经济困难等问题，犯罪案件2011年发生13539起，2012年13376起，下降1.2%，但与前10年相比，仍增加不少案件。

军　事

法属波利尼西亚防务由法国负责，法国在塔希提岛设有海军基地。2000年，法国驻军3100人，宪兵队600人，法国在该岛的军费预算为343.43亿太平洋法郎。1966年起，法国一直在穆鲁罗瓦岛和土阿莫土群岛进行核试验。1975—1992年，法国在该岛共进行135次地下核试验和52次大气核试验。1995年，法国新当选的总统希拉克宣布继续于一年内在该岛进行8次核试验。1996年年初，波利尼西亚独立科学家小组发表了关于法国核试验场有放射性化学物质渗漏到该岛海域的报告。法国政府对此予以承认，但否认这些化学物质对环境造成威胁。1997年年底，世界基督教联合会在日内瓦发表一篇有关穆鲁罗瓦岛核试验场情况的报告，指出从1963—1996年在核试验场雇用的1万—1.5万人员中，18岁以下的占10%，16岁以下的占60%以上，因而掀起一场轩然大波。因此，法国政府于1997年着手拆除核试验场设施，1998年7月完成拆除工作。1999年，法国政府被行政法院判决向波利尼西亚赔偿2.04亿太平洋法郎。2010年法国议会通过有关法案，承认并同意对相关损害进行核实后进行赔偿。法国驻军和有关部门每年进行一次科考，调查核试验对海洋造成的影响。至目前，法国驻军人数已下降约1000人，根据法国2013年国防白皮书，由于军费等原因，驻军人数不会增加。

文化教育

【教育】法属波利尼西亚对6—14岁儿童实行八年义务教育。教育预算约为600亿太平洋法郎。2014—2015学年共有公立小学194所，私立小学18所，初中26所，高中11所，中小学教师4320名，在校中、小学生68845名。主要高校有法属波利尼西亚大学、波利尼西亚私立高等教育学院、法波综合师范学校等。2013—2014学年，法波大学注册生为3274人。

【新闻出版】主要报刊有:《塔希提快报》，法文日报，1964年创刊，发行量1.5万份;《塔希提海滨快报》，1980年创刊，英文周刊，发行量3500份;《塔希提新闻》，法文日报，1956年创刊，发行量6500份;《今日塔希提》，英文季刊，发行量3000份。

塔希提新闻社：成立于2001年，用英、法双语向外发布新闻文字和图片。

法新社、美国报业联合会、路透社在塔希提设有代表处。

塔希提广播电视台：1951年建立，1965年开播电视节目，每天用法语和塔希提语播放节目。另有一家私人电视公司和六家私人广播电台。

对外关系

外交由法国掌管。法属波利尼西亚是太平洋共同体（SPC）、国际工会联合会成员（ITUC）和太平洋岛国论坛（PIF）联系成员。

【同中国的关系】法属波利尼西亚素以"南太明珠"著称于世，与中国有着悠久的友好交往。早在19世纪，就有中国人到塔希提创业、定居，积极融入法波社会，参与当地经济发展，成为连接法波与中国友好合作关系的桥梁。从2008年9月15日起，法属波利尼西亚正式成为中国公民组团出境旅游目的地。双方人员往来日益频繁。中国"远望"号科学考察船多次在法波停靠补给，受到当地热情友好接待。

近年来，在中法关系深入发展的背景下，中国与法波的关系日益密切。双方人员往来增多，经济、文化、旅游等领域合作取得较快发展。

2011年6月11日，中国国家副主席习近平在出访回国途中经停塔希提岛，会见了法属波利尼西亚高级专员迪迪埃和自治政府主席特马鲁。9月25日，中国国务院副总理回良玉在出访途中经停法属波利尼西亚首府帕皮提。同年6月，深圳艺术团应邀赴法属波利尼西亚进行了慰侨演出。

2011—2012年，前中国人民对外友好协会主席陈昊苏曾三次访问法波，签署该协会与法波政府合作协议；陪同企业家与政府签署有关渔业合作意向书，达成组建合资公司协议。

2012年8月1—3日，全国政协副主席、致公党中央主席、科技部部长万钢率全国政协代表团访问法属波利尼西亚，会见了法波政府主席特马鲁。同年8月，执行环球航行出访及远洋实习训练任务的中国海军远洋航海训练舰“郑和”舰对法属波利尼西亚帕皮提进行了为期四天的友好访问。

2013年10月，中国人民对外友好协会会长李小林率团访问法波。

2014年2月，中国—大洋洲友好协会廖晖会长率团访问法波。

2015年6月，法属波利尼西亚自治政府主席爱德华·弗里奇访华，李源潮副主席同其会见。

2007年9月13日，中国驻帕皮提领事馆开馆。驻帕皮提领馆是中国在法国海外领地的第一个外交机构。馆长：龙凌领事。地址：41，Résidence Taina，Punnauia，BP 4495，Papeete，Polynésie Française。电话：00689-40456179（座机），87715043（手机）；传真：40456201。电子邮箱：consulatderpc@hotmail.com。网址：http://papeete.chineseconsulate.org。

目前法属波利尼西亚华裔有2万人左右，约占总人口的10%，还有持中国护照的中国公民300余人。华人最早于1865年到塔希提种植棉花，主要聚集在首府帕皮提，绝大多数居民信奉基督教。华人祖籍大多为来自广东龙岗、惠阳、宝安等地区的客家人，多系第二、第三、第四代并已加入法国国籍，部分为混血华裔，多数不谙中文，少数长者会讲客家话。当地华侨华人社会地位和经济状况较好，多以经商为主，在当地经济领域中起着重要作用。华人社会地位较高，融入程度高，受到当地政府的重视。

侨团活动较为活跃，近年来积极开展华文教育，举办中国特色文化的活动。国内艺术团组多次到访该地，该地有十余个具有影响力的华人社团。（王碧晗）

斐　济

国名　斐济共和国（The Republic of Fiji）。

面积　陆地面积1.8333万平方公里，水域面积129万平方公里。

人口　84.9万（2014年估计），其中56.8%为斐济族人，37.5%为印度族人。官方语言为英语、斐济语和印地语，通用英语。53%的人信奉基督教，38%的人信奉印度教，8%的人信奉伊斯兰教。

首都　苏瓦（Suva）。

国家元首　总统乔治·孔罗特（Jioji Konrote），2015年10月就任。

重要节日　独立日：10月10日。

简　况

位于西南太平洋中心，由330余个岛屿组成，其中约1/3有人居住。多为珊瑚礁环绕的火山岛，主要有维提岛和瓦努阿岛等。属热带海洋性气候，常受飓风袭击。年平均气温22℃—30℃。

斐济人世居岛上。1643年荷兰航海者塔斯曼首先来到斐济。19世纪上半叶欧洲人开始移入。1874年沦为英国殖民地。1879—1916年，大批印度人作为英国“殖民制糖公司”的合同工到此种植甘蔗。1970年10月10日独立，并成为英联邦成员。1987年政变后改为共和国，并脱离英联邦。1990年通过新宪法确立国名为“斐济主权民主共和国”。1997年通过宪法修正案，改国名为“斐济群岛共和国”，同年重新加入英联邦。2009年国名改为“斐济共和国”。

政　治

2006年12月5日，军队司令乔萨亚·沃伦盖·姆拜尼马拉马（Josaia Voreqe Bainimarama）宣布接管国家行政权力，并解散政府和议会。2007年1月，斐成立临时政府，姆拜尼马拉马任总理。2009年4月，斐济上诉法院宣布斐临时政府非法，斐总统约瑟法·伊洛伊洛·乌鲁伊温达（Josefa Iloilovatu Uluivuda）随即宣布废除宪法，重新任命姆为临时政府总理。2014年9月17日，斐济举行大选，姆领导的斐济优先党获胜。

【宪法】2009年4月，伊洛伊洛总统宣布废除宪法。7月，斐临时政府总理姆拜尼马拉马宣布“恢复民主路线图”，提出将于2013年9月前完成制定新宪法。2013年9月，奈拉蒂考总统批准新宪法。

【议会】斐议会为一院制，共设50个议席。2014年大选后，斐济优先党在议会占32席，社会民主自由党15席，民族联盟党3席。斐济优先党议员、前妇女部长吉科·卢维尼（Jikon Luveni）当选议长。

【政府】斐内阁现有20名成员：总理兼土著事务、糖业部长姆拜尼马拉马，总检察长兼司法、财政、公共企业、公共服务部长艾亚兹·赛义德-海尤姆（Aiyaz Sayed-Khaiyum），工业、贸易和旅游部长法亚兹·科亚（Faiyaz Koya），基础设施和运输部长基里亚. 库马尔（Jilila Nalibu Kumar），地方政府、住房和环境部长帕尔文·库马尔（Parveen Kumar），土地和矿产资源部长梅雷塞伊妮·武尼万加（Mereseini Vuniwaqa），渔业和林业部长奥塞亚·纳因加穆（Osea Naiqamu），农业、乡村、海洋发展、国家灾害治理部长伊尼亚·塞鲁伊拉图（Inia Seruiratu），外交部长伊诺凯·昆布安博拉（Inoke Kubuabola），国防、国家安全和移民部长蒂莫西·莱西·纳图瓦（Timoci Lesi Natuva），卫生和医疗服务部长乔恩·乌萨马特（Jone Usamate），教育、文化遗产和艺术部长马亨德拉·雷迪（Mahendra Reddy），就业、生产力和产业关系部长塞米．科罗伊拉维萨乌（Semi Koroilavesau），青年和体育部长莱塞尼亚·姆巴莱·图伊通鲍（Laisenia Bale Tuitubou），妇女、儿童和减贫部长罗西·索菲娅·阿克巴尔（Rosy Sofia Akbar），财政、公共企业、公共服务、贸易和旅游助理部长洛娜·埃登（Lorna Eden），农业、乡村、海洋发展、国家灾害治理助理部长乔埃利·萨瓦基（Joeli Cawaki），卫生事务助理部长维娜·库马尔·巴特纳格尔（Veena Kumar Bhatnagar），教育、文化遗产和艺术事务助理部长维贾伊·纳特（Vijay Nath），青年和体育事务助理部长伊利埃萨·恩德拉纳（Iliesa Delana）。政府网站：www.fiji.gov.fj。

【行政区划】全国分为两个直辖市（苏瓦、劳托卡）、四大行政区（下辖奈塔西里、纳莫西、雷瓦、塞鲁阿、泰莱武、布阿、卡考德罗韦、马库阿塔、坎达武、劳、洛迈维提、姆巴、拉和那德罗加诺沃萨14个省）和罗图马岛。

【司法机构】设最高法院、上诉法院、高等法院和地方法院。最高法院由首席大法官和不超过七名法官组成。2009年4月，伊洛伊洛总统解除了斐所有法院法官职务，后陆续任命了一些高等法院法官（包括首席大法官）和地方法院法官，并从斯里兰卡等国聘用了一些法官。首席大法官为安东尼·盖茨（Anthony Gates）。

【政党】原共有16个政党，2006年政变后长期停止活动。2013年1月，斐政府颁布《2013年政党法令》，规定任何政党须登记才合法。截至2014年9月，经登记注册的合法政党共七个，分别为：斐济优先党、社会民主自由党、斐济工党、民族联盟党、人民民主党、斐济团结自由党和壹斐党。主要政党的基本情况如下：

（1）斐济优先党（Fiji First Party）：执政党。2014年6月成立。党领袖为现总理姆拜尼马拉马。该党主张族裔平等，重视发展经济、改善民生，提出“要为全体斐济人建设一个更好的斐济”，主要支持者包括广大印族民众、斐族基层民众以及商界名流、知识分子和青年人等。

（2）社会民主自由党（Social Democratic Liberal Party, SODELPA）：反对党。前身为前总理莱塞尼亚·恩加拉塞（Laisenia Qarase）于2001年5月成立的团结斐济党（United Fiji Party，斐济语缩写为SDL），2013年5月被迫根据新政党法令重组并改用现名，党领袖为泰穆穆·凯帕（Ro Teimumu Kepa）。该党主张在促进民族和解的同时更多地照顾斐济族和罗图马族的利益，主要支持者包括传统斐族酋长和部分斐族基层民众。

（3）民族联盟党（National Federation Party）：反对党。1964年成立，最早称“联盟党”，与其他政党合并后改用现名，曾参与斐争取独立的努力，是目前斐成立时间最早的政党。2013年5月根据新政党法令重新登记。党领袖为比曼·普拉萨德（Biman Prasad）。该党是印族裔蔗农为争取权益而组建的首个印族人政党，主要依靠印族民众支持。该党历史上仅于1987年短暂参加联合执政，不足一个月即被政变推翻。

（4）斐济工党（Fiji Labour Party）：1985年7月成立，2013年5月根据新政党法令重新登记。党领袖为马亨德拉·乔杜里（Mahendra Chaudhry）。该党是在各大工会支持下以印族为主体的政党，主要代表中下层印族人利益，在印族蔗农、工会成员和部分知识分子中有一定影响力。曾于1987年和1999年两次组建联合政府，但均被政变推翻。2006年5—12月、2007年1月—2008年8月曾先后参与恩加拉塞政府和姆拜尼马拉马领导的临时政府。

（5）人民民主党（People’s Democratic Party）：2013年5月成立。党领袖为菲利克斯·安东尼（Felix Anthony）。2013年1月在斐济工会大会的倡议下组建，主要代表工人和工会利益。

【重要人物】乔治．孔罗特：总统。1947年12月生。罗图马族，1966年起在斐军队任职，曾赴澳大利亚、新西兰军校受训，历任斐军参谋长、少将。曾三次赴中东执行联合国维和任务，因表现出色，被任命为联合国驻黎巴嫩临时部队司令官和负责黎巴嫩事务的联合国秘书长助理。2000年，孔卸甲从政，先后任斐内政部常秘、斐驻澳大利亚、新加坡高专。2006年以独立议员身份当选议员，并任移民与退伍军人事务部国务部长。2006年斐政变后，孔重返家乡罗图马岛任当地政府顾问。2014年，孔加入斐济总理姆拜尼马拉马创建的斐济优先党并成功当选议员，出任就业、生产力及产业关系部长。2015年10月，当选斐济第五任总统。　**乔萨亚·沃伦盖·姆拜尼马拉马**：总理。1954年4月27日生于斐济。1975—1988年在海军任职，先后被授予少尉、中尉和中校军衔。其间，姆指挥海军完成了汤加、图瓦卢和基里巴斯三国专属经济区的标识工作，在澳大利亚、新西兰、智利和美国等国接受军事培训，并赴西奈半岛执行联合国军事观察员任务。1988—1997年先后任斐海军指挥官、海军司令和上校。1997—2006年先后任斐军参谋长和斐军司令，并被授予准将衔。2006年12月5日发动政变。2007年1月起任临时政府总理。2014年3月辞去军队司令职务并宣布退役，获少将军衔。2014年9月当选总理。

经　济

斐济是太平洋岛国中经济实力较强、经济发展较好的国家。渔业、森林资源丰富，有金、银、铜、铝土等矿藏。制糖业、旅游业是国民经济支柱。斐重视发展民族经济，强调发展私营企业，建立宽松的政策环境，促进投资和出口，逐步把斐经济发展成“高增长、低税收、富有活力”的外向型经济。近年来，由于国际市场价格下跌和国内产业结构调整等原因，制糖业发展面临较多困难。此外，斐经济易受飓风、干旱等极端灾害天气影响。

近年来，斐旅游业发展较好，2015年游客人数超过75万，创历史新高。同时，斐政府正大力推进公路、港口、电力等基础设施建设。受上述因素影响，斐经济已连续六年保持3%以上速度增长。

2015年主要经济数据如下：

国内生产总值：86.69亿斐元。

货币名称：斐济元（Fiji Dollar）。

汇率：1美元≈2.137斐元。

通货膨胀率：3.5%。

【资源】森林覆盖面积93.5万公顷，约占全国土地面积的一半，有开采价值的约25万公顷，出产优质硬木和松木。有两个金矿，还有铜、银、铝矾土、石油资源等。渔业资源丰富，盛产金枪鱼。

【工业】以榨糖为主，其次是矿业开采、渔产品加工、木材和椰子加工。

【农业】可耕地面积约28.8万公顷，主要产甘蔗、椰子、香蕉、芋头和木薯等。小麦全靠进口，大米自给率仅2%。近年来斐政府努力发展多种经营，推广水稻种植。

【旅游业】旅游业较发达，旅游收入约占斐国内生产总值35%左右，是斐最大的外汇收入来源。2015年斐共接待境外游客75万人次。全国约有4万人在旅游部门工作，占就业人数的15%。游客主要来自澳大利亚、新西兰、北美、西欧、中国和日本等国。

【交通运输】斐济为南太地区交通枢纽，水、陆、空交通较发达。首都苏瓦港系重要国际海港，可泊万吨轮船。苏瓦的瑙苏里机场可起降波音737飞机，楠迪机场可起降波音747等大型客机。

铁路：总长820公里（窄轨），用于运输甘蔗。

公路：总长5300公里，其中沥青路面1340公里。

水运：注册商船747艘；苏瓦、楠迪、劳托卡、莱武卡为主要国际港口。

空运：斐济太平洋航空公司系国际航空公司，经营澳大利亚、新西兰、美国、瓦努阿图、萨摩亚、汤加、所罗门、基里巴斯及中国香港、新加坡等航线。澳大利亚、新西兰、韩国等国航空公司有定期班机停降楠迪国际机场。瑙苏里机场主要是国内民航机场，并有通往奥克兰和周边部分岛国等国际航线业务。

【对外贸易】长期贸易逆差。主要出口对象为美国、英国、澳大利亚和日本，主要进口来源地为新加坡、澳大利亚和新西兰。主要进口燃料、运输设备、化工产品和食品等，出口原糖、糖蜜、服装、黄金、木材和椰油等。

【外国资本】外资在斐济国民经济中占有重要地位。斐国内市场商业网点主要控制在两家澳跨国公司手中。银行、保险、海运、电信和汽油供应等亦为外资所控制。

【外国援助】外援主要来自澳、日、新、英、法、美、欧盟和联合国开发计划署。

军　事

斐济军队全称为“斐济共和国武装力量”（Republic of Fiji Military Forces，RFMF），定名于斐1990年宪法。总统兼任军队统帅（Commander-in-Chief），履行仪式性职能，军队总司令由总统根据宪法机构委员会与负责军队事务的内阁部长协商后的建议任命。现任军队总司令维利阿米．瑙波托（Viliame Naupoto），2015年8月就任。

斐军设陆军和海军，由正规军和预备役组成，目前正规军3100人，预备役4000人。海军330人，装备有五艘各类舰艇和巡逻船。斐曾先后派遣士兵和警察参与中东、科索沃、东帝汶、巴新、伊拉克和苏丹等地维和任务。

文化教育

【教育】斐济文教事业较其他太平洋岛国发达，适龄儿童入学率达98%以上，每年教育经费约占政府总预算支出的15%。2011年提出建设“知识型社会”的目标，重视发展农村边远地区的教育事业。

2014年教育预算为5.4亿斐元，占政府当年总预算支出近19%。斐政府于2014年起开始实施中小学阶段免费教育政策。

2009年斐共有注册学校983所，其中小学721所，中学172所，师范学校4所，技校69所，特殊学校17所。南太平洋大学由12个太平洋岛国政府合办，主校区位于斐首都苏瓦市。另有斐济国立大学、斐济大学等高等院校。

【新闻出版】英文报纸《斐济时报》（Fiji Times）和《斐济太阳报》（Fiji Sun）发行量较大，平均日发行量约4万份。主要杂志有《岛国商务》和《太平洋岛屿》月刊，在南太地区发行，发行量约1万册。中文报纸有《斐济日报》。

斐济广播有限公司（Fiji Broadcasting Corporation Limited，FBC），前身是成立于1954年“斐济广播委员会”，1999年6月改称现名，由斐政府独资拥有，是斐全国性广播网。旗下有6个电台，以斐济语、印地语和英语播出。2011年11月，该公司的免费电视频道“FBC TV”正式开播。

斐济电视公司（Fiji Television Limited，Fiji TV），成立于1994年6月，由斐政府和私营企业合资控股，是斐主要电视网。1996年起，在南太平洋证交所上市。旗下“斐济一台”（Fiji One）是斐主要免费电视频道，长期以转播澳大利亚电视节目为主。该公司还经营太平洋天空卫星电视（Sky Pacific）等收费电视服务。

麦电视台（Mai TV），成立于2006年，2008年6月正式开播，是完全私营的免费电视频道。

对外关系 斐济是太平洋岛国中外交较为活跃的国家。2006年斐政变后，受到澳大利亚、新西兰和一些西方国家制裁，与澳、新等国关系僵冷，提出“向北看”战略，更加重视保持与其他太平洋岛国的传统关系，积极发展同亚洲、非洲和美洲国家的关系。已与130多个国家建交，斐驻外使领馆、高专署、贸代处、驻国际组织代表团有19个，外国驻斐使馆、高专署和国际组织驻斐办事处有41个。

斐是联合国、英联邦、世界贸易组织、太平洋岛国论坛、太平洋共同体、美拉尼西亚先锋集团、非加太集团、77国集团成员。斐积极参与国际和地区事务，现为太平洋岛国论坛（Pacific Islands Forum）秘书处所在地。2013年，斐济倡议成立太平洋岛国发展论坛（Pacific Islands Development Forum）。

【同中国的关系】中斐1975年11月5日建交。建交以来，两国关系发展较顺利。1976年中国在斐设大使馆。2001年，斐在北京设立大使馆。2006年4月，国务院总理温家宝访斐并出席在斐举行的中国—太平洋岛国经济发展合作论坛首届部长级会议开幕式，其间两国宣布建立和发展中斐重要合作伙伴关系。2014年11月，国家主席习近平对斐济进行国事访问并在楠迪同建交的太平洋岛国领导人举行集体会晤，中国同岛国宣布建立相互尊重、共同发展的战略伙伴关系。

中方访问斐济的还有：中共中央总书记胡耀邦（1985年），国家主席杨尚昆（1990年过境），总理李鹏（1992年过境），全国人大常委会委员长乔石（1994年过境），副总理兼外长钱其琛（1996年），全国政协主席李瑞环（2001年），国家副主席曾庆红（2005年过境），总理温家宝（2006年），外长李肇星（2006年），国务委员刘延东（2010年12月），全国人大常委会委员长吴邦国（2012年9月访问），全国政协副主席齐续春（2015年），马培华（2015年），中共中央政治局委员、广东省委书记胡春华（2015年6月）等。

近年来斐方访华的主要有：总理姆拜尼马拉马[2008年8月出席北京奥运会开幕式，2010年5月过境北京、7月底至8月上旬出席上海世博会斐济国家馆日活动，2011年10月来华非正式访问，2012年6月出席第十四届浙江投资贸易洽谈会，2013年5月来华工作访问并出席第二届中国（北京）国际服务贸易交易会，2015年7月来华正式访问]，总统奈拉蒂考[2010年9月底10月初出席中国（宁夏）国际投资贸易洽谈会和上海世博会中国国家馆日活动，2011年8月出席深圳大运会开幕式，2014年8月出席南京青奥会开幕式]，外交和国际合作部长昆布安博拉（2010年10月正式访华，2011年1月访问深圳、7月访问浙江，2012年10月访问上海，2013年2月过境北京、广州，5月过境上海），国防、国家安全和移民部长索卡纳辛加（2011年4月、2013年11月）、最高法院首席大法官盖茨（2012年7月），警察总监奈法卢拉（2012年12月）。

据中国海关统计，2015年中斐贸易额为3.47亿美元，同比增长2%。其中，中方出口额3.27亿美元，从斐进口额0.21亿美元。2015年3月，中斐互免签证谅解备忘录正式生效。2015年7月，中斐启动自贸协定谈判联合可行性研究。

中国驻斐济大使：张平。馆址：183 Queen Elizabeth Drive，Suva，Fiji。电话：00679-3300215；传真：3300950。

斐济驻华大使：奈法卢拉（Ioane Naivalura）。馆址：北京市朝阳区塔园外交人员办公楼1-15-2。电话：0086-10-65327305；传真：65327253。

【同澳大利亚、新西兰的关系】斐同澳、新有着传统的密切关系。澳、新是斐最重要的贸易伙伴。根据《南太平洋区域贸易和经济合作协定》，除糖和服装等少数商品外，斐向澳、新出口单方面享受免税或无限制市场准入待遇。

2006年12月斐济政变后，澳、新对斐实施制裁。伴随斐2014年9月顺利举行选举，澳、新外长接连访斐，并全面取消对斐制裁。

【同欧盟、美国的关系】欧盟和美国是斐原糖和农产品的主要出口市场和斐游客及投资的重要来源地。根据《洛美协定》和《科托努协定》，欧盟以3倍于国际市场的价格购买斐糖。斐在比利时和英国设有使馆，法国、英国、欧盟在斐设有使馆。

斐美互设使馆。斐重视与美关系，认为美的援助对斐的市场准入和地区竞争具有重要意义，积极推动美、南太联合商务委员会开展活动。2013年4月，美助理国务卿帮办柯嘉年访斐。2014年2月，美助理国务卿帮办马修访斐。

【同日本的关系】近年来，斐日关系发展较快。自1983年日向斐派出志愿者以来，共有约500人到斐提供志愿服务。斐在旅馆业方面吸收了大量日资。2013年9月，日环境大臣石原伸晃访斐。2015年7月，姆拜尼马拉马总理赴日出席第七次日本—太平洋岛国领导人会议。

【同印度的关系】斐济很大一部分人口是印度裔，双方历史上联系紧密，印在斐独立后即与其建交。斐印关系在斐1987年政变后恶化。1997年，斐修改1990年宪法中对印族人的歧视性条款，斐印关系好转。2014年11月，印度总理莫迪访问斐济。2015年8月，姆拜尼马拉马总理赴印度出席印度—太平洋岛国领导人会议。

【同其他太平洋岛国的关系】斐重视同其他太平洋岛国的传统关系，是太平洋岛国论坛创始会员国，与其他太平洋岛国领导人互访频繁。2006年斐政变后，太平洋岛国论坛终止斐参加论坛活动资格。斐政府遂于2011年起转而在斐举办“接触太平洋”会议，并于2013年起改为举办太平洋岛国发展论坛峰会（PIDF），聚焦岛国经济建设和可持续发展问题。第三届太平洋岛国发展论坛于2015年9月1日至4日在斐举行。

（崔杰）

关 岛

名称 关岛（Guahan），原称Guam，美国海外属地，2010年2月，关岛总督卡马科签署政令，将该岛官方名称改为查莫罗语Guahan。

面积 544平方公里。

人口 161785人（2015年）。其中查莫罗人（为西班牙人、密克罗尼西亚人和菲律宾人的混血后裔）约占37.3%，菲律宾人26.3%，其他太平洋岛民11.3%，其他混血后裔9.8%，白人7.1%，其他亚裔6.2%，其他种族2%。人均寿命78.66岁。英语为官方语言，通用查莫罗语及菲律宾语。85%的居民信奉罗马天主教。1996年，曾有2000多名库尔德难民被暂安置到该岛。

首府 阿加尼亚（Agana）。

总督 埃迪·卡尔沃（Eddie Calvo），2011年1月就任，2015年1月连任。副总督雷·提诺瑞欧（Ray Tenorio），2011年1月就任，2015年1月连任。

重要节日 国庆日（Discovery Day），即“发现日”：3月的第一个星期一。

简况 位于西太平洋马里亚纳群岛最南端（为该群岛最大岛屿），夏威夷以西5300公里处，是通向密克罗尼西亚（西太平洋诸岛总称）的门户。热带雨林气候，年均气温26℃。年降水量2000毫米。常有地震。

1521年麦哲伦环球旅行时抵达关岛。1565年被西班牙人占领。欧洲人在此大肆迫害当地土著（密克罗尼西亚人），使土著人口从1521年的10万多人锐减至1741年的5000多人。1898年美西战争后被割让给美国。1941年被日本占领，1944年美军夺回后成为主要海空军基地，归美海军部管辖。1950年美国通过《关岛组织法》，宣布关岛为美“未合并领土”，赋予关岛地方政府自治权力，归美国内政部管辖。关岛居民有美国公民权，但不能在全美选举中投票。1976年的一项公民投票支持关岛维持与美国密切联系的地位。目前关岛正与美国政府就关岛获得美国联邦领土地位问题进行谈判。1994年，美军将3200英亩土地归还民用，1995年位于中央位置的布里菲尔德空军基地也被交还民用。

政治 国家元首是美国总统，政府首脑是总督。1969年美众议院通过选举关岛总督的法令，1970年第一任民选总督产生。总督拥有行政权，每四年普选产生。政府由总督和副总督领导，下设48个行政部门。政党有民主党和共和党（现控制议会），分属美国的民主党和共和党。一院制议会，普选产生，任期两年，从1998年11月起，议会由21人缩减至15人。上次选举于2012年11月6日举行，共和党获得6个议席，民主党获得9个议席。1972年美国会通过法案，同意关岛派遣一名常驻美国会众议院代表，在众院委员会有表决权，但在众院全院大会无表决权。

法院系统包括联邦地区法院和地方高等法院，其中联邦地区法院法官由美总统任命，地方高等法院法官由总督任命（任期八年）。宪法为1950年8月1日生效的组织法案（Organic Act），使用美国国旗。关岛现为国际奥林匹克委员会、南太平洋委员会、万国邮政联盟成员。

经济 货币使用美元。关岛收入主要依靠旅游业和美军在该岛海空基地的开支。每年游客约100万人次，游客中90%来自日本。服务业是当地的主要产业，其次分别为农业和工业。主要农作物有烟草、水果等。主要工业有建筑、轻工、食品加工、炼油等。新加坡是其最大进口贸易国，自新进口贸易额占总贸易额的50%，其次是韩国和日本，分别占21.4%和14%；日本是其最大出口贸易国。劳动按购买力平价计算，2014年关岛地区生产总值为55.3亿美元，人均3.05万美元。有1045公里的高速公路和五个机场。

近年来，由于外来移民大量涌入，威胁到当地查莫罗人地位，限制移民的呼声日高。近来，政府提出要将关岛建成“离岸金融中心”的规划，但其实现与否，同关岛能否取得美国联邦领土地位有很大关系。

军事 美重要军事基地。美军在关岛的军事用地约2.7万英亩（包括已归还民用的部分），约占关岛陆地总面积的20%。关岛的安德逊空军基地是美国在太平洋地区的一个重要战略空军基地。美海军在阿加尼亚设有航空站，在阿卜拉港有潜艇基地。美海军陆战队和海岸警卫队在岛上有驻军。2003年，岛上共有美国海空军人员8000人。2014年，美国军方进一步增加在关岛的驻军数量和作战准备。2000年8月28日，五角大楼证实已于该月月初从本土调防60多枚AGM-86型空射巡航导弹至关岛，这是美国首次在其大陆以外部署这种先进导弹。美海军也开始在关岛就部署攻击核潜艇进行研究。2003年3月美国防部长宣布，为加强对朝鲜周边的防卫和威慑，向关岛派12架B-1和12架B-52重型轰炸机。2013年，美国海军宣布第四艘“洛杉矶”级攻击型潜艇将移至关岛。2006、2010、2012和2014年美军在关岛进行过名为“勇敢之盾”的大规模军事演习。

文化教育 关岛共有各类公立中小学36所，以及若干所私立学校，在校学生约3.2万人。有两所公立大学和两所私立大学，以公立关岛大学规模最大，有学生2000多人。有20家电台、约12家电视台。有23家互联网服务提供商。

（王胜耀）

赫德岛和麦克唐纳群岛

名称 赫德岛和麦克唐纳群岛（Heard Island and the McDonald Islands）。

面积 412平方公里。

人口 无常住居民。曾有波利尼西亚人在岛上居住过。现多为探险家到访。

简 况 位于印度洋南部，东北距澳大利亚西澳州珀斯约4000公里，以南约1600公里达南极洲边沿。由赫德岛（Heard Island）、沙格岛（Shag Island）和麦克唐纳群岛（the McDonald Islands）组成。

赫德岛是一座直径约为25公里的圆形岛，面积390平方公里。最高点为莫森峰（Mawson Peak），海拔2745米。岛上有一座名为大笨钟（Big Ben）的活火山，是澳大利亚唯一的两座活火山之一。1947年12月26日，英国将该岛主权转交给澳大利亚，该岛成为澳大利亚海外领地。

赫德岛80%被冰雪覆盖，是少数几个未被外来物种影响的南极地区动植物栖息地之一，具有一定科研价值，动物学和地质学探险队多次到此探险。岛上气候寒冷、多风、湿润，年温差4℃左右，冬季气温0℃左右。1991年，关于全球变暖的国际研究在此开展。

麦克唐纳群岛面积约1平方公里，位于赫德岛以西42公里处，由费拉特岛（Flat Island）和麦克唐纳岛（the McDonald Island）组成。地势陡峭，多岩石。岛上有一座活火山，最近一次在2005年8月喷发。

1997年，赫德岛和麦克唐纳群岛被联合国教科文组织定为“世界遗产”。2002年11月，赫德岛和麦克唐纳群岛被纳入《环境和生物多样化保护法案》。澳大利亚联邦政府可持续、环境、水务、人口和社区部长负责管理赫德岛和麦克唐纳群岛。2014年5月13日，澳大利亚南极局颁布了进入赫德岛和麦克唐纳群岛的禁令，以保护该区域的生物多样性。（陈哲颖）

基 里 巴 斯

国名 基里巴斯共和国（The Republic of Kiribati）。

面积 陆地面积812平方公里，水域面积350万平方公里。

人口 10.5万（2015年预计）。其中90%以上属密克罗尼西亚人种，其余为波利尼西亚人和欧洲移民。官方语言为英语，通用基里巴斯语和英语。居民多信奉罗马天主教和基里巴斯新教。

首都 塔拉瓦（Tarawa），人口约5万。

国家元首 总统塔内希·马茂（Taneti Maamau），2016年3月当选。

重要节日 独立日：7月12日。

简 况 位于太平洋中部，由33个大小岛屿组成（其中21个岛有常住居民），分属吉尔伯特、菲尼克斯和莱恩三大群岛；是世界上唯一纵跨赤道且横越国际日期变更线的国家。属热带海洋气候。年均气温32℃，年均降水量1600毫米。

3000年前已有马来—波西尼亚语系人定居。公元前14世纪左右，斐济人和汤加人入侵，与当地人通婚，形成基里巴斯民族。1892年吉尔伯特群岛与埃利斯群岛部分岛屿沦为英国“保护地”。1916年被划入“英属吉尔伯特和埃利斯群岛殖民地”（1975年埃利斯群岛分出，改称图瓦卢）。第二次世界大战期间曾被日本侵占。1977年1月1日实行内部自治。1979年7月12日独立，改称基里巴斯。

政 治 【宪法】现行宪法是以1977年《吉尔伯特法》为基础制定的，

1979年独立后正式生效，故又名“独立宪法”。宪法规定，总统由议会提名，经公民投票选举产生，任期四年，连任不得超过三届。

【议会】一院制，议员任期四年，除总检察长和雷贝岛（Rabi Island）的一名议员由指定产生外，其余议员均由选举产生。议员数量根据人口的变化而变化。2007年，议会通过决议：有居民的岛屿的议员数按人口决定。人口在1500人以下的岛屿产生一名议员，人口在1500—5000人的岛屿产生两名议员，人口在5000人以上的岛屿产生三名议员。本届议会于2016年2月组成，共44个议席。前总统塞阿陶·塞安纳基任议长。

【政府】总统既是国家元首，又是政府首脑。内阁称部长委员会，由总统在执政党议员中提名产生。

【主要网址】http://www.parliament.gov.ki。

【行政区划】共有23个行政区，每个行政区设有委员会，委员会主席为行政机构最高领导人，拥有行政、财政、法院诉讼等权力。

【司法机构】设有高级法院和地方法院。高级法院由首席法官和陪席推事组成。每年有澳大利亚、新西兰法官组成南太平洋巡回高级法官团赴基受理上诉案件。

【政党】主要政党有：追求真理党（Boutokean Te Koaua Party，BTK，执政党）、你好基里巴斯党（Maurin Kiribati Party，MKP）、联合同盟党（Karikirakean Te I-Kiribati，KTK）。

经济

基里巴斯经济落后，严重依赖外援，被联合国列为最不发达国家之一。大部分地区为自给自足的原始经济。磷酸盐被开采殆尽后，渔业资源成为基主要经济来源。近年来，基政府不断拓宽外汇收入来源，努力实现经济多样化，鼓励发展小型私人企业、渔业、小规模加工制造业和椰子种植，商品经济有所发展。

2015年主要经济数据如下：

国内生产总值：1.7亿美元。

人均国内生产总值：1700美元。

国内生产总值增长率：1.8%。

货币：无本国货币。通用澳元，圣诞岛地区也通用美元。

通货膨胀率：1.5%。

（资料来源：国际货币基金组织）

【资源】有丰富的渔业资源。1979年以前产磷酸盐，由英国、澳大利亚、新西兰合股开采，现已枯竭。近海海底有锰、镍等矿藏。

【工业】有一家造船厂，集造船、修船为一体，年营业额约1000万澳元。另有一些小规模的椰子加工、腌鱼、食品、工艺品、家具、服装和皮革制品厂。

【农业】大部分陆地被珊瑚沙层覆盖，仅能生长椰子、香蕉、面包果等少数作物。椰干年产量约1.1万吨，其中出口约1万吨，总产值约700万澳元。近年来由于国际市场不景气和天气干旱等原因，椰干生产和出口均有较大幅度下降。全国无粮食作物和蔬菜种植。

【渔业】渔业资源丰富，主要有金枪鱼、鲷鱼、鲣鱼、海虾等。基捕捞业落后，国内仅有一家小型渔业公司，有五条机动小船，产量有限，当地居民只能进行小规模捕捞。目前，美国、日本、韩国、澳大利亚、新西兰及中国台湾省分别有数十艘渔船在基海域捕捞金枪鱼，这些渔船向基政府缴纳的捕鱼执照费成为基政府主要外汇来源之一。

【旅游业】全国有四家旅馆，其中首都有三家：欧什塔依旅馆，80张床位；贝索旅馆，20张床位；梅瑞旅馆，22张床位。基利用其跨越国际日期变更线的地理优势，发展旅游业，提高国际知名度。基最大岛屿圣诞岛是世界上最大的环状珊瑚岛，拥有世界著名的鸟类保护区和潜水场，每年有来自美国、西欧、澳大利亚和新西兰等地游客来此观光。

【交通运输】以海运为主，塔拉瓦为主要海、空港。基政府正努力发展岛上公路运输。

公路：总长670公里，全国有机动车约2000辆。

水运：基里巴斯航运公司共有客、货轮10艘，经营各岛间的客、货运业务。

空运：全国有两个国际机场，分设在首都塔拉瓦和圣诞岛，其他小岛还有17个小机场。基里巴斯航空公司共有小型客货机3架，经营岛屿间航线。斐济太平洋航空公司、瑙鲁航空公司等经营从其他岛国至塔拉瓦的国际航线。

【财政金融】实行“量入为出、节俭财政”政策。国家财政预算收入主要依靠1956年建立的从磷矿开采所得的预算平衡储备基金（RERF）进行平衡，实际从未提取。

（1）基里巴斯银行：成立于1984年，与澳大利亚西太银行合资经营，2001年改为与澳新银行合资经营，基占49%股份，澳新银行占51%的股份。

（2）基里巴斯开发银行：成立于1987年，系基国家银行，主要向私营企业提供贷款。

【对外贸易】主要贸易对象有澳大利亚、新西兰、斐济、日本、美国、中国和欧盟等。1979年以来，由于磷矿枯竭，出口锐减，外贸呈逆差。目前主要出口椰干、海藻及热带观赏鱼。

【外国援助】澳大利亚、日本等发达国家每年向基提供大量赠款，帮助基进行基础设施建设及教育培训等技术合作项目。澳大利亚为基最大外援国，澳方援助主要集中在改善基础教育、提升劳动者技能、加强经济治理、改善基础设施方面。新西兰向基提供援助主要集中在基里巴斯国际机场建设、劳动者技能培训、城市可持续发展等方面。2011—2015年，日本每年向基提供120万澳元无偿援助。

人民生活 太平洋岛国地区最贫穷的国家之一。全国大部分地区还未通电。收入较低，失业率较高。人民生活贫困，医疗水平低，人均寿命为男63岁，女68岁。人口增长率为11.5‰。

军　事 基里巴斯无军队，仅有警察约300名。国防由澳大利亚和新西兰负责。

文化教育 【教育】小学和初中实行免费教育。儿童入学率为93%。有公办小学约90所，中学约20所（包括私立学校），技校六所，中等专业学校两所（基里巴斯师范学院和塔拉瓦技术学院）。另有一所与德国人合办的海员培训学校。基每年向国外派留学生和进修生约170人。

【新闻出版】《韦凯拉》（UEKERA，前译为《生命和智慧之树》）系政府主办的全国性报纸，为基文和英文混合版，每周二、周五出版。

塔拉瓦电台（建于1984年）用基语和英语播音，每天播三次，并出版新闻稿。

基里巴斯电视台（KTV1）由基政府主办，于2004年12月建成，2005年4月正式开播，只有两个频道。每晚播放两个小时的基当地节目，其他时间播放澳大利亚电视台节目。

对外关系 强调维护国家主权和领土完整，反对别国干涉内政和掠夺资源；作为低海拔岛礁国家，尤其重视气候变化，呼吁国际社会采取有效措施帮助其应对气候变化带来的负面影响。重视发展对外关系，尤其与南太各国的友好关系。经济因素常为基政府外交决策的首要考虑。基同30多个国家建交，但只在斐济设有外交代表机构，在少数国家设有名誉领事。

基里巴斯是联合国、英联邦、太平洋共同体、太平洋岛国论坛及论坛渔业局、瑙鲁协定等地区组织成员，积极参与相关组织活动，与太平洋岛国论坛合作较密切。

【同中国的关系】中基曾于1980年6月25日建交。2003年基大选，台湾当局重金诱拉和资助阿诺特·汤。汤当选总统后于11月7日宣布基台“建交”。11月29日，中国中止与基外交关系。2008年，基体育代表团参加北京奥运会。2010年，基同其他太平洋岛国以太平洋联合馆形式参加上海世博会，11月中国派团出席了在基举行的“塔拉瓦气候变化会议”。2015年中基贸易额为2351万美元，同比增长23%，其中中方出口2061万美元。

【同美国的关系】1979年9月20日，美基签订《友好条约》，并于1983年9月23日交换条约批准书。据此，美放弃对基14个岛屿的主权要求，基允许美保留对其军事设施的排他性使用权和在基经济区的捕鱼权。美有捕鱼船在基作业，并向基派有40多名和平队员。

【同澳大利亚、新西兰的关系】澳、新分别于1981年、1989年在基开设高专署。基十分重视同澳、新，尤其是同澳的关系。基每年从澳进口占基进口总额的一半左右。澳在基一些政府、经济部门派有顾问。澳每年向基提供项目援助，主要用于基础教育、人力资源开发和公共部门管理等领域，已为基援建了10所中学。2012年3月，澳总督昆廷·布赖斯访问基里巴斯。2013年2月澳外长鲍勃·卡尔访基。2012年12月，新西兰外长默里·麦卡利访基。

【同英国的关系】基受英殖民统治达87年。英原在基设有常驻高专署，1993年撤销，改设管理协调办事处，1998年8月撤销。2002年1月，英重开驻基高专署，2005年3月再次撤销。

【同日本的关系】日本是基最大援助国之一。日在圣诞岛设有卫星地面站，每年向基政府支付35万澳元租金。1996年，日向基提供2200万美元援建基贝索码头。1998年1月，日提供600万美元援建一所中学。1999年，日援基3000万澳元用于修建新贝索港口、集装箱码头工程，900万澳元承建基议会大厦。日本援建的南塔拉瓦岛发电厂于2002年年底竣工投产，基本解决了基首都的供电难题。（崔杰）

科科斯（基林）群岛

名称 科科斯（基林）群岛［Cocos（Keeling）Islands］。

面积 14.2平方公里。

人口 596人（2014年）。其中，58%为科科斯马来人，主要在主岛（Home Island）居住；26%为欧洲人，主要在西岛（West Island）居住，多数为短期居住的政府官员。官方语言为英语。当地岛民主要讲英语和马来语的混合方言——科科斯马来语。80%的岛民都是信奉逊尼派的穆斯林。

行政中心 西岛。

行政长官 巴里·哈斯（Barry Haase），2014年10月上任。

重要节日 澳大利亚国庆日：1月26日。

简　况　位于距澳大利亚珀斯西北2768公里的印度洋中，由27个岛屿组成，形成两个海拔较低的环形珊瑚礁。气候温和，温度在21℃—32℃，年均降水量2000毫米。

原本无人居住，1609年被东印度公司威廉·基林（William Keeling）船长发现。1826年，亚历山大·黑尔（Alexander Hare）在岛上建立第一个定居点。1857年，英国宣布拥有科岛主权。1878年起被锡兰（现称斯里兰卡）统治。1886年划入海峡殖民地（现新加坡和马来西亚的一部分）。同年，英王把科岛的土地赠予约翰·克卢尼斯·罗斯（John Clunies-Ross）及其继承人。1946年，科岛成为新加坡的属地。

1955年11月，科岛的行政权被移交给澳大利亚联邦政府，划入澳北方领土地区，由来自澳大利亚的代理人担任官方代表。1975年起，澳政府任命一名行政官员，与澳地区服务、领土和地方政府部长一起负责管理科岛。

1977年6月，澳政府买下约翰·克卢尼斯·罗斯在岛上除房产外的全部股权后，公布了对科岛的新政策。1984年10月，澳高等法院裁定，澳政府为获得克卢尼斯·罗斯剩余财产所采取的行动不符合宪法。1993年，克卢尼斯·罗斯家族宣布破产，其财产归澳政府所有。

政　治　1979年7月，科岛成立议会。1984年4月6日，澳政府举行了有联合国观察员参加的公民投票，决定科岛未来的政治地位。大部分岛民赞成科岛并入澳大利亚联邦。从此，岛上居民享有与澳大利亚公民同等的权利和义务。1992年，根据澳西澳州法律成立科岛地方议会。议会每两年召开。1993年第一届地方议会经选举产生，成员七人。澳总检察部以社区公告（Community Bulletins）和政府公告（Government Gazettes）的方式向科岛居民发布信息。2007年3月，澳政府各部门根据“提供服务安排”（Service Delivery Arrangements）向该岛居民提供政府服务。行政长官由澳总督任命，向澳基础设施与地区发展部长负责。

经　济　渔业资源丰富。岛民饲养家畜，种植蔬菜、香蕉和巴婆果，但不能自给自足，其他食品、燃料和日用消费品需从澳大利亚进口。椰子是岛上唯一的经济作物。使用澳大利亚货币。

工业以椰干肉生产为主。旅游业规模较小，但增长较快。农产品有蔬菜、香蕉、木瓜和椰子。

出口产品以椰干肉为主。进口主要面向澳大利亚。贸易赤字由澳联邦财政拨款、补助和邮票销售收入（科岛于1979年9月开办邮政业务）来抵消。

【交通运输】每周有一架航班经圣诞岛往返于西岛和澳大利亚珀斯之间，运送旅客和邮件。2010年建成首个机场。每隔4—6周有货船从新加坡和珀斯运送补给。截至2007年，岛上有公路22公里，其中10公里铺有路面。

人民生活　诊所工作日开放，除紧急情况外需预约就诊，病情严重者将被送往西澳州首府珀斯救治。

军　事　澳大利亚联邦警署负责提供岛上一般性警务服务，处理移民、检疫等事务。未经许可，禁止进口枪支和弹药。

文化教育　【教育】有两所公立学校分别位于主岛和西岛，主要提供初等教育，西岛为16岁及以上的公民提供中等教育。科科斯马来青少年可依靠奖学金去澳大利亚本土完成高等教育。

【新闻媒体】有一家非商业性广播电台（Radio VKW Cocos），每天用科科斯马来语和英语广播。另有一家电视台，1992年成立，播放印度尼西亚、马来西亚和澳大利亚的卫星电视节目。

对外关系　属澳大利亚海外领地。

（陈哲颖）

库克群岛

国名　库克群岛（The Cook Islands）。

面积　陆地面积240平方公里。

人口　13700人（2013年9月），均持新西兰护照。毛利人（属波利尼西亚人种）占92%，欧洲后裔占3%。通用语为库克群岛毛利语和英语。居民69%信奉基督教新教，15%信奉罗马天主教。

首都　阿瓦鲁阿（Avarua），位于拉罗汤加岛（Rarotonga）。

国家元首　英国女王伊丽莎白二世。女王代表汤姆·马斯特斯（Tom Marsters），2013年8月9日就任。

重要节日　宪法日（国庆日）：8月4日。

简　况　位于南太平洋，南纬8°—23°，西经156°—167°，属波利尼西亚群岛，由15个岛屿和岛礁组成。属热带海洋性气候。年均气温24℃，年均降水量2000毫米，12月至翌年3月为雨季。

毛利人为原住民。1773年英国海军上校库克船长探险到此地，以“库克”命名。1888年成为英国保护地。1901年成为新西兰属地。1964年在联合国监督下举行全民公决，通过宪法。1965年宪法生效，实行内部完全自治，享有完全的立法权和行政权，同新西兰保持自由联系，防务和外交由新西兰负责，但只有应库克政府要求，新西兰方可采取行动。1989年，新西兰政府致函联合国，声明库克有完全宪法能力自主处理对外关系和签署国际协定，希望国际社会视库克为主权国家。

政　治

【宪法】1964年立法院批准库克群岛宪法。1965年宪法生效。1981年和1991年两度修改宪法。1994年大选时对国名、国旗、国歌、议会任期和是否保留海外选区进行全民公决，投票结果为维持原状不变。2004年9月大选宣布取消海外议席并将议会任期由原来的五年缩短为四年。

【议会】一院制，由普选产生的24名议员组成立法会议，任期四年。现任议长为尼基·拉特尔（Niki Rattle）。此外，1966年成立酋长院，由代表各岛的20名酋长组成，就土地使用和传统习俗向议会和政府提出建议。现任院长为托乌·特拉维尔·阿里基（Tou Travel Ariki）。

【政府】由议会多数党组成。2010年11月，库克群岛党领袖亨利·普那（Henry Puna）领导该党赢得议会选举，出任总理。内阁共有六名阁员。2014年7月9日，库克群岛举行新一届大选，经数次补选，执政的库克群岛党于2015年2月确认赢得连任。该党领袖普那连任总理。

【司法机构】设高等法院和上诉法院。高等法院由首席法官和另五名法官组成，设民事庭、刑事庭和土地庭。上诉法院有三名法官，其中一名须为新西兰上诉法院或高等法院法官。上诉法院的上诉呈递英国枢密院。1993年5月起，有关土地和首领头衔的案件由岛内法院自行审理，民事和刑事案件仍上诉枢密院。另设有儿童法院审理少年犯罪案。

【政党】主要政党为：

（1）库克群岛党（Cook Islands Party）：执政党。1964年成立，现领袖为亨利·普那。

（2）民主党（Democratic Party）：反对党。1971年成立，现领袖为罗伯特·威格莫尔（Robert Wigmore）。

【重要人物】**亨利·普那**：总理。生于1949年7月。历任库克群岛政府贸易、劳工、交通和旅游部秘书长。2005年当选马尼希基选区议员，2006年出任库克群岛党领袖，同年落选议员席位。2009年连任该党领袖，2010年重新当选马尼希基选区议员并出任库克政府总理。2015年胜选连任。业余从事珍珠养殖，并曾担任南太港口协会主席、库克群岛港口管理局主席等社会职务。

经　济

库克群岛主要经济来源是旅游业。农业和海洋资源丰富，黑珍珠养殖业发展较快。其他出口商品有：木瓜、鲜鱼、服装等。主要进口商品为机器设备、食品和活畜、工业制成品、燃料和化学品。财政收入较依赖外援。

2014年国内生产总值：3.83亿新元。

货币名称：使用新西兰货币，1新元约合0.64美元（2016年1月）。

通货膨胀率：2.1%。

【工业】有水果加工及生产香皂、香水、旅游纪念品的小型工厂若干家，以及加工纪念硬币、邮票、贝壳和手工艺品的作坊。

【农、渔业】出产椰干、香蕉、柑橘、菠萝、咖啡、芋头、芒果和木瓜等。饲养猪、山羊和家禽等。海洋资源丰富，黑珍珠养殖业发展较快。

【旅游业】支柱产业。是库第一大收入来源。2012年游客数量为12.1万人次，新西兰为最大客源国。

【离岸金融业】有四家信托公司为外国资产提供保护，并向外国银行发放银行营业许可证。年获益约1000万新元。

【交通运输】公路：拉罗汤加岛有环岛公路，陆路交通工具主要是汽车和摩托车等。

海运：有三个海港，分别在拉罗汤加岛、艾图塔基岛和彭林岛。拉罗汤加岛的阿瓦蒂乌港可停泊3000吨货轮。拉罗汤加船运公司和库克群岛国家船运公司经营库克群岛与纽埃、新西兰、萨摩亚、汤加之间的定期货运业务。库克群岛水运委员会与另一船运公司负责各岛之间的运输。

空运：拉罗汤加岛上的阿瓦鲁阿国际机场可供波音747飞机起降。艾图塔基岛有一国内机场，另外七个岛仅有飞机跑道。拉罗汤加航空公司经营国内航线。新西兰航空公司、萨摩亚波利尼西亚航空公司有定期航班从拉罗汤加岛飞往奥克兰、洛杉矶、夏威夷等地。2007年4月，拉罗汤加航空公司和塔希提航空公司开通拉罗汤加至塔希提航线，代替此前新西兰航空公司已停运的相应航线。

【对外贸易】2014年出口额为2127.6万新元，进口额为1.34亿新元。主要出口商品为鱼类、珍珠、木瓜等。前四大出口市场为日本、新西兰、美国、澳大利亚。主要进口商品为燃料和化学品、机器设备、工业制成品、食品和活畜。前三大进口来源地为新西兰、澳大利亚、美国。

【外国援助】财政收入主要靠外援，接受外援的60%来自新西兰和澳大利亚。自2004年起，两国联合执行对库克群岛援助，由新西兰国际开发署负责协调。2009/2010财年，库接受外援2520万美元。2011/2012财年，新西兰、澳大利亚分别援助库克群岛1900万新元、440万澳元。2012/2013财年，新西兰、澳大利亚分别援助库克群岛1400万新元、680万澳元。

2013/2014财年，新西兰、澳大利亚分别援助库克群岛1400万新元、370万澳元。2014/2015财年，新西兰援助库克群岛1400万新元，澳大利亚计划援助库克群岛400万澳元。

欧盟自2002年起援助库克群岛。2002—2007年，援助总额为260万欧元。截至2001年，亚洲开发银行向库提供优惠贷款逾2460万美元。此外，库还与联合国开发计划署、联合国粮农组织等国际组织开展合作。

军　事

根据1965年宪法，新西兰负责库克群岛国防事务，但需要征得库政府同意。根据《互助行动纲领》，新西兰国防军支持库太平洋巡逻艇行动、潜水训练、小武器使用和安全以及相关搜救协助。该项目年度预算为16.2万新元。新西兰国防军还对库专属经济区进行例行巡逻。库克群岛全国共有警力110人，但不配枪支。

人民生活

库克群岛实行免费医疗。有八所政府医院，151张病床。

文化教育

【教育】库克群岛对四岁儿童进行学龄前教育，对6—15岁儿童实行义务教育。有中、小学39所，学生5560人，教师300多人。有一所师范学院。南太平洋大学拉罗汤加分校进行成人高等教育和函授教学。全国仅1%人口是文盲。新西兰为库克群岛学生提供到新西兰、斐济等国学习的奖学金。

【新闻出版】《库克群岛新闻》日报，用英文和毛利文出版。《库克群岛先驱报》，周六出版。库克群岛电台用英语和毛利语广播，转播澳大利亚、新西兰电台的国际和地区消息。拉罗汤加还有一家私人电台。库克群岛电视台除转播新西兰电视新闻外，主要播放美、澳电视节目。

对外关系

库克群岛不是联合国成员国，与中国、新西兰、澳大利亚、日本、法国、德国、印度、意大利、西班牙、葡萄牙、瑞士、波黑、斐济、伊朗、马来西亚、以色列、瑙鲁、挪威、巴布亚新几内亚、南非、梵蒂冈、泰国、比利时、古巴、牙买加、摩纳哥、东帝汶、土耳其、捷克等国及欧盟建立外交关系。驻外外交机构有：驻新西兰高专署、驻奥克兰总领馆、驻悉尼名誉领事、驻夏威夷名誉领事、驻奥斯陆名誉总领事。除新西兰向库派常驻高专外，澳大利亚、中国、斐济、法国、印度、马来西亚、挪威、巴布亚新几内亚、南非向库派兼任大使或高专，法国、德国、英国和瑙鲁在库设名誉领事。库是联合国开发计划署、联合国粮农组织、联合国教科文组织、世界卫生组织、世界气象组织、国际民航组织、国际海事组织、亚洲开发银行、国际红十字会等国际组织成员，是英联邦和联合国亚太经社理事会准成员国，是太平洋共同体、太平洋岛国论坛、非加太集团等地区组织成员。

库克群岛与新西兰签有防务、民航等协定，与韩国、挪威签有渔业协定，与美国、法国签有海域边界条约，与法国签有友好合作协定，与斐济签有双边贸易协定。2000年6月，库加入“非加太集团”，与欧盟15国在贝宁签署经济贸易伙伴关系文件《科托努协定》（原洛美协定）。2000年，为加强与欧盟关系，库任命了首任驻欧盟特别代表。8月，库正式签署《中西太渔业公约》。

2010年4月，新西兰—库克群岛联合部长级会议在库召开。8月，库总理马鲁雷出席在瓦努阿图举行的第41届太平洋岛国论坛首脑会议。同月，国际电信联盟太平洋地区会议在库召开。12月，新西兰外长麦卡利访库。2011年3月，库克群岛与日本建交。6月，库克群岛总理普那访问日本。8月，库克群岛总理普那访问新西兰并出席第42届太平洋岛国论坛首脑会议。11月，库克群岛总理普那先后出席在新喀里多尼亚举行的太平洋共同体第七次会议、在夏威夷举行的太平洋岛国领导人会议和在萨摩亚举行的波利尼西亚次区域国家领导人会议。12月，库克群岛与菲律宾建交。2012年1月，库克群岛总理普那出席在阿联酋阿布扎比举行的太平洋岛国领导人加速可再生能源吸收会议。2月，新西兰外长麦卡利访问库克群岛。5月，库克群岛总理普那先后出席在巴巴多斯举行的联合国小岛屿发展中国家能源可持续发展会议和在日本冲绳举行的日本—太平洋岛国论坛首脑会议。6月，库克群岛总理普那出席萨摩亚独立50周年庆祝活动。8月，库克群岛举行第43届太平洋岛国论坛首脑会议。11月，库克群岛总理普那赴巴布亚新几内亚主持非加太集团太平洋岛国领导人特别会议。

2013年2月，库克群岛总理普那、财政部长布朗和海洋资源部长毕晓普在新西兰皇后镇同新西兰外长麦卡利举行两国第2届联合部长级论坛。3月，库克群岛总理普那赴汤加和新西兰出席太平洋岛国领导人能源峰会和太平洋能源峰会。

2014年2月，新西兰外长麦卡利访问库克群岛，出席新西兰、中国、库克群岛三方合作供水项目开工仪式。5月，太平洋岛国论坛闭门峰会在库克群岛拉罗汤加岛举行，讨论重振以“太平洋计划”为蓝图的区域合作和一体化战略。

2015年2月，库总理普那访问新西兰。3月，澳大利亚外长毕晓普访库。

【同中国的关系】自1997年7月25日中国与库克群岛建交以来，两国关系发展顺利，各领域交流与合作不断拓展。2014年11月，习近平主席对斐济进行国事访问时在楠迪同包括普那总理在内的建交太平洋岛国领导人举行集体会晤，中国同岛国宣布建立相互尊重、共同发展的战略伙伴关系。

2010年4月，库克群岛总理马鲁雷就青海玉树地震致函胡锦涛主席表示慰问。8月，国家主席胡锦涛致电库克群岛女王代表古德温，对库克群岛宪法日表示祝贺。同月，库克群岛副总理罗伯特·威格莫尔来华出席上海世博会库克群岛国家馆日活动。同月，外交部副部长崔天凯在瓦努阿图出席太平洋岛国论坛会后对话会期间会见库克群岛总理马鲁雷。12月，国务院总理温家宝、外交部长杨洁篪分别致电库克群岛新一届政府总理普那、副总理兼外交和移民部长马斯特斯，祝贺其就任。同月，中国新任驻库克群岛大使徐建国向库克群岛女王代表古德温递交国书。

2011年3月，吴邦国委员长致电祝贺库克群岛议长亨利就任。8月，胡锦涛主席致电库克群岛女王代表古德温，祝贺库克群岛宪法日。同月，广东省文艺代表团赴库克群岛演出，并参加库克群岛宪法日活动。9月，库克群岛总理普那首次非正式访华。10月下旬至11月上旬，库克群岛旅游部长毕晓普出席在昆明举行的中国国际旅游交易会，并访问北京、上海、浙江、广州，深圳，中库签署为期三年的渔业合作协定。11月，库克群岛文化发展部长希瑟率团出席广东国际旅游文化节。

2012年5月，吴邦国委员长就库克群岛议长亨利逝世向库总理普那致唁电。6月，吴邦国委员长致电祝贺库克群岛议长拉特尔就任。8月，胡锦涛主席致电库克群岛女王代表古德温，祝贺库克群岛宪法日。11月，库克群岛总理普那致函祝贺习近平当选中国共产党中央委员会总书记。

2013年11月，库克群岛总理普那来广州出席第二届中国—太平洋岛国经济发展合作论坛。汪洋副总理在广州会见普那一行。2013年12月，普那总理致信汪洋副总理，就中方成功举办第二届中国—太平洋岛国经济发展合作论坛表示祝贺。

2014年8月，库女王代表马斯特斯致信习近平主席，邀请习主席2015年8月4日出席库克独立50周年庆祝活动。10月，习近平主席就库总理普那发来国庆贺信向普致复谢电。

2015年8月，习近平主席致电库克群岛女王代表马斯特斯，祝贺库宪法日50周年。同月，中国驻新西兰兼驻库克群岛大使王鲁彤作为中方代表出席库宪法日50周年庆典。10月，中国—太平洋岛国论坛对话会特使杜起文访问库克群岛。

中库自1997年建交以来，经贸关系发展较快。建交当年，中库双边贸易总额为14.5万美元。2014年，中库双边贸易额为2112万美元，同比增长3.1%。其中，中国出口1942万美元，同比下降0.3%；进口170万美元，同比增长69%。中国出口商品主要为机电产品和高新技术产品。进口商品主要为农产品。2012年8月31日，外交部副部长崔天凯在库克群岛出席第24届太平洋岛国论坛会后对话会期间与库克群岛总理普那、新西兰总理约翰·基共同发表《关于库克群岛供水合作项目的声明》。2014年2月，中国、库克群岛、新西兰三方合作在拉罗汤加岛实施的供水项目举行开工仪式，中国驻新西兰兼驻库克群岛大使王鲁彤、中国—太平洋岛国论坛对话会特使李强民以及库克群岛女王代表马斯特斯、总理普那、新西兰外长麦卡利等出席。

库克群岛是我国公民出境旅游目的地国。自2006至2007学年起，我国每年向库方提供2—7个奖学金名额。截至2015年9月，库方有一名学生获我国政府奖学金在华留学。

中国驻新西兰兼驻库克群岛大使：王鲁彤，2013年11月27日向库克群岛女王代表马斯特斯递交国书。馆址：2–6 Glenmore Street，Wellington，N. Z.。电话：00644–4749631；传真：4990419。经商处电话：4714101；传真：4714104。库克未在华设使馆。

（朱涛）

马绍尔群岛

国名 马绍尔群岛共和国（The Republic of the Marshall Islands）。

面积 陆地面积181.3平方公里（包括比基尼环礁、埃尼威托克环礁和夸贾林环礁），水域面积213.1万平方公里。

人口 7.09万（2014年），多属密克罗尼西亚人种。马绍尔语为官方语言，通用英语。54.8%的居民为新教徒，25.8%为神召会教徒，8.7%为天主教徒。

首都 马朱罗（Majuro）。

国家元首 希尔达·海因（女，Hilda Heine)，2016年2月当选。

重要节日 宪法日：5月1日。

简况

位于中太平洋密克罗尼西亚地区。由29个环礁岛群和五个小岛共51225个大小珊瑚岛礁组成。东南面岛礁统称为日出群岛，西北面的统称为日落群岛，两部分中间相隔约208公里。绝大多数人口集中在首都马朱罗和夸贾林（Kwajalein）岛。海岸线长370.4公里。属热带气候，年均气温27℃，年均降水量为3350毫米，5—11月为雨季，12月—翌年4月为旱季。

16世纪初西方航海者抵此。1788年英船长约翰·马绍尔到此勘察，该群岛由此得名。1886年成为德国的保护领地。第一次世界大战之初被日本占领，第二次世界大战中成为日本在太平洋作战的基地。

1944—1947年美国对其实行军管。1947年7月，马绍尔群岛被联合国交给美国托管，后与帕劳共和国、北马里亚纳群岛和密克罗尼西亚联邦构成太平洋岛屿托管地的四个政治实体。1983年6月25日与美国正式签署《自由联系条约》（1986年10月21日生效）。根据该条约，马获得内政、外交自主权，安全防务15年内由美国负责，可参加地区组织，但不能参加联合国。1990年12月22日，联合国安理会通过终止部分太平洋托管领土托管协定决议，结束马的托管地位。1991年9月17日，马成为联合国成员。

政　治

2016年2月1日，新一届议会选举希尔达·海因（女，Hilda Heine）为马绍尔群岛第八任总统。

【宪法】1979年3月通过，5月1日生效。宪法规定马绍尔群岛实行总统制。总统为国家元首，也是政府首脑，由议会选举产生。

【议会】称国会，一院制，由33名议员组成，任期四年。本届议会于2015年11月大选产生。现任议长肯尼思·凯迪（Kenneth Kedi），副议长杰沃里克·安东（Jejwarick Anton），均于2015年12月当选。此外，马绍尔群岛大酋长委员会（The Council of Iroji）在政治和社会生活中也发挥着重要作用。

【政府】内阁由总统任命的11名部长组成。本届内阁于2016年2月重组，成员有：总统助理部长马特兰·扎克哈拉斯（Mattlan Zackhras），外交部长约翰·西里克（John Silk），财政部长布伦森·瓦斯（Brenson S. Wase），内政部长阿曼塔·马修（Amenta Matthew，女），卫生部长卡拉尼·卡内考（Kalani Kaneko），教育部长威尔伯·海因（Wilbur Heine），交通通讯部长迈克·哈弗里提（Mike Halferty），司法部长托马斯·海因（Thomas Heine），资源与发展部长阿尔弗莱德·阿尔弗莱德（Alfred Alfred，Jr），公共工程部长托尼·穆勒（Tony Muller）。

【行政区划】全国分为33个城镇，主要城镇包括马朱罗、比基尼（Bikini）和夸贾林等。

【司法机构】设高等法院和最高法院。总检察长兼任司法部长。

【政党】主要政党有：

（1）联合人民党（The United People's Party，UPP）：2007年11月由原“我们的岛屿”党（AKA）联合部分独立议员组成的执政联盟。

（2）联合民主党（The United Democratic Party，UDP）：反对党，1999年6月25日成立。

【重要人物】希尔达·海因：总统。1951年4月生于马绍尔群岛马朱罗（Majuro Atoll）。早年于美国学习、工作，在南加利福尼亚州大学获得教育学博士学位。长期致力于太平洋岛国资源、气候变化等领域的教育和科学研究。2013年任教育部长。2016年2月当选总统。

经　济

马绍尔群岛经济落后，严重依赖外援，财政预算的60%以上依靠美国及其他国家和地区财政捐助。2006年以来，政府积极推行国有企业私有化政策，减轻政府债务水平，加大对教育的投入，加强基础设施建设，经济取得一定发展。

2014年主要经济数据如下：

国内生产总值：1.93亿美元。

人均国内生产总值：3539美元。

国内生产总值增长率：5%。

货币名称：美元。

【资源】海域面积广大，海底有钴壳和锰结核等矿产资源。部分岛屿蕴藏磷酸盐，渔业资源丰富，海产养殖及捕鱼业有较大发展潜力。

【农业】产椰子、香蕉、芋头、面包果等。近来，渔业生产增幅较大，椰干产量略有增加，由于收购价格提高，产值增幅较大。

【交通运输】以海运为主。

公路：总长152公里。

水运：商船数540艘（每艘注册总吨位在1000吨或以上）。目前共有2900艘船舶在马注册，马船舶注册量居世界第三。马朱罗为主要港口。来往于澳大利亚和日本的定期远洋客货轮在马经停。马经营的四艘船只航行于国内各主要岛屿之间。

空运：有15个机场，其中只有四个机场有铺设较好的跑道。主要机场在马朱罗，能起降波音737客机。马绍尔航空公司有定期航班飞往国内许多岛屿和邻近太平洋岛国。美国大陆/密克罗尼西亚航空公司每周有班机来往于檀香山、关岛和马朱罗。

【财政金融】主要收入来源为海外援款。

主要银行：马绍尔群岛银行（Bank of Marshall Islands），系商业银行，成立于1982年11月。

【对外贸易】出口产品结构单一，对外贸易连年赤字，且居高不下。主要贸易伙伴为美国、日本和澳大利亚，其中马美贸易额占马贸易总额的一半以上。

主要出口冷冻鱼、椰油、椰饼和手工艺品，进口食品、燃料、烟草、建材、汽车和机械设备。主要进口来源有美国、日本、澳大利亚、新西兰和中国等。

【外国援助】主要援助方有美国、日本、欧盟和中国台湾地区，其中美国援助最多。

人民生活

首都和伊拜岛各有一所医院，共有病床113张，医护人员约120名。2010年初，马接通海底光缆，开通了高速网络服务。

军　事

根据与美国协议，马绍尔群岛国防由美国负责。

文化教育

【教育】对6—14岁儿童实行义务教育，公立学校学费全免。马绍尔群岛学院（专科），有学生近400名。政府向符合条件的学生提供奖学金。

【新闻出版】主要报纸为私人办的《马绍尔周报》。政府不定期出版公报。岛上有卫星通信设备。有三个电视台，其中一个是独立台，另外两个是美国军方电视台。

对外关系

支持民族自决，主张保护海洋资源和环境，发展地区合作，建立南太平洋无核区，积极寻求与亚洲国家发展关系，开展平等互利的友好合作，以促进本国经济发展。

1996年9月，马绍尔群岛在全面禁核试条约上签字。2010年7月，在巴西举行的联合国教科文组织第34届年会表决通过将马绍尔群岛比基尼环礁核试遗址列入世界文化遗产名录（1946—1958年美共在此进行67次核试验）。

同70多个国家建交，系联合国、国际民航组织、太平洋岛国论坛、亚洲开发银行等20多个国际和地区组织成员。在美国、斐济、日本和联合国总部设使馆并派常驻大使。

【同中国的关系】中国与马绍尔群岛曾于1990年11月16日建交。1991年，中国在马建馆并派驻大使。1992年，马在华设馆并派常驻大使。

1998年11月20日，马绍尔群岛与台湾当局签署“建交”公报。12月11日，中国宣布中止与马的外交关系，撤回大使。

2008年，马绍尔群岛体育代表团参加北京奥运会。2010年，马绍尔群岛同其他太平洋岛国以太平洋联合馆形式参加上海世博会。2014年，中马双边贸易额为12.8亿美元，同比下降14.7%。其中中方出口额12.3亿美元，同比下降13%；进口额4343万美元，同比下降44.6%。马是中国在太平洋岛国地区第二大贸易伙伴。

2010年3月，台湾地区领导人马英九访马。2010年6月和9月、2011年6月，泽德卡亚总统先后赴台访问或出席会议。2012年5月，洛亚克总统赴台出席台湾地区领导人马英九就职仪式；10月，洛亚克总统赴台出席台“双十节”活动。2013年3月，洛亚克总统再次访台。

【同美国的关系】受美托管多年，与美关系密切。根据1986年生效的马美《自由联系条约》，马享有内政、外交自主权，但防务15年内由美负责，马公民可以自由出入美国。2003年5月，马美续签该条约，美承诺将在20年内继续向马提供经济援助，同时逐步为马建立信托基金。1986—2002年，美向马提供的经济援助超过10亿美元。

马在华盛顿和夏威夷分别设有使馆和领馆。美在马设有使馆。

【同日本的关系】曾被日本占领。马日关系密切。日每年平均对马援助额约400万—500万美元。1997年，日在马设使馆并派大使。日自1991年起向马派志愿者。

（付阳阳）

美国本土外小岛屿

根据国际标准化组织有关标准（ISO 3166），美国本土外小岛屿（United States Minor Outlying Islands）包括太平洋上的贝克岛、豪兰岛、贾维斯岛、约翰斯顿岛、金曼礁、中途岛、巴尔米拉环礁、威克岛及加勒比海上的纳瓦萨岛。

豪兰和贝克群岛（Howland and Baker Islands） 由两个无潟湖珊瑚礁岛组成，为美国无建制领土。位于太平洋中部靠近赤道处，东北距夏威夷3300公里。赤道气候，少雨，多风。地势低平，四周有暗礁环绕。无淡水资源。豪兰岛长2.4公里，宽0.9公里，陆地面积1.6平方公里，海岸线长6.4公里，陆地最高点为海平面以上3米。贝克岛长1.6公里，宽1.1公里，陆地面积1.4平方公里，海岸线长4.8公里，陆地最高点为海平面以上8米。

19世纪下半叶，美国人和英国人开始在此采集鸟粪。1935年，美国人在两岛建立居民点（二战期间撤废），并在贝克岛修建了一座灯塔。翌年，以上两岛划归美国内政部管辖。1937年，美国在豪兰岛修建了一个简易机场，现已不用。1942年，美国人在遭日军攻击后撤离。1943年美军在贝克岛建立了空军基地，战后废弃。1990年，美国会曾立法建议将两岛置于夏威夷州管辖。现在两岛是美国国家野生动物保护体系的一部分，由美国内政部鱼类和野生动物服务组织负责管理。无常住居民，一般只对科学家和研究人员开放。

豪兰岛为夏威夷和澳大利亚之间的航空中间站。美国海岸警卫队每年巡视两岛。两岛无港口，仅有小船停泊区。

贾维斯岛（Jarvis Island） 位于太平洋中部檀香山以南2417公里处，是美国无建制领土。全岛长约2.8公里，宽1.6公里，面积4.5平方公里，海岸线长8公里，陆地最高点为海平面以上7米。为沙岛和珊瑚岛，四周有暗礁环绕。无淡水资源。热带气候，少雨，多风。

美国人曾于1935年在此建立了名为米勒什维尔的定居点，作为气象站使用，二战期间撤废，1957年国际地球物理年时曾被科学家再度使用过。现岛上无常住居民。1974年，美国宣布该岛为野生动物保护地，由美国内政部管辖。1990年，美国国会有关立法建议将该岛置于夏威夷州管辖。目前仍由美国内政部鱼类和野生动物服务机构管理，每年巡视，一般只对科学家和研究人员开放。美国海岸警卫队每年巡视此岛。岛上无港口，仅有海面停泊所。西海岸中部有一灯塔。

约翰斯顿环礁（Johnston Atoll）属波利尼西亚群岛，为美国无建制领土。位于北太平洋中部，东北距夏威夷檀香山1328公里，有重要战略地位。主要由约翰斯顿、萨德两岛及北岛、东岛两个人工小岛组成。面积2.8平方公里，海岸线长34公里。热带气候，干燥，持续东北信风。地势平坦，陆地最高点为海平面以上10米。无淡水资源。

1807年，英国海军舰长查尔斯·詹姆斯·约翰斯顿发现该岛。1858年，夏威夷王国和美国对该岛归属发生争议。1898年美吞并夏威夷后，该岛属美国。1934年起由美海军部管辖，并在岛上修建了基地。1941年宣布为美海军防务区，建立海军航空兵站。1948年改由美空军管辖。20世纪五六十年代该岛为核武器试验区和飞机加油站，直到2000年一直是化学武器的储存及处理地。1983年，美国曾计划在此建立化学武器处理设施，但引起南太论坛及环保组织的抗议。1996年从德国转运至该岛的神经毒气炮弹在此岛完成销毁，有关化学武器设施的清理和关闭工作于2004年完成。该岛现由美国太平洋空军希卡姆空军基地（Hickam AFB）和内政部的鱼类和野生动物服务机构管理。

岛上有20条声讯数据线路，一定量的电信设施，可提供互联网服务；有商业卫星电视系统，可接收到30个频道，有7个电台。有一个飞机场，但已关闭。岛上曾有1100名美国军事人员和承包商，2005年美政府人员全部撤离。经济活动仅限于为岛上人员提供服务。所有食品和制成品依赖进口。

中途岛（Midway Island）属波利尼西亚群岛，为美国无建制领土。位于太平洋北部，地处太平洋东、西两岸的中途，东南距檀香山约2334公里。由沙岛、东岛和斯皮特岛组成，为珊瑚礁岛，陆地面积6.2平方公里，海岸线长15公里。地势低平，陆地最高点为海平面以上13米。亚热带气候，盛行东风。岛上无本土居民。

1859年，美国人布鲁克斯抵达该岛。1867年美占领该岛。1903年建成海军基地，并因其所处美国加州及日本中途的地理位置而被美海军改为现名。1905年在沙岛上建成夏威夷与菲律宾之间的海底电缆连接站。1935年建成民用航空站。1940年美国海军修建了航空和潜艇基地。1942年6月3—6日，美日曾激战于此。二次大战后，其商业航空站的地位下降，1950年取消了定期航班。现岛上有潜艇和空军基地，还设有野生动物保护区，对公众开放游览。1990年的一项美国国会立法要求将该岛包括在夏威夷州的范围之内。1993年，海军基地关闭。1996年10月，该岛从美国国防部转为美国内政部管辖，现由内政部鱼类和野生动物服务机构管理。岛上大约有40位美国鱼类和野生动物服务机构工作人员。目前，岛上的国家野生动物保护区因机构重组暂时关闭。经济活动仅限于为岛上的国家野生动物保护活动提供服务。所有食品和制成品依赖进口。

岛上有7.8公里的管道，一个港口（沙岛），三个机场（只有一个正常运营）。

威克岛（Wake Island）美国无建制领土。位于北太平洋，关岛以东约2060公里，由三个小礁岛组成，形成于水下的火山之上，中央的潟湖即原来的火山口。面积6.5平方公里，海岸线长19.3公里。陆地最高点为海平面以上6米。热带气候，偶有台风。

该岛地处关岛和夏威夷之间，战略地位重要，被称为“太平洋的踏脚石”。1940—1941年，美国在岛上建立了重要的空军与海军基地。1941年12月，日本占领此岛直至二战结束。1962年，美国在岛上建成了现代化机场，1964年完成了新的海底电缆的铺设。该岛还是檀香山和关岛海底电缆的连接点。1972年，该岛交由美国防部管辖。1974年用作导弹试验基地。20世纪70年代中期至今，成为美空军紧急降落基地，也是美民航和军用飞机从檀香山到东京和关岛的加油站。1990年美国国会有一项立法建议将该岛置于关岛管辖范围内。目前该岛由美国内政部管辖，美国空军管理岛上活动。

岛上无本土居民，只有约75名美军事人员和承包商。经济活动仅限于为岛上的军事人员和承包商提供服务。所有的食品和制成品依赖进口。岛上有电话系统和卫星通信系统。无港口，有两个大型船只近海停泊区；有一个飞机场，供美军和商业货运飞机使用。

马绍尔群岛共和国（南距该岛500公里）以该岛在传统宗教仪式上的重要性为理由，对该岛提出主权要求。

金曼礁（Kingman Reef）为美国无建制领土。位于太平洋中部的莱恩群岛北部，檀香山以南1778公里，面积1平方公里。陆地最高点不到海平面以上两米。1922年属美国。1934年曾为美国海军基地。现无人居住。

巴尔米拉环礁（Palmyra Atoll）为美国无建制领土。位于莱恩群岛北部、金曼礁以南。面积11.9平方公里。陆地最高点为海平面以上三米。无常驻居民，有一个私人机场。岛上有4—20位大自然保护协会、美国鱼类和野生动物服务机构工作人员。

纳瓦萨岛（Navassa Island）位于加勒比海，在海地和牙买加之间。面积5.4平方公里。无人居住，岛上有灯塔。美国将其列为无建制领土，由内政部管辖。海地对该岛有主权要求。（吴炳江）

美属萨摩亚

名称 美属萨摩亚（American Samoa），又称“东萨摩亚”。

面积 陆地面积199平方公里。

人口 54343人（2015年预计）。多属波利尼西亚人种，还有少数韩国人和华人。讲萨摩亚语，通用英语。居民多信奉基督教公理会教派和天主教。

首府 帕果帕果（Pago Pago）。

总督 莫里加（Lolo Matalasi Moliga），2012年11月当选。

重要节日 旗日：4月17日。

简况

位于中太平洋南部国际日期变更线东侧，属波利尼西亚群岛。包括萨摩亚群岛的土土伊拉、奥努乌、罗斯岛、马努阿群岛的塔乌、奥洛塞加、奥福岛及斯温斯岛。70%的土地为丛林覆盖，主岛土土伊拉岛最高峰拉塔山海拔964米。属热带海洋性气候。5—10月为旱季，11月至翌年4月为雨季。年平均气温21℃—32℃，年平均降水量5000毫米。

大约公元前1000年已有人居住。1722年荷兰人抵此。后法、英、德、美国人相继到此。1899年，根据美、英、德三国协定，美德分治萨摩亚群岛。1900年，东萨摩亚成为美国殖民地。1922年成为美国非建制领土。1951年以前是美国海军基地，由美国海军部管辖。1951年7月划归美国内政部岛屿事务办公室管辖。总督为最高行政官。

政治

1977年11月，彼得·塔里·科尔曼在首次普选中当选美属萨摩亚总督，并于1980年连任。1984年11月，阿菲奥格·鲁塔里当选总督。1988年11月，科尔曼击败鲁塔里，重新当选为总督。1992年11月，鲁塔里再次当选总督。1996年11月，塔乌埃塞·皮塔·苏尼亚当选总督，2000年11月再次当选。2003年4月，托吉奥拉任代理总督。2004年11月，托吉奥拉当选总督，2008年连任。2012年11月莫里加当选总督。

【议会】有参众两院。参院有18个席位，参议员用从选区酋长中推选的传统方法产生，任期四年。众议院有21个席位，其中20席由选举产生，另一席为斯温斯岛代表，任期两年。

美属萨摩亚在美国国会众议院中有一席，由该岛居民选出，无投票权。现任众议员阿玛塔·科尔曼·拉德维根（Amata Coleman Radewagen），共和党人，2014年在选举中击败伊尼·法里奥马维加，2015年1月正式接任美属萨摩亚国会众议院代表一职。

【政府】政府首脑为总督莫里加。

【司法机构】有高级法院。法官由美国内政部任命。

【政党】两党制：民主党和共和党。

经济

属传统波利尼西亚经济，90%的土地为公有地。美属萨摩亚土地贫瘠，多山，可耕地占10%，仅出产少量香蕉、椰子、薯类和蔬菜，粮食、水果和日用品不能自给。经济以金枪鱼捕捞和加工业为支柱，金枪鱼罐头是其主要出口产品。财政严重依赖美国联邦政府财政转移支付。2014年，该地区生产总值为76.45亿美元，人均1.19万美元。货币为美元。

【工业】主要工业是美国投资的两家金枪鱼罐头厂、一家制衣厂和少量手工业。两家罐头厂年加工量20多万吨，雇用5000多名工人（其中4000多为萨摩亚人），产品绝大部分销往美国。制衣厂雇用400多名工人。

【农业】以传统作物为主，如椰子、香蕉、芋头、面包果和蔬菜等。

【旅游业】政府致力于发展旅游业，但由于资金缺乏及交通不便，东萨旅游业目前发展缓慢。全地区有一家“造雨”旅馆和七家汽车旅馆。

【交通运输】首都帕果帕果是天然良港，可泊万吨轮。国际机场可起降大型客机。政府的萨摩亚航空公司（Samoa Air）只有两架19座和一架9座的客机。三个机场。公路241公里。

【财政金融】财政年度始自当年10月1日，止于次年9月30日。2015财年，预算总额为4.17亿美元，37%来源于当地税收，63%来自美联邦政府补助；当年实际政府开支约1.836亿美元。

主要银行有：美属萨摩亚银行（American Samoa Bank）和美属萨摩亚开发银行（Development Bank of American Samoa）。

【对外贸易】2014年，进口额为6.66亿美元，主要进口产品是用于罐头加工的生鱼（56%）、食品、燃料、机械及零部件等，主要进口地是澳大利亚、萨摩亚和新西兰；出口额为4.12亿美元，出口产品93%为金枪鱼罐头，主要出口印尼、印度、澳大利亚、日本和新西兰。

人民生活

在美属萨摩亚，职工最低工资标准每小时2.63美元（1999年），70%以上的工人拿最低工资或接近最低工资。东萨人享受免费医疗，住院每天只象征性交7美元。有中心医院一所，卫生中心两所。

文化教育

【教育】美属萨摩亚中小学全部实行12年义务教育，共有公、私立各类学校115所，其中学龄前儿童学校59所，幼儿园30所，小学32所，中学9所，社区学院1所（美属萨摩亚社区学院有学生1000多名，教师40多名，学制两年），还有一所特别教育学校。

【新闻出版】报刊有《萨摩亚新闻》日报和《美属萨摩亚政府通讯》。有三家电台。WVUV电台为商业电台，1975年由政府租借给萨摩亚广播公司，用英语和萨摩亚语播音。有一家有线电视台。

KVZK电视台：建于1964年，为政府所有，现有三个频道，每天播放18个小时的电视节目。有六个互联网服务提供商（2015年）。（王胜耀）

密克罗尼西亚联邦

国名　密克罗尼西亚联邦（The Federated States of Micronesia）。

面积　陆地面积705平方公里，水域面积298万平方公里。

人口　10.21万（2015年）。密克罗尼西亚人占97%，亚洲人占2.5%，其他人占0.5%。官方语言为英语。天主教徒占50%，新教徒占47%，其他教派和不信教者占3%。

首都　帕利基尔（Palikir），位于波纳佩州（Pohnpei）。

国家元首　总统彼得·克里斯琴（Peter M. Christian），为密第八任总统（2015年5月11日连任）。

重要节日　独立日（国庆日）：11月3日；宪法日：5月10日。

简　况

位于中部太平洋，属加罗林群岛。东西延伸2500公里。海岸线长6112公里。由607个大小岛屿组成，其中四个主要大岛为：波纳佩（Pohnpei）、丘克（Chuuk）、雅浦（Yap）和科斯雷（Kosrae）。岛屿为火山型和珊瑚礁型，多山地。属热带气候。4月至11月为雨季，12月至翌年3月为旱季。年均气温27℃，年均降水量约2000毫米，其中波纳佩年降水量约3000毫米，是世界上降水量最多的地方之一。

4000年前就有人居住。16世纪被西方航海者发现。19世纪中期英、美、德国先后在此设立贸易点，1885年遭西班牙占领，1899年被转让给德国。第一次世界大战后（1914—1945年）被日本占领，第二次世界大战后被美国占领。1947年，联合国将密交美国托管，后与马绍尔群岛、北马里亚纳群岛和帕劳构成太平洋岛屿托管地的四个政治实体。1965年1月成立议会，此后不断要求自治。1969年，密开始就未来政治地位同美国谈判。1979年5月10日通过宪法，密克罗尼西亚联邦成立。1982年与美国正式签订《自由联系条约》，1986年11月3日生效，密联邦正式独立。根据《自由联系条约》，密获得内政、外交自主权，安全防务15年内由美国负责。1990年12月，联合国安理会召开会议，结束密联邦的托管地位，1991年9月17日接纳密为联合国正式成员国。2003年密美双方就《密美自由联系条约》续约一事达成协议，将该条约延长20年，2004年5月生效至2023年。

政　治

【宪法】1979年5月10日通过并生效。宪法规定，总统为国家元首，也是政府首脑，由国会议员从来自四个州的四位四年期议员中选举产生。

【议会】称联邦国会，一院制，由14名议员组成，其中每州一名任期四年的“全任期”议员，其余10名议员任期两年，按人口比例在各州分配。第19届国会议员于2015年3月11日选举产生。现任议长为韦斯利·西米纳（Wesley W. Simina），副议长为伯尼·马丁（Berney Martin）。

【政府】内阁部长由总统提名，国会批准后组成联邦内阁。现内阁成员主要有：副总统尤斯沃·乔治（Yosio P. George），外交部长洛林·罗伯特（Lorin S. Robert），资源与发展部长马里恩·亨利（Marion Henry），交通、通信及基础设施部长卢克诺·威尔巴克（Lukner Weilbacher），财政与行政事务部长辛娜·劳伦斯（Sihna N. Lawrence），司法部长约瑟·盖伦（Joses R. Gallen），教育部长卡尔文·凯法斯（Kalwin Kephas）等。

【行政区划】全国共分为四个州：从西往东依次为雅浦、丘克、波纳佩和科斯雷。

【司法机构】设最高法院、州法院。联邦首席大法官为终身制，现任大法官丹尼斯·雅马斯（Dennis K. Yamase），2015年7月就任。

【重要人物】**彼得·克里斯琴**：总统。1947年10月16日生于波纳佩州。毕业于美国夏威夷大学。1975年任密联邦波纳佩州议员。1979年当选密联邦第一届国会议员，后连任至2007年。2003年担任议长。2009年再次当选波纳佩州四年期国会议员，并连任至今。2015年5月当选密联邦第八任总统。

经　济

密克罗尼西亚联邦经济落后，绝大多数人的经济生活以村落为单位。产椰子、胡椒、芋头、面包果等农产品。渔业资源丰富，尤以金枪鱼著名。粮食及生活日用品大多靠进口。严重依赖外援，国内缺乏有效的市场机制和良好的投资环境，经济发展缓慢。密将农业、渔业、旅游业作为经济的"三大支柱"。

2014财年主要经济指标如下：

国内生产总值：3.15亿美元。

人均国内生产总值：3041美元。

国内生产总值增长率：–3.4%。

货币名称：美元。

通货膨胀率：–1.0%。

【资源】密海域是世界著名的金枪鱼产地。蟹、贝类、龙虾、淡水鳗和虾等资源待开发。

【工业】工业落后，只有少量加工业，如渔产品加工厂、制皂厂、椰油加工厂和成衣加工厂。建筑和机械修理行业部分由外国人经营。

【农业】农业落后，无粮食种植。椰子、香蕉、面包果、木瓜、木薯等热带果木到处可见。出产优质黑胡椒，出口国外。

【旅游业】旅游资源较为丰富，不仅热带风光秀丽，而且保存着独特的民族传统文化和风俗，还有"纳马杜"古城堡、"石币银行"等古迹以及太平洋战场遗址。2014年入境外国游客近2.2万人次，主要来自美国（40%）、日本（17%）、欧洲（13%）、菲律宾和澳大利亚。

【通信】设有电话、电报、互联网、邮政和地面卫星设施。2010年3月关岛与波纳佩州间海底光缆接通。2014年，波纳佩州开通3G网络服务。目前密联邦政府正在积极配合世界银行开展密联邦各州和帕劳之间的海底光缆互通工程。

【交通运输】岛屿之间交通主要有空运和海运。境内机场可供波音737飞机起降。公路运输较为落后。无铁路。

公路：全国公路长约240公里。

水运：联邦政府拥有三艘800吨级以上轮船定期来往于各州。各州政府共有四艘600吨左右的客

货两用船。中国政府分别于2004年10月和2007年2月向密丘克州和雅浦州各提供一艘客货两用船。各州的港口均可停靠远洋级货轮。主要港口：波纳佩港（Pohnpei Port）、科洛尼亚（Colonia）、莱莱（Lele）、莫恩（Moen）。

空运：各州均有小型国际机场。美国联合航空公司、瑙鲁航空公司每周有数次航班往来于关岛、夏威夷、马绍尔群岛、布里斯班、波纳佩、丘克、雅浦和科斯雷。

【对外贸易】贸易逆差严重。主要进口产品为食品（约占40%）、燃油、日用品、机械、汽车和燃油等。主要进口市场为美国、韩国、日本、菲律宾和中国。出口产品以离岸捕鱼（约占87%）、槟榔、珊瑚鱼、金枪鱼、黑胡椒、黑珍珠、熟食和萨考酒为主，主要出口市场为泰国（48%）、中国、日本、韩国和菲律宾。密产品可优惠向美出口。

【外国援助】密克罗尼西亚联邦接受的外援主要来自美国。根据《密美自由联系条约》，美国在1986—2001年间，共向密提供13.4亿美元的援助。根据2003年续签后的《密美自由联系条约》，美将在20年内向密提供总额约18.5亿美元的援款，其中部分用于设立信托基金。2023年后，美将停止援助，密靠信托基金自力更生。密同时也积极寻求外部援助。

人民生活

全国有4所公立医院，1所菲律宾人经营的私立医院，1所精神病康复中心，82个诊所，病床319张。有58名医生，从事医疗卫生工作的人员有1000人。医疗卫生经费约占密年度财政预算的10%。

军　事

根据《密美自由联系条约》，密国防由美国负责。密无军队，只有少量警察。

文化教育

【教育】密克罗尼西亚联邦政府重视发展教育事业，宪法规定对5—14岁儿童实行强制性义务教育，政府每年在教育上投入经费占密年度预算的20%左右。密有一所专科学院密克罗尼西亚联邦学院（COM-FSM），在密四个州各有一所分校。该校共有在校学生约2400名，教师约100名，雇用部分外籍教师。密有公立学校218所，私立学校25所，在校学生约3万人。文盲率11%。

【体育】密克罗尼西亚联邦曾派体育代表团参加2000年悉尼奥运会和2004年雅典奥运会，参赛项目有游泳、田径和举重。2006年，雅浦州举重选手曼努·明英菲尔（Manue Mingingfel）排名世界第三。密派团参加2008年北京奥运会，参加举重、摔跤、游泳等项比赛。

【新闻出版】波纳佩州现有一份私人出版、在全国四个州销售的双周刊报纸《你好通讯》（The Kaselehlie Press）。科斯雷、丘克和雅浦州政府分别定期发行时事通讯。雅浦州政府设有网站。

密各州均设有广播电台，政府电台每天广播16—18小时。有一家联邦电信公司控股的有线电视台，转播美国有线新闻网（CNN）、英国广播公司（BBC）、日本广播协会（NHK）、澳大利亚广播公司（ABC）、半岛电视台等频道的电视节目。

对外关系

密克罗尼西亚联邦以"和平、友谊与合作"为其发展对外关系的指导原则。政治上积极争取国际社会的广泛承认，树立独立自主形象；经济上谋求国际经济技术援助，促进经济自立的进程。目前，密已同77个国家建交。

密克罗尼西亚联邦是联合国、太平洋岛国论坛、太平洋共同体、太平洋岛屿发展计划、太平洋椰子共同体、亚太广播联盟、亚太经社理事会、亚洲开发银

行、国际民航组织、世界卫生组织和国际奥委会等19个国际和地区组织成员。1991年7月和1998年8月，密成功举办了第22届和第29届太平洋岛国论坛首脑会议。1997年9月，密主办了太平洋区域环境署（SPREP）第6次会议。《中西部太平洋高度洄游鱼类养护和管理公约》委员会总部设在密联邦波纳佩州。

【同中国的关系】1989年9月11日建交。2014年11月，习近平主席对斐济进行国事访问时在楠迪同包括莫里总统在内的建交太平洋岛国领导人举行集体会晤，中国同岛国宣布建立相互尊重、共同发展的战略伙伴关系。

中方访密的主要有：副外长周文重（2005年2月）、副外长杨洁篪（2005年11月）、全国人大外事委员会副主任委员吉佩定（2006年5月）、外长李肇星（2006年7月）、全国人大常委会副委员长蒋正华（2007年9月）。此外，2007年7月，外交部部长助理何亚非作为中国政府特使出席密总统就职典礼。2011年7月，卫生部副部长王国强作为中国政府特使出席密新一届领导人就职庆典。2015年7月，国家海洋局局长王宏作为习近平主席特使出席密新一届领导人就职仪式。

密方访华的主要有：哈格莱尔加姆总统（1990年11月）、奥尔特总统（1992年9月）、法尔卡姆总统（2000年3月）、基里昂副总统（2002年10月、2006年7月）、乌鲁塞马尔总统（2004年3月、2006年4月）、克里斯琴议长（2005年10月）、副议长菲利普（2006年11月）、外长阿内法尔（2006年2月）、莫里总统（2008年8月出席北京奥运会开幕式，2010年4月底至5月初进行国事访问并出席上海世博会开幕式，2012年9月来华出席宁洽会，2013年出席第二届中国—太平洋岛国经济发展合作论坛并访问深圳、香港）、外长罗伯特（2008年9月来华出席北京残奥会开幕式）、菲吉尔议长（2008年10月访问新疆）、阿利克副总统（2009年7月和11月，2010年8月底至9月初出席上海世博会密国家馆日活动并访问宁夏和山东，2011年10月出席第12届中国西部国际博览会、2014年10月）、副议长普里莫（2010年10月底至11月初出席上海世博会闭幕式并访问云南和湖北）、西米纳议长（2015年11月）。

山东省和密科斯雷州、浙江省和密波纳佩州、广东省和密丘克州、宁夏回族自治区和密雅浦州已分别建立友好省（区）州关系。2007年，密克罗尼西亚联邦学院与浙江海洋学院结为友好院校。

2014年，中密贸易总额为1469万美元，同比下降1.6%。其中，中方出口额924万美元，同比增长87.2%；进口额544万美元，同比下降45.5%。

中国驻密克罗尼西亚联邦大使：李杰（2015年1月21日递交国书）。馆址：Embassy of the People's Republic of China in the Federated States of Micronesia，Palikir，Pohnpei，FM96941。电话：00691-3205575；传真：3205578。网址：http://fm.china-embassy.org/。

密克罗尼西亚联邦驻华大使：卡尔森·阿皮斯（Carlson D. Apis）。馆址：北京市朝阳区建国门外外交公寓#1-1-11，邮编：100600。电话：0086-10-65324708；传真：65324609。网址：http://www.fsmembassy.cn/。

【同美国的关系】密克罗尼西亚联邦受美托管多年，同美有特殊关系。根据1986年生效的密美《自由联系条约》，密享有内政、外交自主权，但防务15年内由美负责，密不得允许其他国家利用密领土和海域从事军事目的的活动。密公民可自由出入美国。2003年5月，密、美续签该条约，美承诺将在20年内继续向密提供经济援助，同时逐步为密建立信托基金。密在华盛顿设有使馆，在夏威夷和关岛设领事馆。美在密设使馆。美国每年向密出口的商品占密进口总额的2/3。密产品可优惠向美出口。

【同日本的关系】密、日于1988年8月5日建交。密曾被日本占领，日在密有较多后裔和移民，双方政治和经济关系密切。两国互设使馆。2008年，日本向密派驻首任常驻大使。日本是密第二大援助国和最大出口市场，密出口商品的60%输往日本。密、日之间签有捕鱼协定。日向密提供的无偿援助主要用于在各州修建公路、码头和冷冻设施。日在密派有志愿队员。2015年5月密总统克里斯琴出席第七届日本—太平洋岛国领导人会议。2015年11月，密总统克里斯琴访问日本。

【同澳大利亚的关系】密、澳于1987年7月建交，澳是最早向密派出常驻大使的国家。澳是继美国和日本之后的密主要援助国。（付阳阳）

瑙　鲁

<u>国名</u>　瑙鲁共和国（The Republic of Nauru）。

<u>面积</u>　陆地面积21.1平方公里，水域面积32万平方公里。

<u>人口</u>　9540人（2015年预计），58%为瑙鲁人，属密克罗尼西亚人种，其余为其他太平洋岛国人、华人、菲律宾人和欧洲人后裔。另有约2000瑙鲁人居住在澳大利亚。英语为官方语言，通用瑙鲁语。居民多数信奉基督教新教，少数信天主教。

首都 不设首都。行政管理中心在亚伦区（Yaren District）。

国家元首 总统巴伦·瓦卡（Baron Waqa），2013年6月就任。

重要节日 独立日：1月31日；宪法日：5月17日；返乡日（Angam Day）：10月26日。

简 况

位于中太平洋、赤道以南约60公里处，由一独立的珊瑚礁岛构成，全岛长6公里，宽4公里，海岸线长约30公里，最高点海拔61米。全岛3/5曾为磷酸盐所覆盖。属热带雨林气候，年均气温24℃—38℃，年均降水量1500毫米。

瑙鲁人世居岛上。1798年英国船“猎手”号首抵瑙鲁。1888年被并入德国马绍尔群岛保护地。20世纪初英国人获准在此开采磷酸盐。1920年，国际联盟将瑙鲁划归英国、澳大利亚和新西兰共管，由澳代表三国行使职权。1942—1945年被日军占领。1947年成为联合国托管地，仍由澳、新、英共管。1968年1月31日独立。

政 治

2013年2月，瑙鲁政府内部因澳大利亚拟在瑙重开难民甄别中心问题发生分歧，外长基兰·凯克（Kieren Keke）和财长罗兰德·库恩（Roland Kun）辞职，商务、工业与环境部长马库斯·斯蒂芬（Marcus Stephen）被总统斯普伦特·达布威多撤职，议会因议员数不足而无法正常开会。议长路德维格·斯科蒂（Ludwig Scotty）随后宣布解散议会并于4月举行大选，但该决定被瑙最高法院裁决推翻。斯科蒂于4月18日辞职。5月23日，新议长戈弗雷·托马（Godfrey Thoma）宣布解散议会，并于6月22日举行选举。5月27日，总统达布威多宣布瑙进入紧急状态，从而将选举提前至6月8日举行。6月11日，议员巴伦·瓦卡击败对手前财长库恩当选总统。

【宪法】1968年1月29日通过，5月17日生效。实行总统制。

【议会】一院制，由18名议员组成，任期三年。议长由议员推举产生。总统由议会选举产生。本届议会于2013年6月组成。议长路德维格·斯科蒂，副议长拉宁·阿库阿（Ranin Akua），2013年6月11日就任。

【政府】政府由总统及其任命的部长组成，对议会负责。本届政府于2013年6月产生。现政府主要成员有：总统兼内阁会议主席，公共服务、外交与贸易、气候变化、警察和应急事务部长巴伦·瓦卡，财政与可持续发展、司法部长戴维·阿迪昂（David Adeang）；卫生、交通、渔业、通讯部长瓦尔登·多威约戈（Valdon Dowiyogo），商业、工业与环境、公共事业部长阿龙·库克（Aaron Cook），内政、教育与青年、土地管理部长查梅因·斯科蒂（Charmaine Scotty，女）及沙德洛格·伯尔尼克（Shadlog Bernicke）（职务未定）。

【主要网址】http://www.naorugov.nr。

【行政区划】全国划分14个区。

【司法机构】设最高法院，下设地区法院和家庭法院。在大多数情况下，以澳大利亚高等法院为终审法院。现任大法官斐济人乔尼·马德瑞维维（Joni Madraiwiwi），2014年9月任现职。

【重要人物】巴伦·瓦卡：总统。1959年12月31日生。2003年5月成为议员。2003年5月至8月、2004年6月至2007年12月斯科蒂政府时期任教育部长。2013年6月11日起任现职。

经 济

主要依靠磷酸盐出口、发放捕鱼证和外销热带水果，严重依赖外援和举债。2015年主要经济数据如下：

国内生产总值：1.508亿美元。

人均国内生产总值：14800美元。

国内生产总值增长率：8%。

货币：无本国货币，通用澳元。

通货膨胀率：8%。

【资源】磷酸盐资源丰富，向澳大利亚、新西兰出口磷酸盐是主要收入来源。20世纪七八十年代，其年产量和出口量约为100万—150万吨。自90年代始，产量逐年下降，2004年后略有回升，2008年产量达40万吨，目前产量估计为60万吨。据称瑙磷酸盐最多还可开采20年。（英联邦秘书处数据）

1989年，瑙鲁向国际法院起诉澳大利亚，要求澳对在瑙独立前因开采磷酸盐造成的生态破坏予以赔偿。1993年，瑙澳达成庭外和解，澳同意赔偿瑙1.07亿澳元，以现金支付其中5700万澳元，用以建立信托基金，另5000万澳元分20年逐年拨付（每年平均250万澳元），用于双方商定的项目。

【农渔业】农产品十分有限，主要是椰子、香蕉、菠萝等。几乎所有食品和饮用水都依赖进口。

渔业资源较丰富，多金枪鱼，每年潜在捕鱼量约为4万多吨，待开发。每年政府通过发放捕鱼证方式获得的收入约600万—800万澳元。

【交通运输】铁路：全长3.9公里，用来连接岛屿中部的磷酸盐矿区和西南岸的加工厂。

公路：有环岛沥青公路，全长24公里，其他公路6公里。

水运：有货船定期来往于澳大利亚和瑙鲁。瑙渔业局有两条捕鱼船。有两个小码头，其中一个货运码头，可通过驳船转运装卸货物，另一个为供渔船出入的小码头。

空运：瑙鲁航空公司靠从澳大利亚诺福克航空公司租借的一架旧波音737-300型客机维持经营，并更名为OUR航空公司。每周沿澳大利亚布里斯班—瑙鲁—基里巴斯塔拉瓦—斐济楠迪航线往返一次。

【对外贸易】主要贸易伙伴有澳大利亚、新西兰、斐济、日本和美国等国家和地区。主要出口磷酸盐，进口食品、家电、日用品、五金和建材等。

【外国援助】主要来自澳大利亚。2001年12月，瑙澳签署难民问题备忘录，澳在瑙建立难民甄别中心，并向瑙提供1000万澳元援助，用于教育、卫生、基础设施建设等领域。2002年和2004年，瑙澳签署难民问题第二、第三期备忘录，澳允诺向瑙提供合计3700万澳元援助，并向瑙派出高级财政和警务官员协助管理。但迫于社会舆论的压力，澳大利亚陆续关闭了其在海外的难民甄别中心。2008年2月瑙难民甄别中心关闭，2012年8月重新开始运营。澳近年来每年向瑙提供援助约2700万澳元左右。

人民生活

实行免费医疗，有一所医院，医疗卫生水平有限，糖尿病、癌症等非传染性疾病高发。

军　事

无军队，防务由澳大利亚协助。有警察约100名。

文化教育

【教育】实行免费义务教育。少数学生在斐济接受高等教育，政府提供奖学金。另接受澳大利亚、泰国、太平洋岛国论坛等提供的奖学金。

【新闻出版】政府不定期出版《公报》，免费赠阅。瑙鲁广播电台、瑙鲁电视台为官方机构，播放议会会议情况、瑙鲁新闻等。瑙鲁广播电台转播澳大利亚广播公司（ABC）节目。瑙鲁电视台转播ABC、卫视体育台（STAR-SPORTS）等外国电视节目。

对外关系

奉行不结盟政策，主张同各国友好相处。是联合国、英联邦、国际展览局、亚洲开发银行、太平洋岛国论坛和太平洋共同体等组织成员。与英、美、法、日、澳、新、加、俄、泰国以及其他太平洋岛国等50多个国家建立外交关系。目前，在墨尔本、曼谷设有总领馆，在苏瓦设有高专署，在纽约设有常驻联合国代表团（兼驻美国大使馆），在新德里和伦敦分别设有名誉领事。

近年来，瑙外交重点主要放在寻求外援上。由于澳在瑙临时安置非法移民，澳对瑙援助有所增加。澳在瑙派有总领事和移民局官员。2009年8月，澳将总领馆升格为高专署。2012年4月，澳大利亚总督昆廷·布赖斯率团访瑙。

【同中国的关系】1968年瑙独立时，台湾当局即予“承认”。1975年，瑙在台设办事机构。1980年，瑙台建立“领事关系”，同年台在瑙设“总领馆”。1990年8月，瑙台建立“全面外交关系”，台在瑙机构升格为“大使馆”。

2002年7月21日，瑙鲁同中国建交，同时与台“断交”。2005年5月14日，瑙总统斯科蒂在台北签署“复交公报”，宣布瑙台“复交”，5月27日，中国宣布中止与瑙鲁的外交关系和两国政府间的一切协议。

2008年，瑙体育代表团参加北京奥运会。2010年，瑙与其他太平洋岛国以太平洋联合馆形式参加上海世博会。2014年中瑙贸易额为276万美元，同比增长148.7%，其中中方出口额为275万美元。目前在瑙华人华侨约300多人。

2010年3月，台湾地区领导人马英九访瑙。10月，瑙外长科克访台。2012年5月，瑙总统达布威多访台，出席台湾地区领导人马英九连任就职仪式。（崔杰）

纽　埃

__国名__　纽埃（Niue）。

__面积__　陆地面积260平方公里。

__人口__　1190人（2014年），另有约2万人居住在新西兰。属波利尼西亚人种。通用语为纽埃语和英语。75%的居民信奉埃克利西亚纽埃教，10%信奉摩门教，5%信奉罗马天主教。

__首都__　阿洛菲（Alofi），居民约900人。

__国家元首__　英国女王伊丽莎白二世。女王代表系新西兰总督杰里·迈特帕里（Jerry Mateparae）。

__重要节日__　国庆日（宪法日）：10月19日。

简　况

位于南太平洋国际日期变更线东侧，属波利尼西亚群岛。纽埃岛是世界第二大正在上升的环形珊瑚礁，被称为“波利尼西亚之礁”。位于新西兰东北方向2400公里。北距萨摩亚约550公里，西距汤加约480公里，东距库克群岛拉罗汤加岛约900公里。属热带气候，年平均气温27℃。

1000多年前波利尼西亚人到此定居。1774年英国人发现纽埃岛。1900年成为英国保护地。1901年作为库克群岛的一部分归属新西兰。1904年单独设立行政机构。1974年10月实行内部自治，同新西兰保持自由联系。纽埃政府享有完全的行政权和立法权。应纽埃政府要求，新西兰政府可协助处理防务和外交事务。新西兰政府与纽埃政府互派高级专员。纽埃人同时享有纽埃和新西兰双重公民身份。

政　治

【宪法】1974年10月19日，实行内部自治并颁布宪法。宪法规定，由内阁制定政策和管理纽埃，总理由议会推选，任期三年，可连任。

【议会】一院制。1984年3月31日成立立法会议，由20名议员和一名委任的议长组成，议长无最终一票决定权。20名议员中，14名由14个村选区推选，其余六名由普选产生，任期三年。选举后产生的新一届议会首次会议通常由议长主持，从20名议员中选举出总理。总理从其余19名议员中挑选三名组成内阁。本届议会于2014年4月选举产生，托克·塔拉吉（Toke Talagi）再度胜选连任，第三次出任总理。议长为伊吉利斯·皮希吉亚（Igilisi Pihigia）。

【政府】本届政府内阁成员包括：总理兼外交、关税、经济发展计划、公务员、内政、旅游、体育、住房、燃料事务部长托克·塔拉吉，社区服务、司法、卫生、教育部长波科托亚·希佩利（Pokotoa Sipeli），自然资源、农林渔业、环境、气象事务部长比利·塔拉吉（Billy Talagi），邮政、通信、运输、电力、基础设施建设、水利事务部长多尔顿·塔格拉吉（Dalton Tagelagi）。

【行政划分】岛上共有14个村落。

【司法机构】设高级法院，由首席法官和陪审推事负责，有向新西兰高等法院上诉的权力。另设土地法院，处理土地纠纷。

【政党】纽埃人民党（Niue People's Party）：1994年由扬·薇薇安与拉卡塔尼共同建立，系纽埃第一个政党。

【重要人物】托克·塔拉吉：总理。生于1951年1月，1975年毕业于新西兰梅西大学，获农业学学士学位。1981年起先后任纽埃驻新西兰奥克兰高专署总领事、纽埃经济事务办公室主任。1999年当选议员。2002年任负责财政、邮政、电信、教育和环境等事务的副总理。2005年起任纽埃巡回大使和驻非加太—欧盟协定代表。2008年6月当选总理。2011年5月、2014年4月两度胜选连任。

经　济

纽埃自然资源贫乏。主要产业为农业、旅游业和渔业。严重依赖新西兰援助和侨汇。人口外流严重。近年来，政府致力于国家经济和金融独立，积极发展旅游业和渔业，平衡政府开支，鼓励私营部门发展，取得一定成效。2012年，国内生产总值（GDP）为2848.8万新元，人均GDP为1.76万新元。同年实现税收432.1万新元。使用新西兰货币，1新元约合0.64美元（2016年1月）。

【工业】仅有小型水果加工厂。年产锯木几百立方米，用于当地建设。

【农业】拥有可耕地2.1万公顷。主要产芋头、椰子、薯类和水果等。饲养家禽、猪和牛。

【旅游业】将旅游业作为经济发展龙头。1996年设立旅游局，并投资增设旅游点及旅店，目前共有八家旅馆，175张床位。年最大游客承载量2万人。2013年来访游客逾7000人，较上年增长40%。

【交通运输】公路：全长128公里，1996年开通一条长38.2公里、贯穿全岛的柏油公路。丛林卡车道106公里。私人汽车591辆，摩托车197辆，政府车辆100辆。

空运：2005年10月，纽埃政府与新西兰航空公司签署协议，新航于2005年11月开始执行新纽通航。每周有两班皇家汤加航空公司班机，一班往返于努库阿洛法和纽埃，另一班路线为奥克兰—纽埃—努库阿洛法—奥克兰。哈南国际机场建于1970年，1995年扩建，柏油跑道长2335米，可降落波音737和767飞机。2013年3月，纽埃政府与新西兰航空公司签署协议，新航将在4月至10月的旅游旺季，每两周增加一班飞往纽埃的航班。

海运：纽埃到新西兰、库克群岛和塔希提岛的航运业务由新西兰航运公司经营，每隔3—4周有往返于新纽的海运服务。小型的库克集装箱船每月两次抵达纽埃，此外还有不定期客轮。

【对外贸易】主要出口芋头和蜂蜜，主要进口食品、饮料、机械和建筑材料。主要贸易对象是新西兰。2011年，出口额为34.6万新元，进口额为1400万新元。

【外国援助】新西兰是纽埃最大援助国，对纽埃援助额占纽埃GDP的50%以上，主要援助领域为旅游、卫生、教育、林业及私营部门。2013/2014财年，新西兰对纽埃援助预算为1350万新元。此外，纽还接受澳大利亚、日本、欧盟、中国、印度、韩国、联合国开发计划署等国家和国际组织的援助。2014年1月，欧盟、澳大利亚及全球环境基金共同援助的5000个储水罐项目完工。

人民生活

纽埃实行免费医疗，医疗费用由新西兰资助。有一所医院和一个牙医诊所，24张床位。

军　事

根据1974年《宪法法案》，应纽埃政府要求，新西兰负责纽埃国防事务。新西兰任命一名顾问负责纽埃的国防事务。新西兰皇家空军定期在纽埃专属经济区巡逻。2005年5—7月，新西兰军队在纽埃举行了代号为“热带黎明行动”的军事演习，内容包括风灾后的救援和重建。

文化教育

【教育】纽埃对5—14岁儿童实行义务教育。有一所小学，20名教师，350名学生；一所中学（含高中），28名教师，310名学生。教师主要从当地挑选，每年还从新西兰或其他国家聘请15—20位教师。目前，纽埃学校引进新西兰课程设置，其高中教育受到新西兰教育认证机构的承认。

【新闻出版】政府新闻处出版英文和纽埃文周刊《托希塔拉纽埃》。纽埃广播公司为政府所有，下设“阳光”广播电台和纽埃电视台，纽埃电视台主要播放新西兰电视节目。1998年，纽埃建成第一家电影院，有120个座位。

纽埃电信公司提供国际直拨电话及传真服务。1999年纽埃电信公司完成国内移动电话网络改造工程。

对外关系

纽埃同新西兰自由联系。如纽方要求，新西兰有义务帮助纽埃处理其外交。双方互派高级专员，新西兰设在纽埃的高专署系唯一的驻纽埃外交机构。新西兰也是纽埃唯一设立驻外代表机构的国家，纽埃分别在惠灵顿设立高专署、在奥克兰设立总领事馆。2008年7月和10月，纽埃总理塔拉吉两次访问新西兰。8月，第39届太平洋岛国论坛首脑会议和会后对话会在纽埃召开。

2009年2月，纽埃总理塔拉吉访问日本，同麻生太郎首相会晤。5月，太平洋岛国论坛渔业部长会议、食品与农业组织会议相继在纽埃召开。同月，纽埃总理塔拉吉出席在日本北海道召开的日本—太平洋岛国论坛首脑会议。7月，新西兰总理约翰·基访问纽埃。8月，纽埃总理塔拉吉赴澳大利亚凯恩斯出席太平洋岛国论坛首脑会议。2010年8月，纽埃总理塔拉吉赴瓦努阿图维拉港出席太平洋岛国论坛首脑会议。10月，太平洋岛国论坛经济部长会议在纽埃召开。2011年3月，太平洋气候变化圆桌会议在纽埃召开。5月，纽埃总理兼外交部长塔拉吉赴韩国出席首届韩国—太平洋岛国外交部长会议。9月，纽埃总理塔拉吉赴新西兰出席第42届太平洋岛国论坛首脑会议。11月，纽埃总理塔拉吉出席在夏威夷举行的太平洋岛国领导人会议。2012年5月，纽埃总理塔拉吉出席在日本冲绳举行的日本—太平洋岛国论坛首脑会议。8月，纽埃总理塔拉吉出席在库克群岛举行的第43届太平洋岛国论坛首脑会议。

2013年3月，纽埃总理塔拉吉出席在新西兰奥克兰举行的太平洋能源峰会。2014年6月，新西兰总理约翰·基访问纽埃，与塔拉吉总理会谈，宣布新方将为纽埃旅游发展和可再生能源项目提供135万新元无偿援助，并与塔拉吉总理共同为刚修缮的纽埃机场候机楼剪彩。8月，纽埃总理塔拉吉出席在帕劳举行的第45届太平洋岛国论坛首脑会议。

纽埃不是联合国成员国，是联合国教科文组织、世界卫生组织、世界粮农组织、太平洋岛国论坛、太平洋共同体、南太旅游组织等机构成员及英联邦准成员国。2000年纽埃签署《科托努协定》（前身为洛美协定）。2002年，纽埃正式加入《太平洋紧密经济关系协定》。2008年12月，纽埃决定加入联合国碳平衡网络。2009年4月，纽埃在太平洋岛国能源部长会议期间签署地区燃料合作协定。2011年6月，纽埃宣布自愿接受《凯恩斯契约》框架下的发展援助同行审议。2012年4月，纽埃签署《全面禁止核试验条约》。

【同中国的关系】2007年12月12日，纽埃总理维维安同中国驻新西兰大使张援远在新西兰首都惠灵顿签署建交公报，中纽建立大使级外交关系。2014年11月，习近平主席在斐济楠迪同包括塔拉吉总理在内的建交太平洋岛国领导人举行集体会晤，中国同岛国宣布建立相互尊重、共同发展的战略伙伴关系。

2008年5月，纽埃代总理皮希亚格就四川汶川地震致函中国驻新西兰兼驻纽埃大使张援远表示慰问。6月，全国人大常委会委员长吴邦国、国务院总理温家宝分别致电祝贺纽埃议长施亚基摩图、总理塔拉吉当选。10月17日，中国新任驻纽埃大使张利民向塔拉吉总理递交国书，22日，塔拉吉总理在纽埃向张利民大使转交了纽埃政府和人民向中方捐赠的7080新元（约合3.5万元人民币），以用于四川汶川地震灾后重建。11月，塔拉吉总理赴上海出席第十届中国国际旅游交易会。

2009年10月，温家宝总理致信纽埃总理塔拉吉，祝贺纽埃宪法日。2010年8月，外交部副部长崔天凯在瓦努阿图出席太平洋岛国论坛会后对话会期间会见塔拉吉总理。10月，温家宝总理致电塔拉吉总理，对纽埃宪法日表示祝贺。同月，塔拉吉总理来华出席上海世博会纽埃国家馆日活动。

2011年2月，中国新任驻纽埃大使徐建国向塔拉吉总理递交国书。5月，吴邦国委员长和温家宝总理分别致电纽埃新任议长莱维和总理塔拉吉表示祝贺。9月，外交部副部长崔天凯在新西兰奥克兰出席第23届太平洋岛国论坛会后对话会期间会见塔拉吉总理。10月，温家宝总理致电塔拉吉总理，祝贺纽埃宪法日。2012年10月，温家宝总理致电塔拉吉总理，祝贺纽埃宪法日。12月，温家宝总理与塔拉吉总理互致贺电，庆祝中纽建交五周年。同月，塔拉吉总理致函祝贺习近平当选中国共产党中央委员会总书记。

2013年10月，李克强总理致电塔拉吉总理，祝贺纽埃宪法日。11月6至10日，塔拉吉总理率团赴广州出席第二届中国—太平洋岛国经济发展合作论坛，汪洋副总理11月7日在广州会见。同月，中国新任驻纽埃大使王鲁彤到任拜会纽埃驻新西兰高专雅各布森并递交国书副本。12月，王鲁彤大使赴纽埃向总理塔拉吉递交国书，并分别拜会其他内阁部长、议长。12月，塔拉吉总理向习近平主席和李克强总理致新年贺卡。

2014年4月，李克强总理、张德江委员长分别致电祝贺纽埃总理塔拉吉、议长皮希吉亚当选。7月30日，中国—太平洋岛国论坛对话会特使杜起文出席在帕劳科罗尔举行的第26届太平洋岛国论坛会后对话会期间会见塔拉吉总理。2015年10月，李克强总理致电纽埃总理塔拉吉，祝贺纽埃宪法日41周年。同月，中国—太平洋岛国论坛对话会特使杜起文访问纽埃，会见纽总理塔拉吉。

中国驻新西兰兼驻纽埃大使：王鲁彤（2013年12月向纽埃总理塔拉吉递交国书）。馆址：2–6Glenmore Street, Wellington, N. Z.。电　话：00644–4721382；传真：4990419。经商处电话：4714101。传真：4714104。纽埃未在华设立使馆。（朱涛）

诺福克岛

名称 诺福克岛（Norfolk Island）。

面积 36平方公里。

人口 约2210人（2014年）。主要为来自皮特凯恩岛的英国人后裔，其余为澳大利亚、新西兰、波利尼西亚移民。79.5%为澳公民，13.3%为新西兰公民。官方语言为英语，当地居民也讲诺福克语（18世纪英语和古代塔希提语相混合的语言）。60%的居民信奉基督教。

行政中心 金斯敦（Kingston）。

行政长官 加里·哈德格雷夫（Gary Hardgrave），2014年7月1日宣誓就职。

重要节日 皮特凯恩人登陆纪念日：6月8日（1856年）。

简况

位于太平洋西南部，为火山岛，距澳大利亚1676公里，距新西兰640公里。主岛诺福克岛长8公里，宽4.8公里，海岸线长32公里。领土还包括无人居住的菲利浦岛和尼皮恩岛（分别位于主岛以南7公里和1公里）。属亚热带海洋性气候。气温一般在10℃—26℃。年均降水量1328毫米。

1774年由英国库克船长发现并命名。19世纪初被英国政府用作犯人流放地。1856年，部分皮特凯恩岛居民（英国船员后裔）来此定居。1897年成为英属澳大利亚新南威尔士殖民地的一部分。1913年移交澳大利亚，由澳总督任命的行政长官负责管理。1979年澳大利亚内务部和诺福克岛委员会协商制定的《1979年诺福克岛法案》进一步明确澳大利亚与该岛关系。

政治

根据《1979年诺福克岛法案》，该岛主权属澳大利亚，但享有包括立法权和行政权在内的很大自治权。行政管理由行政长官和立法会议共同负责。立法会议由九人组成，任期三年。

2015年，通过诺福克岛立法修订法案（the Norfolk Island Legislation Amendment Act 2015），将建立地区议会（Norfolk Island Regional Council）取代立法会议，由选举产生的地区议会负责各项地区事务，由联邦政府承担移民、生态保护、海关等国家职能。

【议会和政府】诺福克岛立法会议和行政委员会于2015年6月18日停止运行，诺福克岛咨询委员会于7月1日成立并承担过渡职能，直至2016年7月1日地区议会正式成立。咨询委员会由五人组成，主席为玛丽莎·瓦德（Melissa Ward，女）。

【司法机构】设有最高法院和小型议事法庭，上诉权仍属澳大利亚联邦法院。

经济

旅游业是诺岛的经济基础。每年接待约3万名游客，其中80%来自澳大利亚。财政收入主要来源于关税和发行邮票。渔业资源丰富。土地肥沃，可耕地约400公顷，农产品有棕榈树籽、谷物、蔬菜、水果及家禽等。粮食不能自给，需从澳大利亚、新西兰进口。当地货币为澳大利亚元。

【交通运输】空运：岛上有一个机场。新西兰航空公司和诺福克喷气特快公司开通可直达澳大利亚悉尼、墨尔本、布里斯班和新西兰奥克兰的航线。

海运：有三家航运公司经营至该岛的航线。另有小油轮定期向该岛运送所需石油和液态丙烷气。

公路：总长约80公里，其中53公里铺设路面。

【对外贸易】主要出口产品有邮票、棕榈树籽及少量鳄梨，绝大部分商品需进口。主要贸易伙伴为澳大利亚、新西兰及其他太平洋岛国。

文化教育

【教育】有一所公立学校，对6—15岁儿童实行免费教育。澳大利亚新南威尔士州教育部门负责提供支持与协助。愿意赴澳接受高等教育的青少年可获奖学金。

【新闻出版】有《诺福克岛政府公报》和《诺福克岛人报》，均为周刊。有电台四家，电视台一家，可接收卫星电视。1998年设立了两家互联网服务供应商。

环境保护

20世纪80年代中期，澳联邦政府和诺福克岛联合设立面积465公顷的诺福克岛国家公园，以保护原始森林及岛上绿鹦鹉、树蕨等独有的动植物物种。菲利浦岛也被辟为自然保护区。

（陈哲颖）

帕　劳

国名　帕劳共和国（The Republic of Palau）。

面积　陆地面积458平方公里，水域面积约62.9万平方公里。

人口　2.11万（2014年）。多属密克罗尼西亚人种。官方语言为帕劳语，通用英语。全国73%居民信奉基督教，其中41.6%信奉罗马天主教，28.3%信奉基督教新教。

首都　梅莱凯奥克（Melekeok）。2006年10月1日自科罗尔（Koror）迁至此。

国家元首　小汤米·雷门格绍（Tommy E. Remengesau Jr.），2012年11月当选，2013年1月就职，为帕第九任总统。

重要节日　独立日：10月1日。宪法日：7月9日。

简　况

位于西太平洋，关岛以南700多英里处，属加罗林群岛，是太平洋进入东南亚的门户之一。海岸线长1519公里。由300多个火山岛和珊瑚岛组成，分布在南北长640公里的海面上，其中只有九个岛有常住居民。最大岛屿为巴伯尔岛（Babeldaob），面积352平方公里，在本地区仅次于关岛。属热带气候，年均气温27℃。5月至11月为雨季，12月至次年4月为旱季。年均降水量3000毫米以上。

1710年被西班牙探险家发现。1885年被西班牙占领。1898年被西班牙卖给德国。一战中被日本占领。二战期间被美国攻占。1947年，联合国将其交美国托管，与马绍尔群岛、北马里亚纳群岛和密克罗尼西亚联邦构成太平洋岛屿托管地的四个政治实体。1969年，帕劳开始就未来政治地位同美国谈判。1982年8月，帕与美签订《自由联系条约》，该条约在帕1993年11月举行的公民投票中获得通过。根据该条约，帕劳于1994年10月1日结束其托管地位，成为独立的主权国家，但仍与美国保持特殊关系。同年12月，帕劳加入联合国。

政　治

实行总统制，总统既是国家元首，又是政府首脑。部长由总统任命。大酋长委员会参政议政，在帕政治中发挥较大影响。帕两位最高酋长分别称作Ibedul和Reklai，享有与总统相当的声望。全国分成16个州，各州自行立宪。2013年1月，小汤米·雷门格绍就任总统。

【宪法】1980年7月9日通过，1981年1月1日生效。

【议会】由参众两院组成。参议院较众议院权力大，具有对总统候选人提出建议和表决的权力。参院有13名参议员，众院有16名众议员，任期均为四年。两院均设正副议长职位。本届议会于2012年11月大选产生。参议长卡姆塞克·陈（Camsek Chin），众议长萨比诺·阿纳斯塔修（Sabino Anastacio）。

【政府】总统和副总统经普选产生，任期四年。本届内阁成员主要有：总统小汤米·雷门格绍，副总统兼司法部长托尼·贝尔斯（Tony Bells），财政部长埃尔布切（Secilil Eldebechel），自然资源、环境及旅游部长弗莱明·乌米奇·森盖鲍（Fleming Umiich Sengebau），公共基础设施、工业和商业部长查尔斯·奥比昌（Charles Obichang），卫生部长格雷格·恩吉尔芒（Greg Ngirmang），社区和文化事务部长巴克莱·特门吉尔（Baklai Temengil）。

【主要网址】www.palaugov.net；www.visit-palau.com/kor.html。

【行政区划】全国分16个州。

【司法机构】设最高法院、全国法院和下属法院等三级法院及土地法院。高法大法官为亚瑟·恩吉拉克尔松（Arthur Ngiraklsong），1992年就职，终身制。

【重要人物】小汤米·雷门格绍：总统。1956年2月生于帕劳，毕业于美国密歇根大峡谷州立大学，1984年当选帕劳参议员，1992—2000年任副总统，2000—2008年任总统。2012年11月再次当选总统，2013年1月宣誓就职。

经　济

近年来经济保持增长。目前帕劳是太平洋岛国中人民生活水平较高的国家之一。经济依靠外国援助。旅游业发展较快。服务业对国内生产总值（GDP）贡献率超过80%。服务业就业人数占全国就业总数的一半。2010年，政府修订外来投资法，在能源、旅游和民用航空等领域积极引进外资，为经济发展注入了活力。

2014年主要经济数据如下：

国内生产总值：2.69亿美元。

人均国内生产总值：15210美元。

国内生产总值增长率：5.8%。

货币名称：美元。

【农渔业】主要农产品有鸡蛋、水果、蔬菜、猪肉、槟榔果等。盛产金枪鱼，年捕鱼量为6万至7万吨。粮食不能自给。

【旅游业】是帕支柱产业之一，占GDP总量约50%。2015年入境游客超过16万人次，超过一半以上来自中国。“岩石岛”（Rock Islands）拥有太平洋地区最好的海洋生态系统。

【交通运输】境内无铁路。有机场、港口和卫星通信系统。

公路：总长61公里。无公共交通设施。

水运：科罗尔为主要港口。

空运：共有三个机场。美国、日本、韩国、菲律宾、关岛、中国台湾地区有定期航班往返。

【对外贸易】主要进口机械、汽车、燃油、工业制成品、食品等，出口渔产品、椰干和服装。

【外国援助】根据帕美《自由联系条约》，美国向帕劳提供大量援助。美以租金形式在条约生效的前15年内（1994—2009年）向帕提供超过8亿美元的援助，其中7000万美元存入帕信托基金。该基金已超过1.44亿美元，供帕美条约结束后补贴帕财政之用。美还将在2009—2023年向帕提供2.15亿美元的援助。美援款约占帕GDP的20%。日本为帕劳第二大援助国。

人民生活

有1所医院和13所诊疗所。约有医生20名。人口平均寿命约为70岁。

军　事

根据帕美《自由联系条约》，1994—2044年，帕劳国防由美国负责。美海岸警卫队负责巡逻帕海域。帕为无核区。

文化教育

【教育】有小学25所，中学6所，大专1所，即帕劳社区学院（Palau Community College）。文盲率为8%。

【新闻出版】主要报纸有官方周刊《帕劳报》（Palau Gazette）、私营双周刊报纸《Tia Belau》。有两家广播电台。有卫星地面接收站和有线电视台，可接收美国有线新闻网（CNN）等节目。

对外关系

帕劳致力于同各国发展友好关系，重视加强同亚太地区国家合作，积极参与地区事务。为联合国、国际货币基金组织、世界银行、太平洋岛国论坛、太平洋共同体、各国议会联盟和世界卫生组织成员。与60个国家建交。在联合国派大使级常驻代表，在荷兰派名誉领事。

【同中国的关系】中国与帕劳无外交关系。2008年，帕体育代表团参加北京奥运会。2010年，帕劳同其他太平洋岛国以太平洋联合馆形式参加上海世博会。2014年，中帕贸易额为1048万美元，同比增长212%，几乎全为中方出口。2015年，中国赴帕游客8万余人，为帕最大游客来源国。

1996年5月18日，帕劳在台湾地区设“名誉领事馆”。1999年12月29日帕台建立“外交关系”。台湾当局于2000年3月在帕设“使馆”。2010年3月，台湾地区领导人马英九访帕。同年1月和11月，托里比昂总统赴台出席世界自由日活动和台北花博会。7月，帕副总统马里厄访台。2012年5月，托里比昂总统赴台出席台湾地区领导人马英九就职仪式。

【同美国的关系】帕美《自由联系条约》于1994年10月1日生效，有效期50年。根据该条约，帕劳有内政、外交自主权，美国负责其国防及战略安全事务，提供天气预报、医疗和自然灾害救助等，并对帕航道具有独家使用权。帕美互设使馆。2010年，美向帕派出首任常驻大使（此前一直为代办）。帕还设有驻关岛总领馆、驻夏威夷领馆、驻塞班领馆。2009年3月，帕总统托里比昂访美。2016年2月，美国助理国务卿拉塞尔访帕。

【同日本的关系】日本是帕劳第二大援助国，是帕金枪鱼和鲭鱼主要出口市场。1999年，帕日互设使馆。帕早已向日派驻大使，日于2010年3月向帕派常驻大使。

【同菲律宾的关系】帕菲互设使馆并派大使，但因财政预算问题，菲计划于2012年7月关闭驻帕使馆。目前，菲律宾人已占帕总人口的20%，帕60%的外国劳动力来自菲。2008年4月，帕总统雷门格绍访菲。

【同澳大利亚的关系】1994年10月1日，帕与澳大利亚建交。澳驻密克罗尼西亚联邦大使兼驻帕大使。

（付阳阳）

皮特凯恩群岛

名称　皮特凯恩群岛（Pitcairn Islands）。

面积　47平方公里（陆地面积），其中皮特凯恩岛长3.2公里，宽1.6公里，海岸线长51公里。1992年宣布周围370平方公里海域为专属经济区。

人口　人口数量从233人（1937年）下降至约48人（2014年7月）。对此，当地政府推出《皮特凯恩群岛人口再增长计划》（2014—2019）。系英国船员与塔希提人的后代。官方语言为英语，本地语为英语和塔希提语的混合语。信奉基督复临安息日会（新教），是除梵蒂冈外唯一的完全基督徒国家。

首府　亚当斯敦（Adamstown）。

总督　国家元首为英女王，女王代表为总督，非常驻，由英国驻新西兰高专兼任。现任总督为乔纳森·辛克莱（Jonathan Sinclair），2014年8月就任。

国歌　《我们来自皮特凯恩岛》（We from Pitcairn Islands）。作为英国领地，英国国歌《天佑女王》（God save the Queen）亦是其正式官方国歌。

重要节日　英女王官方诞辰日：每年6月第二个

星期六；发现日：每年7月2日。

简　况　位于东南太平洋，属波利尼西亚群岛。包括皮特凯恩岛及附近的三个环礁：汉德森（Henderson）、迪西（Ducie）和奥埃诺岛（Oeno）。皮岛为死火山岛，地势陡峭，最高海拔347米。无河流。森林覆盖率74.5%。属亚热带气候，气温13℃—33℃。年平均降水量为1629毫米。11月至翌年3月为雨季和台风季。近海已探明有锰、铁、铜、金、银和锌等矿产。

1767年英国探险家菲利普·卡特莱发现此岛。1790年英国“邦蒂”号哗变船员和一些塔希提岛居民到此定居。1838年成为英在太平洋岛国地区第一个殖民地。1898年起受英国西太平洋高级专员管辖。1952年行政权转归英属斐济殖民地总督。1970年斐济独立后，英国驻新西兰高级专员兼任皮特凯恩群岛总督。

政　治　根据《1964年地方政府法》，皮特凯恩群岛上成立岛屿委员会，为立法机构，共10个席位。其中市长、副市长和5席由普选产生，任期两年，总督、副总督和专员为当然委员。上次选举于2013年11月举行。市长是政府首脑，负责管理岛上日常事务，现任市长为肖恩·克里斯蒂安（Shawn Christian）。专员负责主持岛屿委员会、岛屿法院，并担任总督与皮特凯恩群岛本土的联络员。现任专员兼岛屿委员会主席是保罗·沃伦（Paul Warren）。

【宪法】历史上曾经有过几部宪法。最近一部于2010年2月制定和通过，3月生效。

【主要网址】http://www.government.pn；www.visitpitcairn.pn。

经　济　皮特凯恩群岛无税收，财政收入来自邮票、钱币销售，投资利润和英国不定期赠款，给外国渔船颁发捕鱼许可权也获得一定收入。此外，过往船只一般都停靠该岛补水和补充日常供给，购买岛上居民种植的粮食、蔬菜和水果。岛上通过柴油发电机组发电，每天供电10小时。现重点发展电力、通信及港口、道路建设。正在实施《皮特凯恩群岛战略发展规划》（2012—2016）。使用新西兰货币，1新元约合0.64美元（2016年1月）。

【工业】以邮票、手工艺品制造为主。

【农业】土地肥沃，生产各种水果、蔬菜和薯类。家庭养蜂、捕鱼和饲养家禽较为普遍。

【交通运输】无港口，无铁路，无机场，通过少量不定期船只来往保持与外界的联系。岛上公路总长约6.4公里，无公共交通，四轮摩托车是主要的出行交通工具。

【财政金融】每年4月1日至翌年3月31日为一个财年。2013/2014财年，财政收入669.5万新元（含国外经济援助548.8万新元），支出668.7万新元。2014/2015财年预计收入648.6万新元，实现收支平衡。

【对外贸易】出口邮票、水果、蔬菜和手工艺品，进口燃料、建材、机械、面粉、糖和其他食品。

人民生活　皮特凯恩群岛有一家诊所，仅有一名护士。岛上不定期雇用外地医务人员。一般情况下，居民生病去新西兰或塔希提就医，政府负担2/3费用。岛上自2006年起可使用卫星电视和卫星电话，可上网。

军　事　皮特凯恩群岛由英国负责对外防务。

文化教育　**【教育】**岛上雇佣一名新西兰教师，当地5—16岁学龄儿童享受免费小学教育。13—16岁中学生可前往新西兰寄宿中学接受免费教育。

【新闻出版】皮特凯恩教育官员每月编辑出版名为《皮特凯恩杂集》（The Pitcairn Miscellany）的新闻报纸。岛上有一个电台。

对外关系　皮特凯恩群岛系联合国非自治领，属英国海外领地。现为太平洋共同体（Pacific Community）成员。　（朱涛）

萨　摩　亚

国名　萨摩亚独立国（The Independent State of Samoa，原名为西萨摩亚独立国，1997年7月更名为萨摩亚独立国）。

面积　陆地面积2934平方公里，水域面积12万平方公里。

人口　19.2万（2014年统计）。绝大多数为萨摩亚人，属波利尼西亚人种；还有少数其他太平洋岛国人、欧洲人和华裔以及混血人种。官方语言为萨摩亚语，通用英语。多数居民信奉基督教。

首都　阿皮亚（Apia），人口约4万。

国家元首　图伊阿图阿·图普阿·塔马塞塞·埃菲（Tuiatua Tupua Tamasese Efi），2007年6月　就任，2012年7月连任，任期五年。副元首图伊马莱阿利法诺·瓦莱托阿·苏阿劳维二世（Tuimaleali'ifano Va'aletoa Sualauvi II）。

重要节日　国庆日（又称“独立日”）：6月1日。

简　况　位于太平洋南部，萨摩亚群岛西部，由乌波卢（Upolu）、萨瓦伊（Savaii）两个主岛和附近的马诺诺、阿波利马、努乌泰雷、努乌卢瓦、纳木瓦、法努瓦塔普、努乌萨菲埃、努乌洛帕8个小岛（Manono、Apolima、Nuutele、Nuulua、Namua、Fanuatapu、Nuusafee、Nuulopa）组成。境内大部分地区为丛林覆盖。属热带雨林气候。5—10月为旱季，11月至翌年4月为雨季。年均气温27℃，年均降水量2000—3500毫米。

3000年前已有萨摩亚人在此定居。约1000年前被汤加王国征服。1250年马列托亚家族赶走汤加入侵者，萨摩亚成为独立王国。1722年荷兰人发现萨摩亚。19世纪中叶，英、美、德国相继侵入，1899年三国签订条约，西萨摩亚沦为德国殖民地，东萨摩亚由美国统治。第一次世界大战爆发后，新西兰对德宣战，占领西萨摩亚。1920年，国际联盟把西萨交新西兰管理。1920—1936年，西萨发生了著名的反对殖民统治的“马乌”（MAU）运动，提出了“萨摩亚人的萨摩亚”的斗争口号。

政　治

1954年开始实行内部自治。1962年1月1日，西萨在太平洋岛国中率先独立，定国名为“西萨摩亚独立国”。独立后，马列托亚与另一位传统首领共同履行国家元首职责。1963年4月该传统首领去世，马列托亚成为唯一的元首。由于1月多雨，又值圣诞节假期，不便举行庆祝活动，因此自1963年起改6月1日为独立日。1997年7月4日，西萨摩亚独立国更名为萨摩亚独立国。

2016年3月，萨摩亚举行大选，人权保护党再次获胜，赢得绝对多数议席，以较大优势组成政府，该党领袖图伊拉埃帕连任总理。

【**宪法**】1960年制定，1962年1月1日生效。

【**议会**】一院制，称立法大会，共有49名议员，任期五年。原规定除独立选区外，仅“马他伊”即酋长才有选举权和被选举权，1991年3月改为普选后，凡年满21岁的萨摩亚公民均有选举权，仍只有“马他伊”享有被选举权。本届议会于2016年3月产生，目前49名议员中，执政的人权保护党有37席，反对党服务萨摩亚党有2席，另有10名独立议员。

【**政府**】内阁由总理、副总理和11名部长组成，任期五年。总理由议会选出并经元首确认。总理从议员中提名组阁。

【**行政区划**】首都阿皮亚为全国唯一的城市。全国分为11个行政区（Political Districts），其中乌波卢岛5个，萨瓦伊岛6个，其余小岛都划归乌波卢岛。

【**司法机构**】设最高法院、地方法院、上诉法院和土地头衔法院。首席大法官是最高法院、地方法院和上诉法院的院长。地方法院有两名法官，土地头衔法院有13名法官。最高法院和上诉法院审理案件时要从新西兰请法官。首席大法官帕图·蒂阿瓦阿苏伊·法莱法图·萨波鲁（Patu Tiavaasue Faleafatu Sapolu），1992年就职，为终身职务。

【**政党**】主要政党为：

（1）人权保护党（The Human Rights Protection Party）：执政党，成立于1979年5月。对内主张坚持国家宪法，保护公民权利和自由，提高人民的文化和生活水平。对外奉行同各国友好的政策，加强同南太平洋邻国的关系。1982年和1985年大选获胜。1985年党内发生分裂后下台。1988年大选获胜，重新执政。后连选连胜，执政至今。领袖为总理图伊拉埃帕。

（2）服务萨摩亚党（Tautua Samoa Party）：反对党，成立于2008年12月，主要为原萨摩亚民主联合党议员和议会独立议员。领袖为帕鲁萨略·法波二世（Palusalue Faapo Ⅱ）。

【**重要人物**】**图伊阿图阿·图普阿·塔马塞塞·埃菲**：国家元首。1938年3月1日生于阿皮亚。毕业于新西兰维多利亚大学。1966年当选议员，1970—1975年任工程部长。1976—1982年任总理。1985—1988年任副总理。2004年任国家副元首。2007年6月任萨第二任国家元首，2012年6月连任，任期五年。对太平洋文化和历史有浓厚兴趣，曾在多所大学及学术机构任职，并著有多部作品。热爱体育运动，曾任萨摩亚橄榄球联盟主席。　**图伊拉埃帕·萨伊莱莱·马利埃莱额奥伊**：总理兼外交贸易部长。1945年4月14日生于乌波卢岛。信奉罗马天主教。1969年毕业于新西兰奥克兰大学，获商业硕士学位。1971—1973年任经济局副局长。1973—1978年任财政部副秘书长。1978—1980年在非洲、加勒比和太平洋委员会秘书处供职。1981年当选为人权保护党议员。1982—1985年任经济事务、交通和民航部长，并兼任副财长。1984年任财长。1988年任亚洲开发银行董事会董事。1990年任非加太部长理事会主席。1991—1998年任副总理兼财政、旅游、贸易、商业和工业部长。1998年11月当选总理。2001年、2006年、2011年、2016年连选连任。

经　济

萨摩亚是农业国，资源少，市场小，经济发展缓慢。2009年9月，萨遭受强烈地震海啸灾害，经济损失巨大。萨政府积极开展灾后重建并有效应对国际金融危机，保持经济增长势头。目前萨政府主要致力发展农业、旅游、私营经济、基础设施、交通运输、通信、教育和医疗等。2014年1月1日，萨从联合国最不发达国家行列“毕业”。

2014/2015财年主要经济数据如下：

国内生产总值：6.69亿美元。

人均国内生产总值：4308美元。

经济增长率：1.7%。

货币名称：塔拉（Samoan Tala）。

汇率：1美元≈2.26塔拉（2016年2月）。

通货膨胀率：2.0%（2015年）。

【**资源**】森林资源逐年减少，目前森林面积占全国面积的46.3%，其中39.4%（约11万公顷）为非生产性森林，可采林只有1.36万公顷，仅占全国面积的4.8%。其余2.1%（约0.6万公顷）为国家级保护林和部落传统所有林地。专属经济区水域12万平方公里。

【**工业**】工业基础十分薄弱。独立后，萨摩亚初步建立了一批消费工业和农产品加工业，主要生产食品、烟草、啤酒和软饮料、木材家具及椰油，还有印刷、日用化学业。

【**农业**】全国现有耕地6万多公顷。全国农业人口为12.4万，占全国总人口的67%。主要种植椰子、可可、咖啡、芋头、香蕉、木瓜、卡瓦和面包果。由于抵抗飓风等自然灾害的能力差，农业生产严重依赖气候条件。

【**渔业**】盛产金枪鱼。目前，全国有各种渔船约2200艘，其中机动船200艘。因萨专属经济区较其他岛国小，萨政府禁止外国渔船单独作业，只允许外国渔船公司与萨方合作，外资不得超过40%。

【**服务业**】主要有旅馆餐饮业、交通电信业、金融服务业、个人及其他服务业，从业人数约为2000人。萨系世界知名的离岸金融中心之一。

【**旅游业**】旅游业是萨摩亚主要经济支柱之一和第二大外汇来源。萨政府致力于发展旅游硬件设施及其他与旅游相关的行业。游客主要来自美属萨摩亚、新西兰、澳大利亚、美国和欧洲。影响其旅游业发展的主要因素是酒店设施简陋、客房数量不足及交通不便。萨现有客房900多间，但多数条件较差。主要旅馆有：艾吉·格雷旅馆（Aggie Grey's Hotel），156间客房；艾吉·格雷海滩度假村（Aggie Grey's Lagoon, Beach Resort & Spa），140间客房；辛纳雷海滩度假村（Sinalei Beach Resort）,29间客房；塔诺阿饭店（Tanoa Hotel）；梅莱尼雅饭店（Mellenia Hotel）。

【**交通运输**】全国公路总长976公里，其中柏油公路332公里。

水运：阿皮亚港为萨主要对外港口，可泊5万—6万吨级轮船。

空运：法莱奥洛机场为萨唯一国际机场，可起降波音747客机。2005年10月，“波利尼西亚·蓝”航空公司（萨政府与澳大利亚“维京蓝航空公司”合资创办的企业）开始营业，承担了原由波利尼西亚航空公司运营的大部分国际客货运输业务（萨摩亚至新西兰、澳大利亚等）；波航仅保留了往返于萨摩亚与美属萨摩亚、汤加之间的航线和国内航线（乌波卢岛与萨瓦伊岛之间）。2011年12月，“波利尼西亚·蓝”航空公司更名为“维京·萨摩亚”航空公司。新西兰航空公司也是来往萨摩亚的主要航空公司，另外，斐济太平洋航空公司航班也在此经停。

【**财政金融**】2014/2015财年，财政预算收入7.23亿塔拉，支出7.92亿塔拉，财政赤字0.69亿塔拉。

截至2015年6月，外汇储备约1.42亿美元。外债累计为4.45亿美元，约占GDP的55%。

主要银行有：（1）萨摩亚中央银行（Central Bank of Samoa）：1954年成立。资本2687万塔拉。资产1.7亿塔拉。地址：Private Bag，Apia，Samoa。电话：00685–34100；传真：20293。行长莱阿西·帕帕利伊·汤米·斯坎伦（Leasi Papali'i Tommy Scanlan）。

（2）澳新银行萨摩亚分行 [ANZ Bank（Samoa）LTD]：前身为萨政府拥有的萨摩亚银行，1997年政府将其出售给澳新银行集团，成为澳新银行萨摩亚分行。地址：POB 1855，Apia，Samoa。电话：00685–22422；传真：24595，23807。现任总经理曼迪·辛普森（Mandy Simpson）。

（3）西太平洋银行（WESTPAC BANK）：前身为太平洋商业银行，是夏威夷银行的分行，成立于1977年。现夏威夷银行和澳大利亚的西太银行各占42.7%的股份，其余为萨摩亚人拥有。资本1670万塔拉，资产1.287亿塔拉。2015年已被南太平洋银行（BSP）收购。

【**对外贸易**】主要出口渔产品、脑努汁、啤酒、椰奶、脑努果、芋头等产品。市场主要是澳大利亚、新西兰、美国、日本和中国。主要进口机械和运输设备、食品、石油、建筑材料等产品，来源主要是新西兰、澳大利亚、美国、日本和中国。

【**外国援助**】外援主要来自澳大利亚、新西兰、日本、欧盟、中国及国际组织等。2014/2015财年，萨共接受外援1.78亿塔拉。

人民生活

全国约76%的人口住在乡村，从事农业生产活动。农村电和自来水基本普及。由于每年萨摩亚有一千多人移民海外，国内人口数量增长缓慢，增长率为0.8%。平均寿命72.85岁。萨人口结构年轻，0—14岁人口占39.2%，15—64岁占55.9%，65岁以上占4.8%。萨每户居民都有亲属在海外工作，平均年侨汇超过2亿塔拉。65岁以上的老人享有养老金。

实行免费医疗。全国有2所国家级医院，7所地区医院，23个卫生所。共有医生60人，牙医14人，护士200多人，病床300张。患传染病、糖尿病、心脏病和癌症等疾病都能享受免费医疗。

军　事

萨摩亚没有军队，有500多名警察。

文化教育

【**教育**】实行中小学义务教育，入学率85.7%。文盲率4.3%。有157所小学，44所中学，4所职业学校，36所教会学校，2所师范学校。大专院校有萨摩亚国立大学和阿拉富阿农学院（南太平洋大学分校）。每年约有4800名大中学毕业生需要就业。

【**新闻出版**】主要报纸：《萨瓦利》（SAVALI），政府周报，1904年创刊，分萨语版和萨、英语混合版两种，萨语版主要向农村发行，混合版在首都地区发行，发行量4500—5000份。《萨摩亚观察家报》（SAMOA

OBSERVER），私营日报，发行量2000—3000份。另有《新闻》（NEWSLINE）等小报，发行量不大。

萨摩亚现有三家电视台（TV1，TV3和STAR TV），均为私营。除播送自制的新闻和教育节目外，主要转播澳、新电视台和BBC节目。此外还有几个宗教台。中央电视台英语新闻频道（CCTV NEWS）已在萨落地。

"萨摩亚广播公司"电台部（又称2AP STATION）为国家电台。波利尼西亚电台（Radio Polynesia Ltd.，又称Magic 98）为私人电台，现有三个频道。萨电台主要播放欧美流行音乐、萨摩亚音乐以及轻音乐，此外还包括自制的萨语节目和英语节目。另有一些宗教电台，主要播放基督教节目。中央电视台英语频道、中国国际广播电台已在萨落地。

对外关系

萨摩亚主张维护民族独立，发展民族经济，认为国家不分大小，均应受到平等对待。萨将外交重点放在南太地区。在保持同新西兰传统友好关系的同时，重视发展同亚太国家的关系。要求建立国际经济新秩序，重视全球和地区环境保护。萨是联合国、英联邦、太平洋岛国论坛、太平洋共同体和太平洋区域环境署等组织的成员。太平洋区域环境署秘书处、联合国粮农组织、教科文组织及开发计划署太平洋地区代表处都设在阿皮亚。现已同60国建交。2011年11月，萨联合汤加、图瓦卢、库克群岛等波利尼西亚国家和地区成立次区域组织"波利尼西亚领导人集团"。2012年5月，萨正式成为世贸组织成员。2014年9月，萨主办联合国第三届小岛屿发展中国家国际会议。

【同中国的关系】1975年11月6日两国建交。2014年11月，习近平主席在斐济楠迪同包括图伊拉埃帕总理在内的建交太平洋岛国领导人举行集体会晤，中国同岛国宣布建立相互尊重、共同发展的战略伙伴关系。

近年来，中方访萨的主要有：全国政协主席贾庆林（2011年4月），全国政协副主席、中国—大洋洲友好协会会长廖晖（2011年9月），商务部长陈德铭（2012年4月），中国政府特使、民政部副部长罗平飞（2012年5月底6月初出席萨独立50周年庆典），国家发改委副主任解振华（2012年7月），中联部副部长刘结一（2013年3月），中央政治局委员、上海市委书记韩正（2014年6月），习近平主席特使、外交部副部长张业遂（2014年9月出席第三届联合国小岛屿发展中国家国际会议），全国政协副主席齐续春（2015年8月）等。

萨方访华的主要有：总理图伊拉埃帕（2000年和2005年正式访问、2007年3月应中联部邀请率人权保护党代表团访华、2008年9月访华并出席北京残奥会闭幕式、2010年8月出席上海世博会萨国家馆日活动、2013年11月赴广州出席第二届中国—太平洋岛国经济发展合作论坛并访问深圳、西安和上海），副总理米萨（2006—2010年每年来华出席国际会议、2010年5月参观上海世博会），议长托洛富艾瓦莱莱（2007年6月、2008年3月、2010年11月），首席大法官萨波鲁（2009年9月），国家元首埃菲（2008年8月出席北京奥运会开幕式），副总理福诺托（2011年9月出席在厦门举行的中国国际投资贸易洽谈会并访问广东、2012年5月出席在北京举行的中国国际服务贸易交易会），议长拉乌利（2012年5月参加太平洋岛国政治家联合考察团访华、2014年5月访华）、农业部长勒马梅亚（2012年12月），财政部长利厄加（2013年4月），自然资源与环境部长图马利伊（2013年6月），教育、体育与文化部长马格莱（2014年9月），通讯与信息技术部长阿沃（2015年12月）等。

2014年，中萨贸易额为5606万美元，同比下降2.9%。其中，中方出口额为5587万美元，同比增长2.6%；进口额为19万美元，同比大幅增长。

中国驻萨摩亚大使：王雪峰。馆址：Embassy of the People's Republic of China in Samoa，Vailima，Apia，Samoa。电话：00685-22474；传真：21115。

萨摩亚驻华大使：塔普萨拉伊·特里·托欧玛塔（Mr. Tapusalaia Terry Toomata）。馆址：北京市朝阳区塔园外交办公楼2-7-2。电话：0086-10-65321673；传真：65321642。

华侨华人：19世纪末就有中国人赴萨，20世纪二三十年代成批华工赴萨种植椰子、香蕉，最多时达数千人，后因新西兰政府实施种族政策，华人数量开始减少，最后留下数百人，多与当地人通婚。目前，纯血统的华人约300人，混血华裔超过3万，约占萨人口20%，数量在外来血统中居首位。

【同新西兰的关系】新西兰曾为萨摩亚的宗主国，两国关系密切。萨在惠灵顿设有高专署，在奥克兰设有总领事馆。新在萨设有高专署。两国间签有友好条约。新是萨第三大援助国，萨是新在南太地区第四大受援国。新是萨主要贸易对象，新对萨商品出口约占萨进口总额的1/3，萨对新出口占萨出口总额的10%左右。新公司是萨建筑市场的主要承包者。根据《相互支援协定》，新帮助萨培训警察人员，进行海上巡逻等。新每年向萨提供1100人的移民配额，萨在新西兰的移民总数超过10万人。2012年5月底6月初，新总督迈特帕里出席萨独立50周年庆典。2009年9月，萨发生海啸灾情后，新向萨提供大量灾后援助。2012年12月，萨遭遇特大热带风暴后，新向萨提供1260万新西兰元援助。2014年6月，新西兰总理约翰·基访萨。2014年7月，萨摩亚总理图伊拉埃帕赴新出席"新西兰季节雇工项目"会议。2015年7月，新西兰总理约翰·基访萨。

【同澳大利亚的关系】澳大利亚在萨摩亚有高专署。澳为萨第一大援助国，2012/2013财年，澳对萨援助4350万澳元。主要用于提高政府办事效率、增加就业和投资、加强司法执法、提高教育水平和改善卫生医疗条件。澳为萨的第二大进口来源国。旅居澳的萨摩亚人有4万—5万，另有萨公派留学生数十名。澳在萨有侨民200多人。萨澳间有"防务合作计划"，由澳方帮助巡逻萨专属经济区，并为萨培训警察。2012年12月，萨遭遇特大热带风暴后，澳向萨提供1165万澳元援助。萨摩亚总理图伊拉埃帕分别于2008年7月和2011年6月访澳。2013年2月，澳外长卡尔访萨。

【同日本的关系】萨摩亚重视同日本的关系。1972年起日本向萨派遣志愿人员，至今已有200多人在萨服务过。近年来，日本成为萨最大援助国之一，对萨援助占萨受援总额的40%左右。平均每年向萨提供近1000万美元援助，主要用于教育、环保、卫生、基建等。日每年还向萨提供十余个奖学金和约50个短期培训机会。2015年5月，萨摩亚总理图伊拉埃帕赴日本出席第七届日本—太平洋岛国领导人会议。

【同美国的关系】萨摩亚重视同美国的关系。1988年11月，美在萨设使馆，大使由美驻新大使兼任。萨在美设使馆，大使由其常驻联合国代表兼任。受美国内立法限制，美对萨不提供直接经济援助，只通过多边渠道和地区组织提供少量援助。美自1976年起向萨派遣和平队员。萨与美属萨摩亚之间的贸易较多。美属萨摩亚和美国是萨第一和第二大出口市场。2016年2月，美国助理国务卿拉塞尔访萨。（付阳阳）

圣　诞　岛

名称　圣诞岛（Christmas Island）。

面积　135平方公里。

人口　约1200人（2015年）。其中华人占60%，马来人占25%，白人占15%。官方语言为英语。16.9%的居民信奉佛教，16.4%信奉基督教，14.8%信奉伊斯兰教。

简　况

位于印度洋东北部，北距巽他海峡南口的爪哇海岬约380公里，东南距澳大利亚西岸的西北角约1565公里。为火山岛。海岸线长80公里。沿岸大多为悬崖峭壁，最高处有20米；仅有浅滩约13处，最大的一处名为飞鱼湾（Flying Fish Cove），是岛内唯一港口和人口主要聚居地。属热带气候，气温21℃—32℃，湿度达80%—90%。气候温和，但湿季（11月至翌年4月）偶有暴风雨，岛周围风浪较大。年均降水量2000毫米。

英国威廉·迈纳斯船长于1643年圣诞节发现该岛并命名。1888年并入英国版图。1942年被日本军队占领。1946年成为新加坡属地。1958年1月移交英国管辖，同年10月，依据《1958年圣诞岛法案》，移交澳大利亚联邦管理，成为澳海外领地。

政　治

圣诞岛主权属澳大利亚。1958年起由澳政府派行政长官管辖。1984年成立圣诞岛自治机关，协助行政长官管理岛内事务。1992年自治机关由圣诞岛地方委员会取代。地方委员会由九名成员组成，任期四年。1994年岛内举行决定该岛地位的全民投票，否决了脱离澳大利亚的提案，但85%的投票者希望扩大岛内自治权。

难民问题突出，沉船、伤亡事件频发。澳霍华德政府通过法案将圣诞岛排除在澳移民区域之外，到达该岛者不能自动获得向澳政府申请避难的资格。

【政府】由澳大利亚总督任命的行政长官和地方委员会组成。现任行政长官巴里·哈斯（Barry Haase），2014年10月上任。

【司法机构】设有最高法院和地方法院三级司法系统。

经　济

磷酸盐工业是圣诞岛经济支柱。1998年磷酸盐资源公司与澳大利亚联邦政府签订了为期21年的矿产租约，负责勘探和开发。此外，旅游业也是圣诞岛的主要收入来源之一。当地货币为澳大利亚元。

【交通运输】空运：有一个国际机场。维珍航空公司经营从珀斯至该岛的航线，每周四班。圣诞岛航空公司经营马来西亚科伦坡至该岛的航线，每周一班。

海运：澳大利亚国家航运公司经营由澳大利亚大陆至该岛的航线。每月有货轮从澳大利亚弗里曼特尔（Fremantle）运送物品至该岛。有私营公司经营由圣诞岛至附近其他岛屿的船运业务。

公路：总长140公里，其中30公里铺有路面。

铁路：总长18公里，主要用于磷酸盐运输。

【对外贸易】主要贸易伙伴为澳大利亚、新西兰。磷酸盐为圣诞岛主要出口商品。绝大部分商品需进口，主要来源国为澳大利亚。

【旅游】为保护自然环境和稀有动植物，该岛约63%的面积被辟为国家公园。独特的动植物资源及良好的潜水、捕鱼设施吸引众多游人前来观光。旅游正日益成为重要产业。

人民生活

【医疗】岛上有现代化医疗设备，时常有儿科、妇科、整形等特殊医疗人员上岛提供服务。病情严重者将被送往珀斯就诊。

文化教育

【教育】澳大利亚西澳大利亚州教育部在岛上办有圣诞岛区学校，提供学龄前至中学12年级教育。学生可接受英语、马来语和汉语课程，参加当地的实习项目。建有一个公共图书馆。

【广播电视】岛上唯一一家电台进行英语、汉语、马来语广播。（陈哲颖）

所罗门群岛

国名　所罗门群岛（The Solomon Islands）。

面积　陆地面积2.84万平方公里，水域面积160万平方公里。

人口　57.5万（2014年），其中美拉尼西亚人占94.5%，波利尼西亚人占3%，密克罗尼西亚人占1.2%，白人占0.4%。全国有87种方言，通用皮金语，官方语言为英语。居民中95%以上信奉基督教新教和天主教，圣公会拥有的信教徒占全国人口2/3以上。

首都　霍尼亚拉（Honiara），人口6.46万（2009年）。

国家元首　英国女王伊丽莎白二世。女王任命总督为其代表。现任总督弗兰克·卡布伊（Sir Frank Kabui），于2009年7月7日就任，2014年7月连任。

重要节日　独立日（即国庆日）：7月7日。

简　况

位于太平洋西南部，属美拉尼西亚群岛。西南距澳大利亚1600公里，西距巴布亚新几内亚485公里，东南与瓦努阿图隔海相望。全境有大小岛屿900多个，最大的瓜达尔卡纳尔岛面积6475平方公里。境内多火山、河流。属热带雨林气候，终年炎热，无旱季。首都霍尼亚拉年均气温28℃，年均降水量3000—3500毫米。

早在3000年前已有人在此居住。1568年被西班牙人发现并命名。后荷兰、英国、德国等殖民者相继而至。1885年北所罗门成为德国保护地，同年转归英国（布卡与布干维尔岛除外）。1893年成立“英属所罗门群岛保护地”。二次大战期间曾被日本占领。1975年6月更名为所罗门群岛。1976年1月2日实行内部自治。1978年7月7日独立。系英联邦成员。

马莱塔与瓜达尔卡纳尔两大部族曾长期武装冲突。2000年10月，相关各方在澳大利亚汤斯维尔市签署《汤斯维尔和平协议》。2001年底所罗门群岛大选后再次陷入混乱。2003年7月，由澳大利亚、新西兰及其他太平洋岛国组成的“地区驻所援助团”（RAMSI）军警部队进驻所首都至今。

政　治

2006年4月，所总理选举结果引发大规模骚乱。澳、新迅速调集200多名警务人员协助所政府维持社会秩序。当选总理辛德·里尼（Synder Rini）辞职，社会信誉党领袖梅纳西·索加瓦雷（Manasseh Sogavare）当选总理。2007年11月，多名政府部长和执政联盟议员辞职，索加瓦雷被迫下台。12月，反对党联盟候选人德里克·西库阿（Derek Sikua）当选总理。在2010年8月议会选举后，丹尼·菲利普（Danny Philip）的联合阵营以微弱优势击败所民主党领袖斯蒂夫·阿巴纳（Steve Abana）的联合阵营，当选所第九任总理。2011年11月11日，为避免通过反对派提出的不信任案，菲利普辞去总理职务。11月16日，曾任菲利普政府财长的戈登·达西·利洛（Gordon Darcy Lilo）经议会投票当选总理。2014年12月，索加瓦雷再次当选所总理。

【宪法】1978年6月8日英国议会通过所罗门群岛新宪法，同年7月7日生效。

【议会】一院制，称国民议会，是所最高权力机关，由50名议员组成，任期四年。现任议长阿基隆·纳隋（Ajilon Nasui）于2014年11月当选，为所第十任议长。

【政府】现政府于2014年12月组成，主要成员包括：总理梅纳西·索加瓦雷，副总理兼内政部长梅纳西·梅兰加（Manasseh Maelanga），外交部长米尔纳·托扎卡（Milner Tozaka），财政与国库部长辛德·里尼（Synder Rini），发展计划与援助协调部长丹尼·菲利普（Danny Phillip），教育部长德里克·西库阿（Derek Sikua），渔业与海洋资源部长约翰·马尼尼阿鲁（John Maneniaru）等。

【行政区划】全国划分为首都霍尼亚拉一个市和西部、瓜达尔卡纳尔、马莱塔、中部、伊萨贝尔、马基拉—乌拉瓦、特姆突、雷纳尔与贝罗纳、乔伊索九个省。

【司法机构】沿用英国的司法制度，高等法院（又称国家法院）由大法官和一名陪审推事组成。1978年设上诉法院。各行政区设有区法院和地方法院。现任大法官艾伯特·帕尔默（Sir Albert Palmer）。

【政党】所政党较多，且各政党在议会中力量经常消长，现内阁部长中独立人士较多。目前主要政党有改革民主党（Reform Democratic Party）、民主党（Democratic Party）、我们的党（Our Party）、农村发展党（Rural Development Party）、人民代表大会党（People's Congress Party）等。

【重要人物】**弗兰克·卡布伊**：总督。1946年4月

20日生。毕业于巴布亚新几内亚大学。曾任所罗门群岛高等法院法官和总检察长，所律师协会主席。2009年7月7日当选总督，2014年7月连任。**梅纳西·索加瓦雷**：总理。1955年1月17日生。1997年当选国会议员，后任财政部长，反对党领袖，商业、工业和劳工部长。2000年至2001年、2006年至2007年曾任所总理，2014年12月再次当选总理。

经济

所罗门群岛自独立以来，经济由过去的单一经济逐步转变为包括农、渔、矿、林和旅游业等在内的多样化经济。牛肉、粮食和蔬菜基本自给。近年来，所政府采取多项发展措施，推动土地改革，改善管理方式，积极吸引外资，有效控制通货膨胀，经济出现复苏势头。2011年经济增长达到10.7%，后逐渐放缓。

2015年主要经济数据如下：

国内生产总值：12亿美元。

人均国内生产总值：2050美元。

经济增长率：3.3%。

货币名称：所罗门群岛元（简称“所元”）。

汇率：1美元≈8.14所元（2016年2月）。

通货膨胀率：3.8%（截至2015年12月）。

【资源】有铝土、镍、铜、金、磷酸盐等矿藏。已探明铝土矿储量5800万吨，磷酸盐1000万吨。水利资源丰富。森林覆盖面积占陆地总面积90%，约263万公顷。林木总蓄积量为1.27亿立方米，商品木材蓄积量为4810万立方米。近年来，林业发展迅速，已成为主要经济支柱和出口产业。但因过度采伐，面临林业资源可能在数十年内枯竭的危险。

【工业】有渔产品、家具、塑料、服装、木船、香料、食品和饮料等小工厂和采矿业。工业仅占国内生产总值的5%。

【农业】农业人口占全国人口的90%以上。农业收入占国内生产总值的60%。主要农作物是椰干、棕榈油和可可等。

【渔业】盛产金枪鱼，是世界上渔业资源最丰富的国家之一，金枪鱼年捕鱼量约8万吨。海产品是第三大出口产品，主要出口到日本。2011年1月，所启动珊瑚礁和渔业安全计划，以有效保护海洋和渔业资源。

【旅游业】沿海地势较平坦，海水没有污染，被视为世界上最好的潜水区之一，旅游业潜力较大。但所基础设施落后，交通不便，社会治安较差，严重制约所旅游业的发展。

【交通运输】公路：陆路交通不发达。各岛共有1900公里公路干线。其中首都地区柏油路面公路100公里，农村土路1770公里。

空运：除霍尼亚拉国际机场外，还有35个小机场。国际航班运营商主要有巴布亚新几内亚航空公司和瑙鲁航空公司，澳大利亚航空公司与所罗门航空公司也有联营的国际航班。

水运：与澳大利亚、日本、新加坡、其他太平洋岛国等国家及中国台湾和中国香港等地区有海运联系。有定期的海上运输货轮通往澳大利亚、新西兰、巴新、日本、中国香港和欧洲。霍尼亚拉是主要港口。

【财政金融】财政严重依赖外援。2015年外汇储备5.3亿美元，2014年债务总额为8.59亿所元，财政收入为71.98亿所元。

中央银行和开发银行为所两家大银行，所现任央行行长为丹顿·拉拉瓦（Denton Rarawa）。另外，澳新银行、西太银行等在所设有分行。

【对外贸易】主要出口木材、椰干、鱼类、棕榈油及可可，进口交通运输工具、机械、食品、燃料和化工品等。主要贸易伙伴为澳大利亚、日本、英国、中国等。2014年进出口总额为9.12亿美元，其中进口额4.64亿美元，出口额为4.48亿美元。

【外国援助】争取多边援助，强调外援使用权必须由所决定。目前，澳大利亚为所最大援助国，其他主要援助方为欧盟、日本、新西兰、英国和亚洲开发银行等。2015/2016财年，澳向所提供1.76亿澳元援助（包括对RAMSI的资助）。

【著名公司及经济团体】（1）矿产与勘探公司协会（Association of Mining and Exploration）：成立于1988年。地址：C/O POB G24，Honiara，Solomon Islands。

（2）所罗门群岛开发信托公司（Solomon Islands Development Trust）。地址：POB 147，Honiara，Solomon Islands。

人民生活

【卫生】全国有九所医院、900多张病床、135家诊所和农村医疗站。人均寿命58岁。

文化教育

【教育】保持美拉尼西亚的传统文化。文盲约占人口的49%。全国有小学52所，中学20所，技术学院和师范学校各1所。中小学生占适龄儿童和少年的1/3左右。

【新闻出版】有私人经营的英文日报《所罗门星报》、《所罗门之声》。政府办的所罗门广播电台用英语和皮金语广播。

军事

所罗门群岛无军队，仅有800多名警察。

对外关系

所罗门群岛强调国际和睦、友谊、相互尊重、和平及人类尊严等外交原则。奉行不与任何大国结盟的政策，坚持在谨慎并有选择的基础上发展与各国的政治和经贸关系，有选择地利用外资和外援。支持南太无核区主张，重视与英国、澳大利亚、新西兰等传统友好国家的关系，同时注重与其他太平洋岛国发展友好合作关系，积极发展同日本、欧盟、美国、古巴、伊朗、阿联酋和以色列等国家的关系。

目前已同30多个国家建交（包括2010年以来新建交的塞浦路斯、阿联酋、摩洛哥等），系联合国、英联邦、太平洋岛国论坛、太平洋共同体、美拉尼西亚先锋集团等国际和地区组织成员。在联合国、澳大利亚、欧盟和巴新等设有外交机构。

【同中国的关系】中国与所罗门群岛无外交关系。2006年4月，所发生骚乱，华侨生命财产遭受严重威胁和重大损失，60多家华人商铺被烧毁，损失达上千万美元；中国撤侨300多人。2008年，所体育代表团参加北京奥运会。2010年，所同其他太平洋岛国以太平洋联合馆形式参加上海世博会。2014年，中所贸易额为5.2亿美元，同比增长18.6%，其中中方出口额4944万美元，同比增长34.4%，进口额4.7亿美元，同比增长17.1%。

1983年，台湾当局与所建立“领事级外交关系”，1985年提升为“大使级外交关系”。2010年3月，台湾地区领导人马英九访所；同年5月和10月，所总督卡布伊和总理菲利普先后访台。台湾全球海洋水产公司控制着所金枪鱼市场。2012年5月，所总理利洛访台。2013年3月，台“外交部”“政务次长”石定访所。

华侨华人：自1910年起，华人开始到所谋生。目前，旅所华商有1000人左右，主要从事批发零售和餐饮服务等行业。

【同英国的关系】所罗门群岛与英国关系密切。所原是英国的殖民地，被英统治85年。1978年所独立后，政府部门的顾问等仍由英国人担任。英是所重要的援助国及贸易伙伴。2005年4月，所总督维纳访英。2006年10月，英联邦秘书长麦金农访所。2011年4月，所总督卡布伊夫妇赴英国出席威廉王子婚礼。6月，卡布伊总督夫妇赴英国出席女王登基60周年庆典活动。2012年9月，英国威廉王子夫妇访所。2013年4月，英国外交与联邦事务副大臣斯维尔访所。

【同澳大利亚、新西兰的关系】所罗门群岛与澳大利亚关系密切，澳在所经营银行、航运和锯木厂。2009年1月，澳与所签署发展伙伴计划。2012年4月，澳国防部长史密斯访所。2012年7月，所与澳签署“季节性工人计划”。2015年12月，澳国际发展与太平洋事务部部长乔博访所。新西兰对所罗门群岛也积极开展外交、贸易活动并为所提供援助。2010年2月和11月、2012年1月，新西兰外长麦卡利访所。2013年2月，新贸易部长格罗泽访所。

【同其他太平洋岛国的关系】1988年3月，所罗门群岛与巴新、斐济、瓦努阿图在瓦首都维拉港签署“美拉尼西亚国家合作原则声明”及互免签证协议。2007年3月，所总理索加瓦雷在瓦努阿图首都维拉港与瓦总理利尼、巴新总理索马雷、斐济临时政府外长奈拉蒂考签署《美拉尼西亚先锋集团宪章》。2015年6月，第20届美拉尼西亚先锋集团领导人峰会在所首都霍尼亚拉举行。

【同日本的关系】早在所罗门群岛独立前，日本就与所签订了渔业协定，合办“所罗门大洋渔业公司”。该公司的出口值占所出口总值的1/4以上。日还在所经营木材加工和伐木厂，勘探铝矾土矿，并为所提供援助、人员培训等。2012年5月，所总理利洛赴日出席第六届日本—太平洋岛国领导人会议。2015年5月，所副总理埃特赴日出席第七届日本—太平洋岛国领导人会议。

【同欧盟的关系】欧盟自1998年起共向所提供了约13亿所元的援助，主要用于救灾及实施乡村微型项目。2010年2月底至3月初，所总理西库阿访问欧盟并出席第三届所罗门群岛—欧盟对话会。目前欧盟是所第二大援助方。欧盟将通过第11期欧洲发展基金在2014—2020年向所提供4000万欧元援助。（刘国栋）

汤　加

国名　汤加王国（The Kingdom of Tonga）。

面积　陆地面积747平方公里，水域面积25.9万平方公里。

人口　10.64万（2014年7月）。98%是汤加人，属波利尼西亚人种，其余为其他太平洋岛国人、欧洲人、亚洲人及其后裔。华人华侨约有1500人。通用汤加语和英语。居民多信奉基督教。

首都　努库阿洛法（Nuku’alofa），人口约3万。

国家元首　国王图普六世（Tupou VI），2012年3月18日继位，2015年7月加冕。

重要节日　独立日：6月4日；国庆日：11月4日（宪法日）。

简　况

位于南太平洋西部、国际日期变更线西侧，西邻斐济。由汤加塔布、瓦瓦乌、哈派三大群岛和埃瓦、纽阿等173个岛屿组成，其中36个有人居住，无河流。属热带雨林气候，5—11月为旱季，12月至翌年4月为雨季。年均气温南部23℃，北部27℃。年均降水量1793毫米。11月至翌年3月常有飓风和暴雨。

3000多年前已有人在此定居。约从公元950年起至今经历四个王朝，现为1845年乔治·图普一世建立的陶法阿豪王朝。17、18世纪，荷兰、英国、西班牙探险家先后抵达。19世纪基督教传入。1900年成为英国保护国。1970年6月4日独立，并成为英联邦成员。

政　治

汤加是太平洋岛国地区唯一的君主制国家。社会分王族、贵族和平民三个阶层。全国有33个世袭贵族头衔。国王为国家元首，长期执掌大权，首相由国王任命。汤加近年来推进政治改革，还政于民，国王让渡国家行政管理大权和部分人事权，保留武装部队统帅、解散议会、否决议会提案等权力；枢密院不再是最高行政决策部门，改为国王个人的咨询机构。

【宪法】现行宪法由国王乔治·图普一世于1875年颁布，2010年修订。

【议会】即立法会。一院制。由九名贵族议员和17名平民议员组成。每四年选举一次。贵族议员由其所在选区贵族选举产生，平民议员由所在选区普选产生。议长由议员推选，国王任命。本届议会于2014年11月选举产生，现任议长为上届政府首相、贵族议员图伊瓦卡诺（Lord Tu’ivakano）。本届议会17个平民议席中，目前“友谊之岛民主党”占9席，独立平民议员占6席，空缺2个议席拟于2016年5月补选。

【政府】内阁由包括首相、副首相在内的内阁大臣组成。首相从26名议员中选举产生，由国王任命；内阁大臣由首相提名，由国王任命。首相可从议员之外提名四名内阁大臣。目前内阁成员主要包括：首相兼外交、贸易、教育、基础设施大臣阿基利西·波希瓦（Hon. Akilisi Pohiva），副首相兼环境、能源、信息通信大臣肖西·索瓦莱尼（Hon. Siosi Sovaleni），土地、资源、国防大臣马阿富（Lord Ma’afu），卫生大臣萨亚·皮乌卡拉（Hon. Saia Piukala），财政、国家计划大臣艾萨克·埃凯（Dr. Aisake Valu Eke），警察、劳动、商业、旅游大臣波希瓦·图伊奥内托阿（Hon. Pohiva Tuionetoa），农业、渔业、林业及食品大臣塞米西·法卡豪（Hon. Semisi Fakahau），司法大臣西奥内·武纳（Hon. Sione Vuna），内政大臣索塞福·瓦卡塔（Hon. Sosefo Vakata），公共企业大臣波阿西·特伊（Hon. Poasi Tei），税收和海关大臣特维塔·拉维马奥（Hon. Tevita Lavemaau）。

【司法机构】设最高法院、上诉法院、土地法院和地方法院。最高法院法官由国王任命。最高法院现任大法官为迈克尔·斯科特（Michael Sccot，英国人），2010年9月就任。代理总检察长阿米尼阿斯·科夫（Aminiasi Kefu）。

【政党】（1）汤加“友谊之岛民主党”，2010年9月成立，在同年11月的大选中赢得12个议席，在2014年11月大选中赢得10个议席，领袖为波希瓦（‘Akilisi Pohiva）。（2）人权和民主运动，1992年成立（2010年该党部分党员另组“友谊之岛民主党”独立）。（3）人民民主党，2008年4月成立。（4）可持续建设国家党，2007年8月成立。

【重要人物】图普六世（King Tupou VI）：国王，图普五世国王胞弟。1959年7月12日生于努库阿洛法。毕业于美国海军学院、澳大利亚军事学院和澳大利亚邦德大学。1998年10月任外交国防大臣。2000年1月任首相兼外交国防、农林、渔业、海事和港务大臣。2006年2月辞去首相职务。2006年9月被敕封为王储。随后任汤驻澳大利亚高专。2012年3月18日继承图普五世的王位。2015年7月正式加冕。　**阿基利西·波希瓦（Akilisi Pohiva）**：首相。1941年4月7日生，曾任教师和报纸编辑，系汤加“人权和民主改革运动”创始人之一。1987年当选议员并连任至今，是汤资历最深的平民议员。2010年建立“汤加友谊之岛民主党”并任领袖。2014年11月大选中再次当选平民议员，12月当选首相。**图伊瓦卡诺（Lord Tuivakano）**：议长。1952年1月15日生，1986年1月继承其父的贵族头衔。曾在新西兰、澳大利亚等国留学，获新西兰阿德莫师范学院教师资格证书和澳大利亚弗林德斯大学政治学专业荣誉文学学士学位。回国后任教于汤加中学并任职于教育部。1996年起担任贵族议员，2001—2004年担任议长，之后曾任工程大臣，2006—2010年任就业、培训、青年和体育大臣，12月当选首相，兼外交、国防、信息和通讯大臣。2014年12月当选议长。　**萨洛特·皮洛莱乌·图伊塔（Salote Pilolevu Tuita）**：公主，图普五世国王胞妹、图普六世国王胞姐。1951年11月14日生于努库阿洛法，曾在新西兰学习。现经商，任汤加卫星公司（Tongasat）董事长、汤加莱奥拉（Leiola）免税店有限公司董事、汤中友好协会主席、太平洋和东南亚妇女协会执委、汤加妇女商业协会主席、业余体协主席、红十字会主席、汤加音协主席，汤加储备银行董事。

经　济

生产力水平低，经济发展落后，严重依赖外援。农业、渔业和旅游业是国民经济的三大支柱，但长期以来未能有效开发。受国际金融危机影响，经济持续疲软。在燃油等大宗商品价格走低、哈派地区灾后重建及政府一系列政策措施的刺激下，2014/2015财年，GDP增长2.4%。

2014/2015财年主要经济数据如下：

国内生产总值（GDP）：约4亿美元。

人均国内生产总值：约4000美元。

经济增长率：2.4%。

货币名称：潘加（PA’ANGA）。

汇率：1美元≈2.2潘加（2016年2月）。

通货膨胀率：-1.9%。(2015年11月)。

【资源】渔业和森林资源较丰富。2008年5月，加拿大Nautilus矿业公司开始在汤加海域进行矿产勘探。2010年2月，美国Modulus能源公司与汤签署协议，将于2015年开始在汤海域开始勘探性钻井作业。为保护境内资源，2014年8月汤出台《海底矿产法》。

【工业】工业不发达。主要工业有小型渔船制造、饼干和方便面制造、食用椰油和固体油脂的加工和包装、金属废料加工、太阳能热水器组装、家具加工制作、电焊铁围栏、油漆分装和烟厂等，工业产值约占GDP的17%。

【农业】农业生产力低，基本靠自然发展，以小农场为主，作物品种单调，耕作方式原始，技术落后，产量不高。汤加全国耕地面积165.8平方公里，占土地总面积的22.2%。从事农业生产的人数占总就业人数的40%，主要农产品有芋头、木薯、南瓜、香草、卡瓦等，还生产香蕉、菠萝、椰子、西瓜、木瓜等热带水果及少量蔬菜。大米、面粉、部分蔬菜和水果及肉类等依赖进口。农产品和鱼类出口在汤出口中占绝对主导地位。2014/2015财年汤加农业受干旱影响减产，产值下降3.2%。

【渔业】汤海域辽阔，渔业资源较丰富，以金枪鱼出口为主。近年来，由于气候原因和过度捕捞，鱼类资源不断减少，加之运输成本的不断增加，金枪鱼等主要渔产品出口下降，发展低于预期。近几年，汤加渔业年产值均为600万潘加左右，占汤加GDP的4%。

【旅游业】旅游业是汤政府力图大力发展的经济行业之一，被视为增加民众收入和解决就业的新的增长点。汤加具有较有特色的历史文化传统和旅游资源，但由于开发能力有限，旅游业尚未实现快速发展。目前，全国共有旅馆、汽车旅馆和客栈50余家，共约700个房间。2013年度汤共接待游客约5.8万人次，主要来自新西兰、美国、澳大利亚和欧洲。2014/2015财年，旅游带来的酒店及餐饮业收入占GDP3%。

【交通运输】公路：总长约950公里；小汽车4万辆。

水运：以各岛轮渡运输为主。共有六个海港。汤加塔布岛的努库阿洛法港和瓦瓦乌岛的纳阿夫港可停靠远洋货轮。同澳大利亚、斐济、新西兰、萨摩亚和日本等国之间有定期班轮。

空运：共有大小六个机场。澳大利亚（Pacific Blue）、新西兰（Air New Zealand）、斐济（Air Pacific）有航班飞经汤加。2013年3月起，国内航线主要由汤加Real Tonga航空公司运营，新西兰查塔姆斯航空公司停止在汤运营。

【财政金融】2014/2015财年，汤实现财政盈余330万潘加。截至2015年6月30日，汤政府债务达4.06亿潘加，占GDP的50%，外债达3.65亿潘加，占GDP45%，世界银行已将汤从债务“高风险”国降为“中等风险”国。截至2015年6月外汇储备为2.897亿潘加，同比增长3.8%。全国金融系统主要由汤加国家储备银行、汤加发展银行和南太银行汤加分行等三大商业银行组成。

（1）汤加国家储备银行（National Reserve Bank of Tonga）：成立于1989年。核准资本为200万潘加。是汤中央银行，负责发行货币、调节汇率及管理国家外汇储备等。

（2）汤加发展银行（Development Bank of Tonga）：成立于1977年。是促进投资的金融机构。主要负责向私营部门提供金融贷款。其权益资本主要由澳大利亚和新西兰政府捐赠。截至2000年12月，总资产约3946万潘加。

（3）南太银行（Bank of South Pacific）汤加分行：2015年7月南太银行收购西太银行汤加分行（Westpac Bank of Tonga）。

（4）马来西亚银行（MBF Bank Limited）：成立于20世纪90年代初，为较小的商业银行。

（5）澳新银行（Australia and New Zealand Banking Group Limited）汤加分行：成立于1993年，商业银行。

（6）太平洋国际商业银行（Pacific International Commercial Bank）：2014年4月开业。

【对外贸易】长期以来，外贸逆差巨大。2014年，汤进口2.89亿潘加，同比增长12%，出口1470万潘加，同比增长1.8%，贸易逆差达2.743亿潘加。主要出口南瓜、鱼类、卡瓦、檀香木、香草和根茎作物。主要进口食品、服装、日用品、机械、运输设备、燃料和建筑材料等。主要贸易对象为新西兰、澳大利亚、斐济、美国和日本。

【外国援助】外援主要来自澳大利亚、中国、日本、新西兰、世界银行、亚洲开发银行等。近年来，汤加接受外援的资金额度不断增加。2015/2016财年预计外援总额约2.33亿潘加（含国际现汇财政援助6600万潘加），约占汤加该年度预算的50%。

人民生活

实行全国免费医疗制度。2015/2016财年，汤加医疗卫生预算为3020万潘加，占当年财政预算总额的6.1%。

军　事

国王陛下武装部队（His Majesty's Armed Forces），原名“汤加国防军”，2013年9月改现名）由陆军、海军和皇家卫队组成，共600多名官兵。国王为国防军最高统帅，土地、资源大臣马阿富兼任国防大臣。总参谋长（原称“国防军司令”）为费埃拉凯帕准将（Lord Fielakepa）。共有警察500多名。

文化教育

【教育】公办学校对6—14岁儿童实行免费教育。南太平洋大学在汤设有分校，另有一所私立工科大学。汤加法律规定教会可参与办学。小学约90%由政府创办，中学约75%由教会创办。澳大利亚、新西兰及中国、日本等国向汤提供留学奖学金。2015/2016财年教育预算为4400万潘加。文盲率1%（2010年）。

【新闻出版】全国共有四种主要报纸，每周出版一次，多数用汤加文出版，分别是：《汤加时报》（Taimi）、《螺号报》（Ke' lea）、《宣告报》（Talaki）和《汤加日报》（Tonga Daily News）。主要网站是《汤加风》（Matangi Tonga）。此外还有部分宗教报纸和不定期出版的杂志。

全国共有五家广播电台和一家电视台，主要以汤加语播出，也播放少量英语新闻、体育比赛与影视剧等节目。中国中央电视台英语新闻频道和英国BBC节目可免费收看。

对外关系

汤加与60个国家建立了外交关系，澳大利亚、新西兰在汤设有高专署，中国、日本在汤设有使馆，韩国、荷兰、德国、瑞典、法国、芬兰在汤设有名誉领事。

汤加在中国、日本设有大使馆；在澳大利亚设高专署；在英国设高专署并兼管比利时、卢森堡、丹麦、荷兰、瑞士、法国、德国、意大利、俄罗斯、欧盟事务；在美国纽约设常驻联合国代表团并兼管美国、加拿大、古巴、墨西哥等国事务；在旧金山设总领馆；在夏威夷设有名誉领事办公室。

汤加是联合国、英联邦、太平洋岛国论坛、太平洋共同体、国际民航组织、亚洲开发银行、世界银行、国际货币基金组织、世界贸易组织等成员国。汤加关心地区安全与稳定，支持美澳新军事联盟；积极参加地区合作，主张建立南太平洋无核区。2007年7月，汤加加入世界贸易组织。2014年7月，汤加当选国际海底管理局理事会成员，成为继斐济之后第二个当选理事会成员的小岛屿发展中国家。2016年2月，汤加入国际劳工组织。

2007年10月，汤加主办第38届太平洋岛国论坛首脑会议、第19届论坛会后对话会以及第17届南太旅游组织部长理事会会议。2011年4月，汤加主办联合国粮农组织西南太平洋地区农业部长会议。2011年4月，汤加举办发展伙伴论坛，争取援助方增加对汤援助。同年5月，汤加主办太平洋岛国论坛贸易部长会议。同月，汤加召开能源路线图计划年度审议会，呼吁各发展伙伴积极支持汤增加可再生能源的使用，降低对石油能源的依赖。2013年3月，汤加举办太平洋岛国领导人能源问题峰会，探讨本地区各国新能源发展规划和利用。2013年5月，汤加举办南太平洋防长会议。2014年10月，汤加主办南太旅游部长会议。

【同中国的关系】中国与汤加于1998年11月2日建交。2014年11月，中国国家主席习近平在斐济楠迪同包括汤加首相图伊瓦卡诺在内的建交太平洋岛国领导人会晤，中国同岛国宣布建立相互尊重、共同发展的战略伙伴关系。

近年来，中方访汤的主要有：2009年1月，商务部副部长傅自应访汤；4月，中国人民对外友好协会副会长李小林访汤。2010年9月，中国海军远航训练编队访汤。2012年3月，胡锦涛主席特使、民政部副部长姜力赴汤出席图普五世国王的葬礼。2013年5月，贸促会副会长王锦珍访汤；8月，解放军总政治部副主任吴昌德上将访汤。2014年3月，全国政协副主席、中联部部长王家瑞访汤；4月，中国—太平洋岛国论坛对话会特使杜起文访汤；8月，中国“和平方舟”海军医院船赴汤义诊。2015年5月，广州军区副司令员邢书成中将访汤；7月，习近平主席特使、国家旅游局局长李金早及国防部外办副主任慈国巍少将赴汤出席图普六世国王加冕典礼。

汤方访华的主要有：2009年6月，议长图伊拉卡帕参加太平洋岛国议员代表团访华。2010年8月，皮洛莱乌公主来华出席上海世博会汤国家馆日活动；9月来华出席国际友好城市大会暨美大地区友好论坛。2011年8月，副议长图伊阿费图应中联部邀请率“太平洋岛国政治家联合考察团”访华。2012年5月，汤议会全体委员会主席图乌塔法伊瓦和瓦瓦乌岛行政长官弗利瓦伊来华参加太平洋岛国政治家联合考察团；10月，议长法卡法努阿访华。2013年7月，首相图伊瓦卡诺来华出席生态文明贵阳国际论坛并访问广东，11月，来华出席第二届中国—太平洋岛国经济发展合作论坛；8月，副首相瓦伊普卢访华；9月，皮洛莱乌公主访华，11月，皮洛莱乌公主来华出席中汤建交15周年招待会。2014年5月，皮洛莱乌公主来华出席全国友协成立60周年庆祝活动；同月，副首相瓦伊普卢率汤加政府议会联合考察团访华；12月，汤加王储乌卢卡拉拉访华。2015年4月，副首相索瓦莱尼率汤加政府议会联合考察团访华；10月、11月，索瓦莱尼副首相分别来华出席广东21世纪海上丝绸之路国际博览会、第二届世界互联网大会。

2015年，中汤贸易额为3048万美元，同比增长27.1%。其中，中方出口额为3046万美元，同比增长27.2%；进口额为2万美元，同比下降33.8%。

中国驻汤加大使：黄华光。馆址：Embassy of the People’s Republic of China in the Kingdom of Tonga，P.O. Box 877，Vuna Road，Nuku’alofa，Kingdom of Tonga。电话：00676-24554；传真：24595。

汤加驻华大使：陶阿伊卡·乌塔阿图（Tauaika Utaatu）。馆址：北京市朝阳区建国门外外交公寓1-2-11。电话：0086-10-65327203；传真：65327204。

【同新西兰的关系】1970年建交。两国关系密切。新是汤主要援助国，1976年开始向汤提供援助，后逐年增加。新是汤最大贸易伙伴和进口市场，2006年11月汤加首都发生骚乱，新与澳一起派军队协助维持治安、平息骚乱。2007年4月，汤加参加新西兰季节工计划。2009年5月，汤首相塞韦莱访新，汤在新设高专署。2009年7月，新总理约翰·基访汤。2009年7月、2010年7月、2011年5月和7月、2013年3月，新外长麦卡利多次访汤。2011年7月，汤国王图普五世访新。2012年3月，新总督迈特帕里、副总理英格利希和毛利王图黑提亚赴汤出席图普五世国王葬礼。2013年2月，图普六世国王夫妇对新西兰进行国事访问。2014年6月，新西兰总理约翰·基访汤。2015年2月新外长麦卡利访汤。2015年7月，新总督迈特帕里赴汤出席图普六世国王加冕典礼。现有近7万汤加侨民生活在新西兰。

【同澳大利亚的关系】1970年建交，两国关系密切。澳是汤主要援助国，1976年开始向汤提供援助。澳是汤重要贸易伙伴，2009年6月，澳外长史密斯访汤。2011年3月，澳负责太平洋岛国事务的议会秘书马尔斯访汤。同年6月，澳参议长霍格赴汤出席汤议会开幕式。2012年3月，澳总督布赖斯赴汤出席图普五世国王葬礼。2015年4月，澳外长毕晓普访问汤加。2015年7月，澳总督科斯格罗夫赴汤出席图普六世国王加冕典礼。现任汤驻澳大利亚高专为图普六世女儿安格里卡·拉图福伊皮卡公主。

【同美国的关系】近年来，两国关系有所加强。美对汤援助包括军事支持、派遣和平队志愿者等。2008年1月，汤首相塞韦莱访问美军夏威夷基地；同月，汤派遣第三批55名官兵赴伊拉克参与维和。2月，美一艘护卫舰访汤。2010年11月，美参谋长联席会议主席马伦访汤。2011年6月，美助理国务卿坎贝尔访汤。2012年6月至8月，汤加首次派兵参加美国主导的环太平洋联合军演。2012年8月，美助理国务卿坎贝尔访汤。2013年5月，美海军部长雷·马布斯访汤；6月，美主导的"2013年太平洋伙伴"行动在汤举行，美"珍珠港号"军舰访汤。2014年4月，美军太平洋司令部司令洛克利尔访汤，会见汤首相图伊瓦卡诺，并与汤方就美内华达州与汤建立国家伙伴关系达成协议。2014年7月底，由美主导的"太平洋天使"行动在汤瓦瓦乌岛和哈派岛举行，为当地汤民众提供人道主义医疗服务。2016年2月，美助理国务卿拉塞尔访汤。目前，汤共有约4万名侨民旅居美国。

【同日本的关系】1970年建交，日汤互设有大使馆。日是汤重要贸易伙伴和援助国，是汤南瓜、金枪鱼主要出口市场。2011年1月，汤国王图普五世赴日私人访问。2012年3月，日皇室成员正仁亲王夫妇赴汤出席图普五世国王葬礼；5月，汤首相图伊瓦卡诺赴日出席第六届日本—太平洋岛国领导人会议。2015年5月，汤首相波希瓦赴日出席第七届日本与太平洋岛国领导人会议；7月，日本皇太子德仁夫妇赴汤出席图普六世国王加冕典礼。

【同英国的关系】同英国保持传统关系。英国曾在汤设高专署近百年，但因调整驻外机构于2006年4月1日正式关闭驻汤高专署，由英驻新西兰高专署代管汤事务。英国女王曾于20世纪3次访汤。2011年4月，汤加国王图普五世赴英出席威廉王子婚礼。2012年3月，英国格洛斯特公爵理查德亲王赴汤出席图普五世国王葬礼；5月，汤加国王图普六世夫妇赴英国出席英女王伊丽莎白二世登基60周年庆典。2013年10月、2015年2月，图普六世国王夫妇访问英国。

【同法国的关系】两国早在1855年就签署了《法国—汤加友好条约》。法国在汤设有名誉领事。法不定期向汤提供一些军事物资援助，法军舰时常访汤。2009年5月，法属新喀里多尼亚司令向汤国防军赠送15辆军用卡车；9月，汤国防军和法驻新喀里多尼亚部队举行小型军事演习。2011年3月，法国军舰"La Moqueuse"号访汤。2015年5月，法国军舰"葡月号"访汤。

【同欧盟的关系】欧盟在汤有若干援助项目。欧盟曾在汤设办事处及临时代办，2002年起该办事处事务由驻斐济办事处兼管。欧盟通过2002—2007第九个欧盟援助计划向汤提供1700万潘加援助，2008—2013年第10个欧盟援助计划向汤提供1500万欧元援助，主要用于可再生能源开发、应对气候变化、防灾减灾等领域。2014—2020年第11个欧盟援助计划向汤提供1100万欧元援助，用于可再生能源开发。（宋煜芬）

图 瓦 卢

<u>国名</u> 图瓦卢（Tuvalu）。

<u>面积</u> 陆地面积26平方公里，水域面积约130万平方公里。

<u>人口</u> 9893人（2014年）。97%为图瓦卢人，属波利尼西亚人种。其余为基里巴斯人、欧洲裔等。英语为官方语言，图瓦卢语为通用语言。居民信奉基督教。

<u>首都</u> 富纳富提（Funafuti）。

<u>国家元首</u> 英国女王，总督是女王的代表。现任总督亚科巴·伊塔莱利·塔埃阿（Iakopa Italeli Taeia），2010年4月16日就任。

<u>重要节日</u> 图瓦卢日：10月1日。

简 况

位于中太平洋南部，在国际日期变更线西侧。由九个环形小珊瑚岛群组成，其中八个有人居住，富纳富提为主岛。海岸线长15英里。无河流。属热带海洋性气候。年均气温29℃，年均降水量3000毫米。陆地最高点不超过海平面5米，面临因海平面上升而被淹没的危险。

图瓦卢人世居岛上。1892年英宣布图瓦卢和附近的基里巴斯为英"保护地"。1916年被划入"英属吉尔伯特和埃利斯群岛殖民地"。1975年10月在法律上同基里巴斯分离，改用旧名图瓦卢（意为"八岛之群”）。1978年6月实行自治，10月1日独立。

政　治

2013年8月，议会通过对特拉维政府的不信任案，埃内莱·索波阿加（Enele Sopoaga）当选总理。2015年3月，索波阿加在大选后成功连任总理。

【宪法】 1978年10月1日独立时生效。宪法规定，图为英联邦成员国。英女王根据图总理推荐任命总督。总理由议员选举产生。内阁对议会负责，由总理和数名部长组成。总检察长为政府的主要法律顾问。1986年6月修改宪法，总督丧失对政府所提建议的否决权。

【议会】 一院制，由15名议员组成，各岛根据登记选民数量产生1—2名议员，任期四年。本届议会于2015年3月产生，现议长为奥提涅卢·陶西（Otinielu Tausi）。

【政府】 本届政府于2015年4月组成，现主要成员有：总理索波阿加，副总理马蒂亚·托阿法（Maatia Toafa），通信和交通部长莫妮塞·拉法依（Monise Laafai），外交、环境、贸易、劳工和旅游部长陶克琳娜·菲尼卡索（Taukelina Finikaso）等。

【司法机构】 设最高法院、地区法院和岛法院（共八个）。最高法院由一名大法官主持受理下级法院的上诉案。如要进一步上诉则由斐济上诉法院代理或呈请英国枢密院司法委员会审理。

【主要网址】

http://www.tuvaluislands.com，http://www.tuvalu-news.tv，http://www.timelesstuvalu。

【重要人物】 埃内莱·索波阿加：总理。1956年2月10日出生，曾在牛津大学接受外交官培训，并在英国萨塞克斯大学获硕士学位。长期在政府部门任职，从政经历丰富，其兄长曾于2002年至2004年任图总理。索曾任图瓦卢驻斐济、巴新、萨摩亚高专，图外交部常秘等职。2010年当选议员，2013年在前总理特拉维下台后当选总理。2015年3月大选后连任。

经　济

图瓦卢资源匮乏，土地贫瘠，农业落后，几乎无工业。被联合国列为最不发达国家之一。家族是生产和生活的最基本单位。集体劳动，主要从事捕鱼和种植椰子、香蕉、芋头，所获物品在家族内平分。买卖主要是以物易物。外汇收入主要靠外援、捕鱼证、邮票、椰干等出口、“.tv”网络域名出售、外国在图海域的捕鱼费以及海员汇款和在瑙鲁磷矿工作的侨民汇款。

2014年主要经济数据如下：

国内生产总值：约3786万美元。

人均国内生产总值：约3259美元。

国内生产总值增长率：约1.4%。

货币名称：图瓦卢币，通用澳元。

通货膨胀率：约1.4%。

【农渔业】 农业主要靠种植椰子、香蕉、芋头及饲养家禽、猪等。渔业资源丰富，但无开发能力。图与日本、韩国和中国台湾签有渔业协定，每年可获捕鱼费23万美元。

【交通运输】 以水运为主。首都富纳富提有深水港。图瓦卢有通往斐济等国的不定期班轮。斐济太平洋航空公司每周有两次（周二和周四）自楠迪经苏瓦飞富纳富提的航班。境内有沙面公路8公里。

【财政金融】 2013年政府财政收入约为2800万澳元，财政支出为3400万澳元（IMF世界经济展望资料）。收入主要来自“图瓦卢信托基金”、侨汇、出售捕鱼许可证和互联网电信协议。自1990年起，“图瓦卢信托基金”收入每年为图政府预算做出约15%的贡献。截至2012年9月，该基金市场价值约12730万新西兰元。

【对外贸易】 2013年出口总额约100万美元，主要为椰干、鱼产品，出口市场主要为新西兰、斐济。进口总额约为1291万美元，主要为食品、动物及动物产品、矿物燃料、机械、制成品等，进口来源国包括斐济、日本、澳大利亚和新西兰。

【外国援助】 主要来自英、澳、新、日、欧洲发展基金和联合国开发计划署。1987年起，英国对图财政预算援款每年减少7.5万美元。为解决由此带来的困难，图政府制订了一项发展基础设施计划，并于同年6月设立图瓦卢信托基金。澳、新、英、日、韩为主要捐助国，2000年信托基金达4500万美元。图还游说其他国家捐款。作为最不发达国家之一，图可从世界银行得到特许贷款，出口商品可获特别关税待遇。澳大利亚为其最大援助国，2014年向图提供1000万澳元援助，主要用于向图小学和早教中心提供基本教材和文具、向图主岛居民提供蓄水池等。新西兰2012/2013年度向图提供的援助包括双边援助400万新元，奖学金和培训项目援助121万新元，其他途径援助170万新元。

人民生活

有一所医院，36张床位。

军　事

图瓦卢无正规军队。设海上巡逻警察，负责海上搜救及监察。

文化教育

【教育】 普及小学教育，实行免费教育。全国有11所小学，70多名教师，约1500名在校生；有一所中学，31名教师，约350名学生。另有一所海员训练学校，约50名学生。

【新闻出版】 图瓦卢电台为官方电台，用图瓦卢语和英语播音。政府出版的唯一一份报纸《图瓦卢回声》（Tuvalu Echoes），可通过富纳富提图瓦卢传媒公司（Tuvalu Media Corporation）订阅。

广播电台：2006年，图瓦卢天空—太平洋电视台（Sky Pacific television）开播。

电信：富纳富提岛上有固定电话设施，邮政服务连通其他岛屿。图政府拥有唯一的互联网服务供应商

(ISP)。

对外关系 图瓦卢奉行与所有国家友好合作的政策，外交重点在太平洋地区，同英国、澳大利亚关系较深。同斐济关系密切，在斐设有高专署，在纽约、布鲁塞尔、伦敦等设有外交机构。图与英联邦成员国和比利时、智利、荷兰、法国、德国、日本、韩国等有外交关系。1979年年初与美国签订了友好条约（1983年9月生效）。根据这一条约，美放弃对图瓦卢南部4小岛的主权要求。图澳2009年开始谈判签署新太平洋发展伙伴关系协定。

系联合国、联合国教科文组织、英联邦、世界卫生组织、万国邮政联盟、太平洋岛国论坛、太平洋共同体、太平洋区域环境署、亚洲开发银行等组织成员。在气候变化问题上立场激进。

【同中国的关系】中国与图瓦卢无外交关系。2008年，图体育代表团参加北京奥运会。2010年，图与其他太平洋岛国以太平洋联合馆形式参加上海世博会。2011年1月，图工会主席瓦瑞克·诺基斯和外籍海员工会书记费普瓦里·基迪塞尼来华出席“中国—南太平洋国家工会领导人研讨会”。2014年中图贸易额为464万美元，同比下降38.4%，全部为中方出口。

1979年图瓦卢与台湾当局建立“外交关系”。2007年12月，图总理耶莱米亚访台。2010年3月，台湾地区领导人马英九访图。2012年5月，图总理特拉维访台出席台湾地区领导人马英九连任就职仪式。

（崔杰）

托克劳

名称 托克劳（Tokelau）。

面积 12.2平方公里。

人口 1337人（2014年7月）。另有约7173人（2013年）在新西兰居住。主要是波利尼西亚人，有少数欧洲人。讲托克劳语和英语。居民58.2%信奉基督教新教公理教会，26.6%信奉罗马天主教。托克劳人同时具有英国和新西兰国籍。

行政中心 无固定首都，随政府首脑办公室轮流设于三个环礁岛。

行政长官 由新西兰外长任命的新政府资深官员担任。现任行政长官乔纳森·金斯（Jonathan Kings），2011年1月就任。

简况 位于太平洋东南部，处在夏威夷和新西兰的中间位置。由相距几十公里的努库诺努（Nukunonu，5.46平方公里）、法考福（Fakaofo，2.63平方公里）、阿塔富（Atafu，0.71平方公里）三个环礁岛组成，平均海拔3米。主岛努库诺努南距萨摩亚480公里，西为图瓦卢，东和北为基里巴斯。海岸线长101公里。热带气候，年平均气温28℃，年均降水量2800毫米。

1889年成为英国保护地。1916年被并入英国殖民地吉尔伯特·艾利斯群岛，称作联合群岛（Union Group），1925年英国将行政权移交新西兰，1946年称托克劳群岛。1948年主权移交新西兰并划入新西兰版图，为新西兰非自治领地。1976年改称托克劳。新西兰—托克劳达成协议，托克劳向新西兰自治领过渡。

政治 国家元首为英国女王，女王代表为新西兰总督。原由行政长官掌握行政权。2004年，行政权移交托克劳前进政府理事会（Council for the Ongoing Government of Tokelau），由三位村领袖和三位村长组成。三位村领袖轮流担任政府首脑，每人任期一年。现任政府首脑为希欧皮利·佩雷斯（Siopili Perez），2015年2月就任现职。托克劳代表大会为托立法机构，一院制，由各岛代表及村领袖共20人组成，每三年召开一次会议（下一次于2017年召开），决定政策和预算。具体议席分配为：努库诺努6席、法考福7席、阿塔富7席。村领袖、政府理事会和代表大会均为三年改选一次。公民年满21岁才有选举权和被选举权。

1994年6月，托克劳代表大会通过了托克劳第一个国民战略计划，内容包括开发人力与自然资源、发展对外关系等。2006年、2007年，托克劳两次就是否实行内部自治举行全民公决，未获规定所需的2/3多数。2009年9月，时任新西兰总督萨特亚南德向托克劳颁授首面官方旗帜。

【宪法】历史上曾有多部宪法，最近一部系1949年1月1日生效的《托克劳岛法》，曾历经多次修订，最近一次修订是在2012年。

【司法机构】根据1986年《托克劳修正案》，新西兰高等法院对托克劳行使司法权，新西兰总督任命的三名司法专员和各岛选举产生的村长依法处理民事和刑事案件。上诉法院位于新西兰，由院长和八名法官组成，法院系由司法委员会提名，获议会3/4赞成票方能通过。

经济 托克劳经济落后，土地贫瘠。1993年估算托克劳地区生产总值为150万美元。出产椰子、面包果、木瓜、芋头和香蕉等。产鱼，饲养少量猪和家禽。拥有专属经济区面积30万平方公里。主要经济来源是出口椰子、邮票、纪念币、手工艺品以及出售在托克劳专属经济区捕鱼的许可。新西兰经济援助约占托克劳政府预算的80%。2004年，新西兰与托克劳共同发起并建立"托克劳国际信托基金"，新西兰与澳大利亚分别向该基金提供了1900万新元和500万澳元。2012/2013财年，新西兰对托克劳援助预算为2030万新元。托克劳还接受联合国开发计划署、南太平洋委员会、联合国教科文组织、联合国人口基金、世界卫生组织、联合国儿童基金会、英联邦青年发展计划等机构的援助。货币为新西兰元，1新元约合0.64美元（2016年1月）。

【交通运输】交通运输不发达，无公路，水运全靠外国海运公司提供。2001年起，可从萨摩亚乘水上飞机抵达托克劳。

人民生活

【通信】托克劳与新西兰和萨摩亚之间有卫星通信联系。托克劳各岛之间靠无线电通信设备联系，有2069个互联网主机。

【医疗】托克劳每个岛屿各有一个医院，护士大多由斐济和萨摩亚培训。

军　事

【防务】托克劳无军队，防务由新西兰负责，仅有九名警察。

文化教育

【教育】托克劳每个岛屿各有一所学校，对5—16岁儿童实行免费教育。一般受教育年限为12年（小学—职业教育）。共有43名教师和13名辅导员。新西兰教育部进行管理并提供教学设备。部分成绩优秀学生获得奖学金赴新西兰、萨摩亚和纽埃等地深造。

【新闻出版】由政府首脑办公室定期就托克劳事务发布一份托克劳文和英文的新闻通讯。三岛均设有广播电台，主要用于气象预报和商船联络。（朱涛）

瓦利斯和富图纳

名称　瓦利斯和富图纳海外领地（Overseas Collectivity of the Wallis and Futuna Islands, Collectivité d' Outre-Mer des îles Wallis-et-Futuna），简称"瓦利斯和富图纳"（Wallis-et-Futuna）。

面积　陆地面积274平方公里，水域面积约30万平方公里。

人口　10900人（2014年12月估计）。绝大多数为波利尼西亚人，其余为欧洲人。

语言　官方语言为法语，多数人（58.9%）使用瓦利斯语，部分人（30.1%）使用富图纳语。

宗教　居民中99%信奉天主教。

首府　马塔乌图（Mata-Utu），位于乌韦阿岛（Ile Uvea），人口约1075人（2013年）。

高级行政官　马塞尔·雷努夫（Marcel Renour），2015年1月任职。

重要节日　法国国庆：7月14日。

简　况

位于太平洋西南部国际日期变更线西侧，新喀里多尼亚（la Nouvelle-Calédonie）和法属波利尼西亚（la Polynésie française）之间，距斐济（Fidji）和萨摩亚群岛（Samoa）距离相等，是距法国本土最远（16000公里）的海外领地。由瓦利斯（Wallis）和富图纳-阿洛菲（Futuna-Alofi）两个群岛构成，相距约230公里。东北部的瓦利斯群岛包括主岛瓦利斯（当地语称乌韦阿，面积77.9平方公里）及附近的22个小岛，主岛最高点海拔151米。西南部的富图纳-阿洛菲群岛亦称霍恩群岛（îles Horn），由富图纳（面积46.3平方公里）和阿洛菲（面积17.8平方公里）两个小岛组成，富岛最高点海拔524米，阿岛最高点海拔417米。属热带气候，终年炎热潮湿，但6—9月降水偏少。群岛靠近赤道，气温通常为24℃—31℃，年平均气温超过25.5℃。年降水量超过3290毫米。11月15日至4月15日常有旋风。

15世纪以前，瓦利斯群岛就有人居住。1767年，英国航海家塞缪尔·瓦利斯（Samuel Wallis）发现该岛并命名。1837年，第一批玛利亚会传教士到瓦利斯群岛和富图纳群岛传教。瓦利斯群岛和富图纳群岛分别于1887年4月和11月成为法保护地。1961年正式成为法国海外领地（Territoire d'Outre-Mer, TOM）。当地居民为法国籍。

政　治

由法国派驻的高级行政官（Administrateur supérieur du territoire）和领地议会（Assemblée Territoriale）管理瓦利斯和富图纳。由于党派林立，没有一个党派能够长期单独执政。2012年3月，瓦利斯和富图纳领地举行五年一度的地方议会选举。2015年1月，雷努夫出任新一任高级行政官。

瓦利斯和富图纳在法国国民议会和参议院各有一个席位。国民议会议员由普选产生，现任国民议会议员纳波尔·波图特雷（Napole Polutélé，同社会党、共和与公民党团结盟），2013年3月当选。参议员由领地议会选举产生，现任参议员罗贝尔·洛福奥吕（Robert Laufoaulu，共和国人党），1998年9月当选，2008年9月和2014年9月两次连任。

【宪法】实行法国宪法。法国总统任命高级行政官为其代表。

【议会】一院制的领地议会有20个席位（瓦利斯群岛13席，富图纳群岛7席），成员由普选产生，任期五年，来自五个选区。本届议会于2012年3月选举产生。2014年11月，米凯尔·库里莫托克（Mikaele Kulimoettoke）出任领地议会主席，2015年12月连任。

【政府】由高级行政官和领地委员会（Conseil territorial）联合执政，领地议会协助高级行政官管理地方事务。领地议会主席为政府首脑。

领地委员会有6名成员，其中有3名为国王[乌韦阿王国（瓦利斯岛）、阿洛王国（富图纳岛东部）、西加韦王国（富图纳岛西部）]，另3名成员经领地议会选举，由高级行政官任命。国王在当地享有一定的权力。

【司法】司法由高级行政官依法国法律进行管理，但国王和酋长依传统法进行管理。马塔乌图有地方法官。上诉法庭设在新喀里多尼亚的努美阿。

【政党】政党多与法国本土政党有联系，主要有：瓦利斯和富图纳－人民运动联盟（Rassemblement pour Wallis et Futuna-Union pour un Mouvement Populaire，RPWF-UMP）、瓦利斯和富图纳社会党联盟（Union socialiste pour Wallis et Futuna，USPWF）等。

经　济

瓦利斯和富图纳以传统的自给自足农业为主。2001年，农业劳力约占总劳力的80%，工业约占4%，服务业约占16%。主要收入来自法国政府的援助、在新喀里多尼亚镍矿工作的侨民（约1.7万名瓦利斯人在新喀工作）汇款和捕鱼执照费。

2014年主要经济数据如下：

地区生产总值：1.88亿美元（按市场汇率计算）。

人均地区生产总值：12640美元（按市场汇率计算）。

货币名称：太平洋结算法郎（Comptoirs Francais du Pacifique francs，CFP或XPF）。

汇率：1欧元＝119.3317太平洋法郎（固定汇率），1美元＝90.01太平洋法郎（2012年2月）。

通货膨胀率：0.4%。

失业率：15.2%（2003年）。

【工业】主要产品有：椰干、手工艺品、渔产品、木材等。

【农业】主要产品有：椰子、面包果、薯蓣、芋头、香蕉、猪、山羊、鱼等。

【交通运输】以海运为主。

公路：瓦利斯岛和富图纳岛分别有环岛公路。

水运：瓦利斯航运公司有两艘船，经营瓦、富两岛之间及驶往新喀里多尼亚、斐济和瓦努阿图的航线。

空运：有两个机场，其中瓦利斯岛有一个国际机场，喀里多尼亚航空公司每周有一班飞机飞往努美阿，每周有三班飞机往返于瓦、富两岛间。

【财政金融】2004年外债为367万美元，公共债务占国内生产总值的5.6%。2014年收入44.75亿太平洋法郎（24.5%依靠法国政府补贴），支出34.84亿太平洋法郎。

【对外贸易】2014年出口额为2150万太平洋法郎，进口额为58亿太平洋法郎。主要进口商品有农产品、食品、能源、中间品、消费品等。主要贸易伙伴为法国、新加坡、欧盟、斐济、澳大利亚、新西兰、中国和新喀里多尼亚。

人民生活

实施免费医疗制。瓦利斯和富图纳现有2所公立医院和3个公立诊所。2013年人口自然增长率8.5‰：出生率14.2‰，死亡率5.7‰；预期寿命75.8岁，男为72.8岁，女为78.7岁。2013年平均每10万人拥有111名医生。有固定电话3100部（2010年），互联网用户1300户（2009年）。截至2011年年底，有1144名宽带用户。

军　事

由法国负责防务。瓦利斯和富图纳是太平洋共同体（SPC）成员和太平洋岛国论坛（PIF）观察员。

文化教育

【教育】瓦利斯和富图纳对6—16岁儿童实行10年义务教育。截至2014年，有15所小学，6所初中和2所高中。中小学共有542名教职人员（包括381名教师）和3631名学生。

【新闻出版】双语杂志Fenua Magazine创刊于2002年，取代法文和瓦利斯文周刊Te Fenua Fo'ou。

法兰西海外广播电台每天24小时用瓦利斯语、富图纳语和法语播音。1986年9月开始播放电视节目，每天播7—10小时的法语节目。（王碧晗）

瓦努阿图

国名　瓦努阿图共和国（The Republic of Vanuatu）。

面积　陆地面积1.22万平方公里，水域面积84.8万平方公里。共有82个岛屿。

人口　28.2万（2015年）。其中98%为瓦努阿图人，属美拉尼西亚人种，其余为法、英、华裔和越南、波利尼西亚移民以及其他太平洋岛国人。三分之二人口集中在埃法特、桑托、马拉库拉、塔纳四个岛屿。官方语言为英语、法语和比斯拉马语，通用比斯拉马语，全国共有100多种方言。84%的人信奉基督教。

首都 维拉港（Port Vila），人口44039（2009年），年均气温25.3℃。

国家元首 总统鲍德温·朗斯代尔（Baldwin Lonsdale），2014年9月就任，任期五年。

重要节日 独立日：7月30日。

简　况

位于太平洋西南部。属美拉尼西亚群岛，由约82个岛屿（其中68个有人居住）组成。最大的桑托岛（又称圣埃斯皮里图岛）面积3947平方公里。属热带海洋性气候。

数千年前瓦努阿图人即在此生息。1606年被西班牙探险家发现。1768年法国人到此。1774年英国库克船长到此并将该地命名为"新赫布里底"。1906年10月，英法签署了共管公约，该地沦为英法共管殖民地。1963年土著人成立了第一个政党——乡村党，要求收回土地和实现独立。1978年1月实行内部自治。1980年7月30日独立。独立后，新赫布里底民族党（后改名为瓦努阿库党，简称瓦库党）领袖沃尔特·利尼（Walter Lini）出任首任总理，索科马努任总统。

政　治

2012年10月30日，瓦举行大选并建立由人民进步党、民族联合党、绿党联盟等组成的联合政府，萨托·基尔曼（Sato Kilman）连任总理。2013年3月，反对党以腐败为由在议会提出对基尔曼政府不信任案，基尔曼总理在议会表决不信任案前被迫辞职。23日，绿党联盟主席莫阿纳·卡凯塞斯当选总理，并成立由绿党联盟、瓦库党等组成的多党联合政府。2014年5月，议会反对党联合瓦库党推动议会通过对卡凯塞斯不信任案，瓦库党副主席乔·纳图曼当选总理并成立多党联合政府。2015年6月，基尔曼联合议会反对党推动议会通过对纳图曼不信任案并当选总理。2015年11月，瓦议会包括副总理卡凯塞斯、议长皮皮特和多名内阁部长的14名议员因贪腐罪被判入狱并失去议员资格。由于基尔曼总理未能与反对党就形成联合政府达成一致，朗斯代尔总统于11月25日宣布解散议会，并于2016年1月22日提前举行大选。2月11日，由瓦库党、土地正义党、民族联合党、统一变革运动党组成的多党联盟"团结变革阵线"获得议会多数，统一变革运动党主席夏洛特·萨尔维（Charlot Salwai）当选瓦新一届政府总理。

【宪法】1979年制定，1980年生效。宪法规定：总统由议会和地方委员会主席组成的选举团（总计58人）选举产生，任期五年。立法权归议会，行政权归部长理事会。总理由议会选举产生，内阁部长由总理任命。瓦努阿图所有土地属土著人及其后裔所有。10月5日为宪法日。

【议会】一院制，共52席，任期四年。每年举行两次例会，应议员多数、议长或总理的请求，议会可举行特别会议。本届议会于2016年1月选举产生，2月正式成立，现任议长为瓦库党议员埃斯蒙·赛蒙（Esmon Saimon）。截至2016年2月，各主要政党在议会中所占议席数如下：瓦库党6席，土地和正义党6席，温和党联盟6席，民族联合党4席，伊奥科集团4席，酋长联盟3席，统一变革运动党3席，绿党联盟2席，瓦努阿图国家发展党2席，人民进步党1席，美拉尼西亚进步党1席，土著居民党1席，瓦努阿图领导人党1席，瓦努阿图工党1席，人民服务党1席，法语美拉尼西亚党1席，瓦努阿图总统党1席，独立人士8席。

【政府】内阁又称部长理事会（Council of Ministers）。现内阁主要成员有：总理夏洛特·萨尔维，副总理兼旅游、商务贸易和瓦人经济部长乔·纳图曼（Joe Natuman），外交部长布鲁诺·兰肯（Bruno Lenkone），基础设施部长乔撒姆·纳帕特（Jotham Napat），财政部长盖坦·皮基奥尼（Gaetan Pikioune），司法和社会福利部长罗纳德·沃萨尔（Ronald Warsal），内政部长阿尔弗雷德·马奥（Alfred Maoh），土地、地质和自然资源部长拉尔夫·雷根瓦努（Ralph Regenvanu），农业、林业和渔业部长萨利麦奥·马泰（Seremaiah Matai），教育部长让·皮埃尔·尼鲁阿（Jean Pierre Nirua），卫生部长托阿拉·卡罗·丹尼尔（Toara Kalo Daniel），青年和体育部长纳托·泰维亚（Nato Taiwia），规划和气候变化部长哈姆·利尼（Ham Lini）。

【行政区划】瓦全国分为托尔巴、桑马、帕纳马、马兰帕、谢法和塔费阿六个省以及维拉港、卢甘维尔两个市。

【司法机构】设上诉法院、最高法院和负责传统事务的地方法院。首席法官由总理提名、总统任命。现任首席法官文森特·吕纳贝克（Vincent Lunabeck）。

【政党】主要政党有：

（1）瓦库党（Vanuaaku Party）：执政党。原名新赫布里底民族党，成立于1971年，是瓦努阿图历史最悠久的政党。1977年改为现名。该党自1980年瓦独立以来在已故国父沃尔特·利尼带领下连续执政至1991年。1991年瓦库党分裂，沃尔特·利尼出走成立民族联合党。1999年4月，瓦库党与中国共产党正式建立党际关系，是太平洋岛国第一个与中共建立党际关系的政党。代主席乔·纳图曼。

（2）土地和正义党（Land and Justice Party）：执政党。成立于2010年。宣称尊重土地和传统，认为酋长、教会、妇女和儿童是瓦国家的四大支柱，要通过保护本国土地和商业促进国家发展。主席拉尔夫·雷根瓦努。

（3）民族联合党（National United Party）：执政党。1991年9月成立，由已故国父沃尔特·利尼从瓦库党出走组成。2004年3月与中国共产党正式建立党际关系。主席哈姆·利尼。

（4）绿党联盟（Green Confederation）：执政党。成立于2000年。最初由温和党联盟的一个分支出走形成，以可持续发展、环境、传统、社会福利、商业自由为党纲。该党受到金融和工商界广泛支持。2008年，该党正式与中国共产党建立党际关系。主席莫阿纳·卡凯塞斯。

（5）温和党联盟（Union of Moderate Parties）：反对党。成立于1974年，是瓦最有影响的法语政党之一。1991年在时任主席马克西姆·科尔曼带领下首次执政并持续至1998年。1998年科尔曼出走成立共和党。2012年温和党联盟副主席萨尔维出走，成立统一变革运动党。2001年，正式与中国共产党建立党际关系。主席为瑟奇·沃霍尔（Serge Vohor）。

（6）人民进步党（People's Progressive Party）：反对党。2001年成立，由基尔曼从美拉尼西亚进步党出走组成。2005年，该党与中国共产党正式建立党际关系。主席萨托·基尔曼。

【重要人物】鲍德温·朗斯代尔：总统。1948年生，毕业于所罗门群岛帕特森神学院和新西兰圣约翰神学院，获神学专业毕业证书。1972年后在瓦托尔巴省圣公会教堂从事牧师工作。1987年至1991年任托尔巴省农村培训中心主任。1998年至2006年任托尔巴省省长。2006年至2014年在托尔巴省从事教会工作。曾获瓦国家荣誉勋章、银喜年勋章。2014年9月当选瓦第八任总统。　**夏洛特·萨尔维**：总理，统一变革运动主席。1964年生。早年在法属新喀里多尼亚学习会计学，毕业后在法资优尼科集体电力公司、美拉尼西亚"壳牌"公司、瓦努阿图发展银行任会计。1991年从政，2002年首次当选议员。历任贸工部长、土地资源部长、反对党副领袖、教育部长、财长部长、内政部长等。2016年2月出任总理。2006年1月以反对党领导人身份随时任副总理兼外长基尔曼访华并出席瓦驻华使馆开馆仪式。

经　济

经济落后，被联合国列为最不发达国家之一。农业和旅游业是瓦经济支柱。2014年国内生产总值（GDP）增长率为2.3%。以旅游业为主的服务业和建筑业仍是拉动经济的主要动力，但国内家庭消费、产品出口、私营经济等有所下滑。

2014年主要经济数据如下：

国内生产总值：8.22亿美元。

人均国内生产总值：3132美元。

货币名称：瓦图。

汇率：1美元≈110瓦图。

通货膨胀率：1.1%。

【资源】原有锰矿开采已尽，新探明资源有少量锰矿、铁矿、镍、铜和铝矾土等，还有大量的白硫火山灰，目前没有采矿作业。森林覆盖率为36%，其中只有20%具有商业开采价值。渔业资源丰富，盛产金枪鱼。

【工业】由于瓦物价和生产成本高，工业产品缺乏出口竞争力，外商投资的工业产品主要是替代进口商品，在瓦本国销售。瓦只有食品、木材加工、肥皂等小工厂。

【农业】瓦气候和地形适宜农业和牧草开发，国土41%为肥沃的可耕地，但已开发耕地仅占18%。农村人口占全国人口的80%。2014年，农业产值约占国民生产总值的22%。主要农产品是椰干、卡瓦、可可、咖啡、芋头、木薯、红薯、香蕉等。瓦农业生产方式落后，国家投资严重不足，发展缓慢。

【渔业】瓦专属经济区海域面积84.8万平方公里，盛产金枪鱼等。目前有100多条外国渔船与瓦合作，在瓦专属经济区捕鱼。按瓦有关规定，外国渔船经瓦方同意后，可在12—200海里之间的海域进行捕捞作业。只有瓦公民和本国公司可以在12海里内的海域捕鱼，6海里内的捕鱼事宜由当地省政府管辖。本国公民商业性渔业规模小。

【服务及旅游业】旅游业是瓦支柱产业之一和最大的外汇收入来源，产值约占国民生产总值的三分之一。瓦饭店床位1800余张，房间使用率年均50%以上。多数游客来自澳大利亚、新西兰和新喀里多尼亚。主要游览胜地有维拉港、塔纳、桑托、马勒库拉和彭特考斯特岛。2014年瓦全年接待航空与游船游客共计35万人次，服务业产值约占国民生产总值的64.7%。

【交通运输】交通设施落后，费用昂贵。以海运为主。公路总长约1900公里，大部分为土路。

水运：水路总长780公里。岛间运输船舶的最大吨位为200多吨，现有船舶多破旧落后。首都维拉港和桑托港为国际海港，都可停靠万吨商船。

瓦努阿图是新兴的船旗国，目前有约600条船悬挂瓦国旗。中瓦海运航线有天津/上海—釜山—维拉港，广州—香港—悉尼—维拉港。

空运：各主要岛屿都有机场。维拉港有国际机场，可直飞澳大利亚、新西兰、斐济、所罗门群岛和新喀里多尼亚。瓦努阿图航空公司是瓦唯一经营国际航线的公司，国内有近10条航线。

【通信】近年来电信业长足发展。瓦电信业过去由政府授权瓦努阿图电信公司（TVL）垄断经营，提供固定电话、手机、数据通信、互联网服务。2008年瓦政府打破垄断，授予总部设在牙买加的电信公司Digicel手机业务经营许可，刺激瓦移动通信市场快速增长，手机保有量达到每百人40余部。

【财政金融】2014年政府财政收入为1.85亿美元，财政支出为1.77亿美元。内外债总额1.55亿美元。

主要银行有：（1）瓦努阿图储备银行（Reserve Bank of Vanuatu）：1981年成立。前称瓦努阿图中央银行，1989年改为现名，是瓦中央银行。

（2）瓦努阿图国家银行（National Bank of Vanuatu）：1991年接管瓦努阿图合作储备银行后成

立。1998年11月，同瓦努阿图开发银行合并，属国有银行。

（3）澳新银行（ANZ Banking Group Ltd.）：1970年成立，前称英国巴克莱银行，1985年改为现名，现为澳大利亚银行。电话：00678-22536；传真：22814。

（4）西太银行（Westpac Banking Corporation）：总部位于澳大利亚。电话：00678-22084；传真：24773。

（5）法国Bred银行：2008年在维拉港设立分行，为法国国民银行下属银行。电话：00678-29111；传真：29003。

【对外贸易】瓦商品贸易年年逆差，主要出口椰干、可可、牛肉和卡瓦等。瓦产品主要出口欧盟、日本、澳大利亚、新西兰、印尼、泰国、德国、孟加拉、韩国、美国、比利时等国；并从日本、澳大利亚、新加坡、德国、新西兰等国进口食品、机械、燃料等。2014年瓦外贸总额3.74亿美元，其中出口6300万美元，进口约3.11亿美元。2012年4月，瓦正式成为WTO成员国。

【外国资本】外资主要投资在信托保险、法律、会计、金融、旅游等服务业以及电力、通信、商业等。据瓦努阿图投资促进局统计，2014年新增投资约100亿瓦图（约1亿美元）。

【外国援助】瓦年均接受外援占国内生产总值的17%左右，主要来自澳大利亚、新西兰、欧盟、法国、英国、日本、亚洲开发银行、联合国机构等，一般用于工业、农业、教育、医疗卫生、防务、司法和行政管理等具体项目。

【著名公司】（1）瓦努阿图电力公司（UNELCO）：1939年成立。资本额3.5亿瓦图。年营业额10亿瓦图。经营城市供电、供水业务。该公司由法国ELYO公司和瓦努阿图政府合资经营，双方股份分别占85.61%和14.39%。负责人让·弗朗索瓦·巴尔波（Jean François Barbeau）。通信地址：P.O.Box 26，Port Vila，Vanuatu。电话：00678-22211；传真：25011。

（2）瓦努阿图电讯公司（Telecom Vanuatu Ltd.）：前称瓦尼特尔国家电讯公司（Vanitel National Telecoms），成立于20世纪70年代后期，1992年12月改为现名。现由法国电讯公司、英国电缆无线电公司和瓦努阿图政府合资经营，各占1/3股份。资本额7.57亿瓦图。年营业额10亿瓦图。经营电讯业务。负责人菲利普·里查兹（Philip Richards）。通信地址：P.O.Box 146，Port Vila，Vanuatu。电话：（00678）22185；传真：22628。

（3）迪捷讯瓦努阿图公司（Digicel Vanuatu Ltd.）：迪捷讯集团是加勒比地区最大的移动通信运营商，公司由爱尔兰人拥有，在百慕大注册，总部设在牙买加。迪捷讯于2006年进入南太地区，于2008年成立瓦努阿图分公司，打破了瓦努阿图电讯公司在瓦移动通信领域的垄断格局。迪捷讯在瓦发展迅速，大幅降低了瓦移动通信费用，增加了手机使用率；并在许多偏远外岛设立基站，扩大移动通信覆盖率。通信地址：PMB9103，Digicel House，Ellouk Plateau，Port Vila，Vanuatu。电话：00678-5556001；传真：27865。

（4）阿宝公司（Au Bon Marche）：1974年9月成立。经营超级市场、五金店、加油站和批发商店等业务。负责人张连仲（Rene Ah Pow）。通信地址：P.O.Box 64，Port Vila，Vanuatu。电话：00678-22945；传真：22576。

人民生活

瓦政府规定最低月工资为2.6万瓦图（约240美元）。商品供应齐全，但价格相对昂贵。全国共有5所医院，30个医疗中心，97个门诊部，374张病床，12名医生，220名护士。基本实行免费医疗。

2006年和2010年，瓦努阿图两度被英国新经济基金会评为全球幸福指数最高的国家。

军　事

无正规军队。有警察和机动部队约900人，由内政部管辖。瓦与澳大利亚、新西兰和巴布亚新几内亚签有防务协定。瓦警察和机动部队人员参与了联合国在东帝汶、波斯尼亚的维和行动，巴新布干维尔和平监督团以及地区驻所罗门群岛援助团。

文化教育

【文化】瓦内政部为瓦文化工作最高领导机构，由该部任命组成的“全国文化理事会”（National Culture Council）领导文化工作。瓦文化中心为具体组织开展文化活动的机构，下设国家博物馆、国家图书馆、文化遗址登记处、国家音像档案处。

【教育】瓦教育制度规定，小学6年，初中4年，高中3—4年。小学入学率达到95%，但中学入学率很低。中等职业学校有：国立技术学院、师范学院、护士学校、警察学校等。南太平洋大学法律分校设在维拉港。

【新闻出版】主要报刊有：《每日邮报》（Daily Post），私营，每天（除周日外）用英文出版，发行量为3000—5000份。《独立报》（Independent），2003年创刊，私营，每周六用英文、法文及比斯拉马文混编出版。

瓦努阿图广播电视总公司（Vanuatu Broadcasting and Television Corporation）：为官方新闻机构，拥有瓦努阿图广播公司（Radio Vanuatu）和瓦努阿图电视台（TV Blong Vanuatu）。中国中央电视台英语新闻频道、中国国际广播电台（CRI）分别于2005年和2007年在瓦落地。已在瓦落地的付费国际频道还包括：RFO/Tele Nouvelle Caledonie, TBN, ABC Australian Network, TV NZ, Telsat Pay TV, LPF Pay TV。

对外关系

瓦积极参与国际事务，加强传统双边和多边伙伴关系。瓦是联合国、不结盟组织、英联邦、法语国家共同体、太平洋岛国论坛、美拉尼西亚先锋集团以及世界贸易组织、国际货币基金组织、世界银行和亚洲开发银行的成员。强调在亚太地区扮演建设性的角色，致力于创造和平、和谐、无核及地区有效合作的发展环境。

【同中国的关系】1982年3月26日与中国建交。2014年11月，习近平主席在斐济楠迪同包括纳图曼总理在内的建交太平洋岛国领导人举行集体会晤，中国同岛国宣布建立相互尊重、共同发展的战略伙伴关系。

近年来中方访瓦的主要有：全国人大常委会副委员长热地（2003年4月），中共中央政治局委员、中宣部部长刘云山（2003年9月），中联部副部长张志军（2004年1月、6月，2005年1月，2008年2月），全国人大常委会副委员长许嘉璐（2005年9月），外交部长李肇星（2006年8月），国务院副总理曾培炎（2007年3月），商务部副部长傅自应（2009年1月），中联部副部长刘结一（2010年6月），商务部副部长马秀红（2010年7月），外交部副部长崔天凯（2010年8月），中宣部副部长蔡名照（2011年5月），全国政协副主席廖晖（2012年5月），商务部副部长钟山（2013年1月），文化部长蔡武（2013年8月），解放军副总参谋长王冠中（2013年12月），全国政协副主席陈元（2014年1月），中共中央政治局委员，上海市委书记韩正（2014年6月），中联部副部长徐绿平（2015年7月）等。

瓦方访华主要有：总统蒂马卡塔（1990年10月）；议长塔希（1991年6月）、布列康（1991年11月）、马森（1994年8月）；总理卡洛特（1993年3月、1994年6月）、沃霍尔（1997年1月、2004年9月）、索佩（2000年11月）、纳塔佩（2003年7月、2010年4月）、利尼（2005年2月正式访华；2006年1月来华度假；2007年8月私人访华；2008年8月来华出席北京奥运会开幕式）；总统马塔斯凯莱凯莱（2007年7月、2008年8月来华出席北京奥运会开幕式）、议长阿沃克（2008年2月）、阿比尔（2010年10月来华出席上海世博会瓦国家馆日活动并访问江苏）；总理卡凯塞斯（2013年9月来华出席中阿博览会并访问海南、上海，11月出席第二届中国—太平洋岛国经济发展合作论坛并访问深圳）、纳图曼（2014年8月来华出席南京青奥会开幕式并访问江苏）、基尔曼（2015年9月来华出席中国人民抗日战争暨世界反法西斯战争胜利70周年纪念活动）等。

现任中国驻瓦努阿图大使刘全（2016年3月就任），馆址：Embassy of the People's Republic of China in Vanuatu，Private Mail Bag：9071，Port Vila，Vanuatu。电话：00678–23598；传真：24877。

瓦努阿图驻华大使莫里萨·塞拉（H.E Sela Molisa），馆址：北京市朝阳区三里屯外交公寓办公楼2单元11号。电话：0086–10–65320337；传真：65320336。

【同美国的关系】瓦美1986年建交。美驻巴布亚新几内亚大使兼任驻瓦大使。1989年，瓦美签署美向瓦派和平队的协议，此后美每年派出数十名和平队员赴瓦，帮助瓦发展教育事业。美还资助瓦警察和机动部队赴美进行专业培训。2005年，美将瓦列为其千年挑战计划援助国家之一，并于2006年3月与瓦签署协议，承诺此后五年向瓦提供6569万美元，用于瓦基础设施建设。2014年，美国主要通过“和平队”在教育、医疗和人道主义等方面提供了约268万美元援助。此外，美还通过世界银行、联合国儿童发展基金会、世界卫生组织等机构向瓦提供发展援助。

【同澳大利亚的关系】瓦澳于1980年建交。澳是瓦最大援助国。2014/2015财年通过澳援署向瓦援助达4180万澳元。澳对瓦援助重点为改善教育、健康、法治状况及促进良政，包括提供资金、材料、顾问、奖学金等。瓦澳签有防务协定。澳是瓦最大贸易伙伴和进口产品来源。澳是瓦旅游业主要客源国之一，瓦2/3的长期游客来自澳。2010年7月，澳总督布赖斯赴瓦出席瓦独立30周年庆典。2011年2月，澳大利亚政府驻议会秘书（负责太平洋事务）马尔斯赴瓦参加太平洋岛国论坛斐济问题联络小组会议。2013年2月，澳大利亚外长卡尔访问瓦努阿图，与亚洲开发银行和瓦努阿图政府共同启动了总额3900万美元的维拉港城市美化改造项目。2015年3月，澳大利亚外长毕晓普访问瓦努阿图。

【同新西兰的关系】瓦新于1980年建交。1991年两国签署防务合作协定。新是瓦主要援助国之一，从2007年开始允许瓦季节性工人前往新从事果园管理等工作，2014/2015年度援瓦1200万新元。瓦从新主要进口药物、飞机零件、木材、钢铁、冷冻剂和成品油等，向新主要出口鱼和鱼产品、金属废品和碎料、椰子、棕榈油和咖啡等。新是瓦旅游业主要客源国之一。新在瓦设有高专署。2010年6月和8月，新外长麦卡利和总理约翰·基分别访瓦。2011年6月，新外长麦卡利访瓦。2013年2月，新贸易部长格罗泽访瓦。

【同英国和法国的关系】英法原为瓦的共管宗主国。瓦英关系近几年来发生重大变化，英减少对瓦援助，目前只向教育领域提供援助。2005年英国关闭驻瓦高专署。法是瓦的主要援助国之一，在瓦设有使馆。近年来法国对瓦援助主要涉及教育、卫生、文化、军事和司法等领域。法国通过驻扎在新喀里多尼亚的法国军队与瓦努阿图有一定的防务合作。2012年4月，瓦外长卡洛特率团访问法国并与法国外长朱佩举行了会谈。

【同日本的关系】瓦日1981年建交。日驻斐济大使兼任驻瓦大使。20世纪90年代以来，瓦日关系发展迅速。双方在渔业、肉类加工、旅游业等方面建立了合资关系。截至2010年年底，日通过日本国际协力机构（Japan International Cooperation Agency）共向瓦提供9278万美元的项目援助和5716万美元的技术合作援款。日为瓦援建了维拉港机场扩建项目、桑托水电站工程、埃法特部分环岛公路、维拉港港口改建项目、维拉港中心医院扩建项目。日本同时向瓦派遣志愿者和专家在教育、技术和社会经济发展等领域对瓦进行援助。2015年瓦总理纳图曼出席在日本福岛举行的第七届日本—太平洋岛国领导人会议。

【同欧盟的关系】瓦与欧盟关系密切。1975年至2000年，瓦共接受欧盟8400万美元的援助，其中91%用于渔业、农业、教育和基础设施建设等项目。瓦系欧盟在太平洋岛国中唯一的政府财政受援国。根据欧盟第十一届欧洲发展基金，2014年至2020年，欧盟将向瓦提供约3100万欧元的援助。2014年10月，欧盟与瓦在维拉港举行政治磋商，双方就人权、治理和法制等进行深入讨论。

【同其他太平洋岛国的关系】瓦与巴布亚新几内亚、所罗门群岛和斐济同是“美拉尼西亚先锋集团”成员。该集团每年举行一次会议，协调在地区事务上的立场。集团秘书处现设在瓦努阿图首都维拉港。

（张明磊）

新喀里多尼亚

名称　新喀里多尼亚海外领地（Territory of New Caledonia and Dependencies，Pays d’Outre-Mer des Nouvelle-Calédonie et Dépendances），简称“新喀里多尼亚”（New Caledonia，Nouvelle-Calédonie）。

面积　18575平方公里。其中新喀里多尼亚岛16372平方公里，洛亚蒂群岛1981平方公里。

人口　268767人（2014年8月人口普查）。人口结构非常年轻，一半以上人口年龄在25岁以下。根据1996年统计，美拉尼西亚人占44.1%，欧洲人34.1%，瓦利斯和富图纳人9%，塔希提人2.6%，印度尼西亚人2.5%，越南人1.4%，瓦努阿图人1.1%。

语言　官方语言为法语，通用美拉尼西亚语和波利尼西亚语。

宗教　居民中60%信奉天主教，30%信奉基督教新教。

首府　努美阿（Nouméa），人口99926人（2014年）。

高级专员　凡森·布维尔（Vincent Bouvier），2014年8月18日就任。

重要节日　7月14日（法国国庆），9月24日（新喀里多尼亚日）。

简　况

位于南太平洋，距澳大利亚昆士兰东岸1500公里处。属美拉尼西亚群岛。由新喀里多尼亚岛、洛亚蒂群岛和无人居住的切斯特菲尔德群岛组成。主岛新喀里多尼亚为一狭长岛屿，崎岖的山脉将该岛分为东西两部分，少平地。属热带草原气候，年均气温24℃，12月至来年3月为雨季。东部地区年降水量为2000毫米，西部地区为1000毫米。

最早的居民来自巴布亚和波利尼西亚群岛。1774年，英国的詹姆士·库克船长航行到此。1843年，英国在该岛派驻专员。1853年沦为法国殖民地，后与塔希提岛合并。1860年成为独立行政区。1946年成为法国海外领地（territoire d’outre-mer，TOM）。1956年成立第一届领地议会。1976年12月成立政府委员会，享有部分处理内部事务的自治权。法国委派的总督改为高级专员（Haut commissaire de la République）。1979年法国政府解散政府委员会，将新喀置于中央政府直接统治下。此后几年，新喀政党与法政府就新喀独立问题进行多次协商。1986年12月，联合国大会通过决议，新喀被列入联合国非自治领土名单，从而确定了新喀居民享有自治权。1988年6月，共和党（保卫喀里多尼亚在共和国内联盟）和卡纳克社会主义民族解放阵线同法国政府在巴黎签订《马提翁协议》，规定一年后新喀实行有限的地方自治，成立北方、南方和洛亚蒂群岛三个自治省，并于1998年举行全民公投以决定是否独立。从1989年7月起，法国逐步把大部分权力交给了新选出的三个省议会。2003年法议会通过宪法修正案，新喀成为地位特殊的海外属地。

政　治

1998年4月21日，法国政府同卡纳克社会主义民族解放阵线及保卫喀里多尼亚在共和国内联盟就新喀里多尼亚未来地位问题达成《努美阿协议》，主要内容有：法国逐步向新喀移交教育、税收、外贸、交通运输等权力，但仍掌握防务、司法、警察等部门；在今后15—20年内，新喀将就独立问题举行全民公投，如3/5的人选择独立，法国则交出其余权力，如独立被否决，可在随后四年中再举行两次投票，如独立在第二次投票中仍被否决，将重新商议该群岛的前途；承认“法兰西共和国内的新喀里多尼亚公民身份”，日后新喀若选择独立，这一身份即变成“国籍”。同年11月8日，新喀举行公民投票通过了《努美阿协议》。2011年3月，哈罗德·马丁（Harold Martin，共同未来党）第二次出任政府主席。由于各派意见分歧，3—4月，马丁政府三次重组。2012年，新喀政局基本平稳。12月，反对派在议会对马丁政府提出不信任案但未获通过。

2013年9月3日，新喀前政府委员会副主席（1979—1982）、政府主席（1984—1985）及执行委员会主席（1985—1988）迪克·乌凯维（Dick Ukeiwe，1928—2013）去世。2014年8月，新任高级专员就任。

新喀里多尼亚在法国国民议会和参议院各拥有两个席位。法国参议院选举（2011年9月25日）、法国总统选举（2012年5月6日）和法国第14届国民议会选举（6月17日）先后在新喀里多尼亚举行。

现任国民议会议员：索尼亚·拉加德（Sonia Lagarde，女）和菲力浦·高麦斯（Philippe Gomès）均属民主联盟和独立人士党团，2012年6月当选。现任参议员：皮埃尔·弗罗吉尔（Pierre Frogier）和希拉里翁·图米·旺代古（Hilarion Tumi Vendégou）均属共和国人党党团，2011年9月当选。

【宪法】实行法国宪法。共和国高级专员是法国总统的代表。

【议会】议会（Congrès de la Nouvelle Calédonie）为立法机构。本届议会于2014年5月11日选举产生，共54席，任期五年。各省所占席位：南方省32席、北方省15席、洛亚蒂群岛省7席。各党席位如下：共和国人党10席，共同喀里多尼亚16席，全国独立联盟8席，卡纳克社会主义民族解放阵线16席，其他4席。议会主席特里·桑塔（Thierry Santa，共和国人党），2015年7月16日当选。

1999年8月设立协商参议院（Sénat coutumier），共有16名成员。协商参议院下设8个习惯协商委员会，就有关影响当地和卡纳克传统的事务提供咨询。现任主席吉贝尔·特恩（Gilbert Tein），2015年9月当选。

【政府】政府由议会选举产生。政府主席菲利普·杰曼（Philippe Germain），副主席让－路易·唐格尔贝曼（Jean-Louis d'Anglebermes，来自卡纳克社会主义民族解放阵线，根据《努美阿协议》，如政府主席为反独立人士，则副主席应由主张独立人士担任。

北方省省长保尔·内阿胡蒂纳（Paul Néaoutyine，卡纳克解放党）；南方省省长菲利普·米歇尔（Philippe Michel，共同喀里多尼亚党），2014年5月上任；洛亚蒂群岛省省长内高·内佩于纳（Néko Hnépeune，喀里多尼亚联盟）。

【司法机构】设有上诉法院、初审法庭、联合商业仲裁法庭和少年法庭。

【政党】主要政党有：

（1）人民运动联盟（Rassemblement-Union pour un Mouvement Populaire，R-UMP）：1977年建立，原名保卫喀里多尼亚联盟（Rassemblement Pour la Calédonie）；1978年更名为保卫喀里多尼亚在共和国内联盟（Rassemblement pour la Calédonie dans la République）。由于同原法国人民运动联盟关系密切，2004年取用现名。主张维持新喀现状。领导人皮埃尔·弗罗吉尔。

（2）共同喀里多尼亚党（Calédonie Ensemble）：2008年10月成立，由以菲力浦·高麦斯为首的一些原共同未来党成员组成。为中间派政党，反对独立。

（3）卡纳克社会主义民族解放阵线（Front de Libération Nationale Kanak et Socialiste，FLNKS）：1984年建立。最大的两个党派是卡纳克解放党（Parti de libération kanak，Palika）和喀里多尼亚联盟（Union Calédonienne，UC），还包括全国独立联盟（Union Nationale pour l'indépendance，UNI）、美拉尼西亚进步联盟（Union Progressiste Melanesienne，UPM）等。成员有一万多人，主要为卡纳克人。主张新喀独立。主席暂缺，由政治局代行主席职权。

（4）喀里多尼亚共和运动（Mouvement Républicain Calédonien，MRC）：2011年成立，反对独立。领导人菲力浦·布莱兹（Philippe Blaise）。

【重要人物】凡森·布维尔：高级专员。1952年生。2007年2月任马约特岛"省长"。2008年9月任阿韦龙省省长。2013年2月任上莱茵省省长。2014年8月任现职。 **菲利普·杰曼**：新喀里多尼亚政府主席。1967年生。2009年开始参政。2015年4月任现职。

经　济

新喀里多尼亚是大洋洲地区排在澳大利亚、新西兰和夏威夷之后的第四大经济体。镍矿开采业和旅游业是两大经济支柱。主要工业品和粮食需进口。

2013年主要经济数据如下：

地区生产总值：8860亿太平洋法郎。

人均地区生产总值：340万太平洋法郎。

地区生产总值增长率：1.4%。

货币名称：太平洋结算法郎（Comptoirs Francais du Pacifique franc，CFP或XPF）。

汇率：1欧元＝119.33太平洋法郎（固定汇率），1美元＝89.98太平洋法郎（2014年）。

通货膨胀率：0.2%（2014年）。

失业率：13.8%（2009年）。

【资源】镍矿储量居世界第一位，约占世界储量的20%—25%，共计5000万吨。2013年镍矿产量（折镍金属量）16.4万吨。此外还有丰富的钴（世界第二大生产地）、铬、锰、铜、铅、锌等矿藏。森林面积约25万公顷。渔业资源主要有金枪鱼和虾。现已在领海勘探到丰富的天然气资源，并有望发现储量可观的石油。

【工业】2010年工业产值占国内生产总值的15.9%（包括镍工业占比9.9%）。2014年工人占总就业人口的15.3%。2014年产铁镍和镍锍共62924吨。电力工业主要为热力、水力和风力发电。2014年总发电量为23.8

亿度。

【农业】农业产值约占国内生产总值的1.4%，2014年农业人口占总就业人口的1.8%。耕地总面积为247878公顷。主要农作物有谷物、洋葱、马铃薯、甘薯、椰子、南瓜、咖啡、香草等。

畜禽业以饲养鸡、牛、羊、猪、鹿等为主。2014年生产牛肉3482吨、猪肉2813吨、鹿肉180吨。

拥有145万平方公里海域经济专属区。2014年捕获各种鱼类2780吨、虾类1670吨。

【旅游业】2010年包括旅游业在内的服务业产值占国内生产总值41.2%。2013年旅游收入196.56亿太平洋法郎。2014年接待游客107200人次，主要来自法国、日本、澳大利亚和新西兰。2014年共有各类旅馆约120家，房间约3000个。2008年，联合国教科文组织将"新喀里多尼亚潟湖：珊瑚礁多样性及相关生态系统"列入《世界自然遗产名录》。

【交通运输】陆路：公路总长5600公里，其中北方省公路占总长的46%，南方省占40%，洛亚蒂群岛省占14%。

水运：主要港口努美阿。有两家船运公司。国际航线通达澳大利亚、新西兰、南太岛国及亚洲和欧洲国家。2014年国际航线货运量872.2万吨，本地区货运量333.4万吨。

空运：建有努美阿国际机场和其他一些小机场。喀里多尼亚国际航空公司、法航、新西兰航空公司、瓦努阿图航空公司等辟有新喀通达法国、澳大利亚、新西兰、斐济、瓦努阿图等国以及法属波利尼西亚、瓦利斯和富图纳等地的航线。2014年国际航线客运量479910人次，货运量4696吨；本地区航线客运量427432人次，货运量1804吨。

【财政金融】来自法国的财政支出占国内生产总值的15%以上。2012年财政收入2175.07亿太平洋法郎，支出2079.32亿太平洋法郎。2013年接受法国中央政府财政拨款1558.23亿太平洋法郎。2014年10月，法国总理曼努埃尔·瓦尔斯确认将于2016—2020年向新喀提供5亿美元财政支持。

2010年共有银行和其他金融机构九家。主要银行有新喀里多尼亚银行（Banque de Nouvelle-Calédonie）、新喀里多尼亚巴黎国民银行（BNP Paribas Nouvelle Calédonie）、喀里多尼亚兴业银行（Société Générale Calédonienne de Banque）和喀里多尼亚投资银行（Banque Calédonienne d' Investissement）。

【对外贸易】主要进口矿产品、机械设备、化工品、食品等，主要出口铁镍、镍矿砂等。2014年进口额为2992亿太平洋法郎，主要进口来源国为法国（33.5%）、新加坡（22.5%）、澳大利亚（11.7%）、新西兰（5.1%）；出口额为1431亿太平洋法郎，主要出口对象国为日本（17.2%）、法国（16.3%）、韩国（12.3%）、中国（9.6%）、澳大利亚（8.4%）、比利时（4.9%）。

人民生活

2015年估计，新喀里多尼亚人口增长率1.38%，出生率15.33‰，死亡率5.52‰，儿童夭折率为5.37‰；人均期望寿命77.5岁，男性为73.49岁，女性为81.71岁。2014年约有固定电话8.85万部，移动电话24.3万部，互联网用户16.91万户。2015年最低工资标准为152912太平洋法郎/月。每千人拥有医院床位3.7张。

军　事

由法国负责防务。2015年法在新喀里多尼亚驻军约1600人，包括陆军768人、海军499人和空军218人。

文化教育

【教育】新喀里多尼亚对6—16岁儿童实行10年义务教育。学校分公立和教会两种体制，均属教育部管辖。法国政府资助公办中级教育学校。小学为5年制，6岁入学；中学分为初中4年和高中3年。2015年有学校约340所，学生约6.68万人，其中公立学校学生占72.9%。高校主要是新喀大学（Université de la Nouvelle-Calédonie），2015年共有在校学生约3000人，教师约100人。

【新闻出版】主要报刊有：《喀里多尼亚新闻》，日报，发行量1.85万份；《喀里多尼亚农业》，双月刊，发行量3000份；《新喀里多尼亚教会》，天主教会刊物，月刊，发行量450份；《喀里多尼亚展望》，工会机关报。

新喀里多尼亚广播电台：前身为法国海外广播电台，建于1942年，每天用法语广播节目24小时。此外，还有蓝色节奏广播电台。

新喀法国海外广播电视台：1965年建立，从属于法国海外广播电台，每天播放10小时节目。

对外关系

由法国负责外交事务。新喀里多尼亚为太平洋共同体（SPC）、国际工会联合会（ITUC）、世界工会联合会（WFTU）成员和太平洋岛国论坛（PIF）联系成员。

瓦努阿图对地处新喀东部无人居住的马修岛（Matthew Island）和亨特岛（猎人岛，Hunter Island）有主权要求，认为其是本国塔费阿省（Tafea）的一部分。

（王碧晗）

新　西　兰

国名　新西兰（New Zealand）。

面积　27.0534万平方公里。

人口　465万（2016年1月）。其中，欧洲移民后裔占74%，毛利人占15%，亚裔占12%（华人约20万），太平洋岛国裔占7%（部分为多元族裔认同）。官方语言为英语、毛利语。48.9%的居民信奉基督教新教和天主教。

首都　惠灵顿（Wellington），市区人口20.3万、大区人口50万（2015年11月）。夏季平均气温16℃左右，冬季8℃左右。

国家元首　英国女王伊丽莎白二世。总督为女王代表，由总理提名，女王任命，任期五年。现任总督杰里·迈特帕里（Jerry Mateparae），2011年8月就职。

重要节日　国庆日：2月6日，称“威坦哲日”（Waitangi Day）。

简　况

位于太平洋西南部，西隔塔斯曼海与澳大利亚相望，相距1600公里。由南岛、北岛及一些小岛组成，南、北两岛被库克海峡相隔。全境多山，山地和丘陵占全国面积的75%以上，平原狭小。河流短而湍急，航运不便，但水利资源丰富。北岛多火山和温泉，南岛多冰河与湖泊。南岛的库克峰海拔3754米，为全国最高峰。海岸线长约1.5万公里。属温带海洋性气候。平均气温夏季20℃左右，冬季10℃左右。年平均降水量600—1500毫米。

1350年起，毛利人在新西兰定居。1642年荷兰航海者在新西兰登陆。1769—1777年，英国库克船长先后五次到新西兰。此后英国向新西兰大批移民并宣布占领。1840年2月6日，英国迫使毛利人族长签订《威坦哲条约》，新西兰成为英国殖民地。1907年独立，成为英国自治领，政治、经济、外交受英国控制。1947年成为主权国家，同时为英联邦成员。

政　治

自1935年起，工党和国家党轮流执政。1993年11月，全民投票决定将议会选举制度由简单多数制改为混合比例代表制。1996年10月举行首次混合比例代表制大选，国家党与新西兰第一党组成联合政府。1998年8月，因执政两党摩擦不断，联合政府解体，总理希普利组成以国家党为主的少数政府。1999年11月大选后，工党与联盟党组成少数联合政府。2002年7月大选后，工党与进步党组成少数联合政府。2005年9月大选后，工党和进步党再度组成联合政府，并在财政和信任投票上得到新西兰第一党和联合未来党支持。2008年11月，国家党在大选中获胜，并获得行动党、毛利党和联合未来党的财政与信任支持，组成少数政府。2011年12月、2014年9月，国家党领袖约翰·基领导该党连续两次赢得议会选举，约翰·基蝉联总理。

【宪法】无成文宪法，宪法由英国议会和新西兰议会通过的一系列法律和修正案以及英国枢密院的某些决定构成。

【议会】一院制，仅设众议院，成立于1854年。议员由普选产生，任期三年。本届议会为第51届，于2014年12月组成。共有议席121个，其中国家党60席，工党32席，绿党14席，第一党11席，毛利党2席，行动党、联合未来党各1席。现任议长戴维·卡特（David Carter）。

【政府】总督和部长组成的行政会议是法定最高行政机构。行政会议由总督主持，总督缺席时由总理或高级部长主持。总督行使权力必须以行政会议的建议为指导。内阁掌握实权。本届政府由国家党于2014年10月组成，现有成员27人，其中内阁部长20人，非内阁部长7人。主要成员包括：总理兼旅游部长约翰·基（John Key），副总理兼财长英格利希（Bill English），坎特伯雷震后重建部长兼国防部长布朗利（Gerry Brownlee），经济发展部长乔伊斯（Steven Joyce），卫生部长科尔曼（Jonathan Coleman），外长麦卡利（Murray McCully）等。

【行政区划】全国分为11个大区和五个单一辖区，设有67个地区行政机构（其中包括13个市政厅、53个区议会和查塔姆群岛议会）。主要城市有：惠灵顿、奥克兰、克赖斯特彻奇（基督城）、哈密尔顿、达尼丁等。

【司法机构】设有最高法院、上诉法院、高等法院、若干地方法院和受理就业、家庭、青年事务、毛利人事务、环境等相关法律问题的专门法院。最高法院2004年1月1日成立，取代英国枢密院成为终审法院，由首席大法官和四名法官组成。现任首席大法官为沙恩·伊莱亚斯（Dame Sian Elias，女）。上诉法院由院长和九名法官组成，现任院长为马克·奥里甘（Mark O'Regan）。高等法院由35名法官和九名协理法官组成，现任首席法官为海伦·温克尔曼（Helen Winkelmann，女）。

【政党】注册政党20余个。主要包括：

（1）国家党（National Party）：执政党。1936年由自由党和改良党合并而成。主要代表农场主、大企业家、律师等的利益。主张实行自由市场经济和私有化，反对政府过多干预经济；严格规范福利政策，削减政府开支。曾多次执政。2014年再次赢得大选蝉联执政。领袖为现任总理约翰·基。

（2）工党（Labour Party）：最大反对党。1916年成立。主要代表中低收入者利益，工会组织和毛利人是其传统支持者。主张实行民主社会主义，社会政策上加大政府干预，重视社会福利制度。曾多次执政，2008年大选失利后下野。现任领袖安德鲁·利特尔（Andrew Little）。

（3）毛利党（Maori Party）：2004年4月，因在毛利人问题上与工党政府意见相左，协理毛利事务部长塔里安娜·图里娅（Tariana Turia，女）辞职并组建毛利党。主张维护毛利人传统利益，保护毛利文化、习俗和语言。弗拉维尔（Te Ururoa Flavell）于2013年7月中旬就任该党新任联合领袖，现任新西兰政府毛利发展部长。

（4）行动党（ACT Party）：前身是工党政府部长罗杰·道格拉斯（Roger Douglas）创立的消费者及纳税人协会，1994年11月改现名。代表企业界利益，支持者多为大财团及富商。2011年11月大选后，原领袖唐·布拉什（Don Brash）辞职。现任领袖大卫·西摩（David Seymour）。

（5）联合未来党（United Future Party）：前身为团结党，1995年6月成立。2000年11月与未来党合并，改现名。领袖彼得·邓恩（Peter Dunne），现担任国家党政府内政部长（非内阁部长）。

（6）绿党（Green Party）：前身为价值党，1972年成立，1990年与绿色和平组织合并，改现名。积极致力于反战、反核、环保运动和维护老年人、贫困家庭等弱势群体利益。1991年加入联盟党。1999年脱离联盟党。联合领袖为默蒂里娅·图雷（Metiria Turei，女）和詹姆斯·肖（James Shaw）。

（7）新西兰第一党（NZ First Party）：1993年成立，曾于1996—1998年与国家党联合组阁，2005—2008年与工党联合组阁。领袖为温斯顿·彼得斯（Winston Peters）。

（8）马纳党（Mana Party）：2011年4月，毛利党议员霍恩·哈拉维拉（Hone Harawira）率支持者脱离毛利党组建。

（9）互联网党（Internet Party）：2014年3月由富商金·多特康姆创立。主张维护网络和技术自由，保护个人隐私，反对网络监控，要求新退出“五只眼”情报联盟。6月，该党同马纳党联合组建互联网—马纳党，共同备战2014年大选并就竞选提名进行协调，但两党仍保持各自独立性。

其他政党有：保守党（Conservative Party）、联盟党（The Alliance）等。

【重要人物】杰里·迈特帕里：总督。毛利族人，1954年生于新西兰旺加努伊市。毕业于英国参谋学院、澳大利亚联合军种参谋学院和英国皇家国防研究学院，获新西兰怀卡托大学文学硕士学位。1972年入伍。1994年起，历任联合国驻南黎巴嫩停火监督团首席观察员、驻布干维尔停火监督团联合部队司令、新西兰驻东帝汶维和部队司令、联合部队司令部陆军局局长。2002年2月，任新西兰陆军司令，晋升少将。2006年5月，任新西兰国防军司令，晋升中将。迈系新西兰历史上首位担任国防军司令的毛利人。2011年2月退役，任新西兰政府情报机构通信安全局局长。2011年8月就任新西兰第20任总督。　**约翰·基**：总理。1961年8月生于奥克兰。毕业于坎特伯雷大学会计专业并获商业学士学位。1985年起从事投资银行工作。1995年受聘于美林银行，先后在该行伦敦、新加坡、悉尼分行担任外汇投资部经理。1999年任纽约联邦储备银行外汇委员会成员。1990年加入国家党。2002年当选议员，曾任国家党交通、商业、统计、财政等事务发言人。2006年11月当选国家党领袖。2008年11月率国家党赢得大选，并出任总理。2011年12月、2014年9月两度连任。　**安德鲁·利特尔**：反对党工党领袖。1965年4月生于新西兰北岛的新普利茅斯。毕业于惠灵顿维多利亚大学法律专业。大学毕业后开始律师生涯，并于2000年进入EPMU（Engineering, Printing and Manufacturing Union，工程、印刷与制造业联合会）的领导层，领导并参与了与新西兰境内多家大公司的劳资双方关系谈判。2014年11月出任工党领袖。

经　济

新西兰以农牧业为主，农牧产品出口占出口总量的50%以上。羊肉和奶制品出口量居世界第一位，羊毛出口量居世界第三位。

2014年主要经济数据如下：

国内生产总值：2400亿新元。

经济增长率：3.3%。

人均国内生产总值：约5.25万新元。

货币：新西兰元。

汇率：1新元约合0.64美元（2016年1月）。

通货膨胀率：0.3%（2015年第二季度）。

失业率：5.8%（2015年第二季度）。

（资料来源：新西兰统计局、新西兰储备银行）

【资源】矿藏主要有煤、金、铁矿、天然气，还有银、锰、钨、磷酸盐、石油等，但储量不大。石油储量3000万吨，天然气储量1700亿立方米。煤主要出口到日本、智利、印度和中国。

【工业】以农林牧产品加工为主，主要有奶制品、毛毯、食品、皮革、烟草、造纸和木材加工等轻工业，产品主要供出口。近年来，陆续建立了一些重工业，如炼钢、炼油、炼铝和制造农用飞机等。

【农业】农业高度机械化。主要农作物有小麦、大麦、燕麦、水果等。粮食不能自给，需从澳大利亚进口。2014年，乳制品出口额为145亿新元，肉产品出口额为59.3亿新元。

【林业】森林面积810万公顷，其中自然林630万公顷，人造林180万公顷。主要出口产品有原木、木浆、纸及木板等，主要出口市场为澳大利亚、日本、中国、韩国、美国、印尼、中国台湾地区等。2014年，林业出口总额为36.72亿新元。

【畜牧业】畜牧业发达，畜牧业生产占地1352万公顷，为国土面积的一半。乳制品与肉类是最重要的出口产品。粗羊毛出口量居世界第一位，占世界总产量的25%。

【渔业】渔产丰富，拥有世界第四大专属经济区，200海里专属经济区内捕鱼潜力每年约50万吨。专属经济区海域每年商业性捕捞和养殖鱼、贝类60万—65万吨，其中超过半数供出口。2014年，渔业产品出口总额为12.75亿新元。

【旅游业】2015年，入境游客总数为313.2万人次。主要来源地为：澳大利亚、中国、美国和英国等。

【交通运输】交通运输发达，通信联络畅通。进出口货物主要靠海运，但空运在对外贸易中的重要性日增。

铁路：总长4128公里，电气化铁路约为512公里。中短途客运量2139万人次，货物周转量45.8亿吨公里（2013年）。

公路：总长9.4万公里，其中高速公路1.1万公里（2014年12月）。各类车辆总数367万辆，其中私人轿车288万辆（2014年）。

海运：有国际航线六条，主要港口14个。奥克兰、惠灵顿、奥塔哥、利特尔顿、达尼丁、陶朗加是重要的集装箱港口。80%以上的国际贸易货物运输通过海运。2013年，港口货物吞吐量为5650万吨。

空运：新西兰是世界航空业最发达的国家之一，每182人中就有一名飞行员，每937人拥有一架飞行器。截至2014年6月，有各类民用飞机4842架，飞行员24977人，机场156个，国际机场有奥克兰机场、克赖斯特彻奇（基督城）机场、惠灵顿机场、哈密尔顿机场、达尼丁机场、罗托鲁阿机场和皇后镇机场。民航客机飞南太、亚洲、北美和欧洲多个国家和地区，21家外国航空公司班机飞新西兰。

【财政金融】新西兰财年由每年的7月1日起，止于翌年的6月30日。2014/2015财年，新西兰财政赤字为6.84亿新元。2015/2016财年有望实现1.76亿新元的财政盈余。截至2015年6月，新西兰外汇储备为250亿新元。

主要银行有：（1）新西兰储备银行（Reserve Bank of New Zealand）：中央银行。1934年成立时为私人银行，1936年起成为国家银行。主要职能是：制定和执行货币政策；管理货币发行；维持合理有效的财经体制；向国库部长提供政策咨询并执行外汇政策；每半年发布一次《新西兰经济展望》和《新西兰金融政策声明》。现任行长艾伦·博拉德（Allan Bollard）。

（2）澳新银行财团（新西兰）有限公司［Australia and New Zealand Banking Group（NZ）LTD］：成立于1840年，是新西兰历史最悠久、规模最大的私营商业银行，母公司为澳新银行财团。2003年10月以54亿新元从英国劳埃德银行收购新西兰国民银行，成为新第一大银行。

（3）新西兰银行（Bank of New Zealand）：成立于1861年。1989年7月以前国营，此后政府出售37.5%股份。1992年成为澳大利亚国家银行集团的子银行。有80万客户，400个国内分支机构。

【对外贸易】严重依赖外贸。2014年外贸总额为1310亿新元，其中出口额680亿新元、进口额630亿新元。主要进口汽车、机电设备、原油、纺织品、塑料制品等，出口铝、羊毛、乳制品、肉类、林产品、水果和鱼类等。主要贸易伙伴依次为欧盟、中国、澳大利亚、美国、日本、新加坡、韩国等。

2014年，主要贸易伙伴从新进口额为（单位：亿新元，下同）：中国132、澳大利亚131、欧盟75、美国67、日本36；对新出口额为：欧盟110、澳大利亚109、中国85、美国66、新加坡33。

【对外投资】截至2014年6月，新西兰在海外直接投资总额为230.93亿新元。

【对外援助】对外援助以双边援助为主，太平洋岛国为援助重点，主要援助方向为财政补贴、农牧林业、卫生保健、资源环境保护、文化遗产及人员培训等。2014/2015财年，对外援助预算为4.96亿新元，其中对太平洋岛国地区援助情况（单位：万新元）：所罗门群岛2000，巴布亚新几内亚1800，库克群岛1400，纽埃1300，瓦努阿图1200，托克劳1400，萨摩亚1200，基里巴斯1000，斐济400，图瓦卢350。

【外国资本】新西兰是传统资金输入国，对外国投资实行国民待遇。1000万新元以下的投资项目不需政府批准。截至2014年，外国对新直接投资额为973.19亿新元。主要投资来源国包括澳大利亚、美国、新加坡、荷兰、英国和日本。外资主要分布在银行、电信、交通、房地产、林业、畜牧业和旅游业等部门。

【著名公司】（1）恒天然公司（Fonterra Co-operative Group）：新西兰最大公司。2001年由基维乳品公司（Kiwi Company）、奶制品集团（Dairy Group）和乳品局（Dairy Board）合并成立，是全球第一大乳制品加工企业，占新西兰国内乳品总产量的95%。下辖100个分公司，员工1.56万人，公司资产141亿新元，业务遍及140多个国家。该公司是一个全国性合作社，股东为分布在全国的1.3万多个牛奶农场主，外来投资只能通过购买农场、建立合资企业或兼并进行。首席执行官西奥·施皮尔林斯（Theo Spierings）。

（2）斐雪·派克公司（Fisher & Paykel Appliances

Holding LTD）：新西兰制造业的标志，是全球领先的高端家用电器制造商和大洋洲最大的电器生产企业。创立于1934年，拥有生产机械有限公司、动态烹饪系统公司（美国）和意大利斐雪·派克公司三家全资子公司，在新西兰、意大利、泰国和墨西哥设有制造厂，在中国杭州设有销售处。是世界首家实现冰箱聚氨酯泡沫保温技术商业化生产的公司，20世纪60年代后期开始研发彩涂钢，并将此技术应用于冰箱和洗衣机生产。80年代，智能驱动洗衣机成为该公司拳头产品。随后，公司凭借智能电子控制无刷直流电动机技术进入洗碗机领域。2009年8月，海尔集团购买该公司20%的股份，成为该公司最大股东。2012年11月，海尔集团完成对该公司的并购。首席执行官斯图尔特·布罗德赫斯特（Stuart Broadhurst）。

（3）狮王有限公司（Lion Nathan LTD）：大洋洲地区最大的饮料公司，在澳新两国上市，成立于1988年。以啤酒酿造为主，占有澳啤酒市场的41%、新啤酒市场的53%，拥有中国无锡狮王太湖水啤酒公司60%的股份、澳百事可乐公司和新百事可乐公司83.5%的股份，并在澳、新两国生产和销售百事可乐饮料。公司也从事葡萄酒和烈酒的生产与销售。1998年4月，日本最大的啤酒厂麒麟公司以14亿新元的价格购买了狮王公司46%的股权。2000年6月公司总部移至澳大利亚。首席执行官斯图尔特·欧文（Stuart Irvine）。

人民生活

新西兰是高福利国家，政府建立基本医疗组织，向居民提供基本医疗保障。为控制福利开支，政府对高等教育和医疗实施部分收费政策。政府为低收入家庭增加补贴；设立养老基金，提高退休金比例；提高医疗保险，为民众提供低收费医疗保障；增加廉租房；建立家庭委员会，保护儿童权利。

军　事

新西兰总督为武装部队总司令，名义上的最高统帅。国防部长在国防军司令协助下行使对军队的实际控制权。国防军司令是国防部长的首席军事顾问。国防部秘书长是国防部首席文职顾问，负责研提防务政策建议、装备采购和维修更新等。

1951年同澳大利亚和美国签订《澳新美安全条约》。1984年，工党执政后采取反核立场，新西兰议会于1987年通过《新西兰无核区、裁军和军备控制法案》，禁止美国核舰艇访新，美国因而中止双边防务合作。与澳大利亚签有防务合作协定和《进一步密切防务关系协定》，与东盟和南太岛国签有军队互助计划，与英国、澳大利亚、马来西亚和新加坡于1971年签署《五国联防安排》，五国于1997年在南海进行了签约后最大规模的军事演习。

2008年国家党执政后，着手调整国防政策。2010年11月，新西兰政府发布13年来首份《国防白皮书》。该白皮书规划了未来25年国防战略蓝图，明确新西兰国防军主要任务是：保护新西兰领土及太平洋岛国地区安全，与澳大利亚共同应对本地区突发事件；保持并增强在邻近地区的作战能力，为维护亚洲和更大范围的稳定作贡献；保持与主要伙伴协同行动的能力；在维持贸易通道开放、保护海洋资源、实施人道主义救助及减灾等方面发挥作用。

1972年年底取消征兵制，实行志愿兵役制。截至2015年3月，新国防军共有约14135人，其中常规部队9086人（陆军、海军、空军），预备役约2264人，文职人员约2785人。2014/2015财年军费预算为32.33亿新元。新西兰国防军司令为蒂姆·基廷（Tim Keating）中将。

文化教育

【教育】国立中小学实行免费教育，入学年龄为五岁；对6—15岁青少年进行义务教育。2002年政府发布《儿童早期教育战略》，加强儿童早期教育，提高教育质量。主要大学包括：奥克兰大学、奥克兰理工大学、怀卡托大学、维多利亚大学、坎特伯雷大学、梅西大学、奥塔哥大学、林肯大学。主要赴新西兰留学生来源国为：中国（包括香港）、印度、韩国、日本。

【新闻出版】全国共有报纸100多种，其中日报23种，另有杂志300多种。主要报刊有：《新西兰先驱报》，最大日报，日发行量逾16.2万份，总编辑蒂姆·墨菲（Tim Murphy）。《自治领邮报》，第二大日报，由《晚邮报》和《自治领报》合并而成，日发行量9.8万份，总编辑伯纳德特·考特尼（Bernadette Courtney）。《星期日明星时报》，唯一一份全国发行的大版面报纸，年发行量40万份，总编辑戴维·凯梅斯（David Kemeys）。2003年，费尔费斯（Fairfax）新西兰公司以12亿新元收购独立报业集团，成为新西兰最大的传媒集团，拥有九份日报，两份周报和23份杂志出版权等。

广播电台遍及全国，共190多家，多数为商业电台。除新西兰广播公司为国有外，其余电台分属广播网（The Radio Network）和媒体工厂（MediaWorks）两大广播网络。前者主要股东为澳大利亚地方报业集团（APN）公司，后者原为澳大利亚铁桥资本公司（Ironbridge Capital）控股，2013年6月因负债严重进入破产接管程序，由多家银行接管，公司业务目前保持正常。近年来，政府资助成立了一些反映多元文化的公益性电台。

新西兰电台：前身为1925年成立的公共广播电台，1955年改建为国有公司。下辖国家广播电台调频电台以及中波、短波电台。国家台24小时播音，重点播发时事和国内政治新闻，覆盖96%国土。国际短波电台对太平洋岛国播出。首席执行官彼得·卡瓦纳（Peter Cavanagh）。新西兰电视台：1962年正式开播，原由新西兰广播公司统管，1988年8月成为独立的国营企业。下设电视一台、电视二台等六个频道。主要播放新闻、体育、科教、影视等节目。用户约有112.6万，覆盖全国，收视率达70%。董事局主席约翰·安德森（John Anderson）。电视三台：唯一一家私人电视台，由媒体工厂公司控股。1989年11月开播，以新闻、电视剧为主，覆盖面为全国人口的98%。首席执行官保罗·马厄（Paul Maher）。新西兰毛利电视台：2004年3月28日正式开播。首席执行官吉姆·马瑟（Jim Mather）。

对外关系

新西兰强调对外政策的根本目的是维护世界，特别是太平洋地区的和平，以保障新西兰主权与安全，维护经济利益。将同澳大利亚和太平洋岛国的关系作为对外政治、防务和经济关系的立足点；将亚太地区作为对外关系优先领域；积极改善与美国的关系，维护与欧洲国家的传统关系，强调发展与拉美新兴国家政治、经济关系；积极支持和参与联合国的维和行动和人道主义援助，寻求在国际组织中发挥作用；重视参与地区经济合作，积极推动区域全面经济伙伴关系协定（RCEP）和跨太平洋伙伴协定（TPP）等贸易和投资自由化进程；强调军队的防御性和参与维和、人道主义援助等多重功能；主张继续推动国际核裁军进程，最终全面销毁核武器；坚持南太平洋无核区，支持建立东南亚无核区；积极参与国际反恐合作，反对伊拉克战争，积极参与阿富汗、伊拉克战后重建；关注朝核问题，反对朝鲜发展核武器，希望朝核问题通过和平方式得以解决；关注西亚北非局势，谴责埃及、叙利亚等国的暴力事件。

【同中国的关系】自1972年12月22日建交以来，两国各领域友好合作关系发展顺利。

2014年1月，全国政协副主席陈元访新。3月，新西兰总理约翰·基对华进行工作访问。9月，王毅外长访新。11月，新总理约翰·基来华出席第22次亚太经合组织领导人非正式会议并顺访成都，为新驻成都总领馆开馆。同月，习近平主席对新西兰进行国事访问。两国领导人宣布把中新关系提升为全面战略伙伴关系，双方并发表建交以来首份双边关系联合声明。

2015年5月，新西兰外长麦卡利访华。7月，新西兰总督迈特帕里来华进行国事访问。同月，新西兰副总理兼财政部长英格利希访华。8月，王毅外长在出席马来西亚东亚合作系列外长会期间会见新西兰外长麦卡利。9月，新西兰总理特使、前副总理麦金农来华出席中国人民抗日战争暨世界反法西斯战争胜利70周年纪念活动。10月，新西兰反对党工党领袖利特尔应中联部邀请访华。11月，习近平主席在菲律宾马尼拉出席亚太经合组织领导人非正式会议期间会见新西兰总理约翰·基，李克强总理在马来西亚吉隆坡出席东亚合作系列会议期间会见新西兰总理约翰·基。

中新经贸合作不断加强。2008年4月，两国签署双边自贸协定。10月，协定正式实施。新西兰成为第一个与中国签署并实施双边自贸协定的发达国家。

2010年3月，新西兰与中国香港特别行政区签订《新西兰与中国香港紧密经贸合作协议》，成为唯一与中国大陆和香港均有自贸安排的国家。据中方统计，2015年，双边贸易额为115.1亿美元，同比下降19.2%，其中中方出口额为49.2亿美元，同比增长3.9%，进口额为65.9亿美元，同比下降30.7%。中国是新西兰第一大贸易伙伴、第一大出口市场和第一大进口来源地。

截至2015年11月，新西兰累计来华投资项目总数1842个，实际投入金额13.8亿美元，主要分布在农林、轻工、纺织、冶金、食品加工、医药、计算机等领域；中国对新非金融类直接投资2.6亿美元，农牧业是我投资热点领域。截至2014年6月，新西兰共向中国提供约2869万新元（约1.49亿元人民币）发展援助。

根据中方统计，截至2014年年底，中国在新西兰各类留学人员为5.64万人。中国是新西兰第一大留学生来源国。2014年全年，共有845名新西兰留学生在华学习，其中35名为获得新西兰来华奖学金的留学生。截至2014年年底，中国共接受197名新西兰奖学金来华留学生。2007年2月，奥克兰大学孔子学院举行揭牌仪式。2009年11月，坎特伯雷大学孔子学院正式成立。2010年6月，维多利亚大学孔子学院成立。中国是新西兰第二大旅游客源国和成长最快的海外旅游市场，2014年，中国公民首站赴新旅游20万人次，同比增长14.5%。2015年1—11月，新西兰来华游客11.34万人次，同比下降0.1%。截至2016年1月，两国已建立32对友好省市关系。

2014年7月，中国中央军委副主席范长龙上将访新。12月，双方举行第七次两军战略对话。2015年6月，新西兰国防军司令基廷中将来华访问。9月，新西兰国防部长布朗利来华访问。12月，中央军委委员、总参谋长房峰辉上将访问新西兰。

中国驻新西兰大使：王鲁彤，2013年11月13日递交国书。馆址：2-6 Glenmore Street，Wellington，N. Z.。电话：00644-4749631；传真：4990419。经商处电话：4714101；传真：4714104。

新西兰驻华大使：麦康年（H.E. Mr. John McKinnon），2015年1月22日递交国书。馆址：北京市朝阳区三里屯东三街3号。电话：0086-10-85312700；传真：65324317。

目前，新西兰与台湾地区保持民间和经贸往来。1973年，台湾地区在新西兰设立“亚东贸易中心”，处理双方经贸事务。1988年4月，新西兰在台北设立“新西兰工商办事处”，处理贸易、工商事务。1991年，“亚东贸易中心”改称“台北经济文化办事处”。1991年8月，新西兰航空公司开航台北。2009年11月，新西兰对部分台湾“护照”持有者给予三个月免签待遇。2011年2月，新西兰克赖斯特彻奇市地震后，台湾地区向克市派出地震救援队并提供10万美元援助。2013年7月，新西兰与台湾地区签署经济合作协议。据新方统计，2013年新西兰与台湾地区贸易额为16.64亿新元。其中新方出口额为8.83亿新元，进口额为7.81亿新元。台湾地区是新西兰第12大贸易伙伴。

【同澳大利亚的关系】1943年新澳建交。新西兰将与澳大利亚关系置于外交防务政策优先位置，两国领导人交往频繁，双方在政治、经济、社会和安全以及国际领域的合作密切。2004年5月，首届澳新领导层论坛在新西兰举行。2006年1月，新澳海上边界条约生效。2月，新澳达成原产地规则协议。2009年8月，新西兰总理约翰·基再次访澳，与澳总理陆克文共同主持首次联合内阁会议，并发表关于继续推进跨塔斯曼海峡合作的联合声明。2011年2月，澳大利亚总理吉拉德访新，两国签署《进一步密切经济关系投资议定书》并发表《跨塔斯曼合作联合声明》，吉拉德应邀在新西兰议会演讲并成为首位在新议会演讲的外国领导人。6月，新西兰总理约翰·基访澳，应邀在澳议会演讲并成为首位获此待遇的新西兰领导人。

2014年2月，新西兰总理约翰·基访澳，与澳总理阿博特举行两国领导人年度会晤。10月，新西兰总理约翰·基赴澳参加第一次世界大战纪念活动。11月，新西兰总理约翰·基赴澳参加G20领导人峰会。2015年2月、4月，澳总理阿博特两次访新。4月，新西兰副总理兼财政部长英格利希访澳。10月，澳总理特恩布尔访新。2016年2月，新西兰总理约翰·基访澳。

1983年，两国签署《进一步密切经济关系协定》（CER）。1990年，两国宣布建立自由贸易区，取消关税。1996年，两国签署《单一航空市场协定》，保障两国航空公司在对方国家享有“不受限制的飞行权”。1998年，两国签署《跨塔斯曼旅游安排》，规定两国公民可自由在对方国家生活和工作。2007年1月，两国就继续推进单一经济市场达成共识。澳大利亚是新西兰第二大贸易伙伴和第一大投资来源国。据新方统计，2014年，双边贸易额为150.16亿新元，其中新方出口额为87.72亿新元，进口额为62.44亿新元。截至2014年6月，澳大利亚在新投资达539.33亿新元。澳大利亚是新西兰第一大旅游客源国，2014年到新旅游124.7万人次。

【同美国的关系】1942年新美建交。1951年，新西兰、美国、澳大利亚缔结《澳新美安全条约》，新西兰成为美国盟国。20世纪80年代中期，工党政府奉行反核政策，拒绝美国核舰访新，美国将新西兰从盟国降为友好国家，并中止与新西兰防务合作。90年代，国家党政府积极改善与美国关系。1995年和1999年，新西兰总理博尔格、希普利先后访美。1999年9月，美国总统克林顿访新。1999年，工党政府执政后，坚持无核政策，强调根据现实利益处理与美国关系，无意恢复《澳新美安全条约》关系。“9·11”事件后，新西兰支持美国反恐行动，并派特种部队配合美国在阿富汗军事行动。

2014年6月，新西兰总理约翰·基访美。同月，新西兰外长麦卡利赴美出席美国国务卿克里主持的“我们的海洋”国际会议。

2015年11月，新西兰总理约翰·基赴菲律宾出席美国总统奥巴马主持的跨太平洋伙伴关系协定谈判国领导人会议。

美国是新西兰第三大贸易伙伴和第二大投资来源国。据新方统计，2014年，双边贸易额为133.47亿新元，其中新方出口额为67.31亿新元，进口额为66.16亿新元。美国是新西兰第三大旅游客源国，2014年到新旅游22.1万人次。

【同日本的关系】1952年新日建交。新西兰重视发展与日关系，双边高层接触频繁。2008年5月，新西兰总理克拉克访日，首届日新伙伴关系论坛在东京召开。2009年10月，新西兰总理约翰·基访日。2010年5月，新西兰与美国、日本举行联合军演。2015年3月，新西兰总理约翰·基访日。

新西兰反对日本在南太禁捕区进行科研性捕鲸、增加金枪鱼捕捞数量以及向南太地区海域运送和倾倒核废料。

日本是新西兰第四大贸易伙伴和重要外资来源地。两国签有渔业、民航协定。据新方统计，2014年，双边贸易额为63.54亿新元，其中新方出口额为29.38亿新元，进口额为34.16亿新元。日本是新西兰第五大旅游客源国，2014年到新旅游8.11万人次。

【同欧盟的关系】重视同欧盟关系。2004年3月，新西兰和欧盟签署《新欧深化关系协定》。4月，欧盟在新西兰设立常驻代表团。2014年3月，新西兰总理约翰·基赴荷兰出席核安全峰会，新西兰外长麦卡利访问德国、西班牙。7月，新西兰与欧盟签署合作伙伴关系协议。11月，德国总理默克尔访新。

据新方统计，2014年，新西兰与欧盟贸易额为139.63亿新元，其中新方出口额为50.19亿新元，进口额为89.47亿新元。

【同英国的关系】新西兰是英联邦成员，在历史、文化上与英国有着传统联系，双方高层接触频繁。1995年11月，英国女王和首相梅杰赴新参加英联邦政府首脑会议并访新。1997年10月和1999年1月，新西兰总理博尔格、希普利分别访英。工党政府上台后，宣布废除英国王室授勋制，在10至20年内终止与英国王室联系。2006年3月，英国首相布莱尔访新。2007年，新西兰总理克拉克访英。2008年9月，英国安妮公主访新。11月，新西兰总理约翰·基访英。2009年10月，新西兰副总理兼财长英格利希访英。2010年1月，英国威廉王子访新。2014年7月，新西兰外长麦卡利访问英国苏格兰并出席英联邦运动会。2015年2月、3月，新西兰总理约翰·基、外长麦卡利分别访英。2015年2

月、7月，英国外交大臣哈蒙德、查尔斯王储分别访新。

英国曾是新西兰最大的贸易伙伴，现已退居第六大出口国和第十大进口来源地。据新方统计，2014年，双边贸易额为28.8亿新元，其中新方出口额为15.48亿新元，进口额为13.32亿新元。英国是新西兰第四大旅游客源国，2013年到新旅游19.16万人次。

【同法国的关系】新法关系曾因1985年法国特工在奥克兰港炸沉绿色和平组织的“彩虹勇士”号和1995年法国在南太平洋进行核试验而两度紧张。1996年，法国宣布停止核试验并签署南太无核区条约附加议定书，新法关系逐步改善。2004年6月，新西兰总理克拉克赴法参加纪念诺曼底登陆60周年活动。2011年4月，新西兰总理约翰·基访法。2013年9月，新西兰总理约翰·基访法。11月，新西兰外长麦卡利访法。2015年3月，新西兰外长麦卡利访法。

法国是新西兰第14大贸易伙伴。据新方统计，2014年双边贸易额为17.23亿新元，其中新方出口额为3.66亿新元，进口额为13.57亿新元。2014年，法国到新游客3.06万人次。

【同东盟国家的关系】新西兰同东盟国家关系密切，是东盟对话国和东盟地区论坛、东亚峰会成员。积极推动论坛建立信任措施和预防性外交机制，支持东盟国家关于在东南亚建立和平、自由、中立区及东南亚无核区的主张。除参加“五国联防”（FPDA）外，还与新加坡、马来西亚、文莱、印尼签有双边防务协定，与泰国签有避免双重征税协定。

2001年9月，新西兰、澳大利亚与东盟10国代表通过建立澳新与东盟《进一步密切经济伙伴关系协定》（CEP）的正式框架文件和初步工作计划，决定建立东盟自由贸易区/进一步密切经济关系协定经济顾问委员会（AFTA/CER Business Advisory Council）。2004年6月，新西兰与泰国正式开始《密切经济伙伴关系协定》谈判。11月，新西兰总理克拉克赴老挝出席纪念新澳与东盟建立对话伙伴关系30周年领导人会议。2005年，马来西亚总理巴达维、印尼总统苏西洛、越南总理潘文凯、东盟秘书长王景荣分别访新。7月，新西兰签署《东南亚友好合作条约》并与新加坡、智利、文莱签署《跨太平洋战略经济伙伴关系协定》。12月，新西兰总理克拉克赴马来西亚出席首届东亚峰会。2006年3月，新西兰总理克拉克访问菲律宾。6月，新加坡总理李显龙访新。2007年1月，新西兰总理克拉克出席菲律宾宿务第二届东亚峰会。10月，新西兰总理克拉克和外长彼得斯发布旨在进一步加强与亚洲联系的政策白皮书《我们的未来与亚洲》。11月，新西兰总理克拉克赴新加坡出席第三届东亚峰会。

2009年2月，新西兰签署《澳大利亚—新西兰—东盟自由贸易协定》。9月，东盟秘书长素林访新。10月，新西兰与马来西亚签署双边自贸协定。2010年7月，新西兰总理约翰·基访问越南。8月，新西兰—马来西亚双边自贸协定正式生效。2014年10月，新西兰外长麦卡利出席印尼总统就职仪式。11月，新西兰总理约翰·基出席在缅甸举行的东亚峰会，并宣布将新缅外交关系由代办级提升为大使级。

2015年3月，越南总理阮晋勇访新并签署关于加强两国全面伙伴关系的联合声明。11月，新西兰总理约翰·基先后出席在菲律宾马尼拉举行的亚太经合组织领导人非正式会议和在马来西亚吉隆坡举行的东亚峰会，并对越南进行正式访问。

东盟为新西兰重要的贸易伙伴和外国投资的重要来源之一。据新方统计，2014年，新西兰与东盟双向贸易额为131.53亿新元，其中新方出口额为50.54亿新元，进口额为80.99亿新元。

【同太平洋岛国的关系】新西兰与岛国有密切的传统关系，同所有独立的岛国建交，与库克群岛、纽埃保持自由联系，将岛国作为外援重点。重视太平洋岛国论坛等地区组织的作用，并在其中发挥重要影响。防务上，与巴新、汤加、斐济、萨摩亚、瓦努阿图、所罗门群岛等国签有“互相援助计划”，帮助有关岛国训练军队并进行联合军事演习；与澳大利亚一道负责一些太平洋经济区的海上巡逻。2003年8月，设立“太平洋合作基金”。2004年4月，新西兰总理克拉克以轮值主席身份主持太平洋岛国论坛领导人特别会议，制定帮助岛国发展的“太平洋计划”。2005年10月，新西兰总理克拉克赴巴布亚新几内亚出席第36届太平洋岛国论坛领导人会议。

2006年4月，出兵干预所罗门群岛骚乱。5月，派兵赴东帝汶维和。10月，新西兰总理克拉克赴斐济出席第37届太平洋岛国论坛领导人会议。11月，派军警赴汤加协助维护秩序。12月斐济政变后，宣布不承认斐济军方临时政府并对斐实施制裁。2009年11月，新西兰与斐济互相驱逐外交官并关闭驻对方国家的外交机构。12月，新西兰总理约翰·基表示愿与斐济政府恢复接触。

2014年8月，新西兰外长麦卡利访问斐济。2014年9月，新西兰派员参加斐济大选多国观察团，新外长麦卡利对斐济顺利举行大选以及斐济第一党领袖姆拜尼马拉马当选斐济总理表示祝贺。11月，新西兰国防部长布朗利访问斐济，同斐济国防部长和外长进行会晤，此访表明新已解除对斐济所有制裁。2015年2月，新西兰外长麦卡利访问汤加。8月，新西兰总理约翰·基参加库克群岛宪法日50周年庆典。

据新方统计，2013年新西兰与除澳大利亚之外的太平洋岛国论坛成员国贸易总额为13.15亿新元，其中新方出口额为9.96亿新元，进口额为3.19亿新元。

【同韩国、朝鲜的关系】新西兰与韩国关系密切。2006年12月，韩国总统卢武铉访新，签署《面向21世纪的伙伴关系协定》，双方同意加强在政治、经济、环境、创新、知识经济及人员交流等方面的合作，同意进行双边自贸协定可行性研究。2009年3月，韩国总统李明博对新西兰进行首次正式访问。6月，两国举行第一轮自贸协定谈判。2014年11月，新西兰总理约翰·基宣布新西兰与韩国已完成双边自贸协定谈判。2015年3月，新西兰总理约翰·基访韩并签署新韩自贸协定。

韩国是新西兰第五大出口市场、第七大进口来源地和第七大游客来源国。2014年，双边贸易额为40.54亿新元，其中新方出口额为17.59亿新元，进口额为22.95亿新元。2014年，韩国到新旅游5.55万人次。

2001年3月26日，新西兰与朝鲜正式建立大使级外交关系。8月，任命驻韩国大使兼任驻朝鲜大使。1994年至2004年2月，通过多边和地区组织向朝鲜提供6300万新元援助。关注朝核问题，敦促朝鲜放弃核计划，希望国际社会共同努力，早日通过和平方式解决朝核问题。2007年8月，新西兰政府通过国际红十字会向朝提供50万新元救灾款，用于暴雨和洪水后重建工作。2008年7月，新西兰外长彼得斯宣布向联合国提供50万新元解决朝鲜食品短缺问题。2009年4月，新西兰外长麦卡利发表声明，谴责朝鲜发射卫星。5月，新西兰外长麦卡利再次发表声明，谴责朝鲜进行核试验。2010年5月、11月，新西兰外长麦卡利分别发表声明，就“天安号”事件、延坪岛炮击事件谴责朝鲜。2011年12月，新西兰总理约翰·基就朝鲜最高领导人金正日去世发表评论，希望朝鲜政治权力能够平稳交接，并期待未来朝鲜民众的生活能够得到改善。2012年4月、12月，新西兰外长麦卡利对朝鲜发射卫星予以谴责。2013年2月，新西兰外长麦卡利对朝鲜进行核试验强烈谴责。2016年2月，新西兰外长麦卡利对朝鲜核试射表示谴责，重申新方立场，敦促朝方保持克制，避免局势升级恶化。

【同俄罗斯的关系】近年来，新西兰与俄罗斯双边高层互访增多，贸易关系日趋活跃。2004年4月，两国举行一系列庆祝建交60周年活动。新西兰议长亨特访俄。6月，新西兰宣布出资100万新元在俄建立一个消除化学武器的设施。2008年1月，俄罗斯联邦众议院联合理事会主席访新。2010年6月，新西兰与俄罗斯启动自贸谈判。2012年1月，俄罗斯外长拉夫罗夫访新。2014年3月，新西兰就克里米亚入俄对俄实施禁止部分俄公民入境等制裁措施。2014年7月，新西兰外长麦卡利对马来西亚航空MH17客机坠毁事件表示关注，呼吁对该事件进行全面调查。

据新方统计，2013年，新俄双边贸易额为8.04亿新元，其中新方出口额为2.3亿新元，进口额为5.74亿新元。

【同拉美国家的关系】新西兰以智利、阿根廷、墨西哥、秘鲁、乌拉圭和巴西为重点，积极发展经贸关系和推动教育出口。2004年11月，新西兰总理克拉克赴智利出席亚太经合组织领导人会议并访问智利。2005年7月，新西兰与新加坡、智利、文莱签署《跨太平洋战略经济伙伴关系协定》。2006年3月，新西兰总理克拉克访问智利。11月，智利总统巴切莱特访新。2007年9月，墨西哥总统卡尔德龙访新。11月，乌拉圭总统巴斯克斯访新。2010年1月，新西兰政府就海地地震向海地政府提供200万新元援助。3月，新西兰与墨西哥签署可再生能源合作协定。2011年3月，新西兰贸易部长兼国际气候变化谈判部长格罗泽访问墨西哥。2012年11月，新西兰成为“太平洋联盟”组织观察员。2013年3月，新西兰总理约翰·基访问墨西哥、智利、哥伦比亚和巴西。5月，新西兰外长麦卡利访问巴巴多斯、特立尼达和多巴哥、巴哈马并出席加勒比共同体外长会议。新西兰贸易部长格罗泽出席在哥伦比亚举行的“太平洋联盟”部长级会议和首脑峰会。2014年5月，新西兰外长麦卡利出席在圭亚那举行的加勒比共同体外长会并访问古巴。2015年4月，新西兰经济发展部长乔伊斯访问智利、哥伦比亚和巴西。

墨西哥是新西兰在拉美的最大贸易伙伴。据新方统计，2013年双边贸易额为5.6亿新元，其中新方出口额为2.98亿新元，进口额为2.62亿新元。

【同非洲国家的关系】新西兰看好非洲大陆的发展潜力，全面推动发展与南非的关系，重视与埃及关系。2007年11月，新西兰总理克拉克访问埃及。2010年6月，新西兰总理约翰·基访问南非。2011年9月，新西兰贸易部长兼国际气候变化谈判部长格罗泽访问南非，出席联合国气候变化会议部长级预备会议。12月，新西兰贸易部长兼国际气候变化谈判部长格罗泽和气候变化事务部长史密斯出席南非德班气候变化大会。2013年1月，新西兰外长麦卡利访问埃塞俄比亚并参加非盟执行委员会会议。3月，新西兰外长麦卡利赴埃及出席阿拉伯国家联盟首脑级理事会会议。4月，新西兰外长麦卡利访问南非、博茨瓦纳、纳米比亚、莱索托、毛里求斯和莫桑比克。2014年1月，新西兰外长麦卡利出席在埃塞俄比亚举行的非盟峰会。6月，新西兰外长麦卡利访问加纳。2015年1月，新西兰外长麦卡利出席在埃塞俄比亚举行的非盟峰会。

尼日利亚是新西兰在非洲的最大贸易伙伴。据新方统计，2013年与尼日利亚贸易额为4.13亿新元，其中新方出口额为3.12亿新元，进口额为1.01亿新元。

（朱涛）

南极地区和北极地区

极　地

极地综述

【极地】极地（polar region）是指位于地球南北两极极圈以内的陆地与海域。极地终年白雪覆盖大地，气温非常低，以致于几乎没有植物生长。南北极的地形完全不同：南极是一块广大的陆块，称做南极洲；而北极则是一片汪洋，称为北冰洋。南北极的动物也不尽相同：北极的代表动物是北极熊；南极则是企鹅。

极地是地球表面的冷极，在全球气候系统中起着重要和不可替代的调节作用。南极气候环境过程与中国的气候变化存在“遥相关”，北极气候环境变化对中国气候有着更直接的影响。

截至2016年9月，中国已经开展了32次南极科学考察和7次北极科学考察。2013年是中国开展极地考察工作第30个年头。近30年来中国规模最大的一个极地专项——南北极环境综合考察与评估专项全面实施，成绩显著；“雪龙”号科考船圆满完成恢复性维修改造，极大地提升了安全性能和海洋调查能力；中国将新建一艘极地科学考察破冰船，设计建造工作开始进入实质性实施阶段；中国极地考察新购置一架固定翼飞机的工作业已启动，中国南极考察步入“航空时代”。

南　极　洲

地　理

从字面上看，南极就是地球的最南端，但实际上，南极这个词有多种近似含义，例如：南极洲、南极点、南极大陆、南极地区、南极圈等。按照国际上通行的概念，一般把南纬60°以南的地区称为南极，它是南大洋及其岛屿和南极大陆的总称，总面积约6500万平方公里。

南极洲（Antarctica）包括南极大陆及其周围岛屿，总面积约1400万平方公里，其中南极大陆面积为1239万平方公里，岛屿面积约7.6万平方公里，海岸线长达2.47万公里。南极洲另有约158.2万平方公里的冰架。南极洲的面积占地球陆地总面积的1/10。

南极洲又称第七大陆，位于地球最南端，土地几乎都在南极圈（南纬66°33′44″）内，四周濒太平洋、印度洋和大西洋，是世界上纬度最高的一个洲，也是地球上最后一个被发现、唯一没有土著人居住的大陆，面积在世界七大洲中名列第五。它与南美洲最近的距离为965公里，距新西兰2000公里、距澳大利亚2500公里、距南非3800公里，与中国首都北京的直线距离约有1.2万公里。

南大洋（Southern Ocean）是南极大陆到南极辐合带之间的海域，面积为3800万平方公里，太平洋、大西洋和印度洋的最南部在这里连通。

整个南极大陆被一个巨大的冰盖所覆盖，平均海拔为2350米。横贯南极山脉（Transantarctic Mountains）将南极大陆分成东南极洲（East Antarctica）和西南极洲（West Antarctica）两部分，位于西南极洲的文森山（Vinson Massif）高达5140米，是南极洲的最高峰。

【区域、边缘海和岛屿】南极洲主要地区有：科茨地（Coats Land）、毛德皇后地（Queen Maud Land）、恩德比地（Enderby Land）、威尔克斯地（Wilkes Land）、维多利亚地（Victoria Land）、埃尔斯沃思地（Ellsworth Land）、南极半岛（Antarctic Peninsula）等。南极洲边缘海有属于南太平洋的别林斯高晋海

（Bellingshausen Sea）、罗斯海（Ross Sea）、阿蒙森海（Amundsen Sea）和属于南大西洋的斯科舍海（Scotia Sea）、威德尔海（Weddell Sea）等。

南极洲主要岛屿有奥克兰群岛（Auckland Island）、布韦岛（Bouvet Island）、南设得兰群岛（South Shetland Islands）、南奥克尼群岛（South Orkney Islands）、阿德莱德岛（Adelaide Island）、亚历山大岛（Alexander Island）、彼得一世岛（Peter Ⅰ Island）、南乔治亚岛（South Georgia）、爱德华王子群岛（Prince Edward Islands）、南桑威奇群岛（Sandwich Islands）等。

【冰盖和冰架】南极大陆98%的地域被一个巨大的永久冰盖所覆盖。经过科学家多年的测量计算，南极冰盖的总体积为2800万立方公里，平均厚度为2000米，最大厚度为4800米。最厚的冰盖位于东南极洲的澳大利亚凯西站以东510公里处。南极大陆常年被冰雪覆盖着，使得南极大陆，特别是东南极洲形成一个穹状的高原，平均高度为2350米，成为地球上最高的大陆，比包括青藏高原在内的亚洲大陆的平均高度要高2.5倍。但是如果不计这巨大的冰盖，南极大陆的平均高度仅有410米，比整个地球上陆地的平均高度要低得多。南极夏季冰盖面积达265万平方公里，冬季可扩展到南纬55°，达1880万平方公里。

南极总贮冰量为2930万立方公里，占全球冰总量的90%，相当于全球淡水贮存量的75%。如其融化，全球海平面将上升大约60米。南极冰盖将1/3的南极大陆压沉到海平面之下，有的地方甚至被压至1000米以下。由于南极冰盖本身的巨大压力，使得冰层缓慢地从中心高原向四周运动。缓慢流动的冰层遇到高大山岭的阻挡，就流入山谷之中，在山间谷地中流动形成冰川。冰川运动速度从100—1000米每年不等。越接近大陆边缘，冰层变得越薄，并伸向海洋。有些冰层断裂，成为漂浮的冰山，而固定在海岸周围并浮在海面上的冰体就成为冰架。世界上最著名的冰架是罗斯海湾的罗斯冰架（Ross Ice Shelf）和威德尔海湾的菲尔希纳冰架（Filchner-Ronne Ice Shelf）。罗斯冰架面积约49万平方公里，菲尔希纳冰架约有45万平方公里。在南极，因断裂而被排入海洋的冰山数以万计。沿海触地冰山可存在多年，未触地冰山受潮汐与海流作用漂移北上而逐渐融化。南极地区观测到的最大的冰山面积约有3.1万平方公里。

根据中国科学院测量与地球物理研究所科学家的观测，南极冰架正以每年60亿—100亿吨的速度消融，南极西南部一块数十万平方公里的冰架，冰雪消融速度较快，年均下降10—20厘米，如果这一冰架全部融化，海平面将上升6米。他们发现，南极冰盖质量变化呈东增西减的趋势，东部增量不明显，西部减量比较明显。同时初步研究发现，南极冰架每消融1吨，约有半吨融入海洋。尽管目前关于地球变暖、海冰融化以及海平面上升的消息频繁出现在媒体的头条，但近年来，南极海冰出现大块浮冰的总量实际上是不断增加的。在2012年9月下旬，卫星数据显示南极洲周围的海冰区域达到了有史以来最大的范围，根据美国国家冰雪数据中心（NSIDC）公布的数据，南极海冰区域面积为751万平方英里，约为1944万平方公里，并且还呈现出缓慢增长的趋势，以约1%的速度增加。

然而，北极海冰的总量正在下降，而南极海区的海冰却略有增加，两者之间为什么会存在如此大的差异呢。其原因在于南极是一片大陆，而北极几乎除了海洋外没有任何实质性的陆地，在北极可以看到处于升温状态的大气以及海平面增加的海洋，加上海冰的转移，这些影响将作用于北极海冰并减少其冰层的覆盖量。

在南极，就必须认为这里拥有自己的气候系统，并独立于世界上其他大洲。实际上对南极海冰总量略有增加的理论符合人类对全球变暖的了解。对于全球变暖的一般趋势如格陵兰冰盖和冰帽减少是按照现有的理论演化，而南极的升温速度明显异于世界上的其他地区，其温度变化趋势是上升的，但非常缓慢。

【气候】南极素有“寒极”之称，南极低温的根本原因在于南极冰盖将80%的太阳辐射反射掉了，致使南极热量入不敷出，成为永久性冰封雪覆的大陆。南极仅有冬、夏两季之分。每年4–10月为冬季，11月至次年3月为夏季。南极沿海地区夏季月平均气温在0℃左右，内陆地区为–35℃—–15℃；冬季沿海地区月平均气温在–30℃—–15℃，内陆地区为–70℃—–40℃。前苏联的“东方”站记录到的南极最低气温为–89.2℃（1983年7月21日，据南极研究科学委员会资料）。南极气温随纬度与海拔的升高而下降。

根据阿蒙森–斯科特南极站的最新数据显示，2009年南极站气温为1957年有记录以来最高，为零下54.2华氏度（–47.9℃）。之前记录在册的南极高温出现在2002年，达到温度零下54.4华氏度（–48℃）。2013年12月，美国国家航空航天局（NASA）的卫星记录下南极东部高原的温度低至–93.3℃，创造了新的世界低温极值。根据美国宇航局的说法，2005年为全球最热的一年，其次是2009年（气温数据的记录始于18世纪）。而美国国家海洋和大气管理局（NOAA）在2011年6月发布的《2010气候状况》报告中指出，2010年和2005年并列成为有记录以来最热的年份。

南极虽然贮藏了全球75%的淡水资源，但因其是以固态方式存在的，所以南极又是异常干旱的大陆，有“白色沙漠”之称。南极年平均降水量为120—150毫米，沿海地区为900毫米，内陆地区仅为50毫米。有些地区仅为20—30毫米。南极洲的降水几乎都是雪。

南极的暴风雪频繁，风力也强，所以，南极还有“世界风极”之称。南极大陆沿海地带的风最大，风向偏东，平均风速17米/秒—18米/秒。特别是东南极大陆沿岸，风速可达40米/秒—50米/秒。当前记录到的最大风速为327公里/小时（法国迪蒙·迪维尔站，1972年7月）。南极“西风带”是海上航行最危险的地区，在南纬50°—70°之间，一般风力4—6级，浪高4米—5米。当受到极地气旋影响时，风速可达每小时85公里，浪高10米—30米。

【自然资源】南极大陆上如今已不存在高等动物和开花植物，现仅存340余种植物，其中包括200种地衣、85种苔藓、28种伞状菌和25种龙牙草。南极沿海有两种显花植物和近千种海藻。南极大陆上仅有一些微生物和少数无脊椎动物生存于植物丛、地衣和泥沼中。目前在南极发现的无脊椎动物有387种。

与南极大陆贫乏的生物种类相比较，南大洋生物资源异常丰富。南大洋中存在一个稳定的食物链，可简单地表示为：浮游植物→浮游动物→磷虾→鱼类、乌贼→企鹅、鸟类→海豹→鲸。在南极生物链中磷虾是其中关键一环，其储量达10亿吨。

南极洲有藏量丰富的矿物资源，目前已经发现的就有220多种，包括煤、铁、铜、铅、锌、铝、金、银、石墨、金刚石和石油等。还有具有重要战略价值的钍、钚和铀等稀有矿藏。从已查明的资源分布来看，煤、铁、石油的储量为世界第一，其他的矿产资源正在勘测过程中。

南极发现史

古希腊人依据其几何学对称理论认为地球上存在一个与北方大陆相对称的未知的南方大陆。从1772年库克船长扬帆南下到19世纪末先后有很多探险家驾帆船去寻找南方大陆，这一时期被称为“帆船时代”。20世纪初到第一次世界大战前，人类先后跨越了南磁极和南极点，涌现出了像沙克尔顿、阿蒙森、斯科特等探险家，这一时期被称为“英雄时代”。第一次世界大战后至50年代中期，人类在南极探险中逐渐用机械设备代替了狗拉雪橇，这一时期被称为“机械化时代”。从1957—1958年国际地球物理年起到现在，各国在南极纷纷建立科学考察站，每年都有大批的科学家赴南极开展考察，人类对南极的认识不断深化，这一时期被称为“科学考察时代”。

截至2015年，约有25个国家在南极建立了150多个科学考察基地。这些众多的考察站，根据其功能大体可分为：常年科学考察站、夏季科学考察站、无人自动观测站三类。其中，常年科学考察站有50多个，中国的南极长城站和中山站都是常年科学考察站；夏季科学考察站在南极洲大约有100多个，经常使用的有70个—80个左右，中国的南极昆仑站是夏季科学考察站。

从各国南极科学考察站的分布来看，大多数国家的南极站都建在南极大陆沿岸和海岛的夏季露岩区。只有美国、俄罗斯（前苏联）和日本在南极内陆冰原上建立了常年科学考察站。地处南极内陆冰盖最高点冰穹A、经线交会的南极极点、全球温度最低的南极冰点、地球磁场南极的磁点并称为南极科考的四大“必争之点”，在其上分别设有昆仑站（中国）、阿蒙森-斯科特站（Amundsen-Scott South Pole Station，南纬90°，东经0°，美国）、东方站（Vostok Station，南纬78°27′51.8″，东经106°50′14″，俄罗斯）、迪蒙·迪维尔站（Dumont d'Urville Station，南纬66°39′47.3″，东经140°00′5.3″，法国）。

南极是地球唯一没有常住居民和未被工业污染的洁净之地，近年来，南极的环境问题引起世界的关注，也在历次南极条约协商国会议上被提到。为了保护南极的环境不被污染，规定各国的考察站都设立专门的负责环境保护的人员，各国考察站要建立污水、垃圾等其他污物的处理装置。近些年，南极又有了旅游项目，尽管对游客进行了一些限制，但是对南极的环境还是产生了影响。

南极洲的法律地位

在《南极条约》（Antarctic Treaty）生效前，阿根廷、智利、澳大利亚、法国、新西兰、挪威、英国七国已对82%的南极大陆提出了领土要求，其中澳、法、新、挪四国互相承认各自的领土要求；阿、智、英三国要求的领土互相重叠，三方坚持各自的主权要求，互不承认他方的主权要求；美、前苏联不承认任何国家对南极的领土主权要求，同时保留他们自己对南极提出领土主权要求的权利。

1908年，英国第一次对南极提出主权要求。1923年，新西兰宣布领有南纬60°以南、东经160°与西经150°之间的土地，即罗斯属地（Ross Dependency）。1924年，美国声明，任何对南极“无主地”的发现，如果没有伴随名副其实的“定居”，不能构成有效的主权要求。1939年，苏联声明，在参加解决南极洲土地的命运问题上拥有不可剥夺的权利。1933年，澳大利亚宣称领有除了阿德利地（Adélie Land）以外的南纬60°以南、东经45°—136°、142°—160°之间的土地，称为澳大利亚南极领地（Australian Antarctic Territory）。1939年，法国宣称领有南纬60°以南、东经136°—142°之间的土地，即阿德利地（现为法属南部和南极领地的一部分）。同年挪威宣称领有南极洲东经45°到西经20°之间的沿海土地以及“更远的土地”[被称为毛德皇后地（Queen Maud Land）]。1940年智利宣称领有南极洲西经53°—90°之间的土地——智利南极省（Chilean Antarctica），这和英国早些时期宣称的领有南极洲西经20°—80°之间的土地部分重叠。第二次世界大战后，美国宣布保留19世纪以来由于美国公民在南极洲的活动而产生的一切权利，包括提出领土要求在内。1946年，阿根廷宣布领有南纬60°以南、西经25°—74°之间的地区——阿根廷属南极地区（Argentine Antarctica），包括全部岛屿陆地以及拥有南乔治亚岛和南桑韦奇群岛的主权。1947年，美国通过美洲国家会议把南极洲划入美洲“共同防御”线内。1948年，美国同一些有关国家就南极地区“国际化”的问题进行了非正式谈判。到20世纪50年代，阿、澳、法、挪、新、英、智七国对南极的领土要求包括南极大陆5/6的土地。1959年，有关国家签订了《南极条约》。苏联宣称“保留提出自己领土要求的权利”。

1961年生效的《南极条约》冻结了对南极的领土要求，并规定已提出领土要求的国家不得扩大其要求；没有提出领土要求的国家也不准提出新的要求。因此，根据《南极条约》可以说，南极现在不属于任何一个国家，它属于全人类。

1962年，英国宣称将原属福克兰群岛（马尔维纳斯群岛）南纬60°以南的南设得兰群岛、南奥克尼群岛和在南极洲本土帕默半岛（现称南极半岛）的格雷厄姆海岸划为“英属南极领地”（British Antarctic Territory）。但南奥克尼群岛也是阿根廷“南极领地”的一部分，因此英国和阿根廷之间对这个群岛有争议。而英国、阿根廷、智利三国之间对南设得兰群岛也有争议。

由于《南极条约》只是暂时冻结了各国的领土主权要求，对附属于领土的诸如大陆架等方面的权利则没有界定。鉴于《南极条约》并非严谨完善，存在不少漏洞，在2011年《南极条约》签订50周年之后，联合国对该条约进行修订，所有对南极提出主权要求的国家都要在2009年5月13日之前提交报告。

南极条约体系

旨在协调各国对南极和平利用的《南极条约》，于1959年12月1日签署，并于1961年6月23日生效。美国政府为《南极条约》的保存国政府。

《南极条约》的主要内容为：禁止在条约区从事任何带有军事性质的活动，南极只用于和平目的；冻结对南极的任何形式的领土主权要求；鼓励南极科学考察中的国际合作；各协商国都有权派代表到其他南极考察站上视察；对南极重大事务决策实行协商一致的原则。南极条约协商国依照其国名英文字母的排列顺序轮流主办会议，并承担一切费用。南极条约的工作语言为英语、法语、俄语、西班牙语。会议主办国必须为会议提供上述四种语言的同声传译和文件。

中国于1983年5月9日加入南极条约，1985年10月7日被接纳为协商国。

《南极条约》有53个缔约国（2016年2月），其中阿根廷、澳大利亚、比利时、巴西、保加利亚、智利、中国、捷克、厄瓜多尔、芬兰、法国、德国、印度、意大利、日本、韩国、荷兰、新西兰、挪威、秘鲁、波兰、俄罗斯、南非、西班牙、瑞典、乌克兰、英国、美国、乌拉圭等29国为协商国；奥地利、白俄罗斯、加拿大、哥伦比亚、古巴、丹麦、爱沙尼亚、希腊、危地马拉、匈牙利、冰岛、哈萨克斯坦、朝鲜、马来西亚、摩纳哥、蒙古、巴基斯坦、巴布亚新几内亚、葡萄牙、罗马尼亚、斯洛伐克、瑞士、土耳其、委内瑞拉等24国为非协商国。

南极条约体系（Antarctic Treaty System，ATS）系指南极条约、根据南极条约实施的措施和与条约相关的单独有效的国际文书和根据此类文书实施的措施，包括南极条约协商会议（Antarctic Treaty Consultative Meetings，ATCM）、南极研究科学委员会（Scientific Committee on Antarctic Research，SCAR）、国家南极局局长理事会（Council of Managers of National Antarctic Programs，COMNAP）等相关文件及其他有关条约、议定书[如:《南极海洋生物资源养护公约》(Convention for the Conservation of Antarctic Marine Living Resources，1980年签署，1982年生效)；《关于环境保护的南极条约议定书》(Protocol on Environmental Protection to the Antarctic Treaty，1991年签署，1998年生效)]。

目前，中国派代表团出席南极条约体系相关会议。

【南极条约协商会议和环境保护委员会】南极条约协商会议（ATCM）是《南极条约》协商国就南极问题进行磋商、作出决议的重要形式，每年举行一次。根据南极条约的规定，协商会议通过的所有建议措施应经全体协商国批准后才能生效。协商会议通过的建议措施涉及和平利用南极、保护南极资源、便利南极科考和合作、交流情报以及完善南极条约体系的运行等。目前，经各国同意已生效的建议措施共100多项，构成南极地区的重要活动准则。

环境保护委员会（the Committee for Environmental Protection，CEP）是根据《关于环境保护的南极条约议定书》第11条设立的（简称“南极环境委员会”）。

1998年，第22届南极条约协商会议和第1届南极环境委员会（ATCM XXII-CEP I）同时举行。目前，ATCM和CEP每年联合举行会议。

第38届南极条约协商会议（ATCM XXXVIII）和第18届南极环境委员会（CEP XVIII）2015年6月1日至10日在保加利亚索菲亚举行。2017年，中国将作为东道国主办第40届南极条约协商会议。

南极条约秘书处是协商会议的一个机构，于2004年9月设于阿根廷布宜诺斯艾利斯。网址：http://www.ats.aq。其主要工作为：准备和支持南极条约协商会议和其他会议；收集、保存和出版南极条约协商会议纪要；促进《南极条约》和《关于环境保护的南极条约议定书》要求的各成员国之间的信息交流；将南极条约体系的信息提供给公众。

【南极海洋生物资源养护公约（Convention on the Conservation of Antarctic Marine Living Resources，CCAMLR）】1980年5月20日于澳大利亚堪培拉签订，1982年4月7日生效，此后成为“南极条约体系”的组成部分。

该公约旨在保护南大洋生物资源、防止过度捕捞对南大洋生态系统造成损害，并许可对生物资源进行合理程度的捕捞和开发。公约建立了观察和检察制度并确定了解决争端的原则。CCAMLR 的地理适用范围为位于大约南纬50°的南极辐合带以南的南大洋水域。同时，CCAMLR 与捕鲸管理公约和海豹保护公约保持协调一致的立场。

该公约的运行和日常工作由“南极海洋生物资源养护委员会”[the Commission for the Conservation of Antarctic Marine Living Resources，简称“委员会”(the Commission)]负责。该委员会为政府间国际组织，主要职责是采取措施，确立观察和检察制度等，委员会在协调一致的基础上作出决议。“南极海洋生物资源养护委员会”又建立了“南极海洋生物资源养护科学委员会”[the Scientific Committee for the Conservation of Antarctic Marine Living Resources，简称“科学委员会”(the Scientific Committee，SC-CAMAR)]，其主要职责是评价南极海洋生物状况，对捕捞方法和捕获程度提出科学建议，对南大洋海洋生物资源进行研究等。

2006年10月19日，中国加入《南极海洋生物资源养护公约》；此后，中国第一次以缔约国的身份作为观察员出席 CCAMLR 年会。中国于2007年7月申请加入南极海洋生物资源养护委员会，2007年10月2日成为其正式成员。

目前，南极海洋生物资源养护委员会成员(Members)包括欧盟和24个国家：阿根廷、澳大利亚、比利时、巴西、智利、中国、法国、德国、印度、意大利、日本、韩国、纳米比亚、新西兰、挪威、波兰、俄罗斯、南非、西班牙、瑞典、乌克兰、英国、美国、乌拉圭。签字国(Acceding States)11个：保加利亚、加拿大、库克群岛、芬兰、希腊、毛里求斯、荷兰、巴基斯坦、巴拿马、秘鲁、瓦努阿图。CCAMLR 秘书处设在澳大利亚霍巴特。CCAMLR 网址：http://www.ccamlr. org。

自1982年起，南极海洋生物资源养护委员会每年在澳大利亚的霍巴特举行会议。

2010年4月，安德鲁·赖特(Andrew Wright)出任 CCAMLR 秘书处第四任执行秘书。

第34届南极海洋生物资源养护委员会会议(CCAMLR-XXXIV)于2015年10月19日至30日在澳大利亚霍巴特举行。会议主要就制定和实施资源养护和管理措施、南极海洋保护区、打击非法捕鱼以及南极气候变化等问题进行讨论。在南极海洋保护区议题下，讨论的重点是美国和新西兰联合提出的南极罗斯海海洋保护区提案。美国、新西兰根据各方意见对其提案进行了修改，促进平衡处理资源养护和合理利用之间的关系，获各方积极评价。该修改提案将在2016年10月举行的委员会第35届会议上进行审议。

第35届南极海洋生物资源养护委员会会议(CCAMLR-XXXV)将于2016年10月17日至28日在澳大利亚霍巴特举行。

CCAMLR科学奖学金计划设立于2010年，主要用于资助 CCAMLR 成员中处于事业起步期的青年学者参加 CCAMLR 科委会相关工作组的研究工作，是 CCAMLR 科学能力建设的一个重要举措。该计划于2011年正式实施，由各成员科委会代表推荐、面向已获或正在攻读博士学位的青年学者征集申请；资助期两年，资助最高额度为3万澳元。在2012年度奖学金资助遴选工作中，中国水产科学研究院黄海水产研究所王新良助理研究员凭借中国磷虾渔业科学观察员和 CCAMLR 协调的挪威渔船南极磷虾调查参与者的经历，以及拟定的南极磷虾资源声学调查评估方法与应用的博士论文研究主题，与另外一名来自阿根廷的青年学者一起获得为期两年(2013—2014年)的资助，额度均为3万澳元(约合人民币19.5万元)。

中国南极考察

中国开展南极科学考察事业30年来，业绩丰硕，成就斐然。中国的南极科学考察事业起步于1980年，2名中国研究人员参加了澳大利亚国家南极考察队。1984年11月，中国首次派出由591人组成的国家南极考察队，乘“向阳红10号”考察船赴南极，并于1985年2月在乔治王岛建成中国第一个南极考察基地——长城站。1988年11月，中国首支东南极考察队踏上征程，并于次年2月在东南极的拉斯曼丘陵上建成了中国第二个南极考察基地——中山站。2009年1月，在南极内陆建成中国第三个南极考察站——昆仑站。截至2015年4月，中国成功组织了31次南极科学考察。伴随中国综合国力的迅速提高，目前已形成“一船四站一基地”(即“雪龙”船，南极长城、中山、昆仑站和北极黄河站，极地考察国内基地)为主体的国家极地考察战略格局和基础平台。2013年年底至2014年年初，中国完成第30次南极科学考察，并建成中国第四个南极考察站——泰山站。

【“雪龙”号科考船】该船是中国第三代极地考察、运输两用船。船长167米，宽22.6米，满载排水量21025吨，吃水9米，功率17920马力。最大航速18节，冰区通过能力为1.2米冰、20厘米雪，航速0.5节，续航能力1.8万海里。“雪龙”号极地科学考察船自1994年10月首航南极以来，到2015年4月，已先后18次赴南极、6次赴北极执行科学考察与补给运输任务。

长久以来，“雪龙”号科考船是中国极地科考唯一的一条破冰船，长期服役使得“雪龙”船早已不堪重负，维修频繁且成本较高。2012年7月31日，国家海洋局与芬兰阿克北极公司在北京签署了中国首艘自主建造的极地科考破冰船的基本设计合同。这意味着今后中国极地科学考察事业将摆脱“雪龙”船单兵作战的局面。该破冰船建成后，将与“雪龙”船组成一支南、北极海洋科学考察破冰船队，实现中国至少有2艘极地考察船同时在南、北极区域开展考察作业活动，并保持每年有200天以上的极地海洋考察时间的目标。

【中国南极长城站】1985年2月20日，中国首次南极考察队在南极洲的南设得兰群岛的乔治王岛上胜利地建成中国南极长城站。长城站的地理坐标为：南纬62°12′59″，西经58°57′52″，海拔高度10米，与北京的方位为170°38′27″，距离北京17501.9公里。建筑面积4000多平方米，有健全的生活设施和科研观测室。站上每年可接纳度夏考察人员30名，越冬考察人员15名。考察站常年开展气象学、电离层、高空大气物理学、地磁和地震等项目的常规观测。南极夏季期间，除常规观测项目外，还进行包括地质学、地貌学、地球物理学、生物学、环境科学、人体医学和海洋科学等的观测研究。

【中国南极中山站】1989年2月26日，中国首次东南极考察队在南极大陆的拉斯曼丘陵上胜利建成中国南极中山站。中山站的地理坐标为：南纬69°22′24″，东经76°22′40″，海拔高度11米，与北京的方位为32°30′50″，距离北京12553.2公里。中山站是中国南极考察向内陆发展的重要基地，也是国际合作的重要实验基地。建筑面积3000多平方米，有办公栋、宿舍栋、气象栋、科研栋、发电栋及车库等。站上每年可接待度夏考察人员40名，越冬考察人员15名。考察站常年开展气象学、电离层、高空大气物理学、地磁和地震等项目的常规观测。南极夏季期间，除常规观测项目外，还进行包括地质学、地貌学、地球物理学、冰川学、生物学、环境科学、人体医学和海洋科学等的观测研究。

【中国南极昆仑站】为中国首个南极内陆考察站，于2009年1月27日建成。位置确定为南纬80°25′01″，东经77°06′58″，高程4087米，位于南极内陆冰盖最高点冰穹A西南方向约7.3公里。这是中国继在南极建立长城站、中山站以来，建立的第三个南极考察站，它也是世界第六座南极内陆考察站。考察站的建成将实现中国南极考察从南极大陆边缘向南极内陆扩展的历史性跨越，它意味着中国将成为第一个在南极内陆建站的发展中国家。根据规划，昆仑站的近期目标是建成可供15—20人夏季科考的度夏站，3—5年后，再逐步升级扩建为满足科考人员越冬的常年站。

【中国南极泰山站】2014年2月8日，国家海洋局宣布，中国南极泰山站正式建成开站。在泰山站建成并投入使用之际，国家主席习近平致信祝贺。这是中国在南极建设的第四个科学考察站，也是继2009年建成的昆仑站后，中国第二个建立在南极内陆的科考站。泰山站位于中国南极中山站与昆仑站之间的伊丽莎白公主地，坐标：东经76°58′，南纬73°51′，海拔高度2621米。距中山站约522公里，距昆仑站715公里，距格罗夫山85公里，距埃默里冰架接地线220公里，距离查尔斯王子山资源区370公里。海拔高度2600米，年平均温度–36.6℃，可满足20人度夏考察生活，总建筑面积1000平方米，使用寿命15年，配有固定翼飞机冰雪跑道。它不仅将成为中国昆仑站科学考察的前沿支撑，还将成为南极格罗夫山考察的重要支撑平台，进一步拓展中国南极考察的领域和范围。泰山站与昆仑站一样是度夏站，长城站和中山站则是常年站。

【中国第31次南极考察队】2014年10月30日，中国第31次南极考察队从上海乘坐“雪龙”号船出发赴南极执行科学考察任务。考察队由281名队员组成。考察队从上海出征后，经由澳大利亚霍巴特到达中山站，再经南极罗斯海，到达新西兰克莱斯特彻奇补给，二次返回中山站，完成预定任务后，经由澳大利亚弗里曼特尔回国。

考察期间，考察队仅用10天时间完成南极维多利亚地新建站地勘工作，包括新建站区域地质勘查、难言岛周边海域水下地形测绘、环境调查、拟建码头调查、基础测绘控制点布设和全球卫星导航系统参考站连续运行观测等。

在大洋科考方面，考察队超额完成了南大洋考察任务，在南极浮冰区成功回收3套潜标和5台海底地震仪，在南极罗斯海开展海洋地质和地球物理考察，在南极普里兹湾开展物理海洋、海洋化学和生物、生物资源调查。同时，考察队安全完成南极中山站两个阶段卸货工作，卸运物资总量约1620吨；完成南极内陆站考察等各项任务，在南极昆仑站考察期间钻取深冰芯172米，积累了宝贵的深冰芯钻探现场工作经验，获取了大量实时工况钻进参数和孔内原始数据；成功安装第二台南极巡天望远镜，并超计划修复了此前在昆仑站运行的第一台南极巡天望远镜。

本次科考是一次大范围、全方位的综合考察，打破了我国极地科考的多项纪录：大洋考察完成68个重点站位的观测采样，是历次南极考察中规模最大、站位最多、作业面最广、设备回收成功率最高的一次；国家863计划重点项目“深冰芯钻探”在经过6年筹备后，于本次科考期间正式开钻，成功获取172米深冰芯；“极地机器人”在本次南极科考中首次从试验阶段转入应用阶段，来自北师大的遥感无人机取得中山站站区及达尔克冰川的近3000张航拍照片并完成三维影像构建，而北航与沈阳自动化所联合推出的飞机及冰雪面机器人完成了对南极两处内陆冰盖的测绘任务，获取了近30G的航空影像、皮温和冰雷达数据等。

2014年11月18日下午，正在澳大利亚访问的中国国家主席习近平在澳大利亚总理阿博特陪同下，考察了正在当地补给的“雪龙”号，登船慰问了中国南极科学考察队，这在中国极地考察史上尚属首次，显示了国家对中国极地事业的高度重视，更为中国南极科考队增添了动力。

本次南极科考也在对外交流的广度和深度上，为历次南极科考中所罕见。借助中澳元首共登“雪龙”号引发的“雪龙热潮”，考察队在停靠外港期间，先后与澳大利亚南极局、新西兰克莱斯特彻奇市政府等进行交流，并举办了公众开放日活动，接待中外政要和普通市民登船参观。考察队还与澳大利亚、智利等国协同合作，开展了北查尔斯王子山地质调查、南设得兰群岛地质调查等国际项目。

2015年4月10日，历时163天，总航程约3万海里的中国第31次南极考察队完成各项预定考察任务，乘坐“雪龙”号极地考察船返回位于上海的中国极地考察国内基地码头。

【中国第32次南极考察队】 2015年11月7日，中国第32次南极考察队于2015年11月7日出发，开始执行南极科学考察任务。“雪龙”号从上海起航后，经停澳大利亚弗里曼特尔到达中国南极中山站后，逆时针环南极大陆航行，经威德尔海南大洋考察测区—长城站—智利蓬塔—美国麦克默多站—澳大利亚凯西站后，再次返回中山站，圆满完成预定考察任务后，经澳大利亚弗里曼特尔回国。

考察期间，昆仑队和格罗夫山队两支南极内陆考察队，依托11辆大型雪地车和40余辆雪橇组成的内陆冰盖车队，于2015年12月15日从中山站启程，分别到达昆仑站和格罗夫山地区，在完成各自考察作业任务后，经泰山站会师后，于2月7日返回中山站。然后，队员乘坐“雪龙”号回国。

中国第32次南极科考共完成45项科学考察项目和30项后勤保障与建设项目，成果累累：我国首架极地固定翼飞机“雪鹰601”成功首航南极，标志着我国迈入南极考察“航空时代”；“雪龙”号采用逆时针航线再次环南极航行，刷新我国船舶到达地球最南纬度纪录；南大洋调查迎来历次考察中受冰影响最小、专业配合度最高，作业范围最大、测线最长、内容最系统、样品和数据质量较高的一次作业；昆仑站正式实现人员入住使用，深冰芯钻探钻取冰芯351.5米，创造单季进尺新纪录；在格罗夫山新收获陨石630块；我国自主研制的极地全地形车首次亮相南极，极地考察技术装备自主研发和应用示范快速发展。

同时，本次南极考察还借助“雪龙”号环南极航行的有利契机，进行了广泛和深入的国际交流。考察队先后访问和接待了澳大利亚戴维斯站、印度巴拉提站、韩国世宗王站、智利海军站、美国麦克默多站、韩国张保皋站、澳大利亚凯西站、俄罗斯进步站等8个外国考察站。“雪龙”号时隔16年后再次到访智利蓬塔港，“雪龙”号和“雪鹰601”固定翼飞机向澳大利亚提供多次物资、人员运送等协助。我国在国际南极考察中的影响力进一步提高。

2016年4月12日，历时158天、总航程约3万海里，中国第32次南极考察队圆满完成各项预定考察任务，乘坐“雪龙”号返回位于上海的极地考察国内基地码头。国家海洋局与上海市政府举行了简朴而热烈的欢迎仪式。

北 极 地 区

地　理

北极地区是指北极圈（北纬66°34′）以北的广大地区，包括北冰洋、诸多岛屿和亚、欧、北美大陆北部的苔原带和部分泰加林带，面积2100万平方公里，约占地总面积的1/25。其中陆地和岛屿面积占800万平方公里，全部归属于8个环北极国家，但北冰洋中部海域仍属国际公共海域。此外，北极圈内的斯瓦尔巴群岛地位由《斯匹次卑尔根群岛条约》确定。该条约的缔约国有权自由出入该群岛，并在遵守挪威法律的前提下在那里进行正常的科学和生产等活动。中国于1925年签署了该条约。

【北冰洋（the Arctic Ocean）】“Arctic”一词源于希腊语“熊”，意指正对大熊星座的海洋。北冰洋是一个四周由大陆环绕、近于封闭的海洋。其面积约1475万平方公里，约占世界海洋总面积的4.1%。海水容积约1807万立方公里。平均水深约1225米，最大水深5527米（位于格陵兰海的东北部），是世界四大洋中面积最小、平均水深最浅的一个海洋。北冰洋表面广被海冰覆盖，冬季海冰覆盖面积最大，可达1140万平方公里（3月），约占总面积的77.3%。夏季海冰覆盖的最小面积为700万平方公里（9月），约占总面积的47.5%。北冰洋大部分面积位于北极圈内，海冰平均厚度约3米，其中央部分海冰已有300万年以上的历史，为终年不融海冰。北冰洋有8个附属海：挪威海（Norwegian Sea）、格陵兰海（Greenland Sea）、巴伦支海（Barents Sea）、喀拉海（Kara Sea）、拉普捷夫海（Laptev Sea）、东西伯利亚海（East Siberia Sea）、楚科奇海（Chukchi Sea）和波弗特海（Beaufort Sea）。

1650年，德国地理学家B. 瓦伦纽斯首先把它划成独立的海洋，称大北洋。1845年，伦敦地理学会命名为北冰洋。

【北极陆地区（Lands of Arctic）】 北极陆地区包括加拿大、美国、俄罗斯、芬兰、挪威和瑞典等国在北极圈内的陆地，以及格陵兰岛的大部分地域，总面积约800万平方公里。

【**环北极国家（the Surround-Arctic Nations）**】指其领土陆地自然延伸到北极地区以内且环绕北冰洋的国家。自1909年美国探险家皮里向全世界宣布他踏上北极点以来，北极地区不仅成为西方各国探险家和航海家频频光顾的地方，而且逐渐成为许多大国所觊觎的一块战略要地。北极地区的陆地和岛屿属于八个环北极国家：加拿大、丹麦（包括其属地格陵兰和法罗群岛）、芬兰、冰岛、挪威、瑞典、俄罗斯和美国。

北极资源丰富，拥有9%的世界煤炭资源，还有丰富的石油和天然气，据推测其含量占世界未开发油气资源的25%。另外，北极地区还有大量的金刚石、金、铀等矿藏和水产资源。此外，北极地区还有着重要的战略地位。全球气候变暖加速冰山融化，北极航道开发潜力逐渐显现，从大西洋穿越北冰洋到达太平洋的航行时间将会缩短近一个月，北极航道可能成为国际航运新命脉。经从亚洲到欧洲，将比走巴拿马运河缩短上万公里行程。另一方面，北极具有军事战略意义，北约和俄罗斯均在北极部署军事力量。

【**北冰洋海域纷争**】对于北冰洋海域的划分曾有两种主张：一是俄罗斯和加拿大等国主张按扇形原则来划分。加拿大于1907年提出此原则，该原则对国土东西跨度大、北部海岸线绵长的国家来说最有利，因此得到俄罗斯的支持。不过，由于遭到美国、挪威等其他北冰洋沿岸国家的反对，扇形原则并没有得到公认。《联合国海洋法公约》生效后，北极国家开始依据公约主张在北冰洋海域的权利。

二是近年来依据海底大陆架主张划分原则，其主要法律依据是1982年通过的《联合国海洋法公约》，该公约已获得160多个国家批准。按照《公约》的有关规定，环北冰洋国家在北极圈的领海里程从陆地算起不能超过200海里，但如果某国能证明该国大陆架在地理上与北极海床相连，即可对北极领土提出更多要求；一国可以对距其海岸线350海里的海域拥有经济专属权。目前，丹麦、俄罗斯等国均在通过向大陆架界限委员会提交外大陆架划界案，积极主张面向北冰洋一侧的外大陆架权利。

【**北极地区的居民（Peoples of Arctic Regions）**】北极地区现有人口约900万，主要分布在8个环北极国家的北纬60°以北地区。其中土著居民200多万，主要居住在北美洲的阿拉斯加和加拿大北部的北冰洋沿岸和格陵兰岛的北部。由20多个民族组成，最大的民族约30多万人，最小的约200多人。具代表性的土著民族有因纽特人（Inuits）[亦称爱斯基摩人（Eskimo）]、阿留申人（Aleut）、科米人（Komi）、曼西人（Mansi）、可汗人（Khant）、塞库普人（Selkup）、恩特西人（Entsy）、恩加纳桑人（Nganasan）、多尔干人（Dolgan）、佣人（Tungus）、拉穆特人（Lamut）、育卡格赫人（Yukaghir）、南特西人（Nantsy）、雅库特人（Yakut）、库雅特人（Koryat）、堪察加人（Kanchadal）、鄂温克人（Howek）、萨米人（Sami）、拉普人（Lapp）、楚科奇人（Chukchi）、凯特人（Ket）等。这些土著民族世代生活在气候环境恶劣的北极地区，靠渔猎（主要是海豹、鲸、海象和鱼类）为生，居住极其简陋。至今，他们驯养驯鹿，也开始享受着现代科技与物质文明生活，又保留着北极地区土著民族传统的渔猎和生吃鱼肉的风俗习惯。在格陵兰岛西北部北纬79°以北的爱斯基摩人，称为极地爱斯基摩人。

北极体系

北极体系是由北极理事会、国际北极科学委员会、北极地区西伯利亚和远东原住民协会（Russian Association of Indigenous Peoples of the North，Siberia and Far East，RAIPON）。当地社团组成。主要关心全球变化对北极地区环境包括经济文化的影响。

【**北极理事会（Arctic Council，AC）**】1996年8月6日，八个环北极国家的代表在加拿大的渥太华举行会议，讨论建立北极理事会的声明（渥太华声明），正式成立高级别的政府间论坛。其宗旨是：（1）确保居住在北极地区的居民包括当地少数民族及其团体享有的权益；（2）确保北极地区在经济和社会发展以及在卫生条件和文化教育的改善方面的可持续发展；（3）确保北极环境保护，包括北极生态系统的保护、北极生物多样性维持和自然资源的保护和可持续使用。为实施上述宗旨，要求建立北极环境保护策略：（1）应认识到北极土著民族及其团体的传统文化的重要意义以及北极科学研究对环北极地区整体理解的重要意义；（2）应进一步采取要求环极合作的北极问题一致行动的措施；（3）应积极支持因纽特环极会议、萨米理事会以及俄罗斯北部、西伯利亚和远东当地少数民族协会，并充分认识到他们在北极理事会发展中的作用。网址：http://www.arctic-council.org。

目前，北极理事会已发展成为讨论涉北极问题最重要的区域国际论坛。八个环北极国家为北极理事会成员。六个北极土著人组织为北极理事会永久参与方（Permanent Participants）。这六个组织为：阿留申人国际协会（Aleut International Association，AIA），北极阿萨帕斯卡人委员会（Arctic Athabaskan Council，AAC），哥威迅人委员会国际（Gwich'in Council International，GCI），因纽特人北极圈委员会（Inuit Circumpolar Council，ICC），萨米人委员会（Saami Council），俄罗斯北方、西伯利亚和远东原住民协会（Russian Association of Indigenous Peoples of the North，Siberia and Far East，RAIPON）。理事会下设可持续发展、北极监测与评估、北极海洋环境保护、北极污染物行动计划、北极动植物保护、突发事件预防反应六个工作组。部长级会议（Ministerial Meeting）是理事会决策机构，每两年召开一次。高官会（Senior

Arctic Officials Meeting）是理事会执行机构，每年召开两次会议。理事会成员国轮流担任主席国，任期两年。美国2015—2017年担任理事会主席。12个非北极国家（法国、德国、荷兰、波兰、西班牙、英国，以及2013年加入的中国、韩国、日本、印度、意大利、新加坡）在北极理事会中享有观察员（Observers）地位。在北极理事会享有观察员地位的还有隶属联合国体系的各个组织，以及各个政府间的、学术性和非商业性的联盟及联合会等，北极理事会与它们中的许多组织建立了密切的合作关系。

第1—9届北极理事会部长会议分别在加拿大［伊奎特（Iqaluit），1998年9月］、美国［阿拉斯加巴罗（Barrow，Alaska），2000年10月］、芬兰［伊纳里（Inari），2002年10月］、冰岛（雷克雅未克，2004年11月）、俄罗斯［亚马尔—涅涅茨（Yamalo-Nenets）民族自治区首府萨列哈尔德（Salekhard），2006年10月］、挪威［特罗姆瑟（Tromsø），2009年4月］、丹麦［格陵兰岛首府努克（Nuuk），2011年5月］、瑞典［基律纳（Kiruna），2013年5月］、加拿大［伊魁特（Iqualuit），2015年4月］举行。

2012年，北极理事会在特罗瑟姆设立了常设秘书处。现任秘书长马格努斯·约翰内松（Magnús Jóhannesson，冰岛人），2013年2月1日任职。

2012年3月28—29日，北极理事会高官会春季会议在瑞典斯德哥尔摩举行；5月15日，北极理事会副部长级会议在斯德哥尔摩举行；11月14—15日，北极理事会高官会秋季会议在瑞典哈帕兰达举行。中国政府派代表出席了上述会议，强调中国高度重视北极地区的科学研究和环境保护，尊重北极地区国家的主权以及根据国际法享有的主权权利和管辖权，愿在平等的基础上，与有关各方就北极问题加强互利合作，为实现北极地区的和平、稳定和可持续发展作出贡献，并希望有关国家继续支持中方成为北极理事会观察员。

2013年5月15—16日，北极理事会第八次部长级会议在瑞典北部城市基律纳（Kiruna）举行。此次会议讨论的焦点包括有关北极地区的保护、扩充北极理事会规模等问题。是否接收中国、日本、韩国、印度、新加坡、意大利和欧盟等14个实体为北极理事会观察员是本次会议最受关注的议题。15日，8个成员国一致做出决定，赋予中国、韩国、日本、印度等6国正式观察员国地位，但欧盟和国际机构等8个实体被拒之门外。观察员国能够列席理事会部长级会议、副部长级会议、高官会和工作组会议，但仅在工作组会议上有发言权。北极理事会的决策权仅由北极八国享有。

2015年4月24日，北极理事会第九次部长级会议在加拿大伊魁特举行。8个北极国家的相关部长悉数出席会议。6个永久参与方以及理事会下设工作组和观察员派代表与会。我国作为理事会观察员派代表参加了会议。

会上，美国接替加拿大成为新任理事会主席国，北极8国部长与理事会主席一同签署并发表了《2015年伊魁特宣言》。会议还审议了加拿大主席任内工作进展报告、美国主席任期工作计划等。美任内将以“同一个北极：共同的机遇、挑战和责任”为主题，以气候变化、北冰洋治理、经济社会发展作为三大优先领域。北极经济理事会、北极理事会永久参与方和观察员非正式会议与部长级会议亦同期举行。

【北极经济理事会（Arctic Economic Council）】北极经济理事会于2014年9月在加拿大伊魁特宣告成立，旨在促进负责任的北极经济活动，分享开展北极经济活动的最佳实践、技术方法、标准和相关信息，促进北极可持续发展。北极经济理事会由北极理事会成员和永久参与方商业实体代表组成，但北极经济理事会为独立于北极理事会的组织。美国人塔拉·思维尼（Tara Sweeney）担任2015—2017年北极经济理事会主席。北极经济理事会下设6个工作组，分别负责基础建设、能源、采矿、旅游、渔业、人力资源及能力建设。北极经济理事会秘书处设在特隆姆瑟。现任秘书处主任为芬兰人阿努·弗雷德瑞克森（Anu Fredrikson）。

【国际北极科学委员会（International Arctic Science Committee，IASC）】1990年，8个环北极国家成立了国际北极科学委员会。IASC是一个非政府间的国际组织，旨在鼓励和促进所有从事北极研究的国家和地区在北极科学研究各个领域的合作。其成员应是能覆盖所有北极研究的国家科学组织。每个成员的国家组织也为理事会和北极科学团体之间的接触提供方便。IASC正是利用这种关系来确定优先发展的科学问题以及工作组成员等。有IASC所规划和建议的国际科学研究项目应是北极和全球科学研究优先考虑的领域。几乎所有北半球发达国家都开展了北极研究活动。截至2015年12月，IASC共有23个成员：奥地利、加拿大、中国、丹麦/格陵兰、芬兰、法国、德国、冰岛、意大利、日本、荷兰、挪威、波兰、葡萄牙、俄罗斯、韩国、西班牙、瑞典、瑞士、英国、美国，印度和捷克。中国于1996年加入了IASC。网址：http://iasc.org/。

2009年1月1日起，IASC秘书处由位于德国波茨坦的阿尔弗雷德·魏格纳极地与海洋研究所 [the Alfred Wegener Institute for Polar and Marine Research in Potsdam（Germany）] 主办。执行秘书沃尔克·拉乔尔德（Volker Rachold）。

随着国际社会对北极的科学考察与研究的不断深入，北极科考领域内的国际合作日益增多，1999年，由IASC发起，代表北极科学研究最高国际水平的北极科学高峰周会议（Arctic Science Summit Week，ASSW）机制正式形成。该机制的主要目的是：将主要的国际北极科学组织集中起来召开各自的年会；通过直接接触和组织集体活动等方式鼓励这些组织间的合作与交流；了解主办国开展的北极研究等。ASSW由成员国轮流承办，一般在每年3月或4月召开，包括IASC、北冰洋科学委员会（AOSB）、北极研究管理者论坛（FARO）、欧洲极地委员会（EPB）和泛太平洋北极工作组（PAG）、北极圈国家组织（RB）、新奥尔松科学管理委员会（NySMAC）等会议，以及一些专题会议（如科学日、研究项目日等）。2005年4月，中国成为承办ASSW会议的第一个亚洲国家。在2012年4月加拿大魁北克召开的北极科学高峰周会议上中国代表、中国极地研究中心主任杨惠根成功当选IASC副主席，这是中国科学家首次进入IASC理事会执行委员会，体现了中国在北极科学研究领域中的作用和影响力不断提升。

2015年北极科学高峰周会议4月23—30日在日本富山召开，会议由国际北极科学委员会和日本科学理事会共同主办。来自世界各地的近700名科学家以及北极原住民等参加了会议。中国十余位来自国家海洋局、中国科学院和教育部系统的代表参加了会议，中国极地研究中心杨惠根主任应邀做了“中纬地区应对可持续北极方法”的主旨报告。会议围绕与北极气候、环境、生态、经济和可持续发展相关的26个主题进行了广泛的研讨。会议发表了声明认为，北极是全球经济的重要组成部分，北极变化具有全球意义，同时北极相对稳定的地缘政治也为北极持续研究提供了基础。声明同时强调，北极未来面临一系列挑战，预测北极变化比应对更为关键。北极研究具有全球性和跨学科的特点，这需要增加国际科学合作、关联不同学科、多种知识体系乃至全球系统，以增加对北极生态系统、环境、社会脆弱性和适应性的了解。此外，与北极资源贸易、旅游运输等活动相关的新市场将推动北极陆上和海上基础设施建设，基础设施的可持续发展需要科学家、当地社团、政府和企业的多边合作。

【北极地区迅速变暖】全球变暖所引发的局部地区环境变暖更为明显。过去的一百年，全球平均增温0.5℃。

早在20世纪70年代初，北极“夏季融冰”的面积就以每10年7%的速度减少。自20世纪80年代末90年代初起，大量北极浮冰就被风吹出北冰洋进入大西洋，随后又向南漂流最终融化。

美国国家冰雪数据中心（NSIDC）宣布，2012年8月，北极海冰面积已降到410万平方公里，创下三十多年卫星观测史上的最低值，比1979—2000年的最低均值少247万平方公里，比2007年9月18日历史最小面积少大约7万平方公里。而在9月16日，海冰面积更是跌至341万平方公里，达到2012年的最低点，同时也是自1979年有卫星数据以来的最低纪录。有关学者认为，这是表明全球气候变暖的“强烈信号”，这一数据表明，北冰洋未来“无冰”现象，并非是杞人忧天。

根据世界气象组织数据，自1979年有卫星测量以来，2001—2010年是北极海冰年均融化幅度最高的10年。2012年出现前所未有的大范围融化之后，北极海冰范围略有恢复，但2013年仍处在记录中最低水平之一。美国科罗拉多大学博尔德分校的一项调查也发现，超过四年的海冰从1984年3月占冰盖面积18%减少至2013年的3%，这是北极海冰融化速率加快的证据。2013年9月13日，北极海冰范围达到了其年周期的最低值510万平方公里，成为有记录以来的第六最小值。受冰盖和冰川融化影响，自1993年以来，全球海平面正以每年约3.2毫米的平均速度不断上升。

北极海冰每年在夏季融化，秋季复冻。夏季海冰面积的最小值是科学家监测全球变暖的关键数据。

【北极国际航道之争】目前北极航道由两条航道构成：加拿大沿岸的“西北航道”和俄罗斯西伯利亚沿岸的“东北航道”（又称“北方航道”）。2008年8月中下旬，美国宇航局的卫星照片显示，至少在12.5万年以来，西北航道和东北航道第一次同时冰融开通，北极变成了一座孤岛。海冰专家将这些图像形容为“具有历史意义的事件”，代表人类史上首次可绕过北极开展商业航行，由此引发了新一轮北极航道开发热潮。西北航道和东北航道是联系亚、欧、美三大洲的潜在最短航线。北极航线在航程等方面与其他航线相比具有较大优势。然而，从政治与法律层面来看，西北航道究竟是不是该划为国际航道存在着争议，部分东北航道究竟属俄罗斯内水还是国际航行水域也存在法律分歧。沿岸各国均通过立法，以环境保护为理由对北极航行进行严格管理与管辖。法律和政治上的不确定性，是北极航运问题的关键所在。

中国北极考察

北极地区多有国家归属，开展考察不仅仅是科研问题，还需通过外交渠道征求沿岸国同意。

1995年，在企业的赞助下，由中国科学技术协会主持，中国科学院组织实施了首次民间北极科学考察活动。

中国政府自20世纪90年代开始进行北极科学研究，于1996年正式加入北极国际科学委员会，于1999年、2003年、2008年、2010年、2012年 和2014年 进行了六次北极海洋综合考察。2004年，中国在北极地区建立了科学考察站“黄河站”，并于2005年承办了北极科学高峰周会议。多年来，中国对北极高空物理、气候变化、生态、海洋等进行了研究，建立了初步观测体系，形成了素质较高的专家队伍。

【中国第一个北极科学考察站——黄河站】2002年9月由国家海洋局组团赴北极斯瓦尔巴群岛地区进行了建站的前期选址调研工作，根据中国1925年签署的《斯匹次卑尔根群岛条约》和专家的论证，中国北极科学考察站站址选在挪威斯瓦尔巴群岛的新奥尔松

（78°55′N，11°56′E）。

2003年9月底，中国北极考察站投入试运行。北极考察站为一栋两层楼的建筑，面积约500平方米，有会议室、办公室、通信室、18间宿舍和4间实验室。经国务院批准，中国北极科学考察站于2004年正式投入运行。2004年7月，国家海洋局正式将中国第一个北极科学考察站定名为黄河站。截至2015年年底，中国成功组织实施了12个年度的北极黄河站考察。

【中国第六次北极科学考察】2014年7月11日上午，“雪龙”号从上海浦东中国极地考察国内基地专用码头启程奔赴北极，执行中国第六次北极科学考察任务。本次北极科学考察队由科研人员、组织协调与管理人员、后勤保障人员、媒体记者和“雪龙”号船员组成，共计128人，包括6名来自美国、俄罗斯、法国、德国的科学家和1名来自我国台湾地区的科学家。

此次科考是继2013年中国获得北极理事会正式观察员国身份后，我国组织的首次北极科考，同时也是国务院批准的极地专项支持的第二个北极航次考察，是我国南北极环境综合考察专项北冰洋区域调查十二五期间的最后一个航次。考察队自7月11日从上海出发，历时两个半月，先后在白令海、楚科奇海、楚科奇海台、加拿大海盆等重点海域，开展了北极海洋水文与气象、海冰、海洋地质、地球物理、海洋生物与生态、海洋化学等多学科海洋综合考察和冰站多要素立体协同观测。共完成12条断面累计90个站位的多学科综合观测、监测和采样作业，以及1个为期10天的长期冰站和7个短期冰站的冰基气—冰—海界面多要素立体协同观测，还有海洋、大气、地球物理、海冰等走航观测、探测和抛弃式观测作业。并首次通过国际合作，利用“雪龙”船平台，在布放距离和海冰厚度等要求比较苛刻的条件下，顺利完成3套冰基拖曳式浮标布放。

白令海位于太平洋最北部区域，介于亚洲和北美洲之间，海峡最狭窄处仅有80多公里。太平洋通过白令海进入北冰洋的水量，占北冰洋全部水量10%左右。据考察队专家介绍，白令海区域一直是中国北极考察重点调查海域之一，经过前五次考察，已经积累了大量的数据。此次站位的选择既考虑到站位的重复性，又兼顾国际热点科学问题。白令海的能量与物质交换，对北冰洋的环境变化有直接影响，是研究北极地区气候环境变化的重要依据。考察队在白令海完成连续36个站位调查，进行海洋、化学、生物、地质、水文、大气等方面的综合观测和采样。

北极环境的快速变化是人类关注的重要课题，与南极相比，北极地区周边国家更多，这将有助于开展持续长时间的观测。通过对两个寒极的考察、研究和对比，人类有望尽快找到影响气候变化的主要因素，从而科学应对全球气候变化这一世界性难题，本次考察队在北冰洋安装了第二套漂流自动气象站，漂流自动气象站获取了极其宝贵的数据。第六次北极科学考察进一步增加了我国北极地区现场考察的原始数据材料，促进我国对北极环境的整体评估和认识。

2014年9月22日，中国第六次北极科学考察队完成北极科考任务，搭乘“雪龙”船顺利返回中国极地考察国内基地码头。本次雪龙船总航行约2.2万公里，最北到达北纬81°11′50″，西经156°30′52″。

（郑程　赵文婷）

国际组织、政府间多边机制和国际会议

联 合 国
The United Nations—UN

联合国概况

【成立日期】1945年4月25日，来自50个国家（波兰因故未参加）的代表在美国旧金山召开联合国国际组织会议。6月25日，通过了《联合国宪章》。6月26日，50国代表签署了《联合国宪章》。同年10月24日，中、法、苏、英、美和其他多数签字国递交批准书后，宪章自动生效，联合国正式成立。1947年，联合国大会决定，10月24日为联合国日。

【宗旨和原则】联合国的宗旨是：维护国际和平与安全；发展国际间以尊重各国人民平等权利及自决原则为基础的友好关系；进行国际合作，以解决国际间经济、社会、文化和人道主义性质的问题，并促进对于全体人类的人权和基本自由的尊重。

为实现上述宗旨，联合国应遵循下列原则：（1）所有会员国主权平等；（2）各会员国应忠实履行根据宪章规定所承担的义务；（3）各会员国应以和平方法解决国际争端；（4）各会员国在国际关系中不得以不符合联合国宗旨的任何方式进行武力威胁或使用武力；（5）各会员国对联合国依照宪章所采取的任何行动应给予一切协助；（6）联合国在维护国际和平与安全的必要范围内，应确保使非会员国遵循上述原则；（7）联合国组织不得干涉在本质上属于任何国家国内管辖的事项，但此项规定不应妨碍联合国对威胁和平、破坏和平的行为及侵略行径采取强制行动。

【会员国】凡要求加入联合国的国家必须提交一份申请书，声明接受宪章所载义务，由安理会推荐，经联合国2/3多数的会员国通过，即被接纳为会员国。安理会对联合国某一会员国采取防止行动或强制行动时，联合国大会可根据安理会建议中止该国行使会员国的权利和特权。安理会可以恢复这些权利和特权的行使。对一再违背宪章原则的会员国，大会可根据安理会的建议将其开除出联合国。截至2014年12月，联合国共有会员国193个（2011年7月南苏丹加入联合国），其中创始会员国49个（原为51个。原捷克斯洛伐克和原南斯拉夫均为创始会员国，后解体）。

联合国在联合国会员国之外，还设有观察员（Permanent Observers）制度，邀请国际组织、非政府组织、实体参与联合国事务。观察员有权在联合国大会上发言，但是不被允许参与会议中的投票。

会员国在联合国所在地设有常驻代表团，观察员国在联合国设有常驻观察员国办事处。

【总部】联合国总部在美国纽约，在瑞士日内瓦、奥地利维也纳、肯尼亚内罗毕、泰国曼谷、埃塞俄比亚亚的斯亚贝巴、黎巴嫩贝鲁特、智利圣地亚哥分别设有办事处。

【官方网址】http://www.un.org。

【出版物】《联合国记事》（*UN Chronicle*）季刊，用中、英、法、西、俄和阿拉伯6种文字发行；《联合国年鉴》（*Yearbook of the United Nations*），英文。

【徽记和旗帜】联合国的正式徽记是一个从北极俯瞰的世界地图，周围是两枝对称的橄榄枝。联合国旗帜的底色为浅蓝色，正中是一个白色的联合国徽记。

【组织机构】联合国有6个主要机构：大会、安全理事会、经济及社会理事会、托管理事会、国际法院和秘书处。

（一）大会（General Assembly）：由全体会员国组成。根据宪章规定，大会有权讨论宪章范围内的任何问题或事项，并向会员国和安理会提出建议。大会接受并审议安理会及联合国其他机构的报告；选举安理会非常任理事国、经社理事会和托管理事会的理事国；选举国际法院的法官；根据安理会推荐批准接纳新会员国和委任秘书长。联合国的预算和会员国分摊的会费比额均需经大会讨论决定。每一会员国在大会有一个投票权。宪章还同时规定，关于安理会正在审议的任何争端或局势，非经安理会请求，大会不得提出任何建议。

大会每年举行一届常会。根据第57届联大通过的新决议，大会常会每年在9月从至少有一个工作日的第一个星期起算的第三个星期的星期二在联合国总部开幕。常会通常持续到12月中下旬。大会可在会议期间决定暂时休会，并可在以后复会，但必须在下届常会开幕前闭幕。每届常会开会时，各国往往派外交部长或其他部长级官员率代表团出席，一些国家元首和政府首脑也到会发表讲话。

第一届联合国大会于1946年1月召开。

第68届联合国大会于2013年9月17日下午在纽约联合国总部开幕。本届联大主席约翰·阿什表示，第68届联大的主题是“为2015年后发展议程做好准备”。

第68届联大当天举行第一次全体会议，阿什宣布本届联大开幕并发表开幕致辞。阿什说，自今年6月当选以来，他围绕本届联大主题与联合国会员国代表进行了广泛交流，得到多数会员国的积极反馈和合作承诺，令他备受鼓舞。

阿什说，在联合国努力制定2015年后发展议程之际，今后的一年对本届联大来说至关重要。他说：“摆在我们面前的任务十分艰巨，需要果断的行动和倾力的合作。我们必须证明自己，必须付出与这一艰巨任务相对应的巨大努力。”

联合国秘书长潘基文、193个会员国的代表出席了第68届联大第一次全体会议。中国常驻联合国代表刘结一出席了当天的会议。

第69届联合国大会于2014年9月16日下午在纽约联合国总部开幕。本届联大主席萨姆·库泰萨表示，本届联大的主题是“落实和执行2015年后发展转型议程”。

第69届联大于当天15时举行第一次全体会议。库泰萨在会议开始时宣布本届联大开幕，他发表开幕致辞说，未来一年对联合国来说将是重要的一年，将迎来联合国成立70周年、北京世界妇女大会20周年、联合国《千年宣言》15周年和2005年世界首脑会议10周年。

库泰萨说，第69届联大显然将是一届十分繁忙的联大，除了处理各种日常工作外，联大还将忙于就2015年后发展议程展开谈判。他指出，在面临大量艰巨工作的同时，各国也面对一个历史性机遇，即制定出2015年后发展转型议程，带来切实利益，改善所有人的生活，为在社会、经济、环境各个领域实现可持续发展做出贡献。

库泰萨说，除了制定2015年后发展转型议程，国际社会也有责任调动各种适当手段来落实这一议程，包括资金、技术和能力建设等，而这需要加强全球发展伙伴关系以及会员国政府、私营部门、民间社会和所有利益攸关方之间的合作，也需要建立公平的贸易体系和推动国内外直接投资。他说：“正是基于以上原因，我选择‘落实和执行2015年后发展转型议程’作为第69届联大的主题。”

联合国秘书长潘基文、193个会员国的代表出席了第69届联大第一次全体会议。中国常驻联合国副代表王民出席当天的会议。

大会全体会议由大会主席（或副主席）主持。大会设主席1人，副主席20人，由全体会议选举产生。安理会5个常任理事国是当然的副主席，其余副主席席位按地区分配原则选出，即非洲5席、亚洲4席、东欧1席、拉美3席、西欧及其他国家2席。大会主席所属地区的副主席名额减少1个。大会主席由上述5个地区轮流推选本地区代表并经大会选举担任。

大会现设6个委员会：裁军与国际安全（第一委员会）处理裁军和有关的国际安全问题；经济和金融（第二委员会）处理经济问题；社会、人道主义和文化（第三委员会）处理社会和人道主义问题；特别政治和非殖民化（第四委员会）处理第一委员会不处理的各种政治问题以及非殖民化问题；行政和预算（第五委员会）处理联合国的行政工作和预算；法律（第六委员会）处理国际法律事务。各委员会由全体会员国组成，各委员会选举主席1人、副主席2人和报告员1人，负责讨论大会分配给该委员会的议题并提出建议。各委员会的决议以简单多数表决通过，然后提交大会全体会议通过，成为大会决议。

大会还设有两个程序委员会：总务委员会和全权证书委员会。总务委员会由大会主席、副主席和6个委员会的主席组成，负责就议程的通过、议程项目的分配和大会工作安排向大会提出报告，交大会全体会议决定；全权证书委员会由大会根据上届大会主席提议而任命的9个会员国组成，负责审查各国出席会议代表的全权证书。

大会另有两个常设委员会：行政和预算咨询委员会及会费委员会。行政和预算咨询委员会由大会任命的16人组成，负责联合国方案预算的技术审查，并协助第五委员会工作；会费委员会由大会任命的18名专家组成，负责就各会员国间分摊联合国的会费问题向大会提供意见。

大会还设有一些其他机构或委员会，如给予殖民地国家和人民独立宣言执行情况特别委员会（简称“非殖化特委会或24国委员会”）、反对种族隔离特别委员会、印度洋特别委员会、联合国维和行动特委会、《联合国宪章》特委会、东道国关系委员会、裁军委员会、裁军谈判会议等。

大会的正式语文是阿拉伯文、中文、英文、法文、俄文和西班牙文；工作语文是英文和法文。

大会应安理会或过半数会员国的请求或经过半数会员国对任何会员国的请求表示赞同后，可于15天内召开联大特别会议，24小时内召开紧急特别联大。

大会表决的原则是：凡属重要问题的决定，例如，关于和平与安全的建议，安理会、经社理事会、托管理事会理事国的选举，接纳新会员国，会员国权利的中止及会员国的开除，托管及预算事务等，均需经出席并参加投票的会员国以2/3的多数通过；其他问题只需以简单多数通过。

（二）安全理事会（Security Council）：由5个常任理事国和10个非常任理事国组成。《联合国宪章》规定，中、法、苏、英、美为常任理事国。苏联于1991年底解体后，其席位于1991年12月27日由俄罗斯继承。非常任理事国按地区分配原则选出，即亚洲和非洲5个、拉美2个、东欧1个、西欧及其他国家2个，由大会选举产生，任期两年，每年改选5个，不能连选连任。

10个非常任理事国，由大会选举产生，任期两年（附任期截止年份）：

埃及	（2017年）
安哥拉	（2016年）
马来西亚	（2016年）
日本	（2017年）
塞内加尔	（2017年）
委内瑞拉	（2016年）
乌克兰	（2017年）
乌拉圭	（2017年）
西班牙	（2016年）
新西兰	（2016年）

按宪章规定，安理会在维护国际和平及安全方面负有主要责任。安理会的职能是：根据宪章规定做出全体会员国都有义务接受的决定；调查任何国际争端或可能引起国际摩擦的任何局势，促请当事国采取和平的方式解决争端；断定威胁和平、破坏和平或侵略行为，并可采取经济、外交或军事制裁行动来反对侵略；负责拟订军备管制的计划；向大会推荐新会员国和秘书长；行使联合国关于战略托管的职能。安理会在履行其职能时，应遵照《联合国宪章》的宗旨和原则及其他规定。

安理会的表决原则是：每一理事国有1个投票权；程序问题由15个理事国中至少9个理事国的赞成票决定；任何1个常任理事国投反对票，都可以否决实质问题的决议案，即每个常任理事国在实质问题上都拥有否决权。同时宪章还规定，关于和平解决争端的决议，争端的当事国不得参加表决。

安理会主席由各理事国（常任和非常任）依国名的英文字母顺序按月轮流担任。

大会、秘书长以及任何会员国都可以提请安理会注意可能危及国际和平与安全的争端和局势。应邀参加安理会会议的非理事国的会员国或非会员国，可以参加讨论，但无表决权。

安理会会议一般在联合国总部举行。

安理会设有军事参谋团和接纳新会员国委员会以及若干特设机构。军事参谋团由5个常任理事国的总参谋长或其代表组成，负责向安理会提供有关安理会支配的军队的战略指导问题、军备管制问题和可能的裁军问题的意见和帮助。接纳新会员国委员会由安理会全体成员国组成，审议有关国家加入联合国的申请并将审查结果报告安理会。目前安理会的特设机构主要有维持和平行动部队和军事观察团以及根据安理会有关决议设立的制裁委员会。

（三）经济及社会理事会（Economic and Social Council）：在大会权力之下，负责协调联合国及各专门机构即所谓“联合国系统”的经济和社会领域的工作，由54个理事国组成。理事国任期3年，每届联大需改选其中18个，可以连选连任。经社理事会席位按地区分配如下：非洲14个、亚洲11个、拉丁美洲和加勒比海地区10个、东欧6个、西欧及其他地区13个。上述分配原则同样适用于安理会5个常任理事国。从1971年起中国一直是经社理事会理事国。

经社理事会设有各种会间、常设和特设委员会，以及9个职司委员会（Functional Commissions）和5个区域委员会（Regional Commissions）。各职司委员会、区域委员会或常设机构研究的问题，均需向经社理事会提出报告。

各职司委员会为：统计委员会、人口与发展委员会、社会发展委员会、妇女地位委员会、麻醉药品委员会、预防犯罪和刑事司法委员会、科学和技术促进发展委员会、可持续发展委员会、联合国森林论坛秘书处。

各区域委员会为：非洲经济委员会（非洲经委会）、亚洲及太平洋经济社会委员会（亚太经社会）、欧洲经济委员会（欧洲经委会）、拉丁美洲和加勒比经济委员会（拉加经委会）、西亚经济社会委员会（西亚经社会）。按地区设立的区域委员会，旨在协助地区经济社会发展，加强该地区内国家之间的经济关系及与世界其他地区国家的关系，受经社理事会领导。

（四）托管理事会（Trusteeship Council）：主要负责监督对置于国际托管制度下的领土的管理。托管理事会由管理托管领土的会员国、安理会常任理事国中非管理托管领土国及经大会选举的必要数额的其他会员国组成。托管理事会每年举行1次会议，负责审查托管领土居民的请愿书，按期视察托管。领土托管理事会决议由半数以上理事国赞成通过，经联合国大会通过生效。到1994年，所有托管领土已实现自治或独立。随着工作任务的完成，理事会已修订其议事规则，并同意视需要举行会议。目前只有5个理事国：美国、中国、法国、英国和俄罗斯。

（五）国际法院（International Court of Justice）：国际法院是联合国主要司法机关，根据1945年6月26日签署的《联合国宪章》设立，其目的在于“以和平方法且依正义及国际法之原则，调解或解决足以破坏和平之国际争端或情势”。法院设在荷兰海牙和平宫，1946年开始工作，取代1920年在国际联盟主持下设立的常设国际法院。

国际法院可以对各国提交的法律争端案件行使管辖权。一方面，法院不对个人进行管辖，只有国家才能作为诉讼当事方提交诉讼案件。可以向法院提交诉讼案件的国家包括：联合国会员国；非联合国会员国但是法院规约当事国的国家；向书记官处交存一份符合联合国安理会规定的说明，承认法院管辖权并承诺执行法院判决的国家。另一方面，法院并非凌驾于国家主权之上的实体，行使管辖权应以国家同意为基础。具体来说法院可通过以下几种方式确立管辖权：当事国通过缔结特别协定向法院提交案件；条约授权法院对缔约国之间的相关争端进行管辖；法院规约缔约国做出单方面声明，将自己与接受同样义务的国家之间可能发生的争端交给法院管辖。

此外，法院还可就联合国机关或专门机构所提交的法律问题提供咨询意见。可以向法院提出咨询请求的联合国机关有大会、安全理事会、经济及社会理事会、托管理事会、大会临时委员会。可以提出此类请求的联合国系统专门机构包括国际劳工组织、联合国粮食及农业组织、世界卫生组织及联合国教育、科学及文化组织等。

国际法院由15位不同国籍法官组成。根据法院规约，这15位法官必须代表世界各大文化和主要法系。实践中法官名额按地区分配如下：非洲3名；拉丁美洲2名；亚洲3名；西欧和其他国家（包括加拿大、美国、澳大利亚和新西兰）5名；东欧（包括俄罗斯）2名。安理会常任理事国一般都有其国民担任法官。院长和副院长每3年由其他法官以无记名投票方式选出。国际法院院长彼得·通卡（Peter Tomka，斯洛伐克人），2012年2月6日当选，任期为3年。副院长贝尔纳多·塞普尔韦达–阿莫尔（Bernardo Sepúlveda-Amor，墨西哥人）。其他13名法官：小和田恒（Hisashi Owada，日本人）、龙尼·亚伯拉罕（Ronny Abraham，法国人）、肯尼斯·基思（Kenneth Keith，新西兰人）、穆罕默德·本努纳（Mohamed Bennouna，摩洛哥人）、列昂尼德·斯科特尼科夫（Leonid Skotnikov，俄罗斯人）、安东尼奥·奥古斯托·坎卡多·特林达德（Antônio Augusto Cançado Trindade，巴西人）、阿布杜勒卡维·艾哈迈德·优素福（Abdulqawi Ahmed Yusuf，索马里人）、克里斯托弗·格林伍德（Christopher Greenwood，英国人）、薛捍勤（女，中国人）、琼·多诺霍（Joan E. Donoghue，女，美国人）、（以下为2012年任职）琼·多诺霍乔治·加亚（Giorgio Gaja，意大利人）、朱莉娅·塞布廷德（Julia Sebutinde，女，乌干达人）、班达里（Dalveer Bhandari，印度人）。

国际法院的法官任期9年，可连选连任，每3年改选1/3。法官不得担任任何政治或行政职务，也不得从事任何其他职业性工作。法官身份独立，不代表其国籍国政府。根据法院规约，法官均为"品格高尚并在各自国家具有最高司法职位之任命资格或公认为国际法之法学家"。法官由联合国大会和安理会同时选举产生，候选人被提名后必须在大会和安理会均获绝对多数票后才能当选。

自1947年受理第一起案件以来，国际法院已审理了100多起案件。其中80%是国家之间的诉讼案件，20%是联合国机关或专门机构要求发表咨询意见的案件，范围涉及国家主权、使用武力、领土和边界纠纷、海洋法、环境法、国家管辖权、外交和领事关系等国际法领域的广泛问题。

法院的判决对相关国家有约束力。《联合国宪章》规定，联合国会员国作为案件当事国应承诺遵行国际法院的判决。与判决不同，法院的咨询意见一般情况下不具有约束力，相关的联合国机关或专门机构可以不予执行。

法院的判决和咨询意见在国际法上有很高的权威和价值，对国际法的发展影响深远。由于其崇高地位和权威性，国际法院的司法活动在和平解决国际争端，维护世界和平与安全方面发挥着重要的作用。

中国作为联合国安理会常任理事国，一直高度重视国际法院的工作。2009年，中国政府首次参与国际法院的咨询意见案件司法程序，就科索沃临时自治机构单方面宣布独立问题提交了书面意见并参加了口头陈述。

在中国恢复联合国合法席位前，徐谟、顾维钧曾担任国际法院法官。倪征日奥于1985—1994年任法官，是新中国第一位国际法院法官。史久镛于1994—2010年任法官，还曾担任法院副院长、院长。2010年6月29日，中国候选人薛捍勤通过补缺程序高票当选国际法院法官，成为法院首位中国籍女法官，并于2011年在联大和安理会同时举行的选举中成功连任，新任期为2012—2021年。

（六）秘书处（Secretariat）：由秘书长和联合国工作人员组成。

秘书长是联合国的最高行政首长，由安理会推荐经联合国大会任命，任期5年，可连任。秘书长的职能是：在大会、安理会、经社理事会和托管理事会的会议中，以秘书长资格行使职权，向大会提交关于联合国工作的年度报告和必要的补充报告，有权将其认为有可能威胁国际和平与安全的事件提请安理会注意，并根据大会和安理会授权负责有关决议的实施。

现任联合国秘书长为潘基文。2006年10月13日，第61届联合国大会192个成员国代表以鼓掌的方式通过决议，正式任命时任韩国外交通商部长官的潘基文（Ban Kmoon）为新任联合国秘书长，任期自2007年1月1日始。2011年6月21日，联合国大会通过决议，任命潘基文连任联合国秘书长，第二个任期自2012年1月1日起，至2016年12月31日止。

在潘基文之前，联合国先后有7位秘书长，分别是特里格夫·赖伊（Trygve Lie，挪威人，1945—1952）、达格·哈马舍尔德（Dog Hammarskjold，瑞典人，1953—1961）、吴丹（U Thant，缅甸人，1962—1971）、库尔特·瓦尔德海姆（Kurt Waldheim，奥地利人，1972—1981）、哈维尔·佩雷斯·德奎利亚尔（Javier Perez de Cuellar，秘鲁人，1982—1991）、布特罗斯·布特罗斯·加利（Boutros Boutros Ghali，埃

及人，1992—1996）、安南（Kofi Annan，加纳人，1997—2006）。

秘书处由在联合国纽约总部和世界各地工作的全体国际工作人员组成，从事联合国各种日常工作。秘书处为联合国其他主要机关服务，并执行这些机关制定的方案与政策。秘书处的职责同联合国所处理的问题一样多种多样，范围从管理维持和平行动到调停国际争端、从调查经济及社会趋势和问题到编写关于人权和可持续发展问题的研究报告。秘书处工作人员还使世界各通信媒体了解和关心联合国的工作；就全世界所关切的问题组织国际会议；监测联合国各机构所作决定的执行情况；将发言和文件翻译成联合国各正式语文。到2011年6月30日止，秘书处有来自世界各地的约43747名工作人员。

联合国职员由秘书长按照大会所确定的规章任命。宪章规定，雇用职员和决定服务条件时的"首要考虑"是保证最高的工作效率、才干和品德，同时应该在尽可能广泛的地域基础上录用职员。

按照宪章规定，秘书长和秘书处职员只对联合国负责，秘书处作为在总部和外地处理联合国日常工作的国际工作人员班子，不得寻求或接受任何政府的指示。

联合国在许多国家设有新闻中心或新闻服务处。它还以30种语文对世界各国和地区广播有关联合国的新闻节目。

《联合国宪章》设立了6个主要机关：大会，安全理事会，经济及社会理事会，托管理事会，国际法院和秘书处。但是联合国系统组织要大得多，它包括15个专门机构和一些方案及其他实体。

各专门机构（Specialized Agencies）：联合国粮食及农业组织（FAO），国际民用航空组织（ICAO），国际农业发展基金会（IFAD），国际劳工组织（ILO），国际海事组织（IMO），国际货币基金组织（IMF），国际电信联盟（ITU），联合国教育、科学及文化组织（UNESCO），联合国工业发展组织（UNIDO），万国邮政联盟（UPU），世界银行集团（World Bank Group）[包括国际复兴开发银行（IBRD）、国际投资争端解决中心（ICSID）、国际开发协会（IDA）、国际金融公司（IFC）、多边投资保证机构（MIGA）]，世界卫生组织（WHO），世界知识产权组织（WIPO），世界气象组织（WMO），世界旅游组织（UNWTO）。

各相关组织（Related Organizations）：国际原子能机构（IAEA），全面禁止核试验条约组织筹备委员会（CTBTO），禁止化学武器组织（OPCW），世界贸易组织（WTO）。

各公约秘书处（Secretariats of Conventions）：残疾人权利公约，联合国防治荒漠化公约（UNCCD），联合国气候变化框架公约（UNFCCC）。

联合国信托基金（UN Trust Funds）：联合国民主基金（UNDEF），联合国国际伙伴关系基金（UNFIP）。

附件1：联合国大会历届会议主席

届次	年份	姓名	国家
第一届会议	1946年	保罗－亨利·斯巴克先生	比利时
第一届特别会议	1947年	奥斯瓦尔多·阿拉尼亚先生	巴西
第二届会议	1947年	奥斯瓦尔多·阿拉尼亚先生	巴西
第二届特别会议	1948年	何塞·阿尔塞先生	阿根廷
第三届会议	1948年	H. V. 伊瓦特先生	澳大利亚
第四届会议	1949年	卡洛斯·P. 罗慕洛先生	菲律宾
第五届会议	1950年	纳斯罗拉·安迪让先生	伊朗
第六届会议	1951年	路易斯·帕迪利亚·内尔沃先生	墨西哥
第七届会议	1952年	莱斯特·B. 皮尔逊先生	加拿大
第八届会议	1953年	维贾雅·拉克希米·潘迪特夫人	印度
第九届会议	1954年	埃尔科·N. 范克里劳斯先生	荷兰
第十届会议	1955年	何塞·马萨先生	智利
第一届紧急特别会议	1956年	鲁德辛多·奥尔特加先生	智利
第二届紧急特别会议	1956年	鲁德辛多·奥尔特加先生	智利
第十一届会议	1956年	旺·威泰耶康·瓦拉旺亲王	泰国
第十二届会议	1957年	莱斯利·孟罗爵士	新西兰
第三届紧急特别会议	1958年	莱斯利·孟罗爵士	新西兰
第十三届会议	1958年	查尔斯·马利克先生	黎巴嫩
第十四届会议	1959年	维克托·安德列斯·贝朗德先生	秘鲁
第四届紧急特别会议	1960年	维克托·安德列斯·贝朗德先生	秘鲁

（续表）

届次	年份	姓名	国家
第十五届会议	1960年	弗雷德里克·H. 博兰先生	爱尔兰
第三届特别会议	1961年	弗雷德里克·H. 博兰先生	爱尔兰
第十六届会议	1961年	蒙吉·斯陵先生	突尼斯
第十七届会议	1962年	乔杜里·穆予默德·查弗鲁拉·汗爵士	巴基斯坦
第四届特别会议	1963年	乔杜里·穆予默德·查弗鲁拉·汗爵士	巴基斯坦
第十八届会议	1963年	卡洛斯·索萨·罗德里格斯先生	委内瑞拉
第十九届会议	1964年	亚历克斯·奎森-萨基先生	加纳
第二十届会议	1965年	阿明托雷·范范尼先生	意大利
第二十一届会议	1966年	阿卜杜勒-拉赫曼·帕日瓦克先生	阿富汗
第五届特别会议	1967年	阿卜杜勒-拉赫曼·帕日瓦克先生	阿富汗
第五届紧急特别会议	1967年	阿卜杜勒-拉赫曼·帕日瓦克先生	阿富汗
第二十二届会议	1967年	科尔内留·曼内斯库先生	罗马尼亚
第二十三届会议	1968年	埃米略·阿雷纳莱斯·卡塔兰先生	危地马拉
第二十四届会议	1969年	安吉·布鲁克斯-伦道夫女士	利比里亚
第二十五届会议	1970年	爱德华·汉布罗先生	挪威
第二十六届会议	1971年	亚当·马利克先生	印度尼西亚
第二十七届会议	1972年	斯坦尼斯瓦夫·特雷普钦斯基先生	波兰
第二十八届会议	1973年	莱奥波尔多·贝尼特斯先生	厄瓜多尔
第六届特别会议	1974年	莱奥波尔多·贝尼特斯先生	厄瓜多尔
第二十九届会议	1974年	阿卜杜拉齐兹·布特弗利卡先生	阿尔及利亚
第七届特别会议	1975年	阿卜杜拉齐兹·布特弗利卡先生	阿尔及利亚
第三十届会议	1975年	加斯东·托恩先生	卢森堡
第三十一届会议	1976年	阿梅拉辛格先生	斯里兰卡
第三十二届会议	1977年	拉扎尔·莫伊索夫先生	南斯拉夫
第八届特别会议	1978年	拉扎尔·莫伊索夫先生	南斯拉夫
第九届特别会议	1978年	拉扎尔·莫伊索夫先生	南斯拉夫
第十届特别会议	1978年	拉扎尔·莫伊索夫先生	南斯拉夫
第三十三届会议	1978年	因达莱西奥·利埃瓦诺先生	哥伦比亚
第三十四届会议	1979年	萨利姆·萨利姆先生	坦桑尼亚
第六届紧急特别会议	1980年	萨利姆·萨利姆先生	坦桑尼亚联合共和国
第七届紧急特别会议	1980年	萨利姆·萨利姆先生	坦桑尼亚联合共和国
第十一届特别会议	1980年	萨利姆·萨利姆先生	坦桑尼亚联合共和国
第三十五届会议	1980年	吕迪格尔·冯韦希马尔先生	德意志联邦共和国
第八届紧急特别会议	1981年	吕迪格尔·冯韦希马尔先生	德意志联邦共和国
第三十六届会议	1981年	伊斯马特·基塔尼先生	伊拉克
第九届紧急特别会议	1982年	伊斯马特·基塔尼先生	伊拉克
第七届紧急特别会议（续会）	1982年	伊斯马特·基塔尼先生	伊拉克
第十二届特别会议	1982年	伊斯马特·基塔尼先生	伊拉克
第三十七届会议	1982年	伊姆雷·霍拉伊先生	匈牙利
第三十八届会议	1983年	豪尔赫·伊留埃卡先生	巴拿马
第三十九届会议	1984年	保罗·卢萨卡先生	赞比亚
第四十届会议	1985年	海梅·德皮涅斯先生	西班牙
第十三届特别会议	1986年	海梅·德皮涅斯先生	西班牙
第四十一届会议	1986年	胡马云·拉希德·乔杜里先生	孟加拉国
第十四届特别会议	1986年	胡马云·拉希德·乔杜里先生	孟加拉国
第四十二届会议	1987年	彼得·弗洛林先生	德意志民主共和国

（续表）

届次	年份	姓名	国家
第十五届特别会议	1988年	彼得·弗洛林先生	德意志民主共和国
第四十三届会议	1988年	丹特·卡普托先生	阿根廷
第四十四届会议	1989年	约瑟夫·南文·加尔巴先生	尼日利亚
第十六届特别会议	1989年	约瑟夫·南文·加尔巴先生	尼日利亚
第十七届特别会议	1990年	约瑟夫·南文·加尔巴先生	尼日利亚
第十八届特别会议	1990年	约瑟夫·南文·加尔巴先生	尼日利亚
第四十五届会议	1990年	吉多·德马尔科先生	马耳他
第四十六届会议	1991年	萨米尔·谢哈比先生	沙特阿拉伯
第四十七届会议	1992年	斯托扬·加内夫先生	保加利亚
第四十八届会议	1993年	塞缪尔·因萨纳利先生	圭亚那
第四十九届会议	1994年	阿马拉·埃西先生	科特迪瓦
第五十届会议	1995年	迪奥戈·弗雷塔斯·多阿马拉尔教授	葡萄牙
第五十一届会议	1996年	拉扎利·伊斯梅尔先生	马来西亚
第十届紧急特别会议	1997年	拉扎利·伊斯梅尔先生	马来西亚
第十九届特别会议	1997年	拉扎利·伊斯梅尔先生	马来西亚
第十届紧急特别会议（两次续会）	1997年	拉扎利·伊斯梅尔先生	马来西亚
第五十二届会议	1997年	赫纳迪·乌多文科先生	乌克兰
第十届紧急特别会议（续会）	1998年	赫纳迪·乌多文科先生	乌克兰
第二十届特别会议	1998年	赫纳迪·乌多文科先生	乌克兰
第五十三届会议	1998年	迪迪埃·奥佩蒂·巴丹先生	乌拉圭
第十届紧急特别会议（续会）	1999年	迪迪埃·奥佩蒂·巴丹先生	乌拉圭
第二十一届特别会议	1999年	迪迪埃·奥佩蒂·巴丹先生	乌拉圭
第五十四届会议	1999年	西奥-本·古里拉布先生	纳米比亚
第二十二届特别会议	1999年	西奥-本·古里拉布先生	纳米比亚
第二十三届特别会议	2000年	西奥-本·古里拉布先生	纳米比亚
第二十四届特别会议	2000年	西奥-本·古里拉布先生	纳米比亚
第五十五届会议	2000年	哈里·霍尔克里先生	芬兰
第十届紧急特别会议（续会）	2000年	哈里·霍尔克里先生	芬兰
第二十五届特别会议	2001年	哈里·霍尔克里先生	芬兰
第二十六届特别会议	2001年	哈里·霍尔克里先生	芬兰
第五十六届会议	2001年	韩升洙先生	大韩民国
第十届紧急特别会议（续会）	2001年	韩升洙先生	大韩民国
第十届紧急特别会议（两次续会）	2002年	韩升洙先生	大韩民国
第二十七届特别会议	2002年	韩升洙先生	大韩民国
第五十七届会议	2002年	杨·卡万先生	捷克共和国
第五十八届会议	2003年	朱利安·罗伯特·亨特先生	圣卢西亚
第十届紧急特别会议（两次续会）	2003年	朱利安·罗伯特·亨特先生	圣卢西亚
第十届紧急特别会议（续会）	2004年	朱利安·罗伯特·亨特先生	圣卢西亚
第五十九届会议	2004年	让·平先生	加蓬
第二十八届特别会议	2005年	让·平先生	加蓬
第六十届会议	2005年	扬·埃利亚松先生	瑞典
第六十一届会议	2006年	哈亚·拉希德·阿勒哈利法女士	巴林
第六十二届会议	2007年	斯尔詹·克里姆先生	前南斯拉夫马其顿共和国
第六十三届会议	2008年	米格尔·德斯科托·布罗克曼先生	尼加拉瓜
第六十四届会议	2009年	阿里·阿卜杜萨拉姆·图里基先生	阿拉伯利比亚民众国
第六十五届会议	2010年	约瑟夫·戴斯先生	瑞士

（续表）

届次	年份	姓名	国家
第六十六届会议	2011年	纳西尔·阿卜杜勒阿齐兹·纳赛尔	卡塔尔
第六十七届会议	2012年	武克·耶雷米奇	塞尔维亚
第六十八届会议	2013年	约翰·阿什	安提瓜和巴布达
第六十九届会议	2014年	萨姆·卡汉巴·库泰萨	乌干达
第七十届会议	2015年	莫恩斯·吕克托夫特	丹麦

注：资料来源于联合国网站。

附件2：2015年联合国会员国应缴纳的会费（单位：美元）

（按汉语拼音顺序排列）

A	分摊比额	会费毛额	员工薪金税抵扣	会费净额
阿尔巴尼亚	0.010	297 627	26 270	271 357
阿尔及利亚	0.137	4 077 487	359 904	3 717 583
阿富汗	0.005	148 813	13 135	135 678
阿根廷	0.432	12 857 477	1 134 878	11 722 599
阿拉伯联合酋长国	0.595	17 708 794	1 563 085	16 145 709
阿拉伯叙利亚共和国	0.036	1 071 456	94 573	976 883
阿曼	0.102	3 035 793	267 957	2 767 836
阿塞拜疆	0.040	1 190 507	105 081	1 085 426
埃及	0.134	3 988 199	352 023	3 636 176
埃塞俄比亚	0.010	297 627	26 270	271 357
爱尔兰	0.418	12 440 800	1 098 100	11 342 700
爱沙尼亚	0.040	1 190 507	105 081	1 085 426
安道尔	0.008	238 101	21 016	217 085
安哥拉	0.010	297 627	26 270	271 357
安提瓜和巴布达	0.002	59 525	5 254	54 271
澳大利亚	2.074	61 727 796	5 448 467	56 279 329
奥地利	0.798	23 750 618	2 096 372	21 654 246
B	分摊比额	会费毛额	员工薪金税抵扣	会费净额
巴巴多斯	0.008	238 101	21 016	217 085
巴布亚新几内亚	0.004	119 051	10 508	108 543
巴哈马	0.017	505 965	44 660	461 305
巴基斯坦	0.085	2 529 828	223 298	2 306 530
巴拉圭	0.010	297 627	26 270	271 357
巴林	0.039	1 160 744	102 454	1 058 290
巴拿马	0.026	773 830	68 303	705 527
巴西	2.934	87 323 700	7 707 715	79 615 985
白俄罗斯	0.056	1 666 710	147 114	1 519 596
保加利亚	0.047	1 398 846	123 471	1 275 375
贝宁	0.003	89 288	7 881	81 407
比利时	0.998	29 703 154	2 621 779	27 081 375
秘鲁	0.117	3 482 233	307 363	3 174 870
冰岛	0.027	803 592	70 930	732 662
波兰	0.921	27 411 427	2 419 497	24 991 930
波斯尼亚和黑塞哥维那	0.017	505 965	44 660	461 305
玻利维亚多民族国	0.009	267 864	23 643	244 221

（续表）

B	分摊比额	会费毛额	员工薪金税抵扣	会费净额
伯利兹	0.001	29 763	2 627	27 136
博茨瓦纳	0.017	505 965	44 660	461 305
不丹	0.001	29 763	2 627	27 136
布基纳法索	0.003	89 288	7 881	81 407
布隆迪	0.001	29 763	2 627	27 136
C	分摊比额	会费毛额	员工薪金税抵扣	会费净额
朝鲜人民民主共和国	0.006	178 576	15 762	162 814
赤道几内亚	0.010	297 627	26 270	271 357
D	分摊比额	会费毛额	员工薪金税抵扣	会费净额
大不列颠及北爱尔兰联合王国	5.179	154 140 914	13 605 404	140 535 510
大韩民国	1.994	59 346 782	5 238 304	54 108 478
丹麦	0.675	20 089 808	1 773 247	18 316 561
德国	7.141	212 535 291	18 759 643	193 775 648
东帝汶	0.002	59 525	5 254	54 271
多哥	0.001	29 763	2 627	27 136
多米尼加共和国	0.045	1 339 320	118 217	1 221 103
多米尼克	0.001	29 763	2 627	27 136
E	分摊比额	会费毛额	员工薪金税抵扣	会费净额
俄罗斯联邦	2.438	72 561 411	6 404 707	66 156 704
厄瓜多尔	0.044	1 309 558	115 590	1 193 968
厄立特里亚	0.001	29 763	2 627	27 136
F	分摊比额	会费毛额	员工薪金税抵扣	会费净额
法国	5.593	166 462 664	14 692 996	151 769 668
菲律宾	0.154	4 583 452	404 563	4 178 889
斐济	0.003	89 288	7 881	81 407
芬兰	0.519	15 446 830	1 363 430	14 083 400
佛得角	0.001	29 763	2 627	27 136
G	分摊比额	会费毛额	员工薪金税抵扣	会费净额
冈比亚	0.001	29 763	2 627	27 136
刚果	0.005	148 813	13 135	135 678
刚果民主共和国	0.003	89 288	7 881	81 407
哥伦比亚	0.259	7 708 534	680 402	7 028 132
哥斯达黎加	0.038	1 130 982	99 827	1 031 155
格林纳达	0.001	29 763	2 627	27 136
格鲁吉亚	0.007	208 339	18 389	189 950
古巴	0.069	2 053 625	181 265	1 872 360
圭亚那	0.001	29 763	2 627	27 136
H	分摊比额	会费毛额	员工薪金税抵扣	会费净额
哈萨克斯坦	0.121	3 601 284	317 871	3 283 413
海地	0.003	89 288	7 881	81 407
荷兰	1.654	49 227 471	4 345 113	44 882 358
黑山	0.005	148 813	13 135	135 678
洪都拉斯	0.008	238 101	21 016	217 085
J	分摊比额	会费毛额	员工薪金税抵扣	会费净额
基里巴斯	0.001	29 763	2 627	27 136
吉布提	0.001	29 763	2 627	27 136

（续表）

J	分摊比额	会费毛额	员工薪金税抵扣	会费净额
吉尔吉斯斯坦	0.002	59 525	5 254	54 271
几内亚	0.001	29 763	2 627	27 136
几内亚比绍	0.001	29 763	2 627	27 136
加拿大	2.984	88 811 834	7 839 067	80 972 767
加纳	0.014	416 677	36 779	379 898
加蓬	0.020	595 254	52 541	542 713
柬埔寨	0.004	119 051	10 508	108 543
捷克共和国	0.386	11 488 394	1 014 035	10 474 359
津巴布韦	0.002	59 525	5 254	54 271
K	分摊比额	会费毛额	员工薪金税抵扣	会费净额
喀麦隆	0.012	357 152	31 524	325 628
卡塔尔	0.209	6 220 400	549 050	5 671 350
科摩罗	0.001	29 763	2 627	27 136
科特迪瓦	0.011	327 389	28 897	298 492
科威特	0.273	8 125 211	717 180	7 408 031
克罗地亚	0.126	3 750 097	331 006	3 419 091
肯尼亚	0.013	386 915	34 152	352 763
L	分摊比额	会费毛额	员工薪金税抵扣	会费净额
拉脱维亚	0.047	1 398 846	123 471	1 275 375
莱索托	0.001	29 763	2 627	27 136
老挝人民民主共和国	0.002	59 525	5 254	54 271
黎巴嫩	0.042	1 250 032	110 335	1 139 697
立陶宛	0.073	2 172 675	191 773	1 980 902
利比里亚	0.001	29 763	2 627	27 136
利比亚	0.142	4 226 300	373 039	3 853 261
列支敦士登	0.009	267 864	23 643	244 221
卢森堡	0.081	2 410 777	212 790	2 197 987
卢旺达	0.002	59 525	5 254	54 271
罗马尼亚	0.226	6 726 365	593 710	6 132 655
M	分摊比额	会费毛额	员工薪金税抵扣	会费净额
马达加斯加	0.003	89 288	7 881	81 407
马尔代夫	0.001	29 763	2 627	27 136
马耳他	0.016	476 203	42 033	434 170
马拉维	0.002	59 525	5 254	54 271
马来西亚	0.281	8 363 313	738 196	7 625 117
马里	0.004	119 051	10 508	108 543
前南斯拉夫马其顿共和国	0.008	238 101	21 016	217 085
马绍尔群岛	0.001	29 763	2 627	27 136
毛里求斯	0.013	386 915	34 152	352 763
毛里塔尼亚	0.002	59 525	5 254	54 271
美利坚合众国	22.000	654 778 938	a	654 778 938
蒙古	0.003	89 288	7 881	81 407
孟加拉国	0.010	297 627	26 270	271 357
密克罗尼西亚联邦	0.001	29 763	2 627	27 136
缅甸	0.010	297 627	26 270	271 357
摩尔多瓦共和国	0.003	89 288	7 881	81 407

（续表）

M	分摊比额	会费毛额	员工薪金税抵扣	会费净额
摩洛哥	0.062	1 845 286	162 876	1 682 410
摩纳哥	0.012	357 152	31 524	325 628
莫桑比克	0.003	89 288	7 881	81 407
墨西哥	1.842	54 822 855	4 838 995	49 983 860
N	分摊比额	会费毛额	员工薪金税抵扣	会费净额
纳米比亚	0.010	297 627	26 270	271 357
南非	0.372	11 071 717	977 256	10 094 461
南苏丹	0.004	119 051	10 508	108 543
瑙鲁	0.001	29 763	2 627	27 136
尼泊尔	0.006	178 576	15 762	162 814
尼加拉瓜	0.003	89 288	7 881	81 407
尼日尔	0.002	59 525	5 254	54 271
尼日利亚	0.090	2 678 641	236 433	2 442 208
挪威	0.851	25 328 040	2 235 605	23 092 435
P	分摊比额	会费毛额	员工薪金税抵扣	会费净额
帕劳	0.001	29 763	2 627	27 136
葡萄牙	0.474	14 107 510	1 245 214	12 862 296
R	分摊比额	会费毛额	员工薪金税抵扣	会费净额
日本	10.833	322 419 102	28 458 648	293 960 454
瑞典	0.960	28 572 172	2 521 952	26 050 220
瑞士	1.047	31 161 525	2 750 504	28 411 021
S	分摊比额	会费毛额	员工薪金税抵扣	会费净额
萨尔瓦多	0.016	476 203	42 033	434 170
萨摩亚	0.001	29 763	2 627	27 136
塞尔维亚	0.040	1 190 507	105 081	1 085 426
塞拉利昂	0.001	29 763	2 627	27 136
塞内加尔	0.006	178 576	15 762	162 814
塞浦路斯	0.047	1 398 846	123 471	1 275 375
塞舌尔	0.001	29 763	2 627	27 136
沙特阿拉伯	0.864	25 714 955	2 269 757	23 445 198
圣多美和普林西比	0.001	29 763	2 627	27 136
圣基茨和尼维斯	0.001	29 763	2 627	27 136
圣卢西亚	0.001	29 763	2 627	27 136
圣马力诺	0.003	89 288	7 881	81 407
圣文森特和格林纳丁斯	0.001	29 763	2 627	27 136
斯里兰卡	0.025	744 067	65 676	678 391
斯洛伐克	0.171	5 089 418	449 223	4 640 195
斯洛文尼亚	0.100	2 976 268	262 703	2 713 565
斯威士兰	0.003	89 288	7 881	81 407
苏丹	0.010	297 627	26 270	271 357
苏里南	0.004	119 051	10 508	108 543
所罗门群岛	0.001	29 763	2 627	27 136
索马里	0.001	29 763	2 627	27 136
T	分摊比额	会费毛额	员工薪金税抵扣	会费净额
塔吉克斯坦	0.003	89 288	7 881	81 407
泰国	0.239	7 113 280	627 861	6 485 419

（续表）

T	分摊比额	会费毛额	员工薪金税抵扣	会费净额
坦桑尼亚联合共和国	0.009	267 864	23 643	244 221
汤加	0.001	29 763	2 627	27 136
特立尼达和多巴哥	0.044	1 309 558	115 590	1 193 968
突尼斯	0.036	1 071 456	94 573	976 883
T	分摊比额	会费毛额	员工薪金税抵扣	会费净额
图瓦卢	0.001	29 763	2 627	27 136
土耳其	1.328	39 524 838	3 488 700	36 036 138
土库曼斯坦	0.019	565 491	49 914	515 577
W	分摊比额	会费毛额	员工薪金税抵扣	会费净额
瓦努阿图	0.001	29 763	2 627	27 136
危地马拉	0.027	803 592	70 930	732 662
委内瑞拉玻利瓦尔共和国	0.627	18 661 200	1 647 150	17 014 050
文莱达鲁萨兰国	0.026	773 830	68 303	705 527
乌干达	0.006	178 576	15 762	162 814
乌克兰	0.099	2 946 505	260 076	2 686 429
乌拉圭	0.052	1 547 659	136 606	1 411 053
乌兹别克斯坦	0.015	446 440	39 406	407 034
X	分摊比额	会费毛额	员工薪金税抵扣	会费净额
西班牙	2.973	88 484 445	7 810 169	80 674 276
希腊	0.638	18 988 589	1 676 047	17 312 542
新加坡	0.384	11 428 869	1 008 781	10 420 088
新西兰	0.253	7 529 958	664 639	6 865 319
匈牙利	0.266	7 916 873	698 791	7 218 082
Y	分摊比额	会费毛额	员工薪金税抵扣	会费净额
牙买加	0.011	327 389	28 897	298 492
亚美尼亚	0.007	208 339	18 389	189 950
也门	0.010	297 627	26 270	271 357
伊拉克	0.068	2 023 862	178 638	1 845 224
伊朗伊斯兰共和国	0.356	10 595 514	935 224	9 660 290
以色列	0.396	11 786 021	1 040 305	10 745 716
意大利	4.448	132 384 396	11 685 043	120 699 353
印度	0.666	19 821 944	1 749 604	18 072 340
印度尼西亚	0.346	10 297 887	908 953	9 388 934
约旦	0.022	654 779	57 795	596 984
越南	0.042	1 250 032	110 335	1 139 697
Z	分摊比额	会费毛额	员工薪金税抵扣	会费净额
赞比亚	0.006	178 576	15 762	162 814
乍得	0.002	59 525	5 254	54 271
智利	0.334	9 940 735	877 429	9 063 306
中非共和国	0.001	29 763	2 627	27 136
中国	5.148	153 218 271	13 523 966	139 694 305
总数	100.000	2 976 267 900	204 908 574	2 771 359 326

注a：2015年未抵扣的“员工薪金税抵扣”的会员国：美利坚合众国，57 794 726美元。

数据来源：联合国网站。

（沧海）

联合国部分重要议题

安理会改革问题

2015年，联合国会员国继续围绕安理会改革问题展开讨论。在第69届联合国大会期间，安理会改革第11轮政府间谈判先后举行3次会议。各国就安理会改革问题所涉及的各类问题进行了深入的讨论，进一步加深了各方对相互立场的了解。9月14日，第69届联大协商一致通过决定，要求第70届联大继续就安理会改革问题举行政府间谈判。

10月30日，第70届联大举行全体会议，就安理会改革问题举行辩论。中国常驻联合国代表刘结一大使出席并在发言中阐述中方原则立场，强调安理会改革涉及联合国未来和全体会员国的切身利益，只能通过民主、耐心协商，寻求"一揽子"解决方案，达成最广泛共识。中方反对为改革设定时限或强推不成熟改革方案。（刘志国）

反恐问题

2015年，安理会多次召开会议讨论反恐问题，通过4项决议，发表3份主席声明。

2月12日，安理会通过第2199号决议，要求各国全面切断恐怖组织利用石油贸易、文物走私、外部资金支持、银行交易、武器交易等获取外部支持的渠道。

11月20日，安理会通过第2249号决议，促请有能力的国家采取一切必要措施，防止和打击伊拉克和黎凡特伊斯兰国、"支持阵线"等从事的恐怖主义行为。

12月17日，安理会通过第2253号决议，将基地组织综合制裁名单更名为伊拉克和黎凡特伊斯兰国和基地组织综合制裁清单，决定将伊拉克和黎凡特伊斯兰国和基地组织相关的人员和实体列入制裁名单，要求各国毫不拖延地冻结其资产，阻止有关人员入境或过境，并对上述人员和实体实施武器禁运等。

12月21日，安理会通过第2255号决议，要求各国毫不拖延地冻结被安理会塔利班制裁委员会列名的人员和实体资产，阻止上述人员入境或过境，并对上述人员和实体实施武器禁运等。

9月30日，外交部长王毅出席安理会中东反恐问题高级别会议并发言，表示恐怖主义是人类公敌，恐怖主义没有好坏之分，打击一切形式的暴力恐怖行径，应该成为地区国家和国际社会的共同职责和优先任务。中方主张在联合国框架下开展广泛、综合性的国际反恐合作。地区不稳定和发展不平衡是恐怖主义的滋生土壤，妥善处理地区纠纷，恢复地区局势稳定，增强各国治理能力，加快经济发展，切实改善民生，就能从根本上解决恐怖主义得以产生蔓延的各种问题。（李建炜）

维和问题

联合国维和行动是联合国维护国际和平与安全的重要手段，是国际社会共同践行多边主义的一项创举，几十年来在缓和紧张局势、解决地区冲突方面发挥了重要作用。

中国一贯重视并支持开展符合《联合国宪章》精神的维和行动，不断扩大参与规模和领域。自1989年起，中国共向30项维和行动派出军事人员、警察和民事官员3万余人次。截至2015年12月，中国是联合国维和行动第9大出兵国，约有3100人在南苏丹、利比里亚、黎巴嫩、刚果（金）、巴以边境、西撒哈拉、科特迪瓦、苏丹达尔富尔、马里、塞浦路斯10个任务区执行任务，为促进联合国维和事业发展、维护世界和平与安全做出了重要贡献。

2015年9月28日，国家主席习近平在联合国维和峰会上宣布，中国将加入新的联合国维和能力待命机制，决定为此率先组建常备成建制维和警队，并建设8000人规模的维和待命部队。应联合国要求，派更多工程、运输、医疗人员参与维和行动。今后5年，将为各国培训2000名维和人员，开展10个扫雷援助项目，包括提供培训和器材。今后5年，将向非盟提供1亿美元的无偿军事援助，以支持非洲常备军和危机应对快速反应部队建设。将向联合国在非洲的维和行动部署首支直升机分队。中国—联合国和平与发展基金的部分资金将用于支持联合国维和行动。12月23日，联合国大会通过了2016—2018年维和预算，中国的分摊比例上升到10.2%，在会员国中位居第2位。（凤飞）

联合国财政和预算问题

联合国预算由常规预算、维和预算、国际刑庭预算和基本建设总计划预算四部分组成，主要来源于现有193个会员国所缴纳的摊款。常规预算每两年制定一次，由秘书长提出。常规预算的分摊比例以各国支付能力为原则确定，每三年调整一次。

2015年，第70届联合国大会五委员会主要审议了2016—2018年联合国会费比额及维和摊款比额、2016—2017年两年期常规预算、政治特派团预算、落实2030年可持续发展议程等议题，并通过相关决议和决定。2015年12月，联大五委全会通过了联合国2016—2017年两年期常规预算，总额达54亿美元。会议还确定了2016—2018年联合国会员国会费比额及维和摊款比额。中国会费比额为7.921%，成为联合国第三大会费国；2016—2018年中国维和摊款比额分别为10.2879%、10.2502%、10.2377%，成为联合国维和行动第二大出资国。

2015年10月，联大五委审议了联合国财政状况。联合国分管管理事务的副秘书长高须幸雄表示，截至2015年10月15日，128个会员国足额缴纳了联合国会费，其中24个会员国足额缴纳了所有预算摊款；65个会员国拖欠会费，拖欠总额达10.53亿美元。

（杨佐航）

叙利亚问题

2015年，叙利亚局势依然严峻，由此引发的人道主义危机和恐怖主义威胁持续发酵，对地区乃至国际和平与安全构成威胁。在国际社会共同推动下，主要各方成立叙利亚国际支持小组，共同推动政治解决叙利亚问题，并取得积极进展。安理会就叙利亚问题通过4项决议，2份主席声明，3份主席新闻谈话。

3月6日，安理会通过了关于叙利亚化学武器问题的第2209号决议。主要内容包括：确认叙利亚境内使用氯气事件违反安理会决议及《禁止化学武器公约》；决定如今后再次发生类似情况，将根据《联合国宪章》第七章采取行动等。

3月26日，安理会发表主席新闻谈话，欢迎将于3月31日在科威特举行的第三次叙利亚人道援助捐助方会议，鼓励国际社会提供捐助。

4月24日，安理会就叙利亚人道主义问题发表主席声明，要求叙利亚国内冲突的各方停止一切形式的暴力，立即全面落实安理会在去年出台的第2139号、2165号和2191号三项决议，重点协调扩大人道救援行动，越过边界和冲突区，将迫切所需的人道主义援助运送到偏僻以及被包围的地区。

5月22日，安理会发表主席新闻谈话，最强烈谴责“伊斯兰国”组织恐怖行径，对巴尔米拉古城的世界遗产表示严重关切，必须击败“伊斯兰国”并铲除其所信奉的不容忍、暴力和仇恨。

6月5日，安理会发表主席新闻谈话，强调各方在任何情况下都必须遵守国际人道主义法规定的义务，特别是区分平民和战斗人员，禁止针对平民和平民设施的袭击。

8月7日，安理会通过第2235号决议，强烈谴责叙利亚境内任何把氯气等有毒化学品用作武器的行为，重申叙利亚冲突任何一方不得使用、开发、生产、获取、储存、保留或转让化学武器，决定设立禁化武组织—联合国联合调查机制，以认定叙利亚境内将氯气等有毒化学品用作武器的事件并确认相关责任方。

8月17日，安理会发表主席声明，呼吁叙利亚各方尽快启动叙人主导的政治进程，敦促各方支持联合国秘书长叙利亚问题特使斡旋努力，在2012年《日内瓦公报》基础上推进叙利亚政治进程。

12月18日，安理会通过第2254号决议，核可叙利亚国际支持小组外长会成果，为叙利亚和平进程确定了为期六个月的时间表，请秘书长通过斡旋及秘书长叙利亚问题特使的努力，召集叙利亚政府代表和反对派代表根据《日内瓦公报》及叙利亚国际支持声明，就政治过渡进程开展正式谈判，以实现危机的持久政治解决。

12月22日，安理会通过第2258号决议，要求所有各方、特别是叙利亚当局立即履行相关国际法义务，并立即全面执行安理会第2139号、2165号和第2191号决议，决定将安理会第2165号决议规定的人道跨境救援机制延期1年，至2017年1月10日。（亓轩）

利比亚问题

2015年，联合国安理会多次审议利比亚问题，通过6项决议，发表11份主席新闻谈话。

3月5日，安理会通过第2208号决议，将联合国驻利比亚支助团（UNSMIL）授权及对利非法石油禁运措施延长至2015年3月31日。

3月27日，安理会分别通过第2213号、2214号决议。安理会第2213号决议决定将对利非法石油禁运措施延长至2016年3月31日。安理会第2214号决议要求会员国与利比亚政府协调应对恐怖威胁，支持利比亚政府努力打击恐怖主义的努力。

9月10日，安理会通过第2238号决议，呼吁利比亚各派立即无条件停火，组建民族团结政府，将联利支助团授权延期至2016年3月15日。

10月9日，安理会通过第2240号决议，敦促会员国与利比亚政府合作，打击利比亚领海和利比亚沿岸公海非法移民和贩运人口活动。

12月23日，安理会通过第2259号决议，欢迎利比亚各派正式签署《利比亚政治协议》，对利政治进程取得的进展表示坚定支持。

中国常驻联合国代表刘结一大使在安理会审议叙利亚问题时表示，政治解决是叙利亚危机的唯一出路。无论遇到什么情况，都要坚持政治解决的大方向不动摇。国际社会应抓住安理会核可在叙停止敌对行动协议这一重要契机，加大推动落实业已达成的重要共识。中方高度赞赏德米斯图拉特使的斡旋努力，坚定支持联合国在叙利亚问题政治解决中发挥斡旋主渠道作用。

中方愿意继续为政治解决叙利亚问题发挥积极和建设性作用。（迟珺）

也门问题

2015年，也门国内冲突升级，联合国安理会继续关注也门问题，在联合国秘书长及其也门问题特使的斡旋下，也门各派两次举行和谈，但成果有限。安理会通过3项决议，发表了1份主席声明及16份主席新闻谈话。

2月15日，安理会通过第2201号决议，痛惜胡塞武装单方面采取行动解散议会和接管也门政府机构，致使局势严重升级。支持海湾合作理事会的努力，赞扬它开展工作，帮助也门进行政治过渡。

2月24日，安理会通过第2204号决议，将对也门的资产冻结、旅行禁令延长至2016年2月26日，将安理会制裁也门委员会专家小组授权延长至2016年3月25日。

4月14日，安理会通过第2216号决议，呼吁也门各方尽快就停火达成一致，要求也门各方通过协商对话和平解决分歧，宣布对胡塞武装及支持前总统萨利赫的武装实施武器禁运。

中国代表在安理会审议也门问题时表示，中方欢迎也门有关各方重启政治对话并达成临时停火等协议。政治对话是实现也门持久和平的唯一出路。中方希望也门有关各方继续无条件参加联合国主持的政治对话，争取早日达成符合也门实际、照顾各方关切的政治解决方案。（迟珺）

阿富汗问题

2015年，安理会多次审议阿富汗问题，通过1项决议，发表3份主席新闻谈话。

3月16日，安理会一致通过第2210号决议，决定将联合国阿富汗援助团（UNAMA）任期延长至2016年3月17日。

6月22日，安理会发表主席新闻谈话，强烈谴责塔利班对阿议会的恐怖袭击事件，重申任何暴力或恐怖主义行径都不能逆转阿人主导的和平、民主和稳定进程。

7月10日，安理会发表主席新闻谈话，欢迎7月7日阿政府和塔利班在巴基斯坦莫利举行的直接对话，鼓励相关方继续进行"阿人主导、阿人所有"的对话。

8月9日，安理会发表主席新闻谈话，强烈谴责近期在喀布尔发生的系列恐怖袭击事件，呼吁将恐怖分子绳之以法。

中国积极参与安理会有关审议，坚定支持阿推进和平与重建进程，支持阿探索符合自身国情和人民意愿的发展道路，并根据阿实际需要，向阿方提供支持和帮助。中方愿同国际社会一道，为共同推动阿早日实现和平、稳定与发展，让阿人民共享人类文明进步成果而做出不懈努力。（孙虎）

巴以问题

2015年，巴勒斯坦和以色列冲突再度升级，东耶路撒冷、约旦河西岸及加沙地带安全形势持续恶化。安理会关注巴勒斯坦问题，通过2份主席新闻谈话。

中国常驻联合国代表刘结一大使在安理会审议中东问题时表示，当前形势下，国际社会特别是安理会应增强紧迫感，切实承担起责任，积极回应巴勒斯坦及阿拉伯国家的合理诉求，采取必要行动，推动有关方面立即停止冲突，缓和紧张局势。实现巴以两国和平共处是解决巴以问题的正确方面，和谈是唯一途径。中方一贯支持巴勒斯坦人民争取恢复民族合法权益的正义事业，一直致力于劝和促谈。我们将继续与有关各方保持沟通和协调，为推动缓和巴以局势、促进巴以复谈做出不懈努力。（凤飞）

苏丹问题

2015年，安理会多次审议苏丹问题，通过5项决议，发表2份主席声明。

2月12日，安理会通过第2200号决议，将联合国安理会苏丹制裁委员会专家小组授权延期至2016年3月12日。

6月27日，安理会通过第2228号决议，决定将第1769号决议规定的联合国/非盟达尔富尔混合特派团（UNAMID）任务延长至2016年6月30日。

2月26日、7月4日和12月15日，安理会分别通过第2205号、2230号、2251号决议，将联合国驻阿布耶伊临时安全部队（UNISFA）的任务延期，其最新的任务期延至2016年5月15日。

中国常驻联合国代表刘结一大使在安理会审议苏丹达尔富尔问题时表示，解决达尔富尔问题应从两方面入手：一是国际社会应敦促各方坚持政治解决方向，积极落实《达尔富尔多哈和平文件》，共同推动全国对话。二是帮助达区实现发展，创造就业及机会，提升人民生活水平，消除诱发冲突的根源。（凤飞）

南苏丹问题

2015年，安理会多次审议南苏丹问题，通过5项决议，发表2份主席声明和4份主席新闻谈话。

2月26日，安理会通过第2205号决议，要求南苏丹政府全力支持联合国，为联合国军事、警务和文职人员（包括人道主义工作人员）颁发入境签证，协助做出营地设置安排和批准飞行，提供后勤支持。

3月3日，安理会通过第2206号决议，决定对威胁南苏丹和平、安全或稳定的个人及实体实施旅行禁令、资产冻结等制裁措施。

5月28日、10月9日和12月15日，安理会分别通过第2223号、2241号、2252号决议，将南苏丹特派团（UNMISS）的任务延期，其最新的任务期延至2016年7月31日。

中国常驻联合国代表刘结一大使在安理会审议南苏丹问题时表示，中国欢迎南苏丹冲突各方正式签署《解决南苏丹冲突协议》，赞赏非盟和东非政府间发展组织（伊加特）为此所做出的大量努力。当务之急是支持非盟和伊加特努力，敦促南苏丹有关各方切实遵守停火承诺，全面、按期执行《协议》规定，坚定支持伊加特斡旋主渠道作用，积极为伊加特监督落实《协议》提供协助。（凤飞）

伊拉克问题

2015年，安理会就伊拉克问题通过2项决议，2份主席新闻谈话。

2月27日，安理会发表主席新闻谈话，谴责“伊斯兰国”在伊拉克发动的恐怖活动。

7月28日，安理会通过第2233号决议，决定将联合国伊拉克援助团（UNAMI）的任期延长至2016年7月31日，促请伊拉克政府继续保障联合国派驻伊拉克人员的安全。

8月28日，安理会发表主席新闻谈话，谴责在叙利亚和伊拉克两地将性暴力作为战争手段。

11月20日，安理会通过第2249号决议，促请有能力的会员国根据国际法在叙利亚和伊拉克境内受“伊斯兰国”控制的领土上，采取一切必要措施防止和打击“伊斯兰国”的恐怖主义行为，摧毁它们在伊拉克和叙利亚建立的庇护所。（凤飞）

塞浦路斯问题

2015年下半年来，塞浦路斯问题谈判取得积极进展，塞希腊、土耳其两族领导人直接参与的对话谈判稳步推进。安理会多次审议塞浦路斯问题，并通过2项决议。

1月29日，安理会一致通过第2197号决议，决定将联合国驻塞浦路斯维持和平部队（UNFICYP）任期延长至2015年7月31日。

7月29日，安理会一致通过第2234号决议，决定将联塞部队任期延长至2016年1月31日。

中国常驻联合国代表刘结一大使在安理会审议塞浦路斯问题时表示，中国欢迎塞浦路斯希、土两族谈判取得积极进展，希望双方继续保持谈判良好势头，争取尽快达成协议。中方支持塞希、土两族根据安理会有关决议，通过对话谈判，就塞问题达成全面解决方案。中国赞赏联塞部队为维护缓冲区和平与稳定、推动两族谈判对话所作努力。（曲洁昊）

科索沃问题

2015年，安理会多次审议科索沃问题并举行公开会。

中国在安理会审议科索沃问题时表示，中方尊重塞尔维亚主权和领土完整，理解塞方在科索沃问题上的合理关切。安理会第1244号决议是解决科索沃问题的重要法律基础。应按照《联合国宪章》宗旨和原则，在安理会相关决议框架内，通过对话和谈判达成当事方均可接受的妥善解决方案。中方鼓励塞、科双方继续保持务实和建设性对话，寻求解决科索沃问题的持久方案，努力维护巴尔干乃至整个欧洲地区的和平与稳定。中方赞赏联合国驻科索沃临时行政当局特派团（UNMIK）所做工作，支持联科团继续履行安理会授权。（曲洁昊）

索马里问题

2015年，安理会多次审议索马里问题，通过4项决议，发表11份主席新闻谈话。

5月26日，安理会通过第2221号决议，决定将联合国索马里援助团（UNSOM）授权延期至2015年8月7日。

7月27日，安理会发表主席新闻谈话，对索马里首都摩加迪沙恐怖爆炸袭击导致包括1名中国驻索马里使馆安全人员在内的多人遇难表示诚挚哀悼，对遇难者家属表示深切同情。

7月28日，安理会通过第2232号决议，将联合国索马里援助团（UNSOM）授权延期至2016年3月30日。

10月23日，安理会通过第2244号决议，决定继续维持对索马里和厄立特里亚的武器禁运、旅行限制和资产冻结措施，同时将相关豁免措施延长至2016年11月15日。

11月10日，安理会通过第2245号决议，将联合国支助非盟驻索马里特派团办公室（UNSOA）更名为联合国支助索马里办公室（UNSOS），并调整其授权范围。

中国常驻联合国代表刘结一大使在安理会审议中表示，中方对索马里政府积极维护国家安全，促进经济发展表示赞赏。索马里实现持久和平和国家重建仍面临诸多严峻挑战。中方一贯支持索马里和平进程，并积极帮助索马里开展国家重建，愿为推进索马里和平重建、维护地区和平稳定真正发挥建设性作用。（顾本达）

索马里海盗问题

2015年，索马里海盗袭击事件大幅下降，但索安全与稳定依然面临挑战，恐怖主义与海盗问题相互交织，对维护索目前和平成果带来复杂挑战，索沿海及亚丁湾海域国际航运仍面临安全威胁。

11月10日，安理会一致通过第2246号决议，将打击索海盗授权延期1年。

2015年7月，根据安理会第1851号决议成立的索马里海盗问题联络小组举行了第18次全体会议。中国派团与会并积极参与有关讨论和工作。中国常驻联合国副代表王民大使在会上发言表示，中国支持根据相关国际法和安理会决议授权打击索海盗，并积极参与了索海盗问题联络小组框架下的国际合作。中方愿在自主自愿、平等协调原则的基础上，继续与各方加强打击海盗行动的协调及信息共享。中方欢迎索和平重建取得积极进展，希望国际社会继续在多领域、多层面向索及沿岸国家提供综合配套支持，认真落实援索承诺。中方支持联合国继续向非盟驻索马里特派团（AMISOM）提供后勤支助。（孙虎）

刚果（金）问题

2015年，安理会多次审议刚果（金）问题，通过2项决议，发表2份主席声明和1份主席新闻谈话。

1月29日，安理会通过第2198号决议，决定对刚果（金）实施的武器禁运、旅行禁令及金融制裁等措施延长至2016年7月1日。

3月26日，安理会通过第2211号决议，决定将联合国驻刚果（金）综合稳定团（MONUSCO）及干预旅授权延期至2016年3月底，核可秘书长关于综合稳定团裁撤2000兵力的建议。

中国常驻联合国副代表王民大使在安理会刚果（金）问题公开会上发言表示，中方欢迎刚果（金）政府积极筹备选举，鼓励刚果（金）有关各方通过耐心对话与协商，和平解决选举分歧，呼吁国际社会多做劝和促谈工作，为刚果（金）和平进程提供建设性帮助。联合国应加大同大湖地区国际会议等区域组织的协调与配合，敦促地区国家尊重彼此主权和领土完整，加紧落实《刚果（金）与大湖地区和平、安全与合作框架文件》。（张鹏程）

乌克兰问题

2015年，安理会多次审议乌克兰问题，通过1项决议和1份主席新闻谈话。

1月13日，安理会发表主席新闻谈话，强烈谴责顿涅茨克地区发生的因炮击客车导致的平民伤亡事件，强调需开展客观调查并将犯罪者绳之以法。

2月17日，安理会一致通过第2202号决议，欢迎俄罗斯、法国、德国、乌克兰领导人2月12日就乌问题发表的声明，核可2月12日有关方面签署的《执行明斯克协议的综合措施》，敦促各方全面执行上述措施等。中国常驻联合国代表刘结一大使在安理会审议时表示，中方欢迎并积极评价俄法德乌四国领导人在明斯克就乌问题达成的共识，希有关各方切实履行上述协议，寻求尽早达成全面、均衡、持久的政治解决方案。安理会应加大支持力度，使上述共识成为推动乌问题走向缓和的分水岭，尽早实现乌和平与安宁。处理乌问题必须坚持政治解决的大方向。中方愿继续为政治解决乌问题发挥建设性作用。（孙虎）

马里问题

2015年，安理会多次审议马里问题，通过1项决议，发表1份安理会主席声明和5份主席新闻谈话。

6月29日，安理会一致通过第2227号决议，将联合国马里多层面综合稳定团（MINUSMA）的授权延期至2016年6月30日。

中国常驻联合国代表刘结一大使在安理会会议上表示，中方对马里北部局势表示关切，呼吁马里北部有关武装团体立即停火，通过和平对话解决分歧，尽快回到共同落实马里和平与和解协定这一既定轨道上来。中方呼吁国际社会在尊重马里独立、主权和领土完整基础上，加大对马援助，切实帮助马政府提升自主发展能力。中方赞赏联马团在极为困难的环境下努力维护马里稳定和保护平民，中国愿同国际社会其他成员一道，继续为帮助马里早日恢复和平稳定做出贡献。（张鹏程）

几内亚比绍问题

2015年，安理会多次审议几内亚比绍问题，通过1项决议，发表1份主席新闻谈话。

2月18日，安理会通过第2203号决议，欢迎几内亚比绍国民议会设立和平与稳定委员会以及2015年3月在布鲁塞尔召开国际捐助方会议，深切关注毒品贩运和跨国有组织犯罪对和平与稳定的威胁，决定将联合国几内亚建设和平综合支助办事处（UNIOGBIS）的任期延长12个月。

中国常驻联合国代表刘结一大使表示，中方希望几内亚比绍国家建设不断取得新的成就。中国和几内亚比绍关系友好，中方长期以来通过双边渠道为该国的农业、渔业、人力资源、医疗卫生和教育事业发展提供了力所能及的帮助。中方愿继续与国际社会一道，为帮助几内亚比绍和平重建做出积极贡献。（顾本达）

朝鲜问题

2015年3月4日，安理会通过第2207号决议，将安理会朝鲜制裁委员会专家小组任务延期至2016年4月5日。

12月10日，安理会召开公开会审议朝鲜人权问题。在该问题进行审议前，安理会成员就是否将审议朝鲜人权问题列入议程进行了投票，以9票赞成（智利、法国、约旦、立陶宛、马来西亚、新西兰、西班牙、英国、美国）、4票反对（中国、俄罗斯、安哥拉、委内瑞拉）、2票弃权（乍得、尼日利亚）的结果，审议朝鲜人权问题列入议程。

中国常驻联合国副代表王民大使发言阐明了中国反对安理会审议朝鲜人权局势的立场，表示中方一贯反对安理会介入国别人权问题。《联合国宪章》明确规定了联合国各主要机构的职能和分工，安理会应致力于处理国际和平与安全面临的威胁。安理会不是处理人权问题的场所，朝鲜人权局势不构成对国际和平与安全的威胁，中方反对安理会审议朝鲜人权局势。

（李建炜）

中非共和国问题

2015年，安理会多次审议中非问题，通过3项决议，发表1份主席声明和6份主席新闻谈话。

1月22日，安理会通过第2196号决议，决定将对中非的武器禁运、旅行禁令、资产冻结等制裁措施延长至2016年1月29日。

3月26日，安理会通过第2212号决议，决定向联合国中非共和国稳定团（MINUSCA）增派750名军事人员、280名警察人员和20名监狱官。

4月28日，安理会通过第2217号决议，将联合国中非共和国稳定团授权期限延长至2016年4月30日。

中国常驻联合国副代表王民大使在安理会审议中非问题时表示，中方对中非局势表示关注，呼吁联合国同非盟、中共体等区域组织加强协调，加大斡旋力度，敦促中非各方切实遵守停火承诺，通过对话协商和平解决争端。中方呼吁国际社会加紧向中非提供人道援助，及早缓解中非人道危机。（刘袁力）

联合国部分机构

联合国组织机构庞杂，设立了各种理事会、委员会或其他名称的机构。下面介绍一些比较重要或同中国关系较多的机构。

联合国经社理事会职司委员会

社会发展委员会（Commission for Social Development—CSD）

【成立日期】根据经社理事会1946年6月21日决议成立，原称“社会委员会”，后根据经社理事会1966年7月29日决议改现名。

【成员】该委员会成员由经社理事会按地域均衡分配原则选举产生，任期4年。1996年，社发委特别会议决定扩大委员会成员，由32个国家增至46个（非洲国家12个、亚洲国家10个、拉美国家9个、东欧国家5个、西欧及其他国家10个）。常设机构是联合国社会发展和人道事务中心的社会发展分部。该中心设在维也纳。委员会每2年举行1次会议。1997年起届会改为每年1次，通常是2月在纽约举行。

【主要活动】该委员会是联合国经社理事会9个职司委员会之一。其职能和主要活动为：研究和讨论国际社会领域的形势和趋势；对社会发展的目标和政策提出建议；对妇女、青年、老龄人、残疾人、社会治安与犯罪控制等领域应采取的措施问题提出意见和建议；并与在经社理事会享有咨商地位的有关非政府组织建立工作关系。

【同中国的关系】中国于1989年首次当选为联合国社会发展委员会（社发会）成员并出席其第31届会议。

中国一贯重视社会发展问题，积极参与多边社会发展领域的活动。联合国社会发展委员会第54届大会于2016年2月3—12日在纽约联合国总部举行，大会以“反思和加强当代世界的社会发展”作为优先议题，新出现议题为“落实《2030年可持续发展议程》：从承诺迈向成果，实现社会发展”，并继续关注残疾人、老年人、青年等群体的发展需求。

常驻联合国副代表王民大使在会议上发言指出，各国应抓住机遇，着眼长远，全面把握2030年议程的主旨和内涵，制定符合本国国情的落实工作任务书、时间表和路线图。中方愿就此发表以下看法：

第一，应平衡推进社会发展三大核心目标工作。减贫、社会融合和充分就业是社会发展三大核心目标，已在2030年议程中得到充分体现。各国应综合推进三个核心目标工作，将减贫作为社会发展的基础性工程，将促进就业作为社会发展的优先目标，将消除歧视和不公正待遇作为实现包容性增长的重要内容。中方支持发挥社发委员会在落实2030年议程社会领域目标中的领导作用，期待将其打造成各国交流经验、发现问题、群策群力的重要平台。

第二，应尊重各国自主制定落实方案的权利。2030年议程确定了目标和任务，而将“如何实现”留给各国政府决定。各国应从本国国情和发展水平出发，确定本国落实社会领域目标的重点任务和优先事项。国际社会应尊重彼此的发展选择，相互借鉴发展经验，取长补短，互通有无，共同为全球社会发展事业做贡献。

第三，应通过改革创新实现可持续的社会发展。国际社会应总结和反思执行《哥本哈根宣言和行动纲领》的经验教训，坚持将社会发展作为经济发展的动力和保障，通过创新型社会政策，提高民众福祉。中方感谢秘书长报告对中国加强社保体系等措施的肯定，呼吁各国通过加强统筹协调、推动体制机制改革、改进资源配置等方式，实现“人人参与、人人尽力、人人享有”社会发展格局。

第四，应加大对发展中国家社会发展事业的支持力度。当前，仍有数亿人生活在极端贫困之中，发展中国家特别是最不发达国家在社会发展方面依然面临较大挑战。大家一起发展才是真发展。国际社会应拿出政治意愿，着力解决南北发展不平衡问题，推动建立合作共赢的全球发展伙伴关系，实现共同发展与繁荣。发达国家应切实履行官方发展援助，继续向发展中国家提供资金技术支持。（沧海）

麻醉品委员会（Commission on Narcotic Drugs—CND）

【成立日期】根据联合国经社理事会1946年2月16日决议成立。

【成员】成员由经社理事会从联合国会员国、麻醉品公约参加国、麻醉药品和精神药物的重要生产国和消费国中选出，同时注意地域均衡分配原则。现有成员53个，任期4年。

【主要职能】委员会是联合国系统内负责麻醉品管制问题的中心决策机构，主要职能包括：协助经社理事会制定有关政策和措施；根据国际禁毒公约的规定，管制非法使用和滥用麻醉品及精神药物，审议各缔约国落实公约情况；审议各国落实1998年禁毒特别联大《政治宣言》的情况；执行联合国机构所授予的其他职责等。

【组织机构】下设中近东麻醉品非法贩运及有关事务小组委员会和亚太、非洲、欧洲和拉美及加勒比4个地区性协调委员会。

【主要活动】委员会每年召开1次届会。4个地区性委员会定期分别举行会议，审议本地区管制和禁止麻醉品滥用和非法贩运等问题。

【同中国关系】中国于1985年加入经修正的《1961年麻醉品单一公约》和《1971年精神药物公约》。1989年9月，中国批准《联合国禁止非法贩运麻醉药品和精神药物公约》。1973年，中国派观察员出席了委员会第25届会议。1986—2005年和2008年至今，中国为委员会成员，现有任期至2019年。

2015年3月9—17日，联合国麻醉品委员会第58届会议在维也纳召开。公安部禁毒局副局长魏晓军率中国代表团与会，国家禁毒委员会办公室、国家食品药品监督管理总局、香港特区代表参团。会议讨论了2016年毒品问题特别联大筹备情况，审议了联合国毒品和犯罪问题办公室预算和战略管理问题、国际药物管制条约的执行情况、氯胺酮列管、《政治宣言和行动计划》落实情况等。（王兆学）

预防犯罪和刑事司法委员会（Commission on Crime Prevention and Criminal Justice）

【成立日期】1992年2月6日根据联合国大会第46/152号决议成立。

【成员】成员国由经社理事会根据公平地域分配原则选举产生，任期3年。该委员会现有成员国40个。

【主要职能】在预防犯罪和刑事司法领域为联合国提供政策指导；制定方案并监督、审查其执行情况；促进并协调区域间和区域预防犯罪研究所的活动；动员各会员国支持联合国预防犯罪和刑事司法方案；召开联合国预防犯罪和罪犯待遇大会并审议大会提交的建议。

【主要活动】委员会每年召开1次届会。针对近年来跨国有组织犯罪活动猖獗的情况，1997年委员会第6届会议决定，成立政府特设委员会负责起草打击跨国有组织犯罪国际公约。经过11次特委会会议，公约草案完成并由2000年第55届联大通过。2000年12月，联合国在意大利巴勒莫举行该公约高级别签字大会，共有141个国家签署了公约。2003年9月该公约生效。

【同中国的关系】中国自1980年恢复参与联合国预防犯罪和刑事司法领域的工作以来，本着积极、务实、合作的精神参加了联合国在这一领域的各项有关活动，为打击犯罪及加强预防犯罪和刑事司法领域的国际合作做出了贡献。中国政府派团出席了联合国预防犯罪和刑事司法委员会历届会议，积极参加有关议题的审议、有关标准规则及文件的制定，加强与各成员国的合作，发挥了重要作用。2008年，中国为该委员会成员，任期至2014年。中国政府于2000年签署了《联合国打击跨国有组织犯罪公约》，2003年第10届全国人民代表大会常务委员会第4次会议批准该公约。

2015年4月12—19日，第13届联合国预防犯罪和刑事司法大会在卡塔尔多哈举行，会议主题为“将预防犯罪和刑事司法纳入更广泛的联合国议程，以应对社会和经济挑战促进国家和国际两级的法治和公众参与”。司法部部长吴爱英率外交部、最高人民法院、最高人民检察院、公安部、司法部人员组成的代表团与会。会议协商一致通过了《多哈宣言》，体现了国际社会加强国际合作打击跨国犯罪，特别是打击恐怖主义、腐败、洗钱、网络犯罪等新型犯罪的普遍意愿。

2015年5月18—22日，联合国预防犯罪和刑事司法委员会第24届会议在维也纳举行。会议围绕“第13届联合国预防犯罪和刑事司法大会后续行动”的主题进行了讨论，通过了9个决议草案。司法部副部长张彦珍率司法部、外交部、公安部、最高人民检察院、国家林业局及驻维也纳代表团代表与会。（张雷）

妇女地位委员会（Commission on the Status of Women—CSW）

【成立日期】根据经社理事会决议于1946年成立。

【成员】成员由经社理事会按地区分配原则选举产生，任期4年。成员国45个（非洲13个，亚洲11个，东欧4个，拉丁美洲和加勒比9个，西欧及其他国家8个）。

【职能和活动】妇女地位委员会（下称“妇地会”）是联合国处理有关妇女问题的主要机构，其主要职责是促进妇女在政治、经济、社会及教育等方面实现男女平等，就有关妇女权益的迫切问题向经社理事会提出建议和报告。

【组织机构】从1971年起，妇地会由每年召开1次会议，改为两年1次；1988年又改为每年1次。该委员会闭会期间，日常事务由联合国提高妇女地位司负责，隶属联合国经济和社会事务部。

【主要活动】妇女问题是联合国社会领域重点活动之一。联合国自成立以来通过了一系列旨在提高妇女地位、维护妇女正当权益和促进男女平等的决议、宣言和公约。为使这些国际文书的条款得以实施并敦请国际社会和各国政府进一步加强对妇女问题的关注，根据妇地会的建议和1975年在墨西哥召开的世界妇女大会的建议，联合国宣布1975年为国际妇女年，1976—1985年为联合国妇女10年，1980年和1985年联合国先后在哥本哈根（丹麦）和内罗毕（肯尼亚）召开了妇女10年中期和终期世界会议（即第2次和第3次世界妇女大会）。在终期会议上制定了《到2000年提高妇女地位内罗毕前瞻性战略》。作为妇女10年活动的一部分，联合国于1979年12月18日通过了《消除对妇女一切形式歧视公约》。

1995年9月，联合国第4次世界妇女大会在北京举行。会议审议和评价了《内罗毕前瞻性战略》的执行情况，制定并通过了加速执行《战略》的《北京宣言》和《行动纲领》，具体确定了各国和国际社会在提高妇女地位方面共同遵循的原则和应承担的义务。

2000年6月，联合国在纽约总部召开妇女问题特别联大。会议重点审议国际社会实施第4次世界妇女大会后续行动的情况，通过了《政治宣言》和《执行〈北京宣言〉和〈行动纲领〉的进一步行动和倡议》。

2005年，第4次世界妇女大会10周年纪念会议在北京举行，会议主题为共同发展，实现两性平等，并通过了《北京+10宣言》。

【同中国的关系】中国于1972年首次当选为妇地会成员。此后还参加过多次竞选，均当选。1980年，中国签署并批准《消除对妇女一切形式歧视公约》。

2015年3月9—20日，第59届妇女地位委员会在纽约联合国总部举行。国务院妇儿工委副主任、全国妇联副主席、书记处第一书记宋秀岩率团出席并在开幕式上发言，宣布中国将与联合国妇女署于9月联合国成立70周年系列峰会期间共同举办全球妇女峰会，介绍我国落实《北京宣言》和《行动纲领》及妇女问题特别联大成果文件的成果和经验，强调中国将妇女儿童发展纳入国家经济社会发展总体规划同步推进，争取经济发展成果更多惠及妇女和女童。（李燕）

非政府组织委员会（Committee on Non-Governmental Organizations）

非政府组织委员会系联合国经社理事会下属常设委员会，根据经社理事会决议于1946年成立，最初由中国、法国、英国、苏联、美国5国组成。1950年，巴基斯坦和秘鲁加入非政府组织委员会，1966年委员会扩大至13国。1981年7月，经社理事会决定将非政府组织委员会成员从13个增至19个，由5个非洲国家、4个亚洲国家、4个拉美国家、4个西方国家和2个东欧国家组成。成员任期最初为1年，从1975年起改至4年，每4年改选1次，可连选连任。2015—2018年非政府组织委员会成员为阿塞拜疆、布隆迪、中国、古巴、希腊、圭亚那、印度、伊朗、以色列、毛里塔尼亚、尼加拉瓜、巴基斯坦、俄罗斯、南非、苏丹、土耳其、美国、乌拉圭、委内瑞拉。

非政府组织委员会是联合国系统内唯一审议非政府组织申请联合国经社理事会咨商地位、讨论制定非政府组织行为规范等问题的机构，每年召开两次会议。根据联合国经社理事会1996/31号决议规定，经社理事会咨商地位分3类：全面（General）、特别（Special）和名册（Roster）。获得咨商地位的非政府组织可以观察员身份列席经社理事会及其下属机构会议。截至2014年9月，共有4189个非政府组织获得经社理事会咨商地位。

中国于1994年首次当选委员会成员并连选连任至今。截至2014年8月，中华全国妇女联合会、中国残疾人联合会、中国人权研究会、中国联合国协会、中国光彩事业促进会、中国女企业家协会、中国人民对外友好协会、中国人民争取和平与裁军协会、中国国际交流协会、中国绿化基金会、中国科学技术协会、中国可持续发展研究会、中国关爱协会、中国计划生育协会、中国军控与裁军协会、中华环境保护基金会、中国前外交官联谊会、中国跨国公司研究会、中国国际科技合作协会、中国国际教育交流协会、中国国际公关协会、中国西藏文化保护与发展协会、中国国际民间组织合作促进会、中国长城协会、中国民间组织国际交流促进会、中华环保联合会、中华职业教育社、中国青年志愿者协会、中国扶贫基金会、北京青少年法律援助与研究中心、北京至诚农民工法律援助与研究中心、宋庆龄基金会、中国和平发展基金会、爱德基金会等47家非政府组织先后获得经社理事会咨商地位。

非政府组织委员会2015年届会于1月26日至2月4日在纽约举行，会议共审议330个非政府组织要求获得经社理事会咨商地位的申请和210份非政府组织4年期报告，决定给予124个非政府组织咨商地位，批准2个组织更改类别。5月26日至6月3日和6月12日，非政府组织委员会2015年续会在纽约举行。会议共审议388份非政府组织要求获得经社理事会咨商地位的申请和215份非政府组织4年期报告，决定给予其中160个非政府组织咨商地位，批准4个非政府组织更改类别。

（文沛）

联合国亚太经社会（United Nations Economic and Social Commission for Asia and the Pacific-UNESCAP）

【成立时间】联合国亚洲及太平洋经济社会委员会（简称“亚太经社会”，UNESCAP）前身为“亚洲和远东经济委员会”，于1947年在上海成立，1949年迁址泰国曼谷。1974年该组织改称现名，为联合国经社理事会下属5个区域经济委员会之一。

【成员】现有62个成员。53个正式成员：阿富汗、亚美尼亚、澳大利亚、阿塞拜疆、孟加拉国、不丹、文莱、柬埔寨、中国、朝鲜、斐济、法国、印度、印度尼西亚、伊朗、日本、基里巴斯、哈萨克斯坦、吉尔吉斯斯坦、老挝、马来西亚、马尔代夫、马绍尔群岛、密克罗尼西亚、蒙古、缅甸、瑙鲁、尼泊尔、荷兰、新西兰、巴基斯坦、帕劳、巴布亚新几内亚、菲律宾、韩国、俄罗斯、萨摩亚、新加坡、所罗门群岛、斯里兰卡、泰国、塔吉克斯坦、土库曼斯坦、汤加、土耳其、图瓦卢、英国、美国、瓦努阿图、越南、乌兹别克斯坦、格鲁吉亚、东帝汶。9个准成员（可参加UNESCAP活动，无表决权）：北马里亚纳群岛、库克群岛、关岛、中国香港、中国澳门、纽埃、美属萨摩亚、法属玻利尼西亚、新喀里多尼亚。

【秘书处】日常办事机构为秘书处，最高官员是执行秘书（联合国副秘书长级），由联合国秘书长任命。现任执秘沙姆沙德·阿赫塔尔（女，巴基斯坦籍），2014年2月1日上任。

【组织机构】最高决策机构是部长级年会，每年定期举行。部长级会议机制下设8个专门委员会：（1）宏观经济政策、扶贫和包容性发展委员会；（2）贸易与投资委员会；（3）交通运输委员会；（4）环境与发展委员会；（5）信息和通信技术委员会；（6）减少灾害风险委员会；（7）社会发展委员会；（8）统计委员会。各委员会每2年召开1次会议，评估各自领域出现的最新趋势、推动地区交流与合作，并监督有关合作的执行情况。UNESCAP设有东亚和东北亚、北亚和中亚、南亚和西南亚以及太平洋4个次区域办事处，分别设在韩国仁川、哈萨克斯坦阿拉木图、印度新德里和斐济苏瓦。中国所在的东亚和东北亚次区域办事处辖区包括中国、俄罗斯、日本、韩国、朝鲜、蒙古，该办事处于2010年5月正式运行，并于2010年11月在韩国仁川举行了首次政府间磋商会议。UNESCAP还有两类附属及相关机构。第一类为附属区域机构，共有5个，在组织上同UNESCAP保持一定联系，每年向其大会提交工作报告，包括亚太统计研究所，亚太技术转让中心，亚太复种作物扶贫开发中心，亚太可持续农业机械化中心，亚太信息通信发展培训中心。第二类为已独立的相关区域组织，但仍在业务上同UNESCAP保持联系，如湄公河委员会、台风委员会和热带旋风小组等。此外，还有一些组织是UNESCAP参与筹建的组织，如亚洲开发银行、亚洲清算联盟、亚洲再保险公司、天然橡胶生产者协会和亚太电信联盟等。

【主要活动】2014年8月7日，中国外交部副部长李保东率团出席在泰国曼谷举行的亚太经社会第70届年会部长级会议，该会以“促进区域互联互通，共享繁荣”为主题。2015年5月28—29日，中国外交部部长助理钱洪山率团出席在泰国曼谷举行的亚太经社会第71届年会部长级会议，本届会议以“平衡落实可持续发展的三个方面：从整合到实施”为主题。钱洪山介绍了“一带一路”、亚洲基础设施投资银行等倡议的重要意义。本次年会通过互联互通决议，首次将“一带一路”写入联合国正式文件。

【同中国的关系】中国是亚洲和远东经济委员会发起国。1971年中国恢复在联合国的合法席位后，亦恢复参与UNESCAP的活动。1973年后，中国派团参加了历届部长级会议。1978年7月，中国向UNESCAP派出代表和副代表。1981年中国在驻泰国使馆设立常驻UNESCAP代表处。

自恢复关系以来，中国一直积极参与UNESCAP活动，双方合作良好。1992年4月，中国在北京承办UNESCAP第48届会议。1994年，中国主办UNESCAP亚太区域空间应用与发展部长级会议。UNESCAP历任执秘多次访华。2014年6月4日，UNESCAP执行秘书阿赫塔尔访华，会见交通运输部副部长冯正霖，双方就“一带一路”建设、政府间陆港协定及多式联运等交换了意见。2015年9月，UNESCAP执行秘书阿赫塔尔访华，会见交通运输部部长杨传堂，双方就深化“一带一路”建设、交通运输互联互通等领域合作交换了意见。

自1979年起，中国每年向UNESCAP区域机构及其相关政府间机构捐款，主要用于中国与UNESCAP合办各类专业技术讲习班、培训班及考察等项目活动。中国的项目技术人员也出国参加其他各种UNESCAP项目培训。中国与UNESCAP项目合作起步早、基础好、互信强，涉及农业、区域互联互通、经贸、减灾、妇女、老龄健康、能源、社会发展等诸多领域。自1978年双方开展合作项目以来，迄已完成近200个合作项目，以南南合作项目为重点。（文沛）

联合国人权理事会
United Nations Human Rights Council—UNHRC

【成立日期】2006年3月15日，第60届联合国大会表决通过第60/251号决议，决定成立人权理事会，取代原人权委员会。理事会系联大附属机构。

【宗旨和职能】促进对所有人人权与基本自由的普遍尊重；处理侵犯人权情况并提出建议；推动各国全面履行人权义务；推动联合国系统人权主流化；在与会员国协商同意后，帮助会员国加强人权能力建设，促进人权教育并提供技术援助；提供人权问题专题对话论坛；向联大提出进一步发展国际人权法的建议；向联大提交年度报告等。

【成员】人权理事会共有47个成员，根据公平地域分配原则，亚洲组13国、非洲组13国、拉美组8国、东欧组6国、西方组7国。理事会成员由联大以秘密投票方式选举产生，必须获半数以上会员国支持才能当选，任期3年，只能连选连任1次。联大可以2/3多数表决中止“粗暴和系统性侵犯人权国家”的理事会成员资格。中国于2006—2012年担任人权理事会成员。2013年11月，第68届联大改选理事会成员，中国以176票再次当选，任期为2014—2016年。截至2015年底，理事会成员有：孟加拉国、中国、印度、印度尼西亚、日本、哈萨克斯坦、马尔代夫、巴基斯坦、卡塔尔、韩国、沙特阿拉伯、阿联酋、越南、阿尔及利亚、博茨瓦纳、刚果、科特迪瓦、埃塞俄比亚、加蓬、加纳、肯尼亚、摩洛哥、纳米比亚、尼日利亚、塞拉利昂、南非、阿根廷、玻利维亚、巴西、古巴、萨尔瓦多、墨西哥、巴拉圭、委内瑞拉、阿尔巴尼亚、爱沙尼亚、拉脱维亚、黑山、俄罗斯、马其顿、法国、德国、爱尔兰、荷兰、葡萄牙、英国、美国。

人权理事会工作以普遍、公正、客观、非选择性及建设性对话与合作为指导原则。理事会基本继承并改进原人权委员会机制和职能，新增对联合国会员国人权状况进行国别人权审查（亦称“普遍定期审议”）（Universal Periodic Review）机制。理事会建章立制方案规定，各会员国每4年向理事会提交本国人权状况报告，接受理事会审查。2008年4月，理事会启动首轮审查。2011年10月，首轮国别人权审查结束。2012年5月，第2轮国别人权审查启动，审查周期改为4年半。2009年2月，中国首次接受国别人权审查，同年6月，理事会顺利核可审查中国的报告。2013年10月，中国接受第2轮国别人权审查，2014年3月，理事会顺利核可审查中国的报告。

理事会每年举行3次会议，其中包括1次主要会议，会期合计不少于10周。经至少1/3成员（16国）同意，可召开特别会议。截至2015年底，理事会共召开30次全会，并就被占巴勒斯坦领土、苏丹达尔富尔、粮食安全、中非、海地、科特迪瓦、利比亚、叙利亚、伊拉克人权状况等问题举行24次特别会议。

【主要活动】2014年9月8—26日、2015年3月2—27日、6月15日—7月3日、9月14日—10月2日，理事会在日内瓦分别召开第27、28、29、30次会议。中国积极参与上述会议，宣传中国人权主张、促进和保护人权的政策举措和成就，参加各项议题讨论和决议草案磋商，反映发展中国家合理主张，推动人权理事会公正、客观开展工作。中国推动人权理事会通过“纪念第四次世界妇女大会暨《北京宣言和行动纲领》通过20年”“加强针对大规模传染病的公共卫生能力建设促进健康权”主席声明，代表100多个国家就体育与人权、妇女权利等问题作共同发言。

2015年1月19—30日、5月4—15日、11月2—13日，人权理事会国别人权审查工作组第21、22、23次会议在日内瓦举行，对美国、澳大利亚、西班牙、瑞典、缅甸、白俄罗斯、蒙古、利比亚、牙买加、土耳其、肯尼亚等42国进行审查。中国积极主动参与有关审查，客观评价接受审查国家人权状况，提出建设性建议。

附：一、人权理事会咨询委员会

（The Human Rights Council Advisory Committee）

根据人权理事会建章立制方案，理事会成立了咨询委员会，取代原人权委员会下属促进和保护人权小组委员会（简称“小组会”）。该委员会继承原小组会大部分职能，负责从事人权专题研究并向理事会提出咨询意见。委员会由18名独立专家组成。联合国所有会员国均可提名人选，由理事会直接选举产生，根据公平地域分配原则，亚洲、非洲组各5名，拉美、西方组各3名，东欧组2名，任期3年，可连任1次。委员会每年开2次会议，总会期不超过10个工作日。与原小组会不同的是，委员会不得通过任何决议或决定。自1984年以来，中国顾以信、田进、范国祥、陈士球先后担任该机构专家。中国专家张义山于2013年9月当选为委员会成员，任期至2016年9月。

二、联合国人权事务高级专员办公室

（Office of the High Commissioner for Human Rights）

根据1993年联大第48/141号决议设立的联合国系统内负责人权事务的最高官员，由联合国秘书长任命，经联合国大会核准产生。人权高专为副秘书长级，任期4年，可连任1次。第一任高专是何塞·阿亚拉·拉索（Jose Ayala Lasso，厄瓜多尔籍）。第二任是玛丽·罗宾逊夫人（Mary Robinson，爱尔兰籍）。第三任是塞尔吉奥·维埃拉·德梅洛（Sergio Vieira de Mello，巴西籍）。第四任是路易斯·阿博尔女士（Louis Arbour，加拿大籍）。第五任高专为皮雷女士（Navanethen Pillay，南非籍）。现任高专为扎伊德·侯赛因（Zeid Ra'ad Al-Hussein，约旦籍），于2014年9月1日正式上任，任期至2018年8月底。

1997年10月，第52届联大通过联合国秘书长安南提出的对联合国人权事务部门进行改组的方案，将原联合国人权中心并入人权高专办公室，总部设在日内瓦，并在纽约联合国总部设办事处。高专办下设研究和发展权司、人权条约司、驻地行动和技术合作司、人权理事会和特别机制司四个实务部门，以及行政管理、项目支持等协调保障部门，经费主要来自联合国常规预算和会员国、政府间组织等的自愿捐款。截至2015年底，高专办在欧洲、非洲、美洲等设有12个地区办事处，在墨西哥、柬埔寨、乌干达等设有12个国家办事处，并在巴勒斯坦被占领土设有独立办事处，在联合国15项维和行动中派驻人权官员。

中国政府与联合国人权高专及其办公室保持合作，曾先后8次接待前任高专访华。

三、人权理事会特别机制

（Special Procedures of the Human Rights Council）

自20世纪60年代末以来，联合国人权委员会陆续设立了一些特别报告员、秘书长特别代表、独立专家和由专家组成的工作组，统称为“联合国人权特别机制”。根据授权，这些机制分为两类，一类为国别机制（Country Mandate），负责调查和监督某一国家或地区的人权状况。另一类为专题机制（Thematic Mandate），主要对某一特定人权问题开展研究。

人权理事会继承了人权委员会特别机制。截至2015年年底，共有缅甸、朝鲜、伊朗、苏丹、马里等14个国别机制和住房权、教育权、言论自由、环境权、隐私权等41个专题机制。国别机制成员任期1年，专题机制成员任期3年。各国政府、国际组织、非政府组织及个人都可提名特别机制候选人，理事会主席确定合适人选，提交理事会全会核准。特别机制开展的活动主要包括进行国别访问、开展研究、提出技术合作建议等。

中国曾接待宗教信仰自由特别报告员、任意拘留问题工作组、教育权特别报告员、酷刑问题特别报告员、粮食权特别报告员和消除对妇女歧视问题工作组访华。2015年6月29日至7月6日，中国接待人权理事会外债对人权影响问题独立专家波霍斯拉夫斯基（Juan Pablo Bohoslavsky）访华。（张鹏程）

人权条约机构
Human Rights Treaty Bodies

一、人权条约机构

【概况】国际上目前共有9项核心人权公约，分别是《消除一切形式种族歧视国际公约》《公民权利和政治权利国际公约》《经济、社会、文化权利国际公约》《消除对妇女一切形式歧视公约》《禁止酷刑和其他残忍、不人道或有辱人格的待遇或处罚公约》《儿童权利公约》《保护所有移徙工人及其家庭成员权利国际公约》《保护所有人免遭强迫失踪国际公约》《残疾人权利公约》。人权条约机构是负责监督相应核心人权公约落实情况的各独立专家委员会。除《经济、社会、文化权利国际公约》的监督机构——经社文权利委员会是根据经社理事会决议所建立之外，其他条约机构建立的法律依据都是相应的条约本身。因预防酷刑小组委员会是根据《〈禁止酷刑公约〉关于强制查访的任择议定书》规定建立的，因此9项核心人权公约共派生出10个人权条约机构（见附表）。

附：人权条约机构一览表

	机构名称	依据条约名称	成立时间	委员人数
1	消除种族歧视委员会	《消除一切形式种族歧视国际公约》	1969年	18
2	人权事务委员会	《公民权利和政治权利国际公约》	1976年	18
3	经社文权利委员会	《经济、社会、文化权利国际公约》	1985年	18
4	消除对妇女歧视委员会	《消除对妇女一切形式歧视公约》	1981年	23
5	禁止酷刑委员会	《禁止酷刑和其他残忍、不人道或有辱人格的待遇或处罚公约》	1987年	10
6	儿童权利委员会	《儿童权利公约》	1990年	18
7	保护所有移徙工人及其家庭成员权利委员会	《保护所有移徙工人及其家庭成员权利国际公约》	2003年	14
8	残疾人权利委员会	《残疾人权利公约》	2008年	18
9	强迫失踪委员会	《保护所有人免遭强迫失踪国际公约》	2010年	10
10	预防酷刑小组委员会	《〈禁止酷刑公约〉关于强制查访的任择议定书》	2006年	25

【网　址】http://www.ohchr/ch/HRBodies/Pages/HumanRightsBodies.aspx。

【成员】人权条约机构由独立专家组成。经社文委员会委员系由经社理事会成员国（无论是否为《经济、社会、文化权利国际公约》缔约国）以无记名投票方式选举产生。其他各条约机构委员候选人由该条约缔约国提名，在缔约国大会上无记名投票选举产生。每两年改选委员会中半数的委员。

【主要活动】各人权条约机构根据相应核心人权公约的规定行使一系列职能，包括审议缔约国报告，通过解读条约规定的一般性意见并组织与条约相关的专题讨论等。此外，根据条约规定，有六个委员会（人权事务委员会、消除种族歧视委员会、禁止酷刑委员会、消除对妇女歧视委员会、残疾人权利委员会和强迫失踪问题委员会）可在特定情况下接受个人申诉或提交来文，并有六个委员会（经济、社会和文化权利委员会，禁止酷刑委员会，消除对妇女歧视委员会，残疾人权利委员会，强迫失踪问题委员会和儿童权利委员会）可在特定情况下开展国别调查。

【同中国的关系】中国目前已参加了9项核心人权公约中的6项，分别是《消除一切形式种族歧视国际公约》《经济、社会、文化权利国际公约》《消除对妇女一切形式歧视公约》《禁止酷刑和其他残忍、不人道或有辱人格的待遇或处罚公约》《儿童权利公约》《残疾人权利公约》。此外，中国还签署了《公民权利和政治权利国际公约》，并一直积极为批约做法律准备。参加各公约后，中国一直认真履行公约义务，提交履约报告，接受审议，并与委员会开展建设性对话。中国积极推荐专家参选条约机构委员。中国的李燕端（任期至2020年）、邹晓巧（任期至2016年）、陈士球（任期至2016年）、张克宁（任期至2017年）、尤亮（任期至2018年）分别为消除种族歧视委员会、消除对妇女歧视委员会、经济、社会和文化权利委员会、禁止酷刑委员会及残疾人权利委员会的现任委员。

二、人权条约机构改革

2012年2月23日，第66届联合国大会以85票赞成、0票反对，66票弃权表决通过第A/RES/66/254号决议，决定设立“联大加强和增进人权条约机构体系有效运作政府间进程”（intergovernmental process of the General Assembly on strengthening and enhancing the effective functioning of the human rights treaty body system，“联大进程”），并分别于2012年9月17日和2013年9月20日通过了延长政府间进程的第66/295号和第68/2号决议。

2014年4月9日，第68届联大以协商一致方式通过了“加强和增进人权条约机构体系有效运作”的决议，即人权条约机构改革方案。主要内容包括：加强缔约国的地位和作用；促进缔约国履约能力建设；加强条约机构有效运作等。此外，决议规定，联大将在6年内审议决议落实情况，并酌情就进一步行动做出决定。

中国政府一直深度参与加强和增进人权条约机构体系进程，积极参与磋商和专题讨论等工作，发挥了建设性作用。（邓瑶）

联合国毒品和犯罪问题办公室
The United Nations Office on Drugs and Crime—UNODC

【成立日期】成立于1997年，由联合国禁毒署和联合国预防犯罪中心合并而成。

【主要职能】对毒品和犯罪问题进行调研，制定有关政策和措施；协助各国政府批准和执行国际公约；协助各国政府制定关于毒品、犯罪和反恐问题的国内法；通过具体技术合作项目，提高各成员国打击毒品、犯罪及恐怖主义的能力。

【主要负责人】办公室执行主任为副秘书长级，由维也纳联合国办事处主任兼任。现任执行主任尤里·费多托夫（Yury Fedotov，俄罗斯人），2010年7月起任职。

【出版物】《世界禁毒报告》等。

【机构】UNODC设在维也纳，其经费主要来自各国政府自愿捐助。

【同中国的关系】长期以来，中国与UNODC包括其前身联合国禁毒署（2002年改为现名）一直保持良好合作关系。20世纪80年代以来，联合国禁毒署向我提供了约3000万人民币的捐助。我支持UNODC作为联合国麻醉品委员会执行机构所组织倡议的各项活动。我与UNODC地区中心（设在泰国）在《东亚次区域禁毒合作谅解备忘录》框架下保持密切合作，积极参与有关双多边活动并给予资金支持。

2005年10月，中国与UNODC签署《关于UNODC在北京设立项目办公室的意向备忘录》。2007年12月，双方签署艾滋病项目文件，UNODC在北京成立艾滋病临时项目办公室。2009年2月，时任UNODC执行主任科斯塔应邀来华参加"万国禁烟会"100周年纪念活动。2013年起，我决定将向UNODC捐款增加至每年100万美元。2015年2月，我与UNODC在云南共同举办刑事法律援助国际研讨会。

（王兆学）

联合国开发计划署
United Nations Development Programme—UNDP

【成立日期】正式成立于1965年，是联合国系统最大的多边发展援助机构。其前身为1949年设立的"技术援助扩大方案"和1958年设立的"联合国特别基金"。

【宗旨】向发展中国家和地区提供资金和技术援助，以促进其以人为中心的经济和社会可持续发展。

【主要负责人】署长海伦·克拉克（Helen Clark，新西兰人），2009年4月上任，2013年4月连任。

【总部】美国纽约。

【网址】http://www.undp.org/。

【出版物】《年度报告》(*Annual Report*)，《人类发展报告》(*Human Development Report*)等。

【组织机构】(1)执行局：领导机构，由36个成员组成，其中亚洲7个，非洲8个，东欧4个，拉美5个，西欧和其他地区12个。执行局成员由经社理事会按地区分配原则和主要捐助国、受援国代表性原则选举产生，任期3年。(2)秘书处：在署长领导下处理日常事务，在170多个国家和地区设有常驻代表处。

【主要活动】开发署是全球最大的多边发展援助机构，同时也是联合国系统促进发展活动的中心协调组织。开发署的四大业务领域分别为：减贫、治理、危机预防与重建、环保与可持续发展。援助资金主要来自于各成员国的自愿捐款，此外还包括受援国政府的各项信托基金等。

联合国开发计划署执行局每年举行2次常会和1次年会，会议主要审议署长年度工作报告、财务预算和行政事项、联合国项目服务厅以及南南合作，并核准国别方案等。

【同中国的关系】中国自1972年开始参加开发署活动，双方合作良好。自1980年以来，开发署已直接或间接向我提供约9亿美元的无偿援助。双方合作每5年1个周期，已执行完第7周期（2011—2015年）国别方案，主要包括减贫、环境和可持续发展、性别平等、促进南南合作等方面。双方第8周期（2016—2020年）国别方案内容包括减贫、消除不平等、保护弱势群体、生态发展与低碳经济等领域合作，方案实施将向中国中西部经济欠发达地区和少数民族地区倾斜。2015年5月，李克强总理、商务部部长高虎城、外交部副部长张业遂等分别会见来华访问的克拉克署长。

【驻华代表机构】开发署驻华代表处设立于1979年。现任驻华代表为诺德厚（Alain Noudehou，2014年4月到任，贝宁人）。办公地址：北京市朝阳区亮马河南路2号。电话：010-85320800。（蒋盈）

联合国贸易与发展会议
United Nations Conference on Trade and Development—UNCTAD

【成立日期】1964年3—6月，联合国贸易与发展会议（简称"贸发会议"）在日内瓦举行，建议在联合国内设立一个常设机构，以处理有关贸易和发展问题。同年12月30日，联大决定成立贸发会议。

【宗旨】促进国际贸易，特别是加速发展中国家的贸易增长和经济发展，最大限度地帮助发展中国家获取贸易、投资和发展机会，并协助它们应对全球化带来的挑战和在公平的基础上融入世界经济。

【成员】现有194个成员。

【负责人】现任总干事为基图伊（Dr.Mukhisa Kituyi，肯尼亚人），2013年9月1日上任，任期4年。

【总部】瑞士日内瓦。Palais Des Nations 8-14, Av.De La Paix. 1211 Geneva 10 Switzerland。电话：+41-22-9171234；传真：+41-22-9170057。

【网址】http://www.unctad.org。

【刊物】《贸易与环境评估》《贸易与发展报告》《最不发达国家报告》《世界投资报告》等。

【组织机构】(1)贸发大会：最高权力机构，由全体成员国参加，每4年举行1届部长级会议。(2)理事会（Trade and Development Board）：执行机构。每年举行1届常会和数次执行会议。理事会下设3个委员会，即货物和服务贸易及商品委员会；投资、技术和相关资金问题委员会；企业、商业便利和发展委员会。

委员会每年举行1届会议。委员会可根据需要召开专家会议，就政策问题进行专业技术研讨。(3)秘书处：主要为贸发大会、理事会及其附属机构服务。贸发会议负责人由联合国秘书长任命，联大认可。

【主要活动】贸发会议是联合国大会在贸易和发展领域的主要机构，是联合国系统内综合处理发展和贸易、金融、技术、投资和可持续发展领域相关问题的归口单位。自成立以来，贸发会议在促进发展中国家的经济发展、推动南北对话和南南合作方面发挥了重要作用。

贸发会议有较强的研究能力，尤其在向发展中国家提供技术援助，帮助其融入世界经济和多边贸易体系方面有较强的优势，被誉为“发展中国家智囊”和“南方思想库”。贸发会议一年一度发表的《最不发达国家报告》《贸易和发展报告》《世界投资报告》在全世界具有广泛的影响和声誉，不但作为国际上广征博引的权威资料，而且成为各国政策制定的重要参考依据。近年来，随着国际形势变化，贸发会议谈判职能有所削弱，但通过研究和政策分析、政府间审议以及政策分析等活动，在帮助发展中国家制定经济发展战略和贸易、投资、金融政策，提高其参与多边经济贸易事务的能力方面，仍发挥着独特和重要的作用。

2012年4月，贸发会议第13次大会在卡塔尔多哈召开，各方集中讨论了为发展创造良好经济环境、加强贸易与发展合作、促进可持续增长等议题。贸发会议第14次大会将于2016年7月在肯尼亚内罗毕举行。2015年9月，贸发理事会第62次会议在日内瓦举行。

【同中国的关系】中国自1971年恢复在联合国的合法席位后，从1972年即参加了贸发会议。中国一贯支持并积极参与贸发会议的活动，贸发会议也为中国的经济建设和改革开放提供了很多帮助，双方一直保持良好的合作关系。中国是贸发大会、理事会和各委员会的成员，参加了自第3届贸发大会以来的历届大会。近年来，双方合作在国内发布了《贸易与发展报告》和《世界投资报告》等贸发会议主要出版物，在经济全球化和投资等方面联合举办研讨会，并共同培训了近50个发展中国家的100多名官员。贸发会议还是厦门中国国际投资贸易洽谈会的协办单位之一。

（赵欣）

联合国环境规划署
United Nations Environment Programme—UNEP

【成立日期】1972年第27届联合国大会根据同年6月在瑞典斯德哥尔摩召开的联合国人类与环境大会的建议，决定成立联合国环境规划署（简称“环境署”）。1973年1月该署正式成立。

【宗旨】促进环境领域国际合作，并为此提出政策建议；在联合国系统内协调并指导环境规划；审查世界环境状况，以确保环境问题得到各国政府的重视；定期审查国家和国际环境政策和措施对发展中国家造成的影响；促进环境知识传播及信息交流。

【成员】普遍会员制，所有联合国会员国、联合国专门机构成员和国际原子能机构成员均可加入。

【主要负责人】执行主任阿希姆·施泰纳（Achim Steiner，德国、巴西双重国籍），2006年上任，2010年连任，任期至2016年年底）。

【总部】肯尼亚内罗毕。

【网址】http://www.unep.org/。

【联络方式】电话：+254-20-7621234；传真：+254-20-7624489/90。

电子邮箱：unepinfo@unep.org。

【出版物】《联合国环境规划署新闻》(*UNEP News*)，月刊。

【组织机构】(1)理事会：由58个成员组成，任期4年，可以连任。理事会席位按区域分配如下：亚洲13个，非洲16个，拉美10个，西欧及其他地区13个，东欧6个。每2年改选理事会成员中的半数。理事会通过联合国经社理事会向联大报告，每2年召开1次理事会会议。在不举行理事会的年份举行1届特别理事会。1999年，联大通过决议，启动全球部长级环境论坛，每年于理事会会议和特别理事会会议期间举行。2012年，联合国可持续发展大会决定将联合国环境署提升为普遍会员制，将环境署理事会升格为每两年举行1届的联合国环境大会。(2)秘书处：联合国系统内环境活动实施和协调中心。

【资金来源】环境基金：主要来自成员国自愿认捐。主要用途是为该署提供联合国预算外资金，用于支付或部分支付该署活动经费，以及与其他联合国机构、国际机构、各国政府和非政府组织进行合作的费用。

【主要活动】环境评估：具体工作部门包括全球环境监测系统、全球资料查询系统、国际潜在有毒化学品中心等；环境管理：包括人类住区的环境规划和人类健康与环境卫生、陆地生态系统、海洋、能源、自然灾害、环境与发展、环境法等。支持性措施：包括环境教育、培训、环境信息的技术协助等。该署定期召开理事会和特别理事会；此外，环境署和有关机构还经常举办同环境有关的各种专业会议。

2014年6月23—27日在肯尼亚内罗毕召开了首届联合国环境大会，讨论了可持续发展、2015年后发展议程、野生动物保护、环境署机制安排和议事规则等议题。2016年5月将举行第2届联合国环境大会。

【同中国的关系】中国自1973年以来一直是环境署理事会成员。1976年，中国在内罗毕设立驻联合国环境规划署代表处，由中国驻肯尼亚大使兼任代表。2003年9月，环境署驻华代表处在北京成立。2014年5

月10日，中国国务院总理李克强在内罗毕会见联合国环境规划署执行主任施泰纳。2014年6月，环保部部长周生贤率由环保部、外交部、常驻联合国环境规划署代表处人员组成的中国政府代表团出席了首届联合国环境大会。

【驻华代表机构】联合国环境规划署驻华代表处，负责人：张世钢。地址：北京市朝阳区亮马河南路2号。电话：010-85320922/21。电子邮箱：zhang.shigang@unep.org。（耿聪）

联合国人口基金
United Nations Population Fund—UNFPA

【成立日期】1966年第21届联合国大会通过第2211号决议，要求联合国系统的组织在人口方面向各国提供技术援助。1969年成立了“联合国人口活动基金”，1987年正式定名为“联合国人口基金”，属联合国经社理事会下属机构。

【宗旨】加强成员国能力建设，以对人口和计划生育领域的需求做出反应；促进发展中国家和发达国家提高人口意识及制定解决人口问题的战略；应发展中国家要求，采用适合其国情的方法帮助其解决人口问题；在联合国系统的人口领域发挥主导作用，负责协调由人口基金支持的方案和项目。

【主要负责人】执行主任巴巴图德·奥索提迈辛（BabaTunde Osotimehin，尼日利亚人），2011年1月就任，任期5年。

【总部】美国纽约。

【网址】http://www.unfpa.org/。

【出版物】联合国人口基金年度报告（UNFPA Annual Report），世界人口状况报告（State of World Population）。

【组织机构】（1）执行局（人口基金与开发计划署共有1个执行局）：由36个成员组成，其中亚洲7个，非洲8个，东欧4个，拉美5个，西欧和其他地区12个。执行局成员由经社理事会按地区分配原则和主要捐助国、受援国代表性原则选举产生，任期3年。（2）秘书处：在执行主任领导下处理日常事务。（3）办事处：在埃及、泰国、斯洛伐克、南非和巴拿马设有区域办事处，并设有6个次区域办事处和129个代表处。

【主要活动】援助的主要领域包括计划生育和妇幼保健、避孕药具的研究生产、人口数据的收集分析、人口动态、人口政策与方案的制定与评估、人口教育和宣传、老年及妇女人口研究、专业人员的培训等。人口基金在约150个国家或地区开展项目或提供技术援助，帮助提高妇幼健康水平，防止艾滋病传播和性暴力，降低孕妇死亡率。人口基金执行局每年召开1次年会和2次常会，主要审议执行主任年度工作报告、人口基金定期评估报告、对人口基金的捐款承诺、人口基金内部审计和监督报告，审核人口普查的行政、财务预算，并核准国别方案等议题。

【同中国的关系】1978年5月，人口基金与中国在北京签署《谅解备忘录》。30多年来，中国接受了约3亿美元的无偿援助资金，双方实施了200多个合作项目，合作领域涉及扶贫、人口普查数据研究、性别平等、人口老龄化等领域，取得了良好的经济和社会效益。

2015年9月，人口基金执行局第2次常会通过了中国政府与人口基金2016—2020年国别合作方案，合作领域包括人口发展战略、生殖健康、艾滋病防治、数据统计、减少对妇女的歧视和暴力等。人口基金将向中国提供2200多万美元资金，其中正常资源约1500万美元，待筹资源约750万美元。

【驻华代表机构】设立于1978年。现任驻华代表为阿里·霍克曼（Arie Hoekman，荷兰人）。办公地址：北京市朝阳区亮马河路14号塔园外交人员办公大楼1单元161。电话：010-65320506。（蒋盈）

联合国儿童基金会
United Nations Children's Fund—UNICEF

【成立】1946年12月11日成立，当时称“联合国国际儿童紧急基金会”。1953年改称“联合国儿童基金会”，简称“儿童基金”或“儿基会”，英文缩写保留“UNICEF”。

【宗旨】成立之初为向第二次世界大战中受害儿童提供紧急救济，1950年后主要是帮助解决发展中国家儿童的营养不良、疾病和教育等问题。近年来，其业务范围已扩大到儿童生存、发展和保护等各个领域，尤以保护女童为优先。

【主要负责人】执行主任安东尼·雷克（Anthony Lake，美国人），2010年5月上任，2014年5月连任。

【总部】美国纽约。

【网址】http://www.unicef.org/。

【出版物】每年出版《世界儿童状况》报告。

【组织机构】（1）执行局：领导机构，由36个成员组成，亚洲7个、非洲8个、东欧4个、拉美5个、西欧和其他地区12个，由经社理事会按地区分配原则和主要捐助国、受援国代表性原则选举产生，任期3年。（2）秘书处：在执行主任领导下处理日常事务。执行主任任期5年。（3）许多发达国家在本国设立儿童基金会国家委员会（非政府组织），与儿童基金会在筹资方面密切合作。

【主要活动】致力于全球儿童的生存、发展和保护，主要援助对象是发展中国家的儿童，重点在儿童保健、营养、教育、福利、妇女发展、安全饮用水等领域。1965年，儿童基金被授予诺贝尔和平奖。1989

年在儿童基金推动下，联大通过了《儿童权利公约》。1990年9月30日，世界儿童问题首脑会议在纽约联合国总部召开，会议通过了《儿童生存、保护和发展世界宣言》和《执行90年代儿童生存、保护和发展世界宣言的行动纲领》。2002年5月8—10日，儿童问题特别联大在纽约联合国总部召开，会议通过了题为“一个适合儿童的世界”的成果文件，从卫生、教育、儿童保护、艾滋病防治、筹资和建立伙伴关系等方面制定了未来10年的规划和目标。

儿童基金会执行局每年举行2次常会和1次年会，核准国别方案，审议执行主任年度报告、战略计划实施报告、合作及伙伴关系全球战略、财务预算及年度认捐等。

【同中国的关系】1979年，中国开始与儿童基金发展合作关系。自1980年以来，中国一直是儿童基金执行局成员。30多年来，儿基会共向中国提供了约5.2亿美元的援助，开展了160多个项目，涉及儿童发展和社会福利政策、卫生与营养等领域，取得了良好的经济和社会效益。

2015年9月，儿基会第2次常会通过了中国政府与儿基会2016—2020年国别合作方案，主要涉及儿童发展和社会福利政策、卫生与营养、教育和儿童发展、儿童保护、艾滋病防治、水和环境卫生等领域。儿基会将向中方提供约1.37亿美元资金，其中正常资源3850多万美元，待筹资源9800多万美元。

【驻华代表机构】儿童基金驻华代表处设立于1979年。现任驻华代表为花楠（Rana Flowers，澳大利亚籍）。办公地址：北京市朝阳区三里屯路12号。电话：010-85312600。 （蒋盈）

世界粮食计划署
Wor1d Food Programme—WFP

【成立日期】根据1961年第16届联大和第11届联合国粮农组织大会的决定建立，由联合国和粮农组织共同创办，1963年正式开展业务。

【宗旨】提高各国人民的营养水平和生活水准，提高所有粮农产品的生产和分配效率，改善农村人口的生活状况，最终消除饥饿和贫困。

【主要负责人】执行干事埃塞琳·卡津（Ertharin Cousin，美国人），2012年4月就职，任期至2017年3月。

【总部】意大利罗马。

【网址】http://www.wfp.org/。

【出版物】年度报告（WFP Annual Report），《世界粮食计划署新闻》（*WFP Journal*）。

【组织机构】（1）执行局：领导机构，由36个成员国组成，其中发展中国家占24席。执行局成员分别由联合国经社理事会及粮农组织理事会各选举一半，每年改选1/3，任期3年。执行局每年召开2次例会和1次年会。负责讨论审批粮食计划署政策制定和修改、财务预算及审计、项目等重要事项。（2）秘书处：日常办事机构。负责人是执行干事，由联合国秘书长和粮农组织总干事商执行局后联合任命，任期5年。

【主要活动】世界粮食计划署是联合国系统中负责多边粮食援助活动的机构。全球多边渠道开展的粮食援助活动，有99%是通过世界粮食计划署实施的。援助主要包括救济、灾后重建和开发项目3种。到目前为止，世界粮食计划署共向发展中国家提供的援助累计价值700多亿美元，累计受益人口逾6亿。

【同中国的关系】中国于1979年正式参加世界粮食计划署活动。1987年以来，中国一直任粮食援助政策和计划委员会（执行局前身）成员。1995年起，中国一直是世界粮食计划署执行局成员（2008年除外）。自1978—2005年，世界粮食计划署共向中国提供了75个无偿粮食援助项目，总金额达10亿美元，约3000多万人直接受益。2006年起，世界粮食计划署结束其在华常规粮援项目。

【驻华代表机构】世界粮食计划署驻华代表处于1980年设在北京，2006年更名为世界粮食计划署驻中国办公室，现任临时代表为Getachew Diriba（埃塞俄比亚人）。办公地址：北京市朝阳区亮马河南路2号。电话：010-85325228。 （唐宽成）

联合国妇女署
UN Women

【成立日期】根据联合国大会2010年决议设立，2011年1月1日开始运作。

【宗旨】推进全球妇女事业发展，特别是在联合国各层面纳入性别观念及向各国提供政策指导和技术支持。

【主要负责人】由一位联合国副秘书长兼任联合国妇女署执行主任。姆兰博·努卡担任妇女署新一届执行主任。

【法律地位】系联大附属机构，集政策设定和项目实施功能于一体，法律性质上属混合实体。

【总部】美国纽约。

【网址】http://www.unwomen.org。

【组织机构】执行局是联合国妇女署理事机构，负责提供具体业务指导。执行局属政府间机构，由41个成员国组成，任期3年。其中，35个席位依据公平地域分配原则由经社理事会选举产生（亚洲组10席、非洲组10席、东欧组4席、拉美组6席、西方组5席）。另外6席分配给主要捐助国。执行局每年通过经社理事会向联大提交业务活动报告。

【主要活动】妇女署工作重点致力于将驻地网络覆盖所有国家和地区。驻地机构的规模视实际需求、政府意见、联合国现有机构能力及可获得的资源等因素确定。

【同中国的关系】中国积极深入地参与了联合国妇女署筹建及建章立制进程，高度重视妇女署在国际妇女领域发挥的牵头作用。中国于2010年当选为妇女署执行局首届成员，2013年再次当选。

2015年9月27日，中国与联合国妇女署在联合国总部成功合办主题为“促进男女平等和妇女赋权：从承诺到行动”的全球妇女峰会，取得圆满成功。习近平主席出席，发表重要讲话并主持部分会议。140多国与会，85位国家元首和政府首脑出席，其中71位发表讲话。习主席在会上宣布支持全球妇女事业发展的具体举措，包括向妇女署捐款1000万美元、帮助发展中国家实施100个“妇幼健康工程”和100个“快乐校园工程”、向13万名发展中国家妇女提供职业技术培训等。

全球妇女峰会是首次在领导人层面举办的妇女问题国际会议，开创了历史。中国与妇女署合办此会，充分体现了中国政府对妇女事业的高度重视，展示了中国对促进全球性别平等事业的责任与担当。习近平主席在会上提出了促进妇女全面发展的“中国答案”，宣布了支持全球妇女事业发展的新举措，在国际社会产生强烈反响和共鸣。（李燕）

联合国近东巴勒斯坦难民救济和工程处

The United Nations Relief and Works Agency for Palestine Refugees in the Near East—UNRWA

【成立日期】1948年，阿拉伯国家和以色列之间爆发的第一次大规模武装冲突使大批巴勒斯坦人成为难民。为援助难民，联合国大会于1949年12月8日通过第302（IV）号决议，决定建立联合国近东巴勒斯坦难民救济和工程处（简称“近东救济工程处”）。该处于1950年5月1日正式开始运作。此后历届联大都审议巴勒斯坦难民问题，并适时通过相关决议，延长该处任期。其最新任期至2017年6月30日。

【宗旨】在找到1948年阿以冲突造成的巴勒斯坦难民问题的解决办法之前，向这些难民提供救济和援助。从1967年开始，该处还向受1967年中东战争影响的其他难民提供人道主义援助。

【主要负责人】主任专员：皮埃尔·克雷恩布尔（Pierre Krahenbuhl，瑞士人），2014年3月上任。

【总部】先后设在贝鲁特、维也纳，1996年7月始迁至巴勒斯坦加沙和约旦安曼。

【出版物】《主任专员年度报告》（*Annual Reportof the Commissioner General*）；《联合国巴勒斯坦难民救济情况》（*UNRWA-A Survey of the United Nations'Assistance to Palestine Refugees*），每两年1期；《今日巴勒斯坦难民》（*Palestine Refugees Today the UNRWA Newsletter*），季刊。

【组织机构】该处业务由总部和分设在约旦、黎巴嫩、叙利亚、约旦河西岸和加沙地带的5个办事处进行管理，在纽约、华盛顿、布鲁塞尔和开罗设有联络处。该处设有顾问委员会，由27个成员国和3个观察员组成，每2年举行1次会议，讨论该处的活动。该处是联合国在中东地区最大的办事机构，目前共有工作人员约3万人，管理或资助着900多个诊所、学校等设施。

【主要活动】截至2015年年底，在该处登记的巴勒斯坦难民约500万人。这些难民分布于约旦、黎巴嫩、叙利亚、约旦河西岸和加沙地带5个区域，其中约150万人生活于该处承认的58个难民营中。随着时间的推移，该处活动已由过去重点向难民提供救济发展到现在主要兴办教育、提供卫生保健以及社会服务。到目前，该处向近50万学生提供教育服务，向310万难民提供医疗服务，向30万难民提供社会福利保障，发放了近35万笔贷款，向46万叙利亚战争中的难民提供援助。该处的经费主要依靠各国政府、国际组织、非政府组织及个人的捐款，其中政府捐款占经费的90%。2015年，该处的前五大捐助国为美国、欧盟、英国、沙特、德国。该处2014—2015年双年度预算为19.6亿美元。

【同中国的关系】中国在历届联大关于近东救济工程处议题的审议中，一贯充分肯定该处的工作和作用。自1981年起，中国正式开始向该处认捐，每年5万美元（1982年为7万美元）。从1991—2003年，中国每年向该处捐款6万美元。2004—2012年，中国每年向该处捐款8万美元。2015年，中国向该处捐款20万美元。该处主任专员多次访华。（文沛）

联合国人居署

United Nations Human Settlements Programme—UN-HABITAT

【成立日期】1978年10月，联合国人居中心成立。2001年12月，联合国大会第56/206号决议决定将联合国人居中心升格为联合国人居署。

【宗旨】促进社会和环境方面可持续性人居发展，达到为所有人提供合适居所的目标。联合国人居署的任务是在联合国环境规划署的管理下，通过提供资金和技术援助的方式协助实施人类住区相关的国家方案。

【主要负责人】执行主任华安·克洛斯（Joan Clos，西班牙人），2010年就任，2014年连任，任期4年。

【总部】肯尼亚内罗毕。

【网址】http://www.unhabitat.org/。

【出版物】《年度报告》《全球人类住区报告》《世界城市状况》及一些期刊和宣传品。

【组织机构】(1)理事会：由58个成员国组成，每2年举行1次会议，审查工作、预算等，并通过联合国经社理事会向联合国大会报告。(2)执行机构：分为执行主任和副主任办公室、地区与技术合作处、监控与研究处、房屋与可持续人居发展处和人居财政处。(3)地区办事处：在肯尼亚、日本、埃及和巴西设有4个地区办事处，在纽约、日内瓦、布鲁塞尔和北京设有联络信息办公室。

【主要活动】联合国人居署致力于推动“人人享有适当住房”和“在城市化进程中人类住区的可持续发展”两目标的实现。目前有两项全球倡议：安全的土地保有权（Global Campaign for Secure Tenure）和城市管理（Global Campaign on Urban Governance）。两项倡议的目标是加强与各国各级政府和民间社会的合作，以提高公众意识，并改善国家政策，消除城市贫困。联合国人居署正在执行2014—2019年战略规划，确定了7个重点方面：城市立法、土地和治理；城市规划和设计；城市经济；城市基本服务；住房和贫民窟改造；风险降低和恢复；研究和能力培养。

【同中国的关系】1988年，中国成为联合国人居中心委员会成员国。1990年，中国在肯尼亚内罗毕正式设立驻联合国人居中心代表处。1991年8月6日，根据住建部与联合国人居中心签署的谅解备忘录，联合国人居中心北京信息办在住建部成立。2012年2月，为规范和规划双方合作交流活动，住房城乡建设部与人居署签署《合作框架协议》。2014年5月10日，中国国务院总理李克强在内罗毕会见联合国人居署执行主任克洛斯。

人居署与中国合作关系良好，在中国实施了城市管理、垃圾处理等项目。唐山、杭州、威海、厦门、包头、扬州、南宁、绍兴、张家港等多个城市、有关城市建设项目、数位中央部委和地方政府负责人曾获联合国人居奖。（文沛）

联合国难民事务高级专员公署
Office of the United Nations High Commissioner for Refugees—UNHCR

【成立日期】根据1950年第5届联合国大会决议于1951年1月1日在日内瓦成立，简称“难民署”。

【宗旨】保护难民并促使难民问题获得永久解决。

【主要负责人】联合国难民事务高级专员格兰蒂（Filippo Grandi，意大利人），2016年1月1日上任，任期5年。

【总部】瑞士日内瓦。

【网址】http://www.unhcr.org。

【出版物】《难民》(*Refugees*）月刊，以英、法、西文出版，从1985年起不定期出版中文版。

【组织机构】难民高专方案执行委员会（执委会）：难民署领导机构，1958年成立，成员由经社理事会从那些“关心和致力于解决难民问题”的国家中产生，适当考虑地区代表性，现有98个成员国。每年10月左右在日内瓦举行年会，审议通过难民署的预算和援助方案，并就难民国际保护提出意见和建议。在每次年会之间，由常设委员会负责执委会工作。

【主要活动】该署章程规定，其主要职责是向世界各地的难民（不含由联合国其他机构负责提供救济和援助的难民）提供国际保护和援助，并通过协助各国政府（或经有关国家政府同意后协助私人组织）为难民自愿遣返或为其在新国度融合提供便利，以求得难民问题的永久解决。此外，难民署还根据联大授权向由于国内武装冲突、外国入侵、自然灾害、贫困等原因外流者或国内流离失所者提供援助。

【同中国的关系】2015年10月5—9日，联合国难民执委会第66次会议在日内瓦召开。会议就国际难民形势举行一般性辩论，审议了难民高专报告，通过难民署2016—2017双年度预算等。中国驻日内瓦代表团吴海龙大使率团与会并发言，强调要努力维护和平，坚持用和平方式解决争端，促进共同发展，加大对妇女、儿童等弱势群体的保护，并宣介中国在难民保护方面所做工作。

【驻华机构】难民署驻中国代表处。代表：曼卡迪尼萨（Michele Manca Di Nissa，意大利人），2015年5月上任。地址：北京亮马河南路14号塔园外交人员办公楼1-2-1。电话：010-65326806。（徐黛竹）

建设和平委员会
Peacebuilding Commission—PBC

【成立日期】为协调联合国支持冲突后重建和平国家的努力，加强国际社会在建设和平、维护和平方面的能力，联合国大会和安理会于2005年12月20日分别通过第60/180号和第1645（2005）号决议，授权建立建设和平委员会。有关决议同时授权设立建设和平基金（Peacebuilding Fund—PBF）和建设和平支助办公室（Peacebuilding Supporting Office—PBSO）。以上三个机构共同构成了联合国建设和平构架。

【主要任务】建设和平委员会的主要任务包括：(1)调动所有相关的行为体，协力筹集资源，就冲突后建设和平及复原工作提供咨询意见和提出综合战略；(2)集中关注冲突后复原所必需的重建和体制建设工作，支持制定综合战略，为可持续发展奠定基础；(3)提供建议和信息，改善联合国内外各相关行为体之间的协调，订立最佳做法，协助确保为早期复原活动筹措可预测的资金，使国际社会长期关注冲突后复原问题。

【主席】肯尼亚驻联合国大使马查里亚·卡毛（Macharia Kamau）。

【成员】组织委员会（Organizational Committee）

是建设和平委员会的常设机构，由31个成员国组成。组委会构成方式如下：（1）在安理会中产生的7个成员国（5常是永久成员）；（2）在经社理事会中产生的7个成员国；（3）缴纳联合国会费排前10名的成员国中产生的5个成员国；（4）在向联合国维和行动提供军事和警察人员人数最多的10个国家中产生的5个成员国；（5）联合国大会地区组选出的7个成员国。建设和平委员会成员为：中国、美国、英国、法国、俄罗斯、委内瑞拉、安哥拉（安理会）；韩国、巴西、格鲁吉亚、意大利、哈萨克斯坦、特立尼达和多巴哥、南非（经社理事会）；哥伦比亚、埃及、萨尔瓦多、肯尼亚、马来西亚、黑山、摩洛哥（联大）；加拿大、日本、荷兰、瑞典、德国（出资国）；孟加拉国、印度、埃塞俄比亚、尼日利亚、巴基斯坦（出兵国）。此外，伊斯兰合作组织、欧盟、国际货币基金组织、世界银行也参加建设和平委员会的所有会议。

【同中国的关系】中国作为安理会常任理事国，是建设和平委员会组委会永久成员。为显示中方对委员会工作支持，中国自2007年起分3次向建设和平基金捐款300万美元。2010年，中方决定自2010年至2012年，再向基金捐款300万美元，每年支付100万美元。2015年6月25日，中国常驻联合国代表刘结一大使在联合国举行的审议建设和平委员会报告公开会上表示，当事国主导是联合国建设和平工作的基础，国际社会应切实尊重当事国主权和主导地位，应当事国要求介入，根据当事国确定的优先领域、制定的路线图提供帮助。（文沛）

联合国裁军审议委员会
United Nations Disarmament Commission—UNDC

【成立日期】联合国裁军审议委员会（简称“裁审会”）系根据1978年第1届裁军特别联大决议设立，前身为1952年设立的裁军委员会。

【职能】裁审会系联合国审议裁军问题的专门机构，附属于联合国大会。其职责是：审议裁军领域各方面问题以及裁军特别联大有关决议的后续行动，并就上述问题提出建议。

【组成】裁审会由联合国所有成员国组成，设主席1人，副主席8人，报告员1人，并根据议题下设相应的工作组。

【网址】http://www.un.org/disarmament/HomePage/Disarmament Commission/UNDiscom.shtml。

【主要活动】裁审会每年春季在纽约举行为期3周的实质性会议。根据联大1998年第52/492号决定，裁审会一般每3年审议两项实质性议题，其中1项必须是核裁军议题。在各方一致同意的情况下，可增加第3项议题。裁审会每年向联大提交报告。

【同中国的关系】自1978年以来，中国一直积极参加裁审会工作。（孔君）

联合国裁军事务咨询委员会
United Nations Advisory Board on Disarmament Matters

【成立日期】联合国裁军事务咨询委员会（简称“裁咨委”）根据1978年5月第1届裁军特别联大决议设立，时称“裁军研究咨询委员会”,1989年改为现名。

【职能】裁咨委系由国际知名军控专家组成的联合国军控和裁军问题咨询机构。其职能为：（1）向联合国秘书长提供关于军控和裁军问题的咨询建议。（2）向联合国秘书长提供关于实施联合国裁军信息项目的咨询建议。（3）作为联合国裁军研究所的理事会。

【网址】http://www.un.org/disarmament/HomePage/AdvisoryBoard/AdvisoryBoard.shtml。

【主要活动】裁咨委每年举行两次会议，议程包括联合国秘书长指定的军控和裁军问题以及委员会认为需要讨论的其他事项。裁咨委主席负责向联合国秘书长提交会议报告，并由联合国秘书长每年向联合国大会报告裁咨委活动情况。

【同中国的关系】中国推荐负责军控事务的资深外交官担任裁咨委委员，参加了委员会历届会议。（孔君）

国际法院
International Court of Justice—ICJ

【成立日期】国际法院于1945年6月根据《联合国宪章》设立，于1946年4月开始实际运作，是联合国的主要司法机构，. 取代1920年在国际联盟主持下设立的常设国际法院。

【宗旨】国际法院肩负联合国“以和平方法且依正义及国际法之原则，调整或解决足以破坏和平之国际争端或情势”这一主要宗旨。

【主要职能】法院主要有两方面职能：一是依照国际法解决各国向其提交的法律争端，二是就正式认可的联合国机关和专门机构提交的法律问题提供咨询意见。

【总部】荷兰海牙。地址：Peace Palace, Carnegieplein 2, 2517 KJ, The Hague, The Netherlands。电话：（+31）（0）70 3022323。传真：（+31）（0）70364 9928。

【网址】http://www.icj-cij.org/。

【当事国】《国际法院规约》作为《联合国宪章》的一部分，联合国会员国在批准《宪章》时，即自动成为《法院规约》的当然当事国。非联合国会员国由安全理事会建议并经大会就个别情形决定，可以成为

《法院规约》当事国。

【组成】法院由法官和书记官处组成。法院共有15名法官，每位法官任期9年，可连选连任。为确保法院工作的连续性，每3年改选5名法官。如果法官辞职或在任期内去世，将举行补缺选举。每3年法官将以无记名投票方式自行选出院长和副院长，通常应考虑不同法系和区域的代表性。

【出版物】每年出版的有3个系列:《判决书、咨询意见和命令汇辑》(以单行本和合订本出版);《年鉴》;与法院有关的各种著作和文件的《文献目录》。

【主要活动】自1947年审理"科孚海峡案"以来，提交到国际法院的案件共有161件，其中约84%是国家之间的诉讼案件，16%是联合国机关或专门机构要求发表咨询意见的案件。在诉讼案件中，半数以上涉及领土和边界纠纷，不少涉及海洋争端和有关国际法问题，还有一些涉及国家管辖权问题、外交和领事关系法以及非法使用武力等问题。此外，法院还曾处理过十几起国家为保护私人或商业利益而提起的诉讼案件。法院处理的咨询案件主要涉及与国际组织行使职能有关的法律问题，但有时也涉及非殖民化、核武器合法性、民族自决权等其他问题。

【同中国的关系】中国是《法院规约》最早的当事国之一,一直积极参加法院工作。新中国成立后，先后有倪征、史久镛、薛捍勤3位中国国际法专家担任国际法院法官。中国一直重视法院在和平解决国际争端及促进国际法治方面的重要作用，但我国迄未接受法院的任意强制管辖权，主张谈判协商解决国际争端。迄今为止，我国未向法院提交任何案件。2009年，我国应法院要求，就"科索沃临时自治机构单方面宣布独立是否符合国际法"咨询意见案向法院提交书面意见，并由时任外交部法律顾问薛捍勤代表我国政府出席口头程序。这是新中国成立后，中国首次参与法院程序。

（纪小雪）

国际法委员会
International Law Commission

【成立日期】国际法委员会于1947年11月21日根据联合国大会第174（11）号决议成立。

【主要职能】根据《联合国宪章》第13条和《联合国国际法委员会章程》第15条的相关规定，国际法委员会的主要职能包括：第一，国际法的编纂；第二，国际法的逐渐发展。

【网址】http://www.un.org/law/ilc。

【成员】委员会由34名委员组成，任期5年。其中，8名来自非洲，7名来自亚洲，3名来自东欧，6名来自拉美和加勒比地区，8名来自西欧和其他地区，1名在非洲与东欧之间依次轮换，1名在亚洲与拉美和加勒比地区之间依次轮换。2016年委员会将举行委员换届选举,2个轮换名额分配给东欧与拉美和加勒比地区。总体而言，这些委员应代表世界各大法系，并应以个人身份履行职务。委员人选由联合国各会员国政府提名，经联合国大会选举产生，任期5年，可连选连任。两次选举之间如出现空额由委员会自行补选。

【工作方式】委员会一般向联合国大会提出议题，经联大核可后对议题进行研究；或由联大提出议题，交委员会研究。委员会将其研究成果，提交联大审议，并由联大决定应采取的进一步措施。

【出版物】《国际法委员会报告》《国际法委员会年鉴》和其他文件。

【主要活动】委员会成立半个多世纪以来，审议的议题涉及外交和领事关系法、条约法、海洋法、国际环境法、战争法、国家及其财产管辖豁免、官员豁免、国家责任、国家继承等国际法的众多领域。在委员会拟订的条款草案基础上，已缔结了多项国际公约，包括:(1)《领海和毗连区公约》(1958);(2)《公海公约》(1958);(3)《公海捕鱼及养护生物资源公约》(1958);(4)《大陆架公约》(1958);(5)《减少无国籍状态公约》(1961);(6)《维也纳外交关系公约》(1961);(7)《维也纳领事关系公约》(1963);(8)《特别使团公约》(1969);(9)《维也纳条约法公约》(1969);(10)《关于防止和惩处侵害应受国际保护人员包括外交代表的罪行的公约》(1973);(11)《维也纳关于国家在其对国际组织关系上的代表权公约》(1975);(12)《国家在条约方面继承的维也纳公约》(1978);(13)《关于国家对国家财产、档案和债务的继承的维也纳公约》(1983);(14)《关于国家和国际组织间或国际组织相互间条约法的维也纳公约》(1986);(15)《国际水道非航行使用法公约》(1997);(16)《国际刑事法院规约》(1998)。这些公约对现代国际法的发展做出了重要贡献，对国际关系的稳定健康发展也产生了积极作用。

2015年5月4日至6月5日,7月6日至8月7日，国际法委员会第67届会议分两阶段举行，审议的议题主要包括"国家官员的外国刑事管辖豁免""习惯国际法的识别""危害人类罪""保护大气层""条约的暂时适用""与武装冲突有关的环境保护""与条约解释相关的嗣后协定和嗣后惯例"和"最惠国条款"，并决定将"强行法"列入工作计划。

【同中国的关系】新中国成立后，中国国际法专家于1982年开始参加国际法委员会的工作。倪征、黄嘉华、史久镛、贺其治、薛捍勤（女）、黄惠康等先后当选国际法委员会委员。

（纪小雪）

联合国和平利用外层空间委员会
The United Nations Committee on the Peaceful Uses of Outer Space (COPUOS)

【成立日期】联合国和平利用外层空间委员会（外空委）是根据1959年联合国大会第1472号决议成立的联合国常设机构。

【宗旨】外空委的宗旨是制定和平利用外空的原则和规章，促进各国在和平利用外空领域的合作，研究与探索、利用外空有关的科技问题和法律问题。

【主要职能】根据联大1959年第1472号决议和1961年第1721号决议，外空委应与联合国秘书长合作，履行下述职能：（1）同涉外空的政府间组织及非政府组织保持密切联系；（2）办理各国政府提供的外空活动资料的交换事宜；（3）协助研究促进外空活动国际合作的措施；（4）研究实施探测外空计划方面可能产生的法律问题。

【网　址】http://www.unoosa.org/oosa/COPUOS/copuos.html。

【成员】截至2016年2月，共有83个成员国。联合国外空司是外空委的秘书处，设在维也纳联合国办事处。

【组成】外空委下设科学技术小组委员会和法律小组委员会，由外空委全体成员国组成。委员会及两个小组委员会每年各举行1届会议。会议一般在上半年举行，以便向下半年举行的联合国大会提交报告、建议和决议。外空委及其两个小组委员会以协商一致方式做出决定。

【主要活动】外空委自1959年成立以来，先后拟订并经联合国大会审议通过了5项国际公约、3项宣言和3项原则，确立了外空活动应遵循的法律框架。

5项国际条约是《关于各国探索和利用包括月球和其他天体在内外层空间活动的原则条约》（1967）、《关于援救航天员、送回航天员及送回射入外空之物体之协定》（1968）、《外空物体所造成损害之国际责任公约》（1972）、《关于登记射入外层空间物体的公约》（1975）和《指导各国在月球和其他天体上活动的协定》（1979），上述5项条约均已生效。

3项宣言是《各国探索和利用外层空间活动的法律原则宣言》（1963）、《关于开展探索和利用外层空间的国际合作，促进所有国家的福利和利益，并特别要考虑到发展中国家需要的宣言》（1996）和《空间千年：关于空间和人类发展的维也纳宣言》（1999）。3项原则是《各国利用人造地球卫星进行国际直接电视广播所应遵守的原则》（1982）、《关于从外层空间遥感地球的原则》（1986）、《关于在外层空间使用核动力源的原则》（1992）。

此外，外空委分别于2007年和2009年通过了《空间碎片减缓指南》和《外层空间核动力源应用的安全框架》。目前，外空委科技小组委员会正在讨论制订"外空活动长期可持续"（LTS）指南文件。

外空委的经常性活动包括：（1）研究并促进空间减灾、远程医疗、远程教育、气象、通信、导航、直接广播和遥感地球资源等各种卫星的国际合作；（2）举办国际、区域和区域间的研究会议及讨论会和讲习班；（3）促进外空研究的情报交换等；（4）通过联合国空间应用方案同联合国粮农组织、联合国教科文组织、欧洲空间局、国际宇航联合会、国际空间法学会等机构合作，开展技术和学术交流活动；（5）通过联合国开发计划署援助有关国家发展将空间技术应用于经济和社会发展所需要的技术。

联合国大会根据外空委的建议，先后在维也纳召开了3次探索及和平利用外层空间会议（UNISPACE），即1968年8月第1次外空大会，1982年8月第2次外空大会和1999年7月第3次外空大会。第3次外空大会主题是"21世纪人类的空间惠益"，会议通过了《联合国第3次外空会议报告》，其中包括《空间千年：关于空间和人的发展的维也纳宣言》，对于促进空间科技服务于和平目的、增进外空国际合作以及推动各国特别是发展中国家的经济发展和社会进步产生了积极影响。

当前，联合国外空司正在积极筹备于2018年举行第1次外空大会50周年纪念会议。该会议是以外空委为代表的国际外空界因应新形势而筹划举行的一次外空盛会，届时将邀请联合国成员国、国际组织、非政府组织以及空间学术界、产业界和商业界等各方参加，旨在总结第一次外空大会以来空间科学和技术发展成就，共同应对和平利用外空领域面临的新问题和新挑战。

【同中国的关系】1980年6月，中国派出观察员代表团参加了外空委第23届会议。1980年11月3日，联合国正式接纳中国为该委员会成员国。此后，我积极组团参加委员会及两个小组委员会历届会议，全面阐述我在外空领域的基本立场和政策，宣传我航天事业发展成就，展现开放合作的良好姿态。我担任2015年外空委会议副主席兼报告员，实现历史性突破。

近年来，我积极利用外空委会议这一重要平台开展公共外交活动，包括2011年杨利伟出席载人航天暨外空委成立50周年活动、2012年向外空委捐赠北斗导航卫星模型、2013年刘洋出席人类女航天员首飞50周年纪念活动、2014年向外空委捐赠"玉兔"号月球车原比例模型、2015年举行"让太空探索插上艺术的翅膀——中国航天成就绘画作品展"等，进一步树立我和平利用外空的航天大国形象。（曾思琪）

同联合国建立关系的政府间机构

国际劳工组织
International Labour Organization—ILO

【成立日期】1919年根据《凡尔赛和约》作为国际联盟的附属机构成立。1946年12月14日成为联合国专门机构。

【宗旨】促进充分就业和提高生活水平；促进劳资合作；改善劳动条件；扩大社会保障；保证劳动者的职业安全与卫生；获得世界持久和平，建立和维护社会正义。

【成员】185个成员国。

【主要负责人】国际劳工局局长盖·瑞德（Guy Ryder，英国人），2012年当选，任期至2017年。

【总部】瑞士日内瓦。

【网址】http://www.ilo.org。

【出版物】《国际劳工评论》(双月刊);《正式公报》，每年三期;《劳工统计公报》(季刊);《社会和劳工公报》(季刊);《劳工统计年鉴》;《劳动世界》(双月刊)。

【组织机构】主要机构为国际劳动大会、劳工局理事会和国际劳工局。

（1）国际劳工大会：最高权力机构，每年6月在日内瓦举行。（2）劳工局理事会：国际劳工组织的执行机构，每3年由大会选举产生，在大会休会期间指导该组织工作，每年召开3次会议。（3）国际劳工局：常设秘书处，由经社理事会任命的局长领导。

国际劳工组织是以国家为单位参加的国际组织，但组织结构上实行独特的“三方代表”原则，即参加各种会议和活动的成员国代表团由政府、雇主组织和工人组织的代表组成，三方代表有平等独立的发言和表决权。

【主要活动】2015年，国际劳工局分别于3月、6月、10月召开第323、324和325届理事会。2015年6月1—13日，第104届国际劳工大会在日内瓦举行。

【同中国的关系】中国是劳工组织的创始会员国，也是理事会政府组的常任理事国。1971年中国恢复在该组织的合法席位。1983年，中国派团出席第69届国际劳工大会，正式恢复了在劳工组织中的活动。中国重视并积极参与劳工组织的各项活动，与其保持着良好的合作关系，出席了历届劳工局理事会以及国际劳工大会。

2015年，中国人力资源和社会保障部副部长孔昌生、中华全国总工会副主席、书记处书记江广平、中国企业联合会驻会副会长黄海嵩率团组成中国三方代表团出席第104届国际劳工大会。中国代表团介绍了中国过去一年在就业、社会保障、劳动关系、职业安全卫生、工会等方面取得的成就，并结合国情从促进就业、落实劳工标准、加强技能培训等方面，提出探索实现社会公平正义的创新途径。

【驻华代表机构】国际劳工组织北京局。局长：德美尔（Tim de Meyer，比利时人）。地址：北京塔园外交人员办公楼1-10-1。电话：010-65325091。（尤佳）

联合国教育、科学及文化组织
United Nations Educational, Scientific and Cultural Organization—UNESCO

【成立日期】1945年11月16日在伦敦通过《联合国教育、科学及文化组织组织法》。1946年11月4日在巴黎正式成立。

【宗旨】通过教育、科学及文化促进各国间合作，对和平与安全做出贡献，以增进对正义、法治及联合国宪章所确认之世界人民不分种族、性别、语言或宗教均享人权与基本自由之普遍尊重。

【成员】195个会员国和9个准会员。

【主要负责人】现任总干事为博科娃女士（Irina Bokova，保加利亚人），2009年当选，2013年11月成功连任，任期至2017年。

【总部】法国巴黎。

【网址】http://www.unesco.org/。

【出版物】主要出版物:《教科文组织信使》(*The UNESCO Courier*);《教育展望》(*Prospects: Quarterly Review on Education*);《国际教育杂志》(*International Review of Education*);《自然与资源》(*Nature and Resources*);《国际社会科学杂志》(*International Social Science Journal*);《博物馆》(*Museum International*);《教科文组织统计年鉴》(*Statistical Yearbook of UNESCO*);《世界教育报告》(*World Education Report*);《世界科学报告》(*World Science Report*);《世界文化报告》(*World Culture Report*)等。

【组织机构】(1)大会：最高权力机构。由全体会员国参加，每两年举行1次届会。有特殊情况时，可召开特别大会。现已举行过36届大会。(2)执行局：大会闭幕期间的监督、管理机构。由58个经大会选举产生的会员国组成，任期4年，每两年改选半数，可以连选连任。每年举行2次或3次届会。执行局下设5个委员会，即计划与对外关系委员会，行政与财务委员会，公约与建议委员会，国际非政府组织委员会和特别委员会。（3）秘书处：常设执行机构。秘书处最高行政首长为总干事，由大会选举产生，任期4年，可连任一届。为增进会员国之间的区域协调与合作，秘书处在各大洲和一些主要国家设立了50余个办事处。

【主要活动】主要活动形式为：（1）制定国际准则性文件，如公约、议定书、建议书、宣言等；（2）召开各类政府间国际会议；（3）组织开展各类专业学术研究活动；（4）出版各类图书、期刊、报告、文献、音像制品及电子制品；（5）以专家咨询、技术设备等形式向会员国提供技术援助；（6）举办培训、研修、实习活动；（7）向非政府国际组织提供资助；（8）与会员国和地区性机构合作开展业务活动。

教科文组织在其主管的教育、科学、文化、传播与信息等业务范围内设立了几十个政府间大型合作计划，以推动国际智力合作，如：国际教育局、人与生物圈计划、国际地质对比计划、国际水文计划、政府间海洋学委员会、社会变革管理计划、世界遗产委员会、非物质文化遗产保护政府间委员会、促使文化财产归还原主或归还非法占有文化财产政府间委员会、世界版权公约政府间委员会、国际传播发展计划、综合信息计划、政府间信息学计划、政府间体育运动委员会等。由教科文组织大会选举产生的执行理事机构负责规划和管理计划实施，并建立各自的国际或地区合作网络。

教科文组织还同世界教育、科学、文化领域内许多重要的非政府国际组织建立和发展合作关系。

【同中国的关系】双方合作广泛、良好，在全民教育、扫盲、高等教育、文化和自然以及非物质文化遗产保护、生物多样性、海洋、水文、地质等领域开展一系列合作，成绩显著。

2014年3月27日，国家主席习近平访问教科文组织，会见该组织总干事博科娃并发表重要演讲，全面阐述对文明交流互鉴的看法和主张。彭丽媛教授接受了该组织授予的“促进女童和妇女教育特使”荣誉称号。

2015年6月28日至7月8日，教科文组织第39届世界遗产委员会会议（The 39th session of the World Heritage Committee）在德国波恩召开。中国的土司遗址项目被成功列入《世界遗产名录》。至此，中国共有48项世界遗产，数量居世界第二，仅次于拥有51项世界遗产的意大利。

6月30日，国家总理李克强在访法期间会见了联合国教科文组织总干事博科娃，高度评价了中国与教科文组织的伙伴关系，表示中国将继续扩大和深化与教科文组织的合作，为世界和平发展繁荣做出应有的贡献。

9月3日，教科文组织总干事博科娃应邀出席中国人民抗日战争暨世界反法西斯战争胜利70周年纪念活动。4日，习近平主席夫人、教科文组织促进女童和妇女教育特使彭丽媛会见博科娃，并共同会见了来华参加“国际女童和妇女教育研讨班”的学员。

10月9日，教科文组织正式宣布将世界记忆项目中国委员会提交的《南京大屠杀档案》列入世界记忆名录。

10月7—22日，教科文组织第197届执行局会议在法国巴黎召开，期间通过了中国政府提议设立的“教科文组织促进女童与妇女教育奖”。该奖项旨在表彰全球范围内在促进女童和妇女教育方面做出突出贡献的组织或个人，是唯一一个推动全球关注改善女童与妇女教育以及她们终身命运的奖项。

【驻华代表机构】教科文组织于1984年在华设立地区办事处，负责中国、朝鲜、韩国、蒙古及日本5个东亚国家的工作。代表：欧敏行（Marielza Oliveira，巴西人）。代表处地址：北京建外公寓5号楼153号。电话：010–65321725。（崔璐）

联合国粮食及农业组织
Food and Agricu1ture Organization of the United Nations—FAO

【成立日期】正式成立于1945年10月16日，简称“粮农组织”，属联合国专门机构。

【宗旨】提高各国人民的营养水平和生活水准；提高所有粮农产品的生产和分配效率；改善农村人口的生活状况，促进世界经济的发展，并最终消除饥饿和贫困。

【成员】共有194个成员国、1个成员组织（欧洲联盟）和2个准成员（法罗群岛、托克劳群岛）。

【主要负责人】总干事何塞·格拉齐亚诺·达席尔瓦（Jose Graziano Da si1va，巴西、意大利双重国籍），任期至2019年7月。

【总部】意大利罗马。

【网址】http://www.fao.org/。

【出版物】年度报告《粮农状况》（*State of Food and Agriculture*），以及各种专业年鉴和杂志。

【组织机构】（1）大会：最高权力机构，负责审议世界粮农状况，研究重大国际粮农问题，选举、任命总干事，选举理事会成员国和理事会独立主席，批准接纳新成员，批准工作计划和预算，修改章程和规则等；每两年举行1次，全体成员国参加。（2）理事会：隶属于大会，在大会休会期间在大会赋予的权利范围内处理和决定有关问题；由大会按地区分配原则选出的49个成员国组成，任期3年，可连任，每年改选1/3；在大会两届例会期间至少举行4次会议。（3）秘书处：执行机构，负责执行大会和理事会有关决议，处理日常工作。负责人是总干事，由大会选出，任期4年，在大会和理事会的监督下领导秘书处工作。

【资金来源】成员国缴纳会费和自愿捐款。

【主要活动】作为世界粮农领域的信息中心，搜集和传播世界粮农生产、贸易和技术信息，促进成员国之间的信息交流；向成员国提供技术援助，以帮助提高农业技术水平；向成员国特别是发展中成员国家提供农业政策支持和咨询服务；商讨国际粮农领域的重大问题，制定有关国际行为准则和法规。

【同中国的关系】中国是粮农组织创始成员国之一，1973年恢复在该组织席位以来，一直是理事会成员国，合作良好，粮农组织积极支持中国农村改革和农业发展。中国也积极履行成员国义务，通过设立信托基金、派遣农业专家、提供专门捐款等方式广泛参与和支持粮农组织活动。

2014年10月，李克强总理访问粮农组织总部并发表演讲，宣布向粮农组织捐赠5000万美元用于开展农业南南合作。2015年6月，汪洋副总理出席粮农组织“反饥饿杰出进展”特别活动，代表中国政府接受粮农组织授予的实现世界粮食首脑会议目标表彰证书并发表演讲。

【驻华代表机构】粮农组织于1983年1月在北京设立驻华代表处。现任代表是珀西·米斯卡，(Percy Misika，纳米比亚人)。办公地址：北京建国门外外交公寓4号楼2单元151/152号。电话：010-65322835。

（唐宽成）

世界卫生组织
World Health Organization—WHO

【成立日期】1946年7月，世界卫生组织成立筹备会并通过世界卫生组织法，1948年4月7日该法得到联合国26个会员国批准并生效，4月7日因此被定为世界卫生日。1948年6月24日在日内瓦召开第一届世界卫生大会，世界卫生组织正式成立。

【宗旨】使全世界人民获得尽可能高水平的健康。该组织将健康定义为“身体、精神和社会生活的完美状态”。

【成员】194个正式成员，2个准成员。

【主要负责人】现任总干事陈冯富珍（Margaret CHEN），中国籍，香港特区前卫生署长。陈冯富珍于2006年11月当选，2012年5月连任，任期至2017年6月30日。

【总部】在瑞士日内瓦。网址：http://www.who.int/。

【出版物】《世界卫生组织月报》(*Bulletin of the World Health Organization*)，每年6期，英、法、阿、俄文；《疫情周报》(*Weekly Epidemiological Record*)，英、法文；《世界卫生统计》(*World Health Statistics*)，季刊，英、法、中、阿、俄、西文；《世界卫生》(*World Health*)、月刊，英、法、俄、西、德、葡、阿文。

【组织机构】(1)世界卫生大会：最高权力机构，每年举行一次。主要任务是审议总干事的工作报告、规划预算、接纳新会员国和讨论其他重要议题。(2)执行委员会：由世界卫生大会选出的34名会员国政府指定的代表组成，任期三年，每年改选1/3。根据世界卫生组织的口头君子协议，联合国安理会五常任理事国是必然的执委成员国，但席位第三年后轮空一年。(3)秘书处：常设办事机构，下设非洲、美洲、欧洲、东地中海、东南亚、西太平洋六个地区办事处。总干事是秘书处行政和业务首席官员，经秘密投票选举产生。

【主要活动】2015年1月26日至2月3日，世卫组织执委会第136届会议在日内瓦召开。34个执委会成员国、73个非执委会成员国及联合国相关机构、区域经济组织、非政府组织等代表共约700人与会。

5月18—26日，第68届世界卫生大会在瑞士日内瓦举行。来自194个世卫组织成员国和5个观察员约3000名代表参会。会议审议了53项卫生技术议题和行政管理议题，通过了24个决议和决定。

【同中国的关系】中国是世界卫生组织的创始国之一。1972年第25届世界卫生大会恢复了中国在该组织中的合法席位。其后，中国出席了该组织历届大会和西太平洋区地区委员会会议，多次被选为执委会成员。

2015年1月26日至2月3日，世卫组织执委会第136届会议在日内瓦召开。卫生部、外交部、国家食品药品监督管理局等组团与会。会议讨论了世卫组织改革、脊髓灰质炎、打击假药、卫生研发筹资和协调、癫痫等46项议题。

5月18—26日，第68届世界卫生大会在瑞士日内瓦举行。中国国家卫生和计划生育委员会主任李斌率团出席会议，并在主题为“建设有应变能力的卫生系统”的一般性辩论中发言。大会审议通过了包括中国提出的应对癫痫在内的24项决议和决定。来自世卫组织成员国、非政府组织、新闻媒体近3000人出席会议。

9月3日，世卫组织总干事陈冯富珍来华出席中国人民抗日战争暨世界反法西斯战争胜利70周年纪念活动。

【驻华代表机构】世界卫生组织于1981年在北京设立驻华代表。代表：施贺德博士（Bernhard Schwartlander，美国人）。地址：北京东直门外大街23号东外外交办公楼401号。电话：010-65327189。

（王兆学）

国际复兴开发银行（世界银行）
International Bank for Reconstruction and Development—The World Bank

【成立日期】根据1944年7月布雷顿森林会议的决定，于1945年10月27日成立，1946年开始运作，1947年11月15日起成为联合国专门机构，又称“世界银行”。目前，该行与国际开发协会（The International Development Association-IDA）、国际金融公司（The International Finance Corporation-IFC）、多边投资担保机构（The Multilateral Investment Guarantee Agency-MIGA）、解决投资争端国际中心（the International Center for Settlement of Investment Disputes-ICSID）4个组织共同组成世界银行集团（The World Bank Group）。

【宗旨】通过向生产性项目提供贷款和对改革计划提供指导，帮助欠发达成员国实现经济发展。

【成员】现有188个成员国。

【负责人】历任行长按惯例均由美国人担任，现任行长金墉（Mr. Jim Yong Kim，韩裔美国人），2012年7月1日上任，任期5年。

【总部】美国华盛顿。

【网址】http://www.world bank.org。

【出版物】《年度报告》《世界发展报告》《全球监测报告》《世界发展指标》等。

【组织机构】理事会是世界银行最高权力机构，由各成员国派正、副理事各1名组成，每年召开1次会议，理事一般由各国财政部长或中央银行行长担任。执行董事会是世界银行负责处理日常业务的机构，由25名执董组成。

【股本和资金来源】世界银行创始法定资本为100亿美元，以后3次普遍增资，还有临时性增资。该行所需借贷资金主要从世界主要工业国的资本市场筹措。

【主要活动】基金组织同世界银行每年举行两次联合会议，4月举行春季年会（WB/IMF Spring Meetings），10月举行年会（WB/IMF Annual Meetings），讨论世界经济形势、金融市场情况、世界银行/基金组织改革等问题。会议期间通常还举行基金组织国际货币和金融委员会部长级会议、世界银行发展委员会会议、20国集团财长和央行行长会议、金砖国家财长和央行行长会议等会议。财政部、人民银行派代表参加上述年会和春季年会。

近年来，基金组织和世界银行年会和春季年会举行时间如下：2012年4月19—22日在美国华盛顿、2012年10月12—14日在日本东京、2013年4月18—20日在美国华盛顿、2013年10月11—13日在美国华盛顿、2014年4月11—13日在美国华盛顿、2014年10月10—12日在美国华盛顿、2015年4月17—19日在美国华盛顿、2015年10月9—11日在秘鲁利马。

【同中国的关系】中国于1945年加入世界银行，是该组织的创始国之一。新中国成立后，中国在世界银行的合法席位长期被台湾当局非法占据。1980年4月14日，世界银行声明，自中华人民共和国政府在国际复兴开发银行、国际开发协会和国际金融公司中代表中国之日起，该三机构将按协定只同作为唯一代表成员国——中华人民共和国发生关系。其后中国代表团参加了该组织的历届年会。截至2015年6月底，国际复兴开发银行和国际开发协会对华承诺贷款累计约达557亿美元，其中国际复兴开发银行约457亿美元，国际开发协会约100亿美元。2016年1月，世界银行宣布任命杨少林担任首任常务副行长兼首席行政官。

2014年10月24日，由中国倡议的亚洲基础设施投资银行签署备忘录后，世界银行行长金墉表示：“亚投行应该非常值得欢迎。”

【驻华代表机构】该组织于1985年在北京设立代表处。现任代表霍夫曼（Bert Holfman，荷兰人）。办公室：北京市朝阳区建国门外大街1号国贸写字楼2座16层。电话：010-58617600；传真：58617800。

（高晋）

国际货币基金组织
International Monetary Fund—IMF

【成立日期】根据1944年7月签订的“国际货币基金协定”，于1945年10月27日与世界银行同时成立，1947年3月1日开始运作，1947年11月15日起成为联合国专门机构，简称“基金组织”。

【宗旨】稳定国际汇兑，消除妨碍世界贸易的外汇管制，在货币问题上促进国际合作，并通过提供短期贷款，解决成员国国际收支暂不平衡时产生的外汇资金需求。

【成员】现有188个成员。

【负责人】历任总裁按惯例均由欧洲人担任。现任总裁是克里斯蒂娜·拉加德女士（Christine Lagarde，法国人），2011年7月上任，为基金组织第11任总裁，任期5年。

【总部】美国华盛顿。

【网址】http://www.imf.org。

【出版物】《世界经济展望》《国际金融统计》《国际货币基金概览》《贸易统计指南》《政府财政统计年鉴》《国际收支统计》《汇兑安排和汇兑限制年报》《全球金融稳定报告》。

【组织机构】理事会是基金组织最高权力机构，由各成员国派正、副理事各1名组成，理事一般由各国的财政部部长或中央银行行长担任。每年9月召开1次理事会会议，各理事单独行使本国的投票权（各国投票权的大小由其所缴基金份额的多少决定）。执行董事会负责处理基金组织日常业务，由24名执董组成，其中5名由占基金份额最多的国家美、英、法、德、日5国直接派任，另外19名执董由其他成员国的理事按地区组成19个选区产生，每两年选举1次（2010年基金组织治理结构改革方案生效后，所有执董将全部由选举产生）。中国、俄罗斯和沙特阿拉伯均单独构成1个选区。每个选区选出的执董所行使的表决权是其所在选区各国表决权的总和。总裁负责基金组织的业务工作，行使执董会主席的职能，由执董会推选，任期5年，可连任。

【股本和资金来源】基金组织的资金主要来源于各成员国认缴的份额。各成员国的份额由该组织根据各国的国民收入、黄金和外汇储备、进出口贸易额以及出口的波动性等经济指标确定。缴纳份额时，25%为可兑换货币或特别提款权，75%为本国货币。成员国份额越大，其享有的表决权越大。成员的主要权利是按照所缴份额的一定比例借用外汇。此外，成员国有义务提供经济资料并在本国的外汇政策和管理方面接受基金组织的监督。

【主要活动】基金组织同世界银行每年举行两次联合会议，4月举行春季年会（WB/IMF Spring Meetings），10月举行年会（WB/IMF Annual Meetings），讨论世界经济形势、金融市场情况、世界银行/基金组织改革等问题。会议期间通常还举行基金组织国际货币和金融委员会部长级会议、世界银行发展委员会会议、20国集团财长和央行行长会议、金砖国家财长和央行行长会议等会议。财政部、人民银行派代表参加上述年会和春季年会。

近年来，基金组织和世界银行年会和春季年会举行时间如下：2012年4月19—22日在美国华盛顿、2012年10月12—14日在日本东京、2013年4月18—20日在美国华盛顿、2013年10月11—13日在美国华盛顿、2014年4月11—13日在美国华盛顿、2014年10月10—12日在美国华盛顿、2015年4月17—19日在美国华盛顿、2015年10月9—11日在秘鲁利马。

【同中国的关系】中国于1945年加入国际货币基金组织，是该组织的创始国之一。新中国成立后，中国在基金组织的合法席位长期被台湾当局非法占据。1980年4月17日，中华人民共和国政府的代表权得到恢复，单独组成1个选区并派任执行董事。其后中国代表团参加了该组织的历届年会。2006年9月，基金组织理事会通过决议，决定为中国、土耳其、韩国、墨西哥4国特别增资。中国在基金组织的份额占总份额的比重从2.98%升至3.72%，按国别份额排序由第8位升至第6位。2008年4月，基金组织理事会表决通过新决议，再次给部分成员国增资。中国在基金组织份额从3.72%上升至3.99%，仍居第6位。2010年11月5日举行的基金组织执董会通过了份额和治理结构改革方案，新兴市场和发展中国家份额从39.5%增加至42.3%。中国份额从3.996%升至6.394%，从第6位上升至第3位。根据基金组织规定，份额改革方案需获占70%投票权的成员国同意，治理改革方案需3/5成员国及拥有85%投票权的成员国立法机构批准生效。由于美国长期未批准改革方案，导致改革承诺久未兑现。2015年12月，美国批准改革方案。2016年1月，改革方案生效。下一步重点是第15轮份额总检查，并调整份额公式。朱民于2011年7月就任国际货币基金组织副总裁，这是中国公民首次担任该组织高级职务。

国际货币基金组织现任总裁拉加德对华友好，2012年3月访华，2013年4月出席了博鳌亚洲论坛年会，受到习近平主席接见。2014年3月24日，国务院总理李克强会见访华的国际货币基金组织总裁拉加德。

【驻华代表机构】该组织于1991年在北京设立代表处。现任首席代表是席睿德（Alfred Schipke）。办公室：北京市朝阳区建国门外大街1号国贸大厦2座3612室。电话：010–65051155；传真：65058580。

（高晋）

国际民用航空组织
International Civil Aviation Organization—ICAO

【成立日期】1944年11月1日至12月7日，52国在美国芝加哥举行国际民用航空会议，签订了《国际民用航空公约（芝加哥公约）》，并决定成立过渡性的临时国际民用航空组织。1947年4月4日《芝加哥公约》生效，国际民用航空组织（ICAO）正式成立，5月13日成为联合国的一个专门机构。

【宗旨】通过制定相关原则和办法，使国际民用航空业安全而有序地发展，确保国际航空运输在平等基础上经济而健康的运营。

【成员】191个。

【总部】加拿大蒙特利尔市（999 University Street, Montreal, Quebec H3C 5H7, Canada）。电话：+1–514–954–8319。电子邮箱：icao-hq@icao.int。

【网址】http://www.icao.int/。

【出版物】《国际民航组织公报》（*ICAO Bulletin*），每年出10期，英、法、西文；《国际民航组织年报》（*ICAO Journal*），英、法、西文。

【组织机构】（1）大会：最高权力机构，每3年举行1次。（2）理事会：常设机构，由36个理事国组成，每年大会选举产生。每年举行3次例会。理事会下设航空技术、航空运输、法律、联营导航设备、财务、制止非法干扰国际民航等6个委员会。（3）秘书处：处理日常工作，设航空技术、航空运输、法律、技术合作、行政服务5个局以及对外关系办公室等。此外，该组织设西非和中非（达喀尔），南美（利马），北美、中美和加勒比（墨西哥城），中东（开罗），欧洲（巴黎），东非和南非（内罗毕），亚洲和太平洋（曼谷）等7个地区办事处。

【**主要活动**】ICAO最主要的工作是按照《国际民用航空公约》授权，制定并更新民用航空方面的国际技术标准和建议措施。其他工作包括修订现行国际民航法规条款并制定新的法律文书；实施航空安全审计计划；制止非法干扰，敦促成员国加强机场安全保卫工作，开展安全保卫培训计划；实施新航行系统及航空运输服务管理制度；收集、审议和公布民航领域的有关统计资料，进行经济预测并协助各国规划民航发展；开展并维持民航技术合作项目和有关机制；向各国、各地区民航训练学院提供援助等。

【**同中国的关系**】中国是《国际民用航空公约》创始缔约国之一，1944年国民党政府签署该公约，1946年成为ICAO正式会员国。1971年ICAO通过决议，承认中华人民共和国为中国唯一合法代表。1974年，中国承认《国际民用航空公约》并正式开始参加ICAO活动。同年，中国当选ICAO理事会二类理事国并一直连任。由于经济持续快速发展和民航整体实力的提高，2004年，中国当选ICAO一类理事国，并于2007年、2010年、2013年成功连任。2005年，中国成为仅次于美国的世界第二大航空运输大国。

2015年3月11日，在国际民航组织第204届理事会上，中国候选人柳芳在首轮投票中直接胜出，成为国际民航组织历史上的首位中国籍秘书长，也是首位女性秘书长。柳芳于2015年8月1日正式上任，任期3年。

2015年9月30日，国务院副总理马凯在中南海紫光阁会见了来华访问的国际民航组织秘书长柳芳一行，双方就加强民航领域合作等问题交换了意见。

2015年10月28—30日，第52届亚太地区民航局长（DGCA）会议在菲律宾马尼拉举行。会议主题是“为和谐、安全和绿色的亚太天空打造新一代航空专业人才”。ICAO理事会主席阿留、秘书长柳芳以及亚太地区36个民航当局和8个国际非政府组织的代表参加会议。中国民航局总工程师张红鹰率团出席会议。

2015年11月23—25日，ICAO世界航空论坛在加拿大蒙特利尔举行。此系ICAO首次举办世界航空论坛，主题为“建立航空伙伴关系，促进可持续发展”。来自ICAO各成员国、联合国专门机构、国际组织的逾800名部长级代表及高级官员与会。中国民航局计划司司长王长益作为中国民航局局长李家祥的特别代表率团与会。（张雷）

国际海事组织

International Maritime Organization—IMO

【**成立日期**】根据1948年通过、1958年3月17日生效的《政府间海事协商组织公约》，1959年1月17日在英国伦敦正式成立政府间海事协商组织，并召开了第1届大会。1982年5月22日改名为国际海事组织。该组织自成立之日起即是联合国系统中负责处理国际海运技术、专业问题的一个专门机构。

【**宗旨**】促进各国的航运技术合作，鼓励各国在促进海上安全、提高船舶航行效率、防止和控制船舶对海洋污染方面采用统一的标准、处理有关的法律问题。

【**成员**】截至目前，该组织共有171个成员国和3个联系会员（Associate Member）（中国香港、中国澳门和法罗群岛）。

【**主要负责人**】秘书长林基泽（Lim Ki-tack，韩国人），2016年1月1日上任，任期4年。

【**总部**】英国伦敦。

【**网址**】http://www.imo.org/。

【**出版物**】《国际海事组织新闻》（*IMO News*），季刊，英文；本组织所制定的各种公约、规则、建议案和决议。

【**组织机构**】（1）大会：该组织最高权力机构，由全体成员国代表组成，每2年召开1次。任务是批准工作计划和财务预算，选举理事会成员国，审议并通过各委员会提出的有关海上安全、防止海洋污染及其他有关规则的建议案。（2）理事会：由大会选举产生的40个理事国组成。成员分为A、B、C三类，A类是在提供国际航运服务方面具有最大利害关系的10个国家；B类是在国际海上贸易方面具有最大利害关系的10个国家；C类是作为地区代表当选的20个国家。（3）委员会：该组织下设海上安全、海上环境保护、法律、技术合作、便利运输5个委员会。（4）秘书处：处理该组织日常事务的常设机构，负责保存国际海事组织会议制定的公约、规则、议定书、建议案和会议记录、会议文件。设有海上安全司、海上环境保护司、法律事务和对外关系司、行政司、会议司和合作司。

【**主要活动**】召开成员国大会，制定和修改有关海上安全、防止海洋污染、便利海上运输和提高航行效率及与之有关的海事责任方面的公约、规则、议定书和建议案；在上述方面交流实际经验，研究相关海事报告，利用联合国开发计划署等国际组织提供的经费和捐助国提供的捐款，向发展中国家提供一定技术援助；召开各委员会会议，研究与各专业委员会业务有关的事务并提出建议。

【**同中国的关系**】中国于1973年正式加入国际海事组织以来，曾在该组织第9届至15届大会上当选为B类理事国，并从1989年起连续14届担任该组织A类理事国。中国还派出100多名专业人员到该组织创办的世界海事大学进修。1984年，世界海事大学大连分校在中国大连成立。该组织秘书长曾多次访华。

自中国加入该组织后，历年均派团出席有关国际会议并参与相关国际法规、议定书的制定工作，在有关海事、安全等具体业务方面，中国政府有关部门与该组织开展并保持了有效合作，双边和多边交流活动顺利进行。

2015年，国际海事组织召开了第29届大会、第114届和第115届理事会，以及第95届海上安全委员会、第68届海上环境保护委员会等委员会会议和相关分委会会议。中国代表团出席了上述会议，积极参与国际海运温室气体减排、大型客船安全、海上不安全移民、"极地规则"制定等重点议题的讨论和相关条约制订的谈判进程。（刘芳）

国际电信联盟
International Telecommunication Union—ITU

【成立日期】1865年5月17日，法、德、俄、意、奥等20个欧洲国家在巴黎签订《国际电报公约》，创建了国际电报联盟。1906年，德、英、法、美、日等27个国家在柏林签署《国际无线电公约》。1932年，70多个国家在马德里召开国际电报联盟第五届全权代表大会，决定将上述两个公约合并为《国际电信公约》，并将国际电报联盟更名为国际电信联盟。1947年，国际电信联盟成为联合国负责电信事务的专门机构，总部从瑞士伯尔尼迁至日内瓦。

【宗旨】维护和扩大各成员国之间的合作，以改进和合理使用各种电信资源；促进并提供对发展中国家的技术援助；促进电信设施的发展及其最有效的运营，以提高电信业务的效率；促进电信技术和业务的应用，使世界上所有人得益于新的电信技术带来的便利；促进和加强相关实体和组织参与国际电信联盟活动并建立合作伙伴关系，以实现上述目的。

【成员】193个成员国，700多家私营部门实体和学术机构组成的部门成员和准成员。

【主要负责人】秘书长赵厚麟（中国籍），2014年10月当选，2015年1月1日履职，任期4年。

【总部】瑞士日内瓦。

【网址】http://www.itu.int/。

【出版物】国际电信联盟总秘书处、电信标准化局、无线电通信局和电信发展局就电信政策、技术、业务、资费等出版的系列建议书、操作公报、电信业务规则、须知和手册、电信统计年鉴以及不定期出版的电信杂志等。

【组织机构】（1）全权代表大会：国际电信联盟最高权力机构，每4年召开1届，其主要任务是审议确定国际电信联盟发展战略，制定国际电信联盟预算，选举理事国及秘书长、副秘书长和各部门局长以及无线电规则委员会委员等，修订国际电信联盟《组织法》和《公约》及其他相关法规文件。（2）理事会：国际电信联盟的管理机构，现有48个成员国。理事会在两届全权代表大会期间代行全权代表大会赋予的职责，负责审议电信政策问题，制定年度预算，协调总秘书处及各部门之间的活动，促进实施《组织法》《公约》和其他行政规则各项条款以及全权代表大会等会议所通过的决定等。（3）世界国际电信大会：负责审议修订《国际电信规则》并处理其权限内具有世界性的任何问题。（4）无线电通信部门：主要职责是研究无线电通信的技术业务问题，以确保所有无线电通信业务合理、公平、有效和经济地使用无线电频谱及卫星轨道资源，并通过有关无线电通信问题的建议书。无线电通信部门通过无线电通信局、世界和区域性无线电通信大会、无线电规则委员会、无线电通信全会、无线电通信研究组、无线电通信顾问组等开展工作。（5）电信标准化部门：主要职责是研究电信技术、运营和资费问题，并通过建议书，以实现全球电信标准化。电信标准化部门通过电信标准局、世界电信标准全会、电信标准化研究组、电信标准化顾问组等开展工作。（6）电信发展部门：主要职责是组织和协调技术发展和援助，促进全球电信的发展。电信发展部门通过世界和区域性电信发展大会、电信发展研究组、电信发展顾问组以及电信发展局等机构开展工作。（7）总秘书处：由秘书长领导，1名副秘书长协助管理。主要职责是负责为各成员提供及时有效的服务，协调和支持三大部门的活动，承担各类会议的秘书处工作，管理行政和财务事宜等。

【主要活动】每4年召开1次全权代表大会、世界电信标准化全会和世界电信发展大会；每3至4年召开1次世界无线电通信大会；每年召开1次理事会。各部门每年召开各研究组及工作组会议。

【同中国的关系】中国于1920年加入国际电报联盟，1932年派代表参加马德里大会，签署了马德里《国际电信公约》。1947年在美国大西洋城召开的全权代表大会上被选为行政理事会理事国。新中国成立后，中华人民共和国在国际电信联盟的合法席位曾一度被剥夺。1972年5月，国际电信联盟第27届行政理事会通过决议恢复中华人民共和国在国际电信联盟的合法席位。此后，中国一直担任国际电信联盟理事国。1998年，中国政府推荐的赵厚麟当选国际电信联盟电信标准化局局长，2002年连任；赵于2006年当选国际电信联盟副秘书长，2010年连任。2014年10月，中国政府推荐赵厚麟在国际电信联盟全权代表大会上高票当选为秘书长。

2015年1月22日，赵厚麟参加国务院总理李克强在瑞士苏黎世达沃斯峰会期间的集体会见。

2015年9月7日，国务院副总理马凯会见了国际电信联盟秘书长赵厚麟。双方就加强信息通信领域的交流与合作交换了意见。

2015年12月，在中非合作论坛期间，中国工业和信息化部刘利华副部长与国际电联赵厚麟秘书长及东非5国政府信息通信主管部门的代表共同签署《共建东

非信息通信基础设施的合作谅解备忘录》，正式启动共建“东非信息高速公路”项目。（魏志民）

万国邮政联盟
Universal Postal Union—UPU

【成立日期】1874年10月9日成立，1878年改称现名，1948年成为联合国专门机构，简称万国邮联（或“邮联”）。1969年邮联通过决议将每年的10月9日定为“万国邮联日”，1984年更名为“世界邮政日”。

【宗旨】组织和改善国际邮政业务，促进此领域的国际合作与发展。通过邮政业务的有效工作，发展各国人民之间的联系，以实现在文化、社会与经济领域促进国际合作的崇高目标。

【成员】192个。

【主要负责人】国际局总局长比沙尔·侯赛因（Bishar Hussein，肯尼亚人），2013年当选，任期至2016年。

【总部】瑞士伯尔尼。

【网址】http://www.upu.int/。

【出版物】《邮联》（*Union Postale*），季刊，用法、德、英、阿、中、西、俄7种文字出版。

【组织机构】由邮联大会、行政理事会、邮政经营理事会和国际局组成。国际局系邮联秘书处。邮联大会（Congress of Universal Postal Union）：最高权力机构，由各成员国派出的全权代表参加，每4年举行1次。主要任务是修订法规，制定邮政发展战略，批准邮联经费开支，选举行政理事会、邮政经营理事会理事国和邮联国际局正、副总局长等。大会下设若干委员会，分别负责资格审查、财务、公约、业务质量等专业问题。行政理事会（Council of Administration）：由1名主席国和40名理事国组成。大会东道国是当然理事国及主席国。其他40个理事国席位由大会按区域分配原则选出，每届大会至少更换其中半数，任何理事国不得连选连任3次。行政理事会通常每年在邮联总部召开1次会议，并在两届大会之间监督邮联的全部活动。邮政经营理事会（Postal Operations Council）：由40个国家组成，由大会根据特定的地区分配原则选出。发展中国家占24席，发达国家16席。每届大会至少更换其中的1/3。经营理事会主要负责技术和经营问题，包括研究有利于邮联各成员国邮政和经营、商业化、经济和技术合作方面，特别是涉及邮政经济，如邮件资费等重大问题。国际局是邮联的中央办事处，总部设在伯尔尼。由总局长领导，负责为两理事会提供行政和后勤保障。

【同中国的关系】中国于1914年加入该组织。1972年4月，邮联恢复我合法席位。自1974年以来，中国参加了历届邮联大会，并当选历届邮政经营理事会理事国，行政理事会除一届轮空外，均当选为行政理事会理事国。1999年9月，中国在北京成功主办了第22届邮联大会。这是中国首次承办联合国系统专门机构全权代表大会。自1999—2004年，中国担任行政理事会主席。在2004年第23届邮联大会上，原国家邮政局国际合作司司长黄国忠当选邮联国际局副总局长，任期4年；在2008年第24届邮联大会（24th Universal Postal Congress）上连任成功，2012年底任期届满。此系邮联历史上首次由亚太国家人选担任该职务，提高了中国在邮联的地位，扩大了影响。

2015年4月13—14日，万国邮政联盟战略大会在瑞士日内瓦召开。会议对邮政行业面临的机遇和挑战进行了梳理。国家邮政局派团出席会议。

2015年4月15日至5月1日、10月26日至11月13日，万国邮政联盟邮政经营理事会和行政理事会先后在瑞士首都伯尔尼召开年会。国家邮政局派团出席会议。（徐黛竹）

世界知识产权组织
World Intellectual Property Organization—WIPO

【成立日期】1893年，“国际保护工业产权联盟”（巴黎联盟）国际局和“国际保护文学艺术作品联盟”（伯尔尼联盟）国际局合并成立保护知识产权联合国际局，此即为世界知识产权组织的前身。1967年7月14日，上述两个联盟的51个成员国在瑞典斯德哥尔摩召开外交会议，签署了《建立世界知识产权组织公约》。

1970年5月26日，该公约正式生效。1974年12月，该组织成为联合国的一个专门机构。

【宗旨】通过国家之间的合作，并在适当情况下与其他国际组织配合，促进世界范围内的知识产权保护；保证各知识产权联盟间的行政合作。

【成员】187个。

【主要负责人】现任总干事高锐（Francis Gurry，澳大利亚人），2008年就任，2014年连任。

【总部】瑞士日内瓦。

【网址】http://www.wipo.int/。

【出版物】《世界知识产权组织国际商标公约》（英、法文月刊）；《国际外观设计公报》（英、法文月刊）；《专利合作条约公报》（英、法文周刊）；《专利合作条约通讯》（英文月刊）；《工业产权和版权》（英、法文月刊）；《工业产权与版权》（西班牙文双月刊）；《亚洲和太平洋地区知识产权》（英文季刊）。

【组织机构】世界知识产权组织（WIPO）设3个主要机构。它们是：（1）大会：最高权力机构，由该组织所协调各联盟的成员国组成，每两年召开1次普通届会；应协调委员会或1/4以上成员国的请求，可召开特别会议。（2）成员国会议：由《建立世界知识产权组织公约》的所有签署国组成，每两年召开1次普通届会，与大会同期同地举行；应多数成员国请求，总干事可召集特别成员国会议。（3）协调委员会：大会和成员国会议的咨询机构及执行机构，由巴黎联盟和伯尔尼联盟执委会成员组成。现有成员83个，每年召开1次例会；应总干事或委员会主席或1/4成员的请求，可召开特别会议。国际局是该组织以及受其管理的各联盟的日常行政机构，受大会和成员国会议管理，由以总干事为首的来自各国的常任职员组成。国际局下设有关工业产权法律、版权法律、情报、公约保存以及专利、商标、外观设计和原产地名称注册等业务机构。世界知识产权组织的行政首长为总干事，总干事由大会根据协调委员会提名任命，任期6年。

【主要活动】该组织的主要活动是在世界范围内保护知识产权。该组织鼓励缔结新的国际条约及各国知识产权立法的现代化，向发展中国家提供法律技术援助，收集和传授有关情报，为发明、商标、外观设计等在多国获得法律保护提供服务并努力促进成员国之间在知识产权法律保护方面的合作。在集中管理各国知识产权的行政事务方面，该组织通过国际局对工业产权和版权的14个联盟实行集中管理，以有利于各联盟之间的相互协调。在过去几年中，该组织加强了与发展中国家在知识产权保护方面的活动，促进国家、地区和多边各级机构通过或修改现有的保护知识产权的准则，通过国际注册体系来获得国际知识产权保护。2000年10月，该组织成员国大会第35届系列会议根据中国和阿尔及利亚的提案，决定将每年的4月26日定为世界知识产权日。2011年“世界知识产权日”的主题为“设计未来”。该组织主要活动包括举行成员国大会、发展与知识产权委员会会议，遗传资源、传统知识与民间文艺政府间委员会会议等常规会议，计划与预算委员会会议，国际专利分类联盟工作组会议，专利法常设委员会会议、审计委员会等。

【同中国的关系】中国于1980年6月3日加入WIPO后，一直与该组织保持良好的合作关系，并通过该组织与其他国家的知识产权部门加强了联系与交流。

2013年4月，中国与WIPO在瑞士日内瓦签署“关于设立世界知识产权组织中国办事处的协定”，正式确认世界知识产权组织将在北京设立驻外办事处。2014年7月，WIPO在中国设立办事处，这是继日本、新加坡、巴西之后，WIPO设立的第4个驻外办事处。截至2015年7月底，中国办事处已接到全国各地各类咨询300余次，举办了近20场研讨会和研修班；与文学、电影、音乐和互联网文化企业等人士加强了互动，介绍了国际版权发展的新趋势，鼓励和帮助其运用法律武器捍卫合法权益，维护公平有序的市场环境。

2015年6月19日，外交部李保东副部长应约会见世界知识产权组织副总干事王彬颖，双方就深化中国同世界知识产权组织合作、加强该组织中国办事处工作等问题交换了看法。

2015年9月8—12日，WIPO总干事高锐来华访问并出席大连夏季达沃斯经济论坛。期间，高在大连参加了李克强总理的集体会见。

2015年10月5日，世界知识产权组织（WIPO）成员国大会第55届系列会议在瑞士日内瓦开幕，中国国家知识产权局局长申长雨率中华人民共和国政府代表团出席会议。（尤佳）

国际农业发展基金
International Fund for Agricultural Development—IFAD

【成立日期】联合国于1974年11月在罗马召开世界粮食会议，决定建立国际农业发展基金（简称“农发基金”），属联合国专门机构。1977年，农发基金正式成立。

【宗旨】通过筹集资金，以优惠条件提供给发展中国家成员国，用于发展粮食生产，改善人民营养水平，逐步消除农村贫困。

【成员】共有173个成员国。

【主要负责人】总裁肯纳尤·内旺泽（Kanayo Nwanze，尼日利亚人），2009年上任，2013年4月成功连任，任期至2017年3月。

【总部】意大利罗马。

【网址】http://www.ifad.org/。

【出版物】每年出版《年度报告》，不定期出版政策报告、国别报告和战略报告等。

【组织机构】（1）理事会：为农发基金的最高决策机构。成员国各派1名理事和1名副理事。理事会每年召开1届年会，审议批准农发基金的重大事项，包括批准新成员、任命农发基金总裁、批准行政预算、通过主要政策等。（2）执董会：由从基金成员国中选举产生的18位执行董事和18位副执行董事组成，任期3年。受理事会委托监督农发基金日常事务，并在每年的4月、9月和12月召开执董会会议审批新的贷款和赠款项目。（3）内设行政机构：设总裁、副总裁各1名，助理副总裁4名。行政管理机构包括项目管理局、财务运营局、机构服务局、战略与知识管理办公室、独立评估办公室、审计办公室和总裁办公室等。

【资金来源】主要包括：（1）创始捐资；（2）补充捐资；（3）非成员国和来自其他方面的特别捐资；（4）投资收益等。其中，补充捐资是农发资金的主要资金来源，每3—5年举行一轮，捐资目标由各成员国协商确定。

【主要活动】农发基金主要为发展中国家的扶贫和农业开发提供优惠资金支持，帮助各国改善粮食安全状况，促进实现千年发展目标和2030年可持续发展议程。农发基金向发展中国家提供的资金主要为优惠贷款，也提供少量赠款。截至2013年年底，农发基金累计向发展中国家贫困地区提供资金约157亿美元。

【同中国的关系】中国1980年正式加入农发基金，一直与其保持着良好的合作关系，是农发基金最大的受援国之一。截至2015年，中国共从农发基金获得27笔优惠贷款，累计贷款协议金额近8亿美元。1996年以来，中国一直担任农发基金执董（2005年任副执董）。随着业务的发展，农发基金和中国政府的高层官员互访也日趋频繁。农发基金历任总裁曾先后访华，并拜会中国国家领导人。中国国家领导人和有关部委领导访问意大利时，也曾多次会见农发基金总裁等高级官员，促进了双方的友好合作。财政部是农发基金在中国的窗口管理部门。

【驻华联络办公室】2005年，农发基金在华设立联络办公室，负责人是孙印洪（中国籍）。地址：北京市朝阳区亮马河南路2号联合国大楼。电话：010–85325228转5251。（唐宽成）

联合国工业发展组织
United Nations Industrial Development Organization—UNIDO

【成立日期】1966年成立。1985年6月成为联合国专门机构。

【宗旨】通过工业发展推进扶贫和环境友好型经济增长，提高全世界人民，尤其是最贫困国家人民的生活水平和生活质量。

【成员】170个成员国。

【主要负责人】总干事李勇（中国籍），2013年6月就任，任期4年。

【总部】奥地利维也纳。

【网址】http://www.unido.org/。

【出版物】工业发展年度报告（Industrial Development Report）。

【组织机构】（1）大会：最高权力机构，由全体成员参加，每2年举行1次。（2）理事会：由大会选出的53个成员国组成，任期4年，每年改选一半，可连任，每年举行1次例会。（3）方案和预算委员会：由27个成员国组成，任期2年，每年举行1次会议。（4）秘书处：大会和理事会的执行机构。负责人是总干事，由大会根据理事会的推荐任命，任期4年，可连任。

【资金来源】各国按联合国份额缴纳会费和自愿捐款。

【主要活动】工发组织是联合国系统促进可持续工业发展和国际工业合作的专门机构，通过发挥其全球论坛职能及与发展中国家技术合作等活动，主要开展三大核心业务：减贫、贸易能力建设、能源和环境。工发组织每年举行1次工发理事会会议和1次方案预算委员会会议。

【同中国的关系】中国于1973年加入工发组织。自1979年双方开展合作项目以来，工发组织已在华完成项目共计约350个，涉及工业发展、贸易能力建设、环境保护等领域，总金额约3.23亿美元。这些项目为中国引进了先进技术、经验和部分关键设备，并培养了大批专业技术人员。2015年6月，李克强总理、商务部部长高虎城等分别会见来华访问的李勇总干事。9月，李勇总干事夫妇来华出席中国人民抗日战争暨世界反法西斯战争胜利70周年纪念活动。

【驻华代表机构】1998年9月以前，工业发展组织驻华代表机构设在联合国开发计划署内。1998年9月，工发组织成立独立的驻华代表处。2006年底升级为工发组织驻中国、蒙古、朝鲜和韩国的区域代表处。现任代表布雷德尔（Ralf Bredel，德国人），2016年上任。

办公地址：北京市朝阳区塔园外交办公楼2单元，电话：010–65323440。

工发组织中国投资促进处于1996年1月1日成立，前身为工发组织北京中心。主任：胡援东。办公地址：北京市朝阳区亮马河南路14号塔园外交人员办公大楼2单元142号。电话：010–65326140。（蒋盈）

国际原子能机构
International Atomic Energy Agency—IAEA

【成立日期】1954年第9届联合国大会通过决议，要求成立一个专门致力于和平利用核能的国际机构。经过两年筹备，有82个国家参加的规约会议于1956年10月26日通过了国际原子能机构（简称“机构”）的《规约》。1957年7月29日，《规约》正式生效。同年10月，机构举行首次全体会议，宣布机构正式成立。

【宗旨】谋求加速和扩大原子能对全世界和平、健康及繁荣的贡献，确保由其本身、或经其请求、或在其监督或管制下提供的援助不用于推进任何军事目的。

【成员】任何国家不论是否为联合国的会员国或联合国专门机构的成员国，经机构理事会推荐并由大会批准入会后，交存对机构《规约》的接受书，即可成为该机构的成员国。截至2015年11月，机构共有167个成员国。

【主要负责人】总干事天野之弥（Yukiya Amano，日本人），2009年12月1日就任，任期4年。2013年9月16日，经第57届国际原子能机构大会核准连任。

【总部】奥地利维也纳。

【网址】http://www.IAEA.org。

【出版物】《核聚变》月刊，《国际原子能机构通报》季刊，均为英、法、俄、西班牙文，从1986年起《国际原子能机构通报》增加中文本。机构每年还出版各种关于原子能及核保障监督的科技书籍。

【组织机构】（1）大会：由全体成员国组成。大会每年1次，一般在9月，为期1周。大会下设全体委员会和总务委员会，后者兼有证书委员会的职能。（2）理事会：由35国组成，每年举行4次会议。(3) 秘书处：执行机构，由总干事领导。总干事由理事会任命，大会批准，任期4年。秘书处下设政策制定办公室、技术援助及合作司、核能和核安全司、行政管理司、研究和同位素司、保障监督司。此外还设有3个研究单位：塞伯斯道夫实验室（奥地利）、的里雅斯特国际理论物理研究中心（意大利）、国际海洋放射性实验室（摩纳哥）。

【主要活动】国际原子能机构不是联合国的专门机构，但与联合国订有关系协定，同联合国大会、安理会和经社理事会有直接关系。机构每年向联大提交工作报告。机构的主要活动有：(1) 向成员国提供技术援助，帮助它们开展和平利用核能的研究和应用；(2) 与有关国家和国际组织订立"保障监督协定"，对由机构本身或经其介绍提供的技术援助项目、对成员国或其他国际组织以及根据核不扩散义务委托监督的项目实施保障监督，以确保这些不用于任何军事目的；(3) 组织研究和制定有关核安全和核保安的导则文件，并向世界各国推荐使用；(4) 与有关成员国或专门国际机构签订科学研究合同；(5) 召集各种科技会议，通过建立情报网、图书馆和出版书刊等方式组织关于和平利用核能的资料交流。机构自成立以来，在《规约》规定的两大职能（保障监督和和平利用核能）方面做了大量工作。在保障监督领域，已与170多个国家和地区组织签订了全面保障监督协定及单项保障协定，也分别与核武器国家缔结了自愿保障监督协定。1997年5月，机构通过保障监督附加议定书，这标志着机构的保障监督能力和范围从仅核查无核武器国家申报的核活动扩大到可核查未申报的核设施和核活动。在促进核知识和核技术的传播、加强核安全国际合作方面，机构先后主持制定了一系列与核安全、辐射安全、废物管理安全标准有关的国际公约，如《及早通报核事故公约》《核事故或辐射紧急情况援助公约》《核安全公约》《乏燃料管理安全和放射性废物管理安全联合公约》《核材料实物保护公约》及修订案等。2015年机构分别于3月、6月、9月及11月召开理事会会议，于8月、12月分别举行伊朗核问题特别理事会，并于9月召开第59届大会，主要审议了核能和核科学技术应用、核安全和核保安、保障监督执行情况、计划与预算委员会报告、伊朗核问题、朝鲜核问题、叙利亚核问题、中东地区核保障等议题，并批准了安提瓜和巴布达、巴巴多斯、土库曼斯坦加入机构的申请。

【同中国的关系】1984年，中国政府向机构递交了接受《规约》的接受书，成为正式成员国。1986年，中国参与制定并签署了《及早通报核事故公约》和《核事故或辐射紧急情况援助公约》。1988年9月，中国与机构正式签署了《中华人民共和国与国际原子能机构关于在中国实施保障监督的协定》，并于1989年9月生效。1988年12月，中国参加了由机构主持制定，并由机构总干事保存的《核材料实物保护公约》。1990年6月，中国与机构签署了《中华人民共和国和国际原子能机构技术援助协定》。1992年3月，中国加入了《不扩散核武器条约》。1994年9月，中国签署了《核安全公约》。1998年12月，机构总干事巴拉迪和中国常驻机构代表张义山大使签署了《中华人民共和国与国际原子能机构关于在中国实施保障监督的协定的附加议定书》。2002年3月，中国政府通知机构已完成附加议定书生效所需的内部程序，附加议定书对中国生效。2006年4月，中国加入《乏燃料管理安全和放射性废物管理安全联合公约》。2009年8月，中国批准了《核材料实物保护公约》修订案。

中国积极参与机构有关工作，参加了2015年的有关理事会及大会。 （孔君）

世界贸易组织
World Trade Organization—WTO

【成立日期】前身为关税与贸易总协定（General Agreement on Tariffs and Trade，GATT）。1994年4月在摩洛哥马拉喀什举行的关贸总协定部长级会议正式决定成立世界贸易组织，简称"世贸组织"。1995年1月1日，世贸组织成立。

【宗旨】促进经济和贸易发展以提高生活水平、保证充分就业、保障实际收入和有效需求的增长；扩大货物和服务的生产和贸易；以可持续发展为目标，考虑对世界资源的最有效利用，既保护环境、又与不同经济发展水平成员的需要和关注相一致；保证发展中国家、特别是最不发达国家在国际贸易增长中获得与其经济发展需要相当的份额。

【成员】截至2015年12月，有164个成员。

【负责人】现任总干事为罗伯托·阿泽维多（Mr. Roberto Azevedo，巴西人），于2013年9月1日上任，任期4年。

【总部】瑞士日内瓦。Centre William Rappard，Rue De Lausanne 154，CH-1211 Geneva 21 Switzerland。电话：+41（0）227395111；传真：227314206。

【网址】http://www.wto.org。

【组织机构】(1) 部长级会议：最高权力机构。至少每两年举行1次，讨论和决定涉及世贸组织职能的所有重要问题，并采取行动。(2) 总理事会（由所有成员组成）：在两届部长级会议期间履行世贸组织的职能，包括作为争端解决机构、贸易政策审议机构的职能。(3) 总理事会下设货物贸易理事会、服务贸易理事会和与贸易有关的知识产权理事会，各自履行有关协议以及总理事会所赋予的职能。(4) 部长级会议还下设贸易与发展委员会、国际收支限制委员会以及预算、财务与行政委员会等6个委员会，1个加入世贸组织工作组以及贸易与投资关系工作小组等3个工作小组。

（5）秘书处：为上述职能机构提供各种经常性的服务。由1名总干事和4名副总干事领导。

【主要活动】 执行和管理乌拉圭回合一揽子协议以及诸贸易协议；主持多边贸易谈判；作为争端解决机构；作为贸易政策审议机构；与国际货币基金组织和世界银行合作参与全球经济政策的制定。

世贸组织多哈回合谈判进展一直是各方关注的焦点。20国集团（G20）领导人峰会、金砖国家领导人会晤、亚太经合组织领导人非正式会议等重要多边国际会议都将多哈回合谈判作为重要议题。在2011年底的世贸组织第8次部长级会议上，各方同意在最终达成一揽子协议的前提下，通过循序渐进的方式对一些议题先行达成协议。2012年6月，G20洛斯卡沃斯峰会重申各方坚持多哈发展回合授权，承诺致力于完成多哈回合谈判，先在贸易便利化和其他最不发达国家关切的议题上探寻成果。世贸组织第9次部长级会议于2013年12月在印尼巴厘岛举行，世贸组织多数成员希望在此次会议上就贸易便利化、部分农业议题和发展议题达成“早期收获”。

2014年11月，世贸组织就《贸易便利化协定》的生效、粮食安全及后巴厘工作计划制定问题达成一致，各方将继续就推进多哈回合谈判而努力。

2015年12月，阿富汗、利比里亚成为世贸组织第163、164个成员国。

2015年12月15—19日，世贸组织第10次部长级会议在肯尼亚内罗毕举行，会议通过《内罗毕部长宣言》和9个部长决定，达成《信息技术协定》扩围协议，并承诺继续推动多哈议题成功结束。

【同中国的关系】 2001年12月11日，中国正式成为世贸组织成员。加入世贸组织后，中国认真履行在申请加入谈判过程中所做的承诺，修改、制定了大量法律法规，对贸易体制和政策进行了全面调整，对外开放水平不断提高。在货物贸易领域，进一步降低了关税，取消全部非关税措施；在服务贸易领域，切实落实各项承诺。加入世贸组织为中国发展赢得了良好的外部环境，促进了国内产业结构的调整，推动了经济和贸易的发展。截至2010年，中国加入世贸组织的所有承诺已全部履行完毕。

中国重视世贸组织在促进多边自由贸易体制发展方面的作用。加入世贸组织以来，中国恪守世贸组织多边贸易规则，反对贸易保护主义，促进世界各国特别是发展中国家的共同发展，获得国际社会的肯定。对于与其他成员的贸易摩擦，中国坚持遵循世贸组织有关规则，通过平等协商寻求解决办法。2012年，中国相关部委同世贸组织共同组织了最不发达国家加入世贸组织最佳实践圆桌会、全球价值链国际研讨会等。

中国积极参与多哈回合谈判。“免关税、免配额”是最不发达国家在多哈回合中最关心的议题之一。2011年11月，胡锦涛主席在G20戛纳峰会上宣布，中国将在南南合作框架下对同中国建交的最不发达国家97%的税目的产品给予零关税待遇。世贸组织总干事拉米在现场随即发言致谢，强调这一承诺不仅对世界上最贫穷国家是一个好消息，对多边贸易体系和多哈回合谈判也是强有力的、及时的支持。孟加拉国驻世贸组织代表团大使代表最不发达国家集团于11月11日专门致函中国驻世贸组织代表团，就此向中方表示衷心感谢。

世贸组织总干事拉米重视中国的重要作用。2012年5月和9月拉米两次访华，出席中国国际服务贸易交易会、全球价值链国际研讨会等，同中方就如何加强多边贸易体系、推动多哈回合谈判交换看法。

2013年9月，中国籍的易小准被任命为世贸组织副总干事。

2014年5月17日，世贸组织总干事阿泽维多出席在青岛举行的2014年亚太经合组织贸易部长会议。11月7日，国务院副总理汪洋会见访华的世贸组织总干事阿泽维多。

2014年7月3日，世贸组织在日内瓦完成对中国的第5次贸易政策审议，肯定中国在世界经济和多边贸易体制中的重要地位和作用，商务部部长助理王受文率团出席。

2015年12月，世贸组织第10次部长级会议在肯尼亚内罗毕举行。商务部部长高虎城率团出席。中方秉持促和、促谈、促成原则，为会议成功做出积极贡献。

（赵欣）

世界旅游组织
World Tourism Organization—UNWTO

【成立日期】 1975年1月2日。2003年11月成为联合国专门机构。

【宗旨】 促进和发展旅游事业，使之有利于经济发展、国际间相互了解、和平与繁荣以及不分种族、性别、语言或宗教信仰、尊重人权和人的基本自由，并强调在贯彻这一宗旨时要特别注意发展中国家在旅游事业方面的利益。

【成员】 正式成员157个，联系成员（Associate Member）6个，附属成员（Affiliate Member）486个（截至2016年1月22日）。

【主要负责人】 现任秘书长塔勒布·瑞法依（Taleb Rifai，约旦人），2009年10月当选，2013年8月连任，任期至2017年。

【总部】 西班牙马德里。

【网址】 www.unwto.org。

【出版物】《世界旅游组织消息》（*WTO News*），月刊；《旅游统计年鉴》（*Yearbook of Tourism Statistic*），年刊。均为英、法、西班牙文。

【组织机构】（1）全体大会（Assembly）：最高权

力机构。每两年召开1次；（2）执行委员会（Executive Council）：常设机构。一年召开两次会议。成员数量为该组织成员国总数的1/5。成员由地区委员会推选，执委会提名，大会通过。2015年执行委员会成员为31个国家。准成员及附属成员委员会可各推选1位代表参加执行委员会的工作，但无投票权；（3）秘书处：负责日常工作。秘书长是世界旅游组织的主要负责人，由执委会推荐，大会选举产生，任期4年，可连任两次。（4）地区委员会：非常任机构，每年召开1次会议。共有欧洲、非洲、中东、南亚、东亚及太平洋、美洲6个地区委员会。

【主要活动】负责制定国际性旅游公约、规则，研究全球旅游政策，收集和分析旅游数据，定期向成员国提供统计资料。近年来，该组织积极参与旅游领域的经济活动，努力倡导以旅游促进经济发展、消除贫困、解决就业、与各国开展合作项目。对旅游经济活动提供咨询、援助，开展技术合作。

【同中国的关系】中国于1983年10月加入世界旅游组织。多次当选执行委员会委员，2015年连任执委会委员，本届任期至2019年。

2015年3月，与国家旅游局共同签署《中华人民共和国国家旅游局与联合国世界旅游组织2015—2017年合作计划》。

（魏志民）

伊斯兰合作组织

Organization of the Islamic Cooperation—OIC

【成立日期】1970年5月正式成立，原名伊斯兰会议组织，于2011年6月改名为伊斯兰合作组织。

【宗旨】促进各成员国之间的团结，加强它们在经济、社会、文化、科学等方面的合作；努力消除种族隔离和种族歧视，反对一切形式的殖民主义；支持巴勒斯坦人民恢复其民族权利和重返家园的斗争；支持所有穆斯林人民保障其尊严、独立和民族权利的斗争；呼吁各成员国通过政府间合作，遏制和根除“伊斯兰恐惧症”。

2008年3月，在塞内加尔首都达喀尔召开的第11届伊斯兰会议组织首脑会议通过了新宪章，在前言和宗旨原则方面增加了体现时代色彩的内容，如：促进人权、基本自由、良政和法治国家建设；促进伊斯兰成员国和世界其他国家之间相互信任、相互尊重、友好合作的关系；正面宣传伊斯兰教温和、宽容和尊重多样性的价值观念；支持国际关系民主化，配合国际社会对一切形式的恐怖主义的斗争；加强伊斯兰国家内部的经贸、科技和文化合作，最终建立伊斯兰共同市场等。

【成员】57个：阿富汗、阿尔巴尼亚、阿尔及利亚、阿塞拜疆、巴林、孟加拉国、贝宁、文莱、布基纳法索、喀麦隆、乍得、科摩罗、科特迪瓦、吉布提、埃及、加蓬、冈比亚、几内亚、几内亚比绍、圭亚那、印度尼西亚、伊朗、伊拉克、约旦、哈萨克斯坦、科威特、吉尔吉斯斯坦、黎巴嫩、利比亚、叙利亚、马来西亚、马尔代夫、马里、毛里塔尼亚、摩洛哥、莫桑比克、尼日尔、尼日利亚、阿曼、巴基斯坦、巴勒斯坦、卡塔尔、沙特阿拉伯、塞内加尔、塞拉利昂、索马里、苏丹、苏里南、塔吉克斯坦、多哥、突尼斯、土耳其、土库曼斯坦、乌干达、阿拉伯联合酋长国、乌兹别克斯坦、也门。

此外，波黑、中非、泰国、俄罗斯、“北塞浦路斯土耳其共和国”为观察员。

【主要负责人】秘书长伊亚德·麦达尼（Iyad Madani，沙特人），2013年2月当选伊斯兰合作组织第10任秘书长，2014年1月1日就任。

【总部】秘书处设在沙特阿拉伯王国的吉达市。

【网址】http://www.oic-oci.org。

【组织机构】（1）首脑会议：最高权力机构，每3年举行1次。（2）外长会议：每年轮流在1个成员国举行1次。（3）常设秘书处。另外设有伊斯兰开发银行、耶路撒冷委员会、阿富汗问题委员会、伊斯兰和平委员会、伊斯兰法庭、伊斯兰发展基金会和伊斯兰经贸常设委员会等。

根据2008年3月第11届伊斯兰会议组织首脑会议修改的宪章规定，又增加了常设委员会、执行委员会、伊斯兰国际法院、独立人权常设委员会和常设代表委员会等专门机构。

【主要活动】截至2016年3月，伊斯兰国家首脑会议共召开过12次例会和5次特别会议；外长会议共召开过42次。

2013年2月6—7日，第12届伊斯兰合作组织首脑会议在埃及开罗举行。共27国元首及多位国家领导人等30个成员国代表出席。会议围绕“伊斯兰世界：新挑战与新机遇”这一主题，就巴勒斯坦、叙利亚、马里、反恐及加强成员国之间的经贸合作等问题展开讨论，发表了闭幕宣言，并就巴勒斯坦、马里问题发表公报，呼吁伊斯兰国家采取集体行动，制止以色列扩建定居点和在耶路撒冷修建隔离墙；重申维护叙利亚主权和领土完整，支持政治解决叙问题；重申支持马里统一、主权和领土完整；谴责各种形式的恐怖主义。

2016年3月6—7日，第5届伊斯兰合作组织特别首脑会议在印尼雅加达召开。会议围绕当前巴勒斯坦包括东耶路撒冷持续紧张的局势进行讨论，体现了

OIC成员国坚定支持巴勒斯坦维护主权、公正以及巴勒斯坦人民基本权利的斗争，表达了寻求和平解决巴勒斯坦问题的愿望。

2012年8月14—15日，伊斯兰合作组织第4届特别峰会在沙特麦加召开，除叙利亚以外的56个成员国国家元首、政府首脑或代表与会。会议宣布冻结叙利亚在OIC及其下属所有机构的成员资格；强调巴勒斯坦问题是伊斯兰民族核心问题；强调伊斯兰世界应实施改革，奉行温和思想，反对极端恐怖主义。会议发表《麦加宣言》和《最后公报》。

2015年5月27—28日，第42届伊斯兰合作组织外长会议在科威特召开。会议主题为“促进宽容、谴责恐怖主义”，主要讨论了反恐、巴勒斯坦、也门等问题。会议发表了《科威特宣言》。

【同中国的关系】1974年2月，第2次伊斯兰国家首脑会议召开时，周恩来总理向大会发了贺电。此后，中国总理多次向该组织首脑会议致电祝贺。1993年8月，由巴基斯坦外长阿卜杜尔·萨塔尔率领的伊斯兰会议组织部长级代表团访华。1994年11月，应中国伊斯兰教协会邀请，伊斯兰会议组织副秘书长穆罕默德·穆哈辛率团访华。1995年7月，由摩洛哥外交部多边关系合作司总司长本希马率领的伊斯兰会议组织代表团访华。

2005年7月，伊斯兰会议组织秘书长伊赫桑奥卢访华。这是该组织秘书长首次访华。2009年8月，伊斯兰会议组织秘书处代表团访华。2010年6月，伊斯兰会议组织秘书长伊赫桑奥卢访华，吴邦国委员长、杨洁篪外长、国家宗教局局长王作安分别会见伊，外交部副部长翟隽与伊会谈。双方发表了联合新闻公报，强调将共同努力，深化双方在政治、经贸、文化等领域的友好合作关系。12月，外交部副部长翟隽访问伊斯兰会议组织总部，同伊赫桑奥卢秘书长举行会谈，这是中国政府代表团首次访问伊斯兰会议组织总部。2012年1月，温家宝总理出访沙特期间在利雅得会见伊斯兰合作组织秘书长伊赫桑奥卢，双方就中国与伊斯兰世界关系、西亚北非地区局势及其他共同关心的问题交换了看法。2012年6月，伊斯兰合作组织秘书长伊赫桑奥卢来华参加首届“中国与伊斯兰文明研讨会”，期间全国政协主席贾庆林会见伊，外交部副部长翟隽与伊会谈。2013年9月，外交部长王毅在第68届联合国大会一般性辩论期间与伊斯兰合作组织秘书长伊亚德举行会谈。2015年2月，伊斯兰合作组织巴勒斯坦和耶路撒冷问题部长联络小组代表团访华。2015年4月，伊斯兰合作组织助理秘书长阿里姆访华并举行中国与伊斯兰合作组织首轮司局级磋商。2016年1月19日，习近平主席访问中东国家期间在利雅得会见伊斯兰合作组织秘书长伊亚德。（李玮）

阿拉伯国家联盟

League of Arab States—LAS

【成立日期】1945年3月22日，在埃及倡议下，7个阿拉伯国家的代表在埃及首都开罗举行会议，通过了《阿拉伯联盟宪章》，阿拉伯国家联盟（简称“阿盟”）正式成立。

【宗旨】密切成员国间的合作关系，协调彼此间的政治活动，捍卫阿拉伯国家的独立和主权，促进阿拉伯国家的整体利益，推动各成员国在经济、财政、交通、文化、卫生、社会福利、国籍、护照、签证、司法等方面进行密切合作。成员国相互尊重国家政治制度，彼此之间的争端不得诉诸武力解决，某一成员国与其他国家缔结的条约和协定对其他成员国无约束力。

【成员】目前阿盟成员为22个：阿尔及利亚、阿拉伯联合酋长国、阿曼、埃及、巴勒斯坦、巴林、吉布提、卡塔尔、科威特、黎巴嫩、利比亚、毛里塔尼亚、摩洛哥、沙特阿拉伯、苏丹、索马里、突尼斯、叙利亚、也门、伊拉克、约旦、科摩罗。2011年11月16日，阿盟正式中止叙利亚成员国资格；2013年3月26日，阿盟决定将叙利亚在阿盟席位授予叙利亚反对派“全国联盟”，但迄未落实。

【主要负责人】秘书长纳比勒·阿拉比（Nabil Al-Arabi，埃及人），2011年7月3日正式就任，任期5年。

【总部】阿盟宪章规定，阿盟总部的永久地址为埃及首都开罗。

【网址】http://www.lasportal.net。

【出版物】《阿拉伯事务》月刊，阿拉伯文；《新闻公报》（*Information Bulletin*），阿、英文。

【组织机构】（1）首脑级理事会：最高权力机构，1964年起开始举行首脑会议，商讨地区性重大问题。可应成员国要求召开特别首脑会议或紧急首脑会议。2000年10月在开罗召开的第11次特别首脑会议决定每年定期举行首脑会议，由成员国轮流主持。科威特和埃及分别为2014年度和2015年度主席国。（2）部长级（外长）理事会：由全体成员国外长组成，下设数个委员会，负责讨论、制定和监督执行有关的阿拉伯共同政策、制定阿盟各机构的内部条例并任命阿盟秘书长。每年3月和9月举行例会，也可以应两个以上成员国的要求随时召开特别会议或紧急会议。协商一致通过的决议对所有成员国均有约束力。唯有财政和管理问题，获2/3多数通过后即对全体成员有效。（3）专项部长理事会：随着阿拉伯国家相互关系的发展和合作领域的扩大，各专项领域的部长理事会相继建立并逐步取代了原外长理事会下设的有关委员会。到目前为止，共成立了10个专项部长理事会，由成员国相关部长组成，定期召开会议，负责制定有关领域的阿拉伯共同政策和加强成员国间的有关协调与合作。它们分别是：新闻、内政、司法、住房、运输、卫生、社会事务、青年与体育、环境事务和通讯部长理事会等。（4）联合防御理事会：根据“共同防御与经济合作条约”建立，由成员国外长和国防部长组成，其任务是统一各成员国的防务计划，为加强其军事力量而开展合作。（5）经社理事会：由成员国有关部长或其代表组成，致力于实现阿盟在经济和社会发展方面制定的目标，并有权建立或取消任何专项组织，负责监督其运作情况。目前其属下有19个专门组织和机构。（6）秘书处：阿盟的常设行政机构和理事会及各专项部长理事会的执行机构，设秘书长1人，由副秘书长和秘书长顾问组成的委员会协助其工作。

阿盟在埃塞俄比亚、奥地利、比利时、西班牙、德国、俄罗斯、法国、美国、瑞士、意大利、印度、英国、中国等设有办事处。

【主要活动】（1）截至2016年1月，阿盟共举行过26次首脑会议和12次特别首脑会议。2000年10月在埃及首都开罗召开的第11次特别首脑会议，决定每年定期举行阿拉伯国家首脑会议。从第13届阿拉伯国家首脑会议（2001年3月）起，阿盟首脑会议机制化。

2015年3月28—29日，第26届阿盟首脑会议在埃及召开。会议发表了题为“维护阿拉伯国家安全”的《沙姆沙伊赫宣言》。会议决定组建阿拉伯国家联合部队，呼吁尽快恢复也门的安全稳定。会议主要就也门、利比亚、叙利亚、巴勒斯坦及地区反恐等议题进行了讨论。

（2）外长级理事会。截至2016年1月，阿盟外长理事会共举行了144次例会，并召开了多次特别会议或紧急会议。

2014年3月9日，阿盟外长理事会第141次例会在科威特举行。各国外长就巴勒斯坦、叙利亚局势、阿以争端、也门、利比亚局势等议题进行了讨论。

2014年9月6日，阿盟外长理事会第142次例会在开罗举行。各国外长就伊拉克局势、巴勒斯坦、叙利亚等议题进行了讨论。

2015年3月9日，阿盟外长理事会第143次例会在开罗举行。各国外长就也门、利比亚、叙利亚、巴勒斯坦及地区反恐等议题进行了讨论。

2015年9月3日，阿盟外长理事会第144次例会在开罗举行。各国外长就巴勒斯坦、也门、利比亚、叙利亚局势、反恐等议题进行了讨论。

【同中国的关系】中国同阿盟于1956年建立联系。近十几年来，双方关系日益密切，交往不断增多，在国际事务中保持协调和相互支持。

1993年5月，阿盟秘书长马吉德正式访华。8月，阿盟在北京设立办事处。1996年5月，江泽民主席在访问埃及期间会见了马吉德秘书长。1999年1月，唐家璇外长在开罗阿盟总部与马吉德秘书长签署了《中华人民共和国外交部与阿拉伯国家联盟秘书处关于建立政治磋商机制的谅解备忘录》。9月，马吉德秘书长首次提出了建立中阿论坛的设想。2002年4月，朱镕基总理访问埃及时在阿盟总部会见穆萨秘书长，双方就“中阿合作论坛”、中东局势等问题交换了意见。2004年1月，胡锦涛主席访问阿盟总部，会见穆萨秘书长及22个阿盟成员国代表，双方共同宣布“中阿合作论坛”成立。同年9月，李肇星外长出席在开罗召开的“中阿合作论坛”首届部长级会议，“中阿合作论坛”正式启动。阿盟与中国关系进一步加强，在国际事务中相互支持，并在“中阿合作论坛”框架下共同举办了一系列中阿对话与合作活动。2005年，中国任命驻埃及大使兼任驻阿盟代表。2009年11月，温家宝总理出席中非合作论坛第4届部长级会议期间访问了开罗阿盟总部，会见了穆萨秘书长，并发表了题为《尊重文明的多样性》的演讲。2010年5月，中国国家主席胡锦涛、国务院总理温家宝分别会见了前来参加中阿合作论坛第4届部长级会议的阿拉伯国家联盟秘书长穆萨，会议签署并发表了《天津宣言》，宣布在论坛框架下建立“全面合作、共同发展”的中阿战略合作关系。2011年10月，阿盟秘书长顾问哈立德访华。2012年5月，阿盟秘书长阿拉比正式访华。2013年5月，阿盟副秘书长本·哈里来华参加中阿合作论坛第10次高官会。2014年6月，阿盟秘书长阿拉比来华参加中阿合作论坛第6届部长级会议。2014年8月，王毅外长访问开罗阿盟总部，同阿盟秘书长阿拉比进行会谈。2014年9月10日，习近平主席与阿盟首脑理事会轮值主席国科威特埃米尔萨巴赫向中国—阿拉伯国家友好年暨第3届阿拉伯艺术节开幕式致贺信。2015年6月1日，杨洁篪国务委员访问阿盟总部，会见阿盟秘书长阿拉比。2016年1月21日，习近平主席访问阿盟总部，会见阿盟秘书长阿拉比，并发表了题为《共同开创中阿关系的美好未来》的演讲。

近年来，阿盟首脑会议和外长理事会连续做出对华关系决议，呼吁阿盟成员国积极发展同中国在各个领域的关系。

此外，阿盟与中国有关部门密切合作，在中阿合作论坛框架下共同举办了6届部长级会议、12次高官会、1次高官级战略政治对话、6届中阿企业家大会暨投资研讨会、4届中阿能源合作大会、3届中阿新闻合作论坛、2届中国艺术节、3届阿拉伯艺术节、4届中阿友好大会、6届中阿关系暨文明对话研讨会等机制性活动。2014年6月5日，中阿合作论坛第6届部长级会议在北京举行。

【阿盟驻华代表处】阿拉伯国家联盟驻华代表处：

北京市朝阳区霄云路18号京润水上花园H–22号别墅。网址：http://www.arableague-china.org。电话：010–64649983，64649984；传真：64649973。电子邮箱：info@arableague-china.org。主任：加尼姆·塔哈·艾哈迈德·希卜里（Ghanim Taha Ahmed Al-Shibli，伊拉克籍），2014年2月27日到任。（武艺）

阿拉伯议会联盟

Arab Inter-Parliamentary Union—AIPU

【成立日期】1974年6月21日。

【宗旨】加强阿拉伯议会间的往来和交流；协调、统一各国议会在国际上和其他各方面的活动；加强同其他地区议会联盟和国家议会组织的交往；协调、统一阿拉伯国家立法；研讨阿拉伯世界的共同性问题，在国际上促进阿拉伯民族事业。

【成员】22个：约旦、阿拉伯联合酋长国、巴林、突尼斯、阿尔及利亚、科摩罗、吉布提、沙特阿拉伯、索马里、苏丹、叙利亚、伊拉克、阿曼、巴勒斯坦、卡塔尔、科威特、黎巴嫩、利比亚、埃及、摩洛哥、毛里塔尼亚、也门。

【主要负责人】议会联盟主席加尼姆（Marazoug Ali Alghanim，科威特人），2013年8月当选。秘书长沙瓦白凯（Fayez Al Shawabkeh，约旦人），2016年1月当选。

【总部】埃及首都开罗（原址为叙利亚首都大马士革，2011年叙局势动荡后迁至埃及开罗）。

【网址】http://www.arab-ipu.org。

【出版物】《阿拉伯议会》(*The Arab Parliament*)季刊和《议会对话》(*Parliamentary Dialogue*)季刊，均为阿、英、法文。《情况公报》(*Information Bulletins*)，阿文。

【组织机构】（1）大会：每年第1季度召开，必要时可举行紧急会议，由各成员国议会组织派代表团参加，东道国议长任主席。（2）理事会：通常每年开会2次，必要时可举行紧急会议，由各成员国议会组织各派1名议员任代表，议会联盟主席兼任主席。（3）秘书处：由秘书长领导，秘书长每两年由理事会选举产生。

【主要活动】截至2015年10月，阿拉伯议会联盟大会共举行过22次会议。

2014年7月17日，阿拉伯议会联盟第21次紧急特别大会在埃及举行。会议着重就巴勒斯坦问题进行了讨论，通过并发布了相关决议。

2015年10月17日，阿拉伯议会联盟第22次特别大会在日内瓦举行。会议着重就巴勒斯坦问题进行了讨论，通过并发布了相关声明。

【同中国的关系】1985年，中国全国人大与该联盟建立了联系。同年10月，该联盟首次派以秘书长布巴维为首的代表团访华，耿飚副委员长会见。1992年2月，该联盟代表团访华，就利比亚涉嫌参与炸机事件与中方交换意见，彭冲副委员长会见，符浩常委与之会谈。同年4月，出席各国议会联盟第87届大会的该组织主席卡杜拉会见了正在喀麦隆访问的中国全国人大代表团，并邀请中国全国人大代表团访问设在大马士革的该组织总部。5月，该组织主席卡杜拉致函万里委员长，再次邀请中国全国人大代表团访问其总部，并希望就双方共同关心的问题交换意见。（武艺）

阿拉伯马格里布联盟

Union du Maghreb Arabe—UMA

【成立日期】1989年2月17日。

【宗旨】在尊重各成员国的政治、经济和社会制度的前提下，充分协调经济、社会方面的立场、观点和政策，大力发展经济互补合作。在外交和国际领域协调立场，进行合作。优先实现经济一体化，最终实现阿拉伯统一。

【成员】5个：阿尔及利亚、利比亚、毛里塔尼亚、摩洛哥、突尼斯。1994年11月，埃及正式要求加入阿拉伯马格里布联盟（简称“马盟”），但截至2013年马盟未审议埃及的要求。

【主要负责人】执行主席由成员国元首轮流担任，任期1年。

【总部】常设秘书处在摩洛哥。秘书长哈比卜·本·叶海亚（Habib Ben Yahia，突尼斯人），2006年1月任命。

【组织机构】（1）元首委员会：最高决策机构，由成员国元首组成，每年举行1次例会，会议主席由元首轮流担任并在委员会休会期间任马盟执行主席。（2）外长理事会：由各成员国外长组成，负责审议后续工作委员会和各部长专门委员会提交的工作报告，为元首会议作准备，并列席元首委员会例会。（3）后续工作委员会：由成员国负责马格里布事务的国务秘书组成，负责落实元首委员会的决议。（4）部长专门委员会：现有粮食安全、财政经济、人力资源和基本建设4个专门委员会。常设机构有：(1) 常设秘书处：原为总秘书处，由各成员国1名代表组成。1990年元首委员会决定改为常设秘书处。秘书长任期为3年，可连任1届。(2) 咨询委员会：即马盟议会，设在阿尔及利亚，由成员国各20名立法代表组成，其主要职责是对元首委员会做出的决议、计划提出意见，并就马盟活动和实现目标提出建议。(3) 马盟法院：由成员国各2名法官组成，设在毛里塔尼亚。

【主要活动】 1989年2月16—17日，马格里布5国元首在摩洛哥马拉喀什举行会议，签署了阿拉伯马格里布联盟条约，正式宣布成立阿拉伯马格里布联盟。1990—1994年共举行了6次首脑会议。1995年2月，利比亚表示因洛克比危机无法接替阿尔及利亚担任马盟主席国。12月，摩洛哥指责阿尔及利亚直接插手西撒哈拉问题，要求暂时中止马盟活动，并拒绝担任下届主席国。此后，马盟首脑会议未再举行。

2000年4月，首届欧非首脑会议期间，阿尔及利亚、摩洛哥、利比亚、突尼斯4国元首实现多年来的首次集体会晤，4国均重申区域一体化是其战略选择。2001—2003年，马盟外长理事会在阿尔及利亚召开多次会议，利比亚在第21次会议上接任马盟主席国。2015年5月，马盟外长理事会第33次会议在拉巴特举行，会议呼吁完善马格里布地区安全战略，应对地区恐怖主义和有组织犯罪挑战。

【同地中海北岸国家关系】 马盟5国与法国、意大利、西班牙、葡萄牙和马耳他5国于1990年11月建立"5+5"对话关系，目的是加强彼此合作，促进共同发展，维护西地中海地区的和平与安全。2003年12月，首届"5+5"首脑会议在突尼斯举行。会议着重就地区安全与稳定、经济一体化、社会与人文、文化与文明对话及加强政治磋商等5个议题进行讨论，通过了《突尼斯宣言》。2004年11月，第4届西地中海"5+5"外长会议在阿尔及利亚奥兰市举行。会议决定建立欧洲—地中海国家自主安全机制，加强打击非法移民和反恐活动，强调马盟经济一体化是建立欧—地自由贸易区的基础。2005年12月，第2届西地中海"5+5"国防部长会议在阿尔及利亚阿尔及尔举行。会议通过了一项旨在加强西地中海地区安全的行动纲领。2008年1月，第6届西地中海"5+5"外长会议在摩洛哥拉巴特举行。会议讨论了地区一体化等议题，敦促地区各国在反恐、打击非法移民和海运安全等方面加强合作。2009年5月，西地中海"5+5"国防部长会议在利比亚的黎波里召开，讨论联手打击非法移民、扫雷、地中海地区和平与安全等问题。2010年2月，欧洲27国与"5+5"机制地中海南岸5国在西班牙马约卡举行国防部长联席会议，讨论合作应对地区安全威胁、打击恐怖主义、毒品走私、有组织犯罪等问题。4月，第8届西地中海"5+5"外长会议在突尼斯举行，会议呼吁在"两国方案"基础上立即重启中东和平进程。同月，首届西地中海"5+5"对话国环境和可再生能源部长级会议在阿尔及利亚奥兰市举行。会议通过了《奥兰宣言》，并在奥兰建立"地中海可持续发展监测机构"。2013年4月，首届西地中海"5+5"议长峰会在法国马赛举行，各方就加强两岸国家合作，共同应对民主转型、经济发展等挑战，加强议会间交往与合作交换意见。同月，第15届西地中海"5+5"内政部长会议在阿尔及利亚阿尔及尔举行，各方就加强打击恐怖主义、非法移民等问题交换意见。同月，第10届西地中海"5+5"外长会议在毛里塔尼亚努瓦克肖特举行。2014年5月，第11届西地中海"5+5"外长会议在葡萄牙里斯本举行。10月，第6届"5+5国防倡议"成员国空军参谋长会议在拉巴特举行。（赵宁）

海湾阿拉伯国家合作委员会

Cooperation Council for the Arab States of the Gulf—GCC

【成立日期】 1981年5月25日，阿拉伯联合酋长国、阿曼苏丹国、巴林国、卡塔尔国、科威特国、沙特阿拉伯王国6个海湾阿拉伯国家元首在阿联酋宣布成立海湾阿拉伯国家合作委员会（简称"海湾合作委员会"或"海合会"），并签署了合作委员会章程。

【宗旨】 协调成员国政策，统一各国经济，加强地区防务和安全合作，缩小各国间社会、文化及教育发展差距。密切成员国人民间的联系、交往与合作。

【成员】 正式成员为阿拉伯联合酋长国、阿曼苏丹国、巴林王国、卡塔尔国、科威特国和沙特阿拉伯王国。2001年12月第22届首脑会议同意也门加入海合会卫生、教育、劳工和社会事务部长理事会等机构。2011年6月在吉达召开的海合会外长理事会第119次会议发表声明，欢迎约旦、摩洛哥加入海合会。2012年11月第125届外长理事会分别与约旦、摩洛哥就建立"战略伙伴关系"达成为期5年的"共同行动计划"，并承诺未来5年内向两国分别提供50亿美元的无偿援助。

【主要负责人】 现任秘书长阿卜杜拉提夫·扎耶尼（Abdul-Latif Al-Zayani，巴林人），2010年12月任命，2011年4月履新。

【总部】 总秘书处设在沙特首都利雅得。

【网址】 http://www.gcc-sg.org。

【组织机构】（1）最高理事会：最高权力机构。由成员国元首组成。主席由各国元首按国名字母（阿拉伯文）顺序轮流担任，任期1年。2016年主席为沙特国王萨勒曼·本·阿卜杜勒阿齐兹·阿勒沙特（Salman bin Abdul-Aziz Al-SAUD）。（2）部长理事会：由成员国外交大臣（部长）或代表他们的其他大臣组成。主席由各国按字母顺序轮流担任，任期1年。2016年主席为沙特外交大臣阿迪勒·朱贝尔（Adel Al-Jubeir）。（3）总秘书处：设秘书长和分别负责政治、经济、军事、安全、文化等领域事务的9名助理秘书长。秘书长按国名字母顺序轮流担任并由最高理事会在海合会首脑会议期间任命，任期3年。

【主要活动】海合会自成立以来，每年11月或12月轮流在6国首都召开首脑会议。至2015年12月共举行了36次。1999年起每年在首脑会议之间召开1次非正式首脑磋商会议，迄今已召开15次。6国外交、国防、内政、石油和财政等大臣（部长）也定期或根据需要召开会议。会议主要商讨6国和海湾、中东地区面临的政治、经济、外交、安全、军事等重大问题，互通情况，协调立场，共商对策，联合行动。

自1981年起，海合会第1—36次首脑会议先后在阿布扎比（1981年5月）、利雅得（1981年11月）、麦纳麦（1982年11月）、多哈（1983年11月）、科威特城（1984年11月）、马斯喀特（1985年11月）、阿布扎比（1986年5月）、利雅得（1987年12月）、麦纳麦（1988年12月）、马斯喀特（1989年12月）、多哈（1990年12月）、科威特城（1991年12月）、阿布扎比（1992年12月）、利雅得（1993年12月）、麦纳麦（1994年12月）、马斯喀特（1995年12月）、多哈（1996年12月）、科威特城（1997年12月）、阿布扎比（1998年12月）、利雅得（1999年11月）、麦纳麦（2000年12月）、马斯喀特（2001年12月）、多哈（2002年12月）、科威特城（2003年12月）、麦纳麦（2004年12月）、阿布扎比（2005年12月）、利雅得（2006年12月）、多哈（2007年12月）、马斯喀特（2008年12月）、科威特城（2009年12月）、阿布扎比（2010年12月）、利雅得（2011年12月）、麦纳麦（2012年12月）、科威特城（2013年12月）、多哈（2014年12月）、利雅得（2015年12月）举行。

自1999年起，海合会第1—15次非正式首脑磋商会议先后在沙特（1999年）、阿曼（2000年）、巴林（2001年）、沙特（2002年5月）、沙特（2003年5月）、沙特（2004年5月）、沙特（2005年5月）、沙特（2006年5月）、沙特（2007年5月）、沙特（2008年5月）、沙特（2009年5月）、沙特（2010年5月）、沙特（2011年5月）、沙特（2012年5月）、沙特（2015年5月）召开。

2015年12月9—10日，海合会第36届首脑会议在沙特首都利雅得召开。会议就推进海合会一体化进程、反恐、叙利亚、也门、巴勒斯坦等进行讨论并发表《利雅得宣言》。

【对外政策】6国均奉行不结盟的外交政策。举措温和、务实。面对新的国际局势，6国更多依靠以海合会为整体参与国际和地区事务，开展多元外交，注重大国间的平衡。在重大国际、地区问题上采取统一立场，发挥海合会集体作用，体现6国对外政策的统一性和整体性。

【对当前重大国际和地区问题的表态】中东问题：强调以色列必须从1967年以来被占的阿拉伯领土上撤出，在联合国安理会有关决议的基础上建立独立、可生存、以东耶路撒冷为首都、与以色列和平共存的巴勒斯坦国，并以此为前提讨论巴以之间关于边界、水资源、定居点、难民、耶路撒冷地位、安全等主要问题。坚持和谈进程应包括叙以、黎以和谈，以有关国际决议和协议为基础实现中东地区的全面、公正、持久和平。

叙利亚局势：对叙利亚国内局势深感忧虑和痛心，强调应保持叙利亚统一、稳定，对叙利亚危机及人道主义局势恶化表示担忧，认为这是由于叙利亚当局持续血腥镇压、屠杀人民造成的。欢迎叙利亚问题维也纳外长会根据2012年日内瓦外长会公报就和平解决叙利亚危机达成的共识。

伊拉克问题：强调尊重伊拉克主权、独立和领土完整，维护伊拉克的阿拉伯和伊斯兰属性，欢迎伊拉克政府新的执政方针，呼吁其加强各派民族团结，实现国家安全稳定及主权和领土完整，促进海湾地区阿拉伯国家之间的互信和合作，共同应对恐怖主义威胁。

伊朗问题：呼吁遵循国际法、通过对话以和平方式解决伊朗核问题，避免发生任何冲突。对伊朗核问题全面协议达成表态谨慎，希望协议能消除海方对伊朗核计划的疑虑，维护地区安全稳定。强调中东和海湾地区应成为无大规模杀伤性武器区。

阿联酋与伊朗“三岛”纠纷问题：支持阿联酋对大、小通布和阿布穆萨三岛及其海域、领空和专属经济区的主权；对与伊朗谈判未取得积极成果表示遗憾，认为该问题的解决有助于地区的安全与稳定；呼吁伊朗响应阿联酋关于通过直接谈判或提交国际法院解决争端的倡议。

【同中国的关系】海合会自成立之日起即同中国建立了联系。近年来，双方友好交往持续发展。

2014年1月17日，中国—海合会第三轮战略对话在北京举行。会议由王毅外长和海合会部长理事会轮值主席国科威特第一副首相兼外交大臣萨巴赫共同主持，海合会秘书长扎耶尼、下任轮值主席国卡塔尔外交大臣助理鲁梅黑以及其他海合会成员国外交部负责人或外长代表参加。对话结束后，双方签署了《中华人民共和国和海湾阿拉伯国家合作委员会成员国战略对话2014年至2017年行动计划》，并发表了《中华人民共和国和海湾阿拉伯国家合作委员会第三轮战略对话新闻公报》。2016年1月，国家主席习近平对沙特进行国事访问期间，会见海合会秘书长扎耶尼，双方就推进中海自贸区谈判达成重要共识。

近年来，中国与海合会六国经贸、能源合作发展迅速。2015年，中国与六国贸易总额为1367亿美元，同比下降22%。中国自海合会六国进口原油1.1亿吨，同比增长10%。目前，中国与海合会自贸区谈判已举行5轮，能源小组对话已举行4轮。2012年3月，中国—海合会首届经贸联委会在沙特利雅得召开。

（李群）

中国—阿拉伯国家合作论坛

China—Arab States Cooperation Forum

【成立日期】2004年1月30日，中国国家主席胡锦涛访问了设在埃及开罗的阿拉伯国家联盟（下称“阿盟”）总部，会见了阿盟秘书长阿姆鲁·穆萨和22个阿盟成员国代表。会见结束后，李肇星外长与穆萨秘书长共同宣布成立“中国—阿拉伯国家合作论坛”，并发表了《关于成立“中国—阿拉伯国家合作论坛”的公报》。

【宗旨】加强对话与合作、促进和平与发展。

【成员】中国和阿盟22个成员国：约旦、阿拉伯联合酋长国、巴林、突尼斯、阿尔及利亚、吉布提、沙特阿拉伯、苏丹、叙利亚（2011年11月16日，阿盟正式中止叙利亚成员国资格；2013年3月26日，阿盟决定将叙利亚在阿盟席位授予叙利亚反对派“全国联盟”，但迄未落实）、索马里、伊拉克、阿曼、巴勒斯坦、卡塔尔、科摩罗、科威特、黎巴嫩、利比亚、埃及、摩洛哥、毛里塔尼亚、也门。

【机制】（1）部长级会议：为论坛长期机制，由各国外长和阿盟秘书长组成，每两年在中国或阿拉伯国家联盟总部或任何一个阿拉伯国家轮流举行1次部长级例会，必要时可以召开非常会议。会议主要讨论加强中国和阿拉伯国家在政治、经济、安全等领域的合作；就共同关心的地区和国际问题、联合国及其专门机构会议所讨论的热点问题交换意见；回顾论坛行动计划执行情况；讨论双方共同关心的其他事务。（2）高官委员会会议：每年召开例会，由中阿双方轮流承办，必要时经双方同意也可随时开会。负责筹备部长级会议并落实部长级会议的决议和决定，并举行中阿集体政治磋商。（3）其他机制：除部长级会议和高官会外，论坛框架下逐步形成了中阿企业家大会暨投资研讨会、中阿关系暨中阿文明对话研讨会、中阿友好大会、中阿能源合作大会和中阿新闻合作论坛、中阿互办文化节等机制。以上活动一般每两年轮流在中国和阿拉伯国家举办1次。此外，中阿在环境保护和人力资源培训领域也有着机制性合作。（4）联络组：中国驻埃及大使馆为中方联络组，阿拉伯驻华使节委员会和阿盟驻华代表处为阿方联络方，负责双方的联络并落实部长会和高官会的决议和决定。中方论坛事务秘书处办公室设在中国外交部西亚北非司。

【网址】http://www.cascf.org。

【主要活动】截至2016年1月，“中国—阿拉伯国家合作论坛”已举行6届部长级会议、12次高官会，并召开了首次中阿高官级战略政治对话。其他合作机制有序运行。

近期举办的主要活动有：

2014年6月3日，中阿合作共建“一带一路”专题研讨会在北京举行。约旦前首相马贾利、埃及前总理沙拉夫、阿盟副秘书长本·哈里等参加。阿拉伯国家官员、学者以及来自商务部、文化部、国家能源局、国新办、贸促会、全国友协等中方部委代表、有关高校及研究机构学者共150余人与会。

2014年6月4日，中阿合作论坛第11次高官会在北京举行，会议主要任务是审议第6届部长级会议议程和成果文件。来自21个阿拉伯国家、阿盟秘书处的高官及阿拉伯国家驻华使节共100余人与会。

2014年6月5日，中阿合作论坛第6届部长级会议在北京举行，习近平主席集体会见与会阿拉伯各国代表团团长，出席会议开幕式并发表重要讲话。阿盟首脑理事会轮值主席国科威特首相贾比尔出席开幕式。王毅外长以及包括13名外长、7名部长级代表在内的21个阿拉伯国家代表和阿盟秘书长与会。会议总结了论坛成立10年来中阿关系发展的成功经验，规划了中阿关系未来10年的发展方向，并制定了下一阶段论坛建设的具体目标和任务。会议签署了《中国—阿拉伯国家合作论坛第6届部长级会议北京宣言》《中国—阿拉伯国家合作论坛2014年至2016年行动执行计划》《中国—阿拉伯国家合作论坛2014年至2024年发展规划》《2014年至2015年中阿卫生合作执行计划》《中阿荒漠化检测和防治合作备忘录》等文件。

2014年6月17—18日，首届“中国阿拉伯城市论坛”在福建省泉州市举行。全国人大常委会副委员长、中国阿拉伯友好协会会长艾力更·依明巴海，福建省人大副主任邓力平、副省长郑晓松，全国友协副会长冯佐库和中阿双方10个国家的36个城市以及部分学术机构、企业、媒体代表约200人出席。会议通过了《首届中阿城市宣言》。

2014年9月10日，中国—阿拉伯国家友好年暨第3届阿拉伯艺术节开幕式在北京举行，习近平主席发来贺信，祝愿友好年活动圆满成功。阿拉伯国家联盟首脑理事会轮值主席国科威特埃米尔萨巴赫也向中阿友好年发来贺信。刘延东副总理在京会见了阿拉伯各国文化部长并出席中阿友好年暨第3届阿拉伯艺术节开幕式。

2014年11月18日，第4届中阿能源合作大会在沙特利雅得举行。来自中国和22个阿拉伯国家联盟成员国的政府官员、国际和地区能源机构代表以及双方企业界人士出席大会。双方就能源领域的未来发展趋势和合作前景展开研讨。国家能源局监管总监谭荣尧与沙特水电部次大臣阿尔瓦吉共同主持会议。

2015年5月26日，第6届中阿企业家大会暨第4届投资研讨会在黎巴嫩贝鲁特举行。全国政协副主席王正伟、黎巴嫩总理萨拉姆出席论坛开幕式并发表主旨演讲。中国贸促会副会长于平、宁夏回族自治区副主席王和山、黎巴嫩经贸部长哈基姆、外交部长巴希勒、旅游部长法老、阿拉伯农工商会总联盟名誉主席卡萨等出席了会议，就发展中阿经贸合作、推动"一带一路"建设等议题深入地交换了意见。来自中国近百家中资企业及来自黎巴嫩、阿联酋、约旦、沙特、埃及等15个阿拉伯国家的500多位企业家参加了此次会议。

2015年6月10日，中国—阿拉伯国家合作论坛第12次高官会在埃及开罗阿盟总部举行。会议由论坛中方秘书长、外交部西亚北非司司长邓励和埃及外交部负责亚洲事务的部长助理穆拉德共同主持。阿盟秘书长阿拉比出席开幕式并讲话。中国驻埃及大使兼常驻阿盟代表宋爱国，阿盟助理秘书长贾瓦德，阿拉伯驻华使节委员会主席、阿曼驻华大使萨阿迪等出席。来自中国外交部、商务部、文化部、贸促会等单位代表以及21个阿拉伯国家外交部、阿盟秘书处主管中阿关系和中阿合作论坛事务的80余名官员与会。会议总结了中阿首次高官级战略政治对话成果，评估了"论坛2014年至2016年行动执行计划"执行情况并梳理了下一步工作规划。会议重点讨论了中阿合作共建"一带一路"和促进产能合作等议题，并就将于2016年在卡塔尔举行的论坛第7届部长级会议筹备工作交换了意见。会议通过了《成果文件》。6月9日，中阿双方还举行了首次高官级战略政治对话，就共同关心的重大国际和地区问题深入交换了意见。

2015年8月21日，中国—阿拉伯国家产能合作与投资促进研讨会在北京举行。外交部副部长张明、商务部部长助理张骥出席研讨会并致辞。会议就中阿产能合作的前景、重点领域和项目、融资模式等进行了深入讨论。研讨会由外交部、发改委、商务部联合主办，由中国国际问题研究院承办。苏丹工业部国务部长阿卜杜达奥德·阿卜杜拉、埃及投资部部长助理哈娜·达克鲁里等参加。阿拉伯国家官员、金融机构代表、专家学者以及国内有关金融机构、企业、行业协会负责人，部分我前驻中东国家使节，有关高校和研究机构专家学者共100余人与会。

2015年11月10—11日，中阿合作论坛"第六届中阿关系暨中阿文明对话研讨会"在卡塔尔首都多哈举行。中方代表团团长、中国人民外交学会名誉会长、中国公共外交协会会长李肇星和阿方代表团团长、卡塔尔外交大臣助理哈利法、阿盟助理秘书长阿拉里共同出席会议。来自中国外交部、文化部、中央电视台、知名学术研究机构、高校以及16个阿拉伯国家和阿拉伯国家联盟的约70名代表和专家学者出席。与会双方代表围绕"现代丝绸之路：未来十年合作与对话的基础和潜在挑战""现代丝绸之路沿线文化和青年合作的新目标和新机制""民间交往和公共外交"等议题进行了深入对话和讨论。会议通过了《最终报告》。（武艺）

中非合作论坛

Forum on China—Africa Cooperation—FOCAC

【成立日期】为进一步加强中国与非洲国家在新形势下的友好合作，共同应对经济全球化挑战，谋求共同发展，在中非双方共同倡议下，中非合作论坛——北京2000年部长级会议于2000年10月10—12日在北京召开，中非合作论坛正式成立。

【宗旨】平等磋商、增进了解、扩大共识、加强友谊、促进合作。

【成员】中国、与中国建交的50个非洲国家以及非洲联盟委员会。这50个国家分别为：阿尔及利亚、安哥拉、贝宁、博茨瓦纳、布隆迪、喀麦隆、佛得角、中非、乍得、刚果（布）、科摩罗、科特迪瓦、刚果（金）、吉布提、埃及、赤道几内亚、厄立特里亚、埃塞俄比亚、加蓬、加纳、几内亚、几内亚比绍、肯尼亚、莱索托、利比里亚、利比亚、马达加斯加、马拉维、马里、毛里塔尼亚、毛里求斯、摩洛哥、莫桑比克、纳米比亚、尼日尔、尼日利亚、卢旺达、塞内加尔、塞舌尔、塞拉利昂、索马里、南非、苏丹、南苏丹、坦桑尼亚、多哥、突尼斯、乌干达、赞比亚、津巴布韦。

【会议机制】中非合作论坛第一届部长级会议上通过的《中非经济和社会发展合作纲领》规定，中非双方同意建立后续机制，定期评估后续行动的落实情况。2001年7月，中非合作论坛部长级磋商会在赞比亚首都卢萨卡举行，讨论并通过了《中非合作论坛后续机制程序》。2002年4月，后续机制程序正式生效。中非合作论坛对话磋商机制建立在三个级别上：部长级会议每3年举行1届；高官级后续会议及为部长级会议作准备的高官预备会分别在部长级会议前1年及前数日各举行1次；非洲驻华使节与中方后续行动委员会秘书处每年至少举行两次会议。部长级会议及其高官会轮流在中国和非洲国家举行。中国和承办会议的非洲国家担任共同主席国，共同主持会议并牵头落实会议成果。部长级会议由外交部长和负责国际经济合作事务的部长参加，高官会由各国主管部门的司局级或相当级别的官员参加。2006年是新中国同非洲国家开启外交关系50周年。为此，中非双方决定将当年11月举行的论坛部长会升格为北京峰会暨第三届部长级会议。会议并决定建立中非外长定期政治磋商机制，在每届部长级会议次年的联合国大会期间举行。2007年9月26日、2010年9月23日和2013年9月23日，中非外长在纽约先后举行了三次政治磋商。2015年是论坛成立15周年，中非双方决定将当年12月举行的论坛部长会升格为约翰内斯堡峰会暨第六届部长级会议。

此外，随着中非合作不断拓展和深化，在论坛框架下先后召开了中非农业、科技、法律、金融、文化、智库、青年、民间、妇女、媒体、地方政府等分论坛，有些还实现了机制化，进一步丰富了中非合作论坛内涵。

【中方后续行动委员会】2000年11月，中非合作论坛中方后续行动委员会成立，目前共有28家成员单位，分别是：外交部、商务部、财政部、文化部、中共中央对外联络部、国家发展和改革委员会、教育部、科学技术部、工业和信息化部、国土资源部、环境保护部、交通运输部（中国民用航空局）、农业部、国家卫生和计划生育委员会、中国人民银行、海关总署、国家税务总局、国家质检总局、国家新闻出版广电总局、国家旅游局、国务院新闻办公室、国务院扶贫开发领导小组办公室、共青团中央、中国国际贸易促进委员会、国家开发银行、中国进出口银行、中国银行、北京市人民政府。外交部长和商务部长为委员会两名誉主席，两部主管部领导为两主席。委员会下设秘书处，由外交部、商务部、财政部、文化部和中联部有关司局组成，外交部非洲司司长任秘书长。秘书处办公室设在外交部非洲司。

【网址】http://www.focac.org。

【主要活动】第一届部长级会议。2000年10月10—12日，中非合作论坛第一届部长级会议在北京举行，中国和44个非洲国家的80余名部长、17个国际和地区组织的代表及部分中非企业界人士出席会议。中国国家主席江泽民和国务院总理朱镕基分别出席开幕式和闭幕式并发表讲话；非洲统一组织（非洲联盟前身）"三驾马车"，即前任主席阿尔及利亚总统布特弗利卡、现任主席多哥总统埃亚德马、候任主席赞比亚总统奇卢巴以及坦桑尼亚总统姆卡帕出席开幕式并讲话；非统秘书长萨利姆在闭幕式上致辞。会议两议题是"面向21世纪应如何推动建立国际政治经济新秩序"和"如何在新形势下进一步加强中非在经贸领域的合作"。会议通过了《中非合作论坛北京宣言》和《中非经济和社会发展合作纲领》，为中国与非洲国家发展长期稳定、平等互利的新型伙伴关系确定了方向。中国政府宣布了减免非洲重债穷国和最不发达国家100亿元人民币债务和设立"非洲人力资源开发基金"等举措。

第二届部长级会议。2003年12月15—16日，中非合作论坛第二届部长级会议在埃塞俄比亚首都亚的斯亚贝巴举行，中国和44个非洲国家的70多名部长及部分国际和地区组织的代表参加会议。中国国务院总理温家宝和埃塞俄比亚总理梅莱斯以及其他非洲国家的6位总统、3位副总统、2位总理、1位议长，非盟委员会主席科纳雷、联合国秘书长代表出席开幕式并发表讲话。会议主题为：务实合作、面向行动。会议回顾了第一届部长级会议后续行动落实情况，通过了《中非合作论坛——亚的斯亚贝巴行动计划（2004—2006年）》。中国政府宣布在论坛框架下继续增加对非援助，三年内为非洲培养1万名各类人才以及给予非洲部分最不发达国家部分输华商品免关税待遇等举措。

北京峰会暨第三届部长级会议。2006年11月3日，中非合作论坛第三届部长级会议在北京召开，为北京峰会召开做最后的准备。中国和48个非洲国家的外交部长、负责国际经济合作事务的部长或代表出席了会议，24个国际和地区组织的代表作为观察员列席了会议开幕式。

11月4—5日，中非合作论坛北京峰会隆重举行，会议主题为：友谊、和平、合作、发展。中国国家主席胡锦涛和非洲35位国家元首、6位政府首脑、1位副总统、6位高级代表以及非盟委员会主席科纳雷出席。会议通过了《中非合作论坛北京峰会宣言》和《中非合作论坛——北京行动计划（2007—2009年）》，决定建立和发展政治上平等互信、经济上合作共赢、文化上交流互鉴的中非新型战略伙伴关系。胡锦涛主席代表中国政府宣布了旨在加强中非务实合作、支持非洲国家发展的8项政策措施，包括增加对非援助、提供优惠贷款和优惠出口买方信贷、设立中非发展基金、援建非盟会议中心、免债、免关税、建立经贸合作区、加强人力资源开发以及教育、医疗等领域的合作。中国国务院总理温家宝与33位非洲国家领导人共同出席了与中非工商界代表高层对话会。

第四届部长级会议。2009年11月8—9日，中非合作论坛第四届部长级会议在埃及沙姆沙伊赫举行。中国国务院总理温家宝、埃及总统穆巴拉克以及其他非洲国家的9位总统、3位总理、3位副总统、1位议长和非盟委员会主席让·平出席开幕式并发表讲话。会议主题是：深化中非新型战略伙伴关系，谋求可持续发展。会议审议了中方关于论坛北京峰会后续行动落实情况的报告，通过了《中非合作论坛沙姆沙伊赫宣言》和《中非合作论坛——沙姆沙伊赫行动计划（2010—

2012年）》两个文件，规划了此后3年中非在政治、经济、社会、人文等各领域的合作。温家宝总理在开幕式上代表中国政府宣布了对非合作新8项举措，涉及农业、环境保护、促进投资、减免债务、扩大市场准入、应对气候变化、科技合作、医疗、教育、人文交流等方面。

第五届部长级会议。2012年7月19—20日，中非合作论坛第五届部长级会议在北京举行。中国国家主席胡锦涛和非洲国家6位总统、2位总理、论坛非方共同主席国埃及总统特使以及联合国秘书长潘基文出席开幕式。来自中国和50个非洲国家的外交部长和负责国际经济合作事务的部长或代表以及非盟委员会主席让·平与会，部分国际和非洲地区组织代表分别以嘉宾和观察员身份列席开幕式和会议。会议主题是：继往开来，开创中非新型战略伙伴关系新局面。会议审议了中方关于论坛第四届部长会后续行动落实情况的报告，通过了《中非合作论坛第五届部长级会议北京宣言》和《中非合作论坛第五届部长级会议——北京行动计划（2013年至2015年）》两个文件，全面规划了今后3年中非关系的发展方向和中非合作的重点领域。胡锦涛主席在开幕式上发表了题为《开创中非新型战略伙伴关系新局面》的重要讲话，代表中国政府宣布了今后3年在投融资、援助、非洲一体化、民间交往以及非洲和平与安全等5大领域支持非洲和平发展、加强中非合作的一系列新举措。主要包括：向非洲国家提供200亿美元贷款额度，重点支持非洲基础设施、农业、制造业和中小企业发展；继续扩大对非援助，适当增加援非农业技术示范中心，为非洲培训3万名各类人才，提供政府奖学金名额1.8万个，并为非洲国家援建文化和职业技术培训设施，派遣1500名医疗队员，同时继续为非洲白内障患者提供相关免费治疗，继续援助打井供水项目；同非方建立非洲跨国跨区域基础设施建设合作伙伴关系，为项目规划和可行性研究提供支持，鼓励有实力的中国企业和金融机构参与非洲跨国跨区域基础设施建设；倡议开展“中非民间友好行动”，在华设立“中非新闻交流中心”，继续实施“中非联合研究交流计划”，资助双方学术机构和学者开展100个学术研究、交流合作项目；发起“中非和平安全合作伙伴倡议”，深化同非盟和非洲国家在非洲和平安全领域的合作，为非盟在非开展维和行动、常备军建设等提供资金支持，增加为非盟培训和平安全事务官员和维和人员数量。

作为部长会两配套活动，第二届中非民间论坛和第四届中非企业家大会分别于2012年7月10—11日和7月18—19日在江苏苏州和北京举行。

约翰内斯堡峰会暨第六届部长级会议。2015年12月3日，中非合作论坛第六届部长级会议在南非比勒陀利亚举行，为约翰内斯堡峰会作最后准备。中国外交部长王毅、商务部长高虎城以及50个中非合作论坛非方成员国外交部长和负责国际经济合作事务的部长和非盟委员会高级代表出席会议。

12月4—5日，中非合作论坛约翰内斯堡峰会隆重举行。会议由习近平主席和南非总统祖马共同主持，包括43位国家元首和政府首脑在内的论坛52个成员代表出席。中非领导人紧紧围绕“中非携手并进：合作共赢、共同发展”的主题，就深化中非传统友谊、促进务实合作、谋求共同发展等重大议题进行了富有成果的讨论。峰会回顾了论坛成立15年来中非友好关系和务实合作取得的成就，审议通过了《中非合作论坛约翰内斯堡峰会宣言》和《中非合作论坛—约翰内斯堡行动计划（2016—2018年）》，双方同意将中非新型战略伙伴关系提升为全面战略合作伙伴关系，做强和夯实政治上平等互信、经济上合作共赢、文明上交流互鉴、安全上守望相助、国际事务中团结协作“五大支柱”。习近平主席在峰会开幕式上发表题为《开启中非合作共赢、共同发展的新时代》的重要讲话，宣布未来三年中方将着力实施“十大合作计划”，主要包括：

一是中非工业化合作计划。中方将积极推进中非产业对接和产能合作，鼓励支持中国企业赴非洲投资兴业，合作新建或升级一批工业园区，向非洲国家派遣政府高级专家顾问。设立一批区域职业教育中心和若干能力建设学院，为非洲培训20万名职业技术人才，提供4万个来华培训名额。

二是中非农业现代化合作计划。中方将同非洲分享农业发展经验，转让农业适用技术，鼓励中国企业在非洲开展大规模种植、畜牧养殖、粮食仓储和加工，增加当地就业和农民收入。中方将在非洲100个乡村实施“农业富民工程”，派遣30批农业专家组赴非洲，建立中非农业科研机构“10+10”合作机制。中方高度关注非洲多个国家受厄尔尼诺现象影响致粮食歉收，将向受灾国家提供10亿元人民币紧急粮食援助。

三是中非基础设施合作计划。中方将同非洲在基础设施规划、设计、建设、运营、维护等方面加强互利合作，支持中国企业积极参与非洲铁路、公路、区域航空、港口、电力、电信等基础设施建设，提升非洲可持续发展能力；支持非洲国家建设5所交通大学。

四是中非金融合作计划。中方将同非洲国家扩大人民币结算和本币互换业务规模，鼓励中国金融机构赴非洲设立更多分支机构，以多种方式扩大对非洲投融资合作，为非洲工业化和现代化提供金融支持和服务。

五是中非绿色发展合作计划。中方将支持非洲增强绿色、低碳、可持续发展能力，支持非洲实施100个清洁能源和野生动植物保护项目、环境友好型农业项目和智慧型城市建设项目。中非合作绝不以牺牲非洲生态环境和长远利益为代价。

六是中非贸易和投资便利化合作计划。中方将实施50个促进贸易援助项目，支持非洲改善内外贸易和投资软硬条件，愿同非洲国家和区域组织商谈包括货物贸易、服务贸易、投资合作等全面自由贸易协定，扩大非洲输华产品规模。支持非洲国家提高海关、质检、税务等执法能力，开展标准化和认证认可、电子商务等领域合作。

七是中非减贫惠民合作计划。中方将在加强自身减贫努力的同时，增加对非援助，在非洲实施200个“幸福生活工程”和以妇女儿童为主要受益者的减贫项目；免除非洲有关最不发达国家截至2015年年底到期未还的政府间无息贷款债务。

八是中非公共卫生合作计划。中方将参与非洲疾控中心等公共卫生防控体系和能力建设；支持中非各20所医院开展示范合作，加强专业科室建设，继续派遣医疗队员、开展“光明行”、妇幼保健在内的医疗援助，为非洲提供一批复方青蒿素抗疟药品；鼓励支持中国企业赴非洲开展药品本地化生产，提高药品在非洲可及性。

九是中非人文合作计划。中方将为非洲援建5所文化中心，为非洲1万个村落实施收看卫星电视项目；为非洲提供2000个学历学位教育名额和3万个政府奖学金名额；每年组织200名非洲学者访华和500名非洲青年研修；每年培训1000名非洲新闻领域从业人员；支持开通更多中非直航航班，促进中非旅游合作。

十是中非和平与安全合作计划。中方将向非盟提供6000万美元无偿援助，支持非洲常备军和危机应对快速反应部队建设和运作。中方将继续参与联合国在非洲维和行动；支持非洲国家加强国防、反恐、防暴、海关监管、移民管控等方面能力建设。

为确保“十大合作计划”顺利实施，中方决定提供总额600亿美元的资金额度支持，包括：提供50亿美元的无偿援助和无息贷款；提供350亿美元的优惠性质贷款及出口信贷额度，并提高优惠贷款优惠度；为中非发展基金和非洲中小企业发展专项贷款各增资50亿美元；设立首批资金100亿美元的“中非产能合作基金”。

峰会期间还举行了中非领导人与工商界代表高层对话会、第五届中非企业家大会、中非合作论坛15周年成果图片展、中非装备制造业展、南非“中国年”闭幕式文艺演出等活动，习近平主席、南非总统祖马和非洲联盟轮值主席、津巴布韦总统穆加贝等与会非洲领导人出席。 （胡正泽）

上海合作组织

The Shanghai Cooperation Organization—SCO

【成立日期】2001年6月15日。

【宗旨】加强各成员国之间的相互信任与睦邻友好；鼓励各成员国在政治、经贸、科技、文化、教育、能源、交通、环保及其他领域的有效合作；共同致力于维护和保障地区的和平、安全与稳定；建立民主、公正、合理的国际政治经济新秩序。

【成员】6个：中国、俄罗斯、哈萨克斯坦、吉尔吉斯斯坦、塔吉克斯坦、乌兹别克斯坦。观察员国6个：阿富汗、白俄罗斯、印度、伊朗、蒙古、巴基斯坦。对话伙伴6个：阿塞拜疆、亚美尼亚、柬埔寨、尼泊尔、土耳其、斯里兰卡。

【总部】上海合作组织秘书处设在北京，2004年1月正式启动。现任秘书长阿利莫夫（塔吉克斯坦籍）。2016年1月上任，任期3年。

【网址】http://www.sectsco.org。

【组织机构】上海合作组织常设机构为秘书处、地区反恐怖机构；非常设机构为元首理事会、政府首脑（总理）理事会、外长理事会、国家协调员理事会及安全会议秘书、总检察长、最高法院院长、外交部长、公安内务部长、国防部长、总参谋长、经贸部长、交通部长、文化部长、教育部长、科技部长、农业部长、卫生部长、财政部长和央行行长以及紧急救灾部门、最高审计机关等部门领导人会议机制。

【主要活动】2014年4月1日，上海合作组织成员国国防部长会议在塔吉克斯坦胡占德市举行，国务委员兼国防部长常万全率团出席。与会各方总结了上次国防部长会议以来合作取得的成果和未来发展前景，就国际和地区安全问题交换了意见，签署了会议纪要和联合公报。

2014年4月17日，上海合作组织成员国安全会议秘书第9次会议在塔吉克斯坦杜尚别举行。国务委员、公安部部长郭声琨率团出席。与会各方就维护上合组织成员国及周边地区安全，打击“三股势力”、毒品走私、跨国有组织犯罪，以及边防合作等交换了意见，签署了会议纪要。

2014年6月10—11日，上海合作组织成员国文化部长第11次会晤在塔吉克斯坦杜尚别举行。与会各方回顾了去年第10次会晤以来各成员国双边及多边文化合作成果，并探讨了今后的合作方向。

2014年6月23日，第9届上海合作组论坛在吉尔吉斯斯坦比什凯克举行。论坛以“上合组织区域经济发展的现代挑战”为主题，来自上合组织成员国、观察员国、对话伙伴的专家学者代表围绕议题进行了广泛研讨。

2014年7月30—31日，上海合作组织成员国外交部长理事会会议在塔吉克斯坦杜尚别举行。中国外交部长王毅出席会议。会议研究了上合组织杜尚别峰会筹备工作、上合组织各领域合作以及重大国际和地区问题。上合组织成员国外长签署了11项决议。会议原则通过了两个上合组织扩员法律文件草案，并将提交杜尚别峰会批准。

2014年9月4—5日，上海合作组织成员国最高法院院长第9次会议在哈萨克斯坦阿斯塔纳举行，中国最高人民法院院长、首席大法官周强率团出席。与会各方就“最高法院在打击恐怖主义中的作用”等议题进行探讨，并签署了会议联合声明。

2014年9月11—12日，上海合作组织成员国元首理事会第14次会议在塔吉克斯坦杜尚别举行，国家主席习近平出席。元首们对比什凯克峰会后一年来上合组织主要工作成果进行了总结，广泛讨论了政治、经贸和人文领域多边合作，就共同关心的国际和地区问题交换了意见。元首们批准了《给予上海合作组织成员国地位程序》和《关于申请国加入上海合作组织义务的备忘录范本》修订案等文件。

2014年11月19日，上海合作组织成员国经贸部长第13次会议在哈萨克斯坦阿斯塔纳举行。与会各方深入讨论了区域经贸合作现状和前景，就进一步推进上合组织区域贸易投资便利化、加强投融资机制建设等问题交换了意见，签署了会议纪要，并发表新闻公报。

2014年12月14—15日，上海合作组织成员国政府首脑（总理）理事会第13次会议在哈萨克斯坦阿斯塔纳举行，国务院总理李克强出席会议。总理们就国际和地区经济发展的广泛议题交换了意见，一致同意进一步加强协调配合，发挥互补优势，落实达成的各项共识，扩大安全、经济、人文等领域交流合作，共同推进丝绸之路经济带建设，提升上合组织的影响力，促进各自发展和地区的稳定与繁荣。

2015年3月27日，上合组织成员国旅游部门领导人首次会议在莫斯科举行。会议主要就建立旅游部长会议机制、扩大成员国旅游合作交换了意见。

2015年4月14日，上合组织成员国安全会议秘书第10次会议在莫斯科举行。会议就加强成员国执法安全合作、维护地区和平稳定、保障国际信息安全等问题交换了意见，并为上合组织乌法峰会做了相关筹备。

2015年4月16—17日，上合组织成员国卫生防疫部门领导人第四次会议在莫斯科举行。会议回顾了近年来上合组织在传染病联防联控方面的成果，探讨了未来合作前景。会议通过了联合声明和《关于加强上合组织成员国应对传染病扩散的挑战与威胁能力的建议》。

2015年4月20日，上合组织成员国文化部长第12次会晤在莫斯科举行。会议总结了《上合组织成员国政府间文化合作协定》签署以来文化领域合作成果，并就进一步深化成员国文化交流提出建议。各方签署了会议纪要，通过了新闻声明。

2015年4月21—23日，上合组织成员国禁毒部门领导人第6次会议在莫斯科举行。会议就加强成员国进度领域合作交换了意见，研究了拟提交上合组织乌法峰会签署的禁毒领域合作文件。

2015年5月15日，上合组织成员国交通部长第7次会议在俄罗斯乌法举行。各方回顾了近年来上合组织交通基础设施和运输领域的发展情况，并就建立上合组织区域运输通道、实现运输便利化等问题交换了意见。

2015年6月3日，上合组织成员国外交部长理事会会议在莫斯科举行。成员国外长总结了上合组织一年来发展成果，就加强安全、经贸、人文等领域合作，加强在国际和地区事务中协调合作，共同纪念世界反法西斯战争胜利70周年，稳步推进扩员进程等交换意见，并着重为上合组织乌法峰会进行了政治筹备。6月4日，成员国外长还同观察员国、对话伙伴外长或高级代表共同出席了上合组织地区安全与稳定问题高级别会议。会议认为，面对各种传统和非传统安全威胁，本地区国家应在上合组织框架下并同其他国际和地区组织加强合作，携手应对，积极推进阿富汗和平重建，全力维护地区安全和稳定。

2015年6月5日，上合组织成员国第3次公安内务部长会议在塔吉克斯坦首都杜尚别举行。会议主要就共同打击“三股势力”、跨国犯罪、网络犯罪、毒品走私，加强涉恐情报信息交流以及开展人员培训等问题交换意见。

2015年6月29—30日，上合组织成员国国防部长会议在圣彼得堡召开。会议总结了一年来上合组织防务领域合作成果，讨论了下一步合作前景，就国际和地区安全问题交换了意见，签署了联合公报等文件。

2015年7月7日，上合组织成员国第2次卫生部长会议在莫斯科举行。各方围绕在上合组织框架内“保障居民健康安全”措施与前景深入交换意见，签署了联合声明和会议纪要，发表了新闻公报。

2015年7月9—10日，上合组织成员国元首理事会第15次会议在俄罗斯乌法举行。中国国家主席习近平出席会议。会议总结了2014年杜尚别峰会以来上合组织主要工作成果，并围绕上合组织发展现状和前景及当前重大国际和地区问题交换意见。会议签署《上合组织成员国元首乌法宣言》《上合组织成员国边防合作协定》，批准《上合组织至2025年发展战略》《上合组织成员国打击恐怖主义、分裂主义和极端主义2016—2018年合作纲要》，决定制定《上合组织反极端主义公约》，启动印度、巴基斯坦加入组织程序，给予白俄罗斯观察员国地位，给予阿塞拜疆、亚美尼亚、柬埔寨和尼泊尔对话伙伴地位，发表《上合组织成员国元首理事会会议新闻公报》《上合组织成员国元首关于世界反法西斯战争暨第二次世界大战胜利70周年的声明》《上合组织成员国元首对于应对毒品问题的声明》等。

2015年9月16日，上合组织成员国经贸部长第14次会议在中国西安市举行。会议以上合组织区域经济合作与“一带一路”对接为主题，围绕落实上合组织乌法元首峰会成果，制定了进一步深化成员国经贸合作的相关举措。

2015年9月24—26日，首次上合组织国家商品展在中国西安市举行。来自中国、伊朗、印度、蒙古、哈萨克斯坦、吉尔吉斯斯坦、塔吉克斯坦、俄罗斯、白俄罗斯、斯里兰卡、巴基斯坦、阿富汗等12个国家参展的200余家企业，近400位展商参展。商品展以“扩大丝路合作，促进共同发展”为主题，旨在为深化区域经济合作，推动上合组织各领域合作持续快速发展。

2015年12月14—15日，上合组织成员国政府首脑（总理）理事会第14次会议在河南省郑州市举行，中国国务院总理李克强主持会议。会议围绕落实上合组织乌法峰会成果，就下一阶段各领域务实合作发展做出规划。会议签署联合公报，发表《上合组织成员国政府首脑（总理）关于区域经济合作的声明》，批准关于成立上合组织开发银行和发展基金（专门账户）下一步工作等决议，见证签署《2016—2021年上合组织成员国海关合作纲要》《上合组织秘书处与联合国亚太经社会秘书处之间的谅解备忘录》。（孙博）

东南亚国家联盟（东盟）

Association of Southeast Asian Nations—ASEAN

【成立】1967年8月8日。

【宗旨】2008年12月，《东盟宪章》正式生效。根据宪章规定，东盟的宗旨和目标包括：（1）维护和促进地区和平、安全与稳定，强化以和平为导向的价值观；（2）加强政治、安全、经济和社会文化合作，提升地区活力；（3）维护东南亚的无核武器区地位，杜绝大规模杀伤性武器；（4）确保东盟国家及其民众与世界各国和平相处，生活于公正、民主与和谐的环境中；（5）建立稳定、繁荣、具有较强竞争力、经济高度融合的单一市场和生产基地，实现货物、服务、投资、人员资金自由流动；（6）相互帮助，合作减贫，缩小东盟内部发展差距；（7）在充分尊重东盟成员国权利与义务的基础上，加强民主与法制，促进良政，保护人权与基本自由；（8）坚持全面安全原则，有效应对各种形式的威胁、跨国犯罪和跨境挑战；（9）保护环境、自然资源和文化遗产，推动本地区可持续发展，保证人民高质量生活；（10）加强教育、终生学习以及科学技术领域合作，开发人力资源，提高人民素质，强化东盟共同体意识；（11）保障东盟民众平等获得就业、福利和正义的机会，提升民众福利和生活水平；（12）加强合作，为东盟民众营造一个安全、没有毒品的环境；（13）建设一个以人为本的东盟，鼓励社会各界参与东盟一体化和共同体建设进程，并从中受益；（14）强化对本地区文化和遗产多样性的认识，提升东盟意识；（15）在开放、透明和包容的地区架构内，发展与域外伙伴的关系与合作，维护东盟的中心地位和主导作用。

【成员】10个：印度尼西亚、马来西亚、菲律宾、新加坡、泰国、文莱、越南、老挝、缅甸、柬埔寨。总面积约446万平方公里，人口6.25亿（截至2015年12月）。观察员国：东帝汶、巴布亚新几内亚。

【主要负责人】东盟峰会是东盟最高决策机构，由东盟轮值主席国组织举办。现任主席国为老挝，2016年1月接任，任期1年。东盟秘书长是东盟首席行政官，向东盟峰会负责，由东盟各国轮流推荐资深人士担任，任期5年。黎良明（Le Luong Minh，越南前副外长）于2013年1月接任东盟秘书长，任期至2017年年底。

【总部】东盟秘书处设在印度尼西亚首都雅加达（70AJl.Sisingamangaraja，Jakarta12110，Indonesia）。

【网址】http://www.asean.org/。

【出版物】东盟拥有众多定期或不定期发行的出版物，如《东盟年度报告》《东盟商务通讯》等。

【组织机构】根据《东盟宪章》，东盟调整了组织机构，主要包括（1）东盟峰会：就东盟发展的重大问题和发展方向做出决策，目前一般每年举行两次。（2）东盟协调理事会：由东盟各国外长组成，是综合协调机构，每年至少举行两次会议。（3）东盟共同体理事会：包括东盟政治安全共同体理事会、东盟经济共同体理事会和东盟社会文化共同体理事会，协调其下设各领域工作，由东盟轮值主席国相关部长担任主席，每年至少举行两次会议。（4）东盟领域部长机制：加强各相关领域合作，支持东盟一体化和共同体建设。（5）东盟秘书长和东盟秘书处：负责协助落实东盟的协议和决定，监督落实。（6）常驻东盟代表委员会：由东盟成员国指派的大使级常驻东盟代表组成，代表各自国家与东盟秘书处和东盟领域部长机制进行协调。（7）东盟国家秘书处：是东盟在各成员国的联络点和信息汇总中心。（8）东盟政府间人权委员会：负责促进和保护人权与基本自由的相关事务。（9）东盟基金会：与东盟相关机构合作，支持东盟共同体建设。（10）东盟附属机构：包括各种民间和半官方机构。

【主要活动】自1976年以来东盟共举行了27次东

盟峰会和4次非正式峰会。

2003年10月，第9届东盟峰会在印尼巴厘岛举行。会议发表《东盟协调一致第二宣言》(亦称《第二巴厘宣言》)，宣布将于2020年建成东盟共同体，其三大支柱分别是“东盟政治安全共同体”“东盟经济共同体”和“东盟社会文化共同体”。

2004年11月，第10届东盟峰会在老挝万象举行。会议通过为期6年的《万象行动计划》(VAP)，以进一步推进一体化建设，并决定建立“东盟发展基金”以保障其落实。

2005年12月，第11届东盟峰会在马来西亚吉隆坡举行。会议签署《关于制定〈东盟宪章〉的吉隆坡宣言》。

2007年1月，第12届东盟峰会在菲律宾宿务举行。会议签署《关于加速于2015年建立东盟共同体的宿务宣言》《关于〈东盟宪章〉蓝图的宿务宣言》和《关于建设一个关爱和共享的共同体的宿务宣言》。

2007年11月，第13届东盟峰会在新加坡举行。会议签署《东盟宪章》《东盟经济共同体蓝图宣言》《东盟环境可持续性宣言》和《东盟关于第十三次〈联合国气候变化框架公约〉缔约方会议和第三次〈京都议定书〉缔约方会议的宣言》。

2009年2月，第14届东盟峰会在泰国曼谷举行。会议以落实《东盟宪章》和合作应对全球金融危机为重点。会议签署《东盟政治安全共同体蓝图》《东盟社会文化共同体蓝图》《东盟共同体2009—2015年路线图宣言》，发表《关于全球经济和金融危机的新闻公报》《东盟地区食品安全声明》和《关于东盟实现千年发展目标的联合宣言》、第二份《东盟一体化倡议工作计划》，并见证签署《东盟货物贸易协定》《东盟全面投资协定》和《东盟石油安全协定》。

2009年10月，第15届东盟峰会在泰国差安华欣举行。会议以“促进互联互通，提高人民能力”为主题，强调推进基础设施建设，以及通过教育合作和能力建设加强各国民众的东盟意识和认同感。会议发表《东盟领导人关于东盟互联互通的声明》《关于加强教育合作实现东盟关爱与共享的共同体的差安华欣宣言》《关于成立东盟政府间人权委员会的差安华欣宣言》和《东盟关于气候变化的联合声明》，通过《东盟协调理事会职责范围》，签署《东盟特权与豁免协议》。

2010年4月，第16届东盟峰会在越南河内举行。会议以“迈向东盟共同体：从愿景到行动”为主题，重点就进一步落实《东盟宪章》、加快共同体建设和加强后金融危机合作等进行讨论。会议签署《东盟宪章争端解决机制议定书》，发表《东盟关于持续复苏和发展的声明》《东盟领导人关于联合应对气候变化的声明》，宣布启动东盟促进和保护妇女儿童权利委员会，并将妇女儿童发展等确定为社会文化共同体建设优先领域。

2010年10月，第17届东盟峰会在越南河内举行。会议通过《东盟互联互通总体规划》，签署《东盟服务框架协议第8个一揽子计划》，修订《东盟货物贸易协定为大米和糖提供特殊补贴的议定书》，发表《促进经济复苏和可持续增长的人力资源和技能开发东盟领导人声明》和《促进东盟妇女儿童福利和发展河内宣言》。

2011年5月，第18届东盟峰会在印尼雅加达举行，主题为“全球大家庭中的东盟共同体”，重点就加快东盟共同体建设、东亚峰会发展、柬泰边界冲突等问题进行讨论。会议发表了《全球大家庭中的东盟共同体联合声明》，表示到2022年东盟成立55周年时，东盟将更有能力在国际事务中发挥建设性作用。

2011年11月，第19届东盟峰会在印尼巴厘岛举行。会议通过了《全球大家庭中的东盟共同体巴厘宣言》(也称第三份《巴厘宣言》)，阐述了东盟成员国在政治与安全、经济、社会、文化等方面应如何加强合作，并承诺在2022年建立应对全球事务的东盟共同平台。

2012年4月，第20届东盟峰会在柬埔寨金边举行，主题为“东盟：共同体、共命运”，重点就提升东盟一体化水平等问题进行讨论。会议发表了《金边宣言——东盟：共同体、共命运》《东盟共同体建设金边议程》《2015年实现无毒品的东盟宣言》《“全球温和派运动”概念文件》等文件。东盟领导人还共同庆祝了东盟成立45周年。

2012年11月，第21届东盟峰会在柬埔寨金边举行，重点就确保共同体于2015年如期建成等问题进行讨论。会议发表了《东盟人权宣言》《东盟领导人关于建立东盟区域地雷行动中心的宣言》《巴厘协调一致第三行动计划(2013—2017)》。

2013年4月，第22届东盟峰会在文莱斯里巴加湾举行，主题为“我们的人民、我们的未来”，重点就进一步加强东盟共同体建设、建设“以人为本”的东盟进行了讨论。会议发表了《主席声明》，强调东盟当前重点仍在于加强内部建设和融合，推进政治安全、经济和社会文化共同体进程。

2013年11月，第23届东盟峰会在文莱斯里巴加湾举行。会议发表了《东盟共同体后2015愿景——斯里巴加湾宣言》，深入总结东盟发展成绩及共同体建设进展，为2015年如期建成共同体做准备。

2014年5月，第24届东盟峰会在缅甸内比都举行，主题为“团结起来，迈向和平与繁荣的共同体”，重点围绕东盟共同体建设、区域合作及国际地区问题等议题进行了讨论。会议发表《关于2015年实现东盟共同体的内比都宣言》和《主席声明》，强调团结是共同体建设的核心，敦促各成员加强合作，按时完成共同体建设，并尽快制定东盟共同体后2015年远景规划。

2014年11月，第25届东盟峰会在缅甸内比都举行，重点讨论东盟共同体建设及下一阶段发展愿景，探讨如何加强东盟自身机构及能力建设。发表了《东盟共同体后2015愿景——内比都宣言》，初步拟定东盟共同体后2015愿景核心要素。

2015年5月，第26届东盟峰会在马来西亚吉隆坡和兰卡威举行，主题为“我们的人民、我们的共同体、我们的愿景”，重点围绕如期建成东盟共同体、制订东盟后2015年发展愿景等进行了讨论。会议通过《建设一个以人为本的东盟——吉隆坡宣言》和《“全球温和运动”兰卡威宣言》。

2015年11月，第27届东盟峰会在马来西亚吉隆坡举行，重点讨论东盟共同体年底建成及东盟未来10年发展方向等问题。会议签署了《关于建立东盟共同体的2015吉隆坡宣言》，宣布于年底正式建成以政治安全共同体、经济共同体和社会文化共同体三大支柱为基础的东盟共同体。

【对外关系】东盟积极开展多方位外交。1994年7月，东盟倡导成立东盟地区论坛（ARF），主要就亚太地区政治和安全问题交换意见。1994年10月，东盟倡议召开亚欧会议（ASEM），促进东亚和欧盟的政治对话与经济合作。1999年9月，在东盟的倡议下，东亚—拉美合作论坛（FEALAC）成立。此外，自1978年始，东盟每年与其对话伙伴（时为美国、日本、澳大利亚、新西兰、加拿大、欧盟，后相继增加韩国、中国、俄罗斯和印度）举行对话会议，就重大的国际政治和经济问题交换意见。2010年7月，美国加入《东南亚友好合作条约》。近年来，东盟积极推进自贸区建设。2012年11月，“区域全面经济伙伴关系”（RCEP）谈判正式启动。2015年11月，RCEP领导人在马来西亚吉隆坡发表联合声明，欢迎谈判取得实质性进展，表示力争于2016年结束谈判。

【同中国的关系】中国与东盟1991年开始对话进程。经过25年的共同努力，双方政治互信明显增强，经贸合作成效显著，其他领域合作不断拓展和深化。

政治上，中国于2003年作为东盟对话伙伴率先加入《东南亚友好合作条约》，与东盟建立了面向和平与繁荣的战略伙伴关系。双方建立了较为完善的对话合作机制，主要包括领导人会议、部长级会议、高官会等对话合作机制。2009年，中国设立驻东盟大使。2002年，中国与东盟国家签署《南海各方行为宣言》，就和平解决争议、共同维护地区稳定、开展南海合作达成共识。2011年各方就落实《南海各方行为宣言》后续行动指针达成一致，为开展南海务实合作铺平道路。面对各种重大自然灾害和突发事件，中国与东盟真诚合作、共同应对。双方召开了非典型性肺炎特别峰会和防治禽流感特别会议，制定了一系列合作措施。2005年，中国为遭受印度洋地震海啸袭击的东盟国家提供了无私帮助。2006年是中国—东盟建立对话关系15周年，双方在广西南宁成功举办了中国—东盟纪念峰会。2011年是中国—东盟建立对话关系20周年和友好交流年，双方举行了纪念峰会、领导人互致贺电、纪念招待会等一系列纪念和友好交流活动。2013年是中国—东盟建立战略伙伴关系10周年，双方举行了中国—东盟特别外长会、互联互通交通部长特别会议、中国—东盟高层论坛等一系列庆祝活动。2014年是中国—东盟文化交流年，双方在人文交流领域开展了丰富多彩的活动。2015年是中国—东盟海洋合作年，双方围绕海上联通、海洋环保、防灾减灾、海洋经济、海洋人文等领域开展交流合作。2016年是中国—东盟建立对话关系25周年和中国—东盟教育交流年，双方拟举办包括纪念峰会、领导人互致贺电、纪念招待会、中国—东盟教育交流周等一系列纪念活动。

经济上，2010年1月，中国—东盟自贸区全面建成。目前中国是东盟第一大贸易伙伴，东盟是中国第三大贸易伙伴。2015年，双方贸易额达4721.6亿美元。2014年8月，双方同意启动中国—东盟自贸区升级谈判。2015年11月，双方签署《中华人民共和国与东南亚国家联盟关于修订〈中国—东盟全面经济合作框架协议〉及项下部分协议的议定书》，标志着中国—东盟自贸区升级谈判正式结束。中国—东盟博览会及商务与投资峰会自2004年起每年在广西南宁举行，已成功举办11届，成为我与东盟国家经贸合作的重要平台。

领域合作方面，双方确定了农业、信息产业、人力资源开发、相互投资、湄公河流域开发、交通、能源、文化、旅游、公共卫生和环保11大重点合作领域。签署了农业、信息通信、非传统安全、大湄公河次区域信息高速公路、交通、文化、卫生与植物卫生、新闻媒体、知识产权、东盟东部增长区、建立中国—东盟中心等十余个合作谅解备忘录和合作框架。2011年12月，中国—东盟中心正式成立。2012年8月，中国驻东盟使团成立。中国政府出资设立中国—东盟合作基金、中国—东盟公共卫生合作基金、中国—东盟海上合作基金和中国—东盟投资合作基金，用于支持中国—东盟各领域务实合作。东盟10国均已成为中国公民出国旅游目的地，双方互为主要旅游客源对象。

在国际地区事务上，双方协调与配合进一步加强。中国坚定支持东盟在东亚合作中的中心地位，在东盟与中日韩合作、东亚峰会、东盟地区论坛、亚洲合作对话、亚太经合组织、亚欧会议、东盟—拉美合作论坛等区域和跨区域合作机制框架下保持良好沟通与合作。

2013年10月，习近平主席访问东南亚国家，倡议携手建设更为紧密的中国—东盟命运共同体，共同建设21世纪“海上丝绸之路”。李克强总理出席东亚合作领导人系列会议期间，提出中国—东盟“2+7合作框架”，包括探讨商签“中国—东盟国家睦邻友好合作条约”、启动中国—东盟自贸区升级谈判、设立亚洲基础设施投资银行等具体倡议，得到东盟国家普遍欢迎。

2015年11月21日，李克强总理在马来西亚吉隆坡出席第18次中国—东盟领导人会议，就中国—东盟关系发展与东盟国家领导人进行深入交流，达成广泛共识。

附表：东盟发表的重要文件

序号	文件名称	发表时间（年）
1	《曼谷宣言》	1967
2	《和平、自由和中立化宣言》(即《吉隆坡宣言》)	1971
3	《东盟协调一致宣言》	1976
4	《东南亚友好合作条约》	1976
5	《东南亚友好合作条约修改议定书》	1987
6	《促进东盟经济合作框架协议》	1992
7	《东盟自由贸易区共同有效优惠关税协定》	1992
8	《东南亚无核武器区条约》	1995
9	《东盟2020年远景规划》	1997
10	《东南亚友好合作条约第二修改议定书》	1998
11	《河内行动计划》	1998
12	《为促进东盟一体化、缩小发展差距的河内宣言》	2001
13	《东盟一体化倡议行动计划》	2002
14	《东盟协调一致第二宣言》	2003
15	《万象行动计划》	2004
16	《东盟一体化建设重点领域框架协议》	2004
17	《东盟安全共同体行动计划》	2004
18	《东盟社会文化共同体行动计划》	2004
19	《关于制定〈东盟宪章〉的吉隆坡宣言》	2005
20	《关于〈东盟宪章〉蓝图的宿务宣言》	2007
21	《关于加速于2015年建立东盟共同体的宿务宣言》	2007
22	《关于建设一个关爱和共享的共同体的宿务宣言》	2007
23	《东盟反恐公约》	2007
24	《保障与提倡海外劳工权利宣言》	2007
25	《东盟宪章》	2007
26	《东盟经济共同体蓝图宣言》	2007
27	《东盟环境可持续性宣言》	2007
28	《东盟关于第13次〈联合国气候变化框架公约〉缔约方会议和第3次〈京都议定书〉缔约方会议的宣言》	2007
29	《东盟政治安全共同体蓝图》	2009
30	《东盟社会文化共同体蓝图》	2009
31	《东盟共同体2009—2015年路线图宣言》	2009
32	《关于全球经济和金融危机的新闻公报》	2009
33	《东盟地区粮食安全声明》	2009
34	《关于东盟实现千年发展目标的联合宣言》	2009
35	第二份《东盟一体化倡议工作计划》	2009
36	《东盟货物贸易协定》	2009
37	《东盟全面投资协定》	2009
38	《东盟石油安全协定》	2009
39	《启动东盟政府间人权委员会华欣宣言》	2009
40	《加强教育合作以实现关爱和共享的东盟共同体华欣宣言》	2009
41	《东盟关于第15次〈联合国气候变化框架公约〉缔约方会议和第5次〈京都议定书〉缔约方会议的联合声明》	2009
42	《东盟领导人关于东盟互联互通的声明》	2009
43	《东盟宪章争端解决机制议定书》	2010

（续表）

序号	文件名称	发表时间（年）
44	《东盟领导人关于持续复苏和发展的声明》	2010
45	《东盟领导人关于联合应对气候变化的声明》	2010
46	《东盟互联互通总体规划》	2010
47	《东盟领导人关于人力资源和技能开发以促进经济复苏和可持续发展的声明》	2010
48	《促进东盟妇女儿童福利和发展的河内宣言》	2010
49	《全球大家庭中的东盟共同体联合声明》	2011
50	《全球大家庭中的东盟共同体巴厘宣言》(即第三份《巴厘宣言》)	2012
51	《金边宣言——东盟：共同体、共命运》	2012
52	《东盟人权宣言》	2012
53	《东盟共同体后2015愿景——斯里巴加湾宣言》	2013
54	《关于东盟共同体在后2015年发展愿景的内比都宣言》	2014
55	《建设一个以人为本的东盟——吉隆坡宣言》	2015
54	《“全球温和运动”兰卡威宣言》	2015
55	《关于建立东盟共同体的2015吉隆坡宣言》	2015
56	《东盟2025：并肩前行——吉隆坡宣言》	2015

（刘金华）

南亚区域合作联盟

South Asian Association for Regional Cooperation—SAARC

【成立】1985年12月，孟加拉国、不丹、印度、马尔代夫、尼泊尔、巴基斯坦、斯里兰卡7国首脑齐聚达卡，通过《南亚区域合作宣言》和《南亚区域合作联盟宪章》(下称《南盟宪章》)，宣告南盟正式成立。

【宗旨】根据《南盟宪章》，南盟的宗旨是：促进南亚各国人民的福祉并改善其生活质量；加快区域内经济增长、社会进步和文化发展，为每个人提供过上体面生活和实现全部潜能的机会；促进和加强南亚国家集体自力更生；促进相互信任和理解及对彼此问题的了解；促进在经济、社会、文化、技术和科学领域的积极合作和相互支持；加强与其他发展中国家的合作；在国际论坛上就共同关心的问题加强彼此合作；与具有类似目标和宗旨的国际及地区组织进行合作。

《南盟宪章》特别规定了南盟应遵循的基本原则：(1)各级机构应在协商一致的基础上做出决定；(2)不审议双边和有争议的问题；(3)南盟框架内的合作应在尊重主权平等、领土完整、政治独立、不干涉别国内政和互惠互利的基础上进行；(4)南盟合作不应取代双边和多边合作，而是对其进行补充；(5)南盟合作不应与双边和多边义务相抵触。

【成员国】8个：阿富汗、孟加拉国、不丹、印度、马尔代夫、尼泊尔、巴基斯坦、斯里兰卡。

【观察员】9个：中国、日本、韩国、缅甸、美国、欧盟、澳大利亚、伊朗、毛里求斯。

【主要负责人】南盟现任秘书长阿琼·塔帕（Arjun Bahadur Thapa，尼泊尔籍），2014年3月就任。

【总部】南盟秘书处设在尼泊尔加德满都。

【网址】http://www.saarc-sec.org。

【组织机构】(1)峰会：南盟的最高权力属于各国元首和政府首脑参加的峰会。峰会每年举行1次，必要时可随时召开，轮流在各成员国举行。东道国元首或政府首脑担任会议主席。(2)部长理事会：由成员国外长组成，负责制定政策，审查区域合作进展情况，决定新的合作领域，并决定秘书长人选。每年召开两次会议。(3)常务委员会：由成员国外秘组成，负责全面监察和协调各项计划，核准项目和方案及其筹资方式，决定部门间优先事项，调集域内外资源，寻找新的合作领域等。(4)技术委员会：根据“南盟一揽子行动纲要”，成立了农业与农村发展、卫生与人口活动、妇青幼、环境与林业、科技与气候、人力资源开发、运输7个技术委员会。此后，南盟还设立了信息与通信技术、生物技术、知识产权、旅游、能源5个工作组。(5)秘书处：南盟常设办事机构，负责南盟会务、成员国间及南盟与其他国际组织的交流与合作，协调和监督南盟各项活动的实施。(6)特别部长会议：迄今已就成员国共同关心的商贸、儿童、妇女、环境、残疾人、住房等领域问题分别举行过会议。(7)经济合作委员会：由成员国商务和贸易部秘书组成，已成为南盟处理经贸问题的核心机构。负责制定具体政策措施并监督实施，促进域内经贸合作。(8)区域中心：已分别设立了农业信息中心（达卡）、结核病中心（加德满都）、气象研究中心（达卡）、文献中心（新德里）、人力资源开发中心（伊斯兰堡）、海岸区域管理中心（马累）、信息中心（加德满都）、能源中心（伊斯兰堡）、灾害管理中心（新德里）、林业中心（廷布）和文化中心（科伦坡）。

【主要活动】南盟迄已举行18届峰会。近年来，南盟区域合作和对外开放步伐加快。2004年第12届南盟峰会通过《南亚自由贸易区框架协定》，各国从2006年1月1日起开始逐步降低关税，7—10年内从当前的30%左右降至0%—5%。2005年第13届峰会就发展区域经济、消除贫困、打恐、应对自然灾害等方面加强合作制定50多条措施，宣布2006—2015年为南盟“减贫10年”。峰会决定吸收阿富汗为新成员，并接纳中国、日本等国为观察员国。2007年第14届峰会决定加强基础设施、能源和经贸等领域合作，设立南亚大学、地区粮食银行。印度承诺出资1亿美元，启动南盟发展基金，帮助解决本地区贫困问题。中国、日本、韩国、美国、欧盟等观察员首次派团出席峰会。2008年第15届南盟峰会签署了南盟发展基金宪章、南亚地区标准组织协议、司法互助公约和阿富汗加入南亚自贸区议定书，修改了观察员指导原则，吸收澳大利亚和缅甸为观察员。2010年第16届南盟峰会发表了《廷布宣言》，签署了《关于气候变化的廷布声明》《南盟环境合作公约》《南盟服务贸易协定》等文件，宣布在不丹首都廷布设立南盟发展基金秘书处，并将2010—2020年作为南盟内部实现互联互通的10年。2011年第17届南盟峰会强调加强区域联通，早日落实南亚自贸协定，推动地区经济一体化。南盟8国领导人签署了《应对自然灾害快速反应协定》《南盟种子银行协定》等4份合作文件。2014年第18届南盟峰会通过了《加德满都宣言》。

【同中国的关系】2005年11月，第13届南盟峰会原则同意中国成为观察员。2006年8月，南盟第27届部长理事会审议通过南盟观察员指导原则，正式接纳中国为观察员，并邀请中国以观察员身份出席第14届南盟峰会。

2007年、2008年、2010年、2011年和2014年，外交部部长李肇星、外交部副部长武大伟、外交部副部长王光亚、外交部副部长张志军、外交部副部长刘振民分别率团出席第14、15、16、17、18届南盟峰会。

2010年中方向南盟发展基金捐款30万美元。2011年，外交部副部长张志军率团出席第17届南盟峰会，建议在继续办好现有合作项目基础上，将经贸、农业、基础设施建设、环保、人力资源培训和扶贫减灾作为中国—南盟务实合作的重点领域，探讨建立双方务实和更有效的合作机制，并宣布将于2012年再次向南盟发展基金捐款30万美元。

2012年6月，中方任命中国驻尼泊尔大使兼任中国常驻南盟代表。时任驻尼大使兼中国驻南盟代表杨厚兰于同年11月赴不丹会见南盟发展基金秘书处官员，并转交中方向基金的30万美元捐款。

2014年，外交部副部长刘振民率团出席第18届南盟峰会，表示中方将继续加快同南亚地区的互联互通建设，构建双方务实合作的血脉经络；继续倡导并推动中国—南亚贸易和投资自由化、便利化，推动两大市场的对接融合；继续加强同南亚各国的文化交流和民间往来，夯实区域合作的社会根基，并宣布2014年再向南盟发展基金捐款55万美元。（佟曌）

非洲联盟

African Union—AU

【成立日期】非洲联盟的前身是成立于1963年5月25日的非洲统一组织。1999年9月9日，非统第四届特别首脑会议通过《锡尔特宣言》，决定成立非洲联盟（以下简称“非盟”）。2002年7月，非盟正式取代非统。为纪念非统和非盟成立，每年的5月25日、9月9日分别被定为“非洲日”和“非洲联盟日”。

【目标与宗旨】《非盟章程》确定的目标是：实现非洲国家和人民间更广泛的团结和统一；维护成员国主权、领土完整和独立；促进和平、安全和稳定；加快政治、社会和经济一体化进程；促进民主原则、大众参与和良政；促进和保护人权；推动非洲经济、社会、文化的可持续发展；推动在各领域的泛非合作，提高人民生活水平；协调和统一当前和未来的区域经济组织的政策，以逐步实现非盟目标；维护非洲共同立场和利益；加强国际合作，创造条件使非洲在全球事务中发挥应有作用。

非盟的宗旨是：成员国主权平等，相互依存；尊重独立时存在的边界；和平共处；不干涉内政；制定共同的防务政策；和平解决争端，禁止使用或威胁使用武力；尊重民主原则、人权、法治和良政；尊重人的生命的神圣性，谴责和反对暗杀、恐怖主义行为和颠覆活动；让非洲人民广泛参与非盟建设；反对以非宪法方式更迭政权；成员国发生战争罪、种族屠杀或大规模人道主义危机时，非盟有权依照首脑会议决定进行干预；为恢复和平与安全，成员国有权要求非盟干预；促进性别平等；促进社会公正，推动经济平衡发展。

【成员】54个：阿尔及利亚、埃及、埃塞俄比亚、安哥拉、贝宁、博茨瓦纳、布基纳法索、布隆迪、赤道几内亚、多哥、厄立特里亚、佛得角、冈比亚、刚果（布）、刚果（金）、吉布提、几内亚、几内亚比绍、加纳、加蓬、津巴布韦、喀麦隆、科摩罗、科特迪瓦、肯尼亚、莱索托、利比里亚、利比亚、卢旺达、马达加斯加、马拉维、马里、毛里求斯、毛里塔尼亚、莫桑比克、纳米比亚、南非、尼日尔、尼日利亚、塞拉利昂、塞内加尔、塞舌尔、圣多美和普林西比、斯威士兰、苏丹、索马里、坦桑尼亚、突尼斯、乌干达、赞比亚、乍得、中非、阿拉伯撒哈拉民主共和国（即“西撒哈拉”，1984年11月被非统接纳为成员，摩洛哥随即退出非统，后摩未再加入非统/非盟）以及南苏丹（2011年7月独立建国，是非盟最年轻的成员国）。

【主要负责人】非盟轮值主席为罗伯特·加布里埃尔·穆加贝（Robert Gabriel Mugabe），2015年1月当选，任期至2016年1月。现任非盟委员会主席为南非前内政部长恩科萨扎纳·德拉米尼–祖马（Nkosazana Dlamini-Zuma），2012年7月当选，10月就任。

【总部】埃塞俄比亚首都亚的斯亚贝巴。

【网址】http://www.au.int。

【组织机构】（1）首脑会议（The Assembly of the Union）：系非盟最高权力机构。原每年召开1次例会，从2005年起改为每年两次，年初的首脑会议原则上在亚的斯亚贝巴召开，年中的首脑会议通常在成员国轮流举行。若某国提出要求并经2/3成员国同意，可召开特别首脑会议。（2）执行理事会（The Executive Council）：由成员国外长或成员国指定的其他部长组成。每年举行两次例会，若某国提出要求并经2/3成员国同意，可举行特别会议。执行理事会对大会负责，执行其通过的有关政策并监督决议的实施情况。下设常驻代表委员会和特别技术委员会两个辅助机构。（3）非盟委员会（The Commission）：为非盟常设行政机构，负责处理非盟的日常行政事务。其领导机构由主席、副主席及8名委员共10人组成，任期4年，至多可连任1次。（4）泛非议会（Pan-African Parliament）：非盟的立法与监督机构。目前只具有咨询和建议职能。由非盟成员国各5名议员组成，设1位议长和4位副议长，根据地域平衡原则分别来自非洲的五个次区域。每年召开两次例会。现任议长为尼日利亚人贝瑟尔·纳埃梅卡·阿马迪（Bethel Nnaemeka Amadi）。（5）和平与安全理事会（The Peace and Security Council）：由15个成员国组成，其中5国任期3年，10国任期2年，均可连选连任。成员国权力平等，无否决权。主要职能是：维护地区和平与安全，预防地区冲突；对成员国实施军事干预与维和行动；帮助战后重建；进行人道主义和灾难救援等。主要权力有：制订非盟对成员国干预的形式和计划；制裁以违宪手段更迭政权者；确保非盟反恐政策的实施；推动成员国实行民主、良政、法治和保障人权等。（6）非洲发展新伙伴计划（NEPAD）：由南非、尼日利亚、阿尔及利亚、塞内加尔和埃及于2001年发起，2002年被确定为非盟经济社会发展纲领，2010年正式并入非盟框架。下设国家元首和政府首脑指导委员会、执行委员会、规划和协调局等决策和执行机构。（7）经济、社会和文化理事会（The Economic, Social and Cultural Council）：咨询机构，由成员国社会团体、专业团体、文化组织和非政府组织等组成。（8）非洲法院（The Court of Justice）：司法机构。（9）金融机构（The Financial Institutions）：包括非洲中央银行、非洲货币基金、非洲投资银行三个机构，均尚未建立。

【主要活动】截至2015年6月，非盟共召开了25届首脑会议。

2014年1月30—31日，非盟第22届首脑会议在亚的斯亚贝巴举行。40多位非洲国家元首或政府首脑，以及多位区外国家和国际、地区组织代表与会。会议以“农业和粮食安全”为主题，重点讨论了非盟2063年议程、地区和平与安全局势及联合国安理会改革等重大国际问题。毛里塔尼亚总统阿齐兹在本届非盟首脑会议上当选为新一届非盟轮值主席。

2014年6月26—27日，非盟第23届首脑会议在赤道几内亚首都马拉博举行。近40位非洲国家元首或政府首脑，以及多位区外国家和国际、地区组织代表与会。会议以“农业和粮食安全”为主题，发表了关于农业增长与转型的《马拉博宣言》，并讨论了非洲一体化、和平与安全形势及联合国安理会改革、气候变化等重大国际问题。

2015年1月30—31日，非盟第24届首脑会议在亚的斯亚贝巴举行。40多位非洲国家元首或政府首脑，以及多位区外国家和国际、地区组织代表与会。会议以“妇女赋权和推进非洲2063年愿景”为主题，重点讨论了妇女赋权、抗击埃博拉和地区安全等议题。津巴布韦总统穆加贝在本届非盟首脑会议上当选为新一届非盟轮值主席。会议通过非洲《2063年议程》。

2015年6月14—15日，非盟第25届首脑会议在南非约翰内斯堡举行。40多位非洲国家元首或政府首脑，以及多位区外国家和国际、地区组织代表与会。会议沿用上届首脑会议“妇女赋权和推进非洲2063年愿景”主题，就非洲和平与发展、打击恐怖主义、妇女的权益和发展、非洲疾病预防控制中心建设等议题展开讨论。会议通过非洲《2063年议程》第一个10年规划，并宣布启动“非洲大陆自由贸易区”谈判。

【同中国的关系】中国同非盟及其前身非统保持着友好往来和良好合作，并向其提供了力所能及的援助。1996年5月，江泽民主席访问非统总部并就中国对非洲政策发表重要演讲。自2002年非盟成立以来，中国每年均派团出席其首脑会议。2005年3月，中国成为首批向非盟派遣兼驻代表的区外国家。

近年来，中国与非盟关系全面深入发展。2003年11月，温家宝总理在埃塞俄比亚出席中非合作论坛

第二届部长级会议期间会见非盟委员会主席科纳雷。2005年8月，科纳雷访华。2006年11月，科纳雷来华出席中非合作论坛北京峰会暨第三届部长级会议。2008年8月，非盟委员会主席让·平来华出席北京奥运会开幕式。11月，吴邦国委员长访问非盟总部。同月，中国—非盟首次战略对话在非盟总部举行。2009年9月，让·平访华并与杨洁篪外长共同主持中国—非盟第二次战略对话，温家宝总理和戴秉国国务委员分别会见。2010年9月，非盟委员会副主席姆温查访华。10月，杨洁篪外长与来华的让·平主席共同主持中国—非盟第三次战略对话。2011年1月，中国与非盟举行外交政策磋商，外交部副部长翟隽赴亚的斯亚贝巴与让·平主席共同主持第四次中国—非盟战略对话。9月，杨洁篪外长在纽约出席第66届联合国大会一般性辩论期间会见让·平主席，非盟非洲发展新伙伴计划规划协调局首席执行官马亚基应邀访华。10月，中非合作论坛第八届高官会通过会议纪要，接纳非盟委员会为论坛正式成员。

2012年1月，胡锦涛主席向非盟第18届首脑会议致贺词。全国政协主席贾庆林出席此届非盟首脑会议开幕式并发表演讲，其间分别会见了非盟轮值主席、赤道几内亚总统奥比昂和非盟委员会主席让·平，并出席了中国援建的非盟会议中心落成典礼。7月，非盟委员会首次以正式成员的身份出席中非合作论坛第五届部长级会议。10月，外交部部长杨洁篪与正式就职的非盟委员会主席祖马通话，非盟委员会副主席姆温查访华。

2013年2月，非盟委员会主席祖马访华并与杨洁篪外长共同主持中国—非盟第五次战略对话，习近平总书记和戴秉国国务委员分别会见。在华期间，祖马一行还会见了发展和改革委副主任张晓强、商务部副部长李金早和全国妇联副主席孟晓驷。3月，习近平主席在南非出席金砖国家领导人会晤期间，会见了非盟轮值主席、埃塞总理海尔马里亚姆。5月，习近平主席向庆祝非洲统一组织成立50周年非盟特别峰会致贺信。国务院副总理汪洋作为习主席特别代表出席此次非盟特别峰会并宣读习主席贺词，其间还分别会见了海尔马里亚姆总理和祖马主席。9月，外交部部长王毅在纽约出席第68届联合国大会一般性辩论期间会见祖马主席。10月，非盟委员会副主席姆温查访华。11月，刘延东副总理在访问埃塞期间会见祖马主席。

2014年5月，李克强总理访问非盟总部，会见非盟委员会主席祖马并在非盟会议中心发表演讲。2014年6月，习近平主席向非盟第23届首脑会议致贺词。10月，外交部副部长张明与非盟委员会和平与安全事务委员切尔古在北京共同主持中国—非盟战略对话和平与安全分组首轮对话。

2015年1月，国家发展和改革委员会与非盟委员会签署了关于促进中国与非洲开展铁路、公路、区域航空网络和工业化领域（简称“三网一化”）合作的谅解备忘录。5月，外交部副部长张明访问非盟总部，与非盟委员会主席祖马共同主持中国—非盟第六次战略对话，并共同出席了中国驻非盟使团开馆仪式。6月，习近平主席致电祝贺非盟第25届首脑会议召开。非盟委员会副主席里亚斯塔斯·姆温查（Erastus Mwencha）访华。9月，习近平主席在联合国维和峰会上宣布，未来五年将向非盟提供1亿美元无偿军事援助，用于支持非盟建设非洲常备军。10月，非盟委员会主席祖马访华，张高丽副总理与其会见，外交部长王毅与其会谈。12月，习近平主席在南非会见出席中非合作论坛约翰内斯堡峰会的非盟委员会主席祖马。

中国与非盟在气候变化、2030年可持续发展议程等重大国际问题以及非洲热点问题上加强沟通协调。非盟在涉及中国核心和重大利益问题上坚定支持中国。中国向非盟能力建设和有关维和行动提供了援助。

（陈旻晖）

萨赫勒—撒哈拉国家共同体

Community of Sahel-Saharan States—CEN-SAD

【成立日期】1998年2月4日。

【宗旨】加强成员国间的政治和经济合作，维护地区安全，促进地区一体化建设。

【成员】28个：利比亚、苏丹、乍得、马里、尼日尔、布基纳法索、科特迪瓦、几内亚比绍、利比里亚、中非、厄立特里亚、吉布提、冈比亚、塞内加尔、摩洛哥、突尼斯、埃及、尼日利亚、索马里、多哥、贝宁、加纳、塞拉利昂、几内亚、科摩罗、毛里塔尼亚、圣多美和普林西比、肯尼亚。

【主要负责人】执行主席由成员国轮流担任，任期1年。现任轮值主席国为乍得。

【总部】秘书处在利比亚首都的黎波里。

【网址】http://www.cen-sad.org。

【组织机构】（1）元首委员会：最高权力机构，由成员国元首组成，每年举行1次首脑例会，会议主席由成员国元首轮流担任，并在委员会休会期间任执行主席。元首委员会制定共同体的大政方针，以实现共同体所确定的目标。（2）执行委员会：由秘书长和成员国部长组成，每半年举行1次会议，主席由会议主办国担任。执行委员会负责执行首脑会议决议，并处理共同体的对外关系、经济、财政、计划、内政、安全等事务。（3）秘书处：监督首脑会议决议的执行，并对各个机构负责。秘书长由首脑会议指定，任期3年。现任秘书长穆罕默德·阿扎利（Mohamed Al Azhari）。（4）大使委员会：由成员国驻利比亚使节组成，负责向每次执行委员会会议提交一份行动报告。（5）经济、社会、文化委员会：是共同体的协商机构，由成员国指定的10人组成，主要任务是参与共同体有关经济、社会、文化项目的文件起草。该委员会每年举行1次会议，总部设在马里首都巴马科。（6）农业和水资源委员会：负责农业水利和环境保护问题。（7）非洲发展与贸易银行：总部设在利比亚的黎波里。

【**主要活动**】1998年2月4日，在时任利比亚领导人卡扎菲的倡议下，利比亚、布基纳法索、马里、尼日尔、乍得和苏丹等6国成立了萨赫勒—撒哈拉国家共同体。

1999—2010年，共同体第1至12届首脑会议分别在利比亚、乍得、苏丹、吉布提、尼日尔、马里、布基纳法索、贝宁、利比亚、乍得举行。截至2013年，共同体有28个成员国，是非洲第二大地区性组织。

除每年举行首脑会议外，共同体下设的各机构还经常举行会议，讨论成员国共同关心的文化、教育、金融、反恐、粮食安全等各个领域的问题。2012年6月11日，萨赫勒—撒哈拉国家共同体执行委员会在摩洛哥首都拉巴特举行特别会议，讨论重新调整发展战略，以应对新挑战等问题，呼吁各成员国共同努力，以实现本地区的持续发展和安全稳定。2013年2月16日，萨赫勒—撒哈拉国家共同体特别峰会在乍得首都恩贾梅纳举行，与会各方签署机构重组协定，决定建立和平与安全常委会和可持续发展常委会，并讨论了地区安全等问题。（赵宁）

独立国家联合体

Commonwealth of Independent States—CIS

【**成立经过**】1991年12月8日，前苏联三个加盟共和国领导人——俄罗斯苏维埃联邦社会主义共和国总统叶利钦、乌克兰总统克拉夫丘克、白俄罗斯共和国最高苏维埃主席舒什凯维奇在白俄罗斯的别洛韦日会晤，签署关于建立独立国家联合体的协定。12月12日，前苏联哈萨克斯坦等五个中亚加盟共和国领导人在土库曼斯坦首都阿什哈巴德会晤并发表声明，表示愿意作为“平等的创始国”参加独联体。12月21日，前苏联的阿塞拜疆、亚美尼亚、白俄罗斯、哈萨克斯坦、吉尔吉斯斯坦、摩尔多瓦（1993年8月，摩议会曾否决了摩加入独联体的决定，于1994年4月重新批准摩加入）、俄罗斯、塔吉克斯坦、土库曼斯坦、乌兹别克斯坦、乌克兰11国领导人在阿拉木图会晤，通过了《阿拉木图宣言》等文件，宣告成立独立国家联合体及苏联停止存在。格鲁吉亚派代表以观察员身份与会。12月25日，戈尔巴乔夫发表电视讲话，辞去苏联总统职务，苏联正式解体。

1992年5月15日，俄罗斯、哈萨克斯坦、乌兹别克斯坦、塔吉克斯坦、亚美尼亚和吉尔吉斯斯坦六国在乌兹别克斯坦首都塔什干会晤时签署集体安全条约。1993年，格鲁吉亚、阿塞拜疆和白俄罗斯加入该条约。条约于1994年正式生效，有效期5年。条约的宗旨是建立独联体国家集体防御空间和提高联合防御能力，防止并调解独联体国家内部及独联体地区性武力争端。1999年，条约第一个5年期限结束后，阿塞拜疆、格鲁吉亚和乌兹别克斯坦宣布退出。2002年5月14日，集体安全条约理事会会议通过决议，将独联体集体安全条约正式更名独联体集体安全条约组织（简称集安条约组织）。2006年12月，乌兹别克斯坦最高会议参议院批准了乌兹别克斯坦重返集安条约组织的法律草案。2012年6月20日，乌兹别克斯坦外交部向集安条约组织秘书处递交照会，宣布暂停参与该组织活动。

1996年3月，俄罗斯、白俄罗斯、哈萨克斯坦和吉尔吉斯斯坦签署协议，决定成立四国关税联盟，旨在加快四国经济一体化进程。1999年2月，塔吉克斯坦加入关税联盟。2000年10月，俄、白、哈、吉、塔五国签署条约，决定将关税联盟改组为欧亚经济共同体，为深化各成员国在经贸、社会人文及法律领域的合作创造必要条件。乌兹别克斯坦2006年加入，后于2008年申请停止成员国资格，但未正式退出。亚美尼亚、乌克兰、摩尔多瓦为欧亚经济共同体观察员国。2007年10月，俄、白、哈签署关于在欧亚经济共同体框架内成立关税同盟的条约。2010年1月，俄白哈关税同盟正式启动并于同年7月统一对外关税。2011年7月，三国宣布取消相互之间的海关。同年11月，三国签署《欧亚经济一体化宣言》，宣布欧亚一体化的目标是建立欧亚经济联盟。2012年1月1日，三国启动统一经济空间，负责三国一体化进程的超国家机构——欧亚经济委员会同时投入运行。三国一体化的目标是在2015年前建立欧亚经济联盟。2014年5月29日，三国签署《欧亚经济联盟条约》，规定于2015年1月1日起正式启动欧亚经济联盟，三国将在2025年前实现商品、服务、资本和劳动力的自由流动，终极目标是建立类似于欧盟的经济联盟，形成一个拥有1.7亿人口的统一市场。同年10月10日，欧亚经济委员会最高理事会会议和欧亚经济共同体峰会通过了关于亚美尼亚加入欧亚经济联盟的条约和吉尔吉斯斯坦入盟的路线图，并决定自欧亚经济联盟启动起终止欧亚经济共同体的活动。

【宗旨】《独联体章程》规定：独联体以所有成员国的主权平等为基础。独联体不是国家，也不拥有凌驾于成员国之上的权力，为成员国进一步发展和加强友好、睦邻、信任、谅解和互利合作关系服务。成员国协调在国际安全、裁军、军备监督和军队建设方面的政策，采用包括派观察员小组和集体维和部队等手段保证独联体地区内部安全。当成员国的主权、安全和领土完整以及国际和平与安全受到威胁时，成员国应立即进行协商，协调立场，采取相应措施。

【成员】阿塞拜疆、亚美尼亚、白俄罗斯、哈萨克斯坦、吉尔吉斯斯坦、摩尔多瓦、俄罗斯、塔吉克斯坦、土库曼斯坦（自2005年8月起转为独联体联系国）、乌兹别克斯坦、乌克兰（于2014年3月宣布启动退出独联体程序）。

【总部】白俄罗斯首都明斯克。

【组织机构】（1）独联体国家元首理事会和政府首脑理事会：国家元首理事会是独联体的最高机构，通常每年召开两次会议。政府首脑理事会每年召开四次会议。会议轮流在各国首都举行。（2）跨国议会大会、跨国经济委员会和支付联盟，以及外交、国防等部长级理事会。（3）协调协商委员会：为独联体常设执行和协调机构，每个成员国派两名全权代表常驻该委员会。（4）执行秘书处：负责实际执行协调协商委员会基本职能，执行秘书由国家元首理事会任命，在国际交往中代表独联体。独联体工作语言为俄语。

【主要活动】2014年4月29日，欧亚经济委员会最高理事会元首会议在白俄罗斯首都明斯克举行，俄罗斯、白俄罗斯、哈萨克斯坦三国总统出席。会议就欧亚经济联盟草案、亚美尼亚加入俄白哈关税同盟和欧亚统一经济空间路线图实施等问题进行了探讨，商定于6月1日前完成《亚美尼亚加入关税同盟和统一经济空间条约》并提交审议。

2014年7月29日至8月1日，独联体集体安全条约组织在吉尔吉斯斯坦举行代号为“牢不可破的兄弟情—2014”的联合维和演习。亚美尼亚、白俄罗斯、哈萨克斯坦、吉尔吉斯斯坦、俄罗斯和塔吉克斯坦的武装力量参加演习。本次军演主要目的在于加强成员国维和力量及维和部队间合作，提高集安组织维和部队应对国际恐怖主义等威胁的能力。

2014年8月18日，独联体集体安全条约组织快速反应部队在哈萨克斯坦卡拉干达州斯帕斯克靶场举行“协作—2014”联合军事演习。来自集安条约组织6个成员国的空降突击部队、航空部队和特种部队的3000名军人、近200台军事装备及近30架飞机参加演习。

2014年10月10日，独联体国家元首理事会会议在白俄罗斯首都明斯克举行。除乌克兰总统外，独联体11个国家中的10国总统出席峰会。会议主要讨论了独联体国家加强人文、安全和经济等领域合作问题，并通过了15项涉及人文、安全等领域的文件。俄罗斯总统普京表示，在独联体框架内开展多方面合作是俄外交的优先方向。俄从来不反对独联体国家与欧盟加强合作，但在与欧盟加强合作的同时应同包括俄在内的其他独联体国家协调立场，充分考虑由此可能在独联体国家市场造成的风险和损失并加以避免。哈萨克斯坦总统纳扎尔巴耶夫表示，2015年哈出任独联体轮值主席国后将在三方面推动独联体发展：一是加强独联体成员国间的理解和信任；二是加强成员国间的经贸关系，推进自由贸易区建设；三是密切人文领域合作。2015年将被定为“伟大卫国战争老战士年”，独联体国家将举行一系列活动纪念卫国战争胜利70周年。欧亚经济委员会最高理事会会议也于同日在明斯克举行。会议签署了2015年1月1日欧亚经济共同体停止存在的协定，讨论了启动欧亚经济联盟的相关问题。

2014年11月21日，独联体国家政府首脑理事会在土库曼斯坦首都阿什哈巴德举行，俄罗斯、亚美尼亚、白俄罗斯、哈萨克斯坦、吉尔吉斯斯坦、塔吉克斯坦和乌兹别克斯坦七国总理，阿塞拜疆和土库曼斯坦第一副总理，乌克兰驻土库曼大使和摩尔多瓦驻白俄罗斯大使出席会议。会议主要讨论了独联体框架内经济合作等问题，包括落实2011年10月通过的自由贸易区协定情况，签署了20多项合作文件。

2014年12月23日，独联体集体安全条约组织元首峰会在俄罗斯首都莫斯科举行。哈萨克斯坦、俄罗斯、白俄罗斯、亚美尼亚、吉尔吉斯斯坦、塔吉克斯坦六国领导人出席会议，就当前国际和地区安全形势、重大国际和地区安全问题、联合打击极端恐怖主义、强化信息安全等20多项议题进行深入探讨，并签署联合声明。声明称，各成员国领导人呼吁采取紧急措施，消除乌克兰人道主义灾难造成的影响，履行旨在实现民族和解和克服乌危机的明斯克协议。必须防止乌局势进一步恶化，各方应保持克制，只能通过政治和外交手段调解乌冲突。为应对新威胁和挑战，各国应深化在集安组织内的协调和合作，加强同联合国、欧安组织、上海合作组织等国际和地区组织的合作。

2014年12月23日，欧亚经济委员会最高理事会元首会议在俄罗斯首都莫斯科举行。俄罗斯、白俄罗斯、哈萨克斯坦、亚美尼亚、吉尔吉斯斯坦五国总统在欧亚经济联盟正式启动前最后一次“对表”。各方商定，联盟将首先在农业、工业、交通、能源等领域推行协调一致政策并执行统一的卫生和技术标准，拟于2016年前建立统一的药品市场，2019年前建立统一的电力市场，2025年前建立统一的石油、天然气市场。吉总统阿坦巴耶夫签署了加入欧亚经济联盟条约，该国将于2015年5月1日正式成为欧亚经济联盟第五个成员国。

2015年5月29日，独联体政府首脑会议及欧亚经济联盟政府间理事会第二次会议在哈萨克斯坦布拉拜举行。会议通过独联体国家金融经济领域热点问题联合行动计划、独联体国家境内国际运输交通安全战略。各方还签署了《2020年前独联体成员国创新合作政府间纲要2015—2016年综合实施措施》《2020年前独联体成员国地区和边境合作方案》等文件。会议期间，欧亚经济联盟与越南政府正式签署了自贸区协议，这是欧亚经济联盟签署的首个自贸区协议。

2015年10月16日，独联体国家元首理事会会议在哈萨克斯坦博拉沃伊举行。俄罗斯、哈萨克斯坦、白俄罗斯、乌兹别克斯坦、吉尔吉斯斯坦、塔吉克斯坦、亚美尼亚、阿塞拜疆8国总统及土库曼斯坦副总理、摩尔多瓦副外长出席。会议就推进成员国经济、安全和人文合作广泛交换意见，通过了就联合国成立70周年及反恐等问题联合声明，与会领导人纷纷祝贺卢卡申科再次当选白俄罗斯总统。同日，欧亚经济委员会最高理事会会议也在哈举行，研究了新一届欧亚经济委员会成员及主席人选、联盟吸纳和终止成员国资格、与丝绸之路经济带对接等问题。

2015年10月30日，独联体政府首脑理事会在塔吉克斯坦首都杜尚别召开，俄罗斯、白俄罗斯、哈萨克斯坦、吉尔吉斯斯坦、亚美尼亚总理以及土库曼斯坦、阿塞拜疆、乌兹别克斯坦副总理与会。会议议题主要涉及自贸区协议执行情况、独联体经济发展战略第三阶段实施举措以及经贸、体育、青年、教育、救灾等领域合作。（冯海明）

英联邦

The Commonwealth

【成立经过】由英帝国演变而成。1926年，“帝国会议”的帝国内部关系委员会提出，英国与已经由殖民地成为自治领的加拿大、澳大利亚、新西兰和南非是“自由结合的英联邦的成员”，“地位平等，在内政和外交的任何方面互不隶属，唯依靠对英王的共同效忠精神统一在一起”。1931年，威斯敏斯特法案从法律上对此予以确认，英联邦遂正式形成。1947年，印度、巴基斯坦分别独立并加入英联邦；1949年，印度成为共和国，选出了自己的国家元首，从此英联邦成员由需对英王效忠的原则演变为英联邦成员“接受英王为独立成员国自由联合体的象征，因而是英联邦的元首”。如今英国不再是英联邦的主宰。英联邦已演变成为一个松散的、相互进行政治、经济磋商和合作的组织。英国和各成员国互派高级专员，代表大使级外交关系。每年4月27日被定为英联邦日（the Commonwealth Day）。

【成员】由英国及其自治领和其他已独立的前殖民地、附属国组成。现有成员共53个，绝大多数为发展中国家，总人口约22亿，占世界人口的30%，贸易总额占全球的1/5。其中，由本国人担任国家元首的有博茨瓦纳、多米尼克、圭亚那、基里巴斯、加纳、肯尼亚、莱索托、马尔代夫、马耳他、马拉维、马来西亚、斐济、孟加拉国、塞浦路斯、塞舌尔、斯里兰卡、斯威士兰、坦桑尼亚、塞拉利昂、尼日利亚、汤加、特立尼达和多巴哥、瓦努阿图、文莱、乌干达、瑙鲁、萨摩亚、新加坡、印度、英国、赞比亚、巴基斯坦、纳米比亚、南非、喀麦隆、莫桑比克、毛里求斯、卢旺达；由英女王伊丽莎白二世担任国家元首，其职能由女王任命的总督行使的有：安提瓜和巴布达、澳大利亚、巴巴多斯、巴布亚新几内亚、巴哈马、伯利兹、格林纳达、加拿大、圣基茨和尼维斯、圣卢西亚、圣文森特和格林纳丁斯、所罗门群岛、图瓦卢、新西兰、牙买加。其中，不出席英联邦政府首脑会议的特别成员国有瑙鲁和图瓦卢。南非1961年退出英联邦，1994年重新加入。原为成员国的爱尔兰于1949年退出英联邦。2003年12月，津巴布韦正式宣布退出英联邦。2007年11月，巴基斯坦被中止英联邦成员国资格，2008年5月再次恢复成员国资格。2009年9月，斐济被中止英联邦成员国资格。2009年11月，卢旺达加入英联邦。2013年10月，冈比亚退出英联邦。

【主要负责人】秘书长帕特里夏·斯科特兰（Patricia Scotland），2015年11月当选。

【总部】秘书处等机构设在伦敦。网址：http://thecommonwealth.org/。

【出版物】《今日英联邦》(*The Commonwealth Today*),《英联邦手册》(*The Commonwealth Factbook*)。

【组织机构】（1）英联邦政府首脑会议：前身为帝国会议，1944年易名为英联邦总理会议，1975年改现名。通常两年举行一次，以前一直在伦敦举行，1966年起轮流在成员国举行，由东道国政府首脑主持。会议不通过决议，会议发表的总原则对与会国无约束力。最近一次英联邦政府首脑会议于2015年11月在马耳他举行。（2）亚太地区英联邦政府首脑会议：1978年起每两年举行一次，讨论共同关心的地区性问题。（3）英联邦部长会议：每年举行一次的有教育部长会议、卫生部长会议、司法部长会议和电信部长会议；不定期举行的有贸易和经济会议、青年会议、工业合作会议、农业会议等。（4）英联邦秘书处：1965年成立，负责组织成员国间的协商和合作、交流情况、组织会议等。秘书长每五年改选一次，可连任。（5）英联邦基金会及其他组织：英联邦基金会成立于1966年，1983年改组成一个国际基金组织，资金由成员国政府提供，用于推动英联邦内专业及其他非政府间的更密切的合作。英联邦研究所主要靠英政府资助，通过举办展览、讲座、放映电影、开放图书馆等活动促进人们对英联邦的了解。此外，还有一些专业性组织，如英联邦议会协会、英联邦新闻联盟、英联邦广播协会、英联邦青年交流理事会、英联邦体育运动联合会和英联邦艺术协会等。

【主要活动】20世纪90年代以来，英联邦政府首脑会议开过13次，分别在津巴布韦的哈拉雷（1991年10月）、塞浦路斯的利马索尔（1993年10月）、新西兰的奥克兰（1995年11月）、英国的爱丁堡（1997年10月）、南非的德班（1999年11月）、澳大利亚的库拉姆（2002年3月）、尼日利亚的阿布贾（2003年12月）、马耳他的瓦莱塔（2005年11月）、乌干达的坎帕拉（2007年11月）、特立尼达和多巴哥的西班牙港（2009年6月）、澳大利亚的帕斯（2011年10月）、斯里兰卡的科伦坡（2013年11月）和马耳他的瓦莱塔（2015年11月）举行。（仇文婷）

欧洲安全与合作组织

Organization for Security and Cooperation in Europe—OSCE

【成立日期】前身为于1973年7月至1975年8月分三个阶段进行的欧洲安全合作会议（简称“欧安会”）。此后召开了四次续会。1995年1月1日起改名为欧洲安全与合作组织（简称“欧安组织”）。

【宗旨】促进欧洲地区的民主和安全，尊重人权和少数民族利益，建设法制国家。

【成员】57个（2015年）：阿尔巴尼亚、安道尔、亚美尼亚、奥地利、阿塞拜疆、白俄罗斯、比利时、波黑、保加利亚、加拿大、塞浦路斯、捷克、克罗地亚、爱沙尼亚、丹麦、格鲁吉亚、芬兰、法国、梵蒂冈、德国、希腊、爱尔兰、匈牙利、冰岛、吉尔吉斯斯坦、意大利、哈萨克斯坦、立陶宛、拉脱维亚、列支敦士登、摩尔多瓦、卢森堡、马耳他、蒙古、摩纳哥、黑山、荷兰、挪威、波兰、葡萄牙、罗马尼亚、俄罗斯、圣马力诺、塞尔维亚、斯洛文尼亚、西班牙、斯洛伐克、瑞士、塔吉克斯坦、瑞典、土耳其、土库曼斯坦、马其顿、英国、美国、乌克兰、乌兹别克斯坦。

以色列、埃及、约旦、摩洛哥、阿尔及利亚、突尼斯6个地中海国家和日本、韩国、泰国、阿富汗、澳大利亚5个亚太国家为欧安组织合作伙伴国，出席欧安组织的有关会议并参与部分活动。

【主要负责人】2015年轮值主席伊维卡·达契奇（Ivica Dačić，时任塞尔维亚外长）；秘书长拉姆伯图·赞尼尔（Lamberto Zannier，意大利人，2011年7月任职，2014年5月连任）。

【总部】奥地利维也纳。地址：Wallnerstrasse 6, 1010 Vienna Austria。电话：0043-1514360。电子邮箱：info@osce.org。网址：http://www.osce.org。

【出版物】《欧安组织年度报告》（*OSCE Annual Report*）；《欧安组织情况报道》（*OSCE Factsheets*）；《欧安组织要闻》（*OSCE Highlights*）；《欧安组织手册》（*OSCE Handbook*）；《欧安组织杂志》（*OSCE Magazines*）。

【组织机构】谈判与决策机构：（1）首脑会议（Summit），原则上每两年或三年举行一次，成员国国家元首或政府首脑出席。（2）部长理事会（Ministerial Council），由成员国外长组成，一般每年年底举行一次会议，在当年有首脑会议时不召开。（3）经济与环境论坛（Economic and Environmental Forum），1992年建立，由成员国政治司长或相应级别代表组成，每年举行一次会议，主要讨论经济合作、环境保护等问题。（4）常设理事会（Permanent Council），设在维也纳，由各成员国常驻代表组成，每周举行一次会议，负责欧安组织的日常工作并有权对与欧安组织有关的所有问题做出决定。（5）安全合作论坛（Forum for Security Cooperation），由各成员国代表组成，每周在维也纳举行一次会议，负责军控、裁军、建立信任和安全措施的谈判以及关于安全政策的磋商和合作。

【执行机构】（1）当值主席（Chairman-in-Office，简称CiO），由主席国外长担任，任期一年，负责全面执行欧安组织使命，协调欧安组织的活动。（2）三驾马车（Troika），由上任、现任、下任当值主席组成，以保证组织活动的延续性。（3）当值主席代表（Personal Representatives of the CiO），负责专门领域，如预防冲突、打击贩卖人口、反种族主义、反歧视等事务。（4）秘书长（Secretary General）及秘书处（Secretariat），秘书长任期三年，代表当值主席并在所有活动中协助当值主席的工作。秘书处主要办公地点在维也纳。下设机构有：反恐行动组，负责协调与协助欧安组织在反恐方面的行动与能力建设项目；边界组，负责在欧安组织范围内推行最高级别的共同边界管理标准；打击贩卖人口协调员与特别代表办公室，负责支持各成员国打击贩卖人口政策的执行与进展；冲突预防中心，负责交流各国军事情报、核查各国军备情况、防止冲突、处理危机并为欧安组织使团提供帮助；经济和环境问题行动组，旨在通过推动经济和环境领域合作，促进和平、繁荣和稳定；对外合作组，负责处理欧安组织与地中海及亚洲伙伴国、联合国、欧盟、北约等组织的对话合作关系；性别平等部门，负责协助、促进与监督各成员国在性别平等上的执行情况；战略警务组，支持各成员国为本国国民提供可靠警务服务；内部监管办公室，通过独立审计、监督、评估与调查提高组织效率；欧安组织经济与环境事务协调办公室；培训部门，在组织内部协调与支持人员培训项目。（5）民主制度与人权事务办公室（Office for Democratic Institutions and Human Rights，原为自由选举办公室），1990年建立于波兰华沙，主要职责是在欧安组织范围内推广人权与民主。（6）少数民族高级专员署（High Commissioner on National Minorities），1992年建立于荷兰海牙，主要负责及时发现有可能损害欧洲地区和平、稳定及欧安组织成员国之间关系的民族冲突，提出处理意见和解决办法。（7）新闻自由代表（Representative on Freedom of the Media），设在维也纳，负责监督欧安组织成员国新闻自由状况，对侵犯新闻及言论自由的行为提出警告。（8）议会（OSCE Parliamentary Assembly），设议长1人，副议长8人，由57个成员国的300多名议员组成，每年举行一次会议，会议秘书处设在哥本哈根。（9）高级规划小组（High-level Planning Group），建立于1994年12月，由成员国军事专家组成，主要为欧安组织当值主席提供有关军事行动的建议。

【主要活动】2015年1月1日，塞尔维亚接替瑞士担任欧安组织轮值主席国。15日，欧安组织轮值主席、塞尔维亚外长达契奇向欧安组织常设理事会做报告，阐述塞轮值期间的工作重点，包括呼吁成员国积极维护全球及地区安全；积极调停乌克兰危机；加强地区合作，推动有关地区战后重建；保障新闻和言论自由；打击恐怖主义，消除极端主义思潮影响。20日，第51届事故预防和反应机制会议在格鲁吉亚的厄尔涅梯召开，会议讨论了近期格鲁吉亚冲突地区局势，有关各方同意继续就地区局势保持沟通。

2月7日，欧安组织在慕尼黑安全会议上接受了埃瓦尔德·冯克莱斯特奖，以表彰其在推动各方沟通及促进和平方面的贡献。

3月10日，欧安组织冲突预防中心在蒙古乌兰巴托举行研讨会，讨论安全政策改革等议题。

9月10—12日，欧安组织秘书长赞尼尔访问乌克兰东南部地区，对新明斯克协议执行情况进行评估，并就下一阶段应采取的措施与特别观察团（SMM）、地方官员以及民众和媒体代表进行座谈。

10月7日，欧安组织安全合作论坛在维也纳举行，重点关注男女平等在军队中的落实。28日，欧安组织在维也纳举办年度“安全日”活动，秘书长赞尼尔在开幕式上发言，强调应对气候变化等新型安全问题的紧迫性和必要性。

11月10日，欧安组织在瓦莱塔举办“赫尔辛基40+：地中海及地中海的未来”会议，秘书长赞尼尔重申了欧洲与地中海地区安全的紧密联系。

12月3—4日，第22届欧安组织外长会在贝尔格莱德举行，欧安组织成员国和伙伴国外长出席。会议决定进一步加大打击恐怖主义的力度，预防暴力恐怖主义和极端思潮的滋生，支持全球应对药物滥用问题的努力，提高青年在安全议题中发挥的程度，并就“德左”问题发表声明。22日，秘书长赞尼尔在维也纳会见意大利议长宝尔德里尼，就双边合作及双方共同关心的问题交换了看法。（檀越）

北大西洋公约组织

North Atlantic Treaty Organization—NATO

【成立日期】1949年4月4日。

【宗旨】成员国在集体防务和维持和平与安全方面共同努力，通过政治和军事手段，促进欧洲——大西洋地区的民主、法治和福利，保卫成员国的自由与安全。

【成员】28个（2015年）：比利时、冰岛、丹麦、德国、法国、荷兰、加拿大、卢森堡、美国、挪威、葡萄牙、土耳其、西班牙、希腊、意大利、英国、波兰、匈牙利、捷克、爱沙尼亚、立陶宛、拉脱维亚、斯洛文尼亚、斯洛伐克、罗马尼亚、保加利亚、克罗地亚、阿尔巴尼亚。（2015年12月，北约外长会通过决议，开启黑山入约谈判。）

【主要负责人】秘书长简斯·斯托尔滕贝格（Jens Stoltenberg，挪威人），2014年11月1日就任。军事委员会主席彼得·帕维尔（Petr Pavel，捷克人），2015年6月26日就任。北约盟军作战司令部司令菲利普·布里德洛夫（Philip M. Breedlove，美国人），2013年5月13日就任。

【总部】比利时布鲁塞尔。地址：NATO Headquarters, Blvd Leopold III, 1110 Brussels, Belgium。电子邮箱：natodoc@hq.nato.int。网址：www.nato.int。

【组织机构】1. 北大西洋理事会（North Atlantic Council）：亦称北约理事会，是北约最高政治决策机构，主席由秘书长兼任。理事会决议需经全体与会国一致通过并对成员国具有约束力。理事会分为三个级别：（1）常设理事会，大使级，负责日常工作；（2）部长理事会，由成员国外长组成，必要时防长、财长也可与会，负责审议北约政治和安全有关重大问题，通常每年召开2次外长会、3次防长会；（3）首脑理事会，即峰会，不定期举行，负责重大战略问题磋商和决定。

2. 军事委员会（The Military Committee）：北约最高军事指挥机构，由参加军事一体化指挥系统的成员国总参谋长组成。每年召开3次会议，负责向部长理事会和核计划小组提出有关北约共同防务问题的建议，并对下属战略司令部实施领导。军事委员会主席任期3年。其日常事务由各国常驻军事代表组成的军事代表委员会负责。军委会下设国际军事参谋部和2个军事指挥机构，即北约盟军作战司令部和北约盟军转型司令部。

3. 国际秘书处（International Secretariat）：北约秘书长直接领导的办事机构，负责理事会及各委员会会议的筹备、对外关系等。下设副秘书长1人，助理秘书长7人并分别主管7个总司。

4. 北约议员大会（NATO Parliamentary Assembly）：系北约外围组织，宗旨是鼓励各国议会间的合作，密切各国议会与北约机构的联系，推动实现北大西洋公约的目标。议员大会每年召开2次全会。

【主要活动】20世纪90年代华沙条约组织解体和冷战结束后，北约随之调整战略，将周边地区冲突、核扩散和恐怖主义视为主要挑战，先后推出危机反应战略和“新战略构想”。同时，北约通过介入前南地区危机、东扩和推行“和平伙伴关系计划”，增强了其在欧洲安全事务中的作用。当前，北约加快战略转型，在保留传统职能的同时，将应对大规模杀伤性武器扩散、恐怖主义、网络攻击、海盗袭击、能源、气候变化等新型安全问题纳入任务范畴，更加注重在全球范围内开展对话合作，大力在亚太地区拓展全球伙伴国。威尔士峰会后，北约正进一步加强成员国防务投入和应对安全挑战的能力。

2015年1月21—22日，北约在布鲁塞尔举行第172次参谋长联席会议，讨论了极速反应计划、赴阿富汗的坚定支持特派团、继续加强与伙伴国合作及《战略安全指南2015》等问题。

2月3—5日，北约在布鲁塞尔举行防长会，主题是加强成员国集体防卫能力。秘书长斯托尔滕贝格表示北约要保证“能在适当的时间、适当的地点，拥有适当的力量”。

3月1—3日，北约防扩散会在卡塔尔举行，讨论大规模杀伤性武器扩散对中东和亚洲地区的影响。12日，秘书长斯托尔滕贝格访问西班牙，强调北约需应对来自东部和南部的威胁。

4月7—9日，北约举行“高贵跳跃”演习，约1500名士兵参加。这是北约极速反应部队（VJTF）组建后首次参加演习，主要演练该部队在48小时内部署到位的能力。

5月4—15日，北约部队参加代号为“刺猬—2015”的爱沙尼亚史上最大规模军事演习。演习总人数超过1.3万人，包括预备役、国防部所属志愿者准军事组织“国防联盟”成员、义务兵、职业军人等。13日至14日，北约在土耳其安塔利亚举行外长会，欧盟外交与安全政策高级代表莫盖里尼出席。会议讨论了东部边境地区安全形势的长期发展态势以及中东北非地区极端主义和暴力所带来的安全挑战。会议还讨论了如何应对包括网络攻击在内的新型混合挑战。秘书长斯托尔滕贝格表示，北约进行了冷战结束以来最大规模的军事力量扩充，扩大了反应部队规模，并将极速反应部队作为建军核心。会议希望加强与芬兰和瑞典的合作，与两国就波罗的海及其周边地区安全进行交流并共享情报。18日，北约议员大会年会在匈牙利布达佩斯举行。19日，秘书长斯托尔滕贝格会见俄罗斯外长拉夫罗夫，就乌克兰局势等问题交换意见。20—21日，北约在布鲁塞尔举行第173次参谋长联席会议，讨论了东部和南部边境地区日益增加的安全威胁，要求确保所有成员国都具备应对挑战的能力。与会各方还与乌克兰代表进行了会晤，重申了对乌克兰主权和领土完整的支持，并对乌东南部地区停火协议落实情况表达了担忧。25—27日，秘书长斯托尔滕贝格访问美国，会见了美国总统奥巴马、国务卿克里及美军方人士，并在国际战略研究中心（CSIS）发表演讲。

6月3—5日，秘书长斯托尔滕贝格访问挪威，对挪方在北约应对安全挑战中做出的贡献表示感谢。5—20日，北约举行“波罗的海行动”演习，展示了北约保卫波罗的海地区安全的决心及盟国间协调作战的能力。24—25日，北约在布鲁塞尔举行防长会，重申了对阿富汗的坚定支持。

7月1—2日，北约在英国伦敦举行海军司令会议（MARCOMET），讨论当前与未来的海洋安全挑战。3日，北约正式启用新的空中指挥控制系统（ACCS）。

9月2日，秘书长斯托尔滕贝格访问卢森堡。在与卢首相贝特尔举行的联合记者会上，斯托尔滕贝格高度赞扬了卢森堡在北约共同安全中发挥的作用，并表示在当前北约应对新型安全挑战的环境下卢森堡对于北约高科技军事能力，特别是卫星通信能力建设的投入至关重要。3日，北约在罗马尼亚、保加利亚、波兰、爱沙尼亚、拉脱维亚、立陶宛6国首都正式建立指挥控制中心。中心将于2017年北约华沙峰会前全面投入使用。北约还将在匈牙利和斯洛伐克设立两个指挥控制中心。每个指挥控制中心的编制40人，负责计划、组织实施演习和协调增加兵力部署；在中心内组建联合后勤司令部，提高快速部署能力。11—12日，北约在土耳其伊斯坦布尔举行军事委员会会议，对快速反应计划进行了评估，同意在明年华沙峰会前开始实施。26日，秘书长斯托尔滕贝格出席联合国大会期间会见联合国秘书长潘基文，就全球安全挑战交换看法。

10月3日至11月6日，北约举行了“三叉戟接点2015”演习。此次演习共动用了包括北约成员国及伙伴国在内共30个国家的36000人，是2002年后北约规模最大的军事演习。演习共分为两个阶段：第一阶段为10月3—16日，主要演练快速反应部队（NRF）的指挥控制系统，展示北约与其他方面联合作战的能力。第二阶段从10月21日至11月6日，主要为在意大利、西班牙和葡萄牙举行的实战演习。8日，北约在布鲁塞尔举行防长会，格鲁吉亚国防部长蒂娜辛·基达什维利出席。会议评估了北约与格鲁吉亚的合作情况。19—20日，北约举办“北约产业论坛”（NIF），有关国防和安全产业人士就北约规划发展能力进行了讨论。

11月4日，北约与中东欧成员国罗马尼亚、波兰、匈牙利、保加利亚、斯洛伐克、爱沙尼亚、拉脱维亚、立陶宛和捷克在罗马尼亚首都布加勒斯特举行了小型峰会。会晤发表联合宣言，确立未来行动五大优先方向：一是加强跨大西洋伙伴关系，增强北约成员国团结与安全；二是发展北约与邻国战略伙伴关系，提高北约应对东、南部安全挑战能力；三是提升从黑海到波罗的海地区的安全；四是深化北约与欧盟关系；五是保持与俄罗斯对话，维护国际法准则。16—20日，北约在爱沙尼亚塔尔图举行了“联合网络2015”演习，约600人参加。此次演习旨在加强北约面对复杂挑战时保护自身网络的能力。20日，秘书长斯托尔滕贝格访问塞尔维亚。斯托尔滕贝格在与塞尔维亚总理武契奇会谈后指出，深化合作将使双方收益。30日，秘书长斯托尔滕贝格在北约总部与来访的土耳其总理达武特奥卢举行会谈，就叙利亚局势、俄土冲突等问题交换看法。

12月1—2日，北约在布鲁塞尔举行外长会，乌克兰外长克里姆金出席。会议重申了北约对乌克兰的政治和行动支持，并一致同意邀请黑山开启入约谈判。1日，秘书长斯托尔滕贝格会见了芬兰副总理、外长索伊尼和瑞典外交大臣瓦尔斯特伦，对两国在政治和实践中对北约的支持表示感谢。（檀越）

欧洲联盟

European Union—EU

【成立经过】欧洲联盟（简称“欧盟”）是在欧洲煤钢共同体、欧洲原子能共同体和欧洲经济共同体等统称为欧洲共同体的3个机制的基础上发展而来的。1951年4月18日，法国、联邦德国、意大利、荷兰、比利时和卢森堡在巴黎签订了《建立欧洲煤钢共同体条约》，1952年7月24日生效。1957年3月25日，6国在罗马签订了建立《欧洲经济共同体条约》和《欧洲原子能共同体条约》，统称《罗马条约》。1958年1月1日条约生效，上述两个共同体正式成立。1965年4月8日，6国签订《布鲁塞尔条约》，决定将3个共同体的机构合并，统称“欧洲共同体”。由于《欧洲煤钢共同体条约》到期，2002年7月23日之后，欧洲煤钢共同体不再存在。目前欧洲原子能共同体和欧洲经济共同体仍各自存在，具有独立法律人格。《布鲁塞尔条约》于1967年7月1日生效。1991年12月11日，欧共体马斯特里赫特首脑会议通过了以建立欧洲经济货币联盟和欧洲政治联盟为目标的《欧洲联盟条约》（又称《马斯特里赫特条约》，简称《马约》）。1993年11月1日《马约》生效后，欧共体未就其称谓的变更问题做出决定，但欧共体内部和国际上越来越广泛地使用欧盟这一称谓。2009年12月1日，《里斯本条约》（简称《里约》）正式生效，取消了欧盟条约中“三大支柱”的原有架构，欧盟取代并继承欧共体，具备法律人格，可与第三国及国际组织缔结协议，并在国内与国际法院以欧盟名义提起法律诉讼。

【宗旨】《罗马条约》申明，各成员国“决心在欧洲各国人民之间建立愈益密切的联合基础”，“消除分裂欧洲的壁垒”，“保证它们国家的经济和社会进步”，“不断改善人民的生活和就业条件”，“执行共同贸易政策”，“为逐步废止国与国之间交流的限制做出贡献”。1986年2月签署的《欧洲单一文件》强调，“欧洲共同体及欧洲政治合作旨在促进欧洲团结发展”，“共同为维护世界和平与安全做出应有贡献”。《马约》指出，欧盟的宗旨是“通过建立无内部边界的空间，加强经济、社会的协调发展和建立最终实行统一货币的经济货币联盟，促进成员国经济和社会的均衡发展”，“通过实行共同外交和安全政策，在国际舞台上弘扬联盟的个性”。《里约》则进一步指出，“欧盟的宗旨是促进和平、联盟的价值观和联盟人民的福祉”，“为公民提供一个无内部边界的自由、安全和公正的区域”，“努力实现建立在经济平衡发展、物价稳定、具有高度竞争性的社会市场经济基础之上的欧洲可持续发展”，并“在更广泛的世界关系中，坚持和促进其价值观和利益”，致力于实现“和平、安全的全球可持续发展、各国人民间的团结和相互尊重、自由公正的贸易、消除贫困、保持人权”，“以及严格遵守并发展国际法”。

【成员】欧共体创始国为法国、联邦德国、意大利、荷兰、比利时和卢森堡6国。后经7次扩大，欧盟成员国增至28个。历次扩大的对象和时间为：丹麦、爱尔兰和英国（1973年）；希腊（1981年）；西班牙、葡萄牙（1986年）；奥地利、芬兰、瑞典（1995年）；塞浦路斯、捷克、爱沙尼亚、匈牙利、拉脱维亚、立陶宛、马耳他、波兰、斯洛伐克、斯洛文尼亚（2004年）；罗马尼亚、保加利亚（2007年）；克罗地亚（2013年）。

【总部】比利时布鲁塞尔。地址：Rue de la Loi 200，B-1049 Brussels。电话：（0032）22991111。

【网址】http://europa.eu。

【出版物】主要有：《欧盟公报》（*Official Journal of The European Union*）、《欧盟事实手册》（*Facts Sheets of The European Union*）、《欧盟公共财政》（*European Union Public Finance*）、《欧盟经济统计》（*European Economic Statistics*）、《欧盟商务：事实与数字》（*European Business: facts and Figures*）等。

【组织机构】（1）欧洲理事会（European Council）：又称“欧盟首脑会议”或“欧盟峰会”。欧盟最高决策机构。《里约》规定，欧洲理事会为“欧盟发展提供必要推动力”和确定“总的政治方向和优先事项”。《里约》首次规定欧洲理事会为独立欧盟机构，其决策除特殊规定外采取协商一致原则。欧洲理事会设主席一职，任期2年半，可连任1届，主要职责是主持和推进欧洲理事会工作，确保首脑会议顺利进行，对外代表欧盟。每6个月须召开两次欧洲理事会，必要时可召开特别会议。欧洲理事会由成员国国家元首或政府首脑及欧洲理事会主席、欧委会主席组成，欧盟外交和安全政策高级代表兼欧委会副主席参与工作。欧洲理事会会议一般在布鲁塞尔召开。首任欧洲理事会主席是比利时人赫尔曼·范龙佩（Herman Van Rompuy），2010年1月1日正式就任，并于2012年3月获得连任，第二任期从2012年6月1日至2014年11月30日。2014年8月30日，欧盟领导人在布鲁塞尔召开特别峰会，选举波兰总理唐纳德·图斯克（Donald Tusk）为新一届欧洲理事会主席，任期自2014年12月1日至2017年5月31日。

（2）欧盟理事会（Council of the European Union）：又称“部长理事会”或“理事会”。欧盟立法与政策制定、协调机构。《里约》规定，“理事会与欧洲议会共同行使立法和预算职能，并根据条约行使政策制定和协调职能”。理事会由每个成员国各1名部长级代表组成，在理事会会议上代表其成员国政府进行投票表决。理事会按不同领域划分为若干个部长理事会。理事会下设有不同级别的协调机制。理事会主席国由各成员国轮任，任期半年。2007年1月1日理事会以法律文件的方式对轮任顺序加以确定。2013—2016年轮值主席国依次为爱尔兰、立陶宛、希腊、意大利、拉脱维亚、卢森堡和荷兰。《里约》生效后，理事会决策机制和内部结构有部分调整：首先，将总务与外长理事会一分为二，分别履行不同职责。外长理事会由欧盟外交和安全政策高级代表兼欧委会副主席主持，总务理事会以及其他理事会由轮值主席国部长主持。轮值主席国将不再具有对外代表权。其次，重新定义特定多数表决制，并增加其适用范围。特定多数是指自2014年11月1日起，至少55%的理事会成员和这些成员国所代表的总人口至少占欧盟总人口的65%。增加33项适用多数表决制的新领域，使适用多数表决制的事项达到93个。第三，扩大共同决策程序适用范围。欧洲议会和理事会共同决策领域由目前38个扩大至80多个，涉及内政、司法、农业和外贸等多个领域。欧盟理事会设在布鲁塞尔。

（3）欧盟委员会（European Commission）：又称“欧委会”或“委员会”。欧盟立法建议与执行机构。《里约》规定，“欧盟委员会应促进欧盟整体利益，并为此提出适当的立法建议”，负责“监督欧盟条约的适用情况”，“执行预算，负责欧盟各种计划项目工作”，“除条约另有规定外，欧盟立法性法令只能在欧委会提议的基础上通过”。欧委会共由28人组成，其中设主席1人，副主席7人。本届欧委会任期从2014年11月到2019年11月，主席是卢森堡前首相让－克洛德·容克（Jean-Claude Juncker）。7名副主席为：费代丽卡·莫盖里尼（Federica Mogherini，意大利，兼欧盟外交和安全政策高级代表，女）；弗兰斯·蒂默曼斯（Frans Timmermans，荷兰，第一副主席，良治、机构间关系、法治和基本权力宪章）；克里斯塔利娜·格奥尔基耶娃（Kristalina Georgieva，保加利亚，预算和人力资源，女）；安德鲁斯·安西普（Andrus Ansip，爱沙尼亚，单一数字市场）；马罗什·谢夫乔维奇（Maroš Šefčovič，斯洛伐克，能源联盟，女）；瓦尔季斯·东布洛夫斯基（Valdis Dombrovskis，拉脱维亚，欧元和社会对话）；于尔基·卡泰宁（Jyrki Katainen，芬兰，就业、增长、投资和竞争力）。欧委会设在布鲁塞尔。

（4）欧洲议会（European Parliament）：欧盟监督、咨询和立法机构。欧洲议会议员由成员国直接普选产生，任期5年，设议长1人，副议长14人，任期2年半，可连选连任。欧洲议会原则上以简单多数表决，可以2/3多数弹劾欧委会。自欧盟《阿姆斯特丹条约》（简称《阿约》）以来，欧洲议会的地位不断得到提升，其与理事会共同参与的共同决策权进一步扩大。《里约》规定，“欧洲议会与理事会共同行使立法和预算职能”，以及“条约赋予的政治监督和咨询职能”。《里约》还规定，除议长外，欧洲议会议员不得超过750人，选举采用递减比例制，每个成员国至少拥有6名议员，任何成员国议席不得超过96席。本届议会由2014年5月选出，现有议员751名，8个党团，欧洲人民党系第一大党团。2014年7月，德国人马丁·舒尔茨（Martin Schulz）连任议长。欧洲议会总部设在斯特拉斯堡，每月欧洲议会全体会议在斯召开，其他会议在布鲁塞尔召开。欧洲议会总秘书处及其所属各部门设在卢森堡。

（5）欧盟法院（Court of Justice of the European Union）：欧盟司法机构。《里约》规定，欧盟法院的

职责是“确保解释和适用《里约》时遵守法律”。欧盟法院包括“法院”(Court of Justice)、“综合法院”(General Court)和“专门法院”(Specialised Court)。“法院”原称欧洲法院，现有28名法官(含院长，每个成员国1名)，以及8名护法顾问(Advocate-General)，协助法官工作。“法院”院长由法官从其内部选举产生，任期3年，可连选连任。现任“法院”院长是比利时人柯恩·勒纳茨(Koen Lenaerts),2015年10月8日上任，2018年10月6日任期结束。“综合法院”原名初审法院，现有28名法官(含院长)，每个成员国至少有1名法官，院长由法官从其内部选举产生，任期3年，可连选连任。现任“综合法院”院长是卢森堡人马克·耶格(Marc Jaeger),2007年9月17日上任。“法院”的法官、护法顾问以及“综合法院”的法官任期为6年，每3年进行部分替换。“专门法院”由欧洲议会和理事会根据普通立法程序设立，隶属“综合法院”，旨在对特定领域的某些类型的诉讼进行初审。欧盟法院设在卢森堡。

(6)审计院(Court of Auditors)：欧盟审计机构。《里约》规定审计院“负责欧盟审计”。审计院现由28人组成(含院长)，由欧盟理事会经咨询欧洲议会后，以特定多数方式表决任命，任期为6年，可连任。审计院院长由审计院成员从内部选举产生，任期为3年，可连选连任。现任审计院院长是葡萄牙人维特·曼努埃尔·达·西尔瓦·卡尔德拉(Vítor Manuel de Silva Caldeira)。审计院设在卢森堡。

此外，欧盟机构还包括欧洲中央银行、欧洲投资银行、欧洲统计局，以及经济和社会委员会和地区委员会等欧盟咨询机构。

【经济实力】欧盟28国总面积为438万平方公里。截至2014年，人口为5.1亿，国内生产总值约为18.45万亿美元。

【主要活动】(一)内部建设：

(1)建立关税同盟和共同外贸政策。对外实行统一的关税率，成员国之间取消商品关税和限额。从1970年起基本实现共同外贸政策，在关税、贸易和关税协定的缔结、贸易自由化措施、出口政策等方面实施一致行动原则。1994年2月，实施统一对外配额制度。2005年3月欧盟首脑会议通过的“增长与就业计划”决定在税收政策方面加强协调。《里约》对欧盟共同贸易政策进行了一系列调整：首次将投资议题纳入共同贸易政策，使该领域政策权限范围进一步扩大；规定共同贸易政策应在联盟对外行动原则和目标框架内实施，增强了与其他政策的相互关联性；首次赋予欧洲议会与理事会在贸易立法和贸易协定方面享有共同决策权等。

(2)实行共同农业政策。共同农业政策于1962年出台，是欧盟最早的共同政策。主要内容有：一是建立统一的农产品市场；二是制定对内统一的农产品价格体系和对外统一的农产品关税壁垒；三是建立共同农业基金，即“欧洲农业指导和保证基金”，对农产品出口予以补贴；四是调整农业结构。共同农业政策极大地促进了欧盟农业发展，同时也造成农业开支过大和农产品过剩以及引发贸易争端等问题。多年来，欧盟不断对共同农业政策进行改革。2005年12月，在世贸组织部长级会议上，欧盟同意在2013年之前逐步取消农业补贴。2006年2月，欧盟出台“共同体农村发展战略指导”，明确提出2007—2013年总体农村发展计划。“战略指导”重点加强农产品经济、环境、农村人口三大领域建设，将增强农林业竞争力、环保、鼓励农村经济多样性、提高地方自主能力等作为优先重点，逐步加快欧盟落后农村经济发展。6月，欧盟决定从农村发展农业基金中拨款697.5亿欧元用于2007—2013年落后地区农村发展。2008年11月，欧盟成员国农业部长就改革欧盟农业补贴政策达成协议。欧盟将每年500多亿欧元的农业补贴与产量脱钩，不再根据产量多少决定农场主领取的补贴数额，节约下来的资金将用于支持落后地区的发展和保护生态环境。2009年国际金融危机对欧盟各农业部门带来不同程度的冲击，欧盟农产品价格大幅下跌，高附加值农产品消费需求相对萎缩，农业部门投入有所下降。欧盟在2009年1月重新启动对奶产品出口补贴；3月决定在农业部门投资10亿欧元，用于农村基础设施建设和部门结构调整，并推行农产品质量政策，发起新的有机农产品标识活动，确保欧盟农产品质量优势发挥带动市场的积极作用。2010年11月，欧委会提出了“迈向2020年共同农业政策——应对未来粮食、自然资源和地区挑战”的报告。报告指出，欧盟共同农业政策的目标是保证粮食生产，对自然资源进行可持续管理，维护农村地区的平衡发展和多样性，并提出了2013年后欧盟共同农业政策改革的方向。2011年10月12日欧盟公布共同农业政策改革的法律草案，草案包括直接支付、单一共同市场组织、农村发展和监督管理等四大要素。2011年12月1日欧盟表示未来3年将拨款3000万欧元(4038万美元)，用于向非欧盟国家推介欧盟的农产品。2012年6月欧盟农业部长非正式会议上对欧盟农业向绿色农业转型的必要性达成共识，认为绿色农业和提高农业生产率并不矛盾，欧盟作为世界上最大的食品生产者之一，正在把可持续发展作为创造盈利的一种有效途径。2012年9月欧委会通过了一项旨在要求公布农业补贴受益者信息的提案。该项提案要求各成员国对接受补贴的类型、应实施的措施等详细信息给予披露。2012年12月欧盟要求各成员国对来自非欧盟国家的指定农产品提高进境抽查比例，以防止不合格产品进入欧盟市场。2013年，欧盟成员国与欧洲议会经过两年谈判，最终于达成共同农业政策(CAP)改革协议，自2014年起实施。协议要求任何成员国接受的资金根据开垦面积不得低于平均值的75%，此举对东欧国家有利。协议还要求投入1000亿欧元应对土壤、水质、生物多样性和气候变化的挑战。对从事农业的年轻人，最初5年给予额外25%的资助。

（3）实行共同渔业政策。欧共体自1977年起将各成员国在北大西洋和北海沿岸的捕鱼区扩大为200海里，作为欧共体的共同捕鱼区，由欧共体统一管理，并授权欧共体委员会与第三国谈判渔业协定。1983年1月25日，欧共体内部就捕鱼配额的分配、渔业资源的保护和渔业产品的销售等达成协议，标志着欧盟共同渔业政策开始实施。该政策有4个基本目标：保护渔业资源，保护海洋环境，促进欧洲捕鱼业发展，为消费者提供高质量的海产品。1994年12月，欧盟渔业部长通过了新渔业政策。2001年4月，欧委会发表关于未来渔业政策的绿皮书，提出改革共同渔业政策应遵循的原则。2003年1月，欧盟渔业部长理事会就渔业政策改革问题达成了共识，主要包括进一步改进现行捕捞措施，加强欧委会与成员国在捕捞监管和处罚方面的合作，以及建立地区咨询理事会等。2007年欧委会为应对气候变化对渔业的影响，制订新的共同渔业政策行动计划。2010年1月，欧盟渔业与非法捕捞管理新体系正式生效。新体系旨在保护欧盟及成员国海洋资源免遭不法经营者破坏，保护渔民免受不公平竞争。5月，欧盟渔业部长会议在西班牙召开，会议初步确定了共同渔业政策的改革方案。2011年7月3日，欧委会提出欧盟共同渔业政策改革提案，该提案旨在确保未来鱼群资源量及渔民生计，并结束过度捕捞及资源枯竭的状况，在欧盟和国际上推行更好的渔业管理标准。2011年12月2日，欧委会提议为2014—2020年期间建立新的欧盟海事与渔业政策基金。该基金将使用67亿欧元帮助实现共同渔业政策改革目标，并帮助渔民向可持续捕捞转变，帮助沿岸社区实现经济多样化。2012年6月13日，欧委会海洋事务与渔业总司文件显示，欧盟最大允许捕捞量、配额等避免过度捕捞的措施已经初显成效，可以做到在渔民根据最大允许捕捞量捕捞、保证最高收入的同时，将对环境的影响降低到最小。欧委会重申，争取于2015年解决过度捕捞问题。2013年12月，欧洲议会投票通过共同渔业政策改革方案，包括阻止过度捕捞的措施和禁止在海上丢弃渔获的禁令。

（4）建立总预算。1967年欧共体建立了总预算。1980年开始完全实行"自身财源"，主要由四部分组成：农产品进口差价税；工业品进口关税；成员国零售商品增值税的一部分；成员国按其在欧共体国民生产总值中所占比例缴纳的摊款。1992年12月爱丁堡首脑会议决定，从1995年起逐步提高欧盟预算支出占欧盟国民生产总值的比例，1999年达到1.27%。2006年5月，欧洲议会通过了欧盟2007—2013年中期财政预算方案，支出总额为8644亿欧元。2010年4月，欧委会出台2011年预算草案，总额为1426亿欧元。2011年11月，欧盟就2012年的财政预算达成协议，同意把开支限制在1290亿欧元。2012年12月，欧盟委员会正式通过2013年预算案，该预算案包括1328亿欧元的预算支出和1509亿欧元的预算承诺，分别占欧盟国民总收入的0.99%和1.13%。预算主体包括三方面：一是拨付60亿欧元用以弥补2012年预算差额；二是将2013年的预算优先使用于促增长、保就业领域；三是提出用以解决2013年支出短缺的策略。2015年11月，欧盟就1550亿欧元2016年年度预算达成一致，其中，超20亿欧元将用于应对难民危机，95.4亿欧元用于"地平线2020"，6.98亿欧元用于支持欧洲农民。2014年11月19日，欧洲议会宣布通过"2014—2020欧盟预算案"，包括9080亿欧元的预算支出和9600亿欧元的预算承诺，较"2007—2013欧盟预算案"分别下降3.7%和3.5%。

（5）建立内部统一市场。1986年2月，各成员国签署《欧洲单一文件》，决定于1992年年底建成欧共体统一大市场，通过逐步消除各种非关税壁垒，实现商品、人员、资本和服务四大自由流通。1993年1月1日，统一大市场初步形成。1995年3月，对各类人员取消边界检查的"申根协定"在法国、德国、荷兰、比利时、卢森堡、西班牙、葡萄牙7国之间正式生效。1997年10月和1998年4月，"申根协定"先后在希腊、意大利和奥地利生效。2001年3月，"申根协定"在瑞典、芬兰、丹麦及非欧盟成员国挪威和冰岛正式生效。2007年12月，捷克、爱沙尼亚、匈牙利、拉脱维亚、立陶宛、马耳他、波兰、斯洛伐克、斯洛文尼亚等9国加入。2008年12月，瑞士加入，申根区扩大至25国。2006年5月，欧盟成员国达成原则协议，决定在欧盟区域内开放服务业，允许更大的市场自由流动和更深入的经济一体化。2011年2月，欧盟召开非正式首脑会议，决定加大对科技创新领域投入，提出到2014年建成"欧洲研究区"，打造统一的欧盟知识、研究和创新市场，计划到2015年建成统一的欧盟数字市场。2011年4月，欧委会内部市场总司出台《统一市场法令》，内容涵盖12个行业领域。同年10月，欧盟首脑峰会承诺，到本年底要推动相关措施取得明显成效，包括：帮助中小企业更方便地获及资金支持；加强各成员国间的职业证书互认，促进技术劳工流动；尽早建成欧盟统一数字化市场等。2012年是欧盟单一市场设立20周年，欧盟成员国内部贸易额从1992年的8000亿欧元上升到2010年的2.54万亿欧元。欧洲单一市场国家以占世界7%的人口创造了世界20%的贸易量。10月，欧盟委员会通过《单一市场法令二期》议案供立法机构审批。议案提出12项优先行动方案，主要集中于4大增长领域：内部网络、人员及商业跨境流动、数字经济、加强凝聚力和消费者保护。2013年9月，欧盟首次发表了欧洲研究区统一市场报告，对欧洲范围内科研人员招聘的公开性和公平性、科学技术知识的传播性等指标进行了评估。结果显示，虽然各项指标均有所改善，但距离在2014年建立欧洲研究区的目标仍有差距。

（6）建立经济与货币联盟。1979年3月，欧共体巴黎首脑会议决定建立欧洲货币体系，决定主要内容有：①建立“欧洲货币单位”（European Currency Unit—ECU，简称“埃居”），用于欧共体内部会计、信贷记账与结算，并部分取代美元，起储备货币的作用；②规定汇率波动的幅度，ECU与除英国、意大利货币外的各种货币之间波动幅度上下限为2.25%，英、意货币上下波动幅度可为6%；③成立欧洲货币基金。成员国将其黄金与美元储备的20%纳入欧洲货币基金，用于成员国的信贷安排。

1988年6月，欧共体首脑会议提出了建设经货联盟、发行统一货币的目标。确定第一阶段从1990年7月1日开始，目标是在成员国之间实行完全的资本自由流动，并加强成员国之间以稳定价格为目标的货币政策合作。1991年12月欧共体首脑会议签署的《马约》规定第二阶段从1994年1月1日开始，目标是为统一货币做法律与技术上的准备，建立欧洲货币局，作为未来欧洲中央银行的过渡性机构，加强成员国之间的经济趋同。《马约》规定经货联盟第三阶段最早于1997年7月1日，最迟于1999年1月1日开始。1993年11月《马约》正式生效，经货联盟建设步入快速发展的轨道。1994年1月1日，欧洲货币局正式成立。1995年12月，马德里首脑会议决定于1999年1月1日起正式启动单一货币，并将统一货币定名为欧元（EURO）。1996年12月，都柏林首脑会议就《稳定与增长公约》以及“第二货币汇兑机制”达成一致。《稳定与增长公约》规定凡放松财政控制、预算赤字占GDP的比例再度超过3%的国家，如不能按期纠偏，应向欧洲中央银行交纳一定数额的无息储金。如在一定期限之内仍不能达标，储金便转成罚款。“第二货币汇兑机制”规定以欧元为基准，欧盟非欧元国货币汇率浮动幅度上下限为15%。1998年5月2日，布鲁塞尔首脑会议宣布德国、比利时、奥地利、荷兰、法国、意大利、西班牙、葡萄牙、卢森堡、爱尔兰、芬兰11国将为首批欧元国。7月1日，欧洲中央银行在法兰克福正式成立，其决策与管理机构主要有欧洲央行委员会、董事会和扩大委员会，主要职责是制定和落实欧元区货币政策，管理货币储备，决定货币发行量，与财长理事会共同制定汇率政策，向欧盟机构和成员国提供咨询等。1999年1月1日，欧元正式启动。1月4日，欧元进入外汇市场交易。2001年1月1日，希腊正式成为欧元区第12个成员国。2002年1月1日，欧元现钞开始流通。2002年3月，欧元成为欧元区国家唯一法定货币。此后，斯洛文尼亚（2007年）、马耳他、塞浦路斯（2008年）、斯洛伐克（2009年）、爱沙尼亚（2011年）先后加入欧元区，使欧元区成为拥有17个成员国的经济货币联盟。欧元启动以来，总体运行正常，在国际金融市场中的地位逐步确立，已成为第2大国际货币，截止至2011年年底，欧元在全球外汇储备中的份额占25%左右。2012年10月，欧洲理事会主席范龙佩发布题为《面向真正的经济与货币联盟》的报告，内容涉及欧元区银行统一监管、欧元区中央预算、欧洲稳定机制直接进行银行资本重组等。这份报告被称为“中期报告”。根据范龙佩的报告，欧盟应该在金融一体化框架、预算一体化框架和经济政策框架一体化3个方面深入探讨。关键问题是建立欧元区银行统一监管、欧元区独立预算，以及相应的欧盟条约的修订等。2014年4月，欧洲议会通过单一清算机制和国家存款担保基金规定，欧洲银行业联盟基本完成制度建设，被认为是欧元区成立10多年来欧洲金融一体化的最重大步伐。2015年3月，欧洲理事会主席、欧委会主席、欧洲议会议长、欧元集团主席及欧央行行长联合发布题为“完成欧洲经济与货币联盟”报告，制定了未来欧元区进一步融合路线图。

（7）实施共同外交和安全政策。《马约》规定欧盟将逐步实行共同外交和安全政策。由西欧联盟负责执行欧盟未来的维和与人道主义行动；欧盟理事会秘书长为欧盟对外政策代表；成立“政策分析和预警中心”，为理事会决策提供依据。2000年3月，欧盟理事会设立了政治和安全委员会、军事委员会和总参谋部3个临时机构，并于12月转为常设机构。2002年12月，欧盟与北约签署了“欧盟与北约关于欧洲外交与安全政策宣言”，确定欧盟可在维和军事行动中使用北约军事资源。2003年12月，欧盟制定了“欧洲安全战略”，明确界定了欧洲安全面临的主要威胁并制定了应对措施。针对恐怖主义和大规模杀伤性武器扩散的威胁，欧盟制定有效多边主义政策并提出了“预防性行动”概念。2004年7月，欧洲军备局成立。12月，欧盟正式接管北约在波黑的维和任务，并组建了一支7000人的欧盟维和部队。2005年7月，欧盟决定向非盟在达尔富尔地区的维和部队提供军事和民事支持。2007年，欧盟组建完成13个“快反战斗群”。2008年9月，欧盟决定向格鲁吉亚派驻民事观察团。11月，欧盟外长会正式批准欧盟向索马里海域派遣军舰和飞机，以打击海盗活动，保护世界粮食计划署运粮船安全。12月8日，欧盟外长会决定正式启动代号为“阿塔兰塔”的军事行动，派遣6艘军舰和3架海上侦察机在索马里海域打击海盗。2009年12月，《里约》生效后，欧盟在共同外交和安全政策方面进行了一系列调整，主要包括：欧盟具备法律人格，有权在共同外交和安全政策领域缔结国际条约；将原欧盟共同外交和安全政策高级代表和欧委会对外关系委员两职位合二为一，设立新的欧盟外交和安全政策高级代表，并兼任欧委会副主席；创建由欧盟机构和成员国外交官组成的总计约7000人的欧盟对外行动署（European External Action Service—EEAS），作为欧盟外交机构，协助高级代表开展工作；把欧盟外交机构权限从传统外交政策领域扩展到发展政策、人权、军事安全、民事危机处理等领域，并使其拥有独立预算和人事任免权。在共同外交和安全政策领域，欧盟各成员国仍将以政府间合作方式进行决策。2010年，欧盟共对外派遣约9000人，开展了13项对外军事和民事行动。2011年4月4日欧盟决定成立应对利比亚局势的维和部队，向利比亚的人道救援行动提供支援。

2010年12月1日，欧盟对外行动署正式成立，2011年1月正式运转。对外行动署由欧盟外交和安全政策高级代表兼欧委会副主席阿什顿领导。阿与首席运营官、秘书长，以及2名副秘书长共同构成对外行动署的核心领导层。对外行动署下设6大地区业务总司，分别为亚洲总司、非洲总司、俄罗斯、东部邻国和西巴尔干总司、中东和南部邻国总司、美洲总司和全球与多边事务总司。对外行动署还设有欧盟情报中心、民事和军事危机管理等部门。2012年，为体现欧盟对其核心价值观的关注，欧盟任命兰普里尼季斯为欧盟人权事务特别代表。2014年8月30日，欧盟领导人在布鲁塞尔召开特别峰会，任命意大利外交部长费代丽卡·莫盖里尼（Federica Mogherini，女）为欧盟外交和安全政策高级代表。

（8）开展司法和内政合作。欧盟在成员国间建立了司法、内政事务合作机制，以协调各国的移民和避难政策，联合开展打击国际恐怖活动、犯罪和贩毒的斗争。1999年10月，欧盟在芬兰坦佩雷召开首次有关司法和内政合作的首脑会议。2001年“9·11”事件后，欧盟内部加大了在司法内政等领域的合作，对恐怖主义行为及恐怖主义组织进行了具体的界定，公布了恐怖主义组织及个人名单并对其财产进行冻结，着手制定“欧洲统一逮捕令”。2002年6月，欧盟塞维利亚首脑会议决定，加快制定欧盟共同移民和避难政策；加强警务、移民部门的合作，强化外部边境管理和控制，并制定了具体时间表；加强同非法移民来源国和过境国的合作，并向其提供经济援助；在欧盟与第三国的合作协定中加入打击非法移民和遣返条款。2004年10月，欧洲议会通过了“海牙计划”，指导2005—2010年的司法和内政事务。2008年4月，欧盟司法和内政部长会议决定，欧洲刑警组织从2010年1月1日起成为欧盟正式机构，以加强欧盟成员国间的执法合作。2009年12月，欧盟冬季首脑会议决定启动2010—2014年为期5年的“斯德哥尔摩计划”，旨在强化欧洲公民基本权利、维护司法公正、保护人身财产安全、进一步完善移民和难民政策等方面的合作。2010年7月，欧盟电子司法门户网站正式开通，将为欧盟公民提供司法援助、法律培训、房产登记等远程司法服务。2011年2月，欧盟边防局应意大利当局请求启动“赫尔墨斯”联合行动，协助意当局管理来自西亚北非的难民和移民事务。5月，欧委会出台了强化对来自西亚北非地区移民管理的一揽子措施，以应对难民和移民潮问题。2011年年初以来，因西亚北非局势持续动荡引发的移民潮促使一些《申根协定》成员国要求对业已施行16年的《申根协定》进行修改，以便在突发情况下能够自主启动临时边境检查。2011年9月16日，欧盟委员会公布《申根协定》修改草案，主张建立由欧盟委员会和成员国组成的欧盟层面决策机制，对“重启边境检查”问题共同进行裁决。根据该草案，某一成员国在发生诸如恐怖袭击、核事故等突发事件后可以紧急启动临时边境检查，但是边检不得超过5天。如果需要延期则必须向欧盟决策机制提交相关申请，在获得同意后方可延长边检。草案还建议取消成员国之间就协定执行情况进行的互评，改由欧盟委员会和成员国专家团对某一成员国进行例行或突击检查。欧盟委员会每半年公布“申根健康检查”报告，供欧洲议会及欧盟理事会讨论。2012年3月、9月，由于荷兰的两度反对，保加利亚、罗马尼亚两国加入申根区的议题讨论推迟到2013年。2013年6月，欧洲议会通过申根区边检治理一揽子措施，主要包括建立申根区边境检查评估机制和修改申根区国家边境检查相关规定，即申根区国家的公共政策或内部安全一旦受到严重威胁，可重新实行边检，但期限为30天，最多只能延长至6个月。如果发生突发事件（如恐怖袭击）需立即采取行动，成员国可单方面恢复边检，最多不超过10天。2015年，随着涌入欧洲难民数量大幅上升，欧洲多个国家恢复边境检查，《申根协定》的人员自由流动原则受到一定冲击。

（9）推进机构和机制改革。2001年12月，欧盟拉肯首脑会议决定成立制宪大会。2002年2月至2003年6月，欧盟举行了为期16个月的欧洲制宪大会，通过《欧洲宪法条约》草案。2004年6月，欧盟首脑会议正式通过《欧洲宪法条约》，10月正式签署。但由于法国、荷兰全民公决否决了该条约，2005年6月欧盟布鲁塞尔首脑会议决定推迟《欧洲宪法条约》的生效日期。2007年3月，欧盟召开纪念《罗马条约》签署50周年特别首脑会议，发表了《柏林宣言》，强调欧盟将与时俱进不断改进欧洲政治建设，共同努力，争取在2009年欧洲议会选举前“将欧盟置于一个新的共同基础上”。12月，欧盟首脑会议签署了旨在拯救制宪危机的《里约》。2008年6月，爱尔兰全民公投否决《里约》。2009年6月18日，欧盟夏季首脑会议决定满足爱尔兰在批准《里约》问题上的关切，以法律形式承诺爱保留在防务、税率、堕胎等方面的特权，并强调已批约国无须就此重新履行批准程序，为条约尽快生效创造了有利条件。10月2日，爱尔兰第2次公投批准了《里约》。随后，在本国关切得到满足的情况下，波兰和捷克相继批准《里约》，使《里约》生效道路上的最后障碍得以排除。12月1日，《里约》正式生效。

《里约》内容主要包括：赋予欧盟法律人格；设立

欧洲理事会主席，由欧洲理事会以特定多数方式选举产生，任期2年半，可连任1届；精简欧委会机构，拟自2014年11月1日起将欧委会委员人数精减为原来的2/3；改革欧洲议会，规定欧洲议会由750名议员组成，各成员国在议会中至少占6席，最多占96席；扩大欧洲议会和理事会行使共同决策权的政策领域；实施新的特定多数表决机制，即自2014年11月1日起，特定多数表决通过的条件是须有至少55%的成员国同意（至少15国），同时这些成员国至少代表65%的欧盟人口；设立新的欧盟外交与安全政策高级代表，并兼任欧委会副主席，负责执行欧盟的共同外交和安全政策，领导欧盟对外行动署；扩大多数表决制适用范围；增加欧盟法律中的人权内容，使《欧盟基本权利宪章》在欧盟立法层面上具有法律约束力。《里约》生效后，欧盟机制机构改革陆续启动，主要进展有：2009年11月，选举产生首任欧洲理事会主席范龙佩和欧盟外交和安全政策高级代表兼欧委会副主席阿什顿。2014年8月，选举产生新一届欧洲理事会主席图斯克和欧盟外交和安全政策高级代表莫盖里尼（女）。

（10）制定能源和气候政策。1973年的石油危机使欧洲开始重视由于依赖外国油气供应而产生的风险。1988年5月，欧共体委员会的“共同能源市场报告”首次建议制定共同能源政策。2002年3月，欧盟巴塞罗那首脑会议决定于2004年对商业和企业用户开放电力和天然气市场，在能源市场开放问题上迈出了重要的一步。2006年3月24日，欧盟春季首脑会议首次明确提出要着手制定欧洲能源政策。2007年3月，欧盟首脑会议就气候变化和能源问题达成系列共识：①承诺到2020年将温室气体排放量在1990年基础上至少减少20%，愿与美、日、中、印等其他主要排放国一道将减排目标提高至30%。②大力落实欧洲能源政策，到2020年将可再生能源在能源消费中所占比重由目前的6.5%提高到20%，能源使用效率提高20%，生物燃料在交通能源中的比重提高到10%。2008年7月，欧洲议会同意从2012年起对航空业实施温室气体限排，并将其纳入温室气体排放交易机制。12月，欧盟首脑会议通过能源气候一揽子计划，决定2013—2019年间给予波兰、捷克等9个中东欧国家一定比例的免费碳排放交易许可，并给予德、意等国的高排放企业一定特殊照顾。2009年1月，欧委会出台题为“通向哥本哈根全面气候变化协定”的政策文件，重申2050年全球平均气温比工业化前上升不超过2摄氏度，全球温室气体排放量比1990年减少50%等战略目标，将欧盟自定的减排上限标准推广至所有发达国家，并首次明确提出发展中国家的高标准量化减排目标。10月，欧盟秋季首脑会议批准了欧盟参加哥本哈根气候变化大会的立场文件，重申欧盟原与国际社会一道在2020年之前向发展中国家提供国际气候援助资金的承诺。12月，欧盟冬季首脑会议决定于2010—2012年每年向发展中国家提供24亿欧元的“快速启动”资金。2010年3月3日，欧盟出台“2020战略”，将“三个20%”的气候及能源目标作为未来10年欧盟发展的5大目标之一。2011年10月23日欧盟领导人秋季峰会就2011年年底在南非德班召开的联合国气候变化大会达成欧盟内部统一的谈判立场，表示在一定条件下，欧盟愿意认可《京都议定书》第二承诺期。欧盟领导人表示，《京都议定书》到期后，亟须推动下一个全面且有法律约束力的全球框架协议，并确保主要经济体的积极参与，从而实现将全球气温升高控制在2摄氏度以内的目标。2011年年底欧委会推出“欧盟2050能源战略路线图”，确定总目标为到2050年在保证经济社会可持续发展和满足大众生活质量对能源需求的同时，在1990年基础上降低温室气体排放80%—95%。能源行业作为能源供应和节能减排的“源头”，成为实现欧盟2050能源战略路线图的关键。2012年10月4日，欧盟理事会表决通过能源效率指令，此指令提出了具有法律约束力的措施，以促使成员国实现从能量转化、输送和最终消费等能源链各环节提高效率，到2020年实现能效提高20%的目标。2012年11月21日，欧洲议会通过《页岩气和页岩油开采环境影响报告》相关决议，认为欧盟成员国有权决定是否开发页岩气，但包括水力压裂法等在内的页岩气开采相关活动必须建立一套严格的管理制度，以保证达到最高安全标准。2012年12月18日，欧委会决定斥资12亿欧元，用于支持23项可再生能源创新示范项目。这些项目涵盖众多的可再生技术，包括生物能源、集中太阳能发电、地热发电、风能、潮汐电站和分布式可再生能源管理等技术。2012年12月，欧盟对多哈气候变化会议结果表示欢迎，称这一结果为在近期内采取更有雄心的应对气候变化国际行动奠定了基础，为在2015年达成一项新的全球气候协定铺平了道路，并确保了《京都议定书》第二承诺期于2013年1月1日起实施。2014年1月，欧盟委员会发布2030年气候及能源政策框架提案，公布2030年气候和能源政策目标，规定欧盟成员国在2030年前将温室气体排放量削减至比1990年水平减少40%的水平，并保证新能源在欧盟能源结构中至少占27%。2015年12月，在欧盟积极推动和参与下，联合国气候变化大会达成《巴黎协议》。

（11）应对国际金融危机（较前版有删节）。2008年3月，欧盟春季首脑会议呼吁推动国际金融体制改革，增强金融市场透明度，提升金融危机管理能力，加强监督实现金融市场稳定，并就主权财富基金问题达成原则共识。10月，欧元区峰会通过一项应对危机的行动计划，同意由各国政府为银行再融资提供担保并向银行注资。11月，欧盟正式批准从中期财政援助基金中拿出65亿欧元帮助匈牙利应对危机。12月，欧盟冬季首脑会议批准了欧委会提出的约2000亿欧元的经济刺激计划。

2009年2月，欧盟召开特别首脑会议，为伦敦20国集团（G20）金融峰会协调立场，并就加强金融监管达成系列共识。3月，欧盟春季首脑会议决定将对中东欧成员国提供的中期财政援助基金规模扩大至500亿欧元，就伦敦G20金融峰会达成欧盟共同立场，主张加强金融监管和国际合作，承诺向国际货币基金组织增资750亿欧元。6月，欧盟首脑会议出台新的金融监管措施，决定在宏观层面成立“欧洲系统风险委员会”，及时就威胁欧洲金融稳定的潜在风险提出预警和建议；在微观层面成立“欧洲金融监管系统”，由分别负责银行、保险和证券领域的3个泛欧监管局组成。

（12）应对主权债务危机。2010年年初，希腊、葡萄牙、西班牙、意大利和爱尔兰等国相继爆发主权债务危机，其中希腊公共债务高达3000亿欧元，占国内生产总值（GDP）的115.1%。国际评级机构对希、爱、葡、西等国主权信用评级大幅下调。由于欧盟内部围绕救助方式、力度等存在分歧，应对措施不力，加之国际宏观经济形势不稳，国际评级机构推波助澜，欧债问题持续恶化，对欧洲政治、经济、社会造成多重冲击。

2011年，欧债问题再度升温。欧债问题向欧洲银行业蔓延迹象显露。法国农业信贷银行和兴业银行及意大利、希腊部分银行信用评级被下调，德夏银行遭拆分。部分重债国经济遭受重创，社会问题突出，希腊等国爆发多次工潮示威活动。7月，欧盟特别峰会决定向希腊提供1090亿欧元第二批救助，放宽运用欧洲金融稳定工具（EFSF）纾困的条件，EFSF可对非重债国提供支持，将来用于直接向银行注资，在二级市场购买债券等。10月，欧盟连续举行两次峰会，就应对欧债问题达成框架性共识。主要内容包括：①在2020年前将希腊债务占GDP比重降至120%，私营部门自愿将所持希腊债券减记50%。向希腊提供总额为1000亿欧元的救助款。②将欧洲金融稳定工具（EFSF）救助能力扩充4—5倍，约1万亿欧元。③欧洲银行在2012年6月30日前将资本充足率提高至9%，注资总规模为1060亿欧元。④适当修改《里斯本条约》，强化欧元区经济治理，推进欧洲一体化进程。12月，欧盟举行峰会重点讨论欧债问题，达成重要共识：一是缔结一项新财政协定，包括严格财政纪律，将保持预算平衡原则写入各国法律，加大对财政违规行为的惩罚力度及赋予欧盟机构更大监督权；二是动用更多金融资源救助重债国，包括加速EFSF扩容、提前启动欧洲稳定机制（ESM）、欧盟及成员国向国际货币基金组织（IMF）追加2000亿欧元贷款等。欧盟27国财长会举行电话会议，最终就向国际货币基金组织注资方案达成初步意见，包括欧元区成员国提供1500亿欧元双边贷款，并希望非欧元区国家提供500亿欧元，呼吁其他IMF成员国参与注资。欧央行决定进行“长期再融资操作”（LRTO），以1%低利率向欧洲银行提供3年期无限量应急贷款，银行业反应积极，已申请4890亿欧元贷款。

2012年，主权债务问题仍是欧盟经济中短期面临的最大风险。年初，在欧央行“长期再融资操作”（LRTO）的影响下，债务市场出现暂时的平静。年中，希腊和法国大选导致形势再次动荡，希腊退出欧元区的风险加大。西班牙政府接受了欧盟对其银行也得救助。意大利、塞浦路斯等国也一定程度受到波及。欧盟加大应对力度，先后推出“直接货币交易”（OMT）计划，正式启动欧洲稳定机制（ESM），并决定建立欧元区银行业单一监管机制（SSM），着手完善经货联盟建设的路线图。欧债形势在上述利好因素推动下，逐渐趋缓。但欧洲严峻的债务形势未发生根本扭转，欧盟和欧元区主权债务占国民生产总值比重已升至82.5%和87.3%。欧债形势仍存在不确定性，今后一段时间，仍将在波动和曲折中发展。

2013年，意大利、葡萄牙先后经历政治危机考验，塞浦路斯爆发银行业危机，引发市场震动，但形势未出现大的逆转。欧盟峰会陆续通过“欧洲投资计划”和“青年就业计划”等政策，通过了多年度财政预算框架，成员国也先后推出国别经济刺激计划。欧债形势明显趋稳，对经济的干扰因素下降。2015年3月，欧央行正式启动包括购买国债在内的全面量化宽松措施，总规模达1.1万亿欧元。2015年7月13日，欧元区特别峰会就3年内通过ESM框架向希腊提供860亿欧元援助达成协议，希腊债务问题暂时得以“软着陆”。

（13）制定欧盟“2020战略”。2010年3月，欧盟出台“2020战略”。该战略强调促进欧盟经济实现“灵巧、可持续和包容性”增长，提出5项量化指标：一是将20—64岁人口就业率提高到75%以上；二是将欧盟GDP的3%用于科技研发；三是实现“三个20%”的气候能源发展目标；四是将欧盟各国失学率降至10%以下，将30—40岁之间受高等教育人群比例提高到40%以上；五是帮助2000万人脱贫。该战略决定启动“创新联盟计划”“青年人在行动计划”“数字欧洲计划”“资源效率型欧洲计划”“全球化时代的工业政策计划”“新技能和就业计划”以及“欧洲减贫计划”等7项发展计划，用以加快欧盟发展方式转型，增强竞争力，促进经济社会长期可持续发展。

（二）对外关系：欧盟同世界上许多国家和地区建立了联系。截至2015年，已有168个国家向欧盟派驻外交使团，26个国际组织和地区（包括巴勒斯坦、香港、澳门等）向欧盟派驻代表处，欧盟委员会已向超过130个国家和国际组织派驻代表团。欧盟同其中绝大多数国家缔结了贸易协定、经贸合作协定、联系国协定或其他协定，并与一些地区性组织建立了比较密切的关系。经合组织统计，2015年，欧盟共提供735亿美元的发展援助，欧盟17个经合组织发展援助委员会成员国外援总和占经合组织援助总额的56%，是世界最大的对外发展援助方。

（1）同美国的关系。欧盟与美国关系密切，经济上互为最大的贸易伙伴和最大投资方，在政治上互为盟友。美总统奥巴马及欧洲主要领导人多次互访，推动了美欧关系的发展。但双方在气候变化、国际金融体系改革等问题上仍存在差异和分歧。

1月17—18日，欧盟外交与安全政策高级代表莫盖里尼访问美国首都华盛顿。莫此行主要与美方就双方在若干重大国际议题中的合作以及跨大西洋伙伴关系。在与美国国务卿克里举行的共同记者会上，莫强调了欧美在应对乌克兰危机和打击恐怖主义问题上表现了良好的合作，并提到了双方在巴尔干问题、中东和平进程的共同努力。莫还就跨大西洋贸易与投资伙伴关系（TTIP）发表了评论，称其是一个双赢计划，能够提供更多商业机会，降低成本，减少行政负担，刺激增长并提升就业水平。2月6日，欧盟委员会主席容克和欧盟外交与安全政策高级代表莫盖里尼共同会见了美国副总统拜登。2月17—19日，国际反恐峰会在华盛顿举行。欧盟外交与安全政策高级代表莫盖里尼出席并发言表示，恐怖主义的目标不仅是威胁人们的安全，同样也是对言论自由和社会多元化的破坏。5月9日，为纪念“欧盟日”活动，美国纽约帝国大厦被欧盟盟旗色——蓝色和黄色点亮。5月，“欧盟文化月”活动在华盛顿举行。28个成员国通过音乐、戏剧、美术、电影和讲座等多种形式展示了欧盟的多元文化。

（2）同独联体国家的关系。欧盟重视同俄罗斯的关系。俄罗斯是欧盟最大的邻国，是欧盟第三大贸易伙伴，也是重要的能源来源地。欧盟25%的石油和45%的天然气消费来自俄，部分成员国甚至完全依赖从俄能源进口。但双方在能源供应、欧洲安全等问题上仍存在矛盾与分歧。乌克兰危机严重影响了欧俄双边关系。欧盟与俄罗斯互相进行了制裁。目前双方的合作项目大多处于停滞状态当中。

5月21—22日，第四次欧盟东部伙伴关系峰会在拉脱维亚首都里加召开。欧洲理事会主席图斯克、欧盟委员会主席容克、欧洲议会议长舒尔茨、欧盟外交与安全政策高级代表莫盖里尼，欧盟28国及亚美尼亚、阿塞拜疆、白俄罗斯、摩尔多瓦、格鲁吉亚、乌克兰六个东部伙伴关系国领导人或代表出席会议。峰会发表《里加宣言》，主要内容包括：全面总结2013年维尔纽斯峰会以来欧盟东部伙伴关系发展情况，规划欧盟与东部伙伴关系合作方向和目标；对与欧盟已签署“联系国协定”的摩、格、乌三国，呼吁各欧盟成员国尽快完成国内审批程序，将落实“联系国协定”具体内容作为下步工作重点，并继续加强对三国监督和引导；亚、阿、白三国，要求其加大治理腐败和实施公共管理改革的力度，向欧盟标准看齐；强调维护欧安组织1975年《赫尔辛基最终法案》和1990年《巴黎宪章》确认的欧洲各国边界，以及《联合国宪章》相关条款，呼吁尽快通过和平方式解决德涅斯特河沿岸、纳戈尔诺—卡拉巴赫、阿布哈兹、南奥塞梯等地区冲突，要求各方尊重乌克兰主权独立和领土完整，特别是全面落实新明斯克协议，尽快通过和平方式政治解决乌克兰危机。

4月27日，第17次欧盟乌克兰峰会在基辅举行。这是在欧乌联系国协议框架下召开的首次峰会。欧洲理事会主席图斯克、欧盟委员会主席容克和乌克兰总统波罗申科出席。会议上主要讨论了欧乌联系国协定落实情况、乌克兰政治经济改革进程、新明斯克协议落实情况、欧盟东部伙伴峰会、欧盟周边政策以及欧盟给予乌克兰经济援助等问题。11月9日，欧盟外交与安全政策高级代表莫盖里尼访问乌克兰，与当地政治领袖和民间团体进行了座谈，还会见了克里米亚鞑靼人代表。莫盖里尼表示欧盟虽然面临很多困难，乌克兰仍然是欧盟关注的优先议题，同时，全面落实新明斯克协议是解决乌克兰问题的前提。12月7日，第二届欧盟乌克兰联系理事会在布鲁塞尔召开。乌克兰总理亚采纽克主持会议。这也是乌方第一次在理事会上主持会议。会议高度肯定了上次会议以来欧乌联系国协定的落实情况，同时明确了下一年乌克兰改革的优先领域，包括打击腐败、公共财政、能源等。

11月10日，欧盟外交与安全政策高级代表莫盖里尼访问格鲁吉亚，会见了格鲁吉亚总统马尔格维拉什维利，总理加里巴什维利和外长科维里卡什维利。莫强调了欧盟与东部伙伴合作的重要意义，并指出落实双方签署的联系国是重中之重。12月7日，欧盟外交与安全政策高级代表莫盖里尼与亚美尼亚外长纳尔班迪安开启了欧盟与亚美尼亚新协议的谈判。新的协议应包括：涵盖政治、经济和地区合作的全面框架；在能源、交通和环境等领域深化合作；开发新的双边经贸契机；人员往来便利化等方面。

12月21日，欧盟与中亚国家在哈萨克斯坦首都阿斯塔纳举行第一次欧盟中亚部长级会议，宣布2014年至2020年将向中亚国家提供10亿欧元发展援助，支持该地区国家实现可持续性自然资源管理，社会和经济发展和地区安全等。欧委会发展委员皮耶巴尔格斯表示，欧盟与中亚今后7年发展合作的两大重点领域是治理以及包容、可持续发展，重点对象是最贫穷和最脆弱的地区国家。

（3）同西巴尔干国家的关系。8月27日，在“柏林进程”框架下的第二次西巴尔干峰会在维也纳召开。阿尔巴尼亚、波黑、马其顿、黑山、塞尔维亚、克罗地亚、斯洛文尼亚以及上届峰会主席国德国、未来的主席国法国和意大利以及欧盟和国际金融组织均派首脑、外长或其他代表出席。会议的主题是经济、互联互通和移民。10月25日，为应对难民危机，欧盟成员国与西巴尔干国家首脑在布鲁塞尔举行会晤。会议通过了一项17点计划，以缓解日趋严重的难民危机。特别是向受难民危机影响最重的“西巴尔干路径”沿线国家（阿尔巴尼亚、奥地利、保加利亚、克罗地亚、马其顿、德国、希腊、匈牙利、罗马尼亚、塞尔维亚和斯洛文尼亚）表达了支持。12月11日，欧盟与波黑第一次稳定与联席会议在布鲁塞尔召开，以进一步落实《稳定与联席协议》，维护波黑改革的良好势头。

（4）同中东国家关系。欧盟是中东问题四方之一，关注中东和平进程，主张承认以色列的生存权和巴勒斯坦人民的建国权，通过政治谈判和平解决阿以冲突。7月20日，欧盟外交与安全政策高级代表莫盖里尼在布鲁塞尔会见了阿拉伯国家联盟秘书长阿尔·阿拉比。双方讨论了包括利比亚、伊拉克、叙利亚、中东和平进程以及“伊斯兰国”等中东地区热点问题。双方还就深化欧盟对外行动署与阿拉伯国家联盟间合作签署备忘录。7月20日，欧盟外长会对7月14日达成的伊朗核协议表示欢迎，表示有关各方经过长期的外交努力终于达成了一份全面、持久、和平的协议，这是一个历史性的时刻。10月13日，伊朗副外长阿米尔阿卜杜拉罕访问欧盟总部。10月23日，欧盟外交与安全政策高级代表莫盖里尼出席中东和平进程季度会议。10月26日，欧盟外交与安全政策高级代表莫盖里尼在布鲁塞尔会见巴勒斯坦总统阿巴斯。11月3—4日，欧盟外交与安全政策高级代表莫盖里尼访问埃及。11月26日，地中海联盟部长会议在巴塞罗那召开，来自欧洲、北非及中东地区的43个国家派代表出席，欧盟外交与安全政策高级代表莫盖里尼与约旦外长朱达共同主持会议。

（5）与亚洲其他国家的关系。欧盟一直非常重视与亚洲的关系。欧盟外交与安全政策高级代表莫盖里尼上任的第一年里访问亚洲5次，与亚洲国家参加了3次双边峰会，还参加了香格里拉对话和东盟地区论坛。

5月4日，欧盟外交与安全政策高级代表莫盖里尼访问韩国，并会见了韩国总统朴槿惠和外长尹炳世，就双方加强在全球和地区事务中加强合作交换了意见，主要议题包括韩国参与欧盟领导的危机管理机制、半岛无核化、气候变化等。5月29日，第23次欧日峰会在东京举行。欧洲理事会主席图斯克、欧盟委员会主席容克以及日本首相安倍晋三出席。双方同意就国际社会的和平稳定与繁荣加强合作。欧盟与日本分享共同的价值观、人权观及共同市场等理念。6月1日，欧盟外交与安全政策高级代表莫盖里尼出席了第14届香格里拉对话，并发表主题演讲，强调了欧盟对于亚洲地区的重视，表示欧盟愿加强与亚洲伙伴的合作以构建地区安全构架。8月5—6日，欧盟外交与安全政策高级代表莫盖里尼出席了在马来西亚首都吉隆坡举行的东盟地区论坛（ARF）年度部长会，并与越南共同支持了欧盟东盟部长会后会（PMC）。9月15日，第8次欧韩峰会在首尔举行。韩国总统朴槿惠和欧盟委员会贸易委员马尔姆斯特伦参加。双方肯定了自2013年的峰会以来双方在战略伙伴关系下各合作领域取得的成绩，并强调会继续发展全面、互惠和面向未来的双边关系。10月19—20日，欧盟与东盟在布鲁塞尔举办了第一次人权政策对话。11月5—6日，第12届亚欧会议外长会在卢森堡召开，欧盟外交与安全政策高级代表莫盖里尼主持会议。会议讨论了一系列重要的国际议题，包括气候变化、可持续发展、互联互通以及亚欧地区的安全议题。

（6）同拉美国家关系。1月27—28日，欧盟外交与安全政策高级代表莫盖里尼出席在哥斯达黎加圣何塞举行的第3届拉丁美洲与加勒比海国家共同体峰会，会议主要讨论如何消减贫困及维持良政以及塑造地区未来。6月10—11日，第2届拉共体—欧盟国家首脑会议在布鲁塞尔举行。会议以“分享共同未来：为繁荣、团结和可持续的社会而奋斗”为主题，讨论了重要的双边和国际议题。12月1日，欧盟与哥伦比亚签署短期签证互免协议，哥伦比亚总统桑托斯和欧盟外交与安全政策高级代表莫盖里尼出席在布鲁塞尔举行的签字仪式。

（7）同非洲国家关系。欧盟关注非洲地区局势，是非洲的主要贸易伙伴和最重要的援助方，占非洲对外贸易总量的1/3。4月，第7届欧盟委员会与非盟委员会召开，双方就进一步强化伙伴关系，加强双边合作进行了讨论。11月11—12日，欧非峰会在马耳他首都瓦莱塔举行，本届峰会的主题为应对难民危机所带来的机遇与挑战。双方在现有对话机制基础上共同制订了一份共同行动计划，并决定于2017年1月前举行高官会，评估共同行动计划的落实情况。12月，欧盟首脑会议通过第一份对非战略文件《欧盟与非洲：走向战略伙伴关系》。

2月10日，欧盟外长会表达了对尼日利亚选举的坚定支持，谴责“博科圣地”的暴力行径，认为其已成为西非地区的重大安全威胁。会议还讨论了马里、中非共和国局势。3月25日，欧盟同联合国开发署与几内亚比绍政府联合在布鲁塞尔召开国际研讨会，就如何利用国际援助加强几内亚比绍的重建、维护几长期稳定和可持续发展进行了讨论。5月26日，欧盟在布鲁塞尔召开国际研讨会，主要关注中非共和国的恢复与重建问题。6月17日，欧盟外交与安全政策代表莫盖里尼和人道主义援助委员斯蒂利亚尼蒂斯同“萨赫勒五国”（布基纳法索、马里、毛里塔尼亚、尼日尔、乍得）外长举行首次会晤，并就深化双边合作发表了声明。10月，欧盟外交与安全政策代表莫盖里尼访问埃塞俄比亚，纪念双方建交40周年，并就经济增长、投资、气候变化和移民等问题与埃方交换了看法。10月27日，欧盟与南部非洲发展共同体举行2015年度部长级会晤。

（顾正雄　檀越）

欧洲委员会

The Council of Europe—COE

【成立日期】1949年5月5日正式成立。

【宗旨】保护人权、多元民主和法治；促进欧洲文化认同和多样性意识的形成并鼓励其发展；寻求欧洲社会面临挑战的共同解决方案；通过支持政治、立法和宪法改革，巩固欧洲的民主稳定。

【成员】47个：爱尔兰、奥地利、比利时、冰岛、丹麦、德国、法国、荷兰、列支敦士登、卢森堡、马耳他、挪威、葡萄牙、瑞典、瑞士、塞浦路斯、圣马力诺、土耳其、西班牙、希腊、意大利、英国、芬兰、匈牙利、波兰、保加利亚、斯洛文尼亚、立陶宛、捷克、斯洛伐克、爱沙尼亚、罗马尼亚、安道尔、摩尔多瓦、阿尔巴尼亚、拉脱维亚、乌克兰、马其顿、俄罗斯、克罗地亚、格鲁吉亚、阿塞拜疆、亚美尼亚、波黑、塞尔维亚、黑山、摩纳哥。此外，白俄罗斯为候选成员国。美国、加拿大、日本、墨西哥和梵蒂冈为欧洲委员会部长理事会观察员国。加拿大、墨西哥和以色列为欧洲委员会议会的观察员国。

【主要负责人】秘书长托尔比约恩·亚格兰（Thorbjørn Jagland，挪威人），2009年9月首次当选，任期5年，2014年6月获得连任，新一届5年任期从2014年10月1日开始。

【总部】法国斯特拉斯堡。在巴黎、布鲁塞尔设办事处。

地　址：Avenue de l'Europe，67075 Strasbourg Cedex，France。电话：33 3 88 41 20 00。电子邮箱：point_i@coe.int。

【网址】http://www.coe.int。

【会旗和会歌】会旗为蓝色天幕上环饰12颗金星。会歌为贝多芬第九交响曲中《欢乐颂》的序曲。

【官方语言】英语和法语，议会大会工作语言亦使用德语、意大利语和俄语。

【出版物】《论坛》（*Forum*），季刊；《欧洲委员会出版目录》（*Catalogues of Publications of the Council of Europe*），年刊。

【主要机构】（1）部长委员会（Committee of Ministers）：最高决策和执行机构，由成员国外长（或驻斯特拉斯堡常设代表）组成，每年召开两次会议，主要负责重大决策制定、批准预算和制订行动计划。下设部长代表委员会，由成员国各派1名常驻代表（大使级）组成，负责处理日常事务。主席由各成员国代表轮流担任，任期半年。2015年11月10日至2016年5月18日为保加利亚。（2）议会（Parliamentary Assembly）：有审议权，没有立法权。现有议员和候补议员各324名，议员因故不能出席会议时由候补议员替补。议员与候补议员均由各成员国从本国议员中推举产生，名额根据各成员国人口比例分配，最多18名，最少2名。议会由欧洲人民党党团、社会党党团、欧洲保守党党团、自由民主党联盟和欧洲联合左翼党等5个党团及无党派代表组成。通常每年召开4次会议。一般决议由简单多数通过，重大决议以2/3多数通过。议会下设常务委员会，在议会休会期间负责日常工作，每年至少召开3次会议；还设有政治、经济、人权、社会、文教、司法和农业问题等10个专门委员会。议长由全体议员选举产生，任期1年，可连任。现任议长佩德罗·阿格拉蒙特（Pedro Agramunt，西班牙人），2016年1月当选。副议长20人。（3）总秘书处（Secretariat）：处理欧委会日常事务，包括欧委会秘书长和副秘书长办公室、部长委员会秘书处、议会秘书处、地方和地区政权代表大会秘书处、人权专员办公室、欧洲人权法院书记室、5个司和5个总司。总秘书处设秘书长和副秘书长各1名，均由部长委员会推荐，议会选举产生。（4）欧洲地方和地区政权代表大会（Congress of Local and Regional Authorities）：1994年1月成立，其宗旨是保证地方和地区团体参与欧洲联合进程及欧洲委员会的工作。分地方政权院和地区政权院两院，拥有代表324名，候补代表324名，由地方或地区团体的代表组成。代表大会下设1个常委会，负责在休会期间处理日常事务。此外，欧洲委员会还有欧洲人权法院、人权专员署、欧洲青年中心、欧洲青年基金组织和社会发展基金等机构。

【重要文件】欧洲委员会至今已通过219个公约或协议。其中比较重要的法律文件有：《欧洲人权公约》（1950年）、《欧洲社会宪章》（1961年，1996年重新修订）、《欧洲社会安全公约》（1972年）、《欧洲文化公约》《欧洲保护野生动植物和自然环境公约》《制止恐怖主义公约》（1977年）、《欧洲防止酷刑、不人道和有辱人格的待遇或惩罚公约》（1987年）、《欧洲税务方面相互行政协助公约》（1988年）、《保护人类免受生物医学损害的框架公约》（1990年）、关于移民本地化问题的《法兰克福宣言》（1991年）、《关于保护少数民族的框架公约》（1994年）、《关于人权和生物医学的条约》（1997年）、《腐败刑事公约》（1998年）、《腐败民事公约》（1999年）、《欧洲委员会关于预防恐怖主义的公约》（2005年）、《关于避免国家在过渡期间处于无政府状态的公约》（2006年）、《保护儿童免受性侵害公约》（2007年）、《欧洲收养儿童公约》（2008年）、《欧洲委员会关于公文使用权的公约》（2009年）、《欧洲引渡公约第三附加议定书》（2010年11月）、《预防与打击针对妇女暴力和家庭暴力公约》（2011年5月）等。

【首脑会议】1993年10月8—9日，欧洲委员会响应时任法国总统密特朗的倡议，在维也纳举行了首次首脑会议。当时的32个成员国中除英国、希腊和匈牙利外，均派国家元首或政府首脑出席。当时要求加入该组织的俄罗斯、阿尔巴尼亚、白俄罗斯、克罗地亚、马其顿、摩尔多瓦、拉脱维亚、乌克兰也应邀派代表出席。会议着重讨论了欧洲格局变化后前苏联各国的“民主政治建设”及保护少数民族权利等问题，并通过了《维也纳声明》。

1997年10月10—11日，欧洲委员会第2次首脑会议在法国斯特拉斯堡举行。这是自独联体、东欧国家加入以后的第1次首脑会议，40个成员国领导人与会。会后发表最后宣言和行动计划，称要把欧洲建成一个“更加自由、更加宽容和更加公正的社会”，并提出设立新的全欧人权法院、执行欧洲社会宪章、在打击恐怖活动领域加强合作等具体行动计划。在关于欧洲委员会的作用问题上，西欧国家强调发挥欧洲委员会在制订人权标准方面的作用，以俄罗斯和乌克兰为首的独联体、东欧国家则希望欧洲委员会发挥不局限于人权的更大作用。

2005年5月17日，欧洲委员会第3次首脑会议在华沙举行。会议发表了《华沙宣言》及附加《行动计划》。会议强调要充分发挥保护人权和基本自由的作用，促进民主和良政的发展。

【同欧盟的关系】欧洲委员会与欧洲联盟关系密切，两组织的议会每年召开1次联席会议。2005年5月，欧盟对外关系委员瓦尔德纳参加了欧洲委员会第3次首脑会议，进一步加强了欧盟与欧洲委员会合作关系。自2006年起，双方每年举行两次外长级别的会议，落实有关合作议题。2007年5月23日，欧洲委员会与欧盟签署了相互合作备忘录，双方决定建立合作机制，加快在民主、人权、法治、文化、教育以及社会融合等方面的合作。2008年，欧盟基本权利机构与欧洲委员会签署合作协议。2009年12月1日，欧盟《里斯本条约》和《基本权利宪章》生效，欧盟与欧洲委员会在“人权保护”领域的伙伴关系进一步加强。2010年5月11日，欧盟—欧洲委员会外长会议决定，继续探讨欧盟如何加入欧洲委员会有关公约，并欢迎欧盟在与第三国交往时推行欧洲委员会标准。2015年4月10日，欧洲委员会与欧盟联合启动了旨在提高南地中海地区国家民主化治理能力的计划。该计划为期3年，由欧洲委员会实施，欧盟提供资金支持。

【同俄罗斯的关系】1996年2月28日，欧洲委员会接纳俄罗斯为第39个成员国，但同时向俄提出了遵守《欧洲人权公约》、取消死刑、用和平方式解决车臣冲突等诸多条件。2002年10月，欧洲委员会部长委员会召开紧急会议，强烈谴责发生在莫斯科轴承厂剧院的人质事件，欢迎俄罗斯为解决危机进行的一切努力，重申欧洲委员会反对一切形式恐怖主义的立场，号召成员国进一步密切反恐合作，但仍强调车臣问题只能通过政治途径解决。2003年5月22日，俄罗斯联邦委员会主席谢尔盖·米罗诺夫率团访问欧洲委员会，与欧洲委员会秘书长施威梅尔进行会谈，讨论了车臣、欧洲委员会第3次首脑会议筹备和波罗的海3国讲俄语的少数民族地位问题。2004年5月14—15日，施威梅尔秘书长应俄罗斯联邦会议上院邀请访问了莫斯科，与该院人权委员会委员卢金等举行了会谈。2005年3月10—11日，欧洲委员会议会议长范德·林登访问俄罗斯。11月17日，欧洲委员会向俄车臣地方选举派遣了由8人组成的观察团，监督选举。2006年12月19日，欧洲委员会与俄签署了关于反洗钱与切断恐怖资金援助的协议。2008年俄格冲突后，欧洲委员会反应强烈，部长委员会主席卡尔·博尔德特以及议会议长路易斯·玛丽亚·德普伊赫均发表声明批评俄的行动，并多次派员从中斡旋。2013年乌克兰危机爆发后，欧洲委员会高度关注，积极发声。2014年3月，欧洲委员会秘书长亚格兰前往基辅，就成立国际咨询小组以监督对乌克兰暴力行为的调查进行磋商。2014年5月4日，俄罗斯外交部发表声明，要求欧安组织和欧洲委员会立即就乌克兰目前局势给予客观的评价。2014年5月6日，欧洲委员会外长会议在奥地利首都维也纳召开，包括俄罗斯外长拉夫罗夫和乌克兰代理外长杰希察在内的大约30个与会成员国外长就乌克兰危机等话题展开磋商。2016年2月，欧洲委员会秘书长亚格兰与俄罗斯外长拉夫罗夫互致信函纪念俄罗斯联邦加入欧洲委员会20周年。

【同中国的关系】20世纪70年代末，中国开始同欧洲委员会建立联系。近年来双方的主要往来有：2001年8月，欧洲委员会对外关系局局长德容热访华。9月，全国人大常委会外事委员会副主任李淑铮率团访问欧洲委员会，会见了其议长、秘书长等。2002年4月，欧洲委员会青年和体育署主任马尔丹率团访华。钱其琛副总理、姜春云副委员长和最高人民检察院副检察长张穹分别会见。2003年11月，重庆市人大副主任刘文率团参加了欧洲委员会欧洲地方和地区政权代表大会会议，并介绍了对人与自然和谐发展、中央与地方经济协调发展的看法。2009年10月，杨洁篪外长致信亚格兰祝贺其当选欧洲委员会新任秘书长。同月，中国青联代表团访问欧洲委员会，欧委会副秘书长、教育、文化、青年和体育总司司长、欧洲青年中心主任等分别会见。2010年3月，中国国际友好城市联合会副会长李小林应邀率团出席欧洲委员会地方和地区政权代表大会第18届全体会议。2010年11月，欧洲委员会教育、文化、遗产、青年和体育总司司长加布里埃拉·巴泰尼·德拉戈尼访问北京和河南，全国青联副主席卢雍政及文化部、河南省领导分别接见。2013年9月，欧洲委员会在法国斯特拉斯堡为首个中国画家

袁小楼举办了个人画展。（周正）

美洲国家组织

Organization of American States—OAS

【成立经过】1890年4月14日，美国同拉美17个国家在华盛顿举行第1次美洲会议，决定建立美洲共和国国际联盟及其常设机构——美洲共和国商务局。4月14日即被定为“泛美日”。1948年在波哥大举行的第9次美洲会议上，通过了《美洲国家组织宪章》，联盟遂改称为“美洲国家组织”（OAS）。

【宗旨】加强美洲大陆的和平与安全；确保成员国之间和平解决争端；成员国遭到侵略时，组织声援行动；谋求解决成员国间的政治、经济、法律问题，消除贫困，促进各国经济、社会、文化合作；控制常规武器；加速美洲国家一体化进程。

【成员】正式成员35个（2015年12月）：阿根廷、安提瓜和巴布达、巴巴多斯、巴哈马、巴拉圭、巴拿马、巴西、秘鲁、玻利维亚、多米尼加、多米尼克、厄瓜多尔、哥伦比亚、哥斯达黎加、格林纳达、古巴、海地、洪都拉斯、加拿大、美国、墨西哥、尼加拉瓜、萨尔瓦多、圣卢西亚、圣文森特和格林纳丁斯、圣基茨和尼维斯、苏里南、特立尼达和多巴哥、危地马拉、委内瑞拉、乌拉圭、牙买加、智利、圭亚那、伯利兹。

古巴系美洲国家组织成员国，但自1962年以来一直被拒绝参加该组织的活动。2009年美洲国家组织第39届大会一致通过废止1962年美洲国家组织中止古巴成员资格的决议，但古巴拒绝重返该组织。洪都拉斯因国内发生军事政变而于2009年7月被暂时中止成员资格，2011年6月恢复。

常驻观察员70个（2015年12月）：欧盟、德国、法国、西班牙、希腊、意大利、比利时、英国、芬兰、瑞士、瑞典、丹麦、挪威、荷兰、葡萄牙、爱尔兰、卢森堡、梵蒂冈、奥地利、塞浦路斯、冰岛、俄罗斯、波兰、捷克、斯洛伐克、罗马尼亚、匈牙利、保加利亚、克罗地亚、波黑、斯洛文尼亚、塞尔维亚、乌克兰、亚美尼亚、阿塞拜疆、格鲁吉亚、哈萨克斯坦、拉脱维亚、爱沙尼亚、立陶宛、土耳其、埃及、摩洛哥、阿尔及利亚、尼日利亚、突尼斯、安哥拉、赤道几内亚、加纳、贝宁、卡塔尔、沙特阿拉伯、以色列、黎巴嫩、也门、日本、韩国、菲律宾、印度、巴基斯坦、斯里兰卡、泰国、中国、瓦努阿图、阿尔巴尼亚、马其顿、马耳他、摩纳哥、黑山、列支敦士登。此外，该组织还视情邀请一些国家作为特别观察员出席全体会议。

【主要负责人】秘书长路易斯·莱昂纳多·阿尔马格罗·莱梅斯（Luis Leonardo Almagro Lemes，乌拉圭人），2015年3月当选，同年5月就职，任期5年。副秘书长内斯特·门德斯（Nestor Mendez，伯利兹人），2015年3月当选，任期5年。

【总部】美国华盛顿。在日内瓦设有驻欧洲办事处，在各成员国设有办事机构。

【网址】http://www.oas.org。

【出版物】《美洲》（*AMERICAS*），双月刊，英、西、葡文。

【组织机构】1. 大会：最高机构。各成员国参加，每年举行1次。经2/3成员国同意，可召开特别大会。2. 外长协商会议：《泛美互助条约》规定，常设理事会绝对多数票赞成即可召集会议，就共同关心的紧急问题进行协商。如涉及军事合作问题，则同时召集由各成员国最高军事当局代表参加的防务咨询委员会会议。3. 大会直属机构：（1）常设理事会，由成员国各派1名大使级代表组成。正、副主席由各国代表轮流担任，任期半年；（2）美洲一体化发展理事会，由成员国各派1名部级代表组成。4. 咨询机构：美洲法律委员会、美洲人权委员会。5. 秘书处：常设机构。受大会、外长协商会议和两理事会领导和监督。正、副秘书长均由大会选举产生，任期5年，只能连任1次。6. 专门机构：美洲开发银行、美洲儿童协会、美洲妇女委员会、美洲农业合作协会、泛美卫生组织、泛美史地协会。7. 自治机构：美洲人权法院、美洲防务委员会、美洲控制毒品委员会、美洲通讯委员会、美洲反恐委员会、泛美发展基金等。此外，美洲国家组织自2009年起开始与东道国共同承担美洲峰会（注：每三至四年一次，至2015年已举办七届）的筹备工作。

【主要活动】2007年6月，美洲国家组织第37届大会在巴拿马首都巴拿马城召开，主要围绕“能源促进可持续发展”，以及地区政治、民主、安全和社会发展等议题进行了讨论，通过了《巴拿马宣言》及90多项决议。

2008年6月，美洲国家组织第38届大会在哥伦比亚麦德林市召开，主题是“青年与民主价值”，发表了《麦德林宣言》，呼吁美洲各国根据美洲国家组织宪章和美洲民主宪章，努力提高青年的民主意识和参与政治、经济和社会的群体竞争能力，还就解决粮食危机、消除贫困、打击恐怖和贩毒活动等议题进行了讨论。

2009年6月，美洲国家组织第39届大会在洪都拉斯圣佩德罗苏拉市举行，与会各国重点围绕“迈向非暴力文化”和古巴重返美洲国家组织展开讨论，大会一致通过废止1962年美洲国家组织中止古巴成员资格的决议。

2010年6月，美洲国家组织第40届大会在秘鲁利马市举行，主题是“美洲和平、安全与合作”，就应对经济危机、加强美洲民主建设、防止地区军备竞赛、洪都拉斯重返美洲国家组织等问题进行了讨论，通过了《利马宣言》和多项决议。

2011年6月，美洲国家组织第41届大会在萨尔瓦多圣萨尔瓦多举行，主题是“美洲公民安全”，各国重点讨论了打击毒品、贩卖人口、暴力及有组织犯罪等威胁公民安全的议题，会后发表《圣萨尔瓦多宣言》。

2012年6月，美洲国家组织第42届大会在玻利维亚科恰班巴省举行，主题是在保护和合理利用自然资源基础上保障粮食安全及主权，会议通过《美洲粮食主权安全宣言》和《美洲社会宪章》，并就泛美人权体系改革通过决议，委托美洲国家组织常设理事会与有关各方展开对话并研究具体措施。

2013年6月，美洲国家组织第43届大会在危地马拉安提瓜城举行，主题是“美洲国家采取全面政策应对世界毒品问题”。会议发表《安提瓜宣言》，呼吁各成员国共同寻求全面、有效、人性化的反毒路径。会议讨论了美洲人权委员会改革等议题，并通过关于马岛等问题的40多项声明或决议，以及《反对种族主义、种族歧视及一切形式的不容忍行为美洲公约》和《反对一切形式的歧视和不容忍行为美洲公约》。

2014年6月，美洲国家组织第44届大会在巴拉圭首都亚松森举行，主题是“具有社会包容性的发展”，会议发表《亚松森宣言》，通过了涉及美洲国家组织战略愿景、加强美洲人权体系、支持哥伦比亚和平进程、加强地区民主人权、推进全面发展和多维安全等内容的49项协议，就包容性发展议程达成广泛共识。

2015年6月，美洲国家组织第45届大会在美国首都华盛顿举行，主题是“美洲国家组织的现在和未来”。会议重点就该组织自身建设和改革展开讨论，决定加强秘书处现代化建设，完善预算开支方式，并通过关于支持危地马拉选举进程、支持阿根廷与英国就马岛问题重启谈判等决议。

【同中国的关系】2004年3月，李肇星外长致函加维里亚秘书长，正式提出中国成为该组织常驻观察员的申请；5月，该组织审议通过申请，中国成为其第60个常驻观察员。中国政府出资100万美元，设立为期5年的“中国—美洲国家组织合作基金”。5月和6月，李肇星外长先后向该组织新当选的正、副秘书长致电祝贺。2005年2月，中国常驻美洲国家组织观察员杨洁篪大使和美洲国家组织代理秘书长艾瑙迪签署《中华人民共和国政府和美洲国家组织秘书处关于建立中国—美洲国家组织合作基金的协议》，“中国—美洲国家组织合作基金”正式启动。2005年12月，全国人大常委会副委员长成思危应邀访问美洲国家组织总部并发表演讲。自2005年起，中国政府派代表出席了美洲国家组织历届年会。2006年6月，拉姆丁副秘书长率部分加勒比和中美洲国家常驻美洲国家组织代表访华。2009年11月，拉姆丁副秘书长率部分加勒比和中美洲国家常驻美洲国家组织代表再度访华。2009年12月，周文重大使和美洲国家组织秘书长因苏尔萨分别代表中国政府和美洲国家组织秘书处在华盛顿签署了《中华人民共和国政府和美洲国家组织秘书处关于建立中国—美洲国家组织合作基金的协议的补充议定书》和《中华人民共和国教育部和美洲国家组织秘书处关于人力资源开发和奖学金项目的谅解备忘录》。根据协议，2010—2015年，中国政府将继续提供总额100万美元的“中国—美洲国家组织合作基金”；中国教育部每年将向美洲国家组织提供10个政府奖学金名额。2010年3月，杨洁篪外长致电祝贺因苏尔萨再次当选美洲国家组织秘书长。2012年11月，因苏尔萨秘书长致电祝贺习近平当选中共中央总书记。2014年1月，因苏尔萨秘书长向王毅外长致新春贺函。5月，王毅外长与因苏尔萨秘书长就中国成为OAS常驻观察员10周年互致贺电、贺函。2014年12月，崔天凯大使和因苏尔萨秘书长分别代表中国政府和美洲国家组织秘书处在华盛顿签署了《中华人民共和国政府和美洲国家组织秘书处关于建立中国—美洲国家组织合作基金的协议的第二补充议定书》和《中华人民共和国教育部和美洲国家组织秘书处关于人力资源开发和奖学金项目的谅解备忘录》。根据协议，2015—2019年，中国政府将“中国—美洲国家组织合作基金”规模扩大到总额150万美元；中国教育部每年将向美洲国家组织提供15个政府奖学金名额。2015年3月，王毅外长致函阿尔马格罗祝贺其当选秘书长。4月，阿复函表示感谢。（刘文芳）

拉美和加勒比国家共同体

Comunidad de Estados Latinoamericanos y Caribeños—CELAC

【成立日期】2011年12月2—3日，拉美和加勒比地区33个独立国家的国家元首、政府首脑或代表在委内瑞拉首都加拉加斯举行会议，宣布正式成立“拉美和加勒比国家共同体”（简称“拉共体”）。

【宗旨】在加强团结和兼顾多样性基础上，深化地区政治、经济、社会和文化一体化建设，实现本地区可持续发展；继续推动现有区域和次区域一体化组织在经贸、生产、社会、文化等领域的对话与合作，制定地区发展的统一议程；在涉及拉共体重大问题上进行协调并表明成员国共同立场，对外发出“拉美声音”。

【成员】正式成员33个：阿根廷、安提瓜和巴布达、巴巴多斯、巴哈马、巴拉圭、巴拿马、巴西、秘鲁、玻利维亚、多米尼加、多米尼克、厄瓜多尔、哥伦比亚、哥斯达黎加、格林纳达、古巴、海地、洪都拉斯、墨西哥、尼加拉瓜、萨尔瓦多、圣卢西亚、圣文森特和格林纳丁斯、圣基茨和尼维斯、苏里南、特立尼达和多巴哥、危地马拉、委内瑞拉、乌拉圭、牙买加、智利、圭亚那、伯利兹。

【主要负责人】暂未设秘书处，实行轮值主席国制，任期为1年，内部以协商一致为原则。2015年轮值主席国为厄瓜多尔，2016年为多米尼加。2017年轮值主席国将在玻利维亚和洪都拉斯之间产生。

【组织机构】（1）国家元首和政府首脑会议：最高机构，由轮值主席国在本国召开，经与成员国协商可召开特别峰会。（2）外长会：负责筹备拉共体峰会并执行会议有关决定，协调各成员国在拉美一体化等重要问题上的立场，每年举行两次例会。（3）轮值主席国：拉共体机制建设、技术和行政辅助机构，负责筹备和召开首脑会议和外长会等。（4）国家协调员会议：各国任命1名国家协调员，负责各成员国和轮值主席国的联系沟通，直接负责议题的跟踪和协调。（5）特别会议：轮值主席国可根据需要召开特别会议，就涉地区团结、一体化与合作的重大和优先议题进行协商。（6）“四驾马车”：由现任、前任、候任拉共体轮值主席国和加勒比共同体轮值主席国组成，协助现任轮值主席国开展工作。2015年“四驾马车”成员为厄瓜多尔、哥斯达黎加、多米尼加和加共体轮值主席国（每半年轮换一次，2015年下半年为巴巴多斯，2016年上半年为伯利兹，下半年为多米尼克）。（7）紧急磋商机制：在出现紧急情况时，任何一个成员国可向轮值主席国提交声明或公告，并由轮值主席国向“四驾马车”成员国散发，由“四驾马车”决定是否对上述事件采取共同立场。

【主要活动】2011年12月，拉共体成立大会在委内瑞拉首都加拉加斯举行，会议通过了《加拉加斯宣言》《2012年行动计划》《拉共体章程》和《维护民主和宪政的特别宣言》等重要文件，就拉共体的宗旨、行动原则及发展目标进行了系统阐述。

2013年1月，拉共体首届峰会在智利首都圣地亚哥举行，地区32国的国家元首、政府首脑及高级代表与会，巴拉圭因国内政局原因未获邀而缺席会议。会议通过《圣地亚哥宣言》和《拉共体章程修订案》等文件，决定加勒比共同体轮值主席国作为加勒比国家代表同拉共体“三驾马车”一起组成“扩大的三驾马车”。该机制将作为拉共体主要协调机构，协助轮值主席国开展工作。峰会还决定成立拉共体国际合作工作组，统筹研究规划对外政策。

2014年1月，拉共体第二届峰会在古巴首都哈瓦那举行，地区33国领导人或代表出席，联合国秘书长潘基文、美洲国家组织秘书长因苏尔萨等国际或地区组织负责人与会。会议通过《哈瓦那宣言》《拉共体2014年行动计划》及《宣布拉美和加勒比为和平区的公告》等近30份成果文件。会议决定将“扩大的三驾马车”更名为“四驾马车”，组成不变。

2015年1月，拉共体第三届峰会在哥斯达黎加首都附近的贝伦镇举行，哥斯达黎加等21国领导人出席，墨西哥、阿根廷、秘鲁等12国派代表出席，联合国、美洲国家组织、欧盟、伊比利亚美洲峰会秘书处作为特邀嘉宾与会。会议以“共同建设”为主题，围绕消除贫困、饥饿和不平等等议题展开讨论，并发表《贝伦政治宣言》《2015年行动计划》和20多份特别声明。

【同中国的关系】2011年12月2日，中国国家主席胡锦涛致电拉共体筹备委员会“统一论坛”共同主席委内瑞拉总统查韦斯和智利总统皮涅拉，祝贺拉共体成立，表示中方愿同拉共体及地区各国加强交流、协商与合作，共同为建立和发展中拉平等互利、共同发展的全面合作伙伴关系而努力。

2012年8月，拉共体“三驾马车”代表智利外长莫雷诺、委内瑞拉外长马杜罗、古巴副外长谢拉访华，全国人大常委会副委员长蒋树声和外交部长杨洁篪分别会见。双方就建立中国—拉共体“三驾马车”外长对话机制达成一致。

2012年9月，中国—拉共体“三驾马车”在纽约举行首次外长对话。双方就进一步发展中国同拉共体关系、深化中拉合作和构建中拉整体合作机制等议题交换意见。双方商定把推动构建以中拉合作论坛为核心的中拉整体合作机制作为共同努力方向。

2013年1月，拉共体首届峰会责成各成员国外交部就建立中国—拉共体合作论坛进行协商，并将相关研究报告提交2014年古巴峰会讨论。

2013年9月，中国—拉共体“扩大的三驾马车”在纽约举行外长对话。双方就成立中拉合作论坛、拉美各次区域组织发展、国际发展议程等议题进行了有益讨论，达成了重要共识。

2014年1月29日，拉共体第二届峰会通过《关于支持建立中国—拉共体论坛的特别声明》。1月30日，国家主席习近平分别致电古巴国务委员会主席兼部长会议主席劳尔和哥斯达黎加总统钦奇利亚，对此表示祝贺和赞赏。

4月，拉共体“四驾马车”代表团访华，国家副主席李源潮会见。外交部长王毅与代表团举行会谈，双方就中拉关系发展、中拉论坛机制设想以及中国—拉美和加勒比国家领导人会晤筹备工作等交换了意见。

7月17日，国家主席习近平出席在巴西利亚举行的中国—拉美和加勒比国家领导人会晤，拉共体16个成员国国家元首、政府首脑或特别代表出席。会上，习主席发表题为《努力构建携手共进的命运共同体》的主旨讲话。中拉领导人共同宣布建立平等互利、共同发展的中拉全面合作伙伴关系，宣布建立中国—拉共体论坛并尽早在北京举行论坛首届部长级会议。双方发表《中国—拉美和加勒比国家领导人巴西利亚会晤联合声明》。同日，习近平主席集体会见拉共体“四驾马车”成员国领导人，双方就中拉整体合作等议题交换意见。

2015年1月8—9日，中国—拉共体论坛首届部长级会议在北京举行。习近平同拉共体轮值主席国哥斯达黎加总统索利斯、候任轮值主席国厄瓜多尔总统科雷亚、委内瑞拉总统马杜罗和拉共体“四驾马车”成员国巴哈马总理克里斯蒂出席会议开幕式。习主席发表了题为“共同谱写中拉全面合作伙伴关系新篇章”的致辞。李克强总理集体会见了与会拉方代表团团长。拉共体成员国中29国外长、部长或高级代表出席，联合国拉美经委会、美洲开发银行、拉美开发银行等地区组织和机构代表作为嘉宾与会。会议发表了《中拉论坛首届部长级会议北京宣言》《中国与拉美和加勒比国家合作规划（2015—2019）》《中拉论坛机制设置和运行规则》等三个成果文件。双方商定下届会议将于2018年在智利举行。

2015年9月，王毅外长与拉共体“四驾马车”成员国厄瓜多尔外长帕蒂尼奥、哥斯达黎加外长冈萨雷斯、巴巴多斯外长麦克林、多米尼加副外长利里亚诺在纽约举行新一轮对话，古巴副外长莫雷诺、墨西哥副外长弗洛雷斯等参加。双方就加强中拉关系，推进中拉论坛首届部长级会议成果落实等议题交换意见。

2015年，首届中拉基础设施合作论坛、首届中拉科技创新论坛、中拉政党论坛首次会议、第二届中拉青年政治家论坛、第九届中国—拉美企业家高峰会、第五届中拉民间友好论坛等分论坛陆续举办；中拉双方就中方350亿美元对拉一揽子融资安排保持密切沟通，中方发布相关实施方案；中国政府向拉共体成员国增加奖学金和培训名额、首期“未来之桥”中拉青年领导人培训交流营等人文交流计划有序开展。

（张进）

南美国家联盟

Unión de Naciones Suramericanas—UNASUR

【成立经过】前身为南美国家共同体（Comunidad Sudamericana de Naciones），简称“南共体”。2000年，巴西在第一届南美国家首脑会议上提出建立南共体的倡议。2004年12月南共体正式宣告成立。2007年4月，南共体首届能源会议决定该组织更名为南美国家联盟（简称“南美联盟”）。2008年5月，南美12国元首在巴西利亚签署《南美国家联盟组织条约》，宣告南美联盟正式成立。2011年3月，该条约正式生效，南美联盟正式成为具有国际法人地位的地区组织。

【宗旨】增进南美国家间政治互信，促进经济、社会一体化，强化南美国家特性。实现地区政治、经济、社会和文化领域的全方位一体化，优先促进政治对话并深化在社会政策、教育、能源、基础设施、金融和环境领域合作。

【成员】正式成员12个：阿根廷、巴西、乌拉圭、巴拉圭、委内瑞拉、玻利维亚、哥伦比亚、厄瓜多尔、秘鲁、智利、圭亚那和苏里南。墨西哥和巴拿马为观察员国。现任轮值主席国为乌拉圭。

【主要负责人】现任秘书长埃内斯托·桑佩尔（Ernesto Samper，哥伦比亚前总统），2014年8月当选，任期2年。

【组织机构】（1）国家元首和政府首脑委员会：最高机构，每年举行1次例会。（2）外长委员会：负责筹备国家元首和政府首脑委员会会议并执行其决定，协调南美一体化等重要问题的立场，每半年召开1次例会。（3）代表委员会：由各成员国派1名代表组成，负责筹备外长委员会会议，并执行国家元首和政府首脑委员会会议及外长委员会会议决定，每两个月召开1次例会。（4）秘书处：设在厄瓜多尔首都基多，负责处理日常事务。（5）专门委员会：现有防务、卫生、能源、国际反毒、基础设施和计划、社会发展、教育、文化、科技创新、经济金融、选举及公民安全、司法与跨国打击有组织犯罪等12个专门委员会。（6）南美国家联盟议会：根据2008年5月签署的《南美国家联盟组织条约》建立，总部设在玻利维亚科恰班巴。2008年10月，智利总统巴切莱特和玻利维亚总统莫拉莱斯为议会总部奠基，标志着南美联盟议会诞生，此后一直处于筹建中。议会总部大楼于2009年开始施工，预计2016年5月交付使用。（7）南方银行：2009年9月宣布成立，总部设在委内瑞拉首都加拉加斯。由阿根廷、巴西、巴拉圭、乌拉圭、厄瓜多尔、玻利维亚、委内瑞拉7国共同组建，启动资金200亿美元。尚未正式启动。

【主要活动】2008年5月，南美联盟特别首脑会议在巴西首都巴西利亚召开，12个成员国元首或代表与会并共同签署《南美国家联盟组织条约》，完成该组织建章立制，明确南美联盟是具有国际法人资格的地区组织。这标志着该组织正式成立，南美国家以共同身份出现在国际舞台。2008年12月，南美联盟领导人特别会议在巴西举行，宣布成立“南美防务理事会”和

"南美卫生理事会"。2009年8月，南美联盟2009年度首脑会议在厄瓜多尔首都基多举行，会议讨论了国际金融危机、洪都拉斯局势、美国在哥伦比亚设立军事基地等议题，发表了《基多声明》，并宣布成立南美反毒、基础设施和计划、社会发展和教育、文化和科技创新四个专门委员会。2010年2月，南美联盟特别首脑会议在基多举行，宣布设立总计3亿美元的海地震后重建基金，其中1亿美元自筹，2亿美元将寻求美洲开发银行贷款。2010年5月，南美联盟特别首脑会议在阿根廷布宜诺斯艾利斯省卡达莱斯镇举行，会议以协商一致方式推举阿根廷前总统基什内尔担任联盟首任秘书长。会议还就南美能源战略及行动计划和南美能源条约框架达成一致。2010年11月，南美联盟2010年度首脑会议在圭亚那首都乔治敦举行。会议期间，各方签署了民主议定书，规定对发生政变等违宪行为的成员国采取外交、政治和贸易制裁。各方就加强团结、推进地区一体化、推动能源可持续发展、应对气候变化等议题进行了讨论。圭亚那接替厄瓜多尔担任联盟轮值主席国，任期1年。2011年3月，南美联盟外长会在厄瓜多尔基多举行，宣布具有宪章性质的《南美国家联盟组织条约》生效，标志着联盟成为具有国际法人地位的地区组织。会议决定由哥伦比亚前外长梅希亚和委内瑞拉电力部长罗德里格斯先后担任联盟秘书长（任期各1年），接替于2010年10月去世的前任秘书长基什内尔。会后，各国外长还出席了联盟秘书处大楼奠基仪式。2011年10月，南美联盟获得联合国观察员地位。29日南美联盟在巴拉圭首都亚松森举行第5届首脑会议，会议发表联合声明，决定成立南美联盟选举理事会，巴拉圭接替圭亚那担任轮值主席国至2012年秘鲁峰会，会议还就主权、领土完整、人权、多元化发展和提高人民生活水平等议题进行了讨论。2012年6月，南美联盟在阿根廷门多萨市召开首脑特别会议，讨论因巴拉圭总统卢戈突遭弹劾带来的问题和影响，会议要求巴遵守民主秩序，决定在2013年4月巴举行民主大选前暂停巴会员国资格，并由秘鲁临时接替巴担任轮值主席国。2012年11月，南美联盟在秘鲁首都利马召开第6届首脑会议。会议以"一体化与社会融合、地区和平与安全"为主题展开探讨，决定成立公民安全、司法与打击有组织犯罪理事会，加强区内基础设施一体化建设和各领域合作，进一步消除贫困和不平等，促进共同防务，发表了包括《利马宣言》在内的多个文件。2013年7月，南美联盟就玻利维亚总统莫拉莱斯专机飞行遇阻事在玻利维亚科恰班巴召开特别峰会。会议通过《科恰班巴宣言》，谴责法国和葡萄牙等欧洲国家临时取消莫拉莱斯总统专机空中飞行许可的行为，要求有关国家政府对此做出解释。2013年8月30日，南美联盟在苏里南首都帕拉马里博举行第7届首脑会议。会议围绕推动南美一体化、完善联盟机制建设、深化各领域合作、构建南美共同身份及更好开发利用自然资源等议题进行讨论，并就叙利亚局势发表声明。会议通过《帕拉马里博宣言》，会后苏里南接替秘鲁担任联盟轮值主席国。2014年7月16日，南美联盟同金砖国家领导人对话会在巴西利亚举行。与会各国领导人围绕"包容性增长的可持续解决方案"这一主题展开讨论，共商加强南美国家和金砖国家合作。2014年12月4—5日，南美联盟先后在厄瓜多尔瓜亚基尔和首都基多两地举行特别首脑会议。期间，举行了联盟常设秘书处总部揭幕仪式。会议重点讨论了完善联盟机制建设、推进务实合作、构建南美共同身份等议题，并通过最终宣言。2015年3月，南美联盟在厄瓜多尔首都基多举行特别外长会议，呼吁美国尊重委内瑞拉主权，废除对委实施制裁的行政法令，同委政府开展建设性对话。

【同中国的关系】无正式关系。我曾以外长名义向联盟历任当选秘书长致贺电。2014年12月，厄瓜多尔总统科雷亚致函邀请习近平主席赴厄首都基多出席联盟秘书处总部新大楼落成剪彩仪式。习主席复函致贺，并委派驻厄大使出席。（刘佳璐）

拉丁美洲议会

Parlamento Latinoamericano—PARLATINO

【成立日期】1964年12月7—11日，在秘鲁国会倡议下，阿根廷、巴西、哥伦比亚、哥斯达黎加、智利、萨尔瓦多、危地马拉、尼加拉瓜、巴拿马、巴拉圭、秘鲁、委内瑞拉和墨西哥等13国的119名议员在秘鲁利马召开会议，决定成立拉丁美洲议会。

【宗旨】促进拉美和加勒比国家的团结和地区一体化。

【成员】由拉美和加勒比的23个国家和地区的议员组成（截至2015年12月）：阿根廷、荷属阿鲁巴、玻利维亚、巴西、智利、哥伦比亚、哥斯达黎加、古巴、多米尼加、厄瓜多尔、萨尔瓦多、危地马拉、洪都拉斯、墨西哥、荷属库拉索、荷属圣马丁、尼加拉瓜、巴拿马、巴拉圭、秘鲁、苏里南、乌拉圭和委内瑞拉。每个成员国议会各选出12名议员作为拉美议会议员参加活动，其任期由各成员国议会确定。

【主要负责人】现任议长布兰卡·玛丽亚·德尔索科罗·阿尔卡拉·鲁伊斯（Blanca María del Socorro Alcalá Ruiz，原拉美议会秘书长，墨西哥参议员），2015年5月当选。任期2年。

【总部】巴拿马首都巴拿马城（1993年7月前设在

秘鲁利马，2007年12月前设在巴西圣保罗）。

【网址】http://www.parlatino.org。

【组织机构】（1）大会：最高权力机构，每年举行1次会议。（2）领导委员会：大会休会期间负责日常工作，每6个月举行1次会议，必要时可举行特别会议。由议长、候补议长（2名）、副议长（每成员国1名）、秘书长、候补秘书长（1名）、秘书（3名）、前议长和协商理事会等组成。议长由各成员国议员轮流担任。（3）总秘书处：办事机构，兼有协调和监督的职能。负责召集会议，协助领导委员会准备大会议程和起草工作文件，散发协议、提案或声明，执行预算并向大会提出财政报告等。（4）常设委员会（13个）：政治、市政和一体化委员会，经济、社会债务和区域发展委员会，公民安全、打击和预防贩毒、恐怖主义及有组织犯罪委员会，教育、文化、科技和通讯委员会，卫生委员会，人权、司法和监狱政策委员会，性别平等、儿童和青年委员会，公共服务和保护用户及消费者委员会，劳动、社会保障和司法事务委员会，农业、畜牧业和渔业委员会，能源和矿产委员会，环境和旅游委员会，土著人和民族委员会。（5）特别委员会（3个）：经济紧急状况委员会，拉美监狱政策委员会，美洲自由贸易区研究委员会。（6）协商理事会：咨询机构，负责立法和政治咨询工作。

【主要活动】截至2015年12月，共举行了31次年会。2006年12月，拉美议会第22届年会在巴西圣保罗举行，主要就拉美议会在维护地区稳定、巩固民主体制和促进地区一体化方面所发挥的作用进行了讨论。2007年12月，拉美议会第23届年会在巴拿马城举行，决定把改善民生等社会问题和推动地区一体化进程作为会后工作重点。2008年1月，拉美议会总部由巴西圣保罗市迁至巴拿马首都巴拿马城。2008年12月，拉美议会第24届年会在巴拿马城举行，主要就当前国际金融危机对拉美的影响、欧洲新移民政策对拉美移民的影响等议题进行了讨论。2009年12月，拉美议会第25届年会在巴拿马城举行，着重就国际金融危机对拉美的影响、拉美社会经济政策以及消除贫困和不公等议题进行了讨论。2010年12月，拉美议会第26届年会在巴拿马城举行，重点就拉美议会在拉美和加勒比地区一体化中应发挥的作用进行了讨论，表决通过洪都拉斯重返拉美议会，选举冈萨雷斯为拉美议会新议长。2011年12月，拉美议会第27届年会在巴拿马城举行，会议就世界经济形势对拉美各国影响、拉美地区移民问题及拉美各国如何实现联合国千年发展目标等议题进行了深入讨论。2012年11月，拉美议会第28届年会在巴拿马城举行，会议就当前严峻的世界经济形势及食品安全问题进行了深入讨论。2013年10月，拉美议会第29届年会在巴拿马城举行，会议就地区卫生、检疫、医疗等领域问题进行讨论。2014年12月，拉美议会第30届年会暨拉美议会成立50周年庆祝大会在巴拿马城举行，会议高度评价拉美议会成立50年来在加强拉美国家政治对话、巩固地区民主体制、促进地区稳定发展、推动地区国家团结及一体化等方面发挥的积极作用，同时强调需着重应对有组织犯罪、非法移民等挑战。2015年11月，拉美议会第31届年会在巴拿马城举行，会议重点围绕落实2030年可持续发展议程进行了讨论。

【同中国的关系】拉美议会重视发展对华关系，双方互访不断。2003年6月，拉美议会议长洛佩斯致函中国驻巴西大使蒋元德，告知拉美议会领导委员会决定接纳中国全国人大为该组织观察员。2004年3月，双方签署《中华人民共和国全国人民代表大会常务委员会和拉丁美洲议会的合作协议》，中国全国人大正式成为拉美议会观察员。2006年6月，拉美议会副议长皮萨罗率团访华。9月，吴邦国委员长访问拉美议会总部并会见洛佩斯议长。12月，全国人大外事委员会副主任委员吕聪敏以观察员身份出席拉美议会第22届年会。2007年12月，全国人大外事委员会副主任委员吕聪敏以观察员身份出席拉美议会第23届年会。2008年12月，全国人大外事委员会副主任委员马文普以观察员身份出席拉美议会第24届年会。2009年7月，拉美议会议长皮萨罗率团访华。2009年12月，全国人大外事委员会副主任委员马文普以观察员身份出席拉美议会第25届年会。2010年12月，全国人大常委会委员长吴邦国致电祝贺卡斯蒂略当选拉美议会新议长。2011年12月，全国人大外事委员会副主任委员马文普以观察员身份率团出席了拉美议会第27届年会。2012年11月，中方派员参加拉美议会第28届年会。同年12月，卡斯蒂略连任拉美议会议长，全国人大常委会委员长吴邦国致电祝贺。2013年10月，全国人大常委会副委员长向巴平措率团出席第29届年会暨拉美议会大楼竣工典礼。2014年12月，全国人大环境与资源保护委员会副主任委员龚建民率团出席拉美议会第30届年会暨拉美议会成立50周年庆祝大会。2015年3月，拉美议会议长卡斯蒂略率团访华，张德江委员长同其进行会谈，李源潮副主席同其举行会见。5月，阿尔卡拉当选拉美议会新任议长，张德江委员长向其致函祝贺。11月，全国人大外事委员会副主任委员田修思率团出席了拉美议会第31届年会，并接受拉美议会向中国全国人大颁发奖牌。（刘文芳）

美洲玻利瓦尔联盟

Alianza Bolivariana Para Los Pueblos de Nuestra América—ALBA

【成立经过】前身为“美洲玻利瓦尔选择”（又译为“美洲玻利瓦尔替代计划”）。2001年12月，委内瑞拉总统查韦斯在第3届加勒比国家联盟峰会上首次提出成立“美洲玻利瓦尔选择”的倡议。2004年12月，查韦斯访问古巴，与古国务委员会主席卡斯特罗发表关于创立该组织的联合声明并签署实施协定。2009年6月24日，“美洲玻利瓦尔选择”第6届特别峰会在委内瑞拉举行，宣布该组织更名为“美洲玻利瓦尔联盟”（ALBA）。

【宗旨】公正、互助、平等、合作、互补和尊重主权，以南美解放者玻利瓦尔的一体化思想为指导，通过“大国家”方案，加强地区政治、经济和社会合作，发挥各国优势解决本地区人民最迫切的社会问题，消除贫困和社会不公，推动可持续发展，实现人民的一体化和拉美国家大联合，抵制和最终取代美国倡议的美洲自由贸易区。

【成员】11个：安提瓜和巴布达、玻利维亚、古巴、多米尼克、厄瓜多尔、尼加拉瓜、圣文森特和格林纳丁斯、圣卢西亚、委内瑞拉、圣基茨和尼维斯、格林纳达。洪都拉斯原为成员国，2010年1月正式退出。乌拉圭为观察员国，海地为长期受邀成员国，苏里南为特别受邀观察员国。

【主要负责人】执行秘书长贝鲁埃尔多·阿尔瓦雷斯（Beruardo Alvarez），原委内瑞拉副外长、驻西班牙大使，2013年9月就任。

【网址】http://www.portalalba.org/。

【组织机构】最高领导机构是总统理事会，下设部长理事会和社会运动理事会，另设政治、社会、经济、投资金融、能源、环境、青年等委员会。2009年10月第7届峰会决定成立地区主权和防务常设委员会。上述机构定期召开会议，研究成员国间及与本地区其他国家发展与合作的相关问题。

【主要活动】截至2015年12月，美洲玻利瓦尔联盟共举行了13届峰会。最近几届峰会情况如下：

2009年10月，第7届峰会在玻利维亚科恰班巴市举行，9个成员国元首或代表、4个观察员国及俄罗斯、多米尼加等国代表出席。会议围绕建立地区统一货币机制“苏克雷”、设立区域仲裁机构、洪都拉斯局势及美国与哥伦比亚签订军事协议等议题进行了讨论，并发表共同声明。会议宣布将于2010年正式启用地区统一货币机制“苏克雷”。12月，第8届峰会在古巴首都哈瓦那举行，古巴、委内瑞拉、玻利维亚、尼加拉瓜4国元首与会，厄瓜多尔、洪都拉斯外长及多米尼克、安提瓜和巴布达、圣文森特和格林纳丁斯等国代表出席。会议总结了ALBA成立5周年来在经济、社会领域加强合作所取得的进展，各方围绕地区统一货币机制“苏克雷”、人民贸易协定、粮食安全、气候变化等议题进行讨论。

2010年4月，第9届峰会在委内瑞拉首都加拉加斯举行，委内瑞拉、古巴、玻利维亚、尼加拉瓜4国元首和联盟其他成员国代表与会，阿根廷和多米尼加总统作为特邀嘉宾出席。会议围绕“加勒比石油计划”、大型跨国企业、地区统一货币机制“苏克雷”等议题进行了讨论，并就加强ALBA银行及文化和体育领域合作进行交流。此外，与会各国领导人和代表还出席了委内瑞拉独立200周年庆祝活动。6月，第10届峰会在厄瓜多尔奥塔瓦洛举行，厄瓜多尔、委内瑞拉、玻利维亚3国总统、古巴国务委员会副主席及其他成员国代表与会。会议重点讨论了建设包容性社会、尊重多元文化、促进种族融合和保护环境等议题。

2012年2月，第11届峰会在委内瑞拉首都加拉加斯举行。会议就建立ALBA经济政策委员会、社会政策委员会和执行秘书处等问题达成一致，决定设立ALBA经济区以协调各成员国经济货币政策，推动相互间经贸往来，加快生产领域联合等。会议还就ALBA支持阿根廷声索马岛主权、支持古巴参加当年4月在哥伦比亚举行的第6届美洲峰会、支持波多黎各人民独立自主权利、谴责有关国家试图颠覆叙利亚政府的行径以及增加各成员国对海地援助等问题发表特别声明或公报，决定在ALBA银行框架下建立储备基金。

2013年7月，第12届峰会在厄瓜多尔瓜亚基尔举行。联盟8个成员国领导人和高级代表与会，圣卢西亚、乌拉圭、阿根廷、巴西、苏里南、圭亚那和海地等国代表应邀出席。会议讨论了强化ALBA贸易协定、扩大地区统一货币机制“苏克雷”和增加社会民生领域的项目等议题，决定成立“常设跨领域咨商小组”，为有关国家提供社会经济领域风险预警；决定研究关于建立由ALBA、南方共同市场（MERCOSUR）及“加勒比石油计划”（PETROCARIBE）等组织和机制组成“互补经济区”的提议；批准接纳圣卢西亚为ALBA第9个成员国；峰会还通过了《ALBA太平洋宣言》。12月，ALBA和PETROCARIBE成员国在委内瑞拉首都加拉加斯召开特别峰会，两组织18个成员国国家元首、政府首脑或代表出席。会议决定探讨构建由ALBA、PETROCARIBE、MERCOSUR和加勒比共同体（CARICOM）组成的互补经济区，以整合各次区域一体化组织之间的交通与通信、生产培训、旅游、贸易和一体化及社会文化资源。会议并成立由牙买加、厄瓜多尔、委内瑞拉、多米尼加和尼加拉瓜等国代表组成的“互补经济区”建设领导小组，以协调同MERCOSUR和CARICOM的关系。

2014年10月，“应对埃博拉”特别峰会在古巴首都哈瓦那举行，成员国领导人、泛美卫生组织等国际和地区组织代表出席，旨在推动地区合作，防范埃博拉在拉美蔓延。12月14日，第13届峰会在古巴首都哈瓦那举行。古巴、委内瑞拉、玻利维亚、尼加拉瓜、多米尼克、圣文森特和格拉纳丁斯、安提瓜和巴布达等11个成员国国家元首、政府首脑或代表出席。峰会围绕一体化机制建设、成员国间深化经贸、社会、医疗等领域合作展开讨论，决定接纳格拉纳达、圣基茨和尼维斯为新成员，并发表《峰会最终声明》。俄罗斯总统普京就峰会成功举办向劳尔主席发贺电。

2015年3月，在委内瑞拉首都加拉加斯举行特别峰会，古、委、玻、尼总统和厄外长等联盟成员国领导人和代表出席。会议发表联合声明，反对美国对委实施紧急状态，要求美停止对委敌对行动。

【同中国的关系】无正式关系。（吕优）

加勒比共同体
Caribbean Community—CARICOM

【成立日期】1973年8月1日。

【宗旨】提高生活和劳动水准；实现充分就业并发挥其他生产要素作用；促进经济的快速、持续、协调发展；扩大与第三国的经贸关系；提高国际竞争力；加强组织，以提高生产和生产力水平；在与第三国、国家集团或任何性质的实体交往时，更有效地发挥成员国经济杠杆的作用；加强协调成员国的外交政策和对外经济政策；并在下述领域加强合作：1. 为了人民的福祉而更有效地开展公共服务和活动；2. 不断增进各国人民之间的相互了解，提高其社会、文化和技术发展水平；3. 加强卫生、教育、交通和通信等领域合作。

【成员】15个：安提瓜和巴布达、巴哈马、巴巴多斯、伯利兹、多米尼克、格林纳达、圭亚那、海地、牙买加、圣基茨和尼维斯、圣卢西亚、圣文森特和格林纳丁斯、苏里南、特立尼达和多巴哥、蒙特塞拉特（英属）。准成员5个：安圭拉（英属）、百慕大（英属）、英属维尔京群岛、开曼群岛（英属）、特克斯和凯科斯群岛（英属）。观察员7个：阿鲁巴（荷属）、哥伦比亚、多米尼加、墨西哥、圣马丁（荷属）、库拉索（荷属）、波多黎各（美属）、委内瑞拉。

【主要负责人】秘书长欧文·拉罗克（Irwin La Rocque，多米尼克人），2011年7月上任。

【总部】秘书处设在圭亚那首都乔治敦。地址：P.O.Box10827，Georgetown，Guyana。电话：(592) 2220001-75；传真：(592) 2220171。电子邮箱：info@caricom.org。

【网址】http://www.caricom.org。

【出版物】《加勒比共同体观察》(*Caricom Perspective*)，季刊；《加勒比共同体消息》(*Caricom Release*)，不定期；《加共体观点》(*Caricom View*)，双月刊；《事实档案》(*Facts on File*)，年刊；《秘书长年度报告》。

【组织机构】1. 政府首脑会议：系最高权力和最终决策机构。由成员国政府总理组成（圭亚那和苏里南为总统，蒙特塞拉特为首席部长）。主要职责：制定共同体方针政策；代表共同体对外缔结条约，与其他国际组织或国家建立关系；负责共同体财务安排。1992年10月，政府首脑特别会议决定设立首脑会议局，它由政府首脑会议本届、上届和下届主席及共同体秘书长4人组成，主要职责是推动落实共同体的各项决定。2. 部长理事会：其权力仅次于政府首脑会议，由各成员国负责共同体事务的部长或其他部长组成。主要职责：制订共同体战略计划，协调地区经济一体化、功能性合作和对外关系。3. 专业部长理事会：（1）贸易与经济发展理事会；（2）外交与共同体事务理事会；（3）人文与社会发展理事会；（4）金融与计划理事会；（5）国家安全与执法理事会。4. 专门委员会：（1）法律事务委员会；（2）预算委员会；（3）中央银行行长委员会。5. 秘书处：设秘书长和副秘书长各1人。秘书长是共同体的首席行政长官，由政府首脑会议根据部长理事会的推荐任命，任期5年，可连任。秘书处的主要职能：为共同体上述主要机构的会议提供服务，实施适当的后续行动落实会议决定；提议、组织和进行与实现共同体宗旨相关的专题研究；为成员国收集、储存并提供与实现共同体宗旨相关的信息；协调与共同体相关的捐助机构和国际、地区、国家机构的活动；制定共同体预算草案；根据授权调查成员国相关情况等。

【专门机构】加勒比灾难急救署、加勒比气象研究院、加勒比气象组织、加勒比食品公司、加勒比环境卫生研究院、加勒比农业研究与开发所、加共体议员联合会、加勒比开发管理中心、加勒比食品与营养研究所、加勒比法院。

【联系机构】加勒比开发银行、圭亚那大学、西印度大学、加勒比法律研究院、加勒比法律研究中心、东加勒比国家组织。

【主要活动】截至2015年12月，加勒比共同体共举行了36届首脑会议、26次届间首脑会议和13次特别首脑会议。第32届政府首脑会议于2011年7月1—4日在圣基茨和尼维斯举行。会议发表联合公报，阐明了与会各国在建设单一市场经济、推动海地重建等问题上的立场。与会领导人还讨论了公共卫生、气候变化、农业、交通运输、信息技术应用、打击犯罪等问题，并宣布成立加勒比地区公共卫生署。第23次届间政府首脑会议于2012年3月8—9日在苏里南举行，智利总统皮涅拉应邀与会。会议就深化秘书处改革、打击犯罪、推进可持续发展、援助海地重建等议题达成一致。第33届首脑会议于2012年7月4—6日在圣卢西亚举行。会议发表公报，称各国将继续推进单一市场建设，推动加勒比共同体机制改革，便利人员自由往来；加强协调统一外交政策及同南美国家联盟、美洲国家组织等地区组织联系，争取在气候变化谈判等国际问题上发挥更大作用；进一步调整财政政策，平衡财税收支，刺激旅游业、农业和建筑业等经济支柱增长，探讨设立加勒比投资计划的可行性等。第24次届间政府首脑会议于2013年2月18—19日在海地举行。会议着重讨论地区安全、加共体机制建设、地区一体化进程及区内外贸易等问题并通过声明。第34届首脑会议于2013年7月4—6日在特立尼达和多巴哥举行。会议发表公报，各成员表示将施行稳健的经济政策、转变经济增长方式、以应对当前经济危机挑战；呼吁重启“单一内部空间”机制，使区内货物、人员流动便利化；愿意加强同区外国家或国家集团开展合作。第25次届间政府首脑会议于2014年3月10—11日在圣文森特和格林纳丁斯举行。会议在优先发展信息通信技术、推动发展数字化经济；推动私营部门发展，实现经济可持续增长；加强人力资源开发，全面推动教育改革；对外协调共同立场，维护地区共同利益等方面达成共识。第35届首脑会议于2014年7月1—4日在安提瓜和巴布达举行。会议通过《2015—2019年战略规划》，主要内容包括优先发展领域，建立地区大麻事务委员会及研究共享外交机构倡议等。第26次届间政府首脑会议于2015年2月26—27日在巴哈马举行。会议发表联合公报，就推动文化创意产业、设立相关融资机制、加强对青年在文化体育领域的培养以及调整共同体部分机构设置等达成共识。第36届首脑会议于2015年7月2—4日在巴巴多斯举行。会议就加共体决议制定程序、可持续发展、加勒比大学在地区发展抗冲击能力和财富创造中的角色及可再生能源等问题进行讨论。会议发表了联合公报和《加共体应对气候变化行动宣言》。

【同中国的关系】无正式关系。2008年11月，加勒比共同体时任秘书长卡林顿访华，杨洁篪外长会见。访华期间，卡林顿代表加共体签署2010年上海世博会参展协议。2010年7月，卡林顿来华出席上海世博会加共体主题馆日活动。2011年7月，外交部时任主管部领导致电拉罗克，祝贺其当选加共体新任秘书长。

（刘佳璐）

加勒比国家联盟

Association of Caribbean States—ACS

【成立日期】1990年加勒比共同市场协调委员会会议提出建立加勒比国家联盟（简称“加国联”）的倡议。1993年6月，第14届加勒比共同体政府首脑会议决定以加勒比共同体为核心建立加国联。1994年7月24日，加勒比地区25个国家和12个未独立地区的代表在哥伦比亚海滨城市卡塔赫纳签署纪要，正式成立加国联。1998年10月加国联被联合国接纳为观察员。

【宗旨】加强各成员国在政治、经济、文化、科学和社会等各个领域的磋商、合作和协调行动，以促进经济和社会发展，维护本地区在国际经济贸易组织中的利益，实现地区经济一体化，最终建立一个广大的自由贸易区。

【成员】25个：安提瓜和巴布达、巴哈马、巴巴多斯、伯利兹、哥伦比亚、哥斯达黎加、古巴、多米尼克、多米尼加、萨尔瓦多、格林纳达、危地马拉、圭亚那、海地、洪都拉斯、牙买加、墨西哥、尼加拉瓜、巴拿马、圣基茨和尼维斯、圣卢西亚、圣文森特和格林纳丁斯、苏里南、特立尼达和多巴哥、委内瑞拉。准成员11个：阿鲁巴（荷属）、博内尔（荷属）、库拉索（荷属）、圭亚那（法属）、瓜德罗普（法属）、马提尼克（法属）、萨巴（荷属）、圣巴托洛缪（法属）、圣马丁（法属）、圣尤斯特歇斯（荷属）、圣马丁（荷属）。观察员21个：阿根廷、巴西、加拿大、智利、厄瓜多尔、埃及、印度、意大利、韩国、荷兰、摩洛哥、秘鲁、俄罗斯、西班牙、英国、土耳其、芬兰、乌克兰、斯洛文尼亚、塞尔维亚、欧盟。

【主要负责人】秘书长阿方索·穆尼拉·卡瓦迪亚（Alfonso Múnera Cavadía，哥伦比亚人），2012年4月就任。

【总部】秘书处设在特立尼达和多巴哥首都西班牙港。地址：5–7 SweetBriarRoad，St.Clair，P.O.Box 660，Port of Spain，Trinidad and Tobago。电话：（001–868）6229575；传真：6221653。电子邮箱：mail@acs-aec.org。

【网址】http://www.acs-aec.org。

【组织机构】部长理事会是加国联主要的决策机

构。下设5个专门委员会：（1）贸易发展和对外经济关系委员会；（2）预算和行政委员会；（3）可持续旅游委员会；（4）运输委员会；（5）减少灾害风险委员会。

【主要活动】截至2015年12月，加国联举行了6届首脑会议和20届部长理事会会议。2005年7月28—29日，加国联第4届首脑会议在巴拿马首都巴拿马城举行。会议重点讨论了旅游业的持续发展、贸易、交通和自然灾害等问题。2009年1月30日，加国联第14届部长理事会会议在海地首都太子港举行。会议决定接纳欧盟委员会为加国联观察员。2010年1月21—22日，加国联第15届部长理事会会议在哥伦比亚卡塔赫纳举行。会议就海地地震发表声明，对海受灾表示慰问，支持海灾后重建。2011年1月28日，加国联第16届部长理事会会议在特立尼达和多巴哥西班牙港举行。会议讨论了加国联国家开展游轮合作、加强机制建设等问题。2012年2月8—10日，加国联第17次部长理事会在特立尼达和多巴哥西班牙港举行。会议选举阿方索·穆尼拉·卡瓦迪亚为新任秘书长。2013年2月20—22日，加国联第18次部长理事会在巴拿马首都巴拿马城举行。会议就加强生产一体化、为地区私有部门融资和投资便利化等问题进行讨论。2013年4月23—26日，加国联第5届首脑会议在海地佩蒂翁维尔举行。会议重点讨论了旅游业的可持续发展、航空航海运输、贸易投资进展、降低灾害风险等问题，并通过了《佩蒂翁维尔宣言》。2014年2月13日，加国联第19届部长理事会在特立尼达和多巴哥首都西班牙港举行。会议通过贸易便利化合作协议，启动瓜德罗普、马提尼克成为正式成员的谈判进程。2014年4月30日，加国联第6届首脑会议在墨西哥城市梅里达举行。会议通过《梅里达宣言》，庆祝加国联成立20周年，重申一体化承诺。2015年3月10日，加国联第20届部长理事会会议在危地马拉安提瓜城举行。会议讨论了解决委内瑞拉民主问题的措施，还一致选举海地为2015—2016年度部长理事会轮值主席国。

【同中国的关系】无正式关系。（刘佳璐）

东加勒比国家组织

Organization of Eastern Caribbean States—OECS

【成立日期】1981年6月18日，东加勒比地区的7个岛国和未独立地区在圣基茨和尼维斯首都巴斯特尔签署《巴斯特尔条约》，正式成立东加勒比国家组织（OECS）。

【宗旨】促进成员国之间的合作，维护成员国主权、独立和领土完整；推动成员国实现经济一体化；协助成员处理国际事务并尽可能协调成员国外交政策以及国际事务立场；在可能的情况下，在海外设立联合外交机构。

【成员】7个：安提瓜和巴布达、多米尼克、格林纳达、圣基茨和尼维斯、圣卢西亚、圣文森特和格林纳丁斯、蒙特塞拉特。准成员3个：安圭拉、英属维尔京群岛、法属马提尼克岛。

【主要负责人】东加勒比国家组织主席由各成员政府首脑轮流担任，每年轮换1次，2015年轮值主席为多米尼克总理罗斯福·斯凯里特（Roosevelt Skerrit）。秘书长迪达克斯·朱尔斯（Didacus Jules，圣卢西亚人），2014年5月就任。

【总部】秘书处设在圣卢西亚首都卡斯特里。地址：P.O.Box179，Castries，Saint Lucia。电话：（001-758）4522537，4556327。传真：4531628。电子邮箱：oesec@oecs.org。

【网址】http://www.oecs.org。

【组织机构】（1）政府首脑会议：为最高权力机构，每年召开两次会议。（2）秘书处为常设工作机构，下设以下主要部门：教育和人力资源开发部、竞争性贸易部、环境和可持续发展部、药品采购部、统计数据部、贸易政策部等。（3）其他主要机构有：东加组织议会、部长委员会、经济事务委员会、东加勒比电信局、民航局、东加勒比中央银行、东加勒比最高法院。该组织在比利时、加拿大、瑞士和波多黎各设有代表处。

【主要活动】2009年12月，东加勒比国家组织在圣基茨签署《新巴斯特尔条约》，宣布于2010年6月成立东加勒比国家组织经济联盟。2010年6月，第51届政府首脑会议在圣卢西亚举行，签署《东加勒比国家组织经济联盟条约》，宣布东加经济联盟正式启动。条约规定，联盟将实现人员、商品、服务和资本自由流动，成员国将在立法、司法、外交、国际贸易协定、商品和服务贸易、教育、通信、知识产权保护、交通、公共管理等领域采取共同立场和共同措施。2011年1月，《新巴斯特尔条约》已经5个成员国批准，正式生效。同月，第52届政府首脑会议在格林纳达举行，会议讨论了落实《东加勒比国家组织经济联盟条约》各项措施，成立组织议会等新机构和改组OECS委员等问题。2011年3月，东加勒比国家组织举行特别首脑会议，讨论了OECS委员会等机构组成、预算以及驻外代表机构等问题，原则同意设立东加勒比能源管理局。2011年5月，第53届政府首脑会议在圣文森特和格林纳丁斯举行，审议了2011/2012年度预算和工作计划，讨论了东加勒比经济联盟建设及《新巴斯特尔条约》批约等议题。圣卢西亚总理接任该组织轮值主席，任期1年。2012年1月，第54届政府首脑会议在圣卢西亚举行，敦促各国尽快完成东加勒比增长和发展战略，批准了共同旅游政策，讨论了东加经济联盟运行情况等。2012年6月，第55届政府首脑会议在圣文森特和格林纳丁斯举行，各国就始建经济事务委员会、东加组织工作规划、促进货物自由流通措施、东加组织—欧盟关系以及为东加组织议会揭幕等问题进行讨论。2012年11月，第56届政府首脑会议在多米尼克举行，各国就马提尼克和瓜德罗普岛以联络员身份加入东加组织、成立经济事务委员会以及内部机制建设等问题进行了讨论。2013年6月，第57届政府首脑会议在安提瓜和巴布达举行，各国就东加组织发展战略、东加经济联盟建设、海洋管理政策及东加内部机制建设等问题进行了讨论。2013年11月，第58届政府首脑会议在蒙特塞拉特举行，重点讨论了马提尼克成为成员、日本向东加组织渔场提供资助等问题。2015年2月，第60届政府首脑会议在马提尼克举行。会议重点讨论了加强经济同盟、组织委员会可持续融资、东加勒比竞争委员会等问题，并批准马提尼克成为准成员。

【同中国的关系】无正式关系。2010年3月，东加勒比国家组织秘书长伊什梅尔访华，这是该组织秘书长首次访华。（刘佳璐）

太平洋岛国论坛

Pacific Islands Forum—PIF

【成立日期】1971年8月5—7日，斐济、萨摩亚、汤加、瑙鲁、库克群岛、澳大利亚和新西兰在惠灵顿召开南太平洋七方会议，正式成立“南太平洋论坛”，并决定此后每年召开1次会议。2000年10月，论坛更名为“太平洋岛国论坛”。

【宗旨】加强论坛成员间在贸易、经济发展、航空、海运、电信、能源、旅游、教育等领域及其他共同关心问题上的合作和协调。近年来，论坛加强了在政治、安全等领域的对外政策协调与区域合作。

【成员】16个成员国：澳大利亚、新西兰、斐济、萨摩亚、汤加、巴布亚新几内亚、基里巴斯、瓦努阿图、密克罗尼西亚、所罗门群岛、瑙鲁、图瓦卢、马绍尔群岛、帕劳、库克群岛、纽埃。

3个联系成员：新喀里多尼亚、法属波利尼西亚、托克劳。

12个特别观察员：瓦利斯和富图纳、英联邦、联合国、亚洲开发银行、美属萨摩亚、关岛、东帝汶、北马里亚纳自由联邦、非加太集团、中西部太平洋金枪鱼管理委员会、世界银行、国际移民组织。2009年5月，太平洋岛国论坛宣布中止斐济成员资格。2014年9月，斐济举行大选后，论坛表示愿意恢复斐济成员资格，但斐尚未同意。

【主要负责人】秘书长梅格·泰勒（Meg Taylor，巴布亚新几内亚人），2014年8月当选。负责战略伙伴关系与总体协调事务的副秘书长克里斯蒂尔·普拉特（Cristelle Pratt，新西兰人）。负责经济管理和政治安全事务的副秘书长安迪·冯泰（Andie Fong Toy，新西兰人）。

【总部】论坛秘书处设在斐济首都苏瓦。

【网址】http://www.forumsec.org.fj。

【出版物】《秘书处年度报告》（*Pacific Islands Forum Secretaritat Annual Report*）；《论坛述评》（*Forum Review*），月刊。均为英文。

【组织机构】1972年建立常设机构——南太经济合作局（SPEC），1988年改称“南太论坛秘书处”。设论坛秘书长，由论坛成员国政府代表投票产生，对论坛成员国负责；设副秘书长，系合同聘用，协助秘书长工作。下设经济治理司、政治和安全司、战略伙伴和协调司，各司设司长。论坛秘书处总部共有约120名官员和职工。在悉尼、奥克兰设有贸易与投资专员署，在东京设有太平洋岛屿中心，2002年在北京开设驻华贸易代表处（2012年更名“太平洋岛国贸易与投资专员署”），2003年年底在日内瓦设立驻世界贸易组织代表处。

论坛秘书处财政预算由澳大利亚和新西兰各支付1/3，其余部分由其他岛国成员分摊。目前向秘书处提供捐助的国家、地区和组织有：中国、澳大利亚、加拿大、欧盟、法国、法属波利尼西亚、德国、日本、韩国、马来西亚、新西兰、菲律宾、英国、联合国开发计划署，台湾当局也向秘书处提供捐助。

论坛秘书处和8个相对独立的机构组成太平洋地区组织理事会（CROP），由论坛秘书长担任主席。这8个组织为：论坛渔业局（FFA）、斐济医学院（FSchM）、太平洋岛屿发展署（PIDP）、太平洋电能协会（PPA）、太平洋区域环境规划署（SPREP）、太平洋共同体秘书处（SPC）、南太平洋旅游组织（SPTO）、南太平洋大学（USP）。2004年太平洋岛国论坛首脑会议通过决议，决定对地区组织进行机构重组。2006年，论坛首脑会议审议通过了《改革地区机制框架报告》，为地区组织机构重组描绘了“路线图”。根据论坛有关决议和《报告》，地区组织将整合为3大类，分别是政治政策类、技术服务类和教育培训类。

【主要活动】论坛首脑会议：论坛一般每年召开1次政府首脑会议，在各成员国或地区轮流举行。迄今，已举行了46届论坛首脑会议（1972年召开了两次）。

2014年7月，第45届论坛首脑会议在帕劳首都科罗尔举行，会议以“海洋：生命与未来”为主题，讨论了太平洋地区合作、海洋资源发展与保护、可持续发展、2015年后发展议程及斐济问题等议题，发表了《论坛公报》《帕劳宣言》《太平洋岛国地区合作框架》。2015年9月，第46届论坛首脑会议在巴布亚新几内亚首都莫尔斯比港举行。会议以“加强互联互通，推进太平洋区域主义”为主题，讨论了气候变化、渔业、信息技术互联互通、宫颈癌、西巴布亚等议题，发表了《论坛公报》《太平洋岛国论坛领导人气候变化行动宣言》《“加强互联互通、推进太平洋区域主义”Hiri宣言》。

论坛会后对话会：从1989年起，论坛决定邀请中、美、英、法、日和加拿大等国出席论坛首脑会议后的对话会议。1991—2007年，论坛先后接纳欧盟、韩国、马来西亚、菲律宾、印度尼西亚、印度、泰国、意大利为对话伙伴。2014年接纳土耳其、西班牙为对话伙伴。目前，论坛共有17个对话伙伴。

论坛外交部长会议：为协调并解决成员国共同关心的政治问题，首脑会议不定期授权论坛成员国外长就特定议题召开会议。第46届论坛首脑会决定，自2016年起，论坛将每年在首脑会议前召开外长会议。

论坛经济部长会议：为协调和支持各成员的经济改革，从1997年起，论坛每年在首脑会议前召开经济部长会议。

论坛贸易部长会议：为协调和推动地区贸易自由化，从1999年起，论坛每年在首脑会议前召开贸易部长会议。

论坛与日本领导人会议由日本倡议和推动，始于1997年，每3年举办1次，旨在密切日本与论坛国家关系。2009年5月，在日本冲绳举行了第5届会议，日本承诺3年内向岛国提供500亿日元援助，为岛国培训人员并开展人员交流。会议并决定设立“太平洋环境共同体”以共同应对面临的环境问题。2012年5月，在日本冲绳举行了第6届会议，发表共同宣言，强调日本和岛国将加强在减灾、环境和气候变化、可持续发展、人员交流以及海洋安全等五大领域合作。日本承诺3年内向岛国提供5亿美元援助。2015年5月，在日本福岛举行第7届会议，讨论了防灾减灾、气候及环境变化、人文交流、可持续发展和海洋事务等议题，发表《福岛磐城宣言》。日本宣布未来3年向岛国提供至少550亿日元（约4.53亿美元）援助。

论坛自1989年亚太经合组织成立时起即为其观察员。1994年起，论坛成为联合国观察员。

【同中国的关系】1988年2月，中国驻斐济大使徐明远应邀参加论坛地区机构协调委员会在苏瓦召开的关于建立对话关系的讨论会。1990年起，中国连续22次派政府代表出席对话会，加强了中国同论坛及其成员国的合作关系。2014年8月1日，中国—太平洋岛国论坛对话会特使杜起文率团出席了在帕劳科罗尔举行的第26届太平洋岛国论坛会后对话会，在会上阐述了中国对太平洋岛国政策，宣布了支持岛国可持续发展的措施，并积极呼应岛国在应对气候变化、保护海洋环境和资源等方面的关切，介绍了中国在节能减排、发展绿色经济及帮助岛国增强气变适应能力方面的政策举措。2015年9月11日，中国—太平洋岛国论坛对话会特使杜起文率团出席了在巴新莫尔斯比港举行的第27届太平洋岛国论坛会后对话会，在会上阐述了中方在气候变化、渔业、信息通信技术互联互通等问题上的立场，重点介绍了中国政府为应对气候变化所作巨大努力和取得的成果。杜特使还介绍了中国对岛国政策，表示中方愿继续支持岛国实现经济社会发展。

论坛秘书长亨利·纳萨利（1991年4月）、耶雷米亚·塔巴伊（1992年9月）、诺埃尔·莱维（1999年5月、2002年9月）、格雷戈里·厄尔文（2006年8月）和图伊洛马·斯莱德（2013年6月、11月）以及副秘书长威廉·萨瑟兰（1994年3月）、安东尼·斯莱切耶（1997年7月）、约瑟法·迈亚瓦（2004年4月参会）、彼得·福劳（2007年8月、2010年7月参会）曾访华。2001年10月，论坛秘书长莱维率观察员代表团出席了在上海举行的亚太经合组织外交外贸双部长会议。

2000年10月，中国政府代表、外交部副部长杨洁篪与论坛秘书长莱维换文，中国政府捐资设立中国—论坛合作基金，用于促进双方在贸易投资等领域内的合作。基金设立后，已先后资助了论坛驻华贸易代表处、投资局长年会、论坛秘书处信息存储系统更换、论坛进口管理等项目。2005年10月，中国政府决定资助“太平洋计划”项下港口综合开发、地区航空安排、乡村边远地区信息化建设3项目（2006—2010年），并向地区安全基金捐款。2010年8月，外交部副部长崔天凯在出席第22届太平洋岛国论坛对话会期间，宣布中国政府决定2011—2015年间为中国—太平洋岛国论坛合作基金增资200万美元，用于双方商定的合作项目。2011年和2012年，中方通过基金资助太平洋岛国论坛继续实施港口综合开发、地区航空安排、乡村边远地区信息化建设等项目。

2006年4月，国务院总理温家宝在斐济出席中国—太平洋岛国经济发展合作论坛首届部长级会议开幕式期间，会见了与会的论坛秘书长厄尔文。2008年9月，中国—太平洋岛国经济发展合作论坛投资、贸易、旅游部长级会议在厦门举行，库克群岛和萨摩亚副总理及其他太平洋岛国多位部长级官员出席。2013年11月，国务院副总理汪洋在广州出席第二届中国—太平洋岛国经济发展合作论坛开幕式期间，会见了与会的论坛秘书长斯莱德。

2010年1月，中国—太平洋岛国论坛对话会特使杜起文访问斐济期间会见太平洋岛国论坛秘书长斯莱德。2010年8月、2011年9月和2012年8月，外交部副部长崔天凯在出席太平洋岛国论坛会后对话会期间先后3次会见论坛秘书长斯莱德。2012年3月，外交部美大司司长谢锋访问斐济期间会见太平洋岛国论坛代秘书长冯泰。2012年12月和2013年5月，中国—太平洋岛国论坛对话会特使李强民访问斐济期间两次会见斯莱德秘书长。2014年4月和8月，中国—太平洋岛国论坛对话会特使杜起文访问斐济和在帕劳出席太平洋岛国论坛会后对话会期间会见斯莱德秘书长。2015年4月、9月，杜起文特使分别在斐济和巴布亚新几内亚会见论坛秘书长泰勒。

2004年10月、2006年11月、2008年11月、2009年11月、2011年6月和2012年7月，中国外交部分别举办太平洋岛国论坛高级外交官培训班，来自中国8个建交岛国和论坛秘书处的外交官应邀参加。2003年8月、2005年9月、2007年11月、2011年9月、2013年9月和2014年11月，中国外交部先后邀请太平洋岛国联合新闻团来华参观采访。2010年5月，上海世博会南太平洋旅游组织、太平洋岛国论坛荣誉日活动在上海世博园举行。7月，太平洋岛国论坛驻华贸易代表处在上海举办中国—太平洋岛国旅游、贸易与投资合作研讨会。2011—2015年，中共中央对外联络部先后举办5期太平洋岛国政治家联合考察团。

2013年6月，应中国外交部邀请，论坛秘书长斯莱德访华并出席太平洋岛国论坛驻华贸易代表处更名仪式，国务委员杨洁篪、外交部长王毅以及外交部部长助理郑泽光分别会见斯一行。

【驻华代表机构】太平洋岛国贸易与投资专员署（Pacific Islands Trade & Invest）。2002年9月正式开馆，前称“太平洋岛国论坛驻华贸易代表处”，2012年3月更现名。宗旨是“为太平洋岛国和中国创造更多机会”，主要工作是促进太平洋岛国与中国之间的贸易、投资和旅游合作。贸易专员：大卫·莫里斯（David Morris，澳大利亚人），2015年5月就任。专员署地址：北京市朝阳区塔园外交人员公寓5号楼1单元3层1号。电话：010-65326622。电子邮箱：answers@pifto.org.cn。网址：http://www.pifto.org.cn。（宋煜芬）

北欧理事会

The Nordic Council

【成立经过】1952年3月，丹麦、冰岛、挪威、瑞典4国就成立北欧理事会达成协议，1953年2月13日在哥本哈根召开北欧理事会第1届全体会议。1956年芬兰加入，1970年奥兰群岛和法罗群岛分别加入芬、丹代表团。1984年格陵兰代表作为丹麦代表团成员与会。

【宗旨】北欧理事会是北欧各国议会之间及议会和政府之间协商北欧合作事务的机构，具有动议、咨询和监督功能。根据1962年5国签订的《赫尔辛基条约》（北欧理事会宪章），理事会宗旨是：维持和发展北欧国家间在立法、文化、社会和经济政策、交通运输和通讯方面的合作。条约规定，理事会对北欧合作进行探讨，向北欧部长理事会或北欧各国政府提出建议并敦促贯彻执行，以加强和扩大北欧国家间合作。该组织是北欧国家议会和政府间的协商和咨询机构。近年来更加关注文化、儿童、青年、信息、可持续发展和民主问题。

【成员】5国：冰岛、丹麦、芬兰、挪威、瑞典；3个内部自治区：奥兰群岛（芬）、法罗群岛（丹）和格陵兰（丹）。

【主要负责人】理事会主席团主席霍斯库勒杜尔·索尔哈尔特松（Höskuldur Þórhallsson，冰岛人），2015年1月任职，任期1年。

【总部】主席团秘书处设在丹麦哥本哈根。地址：Ved Stranden 18，1061 Copenhagen K。

【出版物】《北欧政治》（*Politiki Norden*，季刊）。另设时事通讯（周刊）。

【网址】http://www.norden.org。

【组织机构】（1）理事会：最高权力机构。由从成员国议员中选出的87名理事组成，瑞典、丹麦（包括法罗群岛和格陵兰）、芬兰（包括奥兰群岛）、挪威各20名，冰岛7名，任期1年。内分社民党、保守党、中间党、左翼党4个党团，自设秘书。

（2）理事会主席团：负责会议准备、议题拟定、工作程序和行政管理等事务。共11人，包括主席、副主席各1人。理事会主席团主席、副主席由理事会全体会议选举产生，通常由下届理事会全体会议东道国的代表出任。

（3）理事会下设文化教育、福利、工商、环境保护和公民权利委员会5个专门委员会，以及监察、选举2个行政委员会。

（4）主席团秘书处：协助各国秘书处、党团进行理事会的准备工作。

（5）各国秘书处：为各国代表团服务，负责会议筹备、特殊事务顾问和公众宣传。

（6）北欧理事会在圣彼得堡、里加、塔林和维尔纽斯等地设有办事机构。

（7）理事会年预算约1.5亿美元，由5国按比例分摊，除自身行政费用开支外，主要用于理事会设在各国的教育、文化、科研及环保等机构工作。

【会议形式】北欧理事会每年春秋两季分别举行“例行会议”和“主题会议”。5国政府首脑和部长均可与会，但表决权仅限于理事会成员。波罗的海3国、俄罗斯及议题相关方代表也可受邀与会。上述两会是北欧理事会的最高议事机构，议题涵盖北欧合作的各方面，近年来特别加大了对全球化、气候变化、域内人口流动、警务、卫生合作等的关注。

【决议程序】理事会成员有权提出动议，经主席团审议表决。如获通过，则交由北欧部长理事会和各国政府进行审议并决定执行。理事会的决议不具有强制执行力，须通过成员国议会采取相应行动后才能落实，即各成员国在自愿基础上决定是否采纳理事会决议。决议通过后，理事会通过建议、声明、研讨会等方式极力促成各国实施。

【主要活动】北欧国家间已经实现的主要合作有：统一的劳务市场，侨民享受侨居国的社会福利，设立北欧文化基金和工业发展基金，组建北欧投资银行等。瑞典、芬兰、挪威、丹麦4国1958年开始实施互免签证协定，冰岛和法罗群岛分别于1965年和1966年加入。2001年3月，北欧5国同时实施《申根协定》。

2015年10月27—29日，北欧理事会第67次会议在冰岛首都雷克雅未克召开，冰岛、丹麦、瑞典、芬兰、挪威5国总理和有关部长，拉脱维亚、爱沙尼亚、立陶宛有关政要以及上述国家政、商、学界人士1000余人参会。主要就北欧合作、气候变化、难民问题、乌克兰问题和巴以问题等数十个议题进行了讨论。本次理事会会议首次讨论国际热点问题，引起广泛关注。

【与北欧部长理事会关系】北欧部长理事会系北欧各国政府同北欧理事会联系与协调的渠道。北欧理事会与北欧部长理事会没有隶属关系，但北欧理事会通过审阅部长理事会的年度报告和会议质询等方式对后者施加影响。

【与波罗的海三国关系】1991年11月，北欧理事会参加在爱沙尼亚首都塔林举行的第1届波罗的海大会（Baltic Assembly），标志北欧理事会与波罗的海3国开始合作。1992年双方签署合作协议，正式启动北欧+波罗的海3国合作，又称“5+3”合作。2000年8月在丹麦米泽法尔特举行的北欧与波罗的海外长会更名为“NB8”（Nordic-Baltic Eight）。2005年1月，波罗的海3国成为北欧投资银行成员国。（吴卫）

北欧部长理事会

The Nordic Council of Ministers

【成立时间】1971年。

【职能】北欧政府间合作机制，北欧5国政府间和北欧国家政府与北欧理事会之间合作与联系的渠道。部长理事会向北欧理事会会议提出建议，报告5国的合作情况。

【成员】5国：冰岛、丹麦、芬兰、挪威、瑞典。三个内部自治区：奥兰群岛（芬）、法罗群岛（丹）和格陵兰（丹）。

【运行机制】北欧部长理事会主席国在北欧5国间按照丹麦、芬兰、挪威、瑞典和冰岛的次序轮值，任期1年。2015年轮值主席国为丹麦。在北欧部长理事会下设有10个高官委员会，负责文化、教育、卫生、财政等特定专业领域。在高官会下还设有专家咨询委员会。

【会议形式】北欧部长理事会实际由一系列专门部长会议组成：（1）由各国（及自治区政府）指定1名内阁成员作为北欧合作部长（Minister for Nordic Co-operation），专门负责北欧合作事务，直接对各自政府首脑负责。北欧合作部长每年举行5—6次会议，讨论北欧合作事务，回答北欧理事会提出的有关问题，形成政府间合作的政策建议。

（2）根据所涉专业领域议题，各国（包括自治区政府）派出负责相关事务的专业部长参加定期会晤，有时也与北欧合作部长、北欧理事会等举行联席会议。

（3）各成员国政府首脑作为北欧合作事务的最终负责人，每年利用北欧理事会例会、欧盟首脑峰会准备会等时机举行首脑峰会，就北欧合作事务进行磋商。

【决议程序】北欧部长理事会实行一国（自治区）一票表决制，各项决议必须一致通过，并对各国政府具有约束力。如决议还需经本国议会批准，则应提前向部长理事会做出说明。部长理事会主要在协调立法方向、签署合作协定、实施共同合作项目、成立联合机构等领域形成决议。部长理事会一般不讨论外交和安全问题，各国外交、国防部长仅在北欧理事会会议上就相关领域内涉及北欧的合作内容提交报告。

【主要活动】2015年丹麦轮值北欧部长理事会主席国，将“维护北欧合作传统，强化区域认同感，巩固北欧5国伙伴关系”作为目标，以“发展、福利、价值观和北极”为主题，积极、务实推进北欧区域合作。包括：（1）推出项目合作倡议，促进区域经济发展。（2）推进社会事务一体化建设，提高各国福利水平。（3）宣介“北欧模式”，借助国际议题推广价值观。（4）抢抓北极事务主导权，打造“蓝色北极”概念。（5）推动北欧部长理事会在对外政策方面加大协调力度。（6）推进北欧部长理事会机制改革，吸引更多社会组织参与合作。（吴卫）

经济合作与发展组织

Organization for Economic Cooperation and Development—OECD

【成立日期】1961年9月30日在法国巴黎正式成立，简称“经合组织”。

【宗旨】促进成员国经济和社会的发展，推动世界经济增长；帮助各成员国制定和协调有关政策，以提高各成员国的生活水平，保持财政的相对稳定；鼓励和协调成员国为援助发展中国家做出努力，帮助发展中国家改善经济状况，促进非成员国的经济发展。

【成员】澳大利亚、奥地利、比利时、加拿大、智利、捷克、丹麦、爱沙尼亚、芬兰、法国、德国、希腊、匈牙利、冰岛、爱尔兰、以色列、意大利、日本、韩国、卢森堡、墨西哥、荷兰、新西兰、挪威、波兰、葡萄牙、斯洛文尼亚、西班牙、瑞典、瑞士、土耳其、英国、美国等共34个成员国。

【负责人】秘书长安赫尔·古里亚（Mr.Angel Gurria，前墨西哥外交部长、财长），2006年6月1日就任，2011年连任。

【总部】法国巴黎，地址：2 rue Andre Pascal F75775 Paris cedexl6France。电话：+33–1–45248200；传真：+33–1–45248500。

【网址】http://www.oecd.org。

【出版物】《经合组织活动》（秘书长年度报告）、《经合组织消息》（月刊）、《经合组织观察家》（双月刊）、《金融统计》《经合组织经济调研》《外贸统计》（月刊）、《经合组织经济展望》（半年1期）等。经合组织每年出版数百种研究报告。

【组织机构】（1）理事会：经合组织最高权力机构，理事会分为每周举行1次常驻代表级（各成员国代表团团长具有大使级资格）会议和至少每年举行1次部长级会议，负责处理该组织总政策的各项问题以及决定成立附属机构、批准预算等。理事会的决议和建议须经全体成员国同意（协商一致原则）。经合组织理事会每年选出14名成员国的代表组成执行委员会，研究处理理事会交办的各项工作。（2）秘书处：设有秘书长和副秘书长，负责处理经合组织的日常事务，为理事会、执行委员会和其他有关机构服务。

【主要活动】该组织的活动实际上包括了成员国经济政策的所有方面。该组织下设250多个专业委员会、工作组和专家组，负责各个领域的具体工作。它们通过评估该组织最新研究成果和审议成员国政策实施情况，促进成员国政府间合作，协调国内政策，尤其是贸易和投资政策，最大限度地减少各成员国间的矛盾和冲突。

经合组织的研究内容和政策协调范围几乎包括了经济和社会发展的各个方面，涉及宏观经济、贸易、金融、投资、财政、公共管理、环境、农业、科技、教育、就业、税收、企业发展、发展援助等领域。

20世纪90年代以来，经合组织积极发展同非成员的关系，以加强经济政策的协调，促进投资贸易关系的发展。2007年，经合组织决定将中国、巴西、印度、印度尼西亚和南非列为“加强联系国”，现列为“关键伙伴国”。

【同中国的关系】中国于1995年7月与经合组织正式建立政策对话合作关系。中国30多个部门参与了与经合组织的政策对话和技术合作活动，对话与合作领域涉及宏观经济政策、税收、统计、农业、科技、教育、环保、贸易投资、城建、交通、钢铁、造船、银行、保险、证券、社会保险、竞争政策、电子商务等，合作形式包括联合研究、对话交流、人员培训和工作访问等。2001年，经合组织正式接纳中国为其科技政策委员会观察员。2004年，中国成为经合组织财政事务委员会观察员。近年来，经合组织重视与中国关系，希双方开展更密切合作。现任秘书长古里亚于2008年3月首次正式访华，此后每年均访华。中国商务部应邀组团出席了多次经合组织理事会部长级会议和经合组织与中国部长级对话会。2015年7月1日，李克强总理访问经合组织总部，发表重要演讲，并见证了中国国务院发展研究中心加入经合组织发展中心等文件的签署。（王玮）

世界经济论坛

World Economic Forum—WEF

【成立日期】1971年由瑞士日内瓦大学教授施瓦布倡议创建。

【宗旨】研究和探讨世界经济社会领域存在的问题，促进国际经济合作与交流。

【成员】论坛组成主要是会员与合作伙伴。会员是1000多家全球顶级公司。它们向论坛缴纳会费，并遵守论坛“致力于改善全球状况”宗旨，同时享有论坛独特的内部网络和研究报告。论坛有选择地与其会员或企业组织建立合作伙伴关系。

【主要负责人】克劳斯·施瓦布（Klaus Schwab,

瑞士人），自该机构成立起一直担任主席。

【总部】瑞士日内瓦。

【网址】http://www.weforum.org。

【出版物】《世界竞争力报告》《全球风险报告》及一些不定期出版的专题研究报告和文集。

【组织机构】世界经济论坛以基金会形式在瑞士联邦内政部注册，并受其监督。经过40余年的发展，世界经济论坛的正式员工已近600人，他们来自60多个国家，分布在日内瓦、纽约、北京及东京的4个办公室。

基金董事会（Board of Trustees）是世界经济论坛的最高领导机构，由约25人组成，负责审查论坛的内部运作并提出建议，以确保论坛的各项活动尽量满足所有利益相关方的需求，基金董事会不干涉论坛具体运营。基金董事会的新成员由现任成员提名并由基金董事会全体投票通过，任期3年，可以连任。执行董事会（Managing Board）是常设机构，一般由6—8人组成，负责落实基金董事会的相关战略安排以及论坛的日常运营。执行董事会成员的选拔一般通过全球遴选，并经基金董事会批准生效。

【主要活动】每年1月末、2月初在瑞士达沃斯召开"世界经济论坛年会"，简称"达沃斯会议"，在西方被称为"非官方的国际经济最高级会议"。每年均有来自数十个国家的千余位政界、企业界和新闻机构的领袖人物与会。论坛还在非洲、中东、拉美、东亚、印度、俄罗斯等地举办地区和国别性会议。

第44届世界经济论坛年会于2014年1月22—25日举行，会议主题是"重塑世界格局：对社会、政治和商业的影响"。世界银行行长金墉、国际货币基金组织总裁拉加德、欧洲央行行长德拉吉等国际组织领导人出席论坛年会。

第45届世界经济论坛年会于2015年1月21—24日举行，会议以"全球新局势"为主题，重点探讨在全球经济增长放缓和地缘政治问题即将出现的背景下，如何采取措施以满足各方期待。来自140多个国家政商学界2500余名代表出席论坛，其中包括近50名国家元首和政府首脑。

【同中国的关系】中国同世界经济论坛保持着密切的联系。自1979年以来，中国多次应邀派团参加达沃斯会议。1992年李鹏总理应邀出席会议，发表了题为《九十年代的中国经济》的重要讲话。1995年朱镕基副总理应邀出席会议，发表了题为《中国的改革和发展》的讲话。1998年李岚清副总理应邀出席会议，发表了题为《中国经济稳步前进》的讲话。2000年吴邦国副总理应邀出席会议，并发表了题为《迈向二十一世纪的中国经济》的重要讲话。2003年全国人大副委员长成思危以中国跨国公司研究会名誉会长的身份出席年会并作了关于中国经济的专题演讲。2005年黄菊副总理与会并发表题为《科学发展观与21世纪的中国经济》的特别致辞。2006年曾培炎副总理与会并发表题为《开拓创新，把握未来》的重要讲话。2007年华建敏国务委员与会并发表《科学发展，和谐发展，和平发展》的特别致辞。2008年曾培炎副总理与会并发表题为《协同创新，互利共赢》的特别致辞。2009年温家宝总理与会并发表题为《坚定信心，加强合作，推动世界经济新一轮增长》的特别致辞。2010年李克强副总理与会并发表题为《合作包容，共创未来，促进世界经济健康复苏和持续发展》的特别致辞。2015年李克强总理与会并发表题为《维护和平稳定，推进结构改革，增强发展新动能》的特别致辞。

2007年开始，论坛每年9月在大连和天津交替举行世界新领军者年会（"夏季达沃斯"论坛），李克强总理出席了2013—2015年的夏季达沃斯论坛。第9届夏季达沃斯论坛于2015年9月在大连举行，主题为"描绘增长新蓝图"，李克强总理出席论坛开幕式并发表题为《共绘世界经济增长新蓝图》的特别致辞。来自90多个国家1700余名官员、企业家、学者和媒体代表与会。

自1993年起，中国还多次派团参加世界经济论坛举办的地区经济峰会。1981—2006年，世界经济论坛与中国企业联合会每年在华联合举办"企业高级管理人员国际研讨会"（1996年起更名为"中国企业高峰会"）。

截至2015年12月，共有50余家中国企业成为世界经济论坛基金会会员（Foundation Member）。

【驻华机构】2006年6月，世界经济论坛在北京成立了其在亚洲的首个代表处，负责人艾德维（David Aikman）。地址：北京市东三环中路1号环球金融中心西楼501，邮编100020。

（洪申）

二十国集团

Group of 20—G20

【成立日期】二十国集团（G20）由七国集团财长和央行行长会议于1999年倡议成立，旨在促进国际金融货币政策稳定和世界经济发展。世界银行行长、国际货币基金组织总裁等也作为特邀代表参加。2008年，国际金融危机爆发后，G20上升到领导人层面，并于2008年11月在华盛顿召开"金融市场和世界经济峰会"。截至2015年年底，已举行10次领导人峰会。

【宗旨】推动发达国家和新兴市场国家就国际经济

和金融领域的重大问题开展对话与合作，努力推动世界经济实现强劲、可持续、平衡增长，维护国际金融体系稳定。

【网址】 http://www.g20.org。

【成员】 阿根廷、澳大利亚、巴西、加拿大、中国、法国、德国、印度、印度尼西亚、意大利、日本、韩国、墨西哥、俄罗斯、沙特阿拉伯、南非、土耳其、英国、美国、欧盟。

【组织机构】 G20无常设秘书处，峰会筹备工作由“三驾马车”（前任、现任和候任主席国）牵头、各成员共同参与，采取G20协调人、G20财金副手双轨筹备机制。G20协调人由各成员领导人任命，多由各成员负责外交、经济、金融事务的高官担任。协调人每年召开4—5次会议，讨论峰会各项筹备工作，重点是政治筹备工作，包括峰会成果文件磋商。G20财金渠道负责就具体经济金融问题进行磋商，并提出建议。G20还视情举行有关专业部长级会议或设立专家工作组。

2009年9月，G20领导人在美国匹兹堡举行第3次峰会，将G20确定为国际经济合作主要论坛。2010年6月和11月分别由加拿大和韩国各举办1次峰会。从2011年法国戛纳峰会起G20每年举行1次峰会，标志着G20峰会步入机制化。戛纳峰会决定，2012—2015年的G20主席国分别为墨西哥、俄罗斯、澳大利亚和土耳其。从2016年起，峰会主席国在5个小组中依次轮任。第1组为中国、印尼、日本、韩国；第2组为法国、德国、意大利、英国；第3组为阿根廷、巴西、墨西哥；第4组为印度、俄罗斯、南非、土耳其；第5组为澳大利亚、加拿大、沙特、美国。2016年、2017年G20领导人峰会将分别由中国、德国主办。

【主要活动】 2008年11月15日，为应对国际金融危机，美国推动G20领导人在华盛顿召开“金融市场和世界经济峰会”。会议通过了《G20领导人金融市场和世界经济峰会宣言》。宣言正文主要阐述了对此次国际金融危机根源的看法，评估了国际社会就应对危机已经和即将采取的措施，确定了解决金融危机的基本原则和具体行动，责成部长和专家提出具体建议，并重申了对开放全球经济的承诺。宣言在附件中就上述原则提出了近50项具体行动。

2009年4月2日，G20领导人第2次峰会在英国伦敦举行。会议通过了《伦敦峰会公报：全球复苏和改革计划》，决定采取经济刺激措施和金融支持计划恢复经济增长和就业，确定加强金融监管和加强国际金融机构的一系列措施，确保公平和可持续的全球复苏，重申抵制保护主义和促进全球贸易与投资，承诺确保公平和可持续的全球复苏。

2009年9月24—25日，G20领导人第3次峰会在美国匹兹堡举行。会议通过了《G20匹兹堡峰会领导人声明》，内容涉及建立“强劲、可持续、平衡增长框架”，加强国际金融监管体系，改革国际金融机构以及能源安全、气候变化、发展、就业和贸易等问题。峰会决定把G20确立为国际经济合作的主要论坛，将国际货币基金组织份额从高估国向份额被低估的新兴市场和发展中国家转移至少5%，将发展中国家和转轨国家在世界银行的投票权提高至少3%。

2010年6月26—27日，G20领导人第4次峰会在加拿大多伦多举行。

会议通过了《G20多伦多峰会宣言》，决定强化“强劲、可持续、平衡增长框架”及该框架下的G20相互评估机制，要求平衡经济复苏和财政整顿的关系。G20中的发达经济体承诺在2013年前将财政赤字至少减半，在2016年前稳定或降低政府债务占国内生产总值的比重。峰会要求国际货币基金组织在G20首尔峰会前完成份额改革目标，将反对贸易保护主义的有关承诺延长至2013年。

2010年11月11—12日，G20领导人第5次峰会在韩国首尔举行，主题为“超越危机、共享增长”。峰会启动了《首尔行动计划》，以加强各成员在货币、贸易、财政、结构改革等方面宏观经济政策协调。峰会决定完成国际货币基金组织份额向富有活力的新兴市场和发展中国家以及份额低估国转移6%以上的目标，加强对影子银行和大宗商品贸易的规范和监管，继续抵制贸易保护主义，促进贸易和投资，批准《首尔发展共识》及其跨年度行动计划。

2011年11月3—4日，G20领导人第6次峰会在法国戛纳举行，主题为“新世界、新思维”。峰会通过了“促进增长和就业的戛纳行动计划”，既包括各国短期内保增长、促稳定的举措，也包括开展结构改革、巩固经济增长基础的中长期计划。峰会呼吁建立一个更稳定和更能抗风险的国际货币体系，扩大国际货币基金组织特别提款权货币组成篮子；决定继续加强国际金融监管，提升金融体系应对危机的能力；呼吁加强对粮食生产的投入，完善国际能源市场，加强对大宗商品金融衍生品市场的监管；承诺反对贸易保护主义并根据多哈授权继续推动谈判；承诺继续把发展问题作为未来G20峰会的重要议题。

2012年6月18—19日，G20领导人第7次峰会在墨西哥洛斯卡沃斯举行。峰会通过了领导人声明和“洛斯卡沃斯增长和就业行动计划”，强调全球经济风险和不确定性增加，各方承诺致力于保增长、促就业、促稳定。继续支持欧洲国家处理好主权债务问题，避免危机扩散和蔓延。落实国际货币基金组织改革方案。将反对贸易保护主义的有关承诺延长至2014年，在坚持多哈授权的基础上推动多哈回合谈判，并对全球价值链进行研究。在发展领域，推动粮食安全、基础设施建设、包容性增长取得进展。此外，为确保国际货币基金组织（IMF）拥有足够资源应对国际经济金融风险，G20多数成员决定向IMF增资，总额达4560亿美元。

2013年9月5—6日，G20领导人第8次峰会在俄罗斯圣彼得堡举行。会议通过了《G20圣彼得堡峰会领导人声明》和《G20峰会五周年声明》。峰会决定加强宏观经济政策协调，改革国际金融体系，建设开放型世界经济，反对贸易保护主义，共同促进世界经济复苏。会议将反对贸易保护主义的有关承诺延长至2016年。各方关注发达国家宽松货币政策的外溢效益，呼吁有关国家采取负责任的经济政策，调整货币政策时同各方加强沟通。

2014年11月15日，G20领导人第9次峰会在澳大利亚布里斯班举行。会议发表的20国领导人联合公报提出，到2018年，将G20经济增长额外提高两个百分点；同意建立一个全球基础设施中心，用于搭建一个知识共享平台以及政府、私人机构、开发银行和其他组织之间的联系网络；致力于保持一个强有力、以份额为基础、资金来源充足的国际货币基金组织；确认2016年G20峰会将在中国举行。

2015年11月15—16日，G20第10次峰会在土耳其安塔利亚举行。会议围绕“包容、落实、投资”三大支柱进行。会议通过《G20领导人安塔利亚峰会公报》，强调加强各国宏观政策协调，扩大贸易和投资，推进包容和稳健增长，创造更多、更高质量就业，全面落实联合国2030年可持续发展议程。会议还讨论了气候变化、难民危机、反对恐怖主义等问题。会议确认2017年G20峰会在德国举行。

【同中国的关系】中国是G20创始成员国。中国国家主席出席了历届G20峰会并发表重要讲话。2016年9月4—5日，G20领导人第11次峰会将在浙江省杭州市举行。

2008年11月，胡锦涛主席出席了在美国华盛顿举行的“金融市场和世界经济峰会”，发表题为《通力合作，共度时艰》的讲话，强调有效应对金融风险，维护国际金融稳定，促进世界经济发展，需要国际社会增强信心、加强协调、密切合作、共同应对。各国应该加强宏观经济政策协调，采取一切必要的财政、货币手段，遏制金融危机扩散和蔓延，避免发生全球性衰退；把握建立公平、公正、包容、有序的国际金融新秩序的方向，坚持全面性、均衡性、渐进性、实效性的原则，对国际金融体系进行必要改革，创造有利于全球经济健康发展的制度环境；切实改变不可持续的经济增长模式，解决好各自经济发展存在的深层次问题；向受危机影响的发展中国家提供支持，帮助其保持发展势头。

2009年4月，胡锦涛主席出席了G20领导人第2次峰会，发表了题为《携手合作，同舟共济》的讲话，强调要落实华盛顿峰会共识，坚定信心、加强合作，努力实现共同确定的目标。各国应保持宏观经济政策导向总体上的一致性、时效性、前瞻性，加强协调与合作，共同应对国际金融危机；抓紧落实华盛顿峰会关于加强金融监管合作、国际金融机构增加对发展中国家的援助、国际金融机构治理结构改革、完善国际货币体系等方面的共识；共同反对任何形式的贸易保护主义和投资保护主义；继续推进联合国千年发展目标进程，发达国家应保持和增加对发展中国家的援助。

2009年9月，胡锦涛主席出席了G20领导人第3次峰会，发表了题为《全力促进增长，推动平衡发展》的讲话，强调要推动世界经济健康复苏，推进国际金融体系改革，在解决全球发展不平衡进程中实现世界经济全面持续平衡发展。各国应保持经济刺激力度，努力促进消费、扩大内需；提高发展中国家在国际金融机构的代表性和发言权，推动改革取得实质性进展；完善促进平衡发展的国际机制，推动优先解决发展不平衡问题。

2010年6月，胡锦涛主席出席了G20领导人第4次峰会，发表了题为《同心协力，共创未来》的讲话，就推动世界经济强劲、可持续、平衡增长提出三点建议：一是推动G20从应对国际金融危机的有效机制转向促进国际经济合作的主要平台；二是加快建立公平、公正、包容、有序的国际金融新秩序；三是促进建设开放自由的全球贸易体制。胡锦涛主席强调，要牢牢把握强劲、可持续、平衡增长三者之间的有机统一，同时要照顾不同国家的国情，尊重各国发展道路和发展模式的多样性。

2010年11月，胡锦涛主席出席了G20领导人第5次峰会，发表了题为《再接再厉，共促发展》的讲话，强调国际金融危机深层次影响仍在发酵，全球发展问题更加突出。为实现促进世界经济强劲、可持续、平衡增长这一目标，胡锦涛主席提出四点建议：第一，完善框架机制，推动合作发展；第二，倡导开放贸易，推动协调发展；第三，完善金融体系，推动稳定发展；第四，缩小发展差距，推动平衡发展。

2011年11月，胡锦涛主席出席了G20领导人第6次峰会，发表了题为《合力推动增长，合作谋求共赢》的讲话。胡锦涛主席指出，国际金融危机暴露出若干体制机制、政策理念、发展方式的弊端，需要G20继续发扬同舟共济、合作共赢的精神，抓住主要矛盾，共同提振市场信心。为此，胡锦涛主席提出五点建议：第一，坚持在增长中兼顾平衡；第二，坚持在合作中谋求共赢；第三，坚持在改革中完善治理；第四，坚持在创新中不断前进；第五，坚持在发展中共促繁荣。此外，胡锦涛主席还在峰会上宣布，中方愿在南南合作框架内，对同中国建交的最不发达国家97%的税目产品给予零关税待遇。

2012年6月，胡锦涛主席出席了G20领导人第7次峰会，发表了题为《稳中求进，共促发展》的重要讲话。胡锦涛主席指出，世界经济保持复苏态势，同时不稳定、不确定因素依然突出。G20既要巩固应对国际金融危机的成果，又要稳中求进，探索新思路，采取新举措，解决新问题。为此，胡锦涛主席提出5点倡议，即坚定不移推动世界经济复苏，坚定不移深化国际金融体系改革，坚定不移促进国际贸易健康发展，坚定不移推进发展事业，坚定不移倡导可持续发展。

2013年9月，习近平主席应邀出席G20领导人圣彼得堡峰会，并发表重要讲话。强调各国要放眼长远，要努力塑造各国发展创新、增长联动、利益融合的世界经济，坚定维护和发展开放型世界经济，建设更加紧密的经济伙伴关系，肩负起应有的责任。中国将坚定不移全面深化改革，坚持互利共赢的开放战略。中国有条件、有能力实现经济持续健康发展。

2014年11月，习近平主席应邀出席G20布里斯班峰会并发表题为《推动创新发展，实现联动增长》的重要讲话。习近平建议G20从创新发展方式、建设开放型世界经济、完善全球经济治理方面做出努力。布里斯班峰会宣布中国将举办2016年G20峰会，中国于当年12月加入G20“三驾马车”（前任、现任、候任主席国）。

2015年11月，习近平主席应邀出席G20安塔利亚峰会，并发表题为《创新增长路径，共享发展成果》重要讲话。习近平主席系统、深入阐述中方对世界经济形势的看法和主张，指出世界经济存在的深层次问题，并提出从根本上解决问题的中国方案，加强宏观经济政策沟通协调，形成政策和行动合力；积极推动改革创新，提升世界经济中长期增长潜力；大力构建开放型世界经济，激发国际贸易投资活力；认真落实2030年可持续发展议程，为公平包容发展注入强劲动力。习近平主席在会上宣布中国将于2016年9月4—5日在浙江杭州举办G20领导人第11次峰会，提出“构建创新、活力、联动、包容的世界经济”的峰会主题以及“创新增长方式”“更高效的全球经济金融治理”“强劲的国际贸易和投资”“包容和联动式发展”四项重点议题。

2015年12月1日，中国接任G20峰会主席国。当日，习近平主席致函G20成员领导人，进一步阐述中方办会思路和设想。

（周海东）

二十四国集团

Group of 24—G24

【成立日期】1971年11月，七十七国集团在利马举行部长会议，决定由七十七国集团中的24个成员国组成二十四国集团，全称是“关于国际货币和发展事务的二十四国集团”（The Intergovernmental Group of Twenty Four on International Monetary Affairs and Development, G24）。

【宗旨】为发展中国家在国际金融与货币领域内协调立场和政策，制定发展中国家关于国际货币制度改革、债务问题与资金转移等重大问题的共同政策和方针。

【成员】由分别来自3个地域的发展中国家组成，即非洲的阿尔及利亚、科特迪瓦、埃及、埃塞俄比亚、加蓬、加纳、尼日利亚、南非、刚果（金），拉美和加勒比的阿根廷、巴西、哥伦比亚、危地马拉、墨西哥、秘鲁、特立尼达和多巴哥、委内瑞拉，亚洲的印度、伊朗、黎巴嫩、巴基斯坦、菲律宾、斯里兰卡、叙利亚。

【网址】http://www.g24.org。

【组织机构】该集团每年举行部长级会议，由各国参加国际货币基金组织和世界银行联合年会的理事或副理事参加（一般是各国的财政部长或中央银行行长）。会议设主席，第1、第2副主席各1名（分别来自3个地域），实行轮任。部长级会议一般在世界银行和国际货币基金组织的发展委员会议前夕于同地召开，以协调立场。部长级会议前先举行副手级会议。77国集团的其他成员国可作为观察员与会。24国集团设有技术组和联络办公室，不设秘书处，使用国际货币基金组织的秘书处。

【主要活动】2012年4月19日，G24第87届部长级会议在华盛顿召开。会议讨论了全球经济复苏、国际金融机构改革、基础设施投资和可持续发展等议题。会后发表了联合公报。

2012年10月11日，G24第88届部长级会议在东京召开，会议讨论了风险管理和经济复苏、发展融资、国际金融机构改革及其作用等议题。会后发表了联合公报。

2013年4月18日，G24第89届部长级会议在华盛顿召开。会议讨论了后危机时代的增长和生产率、国际货币基金组织改革、世界银行的发展议程和职能、发展融资等议题。会后发表了联合公报。

2013年10月10日，G24第90届部长级会议在华盛顿召开。会议主要讨论了全球经济和增长、国际货币基金组织的职责和改革、世界银行的发展议程和智能、发展融资等议题。会后发表了联合公报。

2014年4月10日，G24第91届部长级会议在华盛顿召开。会议主要讨论了全球经济及对发展中国家的影响、国际货币基金组织和世界银行的职责和改革、发展融资等议题。会后发表了联合公报。

2014年10月9日，G24第92届部长级会议在华盛顿召开。会议主要讨论了全球经济及对发展中国家的影响、国际货币基金组织和世界银行的职责和改革、发展融资等议题。会后发表了联合公报。

2015年4月16日，G24第93届部长级会议在华盛顿召开。会议主要讨论了全球经济及对发展中国家影响，发展融资、国际金融机构改革与治理等议题。会后发表了联合公报。

2015年10月8日，G24第94届部长级会议在利马召开。会议主要讨论了全球经济形势、2030年可持续发展议程、发展融资等议题。会后发表了联合公报。

【同中国的关系】中国政府代表团作为观察员出席了2012年10月及之后的历次G24会议，阐述了中国在相关问题上的原则立场。

（庄语）

七十七国集团

Group of 77—G77

【成立日期】1964年，在日内瓦召开的第1届“联合国贸易和发展会议”期间，亚非拉76个国家和南斯拉夫发表《77个发展中国家联合宣言》，提出了关于国际经济关系、贸易与发展的一整套主张。该集团遂告成立，并由此得名。现为联合国经社发展领域发展中国家政策协调机制。

【宗旨】在国际经济领域内加强发展中国家的团结与合作，加速发展中国家的经济社会发展进程，促进南南合作。

【成员】截至2015年，共有132个成员。

【主要负责人】77国集团主席由来自亚非拉三大区域的成员国按地区原则轮流担任，任期1年。2016年主席国为泰国。

【总部】纽约和日内瓦是77国集团两个主要活动中心，在维也纳、罗马等多边外交活动较多的地点均有分支。

【网址】http://www.g77.org/。

【资金来源】77国集团活动经费来自成员国自愿捐款。中国自1994年开始每年向其捐款1万美元，1998年起增至2万美元，2004年起增至4万美元，2014年起增至5万美元，是最大的捐助国。

【主要活动】每年联大前夕（或初期）举行集团外长会议或专门领域的部长级会议。在联合国和一些专门机构会议前或会议期间，召集成员国与会代表开会协调立场，然后发表立场声明或共同提出案文等。此外，各区成员还举行各种层次的区域级会议。议事时采取协商一致原则做出决定。

该集团成立后，主要致力于维护发展中国家民族独立和国家主权，争取经济利益，在一些涉及重大共同利益的问题上协调立场，发挥积极作用。近年来，77国集团要求进一步加强团结与合作的愿望和呼声日益强烈。77国集团要求平等地参与国际经济事务的决定，强调在国际金融机构中加强协作与配合，对国际金融体制改革和建立多边贸易体制等提出具体主张。

2000年4月，122个发展中国家在古巴哈瓦那举行了77国集团成立以来的首次南方首脑会议。2003年12月，77国集团在摩洛哥马拉喀什召开南南合作部长级会议，会议通过了《马拉喀什宣言》和《行动纲领》，回顾哈瓦那南方首脑会议行动计划的执行情况，为今后南南合作制订行动计划。2004年6月在巴西圣保罗举行了77国集团成立40周年纪念大会。2005年6月在卡塔尔多哈举行了第2届南方首脑会议，会议主题为“实现千年发展目标”。2014年6月在玻利维亚圣克鲁斯市举行了77国集团成立50周年纪念峰会，主题为“建立世界新秩序，促进幸福生活”。峰会通过了题为《为了世界新秩序和美好生活》的宣言，回顾了77国集团成立50年的历史和成就，阐述了对国际经济发展问题的立场和主张，强调提升发展中国家的团结与合作，为建立公正、平等、稳定与和平的世界新秩序而努力。

【同中国的关系】中国不是77国集团的成员，但一贯支持其正义主张和合理要求。20世纪90年代以来，中国同该集团的关系在原有基础上有了较大的进展。1991年在联合国环境与发展大会筹备会上，中国同该集团首次以“77国集团加中国”的方式共同提出立场文件。这一合作模式逐渐扩展到经济、社会、联合国财政和预算等诸多领域。

李岚清副总理和曾培炎副总理曾分别率团出席首届和第2届南方首脑会议。习近平主席特使、全国人大常委会副委员长陈竺率团出席77国集团成立50周年纪念峰会并作主旨发言，表示77国集团应继续高举和平与发展的旗帜，推进可持续发展和共同发展，提升在国际事务中的话语权和决策权，表示中国将继续加强与77国集团各成员全方位合作，促进共同发展与繁荣。2015年9月24日，中国政府特别代表、外交部副部长李保东在纽约联合国总部举行的77国集团第39届外长会上表示，发展中国家要以联合国成立70周年为新起点，以落实2030年可持续发展议程为新契机，进一步深化南南合作，谋求77国集团整体发展，不断壮大发展中国家整体实力，为全球发展事业做出应有贡献。

（蒋盈）

世界能源理事会
World Energy Counci1—WEC

【成立日期】1924年成立。原名“世界电力大会”，1968年后改称“世界能源大会”，1989年改称“世界能源理事会”。

【宗旨】促进能源的可持续供应和使用；研究和交流能源工业与国民经济间的重大关系、能源开发利用战略、环境保护和可持续发展等领域的问题，协调各国能源与环保、能源与社会发展的宏观经济政策。

【性质】非政府国际组织。

【主要负责人】执行理事会主席纳多（Marie-Jose Nadeau，曾任加拿大电力协会主席）。

【总部】英国伦敦。

【网址】http://www.worldenergy.org/。

【成员】94个。

【组织机构】世界能源理事会每3年召开一次大会。最高权力机构为执行理事会。

世界能源理事会由3个组织构成。（1）世界能源理事会：系根据英格兰和威尔士法律成立的一个公益事业机构。（2）世界能源理事会服务有限公司：是为执行理事会下设的官员委员会、财政委员会、信息委员会、规划委员会、研究委员会和秘书处处理日常事务的办事机构。（3）世界能源理事会基金会：成立于1990年，旨在接收并管理来自个人、组织和全球能源公司的财政捐款。

【资金来源】成员会费、企业捐款等。

【出版物】《世界能源理事会年度报告》及与能源相关的专题研究报告等。

【主要活动】世界能源理事会的工作涵盖全部能源领域，包括煤、电、石油、天然气、核能、水能和可再生能源等，重点放在市场重组、能源效率、能源与环境、能源资金系统、能源价格和补贴、解决贫困地区的用能、建立能源标准、推广新技术应用以及就发展中国家、经济转型国家和发达国家的能源问题发表专题研究报告，为成员、能源产业和大众提供广泛的服务，以其权威的报告、研究、案例分析、中长期能源项目和政策及战略建议而著称。

【同中国的关系】中国于1983年加入世界能源理事会，并于同年成立了由16个有关部委和公司组成的中国国家委员会。中国台湾地区和香港地区也是该组织的成员。中国国家委员会作为理事会成员参加每年的执行理事会会议。（何林林）

亚太经济合作组织
Asia Pacific Economic Cooperation—APEC

【成立日期】1989年11月5—7日，澳大利亚、美国、日本、韩国、新西兰、加拿大及当时的东盟6国（印度尼西亚、泰国、菲律宾、马来西亚、新加坡、文莱）在澳大利亚首都堪培拉举行亚太经济合作组织（APEC）首届部长级会议，标志APEC正式成立。

【宗旨】1991年11月汉城APEC第3届部长级会议通过了《汉城宣言》，正式确定该组织的宗旨和目标为“为本地区人民的共同利益保持经济增长与发展；促进成员间经济依存；加强开放的多边贸易体制；减少区域贸易和投资壁垒”。

【成员】21个：澳大利亚、文莱、加拿大、智利、中国、中国香港、印度尼西亚、日本、韩国、墨西哥、马来西亚、新西兰、巴布亚新几内亚、秘鲁、菲律宾、俄罗斯、新加坡、中国台北、泰国、美国和越南。

【合作原则和方式】APEC采取自主自愿、协商一致的合作原则，所作决定必须经各成员一致同意。

【秘书处】APEC的服务性执行机构，负责行政、财务、信息收集、出版和工作组会议协调等事务性工作，设在新加坡。秘书处的最高职务为执行主任，2010年之前由APEC当年东道主指派，任期1年。

2010年起通过公开招聘方式任命，任期3年。现执行主任为艾伦·博拉德（Alan Bollard，新西兰籍，前新西兰储备银行即央行行长），2013年1月1日上任。

【网址】http://www.apec.org。

【出版物】每年出版《APEC经济政策报告》《经济技术合作报告》以及《贸易投资委员会年度报告》等。APEC秘书处还不定期出版一些电子刊物。

【组织机构】（1）领导人非正式会议：1993年11月，首次APEC领导人非正式会议在美国西雅图召开，之后每年召开1次。自1993年以来共举行了23次，分别在美国西雅图、印尼茂物、日本大阪、菲律宾苏比克、加拿大温哥华、马来西亚吉隆坡、新西兰奥克兰、文莱斯里巴加湾、中国上海、墨西哥洛斯卡沃斯、泰国曼谷、智利圣地亚哥、韩国釜山、越南河内、澳大利亚悉尼、秘鲁利马、新加坡、日本横滨、美国夏威夷、俄罗斯符拉迪沃斯托克、印尼巴厘岛、中国北京和菲律宾马尼拉举行。（2）部长级会议：包括各成员外交（中国台北、中国香港除外）、贸易双部长会议以及专业部长会议。双部长会议每年在领导人会议前举行1次。专业部长会议定期或不定期举行，包括贸易、财政、中小企业、能源、海洋、矿业、电信、旅游、教育、环境和可持续、粮食安全、林业、卫生、人力资源、地区经济技术合作、结构改革、科技、运输、妇女与经济等部长级会议机制。（3）高官会：每年举行4至5次会议，由各成员指定的高官（一般为副部级或司局级官员）组成，负责执行领导人和部长会议的决定，审议各委员会、工作组和秘书处的活动，筹备部长级会议、领导人非正式会议及协调实施会议后续行动等事宜。（4）委员会和工作组：高官会下设4个委员会，即贸易和投资委员会（CTI）、经济委员会（EC）、经济技术合作高官指导委员会（SCE）和预算管理委员会（BMC）。CTI负责贸易和投资自由化方面的工作，下设10余个工作机制，包括汽车对话、商务人员流动小组、化工对话、电子商务指导小组、服务工作组、知识产权专家组、投资专家组、生命科学创新论坛、市场准入工作组、海关程序分委会、标准一致化分委会，以及关于亚太自贸区、全球价值链、环境产品、下一代贸易等领域的主席之友小组。EC负责研究本地区经济发展趋势等问题并协调经济结构改革工作，下设竞争政策与法律工作组以及若干主席之友小组。SCE负责指导和协调经济技术合作，下设20个左右的工作机制，涉及领域包括矿业、农业技术合作、反腐败、反恐、防灾减灾、能源、卫生、人力资源开发、打击非法采伐及相关贸易、海洋和渔业、科技与创新政策、妇女与经济政策、中小企业、电信、旅游、运输、残疾人等。BMC负责预算和行政管理等问题，无下设工作组。此外，高官会还设有粮食安全政策伙伴关系、互联网经济临时指导组、互联互通、城镇化主席之友小组等直属工作机制。

为加强与工商界的联系，自1995年起成立了APEC工商咨询理事会（ABAC），由每个成员推荐3名著名工商界人士（共63名）组成，每个成员另各有3名ABAC候补代表，负责对APEC贸易投资自由化、经济技术合作及创造有利的商业环境提出建议，并向领导人会议提交咨询报告。

【主要活动】APEC在推动区域和全球范围的贸易投资自由化和便利化、开展经济技术合作等方面不断取得进展，为加速区域经济融合、促进亚太地区经济发展和共同繁荣做出了重要贡献。

2014年11月10—11日，中国在北京成功主办APEC第22次领导人会议。会议围绕“共建面向未来的亚太伙伴关系”主题，达成广泛共识，取得丰硕成果，发表《北京纲领：构建融合、创新、互联的亚太——APEC领导人宣言》和《APEC成立25周年声明》。会议决定启动亚太自贸区进程，批准亚太自贸区路线图，经济创新发展、改革与增长共识，互联互通蓝图等重要文件。各方决心本着互信、包容、合作、共赢的精神，共建面向未来的亚太伙伴关系，打造发展创新、增长联动、利益融合的开放型亚太经济格局，实现共同发展、繁荣和进步的亚太梦。

APEC第23次领导人非正式会议于2015年11月18—19日在菲律宾马尼拉举行，重点讨论了区域经济一体化、中小企业、人力资源开发、可持续增长等议题，发表了《领导人宣言——打造包容性经济，建设更美好世界：亚太大家庭愿景》并通过《APEC加强高质量增长战略》和《APEC服务业合作框架》。

【同中国的关系】中国自1991年加入APEC以来，一直积极支持、参与各领域合作。1993—2015年，中国国家主席出席了历次APEC领导人非正式会议，就全球及地区形势、亚太区域合作、APEC未来发展等一系列重大问题阐述看法和主张，为历次会议取得成功发挥了积极和建设性的作用。

2015年11月18—19日，国家主席习近平出席了在菲律宾马尼拉举行的APEC第23次领导人非正式会议，并发表题为《深化伙伴关系，共促亚太繁荣》的重要讲话，阐述了中国对当前亚太合作重大议题的看法和主张，介绍了中国发展的新理念、新举措。习主席还出席了APEC工商领导人峰会和领导人与工商咨询理事会代表对话会，发表了题为《发挥亚太引领作用，应对世界经济挑战》的重要演讲。

会议期间，习主席还会见了马来西亚总理纳吉布，新西兰总理约翰·基和哥伦比亚总统桑托斯，同其他与会经济体领导人和代表广泛接触，就双边和亚太合作等问题深入交换意见。　（桂丹）

石油输出国组织

Organization of the Petroleum Exporting Countries—OPEC

【成立日期】1960年9月10—14日，5个产油国的代表在巴格达开会，宣告成立石油输出国组织，简称“欧佩克”。它是1个政府间国际组织。

【宗旨】协调和统一成员国的石油政策，并确定以最适宜的手段来维护它们各自和共同的利益。

【成员】12个（2013年底）：科威特、沙特阿拉伯、委内瑞拉、伊拉克、伊朗（以上为创始成员）、卡塔尔（1961年加入）、利比亚（1962年）、阿拉伯联合酋长国（1967年）、阿尔及利亚（1969年）、尼日利亚（1971年）、安哥拉（2007年1月）、厄瓜多尔（1973—1992年，2007年11月重新加入）。加蓬（1975—1994年）、印度尼西亚（1962—2008年）曾是该组织成员。

根据欧佩克资料，截至2012年年末，该组织成员石油总储量为1.2万亿桶（约占世界石油储量的81%），非欧佩克成员石油总储量为2770亿桶（约占世界石油储量的19%）。

【主要负责人】2012年轮值主席阿卜杜勒–卡里姆·鲁阿比·巴希德（Abdul-Kareem Luaibi Bahidh，伊拉克石油部长）。2013年轮值主席穆斯塔法·贾西姆·什迈里（Mustafa Jassim Mohammad Al-Shamali，科威特副首相兼石油大臣）。2015年轮值主席艾利森迈杜克（Diezani Allison-Madueke，尼日利亚石油部长）。秘书长巴德里（Abdallasalem El-Badri，利比亚人），2007年1月1日任职，任期3年。2009年3月，该组织决定巴德里连任秘书长（自2010年1月1日起）。

【总部】奥地利维也纳。

【网址】http://www.opec.org/。

【出版物】《石油输出国组织公报》(*OPEC Bulletin*)，月刊;《石油输出国组织评论》(*OPEC Review*)，季刊;《年度报告》(*Annual Report*);《统计年报》(*Annual Statistical Bulletin, ASB*)等。

【组织机构】(1)大会（conference）：最高权力机构。各成员国向大会派出以石油、矿产和能源部长（大臣）为首的代表团。大会奉行全体成员国一致原则，一般每年春秋季在维也纳召开会议（必要时可召开特别会议），以制定总政策，通过理事会提交的报告和建议，批准成员国委任的理事和选举理事会主席。(2)理事会（Board of Governors，BoG）：负责执行大会决议和指导该组织的管理。由各成员国派1名代表组成，任期2年，每年至少开会2次。(3)秘书处（Secretariat）：在理事会指导下承担执行职能。秘书长是该组织依法授权的代表，任期3年。秘书处内还设一专门机构——经济委员会（Economic Commission Board），协助该组织把国际石油价格稳定在公平合理的水平上。

欧佩克国际发展基金（the OPEC Fund for International Development，OFID）是欧佩克于1976年发起成立的国际开发金融机构，通过向其他发展中国家的社会经济发展项目提供开发援助贷款，促进欧佩克成员国与受援国之间的合作。

【主要活动】欧佩克自成立以来，各成员国主要通过协调各自的石油政策，尤其是协调各自的石油生产配额来维护它们的共同利益。但是，近年来，影响国际油价的因素日趋复杂，不再是简单的供求关系，欧佩克左右国际油价的能力实际上已大为降低，加上其对成员国石油生产限额执行情况缺乏足够有力的监督，其国际影响力逐渐有所减弱。为了更全面地反映欧佩克成员的油价，欧佩克采用的欧佩克原油参考一揽子[the new OPEC Reference Basket of crudes（ORB），下称“欧佩克油价”]由12种市场监督原油组成，截至2010年底，欧佩克油价组成的原油包括：撒哈纳原油（Saharan Blend，阿尔及利亚）、吉拉索原油（Girassol，安哥拉，2007年1月起）、Oriente原油（厄瓜多尔，2007年10月19日起）、伊朗重质原油（Iran Heavy）、巴士拉轻质原油（Basra Light，伊拉克）、科威特出口原油（Kuwait Export）、锡德尔原油（Es Sider，利比亚）、博尼轻质原油（Bonny Light，尼日利亚）、卡塔尔海上原油（Qatar Marine）、阿拉伯轻质原油（Arab Light，沙特）、穆尔班原油（Murban，阿联酋）、马瑞原油（Merey，委内瑞拉）。

2011年12月14日，欧佩克第160次部长级会议在维也纳举行，成员国同意将产量目标定为3000万桶/天（后此产量目标维持两年未变）。

2012年，国际石油市场宽松的供需基本面不支撑油价走高，但地缘政治和市场投机局部炒高油价，导致国际油价总体呈一涨、二跌、三反弹、四回落的起伏走势，布伦特原油年均价略高于2011年，达到111.58美元/桶，再创历史新高。欧佩克油价也达到历史新高，为109.45美元/桶。

2012年6月14日，欧佩克第161次部长级会议在维也纳举行，会议同意维持每天3000万桶的原油产量不变，但对成员国普遍关注的油价下跌问题，会议却未能出台任何举措。12月12日，欧佩克第162次部长级会议在维也纳举行，会议认为2013年世界经济仍充满不确定性，欧佩克将继续努力保持石油市场的稳定，2013年将继续维持日产3000万桶原油的产量不变。

根据国际能源机构（IEA）数据显示，2012年欧佩克（伊朗除外）石油出口收入达到9820亿美元，是38年最高值。而其中沙特占到32%，为3110亿美元。该机构预计，2013年和2014年，欧佩克石油出口收入将下降。

2012年6月28日，欧佩克与欧盟在布鲁塞尔举行了第9次部长级能源对话。2013年11月11日，双方在维也纳举行了第10次部长级能源对话。

2012年10月4日，国际能源机构、国际能源论坛（IEF）与欧佩克在巴黎首次就天然气和煤炭市场展望举行联合专题讨论会。

2013年的市场环境与2012年较为相似，世界石油市场供需宽松局势仍持续，发达国家货币宽松政策仍延续，地缘政治因素仍扰动国际市场，国际油价呈现两轮升一降走势。全年均价布伦特油价小幅回落。宽松的供需基本面不支撑油价走高，但非基本面因素仍支撑油价高位震荡，布伦特油价在100—120美元/桶之间波动。2013年欧佩克原油价格（105.87美元）较2012年下跌了3%。此前，欧佩克原油价格连续3年上涨。2013年欧佩克原油价格出现下跌，与市场的大体趋势是一致的。

2013年5月31日，欧佩克第163次部长级会议在维也纳举行，会议决定继续维持日产3000万桶原油的产额。欧佩克在会后发表的新闻公报中说，2013年全球经济增长率将由2012年时的3%提高到3.2%，但增长动力几乎全部来自非经济合作与发展组织地区。总体来说，世界经济仍有下行风险，尤其是经合组织国家经济增长前景不明。12月4日，欧佩克第164次部长级会议在维也纳举行，会议决定继续维持3000万桶原油日产量限额不变。

2014年，欧佩克成员国面临更大的价格压力：石油需求依旧疲软，欧佩克以外国家的石油产量在上升。欧佩克预计，2013年日均需求下降了50万—2990万桶，而2014年日均需求可能将再降40万桶。欧佩克成员国面临这样的问题：它们是否需要减产以保证价格。

2014年11月27日欧佩克第166届部长会议在维也纳举行会议，讨论过去几个月不断下跌的油价走势和2015年石油市场前景。会议决定维持当前日采油量3000万桶水平不变。会议结果一出，油价暴跌超过6美元，跌幅逾8%。2015年12月4日，欧佩克第168届部长会议在维也纳举行，共商欧佩克未来6个月的政策方针与产能目标。在油价徘徊60年低点之机，此次会议将对今后市场油价有着重要影响。近年来，欧佩克先后同欧盟、俄罗斯、中国、国际能源机构、国际货币基金组织等建立了能源对话或工作研讨会机制。

【同中国的关系】2005年12月，欧佩克首次派团访华，"中国—欧佩克能源对话"机制宣告正式建立。2006年4月，首次中国—欧佩克能源高层圆桌会议在奥地利维也纳欧佩克秘书处召开。2007年10月24—25日，欧佩克秘书长巴德里率代表团访问中国。2007年10月24日，由中国国家发展和改革委员会与欧佩克秘书处共同主办的第2次中国—欧佩克能源高层圆桌会议在北京举行。（何林林）

阿拉伯石油输出国组织

Organization of Arab Petroleum Exporting Countries—OAPEC

【成立日期】1968年1月9日，由利比亚、沙特阿拉伯、科威特在贝鲁特成立。

【宗旨】加强和密切成员国在石油工业方面的关系与合作，维护其在石油领域的个体和整体权益，协调各成员国的行动以公平、合理的份额向消费市场供油，为石油工业吸引资金和技术创造良好环境。

【成员】11个：阿尔及利亚、巴林、埃及、伊拉克、科威特、利比亚、卡塔尔、沙特、叙利亚、阿拉伯联合酋长国、突尼斯。其中突尼斯1986年以来在自己的要求下，成员国资格一直被冻结。2014年，成员国已探明原油蕴藏量约为7035亿桶，占全球已探明原油储量的54.4%；天然气探明储量52.95万亿立方米，占全球已探明储量的26.8%。（数据来自OAPEC官网）。

【主要负责人】秘书长阿巴斯·阿里·纳吉（Abbas Ali Naqi，科威特人）。

【总部】科威特城。

【网址】www.oapecorg.org。

【出版物】《秘书长年度报告》，阿拉伯文、英文；《石油与阿拉伯合作》季刊，阿文，附英文摘要和参考书目；OAPEC月报，阿文、英文；《能源观察》季刊，阿文；《OAPEC年度统计报告》，阿文、英文。

【组织机构】（1）部长理事会（Council of Ministers）：最高权力机构，由各成员国石油部长或相应官员组成，主席由各国轮流担任，每年召开两次会议。负责制定宏观政策和管理规章，指导各项工作。（2）执行局（Executive Bureau）：由各成员国副部长组成，每年至少召开3次会议，主席由各国轮值。协助部长理事会指导该组织的活动，审议预算草案，处理有关协议的执行及其相关事务，制订部长理事会的日程安排。（3）秘书处（General Secretariat）：设秘书长一职，每3年改选，可连选连任。按理事会和执行局制定的政策处理日常事务。下设能源、经济与技术、信息与资料、财政与公共管理等部门。（4）裁决法庭（Judicial Tribunal）：由正副5名主席和5名法官组成。负责调解成员国之间或成员国与有关石油公司发生的纠纷。该法庭亦负责提供咨询，其裁决对成员国具有约束力。此外，该组织下辖阿拉伯海洋石油运输公司、阿拉伯船舶建造及维修公司、阿拉伯石油投资公司、阿拉伯石油服务公司、阿拉伯油井钻探与维修公司、阿拉伯地球物理勘探服务公司、阿拉伯石油培训学院等企业。

【对外关系】该组织已与阿盟、海湾合作委员会等地区政府间组织，欧盟、欧佩克、联合国开发计划署、联合国环境规划署、联合国贸发会议、伊斯兰发展银行等国际组织以及国际能源机构等非政府组织建立了联系，参加各种形式的讨论会，并与非阿拉伯国家的组织举办了多次讨论会。

【主要活动】协调成员国的石油经济政策，在一定程度上协调成员国行动中应遵循的法律机制，交流技术和情报，尽可能为成员国公民提供培训和就业机会，利用成员国的资源和潜力参与石油工业项目，并负责承办4年一届的"阿拉伯能源会议"。2013年12月，OAPEC第91次部长级会议在多哈举行，决定秘书长纳吉的任期延长3年。2014年12月21—23日，该组织在阿联酋阿布扎比举办第10届"阿拉伯能源会议"。

附：成员国2014年石油、天然气储量

国家	石油储量（单位：亿桶）	天然气储量（单位：亿立方米）
阿尔及利亚	122	45050
埃及	42	21860
伊拉克	1453	36940
科威特	1015	17840
利比亚	484	15320
卡塔尔	252	244000
沙特	2658	83160
阿联酋	978	60910
巴林	1	920
叙利亚	25	2850
突尼斯	4	650

（资料来源：OAPEC2015年度报告）

（门静）

亚洲开发银行

Asian Development Bank—ADB

【成立日期】亚洲开发银行章程于1966年8月22日生效，11月在东京召开首届理事会，宣告该行成立，12月19日开始营业。简称“亚行”。

【宗旨】通过向亚太区域的发展中国家（地区）提供项目贷款和技术援助，促进和加速本区域的经济合作。

【成员】亚行不是联合国下属机构，但同联合国及其区域和专门机构有密切联系。亚行章程规定，凡联合国亚太经社会成员及准成员，以及是联合国及其专门机构成员的本地区其他国家和非本地区的发达国家，均可申请加入。亚行现有成员67个。

【负责人】现任行长中尾武彦（Mr. Takehiko Nakao，日本人）。

【总部】菲律宾马尼拉。

【网址】http://www.adb.org。

【出版物】《年度报告》《亚行季评》。

【组织机构】理事会是亚行最高决策机构，由各成员派正、副理事各1名组成，每年召开1次会议。董事会是亚行执行机构，由理事会选出的12名董事组成，其中8名为亚太区域代表，4名为其他区域代表。除日本、美国和中国董事外，其他董事均代表几个国家和地区。董事任期两年，常驻亚行总部，可连任。董事会根据理事会的授权负责业务的总政策方向和日常业务。作为董事会主席负责主持董事会，管理亚行的日常工作。亚行设行长1名，行长是该行的合法代表，由理事会选举产生，任期5年，可连任。行长在董事会内无表决权，但在董事会表决正反双方票数相等时，行长拥有决定性的一票表决权。目前亚行历任行长均由日本人担任。

【股本和资金来源】主要是各成员的认股，其次是向世界资本市场借款和发行债券。亚行各成员的认股额根据按人口数调整后的国内生产总值、税收和出口值等数据加权计算的公式确定。日本和美国是最大的股东，拥有的投票权也最大。

【主要活动】亚行贷款对象是亚太区域发展中成员，主要用于农业、能源、运输、通讯和供水等部门。贷款分为两种：普通贷款，主要是提供给经济状况较好的成员；优惠贷款，主要对象是较贫困的低收入成员，来源主要是由发达国家捐款构成的亚洲开发基金。此外，亚行还通过技术援助特别基金向较贫穷的成员提供技术援助。

2015年5月4—5日，亚洲开发银行理事会第48届年会在阿塞拜疆首都巴库举行。财政部部长楼继伟率中国代表团出席会议。会议主要就亚太地区经济形势、亚洲国家经济转型、应对大宗商品价格波动、深化亚行与中等收入国家合作及增强亚行机构能力等议题进行了讨论。

【同中国的关系】亚行成立之初，台湾当局占据了中国席位。1983年2月，中国政府要求亚行采取措施，妥善解决中国在亚行的代表权问题。1985年3月，中国政府再次向亚行重申中华人民共和国政府是代表中国的唯一合法政府，只有中华人民共和国才能在亚行代表中国，并要求亚行在此前提下解决台湾当局在亚行的名称问题。1985年11月26日，亚行董事会就台湾当局在亚行改称为“中国台北”通过决定。1986年3月10日，中国成为亚行第47个成员。其后中国代表团参加了该组织的历届年会。2003年7月10日，中国前财政部副部长金立群被任命为亚行副行长，成为亚行历史上第一位中国籍副行长。2008年8月14日，亚行董事会任命时任中国进出口银行副行长赵晓宇为亚行副行长，接替于同年7月31日任满回国的金立群。

中国于1986年3月10日加入亚行，拥有6.44%的份额和5.45%的投票权。截至2012年年底，亚行共批准对华贷款资金近277.9亿美元。中国是亚行第二大借款国。

2014年1月9日，环境保护部与亚洲开发银行行长在北京共同签署了《中华人民共和国环境保护部与亚洲开发银行谅解备忘录》。双方确认将加强在大气、水、土壤、生态系统管理、环境治理和能力建设、区域环境合作以及环境管理实践与创新研究和经验分享等7个领域的合作。

【驻华代表机构】该组织于2000年在北京设立代表处。现任代表哈米德·谢里夫（Mr. Hamid L. Sharif）。办公室：北京市朝阳区建国门外大街1号国贸17层。电话：010-85730909；传真：85730808。

（文栋）

环印度洋地区合作联盟

The Indian Ocean Rim Association for Regional Cooperation—IOR—ARC

【成立日期】1997年3月5—7日，环印度洋地区14国外长聚会毛里求斯首都路易港，通过《联盟章程》和《行动计划》，宣告环印度洋地区合作联盟（以下简称"环印联盟"）正式成立。

【宗旨】遵循尊重国家主权、领土完整、政治独立、不干涉内部事务、和平共处、平等互利与协商一致等原则，不卷入双边等有争议的问题，推动区域内贸易和投资自由化，促进地区经贸往来和科技交流，扩大人力资源开发、基础设施建设等方面的合作，加强成员国在国际经济事务中的协调。

【成员】共有21个成员国、7个对话伙伴国和2个观察员。成员国：南非、印度、澳大利亚、肯尼亚、毛里求斯、塞舌尔、科摩罗、阿曼、新加坡、斯里兰卡、坦桑尼亚、马达加斯加、印度尼西亚、马来西亚、也门、莫桑比克、阿拉伯联合酋长国、伊朗、孟加拉国、泰国、索马里。对话伙伴国：中国、美国、日本、埃及、英国、法国、德国。观察员：环印度洋旅游组织和印度洋研究组。

环印联盟是环印度洋地区唯一的经济合作组织，地跨亚洲、非洲和大洋洲，拥有丰富的自然资源、巨大的人力资源、广阔的市场和便利的交通。联盟成员国面积总和2124万平方公里，占世界陆地总面积的14.17%；人口约22.11亿，占世界人口总数的30.03%；2014年，国内生产总值达70793.32亿美元，占世界国内生产总值的9.16%；贸易总额占世界贸易总额的12.27%。

【主要负责人】主席国由成员国按国名英文字母顺序轮流担任，任期2年。印度尼西亚和南非分别为主席国和副主席国（副主席国即为候任主席国）。现任主席为印度尼西亚外交部长蕾特诺·马尔苏迪（Retno Lestari Priansari Marsudi）。

【总部】秘书处（Secretariat of the IORA）：常设机构，设在毛里求斯。负责协调联盟政策的执行，处理日常行政事务。现任秘书长巴吉拉特（K.V. Bhagirath，印度人），2008年5月上任。地址：毛里求斯共和国数码城新太康大厦一座3层（3rd Floor, Tower I，NeXTeracom Building，Cybercity，Ebene，Republic of Mauritius）。电话：（230）4541717；传真：（230）4681161。电子邮箱：iorarcsec@iorarc.org。

【网址】http://www.iorarc.org。

【组织机构】（1）部长理事会（Council of Ministers—COM）：最高权力机构，由成员国外长或经济合作部长组成，负责制定联盟政策，决定合作领域和项目。联盟成立之初每2年召开1次例会，2003年起改为每年召开1次例会。可根据需要举行特别会议。（2）高官委员会（Committee of Senior Officials—CSO）：执行机构，由成员国政府官员组成，会期1年1次或视需要召开。负责监督和审查部长理事会决议执行情况，审议联盟高级别工作组、学术组、贸易和投资工作组、商业论坛提交的工作报告，确定联盟合作重点并向部长理事会提出政策建议，有关建议连同上述机构报告一并提交部长理事会审批。（3）环印度洋商业论坛（Indian Ocean Rim Business Forum—IORBF）：由成员国政府官员和工商界人士组成，每年举行1次会议。负责就促进联盟成员国在贸易、投资、金融和旅游等方面合作、减少贸易壁垒、加强科技交流和人力资源开发等问题提出政策建议，并实施联盟合作项目和工作计划。（4）环印度洋学术组（Indian Ocean Rim Academic Group—IORAG）：由成员国学术界人士组成，每年举行1次会议。负责开展联盟学术合作和信息交流。（5）贸易和投资工作组（Working Group on Trade and Investment—WGTI）：由成员国技术官员组成，会期每年1次或视需要召开。负责协调和拟订联盟合作项目和工作计划。（6）高级别工作组（High Level Task Force—HLTF）：以联盟前任、现任和候任主席国政府主管官员为主体组成。负责就联盟发展方向、内部组织建设和推动对话伙伴国参与联盟活动等问题进行研究并提出政策建议。

【主要活动】截至2015年10月，已举行15届部长理事会会议。

2007年3月7—8日，环印联盟第7届部长理事会在伊朗首都德黑兰举行。会议决定将伊朗主席国任期延长1年，成立联盟特别基金用于联盟开展合作项目，伊朗、阿曼和印度自愿认捐。7月，环印联盟秘书处在毛里求斯举行与对话伙伴国使节会议。2008年5月4—5日，环印联盟第8届部长理事会会议在伊朗首都德黑兰举行。会议审议并通过了联盟2007年财政决算和2009年财政预算报告、联盟特别基金管理委员会关于各项目拨款计划、联盟未来3—4年行动计划以及联盟商务峰会进展情况的报告；通过了《德黑兰宣言》，其中包括关于修改联盟宪章、实行机构改革、加强各领域合作等内容。同年10月，成立环印度洋合作联盟技术转移中心，总部设在伊朗德黑兰，旨在推动成员国间的技术转移，促进科研成果商业化和标准化。迄今，该中心顾问委员会已举行4次会议商讨其《章程草案》。2009年6月25日，环印联盟第9届部长理事会会议在也门首都萨那举行。会议审议了联盟秘书处和特别基金委员会财务报告。通过了《萨那公报》，鼓励成员国加强各领域交流与合作；批准修改联盟章程；同意建立审查委员会对提交联盟商业论坛的项目进行优先排序和审查；支持在也门建立打击海盗地区信息共享中心；支持阿联酋竞争国际可再生能源机构总部设立权。

2010年8月5日，环印联盟第10届部长理事会会议在也门首都萨那举行。会议强调要加强机制建设，由部长理事会现任、候任及前任主席组成“三驾马车”主持常务，由成员国常驻南非使节组成“使团工作组”定期开会协调检查后续工作。会议发表《萨那公报》，呼吁各成员国和对话伙伴国重点支持渔业中心、海运理事会和区域科技转让中心3个合作项目。

2011年11月15日，环印联盟第11届部长理事会会议在印度班加罗尔举行。会议同意接收2003年退出联盟的塞舌尔重新加入，通过了区域科技转让中心谅解备忘录和章程草案，联盟秘书处并与阿曼政府签署了渔业中心总部协议。会议发表《班加罗尔公报》，并提出将工作重点放在海事安全、贸易和投资便利、渔业管理、减低灾害风险、学术和科技合作以及促进旅游业和文化交流等6大领域。

2012年11月2日，环印联盟第12届部长理事会会议在印度古尔冈举行。会议同意接收科摩罗成为联盟第20个成员国，并通过了美国要求成为联盟对话伙伴国的申请，宣布澳大利亚将在下届部长理事会会议接任联盟主席国，印度尼西亚将接任副主席国。会议发表《古尔冈公报》，提出加强区域内渔业资源保护与开发，密切减灾合作，开展区内优惠贸易安排及实施统一关税的可行性研究和加强区内互联互通建设的举措，并决定于2013年召开印度洋航运安全会议，并研究建立印度洋航运安全信息交换和海上形势监控机制。

2013年11月1日，环印联盟第13届部长理事会会议在澳大利亚珀斯举行。会议通过了《珀斯公报》和《环印联盟关于和平、生产性和可持续性利用印度洋及其资源的原则》(又称《珀斯原则》)。

2014年10月9日，环印联盟第14届部长理事会会议在澳大利亚珀斯举行。联盟成员国就区域贸易与投资便利化、蓝色经济等议题进行了深入讨论。会议通过了《珀斯共识》。

2015年10月23日，环印联盟第15届部长理事会会议在印度尼西亚巴东举行。会议正式接纳索马里为新成员国，德国为新对话伙伴国，并通过了《巴东公报》和《环印联盟海洋合作宣言》。

【同中国的关系】中国于2000年1月成为环印联盟对话伙伴国。2001年4月，外交部部长助理张业遂率团参加了在阿曼召开的联盟第3届部长理事会会议。此后，中国驻斯里兰卡大使孙国祥、前亚太经合组织高官王嵎生、前驻肯尼亚大使安永玉、时任驻伊朗大使刘振堂、现任驻伊朗大使解晓岩、驻也门大使罗小光、外交部大使舒展、外交部参赞杜小丛、外交部非洲司司长卢沙野等分别出席了此后历届部长理事会会议。2014和2015年，外交部副部长张明率团出席环印联盟第14届、第15届部长理事会会议。

2014年，中国与环印联盟各成员国贸易额为7464亿美元，占中国对外贸易总额中的17.33%。

目前，我国与环印联盟多个成员国已建成或正在商谈自贸区。2010年1月，我国与东盟（含新加坡、印度尼西亚、马来西亚、泰国）建成自贸区；2015年6月，与澳大利亚签署中澳自贸协定，与斯里兰卡已进行两轮自贸区谈判，与南部非洲关税同盟（含南非）已启动谈判。（史天奇）

非洲开发银行

African Development Bank—AFDB

【成立日期】非洲开发银行（简称“非行”）成立于1964年11月。1966年7月1日开始营业。

【宗旨】通过提供投资和贷款，促进成员国经济发展和社会进步；帮助成员国研究、制定、协调和执行经济发展计划；优先向有利于地区经济合作和扩大成员国间贸易的项目提供资金和技术援助，促进非洲经济一体化。

【成员】共有80个成员国，分为非洲区内成员国和非洲区外成员国。区内成员国包括54个非洲独立国家。区外成员国共有26个。按份额，前10大成员国依次为尼日利亚、美国、日本、埃及、南非、德国、阿尔及利亚、利比亚、加拿大、法国。

【主要负责人】行长兼董事长阿金乌米·阿尤德吉·阿德希纳（Akinwumi A. Adesina，尼日利亚人），2015年7月当选。

【总部】总部原设在科特迪瓦首都阿比让，因科2002年政局动荡，非行于当年临时搬迁到突尼斯首都突尼斯市办公。2014年8月，总部回迁至科特迪瓦。非行工作语言为英语和法语。

【网址】http://www.afdb.org/。

【出版物】《年报》（*Annual Report*）；《千年发展目标报告》（*MDGs Report*）；《非洲发展报告》（*African Development Report*）；《非洲经济展望》（*African Economy Outlook*）；《非洲竞争力报告》（*African Competitiveness Report*）；《非洲石油与天然气》（*Oil and Gas in Africa*）；《非洲开发银行统计手册》（*AfDB Statistics Pocketbook*）等。

【组织机构】（1）理事会：最高权力机构，负责制定银行的工作方针和政策，就重大事宜做出决策，处理日常业务。由各成员国1名理事组成，一般为成员国的财政、经济部长或央行行长，通常每年举行1次会议，必要时可举行特别理事会。非行行长和秘书长由理事会选举产生。（2）董事会：由理事会选举产生，是银行的执行机构，负责制定非行各项业务政策。共有20名执行董事，其中非洲以外国家占7名，任期3年，一般每月举行两次会议。

【银行资本】非行资金来源包括成员国认缴股本、在国际市场举债集资、非行的储备净收入滚存。其中，非洲国家资本60%。截至2014年年底，非行核定资本金约为1005亿美元。

【主要活动】非行与其附属的非洲开发基金（African Development Fund—ADF，非发基金）、尼日利亚信托基金（Nigeria Trust Fund—NTF）共同组成非洲开发银行集团（African Development Bank Group—ADB Group）。非行行长兼任非洲开发银行集团董事长。

非行是非洲最大的地区性政府间开发金融机构。非行贷款的对象是非洲地区成员国，主要用于农业、运输、通信、供水和公共事业等领域项目开发。非行还同非洲其他金融机构及非洲以外有关机构开展金融合作，并在一些地区性金融机构中参股。

2015年5月28—29日，非行第50届年会在科特迪瓦经济首都阿比让召开，来自各成员国政府、相关国际组织、金融机构和企业、媒体近4500多名代表参加会议。会议以"非洲与全球新愿景"为主题，讨论如何为非洲的经济发展筹集更多资金支持等。会议并选举尼日利亚农业与农村发展部长阿德希纳为新一届非行行长兼董事长。

【同中国的关系】中国于1985年5月8日和10日先后加入非发基金和非行（注：加入非发基金是加入非行的先决条件）。中国积极参与非行业务活动和决策，并参加了非洲开发基金第4—13次捐资。目前，中国持有非行股份1.147%。

1996年，中国与非行签订双边技术合作协定，由中国出资设立一项基金，用于资助中国专家向非洲介绍中国的优势项目和技术，并提供咨询。截至2014年6月底，在该协定项下共开展项目20个。

中国积极参加非发基金落实多边减债动议的捐资行动，向非行递交了2006—2007年和2008—2015年的认捐书。

2007年5月16—17日，非行第42届年会在上海举行，中国人民银行行长周小川担任本届理事会主席，中国国务院总理温家宝出席开幕式并致辞。

为帮助中国企业更多了解非洲商机，探讨加强与非行合作，中国积极推动非行来华举办研讨会，目前已举办7届商业机会研讨会，使国内企业对非行的业务、招标采购程序、相关法律法规等有了较为全面深入的了解，有助于其更加积极地参与非行项目。

2010年2月3—6日，非行行长唐纳德·卡贝鲁卡（Donald Kaberuka）访华。中国国务院副总理王岐山会见卡一行。周小川行长与卡举行会谈。

2014年5月22—23日，中国人民银行行长周小川率团出席非行年会，与非行行长卡贝鲁卡签署了20亿美元的"非洲共同增长基金"联合融资合作协议。基金将在未来10年向非行发展项目提供联合融资，以支持非洲基础设施及工业化建设。

2015年6月，卡贝鲁卡行长访华。周小川行长与卡举行会谈。外交部副部长张明与卡会见。10月，非行副行长让维耶·利泽（Janvier Litse）来华出席2015减贫与发展高层论坛。（陈旻晖）

西非国家经济共同体

Economic Community of West African States—ECOWAS

【成立日期】1975年5月28日正式成立，简称"西共体"。成员国总面积511万平方公里，占非洲总面积的1/6多；人口近3亿，占非洲总人口近1/3。

【宗旨】促进成员国在政治、经济、社会和文化等方面的发展与合作，提高人民生活水平，加强相互关系，为非洲的进步与发展做出贡献。

【成员】15个：贝宁、布基纳法索、多哥、佛得角、冈比亚、几内亚、几内亚比绍、加纳、科特迪瓦、利比里亚、马里、尼日尔、尼日利亚、塞拉利昂、塞内加尔。

【**主要负责人**】现任首脑会议执行主席塞内加尔总统马基·萨勒（Macky Sall）（任期至2016年5月），委员会主席卡德尔·德西雷·韦德拉奥果（Kadré Désiré ouédraogo）（任期至2016年3月）。

【**总部**】委员会设在尼日利亚首都阿布贾。

【**网址**】http://www.ecowas.int/。

【**组织机构**】（1）首脑会议：最高权力机构，由成员国国家元首和政府首脑组成，原则上每年至少召开1次例会。首脑会议设执行主席1名，由首脑会议选举产生，任期1年。（2）部长理事会：由各成员国外交部长和另1位部长组成，每年至少举行两次会议，负责监督西共体机构运转情况，审查并通过委员会和专门委员会的建议。下设8个技术和专门委员会，负责为部长理事会准备工作报告，监督条约执行等。首脑会议可根据需要对委员会数目和职责做出调整。（3）委员会：常设执行机构。由主席、副主席和13名委员组成，负责西共体日常事务，设在尼日利亚首都阿布贾。（4）西共体议会：2000年成立，总部设在阿布贾，职责包括就政策制定、条约修改等问题接受咨询，听取西共体委员会主席工作报告等。2011年8月第3届议会成立，共115个议席，其中75席按平均原则分配，剩余席位按成员国人口比例分配。议员从各国议会成员中推选产生，任期4年。（5）西共体法院：最高司法机构。2000年成立，位于阿布贾。由7名大法官组成，法官由西共体下设的司法委员会提名，首脑会议任命，任期4年。主要负责处理与西共体相关的法律解释、争议、诉讼等。（6）西共体投资和开发银行：2003年成立，总部位于多哥首都洛美。主要职能是制定区域投资政策，向西共体和非洲发展新伙伴计划项目提供资金。采用控股公司形式，总资本7.5亿美元，其中2/3资金由成员国按比例分摊，其余部分向非成员国和国际金融机构招股。下设西共体地区投资银行和西共体地区发展基金，主要向公共和私营部门发放贷款。

【**主要活动**】截至2016年1月，西共体已举行48届首脑会议。2011年3月23日，西共体在阿布贾举行第39届首脑会议。会议讨论了科特迪瓦局势，要求联合国尽快授权西共体武力解决科问题；决定恢复几内亚、尼日尔成员国资格，取消对两国的一切制裁；将尼日利亚总统乔纳森的轮值主席职务任期延至2011年12月31日；吸收乍得为西共体观察员。8月，西共体在阿布贾举行第3届议会成立大会。会议选举尼副参议长埃奎莱马杜为议长。2012年2月16日，西共体在阿布贾举行第40届首脑会议。会议任命布基纳法索前总理韦德拉奥果接任西共体委员会主席，选举科特迪瓦总统瓦塔拉接替尼日利亚总统乔纳森任西共体轮值主席。会议重申将致力于推动地区一体化进程，并就地区形势、民主等问题进行了讨论。2012年6月28日，西共体在科特迪瓦召开第41届首脑会议。会议强调成员国应加强预算和财政政策的协调，加快建立共同关税、共同工业政策以及共同体投资规定，深化地区经济一体化进程。会议审议了西共体委员会主席的2012年中期工作报告、部长理事会主席报告，并就马里、几内亚比绍局势进行了讨论。2013年2月27—28日，西共体在科特迪瓦召开第42届首脑会议。会议主要就地区经济建设和安全形势进行了讨论，特别是就马里、几内亚比绍的安全和政治局势进行磋商和协调并寻求解决方案。会议一致同意科特迪瓦总统瓦塔拉连任西共体执行主席。2013年7月17—18日，西共体在尼日利亚首都阿布贾召开第43届首脑会议。会议讨论了地区经济一体化和基础设施建设等具体经济部门发展问题，并讨论了马里、几内亚比绍局势和其他安全问题。2014年3月28—29日，西共体在科特迪瓦政治首都亚穆苏克罗召开第44届首脑会议。会议通过了西共体委员会主席工作报告，原则核准西共体和欧盟经济伙伴关系协定，推举加纳总统马哈马为下届轮值主席。2014年7月10—11日，西共体在加纳首都阿克拉召开第45届首脑会议。会议重申将于2015年1月1日起实施西共体共同对外关税（CET），并力争于2020年达成货币联盟。会议决定设立抗击埃博拉共同基金，帮助有关国家控制埃博拉疫情。会议还讨论了尼日利亚、马里、几内亚比绍局势等问题。

2014年12月15—16日，西共体在尼日利亚首都阿布贾召开第46届首脑会议。与会首脑重申将协调应对埃博拉疫情；重申坚决应对各种安全威胁，尤其是恐怖主义、海盗、非法走私等。会议期间，各成员国签订旨在加强西共体议会权力的《补充法案》，还讨论了西共体机构改革及马里、布基纳法索、几内亚比绍局势等问题。

2015年5月19日，西共体在加纳首都阿克拉召开第47届首脑会议。会议重申加快地区经济一体化进程的决心，呼吁国际社会为该地区打击恐怖主义行动提供支持，推举塞内加尔总统萨勒为新任轮值主席。

2015年12月16—17日，西共体在尼日利亚首都阿布贾召开第48届首脑会议暨成立40周年庆祝大会。会议审议通过了《西共体委员会主席2015年年度报告》，等文件，讨论了西共体机构改革和人事调整、地区和平与安全事务等议题。

【**同中国的关系**】除布基纳法索和冈比亚外，中国与西共体其他13个成员国均保持着良好合作关系，自20世纪90年代以来，中国先后参与联合国在利比里亚、塞拉利昂和科特迪瓦的维和行动。自2003年起，中国向西共体派驻大使（由驻尼日利亚大使兼任）。2000年以来，西共体先后作为观察员列席中非合作论坛历届部长级会议和论坛北京峰会有关活动。2007年，西共体委员会主席钱巴斯率团访华。2008年，中国—西共体经贸论坛在北京召开。2009年，钱巴斯率团出席在武汉举行的“中国—非洲现代农业项目洽谈会”。2010年，中国商务部代表团赴尼出席由西共体和世界贸易组织共同举办的“促贸援助”西非地区审议会议，中国派员出席在塞内加尔召开的“西共体粮食安全问题高级别会议”。2011年，西共体委员会主席贝霍应中国贸促会邀请率经贸代表团访华。2012年3月，中国—西共体第2届经贸论坛在加纳首都阿克拉举行，中国国际贸易促进委员会副会长于平率团与会。7月，西共体委员会副主席麦金托什率团来华出席中非合作论坛第五届部长级会议和中非企业家大会。同月，湖北省举办中国—非洲（西共体）经贸合作洽谈会。10月，中国商务部副部长李金早率中国政府经贸代表团赴尼日利亚访问西共体总部。2014年6月，外交部非洲司司长卢沙野在阿布贾同西共体委员会副主席麦金托什举行磋商。2015年11月，中国—西共体首届经贸联委会在北京召开，中国商务部副部长钱克明同西共体委员会主席韦德拉奥果共同主持会议。2014年，中国与西共体国家贸易总额为397亿美元，其中我出口72亿美元，进口325亿美元。（王玉泽）

西非经济货币联盟

Union Economique et Monétaire Ouest-Africaine—UEMOA

【成立日期】1994年1月10日成立，其前身是“西非货币联盟”。《西非经济货币联盟条约》于同年8月1日起正式生效。

【宗旨】促进成员国间人员、物资和资金流通，最终建立西非共同体。

【成员国】8个：贝宁、布基纳法索、科特迪瓦、马里、尼日尔、塞内加尔、多哥和几内亚比绍。

【主要负责人】执行主席（2015年）贝宁总统博尼·亚伊（Boni Yayi）。联盟委员会主席谢赫·哈吉布·苏马雷（Cheikh Hadjibou Soumare，塞内加尔人）。

【总部】布基纳法索首都瓦加杜古。

【网址】http://www.uemoa.int。

【组织机构】（1）国家元首和政府首脑会议：最高权力机构，每年至少召开1次会议，执行主席由成员国国家元首轮流担任。（2）部长会议：各成员国包括财长在内的2位部长参加，每年至少召开2次会议。（3）联盟委员会：联盟常设领导机构，由各成员国分别推举1名委员组成。委员不代表派出国，任期4年，不可中途罢免，可连任。（4）联盟法院：1995年1月27日正式成立，为联盟的司法监督机构，由各成员国分别推举1名成员组成，任期6年，可连任。院长达尼埃尔·洛佩斯·费雷拉（Daniel Lopes Ferreira，几内亚比绍人）。

根据联盟条约，还设立了联盟审计法院、商会等机构。

联盟下设两个银行：（1）西非国家中央银行：发行非洲金融共同体法郎（简称“非洲法郎”），总部设在塞内加尔首都达喀尔，在各成员国均设有分支机构。行长为蒂耶莫科·梅里埃·科内（Tiémoko Meyliet Kone，科特迪瓦人），于2011年8月就职。（2）西非开发银行（简称“西非行”）：系区域性政府间开发金融机构，总部设在多哥首都洛美，旨在促进联盟成员国经济平衡发展和西非经济一体化。西非行的资本金由其股东认缴，股东分为A、B两类，A类为贝宁、布基纳法索、科特迪瓦、几内亚比绍、马里、尼日尔、塞内加尔、多哥、西非国家中央银行，B类为法国、德国投资与开发有限公司（代表德国政府）、欧洲投资银行（代表欧盟）、非洲开发银行、比利时、印度进出口银行（代表印度政府）、中国人民银行（代表中国政府）。总部设在多哥首都洛美。主席为克里斯蒂安·阿多维兰德（Christian Adovelande，贝宁人），2011年1月任职。

【主要活动】截至2015年，联盟共召开了18届国家元首和政府首脑会议，分别在瓦加杜古（1996年5月，2007年1月，2008年1月，2009年3月）、洛美（1997年6月，1999年1月，1999年12月、2012年6月）、巴马科（2000年12月，2010年2月，2011年1月）、达喀尔（2001年12月，2003年1月、2013年10月）、科托努（2015年1月）和尼亚美（2004年1月，2005年3月，2006年3月）举行。

2014年3月27日，联盟例行部长会在科特迪瓦首都亚穆苏克罗召开。会议审议了成员国经济运行情况，成员国2013年国内生产总值年增长率预计达6.3%，发展成果良好。会议还就联盟内手工业、铁路、电视数字化等领域发展制定了相关指导文件及规定，并审议通过了联盟2013年度报告。

2015年1月19日，联盟第18届国家元首和政府首脑会议在达喀尔举行。会议就中非、布基纳法索、几内亚比绍、马里等热点国家局势分别表态，对多国选举顺利举行表示欢迎，支持地区民主、对话、和平与安全进程，重申谴责一切形式的恐怖主义。会议就联盟对外共同关税等共同关心的问题进行了讨论，要求联盟委员会进一步优化联盟组织结构，推进联盟内部一体化进程，并呼吁相关机构和组织调动更多资源予以支持。会议通过了联盟成员国融合、稳定、增长、互助议定书，并通过主题为“在注意公共债务质量和可持续性的同时，维持联盟内举债上限水平”的宣言。

【同中国的关系】2004年11月，中国人民银行代表中国政府同西非开发银行签署了《中国人民银行和西非开发银行谅解备忘录》，正式加入该行。2011年6

月，西非行董事会通过增资50%的决议。2011年9月，人民银行参与增资，增资后在该行所占股份比例保持不变，是B类成员中第二大股东。

2006年11月，中国人民银行与西非行签署了100万美元的双边合作基金协定，中国进出口银行与西非行签署了7000万欧元的信贷额度协定。2011年8月，国家开发银行江苏省分行在洛美与西非行签署协议，向对方提供6000万欧元低息贷款，为西非地区农业、能源、交通和基础设施等领域项目及当地私营部门的中小企业发展提供支持。

2009年2月23—27日，西非行长比奥-查内访华。6月15日，西非行第73届董事会在上海举行，这是该行董事会第1次在亚洲国家举行。16日，中国—西非行合作与发展研讨会在上海举行。中国人民银行副行长马德伦和西非行行长比奥-查内出席开幕式并致辞。西非行各成员国董事、中国有关部委、金融机构和企业代表百余人参加了研讨会。2010年11月，中国人民银行与南京财经大学为西非行部分官员共同举办了为期一周的"中小企业发展与金融支持研修班"。2013年7月，中国人民银行同西非行在南京联合举办了"商业机会研讨会"，介绍西非行的招标采购政策，帮助中国企业深入了解西非地区的商业机会。（毛晓明）

中部非洲经济与货币共同体

Communauté Economique et Monétaire de l'Afrique Centrale—CEMAC

【成立日期】 1999年6月25日正式成立，取代原中部非洲关税和经济联盟。

【宗旨】 建立日益紧密的联盟，加强成员国在人力和自然资源方面的合作；协调成员国政策法规，促进一体化进程；通过多边监测机制保证各国经济政策协调一致；消除贸易壁垒，促进共同发展。

【成员国】 6个（2008年）：赤道几内亚、刚果（布）、加蓬、喀麦隆、乍得、中非共和国。

【主要负责人】 现任执行主席为加蓬总统阿里·邦戈·翁丁巴（Ali Bongo Ondimba）。共同体委员会主席为刚果（布）人皮埃尔·穆萨（Pierre Moussa），副主席为赤道几内亚人罗莎里奥·穆巴索戈·孔·恩吉达（Rosario Mbasogo Kung Nguidag）。

【总部】 共同体委员会（前身为执行秘书处）设在中非首都班吉。地址：Immeuble CEMAC，Avenue des Martyrs，Bangui，République Centrafricaine。邮政信箱：BP 969，Bangui，République Centrafricaine。电话：（236）21614781。传真：（236）70141566。电子邮箱：secemac@cemac.cf；secemac@hotmail.com。

【网址】 www.cemac.int。

【组织机构】 共同体由4部分组成：（1）中部非洲经济联盟，负责协调成员国的经济、预算政策，以及行业发展政策，逐步建立次区域共同市场，提高经济竞争力。（2）中部非洲货币联盟，负责制定共同体的货币政策、发行货币，下设中部非洲国家银行（BEAC）、中部非洲银行委员会（COBAC）、证券交易所、中部非洲反洗钱行动小组等专业机构，均设于喀麦隆首都雅温得。（3）共同体议会，现尚未成立，暂由成员国立法机构各推选5名议员组成的议会间委员会代行其职，负责对共同体的决策机构进行民主监督，总部设于赤道几内亚首都马拉博。委员会有权审阅执行秘书提交的年度报告及要求质询部长理事会主席、部长委员会主席、共同体委员会主席及BEAC行长。（4）共同体法院，由13名法官组成，分司法和审计两院，负责共同体各决策机构预算执行情况的司法监督，设在乍得首都恩贾梅纳。

共同体机构运作方式如下：（1）首脑会议，由成员国国家元首组成，共同体的决策机构，每年举行1次例会，必要时随时召开特别首脑会议，执行主席由各国国家元首轮流担任。（2）部长理事会，中部非洲经济联盟的领导机构，由成员国主管财政和经济的部长组成，每年举行2次例会，由执行主席国有关部长任主席。（3）部长委员会，中部非洲货币联盟的领导机构，负责审查成员国的经济政策和协调共同体的货币政策，由各国负责财政的部长和另外1名有关部长组成；会议主席按成员国字母顺序由各国负责财政的部长轮流担任。（4）共同体委员会：部长理事会和部长委员会报告人，其前身为执行秘书处，委员会主席对外代表共同体。共同体还设有以下专门机构：中部非洲国家银行、中部非洲国家开发银行、海关国际学校、项目规划和评估跨行业次地区研究院、实用统计次地区研究院、畜牧和水产经济委员会等。

中部非洲国家银行是共同体的中央银行，总部设在喀麦隆首都雅温得，发行中非金融合作法郎。

【主要活动】 1994年3月16日，中部非洲关税和经济联盟6个成员国元首在乍得首都恩贾梅纳签署了建立中部非洲经济与货币共同体的条约。1998年2月5日，联盟第33次首脑会议决定正式成立中部非洲经济与货币共同体。1999年6月25日，中部非洲国家经济与货币共同体第1次首脑会议通过《马拉博宣言》和共同体章程，共同体正式启动。

迄今共同体已召开了12次峰会：1999年6月马拉博峰会、2000年2月恩贾梅纳峰会、2001年12月雅温得峰会、2003年1月利伯维尔峰会、2004年1月布拉柴维尔峰会、2005年2月利伯维尔峰会、2006年3月巴塔峰会、2007年4月恩贾梅纳峰会、2008年6月雅温得峰会、2010年1月班吉峰会、2012年1月布拉柴维尔峰会、2015年5月利伯维尔峰会。

2006年3月14—15日，共同体第7次首脑会议在赤道几内亚巴塔举行。共同体执行主席奥比昂，喀麦隆、中非、刚果（布）、加蓬、乍得总统与会。圣多美和普林西比总统和刚果（金）外长以观察员身份与会。会议通过了最后公报，肯定了2005年共同体在维护地区和平、发展区域经济方面取得的成绩，重申支持中非政府和人民在巩固和平与安全方面所做的努力，对成员国乍得国内安全局势表示担忧。呼吁加强共同体成员国之间的协调与团结合作，切实推动区域经济一体化，发展非石油领域经济。

2007年4月25日，共同体第8次首脑会议在乍得首都恩贾梅纳举行。乍得、加蓬、刚果（布）、赤几、中非总统及喀麦隆总理与会。利比亚领导人卡扎菲、圣普总统以观察员身份与会。会议讨论了共同体机构改革、地区经济发展多样化、完善共同体金融体系、成立联合航空公司、使用统一护照等问题；决定由成员国各指定1名特派员组成共同体委员会，取代原执行秘书处；扩大BEAC领导机构并撤换行长；在利伯维尔建立中部非洲地区特警参谋部等。会议对便利共同体区域内交通、推动能源工业发展及用光缆连接各国通信网络等地区一体化项目取得进展表示祝贺，并通过了关于加快非洲政治、经济、社会一体化进程，最终建立“非洲合众国”的声明。此外，会议还通过特别声明，支持乍得和中非维护国家安全与稳定的努力及与苏丹发展睦邻友好的政策。

2008年6月24—25日，共同体第9次首脑会议在喀麦隆首都雅温得召开。喀麦隆、加蓬、刚果（布）、赤几、中非5国总统和乍得总理与会。会议发表联合公报，要求各成员国深化区域一体化进程，为实现域内人员自由往来、货物无障碍流通加强磋商与协调。会议就共同体与欧盟签署经济伙伴协议、组建CEMAC航空公司、各成员国统一使用CEMAC护照达成一致，并确定每年3月16日为“CEMAC日”。会议并决定由中非总统博齐泽接任共同体主席。

2008年6月，共同体议会间委员会两名代表参加非洲法语国家议会友好人士访华考察团访华。

2010年1月16—17日，共同体第10次首脑会议在中非首都班吉召开。中非、喀麦隆、加蓬、刚果（布）、赤几、乍得6国总统与会。会议发表最后公报，对域内人员自由往来路线图的实施情况表示满意，各成员国允将在2010年第一季度颁发共同体护照；重申各成员国将采取一切必要措施与欧盟签署经济伙伴协议；决定将共同体航空公司总部设在布拉柴维尔；决定按成员国首字母排序轮流担任共同体专门机构负责人，撤换中非国家银行行长；决定于2010年3月在马拉博举行共同体议会大厦落成仪式。

2010年6月7日，共同体特别峰会在布拉柴维尔召开。刚果（布）、喀麦隆、中非、加蓬、赤几、乍得6国总统与会。会议发表最后公报，要求成员国履行承诺，尽快交付其分摊的共同体机构改革费用；要求共同体委员会采取必要措施，尽早完成共同体护照的制作并投入使用；要求共同体委员会继续与南非航空公司磋商，以尽快建立共同体航空公司。

2012年7月，共同体第11次首脑会议在刚果（布）首都布拉柴维尔召开。会议要求加快推进次地区一体化进程，促进地区经济快速可持续增长，并就CEMAC航空公司合作伙伴和运营事宜等进行了探讨。

2013年6月，共同体特别峰会在加蓬首都利伯维尔举行。会议就中非形势、地区一体化和促进青年就业等交换了意见，并就2014年1月起实现CEMAC成员国人员自由往来达成一致。

2015年5月，共同体第12次首脑会议在加蓬首都利伯维尔举行，加蓬、刚果（布）、乍得、赤几总统和中非总理、喀麦隆经社文理事会主席（分别代表本国总统）与会。会议就中非安全形势、促进共同体成员国人员自由往来、CEMAC成员国经济形势及前景和埃博拉疫情等交换了意见。（吴宇成）

中部非洲国家经济共同体

Communauté Economique des Etats d'Afrique Centrale—CEEAC

【成立日期】1983年10月18日，中部非洲国家元首和政府首脑在加蓬首都利伯维尔签署成立“中部非洲国家经济共同体”条约。

【宗旨】促进和加强成员国间的协调、合作与均衡发展，提高在经济和社会各领域的自主能力，改善人民生活水平，保持经济稳定发展，巩固和平，为非洲的进步与发展做贡献。主要目标是取消成员国之间的关税和各种贸易壁垒，制定共同的对外贸易政策，建立共同的对外贸易关税率；协调各成员国的国内政策，逐步取消在人员、财产、劳务、资金等方面自由流动的障碍，建立合作和发展基金，促进内陆、小岛和半岛欠发达国家的发展。

1999年第9次峰会确定如下的优先目标：提高维护和平、安全与稳定的能力，加快经济、货币和人文一体化进程；设立共同体财政自主机制。

【成员】11个：安哥拉、布隆迪、喀麦隆、中非、乍得、刚果（布）、刚果（金）、加蓬、赤道几内亚、圣多美和普林西比、卢旺达。

【主要负责人】现任执行主席为乍得总统伊德里斯·代比（Idriss Déby）。秘书长阿拉姆·米·艾哈迈德（Allam-Mi Ahmad，乍得人）。

【总部】总秘书处设在加蓬首都利伯维尔。地址：Libreville Mairie de Haut Gue，Gabon。邮政信箱：2112 Libreville，Gabon。电话：(241) 01444731。传真：(241) 01444732。电子邮箱：ceeac.orgs@inet.ga。

【网址】http://www.ceeac-eccas.org。

【组织机构】(1) 共同体国家元首和政府首脑会议：最高决策机构。轮流在各成员国举行，由东道国元首任主席。(2) 部长理事会：每年召开2次，主席由各成员国有关部长轮流担任。(3) 总秘书处：主持共同体日常工作，设秘书长1人，副秘书长3人。(4) 法院、咨询委员会、专门技术委员会等。

【主要活动】截至2015年5月共召开了16次峰会，地点和时间分别是：布拉柴维尔（1984年12月）、雅温得（1986年1月）、利伯维尔（1987年8月）、金沙萨（1988年2月）、班吉（1989年3月）、基加利（1990年1月）、利伯维尔（1991年1月）、布琼布拉（1992年5月）、马拉博（1999年6月）、马拉博（2002年6月）、布拉柴维尔（2004年1月）、布拉柴维尔（2005年6月）、布拉柴维尔（2007年10月）、金沙萨（2009年10月）、恩贾梅纳（2012年1月）、恩贾梅纳（2015年5月）。

2005年6月7—8日，共同体第12次峰会在刚果（布）首都布拉柴维尔举行。会议重点讨论了地区和平、稳定与安全、千年发展计划、非洲发展新伙伴关系计划、一体化建设和经济发展与行政财政和预算等问题，发表最后公报和声明，强调要切实执行2004—2008年度实现中部非洲自由贸易区计划，敦促有关国家尽快签署共同体一体化税费协议，就非洲发展新伙伴计划优先项目达成一致并决定成立优先项目后续委员会。

因乍得国内局势动荡，原定2006年由乍得主办的共同体第13次峰会改于2007年10月30—31日在布拉柴维尔举行。会议通过了关于“成立非洲合众国联合政府”“地区经济共同体合理化调整”“边境安全”“地区水资源共同管理”等12项声明及关于“派遣国际选举观察团”“创立负责协调打击贩卖人口工作的机构”“共同体环境和自然资源管理共同政策”等17个决议。会议重申将继续与欧盟就签订经济伙伴协议问题进行谈判，呼吁中非国家保持团结；决定赋予共同体秘书处与之职责相匹配的资金和权限；设立领导委员会，加快共同体在政策、规划等方面的一体化进程；在建立美国非洲司令部问题上保持磋商以形成共同立场；支持加蓬副总理让·平竞选非盟委员会主席。会议提出到2025年将中共体建成和平、繁荣、团结的区域组织。刚果（金）总统卡比拉接任共同体执行主席，刚果（布）人路易·西尔万–戈马连任秘书长。

2008年3月10日，共同体在金沙萨举行特别峰会，讨论乍得2月初武装冲突事件后国内及周边地区的政治安全形势。会议谴责利用武力及其他非宪法手段夺权的行径，谴责一切破坏乍得民主体制稳定的行为；对乍得现政府和人民表示支持，呼吁所有国家放弃一切可能破坏乍得宪法秩序及乍得安全和领土完整的企图，呼吁冲突各方履行之前签署的和平协议；鼓励乍得政府加强国家法治建设，建立持久最终和平；承诺为乍得重建提供紧急援助，呼吁国际社会向乍提供各类援助；欢迎欧盟在乍部署军队，保护难民营、流离失所者及人道主义机构工作人员；要求联合国非盟混合维和部队加快在达尔富尔地区的部署。

2009年10月24日，共同体第14次峰会在金沙萨举行。会议讨论了地区和平、安全和稳定、经济与货币等问题，发表会议公报，强调要加快落实在刚果（布）黑角建立中部非洲地区海事安全中心的经费，组织成立地区海事大会；在非盟边境计划框架内执行地区边境合作计划，采取更全面快速的预警机制平息武装冲突，打击跨境犯罪；调整中非维和特派团部署，授权加蓬总统阿里·邦戈领导特派团工作；肯定共同体为应对国际金融危机所采取的措施及取得的进展，决定建立成员国央行行长年会机制；决定在加蓬修建共同体会议中心；审议共同体农业政策及地区粮食安全计划制定情况，决定设立地区农业发展特别基金。乍得总统代比接任共同体执行主席。

2012年1月15日，共同体第15次峰会在乍得首都恩贾梅纳举行，重点讨论中非维和特派团、中非军队后勤支持、共同体一体化税费以及自由贸易区等问题。会议要求各成员国尽快批准或加入合作和司法互助协定、打击犯罪合作协定，在机场、港口和边境检查站设立CEEAC成员国居民专用通道。会议决定各成员国在2012年7月1日正式启动自由贸易区建设，力争在2014年建成。会议通过CEEAC的2012年预算，并决定将于2013年在乍得举行第16届CEEAC首脑会议。此外，会议声明支持让·平连任非盟委员会主席。在本次会议上，乍得总统代比连任CEEAC执行主席，乍得前总理瓦伊杜接替刚果人戈马出任秘书长。

2013年4月，共同体先后两次在乍得首都恩贾梅纳举行特别首脑峰会，讨论中非局势。会议制定了中非危机解决方案，通过《恩贾梅纳宣言》和《关于全国过渡委员会组成和运转的路线图》。根据上述方案，中非将成立全国过渡委员会，并进入为期18个月的过渡期。

2014年1月，中共体再次在乍得首都恩贾梅纳举行特别首脑会议讨论中非局势，中非过渡国家元首乔托迪亚和过渡政府总理蒂昂盖伊在会上分别宣布辞职。中非过渡委随后选举卡特琳娜·桑巴–庞扎（女）为中非新任过渡国家元首。

2015年5月，共同体第16次峰会在乍得首都恩贾梅纳举行，重点讨论中非局势、布隆迪局势和共同体成员国一体化进程等问题。会议听取了关于中非政治、安全和人道主义形势的介绍，决定延长中非过渡政府任期，以更好筹备中非总统大选；会议对布隆迪近期发生的未遂军事政变表示谴责，呼吁有关各方通过对话解决布问题。会议就促进欧盟和中部非洲合作、CEEAC机构改革交换了意见，审议并通过了关于卢旺达申请重新加入中共体的请求。（吴宇成）

东部和南部非洲共同市场

Common Market for Eastern and Southern Africa—COMESA

【成立日期】前身为1981年成立的东部和南部非洲优惠贸易区（Preferential Trade Area for Eastern and Southern Africa，PTA）。1993年11月，东部和南部非洲优惠贸易区第12次首脑会议在乌干达首都坎帕拉召开，通过了把贸易区转变为共同市场的条约。1994年12月8—9日，优惠贸易区首脑会议正式批准了该条约，宣布东部和南部非洲共同市场（简称“科迈萨”）正式成立。科迈萨是非洲成立最早、最大的次区域经济组织。成立以来，科迈萨在推动区域一体化和成员国发展方面取得了积极进展。

【宗旨和目标】废除成员国之间关税和非关税壁垒，实现商品和劳务的自由流通；协调成员国关税政策，分阶段实现共同对外关税；在贸易、金融、交通运输、工业、农业、能源、法律等领域进行合作；对外债问题采取统一立场，协调各国经济结构调整方案；建立货币联盟，发行共同货币。

【成员】19个（2016年1月）：布隆迪、科摩罗、刚果民主共和国、吉布提、埃及、厄立特里亚、埃塞俄比亚、肯尼亚、利比亚、马达加斯加、马拉维、毛里求斯、卢旺达、塞舌尔、苏丹、斯威士兰、乌干达、赞比亚、津巴布韦。

【主要负责人】主席任期1年，由成员国轮流担任。现任主席为埃塞俄比亚总理海尔马里亚姆，副主席为马达加斯加总统埃里。秘书长辛迪索·恩格温亚（Sindiso Ngwenya，津巴布韦籍），系1994年科迈萨成立以来第3任秘书长。2012年11月召开的科迈萨第16届首脑会议上，恩格温亚再次当选秘书长，任期5年，自2013年7月1日至2018年6月30日。

【总部】秘书处设在赞比亚首都卢萨卡。地址：COMESA Secretariat，COMESA Centre，Ben Bella Road，P.O.Box 30051，Lusaka，ZAMBIA。电话：00260-211-229725/32/35；传真：00260-211-225107。电子邮箱：info@comesa.int和comesa@comesa. int。

【网址】http://www.comesa.int。

【组织机构】（1）首脑会议：最高决策机构，一般每年举行1次。如有需要，可以临时举行特别会议。（2）部长理事会：向首脑会议提交报告和对共同市场进行全面管理，负责共同市场的规划、发展和外交事务，包括财务和行政管理的监督和审议。一般每年举行1次会议。（3）政府间委员会：跨部门机构，由各成员国的政府高级官员组成，负责不同合作领域的项目与行动计划的执行和管理。一般每年举行1次会议。（4）技术委员会：由各领域的专家组成，负责行政和预算以及各经济部门事务，向部长理事会和政府间委员会报告各领域具体情况。设行政和预算、农业、信息、能源、财政和金融、工业、劳动、人力资源和社会文化事务、法律、自然资源和环境、旅游、贸易和海关、交通和通讯等12个委员会。根据需要，不定期举行会议。（5）秘书处：常设机构，设秘书长和2名副秘书长，均由首脑会议任命，任期5年，可连任。由秘书长领导，负责该组织的日常协调事务。各成员国均派有代表，约有工作人员180人，设12个部门。（6）贸易与开发银行：目前总部暂设在肯尼亚首都内罗毕。是东南部非洲最大的次区域开发银行，1985年11月6日成立，除科迈萨成员国外，还接纳域外国家或机构成员加入，中国人民银行和非洲开发银行现是该行成员。现任行长为泰德斯（Tadesse Admassu，埃塞俄比亚人）。法定总部设在布隆迪首都布琼布拉，在肯尼亚首都内罗毕和津巴布韦首都哈拉雷分别设有办公室。布隆迪办公室主管中部地区事务，内罗毕办公室主管东部和北部地区事务，哈拉雷办公室主管南部和岛国事务。（7）结算银行：设在津巴布韦首都哈拉雷。现任行长是马哈茂德·曼苏尔（Mahmood Mansoor，毛里求斯人）。（8）共同市场法院：设在赞比亚首都卢萨卡。现任大法官是恩赞巴·基通加（Nzamba Kitonga）。

【主要活动】截至2016年1月，共召开了18届首脑会议，分别为：1994年12月（利隆圭）、1997年4月（卢萨卡）、1998年6月（金沙萨）、1999年5月（内罗毕）、2000年5月（路易港）、2001年5月（开罗）、2002年5月（亚的斯亚贝巴）、2003年3月（喀土穆）、2004年6月（坎帕拉）、2005年6月（基加利）、2006年11月（吉布提市）、2007年5月（内罗毕）、2009年6月（维多利亚瀑布城）、2010年8月（姆巴巴内）、2011年10月（利隆圭）、2012年11月（坎帕拉）、2014年2月（金沙萨）、2015年3月（亚的斯亚贝巴）。

2000年10月，科迈萨在卢萨卡举行特别首脑会议，决定正式启动自由贸易区，吉布提、马达加斯加、马拉维、毛里求斯、苏丹、赞比亚、埃及、肯尼亚、津巴布韦9国加入，成为非洲大陆第一个自由贸易区。2001年8月，由科迈萨发起的非洲贸易保险局成立。

该机构的主要任务是向同该组织成员国进行贸易的国家、国际发展金融机构、区域经济组织以及私营企业提供贸易风险担保。2002年5月，科迈萨在亚的斯亚贝巴召开第7届首脑会议，主要讨论财政和地区合作问题，决定设立科迈萨基金，通过了关税管理一体化宣言以及与南部非洲发展共同体等非洲其他次地区组织合作的文件。2005年6月，科迈萨在基加利召开第10届首脑会议，主题是“通过科迈萨关税同盟深化地区一体化”，决定于2008年12月建立关税同盟。2007年5月，科迈萨在内罗毕召开第12届首脑会议，重申将于2008年12月正式启动关税同盟，对外采用共同关税，其中对中国产品征收10%的关税。2008年10月，科迈萨—东共体—南共体（COMESA-EAC-SADC，简称“三方”）首届“三方会员国首脑峰会”在乌干达坎帕拉举行，会议确定了三方的发展远景目标是通过深化三方等各次区域组织之间的经济一体化，建立“三方区域内单一市场”。2009年6月，科迈萨在津巴布韦维多利亚瀑布城召开第13届首脑会议，东南非共同市场关税同盟正式建立，所有成员国对外将采用统一关税。关税同盟内容包括：成员国之间免关税和贸易配额；对贸易商品进行统一分类；统一关税评价体系；对外采取共同的保护级别和贸易政策；统一海关和收费等的行政管理结构。建立关税同盟后，对外部资本货物和原料免收关税，半成品征收10%的关税，成品征收25%的关税。

2010年8月，科迈萨在斯威士兰姆巴巴内召开第14届首脑会议，主题是“科技促进发展”，就科迈萨自贸区、三方大自贸区、关税同盟、同其他经济体合作以及多边贸易、科技促进发展等问题进行了探讨。

2011年6月，科迈萨—东共体—南共体第2届“三方会员国首脑峰会”在南非约翰内斯堡举行，回顾了三方关于经济一体化及大自贸区建设进展情况，确立了贸易自由化和投资便利化、基础设施、工业发展等实现经济一体化的3大支柱，并制定了协商一致、对外灵活性和差别待遇、对内非歧视性原则、透明、互惠互利、实质性关税自由化等自贸区谈判指导原则。正式启动三方大自贸区谈判工作，力争在3年内实现建立涵盖27国、国内生产总值达1万亿美元、人口总数达5.6亿的大自贸区构想。2011年10月，科迈萨在马拉维首都利隆圭召开第15届首脑会议，回顾了过去1年科迈萨自贸区建设发展情况及当前所面临的挑战。会议期间，还讨论了关税同盟路线图、服务贸易、知识产权、三方大自贸区等问题。

2012年7月，科迈萨—东共体—南共体在第19届非盟峰会期间签署了关于在东部和南部非洲地区采取措施应对气候变化的三方协议。三方将制定5年行动计划，联合应对气候变化带来的挑战。

2012年11月，科迈萨在乌干达首都坎帕拉召开第16届首脑会议。本次会议的主题为“通过中小企业发展促进域内贸易”。会议评估了过去1年科迈萨在区域一体化方面的主要进展，围绕关税同盟和科迈萨—东共体—南共体自贸区建设、和平与安全领域合作、贸易和科技发展、基础设施建设、知识产权保护、信息技术和农业发展、气候变化、提升妇女地位等问题进行了讨论，并发表了联合公报。

2014年2月26—27日科迈萨在刚果民主共和国首都金沙萨召开第17届首脑会议。本次会议的主题为“通过中小微企业发展巩固域内贸易”，重点讨论支持中小微企业发展以促进域内贸易、工业化和基础设施建设，推动成员国经济发展和地区一体化进程。会议要求各成员国消除非关税贸易壁垒，建立关税同盟，进一步加强域内贸易，推动区域经济融合。会议发表了联合公报。

2015年3月，科迈萨在埃塞俄比亚首都亚的斯亚贝巴召开第18届首脑会议。本次会议的主题为“包容和可持续的工业化”，重点讨论了支持工业化、农业发展，强调了减少非关税壁垒对促进地区贸易发展的重要性，并就促进性别平等、知识产权保护等问题进行了讨论。会议发表了联合公报。

2015年6月，科迈萨—东共体—南共体第3届“三方会员国首脑峰会”在埃及沙姆沙伊赫举行，各成员国签署协议成立三方自贸区，将覆盖6.25亿人口，相关国家国内生产总值总额达到1.2万亿美元，占整个非洲生产总值的58%。

【同中国的关系】中国与科迈萨保持友好关系。1999年4月，中国进出口银行与科迈萨下属机构东南非贸易与开发银行签订了出口信贷协议。2000年5月，中国人民银行代表中国政府加入东南非贸易与开发银行，成为该行的区外股东（目前为该行区外最大股东），拥有1个董事席位。自2002年起，中国政府代表均应邀出席科迈萨首脑会议。2004年2月，中国正式向科迈萨派驻特别代表，由中国驻赞比亚大使兼任。中国人民银行李东荣行长助理率团出席了2011年12月20日在毛里求斯举行的东南非贸易与开发银行第27届理事会。2001年3—4月，科迈萨部长理事会轮值主席、毛里求斯外交与地区合作部长加扬率科迈萨代表团访华，与中方商讨在信息产业领域的合作事宜。2002年10月和2005年4月，科迈萨副秘书长恩格温亚和秘书长姆温查应中国信息产业部邀请分别访华。2007年10月，津巴布韦工业和国际贸易部长姆波夫率科迈萨代表团访华，探讨在中非合作论坛框架下与中方扩大合作的可能性。科迈萨派代表团参加了中非合作论坛历届部长级会议。

东部和南部非洲共同市场（东南非共同市场）秘书长恩戈温亚2014年10月15日在接受中国驻赞大使杨优明递交中国驻东南非共同市场特别代表委任书时，高度评价非中传统友好关系，并表示中国发展经验值得非洲国家学习和借鉴。

自2005年起，中国成为科迈萨第2大贸易伙伴。2011年，双方贸易额为341亿美元，占科迈萨对外贸易总额的17%。（杨洋　李韬）

印度洋委员会

Commission de l'Océan Indien

【成立日期】1982年12月，毛里求斯、马达加斯加、塞舌尔三国外长在毛里求斯首都路易港召开会议，签署《路易港协定》，决定成立印度洋委员会（简称"印委会"）。1984年1月，三国外长在塞舌尔首都签署《维多利亚总协定》，印委会正式成立。

【宗旨】促进成员国间合作，协助本地区国家融入区域和世界一体化进程，并在国际合作中维护印度洋岛国的利益。

【成员】现有毛里求斯、马达加斯加、塞舌尔、科摩罗和以法国名义加入的留尼汪5个成员及欧盟、中国2个观察员。（1986年第4届部长级会议吸收科摩罗、留尼汪为成员；2016年第31届部长级会议批准中国成为观察员。）

【主要负责人】现主席国为法国（2016年2月至今）。秘书长为让·克洛德·德莱斯特拉克（Jean-Claude de l'Estrac，毛里求斯人），曾任毛外交、旅游和移民部长、经济规划和发展部长以及工业和工业技术部长。2012年7月起担任印委会秘书长，任期至2016年7月。2015年2月的第31届部长级会议任命哈马达·姆马迪·波雷罗（Hamada Mmadi Boléro，科摩罗人）为下届秘书长，从2016年7月开始履职。

【总部】常设秘书处位于毛里求斯卡特邦市，1989年设立。

【网址】http://www.coi-ioc.org。

【组织机构】（1）首脑会议：负责解决重大方向性问题，目前已举行4次。（2）部长级会议：最高权力机构，负责决定委员会的具体战略方针。由成员国指定1名政府成员或政府代表组成，主席由各成员国按法文字母顺序轮流担任，每届任期1年。每年举行1次例会，截至2016年，共举行31届部长级会议。（3）常务联络官委员会：协助部长级会议并负责执行有关决议，每个成员国指派1名常务联络官，每年举行3次会议。（4）秘书处：设秘书长、5名专员、1名行政和财政助理。秘书长负责协调印委会内部活动，并保证该委员会的各种机构正常运转。秘书长由部长级会议任命，任期4年，不得连任。（5）专门委员会：主要任务是就不同问题进行研究，并确定合作项目。现已设立商业与贸易、旅游、手工业、地区工业合作、环境保护、地区海运交通、体育、金枪鱼8个专门委员会。另外，还设有一些专家小组，每半年举行1次专家会议。

【资金来源】行政经费由各成员国分摊。从1995年起，各国的份额调整为：马达加斯加29%，留尼汪（法国）40%，毛里求斯20%，科摩罗6%，塞舌尔5%。发展经费主要靠欧盟、世界银行、法国援助。

【主要活动】1984年，毛里求斯、马达加斯加、塞舌尔三国外长在塞舌尔首都维多利亚召开该组织首届部长级会议，签署了成员国合作总协定，提出了地区合作的目标以及实现这些目标的手段，制订了中期行动计划。1991年3月，在马达加斯加首都塔那那利佛召开第1届首脑会议，发表了加强合作的声明。1999年，印委会第2届首脑会议在留尼汪圣但尼召开。2005年7月，该组织第3届首脑会议在马达加斯加首都塔那那利佛召开，确定了加强政治、外交和安全合作，拓宽经贸交往，促进持续发展，弘扬本地区特性的新战略方针。2008年在塞舌尔召开的第24届部长级会议和2009年在科摩罗召开的第25届部长级会议在渔业、旅游、交通、环保、卫生、信息通信等领域强化合作，提出了16个合作项目。根据2009年第25届部长级会议决议，印委会作为马达加斯加问题国际接触小组成员参与了马政治危机的调解工作。2010年在留尼汪召开的第26届部长级会议通过了涉及战略、政治与外交、经济、商业和基础设施、渔业、农业和能源、环境和自然资源、人力资源开发和地区安全、文化和社会等领域的一系列决议。会议还讨论了打击海盗、马达加斯加局势、与法语国际组织（OIF）加强合作等议题。2011年10月在毛里求斯召开的第27届部长级会议重申印委会将继续在维护地区稳定，捍卫成员国作为岛国在国际和地区组织内的利益，推进地区经贸融合、保护环境、维护地区安全、促进人文发展等领域发挥积极作用。会议决定成立一个由印委会秘书长负责，各成员国专家组成的打击海盗小组，机构设在塞舌尔。2013年1月在塞舌尔召开的第28届部长理事会会议围绕印委会确立的政治、经贸、可持续发展、促进地区一体化四个战略发展方向展开讨论，达成广泛共识。2014年1月在塞舌尔召开庆祝《维多利亚协定》签署暨印委会成立30周年纪念活动。同年8月，印委会第4届首脑会议在科摩罗召开。各成员国就"三网"建设、蓝色经济、区域安全、气候变化等问题进行了深入讨论。2015年2月在法国海外省留尼汪举行第31届部长级会议，各方围绕反恐及打击非法运输、航空网络建设、通信、粮食安全等问题进行深入讨论，达成广泛共识，会议并通过了中国成为印委会观察员的决议，任命哈马达·姆马迪·波雷罗为新任秘书长，从2016年7月开始履职。

【同中国的关系】中国与印委会成员均关系友好。2008年印委会第24届部长级会议后，该组织秘书处表示希望同中国建立合作关系。2010年3月，印委会秘书长卡利克斯特·多菲应邀访华，与外交部翟隽副部长会见，与外交部非洲司张明司长举行会谈。2013年1月，中国外交部非洲司司长卢沙野率团代表中国政府出席了印委会第28届部长理事会会议。同年11月，印委会秘书长德莱斯特拉克访华，并与外交部非洲司卢沙野司长会谈。2014年1月，中国外交部非洲司率团出席了印委会成立30周年纪念活动。2016年2月，中国驻毛里求斯大使李立代表中方在印委会第31届部长理事会上就申请成为观察员进行陈述，会议正式通过批准中方成为观察员的决议。（任录研）

政府间发展组织

Intergovernmental Authority on Development—IGAD

【成立日期】1986年1月成立。前身是由东非国家组成的政府间抗旱与发展组织，1996年3月改为现名（简称伊加特）。

【宗旨】将伊加特建设成为在政治、经济、社会、人道主义事务、环保等领域进行全面合作的地区组织。有三大战略目标：保护环境，确保粮食安全；维护和促进地区和平、安全和人道主义事业；加强经济合作，实现区域经济一体化。

【成员国】7个：埃塞俄比亚、吉布提、肯尼亚、苏丹、南苏丹、索马里、乌干达（厄立特里亚曾是成员国之一，2007年4月厄以伊加特“通过许多有损地区和平与安全的决议”为由，宣布暂时退出该组织）。

【主要负责人】主席由成员国轮流担任，一般为每届正式首脑会议的东道国领导人，可因连续主办会议连任。现任主席为埃塞俄比亚总理海尔马里亚姆·德萨莱尼（Hailemariam Dessalegn）。执行秘书为肯尼亚水利灌溉部前任常秘马哈布·马阿林（Mr. Mahboub M. Maalim），2008年6月任职至今。

【总部】秘书处设在吉布提首都吉布提市。

【网址】http://www.igad.org。

【组织机构】（1）国家元首和政府首脑会议。最高决策机构，以促进地区政治、安全和经济合作为主要任务。每年至少举行1次会议，并可应成员国要求且经多数成员国同意，随时举行特别首脑会议。（2）部长理事会。由成员国外长和1名联络部长（可由外长兼任）组成，负责制订组织方针和行动计划，批准拨款和预算。每年至少举行2次会议，并可应成员国请求且获多数成员国同意，随时召开特别会议。所有决议原则上应经一致同意；如有分歧，则投票以2/3多数通过。（3）大使委员会。由成员国驻总部国家大使或特别代表组成，向执行秘书提供咨询。（4）秘书处。系常设机构，负责处理日常事务，执行秘书由国家元首和政府首脑会议任命，任期4年。下设3个部门：农业与环境保护部、政治与人道主义事务部、经济合作部。

【主要活动】截至2014年11月，伊加特共召开12次首脑会议和28次特别首脑会议。1993年起，伊加特着手调解苏丹北南冲突，自2002年7月以来促成双方就政教分离、南方民族自决、过渡期内权力和资源分配及最终停火等关键问题达成8个议定书。2005年1月9日，苏丹北南双方在内罗毕签署《全面和平协议》，结束了长达21年的战争。2010年3月，伊加特在内罗毕召开特别首脑会议，讨论苏丹北南和平进程和《全面和平协议》落实情况，重点商谈苏丹南方问题公投后有关问题的安排及面临的挑战。2011年11月，伊加特在亚的斯亚贝巴召开特别首脑会议，正式接受南苏丹为其成员国。

自1991年索马里陷入无政府状态后，伊加特积极调解索派别冲突。2003年10月，伊加特成立索和平进程促进委员会，成员有肯尼亚、埃塞俄比亚、吉布提、厄立特里亚和乌干达。2004年8月以来，由伊加特支持、在内罗毕召开的索马里和会选举产生了索过渡联邦议会、总统，并成立了索过渡联邦政府。2010年7月，伊加特特别首脑会议一致要求由联合国维和部队取代目前在索执行维和任务的非索团，并促请非盟和联合国落实索过渡政府和反政府武装此前达成的分权协议。

2011年7月，伊加特特别首脑会议对厄特支持极端势力破坏地区稳定予以强烈谴责，呼吁非盟和联合国安理会在全面实施现有对厄特制裁的基础上，加大对其经济和矿业部门的制裁。

2012年1月，伊加特特别首脑会议通过了伊加特成员国基础一体化计划，推动在成员国间建设自由贸易区。

2013年年底南苏丹冲突爆发后，伊加特积极调解南冲突，先后举行5次南问题特别首脑会议，并牵头成立联合技术委员会（JTC）和监督核查小组（MVT）两机制。2014年1月，南苏丹冲突双方在伊加特斡旋下签署《停止敌对行动协议》。5月，在伊加特推动下，南冲突双方签署《关于解决南苏丹危机的协议》。8月，伊加特召开特别峰会并签署“南苏丹过渡期安排的基本原则文件”和“停止敌对协议的路线图”。2015年8月，“伊加特+”在亚的斯亚贝巴召开峰会，推动南苏丹冲突各方签署《解决南苏丹冲突协议》。伊加特任命博茨瓦纳前总统莫哈埃为联合监督与评估委员会

（JMEC）主席，负责监督协议后续落实。

【同中国的关系】1987年2月，伊加特派代表团访华。中国驻吉布提、肯尼亚、埃塞俄比亚、苏丹、乌干达大使代表中国政府以观察员身份多次应邀列席其首脑会议。2004年、2011年、2013年、2014年、2015年，中国分别向伊加特捐款，支持其机构及能力建设。

2013年年底南苏丹冲突爆发以来，中国积极支持伊加特主导的南问题斡旋进程，与伊加特及其成员国保持密切沟通协调，并派员参加伊加特有关停火和核查机制。2014年1月，王毅外长访问埃塞俄比亚期间，应伊加特邀请同南苏丹冲突双方代表举行会谈，积极劝和促谈。2015年1月，王毅外长在访问苏丹期间倡议召开“支持伊加特南苏丹和平进程专门磋商”，提出中方关于解决南苏丹问题的4点倡议，并推动与会各方在4点倡议基础上达成5点共识。（张喆）

东非共同体
East African Community—EAC

【成立日期】东非共同体最早成立于1967年，成员有坦桑尼亚、肯尼亚和乌干达三国，后因成员国间政治分歧和经济摩擦于1977年解体。1993年11月，坦、肯、乌三国开始恢复合作。1996年3月14日，三国成立东非合作体秘书处。1999年11月30日，三国总统签署《东非共同体条约》，决定恢复成立东非共同体。2001年1月15日，三国在坦桑尼亚阿鲁沙举行东非共同体正式成立仪式。2001年11月，东非议会和法院成立。2007年6月，卢旺达、布隆迪正式加入共同体。2009年11月20日，东共体五国共同签署了《东非共同体共同市场协议》。2010年7月1日，东共体正式启动该协议。2015年1月，签署建立货币同盟协议。6月，东共体、南部非洲发展共同体、东南非共同市场三个次区域组织签署协议，决定2017年共同建立新的单一自贸区。2016年3月，南苏丹正式加入东共体。

【宗旨】加强成员国在经济、社会、文化、政治、科技、外交等领域的合作，协调产业发展战略，共同发展基础设施，实现域内国家经济和社会可持续发展，逐步建立关税同盟、共同市场、货币联盟，并最终实现政治联盟。

【成员】坦桑尼亚、肯尼亚、乌干达、卢旺达、布隆迪和南苏丹。

【主要负责人】首脑会议主席由成员国轮流担任。现任主席坦桑尼亚总统约翰·蓬贝·约瑟夫·马古富力（John Pombe Joseph Magufuli），2015年11月上任。部长委员会主席为坦桑尼亚外交、东非、地区和国际合作部部长奥古斯丁·马希加（Augustine Mahiga）。秘书长为理查德·塞兹贝拉（Richard Sezibera，卢旺达人）。

【总部】秘书处设在坦桑尼亚阿鲁沙市（Arusha）。

【组织机构】（1）首脑会议：由成员国元首组成，每年至少举行1次会议，应成员国要求可举行特别会议，其决定须一致通过。主席任期1年，由成员国元首轮流担任。（2）部长委员会：由成员国负责地区合作或指派的其他部长组成，是共同体的政策机构。其职能是：在协商一致的原则下，负责为共同体有效与协调运行及发展制定政策；向东非议会提交法案；向首脑会议提交年度报告；建立处理不同事务的部门委员会；向成员国的其他机构（除法院和议会外）下达指示等。每年举行两次会议，应成员国或委员会主席要求可举行特别会议。部长委员会主席由成员国轮流担任，任期1年。（3）协调委员会：由成员国负责地区合作事务或指定的政府部门的常秘组成，负责向部长委员会提交执行条约的报告和建议、执行部长委员会的决定。一般每年举行两次会议，应委员会主席要求可举行特别会议。主席由成员国轮流担任。（4）部门委员会：应部长委员会指示成立，负责处理部长委员会指定的事务。（5）东非法院：系共同体司法机构。职责是确保条约得到履行，负责相关条约的解释，并向首脑会议、部长委员会、成员国和秘书处等提供法律咨询。每个成员国可提名2名法官，由首脑会议批准任命。院长和副院长须来自不同成员国，院长由成员国法官轮流担任。（6）东非议会：系共同体立法机构。每年至少举行1次会议。议会由27名选举产生的议员及5名官职议员组成。议员由成员国议会从非议员国民中各推举9名，所推举的议员不能是成员国的现任部长和共同体官员。官职议员包括成员国负责地区合作的部长、共同体秘书长和法律顾问，官职议员无投票权。议长由成员国议员轮流担任。议员任期5年，现有议员52人。（7）秘书处：是共同体的常设机构，负责处理日常事务。设秘书长、副秘书长、法律顾问等。秘书长和副秘书长由首脑会议任命，由成员国轮流担任，任期5年。

【主要活动】2004年11月，东共体召开第6届首脑会议，三国总统签署了“加快东共体一体化进程时间表”，同意2010年1月前成立“东非联邦”，三国在保留各自议会、总统和国旗的同时共同组建联邦议会、内阁和司法机构。2006年4月，东共体召开第7届首脑会议，决定2010年1月建立东非共同市场，2008年12月签署相关议定书；审议了“东非联邦快车道计划”的执行情况报告；讨论了布隆迪、卢旺达两国申请加入东共体的问题；还制定了《东非共同体第三个发展战略（2006—2010）》。2007年6月，东共体召开第5届特别首脑会议，签署了卢旺达、布隆迪两国加入共同体的协定，正式吸纳两国为东共体成员；并计划于2009年就建立联邦举行全民公决，同年年底发行东非先令；2010年成立东非共同市场，并建立东非联邦；2013年选举联邦总统。

2009年4月，东共体在阿鲁沙召开第10届首脑会议，五国元首发表联合声明，表示将于2009年11月签署建立共同市场的条约，争取在2010年年初正式启动共同市场。2009年11月，东共体在阿鲁沙召开第11届首脑会议，五国元首共同签署了《东非共同体共同市场议定书》。2010年7月，该议定书正式生效。2011年11月，东共体在布隆迪召开第13届东共体首脑会议和首届坦噶尼喀湖盆地发展国际会议，审议通过了东共体未来五年发展战略等文件。2012年11月，东共体在肯尼亚召开第14届东共体首脑会议，会议主题为推动基础设施发展与融资，促进地区一体化建设。2013年11月，东共体在乌干达召开第15届东共体首脑会议，五国元首共同签署了《东非共同体货币联盟协议》，决定10年内实现统一货币目标。根据协议，东共体成员国将出让金融和汇率政策给地区央行，授权地区央行监测和制定成员国宏观金融政策。该协议规定，成员国加入货币联盟必须实现既定的宏观经济条件，并在加入货币联盟的至少前三年持续保持通货膨胀率不能超过5%，财政赤字不能超过国内生产总值6%，国内生产总值税负率最低为25%。此外，成员国还要满足经济融合条件。2014年年初，东共体开始实施单一旅游签证。5月，坦桑尼亚、肯尼亚、乌干达三国启动跨境支付系统。9月，坦桑尼亚加入原先由肯尼亚、乌干达和卢旺达三国组成的东共体单一关税区。2015年2月，东共体在肯尼亚召开第16届首脑会议，会议以“通向一个政治联邦：深化与加速一体化”为主题，审议通过了东共体部长理事会年报，对东共体重大战略决策落实情况进行了评估，任命东共体新任副秘书长以及东非法院两名大法官，并决定暂不接纳南苏丹、索马里加入东共体。2016年3月，东共体在阿鲁沙召开第17届首脑会议，会议以“推进市场驱动的一体化”为主题，围绕东共体政治、经济、社会发展现状、一体化进程、反腐、反恐与和平安全问题进行了讨论，通过了《东共体2050愿景》，提出2050年实现东非地区达到中高收入水平的目标，正式批准南苏丹为第六个成员国，宣布将继续就索马里加入东共体进行讨论，决定坦桑尼亚总统马古富力延任东共体轮值主席1年，任命坦桑尼亚前总统姆卡帕为协调人，协助乌干达总统穆塞韦尼调解布隆迪危机，任命现任副秘书长布隆迪人姆富姆凯库于2016年4月26日接任秘书长。

【同中国的关系】1998年5月，中国驻坦桑尼亚大使代表中国政府出席东非合作体道路网捐助会议。2003年5月，中国驻乌干达大使应东非共同体秘书处邀请出席在坦桑尼亚举行的东非共同体使节会议。2008年5月，东共体五国负责东共体事务的部长代表团访华，此系东共体首次派团访华。外交部副部长王毅、商务部副部长高虎城分别会见代表团。2010年12月，国务院批准驻坦桑尼亚大使兼任驻东共体大使。2011年11月，中国与东共体双边经贸联委会成立并召开第1次会议，双方签署了中国与东共体经贸合作框架协议。2012年11月，中国与东共体举行首次司局级磋商。2013年9月，中国—东共体经贸合作论坛在华召开。11月，中国地方政府代表团出席在乌干达举行的中国—东共体省市长对话会。　（黄未）

南部非洲发展共同体

Southern African Development Community—SADC

【成立日期】其前身是1980年成立的南部非洲发展协调会议。1992年8月17日，南部非洲发展协调会议成员国首脑在纳米比亚首都温得和克举行会议，签署了有关建立南部非洲发展共同体（简称“南共体”）的条约、宣言和议定书，决定朝着地区经济一体化方向前进。

【宗旨】在平等、互利和均衡的基础上建立开放型经济，打破关税壁垒，促进相互贸易和投资，实行人员、货物和劳务的自由往来，逐步统一关税和货币，最终实现地区经济一体化。

【成员】15个：南非、安哥拉、博茨瓦纳、津巴布韦、莱索托、马拉维、莫桑比克、纳米比亚、斯威士兰、坦桑尼亚、赞比亚、毛里求斯、刚果（金）、塞舌尔、马达加斯加。总面积987万平方公里，约占全非面积的33%。总人口2.8亿，约占全非人口的27%。2013年成员国国内生产总值总和为6506亿美元，占全非国内生产总值总和的27.2%。

【主要负责人】2015/2016年度轮值主席国为博茨瓦纳，副主席国为斯威士兰。政治、防务和安全机构主席国为莫桑比克，副主席国为坦桑尼亚。执行秘书斯特戈梅娜·塔克斯（Stergomena Tax，坦桑尼亚人）。

【秘书处】博茨瓦纳首都哈博罗内。地址：SADC Secretariat，SADC House，Government Enclave，P/Bag 0095，Gaborone，Botswana。电　话：00–267–3951863；传真：00–267–3972848/3181070。电子邮箱：registry@sadc.int。秘书处每年出版英文版《年度报告》（Annual Report）。

【网址】http://www.sadc.int。

【**组织机构**】(1)首脑会议：最高决策机构，每年举行1次会议，地点不固定。主席、副主席经选举产生并由成员国首脑轮流担任，任期1年。(2)部长理事会：由各成员国经济计划或财政部长组成，对首脑会议负责。其主要职责是监督共同体运行及政策和计划的实施。每年至少举行1次会议。部长理事会主席和副主席分别由共同体主席国和副主席国任命。(3)部门技术委员会：对理事会负责，与常设秘书处密切配合。其主要职责是指导、协调专门技术部门的合作和一体化政策及计划。(4)官员常设委员会：由各成员国经济计划或财政部常秘或同级别官员组成，是理事会技术咨询机构，每年至少举行1次会议，其主席和副主席由理事会主席国和副主席国任命。(5)常设秘书处：主要执行机构，负责实施首脑会议和部长理事会的决议及共同体的计划，协调成员国政策和战略。执行秘书对部长理事会负责，由首脑会议根据理事会推荐任命，任期4年。(6)政治、防务和安全机构：1996年6月成立，直接对首脑会议负责，主席国由各成员国轮流担任。主要职责为促进各成员国之间的政治合作，发展地区集体防务能力，处理和预防地区冲突，调解地区争端，推动各成员国在利益相关的领域制定共同的外交政策。(7)法庭：确保遵守和正确解释条约及其辅助文件的条款，向首脑会议和理事会提供咨询意见。

【**主要活动**】作为非洲具有活力的次区域组织，近年来南共体积极调解刚果（金）冲突和莱索托、津巴布韦及马达加斯加国内危机，促进成员国的团结与合作；制定地区自主维和机制和成员国民主选举原则与指南，推进地区和平和民主建设。南共体为维护南部非洲的和平稳定发挥了重要作用，受到国际社会普遍关注。

2012年8月，南共体第32届首脑会议在莫桑比克首都马普托举行，莫桑比克接任主席国，确定下届首脑会议在马拉维举行。12月，南共体在坦桑尼亚首都达累斯萨拉姆举行政治、防务和安全特别首脑会议，讨论刚果（金）冲突、津巴布韦问题和马达加斯加政治危机。

2013年8月，南共体第33届首脑会议在马拉维首都利隆圭举行，马拉维接任主席国，确定下届首脑会议在津巴布韦举行。会议就地区形势、减贫和粮食安全等问题交换了意见，一致认可津巴布韦大选结果，并呼吁西方国家全面解除对津制裁。

2014年8月，南共体第34届首脑会议在津巴布韦维多利亚瀑布市举行，津巴布韦接任主席国，确定下届首脑会议在博茨瓦纳举行。会议重点就南共体发展战略、工业化和一体化进程以及地区和平与安全等议题交换了意见。

2015年4月，南共体在津巴布韦召开特别首脑会议，通过了《南共体工业化战略和路线图》和修订后的《区域发展战略指导规划》。6月，南共体、东共体、东南非共同市场三个区域组织成员国签署沙姆沙伊赫宣言，宣布正式启动三方自贸区。

2015年8月，南共体第35届首脑会议在博茨瓦纳哈博罗内市举行，博茨瓦纳接任主席国，确定下届首脑会议在斯威士兰举行。会议重点就南共体发展战略、工业化和一体化进程、地区和平与安全以及保障粮食安全和应对气候变化等议题交换了意见。

【**同中国的关系**】中国与南共体及其大多数成员国（除斯威士兰为未建交国外）保持着良好的合作关系。中国驻博茨瓦纳大使兼任驻南共体代表。中国邀请南共体以观察员身份出席了中非合作论坛历次部长会和高官会，并多次参加南共体与国际合作伙伴的部长级磋商会议。

2004年南共体执行秘书拉姆萨米访华。2005年8月，南共体举行第25次首脑会议暨成立25周年庆祝活动，温家宝总理致电祝贺。2005年11月，黄菊副总理访问博茨瓦纳期间会见了南共体执行秘书萨洛芒。2006年11月，南共体执行秘书萨洛芒来华出席中非合作论坛第3届部长级会议。2011年3月，中国与南共体在哈博罗内举行首次政治磋商。6月，纳米比亚总统波汉巴以南共体轮值主席身份访华。

2015年，中国与南共体国家贸易总额为839.73亿美元，占中非贸易额的46.9%。

2008年5月中国四川汶川发生特大地震灾害后，南共体驻华使团向灾区捐款10万元人民币。2010年4月青海玉树地震后，南共体执行秘书萨洛芒致信中国驻博茨瓦纳大使兼驻南共体代表刘焕兴表示慰问，南共体成员国驻华使节并向灾区捐款3万元人民币。同年6月，南共体外交妇女协会向儿童希望基金会、特奥天使艺术团、爱心蓝天等中国数家慈善机构捐赠35万元人民币善款。

2015年12月，南共体代表出席中非合作论坛约翰内斯堡峰会暨第6届部长级会议。

中国驻南共体代表由中国驻博茨瓦纳大使兼任。馆址：No.3096，3097 North Ring Road Gaborone P. O. Box 1031。电话：00267–3952209（办公室）；传真：3900156。

（李研硕）

欧洲自由贸易联盟

European Free Trade Association—EFTA

【成立日期】1960年1月4日，奥地利、丹麦、挪威、葡萄牙、瑞典、瑞士和英国在瑞典首都斯德哥尔摩正式签订《建立欧洲自由贸易联盟公约》(即《斯德哥尔摩公约》)。该公约经各国议会批准后于同年5月3日生效，欧洲自由贸易联盟（简称欧贸联）正式成立。公约经修订后于2002年6月1日生效，亦称《瓦杜兹公约》。冰岛、芬兰、列支敦士登分别于1970年3月、1986年1月、1991年5月加入。英国和丹麦于1973年1月，葡萄牙于1986年1月，奥地利、瑞典、芬兰于1994年12月退出欧贸联，加入欧盟。

【宗旨】在联盟区域内实现成员国之间工业品的自由贸易并扩大农产品贸易；保证成员国之间贸易在公平竞争的条件下进行；发展和扩大世界贸易并逐步取消贸易壁垒。

【成员】4个（截至2013年）：冰岛、列支敦士登、挪威、瑞士。

【主要负责人】秘书长克里斯汀·奥尔纳森（Kristinn F. Árnason，冰岛人），2012年9月1日上任。副秘书长马丁·宾登（Martin Zbinden，瑞士人）和达格·霍尔特（Dag W. Holter，挪威人）。助理秘书长乔治·鲍尔（Georges Baur，瑞士和列支敦士登双重国籍人士）。

【总部】瑞士日内瓦。地址：9-11, Rue de Varembé, 1211 Geneva 20, Switzerland。电话：41-22-3322600。传真：3322677。电子邮箱：mail.gva@efta.int。

【网址】http://www.efta.int。

【组织机构】(1）理事会：最高权力机构。由成员国部长或常驻代表组成，每年召开8次常驻代表会议，2次部长级会议。主席由成员国轮流担任，任期半年。有关承担新义务的决定须全体一致通过，其他问题以多数通过。下设关税、贸易专家、预算、农渔业、经济等常设委员会。(2）秘书处：处理日常事务。设秘书长1人，副秘书长2人，秘书长助理1人，分管内外关系和欧洲经济区（欧经区）事务。(3）咨询委员会：由各国指定的雇主、工会代表和个人组成，在每次理事会开会前举行会议。此外还设有成员国议员委员会等机构。(4）监督局：1993年1月成立，1994年1月1日正式工作，设在比利时首都布鲁塞尔，负责监督成员国遵守欧经区协议，各国企业遵守欧经区竞争原则，并可主动或根据举报调查侵权行为。(5）法院：1994年1月1日在日内瓦正式成立，由5名法官组成，其职责和权限与欧洲法院相似。1995年6月起变更为3名常设法官及6名临时法官。1996年9月1日，法院由日内瓦迁至卢森堡。

【主要活动】加强内部经贸政策协调，支持并积极参与在世界贸易组织范围内举行的多边贸易谈判，反对贸易保护主义，发展同区外国家的贸易关系。

欧贸联十分重视同欧盟（欧洲共同体）发展经贸关系。1991年10月22日，欧贸联与欧共体在卢森堡达成建立欧洲经济区（EEA）协议，规定从1993年1月1日起，两大经济组织间实现商品、服务、资本和人员的自由流通，取消关税和进口限额，统一工业和产品标准，加强和扩大在环保、交通、教育、科技、旅游和社会政策领域里的合作。欧贸联成员国同意将欧共体有关法规作为欧经区的法律基础，由欧贸联和欧共体共同组成的部长理事会作为欧经区最高决策机构。发生贸易纠纷时，纯属欧贸联或涉及双方贸易中欧贸联占1/3份额以上的案件，由欧贸联法院审理，其他案件由欧洲法院裁决。

1992年2月14日，欧贸联与欧共体在布鲁塞尔就欧经区协议的最后文本达成一致，决定协议于1993年1月1日与欧共体内部统一大市场文件同时生效。由于瑞士在1992年12月6日举行的公民投票中决定不加入欧经区，协议不得不推迟实施。直至1994年1月1日，由欧共体12国和除瑞士、列支敦士登之外的欧贸联5国组成的欧经区才正式成立。1995年5月1日，列支敦士登也正式成为欧洲经济区成员国。目前，欧经区已成为由欧盟28国和欧贸联3国（冰岛、列支敦士登、挪威）组成的单一市场（即“内部市场”)，实现了区内货物、服务、人员和资金的自由流动。

欧贸联积极与区外国家开展自由贸易协定谈判，截至2015年底已签署25个协定，涵盖欧盟以外的36个国家和地区，包括：土耳其（1991年12月签署，1992年4月生效）、以色列（1992年9月签署，1993年1月生效）、摩洛哥（1997年6月签署，1999年12月生效）、巴勒斯坦（1998年11月签署，1999年7月生效）、马其顿（2000年6月签署，2002年5月生效）、墨西哥（2000年11月签署，2001年7月生效）、约旦（2001年6月签署，2002年9月生效）、新加坡（2002年6月签署，2003年1月生效）、智利（2003年6月签署，2004年12月生效）、黎巴嫩（2004年6月签署，2007年1月生效）、突尼斯（2004年12月签署，2005年6月生效）、韩国（2005年12月签署，2006年9月生效）、南部非洲关税同盟（2006年6月签署，2008年5月生效）、埃及（2007年1月签署，2007年8月生效）、加拿大（2008年1月签署，2009年7月生效）、哥伦比亚（2008年11月签署，2011年7月生效）、海湾合作委员会国家

（2009年6月签署，2014年7月生效）、塞尔维亚（2009年12月签署，2010年10月生效）、阿尔巴尼亚（2009年12月签署，2010年11月生效）、乌克兰（2010年6月签署，2012年6月生效）、秘鲁（2010年7月签署，2012年7月生效）、中国香港（2011年6月签署，2012年11月生效）、黑山（2011年11月签署，2012年11月生效）、波黑（2013年6月签署，2015年1月生效）、中美洲国家（哥斯达黎加和巴拿马2013年6月签署，2014年8—9月生效；危地马拉2015年6月加入协议）、海湾阿拉伯国家合作委员会（2014年1月签署）。

目前，欧贸联继续与以下国家和地区进行自贸协定谈判：阿尔及利亚（2007年11月开始，迄已进行4轮谈判）、印度（2008年1月开始，迄已进行13轮谈判）、印度尼西亚（2011年2月开始，迄已进行9轮谈判）、马来西亚（2012年11月开始，迄已进行5轮谈判）、俄罗斯、白俄罗斯、哈萨克斯坦（2011年1月开始，迄已进行11轮谈判）、泰国（2006年1月展开第2轮谈判）、中美洲国家（洪都拉斯）（2012年3月开始，迄已进行6轮谈判）、越南（2012年5月开始，迄已进行13轮谈判）、菲律宾（2015年3月开始，迄已进行4轮谈判）格鲁吉亚（2015年9月开始第1轮谈判）。此外，欧贸联还与9个国家签有合作联合声明（Joint Declarations on Cooperation），包括厄瓜多尔、毛里求斯、蒙古、南方共同市场4国（阿根廷、巴西、巴拉圭、乌拉圭）、缅甸和巴基斯坦。欧贸联还表示希望进一步发展与亚洲国家，特别是与中国、日本的贸易关系，以推动世界自由贸易的发展。　（李博）

欧洲复兴开发银行

European Bank for Reconstruction and Development—EBRD

【成立日期】1991年4月14日正式成立。

【宗旨】本着加强民主、尊重人权、保护环境的精神，帮助和支持中东欧、中亚、东南地中海国家向市场经济和民主化社会过渡。

【成员】截至2015年12月，有67个成员。包括65个成员国和2个国际机构。其中欧洲45个：阿尔巴尼亚、亚美尼亚、奥地利、阿塞拜疆、白俄罗斯、比利时、波斯尼亚和黑塞哥维那、保加利亚、克罗地亚、塞浦路斯、捷克、丹麦、爱沙尼亚、芬兰、法国、格鲁吉亚、德国、希腊、匈牙利、冰岛、爱尔兰、意大利、拉脱维亚、列支敦士登、立陶宛、卢森堡、马其顿、马耳他、摩尔多瓦、荷兰、挪威、波兰、葡萄牙、罗马尼亚、俄罗斯、塞尔维亚、黑山、斯洛伐克、斯洛文尼亚、西班牙、瑞典、瑞士、乌克兰、英国；亚洲12个：中国、土耳其、以色列、约旦、日本、哈萨克斯坦、韩国、吉尔吉斯斯坦、蒙古、塔吉克斯坦、土库曼斯坦、乌兹别克斯坦；美洲3个：加拿大、墨西哥、美国；大洋洲2个：澳大利亚、新西兰；非洲3个：埃及、摩洛哥、突尼斯。2个国际机构：欧洲联盟和欧洲投资银行。2015年12月14日，欧洲复兴开发银行理事会通过了同意中国加入的决议。

【负责人】苏马·查克拉巴蒂爵士（Sir Suma Chakrabarti，英国人），第六任行长，2012年7月3日就任，任期4年。

【总部】英国伦敦。

【网址】http://www.ebrd.com/。

【出版物】《年度报告》（*Annual Report*），《转型报告》（*Transition Report*）等。

【组织机构】理事会是最高权力机构，由各成员国委派的正副理事各1名组成，每年举行1次年会。董事会代理事会行使权力，由23名成员组成，董事任期3年。董事会负责指导银行的日常业务工作，并负责选举行长。董事会主席兼任行长，任期4年。

【股本和资金来源】欧盟委员会、欧洲投资银行和65个成员国拥有股权，总资本约300亿欧元。最大的股份拥有者是美国，其次是法国、德国、意大利、日本和英国。

【主要活动】投资主要目标是中东欧国家和中亚国家的私营企业和基础设施，是该地区最大的金融投资机构。1991年至2015年年底，共计投资5215个项目，涉及投资金额约1072亿欧元。

主要业务为：（1）提供必要的技术援助和人员培训。（2）帮助受援国政府制定政策及措施，推动经济改革，帮助实施非垄断化、非中央集权化及非国有化。（3）参加筹建金融机构及金融体系，其中包括银行体系及资本市场体系。（4）支持筹建工业体系，尤其注意扶持中小型企业的发展。奉行“兼顾发展银行和商业投资银行业务”的经营方针。目前，该行表示愿受邀向其他地区国家，甚至是受国际金融危机冲击严重的部分发达经济体提供帮助。

2015年欧洲复兴开发银行在超过30多个国家进行了共381项投资，投资总额高达94亿欧元。其中，在中亚地区投资总额为14亿欧元，累计投资已超100亿欧元。主要投资方向为可再生能源、基础设施、中小企业融资等。

迄今已举行24届年会及商业论坛。2015年5月14—15日，第24届年会及商业论坛在格鲁吉亚第比利斯召开。会议主题是“为改变而投资”，重点就如何应对高加索以及欧洲复兴开发银行所涉地区的棘手问题展开讨论。　（张谦）

中欧倡议国组织

Central European Initiative—CEI

【成立日期】1992年3月，在奥地利召开的外长会议上由"五国集团"（匈牙利、捷克、前南斯拉夫、意大利和奥地利）更为现称。

【宗旨】通过促进中欧地区国家间及与欧盟、相关机构、非政府组织、国际和地区组织各领域合作，支持中欧国家加入欧洲一体化进程。

【成员国】18个（截至2015年），阿尔巴尼亚、奥地利、白俄罗斯、波黑、保加利亚、克罗地亚、捷克、匈牙利、意大利、马其顿、摩尔多瓦、黑山、波兰、罗马尼亚、塞尔维亚、斯洛伐克、斯洛文尼亚、乌克兰。

【主席国】各成员国轮流担任主席，每一主席任期1年。2016年1月起，波黑担任轮值主席国。

【主要活动】2007年11月，中欧倡议国组织首脑会议在保加利亚首都索菲亚举行，会议对《2007—2009行动计划》进行了修改。该计划对未来中欧倡议国组织在经济发展、人力资源开发和跨地区、跨国合作三大领域进行了规划。2008年11月，中欧倡议国组织首脑会议在摩尔多瓦首都基希讷乌召开，就该组织宗旨、改革进程、政治和经济合作等问题进行了讨论，强调将通过一系列共同发展项目深化与欧盟及其他地区组织合作关系。2009年11月，中欧倡议国组织首脑会议在罗马尼亚首都布加勒斯特举行，会议呼吁欧盟加大推动西巴尔干国家入盟进程力度；呼吁欧盟实现能源供应渠道和线路多样化，进一步巩固欧盟内部能源和天然气市场，并通过使用再生能源来减少常规能源的消耗量。2010年6月，中欧倡议国组织外长会议在黑山布德瓦举行。会议主要关注近年来的地区发展以及如何发挥该组织作用，重点讨论了该组织政策、结构和财政等情况，确认组织的基本任务是促进非欧盟国家向欧盟靠拢，强调加强组织与欧盟关系的重要性，愿与欧盟委员会探索合作渠道，与欧洲复兴开发银行建立并加强伙伴关系。

2011年，联合国大会授予中欧倡议国组织观察员地位。2012年6月，中欧倡议国组织外长会议在意大利特里亚斯特举行。会议再次确认该组织是欧洲一体化的政治论坛和中东欧推行经济改革的主要平台之一。要求充分发挥该组织的结构优势和合作优势，促进非欧盟国家向欧盟靠拢，提升中东欧地区的整体发展水平。

2013年4月，中欧倡议国组织部长级会议在匈牙利布达佩斯召开，讨论可持续农业及其对农村发展与环境保护的影响。会议强调经济、环境及社会领域可持续化发展应在政策制定及日常实践中加以落实。鼓励成员国之间就可持续农业发展及粮食生产等开展合作科研，加强知识共享，共同构建一个适宜居住且安全美好的未来。

2013年11月，中欧倡议国组织年会在匈牙利哥德勒市召开。会议通过《中欧倡议国组织2014—2016行动计划》，确定了未来三年主要任务和战略目标，特别是经济结构和财政政策。

2014年6月3日，中欧倡议国组织外长级会议和西巴尔干国家外长级会议在奥地利维也纳举行，西巴尔干地区国家入盟问题成为会议主要议题。会议出台了要求给予阿尔巴尼亚欧盟候选国地位的信件，与会的克罗地亚、斯洛文尼亚、斯洛伐克、保加利亚、希腊、意大利及奥地利等欧盟成员国外长在呼吁信上签字。

2015年6月15日，中欧倡议国组织外长级会议在马其顿西南部城市奥赫里德举行，讨论议题主要为欧洲一体化、互联互通以及本地区的安全、稳定、繁荣问题。会议并通过2016年度中欧倡议国组织合作基金预算案。（李博）

北美自由贸易协定

North American Free Trade Agreement—NAFTA

【成立日期】1992年8月12日，美国、加拿大、墨西哥3国签署北美自由贸易协定，该协定于1994年1月1日正式生效。

【宗旨】减少贸易壁垒，促进商品和劳务在缔约国间的流通；改善自由贸易区内公平竞争的环境；增加各成员国境内的投资机会；在各成员国境内有效保护知识产权；创造有效程序以确保协定的履行和争端的解决；建立机制，扩展和加强协定利益。

【成员】美国、加拿大、墨西哥。

【组织机构】（1）自由贸易委员会：由3个成员国的内阁级代表组成，是北美自由贸易协定的中央机构，统管协定的实施和争端的解决，监督各工作小组、委员会和其他附属机构的工作。（2）协调员：由分别来自3国的3位高级贸易官员构成，负责协定实施过程中的日常工作。(3) 秘书处：负责根据协定相关条款解决争端。(4) 另设30多个工作小组、委员会及附属机构。

【主要活动】1992年8月12日，美国、加拿大、墨西哥三国签署三边自由贸易协定，决定在自1994年1月1日协定生效之日起15年内逐步消除贸易壁垒、实施商品和劳务的自由流通，建成世界最大的自由贸易区。1994年12月第1届美洲国家首脑峰会上，各国一致同意美国关于用10年时间建立美洲自由贸易区（FTAA）的倡议。1995年2月，由美、墨两国政府出资的北美开发银行开始营业。1996年11月，加同智利签署自由贸易协定，为智未来加入NAFTA构建桥梁。1998年4月，经美、加推动，第2届美洲国家首脑峰会通过《圣地亚哥宣言》，宣布启动关于建立FTAA的谈判。2001年4月22日，美国总统布什、加总理克雷蒂安、墨总统福克斯在加拿大魁北克市会晤并发表联合声明，表示要继续推进实施NAFTA，保证北美贸易和投资的进一步发展。2004年1月，美洲国家领导人特别峰会通过了2005年内完成FTAA谈判的时间表。北美自由贸易区区内基本实现零关税。据美国商务部统计，2015年，美国对区内贸易伙伴的货物贸易额为1.1万亿美元。

（王胜耀）

美洲开发银行

Inter-American Development Bank—IDB

【成立日期】1959年12月30日成立。该行是美洲国家组织的专门机构，其他地区国家也可加入。非拉美国家不能使用该行资金，但可参加该行组织的项目投标。

【宗旨】集中各成员国的力量，对拉丁美洲国家的经济、社会发展计划提供资金和技术援助，并协助它们单独和集体为加速经济发展和社会进步做出贡献。

【成员】48个（截至2015年12月）。其中美洲28个：阿根廷、巴巴多斯、巴哈马、巴拉圭、巴拿马、巴西、秘鲁、玻利维亚、多米尼加、厄瓜多尔、哥伦比亚、哥斯达黎加、圭亚那、海地、洪都拉斯、墨西哥、尼加拉瓜、萨尔瓦多、苏里南、特立尼达和多巴哥、危地马拉、委内瑞拉、乌拉圭、牙买加、智利、伯利兹、加拿大、美国；欧洲16个：奥地利、比利时、丹麦、德国、法国、芬兰、荷兰、挪威、葡萄牙、瑞典、瑞士、西班牙、意大利、英国、克罗地亚和斯洛文尼亚。亚洲4个：日本、以色列、韩国、中国。

【主要负责人】行长路易斯·阿尔贝托·莫雷诺（Luis Alberto Moreno，哥伦比亚人），2005年7月当选，后两度连任，任期至2020年。

【总部】美国华盛顿。

【网址】http://www.iadb.org。

【出版物】《年度报告》（*Annual Report*），英文，在美国出版；《拉美一体化》（*Integración Latinoamericana*），月刊，西班牙文，在阿根廷出版。

【组织机构】(1) 理事会：最高权力机构，由各成员国委派1名理事组成，每年举行1次会议。理事通常为各国经济、财政部长、中央银行行长或其他担任类似职务者。(2) 执行董事会：理事会领导下的常设执行机构，由14名董事组成，其中拉美国家9名，美国、加拿大和日本各1名，其他地区国家2名，任期3年。(3) 行长和副行长：在执行董事会领导下主持日常工作。行长由执行董事会选举产生，任期5年，副行长由执行董事会任命。(4) 分支机构：在拉美各成员国首都及马德里和东京设有办事处。(5) 投资机构：美洲投资公司（Inter-American Investment Corporacion—IIC），1989年成立，为美洲开发银行全资附属公司，旨在通过向中小型企业提供融资以促进该地区发展。现有45个成员国，26个为拉美和加勒比地区国家。多边投资基金（Multilateral Investment Fund—MIF），1993年成立，主要目的是为私营企业创造更好的投资环境，促进其发展，由39个成员国集资建立，由美洲开发银行管理。(6) 拉美一体化研究所：1964年成立，设在阿根廷首都布宜诺斯艾利斯，负责培养高级技术人才，研究有关经济、法律和社会等重大问题，为成员国提供咨询。

【银行资本】(1) 成员国分摊；(2) 发达国家成员国提供；(3) 在世界金融市场和有关国家发放债券。1960年开业时拥有8.13亿美元资金。截至2014年年底，该行总资产为1605.78亿美元。认缴股份较多的国家有：美国占30.021%，阿根廷和巴西各占11.189%，墨西哥占7.193%，委内瑞拉占4.071%，加拿大占4.003%。各成员国的表决权依其加入股本的多寡而定。按章程规定，拉美国家表决权在任何情况下不得低于50%。截至2014年年底，中国在美洲开发银行投票权为0.004%，美洲投资公司为0.16%，多边投资基金为2.78%。

【主要活动】提供贷款促进拉美地区的经济发展、帮助成员国发展贸易，为各种开发计划和项目的筹备和执行提供技术合作。银行的一般资金主要用于向拉美国家公、私企业提供贷款，年息通常为8%，贷款期10—25年。特别业务基金主要用于拉美国家的经济发展优惠项目，年息1%—4%，贷款期20—40年。银行还掌管美国、加拿大、德国、英国、挪威、瑞典、瑞士和委内瑞拉等政府及梵蒂冈提供的“拉美开发基金”。20世纪六七十年代，该行主要为卫生和教育等公共项目提供资金，90年代起逐渐加大对私营企业的贷款。50多年来，该行的贷款规模增长迅速，1961年贷款额为2.94亿美元，1998年增至100.63亿美元，2000年为52.66亿美元，2001年为79亿美元，2002年为45.5亿美元，2008年为122亿美元，2014年为138.43亿美元，为促进拉美经济社会发展发挥了重要作用。

该行成立以来每年均举行年会。2010年3月，美洲开发银行第51届年会在墨西哥坎昆举行，通过《坎昆宣言》，就美洲行增资、援助海地等达成一致。2011年3月，美洲开发银行第52届年会在加拿大卡尔加里举行，会议向各成员国报告了有关普遍增资和发展战略的落实情况，并选举出2011—2014年各选区执行董事。2012年3月，美洲开发银行第53届年会在乌拉圭首都蒙得维的亚举行，会议讨论了有关增资事宜，承诺将开拓更多融资渠道和工具来应对金融危机，帮助弱小经济体渡过难关。2013年3月，美洲开发银行第54届年会在巴拿马首都巴拿马城举行。2014年3月，美洲开发银行第55届年会在巴西绍伊皮海滨举行。2015年3月，第56届年会在韩国釜山举行，重点讨论该行私营部门改革、金融政策和机构战略更新等。

【同中国的关系】中国自1991年起连续18年应邀派团以观察员身份参加了美洲开发银行年会。1993年9月，中国人民银行正式向美洲开发银行提出加入申请。2004年3月，黄菊副总理致函伊格莱西亚斯行长，重申中国人民银行加入美洲开发银行的申请。2008年10月，美洲开发银行执董会决定接受中国人民银行为正式成员；美洲开发银行行长莫雷诺访华，杨洁篪外长和周小川行长分别会见。2009年1月12日，中国人民银行代表中国正式加入美洲开发银行集团。3月，中国人民银行行长周小川代表中国以正式成员身份出席在哥伦比亚麦德林举行的美洲开发银行成立50周年年会。2010年3月，中国人民银行行长周小川代表中国出席在墨西哥坎昆举行的美洲开发银行第51届年会。9月，王岐山副总理和杨洁篪外长分别会见来华出席第4届中拉企业家高峰会的美洲开发银行行长莫雷诺。2011年3月，中国人民银行郭庆平行长助理率团出席在加拿大卡尔加里举行的美洲开发银行第52届年会。2012年3月，中国人民银行刘士余副行长率团出席在乌拉圭举行的美洲开发银行第53届年会。10月，杨洁篪外长应约会见来华访问的美洲开发银行行长莫雷诺。双方就国际、拉美地区经济、金融形势和中拉关系等交换了意见。2013 年3月，中国人民银行易纲副行长率团出席美洲开发银行第54届年会。9月，马凯副总理、外交部副部长张业遂等分别会见来华参加大连世界经济论坛年会的莫雷诺行长。2014年3月，中国人民银行行长助理郭庆平率团出席在巴西绍伊皮海滨举行的美洲开发银行第55届年会。9月，莫雷诺行长来华出席第8届夏季达沃斯论坛和第8届中拉企业家高峰会，马凯副总理会见。11月，莫雷诺行长应邀来华出席APEC工商领导人峰会。2015年1月，美洲开发银行副行长德罗萨应邀来华出席中国—拉共体论坛首届部长级会议。3月，中国人民银行副行长易纲率团出席在韩国举行的第56届年会，并同美洲开发银行签署两银行间中期战略合作规划。6月，杨洁篪国务委员在华盛顿出席第7轮中美战略与经济对话期间应约会见莫雷诺行长。 （马文）

拉丁美洲经济体系

Sistema Económico Latinoamericano—SELA

【成立经过】1975年10月17日，拉美23国政府代表签署《巴拿马协议》，宣告成立拉丁美洲经济体系。1976年6月7日协议正式生效。

【宗旨】本着平等、主权、独立、团结、互不干涉内政、互相尊重各国政治、经济和社会制度差异的原则，促进拉美地区合作，推动地区一体化进程，制定和执行经济、社会发展规划与项目，协调拉美各国有关经济和社会问题的立场与战略，切实维护拉美国家的合法权益，为建立公正、合理的国际经济新秩序而努力。

【成员】27个（截至2015年12月）：阿根廷、巴巴多斯、巴哈马、巴拉圭、巴拿马、伯利兹、巴西、秘鲁、玻利维亚、多米尼加、厄瓜多尔、哥伦比亚、哥斯达黎加、古巴、圭亚那、海地、洪都拉斯、墨西哥、尼加拉瓜、萨尔瓦多、苏里南、特立尼达和多巴哥、危地马拉、委内瑞拉、乌拉圭、牙买加、智利。42个拉美、欧洲和联合国的政治、经济和社会组织为观察员。

【主要负责人】常任秘书罗伯托·瓜尔涅里（Roberto Guarnieri，委内瑞拉经济学家，曾于2003年至2006年担任此职），2013年就职，任期4年。

【总部】常设秘书处，设在委内瑞拉首都加拉加斯。

【网址】http://www.sela.org/。

【出版物】西班牙文季刊《战略性记录》（NOTAS ESTRATÉGICAS），西、英文季刊《拉美经济体系在美国的天线》（ANTENA DE SELA EN ESTADOS UNIDOS），西文月刊《拉美和加勒比一体化公报》。

【组织机构】（1）拉丁美洲理事会：最高机构。由各成员国政府任命1名全权代表组成，每年举行1次部长级例会，确定拉美经济体系的总政策。如理事会做出决定或不少于1/3的成员国提出要求，可举行部长级或非部长级特别会议。理事会设主席1人、副主席2人、报告员1人（共同组成主席团），由各国代表轮流担任。（2）行动委员会：临时性的合作机构。每个委员会至少由3个成员国组成，其他成员国可以自由加入或退出。任务是就一些专门问题制定共同纲领和计划，并协调行动。任务完成后，委员会可解散或转变成常设机构。（3）常设秘书处：执行机构。常任秘书由拉丁美洲理事会选举产生，任期4年。

【**主要活动**】2009年10月，第35届拉美理事会例会在加拉加斯举行，会议就呼吁美国停止对古巴经济封锁及气候变化问题发表声明。2010年10月，第36届拉美理事会例会在加拉加斯举行，会议发表声明，呼吁国际社会为海地、伯利兹、危地马拉灾后重建提供援助并加强在此问题上的南南合作，反对破坏厄瓜多尔民主秩序的行为，坚决维护地区和平与民主，呼吁美国停止对古巴经济封锁。2011年12月，第37届拉美理事会例会在加拉加斯举行，会议就当前国际经济形势与拉美和加勒比地区面临的挑战等问题发表声明。2012年10月，第38届拉美理事会例会在加拉加斯举行，会议就呼吁美国停止对古巴经济封锁发表声明。2013年11月，第39届拉美理事会例会在加拉加斯举行，会议就呼吁美国停止对古巴经济封锁和呼吁在厄瓜多尔的跨国企业遵守当地环保法律等发表声明。2014年11月，第40届拉美理事会例会在加拉加斯举行，会议就呼吁美国停止对古巴经济封锁发表声明。2015年11月，第41届拉美理事会例会在加拉加斯举行，会议就呼吁美国停止对古巴经济封锁发表声明。

【**同中国的关系**】1995年，国务院外办主任刘华秋率中国代表团参加在哥伦比亚举行的不结盟国家首脑会议，其间会见了拉美经济体系常任秘书莫内塔。1996年，中国国际贸易促进委员会刘富贵副会长率团访问委内瑞拉期间，双方举行会晤，并探讨合作举办活动的可能性。11月14日，应拉美经济体系的邀请，国务院总理李鹏在访问委内瑞拉期间在该组织总部发表了题为《共同谱写中拉友好合作的新篇章》的重要演讲，阐述了中国关于发展与拉美关系的五项原则和扩大经贸合作的四个重点。1998年，拉美经济体系常设秘书处与中国国际贸易促进委员会签订合作协议，旨在增进拉美和加勒比国家与中国企业界之间的经贸合作关系。拉美经济体系常任秘书莫内塔于1997年、1999年两次率团访华。1999年，莫内塔在访华期间拜会国务委员王忠禹，贸促会与该组织在北京和成都合作举办中国—拉美加勒比经贸研讨会。1999年11月，贸促会会长俞晓松致电祝贺博耶当选拉美经济体系常任秘书。2003年、2013年，贸促会会长万季飞两次电贺瓜尔涅里当选拉美经济体系常任秘书。　（王晋翼）

拉丁美洲一体化协会

Asociación Latinoamericana de Integración—ALADI

【**成立经过**】拉丁美洲一体化协会的前身是1960年成立的拉美自由贸易协会。1980年8月12日，该协会11个成员国的外交部长在乌拉圭首都蒙得维的亚签署了《蒙得维的亚条约》，宣告拉丁美洲一体化协会成立。1981年3月18日《条约》正式生效，拉美自由贸易协会自行停止活动。该协会是拉美地区重要的政府间促进一体化组织。

【**宗旨**】促进和协调成员国相互间的贸易，扩大出口市场和经济合作，在双边和多边合作的基础上，实现地区经济一体化，最终建立拉美共同市场。基本职能是为拉美地区一体化组织和拉美国家双边协定提供保护，为双边和多边贸易提供方便和咨询。

【**成员**】13个（截至2015年12月）：阿根廷、玻利维亚、巴西、哥伦比亚、智利、厄瓜多尔、墨西哥、巴拿马、巴拉圭、秘鲁、乌拉圭、委内瑞拉和古巴。各成员国按经济发展水平分为3个等级，巴西、墨西哥、阿根廷为经济“高等发展”水平，智利、哥伦比亚、秘鲁、乌拉圭、委内瑞拉、古巴和巴拿马为“中等发展”水平，厄瓜多尔、巴拉圭和玻利维亚为“低等发展”水平。

向该协会派常驻观察员的国家有（截至2015年12月）：萨尔瓦多、洪都拉斯、西班牙、葡萄牙、危地马拉、多米尼加、哥斯达黎加、尼加拉瓜、意大利、瑞士、俄罗斯、罗马尼亚、中国、韩国、日本、乌克兰、巴基斯坦、圣马力诺。

向该协会派常驻观察员的国际组织有（截至2015年12月）：联合国拉美和加勒比经济委员会、美洲国家组织、美洲开发银行、联合国开发计划署、欧盟、拉美经济体系、拉美开发银行、泛美农业合作委员会、泛美卫生组织、世界卫生组织、伊比利亚美洲秘书处。

【**主要负责人**】协会秘书长卡洛斯·阿尔瓦雷斯（Carlos Álvarez，阿根廷人），2011年8月当选，2014年8月连任，任期3年。

【**总部**】乌拉圭首都蒙得维的亚。

【**网址**】http://www.aladi.org。

【**出版物**】《拉美一体化协会概况》（*Síntesis ALADI*）月刊，西班牙文；《时事通讯》（*News Letter*）双月刊，英文。

【**组织机构**】（1）外长理事会：最高决策机构。（2）代表委员会：常设政治机构，由各成员国派1名代表和1名副代表组成，每15天举行1次会议。该协会下设协助机构和工作组。协助机构下设金融货币事务委员会

（由成员国中央银行行长组成）、金融货币事务顾问委员会和各国海关关长会议等机构。工作组下设规则和纪律、贸易便利化和商品市场准入等小组。（3）评审和汇总会议：由各成员国政府的全权代表组成。（4）秘书处：行政技术机构。设1名秘书长和2名副秘书长，任期均为3年，可连任。

【主要活动】2008年3月，第14届外长理事会在蒙得维的亚召开，选举巴拉圭资深外交官萨吉尔为新任秘书长。2010年5月，第43届金融和货币理事会在布宜诺斯艾利斯召开。2011年8月，第16次外长理事会在阿根廷召开，选举阿根廷前副总统卡洛斯·阿尔瓦雷斯为拉美一体化协会新任秘书长。2012年5月，由拉美一体化协会、联合国拉美和加勒比经济委员会（CEPAL）和拉美开发银行（CAF）共同倡议的"亚太—拉美关系观察站"（网址：http://www.observatorioasiapacifico.org/）正式成立。2012年8月，拉美一体化协会召开拉美主要地区组织协调会，旨在加强组织在拉共体框架内的合作和相互协调，更有效地推进地区一体化进程。2013年9月，代表委员会通过关于2014年下半年在乌拉圭举办面向成员国进出口企业的首届拉丁美洲一体化协会博览会（EXPO ALADI）的决议。2014年8月，第17次外长理事会在蒙得维的亚召开，现任秘书长卡洛斯·阿尔瓦雷斯获得连任，任期3年。2015年6月，第二届EXPO ALADI在阿根廷举行。

【同中国的关系】1994年6月15日，拉美一体化协会（ALADI）常设政治机构代表委员会第25次会议决定，接纳中华人民共和国为该协会观察员。同年，双方签署《中国同拉美一体化协会间合作计划》。中国是拉美一体化协会的第一个亚洲观察员。中国常驻ALADI观察员由我驻乌拉圭大使担任。2011年8月，外交部长杨洁篪致电祝贺阿尔瓦雷斯当选秘书长。2013年7月，拉美一体化协会副秘书长拉布克·苏克来华出席第2届中国—拉丁美洲和加勒比智库交流论坛。2013年9月，双方签署《中华人民共和国外交部与拉美一体化协会总秘书处专门合作备忘录》。2014年8月，外交部长王毅致电祝贺阿尔瓦雷斯连任秘书长。

（马文）

加勒比开发银行
The Caribbean Development Bank—CDB

【成立日期】1969年10月18日。

【宗旨】促进加勒比地区成员国经济协调发展；推动本地区成员间经济合作和地区一体化进程，对本地区欠发达成员的需要予以特别关注。

【职能】（1）协助本地区成员相互协调发展计划，以便更有效利用其自身资源，增强经济互补性，推动本地区成员有序拓展国际贸易，尤其是区内贸易。（2）充分利用区内外各种资金渠道，促进地区发展。（3）为有助于本地区或地区成员发展的项目或计划提供融资服务。（4）向本地区成员提供投资可行性研究和项目立项建议等方面的技术性服务。（5）通过资助本地区金融机构和支持建立大型经济联合体，促进对本地区开发项目的公共和私人投资。（6）同其他地区机构共同努力和合作，促进地区性或成员内部金融机构的发展，建立地区信贷和储蓄市场。（7）鼓励发展本地区资本市场。（8）开展或推动其他有利于上述宗旨的活动。

【成员】现有成员27个，其中本地区成员22个：安提瓜和巴布达、巴哈马、巴巴多斯、伯利兹、多米尼克、格林纳达、圭亚那、海地、牙买加、圣基茨和尼维斯、圣卢西亚、圣文森特和格林纳丁斯、苏里南、特立尼达和多巴哥及未独立地区安圭拉（英属）、开曼群岛（英属）、蒙特塞拉特（英属）、特克斯和凯科斯群岛（英属）、英属维尔京群岛（上述19个成员为借款成员）、墨西哥、哥伦比亚和委内瑞拉（上述3个成员为非借款成员）；非本地区成员5个：加拿大、中国、德国、意大利、英国。此外，加行理事会已通过决议，批准苏里南和巴西的入行申请，但尚未完成有关手续。

【主要负责人】行长：威廉·史密斯（William Smith），牙买加经济学家，2011年5月就任。

【总部】巴巴多斯维尔迪市。

地　址：P.O.Box 408，Wildey，St.Michael，Barbados，W.I.。电 话：（001-246）4311600；传真：4267269。电子邮箱：info@caribank.org。

【网址】http://www.caribank.org。

【组织机构】（1）理事会：系银行的最高决策机构，现有理事和副理事各22名。原则上每个成员国任命理事和副理事各1名，但安圭拉、开曼群岛、蒙特塞拉特、特克斯和凯科斯群岛、英属维尔京群岛5个未独立地区共享1个席位。各理事代表本国行使投票权，投票权大小基本依各国认缴股本的多少而定，对小成员国略有倾斜。理事会每年召开1次例会，也可根据需要召开特别会议。（2）董事会：负责制订银行的总体政策和运作方向，行使理事会授予的权利、就提供贷款、担保或选择投资方式以及制订借款计划等问题做出决定。董事会现由18名董事组成，其中13名代表本地区成员，5名代表非本地区成员。行长兼任董事会主席，负责银行的组织和运作，包括任命职员和审查贷款建议案，任期5年，可以连选连任。副行长2位，1位负责业务，1位负责综合服务和文秘。除行长、副行长办公室外，加行下设4个部门：财务部、项目部、经济计划部和法律部。工作人员约210人。

【资产】由普通资本和特别基金两部分组成。普通资本是各成员国认购的股本以及银行自筹的借款；特别基金主要来源于银行接受的捐款。特别基金又分为特别发展基金和其他特别基金。特别发展基金是加行的软贷款窗口，其资金来源为每4年1次的成员捐资。其他特别基金的资金来源为加行成员和其他机构所提供的有附带条件的资金。截至2014年年底，加行股本金2.99亿美元，留存收益和储备5.22亿美元，所有者权益合计8.22亿美元。

【主要活动】主要在以下四个方面开展工作：（1）向成员提供资金，主要用于农业、采矿、制造业、旅游、交通运输、能源、海洋开发以及社会发展等部门。从1979年开始在11个欠发达借贷国改善基础设施，扩大农村就业机会。（2）促进本地区成员之间的经济合作和一体化进程。（3）设立技术援助基金，在工程项目、环境影响分析、人力资源开发等领域提供技术援助。（4）对本地区的援助进行协调，参加加勒比经济发展合作集团的工作。建立加勒比开发资金，向加勒比国家提供特别外部援助。

【同中国的关系】1989年，中国开始以观察员身份出席加行年会。1997年5月，加行理事会第27届年会决定接纳中国为正式成员。中国在加行享有1个董事席位，代表中国以及在中国之后加入加行的非本地区国家。1998年年初，中国在加行的成员国地位正式生效。

2000年1月，中国人民银行在巴巴多斯设立驻加行联络处。2002年5月，中国在出席加行第32届年会时宣布将在加行建立一项100万美元的技术合作基金，用于向加方介绍中国经济发展的经验和技术。2002年12月13日，中国政府和加行签署了《加勒比开发银行和中华人民共和国政府咨询服务和培训活动的技术合作基金协定》。自加入加行起至今，中国参与了该行“特别发展基金”第4至8次增资，以及2010年进行的第4次普通股本普遍增资。加行时任行长伯恩曾于2001年、2006年两次访华。2005年12月，中国人民银行行长周小川访问加行，与伯恩行长探讨了中国与加勒比地区合作的领域与方式。2013年5月，中国人民银行副行长李东荣率团出席在圣卢西亚举行的加勒比开发银行第43届年会，并会见加行行长史密斯，就加强双方合作等议题交换意见。2014年11月，加行行长史密斯率团访华，同中国人民银行、国家开发银行、进出口银行、国家能源局等机构负责人会面，就深化双方关系进行探讨。2014—2015年，中方在参加加行年会和董事会期间，积极呼吁加行拓展公私部门合作等新兴业务，提高开发效果和效率，不断优化治理结构。中方承诺于2014—2016年间向加行捐资700万美元，分四笔支付（每笔175万美元）。截至2015年年底，已支付前三笔认捐款。（吕优）

南方共同市场

Mercado Común del Sur—MERCOSUR

【成立日期】1991年3月26日，阿根廷、巴西、巴拉圭和乌拉圭4国总统在巴拉圭首都签署《亚松森条约》，宣布建立南方共同市场（简称“南共市”）。该条约于当年11月29日正式生效。1995年1月1日南共市正式运行，关税同盟开始生效。

【宗旨】通过有效利用资源、保护环境、协调宏观经济政策、加强经济互补，促进成员国科技进步和实现经济现代化，进而改善人民生活条件，推动拉美地区经济一体化进程。

【成员】正式成员国为阿根廷、巴西、巴拉圭、乌拉圭、委内瑞拉和玻利维亚（2012年12月曾被接纳为成员国，后因巴拉圭政变，未获巴议会批准，2015年7月重新签署入市议定书）。联系国为智利、秘鲁、哥伦比亚、厄瓜多尔、苏里南、圭亚那。2013年6月，厄瓜多尔正式申请入市。

【主要负责人】高级总代表罗尼西亚·弗洛利斯瓦多·菲耶尔（Rosinha Florisvaldo Fier，巴西劳工党奠基人之一，前巴西联邦议员，前南共市议会议长）2015年2月就任，任期至2017年1月31日。

【组织机构】（1）共同市场理事会：最高决策机构。由成员国外交部长和经济部长组成。理事会主席由各缔约国外长轮流担任，任期半年。一般每年举行2次成员国首脑会议，理事会负责首脑会议的筹备和组织工作。（2）共同市场小组：执行机构。负责实施条约和理事会做出的决议，就贸易开放计划、协调宏观经济政策、与第三国商签经贸协定等提出建议。由各成员国派出4名正式成员和4名候补成员组成，代表本国外交部、经济部和中央银行。下设贸易事务、海关事务、技术标准、税收和金融政策、陆路运输、海上运输、工业和技术政策、农业政策、能源政策和宏观经济政策协调等10个工作组。（3）南共市贸易委员会：区内贸易事务机构。下设税务和商品名录、海关事务、贸易规则、保护竞争力等8个分委会。（4）南共市议会：立法机构。实行一院制，由各成员国各18名议员组成，总部设在乌拉圭首都蒙得维的亚。（5）南共市秘书处：行政机构，设在乌拉圭蒙得维的亚。（6）南共市常设仲裁法院：司法机构，解决成员国间争端。

【网址】http://www.mercosur.int/

【主要活动】截至2015年12月，南共市共举行了49届首脑会议。

2009年7月，南共市第37届首脑会议在巴拉圭首都亚松森举行。会议发表声明谴责洪都拉斯政变，宣布不承认洪临时政府及其举行的任何选举。会议还讨论了应对国际金融危机、取消双重征税及区内贸易壁垒、地区统一货币、加强南共市建设、甲型H1N1流感等议题。

2009年12月，南共市第38届首脑会议在乌拉圭首都蒙得维的亚举行，各国重点围绕加强南共市建设、推动与欧盟签署自贸协定等议题进行了讨论。

2010年8月，南共市第39届首脑会议在阿根廷圣胡安举行，成员国通过了《共同关税条例》，并就取消成员国间双重征税、加强基础设施一体化、加快与欧盟商签自贸协定等议题达成一致。

2010年12月，南共市第40届首脑会议在巴西伊瓜苏举行，会议发表共同声明，成员国签署了一系列旨在进一步强化南共市经济和社会一体化的合作文件。

2011年6月，南共市第41届首脑会议在巴拉圭亚松森举行，各国讨论了宏观经济政策协调、货物自由流通、基础设施和科研一体化等议题，发表了联合声明。

2011年12月，南共市第42届首脑会议在乌拉圭蒙得维的亚举行，各国就委内瑞拉和厄瓜多尔“入市”、加强贸易保护措施、加大区内外贸易合作等议题进行了讨论并发表联合声明。

2012年6月，南共市第43届首脑会议在阿根廷门多萨举行，各国讨论了加快经济一体化进程等议题，宣布暂时中止巴拉圭成员国资格，同意委内瑞拉作为完全成员国加入南共市。

2012年7月，南共市特别峰会在巴西首都巴西利亚举行，会议通过委内瑞拉成为南共市正式成员国的决议，实现南共市成立21年来首次扩员。

2012年12月，南共市第44届首脑会议在巴西首都巴西利亚举行，会议接纳玻利维亚为第6个成员国，并就金融合作、社会、科技一体化等议题进行讨论并发表联合声明，特别强调将加强与中国和欧盟的关系。会议决定继续暂停巴拉圭成员国资格。

2013年7月，南共市第45届首脑会议在乌拉圭首都蒙得维的亚举行，会议就巩固关税同盟、深化一体化进程等进行讨论并发表共同声明，决定在巴拉圭总统卡特斯8月正式就职后恢复该国成员国身份。南共市还宣布将申请成为中美洲一体化体系观察员，在非洲设立联合商务处，推进与欧亚关税同盟商签经贸合作协议等。

2014年7月，南共市第46届首脑会议在委内瑞拉首都加拉加斯举行，会议围绕促进包容和可持续发展、加强地区经贸合作、推进区域一体化进程等议题进行讨论并发表共同声明，就推动建立南共市—“美洲玻利瓦尔联盟”—“加勒比石油计划”—加勒比共同体互补经济区、阿根廷债务重组、未成年移民权利、加沙地带局势发表特别声明，并追认委前总统查韦斯、阿前总统基什内尔为南共市杰出公民。阿根廷于会后接替委内瑞拉担任南共市轮值主席国。

2014年12月，南共市第47届首脑会议在阿根廷巴拉那举行，峰会就扩大区内外贸易、深化地区一体化、推动地区外向型发展、与欧盟进行自贸谈判等议题展开讨论，研究接纳玻利维亚为成员国的法律程序和技术性问题，发表《南共市成员国总统联合公报》《南共市成员国和联系国总统联合公报》等成果文件，同黎巴嫩、突尼斯就深化双方经贸关系签署合作协议。会议就美古开启关系正常化进程向古巴人民和政府表示祝贺。会后巴西接任南共市轮值主席国。

2015年7月，南共市第48届首脑会议在巴西首都巴西利亚举行，会议就南共市扩员、应对经济挑战、便利区内贸易、推进与欧盟自贸谈判等议题达成共识，发表《南共市成员国总统联合公报》《南共市成员国和联系国联合公报》等成果文件，接纳玻利维亚为该组织第6个成员国，决定在半年内就取消关税和非关税壁垒制定行动计划，将结构趋同基金（FOCEM）展期10年。会议就马岛问题发表特别声明，谴责英国单方面在马岛附近海域进行石油勘探作业，敦促英国与阿根廷尽早重启有关谈判。

2015年12月，南共市第49届首脑会议在巴拉圭首都亚松森举行，委内瑞拉总统马杜罗缺席。会议发表联合公报和对外关系、人权、难民及马岛问题等4份特别声明，决定继续深化南共市一体化，成立边境一体化工作组；促进共同发展，保障社会民生；加强民主体制，维护人权；协调网络信息安全政策；推动与欧盟互换减免关税商品清单，尽早与太平洋联盟举行高级别会议。会后乌拉圭接任轮值主席国。

【同中国的关系】2004年6月，周文重副外长与以南共市轮值主席国阿根廷副外长雷德拉多为团长的南共市代表团在北京举行中国—南共市第5次对话。2005年12月，胡锦涛主席特使、建设部部长汪光焘应邀出席南共市第29届首脑会议。2011年1月，李金章副外长致电祝贺吉马良斯担任南共市首任高级总代表。2012年6月，温家宝总理在访问阿根廷期间与南共市轮值主席阿根廷总统克里斯蒂娜及巴西总统罗塞芙、乌拉圭总统穆希卡共同出席中国与南共市国家领导人视频会议，就深化双方关系、加强经贸合作交换意见，达成广泛共识，并就发表《中华人民共和国与南方共同市场关于进一步加强经济、贸易合作联合声明》达成一致。2012年6月，南共市第43届首脑会议正式发表上述声明，中国驻阿根廷大使殷恒民作为中国政府代表应邀与会。2012年8月，外交部时任主管部领导致电祝贺拉马略担任南共市新任高级总代表。2012年11月，南共市派代表团参加上海国际食品展并举办南共市日活动。中国—南共市经贸会议在上海举办，双方就落实联合声明等进行交流。2015年9月，外交部拉美司司长祝青桥应约会见南共市高级总代表菲耶尔，双方就中国与南共市对话和合作事宜交换看法。

（王晋翼）

安第斯共同体

La Comunidad Andina—CAN

【成立经过】1969年5月，秘鲁、玻利维亚、厄瓜多尔、哥伦比亚和智利政府代表在哥伦比亚的卡塔赫纳城举行会议，讨论本地区经济一体化问题，26日在波哥大签署了《次地区一体化协定》，后称《卡塔赫纳协定》。同年10月16日，该协定生效。因成员国均系安第斯山麓国家，故称“安第斯集团”或“安第斯条约组织”。1973年2月13日，委内瑞拉加入。1976年10月30日，智利退出。1992年9月，秘鲁中止对伙伴国承担经济义务。1995年9月5日，安第斯集团总统理事会第7次会议决定建立安第斯一体化体系。1996年1月，秘鲁政府宣布全面加入安第斯一体化体系，承担成员国所有义务。1996年3月9日，更名为安第斯共同体（简称“安共体”）。1997年8月1日，安共体开始正式运作。

【宗旨】充分利用本地区的资源，促进成员国之间平衡和协调发展，取消成员国之间的关税壁垒，组成共同市场，加速经济一体化进程。

【成员】4个：秘鲁、玻利维亚、厄瓜多尔和哥伦比亚（2006年4月22日，委内瑞拉正式宣布退出）。巴西、阿根廷、乌拉圭、巴拉圭、智利是联系国。西班牙为观察员国。

【主要负责人】现任秘书长巴勃罗·古斯曼·劳希耶（Pablo Guzmán Laugier，玻利维亚人），2013年6月当选，任期5年。

【总部】秘鲁首都利马。

【网址】http://www.comunidadandina.org。

【出版物】《安第斯集团》（*Grupo Andino*）月刊，西班牙文。

【组织机构】（1）总统理事会（1995年以前称“卡塔赫纳协定委员会”）：最高决策机构，确定该组织一体化进程的方向。每年开会1次。（2）外长理事会：由成员国外交部长组成，负责协调成员国的对外政策。每年至少举行两次会议。（3）总秘书处：取代原卡塔赫纳协定委员会，是安共体的执行机构，有权代表安共体同其他一体化组织对话。秘书长由各成员国外长选举产生，任职4年，最多可连任1届。秘书长任职期间，不得兼任他职，不得要求、接受任何国家政府和国际机构的指示；若犯有严重错误，经全体成员国同意可予撤换。（4）安共体委员会：由各成员国总统任命的全权代表组成。同外长理事会一同负责制定一体化政策，协调和监督该政策的落实，并可以召集其他各部部长举行扩大会议，研究制定有关部门政策。（5）安第斯议会：1979年10月25日成立，系安共体的咨询机构。由每个成员国议会各派5名议员组成，任期不得超过5年。每年召开1次例会，总部和常设秘书处设在哥伦比亚首都波哥大。2013年9月20日，安共体第37届外长理事会决定取消安第斯议会。

【主要活动】2006年4月，因为哥伦比亚、秘鲁两国与美国签署自贸协定，委内瑞拉宣布退出安共体。

2007年6月14日，安共体第17届首脑会议在玻利维亚首都塔里哈市举行，玻利维亚、哥伦比亚、厄瓜多尔、秘鲁和智利与会，会议共同签署了《塔里哈宣言》，包括正式宣布接纳智利为安共体联系国，宣布启动与欧盟的贸易谈判。2008年10月14日，安共体特别首脑会议在厄瓜多尔的瓜亚基尔市举行，厄瓜多尔、秘鲁、玻利维亚三国元首及哥伦比亚外贸副部长与会，主要讨论了加强安第斯地区一体化、与欧盟开展贸易谈判等议题。2010年2月5日，安共体4国外交部长和外贸部长通过了安第斯地区一体化进程指导方针及加强地区合作的战略议程。2011年5月，安共体委员会决定加强对移民、人员和商品运输的统计工作，建立促进中小企业发展委员会等。2011年8月，安共体成立文化和多元文化部长委员会，负责推进地区文化政策并对文化产业发展、文化遗产价值评估等提出建议。

2011年11月8日，安共体总统理事会特别会议在哥伦比亚首都波哥大召开，哥伦比亚、厄瓜多尔、玻利维亚和秘鲁四国元首出席，会议发表联合声明，表示安共体将继续致力于推进次区域一体化进程，加强共同体内部现有规则的执行，深化各成员国在能源、安全和环境保护等领域的合作。

2013年9月20日，安共体在利马举行第37届外长理事会，决定将未来安共体工作重点放在区内贸易一体化和人员流动等务实合作领域。

【同中国的关系】2004年9月，中国—安共体第2次政治磋商在北京举行，唐家璇国务委员和李肇星外长分别会见安共体代表团，周文重副外长主持磋商。

2005年1月，曾庆红副主席访问秘鲁期间，集体会见安共体5国外长和该组织秘书长，提出内容涵盖电信、能源、基础设施建设、企业交流、农业、检验检疫、反毒、扶贫、新闻、议会和人力资源培训等重点合作领域的10项倡议，并代表中国政府向安共体秘书处捐赠100万元人民币。9月，安共体咨询和审议机构——安第斯议会同中国全国人大签署友好合作协议。2006年9月，杨洁篪副外长访问秘鲁期间在安共体秘书处会见安共体代理秘书长富恩特斯。2008年5月26日，安第斯议会领导委员会通过决议，就中国四川汶川特大地震所造成重大损失向中国政府和灾区人民表示声援，呼吁国际社会及相关社会团体、金融机构对灾区的安置、重建提供帮助。2013年8月12日，外交部时任主管部领导致电祝贺安共体新任秘书长古斯曼就职。16日，古斯曼复函表示感谢。（冯晶）

太平洋共同体

Pacific Community

【成立日期】1947年2月6日，当时在太平洋岛国地区有属地和托管地的美国、英国、法国、澳大利亚、新西兰和荷兰6国政府签署了《堪培拉协议》，宣布成立南太平洋委员会（South Pacific Commission—SPC）。1998年更名为太平洋共同体。

1950年，该委员会为使南太地区的属地和托管地有发表意见的机会，决定每3年召开1次南太平洋会议。1967年改为每年召开1次。1973年，根据澳大利亚建议，南太平洋委员会和南太平洋会议决定自1974年起每年举行1次联席会议，通称“南太平洋会议”，就财政预算、资金使用方向、优先项目、吸收合作伙伴、选举和任命委员会主要官员等重大事务做出决策，但仅美、英、法、澳、新、西萨摩亚（后更名为“萨摩亚”）、斐济、巴布亚新几内亚、库克群岛、所罗门群岛、瑙鲁、图瓦卢和纽埃13个政府成员代表有选举权。在1983年第23届南太平洋会议上，根据澳大利亚的提议，规定当时27个成员都有选举权。1997年9月，第37届会议在澳大利亚首都堪培拉举行，会议决定每两年举行1次“南太平洋会议”。

【宗旨】促进南太平洋各国（地区）的经济发展、社会福利和进步。与其他国际组织合作，向南太岛国提供经济技术援助。

【成员】26个：美国、法国、澳大利亚、新西兰、汤加、萨摩亚、斐济、巴布亚新几内亚、基里巴斯、瓦努阿图、密克罗尼西亚、帕劳、库克群岛、所罗门群岛、瑙鲁、图瓦卢、马绍尔群岛、美属萨摩亚、关岛、法属波利尼西亚、新喀里多尼亚、瓦利斯和富图纳群岛、纽埃、托克劳、皮特凯恩群岛、北马里亚纳群岛。

荷兰曾为南太平洋委员会创始成员，1962年在把西伊里安移交给印度尼西亚后退出。英国曾于1996年退出，1998年1月重新加入，2005年1月再次退出。

【主要负责人】现总干事科林·图库伊汤加（Dr. Colin Tukuitonga）。总干事下设2名副总干事：卡梅隆·戴弗（Cameron Diver，新西兰人），负责运营和管理等；负责具体项目的副总干事目前空缺。

【总部】新喀里多尼亚首府努美阿。

【网址】http://www.spc.org.nc。

【出版物】《活动月刊》(*Monthly News of Activities*)；《南太平洋会议报告》(*Report of the South Pacific Conference*)，年刊。两刊均为英、法双语。

【组织机构】具体项目的副总干事下设7个司：包括地质科学司（合并南太应用地学委员会SOPAC后设立），经济发展司，社会发展司，渔业、水产养殖和海洋生态系统司，陆地资源司，公共卫生司，发展数据司等。其中SOPAC、陆地资源司和经济发展司办公室位于斐济；其余均位于努美阿。运营管理副总干事下设财务、行政、人力资源、通讯、出版、翻译、法务等部门。此外还单独设战略与政策规划署（SEPPF）。太平洋共同体在密克罗尼西亚联邦波纳佩设有北太地区办事处，在所罗门群岛霍尼亚拉设有国家办事处。目前，太平洋共同体每两年召开1届会议，制定相关政策并决定总干事人选。闭会期间，政府及行政机关代表委员会有权就重要事项做出决策。

资金来源分3部分：（1）会员费，总额约1000万美元，90%由澳、美、法、新4大国缴纳，其余10%由22个岛国和地区负担；（2）澳等4大国提供的项目援助；（3）欧盟、联合国开发计划署、世界粮农组织、世界卫生组织等国际组织以及各国通过多边组织或直接向太平洋共同体秘书处提供的援助。

【主要活动】在医疗卫生、经济发展、社会进步方面提供培训、咨询服务和协助，侧重落实各国和国际组织对南太地区的经援项目。在1976年举行的第16届会议上，南太平洋委员会的活动范围扩大到乡村发展、青年和团体事务、特别专家协商、文体、教育交流以及海洋资源的开发和研究等。

1999年12月，太平洋共同体首届会议在法属波利尼西亚举行，通过了规定该组织机构设置和工作规则的《塔希提宣言》，任命劳迪斯·潘吉莉南女士为首任总干事。

2001年11月，太平洋共同体第2届会议在努美阿举行，制定了2003—2005年期间的5项重大战略规划，即人力资源开发、在太平洋地区实现国际开发目标、在经济社会领域进行政策分析与建议、与相关国际机构加强沟通与协调、提升机构自身计划与执行能力等，其中人力资源开发被定为核心任务。

2003年11月，太平洋共同体第3届会议在斐济首都苏瓦举行，会议主题是“太平洋岛屿应对传染病”，主要讨论了防治艾滋病、疟疾、肺结核全球基金；法国和新西兰资助的“太平洋地区妥善应对流行病计划”

（PREPARE）；太平洋海洋战略；共同体就执行“千年发展目标”向岛国提供援助；在帕劳举办太平洋艺术节等。

2005年11月，太平洋共同体第4届会议在帕劳首都科罗尔举行，会议主题是“发挥青年作用，创造安全、繁荣及可持续的未来”，还讨论了太平洋共同体《机构述评》(*Corporate Review*）以及大流感、艾滋病地区战略、地区卫生基金、渔业、“太平洋计划”等问题，并任命吉米·罗杰斯为总干事。

2007年11月，太平洋共同体第5届会议暨该组织成立60周年会议在萨摩亚首都阿皮亚举行，会议主题是“太平洋渔业的未来：做好规划和管理，实现食品安全、民生及经济可持续发展”，还讨论了城市化、气候变化、数字化战略等问题。

2009年9月，太平洋共同体第6届会议在汤加首都努库阿洛法举行，会议主题是“在国家层面实现地区项目效益最大化”，还讨论了太平洋共同体的作用及其长期可持续融资战略、核心发展指标、卫生领域优先工作等。

2011年11月，太平洋共同体第7届会议在新喀里多尼亚首府努美阿举行，会议主题是“气候变化和粮食安全”。

2013年11月，太平洋共同体政府及行政机构代表委员会（CRGA）、太平洋共同体第8届会议在苏瓦举行，会议主题是“加强太平洋共同体可持续发展—帮助制定‘2015年后发展议程’”。

2014年11月，太平洋共同体政府及行政机构代表委员会（CRGA）在新喀里多尼亚首府努美阿举行会议，启动了“太平洋性别平等和气候变化问题一揽子方案”，讨论了“太平洋地区应对气候变化和抵御灾害发展战略”等议题。

2015年10月31日至11月5日，太平洋共同体政府及行政机构代表委员会（CRGA）、太平洋共同体第9届会议先后在纽埃首都阿洛菲举行，会议主题是“力挽狂澜，提高太平洋岛国人民的适应性”。

【同中国的关系】中国曾向该组织“南太森林保护”“偏远地区卫星通信”和“南太地区码头升级”等项目提供过小额援助。2010年8月，外交部副部长崔天凯在瓦努阿图出席第22届太平洋岛国论坛会后对话会期间会见太平洋共同体总干事罗杰斯。同年11月，卫生部长陈竺在北京会见来华出席国际会议的罗杰斯总干事。2010年7月和2011年9月，太平洋共同体应邀出席中国农业部在厦门和斐济举办的第2届和第3届“中国—太平洋岛国农业合作论坛”。（宋煜芬）

太平洋联盟

Alianza del Pacífico

【成立日期】2011年4月28日，智利、哥伦比亚、墨西哥、秘鲁4国总统在秘鲁首都利马举行峰会，签署《太平洋协定》，宣布成立太平洋联盟。2012年6月，联盟第4届首脑会议在智利安托法加斯塔举行，签署《太平洋联盟框架协议》，宣告联盟正式成立。2015年7月20日，《框架协议》正式生效。

【宗旨】加强拉美太平洋沿岸国家贸易政策协调，促进联盟内货物、服务、资本和人员自由流通，致力于将联盟打造成对亚洲最具吸引力的拉美次区域组织和亚洲进入拉美市场最便利的入口。

【成员】正式成员国：智利、哥伦比亚、墨西哥、秘鲁。候选成员国：哥斯达黎加、巴拿马。观察员国（42个）：哥斯达黎加、巴拿马、澳大利亚、新西兰、加拿大、乌拉圭、西班牙、日本、危地马拉、厄瓜多尔、萨尔瓦多、洪都拉斯、巴拉圭、多米尼加、法国、葡萄牙、中国、美国、韩国、土耳其、英国、德国、瑞士、荷兰、意大利、芬兰、印度、以色列、摩洛哥、新加坡、特立尼达和多巴哥、比利时、印度尼西亚、泰国、格鲁吉亚、奥地利、海地、瑞典、丹麦、匈牙利、希腊、波兰。

【组织机构】各成员国以国名字母先后顺序轮流担任轮值主席国，任期1年。现任轮值主席国为秘鲁。联盟尚未设秘书处，但已形成包括首脑会议、部长理事会（外交部长和贸易部长）、高级别工作组（副外长和主管贸易的副部长）及技术工作组的基本架构。

【网址】http://alianzapacifico.net/。

【主要活动】截至2015年12月，联盟共举行了10届首脑会议。

2011年4月，首届首脑会议在秘鲁利马举行，决定成立太平洋联盟。

2011年12月，第2届首脑会议在墨西哥梅里达举行。墨西哥、智利、哥伦比亚总统和秘鲁外长出席，巴拿马总统应邀出席。会议发表《梅里达宣言》，承诺将加快一体化建设步伐，要求各成员国共同努力尽快制定《联盟宪章条约》，欢迎更多拉美国家入盟。

2012年3月，第3届首脑会议以视频方式举行，各方就促进人员、服务和资本流通，推进贸易及一体化等问题取得重要进展，就《框架协议》达成一致。巴拿马和哥斯达黎加总统与会，巴方表示将加快同联盟成员国商签自贸协定，以尽快“入盟”。

2012年6月，第4届首脑会议在智利安托法加斯塔举行。联盟成员国总统、巴拿马及哥斯达黎加外长与会，西班牙国王受邀出席。会上签署《框架协议》，联盟正式成立。

2012年11月，第5届首脑会议在西班牙加的斯伊比利亚美洲首脑会议期间举行。联盟成员国总统出席。会议决定吸收哥斯达黎加和巴拿马为候选成员国，接纳西班牙、加拿大、澳大利亚、新西兰和乌拉圭5国为联盟观察员国。

2013年1月，第6届首脑会议在智利圣地亚哥拉美和加勒比国家共同体峰会期间举行。联盟成员国总统出席。会议决定接纳日本和危地马拉为联盟观察员国，确定当年第1季度内结束成员国间互免关税谈判，上半年结束其余领域谈判。

2013年5月，第7届首脑会议在哥伦比亚卡利举行。联盟成员国总统出席。会议一次性吸收厄瓜多尔等7国为观察员国，宣布自当年6月30日起盟内90%货物贸易实现零关税，决定简化4国公民出入境手续，宣布设立共同使馆及联合贸易办事处。

2014年2月，第8届首脑会议在哥伦比亚卡塔赫纳举行。联盟成员国及候选成员国哥斯达黎加总统出席。会议接纳芬兰等5国为观察员国，通过《框架协议补充议定书》，明确盟内92%货物及服务贸易自由化，剩余8%将于未来逐步落实。

2014年6月，第9届首脑会议在墨西哥蓬塔德米塔举行。联盟成员国总统出席。会议接纳特立尼达和多巴哥、比利时为观察员国，在明确盟内92%货物及服务贸易自由化基础上，重申于2030年前落实剩余8%。会议期间，举行首次联盟外长、经贸部长与观察员国对话会。

2015年7月，第10届首脑会议在秘鲁帕拉卡斯举行。联盟成员国总统出席。会议宣布《框架协议》及其附加协议、《设立合作基金协议》自2015年7月20日起生效，标志着联盟成为国际法主体，成员国间92%的货物和服务贸易实现零关税，剩余8%的关税将逐步取消。会议在加快整合证券市场、互免公民短期签证、共享海外使领馆资源等领域通过更多具体举措，决定加快候选成员国巴拿马和哥斯达黎加入盟进程，并吸收印度尼西亚、泰国、格鲁吉亚、奥地利、海地、瑞典、丹麦、匈牙利、希腊、波兰10个新观察员国。会后，秘鲁接替墨西哥任轮值主席国。

【同中国的关系】2013年6月，中国向联盟提出成为其观察员国的申请；7月，联盟正式接纳中国为其观察员国。

2014年4月，中国驻秘鲁大使应邀参加联盟同观察员国间的首次对话会，对方对同中方在经贸、教育、科技、中小企业等领域开展合作兴趣浓厚，并希进一步明确双方合作领域；6月中旬，应墨西哥外长和经济部长联名邀请，中国驻墨西哥大使率团出席联盟第9届峰会期间举行的联盟与观察员国集体对话。

2015年7月，中国驻秘鲁使馆临时代办应邀参加联盟同观察员国的第3次对话会。（吕优）

金砖国家

BRICS

【成立】2003年，美国高盛公司在其全球经济报告《与BRICs一起梦想：通往2050年之路》中首次提出BRICs概念，由巴西、俄罗斯、印度、中国的英文名称首字母组合而成。因BRICs拼写和发音同英文单词BRICKS（“砖”的复数形式）相近，且包含经济发展潜力较好的4个新兴市场国家，我国媒体及学者将其译为金砖国家。2006年9月联合国大会期间上述4国举行首次外长会晤，开启了金砖国家合作的篇章。2009年6月，金砖国家领导人首次会晤在俄罗斯叶卡捷琳堡举行，之后每年召开1次。2010年12月，南非加入金砖国家，英文名称确定为BRICS。

【成员】中国、俄罗斯、印度、巴西、南非。

【组织机构】金砖国家已经形成以领导人会晤为引领，以安全事务高级代表会议和外长会晤等部长级会议为支撑，在经贸、财金、农业、教科文卫、工商、智库、友城等数十个领域开展务实合作的全方位、多层次合作架构。金砖国家合作机制无常设秘书处，领导人会晤筹备工作由当年轮值主席国牵头，各成员共同参与。采取协调人机制，各国金砖国家事务协调人均由外交部负责多边经济事务的高官担任。协调人每年召开324次会议，讨论领导人会晤各项筹备工作及各领域务实合作。

【主要活动】2009年6月16日，中、俄、印、巴4国领导人在叶卡捷琳堡举行了首次会晤，主要就国际形势、20国集团领导人峰会、国际金融机构改革、粮食安全、能源安全、气候变化、金砖国家对话合作未来发展方向等问题交换了意见，发表了《金砖国家领导人叶卡捷琳堡会晤联合声明》，核准了《金砖国家关于全球粮食安全的联合声明》。

2010年4月15日，中、俄、印、巴4国领导人在巴西利亚举行第2次会晤，主要就国际形势、国际金融危机、20国集团事务、气候变化、金砖国家务实合作等问题深入交换意见，发表了《金砖国家领导人第2次正式会晤联合声明》，并决定由中国于2011年举办4国领导人第3次会晤。除领导人会晤外，巴西还举办了4国企业家论坛、银行联合体、合作社论坛、智库会议等配套活动。

2011年4月14日，中、俄、印、巴、南5国领导人在海南三亚举行金砖国家领导人第3次会晤。会议讨论了国际形势、国际经济金融、发展、金砖国家合作4

大项议题，会后通过了《三亚宣言》，反映5国在重大国际问题上的共识，并规划未来合作。除领导人会晤外，中方还平行举办了金砖国家智库会议、金砖国家银行合作机制年会暨金融论坛、金砖国家工商论坛和金砖国家经贸部长会议等4场配套活动。

2012年3月29日，中、俄、印、巴、南5国领导人在印度新德里举行金砖国家领导人第4次会晤。会晤讨论了全球治理和可持续发展两大议题，通过了《德里宣言》，反映5国在国际问题上的重要共识并规划未来合作。

2013年3月26日，中、俄、印、巴、南5国领导人在南非德班举行金砖国家领导人第5次会晤。会晤期间，5国领导人先后举行同工商界人士早餐会、小范围会谈、大范围会谈、同非洲领导人对话会等，就世界经济形势、全球经济治理、金砖国家合作、加强非洲国家之间合作及共同关心的国际和地区问题深入交换了看法，通过了《德班宣言》及行动计划，建立了金砖国家工商理事会和智库理事会，决定设立金砖国家开发银行和应急储备机制。

2014年7月15—16日，中、俄、印、巴、南5国领导人在巴西福塔莱萨和巴西利亚两地举行金砖国家领导人第6次会晤。会晤期间，5位领导人举行了小范围会议、大范围会议，出席金砖国家同南美国家领导人对话会，并共同会见金砖国家工商理事会成员。此次会晤是金砖国家第2轮领导人会晤的开局之作，5位领导人讨论了金砖国家未来合作规划，就当前国际政治经济领域重大问题以及金砖国家合作深入交换意见，达成广泛共识，发表《福塔莱萨宣言》及其行动计划，特别是5位领导人见证签署成立金砖国家开发银行和应急储备安排的协议。

2015年7月8—9日，中、俄、印、巴、南5国领导人在俄罗斯乌法举行金砖国家领导人第7次会晤。会晤期间，5位领导人举行了小范围会议、大范围会议，出席金砖国家同欧亚经济联盟、上海合作组织成员国、观察员国和受邀国领导人对话会，共同会见了金砖国家工商理事会成员。5位领导人围绕“金砖国家伙伴关系——全球发展的强有力因素”主题，就全球政治经济领域重大问题以及金砖国家合作深入交换了意见。会晤发表了《乌法宣言》及其行动计划，通过了《金砖国家经济伙伴战略》。

附：有关历次金砖国家领导人会晤资料

历次	举行日期	主办国	主办国首脑	主办城市及备注
第1次	2009年6月16日	俄罗斯	总统梅德韦杰夫	叶卡捷琳堡
第2次	2010年4月15日	巴西	总统卢拉	巴西利亚
第3次	2011年4月14日	中国	主席胡锦涛	三亚
第4次	2012年4月29日	印度	总理辛格	新德里
第5次	2013年3月26—27日	南非	总统祖玛	德班
第6次	2014年7月15—16日	巴西	总统罗塞芙	福塔莱萨
第7次	2015年7月8—9日	俄罗斯	总统普京	乌法

【同中国的关系】中国是金砖国家创始成员国。中国国家主席出席了历届金砖国家领导人会晤并发表重要讲话。

2015年7月8—9日，习近平主席出席了在俄罗斯乌法举行的金砖国家领导人第7次会晤，并发表题为《共建伙伴关系共创美好未来》的讲话，总结金砖国家合作进程，倡导各成员国共同构建维护世界和平、促进共同发展、弘扬多元文明、加强全球治理的“四大伙伴关系”，就深化金砖国家合作提出四点建议：一是落实重要成果倡议，二是规划重点合作领域，三是发掘各自优势潜力，四是倡导共同理念追求。会议期间，习主席还出席了金砖国家同欧亚经济联盟、上海合作组织成员国、观察员国和受邀国领导人对话会，并与其他金砖国家领导人共同会见了金砖国家工商理事会成员。

2017年，中国将接任金砖国家轮值主席国并主办金砖国家领导人第9次会晤。　（林斐）

国际世界语协会

Universala Esperanto-Asocio—UEA

【成立日期】由1908年成立的“环球世界语协会”和1936年成立的“国际世界语联盟”在1947年合并而成。

【宗旨】该会是一个旨在宣传和推广世界语的国际性组织，对民族、种族、宗教和社会问题采取中立态度。其目的在于使用世界语，加强各国世界语者之间的联系，促进各国世界语组织之间的合作，进行文化交流，使世界语最终成为国际通用语，主张以世界语作为国际共同语，消除大国语言排除小国语言的不平等现象，呼吁联合国等国际组织采用世界语为工作语言。

【会员】有个人会员和团体会员。个人会员分布于近120个国家（地区）。团体会员截至2014年12月共有70个。它们是下列国家（地区）的世界语组织：中国、阿根廷、爱尔兰、爱沙尼亚、澳大利亚、奥地利、巴基斯坦、巴西、保加利亚、贝宁、比利时、布隆迪、多哥、俄罗斯、格鲁吉亚、哥斯达黎加、克罗地亚、罗马尼亚、秘鲁、冰岛、波斯尼亚和黑塞哥维那、波兰、丹麦、德国、法国、芬兰、哥伦比亚、古巴、韩国、荷兰、加拿大、捷克、科特迪瓦、拉脱维亚、立陶宛、卢森堡、马其顿、马尔加什、马耳他、美国、墨西哥、蒙古、南非、尼泊尔、尼日利亚、挪威、葡萄牙、日本、瑞典、瑞士、塞尔维亚、斯洛伐克、斯洛文尼亚、塔吉克斯坦、委内瑞拉、乌克兰、乌拉圭、西班牙、希腊、新西兰、匈牙利、亚美尼亚、伊朗、以色列、意大利、印度、英国、越南、刚果、智利。

【主要负责人】会长马克·费蒂斯（Mark Fettes，加拿大人）、秘书长马丁·谢弗（Martin Schäffer，德国人）均于2013年国际世界语协会改选年当选，任期为3年。

【总部】荷兰鹿特丹，地址：Nieuwe Binnenweg 176, NL–3015 BJ, Rotterdam, Nederlando；电话：+31–10–436–1044；传真：+31–10–436–1751；电子邮箱：uea@co.uea.org。

【网址】http://www.uea.org。

【出版物】《世界语》（*Esperanto*）月刊，世界语文。

【组织机构】（1）委员会：由各团体会员和个人会员分别照章选出，每3年改选1次。主要职能为制定总的工作方针，选举领导机构，决定财政预决算等。（2）理事会：领导机构。由委员会选出的会长、副会长、秘书长及若干理事组成。协会在各国设有代表及总代表，负责征收会费、联系会员和为会员服务等。

【主要活动】该会每年举行1次国际世界语大会，轮流在各国召开。2014年7月26日至8月2日在阿根廷布宜诺斯艾利斯召开了第99届国际世界语大会，有57个国家（地区）的706人报名参加了大会。

在世界语历史上阿根廷是第1次举办国际世界语大会。阿根廷布宜诺斯艾利斯市市长莫里斯·麦克里担任了大会的最高监护人。

大会开幕式于7月27日上午10时举行，阿根廷布宜诺斯艾利斯市教育部秘书卡洛斯·雷加佐尼出席了开幕式并致欢迎辞。

会上宣读了世界语创始人柴门霍夫之孙柴列斯基给大会发来的贺信。

本届大会的议题是：《为可持续发展的未来而努力》。国际世界语协会主席马克·费蒂斯作了大会主题发言。他结合世界语的历史，谈了世界上一切都在发展，而世界语运动也在发展；回答了什么是可持续发展：和平与正义、民主、自然保护和服务于人与自然的经济；世界语如何为可持续发展做贡献；要解决哪些涉及语言方面的问题：要解决哪些核心问题；国际世界语协会的战略方针是什么；世界语个人与组织如何发挥作用和应该做些什么。

除了大会议题讨论以外，国际世界语协会为了纪念1954年12月10日联合国教科文组织在乌拉圭蒙得维的亚召开的第8届全体会议上讨论通过的有关世界语的决议，即“蒙得维的亚决议”发表60周年，宣布将从第99届到第100届国际世界语大会这一年时间定为：“‘蒙得维的亚60’纪念年”（Jaro Montevideo 60）。在会上展示了该文件的英、法、西三种文本和世界语译文本，并宣读了决议内容。

蒙得维的亚决议：

“注意到世界语在国际学术交流和使世界人民相互接近方面所取得的成果；

承认这些成果是与教科文组织的宗旨和理想是一致的；

注意到一些会员国以告知准备在自己的学校或高级教育机构设置或扩大世界语教学，并请求这些会员国将这一方面所取得的成果报告给总干事；

委任总干事观察世界语在科学、教育和文化中的应用进展情况，以此目的就有关两个组织的事务同国际世协进行合作。”

这是联合国教科文组织第一次正式承认世界语在教育、科学和文化方面的价值。这一决议的通过为发展世界语事业起到了十分有利的推动作用，也为国际世协和各国世协同联合国世界联合会及其成员国的合作奠定了基础。

国际世界语协会号召世界语者个人及组织在这一年内要广泛开展活动，特别是在非世界语者之间，推广、宣传世界语，在教育、科学、文化等实践中更多地使用世界语。

此外，大会决定2015年隆重举办第100届国际世界语大会，地点选在1905年召开第1届国际世界语大会的法国城市里尔。大会议题：文化对话中的语言、艺术和价值。同时，大会宣布：2016年、2017年国际世界语大会分别在斯洛伐克和韩国召开。

按惯例还安排了大会大学、学术交流、专业会议和各项世界语活动。另外，大会还举办了世界语国际水平考试、世界语原文文学创作比赛。

国际大会期间，我国世界语代表团策划举办了“中国日”“魅力北京”图片展和“墨韵书香”李小可书画艺术展，发挥了正面宣传中国的积极效果。借助世界语大会的传播影响力，以北京图片展和李小可书画艺术展为依托，除在阿根廷布宜诺斯艾利斯以外还顺访了美国旧金山和巴西里约热内卢，安排了"中华文化美洲行"活动，展示了北京风貌、宣传了中国艺术和传统文化，并与上述三国的艺术家们进行了会晤、交流，受到了所在国的官方机构和民间组织的关注，也吸引了当地民众的广泛参与，产生了积极热烈反响。

再有，我国代表参加了亚洲世界语运动委员会工作会议。会上交流了亚洲世运情况和讨论了召开下届亚洲世界语大会事项。

会议决定第8届亚洲世界语大会将于2016年在中国厦门举行。

在全会闭幕式上，大会组委会主席将国际世界语大会会旗转交给了下届大会举办国法国里尔市市长和法国世界语协会代表。

最后，国际世界语协会会长马克·费蒂斯做了发言，宣布大会闭幕。

【同中国的关系】中华全国世界语协会于1980年8月正式作为团体会员加入该协会。此前，中华全国世界语协会曾于1956年、1959年、1964年、1978年派团参加国际世界语大会。1980年以后，我国派团参加每届国际世界语大会。2014年我国派出了以中华全国世界语协会副会长方正辉为团长的13人代表团出席了在阿根廷布宜诺斯艾利斯举行的第99届国际世界语大会。

（祝明义）

海牙国际私法会议

Hague Conference on Private International Law

【成立日期】海牙国际私法会议于1893年在荷兰政府的倡议下成立并召开了第1届会议。1951年通过其组织章程，正式成为政府间国际组织。

【宗旨】海牙国际私法会议的宗旨是"促进国际私法规范的逐步统一"（to work for the progressive unification of the rules of private international law）。

【成员】截至2015年12月，海牙国际私法会议有79个成员国和1个成员组织——欧盟。

【主要负责人】秘书长：伯纳斯科尼（Mr. Christophe Bernasconi，瑞士人），2013年7月上任。

【总部】荷兰海牙。地址：Churchillplein 6b 2517 JW The Hague, the Netherlands。传真：+31（0）703604867。电子邮箱：secretariat@hcch.net。

【网址】https://www.hcch.net/。

【出版物】海牙国际私法会议记录汇编（Proceedings of Hague Conference on Private International Law）；海牙公约集（Collection of Conventions）；解释性报告（Explanatory Reports）；实用手册（Handbooks）；良好实践指南（Good Practice Guides）；关于国际儿童保护的法官通信（The Judges' Newsletter on International Child Protection）。

【组织机构】（1）外交大会（Diplomatic Session）；（2）总务与政策理事会（Council on General Affairs and Policy），由全体成员组成；（3）荷兰常设政府委员会（Netherlands Standing Government Committee on Private International Law），依1897年2月20日荷兰国王敕令而成立；（4）常设局（Permanent Bureau），由1名秘书长和4名秘书组成；（5）外交代表理事会（Council of Diplomatic Representatives），负责该组织的预算批准事宜。

【主要活动】海牙国际私法会议原则上每4年召开1次外交大会，总务与政策理事会经与荷兰常设政府委员会协商，可以请求荷兰政府召开特别外交大会。除外交大会外，海牙国际私法会议还经常召开起草新公约或监督公约执行情况的特委会或进行非正式磋商。从1977年起，海牙国际私法会议鉴于成员国的增加，开始关注有关公约的执行情况，并定期或不定期就有关公约的执行情况召开会议，特别是针对涉及缔约国司法机关或行政机关之间合作的公约。

2015年6月，《跨国收养方面保护儿童及合作公约》（跨国收养公约）特委会第4届会议在海牙举行。约70多个国家和10多个国际组织参会。中国派出由外交部、国际儿童福利和收养中心、驻荷兰使馆和武汉大学组成的代表团与会。会议全面回顾了公约生效20年来的执行情况，探讨了全球化和现代科技等对履约带来的挑战和机遇。

2015年10月，海牙国际私法会议国际民商事诉讼管辖权和判决的承认与执行（"判决项目"）工作组第5次会议在海牙召开。中国、美国、英国、瑞士、巴西、俄罗斯、新西兰等近30个国家和欧盟代表出席会议。会议就民商事判决承认与执行的未来公约核心条款达成一致，并形成建议草案。会议在报告中建议常设局于2016年召开特委会以开始政府层面的公约磋商。

2015年12月，《关于从外国调取民事或商事证据的公约》（取证公约）框架下"使用视频及其他现代技术从国外调取证据"专家组第1次会议在海牙举行。来自26个国家、2个国际组织的36名专家与会。中国派出了外交部、司法部和驻荷兰使馆组成的代表团参会。会议讨论了使用视频及其他现代技术从国外调取证据的设备、实践及可能由此引发的问题，探索解决有关问题的途径。

【同中国的关系】海牙国际私法会议同中国保持着良好的合作关系。1981年中国与海牙国际私法会议建立联系，并多次以观察员身份出席会议。1987年7月3日，中国政府正式加入该组织，并指定外交部条约法律司为负责与该组织联系的“国家机构”(National Organ)。该组织前秘书长汉斯·范鲁、前副秘书长邓肯曾多次来华访问，取得了良好效果。现任秘书长伯纳斯科尼亦曾于2014年8月来华访问，2015年来华讲学。

目前中国已加入《关于向国外送达民事或商事司法文书和司法外文书公约》《关于从国外调取民事或商事证据的公约》及《跨国收养方面保护儿童及合作公约》3项公约。

此外，根据《香港特别行政区基本法》和《澳门特别行政区基本法》，中国通过做出一定安排，将一些海牙公约单独适用于香港和澳门特区。单独适用于香港特区的公约包括:《遗嘱形式公约》《外国公文书免除认证公约》《承认离婚及分居公约》《国际诱拐儿童的民事方面公约》《信托公约》。单独适用于澳门特区的公约包括:《民事程序公约》(1958年)、《抚养儿童法律适用公约》《保护未成年人公约》《外国公文书免除认证公约》《国际诱拐儿童的民事方面公约》。经中央政府同意，香港及澳门特区代表作为中国代表团成员参加了海牙国际私法会议举办的一些会议。

海牙国际私法会议亚太区域办事处2012年在香港设立。在中国中央政府和特区政府的支持和协助下，办事处成立至今，在推广海牙公约、提升海牙会议能见度和知名度、促进亚太地区民商事司法协助等方面取得积极成效。2014—2015年度，亚太区域办事处成功举办了多项学术会议、专家培训、专题研讨会、国际私法亚太周等形式多样，内容丰富的活动。

（徐濞硕）

红十字国际委员会

International Committee of the Red Cross—ICRC

【成立时间】1863年。

【宗旨】根据《日内瓦公约》以及国际红十字与红新月运动章程所赋予的使命和权力，在国际性或非国际性的武装冲突和内乱中，以中立者的身份，开展保护和救助战争和冲突受害者的人道主义活动。

【主要负责人】主席彼得·莫雷尔（Peter Maurer，瑞士籍），2012年7月就任，任期5年。

【总部】瑞士日内瓦。

【网址】http://www.icrc.org。

【出版物】《年报》(*Annual Report*)；《国际红十字评论》(*International Review of Red Cross*)，季刊，英、法文。

【组织机构】(1) 代表大会：最高权力机构。制定工作原则和总政策并监督委员会的全部活动。代表大会由国际委员会委员组成。委员以自行遴选的方式在瑞士公民中选举产生，每4年选举1次。(2) 执行理事会：负责指导日常事务和监督行政管理工作，成员由代表大会选举产生。

【主要活动】传播国际人道法，为战乱情况下的受害者提供医疗服务和救济，开展国际寻人工作帮助失散亲人团聚，探视战俘和被拘押的平民，协助战俘交换。

【同中国的关系】中国是《日内瓦公约》缔约国，积极参与国际人道主义事务，支持红十字国际委员会的工作，双方建立了良好的合作关系。

2015年9月1—4日，红十字国际委员会主席莫雷尔来华出席中国人民抗日战争暨世界反法西斯战争胜利70周年纪念活动。其间，中国国家副主席、中国红十字会名誉会长李源潮，全国人大常委会副委员长、中国红十字会会长陈竺，司法部部长吴爱英，新华社社长蔡明照分别同其会见，莫雷尔并出席中国现代国际关系研究院主办的“当代国际安全环境下的人道行动挑战”论坛，并同新华社签署战略合作备忘录。

10月21—23日，中国国家行政学院应急管理培训中心、中国社会科学院蓝迪国际智库项目、红十字会与红新月会国际联合会、红十字国际委员会等在北京联合主办“共同应对人道主义援助面临的挑战”国际研讨班。全国人大外事委员会副主任委员、中国社会科学院蓝迪国际智库项目专家委员会主席赵白鸽出席并致辞。

12月8—10日，第32届红十字与红新月国际大会在日内瓦举行。中国国家副主席、中国红十字会名誉会长李源潮作视频致辞。全国人大常委会副委员长、中国红十字会会长陈竺和常驻日内瓦代表吴海龙大使分别率中国红十字会代表团、中国政府代表团与会并发言。红十字国际委员会主席莫雷尔、红十字会与红新月会国际联合会主席近卫忠辉出席并致辞。

【驻华代表机构】红十字国际委员会于2005年7月在北京设立东亚地区代表处。代表处主任：高兰博（Pierre Ryter，瑞士籍），2013年10月上任。办公地址：北京朝阳区齐家园外交公寓3-2号。电话：010-85323290。

（张思其）

红十字会与红新月会国际联合会

International Federation of Red Cross and Red Crescent Societies—IFRC

【成立时间】1919年。

【宗旨】激励、鼓舞、协助和促进各国红十字会开展旨在防止和减轻人类痛苦的各种形式的人道主义活动，从而为维护和增进世界和平做出贡献。

【成员】189个成员。

【主要负责人】主席近卫忠辉（Tadateru Konoé，日本籍），2009年11月就任，2013年11月连任，任期4年。

【总部】瑞士日内瓦。

【网址】http://www.ifrc.org。

【出版物】《聚焦》(*Spotlight*)，季刊；《国际融合》(*Transfusion International*)，季刊；《青年公报》(*Youth Bulletin*)，季刊；《年报》(*Annual Report*)；《世界灾害年度报告》(*World Disasters Report*)。均为英、法文。

【组织机构】(1) 大会：最高权力机构，由其成员国家红会的代表组成，每两年举行1次。(2) 领导委员会：大会闭幕期间的最高决策机构，由主席、5名副主席和20名国家红会成员组成，(3) 秘书处：负责日常工作。秘书长为最高行政长官，由领导委员会推荐、主席任命。

【主要活动】宣传红十字运动原则，救灾，备灾，与各国红十字会或红新月会合作开展各项人道主义工作。

【同中国的关系】红十字会与红新月会国际联合会是新中国成立后最早接纳中国的国际组织，与中国保持着良好的合作关系。中国红十字会常务副会长赵白鸽现为该组织亚太区副主席。

2015年10月25—27日，红十字会与红新月会国际联合会主席近卫忠辉访华，其间全国人大常委会副委员长、中国红十字会会长陈竺在北京同其会见。近卫忠辉并出席亚太国家红会能力建设培训班闭幕式，考察北京市红十字会。

【代表机构信息】红十字会与红新月会国际联合会于2000年2月在北京设立东亚地区代表处。代表处代理主任：贝提亚（Baktiar Mambetov，俄罗斯籍），2016年1月上任。办公地点：北京市建国门外外交公寓4-1-133号。电话：010-65327162。　（张思其）

国际刑事警察组织

International Criminal Police Organization (ICPO)—Interpol

【成立日期】成立于1923年，前身是“国际刑事警察委员会”，1956年更名为国际刑事警察组织，简称“国际刑警组织”。

【宗旨】保证和促进各国警方之间最广泛的相互支援与合作，建立和发展有助于有效预防和打击普通犯罪的各种机构和制度。

【成员】190个。

【主要负责人】主席米歇尔·巴列斯塔兹（Mirelle Ballestrazzi，法国人），2012年当选，任期至2016年。秘书长于尔根·施托克（Jürgen Stock，德国人），2014年当选，任期至2019年。

【总部】法国里昂。

【网址】http://www.interpol.int/。

【组织机构】(1) 全体大会：是该组织的最高权力机关，由各成员国委派代表组成。大会每年召开1次，主要任务是决定该组织的战略方针、制定规则、批准活动计划及与其他国际组织间的协议、接纳新成员国、选举产生主席和副主席等人选、审核决定财政预算以及修改有关基本性文件等。各成员国有一票表决权。(2) 执行委员会：由大会选出的13个成员国的代表组成。按地区分配，欧洲4人，亚洲3人，美洲3人，非洲3人。其中设主席1人，副主席3人，执委9人。主席任期4年，副主席和执委任期3年。执行委员会的主要任务是监督大会决议的实施、拟定大会日程、向大会提交工作计划和方案、监督秘书长日常工作和行使大会授予的一切职能。(3) 总秘书处：总秘书处由秘书长和该组织的技术、行政人员组成。负责执行大会和执行委员会的决议、协调各国警察部门的活动、组织有关警察专家研讨会和专题讨论会、编辑出版各种刊物和资料、通缉作案逃犯和通报被盗物品等。秘书长是总秘书处的最高行政长官，由执行委员会提名，经全体大会通过，任期5年，对执行委员会和全体大会负责。(4) 国家中心局：是国际刑警组织在各国的常设机构，由各国自行指定的警察机构担任。它既是各成员国的一个警察部门，依法承担本国的警察职能；又是国际刑警组织的法定机构，在国际范围内代表本成员国履行联络和执法合作事务。具体负责收集有关国际法律实施的文献和资料，转交其他国家中心局和总秘书处；保证在本国内执行其他国家中心局所要求的警务协作任务；接受其他国家中心局有关情报和工作要求，并负责做出回答；向其他国家中心局提出需要国外合作的要求等。

【主要活动】国际刑警组织的主要任务是汇集、审核国际犯罪资料，研究犯罪对策；编写有关刑事犯罪方面的资料，供成员国参考；根据全球发案趋势，组织各成员国警务部门针对不同种类犯罪开展专项打击行动等。活动围绕四项核心内容展开：全球加密警务通讯、警务数据库查询、24小时行动支援、警务发展及培训。

此外，国际刑警组织为实现各成员国共享涉及犯罪的关键信息，设立了分类通报系统。目前设有8种通报：红色通报、蓝色通报、绿色通报、黄色通报、黑色通报、紫色通报、橙色通报、国际刑警组织—联合国安理会特别通报。其中，最著名的就是“红色通报”（红色通缉令），用以提出对犯罪嫌疑人进行临时逮捕以便引渡的国际性请求，是国际刑警组织应其成员国请求发布的、唯一得到大多数国家认可、以引渡为目的临时扣留嫌疑犯的国际通报。

【同中国的关系】1984年，在国际刑警组织第53届大会上，国际刑警组织正式接纳中国政府作为代表中国的唯一合法代表成为其成员国。同年，中国组建国际刑警组织中国国家中心局，开始了与该组织成员国协查案件和交换犯罪情报的正常业务。1995年，国际刑警组织第64届大会在北京成功举行。时任中国国家中心局局长朱恩涛被授予国际刑警组织终身名誉副主席。1997年和1999年香港和澳门两个特别行政区回归祖国后，根据香港特别行政区基本法和澳门特别行政区基本法的精神，保留了香港和澳门特区原有的国际刑警支局，分别从英国和葡萄牙中心局归属到中国中心局。此外，中国曾经有3人次当选过国际刑警组织大会执委会副主席及执委。在1985年第54届全体大会上，时任中国国家中心局副局长朱恩涛当选为执委；1987年，朱恩涛在执委任期内被选为执委会副主席；2000年，在69届全体大会上，时任公安部外事局副局长刘志强当选为执委会委员。2015年9月7日，中共中央书记处书记、中央纪委副书记赵洪祝应邀访问法国并同国际刑警组织秘书长施托克会见，就加强反腐败国际合作和追逃追赃交换了意见。2015年10月9日，国务委员、公安部部长郭声琨在北京会见了应邀来华的国际刑警组织秘书长施托克，双方就执法安全合作问题深入交换意见。同日，中共中央书记处书记、中央纪委副书记赵洪祝在北京同国际刑警组织秘书长施托克举行会见，就反腐败国际执法合作等交换了意见。2015年11月2—5日，国际刑警组织第84届全体大会在卢旺达基加利举行。公安部国际合作局局长廖进荣局长率团与会。会议确定中国为2017年国际刑警组织第86届全体大会举办国。国际合作局副局长段大启当选该组织亚洲执行委员会成员，任期至2018年。

近年来，中国中心局一直与国际刑警组织保持着良好的合作关系，积极参与国际刑警组织的各项活动，保持高层接触与沟通，加强情报信息交流，推动跨国追逃合作，深化协查办案合作，在众多国际执法合作领域开展合作。

（张思其）

国际移民组织

International Organization for Migration—IOM

【成立日期】在比利时和美国的倡议下，1951年12月5日在布鲁塞尔召开了“国际移民会议”并决定成立欧洲移民问题政府间委员会（ICEM）。该组织章程于1953年产生，1954年生效。1980年，该组织改名为“移民问题政府间委员会（ICM）”。1987年5月，该组织修改章程，新章程于1989年11月14日生效。根据新章程，该组织改用现名“国际移民组织（IOM）”。

【宗旨】在全世界范围内确保移民有序流动，并协助有关国家处理移民问题。

【成员】162个成员国，9个观察员国。

【主要负责人】总干事威廉·斯温（William Lacy Swing），2008年上任，2013年连任，任期至2018年。

【总部】瑞士日内瓦。

【网址】http://www.iom.int/。

【出版物】《国际移民》（*International Migration*），季刊，英文；《国际移民组织拉丁美洲移民杂志》（*IOM Latin American Migration Journal*），英、西文；《移民与健康》（*Migration and Health*），季刊，英文；《国际移民组织新闻》（*IOM News*），月刊，英、法、西文；《年度报告》（*Annual Report*），英、法、西文。

【组织机构】（1）理事会：由全体成员国组成，是国际移民组织最高权力机构，每年举行1次会议，负责决定组织政策、批准并指导执行委员会及总干事活动、审议并批准组织活动方案和预算等。（2）执行委员会：由理事会选举产生的33个成员国组成，任期两年，主要职责是检查审议组织政策、行动计划和行政事务。（3）行政署：由总干事、副总干事和理事会决定的其他工作人员组成。总干事和副总干事由理事会选举产生，任期5年，可连任。总干事对理事会和执委会负责。

【主要活动】（1）安排由于现有设施服务不足或没有特别协助不能移民者有组织地迁移至那些提供有秩序移民机会的国家；（2）参与对难民、流离失所者和其他需要国际移民服务的个人进行有组织的迁移，对这些人可由本组织和有关国家，包括承诺接受这些人员的国家做出安排；（3）应有关国家的要求并同其达成协议，提供移民服务，如招募、选择、分类、语言培训、定向活动、医疗检查、安置、有助于接收和融合的活动，并就移民问题提供咨询服务和符合本组织目标的其他协助；（4）应各国要求或同其他有关国际组织合作，为移民自愿返回包括自愿遣返提供类似的服务；（5）为各国及国际组织和其他组织提供论坛，交换意见和经验，促进各方在国际移民问题上的合作和协调，包括对这些问题进行研究以寻求切实的解决方法。

【同中国的关系】2001年6月，中国成为IOM观察员国。2007—2014年，中国与IOM开展两期“中国移民管理能力建设合作项目”。项目于2014年6月顺利结束并取得积极成果。2015年，中国与IOM签署《支持中欧人员往来和移民领域对话项目谅解备忘录》。该项目为期3年，旨在促进合理有序人口流动，预防和减少非正规移民。

2015年8月23—28日，总干事斯温访华。24日，外交部副部长李保东会见斯温，就深化双方合作关系、中国加入移民组织等问题交换看法。

2015年10月26—27日，国际移民组织在瑞士日内瓦召开“移民与城市”高级别会议。中国驻日内瓦代表团吴海龙大使、广州市副市长谢晓丹出席并分别发言，介绍中方在移民问题上的立场主张及广州市在移民管理与融合方面的经验做法。

2015年11月24—27日，国际移民组织第106届理事会会议在瑞士日内瓦举行。中国驻日内瓦代表团吴海龙大使率团以观察员国身份出席，就应对国际移民问题阐述中方立场，并介绍中国移民管理政策举措。

【驻华代表机构】IOM于2007年3月19日在北京设立驻华联络处。主任：李杰（Par Liljert），2011年10月上任。地址：北京市塔园外交公寓9–1–82。电话：010–85321834。

（徐黛竹）

世界动物卫生组织

World Organisti On for Animal Health office International des EpBzooties—OIE

【成立日期】1921年3月25—28日在法国巴黎召开了国际动物卫生问题的国际会议，就成立控制动物疫病的国际组织达成共识。1924年1月25日，28个国家的代表签署协议，世界动物卫生组织成立。

【宗旨】改善全球动物和兽医公共卫生以及动物福利状况。主要职能是收集并通报全世界动物疫病的发生发展情况及相应控制措施；促进并协调各成员加强对动物疫病监测和控制的研究；制定动物及动物产品国际贸易中的动物卫生标准和规则。

【成员】共180个成员。

【主要负责人】总干事莫尼克·埃瑞特（Moni que Eloit），2016年1月上任，任期至2020年。

【总部】法国巴黎。

【网址】http://www.oie.int/。

【出版物】《世界动物卫生组织公报》（*Bullet in*），季刊；《疫情信息》（*Disease Information*）、《世界动物卫生状况》（*World Animal Health*）、《科学技术评论》（*Scientific and Technical Review*）。

【组织机构】（1）世界代表大会（前身为国际委员会大会，2009年5月第77届全会期间通过决议，改为现名）：最高权力机构，由成员代表组成，每年5月在世界动物卫生组织总部举行全体会议。（2）理事会：由世界代表大会主席、副主席、上任主席和6位代表组成。主要负责财务管理和总体发展规划等宏观管理工作。（3）总部：日常工作承办机构（秘书处），由总干事负责，主要职责是贯彻执行世界代表大会决议；承担世界代表大会年度全体会议、委员会会议及技术会议的组织工作等。（4）专业委员会：主要负责研究动物疾病流行和防控，制定、修订世界动物组织国际标准。现设动物疾病科学委员会、陆生动物卫生标准委员会、水生动物疾病委员会和生物制品标准委员会。（5）地区委员会：主要负责开展地区合作，协商制定重大动物疫病监测和控制的区域计划。现设非洲、美洲、亚洲、远东和大洋洲、欧洲和中东5个地区委员会。（6）区域和次区域代办处：主要职责是协调地区内成员，促进地区动物疾病监测与控制能力的提高。现在非洲、美洲、亚太地区、东欧和中东地区设立了5个区域代办处和南非、北美、东非和非洲之角、中美洲、东南亚、布鲁塞尔等6个次区域代办处。

【资金来源】主要来自于成员缴纳的会费。另包括一些投资性收入、出版物销售收入及赞助费等。

【主要活动】收集、分析和发布兽医科学信息；开展国际协作，提供专家协助，防控动物疾病；通过发布动物及动物产品国际贸易卫生标准保护国际贸易安全；促进各国改革兽医部门结构和资源，完善兽医服务体系；保证动物源性食品安全，提高动物福利水平。

【同中国的关系】2007年，世界动物卫生组织第75届国际委员会大会通过决议，决定中华人民共和国恢复行使在世界动物卫生组织的合法权利与义务。中国与世界动物卫生组织交流合作日益增多。中国每年派代表团出席世界动物卫生组织大会。

（唐宽成）

亚非法律协商组织

Asian-African Legal Consultative Organization—AALCO

【成立时间】亚非法律协商组织（简称“亚非法协”）成立于1956年11月，始称“亚洲法律协商委员会”；1958年，该组织规定可吸收非洲国家入会，改称为“亚非法律协商委员会”。2001年，更名为“亚非法律协商组织”。

【宗旨】致力于研究成员国共同关注的国际法问题，在国际法领域为各成员国政府提供咨询，协助亚非国家参与国际法实践，并推动国际法的逐步发展与编纂。

【成员】截至2015年共有47个正式成员，2个常任观察员。正式成员（以加入年份为序）：埃及、印度、印度尼西亚、伊拉克、日本、缅甸、斯里兰卡（以上7国为创始成员国）、巴基斯坦（1958年）、泰国（1961年）、加纳（1963年）、约旦（1968年）、塞拉利昂、伊朗、肯尼亚、韩国、科威特、马来西亚、尼日利亚、新加坡、叙利亚（1970年）、尼泊尔（1971年）、毛里求斯（1972年）、坦桑尼亚（1973年）、孟加拉国、冈比亚、朝鲜、博茨瓦纳（1974年）、沙特阿拉伯、土耳其（1975年）、利比亚、阿曼、卡塔尔、索马里、阿拉伯联合酋长国、也门（1976年）、乌干达（1979年）、塞浦路斯、蒙古、塞内加尔（1980年）、中国（1983年）、苏丹（1986年）、巴勒斯坦（1990年）、巴林（1993年）、黎巴嫩（1999年）、文莱（2003年）、南非（2004年）、喀麦隆（2006年），常任观察员：澳大利亚、新西兰。

【主要负责人】现任秘书长拉马特·穆罕默德（马来西亚籍），2008年6月当选，2012年6月连任，任期至2016年。

【总部】秘书处设于印度新德里。地址：29 C Rizal Marg, Diplomatic Enclave, Chanakyapuri, New Delhi, India, 110021。电话：+91 11 26117641, 26117642。电子邮箱：mail@aalco.int。

【网址】http://www.aalco.int。

【出版物】《亚非法协年鉴》《季度公告》《亚非法协简讯》等。

【组织机构】（1）委员会：最高权力机构，由参加年会的各国代表团团长组成。（2）秘书处：常设机构，负责处理日常事务并贯彻委员会的决定。设秘书长1人、副秘书长3人。秘书长由各成员国选举产生，并从亚非两洲中轮流推选。（3）名人小组：担任法协秘书长顾问，成员主要由来自于法协成员国的联合国国际法委员会委员和法协成员国法律界高级官员组成。小组建立于2011年，每年不定期召开会议。（4）联络官：由成员国驻印度的外交官组成，负责成员国与秘书处的沟通，并对秘书处工作进行监督。联络官会议每两个月召开1次。

【主要活动】亚非法协通常每年召开1次年会，截至2015年年底，共召开了54届年会。其主要活动是对亚非地区国家所关心的重大国际法问题交换意见和情况，并就联合国大会第6委员会（法律委员会）、国际法委员会、国际贸易法委员会、联合国海洋法相关会议等讨论的一些法律问题协调立场和提出建议。

2015年4月13—17日，中国在北京主办亚非法协第54届年会。国务院总理李克强出席年会开幕式，发表题为“加强亚非团结合作，促进世界和平公正”的主旨讲话，并宣布设立“中国—亚非法协国际法交流和研究项目”。外交部副部长刘振民当选会议主席。

年会聚焦亚非国家发扬万隆精神，携手维护战后国际秩序和推进国际法治，举行了纪念万隆会议60周年特别活动和“《联合国宪章》与战后国际秩序”国际研讨会；讨论了网络空间国际法、反恐及暴力极端主义、海洋法、环境与可持续发展等重要国际法问题。年会在重要议题上取得实质性成果，一致通过了11项重要决议。

中国代表团在一般性发言中高度赞赏亚非法协成立以来所取得的成就，肯定其作为亚非国家之间进行法律协商的唯一的政府间国际组织，在协助亚非国家参与国际法实践、促进成员国就国际法问题开展合作与交流方面发挥的重要作用。中国代表团重申加强亚非团结合作，推进国际法治和世界和平与公正的坚定立场，强调在二战胜利和联合国成立70周年、万隆会议召开60周年的新形势下，各国应当继续发扬万隆精神，在国际法基础上开展合作，维护国际和平安全，促进共同发展繁荣，推动亚非法协在国际法治进程中发挥更加积极、有效、可见的作用。中国代表团还介绍了对“中国—亚非法协国际法交流和研究项目”运作的初步设想。

中国代表团积极参与各议题讨论并阐述中国政府相关立场、主张和所做工作。在中国代表团积极倡议下，年会就“网络空间的国际法问题”举行了特别会议。在该议题的讨论中，中国代表团就网络主权、互联网国际治理、和平利用网络空间和打击网络犯罪四个方面重点阐述中方立场和主张。会议决定设立“网络国际法问题工作组”，组织成员国对网络空间的重要国际法问题进行深入研究。

除每年的年会外，该组织还召开一些届间会议讨论组织事项或年会未能解决的问题，并与其他国际组织共同举办专题研讨会或开办培训班。此外，亚非法协与联合国及其专门机构，以及其他一些国际组织建立了密切的联系。1980年第35届联大通过决议，接纳亚非法协为联合国常任观察员。亚非法协还与国际海事组织（IMO）、联合国环境规划署（UNEP）、联合国工业发展组织（UNDIO）、国际原子能机构（IAEA）、世界知识产权组织（WIPO）、联合国难民事务高级专员（UNHCR）、联合国大学（UNU）、联合国培训研究所（UNITAR）、联合国人权事务高级专员办公室（Office of UNHCHR）、国际移民组织（IOM）、红十字国际委员会（ICRC）、阿拉伯国家联盟（League of Arab States）、英联邦秘书处（Commonwealth Secretariat）、欧洲委员会（Council of Europe）以及非洲统一组织（Organization of African Unity）签署了合作协议。

【同中国的关系】亚非法协同中国保持着友好合作的关系。1980年，该组织在印尼首都雅加达举行第21届年会，并庆祝万隆会议召开25周年，中国首次应邀派观察员代表团与会。1983年11月14日，中国正式加入亚非法协，此后中国以正式成员国身份参加了亚非法协历届年会，并分别于1990年和2015年在北京主办第29届和第54届年会。中国大力支持法协工作，至今已有1位中国人担任过法协秘书长，6人担任过副秘书长，现任中国籍副秘书长为冯青虎，2012年6月就任。此外，从2011年起，外交部条法司前任司长、现任中国驻马来西亚大使黄惠康以国际法委员会委员的身份担任法协“名人小组”成员。（邓瑶）

国际海底管理局

International Seabed Authority—ISA

【成立经过】国际海底管理局（简称“管理局”）是根据1982年《联合国海洋法公约》(简称“《公约》”）所设立的政府间国际组织。1994年11月16日，即《公约》生效之日，管理局宣布成立。1996年6月，管理局开始正式运作。1996年10月，管理局成为联合国大会观察员。

【总部】牙买加金斯敦。

【网址】http://www.isa.org.jm。

【性质】根据《公约》，管理局是缔约国按照《公约》有关规定组织和控制“区域”内活动，特别是管理“区域”资源的组织。上述所称“区域”是指国家管辖范围以外的海床和洋底及其底土，“‘区域’内活动”是指勘探和开发“区域”的资源的一切活动。

根据《公约》，“区域”及其资源是人类的共同继承财产。对“区域”内资源的一切权利属于全人类，由管理局代表全人类行使。“区域”内活动应为全人类的利益而进行。管理局应在无歧视的基础上公平分配从“区域”内活动取得的财政及其他经济利益。

【成员】《公约》所有缔约国均是管理局的当然成员。截至2016年3月1日，管理局有167个成员（166个国家和欧盟）。

【主要负责人】现任管理局秘书长为尼·阿洛泰·奥敦通（Nii. A. Odunton，加纳籍），2008年6月当选，2009年1月1日开始履职，于2012年7月当选连任，自2013年1月1日起开始新一届4年任期。

【组织机构】管理局的主要机关是大会、理事会和秘书处。

大会由管理局的全体成员组成，是管理局的最高机关，有权依照《公约》各项有关规定，就管理局权限范围内的任何问题或事项制定一般性政策。

理事会是管理局的执行机关，有权依《公约》和大会制定的一般性政策，制定管理局对于其权限范围内的任何问题或事项所应遵循的具体政策。理事会分为5组，由36个成员国组成：A组4个成员（通常称“最大消费国集团”），来自在有统计资料的最近5年中，对于可从“区域”取得的各类矿物所产的商品，其消费量超过世界总消费量2%，或其净进口量超过世界总进口量2%的缔约国；B组4个成员（通常称“最大投资国集团”），来自直接或通过其国民对“区域”内活动的准备和进行做出了最大投资的8个缔约国；C组4个成员（通常称“主要生产国集团”），来自缔约国中因在其管辖区域内的生产而为从“区域”取得的各类矿物的主要净出口国；D组6个成员（通常称“特殊利益集团”），来自发展中国家缔约国，代表特别利益；E组18个成员（通常称“公平地域分配集团”），按照确保理事会的席位作为一个整体予以公平地区分配的原则选出。理事会下设法律和技术委员会，该委员会主要负责制订国际海底区域资源探矿、勘探和开发规章草案，供理事会审议；就指导承包者的工作提出技术或行政方面的建议以协助承包者履行管理局的规则、规章和程序；审查承包者根据勘探合同提交的年度报告等。

秘书处由秘书长及所需工作人员组成，负责执行大会和理事会指定的日常任务，秘书长为行政首长。

此外，管理局还设有财务委员会，委员由大会选举产生，负责监督管理局的资金运作和财务管理。

【主要活动】根据《公约》及《关于执行1982年12月10日〈联合国海洋法公约〉第十一部分的协定》（简称“1994年执行协定”）的有关规定，在第一项开发工作计划获得核准以前，管理局工作将集中于执行协定附件第1节第5段所列的资源勘探、制度建设、信息数据的收集和评估以及海洋科研等11个工作领域。

截至2014年9月，管理局已出台《“区域”内多金属结核探矿和勘探规章》(2000年7月),《“区域”内多金属硫化物探矿和勘探规章》(2010年5月),《“区域”内富钴铁锰结壳探矿和勘探规章》(2012年7月)，并已核准27项矿区申请。自2004年以来，管理局的工作重点主要放在以下领域:(1)对勘探合同履行监督职能;(2)监测有关深海海底采矿活动的趋势和发展，包括世界金融市场情况及金融的价格、趋势和前景;(3)发展用于今后开发“区域”矿物资源的适当管理框架，包括制定在开发期间保护和保全海洋环境的标准;(4)通过持续实施技术研讨会方案、传播这些研究的成果、同承包者和国际科学界协作等途径，推动和鼓励在“区域”内进行海洋科学研究;(5)收集信息，建立和发展独特的科学技术信息数据库，以期增进对深海环境的了解。

【同中国的关系】中国是国际海底活动的主要投资国和与国际海底资源相关的矿产品主要消费国之一。自1996年管理局正式运作以来，中国是理事会B组成员。在2004年理事会成员改选中，中国成功当选A组成员，并在2008、2012年改选中获得连任，任期至2016年。管理局法律和技术委员会、财务委员会中一直有中国籍专家担任委员。

中国是从事国际海底资源勘探活动的国家之一。中国大洋协会于2001年5月23日与管理局签订多金属结核勘探合同，在东北太平洋海域获得7.5万平方公里国际海底多金属结核勘探矿区；2011年11月18日与管理局签订多金属硫化物勘探合同，在西南印度洋海域获得1万平方公里多金属硫化物勘探矿区；2014年4月29日与管理局签订了富钴结壳勘探合同，在西北太平洋获得3000平方公里富钴结壳资源勘探矿区。2015年7月，经管理局批准，中国五矿集团公司在东太平洋克拉里昂-克利帕顿断裂区获得面积近7.3万平方公里的多金属结核矿区。

中国积极促进发展中国家参与国际海底事务，与管理局开展了多项相关合作。截至2015年7月，中国累计向管理局自愿信托基金捐款12万美元，为管理局财务委员会、法律和技术委员会中的发展中国家委员出席委员会会议提供资助。　（赵文婷）

国际海洋法法庭

International Tribunal for the Law of the Sea—ITLOS

【成立日期】国际海洋法法庭（简称“法庭”）是根据《联合国海洋法公约》(简称《公约》）和《国际海洋法法庭规约》(即《公约》附件六）的规定所设立的国际司法机构，于1996年10月正式成立。

【总部】德国汉堡。

【网址】http://www.itlos.org。

【组成】法庭由独立法官21人组成。法官从享有公平和正直的最高声誉、在海洋法领域内具有公认资格的人士中选出。法庭作为一个整体，应确保其能代表世界各主要法系和公平地区分配。法庭法官中不得有二人为同一国家的国民，联合国大会所确定的每一地理区域集团应有法官至少3人。法庭法官不得执行任何政治或行政职务，或对任何与勘探和开发海洋或海底资源或与海洋或海底的其他商业用途有关的任何企业的任何业务有积极联系或有财务利益。

法庭法官由《公约》缔约国会议选举产生，任期9年（但在第1次选举出的法官中，有7人任期3年，另7人任期6年，具体人选通过抽签决定），可连选连任。现任法官分别来自俄罗斯、阿尔及利亚、印度、黎巴嫩、德国、塞内加尔、佛得角、法国、特立尼达和多巴哥、波兰、日本、坦桑尼亚、南非、中国、韩国、阿根廷、马耳他、乌克兰、墨西哥、冰岛和巴西。现任庭长为俄罗斯籍法官弗拉迪米尔·弗拉基米罗维奇·戈利钦（Vladimir Vladimirovich Golitsyn），副庭长为阿尔及利亚籍法官布阿莱姆·布格泰亚（Boualem Bouguetaia）。现任中国籍法官高之国于2008年1月在法官补缺选举中当选，接替原中国籍法官许光建，并于2011年6月成功连任，任期至2020年9月30日。

【管辖权】法庭主要受理有关《公约》的解释或适用的争端。根据《国际海洋法法庭规约》第21条的规定，法庭的管辖权包括按照《公约》向其提交的一切争端和申请，以及将管辖权授予法庭的任何其他国际协定中具体规定的一切申请。

【分庭】法庭原则上由全庭审理提交法庭的一切争端和申请，但在《公约》明确规定或当事各方按照《公约》提出请求的情况下，应由分庭审理和裁判案件；任何分庭做出的判决，均应视为法庭做出的判决。

法庭的分庭包括两类：一是根据《国际海洋法法庭规约》第四节设立的海底争端分庭。海底争端分庭主要管辖《公约》第187条所具体规定的《公约》缔约国之间关于《公约》第十一部分及其有关附件的解释或适用的争端、缔约国与国际海底管理局之间、国际海底资源勘探和开发合同当事各方之间关于特定事项的争端。此外，根据《公约》第191条规定，海底争端分庭应国际海底管理局大会或理事会的请求，应对它们活动范围内发生的法律问题提出咨询意见。二是特别分庭。特别分庭是指法庭在必要时设立的处理特定种类争端的分庭，包括经当事各方请求处理某一特定争端的分庭，以及为了迅速处理事务而设立的适用简易程序的分庭等。

【审理案件】截至2016年2月，法庭共受理25个案件，23个已审结，其中西非次区域渔业组织请法庭就渔业养护和管理发布咨询意见案、意大利就“艾丽卡乐歇”号事件向法庭申请临时措施案于2015年审结。目前尚未审结的案件为加纳和科特迪瓦海域划界案和巴拿马诉意大利的“北辰”号案。（高翔）

全面禁止核试验条约组织筹备委员会

Preparatory Commission for the Comprehensive Nuclear-Test-Ban Treaty Organization

【成立日期】1996年11月19日。

【职责】全面禁止核试验条约组织筹委会（下称“筹委会”）的职责是为《全面禁止核试验条约》生效做好各项准备工作。

【成员】所有条约签字国均为筹委会成员。截至2016年1月，共有183国签署条约，其中164国已批约。

【负责人】2013年8月开始，临时技秘处国际数据中心司司长泽博（Lassina Zerbo，布基纳法索籍）任筹委会临时技术秘书处执行秘书。

【总部】奥地利维也纳。

【网址】http://www.ctbto.org。

【组织机构】筹委会主要包括全会和临时技术秘书处。全会是筹委会的决策机构。临时技术秘书处负责日常工作，下设行政、法律与外联、国际监测系统、国际数据中心和现场视察5个司。

【主要活动】筹委会每年召开两次全会，审议条约筹备相关事宜并做出决定。全会下设A、B两个工作组，分别就行政和核查事务进行讨论，并向全会提出建议。临时技术秘书处负责为国际监测系统提供技术和法律援助，并负责国际监测系统台站的监督、管理和维护，以及台站数据的接收、分析和处理。

【同中国的关系】中国于1996年9月24日签署《全面禁止核试验条约》，是筹委会首批成员国之一。中国常驻维也纳代表兼任中国常驻条约组织筹委会代表。中国积极参加筹委会会议，并与临时技术秘书处密切合作，保证了中国境内11个监测台站建设的顺利进行。临时技术秘书处执行秘书先后对中国进行了7次工作访问。（孔君）

拉丁美洲和加勒比禁止核武器组织

Organismo para la Proscripción de las Armas Nucleares en la América Latina y el Caribe—OPANAL

【成立经过】1962年10月“古巴导弹危机”后，巴西、玻利维亚、厄瓜多尔和智利向第17届联大提出关于建立拉美无核区的提案。1963年4月29日，上述4国元首以及墨西哥总统在各自首都发表声明，要求拉美国家缔结多边协定，使拉美尽快成为无核区。同年，第18届联大通过了包括上述5国在内的11个国家关于建立拉美无核区的提案。1964年11月，17个拉美国家决定成立拉丁美洲非核化筹备委员会。1967年2月14日，巴拿马、秘鲁、玻利维亚、厄瓜多尔、哥伦比亚、哥斯达黎加、海地、洪都拉斯、墨西哥、萨尔瓦多、危地马拉、委内瑞拉、乌拉圭和智利在墨西哥城签署《拉丁美洲禁止核武器条约》，即《特拉特洛尔科条约》。条约于1969年4月25日生效。为保证履行条约的各项义务，根据该条约规定，缔约国在条约生效后成立了拉丁美洲禁止核武器组织。1985年该组织第9届例会决定在正式文件中使用“拉丁美洲和加勒比禁止核武器组织”（简称“拉美禁核组织”）的名称。

【宗旨】条约规定，缔约国的核材料和核设备只能用于和平目的；禁止在各自领土上试验、使用、制造生产或取得核武器；禁止在各自领土上接受、储存、设置、部署或以任何其他形式拥有核武器。条约有两项附加议定书：第一号附加议定书要求在拉美拥有领土或属地的国家承担条约规定的有关义务。第二号附加议定书要求世界上拥有核武器的国家充分尊重条约，不对拉美国家使用或威胁使用核武器。

【成员】33个国家（截至2015年12月）：巴巴多斯、巴哈马、巴拉圭、巴拿马、古巴、秘鲁、玻利维亚、多米尼加、厄瓜多尔、哥伦比亚、哥斯达黎加、格林纳达、海地、洪都拉斯、墨西哥、尼加拉瓜、萨尔瓦多、苏里南、特立尼达和多巴哥、危地马拉、委内瑞拉、乌拉圭、牙买加、巴西、智利、阿根廷、安提瓜和巴布达、伯利兹、圭亚那、多米尼克、圣基茨和尼维斯、圣文森特和格林纳丁斯、圣卢西亚。观察员国：德国、加拿大、韩国、塞浦路斯、西班牙、菲律宾、芬兰、希腊、伊朗、以色列、日本、马来西亚、摩洛哥、南非、瑞士、澳大利亚和新西兰。联系国：中国、英国、美国、俄罗斯、法国和荷兰。

【主要负责人】常务秘书长路易斯·菲利佩·德马

塞多·苏亚雷斯（Luiz Filipe de Macedo Soares，巴西人），2014年2月11日就职，任期至2017年12月31日。

【总部】墨西哥首都墨西哥城。墨西哥为存约国。

【网址】http://www.opanal.org。

【组织机构】（1）大会：最高权力机构。由全体缔约国组成，每2年召开1次。理事会认为必要时可召开特别大会。（2）理事会：由5个理事国组成，经大会选举产生，任期4年。（3）秘书处：大会和理事会领导下的常设办事机构。秘书长由大会选举产生，任期4年，可连任1次。

【出版物】《拉丁美洲和加勒比禁止核武器组织文件集》（*OPANAL-Documentos*），不定期，西班牙文。

【主要活动】2005年4月26—28日，世界无核武器地区会议在墨西哥城举行，拉美禁核组织代表拉美和加勒比无核武器区出席。出席会议的还有代表南太、东南亚、非洲和蒙古无核武器区的《拉罗汤加》《曼谷条约》《佩林达巴条约》缔约国和蒙古。各方就加强各无核武器区建设、密切相互合作、推动全球防核武扩散与核裁军等议题进行讨论。2005年11月8日，拉美禁核组织第19届例会在智利首都圣地亚哥举行，会议发表《圣地亚哥声明》，决定加强同其他无核武器区组织的协调，推动国际裁军和防核扩合作，要求核武器国家有效保证不使用也不威胁使用核武器，强调全面禁止核试验的重要性，重申各国拥有和平研究、生产及使用核能的权力，主张通过加强裁军与防核扩教育推动无核区的发展。2007年11月、2009年11月拉美禁核组织第20届例会、第21届例会在墨西哥城举行。2011年10月11日向联合国递交《拉美和加勒比33国关于建立无核区的声明》。2011年11月17日，拉美禁核组织在墨西哥城举行第22届例会。2012年2月14日，拉美禁核组织在墨西哥城举办《特拉特洛尔科条约》签署45周年纪念活动。2013年8月，拉美禁核组织在阿根廷首都布宜诺斯艾利斯举行第23届例会，通过禁核组织《战略日程》，即：获得世界所有拥核国家不对拉美无核区各国使用核武器的承诺；积极在多边场合通过谈判和法律手段推动全面禁止核武器；加强对禁核及核不扩散工作的宣传力度。2014年2月14日，拉美禁核组织在墨西哥城举办《特拉特洛尔科条约》签署47周年纪念活动。2015年11月26日，拉美禁核组织在墨西哥城举行第24届例会，敦促有关国家履行法律义务，决定进一步加强与联合国、国际原子能机构、拉美和加勒比国家共同体等国际和地区组织合作。

【同中国的关系】1972年11月24日姬鹏飞外长声明，中国政府尊重和支持拉美无核区的正义主张，并同意拉美禁核条约第二号附加议定书的基本内容。1973年8月21日，中国政府签署了该议定书。1975年至2001年，除个别情况外，中国均派观察员出席该组织的历届年会。1983年5月，中国代表在出席该组织在牙买加金斯敦举行的第8届例会期间发言，重申中国绝不对拉美国家和无核地区使用或威胁使用核武器，也不在拉美国家和地区试验、制造、生产、储存、安装或部署核武器，或使自己带有核武器的运载工具通过拉美国家领土、领空和领海。在第14届例会上，中国驻智利大使朱祥忠与会并讲话，阐述了中国对核裁军、无条件不对无核国家和无核区使用或威胁使用核武器及《核不扩散条约》延期问题的立场和主张。该组织两任秘书长格罗斯和马丁内斯–科沃分别于1975年和1983年访华。2003年11月，中国驻古巴大使王治权代表中国政府以观察员身份出席该组织第18届例会，重申了中国不使用和不威胁使用核武器的承诺。2012年2月14日，中国驻墨西哥大使馆派代表出席拉美禁核组织在墨西哥城举办的《特拉特洛尔科条约》签署45周年纪念活动。（王晋翼）

禁止化学武器组织

Organization for the Prohibition of Chemical Weapons

【成立日期】根据1997年生效的《关于禁止发展、生产、储存和使用化学武器及销毁此种武器的公约》（简称《禁止化学武器公约》，下称《公约》），禁止化学武器组织于1997年5月23日成立。

【宗旨】《公约》包括序言、24条正文和3个附件。《公约》的宗旨和目标是全面禁止和彻底销毁所有化学武器，并为此规定了严格的核查机制；促进化工领域的国际交流与合作。

禁止化学武器组织是监督《公约》实施的机构，以确保《公约》的各项条款得到有效执行，并为缔约国提供进行协商与合作的论坛。

【成员】截至2015年12月，共有成员国192个。

【主要负责人】第1任总干事何塞·布斯塔尼（Jose M. Bustani，巴西人），任期1997年5月至2002年4月。第2任总干事罗赫略·菲尔特（Rogelio Pfirter，阿根廷人），任期2002年7月至2010年7月。第3任总干事阿赫迈特·尤祖姆居（Ahmet Üzümücü，土耳其人），2010年7月就任，2014年7月首届期满后成功连任，新任期至2018年7月。

【总部】荷兰海牙。

【网址】http://www.opcw.org。

【组织机构】（1）缔约国大会：由全体成员国组成。每年召开1次例会，可审议《公约》范围内任何问题并做出决定。（2）执行理事会：由41个成员组成，是禁止化学武器组织的执行机构，向大会负责。执理会成员由大会选出，任期2年。（3）技术秘书处：协助大会和执行理事会行使其职能，包括执行《公约》的核查条款。技秘处由总干事领导，下设会务司、核查司、视察局、国际合作司、外联司、法律事务办公室、行政司、战略和政策办公室、内部监察办公室等。此外，还有科学咨询委员会、保密委员会等附属机构。

【主要活动】至2015年年底，禁止化学武器组织进行了6194次视察。2015年，禁化武组织召开了第20届缔约国大会和第78—80届执行理事会，讨论了化学武器销毁、化工国际合作、促进国家履约措施及大量履约相关问题。

【同中国的关系】1993年1月13日，中国签署《公约》。1996年12月30日，全国人大常委会正式批准《公约》。1997年4月25日，中国交存了批准书，成为《公约》的原始缔约国。中国自1997年5月当选为执行理事会成员以来，一直连选连任。中国在海牙设有常驻禁止化学武器组织代表团，代表由中国驻荷兰大使兼任。2015年5月，中国与禁止化学武器组织在华联合举办亚洲地区第13届国家履约机构会议暨首次亚洲地区教育和外宣活动。2015年6月，应中方邀请，禁化武组织总干事由祖姆居同期访华，杨洁篪国务委员会见。2015年9月，中国与禁化武组织联合在华举办面向越南、老挝、缅甸、柬埔寨的化武援助与防护高级培训班，中国成功接待执理会代表团访问哈尔巴岭日遗化武销毁设施。截至2015年年底，中国已顺利接待禁化武组织411次视察。（孔君）

桑戈委员会

Zangger Committee

【成立经过】1971—1974年，由美、英、法等15个国家组成的小组，在瑞士教授桑戈主持下，在维也纳举行了一系列非正式会议，就核出口“竞争规则”和“触发清单”达成了谅解。该小组被称为“桑戈委员会”，又称“核出口国委员会”。

【宗旨】桑戈委员会根据《不扩散核武器条约》有关规定，制定向未参加条约的无核武器国家出口核材料、设备和技术的控制条件和程序。

【成员】桑戈委员会现有39个成员国（截至2015年10月），包括：阿根廷、澳大利亚、奥地利、白俄罗斯、比利时、保加利亚、加拿大、中国、克罗地亚、捷克、丹麦、芬兰、法国、德国、希腊、匈牙利、爱尔兰、意大利、日本、哈萨克斯坦、韩国、卢森堡、荷兰、新西兰、挪威、波兰、葡萄牙、罗马尼亚、俄罗斯、斯洛伐克、斯洛文尼亚、南非、西班牙、瑞典、瑞士、土耳其、乌克兰、英国和美国。

欧盟为永久观察员。

【控制机制】桑戈委员会通过“触发清单”实施核出口控制。“触发清单”，由A、B两个备忘录和一个附件组成。备忘录对原材料和特种裂变材料以及为加工、使用或生产特种裂变材料而设计或制造的设备或材料出口作了定义，并规定出口“触发清单”物项需接受国际原子能机构保障监督。

桑戈委员会的决定及“触发清单”仅对各国制定核出口政策起指导作用，无法律约束力。各成员国以信函模式接受“触发清单”，即，由各国常驻国际原子能机构代表致函机构总干事，对“触发清单”及其修改予以确认。

【主要负责人】桑戈委员会现任主席为路易斯·卡森（Ms.Lousie Fluger Callesen，丹麦人），于2015年11月上任。

【网址】http://www.zanggercommittee.org。

【主要活动】桑戈委员会每年定期召开春、秋两次会议，主要讨论核出口控制政策，以及有关触发清单的问题。

【同中国的关系】1997年5月，中国以观察员身份出席桑戈委员会会议，1997年10月16日，中国正式加入桑戈委员会。此后，中国积极参加了每年“桑戈委员会”例会的讨论并发挥建设性作用。（孔君）

核供应国集团

Nuclear Suppliers Group—NSG

【成立经过】1975年，加拿大、法国、联邦德国、日本、英国、美国和苏联7个主要核出口国在伦敦多次开会，讨论加强和完善核不扩散的政策和措施及敏感核材料和设备的出口控制等问题，并通过了《核转让准则》和《触发清单》，此后，会议形成年度机制，被称为“伦敦核俱乐部”。1992年，机制更名为“核供应国集团”。

【宗旨】核供应国集团通过加强核及核两用品和相关技术的出口管制，防止核武器扩散。

【成员】核供应国集团现有成员48个（截至2016

年1月），包括阿根廷、澳大利亚、奥地利、白俄罗斯、比利时、巴西、保加利亚、加拿大、中国、克罗地亚、塞浦路斯、捷克、丹麦、爱沙尼亚、芬兰、法国、德国、希腊、匈牙利、冰岛、爱尔兰、意大利、日本、哈萨克斯坦、韩国、拉脱维亚、立陶宛、卢森堡、马耳他、墨西哥、荷兰、新西兰、挪威、波兰、葡萄牙、罗马尼亚、俄罗斯、塞尔维亚、斯洛伐克、斯洛文尼亚、南非、西班牙、瑞典、瑞士、土耳其、乌克兰、英国和美国。

欧盟委员会与桑戈委员会主席为观察员。

【控制机制】核供应国集团通过“准则”和“清单”对核及核两用品和相关技术实施出口管制。确保出口的物项和技术不被转用于核爆炸或其他非和平目的，以防止核武器扩散，“准则”规定以进口国接受国际原子能机构全面保障监督作为核出口的条件；转让“触发清单”中的物项和技术须接受国际原子能机构保障监督；进口国执行国际原子能机构保障监督附加议定书或相应地区性保障监督安排系向其转让铀浓缩和后处理技术的条件。“准则”和“清单”一俟当事国书面通知国际原子能机构总干事表示接受即对该国产生约束力。

核供应国集团与桑戈委员会均是由核供应国单方面组成的非正式安排，目标均是防止核武器扩散。两组织绝大部分成员重叠，但在控制原则和范围上存在差别，主要体现在：核供应国集团将进口国接受全面保障监督为核出口条件；核供应国集团出口控制范围还包括与核有关的两用物项和技术等。

【联络点】日本常驻维也纳代表团。地址：Andromeda Tower，Donau-City Strasse 6A-1220，Vienna，Austria。

【网址】http://www.nuclearsuppliersgroup.org。

【主要活动】集团每年召开1次全会。全会下设咨询组、信息交流组和执法组。咨询组主要负责对“准则”和“清单”的执行情况进行审议、更新及修订，信息交流组主要就出口控制领域的经验及信息进行交流。需要时也召开专家会议，就专门问题交换意见。集团采取协商一致方式做出决定。集团2013年全会在捷克布拉格举行，决定强化集团准则有关对核材料和设施实施实物保护的内容，并对集团控制清单进行修订。集团2014年全会在阿根廷布宜诺斯艾利斯举行，就集团控制清单修订工作、集团准则修订、中介与过境活动管理等问题进行了审议。集团2015年全会在阿根廷巴里诺切举行，就集团外联活动、集团成员出口审批情况等问题进行了审议。

【同中国的关系】中国于2004年6月10日在瑞典哥德堡年会上正式加入核供应国集团。此后，中国以建设性姿态参与了核供应国集团历次全会及咨询组会议。中国已完成对国内相关出口控制法规及清单的修订，使其与核供应国集团准则及清单保持一致。

（孔君）

澳大利亚集团

Australia Group—AG

【成立经过】为加强两用化学品出口管制，协调各国化学武器相关物项出口管制范围及管制方式，1985年4月，澳大利亚提议召开会议，协调各国的出口控制措施、加强各国在防止化学武器扩散方面的合作。首次会议于同年6月在布鲁塞尔举行，由澳大利亚主持，其后每年在巴黎举行年会，“澳大利亚集团”因此得名。1990年，澳大利亚集团开始采取措施以防止生物武器的扩散。

【成员】澳大利亚集团现有42个成员（41国和欧盟委员会）。澳大利亚是常任主席国。集团所有成员国均为《禁止生物武器公约》和《禁止化学武器公约》缔约国。

【网址】http://www.australiagroup.net。

【运作机制】澳大利亚集团是一个非正式安排，旨在加强成员国现行出口控制机制的有效性，防止生化武器扩散。集团控制措施对成员国不具法律约束力，由成员国自行实施。

【出口控制机制】澳大利亚集团通过出口许可证、出口管制准则和管制清单等措施，对生化两用物项及相关设备、技术和软件进行出口管制，防止其用于生化武器目的。2002年，集团制定了《生化敏感物项出口控制指导原则》，其中明确引入全面控制（catch-all）和协商原则（no undercut）。近年来，集团注重对无形敏感技术、中介活动、新兴技术及二手设备转让的管制，并加强与亚太地区及独联体国家在出口管制领域的对话与交流。

【同中国的关系】中国不是澳大利亚集团成员。近年来，澳大利亚集团加强了与中方的沟通和交流。自2004年起，中国与集团建立了年度磋商机制。截至2015年，双方已进行了6轮磋商，就生化领域防扩散形势、集团运作情况等问题交换了看法。（孔君）

瓦森纳安排

Wassenaar Arrangement

【成立经过】1993年，巴黎统筹委员会解散。1995年9月，包括“巴统”17国在内的28个国家在荷兰瓦森纳召开高官会议，决定建立常规武器和双用途物品及技术出口控制机制。1996年7月，“关于常规武器和双用途物品及技术出口控制的瓦森纳安排”（The Wassenaar Arrangement on Export Controls for Conventional Arms and Dual-use Goods and Technologies）在奥地利维也纳正式成立，简称“瓦森纳安排”。

【性质与宗旨】瓦森纳安排是一种建立在自愿基础上的集团性出口控制机制，通过成员国间的信息通报制度，提高常规武器和双用途物品及技术转让方面的透明度，以达到对常规武器和双用途物品及相关技术转让的监督和控制。

【成员国】现有41个成员国（截至2015年10月）：阿根廷、澳大利亚、奥地利、比利时、保加利亚、加拿大、克罗地亚、捷克、丹麦、爱沙尼亚、芬兰、法国、德国、希腊、匈牙利、爱尔兰、意大利、日本、拉脱维亚、立陶宛、卢森堡、马耳他、墨西哥、荷兰、新西兰、挪威、波兰、葡萄牙、韩国、罗马尼亚、俄罗斯、斯洛伐克、斯洛文尼亚、南非、西班牙、瑞典、瑞士、土耳其、乌克兰、英国、美国。

【秘书处】奥地利维也纳。

【网址】http://www.wassenaar.org。

【运行机制】瓦森纳安排成员国对控制清单上物项的出口实行国家控制，即由各国政府自行决定是否允许或拒绝转让某一物品，并在自愿基础上向其他成员国通报有关信息，协调出口控制政策。信息交换仅限于向非成员国的出口，成员国间的贸易无须通报。控制物品清单分为军品清单、双用途物品及技术清单两部分。

成员国同意相互通报许可或拒绝转让申请的信息。一国通报拒绝转让某一项目，并不意味着其他成员国有拒绝类似转让的义务。但是，如一成员国批准了一个转让许可证，而过去3年中另一成员国曾拒批“基本相同”的转让，前者有义务在60天之内（最好在30天之内）向其他成员国通报，但其他成员国无权否决此项交易。交换的信息保密，并视同享有特权的外交通讯。各国对同意转让或拒绝转让项目的通报建立在“自行全权决定”的基础上，所有措施均由各国自主决定执行。

【主要活动】瓦森纳安排成员国定期举行会议，审查受控项目清单，考虑协调发展有效出口控制机制的努力，并讨论其他共同关心的问题。全会每年至少召开1次，由各成员国逐年轮流担任会议主席，实行协商一致的原则。

2015年12月，瓦森纳安排成员国第21次会议在维也纳举行，西班牙担任轮值主席。会议对瓦森纳安排有关军品、双用途物品及技术清单进行了审议和修改，增加了新的管控领域，通过了关于中转、转运的最佳行为准则。确定芬兰为2016年轮值主席国。

【同中国的关系】中国不是瓦森纳安排成员国。2004年4月，中国与瓦森纳安排在维也纳举行了首轮对话会。近年来，中国与瓦森纳安排保持着交流和对话。双方迄今已举行了5次对话会。（孔君）

导弹及其技术控制制度

Missile Technology Control Regime—MTCR

【成立经过】“导弹及其技术控制制度”是美国等西方7国制定的集团性出口控制制度，旨在防止可运载大规模杀伤性武器的导弹和无人驾驶航空飞行器及其相关技术的扩散。1985年7月，美、英、法、德、意、日、加7国召开会议，就制定“导弹及其技术控制制度”达成一致意见。1987年，“导弹及其技术控制制度”建立并正式对外公布。此后，“导弹及其技术控制制度”的准则和附件历经数次修改。

【成员国】现有34个成员国（截至2016年1月）：阿根廷、澳大利亚、奥地利、比利时、保加利亚、巴西、加拿大、捷克、丹麦、芬兰、法国、德国、希腊、匈牙利、冰岛、爱尔兰、意大利、日本、韩国、卢森堡、荷兰、新西兰、挪威、波兰、葡萄牙、俄罗斯、南非、西班牙、瑞典、瑞士、土耳其、乌克兰、英国、美国。

【联络处】“导弹及其技术控制制度”没有常设性机构或秘书处，仅在法国外交部设立了一个联络点。

【网址】http://www.mtcr.info。

【主要规定】“导弹及其技术控制制度”由“准则”和“设备、软件和技术附件”组成。“准则”规定了“导弹及其技术控制制度”的目标和导弹及相关物项的出口控制指导原则框架。“设备、软件和技术附件”罗列了应受控制的导弹及相关物项和技术。各成员国通过国家立法实施“准则”，并将附件所列物项纳入本国的出口管制体系。

“准则”规定，“导弹及其技术控制制度”通过对可能有助于大规模杀伤性武器（WMD）运载系统（有人驾驶飞行器除外）发展计划的转让进行控制，以达到减少WMD扩散风险的目的。“准则”的另一个目的是防止受控物项和技术落入恐怖组织和个人之手。“准则”不妨碍各国发展空间计划或开展相关国际合作。“附件”所列一切项目的转让均应受到限制并适用逐项审批原则。成员国在处理有关转让申请时，应综合考虑对WMD扩散的关切、接受国的导弹和空间计划的能力和目标、有关转让对WMD运载系统发展的重要性等因素。在转让可能促进WMD运作系统研制的情况下，转让国政府必须要求接受国政府保证，未经同意不得改变项目的申明用途。不得将转让的项目或其仿制件、改形件再次转让。

受控物项分为两大类："I类项目"是最敏感的项目，包括主要参数超过300公里射程/500公斤载荷的完整火箭系统（包括弹道导弹、空间运载火箭和探空火箭）和无人驾驶航空飞行器系统（包括巡航导弹、靶机和侦察机），以及上述系统的生产设施、主要分系统（包括火箭各级）、再入飞行器、火箭发动机、制导系统和弹头机制。I类项目在转让时不论目的如何，均应加以特别限制，适用“强烈推荐不予转让”原则；I类项目生产设施的转让一般不应批准。

“II类项目”包括可用于运载WMD、但未包括I类项目中的完整火箭系统（包括弹道导弹、空间运载火箭和探空火箭）和无人驾驶航空飞行器系统（包括巡航导弹、靶机和侦察机），以及可用于I类项目中各系统的设备、材料和技术。II类项目在转让时应予逐案审批。

【主要活动】“导弹及其技术控制制度”每年举行1次年会，由各成员国轮流主办，主办国即为当年轮值主席国。各成员国根据“导弹及其技术控制制度”准则和附件，制定有关出口控制法规；由各成员国政府自行判断有关转让是否会被用于运载大规模杀伤性武器，并据此决定是否批准某一项出口。各成员国定期相互通报发放导弹相关出口许可证的情况，并对出口控制中的有关问题进行讨论。

2015年10月，成员国第29次全会在荷兰鹿特丹召开。荷兰和卢森堡担任轮值主席国，任期至下次全会召开。

【同中国的关系】中国不是“导弹及其技术控制制度”成员国。2004年2月和6月，中国与“导弹及其技术控制制度”分别在巴黎和北京举行了两轮对话会。2004年9月，中国正式申请加入。2009年4月，中国派员出席了在巴黎举行的首届“导弹及其技术控制制度”技术外联会。2010年7月，“导弹及其技术控制制度”轮值主席、巴西外交部莫朗公使率团来华与中国进行了对话。2015年3月，“导弹及其技术控制制度”三驾马车率团来华，与中方就防扩散形势、中国与“制度”关系交换意见。　（孔君）

防止弹道导弹扩散海牙行为准则

Hague Code of Conduct Against Ballistic Missile Proliferation—HCOC

【成立经过】2000年10月，“导弹及其技术控制制度”成员国提出建立“防止弹道导弹扩散国际行为准则”，并于2001年9月在“导弹及其技术控制制度”国家内部通过。2002年11月，“防止弹道导弹扩散海牙行为准则”在荷兰海牙正式成立。

【参加国】现有137个成员国（截至2015年10月）：阿富汗、阿尔巴尼亚、安道尔、阿根廷、亚美尼亚、澳大利亚、奥地利、阿塞拜疆、白俄罗斯、比利时、贝宁、波斯尼亚和黑塞哥维那、保加利亚、布基纳法索、布隆迪、柬埔寨、喀麦隆、加拿大、佛得角、中非共和国、乍得、智利、哥伦比亚、科摩罗、刚果（布）、库克群岛、哥斯达黎加、克罗地亚、塞浦路斯、捷克、丹麦、多米尼加、厄瓜多尔、萨尔瓦多、厄立特里亚、爱沙尼亚、埃塞俄比亚、斐济、芬兰、法国、加蓬、冈比亚、格鲁吉亚、德国、加纳、希腊、危地马拉、几内亚、几内亚比绍、圭亚那、海地、梵蒂冈、洪都拉斯、匈牙利、冰岛、伊拉克、爱尔兰、意大利、日本、约旦、哈萨克斯坦、肯尼亚、基里巴斯、拉脱维亚、利比里亚、利比亚、列支敦士登、立陶宛、卢森堡、马达加斯加、马拉维、马尔代夫、马里、马耳他、马绍尔群岛、毛里塔尼亚、密克罗尼西亚、摩尔多瓦、摩纳哥、蒙古、黑山、摩洛哥、莫桑比克、荷兰、新西兰、尼加拉瓜、尼日尔、尼日利亚、挪威、帕劳、巴拿马、巴布亚新几内亚、巴拉圭、秘鲁、菲律宾、波兰、葡萄牙、韩国、罗马尼亚、俄罗斯、卢旺达、萨摩亚、圣马利诺、塞内加尔、塞尔维亚、塞舌尔、塞拉利昂、新加坡、斯洛伐克、斯洛文尼亚、南非、西班牙、苏丹、苏里南、瑞典、瑞士、塔吉克斯坦、坦桑尼亚、马其顿、东帝汶、汤加、突尼斯、土耳其、土库曼斯坦、图瓦卢、乌干达、乌克兰、英国、美国、乌拉圭、乌兹别克斯坦、瓦努阿图、委内瑞拉、赞比亚。

【联络处】“防止弹道导弹扩散海牙行为准则”不设常设性机构或秘书处，在奥地利设有紧急联络中心。

【基本情况】“防止弹道导弹扩散海牙行为准则”的核心内容是通过透明和建立信任措施等政治手段，防止可运载大规模杀伤性武器的弹道导弹扩散。要求成员国对弹道导弹和空间运载火箭的发射和试验飞行实行发射前通报。成员国还应逐年宣布弹道导弹和空间运载火箭的政策大纲、前一年发射数量与种类、发射基地等。

“防止弹道导弹扩散海牙行为准则”每年举行1次全会。2015年5月，第14次全会在维也纳举行，秘鲁担任轮值主席。会议对准则的重要性与普遍性及中东、东北亚和南亚等区域关切进行了讨论。

【同中国的关系】中国积极参与了制定“防止弹道导弹扩散海牙行为准则”草案的讨论，但由于中国有关在自愿基础上实施透明和建立信任措施的关切未被采纳，中国未加入该机制。（孔君）

打击核恐怖主义全球倡议

The Global Initiative to Combat Nuclear Terrorism

【成立经过】2006年7月15日，美俄共同提出“打击核恐怖主义全球倡议”（简称“倡议”），旨在通过开展国际合作，加强各国能力建设，采取有效措施共同打击核恐怖主义。

【宗旨】倡议以安理会有关决议、《制止核恐怖主义行为国际公约》等为基础，主要原则和目标是：完善核材料及放射性物质的实物保护体系；加强民用核设施的安保；提高对上述物资的探测、搜寻和控制能力，防止非法贩运；提高应对核恐怖袭击的能力；防止向核恐怖主义提供庇护及金融和经济资源；确保恐怖主义及其支持者得到刑事及民事处罚；加强情报交流。倡议系非正式安排，对所有致力于打击核恐怖主义的国家开放。参加国在自愿基础上参与倡议及其活动，开展相关国际合作。

【成员】截至2015年6月，倡议共有86个成员国。中国、美国、俄罗斯、英国、法国、德国、意大利、日本、加拿大、澳大利亚、土耳其和哈萨克斯坦12国是创始伙伴国。国际原子能机构、欧盟、国际刑警组织和联合国毒品和犯罪问题办公室、联合国跨区域犯罪和司法研究所是观察员。

【近期主要活动】2015年6月15日，倡议2015年全会在芬兰举行。会议回顾了倡议过去两年工作进展，就倡议未来发展方向以及“核探测”“核分析鉴定”“应对和减缓核恐怖主义”3个工作组下步工作进行了讨论。会议并选举美国、俄罗斯继续担任倡议共同主席，选举荷兰担任倡议执行与评估小组新一任协调员。倡议成立10周年大会将于2016年在荷兰举行。

【同中国的关系】中国一贯反对包括核恐怖主义在内的任何形式的恐怖主义，支持倡议的宗旨和目标。作为创始伙伴国，中国积极参加了倡议历次全会和有关演练活动，并采取有效措施，致力于实现倡议的目标。（孔君）

伊朗核问题

Iranian Nuclear Issue

2015年7月14日，伊朗核问题6国（联合国安理会五常和德国）与伊朗在维也纳达成《联合全面行动计划》（下称“全面协议”），这标志着延宕13年之久的伊核问题最终实现了软着陆。

2015年，6国与伊朗在日内瓦、洛桑、维也纳等地展开谈判，寻求达成解决伊核问题的全面协议。4月2日，6国与伊朗在洛桑达成重要共识，初步形成全面协议“核心要素”等文件，供下步谈判起草全面协议参考。此后，双方又经过数月密集、艰苦谈判，最终于7月14日在维也纳达成全面协议。

根据全面协议，伊承诺不发展或拥有核武器，在一定年限内采取限制核活动的措施，接受国际原子能机构严格的监督核查。美国、欧盟及联合国安理会将分阶段解除针对伊核计划的制裁，优先解除经济、金融领域制裁。

全面协议达成后，各方积极推动协议尽早起步执行。7月20日，联合国安理会通过第2231号决议，核可全面协议。10月18日，全面协议正式生效。12月15日，国际原子能机构举行特别理事会，协商一致通过关于伊核问题的决议，决定结束审议伊核计划军事层面（PMD）问题，并终止理事会以往12个涉伊核问题决议。

2016年1月16日，经过各方共同努力，全面协议“执行日”到来。当天，国际原子能机构发布报告，确认伊朗完成全面协议规定的关键核领域措施；美国、欧盟及联合国安理会开始相应解除针对伊核计划的经济、金融等领域制裁。

在伊朗核问题上，中国主张通过政治外交谈判寻求全面、长期、妥善解决方案，维护国际核不扩散体系和中东地区和平稳定。中国作为安理会常任理事国和6国机制成员，建设性参与全面协议谈判，就阿拉克重水堆改造等谈判焦点和难点问题提出解决方案，为推动达成全面协议发挥了建设性作用。全面协议达成后，中国继续积极引导各方恪守承诺，巩固互信，妥善处理分歧，尽快完成协议执行准备工作，为推动"执行日"顺利到来做出来重要贡献。（孔君）

亚欧会议

Asia-Europe Meeting (ASEM)

【**成立经过**】1994年7月，欧盟制定了《走向亚洲新战略》，决定与亚洲进行更广泛对话，建立建设性、稳定和平等的伙伴关系。同年10月，新加坡总理吴作栋访问法国期间提议建立亚欧会议，得到亚欧各国积极响应。经过一年多的筹备，首届亚欧首脑会议于1996年3月在泰国曼谷举行，亚欧会议正式成立。

【**宗旨**】亚欧会议的宗旨是通过加强相互对话、了解与合作，为经济和社会发展创造有利的条件，以建立亚欧新型、全面伙伴关系。

【**成员**】亚欧会议现有成员53个，亚洲成员22个，包括中、日、韩、东盟10国、蒙古、印度、巴基斯坦、俄罗斯、澳大利亚、新西兰、孟加拉国、哈萨克斯坦、东盟秘书处。欧洲成员31个，包括欧盟28国、瑞士、挪威及欧盟委员会。

【**原则**】首届亚欧会议明确提出，亚欧合作应遵循以下原则：相互尊重、平等、促进基本权利、遵守国际法和国际义务、不干涉彼此内部事务；合作进程开放和循序渐进；后续行动在协商一致基础上开展；增加新成员由各成员领导人协商一致决定。

【**合作领域**】亚欧会议的三大支柱为政治对话、经贸合作、社会文化及其他领域交流。在政治对话方面，亚欧双方均主张多边主义，关注国际和地区形势，以及传统和非传统安全挑战，先后就朝鲜半岛、打击国际恐怖主义、印巴局势、中东和平进程、防止大规模杀伤性武器、和平与发展等问题发表宣言或声明。在经贸合作方面，双方曾积极开展宏观经济和财金政策对话，共同致力于促进两地区经济和贸易稳定增长。在文化交流和文明对话方面，双方曾通过《亚欧会议文化与文明对话宣言》，制订中长期亚欧文化合作的规划文件，多次举办文化部长会议和不同信仰间对话会议，并在亚欧基金框架内举办了大量文化交流活动。

【**活动机制**】以非机制化方式在多层次上开展活动。

首脑会议负责确定亚欧会议的指导原则和发展方向。隔年在亚洲和欧洲轮流举行。迄今已在泰国曼谷、英国伦敦、韩国汉城、丹麦哥本哈根、越南河内、芬兰赫尔辛基、中国北京、比利时布鲁塞尔、老挝万象和意大利米兰举行过10届。第11届亚欧首脑会议于2016年7月在蒙古乌兰巴托举行。

外长会议与首脑会议隔年举行。高官会每年不定期举行。外长会议和高官会负责对亚欧会议活动进行政策规划和整体协调，并筹备首脑会议。外长会议已举行12届，第13届亚欧外长会议将于2017年在缅甸举行。此外，还定期或不定期举行经济、财政、文化、教育、科技、交通、能源、环境、中小企业、劳动、信息与通信技术、海关署长、总检察长等专业部长级会议，负责在各自领域落实首脑会议决定，制定合作规划并开展相关活动。亚欧双方各两个成员轮流担任协调员，负责协调本地区成员立场。

亚欧基金设立于1997年，是亚欧会议框架下唯一常设机构，负责开展学术、文化和人员交流活动，秘书处设在新加坡。2012年11月中国前驻印度大使张炎出任亚欧基金总干事，任期至2016年10月底。

【**主要活动**】2015年11月5—6日，第12届亚欧外长会议在卢森堡举行，会议以"共同打造可持续和安全的未来"（Working Together for a Sustainable and Secure Future）为主题，讨论了气候变化、2030年可持续发展议程、防灾减灾、互联互通、亚欧会议未来发展方向、欧洲难民危机、叙利亚问题、海上安全等问题。会议审议了2014年第10届亚欧首脑会议以来各领域合作进展，并为2016年在蒙古乌兰巴托举行的第11届亚欧首脑会议做准备。会议通过了《主席声明》。此前，分别于3月、9月及11月举行3次高官会，重点讨论第12届亚欧外长会筹备、亚欧会议未来发展、亚欧会议合作倡议等问题。

2015年，亚欧会议成员还举行了第四届亚欧大学校长会议（中国浙江）、第五届亚欧教育部长会议（拉脱维亚里加）、第3届亚欧交通部长会（拉脱维亚里加）、亚欧互联互通产业对话会（中国重庆）、亚欧森林可持续利用与管理会议（斯洛文尼亚卢布尔雅那）、亚欧交通物流网研讨会（韩国首尔）、第13届亚欧移民管理问题局长级会议（新加坡）、第11届亚欧海关署长会议（印度果阿）、第4届亚欧会议核能安全研讨会（西班牙马德里）、亚欧中小企业融资研讨会（意大利罗马）、第5届亚欧劳动与就业部长会议（保加利亚索菲亚）、亚欧会议残疾人合作（中国北京）、第15届亚欧非正式人权研讨会（瑞士蒙特勒）。

【**同中国的关系**】中国是亚欧会议创始成员，一贯重视并积极参与亚欧会议各领域活动，提出一系列促进亚欧合作的主张与倡议，发起并主办了多个专业领域的部长级会议，为巩固和发展亚欧新型全面伙伴关系发挥了重要作用。中国国务院总理出席了历届亚欧首脑会议，有针对性地阐述了中国立场和主张，倡导在相互尊重、平等互利基础上开展务实合作，为会议成功发挥了积极和建设性作用。中国于2008年10月在北京成功主办了第7届亚欧首脑会议，为进一步深化亚欧伙伴关系做出了重要贡献。

2015年，中国继续全面深入参与亚欧会议各项活动，推动亚欧新型伙伴关系继续深化。

5月27—28日，亚欧互联互通产业对话会在重庆举行。会议主题为“创新引领行动，推进亚欧互联互通”（Advancing Asia-Europe Connectivity Through Innovation）。来自38个亚欧会议成员的政府、工商、学术界代表参会，围绕亚欧互联互通新机遇、合作重点领域、贸易投资和金融合作创新等展开讨论，通过了《重庆倡议》。国务院副总理张高丽出席开幕式并发表主旨演讲，阐述了中方关于促进亚欧互联互通产业合作的看法和主张，提出通过创新引领行动，优化整合亚欧大陆的资源禀赋、优势产能等要素，强调紧紧围绕“五通”，推动协同发展，打造纵横交汇的亚欧大产业、大物流格局。

10月29—30日，亚欧会议框架下残疾人合作主题活动在北京举办。会议主题为“突破障碍，融合发展”。国务院总理李克强，德国总理默克尔出席开幕式并致辞。来自34个亚欧会议成员的代表参加，围绕亚欧国家残疾人工作现状、加强残疾人领域国际合作、辅助器具产业发展、残疾人就业与培训等展开讨论。会议通过《关于加强残疾人领域合作的联合倡议》，呼吁亚欧各国分享残疾人工作成功经验，将残疾人事务纳入现有的多、双边对话机制；推进残疾人领域务实合作；探讨构建亚欧残疾人辅助技术及产业的交流合作平台。

11月5—6日，第12届亚欧外长会议在卢森堡举行。外交部副部长王超率团与会，在发言中介绍了我对推进亚欧会议第三个十年合作的思路，就深化亚欧务实合作提出四项倡议：一是举办亚欧互联互通媒体对话会；二是推动重启亚欧贸易投资高官会；三是与亚欧基金共同举办亚欧青年交流活动；四是举办第16次亚欧非正式人权对话。

2015年，中国亚欧会议高官张小康大使率团出席全部三次亚欧会议高官会。中国代表团还先后出席第五届亚欧教育部长会议（4月）、第三届亚欧交通部长会议（4月）、亚欧森林可持续利用与管理会议（5月）、亚欧交通物流网研讨会（10月）、第十三届亚欧移民管理问题局长级会议（10月）、第十一届亚欧海关署长会议（10月）、亚欧中小企业融资研讨会（10月）、第四届亚欧会议核能安全研讨会（10月）、第15届亚欧非正式人权研讨会（11月）、第五届亚欧劳动与就业部长会议（12月）。

中国继续积极支持和参与亚欧基金开展的活动。3月，同亚欧基金在浙江共同主办第四届亚欧大学校长会。4月，同亚欧基金在北京共同主办亚欧科技创新合作研讨会。中国亚欧基金董事长吕永寿出席了第33次、34次董事会会议及执行董事会会议。　（朱虹影）

金砖国家领导人第七次会晤

Seventh BRICS Summit

2015年7月8—9日，金砖国家领导人第七次会晤在俄罗斯乌法成功举行。俄罗斯总统普京主持会晤，中国国家主席习近平、巴西总统罗塞芙、印度总理莫迪、南非总统祖马应邀与会。有关情况概述如下：

【主要活动】金砖国家领导人第七次会晤主题为“金砖国家伙伴关系——全球发展的强有力因素”。会晤期间，五位领导人举行了小范围会议、大范围会议，出席了金砖国家同欧亚经济联盟、上海合作组织成员国、观察员国和受邀国领导人对话会，并共同会见了金砖国家工商理事会成员。五国领导人围绕“全球政治与经济问题”“金砖国家合作”“金砖国家合作的新挑战和新机遇”“提高人民福祉”等议题，讨论了金砖国家未来合作规划，就当前国际政治经济领域重大问题以及金砖国家合作深入交换了意见，达成广泛共识。

习近平主席发表了题为《共建伙伴关系，共创美好未来》的主旨讲话，总结金砖国家合作进程，提出加强金砖国家伙伴关系的努力方向，表示中方愿同各方一道，共同促进金砖国家合作不断走深走实，为世界和平与发展做出更大贡献。

习近平主席强调，6年来，金砖国家走过了一段不平凡的历程。我们一致决定本着开放、包容、合作、共赢的精神，深化金砖国家伙伴关系。当前，金砖国家各国发展面临一些挑战，但发展潜力巨大，上升趋势不会改变。我们对金砖合作机制的未来充满信心。加强金砖国家伙伴关系，应在以下几个方面做出努力。

第一，构建维护世界和平的伙伴关系。金砖国家应该携手应对全球性问题。要共同维护第二次世界大战胜利成果和国际公平正义。要摒弃冷战思维，拒绝零和博弈，共同维护地区和世界和平稳定。

第二，构建促进共同发展的伙伴关系。要共同构建更紧密经济伙伴关系，同步推进金砖国家新开发银行总部和非洲区域中心建设，落实好金砖国家经济伙伴战略。要在2015年后发展议程、气候变化等重大国际发展问题上，维护新兴市场国家和发展中国家共同利益。

第三，构建弘扬多元文明的伙伴关系。要坚持开放包容，积极开展同其他国家和国际组织对话和交流，加强同其他新兴市场国家和发展中国家团结合作，扩大金砖国家代表性和影响力。

第四，构建加强全球经济治理的伙伴关系。要共同致力于提高金砖国家在全球治理体系中的地位和作用，倡导建设开放型世界经济，支持多边贸易体制，加强在网络空间和移民问题等领域交流合作。

在讨论全球政治与经济问题时，习近平主席强调，要构建以合作共赢为核心的新型国家关系。金砖国家要坚持和平发展，不把自身意志强加于人，秉持互尊互信，合作共赢。要坚定遵循多边主义，珍视第二次世界大战胜利成果，维护联合国宪章宗旨和原则。要改革和完善全球经济治理，推动更多国家支持金砖国家新开发银行、应急储备安排、"一带一路"、亚洲基础设施投资银行、丝路基金等倡议，为世界经济增长和国际金融货币体系改革提供动力。要建立新型的全球发展伙伴关系，敦促发达国家承担应有责任，帮助发展中国家增强发展能力，缩小南北差距，加强南南合作，在互利共赢基础上实现联合自强。

在讨论金砖国家合作议题时，习近平主席指出，各方要落实金砖国家新开发银行和应急储备安排等重大成果倡议，彰显金砖国家执行力。要规划重点合作领域，加强金砖国家经济伙伴战略同各成员发展规划对接，增强金砖国家向心力。要发掘各自优势和潜力，开展创新合作和产能合作，加强金砖国家竞争力。要追求人类公平正义和全球关系民主化，坚持共同但有区别的责任原则，支持联合国制定可持续发展目标，增进人类福祉，从而提升金砖国家感召力。

习近平主席期待各方携手建设金砖国家更紧密伙伴关系，共同开创金砖国家更美好未来。

会晤结束后，金砖国家领导人出席了《金砖国家成员国外交部关于建立金砖国家联合网站的谅解备忘录》《金砖国家政府间文化合作协定》《金砖国家银行合作机制与金砖国家新开发银行开展合作的谅解备忘录》等合作文件签字仪式。

王沪宁、栗战书、杨洁篪、周小川等出席上述活动。

【会晤成果】金砖国家领导人第七次会晤通过了《乌法宣言》及其行动计划和《金砖国家经济伙伴战略》，取得了丰硕的成果，主要体现在以下几个方面：

一是着眼长远，规划金砖国家未来合作前景。领导人一致决定继续秉承"开放、团结、平等、相互理解、包容、合作、共赢"等金砖国家精神，增强金砖国家战略伙伴关系，将成为下一步金砖国家合作的重要指导。

二是就共同关心的国际重大政治和经济问题交换意见，阐明立场，决定将继续在完善全球经济治理、加强多边主义和国际关系民主化方面发挥金砖国家的积极作用。会晤在纪念第二次世界大战胜利暨联合国成立70周年、反对歪曲二战结果的企图、伊拉克、乌克兰、阿富汗、中东、叙利亚、反恐、网络安全、非洲热点等问题上形成了共同立场。在国际经济领域，各方决定继续推动宏观经济政策协调，呼吁通过结构改革、国内调整和推动创新来实现可持续发展，加强国际金融合作，建设市场联通、强劲增长、包容开放的世界经济。

三是就深化和拓展金砖国家务实领域合作达成重要共识。乌法会晤拓展了金砖国家在通讯、社会保障、劳工、安全生产监管、能源等诸多领域的务实合作。《金砖国家经济伙伴战略》提出了贸易投资、制造业和矿产加工、能源、农业合作、科技创新、金融合作、互联互通、信息通信技术等8大重点领域，既有合作原则，也有具体举措，为金砖国家务实合作发展指明了方向。

四是金砖国家新开发银行和应急储备安排筹建工作取得新的重要进展。金砖国家新开发银行2016年将全面运作并启动首批合作项目，将为金砖国家以及其他新兴市场国家发展提供金融支持，为全球经济金融治理改革增添动力。金砖国家应急储备安排已完备各项手续，也为全球金融安全网增加了新层次，是对改革完善国际金融体系的有益尝试，将有力提升发展中国家的国际话语权和国际影响力。

五是同欧亚经济联盟、上海合作组织成员国、观察员国和受邀国领导人成功举行对话会，说明金砖国家合作是开放包容、兼容并蓄的，始终致力于同新兴市场和发展中国家同呼吸、共命运，共同为世界经济谋增长，为发展中国家谋福祉。 （林斐）

伊比利亚美洲首脑会议

Cumbre Iberoamericana

【召开经过】为纪念哥伦布"发现"美洲新大陆500周年，西班牙国王胡安·卡洛斯一世倡议召开伊比利亚美洲（简称"伊美"）首脑会议，拉美西、葡语国家和葡萄牙给予热烈响应和支持。在西班牙赞助和墨西哥积极组织下，首届首脑会议于1991年在墨西哥举行。此后每年召开1届首脑会议，截至2014年已举行24届。2003年，第13届首脑会议决定在西班牙首都马德里设立常设秘书处。

【宗旨】建设互信的多边交流论坛，使各国在其框架内分享经验、协调立场，共同建设和平、民主、人权、经济和社会可持续发展的伊美社会。

【成员国】由拉美19国和伊比利亚半岛3国组成：阿根廷、巴拉圭、巴拿马、巴西、秘鲁、玻利维亚、多米尼加、厄瓜多尔、哥伦比亚、哥斯达黎加、古巴、洪都拉斯、墨西哥、尼加拉瓜、萨尔瓦多、危地马拉、委内瑞拉、乌拉圭、智利以及西班牙、葡萄牙和安道尔。

【主要负责人】秘书长蕾维卡·格林斯潘（Rebeca Grynspan，女，哥斯达黎加人），2014年3月任职。

【总部】常设秘书处设在西班牙马德里。每年由首脑会议主办国设立临时秘书处。

【网址】http://www.segib.org。

【组织机构】（1）首脑会议：原为每年举行1次，2013年第23届峰会决定自2014年后每两年举行一次，由成员国元首或政府首脑参加。（2）外长会议：每年首脑会议前举行，协商首脑会议相关事宜。（3）部长会议：不定期举行，由成员国各部长及伊美合作项目高级负责人参加。

【历次峰会时间和地点】前24届峰会分别在墨西哥（1991年）、西班牙（1992年）、巴西（1993年）、哥伦比亚（1994年）、阿根廷（1995年）、智利（1996年）、委内瑞拉（1997年）、葡萄牙（1998年）、古巴（1999年）、巴拿马（2000年）、秘鲁（2001年）、多米尼加（2002年）、玻利维亚（2003年）、哥斯达黎加（2004年）、西班牙（2005年）、乌拉圭（2006年）、智利（2007年）、萨尔瓦多（2008年）、葡萄牙（2009年）、阿根廷（2010年）、西班牙（2012年）、巴拉圭（2011年）、巴拿马（2013年）、墨西哥（2014年）举行。

【主要活动】2009年11月，第19届伊美首脑会议在葡萄牙埃斯托里举行，峰会以“创新与知识”为主题，就气候变化等问题展开深入讨论，发表《里斯本宣言》《里斯本行动计划》及《洪都拉斯局势特别公报》。

2010年12月，第20届伊美首脑会议在阿根廷马德普拉塔举行，主题为“教育推动社会包容”，21个成员国元首或其代表出席。会议通过了《马德普拉塔宣言》，重申反对美国对古巴的封锁，支持阿根廷在马岛问题上的立场；各方签署了“2021年教育目标行动计划”，承诺增加教育投入，促进社会公正；发表了捍卫民主和宪政宣言，承诺采取集体行动抵制本地区政变行为。此外，峰会还就共同应对金融危机、气候变化、恐怖主义和有组织犯罪等进行了讨论。

2011年10月，第21届伊美首脑会议在巴拉圭亚松森举行，主题为“转换国家角色和发展模式”，22个成员国元首、政府首脑和高级代表与会。会议发表《亚松森宣言》，要求与会各国加强公共管理、推动经济可持续发展、促进社会公平与公正；要求美国履行联大决议，停止对古巴封锁；呼吁英国和阿根廷尽快通过谈判解决马岛问题。

2012年11月，第22届伊美首脑会议在西班牙加迪斯举行，主题为“《加迪斯宪法》诞生200周年之际的全新关系”，22个成员国元首、政府首脑和高级代表与会。会议发表《加迪斯宣言》，承诺将致力于共同发展繁荣，构建平等伙伴关系；进一步推进交通、电信、能源、基础设施建设等领域务实合作；扶植中小企业发展；改善民生等。会议成立“反思小组”，探讨将峰会改为2年1次，与欧盟—拉美和加勒比国家共同体峰会交替举行等的可能性。

2013年10月，第23届伊比利亚美洲首脑会议在巴拿马举行，会议以“伊美国家在世界新格局下扮演的政治、经济、社会和文化角色”为主题，就深化会议机制改革、加强成员国间政治、经贸、文化领域合作等议题进行讨论。22个成员国元首或其代表与会。会议通过《巴拿马宣言》《行动计划》《伊比利亚美洲会议革新决定》三个文件；决定第24届伊美峰会于2014年在墨西哥韦拉克鲁斯举行，此后峰会由每年1届改为每两年1届，与拉共体—欧盟峰会交错举行；2015年起3年内，拉美国家缴纳峰会会费比例将从30%升至40%；峰会并接纳日本为观察员国。

2014年12月，第24届伊比利亚美洲首脑会议在墨西哥举行，主题为“21世纪的伊比利亚美洲——教育、文化与创新”。22个成员国元首、政府首脑或其代表、伊比利亚美洲首脑会议秘书长格林斯潘出席。会后发表《韦拉克鲁斯宣言》《行动纲领》和11个特别声明，旨在在文化、教育和创新等领域进一步加深成员国间联系，实现共同发展与繁荣。会议决定第25届伊美首脑会议于2016年在哥伦比亚举行。会议期间还分别举行了通讯论坛和企业家论坛。　（刘文芳）

博鳌亚洲论坛

Boao Forum for Asia

【成立经过】博鳌亚洲论坛由菲律宾前总统拉莫斯、澳大利亚前总理霍克和日本前首相细川护熙发起，于2001年2月27日在中国海南省博鳌正式成立，成立大会通过了《博鳌亚洲论坛宣言》。同年8月，论坛在中国民政部注册成立，并在北京举办了北京办事处成立暨会员招募启动仪式。

【性质和宗旨】论坛属非官方国际会议组织，旨在进一步促进亚洲各国之间以及亚洲与世界其他地区之间的相互了解与互利合作。

【**会员**】截至2015年9月，论坛共有221名会员，其中包括8名荣誉会员、41名发起会员（由29个论坛发起国选派的前政要、知名人士和非营利机构组成）、52名钻石（基础）会员、41名白金会员和79名普通会员。

【**主要组织机构与负责人**】会员大会为最高决策机构，理事会为最高执行机构，秘书处为常设执行机构。现任理事长为日本前首相福田康夫，副理事长为中国国务院前副总理曾培炎，秘书长为中国前驻美国大使周文重。

【**总部与秘书处**】论坛定址于中国海南省琼海市博鳌镇。总部地址：海南省琼海市博鳌金海岸大道1号。邮编：571434。电话：86-898-62778703；传真：86-898-62778702。电子邮件：bfa@boaoforum.org。秘书处地址：北京市朝阳区建国门外大街1号国贸大厦2210室。邮编：100004。电话：010-65057377；传真：010-65051833。

【**网址**】http://www.boaoforum.org。

【**主要活动**】论坛每年举办1次年会。首届年会于2002年4月12—13日举行，主题为“新世纪、新挑战、新亚洲——亚洲经济合作与发展”。第2届年会于2003年11月2—3日举行，主题为“亚洲寻求共赢：合作促进发展”。第3届年会于2004年4月24—25日举行，主题为“亚洲寻求共赢：一个向世界开放的亚洲”。第4届年会于2005年4月23—24日举行，主题为“亚洲寻求共赢：亚洲的新角色”。第5届年会于2006年4月21—23日举行，主题为“亚洲寻求共赢：亚洲的新机会”。第6届年会于2007年4月20—22日举行，主题为“亚洲制胜全球经济：创新和可持续发展”。第7届年会于2008年4月11—13日举行，主题为“绿色亚洲：在变革中实现共赢”。第8届年会于2009年4月17—19日举行，主题为“经济危机和亚洲：挑战与展望”。第9届年会于2010年4月9—11日举行，主题为“绿色复苏：亚洲可持续发展的现实选择”。第10届年会于2011年4月14—16日举行，主题为“包容性发展：共同议程与全新挑战”。第11届年会于2012年4月1—3日举行，主题为“变革世界中的亚洲：迈向健康和可持续发展”。第12届年会于2013年4月6—8日举行，主题为“革新、责任、合作：亚洲寻求共同发展”。第13届年会于2014年4月8—11日举行，主题为“亚洲新未来：寻找和释放增长新动力”。第14届年会于2015年3月26—29日举行，主题为"亚洲新未来：迈向命运共同体"。

【**同中国的关系**】作为论坛的东道国，中国积极支持论坛发展壮大。中央政府和海南省政府对论坛历次年会均给予了大力支持。国家主席江泽民、国务院总理朱镕基、国务院总理温家宝、国家主席胡锦涛、全国政协主席贾庆林、全国人大常委会委员长吴邦国、国家主席胡锦涛、国务院总理温家宝、国家副主席习近平、国家主席胡锦涛、国务院副总理李克强、国家主席习近平、国务院总理李克强分别出席了论坛成立大会和2002年、2003年、2004年、2005年、2006年、2007年、2008年、2009年、2010年、2011年、2012年、2013年、2014年年会。国家主席习近平2015年3月28日出席论坛2015年年会开幕式并发表题为《迈向命运共同体开创亚洲新未来》的主旨演讲。（杨洪高）

中日韩合作

Trilateral Cooperation among the People's Republic of China, the Republic of Korea and Japan

【**成立**】1999年11月，时任中国国务院总理朱镕基、日本首相小渊惠三、韩国总统金大中在菲律宾出席东盟与中日韩（10+3）领导人会议期间，举行早餐会，启动了三方在10+3框架内的合作。2000年，三方领导人在第2次早餐会上决定在10+3框架内定期举行会晤。2008年12月，首次在10+3框架外的中日韩领导人会议在日本福冈举行。

【**成员**】中国、日本、韩国。

【**协调国**】三国按中、韩、日顺序轮流担任三国合作协调国。

【**主要活动**】（1）领导人会议。自1999年起，中日韩三国领导人原则上每年在出席东亚合作领导人系列会议期间举行会晤。中国国务院总理出席了历次会晤。2003年，温家宝总理出席第5次领导人会晤，与日韩领导人共同签署并发表了《中日韩推进三国合作联合宣言》，这是三国领导人首次就三国合作发表共同文件，初步明确了三国合作的原则和领域，并决定成立三方委员会总体协调三国合作，标志着三国合作进入新阶段。2004年，第6次领导人会晤通过《中日韩三国合作行动战略》，为全面推进各领域合作做出了具体规划。

2005年，第7次领导人会晤因日本时任首相小泉纯一郎坚持参拜靖国神社而被迫推迟。2007年1月，第七次中日韩领导人会晤在菲律宾宿务恢复举行，会议发表《联合新闻声明》。11月，第8次中日韩领导人会晤在新加坡举行，原则上同意在三国不定期轮流召开三国领导人会议。

2008年，首次10+3框架外的中日韩领导人会议在日本福冈举行，温家宝总理出席。会上三国领导人签署的《三国伙伴关系联合声明》指出，三国合作的原则是公开透明、互信共利、尊重差异，目标是建立面向未来、全方位合作的伙伴关系，致力于本地区的和平、繁荣与可持续发展。会议通过了《国际金融和经济问题的联合声明》《三国灾害管理联合声明》和《推动中日韩三国合作行动计划》。

2009年4月，在泰国华欣东亚合作领导人系列会议期间，温家宝总理主持了中日韩领导人简短会晤。10月10日，第2次中日韩领导人会议在北京举行，温家宝总理主持了会议。三国领导人回顾了三国合作历程，总结了三国合作经验，指明了未来发展方向。会议发表的《中日韩合作十周年联合声明》指出，相互尊重、平等互利、开放透明、尊重彼此文化差异是三国合作的基础和保障，也是三国合作应遵循的原则。三国将秉承正视历史、面向未来的精神，推动三国关系朝着睦邻互信、全面合作、互惠互利、共同发展的方向前进。会议通过了《中日韩可持续发展联合声明》。

2010年5月29—30日，第3次中日韩领导人会议在韩国济州岛举行，发表了《2020中日韩合作展望》《中日韩加强科技与创新合作联合声明》和《中日韩标准化合作联合声明》，同意继续深化三国经贸财金合作，推动可持续发展，加强社会人文交流，保持在国际与地区问题上的沟通与协调。10月29日，温家宝总理在越南河内东亚合作领导人系列会议期间出席了中日韩领导人会晤。

2011年5月21—22日，第4次中日韩领导人会议在日本东京举行。会议发表了领导人宣言以及灾害管理、核安全、可再生能源和能效合作三个文件。11月19日，温家宝总理在印度尼西亚巴厘岛东亚合作领导人系列会议期间出席了中日韩领导人会晤。

2012年5月13—14日，第5次中日韩领导人会议在北京举行，温家宝总理主持会议。会议发表了《关于提升全方位合作伙伴关系的联合宣言》《关于加强农业合作的联合声明》和《关于森林可持续经营、荒漠化防治和野生动物保护合作的联合声明》。三方宣布将于年内启动三国自贸协定谈判，并于会后签署了《中日韩关于促进、便利和保护投资的协定》。此后受中日、韩日双边关系影响，三国领导人会议未能举行。

2015年11月1日，第6次中日韩领导人会议在韩国首尔举行，李克强总理出席会议。三国领导人就中日韩合作和共同关心的国际地区问题深入交换意见。会议发表了《关于东北亚和平与合作的联合宣言》以及《中日韩农业合作联合声明》《中日韩贸易便利化海关合作联合声明》《中日韩教育合作联合声明》《中日韩经贸合作联合声明》和《中日韩环境合作联合声明》。

（2）外长会议。外长会议机制于2007年建立，主要就三国合作进展与未来规划、当年领导人会议筹备工作以及共同关心的地区和国际重大问题交换意见，迄今已举行7次。2015年3月，第7次中日韩外长会在韩国首尔举行，王毅外长出席。三国外长就中日韩各领域合作以及共同关心的国际和地区问题深入交换了意见，会议发表了联合新闻稿。

（3）具体领域合作。目前，三国已经建立外交、科技、信息通信、财政、人力资源、环保、运输及物流、经贸、文化、卫生、央行、海关、知识产权、旅游、地震、灾害管理、水资源、农业、审计、教育等20个部长级会议机制和60多个工作层交流合作平台。

2015年以来，三国举办了第7届中日韩旅游部长会议、第2届中日韩水资源部长会议、第17次中日韩环境部长会议、第14次中日韩财长会议、第7次中日韩央行行长会、第2次中日韩农业部长会、第7届中日韩人事部门首长会议、第7次中日韩文化部长会议、第15届中日韩知识产权局局长会议、第8届中日韩卫生部长会议及首届教育部长会议、中日韩自贸区第七、第八轮首席谈判代表会议、第2次中日韩林业司局级会议、第5次中日韩大学交流合作促进委员会会议、第10次东北亚名人会、2015年中日韩合作国际论坛、第3次中日韩灾害管理桌面演练等活动。

（4）机制化建设。2009年10月，经韩国总统李明博提议，第2次中日韩领导人会议决定筹建中日韩三国合作秘书处。2010年5月，三国外长签署了《中日韩三国政府关于建立三国合作秘书处的备忘录》，同意2011年在韩国建成秘书处。2010年12月，三国在韩国首尔签署了《关于建立三国合作秘书处的协议》，并开始启动秘书处筹建工作。2011年9月1日，三国合作秘书处在韩国首尔开始运行。秘书处旨在为三国务实合作、友好交流提供支持，主要职能包括为三国领导人会议、外长会议、各领域部长级会议等磋商机制提供行政和技术支持，同三方及其他国际组织沟通协调，探讨并确定可行的三国合作项目，评估合作项目并起草年度进展报告，研究三国合作重要课题及管理秘书处网站等。现任秘书长系中国前驻缅甸大使杨厚兰，李钟宪（韩）和梅泽彰马（日）为副秘书长。

【网址】http://www.tcs-asia.org。（姜琰）

东盟地区论坛

ASEAN Regional Forum—ARF

【成立经过】冷战结束、两极格局解体后，亚太国家普遍认为有必要开展多边安全对话。1992年年初东盟首脑会议就加强地区政治、安全对话达成共识。1993年7月，第26届东盟外长会议在新加坡举行。会议特别安排了东盟6个成员国、7个对话伙伴国、3个观察员国和2个来宾国外长参加"非正式晚宴"。各国外长同意于1994年在曼谷召开东盟地区论坛（ARF），就地区政治安全问题举行非正式磋商。1994年7月25日，ARF首次会议在曼谷召开。ARF是目前亚太地区最主要的官方多边安全对话与合作渠道，自成立以来，已经举行了22届外长会议。

【成员】ARF目前共有27个成员：文莱、柬埔寨、印度尼西亚、老挝、马来西亚、缅甸、菲律宾、新加坡、泰国、越南、中国、日本、韩国、朝鲜、蒙古、印度、巴基斯坦、孟加拉国、斯里兰卡、俄罗斯、美国、加拿大、澳大利亚、新西兰、巴布亚新几内亚、东帝汶和欧盟。

【网址】http://aseanregionalforum.asean.org。

【重要活动】每年轮流在东盟主席国举行外长会议。前22届外长会议分别在泰国（1994年）、文莱（1995年）、印尼（1996年）、马来西亚（1997年）、菲律宾（1998年）、新加坡（1999年）、泰国（2000年）、越南（2001年）、文莱（2002年）、柬埔寨（2003年）、印尼（2004年）、老挝（2005年）、马来西亚（2006年）、菲律宾（2007年）、新加坡（2008年）、泰国（2009年）、越南（2010年）、印尼（2011年）、柬埔寨（2012年）、文莱（2013年）、缅甸（2014年）和马来西亚（2015年）举行。此外，ARF每年还举行1次高官会、1次安全政策会议、2次建立信任措施与预防性外交会间辅助（ISG）会议、4次会间会（救灾会间会、反恐与打击跨国犯罪会间会、海上安全会间会、防扩散与裁军会间会）和3次国防官员对话会（DOD）。从2015年起，ISG会议和DOD会议分别精简到每年一次和两次。

ARF进程分为建立信任措施、开展预防性外交和探讨解决冲突的方式三个阶段。目前，ARF正在迈向预防性外交阶段。2011年7月，ARF第18届外长会通过了《ARF预防性外交工作计划》。截至2015年年底，ARF已实施200多个建立信任措施项目。

2015年8月6日，第22届东盟地区论坛（ARF）外长会在马来西亚吉隆坡举行。会议讨论了地区和国际形势，听取了本年度ARF在救灾、防扩散、反恐、海上安全等优先合作领域进展情况，通过了《ARF加强海洋环境保护的声明》《使用信息和通信技术安全》等文件。会议批准了下年度ARF合作项目，其中包括中国提出的6个项目："第3届外空安全研讨会""城市应急救援培训班""打击犯罪分子跨境流动研讨会""海上风险管控与合作研讨会""绿色航运研讨会"和"海上溢油应急处置研讨会"。

外交部长王毅率团出席第22届ARF外长会。王外长在讲话中指出，2015年是世界反法西斯战争胜利70周年、联合国成立70周年、东盟共同体建成之年，在此重要和特殊背景下，各国应从历史教训中汲取重要经验，积极探索构建新型的国际关系模式，共同维护《联合国宪章》的宗旨和原则，努力维护世界和平与发展事业。我们要传承亚洲发展经验，坚持相互尊重、协商一致、照顾各方舒适度的合作方式和合作共赢的理念。政治上，努力推动地区伙伴关系建设，构建不设假想敌、不针对第三方、更富包容性和建设性的地区伙伴关系。经济上，努力促进融合发展，坚持开放的区域主义，推动地区各类贸易安排和合作机制优势互补，相互融合，协调推进。安全上，努力实现共享安全，树立新型安全理念，倡导并践行共同、综合、合作、可持续的亚洲安全观，探讨构建平等、透明、包容的安全合作架构，走出一条共建、共享、共赢、共护的安全之路。ARF应继续以增进互信为核心，以深化非传统安全合作为重点，以促进大国良性互动为关键，以构建地区安全合作架构为长远目标，循序渐进探索符合地区实际的预防性外交。

王外长并阐明了中方在南海问题上的原则立场，表示当前南海局势总体是稳定的，并不存在发生重大冲突的可能，中方反对任何夸大分歧、渲染对立、制造紧张的非建设性言行。中国在南海问题上的基本主张是，在尊重历史事实的基础上，根据国际法，包括《联合国海洋法公约》，通过协商谈判和平解决争议。中国与东盟国家经过友好协商，已就妥善处理南海问题形成一整套机制：一是通过"双轨思路"处理南海问题，即具体争议由直接当事方通过谈判协商和平解决，南海和平稳定由中国与东盟国家共同维护。二是落实《南海各方行为宣言》和磋商"南海行为准则"。三是中方主动建议探讨制定"海上风险管控预防性措施"。

2015年5月，中国与马来西亚在马北部共同举办第四次ARF救灾演习（DiREx 2015），与泰国在南宁共同举办第13届反恐与打击跨国犯罪会间会。7月，中国与马来西亚在北京共同举办网络安全能力建设研讨会。11月，中国与老挝、俄罗斯、美国共同在北京举办第3届外空安全研讨会。12月，中国与柬埔寨在北京共同举办海上风险管控与合作研讨会，与文莱、泰国、美国在昆明共同举办海上溢油应急处置研讨会。

2015年，ARF还举办了高官会、安全政策会议、建立信任措施与预防性外交会间辅助会议、两次国防官员对话会、第7届海上安全会间会、第14届救灾会间会、第7届防扩散与裁军会间会、第19届国防院校长会、第9届专家名人会、打击亚洲海盗与武装劫船研讨会、东盟地区安全稳定与国际移民研讨会、打击极端主义研讨会、打击亚洲野生动物走私研讨会、重大演习战略规划研讨会、一轨半预防性外交研讨会、网络建立信任措施研讨会、恐怖主义受害者紧急支持研讨会、降低生化和放射性材料风险认知与合作研讨会、蒙古无核武器国地位研讨会、第2届调解、预防性外交和冲突预防培训班、生物事件准备桌面推演研讨会、地区建立信任措施与海洋法研讨会等活动，中国均派团参加。（包海斌）

东盟与中日韩（10＋3）合作

ASEAN Plus China Japan and ROK Summit

【启动日期】1997年12月，首次东盟与中日韩（最初为9+3，柬埔寨加入东盟后称10+3）领导人非正式会议在马来西亚吉隆坡举行，10+3合作进程由此启动。

【成员】13国：东盟10国（文莱、柬埔寨、印度尼西亚、老挝、马来西亚、缅甸、菲律宾、新加坡、泰国、越南）、中国、日本、韩国。

【主要机制】10+3合作以每年一度的领导人会议（1—3届为非正式会议）为核心。1997年12月，首次10+3领导人会议在马来西亚举行，江泽民主席出席。胡锦涛副主席出席了第2次会议，朱镕基总理出席了第3至第6次会议，温家宝总理出席了第7至第13次会议。10+3框架下已建立外交、财政、经济、劳动、农林、旅游、环境、卫生、打击跨国犯罪、文化、能源、信息通信、社会福利与发展、科技、青年、新闻及教育等17个部长级会议机制。

【主要活动】1999年11月，第3次10+3领导人非正式会议发表了《东亚合作联合声明》，将经济、货币与金融、社会及人力资源开发、科技发展、发展合作、文化和信息、政治安全、跨国问题确定为东亚合作的重点领域。

2002年11月，第6次10+3领导人会议通过了《东亚研究小组最终报告》，就推动东亚合作提出一系列短期和中长期政策措施。

2004年11月，第8次10+3领导人会议将东亚共同体确定为10+3合作的长远目标，同意2005年在马来西亚召开首届东亚峰会。

2005年12月，第9次10+3领导人会议签署并发表了《关于东盟与中日韩领导人会议的吉隆坡宣言》，重申将进一步巩固和推进10+3各领域合作。

2007年1月，第10次10+3领导人会议重申将继续以10+3为主渠道实现东亚共同体这一长远目标，支持于10+3十周年之际发表第二份《东亚合作联合声明》，为10+3未来合作做出战略规划。

2007年11月，第11次10+3领导人会议发表了第二份《东亚合作联合声明》及《2007—2017年东盟与中日韩合作工作计划》，重申了10+3主渠道地位和东盟的主导作用以及相互尊重、平等相待、协商一致、开放包容等原则，确定了东亚合作的发展方向和目标，并就政治安全、经济金融、社会文化、能源环境等领域合作做出规划和部署。

2008年10月，出席第7届亚欧首脑会议的东盟10国和中国、日本、韩国领导人在北京举行早餐会，就国际金融危机及其对东亚地区的影响等问题交换看法。温家宝总理主持早餐会，阐述了中方对国际金融危机的看法和主张，介绍了中国经济发展情况。

2009年10月24日，第12次10+3领导人会议在泰国华欣举行。会议重点回顾了10+3合作进展，讨论了未来发展方向，并就气候变化、灾害管理、粮食和能源安全、公共卫生、经济和金融以及教育合作展开讨论。会议还就地区和国际问题交换了看法。会议发表了《10+3粮食安全和生物能源开发合作华欣声明》。同年6月10+3国家还发表了《东盟与中日韩合作应对全球经济和金融危机联合新闻声明》。

2010年10月29日，第13次10+3领导人会议在越南河内举行。会议重点回顾了10+3合作进展，展望了未来发展方向，并就共同关心的国际和地区问题交换了看法。

2011年11月18日，第14次10+3领导人会议在印尼巴厘岛举行。会议重点回顾了10+3合作进展，讨论了未来发展方向，就进一步促进财金、经贸、粮食安全、互联互通和灾害管理等合作以及共同关心的国际和地区问题交换了看法。与会领导人普遍认为，10+3是东亚合作最具活力的机制，各方应认真落实业已达成的共识，加强务实合作，促进可持续发展，造福本地区人民。

2012年11月19日，10+3合作15周年纪念峰会在柬埔寨金边举行。各国领导人一致认为，国际金融危机导致世界经济不景气，给东亚地区带来很大不稳定性和不确定性，10+3国家应加强团结合作，推进区域贸易自由化和经济一体化，维护金融、能源和粮食安全，加强基础设施互联互通，扩大人文交流，携手应对危机和挑战，继续保持本地区经济强劲增长，促进平衡、可持续发展。会议通过了《关于纪念10+3合作15周年的领导人联合声明》和《关于10+3互联互通伙伴关系的领导人声明》。

2013年10月10日，第16次10+3领导人会议在文莱首都斯里巴加湾举行。各国领导人积极评价10+3合作多年来取得的丰硕成果，一致认为继续巩固本地区和平友好合作的大局是各国发展的重要保障。面对严峻的外部经济环境，本地区国家要团结互助，充分发挥10+3作为东亚合作主渠道的作用，加强金融安全网络建设和基础设施互联互通，全面推进区域经济一体化，深化人文交流，携手应对挑战，共同促进东亚的稳定与繁荣。

2014年11月13日，第17次10+3领导人会议在缅甸内比都举行。与会各国领导人表示，10+3合作一直发挥着东亚合作主渠道的作用，有力推动了地区发展。各国应携手落实合作倡议和规划，继续扩大经济合作，加强人文交流，共同应对挑战，尽快完成区域全面经济伙伴关系协定谈判，促进地区经济一体化，提高地区人民生活水平，推进东亚共同体建设，更好维护地区和平与繁荣。

2015年11月21日，第18次10+3领导人会议在马来西亚吉隆坡举行。与会各国领导人积极评价中方为推动10+3合作所做积极努力，以及不久前举行的中日韩领导人会议的重要意义和作用，表示10+3合作开放包容，是东亚合作的主渠道，是东亚和平与发展的动力。东亚经济基本面好，合作潜力很大，各国应进一步采取务实合作举措，推进东亚一体化建设，深化经贸、金融、投资合作，增进区域互联互通，加快RCEP谈判进程，鼓励人文交流，积极应对非传统安全挑战，携手促进东亚地区的和平与繁荣。（梅尤）

东亚峰会

East Asia Summit

【成立】2005年12月，首届东亚峰会在马来西亚吉隆坡举行，东亚峰会由此启动。

【成员】现有18个参与国，即东盟10国（文莱、柬埔寨、印尼、老挝、马来西亚、缅甸、菲律宾、新加坡、泰国、越南）、中国、日本、韩国、印度、澳大利亚、新西兰、美国、俄罗斯。

【主要机制】东亚峰会是年度领导人会议机制，由东盟轮值主席国主办和主持，迄已举行10届。峰会尚未建立正式的各领域和各层级支撑机制，主要通过外长及高官会晤回顾峰会合作，就未来发展方向交换意见。峰会确定能源、金融、教育、公共卫生、灾害管理、东盟互联互通为重点合作领域，并初步形成经贸、能源、环境、教育部长的定期会晤机制。

【主要活动】首届东亚峰会于2005年12月14日在马来西亚吉隆坡举行，领导人就经贸、金融、能源及跨国问题交换了意见，提出17项具体领域合作倡议。会议发表了《关于东亚峰会的吉隆坡宣言》和《关于预防、控制和应对禽流感的东亚峰会宣言》。

第2届东亚峰会于2007年1月15日在菲律宾宿务举行，领导人主要讨论了峰会初步确定的五大重点合作领域（能源、金融、教育、禽流感和减灾），就峰会未来发展交换了意见。会议发表了《东亚能源安全宿务宣言》。

第3届东亚峰会于2007年11月21日在新加坡举行，领导人主要讨论了能源、环境、气候变化和可持续发展问题，就东亚峰会未来发展交换了看法。会议发表了《气候变化、能源和环境新加坡宣言》。

第4届东亚峰会于2009年10月25日在泰国华欣举行，领导人就应对国际金融危机、气候变化、灾害管理、粮食和能源安全等问题交换了看法。会议发表了《东亚峰会灾害管理华欣声明》。

第5届东亚峰会于2010年10月30日在越南河内举行，领导人重点就东亚峰会发展方向、经济复苏与可持续发展等问题交换了看法。会议决定接纳俄罗斯、美国加入东亚峰会，于2011年正式参加峰会活动。会议发表了《纪念东亚峰会五周年河内宣言》。

第6届东亚峰会于2011年11月19日在印尼巴厘岛举行，领导人主要讨论了东亚峰会未来发展、重点领域合作，就应对国际金融危机、地区和国际问题交换意见。会议发表了《东亚峰会互利关系原则宣言》和《东亚峰会关于东盟互联互通的宣言》。

第7届东亚峰会于2012年11月20日在柬埔寨金边举行，领导人重点就东亚峰会机制未来发展及国际与地区问题等交换意见。会议发表了《金边发展宣言》和《关于疟疾防控和应对疟疾抗药性区域合作宣言》。

第8届东亚峰会于2013年10月10日在文莱斯里巴加湾举行。会议重点讨论了东亚峰会未来发展方向、重点领域合作和国际地区问题，发表了《东亚峰会关于粮食安全的宣言》。

第9届东亚峰会于2014年11月13日在缅甸内比都举行，会议重点讨论了东亚峰会未来发展方向、重点领域合作和国际地区问题。会议通过《东亚峰会打击走私野生动植物宣言》《东亚峰会关于地区应对埃博拉疫情的声明》《东亚峰会关于伊拉克与叙利亚恐怖主义/极端主义组织暴力行径的声明》《东亚峰会灾害快速反应声明》4份成果文件。

第10届东亚峰会于2015年11月14日在马来西亚吉隆坡举行，李克强总理出席会议。会议重点讨论了东亚峰会未来发展方向、重点领域合作以及经济可持续发展和金融稳定、打击暴力极端主义等国际地区问题。会议通过《纪念东亚峰会成立十周年宣言》《东亚峰会关于全球温和运动的宣言》《东亚峰会关于加强全球卫生安全的声明》《东亚峰会关于打击暴力极端主义的声明》《东亚峰会关于网络事务的声明》《东亚峰会关于加强地区海洋合作的声明》六份成果文件。

（杨葆华）

东亚—拉美合作论坛

Forum for East Asia and Latin America Cooperation—FEALAC

【成立经过】1998年10月，新加坡与智利倡议建立东亚—拉美论坛，以促进两区域交往。1999年9月，论坛成立大会暨首次高官会在新加坡召开，会议暂定论坛名为东亚—拉美论坛。2001年3月，论坛首届外长会决定将论坛正式定名为东亚—拉美合作论坛（FEALAC）。

【宗旨】论坛是目前唯一跨东亚和拉美两区域的官方多边合作论坛，旨在增进两区域之间的了解，促进政治、经济对话及各领域合作，推动东亚和拉美国家之间建立更为密切的关系。

【成员】36个（截至2015年12月）：中国、日本、韩国、蒙古、新加坡、印度尼西亚、马来西亚、泰国、菲律宾、文莱、越南、老挝、柬埔寨、缅甸、阿根廷、巴西、智利、哥伦比亚、委内瑞拉、玻利维亚、巴拿马、巴拉圭、秘鲁、乌拉圭、厄瓜多尔、墨西哥、哥斯达黎加、萨尔瓦多、古巴、尼加拉瓜、危地马拉、多米尼加、苏里南、洪都拉斯、澳大利亚和新西兰。

【网址】http://www.fealac.org。

【主要机制】论坛每2到3年召开1届外长会，每年召开1次高官会，会议在亚拉地区轮流举办。论坛在东亚、拉美各指定1个协调国，负责协调、承办论坛各级别会议，每届外长会改选1次。现任协调国为韩国和危地马拉。论坛下设社会、政治合作和可持续发展，贸易、投资、旅游和中小微企业，文化、青年、性别和体育，科技、创新和教育4个工作组，原则上每年各举行1次会议。工作组主席分别由两区域各1个国家共同担任，任期同协调国。2010年1月，论坛第4届外长会通过决议，设立论坛协调委员会，由2个协调国、2个副协调国、3个工作组的主席国以及论坛网络秘书处主办国韩国组成，负责协调论坛事务、推动落实外长会有关决议。此外，论坛还设前瞻小组和网络秘书处。前瞻小组的主要职能是全面评估论坛现状，就论坛未来发展战略提出建议，于2012年3月至2013年6月期间召开了4次会议，形成最终报告并在论坛第6届外长会上通过。论坛网络秘书处成立于2011年3月，主要负责论坛网站管理，旨在方便和增加成员国间沟通，截至2015年12月，已在韩国首尔召开5次研讨会。

【主要会议和成果】截至2015年12月，论坛已召开7届外长会。2001年3月，首届外长会在智利首都圣地亚哥举行，通过论坛《框架文件》，规定了论坛宗旨、目标和运作方式，并将论坛正式定名为东亚—拉美合作论坛。会议决定论坛下设政治/文化、经济/社会、教育/科技3个工作组。会议接纳哥斯达黎加、萨尔瓦多和古巴3个新成员。2004年1月，论坛第2届外长会在菲律宾首都马尼拉举行，通过《马尼拉行动计划》，决定将原有3个工作组调整为政治/文化/教育、经社和科技工作组。会议吸收尼加拉瓜和危地马拉两国为新成员。2007年8月，论坛第3届外长会在巴西利亚举行，通过《巴西利亚部长宣言及行动纲要》，确认贸易和投资为论坛的合作重点，决定在经社工作组内成立旅游小组。会议接纳多米尼加为新成员国。2010年1月，论坛第4届外长会在东京举行，通过《东京宣言》。为进一步提高论坛工作效率，会议通过3项举措，（1）成立协调委员会；（2）设立论坛网络秘书处；（3）决定今后工作组会议原则上与高官会在同一地点连续举行。会议一致同意吸收蒙古为新成员。2011年8月，论坛第5届外长会在布宜诺斯艾利斯举行，通过《布宜诺斯艾利斯宣言》。会议决定成立“前瞻小组”，吸收苏里南和洪都拉斯为新成员。2013年6月，论坛第6届外长会在印度尼西亚巴厘岛举行，各方围绕加强亚拉经贸合作、人文交流、可持续发展等议题交换看法，通过《乌鲁瓦图宣言》。会议决定将论坛原有3个工作组和1个次工作组调整为4个工作组，分别为：社会、政治合作和可持续发展，贸易、投资、旅游和中小微企业，文化、青年、性别和体育，科技、创新和教育工作组。2015年8月，第7届外长会在哥斯达黎加圣何塞举行。会议以“两个地区，一个愿景”为主题，回顾了第6届外长会以来论坛发展进程，重点讨论了亚拉两地区合作、论坛机制建设和未来发展方向等议题。会议通过了《圣何塞宣言》和《论坛工作流程指南》两个成果文件，并就泰国曼谷爆炸袭击事件发表共同声明，决定下届外长会于2017年在韩国举行。

【同中国的关系】中国是论坛创始成员国，积极参与论坛的各项活动，提出并举办了多个合作项目。中国举办的主要项目有：亚拉论坛法律论坛、亚拉青年外交官研修班、拉美青年干部研修班、中拉政党研修班、拉美中国政治经济研究中心培训、“华艺新颜”“欢乐春节”、高级外交官访华团、拉美国家新闻记者高级研修班、拉美国家联合新闻团、东亚—拉美大学校长论坛、南方共同市场国家经济管理官员研修班、中拉贸易与相互投资研讨班、安第斯共同体“中国经济增长模式研修班”、拉美公务员培训班等。唐家璇外长、王毅副外长、李金章副外长、杨洁篪外长分别出席论坛前4届外长会。2011年和2013年，外交部时任主管部领导出席了论坛第5届和第6届外长会。2015年，中国政府拉美事务特别代表殷恒民大使出席了第7届外长会。此外，中国还出席了历次高官会。中方自第6届外长会起担任2013—2015年论坛社会、政治合作、可持续发展工作组共同主席，第7届外长会上续任该工作组2015—2017年共同主席。（刘佳璐）

亚洲合作对话

Asia Cooperation Dialogue—ACD

【成立】2002年6月，亚洲合作对话（ACD）第1次外长非正式会议在泰国举行，ACD机制启动。

【成员】33国（截至2016年2月），涵盖东北亚、东南亚、南亚、中亚和西亚5大次区域。

东北亚：中国、日本、韩国、蒙古、俄罗斯。

东南亚：东盟10国（文莱、柬埔寨、印度尼西亚、老挝、马来西亚、缅甸、菲律宾、新加坡、泰国、越南）。

南亚：印度、巴基斯坦、阿富汗、孟加拉国、斯里兰卡、不丹。

中亚：哈萨克斯坦、吉尔吉斯斯坦、塔吉克斯坦、乌兹别克斯坦。

西亚：沙特阿拉伯、伊朗、阿拉伯联合酋长国、科威特、阿曼、卡塔尔、巴林、土耳其。

【协调国】泰国是ACD协调国。

【临时秘书处】ACD临时秘书处由2013年3月举行的ACD第11次外长会批准成立。2013年9月ACD外长早餐会决定由泰国人班迪·林沙军（Bundit Limschoon）担任临时秘书处秘书长。临时秘书处定址科威特。2016年第二次领导人会议将决定是否成立ACD常设秘书处。

【网址】http://www.acddialogue.com。

【主要活动】（1）领导人会议。ACD首次领导人会议于2012年10月15—17日在科威特举行。会议由科埃米尔（国家元首）萨巴赫主持，各成员国家元首、政府首脑或代表出席。会议讨论了深化泛亚合作、提升亚洲影响等问题，达成广泛共识，并发表了《ACD首次领导人会议公报》。科威特埃米尔在会上倡议设立总额为20亿美元的亚洲发展基金，并承诺率先捐款3亿美元，主要用于亚洲非阿拉伯欠发达国家的发展项目，受到各方赞赏。第2次领导人会议将于2016年在泰国举行。

（2）外长会。ACD第1次和第2次非正式外长会议先后于2002年6月19日和2003年6月22日在泰国昌安和清迈举行。2004年6月22日，第3次外长会议在中国青岛举行。会议发表了《亚洲合作宣言》和关于能源合作的《青岛倡议》。2005年4月5—6日，第4次外长会议在巴基斯坦首都伊斯兰堡举行，重点关注亚洲经济合作并为ACD成员国间及与其他亚洲国家合作提出远景规划。会议发表了《伊斯兰堡宣言》和《关于亚洲经济合作的伊斯兰堡倡议》。第5次外长会议于2006年5月23—24日在卡塔尔首都多哈举行，重点讨论了ACD具体领域合作及下一步发展等问题，并发表了《多哈宣言》。第6次外长会议于2007年6月4—5日在韩国首尔举行，主要讨论了ACD未来发展方向、主要领域合作以及共同关心的国际和地区问题，并发表了《首尔信息技术宣言》。第7次外长会议于2008年10月16日在哈萨克斯坦首都阿斯塔纳举行，主要讨论了地区形势、ACD未来发展方向等问题，并就以下问题达成共识：将促进“亚洲互联互通”和培育“亚洲意识”、逐步建立亚洲共同体作为ACD远景目标；设立ACD虚拟秘书处，由外长会主办国轮流负责管理；加强现有的“ACD思想库网络”，每年举行1次会议；将文化合作新增为ACD第20个合作领域；同意吸收吉尔吉斯斯坦和摩洛哥分别成为ACD成员国和发展伙伴等。会议发表《ACD第7次外长会宣言》。第8次外长会议于2009年10月15日在斯里兰卡首都科伦坡举行。会议就亚洲形势、ACD未来发展方向及具体领域合作等问题交换了意见，并发表了《科伦坡宣言》。第9次外长会议于2010年11月8—9日在伊朗首都德黑兰举行。会议主要就亚洲地区形势和全球性问题交换了意见，回顾和展望了ACD各领域合作，就深化互利合作及加强机制建设等问题进行探讨，并发表了《德黑兰宣言》。第10次外长会议于2011年10月10—11日在科威特举行。会议就国际和地区形势、ACD未来发展、ACD具体领域合作等进行了讨论并发表了《科威特宣言》。科埃米尔在会上提议，2012年在科主办首次领导人会议，获各方响应和支持。第11次外长会议于2013年3月29日在塔吉克斯坦首都杜尚别举行。会议讨论了国际和地区形势以及泛亚合作等问题，批准在科威特设立ACD临时秘书处。第12次外长会议于2013年11月24—25日在巴林首都麦纳麦举行。会议围绕“促进亚洲域内旅游”的主题讨论了亚洲地区形势、泛亚务实合作、ACD合作机制建设等议题，发表了旨在深化亚洲交流与合作的《麦纳麦宣言》。

另外，ACD主席国邀请各成员国外长于每年联合国大会期间在纽约出席早餐会或茶会。2014年9月22日，沙特作为新任主席国，在第69届联合国大会期间举办了ACD外长早餐会。

2015年9月30日，泰国作为新任主席国，在第70届联合国大会期间举办了ACD高官会。

（3）领域牵头国。ACD以经济合作为重点，各国自愿牵头开展具体领域合作。目前已有24个国家自愿担任20个领域牵头国。一些国家提出了牵头领域合作的概念文件，主办了相关研讨会或论坛等活动。

（4）高级研究小组会。ACD第6次外长会批准成立高级研究小组，旨在就ACD的终极目标、资金来源、建立秘书处和二轨参与等问题进行研究。2007年8月20—21日，小组首次会议在泰国曼谷举行；2008年4月17—18日，小组第2次会议在韩国首尔举行；8月18—19日，小组第3次会议在哈萨克斯坦阿斯塔纳举行。高级研究小组最终就ACD未来发展方向的有关问题达成共识，将有关建议提交第7次外长会。2011年2月28日至3月1日，高级研究小组第4次会议在伊朗德黑兰举行，讨论ACD引入新项目标准、秘书处、融资机制和二轨等问题。第10次外长会议审议通过了会议报告。

【中国参与情况】中国积极参与ACD相关活动。国务院总理温家宝出席了ACD第3、4次外长会议开幕式并分别发表了题为《共同推进新世纪的亚洲合作》和《做亚洲人民可信可靠的合作伙伴》的讲话。全国政协副主席孙家正作为国家主席胡锦涛特别代表出席了2012年10月在科威特举行的ACD首次领导人会议并发表主旨讲话，就地区形势、泛亚合作和中国的和平发展阐述了看法和主张。中国外长参加了前6次外长会议，外长代表出席了第7至第11次外长会议。我方外长或外长代表出席联合国大会期间举行的外长餐会。

中国现担任农业、能源领域合作牵头国。2004年5月，ACD农业部长级研讨会在北京举行，通过了《ACD农业部长级研讨会联合倡议》。作为该倡议的后续行动，中国又先后举办了亚洲水稻发展研讨会、农业政策论坛和农业生物技术培训班等活动。2008年9月22—25日，中国农业部对外经济合作中心在北京举办“ACD批发市场论坛”。中国国际扶贫中心于2008—2012年期间举办了5期“亚洲国家发展（减贫）理论与实践研修班”，受到各方好评。

2014年5月27—29日，“亚洲合作对话丝绸之路务实合作论坛”在甘肃兰州举行。ACD28个成员国高级别代表和中国国家发改委、环保部、文化部、国家能源局、国家文物局等部委及香港特区政府代表出席，各方围绕ACD和丝绸之路经济带和21世纪海上丝绸之路的关系、如何推进成员国在互联互通、能源、环保和人文等领域合作展开深入研讨并提出政策建议。

2015年5月17—19日，“亚洲合作对话共建‘一带一路’合作论坛暨亚洲工商大会”在福建福州举行。ACD29个成员国高级代表、中国工信部等部委和国务院发展研究中心、丝路基金等机构代表出席。各方围绕ACD与“一带一路”建设共同发展、推进ACD与“一带一路”金融、经贸、工商等领域合作展开深入探讨。

2014年1月，外交部陈明明大使正式担任中国ACD高官。　（佟曌）

裁军谈判会议

Conference on Disarmament—CD

【成立日期】裁军谈判会议（简称“裁谈会”）是目前唯一的多边裁军谈判机构。其前身可追溯至20世纪50年代末的10国裁军委员会，1984年2月根据联大决议更改为现名。

【成员】正式成员65个：阿尔及利亚、阿根廷、埃及、埃塞俄比亚、澳大利亚、奥地利、巴基斯坦、巴西、白俄罗斯、保加利亚、比利时、波兰、朝鲜、韩国、德国、俄罗斯、法国、芬兰、中国、哥伦比亚、古巴、荷兰、加拿大、喀麦隆、肯尼亚、罗马尼亚、美国、蒙古、孟加拉国、秘鲁、缅甸、摩洛哥、墨西哥、南非、尼日利亚、挪威、日本、瑞典、瑞士、塞内加尔、斯里兰卡、斯洛伐克、土耳其、委内瑞拉、乌克兰、西班牙、匈牙利、伊拉克、伊朗、以色列、叙利亚、意大利、印度、印度尼西亚、英国、越南、津巴布韦、新西兰、刚果（金）、智利、厄瓜多尔、爱尔兰、哈萨克斯坦、马来西亚和突尼斯。

由于历史原因，裁谈会成员分成西方集团、东欧集团和21国集团（又称“不结盟国家集团”）三大集团，中国为独立一方。各集团由其协调员组织内部磋商，有时以集团名义提出建议或工作文件。

【主要负责人】裁谈会会议期间，由各成员国按其国名的英文字母顺序逐月轮流担任主席，每届主席主持4个工作周的会议。会议秘书长由联合国秘书长指派，并作为其私人代表。现任秘书长由联合国日内瓦办事处代理总干事穆勒（Michael Müller，丹麦人）兼任。

【总部】瑞士日内瓦。

【网址】http://www.unog.ch/。

【组织机构】裁谈会不是联合国的直属机构，但与联合国关系密切。它在确定会议议程时通常需考虑联合国大会的建议，且每年向联合国大会提交工作报告。

裁谈会以协商一致的方式进行工作。会议形式包括全会、非正式会议、主席团会议等。为谈判工作的需要，裁谈会可下设特设委员会和专家组等，分别举行相关会议。非成员国提出申请并经全会通过后可作为观察员参加全体会议。

【**主要活动**】裁谈会每年举行3期会议。2015年3期会议分别于1月19日至3月27日、5月25日至7月10日、8月3日至9月18日举行。

各方继续就工作计划问题进行讨论，但未能达成一致。各方围绕裁谈会工作计划、"核裁军""禁止生产核武器用裂变材料条约""防止外空军备竞赛""无核国家安全保证""新型大规模杀伤性武器""综合裁军方案""军备透明"等议题进行了非正式讨论。会议通过了向联大提交的程序性年度报告。

【**同中国的关系**】1980年2月，中国正式参加裁谈会。1983年起，中国派出专职裁军大使常驻日内瓦，参加裁谈会工作。2011年10月，中国成功接待联合国日内瓦办事处总干事兼裁谈会秘书长托卡耶夫访华。

（孔君）

大湄公河次区域经济合作

Greater Mekong Subregion Economic Cooperation—GMS

【**成立时间**】1992年，在亚洲开发银行的推动下，澜沧江—湄公河流域内的中国、缅甸、老挝、泰国、柬埔寨、越南6个国家共同发起大湄公河次区域经济合作机制（GMS）。

【**宗旨**】通过加强各成员间的经济联系，促进次区域的经济和社会发展。

【**成员**】6国：中国、缅甸、老挝、泰国、柬埔寨、越南。亚行作为参与方、协调方和主要出资方，主要负责为GMS有关会议及具体项目的实施提供技术和资金支持。

【**合作原则与方式**】采取协商一致的合作原则，所作决定需经各成员国一致认可。

【**秘书处**】日常事务由设在菲律宾马尼拉的亚行总部秘书处负责处理。

【**组织机构**】最高决策机构为领导人会议，每3年举行1次。各成员国按照字母顺序轮流主办，目前已举行4届。GMS日常决策机构是部长级会议，下设高官会、工作组及专题论坛等。

【**主要活动**】GMS机制成立21年来，在交通、能源、电信、环境、旅游、农业、人力资源开发、贸易和投资9个重点合作领域开展了富有成效的合作。GMS首次领导人会议于2002年11月在柬埔寨金边举行。第2次领导人会议于2005年7月在中国昆明举行。第3次领导人会议于2008年3月在老挝万象举行。第4次领导人会议于2011年12月在缅甸内比都举行，会议通过了《大湄公河次区域经济合作新十年（2012—2022）战略框架》，确定交通、能源、信息通信、环境、旅游、农业、人力资源开发和经济走廊建设为新的八大重点合作领域。

第5次领导人会议于2014年12月19—20日在泰国曼谷举行。会议通过了2014—2018年区域投资框架执行计划，为次区域进一步加强互联互通描绘出蓝图。

【**同中国的关系**】中国一贯重视并积极参与GMS合作，主张项目主导、注重实效、突出重点、循序渐进。中国重视GMS在推动发展、消除贫困和区域合作方面的积极作用，积极参与GMS项目规划与实施，并结合湄公河次区域国家需求不断提出务实合作倡议，与次区域各国的合作不断深化，为次区域以及亚洲地区的繁荣与稳定做出了重要贡献。云南和广西是中国参与GMS具体合作项目的主要省区。2002年，朱镕基总理出席了GMS首次领导人会议。2005年、2008年，温家宝总理出席了第2次、第3次领导人会议。2011年，国务委员戴秉国出席了第4次领导人会议。2014年，国务院总理李克强出席第5次领导人会议，并发表题为《携手开创睦邻友好包容发展新局面》的讲话。

（桂丹）

亚洲相互协作与信任措施会议（亚信）

Conference on Interaction and Confidence Building Measures in Asia (CICA)

【**成立日期**】1992年10月5日。

【**宗旨**】亚信系就亚洲地区安全问题进行对话与磋商的论坛，致力于制定和落实旨在增进亚洲和平、安全与稳定的多边信任措施，加强相关领域合作。亚信恪守《联合国宪章》宗旨和原则，坚持各成员国一律平等，相互尊重主权和领土完整，互不干涉内政，倡导以和平方式解决争端，反对动辄诉诸武力或以武力相威胁，通过制定和实施军事政治、新威胁新挑战、经济、人文、生态等五大领域信任措施，加强成员国安全、经济、社会和文化交流与合作。

【**成员**】26个成员国：阿富汗、阿塞拜疆、中国、埃及、印度、伊朗、以色列、哈萨克斯坦、吉尔吉斯斯坦、蒙古、巴基斯坦、巴勒斯坦、俄罗斯、塔吉克斯坦、土耳其、乌兹别克斯坦（以上为创始成员国）、泰国（2004年加入）、韩国（2006年加入）、约旦（2008年加入）、阿联酋（2008年加入）、越南

（2010年加入）、伊拉克（2010年加入）、巴林（2010年加入）、柬埔寨（2011年加入）、卡塔尔和孟加拉国（2014年加入）。12个观察员：白俄罗斯、印度尼西亚、日本、马来西亚、菲律宾、斯里兰卡、乌克兰、美国以及联合国、欧安组织、阿拉伯国家联盟和突厥语国家议会大会。

【总部】亚信设有秘书处，2006年6月正式启动。原设在哈萨克斯坦阿拉木图市，2014年9月搬迁至该国首都阿斯塔纳。秘书处长官为执行主任，由亚信主席国提名大使级外交官担任。现任执行主任宫建伟大使（中国籍）于2014年7月上任。

【网址】http://www.s-cica.org/index.html。

【组织机构】亚信建立了国家元首和政府首脑会议（峰会）、外长会议、高官委员会会议、特别工作组会议等议事和决策机制。峰会和外长会议均为每4年举行1次，两会交错举行，间隔两年。举办峰会和外长会议的国家任主席国。现任主席国为中国（主席国网址：www.cica-china.org）。

【历届峰会和外长会议】1999年9月14日，亚信第1次外长会议在哈萨克斯坦阿拉木图举行，外交部副部长王英凡出席会议。与会代表共同签署了《亚信成员国相互关系指导原则宣言》，奠定了亚信的制度基础。

2002年6月4日，亚信第1次峰会在阿拉木图举行，国家主席江泽民出席会议并发表题为《加强对话与合作，促进和平与安全》的讲话。峰会通过了旨在增进亚洲和平、安全与稳定的《阿拉木图文件》和《关于消除恐怖主义和促进文明对话的宣言》。

2004年10月22日，亚信第2次外长会议在阿拉木图举行，外交部部长李肇星出席会议。会议通过了《亚信信任措施目录》和《亚信程序规则》。

2006年6月17日，亚信第2次峰会在阿拉木图举行，国家主席胡锦涛出席会议并发表了题为《携手建设持久和平、共同繁荣的和谐亚洲》的重要讲话。这次峰会讨论了加强合作和开展对话、应对新挑战和新威胁、预防冲突、和平解决争端及制定有效信任措施等问题，通过了《亚信秘书处章程》，确定每年10月5日为“亚信日”。

2008年8月25日，亚信第3次外长会议在阿拉木图举行，外交部副部长乔宗淮出席会议。会议回顾了各成员国在落实亚信第2次峰会成果方面取得的进展，对相关协调国和联合协调国为各领域信任措施实施的启动所作努力表示感谢，通过了《亚信秘书处章程》修订案，规定在必要时亚信秘书处将从阿拉木图迁至阿斯塔纳。

2010年6月，亚信第3次峰会在土耳其伊斯坦布尔举行，国务委员戴秉国作为胡锦涛主席特别代表出席了会议并发表讲话。峰会主题是“亚洲相互协作与合作安全”，通过了《亚信秘书处及其工作人员、成员代表特权与豁免公约》。此次峰会上，土耳其接替哈萨克斯坦担任亚信主席国。

2012年9月12日，亚信第4次外长会议在哈萨克斯坦阿斯塔纳举行，外交部副部长程国平出席会议。与会代表就全球和地区热点问题交换了看法，并探讨了如何进一步加强亚洲合作，促进亚洲和平与安全。会前还召开了亚信成立20周年纪念会。

2013年9月25日，亚信外长非正式会晤于纽约第68届联合国大会期间举行。与会代表回顾了过去两年亚信发展取得的进展，重申了亚信对于促进亚洲地区和平与安全的重要作用，并就落实各领域信任措施、加强成员国间合作及亚信未来转型升级交换了意见。

2014年5月20—21日，亚信第4次峰会在上海举行。亚信成员国、观察员、峰会客人共47个国家和国际组织代表与会，包括11位国家元首和1位政府首脑，会议规模创历次峰会之最。峰会以“加强对话、信任与协作，共建和平、稳定与合作的新亚洲”为主题，与会代表就落实亚信各领域信任措施、推进亚信未来发展等问题深入交换意见。中国国家主席习近平在峰会上发表题为《积极树立亚洲安全观，共创安全合作新局面》的主旨讲话，倡议亚洲国家秉持共同、综合、合作和可持续的亚洲安全观，创新安全理念，搭建地区安全与合作新架构，努力走出一条共建、共享、共赢的亚洲安全之路。峰会发表了《上海宣言》。峰会期间，中方接任亚信2014—2016年主席国。

【主席国】哈萨克斯坦（1993—2010年）、土耳其（2010—2014年）、中国（2014年至今）先后担任亚信主席国。2015年9月，亚信全体成员国通过默认程序，一致同意中方延长亚信主席国任期至2018年。

中方担任亚信主席国，认真履行主席国职责，积极落实上海峰会成果，全力推进亚信进程。2015年5月，亚信非政府论坛在北京成立并举行首次年会。8月，亚信青年委员会在北京举行成立大会。11月，亚信第4届商务论坛暨亚信实业家委员会成立大会在北京举行。此外，中方还先后主持召开三次亚信特别工作组和高官委员会会议，推动各方深入落实亚信各领域信任措施，加强亚信对外交往。（张志凯）

中国—中东欧国家合作

Cooperation between China and Central and Eastern European Countries

【发起经过】2012年4月26日，时任国务院总理温家宝同中东欧16国领导人在波兰华沙出席首次中国—中东欧国家领导人会晤，启动了中国—中东欧国家合作（“16+1合作”）。2013年11月26日，国务院总理李克强与中东欧16国领导人在罗马尼亚布加勒斯特举行第2次中国—中东欧国家领导人会晤，共同发表《中国—中东欧国家合作布加勒斯特纲要》，明确每年举行中国—中东欧国家领导人会晤。2014年12月16日，国务院总理李克强与中东欧16国领导人在塞尔维亚贝尔格莱德举行第3次中国—中东欧国家领导人会晤，共同发表《中国—中东欧国家合作贝尔格莱德纲要》。2015年11月24日，国务院总理李克强与中东欧16国领导人在中国苏州举行第4次中国—中东欧国家领导人会晤，共同发表《中国—中东欧国家合作苏州纲要》和《中国—中东欧国家合作中期规划》。

【参与国家】中国和中东欧16国，包括波兰、爱沙尼亚、拉脱维亚、立陶宛、罗马尼亚、保加利亚、匈牙利、捷克、斯洛伐克、斯洛文尼亚、塞尔维亚、克罗地亚、波黑、黑山、马其顿和阿尔巴尼亚。

【组织机构】中国外交部设立中国—中东欧国家合作秘书处，作为中国政府推进合作的协调机构。2012年9月成立，时任外交部副部长宋涛担任秘书处首任秘书长。现任秘书长为外交部部长助理刘海星。秘书处中方成员单位包括24家中央部委和有关机构。中东欧国家任命国家协调员负责与中方秘书处协调对接。2015年4月，在中国外交部设立“中国—中东欧国家合作事务特别代表”。第四次中国—中东欧国家领导人苏州会晤确定建立秘书处及其成员单位与中东欧国家驻华使馆季度例会机制。

【网址】http://www.china-ceec.org。

【主要活动】

（1）领导人会晤。2012年4月26日，首次中国—中东欧国家领导人会晤在波兰华沙举行。温家宝总理提出了中国关于促进与中东欧国家友好合作的12项举措，与会中东欧16国领导人对此予以高度评价。会晤发表新闻公报，明确与会领导人愿今后继续开展此类形式的合作。

2013年11月26日，第2次中国—中东欧国家领导人会晤在罗马尼亚布加勒斯特举行。李克强总理提出中国—中东欧国家战略合作框架，包括“三大原则”，即相互尊重，平等相待；互利共赢，共同发展；中欧合作，相向而行；以及六大领域，分别为做大做实经贸合作，加快推进互联互通，大力加强绿色合作，积极拓展融资渠道，深挖地方合作潜力，丰富人文交流。李克强总理与中东欧16国领导人共同发表《中国—中东欧国家合作布加勒斯特纲要》，提出38项合作举措。会议期间，李克强总理同16国领导人分别举行“一对一”会谈，和各国领导人一道参观中国铁路等基础设施及装备制造展，同匈牙利总理欧尔班、塞尔维亚总理达契奇共同宣布，合作建设连接贝尔格莱德和布达佩斯的匈塞铁路。

2014年12月16日，第3次中国—中东欧国家领导人会晤在塞尔维亚贝尔格莱德举行。李克强总理提出“五个新”，包括打造中国与中东欧合作新亮点，构建互联互通新走廊，拓展产业合作新空间，搭建投融资协作新框架和扩大人文交流新领域。李克强总理与中东欧16国领导人共同发表《中国—中东欧国家合作贝尔格莱德纲要》，提出49项举措。李克强总理同16国领导人分别举行“一对一”会谈，与塞尔维亚总理武契奇、匈牙利总理欧尔班和马其顿总理格鲁埃夫斯基举行集体会见，并一致同意共同打造中欧陆海快线。

2015年11月24日，第4次中国—中东欧国家领导人会晤在中国苏州举行，会晤主题为“新起点新领域新愿景”。李克强总理提出“1+6”合作框架，即一个目标和六大重点。一个目标是制定未来五年合作规划，六大重点包括落实合作推进路线图，对接“一带一路”倡议与中东欧国家发展战略并开展基础设施建设合作，打造产能合作新样板，不断创新投融资合作方式，促进贸易投资双增长和扩大人文交流的广度深度。李克强总理同16国领导人分别举行“一对一”会谈，与塞尔维亚总理武契奇、匈牙利总理欧尔班见证匈塞铁路合作文件签署，并邀请16国领导人共同乘坐苏州至上海的高铁。习近平主席在京与16国领导人举行集体会见，并同波兰总统杜达、塞尔维亚总理武契奇、捷克总理索博特卡、保加利亚总理博里索夫、斯洛伐克副总理瓦日尼共同见证签署“一带一路”建设谅解备忘录。

（2）地方领导人会议。2013年7月，首次中国—中东欧国家地方领导人会议在重庆举行。马其顿总理格鲁埃夫斯基、罗马尼亚总理蓬塔及中外方近70个地方省市代表团、600多家企业的代表近千人与会。中外地方领导人联合发起旨在促进地方合作的“重庆倡议”。共签署25项合作协议。

2014年8月，第2次中国—中东欧国家地方领导人会议在捷克布拉格举行。国务院总理李克强向会议致贺信。中国国务院副总理张高丽、捷克总统泽曼、总理索博特卡、众议长哈马切克，以及中国15个省区市、捷克12个州和其他中东欧15国数十个地方省州市代表1300余人出席。中国—中东欧国家合作秘书处同捷克内务部签署《关于推动建立中国—中东欧国家地方省州长联合会的谅解备忘录》，并正式组建联合会，与会40余省区市签署入会意向书。会议宣布2016年第3次地方领导人会议将在中国河北省举行。中国和中东欧国家地方政府和企业共达成69个合作协议和意向，其中，河北、浙江、福建三省涉及金额约117亿元人民币，包括合同金额32亿多元人民币。

（3）国家协调员会议。2012年9月，首次国家协调员会议在北京举行。2013年10月，第2次国家协调员会议在罗马尼亚布加勒斯特举行。2014年5月，第3次国家协调员会议在北京举行。2014年11月，第4次国家协调员会议在塞尔维亚贝尔格莱德举行。2015年7月，第5次国家协调员会议在北京举行。2015年10月，第6次国家协调员会议在波兰华沙举行。

（4）其他领域合作。

2012年，在上海中国国际旅游交易会期间举行中东欧国家旅游产品专场推介会。

2013年，先后举行中国—中东欧国家文化合作论坛、教育政策对话、农业经贸合作论坛、青年政治家论坛以及首次高级别智库研讨会。

2014年为“中国—中东欧国家合作投资经贸促进年”，该框架下，举行中国—中东欧国家经贸促进部长级会议、中东欧国家特色商品展、中国—中东欧国家投资促进研讨会、中国投资论坛等活动。同年，分别举行中国—中东欧国家创新技术合作及国际技术转移研讨会、中国—中东欧国家旅游促进机构和旅游企业联合会成立大会、里加高级别交通物流会议、中匈塞交通基础设施合作联合工作组第1次会议、第2届中国—中东欧国家高级别智库研讨会、第2次中国—中东欧国家教育政策对话、中国—中东欧国家农业经贸合作论坛等活动。中东欧50名记者访华团成功访华。

2015年为“中国—中东欧国家旅游合作促进年”，该框架下，举行中国—中东欧国家旅游合作促进年启动仪式、第2次中国—中东欧国家旅游合作高级别会议等活动。同年，分别举行中国、匈牙利、塞尔维亚、马其顿海关通关便利化合作框架协议第1次工作组会议、中国—中东欧国家联合商会第1次会议、高级别欧亚交通物流会议暨第3届亚欧交通部长会议、中亚、黑海及巴尔干地区央行行长会议组织第33届行长会、中国—中东欧国家地方省州长联合会第1次会议、首届中国—中东欧国家投资贸易博览会、16+1农业部长会议、首届中国—中东欧国家卫生部长论坛、第10届中国—中东欧农业经贸合作论坛、首次中国—中东欧国家农业部长会议、第3届中国—中东欧国家教育政策对话、中国—中东欧国家高校联合会第2次会议、第2届中国—中东欧国家创新技术合作及国际技术转移研讨会、第2届中国与中东欧青年政治家论坛、第2次中国—中东欧国家文化合作论坛、第3届中国—中东欧国家高级别智库研讨会等活动。中东欧高级别官员代表团和中东欧近50名记者访华团成功访华。

（5）领域联合会。

2014年，成立中国—中东欧国家地方省州长联合会，落户捷克；成立中国—中东欧国家旅游促进机构和旅游企业联合会协调中心，落户匈牙利；成立中国—中东欧国家联合商会，执行机构落户波兰。

2015年，成立中国—中东欧国家农业合作促进联合会，落户保加利亚；成立中国—中东欧国家高校联合会，中方秘书处设在中国教育国际交流协会；由中国社科院牵头组建中国—中东欧国家智库交流与合作网络。（汪鹏）

联合国发展峰会

United Nations Sustaionable Development Summit

2015年9月26—27日，联合国发展峰会在纽约联合国总部举行。

【主要成果】峰会通过了《变革我们的世界：2030年可持续发展议程》作为成果文件。2030年可持续发展议程的核心内容是17个可持续发展目标和169个具体目标，全面涵盖经济、社会、环境三大领域，为未来15年各国发展和全球发展合作指明了方向。

【主要活动】习近平主席出席发展峰会全会等三场重要活动并发表讲话，全面展示了中国致力于和平和发展事业的建设性形象。

9月26日，习主席在峰会全会上发表了《谋共同永续发展做合作共赢伙伴》的重要讲话，指出各国要争取公平的发展，让发展机会更加均等，坚持开放的发展，让发展成果惠及各方，追求全面的发展，让发展基础更加坚实，促进创新的发展，让发展潜力充分释放，并提出了增强各国发展能力、改善国际发展环境、优化发展伙伴关系、健全发展协调机制等加强国际发展合作的四点政策主张。

9月26日，习主席全程主持中国和联合国在峰会期间共同举办的南南合作圆桌会。孟加拉国、贝宁、丹麦、厄瓜多尔、埃及、印尼、马来西亚、尼泊尔、尼日利亚、巴基斯坦、萨摩亚、南非、乌干达、赞比亚等国领导人，巴西、哈萨克斯坦、马尔代夫、沙特、津巴布韦等国元首代表，以及联合国开发计划署、世界银行、国际货币基金组织、世界贸易组织、联合国粮农组织、金砖国家新开发银行、联合国亚太经社会等国际组织负责人出席。习主席在圆桌会上发表重要讲话，全面回顾和总结南南合作的发展历程和重要经验，提出深化南南合作的政策主张。会后，习主席同联合国秘书长潘基文发布了共同主席新闻公报。

9月27日，习主席出席联合国秘书长潘基文主持召开的联合国气候变化问题领导人工作午餐会，30多位国家领导人和国际组织负责人与会。习主席同各方就气候变化国际合作深入交换看法，达成广泛共识，为气候变化巴黎会议指明了方向。

出席发展峰会期间，习主席宣布了一系列推动国际发展合作和南南合作的重大举措。习主席在发展峰会上宣布，中国将设立首期20亿美元的"南南合作援助基金"，力争到2030年将对最不发达国家的投资增至120亿美元，免除对有关最不发达国家、内陆发展中国家、小岛屿发展中国家截至2015年年底到期未还的政府间无息贷款债务，设立国际发展知识中心，探讨构建全球能源互联网。习主席在南南合作圆桌会上宣布，未来5年中国将向发展中国家提供"6个100"项目支持，向发展中国家提供12万个来华培训和15万个奖学金名额，为发展中国家培养50万名职业技术人员，设立南南合作与发展学院，并向世界卫生组织提供200万美元的现汇援助。

中国积极参与2030年可持续发展议程政府间谈判，同发展中国家团结合作，与发达国家沟通协调，为各方最终达成一致发挥了建设性作用。（谢璋玮）

《联合国气候变化框架公约》及其《京都议定书》和《巴黎协定》

United Nations Framework Convention on Climate Change and Its Kyoto Protocol & Paris Agreement

【基本情况】《联合国气候变化框架公约》是1992年里约环境与发展大会通过的《二十一世纪议程》框架下的三大环境公约之一。公约于1992年5月9日在美国纽约联合国总部通过，1994年3月21日生效。《京都议定书》的全称是《<联合国气候变化框架公约>京都议定书》，是落实《联合国气候变化框架公约》的重要法律文件。议定书于1997年12月11日在日本京都通过，2005年2月16日生效。《〈京都议定书〉多哈修正案》于2012年12月8日在卡塔尔多哈通过，迄未生效。《巴黎协定》是强化公约在2020年后实施的重要法律文件。协定于2015年12月12日在法国巴黎通过，将于2016年4月22日至2017年4月21日在纽约联合国总部开放供签署。

【目标】公约的目标是将大气中温室气体的浓度稳定在防止气候系统受到危险的人为干扰的水平上。这一水平应当在足以使生态系统能够自然地适应气候变化、确保粮食生产免受威胁并使经济发展能够可持续地进行的时间范围内实现。

【缔约方】截至2016年1月，公约共有197个缔约方，议定书共有192个缔约方。2012年12月，加拿大退出议定书。

【主要负责人】克里斯蒂安娜·菲格雷斯女士（Christiana Figueres，哥斯达黎加人），2010年5月17日由联合国秘书长指定为公约执行秘书。

【总部】秘书处设在德国波恩。

【网址】http://www.unfccc.int。

【组织机构】（1）缔约方会议：公约和议定书的最高决策机构，公约和议定书的决定分别由公约缔约方会议（COP）和议定书缔约方会议（CMP）做出。（2）附属科技咨询机构（SBSTA）：就与公约和议定书有关的科学和技术事项，向缔约方会议并酌情向缔约方会议的其他附属机构及时提供信息和咨询。（3）附属履行机构（SBI）：协助缔约方会议评估和审评公约的履行。（4）秘书处：作为缔约方会议的常设执行机构，负责安排会议并提供必要的服务，汇编和转递各类文件，协调公约内外关系。

【"巴厘路线图"】2007年年底的印尼巴厘岛举行了公约第13次缔约方会议暨议定书第3次缔约方会议（COP13/CMP3）。此次会议达成的关于加强应对气候变化国际合作的一系列决定，统称"巴厘路线图"（Bali Roadmap，BAP），其中最主要的是第1号决定（1/CP.13）"巴厘行动计划"（Bali Action Plan）。"巴厘行动计划"包含5个"要素"，即长期合作行动"共同愿景"、减缓、适应、技术、资金。"巴厘路线图"与2005年议定书第1次缔约方会议第1号决议（1/CMP.1）共同构成了"双轨"（two-track）谈判进程。"巴厘路线图"授权设立公约长期合作行动特设工作组（AWG-LCA），就加强公约的全面、有效和持续实施展开谈判；1/CMP.1授权设立议定书发达国家缔约方进一步减排指标特设工作组（AWG-KP），以谈判确定议定书发达国家缔约方2012年后的减排指标。"巴厘路线图"谈判最终于2012年年底在多哈举行的公约第18次缔约方会议暨议定书第8次会议上完成工作，达成了包括《京都议定书》第二承诺期修正案在内的多项成果。

【"哥本哈根协议"及"坎昆协议"】2009年年底在丹麦哥本哈根举行了公约第15次缔约方会议暨议定书第5次缔约方会议（COP15/CMP5），缔约方会议通过决议，表示注意到"哥本哈根协议"。该协议是一个政治协议，凝聚了各国的共识，特别是认识到"科学意见认为全球温升幅度应在2摄氏度以下"。2010年年底在墨西哥坎昆举行了公约第16次缔约方会议暨议定书第6次缔约方会议（COP16/CMP6），会议在“哥本哈根协议”的基础上达成了“坎昆协议”，内容包括：重申了全球温升控制在2度以下的目标；根据“巴厘行动计划”就加强公约实施做出了框架性安排；重申尽快完成《京都议定书》第二承诺期谈判。

【巴黎协定】2011年年底在南非德班举行的公约第17次缔约方会议暨议定书第7次缔约方会议（COP17/CMP7）上，决定设立“加强行动德班平台特设工作组”，围绕减缓、适应、资金、技术转让、能力建设等内容确定适用于所有缔约方的进一步行动安排。该进程于2012年启动。2015年12月12日，巴黎大会通过《巴黎协定》，标志着德班平台谈判进程的圆满结束。《巴黎协定》确立了以“国家自主贡献”为主体的2020年后气候治理机制，重申了公约确立的公平、共同但有区别的责任和各自能力原则，体现了发达国家和发展中国家的区别，对长期目标、减缓、适应、资金、透明度和全球盘点等各关键要素做了平衡处理。

【资金机制】全球环境基金、绿色气候基金、气候变化特别基金、最不发达国家基金和适应基金。

【主要活动】每年举行1次缔约方会议，会期两周；两次附属机构会议，其中第2次附属机构会议与缔约方会议同时举行。

【同中国的关系】中国于1992年6月11日在里约环境与发展大会上签署公约，并于1993年1月5日批准公约，公约1994年3月21日起对中国生效。中国于1998年5月29日签署议定书，并于2002年8月30日核准议定书，议定书2005年2月16日起对中国生效。2014年6月2日中国向联合国秘书长交存中国政府接受《〈京都议定书〉多哈修正案》的接受书。（叶伟）

联合国防治荒漠化公约

United Nations Convention to Combat Desertification—UNCCD

【基本情况】《联合国防治荒漠化公约》全称是《联合国关于在发生严重干旱和（或）荒漠化的国家特别是在非洲防治荒漠化的公约》（以下简称“公约”），是1992年里约环境与发展大会制定的三大环境公约之一。公约于1994年6月17日在法国巴黎通过，于1996年12月26日生效。

【目标】在发生严重干旱和（或）荒漠化的国家，特别是在非洲防治荒漠化、缓解干旱，以期协助受影响的国家和地区实现可持续发展。

【缔约方】截至2016年1月，共有195个缔约方。2014年3月，加拿大退出该公约。

【主要负责人】执行秘书莫妮卡·巴布女士（Monique Barbut，法国人），自2013年10月1日起主持公约秘书处工作。

【总部】秘书处设在德国波恩。

【网址】http://www.unccd.int。

【组织机构】（1）缔约方大会：公约的最高决策机构。（2）科技委员会：为缔约方大会提供科技方面的建议和信息。（3）履约审查委员会：由2001年第5次缔约方大会决定成立，负责审查、敦促缔约方履行公约。（4）公约秘书处：是缔约方大会常设执行机构，负责安排会议、准备会议文件、协调公约内外关系等日常工作。

【资金机制】（1）全球机制（GM）；（2）全球环境基金（GEF）。

【主要活动】从1997—2001年。每年举行1次缔约方大会，2002年以后，每两年举办1次缔约方大会。公约第12次缔约方大会于2015年10月在土耳其举行。

【同中国的关系】中国于1994年10月14日签署了公约，并于1997年2月18日交存批准书。公约于1997年5月19日对中国生效。（赵磊）

地区合作委员会

Regional Cooperation Council—RCC

【成立经过】原称《东南欧稳定公约》组织。1999年6月10日，由欧盟发起并主持的东南欧问题外长会议在德国科隆举行。欧盟成员国、八国集团、土耳其、巴尔干7国（南斯拉夫联盟除外）等38个国家的外长以及联合国、北约、欧洲委员会及国际货币基金组织、世界银行等国际金融机构代表与会。会议通过《东南欧稳定公约》。同年7月30日在波黑首都萨拉热窝举行首次《东南欧稳定公约》国家首脑会议，正式签署了该公约。2006年，《东南欧稳定公约》贝尔格莱德会议决定该公约于2008年年初停止运作，由地区合作委员会取代。2008年，首届地区合作委员会会议在索非亚召开，实现了从《东南欧稳定公约》组织向地区合作委员会的结构性转变。

【宗旨】旨在促进东南欧国家相互合作，推动东南欧融入欧洲一体化和跨大西洋一体化进程，提升东南欧地区发展水平。

【**成员**】有46个成员（截至2015年年底）：阿尔巴尼亚、奥地利、波黑、保加利亚、加拿大、克罗地亚、捷克、丹麦、德国、芬兰、法国、希腊、匈牙利、爱尔兰、意大利、拉脱维亚、马其顿、摩尔多瓦、黑山、挪威、波兰、罗马尼亚、塞尔维亚、斯洛伐克、斯洛文尼亚、西班牙、瑞典、瑞士、土耳其、英国、美国、欧洲委员会、欧洲委员会发展银行、欧洲复兴开发银行、欧洲投资银行、欧盟、北约、经合组织、欧安组织、东南欧合作倡议组织、世界银行、联合国、联合国欧洲经济委员会、联合国开发计划署、国际移民组织。其中27个成员为地区合作委员会理事会成员。

【**组织机构**】地区合作委员会会议有年度会议和理事会会议。会议采用协商一致方式对重大问题进行决策。

地区合作委员会在萨拉热窝设有秘书处。秘书处设秘书长1名，任期3年，可延长2年。现任秘书长为戈兰·斯维拉诺维奇（Goran Svilanovic，塞尔维亚人），任期至2016年年底。

地区合作委员会在布鲁塞尔设有联络办公室。

【**主要活动**】2010年6月，地区合作委员会在土耳其伊斯坦布尔召开首脑会议，决定希多·比什切维奇继续担任地区合作委员会秘书长。会议通过了地区委员会2011—2013年战略和工作计划。决定2010年年底前将经合组织的东南欧投资委员会转移至地区合作委员会；对在东南欧建设机场网络进行可行性研究；研究制定2011—2014年地区司法和内政战略；建立东南欧和中欧地区灾难风险工具和东南欧地区救火中心网络；重新规划东南欧教育倡议；将卢布尔雅那文化遗产进程从欧盟委员会和欧洲委员会转移至地区合作委员会。

2012年6月，地区合作委员会在塞尔维亚首都贝尔格莱德召开年度会议，决定塞尔维亚人戈兰·斯维拉诺维奇将于2013年接任地区合作委员会秘书长。会议审议了2011—2013年战略和工作计划第一年实施情况，回顾了将经合组织的东南欧投资委员会转移至地区合作委员会、地区司法和内务战略、地区防务合作机制、文化和社会行动小组以及媒体合作等工作的落实情况。

2013年5月，地区合作委员会在马其顿的奥赫里德召开年度会议，会议通过了东南欧2020年工作计划，旨在促进该地区就业和进一步融入欧盟，目标是到2020年前，东南欧实现就业增长12%，区内贸易增长230%，GDP从欧盟水平的38%增长至46%。该计划将于2013年年底正式启动。

2014年6月，地区合作委员会在罗马尼亚首都布加勒斯特召开年度会议，会议通过了地区合作委员会2014—2016战略和工作计划及东南欧2020战略，计划通过86项措施消除贸易壁垒，共同吸引外来投资、资助研究项目、开发能源和交通基础设施，并促进巴尔干地区人员流动，改善经商环境。同日，东南欧2020战略理事会召开了第一次会议，会议听取了东南欧2020战略的基础报告《面向地区增长》。

2015年5月，地区合作委员会在阿尔巴尼亚首都地拉那召开年度会议，会议通过了东南欧地区合作2014—2015年度报告。报告主要聚焦地区合作委员会2014—2016战略和工作计划及东南欧2020战略的执行情况。与会人员就东南欧地区合作的最新发展情况交换意见并通过了地区合作委员会新秘书长的提名建议。2015年6月在地拉那举行的东南欧合作进程首脑峰会上，秘书长戈兰·斯维拉诺维奇获得连任并于2016年1月开始第2任期。（何勇）

残疾人权利公约

Convention on the Rights of Persons with Disabilities

【**基本情况**】2001年11月，第56届联大三委通过墨西哥等国提交的“促进和保护残疾人权利和尊严的全面综合国际公约”决议，决定设立特设委员会，审议有关制定残疾人权利公约的建议。2002年7月至2006年8月，特委会召开了8次会议，最终制定并通过《残疾人权利公约》。

2006年12月13日，第61届联大正式通过《公约》及其议定书，并于2007年3月30日开放供各国签署。

2008年5月3日，《公约》正式生效，成为国际上第一个专门保护残疾人权利、促进残疾人发展的具有法律约束力的国际文书。

【**缔约国**】152个国家和1个区域一体化组织（欧盟）签署《公约》，116个国家批准《公约》和1个区域一体化组织（欧盟）批准《公约》。

【**宗旨**】促进、保护、保障残疾人全面平等地享有所有人权和基本自由，并促进对残疾人固有尊严的尊重。

【**同中国的关系**】中国是《公约》最早发起国之一，参加了公约特委会及工作组历次会议，并于2007年3月30日在《公约》开放签署仪式上签署公约。全国人大常委会于2008年6月26日批准《公约》。同年8月31日，《公约》对中国正式生效。

2010年8月31日，中国政府正式向联合国残疾人权利委员会提交了首次履约报告，详细介绍了中国执行公约的情况，详细列举在保障残疾人生命权、健康权、人身安全、言论自由，提高残疾人就业和社会保障水平、促进残疾人参与政治生活等方面采取的各项措施及进展，通过案例和数据展现中国残疾人事业发展成就和亮点。

2012年9月18—19日，联合国残疾人权利委员会在日内瓦审议中国履行《残疾人权利公约》情况的报告，28日公布审议结论。国务院残疾人工作委员会秘书长王乃坤率团出席审议，12个中央政府部门及港、澳特区代表共同参加了审议。中国代表团就残疾人权利委员会提出的有关问题进行了全面答复，与委员会开展建设性对话并对审议结论进行反馈。委员们普遍对中国残疾人事业发展成就及履约情况予以肯定。

（李燕）

不扩散核武器条约

Treaty on the Non-Proliferation of Nuclear Weapons—NPT

【审议机制】该条约于1968年达成，1970年3月生效。条约规定每5年召开1次审议大会，审议条约实施进程中的有关问题，每次审议大会前召开3次筹备会。

【主要内容】条约规定核武器国家不得向无核武器国家转让核武器或其他核爆炸装置，不得以任何方式协助、鼓励或引导无核武器国家获取核武器或其他核爆炸装置；无核武器国家不得接受核武器或其他核爆炸装置，不得制造或以其他方式取得核武器或其他核爆炸装置，不得寻求在制造核武器和其他核爆炸装置方面的任何协助；各缔约国承诺在接受国际原子能机构保障监督的前提下促进和平利用核能活动；各国应就早日停止核军备竞赛和核裁军的有效措施及缔结一项全面彻底核裁军条约进行谈判。条约还特别规定，核武器国家系指在1967年1月1日前制造并爆炸核武器或其他核爆炸装置的国家。

【成员国】条约缔约国皆有资格参加审议大会和筹备会。截至2016年1月，条约共有190个缔约国。巴基斯坦、印度、以色列未加入条约。朝鲜于2003年1月10日宣布退约，但仍被列为缔约国。朝虽不再参加此后有关审议大会和筹备会，但会议仍保留朝名牌，以避免朝地位争议。

【组织机构】大会无常设机构，由美、俄、英3个存约国负责召集会议。根据会议第8条第3款规定，条约生效5年后，应召开审议大会（Review Conference），此后每5年召开1次。条约第10条第2款规定，条约生效25年后应召开缔约国会议，就条约延期问题做出决定。缔约国于1995年召开《不扩散核武器条约》（NPT）审议和延期大会，无限期延长条约并决定今后每次审议大会前召开3次筹备会，以加强条约的审议机制。审议大会和筹备会的主席由西方、东方和不结盟集团轮流担任，会议具体时间与地点由缔约国商定。

自1985年开始，审议大会依据条约确立的核裁军、防扩散与和平利用核能三大目标，设立3个主要委员会（Main Committees）进行工作。1995年NPT审议和延期大会决定，继续保留设立3个主要委员会的工作模式，并同意在委员会下就相关问题设立附属机构（Subsidiary Body）。

【历次审议大会情况】自条约生效以来，已经召开了9次审议大会。

第1次审议大会于1975年召开。会议达成《最后文件》，对核军备竞赛表示严重关切，敦促核武器国家切实有效履行核裁军义务，并早日谈判缔结《全面禁止核试验条约》。

第2次审议大会于1980年召开。由于不结盟国家与核武器国家在核裁军问题上对立严重，会议无果而终。

第3次审议大会于1985年召开。会上首次设立核裁军、防扩散、和平利用核能三个主要委员会。各国在核裁军问题上分歧依旧。为防止审议大会再次失败，会议主席起草了一个客观陈述各方立场的《最后文件》，获得一致通过。

第4次审议大会于1990年召开。由于美、英等核武器国家反对将立即开始谈判《全面禁止核试验条约》的内容纳入《最后文件》，会议未就该文件达成一致。中国作为观察员参加了本次会议。

第5次审议与延期大会于1995年召开。会前，法国和中国于1992年以核武器国家的身份加入条约。为推动条约无限期延长，五核国分别就向无核武器国家提供积极和消极安全保证发表了国家声明，并推动联合国安理会通过了关于积极安全保证的984号决议；在审议大会通过的《关于核不扩散及核裁军原则与目标的决定》中，核武器国家承诺采取一系列核裁军措施；通过了中东问题决议，呼吁中东地区未加入NPT的国家尽快加入，尽早建立中东无核武器和其他大规模杀伤性武器区。这些积极因素，使无核武器国家同意条约无限期延长。

第6次审议大会于2000年召开。会议协商一致通过了《最后文件》，对自1995年审议大会以来的核裁军、防扩散及和平利用核能的情况进行了审议，并确定了今后5年上述各领域的行动纲领。会议期间，五核国还首次在审议会上发表了共同声明，阐述了在核裁军、防扩散及和平利用核能方面的一贯立场。

第7次审议大会于2005年召开。由于各方在核裁军、防扩散与和平利用核能之间的关系和中东无核武器区等问题上分歧严重，大会最终未能达成实质性成果。

第8次审议大会于2010年召开。会议全面审议了2005年以来条约的执行情况，并协商一致通过了《最后文件》，就推进核裁军、加强核不扩散及促进和平利用核能提出64项行动计划，并就建立中东无核武器区等问题提出建议。会议期间，五核国还发表了共同声明，阐述了在核裁军、防扩散及和平利用核能方面的立场。

第9次审议大会于2015年召开。由于有关国家在建立中东无核及其他大规模杀伤性武器区问题上仍存在较大分歧，大会最终未能达成协商一致的成果文件。

【同中国的关系】中国于1992年加入条约，从1995年开始参加此后的历次审议大会。在1995年条约审议和延期大会上，中国支持条约的无限期延长。在随后的历次审议大会和筹备会上，中国代表团以发言和提交工作文件、国家报告等形式，全面阐述了中国在核裁军、防扩散、和平利用核能等方面的政策主张和立场，积极对会议施加影响，体现了维护和加强NPT的建设性姿态。中国于2015年4月向条约第9次审议大会提交了履行条约情况的国家报告。（孔君）

禁止生物武器公约

Biological Weapons Convention—BWC

【概况】《禁止生物武器公约》（下称《公约》）全称为《禁止发展、生产、储存细菌（生物）及毒素武器和销毁此种武器的公约》[The Convention on the Prohibition of the Development, Production and Stockpiling of Bacteriological (Biological) and Toxin Weapons and on Their Destruction]。《公约》1971年达成，1975年生效。目前有173个缔约国，9个签约国。《公约》保存国为俄罗斯、美国和英国。

【网址】http://www.unog.ch/。

【主要内容】《公约》由序言和15条正文组成，主要内容包括：禁止发展、生产、储存和取得或保有生物武器；销毁生物武器或转用于和平目的；禁止转让或协助他国、国家集团和国际组织制造或取得生物武器；生物领域的和平利用与国际合作等。

【主要活动】鉴于《公约》缺乏核查机制对各国遵约情况进行监督和核查，缔约国于1995年开始谈判包括义务性宣布及现场核查条款的议定书。2001年7月，议定书谈判因美国反对被迫终止。2002年《公约》第5次审议大会复会决定在2003—2006年期间召开缔约国专家会和缔约国年会，讨论国家履约立法等5项议题。

2006年的《公约》第6次审议大会（下称"六审会"）对上述议题作了总结，达成最后文件，决定设立临时性履约支持机构（ISU），负责会务服务、收发各国建立信任措施（CBM）资料，加强缔约国与有关国际组织交流等工作。六审会鼓励缔约国指定国家联络点，负责协调国内履约及其他缔约国和相关国际组织的联系。

2011年《公约》第7次审议大会全面审议《公约》5年来的执行情况，在建立国际合作数据库、改进建立信任措施等方面取得一定实质性成果，并确定2012—2015年讨论生物科技发展评估、建立信任措施宣布、国家履约、国际合作与援助等议题。2016年将召开《公约》第8次审议大会。

【同中国的关系】中国于1984年11月加入《公约》。自加入《公约》以来，中国一贯全面严格履约，反对以任何方式向任何国家扩散生物武器，支持加强生物军控多边进程的努力，积极参加了《公约》议定书谈判及相关国际会议。自1988年以来，中国每年均按时提交《公约》建立信任措施材料。（孔君）

特定常规武器公约

Convention on Certain Conventional Weapons—CCW

【概况】全称《禁止或限制使用某些可被认为具有过分伤害力或滥杀滥伤作用的常规武器公约》(Convention on Prohibitions or Restrictions on the Use of Certain Conventional Weapons Which May be Deemed to be Excessively Injurious or to Have Indiscriminate Effects)(下称《公约》)，1981年4月10日在纽约开放签署，1983年12月2日生效，无限期有效。联合国秘书长为《公约》保存人。截至2015年12月，《公约》共有121个缔约国。

【网址】http://www.disarmament.un.org/ccw/index.html。

【主要内容】《公约》包括序言和11条正文，并附有5个议定书。主要内容是：武装冲突各方选择作战方法和手段的权利并非毫无限制，禁止使用可能引起过分杀伤或不必要痛苦的武器、弹药和作战方法、务必使平民和战斗员无论何时均受人道原则、公众良知和既定惯例的保护。

《第一议定书》，即《关于无法检测的碎片的议定书》，禁止使用其主要作用是以碎片伤人且碎片在人体内无法使用X射线检测的任何武器。截至2015年12月，共有115个缔约国。

《第二议定书》，即《禁止或限制使用地雷（水雷）、饵雷和其他装置的议定书》及其《技术附件》，对地雷（水雷）、饵雷等武器的使用做出限制。该议定书于1996年5月进行修订，进一步限制地雷的使用和转让，对杀伤人员地雷的可探测性、自毁/自失效、自失能等技术指标做出了规定。经修订的《第二议定书》1998年12月生效。截至2015年12月，《第二议定书》共有94个缔约国，经修订的《第二议定书》共有102个缔约国。

《第三议定书》，即《禁止或限制使用燃烧武器议定书》，对燃烧武器的使用做出了规定。截至2015年12月，共有111个缔约国。

《第四议定书》，即《激光致盲武器议定书》，禁止使用以致人眼永久性失明为作战目的的激光武器。1995年9月达成，1998年7月31日生效。截至2015年12月，共有105个缔约国。

《第五议定书》，即《战争遗留爆炸物议定书》，主要包括清除"战争遗留爆炸物"（ERW）等"战后一般性补救措施"和提高弹药可靠性等"一般性预防措施"的自愿性"最佳操作规范"。2003年11月28日达成，2006年11月生效。截至2015年12月，共有87个缔约国。

【**主要活动**】《公约》在常规军控和人道主义领域发挥了积极作用，并不断得到充实和发展。自《公约》生效以来，《公约》缔约国已召开3次审议大会，审议《公约》的执行情况，并根据形势的发展不断完善《公约》。1995年《公约》第1次审议大会制定了《第四议定书》；1996年完成《第二议定书》的修订工作；2001年《公约》第2次审议大会通过了《公约》第一条修正案，将《公约》适用范围由国际武装冲突扩大到包括非国际武装冲突；2003年11月达成《第五议定书》；2006年《公约》第3次审议大会就"遵约机制""促进《公约》普遍性""成立《公约》支助计划"等问题达成最后文件。2007—2011年《公约》框架下召开15次专家组会议，就达成"集束弹药议定书"进行谈判，谈判未就集束弹药相关文书达成共识。

2009—2015年，根据《公约》缔约国大会授权，经修订的《第二议定书》专家组会、《第五议定书》专家会连续7年在日内瓦召开，相关议定书缔约国和观察员国专家出席。各方主要就议定书履约工作交流经验，提出建议，并讨论了"反车辆地雷""简易爆炸装置"等问题。

2014年和2015年，公约框架下两次召开有关致命性自主武器系统非正式专家会，就相关武器系统的技术、军事、伦理、法律方面进行深入讨论。

【**同中国的关系**】中国参加了拟定该《公约》的国际会议、《公约》审议大会、缔约国会议以及各次专家组会议，积极参与了修订《第二议定书》和《公约》第1条、制定《第四议定书》和《第五议定书》的谈判。中国于1981年9月4日签署《公约》，1982年4月7日批准了《公约》及第一、二、三议定书，1998年11月4日批准了经修订的《第二议定书》和《第四议定书》，2003年8月11日批准了《公约》第1条的修正案。2010年4月29日，中国第11届全国人大代表大会常务委员会第14次会议决定批准《战争遗留爆炸物议定书》（即《第五议定书》）。（孔君）

联合国反腐败公约

United Nations Convention Against Corruption

【**基本情况**】《联合国反腐败公约》是关于打击腐败和资产追回的第一项全球性法律文书，体现了国际社会治理腐败的共同意愿和决心，对促进各国预防和打击腐败、加强反腐国际合作、促进腐败资产的追回具有重要、建设性的意义。公约于2003年10月31日由第58届联合国大会审议通过，于2005年12月14日生效。

【**目标**】公约旨在促进和加强预防及打击腐败，以便更加高效而有力地预防和打击腐败；促进、便利和支持预防和打击腐败方面的国际合作和技术援助，包括在资产追回方面；以及提倡廉正、问责制和对公共事务和公共财产的妥善管理。为此，公约要求各缔约国根据本国法律制度的基本原则，制订和执行或坚持有效而协调的反腐败政策，并采取必要的立法和其他措施，将公约规定的行为定为犯罪。公约还要求缔约国依照公约规定在刑事案件中相互合作，并在返还资产方面相互提供最广泛的合作和协助。

【**缔约方**】截至2016年1月，共有178个缔约方。

【**总部**】秘书处设在奥地利维也纳。

【**网址**】http://www.unodc.org。

【**组织机构**】（1）缔约方大会：公约的最高决策机构。（2）公约秘书处：协助缔约方大会开展各项活动，负责安排会议、准备会议文件、协调公约内外关系等日常工作。

【**主要活动**】2006年举行第1次缔约方大会。2015年11月，在俄罗斯圣彼得堡举行了公约第6次缔约方大会。公约下设的实施情况审议组和预防腐败、资产追回、国际合作工作组每年举行1—2次会议。

【履约审议机制】2009年11月，第3次缔约方大会决定设立公约履约审议机制，并于次年启动运行。机制采用“同行审议”的方法，即由抽签方式确定的两个缔约国对一个缔约国的履约情况进行审议。第一审议周期审议公约第三章“定罪和执法”和第四章“国际合作”的履约情况。第6次缔约方大会决定于2016年启动第二审议周期，审议公约第二章“预防腐败”和第五章“资产追回”的履约情况。

【同中国的关系】中国于2005年10月27日批准公约。公约于2006年2月12日对中国生效，并适用于香港和澳门特区。根据安排，中国（包括香港和澳门特区）自2013年7月接受第三章和第四章履约情况审议。在第一审议周期中，中国还作为审议国，审议阿富汗和斯里兰卡履约情况。（梅芳）

联合国海洋法公约

United Nations Convention on the Law of the Sea

【基本情况】《联合国海洋法公约》(《公约》) 于1982年4月30日在联合国第3次海洋法会议上通过，并于当年12月10日在牙买加开放签署，后于1994年11月16日正式生效。1994年7月28日，联合国通过了《关于执行〈联合国海洋法公约〉第十一部分的协定》(《执行协定》)。1995年8月4日，联合国又通过了《执行〈联合国海洋法公约〉有关养护和管理跨界鱼类种群和高度洄游鱼类种群之规定的协定》(《鱼类种群协定》)。

【缔约方】截至2016年2月,《公约》共有167个缔约方;《执行协定》共有147个缔约方;《鱼类种群协定》共有82个缔约方。

【网址】http://www.un.org/Depts/los/index.htm。

【主要法律制度】《公约》分17个部分，共有320条和9个附件。从内容和范围看,《公约》在海洋法的发展史上是最全面和最完整的。《公约》建立的基本海洋法制度包括：

（1）《公约》确定了12海里领海宽度，并同时确保了其他国家在沿海国领海内的无害通过权；

（2）《公约》确定了从领海基线量起不超过24海里的毗连区制度，确保沿海国在该海域内对其海关、财政、卫生和移民等类事项行使管辖权；

（3）《公约》允许沿海国为开发海洋资源、保护海洋环境及管理海洋科学研究等目的设立200海里专属经济区，但不得限制其他国家在该区域的合法活动；

（4）《公约》建立了大陆架制度，规定了结合科学标准、地质标准及距离标准确定大陆架外部界限的方法，设立了解决200海里外大陆架外部界限的大陆架界限委员会，并对200海里外大陆架资源的利益分享问题作了规定；

（5）《公约》对国家管辖范围以外的海床洋底建立了专门的国际开发制度，并设立了国际海底管理局以管理作为“人类共同继承财产”的国际海底区域及其资源；

（6）《公约》确认了航行自由、飞越自由及捕鱼自由等传统的公海自由原则，并根据科学技术的发展补充了新的公海自由原则，但同时又对公海生物资源的养护和管理作了专门规定；

（7）《公约》确保了各国的船舶和飞机在世界上各群岛水域和用于国际航行的海峡不受阻碍地航行或飞越的权利，同时对群岛国制度和海峡沿岸国的权利作了规定；

（8）《公约》在扩大沿海国权利的同时，也确保了内陆国出入海洋的权利；

（9）《公约》确立了进行海洋科学研究和海洋技术转让的规则；

（10）《公约》对海洋环境的保护和保全作了全面的规定，使各国承担了保护海洋免受各种污染源污染的义务；

（11）《公约》推动各国和平解决海洋争端，规定了各种强制解决争端的程序，并设立了国际海洋法法庭。

【专门机构】联合国在《公约》生效后先后成立了国际海底管理局、国际海洋法法庭、大陆架界限委员会等专门海洋机构。国际海底管理局是根据《公约》第十一部分和《执行协定》所确立的管理国际海底区域，组织和管理国家管辖范围以外的深海底活动，特别是管理该区域矿物资源的组织。国际海洋法法庭是根据《公约》附件六“国际海洋法法庭规约”的规定设立的司法解决程序之一，负责处理有关《公约》解释和适用的争端。大陆架界限委员会是根据《公约》第七十六条设立的审议沿海国200海里以外大陆架界限的专门机构。

【主要活动】《公约》缔约国会议根据《公约》第319条第2（e）款以及联大37/66、49/28、52/26号决议规定由联合国秘书长决定召开，缔约方和观察员参加。会议负责选举国际海洋法法庭法官和大陆架界限委员会委员，听取国际海洋法法庭、大陆架界限委员会和国际海底管理局三大机构的工作报告以及审议法庭的预算和财务事项等。1994年11月21—22日，首次《公约》缔约国会议在纽约联合国总部举行。2015年6月8—12日，第25届《公约》缔约国会议在纽约联合国总部举行，除例行工作事项外，会议补选了1名大陆架界限委员会委员。

【同中国的关系】中国是1982年首批签署《公约》的119个国家之一，并于1996年5月15日批准《公约》。1996年6月7日，中国常驻联合国代表团向联合国秘书处递交了批准书。根据《公约》第308条第2款的规定，自批准书交存后第30天起，即1996年7月7日，《公约》开始对我国生效。

中国批准《公约》时做出四点声明：根据《公约》规定，中国享有200海里专属经济区和大陆架的主权权利和管辖权；中国将与海岸相向或相邻的国家，通过协商，在国际法的基础上，按照公平原则划定各自海洋管辖权界限；中国重申对1992年2月25日颁布的《中华人民共和国领海及毗连区法》第2条所列各群岛及岛屿拥有主权；中国重申《公约》有关领海内无害通过的规定不妨碍沿海国按其法律规章要求外国军舰通过领海必须事先得到该国许可或通知该国的权利。2006年8月25日，中国依据《公约》第298条规定，向联合国秘书长提交书面声明，对于《公约》第298条第1款（a）、（b）和（c）项所述的任何争端（即涉及海洋划界、领土争端、军事活动等争端），中国政府不接受《公约》第十五部分第二节规定的任何国际司法或仲裁管辖。

中国认真履行《公约》，不断完善国内海洋立法，已陆续颁布实施了《领海及毗连区法》（1992年）和《专属经济区和大陆架法》（1998年），确立起领海、毗连区、专属经济区和大陆架等海洋制度，是《公约》赋予沿海国对其管辖海域的各项基本权利在我国国内法律中的具体体现。在海洋科研、海洋环境保护、渔业、海上航运等领域，中国也出台或修订了相关法律法规，体现和遵循《公约》的相关要求。

中国还积极参与《公约》缔约国大会以及三大专门机构有关会议和活动，支持上述机构的工作，为促进国际海洋合作与交流进行不懈的努力，为全球海洋事业的发展做出应有的贡献。　（陈建忠）

图书在版编目（CIP）数据

世界知识年鉴.2015—2016/《世界知识年鉴》编辑委员会编著.—北京：世界知识出版社，2016.8

ISBN 978-7-5012-5289-3

I.①世… II.①世… III.①世界—知识—2015-2016—年鉴 IV.①Z5

中国版本图书馆CIP数据核字（2016）第201903号

主　　编/马凤春

责任编辑/王晓娟　张迎辉　张　萱　侯奕萌　侯新鹏　贾如梅

责任出版/王勇刚

责任校对/马莉娜　陈可望　张　琨

世界知识年鉴　WORLD AFFAIRS ALMANAC 2015/2016

Shijie Zhishi Nianjian

主　　管/中华人民共和国外交部

主　　办/世界知识出版社

出　　版/世界知识出版社

邮　　编/100010

地　　址/北京市东城区干面胡同51号

电　　话/（86）（10）65265923（发行）　85119023（邮购）

网　　址/www.ishizhi.cn

编 辑 者/《世界知识年鉴》编辑部

电　　话/（86）（10）65135637，65265950

经　　销/新华书店

印　　刷/河北新华第一印刷有限责任公司

开本印张/787×1092毫米　1/16　79印张　4插页　2849千字

版次印次/2016年11月第一版　2016年11月第一次印刷

标准书号/ISBN 978-7-5012-5289-3

ISBN 978-7-900591-11-1

定　　价/248.00元

ISBN 978-7-5012-5289-3

ISBN 978-7-900591-11-1